2021中国电力年鉴

《中国电力年鉴》编辑委员会

本年鉴连续三届荣获中央级年鉴
评比一等奖

图书在版编目（CIP）数据

2021中国电力年鉴／《中国电力年鉴》编辑委员会编. —北京：中国电力出版社，2022.1
ISBN 978-7-5198-6447-7

Ⅰ.①2… Ⅱ.①中… Ⅲ.①电力工业－中国－2021－年鉴 Ⅳ.①F426.61-54

中国版本图书馆CIP数据核字（2022）第015743号

出版发行：中国电力出版社
地　　址：北京市东城区北京站西街19号（邮政编码100005）
网　　址：http：//www.cepp.sgcc.com.cn
责任编辑：胡顺增（010-63412310）　穆智勇　李耀阳　孟花林　贾丹丹　马雪倩　柳　璐
责任校对：黄　蓓　常燕昆　朱丽芳
装帧设计：张俊霞　赵姗姗
责任印制：石　雷

印　　刷：三河市万龙印装有限公司
版　　次：2022年1月第一版
印　　次：2022年1月北京第一次印刷
开　　本：787毫米×1092毫米　16开本
印　　张：55　　插　页：27
字　　数：2186千字
定　　价：498.00元

2020年1月2日，广东电网公司广州供电局举行揭牌仪式，正式改制成为广东电网公司的分公司。
（广东电网公司　提供）

2020年4月21日，南方电网公司知识产权运营中心揭牌。

（赖增鹏　摄）

2020年5月21日，国网华北分部圆满完成全国政协会议开幕保电任务。

(刘桂箐　摄)

2020年6月19日，新一代电动汽车充电技术中日联合发布会成功召开。

（中电联　提供）

2020年6月22日，2020年西北电网迎峰度夏暨大面积停电联合反事故演练成功举行。

（国网西北分部　提供）

2020年7月31日，东莞供电局电力设备检测中心举行投产揭牌仪式，标志着南方电网最大的全智能设备检测中心于广东东莞落成。

（杨金玲　摄）

2020年8月5日，国家电网有限公司董事长、党组书记毛伟明，吉林省副省长李伟一行莅临东北电力大学考察指导。

（东北电力大学　提供）

2020年8月15日，由IEC中国国家委员会指导，南瑞集团承办的国际电工委员会（IEC）电力网络管理分技术委员会（SC 8C）成立新闻发布会在南京召开，同时举行了IEC/SC 8C秘书处单位授牌仪式。

（南瑞集团　提供）

2020年8月15～21日，国际工程科技发展战略高端论坛暨第五届紫金论电国际学术研讨会在南京召开。

（南瑞集团　提供）

2020年8月19～20日，中国电力企业联合会智能发电标准化工作组成立暨第一次工作会议在成都召开。

（中电联　提供）

2020年8月20日，国家电网有限公司董事长、党组书记毛伟明一行在成都拜会四川省委书记彭清华，省委副书记、省长尹力，并签署战略合作框架协议。

（国网四川电力　提供）

2020年8月25日，南方电网公司党校（领导力学院、培训中心）举行揭牌仪式。

（赖增鹏　摄）

2020年8月28日，国网黑龙江电力与龙煤集团签署供电分离移交框架协议，彻底解决黑龙江省国有企业转供电的历史遗留问题。

（毕宏达　摄）

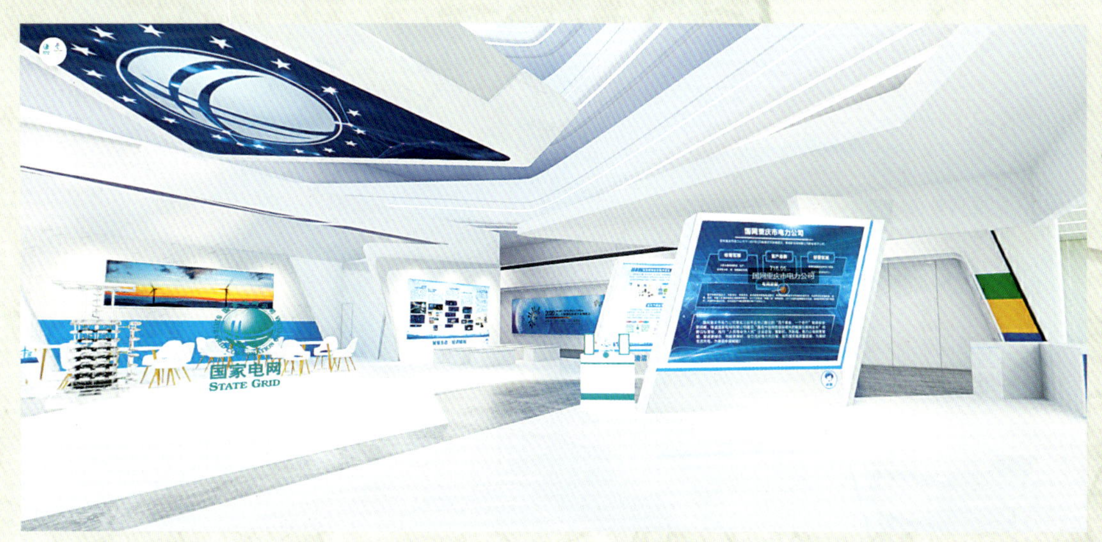

2020年9月15日，中国国际智能产业博览会在重庆开幕，图为国家电网公司在线空间展位。

（国网重庆电力　提供）

2020年9月16日，青海省清洁能源持续发展推进会在西宁成立。

（王国栋　摄）

2020年9月26日，能源互联网形态下多元融合高弹性电网高端研讨会在杭州成功举办，国网浙江电力在会上作主旨演讲。

（陈聪　摄）

2020年9月28日，国家电投在上海核工院建院50周年暨三代核电自主化成果新闻发布会上发布中国三代核电自主化标志性成果——中国自主核电技术品牌、世界先进三代核电型号"国和一号"。

(国家电投　提供)

2020年9月28日，广东省新能源电力系统智能运行与控制企业重点实验室正式挂牌。

（南网科研院　提供）

2020年9月28～29日，由南方电网公司主办的第二届澜湄区域电力合作中资企业沟通合作峰会在云南昆明举行。

（徐莒林　摄）

2020年10月8日，水库大坝和水电站智能建造与运行学术交流会在大渡河公司举行。

（国家能源集团　提供　张琦　摄）

2020年10月16日，国家电网公司与新疆维吾尔自治区人民政府在乌鲁木齐签署战略合作框架协议。

（国网新疆电力　提供）

2020年11月10日，以“全球能源合作——智慧能源引领能源革命”为主题的2020年全球智慧能源高峰论坛在南京举办，国家电投党组书记、董事长钱智民在会上作主旨演讲。

(国家电投　提供)

2020年11月16～17日，电力行业网络安全攻防邀请赛总决赛在广州举行。

（中电联　提供）

2020年11月20日，"十四五"能源电力转型发展论坛暨南网能源院2020年度研究成果发布会在广州举行。

（南网能源院　提供）

2020年12月3日，国网蒙东电力荣获第45届国际质量管理小组大赛最高奖——铂金奖。

（国网蒙东电力　提供）

2020年12月17日，电力行业人才发展服务平台发布会在北京召开。

（中电联　提供）

中国大唐收购印尼金光PMU股权交割仪式

中国大唐

2020年12月23日，中国大唐集团有限公司与印尼金光集团以视频形式举行PMU公司股权交割仪式。

（中国大唐　提供）

2020年1月26日，全国第二家获准生产负压隔离仓企业——江苏日新医疗设备有限公司节后恢复生产，国网苏州张家港供电公司职工上门检查供电设备情况，全力保障企业复产。

（国网江苏电力　提供）

2020年1月30日，中国电建所属湖北装备公司将第一批配电物资送抵火神山医院。

（中国电建湖北装备公司　提供）

2020年1月31日，国网济南供电公司为章丘马山医院进行电力增容改造，确保医院持续用电。

（国网山东电力　提供）

2020年2月初，南网传媒员工协助海外志愿者采购一批医疗救援物资捐赠回国。

（南网传媒　提供）

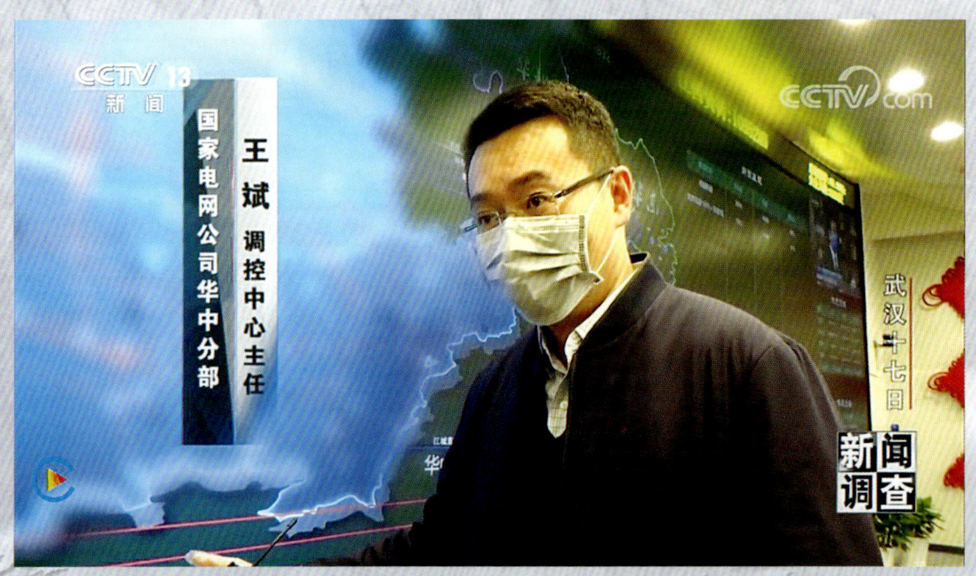

2020年2月，在武汉新冠疫情封城期间坚守岗位的国网华中分部调控中心主任王斌接受央视采访。

（国网华中分部 提供）

2020年3月3日，“三江水暖 一‘网’情深”国网青海电力慰问湖北物资从西宁启程。

（汪晓刚 摄）

2020年4月26日，国网华中分部18名调度员在武汉新冠疫情期间为保障电网安全运行集中封闭管理91天后迎来解封时刻。

（刘星灿　摄）

万家灯火　战“疫”有我

我们在一起

隔窗看见邻居点亮的灯光
觉得世界上不是自己一个人
好欣慰

2020年4月，@南网50Hz和小林漫画联合出品抗疫纪念漫画册《我们在一起》。

（南网数传　提供）

2020年5月11日，国网北京电力小汤山医院青年突击队保障团队全力做好供电保障。

（李强　摄）

2020年7月20日，国网乌鲁木齐供电公司幸福供电所党员服务队为幸福花园小区核酸检测点安装临时照明。

（宋德义　摄）

2020年9月8日，国网兰溪市供电公司员工胡芳获评全国抗击新冠肺炎疫情先进个人，并在人民大会堂前留念。

（包涛　摄）

2020年4月24日，三峡集团控股长江电力发布公告，以35.9亿美元的基础交易价格收购秘鲁Luz Del Sur配电公司83.6%股权顺利完成交割。

（三峡集团　提供）

2020年5月8日，中国电建所属水电十四局承建的中国对外援建最大水电站布隆迪胡济巴济水电站（装机容量3×500MW）实现二期截流。

（中国电建水电十四局　提供）

2020年6月2日，中国电建所属水电八局承建的厄瓜多尔美纳斯水电站(装机容量3×90MW)土建工程完成最终移交。

（刘超　摄）

2020年6月11日，中国电建集团所属港航公司、水电七局、电建市政公司、山东电建三公司承建的巴基斯坦卡西姆港2×660MW燃煤电站工程荣获“2020年度中国电力优质工程”称号；12月1日，荣获国家优质工程奖（境外奖）。

（杜学广　摄）

2020年8月28日，中国电建所属上海院设计的全球海拔最高（平均海拔4020m）、电压等级最高升压站——阿根廷胡胡伊省Cauchari 345kV升压站一次带电成功。

（中国电建上海院　提供）

2020年9月13日，中国电建所属水电十四局承建的中国对外援建最大水电站布隆迪胡济巴济电站项目返岗员工抵达布隆迪经济首都布琼布拉市，完成核酸检测隔离后，全面开展项目复工复产工作。

（赵玉宝　摄）

2020年11月14日，由中国电建承建的阿根廷赫利俄斯风电项目群米拉玛尔风电项目29台风机全部并网发电。

（中国电建国际公司　提供）

2020年11月16日，中国电建集团所属山东电建三公司承建的缅甸皎喜项目荣获“2020年度亚洲电力最佳快速电站金奖”和“2020年度亚洲电力天然气电站金奖”两项桂冠。

（李强　摄）

2020年11月27日，中老铁路老挝段外部供电项目二标段架线开工仪式在老挝乌多姆赛省举行。

（南方电网云南国际　提供）

2020年12月1日，中国电建所属山东电建三公司EPC总承包的摩洛哥努奥三期150MW塔式光热电站工程荣获国家优质工程金奖（境外奖）。

（杜学广　摄）

2020年1月6日，大唐国际雷州电厂“上大压小”新建工程2×1000MW燃煤发电项目2号机组投产。

（中国大唐　提供）

2020年5月22日，由中国电建所属河北院设计的贵州兴义煤电铝一体化项目（装机容量4×350MW）2号机组顺利完成168h试运行，正式移交生产。

（卞国庆　摄）

2020年6月11日，由中国电建所属华中院设计的河南省濮阳龙丰2×660MW“上大压小”新建工程获2020年度中国电力优质工程奖。

（华中院　提供）

2020年6月14日，具有世界领先水平的国内首台H级重型燃机、单机容量最大、效率最高的冷热电三联供项目——华电福新广州能源有限公司1号机组在广州顺利投产。

（中国华电　提供）

2020年11月11日18时18分，大唐东营发电有限公司1号机组——世界首台百万千瓦超超临界、二次再热、六缸六排汽燃煤发电机组顺利完成168h满负荷试运行；12月1日，大唐东营2×1000MW超超临界二次再热燃煤发电机组工程列入国家能源局发布的能源领域首台（套）重大技术装备项目清单。

（中国大唐　提供）

2020年11月23日，中国华电自主研发的“华电睿蓝”自主可控智能分散控制系统（DCS）在华电芜湖电厂660MW超超临界机组成功投运，实现国内自主可控DCS在超超临界火电机组上的首次示范应用和全厂一体化控制。

（中国华电　提供）

2020年12月1日，由中国电建所属华中院设计的河南省周口燃气—蒸汽联合循环热电厂工程获2020年度国家优质工程奖。

（中国电建华中院　提供）

2020年12月1日，由中国电建所属江西水电公司承建的江西神华九江电厂2×1000MW新建工程荣获2019—2020年度国家优质工程奖。

（江西水电公司　提供）

2020年12月10日，中国电建所属山东电建一公司参建的山西省晋能大土河2×350MW低热值煤热电联产工程荣获2019—2020年度中国安装工程优质奖（中国安装之星）。

（崔荣林　摄）

2020年12月16日，中国电建所属上海电建公司承建的世界首台1350MW发电机组申能安徽平山电厂二期工程一次并网成功。

（朱佩明　摄）

2020年5月26日，中国电建水电七局承建的世界第二、国内在建最大的灯泡贯流式机组群——岷江犍为航电枢纽工程首台机组并网发电。

（中国电建水电七局　提供）

2020年6月11日，中国电建所属水电一局、水电八局、水电十四局参建的深圳4×300MW抽水蓄能电站工程荣获“2020年度中国电力优质工程”称号，12月1日荣获国家优质工程奖。

（中国电建水电一局　提供）

2020年6月22日，由中国电建昆明院设计，水电基础局、水电七局、水电十四局参建的世界首座堰塞坝综合水利枢纽工程——云南鲁甸红石岩水电站首台机组正式投产发电。

（刘星　摄）

2020年6月29日，由中国电建所属水电七局参建装机规模中国第四、世界第七的“巨无霸”工程——乌东德水电站首批机组正式投产发电。

（中国电建水电七局　提供）

2020年6月、12月，由中国电建所属水电五局、水电十二局参建的江苏溧阳6×250MW抽水蓄能电站工程分别荣获“中国电力优质工程奖”及“国家优质工程金质奖”。

（中国电建水电十二局 提供）

2020年7月25日，中国电建所属中南院承担勘测设计的江坪河水电站（装机容量2×225MW）投产发电。江坪河大坝最大坝高219m，是目前世界已建第三高面板堆石坝。

（王国辉 摄）

2020年9月22日，中国电建所属成都院勘察设计的四川大渡河大岗山水电站荣获第十七届中国土木工程詹天佑奖。

（中国电建成都院　提供）

2020年10月13日，由中国电建所属水电十局承建的新疆阿克苏地区最大水电站——亚曼苏水电站4台机组（总装机容量244MW）全部投产发电。

（李宗宗　摄）

2020年11月15日，基于国产CPU和操作系统的新一代"华电睿信"水电智能监控系统成功在华电贵州构皮滩水电站600MW机组投运，标志着国内水电控制系统在大型水电站上实现了自主可控的成熟应用。

（中国华电　提供）

2020年12月3日，黄河上游第一座鱼道工程——班多水电站鱼道及生态放水设施工程通过竣工验收。

（戚志军　摄）

2020年12月29日，中国电建水电十六局承建的吉林丰满水电站全面治理（重建）工程投入运行。

（徐月明　摄）

2020年2月28日，海阳核电历时44.73天完成1号机组5815项检修及试验项目，一次并网成功，创造了国内核电机组首次换料大修最短工期纪录。

（国家电投 提供）

2020年6月12日，中国电建所属重庆工程公司承建的江西省吉安市华能永丰高龙山风电场80MW工程获评“中国电力优质工程奖”。

（蔡豪 摄）

2020年9月27日，黄河公司建设的青海省海南州青豫直流±800kV特高压外送通道配套4050MW新能源项目——海南州切吉乡1300MW风电项目并网发电。

（蒋力 摄）

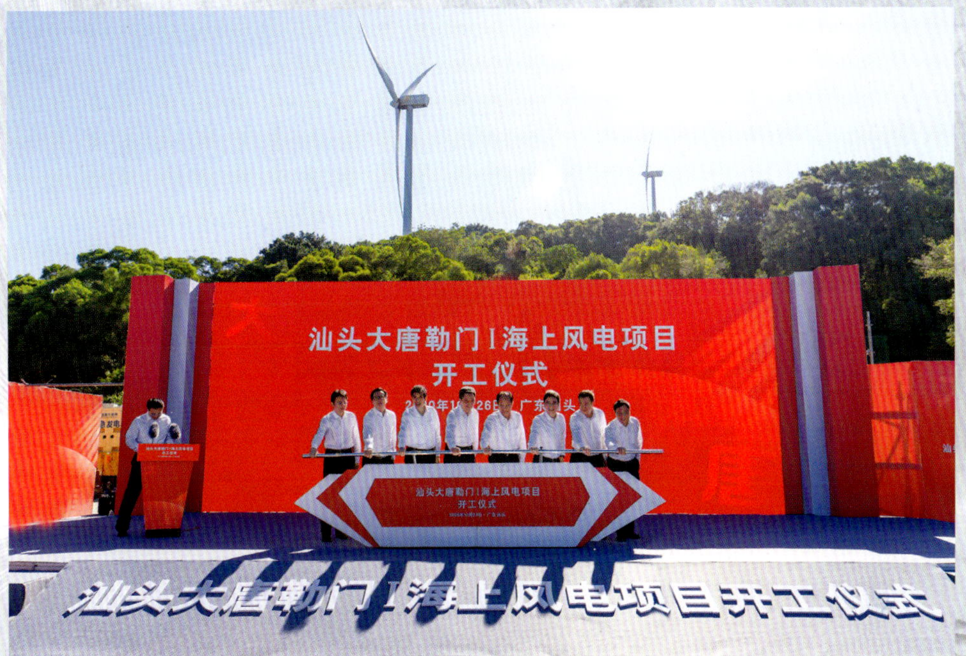

2020年10月26日，广东省粤东地区首批海上风电示范项目——汕头大唐勒门Ⅰ海上风电项目开工。

（中国大唐　提供）

2020年11月25日，全国首个零碳供暖城市创建项目——海阳核电二期450万m^2核能供热项目正式启动，同时世界首个水热同传实践工程——海阳核电水热同传创新示范项目正式投运。

（国家电投　提供）

2020年11月28日，中国电建核电公司建设的国家首批光热电站示范项目青海共和项目（装机容量50MW）通过240h试运行。（中国电建核电公司 提供）

2020年12月1日，由中国电建所属华东院承担勘察设计、华东咨询公司监理的浙江国电舟山普陀6号海上风电场2区工程获国家优质工程金质奖。(中国电建华东院 提供)

2020年12月2日，国内单台装机容量最大的楼宇分布式项目广东华电广州万博中央商务区分布式能源站3台机组全部完成（72+24）h满负荷试运行，正式投产运营。（中国华电 提供）

2020年12月15日，由中国电建所属江西水电公司承建的大唐江西抚州临川区260MW渔光互补光伏项目顺利并网，实现全容量发电。

（谭剑 摄）

2020年12月23日，河北公司张家口战石沟光伏电站250kW/1.5MWh铁-铬液流电池储能示范项目正式投入试运行，标志着国家电投自主研发的储能技术正式投入应用。

（国家电投 提供）

2020年12月31日，中国电建所属水电十二局承建的国内最大滩涂光伏发电项目宁波象山长大涂300MW滩涂光伏发电工程首批光伏单元成功并网发电。

（中国电建水电十二局 提供）

输变电工程

2020年2月28日，陕北至湖北±800kV特高压直流工程开工，图为工程跨越黄河。
（雷泽浩　摄）

2020年4月30日，昆柳龙直流工程广东受端交流配套工程提前建成，新架设的昆柳龙交流配套线路在群山间逶迤绵延。
（陈玉俊　摄）

2020年5月19日，全国电压等级最高的智慧变电站——220kV滆湖变电站在常州建成投运。
（国网江苏电力　提供）

2020年5月29日，中国电建所属福建院设计的世界电压等级最高的柔直换流站之一——±500kV康巴诺尔河换流站投运。

（罗晓东　摄）

2020年6月11日，由南方电网公司投资建设的世界首个±500kV三端直流工程——云贵互联通道工程顺利竣工，并一次性实现三端双极投产，标志着云南与贵州两省形成电力互联互济综合体。

（贵州电网公司　提供）

2020年6月28日1时36分，《长江三角洲区域一体化发展规划纲要》重点基础设施建设项目——东吴1000kV变电站江苏侧第三台主变压器扩建工程成功通过系统调试，新建的东吴站2号主变压器开始72 h试运行，7月1日试运行结束并投入正式运行。

（国网江苏电力　提供）

2020年6月29日，世界首个柔性直流电网工程——国家电网张北柔性直流电网试验示范工程顺利投运。图为南瑞集团研制的±535kV/3000MW柔性直流换流阀。

（南瑞集团　提供）

2020年7月1日，在甘肃省武威市古浪县土门镇，西北首次±1100kV特高压输电线路高海拔带电作业刷新世界纪录。

（国网甘肃电力　提供）

2020年7月15日，中国电建所属上海电建公司参建的世界首个以输送新能源为主的特高压输电通道——青海—河南±800kV特高压直流输电工程启动送电。

（上海电建公司　提供）

2020年7月17日，阿勒泰至准北750kV输电线路全线贯通，750kV线路延伸至新疆最北端。图为电力人员正在进行验收走线。
（胡晓武　摄）

2020年8月29日，张北—雄安1000kV特高压交流输变电工程正式投运，该工程架起了连接河北省张家口和雄安新区的“绿色电力通道”。图为南瑞集团自主研发的1000kV特高压交流可控并联电抗器。
（南瑞集团　提供）

2020年9月16日，南方电网公司首座数字孪生变电站——海南电网公司220kV大英山数字孪生变电站建设完成。
（莫娟　摄）

2020年11月20日，国网乌鲁木齐供电公司员工在三宫变电站110kV电力地下管廊调试智能巡检机器人。

（宋德义　摄）

2020年11月25日，新疆送变电公司员工在750kV凤乌线首次使用无人机开展自主巡检。

（胡晓武　摄）

2020年12月1日，由中国电建所属江西水电公司承建、水电十四局参建的滇西北至广东±800kV特高压直流输电线路工程荣获2019—2020年度国家优质工程金质奖。

（中国电建江西水电公司　提供）

2020年12月10日，白鹤滩—江苏±800kV特高压直流工程开工。该工程全长2087km，总投资307亿元，计划于2022年投运。
（国网四川电力 提供）

2020年12月10日，贵州铜仁500kV碧江变电站荣获2019—2020年度中国安装工程优质奖（中国安装之星）。
（贵州电网公司　提供）

2020年12月18日，世界首个柔性短路电流抑制示范工程在浙江宁波完成人工短路试验。
（刘广扩　摄）

2020年12月27日，乌东德水电站送电广东广西特高压多端柔性直流示范工程投运，图片由上至下分别为龙门换流站直流场、柳北换流站直流场和昆北换流站。

（南方电网超高压输电公司　提供）

2020年12月30日，青海至河南±800kV特高压直流工程全面投运。

（国网青海电力　提供）

2020年3月5日，海南电网公司陵水供电局员工在疫情期间为摊主宣传用电安全常识并对用电设备进行安全检查。

（海南电网公司　提供）

2020年3月24日，国网甘肃电力与甘肃省公安厅签订深化警企战略合作框架协议。

（国网甘肃电力　提供）

2020年4月1日，由黔能公司投资运营的贵阳北站充电服务中心投入运行，这是西南地区当前最大的集中式充换电站。

（贵州电网公司　提供）

2020年4月1日，新疆和田地区首个抵边村电网升级改造工程和田县喀什塔什乡奥米夏村工程竣工送电。图为工程技术人员在合闸通电后入户检查用电设备。

（许晓龙　摄）

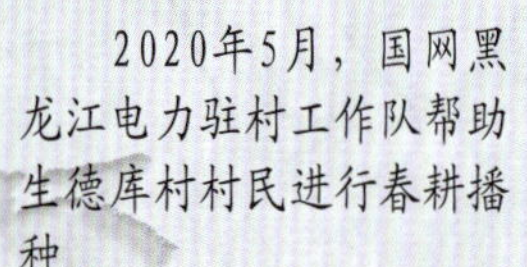

2020年5月，国网黑龙江电力驻村工作队帮助生德库村村民进行春耕播种。

（范文涛　摄）

2020年6月24日，国网西安供电公司组织开展“消费扶贫　国网情深”献爱心集中购买扶贫农产品活动。

（国网陕西电力　提供）

2020年6月30日，中国大唐举办“云端相聚，一网相连”英文网站启动仪式。

（中国大唐　提供）

2020年7月9日，昆柳龙直流工程劳动竞赛现场推进会在惠州龙门换流站召开。

（南方电网公司　提供）

2020年7月23日，贵州电网公司举办2020年“国企开放日”活动，同时发布第11份社会责任报告——2019年社会责任实践报告。图为贵州电网公司社会责任报告内容在贵阳地铁一号线观山湖站进行展示。

（贵州电网公司　提供）

2020年7月23日，海南电网公司文昌供电局为保障“天问一号”探测器顺利发射，保供电人员用无人机巡视发射保供电线路。

（朱玉　摄）

2020年9月23日，吉林通化供电公司集安市供电中心党员服务队在钱湾村民宿为用户检查用电设备。

（国网吉林电力　提供）

2020年9月23日，国网北京电力城区公司保障人员在天安门广场进行供电排查，全力保障节日供电。

（林峰　梁静　摄）

2020年9月28～29日，贵州电网公司第一届"匠心杯"工器具创新大赛暨第三届职工技术创新成果展在万家灯火众创空间红枫校区成功举办。

（贵州电网公司　提供）

2020年9月29日，国网山东电力客户服务中心员工热情服务客户。

（国网山东电力　提供）

2020年10月24日，贵州电网公司获中国创新方法大赛贵州赛区27个奖项，为获奖最多的单位。

（贵州电网公司　提供）

2020年10月28日下午，广东湛江500kV芷寮输变电工程临时党支部第一次党员大会在500kV芷寮输变电工程项目部顺利召开。

（广东电网公司　提供）

2020年11月4日，国网浙江电力与浙江红船干部学院战略合作签约暨“红船精神、电力传承”主题馆揭牌仪式在嘉兴举行。

（陈聪　摄）

2020年11月7日，2020年全国电力职工网球友谊赛在北京开幕。

（中电联　提供）

2020年11月10日，国网满洲里供电公司营业厅客服人员用俄语为俄罗斯客户答疑解惑。

（国网蒙东电力 提供）

2020年11月17日，四川省人民政府批准凉山州美姑县退出贫困县行列。至此，国家电投承担的3个国家级定点扶贫县（四川美姑、河南商城、陕西延川）、1个对口援青县、100个对口帮扶村全部脱贫，标志着国家电投全面完成“十三五”扶贫援助任务。

（国家电投 提供）

2020年11月21日，国网吉林供电公司党员突击队对10kV乔东线开展抗冰保电故障抢修作业。

（国网吉林电力 提供）

韩 涌

张波涛

2020年11月24日，在人民大会堂举行的2020年全国劳动模范和先进工作者表彰大会上，江苏大唐国际吕四港发电有限责任公司设备检修部继电保护专业副主任韩涌、广西桂冠龙滩水力发电厂设备维护部副主任张波涛2人被授予全国劳动模范荣誉。

（中国大唐　提供）

2020年12月22～25日，"浙能杯"第三届全国电力职工摄影大展暨全国电力行业"抗疫保电""脱贫攻坚"摄影作品展在北京举行。

（中电联　提供）

2020年12月24日，国家电网有限公司西北分部开展党建联创，助力乡村振兴活动，来到分部扶贫点周至县焦镇村调研慰问。

（国网西北分部　提供）

2020年12月，长江流域重庆段三峡游实现主要游轮码头岸电全覆盖。图为重庆朝天门码头岸电的供电浮趸。

（国网重庆电力　提供）

《中国电力年鉴》编委会

《2021 中国电力年鉴》

《中国电力年鉴》编辑部

特约撰稿人（按姓氏笔画排序）

丁林　丁静　丁石生　于汀　于永炎　于亚柱　于壮状
于松泰　万涛　万正海　马艺　马海洋　王宁　王盼
王莹　王健　王爽　王越　王惠　王媛　王璞
王蕾　王灏　王鑫　王小春　王长周　王庆杰　王志芳
王秀龙　王金宇　王珊丹　王庭军　王振华　王晓刚　王晓茜
王晓璐　王雅丽　王鹏远　韦晓丹　韦德福　毛育冬　公锐
孔乾烨　龙云　叶长鑫　叶伏虎　田甜　田浩毅　付煜疆
包丹阳　包北方　冯晔　冯颖惠　宁昕　司良奇　邢蕊
成鹏昆　毕鹏翔　吕昕　吕雯　任熙　刘严　刘沙
刘胜　刘亮　刘勇　刘浩　刘琪　刘磊　刘之阳
刘丹青　刘明胜　刘春培　刘盈斐　刘葳蕤　刘雁斌　刘碧文
闫雨　闫隆斌　许为宁　阮少宝　孙田　孙涛　孙涵
孙天祎　孙建锋　纪鹏　严丽华　苏玲　李刚　李庆
李阳　李杨　李明　李炜　李珂　李涛　李斌
李鹏　李心易　李生新　李兆鹏　李青春　李国柱　李得时
李瑞雪　李蕴华　杨倞　杨猛　杨军飞　杨志宏　杨春雪
杨俊浩　杨博瀚　杨鹏云　邴颂东　吴明浩　吴海明　邱威
何飞　何胜　何运鹏　何润生　余国太　谷鸣　沈亮
沈馨蕊　宋莉　张申　张屹　张冰　张宇　张丽
张虎　张妮　张轶　张猛　张强　张麒　张小翠
张卫民　张友富　张玉鹏　张立伟　张会旭　张兴华　张兴辉
张宇超　张若鹏　张学渊　张建华　张晓东　张晓亮　张海鹏
张家琪　张嗣欣　张耀坤　陈杰　陈晖　陈燕　陈冬亮
陈佳煦　陈春福　陈桂新　陈原子　范晓虹　尚伟亮　罗超群
金焱　周俊　周小柯　郑子旋　郑雪胜　郑媛媛　宗佳慧
赵晔　赵大平　赵永华　赵苗苗　赵国富　赵海翔　郝润
郝露　胡波　胡冬梅　胡星明　胡脩实　柳晓萌　哈福申

侯　伟	侯雁初	俞　岚	逄　凯	祝为平	贺　磊	秦诗琼
秦耀文	袁　娜	袁国民	袁福生	夏　春	夏　雪	晏凌斌
徐　乾	徐东博	徐玲铃	徐俊波	徐鹏飞	般　般	栾凤奎
高　阳	高　莹	高　澈	高一蓉	高晓兰	高海峰	高鹏路
陶志军	黄　睿	黄　璐	黄军生	黄晓天	黄敏婵	梅寒洁
曹　祎	曹爱民	盛　兴	盛建华	常　波	崔　昊	梁　昊
董　彬	董晓亮	蒋　励	韩　勇	韩廷海	程军生	赖广秀
雷　颖	雷定演	詹绪海	解晓东	褚立杰	蔡靖波	管庆佳
廖　爽	廖丽莎	翟　斌	缪莉庆	颜辉轩	薛振宇	薛晓军
霍继宝	戴　佳	魏　平	魏中华			

编 辑 说 明

1.《中国电力年鉴》（简称《年鉴》）于1993年创刊，已连续出版27期，是一本融史实性、资料性为一体的专业年鉴，也是一本全面实用，文、图、表并茂的综合性大型年刊。其主要服务对象为从事电力科研、生产、建设、经营管理的有关人员，以及与电力相关的政府和企事业单位的有关人员。

2. 本《年鉴》的编纂指导思想为：围绕电力工业改革与发展的主线，全面记载电力工业发展与改革、规划与建设、科技进步、国际合作等各方面的成就和工作。

3. 本《年鉴》是在国家能源局的领导和中国电力企业联合会的支持下，由中国电力发展促进会组织国家电网有限公司、中国南方电网有限责任公司、中国华能集团有限公司、中国大唐集团有限公司、中国华电集团有限公司、国家电力投资集团有限公司、国家能源投资集团有限责任公司等共同编写的。《年鉴》编委会由国家能源局、中国电力企业联合会、两大电网公司、五大发电集团公司、两个建设集团公司，以及其他电力相关企业的主要负责人组成，并作为《中国电力年鉴》的领导机构，决定《年鉴》编辑出版的指导思想和主要内容。

4. 本期《年鉴》主要收录了2020年中国电力工业各方面所取得的成绩，重点反映了2020年电力工业发展与改革、电力建设、科技创新、国际合作、社会责任等内容。本期《年鉴》在框架结构上做了适当调整，调整的篇目和栏目情况如下："产业政策”栏目恢复为“法律法规及产业政策”；“电力发展与改革”篇目增设“电力规划”栏目；“科技创新”篇目增加“电力标准化”栏目。

5. 本期《年鉴》的框架结构由篇目、栏目、条目3个层次组成，设有特载，电力发展与改革，电力建设，科技创新，国际合作，社会责任，行业管理，电力会议，学术团体与行业学协会，科研、教育与新闻出版，电力企业，地区电力，大事记，文献，统计资料等篇目。本期《年鉴》仍采用文章和条目两种体裁，以条目为主，并配有具有史料价值的彩图120余幅。为方便读者检索和查阅，本《年鉴》正文前有中文目录和彩图目录，正文后有内容索引。

6. 本《年鉴》实行文责自负。《年鉴》框架设计及文章类条目均由编委会审定，条目内容、数据、彩图等均由撰稿单位校核及审定。需说明的是，本《年鉴》统计资料及有关全国数据的图表等一般未包括我国台湾省和港澳地区的数据。

篇　　目

目　录

电力建设

科技创新

社会责任

行业管理

电力会议

电力企业

大事记

文　献

统计资料

附　录

索　引

企业风采

彩 图 目 录

重要电力事件

2020 年 1 月 2 日，广东电网公司广州供电局举行揭牌仪式，正式改制成为广东电网公司的分公司。

（广东电网公司　提供）

2020 年 4 月 21 日，南方电网公司知识产权运营中心揭牌。

（赖增鹏　摄）

2020 年 5 月 21 日，国网华北分部圆满完成全国政协会议开幕保电任务。

（刘桂箐　摄）

2020 年 6 月 19 日，新一代电动汽车充电技术中日联合发布会成功召开。

（中电联　提供）

2020 年 6 月 22 日，2020 年西北电网迎峰度夏暨大面积停电联合反事故演练成功举行。

（国网西北分部　提供）

2020 年 7 月 31 日，东莞供电局电力设备检测中心举行投产揭牌仪式，标志着南方电网最大的全智能设备检测中心于广东东莞落成。

（杨金玲　摄）

2020 年 8 月 5 日，国家电网有限公司董事长、党组书记毛伟明，吉林省副省长李伟一行莅临东北电力大学考察指导。

（东北电力大学　提供）

2020 年 8 月 15 日，由 IEC 中国国家委员会指导，南瑞集团承办的国际电工委员会（IEC）电力网络管理分技术委员会（SC 8C）成立新闻发布会在南京召开，同时举行了 IEC/SC 8C 秘书处单位授牌仪式。

（南瑞集团　提供）

2020 年 8 月 15～21 日，国际工程科技发展战略高端论坛暨第五届紫金论电国际学术研讨会在南京召开。

（南瑞集团　提供）

2020 年 8 月 19～20 日，中国电力企业联合会智能发电标准化工作组成立暨第一次工作会议在成都召开。

（中电联　提供）

2020 年 8 月 20 日，国家电网有限公司董事长、党组书记毛伟明一行在成都拜会四川省委书记彭清华，省委副书记、省长尹力，并签署战略合作框架协议。

（国网四川电力　提供）

2020 年 8 月 25 日，南方电网公司党校（领导力学院、培训中心）举行揭牌仪式。

（赖增鹏　摄）

2020 年 8 月 28 日，国网黑龙江电力与龙煤集团签署供电分离移交框架协议，彻底解决黑龙江省国有企业转供电的历史遗留问题。

（毕宏达　摄）

2020 年 9 月 15 日，中国国际智能产业博览会在重庆开幕，图为国家电网公司在线空间展位。

（国网重庆电力　提供）

2020 年 9 月 16 日，青海省清洁能源持续发展推进会在西宁成立。

（王国栋　摄）

2020 年 9 月 26 日，能源互联网形态下多元融合高弹性电网高端研讨会在杭州成功举办，国网浙江电力在会上作主旨演讲。

（陈聪　摄）

2020 年 9 月 28 日，国家电投在上海核工院建院 50 周年暨三代核电自主化成果新闻发布会上发布中国三代核电自主化标志性成果——中国自主核电技术品牌、世界先进三代核电型号“国和一号”。

（国家电投　提供）

2020 年 9 月 28 日，广东省新能源电力系统智能运行与控制企业重点实验室正式挂牌。

（南网科研院　提供）

2020 年 9 月 28～29 日，由南方电网公司主办的第二届澜湄区域电力合作中资企业沟通合作峰会在云南昆明举行。

（徐苕林　摄）

2020 年 10 月 8 日，水库大坝和水电站智能建造与运行学术交流会在大渡河公司举行。

（国家能源集团　提供　张琦　摄）

2020 年 10 月 16 日，国家电网公司与新疆维吾尔自治区人民政府在乌鲁木齐签署战略合作框架协议。

（国网新疆电力　提供）

2020 年 11 月 10 日，以“全球能源合作——智慧能源引领能源革命”为主题的 2020 年全球智慧能源高峰论坛在南京举办，国家电投党组书记、董事长钱智民在会上作主旨演讲。

（国家电投　提供）

2020 年 11 月 16～17 日，电力行业网络安全攻防邀请赛总决赛在广州举行。

（中电联　提供）

2020 年 11 月 20 日，“十四五”能源电力转型发展论坛暨南网能源院 2020 年度研究成果发布会在广州举行。

（南网能源院　提供）

2020 年 12 月 3 日，国网蒙东电力荣获第 45 届国际质量管理小组大赛最高奖——铂金奖。

（国网蒙东电力　提供）

2020 年 12 月 17 日，电力行业人才发展服务平台发布会在北京召开。

（中电联　提供）

2020 年 12 月 23 日，中国大唐集团有限公司与印尼金光集团以视频形式举行 PMU 公司股权交割仪式。

（中国大唐　提供）

抗击疫情

2020 年 1 月 26 日，全国第二家获准生产负压隔离仓企业——江苏日新医疗设备有限公司节后恢复生产，国网苏州张家港供电公司职工上门检查供电设备情况，全力保障企业复产。

（国网江苏电力　提供）

2020 年 1 月 30 日，中国电建所属湖北装备公司将第一批配电物资送抵火神山医院。

（中国电建湖北装备公司　提供）

2020 年 1 月 31 日，国网济南供电公司为章丘马山医院进行电力增容改造，确保医院持续用电。

（国网山东电力　提供）

2020 年 2 月初，南网传媒员工协助海外志愿者采购一批医疗救援物资捐赠回国。

（南网传媒　提供）

2020 年 2 月，在武汉新冠疫情封城期间坚守岗位的国网华中分部调控中心主任王斌接受央视采访。

（国网华中分部　提供）

2020 年 3 月 3 日，“三江水暖　一‘网’情深”国网青海电力慰问湖北物资从西宁启程。

（汪晓刚　摄）

2020 年 4 月 26 日，国网华中分部 18 名调度员在武汉新冠疫情期间为保障电网安全运行集中封闭管理 91 天后迎来解封时刻。

（刘星灿　摄）

2020 年 4 月，@南网 50Hz 和小林漫画联合出品抗疫纪念漫画册《我们在一起》。

（南网数传　提供）

2020 年 5 月 11 日，国网北京电力小汤山医院青年突击队保障团队全力做好供电保障。

（李强　摄）

2020 年 7 月 20 日，国网乌鲁木齐供电公司幸福供电所党员服务队为幸福花园小区核酸检测点安装临时照明。

（宋德义　摄）

2020 年 9 月 8 日，国网兰溪市供电公司员工胡芳获评全国抗击新冠肺炎疫情先进个人，并在人民大会堂前留念。

（包涛　摄）

国际合作与交流

2020 年 4 月 24 日，三峡集团控股长江电力发布公告，以 35.9 亿美元的基础交易价格收购秘鲁 Luz Del Sur 配电公司 83.6%股权顺利完成交割。

（三峡集团　提供）

2020 年 5 月 8 日，中国电建所属水电十四局承建的中国对外援建最大水电站布隆迪胡济巴济水电站（装机容量 3×500MW）实现二期截流。

（中国电建水电十四局　提供）

2020 年 6 月 2 日，中国电建所属水电八局承建的厄瓜多尔美纳斯水电站（装机容量 3×90MW）土建工程完成最终移交。

（刘超　摄）

2020 年 6 月 11 日，中国电建集团所属港航公司、水电七局、电建市政公司、山东电建三公司承建的巴基斯坦卡西姆港 2×660MW 燃煤电站工程荣获“2020 年度中国电力优质工程”称号；12 月 1 日，荣获国家优质工程奖（境外奖）。

（杜学广　摄）

2020 年 8 月 28 日，中国电建所属上海院设计的全球海拔最高（平均海拔 4020m）、电压等级最高升压站——阿根廷胡胡伊省 Cauchari 345kV 升压站一次带电成功。

（中国电建上海院　提供）

2020 年 9 月 13 日，中国电建所属水电十四局承建的中国对外援建最大水电站布隆迪胡济巴济电站项目返岗员工抵达布隆迪经济首都布琼布拉市，完成核酸检测隔离后，全面开展项目复工复产工作。

（赵玉宝　摄）

2020年11月14日，由中国电建承建的阿根廷赫利俄斯风电项目群米拉玛尔风电项目29台风机全部并网发电。

（中国电建国际公司　提供）

2020年11月16日，中国电建集团所属山东电建三公司承建的缅甸皎喜项目荣获“2020年度亚洲电力最佳快速电站金奖”和“2020年度亚洲电力天然气电站金奖”两项桂冠。

（李强　摄）

2020年11月27日，中老铁路老挝段外部供电项目二标段架线开工仪式在老挝乌多姆赛省举行。

（南方电网云南国际　提供）

2020年12月1日，中国电建所属山东电建三公司EPC总承包的摩洛哥努奥三期150MW塔式光热电站工程荣获国家优质工程金奖（境外奖）。

（杜学广　摄）

发电·火力发电

2020年1月6日，大唐国际雷州电厂“上大压小”新建工程2×1000MW燃煤发电项目2号机组投产。

（中国大唐　提供）

2020年5月22日，由中国电建所属河北院设计的贵州兴义煤电铝一体化项目（装机容量4×350MW）2号机组顺利完成168h试运行，正式移交生产。

（卞国庆　摄）

2020年6月11日，由中国电建所属华中院设计的河南省濮阳龙丰2×660MW“上大压小”新建工程获2020年度中国电力优质工程奖。

（华中院　提供）

2020年6月14日，具有世界领先水平的国内首台H级重型燃机、单机容量最大、效率最高的冷热电三联供项目——华电福新广州能源有限公司1号机组在广州顺利投产。

（中国华电　提供）

2020年11月11日18时18分，大唐东营发电有限公司1号机组——世界首台百万千瓦超超临界、二次再热、六缸六排汽燃煤发电机组顺利完成168h满负荷试运行；12月1日，大唐东营2×1000MW超超临界二次再热燃煤发电机组工程列入国家能源局发布的能源领域首台（套）重大技术装备项目清单。

（中国大唐　提供）

2020年11月23日，中国华电自主研发的“华电睿蓝”自主可控智能分散控制系统（DCS）在华电芜湖电厂660MW超超临界机组成功投运，实现国内自主可控DCS在超超临界火电机组上的首次示范应用和全厂一体化控制。

（中国华电　提供）

2020年12月1日，由中国电建所属华中院设计的河南省周口燃气—蒸汽联合循环热电厂工程获2020年度国家优质工程奖。

（中国电建华中院　提供）

2020年12月1日，由中国电建所属江西水电公司承建的江西神华九江电厂2×1000MW新建工程荣获2019—2020年度国家优质工程奖。

（江西水电公司　提供）

2020年12月10日，中国电建所属山东电建一公司参建的山西省晋能大土河2×350MW低热值煤热电联产工程荣获2019—2020年度中国安装工程优质奖（中国安装之星）。

（崔荣林　摄）

2020年12月16日，中国电建所属上海电建公司承建的世界首台1350MW发电机组申能安徽平山电厂二期工程一次并网成功。

（朱佩明　摄）

发电·水力发电

2020年5月26日，中国电建水电七局承建的世界第二、国内在建最大的灯泡贯流式机组群——岷江犍为航电枢纽工程首台机组并网发电。

（中国电建水电七局　提供）

2020年6月11日，中国电建所属水电一局、水电八局、水电十四局参建的深圳4×300MW抽水蓄能电站工程荣获“2020年度中国电力优质工程”称号，12月1日荣获国家优质工程奖。

（中国电建水电一局　提供）

2020年6月22日，由中国电建昆明院设计，水电基础局、水电七局、水电十四局参建的世界首座堰塞坝综合水利枢纽工程——云南鲁甸红石岩水电站首台机组正式投产发电。

（刘星　摄）

2020年6月29日，由中国电建所属水电七局参建装机规模中国第四、世界第七的“巨无霸”工程——乌东德水电站首批机组正式投产发电。

（中国电建水电七局　提供）

2020年6月、12月，由中国电建所属水电五局、水电十二局参建的江苏溧阳6×250MW抽水蓄能电站工程分别荣获“中国电力优质工程奖”及“国家优质工程金质奖”。

（中国电建水电十二局　提供）

2020年7月25日，中国电建所属中南院承担勘测设计的江坪河水电站（装机容量2×225MW）投产发电。江坪河大坝最大坝高 219m，是目前世界已建第三高面板堆石坝。

（王国辉 摄）

2020 年 9 月 22 日，中国电建所属成都院勘察设计的四川大渡河大岗山水电站荣获第十七届中国土木工程詹天佑奖。

（中国电建成都院 提供）

2020 年 10 月 13 日，由中国电建所属水电十局承建的新疆阿克苏地区最大水电站——亚曼苏水电站 4 台机组（总装机容量 244MW）全部投产发电。

（李宗宗 摄）

2020 年 11 月 15 日，基于国产 CPU 和操作系统的新一代“华电睿信”水电智能监控系统成功在华电贵州构皮滩水电站 600MW 机组投运，标志着国内水电控制系统在大型水电站上实现了自主可控的成熟应用。

（中国华电 提供）

2020 年 12 月 3 日，黄河上游第一座鱼道工程——班多水电站鱼道及生态放水设施工程通过竣工验收。

（戚志军 摄）

2020 年 12 月 29 日，中国电建水电十六局承建的吉林丰满水电站全面治理（重建）工程投入运行。

（徐月明 摄）

发电·核能及新能源发电

2020 年 2 月 28 日，海阳核电历时 44.73 天完成 1 号机组 5815 项检修及试验项目，一次并网成功，创造了国内核电机组首次换料大修最短工期纪录。

（国家电投 提供）

2020 年 6 月 12 日，中国电建所属重庆工程公司承建的江西省吉安市华能永丰高龙山风电场 80MW 工程获评“中国电力优质工程奖”。

（蔡豪 摄）

2020 年 9 月 27 日，黄河公司建设的青海省海南州青豫直流±800kV 特高压外送通道配套 4050MW 新能源项目——海南州切吉乡 1300MW 风电项目并网发电。

（蒋力 摄）

2020 年 10 月 26 日，广东省粤东地区首批海上风电示范项目——汕头大唐勒门Ⅰ海上风电项目开工。

（中国大唐 提供）

2020 年 11 月 25 日，全国首个零碳供暖城市创建项目——海阳核电二期 450 万 m^2 核能供热项目正式启动，同时世界首个水热同传实践工程——海阳核电水热同传创新示范项目正式投运。

（国家电投 提供）

2020 年 11 月 28 日，中国电建核电公司建设的国家首批光热电站示范项目青海共和项目（装机容量 50MW）通过 240h 试运行。

（中国电建核电公司 提供）

2020 年 12 月 1 日，由中国电建所属华东院承担勘察设计、华东咨询公司监理的浙江国电舟山普陀 6 号海上风电场 2 区工程获国家优质工程金质奖。

（中国电建华东院 提供）

2020 年 12 月 2 日，国内单台装机容量最大的楼宇分布式项目广东华电广州万博中央商务区分布式能源站 3 台机组全部完成（72＋24）h 满负荷试运行，正式投产运营。

（中国华电 提供）

2020 年 12 月 15 日，由中国电建所属江西水电公司承建的大唐江西抚州临川区 260MW 渔光互补光伏项目顺利并网，实现全容量发电。

（谭剑 摄）

2020 年 12 月 23 日，河北公司张家口战石沟光伏电站 250kW/1.5MWh 铁—铬液流电池储能示范项目正式投入试运行，标志着国家电投自主研发的储能技术正式投入应用。

（国家电投 提供）

2020 年 12 月 31 日，中国电建所属水电十二局承建的国内最大滩涂光伏发电项目宁波象山长大涂 300MW 滩涂光伏发电工程首批光伏单元成功并网发电。

（中国电建水电十二局 提供）

输变电工程

2020 年 2 月 28 日，陕北至湖北±800kV 特高压直流工程开工，图为工程跨越黄河。

（雷泽浩 摄）

2020 年 4 月 30 日，昆柳龙直流工程广东受端交流配套工程提前建成，新架设的昆柳龙交流配套线路在群山间逶迤绵延。

（陈玉俊 摄）

2020 年 5 月 19 日，全国电压等级最高的智慧变电站——220kV 滆湖变电站在常州建成投运。

（国网江苏电力 提供）

2020 年 5 月 29 日，中国电建所属福建院设计的世界电压等级最高的柔直换流站之一——±500kV 康巴诺尔河换流站投运。

（罗晓东 摄）

2020 年 6 月 11 日，由南方电网公司投资建设的世界首个±500kV 三端直流工程——云贵互联通道工程顺利竣工，并一次性实现三端双极投产，标志着云南与贵州两省形成电力互联互济综合体。

（贵州电网公司 提供）

2020年6月28日1时36分，《长江三角洲区域一体化发展规划纲要》重点基础设施建设项目——东吴1000kV变电站江苏侧第三台主变压器扩建工程成功通过系统调试，新建的东吴站2号主变压器开始72h试运行，7月1日试运行结束并投入正式运行。

（国网江苏电力　提供）

2020年6月29日，世界首个柔性直流电网工程——国家电网张北柔性直流电网试验示范工程顺利投运。图为南瑞集团研制的±535kV/3000MW柔性直流换流阀。

（南瑞集团　提供）

2020年7月1日，在甘肃省武威市古浪县土门镇，西北首次±1100kV特高压输电线路高海拔带电作业刷新世界纪录。

（国网甘肃电力　提供）

2020年7月15日，中国电建所属上海电建公司参建的世界首个以输送新能源为主的特高压输电通道——青海—河南±800kV特高压直流输电工程启动送电。

（上海电建公司　提供）

2020年7月17日，阿勒泰至准北750kV输电线路全线贯通，750kV线路延伸至新疆最北端。图为电力人员正在进行验收走线。

（胡晓武　摄）

2020年8月29日，张北—雄安1000kV特高压交流输变电工程正式投运，该工程架起了连接河北省张家口和雄安新区的“绿色电力通道”。图为南瑞集团自主研发的1000kV特高压交流可控并联电抗器。

（南瑞集团　提供）

2020年9月16日，南方电网公司首座数字孪生变电站——海南电网公司220kV大英山数字孪生变电站建设完成。

（莫娟　摄）

2020年11月20日，国网乌鲁木齐供电公司员工在三宫变电站110kV电力地下管廊调试智能巡检机器人。

（宋德义　摄）

2020年11月25日，新疆送变电公司员工在750kV凤乌线首次使用无人机开展自主巡检。

（胡晓武　摄）

2020年12月1日，由中国电建所属江西水电公司承建、水电十四局参建的滇西北至广东±800kV特高压直流输电线路工程荣获2019—2020年度国家优质工程金质奖。

（中国电建江西水电公司　提供）

2020年12月10日，白鹤滩—江苏±800kV特高压直流工程开工。该工程全长2087km，总投资307亿元，计划于2022年投运。

（国网四川电力　提供）

2020年12月10日，贵州铜仁500kV碧江变电站荣获2019—2020年度中国安装工程优质奖（中国安装之星）。

（贵州电网公司　提供）

2020年12月18日，世界首个柔性短路电流抑制示范工程在浙江宁波完成人工短路试验。

（刘广扩　摄）

2020年12月27日，乌东德水电站送电广东广西特高压多端柔性直流示范工程投运，图片由上至下分别为龙门换流站直流场、柳北换流站直流场和昆北换流站。

（南方电网超高压输电公司　提供）

2020年12月30日，青海至河南±800kV特高压直流工程全面投运。

（国网青海电力　提供）

党的建设与精神文明建设

2020年3月5日，海南电网公司陵水供电局员工在疫情期间为摊主宣传用电安全常识并对用电设备进行安全检查。

（海南电网公司　提供）

2020年3月24日，国网甘肃电力与甘肃省公安厅签订深化警企战略合作框架协议。

（国网甘肃电力　提供）

2020年4月1日，由黔能公司投资运营的贵阳北站充电服务中心投入运行，这是西南地区当前最大的集中式充换电站。

（贵州电网公司　提供）

2020年4月1日，新疆和田地区首个抵边村电网升级改造工程和田县喀什塔什乡奥米夏村工程竣工送电。图为工程技术人员在合闸通电后入户检查用电设备。

（许晓龙　摄）

2020年5月，国网黑龙江电力驻村工作队帮助生德库村村民进行春耕播种。

（范文涛　摄）

2020年6月24日，国网西安供电公司组织开展“消费扶贫　国网情深”献爱心集中购买扶贫农产品活动。

（国网陕西电力　提供）

2020年6月30日，中国大唐举办“云端相聚，一网相连”英文网站启动仪式。

（中国大唐　提供）

2020年7月9日，昆柳龙直流工程劳动竞赛现场推进会在惠州龙门换流站召开。

（南方电网公司　提供）

2020年7月23日，贵州电网公司举办2020年

“国企开放日”活动，同时发布第11份社会责任报告——2019年社会责任实践报告。图为贵州电网公司社会责任报告内容在贵阳地铁一号线观山湖站进行展示。

（贵州电网公司　提供）

2020年7月23日，海南电网公司文昌供电局为保障“天问一号”探测器顺利发射，保供电人员用无人机巡视发射保供电线路。

（朱玉　摄）

2020年9月23日，吉林通化供电公司集安市供电中心党员服务队在钱湾村民宿为用户检查用电设备。

（国网吉林电力　提供）

2020年9月23日，国网北京电力城区公司保障人员在天安门广场进行供电排查，全力保障节日供电。

（林峰　梁静　摄）

2020年9月28～29日，贵州电网公司第一届“匠心杯”工器具创新大赛暨第三届职工技术创新成果展在万家灯火众创空间红枫校区成功举办。

（贵州电网公司　提供）

2020年9月29日，国网山东电力客户服务中心员工热情服务客户。

（国网山东电力　提供）

2020年10月24日，贵州电网公司获中国创新方法大赛贵州赛区27个奖项，为获奖最多的单位。

（贵州电网公司　提供）

2020年10月28日下午，广东湛江500kV芷寮输变电工程临时党支部第一次党员大会在500kV芷寮输变电工程项目部顺利召开。

（广东电网公司　提供）

2020年11月4日，国网浙江电力与浙江红船干部学院战略合作签约暨“红船精神、电力传承”主题馆揭牌仪式在嘉兴举行。

（陈聪　摄）

2020年11月7日，2020年全国电力职工网球友谊赛在北京开幕。

（中电联　提供）

2020年11月10日，国网满洲里供电公司营业厅客服人员用俄语为俄罗斯客户答疑解惑。

（国网蒙东电力　提供）

2020年11月17日，四川省人民政府批准凉山州美姑县退出贫困县行列。至此，国家电投承担的3个国家级定点扶贫县（四川美姑、河南商城、陕西延川）、1个对口援青县、100个对口帮扶村全部脱贫，标志着国家电投全面完成“十三五”扶贫援助任务。

（国家电投　提供）

2020年11月21日，国网吉林供电公司党员突击队对10kV乔东线开展抗冰保电故障抢修作业。

（国网吉林电力　提供）

2020年11月24日，在人民大会堂举行的2020年全国劳动模范和先进工作者表彰大会上，江苏大唐国际吕四港发电有限责任公司设备检修部继电保护专业副主任韩涌、广西桂冠龙滩水力发电厂设备维护部副主任张波涛2人被授予全国劳动模范荣誉。

（中国大唐　提供）

2020年12月22～25日，“浙能杯”第三届全国电力职工摄影大展暨全国电力行业“抗疫保电”“脱贫攻坚”摄影作品展在北京举行。

（中电联　提供）

2020年12月24日，国家电网有限公司西北分部开展党建联创，助力乡村振兴活动，来到分部扶贫点周至县焦镇村调研慰问。

（国网西北分部　提供）

2020年12月，长江流域重庆段三峡游实现主要游轮码头岸电全覆盖。图为重庆朝天门码头岸电的供电浮趸。

（国网重庆电力　提供）

特　载

党和国家领导人关注电力

习近平在联合国大会上提出中国碳达峰和碳中和目标

2020年9月22日，国家主席习近平在第七十五届联合国大会一般性辩论上发表重要讲话，指出，新冠肺炎疫情启示我们，人类需要一场自我革命，加快形成绿色发展方式和生活方式，建设生态文明和美丽地球。人类不能再忽视大自然一次又一次的警告，沿着只讲索取不讲投入、只讲发展不讲保护、只讲利用不讲修复的老路走下去。应对气候变化《巴黎协定》代表了全球绿色低碳转型的大方向，是保护地球家园需要采取的最低限度行动，各国必须迈出决定性步伐。中国将提高国家自主贡献力度，采取更加有力的政策和措施，二氧化碳排放力争于2030年前达到峰值，努力争取2060年前实现碳中和。各国要树立创新、协调、绿色、开放、共享的新发展理念，抓住新一轮科技革命和产业变革的历史性机遇，推动疫情后世界经济"绿色复苏"，汇聚起可持续发展的强大合力。

习近平对金沙江乌东德水电站首批机组投产发电作出重要指示

2020年6月29日，乌东德水电站首批机组投产发电。中共中央总书记、国家主席、中央军委主席习近平此前对金沙江乌东德水电站首批机组投产发电作出重要指示，代表党中央，对首批机组投产发电表示热烈的祝贺，向全体建设者和为工程建设做出贡献的广大干部群众表示诚挚的问候。

习近平强调，乌东德水电站是实施"西电东送"的国家重大工程。希望同志们再接再厉，坚持新发展理念，勇攀科技新高峰，高标准高质量完成后续工程建设任务，努力把乌东德水电站打造成精品工程。要坚持生态优先、绿色发展，科学有序地推进金沙江水能资源开发，推动金沙江流域在保护中发展、在发展中保护，更好造福人民。

李克强主持召开国务院常务会议核准两项核电工程

2020年9月2日，国务院总理李克强主持召开国务院常务会议，会议指出，积极稳妥推进核电项目建设，是扩大有效投资、增强能源支撑、减少温室气体排放的重要举措。会议核准了已列入国家规划、具备建设条件、采用"华龙一号"三代核电技术的海南昌江核电二期工程和民营资本首次参股投资的浙江三澳核电一期工程。两个项目有效总投资超过700亿元，将带动大量就业。会议要求加强核能短板领域攻关，坚持安全第一、质量至上，压实企业安全主体责任，强化工程建设和运行监管，确保万无一失。

李克强主持召开国务院常务会议，确定政务服务"跨省通办"和提升"获得电力"服务水平的措施

2020年9月17日，国务院总理李克强主持召开国务院常务会议，确定政务服务"跨省通办"和提升"获得电力"服务水平的措施。会议确定，全面推广居民和小微企业低压用电报装"零上门、零审批、零投资"，2020年底前在全国实现用电报装业务线上办理，将居民用户和实行"三零"服务的低压非居民用户全过程办电时间分别压减至5个和25个工作日内，其他用户办电时间也大幅压缩。2022年底前，实现居民和低压用户用电报装"三零"服务全覆盖，其中非居民用户办电时间减至15个工作日内。

韩正到国家电网南瑞继保电气公司调研

2020年8月21日至23日，中共中央政治局常委、国务院副总理韩正在江苏南京、苏州、无锡调研。在南京南瑞继保电气有限公司调研时，韩正了解高端制造业和战略性新兴产业发展情况，勉励企业聚焦主业，瞄准数字化、智能化，增强系统集成能力和自主创新能力，推动形成自主可控的现代产业体系。

总部设在南京的南京南瑞继保电气有限公司主要从事电网、电厂和各类工矿企业的电力保护控制及智能电力装备的研发和产业化，是国内该领域最大的科研和产业化基地、全球五大电力系统继电保护设备供应企业之一，被评为国家重点高新技术企业和国家规划布局内的重点软件企业。

该公司的继电保护产品在行业排名国内第一、世界前三，其中，高压控制保护产品在国内市场的占有

率超过45%。产品广泛应用于国家电网的主网架、三峡输变电、“西电东送”、北京奥运会、上海世博会和大型火电、水电、核电等国家重点工程。

法律法规及产业政策

国家发展改革委、科技部等四部委联合印发《关于扩大战略性新兴产业投资、培育壮大新增长点增长极的指导意见》

2020年9月11日，国家发展改革委、科技部、工业和信息化部、财政部等四部委联合印发了《关于扩大战略性新兴产业投资、培育壮大新增长点增长极的指导意见》（发改高技〔2020〕1409号），提出要加快新能源产业跨越式发展。聚焦新能源装备制造“卡脖子”问题，加快主轴承、绝缘栅双极晶体管（IGBT）、控制系统、高压直流海底电缆等核心技术部件研发。加快突破风光水储互补、先进燃料电池、高效储能与海洋能发电等新能源电力技术瓶颈，建设智能电网、微电网、分布式能源、新型储能、制氢加氢设施、燃料电池系统等基础设施网络。提升先进燃煤发电、核能、非常规油气勘探开发等基础设施网络的数字化、智能化水平。大力开展综合能源服务，推动源网荷储协同互动，有条件的地区开展秸秆能源化利用。

加快智能及新能源汽车产业基础支撑能力建设。开展公共领域车辆全面电动化城市示范，提高城市公交、出租、环卫、城市物流配送等领域车辆电动化比例。加快新能源汽车充/换电站建设，提升高速公路服务区和公共停车位的快速充/换电站覆盖率。实施智能网联汽车道路测试和示范应用，加大车联网车路协同基础设施建设力度，加快智能汽车特定场景应用和产业化发展。支持建设一批自动驾驶运营大数据中心。以支撑智能汽车应用和改善出行为切入点，建设城市道路、建筑、公共设施融合感知体系，打造基于城市信息模型（CIM）、融合城市动态和静态数据于一体的“车城网”平台，推动智能汽车与智慧城市协同发展。

国家发展改革委印发区域电网和省级电网输配电价定价办法

为贯彻落实党中央、国务院关于进一步深化电力体制改革和价格机制改革的决策部署，持续推进电价改革，进一步提升输配电价核定的规范性、合理性，完善输配电价定价机制，国家发展改革委在深入总结第一监管周期输配电价改革实践，积极借鉴国际输配电价监管经验的基础上，修订出台了《省级电网输配电价定价办法》和《区域电网输电价格定价办法》。

《省级电网输配电价定价办法》的修订突出了四个方面：一是强化了合理约束。通过设置效率指标控制新增投资、完善准许收益率指标、严格认定可计提收益的有效资产、压缩营运资本等，进一步强化对电网企业的合理约束。二是细化了核价范围。明确省级电网输配电价与区域电网输电价格的边界、省内用户和“网对网”省外购电用户对省级电网准许收入的分担责任等，以体现“谁受益、谁负担”的原则，提供合理过网费信号。三是优化了电价结构。明确分电压等级输配电价的计算公式、准许成本和准许收益归集、分摊的方法，以及两部制电价构成等，以提升输配电价结构的科学性、可操作性。四是实化了监测制度。建立准许收入变化年度统计机制，健全电网企业定期信息报送制度等，强化对输配电价执行情况的跟踪监测。

《区域电网输电价格定价办法》的修订强调了四个“进一步”：一是进一步厘清了定义范围。明确区域电网输电价格为区域电网运营区域共用网络提供电量输送、系统安全、可靠性服务的价格，以更清晰地反映区域电网的运行主体、物理范围和功能分类。二是进一步明确了核价原则。明确区域电网输电价格核定，应坚持提升电网效率、合理分摊成本、促进电力交易、严格规范政府定价行为，以为区域电网输电价格核定提供遵循。三是进一步改进了核价方法。完善了容量电费和电量电费比例的计算方法，由采用物理指标调整为采用成本指标，以体现成本加成原则，增强定价的准确性和可操作性。四是进一步完善了核价公式。提出了区域电网容量电费在区域内省级电网间分摊的具体公式，并充分考虑京津唐电网特殊性，对华北电网分摊公式做了优化，提升了分摊的公平性、可操作性和透明度。

国家发展改革委要求降低企业用电成本支持企业复工复产

为贯彻落实党中央、国务院决策部署，统筹疫情防控与经济社会发展，2020年2月22日，国家发展改革委发出通知《国家发展改革委关于阶段性降低企业用电成本支持企业复工复产的通知》（发改价格〔2020〕258号），阶段性降低企业用电成本，支持企业复工复产、共渡难关。

通知明确，自2020年2月1日起至6月30日止，阶段性降低除高耗能行业用户外的，现执行一般工商业及其他电价、大工业电价的电力用户用电成本。电网企业在计收以上电力用户（含已参与市场交易用户）电费时，统一按原到户电价水平的95%结算。

通知决定，进一步明确支持性两部制电价政策执行时间。将2月7日出台的支持性两部制电价政策，执行至2020年6月30日。

通知要求，各地价格主管部门要结合当地情况，指导电网企业切实抓好政策落实，积极配合当地市场监管部门，切实加强转供电环节收费行为监管，确保降电价红利及时足额传导到终端用户，增强企业获得感。电网企业要积极主动向用户做好政策宣传告知，明确降价范围对应的用户，妥善做好政策执行时间追溯，尽快将政策执行到位。

国家发展改革委、国家能源局印发全面提升“获得电力”服务水平、持续优化用电营商环境的意见

2020年9月25日，国家发展改革委和国家能源局联合印发了《关于全面提升“获得电力”服务水平持续优化用电营商环境的意见》（发改能源规〔2020〕1479号）（简称《意见》）。自印发之日起执行，有效期5年。

《意见》中指出，要坚持以全面推广低压小微企业用电报装“零上门、零审批、零投资”（简称“三零”）服务、高压用户用电报装“省力、省时、省钱”（简称“三省”）服务等典型经验做法为原则，充分发挥地方和企业积极性、主动性和创造性，鼓励支持各地区、各部门开拓创新，不断推出优化用电营商环境新举措、新模式。

《意见》要求，到2022年底前，在全国范围内实现居民用户和低压小微企业用电报装“三零”服务、高压用户用电报装“三省”服务，用电营商环境持续优化，“获得电力”整体服务水平迈上新台阶。

——办电更省时。2020年底前，将低压、20kV及以下高压电力接入工程审批时间分别压减至5、10个工作日以内；将供电企业办理用电报装业务各环节合计时间在现行规定基础上压缩40%以上，未实行“三零”服务的低压非居民用户、高压单电源用户、高压双电源用户的合计办理时间分别压减至6、22、32个工作日以内；将居民用户、实行“三零”服务的低压非居民用户从报装申请到装表接电的全过程办电时间分别压减至5、25个工作日以内。2021、2022年底前，将实行“三零”服务的低压非居民用户全过程办电时间进一步分别压减至20、15个工作日以内。

——办电更省心。2020年底前，将居民用户、实行“三零”服务的低压非居民用户的用电报装压减至2个环节，未实行“三零”服务的低压非居民用户的用电报装压减至3个环节。在全国范围实现用电报装业务线上办理。

——办电更省钱。2021年底前，实现城市地区用电报装容量160kW及以下、农村地区100kW及以下的小微企业用电报装“零投资”；2022年底前，实现全国范围160kW及以下的小微企业用电报装“零投资”。

——用电更可靠。2022年底前，将直辖市、计划单列市、省会城市的中心区、市区、城镇、农村地区用户年均停电时间分别压减至1、2、5、11h以内，或年均同比压缩8%以上；将其他地级行政区的中心区、市区、城镇、农村地区用户年均停电时间分别压减至2、5、9、15h以内，或年均同比压缩8%以上。

此外，《意见》针对压减办电时间、提高办电便利度、降低办电成本、提升供电能力和供电可靠性、加大信息公开力度等方面提出相关措施。

国家发展改革委、国家能源局印发《电力中长期交易基本规则》

2020年6月10日，国家发展改革委、国家能源局联合修订印发《电力中长期交易基本规则》（发改能源规〔2020〕889号）（简称《基本规则》）。此次修订印发的《基本规则》，重点从市场准入退出、交易组织、价格机制、安全校核、市场监管和风险防控等方面进行补充、完善和深化，丰富了交易周期、交易品种和交易方式，优化了交易组织形式，提高了交易的灵活性和流动性，增强了中长期交易稳定收益、规避风险的“压舱石”作用。

国家能源局印发贯彻落实“放管服”改革精神、优化电力业务许可管理有关事项的通知

2020年3月23日，国家能源局印发了《国家能源局关于贯彻落实“放管服”改革精神 优化电力业务许可管理有关事项的通知》（国能发资质〔2020〕22号）（简称《通知》）。《通知》深入贯彻落实国务院“放管服”改革精神，从简化许可管理、规范许可

准入、加强事中事后监管等三个方面明确了优化电力业务许可管理的具体措施。《通知》的出台，将使电力业务许可制度在促进国家产业政策落实、规范企业经营行为、维护电力市场秩序、优化营商环境等方面作用得到进一步发挥。

国家能源局印发《重大活动电力安全保障工作规定》

2020 年 3 月 12 日，《国家能源局关于印发〈重大活动电力安全保障工作规定〉的通知》（国能发安全〔2020〕18 号）正式印发《重大活动电力安全保障工作规定》，进一步规范重大活动电力安全保障工作，强化监督管理，确保重大活动供用电安全。

国家能源局印发《电力安全文化建设指导意见》

2020 年 7 月 1 日，《国家能源局关于印发〈电力安全文化建设指导意见〉的通知》（国能发安全〔2020〕36 号），通过开展电力安全文化建设，使和谐守规的电力安全文化深入人心，电力安全文化体系日趋完善，电力员工安全文化素养稳步提升。

国家能源局印发《发电企业与电网企业电费结算办法》

2020 年 12 月 30 日，《国家能源局关于印发〈发电企业与电网企业电费结算办法〉的通知》（国能发监管〔2020〕79 号），通知明确了电费结算方式、结算时间、结算流程、电量计量和争议调解等内容，细化了可再生能源补贴支付、承兑汇票相关条款，对电费结算进一步规范，对公司有积极影响。

全国首部综合性地方电力法规施行

2020 年 5 月 1 日，《江苏省电力条例》（简称《条例》）正式颁布施行，这是全国首部规范电力事业发展全过程的综合性地方电力法规，将为推动江苏经济社会和电力事业高质量发展提供重要法律保障。国网江苏省电力有限公司积极参与推动《条例》的制订实施，在建设具有中国特色国际领先的能源互联网企业新征程中奋力推进改革创新。

电　力　扶　贫

国新办举行能源行业决战决胜脱贫攻坚有关情况发布会

2020 年 10 月 19 日，国务院新闻办公室在北京举行新闻发布会，请国家能源局局长章建华，国家能源局新闻发言人、发展规划司司长李福龙，国家能源局电力司司长黄学农，国家能源局新能源和可再生能源司负责人李创军介绍能源行业决战决胜脱贫攻坚有关情况，并答记者问。

国家能源局党组召开脱贫攻坚专题会议

2020 年 4 月 14 日，国家能源局党组召开脱贫攻坚专题会议，深入学习党中央、国务院关于决战决胜脱贫攻坚的重要决策部署，听取一季度扶贫工作进展情况的报告，部署下一步能源行业扶贫和定点扶贫重点工作。局党组书记、局长章建华主持会议并讲话，局党组成员、副局长林山青、刘宝华、任志武出席会议。

会议指出，一季度，国家能源局按照党中央、国务院关于坚决打赢脱贫攻坚战的决策部署，积极应对新冠肺炎疫情影响，全力做好能源行业扶贫和定点扶贫工作，各项工作有序推进，为完成全年目标任务奠定了坚实基础。

会议强调，要深入学习习近平总书记在中央决战决胜脱贫攻坚座谈会上的重要讲话精神，不能停顿、不能大意、不能放松，保持初心，全力以赴，抓住关键节点，细化工作举措，加强作风建设，注重宣传总结，确保高质量完成能源行业扶贫和定点扶贫任务，提前筹划实施乡村振兴战略的政策举措，把党中央的部署要求落到实处。

国家能源局监管总监、总经济师、总工程师，扶贫工作领导小组在京成员单位有关同志参加会议。

国家能源局召开定点扶贫工作专题座谈会

2020 年 5 月 14 日，国家能源局召开定点扶贫专题会议，部署相关工作。会议听取了甘肃省通渭县、清水县关于脱贫攻坚工作进展情况的介绍，研究讨论了当前存在的困难和问题以及下一阶段帮扶工作举措。

会议强调，各单位要切实贯彻落实习近平总书记关于高质量完成脱贫攻坚目标任务的要求，共同支持两县履行好脱贫攻坚主体责任，全力以赴，克服困难，挂图作战，对账销号，补回疫情影响的工作进度，积极谋划后续发展，确保全面完成脱贫任务。

国家能源局总工程师，规划司、电力司、新能源司、机关党委（人事司）负责同志在主会场参加会议；甘肃能源监管办，甘肃省发改委（能源局），甘肃省电力公司，通渭县、清水县县委、县政府负责同志分别在当地以视频方式参加会议。

国家能源局召开扶贫工作领导小组全体会议

2020年6月5日，国家能源局召开扶贫工作领导小组全体会议，传达学习习近平总书记系列重要讲话精神，以及政府工作报告中关于脱贫攻坚工作的部署要求，总结今年以来扶贫工作进展情况，部署下一步扶贫工作。会议强调，2020年是脱贫攻坚收官之年，各单位要提高政治站位，切实把思想和行动统一到习近平总书记重要讲话精神上来，全力以赴、尽锐出战，容不得半点迟缓和懈怠。

会议要求，在6月底前，各相关单位要按计划完成“三区三州”和抵边村寨农网改造升级工程，定点扶贫帮扶资金要全部到位，消费扶贫等量化指标要完成80%以上，其他脱贫攻坚目标任务要争取在三季度全部完成。

中国南方电网有限责任公司扶贫工作

一、脱贫攻坚战以来工作完成情况

2016年全面打响脱贫攻坚战以来，中国南方电网有限责任公司（简称“南方电网公司”）扶贫战线紧紧围绕“一场战役、两个战场”的工作特点，一手抓定点扶贫，精准推动各项措施落地，帮助贫困点和贫困人口如期实现脱贫摘帽；一手抓电力行业扶贫，大力推动农网改造升级，着力保障脱贫攻坚电力需求。

（1）定点扶贫战场。累计在东兰县、维西县投入扶贫资金11264.5万元，引入帮扶资金420万元，培训基层干部236名、技术人员2854名，购买扶贫产品5885.54万元，帮助销售扶贫产品1537.05万元，选派挂职干部5名、第一书记5名，驻村工作队员11人。帮助引入企业8个，企业实际投资9786万元。目前，东兰县、维西县两县160个贫困村、10.97万名建档立卡贫困人口全部脱贫摘帽。南方电网公司系统其他帮扶点累计投入扶贫资金3.51亿元，派出扶贫干部1400余名，帮助南方五省区各级党委政府安排的692个扶贫点、23.7万名建档立卡贫困人口全部实现脱贫摘帽。

（2）电力行业扶贫战场。累计投入农网改造升级资金1887亿元，全面完成7665个小城镇中心村电网改造升级、4709个机井通电、262个贫困村通动力电及“三区三州”“抵边村寨”农网改造升级任务，供电区域内自然村全部实现通动力电，农村电网关键指标2019年提前一年达到国家新一轮农网改造升级目标。累计完成易地搬迁、生态移民配套电网项目7355个，惠及扶贫搬迁人口386万人；完成种养殖、乡村旅游等扶贫产业配套电网项目5365个，服务光伏扶贫电站1.3万个、装机容量约180万kW，助力供电区域内174个国家级贫困县打赢脱贫攻坚战。

二、2020年目标任务完成情况

（一）超额完成中央单位定点扶贫责任书指标任务

2019年东兰县、维西县已实现脱贫摘帽。2020年南方电网公司继续向两县投入资金3780.63万元，引入资金303万元，培训基层干部89人、技术人员667人，购买扶贫产品3327.22万元、帮助销售833.56万元，建设“南网知行”书屋19间，大幅超额完成了年度考核指标，比2019年有大幅的提升。两县剩余贫困人口已全部实现脱贫，并顺利通过全国脱贫攻坚普查验收。

（二）高质量完成其他扶贫点的目标任务

除东兰县和维西县外，南方电网公司系统还承接了南方五省区各级党委政府安排的扶贫点692个、23.7万名贫困人口（不含东兰县、维西县）的帮扶任务。全年投入扶贫资金5672万元，向广东省扶贫济困日活动捐赠1500万元，开展定点扶贫项目876个，深入推进产业扶贫、教育扶贫、基础设施建设、消费扶贫、党建扶贫等行动，实现了所有扶贫点、贫困人口全部脱贫摘帽。

（三）全面满足脱贫攻坚电力需求

全年完成电力行业扶贫投资223.2亿元，其中在49个深度贫困县完成投资62.4亿元，在26个国家挂牌督战县完成17.55亿元，推动农网供电能力和服务水平进一步提升，普遍惠及供电区域内约1500万贫困人口。全面推进易地搬迁、产业扶贫、光伏扶贫等项目的配套电网建设，及时提供电力保障，以上项目直接惠及贫困户19万户、贫困人口77万名。全年减免五保低保户电费超过2.6亿元。

（四）工作获得各方认可

南方电网公司连续3年获得中央单位定点扶贫工作考核最高评价“好”，连续5年获得广东省扶贫济困红棉杯“金杯”。南方电网公司战略规划部农电处（扶贫处）作为国家光伏扶贫项目组成员，获得2020年全国脱贫攻坚组织创新奖。在2月25日召开的全国脱贫攻坚总结表彰大会上，南方电网公司战略规划部扶贫处、南方电网派驻维西县扶贫开发公司运营团队、贵州电网公司、云南电网公司规划发展部，广东汕尾局张立业、云南昭通局吴长碧、曲靖局邓冬、普洱局李德顺获得党中央国务院颁发的全国脱贫攻坚先进集体和个人称号。

三、2020年主要工作开展情况

（一）认真学习贯彻习近平总书记关于扶贫工作的重要论述精神，坚决落实党中央脱贫攻坚决策部署

南方电网公司扶贫战线始终坚持把学习贯彻习近平总书记重要指示批示作为重要政治任务，并以此统一思想、指导行动。组织编制《公司关于学习贯彻习近平总书记在决战决胜脱贫攻坚座谈会上重要讲话精神的通知》，全面推动15项重点举措落实落地。南方电网公司领导以上率下履行脱贫攻坚责任，孟振平董事长任团长，带领全国脱贫攻坚先进事迹第三巡回报告团先后到北京市、山东省宣讲，带队到云南维西县实地调研指导工作；曹志安总经理带队到广西东兰县、广东井美村调研，慰问看望贫困群众和扶贫干部，协调解决问题；毕亚雄副书记带队到广西都安县、贵州紫云县、云南维西县调研；陈允鹏副总经理带队高质量完成2020年全国脱贫攻坚赴西藏督查工作，并多次到东兰县、紫云县、井美村等地调研，有力推动了扶贫工作。各分子公司班子成员全年合计到扶贫点调研146次，主动向中央办公厅、中央农办、国家发展改革委、国务院扶贫办、国务院国资委等汇报脱贫攻坚工作，全年报送报告21篇。

（二）加强统筹协调，扎实推进扶贫工作

早谋划强督办，1月份即召开扶贫工作领导小组会，安排部署全年重点工作，下达全年资金项目。严格管控进度，按月召开工作推进会，统筹资金项目、考核目标等关键任务的有序推进。全面落实国务院扶贫开发领导小组挂牌督战要求，对纳入督战范围公司系统帮扶的1县4村实行提级督战，其中紫云县由公司扶贫办督战，4个贫困村由云南电网有限责任公司督战，目前5个帮扶点已全部脱贫出列。同时，将南方电网公司供电区域内26个国家挂牌督战县、346个国家挂牌督战村全部纳入公司督战范围，按月督办工程进展，累计完成农网投资17.55亿元、投产3047个项目，全面完成了年度任务。

（三）采取针对性措施，将疫情影响降到最低

坚决落实分区分级精准防控策略，坚持疫情防控和脱贫攻坚两手抓、两手硬。2月29日，公司所有扶贫干部全部返回岗位，积极投身贫困地区疫情防控与脱贫攻坚一线，比国资委要求到位时间提前一个月。配合东兰县、维西县政府开展包车至复工点、发放返工交通补贴等行动，有序推动贫困劳动力返岗，全力支持当地企业尽快开工复工。组织购买河北魏县（国务院国资委帮扶点）、湖北、新疆、甘肃因疫情滞销的扶贫产品超过150万元。

（四）高质量抓好脱贫攻坚专项巡察“回头看”发现问题整改

根据公司巡视办《关于脱贫攻坚专项巡察“回头看”情况通报》要求，南方电网公司扶贫办第一时间召开专门会议对整改工作进行部署，明确责任主体和整改时限。针对反馈的80个问题，各单位制定整改措施195项，南方电网公司扶贫办按月督办，所有问题全部如期整改完成。

（五）全力推动扶贫点稳产增收

将产业扶贫作为稳定脱贫的根本之策，因地制宜发展特色产业项目。2020年，南方电网公司持续巩固扶贫成效，坚持“公司＋合作社（基地）＋农户”产业扶贫模式，投入资金4487万元，培育巩固各类产业扶贫项目265个。南方电网公司所有挂钩的贫困村集体收入均超过当地政府要求，直接带动约4万名贫困人口人均增收超过1500元。持续做好消费扶贫，搭建“线下＋线上”消费扶贫体系，拓宽销售渠道，加大采购力度。线上方面，建成南网电子商城对公及个人销售专区，推动扶贫产品在央企消费扶贫平台、建行扶贫专区、农行扶贫专区上线；线下方面，实现南方电网公司系统各单位与扶贫点签订中长期购销协议全覆盖，确保“扶上马、送一程”。全年累计购买扶贫产品6227万元，帮助销售超过1000万元。

（六）打造农村智能电网示范县

以广西东兰县、云南维西县、广东揭西县、贵州紫云县为试点打造农村智能电网示范县，结合各地实际制订专项工作方案，有序开展配网自动化和智能台区建设，有效地提升贫困地区的电力保障水平和服务质量，探索可复制、可推广的农村智能电网助力脱贫攻坚的样板，为下一步建设现代农村电网服务乡村振兴积累了宝贵经验。

（七）持续开展“南网知行”教育扶贫

南方电网公司扶贫战线认真落实孟振平董事长关于“南网知行”教育扶贫行动的批示要求，2020年新增“南网知行”书屋29座，累计建成50座，实现东兰县、维西县中心小学全覆盖，并推广至广东部分省

级扶贫点。依托书屋组织开展“山里娃走进南网知行教育云课堂”活动，邀请北京、深圳、南宁和昆明4地名校名师，利用“南网知行”书屋开展远程教学，让贫困地区孩子能享受到一线城市的教育资源，惠及贫困人口4418人。落实南方电网公司与迪庆州协议，组织在迪庆招录贫困户子女委培生17名，并通过所属平台企业招收迪庆籍务工人员24名。全年开展各类技能培训347场，培训贫困劳动力7300余人次，切实提升贫困劳动力就业技能。

（八）持续开展党建扶贫

南方电网公司系统共有470个党支部与389个贫困村开展支部共建活动607次，帮助贫困村提高党建工作水平。通过持续推进“党员能人双培养一纳入”工程，将218名致富能人培养为党员，338名党员培养为致富能人，272名党员能人纳入村两委后备干部队伍，形成了党建引领脱贫攻坚的生动局面，发挥了党支部在脱贫攻坚中的战斗堡垒作用。

（九）认真开展扶贫工作总结宣传

把握国家扶贫日、广东省扶贫日等关键节点，联合国资委新闻中心，邀请主流媒体到扶贫点开展“走进新国企　电亮小康行”等采访活动。全年累计在中央媒体刊登脱贫攻坚报道153篇，在地方各级媒体刊登报道2700余篇。推出“南网扶贫面孔”专栏，编制《南方电网扶贫面孔》图书，集中宣传南方电网公司脱贫攻坚一线优秀扶贫干部，单篇在学习强国点赞超过100万，获得国资委新闻中心好评，并被拓展为央企扶贫面孔专栏。受邀录制脱贫攻坚视频课程，并入选中国大连高级经理学院“决胜战决脱贫攻坚　接续促进乡村振兴”学习专栏。

中国华能助力青海省尖扎县脱贫摘帽

2020年4月21日，青海省人民政府网站发布公告，批准尖扎县退出国家贫困县序列。至此，中国华能集团有限公司（简称中国华能）定点帮扶的陕西榆林市横山区、新疆阿合奇县和对口支援的青海尖扎县三个国家级贫困县全部顺利实现脱贫摘帽。

中国华能自2011年开始对口支援尖扎县，累计投入扶贫援助资金5770万元，援建项目涵盖教育、卫生、人才培训、社会事业、文化体育等9大类34项，有力推动了尖扎县经济社会快速发展。多年来，中国华能始终坚持教育先行，大力改善当地教学条件、提升教育水平，集中援建尖扎县第二民族中学，设立“华能奖学助学金”，支持开展特色教育活动，当地教学质量和升学水平显著提升。同时，中国华能积极助力尖扎县实施同舟工程救急难行动、祝福工程兴农行动等扶贫援助工作，先后援助尖扎县人民医院和乡镇卫生院配备医疗设施，扶持当地医疗卫生事业，避免因病因灾返贫。中国华能充分发挥能源电力央企优势，为当地易地搬迁移民援建屋顶分布式光伏，有效帮助搬迁群众稳定增收，并开展党员干部教育和农村实用技术培训，切实增强当地贫困群众的自我发展能力，做到扶贫与扶志扶智相结合，为夺取脱贫攻坚战全面胜利打下坚实基础。

中国华能帮扶的四个贫困县全部脱贫摘帽

2020年11月13日，经云南省人民政府批准，中国华能集团有限公司（简称中国华能）对口帮扶的澜沧县脱贫出列。至此，中国华能对口帮扶的拉祜族、佤族两个“直过民族”的4个贫困县全部实现脱贫摘帽。

2016年，中国华能与云南省政府签订《帮扶云南省拉祜族、佤族脱贫攻坚合作协议》，澜沧江公司具体负责实施。4年来，中国华能累计投入资金20亿元，用于帮扶澜沧、耿马、沧源、双江4县拉祜族、佤族聚居区。截至2020年7月，中国华能在当地共完成民族干部培养和乡村干部培训2080人，贫困劳动力就业培训8703人次，安居房建设及危房改造27651户，培育特色种植产业5.18万亩、养殖猪牛羊等6.08万头，农村道路硬化1313km，建设安全饮水提升工程215个，扶持农村专业合作组织55个，发展村集体经济119个，农业产品加工企业70个，建设村级活动场所84个，村庄环境治理131个村，建成华能项目示范点11个。

中国华电扶贫干部事迹荣获全国扶贫故事一等奖

2020年10月，全国总工会揭晓“讲扶贫故事　展工会风采”全国工会扶贫短视频故事征集活动评选结果，中国华电集团有限公司（简称中国华电）扶贫干部事迹片《劳模“羊倌”扶贫记》荣获一等奖。

《劳模“羊倌”扶贫记》讲述了集团公司战略规划部项目开发二处处长谭轩的扶贫事迹。作为集团公司党组选派的扶贫干部，他到新疆乌恰县巴音库鲁提村担任第一书记。当地村民主要以放牧为生，收入水平很低。通过调研走访，谭轩迅速找到了推动传统畜牧业转型升级的致富路。他从朋友圈带货起步，开展网络营销，创立“葱岭牧人”品牌，拓展出柯尔克孜羊肉、高原牦牛肉和高原鸽子肉三条产品线。在集团公司的大力支持下，他在村里建起了当地第一座光伏扶贫电站，解决村民饮水难题，大力开展教育扶贫、产业扶贫，展现了华电扶贫干部的责任和担当。

国家能源集团定点扶贫县曲麻莱县脱贫摘帽

2020 年 4 月 21 日，青海省政府发布公告，曲麻莱县退出贫困县序列。

自 2010 年承担曲麻莱县的定点扶贫任务以来，国家能源集团认真贯彻落实“精准扶贫、精准脱贫”总要求，着力在精准施策上出实招，在精准推进上下功夫，在精准落地上见实效，因地制宜地实施了生态扶贫、教育培训扶贫、电商扶贫、产业扶贫、医疗扶贫、党建扶贫等一系列精准举措，全力推进曲麻莱县脱贫攻坚工作。

截至 2020 年 3 月底，国家能源集团累计向曲麻莱县选派优秀青年干部 6 名，投入帮扶资金 6994.41 万元，开展了黄河源头区域生态保护、县民族中学教学楼和教师宿舍楼援建、孤儿学校宿舍楼援建、县农牧民创业就业中心援助、易地搬迁点基础设施援建、基层干部和专业技术人才培训、党支部结对共建等扶贫项目，使该县生态保护工作取得突破，教育基础设施条件得到了改善，基层党组织建设水平得到提升，群众生活水平明显提高。

国家能源集团高质量推进脱贫攻坚

根据中央对扶贫工作的统一部署，国家能源集团共承担 9 个贫困县的帮扶任务，是中央企业中承担扶贫任务较艰巨的企业之一。在国家能源集团的有力帮扶下，山西右玉、青海刚察、西藏聂荣、内蒙古宁城、陕西米脂等 5 省（区）7 县已于 2018 年 8 月至 2020 年 4 月期间，成功脱贫摘帽；四川布拖、普格 2 个未摘帽的重点贫困县也已进入脱贫攻坚挂牌督战阶段。

国家能源集团党组始终将扶贫作为重点工作之一，强化责任担当、加强组织领导、加大投入力度、选派得力干部、抓实督促指导、创新帮扶方式。2019 年共下达扶贫资金计划 2.26 亿元，开展教育、健康、民生、产业、生态、培训、消费、党建、就业等一系列“组合拳”式扶贫：在 9 个县设立职工爱心助学基金，资助贫困家庭学生及优秀教师，援建 16 所学校（幼儿园）；开展产业帮扶项目 7 个，带动 3956 名建档立卡贫困户脱贫；在黄河源核心区实现 15 万亩草场禁牧，易地建设养殖合作社集中养殖，保护黄河源头周边生态环境；开展电商、民族手工艺、职业技能、教师教学、乡村医疗培训活动，培训技术人员 2019 人；全年购买贫困地区农产品 7002 万元，帮助销售贫困地区农产品 686 万元。在国务院扶贫办和国资委定点扶贫工作考核中，集团公司 2017—2019 年连续三年取得“好”的最高等次，并入选中国企业精准扶贫 50 佳案例。

根据国务院扶贫开发领导小组《关于开展挂牌督战工作的指导意见的通知》（国开发〔2020〕2 号），国家能源集团定点帮扶的四川省布拖县、普格县被列入 52 个挂牌督战县名单中。2 县位于全国“三区三州”深度贫困地区之一的凉山彝族自治州，是全国贫困程度最深、脱贫任务最重、脱贫难度最大的地区。自 2013 年定点帮扶以来，国家能源集团已投入帮扶资金 2.16 亿元（其中布拖县 1.03 亿元，普格县 1.13 亿元），实施各类帮扶项目 55 个（其中布拖县 24 个，普格县 31 个），并由在川的大渡河公司和四川能源公司具体负责帮扶方案的落实实施。国家能源集团正在进一步加大投入，努力克服疫情造成的不利影响，强力推进小学校舍、通村公路、住房和饮水安全等相关的工程建设，大力促进当地优质农畜产品对外销售，因地制宜推进种植、光伏等产业扶贫，助力 2 县如期实现脱贫摘帽。

中国大唐全面完成脱贫攻坚任务

2020 年 11 月 20 日，广西壮族自治区人民政府宣布大化县等 8 个深度贫困县退出贫困县序列。至此，中国大唐集团有限公司（简称中国大唐）承担的所有脱贫攻坚任务全部清零。

中国大唐累计投入扶贫资金 14.48 亿元，选派扶贫干部 360 名，以定点扶贫县和深度贫困地区为重点，聚焦“两不愁、三保障”，联系到县、帮扶到村、落实到户，援建扶贫项目 1699 个，助力大化县 10.4 万人脱贫、澄城县 4.2 万人脱贫、兴海县 9100 人脱贫，帮扶其他省区贫困村 18 万人脱贫，投入 10 亿元帮扶云南“直过民族”傈僳族 19 万贫困人口实现整族脱贫。在中央单位定点扶贫成效考核评价中，中国大唐连续三年取得“好”成绩。

中国大唐 2020 年扶贫工作

中国大唐承担着广西大化县、陕西澄城县的定点扶贫任务，青海省兴海县的援青任务，以及全国 27 个省区的 339 个贫困村的帮扶任务。

中国大唐坚决贯彻落实习近平总书记重要指示批

示精神和党中央关于脱贫攻坚各项决策部署，2020年派出196名扶贫干部，投入4.6亿元扶贫资金，加强组织领导，制订行动计划，领导班子深入一线调研指导，召开系列脱贫攻坚会议，系统上下凝心聚力，精准施策，以定点扶贫县和深度贫困地区为工作重点，聚焦“两不愁、三保障”，联系到县，帮扶到村、到户，科学开发产业扶贫、教育扶贫、就业扶贫、消费扶贫、基础设施建设项目，脱贫攻坚取得显著成果，定点扶贫县大化县按期脱贫摘帽，定点扶贫县澄城县、援青兴海县脱贫后更加巩固，帮扶的27个省（区市）90个县（市区）339个贫困村全部实现脱贫出列，38万人全部脱贫，其中助力定点扶贫县大化县10.4万人脱贫、澄城县4.2万人脱贫，对口援助的兴海县9100人脱贫，投入10亿元专项帮扶资金，帮助19万傈僳族群众实现了整族脱贫。

中国大唐在脱贫攻坚取得的巨大成绩，得到了国务院扶贫办、国资委和各级政府、人民群众、社会各界的广泛认可和好评。中国大唐扶贫办公室获“全国脱贫攻坚先进集体”荣誉称号，在中央单位定点扶贫成效考核评价中连续三年取得“好”成绩。中国大唐用心、用情、用力主动帮扶，高质量完成了脱贫攻坚任务，为脱贫攻坚取得全面胜利贡献了大唐力量。

中国华电集团有限公司电力扶贫工作

1. 概述

2020年是决胜全面建成小康社会、决战脱贫攻坚收官之年，集团公司深入学习贯彻习近平总书记在决战决胜脱贫攻坚座谈会上的重要讲话精神，坚定不移贯彻落实党中央、国务院决策部署，落实国资委有关要求，积极应对疫情影响，将脱贫攻坚作为重大政治任务抓实、抓细、抓好。深化定点扶贫，以“三区三州”等深度贫困地区为重点，持续发力，全年投入帮扶资金1.31亿元，选派131名扶贫干部在17个省（区）开展驻村帮扶工作；投入168.97亿元积极推进“三区三州”等深度贫困地区能源项目开发，为夺取脱贫攻坚战全面胜利做出了积极贡献。集团公司扶贫工作领导小组办公室、扶贫援藏办公室荣获全国脱贫攻坚先进集体。华电西藏公司扶贫援藏办公室荣获2020年“全国脱贫攻坚奖组织创新奖”，集团公司成为“十三五”期间获得该项荣誉的国资委监管范围内的六家央企之一。集团公司连续两年获评中央单位定点扶贫工作最优等次，入选国务院扶贫办《中国企业精准扶贫综合案例》《中国扶贫开发年鉴》，是2020年综合案例、专项案例双入选的国资委监管范围内的六家央企之一。扶贫典型经验做法在国资委郝鹏书记出席的央企扶贫论坛、国资委宣传工作会议、中央企业援藏工作座谈会、“决战决胜脱贫攻坚　接续促进乡村振兴”网上专题班上进行交流。集团公司总部选派的驻村第一书记《劳模“羊倌”扶贫记》事迹片荣获全国总工会扶贫故事一等奖。

2. 定点扶贫

在集团公司党组统一领导下，总部相关部门密切配合，全面落实中央单位定点扶贫工作要求，持续加大帮扶力度，加强过程督促协调力度，圆满完成助力脱贫攻坚各项目标任务。全年召开11次党组会、7次总经理办公会、1次扶贫工作领导小组会、1次扶贫工作会研究部署扶贫工作，以更大决心、更强力度、更实举措压紧压实决战决胜脱贫攻坚责任。印发《2020年扶贫项目指导性计划》《2020年定点扶贫工作实施计划》《进一步做好2020年扶贫工作的通知》等，将扶贫任务分解到总部8个职能部门和45家直属单位，细化工作举措。召开3次定点扶贫专题会议，督促新疆公司和扶贫干部认真配合定点扶贫县地方政府有序推进复工复产；开展3次定点扶贫专项督导，督促指导地方政府落实脱贫攻坚主体责任，确保帮扶项目有效推进。开展脱贫攻坚专项巡视，督促直属单位党组织提高政治站位、落实工作责任，确保如期完成各项脱贫攻坚目标任务。全年在定点扶贫的新疆乌恰县和阿图什市投入帮扶资金3190万元，是2019年的1.4倍；引进帮扶资金200万元，是2019年的2倍。其中，2011万元实施“两不愁三保障”和饮水安全项目；200万元帮助901名学生顺利完成学业；470万元打造“乡村大舞台”“疆南桃花源”景区，采用“借菇还棒”模式发展食用菌种植，结合当地需求研发生产复合砖材，积极发展壮大集体经济；253万元培训基层干部670人、技术人员2613人，为打赢脱贫攻坚战提供人才支撑；98万元开展“救急难”“访贫扶危济困”，降低因事因病致贫返贫风险；积极探索消费扶贫长效机制，打造“葱岭牧人”扶贫肉品牌，推广订单农业，组织购买、帮助销售贫困地区农产品6430万元、1472万元，消费扶贫金额是2019年的2.4倍，自2018年以来公司系统消费扶贫累计达到1.14亿元，位居同类型企业前列。

3. 援疆援青

助力新疆喀什市于2020年1月实现脱贫摘帽，完成第十批援疆干部轮换，投入450万元援建喀什市华电东城小学一期项目。参加青海省委省政府援青十周年总结大会，组织编制对口援青“十四五”规划，投入710万元完善都兰县教育、医疗设施和特色民族村寨新型城镇化建设。

国家能源投资集团精准扶贫

教育扶贫：集团高度重视教育扶贫，致力于阻断贫困代际传递，累计投入教育扶贫资金 4.15 亿元，实施项目 140 个，援建多所中小学、幼儿园、“爱心书屋”，10 万以上学生和群众受益。2020 年公司持续加大教育扶贫力度，全年投入资金 1.7 亿元，帮助贫困人口 74569 人。

生态扶贫：公司系统研判环境情况，科学探索生态扶贫路径，全年投入生态扶贫资金 3181 万元，助力生态脆弱地区脱贫攻坚。

民生扶贫：国家能源集团精准回应民生所求，补齐民生短板，把资金用在刀刃上，不断提升贫困群众获得感、幸福感、安全感。

产业扶贫：公司通过因地制宜发展特色产业帮助贫困村拓展“致富路”，累计投入帮扶资金 1.7 亿元，实施项目 101 个；2020 年，投入产业扶贫资金 4343 万元，开展产业帮扶项目 11 个，扶持 16 个合作社，带动 5272 名建档立卡贫困户脱贫。公司通过自建的“慧采商城”等电商扶贫平台，大力开展消费扶贫帮助贫困人口实现增收，广泛发动全系统。

消费扶贫：单位和个人积极采购贫困地区农产品，累计购买各类农产品 2.52 亿元，畅通贫困地区农产品销售渠道。

党建扶贫：集团党组明确提出要“带着感情、带着责任、带着标准、带着目标”做好扶贫工作，成立扶贫工作领导小组，累计派驻 55 名优秀挂职干部（含第一书记）扎根一线开展扶贫工作，得到了各级政府的高度评价，赢得了广大干部群众的由衷信赖和一致好评。2020 年，共组织 20 个党支部与 19 个贫困村开展结对共建活动，全年投入党建扶贫资金 426.66 万元，发动党员干部捐款捐物 1864 万元，培训“两委”班子成员 1103 人次。

就业扶贫：公司积极响应总书记号召，重视转观念强能力，引领贫困群众通过自身劳动增加收入，得到更多满足感、成就感和幸福感，激发脱贫内生动力，提升“造血功能”。

专项扶贫：西藏那曲市聂荣县、嘉黎县平均海拔 4700m 以上，属纯牧业县，当地个别乡镇目前暂未通电，当地牧民群众对帐篷的需求越来越大，帐篷在长年冰雪、风沙漫天的雪域高原发挥着重要作用，成为牧民牲畜转场、虫草采挖不可或缺的家当之一。2019 年集团公司本着为民办实事、解难事，助力脱贫攻坚，投入资金 500 万元，向聂荣县、嘉黎县林提乡捐赠 250 顶扶贫光伏帐篷，2020 年 8 月，完成全部光伏帐篷的安装并投入使用，该光伏帐篷规划布置结合了藏区牧民放牧需求和生活习性，配备了电视机、洗衣机和冰柜等现代化家用电器，当地牧民群众纷纷表示“该帐篷质量好，面积大又保暖，配备的家电既方便又实惠，非常感谢国家能源集团的无私援助”。

该项目实施后极大地改善了当地牧民群众的放牧居住与生活条件，增强了野外放牧抵御大自然恶劣气候的能力，直接惠及 250 户家庭 1000 余牧民，已成为高原藏区电力扶贫巩固脱贫致富、助力牧业发展的成功典范。

中国广核电力扶贫

2020 年是脱贫攻坚决战决胜之年，是全面建成小康社会、实现第一个百年奋斗目标之年。中国广核集团有限公司（简称中国广核）坚决落实党中央、国务院、国资委决策部署，把扶贫作为重要政治任务扛在肩上，推进产业扶贫项目相继落地，以可持续发展模式为脱贫攻坚及乡村振兴事业开创新路径。

在内蒙古，2020 年 10 月 7 日，兴安盟革命老区扶贫风电项目一期（100 万 kW）229 台风机基础浇筑全部完成，为 2021 年全面投产奠定了基础。兴安盟扶贫风电项目形成以重大项目整体带动区域经济、拉动产业、改善民生的“新能源产业循环扶贫模式”。

在广西，2020 年 10 月 17 日，“央企入桂”重大项目——乐业扶贫风电项目一期（5.1 万 kW）正式开工建设，12 月 4 日完成首台风机基础浇筑。项目的兜底扶贫分红模式为区域长期稳定脱贫提供了强力支撑。

在甘肃，2020 年 6 月 23 日，通渭尖岗山、寺子川 30 万 kW 扶贫风电项目启动，项目建成后将为当地长期稳定脱贫、社会可持续发展做出重要贡献。

在河北，2020 年 12 月 17 日，中国广核在国务院国资委机关定点扶贫县——河北平乡县投资建设的 40MW 光伏农业复合项目顺利并网投运，该项目采用“光伏发电＋食用菌种植”的建设方案，探索“产业扶贫＋农业发展”模式，实现农业发展与新能源发电两不误，在促进农民增收、巩固脱贫攻坚成果方面将发挥积极作用。

中国电建精准扶贫工作

中国电建集团公司（简称中国电建）高质量完成 2020 年定点扶贫攻坚任务，决战脱贫攻坚取得决定性胜利。继定点扶贫的新疆民丰县于 2017 年 10 月 31 日高质量脱贫出列后，云南省剑川县于 2020 年 5 月

16日实现高质量脱贫出列，脱贫成效考核评价为“稳定可持续”，建档立卡贫困人口全部“清零”。公司所属31家成员企业承担53个县、镇、村（6个市县、1个镇、46个村）均如期实现脱贫摘帽，按照地方党委政府要求高质量完成承担的定点扶贫任务。

中国电建党委高度重视扶贫工作，组织召开集团2020年决战决胜脱贫攻坚工作会议，研究总结、安排部署公司扶贫攻坚工作。公司党委书记、董事长晏志勇和党委副书记、总经理丁焰章分别到剑川县、民丰县调研指导扶贫工作，走访慰问建档立卡贫困户，召开座谈会，听取下一步帮扶需求，共同研究巩固拓展脱贫成果有效措施，共同探讨接续乡村振兴发展新思路。

2020年中国电建总部以及所属企业扶贫捐赠资金共7523.56万元（含物资折款87万元），助推脱贫成效明显。公司严格落实“四不摘”政策要求，继续保持扶贫攻坚态势，针对中国电建定点扶贫的剑川县和民丰县捐赠扶贫资金3850万元，超出责任书规定金额18.5%，同比上年扶贫捐赠资金3406万元增加13%。实施了产业扶贫、教育扶贫、卫生健康扶贫等10个项目。为定点县引进帮扶资金20万元，超出责任书规定金额66.7%。2020年公司全面购买和帮助销售扶贫农产品超过2627万元，同比上年增加104.4%，远超责任书任务指标。派出挂职扶贫干部6人（含驻村第一书记3人），其中公司派出的两名挂职副县长均分管、协助扶贫工作，工作卓有成效。挂职副县长牛珣、挂职干部陈贵标被评为大理州2020年度扶贫先进工作者；驻村干部李宗建被评为大理州2020年度优秀驻村工作队员。公司全年培训或出资培训定点县干部358人次，培训技术人员944人次，干部人才培训同比上年增长121%。以上指标均远超责任书任务指标，高质量完成公司全年扶贫任务，推动扶贫工作再上新台阶。

中国电建克服疫情影响，持续推动云南剑川总投资5.5亿元的万头奶牛产业扶贫项目，首批3000头新西兰进口荷斯坦奶牛顺利进驻剑川县羊岑乡云端牧场“安家落户”，项目带动效益明显。充分发挥公司“懂水”行业优势，加快推进总投资15.53亿元的剑川县剑湖流域水环境综合治理PPP扶贫投资项目，水环境综合治理效果已显现。2020年7月，国务院扶贫办社会扶贫司曲司长莅临项目考察指导，充分肯定了该项目。2020年捐赠扶贫资金1550万元设立新疆民丰县特色产业发展基金，采取“公司＋养殖合作社＋贫困户”的运营模式，支持民丰县以特色养殖产业基地为中心，逐步建立“饲草种植—种羊繁育—肉羊养殖—肉羊屠宰加工—高端羊肉销售”的完整产业链，辐射带动周边贫困户发展肉羊产业。目前项目已完工进入运营阶段，首批3500只羊已进驻基地，2020年底1万只羊全部到位。

中国电建定点扶贫工作得到国资委主管部门和地方政府的高度肯定。公司精准扶贫典型案例《真金白银投入扶贫攻坚打胜仗真心真意助力地方脱贫奔小康》入选国务院扶贫办“2020年企业精准扶贫综合50佳案例”。新疆扶贫领导小组发来感谢信，充分肯定公司扶贫工作；云南省副省长陈舜在《云南扶贫开发工作简报》（第37期）上批示“电建集团对剑川县的帮扶，调研深、措施实、投入大、效果好”；公司被云南省大理白族自治州评为2020年扶贫先进单位。2020年7月，云南省委宣传部组织新华社、新华网、云南日报社、云南省广播电视台等十余家主流媒体到剑川县，集中对公司扶贫工作进行系列宣传和深度报道；9月，公司参加第八届中国公益慈善项目交流展示会，《中国电建用“小奶牛”撬动“大产业”》被深圳晚报刊载；公司编制并印发《中国电建定点扶贫白皮书》，全面总结了党的十八大以来公司定点扶贫工作成效、先进典型和宝贵经验，树立正确舆论导向，彰显中央企业良好的社会形象。中国电建扶贫办获得中共中央、国务院颁发的“全国脱贫攻坚先进集体”荣誉称号；中国电建派驻新疆民丰县驻村第一书记崔远鹏获得“全国脱贫攻坚先进个人”荣誉称号。

电力发展与改革

概　况

2020 年电力工业综述

2020 年，中国电力行业坚持习近平新时代中国特色社会主义思想为指导，全面贯彻党的十九大和十九届二中、三中、四中、五中全会精神，按照党中央、国务院决策部署，积极推进电力企业疫情防控和复工复产，为全社会疫情防控和复工复产、复商复市提供坚强的电力保障；积极推进构建以新能源为主体的新型电力系统建设，为推动实现国家碳达峰碳中和目标做出积极贡献。全年电力安全生产形势平稳，电力供需总体平衡，供需结构继续优化，电力清洁低碳发展提速，电力系统运行安全可靠，电力体制改革进一步推进，输配电价监管体系初步改善，市场交易电量规模进一步扩大，电力高质量发展取得新进展。

一、电力供应保障能力稳步提高，为疫情防控和社会经济发展提供了坚强电力保障

2020 年，全国全社会用电量 75214 亿 kWh❶，比 2019 年增长 3.2%，增速比 2019 年下降 1.2 个百分点；全国人均用电量 5331kWh/人，比 2019 年增加 145kWh/人；全国电力供需形势总体平衡，部分地区有富余，局部地区用电高峰时段电力供应偏紧，疫情防控期间电力供应充足可靠，为全社会疫情防控和国民经济发展提供坚强电力保障。2011～2020 年全国全社会用电量及其增速如图 1 所示。

2020 年，全国全口径发电量为 76264 亿 kWh，比 2019 年增长 4.1%，增速比 2019 年下降 0.7 个百分点。其中，水电 13553 亿 kWh，比 2019 年增长 4.1%；火电 51770 亿 kWh，比 2019 年增长 2.6%；核电 3662 亿 kWh，比 2019 年增长 5.0%；并网风电 4665 亿 kWh，比 2019 年增长 15.1%；并网太阳能发电 2611 亿 kWh，比 2019 年增长 16.6%。2011～2020 年全国全口径发电量及增速如图 2 所示。

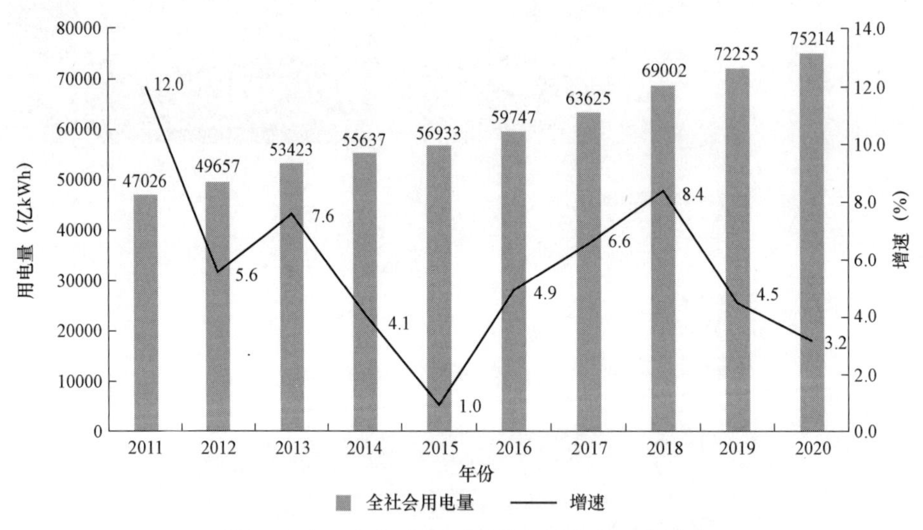

图 1　2011～2020 年全国全社会用电量及其增速

二、发电装机容量和电网输送容量持续提升，电力工业规模继续稳居世界第一

截至 2020 年底，全国全口径发电装机容量 220204 万 kW，比 2019 年增长 9.6%。其中，水电 37028 万 kW，比 2019 年增长 3.4%；火电 124624 万 kW，比 2019 年增长 4.8%；核电 4989 万 kW，比 2019 年增长 2.4%；并网风电 28165 万 kW，比 2019 年增长 34.7%；并网太阳能发电 25356 万 kW，比

❶ 2020 年电力数据均来自中电联 2020 年度统计数据（简称“年报数据”）。

2019年增长24.1%。2011～2020年全国发电装机容量及增速如图3所示。

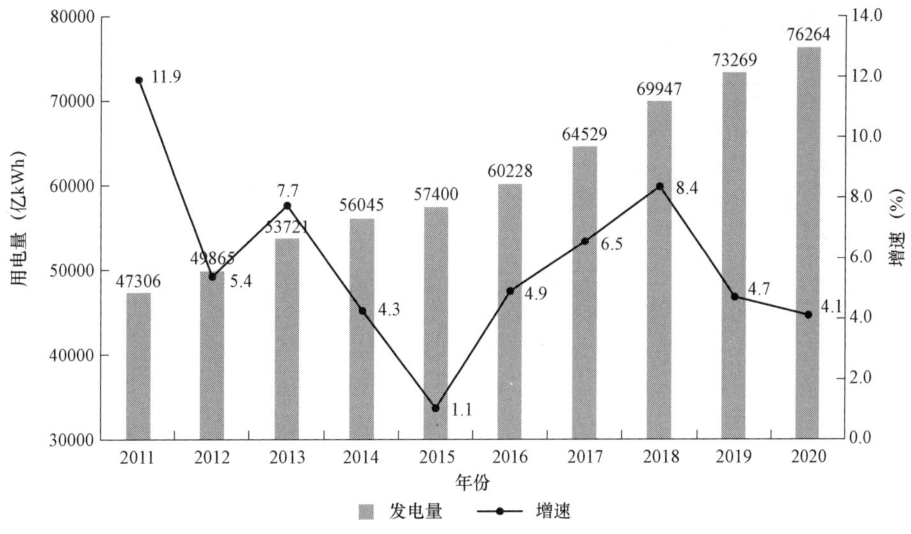

图2 2011～2020年全国全口径发电量及增速

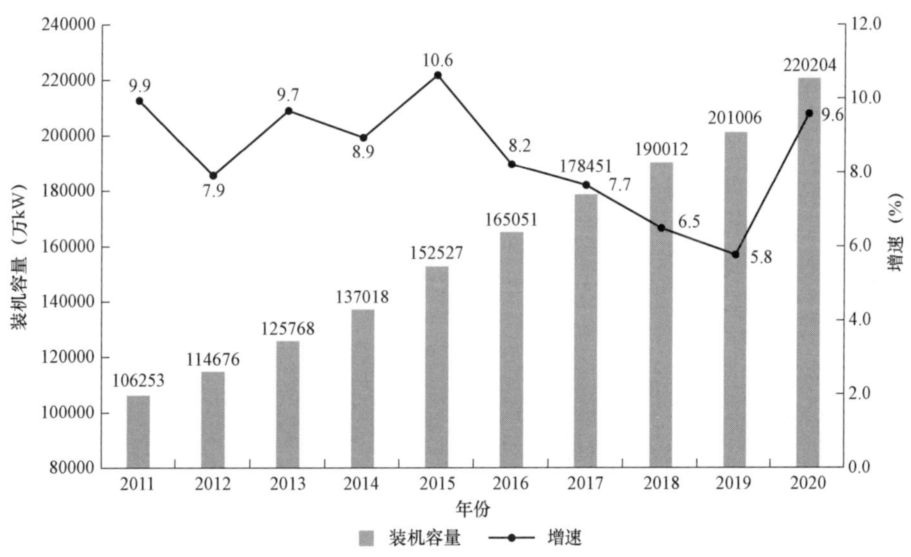

图3 2011～2020年全国发电装机容量及增速

截至2020年底，初步统计全国电网220kV及以上输电线路回路长度79.4万km，比2019年增长4.6%；全国电网220kV及以上变电设备容量45.3亿kVA，比2019年增长4.9%；全国跨区输电能力达到15615万kW。2020年全国跨区送电量完成6474亿kWh，比2019年增长13.3%。

2020年，全国主要电力企业合计完成投资10189亿元，比2019年增长22.8%。全国电源工程建设完成投资5292亿元，比2019年增长29.5%。其中，水电完成投资1067亿元，比2019年增长17.9%；火电完成投资568亿元，比2019年下降27.3%；核电完成投资379亿元，比2019年下降18.0%；风电完成投资2653亿元，比2019年增长71.0%；太阳能发电完成投资625亿元，比2019年增长62.2%。全国电网工程建设完成投资4896亿元，比2019年下降2.3%。其中，直流工程532亿元，比2019年增长113.4%；交流工程4188亿元，比2019年下降7.5%，占电网总投资的85.5%。

2020年，全国新增发电装机容量19144万kW，比2019年多投产8643万kW。其中，新增水电1313

万kW，新增火电5660万kW，新增核电112万kW，新增并网风电装机容量7211万kW，新增并网太阳能发电装机容量4820万kW。

2020年，全年新增交流110kV及以上输电线路长度和变电设备容量57237km和31292万kVA，分别比2019年下降1.2%和2.0%。全年新投产直流输电线路4444km，新投产换流容量5200万kW。

三、电力清洁低碳转型加速，非化石能源发展规模世界领先

截至2020年底，全国全口径非化石能源发电装机容量98566万kW，比2019年增长16.8%。2020年，非化石能源发电量25830亿kWh，比2019年增长7.9%。达到超低排放限值的煤电机组约9.5亿kW，约占全国煤电总装机容量88%。全年累计完成替代电量2252.1亿kWh❶，比2019年增长9.0%，且替代电量逐年提高。

2020年，全国6000kW及以上火电厂供电标准煤耗304.9g/kWh，比2019年降低1.5g/kWh；全国6000kW及以上电厂厂用电率4.65%，比2019年下降0.02个百分点；全国线损率5.60%，比2019年下降0.33个百分点。

2020年，全国电力烟尘、二氧化硫、氮氧化物排放量分别约为15.5万、78.0万、87.4万t，分别比2019年下降15.1%、12.7%、6.3%；单位火电发电量烟尘、二氧化硫、氮氧化物排放分别为0.032、0.160、0.179g/kWh，分别比2019年下降0.006、0.027、0.016g/kWh。

2020年，全国单位火电发电量二氧化碳排放约832g/kWh，比2005年下降20.6%；全国单位发电量二氧化碳排放约565g/kWh，比2005年下降34.1%。以2005年为基准年，从2006年到2020年，通过发展非化石能源、降低供电煤耗和线损率等措施，电力行业累计减少二氧化碳排放约185.3亿t。其中，非化石能源发展贡献率为62%，供电煤耗降低对电力行业二氧化碳减排贡献率为36%，降低线损的二氧化碳减排贡献率为2.6%。

四、电力科技创新实现新突破，电力生产安全与可靠性持续提升

2020年，全国主要电力企业科技投入资金1113.0亿元，申请国内专利63082项，授权37158项，累计有效211554项；申请涉外专利613项，授权268项，累计有效863项。发电技术和装备不断向高参数、大容量、高效及低排放方向发展，巩固了中国在超超临界燃煤发电技术、循环流化床燃烧技术、水电站建设技术、第三代核电技术、风力发电技术及装备制造等方面的领先优势。电网领域在电网安全高效运行、互联网与电网应用融合、新能源与储能并网控制、电工新材料与器件、高端电工装备等方向开展集中攻关、示范试验和推广应用。

2020年，全国没有发生重大以上电力人身伤亡事故，没有发生电力安全事故、水电站大坝漫坝垮坝事故，以及对社会有较大影响的电力安全事件。2020年全国电力可靠性继续保持较高水平。发电方面，纳入电力可靠性统计的各类发电机组等效可用系数均为90%以上。其中，水电机组等效可用系数为93.36%，比2019年提高0.78个百分点；燃煤机组等效可用系数为93.01%，比2019年提高0.22个百分点；燃气—蒸汽联合循环机组等效可用系数为93.16%，比2019年提高0.79个百分点；核电机组等效可用系数为92.38%，比2019年提高1.37个百分点。输变电方面，纳入电力可靠性统计的220kV及以上电压等级三类输变电主要设施，架空线路可用系数为99.462%，比2019年提高0.009个百分点；变压器可用系数为99.572%，比2019年降低0.069个百分点；断路器可用系数为99.845%，比2019年降低0.028个百分点。供电方面，全国平均供电可靠率为9.865%，比2019年提高0.022个百分点；用户平均停电时间为11.87h/户，比2019年减少1.85h/户；用户平均停电频率为2.69次/户，比2019年减少0.30次/户。

五、电力企业经营规模继续扩大，电力供应企业利润大幅下降

根据国家统计局统计，2020年底，全国规模以上电力企业资产总额165813亿元，比2019年增长5.8%。其中，发电企业资产总额94724亿元，比2019年增长4.2%；电力供应企业资产总额71089亿元，比2019年增长7.9%。

2020年，规模以上电力企业负债总额95971亿元，比2019年增长4.7%。其中，发电企业负债总额比2019年上升1.9%；电网企业负债总额比2019年增长10.0%。规模以上电力企业资产负债率为57.9%，比2019年降低0.6个百分点。2020年，规模以上电力企业利润总额4010亿元，比2019年增长2.8%。发电企业利润总额3523亿元，但大型发电集团煤电业务继续总体亏损。风电、太阳能发电利润增速分别为16.3%和3.0%，但现金流短缺，导致企业资金周转困难。电力供应企业利润总额486亿元，比2019年下降49.6%；亏损企业亏损额为210亿元，比2019年增长42.7%。

❶ 国家电网和南方电网统计口径。

六、电力市场化改革进一步深化，为新型电力系统构建提供机制保障

2020年，国家制定出台了省级电网和区域电网第二监管周期（2020～2022年）输配电价，公布了第五批增量配电业务改革试点，电力市场建设进一步推进。

2020年，全国各电力交易中心组织完成市场交易电量❶431663亿kWh，同比增长11.7%。其中，全国电力市场电力直接交易电量❷合计为24760亿kWh，比2019年增长13.7%，占全社会用电量比重为32.9%，比2019年提高2.8个百分点，占电网企业售电量比重为40.2%，比2019年提高3.3个百分点。全国电力市场化交易规模再上新台阶。

七、电力国际合作稳步推进，电力企业对外投资逆势增长

2020年，中国主要电力企业对外直接投资总金额78.5亿美元，同比上升84.3%；对外直接投资项目共32个，主要涉及火电、新能源、水电、输变电、矿产资源及储能等领域，为项目所在地直接创造5.9万个就业岗位。

2020年，中国主要电力企业年度新签合同项目131个，合同金额271.7亿美元，同比增长12.8%，为当地创造就业岗位3.2万个。新签境外工程承包项目涉及51个国家和地区，其中亚洲和非洲项目占比最多，分别为59.5%和21.3%。2020年，中国主要电力企业年度出口电力装备总额22.3亿美元，比2019年降低10.1%。电力技术服务出口总额11.2亿美元，同比减少14.5%。

国务院新闻办公室发布《新时代的中国能源发展》白皮书

国务院新闻办公室于2020年12月21日发表《新时代的中国能源发展》白皮书，并于当日下午举行新闻发布会。

根据白皮书可知，中国坚定不移推进能源革命，能源生产和利用方式发生重大变革，能源发展取得历史性成就。能源生产和消费结构不断优化，能源利用效率显著提高，生产生活用能条件明显改善，能源安全保障能力持续增强，为服务经济高质量发展、打赢脱贫攻坚战和全面建成小康社会提供了重要支撑。

白皮书指出，中国坚持创新、协调、绿色、开放、共享的新发展理念，以推动高质量发展为主题，以深化供给侧结构性改革为主线，全面推进能源消费方式变革，构建多元清洁的能源供应体系，实施创新驱动发展战略，不断深化能源体制改革，持续推进能源领域国际合作，中国能源进入高质量发展新阶段。

白皮书还指出，面对气候变化、环境风险挑战、能源资源约束等日益严峻的全球问题，中国树立人类命运共同体理念，促进经济社会发展全面绿色转型，在努力推动中国能源清洁低碳发展的同时，积极参与全球能源治理，与各国一道寻求加快推进全球能源可持续发展新道路。新时代中国的能源发展，为中国经济社会持续健康发展提供有力支撑，也为维护世界能源安全、应对全球气候变化、促进世界经济增长做出积极贡献。

中国电力企业联合会发布《中国电气化发展报告2019》

2020年5月11日，中国电力企业联合会（简称中电联）电力发展研究院发布《中国电气化发展报告2019》。报告根据中电联电力行业统计与调查数据，以电气化进程评价指标体系贯穿全文，阐述新时期电气化发展内涵与特征，开展电气化进程评价指标国际对比，评价主要国家电气化进程，重点反映“十二五”以来中国电气化进程步入新阶段后，在清洁能源发电、输配电、电力安全供应、电力新业态、电能替代、节能节电、电力需求侧管理、电力营销、用电营商环境、电力普遍服务、电力市场化改革、低碳电力等电气化主要领域的发展情况，分析电气化发展趋势，提出我国中长期电气化发展目标与行动展望，旨在凝聚社会各界关于电气化发展的共识，同时为政府加强宏观管理、制定发展政策提供支撑，为全面提升全社会电气化水平发挥积极作用。

水电总院发布《中国可再生能源国际合作2019年度报告》

2020年7月6日，水电水利规划设计总院发布《中国可再生能源国际合作2019年度报告》。

---

❶ 指电力交易中心组织开展的各品类交易电量的总规模，分为省内交易和省间交易，其中省内交易包括省内电力直接交易、发电权交易、抽水蓄能交易和其他交易；省间交易包括省间电力直接交易、省间外送交易（网对网、网对点）、发电权交易和其他交易。以交易的结算口径统计。

❷ 指符合市场准入条件的电厂和终端购电主体通过自主协商、集中竞价等直接交易形式确定的电量规模，包括省内电力直接交易电量和省间电力直接交易（外受）电量。当前仅包括中长期交易电量，以交易的结算口径统计。

报告指出：随着全球应对气候变化和能源转型需要，中国与世界在可再生能源合作上更加紧密，中国是全球可再生能源领域的产能大国，中国会继续深入推动可再生能源国际合作，为全球可再生能源发展贡献中国力量。报告基于大量的合作实践，总结了中国可再生能源国际合作的概况，从顶层战略到合作规划直至项目情况；系统梳理了水电、风电、光伏发电、生物质能、光热、地热等可再生能源合作情况，同时对可再生能源发展形势与特点进行了分析。

电力体制机制改革

国家发展改革委、国家能源局加强和规范电网规划投资管理工作

2020年5月28日，国家发展改革委、国家能源局印发《国家发展改革委　国家能源局关于加强和规范电网规划投资管理工作的通知》（发改能源规〔2020〕816号），通知对电网规划投资管理工作进行了明确和规范，要求切实加强电网规划统筹协调与实施，规范纳入规划的电网项目投资管理，加强电网规划及投资项目的事中事后分析评估，认真履行电网规划职责。

国家发展改革委印发《完善生物质发电项目建设运行的实施方案》

2020年9月11日，发改委、财政部、国家能源局发出《关于印发〈完善生物质发电项目建设运行的实施方案〉的通知》（发改能源〔2020〕1421号）（简称《方案》），《方案》明确了“以收定补、新老划段、有序建设、平稳发展”的总体思路，坚持稳中求进，推动生物质发电行业平稳有序发展。围绕“补贴资金申报”“生物质发电项目建设”两项主要任务，一方面坚持“稳”，今年补贴资金安排仍沿用现有政策，保持政策连续性、稳定性；另一方面坚持“进”，坚定改革方向，持续完善生物质发电项目管理政策，明确市场预期，促进生物质发电行业提质增效。

《方案》明确项目申报补贴须符合4个条件：一是项目须纳入生物质发电国家、省级专项规划；二是项目须为2020年1月20日（含）以后全部机组并网的当年新增项目，其中2020年1月20日前部分机组并网，在2020年1月20日后实现全部机组并网的项目也属于本次申报范围；三是须符合国家相关法律法规、产业政策、技术标准等要求，配套建设高效治污设施，垃圾焚烧发电项目所在城市已实行垃圾处理收费制度；四是申报情况必须属实，不能出现弄虚作假、违规掺烧等情况，并提交信用承诺书。

《方案》明确纳入当年补贴项目规则：申报项目按其全部机组并网时间先后次序排序，并网时间早者优先，根据《方案》中的补贴额度测算规则对入选项目所需补贴额度进行测算并累加，直至入选项目所需补贴总额达到2020年15亿元额度为止。未能纳入2020年中央补贴规模的2020年并网项目，结转至次年依序纳入。

国家能源局发文开展电力业务资质许可告知承诺制试点相关工作

2020年4月24日，国家能源局综合司发出《关于做好电力业务资质许可告知承诺制试点相关工作的通知》（国能综通资质〔2020〕36号），要求落实《国家能源局综合司关于印发深化“放管服”改革优化营商环境重点任务分工方案的通知》有关工作部署，创新许可管理方式，提高许可审批效率，做好上海市、湖北省、浙江省、海南省自由贸易试验区、深圳社会主义先行示范区电力业务许可、承装（修、试）电力设施许可告知承诺制试点相关工作。

国家能源局取消电力业务许可、承装（修、试）电力设施许可涉及的21项证明材料（第3号公告）

2020年8月10日，国家能源局发布国家能源局公告2020年第3号，取消电力业务许可、承装（修、试）电力设施许可涉及的21项证明材料。附件所列证明材料在电力业务资质许可告知承诺制试点区域（上海市、湖北省、浙江省、海南省自由贸易试验区、深圳社会主义先行示范区）自公告发布之日起予以取消，其他区域自公告发布之日起1个月内予以取消。

电 力 规 划

“十四五”电力规划工作启动

2020年1月6日，国家能源局在京召开“十四五”电力规划工作启动会议，部署动员“十四五”电力规划研究及编制工作。

会议指出，“十四五”时期是中国全面建成小康社会后，开启全面建设现代化强国“两个十五年”新征程的第一个五年规划期，是全面落实高质量发展要求，深入推进能源生产和消费革命的关键时期。科学谋划未来五年电力发展，对推动能源转型升级，实现电力工业高质量发展，保障经济社会持续健康发展具有重要意义。各地能源主管部门、相关电力企业、咨询机构和高校要全面贯彻习近平新时代中国特色社会主义思想和党的十九大精神，高度重视“十四五”规划编制工作，准确把握电力发展规划重大问题研究方向，强化统筹协调，做好工作部署，切实抓好电力规划编制实施。

会议要求，电力发展“十四五”规划要注重提升电力安全保障能力，推进电力供给侧结构性改革，重点在充分调动需求侧响应资源、合理推动支撑性、基础性电源项目规划建设、统筹优化全国电力潮流、完善电网结构上做研究；注重提升电力系统整体效率，推动电力绿色转型升级，重点在高度重视节能增效、全面推动煤电清洁高效发展、提升系统调节能力、全面加快电能替代、降低能源对外依存度上做研究；大力推进技术创新，全面深化体制革命，坚定实施国际合作，重点在切实推进电力重大装备技术创新、全面深化电力体制及市场化改革、加强与周边国家电力互联互通上做研究。

会议强调，2020年是两个五年规划的衔接过渡期，应高度重视“十三五”规划收官和“十四五”规划编制工作。要认真总结“十三五”规划编制实施的有益经验，扎实推进“十四五”规划编制工作，把发展机遇研判准、困难挑战分析透，立足我国能源发展实际，突出高质量发展、以人民为中心的发展思想，突出以改革创新破解发展难题，实事求是、遵循规律，着眼长远、统筹兼顾，切实提高规划编制的前瞻性、指导性和操作性。

国务院办公厅印发《新能源汽车产业发展规划（2021—2035年）》

2020年10月20日，国务院办公厅印发《新能源汽车产业发展规划（2021—2035年）》（简称《规划》）。《规划》提出，到2025年，纯电动乘用车新车每百公里平均电耗降至12.0kWh，新能源汽车新车销售量达到汽车新车销售总量的20%左右，高度自动驾驶汽车实现限定区域和特定场景商业化应用。到2035年，纯电动汽车成为新销售车辆的主流，公共领域用车全面电动化，燃料电池汽车实现商业化应用，高度自动驾驶汽车实现规模化应用，有效促进节能减排水平和社会运行效率的提升。

《规划》部署了5项战略任务：一是提高技术创新能力。坚持整车和零部件并重，强化整车集成技术创新，提升动力电池、新一代车用电机等关键零部件的产业基础能力，推动电动化与网联化、智能化技术互融协同发展。二是构建新型产业生态。以生态主导型企业为龙头，加快车用操作系统开发应用，建设动力电池高效循环利用体系，强化质量安全保障，推动形成互融共生、分工合作、利益共享的新型产业生态。三是推动产业融合发展。推动新能源汽车与能源、交通、信息通信全面深度融合，促进能源消费结构优化、交通体系和城市智能化水平提升，构建产业协同发展新格局。四是完善基础设施体系。加快推动充换电、加氢等基础设施建设，提升互联互通水平，鼓励商业模式创新，营造良好使用环境。五是深化开放合作。践行开放融通、互利共赢的合作观，深化研发设计、贸易投资、技术标准等领域的交流合作，积极参与国际竞争，不断提高国际竞争能力。

《规划》要求，要充分发挥市场机制作用，促进优胜劣汰，支持优势企业兼并重组、做大做强，进一步提高产业集中度。落实新能源汽车相关税收优惠政策，优化分类交通管理及金融服务等措施，对作为公共设施的充电桩建设给予财政支持，给予新能源汽车停车、充电等优惠政策。2021年起，国家生态文明试验区、大气污染防治重点区域的公共领域新增或更新公交、出租、物流配送等车辆中新能源汽车比例不低于80%。

三部委印发《储能技术专业学科发展行动计划（2020—2024 年）》

2020 年 2 月 11 日，教育部、国家发展改革委、国家能源局联合制定印发《储能技术专业学科发展行动计划（2020—2024 年）》（简称《行动计划》），通知指出储能产业和储能技术作为新能源发展的核心支撑，覆盖电源侧、电网侧、用户侧、居民侧以及社会化功能性储能设施等多方面需求。

《行动计划》经过 5 年左右努力拟订，增设若干储能技术本科专业、二级学科和交叉学科，推动建设若干储能技术学院（研究院），建设一批储能技术产教融合创新平台，推动储能技术关键环节研究达到国际领先水平，形成一批重点技术规范和标准，有效推动能源革命和能源互联网发展。

在产教融合方面，要加快可再生能源发电的并网储能技术与系统、大规模集成储能与应用、分布式储能技术及系统优化、储能技术规模化应用及管理等关键核心技术研究，形成新一代储能技术体系并推广应用。支持企业积极投入平台建设，探索开展订单式人才培养。

《全国重要生态系统保护和修复重大工程总体规划（2021—2035 年）》印发

2020 年 6 月 3 日，国家发展改革委、自然资源部发布《关于印发〈全国重要生态系统保护和修复重大工程总体规划（2021—2035 年）〉的通知》（发改农经〔2020〕837 号）（简称《规划》），《规划》提出了“坚持保护优先，自然恢复为主”“坚持科学治理，推进综合施策”等基本原则；将重大工程重点布局在青藏高原生态屏障区、黄河重点生态区（含黄土高原生态屏障）、长江重点生态区（含川滇生态屏障）、东北森林带、北方防沙带、南方丘陵山地带、海岸带等重点区域，根据各区域的自然生态状况、主要生态问题，研究提出了主攻方向。

《规划》明确，到 2035 年，通过大力实施重要生态系统保护和修复重大工程，全面加强生态保护和修复工作，全国森林、草原、荒漠、河湖、湿地、海洋等自然生态系统状况实现根本好转，生态系统质量明显改善，优质生态产品供给能力基本满足人民群众需求，人与自然和谐共生的美丽画卷基本绘就。

国家能源局部署开展电力安全生产专项整治三年行动

2020 年 6 月，国家能源局日前印发《电力安全生产专项整治三年行动方案》（简称《方案》），决定在全国范围内开展电力安全生产专项整治三年行动。

《方案》明确，通过开展三年行动，进一步学深悟透习近平总书记关于安全生产重要论述，进一步完善责任链条，推进电力安全生产治理体系和治理能力现代化，强化双重预防机制，秉持“安全是技术、安全是管理、安全是文化、安全是责任”的总体思路，扎实推进专项整治各项工作，全力促进事故总数和死亡人数不断下降，坚决遏制重特大事故发生，确保电力安全生产形势持续稳定向好。

《方案》要求，各单位要不断完善安全生产责任体系，有效防范化解重大安全风险；电力企业要严格落实安全生产主体责任，加大安全生产投入，提升安全保障能力，分级管控安全风险，深入排查事故隐患，积极开展安全管理创新；地方政府电力管理有关部门和派出机构要综合采用警示通报、走访约谈、信用监管、行政处罚等手段，督促电力企业加强安全生产管理，提升安全生产总体水平。

《方案》还要求，各有关单位要积极推进安全生产标准化、安全文化、班组安全、应急能力建设，深入开展电网、发电、大坝、工程和网络安全问题整治，保障电力行业安全、健康、高质量发展。

电 力 市 场

国家发展改革委、国家能源局推进电力交易机构独立规范运行

2020 年 2 月 18 日，《国家发展改革委　国家能源局印发〈关于推进电力交易机构独立规范运行的实施意见〉的通知》（发改体改〔2020〕234 号）（简称《实施意见》）。《实施意见》提出，2020 年底前，区域性交易机构和省（自治区、直辖市）交易机构的股权结构进一步优化、交易规则有效衔接，与调度机构职能划分清晰、业务配合有序；2022 年底前，各地结合实际情况进一步规范完善市场框架、交易规则、交易品种等，京津冀、长三角、珠三角等地区的交易机构相互融合，适应区域经济一体化要求的电力市场初

步形成；2025 年底前，基本建成主体规范、功能完备、品种齐全、高效协同、全国统一的电力交易组织体系。

《实施意见》提出了推进电力交易机构独立规范运行的六项重点任务：一是进一步厘清交易机构、市场管理委员会与调度机构的职能定位和配合关系，使市场管理委员会更加独立于交易机构，强化了市场管理委员会的议事协调职能，新赋予市场管理委员会协助能源主管部门监督交易机构行为的职责等。二是完善电力交易规则制订程序，明确了政府部门、交易机构、市场管理委员会在其中的相应职责。三是加快推进交易机构股份制改造，2020 年上半年，北京、广州 2 家区域性交易机构和省（自治区、直辖市）交易机构中电网企业持股比例全部降至 80%以下，2020 年底前电网企业持股比例降至 50%以下。四是规范交易机构的人员、资产和财务管理，明确与电网企业共用资产的交易机构原则上不向市场主体收取费用，所需费用计入输配电环节成本并单列，由电网企业通过专项费用支付。具备条件的交易机构经市场管理委员会同意，也可向市场主体合理收费，经费收支情况应向市场主体公开。五是要求交易机构、调度机构共同做好电力市场交易组织实施。健全交易机构和调度机构信息交换机制，建立健全交易机构信息安全保障机制，要求国家电网有限公司、中国南方电网有限责任公司在各自经营范围内统一交易系统平台，统一建设灾备系统，建立数据共享机制。六是加强专业化监管体系建设，建立健全对交易机构的专业化监管制度，发展第三方专业评估机构，形成政府监管与外部监督密切配合的综合监管体系。

国家发展改革委、国家能源局印发《电力中长期交易基本规则》

2020 年 6 月 10 日，国家发展改革委、国家能源局联合印发《电力中长期交易基本规则》（发改能源规〔2020〕889 号）（简称《基本原则》），《基本规则》重点从市场准入退出、交易组织、价格机制、安全校核、市场监管和风险防控等方面进行补充、完善和深化，丰富了交易周期、交易品种和交易方式，优化了交易组织形式，提高了交易的灵活性和流动性，增强了中长期交易稳定收益、规避风险的“压舱石”作用。

国家发展改革委、国家能源局开展电力现货市场连续试结算试点

2020 年 7 月，国家发展改革委、国家能源局联合印发了《关于做好电力现货市场试点连续试结算相关工作的通知》（发改办能源规〔2020〕245 号）（简称《通知》）。《通知》梳理了保障电力现货市场稳定运行的相关措施，推动试点地区做好不间断连续试运行相关准备；强调了电力现货市场与中长期市场的衔接关系；明确了不平衡资金的处理原则；强调了电力现货市场价格信号对电力生产、消费的引导作用；对市场运营机构和技术支持系统开发方提出中立性要求；对试点第一责任单位提出动态完善市场机制的工作要求。

国家能源局印发《电力现货市场信息披露办法（暂行）》

2020 年 11 月 6 日，国家能源局发出《国家能源局关于〈电力现货市场信息披露办法（暂行）〉的通知》（国能发监管〔2020〕56 号）（简称《办法》）。《办法》规定信息披露主体包括发电企业、售电公司、电力用户、电网企业和市场运营机构。电力现货市场信息分为公众信息、公开信息、私有信息和依申请披露信息四类。

发电企业应披露的公开信息包括：① 电厂机组信息，包括电厂调度名称、电力业务许可证（发电类）编号、机组调度管辖关系、投运机组台数及编号、单机容量及类型、投运日期、接入电压等级；② 单机最大出力、核定最低技术出力、核定深调极限出力；③ 机组出力受限的技术类型，如流化床、高背压供热等。

售电公司应披露的公开信息包括：① 拥有配电网运营权的售电公司应当披露电力业务许可证（供电类）编号，配电网电压等级、配电区域、配电价格等信息。② 履约保函缴纳信息（如有）。

电力用户应披露的公开信息包括企业用电类别、接入地区、年用电量、用电电压等级、供电方式、自备电源（如有）、变压器报装容量以及最大需量等。

电网企业应披露的公开信息包括：① 电力业务许可证（输电类）、电力业务许可证（供电类）编号。② 市场结算收付费总体情况及市场主体欠费情况。③ 电网企业代理非市场用户每个交易时段的总购电量、总售电量、平均购电价格、平均售电价格等，含事前预测和事后实际执行。④ 各类型发电机组装机总体情况，各类型发用电负荷总体情况等。电网设备信息包括：① 线路、变电站等输变电设备投产、退出和检修情况等。② 全社会用电量、重点行业用电量等。

2020年全国电力交易市场信息 北京电力交易中心发布2020年度电力市场交易信息

2021年1月28日，北京电力交易中心在京召开2020年度电力市场交易信息发布会，发布了交易信息，介绍电力供需形势预测、市场化交易组织等情况。

市场化交易电量继续保持较快增长。2020年，国家电网有限公司经营区各电力交易中心总交易电量累计完成48011亿kWh，同比增长3.1%。其中，市场化交易电量23152亿kWh，同比增长9.6%；电力直接交易电量18099亿kWh，同比增长10.8%，减少客户用电成本550亿元，同比增加66亿元，持续释放改革红利。

北京电力交易中心落实能源安全新战略，将西北、东北、西南大型能源基地的优质能源通过特高压交直流大电网送至华北、华东、华中等负荷中心，促进能源资源大范围优化配置。2020年，省间交易电量完成11577亿kWh，同比增长9.5%。其中，清洁能源4949亿kWh，同比增长7.4%。2020年，新能源省间交易电量915亿kWh，同比增长3.7%，为新能源利用率贡献14个百分点。其中天中、祁韶、灵绍、鲁固、高岭等跨区通道新能源占比超过20%。

2020年，北京电力交易中心共开展省间市场化交易600笔，交易规模5194亿kWh。

北京电力交易中心股份制改造取得重要突破

2019年12月31日，北京电力交易中心有限公司增资协议签约仪式在北京举行，共引入10家投资者，新增股东持股占比30%。

此次增资项目于2019年10月25日在北京产权交易所完成增资信息披露和意向投资方征集。整个过程严格履行国有产权转让的交易程序，最终确定了10家投资者，包括中国华能集团有限公司、中国大唐集团有限公司、中国华电集团有限公司、国家电力投资集团有限公司、中国长江三峡集团有限公司、国家能源投资集团有限责任公司、中国核能电力股份有限公司、中国石化集团资产经营管理有限公司、国投电力控股股份有限公司、华润电力投资有限公司。

广州电力交易中心发布《2020年度南方区域跨区跨省电力市场运营报告》

2021年3月，广州电力交易中心发布《2020年度南方区域跨区跨省电力市场运营报告》（简称《报告》）。《报告》指出，2020年，南方区域电力供应总体平稳有序，年初受疫情影响，用电增长形势严峻，随着复工复产全力推进，用电增速逐步回升，全年电量增长好于全国平均水平。但是，区域性时段性供需矛盾依然存在，枯汛交替和度夏期间的部分时段电力供应偏紧。在一次能源供应上，入汛以来南方区域主要流域来水丰枯不均，存在少量弃水，电煤供应整体充足。

2020年，西电东送电量2305亿kWh，同比增加1.8%，比年度协议计划多342亿kWh。完成跨区跨省市场化交易电量351亿kWh，占西电东送电量比例15.2%，释放改革红利19.2亿元。五省区组织开展省内中长期市场化交易753次，市场化交易电量5035亿kWh，同比增长19.1%，占售电量比例45.8%，同比提高5个百分点，度电价格平均降幅7.2分/kWh，释放改革红利365亿元。南方区域省内市场化交易电量占全社会用电比重38.6%，超过全国平均水平（33%），其中，云南市场化交易电量占全社会用电量比例达到63%，广东市场化交易电量规模位居中国第二。

截至2020年底，南方区域各省级电力交易中心已注册的市场主体共计66180家，同比增长49.9%，各省区注册市场主体同比均大幅增加，其中云南用户突破3万。已开展交易市场主体总数58040家，参与率为87.7%，受放开经营性行业用电等政策引导，大量10kV及以下用户进入市场，占今年新增用户数量95%以上。

广州电力交易中心首次组织开展曲线外价格浮动机制增量挂牌交易

广州电力交易中心于2020年7月24日～8月4日首次组织开展了基于峰谷价格浮动调整的云南送广东月度增量挂牌交易，利用市场化交易方式，增送云南富余水电，交易规模达15亿kWh（落地端）。该次交易由广东电网有限责任公司作为购电方，自主提交包含价格浮动需求的挂牌申请，落地端挂牌电量22.5亿kWh，交易基准价格为0.34689元/kWh，折算到云南侧挂牌电量24.08亿kWh，基准价格0.159元/kWh，高峰（共16h）、低谷时段（共8h）度电电价分别上、下浮约5%、10%。

广州电力交易中心增资项目进场挂牌

2020年9月18日，广州电力交易中心增资项目在北京产权交易所正式披露，信息披露期满日期为2020年11月19日，这是南方电网公司贯彻落实《关于进一步深化电力体制改革的若干意见》（中发〔2015〕9号）和《关于推进电力交易机构独立规范运行的实施意见》（发改体改〔2020〕234号）精神，推进电力交易机构独立规范运行和南方区域统一电力市场建设的重要举措之一。

广州电力交易中心坚持依法依规、稳妥有序、各方协调推进股权调整工作，加强与国家发展改革委、现有股东单位等有关方面沟通，积极开展资产评估、专项审计、挂牌材料准备等工作，增资扩股实施方案获得国家有关部委同意。增资完成后，南方电网公司持股比例由66.7%降至约39%，全国率先实现电力交易机构中电网企业持股比例降至50%以下，现有其他股东（南方五省区政府出资企业）持股比例约39%，新进不超过7家投资者合计持股不超过22%。

广东电力交易中心组织西电东送电量突破1万亿kWh

截至2020年9月16日，南方电网广州电力交易中心累计组织西电东送电量突破1万亿kWh。作为南方区域电力资源配置的重要平台，南方电网广州电力交易中心肩负着落实国家西电东送战略的重任。为此，广州电力交易中心一方面建立了“年度制订计划、月度分解调控、月内临时调整”的闭环管控机制，通过多项举措强化西电东送计划管控力度，保障西电东送协议计划刚性执行；另一方面，广州电力交易中心始终坚持将市场作为资源优化配置的重要手段，通过及时组织开展云南送广东增量挂牌、疆电送粤、广西送广东、云电入琼、点对网电厂协议外增送等市场化交易，进一步扩大西电东送规模。

广东电力调频辅助服务市场正式运行（电力市场化建设迎来新的重要里程碑）

2020年9月1日，广东电力调频辅助服务市场正式运行，电力市场化建设迎来新的重要里程碑。调频辅助服务主要为解决负荷侧的用电波动，通过发电机自动装置实时调整发电出力，维持电网频率为50Hz，满足发电侧出力和用户侧负荷的实时平衡，其调节效果通过发电出力调整量来衡量。

2018年9月1日，广东电力调频辅助服务市场正式开始试运行。在连续两年试运行期间，广东电网频率合格率为100%，市场运行平稳，竞争充分，成效显著。截至2020年8月底，广东机组平均调频性能指标约为开市前的2.4倍，调频市场累计收益约16亿元，正式投运调频储能装置的电厂共计8家，占能够参与调频市场的机组比例为7%，同时多家电厂正在开展火储联合调频装置改造。

全国首个区域调频辅助服务市场试运行

2020年12月28日，全国首个进入试运行的区域调频市场——南方区域调频辅助服务市场（简称南方区域调频市场）正式启动试运行，标志着南方区域统一电力市场建设迈出重要一步。试运行期间，调频辅助服务市场从原来的广东和广西部分水电厂，扩展至广东、广西、海南三省（区）。

全国首个区域统一调频辅助服务市场系统正式投入运行

南方电网公司组织建设的南方区域统一调频辅助服务市场系统（简称区域调频市场系统）于2020年11月17日正式投入运行，是全国首个上线运行的区域调频市场系统。

区域调频市场系统采用云计算技术，实现网络、计算、存储等资源快速和弹性分配，有效提升市场运转效率和稳定性；利用大数据技术，实时感知设备工况，服务近千家市场主体参与市场出清；市场主体可直接在互联网实现市场申报和查阅披露信息，为未来独立第三方辅助服务提供者参与市场创造条件，有利于维护市场公平、公开、公正。系统投运后，有力支撑逐步扩大区域市场范围，将在全网范围内引入调频资源竞争机制，发挥市场在大范围资源配置中的决定作用，激励发电企业提供更优质的调频辅助服务，提升电力系统安全、稳定、经济运行水平。

南方区域电力辅助服务市场建设取得重大进展

2020年7月，国家能源局南方监管局近日印发了《南方区域统一调频辅助服务市场建设方案（征求意见稿）》（简称《方案》），标志着南方区域调频辅助服务市场化改革工作将全面启动，南方区域电力辅助服务市场建设取得重大进展。

根据《方案》，南方区域统一调频辅助服务市场最终将包括“广东、广西、贵州、海南调频”和“云南调频”两个子市场。二者的市场结构、交易机制、价格机制等方面基本保持一致，异步联网期间各自相对独立运行。计划于 2020 年底启动广东、广西、海南调频市场和云南调频市场试运行，建成南方区域首个区域级电力辅助服务交易化品种，于 2021 年 12 月前将贵州纳入。

南方区域统一电力交易平台在贵州试点运行

2020 年 9 月 1 日，南方区域统一电力交易平台（简称统一交易平台）在贵州试点运行，统一交易平台采用云计算、微服务技术，通过场景划分和流程再造，构建了前、中、后台的协同体系，实现对注册、申报、出清、结算、信息披露等全过程的需求快速响应和功能迭代更新，为各类市场主体提供了高效、便捷、安全的服务。

电力建设

电源建设工程

火力发电

【世界首个124万kW超超临界火电机组建成投产】 据中国能建最新消息，由其旗下广东院勘察设计、广东火电负责建安施工总承包、广电工程局负责土建施工的广东华夏阳西电厂（2×124万kW）工程6号机组，近日顺利完成168h满负荷试运行；加上此前于2020年7月7日完成168h满负荷试运行的5号机组，这一世界首个124万kW高效超超临界火电机组全面建成投产。该项目是国内已投产机组中单轴全速单机容量最大、蒸汽参数最高、单位发电煤耗最低、单位污染排放量最少的124万kW高效超超临界燃煤机组，是绿色火电标杆示范工程。项目上创新应用紧凑一字型烟道布置、高效回热系统、汽轮机基座弹簧隔振台板系统、无动力除尘、“预处理＋TMF＋STRO＋DTRO”脱硫废水零排放处理、烟气联合处理等多项优选方案，借助先进的三维协同设计技术、现场总线技术和计算机网络信息技术，全面提高电厂运行和管理的自动化水平。

【世界首台六缸六排汽百万千瓦机组投产】 2020年11月11日晚，大唐东营发电有限公司1号机组——世界首台百万千瓦超超临界、二次再热、六缸六排汽燃煤发电机组顺利完成168h满负荷试运行，机组各系统运行平稳、各指标参数优良，标志着1号机组基建工程收官。

大唐东营发电项目位于山东省东营市东营港经济开发区，一期建设2台100万千瓦超超临界燃煤发电机组，总投资91.54亿元。汽轮机是世界首次采用的单轴“六缸六排汽”形式，超长轴系59.627m，设计与制造均属“中国创造”，与传统“五缸四排汽”百万千瓦机组相比，有效降低了机组运行的热能损失。锅炉采用国内先进的超超临界二次再热塔式炉，效率为94.9%；采用海水淡化技术，每年可节约淡水200余万吨。

【中国华能在粤港澳大湾区首套机组投产】 2020年6月9日23时30分，中国华能集团有限公司（简称中国华能）在粤港澳大湾区投资建设的首个大型能源项目——东莞燃机一期工程1套机组圆满完成168h满负荷试运行，正式进入商业运营。

东莞燃机项目位于大湾区核心圈和电力负荷中心，是中国华能在大湾区首个“窗口工程”。项目分两期规划，一期建设两套47.5万kW燃气—蒸汽联合循环热电联产机组，同步建设60km供热管网。一期建成投产后，年发电量达43亿kWh，年供热量为718万GJ，主要为省级开发区粤海产业园及周边镇区提供综合能源服务，同时取代当地分散锅炉，每年可减少燃煤约12万t、二氧化硫排放8989t、氮氧化物排放1442t。

【大唐锡林浩特发电厂66万kW机组投产运行】 2020年7月11号，大唐锡林浩特发电厂新建项目一期工程两台超超临界机组全部投产运行。早上8时58分，大唐锡林浩特发电厂66万kW超超临界2号机组顺利通过168h满负荷试运，正式转入商业运营，标志着大唐锡林浩特发电厂新建项目一期工程全部投产转入商业运营。

大唐锡林浩特发电厂是国家大气污染防治行动规划的12条特高压线路——“锡盟至山东”1000kV特高压输电线路工程配套电源点，也是锡盟地区第一家采用主变压器直升1000kV特高压的电厂，该项目是国内首批节能、高效超超临界褐煤机组，依托地方良好的政策环境、丰富低廉的煤炭资源、高效的特高压送出线路，向北京、山东地区输送电力，机组试运期间，各项主要参数达到设计指标，环保参数优于设计值；烟气污染物排放值达到燃气机组排放标准。

大唐锡林浩特发电厂于2015年开工建设，工程规划建设4台66万kW机组。一期工程项目投产后年发电量可达66亿kWh以上。

【大唐东营发电有限公司实现年内“双投”】 山东东营2×1000MW燃煤发电项目2台机组分别于2020年11月11日、12月16日顺利投产。该项目为世界首台“六缸六排汽”超超临界二次再热机组，实现2.9kPa超低背压，采用了闭式水余热利用、锅炉烟气余热深度阶梯利用等大量创新技术，工艺系统复杂，技术难度大，机组供电煤耗达到258.72g/kWh，全厂热效率为49.4%，创现役同类型机组世界最好水平。

【广东大唐国际雷州电厂2×1000MW燃煤发电项目2号机组】 2020年1月6日，广东大唐国际雷州发电厂新建工程2号机组顺利通过168h满负荷试运行。

大唐国际雷州电厂工程规划建设6台百万千瓦机组，本期工程建设2台百万千瓦超超临界燃煤汽轮发电机组，总容量为2000MW。

项目采用国际先进的二次再热技术，机组供电煤耗低至265.55g/kWh，达到燃煤火电技术领域的国际最高水平。项目投产后向珠三角地区供电，预计每年生产电能90亿kWh。

【华润曹妃甸电厂4号机组百万千瓦超超临界燃煤发电机组投产】 2020年6月9日，由中国电力建设集团有限公司所属河北院设计、河南工程公司承建的华润曹妃甸电厂2台1000MW超超临界燃煤发电4号机组顺利通过168h满负荷试运行，正式移交投产。

机组运行间，发电耗煤低于263g/kWh，优于全球范围内设计能耗最低标准，实际排放二氧化硫6.5mg/m^3，氮氧化物20mg/m^3，烟尘2.1mg/m^3，全面超越设计指标，达到超洁净排放标准。

该工程地处渤海湾内，位于“一带一路”和京津冀协同发展的重要连接点，肩负着为渤海湾经济圈提供电力能源支撑、促进京津冀快速健康发展的历史使命。华润曹妃甸项目的顺利移交投产，以“超洁净”“超低煤耗”对当地大气污染治理和区域能源结构改善具有重要意义，为渤海湾经济圈提供重要的电力能源支撑，将有效缓解华北地区电力供应紧张问题，更好地促进京津冀快速健康发展。

【华能渭南热电联产项目1号机组投产运行】 2020年4月28日，华能渭南热电联产350MW高效超临界燃煤间接空冷1号机组圆满完成168h试运行，各项指标达到优良级，正式投产运行。

华能渭南热电联产项目位于渭南市经开区西部，占地364亩，总投资约37亿元，其中电厂投资30亿元，热力管网投资7亿元。建设2台350MW空冷抽凝式超临界燃煤供热发电机组，同步建设烟气脱硫、脱硝等装置。该工程最大供热面积1289万m^2，规划供热区域为渭南市中心城区、高新区和经开区，项目全部建成后，可满足渭南市中心城区70%居民的冬季采暖需求。该项目将采用国内最先进的火力发电技术，环保和各项技术指标都处于国内领先水平，对落实渭南市“治污降霾·保卫蓝天”行动计划，减少污染物排放，提高城市环境质量和居民生活水平，都具有积极作用。

【华能东莞燃机热电项目2套机组正式投产发电】 2020年8月26日17时17分，华能东莞燃机热电项目继1套机组6月9日投产发电后，工程建设再传捷报，2套机组高质量通过168h满负荷试运行“大考”，正式进入商业运营，标志着一期工程2×47.252万kW热电联产机组全部建成投产。试运期间，机组平均负荷率为102.43%，自动投入率、保护投入率及主要仪表投入率均达到100%，主要经济技术、节能环保等指标优良。

【华能江阴燃机电厂建成投产】 2020年12月12日，中国华能集团有限公司江阴燃机电厂2号机组顺利完成168h满负荷试运行，至此，电厂2套热电联产机组全部完成试运，正式建成投产。

江阴燃机热电联产项目位于江苏省无锡市江阴市祝塘镇，建设2套40万kW级燃气—蒸汽联合循环热电联产机组，是华能集团“十三五”重点项目，无锡市“十三五”能源发展重点项目。项目始终秉持建设示范性供热重型燃机理念，克服新冠肺炎疫情等不利影响，组织有序、职责分明，高效完成了余热锅炉酸洗、厂外天然气管道通气、燃机点火定速、系统吹管、涉网手续办理等工序，先后于11月30日、12月12日完成1、2号机组的168h满负荷试运行。

项目建成后，预计年发电量约44亿kWh，年供热量约200万t，可满足江阴市澄南片区集中供热需求，将替代江阴市澄东南片区内的4家热电企业和供热范围内81家燃煤小锅炉，预计压减江阴地区煤炭消耗89万t/年，相应减少区域内烟尘排放量967.22t/年、二氧化硫排放量2412.92t/年、氮氧化物排放量2098.07t/年。同时，电厂工业用水经处理后全部回收利用，可实现废水零排放。

【华能北方胜利电厂建成投产】 2020年9月19日16时16分，华能锡林郭勒热电公司北方胜利电厂2号机组顺利通过168h满负荷试运行，标志着北方胜利电厂2台66万kW机组项目全面建成投产。

北方胜利电厂项目位于内蒙古锡林郭勒盟锡林浩特市，于2017年全面开工建设，总装机容量为132万kW，采用国产高效超超临界表凝式间接空冷机组，设计年发电量为72.6亿kWh，可接带市区供热面积为1380万m^2，是国家锡盟煤电基地锡盟至山东1000kV交流高压输电通道七个电源项目之一。项目采用了37项创新技术，结合当地褐煤资源丰富、水资源匮乏的特点，配套建设全国最大风扇式磨煤机配置塔式炉，并在华能系统首次应用褐煤烟气取水方案，既能极大提高燃料的燃烧效率，又能有效降低机组水耗，实现燃煤机组的环保、节能、节水运行。

【国家电投分宜电厂扩建项目1号机通过168h试运行】 2020年5月29日上午9时16分，江西水电承建的国家电投分宜电厂2×660MW机组扩建项目1号机顺利通过168h试运行，为1号机组正式投产发电奠定了坚实的基础。该工程位于江西省新余市分宜县双林镇，建设规模为异地扩建2×660MW超超临界燃煤发电机组，同步建设高效除尘、烟气脱硫、脱硝设施。

【国家电投东莞立沙岛热电联产项目投产】 2020

年2月25日，国家电投中国电力中电新能源东莞立沙岛2×20万千瓦级天然气热电冷联产项目第一套机组，顺利通过“72+24”h满负荷试运行，正式进入商业运营。这也是春节后在落实疫情防控措施，强化安全保障的基础上，国家电投投产的第一个项目。

东莞立沙岛项目坐落在粤港澳大湾区工业重镇东莞市虎门港立沙岛。作为珠三角几何中心重要电源支撑点，项目的建成投产不仅为大湾区高速发展提供电力保障，同时可实现为园区数十家企业提供集中供热供冷服务。

该项目分二期规划建设，一期项目规划建设2台20万千瓦级燃气—蒸汽联合循环热电冷联产机组，一期项目全部建成投运后，预计年发电量将超20亿kWh，年供热量可达245万GJ，可有效满足立沙岛及周边区域冷、热负荷需求，并将进一步优化粤港澳大湾区电源支撑和能源利用结构，带来可观的社会效益；二期规划建设两套F级燃气—蒸汽联合循环机组，已正式列入广东省“十三五”规划，目前正在开展前期调研和热负荷数据收集等工作。

【国家电投仁怀环保一号机组通过“72+24”h试运行】 2020年5月3日24时，中电新能源仁怀环保2×12MW垃圾焚烧项目一号机组高标准完成“72+24”h试运，标志着该机组正式投产。

该项目位于贵州省遵义市仁怀市，于2016年4月开工建设，设计日处理垃圾1200t。项目采取BOO特许经营方式与仁怀市政府合作，负责仁怀市生活垃圾焚烧发电项目建设、运营和拥有，采用焚烧处理技术将生活垃圾进行处理，并利用余热发电。通过垃圾焚烧再利用方式对国家重点保护区赤水河的水源保护，有利于改善当地生态环境。

【大唐唐山北郊热电公司两台机组建成投产】 2020年5月15日20时38分，大唐唐山北郊热电公司2号机组一次性高质量通过168h满负荷试运，标志着北郊热电2台35万kW热电联产项目全面建成投产。

北郊热电项目建设2台35万kW超临界燃煤供热机组，1号机组已于2019年12月26日投产。项目采用高效超低排放技术，生产用水采用唐山市东郊污水处理厂的再生水，电厂出线至石榴河220kV变电站，热源送至唐山市城市供热管网，是唐山市重点建设项目、民生工程。

【国华岳阳电厂工程动工建设】 2020年10月18日，在岳阳市华容县举行的重大项目集中开工仪式暨国家能源集团国华岳阳电厂工程建设动员大会上，随着发出开工令，国华岳阳电厂和六门闸排涝工程两个重大项目动工建设。

国家能源集团国华岳阳电厂项目估算静态投资68.8亿元、动态投资72.4亿元，项目规划4台100万kW机组，已核准一期工程新建2台100万kW超超临界燃煤发电机组，预计两台机组于2024年投产。国华岳阳电厂项目建成运营后，对于国华电力优化公司资产布局、满足湖南乃至中部地区电力能源需求，推动岳阳建设长江中游重要能源基地，促进湖南打造国家重要先进制造业高地，具有举足轻重的战略地位，项目建设对激活产业发展活力、增强地方经济实力、提高能源保障能力具有重大意义，是造福华容人民的好项目。

【南方电网首座大型天然气调峰电厂——文昌气电投产】 2020年6月24日，海南岛首座大型天然气调峰电厂——海南文昌2×460MW级燃气—蒸汽联合循环电厂全面投产发电，为海南自由贸易港建设提供坚强电力保障。该工程由南方电网公司投资建设，是南方电网公司落实党中央国务院推进“新基建”决策部署、助力能源转型和高质量发展的标志性工程，是南方电网服务海南全面深化改革开放的重点举措之一，也是党中央、国务院印发《海南自由贸易港建设总体方案》后，首个在海南投产的大型电源项目。工程总投资约24亿元，建设2台460兆瓦级燃气—蒸汽联合循环机组，设计年发电量为22.76亿kWh。文昌燃气电厂建成投产后，每年可节约标准煤约49.02万t、减排温室气体总量约131.86万t，海南省清洁能源装机容量占比提升至66.87%，进一步加快构建海南岛安全、绿色、集约、高效的清洁能源供应体系。该电厂自主体工程开工至首台机组发电，仅用时1年零7天，至2台机组全部投产，总工期较定额工期缩短3个月，各项技术指标处于国内先进水平，以超常规举措创造了新的“自贸港速度”。

随着《中共中央国务院关于支持海南全面深化改革开放的指导意见》的出台，海南经济社会发展将呈现快速增长态势，用电增长也将加速，昌江核电二期首台机组预计2025年投产，在其投产之前，海南新增用电需求将主要依赖新建气电予以保障。海南文昌燃气电厂的建成投产恰逢其时，将有力保障海南电力供应。同时，电厂毗邻我国文昌卫星发射基地，为火箭发射提供紧急备用电源，保证火箭发射期间供电稳定。

海南文昌燃气电厂是国内少有的在投产初期就实现一键自启停（APS）技术的电厂，该项技术可以使机组按照规定程序进行设备的启停操作，极大简化了操作程序，降低误操作概率，且将启动时间缩短至2h内，比常规启动时间缩短40min～1h。除此之外，文昌燃气电厂机组还设计了FCB—孤岛运行功能，如遇到电网突发故障，与电网解列后，机组仍能保持不停机状态，继续带厂用电运行，待电网故障排除后快速并网，迅速恢复对电网供电，因此响应速度更快、调节范围更大，极大地提升了电网复电能力及主力电源抗台风灾害的能力。

【国家能源集团内蒙古上海庙电厂 2×100 万 kW 机组工程项目开工】 2020 年 10 月 18 日，国家能源集团内蒙古上海庙电厂 2×100 万 kW 机组工程项目在内蒙古鄂尔多斯市鄂托克前旗上海庙镇开工。该项目位于上海庙能源化工基地内，是上海庙至山东±800kV 特高压直流输电工程送端配套电源之一，建设 2×100 万 kW 超超临界间接空冷凝汽式汽轮发电燃煤机组。项目采用多项世界领先技术，包括智慧工程（智慧企业），以能源大数据为基础的全面智慧化火力发电厂，国内百万机组智慧化程度最高；采用工业级 5G、大数据、物联网、人工智能、数字孪生系统等先进技术；四台机组采用一套控制系统（四机一控），是国内百万机组中一次建成的控制规模最大的电厂。

【国家能源集团印尼南苏 1 号 2×350MW 燃煤发电项目开工】 2020 年 9 月 4 日，国家能源集团印尼南苏 1 号 2×350MW 燃煤发电项目在印尼开工。南苏 1 号项目厂址位于印尼苏门答腊岛南苏省穆印县，2015 年 11 月 9 日中标（BOO 项目），中国神华与印尼 LPE 公司按照 75%：25%的股比组建神华国华（印尼）天健美朗发电有限公司，共同开发、建设、运营印尼南苏 1 号坑口煤电项目，运营期为 30 年。根据 PPA，本项目分为电厂工程和送出工程两个部分。电厂工程建设 2×350MW 超临界燃煤发电机组，送出工程建设 2 回 275kV 输电线路输送至 Betung 变电站，送出工程投资以 E 电价进行回收，建成后移交 PLN 运营。

【神华国华广投北海电厂新建工程复工】 神华国华广投北海电厂新建工程项目于 2014 年 12 月核准，2015 年 1 月动工建设，2017 年 1 月停建后被列入国家煤电停建项目名单，2020 年 5 月取得移出停建项目名单批复，2020 年 10 月 1 日正式复工建设。北海能源基地项目由中国神华与广西投资集团按 52%：48%股比共同出资，建设 2×1000MW 超超临界二次再热机组（配套 3 号专用煤码头）、2 个 10 万吨级泊位码头、1 座 1000 万吨级煤炭储运配送中心（含铁路专用线）等三个项目，项目位于北海市铁山港工业园区。

【陕西国华锦界电厂三期扩建项目 2×660MW 超超临界直接空冷机组投产】 陕西国华锦界电厂三期扩建项目 2×660MW 超超临界直接空冷机组在 2020 年 12 月顺利实现双投，至此，世界首个汽轮发电机组高位布置燃煤电站全面建成投产，这是中国电力行业发展进程中的又一里程碑。锦界三期项目是国家大气污染防治计划和陕西省“十三五”规划重点建设项目，是国家“西电东送”北通道的重要电源启动点。项目采用世界首例将汽轮机组安装在 65m 平台的高位布置技术，显著缩短高温高压金属管道，提升了热效率，降低了工程造价，项目成功投产为推动能源技术革命发挥了积极探索和引领作用。

【天津华电军粮城燃机项目汽轮机机组并网发电】 2020 年 10 月 28 日，天津华电军粮城燃机项目汽轮机机组首次并网发电。

该项目是世界上最先进的、燃烧温度最高、单机功率最大、效率最高的 9HA 级燃气—蒸汽联合循环发电项目，总装机容量为 65 万 kW。天津华电军粮城六期 650MW 燃气热电联产工程，配套一套一拖一的 G 型燃气—蒸汽联合循环机组，整套联合循环的发电量为 650MW。

【闵行燃机示范项目正式步入安装阶段】 2020 年 4 月 20 日，上海电建闵行燃机项目安装标段正式开始。

闵行燃机示范项目位于上海市西南郊闵行工业区，是为响应国家“上大压小”政策，在原闵行发电厂拆除关停的燃煤机组上新建。该期工程建设 1 套 468MW（F 级）和 1 套 745MW（H 级）燃气—蒸汽联合循环发电机组，其中 H 级燃机为上海电气全球首台套 H 级重型燃机（GT36－S5），采用当前最先进的燃气轮机技术。

锅炉钢架首次吊装作为本工程的重要里程碑节点，是继 2019 年 12 月 28 日工程浇筑第一罐混凝土后的又一重要里程碑节点，标志着工程建设正式步入安装阶段，为实现闵行发电厂燃气—蒸汽联合循环发电机组示范工程制定的 2021 年 6 月 28 日机组 168h 满负荷试运开始的目标打下了坚实的基础。

【国内天然气发电单机容量最大、效率最高的冷热电三联供项目 1 号机组在华电广州增城投产】 2020 年 9 月 30 日，国内首个双套 H 级重型燃机项目，华电广州增城燃气冷热电三联供项目继 6 月 14 日第一套机组投产发电后，第二套机组高质量通过 168h 满负荷试运行“大考”，2 台 67 万 kW 机组全部建成投产，正式进入双机运营发电阶段。

该项目是中国华电集团有限公司（简称中国华电）在粤港澳大湾区投资建设的首个大型清洁能源项目，也是中国华电推进“五三六战略”实施的重点项目，项目地处珠三角东岸经济带黄金走廊，投资约 27 亿元，年发电量为 43.84 亿 kWh，将为粤港澳大湾区经济发展注入安全高效、清洁低碳的强大能源动力，对加快广州市能源清洁低碳转型，实现区域经济高质量发展具有重要推动作用。

该项目的投产，具有十分重要的经济效益和社会效应，将持续为增城国家级经济技术开发区及周边镇区提供综合能源服务，可替代周边40余台分散小锅炉，每年减少烟尘排放量1437t，减少二氧化硫排放量2230t，减少氮氧化合物排放量251t，较同容量燃煤电厂，每年减少约55%的二氧化碳排放量，相当于植树500万棵，有利于加快地方构建“双循环”新发展格局，促进区域绿色低碳可持续发展。

作为国家发展改革委发电企业生产控制信息安全监管项目与预警平台试点示范工程项目、中国华电数字电厂试点单位，该项目深入贯彻落实习近平总书记关于科技创新的重要论述精神、在科学家座谈会上的重要讲话精神，加快科技创新步伐，集成机组自动控制、一键启停、机器人巡检、智能安防等数字化、智能化技术，运用虚拟化、大数据、云计算、人工智能、现代通信等手段，实现发电、供能的智慧管理，单位千瓦用工效率国内领先。

【甘肃电投常乐电厂4×1000MW(1、2号机组)工程】 甘肃电投常乐电厂4×1000MW工程位于甘肃省酒泉市瓜州县境内，工程系新建性质，同步建设脱硫、脱硝设施。该工程的建设不仅可以作为千万千瓦级酒泉风电光电基地±800kV特高压直流输电工程的配套火电项目，还可以满足甘肃省电力负荷发展的需要，就近利用新疆哈密丰富的煤炭资源和当地平坦开阔的国有未利用土地资源，与千万千瓦级风电光电基地相配合，并与西北750kV电网建设相协调，对千万千瓦级风电光电的外送具有良好的调峰和补偿作用，是甘肃省河西走廊750kV电网的主要支撑电源。

水力发电

【三峡工程完成整体竣工验收】 2020年11月1日，水利部、国家发展改革委公布，三峡工程日前完成整体竣工验收全部程序。根据验收结论，三峡工程建设任务全面完成，工程质量满足相关规程规范和设计要求，总体优良，运行持续保持良好状态，防洪、发电、航运、水资源利用等综合效益全面发挥。

三峡电站是世界上总装机容量最大的水电站，输变电工程承担着三峡电站全部机组电力送出任务。截至2020年8月底，三峡电站累计发电量达13541亿kWh，有力支持了华东、华中、广东等地区电力供应，成为我国重要的大型清洁能源生产基地。

【金沙江乌东德水电站首批机组投产发电】 2020年6月29日，世界第七、中国第四大水电站——乌东德水电站首批机组投产发电，总装机容量为1020万kW，所有机组将于2021年7月前建成投产。

乌东德水电站是金沙江下游四个梯级电站的第一级，2015年12月全面开工建设，年均发电量为389.1亿kWh，总投资约1200亿元。

【国家重点工程金沙江巴塘水电站顺利完成大江截流】 2020年12月28日，金沙江巴塘水电站顺利完成大江截流。

巴塘水电站位于“三区三州”深度贫困区四川巴塘县与西藏芒康县境内的金沙江干流上，是金沙江上游川藏段梯级电站13级梯级规划中的第9级。巴塘水电站是“十三五”中央支持西藏经济社会发展的重大项目、国家“西电东送”接续基地的重要内容、国家西南水电基地建设重点工程，总装机容量为75万kW，动态总投资102.63亿元，计划2023年5月首台机组投产发电。

巴塘水电站大江截流后，将进入主体工程施工新阶段。

【国家电网山西垣曲抽水蓄能电站项目开工】 2020年2月18日，国家电网山西垣曲抽水蓄能电站项目开工动员视频会在京召开。国家电网有限公司董事长、党组书记毛伟明宣布项目开工，标志着该工程建设全面启动。山西垣曲抽水蓄能电站工程是国家可再生能源和水电发展十三五规划重点工程，总投资79.6亿元，装机容量120万kW，计划2028年全部投产。

垣曲抽水蓄能电站位于山西省运城市垣曲县境内，将安装4台30万kW可逆式水泵水轮发电电动机组，电站建成后以500kV线路接入山西电网。电站设计年发电量12亿kWh，年抽水电量16亿kWh。抽水蓄能电站可在负荷低谷时，通过抽水将系统难以消耗的电能转换为势能；在负荷高峰或系统需要时，通过发电将势能转换为系统需要的电能。120万kW规模的抽水蓄能电站，可在5min内由满负荷抽水转变为满负荷发电，提供240万kW的电力支援能力。

【国家电网有限公司丰满电站重建工程4号机组按期高质量投产发电】 2020年4月28日，国家电网丰满水电站重建工程4号机组投产发电，将清洁电能源源不断输送到东北电网，点亮千家万户，更好服务清洁能源消纳和送出，为东北地区和松花江流域的安全、绿色发展提供有力支撑。

丰满水电站是我国第一座大型水电站，重建工程新建6台单机20万kW混流式水轮发电机组，其中1、2、3号机组已于2019年投运。

【安徽绩溪抽水蓄能电站2号机组投产发电】 2020年5月19日，国网新源公司安徽绩溪抽水蓄能电站2号机组顺利投产发电。该电站机组陆续成功投产，填补了我国自主研制600m以上超高水头抽水蓄能运行机组的空白，标志着我国抽水蓄能机组研制技术达到国际领先水平。

绩溪抽水蓄能电站位于安徽省宣城市绩溪县，总装机容量为180万kW，共安装6台容量为30万kW的可逆混流式抽水蓄能机组，均为国内完全自主研发、设计、制造。该电站在电力系统中承担调峰、填谷、调频、调相和紧急事故备用等任务，可有效平抑特高压区外来电与风能、太阳能发电出力的波动，助力清洁能源大规模上网，提高大电网安全稳定运行能力和经济运行水平，实现社会整体资源配置最优。

电站主体工程于2014年12月开工建设，1号机组于2020年元旦投入商业运营。2号机组于3月22日首次并网，自5月4日开始进行为期15天的考核试运行，5月18日顺利完成。4、5号机组分别于5月18、20日投入商运、首次启动。

【世界最高的电站进水塔(两河口水电站)全面封顶】 2020年5月13日14时16分，随着最后一车混凝土顺利入仓浇筑，世界最高的电站——雅砻江两河口水电站进水塔实现全面浇筑封顶。

两河口水电站位于四川省甘孜州雅江县境内的雅砻江干流上，是雅砻江中、下游的“龙头”电站，进水塔由中国电建所属子企业水电十四局、水电十六局联营、以水电十四局为责任方的“1416”联合体承担施工任务，进水塔高115m，塔体总宽度159.8m，顺水流方向长33m，混凝土浇筑方量达56万m^3。

【国内在建最大灯泡贯流式机组群首台机组并网发电】 2020年5月26日，世界第二、国内在建最大的灯泡贯流式机组群——岷江犍为航电枢纽工程首台机组并网发电，该工程由中国电建水电五局、水电七局、水电十局承建。

该工程安装9台贯流式水轮发电机组，单机容量55.6MW，总装机容量500.4MW，单台发电机组一年可发电4亿kWh以上，能保障超过10万户家庭的全年用电。

该工程位于四川省岷江干流下游河段，是首批列入国家长江经济带综合立体交通走廊规划的项目，也是四川省重点工程，以航运为主，结合发电，兼顾供水、灌溉功能。梯级全部建成后，长江黄金水道将向上游腹地延伸162km，岷江乐山至宜宾段航道等级将由四级提升为三级，可常年通行1000t级船舶，丰水期通行3000t级船舶，为服务长江经济带发展、改善四川交通物流条件、提升成渝经济区区位优势等发挥重要支撑作用。

【2020年中国电建重点工程】

(1) 2020年4月26日，世界第一高坝——双江口水电站全面启动大坝填筑，标志着这座大渡河控制性高坝大库的龙头水电工程，全面进入主体工程建设新阶段。双江口水电站装机容量为2000MW，多年平均发电量为77.07亿kWh。高为315m，是世界已建和在建水电工程中的第一高坝，电站由中国电建水电七局承建。

(2) 2020年4月30日，由中国电建水电八局承建的广西大藤峡水利枢纽工程首台8号机组通过72h试运行，正式投入商业运行。广西大藤峡水利枢纽工程是国务院确定的172项节水供水重大水利工程的标志性工程，总装机容量为160kW，多年平均发电量为60.55亿kWh。左、右两岸厂坝主体工程以及厂房机组安装由中国电建水电八局承建。

(3) 2020年5月26日，世界第二、国内在建最大的灯泡贯流式机组群——岷江犍为航电枢纽工程首台机组并网发电。同年12月，第7台机组（1号机组）并网发电，实现了“1年7投”的目标。

该工程安装9台贯流式水轮发电机组，单机容量为55.6MW，总装机容量为500MW，单台发电机组一年可发电4亿kWh以上，能保障超过10万户家庭的全年用电。工程由中国电建水电七局、水电五局承建。

(4) 2020年6月22日，由中国电建昆明院设计，水电基础局、十四局、七局参建的世界首座堰塞坝综合水利枢纽工程——云南鲁甸红石岩水电站首台机组正式投产发电。

红石岩堰塞湖整治工程由堰塞坝整治、高边坡治理、右岸溢洪洞、右岸泄洪冲沙放空洞、右岸引水发电建筑物、下游供水及灌溉建筑物等组成。总库容为1.85亿m^3，防洪标准2000年一遇；供水8.08万人；灌溉6.62万亩；装机容量为20.1万kW，年发电量为8亿kWh，工程总投资37亿元。

(5) 2020年6月29日，装机规模中国第四、世界第七的“巨无霸”工程——乌东德水电站首批机组正式投产发电，习近平对金沙江乌东德水电站首批机组投产发电作出重要指示。

乌东德水电站总装机容量为1020万kW，年均发电量为389.1亿kWh，是世界上最薄的300m级特高拱坝，也是世界首座全坝应用低热水泥混凝土浇筑的特高拱坝。对川、滇两省经济社会发展和“西电东送”具有重要战略意义。电站由中国电建承建。

(6) 2020年12月17日，国内首个采用EPC建设模式的百万千瓦级大型水电工程——四川杨房沟水电站大坝全线浇筑到顶，为首台机组发电奠定了基础。

杨房沟水电站是国内首个百万千瓦级EPC水电项目，电站总装机容量1500MW，安装4台375MW

的混流式水轮发电机组，多年平均年发电量 68.74 亿 kWh。电站建成后，将对雅砻江流域水电基地建设、电力供应等方面发挥重大作用，同时对推进节能减排，改善四川电网枯期水电出力不足、促进经济社会发展和扶贫攻坚具有重大作用。电站由中国电建水电七局、华东院承建。

（7）2020 年 7 月 14 日，山东省鲁南地区第一座抽水蓄能电站——沂蒙抽水蓄能电站下水库通过蓄水验收，正式开始蓄水。截至 12 月 30 日，下水库蓄水至 194.2m。

沂蒙抽水蓄能电站装机总容量为 1200MW，安装 4 台单机容量为 300MW 的单级混流可逆式水泵水轮机——发电电动机机组。2020 年 11 月 30 日，1 号机组转子吊入基坑。电站由中国电建所属北京院勘测设计，水电一局、水电二局、水电四局、水电十四局、水电十六局等子企业承担施工任务。

（8）白鹤滩水电站是党的十八大以来中国开工建设的世界最大水电工程。电站建成后将仅次于三峡电站排名世界第二，是“西电东送”的骨干电源点。电站主要技术指标位居世界水电工程前列，技术难度居同类工程之首，是新时代当之无愧的大国重器。

白鹤滩水电站总装机容量达 1600 万 kW，年均发电量为 624.43 亿 kWh，直送江苏和浙江。此外，电站圆筒式尾水调压井、地下洞室群规模均居世界第一。电站由中国电建华东院设计，水电四局、五局、六局、七局、八局、十四局等单位承建。

（9）2020 年 10 月 19 日，两河口水电站工程蓄水验收委员会同意两河口水电站工程 2020 年 11 月择机进行 1、2 号初期导流洞下闸封堵、第一阶段水库蓄水。2020 年 12 月 17 日，两河口水电站大坝心墙填筑至高程 2826m，提前 14 天完成年度填筑目标。

两河口水电站装机容量 3000MW，多年平均发电量为 110 亿 kWh。电站初期导流工程于 2009 年开工建设，2020 年 12 月下闸一期蓄水。电站由电建集团所属成都院勘测设计、水电十二局与水电五局组成的“一二・五联合体”承建。

（10）2020 年 12 月 1 日，中国电建所属水电十四局参建的深圳抽水蓄能电站获评 2020～2021 年度“国家优质工程奖”。

深圳抽水蓄能电站是我国首座建于城市中的大型抽水蓄能电站，装机总容量为 1200MW，电站主体工程中国电建水电一局、水电八局、水电十四局等企业承担施工任务。

（11）2020 年 12 月 8 日，全国第一座海岛抽水蓄能电站——海南琼中抽水蓄能电站通过工程竣工验收。

海南琼中抽水蓄能电站总装机容量为 600MW，电站由中国电建所属中南院勘测设计，水电七局、水电十二局、水电十四局、水电十五局等企业承担施工任务。

【西藏首个装机超百万千瓦水电站首台机组定子顺利吊装完成】 2020 年 9 月 9 日，总装机容量 120 万 kW 的西藏自治区首个百万千瓦级电站——中国华电金上苏洼龙水电站首台机组定子顺利吊装完成，标志着该电站首台机组安装全面展开。

苏洼龙水电站是金沙江上游首个核准开工建设的电站，也是西藏自治区内首个装机容量超百万千瓦级水电站。此次首台机组定子顺利吊装完成，拉开了发电机本体安装工作的序幕，为实现 2021 年首台机组投产发电的目标奠定了坚实基础。苏洼龙水电站建成后，每年将提供约 54 亿 kWh 的“清洁能源”，以绿色友好方式构建生态环保屏障、助力地方经济发展、造福各族人民。

【国家能源集团四川绰斯甲水电站开工】 四川绰斯甲水电站 2020 年 10 月 26 日正式开工建设。项目位于四川省阿坝州壤塘县和金川县境内，为大渡河上游西源绰斯甲河干流（曾克寺至麦斯卡段）水电规划“一库四级”开发方案中的第三级，装机容量为 392MW（3×130MW 立轴混流式水轮发电机组＋2MW 生态机组），单独运行时年均发电量为 14.83 亿 kWh。枢纽主要由首部混凝土闸坝、坝后生态电站、左岸引水系统和地面发电厂房等建筑物组成。

【西藏加查水电站正式并网发电】 2020 年 8 月 11 日，国家重点工程加查水电站首台机组顺利完成 72h 试运行，正式并网发电。加查水电站是西藏单机容量最大的电站，单机容量为 120MW。加查水电站位于西藏山南市加查县境内，是西藏“十三五”的发电重点项目。电站总装机容量为 360MW，设计年发电量为 17.05 亿 kWh，总投资 78.3 亿元，是西藏已建成的第二大水电站。

核能发电

【田湾核电站 5 号机组具备商运条件】 2020 年 9 月 8 日，中核集团田湾核电 5 号机组顺利完成满功率连续运行考核，这标志着田湾核电 5 号机组具备了商业运行条件。

田湾核电 5 号机组额定容量 111.8 万 kW，采用 M310＋型压水堆技术，于 2015 年 12 月 27 日正式开工建设，已经完成了土建、安装、调试、装料、临界、并网等工程节点。

田湾核电 5、6 号机组是国家重点工程、江苏省

“十三五”期间的重大投资建设项目。早在2015年12月27日，田湾核电5号机组浇筑核岛底板第一罐混凝土。截至2020年9月8日，5号机组完成100h满功率连续运行考核，自此田湾核电站三期工程（5、6号机组）首台机组正式投产。

【辽宁红沿河核电厂6号机组全面进入调试阶段】 根据国家核安全局委托，生态环境部东北核与辐射安全监督站（简称东北监督站）于2020年10月12～15日组织了辽宁红沿河核电厂6号机组一回路冷态功能试验（简称冷试）前控制点监督检查。

东北监督站邀请了核与辐射安全中心、中机生产力促进中心及中国核电工程有限公司华东分公司的多名专家给予技术支持。检查组通过听取汇报、人员访谈、查阅文件与记录，以及现场踏勘等方式，对调试质保管理与冷试准备、设备安装与系统移交、土建安装重要不符合项处理、历次核安全监督检查管理要求和经验反馈落实情况等方面进行了检查，针对检查中发现的问题向营运单位提出了管理要求。

2020年10月16～18日，东北监督站针对红沿河核电厂6号机组冷态功能试验前核安全控制点检查要求的落实情况，以及冷试前准备情况进行了核查，在确认现场状态及条件满足要求的情况下，于10月19日对红沿河核电厂6号机组冷试控制点进行了签字释放。

冷试是核岛一回路“全面体检”的第一关，主要通过对反应堆冷却剂系统和相关系统进行打压试验等手段，检验主回路的安装质量。冷试控制点的释放，标志着6号机组全面进入调试阶段。

【“华龙一号”全球首堆并网成功】 2020年11月27日，华龙一号全球首堆——中核集团福清核电5号机组首次并网成功。经现场确认，该机组各项技术指标均符合设计要求，机组状态良好，为后续机组投入商业运行奠定坚实基础，并创造了全球第三代核电首堆建设的最佳业绩，这标志着中国打破了国外核电技术垄断，正式进入核电技术先进国家行列，这对中国实现由核电大国向核电强国的跨越具有重要意义，同时也进一步增强了“一带一路”沿线国家对华龙一号的信心。

华龙一号是中核集团在三十余年核电科研、设计、制造、建设和运行经验的基础上，研发设计的具有完全自主知识产权的三代压水堆核电创新成果。华龙一号设计寿命为60年，反应堆采用177堆芯设计，堆芯采用18个月换料，电厂可利用率高达90%，创新性采用“能动和非能动”相结合的安全系统、双层安全壳等技术，在安全性上满足国际最高安全标准要求。

华龙一号全球首堆福清核电5号机组并网发电将会大幅提升中国核电行业的竞争力，同时对优化能源结构、推动绿色低碳发展，助力国内国际双循环新发展格局的建成具有重要意义。机组并网后，还将进行各功率平台的各项试验和满功率示范运行考核。

其他形式发电及储能

【华能集团在江苏首个国家级光伏领跑者项目并网发电】 2020年6月28日，华能江苏泗洪领跑者奖励激励基地4号10万kW光伏发电项目实现全容量并网发电。该项目位于泗洪县上塘镇天岗湖乡，是华能在江苏的首个国家级光伏领跑项目。项目的建成投运，将进一步完善所在地区电网结构，为区域经济社会高质量发展提供清洁能源支撑。

该项目于2019年11月28日正式开工建设，江苏公司项目部及全体参建人员努力克服疫情带来的不利影响，狠抓项目现场安全、质量、进度管理，持续推进项目进程，使其成为2020年华能在苏投产的首个基建项目。该项目年均上网电量为1.4亿kWh，等效满负荷利用小时数为1295h，相当于每年可节约标煤为4.42万t，减少有害气体排放10多万吨，减少灰渣排放1.35万t，节约大量的淡水资源。该项目采用渔光互补模式，依托天岗湖优良的地理条件，实现水上光伏发电，水下渔业养殖，可产生显著的社会和生态效益。

【华电云南火木梁风电项目首台风机并网发电】 2020年4月18日，位于丽江市宁蒗县的中国华电云南公司牦牛坪二期火木梁风电项目首台41号风机顺利并网发电，这是中国西南地区安装单机功率最大、风轮直径最大的风力发电机组。火木梁风电项目是中国华电云南公司牦牛坪第二期工程，主体工程于2019年11月开工建设，总投资3.9亿元，计划安装15台中国中车具有国际先进水平的风力发电机组，单机容量为3.3MW。

【华电安庆大观风电项目首台风机并网发电】 2020年4月26日20时52分，随着风机叶片徐徐转动，中国华电安徽新能源公司（简称安徽公司）安庆大观风电项目首台风机正式并网发电，整套系统运行平稳、各项技术参数指标符合要求。

安庆大观风电项目是安徽公司列入2020年内投产发电的重点项目之一。该项目位于安徽省安庆市大观区山口乡境内，项目总投资约4.03亿元，总装机容量为49.8MW，预计2020年10月底全部风机实现并网发电。

【华电集团立足“三个效益”着力打造流域水光互

补可再生能源基地】 中国华电集团有限公司（简称中国华电）认真落实“四个革命、一个合作”能源安全新战略，坚持新发展理念，加快风光电基地式、规模化发展。国家能源局综合司公布2020年光伏发电项目国家补贴竞价结果，中国华电控股的上市公司黔源电力申报的光照300MW、马马崖300MW、董箐150MW水光互补农业光伏电站项目竞配成功，项目建成将形成流域梯级水光互补可再生能源基地，社会效益、环保效益、经济效益突出。

立足社会效益，以产业优势助力脱贫攻坚。项目所在的关岭县、镇宁县都是曾经的贫困县，经济基础薄弱。光伏项目投资、建设到运营，将助力地方政府抓“六稳”、促“六保”，有力带动产业振兴。三个光伏项目投资将带动上下游产业的发展，稳定产业链和消费链，增加地方财税收入，有利于两县脱贫攻坚成果的巩固。项目建成运营后，光伏发电站组件的清洗、场区的清理、安保等都可为当地群众提供稳定就业岗位。该项目按“农业种植＋光伏发电”的方案进行设计，光伏组件支架下部空间可进行土地再利用，发展农业产业，促进农村经济持续健康发展。光伏电站用地在不改变原有土地性质情况下，通过租赁方式从村集体、村民处获得，村集体和村民通过土地流转有稳定的租赁收入，并且每5年将按一定比例提高租赁费用，给当地村集体和村民可带来长达25年的固定收益。

立足环保效益，以项目建设改善流域生态。认真践行“绿水青山就是金山银山”理念，在项目推进过程中，不断提升北盘江流域生态建设水平。关岭县、镇宁县是贵州省石漠化最严重的地区之一。当地阳光辐射强度大，加之大风对地表的侵蚀，土壤水分流失严重，生态环境比较脆弱，部分区域成为寸草不生的石漠化带，当地农民群众不得不将种植的农作物用薄膜保护起来才能保证生长。而石漠化治理的资金投入非常大，单一治理措施成效有限，严重制约了当地生态建设。光伏电站不但使当地丰富的太阳能资源得到充分利用，而且光伏电站形成的光伏方阵，能遮挡阳光对地表的暴晒，减缓地面风速，避免大风对地表直接吹拂和侵蚀，有效降低土壤温度，减少水分蒸发。电站运维过程中，清洗光伏组件时会喷洒的大量水分，这些对于蓄水保土，植被生长均有促进作用，对改善生态环境具有积极作用。

立足经济效益，以多能互补促进提质增效。从国家能源发展规划要求以及能源发展相关政策看，多能互补是能源转型发展的必然趋势。依托北盘江流域三个大中型水电站进行水光互补，不仅大大缩短了光伏电站送出线路距离，节省光伏电站输电成本，而且解决了电力消纳保障问题，提高了光伏电站整体经济效益。项目将光伏、水电两种不同类型的电源整合为一个电源，通过水电自身调节能力和快速反应能力，平抑光伏出力的间歇性、随机性、波动性，使叠加出力平滑、稳定，提高电能质量、减少光伏发电对电网稳定的影响，满足电网安全、稳定、经济运行的要求。依托水电站生产运行基地，实现集约化管控，有效减少运维人员，最大限度节约管理成本。通过水光互补，光电和水电打捆送出，将提高水电站原送出通道利用率和利用小时数，提升水光互补的经济效益。

【大唐汕头南澳勒门Ⅰ海上风电项目开工】 2021年10月26日，广东省粤东地区首批海上风电示范项目——大唐汕头南澳勒门Ⅰ海上风电项目开工。大唐汕头南澳勒门Ⅰ海上风电项目是汕头市首个开工的海上风电项目。该项目位于广东省汕头市南澳县南部海域的勒门列岛附近，规划装机总容量24.5万kW，预计总投资约51亿元，建成后年发电量约7.5亿kWh，每年可节约标准煤26万t，减少二氧化碳排放量43.3万t，具有良好的经济效益和社会效益。

【国家能源集团江苏竹根沙H1号海上风电项目开工】 竹根沙H1号海上风电场2020年3月21日正式开工建设。项目位于江苏省竹根沙区域，离岸距离约37km，总装机容量为200MW，安装50台单机容量4MW风电机组，配套新建一座220kV海上升压站，以1回220kV海缆接入陆上集控中心。该项目离岸距离远，具有典型的辐射沙洲地形特征，海床泥面标高较高，水深极浅，是国内少有的离岸型潮间带海上风电场，是现阶段国内综合施工难度最大的海上风电项目之一。

【国家能源集团浙江象山1号海上风电场(一期)工程开工】 象山1号海上风电场（一期）工程2020年12月25日正式开工建设。项目位于浙江省象山县石浦镇东南海域，离岸距离约17km，总装机容量为254.2MW，安装41台单机容量6.2MW风电机组，配套新建一座220kV海上升压站，以1回220kV海缆登陆后转架空线，最终接入220kV陆上集控中心。该项目所处海域具有“大涌浪、厚淤泥、强台风”特征，是现阶段国内综合施工难度最大的海上风电项目之一。

【国家能源集团江苏射阳H2、H2-1海上风电项目投产】 江苏射阳H2和H2-1海上风电项目2020年12月28日正式投产。项目位于江苏盐城射阳新洋港口至斗龙港口之间的海域，离岸距离约40km，装机容量分别为301.5MW和103.5MW，H2项目安装67台单机容量4.5MW风电机组，H2-1项目安装23台单机容量4.5MW风电机组，配套建设一座220kV海上升压站，以2回220kV海缆接入陆上集控站。H2

海上风电为中国同期海上升压站离岸距离最远、主海缆距离最长的海上风电项目。

【国家能源集团江苏大丰H4、H6海上风电项目开工】 江苏大丰H4、H6海上风电项目2020年11月26日正式开工建设。项目位于江苏盐城大丰港海域，H4项目场区中心离岸距离约55km，H6项目场区中心离岸距离约64km，总装机容量为60万kW，安装94台6.45MW风电机组，各配套建设1座220kV海上升压站，以3回220kV海缆接入220kV陆上集控中心，计划2021年底前投产发电。

【中广核阳江南鹏岛40万kW海上风电项目全容量并网】 2020年12月16日，随着当天中午最后一台机组并网，中广核新能源广东阳江南鹏岛40万kW海上风电项目实现73台风机全容量投产运行。

阳江南鹏岛海上风电项目总装机容量为40万kW，是国内首个单体大容量在运海上风电项目，也是广东省首个“双十”（指距离海岸线超过10km，水深超过10m）海上风电项目。项目位于广东省阳江市东平镇南侧、海陵岛东南侧海域，水深为22～31m，离岸最近距离约19.5km，最远距离约35km，布置73台风电机组，同时配套建设1座220kV海上升压站和1座陆上集控中心。

【全国首个中外合资海上风电项目落地揭牌】 2020年10月20日，国家能源集团与法国电力集团合资建设的国华投资江苏东台50万kW海上风电项目落地揭牌暨深化中法合作仪式在南京举行，这标志着我国首个中外合资海上风电项目正式落地。

江苏东台海上风电项目（50万kW）位于江苏东台北条子泥海域和竹根沙海域，包括于2019年12月全部并网发电的东台H2风电项目（302MW），以及在建、预计于2021年投运的东台竹根沙H1项目（200MW）。

【国内最大功率浅滩风力发电项目并网发电】 2020年4月16日，国内单机最大功率浅滩风力发电项目，连云港地区第一个海上风电项目——华能灌云海上风电项目首批6.45MW机组成功并网发电。

该项目总装机容量为300MW，位于灌云县灌河口海域，场址中心离岸约12km，机位点平均水深不足5m。项目建设过程，面对送出线路路径变更政处协调、陆上开关站淤泥地质地基处理、220kV海缆穿堤定向施工和国内首次171机组坐滩施工等技术难题以及主机供货、吊装船机设备紧张，工期紧任务重等诸多困难，华能灌云海上风电项目部发扬华能“三千精神”，不畏难、不退缩，充分发挥主观能动性，把工作做在前，“一事一策一事多措”，多次组织专家会、专题会，抓住问题根源，充分借助外部资源，实现了逐个突破。面对疫情，灌云海上项目部千方百计协调各方，科学组织、严格落实各项措施，坚持一手抓疫情防控，一手抓复工复产。最终实现陆上开关站2019年11月26日倒送电、海上升压站3月30日倒送电、首批机组2020年4月26日成功并网的既定节点目标。

此次作为国内最大功率浅滩项目风力发电机组首次成功并网，为未来浅滩大型机组吊装并网提供了宝贵经验，对当地海洋经济发展，促进能源结构调整与社会经济可持续发展具有重要意义。

【亚太地区单机容量最大海上风机在三峡福清兴化湾风电场成功并网发电】 华电广西马山苏仪项目首批6台风机并网发电，总装机容量60MW。

华电广西马山苏仪项目首批6台风机成功并网发电。

该项目位于广西南宁市马山县林圩镇，总装机容量为60MW，安装24台2.5MW风力发电机组，总投资约4.8151亿元，正式投产后年上网电量约1.17亿kWh，每年预计可为当地纳税1000万元。

该项目正加紧后续18台风机调试，力争2020年9月30日实现全部风机并网发电。

【中国华电集团有限公司在湘装机最大风电场风机全部投运】 2020年10月16日，中国华电集团有限公司（简称中国华电）在湘装机最大风电场——湖南永州宁远梅岗120MW风电项目全部风机成功并网，标志华电湖南公司向完成“保电价”项目建设目标又迈出了坚实的一步。

该项目总装机容量为120MW，项目设计年上网电量26109万kWh，总投资为9.88亿元，是湖南省一次性核准建设最大的风电场项目，也是中国华电在湘“调结构、提效益”的“保电价”项目之一。项目运营后，每年可为电网节约标准煤8.02万t，相应每年减少二氧化硫排放量约1547.8t，一氧化碳排放量约21.4t，二氧化碳排放量约19.1万t。

【华电重工盐城国能大丰H5号海上风电项目顺利开工】 2020年8月8日上午，华电重工承建的盐城国能大丰H5号海上风电项目在盐城举行开工仪式，标志着该项目海上主体工程正式拉开了建设序幕。

该项目位于江苏大丰近海海域，总装机容量为206.4MW，共布置32台单机容量为6.45MW的风力发电机组，风机基础全部采用单桩基础结构形式，其中最大单桩质量为1432t，最长单桩为98m，单桩基础尺寸及质量为江苏海上风电之最。风场场区中心离岸距离约67km，是国内目前核准建设离岸距离最远的海上风电场。

【国内单台装机容量最大楼宇分布式项目建成投产】 2020年12月2日，国内单台装机容量最大楼宇分布式项目——广东华电广州万博中央商务区分布式能源站三台机组全部完成“72＋24”h满负荷试运行，正式投产运营。

该项目是华电广东公司认真贯彻落实习近平总书记关于粤港澳大湾区建设的重要指示精神，主动对接城市整体规划，积极融入粤港澳大湾区能源建设的标志性项目。该项目位于广州市番禺区万博商务区，向160万m^2商务综合体提供冷、热、电等能源需求；建设容量为29.34MW，选用3台9.78MW天然气内燃机组，同期配套建设3台8.6MW烟气热水型溴化锂机组和大温差离心式冷水机组，冷热电联供综合热效率达85.4%以上。

【江苏如东800MW海上风电项目】 2020年8月19～20日，江苏海上风电如东800MW项目顺利通过江苏省电力工程质量监督中心站监检组的陆上工程主体结构施工前质量监督检查。

本次质量监督检查是在省电力中心站对海上风电建设监管日趋严格的新形势下，贯彻落实国家能源局《关于明确未接受质量监督电力建设工程处理程序等的通知》《进一步明确电力建设工程质量监督机构业务工作的通知》等文件精神及时开展的监检工作，为工程快速推进与转序提供有效保障。

本次监检工作的顺利完成，是江苏海上风电公司“党建＋工程建设”推进工程进度、激发建设活力的有效体现，是党组织的凝聚力、战斗力和党员不等不靠、敢于担当先锋模范作用不断增强的有效体现。

【中国东北地区首个海上风电项目全容量并网】 2020年11月25日，随着45号风机并网发电，标志着三峡新能源大连市庄河Ⅲ（300MW）海上风电项目实现全容量并网，成为中国东北地区首个建成达产的海上风电项目。

辽宁大连庄河海上风电场是东北区域首个海上风电项目，是中国北方地区最大的海上风电项目，也是中国境内目前纬度最高的海上风电场。风电场南北长8.6km，东西7.7km，场址中心距离岸线约22.2km，涉海面积约47.7km^2，项目总装机容量300MW，共计安装72台3MW、3.3MW及6.45MW风电机组，配套建设一座220kV海上升压站和一座220kV陆上集控中心，场内集电线路采用35kV海缆，35kV海缆汇流后接至220kV海上升压站，再以220kV海缆送至登陆点，架空接入陆上集控中心，陆上集控中心通过一回220kV送出线路送出至黄海变电站。

项目投产后，预计年上网电量7.76亿kWh，年均利用小时数2588h，与火力发电相比，每年可节约标煤约23.0万t，减轻排放温室效应性气体二氧化碳约63.7万t，此外还可节约用水约20.84万t。

作为东北严寒地区首个海上风电项目，施工过程中受天气因素影响较大，冬歇期长，施工窗口期短；风电场海域地质条件较复杂，覆盖层深浅不一，基岩差异较大，灰岩、板岩、泥岩、泥质粉砂岩、粉砂岩等混杂，且岩层中下伏溶洞，覆盖层基础选型及设计难度大；嵌岩机位较多，包括大直径打桩嵌岩及高桩承台斜桩嵌岩施工，施工过程中需优化工作量大，难度大；同时冬季风电场区域有大量海冰出现，国内可借鉴项目建设经验少等不利因素及工程难点，最终通过合理优化嵌岩桩设计及施工方案，充分利用试桩成果及单桩基础沉桩经验，嵌岩数量由设计的24台优化至9台。

【亚洲装机容量最大的生物质电厂建成投产】 韶能集团新丰旭能生物质能发电工程三、四期项目建成投产，这标志着该企业一跃成为目前亚洲装机容量最大的生物质电厂。

据了解，韶能集团新丰生物质发电项目是新丰县立足自身定位推进循环经济产业布局，推动高质量绿色发展的重大举措。该项目于2016年3月开工，历经4年多时间，到2020年底，一、二、三、四期全部建成投产。

该项目已配备6台130t/h的直燃生物质锅炉和6台30MW装机容量的汽轮发电机组，年发电量可达13.8亿kWh，年可供热量100万t，预期年产值超12亿元，年上缴税收超6000万元。全面投产后，一跃成为亚洲装机容量最大的生物质电厂。

【中国首台500kW波浪能发电装置“舟山号”交付】 自然资源部支持的“南海兆瓦级波浪能示范工程建设”项目首台500kW鹰式波浪能发电装置“舟山号”正式交付中国科学院广州能源研究所。

“舟山号”由中科院广州能源所研发设计，招商局重工（深圳）有限公司建造，是中国单台装机功率最大的波浪能发电装置。

为解决海洋开发供电难题，培育海洋战略性新兴产业，自然资源部设立海洋可再生能源项目“南海兆瓦级波浪能示范工程建设”，在珠海市大万山岛开展兆瓦级波浪能示范场的建设。本次交付的500kW波浪能发电装置是该波浪能场的首台进场装置，拥有中、美、英、澳四国发明专利，设计图纸获法国船级社认证。

中科院广州能源所相关负责人表示，后续将联合中国南方电网有限责任公司、招商局工业集团有限公司等相关单位，开展波浪能发电技术的工程化、实用化和规模化研发工作，积累波浪能装备并网运维经验。

【西藏萨嘎、仲巴、霍尔、巴尔四座变电站储能项

目开建】 日前，由中国电建集团湖北工程公司设计院总承包的西藏萨嘎、仲巴、霍尔、巴尔四座变电站储能项目正式开工建设。

萨嘎、仲巴、霍尔、巴尔220kV变电站储能项目分别位于阿里藏中联网工程萨嘎、仲巴、霍尔、巴尔4个变电站内，是阿里联网工程内重点示范项目之一。储能系统采用电化学储能，目标旨在实现“变电站、充放电（储能）站、光伏电站”三站合一，将传统变电站转变为能量双向流动的能源信息枢纽。

项目场址区域沿线平均海拔4300m以上，4个站址之间最远距离超过400km，同时，储能项目与变电站本体工程同步建设，年初阿里联网工程工期由原计划2020年9月30日完工调整至2020年8月15日完工，致使西藏储能项目工期计划及施工网络计划也同步进行前移，对工程的履约提出严峻考验。

随着湖北省抗疫形式逐步好转、西藏逐渐放开，项目部积极对接西藏防疫指挥部和业主单位，在确保防疫安全的前提下推动项目部顺利进厂，保证项目的顺利推进。此外，随着工程重要部件储能电池安全运输至现场，标志着西藏储能履约进入关键节点，为后续储能项目顺利实施创造了有利条件。后续，项目部将上下同心，攻坚克难，在严格遵守防疫要求的同时，保证工期速度和安全生产齐头并进，优质高效完成项目履约。

【盐穴压缩空气储能发电系统国家示范项目开工建设】 2020年8月18日，盐穴压缩空气储能发电系统国家示范项目在江苏常州金坛举行开工仪式，项目由中国能建江苏院设计。

这是空气储能领域唯一的国家示范项目，也是2019、2020年江苏省重大推进建设项目。项目采用清华大学非补燃压缩空气储能发电技术，建设1套60MW×5h非补燃式压缩空气储能发电系统，发电年利用小时数约为1660h，电换电效率为60%以上，发电全过程无燃料消耗。项目建成后，将成为世界首座非补燃式压缩空气储能商业电站，也是国内首次利用盐穴资源的发电项目。江苏院依据清华大学提供的非补燃压缩空气储能发电技术，开展工艺流程方案设计，进行设备合理选型和总平优化布局，确保功能分区明确、方案实施可行。

项目二期规划建设35万kW，终期规模将达100万kW，项目建成后，将在规模和效率上为国内压缩空气储能树立样板和典范，为建立压缩空气储能领域标准体系、打造华东地区大型空气储能基地奠定重要基础。

盐穴压缩空气储能系统，吸纳电网低谷时的“弃能”，借助盐穴，使之转化为空气分子内势能并加以储存。在高峰用电时，释放压缩空气做功发电，从而大幅改善发电、用电的时空结构，有力支撑电网调峰需求，缓解峰谷造成的电力紧张局面。

【国内容量最大风电储能项目通过并网验收】 2020年8月27日，由南京南瑞继保电气有限公司以EPC方式交付的华能蒙城风电40MW/40MWh储能项目顺利通过了国网安徽省电力有限公司组织的并网验收，该项目是国内容量最大的风电配套储能项目。

华能国际安徽分公司蒙城县内陆平原风电场项目共装机200MW，储能的配比为20%，时长为1h。储能系统EPC分为两个标段，标段1小涧项目风电总装机容量为150MW；标段2许疃项目风电总装机容量为50MW。2020年5月，该项目公示EPC工程中标结果，南瑞继保以5279.4970万元的总包价格中标第一标段，以1979.4775万元中标第二标段。从6月初签订合同到8月底整体交付验收，产品交付周期小于3个月。

该储能站控层全部采用IEC 61850标准规约，通过统一软硬件平台的协调控制系统和变流器群实现快速功率控制功能，一次调频和调压响应时间小于30ms。该项目在国内首次实现了储能在新能源应用场合的稳态、暂态、紧急的多维度复合控制功能，最大程度发挥了储能在新能源场景的应用价值，为新能源储能的多重功能实现提供了示范。

电网建设工程

【山东—河北1000kV特高压交流环网工程投运】 2020年1月4日，山东—河北1000kV特高压交流环网工程顺利完成72h试运行，投入正式运行，标志着世界上电压等级最高、网架结构最强的华北特高压交流骨干网架基本形成。

山东—河北特高压交流环网工程是华北特高压网架的重要组成部分。工程2017年10月31日获得国家发展改革委核准，2018年5月开工建设。工程新建枣庄、菏泽变电站，扩建潍坊、济南、石家庄变电站，新增变电容量为1500万kVA；输电线路途经山东、河南、河北三省，跨越黄河，全线同塔双回路架设，总长度为816km，铁塔共计1632基，投资超过140亿元。2018年12月18日，为支撑上海庙—临沂特高压直流输电工程早日发挥效益，山东—河北环网工程潍坊—临沂段提前建成投运。

工程五站四线途经3省11市33县人口和厂矿密集地区，跨越铁路、高速公路、110kV以上电力线路200多次，是环水保批复后置为开工条件的首批工程，也是送变电施工企业转型升级的试点工程。工程建设任务重，环境复杂，规范化要求高，安全质量风险大。工程开工以来，参建单位以“党建＋基建”激发活力，团结一心、攻坚克难，牢固树立建设“安全可靠、自主创新、经济合理、环境友好、国际一流”优质精品工程目标，科学管理，锐意创新，始终聚焦安全质量，高度重视环境保护，安全优质、高水平地完成了工程建设任务。在探索基建改革进步、推行“先签后建”、全面示范开展三维数字化设计、应用单塔电容器组、硬岩地质机械成孔微型桩、高强度格构式跨越架等方面，收获了丰富的建设成果。

工程建成投运后，华北电网受端网架接受区外来电能力达到3000万kW以上，超过2018年华北电网最大负荷的十分之一，达到2018年山东电网最大负荷的三分之一，每年可减少燃煤消耗7560万t，减排二氧化碳1.485亿t、二氧化硫37万t，将有力促进东北、内蒙古等地区清洁能源的大规模开发和大范围消纳，全面降低电网短路电流水平，显著增强抵抗严重故障能力，为后续张北风电接入华北电网、实现清洁替代和电能替代创造有利条件。

【国家电网和南方电网首家合资运营公司成立】 为高质量推动闽粤联网工程，闽粤联网电力运营有限公司已完成设立登记手续，正式成立，并进入运作阶段。该公司注册资本4.8亿元，由国家电网公司下属的福建省电力有限公司与南方电网公司下属的广东电网有限责任公司合资组建，注册地在福建省漳州市。

该公司担负着闽粤联网工程换流站部分的建设、运维管理等相关工作。闽粤联网工程是纳入国家电力发展“十三五”规划的补短板重点工程项目，国家电网和南方电网两大电网体系电力潮流交换不足，从能源资源进一步优化配置的角度来看，还需进一步加强两网联系。该工程建成后将实现两大电网互联互通、余缺互补、应急互备，对提升两省之间电量余缺互补和紧急事故支援能力，推进泛珠三角区域及海峡西岸经济区合作发展具有十分重要的意义。

【国家电网陕北—湖北特高压直流工程开工】 2020年2月28日，国家电网陕北—湖北±800kV特高压直流工程（简称“陕北—湖北工程”）开工动员大会召开。

加快推动重大电网项目开工建设，是国家电网有限公司深入学习贯彻习近平总书记重要讲话精神，统筹推进疫情防控和服务经济社会发展的具体行动，是落实党中央、国务院决策部署，全力恢复建设，助推上下游企业复工复产，稳投资、稳就业、稳预期的重要举措。

陕北—湖北工程是国家“十三五”电力规划重点项目，是推进西部大开发与中部地区崛起的重点工程，将有效发挥“压舱石”“助推器”作用，助力打赢疫情防控湖北保卫战、武汉保卫战，提振经济社会发展信心。陕北—湖北工程总投资185亿元，起于陕西省榆林市，止于湖北省武汉市，线路全长1137km，额定输送容量800万kW。工程建设将直接带动设备生产规模约120亿元，增加就业岗位超过4万个，带动电源等相关产业投资超过700亿元。工程建成后，每年向湖北输送电量400亿kWh，将有效缓解湖北及华中地区中长期电力供需矛盾，提升电网安全水平，降低社会用能成本；同时，还将有力推动陕北能源基地集约开发和电力大规模外送，促进能源资源高效利用，实现资源优势向经济优势转化，推动区域协调发展。

【蒙西—晋中特高压交流工程成功跨越黄河】 2020年5月6日，华北地区特高压电网成环成网的关键组成部分——蒙西—晋中特高压交流工程线路工程（1标）成功跨越黄河，由山西忻州偏关县进入内蒙古鄂尔多斯市准格尔旗。该标段架线全线于6月投产送电。

蒙西—晋中特高压交流工程起于内蒙古自治区鄂尔多斯市准格尔旗魏家卯镇的蒙西1000kV变电站，止于山西省晋中市晋中1000kV变电站。“黄河大跨越”是该工程施工难度最大、程序最复杂的重要节点工序，跨越点位于黄河中游万家寨至龙口河段，跨越黄河处档距888m，塔顶距离黄河水面的垂直高度161m。自5月1日起，采用“一牵八”技术开展导线展放，现已顺利完成施工。

蒙西—晋中1000kV特高压交流工程是“十三五”期间中国电力建设主网架的重点工程，是华北“两横三纵”特高压交流主网架的重要组成部分。工程动态投资49.6亿元，线路长度304km。工程建成后，将极大提高西部煤电基地能源外送能力和京津冀鲁等华北受端地区接纳外电能力，有效提升华北地区电网运行的可靠性。工程建设有效带动电源、电工装备、用能设备、原材料等相关产业，促进经济社会发展。

【青海—河南±800kV特高压直流输电工程启动送电】 2020年7月15日，国家电网有限公司青海—河南±800kV特高压直流输电工程（简称青豫直流工程）启动送电。

该工程起于青海省海南藏族自治州的海南换流站，止于河南省驻马店市的驻马店换流站，额定电压±800kV，额定容量为800万kW，途经青海、甘肃、陕西和河南4省，线路全长1587km。工程于

2018年11月开工建设，是世界上首个以输送新能源为主的特高压输电大通道。

青电入豫工程是贯彻落实习近平总书记让清洁能源更好造福人民重大要求的实际行动，是推进“西电东送”能源战略和西部大开发国家战略实施的标志性工程，对于推动落实黄河流域生态保护和高质量发展重大战略、实现大别山革命老区“两个更好”目标影响深远，对于当前落实党中央、国务院“六稳”“六保”重大要求、夺取疫情防控和经济社会发展双胜利意义重大。

建设青海—河南特高压直流工程是贯彻习近平总书记重要指示和能源安全新战略的重要实践，意义十分重大，建设成果来之不易。一是工程将有力促进新能源开发利用，助推能源绿色低碳转型。工程可满足青海千万千瓦级新能源基地开发外送需要，显著提高河南能源消费清洁化水平。二是工程将有力实现两省优势互补，促进两省经济社会发展。工程可拉动配套电源投资超过1000亿元，将有力支撑青海能源支柱产业发展，有力保障河南快速增加的用电需求。三是工程将有力推动电网技术升级，进一步巩固中国特高压技术优势。工程全面突破了超高比例新能源大规模送出、新能源与特高压直流交互特性、高海拔地区特高压直流输电关键技术、特高压直流核心设备国产化等难题，进一步巩固了中国在高压直流输电领域的国际领先优势。国家电网有限公司将以高度的政治责任感和使命感，继续保持昂扬奋进的精神状态、科学求实的工作作风，全面做好工程建设后续工作，再接再厉确保工程取得全面胜利。

【张北—雄安1000kV特高压交流输变电工程全线贯通】 2020年7月21日，随着位于张家口市蔚县3R003～3R012区段最后一相导线牵引到位，张北—雄安1000kV特高压交流输变电工程（冀北段）实现全线贯通。至此，张北—雄安1000kV特高压交流输变电工程全线贯通。此前，张北—雄安1000kV特高压交流输变电工程已于7月18日全线贯通。

张北—雄安1000kV特高压交流输变电工程线路全长2×319.9km，起自张家口张北特高压变电站，止于保定雄安特高压变电站，途经张家口张北县、万全区、怀安县、阳原县、蔚县和保定涞源县、易县、徐水区、定兴县共9个县（区）。工程冀北段全长2×218km，其中2×132km同塔双回架设，其余2×86km按两个单回路并行架设，新建铁塔558基；工程河北段新建铁塔234基。

作为华北区域特高压电网成环成网的重要组成部分与国家电网有限公司“新基建”工程中的重点电网工程，张北—雄安1000kV特高压交流输变电工程依托远距离、大容量的特高压交流输电技术，将张家口地区富足清洁电能输送至雄安新区负荷中心，避免加重北京500kV环网“北电南送”潮流穿越，建成投运后，每年将为雄安新区输送70亿kWh以上的清洁能源，为实现雄安新区100%清洁能源供电。

【白鹤滩—江苏特高压直流输电工程开工】 2020年12月10日，白鹤滩—江苏±800kV特高压直流输电工程（简称“白鹤滩—江苏工程”）开工，标志着设计装机规模全球第二（仅次于三峡）、在建规模全球第一的白鹤滩水电站送出工程终于落地。

白鹤滩—江苏工程起于四川省凉山州布拖县，止于江苏省苏州常熟市，途经四川、重庆、湖北、安徽、江苏5省（市），线路全长2087km，新建白鹤滩、虞城2座换流站。工程额定电压±800kV、额定输送容量800万kW，总投资307亿元，于2020年11月获国家发改委核准，计划于2022年建成投运。

白鹤滩—江苏工程投运后，每年输送电力超过312亿kWh，可使华东地区每年减少发电用煤1400万t，减排二氧化碳2542万t、二氧化硫25万t、氮氧化物22万t，显著改善华东地区环境质量，为打赢蓝天保卫战、助力美丽中国建设提供有力支撑。

国家电网已累计建成“13交11直”特高压工程，在运在建特高压工程线路长度达4.1万km，变电（换流）容量超过4.4亿kVA，累计送电超过1.6万亿kWh，特高压电网的资源综合优化配置平台作用充分显现。国家电网已成为全球并网装机规模最大、电压等级最高、资源配置能力最强、安全水平最好的特大型电网。

【东吴1000kV特高压交流变电站扩建工程投运】 2020年6月28日，《长江三角洲区域一体化发展规划纲要》重点基础设施建设项目——东吴1000kV特高压交流变电站扩建工程完成系统调试投运。工程投产后，东吴站共装设5组特高压交流变压器、15个间隔的特高压气体绝缘全封闭组合电器，变电容量高达1500万kVA，成为世界上电力交换能力最强大的交流变电站。

东吴站位于江苏省苏州市，是华东特高压交流双环网的重要枢纽，也是苏南电网和上海电网接受外来电力的重要支撑。作为国家大气污染防治行动计划的重要组成部分，东吴站在2016年9月建成投运，装设2组主变压器。苏南电力需求持续强劲增长，东吴站投产后虽已经有过一次扩建，仍不能满足负荷发展需要，迫切需要进一步扩建。

扩建工程于2019年6月取得国家核准，同年10月开工建设。受临近带电作业、梅雨季节，特别是新冠肺炎疫情的不利影响，从核准至今的实际有效施工时间不足7个月。面对突如其来的疫情，为确保2020年迎峰度夏需求，工程在全国疫情最为错综复杂阶段，率先复工复产，严格把好“三关”、做到“三到位”，细化落实现场消杀、封闭管理、健康监测、轨迹排查和应急措施，分时分区精密组织施工。各参建单位担当作为、攻坚克难，坚持防疫复工两手抓、两不误，坚持安全第一、质量至上，高质量完成工程建设任务。

工程投运后，可为苏南电网新增供电能力百万千瓦，进一步提升华东特高压交流环网的安全稳定水平，对确保迎峰度夏电网可靠供电具有重要意义，为长三角一体化发展再添新动能。

【阿里与藏中电网联网工程投运】 2020年12月4日，国家电网有限公司召开阿里与藏中电网联网工程投运大会，深入学习贯彻党的十九届五中全会精神，认真落实习近平总书记治边稳藏重要论述和新时代党的治藏方略，带着责任、带着感情、带着使命，加快西藏电网高质量发展，为建设团结富裕文明和谐美丽的社会主义现代化新西藏做出更大贡献。

建设阿里联网工程，是贯彻落实习近平总书记治边稳藏重要论述和新时代党的治藏方略的一项重大举措，是党中央关心西藏人民的一项“德政工程”“民生工程”“民心工程”，具有重要的现实和历史意义，将对推进新时代西藏长治久安和高质量发展发挥重要作用。阿里联网工程建成投运，体现了党中央对西藏各族人民的亲切关怀。工程使西藏仲巴、萨嘎、吉隆、聂拉木、普兰、改则和措勤等7个县用上大网电，为沿线16个县近38万农牧民的生活改善、生产发展提供源源不断的清洁电力，成为又一条服务西藏经济社会发展、造福西藏各族人民的光明线、保障线、团结线、幸福线；树起了西藏电网跨越式发展的又一个里程碑。工程总投资74亿元，新建变电站6座，输电线路长度1689km，将推动西藏电网全面形成以500kV为骨干网架的统一现代化大电网，结束阿里地区长期孤网运行历史，根本解决阿里地区缺电问题，有力提升西藏的能源开发能力、经济发展能力，是“老西藏精神”在电网建设战线的又一次精彩呈现。工程最高海拔5357m，平均海拔4572m，是世界上海拔最高、施工最难、最具挑战性的500kV输变电工程。3万余名电力建设者突破生命禁区、挑战人类极限，提前7个月完成工程建设任务，实现了零死亡、零伤残、零疫情，展现了“老西藏精神”和“特别负责任、特别能战斗、特别能吃苦、特别能奉献”的电网铁军精神，再次彰显了社会主义制度集中力量办大事的优越性。

“十三五”以来，国家电网有限公司坚决贯彻新时代党的治藏方略，各项工作取得了显著成效。一是增投入、强电网，保障了西藏及涉藏州县经济社会发展的用电需要，在西藏及涉藏州县电网投资达到913亿元，较“十二五”增长24%。二是助脱贫、惠民生，推动了西藏及涉藏州县决胜全面小康的历史进程，全面完成“三区三州”深度贫困地区电网建设任务，惠及154万户750万贫困群众。西藏户均配变容量达到2.83kVA。三是供绿电、促环保，推动了西藏及涉藏州县生态文明建设和资源优势转化。清洁能源装机容量达到4821万kW，较2015年增长62%，累计外送清洁电能超过1100亿kWh，带动经济效益超过600亿元。四是抓帮扶、聚合力，形成了助力西藏及涉藏州县发展的“一盘棋”格局，累计招聘高校毕业生超过5500人，帮助西藏66个县（区）规范组建县级供电公司，积极推进上划直管，切实提升了管理和服务水平。

【新疆750kV博州输变电工程投产】 2020年7月1日，新疆750kV博州变电站主变压器第一次冲击成功，历时1年10个月建设的750kV博州输变电工程竣工投产，这是2020年新疆第一个投运的750kV输变电工程。新疆750kV电网延伸至博州地区，助力当地新能源大规模开发外送。

博州地处新疆维吾尔自治区西北部，风能、太阳能丰富。博州境内有阿拉山口风区和三台风区，风能资源总储量近300万kW；全年日照时数为2300～3100h，光伏发电总装机容量141.2万kW。博州电网处于新疆电网末端，新能源大规模开发外送、电网网架结构完善、用电负荷增长等均迫切需要750kV电网支撑。

该工程是国家电网有限公司首批三维设计试点工程之一，于2018年8月20日开工建设，总投资3.7亿元，新建750kV变电站1座，容量150万kVA，新建750kV线路6.2km。该工程使博州电网从220kV升级到750kV，打通新能源发电外送通道，外送能力提升近一倍。同时，该工程直接拉动固定资产投资95亿元，增加就业岗位约700个、间接就业3300人，解决108万kW新能源发电装机所发电力外送“卡脖子”问题，为博州地区新能源大规模开发外送和经济社会发展提供坚强保障。

工程开工以来，国网新疆电力有限公司积极组织优质施工力量参与建设，协调设计、施工、设备厂家等单位加快施工，确保按期投运。为减少施工对生态环境的影响，该公司优化工程设计方案，减少大型机械进入植被保护区，合理缩减塔腿之间的距离，每基铁塔减少永久占地面积8%，并在完工后恢复草场植被。

【昆柳龙直流工程全面投产】

一、工程概况

乌东德电站送电广东广西特高压多端直流示范工程（又称昆柳龙直流工程）采用±800kV三端混合直

流输电技术，输送容量为 800 万 kW。云南送端为昆明市禄劝县彝族苗族自治县昆北换流站，采用特高压常规直流，换流容量为 800 万 kW；广西受端为柳州市鹿寨县柳北换流站，采用特高压柔性直流，换流容量为 300 万 kW；广东受端为惠州市龙门县龙门换流站，采用特高压柔性直流，换流容量为 500 万 kW。直流线路全长约 1452km，途经云南省昆明市、曲靖市，贵州省六盘水市、黔西南州、黔南州，广西壮族自治区河池市、柳州市、来宾市、桂林市、贺州市，广东省肇庆市、清远市、韶关市、广州市、惠州市，共计 4 省区 15 市州 38 县区。工程总投资约 242.5 亿元。

昆北换流站 500kV 交流出线 10 回，本期一次建成；柳北换流站 500kV 交流远期出线 8 回，本期出线 4 回；龙门换流站 500kV 交流远期出线 8 回，本期出线 6 回。

昆北换流站、龙门换流站分别新建一座接地极极址，接地极线路分别长约 36、72km；柳北换流站与已建桂中换流站共用接地极极址，新建接地极线路长约 81km。

二、工程建设里程碑

2018 年 3 月 29 日，国家发展改革委核准工程建设。

2018 年 4 月 10 日，换流站三通一平开工。

2018 年 11 月 26 日，线路工程开工。

2018 年 12 月 11 日，换流站土建工程开工。

2019 年 9 月 30 日，换流站电气安装开工。

2020 年 5 月 14 日，1452km 线路全部贯通。

2020 年 7 月 31 日，昆北—龙门双极低端投产，形成送电能力。

2020 年 12 月 27 日，昆北—柳北—龙门三端建成投产。

三、工程创新点

昆柳龙直流工程技术创新性强，具有以下 4 个方面最显著的技术特征：

（1）是世界容量最大、国内首个特高压多端直流输电工程。

（2）是世界首个送端采用送端常规、受端柔性直流的特高压混合直流输电工程。

（3）是世界首个采用特高压柔性直流输电技术的直流工程。

（4）是世界首个采用柔性直流＋远距离架空线组合技术的直流输电工程。

工程的建成投产创造了世界上第一个±800kV 特高压柔性直流输电工程等 19 项世界第一，关键设备器件实现了国产化和对进口产品的全场景替代，在攻克“卡脖子”难题中形成了自主知识产权体系，引领全球特高压技术进入柔性直流时代，进一步扩大了中国在特高压领域的领先优势。

四、工程建设意义

建设昆柳龙直流工程是南方电网公司深入贯彻习近平新时代中国特色社会主义思想，践行新发展理念和“四个革命、一个合作”能源安全新战略的重要举措，是打好三大攻坚战、促进清洁能源消纳的具体行动，是落实国家区域协调发展战略、服务粤港澳大湾区建设的重点任务，是推动科技创新、增强中国在直流技术领域话语权、提升全球竞争力的重要抓手。

昆柳龙直流工程是促进西电东送可持续发展、助力碳达峰碳中和的绿色工程。该工程采用更经济、运行更为灵活的多端直流系统，有助于发挥多个受端电网在消纳能力、调峰能力、系统安全稳定风险防控方面的优势，进一步促进云南水电消纳，并对风、光等新能源的大规模开发利用起到示范作用。工程全部建成投产后，将增加 800 万 kW 的通道送电能力，年送电量超过 320 亿 kWh，相当于减少煤炭消耗 950 万 t、减排二氧化碳 2500 万 t，有效促进节能减排和大气污染防治，为南方五省区早日实现碳达峰目标、碳中和愿景贡献力量。

昆柳龙直流工程是提升中国电力科技核心竞争力、打造南网全球竞争力的创新工程。该工程采用了特高压多端混合直流这一世界领先、极具挑战的技术路线，南方电网牵头组建创新联合体，围绕特高压多端直流、大容量柔性直流等核心技术和关键设备开展联合攻关，工程技术创造出 19 项世界第一。解决了多项特高压柔性直流、多端混合直流世界级技术难题，首次攻克了多端混合直流故障清除等一系列技术难关，构建了系统全面的特高压多端柔性直流知识产权体系；掌握了柔性直流换流阀等多项世界“首台套”设备关键技术，关键设备器件实现了国产化和对进口产品的全场景替代，推动技术和装备全面进步，实现从“跟跑”到“并跑”到“领跑”的不断超越，进一步扩大了中国在特高压领域的领先优势，引领全球特高压技术进入了柔性直流时代。

昆柳龙直流工程是促进区域协调发展、助力东西部携手奔小康的民生工程。昆柳龙直流工程投资超过 240 亿元，线路长度为 1452km，途径云南、贵州、广西和广东，将有效助力沿线各地的经济社会发展，特别是将大大提升云电东送通道能力，解决“十三五”期末及中长期云南水电消纳问题。工程投产后，南方电网形成“八交十一直”的跨省西电东送电网，西电东送总能力将超过 5800 万 kW，其中送广东电力将占到当地负荷三分之一左右，为面向“十四五”规划和 2035 年远景目标，更好地满足南方五省区人民群众追求美好生活的电力需要，进一步夯实了基础。

昆柳龙直流工程是落实推进“双统筹”、扎实落实“六稳六保”的安全与脊梁工程。该工程建设持续加强人身、电网设备、公共卫生等重大风险分层分级管控，不断优化工序，加强科学管理，实现了“疫情零感染、零疑似，安全零事故、零事件”。南方电网积极发挥央企“顶梁柱”作用，有效带动产业链供应链上下游企业复工复产。同时，依托工程着力补链强链固链，工程首阶段投产以来，首台套设备均一次性成功带电、经受了长期满负荷稳定运行考验，充分验证了产业链供应链现代化水平的整体提升。

【云贵互联工程提前投产】 2020 年 6 月 11 日，提前 19 天全面投产世界首个±500kV 两端改三端直流工程——云贵互联工程。云贵互联工程是国家确定的加强云贵两省电网互联互通、促进云南清洁水电消纳、实现基础设施领域补短板的跨省区输电重点工程，也是国内首个两端改为三端的直流工程。工程总投资为 37.2 亿元，新建±500kV 禄劝换流站，新建 391.5km 直流线路，并同步对高肇直流高坡换流站、肇庆换流站控制保护系统等进行改造，形成云南禄劝换流站—贵州高坡换流站—广东肇庆换流站三端直流。

工程于 2019 年 7 月 10 日取得核准批复，7 月 17 日开工建设，2020 年 4 月 20 日直流线路全线贯通，5 月 15 日高肇直流改造工程完工，6 月 11 日全面建成投产。工程从取得核准批复到全部投运仅用时 11 个月，实际建设工期仅为标准指导工期的 1/3，创造了世界上建设周期最短的直流工程新纪录，展现了电网建设中的“南网速度”。

云贵互联工程的快速复工、提前投产，是南方电网公司落实党中央“六稳”“六保”要求、服务经济社会发展大局的生动实践，对于带动产业链上下游企业复工复产，促进清洁能源消纳，发挥国有企业影响力、带动力，彰显“顶梁柱”作用具有重要意义。

【昆柳龙直流工程与广西电网成功联网】 2020 年 10 月 16 日，500kV 换如甲乙线、换柳甲乙线线路顺利合环带上负荷，昆柳龙直流工程柳州换流站交流 500kV π 接线路工程顺利完成，标志着昆柳龙直流工程与广西电网成功联网，工程广西受端柳州换流站 500kV 交流场正式启动，转入 24h 试运行状态。

柳州换流站交流 500kV π 接线路工程包含线路新建、线路改造、变电设备拆除、“三站四线”调试等工作，工程施工需电缆过渡、跨越 10kV 线路 32 次、35kV 线路 4 次、220kV 线路 2 次、公路 6 次、铁路 3 条次，线路施工外部环境异常复杂。为确保柳州换流站系统调试拥有充足、稳定的电源保障，超高压公司昆柳龙直流项目部通过科学规划，在确保施工安全、质量前提下，克服时间紧、任务重、牵涉面广、风险点多等困难，顺利完成 π 接所有工作。

广西电网 500kV 柳如甲乙线停电接入昆柳龙直流工程柳州换流站工作涉及桂林、柳州等地，时间跨越国庆、中秋双节。为保障安全可靠供电，广西电网公司针对桂林电网网架实际做好各种突发情况下的应急预案，各级人员加强现场监督，全面排查关键重点设备隐患缺陷，加强对重点输电线路的巡视和维护，做好关键线路大负荷测试，从严从细落实风险防控要求。广西送变电建设公司把支部建在项目上，以“支委包片、小组攻坚、党员挂点”举措，投入 167 人及 4 套牵张设备机具，按期成功完成组立 2 基铁塔、架线 1.8km、加固改造 50 基铁塔地线支架、更换 30km 光缆等停电施工任务。

【世界首个超高压三端直流送电量超 50 亿 kWh (云贵互联工程，禄高肇直流)】 截至 2020 年 8 月 17 日，中国南方电网有限责任公司（简称南方电网公司）建设运营的世界首个±500kV 三端直流——禄高肇直流灵活送电累计超 50 亿 kWh，达 50.9 亿 kWh，其中云南禄劝换流站送电 12.5 亿 kWh，贵州高坡换流站送电 38.4 亿 kWh。

为消纳乌东德水电站丰富的清洁电能，实现云贵两省水电火电互济并满足粤港澳大湾区用电需求，超高压公司于 2019 年 7 月开工建设云贵互联通道工程，在云南省昆明市新建禄劝换流站，新建 389km 直流线路，接入原已建成投运的 500kV 高肇直流高坡换流站，同步对高肇直流高坡换流站和肇庆换流站的控制保护系统、阀控系统等进行改造，形成了云南禄劝换流站—贵州高坡换流站—广东肇庆换流站的三端直流（简称“禄高肇直流”），在国内首次将两端直流改造为三端直流。

云贵互联通道工程建成投产后，新形成的禄高肇直流满负荷运行至今，其间禄劝端与高坡端协同向肇庆端送电，白天高坡端多送火电，夜间禄劝端多送水电，西部富裕电力能够源源不断地送往广东负荷中心区。同时两端还可根据实际需要轮流停电检修，形成了新的灵活的直流运行、检修方式。该工程的长期满负荷稳定运行，检验了工程设备制造质量、施工安装质量以及三端控制保护系统的稳定性。

【世界首条全清洁能源特高压输电大通道成功跨越宝成铁路和嘉陵江】 2020 年 5 月 20 日，世界首条全清洁能源特高压输电大通道——青海—河南±800kV 特高压直流输电工程成功跨越宝成铁路和嘉陵江。该跨越工程是全线路重要节点项目，主跨越塔高于江面 500m，单基塔重 150t，跨越距离 1259m，跨越高度、跨越距离和塔重均为全线之最。

青海—河南±800kV 特高压直流工程是国家电网有限公司贯彻习近平生态文明思想和视察青海时重要讲话精神的重点工程，也是全国乃至全世界第一条专为清洁能源外送而建设的特高压通道，对于推进西部大开发与东西部协调发展意义重大，将更好保障华中地区经济发展对电力需求的迅猛增长，同时为青海、甘肃等重点地区打赢精准脱贫攻坚战做出积极贡献。

工程于2018年11月开工建设，起于青海省海南藏族自治州，途经青海、甘肃、陕西、河南四省，止于河南省驻马店市，全长1562.87km，设计年输送清洁电量400亿kWh。工程总投资226亿元，直接带动相关产业投资超过2000亿元，提供近万个就业岗位，对稳就业、稳投资、保民生将发挥积极作用，具有显著的经济、社会和环境效益，是一条实实在在造福沿线群众，惠及四省民生的“电力天路”。

宝成铁路和嘉陵江大跨越是青海—河南特高压工程的重要节点施工，需要克服铁路封网放线时间有限、山顶放线场可利用面积狭小、江面高空气流多变等诸多困难，其施工体量和技术难度均超过全线其他跨越工程。

针对跨越难点重点，施工人员在提前预演倒排时间的基础上，采用回转牵引的方法进行导线展放，通过调整张力、调整滑车预偏、采取压线滑车等方式，成功攻克了上述难题。

随着本次大跨越的成功完成，青海—河南特高压工程将进入最后冲刺阶段。全线施工人员将全力做好后续施工、调试验收、线路试运行等项工作，力争使这条助力决战决胜脱贫攻坚的“电力天路”和“幸福之路”早日建成。

【世界首个±500kV三端直流工程云贵互联通道工程提前竣工投产】 2020年6月11日，由南方电网公司投资建设的世界首个±500kV三端直流工程——云贵互联通道工程顺利竣工，并一次性实现三端双极投产，比计划时间提前19天投产，标志着云南与贵州两省形成电力互联互济综合体。工程投产后，每年可输送云南清洁水电约60亿kWh至粤港澳大湾区，相当于减少火电标准煤约180万t，减少二氧化碳排放约480万t，将有效助力打赢蓝天保卫战，对促进云南清洁水电消纳、助力粤港澳大湾区建设具有十分重要的作用。

该工程是国家重点输变电项目，是南方电网公司落实国家西部大开发战略、落实党中央国务院推进“新基建”决策部署、助力能源转型和高质量发展的标志性工程。工程投资38.26亿元，新建云南禄劝换流站和1回连接高肇直流送端高坡换流站的389km长的直流线路，改造贵州高坡换流站、广东肇庆换流站，形成云南禄劝换流站—贵州高坡换流站—广东肇庆换流站三端直流，额定容量为300万kW。

2019年7月，工程开工建设。2019年2月底全面复工以来，南方电网公司积极发挥国有重要骨干企业影响力、带动力，扎实做好“六稳”工作，落实“六保”任务，统筹推进疫情防控和服务经济社会发展，加快推进工程建设。在保能源安全方面，南方电网公司充分发挥资源优化配置大平台的作用，安排该工程调试阶段及时恢复从贵州向广东送电，有效缓解了广东因企业复工复产及持续高温出现的电力供应紧张形势。在保就业方面，云贵互联通道工程建设高峰时期全线投入4300余人，仅高坡换流站就吸收当地工人97人，积极帮助当地工人解决因疫情外出务工难问题。在保产业链供应链稳定方面，工程建设有效带动了包括原材料、电力设备、电力电子器件、施工、监理、检测等在内的电力产业链上下游众多企业复工复产达产。

该工程在世界上首次实现将两端直流改造为三端直流，送电方式更加灵活，经济性更优，对于大规模电源送出、受端多点分散接入、优化电网结构、提高受端电网的安全稳定水平具有工程实用意义。此外，该工程还克服了高海拔、重冰区、岩溶发达、喀斯特地貌等难题，实现多端直流灵活送电、高海拔直流设备等多项电网技术突破。其中，三端直流控制保护系统、直流高速开关等工程关键设备全面使用国产设备，自主化率达到100%，对于中国掌握多端直流关键技术具有重要里程碑意义。

【张北柔直工程成功带电组网】 张北柔性直流（简称柔直）电网试验示范工程首次成功实现四端联网方式带电运行，这标志着世界首个四端柔性直流环形电网组网成功，规模级“纯”新能源动态送出和消纳的关键技术得到验证。

此次带电运行测试功率虽然只有16万kW，但首次实现了张北、康保、丰宁和北京四个换流站的互联互通，成功构建世界上首个直流“电网”。四端互联系统试验是对张北柔直工程全站、全线设备的综合考验，是正式投运前重要的“全面大体检”。为做好调试工作，在国网特高压部的统筹下，国网冀北电力、国网北京电力、国网直流公司及现场各参建单位，精心组织，协同配合，紧跟调试动态，应急人员采用“两班倒”方式值班待命，及时处理调试过程中出现的问题，确保调试顺利高效进行。

张北柔直工程作为世界上电压等级最高、输送容量最大的柔性直流工程，输电电压达±500kV，单换流器额定容量达150万kW，首次研制并应用具备大电流开断能力的直流断流器、高参数IGBT换流阀、适应于直流电网的控制保护系统、交流耗能装置等关键设备，创造了12项世界第一，是世界首个真正具有网络特性的直流电网工程，创新引领和示范意义重大。

冀北地区是国家可再生能源发展规划的千万千瓦

级风电基地，风电、太阳能资源丰富，但本地消纳能力不足，需要大规模送出消纳。工程投运后，大规模清洁能源可通过两个送端换流站和一个调节端换流站，平稳输送至受端换流站，将开启大规模清洁能源的友好接入和送出模式，实现张北新能源基地、丰宁储能电源与北京负荷中心相连。

工程示范了世界上最先进的电力生产、传输、存储、利用和运行控制技术，为解决电网薄弱导致的大规模新能源汇集与送出困难问题树立了典范，为新能源主导发电场景下的电力传输提供了解决方案，可以把张家口地区的风能、太阳能等清洁能源转变成稳定绿电输送到京津冀地区，在助力北京冬奥会场馆实现绿电全覆盖的同时，还将解决大规模新能源消纳的世界性难题，为清洁能源的友好接入和灵活传输探索一条创新之路，对于推动能源转型与绿色发展、服务北京低碳绿色冬奥、引领科技创新等具有显著的综合效益和战略意义。

北京和张家口赛区冬奥场馆用的绿电将有约50%从这里输送出去，工程每年可向北京地区输送约141亿kWh的清洁能源，大约相当于北京市用电量的十分之一，每年节约标准煤490万t，减排二氧化碳1280万t。

【国家电网智慧车联网平台成为全球最大电动汽车充电网络】 2020年11月20日，国网电动汽车公司举办“新基建百万接入 新动能能源互联”主题发布活动，宣布国家电网智慧车联网平台已接入充电桩超103万个，覆盖全国29个省、273个城市，服务电动汽车消费者550万人，成为全球覆盖面最广、数量最多、服务能力最强的充电桩网络。

在平台接入的超百万充电桩中，公共充电桩为62.6万个，占全国公共充电桩总量的93%，占全球公共充电桩总量的66%；接入全国范围内38万根个人充电桩，占比达到中国私人充电桩保有量近46%。自此，从十纵十横的高速公路骨干网络，到遍布中国四五线城市的“毛细血管”充电网络，从涵盖公交、环卫、物流等领域的专用充电场站，到深入社区实现智能升级的私人共享桩，电动汽车车主仅需通过一个App，便能享受到全国范围的充电服务。

国家电网智慧车联网平台始终致力于打造充换电服务全场景覆盖网络，为用户提供优质、便捷的充换电体验。基于国家电网有限公司自2006年以来积极开展的充换电技术研发、模式探索和工程示范，这张聚合百万充电桩资源的充电网络，已经在电动汽车与能源互联网的互动技术研究及商业模式创新方面积累了丰富的实践经验。

通过智能充电，电动汽车车主已经可以利用负荷低谷充电，全面降低充电成本，辅助参与电网调峰调频，在助力电网安全运行的同时提升充电设备利用率。同时，通过V2G技术，用户还可以在电网用电高峰时向电网反向送电，令电动汽车成为移动的储能电站，并获得参与电网削峰填谷的增值收益。

作为电动汽车用户与电网互动的桥梁，下一步，国网电动汽车公司将担负起负荷聚合商的角色，整合中小负荷用户参与电力市场，最大限度降低海量分散负荷对电网的影响，通过专业技术手段引导负荷资源，及时参与电网互动响应；同时，开展电动汽车为主体的绿电交易，推动新能源车充新能源电。

发布会上，国家电网有限公司首次发布《中国新能源汽车充电数据应用分析报告》，内容横跨新能源汽车产业链上下游，创新性地将新能源汽车行驶大数据与充电大数据相结合，分析各场景新能源汽车充电行为特征，为合理布局充换电网络提供理论依据，为政府出台相应政策提供技术支撑，实现车联网“人一车一桩一网”协同发展，对探索充电产业新的营运模式有重要意义。

【江苏启动建设全国首个全息数字电网】 2020年5月25日，国网江苏省电力有限公司正式启动全国首个省域全息电网建设，通过采集全省高电压等级架空输电线路物理数据，构建数字化电网，全面提升电网的智慧运维水平。据初步估计，数字化全息电网构建后，江苏电网每年将减少运维成本超两亿元。

全息电网可将现有二维的电网地图升级成三维立体形态，精准模拟和再现变电站、杆塔、电线以及线路走廊内的地形、地貌、地物等。基于全息电网技术，未来新建电网从规划设计、到建设施工、竣工验收等都可以实现全智能化管控。特别在电网运行维护方面，可以实现利用无人机大规模取代人工进行自主巡检，巡检效率可提升约6倍。

国网江苏电力正采用多旋翼无人机，搭载三维激光雷达，全面扫描江苏电网500kV及以上架空输电线路，建立高精度三维立体模型。

通过构建数字化全息电网，国网江苏电力也将同步全力推动无人机、5G通信、自动驾驶、储能充电等相关新技术发展，拉动装备制造、人工智能、遥感测绘、数据服务等上下游产业市场规模达千亿元级。

【“三区三州”、抵边村寨农网改造升级全面完成】 2020年6月30日，“三区三州”、抵边村寨农网改造升级按期全面完成，标志着中国农村地区基本实现了稳定可靠的供电服务全覆盖，供电能力和服务水平获得明显提升。

农村电网是农村经济社会发展的重要基础设施。千方百计解决电力问题是打赢脱贫攻坚战和精准扶贫、精准脱贫的重要基础，更是“三区三州”、抵边村寨等深度贫困地区打赢脱贫攻坚战的重要前提和保障。

党中央、国务院高度重视农网建设改造。1998 年以来，先后通过农网建设与改造工程、县城电网改造工程、中西部地区农网改善工程、无电地区电力建设工程、农网改造升级工程等和“十三五”实施的新一轮农网改造升级工程，解决了 4000 万无电人口用电问题，实现了动力电全国农村地区基本全覆盖，极大提高了农村供电能力和可靠性。随着脱贫攻坚工作的深入开展，农网改造升级的工作重心进一步转向中西部地区，着力支持深度贫困地区，特别是“三区三州”地区农网改造升级。

2018 年，“三区三州”、抵边村寨农网改造升级攻坚三年行动计划启动实施，涉及 11 个省份及新疆生产建设兵团，惠及 2542 万农村人口及 1685 个抵边自然村寨。据初步统计，2018～2020 年上半年，各有关省份共计完成“三区三州”、抵边村寨农网改造升级攻坚项目投资超过 300 亿元，新建及改造 35kV 和 110kV 变电站 390 多座、线路约 1.2 万 km，配电变压器约 2.4 万台、10kV 及以下线路约 9.1 万 km。通过攻坚项目的实施，“三区三州”、抵边村寨农网供电可靠率约达到 99.8%，综合电压合格率约达到 97.9%，户均配变容量超过 2kVA。偏远贫困地区基本实现大网电延伸覆盖，农网供电“卡脖子”、低电压、供电可靠性差等突出问题得到有效解决，基本生产生活供电保障能力显著提升，促进了深度贫困地区家用电器普及，较好支撑了特色农产品加工、乡村旅游等产业发展，积极助力“三区三州”等深度贫困地区打赢脱贫攻坚战。

【西藏首个空港岸电项目正式投运】 2020 年 11 月 27 日，西藏首个高高原机场空港岸电项目——拉萨贡嘎国际机场廊桥桥载电源替代航空辅助动力装置（APU）项目顺利投运，实现了飞机着陆后从消耗航空燃油到使用清洁电能的转变，这是民航西藏自治区管理局与国网西藏电力有限公司全面践行新发展理念，服务西藏自治区打造生态文明高地的一项具体举措。

西藏拉萨贡嘎国际机场廊桥桥载电源替代 APU 项目是国家电网有限公司投资建设的首个高高原机场空港岸电项目，也是民航西藏自治区管理局创新商务模式，引入第三方投资建设的西藏首个空港岸电项目，填补了西藏空港岸电领域的空白。

该项目在拉萨贡嘎机场 2 号航站楼的 4 个廊桥共安装 2×90kVA 的 400Hz 静变电源 2 台和 90kVA 的 400Hz 静变电源 2 台，实现廊桥岸电全覆盖。飞机机载 APU 实施“油改电”后，可降低噪声、减少二氧化碳排放，为航空公司减少燃油成本，同时促进光伏发电、水电等清洁能源消纳，具有良好的经济效益、社会效益和环境效益。

项目每年可减少航空燃油消耗 3738.20t，年节约燃油成本约 1775 万元，年减少能耗折合标准煤量 5365.9t，折合减排二氧化碳 13377t、二氧化硫 402t、氮氧化物 201t，年替代电量约 110 万 kWh。

【国内首条公里级高温超导电缆示范工程在沪开工】 2020 年 4 月 30 日，国内首条 35kV 公里级高温超导电缆示范工程在上海开工，这是高温超导电缆输电技术在国内的首次商业化应用。该项目核心技术国产化率达 100%，并填补多项国际标准空白，标志着中国在高温超导输电领域已居于国际领先地位。

高温超导输电是电力行业最具革命性意义的工程技术之一。高温超导，是在相对于绝对零度而言的接近零下 200℃的液氮环境下，利用超导材料特性，使电力传输介质接近于零电阻、电能传输接近于零损耗，从而实现低电压等级的大容量输电。高温超导输电损耗低、容量大、体积小、无污染。一般来说，35kV 超导电缆相当于传统 220kV 电缆的输送容量，可以替代 4～6 条相同电压等级的传统电缆，节省 70%的地下管廊空间，大大降低建设成本，十分适合将大容量电能直接输送到城市中心区域。

随着经济快速发展，大型城市电力负荷密度不断提升，但受制于输电通道资源有限，城市中心电网“卡脖子”现象日益突出。国网上海市电力公司此次开展的国产化公里级高温超导电缆示范工程建设，将为破解城市中心电网负荷“过热”的矛盾提供可行的解决方案。“小通道大容量”的输电模式将有助于在上海中心区域打造可靠性高、环境友好、资源友好的城市能源互联网。

此项高温超导电缆示范工程是国家电网与上海市共同开展的科技产业战略合作成果之一。项目选址位于上海市中心徐家汇地区，联结两座 220kV 变电站，总长度约 1.2km。

示范工程敷设的超导电缆核心采用二三十根 0.4mm 厚的第二代超导带材。材料从设计到生产制造完全实现国产化。除了在装备上拥有完全自主知识产权外，示范工程还在全程排管敷设工艺及系统运维稳定性等方面融入创新突破，并在国际上引领多项技术标准制定。

【国内首艘 500kV 海底电缆综合运维船顺利下水】 2020 年 6 月 30 日，国内首艘自主建造的海底电缆综合运维船在广西梧州顺利下水。该船同时具备开展 500kV 海底电缆运维高速巡查与海缆本体综合检测功能。该船由南方电网公司全程参与设计建造。

海缆运维船总长 49.9m，宽 8.0m，最大吃水 2.6m，总排水量 421t，最大航速 20 节，抗风 7 级。船舶采用抗风力及耐波性兼优的深 V 船型，采用双主机、双可调桨推进，配置DP1动力定位系统，船舶可续航距离1852km，自持能力30天。新建的海缆运维船提升了抗风浪等级和出海作业安全系数，摆脱了过去依赖租用船舶巡维的方式，实现了专业化海缆保护巡维和自主检测等全过程管控。

海缆运维船投入使用后，将有效提高海南联网一、二回海缆保护区日常巡视、应急干预、重大保电特巡、调查取证和海缆保护宣贯等方面能力，同时搭载ROV水下机器人系统等检测设备开展常态化海缆埋深检测、海缆路由地形地貌检测作业，全面提升海缆应急处置和自主检测能力，有力确保海底电缆安全稳定运行，助力海南自由贸易港建设。

获 奖 项 目

2020～2021年度国家优质工程奖电力行业工程项目

序号	工程名称	施工单位（建设、监理、参建等）
		国家优质工程金奖
1	舟山500kV联网输变电工程	国网浙江省电力有限公司建设分公司、中国能源建设集团浙江省电力设计院有限公司、中国能源建设集团江苏省电力设计院有限公司、浙江电力建设工程咨询有限公司、浙江省送变电工程有限公司、江苏省送变电有限公司、中国能源建设集团浙江火电建设有限公司、国网浙江省电力有限公司电力科学研究院
2	四川大渡河猴子岩水电站	国能大渡河猴子岩发电有限公司、中国电建集团成都勘测设计研究院有限公司、四川二滩国际工程咨询有限责任公司、中国水利水电建设工程咨询北京有限公司、长江勘测规划设计研究有限责任公司、中国水利水电第七工程局有限公司、中国葛洲坝集团第一工程有限公司、中国葛洲坝集团机械船舶有限公司、中国葛洲坝集团机电建设有限公司、四川中水成勘院测绘工程有限责任公司
3	国华东台四期（H2）300MW海上风电场工程	国家能源集团东台海上风电有限责任公司、中国电建集团华东勘测设计研究院有限公司、浙江华东工程咨询有限公司、中交第三航务工程局有限公司、上海振华重工（集团）股份有限公司、远景能源有限公司、上海电气风电集团股份有限公司、北京海瑞兴能源科技有限责任公司、江苏江南电力有限公司、江苏省建筑工程集团有限公司、北京新能建电力工程咨询有限公司
4	陕西榆能横山煤电一体化工程	陕西榆林能源集团横山煤电有限公司、中国电力工程顾问集团西北电力设计院有限公司、西北电力建设工程监理有限责任公司、中国能源建设集团广东电力设计研究院有限公司、上海电力建设有限责任公司、山东电力建设第三工程有限公司、中国能源建设集团安徽电力建设第二工程有限公司、中电建宁夏工程有限公司、武汉光谷环保科技股份有限公司、福建龙净环保股份有限公司、西安热工研究院有限公司、焦作科瑞森重装股份有限公司、福建省中能泰丰节能环保科技有限公司、上海电力建设启动调整试验所有限公司

续表

序号	工程名称	施工单位（建设、监理、参建等）
5	福建华能罗源港电储送一体化绿色建设示范项目	华能罗源发电有限责任公司、山东电力工程咨询院有限公司、北京中城建建设监理有限公司、河南立新监理咨询有限公司、河南省第二建设集团有限公司、浙江省二建建设集团有限公司、中交第三航务工程局有限公司、上海电力安装第一工程有限公司、中国能源建设集团东北电力第三工程有限公司、西安热工研究院有限公司
6	苏通 GIL 综合管廊工程	国家电网有限公司、国网江苏省电力有限公司、国家电网有限公司特高压建设分公司、国家电网有限公司信息通信分公司、中国电力工程顾问集团华东电力设计院有限公司、中铁第四勘察设计院集团有限公司、国网经济技术研究院有限公司、电力规划总院有限公司、上海市合流工程监理有限公司、国网江苏省电力工程咨询有限公司、中铁十四局集团有限公司、江苏省送变电有限公司、中国电力科学研究院有限公司、江苏电力试验研究院有限公司、国网江苏省电力有限公司检修分公司
7	滇西北至广东±800kV 特高压直流输电工程	中国南方电网有限责任公司超高压输电公司、南方电网科学研究院有限责任公司、电力规划总院有限公司、中国电力工程顾问集团西南电力设计院有限公司、中国能源建设集团广东省电力设计研究院有限公司、中国电力工程顾问集团华北电力设计院有限公司、中国电力工程顾问集团东北电力设计院有限公司、中国电建集团贵州电力设计研究院有限公司、中国电力工程顾问集团中南电力设计院有限公司、中国能源建设集团湖南省电力设计院有限公司、中国能源建设集团江苏省电力设计院有限公司、广东天广工程监理咨询有限公司、云南电力建设监理咨询有限责任公司、广东创成建设监理咨询有限公司、广东天安项目管理有限公司、广州电力工程监理有限公司、广西正远电力工程建设监理有限责任公司、江西科能工程建设咨询监理有限公司、广西送变电建设有限责任公司、云南送变电工程有限公司、广东电网能源发展有限公司、贵州送变电有限责任公司、中国电建集团江西省水电工程局有限公司、中国能源建设集团广东火电工程有限公司、吉林省送变电工程有限公司、河南送变电建设有限公司、国网湖北送变电工程有限公司、中国水利水电第十四工程局有限公司、湖南省送变电工程有限公司、河北北辰电网建设股份有限公司、新疆送变电有限公司、青海送变电工程有限公司、华东送变电工程有限公司、江西省送变电工程有限公司、甘肃送变电工程有限公司、国网黑龙江省送变电工程有限公司、辽宁省送变电工程有限公司
8	±420kV 渝鄂背靠背直流联网工程	国家电网有限公司直流建设分公司、国网湖北省电力有限公司、国家电网有限公司信息通信分公司、国网经济技术研究院有限公司、中国电力工程顾问集团中南电力设计院有限公司、中国能源建设集团山西省电力勘测设计院有限公司、湖北省电力勘测设计院有限公司、浙江电力建设工程咨询有限公司、湖北鄂电建设监理有限责任公司、武汉中超电网建设监理有限公司、中国电力科学研究院有限公司、国网湖北省电力有限公司电力科学研究院、国网湖北省电力有限公司直流运检公司、河南省第二建设集团有限公司、河南三建建设集团有限公司、辽宁省送变电工程有限公司、河南送变电建设有限公司、国网湖北送变电工程有限公司、江苏长江机械化基础工程有限公司、中冶集团武汉勘察研究院有限公司、宜昌三峡送变电工程有限责任公司

续表

序号	工程名称	施工单位（建设、监理、参建等）
9	江苏溧阳 6×250MW 抽水蓄能电站	江苏国信溧阳抽水蓄能发电有限公司、中国电建集团中南勘测设计研究院有限公司、中国水利水电建设工程咨询西北有限公司、中国水利水电第十二工程局有限公司、中国水利水电第三工程局有限公司、中国水利水电第五工程局有限公司、中国水利水电第六工程局有限公司、江苏方天电力技术有限公司
10	国电舟山普陀 6 号海上风电场 2 区工程	国电电力浙江舟山海上风电开发有限公司、中国电建集团华东勘测设计研究院有限公司、浙江华东工程咨询有限公司、中交第三航务工程局有限公司宁波分公司、浙江启明电力集团有限公司、上海振华重工（集团）股份有限公司、中国能源建设集团浙江火电建设有限公司、杭州意能电力技术有限公司
11	京能五间房草原生态产业综合示范项目	京能（锡林郭勒）发电有限公司、中国电力工程顾问集团华北电力设计院有限公司、北京国电德胜工程项目管理有限公司、中国能源建设集团天津电力建设有限公司、中国能源建设集团安徽电力建设第二工程有限公司、华北电力科学研究院有限责任公司、北京新能建电力工程咨询有限公司
12	三门核电一期工程	三门核电有限公司、上海核工程研究设计院有限公司、中国电力工程顾问集团华东电力设计院有限公司、上海和运工程咨询有限公司、浙江电力建设工程咨询有限公司、国核工程有限公司、中国能源建设集团浙江火电建设有限公司、中国核工业第五建设有限公司、中国核工业第二二建设有限公司、上海市基础工程集团有限公司、山东核电设备制造有限公司
13	中广核阳江核电厂 3、4 号机组核电工程	阳江核电有限公司、中广核工程有限公司、深圳中广核工程设计有限公司、中国能源建设集团广东省电力设计研究院有限公司、中广核研究院有限公司、中咨工程建设监理公司、中国核工业华兴建设有限公司、中国核工业二三建设有限公司、中国建筑第二工程局有限公司、中国能源建设集团广东火电工程有限公司
14	华电莱州绿色能源示范工程	华电莱州发电有限公司、国核电力规划设计研究院有限公司、山东诚信工程建设监理有限公司、中国电建集团核电工程有限公司、山东电力建设第三工程有限公司、山东港湾建设集团有限公司、华电重工股份有限公司、中国华电科工集团有限公司、山东中实易通集团有限公司、华电电力科学研究院有限公司
15	巴基斯坦中电胡布 2×660MW 燃煤发电项目（境外工程）	中电国际胡布发电有限公司、中国电力工程顾问集团西北电力设计院有限公司、中交第二航务工程勘察设计院有限公司、上海能源科技发展有限公司、中国能源建设集团天津电力建设有限公司、中国港湾工程有限责任公司、中交第二航务工程局有限公司、北京新能建电力工程咨询有限公司、中国能源建设集团西北电力试验研究院有限公司、中建筑港集团有限公司
16	摩洛哥努奥三期 150MW 塔式光热电站工程（境外工程）	ACWA POWER 瓦尔扎扎特分公司、山东电力建设第三工程有限公司、中国电力工程顾问集团西北电力设计院有限公司、山东电力建设第三工程有限公司

续表

序号	工程名称	施工单位（建设、监理、参建等）
		国家优质工程奖
1	神华国能宁夏鸳鸯湖电厂二期 2×1000MW 级机组扩建工程	神华国能宁夏鸳鸯湖发电有限公司、中国电力工程顾问集团华北电力设计院有限公司、西北电力建设工程监理有限责任公司、中国能源建设集团江苏省电力建设第一工程有限公司、中国电建集团山东电力建设第一工程有限公司、中国建筑股份有限公司、武汉凯迪电力环保有限公司、湖南省湘电试验研究院有限公司、国能电力技术工程有限公司
2	平顶山市城市生活垃圾焚烧发电项目	中节能（平顶山）环保能源有限公司、上海昌发岩土工程勘察技术有限公司、中国启源工程设计研究院有限公司、北京五环国际工程管理有限公司、山东淄建集团有限公司
3	广东大唐国际雷州发电厂 2×1000MW 新建工程	广东大唐国际雷州发电有限责任公司、中国能源建设集团广东省电力设计研究院有限公司、广东创成建设监理咨询有限公司、广州华申建设工程管理有限公司、大唐环境产业集团股份有限公司、中交第四航务工程局有限公司、中国电建集团山东电力建设第一工程有限公司、中国能源建设集团广东火电工程有限公司、中交第一航务工程局有限公司、广州粤能电力科技开发有限公司、中国大唐集团科学技术研究总院有限公司
4	上海申能奉贤热电工程（925.2MW 集中供热工程）	上海申能奉贤热电有限公司、中国电力工程顾问集团华东电力设计院有限公司、上海电力设计院有限公司、上海和运工程咨询有限公司、上海睦诚工程监理有限公司、上海电力建设有限责任公司
5	新疆准东五彩湾北一电厂 1 号、2 号机组（2×660MW）工程	新疆准东特变能源有限责任公司、中国电力工程顾问集团西北电力设计院有限公司、西北电力建设工程监理有限责任公司、中国能源建设集团东北电力第二工程有限公司、中国电建集团核电工程有限公司、河南省第二建筑工程发展有限公司、中国能源建设集团西北电力试验研究院有限公司、新疆新能集团有限责任公司乌鲁木齐电力建设调试所、武汉光谷环保科技股份有限公司、福建龙净环保股份有限公司
6	宜兴市 1700 t/d 生活垃圾焚烧发电项目	光大环保能源（宜兴）有限公司、光大生态环境设计研究院有限公司、江苏圣源岩土工程勘测设计有限公司、北京五环国际工程管理有限公司、浙江省二建建设集团有限公司、山东省工业设备安装集团有限公司、江苏天永钢结构工程有限公司、中国电建集团山东电力建设第一工程有限公司
7	中电投分宜电厂 2×660MW 机组扩建工程	国家电投集团江西电力有限公司分宜发电厂、上海能源科技发展有限公司、中国电力工程顾问集团中南电力设计院有限公司、中国电建集团江西省电力设计院有限公司、上海睦诚工程监理有限公司、中国能源建设集团浙江火电建设有限公司、中国能源建设集团天津电力建设有限公司、河南省第二建设集团有限公司、中国电建集团江西省水电工程局有限公司、上海电力建设启动调整试验所有限公司
8	福建华电邵武电厂三期 2×660MW 工程	福建华电邵武能源有限公司、中国电建集团福建省电力勘测设计院有限公司、湖南电力工程咨询有限公司、中国能源建设集团安徽电力建设第一工程有限公司、中国电建集团福建工程有限公司、华电重工股份有限公司、中国电建集团贵州工程有限公司、福建龙净环保股份有限公司、福建中试所电力调整试验有限责任公司、华电电力科学研究院有限公司

续表

序号	工程名称	施工单位（建设、监理、参建等）
9	河南驻马店驻东 500kV 变电站工程	国网河南省电力公司建设分公司、中国电建集团河南省电力勘测设计院有限公司、河南立新监理咨询有限公司、河南送变电建设有限公司、驻马店市华宇电力实业有限公司、濮阳市三源建设工程有限公司
10	浏阳 500kV 变电站工程	国网湖南省电力有限公司、国网湖南省电力有限公司建设分公司、中国能源建设集团湖南省电力设计院有限公司、湖南电力工程咨询有限公司、湖南省送变电工程有限公司、国网湖南省电力有限公司检修公司
11	威宁 500kV 变电站新建工程	贵州电网有限责任公司毕节供电局、中国电建集团贵州电力设计研究院有限公司、贵州电力建设监理咨询有限责任公司、贵州送变电有限责任公司
12	500kV 金陵变电站工程	广西电网有限责任公司电网建设分公司、广西电网有限责任公司南宁供电局、中国能源建设集团广西电力设计研究院有限公司、广西正远电力工程建设监理有限责任公司、广西送变电建设有限责任公司、广西建宁输变电工程有限公司
13	天津渠阳（宝北）500kV 变电站工程	国网天津市电力公司建设分公司、中国能源建设集团江苏省电力设计院有限公司、天津电力工程监理有限公司、天津送变电工程有限公司
14	安徽六安石店 500kV 变电站工程	国网安徽省电力有限公司建设分公司、中国能源建设集团安徽省电力设计院有限公司、安徽电力工程监理有限公司、安徽送变电工程有限公司、国网安徽省电力有限公司物资分公司、国网安徽省电力有限公司电力科学研究院、国网安徽省电力有限公司六安供电公司、国网安徽省电力有限公司霍邱供电公司、国网安徽省电力有限公司检修分公司
15	恩施东 500kV 变电站新建工程	国网湖北省电力有限公司中超建设管理公司、湖北省电力勘测设计院有限公司、湖北鄂电建设监理有限责任公司、国网湖北送变电工程有限公司、国网湖北省电力有限公司检修公司
16	中吴（青洋）500kV 变电站工程	国网江苏省电力有限公司建设分公司、国网经济技术研究院有限公司徐州勘测设计中心、国网江苏省电力工程咨询有限公司、江苏省送变电有限公司
17	察右后旗 500kV 变电站工程	内蒙古电力（集团）有限责任公司内蒙古超高压供电局、内蒙古电力（集团）有限责任公司信息通信分公司、内蒙古电力勘测设计院有限责任公司、内蒙古康远工程建设监理有限责任公司、内蒙古送变电有限责任公司、内蒙古电力（集团）有限责任公司内蒙古电力科学研究院分公司
18	达拉特光伏发电应用领跑基地 1、4 号项目	达拉特旗那仁太新能源有限公司、上海能源科技发展有限公司、山东电力工程咨询院有限公司、内蒙古蒙能建设工程监理有限责任公司、中建卓越建设管理有限公司、中国能源建设集团江苏省电力建设第一工程有限公司、河南四建工程有限公司、甘肃省安装建设集团有限公司、西北电力建设第三工程有限公司

续表

序号	工程名称	施工单位（建设、监理、参建等）
19	中广核当涂县大陇镇双潭湖260MW渔光互补光伏电站项目	中广核（当涂）新能源有限公司、中国电力工程顾问集团中南电力设计院有限公司、中咨工程有限公司、中国能源建设集团安徽电力建设第一工程有限公司、合肥市靖鑫光伏科技工程有限公司、安徽省第二建筑工程有限公司、北京新能建电力工程咨询有限公司
20	华电云南金沙江阿海水电站	云南华电金沙江中游水电开发有限公司阿海发电分公司、中国电建集团昆明勘测设计研究院有限公司、长江勘测规划设计研究有限责任公司、中国水利水电第三工程局有限公司、中国水利水电第七工程局有限公司、中国水利水电第十四工程局有限公司
21	广东粤电湛江外罗海上风电项目	广东粤电湛江风力发电有限公司、中国能源建设集团广东省电力设计研究院有限公司、浙江华东工程咨询有限公司、江苏龙源振华海洋工程有限公司、中交第一航务工程局有限公司、北京海瑞兴能源科技有限责任公司、上海振华重工（集团）股份有限公司、韶关市第一建筑工程有限公司、成蜀电力集团有限公司、南方电网电力科技股份有限公司、明阳智慧能源集团股份公司
22	三峡新能源江苏大丰300MW海上风电项目	三峡新能源盐城大丰有限公司、中国电建集团华东勘测设计研究院有限公司、长江三峡技术经济发展有限公司、中交第三航务工程局有限公司、江苏道达海上风电工程科技有限公司、上海市基础工程集团有限公司、上海振华重工（集团）股份有限公司、中国能源建设集团江苏省电力建设第三工程有限公司、江苏金风科技有限公司
23	华能烟台八角电厂“上大压小”新建工程	华能山东发电有限公司八角发电厂、山东电力工程咨询院有限公司、中南电力项目管理咨询（湖北）有限公司、山东港通工程管理咨询有限公司、中国电建集团山东电力建设第一工程有限公司、中国能源建设集团安徽电力建设第一工程有限公司、浙江省二建建设集团有限公司、河南省第二建设集团有限公司、山东中交航务工程有限公司、西安热工研究院有限公司、山东中实易通集团有限公司
24	江西神华九江电厂新建工程	神华国华九江发电有限责任公司、中国电力工程顾问集团西南电力设计院有限公司、中交第二航务工程勘察设计院有限公司、江西诚达工程咨询监理有限公司、中交二航院工程咨询监理有限公司、山东电力建设第三工程有限公司、中国能源建设集团江苏省电力建设第三工程有限公司、中国能源建设集团安徽电力建设第二工程有限公司、中交二航局第三工程有限公司、中国电建集团江西省水电工程局有限公司、福建龙净环保股份有限公司、宁夏煤炭基本建设有限公司、中能建西北城市建设有限公司、上海电力建设启动调整试验所有限公司、广州粤能电力科技开发有限公司
25	攀枝花市生活垃圾焚烧发电工程	攀枝花旺能环保能源有限公司、华西能源工程有限公司、中国联合工程有限公司、核工业西南勘察设计研究院有限公司、四川赛德工程监理有限责任公司、浙江省二建建设集团有限公司、湖南省工业设备安装有限公司

续表

序号	工程名称	施工单位（建设、监理、参建等）
26	华电江苏句容二期扩建项目	江苏华电句容发电有限公司、中国能源建设集团江苏省电力设计院有限公司、江苏宏源电力建设监理有限公司、中国能源建设集团江苏省电力建设第一工程有限公司、上海电力建设有限责任公司、中国能源建设集团安徽电力建设第二工程有限公司、中国华电科工集团有限公司、华电重工股份有限公司、上海宝冶集团有限公司、河北建设勘察研究院有限公司、江苏方天电力技术有限公司、华电电力科学研究院有限公司
27	周口燃气—蒸汽联合循环热电厂工程	国电投周口燃气热电有限公司、中国电建集团河南省电力勘测设计院有限公司、上海电力监理咨询有限公司、中电投电力工程有限公司、河南省第二建设集团有限公司、中国能源建设集团安徽电力建设第二工程有限公司、中国电建集团河南工程有限公司、河南四建工程有限公司、西安热工研究院有限公司
28	国电蚌埠电厂二期扩建工程	国电蚌埠发电有限公司、中国电力工程顾问集团华东电力设计院有限公司、国网江苏省电力工程咨询有限公司、中国能源建设集团安徽电力建设第二工程有限公司、中国能源建设集团安徽电力建设第一工程有限公司、北京国电龙源环保工程有限公司、北京朗新明环保科技有限公司、安徽新力电业科技咨询有限责任公司、江苏方天电力技术有限公司
29	安徽华电芜湖电厂二期 1×1000MW 扩建工程	安徽华电芜湖发电有限公司、中国电力工程顾问集团西南电力设计院有限公司、达华集团北京中达联咨询有限公司、中国能源建设集团安徽电力建设第一工程有限公司、中国电建集团核电工程有限公司、上海市基础工程集团有限公司、安徽水安建设集团股份有限公司、华电电力科学研究院有限公司、安徽新力电业科技咨询有限责任公司
30	江苏华电昆山东部 2×400MW 级燃机热电联产工程	江苏华电昆山热电有限公司、中国电力工程顾问集团华东电力设计院有限公司、上海电力监理咨询有限公司、中国能源建设集团江苏省电力建设第三工程有限公司、上海电力建设有限责任公司、上海电力建设启动调整试验所有限公司
31	河南漯河西 500kV 变电站工程	国网河南省电力公司建设分公司、中国电建集团河南省电力勘测设计院有限公司、河南立新监理咨询有限公司、河南送变电建设有限公司、河南省大成建设工程有限公司
32	江滨 500kV 变电站工程	国网浙江省电力有限公司、国网浙江省电力有限公司建设分公司、国网浙江省电力有限公司绍兴供电公司、中国能源建设集团浙江省电力设计院有限公司、浙江电力建设工程咨询有限公司、浙江省送变电工程有限公司、浙江康达建筑有限公司
33	安徽安庆三 500kV 变电站工程	国网安徽省电力有限公司建设分公司、中国能源建设集团安徽省电力设计院有限公司、安徽电力工程监理有限公司、国网安徽送变电工程有限公司、国网安徽省电力有限公司电力科学研究院、国网安徽省电力有限公司安庆供电公司、国网安徽省电力有限公司物资分公司

续表

序号	工程名称	施工单位（建设、监理、参建等）
34	红庆河（布日都南）500kV变电站工程	内蒙古电力（集团）有限责任公司内蒙古超高压供电局、内蒙古电力（集团）有限责任公司信息通信分公司、中国电力工程顾问集团华北电力设计院有限公司、内蒙古康远工程建设监理有限责任公司、内蒙古送变电有限责任公司、河南省第二建筑工程发展有限公司、鄂尔多斯市和效电力建设工程有限责任公司
35	晨阳500kV变电站工程	国网江苏省电力有限公司建设分公司、中国能源建设集团江苏省电力设计院有限公司、国网江苏省电力工程咨询有限公司、江苏省送变电有限公司
36	广东500kV岐山（揭东）变电站工程	广东电网有限责任公司揭阳供电局、佛山电力设计院有限公司、广东创成建设监理咨询有限公司、中国能源建设集团广东火电工程有限公司
37	和顺县20万kW风电项目	国家电投集团和顺东方新能源发电有限公司、山西省工业设备安装集团有限公司、中国能源建设集团山西省电力勘测设计院有限公司、湖南友源工程监理咨询科技有限公司
38	华能安阳汤阴风电场一期工程	华能安阳能源有限责任公司、中国电建集团中南勘测设计研究院有限公司、内蒙古蒙能建设工程监理有限责任公司、中电建宁夏工程有限公司、中国能源建设集团黑龙江能源建设有限公司、河南省第二建设集团有限公司、中国能源建设集团西北电力建设工程有限公司、远景能源有限公司
39	华能钟祥胡家湾风电场工程	华能钟祥风电有限责任公司、北京乾华科技发展有限公司、内蒙古康沃工程建设监理有限责任公司、中国能源建设集团天津电力建设有限公司、中国能源建设集团黑龙江能源建设有限公司、北京新能建电力工程咨询有限公司
40	深圳抽水蓄能电站	深圳蓄能发电有限公司、广东省水利电力勘测设计研究院、浙江华东工程咨询有限公司、中国水利水电第十四工程局有限公司、中国葛洲坝集团机电建设有限公司、中国水利水电第八工程局有限公司、中国水利水电第一工程局有限公司、中国葛洲坝集团股份有限公司、东方电气集团东方电机有限公司、哈尔滨电机厂有限责任公司、北京新能建电力工程咨询有限公司
41	深能高邮东部100MW风电场工程	深能高邮新能源有限公司、中国电建集团华东勘测设计研究院有限公司、江苏苏安电力工程管理有限公司、山东电力建设第三工程有限公司、江苏永荣建设工程有限公司、北京天杉高科风电科技有限责任公司、浙江江能建设有限公司、杭州华辰电力控制工程有限公司、新疆金风科技股份有限公司、维斯塔斯风力技术（中国）有限公司、四川广安智丰建设工程有限公司
42	广州市第六资源热力电厂施工总承包工程	广州环投增城环保能源有限公司、核工业衡阳第二地质工程勘察有限公司、中国城市建设研究院有限公司、广州建筑工程监理有限公司、广州市第三建筑工程有限公司、汕头市建安实业（集团）有限公司、广东仁华建设工程有限公司、徐州通域空间结构有限公司、中国能源建设集团广东火电工程有限公司

续表

序号	工程名称	施工单位（建设、监理、参建等）
43	重庆市第三垃圾焚烧发电厂项目	重庆三峰百果园环保发电有限公司、重庆钢铁集团设计院有限公司、中机中联工程有限公司、重庆三环建设监理咨询有限公司、重庆钢铁集团建设工程有限公司、重庆三峰卡万塔环境产业有限公司、中冶天工集团有限公司、昆明三合钢结构制造有限公司、德才装饰股份有限公司
44	新疆巴楚—莎车 750kV 输变电工程	国网新疆电力有限公司、国网新疆电力有限公司建设分公司、中国能源建设集团山西省电力勘测设计院有限公司、中国能源建设集团新疆电力设计院有限公司、中国能源建设集团安徽省电力设计院有限公司、新疆电力工程监理有限责任公司、新疆送变电有限公司
45	桑河二级水电站 400MW 工程（境外工程）	桑河二级水电有限公司、中国电建集团华东勘测设计研究院有限公司、中国水利水电建设工程咨询中南有限公司、中国葛洲坝集团股份有限公司、中国水利水电第八工程局有限公司、西安热工研究院有限公司
46	巴基斯坦卡西姆港 2×660MW 燃煤电站工程（境外工程）	中国电建集团海外投资有限公司、山东电力建设第三工程有限公司、中国电建集团港航建设有限公司、中国电建集团河北省电力勘测设计研究院有限公司、中交第三航务工程勘察设计院有限公司、上海电力监理咨询有限公司、中交二航院工程咨询监理有限公司、中国电建集团甘肃能源投资有限公司、中国电建市政建设集团有限公司、中国水利水电第七工程局有限公司、中国水电基础局有限公司

2020～2021 年度中国建设工程鲁班奖（国家优质工程）电力行业工程项目（第一批）

序号	工程名称	承建单位	参建单位
1	河北邢西 500kV 变电站新建工程	河北省送变电有限公司	邢台兴力集团有限公司
2	上海庙±800kV 换流站工程	国网湖北送变电工程有限公司	湖南省送变电工程有限公司
3	湖北华电江陵发电有限公司一期 2×660MW 超超临界燃煤发电机组工程	中国华电科工集团有限公司	中电建湖北电力建设有限公司、中国能源建设集团湖南火电建设有限公司、浙江菲达环保科技股份有限公司、中国十五冶金建设集团有限公司、中国能源建设集团安徽电力建设第二工程有限公司
4	濮阳龙丰“上大压小”新建项目	河南省第二建设集团有限公司、中国电建集团河南工程有限公司	

续表

序号	工程名称	承建单位	参建单位
5	通州区再生能源发电厂	山东淄建集团有限公司	中国能源建设集团广东火电工程有限公司、深圳金粤幕墙装饰工程有限公司、中国机械工业第四建设工程有限公司

2020年度中国电力优质工程奖获奖项目

序号	工程名称	建设单位	施工单位（总承包）
1	华电句容二期2×1000MW扩建工程	江苏华电句容发电有限公司	中国能源建设集团江苏省电力建设第一工程有限公司、上海电力建设有限责任公司、中国能源建设集团安徽电力建设第二工程有限公司、中国华电科工集团有限公司、华电重工股份有限公司、河北建设勘察研究院有限公司、上海宝冶集团有限公司
2	京能五间房电厂一期2×660MW机组工程	京能（锡林郭勒）发电有限公司	中国能源建设集团天津电力建设有限公司、中国能源建设集团安徽电力建设第二工程有限公司
3	湖北华电江陵发电厂一期2×660MW工程	湖北华电江陵发电有限公司	中国华电科工集团有限公司、中电建湖北电力建设有限公司、中国能源建设集团湖南火电建设有限公司、中国十五冶金建设集团有限公司、中建三局第二建设工程有限责任公司、中国能源建设集团安徽电力建设第二工程有限公司、新七建设集团有限公司、浙江菲达环保科技股份有限公司、华电重工股份有限公司
4	安徽华电芜湖电厂二期1×1000MW扩建工程	安徽华电芜湖发电有限公司	中国能源建设集团安徽电力建设第一工程有限公司、中国电建集团核电工程公司、上海市基础工程集团有限公司、安徽水安建设集团股份有限公司
5	华能北京热电厂3×343MW新建燃气热电工程	华能北京热电有限责任公司	中建一局集团第二建筑有限公司、中国能源建设集团浙江省火电建设公司
6	河北京能涿州热电新建项目一期2×350MW超临界工程	河北涿州京源热电有限责任公司	中国能源建设集团天津电力建设有限公司、中国电建集团河北工程有限公司、中国能源建设集团江苏省电力建设第三工程有限公司、江苏峰业科技环保集团股份有限公司
7	华能烟台八角电厂2×660MW“上大压小”新建工程	华能山东发电有限公司八角发电厂	中国电建集团山东电力建设第一工程有限公司、中国能源建设集团安徽电力建设第一工程有限公司、浙江省二建建设集团有限公司、河南省第二建设集团有限公司、山东中交航务工程有限公司
8	华能苏州2×255MW燃气热电联产工程	华能苏州热电有限责任公司	上海电力建筑工程有限公司、中国能源建设集团江苏省电力建设第三工程有限公司

续表

序号	工程名称	建设单位	施工单位（总承包）
9	华能宁夏大坝电厂四期 2×660MW 工程	华能宁夏大坝电厂四期发电有限公司	中国电建集团核电工程有限公司、中电建宁夏工程有限公司、浙江省二建建设集团有限公司、宁夏第二建筑有限公司、双良节能系统股份有限公司、西安西热锅炉环保工程有限公司
10	福建华能罗源电厂 2×660MW 新建工程	华能罗源发电有限责任公司、河南立新监理咨询有限公司	河南省第二建设集团有限公司、浙江省二建建设集团有限公司、中交第三航务工程局有限公司、上海电力安装第一工程有限公司、中国能源建设集团东北电力第三工程有限公司
11	江西神华九江电厂 2×1000MW 新建工程	神华国华九江发电有限责任公司	山东电力建设第三工程有限公司、中国能源建设集团江苏省电力建设第三工程有限公司、中国能源建设集团安徽电力建设第二工程有限公司、中交二航局第三工程有限公司、福建龙净环保股份有限公司、中国电建集团江西省水电工程局有限公司、宁夏煤炭基本建设有限公司、中国能源建设集团西北电力建设有限公司第四工程公司
12	濮阳龙丰 2×660MW“上大压小”新建工程	濮阳豫能发电有限责任公司	河南省第二建设集团有限公司、河南第一火电建设公司、中国电建集团江西省水电工程局有限公司、河南豫能菲达环保有限公司、中国建筑第二工程局有限公司、山东宁大建设集团有限公司
13	周口 2×440MW 燃气—蒸汽联合循环热电工程	国电投周口燃气热电有限公司	河南省第二建设集团有限公司、河南四建工程有限公司、中国能源建设集团安徽电力建设第二工程有限公司、中国电建集团河南工程有限公司
14	晋能离石大土河 2×350MW 低热值煤热电联产工程	晋能大土河热电有限公司	中国能源建设集团山西电力建设有限公司、中国能源建设集团山西电力建设第三有限公司、浙江菲达环保科技股份有限公司、中国电建集团山东电力建设第一工程有限公司
15	通州区再生能源发电厂 2×25MW 工程	北京绿色动力环保有限公司	山东淄建集团有限公司、中国能源建设集团广东火电工程有限公司
16	云南澜沧江苗尾 4×350MW 水电站工程	华能澜沧江水电股份有限公司苗尾·功果桥水电工程建设管理局	中国安能集团第一工程局有限公司、中国葛洲坝集团股份有限公司、中国水利水电第十四工程局有限公司、中国水利水电第八工程局有限公司、华安工程技术有限公司、中国电建集团昆明勘测设计研究院有限公司
17	四川雅砻江桐子林 4×150MW 水电站工程	雅砻江流域水电开发有限公司	中国水利水电第七工程局有限公司、中国安能集团第三工程局有限公司、中国能源建设集团广西水电工程局有限公司
18	江苏溧阳 6×250MW 抽水蓄能电站工程	江苏国信溧阳抽水蓄能发电有限公司	中国水利水电第十二工程局有限公司、中国水利水电第三工程局有限公司、中国水利水电第五工程局有限公司、中国水利水电第六工程局有限公司

续表

序号	工程名称	建设单位	施工单位（总承包）
19	深圳 4×300MW 抽水蓄能电站工程	深圳蓄能发电有限公司	中国葛洲坝集团股份有限公司、中国水利水电第十四工程局有限公司、中国水利水电第八工程局有限公司、中国水利水电第一工程局有限公司
20	上海庙±800kV 换流站工程	国家电网有限公司直流建设分公司、国网内蒙古东部电力有限公司、国家电网有限公司信息通信分公司	国网湖北送变电工程有限公司、国网黑龙江省送变电工程有限公司、中国能源建设集团江苏省电力建设第三工程有限公司、湖南省送变电工程有限公司、宁夏送变电工程有限公司、通辽光远电力安装有限责任公司
21	渝鄂直流背靠背联网工程南/北通道±420kV 换流站工程	国家电网有限公司直流建设分公司、国网湖北省电力有限公司、国家电网有限公司信息通信分公司	国网湖北送变电工程有限公司、辽宁送变电工程有限公司、河南送变电建设有限公司、河南省第二建设集团有限公司、河南三建建设集团有限公司、宜昌三峡送变电工程有限责任公司、江苏长江机械化基础工程有限公司、中冶集团武汉勘察研究院有限公司、江苏长江机械化基础工程有限公司
22	巴楚—莎车 750kV 输变电工程	国网新疆电力有限公司、国网新疆电力有限公司建设分公司	新疆送变电有限公司
23	沙坡头 750kV 变电站工程	国网宁夏电力有限公司建设分公司	宁夏送变电工程有限公司
24	河北邢西 500kV 变电站新建工程	国网河北省电力有限公司邢台供电分公司	河北省送变电有限公司、邢台兴力集团有限公司
25	邯郸冶陶（涉武）500kV 变电站新建工程	国网河北省电力有限公司邯郸供电分公司	河北省送变电有限公司、邯郸欣和电力有限公司
26	莱阳—昆嵛 500kV 输电线路工程	国网山东省电力公司建设公司	山东送变电工程有限公司
27	晨阳 500kV 变电站工程	国网江苏省电力有限公司建设分公司	江苏省送变电有限公司
28	福建福州井门 500kV 变电站新建工程	国网福建省电力有限公司建设分公司	福建省送变电工程有限公司
29	江滨 500kV 变电站工程	国网浙江省电力有限公司、国网浙江省电力有限公司建设分公司、国网浙江省电力有限公司绍兴供电公司	浙江省送变电工程有限公司、浙江康达建筑有限公司
30	河南漯河西 500kV 变电站工程	国网河南省电力公司建设分公司	河南送变电建设有限公司、河南省大成建设工程有限公司
31	安徽安庆三 500kV 变电站工程	国网安徽省电力有限公司建设分公司	安徽送变电工程有限公司

续表

序号	工程名称	建设单位	施工单位（总承包）
32	500kV庄乔变电站工程	云南电网有限责任公司建设分公司	云南送变电工程有限公司
33	滇西北至广东±800kV特高压直流输电工程	中国南方电网有限责任公司超高压输电公司	广西送变电建设有限责任公司、云南送变电工程有限公司、广东电网能源发展有限公司、贵州送变电有限责任公司、中国电建集团江西省水电工程局有限公司、中国能源建设集团广东火电工程有限公司、吉林省送变电工程有限公司、河南送变电建设有限公司、国网湖北送变电工程有限公司、中国水利水电第十四工程局有限公司、湖南省送变电工程有限公司、河北北辰电网建设股份有限公司、新疆送变电有限公司、青海送变电工程有限公司、华东送变电工程有限公司、江西省送变电工程有限公司、甘肃送变电工程有限公司、国网黑龙江省送变电工程有限公司、辽宁省送变电工程有限公司
34	500kV永昌输变电工程	云南电网有限责任公司建设分公司	云南送变电工程有限公司、中国电建集团河南工程有限公司、中国能源建设集团云南火电建设有限公司
35	红庆河（布日都南）500kV变电站工程	内蒙古电力（集团）有限责任公司内蒙古超高压供电局、内蒙古电力（集团）有限责任公司信息通信分公司	河南省第二建筑工程发展有限公司、内蒙古送变电有限责任公司
36	金陵500kV送出工程	广西电网有限责任公司电网建设分公司	广西送变电建设有限责任公司、广西建宁输变电工程有限公司
37	铜仁碧江（大兴）500kV变电站新建工程	贵州电网有限责任公司铜仁供电局	贵州送变电有限责任公司
38	吉林南（茂胜）500kV变电站新建工程	国网吉林省电力有限公司建设分公司	吉林省送变电工程有限公司
39	广东500kV岐山（揭东）变电站工程	广东电网有限责任公司揭阳供电局	中国能源建设集团广东火电工程有限公司
40	中广核达拉特光伏领跑基地100MW 3号项目工程	中广核（达拉特旗）新能源有限公司	内蒙古鑫祥电力工程有限责任公司、与内蒙古鲁电蒙源电力工程有限公司的联合体、内蒙古鑫祥电力工程有限责任公司
41	国电舟山普陀6号海上风电场2区252MW工程	国电电力浙江舟山海上风电开发有限公司	中交第三航务工程局有限公司宁波分公司、浙江启明电力集团有限公司、上海振华重工（集团）股份有限公司、中国能源建设集团浙江火电建设有限公司
42	天津中电晟发太平镇窦庄子二期65MW渔光互补光伏发电工程	天津中电晟发光伏发电有限公司	江苏南通二建集团有限公司

续表

序号	工程名称	建设单位	施工单位（总承包）
43	深能高邮东部100MW风电场工程	深能高邮新能源有限公司	中国电建集团华东勘测设计研究院有限公司、山东电力建设第三工程有限公司、江苏永荣建设工程有限公司、北京天杉高科风电科技有限责任公司、浙江江能建设有限公司、四川广安智丰建设工程有限公司
44	华能安阳汤阴风电场151.8MW一期工程	华能安阳能源有限责任公司	中国能源建设集团黑龙江能源建设有限公司、中电建宁夏工程有限公司、中国能源建设集团西北电力建设工程有限公司、河南省第二建设集团有限公司
45	国家电投石家庄阜城150MW风电（一期100MW）工程	国家电投集团阜城东方新能源发电有限公司	中国电建集团河北省电力勘测设计研究院有限公司、中电建宁夏工程有限公司、中国电建集团河南工程有限公司、衡水衡源电力建设有限责任公司、北京天杉高科风电科技有限责任公司
46	华能钟祥胡家湾风电场150MW工程	华能钟祥风电有限责任公司	中国能源建设集团天津电力建设有限公司、中国能源建设集团黑龙江能源建设有限公司
47	和顺县200MW风电工程	国家电投集团和顺东方新能源发电有限公司	山西省工业设备安装集团有限公司
中小型工程项目			
1	义乌市垃圾焚烧发电厂65MW提升改造工程	浙江华川深能环保有限公司	浙江省二建建设集团有限公司、浙江精工钢结构集团有限公司、中国能源建设集团浙江火电建设有限公司
2	220kV七彩变电站工程	广西电网有限责任公司电网建设分公司	广西建宁输变电工程有限公司
3	乌海东风220kV变电站工程	内蒙古电力（集团）有限责任公司乌海电业局	内蒙古送变电有限责任公司
4	220kV司前（罗坑）变电站工程	广东电网有限责任公司江门供电局	江门市电力工程输变电有限公司
5	220kV碧竹变电站工程	广西电网有限公司南宁供电局	广西送变电建设有限责任公司
6	佛山220kV容桂变电站工程	广东电网有限责任公司佛山供电局	广东电网能源发展有限公司、广东汇盈电力工程有限公司
7	运城南平原220kV变电站工程	国网山西省电力公司运城供电公司	国网山西送变电工程有限公司
8	珠海220kV叠泉（金海）输变电工程（变电站部分）	广东电网有限责任公司珠海供电局	珠海电力建设工程有限公司、广东五华一建工程有限公司
9	德州辛桥220kV变电站工程	国网山东省电力公司	山东联诚电力工程有限公司
10	明湖220kV变电站新建工程	贵州电网有限责任公司六盘水供电局	贵州送变电有限责任公司、湖南省超高压电力建设股份有限公司

续表

序号	工程名称	建设单位	施工单位（总承包）
11	石家庄桃园220kV变电站新建工程	国网河北省电力有限公司石家庄供电分公司	河北省送变电有限公司
12	220kV森林变电站工程	广东电网有限责任公司广州供电局	广东威恒输变电工程有限公司
13	日照傅疃220kV变电站工程	国网山东省电力公司日照供电公司	日照阳光合源电力工程有限公司、日照大象房屋建设有限公司
14	西藏柳梧220kV变电站工程	国网西藏电力有限公司建设管理分公司	国网西藏电力建设有限公司
15	厦门黄厝110kV变电站工程	国网福建省电力有限公司厦门供电公司	中国电力建设集团有限公司福建省电力勘测设计院、厦门电力工程集团有限公司
16	110kV艺苑变电站工程	广东电网有限责任公司广州供电局	广州电力设计院有限公司、广东电网能源发展有限公司
17	淄博金南110kV变电站新建工程	国网山东省电力公司淄博供电公司	淄博齐林电力工程有限公司
18	华能永丰高龙山风电场80MW工程	华能江西清洁能源有限责任公司	中国电建集团重庆工程有限公司、中州建设有限公司、中国能源建设集团湖南火电建设有限公司
19	国电江永龙田风电场50MW工程	国电江永风力发电有限公司	中国能源建设集团湖南火电建设有限公司、湖南人丰建筑工程有限公司
20	华润新能源（沂源）凤凰山风电场38MW一期工程	华润风电（淄博）有限公司	中国电建集团核电工程公司、四川省送变电建设有限责任公司
21	中电施家湖70MW光伏发电工程	淮南中电施家湖光伏发电有限责任公司	中国能源建设集团安徽电力建设第二工程有限公司
境外工程项目			
1	巴基斯坦卡西姆港2×660MW燃煤发电工程	中国电建集团海外投资有限公司	山东电力建设第三工程有限公司、中国电建集团港航建设有限公司
2	安哥拉SOYOI联合循环电厂2×380MW工程	Minea Gamek - Gabinete DE Aproveitamento Do Medio Kwanza	中国机械设备工程股份有限公司、中国电建集团四川工程有限公司、中铁国际集团安哥拉分公司、中国电建集团河北工程有限公司、Griner engenharia S. A.、机械工业勘察设计研究院有限公司
3	桑河二级水电站400MW工程	桑河二级水电有限公司	中国葛洲坝集团股份有限公司、中国水利水电第八工程局有限公司
4	沙特扎瓦尔3041MW联合循环机组工程	Kingdom of Saudi Arabia Saline Water Conversion Corporation	山东电力建设第三工程有限公司
5	摩洛哥努奥三期150MW塔式光热电站工程	ACWA Power Ouarzazate SA	山东电力建设第三工程有限公司

续表

序号	工程名称	建设单位	施工单位（总承包）
6	越南油汀 500MW 光伏发电工程	Dau Tieng Tay Ninh Energy Joint Stock Company	中国电建集团华东勘测设计研究院有限公司、中国水电建设集团国际工程有限公司、中国电建集团四川工程有限公司、浙江江能建设有限公司、中国电建集团江西省水电工程局有限公司、Petro-Vietnam Power Project Consultant Jsc（PCC）、29 Investment Construction and Engineering Joint Stock Company、Viet Industry Construction and Machinery Installation Co.，Ltd.

2019～2020 年度中国安装工程优质奖（中国安装之星）电力行业工程项目（第二批）

序号	工程名称	承建单位	参建单位
1	华能宁夏大坝电厂四期安装工程	华能宁夏大坝电厂四期发电有限公司	中国电建集团核电工程有限公司、中电建宁夏工程有限公司、浙江省二建建设集团有限公司
2	晋能离石大土河 2×350MW 低热值煤热电联产工程	晋能大土河热电有限公司	中国能源建设集团山西省电力勘测设计院有限公司、山东诚信工程建设监理有限公司、中国能源建设集团山西电力建设有限公司、中国能源建设集团山西电力建设第三有限公司、中国电建集团山东电力建设第一工程有限公司、山西世纪中试电力科学技术有限公司
3	河北京能涿州热电新建项目一期 2×350MW 超临界工程	中国能源建设集团天津电力建设有限公司	河北涿州京源热电有限责任公司、中国电力工程顾问集团华北电力设计院有限公司、北京华联电力工程监理有限公司、中国电建集团河北工程有限公司
4	哈尔滨热电有限责任公司 350MW“上大压小”热电联产扩建工程Ⅰ标段	中国能源建设集团黑龙江能源建设有限公司	
5	衡水市生态循环产业园生活垃圾焚烧发电项目	苏华建设集团有限公司	中节能（衡水）环保能源有限公司、中国恩菲工程技术有限公司、太原理工大成工程有限公司
6	济南热电有限公司腊山热源厂 6×70MW 水煤浆热水锅炉、辅机安装工程	济南建设设备安装有限责任公司	
7	华能苏州燃机热电联产项目	华能苏州热电有限责任公司	中国能源建设集团江苏省电力设计院有限公司、上海电力监理咨询有限公司、上海电力建设启动调整试验所有限公司、中国能源建设集团江苏省电力建设第三工程有限公司、上海电力建筑工程有限公司
8	苗尾水电站机电设备安装工程	中国水利水电第十四工程局有限公司	华能澜沧江水电股份有限公司苗尾·功果桥水电厂

续表

序号	工程名称	承建单位	参建单位
9	衢州市区生活垃圾焚烧发电项目设备安装工程	山东省工业设备安装集团有限公司	光大环保能源（衢州）有限公司、浙江南方工程建设监理有限公司
10	韶能集团新丰生物质发电扩建工程 2×30MW 汽轮发电机组安装工程	广西建工集团第一安装有限公司	韶能集团新丰旭能生物质发电有限公司、山东中天能源工程咨询有限公司、广东粤能工程管理有限公司
11	蚌埠绿色动力再生能源有限公司蚌埠市生活垃圾焚烧发电厂项目全厂机电安装工程	盛安建设集团有限公司	
12	中广核达拉特光伏领跑基地 100MW 3 号项目工程	中广核（达拉特旗）新能源有限公司	内蒙古鲁电蒙源电力工程有限公司、吉林省隆翔工程建设监理有限责任公司、内蒙古鑫祥电力工程有限责任公司
13	右玉威远 99.5MW 风电项目（安装工程）	润世达工程有限公司	右玉县斯能风电有限公司、北京东冉电力工程有限公司、内蒙古蒙能建设工程监理有限责任公司
14	中广核湖北通山大幕山风电场工程	中广核湖北通山风力发电有限公司	北京新能建电力工程咨询有限公司
15	天津中电晟发太平镇窦庄子二期 65MW 渔光互补光伏发电项目	江苏南通二建集团有限公司	天津中电晟发光伏发电有限公司、中机国能电力工程有限公司、中外天利（北京）工程管理咨询有限公司
16	石楼县 2018 年 26.2MW 村级光伏扶贫电站建设项目安装工程	山西四建集团有限公司	石楼县光伏扶贫电站运维管理有限公司、山西国源盛世电力设计咨询有限公司、山西协诚建设项目工程管理有限公司、苏州高创特新能源发展股份有限公司
17	翁牛特旗和平营子风电场 49.5MW 风电项目	北京天润新能投资有限公司	中国电力工程顾问集团东北电力设计院有限公司、赤峰蒙东电力工程监理有限公司、中国铁建电气化局集团北方工程有限公司
18	邯郸涉武（冶陶）500kV 变电站新建工程	河北省送变电有限公司	国网河北省电力有限公司邯郸供电分公司、中国电建集团河北省电力勘测设计研究院、河北电力工程监理有限公司、邯郸欣和电力建设有限公司
19	东风 220kV 变电站安装工程	内蒙古送变电有限责任公司	内蒙古电力（集团）有限责任公司乌海电业局、内蒙古电力勘测设计院有限责任公司、内蒙古康远工程建设监理有限责任公司
20	运城南平原 220kV 变电站工程	国网山西送变电工程有限公司	国网山西省电力公司运城供电公司、中国能源建设集团山西省电力勘测设计院有限公司、山西锦通工程项目管理咨询有限公司
21	桃园（古城）220kV 变电站新建工程	河北省送变电有限公司	国网河北省电力有限公司石家庄供电分公司、中国电建集团河北省电力勘测设计研究院有限公司、河北电力工程监理有限公司、石家庄思凯电力建设有限公司

续表

序号	工程名称	承建单位	参建单位
22	阿拉善苏宏图 220kV 输变电工程	内蒙古电力建设（集团）有限公司	内蒙古电力（集团）有限责任公司阿拉善电业局、内蒙古电力勘测设计院有限责任公司、内蒙古康远工程建设监理有限责任公司
23	德州辛桥 220kV 变电站工程	山东联诚电力工程有限公司	国网山东省电力公司德州供电公司、德州华德电力勘察设计有限公司、山东广大工程咨询有限公司
24	220kV 七彩变电站工程	广西电网有限责任公司电网建设分公司	广西电网有限责任公司柳州供电局、柳州电力勘察设计有限公司、广西正远电力工程建设监理有限责任公司、广西建宁输变电工程有限公司
25	苏州 220kV 渡村变电站工程	苏州电力建设工程有限公司	
26	莱阳—昆嵛 500kV 输电线路工程	山东送变电工程有限公司	国网山东省电力公司建设公司、国网中电电力设计有限公司、山东广大工程咨询有限公司
27	220kV 碧竹变电站工程	广西电网有限责任公司南宁供电局	广西绿能电力勘察设计有限公司、广西桂能工程咨询集团有限公司、广西送变电建设有限责任公司
28	茶庵 220kV 变电站工程	徐州送变电有限公司	
29	500kV 庄乔变电站工程	云南电网有限责任公司建设分公司	中国能源建设集团广西电力设计研究院有限公司、昆明先行监理有限责任公司、云南送变电工程有限公司
30	珠海 220kV 叠泉（金海）输变电工程（变电站部分）	珠海电力建设工程有限公司	广东电网有限责任公司珠海供电局、珠海电力设计院有限公司、广东创成建设监理咨询有限公司
31	220kV 司前（罗坑）变电站工程	广东电网有限责任公司江门供电局	江门电力设计院有限公司、广东创成建设监理咨询有限公司、江门市电力工程输变电有限公司
32	佛山 220kV 容桂变电站工程	广东电网有限责任公司佛山供电局	佛山电力设计院有限公司、广东律诚工程咨询有限公司、广东电网能源发展有限公司、广东汇盈电力工程有限公司
33	220kV 森林变电站工程	广东电网有限责任公司、广州供电局	广州市电力工程设计院有限公司、广州电力工程监理有限公司、广东威恒输变电工程有限公司
34	铜仁碧江（大兴）500kV 变电站新建工程	贵州送变电有限责任公司	贵州电网有限责任公司铜仁供电局、中国电建集团贵州电力设计研究院有限公司、广东天广工程监理咨询有限公司
35	福建福清核电厂 3、4 号机组 4 号核岛安装工程	中国核工业二三建设有限公司	福建福清核电有限公司、中国核电工程有限公司、中核工程咨询有限公司

科技创新

国务院公布修订后的《国家科学技术奖励条例》。

重点科技项目

【南方电网公司电力监控系统网络安全态势感知关键技术研究、装备研制与规模应用】 2020年11月11日，2020年中国电力科学技术奖颁奖仪式在北京举行。由南网总调牵头，南网数研院、广东中调、东莞供电局、超高压修试中心、南瑞信通公司等单位共同完成的“电力监控系统网络安全态势感知关键技术研究、装备研制与规模应用”获2020年度电力科学技术进步奖一等奖。

“电力监控系统网络安全态势感知关键技术研究与示范应用”重大科技专项于2017年启动。历经一系列技术攻关与实践完善，项目在网络安全态势建模、安全信息采集、智能分析及布防阻断等方面取得了重要突破，率先摸索出国内首个适用于电力系统的网络安全态势感知解决方案，自主研制了态势感知主站系统和分布式采集装置，并实现大规模工程化应用。态势感知系统已覆盖公司全部网省地各级主站，基本覆盖全网110kV及以上变电站。全网各级调度机构依托系统开展网络安全7×24h运行值班，实现了电力监控系统网络安全风险的可发现、可控制、可溯源，助力公司圆满通过“护网2019”“护网2020”国家级考验。

项目成果得到了上级部委认可，成功入选工业与信息化部网络安全示范工程，获评国资委中央企业五大网络安全优秀案例。经中国电机工程学会组织的成果鉴定，系统核心技术成果达到国际领先水平。

态势感知系统始终坚持自主研发，南方电网公司拥有全部核心技术的自主知识产权，成套解决方案已由南网数研院销售推广至多家发电企业及其他工控行业，获行业内外广泛认可，为非管制类业务发展创造了广阔空间。

【大唐东营2×1000MW工程项目被国家能源局评定为第一批能源领域首台(套)重大技术装备项目】 2020年12月1日国家能源局发布关于第一批能源领域首台（套）重大技术装备项目的公示，大唐东营2×1000MW超超临界二次再热燃煤发电机组工程列入能源领域首台（套）重大技术装备项目清单。该项目具有高参数、大容量、新工艺特性，集成了六缸六排汽汽轮机组等11项国际、国内首次应用创新技术，开创了更加节能、环保、高效的百万千瓦级二次再热燃煤发电机组的先河，为今后大容量、高参数清洁环保型火力发电厂的设计、施工、调试以及生产运维提供了借鉴示范作用。

【西藏扎拉水电开展国内首台“大容量、冲击式”水轮发电机项目研究】 “超高水头大容量冲击式水轮发电机组关键技术自主化研究与示范”由中国大唐集团有限公司牵头，参与单位有中国水利水电科学研究院、东方电气集团东方电机有限公司、哈尔滨电机厂有限责任公司、中国华能集团有限公司、长江勘测规划设计研究有限责任公司、中国大唐集团有限公司西藏分公司、大唐水电科学技术研究院有限公司。

扎拉水电站属于高水头冲击水水轮机电站，是国内首个单机容量250MW的冲击式水轮机项目，其水轮机组额定功率为254.84MW，转轮直径为3.49m，最大水头为690.55m，额定水头为667.40m，额定流量为42.65m^3/s，排除高度为4.8m。

现阶段主要研究内容是基于CFD和模型试验的高水头大容量宽负荷冲击式水轮机水力研发、基于有限元计算的高水头大容量冲击式水轮机结构研发、高水头大容量冲击式转轮制造加工工艺研究、基于数值仿真和真机试验的冲击式机组水力过渡过程分析研究、高速挟沙水流磨损机理及主要部件抗泥沙磨损防护研究、高速挟沙水流磨损影响的轴系多场耦合稳定性研究、暂态过程高速水力系统与水斗流固耦合特性研究、机组运行方式及现地泥沙磨损修复研究。

【大唐南京发电厂开展国内首家超超临界全机组DCS、DEH系统“100%自主可控”研究】 为实现核心技术自主可控，大唐南京发电厂汇集大唐华东电力试验研究院、南京科远智慧科技集团股份有限公司等多方力量，率先开展自主可控DCS的研发工作。主要研究内容是基于成熟的DCS控制系统及控制系统所涉及的知识产权的基础上，实现DCS产品所涉及的进口元器件的国产化替代、上位机操作系统的国产化替换以及DCS上位机软件在国产操作系统的迁移，最终实现DCS控制系统的软硬件全部国产化。实现国内超超临界机组DCS、DEH、ETS、MEH、METS系统一次性全国产化完整替代，可实现100%自主可控。

2020年已完成控制系统软硬件设计、开发、生产及测试、软件组态和仿真调试工作。

【大唐宣威水电万家口子水电站高碾压混凝土双曲拱坝筑坝关键技术研究及应用】 万家口子水电站挡水大坝为世界第一高碾压混凝土双曲拱坝，大坝坝高167.5m，坝顶宽9m，底宽36m，位于云贵高原喀斯特地区，河谷狭窄，地形陡峻，岩溶地质条件十分复杂，针对具体技术难题，坚持问题导向，围绕材料性能优化、大坝结构优化、温控防裂和大坝安全控制四大关键技术进行多年持续研究。

提出了适用于高碾压混凝土拱坝的筑坝材料性能综合优化技术，提高了层间结合质量，确保了碾压混凝土筑坝质量和坝体技术性能；研究了高碾压混凝土拱坝体型优化技术和泄洪消能优化布置方法，实现了基于有限元法的自动体型优化技术，创造性地采用了差动式表孔挑流鼻坎和宽尾窄缝中孔的泄洪结构体系，解决了拱坝体型选择和狭窄河谷高碾压混凝土拱坝泄洪消能难题，节省了投资；研发了高碾压混凝土拱坝优质高效施工技术和实时温控技术，保证了混凝土施工连续、快速上升，降低施工成本，实现了大坝温度场智能实时监控和预测技术，实时指导采取温控防裂措施；研究了高碾压混凝土拱坝坝基地质缺陷快速处理技术及系统整体安全度评价方法，建立了基于超水容重系数法的安全储备的判据，突破了高碾压混凝土拱坝整体安全依赖工程经验的局限。该项成果荣获中国大坝工程学会科学技术进步奖一等奖。

万家口子世界最高碾压混凝土拱坝的成功实践，全面提升了中国高碾压混凝土拱坝建设关键技术水平，为后续200m级特高碾压混凝土拱坝的建设提供了技术借鉴。

【基于煤电机组水汽关键系统源头治理的节水和废水零排放技术】 该项目由大唐华北电力试验研究所主导，针对循环水系统研发了基于蒸发风吹损失实时预测和浓缩倍率在线监测的浓缩倍率稳定控制关键技术和成套装备，发明了一种新型阻垢缓蚀剂，研制了凝汽器换热管运行状态的在线监测设备，解决了浓缩倍率控制滞后和波动大的难题，明显降低了源头补水量；针对脱硫系统开发了碱性吸收剂喷射源头减量脱硫废水的零排放技术，解决了脱硫废水终端治理难度大、成本高的难题，实现了水汽污染物协同治理；针对循环水和脱硫系统研制了系统集成运行监测优化平台，实现了循环水系统和脱硫系统水质监督诊断和水量优化调度。该成果获得2020年中国电力创新奖一等奖。

研究成果已在大唐国际张家口发电厂等多家电厂成功应用。结果表明：机组循环水浓缩倍率控制稳定性明显提高，张家口发电厂年节约取水量约500万t，直接经济效益约1000万元。单台600MW机组应用碱性吸收剂喷射技术实现了脱硫废水源头减量55%以上，脱硫废水减排10000t/年，同时烟气SO_3脱除效率可达78%，附加经济效益约954.7万元/年。项目显著促进了中国煤电行业节能减排技术进步，并为其他行业循环冷却系统节水和终端废水处理提供了重要借鉴，为提升中国水资源利用效率和保障经济社会持续健康发展做出了积极探索和重要贡献。

【适应工况变化的环保设备动态协同优化技术】 该项目由大唐华北电力试验研究所主导，针对变工况条件下环保设备适应性差的问题，开发了适应工况变化的环保设备动态协同优化技术，包括SCR脱硝—电除尘器联合优化技术、脱硫协同除尘智能优化技术，以及具备“多指标实时预警、运行过程经济性智能分析、云端模型参数优化”的集中监测优化平台，提高了环保设备的变工况适应性，实现了环保设备间的“安全”“环保”“经济性”多层次优化协同。

该技术有效解决了环保设备应动态特性响应差导致的硫酸氢铵型空气预热器堵塞、电除尘器和引风机结垢以及多因素引起的浆液品质恶化等问题，确保了设备安全可靠运行，降低了环保设备的系统能耗、物耗和人力资源投入，投运后NO_x、SO_2排放浓度分别稳定控制为3245、2534mg/（N·m^3），颗粒物实现稳定达标排放，单台600MW机组年经济效益约500万元，具有良好的经济效益和社会效益。该成果获得2020年中国电力创新奖一等奖。

【生物质秸秆循环流化床微正压气化耦合发电关键技术研究及工程应用】 该项目由大唐长山热电厂主导，针对生物质秸秆综合利用问题，首次提出以生物质秸秆为燃料的循环流化床微正压气化耦合发电技术，提供一种安全、高效、环保的秸秆利用新方法，研发了气化耦合发电系统。扩大了原料收集半径，解决了生物质秸秆规模化应用难题，成功示范于660MW超临界机组。

该项目为国内首次应用生物质秸秆微正压气化技术，解决了耦合发电的气化、流化、密封、燃烧等难题，形成了循环流化、给料、冷灰冷渣、耦合燃烧器等系统的设计工艺，并成功研制了成套设备。针对生物质秸秆循环流化床微正压气化运行控制难题，研究出一种风＋料＋蒸汽＋压力四位一体的综合协调控制方法，实现系统安全稳定运行，填补国内在该领域的技术空白。

该系统依托燃煤锅炉高参数及高效环保平台，实现生物质低投资成本、高效、环保发电。采用微正压气化耦合方式，解决了其他气化耦合路线的安全防爆难题。该项目为燃煤机组CO_2减排和生物质消纳开辟了新路线，引领了生物质发电行业科技进步，为生物质秸秆规模化开发利用提供了强有力的技术支撑。与现有生物质直燃发电相比，该技术单位投资成本降低30%，生物质综合利用效率由25%提高到31%，使燃煤机组年CO_2减排11.4万t，同时实现了SO_2及NO_x的超低排放，在行业内有较高的推广价值。该成果获得2020年中国电力创新奖一等奖。

【水电站关键设备智能诊断及延寿评估关键技术及应用】 该项目由大唐水电科学技术研究院主导，主要从水轮机、发电机、主变压器等方面对水电站关键设备智能诊断及延寿评估关键技术进行研究和应用推广。提出了水电站关键设备智能诊断及延寿评估方法，从理论上解决了老旧机组各设备、部件寿命评价的难题，构建了超期服役水电站关键设备延续运行安全评估工作流程，实现了延寿评估工作的标准化并提升了效率，发明了水轮机健康状态评估等一系列系统，实现了对水电站关键设备状态的实时监测、分析和预警。项目取得了突破性成果，填补了国内在这一领域的空白。

该技术通过对水轮机、发电机、主变压器、特种设备和辅助设备等运行、检修、试验大数据分析，提出了水电站关键设备和部件损耗情况和健康诊断分析方法，首创了水电站关键设备智能诊断及延寿评估方法，解决了对关键设备健康状况诊断问题，给出了水电站关键设备预期寿命值和延续运行安全评估结论，保障了水电站关键设备安全稳定和延续运行，使超期服役电厂重新获得国家能源局颁发的发电业务许可证，实现了电厂机组延续并网运行，避免了因发电业务许可证问题被取消并网的严重后果，挽回了大量的经济损失，新增销售额约20.66亿元，新增利润约3.10亿元。该成果获得2020年中国电力创新奖一等奖。

【"华电睿蓝"智能控制系统成功投运】 中国华电集团有限公司（简称中国华电）自主研发的"华电睿蓝"自主可控智能分散控制系统（DCS）在华电芜湖电厂660MW超超临界机组成功投运，控制范围覆盖锅炉、汽轮机等主辅设备，实现国内自主可控DCS在超超临界火电机组上的首次示范应用和全厂一体化控制。

DCS是火力发电的核心控制系统，被称为发电厂的"大脑"。中国华电相关负责人介绍，中国华电聚焦工控领域核心信息基础设施安全防护，推进发电领域关键核心技术攻关，集中优势科研资源开展DCS软硬件国产化应用工作，成功研制出具有完全自主知识产权的自主可控DCS——"华电睿蓝"智能分散控制系统，并实现示范应用。芜湖电厂机组运行安全稳定，主要技术指标优于国家及行业标准。

"华电睿蓝"自2017年6月研制以来，经过多轮次技术方案验证，芯片级和系统级反复测试，持续迭代升级，整体性能稳定。该系统于2019年12月26日在华电扬州电厂330MW机组成功示范应用，并于2021年7月29日通过中国电机工程学会技术鉴定，整体达到国际领先水平。在华电芜湖电厂投运的"华电睿蓝"DCS实现首次在超超临界火电机组应用，系统控制层、网络层、监控层均实现国产化，自主可控率100%，主要卡件国产化率100%；基于新一代国产CPU的控制器，运算能力更强，功耗更低；设计了多路并发高速串行通信机制，通信更快、更可靠；嵌入吹灰、燃烧等智能优化模块，有效提高锅炉燃烧效率，降低机组煤耗；采用全方位一体化安全防护体系技术，系统安全性提升。

"华电睿蓝"先后在330MW和660MW机组成功投运，表明了中国华电自主可控DCS技术已经成熟，具备了全面推广应用的条件。中国华电已成功构筑起覆盖火电"华电睿蓝"、水电"华电睿信"、风电"华电睿风"、电网"华电睿智"的电力自主可控工控产品系列。接下来，中国华电将继续加速国产芯片和软件系统创新成果的规模化应用，大力引领并推动形成能源电力及其他工控领域自主可控、安全可靠的产业链、供应链。

【华电莱州率先在百万二次再热机组中成功实现APS"一键启机"】 2020年11月12日，华电莱州发电有限公司4号机组实现冷态APS"一键启机"并网成功，标志着该公司在刷新国内百万机组煤耗最低纪录的基础上，率先在百万二次再热机组中成功实现APS"一键启机"，再次登上世界百万二次再热机组APS"一键启机"的技术高峰。

APS"一键启机"是将成熟的操作步骤利用逻辑组态方式固化成规范的流程，在启机过程中的大量阀门开关、参数设置、设备切换、启停等，全部由控制系统自行判断并进行操作，实现了循环水系统、凝结水系统、风烟系统、制粉系统等60多个系统顺序投运，最终达到机组自动并网。与传统机组启动方式相比，冷态工况下的开机时间可节省5h，大幅缩短了机组启动时间，简化了运行人员操作流程，降低了机组启动成本。同时，通过智慧化水平的提升，避免了人为操作失误的可能，极大提高了机组的安全可靠性和经济效益。

【华电新一代水电智能监控系统投运】 基于国产CPU和操作系统的新一代"华电睿信"水电智能监控系统，成功在华电贵州构皮滩水电站600MW机组投运，标志着中国水电控制系统在大型水电站上实现了自主可控的成熟应用。

中国华电集团有限公司（简称中国华电）高度重视关键核心技术攻关工作，于2019年12月成功投运了全国首套基于国产CPU、操作系统的"华电睿蓝"

火电分散控制系统和“华电睿信”水电智能监控系统，并分别于2020年7月和10月通过了中国电机工程学会组织的鉴定。鉴定委员会一致认为，项目填补了国内空白，整体达到国际先进水平，部分成果达到了国际领先水平。

此次投运的新一代“华电睿信”水电智能监控系统较去年投运的系统，服务器硬件规格更高，响应速度更快；操作系统可用性、可维护性更好；构建了基于可信安全架构的信息安全技术的安全防御体系，安全等级提升；接收安全防护统一管理平台数据，能更快速全面掌握全网信息；优化算法，提高了电网安全和电厂经济效益。

【中国华电集团有限公司实现中国自主可控风机主控及监控系统的示范应用】 中国华电集团有限公司（简称中国华电）加快科技自立自强，自觉当好技术创新主力军、排头兵，把关键核心技术攻关工作放在更加重要位置，基于国产CPU和操作系统的“华电睿风”风机主控及监控系统，成功在华电宁东风电场1.5MW风电机组并网，实现了中国自主可控风机主控及监控系统的示范应用，从根本上实现了风电行业的网络安全防护。“华电睿风”的成功投运，标志着中国华电“睿”系列自主可控电力工控产品又增加一名“生力军”，成功构筑起了覆盖火电“华电睿蓝”、水电“华电睿信”、风电“华电睿风”、电网“华电睿智”的电力自主可控工控产品系列，为国家能源安全和经济社会健康发展提供了有力保障。

华电“睿”系列产品已全部成功投运，标志着中国电力控制系统实现了自主可控的成熟应用，同时也为国产芯片和操作系统提供了能源工控应用场景，有助于加快工控系统产业链国产化进程。

【中国华电集团有限公司世界领先的H级燃气轮机国内首次投产发电】 2020年6月14日，具有世界领先水平的国内首台H级重型燃气轮机——华电福新广州能源有限公司1号机组顺利投产。该工程是中国华电集团有限公司（简称中国华电）推进“五三六战略”实施的重点项目。试运期间，运行指标均达到并部分优于设计值，各项排放指标创造同类型机组领先水平。作为粤港澳大湾区和广州市重要的能源支撑点，项目的投运将为区域提供安全高效、清洁低碳的绿色能源，标志着该公司向着建设“清洁友好、多能联供、智慧高效”的综合能源供应服务企业目标迈出坚实一步。

该项目位于广州市东部经济腹地——增城，建设2套67万kW的燃气—蒸汽联合循环机组，年发电量为43.84亿kWh，为广州负荷中心提供主力电源，向区内企业用户提供电、热、冷、热水等高品质能源。

机组运用低氮燃烧技术＋高效SCR脱硝技术，污染物排放浓度优于国家标准，将取代周边分散锅炉，每年减少烟尘排放量1437t、减少二氧化硫排放量2230t、减少氮氧化合物排放量251t，较同容量燃煤电厂每年减少55%的二氧化碳排放量，可显著缓解广州地区环保压力。同时，项目集成机组自动控制、一键启停、机器人巡检等数字化、智能化技术，运用虚拟化、大数据、云计算、人工智能、现代通信等手段，实现发电、供能的智慧管理，达到国际一流水平。

【中国华电集团有限公司正式投运国内首个火电机组“全时段脱硝”项目】 中国华电山东章丘公司成果“燃煤机组全时段脱硝耦合深度稳燃关键技术与应用”正式通过全国科学技术成果鉴定，标志着国内首个燃煤机组“全时段脱硝”项目正式投运。

“燃煤机组全时段脱硝耦合深度稳燃关键技术与应用”成果来源于中国华电集团有限公司（简称中国华电）重点科技项目“300MW燃煤火电机组全时段脱硝技术研究与示范”，由中国华电集团有限公司山东分公司、国网山东省电力公司济南市章丘区供电公司与华电电力科学研究院有限公司共同承担。该项目创新开发一套工艺系统，采用间接补燃、梯级提温的烟气提温方式，突破依靠机组内部热量转移的烟气提温限制，使机组在省煤器出口烟温最大提升幅度达150℃以上，实现了燃煤机组全时段（含启停机阶段）脱硝的目标，安全性和经济性较好，具有较大的前瞻意义和实用价值。与此同时，华电章丘公司同步开发锅炉低负荷稳燃技术，使机组运行时无需额外补充外在辅助能量，仅靠原煤粉即可自身实现稳燃，实现机组长周期深度调峰，具有良好节能效果。此外，该技术也减少机组调峰期间的爬坡时间，使调峰速率大幅提升。

“全时段脱硝”项目已在华电章丘公司4号机组试运行一年，不仅实现了机组全时段脱硝的需求，满足机组全时段污染物排放达标的苛刻要求，还增加了机组的调峰能力，使机组最低稳燃负荷将由原来的165MW降至83MW，每年可带来收益633万元。经全国科学技术专家鉴定，一致认为此项目成果整体水平达到国际先进，其中“间接补燃、梯级提温”技术水平达到国际领先。

【智能发电运行控制系统研发及其应用】 项目获2020年中国电力科学技术进步奖一等奖。国电电力发展股份有限公司是项目第一完成单位。该项目围绕智能发电运行控制系统体系架构、系统软硬件、核心算法、网络信息安全及工程应用等内容，开展了深入的理论研究与技术攻关，实现了关键技术突破，并在国内外首次成功投运。项目提出了全新的智能发电系统体系结构，构建了5G＋物联网的全新工业网络环境，建立了发电生产过程全流程协同的优化运行模式；开发了自主可控的智能发电运行控制系统平台，打造了基于边缘计算和智能安全识别的国产电力 AI 专用视频芯片；开发了基于数据驱动、机理驱动、知识驱动相融合的智能算法与功能应用，构建了工业智能应用生态链；提出了基于主动防御、边界防护、集中监管的工控信息系统安全解决方案。

项目申请发明专利 21 项，已授权 9 项；获软件著作权 11 项；形成技术标准 3 项；发表学术论文 85 篇，其中 SCI 论文 22 篇，EI 论文 19 篇。项目研发的智能发电运行控制系统已在 14 台机组上推广应用，其中国电内蒙古东胜热电有限公司 1 号机组投运该系统以来，运行稳定可靠，控制指标优良，智能化效果显著，降低了运行人员操作强度，实现了发电过程“大闭环”运行控制，年经济效益 1136 万元。

【燃煤电厂有色烟羽成因与控制关键技术研发及应用】 项目获 2020 年中国电力科学技术进步奖一等奖。国家能源集团科学技术研究院有限公司是项目第一完成单位。针对有色烟羽的成因与控制面临的组分检测、科学评估、协同抑控、靶向治理等难题，在国家重点研发计划、总理基金项目等支持下，项目揭示了有色烟羽成因，弄清了有色烟羽的组分及其环境影响，提出了白色烟羽无需治理的科学论断。项目构建了污染物的检测技术及标准体系，建立了治理工程的综合评估方法。项目研发了蓝色烟羽的治理技术，规范了煤电深度治理。

项目授权发明专利 18 项、其他知识产权 15 项，论文 44 篇；项目研究成果应用于国内 15 家电力科学研究院及环境监测（中心）站，有力推动了煤电环保新技术性能检测、大气重污染成因与治理攻关课题现场测试、有色烟羽治理工程科学评估。蓝色烟羽关键污染物协同治理技术和专项技术在全国 2.6 亿 kW 煤电机组应用。项目研究成果有力支撑了生态环境部污染防治政策的制定和实施，为中国大气环境质量改善做出了重要贡献。

【基于膜法的火电厂废水零排放技术研究及应用】 项目获 2019 年北京市科学技术进步奖二等奖。国能朗新明环保科技有限公司是第一完成单位。该项目针对基于膜法的火电厂废水处理的整体解决方案开展研究，研发了全膜法火电厂废水零排放技术路线和各工艺段的核心技术及装备，突破了零排放系统受制于烟气或蒸汽、水回收率难以提高的技术瓶颈，实现了废水零排放和资源化利用。

项目获得授权发明专利 19 项、实用新型专利 16 项，发表论文 13 篇。研究成果经院士专家团鉴定为整体技术达“国际先进水平”，单体技术达“国际领先水平”。基于项目研究成果建成的国电汉川电厂废水零排放工程，是国内首个百万机组废水零排放工程。研究成果还推广应用至国电邯郸、魏桥邹平等 12 个电厂。研究成果为火电厂提供了技术性、经济性优势明显的解决方案，为行业内膜法零排放奠定了坚实的基础，促进了电力行业的科技进步，被人民网、中国能源报、国资委官网等称为“电厂废水零排放技术的引领者”。

【燃煤发电机组能效评价技术体系研究及应用】 项目获 2020 年中国电力科学技术进步奖二等奖。中国神华能源股份有限公司国华电力分公司是第一完成单位。针对燃煤机组缺乏系统性的能效评价技术，单体设备能效计算和评价的技术标准彼此独立，边界条件相互重叠，计算结果相互矛盾的问题，历经 6 年建立了一整套能够客观评价机组能效水平的体系。主要技术内容包括：① 研发以发电机组整体为对象的一进二出能效计算模型，从根本上解决能效管理实践中计算结果相矛盾的问题。② 提出固有性能、应达性能等新指标，研发相应计算方法，把供电煤耗分解为设计、安装制造、技术管理和技术改造四阶段分别进行评价，指明每部分提升空间。③ 围绕能效指标，从机组经济、安全、可靠、环保四个维度，建立生产综合对标体系，开展多层次动态管理。

项目获授权发明专利 14 项，其中美国专利 1 项。专著 3 部，科技论文 28 篇。在中国神华能源股份有限公司国华电力分公司 23 个燃煤电厂全面实践，促进了节能工作的系统性提升。近 3 年供电煤耗年均降低 1.93g/kWh，节约成本约 5.8 亿元。成果形成国家标准 1 项、行业标准 3 项，推动燃煤机组节能减排创造经济效益和社会效益。

【双向水平轴潮流能发电机组】 项目获 2020 年中国电力技术发明奖二等奖。国电联合动力技术有限公司是项目第一完成单位。该项目针对潮流能发电技术不成熟，国际上潮流能发电机组仅有样机或小批量试验，无法做到能量高效捕获等关键技术难题，在国家海洋可再生能源专项资金的支持下，依托国家能源潮汐海洋能发电技术重点实验室，产学研协同攻关，通过对机组整体设计制造、水动叶片研发、机组控制、实海况测试和漂浮式平台研制等方面开展技术攻关和研究创新，攻克了双向水平轴潮流能发电机组整体设计及制造技术、高效水动叶片设计与制造技术、0°～270°双向电动变桨最大能量捕获控制技术、测试验证技术和安全可靠漂浮式平台开发技术等。研制成功中国首台（套）300kW 双向水平轴潮流能发电机组，实现了机组高效发电和高可靠运行。2018 年，项目研制的 300kW 双向水平轴潮流能发电机组在浙江省舟山市摘箬山岛水道进行了实际应用，项目研发的双向水平轴潮流能发电机组整体设计、水动叶片研发、机组控制、漂浮式平台等成套技术得到了全面应用和充分验证。机组运行稳定、可靠，发电性能优异，年等效满发小时数达 2300h，经济效益显著。

项目获授权专利 83 项，其中发明 16 项，申请国际专利 1 项；软著 6 项；发表 SCI/EI 论文 10 篇；出版专著《海洋潮流能发电技术与装备》1 部。项目是中国工业级水平轴潮流能发电技术及装备零的突破，推动了国家海洋可再生能源技术和产业进步，实现了潮流能发电装备的国际引领。项目成果将在中国海洋潮流能发电场开发、海岛示范利用、军民融合以及“一带一路”建设方面得到推广应用。

【全流程燃煤烟气多污染物深度脱除创新平台建设及应用研究】 项目获 2020 年中国电力科学技术进步奖二等奖。中国神华能源股份有限公司国华电力分公司是项目第一完成单位。项目依托国家科技支撑计划课题“大型燃煤电站近零排放控制关键技术及工程示范”，建成了世界首个基于实际燃煤烟气的 50000m^3/h 全流程多污染物深度脱除创新平台，采用基础研究和中试验证相结合的方法，开发了燃煤烟气多污染物深度脱除技术和成套装备，实现了研究成果的工程应用和推广，为建设资源节约型、环境友好型社会提供技术支撑。

项目主要创新包括：① 建成的创新平台具备多种污染物耦合作用和协同控制研究功能。② 发明了一体化湿式机电耦合除尘技术，研制了宽温度窗口脱硝催化剂，开发了 pH 分区湿法脱硫、低低温电除尘强化 PM2.5 脱除技术和装备，实现了污染物深度减排。③ 开发了工业级细颗粒声波团聚、碱基吸收液喷射脱除 SO_3 关键技术及装备，揭示了污染物控制设备对 VOCs（挥发性有机物）的协同控制规律，掌握了非常规污染物排放特征。④ 基于创新平台形成了污染物深度减排、系统能耗的优化匹配控制方法，实现了清洁煤电“1123”排放目标，排放浓度较现行标准降低 1 个数量级。

项目获授权国内外发明专利 14 项，实用新型专利 9 项，软件著作权 2 项。项目完成创新平台建设和多个新技术的研发，形成了技术开发—中试验证—成果应用的科技成果转化机制，助力燃煤烟气污染物深度控制技术发展。

（1）巨型水库群分区控制跨网调峰全景调度关键技术及应用获 2020 年度湖北省技术发明奖一等奖。中国三峡集团下属企业中国长江电力股份有限公司联合华中科技大学等单位，在 70 多项国家研究计划和重大工程应用项目支持下，以分区控制多尺度精细调度、跨网调峰源网荷协同优化、多维互馈多层级全景调控为研究主线，发明了巨型水库群分期分区控制多尺度精细嵌套调度核心技术，提出了水库群发电调度逻辑区划及其分区分层优化控制理论与方法体系，研发了水库群长中短期多维时空嵌套智适应优化调度模型，首创了耦合实测来水系统动力学智适应实时调控技术；发明了巨型水库群跨区跨网协同调峰消纳调度核心技术，创建了水库群跨区多站多电网短期联合调峰消纳和多级协同发电调度理论与方法体系，揭示了不同空间分布水库群调峰消纳减弃响应规律；研发了“长中短嵌套、分层分级控制、整体优化计算”调度方法，解析了水库群动态博弈演化与合作调度决策响应过程，建立了水库群全景综合效益最大的动态均衡和有效竞争对策决策模型，阐明了源—网—荷协同调度不同风险指标对不确定性因素的响应机理；提出了业务模型逻辑抽象及结构化表示方法和适用于跨区域多尺度多专业模型的封装耦合技术，自主研发了系统集成微服务架构和 3D Web GIS 引擎及其优化加载求解器，突破了综合调度模型方法库规范化构建与智能决策寻优互操作技术瓶颈。成果在三峡水利枢纽梯级调度通信中心、金沙江梯级调控中心、清江梯级集控中心、国家电网华中电力调控分中心、华电集团四川分公司等 30 多个重大水利枢纽工程生产运行中发挥了关键作用，取得了重大的经济、社会和环境效益。

（2）变化环境下梯级水库调度运行风险及适应性调控关键技术获 2020 年度湖北省科技进步奖一等奖。中国三峡集团下属企业中国长江电力股份有限公司联合武汉大学等单位，依托十多项国家研究计划和重大工程科研课题，坚持政产学研用相结合的协同创新理念，聚焦梯级水库调度运行中的防洪、发电、供水等风险，创建了一整套适应变化环境的梯级水库风险辨识及调控理论与方法体系，解决了变化环境下梯级水库运行调度风险“为何形成”“如何辨识”“怎样调控”三方面的难题：针对水库入库径流预测精度在变化环境下不断衰减的问题，首创了具有物理机制的时变预测理论体系，显著提高了“实时、近期、远期”入库径流的预报精度和预见期长度，为梯级水库风险源管控提供了基石。针对变化环境下梯级水库潜在风险的辨识问题，形成了非一致性条件下的“规划、设计、运行”全链条风险评估体系，为梯级水库运行提供了安全边界。针对变化环境下梯级水库的适应性调控问题，提出了调度规则“何时变、怎样变、如何建”的系统解决方案，保障了变化环境下梯级水库对水资源的高效利用。该项目成果已应用到长江溪洛渡—向家坝—三峡梯级、汉江丹江口梯级等水库，也推广到清江水布垭—隔河岩—高坝洲梯级、广西西江龙滩—百色—青狮潭等梯级、湖南资水柘溪梯级、湘江双牌—欧阳海—东江—水府庙—株树桥等梯级、浙江鳌江顺溪梯级等水库群。

（3）特高拱坝基础适应性开挖与整体加固关键技

术获2020年度中国岩石力学与工程学会科学技术奖特等奖。中国三峡集团下属企业中国三峡建设管理有限公司联合清华大学等单位，通过理论、试验、数值分析、现场生产性试验与监测反馈等综合手段，系统研究了特高拱坝基础成型适应性开挖、整体加固与稳定评价等关键技术：揭示了特高拱坝不同岩性基础开挖开裂破坏、松弛变形机理，建立了基于节理分类的岩体开裂损伤和等效连续介质，及坝-基整体应力均衡、变形协调、刚度匹配闭环控制模型，解决了特高拱坝基础跨尺度节理岩体取值和坝-基整体稳定评价的定量描述难题；创建了以适应性开挖、整体加固与稳定评价为三大支柱的特高拱坝基础成型控制方法，提出了坝-基应力、变形、刚度及整体安全度控制指标体系，以及适应基础应力、地质、大坝结构的分区分层分段开挖、整体加固方法，实现了特高拱坝复杂坝基成型控制定量评价与优化设计；研发了分区分层精细开挖与主动保护，复杂坝基固灌、锚固时机与开裂风险控制，高防渗标准快速深孔帷幕灌浆施工和基于BIM技术的信息化施工精细管控等成套技术，提出了特高拱坝基础适应性开挖与整体加固成套工法方案。研究成果在小湾、溪洛渡、乌东德、白鹤滩等巨型水电站应用，已推广到旭龙、叶巴滩、等高坝优化设计中，形成了中国特高拱坝基础成型控制方法和成套技术，直接经济效益巨大，社会效益显著，应用前景广阔。

（4）白鹤滩复杂地质环境特大穹顶式圆筒调压室建设关键技术获2020年度中国岩石力学与工程学会科学技术奖一等奖。中国三峡集团下属企业中国三峡建设管理有限公司联合中国电建华东勘测设计研究院有限公司等单位，围绕复杂地质条件下，白鹤滩水电站特大规模巨型调压室群建设关键技术难题，全面系统地开展了10余年的研究及工程应用，对计算理论、设计方法、围岩稳定控制及开挖支护关键技术进行了系统研究，形成了成套技术：首创了一种闸门井一调压室分离式布置具有差动效应的新型调压室布置格局，解决了巨型洞室群布置、围岩稳定、水力调节性能的综合技术难题，改善了超大流量百万千瓦机组水力特性。首创了巨型调压室穹顶自适应差异化结构体形，解决了复杂地质环境下巨型穹顶成洞难题；采用上室差异化结构布置，有效降低了巨型调压室高度，实现了中国40m级圆筒形调压室向百万千瓦机组50m级大直径巨型调压室建设的跨越；突破了深埋巨型洞室中柱状节理玄武岩卸荷松弛控制成套技术，解决了柱状节理玄武岩的孙驰理论研究和仿真模拟难题和大跨度洞室成洞难题；研究提出了深埋巨型洞室中超大贯穿型软弱层间错动带稳定控制成套技术，填补了超大贯穿型软弱层间错动带影响下修建巨型地下洞室群的技术空白；构建了巨型调压室群渐进式围岩稳定调控技术，确保了最大开挖内径48m、开挖高度128m的巨型调压室群安全快速施工和稳定控制。该项目研究成果已全部成功应用于白鹤滩水电站巨型调压室群建设工程的设计与实施过程中，取得了显著的经济效益和社会效益，具有广阔的推广应用前景。

（5）乌东德特高拱坝坝肩槽和高边坡精细爆破关键技术和工程实践获中国能源研究会能源创新奖一等奖。中国三峡集团下属企业中国三峡建设管理有限公司牵头，依托乌东德水电站工程，对陡倾地层高拱坝边坡及建基面开挖技术及经验进行研究和总结，并着力打造精品样板工程，开发并实现具有自主创新的成套技术体系，形成适用于复杂地质条件下高拱坝坝肩槽开挖工程涵盖管理、设计、施工、监测全过程的规模化精细开挖技术。构建了层状岩体结构特征岩溶地区特高拱坝边坡及建基岩体开挖设计新理念：提出“整体布局、突出重点、兼顾一般、动态调整”的地质勘察原则和确保自然边坡“整体稳定、局部可控”的最优选址方法，构建了“精细勘探、精准评价、动态优化”边坡开挖设计新理念，建立了以清除、锚固、回填等方法为主、多种手段相结合的坝肩边坡地质缺陷个性化处理措施。构建了特高拱坝岩石高边坡开挖的精细、环保爆破成套技术：提出了以超欠平衡技术、高精度雷管起爆网路技术、超深预裂爆破技术、爆破块度分析系统为核心的特高拱坝岩石高边坡开挖的精细爆破设计方法，建立了主动防护与被动悬挑防护相结合的立体安全防护体系，研发了以高压喷枪降尘和跨江水幕降尘为核心的坝肩槽大规模开挖的降尘环保施工成套技术。构建了拱肩槽精细爆破技术、管理和质量评价体系：提出“一炮一设计、一炮一总结、一炮一改进”精细爆破管理制度，研发了坝肩槽开挖精细爆破施工的专项设备，建立了以“三定”“三证”“五次校钻”等精细爆破管理体系，建立了以质点振动速度、岩石声波、钻孔电视、平整度和超欠挖检测等定量评估爆破效果评价体系。项目成果对推动特高拱坝高边坡开挖的技术进步和管理提升、保障深山峡谷地区电站建设的安全与高效、促进自主水电建设技术走出去做出了重要贡献。

（6）基于三峡水库水环境改善的水库群联合调度关键技术研究与应用获2020年度水力发电科学技术奖一等奖。中国三峡集团联合武汉大学等单位，依托国家水体污染控制与治理科技重大专项和三峡水库科学调度关键技术专项，开展基于三峡水库水环境改善的水库群联合调度关键技术研究与应用，形成了依托重大水利工程的水环境长效治理技术，探明了三峡水库支流的分层异重流层化结构，发现了抑制三峡水库支流水华发生的混光比阈值，研发了水库群“潮汐式”调度水华防控技术。构建了既保障防洪、发电、通航和水资源综合利用等传统效益，又兼顾三峡库区水环境效益的溪洛渡—向家坝—三峡水库群多目标优化调度模型，协调了三峡水库群传统效益与水环境效益。研发了面向水环境调度的多源数据融合、多元模型耦合和多智能体集成技术，率先建成了基于水环境改善的三峡水库群联合调度决策支持系统，实现了业务化运行。项目成果已在三峡梯级调度通信中心业务化运行，随着长江上游白鹤滩、乌东德等大型电站的滚动开发，项目成果将得到持续应用。同时，也将为中国七大流域的水库群开展联合调度起着重大科技支撑作用，在当前强调水电工程与生态环境协调发展的背景下，具有重要的推广应用价值。

（7）大体积混凝土温控防裂关键问题研究及其应用获 2020 年度水力发电科学技术奖一等奖。中国三峡集团下属企业中国三峡建设管理有限公司联合清华大学单位，依托国家科技攻关计划，国家自然科学基金及企业委托项目，围绕“揭示大体积混凝土温度荷载下的破坏机理”这一目标，针对混凝土高应力徐变和温度应力（徐变松弛耦合）破坏等复杂历时荷载作用破坏问题开展了系统研究。发明了混凝土温度应力试验系统，揭示了徐变是改变混凝土强度的机理，建立了混凝土温度破坏准则。研发了混凝土温度应力试验系统，填补了以往在研究混凝土温度破坏机理时缺乏试验设备的空白，揭示了徐变是改变混凝土强度的机理，建立了大体积混凝土温度破坏准则。揭示了徐变是改变混凝土强度的机理，建立了大体积混凝土温度破坏准则。基于温度梯度控制原理，发展了混凝土温度应力仿真分析方法，实现了温湿非线性耦合等分析。发现了温度梯度是大体积混凝土内、外部开裂的关键因素，建立了温度应力控制的梯度模型。分析确定了前坪、河口村水库闸墩、进水口塔架结构提出个性化梯度控制指标，实现了该类大体积混凝土复杂结构施工期温度时、空梯度均匀稳定，温度应力可控、可调，防止了温度裂缝产生。揭示了拱坝横缝变形规律，提出了利用横缝张开温度控制横缝适时张开的方法。利用现场制备试件获取大坝混凝土性能，建立了考虑温度、湿度和龄期的混凝土性能演变公式。确定了特高拱坝混凝土温度应力破坏准则与温度梯度控制值和横缝张开温度值，并全面成功应用于溪洛渡特高拱坝中。研究成果丰富完善了大体积混凝土温控防裂基础理论及关键技术，并均被设计单位采纳，成为工程的重要设计依据，成功应用到了溪洛渡、乌东德、白鹤滩等特高拱坝工程，且通过了原观检验，直接经济效益达到 5 亿元以上。同时，该项目在保证电站安全运行上也具有非常大的间接经济效益，且具有很好的示范性，项目成果已经在国内外产生了重要影响。

（8）乌东德高拱坝低热水泥混凝土温控防裂和高效施工关键技术获 2020 年度中国大坝工程学会科技进步奖一等奖。中国三峡集团牵头，为摆脱中热水泥混凝土温控羁绊实现高效筑坝并提升坝体抗裂安全系数，深入开展低热硅酸盐水泥混凝土筑坝关键技术攻关，取得系列原创成果。揭示了低热水泥矿物组分及颗粒特性对混凝土性能影响规律，提出了高拱坝用低热水泥的技术标准；阐明了低热水泥熟料中方镁石的形成机制，研发了方镁石调控技术和定量分析方法；提出了低热水泥生产控制参数，建立了精细化制备技术。实现了低水化热、微膨胀性、高抗裂性低热水泥规模化稳定生产。优化设计低热水泥混凝土配合比，研制出低温升、微膨胀、高抗裂、高耐久性、高适应性的大坝混凝土；全面探明低热水泥混凝土性能时变规律，揭示其性能优良热力学特性和微观机理；探明低热水泥混凝土真实工况抗裂特性，建立了断裂性能预测模型。开创性的全坝浇筑低热水泥混凝土且坝体采用同一等级。建立了低热水泥混凝土温控防裂技术体系与标准，提高了坝体混凝土抗裂安全系数；突破高拱坝常规温控措施，制订了可调、可控、可优化温控策略；优化强约束区“三期九段”温控过程，构建了“平峰式两期冷却降温”个性化温控防裂方法。开创了高拱坝温控防裂新途径和新模式。兼顾基础加固和坝体防裂，提出了“表封闭、浅加密、深提压、严监控、少引管”新型无盖重灌浆技术；突破升层厚度 3m 限制，制订了全坝段、全部位、大规模厚升层短间歇连续上升施工技术；突破特殊部位二期浇筑方法，建立了溢流面、门槽与坝体同步浇筑整体成型施工技术。形成了低热水泥混凝土优质高效施工技术。项目成果破解了高拱坝混凝土开裂顽症，化解了施工进度的制约因素，有效地支撑乌东德高拱坝安全优质高效均衡建设，建造了一座无裂缝的精品大坝。成果应用于白鹤滩水电站等工程并首次应用于乌东德二道坝碾压混凝土，推广应用前景广阔。

（9）金沙江下游梯级水电站推移质输沙规律与应用获 2020 年度中国大坝工程学会科技进步奖一等奖。中国三峡集团下属企业中国三峡建设管理有限公司联合中国水利水电科学研究院等单位，围绕金沙江下游梯级水电站面临的这些推移质科学技术难题，采用多种技术方法开展综合研究，取得了一批创新成果：研发了大水深、高流速的山区河流推移质测验设备和多参数一体化泥沙模型试验智能测控平台，首次将现代测控技术、岩性分析方法与传统研究方法进行了有机融合，提高了测验效率和成果精度，系统获取了全流域、长系列、复杂水沙条件下推移质输沙资料，填补了金沙江下游干支流推移质本底资料空白，掌握了推移质产沙格局。揭示了金沙江下游推移质输沙时空分布规律，建立了金沙江下游干支流推移质输沙率计算方法、模型和公式，确定了四个梯级水电站坝址断面推移质沙量及其沿程分布，给出了 19 条主要支流入库推移质沙量，解决了金沙江下游梯级水电站推移质沙量不清的难题。系统研究了梯级水电站运用后下游河道冲淤响应规律，预测了河道长期冲刷过程，揭示了宽级配河床临界冲刷流量和极限冲刷机理；确定了重要涉水建筑物局部冲刷范围与深度，提出了重点部位治理措施，解决了山区河流坝下游以宽级配推移质为主的河床冲淤变化预测难题。成果成功应用于向家坝、溪洛渡、白鹤滩、乌东德水电工程的规划设计和调度运行，向家坝水电站下游河道治理和航道规划设计，金沙江下游水文站网调整和布置，推移质测验垂线和测验量内容频次优化设计，以及国际泥沙培训、高等学校教学和科研等工作中，成果也在巴基斯坦、尼泊尔、印尼等国家山区河流水电站建设中得到直接和借鉴运应用，推动了行业的科技技术进步，产生了显著的经济、社会和环境效益，推广应用前景广阔。

（10）海上风电新型筒型基础与高效安装成套技术获 2020 年度天津市技术发明奖特等奖。中国三峡集团联合天津大学等单位，为突破海上风电高效、优质、低成本、规模化建造的技术瓶颈，项目组在“863”和国际合作、国家海洋示范及工程科研项目支持下，经十余年技术攻关，在海上风电筒型基础结构、施工技术与装备等方面取得突破性成果，形成自主创新的成套技术：发明了巨型预应力混凝土与钢结构组合的多分舱筒型基础新型结构体系，提出了筒体结构体系与土体协同承载模式，建立了筒-土协同的地基极限承载力分析方法；发明了风电结构体系运行减振的偏权重控制方法，有效避免了结构共振，解决了风浪流-结构-地基耦合动力安全的难题；发明了船下气浮顶托风机整体浮运技术，建立了筒型基础浮稳性与分舱优化分析方法，提出了船-筒姿态和水封安全控制指标，解决了整体浮运过程中多体耦合动力安全性态控制难题；揭示了筒型基础入土沉放过程筒-土-渗流耦合作用与减阻机理，提出了沉放阻力计算方法和减阻措施，发明了筒型基础整体沉放和调平精细控制技术及其控制装备，实现了高效安全施工安装。项目成果已成功应用于响水、大丰、如东、桂山、阳江和海坛等海上风电场，在 70%以上的海域应用有优势，节约施工装备投资约 60%。

（11）大型漂浮式光伏电站关键技术及采煤沉陷区示范应用研究获 2020 年度中国电力创新奖（技术类）一等奖。中国三峡集团下属企业中国三峡新能源公司牵头，在国家“光伏领跑者计划”、安徽省两淮采煤沉陷区国家先进技术光伏示范基地项目等支撑下，项目组先后克服了施工环境复杂、设计和施工技术要求高等诸多难题，采取“联合攻关、跨界合作”策略，解决了浮体与锚固系统质量和寿命、漂浮式平台可行性、潮湿环境下设备可靠性、采煤塌陷区环境综合治理、降本提质增效等关键技术瓶颈，高标准、高质量建成了安徽淮南 150MW 水上光伏项目，这是一次建成、单体规模全球最大的水面漂浮式光伏电站，也是综合利用采煤沉陷区闲置水面最大的漂浮式光伏电站项目。项目研发精准定位螺旋地锚的水下锚固系统技术，解决了漂浮光伏方阵安全性并减少对水底土层感染的关键难题；研发了钢骨混凝土浮台关键技术，解决了升压变压器等重型设备在水上漂浮的关键难题；研究了大型“水上漂＋集约化”设计方案，构建投资决策最佳模型，实现土地资源最大化利用；优化了水上设备选型，建立了 5MW 高效组件实证试验平台；独创“三峡”浮体质量把控方法并形成标准，引领了清洁能源与生态环境治理完美结合的“三峡模式”。成果成功应用于淮南 150MW 水上光伏电站的示范开发，并推广应用在安徽淮北 60MW 水上漂浮式光伏电站，取得了显著的经济和社会效益。项目成果填补了行业水上光伏领域部分技术空白，为国内外漂浮式水上光伏电站建设提供了可靠的技术参考。

（张　丽）

1. 中国电建重点科技项目《电力工程中外技术标准体系研究与国际化应用》

随着我国“走出去”战略和“一带一路”倡议的大力实施，中国电力建设企业国际业务快速发展，但是，长期以来，国际通用标准、欧美发达国家标准是国际工程主流技术标准，标准化对经济全球化既有积极作用，也带来了技术壁垒和消极影响，给中国企业全球化发展带来巨大挑战，项目针对以上瓶颈和技术难题，通过系统研究，取得了开创性、系统性重大创新成果：创建了中外工程技术标准国际工程应用基础体系，掌握了中外工程技术标准体系的内涵。提出了中外技术标准对比方法，创建了水电、风电与太阳能发电工程技术标准对比研究成套成果。破解了制约国际水电与风电、太阳能发电工程中外技术标准国际化应用的技术难题。研发了中外技术标准对比技术，构建了系统的火电与输变电设计施工技术标准对比研究体系性成果。跨越了阻碍国际火电与输变电工程中外技术标准国际化应用的技术障碍。提出了提升中国企业国际工程技术标准应用能力解决方案。项目研究成果已在数十项国际电力工程中成功应用，推动了中国标准在 29 个国家 34 项海外工程的直接应用，经济、社会和生态环境效益巨大。

2.《梯级水库群风险等级确定与风险设计》

《梯级水库群风险等级确定与风险设计》是国家重点基础研究发展计划（973 计划）项目的子课题，

深入研究了梯级水库群风险防控理论及设计指标体系，符合当前中国能源安全总体部署的重大实践需求，属于基础性理论研究。该研究结合当前中国流域安全管理和风险防控的实践需求，在现有工程设计方法和安全管理体系的基础上，引入风险管理的理念，从流域系统安全角度，研究了梯级水库群的风险标准、梯级水库群风险等级确定机制；从系统风险防控的角度，研究了流域梯级水库群风险防控的策略和关键技术；针对流域系统中土石坝漫顶溃决风险问题，建立了梯级水库群连溃风险分析模型，并根据“坝高、库容”和连溃风险分析方法，提出特等工程特级建筑物分类分级标准体系；在“相对安全率”理论基础上，建立了“单一安全系数—目标可靠指标—年计失效概率”为一体的梯级水库群风险设计理论；研究提出特等工程特级大坝及其设计安全指标，构建了包括裕富超高、洪水标准、抗震设防标准的风险设计指标体系。

3.《双护盾隧道掘进机安全高效动态管控施工关键技术》

该课题所属科学技术领域为水利水电 TBM 隧洞工程，课题紧跟相关学术研究前沿，以兰州市水源地建设工程双护盾 TBM 施工为背景，对双护盾 TBM 安全高效动态管控施工关键技术进行了系统的研究，施工前主要从 TBM 适宜性、TBM 设备优化、改造和超长距离滑行等几个方面对双护盾 TBM 设备高效掘进创造优异的条件，在施工中针对刀具损耗、掘进参数优化、围岩稳定性动态响应等几个方面展开动态管控，使 TBM 掘进一直处于高效掘进状态，同时展开综合超前地质预报，对掌子面前方不良地质体进行实时预报，进行预处理，并提出 TBM 卡机后的超低净空快速脱困处理工法。通过该课题的研究，确保了 TBM 连续掘进，提高了作业效率，减少了停机时间，降低了施工风险，最大程度地发挥了 TBM 施工的优势，达到了双护盾 TBM 快速掘进的目的，对类似工程具有推广应用价值，具有较大的经济效益和社会效益。

4.《近海深厚软基处理创新技术及产业化应用》

项目在软土地区海域取样和原位测试方面取得了重大突破，创新性地形成了一系列能够在深厚软土地层使用的地基处理方法以及深基础静动荷载设计方法，研究成果已在中国海上风电工程、港口工程中得到了广泛应用，针对中国近海与沿海深厚软土地层结构、地基处理和基础建设，取得了一系列重大创新成果：提出了适用于深厚淤泥地层的地基处理方法及其设计理论，全面揭示了大沙袋围堰变形机理、破坏模式，提出了全新的大沙袋围堰施工稳定控制标准，并形成了潮汐工程区吹填土水下真空预压技术，形成了深厚软土挤淤筑堤系列技术及沉降预测理论。系统深入地研究了复杂海况下的深厚软土地区的取样与原位测试技术，研发了浅层高含水率淤泥取样和中空圆柱取样装置，首次提出了考虑软土结构性、各向异性和接触面特性的原位测试装备与方法，并成功克服了浅海区地震勘探的激震难题，同时构建了精准近海深厚软土地层的力学参数评价体系。构建了近海深厚软土地区深基础静动力加载、监测装置，并形成了全新的适用于中国沿海区域的考虑桩-土耦合动力响应的深基础设计方法，首次成功研发了海上风机基础抗倾覆环结构，并提出了深基础的新型施工及检测方法，极大地节约了实际施工成本。该项目成套技术已在三峡响水、鲁能东台、华能如东、江苏竹根沙等 30 余个近海风电场中成功应用。工程经济社会效益显著，有广泛的推广价值，并进一步推进了近海工程建设与海洋勘探开发的产业化建设。

5.《1000MW 水轮发电机组蜗壳智能制造关键技术研究》

项目依托白鹤滩水电站单机容量 1000MW 水轮发电机组蜗壳制造工程。该机组蜗壳材料首次采用国产 800MPa 级高强度钢板，板材最大厚度 97mm，蜗壳进水口直径 8.6m，单台蜗壳重 652～692t。项目形成了 1000MW 水轮发电机组蜗壳智能化制造关键技术，应用于白鹤滩水电站 8 台（套）蜗壳制造工程，取得良好的效果，蜗壳制造质量优良。项目研发了蜗壳板材数字化下料加工技术。基于 Tekla 钢结构建造技术，构建了蜗壳三维数字化模型，实现了蜗壳复杂曲面自动展开、自动排版套料，生成了数控切割机所需的加工数据，显著地提高了大型蜗壳管节展开下料效率和质量，降低了劳动强度；创建了 1000MW 机组蜗壳 800MPa 级厚钢板卷制成型关键技术。提出了板材成型卷制或压制的加工方法，研发了瓦块压头余量精确计算模型和软件，研制了厚板瓦块压制的通用装置，制定了蜗壳厚钢板制造成型制作工艺和控制标准，既最大限度地节约了材料，又避免了在压制过程中因摩擦而损坏母材，保证了瓦块的成型质量，解决了厚钢板压制成型难题；研究形成了 800MPa 级蜗壳厚钢板纵缝自动焊接及智能控制技术。项目研究成果已在依托工程成功应用，形成了一套高强钢厚板蜗壳制造的关键工艺技术，工程质量优良。已获得实用新型专利 2 项，形成实用新型专利 2 项；发表论文 2 篇；获得工法 1 项，经济社会效益显著，具有推广应用价值。

6.《自愈型防渗外加剂研制及工程应用》

项目依托的象鼻岭水电站拱坝，最大坝高 141.5m，为第二高碾压混凝土双曲拱坝，坝体防渗要求高。为提高坝体防渗性能，项目通过理论研究、化学分析及室内外试验，研发了新型自愈型防渗外加剂，形成了系列产品，经工程应用，效果良好。研究了掺加活性二氧化硅混凝土细观层面结晶的生长速度、尺度、物理化学条件等，揭示了防渗机理，研制了一种新型自愈型防渗外加剂，分析了其不同化学成分、细度对混凝土细观物理标志及后期防渗结晶体生成的影响规律；研发了混凝土自愈性测试装置，可进行不同水压条件下混凝土自愈性能测试；开展了掺加自愈型防渗外加剂混凝土拌和物性能、物理力学及耐久性能试验研究，得到了不同掺量、不同掺加方式对混凝土性能的影响规律；开展了碾压混凝土大坝变态混凝土和层间砂浆掺加自愈型防渗外加剂的现场试验研究，确定了最佳掺量和掺加方式；通过比选研究，提出了变态混凝土拌制过程直接掺加该外加剂的方案，形成了成套施工工艺。

项目研究成果已在依托工程中成功应用，并在城市地铁、房建地下结构和交通隧道等基础设施工程推广，取得专利3项，参编标准和定额2部，经济社会效益显著，具有推广应用价值。

【深圳超导电缆EPC工程】 深圳超导电缆EPC工程是首次在特大型城市电网建成国内最长的超导交流电缆示范工程，建成后将创下三项世界第一和五项国内第一。国际上，将建成第一根基于二代高温超导带材的三相同轴超导电缆；第一次在特大型城市电网建成三相同轴超导交流电缆示范工程，示范性地解决城市核心区高可靠性要求的供电问题；第一次统筹编制三相同轴超导电缆包括研发、建设、运行及维护等全过程标准。国内方面，首次实现三相同轴超导电缆通电导体的全国产化设计和制造；首次研发国产化大冷量GM制冷机；首次实现国内长距离低温容器与通电导体一体化连续焊接挤波成型制造工艺；首次实现三相同轴超导电缆保护和监控及与传统线路的协调运行；首次编制三相同轴超导电缆线路设计规程、施工和运维规程，填补国内空白。

【2020年重点科技项目】

（1）全国新能源电力消纳监测预警平台。

中国能建所属电力规划总院有限公司，为解决新能源电力消纳问题，促进新能源行业健康高质量发展，研究开发了新能源电力消纳监测预警平台，主要研究工作和创新如下：

1）研发了中国唯一的国家级，同时也是全球接入规模最大的新能源消纳监测预警信息系统。实现了对全国各地数据的模拟仿真和分析评估，为优化全国新能源开发布局和制定管理政策提供有力支撑。

2）研发了高精度、全时域、多区域新能源与电力系统联合优化仿真系统。开发了覆盖全国的联合优化仿真计算系统，可对全国新能源消纳能力进行准确评估，提出关于预警及开发规模、布局、时序等优化建议。

3）首次提出了新能源消纳监测、评估、预警的系统性技术指标体系，可全面监测评估全国新能源的并网消纳状况，预测研判未来1～3年各地区新能源消纳前景，定量提出新能源消纳关键指标范围，并对各地区消纳受限原因进行准确分析。

项目成果可实现中国新能源消纳的按月监测、按季评估、按年预警，全面准确反映行业发展面临的问题和趋势，服务国家能源主管部门和行业发展。相关成果已在国家新能源行业管理和政策制定中得到广泛应用，社会效益显著。

（2）复杂地质条件超300m高拱坝安全高效建设关键技术。

中国能建所属中国葛洲坝集团第二工程有限公司，依托锦屏一级水电站混凝土双曲拱坝，开展了复杂地质条件超300m高拱坝安全高效建设关键技术研究，主要研究工作和创新如下：

1）研发运用了复杂地形地质条件大坝基础处理技术及高拱坝坝肩陡峻边坡开挖爆破控制技术，解决了拱肩槽高陡边坡开挖难度大、坝基地质缺陷规模及处理难度大的问题。

2）研究大深度钻孔技术和工艺、灌浆材料、灌浆方法和工艺、气（液）囊式阻塞技术、灌浆质量控制等，保证超深帷幕灌浆施工质量（深达171.5m）。

3）研究运用了4.5m升层模板设计及其混凝土浇筑、电梯井液压自升模板、牛腿倒悬液压自升模板等技术，极大地提高了300m级混凝土双曲拱坝施工效率。

4）研发应用了大体积混凝土施工智能温控系统，真正实现个性化通水，能有计划、准确地控制混凝土内部温度，极大地提高了大体积混凝土的施工质量控制水平。

该项目获授权发明专利1项、实用新型7项，编制工法1项、团体标准1项，发表论文17篇。成果成功应用于锦屏一级水电站大坝工程、五嘎冲水库大坝工程。成果明显提高了复杂地质条件地区高拱坝安全高效建设水平，处于国际领先水平。成果获得中国大坝工程学会科学技术进步奖特等奖、中国水力发电工程学会科学技术奖特等奖。

（3）跨越活动性断层的长距离高边坡输水压力钢管设计与施工技术。

中国能建所属中国葛洲坝集团机电建设有限公司，联合中国电建中南勘测设计研究院有限公司，依托伊朗鲁德巴电站工程，通过充分研究和采取综合工程措施，突破了大坝和输水洞线不能修建在大错距活断层或主活断层上的禁区，成功解决了在高地震区水工建筑物跨越活断层的难题，主要研究工作和创新如下：

1）针对强震区且存在大规模活断层的极为不利的地质条件，创新提出了利用洞内明钢管跨越活断层的综合布置方案。

2）发明了压力明管支座新型减振限位装置，解决了钢管支座脱位、强震工况下钢管跌落的问题；开发了可感知地震振动及异常水流的蝶阀自动关闭系统，在工程遭遇强烈地震受损后可快速切断高速水流。

3）发明了大型压力钢管安装下放装置及安装方法，实现了长距离多弯道高陡边坡等复杂地形条件下的大直径明钢管安全高效运输安装；研发了伸缩节安装变形适应装置和安装方法，解决了大温差条件下伸缩节安装难题；首创一种CAD简易作图法获取斜平面弯管安装旋转角的方法，解决了大管径复合弯管现场安装施工难度大的关键技术问题。

该项目主编及发布实施行业标准1部，获评四川省工法4部，获授权发明专利4项、实用新型专利10项，获软件著作权2项、发表论文6篇。成果在伊朗鲁德巴电站工程成功应用，获得伊朗能源部高度评价，为“一带一路”国家战略实施提供了助力。

（4）高地温高地应力高海拔寒冷区水电站建设关键技术研究与应用。

中国能建所属中国葛洲坝集团第三工程有限公司联合新疆农业大学等专业院校，针对高地温、高地应力、高海拔、寒冷区水力发电工程的极为不利建设条件，从设计理论、计算方法、试验手段、建筑材料、施工工艺等方面合作攻关，解决了高地应力下隧洞施工中所发生的围岩失稳和岩爆防控、高地温下隧洞围岩、衬砌结构的稳定性和施工工艺、高海拔缺氧条件下人力、机械效率降低和爆破施工安全、深斜井开挖和衬砌工艺、寒冷区沥青混凝土坝施工等关键问题。

项目研究成果突破了衬砌混凝土配合比中工业废料替代水泥掺量的现行规范要求，将高性能混凝土中粉煤灰替代水泥的掺量，从规范要求对结构混凝土替代普硅水泥的二级粉煤灰掺量不应高于30%提高到52%，自密实混凝土中粉煤灰替代水泥的掺量，从规范要求对结构混凝土替代普硅水泥的二级粉煤灰掺量不应高于30%提高到60%；改进了深斜井混凝土衬砌施工工艺，将施工段由常规的30m左右提高到160m一段；突破了寒冷气候下沥青混凝土心墙施工相关技术规范，将沥青混凝土骨料最大粒径从现行规范要求的不宜大于19mm提高至26.5mm，施工结合面温度从现行规范要求的不低于70℃降低至30℃。

该项目获授权发明专利2项、实用新型专利12项；获软件著作权2项；获新疆维吾尔自治区地方标准1项；出版专著3部；发表科研论文166篇，其中SCI收录4篇，EI收录19篇。成果已在新疆布仑口—公格尔水电站、齐热哈塔尔水电站、下坂地水利枢纽工程水电站等的建设中成功应用，经济社会效益十分显著。成果荣获新疆维吾尔自治区科学技术进步奖一等奖。

（5）全水头高效反击式水轮发电机组设计制造及工程应用关键技术。

中国能建所属中国葛洲坝集团机电建设有限公司与浙江大学、浙江富春江水电设备有限公司、中国水利水电科学研究院等单位产学研合作，经过不断攻关，突破了全水头高效反击式水轮发电机组设计制造及工程应用关键技术，机电公司对项目主要技术创新“大容量水轮发电机组快速安装调试技术”做出了重要贡献：

1）发明分段定子定位筋快速安装方法，突破恒温恒湿定子机坑组装技术，首次应用高精度激光跟踪测量技术，大幅提高工程建设质量，缩短安装周期30天以上。

2）首创高水头大容量机组蜗壳闷头拼焊及整体吊装方法，大幅提高工效和施工安全性；发明定子机坑中心间接测量方法，攻克机组部件中心找正偏差大、工序繁琐的难题。

该项目获工法7项、软件著作权1项、授权发明专利7项、出版专著1部。项目经专家鉴定在超高水头、超高海拔大型混流式机组和低水头大型轴流式、贯流式机组的设计制造及运维安装技术上达到国际领先水平。成果获中国电力科学技术奖一等奖。

（6）岩土智能化爆破关键技术与应用。

中国能建所属中国葛洲坝集团易普力股份有限公司，开展了“岩土爆破智能化”的系统研究，形成了涵盖爆前地质信息采集与钻孔智能定位、爆破智能设计与智能化装备研发、爆后效果量化评价与环境保护为核心的系列技术，整体成果达到国际领先水平，主要研究工作和创新如下：

1）突破了爆前地质信息获取及钻孔智能定位的技术瓶颈，开发了基于三维激光扫描仪的岩土爆破区域数据采集系统，研发了具有高频信号双向传输功能的RTK-DGPS钻机全方位定位系统，提出了集声波测试、孔内摄像与地质雷达检测于一体的多因素、多尺度协同增强的爆破岩体内部地质特性可视化探测方法，填补了复杂地质构造未知情况下爆破设计的空白。

2）首创了岩土智能化爆破设计方法和智能化施工装备。研发了集数据筛查、参数计算、反馈优化于一体的爆破智能设计系统，实现了炮孔自适应布置和爆区起爆顺序的全自动设计。发明了全自动现场混药控制装置及全方位装药机器人等智能化装药设备，实现了对现场混装制药、装药的精准采样和闭环控制。

3）提出了 Wiener 泛函级数结构振动非线性预测方法、多维度爆堆块度尺寸分布的统计分析方法、技术经济安全综合评判于一体的爆破效果量化评价模型。研发了具备大数据挖掘功能的岩土爆破数据库系统，为爆破设计的评价与优化提供了有效手段，形成了爆破消耗定额，促进了爆破施工的精细化。

该项目获授权发明专利 19 项、软著 24 项，发表论文 60 篇（SCI 有 12 篇，EI 有 22 篇）。研究成果在平朔东露天煤矿、西藏巨龙铜矿、巴基斯坦 Karot 水电站、科威特基础设施建设等国内外重点工程、大型矿山和“一带一路”国际项目中推广应用，产生经济效益 80.25 亿元。成果获中国爆破行业科技进步一等奖 3 项，获贵州省科学技术进步奖二等奖 1 项。

（7）基于现代信息技术的电子雷管精确控制爆破关键技术及工程应用。

中国能建所属中国葛洲坝集团易普力股份有限公司研发了电子雷管及智能化起爆系统，建立了爆破施工作业标准与技术体系、精确延时、爆破振动效应防控技术体系，构建了“产品＋服务＋监管”的电子雷管应用新模式，解决了电子雷管现场应用的诸多技术难题，并取得了一系列创新：

1）研制了高安全、高可靠、高精度的工业电子雷管，产品可靠性达 99.99％；研发了爆破网路快速接线装置与离线雷管 ID 信息现场安全采集技术；首创了基于物联网的可识别孔位的起爆系统，保障了大规模和超复杂爆破的精确控制起爆，实现了电子雷管的全生命周期动态管控。

2）发展和完善了电子雷管精确延时设计方法，实现了电子起爆条件下爆破效果的精确预测；提出了基于智能化电子雷管的精确控制爆破设计方法，形成了精确延时爆破危害效应防控技术体系，提高了施工作业环境的安全保障。

3）提出了基于非接触式测量的开采爆破全过程数值仿真动态设计和反馈优化方法，提出了基于电子雷管的起爆方式和位置优化的爆炸能量轴向调控技术，突破了电子雷管在复杂环境下的设计和应用瓶颈，创建了电子起爆条件下精确控制爆破作业标准，建立了精确控制爆破施工技术体系，实现了爆破效果优化，提高了爆破综合效益。

该项目成果获授权发明专利 9 项、国际专利 1 项、实用新型专利 8 项，软件著作权 4 项，编制行业级工法 1 项，发表论文 20 余篇。成果先后在重庆丰都、西昌会理、内蒙古满洲里、长江航道宜昌段等多个工程推广应用，施工安全高效，综合效益显著，对民爆行业的科技进步起到了重大推动作用。

（8）火力发电厂间接空冷系统设计技术及工程应用。

中国能建所属西北电力设计院有限公司等研究单位开发了高效间接空冷系统冷端优化计算软件，进行发电厂间接空冷系统设计技术及工程应用研究，并编制了《火力发电厂间接空冷系统设计规范》（DL/T 5545—2018）。研究成果打破了国外垄断，提高了中国电力行业间接空冷系统的设计和应用水平，实现节水、节能的目标。

间接空冷系统优化计算软件的共轭梯度法及遗传算法提高大规模优化计算的效率和能力，实现间接空冷系统热力计算、优化计算和变工况计算等功能。对已投运机组间接空冷系统进行原型实测性能试验、多年运行实际情况和设计计算进行对比分析，掌握实际工程间接空冷塔及散热器的性能、关键设计参数取值、热力、阻力、水力计算和设计裕量选择；掌握间接空冷塔间最小净距规律，创新提出间接空冷塔与周围建（构）筑物之间的最小净距的公式；掌握纯凝和供热机组间冷系统、表凝式和混合式间冷系统、排烟间冷塔、两机共用一座间冷塔等运行特点，提出节能、降耗的运行策略。

该项目成果取得软件著作权 1 项，发明专利 2 项，实用新型专利 15 项，发表论文 10 篇，电力行业标准 1 项。成果影响范围涉及电力行业各容量机组。平均标准煤耗率降低 1g/kWh，电耗节约 20％～30％。成果促进了行业科技进步，达到国际先进水平，经济效益和社会效益显著。

（9）秸秆类生物质热电联产与超低排放系统关键技术及产业化应用。

该项目由中国能建所属浙江省电力设计院有限公司和嘉兴新嘉爱斯有限公司、浙江工业大学合作完成，经过六年联合攻关，突破了秸秆类生物质高效热电联产与超低排放系统的核心技术瓶颈，取得了重大创新成果如下：

1）提出了规模化秸秆类生物质燃料前处理自动分析与智能控制技术，实现了规模化秸秆燃料高效率低成本分析，低能耗处理和远距离安全与平稳输送。

2）提出了工业化秸秆类生物质高效燃烧与多耦合发电经济控制技术，实现秸秆热值的在线估计分析，保证了直燃循环流化床锅炉变热值、变负荷蒸汽压对目标值的自动跟踪控制，从而达到高效、节能和经济的发电、供汽效果。

3）发明了工业化秸秆类生物质热电联产“超低排放”协同控制技术，提高了燃烧烟气的脱硝效率，显著降低了氮氧化物的排放量，实现了秸秆循环流化床锅炉超低排放控制，排放指标远超国际和国内标准。

该项目获授权发明专利 11 件，发表论文 21 篇。主要技术指标经权威部门检测，机组综合热效率达 51.01%，SO_2排放浓度小于 3mg/（N·m³），NO_x 排放浓度为 26mg/（N·m³），粉尘排放浓度为 1.4mg/（N·m³），对比浙江省地方超低排放标准，浓度分别下降 10、1 倍和 3 倍，突破了秸秆类生物质高效热电联产与超低排放系统的重大技术瓶颈，经权威专家鉴定，项目整体技术达到国际先进水平。成果已在嘉兴新嘉爱斯热电公司得到应用，并开始在全国秸秆类生物质热电联产企业中推广应用。

（10）电站设备管道相控阵超声检测关键技术与应用。

中国能建所属安徽电力建设第一工程有限公司，联合科技发展有限公司，历经 4 年工艺研发、工程应用，在小径管、大口径管、角接接头和不锈钢管环向对接接头等焊接接头的相控阵检测技术、质量评定技术、自动化检测装置、灵敏度研制方法等方面取得突破性成果，主要研究工作和创新如下：

1）针对钢制管道薄壁管检测中首次提出了相控阵超声多次波检测、全聚焦检测和楔块磨损测试方法，减少波形重叠，达到了有效避开近场区检测，提高检测图谱的分辨率和缺陷定位、定量精度，减少超声波束衰减、散射和干扰的目的。

2）定义了相控阵超声检测参考试块和模拟试块，提出了全新的相控阵超声检测灵敏度和工艺准确度测试技术。

3）提出了焊接接头相控阵检测波幅法和断裂力学质量评定方法，对不同规格、类型的焊接接头采用合适的质量评定方法，达到了缺陷精确定位、定性和失效分析的效果。

4）解决了大口径管和角接接头自动化检测采集装置的研发，达到了相控阵检测数据自动化采集，将相控阵超声检测图谱数据丢失量减低 40%。

该项目申请专利 14 项，授权专利 9 项（其中发明专利 2 项），发布标准 3 项（行业标准 2 项，企业标准 1 项），参与出版专著 2 部；发表论文 5 篇，获评行业工法 1 部。项目成果已成功应用于神华、国电、国电投、华电等发电集团 30 余个火电机组的安装、检修工程中，为电站锅炉长周期安全运行提供可靠保证，创造直接经济效益 1702 万元，间接经济效益 5.47 亿元。

（11）机炉深度耦合综合提效技术研究。

中国能建所属华北院与华北电力大学充分讨论沟通，深入理解机炉深度耦合技术原理内涵，对机炉深度耦合综合提效技术进行了全方位的研究，涵盖了理论分析、原理研究、概念设计、系统拟定、热力计算、参数选择、控制策略、设备选型、布置、经济性分析、风险分析等各方面，主要研究工作和创新如下：

1）提出机炉深度耦合系统拟定原则——充分考虑炉侧和机侧工质能级匹配，耦合系统拟定应保持空气预热器出口二次风温水平与常规方案基本相当。

2）提出耦合系统热力计算方法和技术参数寻优方法——首次提出空气预热器选型优化是系统的热量平衡及各换热环节的换热量计算的重要环节；通过对烟气旁路份额和空气预热器进口风温的多重组合，合理确定技术参数。

3）首次提出耦合系统宽负荷运行控制策略——通过研究蒸汽暖风器等各环节的控制手段，提出了适应机组变参数运行的系统控制策略，使系统在宽负荷运行效率提高，大大提升了机组宽负荷节煤能力。

4）通过对机组性能试验标准的分析研究，首次提出了机炉深度耦合系统锅炉考核计算方法和机组考核方案。

5）深入分析了机炉耦合系统技术风险，并分析了耦合系统应用于新建高效燃煤机组的节煤能力，以及改造项目节煤能力和注意事项。

该项目获授权专利 7 项，其中 3 项发明专利，4 项实用新型专利。项目成果已在神皖庐江电厂 660MW 等级超超临界一次再热机组和中兴电力蓬莱电厂 1000MW 等级超超临界二次再热机组进行了落地应用。

（12）基于全生命周期的智能电厂研究及应用。

中国能建所属华北电力设计院有限公司，以电厂智能化应用为主要研究对象，研究全生命周期智能电厂的定义、基本架构和功能内涵，结合实际工程进行应用实践，形成可以在电力行业广泛推广的全生命周期智能电厂整体解决方案，主要研究工作和创新如下：

1）通过华北电力设计院有限公司在数字化电厂设计与工程实施的实践经验，以及在电厂智能化技术方面的研究成果，制订了智能电厂的定义。

2）在电力行业首创提出了金字塔形（或称为三角形）的智能电厂整体架构。

3）首次在整体架构中提出了全生命周期智能电厂的概念。从工程编码、设计、采购、施工建设等方面提出了一系列的智能化方案，最终通过移交平台实现基建期数据的智能化移交。体现了全生命周期智能电厂的理念。

4）具体提出了智能电厂各功能模块的内涵及技术手段。对智能电厂架构中智能工程、智能控制、智慧安全、智慧管理各个功能模块进行了具体研究，提出了具体的功能内容，以及采用的技术手段。

5）提出了智能电厂发展的主要技术方向。根据当前的技术热点以及对智能化发展方向的研究追踪，提出了智能电厂发展的主要技术方向，以及在电厂应用的具体场景。

该项目申请实用新型专利 2 项，发表科技论文 2 篇，编制团体标准 1 项。项目成果已经先后在华北院设计的多座电厂中进行了实际应用，取得了显著的经济和社会效益。

（13）海上风电机组导管架基础设计施工关键技术创新及应用。

中国能建所属广东省电力设计研究院有限公司，依托珠海桂山海上风电示范项目，对海上风电导管架基础设计与施工中的关键问题和技术进行了系统的研究，主要研究工作和创新如下：

1）提出了海上风电导管架基础钢管桩-土-结构相互作用分析模型，国内外首次揭示了软土的循环次数对土的强度的关联关系，开发了海上风电机组基础设计软件。

2）揭示了过渡段的应力分布规律和关键热点部位的疲劳损伤机理，国内外首次研发了布置合理、传力效果良好的新型过渡段结构。

3）国内首次确定了多种疲劳荷载耦合作用时的最优组合方法，开发了风浪联合作用下结构管节点的有效疲劳计算软件。

4）国内外首次揭示了灌浆连接段的轴力、弯矩及轴弯组合的受力机理，开发了灌浆连接段设计软件；提出了灌浆材料的性能参数，研发了水下灌浆施工工艺。

5）国内首次提出了包括打入式钢管桩精确定位施工方法、导管架安装及调平方法、水下高强灌浆施工方法等海上风电导管架成套施工技术与工艺。

该项目获授权发明专利 8 项、实用新型专利 9 项，获软件著作权授权 2 项，主编国家标准 1 部，发表研究论文 18 篇（SCI 3 篇），出版专著 1 部。项目成果在珠海桂山海上风电示范项目成功应用，并推广应用至国内十多个在建项目，近三年经济效益达 2.53 亿元，具有良好的经济、社会效益和推广应用前景，被鉴定委员会评价为整体居于国际领先水平。

（14）数字化海上风电场设计关键技术研究与应用。

中国能建所属广东省电力设计研究院有限公司在数字化海上风电场技术体系、一体化监控、风电功率预测、海上风电数字化设计方法等方面开展技术研究，取得系列成果。主要研究工作和创新如下：

1）提出了以控制决策智能化、监控系统一体化、数据信息数字化、通信平台网络化、信息共享标准化为基本特征的数字化海上风电场技术路线及整体解决方案。

2）构建了全场统一规划设计的海上风电场一体化监控系统架构，提出了风电机组通信规约和数据处理方法，提出了适应于海上风电运行特点的控制电源、火警视频、海缆监测等系统的一体化配置方法，实现了全场电气设备、辅助系统和智能设备的统一建模、全景信息共享和集中监控。

3）提出了以激光雷达代替海上测风塔的功率预测方法，开发了基于实时运行数据在线校正的风电功率预测模型，提出了基于神经网络平均影响值和主元分析的风电功率预测算法，解决了海上风电场功率预测问题。

4）提出了全流程数字化的海上风电场电气设计方法，开发了海上风电场电气一体化设计软件平台，实现了海上风电电气设计全流程数据贯通以及集电系统拓扑结构、升压站选址、无功补偿配置等设计方案的自动生成和智能优化。

该项目获授权发明专利 17 项、实用新型专利 9 项，获软件著作权 7 项，发表论文 17 篇，项目技术成果写入《海上风力发电场设计标准》（GB/T 51308—2019），已成为当前国内海上风电工程的主流技术方案。项目成果应用于珠海桂山、湛江外罗、阳江沙扒等一批海上风电项目。

（15）大型电网输电工程结构关键技术创新与应用。

中国能建所属西北电力设计院有限公司，联合中南电力设计院有限公司、西安交通大学，对大型电网输电工程结构关键理论与技术进行了系统研究，主要研究工作和创新如下：

1）提出了高电压复合横担输电塔结构新体系，建立了输电线路复合材料杆塔结构设计方法。

2）揭示了极端环境下输电塔-线耦合结构体系灾变机理，提出了基于磁流变阻尼器的振动半主动控制方法，建立了考虑时滞效应的反馈控制增益设计方法。

3）提出了复杂输电塔结构提高可靠性的设计方法，建立了改善关键构件力学性能及安全性的设计与技术方案。

4）系统进行了中美欧输电线路工程荷载及结构设计标准翻译和对比，研究了中美欧标准的设计理论、计算标准、工程量指标和工程造价，提出了最优技术标准组合方法。

该项目获授权发明专利 7 项、实用新型专利 28 项，发表论文 111 篇，其中 SCI 检索 45 篇，EI 检索 93 篇，获授权软件著作权 1 项、专有技术 1 项，主编及参编标准 17 部；参与编制国网通用设计图集 9 部。成果获电力建设科学技术进步奖一等奖。

（16）用于抑制特高压直流电流波动的±800kV/6250A超大容量平波电抗器研制及工程应用。

中国能建所属北京电力设备总厂有限公司，通过自主创新，在超大容量平波电抗器电流分布、温度场分布和高稳固性绝缘支撑体系方面取得突破，研制了用于抑制特高压直流电流波动的±800kV/6250A超大容量平波电抗器，主要研究工作和创新如下：

1）提出了接线端子板的加工工艺要求和紧固件防松措施，实现了接线端子板双面连接的有效接触面积，解决了大电流下接线端子板异常过热问题。

2）提出了适用于超大容量平波电抗器交、直流电流分布的计算程序，解决了大电流下直流电流和谐波电流在各包封层分布的复杂性问题。

3）提出了一种仿真与设计相结合的计算方法，提出了温升均匀设计方法及工艺控制措施，达到了均匀平波电抗器各个包封层温升分布的效果。

4）提出了平波电抗器支撑体系结构，通过了第三方权威机构的仿真计算验证，提高了超大容量平波电抗器在9级地震条件下的抗震性能。

该项目获授权发明专利3项、实用新型专利4项，发表论文2篇。研究成果已成功应用到昌吉—古泉、滇西北、乌东德、青海—河南、陕北—武汉、雅中—江西等特高压直流工程中，间接经济效益近5亿元。

（17）高寒多年冻土区输电线路岩土工程关键技术研究与应用。

中国能建所属西北电力设计院有限公司历经10多年在多年冻土区的科研攻关与工程实践，取得了一系列技术创新：

1）通过模型试验、数字仿真试验、工程验证等多种研究方法，确立了冰缘环境下影响岩石风化速率的关键因素，量化了寒冻作用下主导不同基岩的风化速率。

2）提出了斜坡高温多年冻土区新型基础形式。

3）建立了多年冻土区局地条件下选线、选位方法与体系。

4）建立了多年冻土区“轻迹化”的岩土工程勘察技术体系与塔基全寿命周期稳定性评价体系。

5）编制首部多年冻土区输电线路行业标准《冻土地区架空输电线路岩土工程勘测技术规程》。

该项目发表学术论文27篇，其中SCI收录15篇，EI、核心收录12篇；获授权发明专利5项，专有技术1项；编制行业标准1部、集团企业标准1部，参编国标、行标3部。研究成果已在多项工程中获得成功推广应用，实现了经济效益和生态环境效益双丰收的硕果，有效提升了多年冻土理论研究和推动了多年冻土区点、线工程的安全建设。

（18）多端柔性直流配电网技术研究及工程应用。

中国能建所属广东省电力设计研究院有限公司与珠海供电局经过不断攻关，研究建立了多端柔性直流配电网系统技术体系，研发应用了核心功率器件和关键直流装备，建成了世界首个、总容量规模最大的±10kV、±375V、±110V三电压等级多端柔性直流配网示范工程，取得了一系列创新：

1）攻克了柔性直流配网系统分析与成套设计关键技术，研究提出系统功能和层级架构；首次建立关键设备宽频仿真模型和全时域分析方法；系统解决了交直流配网复杂特性分析、主回路、设备规范和控保策略等成套设计关键难题。

2）自主定制研发高性能参数IGCT器件，研发了具有故障电流自清除能力的交叉钳位结构换流阀模块、复用电力电子转移支路的三端口断路器、基于SiC器件的2MW三端口变压器。

3）研发了多端柔性直流配网的控制保护和运行关键技术，提出主从、自适应电压协调控制策略；提出交流、直流与微电网的协同运营策略，实现潮流灵活可控、源网荷储高效互动。

该项目申请发明专利30项、获授权14项，编制标准7项，发表SCI/EI论文14篇。成果在国家能源局能源互联网示范项目“支持能源消费革命的城市——园区双级‘互联网+’智慧能源示范工程”物理层项目中充分应用。经中国电机工程学会的成果鉴定，整体达到国际领先水平。成果获中国电力企业联合会电力科技创新大奖。

（19）大容量柔性直流输电设计技术研究及工程应用。

中国能建所属中南电力设计院有限公司，对包括两电平及模块化多电平在内两种技术路线的大容量柔性直流输电系统设计技术，开展详细研究，并实现工程应用。主要研究工作和创新如下：

1）轻型高压直流输电换流站设计技术研究：基于两电平拓扑推导柔性直流输电系统数学模型及控制框图；基于主回路及交直流侧滤波器设计，及过电压与绝缘配合计算结果，提出两电平柔性直流换流站典型布置，及柔性直流工程功能规范框架。

2）大容量两端柔性直流输电工程设计研究：提出模块化多电平柔性直流换流站主接线方案，并推导主回路参数计算原则；提出适用于实际工程的控制保护策略，给出系统损耗及可靠性可用率计算依据；提出模块化多电平柔性直流换流站总平面布置方案。

3）柔性直流背靠背换流站换流区域布置研究：提出背靠背柔性直流换流站容量及接线形式选择依据；基于换流单元空气净距计算结果给出阀厅电气布置；提出连接变压器及启动电阻区域电气布置及阀厅

辅助设施布置。

4）柔性直流背靠背换流站阀厅结构设计研究：给出柔性直流背靠背阀厅的结构形式，结构的抗震性能、体型系数、风振系数、合理的消能减震设计方案以及安全可靠的吊装推荐方案。

该项目获授权发明专利 2 项、实用新型专利 2 项。项目成果已应用于厦门柔性直流工程、云南电网与南网主网鲁西背靠背直流异步联网工程、渝鄂直流背靠背联网工程，取得经济效益为 2629 万元。

（20）基于电力电子变压器的智慧园区交直流混合供电技术研究与应用。

中国能建所属江苏省电力设计院有限公司联合国网江苏省电力有限公司电力科学研究院等单位，针对基于分布式能源和直流负荷的园区配电系统开展研究，提出覆盖规划设计——关键设备研发——运行控制优化全过程的关键技术，并在工程应用中加以实践，有效提升系统可靠性和用能效率。取得了重大创新成果如下：

1）提出了考虑源荷时序特性的智慧园区能源系统规划技术，增强配电网在静态和动态情况下的适应性和灵活性。

2）提出了基于阻抗在线分析的系统振荡抑制技术，提升交直流配电网稳定性。

3）研发了基于混合开关的高效电能变换技术和多功能柔性复用一体化的直流故障电流控制技术。

4）提出了交直流子网多主体双层随机优化控制策略，系统功率传送边界提升 12%以上，实现交直流多子网的协调运行和可再生能源就地高效消纳。

该项目共获授权发明专利 21 项，实用新型专利 2 项，发表论文 36 篇，授权专有技术 1 项，参编 IEC 标准 1 项、国标 2 项、团标 1 项。研究成果已应用于同里综合能源服务中心、苏州主动配电网示综合示范工程，苏州同里综合能源服务中心、北京延庆智能电网工程、连云港连岛智慧能源工程等多个园区智慧能源示范工程，显著提升了分布式清洁能源消纳能力，提高了园区配用电系统供电经济性和可靠性。经中国电工技术学会鉴定，项目整体达到国际领先水平，获工程建设科学技术奖一等奖。

【南方电网公司首个电力机器人领域重大科技专项成果达到国际领先水平】 南方电网公司首个电力机器人领域重大科技专项成果——“面向电网设备运维的机器人关键技术与系统研究”成果通过中国电力企业联合会组织的鉴定，以中国工程院院士的鉴定委员会一致认为，该项目成果整体达到国际领先水平。

随着信息化、工业化不断融合，以机器人科技为代表的智能产业蓬勃兴起，成为现时代科技创新的一个重要标志。中国已将机器人和智能制造纳入了国家科技创新的优先重点领域，正大力推动机器人科技研发和产业化进程，使机器人科技及其产品助力高质量发展、服务百姓生活。南方电网公司也主动将“数字化”“智能化”融入生产营销、产业协作等方面，提升企业核心竞争力。

南方电网深圳供电局紧紧抓住“双区驱动”重大历史机遇，积极贯彻创新驱动发展战略和南方电网公司高质量发展及数字化转型具体工作要求，实施了公司首个电力机器人领域重大科技专项。针对输变配电运维场景，围绕辅助或代替人工开展重复烦琐、危险及人工无法实施的作业，研发了五类输变配电特种机器人系统，突破了多项关键技术难题，创造了多个行业第一。包括打破国外技术垄断，研发国内首款可在充油变压器内部开展检测作业的机器人；研发国内独立作业能力最强、功能最完善的高压室智能巡视测试机器人；国内首台采用“通用作业底盘＋专用工器具”组合的高电压等级带电检修机器人；国内首台电缆沟蛇形巡检机器人。深圳供电局还在行业内率先提出、研发融合隧道综合监控信息并携带机械手臂的电缆隧道智能巡检机器人等。

这些成果已多方面应用，效果显著，取得了良好的社会效益，扩大了行业影响力，具有广阔的市场推广应用前景，为创新电力作业模式、提供数字电网所需关键设备状态信息、引领行业电力特种机器人发展趋势、提升公司在电力机器人领域站位具有重要意义。

深圳供电局将以产业化为目标，结合自身特点，重点选择 1、2 项机器人技术进行功能完善和适用性改进，提升机器人适用场景和范围，掌握关键核心技术，为产业化提供支撑，助力公司高质量发展和数字化转型。

【中国华能自主研发国内首套 100%全国产化 DCS 成功投用】 2020 年 11 月 6 日，中国华能集团有限公司自主研发的国内首套 100%全国产化分散控制系统（DCS）在福州电厂成功投用，标志着中国发电领域工业控制系统完全实现自主可控。

DCS 是火电厂的大脑，是确保电力稳定供应的关键设备。长期以来，国内 DCS 所使用的 CPU 和操作系统等软、硬件依赖进口产品，存在着巨大的安全隐患。为攻克这一“卡脖子”难题，华能举全公司之力开展全国产安全智能型 DCS 开发，在短短 6 个月内，成功研制出基于国产芯片、国产操作系统和国产核心元器件的，具有完整自主知识产权的华能睿渥（HN Revival）DCS，实现了软、硬件的全国产化，比原计划提前一年。2020 年 9 月 25 日，华能睿渥 DCS 在福州电厂 35 万 kW 机组开展安装调试，并于 11 月 6 日一次并网成功。

华能睿渥DCS从CPU等核心芯片到基础电子元器件，从操作系统、数据库等基础软件到应用软件全部使用自主技术，是国内首个软、硬件国产化率达到100%的工业控制系统。该系统实现了锅炉、汽轮机（含DEH）、发电机的全覆盖控制，经检测，华能睿渥DCS的硬件板卡精度、抗干扰能力与运行环境适应性等多项指标优于国内外同类产品。福州电厂应用结果表明，机组运行安全稳定，主要技术指标优于国家及行业标准要求。

华能睿渥DCS的成功投用，从根本上消除电力网络安全的重大隐患，将中国电力基础设施国产自主可控工作推向崭新阶段，同时这也意味着相关技术成果将转入大规模推广应用阶段，中国发电领域DCS控制系统的安全可靠性和智能化水平将得到进一步提升。未来，华能将对系统内全部在役火电机组进行有序替换，全面保障能源电力重要基础设施运行的本质安全。

【全国基于多区域架构的电力调度智能云项目通过鉴定】 2020年4月24日，由中国电机工程学会组织的“基于多区域架构的电力调度智能云及云原生应用关键技术研究及工程实施”项目技术鉴定会以网络视频会议形式召开。中国科学院院士程时杰，清华大学电机工程与应用电子技术系教授孙宏斌等9位鉴定委员会专家，以及南方电网电力调度控制中心（总调）、阿里云计算有限公司、东方电子股份有限公司、广东电网有限责任公司电力调度控制中心、调峰调频发电有限公司、南方电网数字电网研究院有限公司等项目完成单位的人员参加了本次鉴定会。

总调张昆副主任出席并致辞，对各位鉴定专家、中国电机工程学会、合作单位表示感谢，高度赞扬了CDAI团队多年来始终紧跟互联网新技术的发展，从研发调度云、云原生调控系统、调度应用AI平台到完成工程实施，坚持不懈历经8年时间的工匠精神。

鉴定会上，项目组成员分别做了工作报告、技术报告、查新报告、测试报告等，向鉴定委员会全面汇报了项目情况。该项目突破传统调度自动化系统的IOE架构，及大规模电网在线计算效率方面的瓶颈，应对不断涌现的区域电力现货市场出清、海量分布式新能源协调控制等全局性应用，对多级部署技术支撑能力方面提出的严峻挑战，提供了整体解决方案。主要包括：提出并研发了全国首个基于多区域架构的电力调度智能云，重构了调度自动化系统基础架构，向全网提供云服务，资源利用率和全局性应用能力大幅提升；研制了业界第一个秒级扩展计算资源、即插即用模块化及一键部署的新型调度自动化系统，通过弹性资源实现对全网35kV及以上电网实时监控；提出了调度云、数据中台和机器学习相融合的调度AI应用平台，实现了AI算力弹性分配、电网运行数据样本快速生成、自助式算法迭代的电力调度AI生态应用，解决了大量累积的电网运行数据如何在线迭代学习的难题。

鉴定会上，公司一级技术专家还做了调控系统“一键部署”和“秒级扩容”的两个演示，现场演示系统被人为删除后，54s内一键完成重新部署；随机选择其中一个前置服务，由10个节点扩容到15个节点并实现负载均衡，10s内完成。

鉴定委员会专家在听取项目组汇报的基础上，对项目成果在电力调度智能云平台、云原生调控自动化系统、AI应用生态提供最佳实践等方面创造了重大的社会经济效益表示高度肯定，并在相关技术细节上与项目组成员展开了质询与答疑。

该项目获得授权专利21项、软著18项，发表SCI/EI论文9篇、核心论文2篇，发布企业标准11项。项目成果在南方电网全面推广应用。“一键式”全系统部署效率相比过去提升百倍，消息处理能力提升超过10倍，计算能力弹性伸缩，成本降低50%。

经讨论，项目鉴定委员会专家一致认为，该项目提出并研发了全国首个基于多区域架构的电力调度智能云，重构了调度自动化系统基础架构，为调度自动化系统提供了新的解决方案，推动了行业的进步，整体上达到国际领先水平。

【全国首个复杂电网安全稳定控制全景镜像系统项目通过鉴定】 2020年5月22日，由中国电机工程学会组织的“复杂电网安全稳定控制全景镜像和全域试验技术开发应用”项目技术鉴定会以视频会议形式召开。项目鉴定委员会专家一致认为，该项目有效提升了复杂电网安全稳定控制系统的有效性和可靠性，保障了南方电网长期安全稳定运行，有力支撑了国家西电东送战略实施，推动了行业的进步，整体达到国际领先水平。中国工程院院士李立浧、中国科学院院士程时杰等9位鉴定委员会专家，南网科研院、南网总调、国网电科院、云南电力调度中心、南瑞继保等项目完成单位相关人员参加鉴定会。

该项目是南方电网公司牵头的全国首个复杂电网安全稳定控制全景镜像系统项目，为电网运行和重大工程建设发挥重要作用。南方电网公司首席技术专家饶宏表示，这个系统相当于把南方电网这张世界最复杂的电网形成镜像反映在系统当中，精准模拟交直流复杂电网运行特性和控制特征。利用这个系统可以对南方电网的特性进行深刻地认识，科学地把握，从电网正常运行到事故发生，采取控制措施到故障消除，有效解决交直流复杂电网“仿不了、仿不准、仿不快”的难题。

该项目获得了授权专利55项、软件著作权4项，发表核心论文44篇，其中SCI/EI论文20篇，发布IEC标准等共5项标准。项目成果已在南方电网公司、各发电集团和设备生产厂家等全面推广应用，并推广至国外，取得了显著的经济社会效益。

【湖北柔性直流电网试验示范工程瞬时人工接地短路试验成功】 2020年6月10日，世界首个500kV柔性直流电网工程——±500kV张北柔性直流电网试验示范工程直流线路成功经受瞬时短路电流冲击，瞬时人工接地短路试验成功。此项试验是工程投运前的一次大考，考核了相关设备性能和直流电网是否稳定。试验的成功，标志着该工程的控制系统和保护装置能够正确动作，具备投运条件。

瞬时人工接地短路试验主要考核直流断路器、换流阀、换流变压器等一次设备性能及保护装置、控制装置等二次设备性能，考核柔性直流电网在短路电流冲击下的暂稳态性能，验证线路故障后的保护动作及重合闸是否正确，对于验证系统的安全可靠性和发现安全隐患具有重要意义。

张北柔性直流电网试验示范工程具备世界上最高电压等级、最强开断能力的直流断路器和世界上最高电压等级、最大换流容量的柔性直流换流阀，必须通过试验验证直流断路器分断故障电流的能力和直流电网系统的故障自愈能力，确保工程在较高水平上运行。

国网冀北电力有限公司联合中国电力科学研究院周密制订试验方案，合理安排电网运行方式，提前与电源侧新能源场站沟通协调，加强运行监控并做好防范措施。试验人员克服作业环境复杂、协调工作量大、安全风险点多等困难，分别选取4座换流站直流侧线路正、负极共进行8次试验。整个试验过程历时3天，试验各项参数结果均满足设计要求。

张北柔性直流电网试验示范工程是国家电网有限公司服务能源清洁低碳发展的重大工程。工程将张家口地区大规模、不稳定的可再生能源进行多点汇集，形成稳定可控的电源，直接为北京冬奥会延庆赛区供电。工程每年可向北京地区输送约141亿kWh的清洁能源，相当于节约标准煤490万t，减排二氧化碳1280万t，为服务大气污染防治行动计划、打好蓝天保卫战，实现冬奥场馆100%清洁能源供电提供有力支撑。

【全国首套自动化虚拟电厂系统在深圳试运行】 全国首套自动化虚拟电厂系统在深圳110kV投控变电站投入试运行，将一举攻克上述难点，为大城市突破土地资源受限瓶颈、提升电力工业发展潜力开辟新路。

承载该系统的装置占地不足1m^2，却可发挥出与大型电厂等效的调峰、电压控制等功能。南方电网深圳供电局结合研发经验所提出的技术条款，已获世界首个虚拟电厂国际标准体系采纳，整套系统入选国际虚拟电厂典型案例。

在世界首个虚拟电厂国际标准体系编写工作中，南方电网深圳供电局承担了主要编写任务，有关虚拟电厂控制架构、功能设置、应用策略等方面的技术条款均获采纳，整个虚拟电厂项目也被国际电工委员会标准编写组列为虚拟电厂国际典型案例。

作为南方电网公司虚拟电厂灯塔项目的承接单位，该局正全力推动虚拟电厂系统落地应用，预计深圳市多个区域约20MW的客户灵活电力资源将陆续接入虚拟电厂。下一步，该局将为相关领域标准及技术体系的建立健全贡献更多“南网智慧”。

【第四代核能系统钠冷快堆关键技术“钠—超临界二氧化碳换热器研制和试验项目”通过验收】 第四代核能系统钠冷快堆关键技术研究中“钠—超临界二氧化碳换热器研制和试验项目”顺利通过专家组验收。这标志着中国首个高效紧凑型钠—超临界二氧化碳印刷电路板式换热器研制成功，在第四代核能系统——液态金属冷却快堆革新型动力转换技术领域取得重大突破。中国已全面掌握钠—超临界二氧化碳换热器的设计、制造、测试技术，并在该领域达到国际先进水平，为后续实现工业应用奠定了坚实基础。

超临界状态下的二氧化碳是世界上最先进的热机循环工质之一，具有循环效率高、设备体积小的特点，能减少设备数量，降低建造和维护成本，显著提高经济性，因而具有广泛的应用前景，是国内外研究的前沿和热点。此外，由于二氧化碳与液态金属钠无剧烈反应，即使发生突发情况也具有自我抑制机制，从而可自动减缓事故后果，显著提高钠冷快堆的安全性。

2019年，原子能院联合中国船舶集团725所研制了高效紧凑型钠—超临界二氧化碳印刷电路板式换热器样机，并联合汉华京电设计和建造了钠—超临界二氧化碳热工水力试验装置，开展了钠—超临界二氧化碳换热器传热性能实验。

2019年12月，钠—二氧化碳换热器样机制造完成。2020年5月，传热性能实验完成，传热功率和温度分布等重要参数均与设计符合良好。该换热器技术除了应用于钠冷快堆，还可用于铅铋合金、钠钾合金等其他液态金属冷却反应堆的动力转换系统，具有广阔的应用前景。

【世界首台160kV超导直流限流器带电成功】 2020年7月9日，世界首台160kV超导直流限流器在广东汕头南澳多端柔直示范工程启动并带电成功，标志着这个超级工程正式进入了“临床试验”的关键阶段，将在真实运行环境中完成各项调试，以确保下一步整体试运行顺利。

该项目是国家重点研发计划研究成果，由广东电网公司牵头，联合国内多家科研机构、高等院校、制造厂商共同研发，也将是首台“走出实验室”，实现示范运行的超导直流限流器，填补超导直流限流器在电力实际运用领域的空白。

超导直流限流器是限制电网故障电流的一种装置，当柔性直流输电系统发生故障时，通过降低短路电流，让隔离故障的断路器能够更容易、更及时地断开故障。

超导直流限流器设计面临的首要问题就是柔性直流输电系统的故障电流模拟困难，而超导直流限流器的设计参数又与故障电流密切相关。为此，项目组攻坚克难，耗时一年建立起了一套基于热等效分析的超导直流限流器多场耦合设计方法，并耗时半年多开发了多套用于柔直系统故障模拟、脉冲功率放电模拟等试验装置，为限流器的设计获得了大量宝贵的数据。

使用什么样的超导材料是超导直流限流器设计的核心课题之一。研发团队全力开展自主研发，进行了数千次样品实验，从上百道工序中反复摸索超导材料的工艺、成分、参数，对不同的超导材料开展缺陷分析，在2018年底成功研制出电阻型超导限流器用高性能高温超导带材（YBCO超导带材），并实现批量化自主生产，打破了国外技术与产品垄断，解决了高温超导电工应用面临的材料“卡脖子”问题。

该超导直流限流器实现100%自主研发，推动了国内高温超导电工技术的发展。研发团队围绕应用需求，在国内首次采用双超导层结构，提高单根带材临界电流，使得体积更小，更加可靠。同时，通过内置光纤实现了线圈温度实时监测。

该项目的安全运行维护职责由广东电网公司汕头供电局柔直巡维中心承担，这是继南澳多端柔性直流示范工程、160kV机械式高压直流断路器项目以来，该运维中心承担的第三项“世界首个”项目运维任务。

该项目将在7月底完成系统联调、人工短路电流等试验，开展为期6个月的挂网试运行。

【中国三代核电技术“华龙一号”通过欧洲论证】 由总部设在深圳的中国广核集团有限公司（简称中国广核）可知，中国自主知识产权三代核电技术“华龙一号”，已通过欧洲用户要求符合性评估，获得了EUR组织认证证书。认证结果表明“华龙一号”与EUR最新版（E版）要求具有高度的符合性，其设计满足欧洲最新核电要求。

EUR组织由14家欧洲大型电力公司组成，致力于为拟进入欧洲核电市场的核电技术制定一套满足欧洲核电安全、经济及环境等要求的通用用户要求文件，并负责组织专家对潜在进入欧洲市场的核电技术进行与EUR要求相符性的审查和认证工作，为欧洲核电业主进行总体技术把关。通过EUR认证已成为各核电技术供应商进入欧洲电力市场的重要条件。

EUR文件涵盖了保证核电站安全高效运行的各方面的超过5000条要求，包括安全、性能、系统与设备、布置、仪控、运行维护、环境保护、退役等方面。EUR（E版）是EUR组织根据国际核电最新安全要求及市场需求而发布的最新版本，在安全上考虑了福岛核事故的经验反馈。

“华龙一号”是中国自主研发的三代核电技术，其EUR认证于2017年8月全面启动，EUR组织11家成员单位参与。认证经过了申请、准备、详细评估和定稿四个阶段，在认证过程中，审评方基于中广核提交的大量审评文件，完成了5000多项符合性分析，“华龙一号”的技术先进性和成熟性得到认可。

【特高压换流变压器现场组装技术取得重大突破】 青海—河南±800kV特高压直流工程海南站800kV高端换流变压器最后1台运行相在西宁高海拔检修基地成功通过试验。至此，采用现场组装技术的6台800kV高端换流变压器全部合格产成。这是世界上首次在变压器工厂以外规模化组装生产大型换流变压器，也是首次在2500m高海拔地区开展特高压换流变压器的生产组装与试验，标志着中国全面攻克了特高压换流变压器现场规模化组装技术和高海拔环境下的制造工艺控制难题，为青海—河南直流工程年内全面建成投运创造了良好条件。

海南站位于海拔2900m的青海省海南藏族自治州。因为空气稀薄、气压低造成换流变压器散热困难和外绝缘性能降低，必须设计尺寸更大的800kV换流变压器，超出了可铁路运输的限值。为此，公司投资将西宁高海拔检修基地升级为特高压换流变压器现场组装厂房，具备换流变压器除线圈绕制和油箱生产以外的所有组装、工艺处理及全套试验能力。

为解决换流变压器现场组装等难题，公司组织国网青海公司、变压器厂家等相关单位，针对高海拔的特点，优化换流变压器设计方案，摸清高海拔对换流变压器生产工艺的影响，开发静放期间加压浸油新工艺，强化关键工艺保障措施，提升了工艺处理可靠性，为高海拔地区规模化组装特高压换流变压器积累了宝贵经验。

国网青海电力西宁高海拔检修基地的改造升级解决了海南站换流变压器运输供货难题，突破了运输尺寸对换流变压器设计裕度的限制，进一步提升了中国高海拔试验研究能力，为将来偏远地区利用特高压实现电能外送提供了全新的解决方案。

电力标准化

【国家电网有限公司发起的首个ISO标准获批立项】 国家电网有限公司在国际标准化组织（ISO）发起的首个国际标准提案“纤维增强塑料-小型组合式构架-技术要求和试验方法”正式获批立项。该标准是公司在ISO主导立项的首个国际标准，具有重大里程碑意义。

该公司开展纤维增强材料在电力器材领域的研究、试验及应用工作已有十余年，并取得了一系列基础数据和实践经验，主导编制了相关电力和建筑行业标准。在做好国内相关工作的前提下，公司敏锐辨识国际标准空白点，克服申请流程不熟、国际专家认可度不高等困难，在详细开展国际市场和标准需求分析的基础上，精心准备提案并正式提交ISO；在国家标准委的大力支持下，广泛开展国际技术交流，争取国际支持。提案由国网浙江电力专家担任召集人，法国、日本、西班牙、韩国、泰国参与标准制定工作。该标准的立项和后续编制工作可为公司进一步熟悉ISO标准申请、制定流程，以及在ISO申请更多国际标准奠定良好基础。

国际标准化组织（ISO）、国际电信联盟（ITU）和国际电工委员会（IEC）是世界上最具影响力的三大标准化组织，其中IEC主要负责有关电气工程和电子工程领域的国际标准化工作，ITU主要负责电信领域的国际标准化工作。ISO涉及除电气、电子、电信领域外的其他技术领域，现有164个成员国，中央秘书处设在瑞士日内瓦。

公司历来高度重视并大力推进国际标准化工作，代表中国主导发起并成立了高压直流输电、智能电网用户接口、可再生能源接入电网、特高压交流系统、分布式能源系统、电力厂站低压辅助系统、（电网）网络管理等7个IEC新技术委员会，并承担7个秘书处工作和1个主席职务；累计主导编制国际标准80项（IEC标准54项、ISO标准1项、IEEE标准25项）。

【南方电网公司首个直流输电领域IEC标准发布】 2020年4月21日，接国际电工委员会分技术委员会IEC TC 22/SC 22F秘书处通知，IEC国际标准《采用电网换相换流器的高压直流系统性能》于2020年4月16日正式在IEC官网发布。该标准由南网科研院主持修编，是南方电网公司首项主持完成的直流输电领域IEC标准，由南方电网公司首席技术专家饶宏作为召集人发起，先后通过工作草案、委员会草案、询问、最终国际标准稿审核等阶段，历时3年得以正式发布。南方电网公司自主攻克的特高压直流、多端直流输电控制保护技术等多项核心技术成果均转化为该标准核心内容。

本次IEC标准的发布，进一步巩固了南方电网公司在直流输电领域的领先地位，有利于推进自主优势技术输出，提升南方电网技术品牌影响力。

【中国大唐3项IEC/ISO国际标准被国标委认定发布】 中国大唐系统内企业主导的IEC PAS 63312《锅炉火焰检测系统技术规范》、ISO 23123《腐蚀控制工程全生命周期 通用要求》、ISO 23221《管道腐蚀控制工程全生命周期 通用要求》3项IEC/ISO国际标准被国标委认定为2020年完成发布。

【华电集团主导和参编的三项国际标准正式发布】 国际标准化组织（ISO）经全世界164个成员国投票通过，批准并正式向全世界发布由华电电力科学研究院代表火电行业主导、引领制定的ISO 23222《腐蚀控制工程全生命周期风险评价》国际标准，以及华电电力科学研究院参加、支持制定的ISO 23221《管道腐蚀控制工程全生命周期通用要求》，ISO 23123《腐蚀控制工程全生命周期通过要求》等三项国际标准。三项国际标准的发布是中国华电国际标准化工作中迈出的关键一步，实现了中国华电在国际标准化主导编制方面零的突破，提升了中国在防腐控制工程领域的国际影响力。

该系列标准以确保安全、经济、长周期运行和绿色环保的最佳效益为目标，首次将腐蚀控制风险评估理念贯穿设备（系统）的全生命周期，并且明确给出了风险评估的原则、方法和报告要求。该系列标准的发布是腐蚀控制工程全生命周期理念得到国内外高度认可和国际标准化工作取得里程碑式突破的重要标志。

三项标准立足于“腐蚀控制工程全生命周期”领域的全局高度，对腐蚀进行科学精准的控制，使其全面转化为生产力。标准的发布为解决腐蚀对人类社会长期造成的资源浪费、财产损失，甚至大量人员伤亡等重大安全、环保事故发挥重要作用。对于火电行业而言，准确把握标准中提出的“腐蚀控制工程全生命周期”理念，科学应用风险评价方法、腐蚀控制技术进行电厂生产管理，对减少因腐蚀造成的设备（系统）损失和破坏，作用重大，意义深远。

【国家标准《电力系统安全稳定导则》发布】 国家

市场监督管理总局、国家标准化管理委员会联合发布强制性国家标准《电力系统安全稳定导则》(GB 38755—2019)。该标准将于2020年7月1日实施。

《电力系统安全稳定导则》作为指导中国电力系统规划、设计、建设、运行、科研和管理的重要技术标准，长期以来对保障中国电力系统安全稳定起到重要作用，现行版本已难以适应当前电力系统发展状况。根据国家能源局委托，由挂靠在国家电力调度控制中心的全国电网运行与控制标委会（SAC/TC446）组织修编，并牵头成立包含供电企业、发电企业、规划设计单位、科研院校等23个单位的工作机构，由7名院士组成专家顾问组。

本次修编着重从六个方面改进优化：一是坚持安全性，在继承和总结原有导则内容的基础上，结合电力系统发展面临的安全形势补充新的内容；二是兼顾经济性，把握好不同层级、不同地区电网中安全性与经济性的合理平衡；三是突出原则性，对电网与电源结构、新能源并网标准等问题提出原则性要求和基本规范；四是注重系统性，整体设计电力系统的标准制度体系，做好与《电力系统技术导则》及其他电力系统标准的衔接；五是体现先进性，适应电网发展提出新理念，规范新能源并网，鼓励新技术推广和新设备应用；六是保证指导性，实事求是地研究解决现实暴露的问题和未来发展的矛盾，提出指导性意见。

该次修编的《电力系统稳定导则》重点解决特高压交直流电网逐步形成、系统容量持续扩大、新能源大规模并网、电网格局与电源结构发生重大改变、电网特性发生深刻变化给电力系统安全稳定运行带来的全新挑战等问题。新版《电力系统稳定导则》的实施将有力支撑国家能源安全新战略对电力系统提出的新要求，确保电网与并网电厂的安全、稳定、经济运行。

电力环保

【国家发展改革委组织开展绿色产业示范基地建设】 2020年7月14日，国家发展改革委印发《关于组织开展绿色产业示范基地建设的通知》（简称《通知》），其中提出到2025年，绿色产业示范基地建设取得阶段性进展，培育一批绿色产业龙头企业。

推动绿色产业集聚，提升绿色产业竞争力，构建技术创新体系，打造运营服务平台，完善政策体制机制。

绿色产业示范基地建设期5年，建设期内，绿色产业示范基地应开展年度总结，形成总结报告并按程序报送国家发展改革委。国家发展改革委将采取第三方评估方式，对基地建设运营情况进行中期和终期评估。依据评估结果，国家发展改革委对工作进展成效显著的基地将加大资金、政策支持力度，对工作进度滞后、建设成效较差的基地将视情况采取督促整改、通报批评等措施，对于评估不达标的基地将及时调整退出。

重大奖项

2020年度国家技术发明奖
电力行业获奖项目

序号	等级	项目名称	主要完成人
1	二等奖	复杂电网差动保护关键技术及应用	郑玉平（国网电力科学研究院有限公司）、李斌（天津大学）、吴通华（国电南瑞科技股份有限公司）、李永丽（天津大学）、潘书燕（国电南瑞科技股份有限公司）、戴魏（国电南瑞科技股份有限公司）

2020 年度国家科学技术进步奖
电力行业获奖项目

序号	等级	项目名称	主要完成人	主要完成单位
1	二等奖	特高压高能效输变电装备用超低损耗取向硅钢开发与应用	储双杰、李国保、沙玉辉、陈　新、章华兵、沈侃毅、杨勇杰、杜振斌、侯长俊、宿德军	宝山钢铁股份有限公司、东北大学、全球能源互联网研究院有限公司、保定天威保变电气股份有限公司
2	二等奖	含高比例新能源的电力系统需求侧负荷调控关键技术及工程应用	宋永华、丁　一、陈　嵘、叶水泉、林　今、田世明、叶承晋、李靖霞、刘月琴、万　灿	国网浙江省电力有限公司、浙江大学、杭州源牌科技股份有限公司、清华大学、中国电力科学研究院有限公司、国电南京自动化股份有限公司、国网上海市电力公司
3	二等奖	±800kV 换流变压器自主化研制及工程应用	刘泽洪、宓传龙、李　鹏、周远翔、王　健、齐　波、帅远明、张冠军、卢理成、程涣超	中国电力科学研究院有限公司、西安西电变压器有限责任公司、清华大学、华北电力大学、保定天威保变电气股份有限公司、特变电工沈阳变压器集团有限公司
4	二等奖	网源友好型风电机组关键技术及规模化应用	秦世耀、应　有、李少林、乔　元、谢　震、王瑞明、房　方、毕　然、代林旺、张　利	中国电力科学研究院有限公司、新疆金风科技股份有限公司、浙江运达风电股份有限公司、合肥工业大学、华北电力大学
5	二等奖	有载调容配电变压器关键技术、系列装备及规模化应用	盛万兴、王金丽、魏贞祥、方恒福、孟晓丽、杨红磊、林　涛、韩筛根、孙业荣、邹　鹏	中国电力科学研究院有限公司、北京博瑞莱智能科技集团有限公司、国网北京市电力公司、山东电工电气集团有限公司、辽宁金立电力电器有限公司
6	二等奖	轴流式和贯流式水轮机关键技术及工程应用	罗兴锜、冯建军、郭鹏程、赵　越、南海鹏、刘胜柱、郑小波、吴喜东、宫让勤、张乐福	西安理工大学、哈尔滨大电机研究所、浙江富安水力机械研究所有限公司、浙富控股集团股份有限公司
7	二等奖	高比例新能源电力系统电能净化关键控制技术及应用	张承慧、耿　华、胡顺全、邢相洋、陈阿莲、冯　丽、迟恩先、任其广、张长元、李晓艳	山东大学、新风光电子科技股份有限公司、清华大学、山东泰开电力电子有限公司、山东山大华天科技集团股份有限公司
8	二等奖	煤矸石煤泥清洁高效利用关键技术及应用	程芳琴、张　锴、郭彦霞、张培华、宋慧平、杨凤玲、张缠保、武建芳、傅垣洪、高利生	山西大学、华北电力大学、山西平朔煤矸石发电有限责任公司、山西华仁通电力科技有限公司、山西大地民基生态环境股份有限公司、山西天宇环保技术有限公司

2020 年度中国电力技术发明奖
获奖项目及受奖人

序号	等级	获奖项目	受奖人
1	一等	1100kV 交流滤波器组频繁投切断路器	刘泽洪（国家电网有限公司）、王传川（西安西电高压开关有限责任公司）、钟建英（平高集团有限公司）、张进（国家电网有限公司）、崔博源（中国电力科学研究院有限公司）、王承玉（中国电力科学研究院有限公司）

续表

序号	等级	获奖项目	受奖人
2	二等	高风电渗透率电网故障保护关键技术与应用	宋国兵（西安交通大学）、何世恩（国网甘肃省电力公司）、郭润生（国网山西省电力公司）、张保会（西安交通大学）、樊占峰（许继电气股份有限公司）、王晨清（西安交通大学）
3	二等	双向水平轴潮流能发电机组	褚景春（国电联合动力技术有限公司）、袁凌（国电联合动力技术有限公司）、王海峰（国家海洋技术中心）、王正伟（清华大学）、孙科（哈尔滨工程大学）、董健（国电联合动力技术有限公司）
4	三等	光纤芯远程自动交换技术	俞红生（国网浙江省电力有限公司宁波供电公司）、徐孝忠（国网浙江省电力有限公司宁波供电公司）、范雪峰（国网浙江省电力有限公司宁波供电公司）、安磊（宁波送变电建设有限公司永耀科技分公司）、沈科炬（国网浙江慈溪市供电有限公司）、杨立明（国网浙江余姚市供电有限公司）
5	三等	局部放电检测装置量值溯源及干扰抑制技术	王异凡（国网浙江省电力有限公司电力科学研究院）、江秀臣（上海交通大学）、龚金龙（国网浙江省电力有限公司电力科学研究院）、杨青（国网浙江省电力有限公司电力科学研究院）、唐志国（华北电力大学）、孟东林（中国计量科学研究院）
6	三等	核动力厂堆内构件水下检修关键技术及装置研究	黄然（上海核工程研究设计院有限公司）、刘永骏（上海核工程研究设计院有限公司）、翁志敏（上海核工程研究设计院有限公司）、黄祥明（上海核工程研究设计院有限公司）、陈志清（上海核工程研究设计院有限公司）、黄国军（上海核工程研究设计院有限公司）

2020 年度中国电力科学技术进步奖获奖项目

序号	等级	获奖项目	受奖单位	受奖人
1	一等	循环流化床燃烧炉内超低排放的流态设计方法与应用	清华大学、太原锅炉集团有限公司、华能呼伦贝尔能源开发有限公司、山西国峰煤电有限责任公司	吕俊复、张建春、岳光溪、郭学茂、杨海瑞、刘爱成、银　龙、柳成亮、李　军、张　缨、赵晓星、张　鹏、张　海、马　升、李金生、贺辉宝、范彦军
2	一等	含大规模电气化交通负荷的城市电网保护控制关键技术及应用	西南交通大学、中国电力科学研究院有限公司、南京南瑞继保工程技术有限公司、深圳供电局有限公司、国网四川省电力公司成都供电公司、国网四川省电力公司电力科学研究院、华中科技大学	何正友、林　圣、赵希才、廖　凯、刘科研、胡子珩、石东源、常政威、杨健维、段登伟、冯　玎、李小鹏、王　玘、石　勇、伍国兴
3	一等	智能发电运行控制系统研发及其应用	国电电力发展股份有限公司、华北电力大学、北京国电智深控制技术有限公司、国电内蒙古东胜热电有限公司、国电新能源技术研究院有限公司、国家能源投资集团有限责任公司	刘吉臻、冯树臣、曾德良、冯　健、孙同敏、胡　勇、张东明、赵俊杰、李　文、张文建、许　琦、陈保卫、崔青汝、仝　声、李庚达

续表

序号	等级	获奖项目	受奖单位	受奖人
4	一等	燃煤电厂有色烟羽成因与控制关键技术研发及应用	国电科学技术研究院有限公司、北京国电龙源环保工程有限公司、东南大学、国电南京电力试验研究有限公司、南京国电环保科技有限公司、国电环境保护研究院有限公司	朱法华、杨希刚、杨林军、李军状、赵　喆、张志强、段玖祥、薛建明、路光杰、汤光华、马庆中、崔立明、常金旺、李亚巍
5	一等	海上风电风能高效利用与低冗余高可靠性桩基关键技术及应用	华能国际电力股份有限公司江苏清洁能源分公司、中国华能集团清洁能源技术研究院有限公司、中国电建集团华东勘测设计研究院有限公司、中交第三航务工程局有限公司、远景能源有限公司、中国船舶重工集团海装风电股份有限公司、西安热工研究院有限公司、中国电力科学研究院有限公司、华能海上风电科学技术研究有限公司	许世森、陈晓路、郭小江、王茂华、沙　浩、管春雨、朱亚波、马　强、闫　姝、姜贞强、张　波、赵　勇、杨　微、邹天城、陈为国、陈新明、赵朝志
6	一等	高效率电力电子变压器及其交直流灵活组网关键技术与应用	国网江苏省电力有限公司、中国科学院电工研究所、中国电力科学研究院有限公司、浙江大学、清华大学、南京南瑞继保工程技术有限公司、国网江苏省电力有限公司苏州供电分公司	孔　力、袁宇波、吴　争、蒲天骄、李耀华、年　珩、袁晓冬、李　洋、李来福、杨晓梅、李子欣、韦统振、程　林、李　强、魏　星、张宸宇
7	一等	输电通道雷击风险预警关键技术与应用	国网电力科学研究院武汉南瑞有限责任公司、南方电网科学研究院有限责任公司、中国科学院空天信息创新研究院、国网浙江省电力有限公司、国网陕西省电力公司、国网新疆电力有限公司电力科学研究院、南瑞集团有限公司、合肥工业大学、国网福建省电力有限公司电力科学研究院	谷山强、陈维江、王　剑、冯万兴、姜文东、彭春荣、郭钧天、彭　波、赵　淳、蒲　路、廖民传、刘金波、李　健、向念文、严碧武
8	一等	电力工程中外技术标准体系研究与国际化应用	中国电力建设股份有限公司、水电水利规划设计总院、中国电力规划设计协会、清华大学、中国电建集团国际工程有限公司、中国能源建设集团规划设计有限公司、中国电建集团河南工程有限公司	宗敦峰、周建平、张勇平、齐　斌、唐文哲、陈观福、吴鹤鹤、李爱民、庞　可、易跃春、黄晓辉、张伟超、赵春晓、程正逢、张　勇
9	一等	全水头高效反击式水轮发电机组设计制造及工程应用关键技术	浙江大学、浙江富春江水电设备有限公司、中国葛洲坝集团机电建设有限公司、中国水利水电科学研究院、杭州力源发电设备有限公司、浙江金轮机电实业有限公司、杭州杭发发电设备有限公司	童哲铭、童水光、陈　强、马建峰、周　叶、黄　清、张联升、张　昊、唐　宁、沈钊根、王寅华、寿光辉、赵　华、刘思靓、曹登峰
10	一等	支撑新能源电力系统的虚拟同步机关键技术、装备与应用	国网冀北电力有限公司、中国电力科学研究院有限公司、国网天津市电力公司、国网江苏省电力有限公司、清华大学、华北电力大学、国网上海能源互联网研究院有限公司、国电南瑞科技股份有限公司、许继集团有限公司、国网新源张家口风光储示范电站有限公司、华北电力科学研究院有限责任公司	刘　辉、刘海涛、吕志鹏、陈来军、秦晓辉、刘汉民、袁　敢、王　伟、王　林、莫小林、孙建锋、程雪坤、翁蓓蓓、董文琦、宋振浩、苏丽宁、巩　宇、蒋中军、马步云

续表

序号	等级	获奖项目	受奖单位	受奖人
11	一等	规模化电力电子变流设备接入电网稳定运行能力提升关键技术及应用	国网河南省电力公司电力科学研究院、武汉大学、中国电力科学研究院有限公司、国网山西省电力公司电力科学研究院、华北电力大学、国网浙江省电力有限公司绍兴供电公司、许继电源有限公司、思源清能电气电子有限公司	李琼林、查晓明、邬　雄、司学振、孙建军、王金浩、张　博、蔡重凯、陶　顺、代双寅、唐钰政、冯鑫振、刘书铭、甘江华、张秀娟
12	一等	分布式可再生能源发电集群并网消纳关键技术及示范应用	中国电力科学研究院有限公司、天津大学、东南大学、国网安徽省电力有限公司、华中科技大学、中国科学院电工研究所、合肥工业大学、北京交通大学、国网上海能源互联网研究院有限公司、许昌许继电科储能技术有限公司、安徽大学、北京群菱能源科技有限公司、江苏和网源电气有限公司、北京清大高科系统控制有限公司、西安爱科赛博电气股份有限公司	盛万兴、吴　鸣、顾　伟、郭　力、王刘芳、刘邦银、季　宇、刘海涛、吴红斌、王一波、张大海、寇凌峰、宋振浩、郑　楠、李　伟、姚　伟、张　倩、刘怀照、张　颖、荣秀婷
13	一等	交流特高压工程环保监测与施工关键技术及应用	国家电网有限公司交流建设分公司、国网陕西电力公司电力科学研究院、国网河北省电力有限公司、中国电力科学研究院有限公司、紫光软件系统有限公司、国网四川电力送变电建设有限公司、北京博超时代软件有限公司	宋继明、倪向萍、吴　健、张　智、景文川、刘搏晗、王海鹏、杨怀伟、雷　磊、王　艳、魏金祥、万　昊、刘　新、张桂林、黄宝莹
14	一等	主动配电网运行调控与可靠性规划关键技术、系统及应用	清华大学、国电南瑞科技股份有限公司、贵州电网有限责任公司、长园深瑞继保自动化有限公司、国网四川省电力公司、北京清大高科系统控制有限公司、国网陕西省电力公司、北京国科恒通科技股份有限公司	吴文传、张伯明、杜红卫、孙宏斌、王　彬、巨云涛、郭庆来、路　轶、徐成斌、王　玮、张　超、郭　烨、王　鹏、贺　彦、汤　磊
15	一等	电力监控系统网络安全态势感知关键技术研究、装备研制与规模应用	中国南方电网电力调度控制中心、南方电网数字电网研究院有限公司、广东电网有限责任公司电力调度控制中心、广东电网有限责任公司东莞供电局、中国南方电网超高压输电公司检修试验中心、南京南瑞信息通信科技有限公司	杨俊权、苏　扬、陶文伟、刘映尚、胡朝辉、张思拓、张文哲、周　安、钟志明、陈彦州、梁志宏、易思瑶、乔治中、余志文、卢建刚
16	一等	大型热电联产源网荷一体化协同供热关键技术及应用	华电电力科学研究院有限公司、中国华电集团有限公司、西安交通大学、天津大学、哈尔滨汽轮机厂有限责任公司、大连理工大学、石家庄华电供热集团有限公司、丹东金山热电有限公司、黑龙江龙电电气有限公司	彭桂云、郑立军、赵晓东、王雅然、刘　明、孙士恩、严俊杰、张　欢、高新勇、刘　华、刘云锋、俞　聪、吕　泉、成庆敏、韩彦国
17	二等	支撑跨行业能源资源共享协同的大型城市能源互联网关键技术及示范	广东电网有限责任公司、清华大学、东方电子股份有限公司、北京清大高科系统控制有限公司	孙宏斌、刘育权、陈　健、郭庆来、王　珂、许　苑、王　莉、苏志鹏、马捷然

续表

序号	等级	获奖项目	受奖单位	受奖人
18	二等	复杂电网多源风险全过程防控关键技术、系统研制与工程应用	浙江大学、国网浙江省电力有限公司、深圳供电局有限公司、东方电子股份有限公司、中国电力科学研究院有限公司、国网重庆市电力公司、国网河南省电力公司	郭创新、丁　一、郭瑞鹏、叶承晋、胡子珩、朱炳铨、马世英、刘延乐、罗锡斌、付红军
19	二等	现场组装式大容量特高压交流变压器研制、现场试验及工程应用	中国电力科学研究院有限公司、保定天威保变电气股份有限公司、国网山西省电力公司电力科学研究院、国网宁夏电力有限公司电力科学研究院、国网浙江省电力有限公司、国网四川省电力公司电力科学研究院、国网上海市电力公司电力科学研究院	李　鹏、王晓宁、刘东升、赵志刚、韩先才、吴　超、郭慧浩、刘　宏、赵晓宇、张　栋
20	二等	高比例可再生能源电力系统灵活性评估与优化理论及其应用	清华大学、国家电网公司东北分部、内蒙古电力（集团）有限责任公司	鲁宗相、闵　勇、乔　颖、胡　伟、陈　磊、侯凯元、徐　飞、王小海、李　群、夏德明
21	二等	大型变压器健康状态多维感知与失效预警技术及装备开发应用	国网浙江省电力有限公司电力科学研究院、西安交通大学、杭州柯林电气股份有限公司、中国电力科学研究院有限公司、国网浙江省电力有限公司金华供电公司、国网浙江省电力有限公司检修分公司、国网浙江省电力有限公司嘉兴供电公司	张冠军、邵先军、何文林、谢　东、詹江杨、毕建刚、孙　翔、郑一鸣、穆海宝、谢　炜
22	二等	输变电巡检机器人智能化关键技术研究与应用	广东电网有限责任公司、武汉大学、中国航空工业集团公司洛阳电光设备研究所、广州穗能通能源科技有限责任公司、广东科凯达智能机器人有限公司	彭向阳、麦晓明、董选昌、王　柯、吴功平、王　锐、肖　祥、谭　金、温爱辉、李艳飞
23	二等	复杂电网安全稳定控制全景镜像和全域试验技术开发应用	南方电网科学研究院有限责任公司、中国南方电网电力调度控制中心、国网电力科学研究院有限公司、云南电网有限责任公司、南京南瑞继保电气有限公司	饶　宏、郭　琦、朱益华、徐光虎、常东旭、黄　伟、张建新、许剑冰、任祖怡、胡斌江
24	二等	复杂大电网安全稳定交直流协调纵深防御关键技术研究与应用	中国南方电网电力调度控制中心、南方电网科学研究院有限责任公司、中国南方电网有限责任公司超高压输电公司、云南电网有限责任公司、广东电网有限责任公司、南京南瑞继保电气有限公司、河海大学	刘映尚、徐光虎、张建新、唐卓尧、付　超、任祖怡、黄　河、邱　建、黄　磊、周　剑、刘洪涛、朱益华、赵晋泉、张　丹
25	二等	输变电设备状态智能监测和大数据评估系统及大规模应用	国网山东省电力公司、国网山东省电力公司电力科学研究院、中国电力科学研究院有限公司、华北电力大学、上海交通大学、山东电工电气集团有限公司、国网电力科学研究院武汉南瑞有限责任公司	辜　超、杨　祎、林　颖、李程启、苏建军、李　勇、王　峰、齐　波、秦佳峰、常文治

续表

序号	等级	获奖项目	受奖单位	受奖人
26	二等	1000kV 特高压交流输电线路带电作业技术及系列工器具开发应用	国网湖北省电力有限公司检修公司、中国电力科学研究院有限公司、国网湖南省电力有限公司输电检修分公司、武汉大学	闫旭东、彭　勇、杜　勇、刘　凯、邹德华、尹　洪、王星超、刘继承、汪志刚、阮江军、李荣超
27	二等	配电网触电事故预防与快速精准保护关键技术及装备	湖南防灾科技有限公司、长沙信长电力科技有限公司、南方电网科学研究院有限责任公司、广东电网有限责任公司电力科学研究院、湖南省湘电试研技术有限公司、辽宁拓新电力电子有限公司、广州白云电器设备股份有限公司	陆佳政、李锐海、李政洋、毛文奇、彭向阳、谢鹏康、方　针、李景禄、胡建平、吴传平
28	二等	特高压大容量GIL、电抗器现场整体绝缘试验关键技术及成套装备	国网江苏省电力有限公司、中国电力科学研究院有限公司、西安交通大学、华北电力大学、苏州华电电气股份有限公司、扬州市鑫源电气有限公司、国网安徽省电力有限公司电力科学研究院、国网冀北电力有限公司电力科学研究院	张乔根、陶风波、魏　旭、李志兵、刘　洋、黄　强、李洪涛、李建生、李晓昂、唐志国、赵　科、高　山、张国江、龙凯华、鲍清华、腾　云
29	二等	电力行业互联网统一客户服务平台关键技术研究和开发应用	南方电网数字电网研究院有限公司、中国南方电网有限责任公司、广东电网有限责任公司、深圳供电局有限公司	贺锡强、张忠东、詹卫许、娄　山、陈　晔、罗　辑、李　鹏、唐国亮、王志英、谢　辉
30	二等	数据知识驱动的电网状态主动分析与调控决策优化关键技术及应用	国网天津市电力公司电力科学研究院、中国电力科学研究院有限公司、国网辽宁省电力有限公司、东北大学、天津大学、武汉大学、北京科东电力控制系统有限责任公司、北京用尚科技股份有限公司、四川大学	蒲天骄、马世乾、杨晓静、杨东升、余晓丹、尚学军、张　俊、胡　博、王　刚、王新迎、张东霞、徐家慧、肖　迁、刘友波、王天昊、俞　琳、崇志强
31	二等	基于数据驱动的电力保护系统智能决策平台研究与应用	中国南方电网电力调度控制中心、山东大学、山东山大电力技术股份有限公司	余　江、黄　河、韩学山、郑茂然、陈朝晖、栾兆文、杨俊权、史泽兵、丁晓兵、丛　伟
32	二等	基于交直流混联的多能微网高效运行关键技术及应用	国网浙江省电力有限公司电力科学研究院、天津大学、浙江大学、华北电力大学、中国电力科学研究院有限公司、国网浙江省电力有限公司绍兴供电公司、南京南瑞继保工程技术有限公司	赵　波、贾宏杰、韦　巍、李　鹏、葛晓慧、穆云飞、季　宇、冯　华、周关连、徐光福
33	二等	变电站就地化保护系统关键技术及应用	国电南瑞科技股份有限公司、国网浙江省电力有限公司、国网江苏省电力有限公司、国网四川省电力公司、国网黑龙江省电力有限公司、国网新疆电力有限公司、国网山东省电力公司、国网福建省电力有限公司、国网辽宁省电力有限公司	郑玉平、裘愉涛、崔　玉、吴通华、周华良、戴　魏、夏　雨、姚　刚、李友军、王中浪、张家森、饶　丹、甘云华、龙　锋、余　洪

续表

序号	等级	获奖项目	受奖单位	受奖人
34	二等	电站排泄水工程环境友好型的调控理论、关键技术及应用	武汉大学、中国水利水电科学研究院、长江水利委员会长江科学院、中国能源建设集团广东省电力设计研究院有限公司、国核电力规划设计研究院有限公司、长江生态环保集团有限公司、湖北省水利水电规划勘测设计院	杨中华、槐文信、郭新蕾、宫　平、曾　利、胡　晗、夏庆福、乔　弘、惠二青、李海涛
35	二等	基于现代信息技术的电子雷管精确控制爆破关键技术及工程应用	中国葛洲坝集团易普力股份有限公司	周桂松、冷振东、郝亚飞、付　军、刘　庆、李宏兵、杜华善、陈文基、王　堃、陈红刚
36	二等	大容量抽水蓄能机组高稳定性运行关键技术研究与应用	南方电网调峰调频发电有限公司、清远蓄能发电有限公司、深圳蓄能发电有限公司、广东省水利电力勘测设计研究院、东芝水电设备（杭州）有限公司	汪志强、刘学山、关　雷、吕志鹏、刘亚军、伍智饮、彭　潜、彭煜民、陈　谦、罗绍基
37	二等	白鹤滩水电站巨型地下洞室群安全高效建设关键技术	中国三峡建设管理有限公司、中国电建集团华东勘测设计研究院有限公司、中国科学院武汉岩土力学研究所、浙江中科依泰斯卡岩石工程研发有限公司、长江水利委员会长江科学院	何　炜、陈建林、江　权、段兴平、褚卫江、胡英国、李　毅、王红彬、杨　勇、龚世柒
38	二等	燃煤发电机组能效评价技术体系研究及应用	中国神华能源股份有限公司国华电力分公司、华北电力科学研究院有限责任公司、神华国华（北京）电力研究院有限公司、中国电力企业联合会、西安热工研究院有限公司、河北冀研能源科学技术研究院有限公司	白　翎、赵振宁、潘　荔、黄嘉驷、李宏伟、郭江龙、孙志春、张清峰、李媛园、李金晶、范永胜、靖长财、董　琨、龚家献、刘志强
39	二等	汽轮发电机组复杂振动故障诊断和治理关键技术及工程应用	西安热工研究院有限公司、华北电力大学、西安西热节能技术有限公司、华能伊敏煤电有限责任公司、内蒙古聚达发电有限责任公司、淮南平圩第二发电有限责任公司、北京国电电力有限公司萨拉齐电厂	何国安、张学延、宋光雄、张卫军、李德永、张世军、杨　铖、孙士明、姜广政、潘　渤
40	二等	煤粉锅炉动力用煤全性能评价与关键燃烧技术的研究及应用	西安热工研究院有限公司、西安交通大学、清华大学、上海锅炉厂有限公司、神华销售集团有限公司、神华神东电力有限责任公司、中国神华能源股份有限公司国华电力分公司	姚　伟、车得福、张喜来、赵勇纲、谷红伟、张建文、吴玉新、王顶辉、王志超、刘家利
41	二等	区域综合能源系统余热高效梯级利用技术研究与应用	华电电力科学研究院有限公司、上海华电奉贤热电有限公司	周宇昊、郑文广、张海珍、阮慧锋、刘丽丽、刘心喜、虞卫根、罗城鑫、陈　瞳、张钟平

续表

序号	等级	获奖项目	受奖单位	受奖人
42	二等	全流程燃煤烟气多污染物深度脱除创新平台建设及应用研究	中国神华能源股份有限公司国华电力分公司、神华国华（北京）电力研究院有限公司、三河发电有限责任公司、浙江大学、华北电力大学、华中科技大学、山东大学、浙江菲达环保科技股份有限公司、北京中能诺泰节能环保技术有限责任公司	宋　畅、高　翔、张　翼、韩斌桥、王祖林、刘　毅、余学海、王　鹏、张永生、赵永椿、胡建涛、赵　瑞、刘含笑、杨　洋、张立强、赵云才、卢　权、李　燕
43	二等	基于顶峰发电西门子联合循环机组运行优化关键技术研究与应用	浙江浙能技术研究院有限公司、浙江浙能电力股份有限公司萧山发电厂、浙江大学	杨　敏、吕力行、陈强峰、童小忠、陈坚红、王小荣、吴恒刚、王国清、刘　林、吴森南
44	二等	面向源网协调新特征的燃煤机组智能控制关键技术研究及应用	中国大唐集团科学技术研究院有限公司华东电力试验研究院、华北电力大学、大唐锅炉压力容器检验中心有限公司、江西大唐国际抚州发电有限责任公司、广东大唐国际雷州发电有限责任公司、大唐淮北发电厂、安徽淮南洛能发电有限责任公司	张　兴、陈胜利、张　辉、董　泽、张　剑、陈　涛、武海澄、田万军、鲁叶茂、申建东、刘　冰、吴克锋、张　悦、蒋寻寒、阮圣奇
45	二等	W 火焰锅炉烟气污染物超低排放控制技术研发与工程应用	西安热工研究院有限公司、西安交通大学、哈尔滨锅炉厂有限责任公司、国家电投集团贵州金元股份有限公司、国家电投集团远达环保催化剂有限公司、国家电投集团远达环保工程有限公司、华中科技大学	丹慧杰、牛国平、于　强、周屈兰、蒋敏华、陈可均、聂　华、姚　斌、包英捷、房　凡
46	二等	超净燃气燃烧器自主研发与应用	西安西热锅炉环保工程有限公司、西安交通大学、西安热工研究院有限公司	周　飞、周屈兰、姬海民、李红智、李　娜、申冀康、邹小刚、徐党旗、周虹光、董　陈
47	二等	异种钢焊接接头早期开裂机理研究与多元定量评价技术	中国大唐集团科学技术研究院有限公司火力发电技术研究院、清华大学、华北电力科学研究院有限责任公司、河北大唐国际王滩发电有限责任公司、江苏大唐国际吕四港发电有限责任公司	蔡文河、陈　鑫、董树青、蔡志鹏、王智春、张　坤、谌　康、王庆峰、马志宝、杜双明、李克俭
48	二等	滨海电厂海水冷却系统污损控制的研究与工程应用	广东省能源集团有限公司、广东省石油与精细化工研究院、广东红海湾发电有限公司、广东粤电靖海发电有限公司、广东省能源集团有限公司珠海发电厂、湛江电力有限公司、湛江中粤能源有限公司	姚纪恒、栾安博、张洪刚、麦裕良、胡文斌、黄奇然、陈庆辉、邱美坚、唐永光、冯　璐
49	二等	火力发电厂间接空冷系统设计技术及工程应用	中国电力工程顾问集团西北电力设计院有限公司、中国电力工程顾问集团东北电力设计院有限公司、中国电力工程顾问集团华北电力设计院有限公司、中国能源建设集团山西省电力勘测设计院有限公司	杨迎哲、安永尧、高志广、朱云涛、张爱军、陈承宪、姚友成、孟令国、冯　璟、侯宪安

续表

序号	等级	获奖项目	受奖单位	受奖人
50	二等	大型先进压水堆核电厂建造安装关键技术及应用	上海核工程研究设计院有限公司、中国核工业第五建设有限公司、中国核工业第二二建设有限公司、中国核工业二四建设有限公司	王明弹、胡国峰、杨振勋、李　兵、李　建、赵建忠、赵福贵、王　伟、程　亮、吴　健
51	二等	基于 FPGA 技术核电站多样性驱动系统的研制和应用	北京广利核系统工程有限公司、阳江核电有限公司、生态环境部核与辐射安全中心	张春雷、石桂连、柏祥基、马建新、谢逸钦、陈乃奎、陈银杰、梁中起、王　磊、刘景宾
52	二等	近海深厚软基处理创新技术及产业化应用	中国电建集团华东勘测设计研究院有限公司、浙江华东建设工程有限公司、中国电建集团港航建设有限公司、中国水利水电第十二工程局有限公司、华南理工大学、西南交通大学、天津城建大学、浙江海洋大学	汪明元、单治钢、王宽君、孙淼军、沈益源、刘永祥、王亚军、鹿　群、狄圣杰、徐学勇、周小文、张建经、沈仲涛、李洪林、周力沛、徐高峰
53	二等	EPR 核电站关键部件在役检查技术及装备	苏州热工研究院有限公司、台山核电合营有限公司	陈怀东、洪茂成、马官兵、向文欣、袁书现、周立鹏、孔玉莹、宁方卯、余　哲、王韦强
54	二等	非能动压水堆核电站钢制安全壳关键制造技术与工程应用	山东核电设备制造有限公司、中国核工业第五建设有限公司、国核电站运行服务技术有限公司、中国石油大学（华东）、中国核工业二三建设有限公司	王国彪、杨中伟、晏桂珍、路相军、杨　炯、蒋文春、高　伟、胡广泽、汤传乐、王厚高
55	二等	半速核电汽轮机内蒸汽自发凝结与汽缸变形控制关键技术研究	武汉大学、中广核核电运营有限公司、东方汽轮机有限公司	谢诞梅、黄祥君、郑华兵、岳亚楠、段增辉、姜　伟、赵文胜、杨长柱、彭展业、姜海涛

2020 年度中国电力科学技术人物奖获奖人

序号	奖　　种	获奖人	工作单位
1	中国电力科学技术杰出贡献奖	别朝红	西安交通大学
2	中国电力科学技术杰出贡献奖	王　鑫	中广核工程有限公司
3	中国电力科学技术杰出贡献奖	葛维春	国网辽宁省电力有限公司
4	中国电力科学技术杰出贡献奖	李　鹏	南方电网数字电网研究院有限公司
5	中国电力科学技术杰出贡献奖	曾　嵘	清华大学
6	中国电力科学技术杰出贡献奖	唐　炬	武汉大学
7	中国电力科学技术杰出贡献奖	肖恩尚	中国水电基础局有限公司
8	中国电力科学技术杰出贡献奖	王长宝	南瑞集团有限公司（国网电力科学研究院有限公司）

续表

序号	奖　种	获奖人	工作单位
9	中国电力科学技术杰出贡献奖	罗必雄	中国能源建设集团规划设计有限公司（中国电力工程顾问集团有限公司）
10	中国电力科学技术杰出贡献奖	王振彪	中国大唐集团科学技术研究院有限公司

2020 年度水力发电科学技术奖获奖项目

序号	等级	项目名称	完成单位	完成人
1	一等（特等奖）	锦屏水电站工程	雅砻江流域水电开发有限公司、中国电建集团华东勘测设计研究院有限公司、中国电建集团成都勘测设计研究院有限公司、中国水利水电第七工程局有限公司、中国葛洲坝集团股份有限公司、中铁十八局集团有限公司、中国水利水电第十四工程局有限公司、中国铁建大桥工程局集团有限公司、上海福伊特水电设备有限公司、中国水利水电建设工程咨询有限公司、中铁二局集团有限公司、中国水利水电科学研究院、长江水利委员会长江科学院、长江水利委员会工程建设监理中心（湖北）、四川二滩国际工程咨询有限责任公司、清华大学、成都理工大学、中国科学院武汉岩土力学研究所、中国水利水电第五工程局有限公司、中国安能集团第一工程局有限公司、北京振冲工程股份有限公司、河海大学、四川大学、武汉大学、四川二滩建设咨询有限公司、水利部交通运输部国家能源局南京水利科学研究院、天津大学、中国水利水电建设工程咨询西北有限公司、中国电建集团贵阳勘测设计研究院有限公司、中国水利水电建设工程咨询中南有限公司	陈云华、王继敏、王仁坤、张春生、张　鹏、周　钟、陈祥荣、段绍辉、郗举科、雷升祥、郭光文、朱毓平、曾新华、余　挺、单治钢、郑　江、揭秉辉、和孙文、余　奎、冯夏庭、周济芳、商长松、王国平、李卫国、侯　靖、唐忠敏、胡书红、李名川、张国新、邬爱清、周创兵、杨　强、许唯临、练继建、严　明、顾冲时、蔡跃波、杨安林、吴高见、冯　艺、何金荣、张　晨、孙国伟、沙宗天、谭恺炎、张文山、季　峰、陈玉奇、谢扬军、武选正
2	一等（特等奖）	南水北调中线穿黄隧洞工程设计关键技术研究与实践	长江勘测规划设计研究有限责任公司、南水北调中线干线工程建设管理局、中国水利水电科学研究院、长江水利委员会长江科学院	钮新强、台德伟、符志远、王海波、谢向荣、张传健、刘百兴、李明新、苏海东、李安斌、赵剑明、吕国梁、倪锦初、欧阳金惠、上官江、廖仁强、杨旭辉、敖　昕、石　裕、潘　江、陈　琴、郭胜山、游万敏、职承杰、邓家林、王曙东、杨正权、陈　浩、胡靖宇、谢小玲
3	一等	碾压混凝土坝安全服役关键技术及应用	河海大学、新疆额尔齐斯河流域开发工程建设管理局、新疆水利水电勘测设计研究院、新疆水利水电科学研究院	顾冲时、赵二峰、陈　波、顾　昊、石　泉、郑东健、苏怀智、包腾飞、罗纬邦、吴　艳、周富强、魏博文、李　波、陈旭东、黄潇霏

续表

序号	等级	项目名称	完成单位	完成人
4	一等	梯级水库群风险等级确定与风险设计	水电水利规划设计总院、中国水利水电科学研究院、中国电建集团成都勘测设计研究院有限公司、西安理工大学	周建平、杜效鹄、周兴波、陈祖煜、李永红、王玉杰、孙　平、李　斌、高　洁、王富强、李炎隆、张　雄、王　琳、王双敬、王观琪
5	一等	高堆石坝全生命周期变形预测关键技术及应用	武汉大学、华能澜沧江水电股份有限公司、深圳大学、国电大渡河流域水电开发有限公司、中国电建集团贵阳勘测设计研究院有限公司、中国电建集团成都勘测设计研究院有限公司、贵州省水利水电勘测设计研究院有限公司	周　伟、马　刚、常晓林、杨家修、肖海斌、陈智鹏、李　鹏、程瑞林、李永红、邱焕峰、程　翔、刘嘉英、刘　东、徐建华、罗　滔
6	一等	胶结坝新坝型筑坝关键技术与实践	中国水利水电科学研究院、水利部水利水电规划设计总院、四川省港航投资集团有限责任公司、贵州省水利水电勘测设计研究院有限公司、四川省水利科学研究院、北京中水科海利工程技术有限公司、北京新慧水利建筑有限公司	贾金生、郑璀莹、贺晓春、梁　军、雷兴顺、冯　炜、李曙光、陈　昊、李文波、汪　洋、刘双美、陈琼华、杨晋营、苏安双、刘中伟
7	一等	岩体工程力学特性参数取值方法研究和工程应用	中国水利水电科学研究院	汪小刚、王玉杰、赵宇飞、林兴超、曹瑞琅、凌永玉、刘立鹏、皮　进、孙　平、姜　龙、段庆伟、孙兴松、张　强、聂　勇、王双敬
8	一等	乌江思林、沙沱升船机关键技术与应用	贵州乌江水电开发有限责任公司、杭州国电机械设计研究院有限公司、中国电建集团贵阳勘测设计研究院有限公司、水利部交通运输部国家能源局南京水利科学研究院、华电电力科学研究院有限公司、西安航天自动化股份有限公司、武汉长海高新技术有限公司	沈寿林、段　伟、谭守林、胡亚安、陈晓彬、田　鑫、杨宝银、湛伟杰、徐　祎、李航宇、李中华、卢明军、王得宇、罗　松、耿克普
9	一等	长引水隧洞水下多功能智能巡检机器人国产化研究与应用	南方电网调峰调频发电有限公司、中国船舶重工集团公司七五〇试验场	陈　涛、李定林、曾广移、巩　宇、杨　帆、王文辉、黄小凤、梁　彦、杨　峰、卢　鹏、王元勇、韦献宝、周红坤、覃　丹、陈　静
10	一等	敞开式 TBM 安全高效施工关键技术研究及应用	中国水利水电第三工程局有限公司、石家庄铁道大学、中国水利水电第十四工程局有限公司、中国水利水电第六工程局有限公司	许金林、王鹏禹、黄继敏、杜立杰、左立富、韩小亮、李东锋、王　永、杨元红、李光前、吴根生、郭　坤、陈忠伟、郑继光、焦吉坤
11	一等	基于三峡水库水环境改善的水库群联合调度关键技术研究与应用	武汉大学、中国长江三峡集团有限公司、三峡大学、华北电力大学、湖北工业大学、武汉澄川朗境环境科技有限公司	张艳军、鲍正风、杨正健、张利平、丁晓雯、余敦先、马　骏、吴碧琼、杨国录、陆　晶、纪道斌、艾学山、王玉华、宋林旭、李　鹏
12	一等	大体积混凝土温控防裂关键问题研究及其应用	清华大学、中国三峡建设管理有限公司、中国水利水电第八工程局有限公司、黄河勘测规划设计研究院有限公司、郑州大学	胡　昱、李庆斌、廖建新、于永军、马　睿、朱　贺、王攀科、尹　韬、王　娟、李　希、韩进舟、曹德志、黄海龙

续表

序号	等级	项目名称	完成单位	完成人
13	二等	岩基海床大型风机单桩基础设计与施工关键技术	中国电建集团华东勘测设计研究院有限公司、山东大学、福建莆田闽投海上风电有限公司、福建龙源海上风力发电有限公司、中交第三航务工程局有限公司	罗金平、韩　勃、何　奔、官春光、赵生校、王淡善、吕　娜、刘　旦、李　涛、潘生贵
14	二等	巴基斯坦 NEELUM～JHELUM 水电站机电工程关键技术与实践	长江勘测规划设计研究有限责任公司、中国机械设备工程股份有限公司、哈尔滨电机厂有限责任公司、中国葛洲坝集团机电建设有限公司	田子勤、刘恒斌、邹海青、陶星明、王树清、吴建洪、何　为、郑涛平、崔　磊、卜良峰
15	二等	柬埔寨桑河二级高水头灯泡贯流式水轮发电机组开发及应用	东方电气集团东方电机有限公司	税　彪、张小军、杜芳勉、文树洁、赵永智、李小兵、王建康、张少辉、凡家异、刘　钟
16	二等	河流水电开发鱼类生境保护修复关键技术及应用	中国电建集团贵阳勘测设计研究院有限公司、四川大学、中国水利水电科学研究院、国电大渡河流域水电开发有限公司、国网新源控股有限公司	陈国柱、严登华、唐忠波、常　理、安瑞冬、魏　浪、陶江平、马卫忠、孟继慧、夏　豪
17	二等	变化环境下三峡水库库尾泥沙运动规律及整治关键技术研究	长江水利委员会长江科学院、中国长江三峡集团有限公司、重庆交通大学、长江水利委员会水文局	卢金友、胡兴娥、金中武、李文杰、周银军、董炳江、王　海、黄仁勇、徐海涛、王　军
18	二等	堆石混凝土拱坝研究与实践	清华大学、水电水利规划设计总院、遵义水利水电勘测设计研究院、中国水利水电科学研究院、水利部水利水电规划设计总院	金　峰、李　昇、张全意、周　虎、周秋景、曾　旭、汤洪洁、李友彬、张文胜、周元德
19	二等	复杂条件高土石坝泄水安全关键技术与应用	中国电建集团华东勘测设计研究院有限公司、华能澜沧江水电股份有限公司、水利部交通运输部国家能源局南京水利科学研究院	吴时强、黄泰仁、郑惠峰、吴修锋、黄东军、刘瞳昌、周　辉、鄢　镜、王芳芳、俞　丹
20	二等	水电流域综合监管体系与平台建设研究	水电水利规划设计总院、中国电建集团中南勘测设计研究院有限公司、乐山中电建生态环保科技有限公司	顾洪宾、薛联芳、赵　坤、刘　洋、尹华政、王东胜、彭才德、王伶俐、王　超、姜　昊
21	二等	大容量海上风电项目研发与实践关键技术	长江三峡集团福建能源投资有限公司、上海勘测设计研究院有限公司、新疆金风科技股份有限公司、东方电气风电有限公司、福建省新能海上风电研发中心有限公司	孙　强、雷增卷、曾建平、彭　亚、李　智、项建强、张鑫凯、于晨光、文　利、李孟超
22	二等	紧凑型超小转弯半径硬岩 TBM 设备研发及工程应用	山东文登抽水蓄能有限公司、中铁工程装备集团有限公司、中铁十四局集团有限公司、中国电建集团北京勘测设计研究院有限公司	李富春、徐艳群、施云龙、刘永奎、尚海龙、陈宝宗、衣传宝、刘传军、潘福营、何少云

续表

序号	等级	项目名称	完成单位	完成人
23	二等	高土石坝长效服役安全监测技术及设备研发	中国电建集团昆明勘测设计研究院有限公司、清华大学、水利部交通运输部国家能源局南京水利科学研究院、基康仪器股份有限公司、武汉英思工程科技股份有限公司	张宗亮、张礼兵、冯燕明、于玉贞、杨姗姗、何　宁、陈亚军、李俊平、赵初林、何　斌
24	二等	水库运行条件下滑坡灾变机理研究与监测预警技术	中国电建集团西北勘测设计研究院有限公司、陕西省水利电力勘测设计研究院、成都理工大学	石　立、李友成、赵志祥、邢丁家、狄圣杰、王有林、李祖锋、董秀军、刘潇敏、赵　悦
25	二等	深圳抽水蓄能电站300MW水泵水轮机研制及整组调试技术研究	东方电气集团东方电机有限公司、深圳蓄能发电有限公司	郑津生、金宗铭、石清华、罗佑坤、肖庆华、文树洁、吴建杰、胡江艺、李　青、黄　玺
26	二等	抽水蓄能电站多机过渡过程技术控制研究与应用	清远蓄能发电有限公司、广东省水利电力勘测设计研究院、东芝水电设备（杭州）有限公司	刘学山、汪志强、陈云长、季怀杰、韩文杰、黄宇飞、吴新平、周海燕、吕志鹏、黄萌智
27	二等	水轮发电机组过流部件裂纹预警与防护	国电大渡河流域水电开发有限公司、华中科技大学、国电大渡河检修安装有限公司、黄河水利委员会黄河水利科学研究院	李　林、侯远航、周建中、钱　冰、刘德民、孟宪宽、马　越、郑建民、赵永智、邓林森

2020年度中国标准创新贡献奖获奖名单

序号	标准项目名称	涉及的标准	主要完成单位	主要完成人
标准项目奖一等奖				
1	《统一潮流控制器工程设计导则》（Q/GDW 11547—2016）等10项标准	1.《统一潮流控制器工程设计导则》（Q/GDW 11547—2016） 2.《统一潮流控制器工程可行性研究内容深度规定》（Q/GDW 11546—2016） 3.《统一潮流控制器工程分系统调试规范》（Q/GDW 11548—2016） 4.《统一潮流控制器系统调试规范》（Q/GDW 11549—2016） 5.《统一潮流控制器电气装置施工及验收规范》（Q/GDW 11550—2016） 6.《统一潮流控制器用220kV油浸式串联变压器技术规范》（Q/GDW 11551—2016） 7.《统一潮流控制器一次设备监造规范》（Q/GDW 11552—2016） 8.《统一潮流控制器一次设备交接试验规程》（Q/GDW 11553—2016） 9.《统一潮流控制器一次设备验收技术规范》（Q/GDW 11554—2016） 10.《统一潮流控制器一次设备检修试验规程》（Q/GDW 11555—2016）	1. 国网江苏省电力公司 2. 南京南瑞继保电气有限公司 3. 中国能源建设集团江苏省电力设计院有限公司 4. 中国电力科学研究院 5. 西安西电变压器有限责任公司 6. 国网北京经济技术研究院 7. 国网华东分部 8. 南京电力工程设计有限公司	1. 李　群 2. 刘建坤 3. 李　鹏 4. 林金娇 5. 孔祥平 6. 董云龙 7. 谢珍建 8. 潘　磊 9. 王粉芍 10. 袁宇波 11. 周志成 12. 李　妍 13. 朱东升 14. 高　磊 15. 吴　鹏

续表

序号	标准项目名称	涉及的标准	主要完成单位	主要完成人
标准项目奖二等奖				
2	《电力系统实时动态监测系统数据接口规范》(GB/T 32353—2015）等13项标准	1.《电力系统实时动态监测系统数据接口规范》(GB/T 32353—2015) 2.《电力系统实时动态监测主站技术规范》(GB/T 28815—2012) 3.《电力系统实时动态监测系统　第2部分：数据传输协议》(GB/T 26865.2—2011) 4.《电力系统同步相量测量装置检测规范》(GB/T 26862—2011) 5.《电力系统实时动态监测主站应用要求及验收细则》(DL/T 1311—2013) 6.《电力系统同步相量测量装置通用技术条件》(DL/T 280—2012) 7.《电力系统的时间同步系统检测规范》(GB/T 26866—2011) 8.《智能变电站的同步相量测量装置　第1部分：通信接口规范》(DL/T 1405.1—2015) 9.《厂站端同步相量应用技术规范》(DL/T 1402—2015) 10.《电力系统的时间同步系统　第2部分：基于局域网的精确时间同步》(DL/T 1100.2—2013) 11.《智能变电站的同步相量测量装置技术规范》(Q/GDW 1844—2012) 12.《基于数字同步网频率信号的时间同步系统技术规范》(Q/GDW 1919—2013) 13.《智能变电站自动化设备检测规范　第5部分：时间同步系统》(Q/GDW 11202.5—2014)	1. 国电南瑞科技股份有限公司 2. 中国电力工程顾问集团华北电力设计院有限公司 3. 中国电力科学研究院 4. 国家电网有限公司国家电力调度控制中心 5. 北京四方继保自动化股份有限公司 6. 华北电力大学 7. 中国科学院国家授时中心	1. 于跃海 2. 张道农 3. 毕天姝 4. 许　勇 5. 李　强 6. 陆进军 7. 黄　鑫 8. 王永福 9. 时伯年 10. 王　亮
3	《柔性直流输电换流器技术规范》(GB/T 34139—2017）等6项标准	1.《柔性直流输电换流器技术规范》(GB/T 34139—2017) 2.《柔性直流输电换流器技术规范》(Q/CSG 1203043—2017) 3.《直流配电网用直流控制与保护设备技术要求》(T/CSEE/Z 0064—2017) 4.《直流配电网用直流控制与保护设备试验规程》(T/CSEE/Z 0065—2017) 5.《柔性直流输电系统控制保护系统（含多端控制保护）技术规范》(Q/CSG 1203041—2017) 6.《±800kV 直流阀厅设计技术规程》(Q/CSG 11514—2010)	1. 南方电网科学研究院有限责任公司 2. 中国南方电网有限责任公司 3. 西安高压电器研究院有限责任公司 4. 清华大学 5. 许继电气股份有限公司 6. 西安西电电力系统有限公司 7. 北京四方继保自动化股份有限公司	1. 饶　宏 2. 黎小林 3. 李　岩 4. 许树楷 5. 朱　喆 6. 黄　莹 7. 胡治龙 8. 李巍巍 9. 袁志昌 10. 郝俊芳

续表

序号	标准项目名称	涉及的标准	主要完成单位	主要完成人
标准项目奖三等奖				
4	《直驱永磁风力发电机组　第1部分：技术条件》（GB/T 31518.1—2015）等2项标准	1.《直驱永磁风力发电机组　第1部分：技术条件》(GB/T 31518.1—2015) 2.《直驱永磁风力发电机组　第2部分：试验方法》(GB/T 31518.2—2015)	1. 新疆金风科技股份有限公司 2. 北京金风科创风电设备有限公司 3. 北京天诚同创电气有限公司	1. 俞黎萍 2. 杨炯明 3. 谢生清 4. 甘旭超 5. 张新丽 6. 李会勋 7. 乔　元 8. 王　栋
5	《电供暖系统技术规范　第1部分：总则》(T/CEC 165.1—2018）等12项标准	1.《电供暖系统技术规范　第1部分：总则》(T/CEC 165.1—2018) 2.《电供暖系统技术规范　第2部分：设备》(T/CEC 165.2—2018) 3.《电供暖系统技术规范　第3部分：系统设计》(T/CEC 165.3—2018) 4.《电供暖系统技术规范　第4部分：施工和安装》(T/CEC 165.4—2018) 5.《电供暖系统技术规范　第5部分：验收》(T/CEC 165.5—2018) 6.《电供暖系统技术规范　第6部分：监控系统》(T/CEC 165.6—2018) 7.《电供暖系统技术规范　第7部分：运营服务平台》(T/CEC 165.7—2018) 8.《电供暖系统技术规范　第8部分：通信规约》(T/CEC 165.8—2018) 9.《电供暖系统技术规范　第9部分：运行维护》(T/CEC 165.9—2018) 10.《电供暖系统技术规范　第10部分：接口》(T/CEC 165.10—2018) 11.《电供暖系统技术规范　第11部分：计量》(T/CEC 165.11—2018) 12.《电供暖系统技术规范　第12部分：检测》(T/CEC 165.12—2018)	1. 中国电力科学研究院有限公司 2. 国家电网有限公司 3. 中国建筑科学研究院有限公司 4. 同济大学 5. 珠海格力电器股份有限公司	1. 钟　鸣 2. 张兴华 3. 郭炳庆 4. 王　鑫 5. 金　璐 6. 成　岭 7. 闫华光 8. 何　胜

第二十二届中国专利奖
电力行业获奖项目

序号	专利号	专利名称	专利权人	发明人
金奖				
1	ZL201410105700.7	基于177堆芯的能动加非能动核蒸汽供应系统及其核电站	中国核动力研究设计院	吴　琳、张森如、罗　琦、刘昌文、李海颖、曹　锐、冷贵君、蒲小芬、张富源、王华金、曾忠秀、钟元章、李　庆、康志彬、卢毅力、李　兰、汤华鹏

续表

序号	专利号	专利名称	专利权人	发明人
银奖				
1	ZL200910025721.7	直流融冰的主回路设置方法	南方电网科学研究院有限责任公司、南京南瑞继保电气有限公司	傅　闯、田　杰、康　鹏、陈赤汉、晁　剑、陈松林、赵　杰、赵立进、张　迅
2	ZL201280073663.5	一种加工性能改善的交联聚乙烯组合物	国家能源投资集团有限责任公司、北京低碳清洁能源研究院	陈学连、梁文斌、牛艳华、赖世燿
3	ZL201410694935.4	一种配电网末端的储能系统同期控制过程电压修正方法	国家电网有限公司、江苏省电力公司、国网江苏省电力有限公司电力科学研究院、中国电力科学研究院有限公司	李　群、袁晓冬、李　强、张祥文、柳　丹、吕振华、吴盛军、陶以彬、李官军、胡金杭、周　晨、余豪杰、冯鑫振、曹远志、刘　欢、杨　波、赫卫国、鄢盛驰
4	ZL201710049882.4	输变电工程环保监测与敏感区域预测系统及方法	国网山东省电力公司电力科学研究院、国网电力科学研究院武汉南瑞有限责任公司、国网陕西省电力公司电力科学研究院、国家电网有限公司	张　永、赵　岩、谢连科、臧玉魏、张广洲、吴　健、王　飞、李　勇、李华东、陈素红、马新刚、冯智慧、白晓春、张国英、刘　辉
5	ZL201710806760.5	架空输电线路地线全程自动巡检机器人、系统及方法	国网智能科技股份有限公司	郭　锐、曹　雷、张　峰、贾　娟、李振宇、任志刚、白万建、石　鑫、李　勇、吴观斌、许　玮、慕世友、李超英、李建祥

国际合作

战 略 合 作

【第九次中欧能源对话召开】 2020年6月22日，中国国家能源局局长章建华在北京通过视频形式与欧盟能源委员西姆森共同主持召开第九次中欧能源对话。

章建华表示，中国与欧盟作为全球重要的经济体与能源消费市场，努力抗击疫情，推动复工复产，推进能源转型，共同为稳定全球能源市场、保障能源安全做出了重要贡献。中方愿同欧方在《关于落实中欧能源合作的联合声明》等合作文件的指引下，进一步加强交流，深化合作，推动中欧能源合作迈上新台阶。

西姆森表示，欧盟将能源转型作为推动经济复苏的重要抓手，愿以中欧能源合作平台为依托，积极扩大与中方在能源领域的合作，取得更多务实成果。

对话期间，双方就清洁能源与绿色发展、能源安全和全球能源市场、电力市场改革与监管、能源技术与创新合作等议题深入交换意见，听取了中欧能源合作平台第一年工作进展报告，并就下一步合作重点和方向达成共识。

【中国电力企业联合会与美国环保协会联合发布《中国电力减排研究2019》】 2020年7月3日，中国电力企业联合会与美国环保协会联合发布《中国电力减排研究2019》。据了解，《中国低碳电力发展指标体系研究——中国电力减排研究2019》是中国电力企业联合会与美国环保协会长期合作研究项目系列成果之一，是连续出版的第13本专题研究报告。

该年度白皮书的研究主题选定为“中国低碳电力发展指标体系研究”，伴随中国环境质量和全球应对气候变化的新要求，中国低碳电力发展已成为高质量发展的重要组成部分和全行业共同关注与行动的重大领域。低碳电力发展指标体系是引导落实低碳电力发展理念的重要基础，完善低碳电力发展指标体系对于落实新的发展理念和实现新的发展目标来说具有举足轻重的作用。

白皮书为促进中国低碳电力发展提出了政策建议：一是完善指标体系顶层设计，研究制定综合性能源法、应对气候变化或者低碳发展法；协调优化低碳电力发展指标与能源发展、污染控制、能源结构转型、新兴产业发展等多种目标关系。二是碳排放控制将成为中、长期发展最大的制约因素，以碳统领解决低碳能源电力发展的相关约束性问题，建立科学决策机制。三是发挥碳市场机制协同作用，利用碳市场来统领促进低碳发展的各种市场型政策。四是清晰和简化碳减排指标体系，以中国向国际社会的承诺目标为主要依据，确定碳减排指标体系；完善碳指标制定机制，由牵头部门统一制定与碳指标、碳目标相关的政策性文件，减少与碳目标相关的文件数量和层次。

【国家电网有限公司收购阿曼国家电网公司49%股权成功交割】 阿曼当地时间2020年3月11日，国家电网收购阿曼国家电网公司49%股权成功交割。该项目是国家电网首次在中东地区成功投资运营电网企业，也是中国企业对阿曼的最大单笔投资。

国家电网有限公司表示，阿曼国家电网公司由阿曼财政部通过那玛控股公司100%持有，是阿曼国家级输电公司，负责阿曼骨干输电网的建设、运维和调度，拥有输电线路7240km、变电站89座。

2018年10月，阿曼那玛控股公司启动阿曼国家电网公司49%股权私有化流程，国家电网有限公司于2019年9月提交了约束性报价并成功中标。2019年12月15日，国家电网有限公司与那玛控股公司在阿曼首都马斯喀特完成签约。

目前，国家电网有限公司已在八个国家和地区成功投资运营骨干能源网资产，所有项目全部盈利。

【国家电网有限公司全资收购智利切昆塔集团公司成功交割】 智利当地时间2020年6月24日，中国国家电网有限公司全资收购智利切昆塔集团公司成功交割。该项收购是中国企业在智利能源及公用事业领域的最大投资项目，对于深化中智两国全面战略伙伴关系，扩大双边经贸往来，推动共建“一带一路”走深走实具有重要意义。

切昆塔集团公司是智利第三大配电企业，拥有配电线路16911km，服务人口超200万人，配电服务质量在智利同类企业中处于领先地位。切昆塔集团公司同时从事输电业务，拥有1109km输电线路。2019年10月，公司与卖方美国桑普拉能源公司签署股权购买协议，全资收购智利切昆塔集团公司100%股权。在项目交割准备阶段，公司克服了全球新冠肺炎疫情蔓延、智利政府封闭国境等困难，取得特别入境许可，最终实现了项目的现场交割和平稳接管。

该项目是公司在西班牙语国家的首次成功投资，是公司国际化战略取得的又一丰硕成果。智利是南美洲信用评级最高的国家，主权评级为A+，该项目的成功交割对拓展公司境外投资区域、优化现有资产组合具有积极促进作用。公司已经在九个国家和地区成功投资运营骨干能源网资产，所有投资项目运营平稳，全部盈利。

【国家电网有限公司签署智利CGE公司股权购买协议】 2020年11月13日，国家电网有限公司与西班牙能源集团通过线上视频形式签署了股权购买协议，收购其持有的智利CGE公司96.04%股权。国家电网有限公司副总经理刘泽洪出席签约活动并致辞。

刘泽洪在致辞中表示，智利政治经济稳定、法律制度健全，主权信用评级高，是国家电网有限公司重要的海外投资市场。作为电力行业长期投资者，国家电网有限公司未来将充分发挥在技术、管理、建设、资本等方面的综合优势，努力促进CGE公司发展，提升其电网运行服务水平，为智利居民生活、经济发展提供稳定供电保障。

CGE公司是智利第一大配电公司和第二大输电公司，拥有输电线路3500km，配电线路64738km，配电用户300万户。中智互为全面战略伙伴，两国关系始终保持稳定发展，该次收购是公司服务国家"一带一路"建设取得的又一硕果，对于优化公司境外资产组合，发挥智利资产间协同效应，增强公司在南美地区影响具有积极促进作用。

智利CGE公司投资项目将在履行境内外相关审批流程后完成交割。

国家电网有限公司现已在九个国家和地区成功投资运营12个骨干能源网资产，所有投资项目均运营平稳，收益良好。

【国家电网有限公司与多家国外电力公司视频交流疫情防控经验】 2020年4月22日，中国国家电网有限公司与俄罗斯电网公司、意大利国家输电网公司、意大利电力公司、东京电力公司、韩国电力公社共6家电力公司举行视频会议，交流如何在新冠肺炎疫情防控期间保障电力安全可靠供应。公司副总经理刘泽洪参加会议并发言。

当前，新冠肺炎疫情在全球蔓延，中国抗击疫情所采取的有效措施为其他国家抗击疫情斗争提供了有益借鉴，国家电网有限公司战疫情、保供电，助"六稳"、促发展，疫情防控战果显著，复工复产成效显著。

刘泽洪介绍了公司在疫情防控期间确保员工生命安全、保障电网运行和生产经营等方面的措施。国家电网有限公司坚决把疫情防控作为最重要的工作，第一时间启动重大突发公共卫生事件一级响应、成立疫情防控领导小组和工作组，全面动员、全面部署、全面加强疫情防控工作；把确保安全供电作为首要任务，优化电力配置，强化电网运维和设备管控，形成上下贯通、高效运转、联防联控的局面，保障公司业务运转；出台一系列举措服务疫情防控和经济社会发展，率先复工复产，带动相关产业加速恢复生产。国家电网有限公司愿继续与电力同行们分享抗疫经验，携手应对疫情带来的影响。

其他电力公司代表介绍了各自的疫情防控举措，高度评价了国家电网有限公司在疫情防控和确保电网安全稳定运行方面的做法及成果，并围绕员工安全防护、供应链稳定等问题进行深入交流。各国电力公司根据本国疫情形势，通过远程办公、强化调度值班管理等措施维护电力系统持续可靠运行。与会代表表示，面对新冠肺炎疫情带来的巨大挑战，分享观点、加强合作极为重要。

【中老签署协议共建老挝国家输电网】 中国南方电网公司与老挝国家电网公司2020年9月1日在老挝首都万象签署股东协议，由中国南方电网公司和老挝国家电力公司共同出资组建老挝国家输电网公司，这标志着中老两方在输电网领域开展互利共赢合作迈出实质性步伐。

根据协议，老挝国家输电网公司将在老挝政府监管下，借助中国南方电网公司的资金优势和成熟的电网建设、运营管理经验，加快投资建设覆盖老挝全国的一体化骨干输电网，为老挝提供安全、稳定、高效和可持续的输电服务，助力老挝经济社会发展和人民生活水平提升。同时，进一步加强老挝与周边国家的电网互联互通，促进老挝水能资源优势转化为经济优势，助力老挝打造"东南亚清洁能源蓄电池"。

中国驻老挝大使姜再冬在出席协议签署仪式时表示，刚刚结束的澜湄合作第三次领导人会议明确提出澜湄国家间要促进电力互联互通，老挝国家输电网公司的组建可谓恰逢其时，为落实这一重要共识率先迈出实质步伐。

老挝能源矿产部部长坎马尼·因提拉在仪式上致辞感谢中方对老挝电力行业发展长期给予坚定支持。老中双方共同投资组建的老挝国家输电网公司，将负责建设老挝230kV及以上等级电网，这是老挝工业化进程中的重大项目，相信不仅对老挝实现自身稳定的电力供给和与周边国家互联互通具有重要作用，还能为老中命运共同体的建设做出贡献。

【第二届澜湄区域电力合作中资企业沟通合作峰会在云南昆明举行】 2020年9月28～29日，由南方电网公司发起的第二届澜湄区域电力合作中资企业沟通合作峰会（简称峰会）在昆明顺利举办，国家能源局、云南省能源局以及25家中资企业和金融机构代表共104人参加会议。该次峰会主题是"对话老挝电力合作"，旨在结合老挝电力行业最新形势，聚焦中老电力合作及电力可持续发展，与各中资企业分享经验，增进彼此了解，促进交流合作。

会议通报了老挝国家输电网公司（EDLT）项目、

中老铁路老挝段外部供电项目以及中老联网、老柬联网等项目推进情况和近期工作计划，结合老挝电力发展面临的实际困难，重点阐述了南方电网公司在老挝项目的重要政治意义和必要性，介绍了 EDLT 将加快投资建设老挝全国骨干电网，加强老挝与周边国家电网互联通道建设，并按必要性和市场匹配原则，有序推进老挝输电网建设，缓解老挝富余电力消纳和可持续发展的问题。

会议进一步深化峰会机制的交流平台作用。在 2019 年成功举办首届峰会的基础上，2020 年会议进一步拓宽参会邀请范围，由 2019 年 16 家企业及 3 家金融机构增加到 19 家企业及 5 家金融机构，基本覆盖老挝电力合作有关企业及机构。会议结合中资企业面临的实际问题和沟通需求，深度聚焦老挝电力发展，紧扣老挝国情及行业重点问题，开展了深入具体、富有成效的交流，得到了国家能源局、各企业和机构的积极响应和一致认可。参会代表均表示希望南方电网公司继续办好峰会，充分利用峰会平台为中资企业紧密团结开展澜湄电力合作奠定扎实的沟通基础。

南方电网公司将与各中资企业及金融机构共同服务澜湄区域发展大局，发挥各方优势，加强企企合作、银企协同，有序推进老挝电力基础设施建设、电源项目开发、电网互联互通及电力贸易合作，并倡议建立中资企业和金融机构定期沟通交流机制，深化交流合作，加强信息共享，共同研究解决中老电力合作中存在问题，持续为中老电力合作贡献成果，开创中老合作共赢的新局面。

【中国大唐成功收购印尼 PMU 公司】 中国大唐集团有限公司（简称中国大唐）成功收购印尼 PMU 公司 69 万 kW 发电机组，是对习近平总书记提出的建设“21 世纪海上丝绸之路”重大倡议和佐科总统倡导的“全球海洋支点”战略构想的具体实践，也是区域全面经济伙伴关系协定（RCEP）签署后中印两国最新合作成果。印尼 PMU 公司积极履行社会责任，所属的三个电厂均为所在省份的骨干电厂，2020 年获得印尼四星最佳企业社会责任奖。集团公司收购该项目后，实现境外发电装机容量突破百万千瓦。

【法国电力公司负责人到访中国大唐集团有限公司】 2020 年 10 月 16 日，法国电力公司全球副总裁傅楷德一行来访中国大唐集团有限公司（简称中国大唐），中国大唐刘广迎副总经理会见。双方回顾了在江西抚州等项目上的成功合作经验，并对下一步在新能源、海上风电、数字化、低碳发展、第三方市场开发、人才培养等领域的合作进行了交流和展望。

【中国华电发布首份可持续发展国别报告披露其在柬埔寨战略】 中国华电集团有限公司（简称中国华电）正式发布《电亮柬埔寨——中国华电柬埔寨可持续发展报告》(简称《报告》)，这是中国华电发布的首份可持续发展国别报告。

《报告》包含各类数据 200 余个，案例 10 余个，图片 60 余张，通过“千年吴哥共享友谊之光”“湄公河畔绽放生态之光”“合作共赢电亮发展之光”“稻花飘香展现和谐之光”四大板块，系统披露了中国华电在柬埔寨践行可持续发展战略，履行经济责任、环境责任和社会责任的具体实践，展示了中国华电与柬埔寨各方积极沟通、回应需求、共同发展的努力。

据悉，中国华电在柬埔寨投资建设了额勒赛下游水电站，正在推进西港 70 万 kW 高效低排放火电项目建设，积极推动后续风电、光伏项目建设，以点带面、滚动开发，逐步形成清洁智慧能源格局。其中额勒赛下游水电站于 2013 年 12 月 28 日投产发电，是当时柬埔寨国内装机容量最大的水电站，被喻为“镶嵌在‘一带一路’上的一颗璀璨明珠”。投产至今，额勒赛下游水电站每年输送的电能约占柬埔寨全国年发电量的 30%，累计向柬埔寨提供了超 63 亿 kWh 的清洁电能，有效缓解了柬埔寨电力供应紧张局面，为促进当地经济社会发展、改善民生做出重要贡献。

【中国华电主导和参编的三项国际标准正式发布】 国际标准化组织（ISO）经全世界 164 个成员国投票通过，批准并正式向全世界发布由华电电力科学研究院代表火电行业主导、引领制定的 ISO 23222《腐蚀控制工程全生命周期风险评价》国际标准，以及华电电力科学研究院参加、支持制定的 ISO 23221《管道腐蚀控制工程全生命周期通用要求》，ISO 23123《腐蚀控制工程全生命周期通过要求》等三项国际标准。三项国际标准的发布是中国华电国际标准化工作中迈出的关键一步，实现了中国华电在国际标准化主导编制方面零的突破，提升了中国在防腐控制工程领域的国际影响力。

该系列标准以确保安全、经济、长周期运行和绿色环保的最佳效益为目标，首次将腐蚀控制风险评估理念贯穿设备（系统）的全生命周期，并且明确给出了风险评估的原则、方法和报告要求。该系列标准的发布是腐蚀控制工程全生命周期理念得到国内外高度认可和国际标准化工作取得里程碑式突破的重要标志。

三项标准立足于“腐蚀控制工程全生命周期”领域的全局高度，对腐蚀进行科学精准的控制，使其全面转化为生产力。标准的发布为解决腐蚀对人类社会长期造成的资源浪费、财产损失，甚至大量人员伤亡等重大安全、环保事故发挥重要作用。对于火电行业而言，准确把握标准中提出的“腐蚀控制工程全生命周期”理念，科学应用风险评价方法、腐蚀控制技术进行电厂生产管理，对减少因腐蚀造成的设备（系统）损失和破坏，作用重大，意义深远。

【国家能源集团与法国电力集团携手开发东台海上风电项目】 国家能源集团与法国电力集团签署了国家能源集团东台海上风电有限责任公司《合资合同》和《认购协议》，双方将合资建设并运营装机容量达502MW的东台海上风电项目，我国首个中外合资海上风电项目正式落地。

该项目包括于2019年12月全部并网发电的东台四期项目（302MW），以及在建的东台五期项目（200MW）。国家能源集团将与法国电力集团共同建设东台五期项目，并共同管理两项目的运行和维护。

2020年1月8日，收到国务院国资委关于同意国家能源集团东台海上风电有限责任公司增资的批复后，国家能源集团所属的国华投资公司克服春节和新冠肺炎疫情的影响，加紧推进和落实后续工作。为了避免人员聚集，国华投资公司积极与各股东方沟通协调，通过网络等信息化手段开展了合同谈判，并采取传签的方式顺利签署了《合资合同》《认购协议》《公司章程》，用实际行动贯彻落实了习近平总书记“加强疫情防控这根弦不能松，经济社会发展各项工作要抓紧”的讲话精神，为中央企业有序推进复工复产工作再添硕果。

至此，国家能源集团与法电集团在两国元首共同见证下签署的《东台四期和东台五期海上风电项目合作框架协议》取得了实质性进展并正式落地。合资公司的成立是两国推动双边关系持续发展、深化能源务实合作的成果，为中法两国在新能源领域的合作开启了新开端。

认购完成后，国家能源集团将通过其子公司神华新能源公司（由国华投资公司托管）、神华清洁能源公司持有合资公司62.5%的股份，法国电力集团通过其子公司法电新能源公司和EDF（中国）投资公司持有合资公司的剩余股份。

东台海上风电项目位于江苏东台北条子泥海域和竹根沙海域，总投资约79亿元，是国家能源集团成立后首个海上风电项目，是中国已投产发电离岸最远的海上风电项目之一，是现阶段国内综合施工难度最高的海上风电场项目，多项指标创同行业领先水平。全部投入运营后，预计东台四期和五期项目年发电量为13.9亿kWh，可满足近两百万居民的年用电需求，相当于节省标准煤44.19万t，减排二氧化碳93.75万t、二氧化硫1704t。

【国家电投助力缅甸、智利两国合作伙伴抗击疫情】 国家电投分别向缅甸和智利两国驻华大使馆捐赠一批防疫物资，用于支援两国政府抗击新冠肺炎疫情。缅甸驻华大使吴苗丹佩和智利驻华大使路易斯·施密特分别亲自出席捐赠仪式，感谢国家电投在抗疫关键时刻，向该国人民伸出援手，支援该国政府抗击新冠病毒疫情，并高度评价国家电投在两国的合作项目卓有成效。

面对全球新冠肺炎疫情的严峻形势，国家电投全面贯彻落实党中央、国务院关于加强境外疫情防控的决策部署和工作要求，一方面全力推进境外项目和人员的疫情防控工作，确保境外人员安全健康，集团公司向相关二级单位下发境外疫情防控工作有关文件11个，包括6个部门通知、5个领导小组文件、2封信件，全面部署境外防控工作，推进境外项目稳妥应对疫情挑战，实现稳工稳产。另一方面积极履行企业社会责任，助力境外合作伙伴共同开展抗击疫情行动。国家电投所属境外机构在做好自身疫情防控工作的同时，也纷纷向境外所在国政府机构、项目所在社区等各方面提供力所能及的支持，助力各方合作伙伴积极应对疫情挑战。

【国家电投收购墨西哥81.8万kW清洁能源】 2020年11月19日，国家电投旗下中国电力国际有限公司（简称中电国际）顺利完成对墨西哥大型清洁能源平台公司Zuma Energía（简称Zuma能源）并购项目的交割，这是中国电力企业在墨西哥电力市场的首次重大直接投资，也是拉美地区交割规模最大的可再生能源并购项目。

Zuma能源是墨西哥领先的清洁能源独立发电商，专注于清洁能源项目开发、融资、建设和运营，拥有4座总装机容量为81.8万kW在运新能源电站，4座电站均地处墨西哥风光资源较好区域。

国家电投于2018年底提出到2035年建设具有全球竞争力的世界一流清洁能源企业的战略目标（简称“2035一流战略”）。参与国际市场竞争是国家电投实现“2035一流战略”的必经之路。中电国际作为国家电投境外开发主力平台，致力于成为国家电投国际清洁低碳能源投资平台、国际综合智慧能源开发平台、国际先进能源技术引进平台。

截至2020年10月底，国家电投的电力装机容量达1.65亿kW，清洁能源装机容量占比53.3%，是全球最大的光伏发电企业，是中国清洁能源比重最高的大型综合能源企业。此次收购墨西哥新能源项目后，国家电投拥有境外发电装机容量达605.8万kW，70%为清洁能源，境外业务覆盖46个国家，其中“一带一路”沿线国家37个。

【三峡集团长江电力完成收购秘鲁路德斯电力公司股权交割】 2020年4月24日，三峡集团长江电力发布公告称，按照协议约定，以35.9亿美元的基础交易价格收购秘鲁Luz Del Sur（简称LDS公司）

配电公司83.6%股权顺利完成交割。2019年9月30日，长江电力公告通过公开出售程序，成功中标LDS股权，这是长江电力首次进入海外配电市场。

LDS是秘鲁最大电力公司，主要在秘鲁首都利马地区开展配售电业务，约占秘鲁全国市场份额的29%，排名第一。除配电业务外，LDS公司还拥有10万kW已投产的水电资产，以及约74万kW的优质水电储备项目。LDS公司运营水平处于行业领先地位，资产质量优良，配售电业务受政府监管，投资回报为政府核定的合理准许收益，资产及回报以美元计价，拥有在首都利马经济最发达区域的永久特许经营权，经营效益稳定并持续增长，是秘鲁具有重要影响力的公用事业公司。

该次收购项目是中国企业最大的电力收购项目，也是全球范围内最重要的并购交易，受到了各方普遍关注。受全球范围内新冠肺炎疫情影响，本次股权交割采用多地视频系统远程方式完成。为顺利实施该次项目收购，中、美、秘三国监管部门和各方团队通力合作，克服疫情影响，通过远程办公方式，获得了项目交割所需的各国监管部门审批和资金安排。在当前全球经济受疫情影响，面临重大挑战之际，该项目的顺利执行，有助于全球经济恢复、提振市场信心，向国际资本市场释放了积极信号。该次交易也将进一步促进秘鲁配电及清洁能源的发展，为秘鲁的经济发展、就业、税收以及技术进步等方面做出积极贡献，促进和带动更多的企业到秘鲁投资发展。

【中国核电与思爱普(中国)有限公司签订战略合作协议】 2020年8月24日，中国核电与思爱普（中国）有限公司（简称SAP）举行新一轮战略合作签约仪式，携手助推中国核电高质量发展。

根据协议，未来十年，双方将紧密合作，加快SAP最新数字化技术与核电业务的深度融合，支撑中国核电在经营管理和安全生产方面的持续创新，实现转型升级、提质增效，打造“智能核电”。

签约仪式前，双方就战略合作相关事宜进行了会谈。在新形势下，中国核电对标世界一流，贯彻“创新、协调、绿色、开放、共享”新发展理念，坚持战略思维、系统工程思维，希望与SAP进一步深化合作，充分借助SAP深厚的行业经验与技术优势，加大力度推进智能核电建设，适应新形势对科技研发、成果转化、人才培养、降本增效等方面的要求，促进中国核电安全发展、创新发展、高质量发展。

核电是国家能源战略的重要组成部分，而中国是全球核电发展最迅速的国家。SAP非常高兴能够深化与中国核电的战略合作，参与中国核电未来十年建设和发展。SAP长期服务于全球领先企业，积累了丰厚的行业经验，SAP将充分发挥数字技术优势，全面助力中国核电在经营管理、安全生产等方面的不断创新，推动企业数字化转型，向世界一流企业迈进。

中国核电与SAP开展了长期友好合作。该次是协议期满后的延续签订，双方将进一步加强合作的深度和广度，持续开展业务管理创新，不断完善支撑现代企业治理的人财物数字化经营平台，进一步提高中国核电在投资管理、供应链/联储联备、财务管理、人才管理等方面的数字化能力，实现从经营视角对企业业务全过程和经营情况的实时洞察，助力核电在工业互联网和清洁能源安全运营方面的自主创新与科技研发，提高核电等清洁能源安全运营水平。

国际工程项目

【华能英国门迪储能项目进入冷调试阶段】 2020年8月25日，由中国华能控股开发的欧洲最大储能项目——英国门迪电池储能项目开始冷态调试，这标志着项目进入最后攻坚阶段，计划于2020年底投入商业运行。

门迪项目是中国电力企业首次在发达国家建设的储能项目，由中国华能与国新国际共同出资，华能香港公司运营管理。项目位于英国威尔特郡门迪镇附近，规划装机容量为99.8MW，主要设备由中国企业制造和集成，采用磷酸铁锂和三元锂电池技术，国产率超过80%。

门迪项目进入冷态调试，即厂站在未接入电源系统的情况下，开展子系统内电气设备外观检查、接线检查、短路排除，测试电池、控制盘、电池集装箱、能量管理系统、变流器等。为保证作业人员的健康，施工现场采取严格的防疫措施，实行封闭施工、专人测温、定期消毒等，全员全程佩戴口罩并保持安全距离。门迪项目未发生任何健康、安全、环境事故。

随着英国可再生能源的快速发展，电源输出的间歇性和波动性导致电力供需在时间上的不平衡越来越突出。门迪项目建成后将主要参与英国电力市场的调峰调频、快速频率响应、黑启动、容量市场等服务，将有利于提高英国电网接纳可再生能源的能力，有效提升当地电网应对峰谷冲击的弹性，提高电力系统运行安全性和稳定性，并为当地创造就业、贡献税收，具有良好的社会效益和经济效益。

华能香港公司在全力推进工程建设的同时，力求将门迪项目打造为“精品工程”，即质量的精品、科技的精品、管理的精品、效益的精品与形象的精品。通过精品工程的建设，公司将积累丰富的储能项目开发、建设、管理、运维经验，培养国际化、专业化的人才队伍，实现境外项目高质量发展，提高华能集团开拓境外储能项目的能力，树立卓越的国际品牌形象。

【大唐印尼米拉务项目克服疫情影响推进工程建设】 印尼疫情暴发后，为防止疫情输入，米拉务项目所在省亚齐省、所在市纳甘拉亚市相继颁布了限制外籍人员进入辖区的防疫政策。同时，项目设备进口清关港—亚齐扎浪港发布了封港政策，关闭了港口，导致国内设备无法发运。通过与亚齐省政府及扎浪市政府、港务局的反复协调，为米拉务项目特批了进口设备通行许可，米拉务项目的封港禁令于 8 月份得以解除，为疫情期间延误的工期争取了宝贵的时间。

【华电(印尼)玻雅项目助力当地能源结构改善】 华电（印尼）玻雅项目 1 号锅炉首根大板梁顺利起吊，标志着该项目 1 号机组锅炉钢结构即将全面完工，转入设备安装阶段。大板梁作为锅炉承重的重要构件之一，安装工作的顺利进展也为项目的有序推进奠定了基础。该项目对于推动印尼经济发展、培养当地电力技术人才、改善印尼能源结构等具有重要意义。

华电（印尼）玻雅 2×66 万 kW 坑口电站工程位于印度尼西亚南苏省 Muara Enim 县，距离省会巨港东南方向约 220km，建设装机容量 2 台 66 万 kW 超临界燃煤发电机组，所发电力在苏门答腊当地消纳。项目以 BOOT 模式开发，特许经营期 25 年，华电持股 55%，印尼国有煤炭公司 PTBA 公司持股 45%，总投资约 16.81 亿美元。2019 年 2 月 28 日开工建设，建成后年发电量预计 90 亿 kWh。预计于 2022 年 3 月实现商业运营，项目已进入基建安装阶段。

玻雅 2×66 万 kW 机组位于苏门答腊 500kV 电网的南端，将当地储量丰富、易于开采的褐煤资源转换成清洁高效的电能，通过电网输送至北部负荷中心，建成后将成为苏门答腊电网中的最大电站和主要电源支撑点，有力改善印尼的能源结构。印尼政府远期规划苏门答腊岛—爪哇岛的高压直流线路，届时两大电网将连接起来，华电（印尼）玻雅项目已经预留 3×66 万 kW 机组扩建条件，将根据爪哇岛电力需求发展情况实施扩建，为爪哇岛提供廉价、可靠的电源，同时减轻其环境压力。

华电（印尼）玻雅项目的实施不仅能提高当地供电能力，提高能源利用效率，改善居民生产生活条件，提高区域经济水平，又可拉动关联经济的发展。同时，电力建设作为印尼国民经济的基础产业之一，如何合理利用能源，充分发挥投资效果，提高经济效益也是该工程的核心目标。此外，项目运营的周期至少达到 25 年，建设期间需要当地提供大量的建筑、生产材料和劳动力，有利于把当地资源优势转化为经济优势，创造大量的就业机会，对当地经济有明显贡献。

【华电重工印尼 TJB5&6 项目顺利空载试车】 2020 年 8 月 12 日下午，中国华电集团有限公司（简称中国华电）重工承建的印尼 TJB5&6 项目首条皮带机 BC501A 顺利完成空载试车，项目的工作重心将由安装逐步向调试转移。该项目位于印度尼西亚爪哇岛，中国华电重工提供输煤系统的设计、供货和技术服务，包括 10 条双路皮带机，双路共 5.7km，以及配套破碎、采样等工艺设备，栈桥及转运站钢结构，电气，控制，通风，除尘和抑尘设备等设计，供货和技术服务。

该项目完工后 TJB 项目共有 6 台机组，将成为东南亚地区最大的火力发电厂，大大缓解印度尼西亚爪哇岛用电紧张情况，推动当地就业以及经济发展。

【中国华电柬埔寨西港火电项目主厂房钢架正式吊装】 曼谷时间 12 月 19 日上午，位于柬埔寨西哈努克市的中国华电集团有限公司（简称中国华电）西港火电项目主厂房钢架正式吊装，标志该项目一号机组从土建转入安装阶段。

中国华电柬埔寨西港项目位于西哈努克市东北磅逊湾，设计建设 2 台 35 万 kW 超临界燃煤机组，配套建设大吨级煤炭泊位和大重件泊位，预计年发电量 52 亿 kWh，2022 年底首台机组投产发电。该项目自动工以来克服了疫情、雨季、高温等不利影响，工程按计划有序推进，目前已经获得柬埔寨政府的最终环评批复。

【国家能源集团国华电力公司印尼南苏发电项目】 南苏 2×15 万 kW 煤电一体化项目是国家能源集团在境外投资建设的第一个独立发电商项目（IPP）。该项目位于印尼南苏门答腊省巨港市穆印县境内，距省会巨港市西南约 100km，项目建设 2×15 万 kW 燃煤机组，配套建设年产 210 万 t 煤矿和 100km 送出线路。2008 年，中国神华、EMM（印尼私企）以 70%：30%股比成立神华国华（印尼）南苏发电有限公司，2009 年 7 月项目开工建设，2011 年 7 月和 11 月两台机组先后通过 96h 满负荷试运行，

2013年2月实现项目商业运行。投产以来，南苏发电公司机组运营稳定，取得了良好的经济效益。截至2020年底，南苏电厂累计完成发电量103953万kWh，资产总额17.794亿元，营业收入7.188亿元，净利润0.89亿元。

【国家能源集团国华电力爪哇7号项目】 爪哇7号项目位于印尼爪哇岛万丹省，距雅加达约100km。项目由中国神华能源股份有限公司与PJBI（印尼国家电力公司子公司）以70%：30%股比共同投资开发建设，配套建设1.4万t级卸煤码头，同步建设500kV线路π接至厂址附近线路。项目采用EPC总承包模式，总承包单位为浙江火电和山东电力设计院联合体。一期工程建设2×105万kW超超临界燃煤发电机组，留有再扩2×100万kW级机组条件。爪哇7号项目是印尼单机容量最大的发电项目，截至2020年累计投资117.2亿元，已完成总投资的94%，资产总额137.03亿元，实现营业总收入39.52亿元，净利润7.78亿元。工程于2017年6月30日开工，1号机组于2019年12月12日通过168h试运，12月13日投入商业运行（COD）。2号机组于2020年10月8日实现商业运营。

【国家能源集团南苏一号项目】 项目原计划2017年7月30日开工，2020年底商业运行，但由于PLN要求变更煤价等原因导致项目推迟2年，引起投资增加。该项目于2019年8月与PLN就电价调整达成一致意见，于2019年12月26日取得印尼矿能部电价批复，南苏一号项目于2020年9月4日开工建设。预计2022年12月一号机投产，2023年3月二号机投产。截至2020年底，项目累计投资总额2.07亿元，完成总投资的3.9%。

【国家能源集团龙源电力加拿大安大略德芙林风电项目】 德芙林风电项目位于加拿大安大略省，距多伦多市西北120km，由龙源电力下属龙源加拿大可再生能源公司全资建设运营，项目总装机容量9.91万kW，项目共安装49台GE风机，其中31台为GE1.62MW风机，18台为GE2.75MW风机总投资20.16亿元。该项目于2013年8月开工建设，2014年12月1日投入商业运行。项目公司同当地政府签有20年购电协议，全额消纳电量。2020年，德芙林风场完成发电量28193.88万kWh，公司资产总额168925万元，营业收入21181.48万元，利润总额2603.8万元。

【国家能源集团龙源电力南非德阿风电项目】 德阿风电项目位于南非中部北开普省德阿镇，该项目是龙源电力在2013年南非政府可再生能源国际招标中成功中标的风电投资项目。项目总装机容量为24.45万kW，安装163台联合动力UP86-1500风机，项目于2015年10月开工建设，2017年10月建成并投入商业运行。该项目成为中国在非洲投资、建设、运营的第一个风电项目，被南非风能协会评选为“2014年度优秀开发项目”。德阿两期项目总投资合人民币22.5908亿元。

【国家能源集团龙源电力乌克兰尤日内风电项目】 尤日内风电项目位于乌克兰西南部风资源较为丰富地区，年平均风速为7.3m/s，风场拟采用17台4.5MW风机，装机容量为7.6万kW，年等效满负荷上网小时数为3276h，集团公司党组会于2019年7月8日审议同意收购并投资建设乌克兰尤日内风电项目。项目总投资为92503.1万元，已完成投资47813.6万元，占总投资的51.6%。截至2020年，公司资产总额为82023万元，项目累计投资总额12795万元。2020年3月20日项目顺利通过乌克兰环境部现场合规检查，4月10日开工建设。项目预计2021年投产。

【国家能源集团国华投资公司澳大利亚乌漳斯和马洛斯2个风电项目】 国华投资公司分别于2012年2月和2013年2月完成对乌漳斯和马斯洛风电场75%股权的收购。装机容量分别为13.975万kW和16.8万kW，两个风电场总装机容量为30.775万kW，项目总投资约7亿澳元。乌漳斯风电场安装37台维斯塔斯V66-1.75MW风机和25台维斯塔斯V90-3MW风机，2007年建成投产。马斯洛风电场安装56台维斯塔斯V90-3MW风机，2013年10月全部建成投产。2020年全年两个风场累计发电10.49亿kWh，完成年计划的101.36%。2020年两个风电场全年累计营业收入4.63亿元，净利润为12663万元。

【国家能源集团国华投资希腊风电项目】 2017年5月，国华投资与希腊Copelouzos公司签署能源开发合作协议，涉及3个项目，46个风电场，总规模121万kW。其中，色雷斯项目包括4个风电场，约7.82万kW，4个风场已于2019年9月全部并网发电。项目总投资80423万元。2020年发电量为1.614亿kWh，发电量完成年度计划比例97%，营业收入11295.69万元，利润2665.45万元。

【津巴布韦旺吉燃煤电站三期扩机项目】 该项目装机规模为2台335MW的亚临界燃煤发电机组，由中国电建与津巴布韦电力公司以BOO模式共同投资开发，项目总投资约14.88亿美元，该项目是中资企业在津最大火电项目。2020年12月22日，项目冷却塔施工高度达到100m。

【印尼佳蒂格德大坝】 该项目是中印尼两国政府合

作的首个水利项目，是一座由中国技术、中国资金、中国设备建设的大坝。2020年4月13日，大坝水库首次成功蓄水至正常蓄水位260m高程，得到了业主印尼公共工程部的高度赞扬。

【老挝南欧江梯级水电站项目】 该项目是中国电建创造性地提出南欧江流域“一库七级”、分两期开发的“中国方案”，获得了整条流域的开发权，以BOT模式投资建设的水电站项目。2020年12月28日，一、三、四级水电站正式移交运营，标志着整个流域开发重心由建设期向运营期的转移。

【巴基斯坦巴沙大坝及唐吉尔水电项目】 该项目是巴基斯坦在建的最大水利枢纽工程，也是中国电建牵头承建的单个合同额最大的水电站项目，合同金额为27.52亿美元。大坝为碾压混凝土重力坝，最大坝高为272m，设计浇筑总方量为1860万m^3，建成后将成为世界上最高、最大的碾压混凝土重力坝。2020年7月15日，项目现场举行主体工程启动仪式。

【沙特延布三期5×660MW燃油电站项目】 该项目是全球最大燃油电站项目，项目配套的海水淡化工程，承载着为伊斯兰圣城麦地那供应淡水的重任。项目由中国电建以EPC模式承建，合同总金额为13.77亿美元。2020年2月2日，项目5台机组全部并网成功。

【赞比亚下凯富峡水电站项目】 该项目总装机容量为750MW，是赞比亚40年来投资开发的第一个大型水电站项目，由中国电建以EPC总承包＋融资模式承建，合同金额约15.65亿美元。2020年11月15日，调压井正式通过验收，实现顺利移交。11月18日，水电站蓄水成功，为首台机组顺利发电奠定坚实基础。

【阿根廷胡胡伊省高查瑞光伏电站项目】 该项目一、二、三期总装机容量为300MW，预计每年发电量7.89亿kWh，是南美洲装机容量最大、海拔最高的光伏发电项目，由中国电建以EPC模式承建，合同总金额3.9亿美元。2020年9月26日，项目获得阿根廷电力市场管理机构许可，投入商业运营。

【巴基斯坦苏基克纳里(SK)水电站投资项目】 该项目是由中国能建所属的葛洲坝集团投资建设。项目位于巴基斯坦开普省Kunhar河上，距伊斯兰堡偏东265km。电站总装机容量873MW，可提供年发电量30.8亿kWh。该项目是中巴经济走廊能源早期收获项目清单中的三个水电站项目之一，是中国企业在巴基斯坦投资最大的项目。

【越南海阳2×600MW燃煤电站BOT项目】 越南海阳2×600MW燃煤电站BOT项目总投资为18.685亿美元，由中国能建所属中国电力工程顾问集团有限公司投资建设。该项目是属于国家国际产能合作电力类重点支持项目，是迄今为止中国公司在越南单笔投资金额最大的项目，是联合国内外企业机构加强合作、互利共赢的国际投资示范项目。项目建成后将极大推动越南当地经济发展，促进改善民生。

【巴基斯坦尼勒姆·杰勒姆水电站项目(N-J)水电站项目】 该项目由中国能建所属的葛洲坝集团负责实施。项目位于巴基斯坦克什米尔特区首府地区，距离首都伊斯兰堡约200km。项目为长隧洞引水式水电站，电站四台机组，总装机容量969MW。该项目是中国企业在巴基斯坦承建的合同金额最大的水电项目，也是巴基斯坦最大的在建水电工程项目，该工程建成投产后产生的清洁水电能源将输入巴国家电网，对于缓解巴基斯坦国内电力短缺、平抑电价、改善民生将产生积极意义。

【巴基斯坦胡布2×660MW燃煤电站项目】 该项目由中国能建所属的中电工程西北院和天津电建组成联合体负责实施。项目位于巴基斯坦俾路支省，总装机容量为2×660MW。该项目是“中巴经济走廊”的重点项目，是国家电投中电国际在巴投资的首个燃煤电站项目，也是中国能建装机容量最大的海外超临界燃煤电站EPC总承包项目。

【约旦阿塔拉特2×235MW燃油页岩电站EPC项目】 该项目由中国能建所属的广东火电负责实施，由中国出口信用保险公司提供中长期出口信用保险，中国银行牵头组成的银团提供出口买方信贷。该项目是约旦第一个采用油页岩燃料的大型新能源发电项目，是第一个采用世界上最大的油页岩循环流化床锅炉项目，是中国企业在世界上承揽的最大油页岩发电项目，也是中国金融机构在约旦第一个采用项目融资方式提供出口信贷的项目。

【印尼爪哇7号2×1050MW燃煤电站项目】 该项目是印尼国家电力公司面向全球公开招标的独立发电商（IPP）项目，中国能建所属浙江火电牵头与山东电力咨询设计院组成联营体承担项目EPC总承包。该项目装机容量为2×1050MW，2020年投入商业运行。该项目是印尼35000MW电站中期规划的重点项目之一，是中国第一个出口海外百万千瓦级火电项目。

【中国能建葛洲坝国际公司签约澳大利亚昆士兰州木纳河150MW光伏项目】 2020年8月20日，中国能建葛洲坝国际公司签署澳大利亚昆士兰州木纳河150MW光伏电站项目EPC合同协议。

该项目位于澳大利亚昆士兰州木纳河地区，距离该州首府布里斯班约200km，项目占地约462hm^2，已获得开发许可和并网许可。项目主要工程内容为光伏电站项目的设计、供货、安装以及项目设备和其他工程的测试和调试等。

“一带一路”项目

【中国电建在缅甸首个投资类燃气电站项目动工】 2020年2月15日，由中国电建所属中国电建集团海外投资有限公司投资开发的缅甸皎漂燃气电站正式破土动工，该项目是中国电建在海外的第一个燃气电站IPP投资项目。项目装机容量约135MW，采用燃气—蒸汽联合循环清洁发电技术，建成后年上网发电量约10亿kWh，运营期为投运后25年。该项目是“一带一路”倡议下中缅“人字形”经济走廊的重要支点，属缅甸皎漂市关系民生及影响工业发展的重大基础设施项目，电站建成投产后，能有效促进当地经济发展和民生改善，将对皎漂经济特区的发展产生积极的影响。截至2020年底，项目施工各项工作顺利推进。

【中国电建签约赞比亚600MW光伏项目】 赞比亚600MW光伏项目由中国电建F+EPC总承包建设，是非洲和赞比亚最大的光伏项目群。主要包括在卡布韦、卡里巴北岸和下凯富峡三个地区分阶段实施建设200MW光伏电站及其配套输变电线路等，各电站建设工期12个月。建成后，所输送的清洁、可靠的能源将极大缓解赞比亚国内电力短缺局面，带动该国工、农、矿业发展，同时在建设和运营期间可创造上千个就业岗位，促进当地社会经济发展。

【中国电建承建世界最大联合循环电站(沙特阿美吉赞)12燃机带负荷并网成功】 沙特时间2020年2月5日15时，由中国电建所属电建核电公司和山东电建公司建设的沙特阿美吉赞3850MW电站项目12燃机带负荷并网一次成功，这是实现并网成功的世界最大联合循环电站项目。

吉赞电站项目是沙特阿美石油公司最大的电站项目，总发电容量为3850MW，建成后不仅为吉赞经济园区提供动力，并向沙特国家电网供电2400MW，对沙特电力具有重大意义。该项目规模大，定位高端，技术标准高，国际化程度高，管理程序严格，对国际化工程的执行能力是一种挑战。

【中国电建签署越南禄宁550MW光伏发电项目合同】 2020年5月28日，中国电建所属中南院签订了越南禄宁550MW光伏总承包项目。项目位于越南平福省禄宁区，包括禄宁1期200MW光伏场区、禄宁2期200MW光伏场区、禄宁3期150MW光伏场区和禄宁220kV升压站共4个子项目。该项目是越南境内乃至整个东南亚地区单体规模最大的地面光伏项目，于2020年12月30日实现并网发电。

【中国电建中标承建世界最高、最大碾压混凝土大坝】 2020年5月13日，中国电建集团—巴基斯坦边境工程局（FWO）联营体签署了巴沙项目大坝标施工总承包合同。合同金额折合人民币约为195.056亿元，其中集团占有70%份额，折合人民币约为136.54亿元。巴基斯坦巴沙项目大坝标坝高272m，碾压混凝土1710万m^3，被称为巴基斯坦的“三峡工程”项目，建成后将成为世界上规模最大的碾压混凝土坝，每年提供180亿kWh电。

【中国电建投建的老挝南欧江二期第2台机组并网发电】 2020年6月9日老挝时间10时，中国电建投资建设的海外全流域梯级水电项目南欧江一级水电站2号机组成功并网，这也是南欧江二期项目第二台并网发电的机组，是抗击新冠疫情以来“防疫稳产”两不误的重大成果。

南欧江一级水电站被誉为南欧江的“窗口”电站。电站大坝为混凝土闸坝，充分利用电站的日调节性能，布设4台灯泡贯流式机组，总装机容量18万kW，多年平均发电量6.79亿kWh，首台机组于2019年12月底发电，到机组运行平稳，累计发电6220万kWh。

中国电建正在将南欧江蕴含的丰富水能，转化为推动老挝经济社会发展的动力。南欧江项目按“一库七级”分两期开发，总装机容量达127.2万kW。目前，一期项目开发的二、五、六级电站于2016年4月全部投产发电，截至目前累计发电达47.8亿kWh；二期项目一、三、四、七级电站在建步入收官阶段，预示着全流域一体化运营即将开启。南欧江电站建设既注重技术、设备、资金、产能的分享与合作，又改善整个流域地区的基础设施条件，促进生态环保、地方扶贫开发、相关产业及公益事业发展，刺激劳动就业，有效带动当地社会和经济的快速发展，为支持构建中老命运共同体做出了积极贡献。

社会责任

【国家电网有限公司社会责任报告(摘要)】

一、全面落实党中央决策部署

国家电网公司坚决贯彻党中央、国务院决策部署，深化体制机制改革，积极有效抗击新冠肺炎疫情，在助力“六稳”“六保”和国家重大战略中彰显了“大国重器”担当，决战脱贫攻坚，助力乡村振兴，决胜全面小康，全力保障和改善民生，持续优化营商环境，大力推进提质增效，助力打赢蓝天保卫战和污染防治攻坚战，促进稳边固边战略实施，推动公司高质量发展。

1. 助力全面小康彰显脊梁力量

决战决胜脱贫攻坚。党中央、国务院高度重视“三农”问题，做出了一系列加快农村电力发展的决策部署。国家电网有限公司主动服务党和国家大局，积极推进农村电网改造升级工程。经过“十二五”农网改造升级，中国已经基本解决无电人口问题，贫困地区下一步的建设重点是解决生产用电和设施落后、供电不稳定等问题。国家电网把加快贫困地区电网建设作为公司服务脱贫攻坚的主阵地，着力解决贫困地区电网发展不平衡、不充分问题。

大幅提升“三区三州”供电保障能力。“三区三州”等深度贫困地区贫困人口最为集中，自然条件恶劣，脱贫攻坚任务最重，是“短板中的短板”，也是事关中国能否全面建成小康社会的“关键之地”。国家电网有限公司攻坚克难，累计投资304亿元，奋力啃下“三区三州”电网攻坚这块“硬骨头”，惠及深度贫困地区198个贫困县1777万贫困人口。“三区三州”深度贫困地区供电保障能力大幅提升，农民生产生活普遍受益，助力脱贫攻坚任务完成。

抵边村寨电网改造升级。实施兴边富民行动，对推动边境地区经济社会发展，国家电网有限公司累计投资5.52亿元，在辽宁、内蒙古、新疆、西藏、黑龙江、吉林6个地区抵边村寨完成10kV及以下配电网工程668项，有效改善了边境地区群众生产生活用电条件。

加快西部地区重特大电网建设。发挥大电网的资源配置优势，不断扩大西部省份风电、水电、光伏发电等清洁能源外送规模，创新扶贫电力交易模式。克服西藏高寒、高海拔等世界级施工难题，建成阿里与藏中联网工程，结束阿里电网孤网运行历史，如期实现大电网延伸覆盖所有县城。建成青海—河南特高压直流工程，这是世界首条清洁能源外送专用通道，2020年组织藏、青、疆、陇、川电外送2975亿kWh，组织扶贫专项交易10亿kWh。

提升革命老区供电质量。革命老区是党和人民军队的根，老区和老区人民为中国革命胜利和社会主义建设做出了重大牺牲和重要贡献。国家电网有限公司在革命老区累计投入电网建设资金1922.16亿元，实施重大电网工程项目179项，着力提升老区供电质量，加快推动开发建设与脱贫攻坚步伐，有力保障了革命老区经济社会发展用电需求。

保障扶贫重点项目供电。光伏扶贫接网及服务累计完成配套电网投资41.28亿元，接入光伏扶贫电站容量2268万kW，惠及贫困户305万户。2016～2020年，支持易地扶贫搬迁配套电网工程新增配电变压器1.12万台，完成1.03万个集中安置点配套电网建设任务，惠及77.11万户278.88万人。

定点扶贫县（区）全部脱贫摘帽。2020年，投入帮扶资金4600万元，实施产业示范、基础设施、教育医疗等帮扶项目61项。国家电网有限公司定点扶贫的湖北省神农架林区、秭归县、巴东县、长阳县和青海省玛多县5个县（区）已全部脱贫摘帽、贫困人口全部清零，累计脱贫12.28万户、36.63万人。累计投入资金5.95亿元，对定点扶贫县（区）电网进行了两轮改造升级，大幅提升供电保障能力和优质服务水平，全面赋能当地脱贫攻坚和经济社会发展。聚焦“两不愁三保障”，支持定点扶贫县（区）基础设施建设，精准实施民生改善工程、国网清泉工程、清洁采暖工程和救急难行动，新建4处便民综合服务中心，因地制宜实施安全饮水项目34项。连续3年开展清洁采暖工程，实现了玛多县城清洁采暖工程全覆盖。在捐赠帮扶资金中专列“救急难”帮扶项目，用于救助因病、因学、因突发事件致贫群众，助力贫困人口稳定脱贫。

2. 主动作为服务“六稳”“六保”

助力企业复工复产。贯彻党中央“六稳”工作要求，落实“六保”任务，提出“两手抓、两不误、两促进”，按照分区分级精准防控要求，科学有序助力复工复产。2月11日率先复工青海—河南特高压直流工程，在公司系统内打响国家重点工程复工的第一枪，2月28日开工建设陕北—武汉直流工程，3月12日除湖北外35kV及以上电网工程全面复工，4月27日驻湖北单位全面复工。充分利用电力大数据资源，做好分区域、分级别、分行业的复工复产电力指数分析，为政府主管部门科学决策提供参考依据。主动了解企业复工复产计划，提供电力技术指导和支持，保障客户顺利复工复产。

增投资降电价扩就业。先后两次调增固定资产投资，从2020年初的4186亿元调整到4734亿元，同比增长12.9%，带动社会投资超过9000亿元，整体规模达到1.4万亿元。以最快速度、最有力行动，坚决执行阶段性降低用电成本政策，出台八项举措落实降电价要求，为企业减免电费886亿元，缓解企业经营压力，助力企业复工复产，稳定社会经济预期。助力扩大社会就业，2020 年共提供 4.62 万个就业岗位，比 2019 年增加 40%，其中招聘签约 2.3 万名高校应届毕业生，为湖北举办专项招聘。

全力保障群众正常生产生活。克服疫情威胁、交通管制等困难，保障人民群众用电可靠有序，加快低压电网抢修速度，疫情期间故障抢修平均到达现场时间 22.13min，故障平均修复时长 2.24h，协助客户开展内部故障抢修 1.6 万次。畅通“网上国网”App 等线上服务渠道，在线运营线上办电、交费、查询等 125 个业务功能，满足客户多元用能需求。针对居民通过微博、微信等渠道反映的停电信息，建立“即发现、即联系、即互动、即处理、即回复”机制，实现客户各类诉求当天收到、当天联系核实处理、次日回复处理结果，方便客户居家线上办理涉电业务，有效降低外出交叉感染风险。落实居民用户“欠费不停电”措施，仅湖北一省就服务欠费客户 127.99 万户。开展“战疫助农”爱心销售行动，千方百计帮助湖北地区推介销售农产品，组织集中采购，总价超过 1200 万元。

3. 全力服务雄安新区建设

加快推进雄安新区电网规划建设。坚持“世界眼光、国际标准、中国特色、高点定位”总体要求，以最先进的理念、最高的标准、最安全环保的技术推进雄安新区电网规划建设。在充分衔接《电力专项规划》基础上，研究制定了雄安新区“十四五”电网规划及建设行动方案，提出了 2021～2025 年 220、110kV 规划项目，细化了近期电网建设实施路径，明确了各变电站的建设类型。主导编制《雄安新区电力用户用电导则》，并经河北雄安新区管理委员会改革发展局批准印发，为引导推进电网与电力用户、电力设施与城市建设协调发展、融合发展提供电力标准支撑。

开工建设雄安新区首座 500kV 变电站，新区电网进入全电压、大规模建设阶段。1000kV 雄安—石家庄、1000kV 张北—雄安特高压交流输变电工程已建成投运，每年将为雄安新区输送 70 亿 kWh 以上的清洁能源电量，可实现雄安新区 100%清洁能源供电。未来，雄安新区将建成“北交南直”特高压、泛雄安新区 500kV 双环网、220kV 分区供电的坚强智能电网骨干网架。

服务生态文明典范城市建设。积极推广应用直流智慧路灯、电动汽车无线充电系统、“绿能魔盒”等示范项目。开放电塔、电站、电缆等资源，支持雄安新区全电动车联网建设。通过无感电力服务模式实现村民接电、增容、改户、交费等业务足不出户，打造一流电力营商环境，加速建设雄安全电绿色生态景区。

助力全数字绿色智慧城市建设。依托雄安新区创新高地的辐射带动能力，适应能源革命与数字革命相融并进的发展趋势，结合国家新型基础设施建设要求，编制了《具有中国特色国际领先的能源互联网雄安新区示范区规划》，重点谋划能源网架、信息支撑、价值创造三大体系的规划思路和建设内容。在雄安市民服务中心率先投入使用具有清洁低碳、高效互动、智能开放等特征的城市智慧能源管控（CIEMS）系统，有力支撑能源等行业“互联网+”产业升级。建设国际领先的数字化主动电网，基于 5G 的配电网继电保护示范工程已在雄安新区 110kV 奥威、35kV 王庄等 8 座变电站投入运行，全面服务数字雄安建设。

4. 推动长三角一体化发展

加强长三角区域电网规划建设。根据国务院批复的《长三角生态绿色一体化发展示范区总体方案》，编制一体化发展示范区电网专项规划，明确建设一流保障和服务新高地、打造高效协同机制新典范、开发能源互联网新应用和新业态的主要任务，通过配电网互联互通解决省界配电网薄弱问题，推动示范区电网高质量发展。

依据《中国（上海）自由贸易试验区临港新片区国土空间总体规划》及相关控制性详细规划等，编制了临港新片区电网专项规划。围绕临港新片区更深层次、更宽领域、更大力度的全方位高水平开放，支撑好临港新片区经济规模的大幅跃升和经济密度的明显提升，服务好千亿级产业集群发展，紧密对接区域规划和重大产业项目推进，确保“不让发展等电”。

不断加强长三角区域主网架和配电网建设，推进城乡电网协调发展。《长江三角洲区域一体化发展规划纲要》重点基础设施建设项目——东吴 1000kV 特高压交流变电站扩建工程已完工投运，该站变电容量达 1500 万 kVA，成为世界上电力交换能力最强大的交流变电站，可为苏南电网新增供电能力百万千瓦，大幅提升了华东特高压交流环网的安全稳定水平，为长三角一体化发展增添了新动能。世界上电压等级最高、输送容量最大、有“万里长江第一廊”之称的苏通超长距离海底 GIL 综合管廊输电工程自投运以来，一直保持安全稳定运行，为长江经济带发展提供了坚强的电力保障。

促进长三角能源互联示范区建设。研究制定江苏省级、苏州地市级、上海临港园区级能源互联网示范区规划，充分发挥长三角地区引领带动作用，探索各层级能源互联网的典型发展模式。国网江苏电力与苏州市政府签订战略合作协议，从能源与数字信息等新技术、源网荷储协调互动与各类能源系统互通互济等新功能、综合能源与电能替代等电网业务新形态三方面着力，支持苏州建设“国际能源变革发展典范城市”。江、浙、沪、皖四地电网企业签订《长三角区域省间配电网互联互供电费结算意向协议》，确定了长三角区域配电网互联互供电费结算机制，客户可通过“网上国网”App享受跨地区“专属”供电网格客服、24h“共享电工”、充电桩异地查询导航等服务。

跨省共同推行“阳光业扩”服务，优化业扩工程审批程序，缩短项目审批立项时间，减少客户办电成本。全面推广掌上办电，融合各类在线平台和相关业务系统，依托“网上国网”App，采用“互联网开放智联＋内网专线互通”形式，实现企业用电新装增容等业务异地办理和多地用电业务“扫码办”“掌上办”，极大地方便了企业用电业务办理，满足企业用电需求，助力长三角地区经济发展。

研究制订现代智慧供应链科技创新计划，规划在物资智慧仓库等20余个技术领域开展重点技术攻关，重点打造长三角共享型柔性仓储物流网络等五项重大示范工程。

5. 加快新型基础设施建设

“数字新基建”不断向纵深推进。积极落实中央“新基建”部署，全年在数字基础设施上建设投资约247亿元，实施数字化平台、能源大数据中心、电力大数据应用、5G应用、工业物联网、电力北斗应用等十大“数字新基建”重点建设任务，与华为、阿里巴巴、腾讯、百度等41家合作伙伴签署战略合作协议，带动以电为中心的能源生态发展壮大。

推动建设国网云、数据中台及业务中台。国网云全面建成，架设6680台服务器组成的云计算矩阵，为业务应用提供强大算力，服务公司网上电网、财务多维精益、数字化审计、同期线损、现代智慧供应链等核心系统数据的共享与分析，同时分批打造客户服务、电网资源、项目管理、财务管理等多个业务中台，建设多专业数据业务共享能力中心。

推动智慧物联网及人工智能创新。构建物联网平台，接入各类型边端设备超过50万台，数据采集分发累积达40亿条；打造能源工业云网，试点上线制造、电商、租赁等八大应用，入驻企业1.7万家，交易规模突破900亿元。试点人工智能平台、“国网链”，建设电力北斗精准位置服务网，投运北斗基站1171座，推广应用北斗终端近万套。

建设数字基础设施服务智慧能源城市。打造“3＋N”数据中心产业布局，建设北京、海拉尔、兰州大型云数据中心。依托变电站资源，部署多站融合边缘计算节点，建成1200多座边缘数据中心站，面向全国客户提供云边协同的规模化边缘计算服务；开展基础资源共享运营，通过开放电力杆塔、屋顶楼面等资源附挂移动通信基站，加快通信行业、互联网行业网络建设速度，助力智慧城市建设发展。

二、坚持绿色发展，服务“碳达峰、碳中和”目标

习近平总书记作出了中国力争2030年前“碳达峰”、2060年前“碳中和”的承诺，并在气候雄心峰会上进一步宣布，到2030年中国风电、太阳能发电总装机容量将达到12亿kW以上、非化石能源消费占比达25%左右。党的十九届五中全会和中央经济工作会议，对推动绿色发展，推进能源革命提出了明确要求。国家电网有限公司坚决贯彻落实党中央、国务院决策部署，勇于担当，积极作为，自觉肩负起推动能源转型和绿色发展的历史使命，推动构建清洁低碳安全高效的能源体系，为破解气候环境危机，实现可持续发展做出国网贡献。

1. 服务新能源发展

电网建设促进绿色电能跨省传输。当前，中国已成为全球新能源装机规模最大的国家，能源结构也在发生变化，可再生能源发电装机容量在2020年底已经占全部发电装机容量的41%，这对作为资源配置平台的电网提出了更高要求。公司近年来加快电网建设，“十三五”电网投资约2.38万亿元，建设坚强智能电网，保障新能源及时并网和消纳。加强输电通道建设，跨省区输电能力达到2.3亿kW，输送清洁能源电量比例43%，实现全国范围优化配置。

新能源消纳利用方式更加灵活。采取技术升级、提升输送能力、优化调度等措施，持续提升新能源并网消纳能力。公司同时建成国家级北京电力交易平台和27个省级电力交易平台，初步构建起清洁能源大范围消纳交易机制。向社会公布当年公司经营区域风电、光伏发电新增消纳空间，配合国家能源局合理制定各省区可再生能源消纳责任权重指标，落实市场主体消纳责任。全年消纳风电、太阳能发电5872亿kWh，相当于减排二氧化碳4.5亿t。

建设新能源数字经济平台。推广应用“新能源云”，建立了“横向协同、纵向贯通”和“全环节、全贯通、全覆盖、全生态、全场景”的新能源开放服务体系，初步构建了新能源生态圈，打造具有中国特色国际领先的新能源数字经济平台，2020年完成27家省级电力公司部署应用，累计接入新能源场站198万余座、4.5亿kW，服务各类企业1万余家，促进新能源高质量发展。

2. 实施电能替代

全面完成北方地区“煤改电”。2020年完成北方15省份10248项“煤改电”配套电网工程建设任务，总投资199亿元，惠及北方地区17028个村271万户居民。累计完成取暖电量367亿kWh，相当于在居民冬季取暖领域减少散烧煤2055万t，减排二氧化碳3658万t，减排二氧化硫、氮氧化物和粉尘等污染物1162万t。同时在钢铁、铸造、玻璃、陶瓷等重点行

业推广工业电锅炉、电窑炉等技术，因地制宜制定“一户一策”替代改造方案，替代燃煤锅炉、冲天炉，累计替代项目2.5万个，完成替代电量1145亿kWh。

中国北方农村地区“煤改电”用户达到1063万户，可再生能源取暖用户达到469万户，清洁取暖率由9%提高到约28%，重点地区的农村清洁取暖率达到71%。累计实现替代电量8476亿kWh，相当于减少散烧煤4.7亿t、减排二氧化碳8.5亿t，电能占终端能源消费比重达到27%左右。

长江主要港口码头实现岸电全覆盖。贯彻长江经济带发展战略，服务长江流域生态治理，积极推动长江沿线港口岸电建设。2020年沿长江建成投运岸电设施517套、累计建成1203套，实现主要港口码头岸电全覆盖，以优质服务守护一江清水向东流，为长江经济带高质量发展助力添彩。累计为当地船舶接电4545艘·次，供电量达1058万kWh，相当于减少燃油消耗2486t。推动港口岸电标准统一。在民航机场、沿海和内陆码头大力推广以电代油。未来两年，公司将在京杭大运河水上公共服务区实现绿色岸电全覆盖，并在东部沿海、长江沿线全面推进港口岸电工程建设，打造“两纵一横”绿色运输线。

3. 保护生态环境

电网环境保护体系日臻完善。国家电网有限公司高度重视电网环境保护问题，建立健全三级环境保护管理体系，持续完善环境保护制度体系，一直致力于建设环境友好型电网。制定《电网环境保护责任清单》，编制出版《电网环境保护宣传手册（2020版）》，印发公司环保工作考评办法和电网建设项目环境影响评价管理办法，修订公司环保监督规定、环保技术监督规定和突发环境事件应急预案，加强环保管理。加强电网生态友好设计，优化工程选址选线，有效避让自然保护区、世界文化和自然遗产地的核心区和缓冲区，重要林区、野生动物的集中活动区、迁徙通道，避开生态脆弱区域，牢固生态安全屏障。以生态环保理念推进电网建设，针对不同环境、生态条件选择绿色施工方案，通过线路高跨方案、杆塔高低腿设计、采用架空索道运输材料与机具设备等措施，减少对生态环境的影响。遵循社会责任共赢理念，通过优化设计施工运维方案，与利益相关方团结合作，共同解决线树矛盾引发的频繁停电、安全生产生活等问题，降低森林火灾风险，减少因为单一植被带来的生态恶化、水库水位下降等环保问题。

持续开展生物多样性保护。国家电网有限公司将生物多样性保护融入电网建设运维各个环节，积极探索电网保护与动物、植物等不同生物物种，以及沙漠、湿地、森林等不同生态系统的和谐共生之路。关注输电线路沿线的生物多样性保护，通过创新实践举措，在消除鸟害隐患、维护电网安全可靠运行的同时，保护架空输电线路通道内珍稀鸟类和濒危物种。采用全球领先的自然资本评估方法学，分析在电网规划、建设、检修等业务环节的管理实践中企业与自然的影响和依赖关系，进行货币化估值和综合价值核算，识别风险和机遇。

三、改革攻坚开新局，提质增效育新机

国家电网有限公司落实“改革攻坚年”各项任务，统筹谋划、整体推进、重点突破，推进电力改革取得重要成效，落实国企改革部署，取得重大进展，深化内部改革迈出重要步伐。公司着眼于增强国有经济“五力”，深入实施提质增效和产业升级专项行动，增供扩销、降本降耗、盘活创效，做强做优做大国有资本，服务经济社会高质量发展。

1. 全面深化改革

以习近平同志为核心的党中央以前所未有的决心和力度，推进全面深化改革工作，并取得历史性成就。国家电网有限公司坚决贯彻中央全面深化改革决策部署，统筹推进电力改革、国企改革和内部改革，特别是在2020年这个改革攻坚年，啃下了一批“硬骨头”，实现了重大突破，公司治理体系不断创新完善，各层面积极性、主动性有效激发，公司坚决拥护改革、支持改革、推动改革的形象得到有力彰显。

推进公司国企改革三年行动。编制《国企改革三年行动实施方案》及工作台账，确保中央改革要求落实到位。制订公司全面深化改革任务清单，扎实推进“改革攻坚年”91项任务。编发《企业治理工程实施方案》，围绕公司战略目标，明确9项企业治理关键指标，形成企业治理工程“一二三六”实施框架，为企业治理现代化明确了目标任务和实施路径。

全面落实国企改革部署。在特高压输电、抽水蓄能、信息通信、金融等多个领域向社会开放资本，实现信息通信资产和首批金融资产上市，全年公司11类98个混改项目引入社会资本333亿元，对4家混改试点企业、7家“双百企业”以及2家“科改示范企业”开展改革工作，整个“十三五”期间，公司累计引入社会资本超过580亿元，实现了产业单位、上市公司、外部股东的多方共赢。聚焦主责主业，“三供一业”分离移交、房地产业务剥离和医疗疗养机构改革全面完成，省管产业单位改革、退休人员社会化管理移交完成主体改革任务。

加快构建全国统一电力市场。完成全国统一电力市场顶层设计，初步建立“统一市场、两级运作”电力市场交易体系，构建具有中国特色的全国统一电力市场。“十三五”期间，国家电网经营区域市场交易电量占售电量的比重由14%提高到近47%。2020年，依托电力交易中心，公司经营区实现完成市场交易电

量超过 2.3 万亿 kWh，同比增长 9.6%，减少客户用电成本约 550 亿元。山西、山东等 6 家现货试点单位全部实现整月结算试运行。

2. 提质增效成效显著

开展提质增效专项行动。国家电网有限公司聚焦电网、产业、金融、国际各业务板块和投资、建设、生产、运营各业务环节，围绕降低社会用能成本与实现电网可持续发展、提高效率与防范风险“两大平衡”，聚焦八个“全力”促提质、八个“增效”稳发展，落实 48 条 125 项重点任务。加大资源优化配置力度，紧盯市场变化、深挖市场空间、优化交易安排，省间交易电量 1.16 万亿 kWh，省间清洁能源交易电量 4949 亿 kWh。实施 6 项扩招稳就业措施，全年新增加就业岗位 4.62 万个。全面推广智能电能表状态评价与更换技术，创新运行电能表监管模式，3803 万只电能表得到延期使用，节约电能表轮换资金 66 亿元。全面建成“1233”新型资金管理体系，实现资金运作收益 170 亿元。推广应用现代智慧供应链，全年集中采购 4124 亿元，为供应商释放保证金 165 亿元，节约管理成本 30 亿元。

产业升级提速加力。统筹经营资源配置，将公司资源向新基建、新产业、新技术倾斜，优化成本规模结构，压降低效无效支出。打通产业链、价值链、创新链，提升公司产业核心竞争力，培育增长新动能，装备制造产业新签外部市场合同额同比增长 18.7%，产融协同实现收入 221 亿元，融融协同业务规模 1498 亿元。依托“电 e 金服”为产业链上下游提供低成本金融服务超 1200 亿元，业务规模累计 3509 亿元。大力发展战略性新兴产业，直属产业实现营收 2838.4 亿元，电商业务交易规模达 1.48 万亿元，新兴产业、金融、国际业务利润增长率分别为 26%、20.7%、16.6%。加快推进新能源云建设，光伏云网接入分布式光伏电站 196.8 万座，服务企业超 1.7 万家，交易额 1580 亿元。积极服务“一带一路”建设，阿曼、智利电网并购项目顺利交割，在沙特阿拉伯安装完成 400 万只智能电能表，全年国际业务利润超 150 亿元。

四、全力保电保供保安全，推动电网高质量发展

国家电网有限公司积极落实国家能源战略，秉持安全、优质、经济、绿色、高效的电网发展理念，持续推动电网高质量发展，通过特高压网络布局不断完善，加速各级供电网络协调发展，提升能源资源配置能力，坚持创新驱动，激发内生动力，提升电网智能化水平，逐步完善应急管控体系，提高应急处置能力，全力保障大电网安全运行。

1. 推动电网高质量发展

特高压网络不断完善。特高压是实现能源资源集约开发、促进清洁能源发展、有效解决雾霾问题的重要载体，更是转变能源发展方式、保障能源安全的必由之路，也是中国抢占世界能源发展制高点、带动电工装备业“走出去”的重要举措。从特高压研发大幕开启以来，十余载协同创新，国家电网有限公司已累计建成投运“14 交 12 直”特高压输电工程，在建“3 直”特高压输电工程，在运在建 29 项特高压输电工程线路长度达到 4.1 万 km，变电（换流）容量超过 4.4 亿 kVA（kW），累计送电超过 1.6 万亿 kWh。中国不仅全面突破了特高压技术，构建了完善的特高压试验和研究体系，还率先建立了完整的技术标准体系，自主研制成功了全套特高压设备，实现了从中国制造到中国创造，再到中国引领的跨越发展。

2. 大电网保持安全稳定运行

多措并举守牢安全生命线。国家电网有限公司始终把安全工作摆在首位，狠抓安全夯基固本，保持大电网安全稳定运行。加强重要输电断面和输电通道监控，动态优化电网运行方式，筑牢“三道防线”，保持特大型电网安全稳定运行最长纪录。圆满完成党的十九届五中全会、第三届进博会等重大保电任务。

安全生产专项整治扎实推进。持续消除重大风险隐患，深入开展基建施工现场“查风险、治违章、抓落实”安全大检查，有效遏制了事故苗头。全面开展安全生产巡查和“四不两直”督察，查处问题隐患 3210 项。完成 1277 支 GOE 套管、414 台特高压分接开关隐患整治，积极排查输配电线路森林草原火灾隐患，圆满完成变电站消防设施隐患三年治理任务。

安全管理体系进一步完善。细化全员安全责任清单，拧紧安全责任链条，健全数字化安全管控支撑体系，完善总部“1+26”应急预案体系，加大教育培训和奖惩力度，公司安全管控能力不断增强。全力以赴抢险救灾。

网络安全水平持续提升。建成全场景网络安全态势感知平台，监测拦截高危攻击 2.05 亿次，消除高危安全漏洞 1510 个。在公安部组织的“护网 2020”网络攻防演习中，以“零失分、溯源满分”取得全国防守方第一名。

3. 推进数字化智能化

加强数字基础设施建设。发布物联网边缘计算接口技术等 10 项企业标准，加快检测平台建设。推进数字化表计、一键顺控等技术在 12 座智慧站应用，开展数字化换流站三级全域集中监控和技术支撑平台建设。打造输电线路示范工程，完成 29 条智慧输电线路建设，完成 43.6 万个台区智能融合终端建设。发挥纽带作用，深入开展数字化移交、智能巡检等应用。

攻克电网核心技术。全面突破柔性直流电网核心

技术，为破解新能源大规模开发利用的世界难题提供中国原创的新解决方案，创造十二项世界第一。成功研制国内具有自主知识产权的特高压换流变用直流套管并实现量产，关键性能指标达到国际先进水平，在青海—河南、陕北—湖北工程规模化应用，破解长期制约中国电工装备和电网发展难题。挑战支撑能源变革先进输电技术“无人区”，电网薄弱地区大规模新能源送出电磁暂态全域仿真分析、“特高压直流＋柔性直流电网”混合级联输电、直流控制保护、可控自恢复消能装备、特高压可控并联电抗器等关键技术研发取得重要进展。

稳步推进设备侧物联网建设。推动设备管理数字化转型和智能化升级，完成“59 站、60 线”输变电物联网试点建设，推广应用 40 万台台区智能融合终端。建设电网资源业务中台，启动新一代设备智能管控系统（PMS3.0）建设。深化遥感、北斗卫星在输电运检应用，22 处密集通道实现可视化全覆盖，无人机自主巡检线路杆塔 15 万基，全面提升输电线路全息感知能力。

4. 实施“新跨越行动计划”

改革科研机制激发创新活力。公司启动实施“新跨越行动计划”，召开全系统近十万人参加的科技创新大会，出台深化科研机制改革激发创新内生动力、深化人才体制机制改革推动人才高质量发展等若干举措。评选公司首届年度科技人物奖。试点实施“揭榜挂帅制”和“项目总师制”，研究赋予知识产权成果完成人成果收益权工作方案，累计在 17 家单位实施分红激励。公司上下创新活力进一步迸发。

双创工作取得新成绩。公司双创线上平台完成建设 18 个省公司创新专区。组织签署公司首个智慧能源双创科技园共建协议。首个省级双创示范中心在浙江实现实体化运营。牵头实施双创示范基地就业创业“校企行”专项行动，带动超过 2000 家产业链、生态圈企业提供 6 万余个就业岗位。

核心技术攻关取得明显成效。国产±800kV 换流变压器用干式套管、±535kV 直流电缆、126kV 无氟开关研制成功，3.3kV IGBT、电力工控芯片等核心零部件研制取得重大进展，远海风电柔性直流并网送出成套设计技术取得全面突破。

五、负责任地对待每一个利益相关方

国家电网有限公司对用户、合作伙伴、社区、员工等各利益相关方充分负责。不断提升供电服务水平，让用电更安全、更便捷、更智能，让用户更满意；共同创建可持续发展的产业链，与业务伙伴携手合作共赢；依托大电网带动贫困地区经济发展，全面促进乡村振兴，架起党和群众的“连心桥”；以人为本凝心聚力，促进员工成长发展，为企业发展提供人才支撑。

1. 持续提升服务质量

全面提升“获得电力”服务水平。“获得电力”是衡量营商环境水平的重要标尺。进一步压减办电时间、简化办电流程、降低办电成本、提升供电可靠性，是全面提升“获得电力”服务水平、持续改善营商环境的关键。按照国务院提升“获得电力”服务水平的部署要求，国家电网有限公司第一时间研究出台九项举措，预计三年将为经营区内企业节省投资超 1000 亿元。2018 年以来，国家电网有限公司将持续提升“获得电力”服务作为优化营商环境、服务经济社会发展的出发点和落脚点，率先在北京、上海开展低压小微企业零上门、零审批、零投资“三零”办电服务，世界银行“获得电力”指标排名由第 98 位跃升至第 12 位，达到国际领先水平。

2. 提升线上服务质量

“网上国网”全面深化应用。积极推行线上办电，大力推广“网上国网”应用，通过手机 App 为客户提供 7×24h 在线服务，围绕住宅、电动汽车、店铺、企事业、新能源 5 大业务场景，在线运营线上办电、交费、查询等 125 项业务，满足客户多元用能需求。“网上国网”累计注册用户数量突破 1.31 亿个，绑定户号 1.12 亿个，线上办电率、交费率分别达到 93.9%和 87.4%。

3. 社会机构合作共赢

与地方政府战略合作。公司与山东省、福建省、湖北省、河北省、河南省、吉林省、黑龙江省、山西省、四川省、甘肃省、青海省、安徽省、陕西省、重庆市、天津市、新疆维吾尔自治区等 16 家地方政府分别签订战略合作框架协议，深化新型基础设施建设、新兴产业发展、能源科技创新、能源大数据价值挖掘、产业转型升级、能源优势转化等领域合作，加快能源互联网建设，促进经济社会高质量发展。

推进产学研深度融合。公司与国内多家高校、科研院所、制造厂商合作，全力攻坚高压电缆绝缘材料关键技术，形成巨大创新合力。各地高校、研究机构与公司核心团队紧密协作，进行大量基础研究、背靠背实验，材料、电缆制造厂商积极协调生产档期，实时反馈材料在生产加工过程中的性能及参数，近年来接连突破 220kV 交流、±320kV 直流电缆绝缘材料等关键技术。

4. 稳链固链优化供应链

引领央企大规模集中招标采购活动。疫情最严重的 2 月份，国家电网有限公司率先开展大规模集中“云采购”，当月招标采购金额 226 亿元，有力推动上下游企业复工复产。取消招标文件费用，精简业务流程，推广网上办理，为供应商节约差旅、办公、物流等经营成本约40.8亿元。推广投标保证金、履约保证金保险，为供应商释放保证金165亿元，推动电网企业、电工装备企业和供应链金融机构“三方共赢”。

5. 助力乡村振兴

实施乡村电气化提升工程。国家电网有限公司将乡村电气化提升作为公司战略举措之一，围绕国家乡村振兴战略规划的重大工程、重大计划、重大行动，系统部署乡村电气化提升工程。研究制定《国家电网有限公司关于服务乡村振兴战略大力推动乡村电气化的意见》，全面服务乡村用能需求，通过加强乡镇供电所建设、改造升级农村电网、推广电能替代技术、推动建设特色用能项目等多种方式，提升供电所安全质量、效率效益和供电服务，提升农业生产、乡村产业、农村生活电气化水平，积极助力农业更强、农村更美、农民更富。

6. 服务进社区架起“连心桥”

国家电网有限公司坚持把共产党员服务队建设作为践行党的根本宗旨、履行央企社会责任、创新基层党建工作的重要载体。共产党员服务队从2011年的39支、队员不足800人，壮大到4800余支、队员10.8万名，布局从部分市县，发展到覆盖公司全部经营区域，工作范围从日常供电服务、爱心志愿服务等方面，延伸到重点工程建设、重大科技攻关、客户增值服务等各个领域、各条战线，树立了一面面攻坚克难、为民服务的先锋旗帜，形成了基层党建工作的响亮品牌。

7. 带着使命带着责任带着感情援疆援藏

保障新疆可靠电力供应。公司坚决贯彻中央新疆工作部署，秉承“宁可让电等发展，不可让发展等电”理念，持续加大援疆工作力度，超前谋划，科学编制电网发展规划，持续加大电网投资力度，全面加快各级电网建设，大幅提升电网供电能力，提供坚强可靠的电力供应，满足新疆经济社会发展用电需求。2014年以来，新疆电网累计完成投资942.55亿元，新疆全社会用电量年均增速达到9.6%，新疆电网总装机容量达到1.03亿kW。

六、服务“一带一路”建设

国家电网有限公司积极参与“一带一路”建设，秉持可持续发展理念，坚持长期化、市场化、本土化经营，在电网互联互通、境外投资运营、国际产能合作、国际标准制定等方面取得了丰硕成果。同时积极促进国际人文交流、文化融合，为民心相通发挥了重要作用。

全球最为权威、最具知名度和影响力的三大评级机构惠誉、穆迪、标普相继发布国家电网2020年度评级报告，公司连续第8年获得中国国家主权级信用评级（标普A+、穆迪A1、惠誉A+），是中资企业获得的最高信用等级，也是全球电力企业获得的最高信用等级。

1. 同舟共济命运与共

与全球伙伴携手共抗疫情。国家电网有限公司始终坚持人类命运共同体理念，积极提供力所能及的对外援助，共享疫情防控第一手信息和行之有效的防疫经验。与俄罗斯电网公司、意大利国家输电网公司、意大利电力公司、东京电力公司、韩国电力公社等多家公司举行视频会议，交流疫情防控期间电力安全可靠供应举措。公司视频调研国网驻美国、澳大利亚、日本办事处，国网巴西控股公司、巴西CPFL公司工作情况，成立专项工作组，建立境外疫情防控工作机制，实施“一国一策、一地一策、一项目一策”，统一调度海外人员支持紧急履约项目，与全球一道共抗疫情。

境外公司疫情防控工作效果显著。组织公司各海外机构积极开展物资储备，根据境内外疫情防控需求，制定差异化防控策略。在巴西，制定疫情预防工作应急预案，利用网站、传单、社交媒体宣传防疫知识，分享中国抗疫经验。在菲律宾，驻NGCP团队制定专项防控措施。在意大利、希腊、葡萄牙，及时安排员工居家办公，减少被感染风险。中电装备公司积极做好员工健康监测，编发多语种的防护手册，在各项目营地设立“隔离区”“安全区”“缓冲区”，发现有可疑症状者立即实施隔离观察。

疫情期间，公司对分布在44个国家和地区的30个境外运营和在建重点项目、45个境外机构，489名外派人员和2.4万名外籍人员的疫情防控工作进行专业保障，包机接送医疗专家和技术人员，所有境外项目人员保持零确诊、零疑似。

2. 共建共享发展成果

推进国际能源合作项目。2020年全年累计建成10条跨国输电线路，国际工程承包、装备出口合同额累计超过460亿美元。“一带一路”中巴经济走廊重点项目巴基斯坦默蒂亚里—拉合尔±660kV直流输电项目输电工程全面启动带电。承建的缅甸北克钦邦与230kV主干网连通工程竣工。沙特阿拉伯智能电能表项目全面开工建设，全年完成400万只电能表安装运行。中俄电力交易电量超过330亿kWh。菲律宾维萨亚至棉兰老岛联网项目有序推进。与希腊国家电网有限公司、葡萄牙国家能源网公司签署的合作框架协议正在逐步落实中。

开展国际交流。落实习近平主席在第七十五届联合国大会上提出碳达峰、碳中和国际承诺，与世界经济论坛联合举办2020能源转型国际论坛，论坛以“能源转型与后疫情时代可持续发展”为主题，来自五大洲54个国家和地区的500余位重要嘉宾参加论坛，共同推动世界经济“绿色复苏”和全球能源转型发展，携手实现碳中和目标。积极落实国际合作协议，务实开展国际交流，先后参加了第三届中国国际进口博览会、中国国际服务贸易交易会等重大活动，及全球可持续电力合作组织、世界经济论坛等国际组织会议。

稳健开展境外投资和运营。2020 年，完成智利第三大配电公司切昆塔集团公司全资收购项目和阿曼国家电网公司 49%股权收购项目交割。

目前，公司已在菲律宾、巴西、葡萄牙、澳大利亚、意大利、希腊、阿曼、智利、中国香港等 9 个国家和地区成功投资运营 12 个国家级骨干能源网，所有项目均保持稳健运营、全部盈利。巴西美丽山特高压输电二期项目获评第六届“中国工业大奖”等重要奖项，成为中国走向世界的新名片。

积极主导编制国际标准。公司在国际标准化组织（ISO）发起的首个国际标准提案“纤维增强塑料—小型组合式构架—技术要求和试验方法（Fiber reinforced plastics—a small modular framework—requirements and test methods）”正式获批立项。该标准是公司在 ISO 主导立项的首个国际标准，具有重大里程碑意义。截至 2020 年年底，公司累计主导编制国际标准 80 项，其中 IEC 标准 54 项、ISO 标准 1 项、IEEE 标准 25 项。

3. 负责任地运营境外公司

葡萄牙国家能源网公司热心环保积极回馈社区。葡萄牙国家能源网公司与当地市政厅合作发起植树造林行动，活动向学生和老师们介绍了生物多样性和植树技术，植树 2000 棵。截至 2020 年年底，葡萄牙国家能源网公司已协助当地植树 4.5 万余棵，面积相当于 250 个足球场。向当地的公共关系预期外部改善协会提供了一辆轻型车，用于改善为处境艰难的老年人和学区儿童的食物运输，并增加家庭服务的用户数量，依靠技术人员进行个人卫生、形象护理和健康护理。向人类谷社会中心和塔布阿圣朱利安圣母堂提供三台多功能打印机，改善两个机构的行政和社会支持服务。向当地五个地区的贫困学生捐赠教材书籍。向利马大桥志愿消防员公司捐赠了 10 台便携式收音机和两个固定站。

希腊国家电网公司助力当地文化教育事业。向伊拉克利翁大学自然科学学院的研究人员提供奖学金名额。独家赞助雅典美术学院校友展览，赞助斯基亚索斯古迹修复研究，赞助克里特岛神学生态研究所和东正教学院欧洲青年中心。

七、透明运营和接受社会监督

国家电网公司始终坚持透明运营理念，不断加强信息披露，自觉接受政府监管和社会监督，保证重大决策公开透明，常态化开展利益相关方沟通，积极推动利益相关方参与合作，以互利共赢理念促进可持续发展伙伴关系建设，以沟通赢信任、增共识、促合作，不断增进社会各界对公司的情感认同、价值认同，凝聚可持续发展合力。

1. 加强信息披露与社会沟通

加强信息披露。连续 16 年在央企率先发布社会责任报告，社会责任理念、实践、绩效保持央企标杆地位。2020 年，国家电网有限公司系统共发布社会责任报告 108 本，其中总部发布报告 7 本，省级电力公司发布报告 23 本，地市级供电企业发布报告 70 本，县级供电企业发布报告 8 本。77 家省、市、县、省管产业单位围绕新冠肺炎疫情防控、脱贫攻坚、能源转型绿色发展、保障电力安全供应和优质服务等方面议题，发布白皮书或履责报告，向媒体和社会主动披露公司履责实践及新发展理念。国网巴西控股常态化发布国别年度社会责任报告。国网江苏电力发布长江大保护专项报告。国网湖北电力、国网无锡供电公司发布抗击新冠肺炎疫情专项报告。

2. 接受监督检查

配合监督检查。持续深化中央巡视整改，推动 133 项整改措施全部落实并持续深化，选人用人专项检查 52 项整改措施、内部巡视专项检查 28 项整改措施全部落实。开展中央巡视整改“回头看”专项督导，确保整改经得起历史和实践的检验。完成审计署公司贯彻落实国家重大政策措施情况跟踪审计、北京冬奥会配套电力项目跟踪审计，及乡村振兴相关政策和资金、涉农生产生活用电保障审计等配合工作。

加强自查自纠。围绕统筹推进疫情防控和经济社会发展、做好“六稳”“六保”等中央重大决策部署落实，开展 2 轮对 10 家省级电力公司党委的巡视，将扶贫领域、供电服务作为重点监督内容，查找和发现一批“四个落实”方面存在的突出问题。发挥审计的独特作用，通过数字化审计平台加大远程审计力度，开展项目全程在线督导、分析查证、审理审核等工作，创新开展全量数字化营销审计，深入开展数字化持续审计，远程疑点核实率达到 75%。持续优化数字化审计平台业务模块，将数字化审计平台业务领域拓展覆盖到营销、财务等五大业务领域。公司总部按期高效高质完成了年度计划安排的 73 个审计项目。重大项目后评审取得新突破，公司系统全年共完成审计项目 4 万项，出审计建议 6 万余条。

接受社会公众监督。广泛响应社会各界对公司业务的监督及建议，进一步加强行风建设。依托客户服务中心 95598 业务系统，接受社会公众的投诉、举报，对客户反映强烈、投诉频繁的事件做到快查快办，及时办结。全面梳理供电服务投诉情况，针对群众反映强烈的频繁停电、低电压投诉开展深入研究，分析工作中存在的短板，找准问题症结。面向社会各界聘请行风监督员，定期召开座谈会，听取各方意见，查找行风建设中存在的不足，提升优质服务水平。及时向社会公布供电服务建设管理监督信箱和电子邮箱，规范处置投诉举报656件。

3. 加强合规管理与法治建设

推进合规管理制度体系建设。制定发布《合规管理规划纲要》和《合规行为准则》，相继出台《国际业务合规管理办法》《反垄断合规管理办法》《数据合规管理指导意见》，初步建成了以规划纲要为统领，以《合规管理办法》为基本制度，以电网、产业、国际、金融等业务领域合规制度和各单位合规管理实施细则为主体，以各级合规文件、指引、手册为支撑的合规管理制度体系。公司内部形成业务部门履责审查—合规管理部门履责审核—合规监督部门履责督查的三道防线职责体系。建立健全事前防范、事中控制、事后救济的全过程闭环知识产权保护机制。

积极推进合规审查审核。积极落实重大决策、重要制度及重要合同等合法合规性审核，强化重大风险预警与防控，加强重点隐患的处置，发挥体系的“自愈”作用。坚决落实依法防疫要求，加强疫情期间依法决策、合规履责、劳动用工、境外业务等法律合规风险管控。加强合规信息梳理，强化风险提示警示。加强知识产权保护，健全知识产权管理、保护与规范使用工作机制。

建立合规体系运转保障机制。推动合规管理会议制度、合规风险识别与预警制度、合规审查与审核制度、合规风险及事件应对制度、违规举报制度、违规调查制度等十项工作机制逐步落地。构建合规风险库，对照国家法律法规、政策规定、监管制度等规范要求，梳理、识别公司各主营业务合规风险点，建设包含1128个主要合规风险的合规风险库。

营造合规管理良好氛围。发布《公司合规倡议书》，通过安全责任状、质量保证书、保密协议、《全员合规承诺书》等方式，完成特定岗位合规承诺编制。积极推进合规培训全覆盖，将各级单位合规培训纳入年度培训计划。组织合规负责人、合规联络人、合规管理人员合规培训。举办反垄断、数据保护、境外业务、物资采购等业务领域合规培训。通过合规主题宣传周活动等形式，形成良好的合规管理氛围。

加强法治企业建设。围绕公司战略目标，编制“十四五”法治建设规划。高水平通过国资委法治央企建设总结验收，发布《法治企业建设蓝皮书（2019）》。完善合规体系建设，筑牢“三道防线”。加强制度评估，高质量推进制度“废改立”，制度标准对岗位和业务覆盖率达到100%。加强科技创新制度体系建设研究。印发《公司授权管理办法》，优化完善总部权责事项清单和授权放权事项清单。积极参与《公司法》《电力法》《能源法》《电力设施保护条例》等国家层面立法修法工作。开展《民法典》宣传，推进法治宣传教育基地暨法治文化阵地建设。

【中国南方电网有限责任公司社会责任报告(摘要)】

一、电力供应

1. 优化营商环境

营商环境没有最好，只有更好。面对严峻复杂的新冠肺炎疫情和经济形势，公司坚持将优化用电营商环境作为贯彻落实习近平总书记重要指示批示精神和党中央重大决策部署的具体行动，全面提升“获得电力”服务水平。

公司努力满足人民群众追求美好生活的电力需要。2020年，公司结合数字化转型实际，提出以打造前中后台现代组织架构为重点，加快推动现代供电服务体系建设。公司坚决执行2020年政府工作报告“降低工商业电价5%政策延长到今年年底”要求，统筹推进疫情防控和改革发展生产经营工作，全力支持实体经济发展，不断降低用户用电成本。公司以供电可靠性为总抓手，强化源头治理，抓领先、补短板、强基础，大幅减少计划及故障停电时间，提供可靠供电。公司秉持“为客户创造价值”的服务理念，健全客户全方位服务体系，强化客户重复投诉管控，全年未发生重大客户投诉事件，南方五省区客户满意度持续提升。

2. 安全稳定运行

公司统筹抓好疫情防控和安全生产工作，不断完善安全生产治理体系、提升治理能力，有效应对各类自然灾害，安全风险总体可控，电力供应平稳有序，为服务经济社会发展大局做出积极贡献。

公司自成立起，坚持“安全第一、预防为主、综合治理”的方针，树立“一切事故都可以预防”的安全理念，构建形成先进的安全文化和制度体系，护航本质安全型电网企业建设。公司持续强化电网运行传统风险防护，加大设备消缺管控力度，推进提升设备健康水平专项工作，确保电网安全稳定运行。公司强化“底线思维”和“红线意识”，重视人身安全防护、公共安全防护以及网络安全防护，构建“大安全”管理格局，全力打造本质安全型企业。公司持续优化完善“三个体系、一个机制”的应急管理体系，强化电网防灾抗灾本质能力、应急监测预警能力、应急抢修救援能力和应急服务能力，初步实现以被动应急为主向主动预防与应急相结合的转变。公司不断完善重大政治活动和关系国计民生、社会公共安全活动的保供电工作机制，实现精准、规范、高效保供电，圆满完成深圳特区40周年庆典活动、海南文昌航天发射、东盟博览会、全国“两会”、高考等重大活动保供电11项。

3. 电网工程建设

公司加快智能电网建设，提升智能化水平，全面服务“新基建”和新型城镇化建设，智能电网发展格局基本形成。

受新冠肺炎疫情影响，电网工程建设遇到前所未有的挑战。公司统筹推进疫情防控和服务经济社会发展，扎实做好“六稳”工作，落实“六保”任务，推动工程各项进度节点按时完成，稳步高效推进工程建设，为南方五省区电力供应提供基础保障。

4. 创新驱动发展

公司深入贯彻落实国家创新驱动发展战略，完善创新体系，强化技术攻关，营造创新氛围，提升创新效益与价值，为早日建成具有全球竞争力的世界一流企业增添强大创新动力。

公司以自我革命的决心，全局谋划建设数字电网，在全球首创数字电网发展新思路，推动电网全面数字化转型，为数字中国建设和能源革命开辟新路径。公司以发展战略为引领，坚持问题导向、目标导向、结果导向，不断加大科研投入，初步构建公司全面创新体系，坚持在创新实践中发现人才、培育人才、凝聚人才，形成持续创新新局面。

二、绿色环保

1. 共促清洁，能源消纳

面对复杂形势，南方电网公司坚定落实西电东送国家战略，充分发挥大电网资源配置平台作用，灵活调剂省间余缺，统筹推进清洁能源消纳专项行动24项重点举措，全力吸纳水电，最大限度消纳新能源，构建低碳能源结构，助力南方五省区污染防治攻坚。

公司积极应对疫情导致用电发生结构性变化、电力负荷、电量走势变化莫测等复杂形势，发布了2020年清洁能源消纳专项行动方案，从加强清洁能源调度、发挥市场调节等六个方面提出24项措施，克服困难加速西电东送大通道建设，多措并举消纳西部清洁水电。公司积极落实国家可再生能源电力消纳保障机制，完善新能源调度运行标准体系，推进新能源重点项目有序发展，动态优化电网运行方式和发电运行安排，加强新能源并网服务，实现风电、光伏基本全额消纳，以及核电保障性消纳。风电、光伏发电利用率均超过99.7%，基本实现全额消纳。

2. 共建绿色，生态电网

公司积极管理环境和社区的影响，建设与周围生态环境相生相融的电网工程，有效降低运营环节的能源消耗，开展环境监测和生态保护，努力减少对环境的影响。

公司所有在建电网工程均按照绿色电网建设标准进行建设，将“智能、高效、可靠”及“四节一环保”的理念贯穿于基建工程建设的全生命周期。基建工程设计达到绿色一级以上比例达100%。公司高度重视电网建设与运营过程中的生物多样性保护工作，按要求规避保护区，施工过程中减轻对环境的影响，并尽快恢复，完成环保验收。努力将电力工程建成与环境融合、与生物共荣的示范工程。公司持续加强运营环节能效管理水平，推进降损管理，减少电能输送损耗。

3. 共享低碳，生产生活

作为能源产业价值链整合商，公司以满足客户多元高效的能源需求为出发点，助力绿色低碳生产生活方式的推广应用，努力推动生产生活更加低碳集约，共同为南方五省区碳达峰贡献力量。

公司为客户提供节能改造综合解决方案，积极推进分布式能源项目，推广余热综合利用、集中供热、水蓄冷、直流供电、电池储能等新型节能技术，并通过能源管理系统（EMS）统筹推进并网型智能微电网建设，提高能源综合利用效率。公司出台关于进一步加快电动汽车充电服务业务发展的意见，明确充电服务业务指导思想、以市场占有率为核心的三阶段发展目标、以快充桩为主的业务拓展策略、四大业务布局，构建了网省地“1+5+N”的业务架构。

三、经营效率

1. 关键经营业绩

公司努力克服疫情影响，守住“保”的底线、筑牢“稳”的基础、保持“进”的态势，确保国有资产保值增值，以实际行动为国家经济建设和社会发展做出贡献。连续14年获得国务院国资委经营业绩考核A级，世界500强排名位居105位。

2. 全面深化改革

南方电网因改革而生、因改革而强。公司坚持市场化改革方向，大力推进电力体制改革；深入贯彻落实党中央、国务院关于实施国企改革三年行动的决策部署，持续推进“混改”“双百”“科改”等改革试点任务，不断激发企业发展活力。

公司认真贯彻落实党中央、国务院关于深化电力体制改革的决策部署，电力体制改革走在全国前列，统一开放、主体多元、竞争有序的电力市场格局初步形成。公司坚决落实党中央、国务院各项改革决策部署，抓重点、补短板、强弱项，破除体制机制障碍，以改革建机制、推创新、促发展，推动公司高质量发展和战略转型。公司积极推动各项改革举措落地落实，实现区域资源优化配置，助力南方区域经济社会持续健康发展。

3. 筑牢发展基石

公司坚持打基础利长远，全面构建合规内控风险一体化管理体系，提升风险防控、规范化管理水平，夯实稳健经营基础。

公司高度重视企业合规管理工作，积极防范廉洁风险和重大经营风险，营造浓厚的法治建设氛围，为公司持续健康发展保驾护航。公司持续推动管理创新，提升企业治理能力，健全完善与现代化经济体系相适应的管理体系，建设具有全球竞争力的世界一流企业。

4. 驱动转型升级

公司在聚焦主责主业的基础上优化调整业务布局，稳中有进，加快转型升级步伐。深化改革、抢抓机遇，形成管制、新兴、金融、国际、共享服务五大战略业务同向发力的良好态势。

公司牢牢把握"新基建"发展机遇，优化战略性新兴业务布局，聚焦新技术新业态新模式，加快产业孵化步伐，推动存量资产盘活发展。公司新兴业务布局新能源、节能环保、智能电网、新一代信息技术、电动汽车等12大业务领域、29类产业、52个行业。公司主动融入国家区域协调发展战略，以项目为载体，持续拓展金融业务，深化产融结合，推动共享共赢。公司高度重视国际业务发展，积极落实国家"一带一路"倡议，充分利用公司地缘、区位优势，推进与周边国家和地区的电网互联互通和电力贸易。

四、社会和谐

1. 建设幸福南网

公司高度重视员工权益保障，严格遵守相关法律法规，坚持平等雇佣，持续完善薪酬分配机制，关爱员工身心健康，重视民主沟通，积极构建和谐稳定的劳动关系。

公司重视人才培养和发展，全面开展各类培训，畅通员工职业晋升通道，着力打造高素质员工队伍，拓宽员工发展空间。

公司坚持以人为本，扎实解决好员工最关心、最直接、最现实的问题，努力满足员工美好生活需要，提升员工归属感、幸福感。

2. 促进行业共同发展

作为国有重要骨干企业，公司切实响应国家号召，把"龙头带动作用"落到实处，带动上下游企业共度疫情难关，促进行业共同发展。

面对新冠肺炎疫情和复杂严峻的外部形势所带来的挑战，公司着力优化和稳定产业链供应链，与合作伙伴建立和谐互动的良性关系，带动供应链上下游实现共同持续发展。公司秉持开放共享、合作共赢的理念，主动搭建交流平台，与国内外知名电力企业和机构保持良好合作交流，促进行业生态正循环，实现融合发展与利益共享。

3. 构建人类命运共同体

公司深刻把握世界大势，立足国内国际两个大局，贯彻落实党中央号召，依托"一带一路"倡议，努力推动与周边国家的互联互通，为构建人类命运共同体不断添薪蓄力。

公司积极履行海外社会责任，贯彻落实"一带一路"倡议，致力于与东道国建立长期稳定的合作关系，将公司发展融入当地经济社会发展中，共同促进当地社区的繁荣发展。公司积极关注社会民生问题，利用自身优势投身公益志愿活动，让公益精神浸润心田，将来自南方电网的温暖送入千家万户。

【企业社会责任报告(摘要)】

一、电力供应

南方电网公司坚决贯彻落实党中央、国务院决策部署，坚决执行政府工作报告"降低工商业电价5%政策延长至今年年底"要求，按照国家发展改革委有关政策规定全面落实落地，全年降低用户用电成本约200亿元，惠及840万工商业用户。面对严峻复杂的新冠肺炎疫情和经济形势，公司坚持将优化电力营商环境作为贯彻落实习近平总书记重要指示批示精神和党中央重大决策部署的具体行动，全面提升"获得电力"服务水平。国家发展改革委发布的《中国营商环境报告2020》中，广州"获得电力"服务获评全国最佳实践。努力满足人民群众追求美好生活的电力需要。2020年，公司结合数字化转型实际，提出以打造前中后台现代组织架构为重点，加快推动现代供电服务体系建设。以供电可靠性为总抓手，强化源头治理，抓领先、补短板、强基础，大幅减少计划及故障停电时间，提供可靠供电。秉持"为客户创造价值"的服务理念，健全客户全方位服务体系，强化客户重复投诉管控，全年未发生重大客户投诉事件，南方五省区客户满意度持续提升。

统筹抓好疫情防控和安全生产工作，不断完善安全生产治理体系、提升治理能力，有效应对各类自然灾害，安全风险总体可控，电力供应平稳有序，为服务经济社会发展大局做出积极贡献。自成立起，坚持"安全第一、预防为主、综合治理"的方针，树立"一切事故都可以预防"的安全理念，构建形成先进的安全文化和制度体系，护航本质安全型电网企业建设。持续强化电网运行传统风险防护，加大设备消缺管控力度，推进提升设备健康水平专项工作，确保电网安全稳定运行。强化"底线思维"和"红线意识"，重视人身安全防护、公共安全防护以及网络安全防护，构建"大安全"管理格局，全力打造本质安全型企业。持续优化完善“三个体系、一个机制”的应急管理体系，强化电网防灾抗灾本质能力、应急监测预警能力、应急抢修救援能力和应急服务能力，初步实现以被动应急为主向主动预防与应急相结合的转变。不断完善重大政治活动和关系国计民生、社会公共安全活动的保供电工作机制，实现精准、规范、高效保供电，圆满完成深圳特区建立40周年庆典活动、海南文昌航天发射、全国两会、高考等重大活动保供电任务11项。

加快智能电网建设，提升智能化水平，全面服务“新基建”和新型城镇化建设，智能电网发展格局基本形成。扎实做好“六稳”工作，落实“六保”任务，推动工程各项进度节点按时完成，稳步高效推进工程建设，为南方五省区电力供应提供基础保障。

深入贯彻落实国家创新驱动发展战略，完善创新体系，强化技术攻关，营造创新氛围，提升创新效益与价值，为早日建成具有全球竞争力的世界一流企业增添强大创新动力。全局谋划建设数字电网，在全球首创数字电网发展新思路，推动电网全面数字化转型，为数字中国建设和能源革命开辟新路径。不断加大科研投入，初步构建公司全面创新体系，坚持在创新实践中发现人才、培育人才、凝聚人才，形成持续创新新局面。强化专利保护、使用和运营，完善成果推广应用和产业转化体制机制，探索创新成果公司化有效途径，积极推动“云大物移智”前沿技术成果应用于生产运营，全力打造数字南网、智慧南网。

二、绿色环保

南方电网公司充分发挥电网在现代能源体系中的平台和枢纽作用，推动能源清洁低碳、安全高效利用，引领绿色生产生活方式，助力经济社会发展全面绿色转型，助力南方五省区早日实现碳达峰、碳中和目标，为全国实现减排目标做出应有的贡献。

面对复杂形势，南方电网公司坚定落实西电东送国家战略，充分发挥大电网资源配置平台作用，灵活调剂省间余缺，统筹推进清洁能源消纳专项行动24项重点举措，全力吸纳水电，最大限度消纳新能源，构建低碳能源结构，助力南方五省区污染防治攻坚。积极应对疫情导致用电发生结构性变化、电力负荷、电量走势变化莫测等复杂形势，发布了2020年清洁能源消纳专项行动方案，从加强清洁能源调度、发挥市场调节等方面提出24项措施，克服困难加速西电东送大通道建设，多措并举消纳西部清洁水电。积极落实国家可再生能源电力消纳保障机制，完善新能源调度运行标准体系，推进新能源重点项目有序发展，动态优化电网运行方式和发电运行安排，加强新能源并网服务，实现风电、光伏发电基本全额消纳，以及核电保障性消纳。风电、光伏发电利用率均超过99.5%，积极管理环境和社区的影响，建设与周围生态环境相生相融的电网工程，有效降低运营环节的能源消耗，开展环境监测和生态保护，努力减少对环境的影响。所有在建电网工程均按照绿色电网建设标准进行建设，将“智能、高效、可靠”及“四节一环保”的理念贯穿于基建工程建设的全生命周期。基建工程设计达到绿色一级以上比例达100%。高度重视电网建设与运营过程中的生物多样性保护工作，按要求规避保护区，施工过程中减轻对环境的影响，并尽快恢复，完成环保验收。努力将电力工程建成与环境融合、与生物共荣的示范工程。持续加强运营环节能效管理水平，推进降损管理，减少电能输送损耗。

作为能源产业价值链整合商，公司以满足客户多元高效的能源需求为出发点，助力绿色低碳生产生活方式的推广应用，努力推动生产生活更加低碳集约，共同为南方五省区碳达峰贡献力量。为客户提供节能改造综合解决方案，积极推进分布式能源项目，推广余热综合利用、集中供热、水蓄冷、直流供电、电池储能等新型节能技术，并通过能源管理系统（EMS）统筹推进并网型智能微电网建设，提高能源综合利用效率。出台关于进一步加快电动汽车充电服务业务发展的意见，明确充电服务业务指导思想、以市场占有率为核心的三阶段发展目标、以快充桩为主的业务拓展策略、四大业务布局，构建了网省地“1＋5＋N”的业务架构。

三、经营效率

深入贯彻习近平总书记重要讲话精神，抓好“双统筹”、确保“双胜利”；坚持在大局下行动，把党中央重大决策部署转化为目标、任务和措施；准确把握经营政策的基本取向，千方百计稳住经营的基本盘，经营质量效益持续向好。

努力克服疫情影响，守住“保”的底线、筑牢“稳”的基础、保持“进”的态势，确保国有资产保值增值，以实际行动为国家经济建设和社会发展做出贡献。连续14年获得国务院国资委经营业绩考核A级，世界500强排名位居105位。

南方电网因改革而生、因改革而强。坚持市场化改革方向，大力推进电力体制改革；深入贯彻落实党中央、国务院关于实施国企改革三年行动的决策部署，持续推进“混改”“双百”“科改”等改革试点任务，不断激发企业发展活力。认真贯彻落实党中央、国务院关于深化电力体制改革的决策部署，电力体制改革走在全国前列，统一开放、主体多元、竞争有序的电力市场格局初步形成。坚决落实党中央、国务院各项改革决策部署，抓重点、补短板、强弱项，破除体制机制障碍，以改革建机制、推创新、促发展，推动公司高质量发展和战略转型。积极推动各项改革举措落地落实，实现区域资源优化配置，助力南方区域经济社会持续健康发展。

坚持打基础利长远，全面构建合规内控风险一体化管理体系，提升风险防控、规范化管理水平、夯实稳健经营基础。高度重视企业合规管理工作，积极防范廉洁风险和重大经营风险，营造浓厚的法治建设氛围，为公司持续健康发展保驾护航。持续推动管理创新，提升企业治理能力，健全完善与现代化经济体系相适应的管理体系，建设具有全球竞争力的世界一流企业。

在聚焦主责主业的基础上优化调整业务布局，稳中有进，加快转型升级步伐。深化改革、抢抓机遇，形成管制、新兴、金融、国际、共享服务五大战略业务同向发力的良好态势。牢牢把握“新基建”发展机遇，优化战略性新兴业务布局，聚焦新技术新业态新模式，加快产业孵化步伐，推动存量资产盘活发展。公司新兴业务布局新能源、节能环保、智能电网、新一代信息技术、电动汽车等 12 大业务领域、29 类产业、52 个行业。主动融入国家区域协调发展战略，以项目为载体，持续拓展金融业务，深化产融结合，推动共享共赢。高度重视国际业务发展，积极落实国家“一带一路”倡议，充分利用公司地缘、区位优势，推进与周边国家和地区的电网互联互通和电力贸易。

四、社会和谐

立足满足人民追求美好生活的能源电力需要，践行“人民电业为人民”的企业宗旨，把自身发展落实在造福人民的实践中，体现在回馈人民的成果里，为社会、为行业、为员工倾情奉献，以实际行动书写“万家灯火　南网情深”。

高度重视员工权益保障，严格遵守相关法律法规，坚持平等雇佣，持续完善薪酬分配机制，关爱员工身心健康，重视民主沟通，积极构建和谐稳定的劳动关系。重视人才培养和发展，全面开展各类培训，畅通员工职业晋升通道，着力打造高素质员工队伍，拓宽员工发展空间。坚持党管干部和党管人才原则，不断优化干部人才工作体制机制，着力培养“忠诚干净担当”的高素质干部，全面提升干部人才工作质量和水平，为建设世界一流企业提供坚强的组织保证和人才支撑。坚持以人为本，扎实解决好员工最关心、最直接、最现实的问题，努力满足员工美好生活需要，提升员工归属感、幸福感。

作为国有重要骨干企业，公司切实响应国家号召，把“龙头带动作用”落到实处，带动上下游企业共度疫情难关，促进行业共同发展。面对新冠肺炎疫情和复杂严峻的外部形势所带来的挑战，公司着力优化和稳定产业链供应链，与合作伙伴建立和谐互动的良性关系，带动供应链上下游实现共同持续发展。秉持开放共享、合作共赢的理念，主动搭建交流平台，与国内外知名电力企业和机构保持良好合作交流，促进行业生态正循环，实现融合发展与利益共享。

深刻把握世界大势，立足国内、国际两个大局，贯彻落实党中央号召，依托“一带一路”倡议，努力推动与周边国家的互联互通，为构建人类命运共同体不断添薪蓄力。积极关注社会民生问题，利用自身优势投身公益志愿活动，让公益精神浸润心田，将来自南方电网的温暖送入千家万户。大力弘扬志愿服务精神，通过常态化的志愿活动，以实际行动回馈社会。

【中国华能集团有限公司社会责任报告(摘要)】 2020 年是极不平凡的一年。中国华能集团有限公司（简称中国华能）作为国有重要骨干企业，以习近平新时代中国特色社会主义思想为指导，始终坚持党的全面领导，始终坚持新发展理念，始终坚持战略引领，始终坚持改革创新，始终坚持以人为本，改革发展取得重大进展和重要成果，实现“十三五”圆满收官。

公司始终把学习贯彻习近平新时代中国特色社会主义思想作为首要政治任务、理论学习中心组重要学习内容和党组会“第一议题”，党的建设不断加强。面对突如其来的新冠疫情冲击，公司坚持疫情防控与稳产保供、复工复产两手抓，形成全面动员、全面推进落实的工作局面，疫情阻击战取得阶段性重要成效。华夏楷模，初心铸就时代伟业。优化协调产业布局，以电力产业为中心，科技、煤炭、金融及交通运输各产业板块通力合作，协同效应进一步加强；着力提升发展质量，实现营业收入 3142 亿元，同比增长 2.6%，利润 224 亿元，同比增长 25.6%，经营利润创历史最高水平；携手伙伴合作共赢，积极推进京津冀协同发展，支持海南自贸区建设，与地方政府、企业、高校等开展深入合作，努力促进各方共赢；深耕拓展海外市场，成立国际标准技术研究院，承办“2020 国际标准峰会”，成功发布 2 项、立项 5 项国际标准，境外项目全部盈利，实现利润 21.28 亿元，创历史最高水平；全面建成小康社会，系统帮扶的贫困县（村）全部实现脱贫摘帽，连续四年获得中央单位定点扶贫工作考核最优等级。能源先锋，奋斗抒写电力华章。坚定不移做优主业，坚守本质责任，抗新冠疫情、战自然灾害，保生产、保供应，完成国内发电量 7083 亿 kWh，同比增长 0.37%，实现逆势增长；改善科技创新生态，成功研制出具有完整自主知识产权的国内首套全国产化 DCS 系统以及自主可控的 PLC 系统，科技创新实现重大突破；关爱员工工作生活，坚持以人为本，建立“岗位职务序列为主、专业技术技能职务序列为辅”的双通道晋升机制，为职工搭建职业发展平台；恪守安全生产红线，未发生较大及以上安全事故，有效应对洪涝、台风流等自然灾害，煤炭产业及核电板块安全工作保持平稳态势；切实加强环境保护，全面推进“两线”“两化”战略，新能源项目核准、开工、新增容量突破“三个1000万”，国家科技重大专项石岛湾高温气冷堆示范工程双堆冷试一次成功，昌江核电二期获得核准，公司绿色转型取得重大进展。

2021年是中国共产党建党100周年，是“十四五”规划开局之年，也是公司建设世界一流现代化清洁能源企业元年。公司将继续坚持以习近平新时代中国特色社会主义思想为指导，全面贯彻党中央、国务院决策部署，牢牢把握高质量发展主题，全力实现科技创新、绿色转型、效益效率、国际化发展、公司治理、党建质量“六个新领先”，加快建设具有全球竞争力的世界一流现代化清洁能源企业。

【中国大唐集团有限公司2020年社会责任报告（摘要）】 中国大唐集团有限公司（简称中国大唐）《2020年社会责任报告》集中展现了中国大唐2020年全面履行社会责任的管理、实践与成效。报告从“价值·高质量发展”“安全·筑牢根基”“绿色·生态家园”“创新·激发动能”“开放·合作共赢”“共享·美好生活”六个方面，全方位阐述中国大唐贯彻落实新发展理念、推动能源生产与消费革命，服务社会经济发展的新举措和新成效。

一、价值·高质量发展

坚持绿色低碳。深入贯彻“四个革命、一个合作”能源安全新战略，坚持新发展理念，积极推进能源结构调整，助力绿色低碳转型发展。2020年，中国大唐发电量为5603.77亿kWh，其中水电1048.73亿kWh、火电4141.35亿kWh、风电392.47亿kWh、太阳能发电21.22亿kWh。

开拓电力市场。积极响应外部市场化改革趋势，多措并举做好市场开发工作。以客户为中心，持续完善营销管理体系，夯实营销工作基础，提升客户服务水平。组建电力改革政策研究专家队伍，编制《电力现货市场导则》，参与《电力现货市场基本规则》课题研究。建立健全管理体制机制，组建26家省级能源营销公司，不断拓展售电业务。探索推进售电增值业务，因地制宜推进售电增值服务试点。加强营销队伍建设，组织开展市场营销专业培训，在交易实战中培养营销人才。

二、安全·筑牢根基

提升安全管理。中国大唐坚持“安全是发展的前提，发展是安全的保障”，高度重视安全生产和防灾减灾工作，强化红线意识和底线思维，加强安全环保体系和能力建设，坚决防范重特大事故发生，确保集团公司安全形势持续稳定局面。2020年，中国大唐未发生较大及以上人身设备事故。

保障设备安全。中国大唐高度重视能源供应保障工作，加强设备可靠性管理，有效应对突发灾害和用电高峰，积极履行政治责任，高标准、高质量完成重大活动保电任务。

强化安全文化。严格落实安全培训制度，实现各级、各类人员先培训、后上岗。规范班前班后会、“三讲一落实”等班组日常安全管理，充分发挥班组管理基础性作用。抓好各专业、各岗位、各工种的技术比武，开展“安全生产月”活动，促进一线员工安全意识和技能水平提升。

三、绿色·生态家园

加强环境管控。建立健全环境管理体系，修订生态环保责任制和生态环保管理办法等制度，强化项目全生命周期生态环保管理。制订《环保督查重点内容清单》，定期开展常态化检查，对重点企业进行现场督查，有效防控环保风险。2020年，中国大唐全年未发生负面环境事件。

推进节能减排。推进打赢蓝天保卫战三年行动计划，圆满完成能耗三年治理行动目标。开展锅炉动态燃烧调整试验、汽轮机滑压曲线优化等专项工作，全力解决制约降耗的难点问题。加大节能改造力度，重点推进加装低温省煤器等节能技改项目，有效提高机组调峰、供热的灵活性。

助力“碳中和”。实现“碳达峰、碳中和”目标是中国积极应对气候变化目标、提高国家自主贡献力度，向国际社会作出庄严承诺。中国大唐全面开展碳资产管理体系建设，完成碳排放核算、核查工作，规范化管理排放因子实测等数据，积极参与碳市场建设，为实现“碳达峰、碳中和”目标做出贡献。

保护生物多样性。建立健全生态环保责任制，完善《生态环保重点问题清单》，贯彻《建设项目环境保护和水土保持“三同时”管理办法》，确保环保水保设施与土体工程同时设计、同时施工、同时投入使用。严守生态环保红线，严格按照环保及生态保护批复进行施工、验收、投产。2020年，中国大唐在建电力项目未发生环水保事件。

四、创新·激发动能

深化管理创新。持续完善科技创新体系，整合科技创新资源。聚焦“风光气服”发展方向，推进“智慧能源创新中心”“燃气蒸汽联合循环发电技术研发工程中心”“风光发电智能运营技术中心”“热带光伏实证研究基地”四个平台建设，培育科技研发平台。发挥考核导向作用，促进科研单位与发电公司主动谋划创新工作，激活创新活力。坚持科技创新与企业生产、经营发展相融合，加强生产技改、提高基建项目的科技水平，推动科技成果产出。

推动科技创新。积极响应国家创新驱动发展战略，持续加大创新投入，培养创新人才，攻关核心技术，推动成果落地转化，以技术创新引领高质量发展。着力培养创新人才，修订印发《中国大唐集团有限公司科技创新奖励管理办法（试行）》，对做出重要贡献的企业和一线科技人员加大奖励力度。深耕创新性、突破性技术研发，积极推进国家级技术装备短板攻关任务和能源局示范项目，持续推进标准制定工作，大力提升自主创新能力。

五、开放·合作共赢

共建“一带一路”。中国大唐主动融入以国内大循环为主体、国内国际双循环相互促进的新发展格局。积极服务“一带一路”建设，开拓海外市场，提升国际化经营水平，加快“走出去”步伐。

加强交流合作。聚合行业内外、国内国际“朋友圈”优势，加大开放合作力度。积极参与国际交流与合作，上线集团公司英文网站，增进与各国人士的沟通。参加中国国际进口博览会、中国—东盟博览会等重大活动，参与联合国契约组织、世界经济论坛、亚太经济合作组织（APEC）等国际合作与交流活动。

服务地方发展。坚守责任意识，通过项目投资建设及公益活动，服务当地经济社会发展。2020 年，中国大唐海外系统累计完成发电量同比增加 2.55 亿 kWh，境外项目及派出机构聘用外籍员工 900 余人，提供就业岗位 2000 余个。

六、共享·美好生活

关爱员工成长。坚持以人为本，充分尊重和保障员工各项合法权益，建立健全薪酬福利保障体系，关注员工身心健康。持续完善员工培训机制，为员工搭建展示才华、脱颖而出的宽广平台。着力解决员工最关心、最突出的矛盾和问题，努力满足员工美好生活需要，实现员工与企业共同成长。

保障员工权益。严格遵守《中华人民共和国劳动法》《中华人民共和国劳动合同法》等法律法规，保障员工的基本权益，坚持平等雇佣，完善薪酬福利，加强民主管理，积极构建和谐稳定的劳动关系。2020 年，中国大唐员工总数 95582 人，女性员工比例 21.36%，少数民族员工比例 6.69%；新入职员工 4242 人。

构建和谐家园。热心公益事业，倡导员工积极参与志愿者活动，为社会传递温暖与感动。2020 年，中国大唐对外捐赠 48717 万元，其中公益救济和公共福利事业捐赠 4266 万元。集团公司聚焦社会弱势群体、精准扶贫项目等，全年开展志愿服务活动 2700 余次，超过 2.9 万人次、230 多家企业积极参与。

【中国华电集团有限公司社会责任报告(摘要)】

一、聚力求实·锤炼“大国顶梁柱”精神

1. 依法合规治企

守法合规既是“紧箍咒”，也是“护身符”，是企业发展路上的“安全带”。中国华电集团有限公司（简称中国华电）不断探索法治建设的理论支撑和路径方法，重管理、强法治，着力提升员工法治意识，为保障各项生产经营活动及项目建设正常进行打下厚实基础。

2. 保障能源服务

2020 年，中国华电在疫情肆虐中奋力前行，紧跟时代步伐，积极响应国家号召，全面深化能源结构调整，千方百计保发电保供热。疫情期间做到了不限电、不限热、不停机，在助力国家发展、服务国计民生中发挥了重要作用。

3. 产业高效协同

中国华电从战略全局出发，健全产业协同机制，抓好协同落实，实现四位一体、协调发展，着力提升四大产业的协同能力、成效和水平，推动煤电互保、产研结合、产融结合，打造“专业化管理、一体化运营、协同化发展”的产业核心竞争力。

4. 聚焦科技创新

科技是国家强盛之基，创新是民族进步之魂。中国华电坚持把创新作为第一动力。2020 年 9 月，中国华电成立包括 8 名院士在内的专家咨询委员会，成功召开第一次专家咨询委员会会议和集团公司科技创新大会；全年投入科技创新研发资金 58.4 亿元，研发投入强度 2.43%，超过国资委考核目标 0.06 个百分点，创历史新高。

5. 筑牢本质安全

安全生产，重于泰山。中国华电以建设本质安全性企业为主线，切实肩负起维护安全稳定的政治责任，持续落实“三管三必须”责任，履行安全生产法定责任，强化安全生产尽责督查，树牢底线思维、红线思维，把“两个至上”作为根本价值遵循，做好安全隐患排查和安全运行保障等各项工作，提高应急处置能力，切实筑牢安全防线。

二、锐意创新·绘就“绿电新生态”底色

1. 扎实降碳治理

绿色是永续发展的底色。中国华电以习近平生态文明思想为指导，深入贯彻落实新发展理念和“四个革命、一个合作”能源安全新战略，坚定不移走生态优先、绿色低碳的发展道路，加快转型升级，努力成为推动高质量发展的“主力军”。

2. 深耕节能减排

中国华电坚定不移贯彻习近平总书记“绿水青山

就是金山银山”的生态文明理念，加强生态文明建设，降低能源消耗，坚决打好污染防治攻坚战，为可持续发展贡献力量。2020 年发电企业环保类技改项目投入资金 26.34 亿元。被国务院国资委授予“节能减排突出贡献企业”。

3. 护佑绿水青山

护卫一江碧水、守住一处青山。中国华电坚持“生态优先，绿色发展”理念，积极开展生态环保治理专项行动，严守生态保护红线，为可持续发展留足空间。通过周密规划、文明施工、增殖放流等系列行动，保障水电开发区域河流生态安全；通过加强环境保护、恢复植被和水土保持工作，推动风光电项目生态保护措施落实。2020 年，未发生对公司形象造成不良影响的环境事件。

三、至善和谐·培厚“互融朋友圈”沃土

1. 开拓海外发展

万里丝路，千年梦萦。中国华电积极响应国家“一带一路”倡议，紧紧围绕“十三五”国际业务发展目标，编制《集团公司“十四五”国际业务发展规划》，从“大写意”到“工笔画”，形成了境外投资、工程承包、技术服务和国际贸易的“四轮驱动”发展模式，集团公司投资遍布全球，逐步构建起辐射全球的丝路电力合作体系，持续提升国际化经营水平。

2. 情暖一带一路

亲诚惠容，求同存异。中国华电以打造世界一流品牌为目标，推动跨文化融合，坚持做中国故事的生动讲述者、自觉传播者，为建设同世界各国共享机遇、共谋发展的海外“朋友圈”贡献华电担当。

3. 和衷协同共赢

中国华电全力推动规范、阳光、廉洁、高效采购，建立“2+N”采购与物资管理制度体系，制定采购管理提升方案，推进招标文件标准化，打造“央企优秀商城”，多措并举大幅提升采购效率，打造“充满阳光味道”的责任采购。

中国华电构建健康良性的商业生态，构建网上商城、开展供应商资信评级数据与国家或行业的征信体系对接，深入开展电煤专项治理和阳光燃料建设等工作，进一步强化供应链管理水平，致力打造透明、健康供应链，推动企业高质量、可持续发展。截至报告期内，共计压减不必要电煤中间供应商 340 户。

4. 助力员工发展

中国华电着力推进高素质产业人才队伍建设，深入实施“骏才计划”，畅通各类人才职业发展通道，帮助员工实现技能提升与职业发展。2020 年累计组织各类培训 16 万余人次，全员培训率达 85%；举办火电继保、风电运维技能大赛，以赛促训开展专业培训 1 万余人次；依托华电“一带一路”能源学院平台，培养国际化紧缺专业人才和丝路沿线国家本土化人才 385 人；新增国务院特殊津贴专家 6 人、大国工匠 2 人、能源楷模 1 人。

四、笃行奋进·讲好“品牌形象佳”故事

1. 倾心社会公益

中国华电始终坚持为公益服务倾注华电力量，引导广大华电志愿者积极参与社会公益活动，各级党组织扎实开展“我为群众办实事”实践活动，组织开展公益捐赠、爱心助学、学雷锋、公众开放日等系列公益志愿活动，争当办实事的为民先锋，用心用情用力办实事解难事，大力弘扬“奉献、友爱、互助、进步”的华电志愿精神。

2. 奉献家国大爱

2020 年，中国华电握指成拳，直面脱贫攻坚“最后一公里”的难点、痛点、堵点，在新疆阿图什市和乌恰县两定点扶贫统筹推进扶贫项目全部复工、帮扶措施全面落实，连续五年投入 90 万元开展“救急难”行动，237 户困难家庭获益，确保已脱贫定点不因疫情返贫、返困。与 2014 年初相比，乌恰县贫困发生率从 58.83%降到了 0.2%，阿图什市贫困发生率从 60.19%降到了 0。定点扶贫工作考核获评中央最优等级。

3. 健全责任管理

中国华电积极履行社会责任，构建企业社会责任管理长效机制。成立社会责任领导小组，由公司主要领导担任领导组长，总部各部门领导担任成员，负责公司社会责任工作的组织领导，制定公司社会责任工作的战略，建设公司社会责任管理体系，部署公司重大社会责任活动，决定社会责任报告发布等有关事宜。

社会责任领导小组下设办公室，党建工作部归口管理，接受公司社会责任工作领导小组的领导，负责社会责任工作的日常管理和组织实施，负责社会责任报告的编制和发布工作。总部各部室设置社会责任联络人，负责具体推进社会责任工作。

4. 电亮印象华电

连续 9 年上榜《财富》世界 500 强，2020 年位列第 370 位，上升 16 位。连续 8 年获国资委年度经营业绩考核 A 级企业，经营业绩考核得分连续 5 年位列同类型发电企业第一。以 729.65 亿元的品牌价值荣登 2020 年《中国 500 最具价值品牌》第 76 位。

【国家能源投资集团有限责任公司社会责任报告（摘要）】 2020 年是极为不平凡的一年，是全面建成小康社会决战决胜之年、实现第一个百年奋斗目标关键之年，也是“十三五”收官开启“十四五”谋篇布局之年，更是国家能源集团深入推进重组改革、创建世界一流示范企业改革攻坚之年。这一年，世纪疫情和百年变局交织，严峻挑战和重大机遇并存，国家能源集团深入贯彻落实习近平新时代中国特色社会主义思想和党的十九届五中全会精神，扎实践行“社会主义是干出来的”伟大号召，履职尽责、奋发有为，与利益相关方一道将最新最美的图景绘制在风华正茂的祖国大地上。

一、创一流　天博而致广大

“德之大者，当为天下谋；行之远者，当计天下利。”能源是人类文明进步的基础和动力，攸关国计民生和国家安全。作为践行“四个革命、一个合作”能源安全新战略、推动构建清洁低碳安全高效现代能源体系的重要能源企业，国家能源集团坚持“一个目标、三型五化、七个一流”发展战略，牢记央企职责使命，不断提升企业管理体系和管理能力现代化水平，做好能源供应压舱石，能源革命排头兵，为社会赋能，为经济助力。2020 年，集团公司发电装机容量为 25713 万 kW，累计完成发电量为 9828 亿 kWh，火电、水电、新能源发电量均全面完成年度任务，并全部创历史最好成绩。

二、树一流　地厚而尽精微

“以自然之道，养万物之生”绿色是能源发展的价值追求，卓越是追求一流的价值目标。国家能源集团聚焦清洁低碳、安全高效的现代能源发展方向，积极谋求清洁能源规模化、化石能源清洁化、能源产业智能化的低碳化转型发展，切实做强做优做大清洁可再生能源，更大力度加强煤炭资源接续，做好生态修复和污染防治，深度推进减排降碳，在“碳达峰”“碳中和”进程中争做主力军和排头兵，助力打造青山常在、绿水长流、空气常新的美丽中国。2020 年，累计投入 3.26 亿元，绿化种草面积 为 33.3 万 m^2，植树造林 6 万余株，栽植红瑞木、丁香等景观植物 424 延长米，治理地表零星沙化区域面积为 4600m^2，区域外治沙绿化 20000 余平方米。

三、聚一流　人和而从善理

“人生于天地之间，各有责任。知责任者，大丈夫之始也。行责任者，大丈夫之终也。”国家能源集团始终坚持以人为本、人民至上的价值取向，从一点一滴中感悟初心使命，从一朝一日奉献青春芳华，从一举一动中彰显家国情怀，为社会赋能，为经济助力，让人民群众的民生愿景成为幸福实景。我们厚植人才成长的沃土，不断完善有利于人才成长的培养机制、有利于人尽其才的使用机制、有利于竞相成长各展其能的激励机制、有利于各类人才脱颖而出的竞争机制，让人才根系更加发达，形成“万类霜天竞自由”的良好局面。

2020 年，公司命名挂牌 82 个首批劳模和工匠人才创新工作室，10 人荣获“全国劳模”荣誉，2 名技术能手当选全国能源化学地质系统“大国工匠”。

【国家电力投资集团有限公司社会责任报告(摘要)】 国家电力投资集团有限公司（简称国家电投）是中央直接管理的特大型国有重要骨干企业，成立于 2015 年 7 月，由原中国电力投资集团公司与国家核电技术有限公司重组组建。国家电投是中国五大发电集团之一，是全球最大的光伏发电企业，2020 年在世界 500 强企业中位列 316 位，业务范围覆盖 46 个国家和地区。国家电投现有员工总数 13 万人，拥有 62 家二级单位，其中 5 家 A 股上市公司、1 家香港红筹股公司和 2 家新三板挂牌交易公司。国家电投肩负保障国家能源安全的重要使命，负责牵头实施“大型先进压水堆核电站”“重型燃气轮机”两个国家科技重大专项，是“能源工业互联网”平台建设任务的主责单位，也是国务院国资委确定的国有资本投资公司试点企业。

坚决落实习近平总书记 2016 年 8 月视察国家电投黄河公司时作出的“一定要将光伏产业做好”重要指示。4 年多来，国家电投高质量发展光伏产业，光伏发电总装机 2961 万 kW，位居全球第一。形成了酒泉、共和、格尔木、哈密、盐城等大型能源基地，资产主要分布在中国青海、新疆、河北、江苏、甘肃等 30 个省区。拥有研发、设计、多晶硅、光伏电池、组件制造、工程施工和生产运营光伏全产业链。

风电总装机容量 3088 万 kW，位居全球第二。资产主要分布在中国青海、西藏、甘肃、内蒙古、江苏等 23 个省区，正在加速推进内蒙古乌兰察布，江苏、广东海上风电基地建设。2020 年，国家电投新增风电装机 1155 万 kW，风电投产规模超过了前四年投产总和。

水电总装机容量 2401 万 kW，位居全球前十。资产主要分布在中国青海、湖南等 23 个省区，承担了中国 13 大水电流域基地中 2 个（黄河上游、湘西）流域基地开发任务，同时开发澳大利亚、南美和缅甸等海外地区水电业务。

核电总装机容量 698 万 kW，是我国三大核电投资建设运营商之一。拥有在运核电机组 6 台、在建机组 4 台和一批核电项目前期厂址。拥有第三代非能动核电产业链，具备研发、设计、工程建设、关键设备制造、运营和寿期服务能力。

火电总装机容量 8481 万 kW，其中煤电 7740 万 kW，燃机、生物质发电 741 万 kW。资产主要分布在中国 21 个省区以及巴基斯坦、土耳其等国家。致力于火电清洁发展，持续推进超低排放，降低火电机组供电煤耗。

国家电投拥有成熟、完整的“煤电铝路港”一体化产业格局，集群和协同效应显著。节能环保产业作为国家电投清洁发展的重要支撑，在国家打好“污染防治攻坚战”中做出了重要贡献。

“国和一号”是我国十六个重大科技专项之一，国家电投作为牵头单位，组织全国470多家单位、26000余名技术人员历时12年完成研发设计，具有完全自主知识产权。其关键设备、关键材料实现了自主化设计和国产化制造，设备整体国产化率达到90%以上。“国和一号”累计形成知识产权成果6000余项，形成新产品、新材料、新工艺、新装置、新软件392项，其安全系数高、经济性能好、创新成果多等特点和优势获广泛认可。目前，技术研发工作已经完成，示范工程正在按计划推进。

重型燃气轮机发电效率高、能够频繁快速启停、适合电网调峰，是优化能源结构、实现大规模清洁能源替代的主要选择之一。因其制造难度大，被誉为装备制造业“皇冠上的明珠”，其研发制造水平代表了一个国家的重工业和高端制造业最高水平。目前300MWF级重型燃机研制完成初步设计，关键部件一级静叶叶片和动叶叶片已试制成功。

为落实“四个革命、一个合作”能源安全新战略，加快构建清洁低碳、安全高效的能源体系，国务院国资委会同有关部委，共同推进能源工业互联网平台建设，国家电投负责牵头建设和运营工作，该平台汇聚能源生产、经济、消费、安全等四类数据，重点开展能源工控安全态势感知、能源大数据应用、智慧能源项目开发、能源金融衍生服务等4类业务，为能源行业管理和决策提供有力支撑，有效保障国家能源体系安全运行，高质量推进能源行业转型升级和绿色发展。

2020年4月1日，国家电投以国核电力规划设计研究院有限公司为基础，组建综合智慧能源科技公司，作为全集团的综合智慧能源产业发展平台。2020年7月1日，国家电投举行综合智慧能源技术方案推介会，发布智慧能源产业品牌，推介了“+电卡”“三网合一”“AI增效”及“朋友圈”等创新商业模式，围绕智慧城镇、产业园区、能源基地、集群楼宇四大类型中的24个典型场景发布了一站式综合智慧能源整体解决方案。

2020年5月12日，国家电投资本控股融和电科智能换电重卡在北京首个建筑砂石绿色基地——公铁绿链项目实现安全运营100万公里的里程碑式突破，标志着国家电投智能换电重卡规模化落地效应显著，绿色清洁运输新模式成功得到市场验证。9月4日，融和电科推出全新设计的换电宽体矿用自卸车，货箱容积36m^3，对比市面同类型宽体矿用自卸车容积增大58%，额定最大负重能达75t，运力高出平均水平50%，经济成本节省约41%。换电矿卡作为“魔方家族”新一代产品，在健全绿色低碳循环发展的交通运输体系、推进“电能替代”方面走在前列。

【中国长江三峡集团有限公司社会责任报告(摘要)】 2020年，中国长江三峡集团有限公司（简称三峡集团）以习近平新时代中国特色社会主义思想为指导，认真贯彻落实习近平总书记对三峡集团重要讲话指示批示精神，深入践行新发展理念，积极发挥“六大作用”，奋力实施清洁能源和长江生态环保“两翼齐飞”，在精心运营大国重器、共抓长江生态保护、打造中国水电品牌、创造清洁能源、全面深化改革、履行社会责任等方面勇担央企使命，加快创建世界一流企业，力争在构建新发展格局中发挥战略支撑作用。

在促进长江经济带发展中发挥基础保障作用。三峡集团充分发挥三峡、葛洲坝、向家坝、溪洛渡等水电工程防洪、航运、发电、补水、生态等综合效益，为长江经济带发展做贡献。2020年，面对长江流域百年一遇的特大洪水，长江干流及清江梯级水库累计拦洪388亿m^3，占长江中上游水库群拦洪总量60%以上；三峡水库成功应对5次编号洪水，累计拦洪295亿m^3。三峡水库连续11年完成175m蓄水目标；三峡船闸年过闸货运量达1.37亿t，超过年设计通过能力的37%；长江干流梯级电站全年发电2269.3亿kWh，创历史新高；三峡电站全年发电1118亿kWh，创造单座水电站年发电量世界纪录；梯级枢纽枯水期为长江下游补水311.8亿m^3；梯级水库生态调度促进鱼类产卵约5.33亿颗。2020年，三峡工程完成整体竣工验收全部程序，转入正常运行新阶段。乌东德水电站首批机组投产发电，白鹤滩水电站全球首台百万千瓦机组转轮成功吊装。

在共抓长江大保护中发挥骨干主力作用。三峡集团深入贯彻落实习近平总书记关于共抓长江大保护系列重要指示批示精神，全力推进长江大保护工作。全面参与推进长江流域水污染治理、水生态修复、水资源保护“三水共治”，与沿长江地方政府签署共抓大保护合作协议109份，实现业务布局沿长江11省（市）全覆盖。累计共抓长江大保护投入1550亿元，建设污水处理厂477座，管理建设运营长度超过1.7万km，直接服务城镇面积1.77万km^2，惠及2311万人，城镇污水治理成效逐步显现。长江生态环保集团等五大业务平台协同效能持续增强。城镇污水治理“三峡模式”成功落地见效并持续创新。全面推广应用“资本+”模式，在武汉等地持续延伸“资本+”价值链，凝聚行业参与共抓长江大保护共识。溪洛渡、向家坝水电站荣获“国家水土保持生态文明工程”称号。持续加强长江流域珍稀特有动植物研究与保护，长江珍稀鱼类保育中心投入运行。全年放流中华鲟等长江珍稀特有鱼类 75 万尾，全年 1181 种长江珍稀植物得到有效保护。

在带领中国水电“走出去”中发挥引领作用。三峡集团积极响应国家“走出去”战略 和“一带一路”倡议，助力中国水电全产业链“走出去”。圆满完成秘鲁第一大配售电公司路德斯公司股权交割，成为 2020 年中国企业最大电力收购项目。成功发行长江电力“沪伦通”中国企业融资规模最大的全球存托凭证（GDR)，首次实现控股核心子企业境外上市。成功收购西班牙最大光伏运营项目。德国梅尔海上风电场年发电量创投产以来新高。巴基斯坦卡洛特水电站进水塔、水电厂房封顶。几内亚苏阿皮蒂水电站首批机组投产发电。老挝南立 1-2 水电站荣获老挝国家级“劳动奖章”。集团公司所属三峡国际公司荣获“‘一带一路’绿色生产力领跑者”荣誉。境外全年实现发电量超过 355.2 亿 kWh，业务覆盖全球超过 40 个国家和地区。全年累计向境外捐赠抗疫物资 5878 万元。

在促进清洁能源产业升级中发挥带动作用。三峡集团大力推进陆上、海上风电开发、太阳能多元化开发，优化清洁能源战略布局。已投产陆上风电项目覆盖新疆、甘肃等 25 个省区。加大优质资源获取力度，新增资源超 5000 万 kW，超历年总和，累计储备资源超 8000 万 kW。建成亚洲当期单体规模最大陆上风电项目内蒙古四子王 40 万 kW 风电场。全球规模最大 300 万 kW 源网荷储项目内蒙古乌兰察布首个新能源大基地落地。宁夏单体容量最大利通一期 200MW 光伏项目成功并网。坚定不移实施“海上风电引领者”战略，投产装机容量为 134 万 kW。亚太地区单机容量最大 10MW 海上风机在福建福清兴化湾成功并网发电。东北地区首个海上风电项目辽宁大连庄河 30 万 kW 项目全容量并网。国内规模最大 170 万 kW 海上风电项目在广东阳江一次性开工建设。江苏、广东、福建等区域五个百万千瓦级海上风电基地初具规模。

在深化国有企业改革中发挥示范作用。三峡集团坚决贯彻党中央关于深化改革重大决策部署，自觉做改革的推动者。全面启动对标世界一流管理提升行动，制定重要措施和对标提升清单。全面推进子企业规范董事会建设，董事会制度体系基本建立。集团公司所属长江电力公司、三峡资本公司完成国企改革“双百企业”，三项制度改革评估为“A”级。国家第二批混改试点重庆区域配售电实现整体上市、三峡新能源整体上市首发过会、经理层成员任期制和契约化管理实现重要二级子企业全覆盖、“一企一策”完成 17 家二级子企业授权放权、分业务板块制订尽职合规免责清单、剥离企业办社会职能等重点改革任务率先完成，清洁能源和长江生态环保“两翼齐飞”基本形成，国企发展取得阶段性成效，三峡集团抵御风险挑战的能力不断增强。

在履行企业社会责任方面发挥表率作用。三峡集团深入学习践行习近平总书记关于扶贫工作的重要论述，积极履行央企社会责任，努力在打赢脱贫攻坚战中发挥表率作用。在脱贫攻坚决胜之年，面对疫情带来的冲击和影响，全年投入扶贫资金超 17 亿元，实施帮扶项目 275 个。于一季度一次性将国家定点扶贫县帮扶资金全额拨付到位，成功助力帮扶的 4 个国家级定点帮扶县、1 个中央对口支援县、一批省级帮扶县和四个少数民族实现脱贫摘帽，再次在中央单位定点扶贫成效考核中获得等次“好”的成绩。疫情期间，在中央企业中率先向湖北捐款 1.7 亿元，累计捐赠防护物资超过 25 万件。全年购买和帮销农产品 6631 万元，有效遏制农户因疫致贫返贫风险。第一时间启动“抗疫稳岗扩就业”专项招聘行动，累计发布招聘计划超过 5700 个，全年全集团在建项目农民工用工总量达 14.6 万人。历年累计投入扶贫资金 86.4 亿元，实施帮扶项目 1420 个，惠及全国 110 多个县（市、区）数百万贫困群众。在中央单位定点扶贫考核中连续第 3 年获得好的评价，并位列央企第 3 名；三峡集团 1 个集体、1 名同志分别荣获全国脱贫攻坚先进集体、先进个人，三峡集团先后荣获“能源扶贫十大突出贡献企业”“第十五届人民企业社会责任奖‘年度扶贫奖’”称号。

（黄晓天）

【中国广核集团有限公司社会责任报告(摘要)】2020 年是极不平凡、极具挑战的一年。面对突如其来的新冠肺炎疫清、复杂严峻的外部形势等重大考验，中广核以习近平新时代中国特色社会主义思想为指导，坚决贯彻落实党中央、国务院决策部署，统筹推进经营发展、疫情防控和脱贫攻坚等各项重点工作，稳中求进，奋力前行，质罿效益和综合实力持续提升。集团总资产达到 7885 亿元，业务覆盖全球 22 个国家及地区，主要经营指标连续 8 年实现两位数增长，成为国务院国资委重点盈利企业和重点增利企业，继续保持央企前列，为国家经济稳增长和社会大局稳定做出积极贡献。

一、坚守安全生产生命线，筑牢发展根基

安全始终是中广核坚守的生命线。中广核深入贯彻习近平总书记关于核安全的重要指示批示精神，始终着眼补短板、强弱项，持续提升安全管理水平。2020 年，中广核 24 台在运核电机组保持安全稳定运行，机组 72.6%的 WANO（世界核电运营者协会）指标达到世界先进水平，平均能力因子连续三年保持 92%以上，其中宁德核电 2 号机组 12 项业绩指标全部达到世界卓越水平。截至2020年12月31日，岭澳核电站1号机实现连续稳定运行5291天，继续刷新并保持着国际同类型机组安全运行天数纪录。

二、坚持清洁能源发展初心，建设美丽中国

为应对全球气候变化挑战，中国提出“在2030年前实现碳达峰，2060年前实现碳中和”的雄伟目标，推进能源清洁低碳转型是实现此目标的关键。作为清洁能源企业，中广核不忘初心使命、发挥主业优势，始终高标准、高目标推动核电、风电、太阳能等清洁能源业务发展，不断开拓清洁能源先进技术研发应用，为实现国家“碳达峰、碳中和”目标和应对全球气候变化贡献力量。2020年，中广核实现清洁能源上网电量2631.12亿kWh，等效减排二氧化碳超2亿t，相当于种植近60万hm^2的森林，为推动能源低碳清洁转型提供助力。

三、坚定自主创新，把握发展主动权

创新是中广核的立业之本、发展之基。中广核坚定不移走自主创新道路，努力掌握未来发展主动权。2020年，集团一批重点项目、关键领域实现重要突破，扎实推进55项技术攻关，初步形成协同创新体系，创新成果不断涌现：自主三代核电技术“华龙一号”通用设计审查（GDA）按期进入第四阶段并顺利完成欧洲用户要求（EUR）认证；核级数字化仪控系统“和睦系统”实现多技术、多堆型的应用覆盖；智能核电研发累计形成115项成果；电子束治污技术在多种污染物治理领域实现示范项目落地，为集团可持续发展注入不竭动力。

四、坚持以人为本，构建和谐社区

企业的发展与社区密切相关，与社区共生共荣是推动核电事业发展的关键。中广核不断创新与利益相关方的沟通形式，让公众近距离感受清洁能源的魅力。2020年，集团连续第八年开展“8·7公众开放体验日”活动，以“海底种珊瑚，云游核电站”为主题，采用全新云直播科普方式，六大核电基地首次同框直播，海陆空多视角为公众展现核电之美。同时，中广核秉持“建好一个项目、带动一地经济、造福一方人民”的理念，持续改善当地社区环境，带动当地产业发展，积极开展慈善公益活动，构建温暖和谐的社区关系。

五、坚决打赢疫情防控阻击战，携手共克时艰

2020年，面对突如其来的新冠肺炎疫清，中广核坚决贯彻习近平总书记重要指示精神，落实党中央、国务院决策部署，坚决做好自身防疫工作，并奋力投入到全国抗疫和复工复产中，全力确保电力安全稳定供应，同时做好境外疫情防控，携手各方共克时艰，用实际行动书写央企担当。

六、坚决打赢脱贫攻坚战，助力迈向全面小康

2020年，是全面建成小康社会的收官之年，也是脱贫攻坚战的决胜之年。中广核积极承接中央单位定点扶贫、东西部扶贫协作、省级定点扶贫等任务，在广西、广东、四川、内蒙古、新疆、湖北、福建等地开展扶贫工作，累计投入帮扶资金4.2亿元，派驻挂职干部68名，牵头设立清洁能源扶贫基金平台超300亿元，在7省区13县实施16个清洁能源产业扶贫项目。经过持续努力，中广核重点对口帮扶的广西凌云、乐业两县以及其他帮扶地区，大幅提升扶贫责任承诺指标，全部实现脱贫出列。其中，两种特色扶贫模式入选中央企业优秀案例，“白鹭班”“彩虹计划”已成为中广核教育扶贫的金字招牌，为打赢脱贫攻坚战贡献力量。

2021年是中国共产党成立100周年，是“十四五”开局之年，也是中国胜利完成第一个百年目标，向第二个百年奋斗目标进军的起步之年。站在“两个一百年”的历史交汇点，中广核将始终以习近平新时代中国特色社会主义思想为指导，增强“四个意识”、坚定“四个自信”、做到“两个维护”锐意改革，顽强拼搏，努力奋进，坚定不移推进高质量发展，加快建设国际一流清洁能源企业，积极助力国家“碳达峰、碳中和”目标实现，以优异成绩迎接中国共产党成立100周年，为实现中华民族伟大复兴中国梦做出新的更大贡献！

【中国电力建设集团有限公司2020年社会责任工作情况】 2020年是决胜全面建成小康社会、决战脱贫攻坚之年，也是中国电力建设集团有限公司（简称中国电建）“十三五”工作完美收官之年。

在中国企业社会责任百人论坛及中央企业社会责任蓝皮书发布会上，公司所属的电建地产公司《不忘初心“WE客有你”公益行动》、江西电建公司《微电网绿色能源点亮苏里南河》、电建海投公司《抗疫情保经济促民生 履责任展担当助发展》三篇案例分别入选《中央企业社会责任蓝皮书（2020）》《中央企业海外社会责任蓝皮书（2020）》《中央企业抗击新冠疫情案例集》，作为中国企业社会责任典型案例向全社会推广，很好地宣传了中国电建责任品牌。在“2020责任金牛奖颁奖典礼”上，公司凭借在经济责任、环境责任、社会责任等方面的综合卓越表现，荣获“卓越责任企业奖”。

2020年集团公司开展社会责任实践活动如下：

一、聚焦发展大局，服务国家战略

1. 积极贯彻“走出去”战略

公司积极贯彻国家“走出去”战略，参与建设中巴经济走廊、印尼雅万高铁、老挝中老铁路、巴基斯坦卡西姆电站等一大批“一带一路”重大项目，为沿线各国实现经济繁荣和区域合作贡献电建方案和电建智慧。

2. 全面参与生态文明建设

公司深入贯彻落实习总书记关于加强生态文明建设和环境保护重要指示精神及党中央、国务院决策部署，重点发展水资源与环境业务，其中深圳茅洲河治理工程被评为共和国发展成就巡礼报道的典范项目。

3. 服务区域协调发展战略

公司主动融入区域经济社会发展，聚焦京津冀协同发展、粤港澳大湾区建设、长三角一体化发展、成渝地区双城经济圈建设等，承担起服务地方经济社会高质量发展的重要责任。

二、深化创新驱动，促进管理提升

1. 扎实稳健经营

公司承建的白鹤滩水电站、乌东德水电站、成都地铁 18 号线、河北太行山高速公路、中老铁路、雅万高铁等国内外项目全面复工达产，整体经营态势逆势有为、发展向好。

2. 保障工程质量

公司按照《质量管理体系要求》和《工程建设施工企业质量管理规范》标准建立质量管理体系，建立了质量目标和多层次的质量管理体系文件，并适时评审。

截至 2020 年底，公司及所属各成员企业均未发生重大工程质量问题和事故，公司所承建和参建的七项境外工程荣获 2020 年境外工程鲁班奖。

三、守法合规运营、倡导合作共赢

1. 坚持依法治企

依法治企是企业响应国家依法治国战略部署的重要体现。公司持续落实企业主要负责人法治建设第一责任人职责，健全完善法律合规与风险内控工作体系、工作制度和业务流程，着力加强法律风险防范体制机制建设；严格落实“三个不准，八个严禁”要求，扎实开展企业规章制度、经济合同和重要决策的法律审核；持续开展法治专业队伍建设，以法治软实力打造高质量发展的核心竞争力。

2. 践行合规经营

公司持续夯实合规管理走深走实，不断强化依法合规经营理念，将合规管理嵌入业务发展各环节，持续完善大合规管理体系和管控机制，加大违纪违规追责力度；认真贯彻执行新《证券法》，加强利益相关方沟通，依法合规做好上市公司信息披露相关工作；组织合规培训，提高系统上下合规意识和管理能力，为企业的持续健康发展保驾护航。

3. 防范化解风险

持续加强重大经营风险项目管控，将风险意识转化为全员的共同认识和自觉行动；持续加强重大经营风险项目管控，切实加强重大法律纠纷案件的管控；扎实开展企业规章制度、经济合同和重要决策的法律审核；积极组织开展“压存控增、提质创效”专项行动。

四、奉献清洁能源、守护美好生态

1. 落实绿色生产

公司将《在电力及其他建设工程领域绿色施工理论探索与实践应用》研究成果转化为管理措施，发布绿色施工管理规程和指导手册，着力提升绿色施工管理水平，不断推动绿色施工技术进步，严防“两高”项目露头。

2. 创建绿色工程

中国电力建设集团有限公司（简称中国电建）牢固树立“绿水青山就是金山银山”的理念，打造了以深圳茅洲河、广州车陂涌为典型的水环境治理精品样板示范工程，为中国黑臭水体治理提供了可借鉴、可复制的样板。

五、全力抗击疫情

面对疫情大考，中国电建坚决落实党中央、国务院决策要求和国务院国资委部署安排。

1. 防疫物资采购

疫情暴发初期，公司急疫区所急，充分发挥国际市场网络分布广的优势，海外六大区域总部立即开展国内紧缺防疫物资的全球采购，将全球范围内想方设法紧急抢购的 561.3 万元防疫物资捐赠给湖北武汉，彰显了中央企业的责任担当。

2. 援建基础设施

疫情暴发时，中国电建水电四局驰援武汉江岸区长江新城方舱医院施工；水电十一局调动 50 余名员工和 10 余台（套）机械设备进驻郑州市“小汤山”医院建设项目，用速度和技术展示央企责任和担当。

3. 驰援战疫一线

公司各级党组织和广大共产党员不忘初心、牢记使命，充分发挥先锋模范作用，18 名抗疫人员在火线上宣誓入党，31 名党员医护队员逆行出征武汉保卫战，16 名党员医护队员千里驰援海外项目，20 支党员突击队奋战抗疫一线，67055 名党员自愿捐款 883 万元，展现出一个支部一面旗、一个党员一盏灯的生动场景。

4. 开展爱心捐赠

疫情期间，公司疫情防控专项捐赠共计 4605.12 万元。其中，国内捐赠共计 3997.54 万元，境外捐赠共计 607.58 万元。

【中国能源建设集团有限公司社会责任报告(摘要)】 中国能源建设集团有限公司（简称中国能建或公司）成立于2011年9月29日，是经国务院批准、由国务院国资委直接管理的特大型能源建设集团公司。2014年12月19日，中国能建与全资子公司电力规划总院有限公司共同发起设立了中国能源建设股份有限公司（中国能建持股99.53%）；2015年12月10日，中国能源建设股份有限公司首次公开发行H股在香港联合交易所有限公司主板挂牌上市（股票代号：3996.HK）。公司注册资本260亿元，2020年末职工人数120963人。

中国能建是中国乃至全球能源电力、基础设施和房地产等行业提供整体解决方案、全产业链服务的综合性特大型集团公司，主营业务涵盖能源电力、水利水务、铁路公路、港口航道、市政工程、城市轨道、生态环保、水泥、民爆和房地产等领域，具有集规划咨询、评估评审、勘察设计、工程建设及管理、运行维护和投资运营、技术服务、装备制造、建筑材料为一体的完整产业链。公司连续八年进入世界500强，在ENR全球工程设计公司150强、国际工程设计公司225强、全球承包商250强和国际承包商250强排名中均名列前茅，在80多个国家和地区设立了200多个境外分支机构，业务遍布世界140多个国家和地区。

中国能建坚持“创新、协调、绿色、开放、共享”新发展理念，矢志“世界能源，中国能建”使命，着力提升电力建设的核心竞争力，争做中国能源建设的排头兵，竭诚为中国和世界奉献一流精品工程。“十四五”期间，中国能建将大力实施“1466”战略，努力实现“总体翻番，再造一个高质量发展的新能建”的战略目标。

中国能建坚持以“初心聚能，美好共建”“奉献精品，造福人类”“同在一方热土，共建美好家园”“聚天下之能，建世界之基”为出发点和落脚点，遵循“自主创新、奉献社会，科学发展、共建和谐”的社会责任观，坚持“世界能源，中国能建”的组织使命和“行业领先、世界一流”的战略愿景，不断完善企业社会责任管理体系和制度，将社会责任工作融入企业各项工作中，有效管理企业运营对社会和环境的影响，推动企业发展和履行责任良性循环，努力成为履行社会责任的表率。

中国能建始终牢记发展企业、创造价值的经济初衷，坚持将保持稳定增长作为首要任务，聚焦主责主业，狠抓市场开拓和生产经营，深入开展提质增效，企业总体保持了良好的发展态势。中国能建积极发挥能源电力、基础设施建设全产业链一体化集成优势和国家队、主力军作用，全面参与中国“十三五”重大项目和重点工程建设，为推动国民经济社会发展做出了突出贡献。

中国能建积极发挥能源电力、基础设施建设全产业链一体化集成优势和国家队、主力军作用，全面参与中国“十三五”重大项目和重点工程建设，为推动国民经济社会发展做出了突出贡献。五年来，中国能建坚持对标一流，持续深化改革，推动制度建设，优化产业结构布局，倾力提升科技创新能力，企业内生活力进一步增强。

中国能建始终将党的建设摆在首位，把坚持党的领导贯穿始终，树牢“四个意识”，坚定“四个自信”，做到“两个维护”，切实将学习习近平总书记重要讲话、指示批示精神和贯彻党中央的重大决策部署落实到推动企业改革与高质量发展的生动实践中，在大战大考中淬炼过硬品格，彰显顶梁柱、稳定器、压舱石、排头兵的政治担当。站在历史征程的新起点，中国能建认真总结“十三五”奋斗历程经验，系统科学谋划“十四五”发展布局。

中国能建始终把精准扶贫工作作为重中之重，构建了“党委统一领导、总部统筹协调、子分公司主责、挂职干部落实”的管理机制，推动扶贫工作高起点规划、高效率实施、高质量落地。中国能建始终保持帮扶的定力、韧劲和耐性，充分发挥在能源电力和基础设施领域的投建营一体化优势，聚焦就业帮扶、产业帮扶、消费帮扶、智力帮扶“四大帮扶”重点，精准施策、多措并举，出实招、求实效，有力地推动了帮扶地区经济社会发展。“十四五”期间，中国能建将大力巩固拓展脱贫攻坚成果，全面接续乡村振兴，续写中国能建支持“农业强、农村美、农民富”的新篇章。

疫情突如其来，蔓延范围之广、速度之快、影响之大百年未有。中国能建在鄂企业多、在鄂员工多、境外项目多、在鄂业务和国际业务占比大，疫情对公司及所属企业造成的冲击前所未有。中国能建坚决贯彻习近平总书记重要讲话和指示批示精神，坚决扛起疫情防控重大政治责任，坚持把广大干部职工生命安全和身体健康放在首位，迅速吹响了抗疫“集结号”。各级企业火速响应，快速形成了全面动员、全面部署、全面防控的战疫格局，全力以赴支撑服务全国疫情防控大局，凝聚起同心抗疫、共克时艰的磅礴力量。

在这场没有硝烟的斗争中，中国能建上下自觉服从疫情防控大局需要，积极驰援抗疫前线，全力做好支持配合工作，彰显了中华民族同舟共济、守望相助的家国情怀。广大党员干部冲锋奋战在最前沿，让党旗高高飘扬在第一线，彰显了关键时刻冲得上去、危难关头豁得出来的担当奉献精神。葛洲坝集团、中南院和公司其他在鄂企业组建应急突击队、党员先锋队、志愿服务队，坚决打赢武汉保卫战、湖北保卫战，得到了属地政府的充分肯定。

在抓紧抓实抓细常态化疫情防控的同时，中国能建上下主动作为、迎难而上，顶压前行、负重奋进，按照“目标不动摇、标准不降低、工作不松劲”的总体要求，采取积极有效的“硬核”举措，有力有序推进复工复产、达产达效，全力稳定生产运营，努力把疫情造成的损失降到最低。截至2020年底，除部分境外项目外，生产经营全面恢复正常水平。中国能建全力支援境内外疫情防控，捐赠爱心款、防疫和生活物资，分享中国抗疫经验，传递社会温暖，彰显大爱无疆情怀，助力构建人类命运共同体。所属企业积极开展防疫物资采购捐赠、捐款捐物等工作，主动减免商户、中小企业租金，捐赠了大量米面粮油、蔬菜水果、酒店客房洗漱用品等物资，彰显了央企责任担当。中国能建积极稳妥推进“带疫解封”下的国际化经营，全力做好部分境外项目员工包机返岗、回国，全力做好员工心理疏导和人文关怀，保持了境外员工队伍的稳定。

【中国核能电力股份有限公司社会责任报告(摘要)】 中国核能电力股份有限公司（简称中国核电）深入学习贯彻习近平新时代中国特色社会主义思想，全面贯彻落实党的十九大和十九届二中、三中、四中、五中全会精神，增强“四个意识”，坚定“四个自信”，做到“两个维护”，围绕“大党建、强体系、重质量、聚人心、创价值”的总体思路，以一流党建引领公司质量变革、动力变革、效率变革，保障公司高质量发展。

中国核电以“强核强国造福人类”为使命，全力推进“规模化、标准化、国际化”发展，矢志成为具有全球竞争力的世界一流清洁能源服务商。公司严格遵守《公司法》等法律法规和《公司章程》相关规定，建立由股东大会、董事会及专门委员会、监事会及高级管理层构成的治理架构，有序推进股东大会、董事会、监事会各项工作，稳步提升公司治理能力，保障公司健康运营。中国核电持续推进公司体制机制建设及完善，着力构建现代企业治理体系，提升企业治理能力，为公司健康发展提供支持。中国核电密切关注外部发展环境，紧抓发展机遇，积极应对挑战，为推动核电行业可持续发展贡献力量。中国核电遵循企业发展的客观规律，追求经济效益与环境、社会效益的和谐统一，将可持续发展理念融入公司日常运营与业务发展，携手利益相关方共同迈向可持续发展未来。

2020年是“十三五”规划收官之年，也是中国核电迎接新挑战，续写“国之光荣”新篇章，取得新突破、实现新发展之年。时间记录着奋斗的历程，也标示出超越的高度。回望“十三五”奋进历程，中国核电人用付出拥抱梦想，以实干笃定前行，写下精彩答卷。2020年是全面建成小康社会收官之年，是脱贫攻坚决战决胜之年。中国核电贯彻落实习近平总书记关于扶贫工作的重要论述和党中央国务院决策部署，积极推进精准扶贫工作向纵深发展，推动脱贫攻坚与产业发展实现双丰收、双促进。

1. 安全之基推动高质量发展

中国核电持续推进安全文化建设，完善安全管理机制，强化员工底线思维和红线意识，筑牢安全防线。中国核电加强工程质量管理，提升全员质量意识，确保核电和新能源在建机组安全高质量建设，为企业安全、高质量发展提供坚实保障。2020年，公司特种作业人员持证上岗率100%，实现重大及以上设备事故、重大人因责任质量事故、危险物品丢失被盗事件、火灾事故均为“零”的目标。中国核电以“安全运行”为本，围绕“确保核安全”的核心目标，从设备可靠性、防人因失误、大修优化、运行生产等方面深入开展安全和运行可靠性提升工作，提升核电厂安全运行管理水平，坚守核安全生命线。

2. 绿色低碳共筑生态文明

中国核电贯彻落实党中央国务院关于生态环境保护的部署和要求，严守生态保护红线和环境质量底线，持续完善环境管理体系，加强环境影响监测，提升环境保护能力。实现“碳达峰、碳中和”目标，是中国应对气候变化的坚定决心和重信守诺的责任担当，为中国能源清洁低碳转型指明了方向。中国核电践行低碳发展理念，紧抓新能源产业机遇，加快落实“核电+新能源”双轮驱动的发展战略，为中国实现“碳达峰、碳中和”愿景目标做出核电贡献。中国核电持续完善能源管理制度体系和管理程序，逐步提升核燃料使用效率和效益，完善能耗管理细则，减少能源资源消耗。中国核电不断健全固体废物和危险废物管理体系，认真执行放射性流出物排放管理制度，严格审批排放申请，加强排放监测和监督，积极推进放射性废物最小化工作。2020年，运行核电厂三废处理系统运行正常，放射性流出物排放控制有效，运行核电厂全年未发生放射性物质超标排放事件，放射性固体废物产生量控制在管理目标值以内。建设生态文明需持之以恒，久久为功。中国核电组织生态环境保护专项活动，开展生态环境保护风险排查、生态环境保护专项自查，编制《中国核电生态环境保护风险排查汇总表》《生态环境保护专项提升行动计划》，跟踪督促专项提升行动计划实施，有效提升生态环保能力。

3. 创新驱动蓄力发展动能

中国核电以科技创新为引领，持续优化创新管理体系，搭建协同创新平台，推动企业自主创新能力和核心竞争力持续提升。自主创新是持续发展的基石。

中国核电坚持以核为本，创新驱动，不断提升自主创新能力，推动创新成果转化应用，以科技创新驱动高质量发展。2020 年，公司研发投入合计约 13.46 亿元，占营业收入的比例提升到 2.58%。中国核电积极推动科技与创新相融合，全力推进产业智能化升级，助力核电行业向数字化、网络化、智能化迈进。

4. 协同合作携手伙伴共赢

中国核电秉承开放合作、互利共赢的理念，致力于构建和谐伙伴关系，与政府、企业、高校、金融机构、供应商等利益相关方在分工协作中共同承担责任、创造价值，携手推动核电行业可持续发展。中国核电着力构建“核能＋非核清洁能源＋敏捷端新产业”的产业格局，持续聚焦和突出核能主业，深入推进非核清洁能源开发，积极发展敏捷端新产业，大力拓展核电运行技术服务，有效推动产业链延展。中国核电密切关注行业发展动向，全力推进关键核心技术攻关，积极参与行业沟通交流，助力行业实现更高质量、更可持续的发展。中国核电秉持合作共赢的态度，持续深耕国际化发展，在全球范围内加强合作，实现优势互补、互惠互利，同心打造人类命运共同体。

5. 以人为本助力员工成长

中国核电以“坚持人才优先战略，深化人力资源改革”为方针，统筹谋划“十四五”人才规划，为员工搭建快速成长的平台和展示才华的舞台，鼓励员工和公司共同奋斗、共同成长。中国核电严格遵守国家法律法规，尊重、保障员工各项合法权益，为员工营造积极、开放、人性化的职场氛围和健康舒适的工作环境。中国核电注重人文关怀，举办丰富多彩的文体活动，平衡员工工作与生活；用心用情关怀女性员工、退休员工等，让企业真正成为员工温暖舒适的家。

6. 和谐共享创造美好生活

中国核电秉承 Confdence（信心）、Connection（联结）、Coordination（协同）的“3C”沟通理念，以透明、开放的方式，创新公众沟通模式，搭建起连接公众的桥梁，加深利益相关方与核电的联结，让更多的人认识核电、了解核电、支持核电。中国核电秉承企地融合发展理念，发挥自身专业和资源优势，带动地方就业，完善基础设施建设，支援地方疫情防控，促进企地共生、共赢、共荣发展。2020 年，公司缴纳税款 65.48 亿元。中国核电持续深耕社会公益领域，开展环保公益、科普宣传，关爱老人与儿童，以实际行动回馈社会。2020 年，公司志愿者活动参与人数达 13118 人次，累计志愿者活动时长 39738.4h。

行业管理

电力监管

【国家能源局召开农网改造升级攻坚推进会暨专项监管工作启动会】 为贯彻习近平总书记在决战决胜脱贫攻坚座谈会上的重要讲话精神和中央脱贫攻坚决策部署，落实国务院第53次常务会议要求，4月22日，国家能源局召开“三区三州”、抵边村寨农网改造升级攻坚推进会暨专项监管工作启动会。国家能源局党组成员、副局长任志武出席会议并讲话。

此会议强调，各相关单位要深刻领会“三区三州”、抵边村寨农网改造升级攻坚的重要意义，增强工作紧迫感，抓好分工落实，在做好新冠肺炎疫情防护的同时，加快推进农网改造升级工作，确保上半年高质量完成相关任务，为决战决胜脱贫攻坚、推进“六稳”“六保”工作作出积极贡献；有关派出机构要纳入重点监管任务，认真履行监管责任，提高监管质量，“督”“战”结合，推动农网改造升级攻坚工作取得实效。

【2019年全国电力可靠性指标发布】 6月3日，国家能源局和中国电力企业联合会联合发布了2019年度全国电力可靠性指标。

一、发电设备可靠性指标

2019年，纳入可靠性管理的各类发电机组等效可用系数均达到90%以上，其中燃煤机组92.79%，同比增加0.53个百分点；燃气—蒸汽联合循环机组92.37%，同比降低0.1个百分点；水电机组为92.58%，同比增加0.28个百分点；核电机组91.01%，同比下降0.83个百分点。

（一）燃煤机组可靠性指标

2019年，纳入可靠性管理的100万kW燃煤机组有109台，总容量1.1亿kW，平均等效可用系数92.42%，非计划停运0.35次/台年，平均运行暴露率为85%，同比分别下降0.18个百分点，0.25次/台年，1.82个百分点。详见图1。

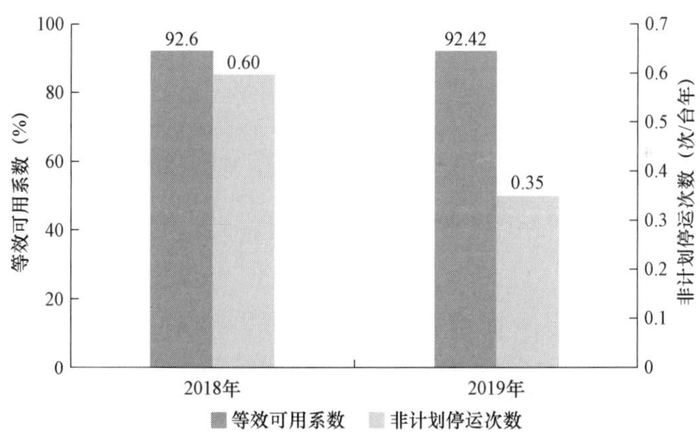

图1　2018、2019年100万kW等级燃煤机组主要可靠性运行指标

2019年，纳入可靠性管理的60万kW燃煤机组共有520台，其中国产494台总容量3.26亿kW，占统计燃煤机组装机容量的41.98%。平均等效可用系数92.69%，同比上升0.21个百分点；非计划停运0.51次/台年，同比下降0.28次/台年；平均运行暴露率为81.76%，同比上升0.14个百分点。详见图2。

2019年，纳入可靠性管理的30万kW燃煤机组共计864台，其中国产机组806台，总容量2.78亿kW。平均等效可用系数93.03%，同比上升0.88个百分点；非计划停运0.51次/台年，同比减少0.29次/台年；平均运行暴露率为79.92%，同比减少0.03个百分点。详见图3。

2019年，纳入可靠性管理的超临界及以上燃煤机组共547台。平均等效可用系数92.8%，同比增长0.12个百分点，非计划停运0.48次/台年，同比降低0.33次/台年。详见图4。

2018年新投产纳入2019年可靠性指标统计的燃煤机组共26台，平均等效可用系数93.7%，同比增加0.81个百分点，非计划停运1.5次/台年，同比增加0.12次/台年。

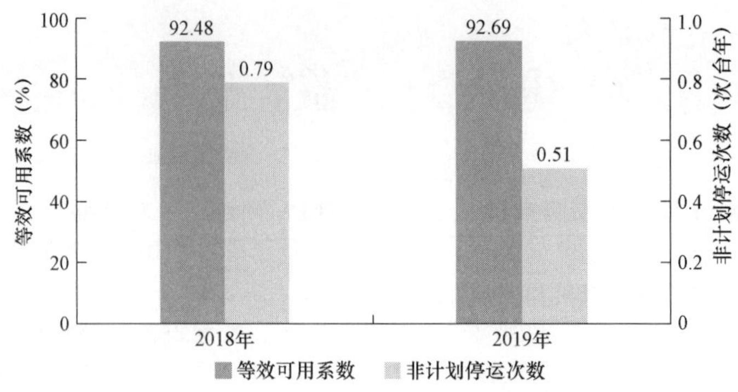

图 2　2018、2019 年 60 万 kW 等级燃煤机组主要可靠性运行指标

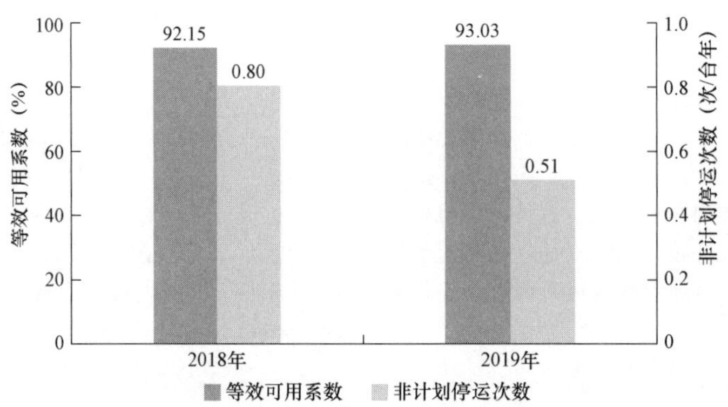

图 3　2018、2019 年 30 万 kW 等级燃煤机组主要可靠性运行指标

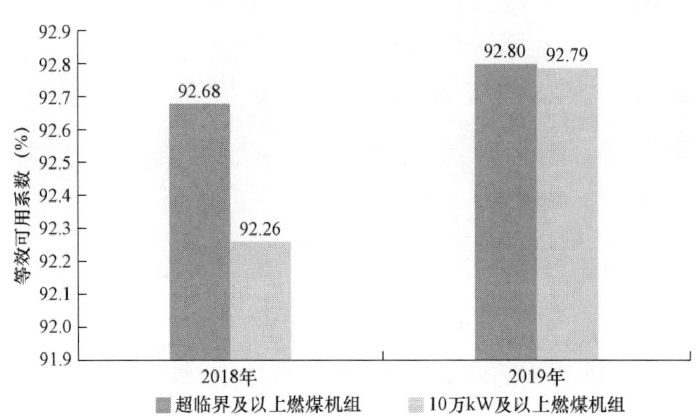

图 4　2018、2019 年超临界燃煤机组等效可用系数

2019 年，我国大型燃煤机组配套辅助设备健康水平稳定提高。参与统计的五种辅助设备，即磨煤机、给水泵组、送风机、引风机、高压加热器的运行系数同比分别上升 0.86、2.82、1.08、1.08 和 1.09 个百分点。磨煤机、送风机非计划停运率同比下降，给水泵组、引风机、高压加热器同比持平。详见图 5。

2019 年，除尘、脱硫设备运行系数分别为 74.5%和 74.54%，同比分别上升 0.75 和 0.54 个百分点，脱硝系统运行系数为 78.28%。

（二）其他类型发电机组可靠性指标

2019 年，纳入可靠性管理的燃气—蒸汽联合循环机组共 211 台，等效可用系数 92.37%，同比下降 0.1 个百分点，平均非计划停运 0.2 次/台年，同比减少 0.25 次/台年。详见图 6。

水电机组可靠性多年来一直保持着良好水平。2019 年纳入可靠性评价的水电机组 1042 台，等效可用系数均保持在 92%以上，平均每台年非计划停运 0.18 次，同比减少 0.03 次，目前投产的 70 万 kW 及以上容量的 76 台水电机组，2019 年的等效可用系数为 93.7%，平均非计划停运 0.11 次/台年。详见图 7。

2019 年，参与可靠性评价的核电机组 19 台，总容量 1700 万 kW，等效可用系数 91.01%，平均每台年非计划停运 0.21 次，同比下降 0.38 次。

二、输变电可靠性指标

（一）输变电设施可靠性指标

2019 年，纳入可靠性管理的输变电设施为 220kV 及以上电压等级的变压器、电抗器、断路器及架空线路、电缆线路等十三类输变电设施。

2019 年，架空线路、变压器、断路器三类主要设施的强迫停运率分别为 0.064 次/百千米年、0.235 次/百台年、0.172 次/百台年，同比分别增加 0.002 次/百千米年、0.047 次/百台年、0.051 次/百台年。详见图 8。

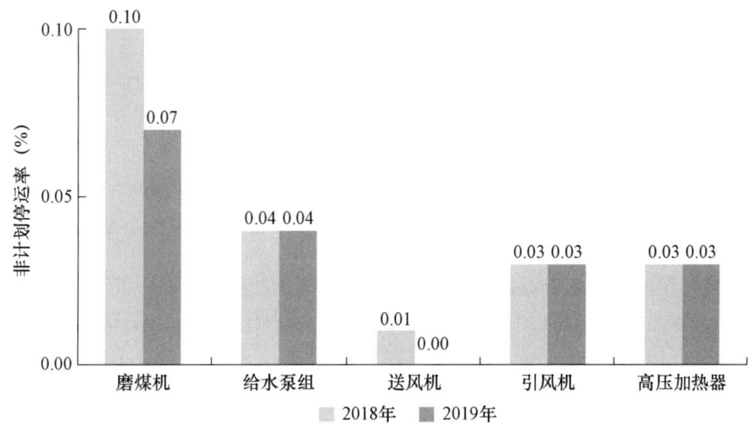

图 5　2018、2019 年五种辅助设备的非计划停运率

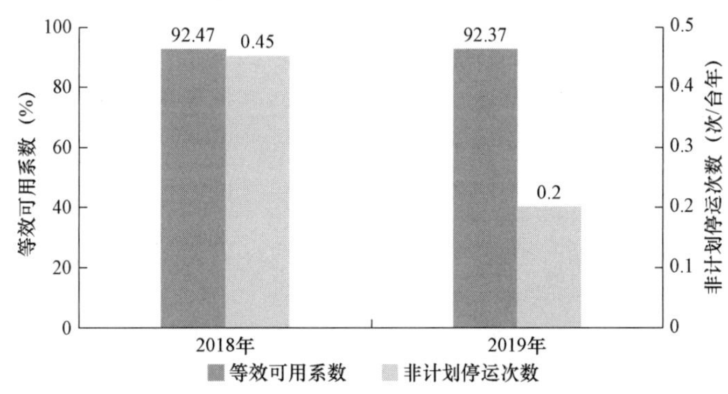

图 6　2018、2019 年燃气—蒸汽联合循环机组主要运行可靠性指标

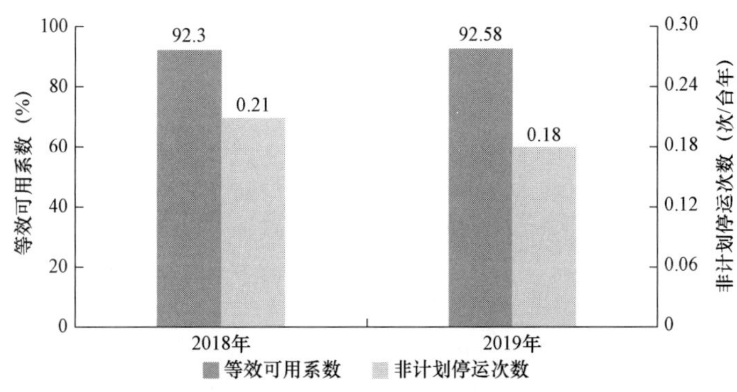

图 7　2018、2019 年水电机组主要可靠性运行指标

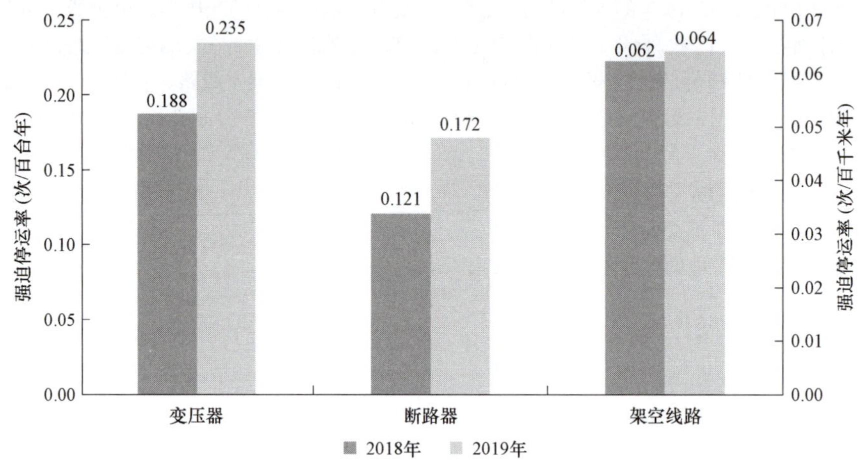

图 8　2018、2019 年三类主要输变电设施强迫停运率

（二）直流输电系统可靠性指标

2019 年，全国纳入可靠性管理的直流输电系统数量为 36 个，全年在运、纳入可靠性统计的直流输电系统为 33 个，合计能量可用率为 86.165%，同比下降 5.893 个百分点、合计能量利用率为 46.44%，同比上升 2.33 个百分点。

2019 年，纳入可靠性统计的点对点超高压直流输电系统能量可用率为 93.589%，同比下降 2.732 百分点；点对点特高压直流输电系统能量可用率为 82.083%，同比下降 7.685 个百分点；背靠背直流输电系统能量可用率为 95.662%，同比下降 0.554 个百分点。详见图 9。

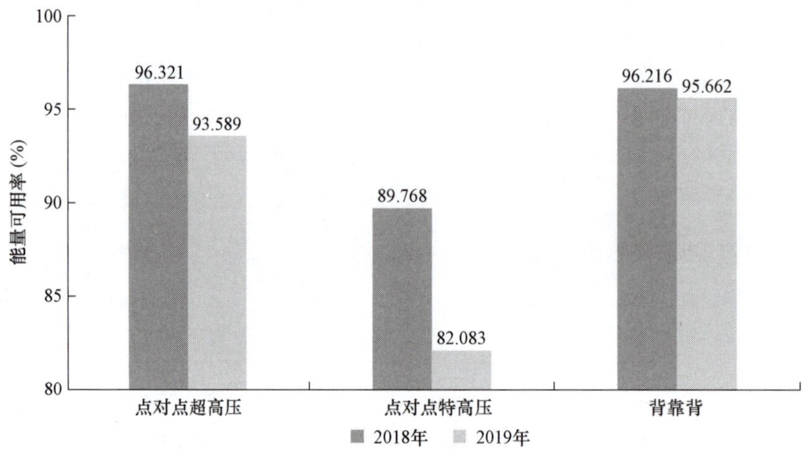

图 9　2018、2019 年直流系统合计能量可用率

三、用户供电可靠性指标

2019 年，全国 10kV 用户 1009.96 万户，其中城市与农村地区用户占比为 1 ∶ 2.78；用户总容量 37.25 亿 kVA，城市与农村地区用户容量占比约为 1∶1.10。城市地区架空线路绝缘化率、电缆化率分别为 60.72%、56.23%，农村地区架空线路绝缘化率、电缆化率分别为 23.65%、8.34%。

2019 年全国用户平均停电时间 13.72h/户，同比减少 2.03h/户，其中，城市地区 4.50h/户，农村地区 17.03h/户。城市和农村相差 12.53h/户。全国用户平均停电频率 2.99 次/户，同比减少 0.29 次/户，其中，城市地区 1.08 次/户，农村地区 3.67 次/户，城市和农村相差 2.59 次/户。详见图 10。

2019 年华北、东北、华东、华中、西北、南方六大区域中，华东区域用户的平均供电可靠率最高，平均停电时间为 7.11h/户。西北区域用户的平均供电可靠率最低，平均停电时间为 26.71h/户。详见图 11。

2019 年，全国 50 个主要城市供电可靠性继续保持较高水平，平均供电可靠率为 99.931%，用户平均停电时间为 6.04h/户，用户平均停电频率为 1.49 次/户。其中，上海、深圳、厦门的用户平均停电时间低于 1h/户。详见图 12、图 13。

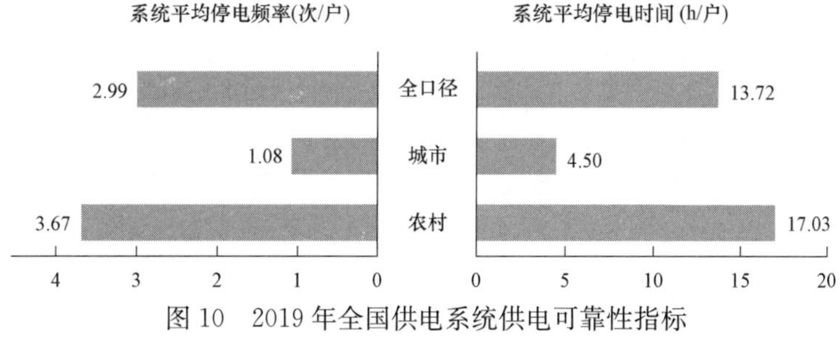

图 10 2019 年全国供电系统供电可靠性指标

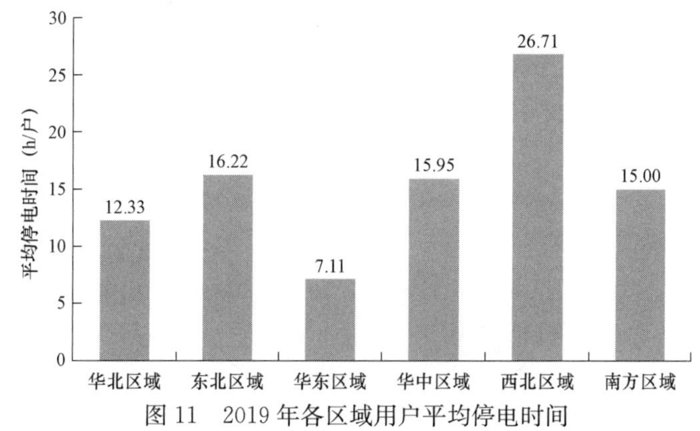

图 11 2019 年各区域用户平均停电时间

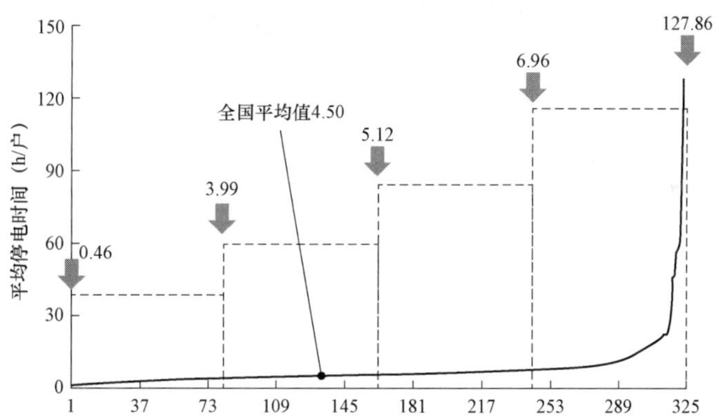

图 12 2019 年全国地级行政区供电企业用户平均停电时间分布（城市地区）

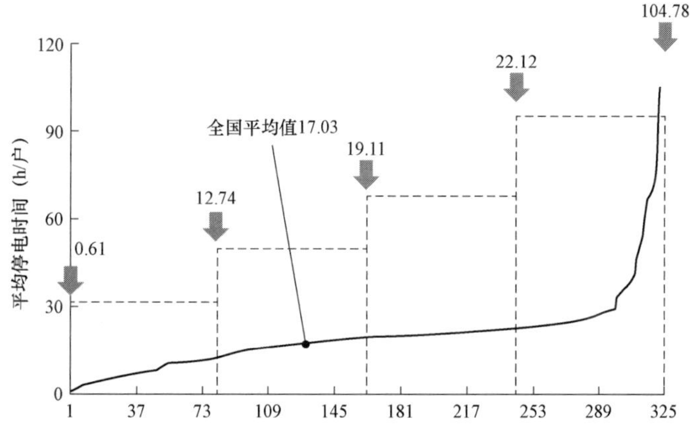

图 13 2019 年全国地级行政区供电企业用户平均停电时间分布（农村地区）

2019年，全国供电可靠性仍然呈现不均衡态势，326个地级行政区供电企业中，用户平均停电时间可划分为四个梯队。

2019年，"计划停电"仍是造成我国中压用户停电的主要原因，占用户总停电时间的59.84%，影响用户平均停电时间为8.21h/户。其中，工程与检修停电分别占预安排总停电时间的51.69%、46.31%；"故障停电"占总停电的40.16%，影响用户平均停电时间为5.51h/户。详见图14、图15。

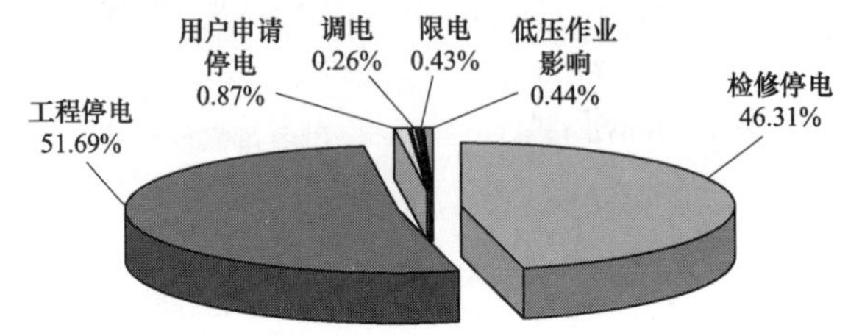

图14　2019年预安排停电责任原因对比

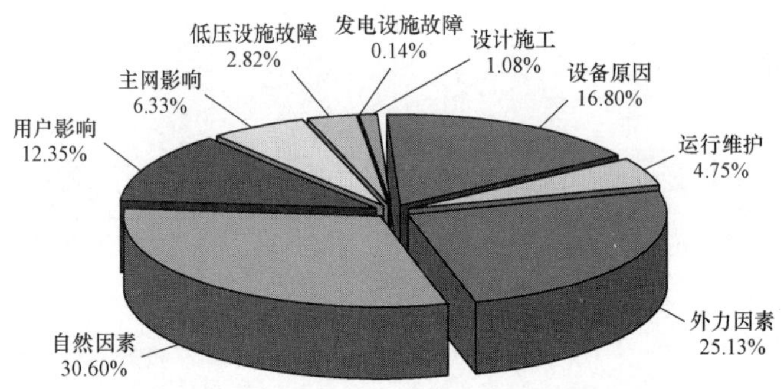

图15　2019年故障停电主要责任原因对比

【国家能源局开展电力建设工程施工安全监管和质量监督执法检查工作】 为深入贯彻习近平总书记关于安全生产重要指示精神，落实国务院关于安全生产工作的有关部署安排，遏制电力建设领域事故多发频发势头，国家能源局于2020年9月中旬起组织开展电力建设工程施工安全监管和质量监督执法检查工作。

此次执法检查主要针对当前电力建设施工领域赶工期、安全和质量主体责任落实不到位、施工现场安全和质量管控不严、安全培训流于形式等突出问题，结合电力安全生产三年专项整治工作以及2019年《电力建设工程施工安全专项监管报告》披露问题的"回头看"工作，开展专项执法检查，以有效防范电力建设领域生产安全和质量事故的发生。

此次执法检查采取"双随机、一公开"的方式，从当前在建的特高压交直流、输变电和火电、水电（含抽蓄）、新能源等电力工程项目中，随机抽取18个项目作为检查对象，从电力建设工程施工安全和质监专家库中随机抽取专家参与执法检查。检查结束后，国家能源局将组织编制执法检查工作情况通报，将检查情况向行业和社会公开。

截至2020年底，国家能源局已完成对湖北、陕西、宁夏相关特高压交直流、火电和新能源等电力工程项目的执法检查。

【国家能源局2019年重点专项监管报告】 根据《国家能源局综合司关于印发2019年重点专项监管工作方案的通知》(国能综通监管〔2019〕38号)，国家能源局组织各派出机构开展了用户"获得电力"优质服务情况、清洁能源消纳、12398热线投诉举报共性问题重点专项监管（以下简称重点专项监管）。在日常监管、企业自查、现场检查的基础上，形成此报告。

一、基本情况

国家能源局严格落实中央"基层减负年"部署要求，将重点专项监管与能源行业漠视侵害群众利益问题专项整治、农网改造升级大排查工作统筹安排、协同推进，努力减轻基层负担。各派出机构坚持目标引领和问题导向，认真制定实施方案和工作台账，按照启动部署、自查整改、现场监管等步骤，全面摸底排查，深入调研督导，严格行政执法，确保重点专项监管工作取得实效。在监管工作中，国家能源局集中全局力量，组成15个工作组，在全国范围内进行了调研督导和现场监管。

从监管情况看，各电网公司及各级供电企业基本能够落实重点专项监管工作要求，注重拓展服务渠道、创新服务方式，努力提高供电质量和供电服务水平，积极解决人民群众反映的各类用电问题，取得了较好成效。在监管中也发现了部分企业在用电报装办理、配电网运维管理和市场交易组织等方面存在的问题。

二、存在问题

经统计，国家能源局工作组和各派出机构在重点专项监管中共发现各类问题717项。本报告按照同类合并、通报典型原则，重点披露以下问题。

（一）用电业务办理时间超出国家规定时限或业务办理“体外循环”，时间信息不真实

部分供电企业用电报装业务办理时间超出国家能源局《压缩用电报装时间实施方案》规定的时限要求；业务办理存在“体外循环”，重复或滞后发起系统流程、补填或涂改时间记录，用电报装时间统计信息不准确等问题。

（二）办电资料或环节精简不到位，线上报装系统功能不完善或推行力度不够

部分供电企业办电资料或环节精简不到位，有的增设审批、承诺事项，有的报装申请资料繁杂，有的线上办电系统功能不完善或推行力度不够，制约了“获得电力”便利化水平提升。

（三）接电和抄表收费不规范，违规收费情况依然存在

部分供电企业违规收费或由关联企业变相违规收费；投资界面不清晰，随意扩大用户受电工程范围，将部分应由供电企业承担的费用转嫁给用户；在交费协议中对用户交费金额、方式设置不清晰或隐含预付费条件；对用户变更信息不及时导致重复收费。

（四）配电网网架结构薄弱，低电压频繁停电问题较为突出

部分农村地区配电网架构薄弱，供电能力不足，低电压、频繁停电等问题多发频发；部分供电企业电网运行方式安排不合理、计划检修统筹不科学、停电抢修不及时，供电“两率”数据管理不规范、统计不准确。

（五）用户受电工程市场公平开放不到位，市场竞争不充分

部分供电企业区别对待关联企业和其他承装（修、试）电力设施企业，影响和阻碍市场公平开放；其关联企业利用特殊地位，影响公平竞争；对承装（修、试）电力设施许可资质查验把关不严，存在无资质或虚假资质施工单位违规承揽用户工程的现象。

（六）信息发布不规范，办电透明度有待进一步提高

部分供电企业对用户“获得电力”优质服务举措宣传贯彻不到位，宣传内容与优化用电营商环境政策不相符；部分供电企业未按照《供电企业信息公开实施办法》要求，及时、准确、全面地公开相关信息；个别电力交易机构未及时向清洁能源发电企业披露与市场交易相关的安全约束、出清结果等信息。

（七）调度运行和并网管理不严格，未平等对待清洁能源发电企业

部分电力调度机构未明确弃风情况下风电场站调用原则，相同条件下不同风电场站弃风比例差异较大；部分电力交易机构未与部分新建机组在调试前签订购售电合同，导致发电企业不能按期结算并网调试期上网电费。

（八）组织交易不规范，交易规则执行不到位

个别电力交易机构未按交易方案组织市场交易，定向扩大市场交易规模；未按要求提交调度机构进行安全校核；新能源发电计划安排不合理，执行进度差异较大；省间外送电交易合同执行率较低。

（九）电费结算和补贴发放不及时，承兑汇票比例偏高

部分电网企业结算上网电费、发放可再生能源补贴不及时，对市场交易用户的退费管理不规范，退费时间滞后；支付购电费金额与应付购电费存在差异；向发电企业支付电费中银行承兑汇票比例较高。

（十）对群众投诉举报重视不够，处理质量不高

部分供电企业对12398热线投诉举报共性问题重点专项监管部署滞后、效果不佳；未严格落实12398热线投诉举报事项调查处理要求，内部流程不清晰、调查结果不准确、责任认定不严谨；处理群众投诉举报问题针对性不强、处理质量不高。

三、监管成效

针对重点专项监管发现的问题，国家能源局按照闭环监管工作要求，综合运用会商通报、监管约谈、行政处罚等方式，推动发现问题得到有效解决。对属于国家电网有限公司、中国南方电网有限责任公司的623项问题，国家能源局于2020年4月13日、15日分别与两家电网公司进行了会商通报。在重点专项监管中，两家电网公司按照监管工作要求制定专项工作方案，明确工作措施和时间节点，对国家能源局及派出机构发现的问题即时进行整改，同时坚持举一反三，强化建章立制，不断健全问题解决长效机制。截至5月15日，两家电网公司的562项问题已经整改完毕；其余61项因涉及农网改造、资金投入等因素，也已明确整改措施和预计完成时间，将逐步予以解决。对属于地方电力企业的94项问题，各派出机构向相关企业进行了通报，并责令进行了整改。

总体来看，通过重点专项监管的深入开展，推动了各地用电营商环境持续改善，健全了电力市场交易机制，促进了清洁能源消纳和更大范围的资源优化配置，解决了一批人民群众反映强烈、反复出现、矛盾突出的共性问题，进一步提高了供电质量和供电服务水平。主要体现在以下几个方面。

（一）推动“获得电力”优质服务水平进一步提升

我国用户“获得电力”优质服务水平稳步提升，全国用电营商环境持续优化。2019 年 10 月，世界银行发布的《全球营商环境报告 2020》显示，以北京、上海为样本城市参评的我国“获得电力”指标排名由第 14 位进一步提升至第 12 位，连续两年保持全球领先水平，部分指标属全球最佳。

（二）推动清洁能源消纳能力进一步增强

全国清洁能源装机保持稳步增长，电源结构持续优化，清洁能源消纳水平不断提高，弃电量、弃电率实现“双降”，弃水问题得到有效缓解，风光消纳逐年好转。清洁能源市场化交易机制不断完善，交易组织、安全校核、电量调度等环节精益化管理水平有所提升。电力辅助服务市场建设逐步深化，系统灵活调节能力和安全裕度全面提升，清洁能源消纳空间进一步拓展，能源结构转型升级效果显著。

（三）推动投诉举报共性问题得到较好解决

各供电企业按照监管要求，对人民群众反映强烈、反复出现、矛盾突出的频繁停电、低电压、停电抢修不及时、用户报装受限等 12 类共性问题进行了深入自查整改，共自查问题 13551 个，绝大部分问题于 2019 年完成整改，一大批人民群众身边的操心事、烦心事、揪心事得到有效解决。同时，国家能源局严格行政执法，对重点专项监管中发现的侵犯人民群众合法权益事项坚决予以查处，对 13 起严重违法案件进行了行政处罚，罚没金额 195 万元。

四、监管意见

各电网公司及各级供电企业要深入践行以人民为中心的发展思想，认真贯彻能源安全新战略，提高政治站位，强化责任担当；要进一步强化问题治理，持续推进能源结构转型升级，全面提升服务质量和服务水平，不断满足人民群众日益增长的美好生活需要。

（一）全面提升“获得电力”优质服务水平

各供电企业要加快复制推广北京、上海等地“获得电力”典型经验做法，聚焦用户需求，创新服务方式，拓展服务渠道，进一步压缩办电时间、提高办电便利度、降低办电成本，全面提升我国“获得电力”整体服务水平，确保完成“2020 年供电企业办理电力用户用电业务平均时间压减到 40 个工作日以内”的目标任务；同时，要进一步规范服务行为，强化企业内部管理，加大信息公开力度，切实提高用户对优质服务的获得感。

（二）持续提高供电能力和供电质量

各供电企业要加大城市配网和农村电网投资建设和改造力度，将农村地区线路老化、供电半径大、电压低、停电频繁等突出问题优先纳入电网改造计划，着力解决低电压、频繁停电等突出问题；要加强对贫困地区倾斜投资，对供电能力较差、突出问题较多的贫困地区进行重点改造，着力解决电网建设发展不平衡问题；要优化综合保障体系，提高电网运行维护管理水平，加强停电计划管控和停电过程管理，严格执行国家供电质量有关规定和标准，全面提升供电可靠能力。

（三）建立清洁能源消纳综合保障体系

各电网公司和电力调度、交易机构要注重长效机制建设，着力破解清洁能源消纳的制约因素，构建适应高比例清洁能源消纳的综合保障体系；要统筹推进网源荷储协调发展，同步规划、同步建设、同步运行清洁能源配套电网工程；要积极配合电力辅助服务市场机制建设，进一步优化实时调度原则和联合调度运行方式；要持续规范市场化交易组织方式，加强市场化交易合规管理和电量分解执行工作，提升交易规则、交易方案的执行刚性，提高清洁能源消纳公平性；要认真落实清洁能源电力消纳责任权重，合理确定各省（自治区、直辖市）清洁能源利用率目标并适时动态调整，稳步提升清洁能源电量在能源消费中占比。

（四）进一步健全完善投诉举报处理机制

各供电企业要高度重视 12398 热线投诉举报处理相关工作，高度关注人民群众的每一项诉求，认真查找服务短板，严格规范内部流程，加快投诉举报处理进度，提高投诉举报处理质量，持续提升群众反映问题的解决能力，确保群众诉求得到及时回应，群众困难得到圆满解决；要重点关注和定期总结群众投诉举报中的共性问题，善于从群众诉求中发现一般性规律和普遍性诉求，注重从配网建设、投资布局、力量配备、服务能力等方面解决深层次矛盾，做到共性问题“发现一个、整改一批、杜绝一类”；要进一步健全完善投诉举报响应机制，优化投诉举报处理制度，科学合理制定投诉举报考核评价体系，不断健全完善共性问题处理长效机制。

【2019 年度全国可再生能源电力发展监测评价报告】

一、全国可再生能源电力发展总体情况

截至 2019 年底，全国可再生能源发电装机容量 7.94 亿 kW，占全部电力装机的 39.5%，其中水电装机（含抽水蓄能）3.56 亿 kW，风电装机 2.1 亿 kW，光伏发电装机 2.04 亿 kW，生物质发电装机 2254 万

kW。2019 年全国可再生能源发电量 2.04 万亿 kWh，占全部发电量的 27.9%，其中水电发电量 1.3 万亿 kWh，占全部发电量的 17.8%，风电发电量 4057 亿 kWh，占全部发电量的 5.5%，光伏发电量 2243 亿 kWh，占全部发电量的 3.1%，生物质发电量 1111 亿 kWh，占全部发电量的 1.5%。

二、各省（区、市）可再生能源电力消纳情况

2019 年，包含水电在内的全部可再生能源电力实际消纳量为 19938 亿 kWh，占全社会用电量比重为 27.5%，同比提高 1 个百分点。2019 年各省（区、市）可再生能源电力消纳情况见表 1。

从可再生能源电力消纳量占全社会用电量比重来看，全国 8 省（区）占比超过 40%，其中西藏、云南、青海和四川占比超过 80%。从占比增长来看，21 省（区、市）同比增长，其中甘肃和福建同比增长 5 个百分点以上；10 省（区、市）同比下降，其中湖北、新疆和广西分别同比下降 5.5、4.9 和 2.9 个百分点。

表 1　2019 年各省（区、市）可再生能源电力消纳情况

省（区、市）	消纳量（亿 kWh）	占全社会用电量比重	同比增加百分点
西　藏	69	88.7%	−0.3
云　南	1503	82.9%	−0.5
青　海	586	81.8%	3.6
四　川	2139	81.1%	−0.8
甘　肃	696	53.9%	5.5
重　庆	529	45.5%	−0.4
湖　南	828	44.4%	2.3
广　西	824	43.1%	−2.9
贵　州	549	35.6%	−0.6
上　海	542	34.5%	2.4
广　东	2308	34.4%	1.5
湖　北	721	32.5%	−5.5
宁　夏	280	25.7%	0.5
江　西	392	25.5%	2.6
吉　林	196	25.0%	0.1
福　建	577	24.0%	5.0
陕　西	379	22.4%	2.1
黑龙江	219	22.0%	2.6
新　疆	631	21.9%	−4.9
河　南	692	20.5%	3.6
浙　江	946	20.0%	1.8
山　西	417	18.4%	2.0
内蒙古	672	18.3%	−0.3
安　徽	363	15.7%	0.8
辽　宁	371	15.4%	1.2
江　苏	941	15.0%	0.3
海　南	52	14.5%	0.9
河　北	530	13.7%	1.5
北　京	148	12.7%	−0.5
天　津	112	12.6%	1.2
山　东	727	11.6%	1.7
全　国	19938	27.5%	1.0

三、各省（区、市）非水电可再生能源电力消纳情况

2019 年，全国非水电可再生能源电力消纳量为 7388 亿 kWh，占全社会用电量比重为 10.2%，同比提高 1 个百分点。2019 年各省（区、市）非水电可再生能源电力消纳情况见表 2。

从非水电可再生能源电力消纳量占全社会用电量比重来看，全国 9 省（区）占比超过 15%，其中宁夏、西藏、黑龙江、青海和吉林超过 18%；从占比增长来看，27 省（区、市）实现同比增长，其中西藏、黑龙江、河南和甘肃，同比增长超过 3 个百分点；新疆、湖南、宁夏和内蒙古 4 省（区）同比下降。

表 2　2019 年各省（区、市）非水电可再生能源电力消纳情况

省（区、市）	消纳量（亿 kWh）	占全社会用电量比重	同比增加百分点
宁　夏	231	21.3%	−1.0
西　藏	16	20.9%	4.0
黑龙江	202	20.2%	4.0
青　海	142	19.7%	1.2
吉　林	147	18.8%	1.8
甘　肃	219	16.9%	3.5
内蒙古	611	16.7%	−0.6
云　南	296	16.3%	0.7

续表

省（区、市）	消纳量（亿 kWh）	占全社会用电量比重	同比增加百分点
山　西	368	16.2%	1.7
河　南	444	13.1%	3.7
河　北	505	13.0%	1.7
辽　宁	302	12.5%	0.8
安　徽	284	12.3%	1.3
北　京	141	12.0%	0.3
天　津	106	12.0%	1.0
陕　西	197	11.7%	1.1
新　疆	319	11.1%	−3.6
山　东	692	11.1%	1.7
江　西	135	8.7%	0.1
湖　南	161	8.6%	−1.6
湖　北	174	7.8%	0.3
江　苏	467	7.4%	0.4
海　南	24	6.8%	1.6
浙　江	319	6.7%	1.0
广　西	126	6.5%	2.3
四　川	148	5.6%	1.2
福　建	135	5.6%	0.7

续表

省（区、市）	消纳量（亿 kWh）	占全社会用电量比重	同比增加百分点
贵　州	81	5.2%	0.7
上　海	66	4.2%	0.9
广　东	286	4.2%	0.7
重　庆	47	4.0%	1.1
全　国	7388	10.2%	1.0

四、风电、光伏发电保障性收购落实情况

2016 年，国家发展改革委、国家能源局依照《可再生能源法》要求，核定了重点地区风电和光伏发电最低保障收购年利用小时数，提出全额保障性收购相关要求。

2019 年，在规定风电最低保障收购年利用小时数的地区中，甘肃Ⅲ类资源区和宁夏Ⅲ类资源区未达到风电最低保障收购年利用小时数要求，实际利用小时数比最低保障收购年利用小时数分别低 140h 和 39h。

2019 年，在规定光伏发电最低保障收购年利用小时数的地区中，新疆、甘肃、宁夏和陕西 4 省（区）未达到光伏发电最低保障收购年利用小时数要求，其中，新疆Ⅰ类和Ⅱ类资源区实际利用小时数比最低保障收购年利用小时数地区分别低 27h 和 196h，甘肃Ⅰ类和Ⅱ类资源区分别低 59h 和 221h，宁夏Ⅰ类资源区低 136h，陕西Ⅱ类资源区低 6h。详见表 3 和表 4。

表 3　　2019 年风电重点地区最低保障收购年利用小时数落实情况

省（区）	资源区	地区	保障性收购利用小时数	2019 年实际利用小时数	2019 年偏差小时数
内蒙古	Ⅰ类	除赤峰市、通辽市、兴安盟、呼伦贝尔市以外其他地区	2000	2207	207
	Ⅱ类	赤峰市、通辽市、兴安盟、呼伦贝尔市	1900	2346	446
新疆	Ⅰ类	乌鲁木齐市、伊犁哈萨克族自治州、克拉玛依市、石河子市	1900	2414	514
	Ⅲ类	除乌鲁木齐市、伊犁哈萨克族自治州、克拉玛依市、石河子市以外其他地区	1800	2026	226
甘肃	Ⅱ类	嘉峪关市、酒泉市	1800	1840	40
	Ⅲ类	除嘉峪关市、酒泉市以外其他地区	1800	1660	−140
宁夏	Ⅲ类	宁夏	1850	1811	−39
黑龙江	Ⅲ类	鸡西市、双鸭山市、七台河市、绥化市、伊春市、大兴安岭地区	1900	2374	474
	Ⅳ类	黑龙江省其他地区	1850	2308	458

续表

省（区）	资源区	地区	保障性收购利用小时数	2019年实际利用小时数	2019年偏差小时数
吉林	Ⅲ类	白城市、松原市	1800	2188	388
	Ⅳ类	吉林省其他地区	1800	2398	598
辽宁	Ⅳ类	辽宁	1850	2299	449
河北	Ⅱ类	张家口市	1900	2028	128
山西	Ⅳ类	忻州市、朔州市、大同市	1900	1969	69

表4　2019年光伏发电重点地区最低保障收购年利用小时数落实情况

省（区）	资源区	地区	保障性收购利用小时数	2019年实际利用小时数	2019年偏差小时数
内蒙古	Ⅰ类	除赤峰市、通辽市、兴安盟、呼伦贝尔市以外其他地区	1500	1658	158
	Ⅱ类	赤峰市、通辽市、兴安盟、呼伦贝尔市	1400	1633	233
新疆	Ⅰ类	哈密市、塔城市、阿勒泰市、克拉玛依市	1500	1473	−27
	Ⅱ类	除Ⅰ类外其他地区	1350	1154	−196
甘肃	Ⅰ类	嘉峪关市、武威市、张掖市、酒泉市、敦煌市、金昌市	1500	1441	−59
	Ⅱ类	除Ⅰ类外其他地区	1400	1179	−221
青海	Ⅰ类	海西蒙古族藏族自治州	1500	1511	11
	Ⅱ类	除Ⅰ类外其他地区	1450	1451	1
宁夏	Ⅰ类	宁夏	1500	1364	−136
陕西	Ⅱ类	榆林市、延安市	1300	1294	−6
黑龙江	Ⅱ类	黑龙江	1300	1459	159
吉林	Ⅱ类	吉林	1300	1468	168
辽宁	Ⅱ类	辽宁	1300	1350	50
河北	Ⅱ类	承德市、张家口市、唐山市、秦皇岛市	1400	1438	38
山西	Ⅱ类	忻州市、朔州市、大同市	1400	1471	71

五、清洁能源消纳目标完成情况

根据2018年国家发展改革委、国家能源局印发的《清洁能源消纳行动计划（2018—2020年）》（发改能源规〔2018〕1575号），所确定的分年度风电、光伏发电和水电消纳目标，2019年，全国平均风电利用率96%，超过2019年利用率目标6个百分点，重点省（区）全部达到了2019年消纳目标；全国平均光伏发电利用率为98%，超过2019年利用率目标3个百分点，重点省（区）全部达到了2019年消纳目标；全国主要流域水能利用率96%，超过2019年利用率目标1个百分点，重点省（区）全部达到了2019年消纳目标。详见表5。

表5　2019年清洁能源消纳目标完成情况

项目	2019年消纳目标	2019年实际完成情况
	利用率	利用率
一、风电		
全　国	90%	96%
新　疆	80%	86%
甘　肃	80%	92%
黑龙江	92%	99%
内蒙古	90%	93%
吉　林	88%	97%

续表

项目	2019 年消纳目标	2019 年实际完成情况
	利用率	利用率
河　北	95%	95%
二、光伏发电		
全　国	95%	98%
新　疆	90%	93%
甘　肃	90%	96%
三、水电		
全　国	95%	96%
四　川	92%	92%
云　南	92%	99%
广　西	95%	100%

六、特高压线路输送可再生能源情况

2019 年，20 条特高压线路年输送电量 4485 亿 kWh，其中可再生能源电量 2352 亿 kWh，同比提高 12.8%，可再生能源电量占全部输送电量的 52.4%。国家电网有限公司运营的 17 条特高压线路输送电量 3715 亿 kWh，其中可再生能源电量 1581 亿 kWh，占输送电量的 43%；南方电网公司运营的 3 条特高压线路输送电量 770 亿 kWh，全部为可再生能源电量。详见表 6。

表 6　2019 年特高压线路输送电量情况

序号	线路名称	年输送量（亿 kWh）	可再生能源（亿 kWh）	可再生能源占比	占比同比
1	长南荆特高压	49	13	26.2%	−19.4
2	榆横至潍坊特高压	191	0	0.0%	0.0
3	锡盟送山东	54	0	0.0%	0.0
4	皖电东送	295	0	0.0%	0.0
5	浙福特高压	92	0	0.0%	0.0
6	蒙西一天津南	95	0	0.0%	0.0
7	复奉直流	302	302	100.0%	3.0
8	锦苏直流	366	366	100.0%	4.7
9	天中直流	415	208	50.2%	1.5
10	宾金直流	341	340	99.9%	0.6
11	灵绍直流	415	109	26.3%	3.9
12	祁韶直流	179	56	30.9%	−16.0
13	雁淮直流	253	2	0.8%	−4.2
14	锡泰直流	119	0	0.2%	−0.5
15	昭沂直流	166	60	36.1%	22.3
16	鲁固直流	236	93	39.3%	7.7
17	吉泉直流	147	33	22.3%	20.0
18	楚穗直流	283	283	100.0%	0.0
19	普侨直流	217	217	100.0%	0.0
20	新东直流	271	271	100.0%	0.0
全　国		4485	2352	52.4%	0.1

注　1～17 项数据为国家电网有限公司报送，18～20 项数据为南方电网公司报送。

七、国家清洁能源示范省（区）落实情况

浙江。2019 年，全部可再生能源电力消纳量 946 亿 kWh，占本省全社会用电量的比重为 20.0%，同比提高 1.8 个百分点；非水电可再生能源电力消纳量为 319 亿 kWh，占本省全社会用电量的比重为 6.7%，同比上升 1.0 个百分点。

四川。2019 年，全部可再生能源电力消纳量为 2139 亿 kWh，占本省全社会用电量的比重为 81.1%，同比下降 0.8 个百分点；非水电可再生能源电力消纳量为 148 亿 kWh，占本省全社会用电量的比重为 5.6%，同比上升 1.2 个百分点。

宁夏。2019 年，全部可再生能源电力消纳量为 280 亿 kWh，占本省全社会用电量的比重为 25.7%，同比上升 0.5 个百分点；非水电可再生能源电力消纳量为 231 亿 kWh，占本省全社会用电量的比重为 21.3%，同比下降 1 个百分点。风电和光伏发电均未达到最低保障性收购年利用小时数要求，风电Ⅲ类资源区低 39h，光伏发电Ⅰ类资源区低 136h。

甘肃。2019 年，全部可再生能源电力消纳量为 696 亿 kWh，占本省全社会用电量的比重为 53.9%，同比上升 5.5 个百分点；非水电可再生能源电力消纳量为 219 亿 kWh，占本省全社会用电量的比重为 16.9%，同比上升 3.5 个百分点。风电和光伏发电均未达到最低保障性收购年利用小时数要求，风电Ⅲ类资源区低 140h，光伏发电Ⅰ类和Ⅱ类资源区分别低 59h 和 221h。

青海。2019 年，全部可再生能源电力消纳量为 586 亿 kWh，占本省全社会用电量的比重为 81.8%，同比上升 3.6 个百分点；非水电可再生能源电力消纳

量为 142 亿 kWh，占本省全社会用电量的比重约为 19.7%，同比上升 1.2 个百分点。

【2019 年度光伏发电市场环境监测评价结果】 2019 年度光伏发电市场环境监测评价结果见表 1。

表 1　　2019 年度光伏发电市场环境监测评价结果

资源区	地区	评价结果
Ⅰ类资源区	宁夏	橙色
	青海海西	橙色
	甘肃嘉峪关、武威、张掖、酒泉、敦煌、金昌	橙色
	新疆哈密、塔城、阿勒泰、克拉玛依	橙色
	内蒙古除赤峰、通辽、兴安盟、呼伦贝尔以外地区	绿色
Ⅱ类资源区	北京	绿色
	天津	橙色
	黑龙江	绿色
	吉林	绿色
	辽宁	绿色
	四川	橙色
	云南	橙色
	内蒙古赤峰、通辽、兴安盟、呼伦贝尔	绿色
	河北承德、张家口、唐山、秦皇岛	橙色
	山西大同、朔州、忻州、阳泉	绿色
	陕西榆林、延安	橙色
	青海除Ⅰ类外其他地区	橙色
	甘肃除Ⅰ类外其他地区	绿色
	新疆除Ⅰ类外其他地区	橙色
Ⅲ类资源区	河北除Ⅱ类外其他地区	橙色
	山西除Ⅱ类外其他地区	绿色
	陕西除Ⅱ类外其他地区	绿色
	上海	绿色
	江苏	绿色
	浙江	绿色
	安徽	绿色
	福建	绿色
	江西	绿色
	山东	绿色
	河南	绿色
	湖北	绿色
	湖南	绿色
	广东	绿色
	广西	绿色
	海南	绿色

续表

资源区	地区	评价结果
Ⅲ类资源区	重庆	绿色
	贵州	绿色
	西藏	红色

【2019 年全国 50 个主要城市供电企业供电可靠性指标】 6 月 3 日，国家能源局与中国电力企业联合会联合发布 2019 年度电力可靠性指标，全国 50 个主要城市供电企业供电可靠性继续保持较高水平，未发生大面积停电事故和重大社会影响的停电事件，为优化营商环境、提高人民生活水平和社会经济发展提供了坚强的电力保障。

一、用户平均停电时间

2019 年，全国 50 个主要城市（4 个直辖市、27 个省会城市、5 个计划单列市及其他 14 个 2019 年 GDP 排名靠前的城市）用户数占全国总用户数的 32.16%，用户总容量占全国用户总容量的 48.13%。50 个主要城市用户平均停电时间 6.04h/户，比全国平均值低 7.68h/户。其中，城市地区用户平均停电时间 2.22h/户，比全国平均值低 2.28h/户；农村地区用户平均停电时间 8.28h/户，比全国平均值低 8.75h/户。

上海、深圳、厦门的用户平均停电时间低于 1h/户，拉萨、长春的用户平均停电时间超过 15h/户；厦门、上海、广州、杭州、深圳、北京的城市地区用户平均停电时间低于 1h/户，拉萨、呼和浩特的城市地区用户平均停电时间超过 5h/户；上海、深圳、厦门、佛山的农村地区用户平均停电时间低于 2h/户，拉萨、沈阳的农村地区用户平均停电时间超过 20h/户。

2019 年 50 个主要城市的用户平均停电时间总体上大幅减少。39 个城市的用户平均停电时间同比减少超过 10%，14 个城市的用户平均停电时间同比减少超过 50%，其中，绍兴、上海和深圳的用户平均停电时间同比减少超过 70%，分别为 76.59%、74.37%和 71.40%。6 个城市的用户平均停电时间同比增加，其中，乌鲁木齐和呼和浩特的用户平均停电时间同比增加超过 20%，分别为 54.75%和 20.76%。详见图 1～图 3。

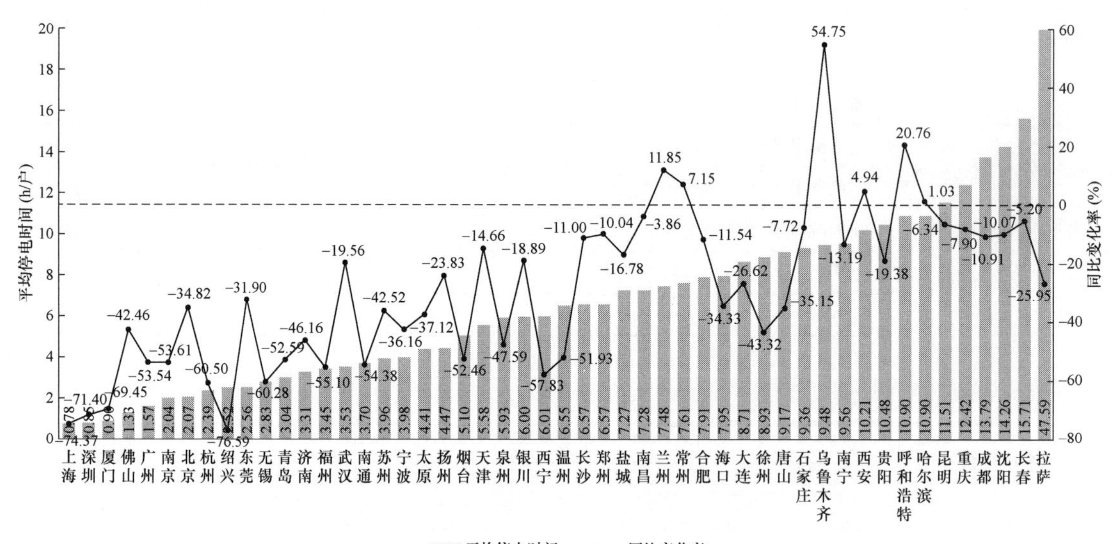

图 1　2019 年 50 个主要城市用户平均停电时间对比（全口径）

二、用户平均停电频率

2019 年，50 个主要城市的用户平均停电频率 1.49 次/户，比全国平均值低 1.50 次/户。其中，城市地区的用户平均停电频率 0.59 次/户，比全国平均值低 0.49 次/户；农村地区的用户平均停电频率 2.01 次/户，比全国平均值低 1.66 次/户。

上海、深圳、厦门等 14 个城市的用户平均停电频率低于 1 次/户，拉萨、沈阳、唐山等 8 个城市的用户平均停电频率超过 3 次/户；上海、广州、厦门等 17 个城市的城市地区用户平均停电频率低于 0.5 次/户，拉萨的

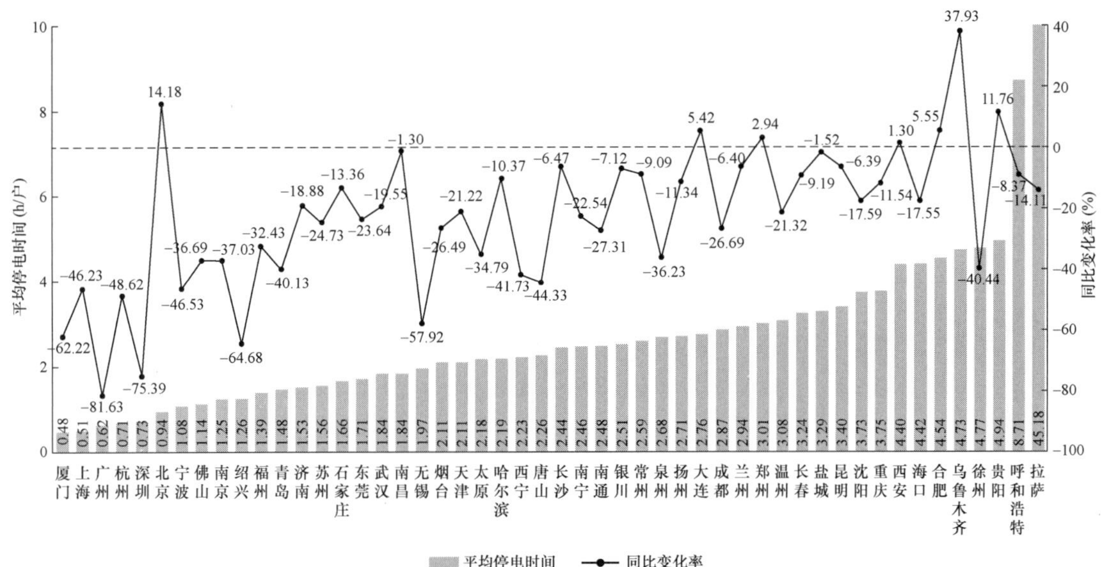

图 2　2019 年 50 个主要城市用户平均停电时间对比（城市地区）

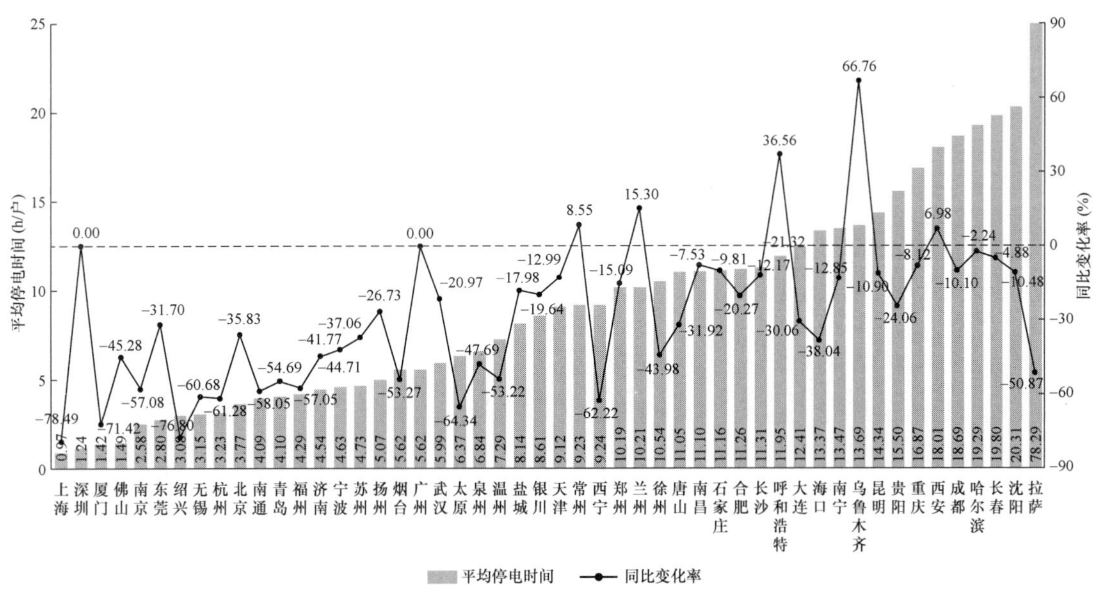

图 3　2019 年 50 个主要城市用户平均停电时间对比（农村地区）

城市地区用户平均停电频率超过 2 次/户；上海、深圳、厦门等 8 个城市的农村地区用户平均停电频率低于 1 次/户，拉萨、沈阳、海口、西安的农村地区用户平均停电频率超过 5 次/户。

2019 年 50 个主要城市的用户平均停电频率总体上大幅减少。28 个城市的用户平均停电频率同比减少超过 10%，其中，21 个城市的用户平均停电频率同比减少超过 20%，绍兴和上海的用户平均停电频率同比减少超过 50%，分别为 52.98%和 51.74%。12 个城市的用户平均停电频率同比增加，其中，乌鲁木齐、拉萨、昆明和海口的用户平均停电频率增幅超过 20%，分别为 128.51%、33.53%、26.31% 和 23.24%。详见图 4～图 6。

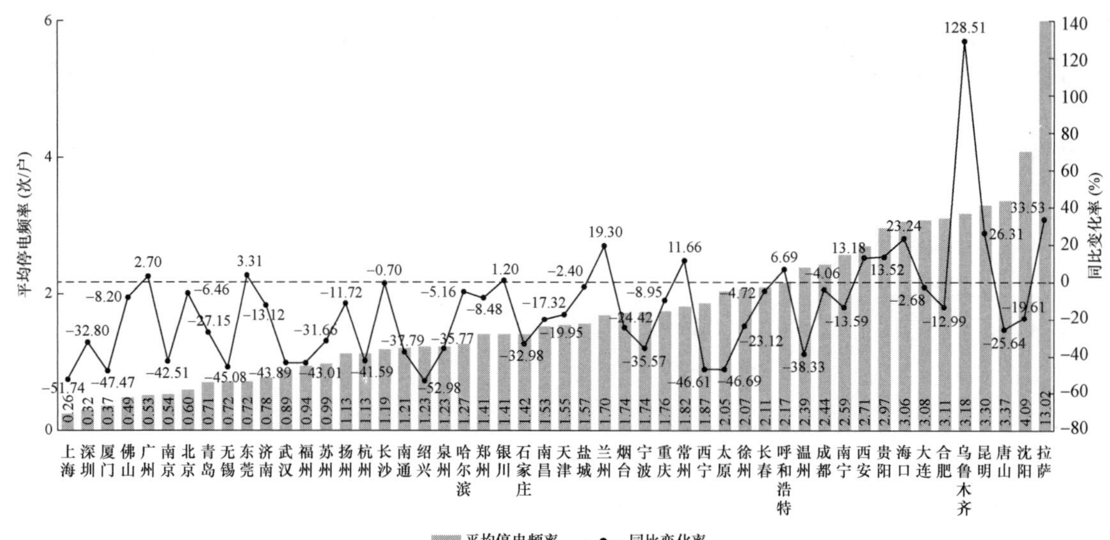

图 4　2019 年 50 个主要城市用户平均停电频率对比（全口径）

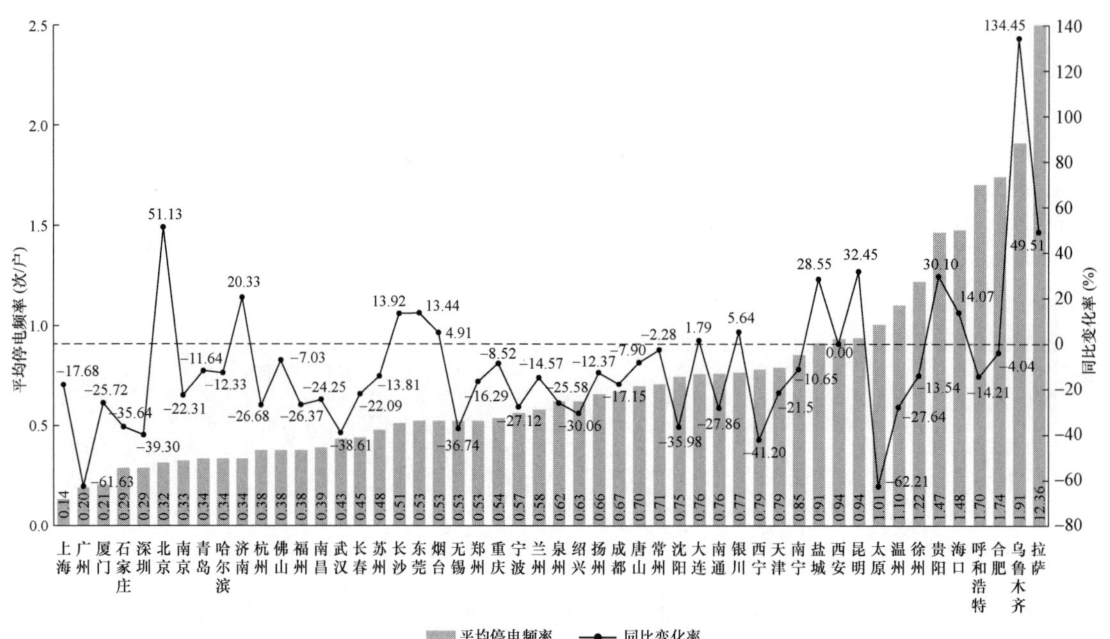

图 5　2019 年 50 个主要城市用户平均停电频率对比（城市地区）

【电力业务资质管理年度报告(2020)】

一、引言

电力业务资质管理是《电力监管条例》赋予国家能源局及其派出机构的重要职责，是保障电力系统安全、稳定、经济运行的重要举措，也是有效提升能源监管能力的重要手段，对于规范市场准入、维护市场秩序发挥着显著作用。截至 2019 年底，全国持有电力业务许可证企业数量达到 18966 个，持有承装（修、试）电力设施许可证企业数量达到 21085 个。

为进一步做好电力业务资质管理工作，国家能源局资质中心在系统梳理 2019 年度资质工作的基础上，组织电力规划设计总院充分挖掘许可信息，深入研究市场主体呈现出的新趋势新特点，主动将资质管理融入能源发展改革监管大局，编制形成电力业务资质管理年度报告，为相关部门单位及企业提供工作参考和决策支撑，力争以更加开阔的视野、更加准确的定位、更加清晰的思路做好电力业务资质管理工作。

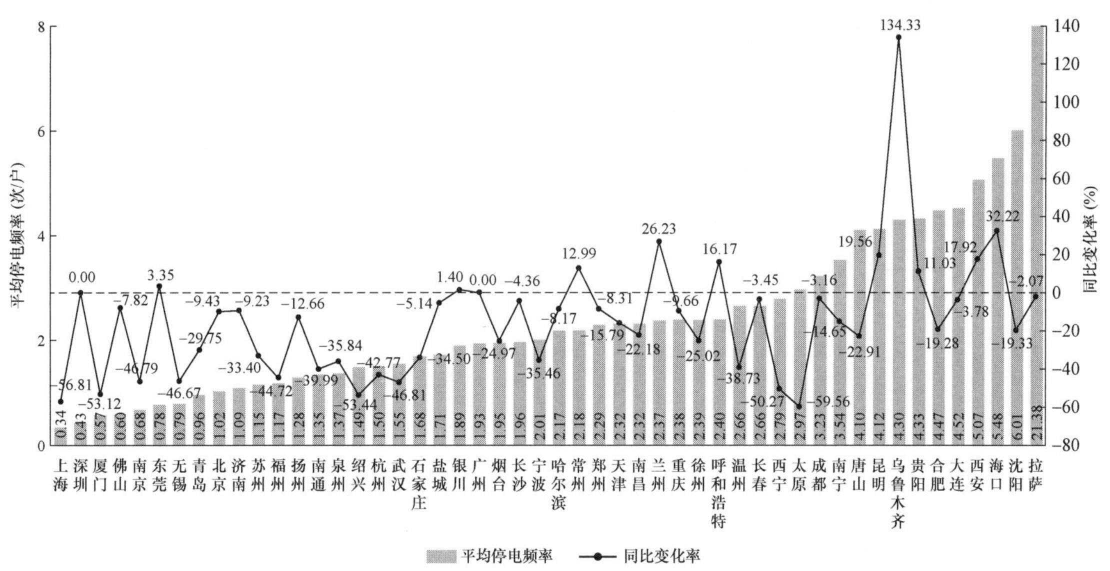

图 6　2019 年 50 个主要城市用户平均停电频率对比（农村地区）

二、持证企业分布与发展

（一）持证企业总体情况及地区分布

1. 发电业务许可

截至 2019 年底，持有发电业务许可证的企业共有 16034 个，按照派出机构统计口径，分布如图 1 所示。

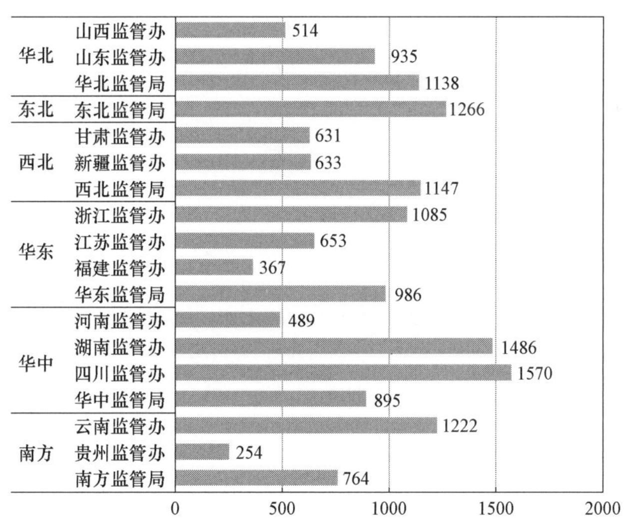

图 1　2019 年各派出机构持证发电企业数量

持证发电企业数量最多的前五个派出机构为四川办 1570 个、湖南办 1486 个、东北局 1266 个、云南办 1222 个及西北局 1147 个。

2. 输电业务许可

截至 2019 年底，持有输电业务许可证的企业共有 40 个，其中 33 个为省级输电企业，5 个为区域输电企业，2 个为全国性输电企业。

鉴于输电业务许可核发及管理对象较为稳定，近年来无新增及注销情况，下文不再具体分析。

3. 供电业务许可

截至 2019 年底，持有供电业务许可证的企业共有 2892 个，按照派出机构统计口径，分布如图 2 所示。

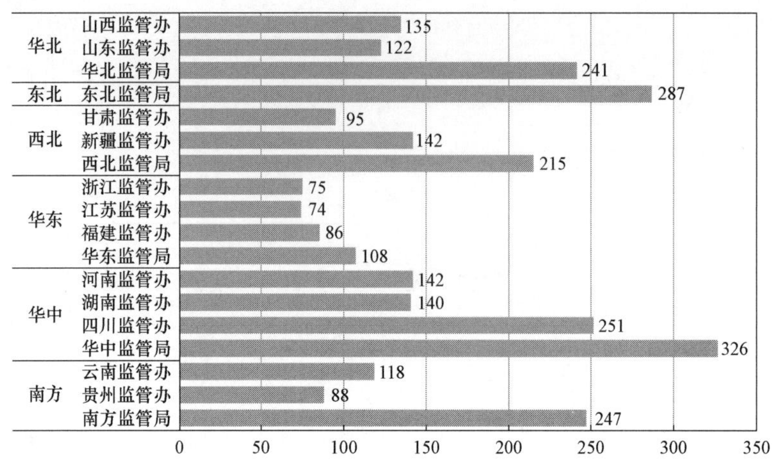

图 2　2019 年各派出机构持证供电企业数量

持证供电企业数量最多的前五个派出机构为华中局 326 个、东北局 287 个、四川办 251 个、南方局 247 个及华北局 241 个。

4．承装（修、试）电力设施许可

截至 2019 年底，持有承装（修、试）电力设施许可证的企业共有 21085 个，按照派出机构统计口径，分布如图 3 所示。

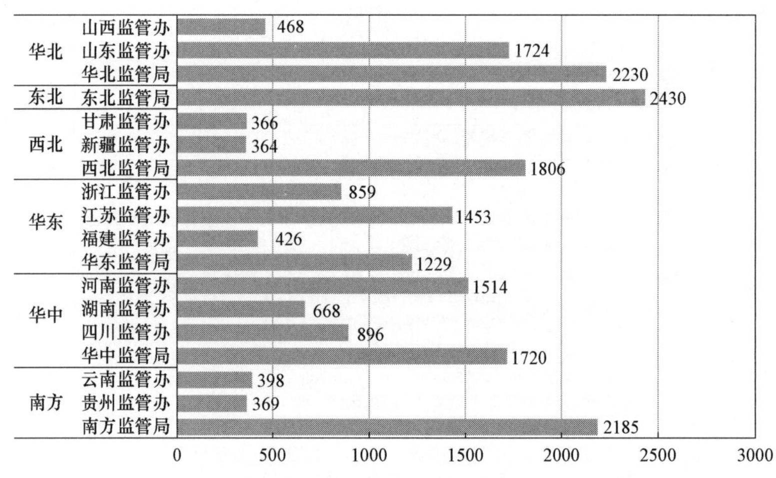

图 3　2019 年各派出机构持证承装（修、试）电力设施企业数量

持证承装（修、试）电力设施企业数量最多的前五个派出机构为东北局 2430 个、华北局 2230 个、南方局 2185 个、西北局 1806 个及山东办 1724 个。

（二）持证企业新增情况

1．发电业务许可

2019 年新增持证发电企业 847 个，按照派出机构统计口径，分布如图 4 所示。

2019 年新增持证发电企业数量最多的前五个派出机构为华北局 105 个、南方局 82 个、东北局 80 个、华中局 78 个及西北局 74 个。将各派出机构 2019 年新增持证发电企业数量与持证发电企业总数进行对比，比例最高的前五个派出机构依次为南方局 10.7% 以及山西办、华北局、贵州办、河南办。

2．承装（修、试）电力设施许可

2019 年新增持证承装（修、试）电力设施企业 3022 个，按照派出机构统计口径，分布如图 5 所示。

2019 年新增持证承装（修、试）电力设施企业数量最多的前五个派出机构依次为东北局 389 个、河南办 338 个、西北局 257 个、江苏办 254 个及华中局 243 个。将各派出机构 2019 年新增持证承装（修、试）电力设施企业数量与持证承装（修、试）电力设施企业总数进行对比，比例最高的派出机构是河南办，达到22%，江苏办、湖南办、福建办、华东局、东北局及新疆办的增速也达到16%以上，增长较快。

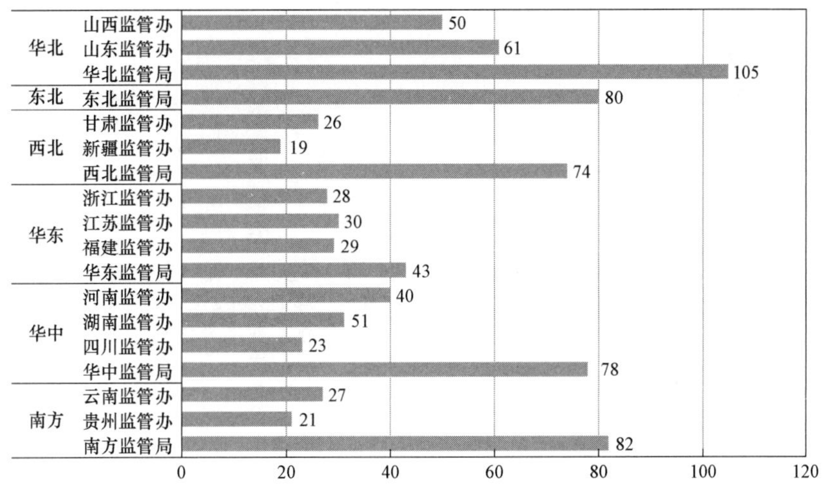

图4　2019年各派出机构2019年新增持证发电企业数量

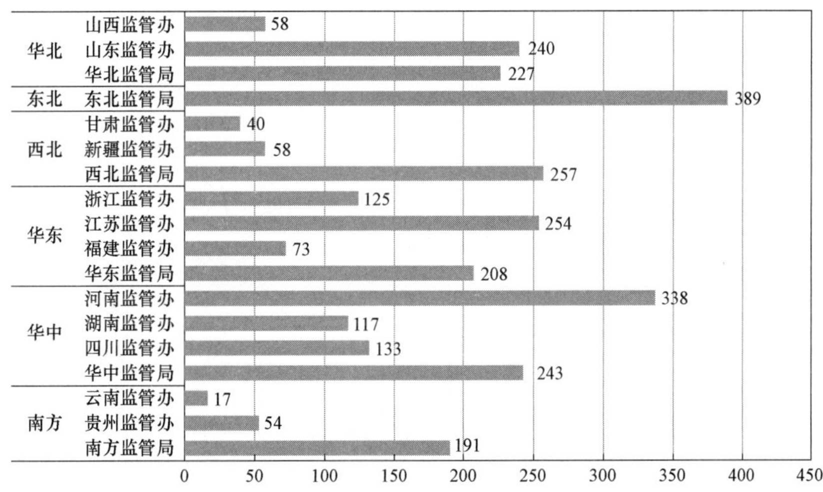

图5　2019年各派出机构2019年新增持证承装（修、试）电力设施企业数量

（三）持证企业退出市场情况

1. 发电业务许可

2019年共注销发电业务许可证256个。注销许可证的企业中，以装机容量25MW以上和6～25MW的企业为主，分别占注销许可证企业总数的36.3%和35.5%。按派出机构统计口径，分布如图6所示。

2019年，西北局、江苏办、四川办注销许可证的企业中，装机容量小于6MW企业数量较多；其他派出机构注销许可证的企业中，装机容量大于6MW企业数量较多。

2. 承装（修、试）电力设施许可

2019年共注销承装（修、试）电力设施许可证1406个。注销许可证的企业中，民营企业占比最大，达到63.23%，集体企业达到28.88%，国有（全民）企业为7.89%。按派出机构统计口径，分布如图7所示。

2019年，河南办、华东局、福建办、山西办注销许可证的企业中，国有、集体企业数量较多；其他派出机构注销许可证的企业中，民营企业数量较多。

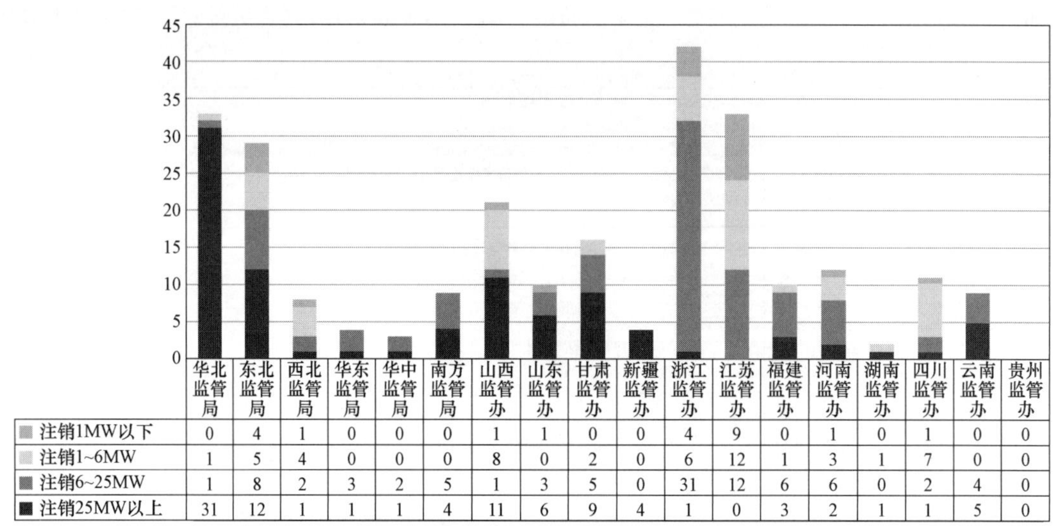

	华北监管局	东北监管局	西北监管局	华东监管局	华中监管局	南方监管局	山西监管办	山东监管办	甘肃监管办	新疆监管办	浙江监管办	江苏监管办	福建监管办	河南监管办	湖南监管办	四川监管办	云南监管办	贵州监管办
注销1MW以下	0	4	1	0	0	0	1	1	0	0	4	9	0	1	0	1	0	0
注销1~6MW	1	5	4	0	0	0	8	0	2	0	6	12	1	3	1	7	0	0
注销6~25MW	1	8	2	3	2	5	1	3	5	0	31	12	6	6	0	2	4	0
注销25MW以上	31	12	1	1	1	4	11	6	9	4	1	0	3	2	1	1	5	0

图 6　2019 年注销发电业务许可证企业装机容量分布

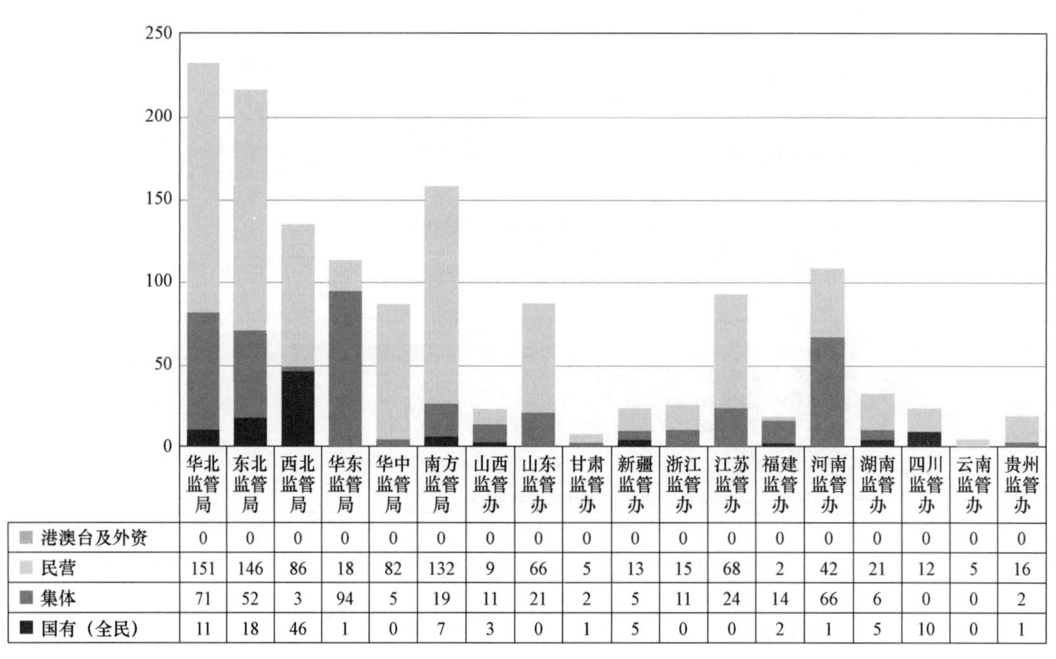

	华北监管局	东北监管局	西北监管局	华东监管局	华中监管局	南方监管局	山西监管办	山东监管办	甘肃监管办	新疆监管办	浙江监管办	江苏监管办	福建监管办	河南监管办	湖南监管办	四川监管办	云南监管办	贵州监管办
港澳台及外资	0	0	0	0	0	0	0	0	0	0	0	0	0	0	0	0	0	0
民营	151	146	86	18	82	132	9	66	5	13	15	68	2	42	21	12	5	16
集体	71	52	3	94	5	19	11	21	2	5	11	24	14	66	6	0	0	2
国有（全民）	11	18	46	1	0	7	3	0	1	5	0	0	2	1	5	10	0	1

图 7　2019 年注销承装（修、试）电力设施许可证企业经济性质分布

（四）持证企业增长率

以年度为统计周期，根据新增和退出持证企业数量，并结合存量持证企业情况，可计算得出持证企业年度增长率，进而得出持证企业发展趋势。

1. 发电业务许可

2019 年新增持证发电企业 847 个、注销 256 个，新增持证企业数量远大于注销数量。按派出机构统计口径，以橙色柱线代表注销许可证数量，蓝色柱线代表新颁发许可证数量，分布如图 8 所示。

2019 年全国持证发电企业增长率为 3.8%，各派出机构持证发电企业数量总体稳定上涨。其中南方局、华中局、贵州办的增长率较高，超过 9%；华北局、西北局、河南办、山西办保持 6%以上的增长率。江苏办和浙江办注销许可证企业数量较多，大于新增持证企业数量。

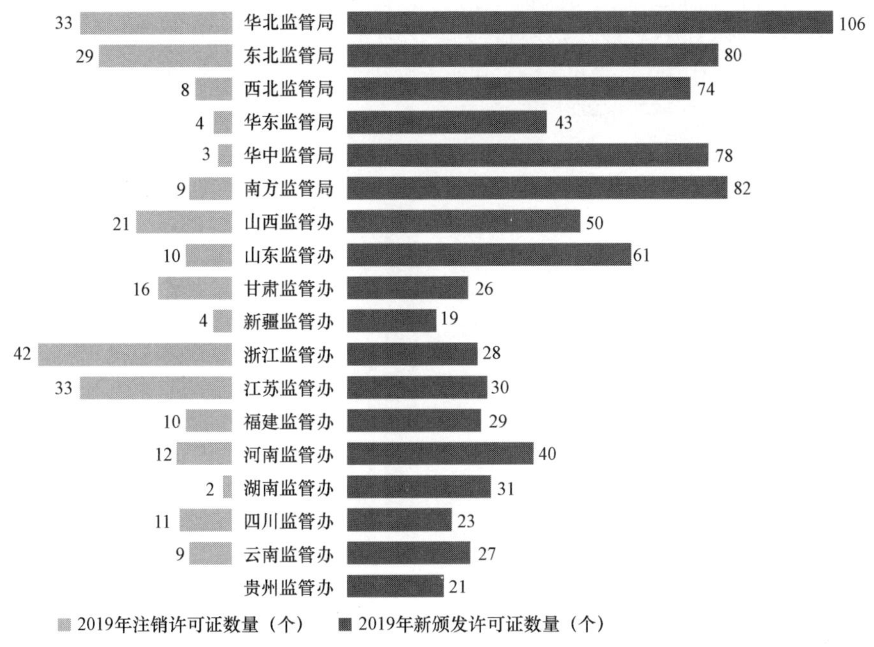

图 8　2019 年发电业务许可证新增及注销情况

2. 承装（修、试）电力设施许可

2019 年新增持证承装（修、试）电力设施企业 3022 个、注销 1406 个，新增持证企业数量远大于注销数量。按派出机构统计口径，分布如图 9 所示。

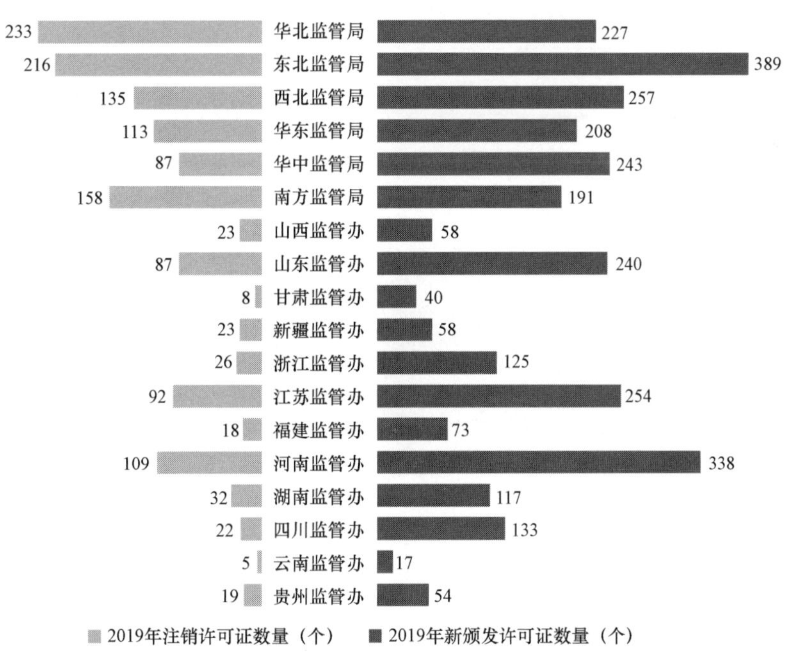

图 9　2019 年承装（修、试）电力设施许可证新增及注销情况

2019 年全国持证承装（修、试）电力设施企业的增长率为 7.66%，大部分派出机构持证承装（修、试）电力设施企业数量增长较快。河南办、福建办、湖南办、四川办、浙江办、江苏办的增长率均超过 10%，其中河南办增长最显著，达到 15.1%。华北局注销许可证企业数量较多，大于新增持证企业数量。

进一步对2019年不同经济性质持证承装（修、试）电力设施企业新增及注销情况统计分析发现，民营企业新增数量最多，之后为国有企业和集体企业。从增长率来看，民营企业增长率最高，达到10.38%；国有企业保持小幅增长，增长率为0.08%；港澳台及外资企业本年度没有新增及注销；集体企业注销许可的数量超过了新增的数量。详见图10。

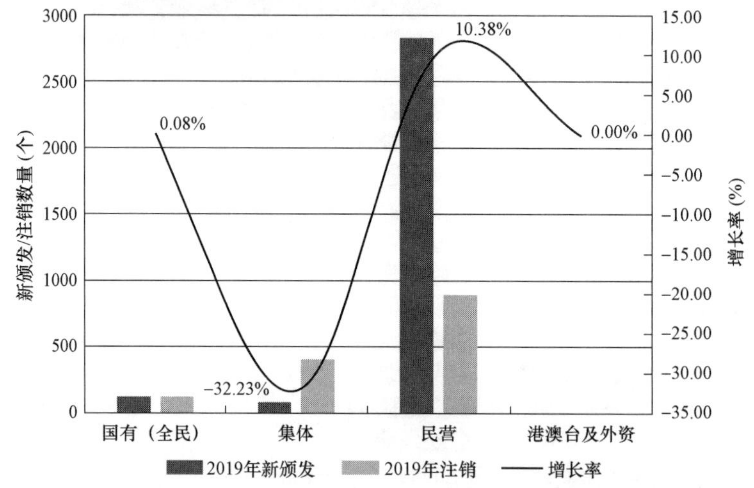

图10 2019年不同经济性质持证承装（修、试）电力设施企业增长情况

三、持证企业业务规模与结构

（一）业务规模与结构总体情况

1. 发电业务许可

截至2019年底，16034个持证发电企业的总装机容量为1430663MW。各类企业的数量及对应的装机容量如图11所示。

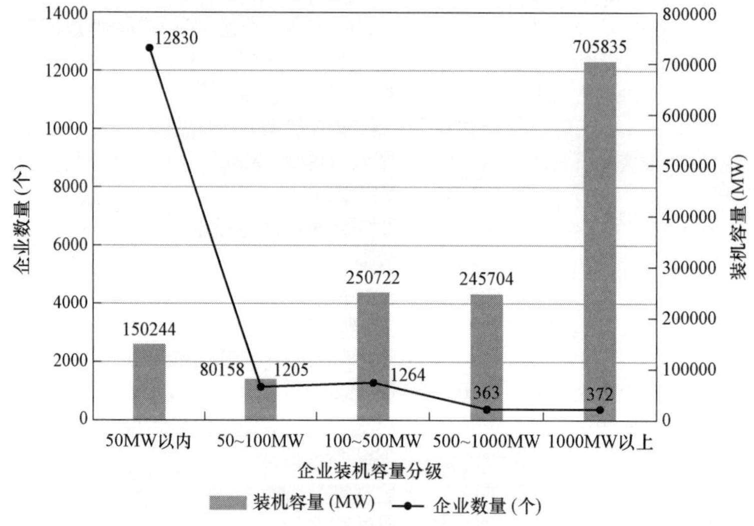

图11 2019年持证发电企业装机容量级别分布

50MW以下持证发电企业有12830个，数量占比80%，但其装机容量占比仅10.5%，表明我国持证发电企业从数量上看以小型企业为主，但其发电能力贡献较小。1000MW以上的大型持证发电企业有372个，数量占比2.3%，但其装机容量占比达49.2%，表明我国大型发电企业虽然数量较少，但发电能力贡献较大。

装机容量最大的20个持证发电企业总装机容量129300MW，平均装机容量6465MW。其中，火电企业10个，平均装机容量4287MW；水电企业6个，平均装机容量11142MW；核电企业4个，平均装机容量4895MW。

2. 承装（修、试）电力设施许可

持证承装（修、试）电力设施企业数量较多，往往一家企业同时持有其中一类或几类许可，对各派出机构持证企业覆盖类别及占比进行统计，结果如图 12 所示。

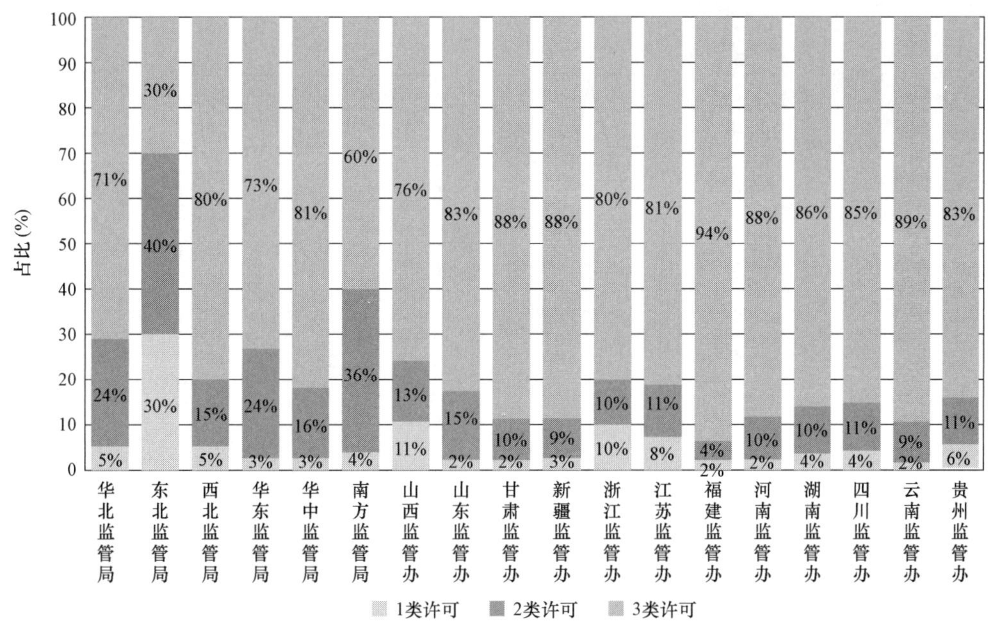

图 12　2019 年各派出机构持证承装（修、试）电力设施企业持证类别数量占比情况

除东北局外，其他派出机构同时持有承装、承修、承试三类电力设施许可的企业数量占比最大，达到 60%以上，其中大部分派出机构仅持有一类许可的企业占比最少。东北局同时持有两类许可的企业数量最多，仅持有一类及同时持有三类许可的企业数量基本持平。

对持证承装（修、试）电力设施企业按照类别和等级进行统计，结果如图 13 所示。

承装、承修、承试三类持证企业的分布相似，均为四级企业占比最大，之后依次为五级、三级、二级、一级。表明持证承装（修、试）电力设施企业以中小规模企业为主，大型企业占比较小。

（二）业务规模地区分布

1. 发电业务许可

将截至 2019 年底持证发电企业总装机容量与 2019 年新增发电企业装机容量进行对比分析，按照派出机构统计口径，分布如图 14 所示。

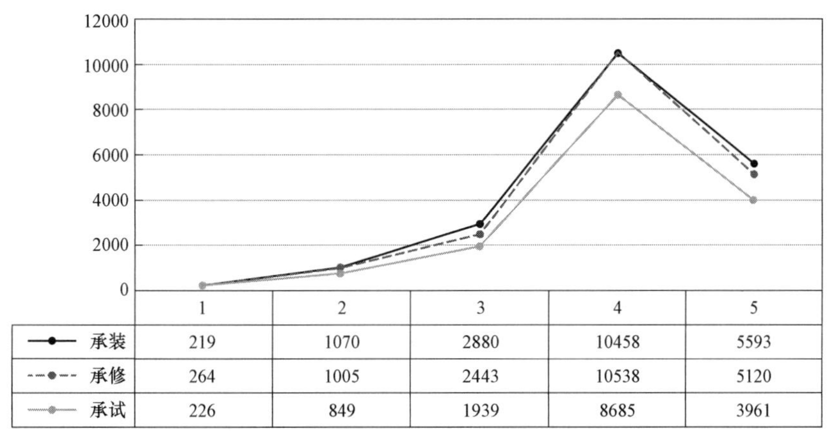

	1	2	3	4	5
承装	219	1070	2880	10458	5593
承修	264	1005	2443	10538	5120
承试	226	849	1939	8685	3961

图 13　2019 年各级各类持证承装（修、试）电力设施企业数量

持证发电企业总装机容量最大的前五个派出机构依次为华北局、山西办、南方局、江苏办和华东局。2019 年新增持证发电企业装机容量最大的前五个派出机构依次为华北局、南方局、西北局、东北局和华东局。

结果显示，除山西办、江苏办、四川办、贵州办

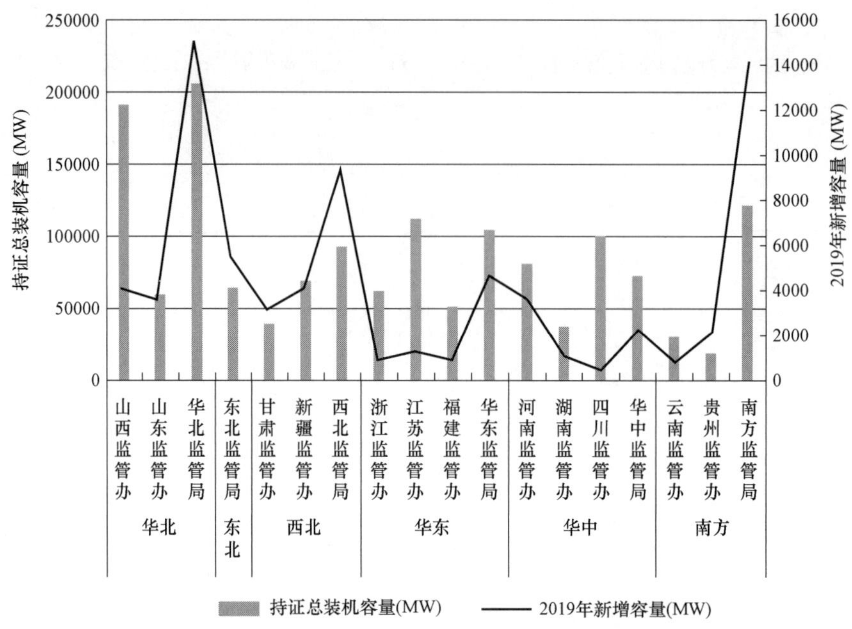

图 14　2019 年新增持证发电企业装机容量与总装机容量对比

外，其他派出机构总量与增量装机容量的走势基本吻合。山西办、江苏办、四川办新增持证发电企业装机容量比例较小，主要原因为加强了火电装机控制、外来电较多等。

2. 承装（修、试）电力设施许可

对各等级持证承装（修、试）电力设施企业进行分析，四级及五级企业在各派出机构的占比均较大。其中，五级企业占比最大的派出机构包括南方局、华东局、东北局、福建办、江苏办及浙江办；四级企业占比最大的派出机构包括华中局、西北局、华北局、四川办、贵州办、云南办、湖南办、河南办、新疆办、甘肃办、山东办及山西办。

对各派出机构一、二、三级承装（修、试）电力设施企业的数量及占持证企业总数的比例进行统计，结果如图 15 所示。

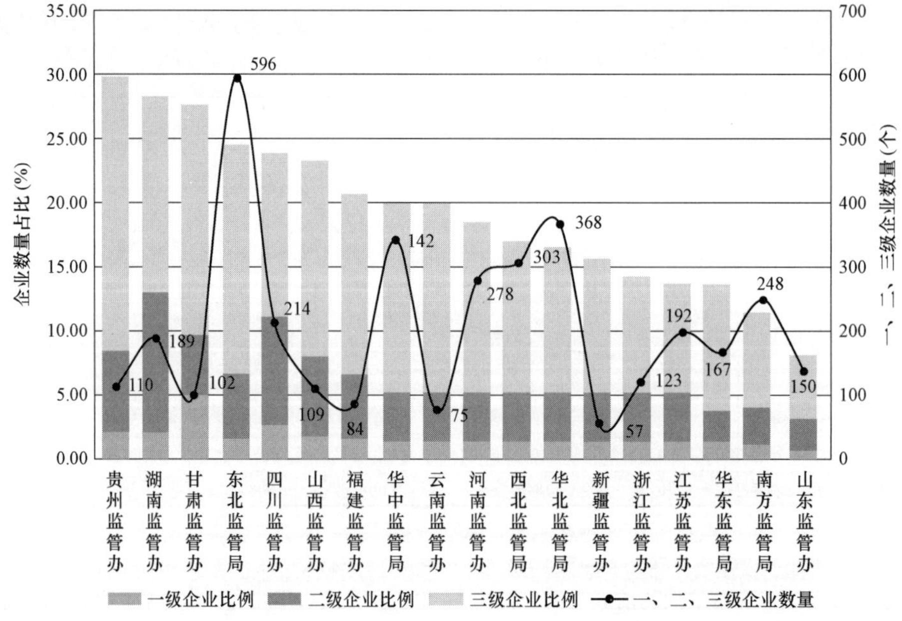

图 15　2019 年各派出机构一、二、三级承装（修、试）电力设施企业占比及数量

各派出机构一级企业占比均低于5%，二级企业占比均低于11%，三级企业占比大部分在10%至20%之间。除山东办外，其他派出机构一、二、三级企业合计占比均高于10%，其中相对最高的为贵州办，达到29.81%。一、二、三级企业合计数量最多的为东北局，达到596个，之后为华北局368个、华中局342个和西北局307个。

四、资质管理与行业发展

（一）促进发电行业转型升级，推动发电装机合理增长

1. 新增发电业务许可情况与实际投运情况对比分析

（1）许可容量与实际投运容量对比。将国家能源局发布的2019年新增电源类型装机容量与2019年新取得发电业务许可各电源类型装机容量进行对比，结果如图16所示。

火电、风电、光伏发电2019年实际投运装机容量大于许可装机容量，比例分别为1.27∶1、1.71∶1和2.01∶1；水电、核电2019年实际投运装机容量小于许可装机容量，比例为0.92∶1和0.70∶1。

风电、光伏发电实际投运装机容量高于许可装机容量较多的原因，一是风电、光伏发电执行的电价政策与火电有所不同，机组调试运行期间上网电价即按照标杆电价执行，发电企业取证动力不足。二是随着风电、光伏发电平价上网政策的落地，2018～2019年出现了一波抢装潮，其中部分企业未及时申领发电业务许可证。

水电、核电2019年新增许可装机容量与实际投运装机容量基本一致，小幅差异的原因是部分机组为2018年启动试运行，2019年取得发电业务许可证，装机容量分别计入2018年新投运机组和2019年取证机组。

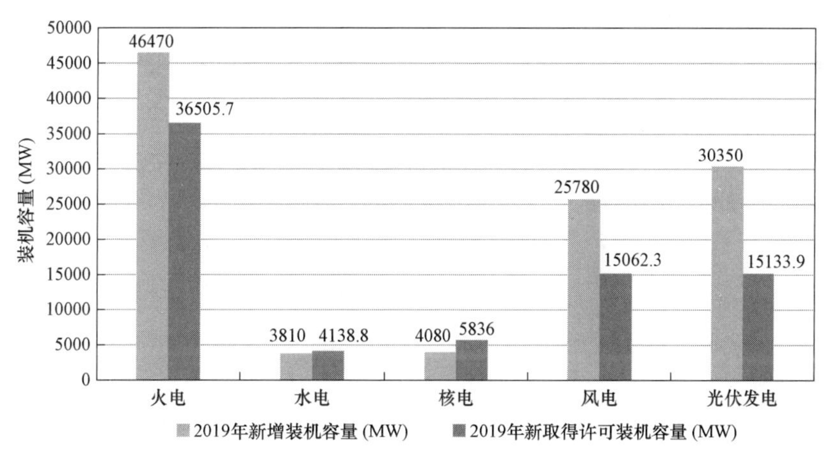

图16　2019年新投运装机容量与新许可装机容量对比

（2）取得许可时间与投运时间差异分析。对2019年取证机组的投运时间进行统计分析，取得许可的机组中，84.09%为2018～2019年投运；8.29%为2017年投运；其余7.62%的投运时间早于2017年，主要为水电机组，原因一是派出机构通过调度机构开展了许可证持有情况摸查，部分未取得许可的小水电机组补办许可证；二是因企业改制、机组转让等原因部分水电机组所有人发生变化，重新办理许可证。

2. 发电业务许可促进煤电行业结构优化

对2015～2019年新许可火电机组的装机规模分布进行统计，结果如图17所示。

2016～2018年新许可火电机组装机容量整体呈现下降趋势，与近年煤电总量控制趋势相吻合。2019年，600MW以下规模机组仍保持下降趋势，600MW及以上规模机组有所增加。同时，2015年至今，600MW及以上机组的占比一直较高，2019年更是创历史新高，接近80%，表明近几年发电业务许可证的颁发管理协同促进了煤电机组停缓建、落后产能淘汰等政策落地，助力煤电行业转型升级、结构优化。

3. 发电业务许可反映并提高了发电市场活跃度

对持证发电企业按经济性质进行统计，结果如图18所示。

发电市场自从引入竞争机制，大量社会资本加入进来，丰富了企业类型。持证发电企业中民营企业最多，国有企业次之，集体企业和外资企业占比较少，可见发电市场上民营经济较为活跃。具体来说，国有企业在南方区域最多，华北、华东次之，东北最少；集体企业在华东区域最多，西北最少。民营企业在华中区域最多，华东次之，南方最少；外资企业在华北区域最多，西北最少。

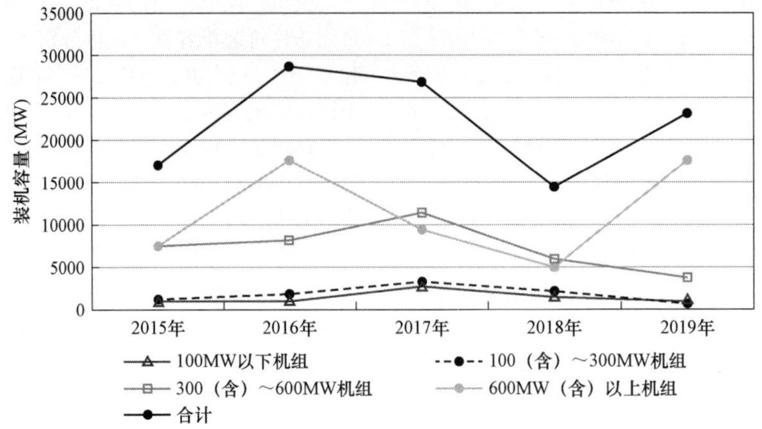

图 17　2015～2019 年各规模等级新许可火电机组装机容量

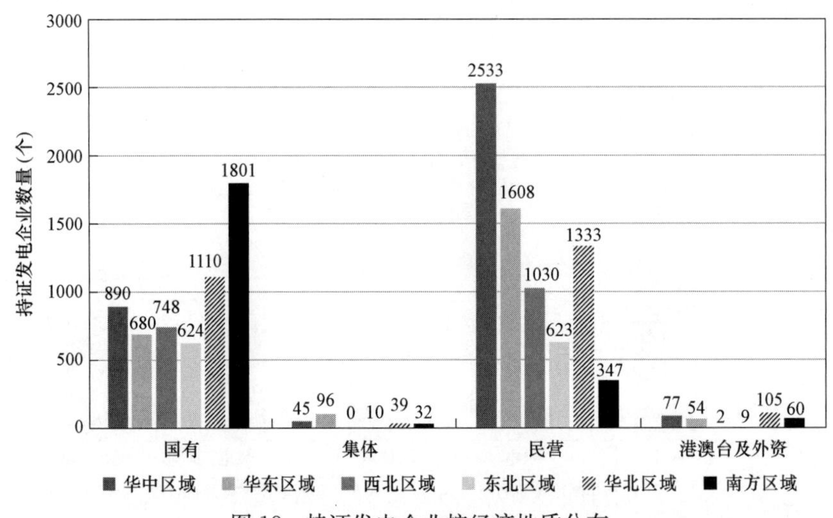

图 18　持证发电企业按经济性质分布

从区域分布来看，华中、华东、西北、华北区域均是民营企业最多，国有企业次之，其他类型企业较少；南方区域国有企业最多，民营次之，其他较少；东北区域国有企业最多，其次是集体、民营、外资企业，数量差距较小。

（二）引导供电业务创新发展，推进增量配电业务改革

1. 约 1/3 增量配电业务改革试点项目已取证

增量配电业务改革自启动以来，已开展 4 批试点，截至 2019 年底共有试点项目 380 个（进入试点目录 404 个，有 24 个已取消资格），其中获得供电业务许可证的项目 119 个，占比 31.32%。各省 4 批增量配电业务改革试点项目取证比例如图 19 所示。

增量配电业务改革试点项目中，天津及新疆的项目取证比例最高，达到 67%；广西、海南、江苏、青海、上海的试点项目取证比例也超过了 50%。试点项目未取得电力业务许可证的主要原因包括项目推进速度较慢、部分配电区域划分难度较大、各方参与主体的积极性主动性有待提高等。

截至 2019 年底，首批增量配电业务改革 106 个试点项目中，有 12 个项目已取消试点资格，广东、广西、河北、黑龙江、湖北、湖南、江苏、江西、青海、上海、新疆、福建等 11 个省（区、市）已实现第一批增量配电业务改革试点项目全部取得供电业务许可证。第一批增量配电业务改革试点项目中，68.09%已取得供电业务许可证；20.21%仍未核准；10.64%已核准，正在推进相关工作；1.06%虽已核准，但暂无实质性进展。

2. 项目列入试点时间与取证时间平均间隔 2 年左右

进一步分析项目列入改革试点时间与取得供电业务许可证时间的间隔情况，分布如图 20 所示。

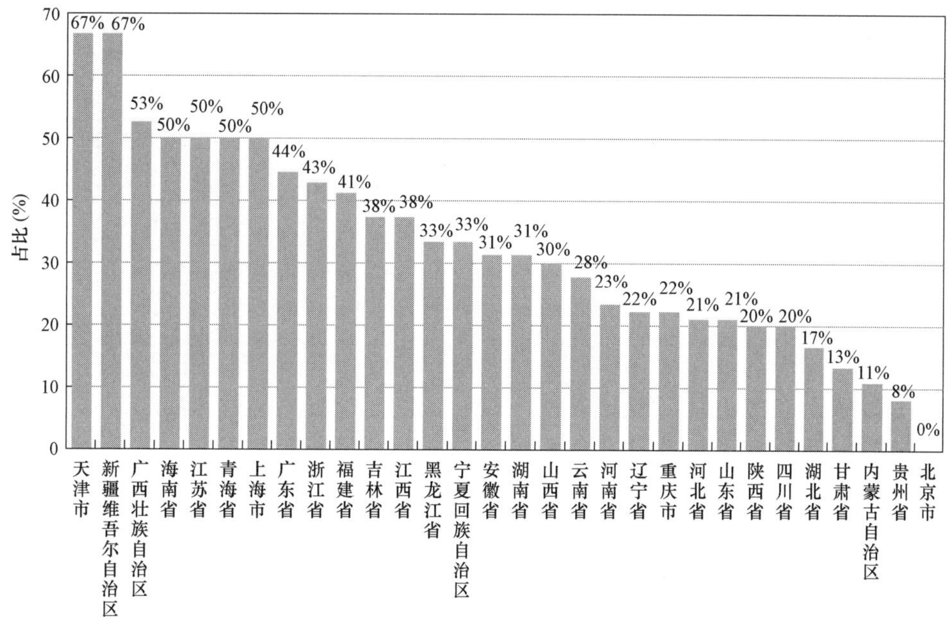

图 19　2019 年各省已取证试点项目数量占试点项目总数的比例

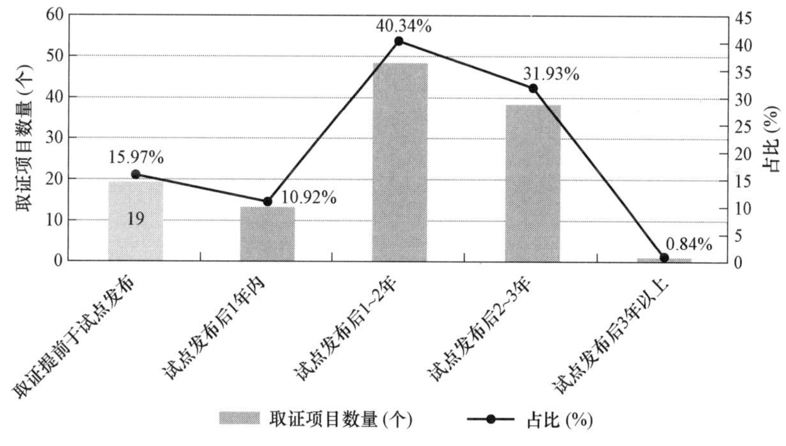

图 20　项目列入增量配电业务改革试点时间与取证时间相隔分布

已取得供电业务许可证的试点项目中，有 10.92%的项目是在列入试点 1 年内取证，40.34%的项目是在 1～2 年取证；31.93%的项目在 2～3 年取证；0.84%的项目在 3 年后取证。表明试点项目在申请许可之前，需要较长的时间开展前期工作。另有 15.97%的项目在纳入增量配电业务改革试点之前已取得供电业务许可证，均为非电网企业投资的存量配电网项目。

3. 推动试点外增量配电项目取证

为积极推动增量配电业务改革，为部分非电网企业投资的存量配电网项目颁发了供电业务许可证。截至 2019 年底，有 18 个试点外项目取得了供电业务许可证，主要分布在山西、河南、山东、新疆等地。

（三）助力电力建设市场培育，优化民营资本企业发展

1. 承装（修、试）电力设施许可与电网投资高度相关

近年来，我国电力系统快速发展，电网投资总体呈现稳定上涨趋势，而与之相应的，每年新增持证承装（修、试）电力设施企业数量也呈现稳定增加趋势，如图 21 所示。

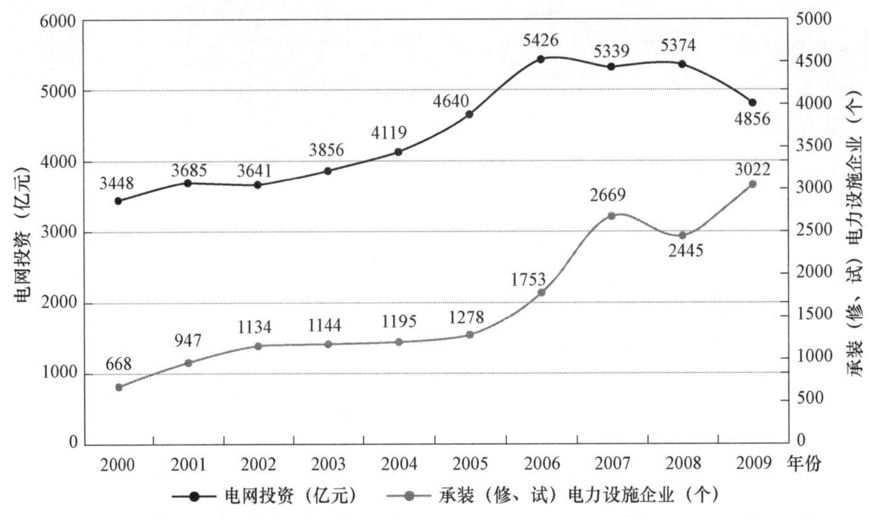

图 21　持证承装（修、试）电力设施企业与电网投资的关系

对电力投资和新增持证承装（修、试）电力设施企业数量进行相关性分析，两者相关性系数高达 0.82，体现出电网投资与市场主体的密切关系。其中 2016 年后电网年度投资趋于平缓，承装（修、试）电力设施企业新增数量在随后一年也体现出一定的降幅；随着 2018 年电网投资同比增加，随后一年承装（修、试）电力设施企业新增数量也有一定增加。2019 年虽然电网投资降幅较大，但由于 2020 年我国提出“新基建”战略，后期新增承装（修、试）电力设施企业仍有继续增加的可能。

2. 承装（修、试）电力设施许可推动企业优化升级

以承装电力设施企业许可为例（承修及承试电力设施许可情况类似），对许可证初始颁发时间及等级情况进行统计，结果如图 22 所示。

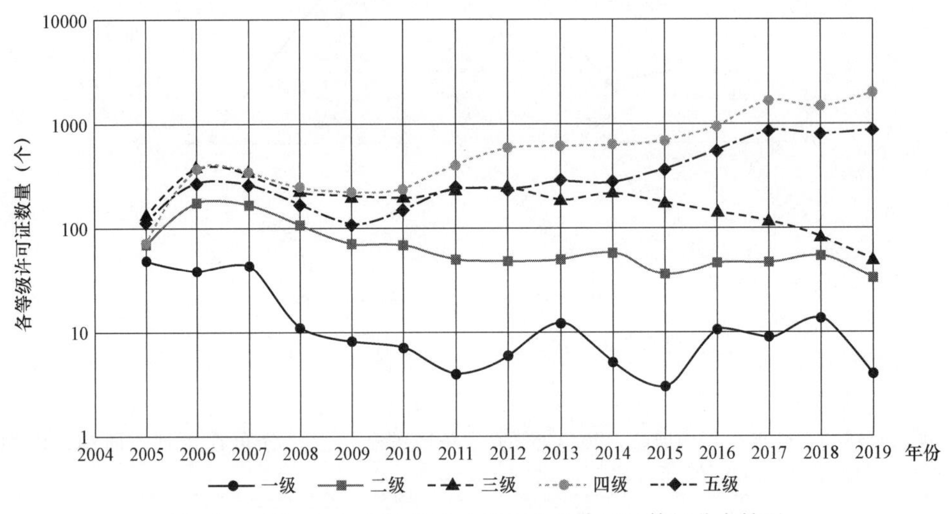

图 22　2005～2019 年承装电力设施企业许可证等级分布情况

四、五级承装电力设施企业数量较多，且每年新颁发许可证数量总体呈上涨趋势。这是由于刚进入行业的承装电力设施企业只能申请五级或四级资质，通过业绩及资金积累，实现企业的发展及成长。四五级企业数量稳步增加，反映建设市场稳中向好的发展态势，以及社会资本对电力发展的普遍看好。

一、二、三级数量相对较少，且每年新增许可证数量总体呈平稳或小幅下降趋势。由于一、二、三级承装电力设施企业许可证不能直接取得，需由下一级许可证升级获取，这一趋势反映高电压等级电力设施建设工程对施工企业要求较高。

3. 承装（修、试）电力设施许可助力民营企业发展

对持证承装（修、试）电力设施企业按经济性质进行统计，结果如图23所示。

结果表明，持证承装（修、试）电力设施企业中，民营企业占比大幅领先，国有企业及集体企业次之，港澳台及外资企业占比较少，可见民营经济在承装（修、试）电力设施领域更为活跃。

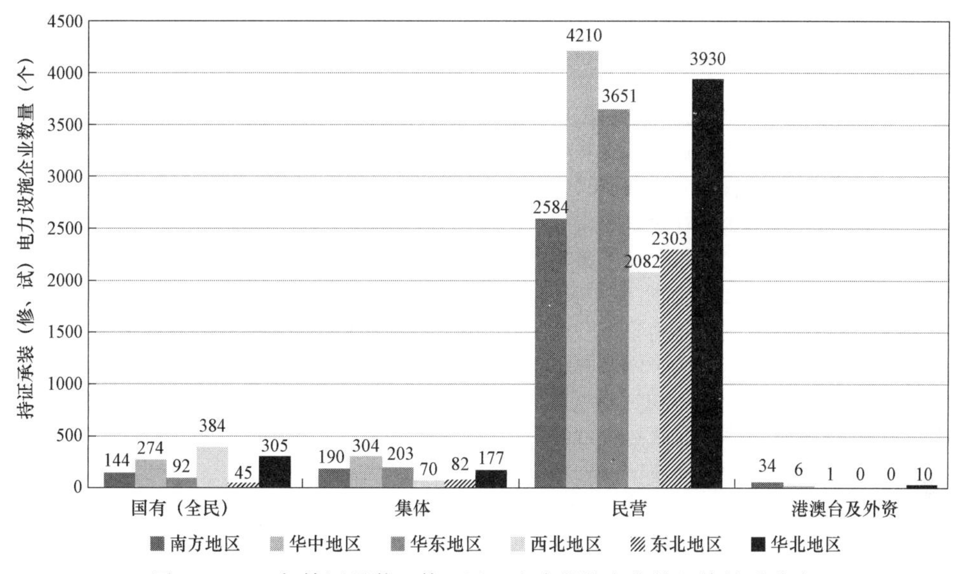

图23　2019年持证承装（修、试）电力设施企业按经济性质分布

从区域分布来看，民营企业在六大区域的占比均为最高。其次，在南方、华中、华东和东北区域，集体企业较国有企业多；而西北及华北区域国有企业较集体企业多。

五、总结

（一）电力业务资质许可全面普及、市场主体稳健增长

截至2019年底，全国持有电力业务许可证企业数量达到18966个（发电业务许可证16034个、输电业务许可证40个、供电业务许可证2892个），持有承装（修、试）电力设施许可证企业数量达到21085个。发电业务许可、供电业务许可以及承装（修、试）电力设施许可持证企业最多的区域均为华中区域，主要原因是华中区域包含省份数量较多、覆盖面积较大。

持有发电业务许可证的16034个企业总装机容量为1430663MW。其中1000MW以上大型发电企业数量上占比仅为2.3%，但装机容量占比达到近一半，以火电、水电、核电机组为主，带动我国发电效率和经济性不断提升。2019年持证发电企业增长率为3.8%，各区域持证发电企业数量均稳步增加。

持有承装（修、试）电力设施许可证的企业中，承装、承修、承试三类企业的分布规律一致，均是四级企业占比最大，一级企业占比最小。2019年持证承装（修、试）电力设施企业增长率达7.66%。其中民营企业增长率高达10.38%。

（二）资质管理在规范市场准入、维护市场秩序方面发挥积极作用

一是促进行业健康发展和规范运行。从2019年实际投运装机容量与许可装机容量的对比来看，水电、核电的吻合度较高，火电的实际投运容量接近许可容量，风电和光伏发电的实际投运容量大于许可容量，表明水电、核电、火电企业已形成了较强的持证经营意识，下一步需加大监管力度促进风电和光伏发电企业持证经营意识提升。

二是助力供给侧结构性改革和电力体制改革。近五年取得许可的煤电机组总装机容量呈下降趋势，与近年来煤电总量控制的政策要求一致；其中600MW及以上规模机组所占比例则呈上升趋势，助力煤电行业结构优化、转型升级。截至2019年底，第一批增量配电业务改革试点项目的取证比例已接近70%，11个省份实现100%取证；前四批试点项目总的取证比例为31.32%；项目一般在列入试点后的1至2年内即可取证，有效推动了增量配电业务改革。

（三）开阔视野、明确思路，进一步做好资质管理工作

下一步，资质管理要主动融入能源发展改革监管大局，以“放管服”改革精神为指导，坚持优化资质许可；以“互联网+监管”部署为方向，整合和提升系统平台，力争成为优化营商环境的践行者、促进能

源转型发展的助推者。

一是简化许可。践行“简约”之道，进一步加大简政放权力度，助力产业结构调整优化，激发市场活力。在对6MW以下新能源和可再生能源发电企业实施豁免政策的基础上，进一步扩大豁免范围；加快《承装（修、试）电力设施许可证管理办法》等许可制度的修订和完善，适度放宽人员、机具设备、工程业绩等方面的许可条件；参考国际国内通行做法，创新资质采信机制，在粤港澳大湾区试点对具有同等电力工程施工资格的港澳地区企业进行资质采认，探索推动电力建设市场更大范围的公平开放。

二是强化监管。以电力业务许可为抓手落实深化供给侧结构性改革要求，严把煤电机组准入退出关。加大对未依法持证运营、出租出借许可证等行为的监管力度，促进市场主体依法诚信经营。开展以信用为基础的许可条件保持情况、许可制度执行情况专项监管，查处各类违反许可制度的行为，推动许可监管向以信用评价、信用约束和信用激励为主的新型监管机制转变，切实提升监管效能。

三是优化服务。推动电力业务许可“证照分离”改革工作从18个自由贸易试验区向其他具备条件的地区推广；深化许可办理“最多跑一次”向“一次不用跑”过渡；在上海市、湖北省、浙江省、海南自由贸易试验区、深圳社会主义先行示范区试点实施许可办理告知承诺制，并探索推广至更大范围，助力优化营商环境。完善增量配电项目许可管理，有的放矢提高服务意识和服务水平。建设“纵向到底、横向到边”的全国统一资质和信用信息系统，实现全国电力业务许可“一次登录、全网通办”。

【以信用为基础的电力业务资质许可专项监管报告】 为深入落实“放管服”改革精神，加快构建以信用为基础的新型监管机制，切实加强电力业务资质许可监管，进一步规范电力市场准入秩序，持续优化营商环境，根据国家能源局《2020年能源监管重点任务清单》《国家能源局关于实施电力业务许可信用监管的通知》有关要求，2020年6～10月，国家能源局组织开展了以信用为基础的电力业务资质许可专项监管（简称专项监管）。根据专项监管情况，形成此报告。

一、基本情况

2020年6月，国家能源局综合司印发《以信用为基础的电力业务资质许可专项监管工作方案》（国能综通资质〔2020〕59号），重点对内蒙古（西部）、吉林、广西、甘肃、江苏、湖南等6省（区）电力企业及承装（修、试）电力设施企业（简称持证企业），首次开展以信用信息为基础、以信用评价等级为指引、以信用分类监管措施为主要手段的专项监管。未列入此次专项监管范围的地区，由国家能源局相关派出机构结合监管工作实际自行组织开展。

此次专项监管依据《电力业务许可信用监管应用措施清单（2019版）》及《承装（修、试）电力设施许可信用监管应用措施清单（2019版）》（国能发资质〔2019〕79号，以下简称《应用措施清单》）有关规定，通过能源行业信用信息平台的“双随机”检查对象抽取功能，按照信用良好及守信企业不高于2%和5%、失信及严重失信企业不低于20%和30%的比例进行随机抽取，共确定367家企业作为检查对象［发电企业151家、输电企业2家、供电企业30家、承装（修、试）电力设施企业184家］。其中，信用良好企业8家、守信企业304家、失信企业14家、严重失信企业41家。在此基础上，充分考虑疫情防控与减轻企业负担要求，分类采取相应监管措施，对信用良好及守信企业以非现场检查为主，对失信及严重失信企业以现场检查为主。大部分抽检企业能够按要求及时报送相关材料，如实报告许可制度执行情况，并积极配合派出机构开展现场检查。

从整体情况看，各类市场主体依法持证、诚信经营意识进一步加强，各项许可管理制度基本得到了贯彻落实，但部分企业仍存在无证、超越许可范围从事相关业务活动等违反许可管理制度的行为。

二、存在问题

此次专项监管共发现9类问题，涉及企业47家［发电企业16家、输电企业2家、供电企业4家、承装（修、试）电力设施企业25家］，约占被抽检企业总数的13%。其中前6类违反许可管理相关规定的问题，涉及企业27家，详见表1；其他3类未严格遵守许可制度、影响许可功效发挥的问题，涉及企业20家。

表1　2020年违反许可管理规定的企业名单

序号	企业名称	违规行为
1	广西桂水电力股份有限公司灌阳发电分公司艾家湾电站	无证从事许可业务活动
2	广西新电力投资集团有限责任公司上盖水电站	
3	广西新电力投资集团有限责任公司坡帖水电站	
4	保定鑫地电气科技有限公司	
5	吉林市华电电力工程有限公司	

续表

序号	企业名称	违规行为
6	玉门石油管理局有限公司	超越许可范围从事许可业务活动
7	柳州强源电力开发有限公司柳州江口水力发电厂	
8	鹿寨洛清江水电开发有限公司黄冕水力发电厂	
9	柳城县龙江水电有限责任公司糯米滩发电厂	
10	湖南京电乐成电力工程有限公司	
11	国网吉林省电力有限公司	未按规定办理许可或登记事项变更
12	内蒙古电力（集团）有限责任公司	
13	南通观音山环保热电有限公司	
14	润禾日盛光伏农业发展有限公司	
15	白城市洮北区百强新能源有限公司	
16	镇赉华兴风力发电有限公司	
17	湖南华湘电力设备安装有限公司	出租、出借承装（修、试）电力设施许可证
18	广西桂电建筑安装工程有限责任公司	
19	连云港海连送变电工程有限公司	转包、违法分包承装（修、试）电力设施业务
20	启东益鑫农电服务有限公司	
21	江苏齐天电力建设集团有限公司	
22	株洲市湘能农电服务有限公司	
23	酒泉市兴达建筑安装工程有限责任公司	
24	徐州送变电有限公司	
25	吉林省天正水利水电工程有限公司	
26	乌海市弘日电力环境技术有限责任公司	拒绝、阻碍派出机构依法履行监管职责
27	靖宇县鑫泰电气安装有限公司	

（1）未取得许可，违规从事电力业务或承装（修、试）电力设施活动（以下简称“许可业务活动”）。

（2）持证企业超越许可范围从事许可业务活动。

（3）承装（修、试）电力设施单位向个人出租出借承装（修、试）电力设施许可证。

（4）承装（修、试）电力设施单位转包、违法分包承装（修、试）电力设施业务。

（5）持证企业未按规定办理许可或登记事项变更。

（6）违反许可管理规定，拒绝、阻碍派出机构依法履行监管职责。

（7）持证企业未持续保持许可条件。

（8）电网及发电企业落实许可管理制度不到位。

1）电网企业在发电机组并网环节未严格执行许可管理制度相关要求。

2）发电企业未按规定及时向派出机构报告重大事项。

（9）部分地区供电企业所属承装（修、试）电力设施单位在电网工程发包环节中标率偏高。

三、处理情况及监管意见

（一）处理情况

（1）针对专项监管发现的问题，国家能源局相关派出机构根据许可管理规定已约谈企业 11 家，下达整改通知书 27 份，督促企业及时整改；对 9 家存在违规行为的企业依法采取行政处罚措施。

（2）国家能源局及派出机构将按照《能源行业市场主体信用行为清单（2018 版）》及《应用措施清单》有关标准及措施要求，结合企业整改及行政处罚情况，确定其失信行为类别，纳入信用记录，并根据企业信用状况分类采取差异化监管措施。

（二）监管意见

（1）依法依规持证经营。一是从事许可业务活动的各类市场主体应依法取得许可证，不得无证或超越许可范围从事许可业务活动；二是持证企业应在人员、资产等方面持续保持许可条件要求，及时办理变更手续；发生重大事项变化的，应及时向派出机构报告。

（2）严格落实许可制度。一是电网企业在机组并网、工程招投标等环节，要进一步加强对电力业务许可资质的查验，并切实做好电网工程建设市场公平开放；二是承装（修、试）电力设施企业要依法开展经营活动，坚决杜绝转包、违法分包、出租出借许可证等违法违规行为。

（3）牢固树立诚信意识。诚信是各类市场主体可持续发展的生存之本，也是各类经济活动高效开展的基础保障。电力相关企业要深刻认识到“守信者一路畅通、失信者寸步难行”，在注重普法宣传和诚信教育的同时，着力加强信用文化建设，全面增强诚信经营意识。如出现被依法认定的失信信息，要按照《能源行业市场主体信用修复管理办法（试行）》有关规定，在主动纠正失信行为并消除不良影响后，积极申请信用修复，形成更加良好的行业诚信氛围。

行业服务

中国电力企业联合会

【综述】

（一）坚持党的全面领导，以党建引领协会发展

发挥党组织政治核心作用。全面准确贯彻落实党中央决策部署，制定党委工作规则，全年召开17次党委会议，坚持“三重一大”原则，决定协会改革发展重大事项。加强党风廉政建设。认真学习中央纪委十九届四次全会精神，全面掌握监督执纪的基本原则、规范、程序和要求。扎实做好支部工作。规范组织生活，促进发挥党员先锋模范作用，认真开展“三会一课”、主题党日活动，推进党支部标准化、规范化建设。助力打赢脱贫攻坚战。牵头开展了消费扶贫、扶贫项目捐赠、专业技术培训等工作，超额完成全年任务，在国资委扶贫考核中获得“好”的最高等次。

（二）积极应对新冠肺炎疫情，服务行业企业复工复产

积极服务电力行业新冠肺炎疫情防控。撰写《新型冠状病毒疫情对电力行业的影响分析》《行业协会发挥作用帮助企业渡过难关政策建议》，报送国资委、国家能源局。发布《应对新型冠状病毒肺炎疫情期间电力工程项目费用计列和调整指导意见》等。

号召电力行业为战胜新冠肺炎疫情共同努力。发出《为战胜疫情提供坚强的电力保障——致全国电力企业的一封信》，号召广大电力企业为坚决打赢新冠肺炎疫情防控阻击战贡献力量。刊登《守土尽责精准施策——扎实推进疫情防控和经济社会发展》公益广告。宣传电力企业在抗击新冠肺炎疫情一线的感人事迹和贡献，制作《抗击疫情电力企业在行动》专题，在官方网站和微信平台发布新闻、宣传报道1000多篇。

（三）积极建言献策，有效发挥智库作用

开展重大问题调研。完成电力行业“十四五”规划及中长期发展研究、当前电价机制相关问题、新能源补贴拖欠问题等6个调研报告。完成国资委委托《中央电力企业“十四五”发展规划研究》；完成国家能源局委托《国际贸易争端对我国电力需求水平影响及趋势研究》《我国煤电行业高质量发展路径及政策机制革新研究》等多个专题研究。

参与法规政策制修订。参与《中华人民共和国能源法》《中华人民共和国电力法》《中华人民共和国煤炭法》《碳排放权交易管理办法》《电力设施保护条例》等43项法规政策文件制定和修订或专项工作研讨，提出行业意见。深度参与全国碳市场政策制定，参与总量设定、配额分配、纳入门槛、注册登记、交易等与碳市场密切相关的14项核心政策规则制定，为启动碳市场提供了基础性支撑。生态环境部采纳碳市场由“追求行业减排额外性”转向“打通环节、运转顺畅”的建议，同意取消配额分配中的地方调节系数，为发电企业减轻了压力。

反映行业企业诉求。建立电力企业经营效益定期调研工作机制，及时反映行业困难和诉求。针对进一步理顺煤电关系、电煤保供、进口煤政策、新冠肺炎疫情对售电企业经营、新能源补贴项目并网考核影响等20余项行业企业关切事项开展研究或听取企业意见，汇报中央财办、国务院研究室、国家发展改革委、生态环境部、国家能源局等政府部门，提出政策建议。结合电煤市场紧张形势，及时发布《关于加强燃料管理保障全国“两会”和迎峰度夏期间电力供应的倡议》《关于保障迎峰度冬电煤供应引导电煤价格

合理回归的倡议》，呼吁做好重点时段、重点地区的电煤保供。及时编撰并发布年度、季度全国电力供需形势分析预测报告，提前预测出湖南、江西、广西在用电高峰时段电力供应偏紧，需要采取有序用电措施，全年用电量增速预测值接近实际情况。

增强信息服务力度。加大电煤采购价格指数样本采集，中国沿海电煤采购价格指数（CECI 沿海指数）纳入中煤集团现货采购定价体系，CECI 曹妃甸指数被国家能源集团作为月度价格定价依据，指数定价作用进一步发挥。定期编发《CECI 指数分析周报》《电力改革动态》《电力市场交易月报》《电力国际信息参考》《电力动态双日刊》等信息产品，及时分析电力发展动态。完成《2019 年中国电力工业运行报告》(电力篇)，由国家统计局统一发布。全年共提交政府部门形势分析材料 70 余份，报送电力运行信息 120 余篇。

（四）紧贴会员需求，专业服务持续深化

拓展质量监督业务。取得国家能源局新的质监业务授权，完成《火力发电工程典型质量问题分析报告》。完成国家能源局委托的核电、水电、光热发电、海上风电、生物质发电工程等质监大纲审查。

扎实开展标准化工作。制定和修订《电力行业专业标准化技术委员会管理细则》《中国电力企业联合会标准制定细则》《团体标准知识产权管理办法》等 5 项标准化管理制度。2020 年，经有关政府部门和中电联发布标准 428 项，其中国家标准 17 项，行业标准 197 项，行业标准英文版 22 项，中电联标准 192 项。

持续提升可靠性管理技术服务能力。与国家能源局联合发布 2019 年年度、2020 年季度及上半年全国电力可靠性信息，完成 16 项专业分析报告，2020 年各季度全国 50 个主要城市用户供电可靠性指标报告。

开拓人才评价新领域。编制继电保护员、光伏发电运行维护员等职业标准 24 项，发布实施培训与评价标准 22 项，修订电力类高职专业标准 6 项。开展“变电设备检修工”等 10 项试点职业（工种）的职业技能等级认定工作，被人社部列入首批部门行业试点单位。

推进行业文化建设。组织“弘扬社会主义核心价值观　践行人民电业为人民行业宗旨”主题征文，发布全国电力行业核心价值公约宣传动画（微信版）。

深化拓展统计工作。完成统计月报、年报，编制《电力工业统计资料汇编》《中国电力统计年鉴 2020》，组织编制《电力行业统计调查制度》并获国家统计局批准执行，新增电力燃料和电力工程造价统计，填补了行业空白。启动电力行业燃料日统计及燃料数据平台建设。

促进行业交流。克服新冠肺炎疫情影响，创新交流方式，以线上直播方式举办“新基建，新业态，新动能”为主题的“7·26”中国电力主题日活动。组织电力创新奖、先进会员企业和先进个人评选，中电联推荐的 1 个项目、1 家企业分获中国工业大奖。举办第十二届全国电力行业职业技能竞赛，向人社部申报 3 名“全国技术能手”。开展火电、风电、太阳能发电机组能效对标活动。举办国际电力设备及技术展览会（EP）、中国电力技术经济高端论坛、国际能源宪章北京研讨会、电力创新大会等活动。

（五）深化国际合作，国际影响力稳步提升

深入推进国际标准化工作。组织召开新一代电动汽车充电技术中日联合发布会，中日双方分别发布了《电动汽车 ChaoJi 传导充电技术白皮书》和 CHAdeMO3.0 协议，共同启动 CHAOJI 产业化发展路线研究工作。组织申报《巨灾情景下电力应急抢修和供电保障指南》《槽式太阳能光热发电站集热系统性能试验规程》2 项国际标准提案并立项。中电联申请的 IEC 电力网络管理分委会获批成立。

加强国际交流合作。积极推进东北亚区域电力互联互通，完成亚行组织的哈中韩电力联网研究项目；参加大湄公河次区域（GMS）机制下市场与监管工作组会议。加入“一带一路”绿色发展国家联盟。编制《国际电力发展报告 2020》《国际电力数据手册 2020》《世界部分国家电力企业概览 2020》。向 43 家国际组织机构寄送慰问信及口罩防疫物资。

（六）拓展第三方服务，社会化转型取得实效

信用体系建设不断深化。完成 440 家企业信用等级评价，评价数量同比上升 26.5%；建立“电力征信数据字典”，开展电力设备供应商公共信用综合评价试点，推进评价结果在物资采购、招投标、中小微企业信用贷款等领域的采信应用。

政府委托咨询服务广受赞誉。受国家部委委托，完成世界一流企业科技创新和产业布局、京津冀协同发展能源监测、长三角区域一体化能源规划、“区块链”技术在能源领域应用等咨询项目，开展全国 31 个省区市及新疆生产建设兵团重大能源项目投资建设情况监测分析。开展专利与标准融合机制研究、电化学储能安全标准研究、农村电网供电质量评价、固定源大气污染防治 2020、国资委直管行业协会领导班子和领导人员综合评价机制等研究课题，涉及面广、层次高、应用性强。受工信部委托，在能源电力行业开展中小企业经营管理领军人才专题培训，启动加州能效认证（CEC）专项能力认证评价。开展能源大数据管理评价工作，入选 2021 年工业和信息化重点领域人才能力评价机构目录。

（七）加强会员服务，创建 5A 社团成绩优异

会员服务工作力度不断加大，印发《中电联服务

指南2020》《中电联会员服务报告2020》，为会员单位及时了解并积极参与中电联各项活动提供助力。加强会员单位需求诉求反馈，创新会员信息化管理和服务模式，上线会员服务＋App及网页版。创建5A级社团，提高中电联专业办会能力和规范运作水平。2020年经申报和严格考评，中电联被民政部（民政部公告第505号）评为2019年度5A等级全国性社会团体，这是中电联在建设会员信赖、政府支持、社会认同的“国内领先、国际一流”行业协会征程上的里程碑标志。

【组织机构】

（一）2020年中电联机构设置及人员变动情况

（1）中电联本部设置职能部门10个，直属单位4个。

10个职能部门：理事会工作部（党委办公室、新闻宣传中心、信息化工作办公室、监事会办公室）、行业发展与环境资源部（电力行业应对气候变化中心）、国际合作部（港澳台事务办公室）、党群人事部（纪检监察室）、会员与企业文化建设部、电力工程质量监督管理部（电力工程质量监督站）、标准化管理中心、可靠性管理中心、技能鉴定与教育培训中心（电力行业职业技能鉴定指导中心）、电力统计与数据中心。

4个直属单位：电力发展研究院（中国电力企业联合会电力建设技术经济咨询中心、电力工程造价与定额管理总站）、电力评价咨询院（中国电力企业联合会科技开发服务中心、工业领域电力需求侧管理促进中心）、杂志社（《中国电力企业管理》杂志社）、北京恒功检测技术研究院有限公司。

（2）人员变动情况：中电联本部2020年底实有职工总数180人，与2019年相比，调入6人，长期聘用3人，企业派驻增加2人；派驻、交流结束返回原单位5人，离职2人，退休减员6人。

（二）干部配置

理事长：刘振亚

党委书记、常务副理事长：杨昆

党委副书记：夏忠

党委委员、纪委书记、专职副理事长、秘书长：于崇德

党委委员、专职副理事长：魏昭峰

党委委员、专职副理事长：王志轩

纪委委员、监事会监事长：安洪光

纪委委员、副秘书长：沈维春

副秘书长：许松林

副秘书长：江宇峰

监事会副监事长：田卫东

理事会工作部主任、党委办公室主任、信息化工作办公室主任：江宇峰（兼）

信息化工作办公室常务副主任、监事会办公室主任：米建华（部门正职级）

理事会工作部副主任：田卫东（部门正职级）

理事会工作部主任助理：吴江

行业发展与环境资源部主任：潘荔

行业发展与环境资源部副主任：张琳

行业发展与环境资源部副主任：叶春

国际合作部副主任：许光滨

党群人事部副主任：栾加林（主持工作）

党群人事部副主任、机关工会副主席：刘仕海

党群人事部主任助理：吕传武

会员与企业文化建设部副主任：毕湘薇（主持工作）

会员与企业文化建设部副主任：张小明

会员与企业文化建设部副主任：沈连元

会员与企业文化建设部主任助理：徐敏

电力工程质量监督管理部主任、电力工程质量监督站站长：张天文

电力工程质量监督管理部副主任、电力工程质量监督站副站长：李晛

标准化管理中心主任：刘永东

标准化管理中心副主任：汪毅

可靠性管理中心副主任：周霞（主持工作）

可靠性管理中心主任助理：王鹏

技能鉴定与教育培训中心主任：张志锋

技能鉴定与教育培训中心副主任：王慧

技能鉴定与教育培训中心副主任：张慧翔（兼）

电力统计与数据中心主任：王益烜

电力统计与数据中心主任助理：蒋德斌

电力统计与数据中心主任助理：刘兴国

电力发展研究院副院长、中电联电力建设技术经济咨询中心副主任、电力工程造价与定额管理总站副站长：张天光（主持工作）

电力发展研究院党总支书记、电力发展研究院副院长、中电联电力建设技术经济咨询中心副主任、机关工会主席：张海涛（部门正职级）

电力发展研究院副院长、中电联电力建设技术经济咨询中心副主任：崔照胜（部门正职级）

电力发展研究院副院长、中电联电力建设技术经济咨询中心副主任：左晓文

电力发展研究院副院长、中电联电力建设技术经济咨询中心副主任：张琳（兼）

电力发展研究院副院长、中电联电力建设技术经济咨询中心副主任：张慧翔

电力发展研究院副院长、中电联电力建设技术经济咨询中心副主任：董士波

电力发展研究院院长助理、中电联电力建设技术经济咨询中心主任助理：宋立军

电力评价咨询院院长、中电联科技开发服务中心主任、工业领域电力需求侧管理促进中心主任：黄成刚

电力评价咨询院党总支书记、电力评价咨询院副院长、中电联科技开发服务中心副主任：吴添荣（部门正职级）

电力评价咨询院副院长、中电联科技开发服务中心副主任：杨金友

电力评价咨询院副院长、中电联科技开发服务中心副主任：孙建华

电力评价咨询院副院长、中电联科技开发服务中心副主任：蔡义清

电力评价咨询院院长助理、中电联科技开发服务中心主任助理：韩文德

电力评价咨询院院长助理、中电联科技开发服务中心主任助理：芦晓东

杂志社（《中国电力企业管理》杂志社）社长：管永生

杂志社（《中国电力企业管理》杂志社）副社长：李丽萍

北京恒功检测技术研究院有限公司总经理：胡小正（部门正职级）

北京恒功检测技术研究院有限公司副总经理：安宏文（部门副职级）

北京恒功检测技术研究院有限公司副总经理：徐绍忠（部门副职级）

（三）会员单位

截至2020年末，中电联有318家理事单位，321名理事。其中，理事长单位1家，副理事长单位16家。

1家理事长单位：国家电网有限公司。

16家副理事长单位：中国南方电网有限责任公司、中国华能集团有限公司、中国大唐集团有限公司、中国华电集团有限公司、国家能源投资集团有限责任公司、国家电力投资集团有限公司、中国长江三峡集团有限公司、中国核工业集团有限公司、中国广核集团有限公司、中国电力建设集团有限公司、中国能源建设集团有限公司、广东省能源集团有限公司、浙江省能源集团有限公司、华北电力大学、全球能源互联网发展合作组织、协鑫集团有限公司。

【电力行业发展规划与电力发展课题研究】

（1）开展电力行业“十四五”发展规划研究。为支撑国家能源局电力发展“十四五”规划的编制，开展电力行业“十四五”发展规划研究。研究从电力行业的发展基础与形势出发，提出了7个领域的“十四五”电力工业发展主要目标，包含6个类别、28项主要指标，阐明了电力行业重点任务并提出了有针对性的保障措施。研究成果中大力发展新能源、有序推进水电开发、安全有序发展核电、清洁高效发展火电、加强需求侧管理、稳步推进跨省跨区输电通道建设等观点，与中央经济工作会议、《新时代的中国能源发展》白皮书一致。研究形成了《电力行业“十四五”发展规划研究》总报告以及《新冠肺炎疫情对电力行业影响研究》《国际贸易争端对我国电力需求水平影响及趋势研究》《“十四五”及中长期电力资源优化配置及政策机制创新研究》《我国煤电行业高质量发展路径及政策机制革新研究》《我国核电发展问题研究》《综合能源服务发展研究》6项专题研究报告。

（2）开展煤电机组灵活性运行与延寿运行研究。解决未来新能源大规模发展的消纳难题关键是提高系统调节能力。研究提出煤电灵活性改造是在现有技术条件和能源资源禀赋下，提高系统调节能力的现实选择，并分地区、分类别提出了推进灵活性改造的建议。研究对不同煤电机组灵活运行特性及成本变化进行了对比研究，创新性地提出30万kW和部分60万kW亚临界机组优先实施灵活性改造、30万kW及以下机组可考虑日内启停及轮停调峰的建议方案。通过对比国内外煤电机组服役年限、分析机组延寿安全性和经济性，从政府、行业、企业的角度，提出制定完善煤电寿命管理体系的意见建议。研究成果报送国家发展改革委和国家能源局，以专报形式向国资委投稿，得到政府部门的高度重视和充分肯定。江苏能源监管办在燃煤机组延续运行管理办法文件修订过程中采纳了报告关于延寿标准及要求等内容。

（3）开展当前电价政策机制相关问题及建议调研。2015～2020年，推进新一轮电力体制改革五年以来，中国已经初步建成具有中国特色的电价体系和监管制度框架，为电力行业健康发展和电力市场建设完善提供了有力支撑。同时，在电力企业经营发展和电力市场建设实践过程中，也仍然存在不少亟待解决的问题。2020年，中电联开展了“当前电价政策机制相关问题调研”工作，调研报告回顾了中国电价政策机制的现状，比较了国内外主要国家的电价水平，采用较大篇幅梳理了当前电价政策机制存在的主要问题，并提出了相应的政策建议。调研报告成果报送国家相关主管部门，给有关部门开展决策提供了有效支撑。

（4）开展海上风电发展调研。通过调研，全面展示了国内外海上风电装机规模、并网利用、技术成本等方面的发展现状；从政策环境、技术与成本、生态安全等方面归纳总结了当前海上风电发展面临的主要问题；对比强调了海上风电的发展优势及意义；结合不同形势分析预测了海上风电的发展前景；提出了促

进海上风电高质量发展的政策建议，为国家有关部门制定相关政策提供决策参考。

（5）开展中央电力企业“十四五”高质量发展规划研究。为充分发挥中央电力企业在加快推进能源转型升级，受国资委委托，开展中央电力企业“十四五”高质量发展规划研究。研究分析了中央电力企业面临的形势，研判了“十四五”时期电力行业的发展趋势，从加强电网建设、促进电源结构调整、促进清洁能源消纳、加大科技创新力度、提升市场化服务水平等方面研究了中央电力企业“十四五”高质量发展的实施路径，提出了增强电力规划引导约束、提高中央电力企业运行效率、形成合理电价机制、大力发展可再生能源等建议，为政府有关部门、企事业单位提供决策参考。

（6）组织研究《中华人民共和国能源法》《中华人民共和国电力法》《中华人民共和国煤炭法》，提出行业意见及建议，报送政府有关部门，反映行业诉求。

【电力统计与经济运行分析】

（1）积极履行电力行业统计职能，认真开展电力行业综合统计工作。继续贯彻执行国家统计局批准的《电力行业统计调查制度》，不断完善电力行业统计。一是在月报中加入了环渤海经济区、长江经济带和粤港澳大湾区等重点区域的分产业用电量情况，为国家政策制定与地区发展提供了重要的参考依据。二是认真履行电力行业统计职能，提高统计数据质量。三是新修订的《电力行业统计调查制度》再获国家统计局批准执行。

（2）积极发挥电力行业统计数据的指导作用，扩大中电联电力行业统计的影响力。高质量完成2019年电力统计年报（年度快报）和2020年2～11月全国电力工业统计月报（月快报），并由国家能源局发布月度和年度快报数据，为社会、政府、电力行业、电力企业提供决策参考依据；同时，国家统计局发布的年度统计公报中直接采用中电联提供的发电装机容量、新增220kV及以上变电设备、电力消费量统计数据。《中国统计摘要》中发电装机容量和分地区电力消费量均直接采用中电联提供的行业统计数据，《中国统计年鉴》中能源消费弹性系数中电力消费数据采用中电联提供的行业统计数据，进一步扩大了中电联行业数据的影响力。另外，中电联按月向国家统计局相关司局报送全国分省分行业全社会用电量、省间交换电量、跨区电力投资数据，按季度报送全国和分省发电量、煤耗等数据，按年度报送火力发电企业温室气体相关数据等，作为国家相关数据的重要参考。

完成2019年年度电力工业运行情况简报和2020年2～11月运行简况，在中电联网站和中国电力报发布，网站点击率居前列；组织撰写《2019年中国电力工业经济运行分析报告》报送国家统计局，并在中国信息报上刊登，受到社会各界的关注。编制印刷《电力工业统计资料汇编》、出版印刷《中国电力统计年鉴2020》，并发送统计报送单位、会员企业、政府部门，保证了行业数据的历史延续性，为开展电力规划、政策研究、企业决策提供数据支撑。开展2019年县级供电企业年度数据统计工作，编制专业统计分析报告；完成五大集团效益共享数据等其他定期统计工作。

（3）开展电力工业企业用电监测。受工业和信息化部委托，开展全国各省（区、市）以及134个重点城市的工业用电量监测工作，并以周报、月报的形式向工业和信息化部提供相关数据和分析报告，为跟踪研判全国重点城市的工业电力消费走势，促进国家工业经济平稳健康发展提供参考依据。

（4）进一步细化统计的颗粒度，提高统计数据质量。在做好每月度、季度、年度统计报表工作的基础上，进一步提高统计报表的完整性和准确性，扩充统计数据发布的口径，将6000kW以下统计纳入数据发布报表，和原有的报表组成发电生产能力全口径数据，在电力工业统计定期报表里发布。积极与重庆市电力行业协会沟通，在其日常统计报表中新增了电厂的发电生产明细，进一步丰富统计指标、细化统计颗粒度，保障了全国电厂名录库的完整性。

（5）进一步规范电力行业统计工作，提高统计人员工作水平。启动《电力统计工作指南》修编工作，组织召开《电力统计工作指南》修订启动工作会议，成立领导小组和工作小组，细化编写大纲，编撰初稿。完成《发电生产统计技术导则》《供用电生产统计技术导则》初稿，并公开征求意见，根据反馈意见进一步完善，《电力统计工作工作指南》《发电生产统计技术导则》《供用电生产统计技术导则》的编撰对指导各级电力统计人员有序推进电力统计工作，提升中电联在行业统计的影响力有积极作用。组织开展全国电力行业统计与分析交流论文征集活动，编辑成集，供行业企业交流学习，推动了电力行业统计与分析的自主发展和学术创新水平。

（6）召开电力供需形势分析预测专家座谈会，运用模型开展电力需求预测，编制完成季度、半年度及年度全国电力供需形势分析预测报告。报告上报中央财办、国务院研究室、国家发展改革委、国家能源局等10个国家部门，并将报告印发至理事长、副理事长等相关会员单位，及时为政府、企业提供电力运行数据信息和供需形势分析，并就保障电力系统安全稳定运行、保障电力基建供应链、缓解电力企业经营压力等方面提出有关建议，服务政府部门及企业决策。

(7) 召开2019～2020年度、2020年上半年全国电力供需形势分析预测报告新闻发布会，中央电视台、新华社、人民网、新华网等主流媒体对发布会内容进行了报道，获得社会广泛关注。

(8) 密切跟踪经济形势和电力运行情况变化，把握经济电力发展动态趋势，定期或不定期参加中央财办、国家发展改革委、央行货币政策委员会、工信部、国家能源局、国资委等部门组织的经济运行分析会，提交形势分析材料70余份，累计向国家发展改革委、工信部、国家能源局、国资委报送电力运行信息及趋势性、苗头性和倾向性问题120余条，为国家了解电力行业形势和困难、进行宏观调控、制定政策提供重要支撑。

(9) 高质量开展中电联重点工作任务，组织编写《新能源补贴拖欠问题调研报告》。在对新能源补贴政策、变化历程、所发挥的作用进行梳理，对新能源存量项目补贴拖欠情况进行调研摸底，对补贴拖欠问题的原因进行分析的基础上，从完善法律和政策体系、发行专项建设债等金融工具、健全配额制等市场化机制、加快能源电力系统转型、顶层设计规划等方面，提出了多方式多途径解决新能源补贴拖欠问题。调研报告报送中央财办、全国人大财经委、全国政协经济委员会、国务院研究室、国家发展改革委、财政部、国务院国资委、中国人民银行、国家能源局，为国家推进新能源行业高质量发展提供决策参考。

(10) 积极跟踪研究新冠肺炎疫情对电力供需形势的影响，全力做好新冠肺炎疫情下的复工复产形势跟踪分析工作，发挥好用电量的国民经济“晴雨表”作用，服务于政府宏观决策及逆周期调节，充分发挥好中电联的桥梁和纽带作用。根据国家发展改革委、国资委、国家能源局等相关政府部门发布的《新型冠状病毒疫情对行业的影响分析》《跟踪研判疫情对电力供应、需求、产业发展等方面的影响》《疫情对我国能源电力发展影响研究》《电力行业运行及复工复产情况》《行业协会帮助企业渡过难关》等通知要求，完成新冠肺炎疫情形势下多部门对电力行业复工复产、透过电力看经济、用电量增速预判等方面的研究任务。

(11) 2020年首次建立定期向相关电力企业进行经营效益书面调研的工作机制，按季度调研并收集主要电力企业经营效益情况及诉求，将相关情况融入向政府部门的汇报材料，及时反映行业困难和诉求，推动行业企业健康发展。

(12) 根据合同要求，开展工信部委托的《推进产业结构调整及其他工作》，以及《电力供需对西部地区承接制造业产业转移监测及分析》工作，国家能源局委托的《我国电力月度供需形势及其走势》分析工作。

(13) 应《电力决策与舆情参考》约稿，撰写《关于全社会用电量增速与规模以上口径发电量增速差距的初步分析》，被能源局采纳；完成国家发展改革委“十四五”时期煤电发展趋势研究相关材料编写；完成《中国经济贸易年鉴2019》电力篇编写；完成《中华人民共和国年鉴2020》电力工业综述编写；完成《2019年中国工业经济运行报告》电力篇编写。

【电煤工作】

(一) 持续开展中国电煤采购价格指数(CECI)编发及拓展研究工作，更多发挥指数定价作用

努力克服新冠肺炎疫情影响，编制预案、印发通知，实现CECI指数按期恢复编发，并实现全年连续稳定编制发布。全年共编发CECI沿海指数、进口指数、采购经理人指数各45期，曹妃甸指数244期，编制CECI沿海指数月度指数12期。CECI沿海指数连续三年纳入中长期合同定价机制，被国家能源集团、浙能电力等多家企业采用，2020年新增CECI沿海指数纳入中煤集团现货采购定价体系，CECI曹妃甸指数也被国家能源投资集团有限公司作为月度价格定价依据，以及部分煤炭、电力企业现货采购的价格参考，指数定价作用进一步发挥，CECI品牌效应逐步形成。

及时处理CECI沿海指数编发过程中遇到的新情况，上半年暂按预结算价编制沿海指数，组织对2020年上半年各期CECI沿海指数修订并及时发布，维护CECI品牌形象。

研究完善CECI进口指数。研究提出CECI主产地指数拓展方向，形成《CECI主产地指数编制方案(专家讨论稿)》，组织召开专家座谈会，推动指数拓展工作。

(二) 顺利启动开展电力燃料统计工作，燃料工作基础更扎实

2020年2月24日，正式启动电力行业燃料日统计工作。在无系统支撑情况下，克服困难，实现每日高频、电厂颗粒度条件下编发《电力行业燃料统计日报》。结合企业需要和数据管理要求，逐步形成《电力燃料统计周报》《电力燃料统计月报》。2020年，编发《电力行业燃料统计日报》217期、《统计周报》19期、《统计月报》5期，涵盖自2020年2月21日以来每天数据。数据已经被国家发展改革委、国家能源局等政府部门作为电煤市场跟踪保障的重要基础资料，也被各会员单位应用于电煤市场交易和保供。电力行业燃料日统计是中电联第一个按日开展的统计工作，填补了国内电力燃料统计的空白，为更深入开展电煤市场分析和电煤协调等工作奠定了坚实的基础。

（三）持续加强电煤市场形势分析研究，市场分析能力有所提升

每周深入分析CECI指数变化趋势特点，编写《CECI指数分析周报》并发布，截至2020年12月底，共编发《CECI指数分析周报》42期。充分发挥电力燃料统计和CECI指数具有完整电力燃料量、价信息的协同优势，以及中电联电力行业发用电统计优势，广泛搜集相关外部信息，每月编写月度《电煤市场形势分析报告》，系统提升电煤市场分析判断能力。2020年共撰写《月度电煤市场形势分析报告》12期。组织开展《电煤市场形势调研》课题研究，全面分析了电煤产、运、消费等各环节发展情况及趋势，研究了电煤市场平衡情况及相关影响因素，提出对未来2～3年电煤市场形势的预测及相应建议，为发电企业了解把握未来电煤市场形势、科学开展电煤采购和生产保供提供支撑，为政府有关部门制定相关政策提供决策参考。中电联在电力燃料领域燃料和现货价格日监测、市场形势周跟踪、月分析、年研究的业务工作体系已初步形成，工作基础性、系统性提升。

（四）多渠道反映煤电企业诉求，努力维护行业合理权益

结合进口煤政策收紧、迎峰度夏电煤保供等重点热点问题，及时向国家发展改革委、海关总署等部委报送《中电联关于恳请支持发电企业煤炭进口　保障电煤供应的报告》《中电联关于增加电煤供给　保障迎峰度夏期间电力供应的报告》《中电联关于恳请支持发电企业煤炭进口　进一步完善动力煤进口政策的报告》。参加国家能源局组织的煤炭形势分析会，汇报一季度电力工业运行及电煤保障情况，参加国家发展改革委关于电煤中长期合同、指数编制、电煤保供控价等会议，积极反应在中长期合同、指数应用、市场形势等方面的情况和问题建议。按照国家能源局来文要求，撰写《煤电行业生产经营情况分析》报国家能源局。

（五）牵头组织电煤中长期合同履约信用采集及评价工作

受国家发展改革委委托，牵头组织广东煤炭中长期合同履约信用采集及评价工作，赴广东进行现场数据采集和评价，形成《广东省煤炭中长期合同签订履约情况评估工作报告》，正式报送国家发展改革委。派员参加内蒙古、辽宁、山东煤炭中长期合同履约评价工作，参与报告撰写。中电联连续3年参加中长期合同履约评价工作，客观真实反映两个行业在合同履约中存在的问题，推动持续改进中长期合同。

【电力节能环保低碳】

（一）积极参与法规政策制修订，反映行业意见与诉求

（1）针对政策标准提出修改意见。在组织征求、参考电力企业意见建议的基础上，形成行业整体意见，向国家发展改革委报送对《“十四五”清洁生产推行规划》（征求意见稿）的修改建议；向生态环境部报送对《全国碳排放权交易管理办法（试行）》（征求意见稿）、《全国碳排放权登记交易结算管理办法（试行）》（征求意见稿）、《中国发电企业温室气体排放核算方法与报告指南》《重点排放单位温室气体核查技术规范》《2019—2020年全国碳排放权交易配额总量设定与分配实施方案（发电行业）》（征求意见稿）、《危险废物转移环境管理办法（修订草案）》（征求意见稿）的修改建议；向国家能源局报送对《2019年度全国可再生能源电力发展监测评价报告》《关于建立健全清洁能源消纳长效机制的指导意见》的修改建议；针对湿烟羽控制对策、环境信息强制性披露、绿色债券目录、环保工程术语标准、新增污染物排放量削减替代监管指南、自动监测数据标记规则、西部地区鼓励类产业目录、火电第三方运营服务费增值税税率等向政府正式回文（函）；及时叫停“消白”改造，节约行业无效投资数千亿元。

（2）围绕政府需求开展节能环保低碳政策专业性服务。向国家发展改革委报送清洁能源与储能协调发展建议、“十四五”时期电力行业绿色发展相关材料、“十四五”时期火电节能技术相关情况、清洁生产改造进展情况、电力行业大宗固体废弃物综合利用情况、火电节能工作相关材料、“十四五”火电节能重点工程材料等。

（3）及时客观反映行业意见与诉求。受新冠肺炎疫情影响，在建新能源补贴项目工期延长，无法按原定计划并网。中电联针对企业困境，形成了《中电联关于报送推迟新能源补贴项目并网考核时间节点建议的函》（中电联行环函〔2020〕39号），报送国家发展改革委与国家能源局；向生态环境部报送《疫情对全国碳市场（发电行业）建设的影响和相关工作建议》，及时发声，为行业反映意见与诉求。

（二）深入开展节能环保低碳共性问题研究，为政府决策提供技术支撑

（1）组织开展全国碳市场交易（发电行业）风险及防范调研，通过函调、专家访谈等方法，充分听取市场各参与方意见，系统识别交易风险。在深入分析交易风险机理的基础上，结合调研情况，提出了建立健全法规制度、完善市场监督机制、建立市场价格保护机制等建设性建议，并针对不同参与方提出了风险防范策略，为政府和企业决策提供参考。形成了《全

国碳市场交易（发电行业）风险及防范调研报告》。

（2）开展燃煤电厂二氧化碳排放标准研究，并行文报送生态环境部气候司。研究报告梳理借鉴国外燃煤电厂二氧化碳排放标准经验，分析煤电企业典型碳减排措施的技术经济指标及其实际应用情况，详细阐述燃煤机组排放标准制定方法和计算结果，分析排放标准对配额分配、电源结构调整、发电企业和宏观经济的影响，探讨排放标准作为强制性标准和推荐性标准的可执行性，进而提出碳排放标准建设及燃煤电厂低碳发展政策建议。研究成果有助于推动完善应对气候变化政策体系，促进国家碳市场的有效运行。

（3）开展维护全国碳市场平稳运行的碳价机制研究。研究对比分析了全球典型碳市场碳价形成价值及调控措施，构建了符合中国国情的全国碳市场定价模型，提出了全国碳市场碳价的形成方式、管理权限、途径和作用机理，在此基础上构建了全国碳市场碳价形成调整机制，针对不同市场主体需求，提出了维护全国碳市场平稳运行的碳价机制政策建议。研究报告可为全国碳市场建设提供决策支撑。

（4）开展全国碳排放权交易信用体系相关配套管理制度研究。研究基于碳交易信用理论与体系定位，分析研究了碳交易主要环节信用节点信用问题，提出了碳交易信用体系初步框架、相关配套管理制度体系及政策建议。研究成果对落实国家信用建设工作，建立健全碳排放权交易市场信用体系，扎实推进市场信用建设具有重要应用价值。

（5）开展电力行业二氧化碳排放技术标准体系研究。研究基于中国电力行业的发展现状、二氧化碳排放特点和电力系统二氧化碳排放的各类减排措施，分析了电力行业低碳发展存在的问题和低碳电力发展的目标及路径，提出了电力行业二氧化碳排放技术标准体系及完善建议。研究成果有助于开展电力行业碳排放标准化的顶层设计和总体布局，有利于判断和明确电力行业碳排放的标准化方向和重点，对于促进电力行业碳排放技术的发展具有重要意义。

（6）开展中国电力减排研究，编制《中国低碳电力政策回顾与展望》并正式出版。以政策为主线，梳理回顾中国低碳政策情况、总结经验教训，结合国际国内最新低碳形势和政策预期，重点对“十四五”时期中国低碳发展进行展望，对电力行业落实碳达峰、碳中和目标具有现实意义和参考价值。

（7）组织开展全国性火电厂废水治理调查。全面系统分析 446 家电厂样本的 48 项指标，梳理最新的火电厂废水治理相关法规政策、标准规范、治理技术、管理经验等，在此基础上，编制调研报告，通过验收，在行业技术会上交流调研成果。调研报告的客观性、科学性、技术性等得到企业认可，树立行业废水现状发声权威，为向政府反映诉求、争取利益奠定基础。

（8）开展“十四五”发电行业节能潜力分析。以“十四五”发电行业节能潜力与目标为研究对象，深入剖析发电行业能耗现状及面临形势，从结构调整、技术改进、管理提升等方面，全面分析论证发电节能潜力，提出了“十四五”节能措施、目标及政策建议，编制形成《“十四五”发电行业节能潜力分析》报告，为政府部门制定政策、电力行业开展节能工作提供决策参考。

（9）受水利部节约用水促进中心委托，开展火电行业整体生产情况及用水水平调查。收集火电行业用水、节水相关技术资料和数据，对中国近 20 年火电行业用水效率、节水水平变化情况及 31 个省级行政区火电行业 2019 年生产量、用水量、用水效率、节水水平及节水改造等情况进行分析，编制形成《火电行业节水报告》，为国家节水相关工作提供支撑。

（三）持续开展电力环保低碳统计工作

征集到 24 家集团公司报送的统计数据，在此基础上开展统计分析；修订《电力行业统计调查制度》中有关环保低碳统计指标，形成新环统指标表以中电联统计〔2020〕266 号正式发布；修订《电力统计工作指南》。

【信息交流共享与平台搭建】

（1）持续优化并按期发布《中国电力行业年度发展报告 2020》。在原有报告基础上，首次增加发展展望一章，以中电联年度分析预测和电力规划滚动研究为基础，对下一年度和中长期电力发展进行展望。全面系统谋划报告编制，进一步提升报告指导性、逻辑性、可读性、规范性。克服新冠肺炎疫情影响，加大沟通力度，如期发布行业发展报告，社会和行业主流媒体进行了报道，中电联官网和中电联微信公众号点击量过万，进一步巩固了中电联行业发展报告的首发地位和行业影响力。

（2）组织召开大型发电集团公司 2020 年环保联席会，邀请到国资委领导、七家大型发电集团环保负责人出席，围绕“总结‘十三五’电力环保情况和展望‘十四五’电力环保工作”议题展开深入讨论，会后协调各集团公司修改会议纪要并正式印发，为企业环保工作提供指引。

（3）组织召开电煤形势研讨会 5 次，分别就电煤市场形势、中长期合同签订、进口煤政策、电煤保供等关键热点问题展开研讨交流。配合燃料分会组织召开煤炭与电力企业座谈会，与会人员有 15 家大型煤炭集团销售部门负责人、10 家主要发电集团燃料管理部门负责人，增进了煤炭和电力企业间了解，加强了沟通交流，对推进 2021 年电煤中长期合同尽早签订起到了积极的作用。派员参加 2020 年夏季全国煤炭交易会和 2021 年全国煤炭交易会。

【电力国际合作服务】

（一）承上启下，发挥行业协会协调服务优势

1. 联系有关政府部门反映企业国际合作工作成果和建议

向国资委报送与国际组织合作有关情况、对日民间外交工作情况、中电联新冠肺炎疫情期间对外资助情况、不脱钩社会组织和事业单位人员名册；向中国水力发电工程学会报送中国科学技术学会 2020 年国际民间科技组织事务专项申报材料；向北京市人民政府外事办公室反映新冠肺炎疫情对行业协会的影响及困难等情况；按照国家能源局要求，开始定期向国家能源局国际司报送《国际电力信息参考》；按照国资委要求参加第三届中国国际进口博览会。

2. 反映行业企业诉求

跟踪全球能源清洁利用有关信息，反映行业、企业需求。参加生态环境部组织的全球去煤化形势下中国海外煤电项目投资和建设情况研讨会，积极反映电力企业海外煤电项目投资建设发展现状及需求。2020 年 7 月 8 日，中国人民银行会同国家发展和改革委员会、中国证券监督管理委员会起草了《绿色债券支持项目目录（2020 版）的通知（征求意见稿）》，向社会公开征求意见，关注该文件印发情况，收集整理相关信息，向国家有关部门就“删除化石能源清洁利用相关类别”反馈正式建议。

3. 召开 2020 年电力行业国际合作会议

2020 年电力行业国际合作会议、电力产能合作联盟会员大会暨电力贸促会委员大会于 9 月 10～12 日在青海省西宁市成功召开。中电联党委书记、常务副理事长、电力产能合作联盟会长杨昆，以及国家发展改革委外资司相关领导致辞。会议邀请外交部、中国国际贸易促进委员会等政府主管部门领导进行了专题讲座。来自政府部门、会员企业国际合作相关业务负责人、专家、代表共 150 余人出席会议。

（二）稳扎稳打，发挥行业协会信息服务优势

1. 抓好数据统计基础

完善信息统计工作机制，优化数据统计分析流程，利用中电联数据平台、同联盟共建的国际合作业务数据平台，组织电力企业开展中国电力行业国际合作业务数据统计与分析工作；积极同国际能源署、日本海外电力调查会、Enerdata 数据库等国际组织保持联系，加强对全球电力信息的收集和数据整理。

2. 做好信息产品服务

加强中电联国际合作业务数据服务能力建设，加大与电力企业数据交换工作力度，全面采集、整合行业企业数据，为高质量推进中国电力“走出去”提供扎实有效的信息支撑。完成了《中国电力行业国际合作年度发展报告 2020》《国际电力发展报告 2020》《国际电力数据手册 2020》《世界部分国家电力企业概览 2020》等信息产品的编撰印发工作；完成《电力国际信息参考》半月刊和季刊的编译工作，包括 24 期半月刊和四期季刊。产品以服务为本，用数据赋能，内容涵盖全球电力发展现状、世界各国电力工业发展现状及主要电力企业经营情况、中国电力工业发展现状、中国电力企业国际项目及国际交流工作开展情况等。

《电力国际信息参考》增设固定栏目“数说能源”，开展专项数据系列展示，其中“电气化发展现状及未来展望”专题共分五期展示，“国际大型企业人力资源指标”专题分两期展示。印发碳排放和新冠肺炎疫情、氢能发展等专题季度专刊，多角度为企业提供国际电力信息。

完成国家电网“走出去”协同发展调研报告的评审工作，为企业高质量“走出去”建言献策。

（三）乘风破浪，发挥行业协会专业服务优势

1. 推进 2022～2023 年亚太电协活动筹备工作

2020 年 2 月，中电联党委书记、常务副理事长、电力产能合作联盟会长杨昆代表中电联出席了亚太电协执委会暨理事会在线特别视频会议，向与会各国和地区的理事会成员及代表介绍了当时国内新冠肺炎疫情控制的有关进展，并对各方的支持与慰问表示诚挚感谢。后经讨论和投票表决，亚太电协理事会同意取消 2020 年亚太电协大会的举办，并决议继续由马尼拉电力公司延期至 2021 年举办亚太电协大会；中方举办亚太电协活动的时间由 2021～2022 年顺延至 2022～2023 年。

2020 年 11 月 26 日，中电联党委书记、常务副理事长、电力产能合作联盟会长杨昆再次出席亚太电协执委会暨理事会在线特别视频会议，会议决议通过了菲律宾在线举办 2021 年亚太电协大会系列活动的方案，中电联党委书记、常务副理事长、电力产能合作联盟会长杨昆代表中方表示，中电联和中方会员企业将全力支持和参与 2021 年亚太电协系列在线活动。

2. 推进交流合作机制建设

（1）东北亚区域电力互联互通工作。

1）“东北亚电力互联与合作论坛”相关工作。论坛主办方联合国亚洲及太平洋经济社会委员会（简称联合国亚太经社会）已就题为“促进东北亚联网取得实质性进展”的项目开展立项工作，中电联作为发起方和指导委员会成员，提出了对该项目工作目标和内容的建议；中电联专家参与了联合国亚太经社会“东北亚区域互联政策及策略”研究报告的阅改工作；参加联合国亚太经社会组织的对亚行研究项目“东北亚

电力联网研究”的问卷调研，提出书面评估意见；参加有关东北亚电力互联议题的在线研讨会；以线上方式参加“东北亚电力互联与合作论坛”第五次会议。

2）与全球能源互联网发展合作组织相关工作。中电联派专家应邀在全球能源互联网发展合作组织召开的在线会议上就东北亚电力互联互通做主题发言；参加全球组织的“亚洲联网”和“加速亚洲联网5项措施”等线上研讨会，并参加讨论。

3）完成亚洲开发银行哈中韩电力联网研究项目。中电联派专家负责项目输电方案部分的研究，完成的最终报告在哈中韩电力联网研究项目最终报告审定在线工作会上通过。亚洲开发银行能源部门领导及项目组成员、韩国气候变化大使、哈萨克斯坦国际绿色投资中心总裁、全球组织等机构代表参会。项目启动及完成的进展情况已报告国家能源局国际司。

（2）大湄公河次区域（GMS）电力合作机制有关工作。中电联派专家参加4月22日亚洲开发银行组织的GMS机制下的市场与监管工作组会议，参加大湄公河电力交易协委会第27次会议（视频会议）。

（3）中欧能源合作平台（ECECP）相关合作工作。中电联派专家参加ECECP“中欧可再生能源”研讨会，并应邀审阅中欧能源合作平台在中欧年度峰会上发布的主题为“中欧电力市场”“中欧可再生能源消纳政策”和“中欧可再生能源发展政策”三篇研究报告并提出建议。中电联党委书记、常务副理事长、电力产能合作联盟会长杨昆应邀为“中欧电力市场”报告撰写序言。根据中欧能源合作平台计划安排，参加合作研究项目和系列研讨会（网络方式召开）。

（4）参与《电力规划设计名词规范》制定工作。中电联专家参与修改电规总院《电力规划设计名词规范》中英文讨论稿，提出21条书面修改意见。

（5）中日联合委员会年度重点工作。2020年3月，中电联与日本煤炭能源中心主要负责人以网络视频方式进行了会谈，深入探讨新冠肺炎疫情下，进一步加强交流合作进行的方式方法。2020年10月，双方项目负责同志召开视频讨论会，总结中日联合工作组工作情况，初步探讨2021年工作计划。11月30日，由中电联和日本煤炭能源中心（JCOAL）主办的中日联合委员会2020年技术交流活动通过在线视频会议的方式成功举办，中日双方约有70人参加了交流活动。此次技术交流活动进一步增强了中日双方企业在节能环保领域的相互了解，为未来技术合作搭建了良好平台。

通过线上会议、邮件往来、信息互换等方式，中电联积极同国际能源署、欧洲能源数据公司（Enerdata）、东亚及西太平洋电力工业协会（简称亚太电协）、日本煤炭能源中心日本海外电力调查会、欧洲电力工业联盟、中国—东盟商务理事会、法国电力公司等单位保持联系。将互换信息及线上会议内容通过中电联国际信息产品进行展示。

3. 助推重点区域电力行业发展

2020年11月28日，中电联与东南亚国家联盟秘书处共同主办2020年中国—东盟电力合作与发展论坛。中电联党组书记、常务副理事长杨昆，广西壮族自治区人民政府、中国—东盟商务理事会相关领导出席会议并致辞。会议邀请国家电网有限公司、南方电网有限责任公司、国家电力投资集团有限公司、中国核工业集团公司、国家开发银行等企业和机构代表分享海外项目抗疫经验，助推中国—东盟能源电力未来合作。论坛邀请了国内外同行业专家、学者、东盟地区使领馆代表近两百人参会。

（四）同舟共济，发挥行业协会民间外交优势

中电联向新冠肺炎疫情各国能源电力行业合作伙伴表达慰问。向国际能源电力组织、亚太电协各国和地区的理事会成员、国外同业机构合作伙伴及国内电力企业驻外办陆续寄发慰问信和防疫口罩物资；通过电子邮件向国外合作伙伴提供病毒防治线上咨询、防疫物资购置渠道等信息，与国际同行携手共抗新冠肺炎疫情。2020年，以中电联名义共向43家组织机构寄送慰问信及口罩防疫物资，累计寄送口罩187袋，累计口罩寄送数量达到3740只。

（五）日臻完善，向5A行业协会逐步迈进

1. 修订外事相关管理办法

根据中电联外事工作按照行业协会脱钩后属地化管理原则及行业协会5A评估的有关要求，中电联对原《中国电力企业联合会外事工作管理规定》《中国电力企业联合会因公出访团组管理暂行办法》中有关外事工作内容及原则、举办外事活动、出国境团组管理等内容进行了修订。

2. 加强中电联英文网站信息定期更新工作

中电联加强对中电联英文网站信息的定期更新工作并形成比较固定的更新频率，除收集发布行业和企业的信息外，每周至少翻译发布2～3篇中电联原创信息。截至2020年12月31日，中电联英文网站全年更新信息300余条，其中包括中电联原创信息近百条。

【电力标准管理与服务】

（一）计划下达及标准发布

（1）计划项目下达。2020年经有关部门下达电力标准计划共581项。其中，住房和城乡建设部下达国家标准计划17项，国家标准化管理委员会（简称国标委）下达国家标准计划8项，国家能源局下达行业标准计划228项、行业标准英文翻译计划24项，中

电联下达中电联标准计划 304 项。

（2）电力标准发布。2020 年经有关部门批准发布标准共 432 项。其中，住房和城乡建设部发布国家标准 3 项，国标委发布国家标准 18 项，国家能源局发布行业标准 197 项、行业标准英文版 22 项，中国电力企业联合会公告发布中电联标准 192 项。

（二）标准化建设重点

1. 加强中电联电力标准化工作顶层组织和制度建设

学习《关于加快能源领域新型标准体系建设的指导意见》，梳理确定电力国家、行业、团体标准定位，成立中电联标准化常设专家组。组织召开电力专业标准化技术组织工作定位改革座谈会，提出了改革试点工作方案，第一批确定了 17 个标准化技术委员会（简称标委会）作为试点单位。为加强中电联电力标准化工作顶层组织建设，研究完成了《关于成立中国电力企业联合会标准化专业委员会和电力国际标准联盟的汇报》报告。修订印发了《电力专业标准化技术委员会管理细则》《中国电力企业联合会标准制定细则》；制定印发了《中国电力企业联合会团体标准知识产权管理办法》《电力标准衍生物管理规定》等标准化管理制度；按照新制度开展标准审核员考核，创新标准审核员考核机制，建立线上考试题库等工作。

2. 提前布局，抓好标委会组织机构建设

通过前期在优势和重点新兴领域提前布局，积极汇报沟通，今年标准化组织机构获得大丰收。

（1）国标委批复筹建全国电力系统电网资产管理标委会和全国低压场站用电标准化工作组；国家能源局批复同意能源行业涉电力领域信用评价标委会、能源行业燃气分布式能源标委会、能源行业电力气象应用标委会、能源行业综合能源服务标准化工作组、能源行业电力安全工器具及机具标准化技术委员会输变电工程施工机具分技术委员会等 5 个行业标委会组建方案；批复能源行业电网设备智能巡检标委会、能源行业配网系统标委会 2 个标委会筹建。

（2）承担国家能源局科技司风电标准化技术委员会秘书处工作，组织完成风电领域 7 个分技术委员会换届工作，对相关换届申请进行批复。组织召开风电领域标准立项协调会。

（3）按时开展电力行业火电建设标委会、电力行业水轮发电机及电气设备标委会等标委会的换届工作。

（4）开展全国太阳能光热发电标委会、电力行业信息标委会、电力行业电测量标委会等标委会委员调整工作。

（5）规范专业标准化技术委员会运行及管理，对 13 个电力专业标准化技术委员会开展考核评估，并将考评结果通报所属集团。

3. 围绕重点，集中力量抓重要领域关键标准

（1）发电领域。组建成立中国电力企业联合会智能发电标准化工作组，加强发电领域智能标准化顶层设计，推动电力行业智能化产业的技术发展和标准制定，促进产业健康可持续发展。加大火电、水电、风电等领域的智能发电标准化工作，依托科研项目、光伏发电工程、电力储能工程建设新形势，制定户用光伏发电系统设计规范、电化学储能等标准；积极推进微电网领域标准制修订工作，开展并网型微电网专项计划行动；为满足风电发展对标准的需求，先后发布了风电场技术监督、并网管理、检修维护、安全管理、风电场调度和功率调节等方面的重要标准，提高了风电安全运行水平，对解决风电并网与消纳问题起到了积极的促进作用。

（2）电网领域。积极开展能源互联网、数字电网标准化工作，推动能源互联网、数字电网建设，围绕电网仿真分析、安全稳定控制、调度自动化、网源协调、新能源调度、继电保护等关键技术领域，为国家大电网安全稳定运行，促进新能源的规模化高效利用提供技术支撑。

（3）电动汽车充电设施领域。在电动汽车充换电站设计、先进充电技术、充放电双向互动技术等方面进行了标准体系的前期预研工作；召开充电设施标委会十周年座谈会，回顾充电设施标委会十年来走过的历程；协调各方参与，完成《新能源汽车及充电设施标准化工作情况》《农村地区电动汽车充电设施建设运行有关情况的报告》《电动汽车充电设施电工岗位培训教材》等研究报告；开展电动汽车互联互通测试验证工作，推动产业化进程。

4. 打造品牌，中电联团体标准成效显著

明确中电联标准的定位，弥补关键领域短板，同时引领前沿技术发展。批复了中电联电力先进计算标委会、电力工程信息模型应用标委会等的组成方案；批准筹建中电联人工智能标委会、输变电设备仿真技术标委会、中电联知识管理标委会等 3 个中电联标委会；经过近 4 年的实践，已发布中电联标准 438 项，中电联标准在能源互联网、岸电、户用光伏、电动汽车充电设施、电力储能、电力仿真培训等新兴技术领域发挥越来越重要的作用，获得了政府和企业的高度认可。特别是中电联岸电团体标准已获得交通运输部认可，将在全国范围内实施。中电联系列标准《电供暖系统技术规范》（T/CEC 165—2018）等 12 项标准，获得 2020 年中国标准创新贡献奖三等奖。

（三）国际标准化工作

由中国发起的国际电工委员会电力网络管理分技术委员会提案获批通过，由中国承担秘书处。向国家市场监督管理总局推荐分技术委员会秘书处和国内技

术对口单位，获得批复。向国家市场监督管理总局推荐《巨灾情景下电力应急抢修和供电保障指南》等两项关于新冠肺炎疫情防护国际标准提案。提出支持舒印彪主席做好国际标准化工作整体方案。组织召开全国资产管理标委会、IEC/TC 123 筹建推动会。

组织召开新一代电动汽车充电技术中日联合发布会，通过中、日、英 3 种语言向全球同步直播；中日双方分别发布《电动汽车 ChaoJi 传导充电技术白皮书》和 CHAdeMO3.0 协议，并共同启动 ChaoJi 产业化发展路线研究工作，中电联、国家能源局、工业和信息化部、市场监督管理总局有关领导出席会议并致辞。中日新一代电动汽车充电技术联合发布会的召开，标志着中国已经在下一代充电技术研发和标准制定中占得先机，主导了技术发展方向和标准制定的话语权。

与日本汽车研究所 Jari 签署开展电动汽车无线充电领域标准化合作的备忘录并开展两次线上技术交流会议。组建中国代表团参加 ITU-R SG1WP1A 线上会议，跟进电动汽车无线充电与广播干扰共存议题进展情况。组织召开国际电工委员会太阳能光热电厂技术委员会 2020 年年会，由该标委会归口的新一项中国主导的光热发电领域 IEC 国际标准正式立项。

（四）开拓创新，开展电力品牌建设工作

按照中电联本部理事长办公会要求推动电力品牌建设工作，加强研究电力品牌建设对企业的价值，梳理标准体系，组织召开电力品牌工作委员会成立筹备会暨《电力品牌价值评价　第 1 部分：总则》编制启动会。来自国家电网有限公司、南方电网公司、中国华能集团有限公司、国家能源集团等单位的二十余名代表参会，会议交流了各单位品牌建设工作经验，研讨了中国电力品牌集群工作计划。参会单位一致同意共同组建电力品牌工作委员会，加快推动“中国电力”品牌建设工作。12 月 28 日，该项标准已完成送审稿编制。

（五）精准服务，全面支持会员单位标准化工作

一是扎实推动国家技术标准创新基地建设工作。2020 年 6 月 23 日召开国家技术标准创新基地（智能电网）2020 年领导小组工作会议，中国电力企业联合会专职副理事长王志轩出席会议并讲话；直流输电及电力电子技术产业联盟正式成立，该联盟由中国电力企业联合会标准化管理中心指导，国家技术标准创新基地（直流输电及电力电子技术）牵头发起。二是同时承接国家电网有限公司、南方电网公司和国家能源集团标准化咨询委托项目。三是完成国家市场监督管理总局委托课题《电化学储能安全标准研究》报告。四是完成编制《中国电力标准化年度发展报告 2020》，该报告共五章，重点包括国家、行业、中电联标准发展、企业标准化、重点领域标准化、国际标准化等方面的主要情况与成果。五是配合国家市场监督管理总局、国家能源局处理两会人大代表议案若干。六是开展企业标准化良好行为评价工作。宣贯中电联标准《电力企业标准化工作评价与改进》，探索新模式下电力企业深入开展“标准化良好行为企业”创建活动的方法，加快试点与确认步伐，促进电力企业建立健全标准体系，切实发挥企业管理水平提升的作用，不断总结评价经验，以点带面，推动电力企业标准化工作的深入开展。

（六）拓展深度，标准化课题研究持续推进

受市场监督管理总局委托，承担《专利与标准融合机制研究》课题，通过该课题的研究，提出国家标准涉及专利的操作指南；受国家市场监督管理总局委托，完成《电化学储能安全标准研究》课题。《2019 年南方电网公司国际标准申报及管理创新标准评价体系研究项目》通过验收；完成国家能源投资集团委托课题项目《2020 年国家能源集团企业标准体系建设研究》课题报告。国家重点研发课题《新能源汽车充电设施检定和型式评价方法与标准化研究》和《基于新型电力电子器件的高性能充电系统关键技术》按科学技术部要求完成阶段性研究任务。

【电力可靠性管理与服务】

1. 务实创新开展党支部标准化规范化建设，开创支部党建工作新局面

（1）全面唤醒党员先锋模范意识。结合业务工作赴红色娘子军纪念馆等地进行主题教育党日活动。

（2）持续强化支部标准化、规范化建设。从组织设置、制度机制、阵地建设等五方面创新落实了上级党委对党支部标准化、规范化建设工作的各项要求。

（3）构建常态化政治理论学习机制。构建了“三个一”等常态化政治理论学习机制，全体党员和积极分子同组织共学习，学习成效得到显著提升。

（4）开展电力可靠性帮扶活动。联合珠海金湾供电局南水供电所党支部制作并推广主题为《安全用电与节电小课堂》的公益视频。参加国资委扶贫工作第十三协作组在河北省邯郸市魏县东代固镇的调研活动，到国网河北魏县供电公司进行可靠性公益培训。

（5）积极参加上级党委组织的各项活动。在“学习宣传贯彻党的十九届四中全会精神征文活动”和“我是共产党员主题征文活动”中，全体党员和积极分子踊跃参加，共提交 15 篇心得体会，其中 2 篇获得一等奖，2 篇获得二等奖，6 篇获得鼓励奖。

2. 发挥行业可靠性管理工作优势，提升技术服务能力

（1）协助政府做好可靠性数据信息发布工作。配合国家能源局于 2020 年 6 月 4 日在北京召开的 2020

年电力可靠性指标发布会暨安全生产月启动会，中电联常务副理事长杨昆出席会议并讲话。

（2）完成国家能源局安全司的《全国电力可靠性管理工作调查研究报告》，完成《电力可靠性监督管理规划发展研究报告（征求意见稿）》《电力可靠性监督管理办法（代拟稿）》修改工作。

（3）积极推进国家能源局发展规划司委托的粤港澳大湾区供电质量提升规划研究工作，完成规划报告的编制工作。

（4）协助国家能源局可靠性中心完成《电力可靠性管理基础》《供电系统供电可靠性》《输变电设施及回路可靠性》等教材的校稿工作。

（5）配合国家能源局开展电力可靠性数据核查工作，抽检山西、山东、海南三省发电机组可靠性信息，对国家电网有限公司、南方电网公司、地方电力公司所属3个供电公司，即国网青岛供电公司、南网海口供电局、山西地方电力公司朔州分公司的可靠性数据现场核实。

（6）配合中电联电力评价咨询院推进国家发展改革委经济运行调节局委托的农村电网供电质量评价工作，完成数据报送平台的建设及对企业上报数据的收集、汇总和评价报告的编制工作。

3. 完成年度可靠性数据基础工作，实现全行业、全社会信息共享

完成2019年度全国发电、输电、供电各专业可靠性数据统计分析工作，编制完成《中国电力行业可靠性年度发展报告（2020）》及可靠性专业分析报告16册，通过出版物、网络、行业信息等多种形式向政府有关部门、电力企业及相关单位机构进行了发布和反馈，实现了电力可靠性数据在全行业、全社会的共享，有效指导了电力企业的生产管理实践。同时组建了由企业可靠性专业负责人员参与的编委会，通过召开线上、线下、函审等方式对报告进行审查，不断提高报告编写质量。

4. 推进可靠性信息管理系统建设，筑牢信息统计基石，持续提升可靠性信息化水平

（1）将风电机组群纳入年度可靠性管理评价，完成了发电可靠性管理信息系统中风电模块的建设、调试及试运行。

（2）与国家能源局电力可靠性和工程质量监督中心开展了输变电设施及直流输电系统的可靠性管理信息系统的升级建设工作。

（3）推进供电可靠性信息系统建设工作，完成了项目功能设计。

5. 持续推进可靠性标准化建设，完成年度标准制修订工作，发挥标准技术引领作用

（1）完成《电力可靠性名词术语》《输变电设施可靠性评价规程》《燃煤电厂辅助设备可靠性评价规程》三项行业标准及《电力行业可靠性管理专业技术人员培训考核规范》社团标准的报批工作；《直流输电系统可靠性评价规程》行业标准及《直流输变电设施可靠性评价规程》中电联社团标准的送审稿的评审；《发电设备可靠性评价规程 第7部分：光伏发电设备》《供电可靠性地区特征划分导则》的编制。

（2）按照标准化中心对标委会的考核要求，标委会组织开展了相关材料的准备及自评工作，取得了较好的考评结果。

（3）组织召开了标委会年度工作会议，开展了委员环节、标准复审、标准计划项目征集、标准线路图的制定等工作，保证了标委会工作的健康有序开展。

6. 积极开展电能质量评价指标和鉴定标准的研究，推动行业电能质量业管理工作开展

（1）积极构建电能质量指标评价体系，联合南方电网深圳供电局、四川大学等单位完成“电网电能质量指标评价体系”课题研究，为指导行业电能质量评价工作提供了参考依据。

（2）联合中国电力企业联合会司法鉴定中心、南方电网公司起草了《电力谐波引起设备故障鉴定技术导则（初稿）》，完成中电联社团标准立项工作。

（3）完成电能质量专委会筹备工作，通过中电联六次本部理事长办公会审议。

（4）积极开展调研活动，赴国家电网有限公司、南方电网公司、内蒙古电力（集团）有限责任公司等9个地市供电企业、电科院及4个敏感电力用户进行实地考察，就电能质量污染影响、电能质量监测及治理措施等工作进行深入交流。

7. 注重调查研究，加大重点课题和专项技术研究，促进了可靠性管理工作与生产实际紧密结合

（1）克服新冠肺炎疫情影响，先后赴广东、福建、辽宁、四川等地就可靠性管理、信息系统建设、高可靠性示范区建设、清洁发电设备制造、低压用户供电可靠性管理工作推进等工作广泛调研，对低压用户供电可靠管理、营商环境“获得电力”可靠性指标评价、设备代码科学性和适应性、新一轮农网改造升级后农村电网供电可靠性评价等问题进行了深入研究。

（2）研究制定了《全国发电机组可靠性对标管理办法（初稿）》，并通过了专家审议。针对此办法对2019年机组对标数据进行了试算，确保后续机组对标更准确、合理。

（3）完成《供电可靠性地区特征划分导则》的研究报告编制工作。

8. 搭建行业专业技术交流的平台，促进专业可靠性水平的不断提升

（1）2020年12月在广东省珠海市与暨南大学能

源电力研究中心联合举办全国风电智能运维与装备技术会议。会议收到论文近50篇，其中有16位撰稿人做汇报交流、150位代表参加会议。此次会议为提升行业风电可靠性管理水平发挥了积极的作用。

(2) 组织召开了电力可靠性管理工作研讨、粤港澳大湾区供电质量提升规划研讨、电能质量工作研讨等多次专业工作技术交流会，广泛听取意见建议，推动了相关课题研究工作的顺利开展。

9. 着眼企业个性需求，积极开展会员单位专项服务

(1) 按计划推进国家电网有限公司专项服务课题研究，2019年半年及年度报告《国网水电机组可靠性指标管理分析报告》《低压用户供电可靠性管理工作研究报告》《国际电网可靠性统计方法研究报告》顺利通过评审。

(2) 完成中国长江电力股份公司《国际一流水电厂指标体系研究》报告编制，以及哈尔滨电气集团有限公司2019年度的《哈尔滨电气集团有限公司可靠性分析报告》。

10. 积极推动可靠性专业技术人员培训规范化发展，加强可靠性专业队伍建设

(1) 按照《电力行业可靠性管理专业技术人员培训考核规范》，积极协同中国电力企业联合会技能鉴定与教育培训中心首次开展了电力行业可靠性管理发电、输电、供电三个专业的初、中级可靠性管理专业能力评价考试，有95%的学员获得能力评价证书。

(2) 举办“发电可靠性管理专业人员培训（火电班、清洁能源基础班和高级班）”“供电可靠性管理工程技术人员培训班”“输变电可靠性管理工程技术人员培训班”等6期培训，促进了可靠性专管人员技术理论及应用水平的提高。

(3) 安排部署电力可靠性管理专业能力评价考试题库编撰工作，完成各专业题库初稿编制。

(4) 按照中电联内部培训计划，组织了配电设备基础与基层供电可靠性管理、高质量发展下的电能质量现状、发电系统可靠性评估浅析等方面的培训交流，取得了良好效果。

【电力行业职业技能鉴定与教育培训管理及服务】

(一) 人才评价工作

(1) 在西安市召开电力行业技能等级标准编制启动会议。修订《电力行业从业人员技能等级认证职业技能标准编制规程（2020年版）》；编制光伏发电运行维护员等14个新增电力行业从业人员技能等级认证职业（工种）标准。继电保护员等10个国家职业标准（电力部分）由中国电力出版社出版发行。

(2) 在郑州市召开2019年度电力行业特有职业（工种）高级技师评审会议，2020年8月19日，在北京召开2019年度电力行业特有职业（工种）高级技师评审委员会会议，1580人通过高级技师技能等级认证，通过率为81.40%。

(3) 对首批无人机巡检作业人员评价基地、电动汽车充换电设施运维基地授牌。认证评价基地19个，专业涵盖电缆附件安装、电动汽车充换电设施运维、高电压试验、电力工程造价、可靠性管理等。有序开展仿真基地年检和申报工作，66家基地合格，2家整改，3家评估合格。

(4) 全面开展各类人员考核评价，其中131人培训并通过无人机巡检、电缆附件安装作业人员指导教师考试，1004人通过电力工程造价、电缆附件安装等专业能力评价；82人通过仿真培训指导教师考试认证，28人复证合格。

(5) 在北京召开第十五届高技能人才遴选推荐评选工作会议。推荐中华技能大奖候选人1名，全国技术能手候选人3名，国家技能人才培育突出贡献候选单位1个，国家技能人才培育突出贡献候选个人1名。

(6) 在北京召开2020年电力行业技能人才培育突出贡献奖评审工作会议。评选2020年电力行业技能人才培育突出贡献奖单位6家和个人11名。

(7) 11月3日，中电联被人力资源和社会保障部认定为首批8家部门行业试点单位，开展“变电设备检修工”等十项试点职业（工种）职业技能等级认定工作。

(8) 在中电联网站上开通技能等级证书查询系统，面向社会提供证书查询服务。

(9) 制定印发《中电联电力行业从业人员专业能力评价基地管理办法（试行）》《中电联电力行业从业人员专业能力证书管理办法（试行）》，全面启动专业能力评价工作。

(二) 教育培训工作

(1) 策划推出“在线充电　同频共振”活动，联合社会力量，整合行业资源，提前上线电力行业人才发展服务平台在线课程板块，组织一批精品网络培训课程，在新冠肺炎疫情期间向电力职工免费开放，助力电力企业复工复产。联合内蒙古电力（集团）有限责任公司（简称内蒙古电力公司）、中国国际贸易促进委员会电力行业委员会（简称电力贸促会），开展定制化线上专题培训，内蒙古电力公司、国网湖北省电力公司分别于3月18日、6月28日发送感谢信。

(2) 印发《中国电力企业联合会电力培训标准化技术委员会章程》，审核发布实施22项中电联团体标准，立项17项中电联团体标准。

(3) 开通《电力人才大学堂》，邀请行业知名专

家直播授课，首场课程在线观看学习人数达 1.5 万人次。

（4）组织修订第二批 6 个电力类高职专业标准，通过教育部第二批修（制）订《高等职业学校专业教学标准》评审。

（5）在华北电力大学成功举办基于新一代人工智能的智慧能源电力高级研修班，来自各能源电力企业、高等院校和科研院所从事人工智能技术应用、智慧能源发展研究的中高级专业技术和管理人员共 76 人参加培训。

（6）联合工信部人才交流中心，开展“2020—2021 年度中小企业经营管理领军人才‘促进大中小企业融通发展’专题培训——能源电力行业高级研修班”，首期 50 人完成招生面试。

（7）在国网技术学院召开会议，组织编制《电力培训与评价标准体系表》及标准路线图。

（三）技能竞赛工作

（1）联合中国就业培训技术指导中心、中国能源化学地质工会全国委员会在华能济南黄台发电有限公司举办 2020 年全国行业职业技能竞赛——第十二届全国电力行业职业技能竞赛。来自全国各发电集团和地方发电集团的 14 家单位 94 名选手参赛，竞赛产生了团体一等奖 1 个、团体二等奖 2 个、团体三等级 3 个，优秀组织奖 14 个、特别贡献奖 1 个，电力行业技术能手 20 名、电力行业优秀技能选手 25 名，前 3 名选手向人社部申报“全国技术能手”荣誉称号。

（2）在辽宁省大连市、广东省珠海市同时举办“2020 电力行业网络安全攻防邀请赛暨技术交流会”分区赛，同期在辽宁省大连市分赛区举办网络安全攻防技术论坛。比赛采用“视频＋图片”的形式同时进行直播，视频直播观看 2400 人次，参与图片直播观看 85000 余人次，来自电网、发电企业等 350 个单位、195 支队伍、724 人参赛。

（3）在郑州电力高等专科学校举办 2020 年高等院校学生发电机组集控运行技术技能（线上）竞赛。

（四）数据统计工作

（1）汇总 2019 年度电力行业人才培训统计数据，出版《电力行业人力资源及教育培训大数据》。

（2）《中国电力行业人才年度发展报告 2020》出版发行。2020 年 3 月下发关于协助支持《中国电力行业人才年度发展报告 2020》编制工作的通知，6 月完成报告编制工作并经理事长办公会审议通过，9 月正式出版。

（3）在海南省海口市举办电力行业人才培训统计研习班，共有来自电网、发电、电建企业 80 名统计人员参加了研习班。

（五）人才发展服务平台建设工作

（1）2020 年 10 月，电力行业人才发展服务平台一期建设工作完成并上线试运行，开通平台微信公众号和微信小程序。12 月 17 日，在北京举办电力行业人才发展服务平台发布暨电力行业人才规划工作研讨会，电力行业人才发展服务平台正式发布上线。

（2）依托电力行业人才发展服务平台（EPTA）开展学习成果认证，专设学时银行板块，并发布了首批 7 项学时银行培训标准，服务电力员工的终身学习需求。

（六）会议交流

（1）在广东省东莞市举办 2020 年电力行业技术技能培训经验交流会。组织评审电力行业技术技能类优秀培训成果 44 项。

（2）在湖南三一工业职业技术学院举办“深化产教融合，促进电力发展”主题研讨会。组织评审产教融合成功案例 31 项、电力职业教育教学成果 25 项。

（七）自身建设

（1）组织支部党员干部赴山东沂蒙党性教育基地——沂蒙红嫂纪念馆开展继承发扬“沂蒙精神”主题党日活动，接受红色教育，加强党性锻炼，传承沂蒙精神。

（2）深入开展“学习型、创新型、文化型”（简称“三型”）团队建设活动，举办“三型”团队建设微课堂 3 期，营造浓厚氛围，彰显党员良好形象。

（3）走访金风科技、国网天津电力公司、南方电网公司、中国华电集团有限公司、中国广核集团等单位开展人才服务工作调研，与中国长江三峡集团有限公司等企业进行交流研讨。

【电力工程造价与定额管理及服务】

（一）电力工程计价依据的编制和管理

1.《电力建设工程定额和费用计算规定（2018 年版）》以及配套使用指南的出版和宣贯

《电力建设工程定额和费用计算规定（2018 年版）》经国家能源局批准颁布后，电力工程造价与定额管理总站（简称定额总站）克服新冠肺炎疫情影响，灵活安排、高效组织、通力协作，在各方共同努力下，按时、保质、保量地完成了 4 册概算定额、8 册预算定额、2 本预规以及 8 册使用指南的校印及出版工作，并于 2020 年 5 月 1 日采取线上直播方式如期发布实施。2020 年全年采用线上线下相结合的方式，组织开展 30 余场宣贯活动，基本满足行业内专业人员的需求。

2. 完成《电网技术改造及检修工程定额和费用计算规定（2020 年版）》的修编工作

为全面支撑国家输配电价成本监审与定价工作，定额总站于2020年初全面启动《电网技术改造及检修工程定额和费用计算规定（2020年版）》的修编工作，在国家电网有限公司、南方电网公司及相关方的全力支持和帮助下，严格按照国家有关定额编制程序和要求，完成其编制与审查工作，12月上报国家能源局审批。

3. 完成《20kV及以下配电网工程定额与费用计算规定使用指南》编制和出版工作

为适应国家加大对配电网工程投资力度，结合配电网工程造价从业人员专业素质亟待提高等实际情况，定额总站组织编制《20kV及以下配电网工程定额与费用计算规定使用指南》，并增加专业理论、法规政策、基础知识等内容，形成了预规、预算定额、概算定额及估算指标配网使用指南三册，于2020年4月正式出版发行。

（二）电力工程计价标准制定与体系完善

1. 新版《电力建设工程工程量清单计价规范》《电力建设工程工程量清单计算规范》的修编工作按计划开展

为贯彻落实国家关于工程量清单计价与计算规范的修编工作，按计划开展概算定额及估算指标配网使用"新版定额和预规"对接，根据《国家能源局综合司关于下达2020年能源领域行业标准制修订计划的通知》(国能综通科技〔2020〕106号)，定额总站于2020年2月启动新版电力建设工程工程量清单计价与计算规范修编工作，编制工作已完成并于12月上报国家能源局批准。

2. 开展《风力发电检修工程工程量清单计价与计算规范》的编制工作

为适应新形势下可再生能源发展需要，实现风电工程生产运维成本的合理管控，定额总站在充分研究风力发电检修工程项目特点的基础上，结合现行法律法规、行业清单规范与计价定额等实际情况，于2020年6月完成《风力发电检修工程工程量清单计价与计算规范》编制工作，10月28日获得中电联正式批准，定于2021年2月1日正式实施。

3. 完成《火力发电工程施工招标文件编制导则》等三项行业标准的编制

为满足电力建设工程依法合规建设管理需要，规范和统一电力建设工程项目施工招标行为，结合现阶段电力建设工程施工招标管理实际情况，定额总站作为主编单位编写了《电网工程施工招标文件编制导则》《火力发电工程施工招标文件编制导则》。为适应配电网工程规模化建设管理需要，结合现阶段配电网工程建设预算管理实际情况，定额总站作为主编单位编写了《20kV及以下配电网工程建设预算编制导则》。这三项能源行业火电和电网技术经济标准于2021年1月7日获得国家能源局正式批准，予以发布。

4. 依托标委会组织优势全力推进标准化体系的完善

按照《中华人民共和国标准化法》和标准化工作改革的要求，定额总站承接了工程技术经济标准化技术委员会和电力工程信息模型应用标准化技术委员会的归口管理工作。根据标准化管理中心要求，定额总站具体负责以上两个专业的国标、行标和团标的申报立项、审查报批等系列服务及日常管理工作。

工程技术经济标准化技术委员会在2020年初组织了标准征集和立项审查工作，已有11项标准获立项。并在南网能源研究院、浙江浙电经济技术研究院分别完成了电网基建工程、电网检修技改工程两个分标委会的设立工作，在国网经济技术研究院设立配网工程分标委会的工作正在积极筹建当中。

电力工程信息模型应用标委会已于2020年8月召开了成立大会，已完成1项行业基础标准的编制，获国家能源局批准发布，并完成部分委员调整、标准体系表修订及下一年标准编制项目征集等工作。

（三）电力工程造价管理工作

1. 发布了《应对新型冠状病毒肺炎疫情期间电力工程项目费用计列和调整指导意见》

经请示国家能源局同意，定额总站在及时研究、收集和征求意见基础上，2020年2月14日发布了《应对新型冠状病毒肺炎疫情期间电力工程项目费用计列和调整指导意见》(定额〔2020〕6号)，用以指导新冠肺炎疫情期间电力工程的科学合理计价。

2. 定期收集整理和发布电力建设工程投资价格指数、设备材料价格信息及定额价格调整系数

定额总站实时跟进工程要素市场价格变化，结合电力工程具体特点，定期编制和发布年度《电力建设工程投资价格指数报告》并及时上报国家能源局；定期编制、出版《电力工程主要设备材料价格信息》《20kV及以下配网工程设备材料价格信息》《电力建设工程装置性材料综合预算价格信息》；适时调整和发布各版次"电力建设工程定额""20kV及以下配电网工程定额""电网检修技改工程定额"的价格调整系数，为适应工程造价的市场化计价奠定坚实基础。

3. 适时出台20kV及以下配电网工程定额计价的简易计税调整办法

针对20kV及以下配电网工程存在大量小规模纳税人实行增值税简易计税的实际情况，定额总站组织开展了应用《20kV及以下配电网工程定额和费用计

算规定（2016年版）》条件下，简易计税调整办法的相关研究和测算工作，2020年12月发布《关于发布增值税简易计税方式下20kV及以下配电网工程计价调整办法的通知》(定额〔2020〕46号)，为小微企业科学合理计价提供依据。

4. 召开2020年全国电力工程造价与定额管理工作会议

2020年11月30日，2020年全国电力工程造价与定额管理工作会议在京召开。中国电力企业联合会专职副理事长兼秘书长于崇德、国家能源局电力司行业管理处处长谭洪江出席会议并讲话。中电联电力工程造价与定额管理总站副站长董士波作了题为《守正出新 协同共创》2020年电力工程造价与定额管理工作报告，各级电力工程造价与定额管理机构交流分享了最新工作成果和先进经验。会议由中电联电力发展研究院副院长（主持工作）、电力工程造价与定额管理总站副站长（主持工作）张天光主持。国家电网有限公司、南方电网公司、五大发电集团及各电力企事业单位180余人参加了会议。

（四）课题研究工作

1. 编制了《中国电力行业造价管理年度发展报告（2020）》

为全面、客观反映电力行业工程造价管理发展现状，定额总站编制完成了《中国电力行业造价管理年度发展报告（2020）》，2020年9月正式出版发行。该报告是中国电力企业联合会行业年度发展报告系列成果之一，其系统解析和科学预测电力工程造价水平与发展趋势，综合分析社会经济要素、技术发展要素等影响变化，成为总结归纳电力工程造价管理工作发展提升的重要成果和依据。

2. 研究和构建电力工程造价大数据平台

随着信息化、数字化技术快速发展，工程造价市场改革不断深化，传统定额编制方法与适用性疲态已现，定额总站在梳理总结“工程造价市场改BIM技术发展及应用”“动态定额编制与应用”等课题研究的基础上，2020年集中组织了“电力工程造价大数据平台构建”研究工作，并得到国家能源局的首肯和全力支持。已完成大数据平台原理设计、需求分析以及前期各项准备工作，为接下的项目实质性实施奠定了良好基础。

3. 开展高海拔、带电作业、环水保等专项课题研究

为适应全息化和差异化精准计价需要，定额总站组织开展了电网工程带电作业补充定额、高海拔地区电力工程定额及费用标准、输变电工程环水保监理、监测和验收费用等专项课题的研究。

4. 电力工程计价依据与造价管理体系的梳理与规划研究

定额总站通过收集、整理和分析有关电力工程计价依据与造价管理体系的反馈意见和建议，梳理问题清单，形成改进方案，并就改进方案广泛征询意见，结合实际需要进行深入研究和规划，确定近期和远期体系完善的思路和实施方案，并梳理形成了初步的体系框架，完成《计价依据调整管理办法》《电力工程计价依据解释管理办法》《电力工程造价信息化管理办法》等制定工作。

5. 组织电力定额发展史的编撰工作

完成《电力定额发展史》编写任务。系统回顾新中国成立以来电力定额从无到有、由简到全、从弱到强，以及为契合时代发展不断开拓创新的成长轨迹，形成了一代代电力定额人脚踏实地、辛勤耕耘、无私奉献的珍贵实录，展示电力工程造价与定额管理工作在电力工程建设中所发挥的突出作用。

（五）履行行业管理与服务职责

1. 切实履行工程造价专业管理服务职责

定额总站根据政府相关授权，履行对电力行业内造价咨询企业和造价工程师资质与资格及行业自律管理服务职责。

(1) 对企业的管理。针对行业归口管理造价咨询企业，一是新冠肺炎疫情期间发布《关于疫情防控期间造价咨询企业资质业务办理说明》，简化流程，坚持正常审核各类业务，对甲级资质延续企业开展告知承诺制核查，加强了资质审批事后监管；二是组织申报各季度造价咨询企业信用评价成果，初审并推荐6家企业取得相应信用等级；三是年度统计分析数据并进行核查与报送工作，为政府决策提供依据；四是代收代缴中国建设工程造价管理协会（简称中价协）会员单位相关会费等工作。截至2020年底，电力归口管理中价协会员单位30家，均为工程造价咨询甲级资质企业。

(2) 造价从业人员职业资格管理。一是新冠肺炎疫情期间发布《关于疫情防控期间造价工程师业务的说明》，正常组织一级注册造价工程师业务申报；二是做好造价师年度继续教育与注册工作；三是协同推进电力造价专业人员职业能力评价与培训工作；四是组织了电力工程造价专业人员职业技能培训系列教材编写，并编制完成电力工程造价管理能力评价考试、电力工程造价专业技术能力评价考试8个专业的考试大纲和命题要求。截至2020年底，注册管理机构为电力的一级注册造价工程师共1364人。

2. 与各级定额站开展对口衔接与协调管理工作，为企业提供个性化、差异化服务

协助国家电网有限公司定额站、南方电网公司定

额站、中国华电集团有限公司定额站等分支机构按要求完成事业单位年度审核；参与各级电力定额站年度工作计划与预算编制和批复；及时按程序批准各级定额站负责人的任免事项，促进理顺电力工程造价与定额管理组织体系和运行机制。

3. 构建行业内外沟通交流与创新学习平台

（1）加强与政府、企业、国外专业组织的沟通与协调。积极向政府、行业管理部门建言献策，参与相关标准规范的编制，牵头组织了新版《安装工程消耗量定额》（共12册）的修编工作；加强与被服务对象的沟通及协调，定期走访调研电力企业，充分了解各方实际需求和亟待解决的难点、痛点问题。在政府、行业管理部门建言献策，组织有关企业参加皇家特许测量师学会（RICS）中国区年度评奖活动，并获得多个奖项。推荐会员入会，承担会费缴纳等工作，同时密切跟踪出国团组动态、及时调整应对方案，参加国际造价工程师协会（AACE）国际技术线上交流峰会。

（2）努力打造行业内外学习创新的载体和平台。以中国电力工程造价信息网为载体向各方主体提供及时全面的信息服务，截至2020年12月底，处理网上咨询问题700余条；持续打造以《中国电力企业管理》期刊中“工程管理”版块为核心的学术交流平台，2020年度共选发优秀专业论文60篇。

【电力工程质量监督管理与服务】

（一）通过积极有效的沟通协调，取得了国家能源局新的质监业务授权

2020年6月22日，国家能源局印发的《关于进一步明确电力建设工程质量监督机构业务工作的通知》（国能函安全〔2020〕30号）对各质量监督机构的业务范围进行了调整。《关于进一步明确电力建设工程质量监督机构业务工作的通知》明确规定，电力工程质量监督站设在中电联，负责国家电力试验示范工程、跨区域电网工程质量监督工作，兜底负责全国火电工程、农林生物质发电工程、太阳能热发电工程质监工作（内蒙古区域和中国华能集团有限公司投资的工程除外）。相比原有职责，中电联在继续保留原电力试验示范工程和跨区域电网工程质量监督业务的基础上，增加了火电工程、农林生物质发电工程、太阳能热发电工程质量监督职能，工作涵盖内容更为广泛。这是中电联各级领导积极争取、充分协商沟通所取得的成果，对今后中电联在工程建设领域继续发挥引领作用，有效推进工程项目管理咨询、质量检验检测、项目后评价和质量监督“走出去”等工作将发挥积极作用。

（二）严格部署落实新冠肺炎疫情防控要求，保障新冠肺炎疫情防控期间质监工作秩序

新冠肺炎疫情防控期间，中电联电力工程质量监督管理部严格落实中电联要求，坚持一手抓新冠肺炎疫情防控、一手抓复工复产，及时对新冠肺炎疫情防控和业务工作做出具体安排，合理安排检查组进行现场监督检查。新冠肺炎疫情期间，质监部向所负责的国家重点工程项目印发了《关于疫情防控期间质监工作安排的通知》，对各阶段质量监督工作及时做出调整和部署，要求因新冠肺炎疫情防控而停工的项目，积极做好施工面的维护保养，避免因停工造成质量隐患；向全体质量监督专家印发了《关于疫情防控期间预防感染做好个人防护的建议》，提醒各位质量监督专家做好居家防控，并列明了开展现场监督检查时防止感染的注意事项。通过以上措施，保证了质监部员工及所聘请质量监督专家零感染、零疑似，有效保障了新冠肺炎疫情防控期间质量监督工作秩序。

（三）坚持新冠肺炎疫情防控和复工复产相结合，顺利完成国家重点项目质量监督工作

按计划组织检查组，完成各项目的阶段性监督检查。先后对1000kV蒙西—晋中特高压交流工程、±800kV青海—河南特高压直流输电工程等7项跨区电网工程开展80次现场监督检查，共派出专家640人次，发现并提出整改问题4270项，提出改进建议323项；对申能集团安徽平山电厂、大唐东营发电有限公司等14个发电项目开展32次监督检查，共派出专家302人次，发现并提出整改问题3404项，提出改进建议112项。以上监督检查所发现问题均已整改落实，有效地保障了工程建设质量。由电力工程质量监督站负责质监的世界首个±800kV特高压柔性直流输电工程——昆柳龙直流工程、世界首个±500kV柔性直流电网工程——张北柔性直流工程，以及广东大唐国际雷州发电有限责任公司2号机组、国投南阳发电有限公司1号机组等实现了高质量投产，各项技术指标优良，运行平稳。

（四）质量监督“走出去”取得阶段成果，孟加拉国帕亚拉2×660MW燃煤电站1号机组实现高质量投运

2020年5月14日，孟加拉国帕亚拉2×660MW燃煤电站1号机组在完成满负荷试运和720h可靠性试运验收程序后正式投入商业运行。在试运期间，机组运行平稳，各项性能指标优良，保护投入率100%，自动化投入率100%，显示了工程良好的建设质量。在该机组建设期间，质监部组织检查组先

后赴现场开展6次监督检查，共计派出专家51人次。共发现和提出整改问题641项，提出改进意见52条，为消除质量隐患、保障工程建设质量起到了积极作用。

（五）全面总结2019年质量管理成就，编写完成《中国电力工程建设质量年度发展报告》

该报告是中电联年度行业发展报告的系列分报告之一，2019年首次编写发布。2020年编写组克服了新冠肺炎疫情带来的资料收集难、集中编写难以及无法开展现场调研等不利因素影响，高质量地完成了报告编写工作。报告内容共分为十章，分别是高质量发展政策、重点工程建设、基本建设程序落实、重大装备质量提升、工程管理水平提升、技术工艺创新、生态环境保护、获奖优质工程、工程质量监督以及质量提升建议等。该报告全面反映了2019年电力行业工程建设领域贯彻落实中共中央国务院高质量发展部署、激发质量创新活力、推进全面质量管理、加强全面质量监管、着力打造中国品牌和推进质量提升情况所取得的成就，并采用案例方式展示了各电力企业典型做法和创新实践范例。同时，该报告还附带出版了《中国电力工程建设大事记》，收录了2019年1月1日～12月31日国内电网、火电、水电、核电、风电、太阳能发电、储能等工程建设方面的重要事件，以及国内企业投建和承建的"一带一路"电力工程建设的重要事件。

（六）依托质量监督工作平台和质监大数据，编写完成《火力发电工程建设质量典型问题分析报告》

质量监督工作平台是质监部开展质量监督工作的基础应用系统。自2016年以来，质监部依托该平台，实时将质量监督工作中发现的问题统计入库，积累了丰富的数据。2020年，质监部组织专家组成编写组，依托该平台，重点汇总了全国26个火电项目在历次监督检查中发现的23634项质量问题，对其中发生频率较高的典型问题，从发生的原因、违反的标准条文及预防措施等方面进行了详细分析，历时10个月，编写完成了《火力发电工程建设质量典型问题分析报告》。该报告共分四章，主要通过典型案例，对每个质量问题进行展示，同时配编有相应的图片，以便于读者更加直接地对照问题，查找自身存在的不足和短板，加强管理，完善措施，提升工程建设质量。该报告已于2020年12月7日通过了本部理事长办公会的审查验收。

（七）统筹资源合理安排，圆满完成了国家能源局等政府部门交办的各项任务

一是编写完成国家能源局委托的《电力建设工程质量监督管理面临形势和对策研究》有关章节内容。二是组织完成了国家能源局交办的核电常规岛、水电、光热发电、海上风电、生物质发电、输变电工程增补版等质量监督大纲审查，形成审查修改意见报送国家能源局。三是协助国家能源局完成《电力建设工程质量监督管理暂行规定》修订，所提修订意见大部分已被采纳。四是编写完成国家认证认可监督管理委员会委托的《检验检测机构管理和技术能力评价规范》(电力工程篇)，该规范已通过了专家审查。

（八）强化组织协调和质量监督队伍建设，进一步提升了部门协作能力和员工专业素养

一是通过参与5A社团创建工作，进一步强化了与兄弟部门的协作配合能力。二是结合质量监督业务调整，逐步理顺了与各质量监督机构的业务关系。三是通过企业推荐、专家评审方式，完成了质量监督专家增选工作，新吸收344名专家加入专家库，强化了质量监督专业力量。四是组织开展了生物质能发电工程、光热发电工程专业培训，丰富了员工的专业知识，进一步提升了员工专业素养。五是规范检测机构配合质量监督工作模式，确定了2020～2021年度配合电力质量监督站开展质量检测工作的检测机构名单，进一步保证了质量监督工作的规范化。

（九）加强党建设和队伍建设，不断提高员工政治素养

一是落实党建主体责任，抓好"三会一课"工作，支部先后召开党员大会和支委会议16次，安排讲党课4次，开展主题党日活动2次，有效发挥支部堡垒作用和党员带头作用。二是深入贯彻学习党的十九届四中全会精神，积极参加党群人事部组织的"学习宣传贯彻党的十九届四中全会精神"和"我是共产党员"征文活动，共报送征文12篇，其中一篇在国资委组织的征文活动中获奖。三是认真学习贯彻党的十九届五中全会精神，自觉把思想和行动统一到党中央决策部署上来。四是严格按照工作程序，按规定做好新党员发展工作。五是严格落实中电联党风廉政建设要求，坚持把纪律和规矩挺在前面，各位党员严格执行廉洁纪律，自觉履行节假日报告制度，进一步巩固了中央八项规定精神贯彻落实成果。六是在开展现场质量监督检查工作中，坚持开展廉洁自律交底活动，并与检查组成员签订廉政责任书，保证了质量监督专家的廉洁履职。

【电力行业文化建设】

（1）编撰印发《中国电力工业现状与展望（2020）》。中电联已连续10年（2011～2020年）为行业两会代表、委员及会员单位编印服务手册，社会反响良好。《中国电力工业现状与展望（2020）》集中展示了中电联2019年的主要研究成果，有重点地反映了行业企业诉求。在全国两会召开前将两会手册送达电力行业两会代表委员，进一步加强了中电联与

行业内两会代表委员的联系和沟通，为两会代表委员提供参考，并向会员单位发送。

（2）以在线直播方式举办2020年“中国电力主题日”活动。2020年的中国电力主题日活动，以“新基建 新业态 新动能”为主题，通过线上直播方式，以宣传新基建战略、增进会员单位交流合作、厚植创新文化、推动融通发展为着眼点，向社会各界展示电力企业在云计算、大数据、物联网、移动互联、人工智能应用等领域取得的创新成果。中电联理事长、副理事长单位及有关会员单位相关负责同志，中电联本部有关部门负责同志、华为技术有限公司负责人、清华大学欧阳明高院士在线做了精彩演讲，并播放了相关宣传片，人民日报、新华社、中央电视台、中电新闻网等15家新闻媒体对活动进行了宣传报道，近百万人同时在线参与了该次直播活动。

（3）开展“中电联先进会员企业及先进个人评选”评审工作。根据全国评比表彰工作协调小组办公室颁布的《全国评比达标表彰保留项目目录》，编制了评选工作方案，制定了《中国电力企业联合会先进会员企业、先进个人评选管理办法》，成立了评选组织机构，严格按照评选程序完成了推荐申报、评选办初评、专业组评审、评委会终审、挂网公示等工作，最终确定了90家先进会员企业及180名先进个人。该次评选活动达到了以评促建、以评促优、以评促发展的要求，打造了中电联又一活动品牌。

（4）圆满完成中电联5A迎审工作任务。根据5A评审要求，系统整理，查遗补漏，全面完成会员管理、会员服务、会费收缴、分支机构建设、行业文化建设、行业自律及行业职业道德准则等5A材料的整理汇编。编制《内部评价实施方案》《内部评价参评指南（会员评价）》《内部评价参评指南（理事评价）》，组织80家会员单位完成了35份会员评价和45份理事评价。

（5）对会员互动网页版内容和功能进行了完善和升级。在会员服务＋App的基础上对会员互动网页版进行了完善和升级，保证各会员单位电脑端和手机端同时享受在线服务，实现互动功能，也为中电联各部门和会员单位之间提供了信息化平台。

（6）2020年7月20日，组织召开2020年分支机构秘书长工作座谈会，副秘书长许松林出席会议并做重要讲话。各分支机构负责人及会企部相关工作人员参加了会议。会上，会员与企业文化建设就中电联理事会换届和5A社团创建相关工作向各分支机构做了详细介绍，并结合工作情况，宣贯《中国电力企业联合会分支机构考核办法》，各分支机构负责人就2020年上半年工作情况及下半年工作安排进行了汇报。

（7）2020年10月12日，组织召开2020年度第二次分支机构秘书长座谈会，会议介绍了中电联理事会换届各项筹备工作进展情况，就涉及分支机构的相关工作任务进行了安排部署。与会人员围绕《关于进一步完善中电联分支机构管理体制机制建设的相关建议》等材料，就如何进一步完善分支机构体制机制建设，推进分会定位改革工作进行了深度研讨。

（8）组织开展“弘扬社会主义核心价值观 践行人民电业为人民行业宗旨”主题征文活动，号召广大电力职工自觉学习社会主义核心价值观和行业核心价值公约相关内容，努力践行人民电业为人民的行业宗旨。从征集到的1800余篇作品中遴选出200篇优秀作品，入编《〈当代电力文化〉2020年度增刊（主题征文集）》。通过网站、微信、报纸、期刊等多种途径持续加大《中国电力行业核心价值公约》的宣传力度，同时为更加便于传播，制作完成微信版的《中国电力行业核心价值公约》宣传动画，并向有关会员单位发布。

（9）加强新时代电力行业企业文化建设理论和实践研究，组织开展2020年度电力行业企业文化建设成果征集工作。对电力企业文化优秀成果不断宣传和推广，通过交流会、出版成果集、专题宣传等多种方式，向行业内外展示电力行业企业文化建设经验和成果。

（10）成功举办了2020年度电力行业企业文化工作交流会，探讨了新时代电力行业企业文化建设新思路，交流了电力行业企业文化建设经验，推广了电力企业文化建设成果，开展了企业文化建设工作培训。

（11）成功举办了以“讲好战役故事 传播企业文化”为主题的2020年度电力文化故事汇活动，传播企业文化，弘扬电力精神，集中展现电力行业在抗击新冠肺炎疫情中的突出贡献和感人事迹，行业部分事迹入选国资委举办的“顶梁柱 顶得住”中央企业抗击新冠肺炎疫情先进事迹报告会。

（12）高质量完成“《电力企业社会责任实施指南》国家标准研制与试点应用”课题工作。编制完成“《电力企业社会责任实施指南》国家标准研制与试点应用”课题总报告，组织召开专家研讨会并征求意见，选取4家电力企业开展试点工作，根据合理化建议对报告进行修改完善，最终顺利通过验收。《电力企业社会责任实施指南》作为重点行业或领域的社会责任特定议题指南案例，已列入2020年12月正式发布的《在管理体系中使用GB/T 36000》（GB/T 39653—2020），同时完成《电力企业社会责任实施指南》团体标准的申报工作。

（13）积极发挥行业协会在企业社会责任工作方面的重要作用。配合中国工业经济联合会，组织推荐了电力行业部分优秀企业在2020年中国国际进口博览会集中发布企业社会责任报告，进一步落实了国务院领导“发挥行业协会在推进企业社会责任工作方面的重要作用”和“建立促进企业履责长效机制”的批示精神，进一步促进了电力企业履行社会责任，推动了电力行业企业社会责任整体水平的提升。

（14）积极参与《行业社会责任蓝皮书（2020）》编撰工作。根据国资委协会党建局工作安排，由中国社会科学研究院、责任云研究院、中国社会责任百人论坛组织有关行业协会开展相关编撰工作。完成了电力行业社会责任推进情况及中电联推进行业社会责任管理现状的部分内容编写，组织电力企业座谈，征集典型案例等。

（15）配合有关部委开展电力企业社会责任研究与推广工作。受国资委和中国工业经济联合会邀请，共同研究开展履责理念和管理实践绩效等能力提升及品牌评价工作，助力电力企业加快实现由要素驱动向创新驱动转变，由规模速度型向质量效益型转变，进一步挖掘电力企业社会责任工作价值。参加工信部举办的企业社会责任培训会，在会上分享电力行业企业社会责任建设工作经验，交流电力企业社会责任建设成果，将电力企业社会责任建设成果经验向全国推广。

【党群及纪检监察工作】 以习近平新时代中国特色社会主义思想为指导，认真贯彻新时代党的建设总要求和组织路线，全面落实中电联党委工作部署，按照年度计划安排，坚持防疫、工作两不误，切实履行职责，着力抓好党建、群团工作，较好完成了各项任务。

（一）围绕坚持党的全面领导和中电联党委的核心作用，加强党建管理，健全组织机构，增强党组织的战斗力

（1）组织召开2020年党建暨纪检监察工作会议。学习贯彻十九届中央纪委四次全会、国资委党风廉政建设和反腐败工作会议暨警示教育大会会议精神，深入分析中电联党委、纪委成立第一年面临的形势和任务，研究制定2020党建工作要点、纪检监察工作要点，明确全年党建工作的目标、任务。

（2）规范组织生活。完成党委民主生活会、支部组织生活会的筹备和组织工作；召开支部标准化、规范化建设培训会，推进党支部标准化、规范化建设，提升党务干部素质；督促各支部开展“三会一课”、主题党日活动。

（3）积极做好党员发展工作。向国资委协会党建局争取到12个党员发展指标，指导有关支部接收预备党员12人，有效解决了多年来党员发展指标不足的问题。完成7名预备党员转正、15名入党积极分子的审核备案工作。为做好党员发展工作，组织开展了党员发展对象培训班，并推荐5名入党积极分子参加国资委的相关培训。

（4）调整充实党支部。根据机构、人员变动情况，新设立3个党支部，完成6名书记、3名副书记、14名支委的批复和备案工作，确保“一岗双责”责任落实和发挥。

（5）加强代管协会党建管理。完成代管协会党支部书记抓党建述职评议考核；完成3个代管协会的换届或届中调整负责人的审核。

（二）组织开展多层次的政治理论和业务知识学习活动，提高政治站位，提升干部职工的理论水平和专业素养

（1）完成5次党委理论学习中心组（扩大）学习会组织工作。制定《中电联党委理论学习中心组2020年度学习计划》；以党委成员专题讲座和专家授课相结合的方式，组织开展“十九大”、全国两会精神、《习近平谈治国理政》第三卷、《中华人民共和国民法典》、十九届五中全会精神的专题学习，党委领学和导学作用得到充分发挥。

（2）十九届五中全会精神学习实现全覆盖。制定《中电联学习十九届五中全会精神学习方案》，从党委、中层以上党员干部、党支部、党员个人4个层面，就学习十九届五中全会精神做了全面部署。党委专题学习、党委理论学习中心组学习活动已完成，中层上党员干部学习培训活动已启动。

（3）深入学习纪检监察工作要求。组织纪委委员、支部纪检委员、专职纪检干部，通过纪委会集中学习、纪检干部个人自学、组织问卷答题等方式，认真学习《纪检监察机关处理检举控告工作规则》《十九届中央纪委历次全会文件资料汇编》等规定和有关文件精神，全面掌握监督执纪的基本原则、基本规范、基本程序、基本要求。

（4）职工理论学习取得新成效。印发中电联职工理论学习计划；组织开展十九届四中全会学习和征文活动，193名同志结合工作实际，笔谈学习十九届四中全会精神的感受，推动学思用贯通、知信行统一；积极参加国资委“我是共产党员”主题活动，共收到征文139篇，推荐25篇参加国资委协会党建局评选，其中4篇获得二等奖、2篇获得三等奖，在15家行业协会党委中，中电联党委成为4家“优秀组织奖”获奖者之一；举办党章、党规、党纪等党的相关知识线上答题活动，418名员工参加。全年发放各类学习参考资料17本。

（三）加强廉政风险防控体系建设，抓好日常监督，营造风清气正的政治生态环境

（1）确定全年纪检监察工作重点。研究制定纪委

全年调研计划、履职谈话计划，对全年工作做了详细安排。全年召开 3 次纪委会议，深入研究纪检监察工作中的重大问题。

(2) 认真开展廉洁警示教育活动。活动持续 2 个月，发放了《党员干部纪律禁区》等学习材料，各支部组织党员干部观看了《代价》《蜕变的初心》等警示教育专题片，通过违纪违法典型案例和党员干部忏悔录等“反面活教材”，直观形象地勾画出纪律红线底线，深刻警示党员干部明法纪守规矩，筑牢拒腐防变的思想政治道德防线，增强党员干部的法治观念、纪律意识。

(3) 主动开展日常监督。纪委领导带队对 4 家直属单位进行专题调研，推动直属单位完善内部控制制度，强化风险防控水平；主动开展履职谈话，与 3 个部门（单位）主要负责人进行了一对一谈话，与 8 个部门（单位）20 名重点岗位工作同志进行了集体谈话，掌握党员领导干部和重点岗位人员的思想动态、作风状况、廉洁自律情况；紧盯元旦、春节、五一、国庆等重要时间节点，印发通知，就“四风”问题提出要求，认真检查落实；综合运用信访举报、巡视巡察、审计等方面的廉政信息，出具党风廉政意见书 15 人次，开展任前集体廉政谈话 12 人次，把好党风廉政意见回复关。

(4) 抓好巡视和审计整改落实。按照国资委协会党建局巡视整改工作要求，组织中电联本部、直属单位、代管协会 13 家单位深入分析其存在的问题，修订完善 53 项管理制度制，向国资委协会党建局报送有关报告 8 份。组织开展 3 项经济责任审计，提出 25 项整改建议，20 项已完成整改，审计发现的违规发放费用已全部追回。

(5) 依规依纪做好信访举报线索处置。全年处理有关问题及线索处置 4 件，谈话教育 3 人次、谈话提醒 1 人次，批评教育 2 人次，转办信访件 1 件。

（四）加强制度建设，推动工作标准化、规范化，提升管理水平和工作效率

积极推动工作标准化、规范化。针对发展党员环节多、材料多的实际，编制《发展党员实用手册》，细化发展党员的主要内容、操作方法，有效解决支部发展党员过程中的实际困难，提高了材料的准确性、有效性，确保党员发展工作有序进行。2020 年是中电联纪委、纪检监察室成立的第一年，制定纪委工作规则，明确纪委组织原则、工作职责和议事规则，规范纪检工作流程；依据《中国共产党纪律检查机关监督执纪工作规则》，明确具体工作要求，起草问题线索处置、谈话、函询等相关工作表单、文书模板，确保了纪检监察工作规范化、标准化管理。

（五）强化工会职能，纽带作用进一步发挥

(1) 工会“娘家人”作用持续发挥。坚持“以服务员工为导向”，制定《中电联机关工会 2020 年工作要点》，确定工作任务和责任人；新冠肺炎疫情期间，购置 7 批次口罩、酒精、消毒液等防疫物资，为有序开展办公、值班及复工等提供保障，通过线上活动，组织开展了“三八”妇女节活动和“六一”国际儿童节职工慰问活动，丰富新冠肺炎疫情期间职工文化生活；开展节假日、员工生日、职工生病等慰问，发放慰问品，激发职工爱岗敬业、务实奉献的积极热情，增强职工的凝聚力和向心力。全年完成各类慰问 1068 人次（春节、元宵节、端午节、国庆、中秋节慰问 830 人次，职工生日慰问 212 人次，职工生病慰问 7 人次，职工遗属慰问 5 人次，家属病故慰问 7 人次，退休职工慰问 7 人次）。新冠肺炎疫情稳定后，开展了秋季健步走、冬季跳绳踢毽等活动，极大地增强了职工的向心感、凝聚力。

(2) 强化责任担当，全力支持脱贫攻坚工作。配合理事会工作部开展扶贫工作，多次前往河北省魏县东代固镇调研走访，积极完成党委交办的扶贫工作任务；开展 2020 年“幸福工程——救助贫困母亲”、全国“扶贫日”捐款活动，凝聚职工力量，助力脱贫攻坚，共 769 人次参与，共计捐款 92766 元，已全部上交国资委。

【电力发展研究与服务】

（一）电力发展课题研究工作

1. 开展能源（电力）规划类课题研究

受国家能源局发展规划司委托，开展《京津冀协同发展能源领域任务落实情况跟踪监测研究》，系统梳理京津冀协同发展战略政策取向，定期收集整理京津冀能源发展基本情况，跟踪监测京津冀三地能源领域国家重大战略落实进展情况，每半年提出能源发展主要进展情况、存在的问题及工作建议，每年年终提出年度工作总结报告和工作计划建议，为指导京津冀区域能源协同发展提供决策依据。

受国家能源局发展规划司委托，开展《长三角区域能源一体化规划研究》课题工作。深入贯彻党中央、国务院关于推动长江三角洲区域一体化发展有关决策部署，围绕区域能源安全供应和互济互保能力明显提升这一发展主要目标，研究提出“十四五”及中长期推动长三角区域能源一体化高质量发展的基本思路、重大工程、重大举措，为制定长三角区域能源规划政策奠定坚实基础。

受国家能源局电力司委托，紧急开展《新冠肺炎疫情对电力行业影响研究》课题工作。围绕新冠肺炎疫情的国内防控现状，依托经济数据和电力行业数据，结合专业预测及研判，从新冠肺炎疫情对中国经

济社会的影响、对2020年电力供需影响、对2020年电力行业发展的影响、对“十四五”电力供需的影响四个方面开展研究，提出特殊时期做好电力供应保障的措施建议和新冠肺炎疫情之后的电力发展建议，服务政府决策。

受国家能源局发展规划司委托，开展《全国31个省区市及新疆生产建设兵团重大能源项目投资建设情况监测分析》课题工作。以双月为统计单位，定期更新全国31个省（区、市）及新疆生产建设兵团、16家央企的重大能源项目投资建设情况，包括煤炭开采、现代煤化工（煤制油、煤制天然气）、核电等16个大类的相关能源投资指标，实现全国重大能源项目投资进度监测，发挥预警反馈作用。

开展《煤电风光储综合电源基地示范项目输电送出方案研究》课题工作。立足综合能源基地外送形势，分析受端省份电力容量和电量市场空间，结合受端省份负荷特性、受端省份接纳外来新能源空间、送电经济性等多方面的分析比较，拟定多个基地电源组合方案对应的输电外送匹配方案。根据国家“十四五”电网建设规划总要求，通过“全方位、全视角”的能源综合比较分析，提出包括综合能源基地“风光火储”一体化能源打捆外送方案建议、送电方向、推荐方案及开发模式在内的相关建议。

2. 开展电力企业战略与投资支撑课题研究

开展《超高压公司“十四五”发展规划研究》。回顾和总结超高压公司“十三五”发展情况，研判国家、电力行业、能源产业、经济发展趋势，深入分析公司“十四五”发展环境，结合国家、南方区域发展与能源战略重要部署，结合公司发展过程中存在的主要问题，研究提出公司“十四五”发展规划指标体系和“十四五”发展重点任务，进行“十四五”及中长期国家和南方区域能源电力发展展望。

开展《华电集团“十三五”规划评估》。遵循国资委《关于做好2020年度中央企业规划工作的通知》要求，以国家、行业以及中国华电集团有限公司“十三五”规划等具体规划文件为依据，以党的十九大及两会精神、习近平总书记重要讲话为指引，立足行业发展趋势，对标国内外大型发电企业，对中国华电集团有限公司“十三五”规划进行全面评估，为中国华电集团有限公司制定“十四五”发展规划提出合理建议。

开展《新格局下跨省区输电项目利益分享体制机制研究》课题工作。完成税收、电价、混合所有制改革专题研究，从税收、电价和混合所有制改革视角分别系统梳理国内外不同行业利益分享典型经验和案例，解读当前税收、电价和混合所有制改革政策文件和预测政策发展趋势，从税收、电价和混合所有制改革角度分别提出近期和远期利益分享模式，支撑南方电网公司解决西部省份税收、投资属地化利益诉求。

3. 开展发电企业对标2020年度研究

完成《中国发电企业与世界同类能源企业对标报告2020》。围绕和瞄准做强做优做大、培育具有全球竞争力的世界一流企业总体目标和方向，从经营发展、效益效率、绿色创新、国际化4个维度系统开展国内11家发电企业与国外10家代表性的同类能源企业对标，研究成果为国内发电企业研判形势、优化战略、精准施策、建设具有全球竞争力的世界一流能源企业提供参考与启示。并应中国工业经济联合会邀请，参与国资委组织的《世界一流企业科技创新和产业布局研究》的编制工作，编制电力行业专题报告。

4. 开展能源领域招投标监督管理问题研究

受国家能源局法制和体制改革司委托，开展《能源领域招投标监督管理问题研究》课题工作。对能源领域招投标的监督管理开展深入研究，分析了能源行业招投标存在的主要问题及其根源、危害，并从监管主体、监管模式、监管方式等角度，提出完善能源行业招标投标监管的对策和建议，为国家能源局后续开展行业监管、择机出台相关管理文件从理论上及政策方面提供了重要参考。

5. 参与“区块链”技术在能源领域应用研究

受国家能源局能源节约和科技装备司委托，参与《“区块链”技术在能源领域应用研究》课题工作。研究建议攻克一批区块链核心底层技术，打造一批具有引领作用的示范工程，培育一批具有核心自主知识产权的区块链高新技术企业，制定一批指导能源区块链行业发展的技术和应用标准，形成可复制可推广的商业模式，构建能源区块链产业协同发展的良好生态，推进能源转型升级与信息技术深度融合。

（二）电力行业服务工作

1. 召开2020年中国电力技术经济高端论坛

2020年11月5日，由中国电力企业联合会主办，中电联电力发展研究院承办的2020年中国电力技术经济高端论坛在北京成功举办。该次论坛以“创新发展　智享未来”为主题，深入分析新时代能源发展新形势新任务，共谋电力发展转型、融合创新、互利共赢新局面，引领电力行业高质量发展。邀请政府领导、行业专家、企业精英共计300余人现场参会，另有近万人收看线上直播。论坛聚焦电力行业技术经济前沿热点领域开展高水平、深层次、多角度的演讲与交流，开启高端对话、搭建互动平台，充分发挥了论坛在行业高端智库建设中的支撑和引领作用。

2. 召开中电联—国际能源宪章联合研究中心2020年度会议暨国际能源宪章北京研讨会线上会议

中电联—国际能源宪章联合研究中心2020年度会议暨国际能源宪章北京研讨会线上网络会议于2020年11月12日召开，国内外行业专家、相关企业代表及高校学者等百余人参加了线上会议。会上，中外研究专家围绕“低碳能源发展与市场机制研究”“中国电气化发展进程与展望”“能源投资风险评估研究”“跨界与区域合作在能源转型中的作用”等主题，全面展示了中方与外方2020年度研究课题核心成果。会议探讨主题角度新颖，聚焦多项能源领域热点、焦点问题，同时，首次采用线上会议形式，跨越地域限制，克服新冠肺炎疫情影响，邀请国内外知名企业、科研机构、高校等业内专家参与研讨，取得了预期成效。

3. 主办“新基建，新时代——电力数字化转型”公益直播课

2020年3月17～29日，为深入贯彻中国“互联网＋智慧能源”“能源革命”和“数字中国”发展的总体要求，助力行业企业数字化转型，全面实现能源产业专业化、智能化、数字化发展，中电联电力发展研究院利用电＋智联服务云平台共同主办主题为“新基建，新时代——电力数字化转型”系列公益直播课活动。该公益直播课活动面向能源行业从业人员、工程技术人员、高校学生，邀请来自中电联、清华大学、华北电力大学、国网区块链公司、电力规划设计总院、中能建等7位专家，从能源互联网、综合能源服务、区块链和数字化技术应用等方面来探讨“新基建、新时代”背景下的电力企业数字化转型及行业变革趋势，共同促进产业创新发展。直播课期间中电联电力发展研究院组织专业团队为直播专家和观众提供播放环境调试、疑难解答等专业化的服务。7位专家总计近10h的直播课吸引了50000多人次观看。

4. 输变电工程三维设计标准化技术委员会推进标准化体系的完善工作

按照最新的《中华人民共和国标准化法》和标准化工作改革的要求，中电联电力发展研究院承接了“输变电工程三维设计标准化技术委员会”的归口管理工作。根据标准化管理中心要求，中电联电力发展研究院具体负责输变电工程领域的国标、行标和团标的申报立项、审查报批等系列服务及日常管理工作。中电联电力发展研究院积极推进全国输变电工程三维设计标委会各项工作，发布标准1项，组织开展8项标准编制和10项标准立项研究工作。组织召开标委会2020年度工作会议，8项标准通过立项审查。完成标委会官方网站及微信公众号搭建并开展运营，畅通信息发布和沟通渠道。

【电力评价咨询与服务】

（一）拓展行业信用管理职能，行业组织体系更趋健全

（1）强化标委会能力建设，行业标准体系逐步完善。2020年1月22日，经国家能源局批准成立涉电力领域信用评价标准化技术委员会；9月3日，召开标委会成立大会，同月印发标委会章程和秘书处工作细则，明确了标委会负责涉电力领域信用基础和通用类、信息和系统类、信用技术类、信用管理类四个方面的专业标准制修订工作，构建了符合社会及行业发展需要的信用管理标准体系框架。

（2）发挥标委会引领作用，重点标准制修订率先开展。依据“急用先行、成熟先上、重点突破”原则，完成《涉电力领域信用基本术语》《电力征信数据元技术规范》《涉电力领域市场主体信用信息共享规范》《电力用户信用评价规范》《涉电力领域信用信息安全管理规范》五个团体标准立项。

（二）推进行业信用评价工作，努力提升企业信用建设服务水平

开展行业信用等级评价，提升企业信用建设能力。实施“月度评价、季度公示”工作模式，采用远程辅导和线上评价方式优化工作流程、缩短评价周期、提升工作效率，全年公布五批440家信用企业评价结果，其中初评233家、复评207家，评价数量同比上升26.5%，创历史新高。各涉电力领域市场主体诚信建设意识逐渐提升，参评企业专业涵盖电力设计、电力建设、发电、电网、设备供应、造价咨询、售电等能源服务类企业，其中民营施工企业参评数量同比提升51%。编制《涉电力领域企业信用评价申报指南（2020）》，指导参评企业自主开展信用评价线上申报。

（三）积极开展信用体系建设宣贯工作，诚信文化建设扎实推进

（1）组织开展信用知识竞赛。2020年6月24日，信用办组织开展第四届“信用电力”知识竞赛活动，活动主要围绕中国信用体系建设的总体情况与电力行业信用体系建设的最新进展开展，在行业内弘扬信用理念，解读政策法规，普及信用知识，宣传实践典型，交流实践做法，推动全员参与，营造电力行业“讲诚信，践承诺，促和谐，谋发展”的良好氛围，全面打造“信用电力”品牌形象。各大电力集团公司及所属企业的31.67万电力职工参与竞赛答题，共征集论文561篇、案例301个，对优化行业信用环境具

有重要意义。

(2) 发布年度发展报告。面向社会、行业编撰发布《中国电力行业信用体系建设年度发展报告(2020)》，该报告作为中电联系列年度报告之一，围绕行业信用体系建设背景、现状、特点、实践和发展趋势等方面，全面客观地反映了2018～2019年行业信用体系建设在守信激励与失信惩戒、信用评价、信用人才和信用文化建设、电力征信发展等方面的总体情况，是服务社会及行业企业信用建设工作的参考和载体。

(3) 推送信用工作成果。全年编纂12期《电力行业信用体系建设工作简报》，推送若干信用工作进展和工作成果至国家部委主管的“信用中国”“信用能源”和《中国信用》《电力企业管理》《行业信用体系建设示范工作动态》等国家、行业信用媒体平台及期刊杂志登载宣传，行业信用文化水平和影响力得到切实提升。

(四) 举办信用管理人员培训，培养行业信用管理人才

修编《电力行业信用管理人员培训教材(2020版)》《电力行业信用评价师培训教材(2020年版)》《电力行业信用体系建设政策汇编》，根据行业信用人才培养需求，在福建、四川、广东、甘肃、湖南举办五期电力行业信用管理专业人员培训，参培学员382人，参培企业295家，培训满意度98.9%。培训内容围绕信用基础知识、政策文件解读、企业信用管理、行业信用评价等内容开展，提升了企业信用管理人员的专业水平，夯实了行业信用基础教育。

(五) 参与信用专题研究工作，助理政府提升监管能力

协助国家公共信用信息中心，编制完成国家能源局电力可靠性管理和工程质量监督中心委托的《电力工程建设责任主体信用信息在质量监督中的应用研究》课题研究项目，完成课题资料收集、现场调研、研究报告编制等工作，2020年11月30日通过课题评审，圆满完成委托方有关工作要求。

(六) 建立健全工业领域电力需求侧管理工作规范

按照《工业领域电力需求侧管理专项行动(2016—2020年)》要求，围绕“五个一”主要内容持续深化系列工作。结合工业和信息化部印发的《工业领域电力需求侧管理工作指南》组织相关指南细则的编制，完成“一纲一则”的体系配套，旨在建立健全工业领域电力需求侧管理工作规范。2020年3月，工业和信息化部公布第三批28项产品(技术)目录，三批共66项产品(技术)入选目录，覆盖电力供需互动响应、能效电厂、移峰填谷等方面。

(七) 开展政策研究和复工复产分析工作

针对新冠肺炎疫情开展了一系列的政策研究和复工复产分析工作。持续更新《应对疫情中央和地方支持性政策汇编》，收集国家和地方政府层面支持企业发展政策措施共计1339条(其中国家层面343条，地方政府层面996条)；编制《支持中小企业应对新冠肺炎疫情政策分析》，统计分析了当时全国31个省(区、市)针对中小企业陆续推出的涉及财税支持等八个方面政策减负措施。

(八) 持续开展电价政策跟踪评估

根据《工业和信息化部办公厅关于组织开展电价改革相关政策成效跟踪评估工作的通知》(工信厅运行函〔2020〕146号)要求，对2020年度全国深化燃煤发电上网电价形成机制改革政策和降低工商业用电成本政策落实效果进行跟踪评估，中电联科技开发服务中心作为第三方评估支撑单位完成了电价监测平台开发，完成了浙江、湖北等21个省(区、市)现场调研。并有效地支撑了“国务院第七次大督查”和“全国减轻企业负担和促进中小企业发展专项督查”中相关电价调查工作。

(九) 开展全国农村电网供电质量评价工作

受国家发展改革委运行调节局委托开展全国农村电网供电质量评价工作。研究设计了首套用于评价农村电网供电质量的指标体系，主要包括供电可靠性、电能质量、供电能力、供电服务四个方面18项指标。全国32个省(区、市)的电网企业和4个地方独立电网企业利用农村电网供电质量评价平台开展农村电网供电质量自评价，并组织所辖区域356家地市级供电公司在线填报评价指标数据和相关基本信息，顺利完成《全国农村电网供电质量评价报告》并正式上报国家发展改革委。

(十) 开展“企业能源需求侧管理大数据应用平台”建设

该项目已通过国家能源局能源节约和科技装备司审核并被列为能源领域“科技助力经济2020”重点专项项目，2020年已完成《平台设计方案》等前期基础研究工作。

(十一) 2020年10月23日，2020电力需求侧管理大会在南京顺利召开

会议以“用户智慧互联，能源友好互动”为主题，会议围绕新时代背景下电力需求侧管理发展理念、创新模式、综合能源服务关键技术与管理模式以及用户与电网电力供需友好互动技术创新和市场机制等主题开展。北京、江苏、山西等29个省(区、市)电力、经济运行主管部门领导出席会议，来自工业企业和园区、电网及发电企业、科研院校、行业协会、

电能服务、产品制造、金融机构等相关单位 260 余人参加会议。

（十二）工业和信息两化融合管理评定服务方面

（1）中电联在江苏镇江成功召开第十三次电力企业信息化工作联席会，中电联副秘书长沈维春、工信部信息技术发展司一级巡视员李颖、工业和信息化部工业文化发展中心处长李伟出席会议，理事长、副理事长等各单位信息化、数字化工作负责人 50 余名代表参会，对电力“十三五”信息化、数字化工作进行了总结及展望，就《中国电力行业信息化年度发展报告 2020》、数字化转型与数据治理等内容进行讨论交流，为中电联持续推进电力信息化工作奠定了坚实的基础。

（2）中电联在福建福州召开（第 13 次）2020 年全国电力行业两化融合推进会暨全国电力企业信息化大会，会议以“融合融建，携手数字电力‘十四五’”为主题，中电联副秘书长沈维春、国网福建公司副总经理李功新出席会议并致辞。来自理事长、副理事长单位及其他电力企业共 200 余人参加会议，大会创新交流分享方式，形成“大会＋高端对话＋专业分论坛”模式，展示新成果、交流新经验、遴选发布 15 篇大数据论文、55 项两化融合优秀解决方案、17 项助力新冠肺炎疫情防控复工复产创新案。

（3）2020 年 6～12 月，按照国家加快推进国有企业数字化转型要求，持续推进电力行业新一代信息技术发展要求，配合完成《电力行业年度发展报告 2020》信息化部分内容编写，高质量完成《中国电力行业信息化发展报告 2020》编制，深入阐述“十三五”以来电力信息化发展及“大云物移智链”政策、标准、创新应用情况，并对电力信息化“十四五”挑战进行分析并提出未来发展展望。

（4）2020 年 6～12 月，中电联联合中国工业互联网研究院、中国电力科学研究院有限公司、南方电网数字电网研究院有限公司、全球能源互联网研究院有限公司共同举办“指挥官杯”能源互联网主动防御安全技能大赛，大赛聚焦能源行业电力领域，旨在培养能源互联网的主动防御队伍，提升选手知攻懂守的安全生产技能。800 余位选手参赛，36 支战队共计 108 位选手进入决赛，决胜出 8 位指挥官、20 支战队、16 家单位。

作为工信部授权的十家两化融合评定机构之一，中电联科技开发服务中心评定工作立足于电力行业，持续深入涉电领域（电力行业上、下游环节）及其他行业（包括食品、服装、造纸、化工、机械、电子、生物医药、软件与计算机科学等）；完成两化融合企业评定 370 家；发放证书 362 张，合规审查、专家审查、服务质量方面领域排名位列前列，综合排名第六名；组织学习分级评定标准，68 人获得分级评定资格，极大地推动了电力企业和涉电类企业的信息化建设和两化能力提升，为泛在电力工业互联网建设和发展保驾护航，为打造两化融合升级做出了贡献。

（十三）电力企业标准化建设咨询方面

2020 年完成 9 期标准化宣贯培训，参训超过 1000 人次，培训内容不仅涵盖企标知识、标准编写培训、新标准贯标讲解、精益与标准化等多内容，而且已延伸到光伏发电、水电、储能，以及智能发电等多领域；标准化咨询累计服务电力企业 110 家，服务对象从各电力集团向深圳能源集团股份有限公司、宁夏电投集团及榆能集团等新能源领域方向延伸。完成国网绵阳供电公司、贵州西电电力股份有限公司黔北发电厂、上海奉贤燃机发电有限公司的咨询工作，帮助企业建立企业标准体系，开展标准化活动，顺利通过 5A 级标准化良好行为企业的现场确认。

中电联分会及代管协会

【中电联火力发电分会】

一、概况

中电联火力发电分会于 2003 年 6 月成立，是由火力发电企业及相关企业作为会员而组成的自律性行业组织，是中电联的重要组成部分，2012 年中电联五届理事会为提高挂靠企业等级，会长单位调整为中国大唐集团有限公司（简称中国大唐）旗下的大唐国际发电股份有限公司，会长为王欣，常务副会长为洪绍斌，副会长共 7 名，由副理事长单位人员及中电联领导担任，其中王彤音副会长负责中电联火力发电分会各项日常管理工作。

二、主要工作情况

（1）春节向各会员单位发函慰问，同时寄送 2019 年工作总结及 2020 年工作计划，广泛征询会员单位意见和建议，结合会员单位反馈，制订全年工作计划。

（2）克服新冠肺炎疫情影响，积极响应中电联 5A 社团评估各项工作要求，收集、查找会员档案、制度要求等资料，协助完成中电联 5A 创建工作，同时进一步提升了分会档案管理工作及制度体系建设。

（3）发挥行业引领作用，推动行业标准建设，组织到国网河北省电力有限公司检修分公司、西安热工研究院有限公司及中国大唐集团科学技术研究总院有限公司等多家分子公司、基层企业和科研院所进行多方位调研，深度了解企业现状，汇总企业需求，组织开展标准建设工作，引领企业总结提炼技术和管理经验，推进经验成果落地转化，形成行业标准，助力行业技术和管理提升，此项工作得到了很多企业认可，部分标准已纳入标准制定和下一步工作推动范畴之内。

（4）积极组织会员单位参加中电联各项活动，配合会企部完成会员代表登记等理事会换届相关工作，同时根据《中电联关于开展先进会员企业、先进个人评选工作的通知》，组织会员单位参加“两先”评选工作，增强会员单位的体验感和参与意识，向中电联推荐了河北大唐国际王滩发电有限责任公司等3家企业和孟祥东等3位个人，其中河北大唐国际王滩发电有限责任公司和华电青岛发电有限公司获得先进企业称号，孟祥东和郝光辉获得先进个人称号，会员单位归属感和获得感得到满足，极大地增加了中电联的凝聚力和社会影响力。

（5）紧密依托各大电力集团，积极联络沟通，持续吸纳火电企业入会，不断与电力相关单位建立联系，适度发展火电行业相关企业及研发单位入会。

（6）利用网络媒介搭建线上工作平台，一对一指导企业介绍技术经验及专业化管理优势，组织开展“赶比赶超”等特色活动，增加了企业间及企业与社会间交流机会，提高了交流效率和沟通内容的时效性。

（7）搜集最新市场发展动态、最新行业数据、对标数据及行业标杆等热点及前沿信息，采取线上推送及线下邮寄等多方式向企业先后提供1000多次以上信息，为企业发展提供便利，持续推动火电行业健康发展。

（8）组织会员单位，传达中电联会议精神，通报5A创建活动及理事会换届等工作情况，将《中国电力企业联合会分支机构考核办法》等制度向会员单位宣贯，多形式多渠道了解企业内在需求，聚焦共性和难点问题，根据不同企业个性化差异，有针对性地提供相关解决建议及专家指导等行业帮助。

【中电联水力发电分会】

一、概况

中电联水力发电分会设立于2003年6月，不具有法人资格，执行中电联章程，不另行制订分会章程，按分会工作规则开展工作。中电联水力发电分会秘书处挂靠在中国长江电力股份有限公司，是水力发电企业和流域性发电公司以及相关的科研、教育等单位（或部门）自愿参加的自律性行业组织。

二、主要工作情况

（1）2020年上半年，按照5A社团创建评估要求，协助中电联收集、完善、登记、查找了会员档案、财务报表、制度要求等一系列资料。

（2）结合行业发展需要，研究考察了大量国内知名、具有代表性的水电流域公司及电厂，邀请了云南华电金沙江中游水电开发有限公司、国电大渡河流域水电开发有限公司、国家电投集团黄河上游水电开发有限责任公司、乌东德水力发电厂、白鹤滩水力发电厂、三峡水利枢纽梯级调度通信中心、三峡金沙江川云水电开发有限公司、天生桥二级水力发电有限公司共8家单位入会。

（3）组织召开了年度工作会暨联络员工作会，总结中电联水力发电分会2020年度工作，部署下一阶段重点任务。会议邀请到中国长江电力股份有限公司首席专家姚华明教授及阿里云发电行业首席架构师王赓劼就“十四五”时期水电行业绿色发展思考及“十四五”时期水电行业数字化转型的探讨进行了专题讲座；会后，组织对大化水电站现场考察交流。

（4）中电联水力发电分会网站共发布水电厂信息24期，《中国水电站》杂志4期，汇集了水电站安全生产、企业管理、双文明建设以及对外开放、海内外交流等丰富的信息，成为水电行业沟通的宝贵资料。

（5）继续做好平台的运行维护工作，按照系统使用公约，引导广大会员单位规范、高效使用该平台，并通过各种渠道号召广大会员单位积极参与平台相关内容管理，扩大供应商信息数据库。

【中电联电力试验研究分会】

一、概况

中电联电力试验研究分会现有成员单位36家，涵盖隶属国家电网有限公司的中国电力科学研究院有限公司、27家省属电科院及宁夏电力能源科技有限公司，隶属南方电网公司的南方电网科学研究院有限责任公司、5家省属电力科学（技术）研究院，以及隶属内蒙古自治区的内蒙古电力（集团）有限责任公司内蒙古电力科学研究院分公司。中电联电力试验研究分会属于中电联的分支机构，在中电联的领导下开展工作。

二、主要工作情况

（1）分会按年度工作任务计划，组织召开了2020年4次工作会议、1次技术交流会议。

（2）召开2020年会长办公会暨四届五次理事大会，特邀中电联会企部主要领导、分会35家会员单位的75名代表参加会议。会议审议通过了分会2019年工作总结（含2020年上半年工作）和2020年工作计划（主要为下半年）报告、2019年度财务执行情况及2020年财务预算方案。中国电力科学研究院有限公司、广东电科院能源技术有限责任公司（简称广东电科院）、国网浙江省电力有限公司电力科学研究院和内蒙古电科院分别围绕实施“新跨越行动计划”全力支撑能源互联网建设、加快科技创新助力数字南网建设、能源互联网形态下高弹性电网建设、数字化、智能化蒙西电网建设等内容做了专题发言，参会单位就分会管理工作进行了交流研讨。会议要求分会2020年要落实以下三方面要求：一是全面提升分会管理水平，坚决贯彻中电联本部2020年工作会议部署，扎实推进分会建设工作。二是组织策划好分会的各项活动，主动谋划，积极策划一批提升分会影响力和凝聚力的特色活动。三是切实提高分会影响力和话语权，充分利用分会这个学术交流平台，加强在专家人才、科研资源等方面的共享，加强跨专业合作攻关，提升协同创新能力。

（3）召开电力发展技术交流会议，30家会员单位及省市电力公司等62名专家和专业技术人员参加了该次会议。该次会议邀请了电力系统领域院士、专家就能源电力行业发展、电网安全稳定建设、新能源消纳等方向进行了充分探讨和交流，有效提高了各会员单位在能源互联网建设及应用领域的科研创新能力和支撑服务能力，满足了行业发展需求，促进了行业间协作与发展，解决了参会单位提出的一系列专业技术难题。

（4）召开2020年生产工作会，特邀中电联科技开发服务中心及分会34家单位的78名代表参加会议，国网浙江省电力有限公司电力科学研究院发布“能源互联网形态下多元融合高弹性电网”“多元融合高弹性电网技术框架”专题报告，参会单位围绕人才队伍建设、技术支撑服务、科技创新等内容进行了交流发言，分享了科技创新工作经验，促进管理与技术有效融合。该次会议采用“圆桌”会议模式，旨在让参会人员能够更加充分地发言交流，增进了解，充分发挥分会“交流、合作、共赢”的平台作用。

（5）召开2020年经营工作会，分会30家会员单位共计50名代表参加会议，中国电力科学研究院有限公司作了题为“完善机制　加强服务　全面提升成果转化质效”、国网福建省电力有限公司电力科学研究院作了题为“改革机制拥抱市场　坚决做大做强做优”的专题发言。会议围绕各会员单位经营管理、科技创新成果转化及激励机制建设、集体企业改革发展、人才培养、技术服务支撑等工作进行了交流研讨，并就建立常态化的经验发展协调机制，加强各会员单位经营合作和成果分享提出倡议。

（6）召开2020年联络员工作会，分会27家会员单位的联络员及相关人员共46名代表参加会议。会议传达了2020年中电联本部年中工作会议精神，通报中电联5A社团创建活动、中电联换届等工作情况，就《中国电力企业联合会分支机构考核办法》及后续分会管理模式与大家进行了讨论，让各会员单位充分了解中电联相关工作进展，加强沟通。就分会管理与发展，各会员单位存在问题及困难等方面进行了深入交流。该次会议为会员单位更好地享受中电联会员权益、融入中电联本部工作发挥了积极作用。

【中电联电力职业安全卫生分会】

一、概况

中电联电力职业安全卫生分会成立于2003年11月28日，是电力相关企业单位和电力行业自愿组织的全国性、行业性社会团体，是中电联管理下的分支机构。2019年11月28日顺利完成电力职业安全卫生分会的第三届理事会的换届工作，新一届的分会秘书处挂靠单位国家电网公司北京电力医院。

二、主要工作情况

（1）按照5A创建相关要求，梳理规范分会日常管理工作。修订《中电联电力职业安全卫生分会工作规则》，收集完善会员基本信息，资料整理归档，按要求完成中电联第七届理事会及5A社团创建材料上报工作，规范费用报销流程，提升分会财务管理水平，评审专家纳入库管理，实现资源共享，按年初计划积极推荐分会日常工作。

（2）新冠肺炎疫情期间彰显责任担当，在特殊时期发挥“特殊”作用。新冠肺炎疫情暴发，各会员单位用实际行动贯彻执行习近平总书记“疫情就是命令，防控就是责任”的指示精神。各会员单位第一时间投身抗疫一线，医务工作者积极应战通力协作，用实际行动诠释了崇高的医德。同时分会各会员单位组织编撰了《工作场所新型冠状病毒防护手册》《新型冠状病毒防控心理防护手册》《新型冠状病毒肺炎防护小贴士》等各类防控宣传资料和宣教视频，为电力企业员工普及防疫知识。开展线上复工复产防控知识讲座和现场防控指导，助力电力企业复工复产。为电力企业调度等特殊岗位和驻外员工开通线上心理加油站，对于新冠肺炎疫情期间稳定员工情绪，助力安全生产起到了重要作用。

（3）开展《职业病防治法》宣传周、云沙龙活动，提升分会影响力。为贯彻落实国务院印发的《“健康中国2030”规划纲要》，提高企事业单位职工健康管理和职业卫生管理水平，组织《职业病防治法》宣传周活动。在新冠肺炎疫情特殊时期，以线上视频方式开展了“职业健康云沙龙活动”。邀请国内职业健康领域知名专家，讲授企业复工复产职业人群的健康防护知识；对新形势下职业健康检查管理办法进行了解读，促进具有职业健康检查资质的会员单位自觉有据规范自己的诊疗行为；宣传引导企业提高职业健康意识，推动健康企业建设的开展。同时，在《职业病防治法》宣传周期间，分会以发放宣传海报、宣传手册，推送防护视频，开展问卷调查等多种形式，提高电力企业员工的职业健康意识。

(4) 完成电力职工技术创新奖（职业卫生类）申报培训工作。按照中电联创新奖评审相关工作要求、年初计划，于2020年6月23日以线上视频形式，举办了电力职工技术创新奖申报流程培训班。通过培训使各会员单位详细了解了电力职工技术创新奖（职业卫生类）申报的相关政策、申报流程和注意事项，分享了创新奖获奖单位的申报经验。对分会进一步规范申报程序、提高申报质量具有重要意义。

(5) 完成电力职工技术创新奖的评审工作。在中电联办公厅、中电联电力评价咨询院等的支持和指导下，圆满完成2020年第8届（2013～2020年）全国电力职工技术创新奖的评审工作。积极与中电联办公厅等汇报沟通，组织和参加2020年度全国电力职工技术创新奖评审会，评审过程严格按照中电联《电力创新奖奖励办法》要求，根据系统申报材料、形式审查、线上初评、现场答辩情况，对所有报送项目进行专业评审，整个评审过程严格按照科学、严谨、公开、公平、公正的评审标准进行。

(6) 组织行业职业卫生标准的修订工作。在中电联标准化管理中心的大力支持下，由广东电科院牵头、国家电网公司职业病防治院、国网吉林省电力有限公司电力科学研究院、国网山东省电力公司电力科学研究院、国网重庆市电力公司电力科学研究院、国网新疆电力公司电力科学研究院和河南大唐电力检修有限责任公司等单位共同承担《室外高温作业分级》(DL/T 669—1999) 标准修订工作。组织召开标准修订项目的视频启动会，会议讨论了标准修订内容，明确了任务分工和时间节点，对项目的组织实施工作向各参编单位提出具体要求。召开《室外高温作业分级》(DL/T 669—1999) 修订送审稿审查会，共邀请15位行业内知名专家，9家参编单位参会，经过专家组推荐确定专家组组长，由项目牵头单位广东电科院进行编写汇报，专家小组对项目内容进行严格审查，形成专家意见，汇总形成审查会会议纪要，最后专家们一致同意项目修改后进行报送。并已将有关资料通过中电联提交国家能源局等待批复。积极准备启动《火电厂建设项目职业病危害预评价细则》《燃煤电厂尘毒控制技术导则》两项标准的修订工作。

(7) 组织并举行电力职业安全卫生专业标准化技术委员会筹备座谈会，广东电科院就筹备标委会前期准备工作进行汇报，并听取专家们的建议。

(8) 组织第三届工作场所职工健康管理高峰论坛。联合主办第三届工作场所职工健康管理高峰论坛。该次论坛采用线上会议和线下沙龙活动相结合的模式，邀请行业内外专家、企业健康管理负责人、分会领导等多方来宾参加，共89家单位代表参与。该次论坛旨在落实《"健康中国2030"规划纲要》，提高企事业单位职工健康管理和职业卫生管理水平，做好职工的全职业周期健康管理和健康促进，下一步根据专家意见与建议继续修改完善标准修订内容等相关工作。

(9) 加强单位间沟通交流，发挥分会桥梁平台作用。充分发挥桥梁平台作用，不断加强分会与中电联各部门、其他分会、分会各会员单位的沟通和联系。整合行业专家资源，为电力企业、医疗机构和科研院所提供职业卫生相关工作的专业指导，针对会员单位普遍关心的国家职业健康政策变化、职业卫生专业进展、学科建设、临床科研等情况组织开展交流研讨。积极整合会员单位中医疗健康资源，为电力企业做好职业健康促进、应急保障服务等工作。

(10) 继续充分发挥行业协会的桥梁纽带作用。为贯彻落实国务院印发的《"健康中国2030"规划纲要》，提高企事业单位职工健康管理和职业卫生管理水平，了解电力行业职业卫生现状、企业对职业健康和疾病诊疗的相关需求。充分利用分会医疗机构和卫生行业专家资源，帮助电力企业建立职工健康管理体系。

【中电联电力装备分会】

一、概况

中电联电力装备分会成立于2000年12月，是由从事电力行业电站装备主、辅机设备，输变电设备设计，生产制造类企业组成的社团分支机构。

二、主要工作情况

(1) 制定发展理念，贯彻新发展理念，融入国家和行业发展战略，加快推动分会工作高质量发展。一是以前沿课题研究、会员资源整合、能力评价见证"三个抓手"为总体布局，是实现分会转型发展的重要路径和战略引擎。二是以服务本部、服务行业、服务会员"三足鼎立"为基本工作架构，是分会实现行稳致远的前提保证和必然要求。三是以新能源装备、储能（氢能）装备、综合能源装备"三新产业"为服务转型的主要方向，紧跟国家产业升级和新发展动能的新模式新业态。四是以强化基础管理、维护基本会员、深入基层一线"三基工程"为分会管理能力的支撑保障，是推动分会高质量发展的根本保证和内生动力。五是以五个重点产业、五个服务应用区域、五家集团型重点会员企业"三五视角"为分会业务开展的重要基石，是塑造分会竞争优势的核心领域和重点方位。

(2) 积极开展发电、电建装备调研工作。先后组织赴天津、福建、山西、四川等区域开展风机塔筒设备质量、海上风电施工设备安全性、350MW级机组设备安全性、锅炉受热面焊接质量、陆上风电建设起重设备安全性、保障型水电机组设备安全状况调研，召集相关科技企业针对电力装备制造监造信息系统进行研讨，协助会员单位开展业主企业拜访工作，协助有关企业开展新能源基建项目设备安全线上专项培训。

（3）积极向中电联领导进行工作汇报，总结经验教训，研究进一步提升工作方案。积极配合中电联开展5A社团申报工作，按要求第一时间提交上报材料。积极配合会员部开展第七次会员代表大会相关筹备工作，高密度联络会员单位报名参会。按时参加中电联组织的各项活动和会议，第一时间学习通报中电联文件精神。完成了《2019年度中国电力年鉴》有关电力装备部分的编写工作，做好《中国电力工程建设大事记》《中国电力工程建设质量年度发展报告》《电力动态双日刊》等文件的转发工作。

（4）扎实做好防疫工作。严格落实中电联关于防疫工作严格执行“分散就餐制、体温监测制、进出登记制、暂停接访制”的要求，注重日常消毒，确保办公安全，设立新冠肺炎疫情防控知识宣传专栏，利用电子显示屏滚动播放宣传标语，注重舆论引导，提振防控信心，做到防控知识人人知晓、疫情防控人人参与。开展新冠肺炎疫情防控科学知识的宣传普及工作，积极采购防疫物资，发挥工作职责，加强应急科普工作，服务新冠肺炎疫情防控大局。

【中电联节能环保分会】

一、概况

中电联节能环保分会作为非营利的社会团体是中电联的重要组成部分，承担全国电力节能与环保行业自律管理和服务工作。

分会挂靠中电联本部，中电联为会长单位，副会长单位17家，一般会员单位29家。分会秘书处设秘书长1名，执行副秘书长1名，设有综合管理部和技术服务部两个部门。

二、主要工作情况

（1）围绕电力节能环保产业热点难点问题开展研究。开展燃煤电厂废旧脱硝催化剂应用与处置专题调研，向相关电力集团公司、发电企业、科研院所及分会会员单位开展调研收资，并征求专家意见，提出合理意见建议，反映企业困难，形成调研报告；针对环境污染第三方治理企业反馈在执行《关于明确二手车经销等若干增值税征管问题的公告》（国家税务总局公告2020年第9号）中提出的“将第三方大气治理企业与业主方结算的环保电价增值税税率从13%下调到6%”过程中面临的问题，了解企业实际情况，起草意见建议，以中电联名义报送国家税务总局，建议火电第三方企业暂缓执行《关于明确二手车经销等若干增值税征管问题的公告》中规定的增值税减税政策。

（2）积极参与技术标准规范制修订。针对《火电厂烟气脱硫吸收塔施工作业防火技术规范》《六氟化硫设备吸附剂环保处理试验导则》等10项电力行业标准和《成套生活污水处理装置》《回转窑水淬渣制砖技术要求》等7项国家标准向标准化管理部门反映意见建议共计209条。

（3）帮助解决燃煤电厂技术难题。完成《燃煤电厂湿式电除尘器运行维护手册（2020）》《燃煤电厂电袋复合除尘器调试、运行及维护手册（2020）》的编制工作，并印送电力企业和会员单位，为燃煤电厂解决实际问题提供帮助。

（4）搭建技术交流与服务平台。为应对新冠肺炎疫情防控要求，组织线上火电厂废水治理交流研讨会，交流了中电联火电厂废水治理专项调查情况、电力集团火电厂废水治理情况及工作思路和废水治理技术现状和应用案例，近290名代表参加了会议；向国家发展改革委推荐了燃煤电站金属板卧式湿式电除尘技术与装备等3项电力行业绿色技术，其中燃煤电站金属板卧式湿式电除尘技术与装备和火电机组烟气深度净化及冷凝水回收技术被纳入国家发展改革委《绿色技术推广目录》。

（5）加强信息传递，服务会员需求。全年编制并向会员单位发送《电力行业节能环保信息周报》48期和《电力行业低碳信息周报》48期，及时向会员单位传递需要的信息。

【中电联电能替代产业发展促进分会】

一、概况

中电联电能替代产业发展促进分会下设秘书处，挂靠中国电力科学研究院有限公司，设秘书长一人，秘书处为常设机构。

二、主要工作情况

（1）召开电能替代产业发展高峰论坛，搭建产业交流平台。举办2020年电能替代产业发展高峰论坛，国家能源局总经济师郭智、中电联常务副理事长杨昆、国家电网有限公司副总经理庞骁刚出席并致辞，邀请政府有关部门、电力企业和社会企业等各界人士共聚一堂，围绕低碳电气化发展展望、碳排放目标下的节能工作趋势、“碳中和”背景下电能替代发展战略探索以及相关领域的电能替代技术等研究方向作主旨报告和专题报告，交流分享“碳中和”目标下的电能替代工作面临的新形势、新任务、新挑战和新机遇，为产业上下游搭建交流平台，探讨电能替代技术现状与未来路径。

（2）加大电能替代宣传，提升分会影响力。举办《电力需求侧管理》“电能替代专刊”（2020年第三期），刊发科研机构、高校、综合能源服务企业等在建筑暖通、交通民航辅助动力装置、居民电气化等方面的最新的研究成果和工程经验，为电能替代行业发展提供经验指引。

（3）研判最新形势，总结分析电能替代未来方向。2020年习近平总书记提出“双碳”（2030碳达峰、2060碳中和）战略目标，在新的形势下，分会组织专家力量，开展电能替代拓展研究、“煤改电”专项研究、电能替代技术发展分析等研究工作，总结已有电能替代成效，分析未来电能替代技术发展方向，为推动电能高质量发展打下良好基础。

（4）推进标准制定，规范行业发展。2020年，分会组织成员单位共制定了14项电能替代相关行业标准、1项团体标准、1项企业标准。其中完成《电供暖系统技术规范》等行业标准13项，《电能替代项目减排量核定方法》（T/CEC 134—2017）升级行标1项；团体标准《电能替代工程技术方案选择指南》（T/CEC 314—2020）已于2020年6月30日正式发布；企业标准《电供暖工程户内配套电气线路技术规范》已于2020年10月完成申请。

（5）加大科技创新，提升技术水平。开展北方地区电供暖“免增容、微增容、合理增容”技术研究，提出电供暖与市政集中供暖耦合互补方法，将电供暖技术直接嵌入城市已有供暖体系，形成整体解决方案。跟踪分析电能替代领域新技术，总结编制校园电气化典型技术方案，研究电制氢技术并编写技术方案，为电能替代产业发展提供技术保障。

（6）多方广泛合作，推动项目落地。与北京热力集团有限责任公司等传统热力公司、国网综合能源集团公司等产业公司多方广泛合作，发挥各自优势，协同共享资源，开展“免增容、微增容、合理增容”技术研究与项目设计规划，减少电供暖项目配套增容改造，提升项目经济性。教育部、国家电网有限公司联合发布《清洁取暖进校园活动》，落实该文件精神，在青海省玉树藏族自治州和果洛藏族自治州进行了首批示范应用，根据地方政府“压煤限煤”、能源转型等相关要求，配合相关机构完成了新疆维吾尔自治区克拉玛依市、山东省烟台市幸福片区等区域性电取暖项目中的方案优化。

（7）落实换届大会工作，积极联系会员单位。分会严格落实中电联的工作部署，积极联络全部会员单位，指导各家会员单位完成单位注册、系统填报以及文件盖章等工作，并及时向中电联反馈工作进展，有力支撑了年底中电联理事长换届选举工作。

【中电联电动汽车与储能分会】

一、概况

中电联电动汽车与储能分会于2018年12月成立，是由从事电动汽车充换电技术、新能源汽车、储能等专业领域的企事业单位和高等院校自愿参加组成的全国性、行业性的社会化组织。分会现有会员60余家，14家行业领先单位为副会长单位。

二、主要工作情况

（1）召开线上“新基建”发布会，为行业发展提速，为会员单位提供展示平台。紧抓“新基建”的政策优势，贯彻新发展理念，适时组织召开“新基建充电板块在行动”中国电力企业联合会电动汽车与储能分会线上新闻发布会，有9万人次参加了线上新闻发布会，此次会议为会员单位提供了集中展示的机会，调研数据为政府政策制定提供了有力支持。

（2）积极组织专题性调研走访及专业论坛，增进与会员单位沟通深度，为行业搭建交流平台。增进会员单位沟通深度，调研走访副会长单位合肥国轩高科动力能源有限公司，同时为会员单位之间搭建交流平台，组织会员单位赴国网智慧能源交通技术创新中心（苏州）有限公司开展充换电技术交流调研。

切实发挥促进行业融和发展的桥梁作用，组织召开“新能源＋储能”技术应用论坛暨秘书长工作会，中电联专职副理事长、分会会长王志轩出席会议并致辞，来自行业的12名专家学者及会员单位代表在会上发言。

（3）以行业标准制定为引领，开展专业技术工作，打造行业智库平台。发挥分会平台及资源优势，结合行业热点开展《纯电动汽车与氢燃料电池的发展现状及前景分析》研究，为会员单位提供理论支持。与标准化管理中心强强联合，全力支持推动行业标准制定及实施工作。

成立换电工作组，围绕电动汽车换电产业，深入研究换电相关的技术，推动产业健康、有序发展；开展与汽车、动力电池等标准组织对接合作，用标准化手段总结推广换电产业先进技术成果，提升质量、性能和竞争力。

分会工作得到了会员单位的大力支持和肯定，进一步提高了分会在行业中的话语权和影响力，切实履行了中电联“立足行业、服务企业、联系政府、沟通社会”的服务宗旨，提升了中电联的品牌形象。

【中电联燃料分会】

一、概况

中电联燃料分会于2018年11月成立，现共有20家会员单位，分会挂靠中电联本部，采取分会联席会长制，设联席会长2名，副会长若干名，秘书长1名，常务副秘书长1名，副秘书长若干名。

二、主要工作情况

（1）持续组织开展研讨座谈，努力搭建电力燃料领域交流平台。在迎峰度夏和迎峰度冬，以及国家进口煤政策调整、局部地区电煤紧缺的关键时期，根据形势发展和行业企业诉求，结合电煤市场出现的新问题和新形势，创办并组织了5次电力燃料形势分析研讨会，及时就电煤市场形势、中长期合同签订、进口煤政策、电煤保供等关键热点问题展开研讨交流，并达成共识。

组织召开了第二次煤炭与电力企业座谈会。15家大型煤炭集团销售部门负责人、10家主要发电集团燃料管理部门负责人及相关人员共50余人参加，该次座谈会为煤炭中长期合同供需双方搭建了沟通交流的良好平台，就做好2021年电煤中长期合同谈判充分交换意见，为进一步推进2021年电煤中长期合同签订工作发挥了积极作用。

（2）积极反映行业企业诉求，努力维护合理权益。结合2020年中长期合同谈判僵持、进口煤管控、国内电煤供应减少、推动2021年中长期合同签订等关键重点问题，及时向国家发展改革委、国务院、海关总署、国家能源局等有关部门报送《中电联关于全面落实有关政策和改革措施　进一步理顺煤电关系的报告》《中电联关于恳请支持发电企业煤炭进口　保障电煤供应的报告》《中电联关于增加电煤供给　保障迎峰度夏期间电力供应的报告》《中电联关于恳请支持发电企业煤炭进口　进一步完善动力煤进口政策的报告》等报告6份，多渠道反映电煤保供问题，努力维护行业企业合理权益。

针对2020年11月下旬以来煤炭库存持续下降、保供压力加大，以及煤炭价格快速波动、异常波动的紧张形势，加强分析研判，紧急向国家有关部委报送《中电联关于当前电煤保供严峻形势的报告》，参加国家发展改革委保供稳价座谈会，多渠道促进煤炭市场稳定、保障电煤供应。

参加国家发展改革委、国家能源局等部委组织的电煤保供控价、煤炭市场形势分析等会议，及时提出观点建议。参加国家发展改革委组织的2021年煤炭中长期合同座谈会，提出关于做好2021年煤炭中长期合同的意见建议，部分意见建议已经在《国家发展改革委办公厅关于做好2021年煤炭中长期合同签订履行工作的通知》(发改办运行〔2020〕902号）中体现，对更科学签订2021年电煤中长期合同、有效履行合同、维护行业权益将发挥积极作用。

参加国家发展改革委煤炭指数座谈会，就指数编制发布和有效运行提出意见建议，得到有关领导的高度肯定，将进一步促进CECI指数在煤炭运行发挥更大的积极作用。按照国家能源局来文要求，配合行环部撰写《煤电行业生产经营情况分析》。

发布《关于加强燃料管理　保障全国“两会”和迎峰度夏期间电力供应的倡议》《关于保障迎峰度冬电煤供应　引导电煤价格合理回归的倡议》倡议书，呼吁做好全国“两会”及迎峰度夏冬期间电煤保障和生产保供。撰写《5月上半月火电生产及电煤消耗明显回升　海陆运输方式电厂库存持续下降》，通过中电联官方网站发布，全力营造更好的电煤市场环境。

（3）牵头组织电煤中长期合同履约评价工作，努力创造更有利的市场环境。参加国家发展改革委煤炭中长期合同评价工作座谈会，就做好2020年1～8月煤炭中长期合同履约评价工作提出意见建议。

受国家发展改革委委托，与中电联行业发展和环境资源部密切配合，牵头组织广东省煤炭中长期合同履约信用采集及评价工作，赴广东省进行现场数据采集和评价，形成《广东省煤炭中长期合同签订履约情况评估工作报告》，正式报送国家发展改革委，客观真实反映煤炭中长期合同签订履行情况，就中长期合同机制提出完善意见建议。派员参加内蒙古、辽宁、山东煤炭中长期合同履约评价工作，参与报告撰写。

（4）持续做好CECI指数编发及电煤市场形势分析，努力提升会员服务水平。中国CECI指数编制体系逐渐完善，2020年，全年共编发CECI沿海指数、采购经理人指数、进口煤指数各45期、曹妃甸指数244期，编制CECI沿海指数月度指数12期，CECI采样情况通报76期。

2020年2月开始，在每周CECI指数及燃料统计的基础上，深入分析CECI指数变化趋势特点，截至2020年12月底，共编写《CECI指数分析周报》42期；每月开展跟踪分析，定期编写月度《电煤市场形势分析报告》，全年共撰写《月度电煤市场形势分析报告》12期。

（5）启动开展电力燃料统计工作，努力夯实会员服务工作基础。正式启动电力行业燃料日统计工作，实现每日编发《电力行业燃料统计日报》，逐步形成《电力燃料统计周报》《电力燃料统计月报》。截至2020年12月底，按时完成《电力行业燃料统计日报》217期、《电力燃料周报》19期、《电力燃料月报》5期。

（6）加强分会内部管理及建设，努力提升分会为会员服务能力。深入落实国家新冠肺炎疫情防控各项措施及中电联要求，切实做好灵活办公工作部署安排及新冠肺炎疫情防控常态化条件下各项工作组织，确保分会各项工作顺利推进。

积极发展分会会员，努力搭建燃料分会会员体系。2020年新发展厦门象屿矿业有限公司、郑州商品交易所加入分会。

加强分会秘书处人力资源建设，充实派驻和借用人员，完成中国大唐集团有限公司人员借用和浙江省能源集团有限公司人员续借手续办理，以及国家能源集团人员结束派驻手续办理，正在办理中国华能集团有限公司派驻人员轮换手续，进一步提升分会秘书处日常工作力量。

【中电联售电与综合能源服务分会】

一、概况

中电联售电与综合能源服务分会于2019年7月9日在北京成立。国网综合能源服务集团有限公司、南方电网综合能源股份有限公司、中国华能集团有限公司、华北电力大学、华为技术有限公司、ABB（中国）有限公司等23家单位为副会长单位。分会秘书处设在国网综合能源服务集团有限公司。

二、主要工作情况

（1）组织召开分会秘书长工作会议暨电力辅助服务与城市智慧能源专题研讨会，并组织华东区省综合能源公司对如何发挥行业组织作用，助力综合能源服务业务发展开展专题研讨。会议围绕电力辅助市场机制研究、国内电力现货市场建设、智慧能源助力新一轮智慧城市建设、可再生能源的创新利用及能效提升等进行了深入的探讨与研究，就全国范围内基本建立电力辅助服务市场机制的重要性和以智慧能源发展助力智慧城市建设达成了共识。

（2）成功举办2020中国新能源高峰论坛智慧能源分论坛。江苏省盐城市人民政府、射阳县人民政府、英国驻上海使馆领事代表，中电联售电与综合能源服务分会会长、副会长和部分会员单位代表，国网盐城供电公司、新能源产业领域专家以及来自全国各地智慧能源领域的企事业单位代表约140人出席会议。此次分论坛，努力搭建产业链上下游、横跨多行业的交流合作平台，共同助推综合能源服务技术进步和商业模式创新，实现了产业的健康、可持续发展。

（3）举办中国综合能源服务产业高峰论坛系统活动。论坛以“推动清洁智慧能源发展打造综合能源服务生态”为主题，邀请国家发展改革委、工业和信息化部、国家能源局等相关政府部门，百余家能源企业、互联网企业以及科研院所专家，从宏观政策趋势、产业前沿视野，探讨中国综合能源服务产业发展方向，促进综合能源服务产业的健康快速发展。

（4）策划开展的“走进领军企业”系列活动在深圳华为正式启动。分会副会长沈连元、秘书长弓占勇以及副秘书长刘瑜等20余人赴华为技术有限公司考察调研交流。“走进领军企业”系列活动是分会积极发挥行业组织作用，服务会员单位，打造行业交流平台的创新实践，旨在通过参观考察、走访调研优秀企业，探索打造互惠共赢的商业模式，充分展示行业领军企业的新理念、新风貌、新风采，共商共建良好的“生态圈”“朋友圈”，促进综合能源服务产业快速发展。

电力会议

工作会议

【2021 年全国能源工作会议】

2021 年全国能源工作会议于 12 月 22 日在北京召开，会议系统总结了“十三五”能源工作成就，明确了当前和今后一个时期深入贯彻落实能源安全新战略，推动能源高质量发展，为全面建设社会主义现代化国家提供坚强能源保障的思路举措。会议从增强安全保障能力、提高能源供给水平、升级能源消费方式、推进能源科技创新、深化体制机制改革、加大能源监管力度、拓展国际合作空间、提升党的建设质量等方面提出“八个着力”的重点工作部署。

1. 着力增强安全保障能力

持续提升能源自主保障水平，增强能源产业体系抗冲击能力，确保国家能源安全的战略主动权牢牢掌握在自己手中。要持续提升油气勘探开发力度，把国内油气勘探开发作为保障油气安全的“压舱石”。要完善产供储销体系，认真抓好中俄天然气东线南线建设，力争开工建设川气东送二线、西三线中段等一批重大项目，全力打造“全国一张网”，积极推进东北、华北、西南、西北等“百亿方”级储气库群建设。要夯实煤炭煤电兜底保障，多渠道保障供应，确保不出现短供断供问题，因地制宜做好煤电布局和结构优化。要深化电力安全监管。

2. 着力提高能源供给水平

持续做好能源绿色转型发展这篇大文章，推动实现在生态文明建设条件下的能源高质量发展。要加快风电光伏发电发展，风电、光伏发电新增装机总量较“十三五”有大幅增长。要稳步推进水电核电建设，按期建成投产白鹤滩水电站首批机组、福清核电 5、6 号机组等重大项目。要大力提升新能源消纳和储存能力，大力发展抽水蓄能和储能产业，加快推进“风光水火储一体化”和“源网荷储一体化”发展。要深入推进煤炭清洁高效开发利用，大力推广煤矿绿色生产开采和智能化建设。要进一步优化完善电网建设，加快构建适应高比例大规模可再生能源发展的新一代电力系统。

3. 着力升级能源消费方式

坚持节约优先战略，把节能提效贯穿能源发展全过程各领域，加快形成绿色生产生活新方式。要大力提高能源利用效率，积极推广综合能源服务，着力加强能效管理，提升终端用能电气化水平。要扎实推进冬季清洁取暖，全力做好天然气、电力、煤炭供应保障，确保人民群众温暖过冬，积极推广生物质、地热、核能等供暖新模式，确保 2021 年实现北方地区清洁取暖率 70％的目标。要持续释放能源惠民利民红利，有效衔接脱贫攻坚和乡村振兴，继续做好光伏扶贫收口工作，启动实施农村电网巩固提升工程，扎实推进“互联网＋”充电设施建设，推动构建智慧能源系统，更好满足人民群众美好用能需求。

4. 着力推进能源科技创新

把科技自立自强作为能源发展的战略支撑，加快赶超跨越步伐，确保产业链供应链安全稳定。要加快核心技术装备新突破，大力实施能源技术装备补短板行动，2021 年要力争在 5 万～10 万 kW 燃气轮机，特高压套管、分接开关、绝缘材料，1.2 万 kW 海上风电等领域取得突破，全面推进煤电控制系统和芯片国产化替代。要努力打造能源技术装备新优势，加快能源产业数字化转型升级，大力加强北斗系统、5G、区块链等新技术新装备在能源领域的推广应用，持续推进三代核电、小型核反应堆、风电、光伏发电等优势技术创新和工程实践，抢占能源科技制高点。要深化建设能源科技创新新平台，积极推进能源领域国家实验室论证建设，构建以企业为主体、市场为导向、产学研深度融合的技术创新体系。

5. 着力深化体制机制改革

要深化电力体制改革，着眼建设全国统一的电力市场体系，加快构建和完善电力中长期市场、现货市场和辅助服务市场相衔接的电力市场体系，加快推进跨省跨区辅助服务市场建设，进一步推动电力交易机构独立规范运行和增量配电试点项目落地，推动电网企业尽快剥离装备制造业务，进一步扩大市场化交易电量规模，不断释放电改红利。要深化油气体制改革，推动全面放开上游勘探开发市场，研究制定管网运行调度、管容分配和应急保供等规则，进一步稳定市场预期，不断完善“$X+1+X$”的油气市场体系，稳步推进油气交易平台建设。要积极推进能源法治建设，推动《能源法》《电力法》《国家石油储备条例》《煤炭法》列入国务院 2021 年立法工作计划，力争尽快出台。

6. 着力加大能源监管力度

落实能源监管责任，创新监管方式方法，完善事中事后监管措施，大力提升监管工作效能，推进能源制度机制建设。要持续优化营商环境，确保三年内实现居民用户和低压小微企业“三零”服务、高压用户“三省”服务。要进一步深化“放管服”改革，编制完成国家能源局权责清单，大力推进以信用为基础的新型监管机制建设，全面推行电力业务资质许可告知承诺制。要扎实开展重点任务监管，重点开展清洁能源消纳、煤电及炼油淘汰落后产能监管，创新推进能源行业信用监管，着力解决行业反映强烈的问题。要强化监管能力建设，加快推进与国家“互联网＋监管”系统对接联通，探索12398热线互联网应用新手段，加强派出能源监管机构建设。

7. 着力拓展国际合作空间

要高质量推动“一带一路”能源合作，切实加强与周边国家能源基础设施互联互通，推动电力、新能源、油气等领域合作，加大“一带一路”绿色能源合作水平。要积极推动构建国际能源治理新秩序，更多运用国际规则维护国家发展权益，建设运营好“一带一路”能源合作伙伴关系，组织召开第二届“一带一路”能源部长会议，加强与主要国际能源组织沟通交流，推动构建以公平合理规则为基础的多边体系，用好新时代中国能源发展白皮书，持续推进“能源可及性”“能源转型发展”等倡议，打造一批“一带一路”能源合作最佳实践案例。

8. 着力提升党的建设质量

牢牢把握新时代党的建设总要求，坚持以党的政治建设为统领，把党的制度建设贯穿其中，扛牢压实全面从严治党“两个责任”，以党的建设高质量发展，保证能源事业高质量发展，切实把党的全面领导贯彻落实到能源工作的方方面面。

【2020年全国电力安全生产电视电话会议】

2020年1月3日，国家能源局在北京召开2020年全国电力安全生产电视电话会议，贯彻落实党中央、国务院关于安全生产工作的决策部署和全国能源工作会议精神，总结2019年工作，部署2020年任务。国家能源局党组书记、局长章建华出席会议并讲话，应急管理部安全协调司有关负责同志应邀出席并代表国务院安委会办公室讲话。

章建华指出，2019年，全国电力行业深入学习贯彻习近平总书记关于安全生产的重要论述和指示批示精神，夯实安全基础，深入排查隐患，防范遏制风险，提升应急能力，履职尽责、攻坚克难、勇于担当、敢于作为，保持电力安全生产形势总体稳定，推动电力安全生产领域改革发展走深走实，促进电力安全生产工作取得了成效。

章建华强调，2020年是全面建成小康社会和“十三五”规划的收官之年，也是“十四五”谋篇布局的关键之年，做好电力安全生产工作意义重大。电力行业要坚持以习近平新时代中国特色社会主义思想为指导，全面贯彻党的十九大和十九届二中、三中、四中全会精神，牢固树立总体国家安全观，主动践行能源安全新战略，不断强化危机意识，恪守安全发展底线，扎实推进电力安全生产领域治理体系和治理能力现代化，防范化解重大电力安全风险，加强应急能力建设，打造安全支撑体系，确保电力系统安全稳定运行和电力可靠供应，为推动能源高质量发展、夺取全面建成小康社会伟大胜利、实现第一个百年奋斗目标做出应有的贡献。

【2020年电力可靠性指标发布会暨电力行业“安全生产月”启动会】

2020年6月3日，国家能源局在北京召开2020年电力可靠性指标发布会暨电力行业“安全生产月”启动会，与中国电力企业联合会联合发布2019年度电力可靠性指标，对电力行业2020年“安全生产月”和“安全生产万里行”活动进行部署。

会议由国家能源局电力安全监管司司长童光毅主持。中电联党委书记、常务副理事长杨昆在发布会上讲话并致辞，中电联党委委员、专职副理事长魏昭峰，副秘书长许松林出席发布会。杨昆首先向在疫情期间坚守岗位、不辞劳苦、勇于奉献的电力行业广大工作者表示感谢。他强调一年来，中电联电力可靠性管理工作坚持服务理念，发挥平台优势，凝聚行业共识，服务水平不断提升；深化统计分析，夯实基础管理，加快信息发布，社会影响力不断扩大；注重调查分析，推动标准建设，拓展工作内容，管理应用不断深入。他表示，在新时代的伟大征程上，中电联将按照国家能源局的统一部署，充分发挥政府和企业之间的桥梁纽带作用，切实提升电力可靠性管理技术实力和服务能力，不断扩大统计评价范围、全面提升行业信息化水平、建立健全技术标准体系、深度挖掘可靠性信息价值、持续加大国际交流合作。

国家能源局总经济师郭智启动“2020年度电力安全生产月和安全生产万里行”活动，他肯定了2019年电力可靠性管理取得新进展，并要求电力可靠性管理工作要始终以习近平新时代中国特色社会主义思想和能源安全新战略为指导，有序、高效推进各项工作，积极推进《电力可靠性监督管理办法》的修订和颁布，建立健全电力可靠性管理工作体系和制度体系；进一步规范电力可靠性信息统计和报送，加强可靠性数据管理、指标考核和成果应用，充分体现可靠性管理对电力发展的指导权威性；认真贯彻落实党中央、国务院关于优化营商环境的精神要求和《优化营商环境条例》，强化用户供电可靠性管理，有效压缩停电时间和频次，保障人民群众生产生活对电能供应的合理需求，圆满完成脱贫攻坚任务。他强调，2020年是我国实现第一个百年奋斗目标，全面打赢脱贫攻坚战和“十三五”规划的收官之年，电力可靠性管理要夯基础，补短板，进一步完善电力可靠性管理机制，提升管理及应用水平，为决胜全面建成小康社会提供稳定可靠的电力供应保障。

会上发布了2019年度全国电力可靠性指标，从指标发布情况来看，2019年度全国电力可靠性继续保持较高水平。发电方面，纳入电力可靠性统计的各类发电机组等效可用系数均达到90%以上，其中燃煤机组等效可用系数92.79%，同比增加0.53个百分点；燃气—蒸汽联合循环机组等效可用系数92.37%，同比减少0.1个百分点；水电机组等效可用系数92.58%，同比增加0.28个百分点；核电机组等效可用系数91.01%，同比减少0.83个百分点。输变电方面，架空线路、变压器、断路器三类输变电主要设施的可用系数分别为99.453%、99.641%、99.873%，架空线路可用系数同比增加0.124个百分点，变压器和断路器可用系数同比下降0.100和0.035个百分点。直流输电系统合计能量可用率86.165%，同比减少5.893个百分点，合计能量利用率46.44%，同比增加2.33个百分点。供电方面，全国平均供电可靠率99.843%，同比上升0.023个百分点；用户平均停电时间13.72h/户，同比减少2.03h/户；用户平均停电频率2.99次/户，同比减少0.29次/户。

【中国南方电网有限责任公司2021年工作报告(摘要)】

一、2020年工作回顾

2020年，面对严峻挑战和重大困难，以习近平新时代中国特色社会主义思想为指导，坚决贯彻党中央、国务院重大决策部署，统筹抓好新冠肺炎疫情防控和改革发展生产经营党建工作，深入推进公司发展战略落地，牢牢把握安全生产、增供扩销、基建攻坚三个抓手，攻坚克难、众志成城，全面完成各项目标任务，实现了“十三五”发展圆满收官，为决战脱贫攻坚、决胜全面建成小康社会作出了应有贡献。全系统未发生较大及以上人身事故，未发生设备和电力安全事故，未发生对公司和社会造成重大不良影响的涉电公共安全事件。全网统调最高负荷1.998亿kW，同比增长7%；售电量11068亿kWh，增长5.2%；西电东送电量2305亿kWh，再创历史新高；营业收入5795亿元；净利润80.1亿元；固定资产投资1216亿元；劳动生产率57.85万元/（人·年）；期末资产总额首破万亿，达10215亿元；资产负债率59.5%；客户平均停电时间（低压）12.15h，下降15.4%；第三方客户满意度84.5分；广东、广西电网公司和深圳供电局连续多年在地方公共服务评价中名列第一；公司连续14年获得国务院国资委经营业绩考核A级，党建年度考核A级；世界500强排名105位。成绩主要体现在以下八个方面。

（一）在坚决服从主动服务大局中体现新担当新作为

自觉将公司各项工作融入新冠肺炎疫情防控、服务经济社会发展的大局中。战疫情、保供电，第一时间成立应对新冠肺炎疫情工作领导小组及5个专项工作组，统筹实施各业务领域防控策略，及时完善常态化防控举措，守住了不发生聚集性新冠肺炎疫情的底线。制订供电服务保障6项举措，为4450户疫情防控重点客户做好保供电，全力确保五省（区）安全可靠供电。特殊安排1亿元用于定点医院、隔离场所供电项目建设。制订实施助力湖北疫后重振发展7项举措。向新冠肺炎疫情防控一线捐款捐物5600多万元。助“六稳”、促“六保”，制订实施22项重点举措54项任务，坚决执行工商业电价降5%、支持性两部制电价等政策，全年降低客户用电成本200亿元、惠及840万工商业用户。实施重点客户欠费不停电及缓交电费措施，涉及金额92亿元。依托电力大数据建立企业复工复产监测机制，为党和国家有关部门、各级党委政府当好参谋。及时调增固定资产投资，优先投向落实“六稳”“六保”要求、融入“两新一重”建设等重点领域。全力打赢“三大攻坚战”，超额完成中央单位及各省区部署的定点扶贫任务，694个扶贫点、34.7万贫困人口全部达到脱贫标准；投入资金361亿元，全面完成国家挂牌督战县、“三区三州”等贫困地区农网改造升级任务。制订实施清洁能源消纳专项行动24项举措，可再生能源利用率99.5%，基本解决清洁能源消纳问题，非化石能源电量占比53.2%，增长0.3个百分点。健全防范化解重大风险责任机制，重点加强电网运行、经营、市场等6大风险管控，全年未发生重大风险事件。

（二）在守底线中创出安全治理新水平

深入践行总体国家安全观，将安全生产作为一切工作的基础和前提。抓好《公司党组关于进一步加强安全生产工作的意见》30项任务落实，实施安全生产专项整治三年行动计划，系统构建“大安全”格局。统筹推进党支部和基层基础基本技能建设，资源更加向一线倾斜，进一步减轻了基层负担、激发了活力。扎实推进电网、设备和网络安全风险防控，加强涉港涉澳涉核线路运维，涉电公共安全水平持续提升，事故事件和人身事故双下降，人身事故管控为历年最高水平。在“护网2020”网络攻防演习中继续名列前茅。持续做好“三篇文章”，基本建成66个城市保底电网，完善城市大面积停电应急机制，全面建成“1+3”应急基地群，广东基地获评国家级。有效应对35轮次各类自然灾害侵袭，主动做好6起社会突发事件应急供电支援。党的十九届五中全会、深圳特区建立40周年庆典活动、海南文昌航天发射等12项重大保电任务万无一失，对港澳供电可靠稳定。

（三）在稳增长中拓展经营新空间

努力开源节流、挖潜增效，克服经营困难局面。制订实施克服新冠肺炎疫情影响6个专项方案、“过紧日子”26项举措、增供扩销16项措施，扎实推进提质增效10个专项行动，全力稳存量、拓增量，努力追回新冠肺炎疫情影响。增供扩销成果显著，售电量增速超出年度预期，电能替代314亿kWh。竞争性业务利润增长30.3%，其中新兴、金融、国际业务利润分别增长53.5%、23.8%、10.7%，在管制业务盈亏总体平衡的情况下，成为公司效益重要支撑。降本压费效果明显，可控成本、单位供电成本分别下降5.1%、2.2%，线损率5.59%，下降0.21个百分点，电费回收率99.99%，追回云铝欠费4.6亿元。融资成本率降低0.16个百分点，置换存量债务2180亿元，实现境外资金归集与监控，维持国家主权级国际信用评级。存量土地资源盘活取得实质突破。南网商城撮合交易60亿元。市场化融资租赁签订合同78.6亿元。推进审计标准化建设、全流程管控，促进增收节支5.5亿元。依法主动维权避免和挽回经济损失6.7亿元。

（四）聚焦主责主业推进电网新发展

立足于建设发展运营好南方电网，充分发挥在经济社会发展和能源转型中的基础性支撑性保障性作用。融入和服务粤港澳大湾区、深圳先行示范区、海南自贸港、新时代推进西部大开发形成新格局等国家重大发展战略的工作全面铺开。克服新冠肺炎疫情困难，高效推进电网建设，文昌气电项目创造了海南自贸港速度，云贵互联通道工程创下超高压直流工程建设最短纪录，特别是昆柳龙直流工程，克服困难两次提前工期，2020年底全面建成投产，创出19项世界第一，扩大了公司在特高压直流输电领域世界领先优势。建成深圳前海自贸区、广西东兰县农村智能电网、海岛微电网等城农网示范区。11项工程获国家级优质工程奖，滇西北特高压直流工程获国家优质工程金奖。“一带一路”建设走深走实，中老铁路供电项目按计划推进，老挝国家输电网项目合资公司注册成立，越南永新一期项目获得越南工程建设质量的最高荣誉“国家优质工程奖”，永新三期项目签署股权收购协议。

（五）优化用电营商环境打造新标杆

对标世界一流水平，制订实施公司全面提升“获得电力”服务水平、持续优化用电营商环境三年行动方案，不断提升客户获得感。全网低压非居民、高压单电源客户平均接电时间分别下降到2.7、21.2个工作日，小微企业接电实现“零投资”，累计节约客户投资108亿元。促请政府出台加快涉电工程行政审批政策，外线工程审批时间平均为5天、最长不超过10个工作日。在中国营商环境“获得电力”评价中，深圳市、广州市名列前茅。在全国城市电力可靠性排名中，珠海市、中山市、深圳市、佛山市、广州市、东莞市位居前10包揽前3，特大城市核心区可靠性比肩世界顶尖水平。完成客户服务平台升级推广，互联网业务比例达99%，实现客户办电“一次都不跑”。

（六）改革攻坚取得新突破

以供给侧结构性改革为主线，以落实国企改革三年行动方案为抓手，全面完成年度改革任务。电力体制改革持续走在全国前列，配合做好第二监管周期输配电价核定，南方（以广东起步）电力现货市场开展全月结算试运行，南方区域调频辅助服务市场启动试运行，南方区域统一交易平台上线运行。电力交易机构股权优化调整工作全国领先。五省（区、市）场化交易电量占比45%。完成93个独立供电区域接管，13个县级供电企业实现“子改分”。广西新电力投资集团有限责任公司实现并轨运行。“去机关化”改革高质量完成，厂办大集体改革超额完成年度任务，退休人员社会化管理改革主体工作提前完成，“三供一业”分离移交和供电设施接收改造全面完成，剥离企业办社会职能和解决历史遗留问题基本完成。“双百”“科改”改革有序推进。资产证券化实现新突破，南方电网综合能源股份有限公司成功上市，公司授权体系基本建立。现代供应链体系加快构建，网级物资采购集中度、网省储备集中度分别达71%、66%。推进制度简明化，总部制度数量压缩28%、流程环节减少23%。

（七）创新发展迈上新台阶

制订实施进一步推进创新工作26条举措。组织实施国资委攻关任务5项、公司关键核心技术攻关83项，新承担国家重点研发计划“数字电网关键技术”项目。依托昆柳龙、禄高肇等重点工程，攻克特高压柔性直流、混合直流、柔直换流阀等核心技术，研制成功世界首台160kV超导直流限流器。数字化转型步伐加快，发布全球首份数字电网白皮书，上线“南网智搜”“南网智瞰”“南网在线”。推行“揭榜制”“挂帅制”“众筹制”“自荐制”，充分发挥技能竞赛、创新平台作用，职工创新成果显著。举办公司首届创新创业大赛，聘请充实专家委员会。成立国家级产业知识产权运营中心及南方电网科技开发有限公司。新获发明专利授权1770件，获得省部级及以上创新奖励60余项，获中国电力科学技术进步奖一等奖1项。创新成果转化销售额近6亿元。新设南网能创基金等4支基金，认缴规模77.5亿元。

（八）党的建设质量得到新提升

坚持党的全面领导、不断加强党的建设，巩固深化“不忘初心、牢记使命”主题教育成果，抓实中央巡视“后半篇文章”。完善落实“第一议题”机制，加强党组（党委）理论学习中心组学习成果转化。修订公司党组全面从严治党主体责任清单。制订实施关于加强政治生态建设的意见、加强和改进党支部建设的若干意见，持续推动党建与改革发展生产经营深度融合。实施“百千人才去基层到西部计划”。健全“三类三级”人才发展梯队。坚持党管意识形态，开展全方位、立体式宣传，取得良好社会反响。构建完善“青马工程”建设体系。公司系统 31 个集体、88 名职工获得省部级以上荣誉称号，其中 6 人获全国劳动模范表彰。纪检监察体制改革进一步深化。高质量开展两轮巡视。把整治形式主义、官僚主义摆在更加突出位置，推行 30 项减负措施。一体推进“三不”，巩固反腐败斗争压倒性胜利，全年立案审查 400 件、党纪政纪处分 514 人。

二、2021 年重点工作任务

（一）强化政治担当，深入贯彻落实党中央重大决策部署

一是持续抓好“六稳”“六保”。二是服务和融入区域协调发展。三是有效衔接乡村振兴。四是推动西电东送可持续发展。五是防范化解重大风险。六是科学编制实施“十四五”规划。

（二）深化创新驱动，增强自立自强能力

一是加大关键核心技术攻关力度。二是建立精准高效创新机制。三是努力打造创新生态圈。

（三）强化安全治理，提升本质安全水平

一是持续提升安全治理能力。二是突出抓好大电网安全运行。三是显著增强网络安全防控能力。四是持续加强人身和涉电公共安全。

（四）瞄准世界一流，持续优化营商环境

一是全力保障电力供应。二是全面提升“获得电力”水平。三是持续提升优质服务能力。

（五）深化提质增效，夯实稳增长基础

一是大力增供扩销。二是全力降本增效。三是打造提质增效升级版。

（六）优化业务布局，不断拓展发展空间

一是新兴业务聚焦融入服务“新基建”。二是金融业务聚焦服务主业以融促产。三是国际业务聚焦发挥大湄公河次区域电力合作牵头作用。四是共享业务聚焦提升支撑服务能力。五是建立同向发力机制。

（七）加快数字化转型，促进管理与业务变革

一是加强数字化转型统筹。二是推动人工智能与业务深度融合。三是构建能源数字产业生态。

（八）落实碳达峰碳中和目标，推动清洁低碳转型

一是有效服务产业结构升级。二是大力支持可再生能源发展。三是积极引导能源绿色消费。

（九）深化改革攻坚，提升改革综合效能

一是持续深化电力体制改革。二是重点突破国企改革关键任务。三是加强改革督促落实力度。

（十）坚持强根铸魂，提升党建工作质量

一是坚持政治建设统领。二是强化科学理论武装。三是守好意识形态主阵地。四是持续抓基层打基础。五是建强干部人才队伍。六是加强执行力建设。七是坚持不懈正风肃纪反腐。

【中国华能集团公司 2021 年工作报告（摘要）】

一、2020 年工作回顾

2020 年，面对突如其来的新冠肺炎疫情冲击，中国华能集团有限公司（简称中国华能）在以习近平同志为核心的党中央坚强领导下，顶住压力、迎难而上，新冠肺炎疫情阻击战取得阶段性重要成效，三大攻坚战取得重大战略性成果，绿色转型获得重大进展，提质增效成果丰硕，自主创新能力显著增强，企业改革持续深化，党的建设不断加强，经营利润创历史最高水平，圆满完成各项目标任务，实现了“十三五”圆满收官，在大战大考中彰显了华能精神、华能担当。

（一）新冠肺炎疫情阻击战取得阶段性重要成效

坚持把员工安全健康放在首位，新冠肺炎疫情初期确诊的 13 例病例全部治愈“清零”后，系统内再无新增病例，境外员工保持“零感染”。坚持一手抓新冠肺炎疫情防控，一手抓稳产保供和复工复产。在湖北省、武汉市主战场，华中分公司逆行出征，抗疫保供，守住了城市“生命线”。473 个基层电厂连续安全稳定发电供热。20 个生产煤矿春节后立即复产，基建项目实现应开尽开，充分发挥了产业链龙头带动作用。制定助力湖北疫后重振 20 项举措，组织定向采购 6.57 亿元。开展“抗疫情、促生产、作先锋”主题实践活动，党旗在抗疫斗争一线高高飘扬。罗家庚同志获全国抗疫先进个人称号。阳逻电厂获中央企业抗疫先进集体、阳逻电厂党委获中央企业先进基层党组织称号。上海电商王飞、北京热电何垚年、萨希瓦尔煤电孙震获中央企业抗疫先进个人称号。

（二）三大攻坚取得重大战略性成果

（1）决胜脱贫攻坚如期完成。党的十八大以来，公司系统累计投入 82 亿元，帮助 26.5 万人稳定脱贫。总部定点扶贫和对口支援的陕西榆林横山区、新疆阿合奇县、青海尖扎县，帮扶的云南“直过民族”

4个贫困县全部脱贫摘帽，连续三年获国务院定点扶贫工作考核最优等级，连续两届获中华慈善奖。

（2）污染防治攻坚扎实推进。坚决打好蓝天碧水净土保卫战，强力推进源头管控，推动生产清洁化，超低排放煤机占比达97%，完成“十三五”国家下达改造任务的113%。主要污染物排放绩效保持行业最优。

（3）生产经营风险有效管控。没有发生较大及以上安全事故，有效应对了洪涝、台风、泥石流等自然灾害。机组非停同比下降25%。砚北煤矿、灵泉煤矿等14处煤矿被评为特级安全高效矿井。核电安全管理体系更加完善。环保风险排查治理扎实有效。资产负债率降至70%以下，圆满完成三年降杠杆任务。金融业务领域守住了不发生系统性风险的底线。

（三）绿色转型取得重大进展

（1）“两线”“两化”战略全面推进。陇东能源基地新能源项目获得核准，核桃峪、赤城煤矿实现联合试运转。江苏、山东、浙江、辽宁等海上风电开工。华能北方上都百万千瓦级风电基地项目等项目获得核准。华能东莞燃机热电一期（2×472.52MW）工程、华能江阴燃机热电联产（2×400MW级）项目等项目实现双投。

（2）新能源发展创历史最高水平。克服疫情、设备供货、送出、施工资源紧张等多重挑战，新能源项目核准、开工、新增容量突破“三个1000万kW”，跃上新的大台阶。新增容量是“十三五”前四年的总和。

（3）核电发展实现战略性突破。国家科技重大专项——石岛湾高温气冷堆示范工程双堆冷试一次成功，全面进入双堆热试。昌江核电二期获得国务院核准，中国华能正式成为中国第四家具备控股建设大型压水堆资质的发电集团。三大沿海核电基地发展格局全面形成。

（四）提质增效成果丰硕

（1）经营业绩大幅增长。咬定全年目标，细化落实181项提质增效重点措施，牢牢守住了生产经营基本盘。利润、净利润、归属母公司净利润分别同比实现增长，各产业板块均实现盈利。境外项目全部盈利，创历史最高水平。

（2）发电量实现逆势增长。坚定必胜信念，克服新冠肺炎疫情影响，全年发电量实现正增长。综合、煤电、风电利用小时对标保持领先。

（3）燃料采购贡献突出。深化燃料管理体制改革，强化集约化管理，实现下水煤统一供应，陆运煤区域集中管控。夯实长协煤保供控价基础，做优进口煤，做实协同煤，严控现货价格，开展燃料管理全过程、全流程、全覆盖监督检查，标煤采购单价对标保持领先。

（4）开源节流成效明显。供热量、供热收入分别同比实现增长。营业收入增幅优于成本增幅。成本费用利润率同比实现提高。江西分公司应用“一日经营核算”平台，全年降本增效显著。大力开展机组状态检修，自主检修157台次，大量节约了维修费用。

（五）自主创新能力显著增强

（1）“卡脖子”技术攻关取得重大突破。研制出具有完整自主知识产权的国内首套全国产化DCS——华能睿渥，在华能福州电厂、华能玉环电厂成功投用，标志着中国煤电领域核心控制设备实现完全自主可控。成功研发自主可控PLC系统，在华能汕头电厂、通榆和定边风电示范应用。一系列重大关键核心技术的突破，极大激发了广大科技人员的积极性创造性，提振了公司上下干事创业的精气神。

（2）科技创新布局不断优化。成立公司学术委员会、科技咨询委员会、核能技术研究院和水电研发中心。与清华大学、西安交通大学、华北电力大学等高校组建联合研究机构。建成电力基础设施网络安全实验室。全年科技投入资金和研发费用同比大幅增长。在能源行业率先发布国际标准化战略纲要。成立国际标准技术研究院，成功承办“2020国际标准峰会”。

（3）科技创新成果不断涌现。开发出行业级工业互联网平台、国内首个海上风电智慧运维平台和新能源智能监控平台。研制出中国首套相变型二氧化碳捕集装置。全年专利申请数同比增长近4倍，授权专利同比增长一倍。获省部级科技进步一等奖8项，同比增加3项。国际标准化工作取得突破，成功发布2项，立项5项国际标准。

（4）科技环保产业发展开局良好。落实共抓长江大保护战略，成立华能长江环保科技公司。形成具有自主知识产权的污泥垃圾耦合发电技术路线，在岳阳、杨柳青、运河、秦皇岛等电厂示范应用。

（六）企业改革持续深化

（1）体制机制改革稳步推进。落实国企改革三年行动方案，加强董事会建设，完善议事规则，董事会定战略、做决策、防风险作用得到充分发挥。深入推进“双百行动”和“科改示范行动”。有序推进西北煤电资产整合，率先完成管理权移交。退休人员社会化管理工作完成主体任务。

（2）总部改革成效显著。大力实施总部机构改革，大幅精简总部部门、处室、定员。持续整治“总部机关化”问题，发文、会议、检查数量同比大幅减少。总部战略决策、资源配置、绩效管控、风险防控“四个中心”职能作用更加突出，管理效率显著提升。

（3）“处僵治困”实现新突破。重点亏损子企业较2018年减亏降幅62.4%，优于国资委要求。推进

45户资不抵债企业处置，亏损基层企业同比减少。

（4）依法治企水平不断提升。深化审计体制改革，成立审计中心，完善“上审下”工作机制，强化内部审计监督，狠抓问题整改。

（七）党的建设不断加强

（1）理论武装持续深化。始终把学习贯彻习近平总书记重要指示批示作为首要政治任务，建立党组会“第一议题”制度，完善推动落实机制。开展学习习近平新时代中国特色社会主义思想成果交流，党组中心组集中学习研讨7次，公司系统举办交流会260余场。党的十九届四中全会精神培训实现处级以上干部全覆盖。党组成员带头宣讲党的十九届五中全会精神，公司上下迅速兴起学习贯彻热潮。

（2）基层基础不断夯实。深化“抓党建促发展”创新试点和“红旗党支部”创建，“华能智慧党建”管理系统建成投用。聚焦中心工作，深化党员示范行动。评选表彰第三届华能榜样。完善党建工作责任制考核评价办法，全面开展党组书记抓基层党建述职评议。公司获中央企业党建责任制考核A级。

（3）全面从严治党深入推进。对深化中央巡视整改再动员再部署，开展巡视整改“回头看”。深化政治巡视，公司党组开展2轮常规巡视，对4家大型基层企业进行提级巡视。完成境外腐败、利益输送、设租寻租和化公为私专项整治。严肃查处违反中央八项规定精神问题线索，推动贯彻落实中央八项规定精神化风成俗。

（4）队伍建设得到加强。突出政治标准，坚持事业为上，选优配强各级领导人员。大力发现培养选拔使用优秀年轻干部，党组管理干部中“70后”超过30%，45岁左右干部占比接近1/5。组建国际化人才库。首次摘得“嘉克杯”国际焊接大赛团体金奖。在央企层面率先获评全国模范职工之家。中国华能清洁能源研究院有限公司部时旺、大连电厂李前胜、海口电厂符亮、达拉特电厂郑桂杰、伊敏露天矿王剑红荣获全国劳动模范，上海瑞宁航运财务部获评全国三八红旗集体。公司入选“一企一国一系列”跨文化传播企业试点，获“十三五”中国企业文化建设行业旗帜称号。

二、“十四五”时期及2021年工作思路

“十四五”时期是实现高质量发展的关键期，也是中国华能加快绿色转型、实现新领先的重要战略机遇期。中国华能提出了加快建设世界一流现代化清洁能源企业的战略目标，作出“两步走”战略安排，到2025年确保进入世界一流能源企业行列，到2035年确保综合实力全面领先，进入世界一流能源企业前列，在科技创新、绿色转型、效益效率、国际化发展、公司治理、党建质量等方面实现“六个新领先”。

2021年，中国华能将坚持以习近平新时代中国特色社会主义思想为指导，全面贯彻党中央、国务院决策部署，牢牢把握高质量发展这个主题，以安全发展为基础，以质量效益为中心，以绿色转型为主导，以改革创新为动力，以党的建设为保障，确保完成年度各项目标任务，确保“十四五”开好局、起好步，加快建设具有全球竞争力的世界一流现代化清洁能源企业，以优异成绩迎接建党100周年。

三、2021年重点工作

（1）本质安全水平实现新提升。抓好常态化新冠肺炎疫情防控。狠抓重点领域治理。强化设备管理。深化污染防治攻坚。

（2）绿色转型再上新台阶。大力发展新能源。积极开发水电。积极有序发展核电。促进协同产业发展。加快国际化发展。

（3）科技创新展现新作为。强化关键核心技术攻关。加强科技创新能力建设。抓好科技成果凝练转化。加快科技环保产业发展。

（4）提质增效再创新佳绩。精准发力稳增长。深化亏损企业治理。狠抓市场营销。大力降本节支。强化资金精益管理。

（5）数字化转型迈出新步伐。加快统一平台建设。推进产业数字化创新。全面提升网络安全水平。

（6）深化改革取得新突破。狠抓重点任务落实。深化三项制度改革。提升法治建设水平。

（7）以高质量党建引领高质量发展。持续加强党的政治建设。不断增强基层党组织活力。进一步加强干部人才队伍建设。深入推进全面从严治党。

中国华能将更加紧密团结在以习近平同志为核心的党中央周围，坚决扛起新时代赋予的责任使命，加快建设世界一流现代化清洁能源企业，以优异成绩迎接建党100周年。

【中国大唐集团有限公司2021年工作报告（摘要）】

一、2020年工作回顾

2020年，中国大唐集团有限公司系统各单位、总部各部门深入贯彻落实党中央国务院决策部署和国资委工作要求，坚定履行中央企业责任使命，克服困难，加压奋进，统筹推进新冠肺炎疫情防控和生产经营、改革发展、党的建设等重点任务，全面完成全年各项任务目标，开创了各项工作的新局面。

（1）新冠肺炎疫情防控取得阶段性成效。坚决贯彻落实党中央国务院决策部署和国资委工作要求，始终把人民群众生命安全和身体健康放在首位，统筹部署新冠肺炎疫情防控、值班值守、安全生产、燃料保

供和关爱疫区职工等工作，保持正常生产经营秩序，确保社会电力热力安全稳定供应。坚决服从服务全国新冠肺炎疫情防控和经济社会发展大局，落实“复工复产”专项信贷资金投放251亿元，90个基建项目在2020年3月底全部复工复产。全力支持各地新冠肺炎疫情防控和疫后经济重振，累计向武汉市等地区捐款捐物5000万元，采购湖北农产品1195万元，提供湖北毕业生就业岗位216个。境内外员工始终保持零确诊、零疑似“双零”良好战绩，履行了央企的政治责任、政治担当，展示了良好的社会形象。

（2）安全生产保持稳定局面。深入开展安全生产专项整治三年行动、防止风电机组重大事故专项检查治理及“安全生产月”等专项活动，安全生产形势总体平稳。有效应对主汛期和“海高斯”“巴威”台风等突发事件，确保了长江淮河流域电站、大坝汛期安全稳定。积极应对部分地区能源供应紧张形势，全力做好夏季大负荷用电和冬季保暖工作。新能源两级集控中心建设取得积极进展，风机可利用率同比增长0.03个百分点。在全国可靠性机组评价中14台机组获奖。

（3）经营局面实现稳中向好。自觉服务国家“六稳六保”工作大局和中央企业“两个力争”目标，克服新冠肺炎疫情和市场波动不利影响，深入开展提质增效专项行动，经营局面实现稳中向好。8月电量同比增速实现由负转正，全年发电量完成5604亿kWh。狠抓市场营销，煤机利用小时区域对标领先。加强燃料保供控价，入厂标煤单价保持对标先进。

（4）结构调整取得积极进展。深入贯彻新发展理念和能源安全新战略部署，积极服务国家区域发展战略，加大新能源项目开发力度，累计清洁能源装机占比同比增长2.04个百分点，绿色发展步伐进一步加速。全年核准、开工、投产电源项目中新能源分别占48.73%、73.45%、57.5%，均创历史新高。山东东营、广东雷州2×100万kW机组、首个自主建设的井工矿正式投产。

（5）国资国企改革稳步推进。制定改革三年行动方案，开展对标世界一流管理提升行动，全面落实国企改革重点任务。完成煤电资源区域整合第一批试点企业管理权、产权接收和移交工作，厂办大集体改革总体任务完成率100%，“双百行动”“科改示范行动”取得阶段性进展。“处僵治困”取得积极成效，完成“两金”压降任务，全面完成民企清欠任务。加大资产盘活力度，国有资产布局不断优化。持续深化“总部机关化”问题专项整改，加快转变管理职能，审批效率持续提升，基层解压减负成效初显。

（6）三大攻坚战取得显著成果。贯彻党中央打赢脱贫攻坚战决策部署，高质量推进中央脱贫攻坚任务落实，广西大化县脱贫摘帽，陕西澄城县贫困人口清零，环县岳后渠村正式脱贫出列，系统企业对口帮扶的339个村全部脱贫，中央单位定点扶贫任务各项指标超额完成。强化环保治理和监督检查，超低排放机组占煤电机组比重居行业先进水平。持续推进打赢蓝天保卫战三年行动计划，供电煤耗同比下降2.01g/kWh。坚持底线思维，健全风险防控体系，严控投资、债券、金融和海外业务等重点领域风险。多措并举降杠杆减负债，资产负债率比年初下降2.94个百分点。

（7）党的政治优势充分彰显。落实两个“一以贯之”要求，完善党的领导体制机制，制定全面从严治党主体责任清单，创新党建工作业务线考核，管党治党政治责任进一步夯实。各级党组织紧密围绕中心、服务大局，推动党建工作与中心工作深入融合，为全年任务目标完成发挥了组织保障作用。基层党支部的战斗堡垒作用、工会和共青团的桥梁纽带作用在战役保电、生产经营、项目前期和工程建设一线得到充分发挥，涌现出了一批爱岗敬业的先进模范典型，充分展示了央企干部职工勇于担当、忘我奉献的良好精神风貌。

二、2021年工作要求和重点工作

2021年是“十四五”开局之年，也是中国开启全面建设社会主义现代化国家新征程的重要一年，是集团公司在新一届领导班子带领下，立足新发展阶段，贯彻新发展理念，融入新发展格局，开启“二次创业”新征程的重要一年。要深入贯彻党的十九届五中全会和中央经济工作会议、中央企业负责人会议精神，围绕打好“四大攻坚战”和“五大提升工程”，落实各项扎实举措，全面完成全年各项任务目标，加快推动转型发展升级，努力打造“绿色低碳、多能互补、高效协同、数字智慧”的世界一流能源供应商。

2021年重点工作：坚持压实责任、强化管控，全面提升本质安全水平。坚持低碳绿色、创新驱动，加快实现转型发展升级。坚持对标一流，精益管理，加快实现质量效益新提升。坚持突出重点，深化改革，激发高质量发展活力。打好重大风险化解攻坚战，切实防范化解各类风险。

三、2021年党建工作任务

强化政治监督，坚定做到“两个维护”。持续惩治腐败问题，不断实现不敢腐、不能腐、不想腐一体推进战略目标。全面深化专项整治，持续拓展整治领域和效果。毫不松懈纠治“四风”，持续涵养正风正气。坚持政治巡视定位，持续提升巡视监督质量。压紧压实管党治党的政治责任，确保“两个责任”落实到位。

【中国华电集团有限公司2021年工作报告（摘要）】

一、2020年工作总结

2020年，中国华电集团有限公司坚持以习近平新时代中国特色社会主义思想为指导，深入学习贯彻习近平总书记关于国资国企改革发展和党的建设重要论述，按照党中央、国务院统一部署，在集团公司党组领导下，在各位董事帮助指导下，认真落实集团公司党组和董事会决策部署，统筹推进新冠肺炎疫情防控和生产经营改革发展工作，坚持“两手抓、两手硬”，全力做好“六稳”工作、全面落实“六保”任务，各项工作稳中有进、稳中提质、稳中向好，企业改革发展跃上新的台阶。公司实现利润总额190.5亿元，完成年度预算目标的127%，同比增长55.1%；净利润125.3亿元，完成国资委考核目标的132.2%，同比增长58.6%；净资产收益率5.1%，同比增加1.2个百分点；经济增加值（EVA）2亿元，首次由负转正，完成国资委考核目标的193%，同比增加27.6亿元；资产负债率69.35%，较年初降低3.42个百分点，在同类型企业中率先完成资产负债率管控目标；营业收入利润率7.7%，同比提高2.3个百分点；全员劳动生产率88万元/人，同比提高8.6万元/人。完成发电量5799亿kWh，同比增长0.22%；供热量完成3.62亿GJ，同比增长12.68%；煤炭产量完成6136万t，同比增长10.1%。投产新能源项目657万kW，同比增长448%，为公司历史最高水平。截至2020年底，公司清洁能源装机占比达43%，同比提高2.63%；非化石能源装机占比31.2%，同比提高1.96%。截至2021年1月1日，公司发电装机达到1.66亿kW（按西北煤电整合后口径，公司装机达1.69亿kW）。全面超额完成了国资委年度考核目标，效益增长位列央企前茅。公司连续8年荣获国资委业绩考核A级企业，连续5年名列同类型企业前茅；连续九年上榜世界500强，并较上年提升16个位次。“十三五”以来，公司坚决落实党中央、国务院各项决策部署，总体上完成“十三五”规划目标任务，资产质量、综合实力、品牌形象得到大幅提升，实现了“十三五”胜利收官。2020年工作主要体现在六个方面。

（一）安全环保全面推进

认真落实习近平总书记关于安全生产重要指示批示精神，严格新冠肺炎疫情防控，压实安全责任，强化环保治理，公司系统新冠肺炎疫情防控、安全环保形势总体良好。

（1）新冠肺炎疫情防控精准高效。举公司全力抗击新冠肺炎疫情，确保安全生产、电煤供应、复工复产，新冠肺炎疫情期间做到不限电、不限热、不停机，煤炭、科工、金融等产业板块和105个基建项目迅速复工复产。积极为地方政府和防疫机构提供医学隔离、观察场所，向国内新冠肺炎疫情地区、境外有关国家捐赠防疫资金及物资共计6782万元，全年减免中小微企业及个体工商户房产租金4217万元，降低实体经济用电成本126亿元。

（2）安全生产不断推进。大力推进安全生产专项整治三年行动和本质安全型企业建设等重点工作。扎实开展“安全生产月”活动，做实做细防汛救灾，加强网络安全工作，连续4年荣获“中央企业网络与信息安全信息通报工作先进单位”称号。持续开展节能管理对标，供电煤耗完成295.21g/kWh，同比降低3.13g/kWh。扎实推进风电可靠性和能效管理、供热安全可靠性等专项行动。安徽、湖北、河南、广东等4个区域公司，邹县、芜湖、襄阳、渠东等42家燃煤电厂实现“零非停”。

（3）污染防治成绩突出。开展生态环保治理专项行动，公司单位电能二氧化硫排放量、氮氧化物排放量、烟尘排放量分别完成0.09、0.13、0.008g/kWh，分别较“十二五”末降低59.6%、58.7%、84.9%；单位电能化石能源消耗完成208.6g/kWh，较“十三五”规划目标降低7.4g/kWh。超额完成“十三五”污染防治攻坚重点任务，超低排放容量规模完成国家确定任务的118%（台数规模完成148%）；京津冀及周边、长三角、汾渭平原三大重点区域煤场全部实现封闭管理，完成蓝天保卫战确定的无组织排放深度治理任务。

（二）提质增效成效明显

全面落实国资委部署要求，深入开展深化提质增效专项行动，制订35项具体举措，抓好7项专项督导。

（1）市场开拓力度加大。发电产业方面，采暖供热量同比增长12.3%，工业制冷及其他供热量同比增长14.3%；风电、燃气轮机利润分别同比增长19%、33%。煤炭产业方面，产量同比增加563万t，经营利润同比增长13.4%。科工产业方面，利润总额同比增加8.67亿元、增长94.2%。金融产业方面，利润总额同比增加8.7亿元、增长30.3%。

（2）成本降控积极有效。深化电煤价格管控，完善对标体系，入厂标煤单价同比下降34.08元/t，节支43.28亿元。全力争取气价政策优惠，气价同比降低8.5%，节支17.6亿元，其中天津、广东等5个区域降幅超10%。加强融资规模、结构和成本管控，财务费用同比减少33.2亿元；期间费用占比9.4%，继续在同类型企业中保持领先水平；资金集约三率均超过90%，位居同类型企业首位。加大物资集采力度，集中采购率99.79%，上网采购率100%，公开采购率99.47%，节资率15.19%，招标采购平均时间缩短50天；打造“央企优秀商城”，华电商城商品突破百万件，全年采购金额5.86亿元。

（3）风险防控得到加强。狠抓负债率降控，从提效益、扩权益等方面持续发力，三年降杠杆减负债专项工作目标全面完成，提前7个月实现资产负债率降低到70%以下，在同类型企业中率先完成降杠杆任务。深入推进亏损企业治理，国资委列入的45户重点亏损子企业同比减亏52.5%。加大“两非”清算退出力度，创新处置方式，加快资产盘活处置，提高资产变现能力。

（4）资本运作不断强化。创新高效完成华电福新能源股份有限公司私有化。推进融资结构优化，争取到新冠肺炎疫情防控专项融资91亿元；华电国际电力股份有限公司50亿元债转股、华电山西能源有限公司40.5亿元并表资产支持票据（ABN）全部落地。多措并举盘活存量资产，完成低效无效资产处置130项，实现利润5.7亿元。

（三）转型发展步伐加快

深入贯彻“四个革命、一个合作”能源安全新战略，加强战略引领，优化调整结构，加快绿色发展，强化产业协同，全力推动高质量发展。

（1）规划编制有序推进。深入贯彻落实中央部署，印发集团公司“五三六战略”和创一流实施方案。召开“十四五”战略规划研讨会，科学谋划公司“十四五”发展。贯彻落实国家区域协调发展战略，编制实施京津冀协同发展、长三角区域一体化、海南自贸区等发展规划工作方案。积极融入地方发展，与陕西、四川、广西、贵州及安顺市、朔州市、乌兰察布市签订战略合作协议，加快推进新能源项目发展。加强产业链上下游企业合作，与隆基股份、正泰集团签订战略合作协议，推动光伏产业发展。

（2）项目前期大力推动。风光电基地式、规模化开发力度加大，新能源投资同比增长126%，全年发起风光电82项1835万kW、立项20项220万kW、核准64项471万kW、开工43项436万kW，均创出历史最高纪录。积极参与竞配和平价上网，14项193万kW、21项219万kW风光电项目分别列入国家或地方补贴目录、平价上网目录，均创历史新高。有序推进海上风电开发，浙江玉环北区15.4万千kW、广东阳江50万kW项目开工建设。积极推进水电发展，金上流域水电明确推荐受端落点为湖北鄂东地区；昌波、波罗、岗托项目立项和前期工作不断推进；完成金上水光互补规划研究报告并报国家能源局，初步确定可再生能源基地规模为水电913.6万kW、光伏700万kW。因地制宜发展天然气发电，香河一、二期纳入河北和北京“十四五”规划，惠州东江燃气热电完成立项。

（3）精品工程建设初见成效。积极应对新冠肺炎疫情、汛情、寒潮和行情对基建项目人员组织、现场施工、设备供货等带来的严峻挑战，全年电力项目投产1291.51万kW，其中82个657万kW风光电“保投产”项目全部投产，投产总容量和风光电投产容量均创历史最高纪录。公司首个长输天然气管线江苏启通项目成功并网通气。

（4）产业协同水平不断提升。强化煤电协同，华电煤业集团有限公司加大煤炭内销保供力度，全年累计向公司发电产业供煤1742万t，动力煤内销率达35.04%。深化产融结合，金融企业全年为主业提供资金支持1148亿元，同口径同比增长17%，“幸福华电”线上平台“华电e宝”正式开通。

（5）海外发展扎实稳健。克服全球新冠肺炎疫情影响，助力共建“一带一路”，国际业务全年实现收入176亿元、同比增长24%，实现利润24亿元、同比增长64%。

（四）创新驱动大力实施

认真落实国家部署要求，深入实施创新驱动战略，发展新动能不断增强。

（1）科技管理体系不断完善。加强创新平台建设，着力构建以企业为主体、市场为导向、产学研用深度融合的科技创新体系。成立专家咨询委员会，健全集团公司中央研究院职能，整合科技资源，形成创新合力。

（2）核心技术攻关取得重大突破。研发投入强度达2.43%，超过国资委考核目标0.06个百分点，投入达到58.4亿元，为历年最高。加快“卡脖子”关键核心技术研发攻关和国产化替代，全力推进国资委央企联合创新项目、国家能源局补短板和AK应用示范项目以及国家重点项目研发。率先构筑起覆盖火电“华电睿蓝”、水电“华电睿信”、风电“华电睿风”、电网“华电睿智”的电力自主可控工控产品系列，实现自主可控系统的示范应用。

（3）科技创新成果丰硕。主导和参编的腐蚀控制工程领域的三项国际标准正式发布，实现公司在国际标准化建设上的“零突破”。全年获得授权专利1338项，同比增加19.2%，创历史新高。

（4）数字转型加快推进。数字电厂、数字煤矿建设进展顺利，9家数字电厂试点建设全面推进；隆德煤矿智能化综采工作面系统稳定可靠、安全高效，投运后累计采煤超过600万t。编制完成综合能源“两个平台”规划建设方案。推进财务共享中心建设，四个试点区域56家单位实现切换上线，运营效益逐步显现。

（五）企业改革积极推进

认真落实党中央、国务院部署，推动重点改革举措落地，为公司高质量发展注入活力。

（1）落实国企改革任务坚决有力。制定公司《改革三年行动实施方案》《工作台账》，召开动员会部署推动，系统各单位迅速跟进，公司上下形成了全面深化改革的良好氛围。深入推动剥离企业办社会职能和解决历史遗留问题，“三供一业”分离移交和教育、医疗机构深化改革全部完成，厂办大集体改革基本完成，退休人员社会化管理完成99%以上。

（2）体制机制改革不断深化。“总部机关化”问题专项整改，按期完成国资委党委部署任务。煤电资源区域整合取得阶段性成果，工作成效受到国资委好评。开展公司治理专项行动，完善法人治理体制机制，推动公司治理体系和治理能力现代化。加强董事队伍建设，公司任命的首批7名直属单位专职董事已到岗履职。印发实施采购管理提升方案，提升了公司集约化采购、规范化管理、标准化建设和数字化建设水平。

（3）营销体系改革持续推进。有序推进售电公司实体化运营，代理工商业用户近4000家，售电量达753亿kWh，山东、江苏售电公司代理电量连续三年排名全国前十。积极参与电力现货市场建设，组建广东运营报价中心，试点一体化运营，试运行期间累计增收3500万元；积极参与电力交易中心股份制改造，参股全国27家省级交易中心

（4）依法治企得到加强。全面落实法治建设责任制，推进法律事务与业务工作深度融合，建立法律体检长效机制，全年避免或挽回损失27亿元，公司系统新发案件数量、金额同比分别下降18.1%、30.5%。加强现代化制度体系建设，形成企业协同一致的制度管理框架体系和上下贯通的制度信息化管理网，形成用制度管权、按制度办事、靠制度管人、依制度问责的运行机制。审计整改不断深化，截至2020年底，近5年内部审计发现问题整改率达90%，整改成效有效发挥。

（六）党的建设不断加强

认真贯彻新时代党的建设总要求，扎实落实集团公司党组一号文各项要求，为企业改革发展提供坚强政治保证。

（1）促进党的建设同企业工作深度融合。认真落实公司党组《深入学习贯彻落实习近平总书记重要指示批示精神工作制度》。不断提高基层党建工作质量，编制印发党务公开、信息公开管理办法。

（2）推动全面从严治党向纵深发展。持续深化中央巡视整改，全面自查评估，完善工作台账，建立长效机制工作清单。精准开展违规经营投资责任追究工作。开展党风廉政建设和“四个方面”专项整治，强化管党治党责任落实。

（3）不断加强思想文化和品牌建设。公司连续8年荣获联合国全球契约最佳实践奖，社会责任报告连续6年荣获“金蜜蜂优秀企业社会责任报告·长青奖”，9家单位获评第六届全国文明单位。“中国华电”首次荣登世界品牌实验室2020年中国500最具价值品牌榜。

（4）大力支持群团组织围绕中心开展工作。“三力”工会品牌得到全国总工会肯定，集团公司工委被命名为全国模范职工之家；4家单位荣获“全国厂务公开民主管理先进单位”称号。扎实开展共青团推优入党试点。

（5）努力实现公司扶贫攻坚取得决定性胜利。定点扶贫的63个贫困县全部脱贫摘帽。公司获评2019年中央单位定点扶贫考核最优等级；荣获国家脱贫攻坚最高荣誉“全国脱贫攻坚奖组织创新奖”。

二、大力推进“十四五”高质量发展

中国华电集团有限公司董事长温枢刚在讲话中对公司“十四五”工作进行了全面部署，进一步明确了公司“六个字”发展要求、“六个一”发展思路和“5318”发展目标，结合实际制定措施，推动“十四五”各项目标任务落实落地。

（一）立足当前，放眼长远，切实增强抓发展的主动性

1. 公司内部情况

2020年，公司各项工作迈上新台阶，为“十三五”收官画上圆满句号。同时也要清醒地认识到工作中仍存在的一些问题与不足。

（1）安全环保基础还不牢固。

（2）部分区域绿色低碳转型还不快。

（3）部分直属单位盈利能力还不强。

（4）个别区域电量完成和燃煤成本控制还不好。

（5）基础管理水平还不高。

2. 外部环境

（1）电力市场竞争方面。随着新冠肺炎疫情后中国经济的快速恢复，用电量将保持较快增长，预计今年全国全社会用电量7.9万亿kWh、同比增长6.5%。

（2）煤炭供需影响方面。长期来看，煤炭中长期上涨动力不足，但阶段性价格上涨还存在，预计2020年煤价整体高于去年水平，东北、西南等地区大部分时段将供应紧张。

（3）资金市场态势方面。中央继续实施积极的财政政策和稳健的货币政策，保持对经济恢复的必要支持力度，预计资金面收紧的幅度和速度将较为温和。

（4）安全环保要求方面。《中华人民共和国安全

生产法》对企业安全管理提出更高、更严要求。中央要求继续开展污染防治行动，建立地上地下、陆海统筹的生态环境治理制度，国家保持生态环保监管的高压态势力度不减。

（二）对标一流，扬长补短，切实增强抓发展的紧迫感

集团公司自 2015 年以来持续开展与国内外一流能源电力集团对标工作。2020 年结合国资委对标世界一流管理提升行动，集团公司选取了包括中国华电在内的 14 家世界 500 强排名靠前、业内公认的国际能源电力企业作为对标对象，在 8 个方面、14 个维度、32 个指标方面进行了对标分析。从 2019 年度指标完成情况对标看，集团公司规模类指标排名相对靠前（装机容量排名第 3、发电量排名第 4）。与国内对标企业相比，供电煤耗（国内排名第 2）、供热量（国内排名第 2）具备优势，排名靠前；资产保值增值率排名靠前（排名第 4）。非化石能源装机占比（排名第 9）、污染物排放（氮氧化物与二氧化硫排放第 7）、资产负债率（排名第 6）、息税折旧及摊销前利润（排名第 6）、研发投入强度（排名第 9）、资产总额（排名第 9）排名居中。盈利能力一般（营业收入排名第 10、净利润排名第 12）。国际业务发展加快，但整体排名居中（海外装机容量排名第 9、国际业务收入排名第 8），运营效率不高（营业收入利润率排名第 12、净资产收益率排名第 12、人均利润率排名第 11）。

通过对标分析可见，集团公司净利润、营业收入利润率、资产收益率等主要经营指标与国内外一流企业相比还有不少差距。这对公司经营提效提出了更高的要求，需要公司上下进一步增强责任感和紧迫感，采取切实可行有力举措，下大力气提质增效，持续改善资产质量，不断提升公司盈利能力和运营效率。

（三）系统谋划，一体推进，切实增强抓发展的执行力

“十四五”期间，集团公司要坚定不移贯彻新发展理念，持续推进“五三六战略”，按照公司“六个字”发展要求、“六个一”发展思路和“5318”发展目标，加快推动高质量发展。

（1）做强电力产业。紧紧围绕建设清洁低碳、安全高效现代能源体系，加快绿色低碳发展，大力发展风光电，持续发展水电，积极推进风光水储互补开发，有序有效发展天然气发电和分布式能源。

（2）做优煤炭产业。坚持释放先进产能与淘汰低效落后产能相结合，打造安全高效绿色智能现代化煤矿，推进煤矿落后枯竭产能退出和低效无效产能治理。

（3）做精科工产业。明确科工产业主营业务定位和核心专业，做精装备制造、自动化、技术服务、环保水务等业务，提高产业集中度和市场竞争力。加强与上下游“头部企业”、重要科研院所合作，加快“卡脖子”关键核心技术攻关和国产化替代。积极构建行之有效的科技创新体系，打通科技成果转化“最后一公里”。

（4）做好金融产业。坚持产业金融定位，提升服务主业、服务实体经济的能力，逐步打造具有能源行业特征的华电金融品牌。

（5）做稳国际业务。坚持“开放、绿色、廉洁”理念，以“一带一路”国家为发展方向，深耕东南亚成熟市场，稳步开拓中东欧、中亚电力市场，积极关注拉丁美洲、非洲等区域潜在市场。完善海外发展体制机制，优化理顺管理架构，研究制定科学合理的考核激励机制。

（6）做活新兴产业。加快发展综合能源，构建新型“能源＋”业态。积极研究推进增量配电、绿证、碳交易等业务。继续跟踪储能产业技术进步、氢能产业发展以及相关政策配套情况，积极开展新能源制氢相关技术储备。认真做好既有液化天然气接收站和天然气管网设施建设。

三、2021 年工作安排

（一）工作总要求

2021 年是实施“十四五”规划、开启全面建设社会主义现代化国家新征程的第一年，也是建党 100 周年。公司全年工作总的要求：以习近平新时代中国特色社会主义思想为指导，全面贯彻党的十九大和十九届二中、三中、四中、五中全会精神，深入贯彻落实中央经济工作会议决策部署，认真落实中央企业负责人会议、全国能源工作会议等工作要求，立足新发展阶段、贯彻新发展理念、构建新发展格局，深入推进集团公司“五三六战略”，着力育先机、开新局、创一流，统筹推进调结构、稳增长、促创新、推改革、保安全、重环保、强党建，常态化抓好新冠肺炎疫情防控，全面增强竞争力、创新力、控制力、影响力、抗风险能力，推动高质量发展、高标准建设、高水平保护，加快创建具有全球竞争力的世界一流能源企业，确保“十四五”开好局、起好步，以优异成绩迎接中国共产党成立 100 周年。

（二）主要目标

（1）安全目标。确保不发生较大及以上安全事故和环境事件，努力实现人身“零事故”，确保不发生对公司形象和稳定造成不利影响的事件，确保不发生政治、经济、环保安全事件。

（2）经营目标。营业收入 2600 亿元，同比增长 8.1％；净利润、利润总额同比增长 10％以上，超额完成国资委考核目标；营业收入利润率 7.8％，同比提高 0.1 个百分点；资产负债率稳定在 70％以下合理水

平；全员劳动生产率99万元/人，同比提升11万元/人；EVA6亿元，同比增长4亿元。全口径发电量6206亿kWh，同比增长4.3%。

（3）发展目标。核准电源项目2146万kW，新增电源项目1600万kW，其中风光电项目核准（或取得建设规模指标）2000万kW，力争新增1500万kW。

（4）科技创新和节能减排目标。研发投入强度不低于2.72%，达到国资委目标要求；烟尘、二氧化硫、氮氧化物排放总量分别低于0.5万、5.72万、8.08万t，完成国资委企业负责人第六任期考核目标；供电煤耗完成295.1g/kWh。

（三）重点工作

（1）大力夯实安全基础，全面提升能源保障能力。深入学习贯彻习近平总书记关于安全生产重要指示精神，树牢以人民为中心的发展思想，时刻绷紧安全生产这根弦，夯实企业高质量发展根基。

（2）大力加强环保工作，全面助力生态文明建设。深入学习贯彻落实习近平生态文明思想，认真落实碳达峰、碳中和要求，深入打好污染防治攻坚战。

（3）大力推进结构调整，全面推动绿色低碳发展。各单位要坚定不移贯彻新发展理念，压实责任、创新思路、加大力度、攻坚克难，全力推动公司绿色低碳发展。

（4）大力打造提质增效“升级版”，全面提升公司效益水平。紧盯国资委“两利四率”指标考核要求，着力向市场升级要效益、向管理升级要效益、向质量升级要效益。

（5）大力实施创新驱动，全面增强企业发展新动能。围绕加快科技自立自强，坚持“四个面向”，更好发挥企业创新主体作用，完善创新体制机制，加大研发投入力度，加强核心技术攻关，构建自主可控、安全高效的产业链供应链。

（6）大力深化企业改革，全面激发企业内生动力。坚决落实中央深化国企改革各项部署，按照集团公司改革三年行动实施方案要求，突出抓好中国特色现代企业制度建设等一系列重点改革任务，确保2021年完成三年改革任务的70%以上。

（7）大力加强党的建设，全面提供坚强政治保证。坚持围绕发展抓党建、抓好党建促发展，按照公司党组一号文件安排，持续在提高党的建设质量上下功夫。

【国家能源投资集团有限责任公司2021年工作报告(摘要)】

一、2020年工作回顾

2020年是极不平凡的一年，面对严峻复杂的内外部形势、艰巨繁重的改革发展任务特别是新冠肺炎疫情的严重冲击，在以习近平同志为核心的党中央坚强领导下，国家能源投资集团有限责任公司增强“四个意识”、坚定“四个自信”、做到“两个维护”，深入贯彻落实党中央“六稳”“六保”决策部署，紧扣“两个力争”，瞄准“四个确保”，突出“一防三保”，实施“一个目标、三型五化、七个一流”企业发展战略，克难攻坚、砥砺前行，统筹推进新冠肺炎疫情防控和转型发展、提质增效、改革攻坚、科技创新、党的建设各项工作，圆满完成年度目标任务，呈现出总体平稳、稳中向好的局面。

（1）中央重大决策部署全面落实落地。坚决把政治建设摆在首位，把学习贯彻习近平总书记重要讲话和重要指示批示精神作为首要政治任务、“第一议题”，完善制度体系，建立长效机制，标本兼治深化中央巡视整改，真抓实干开展“社会主义是干出来的”岗位建功行动，凝聚了全系统旗帜鲜明讲政治的强大合力。着力强化理论武装，认真学习《习近平谈治国理政》第三卷等重要著作，建立“不忘初心、牢记使命”长效机制，巩固深化主题教育成果，学习宣传贯彻党的十九届五中全会精神，实现12.5万名党员全覆盖。坚决打好新冠肺炎疫情防控阻击战，全系统无聚集性感染，湖北、北京等区域防控有力有序有效，境外企业保持零确诊，及时向湖北等重点省份捐赠资金1.4亿元，实施支持湖北疫后重振一揽子举措，累计采购湖北地区企业产品及服务金额达36.7亿元。持续打好三大攻坚战，落实脱贫挂牌督办举措，集团帮扶的9个贫困县全部脱贫摘帽，加强依法治企和审计监督，企业重大风险可控在控，推进生态环保重点工程，提前一年完成国资委第六任期节能环保考核任务。

（2）能源安全稳定器和压舱石作用充分发挥。牢固树立安全发展理念，全面开展安全生产专项整治三年行动，抓实“风险管控年”各项工作，安全生产形势总体稳定。面对新冠肺炎疫情冲击、迎峰度夏、洪涝灾害、低温寒潮等多重因素叠加影响，迎难而上，勇挑重担，全部生产单位迅速复工复产达产，保持稳产增产增供，圆满完成重点区域、重点时段的保供保暖保民生任务。积极主动应对市场剧烈波动局面，充分发挥一体化优势，灵活调整经营策略，坚守企业信用，带头稳价稳市，北方港下水煤市场占有率超过45%，一体化调运由最低时日均75万t提升至最高98.8万t，多次刷新历史纪录，有效保障产业链供应链安全稳定。全年完成煤炭产量5.3亿t，同比增长3.7%，煤炭销量7亿t，同比增长1.6%，发电量9828亿kWh，同比增长1.4%，供热量4.5亿GJ，同比增长8.9%，铁路运量4.6亿t，同比增长0.1%，含主要中间品的化工品产量2548万t，同比增长3.6%。

(3) 经营绩效实现企稳向好。落实“两个力争”工作要求，开展提质增效专项行动，实施稳增长系列举措，强化协同创效，加强精细化管理，努力追回新冠肺炎疫情损失，克服多项减利因素，主要生产经营指标逐月恢复改善。全年实现利润总额843亿元，同比增长7.9%，净利润577亿元，同比增长3.8%，位居央企前列，营业收入利润率15.55%，资产负债率58.32%，研发投入强度1.64%，完成国资委“两利三率”考核目标任务。树立过紧日子思想，多措并举降本挖潜，严控“三项费用”和“三公”经费，做好减税降费、两压双控、民企清欠等重点工作，综合施策加强重点亏损企业治理，亏损面同比下降10.8个百分点。

(4) 改革重组任务基本完成。坚持蹄疾步稳、动真碰硬，推进“改革攻坚年”工作，制定实施集团公司改革三年行动方案。积极稳妥推进“总部机关化”整治，打造“战略+运营”管控体系，总部部门、中心精简近一半，人员平稳减少42%，管理审批事项下放29%，基本建成现代化管理制度体系。有序推进资产整合和管理整合，落实煤电资源区域整合任务，实施16家同质化公司业务重组，实现14个省（区、市）电力企业管理整合，湖南等7家省级分公司改为子公司，金融板块重组整合顺利完成，启动“1+2+3+N”科研体系改革。深入推进双百行动、科改示范行动、混合所有制、员工持股试点等专项改革，厂办大集体、退休人员社会化管理等改革主体任务如期完成。

(5) 转型升级取得积极成效。落实党的十九届五中全会《建议》，坚持开门做规划、科学编规划，主动对接行业发展规划和区域发展战略，集团公司“十四五”发展规划不断完善。深化供给侧结构性改革，聚焦主责主业，优化布局结构，精准扩大有效投资，固定资产投资同比增长28.6%。大力发展清洁可再生能源，新能源基建投资占比57.6%，同比增长99.8%，“两个500万+”行动计划强力推进圆满完成。煤炭资源接续突破了一批历史难题煤矿煤电去产能任务提前完成。一批重大项目加快实施，鄂尔多斯和巴彦淖尔综合能源基地积极推进，玛尔挡水电项目成功并购，西部清洁能源基地规模化发展取得重大突破，黄大铁路提前开通运营。加大研发投入，加强关键核心技术攻关，400万t/年煤间接液化成套技术创新开发及产业化项目通过国家科技进步一等奖评审，智能矿山、智能电站、智能运输、智能化工建设取得一批行业引领、国际领先成果。

(6) 党的建设质量持续提升。落实“中央企业党建巩固深化年”要求，全覆盖开展党建责任制考核，深入实施“四强化、六提升”工作举措。落实《国有企业基层组织工作条例》，加强“三基”建设，广泛开展“战疫当先锋、夺取双胜利”主题党日活动，实现党建工作与生产经营融合促进。认真贯彻新时代党的组织路线，加强各级领导班子建设，优化班子结构，加大干部交流，统筹用好各年龄段干部，启动优秀年轻干部培养工程三年行动计划，提拔使用一批“75后”“80后”优秀年轻干部，实现子公司党委书记、董事长“一肩挑”全覆盖。健全干部考核评价激励体系，完善人才培养评价机制，创新党校在线培训，实施能上能下、容错纠错办法，干部担当作为蔚然成风，高层次人才队伍不断壮大。修订《落实全面从严治党主体责任实施办法》，强化监督执纪问责，完成三轮党组巡视，持续纠治“四风”，加强干部日常监督管理，一体推进不敢腐、不能腐、不想腐，全年立案245件，党纪政纪处分372人，风清气正的政治生态更加巩固。加强和改进宣传思想工作，发挥统战和群团桥梁纽带作用，做实惠民工程，培育“大国工匠”，建设和谐企业，职工群众获得感、幸福感、安全感不断增强。

二、2021年工作安排

集团公司“十四五”时期总的指导方针：高举中国特色社会主义伟大旗帜，以习近平新时代中国特色社会主义思想为指导，全面贯彻落实党的十九大和十九届二中、三中、四中、五中全会精神，扎实践行“社会主义是干出来的”伟大号召，坚持稳中求进工作总基调，落实“四个革命、一个合作”能源安全新战略，实施“一个目标、三型五化、七个一流”企业发展战略，以推动高质量发展为主题，以深化供给侧结构性改革为主线，以改革创新为根本动力，统筹推进绿色转型、创新驱动、提质增效、深化改革、管理提升和党的建设各项工作，着力发挥能源安全稳定器和压舱石作用，着力发挥绿色低碳发展主力军作用，着力发挥国有经济战略支撑作用，着力发挥构建新发展格局的引领带动作用，坚定不移做强做优做大国有资本和国有企业，奋力建设具有全球竞争力的世界一流能源集团，为促进经济社会持续健康发展、全面建设社会主义现代化国家作出更大贡献。

2021年是“十四五”开局之年，第二个百年奋斗目标新征程正式开启，中国共产党将迎来百年华诞，做好全年工作责任重大、意义重大。集团公司要认真贯彻党中央决策部署，落实中央经济工作会议、中央企业负责人会议、全国能源工作会议有关要求，紧盯“两利四率”，围绕“保A争先”，重点做好以下工作。

(1) 全力推进绿色转型开新局。深入贯彻落实能源安全新战略，高标准实施“十四五”发展规划，积极助力构建清洁低碳、安全高效现代能源体系。

（2）全力推进创新驱动开新局。把创新摆在企业改革发展全局的核心地位，坚持“四个面向”，紧扣自立自强，切实聚焦主业、瞄准先进、做精做专。

（3）全力推进提质增效开新局。深入开展提质增效专项行动，增强创收创效创现能力，推进量的合理增长与质的稳步提升，确保净利润同比增长6%以上，全员劳动生产率增长5%以上，全面完成年度目标任务。

（4）全力推进管理提升开新局。坚持问题导向、目标导向、结果导向，聚焦实现世界一流的精益精细化管理能力，深入实施对标一流管理提升行动，不断提升集团公司管理体系和管理能力现代化水平。

（5）全力推进深化改革开新局。国资委将把国企改革三年行动的落实情况纳入业绩考核，集团公司要着眼于提升改革综合效能，着眼于激发内生动力活力，确保今年完成三年改革任务的70%以上。

（6）全力推进党的建设开新局。全面贯彻新时代党的建设总要求，围绕迎接建党100周年、全国国企党建会召开5周年、“社会主义是干出来的”伟大号召发出5周年，着力构建大党建工作格局，确保“中央企业党建创新拓展年”取得实效。

【中国长江三峡集团有限公司2021年工作报告(摘要)】

1. 全力以赴迎大战、应大考，关键时刻展现新作为

（1）新冠肺炎疫情防控担当关键使命。党中央作出部署后，中国长江三峡集团有限公司第一时间成立新冠肺炎疫情防控工作领导小组并启动一级应急响应，依法有力有序有效推进新冠肺炎疫情防控工作。举全集团之力支持打赢武汉保卫战、湖北保卫战，在中央企业率先向湖北捐款3000万元，累计捐赠1.7亿元。随着境外新冠肺炎疫情持续蔓延，境外业务单位负责人逆行出征、靠前指挥，发挥了“稳住人心、稳在当地”的关键作用，得到国资委充分肯定。

（2）防汛救灾发挥关键作用。长江干流及清江梯级水库累计拦洪388亿m^3，占长江中上游水库群拦洪总量60%以上。成功应对三峡建库以来最大洪峰（峰值75000m^3/s）过境，全力保障长江防洪安全和人民群众生命财产安全。

（3）脱贫攻坚贡献关键力量。全年投入扶贫资金超17亿元，实施帮扶项目275个，帮扶重庆巫山县和奉节县、江西万安县、内蒙古巴林左旗按期脱贫摘帽，帮扶四川和云南两省4个直过少数民族实现整族脱贫。

2. 全力以赴保工期、铸精品，国内重大工程建设取得新成果

乌东德水电站首批机组2020年6月29日投产发电，全年累计8台机组投产发电，创造半年投产8台85万kW巨型水轮发电机组的优异成绩。推动国家能源局建立白鹤滩水电站工程调度协调机制，工程建设和移民工作取得关键性进展，为2021年首批机组发电打下坚实基础。溪洛渡、向家坝水电站经济问题处理稳妥推进，劳动安全与工业卫生、工程档案等专项验收顺利通过，竣工决算（枢纽工程部分）基础工作基本完成。浙江长龙山抽水蓄能电站上下水库大坝封顶，开始下闸蓄水，首台发电机组具备无水调试条件。

3. 全力以赴稳增长、增效益，主要业务板块实现新发展

（1）梯级枢纽综合效益全面发挥。三峡工程完成整体竣工验收全部程序，转入正常运行新阶段。长江干流梯级电站全年发电2403亿kWh，创历史新高；三峡电站全年发电1118亿kWh，创造单座水电站年发电量世界纪录，圆满实现“三峡创纪录、流域创新高”目标。

（2）新能源业务快速发展。全年新增投产装机528万kW，创历史新高；累计装机达1724万kW。亚太单机容量最大10MW海上风机在福建福清兴化湾并网发电。

（3）国际业务稳健发展。圆满完成秘鲁路德斯公司股权交割（交易金额35.9亿美元），成功发行长江电力“沪伦通”全球存托凭证（GDR），首次实现控股核心子企业境外上市，募集资金19.63亿美元。

（4）区域综合能源业务逆势增长。湖北能源总装机突破1000万kW，达1055万kW，湖北省能源保障平台作用充分彰显。

4. 全力以赴抓落地、创模式，共抓长江大保护取得新成效

实现业务布局沿长江11省（市）全覆盖。截至2020年底，累计落地项目投资规模1353亿元，惠及2300万人。三峡城镇污水处理和水环境综合治理方案深化应用。国家部委、沿江省市、行业单位以及集团内部共抓格局持续巩固提升，治水示范体系加快形成。溪洛渡、向家坝水电站荣获“国家水土保持生态文明工程”称号。“农业农村部宜昌中华鲟保护基地”正式授牌。长江珍稀鱼类保育中心投入运行。

5. 全力以赴育先机、开新局，高质量发展集聚新动力

（1）战略布局不断拓展。深化对“十四五”发展重大问题研究，在广泛征求意见基础上，基本形成集团公司“十四五”规划。

（2）体制机制改革持续深化。将国企改革三年行动部署逐条分解为43个方面128条具体举措。全面

启动对标世界一流管理提升行动，明确“123456”总体思路，制定57条重要措施和39项对标提升清单，审定45项管理创新成果。

（3）自主创新深入推进。数字化转型加快推进。

6. 全力以赴补短板、强弱项，企业管理得到新加强

（1）风险防控工作扎实有效。完善风控体系顶层设计，制定《风险管控清单》，重大风险可控在控。

（2）提质增效成果显著。全年成本费用总额占营业收入比重61.79%，同比下降4.3个百分点。

（3）电力生产与营销工作不断加强。电力生产管理体系进一步理顺，发电量、电力可靠性、能耗等指标均创历史最高水平。质量安全形势总体稳定。

7. 全力以赴守初心、担使命，党的建设开创新局面

（1）党的政治建设不断加强。认真学习贯彻习近平总书记对乌东德水电站首批机组投产发电重要指示精神，自觉用党的创新理论武装头脑、指导实践、推动工作。

（2）基层党建工作巩固深化。扎实开展“中央企业基层党建巩固深化年”专项行动，推动党建工作提质增效升级，在中央企业党建考核中被评为“优秀”。

（3）党风廉政建设深入推进。全年对8家二级单位党委开展常规巡视，督促指导二级单位党委深入开展政治巡察，构建内部巡视巡察上下联动监督格局。组织人才工作全面加强。宣传思想工作亮点纷呈，职工权益得到有效保障。

【中国电力建设集团有限公司2021年工作报告（摘要）】

2020年，中国电力建设集团有限公司取得的成绩主要体现在以下六个方面。

（一）“双线”作战取得“双胜利”

（1）新冠肺炎疫情防控取得阶段性胜利。集团公司始终坚持“以人为本、生命至上”理念，坚决把职工群众生命健康安全摆在各项工作首位，闻令而行、火速动员，科学快速建立健全新冠肺炎疫情防控的组织、实施和保障体系，推动公司国内新冠肺炎疫情防控取得重大战略成果；采取超常措施，果断处置海外项目聚集性新冠肺炎疫情，举全公司之力实现海外项目新冠肺炎疫情防控“两稳两争两保”目标。在这场史无前例的大战大考中，公司领导靠前指挥、党员干部冲在一线、职工群众群策群力、医护人员主动请缨，涌现出了一大批先进集体和个人，其中1个集体荣获“中央企业抗疫先进集体”称号，4人次获得“全国抗击新冠肺炎疫情先进个人”“全国优秀共产党员”等国家级和省部级荣誉。公司在做好自身抗疫工作的同时，心系大局，为党分忧、为国尽责、为民解难，积极捐款捐物驰援湖北武汉等重点地区，精锐出征参与“两山”医院等重要医疗设施电力供应保障，全球采购紧缺抗疫物资设备支援国内，减免高速公路收费9亿元，减免缓收中小微企业租金1.74亿元，充分展现了电建担当、电建效率和电建精神。

（2）经营发展取得决定性胜利。公司勇挑国民经济“压舱石”重任，坚定提出“目标不变、任务不减、标准不降”总要求，两手抓、两手硬，特别是在全年经营发展最为紧张关键的第四季度，坚决开展“奋战六十天，决胜收官年”活动，动员公司全体干部职工以背水一战的决心、舍我其谁的劲头、奋勇争先的精神，外拓市场、内强管理，把新冠肺炎疫情造成的损失补回来，把新冠肺炎疫情防控成果转化为企业经营发展成果，较好实现了“两个力争”目标。主要指标方面，公司全年完成新签合同8560亿元，同比增长15.2%；实现净利润138.9亿元，同比增长13.8%；利润总额达到176.6亿元，同比增长11.8%；完成营业收入5350亿元，同比增长14.95%；年末合同存量15491亿元，同比增长10.2%；资产负债率74.35%，较年初下降1.66个百分点，按期完成国资委压降目标；研发投入强度达到3.26%；全员劳动生产率42.77万元/人，同比增长9.5%，经营规模和发展质量都有了较大提升。“十三五”规划各项经营指标顺利实现，为“十四五”开好局、起好步奠定了坚实基础。重大项目履约方面，习近平总书记对公司参建的乌东德水电站首批机组按计划投产发电作出重要批示；白鹤滩水电站大坝首批坝段封顶，全面进入收官阶段；公司首个地铁政府和社会资本合作（PPP）项目——成都地铁18号线正式开通运营；雅万高铁、中老铁路等“一带一路”标志工程重要节点目标顺利实现。公司位列2020年《财富》世界500强企业第157位，九年排名持续攀升；位列2020年ENR全球工程设计公司150强第1位，首次摘得全球最大工程设计公司桂冠。

（二）市场开发跑出“加速度”

（1）市场布局优化完善取得重要进展。高端营销精准发力。与四川、湖北、重庆、天津、西藏、贵州、福建等省（区、市）政府以及航天科工、华侨城、安徽引江济淮集团等知名企业签订具有实质性合作项目的战略合作协议近20项。区域营销渐成体系。完善市场营销顶层设计，制定分批成立西部、南方、北方、华东、华中五大国内区域总部方案，先期成立西部、南方、北方投资公司，织密国内重点区域、重要城市群和都市圈的营销网络，区域经营统筹能力、撬动重大项目能力有力增强，与政府沟通、对接、合作的渠道进一步顺畅。海外营销走深走实。中国电力

建设集团母子品牌全部被列入中国对外承包商会59个重点国别布局，调整40余家子企业在100个国家的市场布局，引导各主体以相对固定的资源深耕国别市场；按照“做实国别、一国一策”的原则稳步推进属地试点，增资泰国子公司，成立印度尼西亚PMA合资子公司，设立阿尔及利亚公司，在肯尼亚、安哥拉等国探索实现机构、资源、决策属地化，国际营销能力水平有力提升，在全球新冠肺炎疫情冲击下依然取得较好成绩。

（2）产业结构调整取得积极成效。水利电力领域，全力做好国家150项重大水利工程专项策划，中标110亿元渝西水资源配置工程；接连签约陕西斗门水库、滇中引水石鼓水源工程、琼西北供水工程等重点水利项目；中标125亿元江苏如东海上风电场项目、55亿元三峡新能源牟平30MW海上风电等新能源项目。水环境领域，全年新签长江大保护、深圳龙岗河/深圳河/观澜河流域水环境治理等项目共计330亿元；开辟“水生态＋”新模式，中标100亿元长沙大泽湖生态智慧城综合开发建设项目。基础设施领域，中标川藏铁路雅林段先期开工最大标段；签约深圳地铁12号线、郑州轨道交通8号线一期、西安地铁1号线三期、穗莞深城际铁路、山东潍烟及莱荣高速铁路、甬台温高速公路等重点交通项目；摘牌雄安容东片区1号地块，首次试水城市片区综合开发业务。新业务领域，积极进军绿色建材市场，中标93亿元南水北调中线雄安调蓄库骨料加工工程，获得河南、陕西两个砂石料采矿权，砂石年产能突破1亿t；地热公司正式挂牌成立，战略新兴业务加快培育。

（3）国际经营保持平稳发展。多元拓展态势明显，水电业务再下大单，签约并开工巴基斯坦巴沙大坝及唐吉尔水电项目，合同金额达到27.52亿美元。新能源业务快速增长，签约并开工世界第三大单体光伏项目，全年新能源新签合同额达到329.66亿元。交通房建业务稳健推进，签约中资企业首条欧盟资金铁路项目，深度融入非洲“三网一化”航空网建设，接续中标沙特保障房四期项目。海水淡化业务实现突破，签订5.3亿美元沙特海水淡化项目EPC合同，公司成为中东北非地区最大的电站和海水淡化EPC总承包商。采矿业务不断扩展，新签项目合计9.3亿美元。融资创新助力项目落地。基于中信保融资性担保，签约5.85亿美元尼日利亚燃气电站EPC总承包合同；通过“建设期控股＋COD后回购”“日本出口信保＋买方信贷”等模式解决柬埔寨菩萨水电站项目融资。第三方市场合作加速推进。与GE共同推动赞比亚、津巴布韦巴图凯水电站开发前期工作，完成终版可研并报送业主；与印度公司合作中标阿联酋阿提哈德铁路二期货运设施标段；与埃及和意大利公司合作承建布隆迪水电项目；与丸红、道达尔等产业投资人在中东、拉美等市场开展新能源合作；与沙特、法国等多个国家的大型开发商继续深化全球电力、港口、路桥等领域项目合作。

（三）深化改革按下“快进键”

（1）战略引领有效强化。“十三五”规划顺利收官，“12358”战略得到较好贯彻；加强改革顶层设计，制定印发公司全面深化改革三年行动实施方案；“十四五”发展规划支撑性课题研究进展顺利，规划编制取得初步成果。

（2）专项改革有序推进。提前完成全民所有制企业公司制改制、厂办大集体改革等重点任务，按时完成混合所有制改革评估、“总部机关化”专项治理，退休人员社会化管理完成率达到98.77%，超额完成国资委确定的主体移交目标。其中，29家试点子企业高质量、快节奏推进“科改示范行动”“双百行动”等专项改革工作方案落实落地；水电六局成功引入建信投资实现增资扩股，迈出二级企业层面公开挂牌引入战略投资者第一步；7家子企业兑现了岗位分红激励，科技型企业股权激励政策在江西院率先落地，首批145名员工正式成为企业股东。

（3）管控体系精简优化。总部层面对备案管理类和审批管控类事项进行了全面清理，其中，备案管理类事项减少47项，审批管控类事项减少145项，压减幅度分别达到37.3%、52.9%，子企业发展活力有效释放；累计压减法人企业243户，回收资金27.3亿元，压缩管理费用2.5亿元，企业运行效率明显改善；392家三级以上企业已全部完成党建进章程，充分发挥党委把方向、管大局、保落实作用。

（四）提质增效打出“组合拳”

（1）提质增效专项行动取得显著成效。围绕“五升两降”和“现金为王”策略建立健全价值创造型财务管理体系，研究制定提质增效专项行动方案、成本费用管控实施方案，从新冠肺炎疫情防控、降本节支、瘦身健体、科技创新、深化改革、政策支持等六方面提出可行措施23项，全面支撑公司经营业绩企稳回升、好于预期。公司营业成本增幅低于营业收入增幅0.13个百分点，销售费用同比下降4.2%，管理费用同比下降1.3%，利息支出同比下降1.8%，研发经费投入及经营活动现金净流量创历史新高。

（2）“降减防”攻坚扎实推进。发布资产经营指导意见，与子企业签订年度资产经营考核责任书，推动资产经营工作取得突破，全年完成投资项目资产经营17项，盘活资产405亿元，电建路桥公司渝蓉高速、电建水电开发公司毛尔盖水电站等重大项目顺利实现转让盘活。按照“四好四优”的“两金”管理总体目标，从源头上防“两金”、过程中控“两金”、确权后降“两金”，“两金”压降完成年度目标的96.8%。通过综合施策，公司年度“降减防”各主要指标基本如期完成，年末资产负债率较国资委下达指标降低0.65个百分点。

(3) 投资创效水平持续提升。投资管控放权力度进一步加大，竞争性投资项目决策流程简化为投标投资一段式，投资审批效率明显提升。公司全年完成投资1103.63亿元，投资资产运营收入527.18亿元，实现利润52.02亿元。年末控股运营电力装机容量1646.85万kW，其中清洁能源占比80.8%。

(4) 设备物资集中采购能力明显增强。充分发挥集中采购在提质增效中的作用，全年设备物资采购总额1798亿元，同比增长16.4%。其中，集中采购金额1736亿元，集中采购率达到96.6%，综合节资率达8%，有力支撑了公司年度效益目标的实现。

（五）科技创新呈现新亮点

(1) 重点攻关统筹推进。加大核心技术和产品的攻关力度，承担4项国家级核心攻关任务；主动超前开展川藏铁路建设重大科技专项研究，助力公司作为路外企业首个中标川藏铁路先期开工最大标段并顺利开局；强化战略引领和资源整合，新业务和数字技术应用研究类项目立项数占年度立项总数一半以上。

(2) 支撑体系加速搭建。成功举办科技创新工作会议暨院士论坛，成立了由33位行业知名院士领衔的科学技术高级顾问委员会，为公司科技创新汇聚智力支撑；设立水环境、太阳能发电和智慧城市轨道三家集团级研发平台，为相关领域资源整合、专项技术持续攻关和专业人才队伍培养提供平台支撑。

(3) 科技成果不断涌现。2020年，公司新增授权专利3552项、发明专利236项，在中央建筑企业位居前列；累计主持或参与制修订国家、行业标准832项，获得行业和省级工法982项；新增国家级重大技术攻关项目12项，完成国家级科技课题2项。新基建拓展成果丰硕，4个项目入选工信部年度物联网示范项目，入选数量位列央企第一。

（六）加强管理练好“基本功”

(1) 项目管理持续改进。加大国家重点项目履约督导，开展新冠肺炎疫情影响专项评估，做好新冠肺炎疫情索赔指导，实现项目履约总体受控。深化全面质量管理，共计27项工程获评“国优”“鲁班”。强化项目分包管理，及时发布不合格分包商黑名单，组织分包专项检查，切实提升项目成本控制能力。统筹做好资质管理和新旧资质政策过渡，新增水利水电特级资质2项，水电工程局实现水利水电特级资质全覆盖。

(2) 法治建设持续加强。法律风险防范体制机制不断完善，重大经营风险项目管控处置、运用法律手段催收应收账款、妥善处置重大法律纠纷案件等工作扎实有效开展。2020年，公司通过采取法律手段维护企业权益、避免或挽回经济损失36.94亿元，公司在国资委法治央企建设总结中获得较高评价。

(3) 安全环保形势持续好转。积极履行安全环保社会责任，强力推进“安全生产专项整治三年行动”，在新冠肺炎疫情防控、安全生产、自然灾害风险“三叠加三碰头”的复杂严峻形势下，全年未发生较大及以上生产安全事故，事故起数、事故死亡人数、自然灾害死亡人数实现“三下降”，生产安全事故死亡人数创下公司重组成立以来新低，未发生有重大违规的职业健康、突发环境事件，全面完成国资委下达的节能减排目标。

(4) 数字应用持续拓展。发挥数字化转型助推企业转型的重要作用，探索数字化与建造方式、经营理念、市场形态、行业管理的深度融合，智慧能源、智慧水务、智慧城市、智慧生态等数字化成果成功应用于雄安、珠海横琴等地。大力推广主业单位工程项目管理（PRP）系统在各板块企业的应用，促进新开工项目系统覆盖率达到99.05%，以项目管理信息化助力履约规范化。持续加强人、财、物、电商、金融等核心资源的信息化支撑，公司内部协同能力不断提升。

专 题 会 议

【第二届“一带一路”能源合作伙伴关系论坛】

12月3日，由国家能源局主办、电力规划设计总院承办的第二届“一带一路”能源合作伙伴关系论坛在北京召开。该届论坛以“绿色能源投资推动经济包容性复苏”为主题，聚焦疫情后全球能源转型与绿色发展，推动“一带一路”国家经济包容性复苏，实现可持续发展目标。

国家能源局党组成员、副局长林山青出席论坛并发表致辞。他表示，共建“一带一路”倡议提出7年来，能源领域合作紧密，成果丰硕。“一带一路”能源合作伙伴关系正逐渐成为共建“一带一路”框架下能源领域高质量合作的新平台。习近平主席提出中国碳达峰和碳中和目标，彰显了中国积极应对气候变化、走绿色低碳发展道路的雄心和决心。新冠肺炎疫情情发生后，中国坚持把发展清洁能源作为促进能源领域经济复苏的重要抓手，大力引导风电、光伏发电行业扩大投资，能源结构不断优化。中国愿与伙伴关系成员国一道共同应对困难挑战，共同推动绿色能源合作向更高质量发展，为世界经济包容性复苏贡献更多力量。

阿尔及利亚驻华大使艾哈桑·布哈利指出，阿尔及利亚正在大力推进能源转型和可再生能源开发，提高能源使用效率，未来将继续全力支持“一带一路”能源合作，共同推动沿线国家经济复苏与能源转型。马耳他驻华大使卓嘉鹰在致辞中表示，“一带一路”能源合作伙伴关系为各国开展交流合作提供了重要平台，有效推动了各国之间的务实合作。

国家能源局国际司主要负责人以《高质量“一带一路”能源合作推动沿线国家绿色复苏》为题发表主旨报告。报告指出，绿色发展是高质量共建“一带一路”的重要理念。全球多个国家和组织都提出了绿色复苏相关的计划与倡议，以绿色发展引领经济复苏已形成广泛国际共识。中国同步推进疫情防控和复工复产，绿色能源发展成为经济复苏的重要推动力。同时，中国与“一带一路”沿线国家开展务实合作，实施了一批绿色、低碳、可持续的清洁能源项目，帮助相关国家发展经济和改善民生。中国在“一带一路”相关国家可再生能源项目投资额每年维持在 20 亿美元以上，总体呈现增长态势，高质量合作正在从理念变为现实。

来自“一带一路”相关国家政府、能源企业、国际组织等机构的代表，围绕“合力应对新冠疫情对能源国际合作的影响”“绿色能源投资合作促进经济复苏”“清洁能源转型推动实现包容性发展”等话题进行了深入交流。来自伙伴关系成员国政府和能源企业的代表围绕能源领域复苏进行需求介绍和项目对接，为后续推动务实合作奠定基础。同时，伙伴关系成员国建议发布“一带一路”绿色能源合作倡议，制定国别合作指引，加强清洁能源技术创新合作，组织能力建设等活动，加强多层次、全方位交流合作，共同推动疫情后的经济绿色复苏。

“一带一路”能源合作伙伴关系于 2019 年 4 月在第二届“一带一路”高峰论坛期间由 30 个国家在北京共同成立，是各国开展能源领域高质量合作的重要平台。

【二十国集团能源部长特别视频会议】

4 月 10 日，二十国集团能源部长特别视频会议召开，该次会议由 2020 年二十国集团主席国沙特阿拉伯王国主办。中国国家能源局局长章建华出席会议并发言。

章建华表示，中国新冠肺炎疫情防控形势持续向好，国内生产生活秩序加快恢复，能源消费快速回升，中国复工复产、提振能源消费对稳定全球能源市场作出了重要贡献。同时，他建议，在供给侧，各国应做好全产业链疫情防控，努力确保能源市场安全稳定供应；在需求侧，各国应加大疫情防控力度，努力恢复经济社会秩序，提振能源需求；各国应携手保障全球能源贸易畅通，持续推动能源转型，提升全球能源可及性。

会议最终通过了《二十国集团能源部长声明》。来自二十国集团成员国、嘉宾国能源主管部门和国际能源组织共约 30 位代表出席会议。

【国际能源署清洁能源转型峰会视频会议】

7 月 9 日，国际能源署清洁能源转型峰会视频会议召开。该次峰会由国际能源署主办，分为开幕式、全体会议、并行高级别论坛及闭幕式四个环节。中国国家能源局局长章建华出席会议并发言。

在全体会议上，章建华表示，新冠肺炎疫情发生以来，中国能源行业各领域采取有力措施，全力推动复工复产，保障能源稳定供应，维护能源市场稳定。在全球油气市场大幅震荡的条件下，中国油气进口量仍保持小幅增长。中国用实际行动为维护全球能源市场稳定、推动全球经济复苏，作出了重要贡献。中国将坚持清洁低碳、安全高效的能源发展方向，愿与各方加强在清洁能源政策、能源科技创新等领域的沟通与协作，加强在国际多边机制下的沟通与合作，共同维护全球能源市场稳定，推动全球经济可持续复苏。

在“包容和公平的复苏行动”高级别分论坛上，章建华介绍了中国能源领域在推动兼顾包容性和公平性复苏方面的政策举措，包括大力发展可再生能源，促进就业和发展以及持续推进能源扶贫行动，提升能源可及性等。

来自 40 多个国家的能源部长以及 30 余名国际组织和能源企业高级代表出席会议。

【2020 年中国电力技术经济高端论坛】

2020 年 11 月 5 日，由中国电力企业联合会主办、中电联电力发展研究院承办的 2020 年中国电力技术经济高端论坛在北京举办。该次论坛以“创新发展 智享未来”为主题，深入分析新时代能源发展新形势新任务，共谋电力发展转型、融合创新、互利共赢新局面，引领电力行业高质量发展。中国电力企业联合会党委书记、常务副理事长杨昆致辞。中国工程院院士、新能源电力系统国家重点实验室主任刘吉臻，中国工程院院士、国家电网有限公司副总工程师郭剑波等专家应邀作主题演讲。

杨昆在致辞中指出，“十三五”以来，我国电力工业发展取得新的历史性成就，能源结构持续优化，能源转型取得显著成效。面临新形势新任务，应着重加强五方面的工作：一是持续加强低碳引领下的电力系统发展形态与特征研究，助力能源转型深入推进；二是大力推进清洁能源发电、柔性直流输电等先进技术创新与升级；三是协调好电力建设、生产领域技术进步和效率效益之间的关系；四是构建数据信息与知识、业务、发展的生态循环体系；五是深化国际合作服务，积极培育跨国前沿电力技术创新主体，实现合作共赢。

刘吉臻在《新能源电力系统与再电气化》主题演讲中通过深入分析我国能源电力的发展现状及能源转型的发展趋势和总体思路，明确指出实现能源转型要以低碳发展为目标，以系统安全为约束，充分考虑新兴业态技术成熟度、工程经济性等问题。他还指出，再电气化是我国能源转型的根本途径和关键所在，要坚持以电力为中心，以提高电气化水平为目标，构建多源互补、源网荷协同发展的新能源电力系统。

郭剑波在《高比例新能源电力系统的挑战及关键技术》主题演讲中通过预判未来高比例新能源电力电量场景，分析电力系统发展所面临的挑战，提出需要重点关注的技术及应对措施。他指出，由于新能源资源的间歇性、波动性和随机性，高比例新能源电力系统除了面临消纳挑战，还存在运行安全和体制机制上的挑战，未来应在电力系统规划仿真、运行控制、政策机制、市场模式等方面加大攻关研究。

【2020 能源转型国际论坛】

11 月 10 日，2020 能源转型国际论坛在北京举行。该次论坛由中国国家电网有限公司与世界经济论坛共同举办，中国科学技术协会联合主办，国务院国资委支持。论坛以“能源转型与后疫情时代可持续发展”为主题，共同探讨新形势下以科技创新推动世界能源清洁低碳转型，激发后疫情时代经济增长活力，推动构建人类命运共同体，携手共创绿色发展美好未来。

世界经济论坛执行主席、创始人施瓦布，全国政协副主席、中国科协主席万钢分别致辞。国家电网公司董事长毛伟明作主旨演讲，总经理辛保安主持论坛。

国际可再生能源署总干事卡梅拉，国务院国资委副主任赵爱明，国家能源局副局长林山青，全球能源互联网发展合作组织主席、中国电力企业联合会理事长刘振亚，非盟基础设施与能源事务委员阿玛尼，巴西驻华大使瓦莱，埃及电力和可再生能源部长沙克尔，葡萄牙驻华大使杜傲杰，国际能源署署长特别代表弗雷赛作主题演讲。国家电网公司副总经理刘泽洪发布公司战略。

施瓦布对世界经济论坛能够与中国国家电网公司共同举办能源转型国际论坛深表荣幸。他说，国家电网公司充分认识到能源转型的重要性、紧迫性，近年来新能源装机并网规模持续扩大，在推动全球低碳发展中发挥了引领和表率作用。加快能源转型发展，具有长期、稳定的经济和社会效益，对于应对气候变化、创造就业机会、实现可持续发展意义重大。新冠肺炎疫情改变了整个世界，也给我们带来了重启的重要机遇，迫切需要全球采取一致行动，共同应对挑战。世界经济论坛致力于倡导全球合作，愿与国家电网公司一道，汇聚各方力量，共同推动全球能源转型，尽早实现碳中和目标，让世界各国携手进步、共享繁荣。

万钢对论坛的成功举办表示祝贺。他指出，中国共产党十九届五中全会把创新作为国家发展的核心战略，明确了在“十四五”期间要实现能源资源配置更加合理、利用效率大幅度提高，主要污染排放物总量持续减少的近期目标，在 2035 年远景目标中特别强调要在碳排放达到顶峰后稳步下降。加快能源的绿色低碳转型已成为后疫情时代推进可持续发展的重要任务。要以清洁能源为主导、加快能源生产和消费的全面变革，以能源革命为抓手、促进经济“绿色复苏”和发展繁荣，大力推进科技创新，大力推动国际能源合作。希望与各国共同捍卫和维护多边体制，推动全球能源向绿色低碳转型。

卡梅拉表示，该次论坛为各界提供了务实高效的沟通交流平台。发展可再生能源将改变数十亿人的生活，未来前景十分广阔。国际可再生能源署愿与各方加强合作，携手实现碳中和目标。赵爱明提出，中央企业要积极推动能源生产方式向清洁主导转变，以科技创新推动能源产业系统性重塑，大力培育新模式新业态，推动国内国际双循环相互促进，助力构建开放竞争、高效稳定的国际能源市场。林山青指出，面向“十四五”，要坚持清洁低碳发展方向不动摇，持续优化能源结构，构建高比例的清洁能源电力体系。希望各方扩大共识、相向而行，加强沟通，深化协作，加速中国和世界能源转型进程。

毛伟明的主旨演讲以《深化能源清洁低碳转型 点燃后疫情时代发展引擎》为题，结合国家电网公司推动能源生产和消费革命的创新实践，围绕“一个理念、三个故事、三点倡议”梯次展开。他表示，2020 年 9 月 22 日，中国国家主席习近平在第七十五届联合国大会一般性辩论上发表重要讲话，作出了中国二氧化碳排放力争于 2030 年前达到峰值、努力争取 2060 年前实现碳中和的承诺，并发出了推动疫情后世界经济“绿色复苏”的倡议。习近平主席的重要讲话，体现了强烈的人类命运共同体意识和中国作为负责任大国的担当，必将为保护我们赖以生存的地球家园发挥重要的引领作用。

毛伟明指出，环球同此凉热，人类命运与共。能源是现代社会的“血液”，是实现经济增长的动力引擎。后疫情时代如何实现能源、经济、环境协调可持续发展，是国际社会面临的共同课题。要树立一个理念，即能源转型、绿色发展的理念。煤炭、石油等化石能源的大规模开发和利用，既有力推动了生产力发展和社会的文明进步，也造成了严重的资源紧张、环境污染和气候变化问题，过去五年是有记录以来全球平均气温最高的五年，实现《巴黎协定》温控目标的形势十分紧迫。为有效应对严峻挑战，国际社会需要牢固树立能源转型、绿色发展的理念，通过利用各种先进技术，推动能源系统实现从高碳向低碳、从以传统化石能源为主导向以新能源和可再生能源为主导转变，加快形成绿色生产和消费方式，助力生态文明建设和可持续发展。

毛伟明指出，国家电网公司主动顺应能源革命与数字革命相融并进的趋势，确立了建设具有中国特色国际领先的能源互联网企业的战略目标，积极投身能源转型的探索和实践，取得了显著成效。他与参会代表分享了三个故事，表达了三个观点。一是关于青海—河南特高压直流工程。工程采用了世界上最先进的特高压直流输电技术，能够将西部清洁电力源源不断输送到1587km外的华中负荷中心，“用青海之光点亮中原之灯”。这充分说明能源互联网是能源转型的重要载体。近年来，国家电网已累计建成投运24项特高压交、直流输电工程，跨省区输电能力超过2.3亿kW，为中国西部能源资源开发利用和沿海核电基地建设提供了有力支撑，显著提升了国家能源安全保障能力。国家电网已成为全球输电距离最远、能源资源配置能力最强的电网。二是关于张北柔性直流电网工程。工程应用全球领先的±500kV柔性直流输电技术，实现源网荷储协调互动，将助力2022年北京冬奥会成为历史上首个100%清洁能源供电的奥运盛会。这充分说明发展新能源是能源转型的重要举措。近年来，国家电网综合采取技术升级、扩大联网、优化调度等措施，持续提升新能源并网消纳能力，已成为全球新能源并网装机规模最大的电网。截至10月底，新能源并网装机超过4亿kW，比2010年底增长18倍，其中风电装机1.86亿kW、太阳能发电装机1.97亿kW，新能源综合利用率达到97.3%。三是关于支持电动汽车产业发展。公司建成“十纵十横两环”高速公路快充网络，覆盖171个城市；建成全球规模最大的智慧车联网平台，为480万辆电动汽车提供出行服务。同时，国家电网还加强V2G等新技术研发应用，形成中国充换电标准体系，与美、欧、日并列成为世界四大标准体系。这充分说明创新是实现能源转型的必由之路。之前，国家电网公司召开了近10万名员工参加的科技创新大会，启动实施了“新跨越行动计划”，变革科研管理机制，组建创新联合体，大力开展基础研究和核心技术攻关，推动电网向更加智慧、更加泛在、更加友好、更加安全的能源互联网升级。

毛伟明表示，深化能源转型，需要各方面的共同努力。国家电网公司真诚期待与各有关方面按照互利共赢的原则，进一步加强交流合作、实现共同发展。毛伟明提出三点倡议。一是政策上加大支持力度，将能源转型作为经济复苏的重点举措，强化资金投入与政策倾斜，引导各类资本更多投向新能源、能源互联网等领域。二是技术上加强交流合作，围绕大规模储能、新能源并网消纳、源网荷储协调互动等技术难题，开展联合攻关，加快取得突破。三是能源基础设施上加速互联互通，在开放合作中提高能源安全风险抵御能力，促进各国资源共享与优势互补，推动构建能源领域命运共同体。

与会代表表示，在全球新冠肺炎疫情蔓延、世界经济低迷的特殊时期，中国国家电网公司成功举办能源转型论坛，规模超前、影响广泛、成果丰硕，是能源领域的“达沃斯”。论坛聚焦全球能源行业面临的机遇与挑战，积极探索实现可持续发展的路径与方案，共同推动世界经济“绿色复苏”和全球能源转型发展，极大提振了全球疫后重振的信心。中国国家电网的主旨演讲把握大势、顺应趋势、明判形势，深刻揭示了论坛主题的真谛，集中阐释了能源转型、绿色发展的理念，生动展现了国家电网公司推动能源革命的创新实践，提出了富有前瞻性、建设性、可行性的真知灼见，发出了携手共创美好未来的倡议，引起了广泛共鸣和强烈反响，为世界能源转型贡献了智慧和力量。

【“十四五”能源电力转型发展论坛】

11月20日，以“十四五”能源电力转型发展为主题的能源发展论坛暨南方电网能源发展研究院2020年度研究成果发布会在广州举行。南网能源院在会上发布了《粤港澳大湾区电力发展报告》《中国能源供需报告》《中国电力行业投资发展报告》等8份凝聚智慧与热点的电力行业年度系列研究报告。

南方电网相关负责人表示，“十四五”时期，是乘势而上开启全面建设社会主义现代化国家新征程的重要时期，站在“两个一百年”历史交汇点上，南网能源院的系列报告，以“四个革命、一个合作”能源安全新战略为指导，聚焦能源转型、展望“十四五”能源发展方向，研究新一轮能源革命带来的电力行业供需变化以及转型新机遇，为政府、能源行业提供智库观点与决策参考。

会上，来自能源、政府、知名专家学者和业界代表，共同围绕“十四五”电力转型发展，“十四五”油气转型发展，“十四五”能源体制改革，“十四五”能源新业态、新模式等行业领域智库观点、热点话题进行了深入交流和研讨。

《中国能源供需报告》对比分析了2019年全球及我国能源发展情况。国际能源供需形势呈现新格局，在供给侧，能源生产重心加速向西半球转移，页岩气革命重塑油气供应版图，国际油气供应向多极化发展；在消费侧，能源消费重心向东半球转移，亚洲新兴国家能源需求持续增长。

报告指出，2019年全球经济下行趋势明显，全球能源消费受此影响增速放缓至1.3%，同比下降1.5个百分点。值得关注的是2019年非化石能源对全球能源消费增长的贡献率达到了55.1%，成为拉动能源消费增长的主力。

报告还针对新冠肺炎疫情对宏观经济和能源电力行业影响做出了分析和研判。2020年上半年，我国能源需求受新冠肺炎疫情影响严重，供给侧受影响程度相对较小。历经3个月负增长后，4月以来电力消费需求逐渐回暖。预计2020年我国能源消费总量保持增长，但增速放缓，清洁能源发电量占比进一步提升。

《粤港澳大湾区电力发展报告》指出，《粤港澳大湾区发展规划纲要》出台以后，粤港澳等地相继出台了支持粤港澳大湾区发展的系列政策，南方电网公司也发布了服务粤港澳大湾区发展的重点举措，以此推动经济和电力发展。数据显示，2019年，粤港澳大湾区地区生产总值（GDP）11.6万亿元，同比增长6.6%；全社会用电量5483亿kWh，同比增长5.0%，其中，西电东送广东电量达2022亿kWh，同比增长5.1%。

报告还针对粤港澳大湾区的发展，深度比对世界三大湾区发展情况，粤港澳大湾区在面积、人口方面有着绝对优势，经济规模也与世界三大湾区相当，但人均GDP却差距明显；未来粤港澳大湾区电力需求保持增长态势，其中珠三角全社会用电量占比将进一步扩大，香港电力需求趋于饱和，澳门用电量基本维持不变。预计至2025年，粤港澳大湾区全年全社会用电量将达到7000亿kWh，用电最大负荷达到1.2亿kW。

报告指出，电力国际合作是“十四五”期间粤港澳大湾区发展的战略新机遇，在国内国际双循环的战略新格局下，在能源安全新战略的指导下，遵循共商共建共享原则，积极参与“一带一路”建设，进一步优化投资和营商环境，推进行业规则、制度与国际规则和惯例广泛接轨，以“一带一路”沿线国家地区为重点，加快电力基础设施互联互通，推动装备、技术和服务“走出去”，在世界能源舞台唱响湾区声音。

《中国电力行业投资发展报告》指出，电力属于资金密集型行业，投资是直接反映行业状况的“晴雨表”，2019年我国电力行业投资总额7995亿元，同比下降2%，是近五年来首次跌落至8000亿元之下，电网和电源投资总体走势持续分化，电网投资依旧维持在较高水平，而电源投资为2722亿元，与2018年持平，处于近10年来的最低水平，值得一提的是，2019年的电源投资结构中，风电投资占比跃升到第一，达到40%。

此份报告重点聚焦了2022年国家补贴退出对海上风电相关各方的影响，并进行逐一分析。国家补贴退出之后，海上风电发展将会迎来“阵痛”，但由于其在我国未来能源供应体系中的重要位置，海上风电大的发展趋势并不会因此而发生转变，国家补贴退出会加速海上风电平价上网进程，预计在2025年可以实现平价上网。

【第五届金砖国家能源部长会(视频会)】

2020年，第五届金砖国家能源部长会以视频方式举行，金砖各方共同通过《金砖国家能源合作路线图2025》，提出金砖国家间要进一步促进能源贸易、投资和研究以及技术合作，建立金砖国家在能源领域的战略伙伴关系。金砖国家人口多、体量大、能源资源丰富，在能源转型背景下加强各领域能源合作，发挥各自优势特长，可为全球能源的可持续发展贡献重要力量。

一、金砖国家能源领域基本情况

随着全球能源格局深刻变革，以金砖国家为代表的新兴市场国家和发展中国家，已成为全球能源消费主力和增量主体。自2009年以来，中国一直保持全球第一能源消费大国位置，印度和俄罗斯近年来能源消费也快速攀升至第三和第四位。2019年，五国能源消费总量占全球比重超过38%，能源消费增量更是占全球比重接近90%。在各国能源消费结构中，一方面，传统能源仍然起到基础作用，中国、印度、南非的煤炭消费比重均超过50%，俄罗斯天然气占比也达到一半以上。另一方面，非化石能源消费增长推动各国能源结构持续优化，其中巴西非化石能源占比最高，达到46%，中国和俄罗斯占比也分别达到15%和12%。

金砖国家也是全球主要的能源生产国。中国、印度、俄罗斯和南非的煤炭产量均位居世界前列，五国煤炭总产量占全球比重达到64%。俄罗斯、中国和巴西位居全球原油产量前十，俄罗斯同时也是全球第一大天然气生产国。在发电量方面，中国、印度和俄罗斯分列全球第一、第三和第四位，五国的可再生能源发电量占全球可再生能源发电量比重更是达43%以上。随着金砖各国清洁能源转型和碳中和路线图的相继发布，未来这一比例有望继续提升。

从能源进出口来看，金砖国家中中国和印度已成为全球最主要的两大油气进口国，俄罗斯和巴西是区域内主要油气出口国，南非的能源贸易以油气进口和煤炭出口为主。

二、金砖国家能源发展态势和主要侧重方向

（一）巴西打造油气开发与可再生能源双轮驱动

随着被誉为“新千年以来最大石油发现”的巴西深海盐下层油田开发技术取得突破，巴西已实现向全球产油国十强的巨大跨越。未来油气开发仍将是巴西能源发展的主要推动力，巴西政府积极引导外资进入并提供便利条件，新的深海盐下层油田勘探开发项目吸引国际石油巨头的广泛关注。根据巴西公布的2029年全国投资规划，油气投资6100亿美元，在能源累计投资中占比达到78%。

可再生能源在巴西能源结构中占据重要位置，其中生物燃料一直是巴西能源发展的重要特色，其生产消费量仅次于美国，位居世界第二。2016年，巴西推动设立“生物质未来平台”，旨在进一步促进可持续生物燃料的国际合作，巩固巴西在先进生物燃料技术和推广应用方面的领先地位，并与水电、风能、太阳能等常规新能源形成良性互补局面。预计2029年，巴西一次能源结构中可再生能源比重将进一步提高到48%以上。

（二）俄罗斯致力于巩固全球最大能源供应国地位

俄罗斯是除铀资源以外所有类型能源的净出口国，天然气、石油和煤炭出口均为全球前三。《俄罗斯2035年能源战略》强调将巩固俄罗斯在全球能源市场的地位作为主要目标，提出将重点推动向亚太地区能源出口、大力发展液化天然气以及加大在非洲地区能源技术基础设施的建设投资。作为俄经济发展和国家复兴的重要支撑，油气勘探开发、基础设施建设以及油气出口贸易将长期作为俄能源发展的重点方向。

核能开发利用是俄罗斯能源战略的另一重要环节。作为少数拥有核能全产业链生产能力的国家，俄罗斯将核能产业全球化扩张作为国家战略，在积极提供信贷支持的基础上，为项目所在国提供包括规程编订、人才培训、乏燃料和放射性废物处理等多方面的全套服务。

（三）印度能源安全需求推动可再生能源发展

在印度当前的能源消费结构中，化石能源占比超过90%，进口燃料的价格波动和供给稳定性使得能源安全长期承受巨大威胁。据预测，印度化石燃料进口总额在未来20年内将增长两倍，而其中进口石油的净依赖将提高到90%以上。为解决能源消费对外依存度过高的困境，印度能源安全战略提出将通过进口来源多样化、增加国内生产和提高能效等措施保证能源稳定供应，同时建立可靠的能源战略储备。

扩大可再生能源开发已成为印度能源安全保障和能源转型的现实选择。凭借充足的太阳能资源，印度新能源产业正持续发力。印度计划在2030年前达到4.5亿kW可再生能源装机容量的宏伟目标，同时推动太阳能发电成本的持续下降，使得在考虑储能成本的前提下，太阳能发电经济性能够与煤电竞争。2015年，印度发起成立国际太阳能联盟，目标是筹集1万亿美元投资，2030年前在全球开发10亿kW太阳能资源。印度也希望借此推动“印度制造”，提高其在全球太阳能市场的地位。

（四）南非能源资源清洁化转向

在“富煤贫油少气”的资源禀赋下，煤炭在南非能源结构中长期发挥主导作用，3/4的一次能源消费仍然依赖煤炭。南非方面预测，到2040年其国内能源需求将增长80%，其中煤炭份额虽有所降低，但仍会占据主体地位。随着南非清洁能源转型步伐加快，新的煤电投资将主要转向高效低排放的清洁煤发电技术。

近年来，南非政府为推动可再生能源发展采取了一系列支持措施，其中可再生能源独立电力生产商采购计划已成功吸引了超过100亿美元的可再生能源项目投资。根据南非最新《国家综合资源计划》，2030年前南非将增加2300万kW可再生能源和200万kW储能资源，户用分布式可再生能源的投入和建设将成为南非实现能源可靠供应的重要保障。

三、中国与金砖国家未来能源合作前景和政策建议

中国与金砖各方的能源合作由来已久，中俄原油管道和东线天然气管道、巴西美丽山±800kV特高压直流输电、南非德阿风电和红石塔式光热电站等一系列能源项目，已成为金砖国家经济领域务实合作的典范。2022年，中国将担任金砖轮值主席国，为进一步推动金砖国家合作创造良好契机。

1. 加强清洁能源全产业链合作

作为能源生产消费大国，金砖国家清洁能源转型任务艰巨，同时潜力巨大。中国、南非和巴西相继发布碳中和路线图，印度和俄罗斯也积极推动可再生能源项目建设，能源低碳发展已成为各方共识。近年来，随着光伏发电和风电成本的快速下降，可再生能源装机已成为多国电力增量的主体。金砖国家加强绿色基础设施投资和电力贸易，将共同引领全球碳达峰和碳中和进程。建议金砖各方对接优势资源和先进可

再生能源技术，中国可发挥可再生能源全产业链优势，与金砖国家积极开展清洁能源项目合作。

2. 巩固传统能源对外投资

俄罗斯和巴西作为中国主要油气进口国，在油气联合勘探、油气加工和石油炼化等方面正积极寻求对外合作，对技术升级和外国投资仍有较大需求。印度和南非在煤炭清洁高效利用技术应用方面仍有发展需求。中方可以考虑在金砖主要能源出口国扩大投资，考虑与金砖国家在第三国实施联合项目，拓展能源进口渠道，打造金砖国家能源合作的利益共同体。

3. 加强能源新技术推广应用

随着数字行业蓬勃兴起，“大云物移智链”等信息技术与能源领域正深度融合，传统能源行业面临深刻转型。氢能、储能等一批先进能源新技术也处于起步发展的关键时期，能源行业正酝酿着由关键技术突破带来的深刻变革。

4. 建立国际场合立场协调长效机制

以金砖五国为代表的广大新兴市场国家在世界能源体系中所占份额快速增长，但在由西方主导的全球能源议程中仍然鲜有发声机会。近年来，金砖各国已逐渐认识到加强立场磋商的重要性，在多边场合主动作为，积极参与全球能源议程制定。

【2020 全球能源互联网(亚洲)大会】

2020 全球能源互联网（亚洲）大会于 11 月 2 日在北京召开。该届大会由全球能源互联网发展合作组织（简称合作组织）发起，主题为“绿色低碳可持续发展”。来自 40 多个国家和地区的 1000 多名嘉宾通过现场和网络形式参会探讨，聚焦亚洲能源电力发展与亚洲能源互联网建设。

合作组织主席刘振亚指出，亚洲能源互联网是全球能源互联网的重要组成，是推动亚洲能源转型的必由之路。

大会上，合作组织发布了亚洲及各区域能源互联网研究与展望系列报告，基于可持续发展需要对亚洲能源互联网发展做出系统谋划。报告预计，通过构建亚洲能源互联网，2035 年前清洁能源发电将成为亚洲主导电源，至 2050 年亚洲人均用电成本下降 40%以上，累计创造约 1.8 亿个就业岗位。

面对新冠肺炎疫情给全球经济带来的严峻考验，国际合作促进经济绿色复苏至关重要。联合国副秘书长刘振民表示，“我们战胜疫情的方式，将决定着我们实现可持续发展目标的几率，决定着我们减缓气候变化的几率。”“为了实现更好、更强有力的复苏，各国需要加快发展清洁能源，加速向低碳基础设施和绿色岗位的转型。”

2020 年 9 月，中国在第七十五届联合国大会上提出，二氧化碳排放力争于 2030 年前达到峰值，努力争取 2060 年前实现碳中和，中国立场获得与会嘉宾的高度赞誉。上海合作组织秘书长诺罗夫说：“中国被公认为是最负责任的国际社会成员之一，具有全球影响力和权威性，在替代性和可再生能源发展的过程当中，中国处于世界领先地位。”全球能源转型委员会主席特纳也表示：“中国的承诺受到国际社会欢迎，展现出大国担当。”

全球能源互联网倡议由中国 2015 年 9 月提出，已纳入落实联合国 2030 年可持续发展议程、促进《巴黎协定》实施、推动全球环境治理和共建“一带一路”等工作框架。据悉，为推动各方参与全球能源互联网研究、投资与建设，合作组织开发建设了全球能源互联网发展合作网上平台，将于 2021 年初正式上线运行。

【2020 年电力行业国际合作会议、电力产能合作联盟会员大会暨电力贸促会委员大会】

由中国电力企业联合会、中国电力国际产能合作企业联盟与中国国际贸易促进委员会电力行业委员会共同主办的 2020 年电力行业国际合作会议、电力产能合作联盟会员大会暨电力贸促会委员大会于 9 月 10～12 日在青海省西宁市举行。在会上，与会嘉宾围绕如何做好电力行业国际合作工作展开探讨。

中电联党委书记、常务副理事长、电力产能合作联盟会长杨昆表示，做好电力行业国际合作工作，要在对外交往中增强大局意识，服从服务国家外交战略；要坚持建立协同发展意识，提升行业整体国际竞争力；要坚持开放的态度，坚定“走出去”的决心和信心。

国家发展改革委外资司副司长郑持平表示，在过去一年，中国电力行业在“走出去”和国际产能合作工作中取得丰硕成果，希望电力行业继续坚持开拓进取的精神，力争成为各行业“走出去”的标杆。

在会上，外交部外事管理司刘阳参赞从外事管理的角度对电力行业国际合作工作提出了建议。中国贸促会商事认证中心专家在专题讲座中介绍了贸促会商事认证业务，针对企业国际化经营中的商事认证操作实务进行了详细解读。

中电联副秘书长沈维春作了电力行业国际合作工作报告。报告回顾了电力行业和企业 2019 年和 2020 年上半年国际合作工作总体情况，详细介绍了中电联发挥行业平台优势，以及在服务行业企业“走出去”、助力电力企业“一带一路”建设、推动行业国际产能合作和贸易促进、与国际合作伙伴联手共抗疫情等方面开展的相关工作，并对中电联未来在国际信息、国际标准、国际化人才培养、企业境外合规经营、国际商事信用、金融法律、会议展览、专家智库等领域即将开展的工作进行了展望。

【第二届博鳌智能电网国际论坛】

11月5日，第二届博鳌智能电网国际论坛在海南博鳌举行。本届论坛以“智能电网　智慧社会”为主题，来自政府部门、科研机构、电网企业、信息技术等领域的近千名嘉宾，围绕国内外智能电网前沿技术发展方向、先进技术手段以及成功示范建设经验进行深入交流研讨，不断完善构建智能电网创新生态共同体。

在开幕式上，南方电网有限责任公司党组成员、副总经理陈允鹏致辞表示，智能化正在迎来重要的历史交汇和转折点，能源电力行业、企业必须顺应历史潮流和时代发展趋势，紧紧抓住智慧社会建设历史机遇，深入挖掘和对接智慧社会建设的需求，不断丰富和拓展智能电网应用场景，在服务支撑智慧社会建设的同时，实现能源电力行业自身的智能化、高质量、可持续发展。

1. 智能发展，共享融合

“十四五”期间，南方电网有限责任公司将以智能电网为核心，推动清洁化生产消费、数字化转型融合、智能化分配流通。持续按照“五个环节＋四个支撑体系”为核心的智能电网架构体系，加快打造安全、可靠、绿色、高效的智能电网，将数字化、智能化全面贯穿在“十四五”电网规划建设中，全面提升电网数字化、智能化水平。

至2025年，安全、可靠、绿色、高效的南方电网智能电网格局基本形成，世界一流的“两区一港”智能电网基本建成。其中，粤港澳大湾区、海南智能电网示范区达到世界一流水平，重要节点城市达到世界领先水平；依托存量及增量厂站资源，规模化规划建设变电站、充换电站、储能站、数据中心、5G基站、北斗基站等“多站合一”，整合大电网电能、分布式能源、储能、数据中心，充电装置等元素，实现开放共享、合作运营。

2. 创新驱动，智能发展

加快突破卡脖子关键技术和装备，超前部署一批战略性的前沿技术。中国能源建设集团党委常委、首席信息官吴云在主旨演讲中提出，要抓紧研究先进的储能、海上风电、氢能利用等关键技术，努力在重要领域和关键环节率先实现技术突破，争取新一轮的能源革命的主动权。

数字化智能化的发展，让可再生能源的发展迎来了新机遇。水利水电规划总院副院长易跃春表示，数字化和信息化一方面为新能源行业的发展提供了很好的技术支撑，另一方面也减少了新能源运行维护成本，随着电网数字化智能化的发展，电网系统的灵活性改造便于吸纳更多的可再生能源。

数字化的发展，也实现了能源行业的跨行业协同。北京华通广信有限公司利用公司新开发的“能源路由器”，可以把电信运营商的五百余万个通信基站的储能电池和电网双向连接起来，实现对电网的分布式秒级调峰、调频。这种瞬间调整能力，可以发挥电池储能的特有优势，提高电网运行质量。同时该路由器还能连接基站光伏、风能等新能源，为电信运营商降低能耗，经济效益巨大。

3. 智能电网，智慧生活

中国机器人工委相关负责人王鹏认为，随着人工智能大数据云计算和区块链等数字技术的发展，以及人们对智能生活化的追求，如何强化数字基建，已成为现代城市发展的重要课题。华通广信副总裁魏强表示，华通广信与南方电网有限责任公司在智慧能源领域合作，共同深耕智慧城市。其中智慧能源系统可实现从城市、园区到楼宇的能源管理、智能决策，以及通过物联网的实时控制等，这是能源智慧化的基础。

澳门电力股份有限公司执行委员会首席顾问岳宗斌表示，澳门电力充分意识到数字化和智能化的需求是每一位电力工作者必须面对和接受的现实，最好的选择是拥抱数字化、拥抱智能化，让澳门电网变得更加智慧和可靠，并且超越客户的期望。

华为中国政企电力业务部总经理张延德表示，华为公司深度参与能源行业的数字化转型，由于电力行业进入了数字化转型的深水区，数字化转型重点在于业务流程的融合、数据的融合及共享、数字技术与生产系统的深度融合，需要战略耐性。

该届论坛分主论坛和分论坛。国内外知名专家、学者就智能电网建设与发展、数字化技术创新与应用、智慧能源与城市、智能用电等方面的前沿热点问题做了主旨报告和专题演讲。会议期间，开幕式前，与会嘉宾参观了智能电网互动体验中心及论坛展位区。体验中心通过实时数据可视化的方式，展示了南方电网有限责任公司“十三五”期间在智能电网建设过程及重点领域的主要成果。

【2020年国际清洁能源论坛】

10月29日，2020年清洁能源国际论坛在银川市举行。该论坛由中国科协、宁夏回族自治区人民政府指导，宁夏清洁能源学会联合体主办，宁夏科协、中国科协清洁能源学会联合体秘书处承办。宁夏回族自治区副主席吴秀章、中国科协清洁能源学会联合体副理事长史玉波出席论坛开幕式。

该次论坛采取现场研讨交流和线上线下结合的方式进行。论坛开幕式上，宁东能源化工基地管委会与中国科协清洁能源学会联合体签署战略合作协议。根据协议，双方将合作建立宁东基地清洁能源产业发展智库，加快宁东基地世界一流国家级现代化煤化工基地建设，助力宁夏高标准建设国家新能源综合示范区。

在专题论坛中，与会代表分别围绕气候变化与能源转型、先进煤化工与循环经济、氢能与燃料电池、新能源发电与消纳（含储能）、生态环境保护以及清洁供暖六个专题探讨创新清洁能源发展模式、共议宁夏清洁能源产业发展新机遇。与会代表纷纷表示，将充分利用论坛搭建起的优质平台，为提升清洁能源科技创新能力建言献策、为实现宁夏区域能源转型和地方经济高质量发展贡献智慧，共同打造绿色、清洁、低碳、高效的能源生态新格局。

【2020 国际绿色能源高峰论坛】

2020 年 12 月 5～7 日，2020 国际绿色能源高峰论坛于线上成功举行。该次会议由美中绿色能源促进会，联合中国电机工程学会、清华大学能源互联网创新研究院共同主办，以“后疫情时代的绿色能源创新与国际合作”为主题，来自中国、美国、欧洲等国家及地区的诺奖得主、联合国秘书长顾问、国际能源署负责人、中外院士，以及来自可再生能源、能源互联网、智慧交通、储能技术、智慧城市、能源投资等各个行业的领军人物参加。该次会议聚焦绿色能源前沿创技术，汇集全球智慧，整合能源创新思维，为应对全球气候变化，抓住绿色发展的新机遇，推动国际合作共赢提供新思路。

在 12 月 5 日上午的会议开幕式上，美国加州副州长康依莲、联合国秘书长顾问杰佛瑞·萨克斯、国际能源署可再生能源负责人保罗·弗兰克、中国电机工程学会理事长舒印彪、清华大学能源创新互联网研究院院长康重庆、美中绿色能源促进会执行会长王麒致辞。

开幕式后，诺贝尔奖得主、美国能源部原部长朱棣文和美国诺贝尔奖得主、美国工程院院士斯坦利·惠廷汉姆分别以应对气候变化实现可持续发展的创新途径和储能技术推动绿色经济发展主题发表了主旨演讲。

国务院原参事、中国可再生能源学会原理事长石定寰，中国工程院院士、国家电网公司顾问黄其励，就中国碳中和发展目标及新能源发展趋势及中国能源绿色低碳转型及国际合作分别做了主旨报告。

该次会议还增加了“对话诺奖得主”的环节，美中绿色能源促进会执行会长王麒，与朱棣文和斯坦利·惠廷汉姆两位诺奖得主，围绕全球绿色能源革命、后疫情时间应对气候变化的解决方案，清洁能源技术创新，推动国际合作等内容开展了广泛的讨论，并回答了参会代表的部分问题。

该次会议为期三天，美国加州能源委员会原主席罗伯特·维森米勒，国际能源署可再生能源负责人保罗·弗兰克，英国皇家工程院及中国工程院院士陈清泉，国际清洁交通委员会执行主任德鲁·柯杰克，就美国加州低碳发展路径、可再生能源在清洁能源转型中的作用、智能汽车助推第四次工业革命、全球交通行业低碳转型路径及中美国际合作等主题发表了主旨演讲。

该次会议也是美中绿色能源促进会举办的第 12 届中美绿色能源论坛。为期三天的论坛内容丰富，来自清华大学、山东大学、加州州长经济发展办公室等国内外多位专家及企业领袖发表了演讲并进行了专题讨论，内容涵盖能源前沿创新技术、全球绿色低碳转型、碳中和、清洁交通及储能技术等多个方面。

【2020 第十六届中国分布式能源国际论坛】

2020 年 9 月 17～18 日，第十六届中国分布式能源国际论坛暨 2020 综合能源展览会在山东济南市开幕。“国际分布式能源产业创新联盟”在会上举行了成立仪式。

该届论坛由中国能源网主办，中国能源研究会分布式能源专业委员会、水发能源集团有限公司联合主办，商务部投资促进事务局、中国能源研究会、中国城市燃气协会、中国电机工程学会等单位支持，十余家主流媒体对大会进行了报道。

据统计，该届论坛有来自政府部门、行业协会、新能源企业、燃气企业、节能服务、设备厂商、金融投资以及关注分布式综合能源的 500 余人次专业人士到会，30 余家企业参展。

中国石油大学北京兼职教授张玉清在大会上指出，2020 年，受新冠肺炎疫情和经济内循环影响，我国构建数字化、清洁化、智慧化、精细化能源体系的共识进一步加深，多能互补及综合能源服务也逐步成为业界的共识。作为综合能源服务的先行者，发展分布式能源也越来越成为未来的发展方向。“十四五”期间，能源生产和消费方式发生重大的变革，分布式能源作为一种综合、清洁、高效的能源模式，已成为提升发展综合能源服务和提高多品种可再生能源消纳比例的重要方向。

意大利驻华大使馆公使衔参赞兼经济商务处负责人德玛睿先生表示，2020 年是中国意大利建立外交关系 50 周年纪念，在过去 50 年，双方加强了各领域的联系，能源是其中之一。在新冠肺炎疫情期间，两国互相帮助来渡过难关，这是由于两国和两国人民之间的深厚友谊。

水发集团有限公司经济师刘绍华女士表示，水发集团作为山东省大型国有独资企业高度重视与同行企业、行业协会、科研机构、高等院校等开展对接合作。水发集团以清洁能源投资为主体，积极布局氢能、储能、节能等战略新兴产业，构建绿色智慧能源综合利用产业集群。

水发集团有限公司总经理助理、水发能源集团有限公司党委书记、董事长兼总经理郑清涛先生表示，水发集团未来将把清洁能源板块投资作为重点战略规划。水发集团以水电、光伏发电、风电、天然气、生物质五大清洁能源投资为主体，积极的布局，氢能、储能、节能等战略新兴产业，构建绿色智慧能源综合利用产业集群，争取三年时间打造成为山东省内第一、国内一流、世界知名的千亿级的世界清洁能源企业。

ENGIE 中国首席执行官 Charlotte ROULE（夏澜）提出，法能将加大可再生能源和基础设施投入，聚焦两个领域促进能源转换，在可再生能源方面，提升更多的可再生能源项目，另一方面，进一步加强能源解决方案，通过一系列的解决方案，如以分布式、储能等方面服务更多客户。

贝克休斯中国区技术总监 Giuseppe Stella 在论坛上表示，全球变暖、污染以及城市化是我们共同面对的挑战，因此需要推动能源的转移，贝克休斯一直致力于成为在能源转型方面积极推动者。贝克休斯致力于创造出一个能源技术公司，能够参与并且帮助不同国家进行能源转型，并把它建立成可持续性的框架，能够为我们的人类、地球而服务，这是贝克休斯最重要的原则。

为了更好地团结分布式能源行业各领域的参与力量，推动分布式能源项目建设生产要素的市场化、规范化、透明化发展，在第十六届中国分布式能源国际论坛上，由中国能源网、中国分布式能源国际论坛组委会、多家分布式能源企业共同发起的国际分布式能源产业创新联盟正式成立。

作为联盟的发起者之一，国际分布式能源产业创新联盟副理事长冯江华先生在成立仪式上表示，工业互联网与数字化平台对优化分布式能源资源的配备，促进跨接融资具有重要的作用，随着发展国家加快推进新型基础设施的进度，新成立的联盟将通过现行的会员权益升级，继续提升服务质量，拓展服务内容，提升联盟的影响力，以共建共享共赢的理念，投资搭建供应链共享服务平台和企业一道打造线上线下相结合的分布式能源产业新兴生态。

中国工程院院士、中国工程院原副院长杜祥琬先生在该届论坛上进行了云端发言，杜祥琬认为，分布式的能源是能源转型的重要内涵，中国能源转型具有长期性、艰巨性，但转型方向十分清晰。能源转型是国家目标，也是老百姓的诉求和全球的大事，未来储能技术也将会对中国能源革命发挥重要的推动作用，与可再生能源一同让中国的能源实现绿色化、低碳化。

北京大学能源研究院研究员、国际能源署（IEA）原署长高级顾问杨雷博士强调，中国需要加快减碳步伐。2012 年欧洲提出到 2050 年减排 80%，经过八年发展，欧洲已经进一步提出 2050 年实现零碳排放。减碳是能源发展的国际形势，如果跟不上国际的减碳步伐，跨不过能源壁垒，中国要想成为能源强国的理想就是“镜中花、水中月”。

GE 可再生能源集团智能电网业务负责人 john McDonald 则认为，发展分布式能源必须要为客户提供准确价值，如网络模型信息系统与分布式管理，就需要把它们整体结合在一起，为用户提供更好的功能，如果我们把网络模型信息的系统、分布式管理非常好地融合在一起，就能为用户提供更多的价值。

中国科学院青岛生物能源与过程研究所、山东能源研究院党委副书记许辉先生强调，能源问题也是资源问题，推动能源革命是我们共同面临的挑战，中国的资源禀赋已经决定了我们要走中国自己的路，中国现有的能源体系还有很大的问题，我们的能源体系中，煤、油、气、核能，以及清洁能源，其各自的生产体系是独立的，技术路线之间缺乏有效的沟通互动，因此，要把这几个技术路线想办法耦合起来，才能实现构建中国洁净低碳安全高效的能源体系。

分布式能源是我国能源转型的新模式，只有打通政策机制和能源技术两大脉络才能激发分布式能源新动能。作为行业的发源，中国分布式能源国际论坛致力于打造中国分布式能源研究和交流平台。通过组织专项研究和会展活动，探讨分布式能源在国际、国内的发展趋势，促进能源行业协调、高效和可持续发展，推动建立智能化与开放共享的现代能源生态体系。作为分布式能源行业标杆品牌会议，已连续成功举办了十五届，得到了业内广泛支持与好评。

【第十四届中国新能源国际高峰论坛】

10 月 22 日，由全国工商联新能源商会主办的第十四届中国新能源国际高峰论坛暨 2020 大同能源革命峰会在山西省大同市开幕。论坛聚焦“转型综改蹚出新路”，共商能源革命大计。

全国工商联副主席、党组成员鲁勇，国家能源局原副局长、中国能源研究会副理事长吴吟，大同市委副书记、市长武宏文，全国工商联新能源商会会长、隆基绿能科技股份有限公司董事长钟宝申分别致开幕词。

全国清洁供暖/供热优秀项目案例在论坛晚宴上揭晓，四季沐歌集团、太阳雨集团、道荣新能源、吉林宏日、奥科瑞丰、广州汇迪、湖北和瑞、恒有源、清华同方人环、元一能源、住建互联研究院、山东渤亿、山西泓泰隆、北京热华能源、新奥动力、中核汇能二连风电场、新佳节能等单位的 17 个项目获评优秀项目案例。

论坛分设“光伏领袖对话”、大同综改及清洁能源、氢能与储能、“光热+”、新能源建筑、生物质与低碳发展等专业论坛，同期举办中国“十四五”新能源发展若干重大问题研究成果发布、《2019—2020中国新能源产业年度报告》发布，以及“战略签约”“高端对话”“创新展示”“项目对接”“投资考察”等丰富多彩的活动。

论坛期间，隆基绿能科技股份有限公司董事长钟宝申就新能源光伏产业的科技创新进行交流。钟宝申谈到大装料高拉速技术、完美晶格单晶硅生长技术、低衰PERC电池技术、单晶改性技术、双面发电技术等体现了公司的核心竞争力，并引领了全球光伏产业产能的爆发式增长，并因单位制造成本降低和良品率的提升，降低产品造价，引发了国内的光伏装机大潮。钟宝申透露，广泛意义上说，光伏已经实现了0.1元/kWh的革命性发展，在某些地区甚至可低至0.07元/kWh。十年来，光伏发电造价降低50倍，真正实现可再生新能源对石化能源的超越。

据新能源商会专业副会长曾少军介绍，经过十四届培育，中国新能源国际高峰论坛已成为国内外有广泛影响的新能源领域综合性年度盛会。该届论坛作为新能源商会与大同市合作举办的第三次论坛，不仅全面宣传展示了大同市综改与能源革命的工作成果，同时为传播新能源理念、推广新能源技术、宣传新能源政策、促进中国和全球新能源产业合作提供了一个高端平台。

该次论坛得到了中国可再生能源学会、中国光伏行业协会、北京市计科新能源技术开发公司、全联环境服务业商会、全联房地产商会、全联农业产业商会、全联科技装备业商会、中非民间商会、西藏地热产业协会等单位的支持。

【2020国家能源互联网大会】

10月15日，2020国家能源互联网大会暨国家能源互联网产业及技术创新联盟全体大会在四川省成都市举办。据悉，此次大会以“发展能源互联网，推动数字新基建”为主题，旨在促进能源互联网科技创新成果推广应用和产业发展，搭建行业深度沟通和交流平台，推动能源互联网科技与产业健康、快速发展。

1. 发展建设能源互联网已得到广泛认同

据了解，能源互联网是一种互联网与能源的生产、传输、存储、消费以及市场深度融合的能源发展新形态，是推动我国能源革命的重要支撑和手段。此次大会围绕会议主题，设置了开幕式、主旨报告、2020能源互联网蓝皮书发布、新技术新产品发布、组群学术分论坛等多个环节，开启了一场能源互联网行业的“硬核”盛宴。

清华大学副校长、中国工程院院士尤政在大会致辞中指出，能源互联网是一种互联网理念、技术与能源的产生、传输、存储及消费深度融合的新型能源系统。它可以实现能量流、信息流、资金流、业务流的智慧化配置，促进能源系统更优质、更高效、更公平和可持续发展。

此次大会的举办地位于成都市的天府新区。天府新区坚定贯彻落实习近平总书记对天府新区的战略定位和要求，认真贯彻四川省委省政府“高质量发展天府新区”的决策部署，积极抢抓成渝地区双城经济圈建设的战略机遇，努力打造践行新发展理念的公园城市先行区和高质量发展样板。

此次大会的召开为天府新区注入了能源互联网的基因。四川天府新区成都党工委副书记、成都科学城党工委书记邱旭东认为，国家能源互联网大会是国内能源领域最具影响力的行业盛会之一，是我国能源互联网产业发展和推广应用的重要平台，在服务能源安全新战略、推动能源互联网产业健康快速发展、开展能源行业学术交流合作、促进能源科技进步、培育行业优秀人才等方面发挥了极其重要的作用。

邱旭东表示，这次大会的举办将为我国能源互联网产业和技术发展提供有力支撑，将对成都乃至西部地区能源互联网产业发展产生积极的促进作用，将为天府新区加快抢占能源科技发展制高点、推动能源关键领域科技创新注入强劲的动能。希望通过这次盛会进一步加强天府新区与国内能源互联网领域专业机构、各大企业的深度合作，在能源互联网产业与技术创新中携手同行、共享发展机遇，推动能源互联网产业蓬勃发展，助力天府新区实现高质量发展。

2. 示范项目落地实践，有力推动能源互联网发展

据清华大学能源互联网研究院院长、清华大学电机系主任康重庆介绍，能源互联网发展经历了1970～2003年概念孕育、2004～2013年初步研究、2014～2016年启航阶段、2017年至今实质性推进四个阶段。康重庆表示，能源互联网自提出后，从概念酝酿阶段到后期正式定型和产业发展等经过了一段时间的积累，发展非常迅猛。特别的标志性事件就是国家发展改革委等三部委联合发布了《互联网+智慧能源发展指导意见》，该文件给能源互联网提出了明确的发展要求，其中特别提出要把能源互联网与能源的生产、传输、存储、消费等环节与信息技术加以融合，形成一个能源互联网的新业态。

本着示范先行的原则，中国于2017年启动了首批55个“互联网+”智慧能源及能源互联网项目，明确了示范项目建设的路线图和时间表，鼓励具备条件的地区和企业因地制宜，因业施策，开展能源互联网的试点示范。其中，近半数项目已完成验收工作，部分项目正在持续推进。首批互联网+智慧能源示范项目的落地实践，有力地推动了能源互联网新技术、新模式和新业态的发展。

此次大会还发布了《能源互联网技术发展蓝皮书》（简称《蓝皮书》），旨在进一步推动我国能源互联网的建设与发展。《蓝皮书》分别从能源互联网的价值体现、实现手段、物理基础三个层面对其涉及的理论方法、关键技术、实践应用以及机制模式进行了介绍，并从技术发展的角度，总结了能源互联网技术的发展现状。

此次大会由清华大学、国家能源互联网产业及技术创新联盟主办，清华四川能源互联网研究院承办，中关村能源互联网产业技术联盟、中关村智能电力产业技术联盟协办。来自政府机构，能源互联网相关企业、科研院所、高等学校、民间团体的300余人参加了大会。

【第十届中国国际储能大会】

9月24～26日，第十届中国国际储能大会在深圳召开，此次大会主题是“共建储能生态链，开启应用新时代”。此次大会由中国化学与物理电源行业协会储能应用分会、中国科学院电工研究所储能技术组和中国储能网联合承办。

中国化学与物理电源行业协会秘书长刘彦龙表示，当前中国储能产业处在转型发展的关键时期，而疫情和世界格局新变化又给储能产业发展带来很大不确定性。随着应用市场导向时代的真正到来，按照不同使用条件、场景、环境会产生很多便利化、差异化的商业模式，储能系统将不断升级与进化，产品功能和使用方式也在发生深刻变革。

刘彦龙认为，着力围绕实现储能技术大规模应用，降低储能应用成本，解决储能技术和储能产业发展的经济性问题已尤为迫切。市场需求的变化、产业的跨界融合等都会给储能行业、企业提出新要求。新材料、新工艺不断应用，新模式、新业态不断涌现，信息化、数据化、互联网和储能深度融合，这些都推动着储能行业迸发出前所未有的生机。

水电水利规划设计总院总工程师彭才德表示，当前新能源发展必将引发电力系统对于储能长期、持续的需求。对于推动储能与新能源协调发展，一是持续提升储能技术水平和发展质量，加快推动储能技术创新发展，支持新型长时储能技术开发，不断提高储能系统的安全性、经济性和可靠性。二是完善储能发展支持政策和市场环境，给予储能独立主体地位，完善价格机制（发电侧和用户侧动态分时电价、容量市场、现货市场等），全局衡量储能的价值。三是优化储能在电力系统中的配置，在战略层面，制订高比例可再生能源的储能发展路线图、行动计划；在应用层面，优化储能与新能源在电力系统中的布局。

IEEE PES中国区委员会秘书、IEEE PES中国区技术理事会秘书长张怿宁表示，储能在解决可再生能源、发电规模化利用，实现电力系统安全、清洁高效等方面的作用非常重要，从全球各国的发展情况看，储能与能源电力的融合越来越明显，发展也越来越快。

【第九届全球能源安全智库论坛】

12月14日，由中国社会科学院学部主席团、中国社会科学院数量经济与技术经济研究所联合主办的第九届全球能源安全智库论坛在北京召开。

来自国际能源宪章、美国能源安全理事会、全球安全研究所、伦敦能源俱乐部等国际国内智库和能源行业的专家参与了会议，就我国碳中和目标下的能源系统设计与路径选择、国际能源地缘政治的新变化展开深入研讨。会议通过ZOOM和腾讯会议系统采取线上线下形式同步进行。

2020年9月，中国对国际社会庄严承诺，将提高国家自主贡献力度，采取更加有力的政策和措施，二氧化碳排放力争于2030年前达到峰值，努力争取2060年前实现碳中和。

在12月12日召开的气候雄心峰会上，中国再次明确了近期的量化目标，到2030年，中国单位国内生产总值二氧化碳排放将比2005年下降65%以上，非化石能源占一次能源消费比重将达到25%左右。

多位专家表示，碳中和的宏伟愿景和近期目标对中国能源转型发展意义重大，对此科技界和产业界应该充满信心，共同发力科技研发和产业化，携手构建清洁低碳、安全高效能源体系。

机械工业部原部长何光远指出，碳中和目标不是一句空话，需要落地实施和兑现。凡事一定要实事求是、去伪存真、眼睛向下、务实发展，把我们这代人该做的事认真做好。要以中国能源结构为基础，开展能源转型和清洁能源利用，防止不切实际的能源转型对经济发展和能源供应造成的伤害，同时应该倡导能源体系打破“围墙”，强调融合与包容导向。

中国科学院副院长、中国科学院院士张涛对《能源评论》表示，虽然中国的碳中和目标挑战很大，但一定能实现。这需要依靠科技进步，从两个方面去努力，一是降低可再生能源成本、提升其装机容量和消费占比；二是进一步降低化石能源消费占比，同时提升能源效率，使其达到甚至高于世界平均水平。同时，还要拆掉能源体系中的“围墙”，让各能源品种有机融合，共同担当起降碳减排的重任。

中国能源研究会副理事长吴吟指出，科技将决定碳基能源的未来，科技也将重塑未来的碳基能源。为此，要尽可能减少消费碳基能源，提升碳基能源利用效率，发展相对减碳的能源利用方式，研发碳捕获利用与封存技术。

中国科学院院士、中国科学院大连化学物理研究所研究员李灿认为，绿色氢能及其液态阳光是新的储能形式，可以解决可再生能源间歇性问题及弃电（风、光、水）问题，成为除（特）高压输电之外的另一种再生能源规模化输送的途径。通过碳捕获利用与封存技术，可资源化转化利用二氧化碳，实现化学品机器液体燃料的绿色化学合成。

中国社科院数量经济与技术经济研究所能源安全与新能源研究室主任刘强表示，把碳中和的压力转变为新型能源产业技术、新能源业态发展的机遇，转变为中国经济实现产业升级的动力，是实现碳中和目标的关键。

论坛期间，中国社科院数量经济与技术经济研究所发布报告《碳中和前景下的能源转型：选择与路径——2030年碳达峰与2060年碳中和目标的未来能源系统》（简称《报告》），对如何实现上述目标进行了针对性分析，并提出了具体发展建议。

《报告》指出，从我国经济特点看，2030年前实现碳达峰不难，但是在后面30年从峰值实现碳中和难度甚大。当前难点集中在三个方面，一是我国碳基能源比例过高，且其中大半为煤炭；二是各种非碳能源实现减碳没有问题，但是没有碳中和即固碳效果；三是实现碳中和的各种技术成本居高不下，仍有待技术突破。

《报告》建议，为推动碳中和目标的实现，需要大力发展新型碳中和产业技术经济体系，重点关注工业、交通、建筑等领域的能源碳中和技术，以及农业、分布式和移动能源技术。以中国的市场规模和潜力，碳中和将成为一个万亿级的新兴产业，为中国经济转型升级提供新的增长点。

【2020北京国际风能大会暨展览会(CWP 2020)】

2020年10月14～16日，2020北京国际风能大会暨展览会（CWP 2020）在北京新国展召开。此次会议是全球风电行业年度最大的盛会之一，主要百余名演讲嘉宾和数千名国内外参会代表出席会议，主要聚焦中国能源革命的未来。

此次会议是自2008年首次在北京举办以来，北京国际风能大会暨展览会（CWP）成功举办的第十三届。十多年来，CWP的全球影响力越来越大，该届展会面积超4万m^2，400多家中外企业参展，预计有4万余人次的专业观众参与。

2020年是一个特殊的年份，突如其来的新冠肺炎疫情席卷全球，200多个国家无一幸免，数百万人遭受生命健康损失。国家主席习近平在第七十五届联合国大会一般性辩论上表示，这场疫情启示我们，人类需要一场自我革命，加快形成绿色发展方式和生活方式，建设生态文明和美丽地球。中国将提高国家自主贡献力度，采取更加有力的政策和措施，二氧化碳排放力争于2030年前达到峰值，努力争取2060年前实现碳中和。

作为一个负责任的大国，中国提出的这个目标背后，不仅是对《巴黎协定》承诺的进一步践行，更是全球新冠肺炎疫情爆发启示之下的坚决行动，同时也让以风电为代表的可再生能源行业备受鼓舞。

风电作为一种绿色能源，是全球绿色低碳转型的重要方向。CWP 2020助力各国树立创新、协调、绿色、开放、共享的新发展理念，抓住新一轮科技革命和产业变革的历史性机遇，推动疫情后世界经济“绿色复苏”，汇聚起可持续发展的强大合力。

该届大会以“引领绿色复苏，构筑更好未来”为主题，历时三天，包括开幕式、主旨发言、企业家论坛、创新剧场以及关于“国际风电市场投资机会”“新兴风电市场发展动态”“海上风电工程装备论坛”等不同主题的20余个分论坛。在中国能源革命的大背景下，重点讨论了如何稳步推动可再生能源发展，实现清洁无污染能源对传统能源的顺利替代；如何推动风能等可再生能源快速降低成本，助力中国打造高质量发展全球样本；在平价形势下，如何拓展海上风电、分散式风电、国际间合作等新的风电产业发展空间。

2020年，中国风电开发保持着“稳步扩大”的态势，装机规模不断增长。尽管行业深受新冠肺炎疫情影响，但遭遇危机时，上下游企业抱团取暖、紧密协作，做到信息坦诚共享，共同对项目风险、可执行度、真实交付需求进行评估，并据此指导生产，最大化利用产能；各国加强宏观经济政策协调，确保产业链与供应链畅通，逐步恢复社会和经济秩序，通过各种措施共同维护全球产业链和供应链的稳定。此外，还见证了数字化技术的威力，依托以云计算、大数据、物联网为代表的新一代信息技术，能够大幅提高风电机组与装备制造环节的智能化程度。同时，风电企业通过广泛运用智能机器人、远程监控平台、大数据挖掘诊断等技术，促使运维走向“无人值班、少人值守”，实现发电效率的提高以及整体成本的下降。

当前，我国风电产业技术创新能力和速度不断提升，不仅具备大兆瓦级风电整机自主研发能力，而且形成了完整的风电装备制造产业链，制造企业的整体实力与竞争力大幅提升，达到了具有较高国际竞争力的风电机组技术研发水平。在该届展会上，国内整机企业齐聚一堂，配件厂商悉数亮相，展出了最新产品，展示了最新技术。这些创新力十足的黑科技产品，在开发商巡馆环节，赢得了各大开发商的交口称赞。

中国风电市场的蓬勃发展，为全球风电厂商及相关行业带来了巨大商机，全世界风电相关企业都在关注中国市场，希望借助CWP这一平台，展示最新的产品、技术，并寻找商机。丹麦、英国、挪威等多国展团齐聚，近百家国外企业参展，参展单位包括地方政府、勘测设计单位、施工单位、工程装备供应商、关键部件商等全产业链。

为进一步扩大展会影响力，CWP2020首次推出在线会展模式——CWP掌上风云，打造"展示＋邀约＋互动＋直播""参会＋资源＋交流"的会展双通道，实现展会资料在线查看，提前搜展商、查找目标产品，提高观展效率，精准锁定洽谈目标。展商、展品、活动、资讯一键收藏，随时查阅。

同时，为促进高校毕业生与风电企业高效对接，实现人才就业和企业需求的精准匹配，服务于行业发展，CWP2020在展会现场安排特定区域举办风能专业人才招聘对接活动。金风科技、远景能源、明阳智能、三一重能等国内三十余家知名风电企业参加了此次招聘活动，提供了上千个就业岗位。

CWP已成为全球风能晴雨表和信息集散地，真正成为全球风电企业产品发布、了解同行和接洽客户的重要平台，也是获取行业信息、发掘商机和建立合作的最佳场所。全球风电英雄借此机会汇聚一堂，相互碰撞思想，分享观点，交流经验，共同探求风电产业发展的未来之路。

学术团体与行业学协会

【中国电机工程学会】

单位概况 中国电机工程学会（简称电机学会）是由从事电机工程相关领域的科技工作者及有关单位自愿组成并依法登记成立的全国性、学术性、非营利性社会组织，成立于1934年，办事机构设在北京，挂靠国家电网有限公司，接受社团登记管理机关中华人民共和国民政部和业务主管单位中国科学技术协会的监督管理和业务指导。电机学会的最高权力机构是会员代表大会，日常领导机构是理事会和常务理事会，监督机构是监事会。电机学会设有组织、学术、科普、国际合作、编辑、咨询、青年和教育、名词术语、标准、女科技工作者10个工作委员会，以及覆盖电机工程各个专业领域的46个专业委员会。33个省（区、市）电机（电力）学会是电机学会的单位会员。中国电力科学技术奖励工作办公室、国际大电网委员会中国国家委员会秘书处、国际供电会议组织中国国家委员会秘书处、全国电力安全专家委员会秘书处也设在电机学会办事机构。

领导班子

理事长：舒印彪

名誉理事长：郑宝森

副理事长：张智刚、贺锡强、金耀华、王宏志、杨亚、王良友、米树华、姚强、吴云、高立刚、刘吉臻、郭剑波、李冶、路书军

秘书长：林铭山

监事长：欧阳昌裕

组织建设 定期召开理事会、常务理事会、监事会、理事会党委会议等，审议和决策重大事项。完善工作委员会、专业委员会、省级学会管理体制和运行机制，根据能源电力发展需要对专业委员会布局进行调整，完成5个专业委员会换届改选、18个专业委员会委员调整。成立女科技工作者委员会及执行委员会。

发起成立北京创拓国际标准与技术研究院有限责任公司，开展国际技术标准政策、趋势和战略研究，推动国际标准制定和检验认证工作。经中国工程教育专业认证协会第二届理事会第一次会议批准，筹备成立能源动力类专业认证委员会，电机学会作为秘书处挂靠单位。

加强员工队伍建设，优化人员结构，充实员工队伍，完善薪酬和绩效考核制度。强化财务管理，完善和优化财务管理流程。持续完善信息化平台建设，改版升级门户网站、新建科技鉴定在线会议、视频会议系统、会士遴选模块和电子发票管理模块，优化升级会员系统、期刊分级、征文系统等。编印《中国电机工程学会2020年年报》。

新冠肺炎疫情防控 严格开展新冠肺炎疫情防控各项工作，推动复工复产。转发中国科协《战“疫”有我，为决胜攻坚提供科技志愿服务》《团结信任，创新争先，坚决打赢疫情防控人民战争》等倡议书，向广大电力科技工作者发出《凝心聚力，众志成城，坚决打赢疫情防控阻击战》倡议书，凝聚电力科技工作者力量，打赢新冠肺炎疫情防控阻击战。充分发挥党组织的政治引领作用和战斗堡垒作用，组织党员自愿捐款，向奋战在抗疫一线的湖北省电力公司员工捐赠8万元的防护用品。在网站建立抗击新冠肺炎疫情专栏，积极宣传会员单位保障电力供给、积极参与新冠肺炎疫情防控的突出事迹。充分利用国际平台积极发声，电机学会理事长舒印彪在世界标准合作组织会议上就中国抗击新冠肺炎疫情发表特别演讲，向国际电工委员会（IEC）各成员国家发出特别公开信，介绍中国抗击新冠肺炎疫情的经验成果，积极推动新冠肺炎疫情相关领域的国际合作。密切与国际组织的联系，向国际大电网委员会（CIGRE）、国际供电会议组织（CIRED）、电气和电子工程师学会电力与能源分会（IEEE PES）、英国工程技术学会（IET）、日本电气学会（IEEJ）、韩国电气学会（KIEE）等国际科技组织和外国科技社团致函，通报情况、讲好故事、传达信心。积极组织开展行业应对新冠肺炎疫情研究，提出《关于加强应急状态下电力供应能力研究的建议》并上报中国科协，为应急状态下可靠供电提供科学决策建议。牵头成立应对公共安全事件国际标准体系研究工作组，推进相关国际标准研制并取得阶段性成果。电机学会被中国科协评为优秀抗疫学会。

决策咨询 承担中国科协、国家能源局、中国科学院等委托的咨询项目12项，组织编制《新能源电力系统发展及其技术装备创新支撑研究》《我国新一代能源系统战略研究》《电力安全监管技术支撑体系研究》等多个决策建议报告。

科技评价与成果登记 完成《特高压大容量GIL/GIS、电抗器现场绝缘试验关键技术与工程应用》《汽轮发电机组若干复杂振动故障诊断和治理关键技术及工程应用》等科技成果评价262项，累计组织专家2367人次（其中院士166人次）。积极服务行业科技成果转化，完成科技成果登记508项。认真履行电力行业科技查新管理服务职能，确认电力科技查新资质机构43家。

团体标准与国际标准 全年发布《高位收水冷却塔设计规程》等38项中国电机工程学会标准，立项74项。探索拓展团体标准服务、培训教育服务产品，开展华电章丘发电公司“激光诱导击穿光谱分析型煤质在线检测技术规范”标准服务项目。推进统一潮流控制器系列标准、柔性直流电网成套标准等系列标准编制工作。举办2020国际标准峰会、国际标准高端

论坛暨新闻发布会，在IEC发起成立2个新技术委员会，积极推动国际标准制定和检验认证工作。

服务科技经济融合 在江苏南京、浙江温州、江苏镇江、宁夏宁东组建科技服务团，开展能源互联网技术咨询和科技成果转化对接服务。在宁夏组织召开“2020年清洁能源国际论坛”和“服务清洁能源高质量发展论坛”，为宁夏清洁能源产业转型升级和区域经济高质量发展提供支持。与浙江省科协共同主办“2020世界青年科学家峰会未来能源论坛”并成立“温州能源互联网和工业互联网（产业）融合发展科技服务团”；与镇江市科协共同主办“智能制造暨第二届柔性机械电子产业化国际论坛”并成立“中国电机工程学会扬中市高新区智能电气科技服务团”，为区域能源互联网发展提供技术咨询服务。

国内学术会议 举办以“能源电力转型与数字化”为主题的2020年中国电机工程学会年会，采用“一地集中、多地延展辐射”“线上线下”结合的方式，在全国14个城市先后安排32场学术活动，除2020年中国电机工程学会院士专家论坛、中国电机工程学会2020年学术报告发布会、中国电机工程学会第十六届青年学术会议、2020年清洁高效发电技术协作网年会、2020年中国电机工程学会女工程师论坛等主场活动外，还包括电力电子器件技术专题研讨会、2020电力行业信息化年会、电力行业人工智能技术创新应用论坛等专题活动和电力科技成就展（线上）。20位院士出席会议，300多位专家作报告，解读行业发展趋势，共同探讨新形势下能源电力转型与数字化发展的创新之路，超5万名电机工程领域的专家、科技人员、工程师及高校师生通过线上或线下的方式参会。

联合主办2020年电气工程学院院（校）长论坛、电力系统发展方向暨学术方向研讨会、2020世界青年科学家峰会未来能源论坛、第一届全国基础设施智慧建造与运维学术论坛、第六届中国太阳能热发电大会等专题学术交流活动。创建“CSEE网络学术报告厅”学术交流平台，组织开展“能源创新青年论坛”等一系列线上学术活动。各专业委员会围绕各自专业领域开展学术活动80余场。

学术期刊 电机学会及各专业委员会主办、联合主办期刊共16种。《中国电机工程学报》在动力与电气工程类期刊中连续多年学科总排名第一，荣获“2020年中国最具国际影响力学术期刊”。《中国电机工程学会电力与能源系统学报（英文）》（CSEE Journal of Power and Energy Systems，CSEE JPES）2020年影响因子达到3.115，较上一年度增长16.23%，成功被Scopus数据库收录。《中国电力》《热力发电》《农村电气化》《农电管理》《动力与电气工程师》和《电信息》等办刊质量持续提高，为会员搭建丰富的交流平台。

开展能源电力领域高质量科技期刊分级目录的宣传与推广，组织2020年中国电机工程学会期刊优秀论文评选，组织第五届中国科技期刊能源、化工与环境集群年度优秀论文遴选推介，推动能源电力领域期刊质量持续提升。

学科发展研究 完善学术报告编撰体系和学术研究成果发布制度，2020年出版《“十四五”电力科技重大技术方向研究报告》《动力与电气工程学科发展报告（2020）》《CSEE专业发展报告（2019—2020）》和《CSEE专题技术报告（2020）》等4套共22篇报告，并在2020年学术报告发布会上发布。

国际学术会议 采用线上线下相结合的方式举办CSEE&IET联合线上学术活动月（CSEE & IET Joint Workshops）、第四届国际高压直流会议（HVDC2020）、第二届可持续电力与能源国际会议（iSPEC2020）、2020年国际绿色能源高峰论坛网络会议、首届中英大学工程教育与研究联盟学术论坛、第四届IEEE能源互联网与能源系统集成会议（EI^2 2020）、中英电力青年论坛新能源消纳与并网运行学术研讨会等国际会议，为国内外电力科技工作者提供良好的交流平台。

国际组织任职 电机学会理事长舒印彪任国际电工委员会（IEC）主席。电机学会副秘书长范建斌任国际大电网委员会（CIGRE）理事会成员和指导委员会委员。电机学会副局级调研员陈小良任国际供电会议组织（CIRED）指导委员会委员。推荐16名专家担任CIGRE专业委员会委员，推荐15名专家为CIGRE增选专业委员会委员，推荐64名专家加入CIGRE工作组，推荐5名专家加入CIRED工作组。

国际交往 组织国内专家和论文作者参加CIGRE 2020网络大会、IEEE PES年会网络会议、第十二届电力系统技术国际会议（PowerCon2020）网络会议、国际供电会议组织2020年柏林技术会议网络会议、国际大电网委员会亚太区域理事会（AORC-CIGRE）技术研讨会等。

与IET开展工程师资质国际认证，2020年组织两批次共134人参加认证，103人通过认证。继续推进与缅甸、巴基斯坦等国家的双边互认工作，33位学会工程会员完成中国工程师与缅甸工程师的等效互认。

两岸交流 以“绿色低碳 智慧用能 互联互通”为主题，与台湾旅沙电力协会、台湾智慧型电网产业协会、福建省电机工程学会等在福建省厦门市联合主办2020年海峡能源电力融合发展论坛。通过搭建海峡两岸能源领域民间技术交流的平台，促进两岸能源电力可持续发展。

科普活动 持续加强电力科普队伍和组织建设，聘任第二批“电力之光”科学传播专家98名，授牌2020年电力科普教育基地28家。被中国科协评为2020年度全国学会科普工作优秀单位、优秀扶贫学会。

以“创新中国·电亮未来”为主题组织开展第三届“电力之光”中国电力科普日活动，采用线上线下“1＋N＋云”的活动形式，组织1个主会场、27个全国分会场和包含6大板块的线上云展厅，受众上万人，被中国科协评为“2020年全国科普日优秀活动”。

以“科普扶智＋教育扶贫＋产业扶贫＋党建活动”模式，在福建龙岩举办“电力之光”福建科普下乡暨服务苏区脱贫与乡村振兴活动，召开“电力科技助力苏区脱贫与乡村振兴”论坛。

设立“电力之光大讲堂”线上系列科普讲座，先后邀请联合国教科文组织“卡林加科普奖”获奖者李象益教授，中国首位卡尔萨根奖获得者郑永春博士，中国科协首席科学传播专家黄其励院士、李立浧院士、肖兰、刘建明等，围绕《新时代号角下电力科普的新征程》《科研人员做科普的体会与思考》《能源互联网与无线通信》《科普作品的创作及其难点的应对》等内容作科普讲座，共举办8期，受众近万人。

科技奖励 组织2020年度中国电力科学技术奖推荐与评审工作，评选出授奖项目134项，其中一等奖项目17项，二等奖项目41项，三等奖项目76项。完成2020年度国家科学技术奖励提名工作。

表彰举荐优秀科技工作者 组织2020年度中国电力科学技术人物奖推荐与评审工作，评选出授奖人110名，其中中国电力科学技术杰出贡献奖10名，中国电力优秀科技工作者奖50名，中国电力优秀青年科技人才奖50名。

组织2020年“顾毓琇电机工程奖”评审工作，上海交通大学陈陈教授获得2020年“顾毓琇电机工程奖”。开展第二届全国创新争先奖、2020年度科技人才、2020年“最美科技工作者”、中国青年科技奖、中国青年女科学家和未来女科学家计划候选人提名推荐工作。电机学会推荐的清华大学郭庆来成为电气工程领域首位中国青年科技奖特别奖获得者。

开展2020～2022年度“青年人才托举工程”项目，共支持青年人才30人，其中中国科协资助2人、自筹资金资助3人、与依托单位联合培养资助25人。

会员服务 加强会员发展与管理，利用会员系统推进会员规范登记，2020年个人会员累计数为110497人，晋升高级会员196人，增选会士7人、外籍会士5人，111人注册成为工程会员。密切与会员的联系，定期发送学会电子会刊、《电信息》，以及各项活动等信息，开展全国科技工作者日系列主题活动，举办女工程师论坛、老科技工作者座谈会等，不断提升学会服务会员能力。优化完善数字化图书馆建设并推广应用，为会员提供包括期刊、论文、专著、技术报告、科技成果等23万余条数字信息资源。

党建工作 加强党的思想引领和政治引领，将“坚持党的全面领导、习近平新时代中国特色社会主义思想和社会主义核心价值观”等相关内容写入章程，并经民政部核准。

完成理事会党委换届，将党建工作向分支机构延伸，专业委员会全部成立党建工作小组。参加中国科协理事会党委职责任务分类试点工作，制定理事会党委职责任务清单，推进理事会党委工作规范化、制度化。

成立学会党委办公室，健全学会党委工作机制。严格落实民主集中制和“三重一大”决策机制，做到民主决策、科学决策。认真落实党委理论学习中心组学习计划，深入学习党的十九届四中、五中全会精神，以及习近平总书记给科技工作者代表的回信、在科学家座谈会上的重要讲话精神等。

开展“党建强会”活动，推动党建与业务融合发展。在福建龙岩开展以“服务乡村振兴”为主题的“党建＋科普”活动，组织开展科普讲座、乡村振兴论坛、党支部共建、重温入党誓词、参观古田会址等系列活动。开展“党建＋科技服务”活动，先后在南京、温州、银川等地组织成立科技服务团，助力地方经济创新发展。

【中国水力发电工程学会】

单位概况 中国水力发电工程学会（简称水电学会）是由全国水力发电工程科学技术工作者自愿组成并依法登记的全国性非营利性学术团体，是国家发展水力发电工程科技事业的重要社会力量，是中国科学技术协会的组成部分。水电学会于1980年成立。

领导班子

理事长：张野

副理事长：袁柏松（常务）、么虹、王良友、王志轩、朱跃龙、刘国跃、刘金焕、李云、汪小刚、黄辉、张宁、张建民、陈云华、周厚贵、郑声安、郑旭东、夏忠、晏志勇、韩水

秘书长：袁柏松（兼）

监事长：邓孟元

服务创新型国家和社会建设 2020年9月22～26日，在北京举办人力资源和社会保障部专业技术人才知识更新工程——风光水电力扶贫与生态修复高级研修班（第二期），70多名学员参加并获颁证书。

2020年10月9～12日，组织专家赴雅砻江流域调研水电开发情况及对生态修复、移民致富的积极作

用，形成建议报告供有关部门决策参考。

组织专家对《长江保护法（草案二次审议稿）》《能源法（征求意见稿）》等国家法规进行研读和提出修改建议，受到重视和采纳。

向国家能源局报送《关于将雅砻江清洁可再生能源示范基地建设列入“十四五”规划的建议》并受采纳，“建设一批多能互补的清洁能源基地”写入《国民经济和社会发展第十四个五年规划和二〇三五年远景目标纲要》。配合会员单位出席全国两会的委员代表收集统计提案所需资料数据，为科技工作者建言献策做好服务。

在组织专家评估的基础上，联合中国大坝工程学会为国能大渡河流域水电开发有限公司授予“梯级水电站群智能运行创新实践基地”。

学会小水电专业委员会参与开发“黄河流域省区小水电突出问题清理整治平台”，组织开展小水电扶贫及增效扩容评价工作。

学会大坝安全专业委员会举办电力安全监管专业培训、西北区域水电站大坝运行安全管理培训；水电与新能源运行管理专业委员会举办水库调度自动化系统建设培训、水电站运行管理培训、水电中长期径流预测技术培训。

学会建设 八届学会有团体会员单位 169 家。经变更或增补后理事会成员 160 人。个人会员 39415 人，比上年增加 236 人。分支机构 35 家，其中，新成立水电与新能源投资专业委员会，电网调峰与抽水蓄能专业委员会完成换届，有序推进海外分会筹建。

由中国科协资助开展的“世界一流学会建设”项目 2019 年度工作任务通过评估验收，继续获得 2020 年度 100 万元经费资助并顺利实施。顺利完成民政部 2019 年度年检、中国科协 2019 年度综合数据统计、全国学会综合能力评估考核工作。

10月迎接民政部抽查审计工作，及时发现财务和内控管理方面存在的一些问题，学会认真落实了整改，不断提升规范化管理水平。

监事会全年组织 2 次检查工作，将监督职能常态化。监事列席理事会议（常务理事会议）、党委会议、理事长工作会议、秘书长办公会和各项学术会议等活动，监督指导学会工作发展。

成立团体标准管理委员会，制定学会《团体标准管理办法》，推进团体标准建设和管理。成立战略委员会和薪酬委员会，进一步完善学会治理结构。在支撑单位人事部门支持下，全面梳理学会薪酬管理制度文件和重新定岗定编，促进办事机构职业化、专业化发展。

编撰出版《中国水力发电年鉴》（第 24 卷）、《中国水力发电信息 2020 年报》。编制《学会 2020 年年报》，推进开放型学会建设。学会贯流式水电站专业委员会完成《贯流式水轮机组 2019 年年鉴》组稿。学会梯级调度控制专业委员会出版《水电站运行管理及梯级调度控制研究（2019）》专著。

1 月 7 日，学会与中国华能集团有限公司共同举办一年一度的“中国水电发展论坛暨水力发电科学技术奖颁奖典礼”，300 余名新老水电工作者代表参会。

5 月 28 日，学会在北京召开一年一度的水电学会系统秘书长工作会议，110 多名秘书长和代表通过视频方式参会。

10 月 20 日，学会在昆明召开《中国水力发电年鉴》编纂工作座谈会，来自会员单位代表 80 多人参会。

11 月 26 日，学会成立 40 周年纪念暨八届五次理事会议在京召开，学会老领导、老专家、现届理事会理事和代表 160 多人参会。全年以通信或现场方式召开了八届十一、十二次常务理事会议。

潘家铮水电科技基金截至 2020 年底已有 57 家单位和 11 名个人捐资，基金规模达 4699 万元。召开了基金换届暨四届一次理事会；开展 2020 年度潘家铮水电奖学金评定，奖励来自 19 所高校和科研院的优秀学生 61 名。

国内主要学术会议 学会及各分支机构共举办国内学术交流及技术培训活动 90 余场次，线下参加人数 3540 余人次，线上参加人数 24 万多人次，出版论文集 8 部共 1400 余册、论文 700 余篇，会议交流论文 400 余篇。

10 月 8～9 日，学会与中国大坝工程学会联合主办的水库大坝和水电站智能建造与运行学术交流会在成都召开，中国工程院院士潘云鹤、王浩、钟登华、刘吉臻、张建民、谢和平、缪昌文以及 300 多位专家学者参会。

11 月 10 日，学会在长沙召开复杂地质条件下 TBM 施工与智能化装备关键技术交流会，行业有关院士和知名专家学者近 300 人参会。

10 月 21～23 日，学会施工专业委员会、碾压混凝土筑坝专业委员会 2020 年会暨水利水电地下工程建设施工新技术学术交流会在成都召开，180 多名专家代表参会。

11 月 25～26 日，学会电网调峰与抽水蓄能专业委员会 2020 年学术交流年会暨换届大会在广州召开，130 多名委员和代表参会。

11 月 27 日，学会工业控制系统安全专业委员会在成都主办全国发电企业工业控制系统安全技术交流会，200 余名代表参会。

12 月 3 日，学会继电保护专业委员会 2020 年学术年会以线下线上相结合的形式召开，近 200 名专家学者参会。

国际组织任职 学会副理事长单位中国长江三峡集团有限公司副总经理张定明，学会常务理事、雅砻江流域水电开发有限公司副总经理吴世勇，任国际水电协会（IHA）董事会董事。学会副理事长单位河海大学公共管理学院创院院长施国庆教授，当选 IHA 水电可持续性评估理事会管理委员会委员及其新兴和发展中国家委员会主席，任期均为 2019～2021 年。

学会副理事长单位中国水利水电科学研究院副院长彭静任国际水利与环境工程学会（IAHR）秘书长。

学会高坝通航工程专业委员会主任委员李云、副主任委员吴澎出任国际航运协会（PIANC）内河委员会委员；专业委员会副主任委员胡亚安出任 PIANC 升船机工作组主席，专业委员会委员赵根生、李中华分别出任工作组秘书长、委员。

学会混凝土面板堆石坝专业委员会秘书长王富强博士担任国际大坝委员会（ICOLD）土石坝专业委员会委员。

国际交往 学会主动向国际水电协会（IHA）等国际组织发送国内新冠肺炎疫情通报和抗疫慰问信，联合 IHA 等 16 家国际组织共同签署发出《水电和电力行业协会关于新冠肺炎疫情的联合声明》，助力全球坚决打赢新冠肺炎疫情防控阻击战。

6 月 11 日，国际航运协会 WG228 工作组启动视频会议召开，学会高坝通航工程专业委员会委员赵根生、安建峰作为协会工作组委员参会。

6 月 17 日，国际航运协会内河委员会 2020 年度工作会议以视频形式召开，学会高坝通航工程专业委员会主任委员李云、委员赵根生参会。

6 月 30 日，学会高坝通航工程专业委员会副主任委员胡亚安主持召开国际航运协会升船机工作组第 4 次工作会议。

12 月 1～4 日，国际航运协会亚太地区会议以视频形式召开，学会高坝通航工程专业委员会委员赵根生参会。

组织翻译 IHA《2020 水电现状报告—行业趋势及思考》。继续申报中国科协民间科技组织事务专项和青年科学家参与国际组织专项。

学科发展研究 学会联合有关单位组织编撰《中国水电关键技术丛书》（36 分册）和《中国水电管理创新丛书》（16 分册），全面总结水电科技和管理成就及经验。2017 年起陆续完成书稿编写。

学会联合支撑单位水电水利规划设计总院共同编撰发布《中国可再生能源发展报告 2019》。

学会组织行业单位和专家编撰《中国电力工业史 水电卷》，成稿 120 多万字，是庆祝建党 100 周年献礼工程。

学会环境保护专业委员会组织委员单位开展流域水电环境保护综合管理、水电环保高新技术、流域综合监测管理平台、鱼道运行适宜性、岷江柏深化保护、生态修复关键技术等研究。

学会抗震防灾专业委员会参与向家坝电站升船机区域振动安全、严寒地区水库抗震安全评价、菲律宾 KALIWA 水电站重力坝动力计算分析与抗震安全评价等研究。

学会混凝土面板堆石坝专业委员会首次整理发布《国内 30 米以上堆石坝统计成果（截至 2019 年底）》。

学会水工及水电站建筑物专业委员会组织编撰《高混凝土坝抗震技术研究》专著，开展金沙江白格堰塞湖险情应急处置和金沙江上游水电梯级风险评估、病险水电工程坝体或坝基异常渗漏处理研究。

学会水库专业委员会组织开展西藏自治区水电工程移民安置管理机制研究，启动《大中型水利水电工程建设征地补偿和移民安置条例》修订工作。

学会水能规划及动能经济专业委员会参与开展《水电发展"十三五"规划实施总结评估》《西南地区重点水电工程开发建设时序及经济性分析》等多项研究。

学会工程造价专业委员会参与大直径机钻导井技术经济、水电工程高强压力钢管安装技术经济等多项研究。

科普活动 向广大科技工作者发出抗疫和复工复产倡议书 2 次，汇编一批抗疫简讯报送中国科协并受采纳多条，利用官网和公众号大力宣传会员单位有关抗击新冠肺炎疫情和复工复产的报道 300 多条，报送中国科协"科界"平台的稿件数量居全国学会前十。

有序推进位于湖北宜昌三峡工程坝区的中国水电科技博物馆筹建工作，2018 年完成博物馆主体场馆建设，2019～2020 年进行展陈方案设计、展品征集和布展工作，力争早日建成开馆。

制作学会成立 40 周年纪念宣传片和纪念章、征集出版纪念文集，发送广大会员，增加文化积淀，砥砺创新发展。

5 月，全国防灾减灾日撰写"关注水电开发的地质减灾作用"科普文章，通过学会网站和公众号并邀请多个主流媒体广泛宣传。

5 月 29 日，学会组织在北京召开全国科技工作者日活动——中国水电进入了新时代座谈会，中国工程院院士王浩等 10 余位专家参会。

7 月，中国长江流域遭遇严峻汛情，国内外诋毁三峡防洪能力的声音又起。学会 2 次组织在《中国日报》刊发英文科普文章，邀请有关院士专家进行了一场专门回答社会各界对三峡工程的误解的"大家谈三峡圆桌论坛”，收效良好。

9月，全国科普日期间学会组织在武汉大学举办“水电与未来”科普讲座，线下线上共有2500多名师生参加。同期组织有关专家开展水电科普专题座谈，共同探讨通过加强科创和科普助力长江大保护和长江经济带高质量发展。

依托中国科协平台继续推进网上会史馆建设，荣获科界2020年“最佳网上会史馆组织”第三名。

评选2020年中国水电十件大事并制作视频宣传片。做好官网“中国水电网”和微信公众号的日常更新和维护。

学术期刊 学会会刊《水力发电学报》全年出版12期，共收到论文稿件606篇，录用刊登139篇，印发4800册。已连续五年均有学报论文入选“中国科协优秀科技论文遴选计划”。在中国科技期刊引证报告（核心板）2020年统计中，《水力发电学报》核心影响因子为1.828，在23种水利工程类刊物中排名第4；核心总被引频次1894、在23种水利工程类刊物中排名第3；刊登论文中，科学基金资助的论文比例0.94。综合评价总分56，在23种水利工程类刊物中排名第3；在全国2049种学术刊物中排名405。中国科学文献计量评价研究中心发布的《世界学术期刊影响力指数WAJCI年报》，《水力发电学报》进入“世界学术影响力Q1期刊”前25%。完成2019年度《水力发电学报》优秀论文奖评定。

联合主办《岩土工程学报》《水电能源科学》《大坝与安全》《水电站机电技术》《小水电》、协办《水电与抽水蓄能》等核心期刊。

水利水电标准化工作 学会小水电专业委员会参与《绿色小水电评价标准》(SL752) 修订、《农村水电工程项目规范》制定。

学会大坝安全专业委员会参与《水电站大坝安全管理实绩评价规程》(DL/T 2079—2020)、《水电站大坝安全现场检查技术规程》(DL/T 2204—2020)、《混凝土坝安全监测资料整编规程》(DL/T 5209—2020)、《大坝安全监测系统评价规程》(DL/T 2155—2020)、《水电站大坝运行安全在线监控系统技术规范》(DL/T 2096—2020) 等编写和审核工作。

学会风险管理专业委员会组织编写《智慧水电站建设管理技术规范》(暂定名)。

学会高坝通航工程专业委员会参与《水力式升船机设计规范》《水力式升船机运行维护技术规程》《升船机实船试航技术规程》《升船机水力学模拟技术规程》等8部标准修编工作。

学会机械疏浚专业委员会参与《河湖淤泥处理处置技术导则》和《疏浚与吹填工程施工》实用手册，以及《清淤工程用大型卧螺离心机》等标准编写。

学会水电监理专业委员会组织编制企业标准《抽水蓄能电站工程施工监理规范》(T/CEC 5029—2020)、《水电水利工程总承包项目监理规范》(报批稿)、《抽水蓄能电站工程建设安全管理工作规程》，修编《水电水利工程施工监理规范》。

学会水能规划及动能经济专业委员会参与《水力发电工程项目规范》《抽水蓄能电站选点规划技术管理规定》《水电工程溃坝洪水与非恒定流计算规范》等标准修订。

学会工程造价专业委员会参与《水电工程勘察设计费计算标准》《水电工程执行概算编制导则》《太阳能热发电工程投资估算编制规定》《太阳能热发电工程设计概算编制规定》《陆上风电场工程工程清单计价规范》《海上风电场工程工程清单计价规范》《光伏发电工程工程清单计价规范》《水电工程设计概算编制规定》《水电工程费用构成及概（估）算费用标准》《水电建筑工程预算定额》《水电建筑工程概算定额》《水电设备安装工程预算定额》《水电设备安装工程概算定额》《水电工程施工机械台时费定额》《水电工程对外投资项目造价编制导则》《太阳能热发电工程概算定额》《水电工程执行概算编制导则》《水电工程完工总结算报告编制导则》等10多项标准编制，开展《水电工程分标概算编制规定》《水电工程招标设计概算编制规定》英文版翻译工作。

科技成果评价 2020年组织院士专家完成来自各单位不同专业领域的技术成果鉴定45项，包括大型水电站工程总承包模式地下洞室群建设关键技术、岗地浅埋强变异地层超长隧洞建设关键技术、特大型溢洪道巨型弧门及预应力闸墩关键技术研究与应用、青藏高原冰水沉积物工程地质特性及建坝应用、高碾压混凝土拱坝分缝防裂关键技术研究及应用、南方滨水区海绵技术雨水径流生态调控关键技术及其应用研究、基于生态感受的高原湖滨生态修复关键技术研究与应用等。

党建强会 根据中国科协和民政部关于督促指导全国性社会组织在章程中增加党的建设内容的通知要求，通过内部工作程序在章程中增加党建内容并施行。

学会党委充分发挥政治核心、思想引领和组织保障作用，全年召开党委会议5次，就近50件学会改革发展等“三重一大”事项进行了前置审议。用好用活科协智慧党建工作平台，学会党委获“智慧党建建设优秀学会党组织”表彰。

继续获得中国科协支持开展“党建强会计划”项目，赴凉山州进行科技扶贫活动，期间到“中国工农红军强渡大渡河纪念馆”开展革命教育。

充分发挥秘书处党支部的战斗堡垒作用和党员先

锋模范作用，强化“三会一课”，开展支部书记带头讲党课、赴怀柔“第一党支部”和铁军纪念馆进行主题党日活动等。

继续推进分支机构中成立党的工作小组试点，截至2020年底33家分支机构成立完成，基本实现党的建设“全覆盖”。

会员服务 一是通过办好水电科技奖培养科技创新人才；通过设立评定潘家铮奖、水电英才奖、潘家铮水电奖金学和学报优秀论文奖，以及推荐两院院士候选人、光华工程科技奖、张光斗优秀青年科技奖等，打造全方位阶梯型人才培养机制。

二是学会和35个分支机构积极构筑学术交流平台，样式多元的学术交流和研讨活动为广大水电科技工作者提供了交流分享的机会，同时广泛组织论文征集并结集出版，为科技工作者学术成长和技术进步搭建舞台。

三是结合会员企业诉求组织开展岗位技术技能培训和有关专业取证人员继续教育培训等。

四是推荐优秀水电专家在有关国际组织机构任职。

五是及时更新网站和公众号有关行业资讯，方便广大会员及时获取相关信息。建设管理好会员联络QQ群、微信群，方便交流和服务。

【中国电力发展促进会】

一、概况

中国电力发展促进会（简称电促会）由原能源部综合计划司、原国家计委投资司、国家能源投资公司计划部、华能集团公司计划部于1992年12月联合发起组建。1993年5月21日民政部准予注册登记。1994年4月6日召开第一届会员代表大会，正式成立。

下设可再生能源发电分会、核能分会、电力数字化产业委员会、知识产权分会、人工智能与大数据分会、网络安全专业委员会、网络教育培训与人才开发专业委员会，独资运营北京中电创智科技有限公司，主编《中国电力年鉴》，主办中国电力网。

二、主要工作情况

（一）完善规章制度，夯实管理基础

开展会员标识登记工作。增加专家力量，开展会员单位分析与研究工作，启动精准服务、资源共享、业务对接服务会员工作；建立电促会本部与各分支机构一体化的会员信息管理系统，会员管理初步实现电子化。

建章立制，夯实管理。先后制订了《中国电力发展促进会资产管理办法》等8项管理制度；完善电促会网站功能和内容维护，网站影响力不断扩大。

（二）加强论坛品牌建设，提升行业影响力

成功举办了2020年电力规划发展等多个论坛。规划论坛围绕“十四五”电力发展规划和“数字新基建”等行业热点、难点问题，探讨交流电力发展规划重大问题的研究成果与解决思路，为“十四五”电力规划献计献策。成功举办了“电力区块链技术应用论坛”，推动区块链技术在电力行业的融合应用；同时面向区块链企业征集在电力企业应用的典型案例，将优秀案例向社会和政府主管部门、央企等进行推荐，助力电力行业区块链技术＋解决方案的推广落地。成功举办了第五届“人工智能与电力大数据论坛”，利用电促会平台展示会员单位研究成果。成功举办了“2020电力大数据优秀应用创新成果和论文展览”，积极推动电力企业数字化生态建设。

（三）贯彻新发展理念，探索成果共享平台

立足能源革命与数字革命融合发展的形势需要，注重“共建、共治、共享、共赢”平台建设，积极倡导“跨界、融合、增值、共享”服务理念，围绕电力行业产业链、价值链、创新链、供应链建设，努力为会员企业生态建设服务。通过与各大央企电力集团规划部门沟通，筹备建设企业规划课题及成果共享平台。组织开展行业共性问题课题研究，组织副会长单位共同开展“电力企业数字化转型”课题研究。2020年组织会员单位申报能源领域“科技助力经济2020”重点专项行业项目共5项，促进了“政、产、学、资、研、用”的沟通交流。

（四）《中国电力年鉴》工作取得新突破

编制出台《中国电力年鉴编撰工作手册》，制订出台《中国电力年鉴优秀撰稿人评奖办法》，完成了《2019中国电力年鉴》出版发行和《2020中国电力年鉴》大纲审定和清样审核工作。实现了港澳台电力企业的完整入编，实现电力年鉴编撰工作的一个历史突破。

（五）“中国电力网”工作稳步推进

电促会所属北京中电创智科技有限公司加强新技术应用，实现了“中国电力网”内容管理系统迁移、移动版上线、B2B系统完善、通讯员投稿系统上线；建立了包括微信公众号、微博、媒体号在内的全媒体平台；创建电力英才学院；开发大数据优秀应用成果（论文）申报和评价系统；加强通讯员队伍建设，表彰了优秀供稿单位和通讯员。

（六）加强分会建设，提升服务能力

可再生能源发电分会积极掌握会员单位需求，从行业管理、标准制定、职称申报、生产培训等方面开展针对性服务；有序推进《生活垃圾焚烧处理与能源利用工程技术规范》等1项国家标准和8项行业标准；北京市通州区董村等垃圾发电项目并网咨询、安全管理咨询等取得了多项阶段性成果。

核能分会主持的“海南高比例核电发展研究项目”顺利结题，3个项目成果为海南省后续核电项目规划与落地提供了参考依据，向国家能源局上报“关于建议加强高比例核电发展，积极推进具有海南特色清洁能源优先发展示范区建设的请示函”，得到国家能源局有关部门充分肯定。完成“我国核能产业2035年发展战略及2050年展望”相关研究工作，完善《核能分会工作规则》。

电力数字化产业委员会完成“电力数字化产业委员会”的更名工作；通过线上线下相结合的方式召开院校会员单位座谈会，开展“智慧能源，腾讯之道”等沙龙活动；征集“电力行业数字化技术应用先进案例”，积极搭建电力数字化领域“政、产、学、资、研、用”交流合作平台，营造能源互联网产业生态圈良好氛围。

知识产权分会完成了秘书处挂靠国网全球能源互联网研究院有限公司的交接工作；先后举办“国家知识产权政策解读分析”等4次线上活动；组织会员单位参与专利奖申报；出版2020年首期内刊《电力知识产权》。

人工智能与大数据分会建立了人工智能企业、能源电力企业、高校科研机构等之间的交流与沟通渠道。完成会长单位更换为国网大数据中心、秘书长单位更换为国网信通亿力科技有限责任公司的相关手续工作。

新成立的网络安全专业委员会、网络教育培训与人才开发专业委员会，推进会员企业参新成立的网络安全专业委员会、网络教育培训与人才开发专业委员会，推进会员企业参与网络安全生态建设和产教融合工作。

【中国电力建设企业协会】

一、概况

中国电力建设企业协会（简称中电建协）是由全国电力建设行业的企事业单位和团体，在自愿基础上组成的非营利性、独立承担民事责任的社会团体法人。自1989年在民政部注册成立以来，历经七届理事会31年。

中电建协常设6个部门和1个秘书处：综合部、会员与国际合作部、发展策划部、行业部、技术部、培训部，以及挂靠中电建协的中国电力国际产能合作企业联盟秘书处；下设8个分支机构：火电施工专委会、水电施工分会、风电工程分会、送变电施工专委会、监理咨询专委会、调试专委会、绝热耐火防腐分会、施工机械专委会。

二、主要工作情况

（1）完成《行业统计快报数据汇总报告（2019年度）》《全国电力建设行业统计数据分析报告（2019年度）》。

（2）组织完成电建企业“转型升级”发展系列调研报告（包括综合、火电、水电、送变电、监理和调试报告）的编写发布工作。

（3）开展了工业和信息化部委托的工业数据分类分级电力建设企业试点工作。

（4）参与国家能源局电力安全“十四五”规划、《电力建设施工企业安全管理形势和对策研究》等课题的编写工作。

（5）国家能源局电力建设安全监管平台正式上线运行。

（6）中电建协数字协会化平台（包含会员管理平台、人员资质报名、行优评审、专家管理、项目咨询管理、行业统计、企业信用评审、调试企业资格评审等）投入使用。

（7）召开电力建设企业信用体系建设经验交流会，314人参加会议，会议从企业、行业、社会等不同角度对电力建设信用现状及未来进行分析展望，促进下一阶段中电建协信用评价、信息采集和信用应用工作。

（8）《中国电力建设企业协会行业自律公约》经理事会审议通过，并正式实施。

（9）兰州陇能电力科技有限公司等33家电力建设企业（中电建协评选）获2020年度电力建设诚信典型企业称号，国网江苏省电力工程咨询有限公司等15家单位（中电建协推荐）获中国工程建设诚信典型企业称号。

（10）遴选推荐江苏华电句容二期（2×1000MW）扩建工程等74项工程为中国电力优质工程。京能五间房电厂一期2×660MW机组工程等27项电力工程获国家优质工程奖。其中，滇西北至广东±800kV特高压直流输电工程等5项境内工程和摩洛哥努奥三期150MW塔式光热电站工程1项境外工程获得国家优质工程金奖。国网河北电力公司邢西500kV变电站工程等4项工程获得中国建设工程鲁班奖，安哥拉SOYO I联合循环电厂建设和安装项目工程参评中国建设工程鲁班奖（境外工程）；华能宁夏大坝电厂四期工程（2×660MW）等23项电力工程荣获中国安装工程优质奖（安装之星）。

（11）海底电力电缆敷设施工关键技术与装备等330项成果获得2020年度电力建设科学技术进步奖（其中一等奖20项、二等奖90项、三等奖220项）；基于安全与效率提升特高压构架安装工序优化等844项成果获得2020年度电力建设质量管理小组活动成果（其中一等成果108项、二等成果282项、三等成果454项）。

（12）完成了194家电力建设调试企业能力资格

证书换证，完成了41家电力建设质量评价企业能力资格证书换证，完成了79家电力建设防腐保温企业能力资格证书换证。

(13) 组织对67项电力建设关键技术成果开展评价工作。其中，国际领先2项、国际先进9项、国内领先31项、国内先进25项。

(14) 召开第三届电力行业火电建设标准化技术委员会（简称火标会）换届大会。李斌任火标会主任委员，杜光利、王和平、钟儒耀、郝继红为副主任委员，郝继红兼秘书长，火标会委员共计62人。

(15) 完成《电力建设施工质量验收规程　第1部分：土建工程》《火力发电厂输油输气管道施工技术规范》《火力发电厂绝热工程质量管理规程》《火力发电工程安全检查规程》4项技术标准和《电力建设工程监理规范》《火电工程达标投产验收规程》《水电水利工程达标投产验收规程》《火电建设项目文件收集及档案整理规范》4项管理标准。

(16) 充分发挥协会专家智库的作用，根据电力建设工程项目对质量、安全咨询的需求，全年共为72项工程提供技术咨询服务103次。

(17) 服务“一带一路”，为越南沿海二期2×660MW燃煤电厂工程等5个境外项目开展现场咨询服务。

(18) 为减轻会员企业负担，提升施工现场工作人员素质，中电建协线上培训平台于2020年3月正式上线运行。

【中国电力规划设计协会】

一、概况

2020年9月10日，中国电力规划设计协会第九次会员大会在郑州召开。该次大会采取现场会议加网上视频方式举办，共有285名代表出席大会，中电联副理事长魏昭峰和民政部社会组织管理局有关领导出席会议并致辞。大会审议并表决通过了中国电力规划设计协会副理事长兼秘书长李爱民所作的第八届理事会工作报告以及财务收支报告。根据协会章程和《选举办法》的规定，大会以无记名网络投票方式，通过了协会新章程修订案和会员管理办法，选举产生了协会第九届理事会、监事会和常务理事会，中国电力建设股份有限公司副总经理姚强、中国能源建设股份有限公司副总经理吴春利当选为第九届理事会理事长（轮值）；王凤学、郑声安、庞可、周建平、张满平、潘尔生、杜忠明、陈静、张天光、李爱民当选为副理事长。

二、主要工作情况

（一）积极创新工作方法，化解新冠肺炎疫情带来的种种困难

(1) 开展行业受新冠肺炎疫情影响调研。基于新冠肺炎疫情对电力工程行业产生较大影响，联合上海天强管理咨询有限公司开展网上调研活动，设置了29项调查内容，209家会员单位参与在线调查，形成了《电力工程行业受疫情影响调研报告》，呈送行业主管部门和会员参阅，帮助企业做好经营决策，反映行业困难和政策支持诉求。

(2) 借力网络云平台完成重要服务工作。新冠肺炎疫情期间主动调整工作方式，通过网络视频会议、网上评审鉴定、微信群讨论等手段，把过去现场活动全部搬到云上组织。2020年上半年先后组织了近50场次不同规模的专家评优评奖等视频会议、22场次专有软件评审和科技成果鉴定视频活动，开发了行业信用评价、优秀总承包项目和专有技术评审网上申报系统，实现了协会各项评优评审工作网上申报、无纸化评审，满足了会员服务需求。

(3) 组织开展行业网络课堂培训活动。先后召开新版《职业健康安全管理体系要求及使用指南》视频宣贯会，160多家会员单位400多人参加在线培训活动，建立2个微信学习群组进行讨论交流。召开《电力工程数字化产品技术规范　火力发电厂部分》视频培训，邀请编写组专家为60家会员200余人进行线上辅导答疑。携手中电联电力发展研究院、恒华数字科技集团有限公司等单位，搭建专业技术在线培训平台，为会员提供免费网络直播课程。

（二）用心做好传统品牌服务，满足会员发展需求

1. 创优评先方面

(1) 组织年度电力、水电行业“四优”评选，邀请249名专家对700个申报项目进行了初评、终评，共评出电力行业一等奖82项、二等奖104项、三等奖163项；水电行业一等奖13项、二等奖9项、三等奖10项。

(2) 组织年度行业优秀咨询成果奖的申报评选，85个单位的745个项目参加，共评出行业一等奖101项、二等奖139项、三等奖214项。

(3) 组织第六届电力工程科技进步奖评选，邀请95名专家对42个单位申报的136个项目进行了初评，推荐获奖项目54项，通过终评，共评出行业一等奖10项、二等奖19项、三等奖24项。

(4) 开展第五届电力勘测设计行业优秀工程项目管理和优秀工程总承包项目评选工作，共评出优秀工程管理项目三等奖1项，优秀工程总承包项目一等奖5项、二等奖9项、三等奖11项。

2. 质量管理方面

(1) 组织优秀QC活动小组成果评选，共61家会员的193项活动成果参加评选，评选出行业一等奖32个。

(2) 组织推荐27个项目参加电力行业、48项目参加全国勘察设计优秀QC成果评选，1项获得全国优秀质量管理小组称号。

(3) 组织推荐1家会员申报电力行业信得过班组活动。组织推荐4家会员申报电力行业卓越绩效标杆企业申报工作。

(4) 组织开展三标体系认证审核工作，全年签订认证合同31个，安排约450人次参与88家外审活动。

3. 标准管理方面

(1) 编制并发布2020年电力设计行业标准有效版本清单和国际电力工程标准清单，依托协会云服务平台向会员免费发放。

(2) 修订发布协会《团体标准管理办法和工作细则》，提出团标工作规范模板，调整并颁发20个标准化专业委员会牌匾与聘书。

(3) 征集会员报送60余项团标项目，经评审确定31项并发布协会《2020年团体标准制（修）订项目计划》，在编团标共61项。

(4) 汇总整理、公布《2020年行业标准设计制（修）订项目计划》，总计11个标准设计，新立项5个，审查标准设计大纲1项、送审稿1项。

(5) 与中国工程咨询协会联合发布《电网规划环境影响评价技术规范》，完成行业档案管理5个标准报批审查工作。

4. 特色服务方面

(1) 组织电力工程设计专有技术评审，从23家会员申报139项中通过评审75项。完成35家会员申报62项的科技成果鉴定和42个软件评审工作。

(2) 组织专家对35家会员申报企业信用材料进行评审，对3家会员进行现场核查，最终21家获得3A、12家获得2A。

(3) 启动行业CAD软件国产化工作，与广州中望龙腾软件股份有限公司（简称中望软件）、苏州浩辰软件股份有限公司（简称浩辰软件）等国产软件商签署行业集采延期协议，加快二次开发软件移植、测试工作。

(4) 从6家会员申报项目中遴选4项成果推荐参加中国专利奖评选。

(5) 完成52家会员、约计245万元工程设计责任险投保工作。

（三）主动协调推动行业有序发展，促进规模效益提升

(1) 协会工作始终聚焦行业热点难点，围绕规范行业市场经营环境，先后组织年度发电、电网、新能源、国际业务共4次市场开发交流研讨活动，共计550人次参加，促进行业转型升级，维护行业市场秩序。根据会员要求，组织召开首次非传统业务转型发展研讨会，交流市场开发经验，增强向非传统业务转型信心。克服新冠肺炎疫情影响，先后组织10场次视频会议，组织会员填报行业统计数据，编制发布2019年度行业统计年报分析报告和同业对标标杆指标汇总信息，按时完成2016～2019年行业对标信息和分析报告，配合中国工程咨询协会完成行业工程咨询业务发展报告。

(2) 组织参加全国勘察设计企业工程项目管理和工程总承包营业额排名活动，15家会员进入工程项目管理营业额排名、40家会员进入工程总承包营业额排名、9家会员进入境外工程项目管理营业额排名、27家会员进入境外工程总承包营业额排名。组织推荐参加中勘协工程项目管理和工程总承包经典项目征集活动，电力行业1项入选工程项目管理经典项目，7项入选工程总承包经典项目。

(3) 针对会员要求，组织专家开展电力工程相关咨询业务计费标准课题研究，重点研究电力工程前期研究、数字化服务、工程全过程咨询业务计费依据及标准，推动行业统一思想认识，促成了国家电网有限公司出台数字化移交费用政策。先后为6个项目提供投标咨询服务，合力维护行业公开公正市场竞争。协助3家会员压力管道GA类设计资格增项评审及相应业务咨询，已完成增项和换证等相关工作并取得证书。

(4) 组织专家做好年度全国勘察设计注册工程师电气专业考试命题、组卷、查分、人工复评等考务工作，受理61名考生2019年度成绩复查申请，组织94名专家进行人工复评试卷3566份。协助住房和城乡建设部执业资格注册中心完成注册电气工程师变更、延续、补办印章等服务共计10649人次。

(5) 加强与政府主管部委联系，代表行业参与住房和城乡建设部企业资质标准改革工作，反映行业意见并在正式文件中予以采纳。完成国家发展改革委、住房和城乡建设部、国家能源局布置的全过程工程咨询服务技术标准、总承包合同示范文本、电力建设工程防雷管理和地震易发区房屋设施加固工程技术指南等征求意见、反馈行业建议等工作。

（四）加强人才、文化等软实力建设，助力行业发展

根据形势任务，组织修订协会技术委员会工作条例，修改发布电力行业申报全国工程勘察设计大师人才库遴选办法，修改完善电力工程科学技术进步奖评选办法，做好了迎接第三方评估和备案审核工作。组织电力行业第6批申报全国工程勘察设计大师人才库遴选工作，共收到39家会员67人申报材料，27人获得荣誉。组织行业第三届“最美工程师”和第一届“最美会计师”评选活动，139家会员185人参评，经

过初评、终评环节，45 人获得荣誉。

举办第四届中国电力数字工程（EIM）大赛，共有 28 家会员报送 55 个工程参赛作品和 4 个单项参赛作品，作品涵盖了火力发电工程、水力发电工程、送电工程、变电工程、新能源工程、非电业务等，最终 13 家会员 16 项作品获得大奖。

应对新冠肺炎疫情防控和会员急需，先后组织 2 期、共 156 人次参加的压力管道设计审批人员培训考核，并组织为申请压力管道 GA 类设计资格增项评审的 64 人专门培训考核班。分别举办送变电设总、电力工程总承包项目管理、电力隧道工程设计等 3 期培训班，共 299 人参加。

全年编辑出版《电力勘测设计》正刊 12 期、增刊 2 期，共刊载论文 265 篇；《电力设计信息》调整为半月刊，全年编辑出版 22 期，共刊登文章 684 篇；《电力工程财务与审计》全年 5 期、刊稿 123 篇，行业影响力显著增强。开辟专栏策划宣传会员优秀工程项目，加大协会网站、微信平台推送行业典型力度，会同中国电力报社做好行业新闻宣传工作和第三届电力工程新闻奖评选，认真做好行业宣传工作。

围绕工程公司转型组织机构研究、总承包项目合同风险管控、电力物联网业务拓展研究等 10 个课题召开研讨会，组织课题组分赴行业内外 20 家单位进行实地调研，确定储能、新业态投资机会及风险、海上风电实践与发展等 2021 年 8 个课题立项，引导行业高质量发展。

（五）主动服务会员“走出去”，提高中国电力工程行业国际影响力

全力推动中国电力建设集团、中国能源建设集团规划设计有限公司共同做好中国电力设计标准与国际标准和国外标准比较研究成果申报国家科技进步奖工作，组织会员整理各类支持性资料和证明材料，召开成果报奖咨询会和成果鉴定会，该项目获得 2020 年中国电机工程学会科技进步一等奖以及协会科技进步一等奖，极大地提高行业国内外影响力。

组织召开 2020 年电力工程国际业务经验交流会，50 家会员、共计 90 余人参加，10 家会员围绕国际市场开发、国际工程风险防控、海外工程投融资等交流经验和体会。继续组织会员境外业务基础信息更新、涉外工程使用标准收集等工作，搜集整理中东欧、东南亚等国家和地区的电力工程行业协会组织和标准委员会信息，促进会员间资源共享。

协调会员展开国际服务基础性工作，先后组织开展国际总承包执行模式研究课题和国际项目风险辨识与防控课题研究工作，编制完成《国际项目风险辨识与防控手册》《国际项目风险辨识与防控案例分析》，帮助会员增强国际业务防范风险能力。

（六）分支机构和专委会活动丰富，凝聚力向心力强

召开分支机构及专委会负责人年度工作会议，形成年度会员服务指南手册，方便会员参加各项活动。

抓紧抓实中国电力规划设计协会供用电设计分会、中国电力规划设计协会投融资分会工作，中国电力规划设计协会供用电设计分会召开年度供用电技术交流会，中国电力规划设计协会投融资分会组织“最美会计师”评选活动和优秀论文评比，中国电力规划设计协会勘测分会举办专业经验交流会和行业优秀获奖工程实录集。

经营管理研究委员会评审 2020 年氢能市场研究报告、总承包双资质对设计企业的影响和对策等 6 项课题成果。质量管理研究委员会征集评选出优秀论文 35 篇，召开了论文交流和重点课题讨论活动。动力管道技术委员会重点讨论行业压力管道 GA 类设计资格增项评审和压力管道设备问题、材料选用等工作，确定修编国标工作。

工程建设项目管理专委会组织审议《电力建设项目工程总承包管理规范》实施指南编制方案和《国际总承包执行模式研究》课题报告。企业文化专委会组织第三届“最美工程师”评选活动，并讨论通过更名为党建与企业文化专委会意见。

电力工程经济专委会、征地移民专委会、环保专委会、电控专委会、机务专委会、土水专委会分别召开了专委会工作会或专业交流会。信息化专委会、统计专委会、档案专委会按年度计划安排，各自完成了重点工作任务。

坚持依规办会，克服重重困难，顺利召开了协会第九次会员大会，审议通过了协会新章程修订案和会员管理办法，选举产生了新一届协会领导团队和第九届理事会、监事会、常务理事会，会后严格按照民政部、国资委要求，完成了各项备案、核准等工作。继续参与四川电力咨询设计有限责任公司“微爱”助学活动，制作视频与深山学子交流，履行了社会责任。2020 年共办理 27 家入会、2 家退会审批手续，协会直管会员 267 家、投融资分会 98 家，共 365 家。完成了新版会员通讯录校对、印刷和邮寄工作。加强了青年员工培养与使用，依据规定提拔 3 人担任主任助理岗位，压担子、加速成长。2020 年协会秘书处新进 2 人、退休 3 人、解聘 1 人，在岗 27 人、退休返聘 7 人。协会秘书处党支部严格落实党建工作各项要求，组织青年员工参加职称评定等，营造风清气正、干事创业好氛围。

【中国电力技术市场协会】

一、概况

中国电力技术市场协会于 1992 年在民政部登记

注册，理事会由会员代表大会选举产生，分设本部秘书处和10个分支机构。

本部下设4个部门：综合业务部、会员部、培训部和技术中心。

下设10个分支机构：综合智慧能源专委会、工业互联网与智能化专委会、充电技术与设备专委会、储能设备技术专委会、电力安防专委会、电力技术转移工作委员会、轨道交通电力技术专委会、创新与知识管理专委会、电力市场技术专委会（电力市场研究中心）和运维检修分会。

二、主要工作情况

（1）完成国家发展改革委体改司立项委托研究课题《电力市场期货探索与研究》项目验收，国家发展改革委体改司决定继续委托协会开展电力期货市场深化研究，协会承担了国家发展改革委体改司《电力期货市场运行机制研究》课题。同时，根据国家发展改革委有关部署，研究制订《电力现货市场技术支持系统第三方校核方案》，并联合相关单位共同开展试点验证工作。

（2）协会第四届理事会第四次会议采用主会场和网络在线视频会议结合方式于2020年5月8日召开。会议审议通过了协会年度财务审计报告、《关于设立中国电力技术市场协会全资公司》的提案，以及《中国电力技术市场协会资产管理办法（草案）》《共同推动电力技术市场建设、促进电力科技成果转化的倡议》等议案。

（3）为响应国家号召，加强新冠肺炎疫情防控，为企业复工复产蓄力储能，中国电力技术市场协会联合各专委会共同开展了《中国电力技术市场协会专业技术交流网络大讲堂》系列公益讲座、包括“电力创新与知识管理专家讲座”“综合智慧能源云课堂”“蹓蹓电力行”“火力发电企业专业点检员技术网络培训班”等网络讲座培训，共举办三十余场，在线听课近万人次。

（4）中国电力技术市场协会专家指导委员会于2020年8月28日成立。国家电力投资集团有限公司原董事长王炳华受聘为中国电力技术市场协会专家指导委员会主任委员，国家电网有限公司原总经理助理张丽英、中国大唐集团有限公司原副总经理金耀华等受聘为中国电力技术市场协会专家指导委员会副主任委员。

（5）中国电力技术市场协会电力安全阀检修校验技术/调节阀维修调试技术（哈尔滨）基地揭牌仪式2020年9月1日在哈电集团哈尔滨电站阀门有限公司隆重举行。

（6）为贯彻中央加快实施创新驱动发展战略，培养打造电力行业科技成果转化与技术转移服务平台和绿色通道，首届电力行业科技成果转移转化大会在山东省青岛市召开。同期，举办了第十二次电力企业科技工作联络会，南方电网公司、内蒙古电力（集团）有限责任公司、中国大唐集团有限公司、中国华能集团有限公司、国家电力投资集团有限公司、国家能源集团、中国长江三峡集团有限公司、中国能源建设股份有限公司、中国电力建设集团、国投电力控股股份有限公司、华北电力大学等副会长单位、理事单位科技主管部门相关负责人出席会议。

（7）组织召开了第二次电力企业技术监督工作联席会议，国家电网有限公司、南方电网公司、内蒙古电力（集团）有限责任公司、中国华能集团有限公司、中国大唐集团有限公司、中国华电集团有限公司、国家电力投资集团、中国长江三峡集团有限公司、华润电力、浙能省能源集团有限公司、广东省能源集团有限公司、深圳能源集团股份有限公司、北京国华电力有限责任公司以及部分特邀电力科学研究院等单位有关负责同志参加了会议。会议上各电力集团公司商讨了进一步建立健全电力技术监督工作长效沟通与协调机制，共建共享技术监督指标体系，开展对标评价，开展技术监督专业培训等工作。

（8）中国电力技术市场协会电力市场技术专业委员会成立大会暨电力市场建设交流会在北京召开。国家发展改革委、国家能源局有关负责人及各会员单位代表出席会议。电力市场技术专委会将充分发挥独立、客观、第三方的优势和各会员单位的专业力量，搭建技术研究、交流、服务、培训、应用的生态平台，推动电力市场技术进步，促进行业健康、可持续发展。

（9）中国电力技术市场协会轨道交通电力及牵引供电专委会成立大会在北京召开。中国中铁电气化局集团有限公司、中铁建电气化局集团有限公司、中铁武汉电气化局局集团有限公司、国电南瑞科技股份有限公司等四十一家首批会员单位代表参加会议。轨道交通电力及牵引供电专委会服务于“能源革命”和“交通强国”国家战略实施，搭建电力系统与轨道交通供电系统领域跨界合作交流和创新平台，携手推动轨道交通电力及牵引供电技术的高质量发展。

【中国水利电力质量管理协会】

一、概况

中国水利电力质量管理协会是水利与电力跨行业的协会，致力于水利电力行业质量管理提升，成立于1983年6月。现党建工作领导机关为国务院国有资产管理委员会，由中国电力企业联合会代管，协会业务接受国家市场监督管理总局、国资委和国家能源局等政府部门的指导。1983～2020年，协会已历经六届理事会。第六届理事会有理事单位146家，常务理事单位 11 家，副会长单位 13 家。

下设监事会和理事会，理事会设常务理事会，下设秘书处。协会设 3 个职能部门：综合管理部、质量管理部、质量评价部。协会下设 4 个分支机构：水利分会、电力分会、检验检测认证分会、生物质能源分会。

二、主要工作情况

（1）优化工作体系，加强行业凝聚力。协会与中国能源化学地质工会积极开展了全国电力质量安全保障与文化建设能力竞赛活动。参与学员 10 万人，讲师 500 人。竞赛获得了各集团的大力支持，包括了两大电网公司、五大发电集团、内蒙古电力（集团）有限责任公司、陕西省地方电力（集团）有限公司、浙江省能源集团有限公司、广东省能源集团有限公司等电力企业。通过了 3 个月的线上学习，参与的学员都感到受益匪浅。2020 年 9 月，与中国能源化学地质工会在甘肃省电力公司刘家峡水电厂积极开展了 2020 年全国大型水电厂水轮机检修工职业技能竞赛，8 月 31 日进行理论考试，9 月 1 日现场实操比拼，9 月 4 日圆满闭幕。参赛队伍达到了 39 支，包含了两大电网公司、五大发电集团，参赛选手 200 余人。

（2）推动 QC 成果等活动交流展示工作。协会给无集团推荐的近 140 家单位提供交流机会，本着公平、公正、公开的原则，组织开展了 2020 年电力行业质量管理小组成果线上遴选活动；2020 年 8 月在江苏省南京市、9 月在陕西省西安市举办了六场电力行业优秀质量管理小组成果交流活动发表会；9 月在湖南省长沙市组织了电力行业质量信得过班组发表会；2020 年 12 月 1～4 日在浙江省宁波市举办质量创新发布会，取得良好效果。

（3）开展水利电力行业现场管理星级评价活动。组织相关专家组成评审组对 2019 年度申报的电力企业现场进行了资料评审，2020 年 10 月对资料评审合格的企业现场进行了企业现场评审。2020 年 9 月 30 日在北京召开全国优秀 QC 小组评审推荐会议，水利推荐 4 家国优 QC 小组、电力推荐 8 家国优 QC 小组。

（4）开展卓越绩效评价工作。2020 年协会继续开展电力企业卓越绩效标杆评价，经电力行业专家委员会审核确认，共有 10 家企业通过评审获得电力行业卓越绩效标杆 2A 级以上企业。协会组织专家分专业（供电、发电、勘测设计）开展修订《卓越绩效评价准则电力行业实施指南》工作。

为加强全面质量管理，推广应用先进质量管理方法，协会启动了标准化建设工作。协会提出的《电力质量管理小组活动评价准则》（T/CEC 3025—2020）、《电力质量信得过班组评价准则》（T/CEC 3026—2020）、《电力质量创新成果评价准则》（T/CEC 3027—2020）等 3 项中电联标准获得批准立项，列入 2020 年第三批中国电力企业联合会标准制修订计划项目。

（5）服务会员，组织质量月活动。下发《关于开展质量管理教育交流活动的通知》（水利电力质〔2020〕16 号），安排征文、质量管理专家行活动、质量月宣传画活动，为质量月活动做准备，各会员单位积极配合开展活动。质量月期间协会对征文进行了整理汇编，编制了主题为“质量为本　效益优先　全面提升企业质量管理水平”电力行业质量管理经验汇编，免费印发给会员单位，供大家学习、交流和借鉴；印制了主题为“高质量发展　疫情常态化背景下的坚守与突破”的质量宣传画，并免费发放各会员单位进行宣传，营造全民重视质量的良好氛围。

（6）做好政府部门服务工作。参与了国家市场监督管理总局风险监测项目的招投标工作，拿到了国家市场监督管理总局的电力设备和输电线路铁塔两个项目的服务合同，共计 111 万元。

（7）积极组织召开理事会。召开了中国水利电力质量管理协会第六届理事会第三次会议，参会人员 150 余人。会议审议通过了 38 家单位新增为中国水利电力质量管理协会会员单位，通过了《中国水利电力质量管理协会投资管理办法》《中国水利电力质量管理协会薪酬管理办法》，审议通过了成立生物质能源分会的报告。

【中国电力体育协会】

一、概况

中国电力体育协会是全国电力行业广大职工开展体育活动的群众性非营利社团组织。秘书处挂靠中电联会员与企业文化建设部。

二、主要工作情况

（一）重要活动

（1）2020 年 1 月 14 日，中国电力企业联合会专职副理事长、中国电力体育协会会长魏昭峰，中国电力体育协会秘书长张小明，以及中国电力文学艺术协会副主席李晶华、中国电力书法家协会副主席张志峰，携众位电力书法家们，走进八一跆拳道训练基地，共同开展“祖国新春好——送福进万家”志愿服务公益活动，为正在训练备赛的跆拳道健儿们书写春联、福字、书法作品近 400 幅，为他们送去新春祝福，并鼓励体育健儿们在军运赛场上再立新功。

（2）中国电力体育协会主办、中国华能集团有限公司工委承办的 2020 年全国电力行业网球友谊赛在北京国家网球中心举行。中国电力企业联合会专职副理事长、中国电力体育协会会长魏昭峰出席开幕式并讲话，中国电力体育协会秘书长张小明主持了开幕式。此次比赛只设双打项目，分为 A、B 两组进行，来自全国电力行业16支代表队、188名选手参加了比赛。国家电网有限公司选手张启平、王晨获得A组冠军，吕文杰、邹理杰获得B组冠军。

（二）管理成果

（1）结合新冠肺炎疫情防控要求，调整年度重点工作节奏，启动中国电力体育协会成立65周年以来档案资料的收集、整理工作，2020年7月底完成了文书档案的初步整理，9月底形成照片档案。在此基础上，编研完成了近9万字的《中国电力体育协会大事记（1955—2020）》。2020年12月11日，协会组织内部评审，对协会自1955年成立以来现存的文件、照片等档案资料的整理成果进行审核，形成文书档案55卷，共计1406件；照片档案10册，共计628张；光盘档案2册，共计31张；实物档案36件。

（2）首本全面梳理总结协会发展历程的纪念画册《光辉历程——中国电力体育协会成立66周年回顾》基本完成编辑、排版，具备印刷条件。

【中国电力教育协会】

一、概况

中国电力教育协会于1994年9月由全国电力企业教育协会和能源部电力高等教育学会合并改组成立，已发展到会员单位270多家、理事单位90个。

二、主要工作情况

（1）使用中国电力教育协会指标为中广核等4家会员单位推荐申报22届中国专利奖。

（2）向教育部高教司申报上海电力大学新一轮教育部新工科项目，并成功获批。

（3）完成在财政部和民政部网上年检材料提交，并寄送纸质材料。

（4）召开本部会长办公会议，总结2019年工作，部署2020年重点工作。

（5）召开三届五次理事会，印发本部会长办公会议纪要，进行理事变更确认，对延迟换届征求意见。

（6）按中电联要求，制定《中国电力教育协会劳务费管理办法》并到财务处备案。

（7）完成网站域名caepe.org.cn注册登记和相关备案手续，网站栏目正式开始建设，并于2020年8月20日举办网站开通仪式。

（8）中电教协基金管理委员会召开“2020年电力行业技能人才培养突出贡献奖”评审会议，评出6家先进单位和11名先进个人。

（9）开展《中国电力教育》杂志2021年征订工作。

（10）经专家评审、网上公示，协会确定41种教材入选“2020年高校能源动力类专业精品教材”，62种教材入选“2020年高校电气类专业精品教材”。

（11）主办了“2020年电力行业技术技能教育培训经验交流会”。

（12）召开“深化产教融合，促进电力发展”主题研讨会。

【中国国际贸易促进委员会电力行业委员会】

一、概况

中国国际贸易促进委员会电力行业委员会（简称电力贸促会）是2006年经中国国际贸易促进委员会（简称中国贸促会）批准，在中国电力企业联合会设立的贸促分支机构，是全国贸易促进系统的重要组成部分，是全国贸促系统中唯一一家全国性电力行业对外经济贸易投资促进组织，由电力行业有代表性的人士、企事业单位和团体组成。

二、主要工作情况

（一）依托贸促系统，开拓新兴服务

（1）开展营商环境监测工作。为落实党中央、国务院的战略部署，充分发挥贸易促进系统的资源优势，全面客观反映中国优化营商环境取得的成就和企业面临的问题，助力国际一流营商环境建设，激发市场活力和社会创造力，中国贸促会在2020年开展了中国营商环境调查和研究工作。电力贸促会作为中国贸促会电力行业营商环境监测中心，积极响应总会统一开展2020年度中国营商环境调查问卷工作要求，通过自身的大数据系统积极发放营商环境调查问卷，共计回收、整理和分析有效问卷322份，并基于问卷反馈情况和中电联自身统计数据编写了《基于一般工商业电价的营商环境报告》《2020年中国营商环境调查问卷统计分析报告》，客观反映了电力行业对营商环境改善所做出的积极贡献。

（2）向中国贸促会申请开展国际商事认证业务。国际商事证明业务是贸易投资促进工作的一项重要内容，是企业出口货物通关结汇、开拓国际市场、开展国际招投标和承包工程、提供劳务和技术服务、出国签证、商事诉讼和制裁等活动所必不可少的证明文书。特别是不可抗力事实性证明作为企业依法减免违约责任的重要证明文书，在今年新冠肺炎疫情期间为外贸企业提供了切实帮助，挽回大量损失。为更好服务电力及涉电企业走出去，电力贸促会积极与中国贸促会商事认证中心沟通了解相关情况，并专函中国贸促会申请在电力行业开展国际商事认证业务。2020年7月，电力贸促会获得中国贸促会国际商事证明业务正式授权，可以出具无需办理驻华领事认证的国际商事证明书。

（二）促进行业交流与研究，深化专业服务

（1）交流行业经验、促进国际合作。2020年9月11日，由中电联、电力产能合作联盟与电力贸促会共同主办的2020年电力行业国际合作会议、电力产能合作联盟会员大会暨电力贸促会委员大会在青海西宁召开。国资委等相关政府部门、中电联会员企业、电力产能合作联盟会员单位、电力贸促会委员单位等国际合作相关业务负责人、专家、代表共150余人出席会议。会议回顾了2019—2020年上半年中国电力行业国际合作工作开展情况，交流了新冠肺炎疫情对电力企业国际业务的影响及对策，讨论了未来行业企业国际合作重点工作。

（2）开展中国电力装备行业现状及发展前景研究。中国已经超越美国成为电力装备行业的第一生产大国，为全面了解中国电力装备产业现状，电力贸促会联合有关专家开展了相关研究，完成了《中国电力装备行业现状及发展前景研究和分析报告》。该报告从中国电力装备宏观政策、行业整体发展状况、国产化进程、市场规模情况、终端市场状况、行业发展前景等方面进行了全景展示和深入研究分析。报告将为各级政府部门制定相关产业政策，国有和民间资本投资战略布局，以及电力行业企业转型发展提供参考。

（3）开设《电力国际汇》直播大讲堂。为在新冠肺炎疫情期间面向电力行业企业提供更多对外国际合作经验与外贸救济及信息服务，电力贸促会联合中电联国际部和电力人才测评中心开设了《电力国际汇》直播大讲堂。第一期直播大讲堂于2020年4月2日正式开讲，邀请了北京大学新结构经济学国际发展合作部主任于佳博士和中国贸促会商事认证中心的张瀚蓉处长，分别就“中国对外投资和经营中的文化融合以及能源行业案例分析”和“运用贸促会不可抗力事实性证明应对疫情”两个主题发表演讲，共吸引线上听众2384人次。第二期于2020年12月4日开播，对中国能源电力“十三五”成就与“十四五”展望论坛进行全程直播。论坛以“四个革命、一个合作”为主线，对“十三五”期间能源安全、绿色、创新、智能、高效发展等方面取得的成绩和经验进行总结，对“十四五”期间能源电力行业高质量发展的趋势方向、发展思路、目标任务和关键技术进行研讨，期间还组织了专题展会线上观摩活动，受到业界广泛关注。

（三）审慎评估，确保重点展会顺利召开

（1）举办第三十届中国国际电力设备及技术展览会（EP展）暨中国能源电力“十三五”成就与“十四五”展望专题活动。活动于2020年12月3～5日在北京和上海两地举办，两个活动现场以视频方式进行连接互动。EP展在上海新国际会展中心举办，设立中国能源电力“十三五”成就与“十四五”展望、电力物联网、电力智能制造和电力数字化等多个主题展厅。展览总面积约5万m^2，电力生产、设备和技术领域共1000余家品牌参展，3天展期展览观众共计2.5万余人次，超过30万人次线上观摩了此次活动。展览同期还在北京举办了中国能源电力“十三五”总结与“十四五”展望专题活动。活动围绕总结“十三五”和展望“十四五”两条主线展开，通过论坛、征文、行业数据白皮书等多种形式，集中展示了中国“十三五”期间能源电力行业取得的突出成就，研讨了“十四五”能源电力行业发展重点和难点问题。

（2）举办第十七届中国—东盟博览会电力展暨2020中国—东盟电力合作与发展论坛。活动于2020年11月27日在广西壮族自治区南宁市举办，展览总面积超7000m^2，南方电网公司、中国华能集团有限公司、中国大唐集团有限公司、中国华电集团有限公司、国家电力投资集团有限公司、中国核工业集团有限公司和中国广核集团有限公司等多家大型能源企业参展，集中展示了中国电力工业的最新发展成就。同期还配合中电联国际部举办了2020中国—东盟电力合作与发展论坛，论坛主要针对电力行业海外项目抗击新冠肺炎疫情进行经验交流与分享，助力东盟区域国际化业务开展。

（四）优化宣传渠道，打造信息服务平台

（1）加强电力贸促会门户网站及微信公众号改版和维护工作。针对电力贸促会门户网站设计和代码难以满足业务发展需要的问题，对页面进行重新设计和改版，同时对栏目进行整合与优化，增加了“知识小铺”等新栏目。此外，加强微信公众号文章推送力度，2020年共计推送300余篇图文，总阅读次数1.5万余次，关注用户由4608人增至4839人，累积增加231人。

（2）统计报送电力行业中国—新加坡和中国—韩国第三方市场合作项目情况。为落实中国—新加坡、中国—韩国领导人关于开展第三方市场合作的重要共识，进一步推动中国—新加坡、中国—韩国第三方市场合作，按照国家发展改革委和中电联国际部要求，电力贸促会沟通联络部分委员单位和相关企业，积极开展有关合作项目统计，完成中国电力企业在中新和中韩第三方市场合作项目的统计和报送工作。

【中国电力思想政治研究会】

一、概况

中国电力思想政治研究会（简称电力政研会）成立于1986年5月，前身为中国水利电力职工思想政治研究会，1988年完成更名并挂靠中电联代管，2013年2月，更名为中国电力思想政治工作研究会，2014年4月由民政部批准正式恢复成立。

二、主要工作情况

2020年，电力政研会深入学习贯彻习近平新时代中国特色社会主义思想，增强“四个意识”，坚定“四个自信”，做到“两个维护”，强化政治定力。面对电力行业改革发展的新情况、新问题、新挑战，始终坚持以电力职工作为思想政治工作的主体。

为进一步发挥电力行业在新冠肺炎疫情防控中不可替代的重要作用，为抗击新型冠状病毒做出更大的贡献，电力政研会向会员单位发出《中国电力思想政治工作研究会关于发挥电力企业重要作用抗击新冠疫情的倡议书》，并发布《中国电力思想政治工作研究会工作专报》新冠肺炎疫情防控工作及扶贫工作专期。深入研究新冠肺炎疫情期间党建引领的旗帜作用，使电力企业在高质量发展中强化党建工作意识，夯实党建工作成效，会员单位发出《中国电力思想政治工作研究会征集关于共同开展疫情期间党建引领作用研究课题的函》。

习近平总书记在决战决胜脱贫攻坚座谈会上强调“脱贫攻坚越到最后越要加强和改善党的领导”，深入贯彻习近平总书记重要讲话重要指示精神，与中国扶贫开发协会共同联合主办“党建引领脱贫攻坚，筑牢返贫新防线”党建理论高峰论坛。

结合电力行业在新冠肺炎疫情防控和支持经济社会发展中的实践，以推进全国电力行业核心价值体系建设为抓手，以创新思想文化工作方式和载体为途径，打造电力政研会党建思想政治工作研究品牌，为促进电力行业企业高质量发展做出积极贡献。

【中国电力文学艺术协会】

一、概况

中国电力文学艺术协会（简称中国电力文协）是全国电力行业企业广大职工进行文学艺术创作、开展文学艺术活动的非营利社团组织。秘书处挂靠在会员与企业文化建设部。下设 5 个分会，分别为中国电力书法家协会、中国电力美术协会、中国电力摄影家协会、中国电力作家协会、中国电力集邮协会。

二、主要工作情况

（1）中国电力书法家协会（简称电力书协）召开五届三次主席团工作会议。审议通过了电力书协 2019 年工作报告和 2020 年工作计划；增补柳晓康、孙立琨为电力书协五届理事会副主席，增补孙培严、李斌为电力书协五届理事会副秘书长，增补蔡华立、谢顺、陈同法、孙庆阁、李增辉为电力书协五届理事。张羡崇主席做了讲话，号召电力书法家们继续深入领会习近平新时代中国特色社会主义思想，坚持“四书”理念，围绕“3455”目标，为电力工业创新发展贡献力量。

（2）中国电力美术协会主席团工作会议在京召开。会议总结回顾了 2019 年以来的工作，同意增补白学贵、王万春担任中国电力美术协会副主席，刘涛担任特邀副主席，马龙担任副秘书长，蔡声芸、邹嘉华不再担任中国电力美术协会副主席，宋晓艳不再担任中国电力美术协会副秘书长。会议围绕“庆祝建党 100 周年”活动，部署安排了 2021 年全国电力美术作品展览工作，并以此为契机，筹备组建中国电力美术馆。

（3）按照中宣部组织开展“我们的中国梦—文化进万家”活动要求，根据中国文学艺术界联合会的整体部署，中国电力文协及时编制活动方案，协调各分会资源，迅速组织了甘肃、云南两个文艺志愿小分队，于 2020 年 1 月 9～12 日分别走进甘肃省秦安县、云南省红河哈尼族彝族自治州等国家级贫困区县，举办书法培训讲座、文艺演出、写春联送福字、为希望小学赠送学习文具等文化活动，充分体现了电力文艺工作者深入基层、服务群众的文化惠民宗旨，表达了新时代各族人民共筑中国梦的美好愿望，进一步增强了中国特色社会主义文化自信。

（4）中国电力体育协会会长魏昭峰、中国电力文艺协会副主席李晶华、张小明，中国电力书法家协会副主席张志峰，携众位电力书法家们，走进八一跆拳道训练基地，共同开展“祖国新春好——送福进万家”志愿服务公益活动，为正在训练备赛的跆拳道健儿们书写春联、福字、书法作品近 400 幅，为他们送去新春祝福，并鼓励体育健儿们在军运赛场上再立新功。

自 2020 年 1 月上旬始，中国电力文艺协会、中国电力书法家协会相继组织百名电力书法家们，多次走入国家电网有限公司、中国华能集团有限公司、中国大唐集团有限公司、中国华电集团有限公司、国家能源集团、中国能源建设股份有限公司等多家电力企业基层单位开展送福进万家志愿服务公益活动，累计创作书法作品近 8000 幅。

（5）为深入贯彻落实习近平新时代中国特色社会主义思想和党的十九大精神，引导广大电力文艺工作者面向基层、服务群众，以丰富多彩的文化活动和艺术作品，不断满足电力职工对文化生活的新需求、新期待，2020 年 8 月 31 日～9 月 4 日，中国电力文学艺术协会、中国电力书法家协会、甘肃电力工会组成文艺小分队，先后奔赴甘肃省新华、魏店、麦积供电所和秦安县魏店小学，开展送文化到基层、进校园活动，为学校师生和基层电力职工分别举办了书法、音乐公益讲座和文艺演出，赠送了书法用品和文化用具，现场创作近 200 幅书法作品。同时，就如何坚持“以人民为中心”创新开展电力文艺工作等主题，与甘肃电力文协进行了调研交流，并确定甘肃电力书法协会为中国电力书法家协会“甘肃创作基地”，中电联专职副理事长、中国电力书法家协会顾问魏昭峰与甘肃电力公司纪委书记严光升共同为创作基地揭牌。

（6）庆祝中国共产党成立 99 周年暨 2020 全国电力行业第 2 届集邮展览在浙江嘉兴举办，来自国家电网有限公司、南方电网公司、中国大唐集团有限公司、浙江省能源集团有限公司等 10 个电力集团公司的 71 部、176 框邮集参加了展出。该次邮展分为竞赛类和主题类两大部分，设立“精准扶贫”“绿水青山就是金山银山”“抗疫防疫”“庆祝中国共产党成立 99 周年”等 4 个主题，充分展示了电力工业的发展历程和辉煌成就，反映了电力员工热爱电力、奉献光明的精神风貌。

（7）第三届电力职工摄影大展暨全国电力行业抗疫保电、脱贫攻坚摄影作品展在北京举办。中国电力企业联合会党委副书记夏忠，中国文联文艺志愿服务中心主任、中国文艺志愿者协会副主席兼秘书长冀彦伟，中国文学艺术界联合会正局级巡视员、社会组织党总支副书记、国内联络部原副主任、社团办主任周雪静，以及中国摄影家协会党组成员、副主席居杨等领导出席开幕仪式并为获奖代表颁奖。中国华能集团有限公司、中国长江三峡集团有限公司、国家能源集团有限公司等工委负责人，相关行业摄影协会领导，中电联有关部门负责人以及电力企业摄影爱好者共 200 多人参加了开幕式并观看了展览。

该次展览作品题材丰富，参与人员众多，电力职工摄影、抗疫保电和脱贫攻坚等主题分别收到 1483 名作者的 10683 幅（组）、158 位作者的 4888 幅（组）和 108 位作者的 2058 幅（组）照片，经过评委的认真评审，最终分别选出 120 幅（组）、65 幅（组）和 25 幅（组）照片为优秀作品，并且在该次摄影大展上集中展示。

（8）组织电力作家创作电力抗疫防疫和复工复产诗歌、散文、报告文学、小说、故事、微电影等作品 3300 多件，200 多件作品分别被《人民日报》《光明日报》《工人日报》《中国作家》《学习强国》，以及新华网、人民网、央视网等主流媒体刊发。将“决战决胜脱贫攻坚”列为 2020 年文学创作的重中之重，组织 100 多名电力作家分别深入“三区三州”深度贫困地区以及电力各单位帮扶的贫困地区，创作出 600 多部（篇）作品，其中出版、发表长篇报告文学《红石榴》《点亮山乡》《照亮乡村》《光耀那曲》等 9 部，报告文学集《初心》《责任的印记》《阳光的味道》等 4 部，中短篇报告文学等 45 部（篇），纪实散文 26 篇；创作出长篇小说《向阳而生》《阳光在上》《红房子》《噶莫阿妞》《美女屯》等 6 部，中短篇小说《炙信》《喊月》《万岁山》《一只鸟儿为一种伤而飞》《窝铺》等 29 部（篇）；影视剧文学《亲吻阳光》《阿果》等 13 部。会同各电力单位创作、修改、推荐作品 264 篇，参加国资委“第三届央企好故事优秀作品评选”。

策划“庆祝建党百年”文学创作，落实创作计划，确定了 60 多位重要作家的 60 多部重点题材。出版《脊梁》6 期，每期近 28 万字，发行 2 万多份，发表电力题材原创作品 90%以上。

科研、教育与新闻出版

科研机构

【南瑞集团有限公司（国网电力科学研究院有限公司）】

单位概况 南瑞集团有限公司（国网电力科学研究院有限公司）［简称南瑞集团（国网电科院）］是国家电网有限公司直属科研产业单位，实行“两块牌子、一套班子”一体化运行管理，是支撑保障国家电网安全稳定运行的中坚力量，是中国能源电力及工业控制领域卓越的智能成套装备供应商及整体解决方案提供商，业务涵盖电力系统自动化、信息通信、电力电子、智能化电气设备、发电及水利自动化、轨道交通及工业自动化等领域。

南瑞集团（国网电科院）是国家科技部设立的“国家电力自动化工程技术研究中心”和国家发展改革委设立的“电力系统自动化—系统控制和经济运行国家工程研究中心”的依托单位，拥有“智能电网保护与运行控制”国家重点实验室，是第二批国家创新型企业、国家火炬计划重点高新技术企业和国家认定企业技术中心。2020 年，南瑞集团（国网电科院）连续八届进入中国软件业务收入前十名，连续九届荣获中国软件和信息服务业十大领军企业，连续十四届入选十大创新软件企业。

南瑞集团（国网电科院）下设 15 个职能部门、4 个支撑部门、8 个专业机构，拥有下属二级单位 46 家，其中上市公司国电南瑞（股票代码 600406）是中国电力自动化和信息通信领域龙头企业。集团在江苏、北京、广东等 13 个地区建有研发和产业基地，在巴西、泰国、埃及等 19 个国家设立了海外子公司及办事处，产品和服务遍及全球 100 多个国家和地区。

领导班子

董事长、党委书记：冷俊

董事、总经理（院长）、党委副书记：胡江溢

董事、党委副书记、国电南瑞总经理：郑宗强

副总经理（副院长）、党委委员：吴维宁

职工董事、党委委员、工会主席：丁海东

总会计师、党委委员：夏俊

副总经理（副院长）、总工程师、党委委员：郑玉平

副总经理（副院长）：闵涛

党委委员、纪委书记：张国辉

副总经理（副院长）：张贱明

二级顾问：张建伟

组织机构 南瑞集团（国网电科院）下设 15 个职能部门、6 个支撑部门、南瑞研究院和 5 个事业部，拥有 67 家产业公司，包括国电南瑞、置信电气（股票代码 600406、600517）两家科技型上市公司。在江苏、北京、上海、湖北、广东等 13 个地区建有研发和产业基地，在巴西、印尼、美国、泰国等 18 个国家设立了海外子公司及办事处，产品和服务遍及全球 100 多个国家和地区。

主要事件

1 月 16 日，南瑞集团（国网电科院）第三届职工代表大会第二次会议暨 2020 年工作会议在南京召开。

4 月 9 日，南瑞集团支撑国内首个 500kV 变电站加装调相机组工程投运。

4 月 9 日，江苏省副省长马秋林到南瑞集团调研。

6 月 10 日，中央纪委国家监委驻国家电网有限公司纪检监察组组长黄德安到南瑞集团调研。

6 月 17 日，四川省委常委、成都市委书记范锐平一行到集团调研考察。

6 月 29 日，南瑞集团以全国产化巨型水电站监控系统支撑乌东德水电站首批机组投产。

6 月 29 日，南瑞集团以 5 项世界第一的技术和产品，助力世界首个柔性直流电网工程——国家电网张北柔性直流电网试验示范工程顺利投运。

7 月 17 日，全国政协副主席、民盟中央常务副主席陈晓光一行到南瑞集团进行科技创新专题调研。

8 月 3 日，南瑞集团（国网电科院）2020 年年中工作会议在南京召开。

8 月 15 日，国际电工委员会（IEC）电力网络管理分技术委员会（SC 8C）成立新闻发布会在南瑞集团召开。

8 月 15 日，由中国工程院主办，中国工程院能源与矿业工程学部、南瑞集团（国网电科院）、智能电网保护和运行控制国家重点实验室承办的“国际工程科技发展战略高端论坛暨第五届紫金论电国际学术研讨会”在南瑞集团召开。

8 月 29 日，南瑞集团自主研发的 1000kV 特高压交流可控并联电抗器助力张北—雄安 1000kV 特高压交流输变电工程正式投运。

9 月 23 日，南瑞集团研发的全套自主可控变电站二次设备在国网江苏无锡 110kV 招商变顺利投运。

10 月 23 日，南瑞集团支撑中巴经济走廊重点项目之一——巴基斯坦默蒂亚里—拉合尔±660kV 直流输电项目输电工程全线贯通。

10月25日，中国电机工程学会组织召开南瑞集团2020年度科技成果鉴定会。16项成果达到整体国际领先水平，2项成果核心技术达到国际领先水平。

10月31日，南瑞集团大型充电设备泡沫细水雾涡扇炮智能灭火技术通过中国电机工程学会组织的成果鉴定会鉴定，达到整体国际领先水平。

11月12日，南瑞集团入选2020年中国软件和信息技术服务综合竞争力百强企业，位列第17名。

11月25日，南瑞集团荣获“2020年度中国十大创新软件企业”称号。

12月3日，江苏省副省长惠建林赴南瑞集团调研特高压产业发展情况。

12月18日，南瑞集团获评“2020中国软件和信息服务业十大领军企业”。

12月18日，南瑞集团主办的《电力系统自动化》和英文期刊《Journal of Modern Power Systems and Clean Energy》（现代电力与清洁能源学报，简称MPCE）双双入选“2020中国最具国际影响力学术期刊”。

人力资源 截至2020年底，南瑞集团用工总量15501人，员工平均年龄35.99岁。其中，职工8570人，外籍员工115人，社会化用工6816人；硕士博士186人，本科及以上占比80.79%；高级专业技术资格2102人，中级及以上专业技术资格占比39.87%。拥有国家电网有限公司级及以上人才称号共271人次，其中国家级人才53名，包括中国工程院院士2名、国家有突出贡献中青年专家7名、国家重大人才工程人选6人、“创新人才推进计划”中青年科技创新领军人才3名、“百千万人才工程”国家级人选10名、享受国务院政府特殊津贴专家24名、全国青年岗位能手1名；省部行业级人才276名，包括省级有突出贡献中青年专家4名、江苏省“333高层次人才培养工程”培养对象134名、江苏省“六大人才高峰”人选18名、江苏省“双创计划”人选10名、江苏省青年岗位能手6名；国家电网公司级人才94名，包括国家电网公司科技领军人才5名、专业领军人才17名、优秀专家人才及其后备69名、青年岗位能手3名。现有博士研究生导师12名，硕士研究生导师185名。

科技创新 出台19条激励创新举措。基于全国产芯片和自主安全操作系统的变电站自主可控成套装置在全国20余座变电站挂网运行，新一代调度系统完成应用场景和核心功能集中测试。3300V IGBT/FRD芯片完成流片，研制世界首支1200kV交流胶浸纤维穿墙套管、国内首台完全自主可控的火电DCS及9F重型燃气轮机（400MW）SFC。自主研制的6MW风电变流器成功并网。以世界领先的换流阀、控制保护等技术和装备支撑张北柔直、昆柳龙特高压、青豫特高压等重大工程投运。以全国产化巨型水电站监控系统支撑乌东德水电站首批机组投产。完成国网云、调控云、数据中台、业务中台等重点建设任务，支撑公司建成国内首个省域电力无线专网。建成调度自动化产品在线服务中心，提供7×24h技术保障服务。

成立2个“院士研究中心”并配套1000万元研究经费。30项技术成果通过鉴定获得国际领先评价。主导发起成立国际电工委员会（IEC）电力网络管理分技术委员会（SC 8C），发布IEC标准1项。全年获公司及省部级以上奖励85项，其中国家奖3项。1人获公司首届唯一科技人物奖，5人获中国电力科技人物奖。获批国家知识产权示范企业、江苏省高价值专利培育中心。举办第五届“紫金论电”国际学术论坛。主办的中文期刊《电力系统自动化》和英文期刊《Journal of Modern Power Systems and Clean Energy》（简称MPCE）入选“2020中国最具国际影响力学术期刊”，其中《电力系统自动化》影响因子行业第一。

产业发展 核心产业规模效益贡献超过80%。智能终端、海上风电、储能、大数据中心、智慧消防等业务合同额突破64亿元。投资设立汕头南瑞海上风电公司、北京创拓标准院公司，支持置信智能参股福建和盛高科。国家电网有限公司（常州）电气设备检测中心整体建成投运，进入国家电网有限公司产品检测机构名录，实施3家线缆企业股权转让，完成5户低效无效资产和隐形企业处置。江宁基地5～8号楼投运，武汉未来城完成桩基施工。南瑞联研IGBT模块封装测试生产线进入调试阶段，天津基地非晶合金立体闭口卷铁芯生产线实现产能提升。

加强市场策划、走访交流和项目运作，全年合同额显著增长。变电、通信等批次集招市场份额再提升5个百分点。中标南网主网高压保护框架、广东直流背靠背、贵州省调一体化智能系统等重大项目。签约国能生产运营协同调度系统一期。落地23个海上风电二次总集成、7条轨道交通综合监控、嘉兴域外配水工程、山西智慧矿山等一批重大项目。签约泰国和巴西变电站、智利光伏电站、埃塞移动变总包项目。希腊纳克索斯变电站、中泰铁路变电站等重点项目按期交付。完成45项产品国际认证测试。

经营管理 全面建成营销服务、研发、生产、国际业务、实验验证、风险防控六大体系及重大项目管控平台，累计形成制度规范171项、作业流程133项、考核方案18个、信息化平台27个。完成集团本部“瘦身健体”，本部部门及内设机构分别压减3个、11个。南瑞联研“科改示范行动”工资总额单列等6个方面19项重点举措落地，水电公司、轨道公司实施领导班子任期制和契约化管理，国电南瑞股权激励即将实现第二批解锁目标。

实施提质增效 42 项专项行动。发行低利率超短期融资券和公司债。压降可控费用超 1.2 亿元，生产成本压降近 1 亿元，盘活闲置房产实现收益 0.5 亿元。通过依法维权挽回经济损失 1.9 亿元。建立覆盖各专业、各层级的员工岗位履职规范体系。优化用工计划管控机制。完成各类审计 224 项，整改销号外部审计发现问题 17 项。完成集团业务中台和数据中台一期建设。荣获国家级企业管理创新二等奖 1 项，省级一等奖 3 项。

建立安全巡查及“四不两直”安全督察机制，排查整改隐患违章 700 余项。深化研产销协同，完善生产中心外委统一管控流程。完成质量提升工程 132 项重点任务，建立供应商质量能力现场评估机制。建成集团重大项目管控平台。

党的建设和精神文明建设 建立“第一议题”制度，全年召开 40 次党委会和 12 次党委理论学习中心组学习。深入开展“基层党建巩固提升年”，实施党组织书记抓基层党建工作述职评议考核，全面构建“333”党建责任体系，落实 599 项“党建＋”工程举措，命名 23 支特色品牌服务队。完成 31 家单位巡察整改现场督导，排查基层单位廉洁隐患 80 处，开展 6 项专项监督检查。

健全领导人员、专家、职员三通道，新增各级专家、职员 147 人。全年提任“80 后”三级领导人员 21 人，占全年提拔总人数的 57%。加大全员培训力度，上线培训课件近千门。开展产业工人队伍建设改革，实施员工关爱“十件实事”，优化企业年金激励缴费，实施补充医保分层分类待遇标准，江宁基地倒班楼、职工诉求服务中心、员工服务中心、三号餐厅建成投运。1 人获全国优秀工会工作者，2 人被授予省级五一劳动奖章，1 人获公司劳动模范。1 个集体获全国职工书屋，1 个集体获公司先进集体，1 个班组获公司工人先锋号。

主要工作

2020 年 6 月 29 日，南瑞集团以世界上第一个基于直流电网的多维度要素控制保护系统、世界上最高电压等级最大容量的柔性直流换流站、世界上最高电压等级最大开断能力直流断路器、世界上最高电压等级最大换流容器柔性直流换流阀和世界最大功率全控可关断器件 5 项“世界第一”助力世界首个柔性直流电网工程——国家电网张北柔性直流电网试验示范工程顺利投运。

6 月 30 日，南瑞集团建成调度自动化产品在线服务中心（调度自动化系统数字孪生实验室），开展调度自动化产品在线服务和驻地运维保障工作，为客户提供 7×24h 应急处置、驻地运维以及专业技术咨询等服务。

8 月 15 日，由 IEC 中国国家委员会指导，南瑞集团承办的国际电工委员会（IEC）电力网络管理分技术委员会（SC 8C）成立新闻发布会在南瑞集团召开，会议还举行了 IEC/SC 8C 秘书处单位授牌仪式，标志着中国在电网网络管理的技术与标准研究工作走在国际前列，特别是在大电网安全稳定控制领域的重大突破和技术引领。

8 月 15 日，由中国工程院主办，中国工程院能源与矿业工程学部、南瑞集团、智能电网保护和运行控制国家重点实验室承办的“国际工程科技发展战略高端论坛暨第五届紫金论电国际学术研讨会”在南瑞集团召开，“紫金论电”首次被纳入中国工程院国际工程科技战略高端论坛。

8 月 29 日，南瑞集团自主研发的 1000kV 特高压交流可控并联电抗器支撑张北—雄安 1000kV 特高压交流输变电工程正式投运，该工程架起了连接河北省张家口和雄安新区的“绿色电力通道”，将为实现雄安新区 100%清洁能源供电、构建智慧生态雄安、服务千年大计提供坚强支撑。

【国网经济技术研究院有限公司】

单位概况 国网经济技术研究院有限公司（简称国网经研院）是国家电网有限公司电网规划和工程设计技术归口单位，为国家电网有限公司电网发展提供技术支撑和智力支持，承担电网规划、重大工程设计、项目评审、技术经济及相关标准研究和制定工作，对省级经研院、地市经研院（所）进行业务指导，归口协调外部设计单位，具有工程勘察、设计、咨询三个甲级资质，是国家发展改革委认定的承担国家委托投资咨询评估任务的咨询机构。

国网经研院拥有国家能源特高压直流输电工程成套设计研发（实验）中心、大电网规划与量化分析实验室、电网工程技术经济实验室、电网工程航空遥感与线路智能巡检联合实验室、直流输电实时仿真实验室、区域能源互联网技术与应用联合实验室、工程设计评审平台等 7 个国家和国家电网公司级实验室（平台），具备规划、设计、评审核心业务能力，形成覆盖特高压交直流、配电网、控制保护和信息通信等专业齐备的业务体系。

领导班子

董事长、党委书记：潘尔生

执行董事（院长）、党委书记：郭铭群

副总经理、党委委员：韩丰

副总经理、党委委员：文卫兵

副总经理、党委委员：马为民

副总经理、党委委员：袁兆祥

党委委员、纪委书记、工会主席：谢清

总工程师：胡劲松

三级顾问：李明奎

组织机构 全院设有6个职能部门、9个业务部门、1个子公司（北京网联直流工程技术有限公司设备监造中心）和1个分公司（徐州勘测设计中心）。截至2020年底，全院用工总量515人，硕士、博士学历人员占70.29%，高级职称以上人员占52.23%，拥有2名“新世纪百千万人才工程”国家级人选，5名享受国务院政府特殊津贴专家，各类国家级注册师129人。

经营管理 各项工作和业绩指标完成情况良好，企业负责人业绩考核获国家电网公司A级评价。锚定建设国际一流能源互联网咨询机构的目标，制定院“十四五”发展规划“1+5”成果体系，进一步丰富了实现“五个一流”、聚焦“三大方向”、构建“五大业务”的发展路径。适应输配电监管业务和市场化业务改革要求，制定业务收费事项清单。成功参股北京洛斯达公司，与中国建研院签订战略合作协议，获得电力勘测设计行业AAA级信用评价。深化法制企业建设，发布普法责任清单，完成重点资金、技改工程等4个专项审计。突出考核“指挥棒”作用，试行以关键业绩为导向的综合考评体系。兑现2019年度岗位分红激励，成功争取2020年激励范围扩大。着眼解决员工支撑总部、集中工作等往来市区的场地保障，推进市内办公地点改造。编纂出版经研院志，系统记述建院20年发展历程。

电网规划 聚焦国家电网有限公司建设具有中国特色国际领先的能源互联网企业战略，全力支撑战略目标深化研究，深度参与“1+4”产业升级专项行动方案和“八大战略工程”实施方案编制，牵头编制具有中国特色国际领先的能源互联网规划。发挥技术牵头、总体把关作用，完成“十三五”国家电网公司电网发展评估，评审和指导区域、省级电网规划，高水平编制国家电网有限公司“十四五”电网规划研究报告。统筹能源网架、信息支撑、价值创造三大体系发展布局，创新完成“十四五”配电网规划、“十四五”数字化规划等，形成指导电网全面升级的系列成果。积极服务能源电力发展，完成国家能源局《我国与周边国家电力互联互通研究》《电力发展“十四五”规划相关专题研究》，向国家能源局报送《“十四五”农村电网发展任务和支持政策研究报告》。服务“碳达峰、碳中和”目标，开展新能源外送通道、送端电源组织等重大专题论证，全面推进陇东—山东、哈密北—重庆等工程预可行性研究，承担锡盟、鄂尔多斯千万千瓦级新能源基地外送规划研究。中国工程院委托的《中德能源系统转型研究》通过结题验收。突出规划“主心骨”的职能定位，获批成立“国家电网规划研究中心”。

工程咨询 积极响应国家“新基建”部署，深入实施可研设计一体化，统筹推进特高压及重点工程4项预可研、11项可研、14项初设和10项施工图设计牵头工作，完成9项工程环水保审查，支撑南昌—长沙、闽粤联网等8项工程取得核准。服务重大工程创新，完成青海—河南工程全部1351项实验室调试项目。现场开展张北柔直工程试验项目464项，解决技术难题50余项，全程支撑世界首个四端柔直电网投产运行。严把设备监造质量关，开展直流断路器可靠性提升专项工作，完成柔直换流阀、直流断路器、高海拔换流变压器等首台首套设备监造，承揽1000kV GIS、互感器等监造任务。聚焦可靠性提升，开展特高压消防设计提升、换流阀设备技术提升等工作，升级特高压直流控制保护策略，承担3项在运直流工程的再成套设计。推进电网数字化建设，启动建设国家电网公司特高压大数据中心；牵头开展在运换流站数字化提升改造设计，推动国家电网有限公司基建全过程综合数字化管理平台上线运行。发布110～750kV自主可控新一代变电站和集控站设计方案。承担阿联酋、莫桑比克、埃及、智利等国际工程项目投标和前期咨询，支撑巴基斯坦默拉工程开展现场调试。

高效服务电网建设，全年审查各类项目428批次。水电项目咨询实现“零”的突破，承担望江楼水电站工程概算调整评审，完成江西奉新等4个抽水蓄能项目内审。推广省、市、县三级投资绩效评价体系，完成国家电网有限公司基建投资计划审查。首次开展配电网造价分析，建立全电压等级“趋势+专题”造价分析机制，完成变电工程通用造价修编。深化作业标准成本体系研究和试点应用指导，夯实电网设备运维检修成本量化基础。完成特高压、电铁配套供电工程滚动后评价。支撑现代设备管理体系建设，牵头编制国家电网公司资产全寿命周期管理首个五年规划。

科研创新 认真落实国家电网有限公司“新跨越行动计划”，召开院科技创新大会，部署激发内生动力的19项务实举措，出台深化科研机制改革的8项规章制度。深度参与国家电网有限公司“十四五”科技规划编制，全年争取国家电网有限公司科技项目60项。建立项目和成果储备机制，将高比例新能源直流外送规划设计关键技术等一批项目纳入国家电网公司长线研究框架，牵头完成的“含新能源接入的柔性直流输电系统设计共性关键技术及应用”3个项目获国家电网公司科技进步二等奖，所参与的特高压套管、分接开关“卡脖子”技术攻关项目获国家电网有限公司2020年度特殊贡献奖。承担国家电网有限公司科技项目后评估任务。“区域能源互联网技术与应用联合实验室”获国家电网有限公司命名，直流实验室顺利通过国家能源局考核评估。获批作为秘书处单位，牵头成立 IEEE 中国区电力系统运行、规划与经济技术委员会。《能源转换与经济》国际期刊成功创刊。

新冠肺炎疫情防控　全面落实国家电网有限公司“一个提高、六个强化”总要求，第一时间启动应急响应机制，周密部署防疫措施、迅速筹集防疫物资、投保专项医疗保险、组建在鄂临时党支部、安排全员核酸检测，实现零感染、零疑似的“双零”目标。克服工期紧张、条件艰苦等困难，创造性开展“e 评审”“云监造”“网上研”，按期完成了项目评审、图纸交付、直流调试、设备监造等全部任务，支撑国家电网有限公司电网工程全面复工复产。

党的建设　深入学习贯彻党的十九届五中全会精神，制定印发院强根铸魂工程实施方案，全面实施“党建+”工程，完成“基层党建巩固提升年”各项任务。创新开展支部联建联创活动，与全球能源互联网研究院签订科技结对共建协议。举办纪念建党 99 周年系列活动。2 个支部荣获国家电网有限公司党建工作专业标杆称号。加强党风廉政建设和反腐败工作，落实全面从严治党主体责任和监督责任，开展招标采购项目专项巡查。坚持党管干部、党管人才原则，首次开展院处级岗位公开竞聘，鼓励领导人员展示才能、施展抱负。坚持为职工办好事、办实事，举办家属开放日，建成开放企业文化展厅，完成退休人员社会化管理改革。坚持党管意识形态，在新华每日电讯、科技日报等中央、行业媒体刊发报道 82 篇，直流实验室创新攻关事迹得到中央电视台报道。2020 年，16 人获评国家电网有限公司先进个人，4 个集体获国家电网有限公司 2020 年度先进集体等荣誉称号。

（薛振宇）

【国网能源研究院有限公司】

单位概况　国网能源研究院有限公司（简称国网能源院）是公司的全资子公司，是公司从事软科学研究及重大决策咨询服务的直属科研单位，是公司的智库机构。

国网能源院紧紧围绕公司发展战略和核心业务开展研究，密切服务国家有关部门，主要从事能源电力行业战略规划、电力体制机制改革、企业战略与运营管理等领域的决策咨询，形成了能源电力发展战略与规划、经济与能源电力供需分析、企业战略与管理、体制改革与电力市场、能源电力价格等优势专业。获得国家高新技术企业资格认定，是世界银行、亚洲银行注册咨询单位，入选成为国家能源局第一批研究咨询基地，博士后科研工作站已运转 12 年，连续第二年入选“全球最佳科技政策研究智库”榜单。

设职能部门 5 个：办公室（党委办公室，内设后勤服务中心）、科研发展部、财务资产部、党委组织部（人力资源部）和党委党建部（党委宣传部、纪委办公室、合规审计部、巡察办）。业务部门 9 个：企业战略研究所、能源互联网研究所、能源战略与规划研究所（科技项目咨询中心、《中国电力》杂志社）、经济与能源供需研究所、电网发展综合研究所、新能源与统计研究所、管理咨询研究所、财会与审计研究所、能源数字经济研究所。下属单位两个：包括国网人才交流服务中心有限公司和国网（苏州）城市能源研究院有限责任公司（国网能源院苏州分院）。根据公司党组决策部署，成立国网能源互联网经济研究院。

人力资源　截至 2020 年底，国网能源院在编员工 304 人，其中：研究咨询人员 233 人，占比 77%；博士 165 人、硕士 120 人，占比 94%；高级职称人员 163 人；享受政府特殊津贴专家 3 人；公司专业领军人才 6 人。录用高校毕业生 23 人；向总部输送人才 3 人；新增正高级职称专家 17 人。组织领导人员线上培训 2 期，新员工培训 3 期，开展各类培训研讨 100 余次。

经营管理　承担项目和在线任务 1655 项。独立完成或参与撰写报送专报内参 91 篇，获得中央领导批示 27 篇、公司领导批示 39 篇；咨询建议被公司和政府部门采纳 72 项；向公司战略例会提供信息和分析成果 231 项。获得公司及以上等级研究奖项 75 项；在核心期刊和主流媒体发表论文文章 280 篇；发明专利申请获授权 16 项，取得软件著作权 26 项。连续第七年在公司企业负责人业绩考核中被评为 A 级，关键业绩、党建工作、专业工作指标均位于运营保障单位前列。

品牌建设。举办能源转型发展论坛，发布《全球能源分析与展望 2020》《中国能源电力发展展望 2020》和系列基础研究年度报告。针对加州电力危机等重点话题，组织发表专业文章。参加高层次论坛演讲 30 余次。围绕从电力数据看企业复工复产、落实降电价政策等主题，接受央视等主流媒体采访，配合讲好国网故事。与国网大学续签合作协议，培育精品课程。打造《中国电力》自媒体平台，推送文章 2500 余篇，阅读量超过 20 万次。发挥电机工程学会动能经济专委会、智慧用能与节能专委会以及可再生能源学会可再生能源发电并网专委会的交流平台作用，传播院研究成果和专家观点。与 IEA、人大国发院等国内外权威机构开展合作研究，筹备成立 IEEE PES 能源电力技术经济分委会，承担英国繁荣基金项目。

管理提升。国网能源院“十四五”发展规划形成阶段成果。建立报告质量专家审核与部门互评机制。实施领导人员任期制，开展轮岗交流。完成科研平台二期改造，优化商旅、财务管控、ERP 等系统功能，推进报销程序在线审批，加强业财协同。城市能源院完成增资扩股，获得电力行业工程设计丙级资质。经济院初步形成柔性专业支撑团队，办公用房投入使用。落实疫情防控要求，实现“双零”目标。部署无线网络，推广应用移动办公系统。

课题研究 战略研究。首次采取总部部门牵头指导、系统内外部单位联合研究的方式，完成 10 项重大战略课题。分析研判公司战略环境变化，支撑公司确立战略目标和战略体系“四梁八柱”，参与编制八大战略工程实施方案，配合公司发展战略纲要修订、战略指标量化评估等工作，助力战略宣贯进基层。

专报内参。推进研究成果转化，提炼撰写新能源利用成本等 47 篇研究专报和《国网内参》，为公司党组决策部署提供支撑。配合起草用电量分析、美国加州电力危机启示、公司援疆援藏工作情况等《国家电网专报》44 篇，通过公司呈报中办、国办、国资委，服务党中央、国务院决策部署，反映公司发展业绩，其中两篇获得中央领导重要批示。另有 12 篇文章入选《国家电网智库》专刊。

规划和改革研究。受托牵头研究编写公司“十四五”规划总报告，参与完成电网、科技、数字化、国际业务等 10 余项专项规划，联合开展能源互联网规划研究。通过公司向中央报送落实“十四五”规划《建议》的专家意见。配合编制全国统一电力市场顶层设计方案，呈报国家发改委。深化电价、交叉补贴、清理规范转供电等研究，为核价及落地实施提供成果和依据。承担交易机构改革、现货市场建设、国企改革等专项研究，为公司破解难题、争取政策、对外宣传提供支撑服务。

在线研究咨询。围绕碳达峰、碳中和愿景下能源电力低碳转型，组织开展国际比较、路径分析等研究。支撑公司起草产业升级指导意见和 4 个行动方案。协助完成综合能源服务体系、电能替代、农村电网建设等研究，相关成果纳入公司制度文件和向政府部门的汇报材料。参与公司成本管理、产业链金融平台、经济运行分析等研究，部分成果被总部有关部门采纳。牵头完成公司数据发展战略纲要，编制企业文化建设指引。人才中心、项目中心高效支撑公司人力资源管理和科技项目管理工作。

服务政府决策。承担国家发展改革委、能源局、国资委、财政部、住建部等部委课题和研究任务 83 项。完成国家“十四五”能源电力规划、科技创新规划、增强企业创新主体地位等相关项目，开展国家核能战略、煤电发展等课题研究。智慧能源发展路径、脱贫攻坚与乡村振兴、能源安全风险分析等研究成果，纳入政府部门文件或材料中。参与制定电网规划投资管理政策。完成山西能源云、青海清洁能源示范等重点课题。

党的建设和精神文明建设 党的建设。认真学习宣贯党的十九届五中全会精神，深入学习《习近平谈治国理政》（第三卷），跟进学习党的最新理论创新成果和系列重要讲话精神。落实“基层党建巩固提升年”部署，践行“三学”机制，将学习成果落实到服务公司战略实施的行动中。组织党员过“政治生日”，强化宗旨意识。开展支部党建联创。举办党员线上培训。完成“三家”改造。

党风廉政建设。落实公司党组关于中央巡视整改“回头看”自查要求。制定《落实全面从严治党主体责任和监督责任清单》。开展专项监督和巡察。组织年度党风廉政建设约谈。连续 11 年编发《反腐倡廉警示教育案例库》。举办《政务处分法》专题讲座暨警示教育。

群团工作。启动国网能源院发展历程研究工作。挂牌成立鲁刚劳模创新工作室，张勇获得公司劳模称号。组建院团委。举办职工文体活动。安排“职工诉求接待日”。为 21 名职工争取到共有产权房购房资格。落实离退休人员政治待遇和生活待遇，推进社会化管理。

（王珊丹）

【全球能源互联网研究院有限公司】

单位概况 全球能源互联网研究院有限公司（简称联研院）作为公司直属科研单位，重点围绕特高压、智能电网、清洁能源领域，以“原创、首创、独创，物化”为特征，开展基础性、前瞻性、战略性技术研究和信息安全技术支撑，致力于打造全球能源互联网高端技术研发基地、高端人才培养基地、科技创新试验基地和重大成果输出基地，努力建成科技创新能力领先、管理水平一流的现代科技创新型企业，为公司建设中国特色国际领先的能源互联网企业提供服务支撑。

“混合式高压直流断路器关键技术及应用”获北京市技术发明一等奖。“柔性变电站关键技术、核心装备及工程应用”“静止同步串联补偿器（SSSC）关键技术、核心装备及工程应用”分别获得公司科技进步一等奖，“一种混合式快速直流断路器”获公司专利一等奖。特高压直流套管、换流变分接开关项目获公司科技创新特殊贡献奖。“科技成果转化及激励机制软课题研究”获中国电力技术市场协会科技创新成果一等奖。网络安全红队为全国两会保电及公安部“护网 2020”攻防演习提供坚强支撑，代表公司获得“网鼎杯”国家级网络安全大赛第二名。材料及半导体器件硬科技孵化器再次获得中关村管委会 1000 万元资助。

人力资源 设置6个职能部门、2个支撑部门，拥有直流输电技术、电力电子、电工新材料、信息通信、计算及应用、功率半导体、电力传感技术7个研究所和全球能源互联网美国研究院、欧洲研究院2个海外研究院。全口径员工总数780余人，拥有研究生学历的员工占员工总数的76.70%，中国工程院院士1人，中央直接联系高级专家1人，享受政府特殊津贴专家6人，新世纪百千万人才2人，国家“万人计划”科技创新领军人才1人，中青年科技创新领军人才1人，中央企业青年岗位能手1人，公司专业领军人才7人，公司杰出青年岗位能手2人，公司优秀青年岗位能手1人。

科技创新 强化能源转型战略研判，参与2035年国家中长期科技发展战略研究，力推先进输电技术装备、电工新材料、大功率电力电子器件、电网数字化等方向上升为国家科技战略。参与并承担国家能源技术创新规划、公司“十四五”规划编制工作，支撑国家和公司科技发展战略研究。承担公司科技规划任务，制定能源互联网技术框架重点领域路线图，策划一批重大科技示范工程，将10项重大突破任务纳入公司科技规划。开展“十三五”科研总结，聚焦主攻方向，树立长线思维，实施“123”科技发展战略，明确重大突破任务和重点培育方向，科学制定联研院“十四五”科技规划。

科研体系。实施项目负责人制，建成项目负责人储备库，建立两级考核体系。优化科技奖励专项管理办法，增设技术发明奖，加大科技创新激励力度，促进薪酬分配向核心科研人员和攻关团队倾斜。践行公司“新跨越行动计划”，成为首批获得揭榜挂帅项目的单位，探索“预算成本制”科研立项模式。成立院士研究中心，发挥学术引领作用。获批立项IEC国际标准1项，成立CIGRE工作组3个，发布CIGRE报告1份，牵头编制的团体标准首次获公司技术标准创新奖。

核心技术攻关。自主研发的±500kV柔性直流换流阀和500kV高压直流断路器达国际领先水平，应用于世界首个具有网络特性的张北柔性直流电网工程。自主研发的500kV直流电缆绝缘料、本体和世界首个环保型电缆附件，正在开展工程应用。自主研发的输电线路巡视图像智能分析系统取得突破，提升缺陷识别效率，在多家省公司落地应用。完成新一代自主可控安全防护装备研发，在用电信息采集、配电在线监测、输变电视频监控等业务场景应用。国产超薄硅钢阳极饱和电抗器和纳米晶材料高频变压器通过型式试验。完成3300V/3000A压接型IGBT器件在断路器上的应用验证，实现4500V/3000A硅基IGBT器件小批量制备和试验测试，研制出6500V/400A碳化硅MOSFET和15kV/5A碳化硅IGBT样品。完成SiC电力电子变压器成套设计，研制SiC驱动保护芯片，为SiC器件的工程化应用打下基础。突破自主化燃料电池膜电极制备和电解水制氢系统集成技术，燃料电池膜电极电压达0.637VA/cm^2，接近商业化水平，自主化氢能利用核心技术实现突破。国际首创的石墨烯改性铜钨电触头在SF_6断路器上实现20次无故障连续开断。超前完成公司2020重大攻关计划年度任务，研制±400kV换流变压器阀侧套管用新型强制冷却系统样机并通过温升试验；完成电力电子混合式换流变压器分接开关稳定性测试。

实验能力。提升大功率电子电子器件实验室自动化水平，完成MOSFET中试线顺利通线，实现欧姆接触工艺与MOS电容工艺流程开发，形成碳化硅器件研发基础工艺数据库。信息网络安全和直流电网仿真实验室获批CNAS和CMA资质。召开先进输电技术国家重点实验室一届五次学术委员会会议。“电力系统电力电子实验室”等4个实验室通过公司终评验收，成绩全部为优秀。建成人工智能“两库一平台”总部级训练平台。研制的可信计算验证模块在天津、新疆、宁夏调控中心试点应用。数据合规管控平台在国网大数据中心、国网冀北电力上线运行。部署中试线RPA电学检测机器人，实现人工检测操作的自动化替代，晶圆测试统计用时由7天缩短至2天。

知识产权运营 建立技术秘密认定评价机制，完成23项技术秘密认定评价。遴选有市场需求的专利12项，与航天821所等5家意向单位进行专利转让沟通洽谈。与百度公司就人工智能专利交叉许可达成合作意向。加强职务科技成果中完成人署名及排序管理，研究赋予知识产权成果完成人的成果收益权。横向技术服务、技术咨询等高知识输出服务项目收入同比增长15%。组织召开信息通信、电力人工智能领域专项科技成果推介会，信息通信领域知识产权运营收入创历史新高，占全院知识产权运营收入的49%。可控自恢复消能装置技术以普通技术许可方式同时授权4家产业公司使用，实践系统内外多家许可的推广应用方式。按照国有资产撤资流程，退出与德威新材设立的合资公司。以技术作价方式成立3家合资公司（其中尝试了引入产业基金资本参与成果转化的模式），实现新增科技成果转化收入3420万元。跟踪南瑞联研合资公司运营，在合资公司增资扩股、科改示范行动、项目跟投等方面开展可行性研究工作。

参与昌平区、北京未来科学城创新发展建设，与中国建设银行合作打造“建行—联研院科创孵化基地”，成为“国家电网昌平大中小企业融通发展平台”承建单位。聚焦功率半导体、氢储能、图计算等新兴产业，与中小微企业形成协同创新团队，入驻创客团队27支，新增注册中小企业5家，退出创客团队2支，打通“入驻—孵化—退出”全链条。

经营管理 优化三通道建设，健全领导人员、职员职级、技术三通道职业发展体系。推行研究所内设研究室“一室一主任”。优化内部收入分配结构，对人均当量效益高的单位，倾斜工资总额。制定绩效考评细则，岗位工资与绩效工资占比4∶6，绩效工资按照考核结果浮动。项目分红激励三年实施方案获得公司批准，滚动储备204个分红项目，启动首批4个出库项目收益分红。围绕公司提质增效专项行动，推行“八个全力”“八个增项”和125项重点任务，编制工作方案，提出14项有效措施，定期督导落实。物资全过程管理体系上线运行，实体仓库投入使用，改变科研物资粗放式管理模式。深化科研物资主数据应用，新增主数据2700余项，实现重要物资“一物一码”精细化管理。推进多维精益变革，打通业财流程和系统断点，实现财务数据自动采集。梳理财务、项目、物资等业务流程174项，重建优化全流程管理、中试线设备维修等业务流程18项。优化PPM、ERP和员工报销系统，实现PPM系统与公司科技系统功能融合与数据贯通。

安全生产。修订安全管理制度和综合应急预案17项，编制安全生产责任清单489份，实现“一组织一清单，一岗位一清单”，做到安全职责全员、全过程、全业务覆盖。部署实验室违章智能监控及告警系统，安装联锁控制装置。强化安全防控巡查机制，排查隐患312项，全部整改完毕。备案监查70余套特种设备，梳理危化品种类清单51类，完成危化品存储库建设。全年无安全事故发生，安全生产局面保持稳定。

疫情防控。严格执行公司党组提出的“一个提高、六个强化”总体要求，成立疫情防控领导小组、工作小组和境外防控工作组。作为园区业主，动态调整防控策略，做好公共区域、食堂、服务楼等重点区域管控。坚决执行分类管理和零报告制度，确保北京院区、南京院区、两个海外研究院“双零”目标。通过减免房租，提供免费午餐、孵化资金等，帮扶入驻中小微企业应对疫情，减轻复工复产经营压力。配合公司开发疫情发展趋势可视化工具，助力打赢疫情防控阻击战。

党的建设和精神文明建设 围绕学习贯彻习近平总书记重要讲话精神及党的十九届五中全会精神，开展理论中心组读书班1次、集体学习研讨11次，领导班子成员赴党建联系点讲党课10次，基层党组织以线上线下相结合的方式开展“三会一课”400余次，增强“四个意识”，坚定“四个自信”，做到“两个维护”。实施“基层党建巩固提升年”和“党建＋科技创新”工程。

从严治党。贯彻全面从严治党要求，结合科研单位实际，制定联研院党委落实全面从严治党7个方面20项主体责任，院纪委19项监督责任、36项全年重点任务，健全“四责联动”机制，推动“两个责任”清单化、任务化。坚持问题导向，紧扣“四个落实”，开展内部巡察，下达立行立改43项，建立“三个清单”52项，强化整改主体责任，以整改促落实，以问责促担当，督促29项巡察问题年内完成整改，保障公司党组、院党委决策安排落实见效，推动典型共性问题在结题前规范、验收前整改。优化修订党风廉政建设评价体系，提高考核评价的精准性和实效性，推动全面从严治党与科研创新、经营管理融合贯通。

关心关爱职工。多渠道筹集防疫物资，购买新冠专项保险，慰问滞留湖北疫区职工及境外职工家属。拓宽民主管理信息渠道，通过职代会提案、董事长联络员调研、职工座谈会等，收集各类建议62项，并逐项落实反馈。完成职工创新工作室方案编制。改造羽毛球场，新建乒乓球场，增添健身器材，组织园区羽毛球赛、抗疫朗读等活动，丰富职工文化生活。全面完成离退休职工社会化转移工作。

（苏　玲）

【南方电网科学研究院有限责任公司】

单位概况 南方电网科学研究院有限责任公司（简称南网科研院）是南方电网公司控股子公司，在南方电网技术研究中心的基础上组建而成，于2010年8月6日成立，2010年11月5日完成工商注册。2014年被认定为南方电网公司中央研究院。

南网科研院负责为南方电网公司发展规划、工程建设、安全稳定运行和信息化建设提供全方位、全过程的技术支持与技术服务；开展电网基础性、共性、前瞻性核心技术研发；承担国家级、省部级、行业及学术组织和南方电网公司系统重大课题的研究与实施；承担电网安全稳定评估、系统安全运行评估与仿真分析、电网规划设计和技术咨询服务、交直流输电工程的系统集成供货及科研示范工程项目建设等业务。

南网科研院具有国家输变电工程特级调试资质、设备监理甲级资质、科技查新资质，通过ISO 9001质量环境职业健康体系认证，先后被授予“国家火炬计划重点高新技术企业”、广东省“高新技术企业”和“广州市创新型企业”等称号，企业信用评价AAA级信用企业。

作为南方电网公司中央研究院，南网科研院在交直流互联电网安全稳定分析与控制、特高压直流输电、柔性直流输电、电网仿真技术等领域处于世界领先水平，在智能配用电、网络信息安全、高压设备检测、电网防灾减灾等技术领域均取得了一系列重大自主创新成果，是 CIGRE SC B4（国际大电网组织直流输电与电力电子专委会）中国国家代表所在单位，是全国电力需求侧管理标准化技术委员会、电力行业电力电容器标准化技术委员会、中电联输变电设备仿真、知识管理标准化技术委员会秘书处挂靠单位，是中国电机工程学会直流输电与电力电子、分布式供能、防灾减灾等三个专委会秘书处挂靠单位。

领导班子

党委书记、董事长、公司首席技术专家：饶宏

党委副书记、董事、院长：曾勇刚

党委副书记、纪委书记：刘智宏

党委委员、职工董事、工会主席：具小平

党委委员、副院长、高级技术专家：黎小林

党委委员、副院长、高级技术专家：李岩

组织机构 南网科研院设有股东会、董事会和监事会。内部共设置 6 个职能部门（办公室、计划财务部、组织人事部、创新战略部、监察部、生产经营部）和 12 个直属机构（系统研究所、直流输电与电力电子技术研究所、电网仿真与控制技术研究所、高电压技术研究所、配电技术研究所、技术情报所、计量技术研究所、南方电网生产技术支持中心、信息安全中心、南方电网科技创新中心、科技成果推广应用事业部、检测检定中心）。

人员情况 截至 2020 年底，南网科研院拥有员工 445 人，专业技术人员占比 83%，博硕占比达 85%，中高级职称占比 71%。作为南方电网公司科技人才集聚高地，南网科研院建立了战略人才、领军人才、拔尖人才三层级 99 个技术要点的完备人才梯队，拥有国家级人才支持计划人选 3 名，享受国务院政府特殊津贴专家 6 名，全国争先创新奖状获得者 1 名，何梁何利基金获得者 1 名、IEEE 会士 1 名；广东省高端人才 3 名；南方电网公司首席技术专家 1 名，高级技术专家 12 名。

科技创新 作为第一完成单位获得省部级及全国性行业奖励 30 项，公司科技奖励 11 项、公司专利奖 17 项，其中获得广东省科技进步奖一等奖 1 项、二等奖 2 项，粤港澳大湾区高价值专利培育布局大赛银奖 1 项。新增专利申请 660 项，获得专利授权 518 项，其中发明专利 244 项。入选 2020 年中国企业创新能力百强企业。挂牌成立了公司首个新能源消纳与智能运行控制实验室。

通过多年不懈攻关，国家重点研发项目“高压大容量柔性直流输电关键技术”取得重大成果，自主掌握“全桥＋半桥”混合拓扑结构、架空线路直流故障自清除、交流故障全穿越等核心技术，研制出世界首台特高压柔直阀、混合多端直流控制保护等关键装备，成果在昆柳龙直流工程成功实践应用，工程创造 19 项“世界第一”。

关键核心技术攻关进展顺利。承担的 13 项公司级以上关键核心技术攻关有序推进，2 个攻关项目完成结题。电缆料攻关项目完成首批 220kV 国产交联聚乙烯电缆料研发及 5 个型号样品型式试验。电源管理单元（PMU）项目突破了配网自主安全芯片关键技术。

标准化建设实现新突破。主导发布公司首个 IEC 标准《采用电网换相换流器的高压直流系统性能》。主导编制的柔性直流系列标准首次获得了中国标准创新贡献奖二等奖。选派 1 名专业所负责人到 IEC 国际电工委员会任职，参与组建北京创拓国际标准与技术研究院。获批筹建知识管理、输变电设备仿真技术两个标委会。

技术支撑服务 累计投入 5.16 万人・日，承担技术支撑服务项目 234 项，其中面向紧急重大生产需求临时新增项目 52 项，完成率达 126%，满意度获 119.8 分，均创历史新高。

在支撑重点工程建设方面，成立了党员突击队，组织开展“百日劳动竞赛”，有效支撑昆柳龙、云贵互联工程提前投产。承担广东中南通道成套设计和集成供货任务。开展了中缅联网、中越联网直流项目专题研究，为公司实现与周边国家电网互联提供技术研究。克服新冠肺炎疫情影响，通过远程技术服务菲律宾 MVIP 直流输电项目主体工程建设，直流技术集成服务进度完成 80%。

在全面支撑电网安全运行方面，高质量完成防范系统运行风险、鲁西谐波治理和全网普测、防冰抗冰、人身安全管理、电子式互感器整改等重点任务，支撑南方电网公司建设防灾减灾及气象“两套系统”，全面建设南方电网防灾减灾中心。

在网络安全和信息技术方面，配合南方电网公司完成“护网 2020”行动，组建南方电网公司网络安全技术管控小组，实现“业务领域全覆盖、流程环节全覆盖、生产要素全覆盖”。完成网络安全靶场一期以及电力监控系统实训基地建设，初步具备培训评价、攻防演练与模拟仿真能力。出色完成“十九届五中全会”“广交会”和“庆祝深圳特区成立 40 周年大会”等重大活动网络安全技术保障工作。

企业经营管理 科学谋划战略发展规划。落实“一企一策”要求，配合南方电网公司出台了《支持南网科研院改革发展的意见》。编制完成了《南网科研院发展战略（2020 年版）》，进一步明确中央研究院定位、发展目标、三大核心业务布局。编制院所两级创新战略地图，贯通式布局八大技术方向、项目、平台、科技成果转化应用、专家团队。深度参与国家

“十四五”储能与智能电网重大专项实施方案、国家“十四五”重大研发需求及广东省新能源战略行动计划编制工作。支撑完成南方电网公司“十四五”创新规划编制工作。

基础管理持续优化。建立了与业务体系、授权体系相互衔接的制度体系，全面开展制度简明化专项工作。坚持法治思维，以合规管理为基础，以风险管理为重点，构建“理念统一、工具统一、流程统一、评价统一”的内部控制体系。开发上线运营监控平台，推动构建科学动态成本体系，推进隐性成本显性化，提升资产利用效能。落实“过紧日子”的要求，大力推进降本增效，建立经营效益动态测算分析模型，动态跟踪分析经营效益情况，开展经济活动分析、专题财务分析，合理安排投资规模结构。加强知识产权管理，通过知识产权管理体系贯标认证，获得广东省知识产权示范企业称号。

科技成果转化成效显著。获得42类检测对象、542项检测项目CNAS资格证书，扩项项目同比增长230%。新签合同额突破10亿元大关，其中高科技咨询、检验检测、产品转化等市场化业务收入大幅增长44.8%，占到总营业收入的一半，价值创造能力彰显。

全面深化改革 统筹谋划顶层设计。坚决贯彻国有企业改革顶层设计，做好南方电网公司改革三年行动实施方案的细化承接，明确了南网科研院“1+3”的改革落实方案（三年改革行动计划+双百行动、创新行动、对标一流管理提升3个专项方案），部署了103项具体任务，提出时间表，明确责任分工，不断推动改革工作走深走实。

法人治理结构更加完备。在全网率先开展董监事会规范建设和运作，设立了4个专门委员会，厘清“四会一层”权责界面，董事会在南网科研院的发展战略、股权投资等重要决策中发挥了重要作用。

全面完成“双百行动”年度任务。加快推进“双百行动”改革，全面完成年度5个方面18项任务，典型经验入选国资委改革样板。完成了经理层契约化和任期制改革。加快推动三项制度改革，突出价值贡献，收入中绩效占比最高超7成，同级绩效最大差距超3倍。连续三年实施了岗位分红，逐步构建涵盖骨干员工跟投、项目收益分红在内的中长期激励约束体系。

人才体制机制改革纵深推进。突出政治标准选人用人，实施鹰才、雏鹰、高潜计划，大力培养和储备人才，大胆起用年轻干部，新增“80后”三级正干部1名、三级副干部5名。建立人才精准培养机制，给予高潜计划人才专项经费、组织推荐等系列支持。加强人才发展路径规划，更新发布学科领域目录，绘制学科-人才分布地图。强化尊才、识才、爱才，全年推荐各类人才项目17项，累计推荐人次近百名，获得政府补贴近300余万元。1人获得全国创新争先奖状，1人入选IEC中国区青年代表候选人。8人入选南方电网公司首批精准支持人才名单。

党的建设 坚持把政治建设放在首位。严格落实“第一议题”制度，持续深入学习习近平总书记重要讲话和重要指示批示精神，切实把学习成果转化为管理思路、工作举措，不折不扣将党中央决策部署落实到位。构建党建全面管理体系，制定党委支委两个全面从严治党主体责任清单，以108项党支部“书记项目+党员关键任务”为抓手，压紧压实责任、规定动作到位见效、深度融合走深走实。加强党支部建设和“三基”建设，持续提升党支部标准化、规范化建设水平，初步建立党支部参与基层治理机制和模式。完善监督体系，发挥监督合力，提升监督效能，持续巩固风清气正政治生态。

高质量推进巡视整改。以高政治站位抓好巡视整改“后半篇文章”，高质量完成中央巡视、公司党组巡视各项整改任务，初步解决一批制约改革创新的深层次问题，整改成效获得上级肯定。聚焦重点领域，组织实施了“创新提升”和“经营攀高”两个专项行动，通过巡视整改解决深层次问题。突出标本兼治，推进建章立制，完善制度体系，构建长效机制，加强制度刚性执行，持续巩固深化巡视整改成果。

【南方电网能源发展研究院有限责任公司】

单位概况 南方电网能源发展研究院有限责任公司（简称南网能源院）是南方电网公司的全资控股子公司，于2017年8月21日发文成立，2017年12月14日核准工商登记注册，注册资本金1亿元人民币。

南网能源院是南方电网公司智库、共享服务平台企业，成立以来，以习近平新时代中国特色社会主义思想为指导，贯彻《关于加强中国特色新型智库建设的意见》，落实南方电网公司党组决策部署，围绕建设“思想库、人才库、信息库”，全力打造“人才、创新、品牌”核心竞争力，加快高端智库建设，建立了涵盖能源战略政策、战略管理、国资国企改革、新兴业务、国际业务，电力规划建设等具有南网特色智库机构的研究咨询业务体系，成为能源电力行业政策研究重要力量，成为南方电网公司政研体系重要力量，成为能源电力规划以及电网、技改、信息、科技、国际化等投资项目咨询重要力量。

南网能源院是中国能源研究会常务理事单位，国务院国资委中央企业智库联盟、中国电力企业联合会等12个协会组织的重要成员单位，是中国电机工程学会电力市场专业委员会秘书处、中国电机工程学会技术经济专业委员会秘书处、中国电力企业联合会技术经济标准委员会电网基建工程分会秘书处挂靠单位，2019年入选中国智库索引（CTTI）来源智库，获得工程咨询单位乙级资信（预评价）证书。

组织机构 南网能源院设立了以外部董事占多数的董事会，配备监事一名，设置经理层；内部设有办公室（董事会办公室、党委办公室）、计划科研部、人力资源部、财务管理部、党建监审部（纪委办公室、工会办公室）5个职能管理部门，能源战略与政策研究所、能源供需研究所、企业管理研究所、投资与财务研究所4个研究所，电力规划中心、咨询评审中心、技术经济中心、质量管理研究中心、大数据与品控中心（期刊编辑部）5个研究中心，代管南方电网公司电力建设定额站和南方电力建设工程质量监督中心站。

南方电网改革发展研究中心依托南网能源院成立，在南网能源院增挂“南方电网改革发展研究中心”的牌子。

领导班子

党委书记、董事长：吴宝英

党委副书记、董事、总经理（院长）：张良栋

党委委员、副总经理（副院长）兼南方电网改革发展研究中心副主任：胡志广

党委委员、副总经理（副院长）兼南方电力建设定额站常务副站长：程其云

党委委员、纪委书记：杜云辉

重点课题研究 承担国家发展改革委课题1项，国务院国资委课题1项，国家能源局课题12项，广东省能源局委托课题1项，15项课题已通过结题验收。《海南能源综合改革方案研究》等多项课题成果和政策建议转化为行业重大决策政策，逐步成为行业主管部委政策研究支持机构，发挥“能源行业智囊”角色。承担中国工程科技发展战略广东研究院课题1项，受邀参与中央财经委员会办公室、国家高端智库理事会委托研究的课题2项，3项课题已全部结题，为电力体制改革、国企改革提出政策建议。承担南方电网公司重点课题8项、年度政研课题20项，南方电网公司总部部门研究专题35项，分子公司研究专题6项。各类课题均已结题，相关研究成果转化为公司工作部署和政策文件，其中，《公司“十四五”发展规划研究》成果提炼上报国务院国资委。聚焦能源经济、电网建设关键技术等领域开展科技攻关，有序推进17个科技项目研究，“大数据挖掘技术和模型算法”研究成果初步得到应用，“输配电价建模研究”研究成果部分指标国际领先。

电网规划建设咨询 承担57项生产经营类技术服务项目，涵盖技术支持、管理决策咨询、信息情报分析等领域，支撑南方电网公司总部提升管理效率和运营质量。承担投资项目评审业务，构建涵盖电网建设、生产技改、营销技改、信息化、科技研发、国际投资项目等专业领域的评审业务体系。首次承担500kV电网工程从可研到施工图设计评审，承担南方电网公司总部信息化项目、重大生产技改项目从入库到可研各环节的评审。制定计价标准，修订电网建设、信息化项目等多项标准，完成云南省高海拔或高落差地区措施和费用研究，支撑电力行业助力脱贫攻坚。常态化开展境外投资项目基准回报率标准测算，服务国际项目投资决策。落实国家能源局电力工程质量监督改革措施，推动落实质监经费预算制，建立质监专家库和业务指导标准。按期完成昆柳龙直流重点工程的质量监督，承担昆柳龙直流工程“国优金奖”质量创优咨询，协助完成194项南方电网优质工程奖评选，完成179项基建优秀QC成果评审。组织制定质量管理咨询标准化手册，初步形成工程质量管理咨询“标准化工具”。参与全国“十四五”电力规划研究，完成4项国家能源局电力发展“十四五”规划支撑性专题任务。牵头编制南方电网“十四五”智能电网规划，研究成果形成政策建议上报国家能源局。牵头完成各省（级）电网公司“十四五”电力发展规划、智能电网规划、配电网规划和投资规划评审，完成粤港澳大湾区中长期电力发展规划专题评审，核减费用4.46亿元。

战略管理 承担“南方电网公司战略管理体系”等2项重大研究专项，助力构建战略管理体系和“1＋5＋11”规划体系。承接编制南方电网综合能源公司等3家子公司战略。协助评审15家专业子公司战略。参与“南方电网公司治理体系和治理能力现代化研究”，助力构建现代企业治理体系、管理机制。协助编制南方电网公司“十四五”发展规划，管制、新兴、共享服务等三大业务发展规划，创新、法治、供应链等多项职能规划。组织开展22家分子公司“十四五”规划中期评审。牵头和参与16项“四类项目”（灯塔项目4项、标志项目3项、标杆项目7项、试点项目2项）。其中，牵头实施研究的“虚拟电厂运营机制与商业模式研究”“智能增值服务”“点对点能源零售业务项目”，为电网企业转型发展探索新业态新模式。

高端智库建设 科学系统谋划能源行业高端智库建设，编制能源院发展战略及“十四五”发展规划、高端智库建设三年行动方案、改革三年行动计划，锚定前进方向，明确改革发展路径。全面落实南方电网公司要求，配合完善法人治理结构，建立外部董事占多数的董事会，成立专门委员会。修改完善公司章程，完善治理规则，规范各治理主体的权责边界和履职程序，制订权责清单和授权清单。启动制度简明化

专项工作，修编内控管理手册和评价手册。进一步完善依法依规治企机制，多途径、多层次深化法治文化建设。严格落实“过紧日子”提质增效要求，制定《南网能源院2020年积极应对疫情影响进一步深化“过紧日子”提质增效方案》。编制《南网能源院信息平台（系统）规划》《南网能源院实验室总体建设规划》，启动数据中心、知识管理系统及能源战略与市场研究实验室等平台建设。制定《南网能源院产品体系规划方案》，构建完备的智库产品体系。不定期呈送《领导参阅》内参，定期出版《能源动态》月刊，常态化编著智库基础年度系列研究报告，每年举办发布会，编著《中国电力市场化改革报告》等年度系列研究报告14本，2020年11月20日通过南网能源院2020年度研究成果发布会公开发布8本。2020年累计获得省部级奖项26项，其中中国能源研究会能源创新奖（管理类）3项（一等奖1项、三等奖2项）、中电联电力创新奖（管理类）5项（一等奖2项、二等奖3项）、中国电力建设科学技术进步奖二等奖2项、国资委中央企业智库联盟重点课题成果奖8项（特等奖3项、一等奖1项、二等奖4项）、南方电网公司科技进步奖二等奖1项、南方电网公司管理创新奖7项（一等奖1项、二等奖4项、三等奖2项）。2020年，累计出版学术专著5本，发表高水平SCI/EI收录论文16篇，获得专利授权10项。主办、承办行业高峰论坛、研讨会议9次。主动参加政府、行业重要会议、论坛，累计受邀发表主旨演讲22次，公开发表理论和评论文章共计52篇。

人才队伍建设 落实《南方电网公司党组加强人才工作的指导意见》，将2020年确定“人才队伍建设年”，制定《南网能源院“人才建设年”实施意见》，制定21项关键举措、60项具体任务。制定人才发展规划，员工制定自身成才计划，评选卓越人才奖10人、新星人才奖3人，2020年人才发展先进集体3个，人才素质当量1.73，位列全网前三。1人成为国务院特殊津贴专家，3人成为广州产业创新人才，4人成为南沙专才，均实现零的突破。常态化举行“能源院大讲堂”“政策分享沙龙”等培训，选派骨干员工到高端智库、基层一线、西部地区锻炼学习，优选潜力大的青年技术骨干负责或参与重点课题，实施青年创新项目支持青年人才“田间培育”，人才素质不断提升。制定《南网能源院特聘专家管理办法》《南网能源院客座研究员管理办法》，打通柔性引进高层次人才通道，促进专家资源的整合利用。出台“专家暨专业技术岗位体系建设方案”，构建符合智库特点的人才岗位发展通道。

党的建设 修编《南网能源院领导班子成员全面从严治党责任清单》，全面落实党委及班子成员全面从严治党责任，切实履行“一岗双责”。制定《南网能源院党支部书记和委员落实全面从严治党责任工作指引》，明确党支部书记、委员的职责分工和到位标准，推动全面从严治党在基层党支部的落实落地。制定党支部标准化建设工作手册，制定《南网能源院做实做细“六个一”推动党建工作走深走实的实施意见》，将支部主题党日打造为党建与业务深度融合的统一载体，形成了“话能点经”“先锋讲坛”等党建理论和业务知识学习分享品牌。制定《南网能源院完善监督体系提高党委监督能力的实施细则（试行）》，构建党委统一领导的大监督体系，形成年度监督计划，确定全年监督重点工作53项。累计编制12期内部宣传刊物e月刊，发稿200余篇。设立“建功新时代”专栏，宣传先进典型的事迹精神，累计宣传团队21个、典型人物8个。制定《南网能源院新闻宣传与舆情管理实施细则》，健全新闻宣传工作管理机制，对外发布新闻稿件86篇。以“知行书屋”等为载体，推进知行文化建设。组织开展“建功新时代 缤纷能源院”系列文化活动6次，丰富员工业余文化生活。

（范晓虹）

【西安热工研究院有限公司】

单位概况 西安热工研究院有限公司（简称西安热工院），是中国电力行业国家级热能动力科学技术研究与热力发电技术开发的机构。主要专业于1951年在北京创建，1965年迁址西安成立西安热工研究所；先后隶属燃料工业部、电力工业部、水利电力部、能源部、国家电力公司，期间随国家电力体制改革依次更名为电力工业部热工研究院（1994年）、国家电力公司热工研究院（1998年）、国电热工研究院（2001年）；2003年，成为由中国华能集团有限公司（简称中国华能）控股，中国大唐集团有限公司、中国华电集团有限公司、中国国电集团公司（后重组为国家能源投资集团有限责任公司）、中国电力投资集团公司（后重组为国家电力投资集团有限公司）参股的有限责任公司，并正式更名为西安热工研究院有限公司。

西安热工院拥有国家发展改革委授牌的电站锅炉煤清洁燃烧国家工程研究中心，国家能源局授牌的国家能源清洁高效火力发电技术研发中心，国家科技部授牌的煤基清洁能源国家重点实验室，陕西省科技厅授牌的陕西省燃煤电站锅炉环保工程技术研究中心；在北京、苏州、广州设有3个分公司，在广州、苏州、济南、太原、昆明、沈阳、呼和浩特设有7个技术监督及服务中心；院内还设有硕士学位授予点和博士后工作站；同时是国家级2个专业技术标准委员会、电力行业7个专业技术标准委员会、电力行业5个归口质量检测中心以及中国电机工程学会5个专业委员会的挂靠单位；是国家中文核心期刊、科技核心期刊《热力发电》的主办单位。

领导班子 2020年末，西安热工研究院有限公司（简称西安热工院）领导班子成员9人。

党委书记、董事长：苏立新

总经理、党委副书记、工会主席：王月明

党委副书记、副总经理/副院长、党委委员：汪德良

副总经理/副院长、党委委员：范长信

副总经理/副院长、党委委员：牟春华

副总经理/副院长、党委委员：吕怀安

纪委书记、党委委员：何敏强

副总经理/副院长、党委委员：曾卫东

总会计师、党委委员：张良

组织机构 职能管理部门略有变动，资产财务部与预算部合并为财务与预算部。职能管部门共13个，分别为办公室、科技环保部、市场部、人力资源部、财务与预算部、党建工作部、审计部、安全监管部、纪律检查部、事务部、海外事业部、采购管理部、教育培训部；此外，办公室综合与规划处更名为综合与督查处，科技环保部成立科技成果与情报处、成果与知识产权处更名为支持产权处、学会与标准处更名为科技综合管理处。

专业部门无变动。截至2020年底，专业部门共21个（其中研究中心6个）。

产业公司略有变动。西安西热锅炉环保工程有限公司、西安西热水务环保有限公司移交至华能长江环保科技有限公司托管，华能山西低碳技术有限责任公司完成撤销工作。截至2020年底，除母公司外，共有二级子公司9家（其中全资子公司5家，控股子公司1家），有分公司3家。

人员情况 2020年末，在岗职工1262人。其中，硕士及以上学历人员878人（其中博士111人）；高级工程师及以上职称资格人员403人（其中正高级工程师84人）。

科技工作

1. 科研奖项

获2020年度陕西省科学技术奖7项（主持完成6项）：① 安全高效的汽液接触凝结释热技术及应用（一等奖、参与完成）；② 汽轮发电机组若干复杂振动故障诊断和治理关键技术及工程应用（二等奖、主持完成）；③ 电站空冷系统综合提效技术及应用（二等奖、主持完成）；④ 电站锅炉密集管排缺陷超声波检测关键技术及应用（三等奖、主持完成）；⑤ 燃煤机组直吹式制粉系统安全节能运行关键技术的研发及应用（三等奖、主持完成）；⑥ 火电厂尿素水解制氨技术的研发与工程应用（三等奖、主持完成）；⑦ 以烟气余热为热源的水暖暖风器及其多联系统开发与应用（三等奖、主持完成）。

获2020年度中国电力科学技术奖10项（主持完成8项）：① 海上风电风能高效利用与低冗余高可靠性桩基关键技术及应用（一等奖、参与完成）；② 汽轮发电机组复杂振动故障诊断和治理关键技术及工程应用（二等奖、主持完成）；③ W火焰锅炉烟气污染物超低排放控制技术研发与工程应用（二等奖、主持完成）；④ 煤粉锅炉动力用煤全性能评价与关键燃烧技术的研究及应用（二等奖、主持完成）；⑤ 超净燃气燃烧器自主研发与应用（二等奖、主持完成）；⑥ 燃煤发电机组能效评价技术体系研究及应用（二等奖、参与完成）；⑦ 电站管道异常大位移防治关键技术及应用（三等奖、主持完成）；⑧ 电站空冷系统综合提效技术及应用（三等奖、主持完成）；⑨ 燃煤机组直吹式制粉系统排渣、供粉安全关键技术的研发及应用（三等奖、主持完成）；⑩ 小型发电机组接入厂用电系统关键技术研究与应用（三等奖、主持完成）。

获2020年度中国电力企业联合会电力创新奖8项（主持完成7项）：① 煤粉锅炉动力用煤全性能评价与关键燃烧技术的研究及应用（一等奖、主持完成）；② 燃用复杂劣质煤发电机组氮氧化物控制关键技术及应用（一等奖、主持完成）；③ 电力行业国有科技型企业项目收益分红的实践与探索（一等奖、主持完成）；④ 电站管道状态线偏离机理及防治关键技术与应用（一等奖、主持完成）；⑤ 全燃高碱煤大型电站锅炉及辅助系统关键技术集成（一等奖、参与完成）；⑥ 极端条件下高速混床均匀布水的关键技术（二等奖、主持完成）；⑦ 电站锅炉密集管排缺陷超声波检测关键技术及应用（二等奖、主持完成）；⑧ 发电厂凝结水精处理技术系列标准的制订（二等奖、主持完成）。

获2020年度中国能源研究会能源创新奖6项（主持完成）：① 燃用复杂劣质煤发电机组氮氧化物控制关键技术及应用（一等奖）；② 大口径动力管道异常大位移形成机理及防治关键技术与应用（一等奖）；③ 半焦多途径燃用关键技术研究及应用（二等奖）；④ 大型燃煤锅炉超低负荷调峰关键技术与应用（三等奖）；⑤ SCR全负荷自适应喷氨装置研究与应用（三等奖）；⑥ 煤灰成分调控全烧高碱煤关键技术研究及应用（三等奖）。

获2020年度中国电力建设企业协会电力建设科学技术进步奖3项：① 一种电站锅炉过热器换热管化学清洗剂（一等奖、主持完成）；② 二次再热机组智能一体化管控平台研究与应用（一等奖、参与完成）；③ 高效超超临界机组安全燃用高硫煤关键技术（一

等奖、参与完成)。

2020 年，西安热工院共有 12 项科技成果通过技术鉴定（8 项为国际领先水平、4 项为整体国际先进，部分国际领先）：① 气液转移法氨逃逸在线监测技术研究及应用（国际领先）；② 高效超超临界机组安全燃用高硫煤关键技术研究与应用（国际领先）；③ W 火焰锅炉安全、清洁、高效燃用烟煤技术研究与应用（国际领先）；④ 陶瓷催化过滤管一体化脱除多污染物技术研发及应用（整体国际先进，部分国际领先）；⑤ 电站管道异常大位移防治关键技术研究及应用（国际领先）；⑥ 汽轮发电机组若干复杂振动故障诊断和治理关键技术及工程应用（国际领先）；⑦ 电站空冷系统综合提效技术及应用（整体国际先进，部分国际领先）；⑧ 凝汽器换热管泄漏在线智能诊断技术及装置的开发和应用（国际领先）；⑨ 动力用煤全性能评价体系与关键燃烧技术的研究及应用（国际领先）；⑩ W 火焰锅炉烟气污染物控制技术研发与工程应用（整体国际先进，部分国际领先）；⑪ 小型发电机组接入厂用电系统关键技术研究与应用（整体国际先进，部分国际领先）；⑫ 动力煤实时精准掺烧及自评价技术的开发和应用（国际领先）。

2. 专利

2020 年共获得授权专利 490 项。其中，发明专利 59 项、实用新型专利 431 项（名称略）。2020 年，西安热工院发明专利“一种电力用油再生处理微孔极性诱导吸附剂及其制备方法”荣获中国专利优秀奖。

3. 软件著作权

2020 年度获得软件著作权 125 项（名称略）。

4. 专著和论文

2020 年，由西安热工院专业人员编著《电力设备用六氟化硫的检测与监督》《火电厂深度节水及废水零排放》《火电专业反事故措施标准汇编》技术专著 3 部。在 2020 年度核心期刊及国内一级学会上，西安热工院专业人员共发表论文 211 篇（其中 SCI 论文 17 篇、EI 论文 23 篇）。

5. 纵向科研项目

2020 年获批科技项目 70 项，合同额 129858.74 万元，专项经费 65357.64 万元。其中，国家重点研发计划项目 3 项，专项经费 2345 万元；省市及部委科技项目 7 项，专项经费 299 万元；集团公司科技项目 35 项，专项经费 62451.64 万元；国家重点研发计划配套项目 1 项，专项经费 260 万元；众创项目 23 项，自筹经费 412.1 万元，中国电机工程学会项目 1 项，专项经费 2 万元。

2020 年执行科研项目共 283 项，其中，国家级科技项目 23 项，省市科技项目 17 项，集团公司科技项目 83 项，行业标准制修订项目 5 项，院自立研发项目 124 项（含软科学研究计划项目 1 项），众创项目 23 项，其他科技项目 8 项，63 个项目通过验收。

6. 关键核心技术研发

2020 年，西安热工院全力推进关键核心技术研发，成效显著。全国产安全智能型 DCS 在福州电厂 35 万 kW 机组和玉环电厂百万千瓦机组成功应用，得到社会各界的高度认可，为中国华能集团有限公司赢得了重大荣誉；同时，该项目入选了国家能源局能源领域首台（套）重大技术装备项目清单。国产化自主可控 PLC 在定边沈口子风电场和汕头电厂安全投运。掌握了燃气轮机部件故障分析与改进设计核心技术，无损检测技术达到国外制造商同等水平，燃烧监测与调整技术取得重要进展。首次主持承担国家“两机”重大专项，标志着西安热工院进入国家第一梯队。由中国华能集团有限公司与中国电子信息产业集团有限公司联合攻关、西安热工院牵头研发的国产化 PLC 系统首次在华能汕头电厂供热改造工程的制水系统中成功试运，实现了 PLC 系统关键软、硬件设备的全国产化，标志着中国在工业控制领域核心装备上实现了重要突破。

7. 经营服务类技术项目

2020 年，全年累计签订经营服务类技术项目 3000 余项，项目设计火电、风电、水电、光伏发电、核电、煤炭、石化、有色金属以及市政等领域，涵盖国内 30 多个省（区、市），并涉及国外 11 个国家和地区，项目执行情况得到广泛好评，收到来自国内外客户、项目合作方等发来的表扬信、感谢信共 100 多份，充分肯定了西安热工院的专业水平和服务质量。

在技术服务和工程业务方面，西安热工院为柬埔寨、哈萨克斯坦以及乌兹别克斯坦等 10 多个“一带一路”国家的电力项目和集团“一体两翼”项目提供了多项核心技术和技术服务。其中，自主研发的风电智慧运维技术，在华能首个海上风电场智慧运维平台系统应用；圆满完成石岛湾核岛三大冷却系统及常规岛水汽全系统的化学清洗，攻克了高温气冷堆二回路管道清洁技术难题；负责调试的 13 个电力项目中，6 项荣获中国电力优质工程，2 项荣获 2020 年度国家优质工程。

8. 科研平台和基础设施

科研平台和基础设施建设及运营积取得积极进展。持续完善科研项目的信息化管理，加强科技项目执行管理、科技奖申报等管理工作的信息化，促进技术数据库的建立和知识积累。国内首个发电领域电力基础设施网络安全实验室建成使用；超临界二氧化碳试验平台进入全面调试阶段，引起业界的广泛关注；苏州节能环保公司中心实验室通过 CNAS 复评审；锅检公司顺利通过国家市场监督管理总局 2020 年度特种设备监督抽查。

9. 资质证书

西安热工院的质量、环境、职业健康安全管理体系（三标一体）证书以及工程咨询、电力工程调试、设备监理、特种设备（压力容器）检验、环境工程设计、热喷涂、电力设施承试、节能服务专项资质等各项专业资质全面有效保持；高新技术企业证书有效保持；西安热工院通过了“质量、环境、职业健康安全”管理监督审核。

10. 技术报告

2020年完成各类技术报告4100余份、质检报告1060余份。

国际标准化工作 2020年，西安热工院共计3项国际标准成功立项。同时，在执行的国际标准项目达到5项（主导3项，参与2项）。国际电工委员会（IEC）汽轮机技术委员会（TC5）秘书处挂靠西安热工院，这是中国在发电领域承担的唯一一个IEC秘书处，代表华能投资设立的北京创拓国际标准技术研究院正式成立运作。

科改示范行动 2020年，根据国务院国有企业改革领导小组办公室下发的《关于加快推动“科改示范企业”实施综合改革有关事项的通知》，西安热工院被列入204户“科改示范企业”。

其他荣誉 2019年，西安热工院再次荣获华能集团“先进企业”“绩效考核A级企业”“文明单位”以及中国电力建设企业协会“全国电力建设优秀调试企业”等荣誉，西安热工院国产化DCS研发项目组获华能集团第三届“华能榜样”荣誉称号。

国际合作与交流 2020年，坚持做好“一带一路”沿线国家电力项目技术服务，推动中国电力技术“走出去”。2020年，西安热工院派员赴泰国、越南、印尼、斯里兰卡、孟加拉国、巴基斯坦、约旦、塞尔维亚、阿联酋等9个国家进行技术服务，共计27批54人次。

加强与华能香港公司、澜沧江公司、驻哈萨克斯坦代表处等的联系与交流，推进柬埔寨、哈萨克斯坦以及乌兹别克斯坦等国家电站改造项目前期工作。全年签订境外项目29项，合同额共计3150万元，累计执行11个国家的12个海外项目，为“一带一路”电力建设提供有力支持。与海外合作伙伴加强联系，积极拓展风电、太阳能、国产化DCS、智能运维等新业务领域，主动谋划燃气轮机运行优化等科研课题，依靠技术创新不断塑造海外市场新的竞争力。

党建工作

（1）理论武装持续深化。发挥院党委理论学习中心组示范作用，开展10次集体学习研讨，带动党员干部及时跟进学习习近平总书记最新重要讲话和指示批示精神。中心组学习重点发言、总结讲话必谈科技创新。院党委理论文章《以全国产化DCS攻关为突破 全力攻克发电行业关键核心技术“卡脖子”问题》入选集团公司学习成果交流，得到高度评价。

（2）融入中心取得成效。开展“争创国家科技奖”主题党建活动，以大学习、大研讨助力科技创新，取得圆满成效。深化青年“号、手、岗、队”争创工作，以“五个坚持”打造团员青年“生力军”，为科技创新注入鲜活力量。加大宣传热工院科技成果，讲好热工人的故事，积极弘扬正能量，打造升级热工院品牌形象，行业影响力得到提升。荣获集团公司“青年文明号”“青年五四奖章”“红旗党支部”“四强”党组织、第三届“华能榜样”等荣誉称号。

（3）全面从严治党深入推进。聚焦“两个维护”，深化政治监督，紧盯“关键少数”，加强同级监督，全年发布监督意见书19份，确保习近平总书记指示批示和集团公司战略部署落地见效。深化日常监督，开展“项目现场廉洁风险”等2个专项治理，推动“卡脖子”技术攻关、扶贫工作、制止餐饮浪费等3个专项督查，完成4个“专项整治”，开展中央巡视整改“回头看”，推进集团公司巡视反馈意见整改，部署两轮政治巡察，实现中央一届任期内基层企业巡察全覆盖目标。深入贯彻落实中央八项规定精神，常态化开展警示教育，规范问题线索处置，高质量实践“四种形态”，全院开展纪律谈话259次624人，不断营造风清气正的良好政治生态。

（4）队伍建设不断加强。选优配强各级领导班子，大力选拔优秀年轻干部。提任的9名中层干部中“80后”占比2/3，提任的4名部门主任助理级干部中3名为“75后”，提任的90名处所级基层干部中“80后”占比超过3/4。积极开展科技领军人才选拔和科技高端人才招聘工作，录用高端人才2名，选拔22名科技领军人才、17名青年科技领军人才进入备选库，向华能系统基层企业领导班子输送年轻干部1名。

（5）扶贫攻坚任务圆满完成。落实精准帮扶措施，超额完成消费扶贫任务199.8万元，定点帮扶点韩家窑村全村209户贫困户全部脱贫摘帽，榆林合力团定向扶贫200万元捐助到位，完成集团下达的消费扶贫任务。

挂靠的行业学会、质检中心、标委会、硕士点、博士后站、专业期刊 中国电机工程学会四个专委会（火电专委会、热工自动化专委会、材料专委会、清洁低碳专委会）按计划举办了多次学术研讨会、技术交流等科技活动，取得良好成效。2020年，中国电力设备管理协会发电设备技术监督专业委员会在京成立，专委会秘书处挂靠西安热工院。

电力工业热力发电设备及材料质量检验测试中心、电站工业发电用煤质量监督检验中心、电力工业热工计量测试中心等中心的工作有序进行。

四个国家标准化技术委员会机构（全国电气化学标委会、全国电站过程监控及信息标委会、全国环保产品标委会水处理设备分技术委员会、全国燃气轮机标委会联合循环发电工作组）和七个电力行业标准化技术委员会（电站锅炉标委会、电站汽轮机标委会、电厂化学标委会、电站金属材料标委会、电站阀门标委会、热工信息与自动化标委会、联合循环发电标委会），均按计划组织开展了标准的制（修）订、审查和宣贯工作；其标准化工作通过了中国电力企业联合会标准化中心组织的年度检查。

硕士学位授予点：研究生教育质量持续提升，在与高校联合培养方面继续创新、取得良好效果；招生、教培、科研、学位评定等工作按计划进行。2021年，研究生毕业并获硕士学位者 4 人，新招收研究生 9 人；在读研究生 18 人。

博士后科研工作站：2021 年，新进站博士后 2 人；年内在站博士后 3 人；科研工作如期进行。

由西安热工院与中国电机工程学会共同主办的专业期刊《热力发电》，全年按计划完成编辑出版 12 期，在核心期刊中排名持续攀升，影响力逐步增大。2020 年，《热力发电》先后荣获“陕西省科技期刊精品期刊”“百种中国杰出学术期刊”“第 5 届中国精品科技期刊”称号；根据中国知网《中国学术期刊影响因子年报》（自然科学与工程技术），《热力发电》影响力指数继续位列能源与动力工程类 55 种期刊第 1；根据中国科学技术信息研究所《中国科技期刊引证报告》统计结果，《热力发电》核心影响因子在动力工程专业 15 种核心期刊中排名第一。

主要事件

1 月 15 日，西安热工院召开五届四次职工代表大会暨西安热工院及创新中心 2020 年工作会议，西安热工院董事长、党委书记、华能技术创新中心执行董事刘伟作了题为《大力推进科技创新　加快建设世界一流发电技术研发机构和强大的高科技企业》的工作报告，会议传达了华能集团 2020 年工作会议精神，分析了面临的形势与存在的问题，对 2020 年工作进行了具体部署。会议还表彰了 2019 年度先进集体、优秀项目组、优秀干部和先进个人。

4 月 16 日，华能集团公司召开干部宣布视频会议宣布集团系统多家单位领导干部任免决定，宣布苏立新同志任西安热工院董事长、党委书记，张良同志任西安热工院总会计师、党委委员；免去刘伟同志西安热工院董事长、党委书记职务，免去阎锋同志西安热工院总会计师、党委委员职务。

4 月 23 日，国务院国有企业改革领导小组办公室印发了《关于加快推动“科改示范企业”实施综合改革有关事项的通知》（国企改办〔2020〕3 号），西安热工院被批准为 204 户“科改示范企业”之一。

5 月 30～31 日，中国合格评定国家认可委员会（CNAS）委派评审组对西安热工院检测中心开展监督审核和扩项评审，并通过了对风力发电机组等 7 个检测对象（22 个检测参数）的现场监督审核和对煤炭机械化采制样系统等 3 个检测对象（17 个检测参数）的扩项评审。

6 月 19 日，华能集团公司召开西安热工院干部宣布视频会议宣布：王月明同志任西安热工院总经理（院长），汪德良同志任西安热工院党委副书记。

7 月 1 日，西安热工院申报的《丙烯酸系阴离子交换树脂交换容量测定方法》（主导）、《氢氧型阴离子交换树脂交换容量测定方法》（参与）和《氢氧型阴离子交换树脂含水量测定方法》3 项国际标准在 ISO/TC61/SC5 物理化学性能标准化技术委员会成功立项，实现了中国在离子交换树脂领域国际标准立项“零的突破”。

7 月 15 日，国家知识产权局发布了《关于第二十一届中国专利奖授奖的决定》（国知发运字〔2020〕28 号），西安热工院发明专利“一种电力用油再生处理微孔极性诱导吸附剂及其制备方法”荣获中国专利优秀奖。

9 月 1 日，华能集团公司印发《关于丹慧杰同志免职的通知》（华能党组任〔2020〕130 号）、《关于丹慧杰免职意见的函》（华能任〔2020〕174 号），免去丹慧杰同志的西安热工院党委委员、副总经理（副院长）、西安热工院职务。

9 月 4 日，华能集团公司党组书记、董事长舒印彪到西安热工院调研并讲党课；期间听取了西安热工院工作汇报，对西安热工院取得的成绩给予充分肯定，对西安热工院今后的科技创新等重点工作提出了具体要求。

9 月 8 日，中国电力设备管理协会发电设备技术监督专委会在京成立，专委会秘书处挂靠于西安热工院。

9 月 15 日，西安热工院国产化 DCS 研发项目组获集团公司第三届“华能榜样”荣誉称号。

9 月 28 日，西安热工院 2020 年第二次（总第二十四次）股东会、五届七次董事会、五届三次监事会会议在京召开。会议审议通过了调整董监事、选举监事会主席、聘任总经理（院长）、2020 年总经理工作报告、2019 年度财务决算报告、2020 年度财务预算、以西热锅炉环保公司和西热水务公司资产（折合人民币 4.5 亿元）参股华能长江环保科技有限公司等 16

项议案。

10月21日，基于9月28日西安热工院董事会决议事项之一（同意以西热锅炉环保公司和西热水务公司资产参股华能长江环保科技有限公司），西安热工院与华能长江环保科技有限公司签署了股权资产托管协议。根据托管协议，协议之日起，华能长江环保科技有限公司全面负责委托管理单位（西热锅炉环保公司和西热水务公司）的安全、生产、经营、管理、对外业务及党建工作。待完成西热锅炉环保公司和西热水务公司资产评估等法定必要手续后，西热锅炉环保公司和西热水务公司全权移交至华能长江环保科技有限公司。

11月6日，华能集团公司统筹组织、西安热工院牵头自主研发的中国发电领域首台套全国产安全智能型DCS（华能“睿渥”HN Revival DCS）在华能福州电厂2号机组（30万kW机组）成功投用；该系统基于国产芯片、国产操作系统和国产核心元器件，具有完整自主知识产权，实现了软、硬件的全国产化，标志着中国发电工业控制系统实现自主可控。

11月13日，由华能集团公司与中国电子集团联合攻关、西安热工院牵头研发的国产化PLC系统首次在华能汕头电厂供热改造工程的制水系统中成功试运，实现了PLC系统关键软、硬件设备的全国产化，标志着中国在工业控制领域核心装备上实现了重要突破。

11月25日，华能“睿渥”DCS在玉环电厂1号机组一次并网成功，标志着华能集团公司统筹组织、西安热工院牵头自主研发的中国首套百万千瓦机组全国产DCS成功投运，这是继华能“睿渥”DCS在福州电厂2号机组（30万kW机组）投运后的第二次飞跃。

12月17日，由华能集团公司与中国电子集团联合建设的中国华能集团电力基础设施网络安全实验室在京建成，该实验室是中国电力行业首个弹性可重构、虚实结合的电力生产仿真实验室，该实验室的建成填补了电力行业网络安全管控技术的空白。

12月18日，西安热工院与华能开发公司等合作方签订了华能首个科创基金项目协议。协议约定，各方将围绕化学仪表科技成果转化开展合作。随后，科创基金项目公司（浙江西热利华智能传感技术有限公司）于12月23日正式注册成立。

（刘　沙）

【中国大唐集团科学技术研究院有限公司】

单位概况　中国大唐集团科学技术研究院有限公司（简称大唐科学研究院）成立于2013年12月，是集战略规划、科技研发、技术监督、技术服务、科技信息于一体的企业科研院所。组建以来，大唐科学研究院始终坚持“讲科学、讲技术、讲民主、讲规范”的学风和遵循“依托中国大唐集团有限公司、面向行业，科技产业化、成果产品化，绿色创新和全面提升”的发展方略。

组织机构　大唐科学研究院构建了两级组织构架，院本部设立办公室（风险管控部）等6个管理部门。先后成立了东北、华东、华中、西北、华北和水电院等6家区域电力试验研究院，以及火力发电技术研究院（与华北院合署办公）、新能源技术研究所（2017年划转至新能源技术研究院）、能源技术经济研究所（2019年业务划归集团公司技经中心管理）、信息中心、两优化研究中心和大唐（北京）能源科技公司等6家专业技术研究单位。同时，代为管理集团公司计量中心、锅炉压力容器检验检测中心和大坝安全监督中心。

主要工作　大唐科学研究院不断加大科技基础设施建设和研发投入，建设了装备齐全、环境良好的基础设施，科研设备和试验基地投入占固定资产投入90%以上，计算中心和智能与仿真技术研究中心建设水平行业领先。科技创新取得较好成绩，共取得18项国际领先和43项国内领先的科技成果，累计获得1351项专利，主编IEEE、ISO国际标准3项，连续三年获得中国电力科学技术进步一等奖，2019年获得中国工业防腐蚀技术协会颁发的功勋单位称号。技术保障体系不断完善。为集团公司29个省份，170多家发电企业，约1.32亿kW发电机组提供技术服务和技术保障，为集团公司网络安全与信息化项目建设提供全方位的技术支撑。

【华电电力科学研究院有限公司】

单位概况　华电电力科学研究院有限公司（简称华电电科院）始建于1956年10月，是中国华电集团有限公司直属的唯一科研机构，曾隶属电力工业部、水利电力部、能源部。华电电科院坚持“面向集团、服务主业、产研结合”的发展方针，以中国华电“五三六战略”为引领，积极履行中国华电赋予的集团技术监督、技术服务、技术支撑和集团中央研究院职责，全面服务中国华电及其直属单位和所属300余家境内外发电企业，全力为能源行业的科学发展和技术进步做出积极贡献。拥有国家分布式能源、火电能效检测等7个国家级研发中心、浙江省蓄能与建筑节能等1个省级重点实验室以及中国华电水电、新能源、环保监督、智能能源、电力市场等10个集团级技术中心，设有院士工作站、博士后工作站，是能源行业燃气分布式标委会、电力行业燃煤机械标委会、中电联电力实验室管理标委会、中国电机工程学会电力环保专委会碳减排与碳交易学组等的秘书处单位，是中国散协粉煤灰专委会会长单位，具有CMA、特检、计量、工程咨询甲级、调试特级、工程设计乙级等20余项资质，是RCCSE中国核心学术期刊《发电技术》的主办单位。

组织机构 华电电科院所属机构按照职能部门、专业部门、业务部门、科研部门、分院、公司共6类进行管理，其中分院和公司为基层企业。设有办公室（法律事务部）、人力资源部等8个职能部门；汽机及燃机技术部、锅炉及环化技术部等8个专业部门；技术监督中心、电煤质检中心等6个业务部门；新技术研发中心、多相流分离技术研究及应用中心等5个科研部门；东北分院、山东分院等4个分院；杭州华电能源工程有限公司、杭州国电机械设计研究院有限公司等6个公司。

领导班子

党委书记、董事长：李立新

总经理、党委副书记：彭桂云

党委副书记：陈远台

党委副书记、副总经理：庄荣

党委委员、纪委书记：沈寿林

党委委员、副总经理：常浩

党委委员、副总经理、工会主席：范炜

党委委员、总工程师：黄海舟

改革创新

（1）坚持全面深化改革。华电电科院把实施国企改革三年行动作为重大政治任务，编制改革三年行动实施方案，明确了改革重点和任务分工，推动改革不断走深走实。印发对标世界一流管理提升行动实施方案，系统勾画了加快创建具有核心竞争力的一流科研机构的实施路线图。优化绩效考核体系，落实年度总评和过程管控的绩效管控模式，调整考核周期，充分发挥绩效考核的导向作用。“本部机关化”专项整治工作有序推进，查摆的问题按期整改完成。

（2）全面履行中央研究院职责。持续完善了要素全覆盖、流程标准化的“1＋10＋N”科技制度体系，加强科技人才队伍建设，全面提升科技创新能力，落实兑现岗位分红激励。完成《储能产业及技术发展分析报告》《氢能源开发应用调研报告》《氢能产业链布局研究》，为集团储能、氢能产业布局提供建议和咨询；按季度出版《科技创新动态》，为集团科技创新提供情报支撑和决策参考。实现科技项目立项53项，其中“适应灵活运行需求的燃机核心部件保障技术研究”项目成功获批国家科技部“科技助力经济2020”国家重点研发计划项目，在研国家项目达10项。

（3）持续推进核心技术攻关。积极推进能源局燃气轮机监测诊断及运维服务试点项目，研究确定“两个中心、一个平台、三个基地”项目建设方案，聚力攻关“卡脖子”技术；围绕燃气轮机空气质量保障技术，完成典型空气中污染物对燃气轮机损伤机理分析、空气质量保障系统配套检测装置研制方案编制；攻克微孔矿物生物砾料关键制备工艺，完成杭州湾滨海水土污染中试研究；围绕区域电力市场竞价策略技术，推进区域一体化运营、市场竞争模型及策略研究，完成发电机组应对辅助服务运营策略研究；编制行业标准《火电厂烟气二氧化碳排放连续监测技术规范》，完成CCUS减排核算指南，积极布局发电行业CCUS技术研发与应用；完成典型除尘器颗粒物脱除响应关系数据库建立、超低排放细颗粒物采样与检测技术研发、高灰煤超低排放示范工程技术评估与优化试验研究。

安全环保

（1）严要求推进专项整治。结合实际制定安全生产专项整治方案，组织成立8个工作专班，印发安全生产专项整治工作指南，建立季度动态管理机制，强化工作督导，高质量推动专项整治工作。

（2）多点位治理薄弱环节。健全安全风险分级管控和隐患排查治理管理办法，推动“双重预防”机制建设向纵深发展；开展“两外”项目专项督查，强化人员资质和违章检查；完善履职尽责评价体系，深化春秋检工作成效，提升主要负责人安全履职能力。

（3）全方位推进本质安全建设。明确工作目标，规范工作标准；开展专项提升，编制本质安全企业建设对标清单，查漏补缺，督促闭环，务实推动本质安全企业创建工作。

项目发展 华电电科院研究确立“价值创造”理念、“三位一体”布局和“两个清单”工作法，全年为集团及其所属企业创造经济效益超过17亿元。针对基层企业共性热点问题，编制解决方案技术指引；收集问题和需求，逐项落实转化情况，积极推动长期影响设备可靠性、运行经济性和系统安全性问题的解决。

（1）完善技术监督规范、强化技术支持。编写集团公司境外燃煤企业、水电企业技术监督工作方案；修订火电企业供热技术监督实施细则，加强对热源侧的供热技术监督；完成航改机油、气、水系统运行维护手册编制，规范航改机生产技术管理；编写水电企业和新能源企业工控系统安全防护技术监督实施细则，为开展工控系统安全防护技术监督工作提供依据。持续开展降非停措施和技术支持，圆满解决多个集团公司关注事件；针对新冠肺炎疫情影响，开展线上技术支持工作，做到工作“不下线”、服务“不断档”。

（2）有力发挥专班机制优势。建立集团公司直属单位、基层企业、电科院联合工作机制，分别成立乌江专班和内蒙古专班，实现区域发电机组经济性和可靠性整体提升。

（3）开展综合检查、专项检查和技术监督培训。完成80家燃煤企业、27家燃气企业、43家水电企业、125家新能源场站技术监督综合检查；开展22家燃煤企业环保风险综合评价、7家煤矿企业环保标准化建设查评；完成锅炉内检、外检140余台，压力容器定检412台、年检195台。创新开展“每周一讲”云培训，培训10500余人次；开展风电运维、燃气轮机故障预测与诊断等专题培训；完成技术监督专责取证参培3988人。

（4）持续助力火电机组节能环保改造。稳步推进煤电机组超低排放改造，助力集团公司全面完成国家要求实施容量的224台机组超低排放改造任务；开展6台机组能效提升，完成诊断评估及可研工作，煤耗可降低10g/kWh以上；新型凝抽背供热技术成功应用于9台机组，提升供热能力30%以上。开展脱硝流场优化及智能喷氨、脱硫运行优化及智能控制、超低排放费效评估、烟气消白运行优化等工作，持续提升电厂环保系统综合效能。

（5）有效开展机组运行优化。开展奉节电厂2号机组运行优化服务，降低供电煤耗1.47g/kWh；开展白音华、句容、邹县燃烧优化调整，有效降低煤耗；完成莱州4号机组冷态APS“一键启动”，节省启动时间5h；完成广安、哈密、杨凌、青岛等AGC优化调整，提升经济效益4000余万元。

（6）深入推进风电利用小时数提升。依托新能源诊断平台持续开展在线诊断治理，提升集团公司发电量8860万kWh，提升风电机组平均利用小时6.2h。

（7）助力集团公司建设精品工程。高标准完成5台机组调试，获得国家优质工程奖、中国电力优质工程奖、中国建筑工程鲁班奖共6项；具有通航水头最高、提升力最大等多项世界之最的构皮滩升船机，成功实现“一年三通”，顺利完成现地通航试验，为贵州境内乌江的全面复航奠定坚实基础。

党建工作

（1）坚持把党的政治建设摆在首位。建立学习贯彻习近平总书记重要指示批示精神“第一议题”机制，切实把学习成效转化为落实党中央重大决策部署、集团公司重要工作安排的坚决行动；全面发挥党委领导作用，深化全面从严治党，积极推动党建工作与中心工作深度融合；强化党管人才，全力打造立体式人才体系，全面加速三支人才队伍建设。通过党建业务论坛、党建工作清单等特色方式，切实加强“三基”建设；积极组建党员突击队、党员责任区、党员示范岗，助推生产经营成效持续显现。通过签订巡视整改责任书、挂牌督办等措施，狠抓整改质量和进度，巡视整改率超过99%。

（2）持续加强党风廉政建设。编制党委落实全面从严治党主体责任清单，压紧压实“两个责任”；强化监督机制建设，集中开展形式主义、官僚主义整治，“马上就办、办就办好”的工作作风进一步加强；深入开展高风险领域深化治理和专项整治，持续推动全面从严治党向纵深发展。

（3）创新开展群团工会活动。积极推动“三力”工会建设；开展“三提三促”劳动竞赛、“每周一讲”微课堂授课技能大赛、“专项报告提质”技能比武大赛。环保所获得集团公司“工人先锋号”，智能燃煤岛关键技术研究班组获得集团公司“巾帼建功示范岗”，荣获集团公司创新创效优秀成果一等奖3项、青年创新创效优秀成果金奖3项。

主要事件

1月2日，由华电电科院牵头，联合高校和多家单位等承担的国家重点研发专项“燃气轮机空气质量保障关键技术标准及检测体系的建立”顺利完成立项。

4月21日，华电电科院与集团公司创新发展部共同申报的“以‘碳规划’引领‘四个体系’建设为抓手的集团公司碳排放管理创新与实践”荣获中国电力设备管理协会管理类创新成果特等奖。

6月30日，华电电科院承担调试的安徽华电芜湖电厂二期1×1000MW扩建工程及华电句容二期2×1000MW扩建工程两个百万机组工程、湖北华电江陵发电厂一期2×660MW工程均荣获2020年度中国电力优质工程奖。

7月1日，经国家市场监督管理总局、国家标准化管理委员会批准，由华电电科院参编的国家标准《电力机器人术语》（GB/T 39586—2020）正式发布实施。

7月8日，华电电科院组织申报的“基于信息化手段的质量体系多维管控系统”一项成果获得一等奖；“锅炉四管精细化检验管理创新与应用”“基于数字技术的水电新能源管理创新与实践研究与应用”等两项成果获得二等奖；“科研体系部门级工作量化与过程管控信息化应用”“发电集团计量管理信息化项目”等五项成果获得三等奖项。

8月11～12日，能源行业燃气分布式能源标准化技术委员会成立大会暨标准征求意见稿审查会在华电电科院召开。

8月26～28日，华电电科院荣获集团公司第38届技能大赛（火电继电保护）“突出贡献奖”。

9月22～24日，华电电科院荣获集团公司第39届技能大赛（风电运行维护）“突出贡献奖”。

9月24～26日，华电电科院荣获中国化学与物理电源行业协会储能应用分会主办的第十届中国国际储能大会（CIES 2020）2020年度中国储能产业最佳综合能源服务商奖。

9月27～28日，中国电力企业联合会电力实验室管理标准化技术委员会（CEC/TC 28）成立大会暨标准立项审查会在华电电科院召开。

11月1日，经国家市场监督管理总局、国家标准化管理委员会批准，由华电电科院参编的国家标准《粉煤灰中铵离子含量的限量及检验方法》（GB/T 39701—2020）正式发布实施。

11月10日，“大型热电联产源网荷一体化协同供热关键技术及应用”项目获得中国电力科学技术进步奖一等奖。

11月17日，华电电科院《发电技术》在能源与电力工程领域的157种期刊中排名第40位，被评为“RCCSE中国核心学术期刊（A-）”。

11月17日，华电电科院“热电机组切除低压缸进汽及凝抽背工况在线实时切换技术研究与应用”荣获新疆维吾尔自治区人民政府成果科技进步二等奖。

11月26日，“区域能源系统余热高效梯级利用技术研究与应用”项目获得中电联电力创新奖一等奖。

11月30日，华电电科院“燃煤电厂输煤除渣系统断链监测优化方法”项目荣获2020年沈阳市职工技术创新成果一等奖。

12月3日，华电电科院“乌江思林、沙沱升船机关键技术与应用”荣获2020年度水力发电科学技术奖项目一等奖。

12月7日，华电电科院所属单位杭州国电机械设计研究院有限公司承担的构皮滩第二级升船机首次提升试验成功，标志着一、二、三级升船机全线贯通。

12月8日，国际标准化组织（ISO）经全世界164个成员国投票通过，批准并正式向全世界发布由华电电科院代表火电行业主导、引领制定的标准《腐蚀控制工程全生命周期风险评价》（ISO 23222），以及华电电科院参加、支持制定的《管道腐蚀控制工程全生命周期通用要求》（ISO 23221），《腐蚀控制工程全生命周期通过要求》（ISO 23123）等三项国际标准。

12月31日，院工会获得“全国模范职工之家”称号。

（高一蓉）

【国家能源集团科学技术研究院有限公司】

单位概况 国家能源集团科学技术研究院有限公司（以下简称电科院）是国家能源集团全资子公司，国家高新技术企业，前身是成立于1980年9月的原电力工业部“火电厂大气环境测试研究中心”。2008年10月，在原国电集团安全生产技术服务中心和国电环境保护研究院基础上组建成立了国电科学技术研究院，2020年10月，更名为国家能源集团科学技术研究院有限公司，注册地和办公地均为江苏省南京市栖霞区仙境路10号。

截至2020年底，公司资产总额11亿元，资产负债率13.15%，在服务集团、引领行业发展中逐步形成了“四个专业子公司、六个服务分公司”的格局，组成了面向集团公司、按照区域划分，实行就近服务、响应迅速的技术监督服务体系。组建十余年来，电科院在集团公司的正确领导下，从技术监督和环保业务起步，逐步成长为火电专业门类齐全、节能环保技术领先的产业研究院，六年连续被评为集团年度考核A级单位。

业务范围包括发电企业技术监督与技术服务、电力生产过程试验及研究、电力建设项目环境影响评价、火电节能减排及环保治理工程技术咨询、技术培训等，围绕集团公司发电安全生产、节能减排提供技术支持和保障。

电科院拥有3个国家级研发平台，3个省级重点研发实验平台，全国博士后科研工作站1个，江苏省企业研究生工作站1个；是中国电机工程学会环境保护专业委员会、电力行业环境保护标准化技术委员会的挂靠单位，编辑出版《电力科技与环保》期刊。

电科院领导班子共有7人。现有20个机构，分别为10个管理部门、6个分公司、4个子公司。现有正式员工732人，硕士以上学历人数占比达50%，中级及以上职称占员工总数的67%。

主要事件 2020年，公司坚持以习近平新时代中国特色社会主义思想为指导，学习贯彻党的十九大和十九届二中、三中、四中、五中全会精神，以党的政治建设为统领，落实集团公司各项决策部署，聚焦新冠肺炎疫情防控和生产经营，系统思考，抓好落实，持续提升，推动公司体制机制变革，按照年初职代会确立的“学精神增意识抓整改出成效”十二字要求，全面完成各项目标任务，荣获集团公司年度经营业绩考核A级，员工收入持续增长，全年营业收入完成5.5亿元，实现利润总额5414万元，科技投入5.1亿元。全面完成140家发电企业1867项技术监督与技术服务工作，技术监督体系覆盖集团公司装机容量1.07亿kW，总体服务满意度99.8%。按集团公司培训计划，组织开展煤质专业检验人员上岗取证培训班8期。

科技创新及科研成果 按照集团公司“1+2+3+N”科技研发体系改革中电力产业研究院的定位，公司积极完善研发体系，培育科技创新能力，提升技术和成果转化效能。

（1）研发平台科研水平持续提升。“国家环境保护大气物理模拟与污染控制重点实验室”取得了火电厂烟气深度净化等一批原创性的新技术、新方法，在生态环境部组织的绩效考核中被评定为“优秀”，名列全国第二；清洁高效燃煤发电与污染控制国家重点实验室聚焦国内外前沿研究热点与难点，在温室气体与汞排放、污染物资源化、超低排放系统高效运行等方面超前布局，设立开放课题15项（较2019年增加13项），开展协同创新，持续增强国家重点实验室的生命力；国家重大仪器专项等6个科技项目通过专家验收，积极培育成果转化新增点，成果转化直接产值超1700万元，促进公司创新发展；经集团公司批准，成立了“江建明劳模工作室”，让科研更加贴近生产实际，博士后工作站完成出站1人。

（2）科研创新成果不断涌现。“燃煤电厂有色烟羽成因与控制关键技术”中的非常规污染物测试方法和评估模型，在总理基金项目等国家级重点课题中得到广泛应用，并获得2020年度中国电力科学技术一等奖；“燃煤电厂湿烟羽中非常规污染物测试与治理工程评估关键技术研发及应用”获中国电力创新奖一等奖；“基于煤电环保多维管控需求的数据平台建设与技术服务业态创新”获中国能源创新奖一等奖；此外，公司还有“基于多场耦合的电除尘新技术”“金属材料力学性能仪器化压痕法检测技术”“超超临界机组高温材料超声非线性评估技术”等3项技术被行业专家鉴定为“达到国际领先水平”；全年申请发明专利78项，授权发明专利25项，授权发明专利数同比增长一倍，“一种火电厂烟气中低浓度总颗粒物采样装置及采样方法”还申报了PCT专利；积极参与国家、行业技术标准规范的编制和修订，其中主编各类标准16项，包括1项国际标准顺利通过大会草案投票。

生产运行　充分发挥公司电力和环保两大专业化优势，全力做好电力生产技术监督、技术支持和技术服务，深度服务集团公司一体化运营战略。

（1）技术监督和技术服务全面完成。协助集团公司电力部策划技术监督体系新版工作方案，修订了火电、水电、新能源共40个专业的技术监督实施细则；积极发挥好集团公司技术监督平台作用，确保重大项目和重大问题整改闭环的全过程管控；圆满完成了集团公司下达的103家发电企业的技术监督和安全、节能、环保等各项评价，计划完成率100%；发现和解决发电企业安全生产重大问题123项，收到企业表扬信、感谢信17封；完成电力部交办的2020年和2021年较大技改项目评审评估421项；开展精细化调试，保德煤电1号机组顺利通过168h满负荷试运行，实现了高质量投产；完成集团内最高限价业务22项，涉及项目总投资10.08亿元，共计节约投资7000余万元。

（2）协助集团公司环保监察尽责担当：按照集团公司安全环保监察部的部署，对集团公司电力、煤炭、化工、运输板块28家企业开展生态环保专项监察，为集团所属23家企业提供排污许可技术咨询服务，对集团公司60家子分公司及其所属基层企业的自查报告生态环保隐患问题清单进行了复核，并完成专项通报。

（3）特色检测业务得到发展加强。完成集团公司入厂催化剂抽检工作47项，确认入厂催化剂总体积1.3万m^3；完成28台机组在运催化剂抽检、脱硝诊断和催化剂寿命评估，为电厂超低排放和经济运行做出了积极贡献；主动参与集团公司东北区域“十四五”规划，主持完成了东北燃气调峰示范项目可行性研究；完成了国华高安屯燃气轮机进气过滤器现场对比试验，以及系统外7家燃气电厂燃气成分检测，逐步扩大了在燃气领域的影响力。

（4）煤炭质量监督管理作用显著。积极配合集团公司总调度室完成集团煤炭生产、销售、用户等202家单位煤炭质量管理调研，为集团公司煤炭量质统一监管、精准施策提供依据；完成243台采制样设备检查和6期共131家火电企业存查煤样监督抽查工作，年度超差率4.26%，同比降低3.49个百分点，为集团公司重组后煤炭技术监督全面开展和提升发挥了主要作用。

（5）压力容器检验业务持续扩大。完成定期检验项目46个，金属检验项目19个，支吊架检查调整项目4个，共计在43台机组392个部件上发现危害性缺陷2767处，并在缺陷分析和治理过程中提供技术支持；首次发现国内锅炉制造过程存在异种钢镍基焊缝热裂纹，受到了集团公司高度关注，也为集团内其他火电机组建设和金属监督工作起到很好的示范警示作用。

（6）全力为集团公司电力安全提供技术支撑。全年完成了11家发电企业的危险化学品重大危险源专项监察，参加了集团公司组织的电力产业“十必须两严格”18家发电企业执行情况的检查，配合完成内蒙古及东北区域17家发电企业为期1个月的检修运维专项检查，18个风电建设项目安全专项监察和10家新能源企业年度安全环保考核评级工作。

经营管理

（1）一流建设有成效。深入开展“创一流”工作，坚持以质量价值为导向，以一切服务于集团公司发展为根本，立足当前、着眼长远，积极开展对标管理，与西安热工院、华电电科院签署对标协议，找差距、补短板、强弱项，不断提升经营管理水平；提前上线、充分应用集团公司ERP系统，公司各项业务逐步实现标准化、程序化；实现了物资采购管理、合同管理、投资管理等关键工作的流程再造和常态化监督。

（2）依法治企有进步。明确责任分工，厘清公司本部与所属各单位的法律管理职责界限，把风险防控体系建设作为法人治理的重要内容，依法合规经营；

推动制度顶层设计，搭建依规治企的“四梁八柱”，初步建立起包括公司治理、组织人事、战略规划、财务资本、运营管理、支持保障、内控监督、党建群团、纪检巡视等九大类、26个专业的完整制度体系，制定了制度体系建设计划，全面开展三级制度的“立改废”工作。

（3）成本管控有强化。树立过紧日子思想，持续优化可控成本，成本费用占收入比重较年度目标值减少34%；严控非生产性成本费用支出，严格管理各级负责人履职待遇业务支出，确保七项费用支出合理合规；聚焦考核导向，对标年度目标值，实行月度动态监测跟踪，加大应收款项催款力度，积极清理长期应收和逾期应收款项，减少资金占用；加强投资计划和采购计划编制管理，提高计划编制精准度，实行月度、季度滚动对照，保证年度各项计划执行率。

（4）管理能力有提升。以“四重一要”为管理手段，切实提升管理能力；以首办负责制为工作抓手，切实改进工作作风；着力防范化解重大风险，做好重大风险季度监控工作，对报警、异常指标逐一制定风险应对措施；建立职能部门主抓、问题单位整改、审计部门监督的审计整改联动机制，压实责任，确保及时整改、有效整改；加强审计与巡察工作成果共享，促进公司管理水平的提升。

（5）“十四五”规划有方向。认真对接集团公司华东区域“十四五”规划编制，立足服务国家、服务行业、服务集团的工作大局，对接好电力体制改革、长三角一体化、江浙两省能源发展规划，发挥公司在电力生产、生态环保、科技创新等方面的优势，着力打造集团公司江苏区域发展的“两强企业”和“人才高地”。

【国家能源集团新能源技术研究院】

单位概况　国家能源集团新能源技术研究院有限公司（简称新能源院）是国家能源投资集团有限责任公司（简称国家能源集团）参加海外人才创新创业基地建设的实施载体，以建设“综合型、应用型、市场化、国际化”的国内领先、国际一流研发机构为目标，于2010年8月正式成立并开工建设，2013年6月整体入驻并投入使用，实现了“统一规划、一次建成、整体入驻”的建设目标。院区总投资25.62亿元，规划用地295亩（196580m^2），建设用地约213亩（141922m^2）；规划总建筑面积24.31万m^2，其中地上建筑面积19.41万m^2，地下建筑面积4.9万m^2；由3栋单体科研楼、一组研发围楼以及3个实验车间组成，形成行政办公、科技研发以及教育培训于一体的建筑楼群。2017年，公司名称由“国电新能源技术研究院”变为“国电新能源技术研究院有限公司”，2020年，公司名称由“国电新能源技术研究院有限公司”变为“国家能源集团新能源技术研究院有限公司”。

组织机构　现有员工51人，设有5个管理部门（合署办公），2个研究中心。5个管理部门为院长办公室（党委办公室）、人力资源部（党委组织部）、科技管理部（国际合作部）、政工监审部（党委宣传部）、财务和资产部。2个研究中心为能源新技术研究中心、智能发电技术研究中心。

主要事件　2020年，新能源院充分发挥科研单位优势，贯彻落实国家能源集团年中工作会精神和科技改革工作决策部署，在做好新冠肺炎疫情防控工作的前提下，科研工作勇毅前行，取得来之不易的成绩。

（1）科技研发成果显著。2020年共开展研究课题32项，其中国家级、省部级科技项目8项；申请发明专利16项，获授权发明专利3项；发表论文20余篇，其中SCI收录2篇，EI收录4篇；发表软件著作权1项。“智能发电运行控制系统研发及其应用”项目成果获得2020年中国电力科技进步一等奖，自主研发的“火电厂粉煤灰制备高吸附节能环保材料技术及应用研究”项目获得2020年度中国电力创新奖一等奖、第四届全国设备管理与技术创新成果一等奖和2020电力创新创意优秀成果奖金牌。

（2）重点科研项目进展顺利。按期完成集团公司下达的5项科研任务。国家项目“火电厂水资源减量利用（二期）”完成40t/h以上的脱硫废水电解制次氯酸钠示范工程设计和中试装置搭建。集团公司十大重点科技攻关项目“大型火电高效灵活自主化智能控制系统研究与应用”完成项目实施方案编制和智能控制系统（ICS）V2.0体系架构研究。集团公司十大重点科技攻关项目“面向规模化新能源消纳的风光火储综合能源系统关键技术研究”完成项目实施方案编制。集团公司项目“无人值守光伏电站关键技术研究及应用”完成无人值守光伏电站组件级监测系统的示范工程建设。集团公司项目“无人值守风电场关键技术研究及工程应用”完成风电场数据采集分析平台的总体架构设计、风电机组齿轮箱振动在线监测技术研究和风机叶片无人机智能巡检系统方案编制。

（3）科技成果转化有效推动。2020年共推动科技成果转化5项，光伏电站组件级直流端监控系统在青海格尔木光伏电站现场应用，实现组件故障精准定位、精准消缺。智能扇区管理系统在山东泗水风电场安装运行，解决了测风信号采集的实时问题，有效提高风电场智能化控制水平。新型超疏水高性能防冰涂料完成3项成果试用，分别在皖能望江风电场、宿松风电场和贵州龙源盘石风电场完成现场涂装，为冻雨地区风机叶片防冰提供了可行性解决方案。

（4）在研项目数量创历史新高。2020年共获批立项科技项目20项，包括北京市科技项目2项，集团科技项目7项，集团内委项目3项，子分公司项目1项，院自立项目7项。年内顺利结题验收项目3项。截至2020年底，新能源院在研科技项目共27项，项目总经费 2.78 亿元，2020 年全年实现研发投入 4392 万元，均创历史新高。

（5）管理水平向正规化提升。健全管理体系，建立周例会管理制度和协同创新中心月例会制度，加强督办，推动公司重点工作按期按质完成，提高部门执行力。加强科技项目执行计划管理，制定《科技项目执行计划编制管理办法》，提升项目执行效率。推进科研人员“减负”计划，为科研人员聘请科研助理，把科研人员从烦琐的日常事务中解脱出来。

（6）努力推动“1＋2＋3＋N”科技研发体系改革落实落地。认真落实科技研发体系改革工作部署，积极主动对接集团公司相关部门和龙源电力集团，明确改革思路，定期向集团公司汇报改革进展；成立新能源院科技改革方案编写小组，在反复酝酿和充分讨论的基础上，形成《新能源院科技改革方案（初稿）》，科研体系改革稳步推进。

（7）统筹推进“十四五”规划编制。在扎实推进科技改革工作的基础上，结合习近平总书记关于《中共中央关于制定国民经济和社会发展第十四个五年规划和二〇三五年远景目标的建议》《集团公司“十四五”规划》，以承担集团公司“十四五”重点科技研发项目为切入点，统筹推进新能源院“十四五”规划编制，成立“十四五”规划编制工作领导小组，通过现场调研、召开座谈会、专题推进会等形式充分听取干部职工意见建议，持续对新能源院规划进行修改完善。

（8）新冠肺炎疫情防控有力有序。面对突如其来的新冠肺炎疫情，新能源院认真贯彻党中央和集团公司新冠肺炎疫情防控的决策部署，坚守主责主业，奋力担当作为。第一时间成立新能源院新冠肺炎疫情防控工作领导小组和“抗击疫情党员突击队”，制定各项措施 20 余项，认真落实集团公司“一防三保”行动要求，开展“新能源院‘一防三保’（‘社会主义是干出来的’岗位建功）先进个人和先进集体评选”，激励广大党员群众在新冠肺炎疫情防控和复工复产工作中担当作为，在院内表彰先进个人 3 人、先进集体 2 个，1 人获评集团公司先进个人。在全体干部职工的共同努力下，全院保持“零报告”和“零确诊”的良好态势，有效保障复工复产秩序。

【国家能源集团技术经济研究院】

单位概况　2018 年 5 月，国家能源集团党组决定由原中国国电集团有限公司技术经济咨询中心与神华研究院整合成立国家能源集团技术经济研究院（简称技术经济研究院）。由于技术经济研究院未工商注册，暂以神华研究院为运营实体。

技术经济研究院作为国家能源集团战略研究和项目投资评价的服务支持机构，集团唯一的战略性和综合性研究机构，在集团公司“1＋2＋3＋N”的科研体系中作为“1”发挥着战略智库与辅助决策中枢作用，主要承担国家能源集团发展战略研究、投资项目技术经济评价、信息情报研究服务等职能，受托管理国家能源集团档案馆业务。

领导班子

党委书记、董事长：孙宝东

党委副书记、总经理：王雪莲

党委委员、副总经理：倪炜

党委委员、副总经理：刘保文

党委委员、副总经理：李俊彪

党委委员、纪委书记：贾海燕

党委委员、副总经理：姚云

副总经理：柯彦

组织机构

技术经济研究院设置综合管理、战略研究、项目评价、信息情报、档案管理等 5 类 16 个部门。见 2020 年国家能源集团技术经济研究院组织机构图。

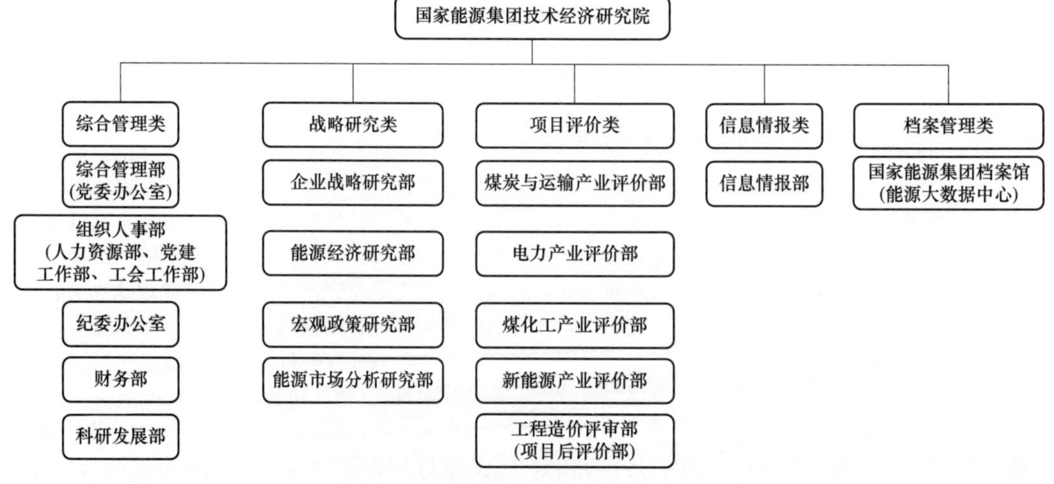

2020 年国家能源集团技术经济研究院组织机构图

人力资源 技术经济研究院在编员工98人（硕士及以上占比86%、高级职称占比58%，党员占比83%，各类职业注册师28人、35项），拥有一支涵盖集团公司各产业板块、专业齐全、业务精湛的干部人才队伍。

坚持党管干部、党管人才原则，始终把政治标准放在首位，陆续提拔了7名正处级干部和12名副处级干部，其中80后占50%以上，干部年轻化工作取得重要成效。制定印发《员工岗位层级管理暂行办法》《薪酬管理暂行办法》等制度，调整了18名副处级以下员工岗位层级和薪酬，人才资源得到了优化配置，提升了人才队伍的凝聚力和战斗力，初步形成了“人尽其才、才尽其用、人事相宜”的工作格局。加强对专业人才特别是领军人才的引进、培养和使用，配齐配强战略研究部门力量，接收地勘公司6人、从外部引入人才4人，进一步盘活了存量人力资源、充实了人才力量。完善和优化人才体制机制，营造干事创业的良好氛围，成立双通道领导小组，调研和完善研究人员管理、技术并行的双轨制职业发展通道，正在研究制定相关制度办法。重组改革从机构整合进入文化和人心的深度融合，为“一流智库”建设奠定了良好基础。

企业战略 技术经济研究院以习近平新时代中国特色社会主义思想为指导，全面贯彻党的十九大和十九届二中、三中、四中、五中全会精神，深入贯彻中共中央、国务院《关于加强中国特色新型智库建设的意见》，积极服务“四个革命、一个合作”能源安全新战略，紧密结合国务院国资委创建世界一流示范企业的“三个三”要求，围绕集团公司“一个目标、三型五化、七个一流”总体发展战略，坚守“为社会赋能、为经济助力”的宗旨，担负“能源供应压舱石，能源革命排头兵”的使命。坚持以“一流党建”为引领，坚持以创新、引领、价值为导向，着力建设规范有效的现代治理体系，着力建设支撑引领的战略研究体系，着力建设科学高效的项目评价体系，着力建设智慧精准的信息服务体系，着力建设创新协同的基础支撑体系，不断提升研究质量和创新水平，加快建成“支撑集团、引领行业、服务国家、面向全球”的高端智库，为集团公司全面建成具有全球竞争力的世界一流能源集团提供坚强支撑。

技术经济研究院建设一流智库

（1）到2022年，基本建立起符合一流智库发展方向的治理体系、业务体系和保障体系，在支撑集团公司战略研究、项目评价、信息服务等方面发挥重要作用。战略研究课题完成率、评估项目完成率、信息情报产品完成率等主要业务考核指标实现100%。完成集团公司创建世界一流示范企业对标报告，研究发布专业性的国家能源集团版《中国能源展望》。取得集团公司年度绩效考核A级，在集团公司创建一流示范企业和“四重一要”经营管理中发挥更加突出的作用，成为集团公司最值得信赖的战略性、综合性智库机构。

（2）到2025年，不断完善一流智库治理体系，持续提升一流智库综合研究能力，建成全方位支撑集团公司“战略+运营”管控模式的业务体系和保障能力，成为集团公司建成具有全球竞争力的世界一流能源集团的坚强支撑。高质量完成集团公司下达的各项任务，发布的《中国能源展望》报告成为能源行业专业权威品牌，研究发布国家能源集团版《全球能源展望》。保持集团公司年度绩效考核A级，在能源行业管理和产业政策方面发挥更大的影响力和引领力，争取成为能源行业和中央企业智库机构中的领先者。

（3）展望到2030年，基本建成一流智库，为集团公司全面建成具有全球竞争力的世界一流能源集团贡献更多的一流研究成果。成为集团公司重要战略思想和重大经营决策的策源地，成为中国能源行业管理和产业政策的重要参与者与引领者，争取进入国家核心智库行列。

主要事件

4月8日，技术经济研究院召开干部大会，宣布干部任免决定。

4月9日，技术经济研究院召开理论学习中心组（扩大）学习会议，集体学习《国家能源集团党组贯彻〈中共中央关于加强党的政治建设的意见〉的工作措施》文件精神。

5月29日，国家能源集团党组副书记、总经理刘国跃到技术经济研究院调研。

7月21日，党委书记、董事长孙宝东带队与集团公司总调度室一同赴中国电力科学研究院开展调研交流。

8月1～2日，技术经济研究院承担的集团“煤炭清洁高效利用”2030先导项目“国家中长期碳减排路径与能源结构优化战略研究”第二次全体大会在鄂尔多斯顺利召开。

11月12日，集团公司召开科研体系建设改革部署会，明确技术经济研究院为集团公司的智库。

11月19日，集团公司党组副书记王敏一行到技术经济研究院调研。

12月5日，在2020年度中国煤炭工业协会先进评选活动中，荣获“科技创新先进企业”荣誉称号，承担的国资委课题《煤电路企业业务合作机制研究》荣获科学技术二等奖，陈俊圻荣获科技管理先进工作者荣誉称号。

12 月 15 日，国家能源集团组织召开“碳中和愿景下我国能源转型战略研讨会”，会议期间，国家能源集团智库（国家能源集团技术经济研究院）与国家发展和改革委员会能源研究所、清华大学低碳能源实验室、中国科学院数学与系统科学研究院（预测科学研究中心）、中国社科院工业经济研究所等四家单位签订战略合作意向书，共同启动研究国家能源集团率先引领能源煤炭电力行业碳达峰、碳中和的战略路径。

科研成果 2020 年技术经济研究院新承接国家部委和集团公司委托课题 14 项、延续在研 21 项；承担、完成重大专项任务 31 项，完成集团公司临时委托任务 50 余项；完成集团公司煤炭、电力、运输、化工、新能源等投资项目评估 224 项，涉及投资 2509 亿元；报送各类信息情报产品 305 份。

2020 年技术经济研究院成功获评集团公司 2020 年度经营业绩考核 A 级企业。荣获中国煤炭工业协会科技创新先进企业荣誉称号，原发展战略研究所荣获国家能源集团科技创新先进集体荣誉称号。研究成果获得中国煤炭工业协会科学技术二等奖 1 项，中国石油和化学工业联合会科学技术三等奖 1 项，国家能源集团奖励基金二等奖 1 项，煤炭企业管理现代化创新成果三等奖 2 项。4 人分别荣获北京市优秀青年工程师、中国能源研究会优秀青年能源科技工作者、中国煤炭工业协会科技管理先进工作者、国家能源集团科技创新先进个人等荣誉。3 篇论文获得煤炭经济研究优秀论文一等奖，1 篇论文获得电力企业管理创新论文大赛三等奖。

【北京低碳清洁能源研究院】

单位概况 北京低碳清洁能源研究院（简称低碳院）成立于 2009 年 12 月，坐落于北京市昌平区未来科学城，是国家能源集团的直属研发机构，也是海外高层次人才创新创业基地。设有北京、美国、德国 3 个全球研发基地，50%科研人员具有博士学位。拥有国家能源煤炭清洁转换利用技术研发中心（国家能源局）、煤炭开采水资源保护与利用国家重点实验室、北京市纳米结构薄膜太阳能电池工程技术研究中心等重点科研平台。

低碳院紧紧围绕集团建设具有全球竞争力的世界一流能源集团的目标，聚焦低碳清洁能源技术研发，大力开展中试项目，加快技术成果转化进程，深入推进全面从严治党，优化组织架构和激励机制，强化人才队伍建设，推动全球化布局，各项工作有序、高效开展。低碳院主要聚焦于煤的清洁转化利用、煤基功能材料、氢能及利用、环境保护、分布式能源、煤化工催化、先进技术等领域，并全面开展相关领域技术研发与应用，在不少项目上取得了可喜的成绩。

领导班子

院长：卫昶

党委书记、副院长：庞柒

副院长：张冰

总会计师、党委委员：刘玉平

纪委书记、党委委员：何文强

副院长、党委委员：杜彬

组织机构 低碳院下设 5 个机关职能部门和 1 个直属机构，分别为综合办公室（党委办公室、企业传播部）、人力资源部、党建工作部（党委宣传部、党委统战部、工会、团委）、纪委办公室（审计部）、财务资产部以及运营支持中心（内控）。设有 7 个科研中心，包括先进材料研究中心、新能源技术研究中心、洁净煤技术研究中心、煤化工研究中心、环境保护技术研究中心、IGFC 国家重大专项、煤间接液化国家重大专项；3 个研发支持中心，分别为技术商务中心、设备设施工程中心、分析表征中心；1 个技术委员会。此外，低碳院代管 4 个集团挂靠机构（涉外法律审管中心、《清洁能源》编辑部、绿色能源与建筑研究中心、煤炭开采水资源保护与利用重点实验室）；同时下属 3 个公司，分别是北美清洁能源研究中心、神华（北京）光伏科技研发公司、神华（北京）新材料科技有限公司。

主要事件

(1) 发明专利申请及授权均创新高。2020 年，低碳院荣获“北京市知识产权示范单位”称号，发明专利申请数占集团申请总数的 25%以上，发明专利授权数占集团授权总数的近 35%，国外专利申请数约占集团申请总数的 80%。

(2) 世界顶级学术期刊发表系列学术论文。低碳院 2020 年在国际一流期刊发表论文近 10 篇，其中包括《自然》子刊和《化学工程》《能源化学》《电源》《微孔和介孔材料》《储能材料》等，提升了低碳院的国际影响力和行业知名度。

(3) 斩获多个外部奖项。“电厂脱硫废水资源化零排放处理关键技术与工艺”项目、“耐磨防腐蚀 TPR 复合管在热电厂湿法脱硫浆液输送中的应用”项目获得 2020 年发电行业水处理技术优秀成果一等奖。自主研发的新一代液流电池技术获得中国国际储能大会组委会颁发的“2020 年度中国储能产业最佳前沿储能技术创新奖”。自主开发的全球首个超薄全碳化硅高频隔离光伏逆变器在 2020 年国际太阳能光伏与智慧能源展览会上被专家委员会评为“展会十大亮点”，获得兆瓦级翡翠奖。2020“北极星杯”烟气治理影响力企业颁奖典礼上，低碳院荣获“脱硝催化剂影响力企业”称号。新型无人潜水器复合材料铠装项目获得2020“创客中国”海洋产业中小企业创新创业大赛创新奖。低碳院在2020中国质量协会年会中申报的6个DFSS（六西格玛设计）项目全部获得中国质量协会质量技术奖优秀六西格玛项目奖。

科技创新及科研成果 2020年，低碳院紧密围绕集团战略，在环保、煤化工、先进材料、新能源和煤炭清洁转化领域开发了一系列国际领先的技术，并有近30项成果正在进入市场推广阶段，具体情况如下：

1. 环境保护技术领域

(1) 脱硝催化剂技术。脱硝催化剂再生及回收利用技术可有效降低脱硝成本、促进资源循环利用，相关技术获中国专利银奖，已实现对外多家技术授权；自主知识产权宽温脱硝催化剂开发成功，解决了低负荷调峰工况下的脱硝难题，首批催化剂已成功投运。

(2) 水处理技术。常温结晶和高盐反渗透两项专有技术可有效降低废水零排放处理成本，工艺包及核心设备获多个内外部订单；国内首套强化自然蒸发浓盐水处理系统完成示范，助力集团相关产业提升水污染治理技术水平。

(3) 固废资源化利用技术。开发的粉煤灰基功能填料技术可用于橡塑制品，兼具性能与成本优势；开发的矿用浆体材料技术完成了在煤矿及采矿巷道中的喷浆加固应用验证。

(4) 碳排放管理技术。着眼于降低二氧化碳捕集、利用与封存全产业链成本，验证了新型二氧化碳捕集技术，建立了基于集团业务的二氧化碳减排模型，多措并举推动经济可行的二氧化碳减排。

2. 煤化工技术领域

(1) 费托合成铁基催化剂。在400万t工业装置应用，验证了自主开发的费托铁基催化剂性能及成本优势。

(2) 国内首款高蜡钴基费托催化剂。完成了产线上的中试验证，性能指标均达到国际先进水平，打破了国外企业在这一领域的垄断。

(3) 甲醇合成催化剂技术。开发的催化剂低温活性高、选择性好、寿命长，完成了12万t/年装置应用。

(4) 费托合成油中α-烯烃分离技术。初步成本测算该工艺流程具有良好的经济性，工业应用后有望拓展到高附加值化学品领域，大幅提升煤间接液化工艺的经济效益。合成气一步法制低碳醇和低碳烯烃方面，CO转化率、C_2+醇、低碳烯烃时空产率等指标远高于国内外研究报道。

3. 先进材料技术领域

(1) 国际领先的交联聚乙烯技术。年度销售订单额有所突破，经营业绩连续两年翻番，交联聚乙烯产品首次通过中欧班列实现出口“一带一路”国家。

(2) 世界首例无断裂级阻燃抗静电改性聚烯烃（TPO）技术。刚柔并济的改性聚丙烯材料已成功应用于十余家煤矿和电厂，新开发的第三代石墨烯增强TPO管材专用料低温性能优异并首次实现了彩色永久阻燃抗静电。

(3) 轻质高性能热塑性复合板材。开发了首款适用于铁路运输领域的轻质高强复合板材，完成了上线实验运营。

(4) 储能及炭材料技术。建成了国内首个基于煤沥青的中间相沥青连续聚合装置；开发了颠覆性的炭基高温储热材料并进行1MW系统示范验证；超快充型负极材料完成吨级连续规模化生产，并应用于“6分钟快充示范”且通过客户验证。

(5) 生物可降解PGA关键技术及产品。初步完成了PGA工业助剂包开发，提高了材料的热/水稳定性，延长了材料服役期；开发了PGA基高强高韧生物可降解薄膜，关键性能优于商业化竞品，正在进行客户中试验证。

(6) 超高压电缆绝缘材料。自主开发了复合抗氧和空间电荷调控两大核心技术，关键性能指标达国际先进水平，极大提升了材料的长期稳定性，正开展吨级中试生产。

4. 新能源技术领域

(1) 液流电池储能技术。成功开发了适用于长周期储能的业内首套高功率密度液流电堆样机和储能模块，与合作伙伴推动海上风电+储能示范，与外部单位推动技术产业化落地。

(2) 氢能及利用。35MPa加氢机成为国内首个获得国际知名认证机构（TÜV南德）认证的商用加氢技术，已在多个加氢站使用。

(3) 高效液氢加注技术。开发了全球首个浸入式高效加氢泵，完成全球最大液氢用户示范。

(4) 智慧能源技术。采用第三代半导体碳化硅（SiC）器件，开发出满足厚度薄、质量轻、耐高温、电气隔离的业界首套超薄型全碳化硅高频隔离光伏逆变器工程样机。

(5) 高温燃料电池技术。国内首套20kW级联合煤气化燃料电池发电系统在实验基地试车成功。

5. 煤的清洁利用技术领域

(1) 煤炭清洁高效气化技术。进一步优化大型气化炉的运行水平，可为集团近70台现役气化炉进行优化控制升级，提高生产效率和可靠性。

(2) 褐煤蜡绿色提取技术。打破了国内褐煤蜡工业化瓶颈，在百公斤连续试验装置上生产合格蜡产品200kg，产品质量接近进口蜡。

（3）分布式中小型煤气化。可以较低的成本将煤清洁地转化为洁净燃气，已完成10t/d全流程进料系统实验验证，完成了50t/d煤制清洁燃气工艺包开发并开始商业推广。

人力资源 低碳院面向全球开展市场化招聘。通过与具有代表性的业内企业对标，与市场挂钩，搭建具有市场竞争力的薪酬体系，按照“职位、个人、绩效及市场”付薪，并将这一原则贯穿于入职定薪、绩效奖金、年度调薪及晋升调薪各阶段。通过年初目标设定、年中绩效回顾、年度绩效考评、考评结果应用的绩效循环体系，将组织目标转化为员工个人目标，并根据工作结果和行为表现进行员工绩效区分，实现能上能下、能进能出。低碳院建立了“研发、管理、职能”多通道职业发展体系，为各领域优秀人才分别建立了职业发展上升通道。研发中心管理人员按照市场化方式选聘。基于人才的不同情况，制定因人而异的培养计划，定制领导力培训、项目管理培训、新员工培训、软技能培训、跨文化培训、商务课程多种培训课程，取得良好效果。

【中国长江三峡集团有限公司科学技术研究院】

单位概况 中国长江三峡集团有限公司科学技术研究院（简称科研院）是中国长江三峡集团有限公司中央研究院，定位为集团公司直属机构，在集团公司的领导下，作为统一科研创新平台，围绕集团战略布局和核心主业开展科技创新研究工作。

主要职责

（1）根据集团公司发展战略，跟踪分析科技前沿动态，面向大水电、新能源、生态环保等核心领域，开展基础性、前瞻性、应用性、关键共性技术研究工作。

（2）根据集团公司安排，参与编制集团公司科技战略发展规划及年度科研计划，组织或参与外委科研项目管理工作，协助相关部门统一规划、筹集、管理科技创新资金。

（3）负责搭建集团产研协同工作体系，与集团各业务板块间形成长短期研究相结合，前瞻研究与应用研究相结合，良性互动、相互促进的科研工作格局。

（4）负责搭建集团科技创新开放工作机制，与外部科研院校所共建产学研用相结合的联合科研攻关平台。

（5）负责搭建集团科研成果信息库，汇总分析集团科技成果，积极推动集团科研成果的内部共享，有序开展集团科研成果的产业化应用。

（6）完成集团公司领导交办的其他工作。

组织机构

见2020年中国长江三峡集团有限公司科学技术研究院组织机构图。

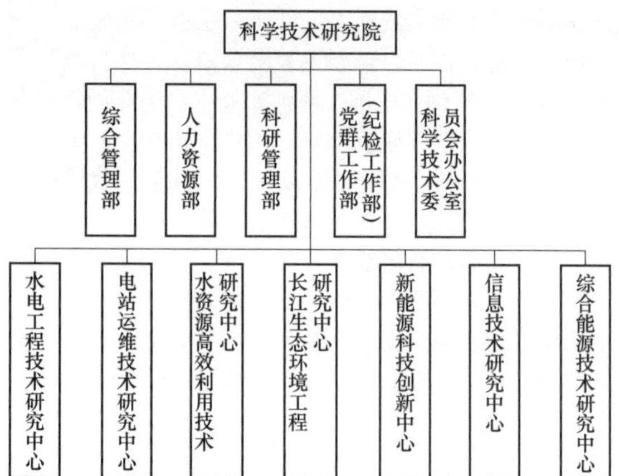

2020年中国长江三峡集团有限公司科学技术研究院组织机构图

科研人才梯队 2020年，科研院持续加大人才引进力度，不断充实研究力量，构建科研人才梯队。截至2020年12月底，科研院已到位人员115人，其中博士80人，具有高级专业技术职称的29人。按照“小管理大科研”的原则，除19名早期到岗的管理人员外，其他均为科研人员。

科研基础设施 科研院作为新形势下组建的企业科研机构，根据实际需要灵活采用多种形式建设或使用实验设施：一是重点建设必要科研基础设施，满足科研人员的基本研究需求；二是充分利用外部成熟实验设施，快速推进科研工作；三是积极开展建设新型实验室，解决社会资源缺乏问题，满足科研实验的迫切需求。

自主科研体系 科研院以自主科研为核心，培养自主科研能力，积极探索建设产学研相结合的自主科研体系。成立初期，研究力量薄弱，采取柔性使用人才、多样化开展科研工作。

（1）重点发展自主科研，鼓励研究人员策划开展既服务集团公司生产实际，又符合科研院当前研究能力的自主科研项目。

（2）精准开展外联科研，以掌握核心技术，培养自主科研能力为目标，联系集团内外部单位联合攻关，取长补短。

（3）开展产业示范应用项目，联系集团公司内部产业单位，联合攻关，确保项目成果实际应用。

（4）积极申报国家课题，鼓励员工积极参与行业及学术论坛，提升集团公司行业内的学术影响力。

阶段性成果 科研院围绕集团公司战略目标，结合自身定位，不等不靠，积极探索，截至2020年12月，共策划、开展科研项目合计83项（自主科研项目20项），阶段性成果递次呈现。

（张　轶）

【中国水利水电科学研究院】

单位概况 中国水利水电科学研究院（简称中国水科院）是以水利水电公益型研究和应用技术科学研究为主，面向全国的专业齐全的综合性科研机构，是全国水利水电科学技术研究的中心。

中国水科院历史可追溯到1933年，前身为中国最早的水利科学研究机构——中国第一水工试验所，几经变迁，于1958年经国务院规划委员会批准，将国内多家水利水电科研单位合并，组建水利水电科学研究院，1994年经国家科委批准更名为中国水利水电科学研究院，2000年水利部牧区水利科学研究院和水利部电力工业部机电研究所并入中国水科院。先后拥有中国科学院和中国工程院院士13人。

历经几十年的发展，中国水科院已建设成为人才优势明显、学科门类齐全的国家级综合性水利水电科学研究和技术开发中心。截至2020年底，全院在职职工1328人，其中包括院士5人、硕士以上学历942人（博士561人）、副高级以上职称894人，是科技部“创新人才培养示范基地”。

研究领域已覆盖水文学与水资源、水生态环境、防洪抗旱与减灾、遥感技术及应用、水利史与水文化、泥沙与水土保持、农村水利、牧区水利、水力学、岩土工程、水工结构与材料、工程抗震、水力机械与机电、自动化、工程监测与检测、新能源、水利水电工程管理、水利信息技术等18个学科、93个专业方向。

中国水科院拥有各项资质18类23项。具有工程咨询单位甲级资信证书［水利水电、电力（含火电、水电、核电、新能源）、生态建设和环境工程］、水文水资源调查评价甲级资质证书、水资源论证甲级资质证书、生产建设项目水土保持监测单位水平评价证书（5星）、生产建设项目水土保持方案编制单位水平评价证书（5星）、水利工程质量检测单位甲级资质证书（岩土类、混凝土工程类、量测类、机械电气类）、水利建设市场主体信用评价（质量检测类、咨询类、供货类）、文物保护工程勘察设计甲级资质、测绘乙级资质等证书，通过了检验检测机构资质认定、质量管理体系认证、高新技术企业认定等，被遴选为国家发展改革委、北京市政府固定资产投资项目咨询评估机构以及水利部水利水电建设工程蓄水安全鉴定、大中型水闸安全评价、大中型水库大坝安全评价和水土保持设施验收技术评估单位。

中国水科院拥有4个国家级中心，分别为国家节水灌溉北京工程技术研究中心、国家农业灌排设备质量监督检验中心、国家水电可持续发展研究中心和国家能源水能高效利用与大坝安全技术研发中心；9个部级中心，分别为水利部防洪抗旱减灾工程技术中心、水利部水资源与水生态工程技术研究中心、水利部水土保持生态工程技术研究中心、水利部水环境监测评价研究中心、水利部遥感技术应用中心、水利部草地水土保持生态研究中心、水利部水工程抗震与应急支持工程技术研究中心、水利遗产保护与研究国家文物局重点科研基地、水利部江河水利志收藏馆。建有1个国家级重点实验室，为流域水循环模拟与调控国家重点实验室，2个部级重点实验室，分别为水利部水工程建设与安全重点实验室和水利部泥沙科学与北方河流治理重点实验室，另有36个专业实验室，配备大型高速水流减压箱、大型三向六自由度模拟地震振动台、离心模拟试验机、水力机械模型通用试验台、水质色谱—质谱联机仪等许多在规模和性能方面均位于国内外前列的重要仪器设备，以及一大批自主开发的水利水电计算机软件和大型高性能的并行计算平台，为科学研究创造了优良的科研条件。

多年来，中国水科院主持承担了一大批国家级重大科技攻关项目和省部级重点科研项目，承担了国内重大水利水电工程关键技术问题的研究任务，还在国内外开展了一系列的工程技术咨询、评估和技术服务等科研工作。中国水科院科研事业稳步发展，研究取得了一大批原创性、突破性科研成果。截至2020年底，全院共获得省部级以上科技进步奖励886项，其中国家级奖励104项；主编或参编国家和行业标准458项。科技实力整体跃升，在2020年全球水安全智库榜单中排名第三；成功入选全国科技创新科研院所30强；工程学科和环境/生态学科进入ESI全球排名前1%，达到国际领先水平，是国内水利科研院所唯一入围单位。

中国水科院在国际水利水电舞台也占有十分重要的地位，是联合国教科文组织和中国政府合属的国际泥沙研究培训中心的挂靠单位，也是世界泥沙研究学会、世界水土保持学会、国际水利与环境工程学会、国际洪水管理大会、国际大坝委员会、国际灌排委员会、全球水伙伴、国际水电协会、亚洲河流生态修复网络9个大型国际学术组织或会议机制总部及中国委员会秘书处的挂靠单位，先后有10余位专家在国际组织内担任荣誉主席、副主席、秘书长等重要职务，与国外40余家科研机构、知名大学、国际组织和企业签订了长期合作协议，建立了固定的合作交流机制。

从20世纪50年代起，中国水科院就开始研究生的培养，是国务院学位办首批授予的“水利工程”一级学科培养单位，中组部指定的水利系统唯一承担“西部之光”访问学者的培养单位，设有2个一级学科博士后流动站和8个博士和硕士学位授予专业，分别为岩土工程、水文学及水资源、水力学及河流动力学、水工结构工程、水利水电工程、水环境学、水信息学、水灾害与水安全。2018年获得国际学生招收资质。截至2020年底，中国水科院共有研究生导师261人，其中博士生导师89人、硕士生导师172人。1978年恢复招生以来，累计招收培养了博士、硕士研究生以及博士后2056人，“西部之光”访问学者90人。

中国水科院提出了“到2020年进入世界一流科研院的行列，到2035年进入世界一流科研院的前列，到2050年成为引领世界水利水电科技的排头兵”的总体发展目标。面向世界科技前沿、面向经济主战场、面向国家需求、面向人民生命健康，坚持“123456”总体发展思路，锐意进取、攻坚克难、勇攀高峰，奋力加快水利水电科技创新，切实加强科技供给与服务，为推动水利水电跨越发展提供有力支撑，为建设世界水利水电科技强国贡献应有力量。

领导班子

院长：匡尚富

党委书记：曾大林

副院长：胡春宏、汪小刚、彭静、王建华、李锦秀、丁留谦

纪委书记：夏连强

组织机构 中国水科院从体制上总体划分为公益性研究所（中心）、综合事业、科技企业和后勤企业等4大部分。其中，有10个公益性研究所（中心）、4个综合事业部门、4个科技企业和1个后勤企业。

公益性研究所（中心）包括水资源研究所、防洪抗旱减灾研究中心、水生态环境研究所、水利研究所、工程抗震研究中心、岩土工程研究所、水电可持续发展研究中心、泥沙研究所、水力学研究所、牧区水利科学研究所（京外）；综合事业部门包括研究生院、标准化研究中心、信息中心、离退休职工处；科技企业包括北京中水科工程集团有限公司、北京中水科水电科技开发有限公司、北京中水科海利工程技术有限公司、天津水科机电有限公司（京外）；后勤企业为北京爱德商务服务有限公司。

主要工作 2020年，中国水科院立足中心、服务大局，全面坚持科技创新、强化科技支撑、推进人才建设、深化国际交流、提升创新能力、严抓新冠肺炎疫情防控、加强党的建设，取得了一系列新成绩。

1. 科研发展成效显著

（1）科研合同额再创新高。全院新签合同总额较2019年增长5.1%。新签纵向项目460项，其中国家重点研发计划、自然科学基金等国家科技计划项目59项；新签横向科技类项目1480项。

（2）重大项目进展顺利。国家重点研发计划“水资源高效开发利用”等专项的19个项目有序推进、国家自然科学基金25个项目结题报告全部通过基金委审核。水利前期、水利技术示范、水资源管理与保护等行业科研项目顺利完成验收与备案。

（3）科技成果再获丰收。获得省部级奖励46项；发表论文686篇，著作66部；授权专利421项，其中发明专利297项、实用新型专利112项、国际专利11项、外观设计专利1项；登记软件著作权108件；新编（修编）标准28项。

2. 科技支撑坚实有力

（1）深入落实习近平总书记系列重要讲话精神。持续学习“3·14”“9·18”“1·03”重要讲话精神，紧紧围绕“十六字”治水思路，做好科技支撑。深入开展系统治理研究，取得阶段成果。创新开展幸福河及其评价方法研究，首次提出河湖幸福指数评价及指标体系、中国河湖幸福指数初步评价成果。围绕黄河相关重大专题向部党组提交系列研究和咨询成果等。认真学习习近平总书记在科学家座谈会上的重要讲话精神，坚持目标导向和需求导向，围绕“四个面向”，瞄准国家重大战略，加强科研布局和自主创新。

（2）坚定不移践行水利改革发展总基调。“补短板”方面，聚焦脱贫攻坚，对口帮扶湖北省十堰市郧阳区、四川喜德和越西等地打赢水利脱贫攻坚战；聚焦防洪安全，完成黄河流域防洪安全形势和应对措施、开展小型水库除险加固攻坚行动等；聚焦农村水利，开展全国农村供水水质保障提升方案制定等；聚焦水生态修复，完成东北侵蚀沟分布发育特征和分类防治对策研究等；聚焦水利信息化，开展国家智能水网框架设计研究，为“国家水网”作为重大工程被写入国家“十四五”发展规划建议提供科技支撑。

“强监管”方面，支撑水资源监管，开展跨区域调水、河湖生态水量（流量）等研究；支撑河湖监管，承担大运河河道水系治理管护规划、河湖健康指标体系等研究；支撑水土保持监管，开展新时代水土保持目标与对策重大科技问题研究等；支撑水旱灾害防御监管，参与制定《山洪灾害监测预警监督检查管理办法》等；支撑小型工程运行监管，开展水利工程供水价格定价机制研究等；支撑三峡和南水北调工程监管，承担南水北调工程运行安全检测技术研究等。

（3）加强水利重大战略问题研究。牵头承担“水旱灾害防御战略研究”“保障水环境和水生态安全战略研究”两项宏观重大研究课题，以及“水价关键问题”“新时期中小河流治理目标及对策研究”等4项重点领域战略研究课题，参与其他10项相关子课题研究工作，取得阶段成果。

（4）积极落实部督办事项。完成水利部2020年督办水科院主办事项13项，其中重点考核事项3项。主动为业务司局和其他单位提供技术支撑，协助完成

督办事项45项。

（5）服务流域地方水利改革发展。与水利部松辽水利委员会、华为公司、广东水利厅、江西新余签订合作协议，组织松辽流域和海河流域水治理战略研究，参与黑龙江、西藏等“十四五”水利科技规划编制。通过项目合作、技术培训、挂职交流等方式大力开展援疆援藏相关工作。

3. 人才队伍不断优化

（1）加强高层次人才培养。新增全国最美科技工作者1名，全国创新争先奖状获得者1名，“万人计划”2名，百千万人才工程国家级人选1名，杰青1名，优青1名，大坝杰出工程师奖1名等。6人入选第二批水利国际化人才合作培养项目，2个水利部创新团队正式授牌。

（2）加强干部队伍建设。新任职部管干部1名，提拔调整处级干部16名，选聘所长助理30名。加强干部监督，开展领导干部个人有关事项报告专项整治和人事档案专项审核“全覆盖”。完善专业技术干部发展通道，岗位比例调整再获批复，10人获聘专业技术二级岗。

（3）加强人才引进力度。积极响应国家扩大就业政策，克服新冠肺炎疫情影响，多轮次、多渠道、多形式公开招聘留学回国人员、应届毕业生、出站博士后、军转干部等53人，聘用科研助理66人。

（4）加强研究生教育培养。新招收研究生126人，其中，硕士生74人、博士生52人，较2019年增长17%。积极开展国际招生宣传与培养，顺利招收第二批国际留学生。建设智慧教室，保障新冠肺炎疫情期间教学工作。

4. 国际交流持续深化

（1）国际水事活动取得新收获。组织召开“水利环境工程与气候变化应对”“双重危机——疫情下的洪水管理”等线上研讨会20场次，线上关注量达10万人次。协助水利部获得国际大坝委员会第28届大会承办权，筹备第四届世界灌溉论坛，承办IAHR成立85周年学术活动，推进第2届亚洲国际水周和第9届世界水论坛议题工作等。

（2）国际项目合作取得新进展。承担科技部、中欧水资源平台、亚专资、亚行以及国际市场项目40余项，合同额5300万元。承担澜湄国家农村供水安全保障技术示范、澜湄流域干旱特征与水库调度影响评估研究等，积极将中国水利水电技术推向海外。

（3）引才引智工作取得新突破。成功入选科技部战略科技发展类“2020年度国家引才引智示范基地”，围绕世界水利水电科技前沿、国家和行业需求，加大引进国外智力和科技创新合作交流力度。

5. 创新条件稳步提升

（1）推进规划编制。根据“123456”总体发展思路，坚持需求导向和问题导向，“十四五”期间设置学科、人才、科研平台、科学普及与技术推广、国际合作、信息化、科技企业、后勤保障八大专题规划，已完成初步编制，为全院“十四五”发展谋篇布局。

（2）推进平台建设。成立条件平台处，进一步加强全院条件平台资源统筹和规范管理。优化调整水利部重点实验室，提出院级重点实验室改革方案。内蒙古阴山北麓荒漠草原生态—水文野外科学观测研究站入选国家择优建设名单。积极推进土动力学、大型土工离心机试验厅建设等，为中国水科院科技创新提供基础支撑。

（3）推进资质建设。水利工程建设市场主体信用评价（质量检测类、咨询类、供货类）获信用评价最高等级（AAA等级），成功延续水利工程质量检测（岩土工程类）甲级资质、生产建设项目水土保持方案编制单位水平评价五星。作为国家发展改革委认可的水利项目三家咨询评估机构之一，承接国家发展改革委、北京发改委、海南发改委委托咨询评估项目8项，为重大工程建设提供有力保障。

（4）推进信息化建设。持续优化综合办公平台，完善日常管理和运维。加快网站群集约发展，构建网络安全保障体系。学术期刊影响扩大，《水利学报》保持行业期刊排名第一，连续荣获“中国百种杰出学术期刊”称号。《国际水土保持研究》期刊首个影响因子为3.770，在水资源和土壤科学领域均为一区期刊，《国际泥沙研究》在水资源和环境领域均步入二区。

6. 科研改革深入推进

（1）推进试点改革。继续实施扩大自主权试点工作，修订《院科学技术奖管理实施细则》《院科技创新激励管理实施细则》《院基本建设项目管理工作规定》，编制《院野外科学观测研究站管理实施细则》等，促进新政策落地。代表水利行业事业单位开展绩效评价试点工作，顺利通过水利部、科技部等评估。

（2）改进学风建设。在新人招聘、科技干部选拔、项目负责人推荐、优秀成果评选等环节，坚持破“四唯”，将科研作风纳入重要评判指标。深度宣传学科建设、科技成果、创新人才，大力弘扬科学家精神、新时代水利精神和水科院精神，培育优良学风，营造良好环境。

（3）完成企业改制。积极贯彻落实《国企改革三年行动方案（2020—2022年）》精神，按照水利部要求，成立院属企业改制工作领导小组，积极推进院属企业改革。顺利完成北京中水科工程集团有限公司、天津水科机电有限公司、北京爱德商务服务有限公司、北京水电苑科技会议服务有限公司、内蒙古天河技术开发有限公司五家公司改制工作，进一步激发企业创新活力。

主要事件

1月8日，中国水科院与水利部松辽水利委员会在京签署合作框架协议。

1月10日，中共中央、国务院在北京人民大会堂隆重举行2019年度国家科学技术奖励大会。中国水科院参加完成的“长江三峡枢纽工程”荣获2019年度国家科学技术进步奖特等奖。

7月7日，水利部副部长陆桂华莅临中国水科院水资源研究所调研指导工作，水利部调水管理司朱程清司长、国际合作与科技司吴宏伟副司长等领导陪同调研。

7月20日，水利部副部长陆桂华莅临中国水科院牧区水科所进行调研座谈，水利部黄委会副主任苏茂林、水利部水保司一级巡视员张新玉、水利部黄委会水保局局长王敏等领导陪同调研。

8月28日，中国水科院与华为技术有限公司在深圳签署创新发展战略合作协议。

9月2日，水利部水文司司长林祚顶带领副司长张文胜、副司长李兴学以及江西省水文局副局长李国文等一行来访中国水科院，就全国自然灾害风险普查中洪水灾害危险性调查相关工作开展深入交流。

9月4日，中国水科院与台湾大学、中国长江三峡集团有限公司联合举办的“第9届海峡两岸水利青年工程交流营”顺利召开。

9月7日，中国水科院和台湾大学主办、美华水利协会协办的“第24届海峡两岸水利科技交流研讨会”顺利召开。

9月14日，水利部国科司司长刘志广带领副司长吴宏伟以及人事司、财务司、直属机关党委等有关同志莅临中国水科院，就加快推进科研院所改革发展开展调研座谈。

9月22日，中国21世纪议程管理中心黄晶主任一行来访中国水科院，就国家重点研发计划重点专项项目管理相关工作开展调研座谈。

9月24日，中国水科院与广东省水利厅在北京签署科技合作框架协议。

10月10日，中国水科院院长匡尚富出席中国第二届节水论坛并发表了题为《幸福河内涵要义与指标体系探析》的主旨演讲。

10月23日，中国水科院与江西省新余市在北京签署科技合作框架协议。

10月28日，中国水科院多项先进成果亮相2020中国水博览会暨第十五届中国国际水务高峰论坛，副院长王建华做主旨报告。

11月7～8日，中国水科院副院长王建华出席第18届中国水论坛并发布首批国家重点研发计划“国家水资源承载能力评价与战略配置”项目成果。

11月29日，第十一届全国泥沙基本理论研究学术讨论会在广州召开。中国水科院副院长、中国工程院院士、泥沙专业委员会主任胡春宏出席开幕式并致辞。

12月7～8日，中国水科院参加国际灌排委员会（ICID）第71届国际执行理事会会议。中国水科院院长匡尚富、副院长彭静，高占义教高等出席会议，丁昆仑教高代表ICID技术活动常务委员会作报告。

12月14日，中国水科院承办的国际水利与环境工程学会（IAHR）成立85周年学术研讨会顺利召开。中国水科院院长匡尚富、副院长彭静等出席开幕式。

12月15日，中国水资源战略研究会第二次会员代表大会暨全球水伙伴中国委员会第四次伙伴代表大会在中国水科院召开。中国水科院院长匡尚富主持中国水资源战略研究会第二届理事会暨全球水伙伴中国委员会第四届理事会第一次会议。

12月18日，中国水科院与韩国建设技术研究院举办第17届双边技术研讨会，该次会议主题为“疫情下的应对与选择”。中国水科院副院长彭静和KICT副院长郑文景出席研讨会并致辞。

（刘盈斐　廖丽莎　殷　殷　孙天祎　王晓璐）

教 育 机 构

【华北电力大学】

单位概况　2020年，华北电力大学占地面积94.72万m^2，产权校舍建筑面积114.22万m^2。图书馆建筑面积3.79万m^2。全年教育经费投入200429.85万元，其中，财政拨款101587.96万元、自筹经费98841.89万元。固定资产总值422657.95万元，其中，教学、科研仪器设备资产值104413.71万元，信息化设备资产值37926.55万元。拥有教室481间，其中，网络多媒体教室373间。拥有图书272.64万册，计算机23340台。网络信息点49596

个，电子邮件系统用户 51046 个，管理信息系统数据总量 1324GB，数字资源量中电子图书 1553870 册、电子期刊 517352 册、学位论文 4804377 册、音视频 154823.5h。学校由教育部举办，为理工类院校，设有北京校部和保定校区，设置电气与电子工程学院、能源动力与机械工程学院、控制与计算机工程学院、经济与管理学院、新能源学院、核科学与工程学院、环境科学与工程学院、水利与水电工程学院、数理学院、人文与社会科学学院、外国语学院、马克思主义学院、能源互联网学院、人工智能学院等 14 个学院，设教学部 1 个，另设有国际教育学院、研究生院、继续教育学院、艺术教育中心和工程训练中心。开设 64 个本科专业，覆盖 7 个学科门类；具有博士学位一级学科授权点 7 个、硕士学位一级学科授权点 23 个、专业学位授权类别 13 个；博士后科研流动站 6 个，其中，博士后研究人员出站 16 人、进站 33 人、在站 91 人。“双一流”建设学科 1 个，北京高校高精尖学科 1 个。国家重点实验室 1 个、国家工程技术研究中心 1 个、国家工程实验室 1 个；省、部级设置的研究（院、所、中心）、实验室共 22 个。教职工 2994 人，其中，专任教师 1974 人，包括正高级 426 人、副高级 727 人；博士生导师 318 人、硕士生导师 1161 人；中国工程院院士 2 人。“长江学者奖励计划”特聘教授 4 人。学历教育学生中毕业生 11166 人，其中，研究生 3292 人（博士生 186 人、硕士生 3106 人）、普通本科生 5383 人、成人教育本专科生 2491 人（本科生 1990 人、专科生 501 人）。本科毕业生就业率 87.99%。招生 15557 人，其中，研究生 4894 人（博士生 290 人、硕士生 4604 人）、普通本科生 6069 人、成人教育本专科生 4594 人（本科生 3824 人、专科生 770 人）。高考北京地区提档线不限选考专业组 617 分、物理必考专业组 616 分、化学必考专业组 618 分、物理/历史（选考一门）专业组 623 分。在校生 46676 人，其中，研究生 12834 人（博士生 1217 人、硕士生 11617 人）、普通本科生 24503 人、成人教育本专科生 9339 人（本科生 7587 人、专科生 1752 人）。留学生毕业 210 人、招生 322 人、在校生 1020 人。网址：www.ncepu.edu.cn。

领导班子

党委书记：周坚

校长：杨勇平

党委副书记：杨勇平、何华、李双辰（2020 年 5 月免）、汪庆华、郭孝锋

副校长：郝英杰、孙忠权、王增平、律方成、檀勤良、毕天姝

纪委书记：何华

主要成就

1. 12 个专业入选一流本科专业建设“双万计划”

2020 年 1 月 1 日，教育部公布首批国家级和省级一流本科专业建设点名单，华北电力大学 12 个专业入选一流本科专业建设“双万计划”，其中，电气工程及其自动化、通信工程、能源与动力工程、机械工程、自动化、计算机科学与技术、新能源材料与器件、环境工程 8 个专业入选国家级一流本科专业建设点。

2. 杨勇平团队获国家科学技术进步奖二等奖

1 月 10 日，华北电力大学杨勇平教授主持完成的“新型多温区 SCR 脱硝催化剂与低能耗脱硝技术及应用”获国家科学技术进步奖二等奖。该项目主要完成人为杨勇平、陆强、张东晓、沈明忠、董长青、赵莉、程俊峰、朱跃、乔凯荣、曲艳超；完成单位为华北电力大学、中国华电集团有限公司、中国华电科工集团有限公司、华电电力科学研究院有限公司、北京华电光大环境股份有限公司、北京清新环境技术股份有限公司。项目团队针对 SCR 脱硝的关键基础和技术问题，采用理论研究、实验模拟和工程验证相结合的手段，深入研究并自主研发平板式中温 SCR 脱硝催化剂、平板式特种 SCR 脱硝催化剂（宽温差、低温、高温、抗砷中毒等）及成套工业化生产技术，大幅拓展 SCR 脱硝催化剂的应用领域。同时系统开发高效低能耗 SCR 脱硝工程设计技术，确保脱硝系统的安全、高效、低能耗和稳定运行。该项目首次在国际上成功研发了适用于多温区与含硫含砷等复杂烟气的新型平板式高效 SCR 脱硝催化剂与成套生产技术，包括平板式宽温差、低温、高温和抗砷中毒 SCR 脱硝催化剂，该成果成功解决燃煤发电和非燃煤发电行业的烟气脱硝技术难题，催化剂寿命超过 24000h。该项目首次在国内成功研发了平板式中温 SCR 脱硝催化剂的核心技术和成套设备，突破国外技术封锁，形成国内唯一具有自主知识产权的成套技术；该项目自行开发高效低能耗的 SCR 脱硝工程设计技术，包括 SCR 流场优化技术、尿素烟道直喷和尿素溶液催化水解制氨技术、SO_3 测控技术、SNCR-SCR 耦合脱硝技术、SCR 脱硝催化剂寿命预测与系统管理技术，实现脱硝系统的安全、高效、低能耗和稳定运行以及智能化精确管控。项目成果的应用大幅降低氮氧化物的排放。

3. 与国网综合能源服务集团签署合作协议

5 月 19 日，华北电力大学与国网综合能源服务集团有限公司在北京举行战略合作框架协议签署仪式。根据协议，双方将以华北电力大学为主体，建设绿色环保校园，推进绿色创新研究，年内，双方将建成试

点项目北京校部东区学生生活热水多能互补综合能源系统，并逐步推进校园的能源资源全面节约和循环利用，运用智能化技术实现校园建筑及设备的绿色运行管理，形成一批综合能源服务典型示范项目。

4. 多项成果获电力创新奖

12月29日，中国电力企业联合会在北京召开以“创新引领高质量发展”为主题的“2020年度电力创新大会”，并举行2020年度电力创新奖、中电联先进会员企业及先进个人颁奖仪式。电力大学共有18个牵头或参与的成果获电力创新奖。其中科技创新大奖2项、一等奖4项、二等奖11项和电力职工技术创新奖三等奖1项。该校刘崇茹教授参与的《上百千伏超多电平换流器装备关键试验技术及工程应用》和刘敦楠教授参与的《面向大规模水电消纳的区域市场融合关键技术与应用》分别获科技创新大奖。

5. 与中国原子能科学研究院签署合作框架协议

9月15日，华北电力大学与中国原子能科学研究院在北京举行新一代核动力技术合作框架协议签约仪式。中国原子能科学研究院党委书记、中国工程院院士罗琦，副院长姜兴东，总工程师张东辉，电力大学校长杨勇平、副校长孙忠权等出席会议。孙忠权与姜兴东分别代表双方签署合作框架协议。根据协议，双方将秉承“优势互补、互惠互利、协同创新、共同发展”的原则，通过科研联合攻关、人才培养模式创新和人力资源共享，共同推动新一代核动力技术的研发，助力核技术自主创新能力的提升。在核科学技术创新及核能产业发展等方面，促进产学研深度融合，协同创新，力争在“十四五”期间取得新的更大的成果，为国家能源行业高质量发展做出积极贡献。

6. 与国网大学签署合作协议

7月16日，校长杨勇平、副校长郝英杰一行到国网大学进行合作交流。国网大学董事长、党委书记卓洪树，主任、党委副书记倪吉祥及领导班子其他成员热情接待学校一行。双方签署《关于落实“产教融合”人才培养新机制的合作协议》，根据协议，双方将在共同打造“产教融合”的高效能人才培养体系、共同打造具有国际影响力的能源电力智库、共同打造电力行业人才培养研究创新平台、共建共享电力行业人才培养资源等方面开展合作。

7. 陆道纲教授团队成果获北京市科学技术奖

9月10日，北京市委、市政府在北京会议中心举行2019年度北京市科学技术奖励大会。华北电力大学共有2项优秀科技成果获奖，其中第一完成单位获北京市科学技术进步奖二等奖1项，第四完成单位获北京市科学技术进步奖二等奖1项。核科学与工程学院陆道纲教授团队主持的研究成果“大型先进压水堆非能动水箱和乏燃料水池关键热工特性研究及应用”获北京市科学技术进步奖二等奖。该成果属于能源技术领域，开展了大型三代先进压水堆非能动余热排出热交换器、自动降压系统蒸汽喷放冷凝特性、事故工况下乏燃料贮存水池冷却技术的理论与实验研究，解决了特殊设备设计计算缺少适用传热计算公式、理论模型和大型压水堆乏燃料喷淋系统中关键参数的设计难题。

8. 与国网河南省电力公司签署战略合作框架协议

10月14日，华北电力大学与国网河南省电力公司战略合作框架协议签约仪式在河南郑州举行。根据协议，学校与国网河南省电力公司将重点在五方面开展合作：一是开展持续深度科研合作，实施专项研究计划，共建科研实体，联合申报重大课题、奖项。二是共同开展人才培养，实施青年教师“工程化”合作。三是实现人力资源共享、实验室资源开放共享。四是结合华北电力大学承担的河南省确山县定点扶贫任务，发挥学校特色和企业优势，共同完成河南省脱贫攻坚任务。五是加强企业教育培训，合力打造精品现代化职业培训体系。

9. 与施耐德电气（中国）有限公司签署战略合作框架协议

10月20日，华北电力大学与施耐德电气（中国）有限公司签署战略合作框架协议。根据协议，双方将充分发挥在人才培养、科技创新、实习实践等方面的优势和特色，联合开展产学合作、产研合作和实习招聘等长期稳定的合作，建立高水平“产学研用”融合创新联合体。

10. 与国家电网有限公司大数据中心签署战略合作框架协议

11月19日，华北电力大学与国家电网有限公司大数据中心战略合作框架协议签约仪式在京举行。根据协议，该校与国网大数据中心将充分发挥各自优势，重点在加强技术攻关、加强科研合作、推动成果落地、人才合作培养等四方面开展合作，促进理论与实证紧密结合，推进研究成果落地应用，共同服务国家能源战略实施。

主要工作

（1）新冠肺炎疫情大考交出满意答卷。学校党委果断行动迅速部署，坚持把师生的生命安全和身体健康放在第一位，坚持停课不停学、停课不停教，共计2584名教师开设2452门线上课程，成功实施有史以来学校最大规模的线上教学。学校通过开学第一课、线上课堂等形式积极开展思想引导和新冠肺炎疫情防控宣传教育，发动1900余名教职员工志愿参与爱心“毕业寄”，共为7532名毕业生寄出包裹4.3万余件，用实际行动为学生上了一堂抗疫思政大课。许多师生用自身实践书写了动人的抗疫故事，孙淑艳老师团队事迹被共青团中央微信宣传报道，阅读量超过10万人次，冼海珍老师获评台盟中央抗击新冠肺炎疫情先进个人，学生钟正统获评北京市抗击新冠肺炎疫情先进个人。

（2）党建思政工作成果丰硕。学校党委高度重视学习宣传贯彻习近平新时代中国特色社会主义思想，党的十九大和十九届二中、三中、四中、五中全会精神，印发《学习贯彻党的十九届五中全会精神工作方案》，广泛开展五中全会精神学习宣讲活动。学校强化基层党组织建设，电气与电子工程学院输配电系统研究所党支部、电子与通信工程系通信教研室党支部入选教育部第二批高校“双带头人”教师党支部书记工作室。“标杆院系”“样板支部”建设成效显著，完成先锋指数信息化再造，开发新时代党建质量智能“双循环”评价系统，入选北京市党建研究会2020年度优秀课题评选。学校加快构建思想政治工作体系，全面推进课程思政建设，联合人民网推出“推进课程思政　深化协同育人”课程思政直播专题培训，全方位提升教师课程思政育人能力。学校入选教育部高校思想政治工作精品项目，获第四届“全国高校网络教育优秀作品推选展示活动”优秀组织奖，获评北京市一体化德育研究基地校、人民网2020年度优秀校园新闻、第六届首都大学生思想政治工作实效奖优秀奖，入选河北省首批高校“辅导员领航工作室”立项建设项目。

（3）学科建设取得可喜成绩。学校坚持学科强校，优化学科体系，促进学科交叉融合，设立储能科学与工程本科专业和交叉学科博士点，打造储能技术产教融合平台，举办全国储能技术专业学科建设论坛。高质量完成“双一流”建设周期总结工作，包括多名院士在内的专家组评议认为，华北电力大学“双一流”建设思路清晰，措施有力，成效显著，达到或超过了建设方案预期指标，建设内容与国家要求符合度高。学科水平在第三方评价中的表现进步明显，国际影响力显著提升，工程学跻身ESI世界前1‰行列和前70位，计算机科学跻身ESI世界前1%行列，世界前1%学科由5个增长至6个。能源科学与工程、机械工程、化学工程等3个学科跻身2020年软科世界一流学科排名前100强。能源与燃料、电气与电子工程、机械工程、化学工程等4个学科跻身U.S.News 2021世界学科排名前100名。

（4）教书育人实力不断提升。学校坚持育人为本，着力培养拔尖创新人才，不断强化本科教学，12门课程入选首批国家级一流本科课程，4门课程获批北京市优质本科课程，9门课程获河北省一流本科课程，4部教材获批北京市优质本科教材课件。优化专业布局，培育新增一批新兴专业，1个专业通过工程教育专业认证，1个专业获批北京高校“重点建设一流专业”，6个专业获批北京市一流本科专业。推进新工科建设改革，5个项目入选教育部第二批新工科项目，6个项目通过教育部首批新工科项目结题验收。24个项目获省部级教学改革与研究项目立项，17个项目通过省部级教学改革与研究项目验收。3人获评省部级教学名师奖，3个团队获评省部级优秀教学团队。“天山同语　民族同心”项目荣获第六届中国国际“互联网＋”大学生创新创业大赛全国总决赛银奖。

（5）科学研究实现快速发展。学校积极构建贴近国家战略需求、以重大任务为牵引的科研组织新模式，国家自然科学基金重大项目获批立项，实现历史性突破。国家重点研发计划政府间国际科技创新合作重点专项中挪合作项目、国家重大科研仪器研制项目、国家重点研发计划“网络协同制造和智能工厂”专项项目等一批重点项目获批立项。学校努力克服新冠肺炎疫情影响，科研经费合同额突破8亿元，较上年增长14%。学校参与项目共获得国家科学技术奖3项，主持的项目获得省部级或社会力量设奖一等奖6项，二等奖8项。学校入选教育部“高等学校科技成果转化和技术转移基地”，建立技术转移转化质量管理体系标准，通过ISO 9001：2005质量管理体系认证。

（6）多措并举巩固脱贫成果。学校按时全面超额完成中央单位“6个200”帮扶指标任务，全面构建党建、教育、消费、科技、产业帮扶体系，整合优势资源，厚植发展根基，实现精准对接，激活内生动力。一年来，学校投入和引进帮扶资金674万元、培训各类人员1040余人、购买和帮助销售贫困地区农产品1077万元，助力确山县和阜平县龙王庙村、凹里村实现脱贫摘帽，有效衔接乡村振兴战略，2名驻村干部被评为河北省优秀驻村第一书记，在决胜全面建成小康社会、决战脱贫攻坚中贡献了华电的智慧和力量。

（7）推进校内机构改革。学校深入落实“治理年”战略部署，出台《华北电力大学校内机构调整方案》，深入推进校内机构改革，优化管理体系，新成立二级机构8个，调整二级机构职责2个，更改二级机构名称7个，整合二级机构4个，聚焦支撑国家重大战略和引领世界学术前沿，成立能源电力创新研究院和国家能源发展战略研究院，加强能源电力类智库建设。

（8）深入实施“人才强校”战略。制定《华北电力大学关于加快引进工作的暂行办法》《华北电力大学人才引进特聘岗位聘用管理办法（试行）》，明确人才引育责任主体，清晰人才引进流程，全年累计招聘各级各类中青年人才 30 人。制定《华北电力大学创新人才支持与培育计划》《华北电力大学博士后管理办法》，首批遴选出 180 名优秀青年骨干教师参与创新人才计划，优秀拔尖青年人才引进、培育的质量和规模不断提升，加速建设与高水平研究型大学相适应的人才师资队伍。

（9）校地校企交流合作。学校充分发挥自身优势特色，全面推进校地、校企交流合作，探索政产学研用相结合的新模式。学校和保定市人民政府联合主办"30·60"新时代能源电力创新发展大会，签署《新时代全面战略合作协议》。学校与中国华能集团有限公司共建"海上风电与智慧能源系统联合实验室"，启动了联合实验室第一期项目，与中国长江三峡集团有限公司共建"三峡华电智慧电站技术创新中心"，首期研究资金预计超过 1 亿元。学校先后与中国原子能科学研究院、国网河北省电力有限公司、国网河南省电力公司、江西赣能股份有限公司、施耐德电气（中国）有限公司、国网综合能源服务集团等 10 余家企业签署战略合作协议，共同打造新时代校地、校企高质量融合发展新标杆。

（10）校园服务保障更加完善。学校坚持改善办学条件，积极完善校园服务保障体系，北京校部 16 号学生公寓楼投入使用，完成全部上课教室空调安装。学校利用信息化手段，建设基于移动端的师生健康管理、校内轨迹跟踪系统，部署 CARSI 系统并扩容 VPN，构建 90 余个网上办事流程，全面支撑远程线上办公。学校不断完善知识产权信息公共服务体系，丰富知识产权信息服务内容，获批国家知识产权局和教育部联合开展的第二批高校知识产权信息服务中心。学校稳步推进垃圾分类工作，开展"华电微后勤"信息管理平台及云餐厅建设，获评 2020 年全国教育后勤信息化建设优秀单位。扎实开展"光盘行动"活动，残食垃圾总量较去年同期下降 20%左右，源头减量效果明显，获评河北省年度高校伙食管理先进集体单位。"美丽校园"建设不断推进，相继建成红梅园、牡丹园等一批校园景观，完成保定校区二校区西南片区景观园林改造，校园绿化覆盖率不断提升。

主要事件

1 月 3 日，教育部公布首批国家级和省级一流本科专业建设点名单，华北电力大学 12 个专业入选一流本科专业建设"双万计划"，其中，电气工程及其自动化、通信工程、能源与动力工程、机械工程、自动化、计算机科学与技术、新能源材料与器件、环境工程 8 个专业入选国家级一流本科专业建设点，应用物理学、应用化学、市场营销、英语 4 个专业入选省级一流本科专业建设点。

1 月 16 日，华北电力大学国家能源交通融合发展研究院专家委员会 2020 年第一次全体会议在华北电力大学召开，这是该校国家能源交通融合发展研究院的首次专家委员会全体会议。专家委员会主任委员杨勇平教授、常务副主任委员贾利民教授、副主任委员龚明教高等 20 余位专家委员出席会议。

1 月 28 日，学校召开新冠肺炎疫情防控工作会议，对防控工作进行再动员、再部署、再落实。校党委书记周坚、校长杨勇平，各院系及相关职能部门主要负责人、各学院副书记参加会议，会议以视频形式在北京校部和保定校区同时召开。

2 月，华北电力大学和上海昱章电气成套设备有限公司共建研究生工作站签约暨揭牌仪式在上海举行。

3 月，《教育部关于公布 2019 年度普通高等学校本科专业备案和审批结果的通知》正式发布，华北电力大学申报增设的智能制造工程、光电信息科学与工程、机器人工程和数据科学与大数据技术 4 个本科专业全部通过教育部审批和备案。

4 月 8 日，国家电网有限公司董事长、党组书记毛伟明访问华北电力大学。双方表示要在人才培养、科学研究、能源智库建设等领域发挥各自优势，继续深化交流合作。

4 月 24 日，学校党委书记周坚、校长杨勇平访问国家能源投资集团有限责任公司，与国家能源集团党组书记、董事长、华北电力大学理事会副理事长王祥喜举行会谈。双方就进一步深化校企合作，推进产教融合，更好地服务国家能源发展战略进行深入交流。

6 月 4 日，中国大唐集团有限公司科技创新部王鹤鸣主任一行来访华北电力大学，就传统能源技术变革以及新能源开发利用等方面开展调研座谈。

6 月 5 日，中国电力企业联合会专职副理事长王志轩，中电联技能鉴定与培训中心主任张志峰、副主任张慧翔一行莅临华北电力大学考察调研远程继续教育工作。

6 月 29 日，海南智能电网实验室揭牌暨合作共建协议签订仪式在海南电网有限责任公司举行。

6 月 30 日，电气与电子工程学院教授崔翔做客人民网公开课，作题为"将科学素养与家国情怀融入专业基础课的教学实践"的公开课。

7 月 10 日，大学科技园"中小企业涉电产品公共检测服务平台"获得由河北省市场监督管理局颁发的检验检测机构中国计量认证（CMA）资质认定证书。这是继科技园获得中国合格评定国家认可委员会（CNAS）认可后取得的又一个新突破。

7月16日，校长杨勇平、副校长郝英杰一行到国网大学进行合作交流。双方签署《关于落实“产教融合”人才培养新机制的合作协议》，拟在共同打造“产教融合”的高效能人才培养体系、共同打造具有国际影响力的能源电力智库、共同打造电力行业人才培养研究创新平台、共建共享电力行业人才培养资源等方面开展合作。

8月6日，华北电力大学与国网河北省电力有限公司战略合作框架协议签约仪式在雄安新区供电公司举行。

8月19日，校党委书记周坚访问海南电网有限责任公司，与海南电网公司总经理、党委副书记王志勇进行会谈。双方围绕贯彻落实海南自由贸易港国家战略，全面深化校企合作，推动海南电网公司创新发展进行交流。

9月11日，中国华能集团有限公司集团公司科技部主任许世森一行来华北电力大学进行座谈交流，刘吉臻院士、副校长毕天姝出席会议，双方就海上风电与智慧能源系统联合实验室建设推进进行深度研讨。

9月15日，华北电力大学与中国原子能科学研究院在北京举行新一代核动力技术合作框架协议签约仪式。

10月14日，华北电力大学与国网河南省电力公司战略合作框架协议签约仪式在河南郑州举行。双方将充分发挥各自优势，在科技创新、人才培养、资源共享、教育培训等方面开展深入合作。

10月19日，经人社部审核批准，由中国电力企业联合会主办、华北电力大学国家级专业技术人员继续教育基地承办的“基于新一代人工智能的智慧能源电力”高级研修班在北京开班。

10月20日，华北电力大学与施耐德电气（中国）有限公司签署战略合作框架协议。

10月21日，华北电力大学和国家能源集团召开“智能发电协同创新中心工作交流会”。

10月24日，中国华能集团有限公司—华北电力大学海上风电与智慧能源系统联合实验室战略合作协议签约暨揭牌仪式在华北电力大学举行。

11月4日，海上风电与智慧能源系统联合实验室专家咨询委员会第一次会议在华北电力大学召开。

11月5日，特变电工股份有限公司党委书记、董事长张新，副总经理、几内亚项目总经理吴微一行到访，双方就人才培养、科研创新等方面进行交流座谈。

11月9日，校党委书记周坚访问国网湖南省电力有限公司，与国网湖南省电力有限公司董事长、党委书记孟庆强进行会谈。双方围绕全面深化校企合作、加强人才培养和推动大学生就业工作进行深入交流。

11月19日，华北电力大学与国家电网有限公司大数据中心战略合作框架协议签约仪式在京举行。根据协议，华北电力大学与国网大数据中心将充分发挥各自优势，重点在加强技术攻关、加强科研合作、推动成果落地、人才合作培养等四方面开展合作，促进理论与实证紧密结合，推进研究成果落地应用，共同服务国家能源战略实施。

12月1日，中国华能集团—华北电力大学海上风电与智慧能源系联合实验室第一次领导小组会议在京召开。

12月4日，副校长律方成带队赴海南电网公司调研交流，双方就科研攻关、人才培养、校企共建实验室等事宜展开深入探讨和交流。

12月11日，“电力电气总裁班助学基金”启动仪式在华北电力大学举行。中国电力电气总裁班是学校继续教育学院与电老虎网自2019年起联合打造的国内首个专注能源电力行业总裁班，旨在培养能源电气领域具有国际视野、中国情怀、行业领先的新一代企业家，培育自强不息、爱校敬业、追求卓越的新一代华电校友，培训业务过硬、人脉宽广、品德优良的新一代创新创业人才，截至2020年底已连续举办6期，培训企业家200余人次。

12月18日，由华北电力大学、保定市人民政府联合主办的“保定·中国电谷”能源电力企业恳谈会在电谷国际酒店举办。

12月23日，北京能源发展研究基地召开第二届北京能源发展战略和政策高端论坛暨能源基地2020年学术年会。

12月23日，由华北电力大学、保定市人民政府联合主办的“30·60”新时代能源电力创新发展大会在保定市举办。

12月29日，中国电力企业联合会在北京召开以“创新引领高质量发展”为主题的“2020年度电力创新大会”，并举行2020年度电力创新奖、中电联先进会员企业及先进个人颁奖仪式。华北电力大学共有18个牵头或参与的成果获电力创新奖。

12月29日，中国工程院院士，国际电工委员会（IEC）主席，中国华能集团有限公司董事长、党组书记，发电厂及电力系统专业1977级校友舒印彪，参加“‘30·60’新时代能源电力创新发展大会”后回保定校区参观。

12月，国家自然科学基金委发布通知，核科学与工程学院牛风雷教授作为负责人申报的国家重大科研仪器研制项目“液态铅铋合金综合氧控系统的研制”获得批准立项，直接经费731.38万元。这是华北电力大学作为牵头单位在铅基快堆领域获得的首个国家级重大科研项目。

12月，华北电力大学杨勇平教授作为负责人的国家自然科学基金重大项目“多能源互补的分布式能源系统基础研究”获批立项，总经费超过2100万元。这是学校首次获批承担国家自然科学基金重大项目，标志着学校在能源基础研究领域迈入国内先进行列，同时是双一流建设取得的历史性突破。

（王振华）

【东北电力大学】

单位概况 东北电力大学坐落在风景秀美的吉林省吉林市，是吉林省重点大学，始建于1949年，是中国共产党亲手创建的第一所电力工科学校，1958年定名为吉林电力学院，1978年更名为东北电力学院。原隶属电力部、国家电力公司，2000年起，实行“中央与地方共建，以地方管理为主”的管理模式，2005年学校更名为东北电力大学。2012年学校入选为国家“中西部高校基础能力建设工程”重点建设高校。

学校坚持以人才培养、科学研究、社会服务、文化传承与创新为己任，主动适应国家电力工业和吉林省的经济建设需求，形成了以电力特色为主，多学科交叉融合，较为完整的学科体系。学校共有14个学院，50个本科专业，涵盖了工、理、管、文、法、经、教育、艺术8个学科门类。学校是博士学位授权单位，现有电气工程、动力工程及工程热物理、控制科学与工程3个博士学位授权一级学科，2个博士后流动站；具有硕士研究生推免权，现有14个硕士学位授权一级学科，涵盖58个硕士学位授权二级学科，有9个硕士专业学位授权类别；拥有吉林省特色高水平学科9个，其中一流学科4个、优势特色学科4个、新兴交叉学科1个。学校现有全日制在校生21000余人。

学校有教职工1500余人，拥有高级职称人员近600人，其中中国工程院院士3人（双聘），国家万人计划第一批人选2人，全国杰出专业技术人才2人，“长江学者奖励计划”特聘教授1人，国家级有突出贡献的中青年专家3人，国家杰出青年科学基金获得者1人，百千万人才工程国家级人选5人，国务院政府特殊津贴获得者37人，国家级教学名师1人。拥有“教育部长江学者和创新团队发展计划”创新团队2个，国家级教学团队2个，首批“全国高校黄大年式教师教学团队”1个。

学校坚持教学工作中心地位不动摇，积极构筑并不断优化创新人才培养体系。现有国家级特色专业5个，国家级精品课程4门，国家级实验教学示范中心2个，国家级虚拟仿真实验教学中心1个，吉林省实验教学示范中心10个。学校获国家级优秀教学成果奖3项。学校是国家大学生文化素质教育基地、全国社会体育人才培训和科研基地，首批国家级工程实践教育中心建设单位，“卓越工程师教育培养计划”试点高校，国家级专业技术人员继续教育基地。

学校始终坚持“面向国家重大需求、积极服务地方经济社会发展”的科研方针，不断提高学术研究水平、科技创新能力。学校有国家地方联合工程实验室2个，国家大学科技园1个，教育部重点实验室（工程研究中心）2个，吉林省重大需求协同创新中心4个，省级重点实验室、研究中心、文科基地等29个。学校承担包括国家科技部重点研发计划、国家973计划项目、863计划项目、国家科技支撑计划项目、国家科技重大专项、国家重大科学仪器设备开发专项、国家自然科学基金重点项目等各级各类科研课题1800余项，取得了一大批高水平研究成果，获国家科技进步二等奖4项，省部级及以上科研成果奖156项，为推动科技进步以及电力工业和地方经济建设与发展作出了重要贡献。

学校先后与美国、日本、英国、俄罗斯、韩国、德国等国的高校或科研机构开展了多种形式的科技和学术交流。1998年获批培养外国留学生。2000年，国务院学位办批准学校与美国犹他州立大学合作举办国际经济与贸易专业本科教育项目。2012年，教育部批准学校与英国史萃克莱德大学合作举办电气工程及其自动化专业本科教育项目。2011年，学校获批为国家留学基金委青年骨干教师出国研修项目实施院校。2013年，经教育部批准成为中国政府奖学金来华留学生接受院校。

学校先后被授予全国文明单位、全国文明校园、全国厂务公开民主管理先进单位、全国民族团结进步模范集体、全国模范职工之家、“全国毕业生就业典型经验50强高校”、吉林省先进基层党组织等荣誉称号。涌现出全国先进工作者、全国优秀科技工作者、全国职工职业道德建设先进个人、全国三八红旗手、全国优秀思想政治工作者、全国优秀党务工作者等一大批先进教师群体和以全国大学生自强之星标兵等为代表的优秀大学生群体。

“十三五”期间，学校以办人民满意大学，培养社会主义事业合格建设者和可靠接班人为目标，深入实施“人才强校、创新驱动、特色发展、开放合作”战略，继续解放思想，与时俱进，开拓创新，为建设特色高水平应用研究型大学而不懈奋斗。

领导班子

党委书记：李国庆

校长：蔡国伟

党委副书记：李忱

纪委书记：李东玲

副校长：王建国、关晓辉、王庆洲、孙灵芳

党建工作 2020年是极不平凡、极其难忘的一年，是全校上下面对大疫大考，勠力同心战新冠肺炎疫情、抓改革、促发展、强党建的一年。学校坚持以习近平新时代中国特色社会主义思想为指导，认真贯彻落实习近平总书记视察吉林重要讲话重要指示精神和关于高等教育的重要论述精神，在省委省政府正确领导下，领导班子主动担当作为，推动党的全面领导体制机制更加健全，治理体系和治理能力现代化水平持续提升，教学、科研、学科、师资队伍和党的建设等各项工作取得新成效，“十三五”规划圆满收官，全校师生员工在风雨考验中交出了一份满意的答卷。2020 年，学校获评“全国文明校园”称号，一个党支部入选“全国党建样板党支部”，学校党委入选“全省党建示范高校”。学校成功入选“吉林省特色高水平应用研究型大学”，工程学学科入选全球 ESI 前 1%。学校入选国家科技部“国家创新人才培养示范基地”。

（1）全面提升党的建设质量。深化“对标争先”行动，学校党委获批“全省党建示范高校”，基层党组织中获批全国党建“样板支部”、全省党建“标杆院系”和全省党建“样板支部”各 1 个。举办学生支部书记网络班和“双带头人”支部书记培训班各 1 期，“双带头人”支部书记比例达到 100%；实施学生党建“栋梁工程”，探索党校教育“分级施教”模式，构建起校、院、支部三级联动培养学生党员和积极分子工作机制；组织召开学生党建研讨会和基层党建研讨会；创立支部“月报”制度。抓好新冠肺炎疫情防控期间基层党组织建设，确保新冠肺炎疫情期间党的领导到位、组织作用发挥到位，在湖北等四省成立 7 个疫区临时党支部。

（2）切实推进思想政治工作创新发展。完成全省“三全育人”综合改革试点高校的试点建设工作。开展“奋斗担使命　青春建新功”“新时代、新思想”等专题教育 6 项。加强网络思政教育，开展网上“四史”学习教育竞答活动，有 4.7 万余人次参与；开设“思政微课堂”，有 7.6 万余人次参与；注重利用抗疫大课堂大教材开展学生思政工作，制作了 13 集“思政战疫”系列微课，全部被全国高校思政备课网平台收录并展播。学校获 2019 年吉林省易班共建高校；2 名学生获评第三届全国百佳心理委员，1 名教师获全省思政课教师年度影响力人物，1 个项目荣获全国志愿项目服务大赛金奖。

（3）扎实推进脱贫攻坚巩固提升计划。扎实推进“党建＋”帮扶模式，印发《抓党建促脱贫攻坚决战决胜工作实施方案》，扎实推进脱贫攻坚巩固提升计划，学校自 2016 年包保帮扶以来连续被省委组织部考核为优秀。贫困户人均年收入从 2016 年初不到 3000 元跃升至 2020 年底超过 1.7 万元，“两不愁三保障”问题得以全面实现，百姓幸福感、获得感、安全感大幅提升，巩固拓展脱贫攻坚成果同乡村振兴有效衔接。包保村先后荣获国家森林乡村、吉林省美丽乡村、延边州“魅力乡村”等。

（4）在抗疫大考中交出合格“答卷”。新冠肺炎疫情发生以来，学校党委坚决贯彻落实习近平总书记重要指示精神和党中央国务院决策部署，始终把师生生命安全和身体健康放在第一位，以高度的政治责任感、使命感，第一时间贯彻落实上级精神、第一时间制定工作方案、第一时间落实防控措施，建立起“三级书记抓防控”组织体系，形成了动态快速反应防控机制。领导班子靠前指挥，统筹推进新冠肺炎疫情防控与学校事业发展；全校师生员工讲政治、顾大局、敢担当，以高度的政治责任感和担当奉献精神，服从大局，听从指挥，紧密配合，日夜坚守，忘我工作，以实际行动主动融入抗疫斗争伟大实践，确保了学校教育教学工作和各项事业的有序运行和稳步发展。

（5）认真抓好精神文明建设和宣传思想工作。学校获评“全国文明校园”，充分展示了学校精神文明建设的成果。注重宣传工作，创建“众志成城　抗击疫情”专题网站；中央电视台、学习强国等 30 家主流媒体发表学校新闻 300 余篇。2019 年度吉林教育好新闻评选中获奖 6 项，学校获中国教育在线院校品牌影响力奖。讲好“东电故事”，有力提升了学校的社会声誉和影响力。

（6）稳步推进党风廉政建设。召开全面从严治党暨党风廉政建设工作会议、全面从严治党专题会议 3 次，专题研究党风廉政建设工作 6 次。落实谈心谈话制度，先后开展了科级以上干部和专兼职纪检监察干部集体廉政谈话、基层党委（直属党总支）书记集体谈话、机关职能部门负责人集体谈话、新提任干部集体谈话等。加强对基层党委落实主体责任、意识形态责任制等情况的监督检查；夯实作风建设，不断加强纪律教育和廉政警示教育，开展第十一届廉政文化进校园活动等；积极推进学校纪检监察体制改革；所有基层党委均配齐配强纪检委员。注重提升内部审计监督效能，审计处荣获“全国内部审计先进集体”称号。

（7）扎实开展年度专题活动。创新实施“制度效能提升年”活动，切实提升了学校治理能力与治理体系现代化水平。校级“废、改、立”制度共 79 条，基层“废、改、立”制度共 619 条。着眼“十四五”谋篇布局，认真开展“战略规划年”活动，学校党委坚持开门问策、集思广益，通过召开党委全委会议等方式，高质量推进了“十四五”规划编制与五个重要会议的筹备工作。

组织机构

1. 教学单位

共有14个学院，分别为电气工程学院、能源与动力工程学院、自动化工程学院、化学工程学院、经济管理学院、建筑工程学院、计算机学院、机械工程学院、理学院、外国语学院、艺术学院、输变电技术学院、马克思主义学院、体育学院。

2. 非教学单位

（1）党政管理部门（24个）：党政办公室、校友工作办公室，组织部、统战部、党校，党委宣传部，纪委（监察专员办公室）、党委巡察工作办公室，审计处，学生工作部、学生处，工会，团委，教务处，科技产业处，党委教师工作部、人才工作办公室、人事处，计划财务处，资产处，招生就业处，保卫处，离退休工作处，档案馆，信息化办公室，党委研究生工作部，研究生院、学科建设办公室，国际合作处、港澳台办公室、国际交流学院，国家大学科技园管理委员会办公室，教学质量监控与评价中心，教师教学发展中心。

（2）教学辅助单位（6个）：继续教育学院，图书馆，学报编辑部，校医院，后勤保障部，工程训练教学中心。

3. 科研单位（省级及以上科研平台、基地）

共有38个，分别为电力系统安全运行与节能技术国家地方联合工程实验室、多能源互补高效供能管理技术工程实验室、现代电力系统仿真控制与绿色电能新技术教育部重点实验室、油页岩综合利用教育部工程研究中心、能源高效洁净开发利用重大需求协同创新中心、新能源发电利用重大需求协同创新中心、热能利用系统节能重大需求协同创新中心（立项培育）、输变电工程安全技术重大需求协同创新中心（立项培育）、吉林省油页岩综合利用科技创新中心、吉林省现代电力系统仿真控制与绿色电能新技术重点实验室、“智能电网和新能源”成果转化平台、吉林省火电机组节能减排工程技术研究中心、吉林省电力大数据智能处理工程技术研究中心、吉林省生物质清洁转化与高值化利用科技创新中心、精密驱动智能控制国际联合研究中心、吉林省油页岩综合利用工程研究中心、吉林省新能源发电联网运行与控制技术工程研究中心、吉林省节能与测控技术工程实验室、吉林省输电工程安全技术工程实验室、吉林省智能电网信息技术工程实验室、吉林省新能源电网智能化运行与控制工程实验室、吉林省人工智能及能源电力应用工程实验室、吉林省现代电力系统仿真控制与绿色电能新技术重点实验室、吉林省油页岩综合利用工程研究中心、吉林省电站水处理技术工程研究中心、吉林省油页岩综合开发利用高端科技创新平台、吉林省电力储能与环保材料重点实验室、能源互联网信息技术实验室、能源大数据分析及智能计算重点实验室、智慧能源先进控制技术实验室、新能源产业吉林省校企联合技术创新实验室、吉林省电力电子产业公共技术研发中心、吉林省金属成型模具产业公共技术研发中心、吉林省服饰文化研究中心（文科基地）、吉林省能源经济发展战略研究中心（智库）、能源经济研究中心（文科基地）、吉林省能源发展研究基地（文科基地）、吉林省社会科学重点领域（服装领域）研究基地（文科基地）。

4. 省级及以上普通高校实践基地、实验教学示范中心

共有16个，分别为电气工程实验教学中心、能源动力工程实验教学中心、电力工业生产过程虚拟仿真实验教学中心、电工电子基础实验教学中心、工程训练中心、水质分析与水处理技术实验教学中心、土木工程实验教学中心、能源与动力工程实验教学中心、IT实训实验教学中心、热工自动化实验教学示范中心、艺术类实验教学示范中心、经济管理实验教学中心、物理实验教学中心、数值计算及软件开发实践基地、电气工程创新训练中心、东北电力大学科技园。

主要事件

（1）1月，自动化工程学院学生第二党支部获评“全国党建工作样板支部”培育创建单位。学校获批“全省党建工作示范高校”培育创建单位。电气工程学院党委获批“全省党建工作标杆院系”培育创建单位。电气工程学院电力工程系党支部获批“全省党建工作样板支部”培育创建单位。

（2）3月，入选“吉林省特色高水平应用研究型大学”。

（3）4月，学校学生在2020年美国国际大学生数学建模竞赛与交叉学科建模竞赛中荣获特等奖（获奖比例0.18%），在各类学科竞赛中获省级及以上奖项467项，其中国家级奖129项。

（4）5月，学校工程学学科入选ESI全球前1%。

（5）5月，学校入选国家科技部“国家创新人才培养示范基地”。

（6）5月，学校获评“吉林省人才培养改革示范高校A类高校”，学校教务处获评“吉林省振兴本科教育标杆教务处”。

（7）11月，荣获“全国文明校园”称号。

（8）11月，蔡国伟教授荣获“全国先进工作者”荣誉称号。

（9）学校教师发表的5篇论文入选ESI热点论文，21篇论文入选ESI高被引论文。获批国家自然科学基金联合基金项目1项。

（10）学校电气工程及其自动化、能源与动力工程、自动化、计算机科学与技术4个专业获批国家级一流本科专业建设点。电气工程及其自动化、自动化2个专业通过工程教育专业认证。

（胡脩实）

【上海电力大学】

单位概况 上海电力大学是中央与上海市共建、以上海市管理为主的全日制普通高等院校。学校创建于1951年，1985年1月升格为本科，更名为上海电力学院，2018年12月，经教育部批准更名为上海电力大学。学校有杨浦、浦东2个校区。设能源与机械工程学院、环境与化学工程学院、电气工程学院、自动化工程学院、计算机科学与技术学院、电子与信息工程学院、经济与管理学院、数理学院、外国语学院、国际交流学院、高等职业技术学院、继续教育学院（含上海新能源人才技术教育交流中心）、马克思主义学院、体育部等14个院部。有动力工程及工程热物理、电气工程、化学工程与技术、物理学、信息与通信工程、控制科学与工程6个一级学科，动力工程、电气工程、控制工程、工程管理、计算机技术5个硕士专业学位授权点，电气工程学科博士学位授权点。在编教职工1100余人，其中专任教师801余人，有全国优秀教师1人、全国优秀骨干教师称号1人、教育部优秀人才奖励计划1人、教育部新世纪优秀人才支持计划3人；上海市领军人才1人、上海市优秀学科带头人1人、上海市教学名师3人、上海市宝钢优秀教师奖12人、上海市育才奖38人次。全日制在校生12000余人。

2020年，面对突如其来的新冠肺炎疫情，学校以习近平新时代中国特色社会主义思想为指导，认真落实立德树人根本任务，主动服务国家战略、行业发展和上海需求，团结带领全校师生共克时艰，全力以赴做好疫情防控，统筹推进各项事业全面发展，在高水平地方应用型大学建设中迈出了坚实的步伐。

学校以高质量党建推动学校事业高质量发展，统揽全局制定“三步走”中长期发展战略，固本强基提升基层党组织政治功能和组织力，“全国党建工作样板支部”电子科学教工党支部以党建引领学科发展、助力人才培养成效明显，被《光明日报》等媒体报道；深化落实全面从严治党，组织开展首轮校内巡察工作。学校细致落实校园疫情防控各项工作，确保广大师生的健康安全，圆满实现了“停课不停教、停课不停学”，全校各项工作如期推进。学校克服疫情影响，整体就业率居上海高校前列，大幅度领先于全国平均水平。科研总量与质量同步提升，多项数据创历史新高，整体科研水平提升的可持续性初步显现。

领导班子

校党委书记：李明福

副书记：李和兴　李艳玲　翁培奋　徐凯

校长：李和兴

副校长：徐凯　封金章　符杨　黄冬梅

总会计师：张川

主要工作

1. 凝心聚力、夯实内涵，有力推进高水平地方应用型大学建设

（1）协同制定“三步走”施工图，编制“十四·五”规划方案。以学科建设龙头发展为引领，深入研究教育部学科评估、上海高校分类评价等外部高校重要评价指标体系，持续推进“三步走”中长期发展规划总施工图与分施工图的协同制定工作，制定完成了由总规划与11个专项规划组成的“十四·五”规划方案初稿，并通过学校门户网站、上海电力大学公众号平台开展“我为上电绘蓝图（2021—2025年）”——“十四·五”发展规划意见征集活动，广开言路，借智借力，规划编制的过程成为集思广益、统一思想、凝聚共识的过程。

（2）加强分类评价研究，超预期完成高水平地方应用型大学建设工作。加强高水平地方应用型大学建设制度保障，健全内部管理体系，圆满完成上海市教育委员会和上海市财政局对高水平大学建设2019年项目的绩效评价工作及2020年项目的评审工作，顺利完成2020年上海高校分类评价数据采集工作并通过上海市教育委员会的公示监督，学校分类评价结果连续三年位居同类高校前三。

2. 协同推进、教学相长，全面构建“五育并举”育人体系

（1）未雨绸缪，圆满完成招生与就业工作。圆满完成春季高考、秋季高考、高水平运动员招生、三校生高考、中本贯通转段等各类招生工作。在全国31个省（自治区、直辖市）录取本科生2717人，录取分数在2019年的基础上均有所提升，其中部分省（自治区、直辖市）生源有跨越式提升；全额完成硕士研究生1230人、博士研究生10人的招生任务，专硕占比达47.5%。

就业工作保持同类高校前列。本科就业率达94.54%，超出上海市高校本科平均就业率4.08个百分点，超出全国高校本科就业率17个百分点；研究生就业率99.16%，名列上海市各培养单位前茅，专业对口率93.14%；26名湖北籍学生、54位建档立卡学生、21位未脱贫贫困县学生实现了100%就业。

（2）贯彻“三位一体”育人理念，不断加强专业与课程建设。全面推进课程思政教育教学改革，贯彻“价值引领、能力达成、知识传授”三位一体育人理

念，立项建设课程思政试点项目 66 项；开展课程思政教学案例展演、课程思政示范课评选活动等；以“新工科”建设为引领，推出“厚基计划”，从全国性课程共享平台引进 70 余门优质通识选修课程；制定完善教育教学成果奖励办法，开展校级教学成果奖评选工作。

全面推进专业认证工作，自动化专业通过工程教育认证，能源与动力工程专业通过德国 ASIIN 专业认证；对接国家紧缺的集成电路领域，顺应国家能源互联网的整体发展，获批“集成电路设计与集成系统”“能源互联网工程”和“能源服务工程”3 个新工科专业；获批能源与动力工程、电子科学与技术、自动化、计算机科学与技术等 4 个国家级一流本科专业建设点；获批 4 个上海市级一流本科专业建设点；获得 2 项教育部新工科研究与实践项目。

（3）重应用强实践，创新创业教育成果凸显。举办第一届“科技园杯”大学生创新创业大赛，培育选拔创新创业人才；“智能制造实训平台”投入实训教学，举办大学生工程训练综合能力竞赛。获第十二届“挑战杯”大学生创业计划竞赛上海市金奖 2 项，并顺利入围国赛；获第十三届全国“节能减排”大赛一等奖，学校获评优秀组织奖；获上海市“知行杯”暑期社会实践大赛一等奖；获全国大学生数学建模大赛一等奖以及唯一的“Matlab 创新奖”奖杯，获奖总数在全国名列前茅，学校获评优秀组织奖。

加强原有研究生工作站点合作，新签订林洋集团、光力科技集团、国网信通等工作站，拓宽研究生实习实践和就业渠道；构建“学科竞赛为载体、创新思维为导向、能力培养为目标”的创新人才培养模式，研究生培养质量显著提升，获批上海市研究生教育创新计划项目 8 项，入孵项目数创新高，在上海市所有高校中并列排名第四。

（4）多管齐下，全面推进学风建设和第二课堂育人。加固学生四级管理网格，深挖战“疫”育人元素，组织战“疫”系列主题教育活动；加强学风建设，持续推进“致远计划”的进一步实施等。

全校涌现出 488 名抗疫志愿者，在疫情防控战斗的第一线尽己所能、奉献青春；85 名上电“小叶子”以饱满的热情投入到进博会志愿服务工作中；推进“互联网＋美育”网络教学，举办“一路奋进、一路歌”美育系列大讲堂；创编校园文化精品剧目《我的父亲王孝和》；开设线上体育课程，根据学生居家锻炼的实际需求，组织编排篮、足、排、武术等锻炼指导小贴士；举办迎新杯羽毛球比赛、乒乓球比赛、网球比赛、第 26 届运动会等赛事。

3. 引育并举、奖惩并用，不断加强师资队伍和师德师风建设

（1）奖惩并用，不断加强师德师风建设。建立健全制度体系，修订《上海电力大学教师师德失范行为处理办法》等，严守师德师风底线，在教师选聘、职务晋升、评优奖励、年度考核等环节实施“师德一票否决制”；组织推荐申报全国教书育人楷模、上海市“四有好老师”、上海市宝钢优秀教师奖、上海市脱贫攻坚奖励等；组织召开教师表彰大会，表彰国家级、市级和校级项目 30 多项 100 余人次。

（2）引育并举，不断加强师资队伍建设。实施《上海电力大学高层次人才引进管理办法》，全职引进国家级、省部级人才、紧缺专业人才 9 人；获批上海市高层次人才 3 人次；实施《上海电力大学“上电之翼”青年人才打造计划》；获批上海市曙光计划 1 项、上海市优秀学科带头人 1 项，上海市启明星计划 1 项，上海市浦江计划 1 项，上海市扬帆计划 4 项；有序开展教师特色培训，实施“教师专业发展工程”，重点实施“工程实践名师”及“双师计划”。

4. 布局谋划、以点带面，推动学科建设及产学研合作提档升级

（1）学位点建设稳步推进，积极做好第五轮全国学科迎评工作。在上海市新增学位点评审中，动力工程及工程热物理、化学工程与技术、能源动力 3 个博士学位授权点，翻译、材料与化工 2 个专业硕士学位授权点均高票通过评审，且已上报教育部等待评审。

对照第五轮全国学科评估指标要求，正式启动动力工程及工程热物理、电气工程、化学工程与技术、物理学等 4 个一级学科点的第五轮学科评估迎评工作。细致制订工作方案，对参评学科多次进行研讨分析和对标建设，部署动员各相关学科完成全面摸底、自查自评，不断强化学科建设管理，确保建设成效。

全面推进服务国家能源电力战略的学科内涵建设，依据“能源电力学科龙”学科规划，制定具有可操作性的学科规划实施行动方案，基于学科分层分类发展的原则，明确各学科重点方向的实施路线与建设目标任务。

（2）强化攻关能力，科研领域实现多个突破。科研攻关能力取得新提升，始终把科技创新作为推动高水平大学建设的源泉和动力，坚持以服务国家战略、行业需求和地方社会经济发展为牵引，科研攻关能力与服务行业、区域的能力显著提升。2020 年，企业产学研项目合同额较 2019 年增长 14.2%。获得省部级及以上和行业协会科技成果奖励 20 项，含牵头行业学会一等奖 2 项，创历史新高。新增材料科学学科进入基本科学指标数据库（ESI）前 1%，学校位居中国大陆高校 ESI 人均高被引论文数量排行榜第 114 位（2020 年 9 月）。技术转移中心积极承办“首届长三角技术转移协作网络年会暨 2020 上海技术经纪人新年论坛”“2020 智慧电厂论坛（第一期）”等大型会议

论坛，拓展了行业影响力与成果转化渠道，科研成果转移转化金额较 2019 年增长 36%。

在科研总量提升的同时，学校在多个领域实现突破。上海智能电网技术研究协同创新中心获批 2020 年教育部省部共建协同创新中心；学校教授主持申报的两项科研项目分别获批国家自然科学基金委联合基金重点支持项目和国家重点研发计划课题；学校教授牵头承担临港综合能源规划，并得到临港新片区管委会的高度评价；学校教授获上海市优秀学术带头人；学校首次作为第一单位在 Nature 子刊 Nature Communications 上发表论文；学校首次完成百万金额的成果转化项目。

（3）继续教育助力产教融合，服务国家能源和区域发展战略。主动对接服务临港、服务国家 2035 智能制造，探索“企业需求、政府资助、学校服务”的政产学协同机制，设计与运作了“继续教育学院＋N 跨学院”的培训方式。与特斯拉大学以“产教融合”为共同需求，建立了为企业“订单培训”技术员工模式，策划并举办“上电/特斯拉日”，获得社会主流媒体的广泛关注和报道；继续教育学院被邀请筹建“中国电力教育产教融合专业委员会”；通过“战略合作”“校企联盟”等形式建立企业合作关系，先后举（承）办了具有国际影响力的“第十四届国际太阳能光伏与智慧能源上海论坛”“中德能效提升云论坛”“中国风电产业发展大会”等。

（4）克服疫情影响，推进国际国内多方合作。增加国际学分互认高校；承办第二届“一带一路电力高校国际能源电力商业模拟大赛”，线上召开“第五届能源与环境研究进展国际学术会议”等国际会议；建设基于工科、经济和管理学科的全英文项目；扩大国际学生生源，优化国际学生生源结构。

迈出沪豫两地政府倡导的高等教育合作步伐，与对口学校华北水利水电大学进行对接洽谈；与中央军委后勤保障部军需能源局、中国人民解放军陆军工程大学、中国人民解放军陆军勤务学院等开展密切合作；接待国网综合能源服务集团有限公司、南京工程学院、中国华电集团公司上海分公司等政府、高校及行业企业考察团等十余单位来访交流；联络京、陕、川、闽、沪、浙、豫等地高校与企业，促进就业、招生、合作等对接；与中国华电集团公司上海分公司签署了新一轮战略合作协议。

5. 立足服务、规范管理，不断加强内部治理体系和民生保障工程建设

（1）加强内部治理机制建设，提升依法治校水平。落实依法治校创建要求，进一步加强制度性文件废改立，不断提升治理水平和办事效能，不懈增强师生法治观念，完善师生权益保障机制，营造体现法治精神的校园文化环境，推动依法治校水平再上新台阶，学校获批“上海市依法治校示范校”。推进学校内部控制体系运行，完成 2020 年版内部控制管理手册和内部控制制度汇编等，推出招标采购工作改革方案，落实资产自主处置方案，持续推进实施实验室安全准入机制。

（2）关注新片区发展动态，建设美丽智慧新校园。学校深度关注临港新片区发展动态，对接区域发展战略和产教研融合项目，突出新基建概念及能源特色亮点，完善新校区三期建设规划方案，稳步推进三期建设项目建议书编制及申报工作；新校区功能性补充项目实施完成，智能微网已平稳运行两年，发电量达 480 多万 kWh。

（3）拓展图书馆服务功能，建立特殊时期信息化技术保障机制。完善了基于 ESI 的综合测评体系建设，推出两月一期的 ESI 学科比较分析研究报告；完成能源电力特色数字资源保障平台建设，提升信息化管理水平；拓展图书馆全方位育人功能，举办“上电悦读，书香战役”“大学生红色文化体验平台”等文化活动。

积极推进智慧校园信息化、智慧图书馆、智慧平安校园、智慧后勤等项目建设；搭建了海内外课堂同步直播平台、私用云平台，为线上、线下同步教学和改革等提供了有力保障。

（4）不断优化后勤管理服务职能，大力推进智慧平安校园建设。优化后勤管理服务职能，以“6T”学生食堂、“6T”学生公寓的创建为抓手，推进硬件设施和服务管理的标准化；制定并及时落实垃圾分类实施方案；完善后勤接报维修工作，增强学生劳动技能，培养节约意识。

大力推进智慧平安校园建设，完成学校应急指挥中心建设，获评上海市“安全文明校园”、上海市教育系统“2020 年度高校治安安全示范点”和上海市高校“智慧安防先进集体”等荣誉称号；坚持举办“国家公祭日”主题纪念活动，获评教育部“全国国防教育特色学校”和上海市“爱国拥军模范单位”荣誉称号。

主要事件

（1）5 月 6 日，时任国家电网有限公司董事长、党组书记毛伟明一行来校考察工作。学校领导介绍师资队伍、人才培养、学科建设与科研、产学研合作、国际交流等基本情况和成果、成效。国家电网有限公司领导介绍了公司加强疫情防控、助推复工复产、全力服务“六稳”、促进经济社会发展等情况。双方就进一步发挥各自优势，深化交流合作，共同推动能源电力行业高质量发展进行了交流。

（2）5 月 13 日，上海市杨浦区委副书记、区长薛

侃一行来校考察工作。双方就发挥各自优势、加强地校合作、推动学校深度融入创新杨浦建设进行深入交流。

(3) 5月20日，学校与上海外高桥第三发电有限责任公司共建的上海市“三全育人”校外思政教育基地和上海市高校学生职业（生涯）发展教育校外实践基地授牌仪式在上海外高桥第三发电有限公司举行，上海电力大学党委副书记、宣传部部长和上海外高桥第三发电有限责任公司党委书记、总经理等出席，双方以基地授牌为契机，围绕项目培训课时、培训范围、双证融通、党建交流学习等方面进行了交流。

(4) 9月19日，学校主办第五届能源与环境研究进展国际学术会议。英国、乌克兰、泰国、中国80余家高校、科研院所的160余专家学者参与，围绕“能源工程和技术”“环境科学和工程”“能源与电力供应系统”“能源资源利用和可持续发展”等研究领域展开线上讨论。

(5) 12月26日，上海电力大学等13所联盟成员高校在中国计量大学签署《长三角高水平行业特色大学联盟合作协议》，联合发布《长三角高水平行业特色大学联盟宣言》。上海电力大学作为发起单位之一，当选为联盟副理事长单位。该联盟通过召开特色学科研讨会、筹建科创中心和大学联盟科技产业园、开展教师访学、联合培养本科生和研究生、建立大型仪器设备和图书资源共享机制、开展学生科技创新和文体活动等方式，助力长三角高水平行业特色大学提升办学实力和社会影响力，更好服务与支撑行业发展与区域发展。

【中共国家电网有限公司党校】

单位概况 中共国家电网有限公司党校（国家电网管理学院）［简称国网党校（国网管理学院）］作为公司党组的重要部门，公司党的政治学校，是公司领导人员党性教育“主阵地”、党建理论研究“制高点”、服务党组决策“智力库”，是公司学习研究宣传贯彻习近平新时代中国特色社会主义思想的重要阵地，宣贯推进公司发展战略的重要渠道，树立公司品牌形象的重要窗口，担负着公司党组管理领导人员和优秀年轻领导人员的教育培训、领导力开发研究和应用、企业党建理论研究和实践探索、党风廉政建设研究的重任，为公司建设具有中国特色国际领先的能源互联网企业战略目标提供人才与智库支撑。

国网党校从属于中央党校国资委分校序列，前身是成立于1980年10月的中央党校中央国家机关分校电力部班；1994年12月，中共电力工业部党校成立；1998年8月更名为中共国家电力公司党校；2002年12月更名为中共国家电网公司党校；2009年12月国家电网管理学院成立。2020年5月，公司党组将国家电网管理学院（中共国家电网有限公司党校）正式更名为中共国家电网有限公司党校（国家电网管理学院）。

国网党校（国网管理学院）设有236间学员公寓，1个最大可同时容纳700余人的报告厅，17间会议室和研修室，1个藏书3万余册的图书馆等服务设施。配备专业音、视频、网络及会议设备，领导力测评、数字化校园及公司统一推广的各类应用系统，整体完成信息化企业验评，可为广大学员提供优质的学习环境与便利的学习条件。

人力资源 国网党校（国网管理学院）实行两块牌子、一套人马、一体化运作，下设9个部门，其中，挂靠部门1个（领导力开发研究中心），职能部门2个［综合管理部（纪委办公室、巡察办）、财务资产部］，业务部门5个［教务管理部、培训开发部（党校部）、党委党建部（党委宣传部、企业党建研究中心）、党风廉政建设研究中心、知识管理中心］，支撑部门1个（后勤保障部）。

截至2020年底，国网党校（国网管理学院）全口径用工163人，其中长期职工52人（含领导班子成员），短期职工102人，劳务派遣用工9人。长期职工中，中共党员50人，占比96%；平均年龄为39.63岁，35岁以下人员23人，占比44.23%；全日制研究生学历35人（博士16人），占比67.30%；具有高级职称28人（正高级职称5人），占53.84%，具有中级职称16人，占30.76%。

2020年，国网党校（国网管理学院）共有15个先进集体和个人获公司及外部表彰，其中国网党校（国网管理学院）连续3年获先进企业大学称号，2个支部获公司党建工作专业标杆，1名员工获公司抗击新冠肺炎疫情先进个人，1名员工当选公司劳动模范，国网党校校歌获公司原创歌曲大赛优秀创作奖等多项表彰。

领导人员教育培训 做好领导人员教育培训工作，推动习近平新时代中国特色社会主义思想扎实有效进教材、进课堂、进头脑，引导学员学出忠诚品质、学出自信担当，真正把学习成果转化为谋划工作的思路、促进发展的举措和改进工作的本领。克服疫情不利影响，推进教学组织实施，坚持培训内容“主题+专题”相结合、培训形式“线上+线下”相结合、培训布局“主校+分校”相结合、培训课程“理论+实践”相结合，联合4所分校开展6期公司党组管理领导人员培训，与中央党校共同组织公司系统党校负责人培训班。组织公司2020年青年干部培训，落实疫情防控和中央党校“五不准”要求，实行全封闭管理，打造“无手机”课堂，坚持班主任24小时跟班，确保培训高质量实施。针对疫情常态化防控新形势，拓展培训资源，创新培训教学手段，强化培训效果评估，发挥“网上党校”平台优势，先后上线课程1300余门，服务公司党组及各级党委管理领导人员共计51万余人次、73万余学时，相关做法被学习强国等20余家媒体刊发报道；开展2期组织人事线上培训，举办公司党组管理领导人员“学习贯彻党的十九届四中全会精神网络培训班”、总部党支部书记网络培训班，连续7个月、组织4期共18讲领导人员“云课堂”直播教学，全方位提升培训实效性。

科研创新　企业党建研究。深化企业党建理论研究和实践探索。参与并完成中央办公厅《共产党员服务队建设》课题研究任务。开展《传承红色基因、推进国内一流企业党校建设》研究，举办“厚植党建优势、传承红色基因、推进一流企业党校建设”论坛，发布学习手册、案例集、课题集等成果。制定实施系统党校年度党建研究计划，推进合作研究50余项课题。构建“1＋2＋18”廉政研究课题体系，立项社科院重点调研课题，完成《政治生态评价体系研究》等2项公司重点课题；牵头举办中央企业党风廉政建设评价研讨会、国有企业加强政治生态建设论坛，《一体推进“三不”的策略与企业实践》获“第八届电力企业管理创新奖”论文一等奖。

领导力研究。深化领导力研究和成果转化。牵头开展并完成中组部“中央企业领导人员任职和公务回避问题研究”、国资委“中央企业外部董事队伍建设研究”课题，成果得到上级部委肯定；深化领导人员成长规律研究，协助公司组织部开展公司领导人员队伍建设“十四五”规划编制，形成《公司领导人员队伍建设分析报告》。加强测评咨询服务能力建设，为公司系统16家单位、上千余人次提供服务，现代人才测评专著获“优秀教材成果奖”。自主研发的“领导人员大数据分析研究平台”等2项成果获国家软件著作权认证。

智力库建设　深化科研智库管理和机制完善，建立课题申报、项目立项、过程管控、成果评估、转化应用的闭环管理体系。完善科研考评、智库管理等机制，加强科研数据动态分析。出台公司系统党校智力库建设指导意见，遴选国网党校核心研究成果，实现知识成果的增值、传承和传播。增强贯彻落实公司战略的自觉性和执行力，强化与哈佛商学院交流合作，以“获得电力指标跃迁”为主题开发视频案例并在其线上平台投放。制作公司战略落地及国网党校（国网管理学院）相关成果宣传片并在2020年世界互联网大会“互联网之光”博览会上专题展示，宣传国网战略、发出国网声音，提升品牌形象和影响力。联合中国企业高管培训发展联盟，组织召开有15家中央企业党校负责人参加的“十四五”发展规划研讨会，以“共创”形式推动中央企业党校战略落地实施方案及“十四五”规划编制。推进“创客营”，形成公司党组管理领导人员“访谈式”、青干班“研究式”双线共创模式，相关成果以《工作参阅》形式呈报公司领导及总部部门，为公司党组决策提供支撑，并获评公司2020年度管理创新推广成果。

系统党校建设　构建协同发展格局，组织举办公司系统党校工作座谈会，国网党校（国网管理学院）班子成员分别率队赴系统党校开展专题调研，召开西北、东北等区域党校研讨交流会。探索运用“1＋N＋N”（国网党校＋各二级单位党委＋系统党校）工作模式，与国网上海、江苏、浙江、福建电力等二级单位党委签署战略合作协议，深化“1＋N”内涵，共同推进一流企业党校建设。发挥龙头带动作用，制定下发系统党校工作要点，编印公司领导人员和青年干部培训课程体系和教学大纲。制定下发《关于示范指导协同推动系统党校共建一流的十条举措》等制度文件，提供全面指导。评选发布首批“一流企业党校示范单位”和首届“名师名课”。国网党校西安分校“创建国有企业党建工作实践教研室和示范基地”工作得到时任中央党校主管日常工作的主要领导充分肯定并作出书面批示。搭建共创共享平台，研发公司党校核心办学平台，分阶段在公司系统党校推广部署。整合公司系统党校优秀骨干力量，组建柔性研究团队，联合开展课题研究、案例开发和平台共建。加大师资、课程、红色教育资源共享，实现系统党校集约化、一体化、协同式发展。在人民党建云、国网党校网站及公众号等宣传平台及时推广展示公司系统党校典型经验成果。

党的建设和精神文明建设　全面发挥党组织重要作用，推进“基层党建巩固提升年”5大类23条工作任务，开展党员“一带二”和党支部结对联创活动，各党支部和党员在重要任务和急难险重工作中全面发挥战斗堡垒和先锋模范作用，共产党员服务队在疫情防控中彰显担当，完成公司重大会议等服务保障任务。强化纪律保障，组织32人次廉政约谈，发布重大节假日期间廉洁提醒5次，公司巡视、审计问题全部整改完毕。推进校务公开，开展“我为企业献一策”活动，4次召开员工代表民主会议研究涉及员工切身利益的重大事项。丰富员工生活，举办公司系统党校书法绘画作品展，成立7个兴趣小组常态开展活动，参与“国网好声音”原创歌曲大赛。完成工会、团委换届及退休人员社会化管理实质性移交。提升国网党校综合影响力，突出红色基因改版网站，推动媒体融合升级党建云平台，推出彰显国网党校特色微信公众号。国网党校（国网管理学院）团委开展“‘党校青年强担当，展望未来干精彩’——系统党校青年寄语党校未来”活动，共收到来自公司系统党校26家单位140余件作品，形成统一成果在平台上集中展示。推出“办好网上党校　服务公司战略”等系列专题片，组织“战疫情，党校在行动”专题宣传活动，开展“党校校长谈”系列专题宣传，举办公司系统党校建设成果展。

（徐俊波）

【国家电网管理学院】

同中共国家电网有限公司党校。

【国网大学】

单位概况 国网大学（国家电网有限公司高级培训中心、国家电网有限公司团校）［简称国网大学（国网高培中心）］，是公司直属的教育培训单位，是公司专业管理人员以及高素质、复合型、国际化人才的培养基地，为公司建设世界一流企业、服务国家经济社会发展提供坚强的人才保障与智力支持。

国网大学（国网高培中心）位于北京市海淀区清河，占地86亩，建筑面积约7万m^2，有报告厅3个，教室15间，研修室18间，餐厅7个，学员住宿房间805间。教学培训设备完善、设施先进，拥有配套的教学楼、学员公寓、学员餐厅和活动场所等，建有图书馆、演播教室、教学研究实验室、教学机房、一体化电化教学、课堂直播点播、电视电话会议、安保监控等系统，实现校园WiFi全覆盖。构建培训生态，满足专业部门、各单位个性化、特色化培训需求，对接外部优质高端平台，实现培训资源共享互济。

国网大学（国网高培中心）下设10个部门：综合管理部（党委办公室）、教务管理部、教学研究部、教学培训部、信息技术部（数字化培训运营中心）、案例开发中心、国际交流合作部、党委党建部（监察审计部、团校工作部）、财务资产部和后勤保障部。

人力资源 截至2020年底，国网大学（国网高培中心）共有员工320人。其中，长期职工66人（含领导班子7人），短期职工213人，劳务派遣41人。长期职工中，高级职称36人（正高级9人），中级职称16人，初级及以下14人；硕士及以上学历57人（博士10人，硕士47人）。本科及以下学历9人。1人获公司劳动模范，2人获公司抗击新冠肺炎疫情先进个人，1人获公司青年五四奖章，1人获公司优秀共产党员。

2020年，国网大学（国网高培中心）提拔重用三级单位正职级领导人员2人，新提任三级单位副职级领导人员3人，交流锻炼领导人员7人，优化队伍经历结构。6人获评正高级职称，覆盖工程、经济、会计、政工、外语多个专业，5名高校毕业生加入国网大学，人才当量密度保持较高水平。各年龄段人员得到统筹使用，队伍整体合力显著增强。80后比例超1/5。

经营管理 2020年，国网大学（国网高培中心）完成全年工作任务，累计实施线下项目189个，培训量6.6万人天、1.24万人次。举办线上培训项目342个，培训量353万人天、119万人次。国网大学“云课堂”学习平台注册学员64.5万人，最高日活跃数5.4万人，登录人次1045万，总点击量3714万次，学员累计学习2763万学时。培训计划完成率、重点培训项目完成率、培训资源开发任务完成率均达100%，培训及服务质量、网络大学应用服务质量、创新贡献任务完成率、综合影响力指数均优于考核指标。在2020年度公司企业负责人业绩考核中获得A级。

教学与培训 建立“六统一”“四个一”体系。搭建干部和专业管理人才培训架构，按照党的理论教育、党性教育、党中央重大决策部署、公司党组决策部署、通用管理、专业管理6大模块架构，深化“六统一”体系、“四个一”工程建设，形成覆盖公司全专业的512个培训项目、6732门课程、4017名师资、1031篇案例，构建教育培训高质量发展的“四梁八柱”。建立涵盖线上线下培训管理、培训资源开发等全业务流程的管理制度和技术标准，构建“信息化支撑保障、教学设施保障、后勤服务保障”三位一体的保障体系。

创新线上线下相结合新模式。丰富线上线下相结合的培训新模式内涵，实现在线方案设计、证书发放、问卷调研、学习积分等功能，实现教育培训全流程线上化管理，初步达到内部人才培养和外部全产业链供应链赋能结合、内部资源共享与外部资源集成结合、线上学习与培训管理结合、分散学习与集中学习结合、知识服务与知识管理结合，发挥数字化创新对提质增效的倍增作用。

打造高端旗舰项目。围绕党中央重大决策、公司党组决策部署，系统谋划精品项目，创新公开班培训组织模式，举办总部处室负责人培训、直属党委基层党支部书记培训、吉林电力青干班、青海电力青青班等精品项目。打造“国网大学讲坛”高端品牌，邀请魏少军、林乾、卜宪群等为中央政治局授课的专家，围绕全面建成小康社会、脱贫攻坚、“十四五”规划、“四史”等主题授课38期，2.7万余人次参加学习。

丰富培训方式方法。加强情景教学、案例教学、现场教学，创新“培训+论坛”方式，依托智慧教室教学系统，在培训项目中应用研讨式教学、3D模拟等教学方式，开展“管理思享汇”“青年剧场”等教学活动，推动培训方式从“平面化”向“立体化”转变，提高培训效果，满足员工多元化培训需求。

打造“教研咨智”一体化新格局。对接公司“新跨越行动计划”，参与公司十大战略课题研究，完成国资国企改革、人力资本全生命周期管理等国网大学十大战略课题，开发《国企改革“1＋35”文件汇编》30万字特色教材，编写《国家电网新入职员工手册》，出版《培训项目方案设计》专著。完成中央社会主义学院《“一带一路”与中外文明交流互鉴研究》课题报告，获得4项实用新型专利，发表2篇论文。完成《国家电网战略国网大学落地实施方案》和“十四五”规划初稿。

坚持“走出去”和“引进来”相结合。全年接待四川电力党校、北京国际金融研修院等14家单位来访调研，组织员工赴国网陕西电力、清华大学等5家单位调研学习，与华北电力大学、《培训》杂志、国网吉林电力、国网电商公司、国网国际公司、国网综能服务集团、英大传媒集团、中国电科院、国网能源院等单位签订战略合作协议。协办第11届清洁能源部长级会议与第5届创新使命部长级会议，受到各方高度肯定。在国网江苏电力挂牌首家国网大学案例研究基地，与哈佛大学、清华大学合作开发公司多维精益管理、国际化典型案例，与国网湖北电力合作开发“抗疫保电”主题系列案例。以理事单位身份加入中国教育发展战略学会产教融合专委会，举办能源互联网双创论坛、现代智慧供应链、电力市场主体等产业链培训，推动产业链上下游共同发展，打造能源互联网共进共荣生态圈。

数字化建设 “云课堂”新平台。注册一级域名，采用云服务架构，支持PC端、手机端、iPad端，涵盖线上线下、培训管理、资源共享和专区学习等模块功能，实现跨平台、跨终端、跨国界的同步课堂直播，为能源全产业链提供知识服务。创新“专区”模式，开发公司安全生产、战略宣贯等24个业务专区，为国网北京、河北、山西电力等19个单位设立培训专区，提供集约化知识共享和平台服务。“云课堂”平台5次纳入公司党组文件进行推广。

专区（专栏）特色服务。通过凝聚合作共识、方案策划先行、标准功能应用、资源权威共享、运营保障支撑，从功能策划、内容设计、后台服务为专业部门、省公司、直属单位提供个性化、特色化在线学习服务，建成专区（专栏）49个，支撑14个专业部门，覆盖19家单位，支持13家单位自主管理，初步形成分级分类运营体系。

直播服务。开展直播资源共享，通过“云课堂”在内网面向各级培训机构提供点对点直播服务，实现线下课程线上共享，推广应用至公司41家培训机构。提供课堂直播互动，利用国网大学“云课堂”及“国网大学SGU”微信公众平台双通道开展直播服务。完成课件快速开发，演播教室生成高质量视频素材，通过编辑后，可快速生成课件供平台学员学习。实现直播定向推送，根据用户推送不同内容直播服务。全年开展直播服务164次，累计直播时长23390分钟，累计直播观看人次近15万，单次最高在线观看人数12708人。实现“线上面授课”直播模式与知识类课程点播模式相结合，支撑国网科技大讲堂、安全生产月等直播活动。

安全管理 疫情防控。按照“一个提高、六个强化”总要求，建立疫情监测预警联动机制，成立疫情防控领导小组，常态化召开疫情防控领导小组会议，压紧压实防疫责任，做细做好防控措施。关注疫情情况，落实北京市和公司防控要求，院区出入管理实行“两查三消一登记”（查体温、查健康宝、手消毒、车消毒、快递物品消毒、出入登记），组织全员核酸检测，加大对办公楼、厨房、餐厅等重点区域的监管和防控，保持了“双零”目标，保证全体干部职工和参培学员安全。

安全生产。全面开展安全生产专项整治三年行动，深化源头治理、系统治理、综合治理，狠抓基建等重点领域安全生产，推进安全生产巡查，建立安全制度、标准、管理体系。创新安全管理人员培训，建设“云课堂”安全管理专区，滚动修编《习近平总书记关于安全工作论述摘编》，举办安全生产治理能力提升等培训班，4万余名学员参加学习。打造线上线下相结合的安全文化展示基地，推进“三管三必须”责任在全公司的传播与落地。

稳健经营。面对新冠疫情对线下培训业务的冲击，准确识变，积极应变，全面扩大干部员工线上培训，安全有序恢复线下培训，周密制定项目地图，最大化利用培训资源。紧密跟踪研判经营情况，提质增效，克服宏观环境的不利影响，多措并举实现稳健经营。

基础保障 落实公司党组部署，完成国调、华北调度、信通调度人员的封闭管理重任，为调度人员提供服务保障，为大电网安全稳定运行保驾护航。完善后勤服务机制，推进后勤班组清单化管理，开展后勤队伍“强本领、提素质”专项活动。加快建设智慧后勤，巩固特色服务项目，提升服务质量和水平。平稳完成退休人员社会化管理移交。工会、招投标、档案、信息、保密等工作完成。

党的建设和精神文明建设 党的建设。坚持以党的政治建设为统领，组织党委理论中心组学习23次，深入学习习近平新时代中国特色社会主义思想和党的十九届五中全会精神，引导广大干部员工不断增强“四个意识”、坚定“四个自信”、做到“两个维护”。牢固树立“抓好党建是最大的政绩”理念，重点做到“五个抓好”，在“六个持续用力”上下功夫，推进

"基层党建巩固提升年"各项工作，提升党支部标准化规范化水平。实施"党建+"工程，深化共产党员服务队建设，丰富"六微"活动，打造党建靓丽名片。贯彻中央纪委四次全会精神，落实公司党风廉政建设部署，制定"两个责任"清单，开展疫情防控、安全生产、"四个专项整治"等政治监督，组织廉洁风险隐患排查，加强对权力运行的制约监督，巩固风清气正良好政治生态。

党建培训。牢记央企姓党，制定公司系统12类党员教育分层分类培训方案，依托国网大学"云课堂"举办学深悟透习近平新时代中国特色社会主义思想等13期公开班，65万人次参加学习，推动党的创新理论进直播、进课堂、进头脑。建设"云课堂"党建专区、团校专区、纪检监察专区，开发50余个党性教育和警示教育线上基地，应用习近平新时代中国特色社会主义思想主题教育室、党性主题教育室，建好党的教育阵地。围绕团校"五阵地"建设，分级分层举办团组织负责人、团干部、团青专项培训，联合中央团校开展课题研究，举办"青马工程"示范培训，打造央企"青马"培训标杆，国网团校辐射力和影响力扩大。

新闻宣传。在中央主流媒体发稿14篇、外部媒体发稿220余篇，"国网大学抗'疫'教学两不误"等新闻被新华社、人民网等中央主流媒体广泛报道，公司"青马工程"连续2次受到中央电视台报道。深化精神文明建设，获得"全国文明单位""首都文明单位"，国网大学品牌价值提升。

（曹　祎　赵苗苗）

【国家电网有限公司高级培训中心】

同国网大学。

【国家电网有限公司技术学院分公司】

单位概况　国家电网有限公司技术学院分公司（简称国网技术学院）成立于2008年12月30日。根据公司党组决定，2011年12月31日，国网技术学院与山东省电力学校合并，实施一体化运作；2012年8月30日，国网技术学院设立成都、长春、西安三所分院；2014年7月10日，国网技术学院设立苏州分院；2017年1月20日，国网技术学院设立郑州分院，确立"资源共享、优势互补、分工明确、协调发展"的集约化大培训体系。2018年12月21日，国网技术学院完成转企改制工作。

国网技术学院主要承担公司新入职员工培训、高层次技术技能人才培训、紧缺人才培训、国际化培训、技能等级评价和职业教育，运营管理公司网络大学，是公司技术技能人才培养基地、全产业链培训服务平台、国际合作交流平台、职业教育发展研究中心、技能等级评价指导中心、网络大学运管中心（知识集成中心）（"一基地、两平台、三中心"）。国网技术学院占地1820亩，建成覆盖电网主要专业各类实训室（场）279个（间）、实训工位8340个、餐位7890个、床位11800个，年培训能力达200万人天。

人力资源　截至2020年底，国网技术学院共有职工552人，其中，专职培训师254人，硕士以上学历226人，副高级以上职称364人，各级各类人才54人，英语授课团队86人，64人获得ATD（全球性人才发展协会）国际培训大师资格。实施"教师素质能力提升年"专项行动，针对性开展师资"五力"（项目开发能力、教学实施能力、语言应用能力、思想引导能力、现场实践能力）评价及培训；通过组建创新工作室、建立科研团队、组织教学能力大赛、挂岗交流锻炼等方式强化师资队伍培养，努力打造专业型、专家型一流师资队伍，10名骨干教师当选山东省职业教育专家。

经营管理　树立"过紧日子"思想，落实28项重点任务和66条提质增效专项行动具体措施，确立线上收费标准；压实各要素成本标准，解决历史遗留问题，培育新的增长点；省管产业单位克服疫情困难，挖潜增效，超额完成年度市场化经营指标。健全院校融合制度体系、省管产业监管体系，开展合同管理专项检查，强化合规管理"三道防线"建设。探索构建"一次分配重结构、二次分配重业绩"绩效激励体系，推动形成干事创业浓厚氛围。

疫情防控　落实公司"一个提高、六个强化"部署和省教育厅各项防控要求，聚焦"一防、二控、三应急、四常态、五检查"，做到全员发动、联防联控。压紧压实防控责任，严抓细抓措施落地，规范、及时、有序处置各类突发应急事件，实现"双零"目标。聚焦疫情状态下青年心理特点，推动建立常态化疫情防控机制，持续从严学员学生管理，优化学管对标体系，深化健康教育、心理关爱和人本关怀，确保学员学生队伍健康平安。

战略落地　坚决贯彻落实公司战略，以务实举措和攻坚行动，全力推动公司战略宣传贯彻和衔接落地。全方位抓好战略宣传贯彻。围绕公司战略实施对职工队伍建设的新要求，发挥公司教育培训主阵地作用，用好线下线上两个平台，实施公司战略"三进"（进基地、进课堂、进直播）宣贯活动，助力打造与公司战略发展相适应的人才队伍。全过程抓好战略衔接落地。以公司战略为引领，丰富战略内涵，明确战略路径和战略举措，制定落实公司战略的"路线图"和"施工图"，实现公司战略分层衔接。

教育培训　举办各类培训154期、5.72万人次、78.45万人天（其中，新员工线上培训2期、1.76万人、24.7万人天，线下培训5期、1.68万人、40.96

万人天；技术技能线上培训 43 期、1.56 万人、10 万人天，线下培训 104 期、0.72 万人、2.79 万人天）。培训计划完成率 100%，培训质量及服务满意率 97.35%。完成职业教育授课 6.1 万学时，毕业生总体就业率 96.04%。网络大学累计登录 3251 万人次，在线培训 3810 万学时，运营支撑 11 个专业学院。国网技术学院教育培训工作列入《国家电网专报》呈送国务院，得到国家领导人批示。公司职业技能等级认定试点工作在国家人社部成功备案，完成首批 1.58 万名高级技师综合评审。牵头推进的职业教育“1+*X*”证书试点顺利通过教育部评审，首次获全国职业教育技能大赛教学能力比赛二等奖。

培训工作。针对疫情防控严峻形势，创新采取线上线下相结合教育培训模式，首次创办“新员工网上学堂”，首次开设“电网云学”直播课堂，合理安排培训周期，完成新员工和技术技能培训任务。承办公司变电运维竞赛、省管产业单位配电技能竞赛、保密知识竞赛等 4 项竞赛调考任务，探索建立“竞赛+轮训”人才培养新模式。线上举办“一带一路”电力能源高管人才、默拉直流输电线路运维骨干培训班，与南非国家电力公司签署人才培养合作备忘录，国际化业务取得创新成效。

职业教育。推进“双高”建设三年行动计划，深化“一体双育四化”职业教育发展新模式，年度 48 项重点建设任务完成。深化职业教育发展研究，统筹指导专业建设，出版《新时代职业教育改革探索与实践》，完成国家级供用电技术专业教学资源库年度建设任务，“1+*X*”证书推广应用工作推进。实施教材建设“106 双版工程”，开发职业教育校本教材 60 本，新员工培训教材 46 本。学生竞赛再创佳绩，11 人获得省部级比赛一等奖。

科技创新。制定“新跨越行动计划”实施方案，与中国电科院签订科技创新战略合作协议；创新举办“SGTC－TED 学术交流活动”，年度分享 50 个新技术新技能专题。获批中国电机工程学会科普教育基地，获全国电力行业设备管理与技术创新成果一、二等奖各 1 项、山东省高等学校科技优秀成果一等奖 3 项，授权专利 11 项，核心期刊及以上级别发表论文 30 篇，出版学术著作 5 本，2 本教材首次入选教育部“十三五”职业教育国家规划教材书目。

党的建设和精神文明建设　政治建设。始终坚持把党的政治建设摆在首位，严格落实全面从严治党要求，全力推动党建工作与中心工作深度融合，切实将党建优势转化为发展优势。

党建工作。落实“第一议题”制度，深入学习习近平总书记重要讲话精神和党的十九届五中全会精神，开展党委中心组集中学习 20 次、专题研讨 31 次，对中央和公司党组决策部署做到第一时间学习领会、贯彻落实。坚持“抓融合、聚合力，创一流、干精彩”，开展“基层党建巩固提升年”活动，在疫情防控、工程实施、稳健经营、改革发展各领域中实施“党建+”；聚焦“培训攻坚”主题加强一线典型事迹宣传，在凝心聚力中奋力书写奋斗答卷。

党风廉政建设。深入学习十九届中纪委四次会议精神，健全“四责联动”机制，持续完善集体议事规则、决策程序和配套制度，强化重大决策合法合规审核，组织年度党风廉政约谈。创新“三督三察三问”跟踪监督动态纠偏模式，深化决策部署落实情况督察，持之以恒正风肃纪，倒逼形成“落地见效、干就干好”的良好工作作风。

群团工作。企业文化教育实践基地建成投用，打造“文化铸魂、文化赋能、文化融入”“三位一体”企业文化教育实践模式。深化“五比双创”劳动竞赛，开展关爱活动，营造“创先争优、和谐和美”浓厚氛围。获中电联年度“先进会员企业”“最美团青组织”称号。

“十三五”工作回顾　国网技术学院始终秉持“为党育人、为国育才”办学宗旨，探索走出了符合中国国情、国网企情的企业大学改革发展之路。高举习近平新时代中国特色社会主义思想伟大旗帜，始终坚持社会主义办学方向不动摇，培养社会主义建设者和接班人；坚定不移服务党和国家工作大局，探索确立以创建“国际一流企业大学”为目标的战略体系，全力推进教育培训模式、业态、方式“三个转变”，建强“六大功能体系”，实现中央重大决策和公司战略部署落地。

国网技术学院主动践行“人才强企、教育兴业”办学使命，全力培养大批新时期“国网工匠”和“电力铁军”。坚持打造铁的纪律、培育职业素养、锻造工匠精神，聚焦培训工作的针对性和实效性，新建、改造各专业工种实训室（场）71 个，牵头制定公司技术技能人才培养标准，建立高端紧缺人才培训项目体系，开发特高压、智能电网等品牌培训项目 29 个，举办各类培训班 929 期、42.4 万人、620.56 万人天，综合实力和培训能力增强。

国网技术学院深化“产教融合、校企合作”办学特色，聚焦“政治引领、立德树人、文化育人”，推进“双高”建设，深化职业教育发展研究，打造“一体双育四化”职业教育新模式。对接产业发展需要，建成 6 大专业群，实施“定向+订单”式培养，形成大专生、定向生、五年一贯制学生分层培养、系统衔接的新型培养格局。累计完成授课 25.6 万学时，培养输送毕业生 2916 人，就业率始终保持在 95%以上。

国网技术学院紧跟国家“一带一路”倡议，构建具有“国网特色”电力技术技能国际合作交流平台。坚持“请进来、走出去、携起手”，提升“国网标准”技术技能培训能力和“国网特色”品牌文化传播能力，开发国际化课程128门，高标准承办国际化培训项目21期，培训交流51个国家和地区学员709人。举办上合组织职工技能大赛、中阿清洁能源培训等国家级项目，与13家单位建立战略合作关系。组建86人英语授课团队，64人获ATD国际培训大师资格，逐步形成公司国际化培训课程资源支撑、师资团队支撑和后台服务支撑。

国网技术学院推动“互联网＋培训教育”深化应用，建成集团级企业网络教育平台。坚持以网络大学平台建设运营和网络培训资源开发为重点，建成23个专业学院、60个省直分院，最大可支持“200万用户注册、10万在线、1万并发”，实现“一套平台、三全覆盖、六大模块”功能，累计登录1.53亿人次，实施网络培训1.62亿学时，完成培训考试1446万人次，网络大学资源价值和赋能价值彰显，为线上线下培训模式深化应用和员工职业素养有效提升奠定平台基础。

（崔　昊）

【中共中国南方电网有限责任公司党校】

单位概况　中共中国南方电网有限责任公司党校（简称南网党校）是南方电网公司党组为加强党的建设，以及各级领导班子和党员干部队伍建设，提高企业领导干部政治理论水平和战略思考、系统思维能力，搭建的一个南方电网公司领导干部提高党性修养和综合素质的高端教育培训平台，于2011年4月8日正式挂牌。

南网党校主要负责培训南方电网公司党员领导干部，开展党的理论教育和党性教育，开展南方电网公司新时代党建智库建设，开展党的理论宣传与研究工作，推进党的理论创新和实践创新；承担南方电网公司系统三级副及以上党员干部和中青年后备党员干部的轮训培训，着重培养党员干部的党性综合素质和党的理论知识，培养造就对党忠诚、勇于创新、治企有方、兴企有为、清正廉洁的好干部。2018年6月，公司成立新时代国有企业党的建设研究中心，履行党建研究、资政、教学三大职责，研究中心办公室设在南网党校，南网党校同时承担公司党建思想政治工作研究会秘书处职能。

中国南方电网有限责任公司领导力学院（简称南网领导力学院）前身是中国南方电网有限责任公司干部学院（简称南网干部学院），2020年8月31日，南网干部学院更名为南网领导力学院。南网领导力学院主要负责培养南方电网公司高层次经营管理人才和政策研究人才；为南方电网公司提供决策咨询服务，开展企业管理等领域理论研究和政策研究；承担南方电网公司系统三级副及以上干部和部分优秀中青年后备干部的培训工作，负责领导力研究、领导力培养、领导力评价，聚焦公司领导力发展标准，深化领导力评价应用，创新领导力培养项目，搭建完善针对公司中高层管理人员的领导力发展体系；研究南方电网公司干部教育培训工作中的重大问题，参与制定南方电网公司干部培训规划和政策，着重培养干部的战略思维、生产经营、应急管理、科学决策、领导能力等方面的综合素质，提升推动南方电网公司科学发展的能力。

中国南方电网有限责任公司培训与评价中心（简称南网培训中心）是南方电网公司党组为整合南方电网公司系统培训资源，提升培训工作的系统性，开展高端技术技能人才培训和评价工作，于2011年7月27日正式成立的分公司，与南网党校、南网干部学院合署办公，实体化运作。2011年9月16日以“中国南方电网有限责任公司教育培训评价中心”完成工商注册登记，2018年6月8日进行工商变更登记，变更企业名称为“中国南方电网有限责任公司培训与评价中心”。主要经营范围包括：① 从事与电网经营和电力供应有关的科学研究、技术开发、咨询服务和培训业务；② 经营国家批准或允许的其他业务。南网培训中心是南方电网公司培训高层次专业技术人才和技能人才的重要基地，主要承担南方电网公司下达的各类技术、技能人才的教育培训任务；承担南方电网公司下达的职称评定及高级技能、技术专家选聘工作；为南方电网公司的员工招聘、人才甄选等提供领导力测评、选拔测评与考试服务；协助南方电网公司开展教育培训和人才评价体系研究与建设的相关工作。

2020年8月，公司党组决定对南网党校、南网领导力学院、南网培训中心实施“三位一体”的管理模式，加挂南网工匠大学牌子。

组织机构　南网党校、南网领导力学院与南网培训中心合署办公，实行分公司管理模式，内部机构设为办公室（党委办公室）、教务部、培训部、网络部、人才评价部、领导力教研部、党建教研部、组织人事部（纪委办公室）8个部室，按一部室一支部原则设置党支部。领导力教研部负责南网领导力学院日常工作。党建教研部负责公司党建研究中心办公室和公司政研会秘书处日常工作。

领导班子

中国南方电网有限责任公司党校校长、中国南方电网有限责任公司董事、党组副书记：毕亚雄

南网党校（领导力学院）常务副校长（院长），培训中心党委书记、主任：汤梅子

南网党校（领导力学院）一级职员、副校长（副

院长），培训中心一级职员、党委副书记、副主任：郑立春

南网培训中心党委委员、纪委书记：梁欣

南网党校副校长，领导力学院副院长，培训中心党委委员、副主任：王基巩

人员状况 截至2020年末，共有职工54人，其中，领导班子4人，公司专家委员会专家委员1人，三级正、副干部13人，主管36人。现有党员53人，占98%；硕士研究生及以上学历26人，大学本科28人；拥有高级及以上职称32人、中级职称19人；员工平均年龄39.5岁。

2020年度及“十三五”工作概述 2020年是南方电网公司发展历史上极不平凡的一年，也是南网党校发展进程中极不平凡的一年。党校在公司党组的坚强领导下，扎实推进《全面加强南网党校建设的意见》落实落地，稳妥有序应对新冠肺炎疫情防控形势下的办学难题，出色完成全年重点任务，共同经历了“压力测试”和“集中检阅”，各项工作再上新的台阶，为“十三五”画上圆满句号。

2020年是“十三五”收官之年，经过五年奋斗，党校各项工作取得可喜进步，办学能力和治校水平有明显提升。五年来，党校坚持用学术讲政治、用教育强党性，累计组织培训658期、培训学员约23万人次，打造了中青班等一批干部培训精品班次，“不忘初心　牢记使命”理想信念教育体验式培训项目入选中组部编辑的《干部教育培训改革创新做法选编》和中宣部、国资委党委编辑的《新时代国有企业思想政治工作创新案例》。党校积极推进培训业务体系化建设，搭建了具有南网特色的培训内容体系，助力公司在电力央企中率先取得工程、经济、会计三个系列正高级职称评定的国家授权，以“乐学南网”为代表的网络学习实践成果取得国家专利1项、著作权2项。党校面向公司党的建设和领导力建设的实践问题开展研究，取得国家级优秀研究成果奖项11个，发表理论文章15篇。公司新时代国有企业党的建设研究中心在党校挂牌成立。领导力建设稳健起步，形成“三驾马车”建设模型，初步建成综合素质测评系统，服务公司六类人才库建设等测评需求约7.6万人次。党校持续加强党的建设，党建工作连续三年获评A级，经营业绩于2020年度首次获评A级，实现了经营业绩和党建工作双A的历史性跨越。

1. 学懂弄通做实习近平新时代中国特色社会主义思想

坚持把习近平新时代中国特色社会主义思想作为思想指针、行动指南，不断增强“四个意识”、坚定“四个自信”、做到“两个维护”。理论武装进一步加强，充分利用党委会“第一议题”及时跟进学、党委理论学习中心组系统全面学，第一时间细化落实习近平总书记最新重要讲话、重要指示精神和党中央重大决策部署，第一时间学习贯彻公司党组的重要讲话、重要文件、重要安排。严格落实党员教育培训工作计划，依托主题党日、专题研讨、个人自学等方式，推动党的重大理论成果、重大战略部署和公司重要文件、重要政策及时入心入脑。主业主课进一步巩固，聚焦理论教育和党性教育，以学深悟透习近平新时代中国特色社会主义思想为教学重点，全年组织完成学习贯彻党的十九届四中全会精神培训班、十九届五中全会精神研讨班（读书班）、公司党组管理干部理论进修班、领导干部中长期经营管理进修班、中青年干部培训班等11期重点班次和6期“知行大讲堂”。党建研究进一步深化，牵头完成“政治生态建设中的信访举报突出问题研究”等课题，全面承接“推进基层党支部工作与企业改革发展生产经营深度融合研究”（公司十大重点课题）等重点课题，完成党建政研会26个立项课题的成果评审。按公司要求编辑《落实“第一议题”周报》17期，编撰《内部决策参考》3期。全年自主开发党建课程8门。

2. 不折不扣落实公司党组重大决策部署

坚持用好二八定律，聚焦重点、攻克难点。面对新冠肺炎疫情的严重冲击，积极建立应急保障机制，滚动修编防控专项方案，抓紧抓实抓细新冠肺炎疫情防控措施，统筹做好“双保障”，全力夺取“双胜利”，实现公司党组提出的“目标不变、班次不减、质量达标”的要求落实落地。全面完成年度培训任务，克服新冠肺炎疫情防控要求高、培训班次密集等困难，全年统筹实施线上、线下培训班118期，培训84010人次，实现新冠肺炎疫情零感染、教学零差错、学员零违纪。其中，统筹实施集中培训108期、11495人次，培训量45473人天，平均满意度9.69分，培训量同比上升8.6%，创历史新高。全面发挥网络培训作用，按照公司人资系统云化建设要求加速培训模块核心功能设计和开发。适应新冠肺炎疫情防控条件下的需求激增，通过开设学习专题、网上学院等方式，全力服务全网员工开展网络学习，完成“技术技能专家大讲坛”等网络培训10期，线上线下混合式培训9期，年度总学时突破150万。全面推进党校新校区建设，严格落实新冠肺炎疫情防控要求，周密组织、统筹推进，实现新校区如期启用，有效缓解培训场地资源紧张局面。

3. 全力以赴破解突出矛盾和突出问题

坚持改革创新、聚力突破。完善培训内容体系，从四个管理层级和三个发展阶段（新任期、在岗期、发展期）编制公司经营管理人员培训内容体系框架和学习地图，提出重点培训项目44个、典型教学方案

19套和课程主题925个、课程3043门，建议师资1752名。建设管理教育体系，围绕经营管理、领导力发展两类培训内容，联合中大院、中欧商学院、中山大学等智库，以领导干部中长期经营管理进修班和领导力专题研讨班为试点，进一步完善管理教育的体系、内容、方法，形成了案例教学、MiniMBA教学等应用策略；联合中国领导科学研究会探索领导力培养发展路径，确定了公司领导力模型、测评典型场景工具和领导力课程体系框架。创新教育培训方式，应用行动学习方法，引导学员运用管理工具分析研究解决业务难题；组织中青班学员结合发展战略开展案例研究，结合工作场景编写小微案例，有效提升培训实效性。探索开展“测—训—练”一体的培养模式，通过训前训后评估差异对比，科学量化评估培训效果。探索开展学员观察，为选人用人提供参考。做好人才评价和测评工作，组织完成5省6考点26个考场的政工师资格考试工作，参加考试1628人。持续规范职称评审工作，实现申报材料100%复审，完成高级职称评审2094人。进一步完善测评模型、指标、题库和支撑平台，完成人才库入库选拔、新入职员工素质测评、职业经理人竞聘选聘等各类测评约13000人次。

4. 全面加强基础基本技能建设

坚持强基础、提质量、转作风，推动基础工作持续规范、基本能力持续提升。加强组织机构建设，完善内设机构职能设置，增设“领导力教研部”，全面建立适应“三位一体”管理模式要求的组织架构。多措并举引进人才，认真做好校园招聘工作。加强制度体系建设，以规范议事决策为先导，建立党委会议、办公会议议事规则和月度例会规则。以制度简明化工作为契机，在公司制度体系的基础上，紧扣培训、研究、评价等核心业务，推出制度图谱和制度建设计划表，补充、修编制度10余项。加强工作能力建设，坚持“传帮带”，党委带支部、支部带党员，出思路、教方法，一级带着一级干，一级做给一级看，依托重点项目、重点任务，培养科学思维、提高理论水平、掌握专业方法、提升工作效能，形成干事创业的良好氛围。加强队伍作风建设，坚持不懈纠正“四风”特别是形式主义、官僚主义问题，突出强化规矩意识、纪律意识，抓好服从力、执行力、创新力建设，引导干部党员做到讲政治、懂规矩、守纪律。坚持抓好校风、教风、学风建设，针对教师队伍和学员队伍两个主体，抓好“教”与“学”两个环节，严肃开展“三必谈”、严格做好学员管理。

5. 深入落实全面从严治党主体责任

坚持一体推进党的建设和改革发展。落实管党治党责任，组织修订全面从严治党责任清单，及时调整党建工作领导小组、班子成员党支部工作联系点，明确责任，落实“一岗双责”。突出抓好意识形态工作责任制的落实，聚焦员工、讲师、学员三支队伍抓好风险防控。加强党组织和干部队伍建设，完成党委、纪委和党支部的换届选举，坚持在主体班次设立临时党支部，实现党的组织全覆盖。坚持激活人才潜能，开展挂职锻炼、横向交流，配齐配强关键岗位干部，把想干事、能干事、干成事的干部选出来、用起来。健全“三不”机制，加强理想信念教育、纪律教育，切实增强干部员工不想腐的自觉；定期组织开展制度审查，检视管理存在的漏洞和制度执行中的问题，做好廉洁风险分析防控，切实扎牢不能腐的“笼子”；抓好正风肃纪，针对巡视、审计、督查、督办等发现问题一查到底，强化不敢腐的震慑。深化巡视整改，坚持把巡视整改、主题教育检视问题整改、民主生活会问题整改和审计反馈问题整改有机结合，一体推进。滚动修编“三个清单”，全面落实中央巡视常态化整改任务，累计完成72项销号。完善监督体系，组织成立监督专委会，推进内控体系建设，针对关键业务开展常态监督，抓早抓小、及时提醒，将问题消灭在萌芽状态，全年组织开展5轮专项监督检查，自查自纠问题115个。

【中国南方电网有限责任公司干部学院】

同中共中国南方电网有限责任公司党校。

【中国南方电网有限责任公司培训与评价中心】

同中共中国南方电网有限责任公司党校。

【中共中国大唐集团有限公司党校】

单位概况　中共中国大唐集团有限公司党校（简称大唐党校）成立于2009年，是中国大唐集团有限公司（简称大唐集团）直属党的工作机构，是中央党校教学基地、中央党校国资委分校企业党校，与中国大唐集团干部培训学院“一套人马、两块牌子”。大唐党校主要负责培养大唐集团党员领导干部，以及党的建设和思想理论研究、能源行业政策和集团公司战略发展研究、国资国企改革及公司治理研究等工作职责。是大唐集团思想理论建设主阵地、党员干部培训主渠道、能源智库建设主平台。

大唐党校成立以来，紧紧围绕党中央重大决策部署和大唐集团中心工作，坚持“党校姓党、实事求是、质量立校、改革创新、从严治校”的办学原则，根据大唐集团改革发展和干部人才成长需要，不断健全培训制度、完善组织形式、丰富教学方法，在抓实培训、建强师资、夯实基础和强化合作等工作中取得了较大成绩，积累了丰富经验。拥有一支由中央党校（国家行政学院）、政府部门、著名高校、培训机构和系统内专家学者共400余人构成的高水平师资队伍，涵盖思想政治、领导力、经济管理、企业管理、财税金融等企业人才培养各个领域。重点策划、精心打造了党校青干班等精品班次，累计举办各类培训班688期，培训人员53300余人次，为大唐集团干部人才队伍建设发挥了重要作用。

组织机构 大唐党校设有综合部、教学研究部、培训管理部、党建研究部和管理咨询部5个部门，核定编制22人。

年度工作 2020年，为加强党建宣传工作，创办《学习与思考》校刊，系统性开展思想理论宣传，在宣传党的创新思想理论、解读国家方针政策、开展能源战略研究、服务基层企业等方面取得了积极成效。截至2020年底，累计发行校刊9期，受到大唐集团总部和系统内、行业内各单位的一致好评和欢迎。在政策研究方面，主动承接国家部委重要课题，首次作为主创单位获得中央企业优秀课题一等奖，实现课题研究零的突破；积极开展理论研究，全年发表于中央党校《学习时报》、国务院发展研究中心《经济要参》、中组部《党建研究》等中央级、省部级期刊文章7篇，关于国企改革一文在中央政研室《书刊摘报》刊发，获得国务院领导批示，被国务院国资委采纳，实现政策研究开门红。

【中国大唐集团干部培训学院】

同中共中国大唐集团有限公司党校。

【中共国家能源集团党校(管理干部学院、党建研究所)】

单位概况 中共国家能源集团党校（管理干部学院、党建研究所），简称能源党校，是国家能源集团党组直属业务机构，负责统筹全集团教育培训资源，在集团公司党组的直接领导下开展工作；已纳入中央党校国资委分校管理序列，设有西柏坡、神东、伊春、徐州、大渡河5所分校。

能源党校是国家能源集团培训轮训党员领导干部的主渠道，负责组织开展党员领导干部的理论教育和党性教育，组织开展中青年干部培训等工作；管理干部学院是国家能源集团最高规格培训机构，主要负责组织开展集团公司处级及以上管理干部的培训轮训，协助集团总部有关部门及中心开展业务专题培训；党建研究所主要负责组织开展国有企业党建理论和实践研究。

组织机构 管理干部学院组建了党委，成立3个党支部，形成了党委会、常务会、办公会等决策机制。设有7个部门，包括综合部、党建工作部、财务部、教务部、培训部、在线教育部和党建研究部，建立了一套较为完备的业务运营体系和财务、法律、人力资源管控体系。

党校共有45人（领导班子4人），平均年龄38岁，其中博士、硕士32人，占71%，党员39名，占87%。

教学管理 坚持以习近平新时代中国特色社会主义思想为指导，以“搭建四维体系、聚焦两支队伍、提高七种能力、打造五大品牌”为目标，全面统筹集团系统内外优秀教育培训资源，为党校教学培训工作有效搭建“四梁八柱”，为集团深入推进人才强企战略提供科学支撑。

坚持“需求调研—教学设计—组织实施—考核评价—改进优化”的闭环管理，结合集团管理干部和党务干部成长路径明确关键岗位、建立能力模型、匹配培训项目。做到课程标准化、内容规范化，精准匹配课程、师资、教学基地、教学方法等优质教学资源。结合学员能力提升和干部队伍成长评估培训实效；同时，注重培训价值积淀，做好品牌项目培育，提升党校在集团系统内外的影响力和美誉度。

干部教育培训 2020年，能源党校坚持党校姓党，以习近平新时代中国特色社会主义思想为指导，学习贯彻党的十九大、十九届二中、三中、四中、五中全会精神，主动克服新冠肺炎疫情带来的不利影响，全年共举办77个培训项目，其中线下培训项目28个，在线学习项目49个。共培训326195人次，其中线下培训2358人次；在线培训323837人次。培训总时长25578天，其中线下培训完成294天；在线培训完成151710学时。培训人天数863633，其中线下培训完成30473人·天；在线培训完成833160人·天（以上数据包含分校青干班及线上ERP系列培训班）。

特色教学活动

(1) 重点班次。在时间紧急的情况下圆满完成“集团公司第1期十九届五中全会精神专题学习班”，集团公司主任级领导干部120人参加学习。“集团公司总部处级干部履职能力提升培训班”“子分公司处级干部任职研讨班”，共培训处级干部381人；“向华为、阿里学管理”专题培训班，邀请华为、阿里具有15年以上工作经验的高级专家授课，培训子分公司处级以上干部110人。这些培训班受到了集团公司领导、学员的广泛认可与好评。

(2) 中青班与学员论坛。集团公司第1期优秀年轻干部培训班，共7个班次，包括中青班2个班次、青干班5个班次，共培训优秀年轻干部362人，该培训首次由党校和分校同步组织，并举办首届青年创新论坛，学员围绕一体化运营、智慧矿山、节能环保、公司治理体制机制等提出了许多富有创见、可推广示范的意见和建议，充分展现了集团年轻干部的活力和风采。国资委国资报告、旗帜网、能源杂志网、中国电力报、中国煤炭网等媒体网站刊发新闻报道。

(3) “知行”管理工作坊。党校自主开发的“知行”管理工作坊，以集团公司一体化运营为主题，萃取国神公司实践经验，充分挖掘在集团工作会上进行经验交流的，指导学员深入思考优秀企业成功逻辑，凝聚共识，得到了学员普遍认可。

获奖情况 2020年荣获“中国最具成长性企业大学”称号。

【中共中国华电集团有限公司党校】

单位概况 中共中国华电集团有限公司党校（简称华电党校）成立于2007年4月，属中央党校和国资委党校分校管理序列，是集团公司学习、研究、宣传党的理论的重要阵地，是公司系统大规模培训企业领导干部和中青年后备干部的主要渠道。中国华电集团高级培训中心有限公司（简称高培中心）是集团公司高端人才培养基地和重要会议中心，成立于2005年10月，并于2017年12月完成公司制改制。集团公司党校与高培中心实行“一套机构、两块牌子”的管理模式。

华电党校坚持把学习贯彻习近平新时代中国特色社会主义思想贯穿到党校办学治校的全过程和各方面，坚定不移落实“党校姓党”根本原则，认真贯彻集团公司党组各项决策部署，全力提升培训服务质量和水平，紧紧围绕集团公司发展需要，制定了“一五三五”战略思路，即围绕一个愿景：创建一流央企党校；坚持五个原则：政治建校、求实办校、质量立校、创新兴校、从严治校；遵循三个标准：有利于落实党校姓党根本原则，有利于助推集团高质量发展，有利于维护党校良好形象；实现五个提升：实现党建水平、办学水平、治理水平、服务水平、作风建设水平大幅提升，矢志“创建一流央企党校”，努力在推动华电事业高质量发展中作出党校应有贡献。截至2020年底，华电党校（高培中心）设置办公室、党建工作部、财务资产部、教学研究部、教务管理部、后勤服务部6个部门，共有员工23人（含领导班子成员5人）。

年度工作 2020年面对新冠疫情严重冲击，坚持以习近平新时代中国特色社会主义思想为指导，全面落实集团公司党组决策部署，全力战疫情，加快促转型，用较短时间较小投入完成了“华电网校”一期建设，迅速成为公司系统线上培训重要平台，上线5个月共举办线上培训20期，开设课程719门，注册学员1.3万多人，公司系统副厂级及以上领导人员上线学习率达到100%。在1～7月没有现场培训业务的情况下，全年承办各类培训班44期，培训学员18448人次，同比增长4倍，首次突破万人次，培训服务满意度95%以上，圆满完成了集团公司交办的培训任务。荣获集团公司2020年度“文明单位标兵”荣誉称号。

培训经营管理 干部培训工作高质量开展。如期举办了“集团公司十九届四中全会精神网络培训”、干部一班、二班以及年轻干部强化班等干部培训，高质量承办了党务、法律等各类专业培训。充分发挥党校阵地熔炉作用，在主体班次中设立“习近平新时代中国特色社会主义思想教学单元”，党的理论教育和党性教育占总学时的70%以上。创新教学方式方法，采用了案例式、情景模拟式等多种教学方式，开展了“华电开讲啦”等形式多样的学习活动，提升了学习效果。充分发挥学员智慧，在培训班上设置了“结构化研讨”“行动学习”科目，引导学员针对企业生产经营、改革发展等重点热点难点问题进行专题研究，形成较高质量的课题成果36个。管理经营卓有成效。深入推进“法治华电”建设，制定完成《高培中心合规手册（试行）》，初步完成合规体系建设。抓好制度清理优化，组织修订了《招标管理办法》《师资费用管理办法》等12项管理制度，完成《党校制度汇编》。

【中国华电集团高级培训中心】

同中共中国华电集团有限公司党校。

【中共中国三峡集团党校】

单位概况 中共中国三峡集团党校和中国三峡集团大学分别成立于2016年10月和2017年8月，于2020年8月合署办公，实行“一个机构，两块牌子”。中共中国三峡集团党校（中国三峡集团大学）简称三峡集团党校（大学），是中国长江三峡集团有限公司（简称三峡集团）直属的专业教育培训机构，是三峡集团整合内部教育培训资源和社会教育培训资源，落实“建坝育人、回报社会”理念的主要载体。

年度工作 2020年中共中国三峡集团党校与中国三峡集团大学顺利完成合署办公，稳步开展教学研究和教学管理工作。共组织实施培训50班次，共培训集团内外部学员11427人次，同比增长114.9%。2020年集团党校（大学）联合集团人资部和信息中心，打造“三峡云课堂”，举办网络公开课，解析行业科技动态和集团业务发展。面向国内外高校大学生，组织开展大学生教学实习与社会实践工作。

培训成效 积极探索多样化教学模式，致力于将案例教学法运用到培训之中，已自主开发《ZB公司有效实施职业经理人制度》《海外三峡筑新梦》《有效沟通》等经典案例。

（李　炜）

新闻出版

【中国电力传媒集团有限公司】

单位概况 中国电力传媒集团有限公司（原中国电力报社），在李鹏同志的关心支持下，于1981年成立，先后隶属于电力部、水利电力部、能源部、电力工业部、国家电力公司、国家电力监管委员会。2012年12月，经党中央和国务院领导批准，正式转企改制并更名为中国电力传媒集团有限公司；2013年3月，国家能源局和国家电力监管委员会重组后，划归国家能源局主管。

中国电力传媒集团有限公司（简称中电传媒）注册资本3亿元人民币，主营业务为报刊出版、广告、发行和网络传播、影视制作、网络电视、电子出版、信息咨询、展览展示、排版制作、酒店管理、商业贸易、文化地产、能源投资等。

截至2020年12月，集团公司合并报表总资产为5.08亿元，负债1.61亿元，所有者权益（净资产）3.47亿元。在全国范围内拥有14家子（分）公司和29个注册记者站。拥有职工473人。

2020年，中电传媒党委在国家能源局党组的坚强领导和关心支持下，坚持以习近平新时代中国特色社会主义思想为指导，贯彻落实国家能源局党组和局领导指示精神，全面从严治党，强化主体责任，坚持“守正创新、聚焦主业、瘦身健体、提质增效”，充分发挥基层党组织和党员作用，统筹推进新冠肺炎疫情防控和生产经营工作，确保集团党的建设、新闻工作、经营管理、企业发展等各个领域均取得积极成效。

主要事件

1月15日，中电传媒获2019风能行业传播贡献奖。

1月15日，中电传媒《聚焦中核集团扶贫路上的感人故事》获第二届中国核工业新闻奖融媒体类优秀作品。

1月20日，中电传媒在京召开中国电力传媒集团有限公司二届五次职代会暨2020年工作会议，并表彰2019年度优秀员工、经营标兵和先进集体。

1月21日，韩国电气新闻社转发中国电力报关于《中国2022年冬季奥林匹克竞技场亲环境供电》的简讯。

5月20日，中电传媒联合甘肃通渭孟河村开通淘宝直播，通过创新开展淘宝直播带货，助力拓宽农产品销售渠道。

6月17日，中电传媒表彰战“疫”和全国两会报道优秀人员。

7月27日，中电传媒在京召开集团公司2020年党风廉政建设和监督工作会议。

8月31日，中电传媒在京召开集团公司工会第三次会员代表大会。

9月8日，中电传媒在京召开《中国电业》杂志创刊70周年纪念会。

9月9～11日，中电传媒在京召开“在行业新闻报道中做四力摄影记者”电力新闻摄影研讨会。

9月16～18日，中电传媒在吉林长春举办2020年全国电力工程新闻宣传工作会。

9月，中电传媒在国家能源局、能源行业普法工作领导小组的领导下，按年度编制完成《能源工作文件选编》。

10月21～23日，中电传媒在福建福州召开集团公司2020年度全国记者工作会议。

10月22日，中电传媒“电力小厨”一期项目通过验收。完成了8大系统12个功能建设。

10月24日～11月9日，中电传媒党委对11个在职党支部开展了综合调研检查。

11月4日，中电传媒获“‘十三五’中国报业媒体融合创新单位”大奖。《行业媒体融合平台设计与实现——以电中电传媒特色“电力小厨”项目为例》获论文一等奖。

11月16日，中电传媒报送的《贯彻落实能源安全新战略五周年融媒体调研行系列报道》获中国经济新闻大赛融合报道类一等奖；《重启电力产业链复工原动能——国网特高压工程有序复工带动上下游企业恢复产能》获新闻报道类二等奖；《不折不扣落实降电价决策部署》获新闻评论类三等奖。

11月25～27日，中电传媒在广东深圳召开2020全国发电企业新闻年会。

12月2～4日，中电传媒在贵州省遵义市仁怀市茅台镇举行2020年中国电力文化产业发展论坛及2020“电力奥斯卡”系列活动。

12月，中电传媒新闻作品《（走向我们的小康生活）一座站，一辈子，守一城光明》经冀北公司推荐，获国务院国资委第七届“国企好新闻”评选文字类二等奖。

12月，中电传媒《全媒体人才培养记者》获得中宣部中国报业深度融合发展创新案例。

12月8日，樊剑英同志任中国电力传媒集团有限公司党委书记、董事长。

12月14日，王庆朝同志任中国电力传媒集团有限公司党委副书记。

12月15日，王庆朝同志任中国电力传媒集团有限公司监事会主席。

12月26日，中电传媒在“2020中国经济媒体融合发展高峰论坛”上，喜获“中国财经媒体版权保护先进集体”大奖。

（沈馨蕊）

【英大传媒投资集团有限公司】

单位概况 英大传媒投资集团有限公司（简称英大传媒集团）于2008年8月由《国家电网报》社和中国电力出版社整合而成，是公司唯一的直属文化传媒企业，也是我国首家企业传媒集团。

英大传媒集团以新闻、出版为核心业务，具有优良的新闻宣传和图书出版资质。旗下拥有《国家电网报》《亮报》两份报纸，《国家电网》《能源评论》《英大金融》《脊梁》《供用电》《水电与抽水蓄能》《项目管理评论》七份期刊，以及国家电网电视频道（SGTV）、《国家电网报》手机报等传统媒体；以电网头条“三微一端”（微信、微博、微视频、客户端）为旗舰，以国家电网报、闪亮播报、首席能源观等微信公众号为支撑的新媒体矩阵；年出版发行电力、电子、教材、建筑机械、经营管理、外语等领域各类图书、音像电子产品3000多种；同时开展影视专题片拍摄、品牌策划、会议展览、广告营销、装帧设计、投资与资产管理及相关咨询业务。

英大传媒集团下辖《国家电网报》社有限公司、中国电力出版社有限公司、国网卓越科技文化（北京）有限公司、英大传媒投资集团南京有限公司、英大传媒投资集团武汉有限公司和英大传媒（上海）有限公司6家子公司，参股人民网有限公司、上海第一财经传媒有限公司、体坛传媒集团股份有限公司等社会化传媒企业。英大传媒集团实行扁平化管理，子公司不设置职能部门，人财物由集团统一管理，共设有8个职能部门，16个业务中心，1个支撑中心，在公司所属省公司及相关单位建立记者站43个，在全国设立图书营销站店39个。

领导班子

董事长、党委书记：赵焱

董事、总经理、党委副书记：张世才（2020年8月任二级顾问）

董事、总经理、党委副书记：孙盛鹏（2020年8月任）

党委副书记、副总经理：刘广峰

副总经理、党委委员：王树民

副总经理、总会计师、党委委员：侯燕梅

副总经理、党委委员：刘清鑫

副总经理、党委委员：宋芃

副总经理、党委委员：张渝

职工董事、党委委员、纪委书记、工会主席：宋高峰

人力资源 截至2020年底，英大传媒集团共有在岗员工399人，其中博士研究生5人，硕士研究生189人，占员工总数的49.87%；大学本科181人，占45.36%。专业技术人员中，正高级33人，占员工总数的8.27%；副高级93人，占23.31%；中级150人，占37.59%。员工平均年龄38.9岁。

英大传媒集团持续深化“三项制度”改革，强化绩效管理，建立分级分类考核体系，坚持按劳分配、多劳多得、效率优先、兼顾公平。树立正确选人用人导向，落实“好干部”标准，严格执行选拔任用组织程序。严把人员入口关，队伍结构更加优化。常态化开展人力资源诊断分析，剖析人力资源现状，及时整改问题，人力资源管理基础更加牢固。强化员工队伍管理，加大优秀人才培养力度，畅通“能出”渠道，用工总量逐年减少，人才当量密度持续上升，职工劳动生产率达71.68万元/（人·年）。

经营管理 保障安全生产。落实主体责任和监督责任，严格执行“三审三校”制度，开展质量管理2020、安全生产月等专项活动，实施质量问题“说清楚”制度，严肃查摆问题、强化立行立改。

加强精益管理。加强合规管理，推进多维精益管理，研究应用先进技术，加强现代化管理。强化资金运作，提高盈利能力。制定核心技术创新和应用清单并推进实施。开展提质增效专项行动，将勤俭节约、创新发展和精益管理理念贯穿于生产经营全过程，全面完成年度经营指标。

依法从严治企。坚定不移落实中央八项规定精神，持之以恒治“四风”、树新风，坚决杜绝形式主义、官僚主义。制定全面从严治党主体责任和监督责任两个清单，坚持不敢腐、不能腐、不想腐一体推进。集团党委支持纪委工作，加强监督检查，严肃执纪问责。开展廉洁风险排查，推进廉政约谈。

服务公司软实力建设 抗疫宣传出新出彩。探索“四全”媒体模式，开展远程采访、移动办公，确保新闻宣传不间断，服务公司防疫大战大考。策划出版抗疫手册和主题图书，免费开放科技知识资源服务平台。《国家电网报》连续出版抗疫特刊。电网头条新媒体矩阵全流程在线生产，从春节到疫情缓解，共发布作品3.7万余篇。火神山、雷神山医院供电施工现场直播创造了全网播放量上亿次的新纪录。疫情期间各级干部坚守岗位、靠前指挥，广大党员冲锋在前，

发挥了示范表率作用。

推进媒体融合发展。落实中办、国办要求，制定加快推进媒体深度融合发展实施方案。深化中央厨房运作，全媒体联动开展重大主题传播。在中央主流媒体发表重要宣传稿件90篇，完成公司新闻宣传任务824项。电网头条“三微一端”共发布作品7.3万余篇，总阅读量超过42亿。3条短视频播放量超过1亿，66条过千万。协助央视完成4次大型直播和18次新闻拍摄工作。高质量完成2020能源转型国际论坛服务工作。《电动汽车充电便利　车主告别“续航焦虑”》获第三十届中国新闻奖。完成融媒体中心建设，公司媒体大数据中心一期上线运行。

促进出版融合发展。深耕电力主专业，深化出版供给侧结构性改革，着力“降库存、出好书、促融合”。共出版图书3928种，销售实洋3.2亿元，实现了出书总量下降，单品种利润率增加，库存结构不断优化。试点协同编纂系统取得初步成效。中国电力百科网移动端上线运行，科技知识资源服务平台完成二期建设，资源总量达1500万+，平台运营收入实现突破。书香国网App安装量达85.6万，日活用户4万人左右。《电力线路机巡作业教学示范片》获中华优秀出版物奖。

党的建设和精神文明建设　截至2020年底，英大传媒设党委1个，党支部23个，共有在职党员238人，党员占员工总数的59.6%。创建共产党员服务队1个[国家电网英大传媒（国家电网报）共产党员服务队]。

开展主题教育。英大传媒集团党委统筹推进学习教育、调查研究、检视问题、整改落实四项重点措施，增强“四个意识”，坚定“四个自信”，做到“两个维护”。坚持党管宣传、党管意识形态，坚持政治家办报办刊办出版，坚持正确的政治方向、舆论导向、价值取向。严肃认真召开主题教育专题民主生活会和组织生活会。

加强党建引领。坚持把政治建设摆在首位，落实“第一议题”制度，深入学习《习近平谈治国理政》（第三卷）和习近平总书记重要讲话精神。全年召开33次党委会，开展19次党委理论学习中心组学习，各支部抓好“三会一课”，以党的创新理论武装头脑、指导实践。建立不忘初心、牢记使命长效机制。深化支部标准化和党员责任区、示范岗建设，实施“党建+”工程，开展“练内功、强素质、促发展”党建主题系列活动。

夯实党建基础。实施服务职工美好生活需要各项措施，开展丰富多彩的文体活动，解决了一批干部员工关心关注的实际问题。推动党建和业务的深度融合，加强党支部的战斗堡垒作用，将党建工作的政治意识转化为提高业务水平的内在动力。鼓励干部员工担当作为、干事创业，英大传媒集团上下呈现奋发进取、昂扬向上的精神风貌。

（张　妮）

【南方电网数字传媒科技有限公司】

单位概况　南方电网数字传媒科技有限公司（简称南网传媒公司）是中国南方电网有限责任公司的控股子公司，成立于2010年9月3日，总部设在广州。

南网传媒公司注册资本为1亿元，6个股东分别为南方电网公司、广东电网公司、广西电网公司、云南电网公司、贵州电网公司、海南电网公司。

主要经营范围：传媒产业的投资、资产管理和经营业务；广播电视节目（不含时政新闻类）、视频动画节目制作、复制、发行；设计、制作、发布、代理国内外各类广告；办公文化用品、企业品牌用品、标识标牌、劳保用品的设计、制作、咨询监制及销售；品牌传播与市场营销策划创意服务；版权、专利的转让及代理服务，著作权代理服务；国内版图书、报纸、期刊批发零售及其他批发和零售；承办会议、展览展示，体育赛事类活动承办及服务，演艺、娱乐类活动的组织与策划（不含许可经营项目）；网页设计及制作，计算机信息技术相关服务；室内装饰的设计制作及施工；新媒体技术研发及应用，融媒体、全媒体资讯等新闻数据、行业数据大数据应用；第三方网络监测及舆情监测服务；媒体智能化传播、互联网传播信息服务及技术开发运维；媒体传播人工智能应用、虚拟现实技术应用；数字化展览展示；上述相关业务的咨询服务。

组织机构　包括采编、经营、职能管理三大版块，共14个部门。采编版块包括融媒体中心（总编室）、南方电网报社、南方能源观察杂志社、网络传播中心、影视中心；经营版块包括传播策划部、数据研发中心、媒体运营中心、设计制作中心、文化活动中心；职能版块包括办公室（发展战略研究室）、组织人事部、监督部、财务部。

领导班子

党委书记、董事长：李晓彤

董事、总经理、党委副书记：王永基

一级职员：张燕维

党委副书记、纪委书记：林辉

党委委员、副总经理：焦向阳

党委委员、副总经理、工会主席：雷树华

党委委员、副总经理：郭逸晴

企业荣誉　2020年南网传媒公司新闻报道《农村“煤改气”：从资本宠儿到企业包袱只需两年》首次荣获中国经济新闻“新闻评论”三等奖。《空中舞者》获得中国产经新闻一等奖，另有多篇报道、版面、摄影作品获得二、三等奖。短视频《尝过贫困味更懂村民心》荣获中央企业践行社会主义核心价值观主题微电影大赛一等奖，专题片《我们的时代》《点亮独龙江》，荣获优秀奖。南网 50Hz 获评中央企业最具影响力新媒体账号、中国企业新媒体创新奖。

南网传媒公司“互联网安全监控系统”被工信部评为“2020 年网络安全技术应用试点示范项目”。网络安全团队获得网络安全赛事“网鼎杯”三等奖、中央企业“新基建”网络安全技术大赛二等奖、全国 2020 年电力行业网络安全攻防大赛第一名。“复工复产 K 线预警系统”获评“2020 年中国电力创新奖一等奖”“广东省优秀软件产品”。

党建工作 重点学习了习近平总书记关于宣传思想、新闻舆论、意识形态工作的重要论述、重要指示批示精神，系统学习了党的十九届四中、五中全会和十九届中央纪委四次全会精神。组织修编了《公司党委及领导班子成员全面从严治党责任清单》，明确了强化主体责任的具体措施。制定了《党支部书记工作到位标准》《党员到位标准》等指引，将落实改革发展意见、巡视整改等年度重点工作纳入党支部和党员责任。

制定了《关于不断提高党的建设质量推动党建工作与改革发展生产经营深度融合的实施方案》，细化分解 85 条具体措施。开展“支部提升执行力建设年”工作，制定了《关于加强党支部执行力建设、推进基层基础基本技能建设的实施方案》，出台《关于进一步加强支部建设、发挥战斗堡垒作用的工作方案》，促进党支部发挥战斗堡垒作用。

强化监督执纪问责，组织开展新冠肺炎疫情防控、招投标领域、“四风”问题、过“紧日子”等专项检查，发现并整改问题 88 个。运用“第一种形态”抓早抓小、提醒教育 134 人次。组织制定了《传媒公司“结对子”管理工作指引（试行）》，党委班子成员直接结对联系关键岗位人员共 103 人。

推进中央巡视反馈问题整改，南网传媒公司 122 项整改措施已全部完成整改销号。印发《公司中央巡视整改工作巩固提升实施方案》，巩固深化中央巡视整改 11 个专项行动、54 项深入推进措施和 68 项持续跟踪措施成果。

新闻宣传工作 围绕重大工程、重点项目开展主题宣传策划报道工作。将笔头镜头对准基层一线，讲好南方电网公司系统做好“六稳”、落实“六保”故事，以及党的基层组织建设与生产经营深度融合的案例。策划了“扶贫面孔”“决战两大工程”等主题报道，配合央视策划、实施乌东德电站送电广东广西特高压多端柔性直流示范工程投产大型直播报道、联动报道。持续办好《南网知行》企业文化内刊。

对新闻采编业务的机制创新、流程再造、平台建设，优化新闻宣传服务体系。成立融媒体中心（总编室），一体策划重大选题、协同采访、内容共享和内外宣统一发布。完成《南方电网报》《南网影视》等自有媒体改版。

建成了一体化的融媒体共享数字平台。完成全媒体资讯平台一期开发、测评和试运行等工作，多期开展内部试用，并具备上线条件。建设全媒体（新闻应急）指挥中心，具备采编业务指挥、策划、办公、会议和学习等功能。

改革创新工作 开展了内部机制改革。重新梳理、编写公司岗位体系和员工岗位说明书，制定了“项目积分制”“业务积分制”“服务积分制”考核方案，完成积分制考核试点。开展了跨部门、跨媒体重点选题联动，组建跨部门报道团队。汇总共享招标信息、投标信息，编制了投标文件模板，建立投标数据库。

修订公司章程，规范了外部董事、监事设置。修订了董事会议事规则及议事清单，制订董事会专门委员会设立方案。制定了公司监事会议事规则，开展职工监事改选工作，明确监事会服务部门。建立健全公司授权体系，制订公司治理主体权责清单和授权清单。完成全年内审计划。

制定了新冠肺炎疫情防控工作指引和方案，成立党员“新闻采编突击队”“疫情防控服务队”“舆情监测先锋队”。年初南网传媒公司志愿者从德国、意大利、阿联酋、土耳其等地，紧急采购运输了医用防护服、N95 口罩等近 3 万件防疫物资，捐助抗疫一线。与“小林漫画”合作出版《我们在一起》抗疫漫画册。

生产经营工作 建立经营攻坚机制，组成 6 支业务开拓队伍，发展经济运行大数据、互联网安全监督、数字视觉、新型广告平台、云展厅等业务。公司承建的展馆有 7 个入选《南方电网公司企业文化名录》。首次承接国际咨询课题研究，服务国外输电网监管体系设计。

全年共计获得 19 项实用新型专利，2 项外观设计专利。持续开展经济活动分析，跟踪公司运营情况。开展了“过紧日子”提质增效以及 10 个专项行动，五项费用总额和人均水平“双下降”。推进合规管理和内部控制。

人才队伍建设 开展干部选拔任用，完成了 18 名党委管理人员的选拔任用。出台《公司记者异地工作管理办法》，并派出记者驻京采访报道。选派 5 名优秀年轻干部到粤港澳大湾区、西部地区进行挂职锻炼。建立市场化职务职级名称体系。成立了健全新闻采编、品牌建设专业人才库。

发挥陈清明科技创新工作室作用，开拓网络安全、大数据等业务。南网传媒公司博士后创新实践基地开展“一带一路”视野下中央能源企业品牌国际化传播的课题研究。成立南方能源观察杂志社国际报道组，培养国际化人才。

【中国三峡出版传媒有限公司】

单位概况 中国三峡出版传媒有限公司（简称中国三峡传媒）是经国家新闻出版广电总局核准，由中国三峡出版社按《公司法》改制，合并重组长江三峡集团传媒有限公司，于2015年7月登记成立的中央级出版传媒企业。

经营范围 中国三峡传媒主营图书与报刊出版、影视制作、新媒体、广告会展、印务、文化传媒产业投资等传媒业务，是中央企业所属文化企业中业务门类最齐全的文化传媒企业之一。

主要工作 2020年，中国三峡出版传媒有限公司（新闻品牌中心）认真履行新闻宣传职责，在新闻宣传、媒体联络、海外传播、舆论引导等方面努力担当、积极作为。公司全年实现营业收入1.17亿元，利润总额2900万元。实现质量安全“双零”目标和新冠肺炎疫情防控“零感染、零疫情”目标。

2020年，公司策划实施50余项专题宣传，自办媒体新闻产品数量质量双提升，集团公司在中央主流媒体报道超过3200篇次，央视报道超过190次，《新闻联播》播出27（条）次；图书出版80余种，其中两种图书入选“十三五”国家重点图书出版规划项目，一种图书获国家出版基金资助，《中国三峡》杂志广受好评；全年完成影视片81部；持续做好海外传播和本地化经营，树立“海外三峡”品牌形象，大力构建具有全球影响力的品牌建设工作体系。

（马　艺）

电力企业

国家电网有限公司

【公司概况】 国家电网有限公司成立于2002年12月29日，是中央直接管理的国有独资公司，以投资建设运营电网为核心业务，是关系国家能源安全和国民经济命脉的特大型国有重点骨干企业，是全球最大的公用事业企业。经营区域覆盖全国26个省（自治区、直辖市），供电范围占国土面积的88%，供电人口超过11亿。连续16年获得国务院国资委业绩考核A级，连续8年获得标准普尔、穆迪、惠誉三大国际评级机构国家主权级信用评级，连续5年位列中国500最具价值品牌榜首。2020年底，资产总额4.35万亿元。全年实现营业收入2.66万亿元，位列《财富》世界500强第3位。

截至2020年底，累计投运特高压工程26项，成为世界上输电能力最强、新能源并网规模最大的电网；国家电网有限公司经营区域新能源并网装机达到4.5亿kW，新能源利用率达到97.1%，电能占终端能源消费比重达到27%左右。

投资运营菲律宾、巴西、葡萄牙、澳大利亚、意大利、希腊、阿曼、智利和中国香港等9个国家和地区的骨干能源网，境外投资项目全部盈利。

【组织机构】

见2020年国家电网有限公司组织机构图。

【战略体系】 企业宗旨：人民电业为人民。

公司使命：为美好生活充电，为美丽中国赋能。

战略定位：国民经济保障者，能源革命践行者，美好生活服务者。

企业精神：努力超越、追求卓越。

战略目标：具有中国特色国际领先的能源互联网企业。“具有中国特色”是根本，“国际领先”是追求，“能源互联网”是方向，三者三位一体，彰显了公司的政治本色、行业特色和发展角色，构成指引公司发展的航标。

战略目标内涵：“五六三”。具有中国特色“五个明确”：明确以习近平新时代中国特色社会主义思想为指导，明确坚持党的全面领导，明确坚持以人民为中心的发展思想，明确走出一条中国特色的电网发展道路，明确走中国特色国有企业改革发展道路。国际领先“六个领先”：经营实力领先，核心技术领先，服务品质领先，企业治理领先，绿色发展领先，品牌价值领先。能源互联网“三大体系”：能源网架体系，信息支撑体系，价值创造体系。

发展布局：一业为主、四翼齐飞、全要素发力。“一业为主”是指聚焦电网业务这个主业；“四翼齐飞”指沿着电网业务这条产业链，统筹推进金融业务、国际业务、支撑产业、战略性新兴产业发展；“全要素发力”指在加强传统要素投入同时，更加注重知识、技术、管理、数据等新要素投入。

【电网概况】 2020年，国家电网有限公司电网规模持续增长，新投产220kV及以上交流输电线路4.03万km（1579条），同比增长6.68%；新增变电容量2.41亿kVA（724台），同比增长6.9%。青豫特高压直流工程建成投运，国家电网有限公司跨国跨区通道增至26回，总输电能力提高至12546万kW，同比增加10.91%。

华北电网。2020年，华北电网投产张家口—保定、鄂尔多斯—洪善特高压交流工程，特高压形成“两纵＋品字形环网”交流和“两送两受”直流格局，特高压电网资源优化配置能力提升。500kV省间联络结构维持不变。

华东电网。1000kV东吴扩建江苏侧1台主变压器，东吴变电站供苏州南部能力得到加强。芜湖扩建2号主变压器，缓解芜湖主变压器＋芜湖—安吉双线断面潮流转移能力不足问题，提升吉泉直流低端受电能力。金华换流站1、2号调相机投运，增强金华换流站近区无功电压支撑能力。

华中电网。2020年，青豫特高压直流及豫南—南阳特高压交流工程投运，华中主网结构加强，电网安全稳定水平提升。

东北电网。2020年，500kV金城—龙凤工程投运，鲁固直流配套交流工程建成。丰满电厂3台机组投产发电，丰满大坝重建工程竣工。

西北电网。2020年，特高压青豫直流投运，特高压天中、祁韶直流输送功率提升，西北电网外送规模增大，外送型电网特征凸显。新投产的750kV重要输变电工程包括750kV南山—宝鸡第二回线工程，750kV榆横—朔方双回线工程，750kV常乐电厂—祁连换流站三回线工程提，750kV青塔双回线、青宁双回线、海塔双回线等青豫近区网架补强工程，750kV尚德电厂—沙湖变电站两回线工程，750kV喀纳斯—塔城双回线、阿克苏—库车二线。

西南电网。500kV康蜀串补工程，500kV昭中一线，500kV遂宁、资阳变电站扩建第3台主变压器工程，以及500kV万盘三线投产。220kV加查电站机组全部投产，提高了藏中电网的供电能力和频率支撑能力。阿里联网工程投运，西藏电网实现全区同步联网运行。

（邱　威）

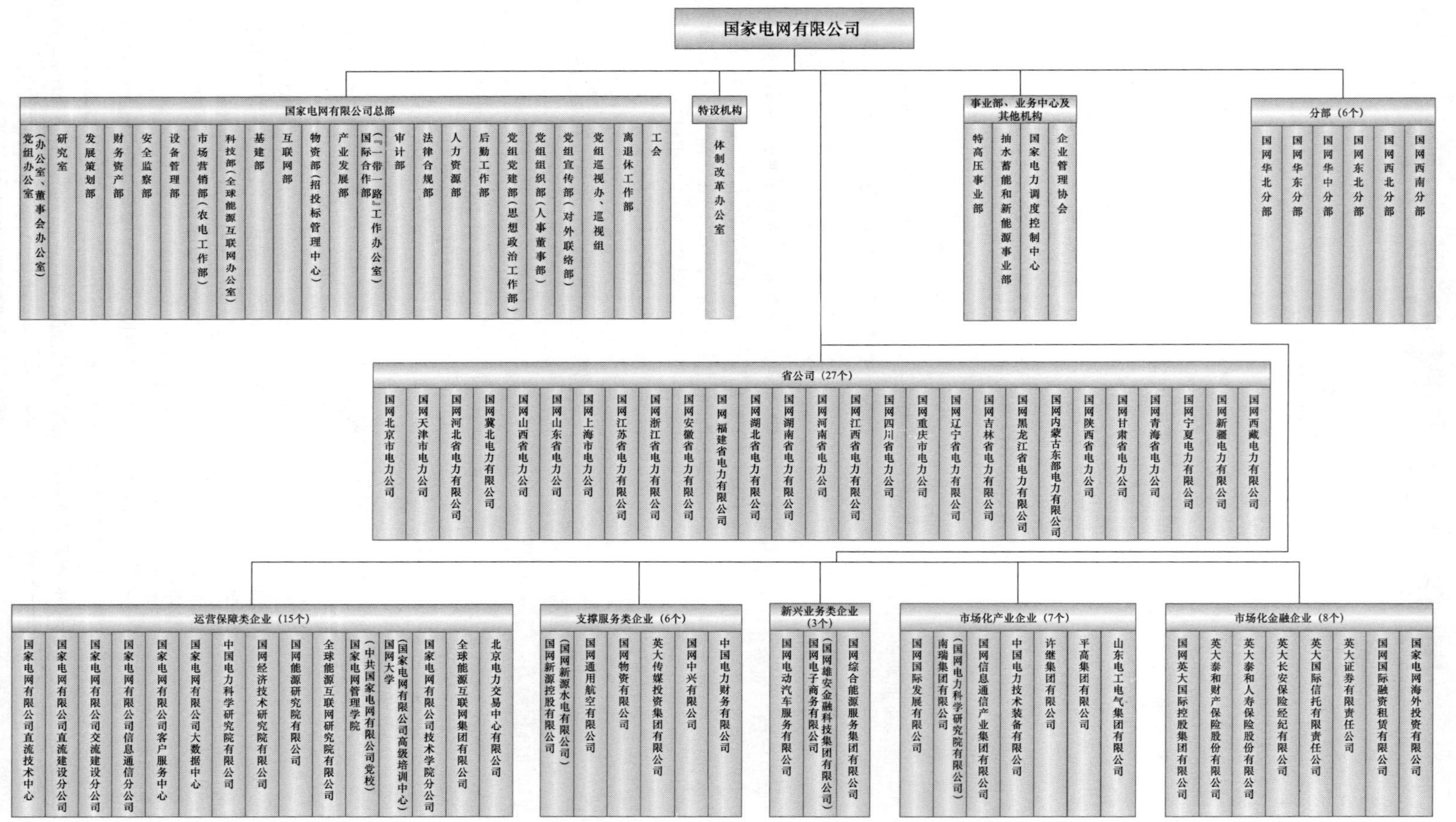

2020年国家电网有限公司组织机构图

【经营业绩】 2020年，国家电网有限公司应对疫情困难挑战，开展提质增效专项行动，推动改革创新，消化疫情、降价、改革等多重因素减利影响，完成年度业绩考核任务，保持主要经营指标稳定。全年完成售电量4.58万亿kWh，同比增长2.8%；实现营业收入2.67万亿元，同比增长0.6%；利润总额591.2亿元、净利润420.2亿元，剔除降价等政策性因素影响后，同口径较2019年分别增长29.3%和25.5%；经济增加值（EVA）-244.9亿元，剔除降价等政策性因素影响后，完成62.3亿元。

落实国资降杠杆减负债工作要求，秉承“提质量、增效益、控风险”原则，实施精准投资管控、推进混合所有制改革、集约高效运作资金、清理长期挂账在建工程、盘活存量资产等措施，推进负债率压控。2020年底，国家电网有限公司资产总额4.3万亿元，同比增长4.6%；负债总额2.4万亿元，同比增长4.4%；权益总额1.9万亿元，同比增长4.8%。资产负债率56.28%，同比下降0.07个百分点，低于央企平均水平（65%）约8.72个百分点，优于责任书管控目标1.32个百分点，完成国务院国资委下达的三年管控目标。

2020年，国家电网有限公司位列《财富》世界500强第3位、全球最具价值品牌500强企业第16位；连续16年获国务院国资委业绩考核A级，连续10年获国务院国资委财务绩效评价A级，连续8年获国际三大评级机构国家主权信用评级，连续5年获中国500最具价值品牌第一名。

（毛育冬　刘　浩）

【电网发展】 电网开工规模。2020年开工110（66）kV及以上输电线路5.2万km、变电（换流）容量3.4亿kVA（kW）。其中：1000kV线路690km、变电容量2700万kVA，750kV线路1790km、变电容量1440万kVA，500kV线路7331km、变电容量8505万kVA，330kV线路1625km、变电容量1198万kVA，220kV线路1.7万km、变电容量9354万kVA，110（66）kV线路2.0万km、变电容量7770万kVA；直流线路3224km、直流换流容量3200万kW。开工的重点项目有陕北—武汉、白鹤滩—江苏特高压直流输电工程，南昌—长沙特高压交流输变电工程，皖南、晋北、晋中、北京东特高压变电（换流）站扩建工程等。

电网投产规模。2020年投产110（66）kV及以上输电线路5.3万km、变电（换流）容量3.0亿kVA（kW）。其中：1000kV线路1747km、变电容量1800万kVA，750kV线路1090km、变电容量1860万kVA，500kV线路5584万km、变电容量6825万kVA，330kV线路1566km、变电容量1098万kVA，220kV线路1.6万km、变电容量7941万kVA，110（66）kV线路2.4万km、变电容量8159万kVA；直流线路2229km、直流换流容量2500万kW。投产的重点项目有青海—河南特高压直流、张北柔性直流输电工程，张北—雄安、蒙西—晋中、驻马店—南阳特高压交流输变电工程，漳泽、赵庄、高河电厂1000kV送出工程，苏州、皖南特高压变电（换流）站扩建工程等。

推进重点工程建设。特高压工程完成“九投六开”（投产张北柔直、青豫直流、巴基斯坦默拉直流，张雄、驻南、蒙晋、长治送出、东吴变电站、芜湖变电站扩建交流工程；开工陕湖、白江直流，长滩送出、晋中变电站、晋北变电站、北京东变电站扩建交流工程），阿里联网、“三区三州”、抵边村寨、西藏地区通大网电、第二批边防供电、2022年冬奥配套、“煤改电”等中央部署重大战略性工程全部按期建成，支撑和保障脱贫攻坚、民生改善。盂县、锦界府谷电厂送出工程建成投运，完成大气污染防治行动计划输电通道建设。新疆库车—阿克苏—巴楚Ⅱ回、阿勒泰—准北等750kV输变电工程提前建成，实现750kV电压等级电网全疆全覆盖。特高压配套、雄安新区配套、电铁配套以及新能源送出等一大批重点供电工程按计划推进。丰满水电站重建工程实现全面投产，消除老坝安全隐患。安徽绩溪抽水蓄能工程实现“四投一并”，新开工山西垣曲、浑源，浙江磐安，山东泰山二期4座抽水蓄能工程，服务能源清洁低碳转型和经济社会绿色发展。

（于　汀　丁　林　张友富
陈　晖　谷　鸣　于壮状）

【管理创新】 坚持战略导向，统筹系统谋划。突出“中国特色”，坚持“两个一以贯之”，聚焦党建融合赋能，实施“党建＋本质安全”“党建＋电网建设”等重点工程，探索国有企业党组发挥领导核心和核心作用，“把方向、管大局、保落实”的途径，为党的建设与企业经营管理有效融合贡献国网案例。瞄准“国际领先”，做强做大做优核心业务，推动各类产业转型升级，把握机遇、管控风险，以管理聚力、以创新扩能，树立全球视野、提高全球影响力和竞争力，优化资本结构、提升盈利能力和市场价值。服务“能源互联网企业”，通过分类管理、指导和考核，把各类产业的优势和潜能发挥出来，形成以主导产业为根本，互为补充、互为促进的能源互联网产业集群。

明确重点领域，推进两大工程。按照“统领全局、重点突破”的原则，围绕强根铸魂、企业治理、电网升级、科技强企、精益管理、卓越服务、国际拓展、企业生态等重点领域，组织实施100项“管理创新示范项目”，培育成果精品，树立典型经验，发挥示范引领作用。组织实施60项“管理创新推广项目”，实现成果共享，发挥成果价值。

服务基层，凝聚创新合力。强化服务意识，按照“放管服”工作要求，精简项目管控、成果对外申报流程，推行部门间、单位间的横向协同，专业部门与基层单位间的纵向协同，公司与外部机构间的内外协同，沟通协调，凝聚共识，提升管理创新的科学性、示范性、时效性、影响力。

聚焦基础管理，提升管理质效。修编《国家电网有限公司管理创新工作指引》，阐述公司战略体系核心要义，明确管理创新总体思路、重点领域，构建管理创新工作体系，指导干部员工参与管理创新工作，夯实管理创新工作基础，提升管理创新工作水平。开展《新形势下公司企业管理体系建设》研究，聚焦系统性、基础性管理理论，总结提炼具有国家电网有限公司特色的企业管理体系。

对外申报，展示管理品牌。在“第二十七届全国企业管理现代化创新成果”评选中，国家电网有限公司共39项成果获奖，其中，“以技术突破为先导的特高压直流输电工程复杂系统协同管理”等4项成果获一等奖，同比增加1项；“送端电网基于市场化改革的新能源消纳管理”等35项成果获二等奖，同比增加5项。公司系统获奖成果总数创历史新高，连续8年位列央企首位。在2020年度中国电力创新奖管理类奖项评审中成绩优异，共计66项成果获奖，其中，创新大奖2项、一等奖25项、二等奖39项，获奖数量、等级继续保持电力行业企业首位。

（刘　胜）

【安全生产】 贯彻习近平总书记关于安全生产的重要指示批示精神，落实国务院安委会和国资委安全生产工作部署，推进安全生产专项整治行动，战疫情、斗洪魔、抗寒潮，做好疫情防控和供电保障，成功应对自然灾害和突发事件，完成全国两会、党的十九届五中全会、中国服贸会、第三届进博会等重要保电任务，国家电网有限公司安全生产局面整体平稳。

贯彻国家安全工作部署。落实国家安全生产会议精神，加强安全建设和工作组织。严格落实全员安全生产责任，修订从总部到班组50.9万份安全责任清单。梳理300余项国家法律法规，制（修）订公司《安全工作奖惩规定》《安全事故调查规程》。建立安全巡查机制，在试点工作的基础上，完成两轮12家省级单位巡查，排查管理问题1200余项。针对2020年疫情影响，利用远程视频建立周安全风险督查例会制度，全年管控电网运行、基建、生产作业风险3.5万项。

完成年度安全重点任务。牢固树立安全发展意识，紧盯“三杜绝三防范”目标，制订全年安全生产工作意见，逐项落实责任，狠抓措施执行，完成年度15个方面86项安全生产重点任务。编制“十四五”安全发展规划，完成省级单位安全生产巡查年度任务，健全“四不两直”安全督察机制，派出专家组94人次，查纠问题隐患232项。完成国家对“4·7”事故整改后评估、安全执法检查。针对“5·11”“7·2”等人身伤亡事故，组织“说清楚”，严格调查、严肃处理。

保障电网安全稳定运行。全年6个区域电网、26个省级电网负荷创新高，夏季2个区域电网、15个省级电网负荷59次创新高，冬季3个区域电网、14个省级电网负荷132次创新高。面对用电需求高启、局部供需紧张、灾害影响频繁等挑战，落实公司确保电力安全可靠供应八项举措，加强电网运行控制，强化输变电设施运维抢修，加大跨区送电，在运12回特高压直流输电能力同比提升21%，平均利用小时增加310h，发挥大电网资源配置作用，确保电力可靠供应。

严抓作业安全风险管控。建立周安全风险管控督查会议机制，以上率下，强化各级电网、作业风险管控，总部全年累计召开32次督查会议，对659项作业风险管控情况进行督查。严格执行《安规》和“十不干”，严格到岗到位，推进安全生产风险管控平台建设应用，依托三级安全管控中心和安全督查队，开展“远程+现场”安全监督，确保“四个管住”（管住计划、管住队伍、管住人员、管住现场）措施落地见效，各级单位全年有效管控三级以上作业风险30余万项。

建设施工安全管控。吸取事故教训，开展“查风险、治违章、抓落实”建设施工安全大检查，覆盖11674项在建工程、1.7万个基层班组和5.5万处作业现场，发现并整改问题3.8万余项，化解建设施工领域突出风险，遏制人身事故频发态势。抓好基建改革12项配套措施落地，启动作业层班组骨干培训三年行动计划，推行“三算四验五禁止”安全强制要求，强化“四不两直”检查和重点工程总部协同监督，投产110kV及以上电网基建工程5.1万km、3亿kVA，提前投运阿里联网工程，按期建成张北柔直、青豫直流等重点工程，完成丰满水电站重建工程。

网络和产业安全管理。贯彻落实《中华人民共和国网络安全法》和等级保护2.0要求，初步建成全场景网络安全态势感知平台，完成“护网2020”专项演习。实现变电站网络安全监测装置全覆盖，地级以上调度实施网络安全与自动化7×24h值班。开展危化品存储安全专项检查，建立危化品安全管理重点联系单位机制和“1+5”管理制度。编制直属产业安全生产管理标准化规范，加强直属产业安全风险分级管控。试点开展班组自主安全管理能力提升活动。完成13家发电企业安全性评价。开展新业务新业态安全管理研究，厘清安全管理职责界面。

强化应急管理工作。制定应急响应工作规则、典型电力突发事件应急处置指南，健全总部“1+26”应急预案体系，组织迎峰度夏大面积停电、特高压站消防等6场示范性演练。参加第二届全国应急管理普法知识竞赛，获得中央企业赛区第一名。应对严重汛情和台风、雨雪冰冻等灾害，确保灾区生产生活和抢险救灾供电。

安全隐患排查治理。2020年，各单位落实国家电网有限公司安全生产决策部署，以安全生产专项整治为抓手，深化隐患排查治理机制，共计排查各类安全隐患48957项，其中，一般隐患48946项、重大隐患11项；按专业划分，输电7274项、变电7692项、配电20751项、电网规划464项、电网运行及二次系统1874项、电力建设1352项、信息通信1813项、交通1365项、消防2131项、环境保护412项、安全保卫879项、后勤730项、发电322项、装备制造76项、其他1649项，完成整治47770项。

电力可靠性管理。国家电网有限公司全口径系统平均供电可靠率99.861%，系统平均停电时间12.2h/户，其中系统平均预安排停电6.24h/户，系统平均故障停电5.96h/户。220kV及以上电压等级输变电回路可用系数为99.297%，输、变电回路可用系数分别为99.201%和99.506%。220kV及以上电压等级架空线路、变压器、断路器可用系数分别为99.338%、99.739%和99.879%。跨区直流输电系统能量可用率为95.591%，强迫能量不可用率为0.027%，计划能量不可用率为4.382%。抽水蓄能机组年平均可用系数为88.64%，台均利用小时为2515h，常规水电机组年平均可用系数为90.36%，台均利用小时为3006h。

技术监督。以62类《全过程技术监督精益化管理实施细则》为抓手，共计开展20663项，覆盖所有16821个110kV及以上输变电工程，发现问题88996项次，同比增长31.8%。针对技术监督综合管理、新建工程全过程技术监督、专项技术监督、电网设备技术标准执行指导意见宣贯执行4大项工作，组织对27家省级电力公司新投产工程全过程技术监督开展情况进行全面督查，共享典型经验，督导提升监督质效。持续加强专项监督。电气性能监督共开展25056台（件）检测，发现问题设备695台（件），问题检出率2.8%。金属监督共检测各类设备部件13万台（件），发现缺陷10720台（件），问题检出率8.1%。土建监督开展1.1万项次土建现场监督，发现问题1063项，问题检出率9.6%。

（余国太　杨军飞　杨鹏云　王金宇　赵大平　解晓东　王秀龙　王　璞　徐玲铃　金　焱　张兴辉　刘　勇　韦德福　张　强　逄　凯　李得时）

【电力市场】 电力市场建设。提出符合国情、统筹多元目标的全国统一电力市场顶层设计方案。修订完善《北京电力交易中心跨区跨省电力中长期交易实施细则》，配合做好现货试点、山东电力市场建设综合改革试点，初步提出适应双轨制格局的市场模式设计。基本形成在空间范围上覆盖省间、省内，在时间周期上覆盖多年、年度、月度、月内的中长期交易及日前、日内现货交易，在交易品种上覆盖电能量、辅助服务、合同、可再生能源消纳权重等的全市场体系结构。构建适应新能源快速发展的市场机制。围绕“碳达峰、碳中和”的目标，结合各地电力市场建设情况，以保障电力系统安全稳定运行和促进新能源消纳为目标，从统筹新能源保障政策与市场机制、完善新能源消纳的社会责任分担机制、建立新能源分担系统平衡责任等方面出发，提出以新能源为主体的新型电力市场机制设计思路。开展可再生能源消纳责任权重市场建设和相关交易机制研究，编制并发布国内首个可再生能源电力超额消纳量交易规则——《北京电力交易中心可再生能源电力超额消纳量交易规则（试行）》，为可再生能源市场机制建设打下基础。

电力市场运营。2020年，国家电网有限公司经营区域总交易电量完成4.8万亿kWh，同比增长3.1%；市场交易电量2.32万亿kWh，同比增长9.6%，占公司经营区域售电量的50.6%，同比提高3.7个百分点，其中，电力直接交易电量1.81万亿kWh，同比增长10.8%，减少客户用电成本550亿元。2020年，北京电力交易中心共开展省间市场化交易600笔，达成交易规模5194亿kWh，特高压直流通道利用小时数稳步提升，负荷高峰时段各特高压直流基本实现按最大技术能力满送。2020年多省外送电量创历史新高，其中新疆、山西外送规模超1000亿kWh，甘肃外送规模超500亿kWh。促进清洁能源消纳。组织开展全国首次可再生能源电力超额消纳量交易，10家省级电网公司参与交易，达成超额消纳凭证转让结果245.5万个，折合可再生能源电量24.55亿kWh。2020年省间新能源交易电量915亿kWh，同比增长3.7%，超额完成年度目标，为消纳率贡献16个百分点，国家电网有限公司经营区域新能源利用率达97%，完成《清洁能源消纳行动计划（2018—2020年）》重点任务。

（纪　鹏　宋　莉　孙　田　于松泰　司良奇　董晓亮）

【科技创新】 2020年，国家电网有限公司取得了一批拥有自主知识产权、达到世界领先水平的重大创新成果。获第22届中国专利奖22项，获得中国标准创新贡献奖4项、中国电力科学技术奖65项、省（自治区、直辖市）科学技术奖励237项。

技术攻关。开展特高压换流变压器有载分接开关研制、特高压交/直流套管国产化、基于国产芯片的电网二次核心设备研制、大功率全控型电力电子器件研制、高性能电工绝缘材料攻关、可再生能源并网技术与装备研发、多元用户供需互动用电研究、大电网柔性互联基础理论与技术研究、极端条件下的大区域电网设施安全保障技术研究等。

科研项目管理。组织开展“智能电网技术与装备”“科技冬奥”“科技助力经济2020”“可再生能源与氢能技术”“高性能计算”“国家质量基础的共性技术研究与应用”6个重点专项相关项目申报工作，13个项目成功立项。加强国家项目过程管理，完成22个项目专家指导服务。突出重点，抓紧抓实重大项目。聚焦特高压套管、分接开关、电力芯片、高性能电工材料、大功率电力电子器件和电气消防安全等重点攻关方向，通过推进会、季报制、问题清单制等多项措施，组织完成30项国家项目、50项公司重点攻关计划项目的组织管理和技术攻关的双重督导，确保项目实现预期目标。

开展国家级实验平台申报工作，中国电科院、国网西藏电力联合申报的“西藏高海拔电磁环境与电磁安全国家野外科学观测研究站”获科技部批复建设，这是公司系统首个获批的国家野外观测站，也是能源电力行业首个国家野外观测站。加强公司实验研究体系建设。命名大型变压器运行性能评估技术实验室等6个实验室为公司实验室，命名区域能源互联网技术与应用联合实验室等3个实验室为公司联合实验室，补强电力机器人技术实验室等3个已命名的实验室，完善公司实验室布局。

技术标准工作。应对并克服疫情造成的不利影响，与IEC中央办公室和ISO中央秘书处沟通，推动国际标准工作进程。2020年主导立项IEC标准6项、ISO标准1项、IEEE标准2项，出版IEC标准5项、IEEE标准2项、CIGRE技术报告3项。在IEC主导发起的SC 8C互联电力系统网络管理分技术委员会正式成立；国家电网有限公司首个物联网相关国际标准提案在IEC获批立项，标志着中国能源互联网发展理念和具体实践得到初步认可；国家电网有限公司首个ISO标准获批立项，实现“零”的突破。技术标准体系持续优化，牵头或重点参与的98项国家标准、152项行业标准获批发布，完成262项公司企业标准制/修订。

知识产权工作。2020年，国家电网有限公司申请专利21680项，其中发明专利14341项；获授权专利15209项，其中发明专利6260项。截至2020年底，累计专利拥有量97548项，其中发明专利38025项。在国务院国资委公布的2019年央企专利情况排序中，累计拥有发明专利量首次排名央企第一。专利质量位列央企A级。

2020年，共评审国家电网有限公司科学技术奖196项。其中，年度科技人物奖1项，技术发明奖16项（特等奖1项、一等奖1项、二等奖6项、三等奖8项），科学技术进步奖134项（一等奖18项、二等奖47项、三等奖69项），技术标准创新贡献奖14项（一等奖1项、二等奖6项、三等奖7项），专利奖31项（一等奖4项、二等奖11项、三等奖16项）。

（高海峰　盛　兴　张晓东　周　俊　孙建锋　王晓刚　赵海翔　李　刚　张家琪）

【国际化发展】 全球能源互联网。2020年，面对新冠肺炎疫情带来的不利影响，采用“线上线下结合”方式方法，与有关国家政府、国际组织、企业、机构举行100多场会议和会谈，宣介全球能源互联网理念和国家电网有限公司发展成果。出版发布全球及亚洲、欧洲、非洲、北美洲、中南美洲、大洋洲清洁能源资源开发投资研究“1+6”系列报告，全球及各大洲能源互联网研究展望“1+6”系列报告，共同形成全球能源互联网顶层规划体系；出版发布亚洲及各区域能源互联网研究与展望“1+5”系列报告，为亚洲能源互联网建设提供参考和指引。与联合国、经合组织、非盟、阿盟、东盟、欧盟等重要国际和区域组织，以及多个国家的政府部门、企业机构开展合作。2020年签署5项合作协议（备忘录），累计签署48项。截至2020年底，已成立4个区域委员会和7个国家委员会，为推动全球能源互联网实施奠定基础。

境外投资与运营。2020年，国家电网有限公司收购的阿曼国家电网公司49%股权于3月成功交割，全资收购的智利切昆塔集团公司于6月成功交割。11月签署股权购买协议，收购智利第一大配电、第二大输电公司CGE公司96.04%股权。稳健运营在菲律宾、巴西、葡萄牙、澳大利亚、意大利、希腊、阿曼、智利和中国香港等9个国家和地区的能源网项目，多个项目在国际上成为“金字名片”，投资效益高于国内同类业务回报水平。

国际工程项目。1月，国家电网有限公司承建的缅甸北克钦邦与230kV主干网连通工程竣工，该工程是缅甸“北电南送”的重要通道工程。截至2020年底，沙特智能电能表项目完成430万只电能表安装。沙特智能电能表项目是沙特为实现“2030愿景”实施的重大项目，是目前世界上单次部署规模最大的智能电能表项目。项目于2019年12月19日签约，涉及沙特西部和南部9个地区。这是中国用电信息采集系统业务首次大规模进入海外市场。埃及国家电网升级改造工程项目完工，该项目是中埃产能合作框架下首个落地实施的项目。埃塞俄比亚离网太阳能一期工程项目建成投运，项目全部采用了中国设备和标准，是世界银行“点亮非洲”计划首批示范工程之一。

国际交流合作。国家电网有限公司与世界经济论坛于2020年11月10日在北京联合主办2020能源转型国际论坛。参与2020年中国国际服务贸易交易会等主场外交活动。采用实体会议与视频会议相结合等各种模式，参加第十三届新加坡能源周、出席中俄政府间能源合作委员会第十七次会议，与 SAP 公司、德国 EnBW 能源集团、ABB 公司、法国电力集团、西门子公司、日立 ABB 电网公司、丹麦电网公司、爱迪生电气协会、世界经济论坛、国际可再生能源署等跨国能源企业和国际组织开展交流与合作。

（徐鹏飞　胡　波　韩　勇　吕　昕　李　杨　陈原子　李　明　马海洋　张　虎　刘　琪　赵　晔　沈　亮　夏　雪　孙　涵　闫　雨　雷　颖）

【节能减排】　主要节能减排指标完成情况。线损率指标：5.87%，同比下降 0.37 个百分点，比国务院国资委 2019～2021 年任期考核目标（6.40%）低 0.53 个百分点，节约电量 105 亿 kWh，相当于节约标准煤 320 万 t、减排二氧化碳 807 万 t。万元产值综合能耗指标：0.13t 标准煤（可比价），比国务院国资委任期考核目标（0.157t 标准煤）低 0.027t 标准煤。六氟化硫气体回收率指标：96.75%，满足任期考核年度进度要求（95.5%）。

节能减排管理。服务新能源发展，新增风电、太阳能发电装机 1 亿 kW，全年消纳 5872 亿 kWh，相当于减排二氧化碳 4.5 亿 t。新完成 271 万户“煤改电”任务，实现长江沿线主要港口岸电基本覆盖。智慧车联网平台实现“百万桩”接入。与生态环境部开展电力大数据服务污染防治战略合作。严格落实可再生能源补贴政策，按规定及时转付国家可再生能源发展补助资金。

线损管理。开展理论线损计算与分析，提出改善潮流分布、改进供电方式的措施。常态化开展同期线损监测治理，通过关口电量、表底的源头采集和大数据信息共享，穿透管理界面，定位薄弱环节，提高线损管控能力。2020 年国家电网有限公司线损率下降 0.37 个百分点，节约电量 105 亿 kWh，线损率达到公司成立以来最好水平。

环保管理。修订电网建设项目环境影响评价管理办法和电网环境保护责任清单，防范环保领域重大违规风险。强化环保技术监督和污染防治，推进变电站（换流站）噪声监测及噪声超标治理工作。规范六氟化硫气体回收处理及数据统计工作。加强电网建设项目环保管理，协调推进白鹤滩—江苏特高压直流等工程环评报批工作。

推动电网发展。世界首个以输送清洁能源为主的特高压输电项目——青海—河南直流工程建成投运，促进西部清洁电能外送消纳。张北可再生能源柔性直流电网试验示范工程正式投运，满足张家口地区 700 万 kW 新能源装机的外送和消纳需求，助力北京冬奥场馆实现奥运史上首次 100%清洁能源供电。

服务新能源发展。加强规划引领，统筹新能源发展和消纳，测算并公布 2020 年新能源消纳空间。开展风火打捆外送交易、发电权交易，新能源跨省间交易电量超过 900 亿 kWh。2020 年，国家电网有限公司经营区域风电和太阳能发电装机 4.5 亿 kW，占比 26%，利用率达到 97.1%，21 个省区新能源成为第一、第二大电源。

实施电能替代。推动燃煤自备电厂清洁替代，完成北方地区“煤改电”任务，累计完成 1063 万户，助力打赢蓝天保卫战。加快电动汽车充电网络建设，建成覆盖 176 个城市的高速公路快速充电网络，搭建全球规模最大的智慧车联网平台，支持新能源汽车产业发展。促进电能占终端能源消费占比由 2015 年的 23%提升至 2020 年的 26.5%。2020 年，完成电能替代项目 8.7 万个，实现替代电量 1938 亿 kWh，同比增长 7.54%，相当于在能源终端消费环节减少散燃煤 1.09 亿 t，减少 CO_2 排放 1.93 亿 t，减少 SO_2、NO_x 以及粉尘排放 6143 万 t。

（栾凤奎　张兴华　何　胜）

【农网发展】　完成新一轮农网改造升级和“十三五”农网建设任务。“十三五”期间，累计投资 7775 亿元，加大农村电网建设改造力度，发挥央企主力军、顶梁柱作用。“十三五”累计为 153.5 万眼农田机井通电，完成 6.6 万个小城镇（中心村）电网改造升级、7.8 万个自然村通动力电工程；2019 年底，提前一年完成新一轮农网改造升级任务，“两率一户”主要供电指标以省为单位达到国家要求，户均配电变压器容量达 2.76kVA，比“十二五”末提升 50%；累计完成 2268 万 kW 光伏扶贫项目接网，305 万贫困农户直接受益；完成 677 个抵边村寨电网建设任务，促进稳边固边；实施“三区三州”和 381 个国家级贫困县农网改造升级，助力国家脱贫攻坚任务顺利完成；西藏 74 个县（区）全部用上大网电，国家电网有限公司经营区域实现所有县（区）大电网全覆盖；居民人均生活用电量达到 620kWh，比“十二五”末提升 46%，农村居民生活用电得到保障，农业生产用电问题基本解决。

实现“十四五”农村电网开好局起好步。根据国家能源局要求，梳理农村电网现状与电力发展需求，分析“十四五”发展思路和目标，研究重点任务和措施，提出政策建议，编制完成《“十四五”农村电网发展任务和支持政策研究》。编制“十四五”乡村电网发展规划。党的十九届五中全会将“优先发展农业农村，全面推进乡村振兴”作为“十四五”时期经济社会发展和改革开放的 12 项重点任务之一，首次提出“实施乡村建设行动”“实现巩固拓展脱贫攻坚成果同乡村振兴有效衔接”等要求。谋划“十四五”乡村电网发展，编制《国家电网有限公司“十四五”乡村电网发展规划》，落实国家乡村振兴战略，巩固拓展脱贫攻坚成果，加强电网建设，推动构建农村现代能源体系，建设新型农村电网。

农村电网改造升级。深入贯彻党中央、国务院关于农村电网改造升级重大决策部署，将高质量建设农村电网作为服务脱贫攻坚、推进乡村振兴战略实施的主战场，完成7.1万项10kV及以下农网工程建设，新建改造中低压线路21.4万km、配电变压器10.8万台。完成304亿元、7957项“三区三州”深度贫困地区电网建设任务，为198个贫困县443万户1777万居民通上安全可靠稳定的大网电。完成5.52亿元、668项抵边村寨配电网工程建设任务，工程惠及580个边境村23.42万户居民，使广大边境农牧民群众充分感受到党和国家的关怀，为维护边疆地区和谐稳定做出贡献。

（王雅丽　梁　昊　宁　昕　王庆杰）

【人力资源管理】 人才队伍建设。截至2020年底，国家电网有限公司拥有两院院士等国家级人才379人（两院院士7人、百千万人才工程国家级人选28、享受国务院政府特殊津贴人员158人、国家有突出贡献的中青年专家13人、中华技能大奖获得者5人、全国技术能手68人、全国青年岗位能手65人），高级职称资格12.5万人、高级技师资格15.6万人，涌现出高技能人才典型代表“时代楷模”张黎明、“状元技工”许启金、“大国工匠”王进、“中华技能大奖”获得者陈国信等一批优秀专家人才。落实国家职业资格改革精神，坚持战略引领、统筹规划、分级管理、多元评价，完成技能等级首轮评价工作，评价通过高级技师0.3万人、技师0.5万人、高级工1.1万人、中级工0.9万人、初级工0.9万人。开展各级职称评审，通过正高级职称0.2万人、高级职称1.6万人、中级职称1.7万人。

职工教育培训。全年共组织各类脱产培训6.69万期306万人次、1241万人天。完成2万名新入职毕业生集中培训，全员培训率达到94.65%。网络大学登录3250万人次，网络培训学习3810万学时，网络考试106万人次。制定公司继续教育管理规定，修订公司网络大学管理办法、师资管理办法，持续完善培训管理体系。组织编制技能人员培训教材，开展第四届优秀培训资源评选活动，全年新增课件9000门，逐步建成共创、共建、共享、共用的培训资源开发机制。

（李　鹏　曹爱民　高　澈　刘　严　张耀坤）

【党建工作】 截至2020年底，国家电网有限公司共有党组织43734个，其中党委2797个、党总支1767个、党支部39170个，党员56.4万名。全年新增党组织5941个、按期换届10764个，发展党员11657人，“两个覆盖”（党的组织覆盖和工作覆盖）持续扩大。

完成党建重点任务。召开公司党建工作领导小组会议，部署年度党建工作，推进政治、思想、组织、作风、纪律和制度建设，提升党建水平。巩固深化主题教育成果，拓展“旗帜领航·三年登高”经验成效，开展“基层党建巩固提升年”，细化落实6个方面20项措施。编印《强根铸魂工程实施方案》，构建“五大体系”，细化30项举措，加强统筹指导，推动各单位把强根铸魂工程作为重要任务抓在手上，结合实际制订具体方案措施，实现从总部到基层一贯到底、层层落实。强化党员教育培训，制订实施党员教育培训规划和2020年工作计划，分层举办党组织书记、党务人员和党员集中轮训4600余期。组织纪念建党99周年“八个一”活动，近4万个党支部开展“四史”学习教育、讲党课、主题党日等活动。实施“党建+”工程，制订6个专项方案，围绕电网主业抓实党建内嵌融入，形成党委抓统筹、部门抓融合、支部抓落实的工作格局。

抓牢压实党建工作责任。修订公司党建绩效考评办法，开展覆盖全部二级单位的大党建绩效考评，用好党建考核“指挥棒”，促进党建责任再压实、党建质效再提升。坚持书记抓、抓书记，采取视频、现场和书面述职有机结合的方式，逐级开展党委书记抓基层党建述职评议考核，强化党委书记扛首责、抓主业、唱主角的政治担当。坚持从总部抓起，定期听取部门党组织工作汇报，促进相互交流、共同进步，示范带动各级本部党建持续加强。

彰显党组织和党员作用。面对新冠肺炎疫情严峻考验，坚决听从党中央号令，公司党组向抗疫一线发出通知、倡议书、表扬信，逐级划拨党团费，组织自愿捐款，发动各级党组织和广大党员当先锋做表率。各单位党组织围绕疫情防控和复工复产，创新方法载体，激发组织动能，团结带领党员开展抗击疫情、抗洪防汛、抗冰雪保供电。召开国家电网有限公司抗疫表彰大会，弘扬抗疫精神，公司荣获抗击疫情国家级表彰4项、国务院国资委表彰8项、团中央表彰2项。

全面从严治党。践行“两个维护”，落实“两个责任”。公司党组把落实管党治党责任作为最根本的政治担当，贯彻全面从严治党主体责任规定，制订47项“两个责任”清单，细化38项年度重点任务，将党风廉政建设和改革发展同部署、同落实、同检查、同考核。发挥沟通协调机制作用，支持驻公司纪检监察组履行监督职责，落实纪检监察体制改革30项重点任务，组建7个纪律检查中心，形成“两个责任”贯通联动、一体落实的良性互动。提升监督质效，加强作风建设，一体推进“三不”。保持“严”的氛围、“惩”的力度，发挥不敢腐、不能腐、不想腐一体推进的综合效应。公司系统立案1278件、处分1697人、处理5147人，同比分别增长13.9%、16.6%、

30.5%。用足用好“四种形态”，第一、二、三、四种形态分别运用7838、1444、241人次和112人次。在反腐高压和政策感召下，22人主动投案、34人主动交代问题。公司系统开展警示教育9187次，77.4万余人受到教育。坚持严管厚爱相结合，把思想政治工作贯穿始终，对491名谈话函询采信了结的干部及时反馈，对1522名受处分人员适时回访。

精神文明建设。开展全国文明单位创建工作。公司系统105家单位获评第六届全国文明单位，数量超过30个省份（仅次于天津市）和全部12个行业系统。公司系统共有全国文明单位486家。评选表彰第七届公司文明单位。总结近年来公司精神文明建设工作，评选表彰150家积极践行社会主义核心价值观、精神文明建设成效显著，在战略实施、脱贫攻坚、疫情防控、防汛救灾等大战大考和急难险重任务中做出突出贡献的创建典型。依据《全国文明单位测评体系（2020版）》，修订完善公司文明单位6条13项54个指标的评选标准。开展岗位学雷锋、青春光明行、海外学雷锋等志愿服务活动，推进志愿服务规范化、制度化、经常化。8400余支志愿服务队伍和23.5万余名志愿者，开展志愿服务约8万次，帮扶285万余人。4个集体获评全国学雷锋活动示范点，2名员工获评全国岗位学雷锋标兵，6名志愿者、2个组织、4个项目入选中宣部、中央文明办学雷锋志愿服务“四个100”先进典型，数量位居央企第一。

企业文化建设。编制发布《企业文化建设工作指引（2020）》，被国务院国资委作为典型经验向全部央企发放推介。制订印发《“文化铸魂、文化赋能、文化融入”专项行动计划》，部署弘扬党内政治文化、践行社会主义核心价值观、优化工作机制、创新宣贯载体、深化跨文化融合、建设专项文化、创建基层示范点等16项重点任务。开展企业文化宣贯传播与落地实践。将企业文化宣贯与政治学习、干部培训、技能培训结合起来，通过集训轮训、宣讲辅导、竞赛调考等形式，宣贯传播公司战略和企业文化。将培训对象由71家二级单位拓展至1054家三级单位，举办3期思想文化建设骨干培训班，培训学员210人。加强企业文化分层分众传播。编制发布宣讲通稿，针对不同群体的不同需求，分别制订核心内容和拓展内容，确保各项要求从总部到省、市、县公司直至基层班组一贯到底。推进安全、服务、创新、法治等专项文化建设，打造与“一业为主、四翼齐飞、全要素发力”发展总体布局相适应的“文化+”工作格局。公司荣获电力行业企业文化故事汇优秀组织奖，推荐的两个节目分获特等奖、一等奖；1家单位荣获中电联先进单位、1名同志荣获中电联先进个人；6家单位荣获电力行业企业文化品牌影响力企业。

（杨志宏　张会旭　张玉鹏　王　鑫）

【国家电网有限公司华北分部】

分部概况　国家电网有限公司华北分部（简称国网华北分部），按照国家电网有限公司党组决策部署，落实总部分部一体化要求，承担区域电网调控运行、安全质量监督、电网规划、审计监督等职责。

按照《国家电网有限公司关于调整部分持有型物业的通知》（国家电网产业〔2020〕343号）文件要求，将四惠桥项目部划至华北电网有限公司名下，成立四惠桥项目部，由国网华北分部代管。

领导班子

国家电网有限公司副总工程师兼国家电网有限公司华北分部主任、党委书记：王风雷（2020年9月任职）

国家电网有限公司华北分部党委副书记、副主任（分部正职级）：郑林

国家电网有限公司华北分部副主任、党委成员：赵玉柱

国家电网有限公司华北分部副主任、党委成员、纪委书记、工会主席：徐钦田

国家电网有限公司华北分部副主任、党委成员，兼国家电网有限公司国家电力调度控制中心副主任：李丹

国家电网有限公司华北分部副主任、党委成员，兼国家电网有限公司华北审计中心主任：邓顺平

国家电网有限公司华北分部一级顾问：余卫国（2020年9月任二线职务）

国家电网有限公司华北分部三级顾问：王利群

组织机构　内设办公室（社保中心）、安全质量监察部、财务部、规划统计部、党建工作部（纪委办公室）、工会办公室（离退休工作部）、国家电网华北电力调控分中心、华北审计中心等8个部门。下设分支机构后勤管理中心。

电网概况　华北电网主网架格局为1000kV交流“两纵+品字形环网”、特高压直流“两送两受”网架、500kV“八横三纵”；华北电网区外联络为“一交六直”格局，分别通过交流特高压1000kV长南Ⅰ线与华中电网联络，通过高岭站背靠背直流、鲁固直流与东北电网联络，通过银东直流、昭沂直流与西北电网联络，通过雁淮直流、锡泰直流与华东电网联络。1000kV交流“两纵+品字形环网”和500kV“八横三纵”通道，主要承担华北电网西电东送、北电南送任务。山西电网、蒙西电网分别经四个通道（9条500kV线路）和两个通道（4条500kV线路）向东部输送电力。京津唐和河北南网承担着电力枢纽核心作用，潮流特征为多方向、多通道、多落点。山东电网通过五个通道（6条1000kV线路、4条500kV线路），接受京津唐和河北南网转移电力。截至2020年底，华北电网装机容量47200万kW，1000kV变电站18座，变压器32台，容量96000MVA；500kV变电

站 199 座，变压器 437 台，容量 387615MVA；1000kV 输电线路 47 条共 9073km；500kV 输电线路 624 条共 46615km。京津唐电网装机容量 10309 万 kW，500kV 变电站 50 座，变压器 112 台，容量 112605MVA；500kV 输电线路 131 条共 8890km。华北电网风电装机容量 8707 万 kW，同比增长 37.7%，最大风电电力 4517 万 kW，全年风电电量 1349 亿 kWh；京津唐电网风电装机容量 2030 万 kW，同比增长 35.5%，最大风电电力 967 万 kW，全年风电电量 326 亿 kWh。华北电网光伏装机容量 6739 万 kW，同比增长 32.6%，最大光伏电力 4081 万 kW，全年光伏电量 716 亿 kWh；京津唐电网光伏装机容量 1106 万 kW，同比增长 25.4%，最大光伏电力 681 万 kW，全年光伏电量 125 亿 kWh。

安全生产 安全管理基础进一步夯实。严格贯彻公司安全生产工作要求，完成安全责任清单修订。扎实开展安全生产专项整治三年行动，排查问题隐患 4 项，编制分部“两个清单”，高质量完成“一下一上”阶段任务。认真履行安全监督职责，开展建设施工安全大检查、“四不两直”安全督察等各类区域内安全督查和跨区安全互查，组织完成太原城市电网安全性评价和四川公司安全生产巡查。强化电网风险预警全过程管理，发布预警 95 项，督促省公司加强重大电网运行风险现场安全管控，开展 500kV 京隆电厂送出线路——京大线运维情况现场督查。开展电网设备安全风险评估，全面评估华北区域电网网架和设备安全风险。完成华北分部 2019～2020 年电网安全风险管控报告。加强应急能力建设，完成突发事件总体应急预案和大面积停电事件等专项应急预案修编。

持续保障大电网安全稳定运行。持续提高大电网特性认知能力，强化运行方式统筹管理，统一开展华北主网特性分析，统筹制定特高压交直流系统、重要断面稳定限额和主网稳定控制策略，并加强各级电网运行方式协调配合，优化电网运行方式安排。强化设备停电计划管理，做好电网结构管控，加强各级调度协同配合，做好年度、季度、月度、周、日方式安排，做好停电组织工作，落实风险预警机制，严防调试、检修等工作带来的安全风险。精细化开展调度运行控制，强化电网在线安全分析计算，构建大电网调度运行关键指标体系，实现 $N-2$ 故障在线分析，针对电网薄弱环节和风险预警，制定故障处置预案，并常态化组织反事故演习，提高应对和处置事故能力。

大电网资源优化配置作用发挥更加充分。针对华北电网贯穿全年的电力平衡紧张形势和“冬夏双高”负荷特点，保障华北及各省网负荷多次创历史新高，华北电网最大负荷达到 26242 万 kW。全年累计组织开展省间电力互济 297 次，最大电力 400 万 kW，其中支援河北南网 71 次，最大电力 290 万 kW，支援山西电网 28 次，最大电力 200 万 kW，常态化支援蒙西电网 171 次，最大电力 360 万 kW。

支援西北、东北及华东电网，助力国网华北分部积极应对度冬寒潮期间电力紧缺形势。通过昭沂直流、银东直流支援西北电网 23 次，最大电力 700 万 kW。通过雁淮直流、锡泰直流支援华东电网 14 次，最大电力 440 万 kW。通过鲁固、高岭直流长期支援东北电网 130 万 kW。

完成全国两会、十九届五中全会、中国国际服务贸易交易会等重大政治保电任务。发扬历年重大政治活动保电优良传统，坚持“华北保京津唐、京津唐保北京”原则，克服新冠肺炎疫情带来的两会保电时间不确定、复工复产与保电封网时间重叠、居家办公员工多等不利影响，周密制定供电保障方案，滚动优化调整保电前后停电安排，在完成保电工作的同时，有力支撑国网公司及地方政府重点工程复工复产，保障了张北柔直工程顺利投产、配合特高压张北—雄安工程线路停电 13 条次、配合京沈客专迁改线路停电 8 条次。

扎实开展 2022 年北京冬奥会保电准备工作。落实国网华北分部冬奥保电工作部署，制定华北分部冬奥保障工作实施细则，组织北京、冀北调度完成重点防护输变电设施清单梳理。完成冬奥测试赛保电准备，编制工作方案 2 项、专项预案 3 项，分部领导带队赴冬奥会延庆赛区开展现场保电检查。

电网调度 多措并举保障新能源高效消纳。2020 年华北电网新能源总装机容量突破 1.5 亿 kW（含分布式光伏），装机规模位列区域电网首位。面对新能源的迅猛发展和逐年增加的消纳压力，华北分部持续加强调峰资源统筹管理，充分利用华北电力调峰辅助服务市场，创新开展源网荷储泛在调度控制工作，多措并举、全力以赴提高清洁能源消纳能力，超额完成新能源消纳指标。2020 年，华北电网、京津唐电网、各省网全部实现新能源发电量、发电量占比及利用率连续提升，其中华北电网、京津唐电网全年新能源发电量分别达 1348.7 亿 kWh、327.0 亿 kWh，同比增长 12.6%、12.1%。

保障基建工程按期投产。2020 年，华北电网基建投产延续高峰期紧张态势，共计投产 23 变电站 35 变压器 58 线路 5 火电厂 17 台机组，大量工程密集投产且集中在 11～12 月。华北分部高效、优质完成了张家口—保定特高压、长治特高压配套电源送出等国网公司“新基建”重点工程启动调试，华北电网 500kV 及以上重点工程数量约占国网公司总数的 60%，保障华北特高压交流环网三年内快速形成“两纵＋品字形环网”格局，共计投产 18 变电站 30 变压器 43 线路 13 火电厂 28 台机组，系统规模位列区域电网首位。积极服务 500kV 锦府第二阶段送出工程、孝彩输变电工程等地方政府重点工程建设，全力推进锡盟配套风电送出工程5座500kV变电站、29座220kV变电站、36座风电场投产。

规划计划 落实区域规划职责，高质量完成“十四五”电网规划研究。主动与各级政府主管部门及发电企业对接，推动规划边界条件落实；充分发挥区域规划平台作用，统筹研究区域整体供需平衡、电源建设方案、新能源消纳和调峰等重大问题；牵头组织区域内各省公司、三大院，开展“十四五”主网架规划研究，完成华北电网“十四五”规划1项主报告、2项专项规划报告和7项专题报告，顺利通过国网华北分部组织的区域电网规划评审。落实区域规划管理职能，完成华北区域省级电网“十四五”规划评审工作。

推动国网华北分部规划纳入国家和地方政府规划工作。分部领导带队赴北京、河北、山西等重点省市，与政府主管部门积极对接华北区域“十四五”电网规划情况，推动公司电网规划项目纳入各省市“十四五”规划，推动政府落实本省电源项目等规划边界条件。按总部要求，组织召开华北区域“十四五”电网规划座谈会，推动国网华北分部规划纳入各级政府“十四五”规划。

组织开展“十四五”规划新能源相关专题研究。围绕新能源承载能力、新能源弱送端接入、新能源对电力平衡的支撑保障能力等问题，组织科研咨询单位深入开展多项涉及新能源发展相关重大问题的专题研究，为做好支撑新能源大规模发展的“十四五”电网规划打下坚实基础。

积极推动规划落实，有序推进重点工程。每季度组织各省市公司及政府部门召开区域规划季度例会，着力推动规划落地。每月上报分部前期工作月报，发挥区域主网规划职能，全力推进山西“西电东送”通道调整工程和北京西—新航城等跨省项目前期工作，推动电网科学发展。积极协调推进华北电网系统保护独立二次项目在北京市各区政府备案，理顺独立二次项目备案流程。

落实能源革命要求，编制奖励办法，提升系统调节能力。超前研究解决系统调节能力不足问题，认真分析“十四五”新能源发展要求及挑战，编制了全国第一份以容量保障为基础、调节能力提升为目标、有效落实优先发电制度的《京津唐电网火电机组调节能力提升奖励办法》。通过办法应用，2020年内推动11家发电企业完成第一阶段改造，将系统调节能力提升至200万kW水平，有效促进清洁能源消纳。

加强综合计划横向、纵向沟通，积极推进电网基建项目实施。针对资产划转带来的分部各专业发展需求大幅增加的情况，组织专业部门结合分部情况对总控规模深入分析，积极与总部沟通，争取合理的计划指标，保证分部工作顺利开展。组织签订顺义500kV变电站增容工程建设委托协议，有序推进分部资产电网基建项目实施。充分发挥分部区域管理职能，组织对区域内各省电力公司2021年综合计划项目论证进行监督检查。

关注各方面因素，积极协调，统筹做好华北及京津唐电量计划工作。落实国网华北分部提质增效和特高压通道利用率提升要求，统筹优化，提出合理的省间联络线计划建议。协调各方，紧密跟踪，推进省间优先电量计划落实。坚持京津唐电网电量统一平衡原则，加强与国家发展改革委及北京、天津、河北三地政府主管部门汇报沟通，落实中长期合同“六签”工作要求，及时印发京津唐电网发电量计划，为电网安全运行提供依据。加强电量计划重点难点问题研究，推进电量计划管理适应能源转型发展和电力市场建设新要求。

分部管理 始终把党建引领、战略统领贯穿分部工作的全过程。深入学习党的十九届五中全会精神，认真研读《习近平谈治国理政》第三卷，及时跟进学习习近平总书记系列重要讲话精神，党委中心组集中学习12次，示范带动各支部开展线上线下集中学习628次。全面落实“基层党建巩固提升年”各项任务，党建工作的穿透力与基层党组织的战斗力不断提升，两个党支部获评公司级党员教育管理和统战团青工作标杆。修订完善“两个责任”清单，明确党委主体责任18条，纪委监督责任13条。严格执行中央八项规定精神，持续强化党风廉政教育。深入开展公司战略目标大学习大宣传大讨论，研究提出“打造‘三强’电网、创建‘五型’分部”的落地思路（三强：能源互济共享能力强、风险管控防御能力强、智能协调互动能力强，五型：忠诚型、价值型、创新型、服务型、担当型），部署10大任务45项措施，创新开展8类12项“党建＋战略＋”工程，推动战略目标落地见效。深入实施“三培训、一讲堂”体系，完善分部绩效考核管理办法，发挥考核评价正向引导和激励作用。进一步加强办公、会议等纪律管理，干部职工作风持续转变。

财务管理不断加强。2020年实现利润3.76亿元，主营业务收入872.96亿元。全面落实第二周期电价成果。将初步组网的华北特高压电网全额纳入区域公用网络，确立了符合电网功能实际的“华北＋京津唐”输电价格体系。建立了分部、省公司、特高压电源共同参与的电价协商谈判机制，确定了鄂尔多斯地区特高压电源的长协电价，为国网公司节约购电成本超过3亿元。深入优化电网资产配置。将资产功能定位于华北区域共用网络的总部及省公司相关输变电资产全部划入华北分部，划入资产原值753.77亿元，净值557.32亿元。大力推进提质增效各项举措，对冲新冠肺炎疫情等不利因素影响，完成提质增效各项任务，在准许收入下降的情况下，仍然保持了分部盈利。

审计监督职能充分发挥。深入学习领会国网华北分部战略目标，自觉坚持“三个融入”工作思路，全力夯实“三项保障”，充分履行审计“三项职责”。组织完成相关省公司经济责任审计、后续审计、数字化持续审计及直属单位专项审计等13个总部审计项目，被评为公司2020年度审计工作优秀单位。充分发挥区域平台作用，认真组织开展华北区域数据质量治理，不断深化区域监事工作。推进分部审计监督全覆盖，完成分部企业年金管理、委托技术改造大修项目及运维费管理两个专项审计，有力促进分部依法从严治企和经营管理水平持续提升。

发挥工会组织宣传阵地作用，通过新媒体平台转发疫情防控政策和科学防疫知识、推广北京市总工会线上心理咨询服务，及时为机关购置口罩等防护用品、组织开展全员核酸检测筛查、发放爱心防疫药品、为抗疫一线职工送去慰问金慰问品，多举措助力分部疫情防控。健全分部民主管理工作体系，切实发挥职代会、民主议事会、合理化建议征集、厂务公开满意度测评平台作用，完成职工诉求服务中心建设，多渠道倾听职工困难和诉求，全方位维护职工主体地位和切身利益。大力弘扬劳模精神工匠精神，承办“国网好声音”职工歌手暨原创歌曲华北区域选拔赛，举办“读书的意义”读书分享会、原创歌曲征集、职工健步走和知识答题等文体活动，激发职工创新创造新活力。指导机关工会完成换届选举和机关工会法人资格变更等工作，理顺机关工会管理职能。全面落实中央精神、北京市要求和国网公司部署，为老同志排忧解难，全方位确保老同志队伍和谐稳定，完成分部901名退休人员社会化管理移交主体任务，协助总部完成华北电力社保代办机构在京7个企业33个单位9798名退休人员社会化管理移交牵头组织工作。

科技管理 《电力系统源网荷储协同互动调度控制示范应用》项目入选中华人民共和国工业和信息化部2020～2021年度物联网示范项目；《电能替代的清洁能源消纳及调峰模式研究》项目荣获中电联电力科技创新二等奖；《电动汽车、分布式储能等负荷侧资源参与电网实时调控和辅助服务的技术实践》成功入选2020年国网调控机构典型经验。“大电网中长期调度运行的安全校核与优化评估决策关键技术研究与应用”项目获得华北分部2020年度科技进步一等奖；“负荷侧资源参与电网调峰辅助服务关键技术与应用”等3个项目获得华北分部2020年度科技进步二、三等奖；“一种电力系统图形多版本动态存储与发布方法”获得华北分部2020年度专利奖。

华北分部牵头修编的《电网安全自动装置标准化设计规范》国网企标进入国网审批阶段；《电网安全稳定控制系统策略及整定技术规范》等2个国网企标已通过专业工作组审查，具备报批条件。

源网荷储科技创新项目保持全国领先，主体、规模、调节能力分别增加3、4、7倍，首次引入负荷侧资源参与调峰市场报量报价机制，相关成果获“中电联2020年度电力科技创新奖”二等奖、“2020年度电力企业管理创新论文大赛”一等奖，发表4篇EI检索论文，参展第三届数字中国峰会。

党群工作 认真贯彻中央巩固深化“不忘初心、牢记使命”主题教育成果的意见，举办学习《习近平谈治国理政》第三卷和五中全会精神专题读书班，党委班子带头学，督促基层支部和全体党员广泛学，参加专题培训、用好辅导教材深入学，利用线上线下随时学。“党建＋”工程推进融入融合。坚持党建引领、突出战略统领，全面实施8类12项“党建＋战略＋”工程，充分发挥共产党员突击队、服务队作用，完成全国两会等重大项目保电任务，“科技创新”项目取得“源网荷储协同互动”新突破，“精益规划”国内首创“火电机组调峰能力提升奖励制度”，得到国家发展改革委充分肯定。党员教育培训做到分层分类。落实公司党员教育培训规划，制定年度工作计划，采取线上培训与集中培训相结合，开展党组书记、党务干部、发展对象、在职党员培训班，实现全员参与、全面覆盖。思想动态调研注重质量效果。围绕退休人员社会化改革在离退休职工中开展思想调研；采用视频连线、云端会议等“互联网＋思想政治工作”模式了解抗疫一线职工所思所求；对封闭值班的职工进行心理疏导，为职工家属解决生活困难。青年创新论坛激发动力活力。总结参加国网华北分部青创赛取得金奖的经验，积极筹备分部第二届青创论坛，引导成立多支青年“创客”团队，打磨完善14个创新项目，营造创新创造氛围。党风廉政建设持续深化加强。压实“两个责任”，健全两个责任清单，明确党委主体责任18条，纪委监督责任13条。扎实做好疫情防控、国网华北分部专项行动和专项整治全过程监督。落实党员干部“一岗双责”，实现逐级约谈全覆盖。加大纪律审查工作力度，组织处理2人次，下发纪律检查建议书2份。开展学习《政务处分法》活动，增强全员廉洁从业意识。

主要事件

1月19日，国网华北分部召开四届二次职工代表大会暨2020年工作会议。

1月30日起，国网华北分部火线成立两个临时党支部坚决打赢防疫阻击战。

3月，华北地区进入富风富光期，国网华北分部多措并举，推进清洁能源消纳，华北电网新能源装机容量、发电量持续保持双增长。

3月，国网电动汽车服务有限公司电采暖聚合资源于全部接入华北电网源网荷储多元协调调度控制系统，并实时更新数据，实现国网电动汽车公司聚合资源与国网华北分部调度信息的双向交互。

4月13日，国网华北分部开展张家口三龙口新能源电站孤岛接入张北柔直工程并网调试。

4月15日，国网华北分部在国内首次将车网互动（V2G）充电桩资源正式纳入华北电力调峰辅助服务市场并正式结算。

4月20日至25日，国网华北分部多措并举全力消纳新能源，华北电网新能源发电电力超7000万kW。

5月，华北、京津唐、北京电网保持全接线、全保护方式运行，确保了华北电网、京津唐电网安全稳定运行和首都北京电力可靠供应，国网华北分部完成2020年全国两会保电任务。

7月1日凌晨5时21分，国网华北分部完成蒙西电网D5000系统模型及数据整体平滑切入工作。

7月2日，为更好地服务锡盟送端新能源企业，国网华北分部发布《锡盟送端风电场并网调度工作指南》主动服务新能源企业。

8月初，华北大部分地区持续高温天气，空气湿度增大，体感闷热，华北电网迎来首轮度夏大负荷。

9月4日至9日，国网华北分部圆满完成2020年中国国际服务贸易交易会保电工作。

9月30日，国网华北分部召开干部任免宣布大会，宣布国家电网有限公司党组关于华北分部主要领导职务调整的决定。

9月27日，华北电网2020年以来用电量同比增长实现转负为正，前三个季度累计同比增长0.2%。

10月，国庆、中秋双节期间，华北多地新能源出力创历史新高。

10月27日，国网华北分部“源网荷储协同控制及电力市场优化关键技术与应用”项目完成技术鉴定。

10月26日至29日，十九届五中全会期间，国网华北分部完成十九届五中全会保电任务。

11月18日，国家发展改革委员会经济运行调节局针对国网华北分部编制的《京津唐电网火电机组调节能力提升奖励办法》发来感谢信，肯定了国网华北分部在提升电力系统调节能力相关研究中所取得的丰硕成果。

11月，冀北、山西电网负荷连创新高，国网华北分部打赢首场保暖保供攻坚战。

12月，华北电网负荷4次创新高，国网华北分部多举措应对寒潮保障供电可靠。

12月24日，国网华北分部完成锡盟700万kW风电送出工程启动调试和风机并网工作，加快了内蒙古锡林郭勒盟大规模新能源开发外送进程。

12月28日开始，为应对华北电网及全国范围平衡紧张，华北电网采用机组全开运行方式。12月底，华北电网面临大负荷平衡紧张与新能源消纳困难并存的局面，首次实现高峰、低谷全时段对负荷侧资源优化调度。

12月29日至30日，华北电网、京津唐电网负荷两日连创历史新高。12月30日，华北电网负荷、华北跨区支援双创历史新高。

12月31日，国网华北分部完成2020年资产划转工作任务。

（李　斌　张建华）

【国家电网有限公司华东分部】

分部概况　国家电网有限公司华东分部（简称国网华东分部）于2011年4月成立，作为总部派出机构，是总部部分管理职能的延伸。在总部授权范围内，负责区域内电网调度运行管理、安全质量监督、审计监督以及分部电网资产管理，开展区域内跨省电网项目前期及电网规划工作，充分发挥对总部的支撑作用，加强对区域内省（市）公司的协调监督，确保国家电网有限公司的各项决策部署在华东落实落地。

组织机构　国网华东分部内设机构为8个部门（中心），分别为：办公室、安全质量监督部、财务部、规划统计部、党建工作部（纪委办公室）、工会办公室（离退休工作部）、国家电网华东电力调控分中心、华东审计中心。下设分支机构——后勤管理中心。

电网概况　华东电网供电区域覆盖上海、江苏、浙江、安徽、福建四省一市，供电面积47万km^2，服务人口2.67亿，支撑经济总量28.86万亿元，是全球单一国家内规模最大的同步区域电网。全网全年最高用电负荷为31899万kW，同比增长7.08%。全年累计用电量17140.27亿kWh，日均同比增长2.03%。华东电网的实体形态呈现大受端特点。通过11回跨区直流连接除东北外的四大区域电网，跨区通道总容量6976万kW。2020年度最大区外来电电力5063.4万kW，全年累计消纳区外电量2649.10亿kWh，同比增长21%。

华东电网装机容量39617.5万kW，其中：火电装机容量27567.7万kW，占比69.58%；水电装机容量3197.1万kW，占比8.07%；核电装机容量2330.6万kW，占比5.88%；风电装机容量2683万kW，占比6.77%；光伏装机容量3286万kW，占比8.29%。华东电网全社会用电量17693.73亿kWh，同比增长2.6%。华东全网累计发电量14879.6亿kWh，同比增长−0.11%。

华东电网1000kV线路23条3972.2km，500kV线路683条36331.7km。1000kV厂站共12座，其中

变电站11座，电厂1座，变压器（不含机组升压变压器）共22台，变电容量66000MVA；500kV厂站共264座，其中，变电站187座，开关站2座（即西津渡、东明），电厂75座，500kV变压器（不含机组升压变压器）共453台，变电容量421300MVA。

安全生产 扛起抗疫保电责任。第一时间启动应急响应，精心制定实施“1+16”防控方案，动态完善常态化防控措施，持续保持“双零”。有力应对年初负荷持续低位、新能源出力屡创新高、复产复工用电需求难测和局部恶劣天气交织叠加的复杂局面，确保网内复工复产用电和重点工程投产。

持续加强安全生产管理。推进安全生产专项整治三年行动，动态完善全员安全责任清单，印发分部适用安全制度汇编。发布电网风险预警87项、现场安全督查19次。开展网络安全评估，更换老旧安全设备，强化网络安全防护。完成新一轮应急预案修编，拓展应急指挥中心信息系统平台功能，首次承办华东区域大面积停电联合应急演练。妥善做好信访维稳保密工作，加强内部安全管理。

电网调度 保障大电网安全。成功应对夏季负荷五创新高、新安江史上罕见汛情和冬季多轮寒潮侵袭挑战，有力保障电网安全稳定运行和电力可靠供应，完成第三届进博会、浦东开发开放30周年庆祝活动等重大保电任务。

提升电网调度管理水平。落实新版稳定导则，系统评估主网设备安全风险，调整115对同杆线路设防标准，完成19.7万座分布式光伏频率保护专项核查整改。深化源网荷储多元协调调度控制平台建设，试运行国内首套网省地三级在线负荷建模系统，操作许可制、线路状态令网内全覆盖。

电网发展 推动电网科学发展。开展未来目标网架、区域整体受电能力等55项专题研究，完成华东主网架“十四五”规划方案并通过总部评审。成功推动古泉—敬亭、广德—瓶窑线路增容改造等项目纳入主网架“十四五”规划，配合白鹤滩—江苏特高压直流核准和白鹤滩—浙江特高压直流、福州—厦门特高压交流可研评审，完成特高压东吴变电站、芜湖变电站主变压器扩建工程启动调试。

服务长三角一体化发展。发布服务长三角一体化发展行动计划，稳步推进华东能监局委托的《华东区域电网一体化发展路径专题研究》《长三角区域电力发展运行一体化研究》。分部工作实践作为典型经验入选政府长三角一体化工作简报，抽蓄市场化运行成本分摊机制的研究成果得到长三角办公室和上海市发改委一致肯定。

资源优化 保障新能源消纳。提高网内新能源出力预测水平，优化多级调度机组发电时序，出台燃煤机组调峰深度考评办法，结合华东电网调峰辅助服务市场等手段，消纳网内新能源749亿kWh，同比增长16.3%，消纳利用率100%。网内新能源最大同时出力3371万kW，风电最大电力1702万kW，光伏最大出力2090万kW。

开展电力市场化交易。省间交易电量超额完成，发电权交易同比增长29.9%，福建核电利用小时数大幅提升1060h，直调电厂市场化交易为省市公司节约购电成本12.4亿元。落实国家发改委“六签”要求，年度省间交易总成交电量首次突破千亿kWh。支撑浙江、福建开展现货市场长周期结算试运行，开展华东电网备用辅助服务市场建设。

科技管理 加大科技投入，紧密围绕分部主营业务，落实科技创新工作，推进高端前沿技术的研究和应用，在电网控制与保护、电网安全分析与仿真、电力系统自动化及电力市场等技术领域重点布局，着力攻坚混合级联多端特高压直流馈入受端电网仿真和运行控制关键技术等难题，为电网安全运行提供技术支撑。

推进实施贯彻国家电网有限公司“新跨越行动计划”9项举措，完善分部科技奖励流程，21项成果获省部级和国家电网有限公司级创新奖励，成果数量创近年来新高。全年发表论文38篇，其中被SCI、EI收录13篇。截至2021年底，拥有发明专利34项、实用新型专利4项。

分部管理 推动国家电网有限公司战略落地。提出“一个引领、三个前列”工作主线，科学编制实施方案，精准部署强根铸魂、电网升级、科技强企、精益管理和生态治理“五大工程”，分类制定“四大板块”27个专项96项工作任务，推动战略落地嵌入分部治理全过程。高标准落实63项年度重点工作，完成总部下达经营指标。连续3年获得国家电网有限公司优秀管理创新成果奖。实现营业收入850亿元。

持续开展提质增效。定期开展经营活动分析，用好第二轮核价结果，优化经营策略。平稳有序推进资产划转、债务转移。启动逾龄资产价值重置，加强关口计量精细化管理。有序推进商旅平台和新一代电费结算系统应用。推进提质增效专项行动，实现增收节支6.9亿元，5项工作成果入选国家电网有限公司典型案例。

加强依法合规管理。严格执行重大决策合法合规性审核，完善合规管理“三道防线”。实施财务首审负责制，全覆盖审查合同及重要文件起草，启动采购业务线上平台应用。对照总部通用制度和非通用制度相关规定开展问题梳理，修订分部有关工作制度或流程。编制《调度业务合规性SOP手册》。

发挥审计职能效用。统筹利用区域审计资源，完成总部交办的13项审计任务。承担的2项经济责任审计项目均被评为“2020年度总部A类审计项目”。

牵头编制《国家电网有限公司国际业务审计指引》，完成产业单位、中介费和技改大修项目内部审计。深化数字化审计平台应用，提升远程持续审计监督能力。

党群工作 加强基层党建。深入学习党的十九届五中全会精神，组织开展“初心如磐、使命在肩”学习活动和“四史”教育，不断巩固深化“不忘初心、牢记使命”主题教育成果。大力实施“党建+”工程，充分发挥共产党员服务队和功能型临时党支部作用，攻坚疫情防控、重大保电和新能源消纳等重点任务。推进党建标准化建设，修订党委工作规则，完善基层党建工作考核办法，开展党委书记抓党建述职评议。连续3年获得国家电网有限公司大党建考核分部第一。

深化党风廉政建设。制定分部《落实从严治党主体责任和监督责任清单》，优化党风廉政责任考核指标，组织季考评年考核，压紧压实责任。围绕“四个”专项整治、厉行节约制止餐饮浪费等内容，组织专项监督。深入开展“抓整改、除积弊、转作风、为人民”专项行动，对照10个方面20项任务进行自查，完成51项整改措施。全覆盖落实约谈制度，巡视、审计、主题教育等发现问题整改“见底清零”。

持续加强队伍建设。深入开展“凝心聚力、争当排头”专项行动，强化思想文化宣传工作，印发新闻宣传工作实施细则。分部实践成果获得国家电网有限公司2020年度思想文化建设优秀成果二等奖。树立正确用人导向，选培年轻干部，多措并举培养专家型、复合型人才，21人获评正高级职称。系统升级劳模工作室，致力打造云创平台，选树一批先进典型，分部多个集体和个人获得“上海市模范集体”“公司青年五四奖章”等荣誉称号。

营造和谐企业氛围。创新“三全四化”工作举措，按期平稳有序完成退休人员社会化移交。线上线下同步推进职工诉求管理，成功举办华东电网技术技能竞赛、全民健身季活动、“团结杯”网球赛和“国网好声音”华东赛区歌手大赛。后勤保障服务更加突出安全、精准，员工满意度保持高位。

（李　珂）

【国家电网有限公司华中分部】

分部概况 国家电网有限公司华中分部（简称国网华中分部）作为国家电网有限公司总部派出机构，在总部授权范围内，承担区域电网调控运行、电网规划、电力交易、安全质量监督、审计监督等职责，加强对区域内省公司的协调监督，确保国家电网有限公司各项决策部署，以及重点工作在区域内的有效落实；同时加强分部自身建设，做好党群、工会、队伍建设及离退休服务等工作。

领导班子

国家电网有限公司副总经济师兼国家电网有限公司华中分部主任、党委书记：陈修言

国家电网有限公司华中分部副主任、党委委员，兼国家电网公司华中审计中心主任：刁金

国家电网有限公司华中分部副主任、党委委员：朱教新

国家电网有限公司华中分部副主任、党委委员、纪委书记、工会主席：万长江

国家电网有限公司华中分部副主任、党委委员，兼国家电网有限公司国家电力调度控制中心副主任：周坚

国家电网有限公司华中分部一级顾问：丁广鑫

组织机构 国网华中分部内设办公室、规划统计部、安全质量监督部、财务部、党建工作部、工会办公室（离退休工作部）、调控分中心、审计中心等8个部门。其中，调控分中心内设的系统运行二科，作为区域电力交易业务的支撑机构，对外加挂北京电力交易中心有限公司交易四部。分部下设分支机构后勤管理中心。

截至2020年底，国网华中分部共有长期职工294人，其中分部本部217人，分支机构员工77人，员工平均年龄48岁，本科及以上学历占86%。

电网概况 华中电网覆盖湖北、河南、湖南和江西等四省，土地面积约73.16万km^2，供电区域常住人口2.7亿，是供电人口最多的区域电网。华中电网常规一次能源主要有水能、煤炭和油气资源，其分布特点呈现“南水、北煤、西气”的格局。水能资源主要分布在湖北、湖南，同时接收或转送西南水电。煤炭资源主要分布在河南省。负荷主要集中在河南中部南部、鄂东、长株潭及南昌等地区。华中地区的能源和负荷分布，总体呈现“南水北煤、水火互济、西电东送、南北互供”的特点。

华中电网处于“联网中枢、安全中坚、资源中继”的重要地位，与东北电网之外的其他所有区域电网互联，是全国互联电网的中心和枢纽，是保障西北、华北新能源和川渝清洁能源优化配置的重要平台。

2020年是“十三五”收官之年，华中电网在“十三五”期间跨区联网快速发展，“强直弱交”电网结构特征进一步强化。渝鄂柔直背靠背工程投产，华中、西南电网实现异步联网运行。华中、华北电网通过特高压长南线联网运行。特高压祁韶直流、青豫直流投产，华中电网形成“11直1交”的跨区联网格局，成为国网系统跨区通道数量最多的区域电网，联网中枢地位更加突出，跨区受入能力提升1000万kW（受入能力达2681万kW，送出能力2186万kW），联网格局由“以送为主”转变为“送受并重”。其中，通过1回1000kV特高压交流线路（长南Ⅰ线）与华北电网相联；通过2座柔直（宜昌及施州）与西南电

网异步相联；通过2回±800kV特高压直流线路（天中、祁韶直流）及1回背靠背直流（灵宝直流）与西北电网相联；通过4回±500kV直流线路（葛南、龙政、宜华、林枫直流）与华东电网相联；通过1回±500kV直流线路（江城直流）与南方电网相联。

区域内，“十三五”期间仍维持“二个输电通道、一个中部框架、四个负荷中心环网”的主网架格局，省间互联以湖北电网为中心辐射状与周边各省联网。河南电网通过1000kV南荆Ⅰ线、500kV卧贤Ⅰ、Ⅱ线和孝浉Ⅰ、Ⅱ回线与主网相联。湖南电网通过500kV葛岗线和孱澧Ⅰ、Ⅱ线与主网相联。江西电网通过500kV磁永线和咸梦Ⅰ、Ⅱ回线与主网相联。

华中电网新投产调度口径发电机组（含110kV）274台（座）、总容量18901.9MW。其中火电32台、容量4621.2MW，占24.45%；水电46台、容量867.7MW，占4.59%；风电场171座、容量11493.3MW，占60.8%；光伏25座、容量1919.7MW，占10.16%。新增单机容量1000MW及以上机组1台、容量1000MW，占新增总装机容量的5.29%。

华中电网调度口径装机容量261488.9MW（同比增加18901.9MW），其中火电占54.57%，水电占24.75%，新能源及其他占20.68%。调度口径机组发电量8234亿kWh，同比增长1.42%，其中火电发电量5281亿kWh（占比64.13%，同比降低5.64%），水电发电量2369亿kWh（占比28.77%，同比增长15.60%）。

新投产220kV及以上输电线路共222条，总长度6212.54km。其中1000kV输电线路净增2条、长度376.8km，500kV输电线路净增29条、长度1707.25km，220kV输电线路净增191条、长度4128.49km。新投产220kV及以上变电站49座、变压器112台、容量合计43997MVA。其中新增1000kV变电站1座（豫南站）、变压器2台、容量6000MVA，500kV变电站7座、变压器20台、容量19600MVA，220kV变电站41座、变压器90台、容量18397MVA。

华中电网1000kV输电线路3条（特高压豫阳Ⅰ，Ⅱ回，南荆Ⅰ线）、总长度735km，±800kV特高压直流线路3条（特高压天中、祁韶、青豫直流）、6180km，500kV线路416条、28447km。1000kV变电站3座（特高压荆门站、豫南站、南阳换流站）、主变压器容量1800万kVA，500kV变电站133座，主变压器容量21266万kVA；500kV线路424条，总长度29003km。

安全生产 国网华中分部始终把大电网安全放在首位，有效应对疫情期间持续超低负荷、新中国有气象记录以来最强夏季降雨和入冬以来罕见寒潮影响，守牢了安全“生命线”。制定安全生产三年整治专项行动方案，完成“一上一下”。严格落实各级安全责任，发布电网风险预警21起。开展线上、线下督查9次。主网架、主设备安全风险评估和安全巡查工作得到国家电网有限公司高度肯定。落实公司迎峰度冬8项举措，积极组织跨区跨省电力支援，全国首创火电厂厂用电优化调控。全网首创抽蓄机组腰荷时段调相运行，缓解湖南度冬用电缺口。建成基于云计算的继电保护整定计算一体化平台。完成河南、江西、湖南500kV保护装置光纤化改造。整改稳控问题隐患1027项。强化保密考核、网络安全管理，完成“护网2020”网络攻防演习。组织干部员工789人次连续36天巡防长江武金堤，为大堤安全度汛贡献了力量。

电网调度 面对突如其来的新冠肺炎疫情，国网华中分部第一时间启动重大突发公共卫生Ⅰ级响应，在国家电网有限公司系统内率先启动调度应急响应，首家实施调度员独立分组值班和集中封闭管理，两天建成第三应急调度室。面对电网长期超低负荷运行困难，组织省间电力调峰互济超过百次、最大160万kW，争取跨区调峰支援最大405万kW。初步建成源网荷储调度平台。牵头推进新一代能量管理系统试点建设。通过重点工程投产、深化稳定分析等，累计提升跨区受入能力450万kW，祁韶直流电力首次达到500万kW。实现售电量1105亿kWh，同比增长15%。

省间交易电量1618亿kWh，同比增长12.9%；组织跨区跨省电力支援460余次、最大430万kW，区内清洁能源发电量569亿kWh，同比增长23%，水电、新能源发电均创历史新高，消纳区外电量同比增长10%。支持华中四省公司跨区增购优质低价电，组织四省售卖湖北“爱心电”34.3亿kWh。推广应用“送端多省送出、受端多省共享、电网居中统筹”交易新机制。全年正确处置105起电网故障，华中电网保持38年安全稳定运行。

规划计划 国网华中分部编制完成“十四五”华中电网规划“1+2+9”系列报告，并在国家电网有限公司系统率先完成对省级电网规划报告的评审、率先通过总部对区域电网规划报告的评审。组织完成华中特高压交流环网工程系统方案、金上—湖北特高压直流受端接入系统方案等重大专题论证，助推南昌—长沙、荆门—武汉特高压交流工程核准。设立华中区域煤电规划网侧评价指数。与华中能监局和四省能源局建立常态化协商机制。会同四省能源局召开华中区域“十四五”主网架规划座谈会。分省与主要发电企业就网源协同规划开展座谈。大力推进分部电网资产改扩建工作，国网华中分部首个可行性研究初设一体化工程——500kV葛军线改造工程取得核准批复，凤凰山、澧州主变压器扩建工程投运，宜都—孱陵、渔峡—宜都、葛洲坝—双河线路改造开工。按期完成特高压青豫直流、驻马店—南阳交流工程等426项检修和26项基建工程投产，提升供电能力1330万kW。

分部管理 国网华中分部在国家电网有限公司六个分部中率先编制公司战略落地实施方案和对标世界一流管理提升行动方案，明确了“建设什么样的华中电网（分部）”和“怎样建设华中电网（分部）”。

修订党委工作规则、主任办公会规则、分部工作规则，提升规范管理水平。印发直属电网生产管理办法、委托运维电网资产管理办法。全年共编制、修订规章制度10项。创新实施“352”部门月度绩效考核机制。实施“以员工名字命名创新工作法”。与南瑞集团、中国电科院签订战略合作协议。

大力实施提质增效专项行动，有效对冲各项减利因素，年度内共37项目标任务按计划如期完成，达到预期成效。完成第二监管周期输电价格核定工作。创新购售电合同“云会商、云签约”。用好用足国家阶段性减免及优惠政策，加强支出管控，强化资金运作。积极做好驻马店—南阳等电网资产划转分部，协调完成电网改扩建及技术改造项目转资工作，全年新增资产原值45亿元，增加收入4.5亿元。

完成总部下达6个后续审计项目及3个专项检查。深入开展分部经营管理合规审计和委托运维资产专项管理审计。扎实推进任期经济责任审计问题整改。组建柔性团队，对华中四省公司开展数字化持续审计。挖掘档案价值，发挥支撑经营管理作用。

科技管理 国网华中分部研究开发项目66项总经费1684万元，其中：新开科研项目13项，经费475万元，结转科研项目13项，经费552万元，技术服务项目20项，经费657万元。在超/特高压输变电技术、电网安全控制与保护技术、电网发展与规划技术、电力系统自动化技术、电网安全分析与仿真技术、能源发展与企业管理技术、输变电设备运行与防灾技术、储能技术、电测量技术、信息通信及安全技术等领域，开展了多项研究，填补了国内外相关研究领域空白。

科技工作取得丰硕成果，共获得省部级科技进步奖8项，主持研究的“复杂大电网线路保护关键技术及应用”“提升清洁能源跨区消纳能力的大电网仿真与控制关键技术及应用”项目荣获湖北省科学技术进步二等奖；主持研究的“特高压交直流互联大电网振荡模式及防控措施研究与应用”项目荣获国家电网有限公司科技进步奖三等奖。参与完成的“巨型水库群分区控制跨网调峰全景调度关键技术及应用”“石墨基柔性接地材料关键技术及应用”“电力监控系统网络安全立体化纵深管控体系关键技术及应用”“新一代大容量调相机研发及工程应用”“电力系统安全稳定智能分析评估技术及应用”项目分别荣获湖北省技术发明奖一等奖、科技进步奖二等奖和三等奖、中国机械工业科学技术奖科技进步奖特等奖、中国人工智能学会科技进步奖二等奖；新申请专利22项，获授权专利17项。

党群工作 国网华中分部始终把政治建设摆在首位，跟进学习习近平总书记最新重要指示批示精神和中央文件精神，深刻领会落实公司党组决策部署。严格执行“第一议题”制度，召开党委会25次，中心组学习研讨17次。以“基层党建巩固提升年”为契机，实施7项“党建+”工程。大力开展“党建引领·创新突破”2020专项行动，着力攻坚37个项目。开展党组织“联学联创”活动，与系统内外54个党组织结对共建。开展党员及党员身边“安全无违章、管理无违规、廉洁无违纪”活动，设立红线指标43个、警示指标72个，引导党员群众共同提升安全、管理、廉政水平，推动党建与中心工作融入融合。注重在抗疫、抗洪、保电等大战大考中发挥党组织战斗堡垒作用，组织在职党员下沉社区“双报到”。健全落实“两个责任”清单，推进党风廉政宣传教育，廉政约谈26人。完成分部团委换届工作。规划部项目管理处获国家电网有限公司“工人先锋号”称号，1名同志获评国家电网有限公司劳动模范。

始终将队伍建设作为事关分部长远发展的重要工作精心谋划，统筹用好干部与职员职级通道，副总师超编问题得到解决，处级、科级干部控制在编制范围内，一批年轻骨干走上重要岗位。统筹线上线下教育资源，塑造“华中讲坛”品牌，利用红色教育基地，开展情景教学。织牢职工社会保障安全网，提升职工福利水平。在新华社（网）、央视等主流媒体发稿181篇，通过宣传片、短视频、微信公众号、展板等形式，全方位展示分部形象、国网担当。

精心筹办“国网好声音”职工歌手暨原创歌曲大赛华中赛事。组织开展疫情防控和抗洪抢险专项慰问。建立“华中分部家园”微信公众号。开展特高压输电线路重点工程建设劳动竞赛和华中电网电力监控系统网络安全技能竞赛。邀请公司直属单位在汉分支机构参加文体活动。开展“华中电网红旗劳模创新工作室”评选表彰。吸收华中四省公司17名人才加入柳焕章劳模创新工作室。开展“我为公司战略添精彩”合理化建议活动，获国家电网有限公司优秀奖。牵头组织公司直属在汉单位分支机构一道完成国有企业退休人员社会化管理移交工作，建立《国网华中分部社会化管理条件下保持分部同离退休老同志密切联系机制》，常态化开展关心关爱老同志各项活动。国网华中分部党委获公司“抗击新冠肺炎疫情功勋集体”称号，10名同志受到公司、湖北省抗疫表彰。完成全国文明单位复查验收。2个基层党组织荣获国家电网有限公司“党建专业标杆”称号。被国务院国资委授予“中央企业先进集体”荣誉称号。

（李国柱 王 惠）

【国家电网有限公司东北分部】

分部概况 国家电网公司东北分部（简称国网东北分部）于2011年4月在原东北电网有限公司基础上成立，是国家电网有限公司总部部分管理职能的延伸，实行总部分部一体化运作。在总部授权范围内，负责区域内的电网调度运行、安全质量监督、电网规划、审计监督、分部电网资产管理以及绿源水力发电公司经营管理，开展区域内跨省电网项目前期及电网规划、电力交易和中朝水力发电公司中方相关业务，对区域内省（区）电力公司发挥协调监督作用，充分发挥对总部的支撑作用。确保国家电网有限公司各项决策部署，以及重点工作在区域内的推进落实和贯彻执行。

组织机构 国网东北分部由分部本部、后勤管理中心和绿源水力发电公司三部分组成。分部本部内设办公室（社保中心）、安全质量监督部、财务部、规划统计部、党建工作部（纪委办公室）、工会办公室（离退休工作部）、国家电网东北电力调控分中心、国家电网公司东北审计中心、中朝水力发电公司理事会中方业务局、水电管理部10个部门。水电管理部与绿源水力发电公司合署办公，绿源水力发电公司下设4个单位，分别为云峰发电厂、太平湾发电厂、检修公司及望江楼水电站工程建设局。

电网概况 东北电网覆盖辽宁、吉林、黑龙江及内蒙古东部三省一区，是国家电网有限公司六大区域电网之一，供电面积128万km^2，人口1.22亿。东北电网目前通过高岭背靠背直流及特高压鲁固直流与华北电网联网。在黑龙江北部通过黑河背靠背直流与俄罗斯远东电网联网。在辽宁东部与朝鲜共享鸭绿江水电资源。东北电网以500kV为主干网架覆盖主要大中城市群的负荷中心，并与区域内的煤电、风电和水电能源基地相连，形成北电南送、西电东送和向扎鲁特汇集电力的主通道。区域内部北起内蒙古呼伦贝尔、南至辽宁鞍山的伊穆直流与500kV交流电网形成交直流混联结构。鲁固直流及其配套500kV工程建成投运后，全网整体电力流格局发生较大变化，形成辽、吉、黑、蒙东4个省（区）向扎鲁特换流站汇集电力的输电格局，500kV主网潮流汇集能力满足鲁固直流送电需求。

截至2020年12月31日，东北电网总装机容量1.62亿kW。其中，火电装机占62%，其中供热机组装机占火电装机68%，风电、光伏、水电、核电等清洁能源装机占38%。发电电力极值7663万kW。东北电网拥有：500kV线路247条，长度25479km；220kV线路2219条，长度63325km；500kV变电站79座，变电容量122450MVA；500kV发电厂升压站26座；直流换流站5座；220kV变电站691座，变电容量179440MVA。东北电网发电量5425.87亿kWh，同比增长2.29%。其中：水电发电量193.54亿kWh，同比增长31.38%；火电发电量3989.88亿kWh，同比降低0.24%；核电发电量327.02亿kWh，同比降低0.09%；风电发电量727.76亿kWh，同比增长7.78%；光伏发电量187.67亿kWh，同比增长20.93%。东北电网与外区交易净送出电量471.11亿kWh，同比增长11.62%，外购电量（东北受俄）30.28亿kWh。

安全生产 牢固树立安全生产“四个最”意识，贯彻落实国家电网有限公司安全生产工作意见要求，坚持以安全管理策划方案管控安全风险，组织修编分部安全工作奖惩实施办法，建立健全安全激励约束机制。

落实安全生产责任制，启动安全生产专项整治三年行动，推进84项问题入库整改。全年发布电网风险预警21次，开展各类监督检查14次。组织安全教育培训，开展全国第19个“安全生产月”活动。宣贯新版安全稳定导则，完成电网检修、迎峰度夏、度冬和重要保电等任务，成功抵御雨雪冰冻、强寒潮和连续三轮台风来袭，保证电网运行和界河防汛安全。强化“三道防线”建设，推动487万kW电蓄热负荷纳入低频防线。开展电网设备安全风险评估工作，排查设备故障隐患和缺陷，制定管控建议和措施。通信通道重载治理工作完成，通信安全基础更加坚实。

电网调度 电网运行持续保持安全稳定。克服疫情影响，精细化开展调度工作，完成电网春秋检、迎峰度夏及水库度汛工作，主要水库全部蓄满。正确处置雨雪冰冻造成的电网故障，做好寒潮天气应对工作，保障跨区外送支援。完成8条500kV线路及3台500kV主变压器的投运工作，系统保护高频紧急控制系统基本建成，特高压鲁固直流输电能力提升至650万kW。完成丰满大坝治理（重建）工程调度相关工作。

市场建设不断深化，新能源消纳再上新台阶。调频辅助服务市场框架研究和跨区现货市场研究推进。尖峰旋备市场成功入选国调中心典型经验，平均提高火电顶峰能力122万kW。火电机组灵活性改造新增低谷调峰能力114万kW，累计达1470万kW。实施全网备用和调峰资源统一调用，充分发挥调峰辅助服务市场作用，提升新能源消纳水平。全网新能源发电量完成915.43亿kWh，同比提高10.24%。利用率完成98.62%，同比提高0.46个百分点。

二次系统支撑能力进一步增强。完成159台套老旧继电保护装置改造，实施调度自动化全业务数据平台一期建设，通信SDH平面华为、中兴传输系统升级改造，通信通道重载问题彻底解决。开展稳控系统精益化评价工作，对全网 273 个厂站 595 套稳控装置进行隐患排查和限期整改。系统保护二期电压快速控制、次/超同步监测建设工程完成设备出厂验收。构建多层次网络安全立体防护体系，严守网络安全红线。

调度管理显著提升。建设省间联络线支援平台，规范省间联络线电力互济工作流程。开展标准化双母线保护适应母联兼侧路运行方式补充测试，推动母线差动保护技术改造。深化中朝、中俄调度工作，积累国际调度合作经验。加强党建与电网调度工作深入融合，基层党支部战斗堡垒作用和党员模范带头作用进一步增强。

规划计划 精心组织开展东北区域及各省电网“十四五”规划编制工作。印发《东北区域“十四五”电网规划工作方案》，明确三省一区国家电网有限公司规划编制的工作任务和时间节点。研究确定东北全区负荷预测、电力电量平衡、电源安排等“十四五”规划边界条件。组织开展“十四五”电力平衡生产模拟计算，完成区域和分省电力供需报告。组织搭建区域仿真计算数据、拼接运行方式，进行稳定计算和校核，开展方案论证和比选，完成东北区域电网及各省电网规划报告编制和评审。

优化扎鲁特直流配套风电接网方案，努力助力新能源发展。开展东北电网抽水蓄能发展需求研究，为东北电网稳定运行和新能源接纳打好基础。跟踪研究区域经济和用电市场发展趋势，编制完成东北区域春季、秋季电力市场分析预测报告及线损理论计算报告。

开展东北区域跨省电网项目前期工作，组织召开巴林—奈曼—阜新 500kV 输变电工程的前期工作推进会议。组织有关单位开展相关工作，项目选址、线路用地预审、社会稳定性评估等专题评估报告编制工作已完成，并已完成报告评审的部分工作。完成环境影响评价、水土保持方案、压覆矿产评估的报告书编制工作；完成地质灾害危险性评估报告编制和评审工作；完成内蒙古段压覆文物评估报告编制及评审工作。开展分部资产改扩建项目委托建设组织工作，提出分部电网资产改扩建项目前期工作全委托管理模式。

加强计划管理，编制下发东北电网公司间联络线电量计划及直调（直购）电厂电量计划，组织完成跨省跨区送电工作。鲁固直流外送电量 330.91 亿 kWh，同比增长 40.39%，完成 2020 年度优先计划的 132.36%。批复分解下达分部综合计划，完成调整计划建议和 2021 年综合计划建议编制。

分部管理 疫情防控保持“双零”。落实“一个提高、六个强化”总要求，持续抓好疫情防控工作。统筹部署体温筛查、密接排查、出差审查、外来人员核查等多项措施，应对疫情全国流行、局地散发和境外输入风险。按照属地化防疫要求，推动复工复产，最大限度减少人员流动和聚集，保障员工生命安全和身体健康。云峰尾水抢修工程疫情期间不间断作业，提前 10 天恢复对下游正常供水。

经营管理保持稳健。明确 35 项提质增效举措，千方百计对冲减利影响 1.07 亿元。开展经营筹划，预算管控，调整折旧政策与定价要求趋同，利润同比提高 18.25%。促成 39 亿元总部资产划归分部，夯实分部资产基础。配合开展分部原主要负责人任期经济责任审计，完成对青海公司审计等总部指定任务。紧盯防疫资金使用等重点领域进行内部审计，防范内控风险。全年完成 7 个批次集中规模采购工作，中标金额 4.8 亿元，节资率 6.7%，物资采购实现“上平台”。

界河水电发展迈入新阶段。科学制定生产设备设施改造五年规划，推动构建现代化水电生产管理框架。集安集控分中心建设、云峰上坝交通洞大修、长甸 2 号机 A 级检修等重点工程按期完工，长甸电站改造工程通过竣工验收。望江楼工程倒送电一次成功，移民安置取得关键性进展，蓄水验收通过，机组调试工作进展良好。

改革创新实现突破。落实国家电网有限公司国企改革三年行动实施方案和第三批“放管服”事项，配合做好改革对接。集体企业深化改革主体任务稳妥完成，退休人员社会化管理和“两供一业”移交。应对第二轮输配电价改革，成功化解水电管理成本核减等风险。稳步实施单位机构规范、班组融合及薪酬绩效改革，持续提升管理质效。

科技管理 国网东北分部电网资产研究开发项目 23 项，技术服务项目 15 项。开展特高压直流及风电高比例混合电网频率安全分析和系统保护控制策略研究、东北电力现货市场与辅助服务市场衔接关系研究、受端电网动态无功需求评估方法研究、变电站海量设备感知终端云评估系统研究，完成基于大数据深度学习技术的东北电网安全稳定智能分析和评估研究。东北电网重合闸优化方案研究通过验收，高寒地区输电线路铁塔塔材补强技术获得推广。

虚拟调峰电厂、风电虚拟同步机技术工程化应用等科技项目取得有价值研究成果和技术储备，支撑能力风电场建设四个试点单位完成自测工作。推进电网全电磁、机电—电磁混合仿真平台建设。多类型电源一体化实时协同控制系统、全业务数据平台Ⅰ期建设和实时在线智能安全稳定分析系统建设取得阶段性成果。

党群工作 旗帜鲜明讲政治，以强烈的责任担当保证公司战略落地。在政治建设的统领下，年度召开国网东北分部党委会 29 次，研究部署党的建设以及各领域、各专业重要工作，确保国网东北分部决策部署和“三重一大”事项围绕党的领导不动摇不偏离。在疫情防控中，切实激发党员干部模范带头作用，2名同志获评国家电网有限公司抗疫先进个人，1名同志获评国家电网有限公司优秀共产党员。在脱贫攻坚的主战场上，各级党委专题研究扶贫工作12次，班子成员扶贫走访调研30次，落实扶贫项目7个、资金80万元，完成脱贫攻坚任务。

强化思想政治建设，以有力的正面引导推动国家电网有限公司战略深植。各级党委编发中心组学习资料52期，集中学习42次。充分利用“国网大学”等云平台，线上线下相结合，组织系列专题班26期，培训学员943人次。集中开展“学战略、讲担当、干精彩”“做好电力先行官、架起党群连心桥”等主题党日活动，各级党委领导班子带头“下支部、讲党课”44次，结合中心工作开展岗位实践46次，推动国家电网有限公司战略实践进部门、进班组。开展“文化铸魂、文化赋能、文化融入”专项行动，两个企业文化重点项目分获国家电网有限公司“优秀”“良好”评级，1家直管单位获评第六届全国文明单位。

落实组织生活制度，以组织建设进步确保国家电网有限公司战略实施。开展支部标准化建设成效评估，加大专业标杆培育力度，2项典型经验入选国家电网有限公司党建专业标杆。紧跟机构改革、岗位调整优化基层党组织设置，转接党组织关系211人，移交退休党员379名。择优发展党员27名，按期转正34名。组织开展巡视巡察、主题教育及专项行动整改“回头看”，持续深入排查整顿软弱涣散基层党组织。

创新载体建设，以富有实效的党内活动深化国家电网有限公司战略实践。坚持聚焦主责主业，以调度生产运行等重点工作为发力点，开展“党建＋安全生产”“党建＋重大保电”等工程，推动党建和业务相融并促。组织开展“抗疫复工在行动”摄影作品征集、拍摄“星河长明，战‘疫’有我”等系列微视频，大力弘扬党员干部职工共克时艰的责任担当。组织开展建党99周年“八个一”系列活动，举办“两学习一实践”线上答题竞赛，举行重温誓词等政治仪式28次，就近就便利用红色资源开展革命传统教育22次，引导党员干部重温初心、践行使命。

落实“两个责任”，以党风廉政建设新成效筑起国家电网有限公司战略实施的坚强保障。国网东北分部党委专题研究党风廉政建设工作4次，细化国网东北分部“两个责任”清单，研究制定国网东北分部深化一体推进不敢腐、不能腐、不想腐的工作意见，创新性开展落实从严治党主体责任履责情况自评价，国网东北分部党风廉政建设工作机制不断健全完善。重点围绕扶贫领域、疫情防控、“四个专项整治”和安全生产专项整治进行专项监督。对巡视巡察、主题教育整改一体“回头看”督导，提出深化整改建议29项。深化运用监督执纪“四种形态”，准确把握“三个区分开来”，运用第一种形态18人次，第二种形态2人次。开展问题线索处置、案件审查审理工作自查自纠。紧盯重大节点，开展节前约谈，运用《指导书》组织监督检查。全年开展警示教育20场2614人次，廉洁教育46场2437人次。

（张海鹏　杨博瀚）

【国家电网有限公司西北分部】

分部概况　国家电网有限公司西北分部（简称国网西北分部）按照总部授权，主要负责西北区域电网规划、调控运行、安全质量监督和分部电网资产管理，受托开展审计监督。

国网西北分部调度运行的西北电网，是“三华”电网的大送端，承担着保障多回跨区直流安全输送、多个新能源基地的安全送出、电力跨省交换和远距离输送的重要任务。西北电网覆盖西北五省区，主网电压等级包括750、330、220kV。共建有10个直流外送通道，含6条特高压直流，总容量达6271万kW。截至2020年底，西北电网调度口径总装机容量3.13亿kW，清洁能源占比超过一半（50.16%），其中新能源占比已超过1/3（39.82%）。750kV输电线路总长2.48万km，变电容量2.11亿kVA；330kV输电线路总长达到3.52万km，变电容量1.74亿kVA。

领导班子

国家电网有限公司副总工程师兼国家电网有限公司西北分部主任、党委书记：王国春

国家电网有限公司西北分部副主任、党委委员兼国家电网有限公司审计部副主任、国家电网有限公司西北审计中心主任、国家电网有限公司西北审计中心主任：穆银安

国家电网有限公司西北分部副主任、党委委员、纪委书记、工会主席：马放瑞

国家电网有限公司西北分部副主任、党委委员兼国家电力调度控制中心副主任：韩悌

国家电网有限公司西北分部副主任、党委委员：张振宇

国家电网有限公司西北分部三级顾问：左玉玺

组织机构　内设8个部门和1个分支机构（后勤中心），黄河上中游水量调度委员会办公室与西北电力调控分中心合署办公。分部定员215人，2020年底在岗职工193人。

电网概况　2020年西北电网发电设备新增机组368台（座），新增发电容量36127.2MW，较2019年底总装机容量增长13.05%。其中新增火电机组35台，新增发电容量9649MW，增长率为6.63%；新增水电机组41台，新增发电容量598MW，增长率为1.88%；新增风电场160座，新增发电容量14568MW，增长率为27.61%；新增光伏电站129座，新增发电容量

11308.7MW，增长率为24.75%。

西北分中心直调发电设备新增机组6台（座），新增发电容量4640MW，为750kV雅丹电厂1、2号机组、750kV金满电厂1、2号机组、500kV盛鲁电厂1、2号机组。

2020年，西北电网新增220kV及以上降压变压器157台，新增容量48924MVA。其中750kV新增降压变压器10台，容量17400MVA，增长率为8.98%；330kV新增降压变压器79台，容量19862MVA，增长率为13.52%；220kV新增降压变压器68台，容量11662MVA，增长率为14.04%。

2020年，西北电网220kV及以上交流输电线路新增151条，新增长度5782.7km。其中新建750kV线路19条，新增线路长度1663.8km；新建、改建330（500）kV线路69条，新增线路长度2037.4km；新增220kV线路63条，新增线路长度2081.5km。

2020年底，西北电网调度口径装机7834台（座），容量313023.2MW，其中火电154665MW，占总装机容量的49.41%；水电32359MW，占总装机容量的10.34%；风电67337MW，占总装机容量的21.51%；光伏56994.7MW，占总装机容量的18.21%；其他1667.5MW，占总装机容量的0.53%。

西北电网600MW及以上大容量机组共计88台（含国调直调），容量62580MW，占总装机容量的19.99%。

直接接入750kV及以上输电网络的机组42420MW（含国调直调），占总装机容量的13.55%；直接接入330（500）kV输电网络的机组73621.5MW，占总装机容量的23.52%；直接接入220kV网络的机组57667.6MW，占总装机容量的18.42%；直接接入110kV及以下网络的机组139314.1MW，占总装机容量的44.51%。

截至2020年底，西北电网220kV及以上降压变压器变电容量487079MVA，其中750kV变压器容量为211100MVA（67变电站118变压器），330kV降压变压器变电容量为173590MVA（共350变电站750变压器）。西北电网220kV及以上交流输电线路长度89943.1km（1969条），其中750kV线路长度为24828.2km（191条），330kV线路长度为35245.1km（881条）。

电网调度 2020年，面对新冠肺炎疫情严重冲击、电力系统格局深刻变化、洪水和极寒天气等挑战，西北分部全力打造送端型电网，实现安全管控新突破。西北调控分中心落实总分部决策部署，坚持风险防控，守住安全生产“生命线”。始终把大电网安全放在首位，统筹协调高占比新能源电网发展与安全问题，完成度夏度冬季各类保电任务，电网安全运行累计达8132天。一是加强“三高”电力系统重大问题研究，结合新版导则，督导落实60项“大反措”计划，电网稳定基础进一步夯实。二是高效完成世界首个新能源远距离输送大通道青豫直流启动调试，首台西北直调“新一代”调相机投入运行，陕北、南疆、青海等750kV网架持续加强，精益控制手段持续发力，累计提升断面能力900万kW。三是优化重点工程基建投产时序和组合陪停检修方案，大幅提升主网安全可靠性，累计压减工期22天，青豫直流启动调试入选国家电网有限公司2020年提质增效典型案例。四是首创并实施新能源暂态性能优化，涉网性能和改造规模持续领跑，快频改造达1940万kW，耐压改造达4410万kW，累计提升新能源送出能力340万kW。五是构建控制资源最为丰富的故障紧急防御体系，全面优化电网二、三道防线；加强通信调度全景监视平台建设，完成直调厂站网络安全监测装置全覆盖，全面提升二次安全保障能力。

贯彻能源安全新战略，瞄准碳排放新目标，深化新能源消纳机理分析和柔性调度机制应用，新能源消纳连续四年提升，推动绿色发展再上新台阶。践行黄河流域高质量发展使命，发挥水调办职能，有效应对流域首次连续三年来水特丰的汛情，直调水电发电量同比增长9.15%，连续三年创新高；按照“能并尽并”原则，抓紧抓实新能源投产工作，年内新投2588万kW，新增规模创历史最高水平，新能源装机突破1.24亿kW；率先开展新能源可用功率168h预测，电量预测准确率达92%以上，最大化减少火电开机，全网最大负备用达－1968万kW；以全局效益最大化为目标重构生产效能管理体系，累计增发新能源15.2亿kWh，增加跨区外送7.1亿kWh，提高经济收益8500余万元；深化新能源柔性调度机制应用，灵活交易等多项措施见成效，新能源发电量达1691.89亿kWh，利用率达94.24%，超额完成清洁能源消纳行动计划及公司消纳任务；发电占比达18%，是全国平均水平的两倍；新能源日发电量占用电量比例达44%，超欧盟达到国际领先水平，最大出力等多项指标全年17次刷新纪录。

坚持科学发展，释放创新驱动“加速度”。积极推进四个平台等关键技术研究及成果转化。完成ISEE（一体化安全智能管控平台）建设，融合300余万km^2的能源信息，实现大电网安全向主动管控跨越，受到公司总部高度评价，全年累计发布各类预警上千条次，成功预测恶劣天气线路跳闸23起、辨识设备本体高风险事件21起；加快ISED（大电网本质安全特征量化评估与防御平台）研究，完善转动惯量、短路比等高占比新能源送端电网安全稳定量化评估指标体系，成果入选公司调控系统典型经验；深化IGO（高占比新能源电网智能协调控制平台）建设与应用，建成智能交易及梯级水电优化调频功能，重要断面负载率长期维持98%以上，汛期日均减少弃水电量1000万kWh，实现“三个协同”精准控制；启动UGDP（源网荷储协同互动智能调控平台）建设，完善荷、储侧市场参与机制，扩大自备企业参与规模，实现智慧电厂等新型负荷灵活调控，打造国网新兴产业示范“基地”；加快新设备和新技术应用，“国产芯”安控及保护装置陆续挂网试运，750/330kV电磁环网快速解合环装置实现国内“零突破”，核心装备的自主可控能力显著提升。

全力打造开放型电网，促进平台共享新突破建成并运营规模最大的区域调峰辅助服务市场，率先实现区块链技术试点应用，市场规模达到104.45亿kWh，创造主体收益26.19亿元。开创西北区域备用辅助服务市场新局面，累计模拟出清电量15.98亿kWh，源网荷储多元协同引导33家用户及自备企业参与调峰，挖掘能力285万kW，用户侧调峰规模为国内最大，间接降低企业电价3个百分点。火电机组“降厂用提上网”、热电厂“蓄热顶峰”、自备电厂增加上网等组合拳齐发力，迎峰过冬期间增加顶峰能力约130万kW，成功应对多轮次负荷高峰。研究适应新能源发展的峰谷电价优化机制，引导用户改变用能习惯，在青海铁合金行业成功试点，相关成果入选国网智库。

充分发挥西北电网枢纽平台作用，支援全国抗疫调节电量35亿kWh，协助消纳四川、西藏清洁能源50亿kWh，累计完成跨区交易2493.1亿kWh，创造效益261.5亿元，创历史最高水平，实现西北能源资源在更大范围内的优化配置。

电力交易　2020年，西北电网完成跨区交易电量2492亿kWh，同比增长31%。其中外送电量2407亿kWh，受入电量85亿kWh。

2020年，西北区域内跨省交易电量412.02亿kWh，同比增长51.52%。其中，新疆外送1054亿kWh，同比增长48%；宁夏外送793亿kWh，同比增长19%；甘肃外送520亿kWh，同比增长24%；青海外送265亿kWh，同比增长30%；陕西外送126亿kWh，同比增长71%。受入以甘肃为首111亿kWh，新疆106亿kWh、陕西105.16亿kWh、宁夏71.1亿kWh、青海59.27亿kWh。

2020年，参与跨地区交易的新能源电量合计608.85亿kWh，占西北新能源发电总量的36.02%。其中，参与跨区交易的新能源电量（含天中、吉泉配套新能源）549.48亿kWh，参与跨省交易的新能源电量59.37亿kWh。

2020年，国网西北分部持续开展交易机制创新，在助力疫情防控复工复产，推进新能源市场化消纳，做好援疆援藏东西帮扶，实现黄河流域水电消纳等方面取得一系列成绩，外送目标任务完成，电力交易规模不断扩大，清洁能源消纳水平明显提升，资源配置能力不断增强。

国网西北分部将西北电力外送作为最重要的目标和任务，坚持度电必争、度电必保，发挥统筹协调作用，注重多专业协调，结合电力电量平衡、清洁能源消纳和重要输电通道运用，不断创新交易品种和交易方式，全力服务西北地区电能可靠外送。西北五省（区）电力外送均呈现大幅增长趋势，其中，新疆外送1054亿kWh，同比增长48%；宁夏送793亿kWh，同比增长19%；甘肃外送520亿kWh，同比增长24%；青海外送265亿kWh，同比增长30%；陕西电网外送126亿kWh，同比增长71%，西北五省（区）外送电量均完成目标任务，创历史最高水平。

国网西北分部积极与总部和政府部门沟通汇报，协调五省（区）公司，加强送受端对接，结合清洁能源发电特性、电网负荷特性、电力电量平衡等提出区域统筹建议，克服新冠肺炎疫情影响，优化输电通道运用，完成省间交易，电力交易规模实现逆势大幅度增长。2020年，西北电网跨区跨省交易电量首次突破2900亿kWh，达2903.5亿kWh，同比增长33.9%，跨区交易完成2491.5亿kWh，同比增长31.3%，跨省交易首次突破400亿kWh，达412亿kWh，同比增长51.5%。

积极助力疫情防控、复工复产。一是全力做好新冠肺炎疫情期间支援湖北交易。新冠肺炎疫情发生后，积极沟通，统筹协调，增加外送交易，缓解湖北调峰困难和电量缺额，保障疫区可靠供电，累计实现支援湖北交易电量21亿kWh。二是贯彻落实习近平总书记来陕考察重要讲话精神，按照陕西省委省政府《关于坚决打赢疫情防控阻击战促进经济平稳健康发展的工作意见》，协调签订落实2020～2022年“陕电入青”三年增量电量102亿kWh中长期合作框架协议。三是发挥西北电网省间互济、资源共享、灵活调节优势，通过跨省交易化解疫情对电网负荷和新能源影响，疫情期间跨省交易实现40%逆势增长。组织新疆送宁夏电力直接交易，降低企业用能成本，促进企业复工复产。协调疫情期间省间不平衡偏差电量，疏导化解矛盾，减轻市场主体偏差考核负担。

以促进清洁能源发展为重点，坚持“资源配置+电力平衡”混合型市场定位，中长期交易环节以市场化为导向，提前锁定交易电量；短期交易环节以柔性调度为手段，适应新能源运行特性。积极落实清洁能源外送合约，灵活开展水电应急交易，推进跨省清洁替代交易。2020年，西北电网跨省区消纳新能源605亿kWh，同比增长10.5%，占西北电网新能源发电量的36%，占国家电网有限公司系统新能源省间交易电量65%以上。2020年，实现黄河水电外送交易电量212亿kWh，同比增长45%。

贯彻落实国家能源发展战略和新时期国家电网有限公司援疆援藏工作新要求，促进新疆西藏贫困地区电力能源外送，带动能源产业链发展。组织签订《“十四五”（2021—2025）长期电能交易合作协议》，确保西藏地区枯水季节长期稳定电力供应。用好“东西帮扶”政策，协同国网西南分部和西藏公司，落实藏电入鲁、藏电进京、陕藏互济等政府间送电协议。截至2020年底，青藏联网工程自投运以来，累计完成输电交易电量超121亿kWh。落实新疆“电力援疆”政府间协议，充分发挥电力交易平台作用，2020年，累计实现交易电量204.8亿kWh，同比增长21.9%，推动了疆电外送，助力产业援疆。

通过助力企业复工复产、降低一般工商业电价、可再生能源消纳责任权重等政策驱动，发挥西北区域清洁能源电价水平低、清洁占比高的综合优势，统筹送受端电力供需，不断扩大跨省区电力交易规模，提升综合效益，一方面为电力交易各环节电力企业创造价值，促进能源资源优势转换为经济效益优势；另一方面助力降低购电省份电力用户用能成本，优化营商环境，激发经济活力。经测算，2020年，西北电网通过跨省区交易累计创造经济效益386亿元，其中，通过外送交易为西北五省（区）公司创造效益78亿元，通过购电交易降低用电成本27亿元。

安全生产 2020年，国网西北分部安全生产管理工作再上新台阶。一是做好疫情防控工作，完成全国两会、国庆中秋双节等重大节会安全保电任务。二是加强安全风险管控。细化落实风险管控措施，西北电网发布5级及以上电网风险预警751项，其中网调发布五级风险56项，各省公司发布四级风险14项、五级风险737项，开展青海330kV林垦Ⅰ线、陕西330kV沣古双回线停电等14项四级电网风险现场督查，安全风险管控效果显著。坚持问题导向、目标导向、结果导向，深入分析电网薄弱环节和设备风险，梳理核查750kV电网及主设备安全风险194项，实现了安全风险管控关口前移。三是编制西北电网及主设备安全风险评估报告，组织各省（区）公司开展330kV电网设备安全风险评估工作，落实风险防范措施。四是推进安全生产专项整治，分部排查问题隐患5项（电网整治3项、网络安全1项、消防安全1项），并上报“问题”“隐患”两个清单，督导省（区）区公司安全生产整治工作，并审查两个清单。五是开展在建工程索道隐患专项排查、“三区两州”、抵边村寨配网工程专项安全督查、“四不两直”安全督查、“查风险、治违章、抓落实”主题等安全监督检查活动，开展新疆750kV彩芨Ⅰ线线路高压电抗器事故调查工作。

技术改造大修管理进一步加强。2020年度受疫情影响，技术改造大修工作面临较大困难，安质部组织各项目单位攻坚克难、多措并举，强化项目关键过程管理，在采购阶段合并项目硬件设备集约采购，以缩短供货周期、简化验收程序；在实施阶段执行重点环节风控管理，下达初设—开工—结算三个风险控制表，实现全项目跟踪监督；常态化开展问题项目周督导、关键环节集中工作、管理月通报等措施，组织做好35个本部技术改造大修项目的验收、结算编制、决算审计、转资等管理工作。落实“放管服”要求，首次自行完成分部电网资产项目可行性研究审查及批复合计53项，同时与国网经研院设计咨询中心、国电南瑞设计公司等建立业务合作关系，加强了分部技术支撑力量。本年度安质部负责管理49个项目，其中技术改造投资6800万元，大修投资1477万元，分别由西北调控分中心、甘肃、新疆、青海公司负责实施。截至年底，各项目已陆续进入竣工验收阶段。

科技项目管理取得成效。组织完成6个科技项目和19个技术服务项目的实施和验收，4个科技项目分别获得国网公司科技进步二、三等奖和陕西省科技进步二等奖。

组织开展了五个批次的集中规模招标、一次ECP试点招标、一次紧急招标工作，为项目顺利开工做出了贡献。全年共完成186个项目的招标工作，预算金额为34355万元。开展物资管理培训工作，重点开展新一代电子商务平台ECP2.0应用培训工作。开展西北分部ECP2.0评标专家库建设工作。

规划计划 2020年是“十三五”收官、“十四五”谋划之年，国网西北分部以国家电网有限公司战略目标为总领，发挥电网资源优化配置的枢纽平台作用，加快构建西北750kV骨干网架，促进各级电网协调发展。

主动开展《关于新时代推进西部大开发形成新格局的指导意见》政策解读，制定电网发展具体落实十八项措施。编制《黄河流域生态保护及高质量发展专题研究报告》。落实国家电网有限公司“建设具有中国特色国际领先的能源互联网企业”战略要求，深入研究西北的网情、区情，准确领会国家电网有限公司战略，研究在西北落地的“路线图”。围绕“一个目标”，紧扣“两个要求”，抓住“三个关键”，编制《西北电网“十四五”主网架规划工作方案》。积极对接各级能源主管部门，确定规划边界条件。完成省级主网架规划报告评审，完成西北电网“十四五”主网架规划报告，形成西北电网“1＋2＋7”规划报告体系，获得总部高度评价和充分肯定。配合总部完成国网“十四五”电网规划研究报告，明确“十四五”电网规划目标网架。

确保电力供应，在保障重点区域供电上下功夫。多维度开展关中、南疆地区电力保障方案比选论证，助力国家“三区三州”脱贫、“兵团南进”、南疆“煤改电”等战略落地。深入研究2025年西北全网和各省（区）新能源合理装机规模及布局，绘制新能源发展地图，专题报告获得总部充分认可和高度评价。完成大规模新能源规划研究规范的提炼总结。

加大协调力度，在推进重点工程建设上取得进展。克服疫情影响，主动协调各方，推动国家能源局4月份将甘青加强工程纳入2020年电网主网架完善重点项目。6月份完成可行性研究报告编制，9月份获得电规总院评审意见，11月份取齐核准支持性文件，正式上报了核准申请报告。

努力提质增效，在提升直流利用效率上下功夫。优化提出保障在建陕武直流满功率输送的规划措施。提出陇东直流配套电源优化方案。开展“十四五”期间西北新增特高压直流工程研究和储备工作，持续推动西北电网外送规模；加强统筹协调，在综合计划精益管控上下功夫。及时开展防疫物资零星购置计划调增。分部层面率先完成2020年资本性投资项目向政府部门的备案。创新开展疫情影响及复工复产专题分析，得到专家组肯定。完成西北高载能企业用电市场研究报告。

分部管理 2020年，面对突如其来的新冠肺炎疫情和艰巨复杂的工作任务，国网西北分部认真贯彻国家电网有限公司党组决策部署，稳中求进抓发展，精益求精抓管理，从严求实抓队伍，各项工作取得新的成绩，呈现出良好的发展态势。西北电网总装机容量达到3.1亿kW，同比增长13%；其中，新能源装机容量1.2亿kW，同比增长26%。最大用电负荷突破1亿kW，同比增长11%。全年跨省跨区交易电量2903亿kWh，同比增长34%；跨区外送电量2406亿kWh，同比增长31%。新能源发电量1692亿kWh，同比增长10%，新能源利用率95.7%，同比提高3.4个百分点。主网频率合格率100%，西北电网保持了安全稳定运行。

国网西北分部认真落实国家电网有限公司党组“一个提高、六个强化”总要求，周密部署、多措并举，从严从细防控疫情，严格执行全员身体健康报告制度，确保了疫情防控“双零”。全力保障抗疫供电，在调控一线成立三个临时党支部，全封闭值班53天，为全国抗疫调节电量35亿kWh，重点保障向华中地区送电，支援湖北保卫武汉。统筹服务复工复产，区域电网中最早恢复正常负荷水平。抗疫保电先进事迹得到新华社、学习强国等媒体广泛宣传。

积极推进安全生产专项整治三年行动，推动12项“大反措”计划和117项安全稳定重点任务有效落实。完成“三区三州”、抵边村寨配网工程等专项安全督查。严格落实新版《电力系统安全稳定导则》，合理安排运行方式，优化检修计划安排，确保新设备按期投运。深化750kV主设备安全风险评估成果应用，细化落实风险管控措施，筑牢“三道防线”。努力克服高温、寒潮等极端天气影响，积极应对新能源快速增长、用电负荷屡创新高挑战，确保了大电网安全稳定运行，完成黄河防凌防汛、度夏度冬和重要时段保电任务。

完成“十四五”西北电网规划，形成“1+2+7”规划报告体系。加快陇东、哈密北直流可行性研究和甘青加强工程前期工作，优化在建直流配套电源接入方案，持续扩大西北电网外送能力。研究西北各省区新能源合理规模与布局，引导各类电源协调发展。保障重点项目建设，特高压青豫直流、陕西750kV“两纵两环”、新疆750kV阿勒泰变电站等重点工程顺利投产，±800kV陕北—武汉特高压直流工程加快建设。

科学安排运行方式，跨省统筹调峰资源，积极促成多品种交易，充分激发创新活力，多措并举保障清洁能源消纳。全年新能源新增装机2588万kW，新能源装机占比接近40%，清洁能源装机占比突破50%。新能源发电量占比达到18%，是全国平均水平的2倍。新能源最大电力占比64%，达到国际领先水平。黄河直调水电发电量548亿kWh，连续三年创新高。在清洁能源领域荣获省部级创新奖励15项，形成国家标准、专利4项。

认真落实提质增效专项行动方案，全面实施5个方面25项具体措施，不断提升效率效益。持续扩大电力外送规模，五省区外送电量均创历史最高水平，通过电力外送为国家电网有限公司创造经济效益386亿元。落实援疆援藏援青政策，服务三省区外送电量合计389亿kWh，同比增长24.7%。承接118亿元电网资产划转，进一步理顺资产权属与核价主体关系，资产规模增加近2倍，盈利能力显著提升。第二监管周期输配电价核定取得预期成果，实现较高准许收入，为稳健经营赢得主动。高质量完成重点审计项目，持续提升区域数字化审计水平，为公司健康发展保驾护航。

党的建设全面加强。推动“六个持续用力”，实施强“根”铸“魂”工程，增强“四个意识”、坚定“四个自信”、做到“两个维护”。扎实推进“基层党建巩固提升年”18项重点任务，实施6项“党建+”工程。贯彻《中国共产党国有企业基层组织工作条例（试行）》，制定落实33项工作措施，不断提升党建工作水平。编制党建主体责任和监督责任清单，全面推进从严治党。加强党风廉政建设，强化政治监督，严格执行中央八项规定精神，严肃整治形式主义、官僚主义等“四风”问题，每月出版《风清气正》电子读本，营造良好氛围。加大优秀年轻干部培养力度，人才队伍梯次结构进一步优化。制定绩效考核、领导人员管理办法等一批规章制度，队伍管理更加规范。

加强民主管理，分部三届四次职代会闭会期间召开3次民主议事会议，研究涉及职工切身利益的相关事项。加强团青和统战工作，凝聚推动发展合力。“两联一包”驻村帮扶任务完成。

科技管理 2020年，国网西北分部强化科技项目全过程管控，在持续提升电网整体安全水平、电网整体效能效率、电网智能调控水平、新能源高效利用和电力外送规模等方面进一步提升，取得了较大实效，科技创新能力和创新水平显著提升。

加强科技和技术服务项目全过程管控。组织召开项目启动会和季度考评会，按季度对分部管理的科技项目执行情况进行督查分析，开展分部2020年12个在研科技项目和19个技术服务项目执行情况中期检查和经费使用情况监督。2020年西北分部管理的6个科技项目和19个技术服务项目全部通过验收，计划完成率和验收通过率均为100%。加强科技项目经费过程管控，组织财务、审计开展了科技项目经费使用监督检查，确保科技项目经费使用合法合规。完成技术服务项目资金468万元，科技项目资金906万元。

组织2020年度国家电网有限公司和陕西省科技进步奖申报、公示及推荐和答辩工作。西北分部《高占比新能源送端电网电压安全评估和优化控制关键技术研发及应用》获得2020年度国家电网有限公司科学技术进步奖二等奖，《高占比新能源长链式送端电网连锁故障防控关键技术研发及应用》获国家电网有限公司科学技术奖三等奖。

组织开展了2021年科研技术需求和技术服务征集和项目储备工作。规范高效完成2021年分部科技储备项目可行性研究论证、项目审查、评级、批复及入库工作，19个技术服务项目和7个新开项目列入计划。

党群工作 2020年，国网西北分部党委在国家电网有限公司党组的坚强领导下，深入学习贯彻习近平新时代中国特色社会主义思想，全面落实新时代党的建设总要求和新时代党的组织路线，始终把党的政治建设摆在首位，坚持党要管党，坚持全面从严治党，扎实开展“基层党建巩固提升年”，持续用力提升党建水平，引导带动分部广大干部职工群众积极投身改革发展实践，为建设具有中国特色国际领先的能源互联网企业作出积极贡献，以实际行动践行“四个意识”“四个自信”，坚决做到“两个维护”。

深入学习党的十九届五中全会精神，坚决把思想和行动统一到全会精神和重大决策部署上来。将学习党的十九届五中全会精神与学习党的十九大和十九届二中、三中、四中全会精神结合起来，与学习习近平总书记关于国有企业改革发展和党的建设的重要论述精神结合起来，召开了党委理论学习中心组学习会议，组织专题学习和深入研讨，确保领导干部先学一步、学深一步。以“五个更大作为”为指引，坚持“四个统筹”“四个把握好”，认真抓好“十四五”规划，进一步充实完善国家电网有限公司战略在西北落地的实施方案，以“安全可靠、绿色智能、互联互通、共享互济”为目标，加快建设“五型”现代化电网（送端型、清洁型、智慧型、开放型、服务型），持续提升电网安全保障能力、资源配置能力和价值创造能力。集中开展党支部“三会一课”和主题党日活动，配发《党的十九届五中全会〈建议〉学习辅导百问》等学习资料，组织全体职工参加国网大学“云课堂”开设的“党的十九届五中全会精神解读”公开课，全体党员深刻理解新发展阶段、新发展理念、新发展格局的内在逻辑和内涵要义，以新发展理念引领高质量发展，积极推动国家能源转型和公司改革发展。

严格执行党组（党委）学习贯彻习近平总书记最新重要讲话和重要指示批示精神“第一议题”制度，深入学习领会总书记来陕视察讲话、援疆工作会议等系列指示批示精神，做到学深悟透、融会贯通。坚决贯彻《中共中央关于加强党的政治建设的意见》，对习近平总书记重要指示批示、党中央决策部署和国家电网有限公司党组工作部署，国网西北分部党委第一时间学习贯彻，第一时间研究方案措施，第一时间推动落实。严格执行向上级党组织请示报告工作制度，严格履行请示报告程序，严守请示报告纪律，规范执行请示报告方式，落实请示报告事项清单，准确把握请示报告内容和范围，切实做到该请示的必须请示、该报告的必须报告。组织召开2020年党建工作会议，全面落实国家电网有限公司2020年党建工作领导小组会议、二级单位党委书记抓基层党建工作述职评议会议精神，落实“六个持续用力”。在疫情防控工作中切实加强党的领导，深入组织学习贯彻习近平总书记重要讲话精神和党中央、国家电网有限公司党组针对疫情防控工作的各项要求，及时解读掌握政策，宣传疫情防护知识，动员各级党组织和全体党员坚守疫情防控及供电服务保障第一线，为打赢疫情防控阻击战提供坚强政治保证。各党支部认真开展“学战略、讲担当、干精彩”主题党日活动，落实领导班子成员党建工作联系点制度，班子成员赴联系点党组织调研工作、参加学习，督导联系点党组织和党员牢固树立“四个意识”，提高党内政治生活质量。截至2020年10月，分部党委组织中心组集中学习10次，围绕学习主题深入开展研讨和交流，党委书记作中心发言，中心组成员作重点发言，累计学习文章、制度、书籍84篇，交流发言31人次，不断提高政治理论学习的制度化、规范化水平。组织各党支部每月开展政治理论学习，全体党员深学细读《习近平谈治国理政》第三卷、《中国共产党国有企业基层组织条例（试行）》

及《中华人民共和国民法典》、国家电网有限公司《企业文化工作指引》等资料69篇，让党的创新理论在党员干部心中扎根铸魂，推进“两学一做”学习教育常态化制度化。精心策划开展党员教育实践活动，组织党支部每月开展特色鲜明的主题党日活动，学习“四史”、践行国家电网有限公司战略、弘扬伟大抗疫精神，进一步增强党员党性意识，激发党员发挥作用。落实党课制度，国网西北分部党委领导班子成员带头讲党课，解读全国两会精神，宣传国家电网有限公司战略。举办国网西北分部党支部书记培训班和党务干部培训班，学习最新党内制度法规，参观马栏革命旧址，弘扬党的优良传统，提升党建工作能力。组织党员和全体员工积极参加国网大学“云课堂”，确保抗击疫情冲在前、理论学习不间断、思想觉悟更坚定。

健全党委研究分析重大问题、讨论决定重大事项、督促落实重点工作的常态机制，认真落实以国家电网有限公司章程为核心的领导班子运行机制，把党委研究讨论作为分部重大决策前置程序，重大经营管理事项必须经过党委研究讨论。增强党委引领力、融合力、带动力，打造“党委坚强、支部先锋、党员模范”的党建工作格局，深度促进党建与生产经营融合，凝心聚力完成重点工作，取得明显成效。

认真落实党建工作责任制，不断提升党组织政治功能和组织力。深入贯彻落实毛伟明董事长视察调研国网西北分部时的工作要求，致力打造“党委坚强、支部先锋、党员模范”的党建工作格局。制定推进“基层党建巩固提升年”重点任务计划，从巩固政治基础、思想基础、组织基础、队伍基础、作风基础、制度基础六个方面，落实18项重点工作任务，推动党建工作高质量发展。认真组织学习贯彻《中国共产党国有企业基层组织工作条例（试行）》，在全面对照自查基础上，制定分部学习贯彻条例33项工作措施。组织开展基层党组书记述职评议，19名基层党组书记主责主业、主角主动意识显著增强。坚持和完善分部党建工作绩效考核评价办法和评价体系，组织开展年度党建工作检查和考评工作，推动层层压紧压实党建责任。严格落实党支部七项组织生活制度，建成九个标准化党员活动室，推广使用“三本六盒一证”，组织18个党支部（党总支部）按期完成换届选举，做好党费收缴和使用，按计划发展党员，不断推进支部标准化规范化建设。全面排查、深入整顿软弱涣散基层党组织，强化分部党建工作质量和实效。落实国网西北分部党建工作量化计划任务，扎实做好党建信息化综合管理系统应用，加强过程管控，实现国网西北分部党建信息全覆盖、党建工作全过程量化管理。

组织开展共产党员服务队活动，创新设置“安全示范”和“创新示范”新机制，调控分中心党建工作经验入选国家电网有限公司组织建设专业标杆。进一步发挥“大规模新能源智能管控与市场机制创新工作室”（党员创新项目组）作用，培养创新攻坚的红色先锋，在大电网智能掌控、清洁能源高效利用、电力外送交易等领域不断创新推出新理论和新标准，实现电网安全运行承载能力评估、多资源联防联控等关键技术突破创新。聚焦电网规划、调度运行、新能源消纳、生产能效管理、电力市场运营支撑体系等6项关键业务实施“党建＋”工程，推进党建与中心工作深入融合。成立3个临时党支部全力以赴保障疫情期间西北电网安全和电力稳定外送，在坚决打赢疫情防控的人民战争、总体战、阻击战中充分发挥党组织战斗堡垒和党员先锋模范作用。划拨专项党费资金慰问战斗在疫情防控斗争第一线的党员、干部和职工群众，支持基层党组织扎实做好疫情防控工作。开展党员赴焦镇村扶贫点送温暖活动，党委班子成员定期调研、关心支持扶贫点工作，持续做好产业扶贫、驻村扶贫、消费扶贫，为决战决胜脱贫攻坚贡献力量。

认真贯彻落实新时代党的组织路线，始终坚持新时代好干部标准，注重在急难险重斗争一线考察、识别、评价、使用领导人员，围绕清洁能源高效消纳、保障大电网安全运行、推进电力市场机制创新、解决重大历史遗留问题等重点、难点任务，对领导人员进行重点考察选用。在抗击“新冠疫情”工作中，提拔重用了8名肯担当、能奉献、善作为、群众认可度高的领导人员。加快优秀年轻领导人员选育，结合国家电网有限公司“双千工程”，启动分部优秀年轻领导人员储备培养机制。结合专业特点、年龄结构，先后提任了2名“75后”国家电网有限公司三级单位正职级、2名“80后”国家电网有限公司四级单位正职级和1名“85后”国家电网有限公司四级单位副职级领导人员，国网西北分部领导人员年龄结构进一步优化。持续加大年轻领导人员挂职锻炼力度，针对缺乏基层工作经历的年轻领导人员，在国网组织部的统一部署下继续安排3人到省（区）公司挂职锻炼。加强领导人员的日常管理、监督和激励，启动《国网西北分部领导人员管理办法》《国网西北分部领导人员选拔任用规程》编制和分部绩效考核办法修订工作，完善分部领导人员管理、选拔任用及退出机制。

加强宣传文化和群团工作，激发全体员工干事创业热情。制定推进“文化铸魂、文化赋能、文化融入”专项行动实施方案，组织各党支部和全体党员深入学习贯彻落实国家电网有限公司《企业文化建设工作指引》，深刻理解国家电网有限公司价值理念和战略体系的内涵，推动国家电网有限公司企业文化在分部有效传播和实践落地。依托西北地区丰富的红色资源，组织党员深入学习党史、新中国史、社会主义发展史、改革开放史，弘扬党内政治文化，传承红色基因，持续强“根”铸“魂”。开展庆祝建党 99 周年系列活动，举办“践行新战略、开启新征程”诗词比赛，焕发全体员工爱党爱国爱企热情。发挥国网西北分部大规模新能源智能管控与市场机制创新工作室（党员创新项目组室）的阵地优势和创新引擎，组织党员和干部职工深入研究电网热点难点问题，积极支持职工技术创新工作，激发职工创新意识和创造潜能。制定国网西北分部统战工作职责清单，巩固完善党委统一领导、党建部门牵头负责、有关部门各负其责、协调推进的工作格局。开展“我为公司战略添精彩”合理化建议活动，团结统战人士建言献策，为国网西北分部改革发展贡献聪明才智。开展职工思想动态调研分析，把握员工思想动态，增强员工思想教育工作的针对性和实效性。健全以职工代表大会为基本形式的民主管理，推进厂务公开，职代会提案办理和答复率达到 100%，立案类提案落实率达到 100%。坚持党建带团建，加强与总部团委联系沟通，积极研究国网西北分部团组织机构优化设置，完善团组织工作规则。举办“奋斗的青春最美丽”微视频比赛，引导青年建功新时代、奋斗新征程。

突出强化政治监督，不断推动全面从严治党向纵深发展。制定国网西北分部 2020 年落实全面从严治党主体责任重点工作任务，从四个方面 14 项重点内容，细化 34 条工作任务，进一步明确主体责任的各类条款，打造风清气正的政治生态。制定国网西北分部《落实全面从严治党主体责任和监督责任清单》，明确国网西北分部党委主体责任包括政治建设、思想建设、组织建设、作风建设、纪律建设、党风廉政和反腐败以及体制机制建设等 7 个方面共 19 条责任清单，明确纪委监督责任包括 6 个方面 20 条责任清单，确保主体责任和监督责任落实到位。组织召开国网西北分部 2020 年党风廉政建设和反腐败工作会议，印发《西北分部 2020 年党风廉政建设工作要点》，全面做好疫情防控监督工作，切实加强分部党风廉政建设和反腐败工作。

深化廉洁风险防控，切实加强权力监督和日常监督。坚持“三重一大”事项决策制度，按照分部明确的十四个方面的 37 项“三重一大”事项全部由党委会议集体研究决定。纪委书记通过参加党委会议等形式，充分发挥对分部各项决策特别是“三重一大”的监督作用。加强干部监督，坚持党委提任干部会前书面征求纪委书记和纪检部门意见。制定《关于安全生产专项整治监督工作方案》和《安全生产专项整治监督工作记录表》，加强对安全专项整治的监督。组织开展扶贫专项监督工作，深入分部扶贫村，对照关于扶贫工作监督的指导书，对近年来扶贫工作进行逐条检查，并提出了相关建议。进一步加强会议管理、公务接待、餐饮管理以及车辆管理等重点环节，进一步健全厉行节约的长效机制。认真落实国家电网有限公司关于解决农民工工资拖欠问题的要求，全面进行自查自纠的监督工作。

保持惩治腐败高压态势，加大执纪审查力度，强化廉政教育。高度重视中央巡视问题和 2019 年度党风廉政建设专业考评反馈问题整改，加大执纪审查力度。组织参观陕西省以案促改警示教育展，促使领导干部受警醒、知敬畏、守底线、明方向。每月编辑出版《风清气正》党风廉政建设读本，加强警示教育，做到警钟长鸣。

主要事件

2019 年黄河各梯级水电和直调水电厂发电量均创历史新高。黄河上游龙刘梯级龙青段二十三座水电站发电总量达 700 亿 kWh，同比多 10%，超出多年均值 44%。其中，国网西北电力调控分中心直调水电厂黄河龙羊峡、拉西瓦、李家峡、公伯峡、积石峡、刘家峡六大直调水电站发电量达 500 亿 kWh，同比增加 7.3%，超出多年均值 50%。黄河龙羊峡水库连续两年蓄至正常库水位 2600m，创造了 2600.34m 的历史新高。

1 月 15 日，国网西北分部三届四次职代会暨 2020 年工作会议召开。会议以习近平新时代中国特色社会主义思想为指导，贯彻国家电网有限公司三届五次职代会暨 2020 年工作会议精神，强化党建引领，抓住新机遇，贯彻新战略，推动新发展，持续深化分部“四个升级”，为推动国家电网有限公司战略落地再立新功。

1 月 20 日，国家电网有限公司副总工程师、国网西北分部主任、党委书记王风雷来到周至县焦镇村，与当地干部群众座谈交流脱贫攻坚工作，走访慰问贫困户和分部驻村职工。

受疫情影响，湖北、湖南等地运力下降，电煤等原料库存降低，华中电网受电需求上升。为提升电力保障能力，1 月 30 日起，西北电网在原计划每日送华中 1.6 亿 kWh 电的基础上，通过祁韶、天中直流开展对华中地区电力支援，日支援电量约 1200 万 kWh。

3 月 4 日，西北电网光伏最大发电电力 2997 万 kW，日发电量 2.3 亿 kWh，双创历史新高，西北光伏发电水平实现新突破。

3 月 7 日，西北电网新能源发电再创历史最好成绩。新能源最大发电电力达 4639 万 kW，风电最大发电电力 3008 万 kW，新能源电力分别占当时用电负荷、总发电电力的 63.97% 和 44.03%，四项数据均创历史新高，标志着西北电网新能源高效利用水平再迈新台阶。

4 月 1 日，西北电网最大负荷达 8081 万 kW，逐步恢复至正常负荷水平，标志着西北用电负荷已基本走出新冠肺炎疫情影响，各行业复工复产稳步推进，西北地区经济社会秩序正加速回归常态。

4月7日，国家电网有限公司董事长、党组书记毛伟明，总经理、党组副书记辛保安视频调研国网华北、华东、华中、东北、西北、西南分部，听取工作汇报，了解疫情防控、复工复产、电网安全、经营管理等情况。毛伟明强调，要深入学习贯彻习近平总书记重要讲话精神，落实国家电网有限公司党组部署，立足功能定位，勇于担当作为，提供有效支撑，为建设具有中国特色国际领先的能源互联网企业贡献力量。

4月15日，国家电网有限公司2019年度软科学成果获奖项目公布，国网西北分部“新能源发电快速响应及柔性调度机制探索与实践”项目荣获二等奖。

4月16日，2019年陕西省科学技术进步奖获奖项目公布，国网西北分部申报的“高占比新能源电网电压安全评估和协调优化控制关键技术研发及应用”“西北电网连锁故障防控关键技术研究及应用”两个项目获陕西省科技进步二等奖。

4月21日，陕西省人民政府副省长赵刚一行来到国网西北分部，就陕西电力外送开展工作调研。国家电网有限公司副总工程师、西北分部主任、党委书记王风雷汇报了西北电网情况和国网西北分部有关工作。赵刚代表陕西省政府对西北分部多年来给予陕西的大力支持表示衷心的感谢，对国网西北分部的工作成效表示了高度肯定，表示将继续支持国家电网有限公司加强陕西电网网架的建设布局，加快外送通道的建设，加快煤炭转化发展力度，同时要进一步提高发电利用小时数，共同为陕西地区能源转型和经济发展做出贡献。

为贯彻国家电网有限公司建设具有中国特色国际领先能源互联网企业战略目标，落实毛伟明董事长视频调研分部时在五个方面“能担当、有作为”的工作要求，推动公司战略落地实施和西北电网高质量发展，5月12日至15日，国家电网有限公司副总工程师、西北分部主任、党委书记王风雷赴青海、新疆电力开展专题调研，紧扣“十四五”电网规划、清洁能源消纳、电网调峰、电力交易和外送等议题深入交流并形成广泛共识。

5月25日，国网西北分部组织召开青海郭隆至甘肃武胜第三回750kV线路工程（甘青加强工程）可行性研究工作启动电视电话会议。国网西北分部副主任、党委委员左玉玺出席会议并讲话。

6月9日，国网西北分部在青海海南州共和县组织召开±800kV青南换流站交流场以及交流滤波器场系统工程启动验收委员会现场会议，安排部署了启动调试及后续收尾各项工作。国网西北分部副主任、党委委员韩悌参加会议并讲话。

6月16日，由中国电机工程学会电力系统专委会主办，国网西北分部、南京南瑞继保电气有限公司承办的第三届清洁能源发展与消纳专题研讨会开幕。在新的疫情防控形势下，研讨会采用现场和网上直播方式，在西安和北京两地线上线下同步进行。中国电机工程学会理事长、中国工程院院士舒印彪出席会议并致辞，国家电网有限公司副总工程师、西北分部主任、党委书记王风雷致欢迎辞，中国电机工程学会副理事长、中国工程院院士郭剑波致开幕辞并主持会议。

6月17日，国家电力调控中心党委书记董昱一行到国网西北分部调研。国网西北分部副主任、党委委员韩悌，国网陕西电力总工程师窦晓军出席调研座谈会。董昱一行先后来到西北电力调度控制大厅和大规模新能源智能管控与市场机制创新工作室，了解西北电网运行情况，并听取了新能源发展方面的创新技术和成果展示。

6月22日，2020年西北电网迎峰度夏暨大面积停电联合反事故演练成功举行。本次演练贯彻国家电网有限公司安全生产专项整治三年行动部署暨2020年迎峰度夏电视电话会议精神，进一步组织和动员西北电网各单位提高思想认识，优化调控运行安排，强化生产运维工作，提高应急处置能力，确保迎峰度夏期间西北电网安全稳定运行。国网西北分部，国网陕西、甘肃、青海、宁夏、新疆电力分管领导及有关负责同志观摩指导演练。

6月24日0时35分，国网西北分部将青南换流站交流场相关设备正式移交国调，标志着送端青南站交流场系统调试工作结束，为直流系统调试奠定了坚实基础。

6月29日22时58分，青海—河南±800kV特高压直流输电工程双极低端直流系统成功解锁，工程全线带电。

7月1日，吉泉直流配套电源参与西北调峰辅助服务市场进入结算试运行，标志着西北电力辅助服务市场工作进入了一个新的阶段。

7月2日，国网西北分部作为主要参演单位，全程深度参与了国家电网迎峰度夏暨大面积停电联合反事故演练。分部副主任、党委委员韩悌在分会场观摩演练。

7月6日，国网西北分部、国网河南电力贯彻国家电网有限公司青豫直流交易组织工作协调会议精神，就落实《建设青海至河南输电工程合作协议》的交易组织工作进行交流座谈。国网西北分部副主任、党委委员韩悌，国网河南电力总会计师李平文出席交流座谈会。

7月15日，国家电网有限公司副总工程师兼西北分部主任、党委书记王风雷，国网西北分部副主任、党委委员、纪委书记、工会主席马放瑞一行来到分部扶贫点陕西周至县焦镇村走访调研，与当地干部群众座谈交流脱贫攻坚工作，赠送电脑等办公用品，走访慰问贫困户，并看望分部驻村干部。

7月17日，第三届“清洁能源发展与消纳”专题研讨会在西安落幕。闭幕式上，来自国家电网有限公司、电力规划设计总院、中国电力企业联合会、清华大学、西安交通大学等单位的专家学者齐聚一堂，围绕“新时代西部大开发背景下的能源电力发展及未来科技展望”举行专题论坛。

7月27日，750kV金满电厂4号机组168h试运行结束正式投运，标志着吉泉直流第一批10台660万kW配套火电机组启动调试工作完成，吉泉直流配套电源投产超过900万kW，投运规模过半，直流实际输送功率800万kW，成为世界上实际输送功率最大的电力线路。

8月4日，国家电网有限公司总信息师孙正运一行到西北分部调研。国网互联网部副主任葛俊，国网西北分部副主任、党委委员韩悌参加调研座谈会。

截至2020年8月21日，西北电网实现安全运行8000天，历时21年零11个月，创造了安全生产新纪录。

8月26日至28日，国家电网有限公司总经理、党组副书记辛保安赴国网西北分部、陕西电力调研，了解基层一线情况，看望慰问干部职工。他强调，要深入学习贯彻习近平总书记重要讲话和指示精神，落实“四个革命、一个合作”能源安全新战略，紧扣公司年中工作会议提出的“稳、进、育、开”要求，加快建设具有中国特色国际领先的能源互联网企业，为推动西部地区高质量发展作出更大贡献。

8月28日、30日，国网西北分部组织陕西、甘肃电力及南瑞稳定公司，分别在750kV乾县变电站和330kV瓜州变电站完成了国内首套“国产芯”振荡解列装置及稳控装置的挂网试运行，标志着中国二、三道防线装备整体迈入国家自主生产研发阶段。

9月8日，经国家电网有限公司党组研究并征得中共陕西省委同意，张振宇同志任国家电网有限公司西北分部副主任（试用期一年）、中共国家电网有限公司西北分部委员会委员；左玉玺同志任国家电网有限公司西北分部三级顾问。

9月27日，国网西北分部组织甘肃电力公司、南瑞稳定分公司共同研发的国内首套750/330kV电磁环网快速解合环装置在桥湾变电站正式投入运行。

9月29日，国网西北分部召开领导调整会议，根据工作需要，经国家电网有限公司党组研究并征得中共陕西省委同意，王国春同志任国家电网有限公司副总工程师兼西北分部主任、党委书记；王风雷同志不再担任国网西北分部主任、党委书记职务，另有任用。国家电网有限公司董事、党组副书记韩君出席会议并讲话。

10月16日0时13分，750kV喀纳斯输变电工程启动调试成功，标志着750kV电网延伸至新疆最北端，实现了新疆15个地区750kV电网全覆盖。

10月22日，国家电网有限公司董事长、党组书记毛伟明在国网西北分部调研指导工作，慰问干部职工。毛伟明董事长听取工作汇报后指出，国网西北分部“战略落地有思路，经营发展有成效，绿色发展有突破，统筹协调有担当，各项工作有力有序有效”，并要求分部在战略落地、电网安全、提质增效、绿色发展、党建引领等五个方面“实现更大作为”。国家电网有限公司副总经理、党组成员刘泽洪参加调研。

11月8日，国网西北分部完成750kV木垒变电站接入系统输变电工程启动调试。工程顺利投运进一步补强了“环天山东环网”网架，为新疆准东地区大规模新能源开发送出奠定了基础。

11月24日，西北电网最大负荷达到1亿kW，日用电量达到22.53亿kWh，双创历史新高。西北电网成为继“三华”及南方电网后，又一用电负荷超过1亿kW的区域电网。

12月24日，为切实做好帮扶村精准扶贫工作，国家电网有限公司副总工程师兼西北分部主任、党委书记王国春，分部副主任、党委委员、纪委书记、工会主席马放瑞一行赴分部扶贫点周至县焦镇村走访调研，与当地干部群众座谈交流脱贫攻坚工作，赠送办公生活用品，慰问贫困户和分部驻村职工。

（程军生）

【国家电网有限公司西南分部】

分部概况 国家电网有限公司西南分部（简称国网西南分部）成立于2014年11月18日，2015年12月30日西南电网调度投入运行，是国家电网有限公司立足优化能源配置、服务西南清洁能源发展、促进西南（川渝藏）经济社会发展、推动电网互联互通需要而成立的非法人管理机构。主要职责是协助总部开展西南水电开发规划、西南电网建设有关工作，承担区域电网调控运行、电力交易、安全质量监督、电网规划、审计监督等核心职责。

组织机构 下设7个部门（中心），包括办公室、安全技术与工程管理部、财务部、规划统计部、党群工作部、调控分中心、西南审计中心。

电网概况 西南电网覆盖四川、重庆、西藏三省（市、区），区域面积约180万km^2。东联华东和华中电网、北接西北电网，是清洁能源送端大电网、大平台。与华东电网通过±800kV复奉、锦苏、宾金三大特高压直流相联，输电容量2160万kW；与西北电网通过±500kV德宝直流、±400kV柴拉直流相联，输电容量360万kW；与华中电网通过±420kV渝鄂背靠背柔性直流相联，输电容量500万kW。跨区电力交换容量3020万kW，省间电力交换容量644万kW。

截至2020年底，西南电网调度口径装机容量1.21亿kW。其中，水电8467万kW，占70.3%；火电2682万kW，占22.2%；风电光伏等903万kW，占7.5%。网内500kV变电站74座，总变电容量1.28亿kVA；500kV线路263条，总长2.26万km。国网西南分部直调500kV线路73条，电厂1座（装机容量330万kW）。

西南电网调度口径总发电量4743亿kWh，比2019年增加331亿kWh，同比增长7.22%；西南电网调度口径用电量3747亿kWh，比2019年增加317亿kWh，同比增长8.97%。

安全生产 落实国家电网有限公司党组“一个提高、六个强化”总要求，统筹兼顾、协调推进，做到常态防控、精准管控、动态优化，实现职工零新冠肺炎疫情、电网零事故。新冠肺炎疫情暴发初期，第一时间启动应急响应，成立领导小组和工作组，动态制定完善68项防控措施，实行电网调度双场所、双队伍独立值守，维护平稳局面。常态化防控期间，针对外防输入、内防反弹要求及零星散发态势，坚持全覆盖、零遗漏原则，持续完善防控措施，狠抓办公场所、运维人员管理等关键环节，强化秋冬季新冠肺炎疫情防控，进一步筑牢防线、巩固成果。发挥集团运作优势，支援华中电网抗疫，累计支援调峰42天、最大消纳华中低谷电力150万kW、电量1.59亿kWh。

牢固树立安全生产“四个最”意识，应对“强直弱交”、特大暴雨洪涝、负荷三创新高、极端寒潮等挑战，确保电网安全运行和电力可靠供应。贯彻落实新版稳定导则，建立健全多部门会商协调、年方式重点工作落实督导、地方电网运行协调等机制，首次编制二次系统运行方式，开展重大风险项目化管理。制定实施安全生产专项整治三年行动计划。首次组织西南区域“四不两直”督察，开展西南电网安全生产专项整治督导。构建电网资产运维管理机制，加强设备技改大修管控，多项指标居分部第一。度夏期间，举全网之力解决高峰电力不足和低谷水电富余矛盾，开展跨区跨省互济276次，跨区最大支援电力534万kW、增长98%，跨省最大支援200万kW、增长3倍。度冬期间，落实国家电网有限公司8项举措，制定工作方案和技术方案；建立电煤日报制度和燃料供应预测预警机制，每天向川渝政府及国家电网有限公司通报，多次上门汇报、常态协商；在国调中心支持下，首次通过青豫直流支援重庆、重庆反送四川，平稳度过多轮寒潮。正确应对德宝直流闭锁等500kV及以上电网故障82起，完成第三届进博会等重大保电任务。在全国“护网2020”和四川省网络攻防演习中“零失分”。

电网调度 按照总部统一部署，深化国调、分调一体化工作。与各方进一步完成调度权交接，调度管辖范围调整为：500kV百普线及其串补，500kV榄普一、二线及其串补，500kV二百线，500kV二榄一、二线，500kV二石一、二线，500kV石泉一、二线，500kV泉榄一、二线，500kV月普一、二线，500kV城沐一、二线，500kV东天Ⅰ、Ⅱ线，500kV普天线，500kV普洪一、二、三线，500kV里月一、二线，500kV水里一、二线，500kV乡水一、二线，500kV水百Ⅰ、Ⅱ线，500kV塘乡一、二线，500kV沙天线，500kV谭德一、二线，500kV洪板一、二线，500kV资铜Ⅰ、Ⅱ线，500kV铜思Ⅰ、Ⅱ线，500kV黄万一、二线，500kV宾叙一、二线，500kV泸复一、二、三线，500kV叙泸一、二线，500kV塘芒Ⅰ、Ⅱ线，500kV芒澜Ⅰ、Ⅱ线，500kV芒左Ⅰ、Ⅱ线，500kV左波Ⅰ、Ⅱ线，500kV波林Ⅰ、Ⅱ线，500kV林朗Ⅰ、Ⅱ线，500kV朗许Ⅰ、Ⅱ线，500kV张州Ⅰ、Ⅱ线，500kV盘宜Ⅰ、Ⅱ线及其串补，500kV长万一、二线，500kV万盘一、二、三线。

规划计划 紧密围绕国家电网有限公司战略和区域发展，精心编制“十四五”西南电网规划，得到川渝藏政府高度认可，并通过国家电网有限公司党组审定报国家能源局，川渝特高压交流电网取得共识。深入论证特高压交流电网、攀西电网优化、疆电入渝、川藏铁路供电、金上水电送出等重点方案，研究成果得到国家电网有限公司认可。深化继电保护、通信、自动化等专项援藏帮扶，保障阿里联网工程投运，形成西藏统一电网。配合开展雅湖、白鹤滩—江苏、白鹤滩—浙江等特高压直流各项工作。

清洁消纳 深入实施4个促消纳，多措并举、度电必争，完成国家清洁能源消纳目标。强化组织协调和现场督导，推动投产康蜀串补、铜梁SVG等重点工程，提升电网输送能力200万kW、增加送电量36.3亿kWh。建立电网、气象、水利、发电等多部门共同参与的水情会商机制。完成西南省间调峰辅助服务市场模拟试运行，推动出台四川水能利用率提升快速响应办法。贯彻国家电网有限公司援藏工作会议精神，落实藏电外送中长期框架协议，累计外送18.2亿kWh，签订2021～2023年61亿kWh藏电外送协议。

西南电网最大用电负荷7301万kW，同比增长8.4%；年用电量3747亿kWh，增长9.0%，增幅居区域电网第一。清洁能源消纳3921亿kWh，增长9.4%。清洁能源利用率95.4%，其中水能利用率95.3%、新能源利用率98.6%。调峰弃水电量同比增加1.04%，装机弃水电量同比减少33.58%；跨省跨区交易电量1855亿kWh，同比增长3.77%。

分部管理 按照“学进去、讲出来、干精彩”要求，聚焦建设具有中国特色国际领先的能源互联网企业战略目标，找准定位、深化研究，有力推进战略落地。全方位对接“五六三”战略体系和“八大战略工程”，提出“四强三优”工作主线，完善形成“1个工作方案、6项专题任务、N个专项工程”的“1＋6＋N”国家电网有限公司战略落地实施框架体系，进一步谋长远、定方向。国网西南分部战略落地实施方案得到国家电网有限公司充分肯定并定为分部样本。结合国家电网有限公司战略目标指标体系，优化完善绩效考核实施办法。

落实31项重点任务，动态管理47项量化指标，在扩大交易、盘活存量等方面取得实效，降本节支近800万元。落实综合计划“月通报、季考核”，固定资产投资完成率100％。强化预算周滚动管理，完成年度考核目标。深度参与第二轮输配电价核定，持续优化经营策略，出台财务工作三年提升行动计划。完成“三清理两提高”专项行动，实现“5个100％、1个0”目标。建立民营企业账款清欠工作长效机制，确保“零拖欠、零新增”。优化项目管理机制，统筹实施进度管控，按期完成全部项目。实施分部2018～2019年内部控制审计调查、项目竣工决算等4项专项审计，优化完善规章制度9项，防范化解风险、促进管理提升。完成12项总部审计项目，项目数量、审计质量均居分部前列。

科技管理 深入贯彻国家电网有限公司科技创新大会精神，召开分部首次科技创新工作会议，制定加强科技创新实施方案，出台科技进步奖评选、科技项目管理等配套制度，创新工作体系初步建立。与四川省科技厅签订战略合作协议。优化完善劳模创新工作室，出台群众性创新管理办法，成功举办西南电网首届调度运行创新创意大赛。国网西南分部首获四川省科技进步一等奖，取得4项省部级、行业级奖励，1项职工创新奖，11项发明专利。

党群工作 深入学习贯彻习近平总书记重要讲话、十九届五中全会、《习近平谈治国理政》第三卷等精神，进一步加强政治建设、增强政治素养。出台实施党建引领和强根铸魂工程。多元化开展党员教育培训。深化党建融入融合，推进10个“党建＋”工程落地计划，持续开展“多维度”结对共建，打造“一支部一特色”，2个党支部建成国家电网有限公司党建工作专业标杆。开展新冠肺炎疫情防控、安全生产专项整治等专项监督。深入推进“抓整改、除积弊、转作风、为人民”专项行动，集中开展中央巡视、主题教育等问题整改“回头看”，确保各项问题整改清零。有力落实意识形态责任制，藏电外送等主题传播极富成效，主导两上《新闻联播》。宣传思想文化工作受四川省国资委表扬。

首次申报并创建四川省文明单位。民主管理成效明显，为职工办实事办好事完成率100％，优化职工活动中心，启用新食堂。建成区域保密宣教基地。统战工作有序开展。成立首支青年志愿者服务队。国网西南分部2名职工分获全国内部审计先进工作者、全国高端会计人才称号，1名职工获评国家电网有限公司劳模，2名职工被评为国家电网有限公司抗击新冠肺炎疫情先进个人，1名同志被评为国家电网有限公司优秀共产党员。

（赵国富　夏　春）

【全球能源互联网集团有限公司】

公司概况 全球能源互联网集团有限公司（简称全球能源互联网集团）成立于2015年12月31日，是公司的全资子公司，注册资本1亿元。全球能源互联网集团积极推动构建全球能源互联网，以清洁和绿色方式满足全球电力需求，实现联合国“人人享有可持续能源”和应对气候变化目标，服务人类社会可持续发展。主营业务范围为：集团总部管理，全球能源互联网战略规划，国际与国内电网互联互通项目开发，投融资和资产运营管理，设计、制作、代理、发布广告，出版《全球能源互联网》中、英文期刊。

组织机构 全球能源互联网集团总部共设置8个部门（单位），包括综合局、秘书局、运行局、发展局、合作局、保障局和经济技术研究院、新闻传媒中心；驻外共设立非洲、西亚—北非、欧洲、东欧—中亚、东南亚—南亚、北美、中南美7个区域办公室。

经营管理 法治企业建设。落实“法治国网”决策部署，健全规章制度，实现制度管人管事管企业。完善合规管理体系，加强组织领导，设立合规管理委员会；强化重点领域合规管理，制定12项重点业务《合规管理指引》。强化风险防控，制定7个国别《境外法律风险防控指引》，强化员工安全意识、风险意识和法律意识。

发展质量。加强综合计划和预算管控，预算执行和各项财务指标完成情况良好。开展多维精益管理体系变革，推动精益管理转型。完善内控体系建设，加强横向协同，梳理汇编38项财务制度，完成全面风险管理报告。强化资金安全管理，完成资金“按日排程”、资金安全专项检查整改后评估，境外资金账户全部纳入备案监控。

驻外机构管理。完善“1＋6＋7”制度体系，加强规范化管理。完善总部和驻外机构协同机制，强化日跟踪、周协调、月分析等10项工作机制和业务流程，推进前后方高效协同、信息共享、运转顺畅。提升驻外人员能力素质，发挥驻外机构各项职能。优化驻外机构布局，建成9个重点国家代表处。

科技规范管理。落实国家电网有限公司科技项目管理规定，对24个科技项目加强过程监督管控力度，组织做好2020年科技项目储备立项。完善管理流程，加强业务培训，梳理科技项目台账，规范全过程资料管理，确保项目信息完整、过程规范。

期刊出版。2019 年，《全球能源互联网》中、英文期刊出版 12 期，刊载论文 141 篇，国家级基金资助项目论文占比 63%，英文期刊海外论文占比 25%。中、英文期刊分别被国内国际 5 个知名数据库收录，全年期刊订阅量超过 12000 册，在国内能源电力领域科技期刊中排名第一。

人力资源 截至 2020 年底，全球能源互联网集团在岗职工 225 人，其中：硕士及以上学历 217 人，占比 96.4%；中级及以上职称 185 人，占比 82.2%。

高素质干部队伍建设。编制岗位专业分类标准表，组织开展人岗匹配分析，增强员工履职尽责能力。加强员工作风文化培养和“四个能力”（专业能力、文字能力、表达能力、交往能力）建设，提升员工综合素质。健全干部选拔、任用、培养、考核、奖惩、监督一体化管理体系，打造高素质干部队伍。

紧缺对口人才招聘。开展专业结构需求分析，确定急需补充的紧缺专业需求。精准招聘“专业＋语言”和急需紧缺人才，完成两批 2019 年高校毕业生 16 人的招聘入职。

培训活动。开展四期员工岗位轮训，以提升“四个能力”为主要任务，坚定员工理想信念。强化第二外语培训，推进建设第二外语人才梯队。开展各类专项培训，分批次开展新员工培训、专家讲堂培训、非电专业培训、商务英语培训，提高全员素质。

激励约束机制建设。以岗位工作清单为主要内容，将员工绩效管理与履职情况全面对接，健全量化评价考核标准，定期开展员工履职情况评价。加大绩效考核结果应用力度，增加薪酬分配的刚性关联，适当拉开收入差距。完善岗位绩效工资制度，深化岗位、能力和绩效贡献在薪酬分配中的体现度，增强薪酬分配的激励效果。

信息化建设 以“一平台、五系统、三保障”信息化架构体系为基础，提升基础软硬件环境配置，开展核心业务系统建设及应用，提升整体工作效率。

大数据挖掘。采集全球经济社会、气候环境、能源电力等宏观统计指标数据 230 亿余项，全球多语种能源电力资讯 150 万余条，形成覆盖 800 余项指标的《数据资源表》；采集全球 9 千米空间分辨率风能、太阳能资源分布数据，建成全球清洁能源数据库。

业务系统建设。完成中英文投审稿系统和国内国际业务管理系统（一期）建设，深化数字化研究平台、运行分析系统、办公管理平台等业务系统应用，全年累计辅助起草各类文件及报告 330 余份，编制财务表单 1.2 万条、录入财务凭证分录 1.4 万条、国内国际会员注册 825 个，保障各项业务高效开展。

全球能源互联网主题展厅内容优化。实时更新展厅内容，开发全球能源互联网骨干网架、非洲“电—矿—冶—工—贸”联动发展等三维建模展示场景，完善多维展示功能。截至 2019 年底，累计接待重要嘉宾 200 余批次、近 2500 人次参观。

党的建设和精神文明建设 认真学习贯彻习近平新时代中国特色社会主义思想，贯彻党中央决策部署，坚决落实公司党组工作要求，开展“不忘初心、牢记使命”主题教育，加强党的建设、党风廉政建设，各项工作取得显著成效。

主题教育。将主题教育与全球能源互联网建设相结合，做到两不误、两促进。党委班子以上率下，不断深化对初心使命的认识，真心诚意听取党员群众意见建议，认真检视反思，明确努力方向和改进措施，完成 23 条问题整改。制（修）订相关制度 7 项，优化工作机制 5 项，巩固主题教育成果。

制（修）订《党委工作规则》《董事会议事规则》《“三重一大”决策管理办法》等 6 项制度，提高决策的科学化民主化水平。坚持党管干部原则，把好干部标准落到实处，健全干部培养、选拔、管理、监督一体化工作体系，建设忠诚干净担当的高素质干部队伍。

深化“五个标准化”建设，开展“三亮三比”主题活动，命名 21 个“党员示范岗”。开展党支部共建活动，增进与国家部委沟通联络，获得工作支持。

从严治党。班子成员严格履行“一岗双责”，将廉政要求与业务工作同研究、同部署、同检查，确保干事干净。坚持党建月度例会制度和党支部书记抓党建、抓党风廉政建设述职制度，推动全面从严治党向党支部延伸。紧盯资金管理、招投标等关键领域，严格审批程序，规范权力运行，防范廉洁风险。

群团工作。坚持党建带团建、带工建，选举成立团支部，加强政治引领，服务青年成长成才。全心全意为员工办实事，组织文体活动、丰富职工文化生活。开展《让初心闪光》系列宣传，选树先进典型事迹，弘扬敬业奉献精神。

（胡　波）

【国家电网有限公司直流技术中心】

公司概况 国家电网有限公司直流技术中心（简称国网直流中心）是国家电网有限公司直流技术支撑机构，对国家电网有限公司系统换流站履行集中监视、技术监督、技术培训、分析诊断等职责，协助国家电网有限公司开展直流专业技术管理和跨区资产运营管理，并提供特高压、超高压直流工程相关技术咨询和专业支撑服务。国家电网有限公司跨区电网资产运营管理中心挂靠直流中心，负责归集跨区电网收入成本要素、参与跨区跨省电量交易结算、构建跨区输电价格体系等工作。

国网直流中心前身是国家电网有限公司运行分公

司，成立于2004年12月，并于2009年3月由国家电网全资子公司调整为分公司，更名为国家电网有限公司运行分公司。国网直流中心现有正式职工81人，平均年龄39.47岁，硕士研究生及以上学历53人（含博士研究生6人），副高级及以上专业技术职称50人（含正高级职称6人），国家级专家1人，公司级专家1人，省公司级专家6人，中心首席工程师1人。

组织机构 国网直流中心下设综合管理部、党委党建部（党委宣传部、纪委办公室、合规审计部、巡察办）两个职能部门，运行部、技术部、工程部、培训部、统计部5个业务部门，以及国家电网有限公司跨区电网资产运营管理中心1个挂靠机构。

疫情防控 落实国家电网有限公司党组“一个提高、六个强化”部署要求，紧急配置防疫物资，建立健全疫情防控工作机制，始终坚持联防联控，做好常态化疫情防控。组织开展全员核酸检测和疫苗接种。

保障直流安全稳定运行。强化直流监视大厅24小时在岗值守，发挥直流系统运行监视“第三道防线”作用。协助总部做好在运换流站疫情防控工作，掌握换流站工作人员身体健康情况，编制发布“换流站疫情防控日报”，开展换流站远程监视演练，为跨区直流安全稳定运行提供保障。

服务支撑重点工程建设。组织党员骨干奔赴张北柔性直流、青豫直流、巴基斯坦默拉直流等工程现场，支撑做好消防隐患排查、设备调试验收和专业技术培训等工作，保障公司国内外新建直流工程的高质量建设。

直流技术支撑服务 新建工程技术监督。核查白鹤滩—江苏直流设备技术规范书，提出改进意见133项。赴雅中—江西、陕北—武汉工程直流控保、阀控和阀冷等设备厂家，源头开展反措落实情况排查，发现单套阀冷控制系统误发指令闭锁直流等重大隐患25项。对12座新建换流站开展技术监督，发现重大设备隐患235项，提出完善化建议133项。

在运工程技术监督。依托直流监视大厅，监督45座在运换流站完成258项严重及以上设备缺陷处理，开展重大设备故障诊断分析及应急支持62次。开展防直流闭锁专项工作，排查治理二次系统隐患51项。审查在运45座换流站1470个检修方案，提出改进意见758条。梳理12个常规直流工程分接开关动作情况、控制方式及控制参数，解决黑河、高岭、柴拉分接开关频繁动作问题，提升换流变压器分接开关运行可靠性。

核心技术攻关。承担国家电网有限公司高压套管和分接开关“卡脖子”问题重点科技攻关项目课题研究。开展特高压换流变现场试验技术提升研究、换流站阀厅消防智能灭火技术研究、龙政直流控制保护系统国产化改造研究。开展换流变压器全面质量状态提升研究，提出网侧升高座配置气体继电器、加装单氢监测装置方案，并在灵州站、绍兴站开展试点。完成《高压直流输电换流阀冷却系统运行规范》等6项企业标准修编和上报，完成《电网设备技术标准执行指导意见直流控制保护系统分册》编制。

科技创新成果。主导编制的IEC标准《高压直流换流站运维检修导则》获国家电网有限公司技术标准创新贡献二等奖。“特高压换流站可靠性运检机器人技术及其应用研究”和“直接接入750kV、1000kV交流电网换流变压器关键技术”两项成果荣获电力科技创新奖二等奖，“高压直流换流站运行维护导则”和“直流测量装置国产化关键技术研究及设备研制”两个项目分别获得国家电网有限公司科技进步二等奖和三等奖。

直流技术培训。搭建网络大学“直流输电培训专题”模块，采用“互联网＋培训”创新模式，精心制作并发布各类微课件84个，承办国家电网有限公司直流输电线上专题培训班、国家电网有限公司换流站运检技能培训班，共计22个省市公司1034人参培，促进提升运维人员理论和实操能力。

直流可靠性管理。开展直流输变电设施可靠性评价规程、直流输电系统可靠性评价规程及工作指南的制修订工作，推进跨区直流输电系统及输变电设施可靠性管理系统研发。

跨区资产运营管理 多维精益管理体系变革。启动多维精益动态监测分析系统设计，贯通跨区经营数据，全景分析跨区运营情况，助推智能管理、智慧决策。建设原始凭证电子化平台，部署应用RPA财务机器人，完成发票互联管理平台测试上线。

智慧共享财务管理平台。统筹设计智慧共享财务管理体系架构，贯通跨组织业财链路，持续完善平台协同管理机制，推进数字化财务管理、智能化价值挖掘、战略型财务转变。

“大预算”管理。配合总部开展预算协同编审，指导直属单位开展预算工作。落实月度损益预算管控要求，规范实施月度内预调预控措施，确保月度损益预算执行准确性。动态开展经营效益预测分析及摸底调查，汇总分析跨区电网经营效益变动趋势，有效管控预算执行偏差。

“大资产”管理。完成总部所属758亿元电网资产下划、436亿元跨区资产上划，269亿元总部资产竣工决算审核和正式转资、165亿元工程暂估转资。承接总部跨区资产报废工作，协助开展2020年跨区资产报废审核，完成跨区实物资产分析评价。

“大资金”管理。严格资金制度落实，严格履行三密钥审批流程，规范资金运作，全年累计完成各类资金收支2160笔、共计3834亿元。推动总分部现金流“按日排程”，保障各类款项应收尽收，电费资金回收率达100%。完成青海—河南、雅中—江西、陕北—湖北工程专项贷款170亿元。承接跨省跨区电费结算业务。推动实现新一代电费结算应用（总部）部署上线，结算效率提升80%以上。

支撑国家电网有限公司稳健经营。配合做好宁绍直流成本监审，积极向国家发展改革委沟通汇报，推动构建“四个一”（投产一条、报备一条、达产一条、监审一条）核价机制。搭建“一本账”监管体系，完善13万张资产卡片，梳理提供24万份佐证材料。配合推进青豫直流混改工作，完成11轮投资磋商，编制资产评估可行性研究报告、投资购买协议等支撑材料，预计可引入社会资本90亿元。

党的建设和精神文明建设 党建引领。中心党委把学习贯彻习近平总书记重要讲话和重要指示批示精神作为首要政治任务，第一时间学习领会、贯彻落实党中央和国家电网有限公司党组重要决策部署。在中心微信公众号开设“新思想·大学习”专栏，编发专刊43期，推进习近平新时代中国特色社会主义思想大学习、大普及。各党支部利用“三会一课”、主题党日等多种形式，不断强化思想理论武装。

“三基”建设。推进“基层党建巩固提升年”各项工作，开展“党建+”工程，调整共产党员服务队设置，组织编制党支部工作手册，开展党支部标准化建设现场检查，以编促学、以查促改，进一步夯实了党建基层基础，提升了党支部建设标准化规范化水平。

管党治党全面从严。制定落实全面从严治党“两个责任”及重点任务清单，强化知责明责履责。落实约谈提醒机制，约谈部门负责人及关键岗位人员31人次。推进“抓整改、除积弊、转作风、为人民”专项行动，统筹整改落实取得实效。实施安全生产专项整治监督、重点岗位干部精准监督、党支部标准化建设专项监督和差旅费监督检查，推动监督工作深化细化具体化。

宣传工作。落实意识形态工作责任制，坚持正确舆论导向，策划实施“抗疫有我，党员在行动”“默拉直流工程支援记”“‘党建+’为跨区电网保驾护航”等主题宣传，先后在国家电网工作动态、国家电网报等媒体刊发稿件45篇，内网门户发布信息稿件219件，微信公众号发布241条，充分展现中心良好形象和员工良好风貌。

队伍建设。积极为职工办实事办好事，定期开展思想动态调研，持续关心关爱职工。举办职工趣味运动会、青春分享会等活动，营造了和谐稳定的良好氛围。

（张晓亮）

【国网信息通信产业集团有限公司】

公司概况 国网信息通信产业集团有限公司（简称国网信通产业集团）是国家电网有限公司整合系统内优质信息通信资源成立的全资子公司，成立于2014年，是中国能源行业主要的信息通信技术、产品及服务提供商，是能源互联网建设的中坚力量和数字化转型发展的主力军。国网信通产业集团秉持“互联·共享，让能源更智慧，让生活更美好”的发展使命，打造了“云一网一边一端一芯一智一链”全产业链业务体系，助力“双碳”目标实现，服务经济社会发展。

发展战略 国网信通产业集团认真贯彻落实“双碳”、新型电力系统等国家战略，以国家电网有限公司“十四五”发展规划为指导，围绕“一体四翼”发展布局，坚持“能源互联网建设的中坚力量和数字化转型发展的主力军”发展定位。支撑“一体”发展，为“一体”赋智，着力推动经营管理全链条智能，着力推进电网全场景智慧，助力构建新型电力系统，推动电网向能源互联网升级；协同“四翼”齐飞，为“四翼”赋能，着力培育信息、通信、硬件、安全等数字化技术势能，着力输出技术创新、生态协同等产业发展动能，推动产业升级和业务融合发展；激活“全要素”发力，为“全要素”赋值，着力为国网信通产业集团赋予科技、市场、人才、管理、改革等要素的活力价值，着力为国家电网有限公司输出人才、管理、技术、数据等要素的服务价值，提升发展活力。围绕“1346”总体思路推进卓越提升三年行动计划，落实1个行动目标、13项行动计划，包括39项专项工作、161项具体任务。

组织机构 国网信通产业集团拥有1家信通研究院、1家上市公司（含5家子公司）、55家分子公司，分布于北京、天津、合肥、福州、厦门、成都、深圳、嘉兴、杭州、哈尔滨、青岛、呼和浩特、兰州、雄安、抚州、阿坝藏族羌族自治州、重庆、长春、南京、郑州、济南、银川、乌鲁木齐、太原、长沙、石家庄、拉萨、沈阳、南昌、武汉、西安。为提高服务响应速度，设立华北、华东等7个客户代表处。同时，为加快推动电力基础资源共建共享，与各省（市）电力公司合作成立21家思极科技公司。

荣誉资质 国网信通产业集团持续推进信息通信产业的特色化、高层次、高质量发展，建设国家级科研平台2个、省部级科研平台8个、国家电网有限公司科研平台5个、院士专家工作站3个、博士后科研工作站3个，建有电力芯片设计分析、电力线通信应用技术等25个科研实验平台，并建立了完整的信息通信资质体系，拥有CMMI（软件成熟度）5级、信息安全服务一级、测绘甲级、电力施工总承包三级、跨地区增值电信业务经营许可等371项业务资质。国网信通产业集团获得国家科技进步二等奖2项，中国专利奖5项，省部级/行业级科技奖励155项，国家电网公司科技奖励91项，累计编制技术标准332项，授权专利1870项，软件著作权2253项，科技论文3718篇。

思极品牌 国网信通产业集团匠心打造了品牌名称“思极”，孔子曰，君有九思：视思明，听思聪，色思温，貌思恭，言思忠，事思敬，疑思问，忿思难，见得思义。九思成圣，登峰造极，故曰“思极”。品牌口号为“思所向，极所在”，寓意客户所想，领行业所向，尽极致努力，创卓越价值。思极品牌围绕工业芯片及传感、智能终端、AIoT（人工智能物联网）平台、电网生产智能应用、企业管理智慧应用、客户服务应用、基础设施运营及服务、能源服务、咨询与应用服务等业务领域提供产品和服务，以实力铸就品牌，以品质驱动发展。集团品牌吉祥物“思小极”是以中国古代传说中的“龙马”为原型，配以希望之翼，龙马是黄河的精灵，是“龙马精神”的起源，是生生不息的代名词，“思小极”明亮、高昂的形象，预示着国网信通产业集团发展犹如奔腾不息的黄河，汇聚各领域力量，形成奋勇向前的洪流，象征着国网信通产业集团广大干部员工以团结务实、开拓拼搏、担当奉献的姿态，开创昌盛、美好的发展之路。

中国南方电网有限责任公司

【公司概况】 中国南方电网有限责任公司（简称南方电网公司）是根据国务院关于电力体制改革的统一部署和国务院《关于印发电力体制改革方案的通知》（国发〔2002〕5号）、国务院《关于组建中国南方电网有限责任公司有关问题的批复》（国函〔2003〕114号）和国家发展改革委《关于印发〈中国南方电网有限责任公司组建方案〉和〈中国南方电网有限责任公司章程〉的通知》（发改能源〔2003〕2101号）等文件精神，由广东省、海南省和国家电网有限公司在广西、贵州、云南所属电网资产为基础组建的国有企业。经国务院批准，2002年12月29日挂牌成立，2004年6月18日完成工商注册登记。南方电网公司总部设在广州市。南方电网公司属中央管理，在国家实行计划单列，财务关系在财政部单列，由国务院国资委履行出资人职责。根据《关于中国南方电网有限责任公司部分权益协议转让有关问题的批复》（国资产权〔2006〕1480号）和《关于调整国家电网有限公司所持中国南方电网有限责任公司部分股权有关事项的通知》（国资收益〔2012〕1117号），南方电网公司注册资本为人民币600亿元，各方比例为：广东省38.4%，中国人寿保险（集团）公司32%，国务院国资委26.4%（暂时由中国国新控股有限责任公司代持），海南省3.2%。

2020年，南方电网公司统筹抓好新冠肺炎疫情防控和改革发展生产经营党建工作，深入推进南方电网公司发展战略落地，牢牢把握安全生产、增供扩销、基建攻坚三个抓手，实现了“十三五”发展收官，为决战脱贫攻坚、决胜全面建成小康社会作出了应有贡献。全系统未发生较大及以上人身事故，未发生设备和电力安全事故，未发生对南方电网公司和社会造成重大不良影响的涉电公共安全事件。全网统调最高负荷1.998亿kW，同比增长7%；售电量11068亿kWh，增长5.2%；西电东送电量2305亿kWh，再创历史新高；客户平均停电时间（低压）12.15h，下降15.4%；第三方客户满意度84.5分；广东、广西电网公司和深圳供电局连续多年在地方公共服务评价中名列第一；南方电网公司连续14年获得国务院国资委经营业绩考核A级，获得党建年度考核A级；在世界500强排名105位。

【领导班子】 2020年，南方电网公司领导班子发生调整。3月2日，免去史正江同志南方电网公司董事、党组副书记职务。4月14日，免去贺锡强同志南方电网公司党组成员、副总经理职务。5月18日，毕亚雄同志任南方电网公司董事、党组副书记，免去其副总经理职务；钱朝阳同志任南方电网公司党组成员、副总经理；同日，龙飞同志任南方电网公司纪检监察组组长、党组成员；免去杨志宏同志南方电网公司纪检监察组组长、党组成员职务。7月25日，张文峰同志任南方电网公司党组成员、副总经理。9月2日，免去文利民同志南方电网公司党组成员、总会计师职务。9月23日，肖立新同志任南方电网公司党组成员、总会计师。

截至2020年12月31日，南方电网公司领导班子成员如下：

董事长、党组书记：孟振平

董事、总经理、党组副书记：曹志安

董事、党组副书记：毕亚雄

纪检监察组组长、党组成员：龙飞

党组成员、副总经理：陈允鹏

党组成员、总会计师：肖立新

党组成员、副总经理：刘启宏

党组成员、副总经理：钱朝阳

党组成员、副总经理：张文峰

【组织机构】 见2020年中国南方电网有限责任公司组织机构图。

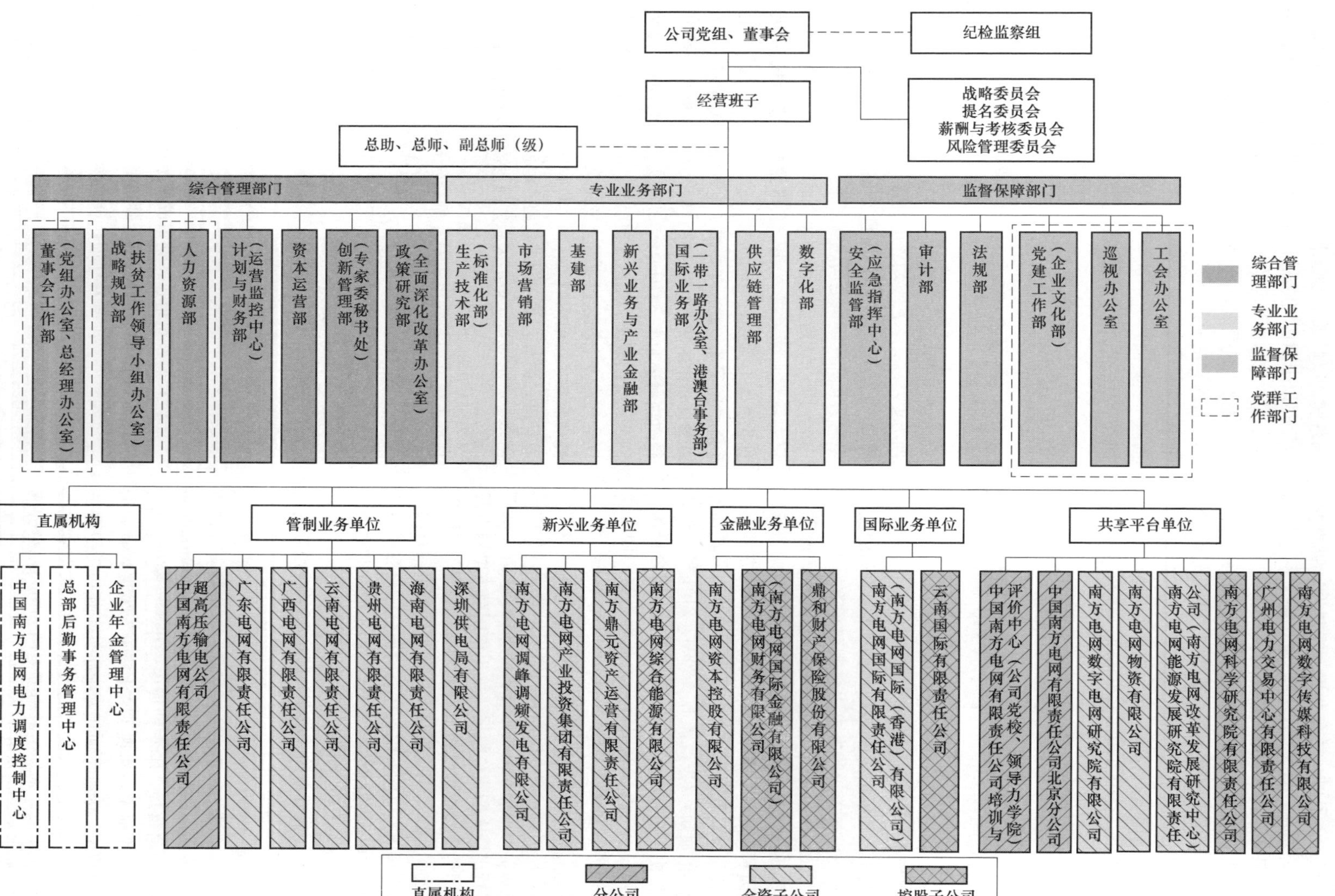

2020年中国南方电网有限责任公司组织机构图

【南方电网概况】 南方电网覆盖五省区，并与香港、澳门地区以及东南亚国家的电网相联，供电面积100万 km^2。供电人口2.54亿人，供电客户9670万户。2020年南方五省区全社会用电量13056亿kWh，增长5.0%。

南方电网东西跨度近2000km，网内拥有水、煤、核、抽水蓄能、油、气、风力等多种电源，截至2020年底，全网总装机容量3.5亿kW（其中火电1.5亿kW、水电1.2亿kW、核电1961万kW、风电2618万kW，光伏2241万kW，分别占43.4%、33.2%、5.6%、7.5%、6.4%）；110kV及以上变电容量11.2亿kVA，输电线路总长度24.8万km。2020年底非化石能源电量占比53.2%。南方电网交直流混联，远距离、大容量、超高压输电，安全稳定特性复杂，驾驭难度大，科技含量高；南方电网公司掌握超（特）高压直流输电、柔性直流输电、大电网安全稳定运行与控制、电网节能经济运行、大容量储能、超导等系列核心技术，建成并运行世界第一个±800kV特高压直流输电工程，荣获国家科技进步奖特等奖，标志着南方电网在特高压输电领域处于世界领先水平。西电东送已经形成“八交十一直”（500kV天广交流四回，贵广交流四回；±500kV天广直流、江城直流、高肇直流、兴安直流、牛从双回直流、金中直流，以及±800kV楚穗特高压直流、普侨特高压直流、新东特高压直流、昆柳龙特高压直流）19条500kV及以上大通道，送电规模超过5800万kW。

南方电网是国内率先“走出去”的电网。南方电网公司积极落实“一带一路”倡议，作为国务院确定的大湄公河次区域电力合作中方执行单位，不断加强与周边国家电网互联互通，持续深化国际电力交流合作。截至2020年底，南方电网公司累计向越南送电394.6亿kWh，向老挝送电11.5亿kWh，向缅甸购电5.4亿kWh，对缅甸送电15.4亿kWh。

【改革发展】 以供给侧结构性改革为主线，以落实国企改革三年行动方案为抓手，全面完成年度改革任务。电力体制改革持续走在全国前列，配合做好第二监管周期输配电价核定，南方（以广东起步）电力现货市场开展全月结算试运行，南方区域调频辅助服务市场启动试运行，南方区域统一交易平台上线运行。电力交易机构股权优化调整工作全国领先。南方五省区市场化交易电量占比45%。完成93个独立供电区域接管，13个县级供电企业实现“子改分”。广西新电力实现并轨运行。“去机关化”改革高质量完成，厂办大集体改革超额完成年度任务，实现人员100%安置，未发生安全稳定事件。退休人员社会化管理改革主体工作提前完成，“三供一业”分离移交和供电设施接收改造全面完成，剥离企业办社会职能和解决历史遗留问题基本完成。“双百”“科改”改革有序推进。资产证券化实现新突破，南网能源公司成功上市。南方电网公司授权体系基本建立。现代供应链体系加快构建，网级物资采购集中度、网省储备集中度分别达71%、66%。推进制度简明化，总部制度数量压缩28%、流程环节减少23%。

【重大项目】 充分发挥南方电网在经济社会发展和能源转型中的基础性支撑性保障性作用。融入和服务粤港澳大湾区、深圳先行示范区、海南自贸港、新时代推进西部大开发形成新格局等国家重大发展战略的工作全面铺开。克服疫情困难高效推进电网建设，文昌气电创造了海南自贸港速度，云贵互联创下超高压直流工程建设最短纪录，特别是昆柳龙直流工程克服困难，两次提前工期，2020年底全面建成投产，创出19项世界第一，扩大了南方电网公司在特高压直流输电领域世界领先优势。建成深圳前海自贸区、广西东兰县农村智能电网、海岛微电网等城农网示范区。11项工程获国家级优质工程奖，滇西北直流工程获国优金奖。“一带一路”建设走深走实，中老铁路供电项目按计划推进，老挝国家输电网项目合资公司注册成立，越南永新一期项目获得越南工程建设质量的最高荣誉“国家优质工程奖”。

【安全生产】 深入践行总体国家安全观，将安全生产作为一切工作的基础和前提。抓好《公司党组关于进一步加强安全生产工作的意见》30项任务落实，实施安全生产专项整治三年行动计划，系统构建“大安全”格局。统筹推进党支部和基层基础基本技能建设，资源更加向一线倾斜，进一步减轻了基层负担、激发了活力。扎实推进电网、设备和网络安全风险防控，加强涉港涉澳涉核线路运维，涉电公共安全水平持续提升，事故事件和人身事故双下降，人身事故管控为历年最高水平。在“护网2020”网络攻防演习中继续名列前茅。基本建成66个城市保底电网，完善城市大面积停电应急机制，全面建成南方电网公司应急基地群，广东基地获评国家级。有效应对35轮次各类自然灾害侵袭，主动做好6起社会突发事件应急供电支援。党的十九届五中全会、深圳特区建立40周年庆典活动、海南文昌航天发射等12项重大保电任务万无一失，对港澳供电可靠稳定。

【优化电力营商环境】 对标世界一流水平，制定实施南方电网公司全面提升“获得电力”服务水平、持续优化用电营商环境三年行动方案，不断提升客户获得感。全网低压非居民、高压单电源客户平均接电时间分别下降到2.7、21.2个工作日，小微企业接电实现“零投资”，累计节约客户投资108亿元。促请政府出台加快涉电工程行政审批政策，外线工程审批时间平均为5天、最长不超过10个工作日。在中国营商环境“获得电力”评价中，深圳、广州名列前茅。在全国城市电力可靠性排名中，珠海、中山、深圳、佛山、广州、东莞位居前10包揽前3，特大城市核心区可靠性比肩世界顶尖水平。完成客户服务平台升级推广，互联网业务比例达99%，实现客户办电“一次都不跑”。

【稳增长】 制定实施克服疫情影响6个专项方案、“过紧日子”26项举措、增供扩销16项措施，扎实推进提质增效10个专项行动，全力稳存量、拓增量，努力追回疫情影响。增供扩销成果显著，售电量增速超出年度预期，电能替代314亿kWh。竞争性业务利润增长30.3%，其中新兴、金融、国际业务利润分别增长53.5%、23.8%、10.7%，在管制业务盈亏总体平衡的情况下，成为南方电网公司效益重要支撑。降本压费效果明显，可控成本、单位供电成本分别下降5.1%、2.2%，线损率5.59%，下降0.21个百分点，电费回收率99.99%，追回云铝欠费4.6亿元。融资成本率降低0.16个百分点，置换存量债务2180亿元，实现境外资金归集与监控，维持国家主权级国际信用评级。存量土地资源盘活取得实质突破。南网商城撮合交易60亿元。市场化融资租赁签订合同78.6亿元。推进审计标准化建设、全流程管控，促进增收节支5.5亿元。依法主动维权避免和挽回经济损失6.7亿元。

【创新发展】 制定实施进一步推进创新工作26条举措。组织实施国资委攻关任务5项、南方电网公司关键核心技术攻关83项，新承担国家重点研发计划“数字电网关键技术”项目。依托昆柳龙、禄高肇等重点工程，攻克特高压柔性直流、混合直流、柔直换流阀等核心技术，研制成功世界首台160kV超导直流限流器。数字化转型步伐加快，发布全球首份数字电网白皮书，上线“南网智搜”“南网智瞰”“南网在线”。推行“揭榜制”“挂帅制”“众筹制”“自荐制”，充分发挥技能竞赛、创新平台作用，职工创新成果显著。举办南方电网公司首届创新创业大赛。聘请充实专家委员会。成立国家级产业知识产权运营中心及南网科技开发公司。新获发明专利授权1770件，获得省部级及以上创新奖励60余项，获中国电力科学技术进步奖一等奖1项。创新成果转化销售额近6亿元。新设南网能创等4支基金，认缴规模77.5亿元。

【党建工作】 坚持党的全面领导、不断加强党的建设，巩固深化“不忘初心、牢记使命”主题教育成果，抓实中央巡视“后半篇文章”。完善落实“第一议题”机制，加强党组（党委）理论学习中心组学习成果转化。修订南方电网公司党组全面从严治党主体责任清单。制定实施关于加强政治生态建设的意见、加强和改进党支部建设的若干意见，持续推动党建与改革发展生产经营深度融合。实施“百千人才去基层到西部计划”。南方电网公司总部部门负责人和二级单位班子成员中45岁左右的年轻干部配备目标总体实现。健全“三类三级”人才发展梯队。坚持党管意识形态，开展全方位、立体式宣传，取得良好社会反响。构建完善“青马工程”建设体系。南方电网公司系统31个集体、88名职工获得省部级以上荣誉称号，其中6人获全国劳动模范表彰。纪检监察体制改革进一步深化。高质量开展两轮巡视。把整治形式主义、官僚主义摆在更加突出位置，推行30项减负措施。巩固反腐败斗争压倒性胜利，全年立案审查400件、党纪政纪处分514人。

【履行社会责任】 始终心系“国之大者”，自觉将南方电网公司各项工作融入疫情防控、服务经济社会发展的大局中谋划推进。战疫情、保供电，第一时间成立应对疫情工作领导小组及5个专项工作组，统筹实施各业务领域防控策略，及时完善常态化防控举措，守住了不发生聚集性疫情的底线。制定供电服务保障6项举措，为4450户疫情防控重点客户做好保供电，全力确保五省区安全可靠供电。特殊安排1亿元用于定点医院、隔离场所供电项目建设。制定实施助力湖北疫后重振发展7项举措。向疫情防控一线捐款捐物5600多万元。助“六稳”、促“六保”，制定实施22项重点举措54项任务，坚决执行工商业电价降5%、支持性两部制电价等政策，全年降低客户用电成本200亿元、惠及840万工商业用户。实施重点客户欠费不停电及缓交电费措施，涉及金额92亿元。依托电力大数据建立企业复工复产监测机制，为党和国家有关部门、各级党委政府当好参谋。及时调增固定资产投资，优先投向落实“六稳”“六保”要求。全力打赢“三大攻坚战”，超额完成中央单位及各省区部署的定点扶贫任务，694个扶贫点、34.7万贫困人口全部达到脱贫标准；投入农网改造升级资金361亿元，全面完成国家挂牌督战县、“三区三州”等贫困地区农网改造升级任务。制定实施清洁能源消纳专项行动24项举措，可再生能源利用率99.5%，基本解决清洁能源消纳问题，非化石能源电量占比53.2%，增长0.3个百分点。健全防范化解重大风险责任机制，重点加强电网运行、经营、市场等6大风险管控，全年未发生重大风险事件。

（刘之阳）

【中国南方电网有限责任公司超高压输电公司】

公司概况 中国南方电网有限责任公司超高压输电公司（简称超高压输电公司）前身最早为原水利电力部于1984年成立的华南电网办公室，先后改组、更名为中国南方电力联营公司、国家电力公司南方公司。2002年底，南方电网公司成立后，改组为南方电网公司的分公司，负责管理、运营、维护和建设南方电网跨省区骨干网架和重要联络线，承担实施西电东送战略的职责。

截至2020年底，南方五省区西电东送主通道形成“八交十一直”500kV及以上输电通道，整体送电能力约5320万kW，其中除三广直流外的“八交十直”均由超高压输电公司运行管理，即500kV贵广交流双回，施贤线双回等八条交流输电通道，以及±500kV天广直流、高肇直流、兴安直流、牛从甲直流、牛从乙直流、金中直流，±800kV楚穗直流、普侨直流、新东直流、昆柳龙直流十条直流输电通道。超高压输电公司拥有500kV及以上输电线路23660.5km，其中800kV特高压输电线路6196km，500kV海缆双回7×31.4km。拥有500kV变电站19座（花都、福山、青岩、黎平、崇左、独山、南宁、来宾、桂林、柳东、河池、平果、百色、永安、梧州、贺州、罗平、武平、如画），500kV及以上换流站21座（马窝、广州、高坡、肇庆、兴仁、宝安、牛寨、从西、楚雄、穗东、普洱、侨乡、鲁西、金官、桂中、新松、东方、禄劝、昆北、柳北、龙门）、500kV串联补偿站7座（平果、百色、河池、砚山、桂林、贺州、玉林）。

组织机构 超高压输电公司2020年12月24日对本部组织机构进行了优化调整，调整后本部设办公室（党委办公室与行政办公室合署）、计划发展部、人力资源部、财务部、企业管理部（法律服务中心）、生产技术部、基建部、供应链管理部、创新与数字化部、安全监管部（应急指挥中心）、审计部、党建工作部（企业文化部）、监督部（纪委办公室）、党委巡察办、工会办公室15个职能部门。设置信息通信运维中心（数据运营与网络监控中心）、物流服务中心、项目管理中心（环境保护中心）、培训与评价中［南网工匠大学（超高压公司分校）］、综合服务中心5个直属机构，设法律服务中心1个挂靠机构，以及海南联网工程项目部（简称海南联网项目部）、滇西北送电广东±800kV直流工程项目部（简称滇西北项目部）、乌东德电站送电广东广西输电工程（特高压多端直流示范工程）项目部（简称乌东德项目部）、云贵互联项目部4个业主项目部。管辖广州局、贵阳局、昆明局、南宁局、柳州局、梧州局、百色局、天生桥局、曲靖局、大理局、检修试验中心（计量中心、电科院、品控中心、机巡作业中心）、南宁监控中心12个电力生产单位（其中广州局、贵阳局、昆明局为特大型企业；广州局下设海口分局，贵阳局下设黎平分局）。有5家代管子公司，包括广东南方电力通信有限公司、广东南电物资有限公司、广东天广工程监理咨询有限公司、广东美居物业管理有限公司、广东新天河宾馆有限公司。

截至2020年12月31日，超高压输电公司用工总量4904人，其中劳动合同制员工3920人。全口径统计，本科学历2701人，硕士研究生及以上学历517人；中级及以上职称1900人；40岁以下员工3280人。总体而言，超高压输电公司人力资源配置较为精简，人员年轻，学历、素质较高，是一支结构优化、质量优秀的员工队伍。

领导班子

党委书记：牛保红

党委副书记、总经理：赵建宁

一级职员、党委委员、副总经理：李庆江

党委副书记、工会主席：潘超

党委委员、副总经理：陈兵

党委委员、副总经理：王喜志

党委委员、纪委书记：杨昌武

党委委员、总会计师：高磊

党委委员、副总经理：高锡明

安全生产运行 2020年，超高压输电公司坚持以习近平新时代中国特色社会主义思想为指导，深入贯彻总体国家安全观和能源安全新战略，在南方电网公司党组的坚强领导下，全体干部员工凝心聚力、迎难而上，保持了安全生产局面持续平稳，未发生人身、电力安全和设备事故，未发生有重大不良影响的电力安全事件，保证了西电东送主网架的安全可靠运行。完成党的十九届五中全会、深圳特区建立40周年、文昌航天发射等重大保供电任务。事件总数创历年新低，直流综合能量可用率连续十年保持96%以上，直流回均闭锁次数、非计划停运时间双下降，年度经营业绩考核在南方电网全网名列前茅，连续两年获得A级。

生产指标。2020年，超高压输电公司在电网规模结构显著变化、设备长期大负荷运行、极端自然灾害频发等多重考验下，始终确保系统安全稳定运行，全年未发生人身、电力安全和设备事故，未发生有重大不良影响的电力安全事件，事件总数同比下降13%，为历年最低。直流综合能量可用率96.47%，连续10年保持96%以上。直流回均闭锁次数、非计划停运时间较三年均值分别下降35%和61%，主要生产指标持续向好。

风险管控。超高压输电公司坚定不移践行国家总体安全观，深入贯彻南方电网公司党组35号文件精神，始终将安全作为安身立命之本，确保了主网架的安全稳定运行。积极应对了两大工程投产后新技术、新运行方式，以及“首台套”新设备带来的风险挑战。通过优化生产基建交叉作业安全管理界面，狠抓工作秩序和工作质量，创新实施管理人员带班巡视等机制，有效管控了人身风险。持续提升网络安全防护能力，经受住两轮护网考验，全年未发生网络安全事件。建立健全资产全生命周期管理体系、海缆安全运行综合保障体系，实行差异化运维、规范化检修、精准化隐患排查整治，推行运维一体化、检修专业化，安全生产管理方法和套路更加科学，本质安全型企业建设稳步推进，安全管理体系更加系统完善。

设备管理。2020 年，超高压输电公司设备运维水平持续提升，完成 GIL、MR 分接开关等 5 类 362 台重大隐患设备整治。冗余设备在线消缺等措施不断深化，减少停电时间 130h。直流一次主设备首次实现零故障。创新采用《设备运行方案》，统筹抓电网风险、设备风险防控，完成 119 台开关、68 套主保护及 24 套稳控系统防拒动检查及传动试验，完成青岩变电站主变压器加装中性点电抗器等重点任务。开展变压器、开关类设备健康水平专项提升，防范突发故障和不正确动作。

应急保电。持续推进本质安全型企业建设，完善过程考核标准和奖惩机制，树立“奖优惩劣”的良好导向。加强“三基”建设，制定 4 类 69 项提升措施。初步构建形成“平时预、灾前防、灾中守、灾后抢、事后评”的防灾应急工作格局，组建应急特勤和抢修突击队，完成党的十九届五中全会、深圳特区建立 40 周年、文昌航天发射等重大保供电任务，成功应对 32 次台风、58 轮强降雨、23 轮低温冰冻灾害以及 57 次 4 级以上地震，未发生因灾导致的重大事故事件及设备损失。

科技工作。贯彻创新驱动发展战略，印发《超高压公司关键核心技术攻关方案》，统筹开展攻关工作。依托乌东德直流工程和云贵互联通道工程两大工程攻关，昆柳龙直流技术攻关完成柔直换流阀、直流控保等 7 类“首台套”关键设备研发，关键核心技术攻关完成特高压柔直穿墙套管和换流变压器分接开关样机研制，并形成特高压多端混合柔性直流知识产权体系，攻克技术难题 140 个，申请发明专利 110 件，形成论文、专著、标准近百项。超高压输电公司联合主导编制的《管道腐蚀控制工程全生命周期通用要求》《腐蚀控制工程全生命周期通用要求》《腐蚀控制工程全生命周期风险评价》3 项 ISO 国际标准成功发布，推动领先技术持续向国际标准转化。

信息通信工作。2020 年，超高压输电公司以推进公司数字化转型为工作总目标，强化数字化转型顶层设计，稳步推进数字化业务平台和技术平台建设。实施数智彩虹计划，建成统一数据资源池，打破系统数据壁垒。建成天河路应用级灾备中心以及公司南网云、物联网平台分节点，夯实了公司数字化转型资源基础。顺利完成“护网 2020”网络安全攻防演习迎战任务，通过国家 ISO2000 质量体系认证现场审核和国家 ITSS 信息技术标准服务认证，获 2020 年度中国 IT 服务创新实践大奖和最具创新价值行业应用案例奖。完成全国两会、火箭发射、深圳特区建立 40 周年、第 128 届广交会等重大活动的网络安全保障工作。全年 220kV 及以上生产实时控制业务通信通道保持零中断，全年未发生网络安全事件。

电网发展 2020 年，超高压输电公司举全公司之力，调动一切资源奋力攻坚，克服疫情和工期压缩等影响，夺取疫情防控阻击战和两大重点工程攻坚战全面胜利，全面完成“2 大 23 小”25 个工程里程碑任务，投产项目 17 个，创造了建设及投产规模的新纪录。

超高压输电公司深刻认识两大重点工程建设的极端重要性，坚持“一切为了工程，一切围绕工程，一切服务工程”，成立攻坚工作组，确定 314 项任务清单挂图作战，设立专项奖金强化激励，充分整合内外部力量，实现了建设施工、物资供应、验收调试、生产准备、技术攻关的高效协同，形成了强大的攻坚合力，连续实现两大工程提前投产。

云贵互联通道工程提产 19 天投产。该工程是世界首个两端改三端的直流工程，送电方式是常规直流的 18 倍之多，没有成熟经验借鉴。公司成立三端直流控制保护系统攻坚组和高肇直流改造攻坚组，解决三端直流控制保护系统改造技术难题，工程从自主设计到自主调试全过程实现“全国产化”，自主化率达到 100%。2020 年初受新冠肺炎疫情影响工程全面停工。超高压输电公司扎实落实疫情防控措施，提前排查近 5000 名返岗人员，千方百计推工程复工。2 月 13 日高坡换流站率先复工。后期加大资源投入，优化施工组织，于 2020 年 6 月 11 日建成投产。工程从核准批复到全部投运仅用时 11 个月，实际建设工期仅为标准指导工期的 1/3，创造同类工程建设周期最短纪录。工程攻坚成效获南方电网公司党组高度肯定，云贵互联及配套工程管理团队荣立一等功。

乌东德电站送电广东广西特高压多端柔性直流示范工程提前半年投运。工程是国内首个特高压多端直流示范工程，世界首个特高压柔性直流工程，也是世界上电压等级最高、输送容量最大的多端混合直流工程。工程开工以来，以争创国家优质工程金奖为目标，落实“一次成优”的质量管理理念，持续抓实抓细质量管控，严把设备出厂试验关、到场验收关、安装工艺关，工程设备出厂试验一次性通过率达到 99.9%以上，昆北、龙门、柳北站双极四阀组换流器全部一次充电成功。工程注重关键核心技术攻关，专门成立关键设备攻关领导小组及技术攻关团队，整合参建各方优势技术力量开展联合攻关，先后攻克了 11 类“首台套”设备关键技术，解决了特高压柔直、多端直流、混合直流等 130 余项技术难题，有力支撑了工程建设整体进度。工程全面提前建成投产，创 19 项世界第一，引领世界特高压输电技术迈入柔性直流时代。南方电网公司主要领导对此作专项批示，充分肯定工程攻坚和科技创新成果。

技术改造、扩建工程统筹推进。东方、穗东、百色主变压器扩建工程克服工期压力，提前建成投产，有力保障了区域负荷中心电力需求。

生产经营 改革发展。坚持战略引领，强化创新驱动，印发《超高压公司推动南方电网公司发展战略实施落地暨建设世界一流跨区域输电企业2020年工作任务清单》，推进48项任务172项措施落地，聚焦高质量发展持续用劲发力，向世界一流企业建设迈出坚实步伐。全力以赴推动“四类项目”建设，4个“四类项目”全部由公司领导担任项目负责人，编制了“四类项目”实施工作指引，建立了“攻关＋攻坚”项目工作机制。《云贵互联通道工程建设》成为南方电网公司第一个顺利通过评审验收的基建类“四类项目”，高质量完成“四类项目”年度建设目标。广州局《基于数字化风险地图的电网企业安全生产风险管理机制探索与应用》获南方电网公司管理创新一等奖。深化改革蹄疾步稳，承接制定改革三年行动计划，部署实施135项重点改革任务，切实增强国有经济竞争力、创新力、控制力、影响力、抗风险能力。

制度建设年专题工作。超高压输电公司以2020年为“制度建设年”，策划实施了一系列行动，开展授权体系建设，优化调整组织机构，规范代管子公司管理，推动治理体系不断完善。一是完善中国特色现代企业制度，通过构建授权体系、完善授权管理机制、明晰治理主体授权和明确管理层级授权，建立了职责分明“上中下”三级结构的治理体系，探索出一套适合超高压输电公司的现代企业制度。二是扎实开展“制度简明化”专项工作。根据“业务—制度”的联动关系，按横向23个业务领域，纵向包括根本、基本、重要、一般制度4个层级，搭建了“纵横清晰”制度体系和制度图谱，并以科学规范为标尺，开展制度“留、废、改、立”工作。

依法治企。研究制定了《超高压公司深化内部控制体系建设工作方案》，以合规管理为基础，以风险管理为重点，全面深化内控管理，从内控环境、运行体系、监督体系、评价体系、保障体系五个方面，构建了合规、内控、风险一体化管控机制。开展了内控缺陷识别和重大风险评估应对工作，共发现内控缺陷44项，制定整改措施67项，评估了2020年公司面临的经营风险、人身风险、电网风险、设备风险、工程压覆矿风险等5项重大风险，制定风险控制措施27项，措施执行到位，未发生重大风险事件。

全年完成经济合同法律审核2571项，合同法律审核率100%，完成规章制度法律审核28项，审核率100%。公司系统全年诉讼案件8起，主诉案件2起，案件胜诉率100%，挽回或者避免经济损失297.02万元。

财务管理。扎实推进提质增效，全面完成专项行动年度目标，存货总额下降32%，财务费用规模和带息负债利率实现双下降。细化制定实施38项“过紧日子”措施，引入携程商旅平台，管理性成本费用管控明显，全年可控成本同口径下降5%，五项经费下降18%，多措并举降低资金成本0.66亿元。强化经营目标管控，增加“预算均衡度”考核指标，项目计划执行准确率稳步提升，可控成本均衡度大幅改善，生产技术改造项目完成率连续两年100%。

审计管理。探索疫情下审计工作新方式，开展远程审计。制定《审计整改工作指引》，打通审计监督“最后一公里”，强化问题跟踪销号机制。发布《审计整改问题示例》，明确具体问题整改措施、长效机制建立等要素填制参考标准。聚焦重点领域、问题多发领域完成25项审计项目，收回资金513万元。

人力资源管理 截至2020年12月31日，超高压输电公司用工总量4904人，其中劳动合同制员工3920人。本科学历2701人，硕士研究生及以上学历517人；中级及以上职称1900人；40岁以下员工3280人。员工队伍数量、质量、结构持续优化，人均素质当量提高8%，用减员3%支撑了19.6%的劳动生产率增长。

干部队伍建设。2020年，超高压输电公司大力推进干部人才队伍建设，坚持党管干部、组织选人。落实“五个一线、五个交流”培养机制，结合“百千人才去基层到西部计划”，选派72人去基层到西部交流挂职、服务锻炼，其中干部交流挂职34人，人才服务锻炼38人。

率先完成年轻干部培养与选拔配备目标，实现三级单位“80后”班子成员全覆盖。建立从三级正到“90后”好苗子不同层级、上下贯通的优秀年轻干部队伍库，建立优秀年轻干部到公司本部机关锻炼学习机制，组织两个批次29名优秀年轻干部到公司本部锻炼，为年轻干部培养选拔建立了充足的储备。优化干部队伍年龄结构，老中青结合的梯次配备格局逐渐形成，干部队伍的凝聚力、战斗力在各项重点工作中充分体现。

修订完善公司领导班子和领导人员综合考核评价办法，优化年度综合考核评价的考核指标、标准和权重，对2019年考核排名靠后的14位同志进行提醒谈话或反馈谈话。加强选人用人日常监督，对贵阳局等6家单位“一报告两评议”结果认真分析并反馈有关情况，开展南宁局、梧州局选人用人专项检查，从严压实管理责任。制定《进一步关心关爱异地交流干部、挂职干部、脱贫攻坚一线干部的承接落实工作措施》，经常性开展干部谈心谈话，开展各类谈话187

人次，帮助干部找准不足、改进提升。新冠疫情期间对 37 名异地任职干部本人及家属发出慰问信。

教育培训。坚持问题、目标与结果“三个导向”，围绕建设“有信仰、会管理、懂技术、善动手”的高素质专业化干部员工队伍总目标，扎实开展“能力提升年”工作。全年共实施培训 229 项、327 期，培训计划完成率为 100%，技能人员新增岗位胜任能力认证 509 人，持证上岗率和岗位授权率均达到 100%，人均新增作业授权 6.17 项，班组长素质能力测评率达到 100%。

2020 年，超高压输电公司教育培训业务佳绩不断。“构建师资体系　激活内生力量——超级培训师团队建设项目”“基于技能人员学习地图的场景化标准培训项目”获 2020 年中国电力教育协会电力行业技术技能培训经验交流会三等奖；获第三届中央企业“联盟杯”网络课程大赛一等奖 1 项、三等奖 3 项；“基于技能人员学习地图的场景化标准培训设计”项目获 2020 年 CSTD 第五届全国学习设计大赛银奖，2 名优秀内训师获 2020 年“保利威”杯全国直播培训大赛“全国精英直播培训师”“全国新锐直播培训师”称号，超高压输电公司获“全国直播培训师示范基地奖”。

党群宣传　2020 年，超高压输电公司始终把政治建设摆在首位，坚持“第一议题”机制，坚定不移推动习近平总书记重要讲话和重要指示批示精神落地见效。扎实做好中央巡视整改和第二轮督导发现问题整改，长效机制不断完善。压实管党治党责任，制定公司党委班子及成员责任清单，推动“一岗双责”清单化、具体化。树立大抓支部、大抓基层的鲜明导向，深化“支部建在站上”“支部进项目”，推动党建与业务工作深度融合，基层党组织和党员“两个作用”充分发挥。坚决守牢意识形态阵地，内外部宣传同向发力，西电东送品牌影响力不断扩大。

巩固深化“不忘初心、牢记使命”主题教育成果。通过“清单＋载体＋体验式学习教育”组合形式深化主题教育，引导党员不断增强“四个意识”、坚定“四个自信”、做到“两个维护”。研究制定 40 项常态化工作，明确工作重点和责任部门，持续提升主题教育成效。完善“分级提示＋资源共享”政治学习模式，不断提升支部生活质量。分层分级加强党员学习教育，明确 9 个方面 20 项党员教育培训重点内容，通过建党 99 周年系列活动、党委管理干部理想信念教育和“初心驿站”“初心书房”体验式学习教育等，持续巩固深化“不忘初心、牢记使命”主题教育成果。

党建工作与业务工作深度融合。确立“工作贯通、质量提升、成效融合”总体融合思路，深化“一个加强、七个贯通”工作体系，实现党的建设与改革发展生产经营深度融合。以一张总表 176 项措施部署全年党建重点任务和推进深度融合措施，确保管党治党和改革发展协同推进。划拨 149.1 万元专项党费和公司系统党员捐款 30 万元支持疫情防控，成立党员服务队突击队 50 个，设立党员示范岗 52 个、党员责任区 184 个，全力克服疫情影响，充分发挥党组织和党员在疫情防控、复工复产中的砥柱作用。深化“支部进项目”，在昆柳龙、云贵互联两大工程各项目（分）部全覆盖建立党支部，形成“1＋3”党支部建设格局（本部项目部党支部＋3 端换流站站点党支部），为工程安全优质建设提供了坚实组织保障。

宣传文化建设。2020 年，超高压输电公司持续擦亮西电东送品牌，全年在《人民日报》、新华社、中央广播电视总台“三大央媒”报道 34 篇次，“学习强国”平台报道 45 篇次。昆柳龙直流、云贵互联两大重点工程年内登上“三大央媒”25 篇次，其中 1 次登上《人民日报》头版，2 次登上央视新闻联播。首次联合央视开展网络直播，央视《瞬间中国》和《开讲啦》两大栏目同时直播公司一线员工现场工作，全网收看量突破 15 万，相关报道阅读总量突破 240 万。持续发力新媒体宣传，国资委官方微博“国资小新”刊发超高压输电公司报道 62 篇次，创历史新高。

党风廉政建设。制定《2020 年重要节假日期间明察暗访监督检查工作指引》，开展重大节假日明察暗访和纪律提醒，对基层单位交叉监督和专项抽查做到全覆盖，全年发送廉洁提醒短信 2.8 万条。推动作风建设 8 项举措、6 项长效机制落地，推进“去机关化”改革，规范职务职级称谓。印发强化政治监督方案，对做到“两个维护”、落实主体责任、深化巡视整改等八个方面开展专项整治监督，通报 5 类发现的典型问题，建立长效机制 43 项。发布疫情防控监督检查工作指引，开展疫情防控和复工复产监督检查 581 次，督促整改问题 89 项。召开警示教育大会，点名道姓通报典型违纪问题，聚焦招投标领域反面案例和“过紧日子”要求开展两次主题党日，以案为鉴，以身边事教育身边人。

团青工作。实施“青马工程”计划，配套制定 5 个方面 20 项培养措施，明确 5 年两个阶段培养目标，将青马学员选拔与公司优秀年轻干部、“90 后”好苗子、“优秀青苗”贯通起来，确定培养对象 42 人。连续 15 年举办“重走西电东送路”品牌活动，连续 2 年开展南方电网公司企情教育，引导青年员工深入感受企业文化、激发职业荣誉感。实施“团支部建在站上”，新建 3 个站点团支部。深化“青年建功行动”，组建 7 支青年突击队，以青年为主体的攻坚团队汇聚成工程攻坚的磅礴力量。紧扣防范人身安全事故、培育青年安全文化和推进“三基”建设，拍摄“我身边的安全故事”宣传片 6 个，开展主题团日活动 100 多场次，强化青年安全意识。持续抓好先进典型选树和宣传，全年共获省部级以上荣誉 15 个。

工会工作。对新冠肺炎疫情期间滞留湖北省内员工进行慰问，编制《关于公司系统各驻穗单位滞鄂员工返穗的工作建议》，开展点对点接回返岗。组建直流工作室联盟、超高压输电工作室联盟及无人机工作室联盟，搭建同专业、跨区域的工作室交流合作平台。在昆柳龙和云贵互联两大工程劳动竞赛中，5 个集体获广东省五一劳动奖状，2 人获广东省五一劳动奖章；3 个单位获南方电网公司五一劳动奖状、5 人获南方电网公司五一劳动奖章、5 个团队（分部）获南方电网公司工人先锋号。获南方电网公司多旋翼无人机和不停电作业技能竞赛团体一等奖，8 人获南方电网公司技能竞赛个人奖。1 人获评“全国劳动模范”，1 人获评“全国技术能手”，1 人获评“广西区劳动模范”。

脱贫攻坚。超高压输电公司帮扶 7 个扶贫点全部通过地方党委政府的脱贫摘帽验收，所有建档立卡贫困人口均达到脱贫标准，本部帮扶点亨渡村 61 户 227 名贫困人口和天生桥局帮扶点纳福村 201 户 881 名贫困人口脱贫。扶贫点村集体经济和人均可支配收入持续增加，脱贫成效显著。亨渡村被认定为南方电网公司“精准扶贫示范村”，超高压输电公司收到亨渡村“两委”成员和贫困村民代表联名写来的感谢信。超高压输电公司对脱贫攻坚经验的总结和扶贫干部事迹被《人民日报》、中央电视台、新华网、学习强国等中央主流媒体深度报道，得到充分认可。

主要事件

6 月 11 日，世界首个两端改三端±500kV 直流工程——云贵互联通道工程竣工，并一次性实现三端双极投产，比计划时间提前 19 天投产，创造了同类工程建设最短纪录。工程投产标志着云南与贵州两省形成电力互联互济综合体。

6 月 24 日，超高压输电公司计量自动化灾备系统经过 6 个月试运行，顺利通过竣工验收，正式上线运行，这是国内首套智能融合计量系统。

8 月 21 日，云南西电东送日送电量首次突破 8 亿 kWh 大关，达到 8.11 亿 kWh，继 7 月 15 日首次突破 7 亿 kWh 大关后，再次创历史新高，同比增长 15.7%，清洁水电占比达到 100%。当日，云南西电东送最大送电电力达到 3490 万 kW，等效通道利用小时数达到 23.2h，通道利用率高达 97%，达历年以来最高水平。

12 月 1 日，滇西北至广东±800kV 特高压直流输电工程以第一名的成绩获 2020～2021 年度第一批国家优质工程金奖。这是南方电网公司取得的第三项国优金奖，也是超高压输电公司首次蝉联建设管理工程国优金奖。

12 月 8 日，超高压输电公司主导制定的《管道腐蚀控制工程全生命周期通用要求》《腐蚀控制工程全生命周期通用要求》《腐蚀控制工程全生命周期风险评价》3 项 ISO 国际标准正式向世界发布。这是超高压输电公司首次编制 ISO 国际标准，也是第一个将腐蚀控制工程全生命周期概念引入 ISO，在国际腐蚀控制领域具有里程碑意义。

12 月 27 日，乌东德电站送电广东广西特高压多端柔性直流示范工程全面投产。乌东德直流工程是世界上首个特高压多端混合直流工程，创造了世界上电压等级最高、输送容量最大、输电距离最长的柔性直流工程等纪录，技术创 19 项世界第一，连通了装机规模世界第七的乌东德水电站和粤港澳大湾区，每年新增 800 万 kW 西电东送通道能力，为大湾区提供大量的清洁能源，促进能源供应和绿色发展。

2020 年，兴安直流年通道利用小时数达 7292h，创全国±500kV 超高压直流输电工程能量利用率最高纪录。面对兴安直流大负荷运行、停电窗口紧张等困难，超高压输电公司落实差异化运维、规范化检修策略，强化检修质量管控，发扬“办法总比困难多”精神，保障了兴安直流稳定运行。

（刘春培）

中国华能集团有限公司

【公司概况】 中国华能集团有限公司（简称中国华能）是经国务院批准成立的国有重要骨干企业，注册资本 349 亿元人民币，主营业务：电源开发、投资、建设、经营和管理，电力（热力）生产和销售，金融、煤炭、交通运输、新能源、环保相关产业及产品的开发、投资、建设、生产、销售，实业投资经营及管理。

中国华能坚决贯彻党中央决策部署，认真履行央企肩负的经济责任、政治责任和社会责任，秉承华能“三色公司”使命，逐步形成了“电为核心、多能协同、创新引领、金融支持、全球布局，加快建设‘三色三强三优’世界一流现代化清洁能源企业”的战略目标定位，为保障国家能源安全、推动能源转型升级、促进国民经济发展作出了积极贡献。

中国华能拥有 51 家二级单位、460 余家三级企业，5家上市公司（分别为华能国际、内蒙古华电、新能泰山、华能水电、长城证券），员工13万人。全资及控股电厂装机19733万kW，煤炭产能8500万t/年，资产总额近1.2万亿元。世界500强最新排名第266位，较2019年上升20位，15次获得国资委业绩考核A级。5次获得央企负责人任期考核A级，在国内同类发电企业中次数最多。中国华能将牢牢把握做强做优做大国有资本和国有企业这一重大使命，牢牢把握“四个革命、一个合作”这一重要论述，牢牢把握碳达峰碳中和目标下加快能源转型这一发展大势，牢牢把握实现科技自立自强这一重大战略部署，加快建设世界一流现代化清洁能源企业，全力实现科技创新新领先，绿色转型新领先，效益效率新领先，国际化发展新领先，中国华能治理新领先，党建质量新领先。到2025年，确保进入世界一流能源企业行列；到2035年，确保综合实力全面领先，进入世界一流能源企业前列。

【领导班子】

党组书记、董事长：舒印彪

董事、总经理、党组副书记：邓建玲

董事、党组副书记：王森

党组成员、副总经理：樊启祥

党组成员、副总经理：王敏（2020年11月起，王敏同志任国家能源集团董事、党组副书记）

党组成员、总会计师：王益华

党组成员、副总经理：王文宗

党组成员、纪检监察组组长：王利民

党组成员、副总经理：李富民

【生产经营】 2020年，面对突如其来的疫情冲击，中国华能在以习近平同志为核心的党中央坚强领导下，增强“四个意识”、坚定“四个自信”、做到“两个维护”，顶住压力、迎难而上，绿色转型取得重大进展，科技创新实现重大突破，经营利润创历史最高水平，完成各项目标任务。

安全绩效。没有发生较大及以上安全事故，有效应对了洪涝、台风、泥石流等自然灾害。砚北、灵泉等14处煤矿被评为特级安全高效矿井。核电安全管理体系更加完善。环保风险排查治理扎实有效。

经营绩效。截至2020年底，资产总额近1.2万亿元，主要生产经营指标保持行业领先。

发展绩效。截至2020年底，全资及控股电厂装机容量19733万kW，煤炭产能8500万t/年。

党建绩效。党的建设迈出更大步伐，党的领导全面加强，党建工作质量明显提升，从严管党治党意识显著增强，形成了良好政治生态。广大干部职工的思想更加解放，干事创业的氛围更加浓厚，精气神显著提升，幸福感获得感荣誉感进一步增强，推动中国华能在高质量发展上迈出新的一大步。

【疫情防控】 坚持一手抓疫情防控，一手抓稳产保供和复工复产。在湖北、武汉主战场，中国华能华中分公司逆行出征，抗疫保供，守住了城市“生命线”。473个基层电厂连续安全稳定发电供热。20个生产煤矿春节后立即复产，基建项目实现应开尽开，充分发挥了产业链龙头带动作用。制定助力湖北疫后重振20项举措，组织定向采购6.57亿元。开展“抗疫情、促生产、作先锋”主题实践活动，党旗在抗疫斗争一线高高飘扬。罗家庚同志获全国抗疫先进个人称号。阳逻电厂获中央企业抗疫先进集体、阳逻电厂党委获中央企业先进基层党组织称号。上海电商王飞、北京热电何垚年、萨希瓦尔煤电孙震获中央企业抗疫先进个人称号。

【结构调整】 绿色转型取得重大进展。“两线”“两化”战略全面推进。陇东能源基地新能源项目获得核准，核桃峪、赤城煤矿实现联合试运转。江苏、山东、浙江、辽宁等海上风电项目开工。上都风电等项目获得核准。东莞燃气轮机、江阴燃气轮机等项目实现双投。

新能源发展创历史最高水平。克服疫情、设备供货、送出、施工资源紧张等多重挑战，超额完成项目核准（备案）年度任务。新增容量是“十三五”前四年的总和。

核电发展实现战略性突破。国家科技重大专项——石岛湾高温气冷堆示范工程双堆冷试一次成功，全面进入双堆热试。昌江核电二期获得国务院核准，华能正式成为中国第四家具备控股建设大型压水堆资质的发电集团。三大沿海核电基地发展格局全面形成。

【国际化经营】 截至2020年底，中国华能境外参与投资和管理的装机容量达到944.5万kW，分布在新加坡、巴基斯坦、缅甸、柬埔寨、英国和澳大利亚等6个国家，设立巴基斯坦、缅甸、柬埔寨、新加坡、澳大利亚、哈萨克斯坦和英国共7个境外代表处。2020年，中国华能实现境外项目全部盈利，境外业务经营实现历史最高水平。中国华能执行的境外技术服务项目已遍及36个国家和地区，掌握的煤气化、二氧化碳捕集和循环流化床锅炉等核心技术已出口美国、欧洲和亚洲等国家和地区。

【科技创新】 自主创新能力显著增强。“卡脖子”技术攻关取得重大突破。研制出具有完整自主知识产权的国内首套全国产化DCS系统——华能睿渥，在福州、玉环电厂成功投用，标志着中国煤电领域核心控制设备实现完全自主可控。成功研发自主可控PLC系统，在汕头电厂、通榆和定边风电示范应用。一系列重大关键核心技术的突破，极大激发了广大科技人员的积极性创造性，提振了中国华能上下干事创业的精气神。

科技创新布局不断优化。成立中国华能学术委员会、科技咨询委员会、核能技术研究院和水电研发中心。与清华大学、西安交通大学、华北电力大学等高校组建联合研究机构。建成电力基础设施网络安全实验室。全年科技投入金额同比增长30%；研发费用同比提高8倍。在能源行业率先发布国际标准化战略纲要。成立国际标准技术研究院，成功承办“2020国际标准峰会”。

科技创新成果不断涌现。开发出行业级工业互联网平台、国内首个海上风电智慧运维平台和新能源智能监控平台。研制出中国首套相变型二氧化碳捕集装置。科技环保产业发展开局良好。落实共抓长江大保护战略，成立华能长江环保科技公司。形成具有自主知识产权的污泥垃圾耦合发电技术路线，在岳阳、杨柳青、运河、秦皇岛等电厂示范应用。国际标准化工作取得突破，成功发布2项，立项5项国际标准。

【专利成果】 2020年，全年专利申请数5545件，同比增长近4倍；授权1709件，同比增长1倍。获省部级科技进步一等奖8项，同比增加3项。

【企业改革】 体制机制改革稳步推进。落实国企改革三年行动方案，加强董事会建设，完善议事规则，董事会定战略、做决策、防风险作用得到充分发挥。深入推进“双百行动”和“科改示范行动”，新能泰山获国务院国企改革办三项制度改革评估A级。有序推进西北煤电资产整合，率先完成管理权移交。

总部改革成效显著。大力实施总部机构改革，完善总部权责事项清单，持续整治“总部机关化”问题。总部战略决策、资源配置、绩效管控、风险防控“四个中心”职能作用更加突出，管理效率显著提升。

“处僵治困”实现新突破。重点亏损子企业较2018年减亏降幅62.4%，优于国资委要求12.4个百分点。持续推进资不抵债企业处置，亏损基层企业同比减少。

依法治企水平不断提升。深化审计体制改革，成立审计中心，完善“上审下”工作机制，强化内部审计监督，狠抓问题整改。

【党建工作】 理论武装持续深化。始终把学习贯彻习近平总书记重要指示批示作为首要政治任务，建立党组会“第一议题”制度，完善推动落实机制。开展学习习近平新时代中国特色社会主义思想成果交流，党组中心组集中学习研讨7次，中国华能系统举办交流会260余场。党的十九届四中全会精神培训实现处级以上干部全覆盖。党组成员带头宣讲党的十九届五中全会精神，中国华能上下迅速兴起学习贯彻热潮。

基层基础不断夯实。深化“抓党建促发展”创新试点和“红旗党支部”创建，“华能智慧党建”管理系统建成投用。聚焦中心工作，深化党员示范行动。评选表彰第三届华能榜样。完善党建工作责任制考核评价办法，全面开展党组书记抓基层党建述职评议。中国华能获中央企业党建责任制考核A级。

全面从严治党深入推进。对深化中央巡视整改再动员再部署，开展巡视整改“回头看”。深化政治巡视，中国华能党组开展2轮常规巡视，对4家大型基层企业进行提级巡视；28家二级单位巡察了67个基层党组织。完成境外腐败、利益输送、设租寻租和化公为私专项整治。严肃查处违反中央八项规定精神问题线索，推动贯彻落实中央八项规定精神化风成俗。

队伍建设得到加强。突出政治标准，坚持事业为上，选优配强各级领导人员。大力发现培养选拔使用优秀年轻干部，党组管理干部中“70后”超过30%，45岁左右干部占比接近1/5；在155家基层企业领导班子中，平均配备1名“80后”优秀年轻干部。组建450余人的国际化人才库。首次摘得“嘉克杯”国际焊接大赛团体金奖。在央企层面率先获评全国模范职工之家。清能院部时旺、大连电厂李前胜、海口电厂符亮、达拉特电厂郑桂杰、伊敏露天矿王剑红荣获全国劳动模范，上海瑞宁航运财务部获评全国三八红旗集体。中国华能入选“一企一国一系列”跨文化传播企业试点，获“十三五”中国企业文化建设行业旗帜称号。

（王晓茜）

中国大唐集团有限公司

【公司概况】 中国大唐集团有限公司（简称中国大唐）成立于2002年12月29日，是中央直接管理的国有特大型能源企业，2017年10月改制为国有独资公司，注册资本金370亿元。资产总额达7966亿元，在役及在建资产分布在全国31个省区市和香港特别行政区，以及境外13个国家和地区。所属企业包括5家上市公司、43家区域公司和专业公司，员工总数9.5万人。主要业务覆盖电力、煤炭、金融、海外、煤化工、能源服务等领域。发电总装机容量15860万kW，清洁能源装机容量占38.26%。连续11次入选世界500强，连续8年在中央企业经营业绩考核中获得A级。

面向“十四五”及未来发展，中国大唐立足新发展阶段，贯彻新发展理念，融入新发展格局，开启二次创业、推动高质量发展新征程，奋力打造“绿色低碳、多能互补、高效协同、数字智慧”的世界一流能源供应商，服务“碳达峰”“碳中和”目标，助力全面建设社会主义现代化国家。

【领导班子】

党组书记、董事长：邹磊

党组副书记、董事、总经理：寇伟

党组副书记、董事：时家林

党组成员、纪检监察组组长：王瑛

党组成员、副总经理：刘广迎

党组成员、副总经理：曲波

党组成员、副总经理：张传江

党组成员、副总经理：彭勇

党组成员、总会计师：陶云鹏

【党建工作】 中国大唐坚持以习近平新时代中国特色社会主义思想为指导，认真落实新时代党的建设总要求和新时代党的组织工作路线，深入贯彻全国国有企业党的建设工作会议精神，以党的政治建设为统领，以“党建巩固深化年”专项行动为抓手，以党建和中心工作深度融合为重点，以高质量党建引领高质量发展，“央企姓党”政治意识不断增强，践行“两个维护”更加自觉，为建设世界一流企业提供了坚强政治保证。党建工作体系持续健全。统筹党委班子党建责任制、党委书记抓基层党建述职、分管领导党群工作业务线“三位一体”考核，理清基层党委、党委书记、班子成员、支部书记“四张责任清单”，完善基层党建系列手册，党建工作责任、标准、流程更加规范。基层组织建设稳步提升。对标《中国共产党国有企业基层组织工作条例（试行）》，落实党建工作“两个全覆盖”，制定党支部标准化规范化建设标准，选树10个中国大唐基层示范党支部；开展基层党组织软弱涣散和薄弱问题整顿，消除19个“党员空白班组”并保持动态清零。攻坚克难作用充分发挥。在战疫大考中彰显初心使命，组建近4000个（支）党员示范岗、党支部责任区和党员突击队，1/5以上的在职党员连续坚守岗位超过100天。依托工程建设联合党支部、创建党员明星风力发电机等工作载体，新能源项目核准容量和投运容量均取得历史最高水平，在能源转型中抢得发展先机。

【经营管理】 坚决贯彻党中央国务院决策部署，自觉服务国家“六稳六保”工作大局和中央企业“两个力争”目标，克服疫情和市场波动不利影响，深入开展提质增效专项行动，经营局面实现稳中向好。加强市场形势分析预判，有效应对经济下行电量增速放缓压力，深化对标提升，狠抓开源节流，提升竞争能力，主要技术经济指标好于预期。8月份电量同比增速实现由负转正，全年发电量完成5604亿kWh，同比增长2.75%。煤机利用小时完成4253h，高于区域平均122h。其中甘肃、贵州、辽宁、浙江、陕西、京津唐、湖南等7个省区位居区域第一位。深入开展增收创效工作。中国大唐所属大唐国际等21家单位实现同比增利。除煤化工板块外，金融等各非电业务板块均实现同比增利，煤炭板块首次实现扭亏为盈。

【安全管理】 狠抓作风建设，扎实履职尽责，持续保持安全环保高压态势，保持安全环保形势持续稳定局面。高效统筹疫情防控和复工复产。中国大唐周密部署，组织系统企业实行疫情防控双值班、双报告制度，实行备值备班制，生产现场严格落实“三隔离”，湖北等疫情较重地区的干部职工，坚守现场经受住了严峻考验，确保了所在场站的安全稳定运行，实现了生产系统疫情防控“双零”目标。保安全稳定任务完成。落实疫情防控常态化管理要求，印发《1+9保电工作方案》和《关于做好2020年防汛减灾工作的通知》等文件，强化落实情况督查，督导陕西、甘肃等分子公司资产移交期安全环保稳定，完成全国两会、十九届五中全会等安全稳定任务。疫情防控下实现安全督查常态化。印发《关于做好近期安全生产工作的通知》《关于加强疫情防控常态化条件下安全生产工作的通知》等文件，常态化开展远程督查和现场督查，确保各项要求落实到位。安全环保督查持续强化。健全常态化督查机制，印发《关于进一步强化安全环保督查工作的通知》，编制《三级企业安全环保督查重点内容清单》，责成二级单位对企业开展常态化督查。安全生产三年专项行动扎实开展。制定“1+2+6”的《安全生产专项整治三年专项行动方案》，编制完成专项整治重点任务分解落实表，梳理突出问题、风险点和短板弱项，建立问题隐患和制度措施“两个清单”，实时跟踪督办整改情况。

【节能减排】 完成能耗攻坚任务目标。深入开展同类型、同区域、同集团机组对标，深化“优化运行、达设计值”工作，优化电量结构，全面开展锅炉动态燃烧调整及滑压曲线优化工作。加大节能技术改造力度，重点推进纯凝机组改供热、通流改造、零功率切缸、高背压双转子改造以及冷端治理。2020年，供电煤耗同比降低2.01g/kWh，在全国火电机组能效对标竞赛中有61台获奖，获奖机组比例26.07%，5台机组分别为同级别同类型供电煤耗最优机组，继续保持了先进水平。持续提升生态环保工作水平。落实国家环保政策要求。对打赢蓝天保卫战三年行动计划实施动态调度。推进环保改造，实施了18个煤场封闭，10台机组烟气深度减排、5个废水零排放改造。

【市场建设】 深入推进市场营销体系改革。根据电力体制改革最新进展，2020年新组建4家省级营销公司，共组建26家省级营销公司。统筹推进参股电力交易中心相关工作，中国大唐当选为北京电力交易中心董事单位，系统单位在8个省级交易中心获得董事会席位，在5个省级交易中心获得监事会席位。拓展合作，市场开发取得新成绩。中国大唐三级责任主体积极拓展各层级营销客户合作，与中海油、建龙钢铁等单位建立了战略合作关系。创新市场营销培训方式，着力加强营销队伍建设。2020年组织开展5次市场营销视频培训，参培人员5100人次。注重在交易实战中培养营销人才，选拔现货交易员培养对象分别赴浙江和广东进行现货交易实战跟班培训，全程参与两个省区现货交易。超前谋划现货交易员选拔储备工作，从全系统企业选拔了479名电力现货交易员储备人才。持续迭代完善，营销信息系统上线试运行。根据电力市场营销工作实际，对营销信息系统进行持续迭代完善。2020年内实现了营销信息系统在集团公司总部、分子公司、三级发售电企业全覆盖、全流程、全要素上线试运行。

【科技创新】 贯彻落实创新驱动发展战略，以提高自主创新能力为核心，全面推进创新体系建设，深化创新体制机制改革，加大科技创新力度，着力促进产业结构优化升级。完善科技创新制度，制定《科技创新奖励管理办法》等8项制度。明确创新重点方向，推动落实38项年度重大科研项目。加大创新投入力度，年度研发费用投入达到4.36亿元。科技奖励成果继续保持领先水平。2020年度行业奖获奖数量对标保持领先水平，中国大唐获得中国电力科技进步奖、电力创新奖（含职工奖）、中国能源研究会能源创新奖三项行业奖共计76项。同时，2020年中国大唐共管理8项国家课题。年度新增发明专利创历史新高。2020年新增授权专利1424件，连续6年超过1000件，累计9432件。2020年新增授权发明专利172件，创历史新高，累计授权发明专利881件，发明专利比例达到9.3%。

【国际业务】 坚持深化国际合作，助力共建“一带一路”高质量发展，持续带动清洁能源和环保优势产业“走出去”，抢抓机遇做强、做优、做大海外业务板块。在柬埔寨、印度尼西亚、缅甸等东南亚地区投产运行的共计105万kW四个电力项目，以及在建的45万kW电源项目，对改善当地的基础设施条件，促进经济发展、提高人民生活水平，均发挥了重要作用。中国大唐境外项目安全稳定运行，经济效益良好，以一流的专业水平和管理团队，赢得了各国政府对中国大唐品牌的充分信任，打造了一系列“一带一路”明珠示范工程，得到了外交部、商务部、国资委等上级部委和各国政府的高度评价。

【信息化建设】 贯彻总体国家安全观，全面落实电力网络安全风险管控要求。常态化开展网络安全风险排查和隐患治理工作。持续加强自主可控应用，荣获公安部2020年中央企业网络安全先进单位称号，获得发电行业首个网络安全领域电力行业技术能手。认真贯彻国资委、公安部、能源局、中央网信办等国家监管机构工作要求。落实国资监管信息化建设三年行动计划要求，完成“三重一大”决策运行系统、法务管理系统等集团管控信息系统建设；组织全系统开展2020年网络安全监督检查和网络安全责任落实情况专项检查；积极推进数字化转型和两化融合。加快新型数字基础设施建设，全面推进江苏、彭水、延安、平潭、万宁等37家智慧企业试点建设。组织系统企业参加中国电力创新奖，中国大唐一项成果荣获一等奖，三项成果荣获二等奖。研究完成集团公司数字化技术标准体系，确定了数字化总体标准、生态数字化等7大类总体架构。高质量推进数字化运营平台建设。通过自主设计、自主开发、自主实施开展数字化运营平台建设，初步实现了集团电力生产经营管理的数字化、网络化、可视化、智能化，形成了对集团电力生产运营的实时、精准监控和洞察能力。

【工会工作】 关心关爱职工，推进幸福大唐建设。编制《幸福大唐建设行动纲要》，明确关心关爱职工的六项行动措施。建立解难纾困长效机制，在基层企业普遍建立职工服务中心和大唐公民档案。开展民生工程“六最”项目建设，解决职工困难600余项。广泛开展“送温暖”活动，落实“关爱职工”建议1881条。开展全员思想动态专项分析，摸清基层职工所思所想，下发疫情期间职工思想动态问卷近2万份，开展谈心谈话近1万人次，查找重点问题162项，聚焦七类重点人群，制定整改措施，确保隐患苗头问题得到妥善解决。围绕中心服务大局，增强群团组织力。创新劳动竞赛、技能竞赛等活动载体，深入开展青年突击队、青年岗位能手、青年文明号创建、“冲刺四季度，青年当先锋”等专项活动，增强引领职工、动员职工的能力。深化职工技术创新成果共享平台建设，实施“青创工程”，增强群团组织围绕中心、服务大局的实效。2020年，各级工会组织设立疫情防控专项资金2078万元，发放慰问金206万元，发放防疫物品1175万元。建立海外职工心理关爱平台，对境外职工家庭开展点对点服务。

（王　灏　张立伟　张学渊　张嗣欣）

【大唐国际发电股份有限公司】

公司概况　大唐国际发电股份有限公司（简称大唐国际）成立于1994年12月，本部位于北京。大唐国际所属运营企业及在建项目遍及全国19个省区，经营产业以发电为主，同时涉及煤炭、交通、循环经济、售电等领域，已从单一的活力发电企业成长为涉足多个领域、多种产业的综合能源公司。截至2020年4月19日，大唐国际总股本增加至185.07亿股。集团公司及其子公司合计持有大唐国际53.09%的股份，大唐国际管理企业169家，员工总数33340余人。截至2021年底，大唐国际合并资产总额约2803.34亿元，合并装机容量6837.81万kW。其中，火电5286万kW，约占77%；水电920万kW，约占13%；风电249万kW，约占7%；光伏158万kW，约占2%；非电资产总额54亿元，占比2%。

领导班子

党委书记：曲波

总经理、党委副书记：梁永磐

党委副书记、副总经理：王琪瑛

董事会秘书、总会计师、党委委员：姜进明

副总经理、党委委员：常征

副总经理、党委委员：段文伟

党委委员、总法律顾问：乔阳

副总经理、党委委员、纪委书记、工会主席：郭红

副总经理、党委委员：白福贵

副总经理、党委委员：万勇

党委委员：张茂清

组织机构 本部共有13个职能管理部门，拥有基层发电企业20家、专业公司5个。

党建工作 始终把学习贯彻习近平新时代中国特色社会主义思想作为首要政治任务，以多种形式学习宣贯《习近平谈治国理政》第三卷和党的十九届五中全会精神。召开第一次党员代表大会，选举产生两委。积极开展党建教育活动，筑牢党员干部思想防线，为企业高质量发展创造良好环境。推进党建工作融入业务。我们持续推进党的建设与企业中心工作有效融合，选树在安全生产、节约创效、服务保障工作中模范履责、身先垂范的优秀党员，创设党员示范岗；以基层党支部管理范围为区域，以党小组为依托，创建支部责任区；积极发挥党员突击队的先锋模范作用，开展专项攻坚，与企业中心工作深度融合。全面深化从严治党，认真贯彻落实中央八项规定精神，驰而不息纠治“四风”，不断深化党风廉政建设和反腐败工作。有效发挥巡察利剑作用，制定并落实大唐国际党委巡察规划，对4家基层企业开展巡察，聚焦政治任务，查找政治偏差，督促整改了一些党组织执行不坚决、履责不到位等问题。

安全生产 始终将安全稳定作为首要政治任务，树立安全发展理念，严格落实安全生产责任制，强化安全生产管控，确保安全生产局面稳定。完善安全管理体系建设。贯彻落实各项安全生产工作部署，推进安全生产专项整治三年行动，制定《安全风险及管控措施》《安全生产工作要点》《安全生产“十杜绝”行动计划》等管理制度，围绕杜绝安全事故、夯实安全基础等7个方面、30大项、286个小项重点任务，落实安全生产主体责任，确保重点措施有效落实、重点工作有序推进。同时，针对生产、基建、危化品、环保、交通消防等方面的安全隐患，制定问题隐患和制度措施“两个清单”，全面摸清安全生产底数，提升安全管理水平。狠抓疫情常态化防控，精准抓好局部应急，保持了“双零”态势。全面加强安全管理，安全生产保持平稳局面，生产、基建、环保、交通、网信、舆情等领域的安全管控水平稳步提升。完成了党和国家一系列重要活动期间的政治保电任务。

节能减排 严格遵守《中华人民共和国大气污染防治法》等法律法规，严格废气排放标准。开发热电联产项目，推进机组深度治理改造。严格规范处理业务运营各环节中产生的有害及无害废弃物，努力降低企业废弃物对环境的负面影响。提高碳管理水平。科学研究低碳发展策略、建立健全碳资产及碳交易管理制度和规定，全面履行碳排放控制各项义务。持续加大节能减排投入力度，努力实现绿色转型，不断提高绿色生产、机组能效和超低排放水平。开展节水和节能降耗工作，深入推进“三废”（灰渣、粉煤灰、脱硫石膏）综合利用，持续做好珍稀特有鱼类增殖放流，并大力推行绿色办公政策，重视环保知识宣传和培训。致力打造节约型企业，高效利用水、油等资源，持续增强能耗管理能力，高效利用水资源。积极推广先进节水技术和设备，努力实现100%重复利用水资源。每年完善水源中断应急预案。推进能耗诊断工作，持续增强能耗管理水平。

主要事件

2月24日，大唐国际通过企业微信平台语音形式召开京津冀区域应对疫情影响推进生产经营工作会议，对大唐国际疫情防控和生产经营工作进行再动员、再部署、再落实。

4月23日，内蒙古自治区党委书记，自治区人大常委会主任、党组书记石泰峰到托克托发电大唐国际开展沿黄生态保护和高质量发展调研工作。

5月9日，大唐国际召开保证2020年全国两会期间安全稳定动员部署会议，贯彻落实国家、集团公司关于保证全国两会期间安全稳定的工作要求，对大唐国际系统两会保电工作进行动员部署。

5月12日，华北能源监管局党组书记、局长王思强到高井热电厂督查2020年全国两会保电工作情况。

5月15日，唐山北郊热电公司2号机组一次性高质量通过168h满负荷试运，标志着北郊热电2台35万kW热电联产项目由基建期正式转为运营期。

7月8日，安徽省委副书记、省长李国英一行到所属陈村水力发电厂检查督导防汛抗洪工作情况，对安徽公司及陈村电厂防汛抗洪工作予以高度评价。

7月28日，大唐国际与亿利资源集团有限公司在北京举行了战略框架协议签约仪式。

10月4日，张家口市长武卫东一行到张家口热电公司调研供热工作。

10月13日，盘山发电公司召开“双百行动”专项改革动员会，大唐国际副总经理、党委委员王琪瑛出席会议并讲话。

10月19日，大唐国际副总经理、党委委员王琪瑛，董事会秘书、总会计师、党委委员姜进明在大唐国际本部会晤北京市西城区委常委、常务副区长喻华锋，双方就加强合作进行沟通交流。喻华锋还为大唐国际颁发了“西城区2019年度重点企业经济社会发展综合贡献奖”。北京市西城区副区长鲁征参加了会晤。

（董　彬）

【大唐华银电力股份有限公司】

公司概况　大唐华银电力股份有限公司（简称华银电力）1993年1月成立于湖南长沙，原名湖南华银电力股份有限公司。1996年9月，公司股票在上海证券交易所上市。2003年9月，根据电力体制改革方案实际控制人由湖南省电力公司变更为中国大唐集团公司。2006年7月，更名为大唐华银电力股份有限公司。2015年9月，华银电力完成了新一轮资产重组后，中国大唐集团公司持股比例为53.53%。华银电力经营范围涉及发电（火电、水电、风电）、煤炭开采、科技信息等领域。

截至2020年12月底，华银电力资产总额180.7亿元，总装机容量584.55万kW。其中，火电装机524万kW，水电装机14万kW，风电装机36.55万kW，光伏装机10万kW。职工人数5549人。

华银电力多次获评“中国大唐集团公司文明单位”称号，2016年获得“全国五一劳动奖状”。自2012年以来连续保持“湖南省文明行业”荣誉，2020年获评“湖南省文明标兵单位”称号。

领导班子

总经理、党委副书记：刘智辉

党委书记、副总经理：刘建龙

党委委员、副总经理：黄晓衡

党委委员、副总经理：赵云辉

党委委员、副总经理：吴晓斌

党委委员、总会计师：康永军

党委委员、纪委书记：苗世昌

组织机构　本部设置10个职能部门（不含事业部），包括：办公室、投资发展部、工程建设部、人力资源部、财务管理部、证券合规部、安全环保监督部、生产运营部、党群工作部、纪委办公室。下属基层企业13家。其中发电企业7家（火电4家，新能源1家、水电2家），专业公司2家，非电企业4家。

党建工作　建立健全“中心组每月定期学习+党委会第一议题学习”常态长效机制，深入学习《习近平谈治国理政》第三卷和党的十九届五中全会精神，跟进学习习近平总书记重要讲话和重要指示批示精神，做到思想常新、信念长存。扎实开展“党建巩固深化年”专项行动，坚持企业党建与业务工作相互促进、融合发展。深入开展“三亮”先锋行动和“建功高质量，青年争一流”主题实践活动，开辟“党建‘湘’融”展播平台，让党旗、团旗在战疫保电、防汛抗洪、改革发展等各条战线高高飘扬。持续抓好意识形态和宣传引导工作，围绕高质量发展，唱响主旋律，壮大正能量，提振干事创业的精气神。纵深推进全面从严治党，扎实做好集团公司党组对华银电力党委政治巡视发现问题的整改工作，完成4家基层企业政治巡察并监督整改，营造风清气正的政治生态。贯彻落实党中央打赢脱贫攻坚战决策部署，对口扶贫攻坚任务完成“村出列、户脱贫”目标，在全省考评中获“优秀”。

安全生产　牢固树立“大安全”理念，华银电力系统全年没有发生安全生产、工程建设事故，没有发生环境污染事件、重大舆情事件，完成两节两会保电任务和“护网2020”网络安全演练。扎实开展安全生产专项整治三年行动、安全环保大检查、危险化学品安全综合治理、安全生产月等活动，安全基础进一步扎牢。认真吸取系统内非停事件教训，举一反三开展设备隐患排查治理，非异停同比减少9次，石门发电公司实现“零非停”。加强项目安全管理和规章制度建设，组织开展二十五项反措检查，确保新投产项目安全稳定运行。完成耒阳2×21万kW机组超低排改造，较常规工期提前23天完成。耒阳3号机组荣获全国大机组竞赛二等奖，湘潭3号机组、株洲4号机组、耒阳4号机组获得三等奖。

节能减排　持续加强小指标管控，扎实做好设备检修，统筹负荷率、电量结构和配煤掺烧，供电煤耗完成311.37g/kWh，同比下降2.10g/kWh。二氧化硫、氮氧化物、烟尘、废水排放绩效全部达标。

主要事件

3月13日，华银电力与冷水江市人民政府在冷水江市签订新能源开发战略合作框架协议。

3月19日，湖南省委常委、长沙市委书记胡衡华到华银电力下属企业先一科技公司调研。

4月17日，华银电力与中国能源建设集团湖南省电力设计院有限公司在长沙签订战略合作框架协议。

4月21日，湖南省副省长陈飞到华银电力下属企业张家界水电公司贺龙电厂调研指导防汛工作。

6月10日，华银电力与湘潭市人民政府在湘潭签订能源开发战略合作框架协议。

10月15日，湖南省委书记杜家毫到华银电力下属企业张家界市桑植县贺龙电站，实地了解、检查张家界大鲵国家级自然保护区小水电整改情况。

10月28日上午，湖南省副省长陈飞率调研组到华银电力下属企业金竹山发电公司就国企改革三年行动方案落实等工作进行调研。

11月26日，华银电力所属金竹山发电公司检修部燃检班班长颜克铭、耒阳发电公司运行副总工程师兼生产党支部书记雷奇峰、株洲发电公司培训服务中心培训专责宋丽3人被省委、省政府授予“湖南省劳动模范”荣誉。

12月9日，华银电力与娄底市人民政府在娄底签订能源综合利用战略合作协议。

12月28日，华银电力宝鼎山三期风电场最后一台风力发电机完成动态调试，成功并网，实现所有风电机组全部并网发电。

（颜辉轩）

【广西桂冠电力股份有限公司】

公司概况 广西桂冠电力股份有限公司（简称桂冠电力）成立于1992年9月，是全国第一家以股份制形式筹集资金进行大中型水电站建设的企业。2000年3月A股在上交所上市；2002年划归中国大唐集团有限公司控股管理，中国大唐持股桂冠电力51.55%。桂冠电力以水电、风电、火电、光伏发电的生产运营、投资建设为核心业务，同时开展综合能源服务、电站检修、技术咨询等业务。截至2020年12月末，桂冠电力资产总额447.80亿元，在役资产主要分布在广西、贵州、四川、云南、山东、湖北等6个省区，在役总装机容量1242.46万kW，其中水电1022.86万kW、风电76.6万kW、火电133万kW、光伏10万kW。桂冠电力在广西区内装机1090.24万kW，是广西最大的发电企业。在职员工3673人。

领导班子

总经理、党委副书记：李凯

党委书记、副总经理：黄宇

党委委员、总会计师：罗建军

党委委员、副总经理：施健升

党委委员、副总经理：田晓东

党委委员、副总经理：梁勇

党委委员、纪委书记、工会主席：赵建军

党委委员：王鹏宇

组织机构 本部共有12个职能管理部门，拥有13家发电企业、2家专业公司（检修、营销）、1个集控中心、1个筹建处（桂黔）。

党建工作 深化全面从严治党，党的建设持续加强。强化理论武装，及时跟进学习贯彻习近平总书记重要讲话、重要指示批示精神和党中央决策部署，认真组织学习宣传贯彻《习近平谈治国理政》第三卷和党的十九届五中全会精神，夯实共同奋斗的思想基础。制定落实“中央企业党建巩固深化年”专项行动方案，推进党建重点工作落实和党建工作标准化制度化，推动公司系统10家基层企业完成两委换届选举工作。统筹推进党风廉政和反腐败各项重点工作，深入开展中央巡视整改“回头看”，开展政治巡察，集中整治形式主义、官僚主义为“基层减负”，撤销本部内设临时机构15个，减少审批、检查等事项17项。推进幸福大唐建设，实施六项行动38项重点项目，关注职工重大关切和身心健康，广大干部员工获得感、幸福感和安全感显著增强。

安全生产 坚决贯彻落实党中央国务院决策部署和国资委工作要求，始终把职工群众生命安全和身体健康放在首位，闻令而动，迅速启动一级响应，明确“5个100%”要求，抓实抓细常态化防控和应急处置措施，确保了疫情防控“双零”目标。统筹抓好疫情防控、值班值守、安全生产、电力保供等工作，广大干部员工顾全大局，严肃纪律，坚守一线，无私奉献，为地方疫情防控和复工复产提供了坚强电力保障。压实各级安全生产责任，扎实开展安全生产专项整治行动，持续推进本质安全型企业建设，强化现场督查远程监督，深入开展安全风险常态化评估，确保了生产、基建和环保安全。设备基础不断夯实，设备等效可用系数完成95.04%、高出目标值1.25%；风力发电机可利用率同比提升2.87%，消灭长停风力发电机。

节能减排 认真落实打赢蓝天保卫战三年行动计划，完成全部3台火电机组超低排放改造任务，推行环保设备经济运行对标管理，四项污染物排放达到了超低排放标准。加强对各生产现场和所有在建施工项目生态环保督查，全年未发生环保事件。火电能耗指标持续优化，供电煤耗同比下降3.1g/kWh、近四年累降45.67g/kWh，油耗、厂用电率区域最优，配煤掺烧比例39.6%，掺烧效益3692万元。优化水库调度，在全年红水河来水偏枯1.5%情况下，水电发电量同比增长1.9%，水能利用率同比提升1.7%，增发电量6.36亿kWh；常态化开展88次人工增雨，增发电量2.6亿kWh。

主要事件

6月28日，广西岩滩水光互补光伏发电项目10万kW一期工程列入国家光伏发电竞价补贴范围项目名单。

7月13日，广西宾阳马王风电场三期工程10万kW项目取得广西壮族自治区发改委核准批复文件。

8月12日，桂冠电力与中国电建集团中南勘测设计研究院有限公司签战略合作协议。

11月20日，中央文明委发布第六届全国文明单位名单，龙滩水力发电厂荣获第六届“全国文明单位”称号。

11月28日，国家能源局党组成员、副局长林山青到桂冠电力调研指导工作。国家能源局南方监管局党组书记、局长张建平陪同调研。

12月26日，该项目首批机组正式并网发电，标志了桂冠电力光伏发电产业实现“零”的突破，开创了高质量发展新的里程碑。

12月27日，桂冠电力广西隆安振东、者保等7个共48.8万kW光伏发电项目列入广西壮族自治区2020年第二批平价光伏项目建设方案。

（魏中华）

【中国大唐集团新能源股份有限公司】

公司概况 中国大唐集团新能源股份有限公司（简称大唐新能源）成立于2004年9月23日，注册资本72.737亿元人民币，是国内最早从事新能源开发的电力企业之一，于2010年12月17日在香港联交所主板成功上市。截至2020年12月31日，发行股份总数为7273701000股。其中，中国大唐合并持股比例为65.61%，为大唐新能源控股股东。

大唐新能源作为中国大唐新能源板块的主要单位和旗舰企业，主要从事风电、光伏发电等新能源的开发、投资、建设和电力生产。大唐新能源资产总额905.53亿元，控股装机容量1223万kW，其中风电1117万kW，光伏105.5万kW，煤层气0.5万kW。共有员工3723人。

大唐新能源控股的发电资产分布于22个省区，风电分布于内蒙古、山东、甘肃、吉林、宁夏等22个省区，光伏分布于青海、宁夏、贵州等8个省区。其中，内蒙古风电装机容量322.91万kW，占大唐新能源风电装机容量比例近1/3。山东、甘肃、吉林、宁夏、山西、黑龙江、辽宁7个省区的风电装机容量在50万kW以上，合计装机容量519.02万kW，占大唐新能源风电装机容量比例近1/2。大唐新能源整体资源分布特点是“四多四少”，即三北地区多，华东华南地区少；低电价地区多，高电价地区少；限电地区多，不限电地区少；风电多，光伏少。

领导班子

总经理、党委副书记：刘光明

党委书记、副总经理：米克艳

党委委员、副总经理：焦建清

党委委员、副总经理：王海燕

党委委员、副总经理：潘孝凯

党委委员、纪委书记、工会主席：白雪梅

组织机构 本部现有7个职能管理部门，拥有19个区域分公司，118个风电场。

党建工作 以“党建巩固深化年”专项行动为抓手，以党建工作责任制考核评价为指挥棒，进一步夯实管党治党责任，推进全面从严治党。落实“不忘初心、牢记使命”主题教育长效机制，引导各级党组织在学懂弄通做实上下功夫，推动习近平新时代中国特色社会主义思想往深里走、往心里走、往实里走，更好地指导实践、推动工作，有效应对各种风险和考验。树牢一切工作到支部的鲜明导向，推行党支部“网格化”管理，深入开展创建“党支部责任区”“党员示范岗”活动，充分发挥党员走在前、冲在前、干在前的表率作用。以“两个维护”为根本任务，持续推进政治监督具体化常态化，坚持“严”的主基调，一体推进不敢腐、不能腐、不想腐。落实以人民为中心的发展思想，关心职工工身体健康，关注职工思想动态，编制“幸福大唐”建设推进计划，不断提升职工群众的获得感、幸福感和安全感。开展精神文明建设活动，通过第六届“全国文明单位”复查。

安全生产 安全生产形势总体平稳。严格落实疫情防控工作要求，有序组织基层企业开展春秋检、防汛、三年安全专项整治等专项工作，全年未发生安全及环保事故。以发电量为主题，加强指标分析、狠抓设备治理，全面提升安全生产管理水平，每月对主要指标进行归纳和统计分析，通过内外部对标查找差距，分析不足，促使各风电场找准定位、查摆问题、制定措施，最大限度提高发电能力。成立专家组，对各单位风力发电机定检、设备隐患、保护校验等重点工作进行专项隐患排查，认真分析重点问题，制定整改措施，做到闭环整改，提高设备健康水平。全面整理行业标准，建立全面的专业技术标准库，涵盖有关风电、光伏、电气、钢结构、安全、输变电等6大类共800多项国家和行业标准，提供坚强的技术支撑。

节能减排 大唐新能源是领先的清洁能源供应商，在运营管理中始终坚持绿色低碳与可持续发展的先进理念，保障安全生产和稳定的能源供应。大唐新能源通过发展风力发电、光伏发电等能源业务，推动新能源行业发展，落实节能减排。2020年大唐新能源发电实现节约标准煤678.4万t、二氧化碳1777.4万t、二氧化硫5.77万t、氮氧化物5.02万t。大唐新能源致力于创建资源节约型企业，2020年，按照中国大唐“高质量发展年”总体要求，以提效改造为重点，以提高设备可靠性为主要手段，积极推进风力发电机设备和风力发电机控制系统的技术改造，通过叶片梯级改造、加装增功组件、控制系统优化等多项措施，提高老旧机型发电效率。2020年大唐新能源对内蒙古锡盟、通辽老旧机组进行了梯级改造，综合提效达到13%以上，改造效果明显。在内蒙古赤峰开展了维斯塔斯V80机组的叶片增功组件和主控程序优化提效改造，实现风力发电机整体提效达4%左右，叶片增功组件安装技术已在近400台风力发电机上安装完成，平均提效达3%。对甘肃、吉林、宁夏、山西、陕西、京津冀等特高压输电地区516台风力发电机、12台套风场无功补偿装置进行高穿改造，改造后的风电场全部满足电网安全和技术要求。通过定期调节主变压器分接头等手段，降低风电场厂用电率，效果显著，并在系统内进行推广，达到了节能减排的目的。

主要事件

3月31日，大唐新能源在京举行2019年度业绩发布会，以电话会议形式与香港媒体和分析师进行了深度交流。

8月26日，大唐新能源在京举行2020年中期业绩发布会，对外发布2020年上半年业绩情况。

9月4日，红石岩风电项目20号风力发电机并网，大唐新能源装机容量突破1000万kW。

10月14日，大唐新能源总经理、党委副书记刘光明出席北京国际风能大会，并签署《风能行业北京宣言》。

12月29日，贵州罗甸木引光伏项目并网投运。

12月30日，山东阳信二期工程（50MW）风电项目并网发电。

12月30日，张家口康保风电项目首批风力发电机并网。

12月，中央文明委下发通知，大唐新能源通过复审，继续保留全国文明单位荣誉称号。

2020年，大唐新能源利用清洁能源的业务特性及丰富的平台资源，聚焦社会公益、扶贫攻坚等领域，积极参与公益事业，大唐新能源共投入社会公益金额人民币488万元，精准扶贫金额人民币1423万元。

（王　健）

【大唐环境产业集团股份有限公司】

公司概况　大唐环境产业集团股份有限公司（简称大唐环境）前身为中国大唐集团科技工程有限公司，最早成立于2004年5月。2015年6月26日完成股份化改制，2016年11月15日在香港联交所上市（股票代码01272），其中中国大唐合计持股78.96%，H股公众股东持股21.04%。截至2020年12月底，大唐环境资产总额208.44亿元。主营业务包括环保设施特许运营、脱硝催化剂制造处置再生及检测、环保烟气治理工程、水处理工程及运营、清洁能源工程、煤场料场封闭总承包、海外业务等。

大唐环境在岗员工1480人（其中正式员工1074人，劳务派遣406人）。正式员工中，博士16人（含博士后14人），硕士研究生244人，大学本科609人，本科及以上学历人数占比80.91%。

领导班子

总经理、党委副书记：王彦文

党委书记、副总经理：田　丹

党委委员、副总经理：卜保生

党委委员、总会计师：陈　崧

党委委员、副总经理：王海杰

党委委员、副总经理：刘春东

党委委员、纪委书记、工会主席：周　策

党委委员、副总经理：梁秀广

组织机构　共有10个管理部门，下设3个直属专业中心和7家业务单位。

党建工作　坚持以党建责任为抓手。持续深入地学习习近平新时代中国特色社会主义思想和党的十九大、历次全会精神，开展中心组学习18次，专题学习研讨5次，组织读书研讨班3次，党委领导班子成员撰写心得体会、调研报告、理论文章39篇，在中国大唐及以上媒体发表理论文章9篇次。制定《基层党建责任清单》，明确党委主体责任36项、党委书记主体责任33项、班子成员“一岗双责”责任14项、支部书记履行党建工作责任20项。完成中央企业2019年度党建工作责任制考核评价的迎检工作，受到国资委考评组的充分肯定。坚持以党建引领为目标。将党建融入生产经营，2020年召开党委会议40次，党委前置把关和决策重大事项259项。将党建融入社会责任，连续4年与农民工子弟学校结对子，开展精准助学、文化扶贫活动。坚持以三基建设为基础。组织党务干部、工会干部、宣传人员123人次轮训培训，发展党员16名。开展“抗疫一线党旗红”“我为党旗添光彩”等特色党日活动，划拨防疫专项党费21.95万元，党员449人次自愿抗疫捐款8.275万元。荣获“全国文明单位”“首都文明单位标兵”“最美团青组织”“全国电力优秀通讯站特等奖”等荣誉。

安全生产　2020年，面对安全生产与疫情防控的双重责任与压力，大唐环境上下勠力同心，以安全生产“1号文”和“安全环保重点工作”为指导，坚决贯彻“讲政治、抓落实、转作风、保平安”12字要求，坚持“大安全”理念，统筹抓好疫情防控和安全生产工作。疫情以来，大唐环境第一时间成立疫情防控领导小组及境外疫情防控工作领导小组，制定了办公后勤、生产运营、工程建设、海外项目等全方位的疫情防控保障方案和应急预案，抓实抓细常态化疫情防控措施。全年执行各类项目58个，执行一二级危大作业87项，通过扎实开展“安全生产专项整治三年行动”“安全月”“春检秋检”“安全环保督查”等专项活动，消除问题隐患3265项。全年未发生一般及以上人身伤亡事故、设备事故、火灾事故、交通事故、环境污染事件，疫情防控保持“双零”的良好态势，完成了年度安全环保目标。

节能减排　2020年，大唐环境一如既往大力开展节能减排工作，进一步降低能耗物耗。细化特许经营项目指标管理。一是组织制定指标绩效管理办法、编制优化运行指导意见，开展小指标竞赛，定期召开运行、设备分析会，强化过程管理和动态纠偏。全年脱硫厂用电率1.28%，同比降低0.01个百分点；减排脱硫电耗率1.70kWh/kg，同比降低0.03kWh/kg；减排脱硫剂耗率1.67kg/kg，同比降低0.01kg/kg；减排脱硫水耗率21.02kg/kg，同比降低1.82kg/kg；减排脱硝剂耗率0.37kg/kg，同比降低0.02kg/kg；SO_2减排量137.32万t，同比多减13.58万t；NO_x减排量16.04万t，同比多减2.03万t。二是每月开展消耗性物资耗量比对核算，通过大宗物资流程管控、优化运行调节、设备治理等措施，石灰石理论消耗量与石灰石实际消耗量偏差率同比由6.36%下降1.58%（烟气测量计算法），节约石灰石9.27万t。加强产品制造产业技术攻关。实现0.22mm厚度钢带全覆盖，原材料成本降低12%；优化软化剂石蜡替换硬脂酸方案，提高产品质量，降低生产成本；再生工段的承包由固定费用改为保底的变动费用，提高生产积极性。建立水处理运营设计值对标管理体系。优化运行取得成效，液碱全年耗量与2019年同比降低10.9%，电耗与2019年同比降低18.54%。

主要事件

4月，大唐环境主导编制的ISO国际标准《火电厂废水处理与回用技术导则》正式获得批准立项。

5月13日，大唐环境总承包的泰国南部最大生物质电站——泰国PTG1×24MW生物质电厂成功并网发电，投入商业化运营。

7月2日，大唐环境首单加勒比海催化剂项目顺利交付。

7月3日，大唐环境承建的首个海外斗轮机项目——印度尼西亚纬达贝工业园区有限公司3×250MW火力发电建设项目（IWIP）斗轮堆取料机整机成功验收移交。

10月20日，大唐环境承建的集团首个气承膜结构煤场封闭项目——云冈煤场封闭项目一期煤场气承式膜结构储煤场吹膜顺利完成。

10月，大唐环境荣获“中国环境企业50强”。

11月，大唐环境荣获第六届“全国文明单位”称号。

11月27日，大唐环境研发成果“燃煤锅炉烟道喷射生物质焦脱汞技术开发及应用”经中国电机工程学会鉴定达国际领先水平。

12月14日，大唐环境印发实施《公司经理层任期制和契约化改革实施方案》《公司市场化用工机制改革方案》《公司市场化业务利润专项激励实施方案》，全面推进“双百行动”改革落地。

12月，大唐环境经国家市场监督管理总局批准，正式入选国家技术标准创新基地（水环境技术与装备）共建单位。

（张宇超）

中国华电集团有限公司

【公司概况】 中国华电集团有限公司（简称中国华电）是2002年底国家电力体制改革时组建的国有独资发电企业，是国务院国资委监管的特大型中央企业，也是中央直管的国有重要骨干企业。主要业务有发电、煤炭、科工、金融四大产业板块。资产及业务主要分布在全国31个省（区、市）、香港特别行政区，以及印度尼西亚、柬埔寨、俄罗斯、西班牙等40多个国家。中国华电控股6家境内外上市公司，现有职工9.3万人，资产总额达到9000亿元。中国华电发电装机容量达到1.66亿kW，清洁能源装机占比达43%。煤炭产业产能5830万t/年，拥有4个千万吨级煤矿。金融产业拥有8家机构，取得财务公司、信托公司、证券、保险经纪、保理、融资租赁等6种金融（或类金融）牌照。科工产业拥有国家级火力发电检测、分布式能源技术等多个科技创新平台，在国内率先构筑起覆盖火电、水电、风电、电网的电力自主可控工控产品系列，国产电力工控自主技术已经成熟并具备全面推广条件，技术水平得到行业专家高度评价。中国华电在国资委2019年度经营业绩考核中荣获A级，至此已连续8年荣获A级，经营业绩考核得分连续5年名列同类型企业前茅。中国华电连续9年上榜《财富》世界500强，并较2019年提升16个位次。连续8年荣获联合国全球契约最佳实践奖。

中国华电在以习近平同志为核心的党中央坚强领导下，深入学习贯彻习近平新时代中国特色社会主义思想，全面落实党中央、国务院决策部署和国家能源安全新战略，以创建具有全球竞争力的世界一流能源企业为愿景，扎实推进“五三六战略”（即坚持和加强党的全面领导、坚持稳中求进工作总基调、坚持新发展理念、坚持推动高质量发展、坚持改革创新，持续推进从保障供应向增加有效供给转变、从规模扩张向注重效益提升转变、从要素驱动向创新驱动为主转变，努力实现一流的可持续发展能力、一流的价值创造能力、一流的国际化运营能力、一流的科技创新能力、一流的企业治理能力、一流的品牌影响力，到2035年基本建成具有全球竞争力的世界一流能源企业），企业改革发展取得了可喜成绩。

【领导班子】

党组书记、董事长：温枢刚

党组副书记、董事、总经理：叶向东

党组副书记、董事：张国厚

党组成员、副总经理、总会计师：邵国勇

党组成员、副总经理：王宏志

党组成员、副总经理：余兵

党组成员、副总经理：王绪祥

党组成员、纪检监察组组长：张雯

党组成员、副总经理：吴敬凯

【组织机构】 见2020年中国华电集团有限公司组织机构图。

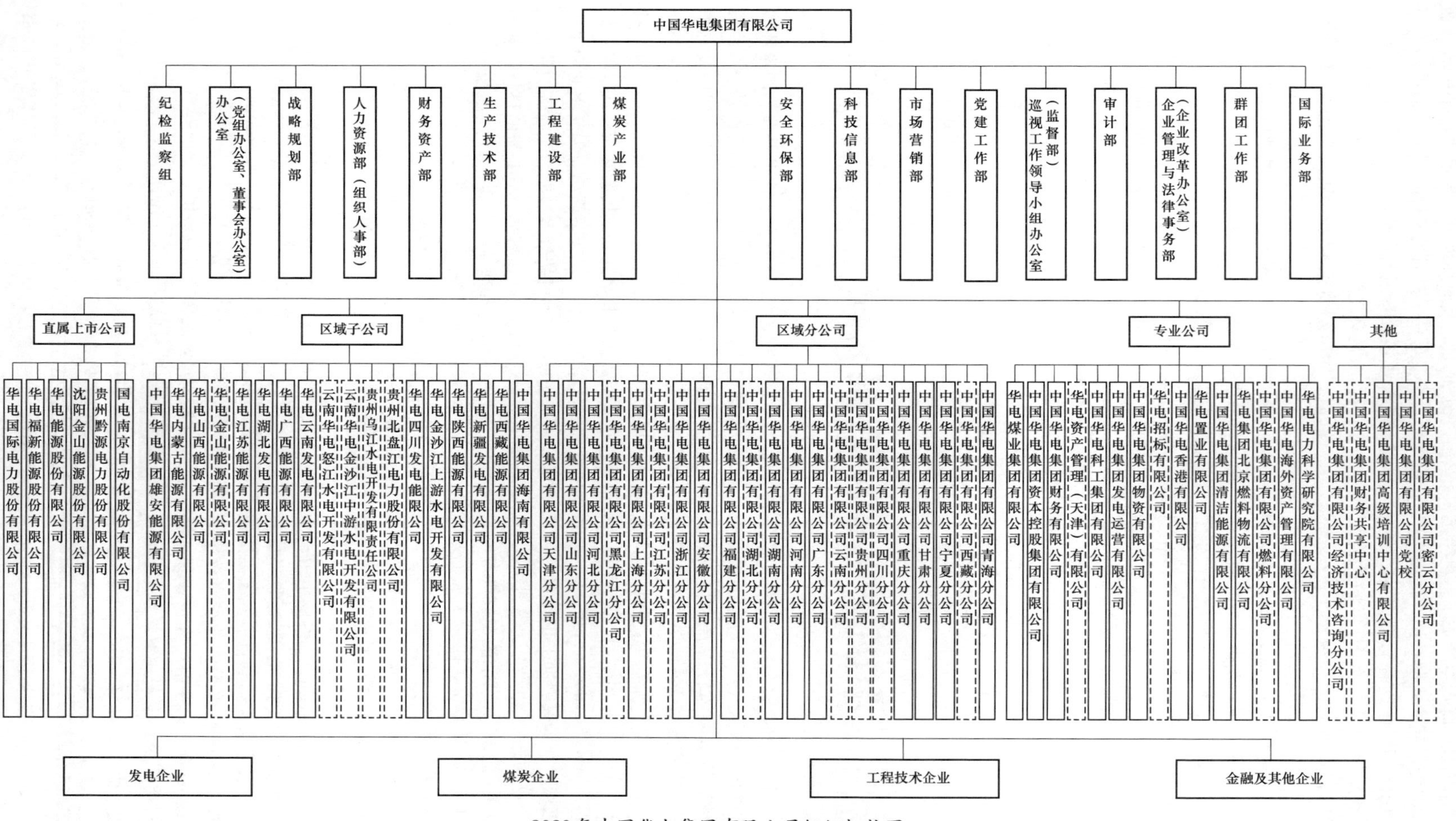

2020年中国华电集团有限公司组织机构图

注：1. 总部内设部门共计 17 个。

2. 直属企业共计 47 家，其中子公司 33 家［包括直属上市公司 6 家，区域子公司 14 家，专业公司 12 家，党校（高培中心、密云分公司）1 家］，分公司 14 家。管理口径单位共计 445 家。

3. 技经中心由中国华电战略规划部代管；财务共享中心参照集团总部部门管理。

4. 虚线标注的为合署办公企业。

【年度业绩】 2020年，中国华电坚决贯彻落实党中央、国务院决策部署，扎实做好“六稳”工作，全面落实“六保”任务，坚决打好三大攻坚战，企业改革发展稳定各项工作迈上了新台阶。实现利润总额190.5亿元，完成年度预算目标的127%，同比增长55.1%；净利润125.3亿元，完成国资委考核目标的132.2%，同比增长58.6%；净资产收益率5.1%，同比增加1.2个百分点；经济增加值（EVA）2亿元，完成国资委考核目标的193%，同比增加27.6亿元；资产负债率69.35%，较年初降低3.42个百分点。完成发电量5799亿kWh，同比增长0.22%。中国华电清洁能源装机占比达到43%，同比提高2.63个百分点；全口径供电碳排放强度同比下降2.7个百分点，创历史最高水平。在有力克服疫情带来的不利影响下，全面超额完成了国资委年度考核目标，效益增长位列央企前茅，净资产收益率、归母净利润、资产负债率、供热量增幅、弃风率改善值等指标居同类型企业领先。总体上完成了“十三五”规划的主要目标和任务。

迈入“十四五”，中国华电以习近平新时代中国特色社会主义思想为指导，全面贯彻党的十九大和十九届二中、三中、四中、五中全会精神，立足新发展阶段、贯彻新发展理念、构建新发展格局，以新发展理念为指引、以高质量发展为主题、以结构调整为主线、以科技创新为动力、以深化改革激活力、以高质量党建为保障，按照中国华电“十四五”“5318”发展目标，深入推进“五三六战略”，努力实现发展质量更“高”、经济效益更“优”、创新能力更“强”、市场开拓更“广”、治理效益更“好”和品牌形象更“佳”，全面增强竞争力、创新力、控制力、影响力、抗风险能力，加快创建具有全球竞争力的世界一流能源企业，以优异成绩庆祝中国共产党成立100周年，在全面建设社会主义现代化国家新征程上贡献华电力量。

【项目发展】 风光电基地式、规模化开发力度加大，新能源投资同比增长126%，全年发起风光电82项1835万kW、立项20项220万kW、核准64项471万kW、开工43项436万kW，均创出历史最高纪录。云南公司竞配取得风光电122万kW，贵州、重庆、湖北等区域争取风光电资源成效明显；甘肃金武张、内蒙古包头、阿拉善等基地规划前期工作取得积极进展。积极参与竞配和平价上网，14项193万kW、21项219万kW风光电项目分别列入国家或地方补贴目录、平价上网目录，均创历史新高。有序推进海上风电开发，浙江玉环北区15.4万kW、广东阳江50万kW项目开工建设。积极推进水电发展，金上流域水电明确推荐受端落点为湖北鄂东地区；昌波、波罗、岗托项目立项和前期工作不断推进；完成金上水光互补规划研究报告并报国家能源局，初步确定可再生能源基地规模为水电913.6万kW、光伏700万kW。因地制宜发展天然气发电，香河一、二期纳入河北和北京“十四五”规划，惠州东江燃气热电完成立项。

【走向海外】 克服全球疫情影响，助力共建“一带一路”，国际业务全年实现收入176亿元、同比增长24%，实现利润24亿元、同比增长64%。越南沿海二期、印度尼西亚玻雅项目建设顺利，柬埔寨西港项目实现主体开工，孟加拉迈门辛光伏项目建成投产。对外承包工程，利润同比增长73%，其中埃塞俄比亚微网光伏EPC项目建成投产；对外技术服务业务，继续保持同类型企业领先，正在实施的服务项目11个装机容量746万kW；国际贸易业务，进出口贸易额大幅增长，全年带动设备出口贸易额超过48亿元。

【深化改革】 认真落实党中央、国务院部署，推动重点改革举措落地，为中国华电高质量发展注入活力。落实国企改革任务坚决有力。制定中国华电《改革三年行动实施方案》和《工作台账》，召开动员会部署推动，系统各单位迅速跟进，中国华电上下形成了全面深化改革的良好氛围。“双百行动”持续推进，江苏公司成功引入战投实现股权多元化，华电重工经营团队持股方案和股权激励措施出台，此2家企业在国资委改革专项评估中均获A级；“科改示范行动”稳健有力，国电南京自动化股份有限公司围绕完善公司治理、提升自主创新能力不断健全体制机制，发挥了改革示范带动作用。深入推动剥离企业办社会职能和解决历史遗留问题，“三供一业”分离移交和教育、医疗机构深化改革全部完成，厂办大集体改革基本完成，退休人员社会化管理完成99%以上。体制机制改革不断深化。“总部机关化”问题专项整改，按期完成国资委党委部署任务，精干、高效、坚强的价值型央企总部建设不断深化，直属单位“本部机关化”问题专项整改正在推进。煤电资源区域整合取得阶段性成果，工作成效受到国资委好评。将国资委“八个提升”要求和中国华电“六个一流”目标相结合，编制《对标世界一流管理提升行动实施方案》《对标提升工作清单》，积极推进对标世界一流管理提升。开展治理专项行动，完善法人治理体制机制，推动公司治理体系和治理能力现代化。加强董事队伍建设，任命的首批7名直属单位专职董事已到岗履职。印发实施采购管理提升方案，提升了公司集约化采购、规范化管理、标准化建设和数字化建设水平。营销体系改革持续推进。有序推进售电公司实体化运营，代理工商业用户近4000家，售电量达753亿kWh，山东、江苏售电公司代理电量连续三年排名全国前十。积极参与电力现货市场建设，组建广东运营报价中心，试点一体化运营，试运行期间累计增收3500万元；积极参与电力交易中心股份制改造，参股全国27家省级交易中心。依法治企得到加强。全面落实法治建设责任制，推进法律事务与业务工作深度融合，建立法律体检长效机制，努力提升“三项法律审核”质量，全方位防控法律风险，全年避免或挽回损失27亿元，系统新发案件数量、金额同比分别下降18.1%、30.5%。加强现代化制度体系建设，形成企业协同一致的制度管理框架体系和上下贯通的制度信息化管理网，形成用制度管权、按制度办事、靠制度管人、依制度问责的运行机制。“三重一大”决策管理更加规范，在线运行系统全面推广。审计整改不断深化，截至2020年底，近5年内部审计发现问题整改率达90%，整改成效有效发挥。

【安全环保】 认真落实习近平总书记关于安全生产重要指示批示精神，严格疫情防控，压实安全责任，强化环保治理，系统疫情防控、安全环保形势总体良好。疫情防控精准高效。举公司全力抗击新冠疫情，确保安全生产、电煤供应、复工复产，疫情期间做到不限电、不限热、不停机，煤炭、科工、金融等产业板块和105个基建项目迅速复工复产。全力抓好湖北、北京等重点区域疫情防控；建立境外疫情防控指导机制，妥善应对境外“带疫解封”，保障境外项目和员工安全。履行央企责任，积极为地方政府和防疫机构提供医学隔离、观察场所，向国内疫情地区、境外有关国家捐赠防疫资金及物资共计6782万元，全年减免中小微企业及个体工商户房产租金4217万元，降低实体经济用电成本126亿元。在中央企业抗击新冠肺炎疫情表彰大会暨先进事迹报告会上，中国华电1家基层企业和2名员工荣获表彰。安全生产不断推进。大力推进安全生产专项整治三年行动和本质安全型企业建设等重点工作，强化各级安全生产责任制落实，加大安全检查和督查力度，完成党的十九届五中全会、全国两会、进博会等重大活动安全和空气质量保障任务。扎实开展“安全生产月”活动，做实做细防汛救灾，有效应对南方持续暴雨等自然灾害。加强网络安全工作，连续4年荣获“中央企业网络与信息安全信息通报工作先进单位”称号。持续开展节能管理对标，供电煤耗完成295.21g/kWh，同比降低3.13g/kWh。扎实推进风电可靠性和能效管理、供热安全可靠性等专项行动，突出抓好技术监督工作，进一步提升了生产管理水平。安徽、湖北、河南、广东等4个区域公司，邹县、芜湖、襄阳、渠东等42家燃煤电厂实现“零非停”。污染防治成绩突出。开展生态环保治理专项行动，中国华电单位电能二氧化硫排放量、氮氧化物排放量、烟尘排放量分别完成0.09g/kWh、0.13g/kWh、0.008g/kWh，分别较“十二五”末降低59.6%、58.7%、84.9%；单位电能化石能源消耗完成208.6g/kWh，较“十三五”规划目标降低7.4g/kWh。超额完成“十三五”污染防治攻坚重点任务，超低排放容量规模完成国家确定任务的118%（台数规模完成148%）；京津冀及周边、长三角、汾渭平原三大重点区域煤场全部实现封闭管理，完成蓝天保卫战确定的无组织排放深度治理任务。

【科技创新】 认真落实国家部署要求，深入实施创新驱动战略，发展新动能不断增强。科技管理体系不断完善。加强创新平台建设，着力构建以企业为主体、市场为导向、产学研用深度融合的科技创新体系。成立包括8名院士在内的专家咨询委员会，成功召开第一次专家咨询委员会会议和中国华电科技创新大会；健全中国华电中央研究院职能，整合科技资源，形成创新合力。核心技术攻关取得重大突破。研发投入强度达2.43%，超过国资委考核目标0.06个百分点，投入达到58.4亿元，为历年最高。加快“卡脖子”关键核心技术研发攻关和国产化替代，全力推进国资委央企联合创新项目、国家能源局补短板和AK应用示范项目以及国家重点项目研发，国内首套自主可控超超临界火电DCS和60万kW水电监控分别在芜湖和构皮滩投运，首套风电主控在宁夏运行，全面完成央企联合攻关年度任务。率先构筑起覆盖火电“华电睿蓝”、水电“华电睿信”、风电“华电睿风”、电网“华电睿智”的电力自主可控工控产品系列，由此实现中国自主可控系统的示范应用，具备全面推广应用条件。科技创新成果丰硕。主导和参编的腐蚀控制工程领域的三项国际标准正式发布，实现在国际标准化建设上的“零突破”。“大型热电联产源网荷一体化协同供热关键技术研究及应用”项目获中国电力科学技术奖一等奖，“乌江思林、沙沱升船机关键技术与应用”获全国水力发电科学技术奖一等奖。全年获得授权专利1338项，同比增加19.2%，创历史新高。数字转型加快推进。数字电厂、数字煤矿建设进展顺利，9家数字电厂试点建设全面推进；隆德煤矿智能化综采工作面系统稳定可靠、安全高效，投运后累计采煤超过600万t。编制完成综合能源“两个平台”规划建设方案。推进财务共享中心建设，四个试点区域56家单位实现切换上线，运营效益逐步显现。

【党建工作】 健全完善贯彻落实习近平总书记重要指示批示精神工作机制，在央企中较早制定学习贯彻落实工作制度，坚持把学习贯彻总书记重要指示批示精神作为党组（党委）“第一议题”，健全工作台账，抓好督导落实，公司党组全年学习贯彻72次，明确落实措施246项，实现“学习研讨、贯彻措施、督查督办、跟踪问效”四项标准全落实。深入学习宣传贯彻党的十九届四中、五中全会精神，通过系统培训、专题讲课、集中宣讲等形式，广泛宣传贯彻，掀起学习热潮。抓好公司《巩固深化“不忘初心、牢记使命”主题教育成果实施方案》落实落地，印发党组一号文件，制定落实全面从严治党主体责任清单和年度重点任务。落实管党治党主体责任，持续深化中央巡视整改，建立长效机制工作清单，高质量推进内部巡视巡察工作，全面从严治党向纵深推进。加强党风廉政建设，坚决拥护党中央对云公民严重违纪违法问题的处理决定，坚决贯彻中央关于加大国有企业反腐力度部署以及国资委党委专项整治要求，开展4个方面专项整治，严格落实中央八项规定及其实施细则精神，持续纠治“四风”。落实新时代党的组织路线，加强领导班子和干部人才队伍建设，选优配强直属单位领导班子，优化总部机构设置，年轻干部比例明显提升。在总部部门负责人和直属单位班子成员中，“73后”和“75后”干部占比分别较年初提高7.27和4.76个百分点；直属单位部门负责人和基层企业班子成员中，“78后”和“80后”干部占比分别较年初提高6.89和6.03个百分点。思想文化和品牌建设不断加强，连续8年荣获联合国全球契约最佳实践奖，15项成果入选电力行业优秀企业文化成果。加强统战对象的政治引领、思想引领，引导统战对象与党同心同行。群团工作水平进一步提升，中国华电工委被命名为全国模范职工之家，6名干部职工荣获2020年全国劳动模范荣誉称号。扶贫攻坚成绩显著，开展定点扶贫调研，中国华电主要领导和外部董事深入扶贫一线，研究帮扶措施；荣获国家脱贫攻坚最高荣誉“全国脱贫攻坚奖组织创新奖”，成为“十三五”期间获此殊荣的六家央企之一，也是唯一发电企业。

【社会责任】 定点扶贫的新疆阿图什市和乌恰县、对口支援的新疆喀什市和青海都兰县、电力援藏的西藏尼玛县等63个贫困县全部脱贫摘帽。中国华电获评2019年中央单位定点扶贫考核最优等级；荣获国家脱贫攻坚最高荣誉“全国脱贫攻坚奖组织创新奖”。中国华电连续8年荣获联合国全球契约最佳实践奖，社会责任报告连续6年荣获“金蜜蜂优秀企业社会责任报告·长青奖”。

（王振华　李　涛）

【华电国际电力股份有限公司】

公司概况　华电国际电力股份有限公司（简称华电国际），前身为山东国际电源开发股份有限公司（简称山国电公司），由原山东电力集团公司、山东省国际信托投资公司等五家单位发起设立，于1994年6月28日在济南注册成立。2002年底，国家电力体制改革后，山国电公司控股股东变更为中国华电，是华电旗下最大的上市发电公司。2003年11月，山国电公司更名为“华电国际电力股份有限公司”。2009年6月，华电国际公司总部由济南迁至北京。

华电国际先后在境内外两地上市，1999年6月30日，华电国际H股在香港联交所上市，成为亚洲金融危机之后中国第一支在香港发行的股票；2005年2月，公司A股在上海证券交易所上市，成为“全国询价第一股”。截至2020年12月31日，公司总股本986297.67万股，其中A股（600027）814574.31万股，H股（01071）171723.36万股。中国华电集团有限公司为控股股东，持股46.84%。

华电国际主营业务为建设、经营管理发电厂和其他与发电相关的产业、电力业务相关的技术服务、信息咨询。秉持科学发展和价值思维理念，注重相对竞争力提升，围绕“能源巨子、行业先锋、国际一流”愿景目标，以战略为统领，大力实施二次创业，加快结构调整，综合实力不断增强。华电国际发展领域由单一火电拓展到水电、风电、太阳能发电、核电和煤炭产业，成为高效煤电、清洁能源、煤炭等产业协同发展、板块优势互补的全国性、综合性能源公司，发展区域由山东一省区拓展到四川、宁夏、安徽、河南、河北、浙江、内蒙古、天津、山西、重庆、广东、湖北和陕西14个省（区、市）。

领导班子

董事长、党委书记：丁焕德

副董事长：倪守民

董事：罗小黔、彭兴宇、苟伟、郝彬、王晓渤、冯荣

独立董事：王大树、宗文龙、丰镇平、李兴春

监事会主席：陈炜

监事：马敬安

职工监事：张鹏

党委副书记、总经理：罗小黔

党委委员、副总经理：彭国泉、陈斌、武曰杰

党委委员、财务总监：冯荣

党委委员、总工程师：宋敬尚

党委委员、纪委书记：马敬安

主要领导人员变动情况：华电国际党委班子现有8人。2020年5月15日，罗小黔任党委委员、副书记。8月28日，王绪祥不再担任党委委员、书记。8月28日，丁焕德任党委委员、书记。10月30日，陈存来不再担任党委委员。12月7日，宋敬尚、武曰杰任党委委员。

华电国际董事会现有董事12人，2020年3月25日，田洪宝辞去副董事长、总经理职务。5月17日，董事会任命罗小黔为总经理。6月30日，华电国际于年度股东大会进行了董事会换届：原董事陈海斌、陶

云鹏、陈存来，以及原独立董事丁慧平、王传顺届满辞任；会议选举彭兴宇、罗小黔、苟伟、郝彬、冯荣为新任董事，丰镇平、李兴春为新任独立董事，与董事长王绪祥、副董事长倪守民、董事王晓渤，以及独立董事王大树、宗文龙组成华电国际第九届董事会。10 月 28 日，王绪祥辞去董事长职务，股东大会选举丁焕德为董事，董事会选举丁焕德为董事长。11 月 1 日，陈存来辞任副总经理职务。12 月 7 日，宋敬尚任总工程师；武曰杰任副总经理。

华电国际监事会现有监事 3 人，原监事彭兴宇、原独立监事查建秋、原职工监事袁亚男、马敬安辞任，2020 年 6 月 30 日选举陈炜为监事会主席、马敬安为监事、张鹏为职工监事。

组织机构 本部下设“一室五部”。分别是办公室（人力资源部）、计划投资部、财务资产部、安全与运营管理部、证券市场部（内控部）、党建工作部（纪检办公室）。法人层级共分四级，除母公司外，共有二级子公司 93 家，三级子公司 30 家，四级子公司 1 家，分公司 24 家。

工作业绩 实现利润总额 70.44 亿元，同比增加 15.07 亿元，增幅 27.23%；归属于母公司净利润 41.79 亿元，同比增加 7.73 亿元，增幅 22.68%；发电量完成 2073 亿 kWh，供热量累计完成 1.45 亿 GJ，增幅 16.98%；资产负债率完成 60.37%，较年初下降 5.24 个百分点；每股收益 0.33 元，同比增加 0.04 元，同比提高 13.79%；资产总额 2346.11 亿元，较年初增加 47.35 亿元。

经营管理 深入推进提质增效。围绕华电国际转型发展、资本运作、融资创新、规范运作等重点任务，研究制定年度提质增效工作方案，提出 17 项保障措施，持续强化督导落实。不断完善以“日利润、周例会、月度经济活动分析”为主线的经营监控手段，提升过程监控的及时性、有效性，经营业绩大幅增长，13 个运营区域中，11 个区域超额完成年度利润目标且同比提升，99 个发电、供热项目全部实现盈利。狠抓市场营销和燃料管理。认真研究各区域市场供需形势，因厂施策，挖掘自身优势题材，争取有利的基数电量和优先发电计划。各区域量价统筹参与市场交易，获得与装机相适应的市场份额，不断提高市场占有率。加强煤炭市场分析和政策研究，优化采购和库存策略，做好“保供控价”工作。入厂标准煤单价同比下降 46.17 元/t，节支 22 亿元；气价同比降低 11%，节支 7.4 亿元。有序推进低效无效资产处置，加大亏损企业治理力度，稳妥推进低效无效资产处置，完成 41 家单位 746 项资产处置工作，收回资金 3.53 亿元。

安全环保 华电国际系统安全生产形势总体稳定，未发生一般及以上人身、设备、火灾和交通事故，未发生造成严重社会影响的安全生产事件。夯实安全管理基础。制定华电国际安全生产专项整治三年行动计划，切实抓好春查、秋查、防汛、“安全生产月”、冬季电力安全生产等工作，及时完成安全隐患排查治理。突出重要时段安全生产保障工作，完成了十九届五中全会、节假日等电力安全保障工作。狠抓防汛、供热、网络信息安全等重点工作，华电国际安全生产基础得到进一步稳固。强化环保运营监管。全面履行安全环保监管责任，落实污染防治攻坚战部署要求，完成了南疆、南雄、顺德、三水、泸定公司的环保、水保验收工作。加强环保设施运行和环保指标监督，重庆奉节 2 号机组和广安公司 31 号、32 号机组完成超低排放改造，至此华电国际 95 台存量、增量燃煤火电机组全部实现超低排放。加快推进煤场扬尘治理及水污染防治，污染物排放绩效继续保持优秀水平。

项目发展 强化战略引领。结合各区域发展环境、电力市场、发展预测等因素，启动华电国际“十四五”发展规划和 2020～2035 年中长期发展规划编制工作，以清洁低碳、安全高效为方向，着力推进布局优化和结构调整，确保华电国际战略在各区域有效落地。加大资源拓展力度。积极协调所属资产区域，组织骨干力量先后赴四川、河南、广东等 12 个区域开展调研，加快资源拓展和项目建设，全年核准/备案电源项目 26 个 236.35 万 kW，发起电源项目 33 个 488 万 kW，全部为清洁能源项目，发起规模为 2019 年的 6 倍，23 个新能源项目 192.67 万 kW 实现全容量保电价。积极开展青海省投水电资产重整并购可行性研究，大力推动四川捷可电站开发权问题解决，促进水洛河后续梯级开发。加快海外拓展步伐，联系知名投行有效获取境外项目信息，对乌兹别克斯坦、爱尔兰风电项目深入分析研究，组织进行了模型测算，锻炼了队伍、积累了经验。积极研究探索储能、地热能等新兴业态。积极推进青岛公司、杭州半山 IDC 项目等综合能源服务项目，加强地热综合利用实用化研究，河南驻马店云创谷地热供暖项目完成立项。积极推动地热项目多点布局，努力形成规模效应，洛阳宜阳、开封中心医院地热项目完成发起。

改革创新 立足打造高效“资本运作和投融资平台、海外投资平台”，高效创新做好融资工作，积极推进资本运作。把握相对宽松的融资形势，通过“调整融资结构，提高直接融资占比，扩大统借统还规模，加大资金运作、完善债券发行承销商选聘机制”等措施，促进融资成本持续降低。全年资金成本率完成 4.11%，同比降低 0.27 个百分点。落实疫情资金 53.41 亿元，其中在银行间市场发行了首单疫情防控绿色资产支持票据15.51亿元，争取疫情优惠利率借款37.9亿元。发行债券138.51亿元，平均资金成本3.49%，低于LPR利率116个基点，华电国际本部平均资金成本率完成3.76%，为近3年最低水平。探索上市公司多元化的资本运作模式，启动市场化债转股项目，分两批完成了向6家标的公司的增资工作，50亿元资金已全部到账。加大资金保障力度，向基层单位发放、置换委贷、争取优惠利率借款超过80亿元，公司财务费用同比减少7.57亿元。统筹投资发展、资本运作、资产盘活，平衡优化杠杆水平，资产负债结构持续向好。

扎实开展内控评价。对河南、天津、重庆等区域13家单位开展内控专项评价，及时提出整改要求和管理建议，使内控系统发挥了重要作用。强化规范运作日常管理。严格执行两地的上市规则，信息披露获得市场和监管机构认可。积极推进以房产土地、环保、依法经营、关联交易、信息披露等为核心的规范运作，对存在的瑕疵及时督促整改，加强投资者关系和市值管理，继续保持了华电国际在资本市场的良好形象。加快推进合规体系建设。梳理华电国际"三单一流程"，建立合规审查机制，逐步将合规审查要求嵌入信息化流程。

党的建设 坚持以习近平新时代中国特色社会主义思想为指导，巩固深化"不忘初心、牢记使命"主题教育成果，以党建定方向、党建促改革、党建聚合力、党建严纪律，以党建引领融入中国华电改革发展大局，推动华电国际高质量发展。建立深入学习贯彻落实习近平总书记重要指示批示精神工作制度，把学习贯彻习近平总书记最新重要讲话和重要指示批示精神作为党委会第一议题，第一时间组织传达学习，认真研讨交流，组织开展华电国际党委会学习13次23篇，中心组学习12次67篇。加强党建工作日常考评督导，健全"三示范"工作机制，华电国际党委"三示范"工作机制在中国华电2020年度《示范党支部创建典型案例选编》推广。落实华电国际2020年党建工作要点、党风廉政建设、思想宣传、意识形态、工会、团青等专项工作要点，完满完成全年各项任务目标。围绕中心任务，严格履行监督第一职责，制定《职能部室党风廉政建设和反腐败工作责任清单》，发挥各职能部门和岗位的监督作用。扎实开展"四风"问题监督，督促落实中央八项规定精神，整治形式主义、官僚主义，重点检查党员干部的担当作为、精神风貌和工作成效，坚决杜绝"四风"反弹回潮。坚持以案为鉴，高质量开展反腐倡廉宣传教育月活动。加强统筹协调，推进巡视整改、专项治理和审计工作，督促责任部门对未整改完成的项目进行再跟踪、再研究、再推动，确保按时保质完成各项整改工作。

（于亚柱）

【华电福新能源有限公司】

公司概况 华电福新能源有限公司（简称华电福新）隶属中国华电集团有限公司，于2012年6月在香港联交所上市（股份代号00816），2020年9月29日退市。华电福新拥有包括风电、光伏、水电、煤电、气电（分布式）、核电和生物质能等多种发电类型，资产主要分布在全国27个省市区及海外的西班牙。截至2020年底，华电福新资产总额人民币1603.5亿元，装机容量2548.27万kW。同时，华电福新也是中国华电核电业务的发展平台，持有福建福清核电有限公司的39%股权、浙江三门核电有限公司的10%股权。公司以建成具有清洁低碳、安全高效的国际一流清洁能源上市公司为目标，不断优化电源结构、科学合理布局，呈现清洁化、多元化、国际化的鲜明特点。

领导班子

党委书记、董事长：黄少雄

董事、总经理、党委副书记：吴建春

董事：杜将武、杨明

党委副书记、工会主席：马骏彪

监事、纪委书记：邵福生

党委委员、副总经理、总法律顾问：秦介海

党委委员、副总经理：林文彪

党委委员、总会计师（财务负责人）：吴豪

主要领导人员变动情况：2020年9月29日，华电福新能源股份有限公司从香港联交所H股私有化退市，并于2020年10月16日将公司类型变更为有限责任公司，即华电福新能源有限公司，原华电福新能源股份有限公司董事会、高级管理层等组织机构人员自动免职。同日，根据公司章程规定，公司股东委派黄少雄、吴建春、杜将武、杨明为公司第一届董事会董事，其中黄少雄为公司董事长、法定代表人，委派邵福生为公司监事；董事会聘任吴建春为总经理、林文彪为副总经理、吴豪为总会计师（财务负责人）；12月，聘任秦介海为副总经理、总法律顾问。

年度工作业绩 2020年，华电福新上下以中国华电"五三六战略"和华电福新"2858"发展目标为引领，凝心聚力、迎难而上，敢于担当、主动作为，疫情防控出实招，清洁发展结硕果，资本运作显高效，"两个平台"见实效，规范管理防风险，党建引领促提升，各项工作取得显著成效，实现了"十三五"收官。全年完成发电量518.72亿kWh，同比增长8.75%；实现利润41.08亿元；净资产收益率11.76%；全员劳动生产率134.47万元/人，同比增加7.57万元/人；装机规模达到2548.27万kW，其中清洁能源装机占比达到80.69%。

经营管理 突出价值引领，持续发挥投融资平台和新能源专业管理平台作用。融资模式不断创新，成功发行2020年第一期超短融资债券（疫情防控债）及第一、二期可续期公司债券（复工复产债），发行规模共计70亿元，荣获上海证券交易所债券市场2020年度“公司债券创新产品优秀发行人”。深耕资产证券化市场，发行15.11亿元ABS，进一步解决了公司所属8个区域、27家项目单位、46个风光电项目未来3年可再生能源补贴结算滞后的问题。资产结构持续优化。按照“成熟一个，推进一个”的原则统筹开展并购工作，全年发起甘肃、湖南、浙江、河北等区域并购风光电项目共计160万kW；开展低效无效资产处置，完成龙感湖设备资产转让、新疆雪湖资产处置、福新国核挂牌等相关工作。新能源专业化服务水平不断提高。充分发挥新能源专家库作用，组织召开风电利用小时数提升交流研讨会和燃气轮机企业提质增效工作方案专家研讨会；《风电运维可视化支持系统》正式上线运行，《提升新能源市场竞争力课题》《清洁能源基地化开发研究》等多个课题获得集团公司政策研究优秀成果奖。

项目发展 始终坚持新发展理念，通过专业化管理、规范化运作，着力推动高质量发展，实现了装机规模、能源结构、经营效益等方面的新突破。大力推进清洁能源基地式、规模化开发，在落实消纳市场和送出工程的基础上，开工建设内蒙古正蓝旗、新疆木垒老君庙等外送风电项目；积极推进甘肃金武张能源基地规划，促成与落地点安徽区域的有效对接。密切关注国家相关政策及重点省份新能源电力消纳形势，积极参与竞争性配置项目优选工作，切实控制投资风险，对投资条件无法落实的项目及时予以终止。高度关注项目工程建设进展情况，对在建项目按照投产难度进行“ABC”分类，周跟踪、月总结，动态调整，及时协调地方政府和区域公司协助解决项目存在的问题，年内30个161.55万kW风电项目如期投产，陆上风电“保电价”项目任务全面完成。有序推进重点项目开发，福建福清海坛海峡海上风电项目首台机组年内按计划并网，广东阳江、浙江玉环海上风电项目全面开工建设。广东增城9H燃气轮机、邵武2×660MW煤电机组顺利实现年内“双投”，当年投产、当年盈利。

改革创新 华电福新H股私有化交易成功落地，按照集团公司“三年三步走”总体战略部署，完成华电福新H股私有化并退市，从根本上破解了华电福新作为上市平台的股本融资瓶颈。作为港股市场十年来首单通过现金及发股吸并的H股私有化交易，得到了监管机构、市场和投资者的充分认可，打造了执行效率和交易速度的行业新标杆。充分发挥新能源资产集约化运作和发展优势，梳理华电福新系统内及中国华电非上市风光电资产，分门别类确定重组方案，并全力做好税务筹划和资金保障，大幅降低企业税负。截至2020年12月底，26个区域154家单位、总装机容量逾1600万kW、总资产过千亿的风光电资产顺利完成向福新发展的整合。制度体系建设稳步推进，结合华电福新“多块牌子”合署办公、多个管理主体并存的实际，严格落实“三重一大”决策制度，规范党委会、董事会、总经理办公会等决策会议流程；持续加强“1+2N”制度体系建设，全年共召开制度委员会5次，审核通过21项规章制度，印发了华电福新现行有效规章制度目录，为华电福新规范运作提供制度保障。研究华电福新“十四五”人力资源规划，全面推进“三项制度”改革及退休人员社会化工作，规范开展干部人事管理，充实本部人才队伍。

党的建设 始终坚持党建引领，众志成城共谱抗疫新篇。华电福新党委第一时间成立疫情防控领导小组和工作小组，落实落细防控措施，确保可控在控。强化境外项目疫情防控，组织协调福新国投向歌美飒能源华电福新捐赠疫情防护物资，充分发挥党支部战斗堡垒作用和党员的先锋模范作用，进一步营造了万众一心抗击疫情的浓厚氛围。坚持“两个一以贯之”，不折不扣履行重大决策党委会前置研究程序，把学习贯彻习近平新时代中国特色社会主义思想作为首要政治任务抓紧抓好，建立党委“第一议题”学习台账，健全完善贯彻 习近平 总书记重要指示批示精神工作机制；推动理论学习入脑入心、落细落实，全年组织了13次党委中心组学习，8次专题学习研讨以及《习近平谈治国理政》第三卷专题读书班。建立抓支部党建工作长效机制，进一步提高支部党建工作的规范化、标准化水平。推进全面从严治党，积极开展“以案为鉴、防范围猎”反腐倡廉宣传月活动，巩固深化“不忘初心、牢记使命”主题教育成果，切实做好巡视“后半篇文章”。充分发挥群团组织的桥梁纽带作用，认真履行职代会职责，加强司务公开，不断推进公司民主管理，持续做好职工关心关爱工作，构建和谐稳定的工作氛围；健全完善公司团组织建设，完成团委换届选举，推动公司共青团工作健康有序开展。

（黄 璐）

【华电煤业集团有限公司】

公司概况 华电煤业集团有限公司（简称华电煤业）成立于2005年8月，是中国华电集团有限公司旗下负责煤炭及相关产业开发的专业公司。近年来特别是党的十八大以来，在党中央、国务院和华电集团党组的正确领导下，华电煤业深入学习贯彻习近平新时代中国特色社会主义思想，努力践行“服务华电、创造价值”的使命，协同发展煤炭、电力、物流产业板块，初步构建了以煤炭产业为核心，集煤、电、路、港、航为一体的产业架构，总体建成5000万t级特大型煤炭企业集团，连续多年进入中国煤炭工业50强，在2020中国煤炭企业50强中营收排名第30位、产量排名第17位。

华电煤业下设2个分支机构、4个全资子公司、12个控股公司、9个专业化管理企业和15个参股公司。截至2020年底，华电煤业产权口径资产总额572.04亿元，在册员工6962人。

领导班子

中国华电煤炭专业总工程师、党委书记、董事长：王旺旺

总经理、党委副书记：王瑞

党委副书记、工会代主席：刘书德

党委委员、副总经理（中国华电部门正主任级）：兰毅

党委委员、总会计师：王世伟

党委委员、副总经理：赵鹏

党委委员、副总经理：陈德杰

党委委员、纪委书记：董海秀

主要领导人员变动情况：2020年5月15日，王瑞任华电煤业集团有限公司董事、总经理，中共华电煤业集团有限公司委员会委员、副书记；殷作如不再担任华电煤业集团有限公司董事、总经理，中共华电煤业集团有限公司委员会副书记、委员职务。2020年11月26日，陈德杰任中共华电煤业集团有限公司委员会委员，李建伟不再担任的中共华电煤业集团有限公司委员会副书记、委员，华电煤业集团有限公司工会主席职务；2020年12月7日，刘书德任中共华电煤业集团有限公司委员会副书记、华电煤业集团有限公司工会代主席，不再担任中共华电煤业集团有限公司纪律检查委员会书记职务。2020年12月7日，董海秀任中共华电煤业集团有限公司委员会委员、中共华电煤业集团有限公司纪律检查委员会书记。

工作业绩 2020年，华电煤业疫情防控和煤炭生产供应成效显著，经营稳中向好。管理口径利润总额43.73亿元，完成年度预算的109.33%，位居中国华电直属单位首位；净利润31.47亿元，完成中国华电考核目标的101.52%；资产负债率64.4%，同比降低2.82个百分点；原煤产量6136万t，完成中国华电年度目标的119%，同比增加563万t；销售量6230万t，同比增加669万t，产销率101.53%，产销量均创历史新高；发电量98亿kWh，船舶货运量2801万t，港口接卸量1330万t，均超额完成年度任务。华电煤业荣获工业领域最高奖项“中国工业大奖表彰奖”；不连沟等11家煤矿获得特级安全高效矿井荣誉称号。

经营管理 生产经营成效显著。商品煤创下单日27.67万t的历史最高纪录，全年产量突破6000万t，提前63天完成中国华电产量任务。不连沟、小纪汗、肖家洼、隆德、甜水堡二矿、石泉、金通、天顺煤矿超额完成生产任务。围绕中国华电下达的31亿元净利润目标，创新双倍奖惩、上下联动绩效考核机制，四大主力煤矿实现利润49.36亿元，黄陵建庄、福源船务等参股企业取得较好经营业绩。成本费用进一步压降。强化16项主要成本管控，吨煤直接生产成本44.95元/t，较中国华电下达目标低1.95元/t。压缩非生产性费用开支，定额管理费用和五项经费较中国华电考核值节约2054万元。超额完成中国华电压降任务，综合融资成本率同比下降0.4%，财务费用较预算下降2.62亿元。建立“两金”压降管控机制，“两金”占用增幅低于收入增幅，1年期以上“两金”占用较年初无增长。加强招标物资集约化管理，集中采购率97.73%，上网采购率100%，节资率23.81%。积极争取财税、社保等政策，取得税收优惠4.47亿元，社保减免6500万元。销售环节效益贡献度进一步提升。全年长协合同兑现3489万t，同比增加1287万t；全面推行市场煤竞价销售，累计网上竞价333次，竞价煤1635万t，平均涨幅6.78元/t，增收1.7亿元；隆德公司推行大客户、长协价格与坑口竞价联动机制，实现完全坑口定价。优化产品结构，四大主力煤矿销售精煤同比增加198万t，增收1.4亿元。加强煤质全过程管理，全口径煤炭热值同比上升76kJ，增收2.75亿元。“路港航协同”优势进一步凸显。2020年利用控参股铁路发运煤3256万t，占比43%，运输成本进一步降低。福建储运发挥铁路优势，实现量、利逆势双增长，成为省内同类港口效益最好企业。华远星海运依托协同机制，开通“不连沟煤矿—曹妃甸码头—莱州电厂”准班轮，承揽中国华电平仓下水煤航运业务，成功扭亏增盈。曹妃甸储运协同不连沟、小纪汗、白芦煤矿进场煤炭530万t，占全年装船量的36.3%。

安全环保 认真贯彻落实党中央、国务院疫情防控和复工复产决策部署，用最短的时间实现复工复产，在疫情防控最关键的1～3月累计供应电煤417万t，疫情防控“零感染”，受到了国家能源局和中国华电有关区域公司的保供感谢。加强安全生产标准化建设，推动静态与动态、结果与过程、硬件与软件达标相统一，小纪汗煤矿获评新版标准化第一批一级标准化煤矿，福建储运、华远星海运按照新标准重新取得交通运输部一级证书。更新四大主力煤矿和石

泉煤矿部分主要生产装备，完成东易、万通源煤矿35kV架空线路消缺和塔基加固。落实全国安全生产专项整治三年行动计划，制定实施总体行动方案和3个专项计划。配合中国华电完成企业网络攻防演练，消除网络安全漏洞。建立《生态环保问题台账》，推动解决环保历史遗留问题，不连沟煤矿铁路专用线、小纪汗煤矿小苏计回风立井等8个项目完成环保、水保验收，隆德煤矿500万t/年改扩建项目环评报告报至生态环境部。积极推进污染防治设施改造，完成53台燃煤小锅炉热源替代及环保设施升级、3个露天煤场全封闭、14项废污水处理设施改造，各单位标准危废库房全部建成，不连沟煤矿中低产农田改造项目全面开工，四大主力煤矿更新236台国Ⅲ排放防爆无轨胶轮车。积极开展绿色矿山建设，肖家洼、石泉煤矿获得国家绿色矿山称号，小纪汗煤矿保持国家绿色矿山称号，不连沟、隆德煤矿纳入省级创建名录。

项目发展 证照手续办理和项目前期工作方面，发扬千辛万苦、千言万语、千方百计“三千”精神，下大力气破解长期制约生产煤矿依法合规经营的证照手续问题，积极推动储备项目前期工作，取得突破性进展。肖家洼煤矿取得800万t/年采矿证、安全生产许可证。甜水堡二矿取得240万t/年采矿许可证。隆德煤矿1000万t/年产能核增置换方案取得国家发展改革委复函。西黑山煤矿露天改井工开采设计变更取得国家发展改革委批复。曹妃甸储运取得港口规划许可证。

改革创新 扎实推进中国华电改革创新部署，为高质量发展增添动力活力。编制《数字煤矿建设实施方案》，不连沟、隆德、小纪汗煤矿列入国家首批智能化示范煤矿建设名单，隆德煤矿综采工作面全部实现智能化开采，煤矿“一张图”、精准定位等智能化项目正在加紧实施。华电力拓组织研发的矿用5G通信系统取得全国首套矿用5G煤安认证，“5G＋智能矿山”项目列入国家能源局能源领域5G应用体系。华电煤电加强与中国矿业大学（北京）、国电南京自动化股份有限公司、华电电力科学研究院开展科技创新战略合作，科技投入资金1.33亿元，较目标值增加25.8%，科技项目资金完成率99.3%。依托重点项目，积极申报专利、奖项，2个项目进入中国华电2020年十大重点科技项目；完成中国华电十大重点科技项目示范应用1项；授权专利37项；荣获绿色矿山科学技术奖（重大工程类）二等奖1项；荣获中国华电科技进步奖二等奖1项、三等奖3项。企业改革稳步推进，编制《“综合改革工程”实施方案》和《改革三年行动工作台账》，稳步推动各项改革工作。推进三项制度改革，加快试点单位改革进度。优化企业组织机构，制定煤矿企业内设机构设置指导意见，完成山西分公司与茂华公司整合。完成退休人员社会化管理。有序推进“本部机关化”问题专项整改。

党的建设 促进党的建设同企业工作深度融合。认真落实《深入学习贯彻落实习近平总书记重要指示精神工作制度》，狠抓总书记重要指示批示落地见效。坚持理论学习不停步，深入学习宣传贯彻党的十九届四中、五中全会精神。巩固深化主题教育成果，持续推进“示范党支部”创建，疫情期间建立241个党员责任区、210个党员示范岗。开展专题研究，不断加强混合所有制企业党建工作。推动全面从严治党向纵深发展。编制《落实全面从严治党主体责任清单》，建立党委书记及成员年度任务台账，压紧压实从严治党责任。筑牢“三道防线”，深入开展10项专项治理整治；充分发挥审计监督作用，完成各类审计28项，审减额7612万元；对6家单位开展巡察工作，挽回或避免经济损失761万元。坚决落实中国华电党组巡视整改要求，将反馈意见分解为211项整改任务，明确责任、限时整改。深化“三清”企业创建，锦兴公司继续保持，不连沟公司和榆横煤电被评为中国华电“三清”企业创建先进单位，有力营造了风清气正、干事创业的良好氛围。加强人才队伍建设。面向中国华电系统公开招聘30人，本部缺员现象得到根本解决。面向社会、校园招聘各类专业人才103人。开展专项培训2300人次、职业能力水平评价5期。加强思想文化建设和群团工作。深入开展“三信”职工思想教育和“三史”教育。荣获2020中国社会责任“绿色环保奖”。华电煤业被中国文化管理协会评为“献礼中国共产党百年华诞企业文化实践创新典范单位”。发挥群团组织作用，开展技能竞赛、劳模选树、创新创效等活动，成功举办第十一届井下钻探工技能大赛，开展共青团推优入党试点。助力打赢脱贫攻坚战。投入资金1200余万元，充分展现了央企责任担当。积极推动惠及职工的基础工程建设，煤矿职工生产生活条件明显改善。

（万正海）

【中国华电集团资本控股有限公司】

公司概况 中国华电集团资本控股有限公司（简称资本控股公司）成立于2007年5月，注册资本113亿元，是中国华电集团有限公司的全资子公司，是中国华电金融发展和资本服务的核心平台，负责推进中国华电金融机构发展，管理中国华电参股金融股权，开展投行、投资、融资和理财顾问等业务。主要业务包括投资业务、融资业务、资产管理业务、金融股权的投资与拓展，以及对中国华电现有参股金融机构股权的管理。为推进资本控股上市工作，对资本控股资产进行了整合。

领导班子

董事长、党委书记：褚玉

党委委员、副总经理：刘晖

党委委员：胡永庆

党委委员、副总经理、总会计师、工会主席：江涛

党委委员、纪委书记：李红淑

党委委员、副总经理：王志平

总经理、党委副书记金树成于2020年5月担任川财证券有限责任公司总裁。

党委副书记龙德文于2020年12月退休。

组织机构 见2020年中国华电集团资本控股有限公司组织机构图。

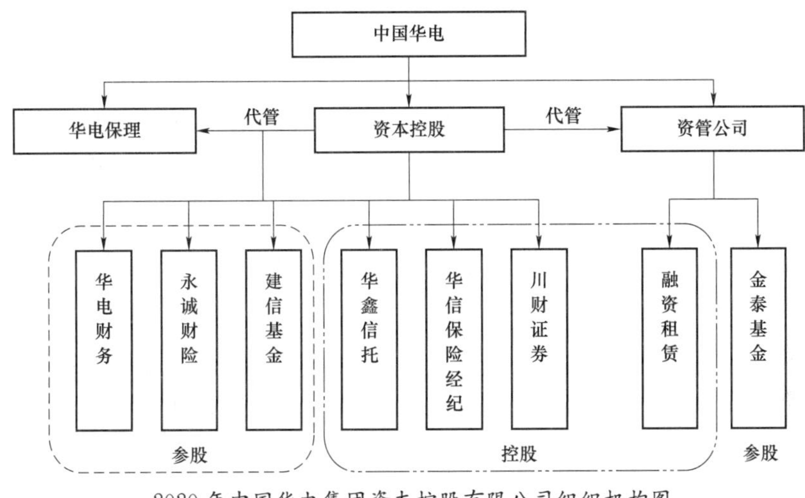

2020年中国华电集团资本控股有限公司组织机构图

工作业绩 2020年，资本控股公司认真贯彻落实习近平总书记重要指示批示精神和党中央决策部署、中国华电系列工作会议精神，始终坚持“稳中求进”的工作总基调，进一步落实“四个坚持”、提升“六种能力”，不忘初心、牢记使命、勇于担当、攻坚克难，统筹兼顾经营发展和疫情防控，完成全年各项任务目标，实现了“十三五”完美收官，助力中国华电在“创一流”的征程上迈出了更加坚实的一步。全年利润总额完成27.9亿元，同比增长19.3%；净利润完成21.9亿元，同比增长17.6%，完成年度经营目标的112.6%，成为中国华电盈利达到20亿元以上的4家单位之一；营业收入31.2亿元，同比增长17.9%；资本控股公司ROE完成11.55%，同比提升0.93个百分点；归母净利润完成17.2亿元，同比增长12.7%；EVA完成10.99亿元，同比增加1.95亿元；人均劳动生产率554万元/人，同比提高49.6万元/人。第一时间成立疫情防控领导小组，启动疫情防控应急预案，疫情防控组织体系、保障体系和监督体系迅速建立并高效运转，完成“零疑似、零感染”、不发生聚集性疫情的防控目标，最大限度地将疫情对经营影响降至最低。

截至2020年末，资本控股公司管理资产规模和净资产分别达到2546亿元和216亿元，荣获中国华电2020年度先进企业。华鑫信托荣获行业最高评级“A级”。华信保险荣获中国华电“文明单位标兵”和“三清企业创建优秀单位”称号。川财证券研究所荣获上海证券报评选的“进步最快研究机构奖”，采掘、传媒团队获“金牛奖”最佳行业分析师。华电租赁连续三年荣获“中国融资租赁年度公司”称号，并获得天津市2020年战略性新兴产业领军企业，荣获行业监管评级“A级”。

经营管理 2020年，资本控股公司积极应对内外部严峻复杂发展形势，深化对经济规律性认识，坚持用辩证长远的眼光看待发展。坚持战略引领，以中国华电“十四五”“5318”战略目标为引领，围绕“建设具有市场竞争力的一流产业金融控股集团”愿景目标，明确了公司“十四五”的“四个坚持”发展思路和“2211”发展目标。狠抓提质增效，本部投资业务连续5年完成考核任务，未出现一单新增风险项目；华鑫信托营业收入、利润总额、净利润及信托业务收入等指标均创历史新高；华信保险业务收入、利润总额分别完成2.09亿元和1.75亿元，位居同类发电企业保险经纪首位；川财证券完善团队引进及淘汰机制并严格执行，保持了队伍的稳定；融资租赁各项经营指标创公司成立以来新高。当年新增租赁资产规模首次超百亿；华电保理如期完成首年目标任务，期末资产规模近20亿元，平台注册用户超过千家。深化产融结合，资本控股公司全年累计向系统内企业提供资

金支持236亿元。资本控股公司本部为系统成员单位代理产权交易项目41项，金额11.1亿元，实现增值3.25亿元。华鑫信托信托理财内销规模89亿元，协助华电国际发行专项防疫债15.5亿元。华信保险多元化金融服务平台“华电e宝”成功上线；统保资产规模达到6728亿元，为中国华电节约保费6800万元；争取保险赔付1.4亿元。川财证券协助中国华电承销债券规模7.03亿元；定期编制并发布疫情日报专刊，提供定制化研究报告。华电租赁完成首单银融通租赁业务，实现了票据融资租赁业务、信用证融资租赁业务等多项创新。华电保理高效完成供应链金融平台上线工作，成功开具“华电E信”，业务推介实现系统各单位全覆盖。金泰基金协助中国华电完成81亿元创新型ABN储架发行工作，成功为中国华电锁定湖南九泽水和内蒙古新锋共计18万kW的新能源项目。强化风险管控，持续健全全面风险管理体系，完善内控合规体系，进一步优化现场检查和非现场监管长效机制，加强对所属机构业务方向和风控标准的指导，全年未出现新增风险项目，累计处置清收不良资产1.07亿元。

安全环保 2020年，资本控股公司未发生企业经营和领导人员违法违纪案例，未发生对企业稳定和形象造成不利影响的事件，在金融风险加剧的背景下保持风险可控在控。

项目发展 2020年，资本控股公司完成信托、租赁、保理增资工作，三家机构注册资本分别增加至58.25亿元、40亿元和6亿元，金融资本实力显著增强。规范股权管理，积极就川财证券股权争议问题与四川省政府进行深入沟通并取得阶段性成效。积极做好战投引入工作，面向160多家意向投资者进行了现场路演推介和沟通交流，同步做好资产评估等前置工作。

改革创新 2020年，资本控股公司着力构建规范、高效、科学的人才队伍建设管控体系，完成公司本部全部55人及有关市场化金融机构员工“双合同”签订工作，在落实中国华电“双合同”管理要求中走在前列、做出示范。建立“固薪＋岗位薪酬＋绩效薪酬”的薪酬体系，完善所属机构工资总额分配机制、对标机制及“管用工总量、用工标准，团队负责把好招聘第一关”的人员招聘机制，加大优秀团队资源配置和激励倾斜，跟踪评价团队业绩。完成公司本部和华信保险迁址迁税工作，为进一步增收节税、引才留才创造更加有利条件。

党的建设 2020年，资本控股公司按照“三创、四强”党建工作思路，制定《党建工作三年提升行动计划》，将习近平总书记重要指示批示精神作为党委会第一议题第一时间学习传达部署，“考评冲A、争创文明、示范党支部”目标同步引领，“理论学习、意识形态、基层巩固”举措同步推进，政治判断力、政治领悟力、政治执行力不断提升。一以贯之坚持“严”的主基调，深化落实“两个”责任，坚持政治从严、纪律从严、监督从严、制度从严，持之以恒纠治“四风”，突出“清廉资本”文化引导，常态化开展廉洁教育，涵养“风清气正、干事创业”的政治生态。

信息化建设 2020年，资本控股公司主动应对疫情，通过远程信息化办公满足公司日常运转需要。严格执行中国华电的要求，严抓公司网络和系统安全防护，在中华人民共和国公安部组织的2020年网络攻防演练活动未出现重大事故。配合中国华电顺利开展“HW2020”行动，在行动期间资本控股公司及所属机构没有发生任何安全事故。资本控股公司本部启用线上“钉钉”考勤系统，优化了“财务报销”审批流程，全年完成系统优化30余次、流程完善50余项，获评中国华电年度信息化水平评价“A级”。华鑫信托开展第二代业务系统建设，对15个系统进行更新换代和有效整合，重点打造财富管理系统。华信保险上线了“华电e宝”“华信e保”平台，打造幸福华电平台，提供涵盖存款、贷款、保险、投资等多方面金融服务。川财证券创新性开发了“明佣宝”App，实现在线开户、交易及购买理财产品；在业内第一批上线智能交易业务。华电租赁开发并实现了融资租赁业务系统上线试运行，形成财务、业务和风险数据一体化。华电保理上线了“华电e信”业务系统，通过华电供应链金融平台开具电子信用凭证，创新了结算方式，降低了结算成本，提高了开具效率。

（管庆佳）

【中国华电科工集团有限公司】

公司概况 中国华电科工集团有限公司（简称华电科工）是中国华电集团有限公司100%投资的有限责任公司，是中国华电科工产业板块的重要组成部分和发展平台，前身可追溯到国家电力公司电力机械局、水电部机械局。华电科工现有在职员工4188人。华电科工形成了投资、产品、工程承包协同发展的产业格局，打造了高端装备及系统工程、环保水务、电站投资建设和清洁能源四大核心业务板块，拥有国内外电站投资建设、海上风电、新能源、分布式能源、物料输送、热能工程、噪声治理、供热改造、电力工程监理监造等多个优势专业，并创新开展了氢能、生物质能、新型岸桥、综合能源服务、固废处理、储能、智能供热等7个新产业、新产品、新业务。产品和服务涵盖了电力、化工、港口、矿业、冶金、市政、清洁能源等领域，业务遍及全国各地及东南亚、欧美、澳大利亚等国家和地区。

领导班子

党委书记、董事长：文端超

党委副书记、董事、总经理：彭刚平

党委副书记、董事、工会主席：刁培滨

党委委员、副总经理：单宏胜

党委委员、总工程师：沈明忠

党委委员、总会计师：李国明

党委委员、副总经理：田立

党委委员、纪委书记：林艳

党委委员、副总经理：刘蔚

2020年华电科工领导人员变动情况：9月28日，单宏胜任华电科工党委委员、副总经理。蒋方帅不再担任华电科工党委委员、副总经理职务。姜学寿不再担任华电科工党委委员、副总经理职务。11月26日，林艳任华电科工党委委员、纪委书记职务。徐磊不再担任华电科工党委委员、纪委书记职务。12月7日，刘蔚任华电科工党委委员、副总经理职务。

组织机构 华电科工下设15个职能部门、高端制造及系统工程、环保水务、电站投资建设、清洁能源四个核心业务板块和其他参控股公司。职能部门：办公室、规划发展部、人力资源部、财务部、党建工作部、市场营销部、国际业务部、科技管理部、工程管理部、安全生产部、法律事务部、监督部、审计部、资产管理部、设计管理部。四大核心业务板块：高端制造及系统工程板块，主要包括华电重工股份有限公司（股票简称华电重工；股票代码601226）、华电郑州机械设计研究院有限公司。环保水务板块，主要包括环境保护分公司、华电水务科技股份有限公司。电站投资建设板块，包括总承包分公司、海外工程分公司、国际贸易分公司和华电科工设计研究总院。清洁能源板块，主要包括华电科工新能源技术开发公司、华电分布式能源工程技术有限公司。其他参控股公司，为配合四大核心业务板块发展，提升整体实力，华电科工与GE、西门子、ABB、豪顿华、福斯特惠勒等国际知名企业建立了合资企业。截至2020年底，华电科工直接控股公司53家，参股公司19家。

工作业绩 2020年，华电科工深入贯彻落实习近平总书记重要指示批示精神，按照中国华电党组统一部署，统筹推进疫情防控和生产经营改革发展工作，质量效益大幅提升，经营指标稳步向好，营业收入、利润总额、资产总额、经济增加值等主要指标均创历史新高。华电科工资产总额达到422.02亿元，实现营业收入210.45亿元，同比增长12.91%。利润总额14亿元，同比增加8.33亿元，完成年度考核目标225.83%。净利润12.02亿元，同比增加7.98亿元，完成年度考核目标267.1%；净资产收益率12.49%，同比提高7.65个百分点；经济增加值8.58亿元，同比增加7.08亿元，完成年度考核目标832.8%；资产负债率75.49%，同比下降1.19个百分点；新签合同201.89亿元，同比增加12.18亿元，完成年度考核指标112.16%。其中，中国华电外新签合同77.01亿元，完成年度考核目标102.68%，较前三年均值增长12.33%。荣获2020年度中国华电特殊奖励一等奖，生产经营、党建工作首次双双获评中国华电A级，再次被授予中国华电“先进企业”称号；华电科工及所属2家单位被授予中国华电“文明单位”称号；所属3家单位被评为中国华电“三清”企业创建单位；6家单位被评为安全环保先进企业；14家单位被评为本质安全五星级企业；6家单位被评为星级科工企业。

经营管理 全面落实中国华电部署要求，深化提质增效专项活动，围绕“两利三率”经营目标，明确23项重点措施，动态跟踪督导，强化激励约束，稳增长根基不断夯实。华电科工国际业务收入105.13亿元；国际业务利润21.21亿元，同比增长94.77%。华电重工、海外分公司、沿海二期项目部等3家单位净利润超过亿元。一是市场开拓力度加大。制定特殊时期市场营销激励措施，建立市场绩效考核目标动态调整机制，发挥各专业整体合力，提高市场占有率。进一步做优集团内部市场，分类强化集采项目管理，定期跟踪、督促项目执行，集团内市场品牌形象得到提升。立足“三十市场”布局，加快推动企地融合发展，先后与秦皇岛市、包头市等地方政府实现对接，与长沙市、株洲市达成合作意向；与国网综合能源服务公司、华北电力设计院、河北工业大学等企业、科研单位及高校签订战略合作协议。制定“十国”市场开发方案，跟踪项目总装机容量超过2000万kW。积极参与海南自贸区建设，签订海南省建制镇污水处理EPC+O项目。二是成本管控初显成效。强化资金全过程管理，建立分类分级管控机制，提升资金集中管控效益，资金归集率较2019年提高6个百分点；优化融资策略，整体综合融资成本率下降65个BP。坚持不懈抓“两金”压降，“两金”占用较年初下降22.09亿元，降幅16.86%；存量“两金”压降66.68%，增量“两金”回收79.91%，“两金”总额连续四年下降；加大竣工项目结算清理力度，106个项目、157个外合同完成结算。专项开展民企清欠，国资委清单中三年以上应付账款全部清零，三年以内清理比例达90%。加强高风险企业治理，华电通用5台TM2500机组完成资金回笼，其余机组签订分批回购协议。用好政策红利，全年争取税收优惠6.17亿元。三是运营效益稳步增长。健全生产运营标准化管理体系，夯实设备安全运行基础，规范检修、技术改造，设备状态持续改善。完成巴厘岛、巴淡电厂大小修任务，巴淡电厂发电煤耗 379.69g/kWh，巴厘岛电厂供电煤耗 368.36g/kWh，分别优于 PPA 考核值 0.68g/kWh、15.68g/kWh。深化环保 BOT 运营项目对标管理，开展运行小指标竞赛，实现“零非停”，消耗性指标持续降低。利用新技术、新材料提升在运水厂处理能力，累计处理污水 4911 万 t，同比增长 4.6%；销售自来水 6318 万 t，同比增长 15.4%。四是资本运作取得进展。明确上市公司募集资金用途，岸桥合资公司成立取得实质性进展，海上风电平台内部资产转让完成。着力解决华电水务上市关键核心问题，关联交易占比实现下降。有序推进混合所有制改革，深入开展混合所有制改革分析评估。发挥华电工程资产管理公司功能，构建资产处置平台，丰富资产处置手段。加强分红管理，全年收缴分红 2.83 亿元。

安全环保 华电科工始终把安全环保工作作为头等大事来抓，以创建本质安全型企业为目标，扎实推进“安全生产专项整治三年行动”，层层落实安全生产责任制，强化监督检查，严格执行境内外项目疫情防控、复工复产、安全生产日报制，及时掌握安全生产动态，安全生产保持稳定。扎实开展安全大检查及反违章活动，发现、整改问题 4516 项，查禁违章 2906 次，累计考核处罚 191 万元。总结安全管理经验，《安全积分制管理促进全生产责任制落实》荣获 2020 年度电力企业管理创新论文大赛一等奖。夯实环保管理基础，实施 2020 年生态环保治理专项行动计划，编制集团公司制造企业危险废物现场管理工作标准示范文本，严格建设项目环保“三同时”，加强生产制造单位排污管理及在线监测，环保管理更加有序、有力。开展生态环保监督检查，发现、整改问题 73 项。

项目发展 一是产品业务稳健发展。签订新疆中天能等高端装备制造合同。青岛厂全年生产催化剂 10190m^3，同比增长 13.79%，产品合格率 97.65%。持续提高超滤膜科技属性，提升品牌效应，全年生产产品组件 1597 支，同比增长 23%。国贸分公司成功拓展内贸煤市场，完成供货 25 万 t。新能源运维规模持续扩大，服务装机容量 350 万 kW。安科所通过 CNAS 年度认证资质评审，颁发系统外单位认证证书 120 余张。山东节能保质保量完成新疆哈密、济南长清等项目供货。二是工程业务亮点纷呈。江陵总承包项目荣获国内工程建设质量最高荣誉“鲁班奖”，“江陵模式”管理经验受到集团内外高度赞誉；签订湖南平江工程建设总承包协议。18 个风电、光伏“保电价”项目全部按期并网发电，逐步形成“汤川模式”，打造了“石壁山精神”“赤礁龙潭精神”。承建的中国华电首个海上风电项目福建海坛海峡项目实现首批风力发电机并网发电。中铝几内亚项目竣工移交，成为同等规模海外输送系统项目中，建设效率最高、建设周期最短的工程项目。世界最长管带输送系统豫北管带机项目初步竣工验收。助力打赢蓝天保卫战，承建环保改造机组 57 台 2395 万 kW；38 个废水改造项目满足进度要求；宿州、六安、灵武等 15 个煤场封闭项目有序推进；半山去工业化项目新型通风消声装置实施应用。国内单机容量最大的楼宇式分布式能源项目广州万博项目正式投产。承建的石家庄第一医院燃气分布式能源项目荣获“2020 年度中国分布式综合能源优秀项目特等奖”；小纪汗矿井水综合利用项目荣获“绿色矿山科学技术二等奖”；参建的句容二期项目被评为“2020 年电力建设优质工程”。

改革创新 一是改革工作成效显著。深刻分析内外形势，提出“六三方略”，为华电科工高质量发展指明了方向、提供了遵循。坚持集思广益、群策群力，召开“十四五”发展规划、科技创新、市场营销、“三新业务”等系列务虚会、研讨会，科学编制“十四五”规划及 25 项专项规划、创一流行动方案，擘画了发展新蓝图。以创建中国华电综合改革工程示范企业为目标，调整全面深化改革领导小组，编制改革三年行动方案和工作台账。深入推进三项制度改革，三横六纵发展通道、宽带薪酬等改革措施正式实施；职能部门“四定”全面完成，并在华电水务、新能源公司等单位试点推广。华电重工“双百行动”收官，经理层任期制和契约化、经营团队持股和股权激励取得标志性成果，职业经理人制度在海外事业部推行，改革成效获评国资委改革专项评估 A 级。进一步整合科技研发设计资源，开展设计体系改革，组建设计研究总院及六个分院，成立公司技术专家库和专业委员会，初步形成了相互支撑、资源共享的设计管理体系。推进公司治理体系和治理能力现代化，完善现代制度体系建设，分级分层分类梳理现行有效制度 221 项，新增、修订制度 74 项。以“强内控、防风险、促合规”为目标，巩固合规管理三大防线，加强合规风险评估预警，修订公司及境外合规管理手册，将合规审查要求嵌入信息化流程，依法依规管理水平不断提升。持续完善三体系管理，修订、发布三体系 I2 版管理手册及程序文件，通过三体系再认证审核。

二是科技创新成果丰硕。把创新作为引领发展的第一动力，持续完善“五位一体”科技创新体系，华电科工再次通过高新技术企业认定。加强科研平台建设，成立王海江院士专家工作站；提升《华电技术》办刊水平，期刊学术复合影响因子同比增长 51%。强化技术研发应用，科技创新收入增长率超额完成集团考核目标 7 个百分点；全年获得授权专利 350 项，同比增长 21.1%，其中发明专利 31 项，同比增长 34.8%；发布实施 4 项行业标准、8 项团体标准，创历史最好成绩；新登记软件著作权32项。制定海外知识产权预警和保护管理办法，6项专利完成PCT国际申请并获得优先权。10项成果荣获中国华电及以上科技奖励，4项成果获得“北京市新技术新产品”认定，1项成果荣获天津市科学技术发明奖特等奖；冷却塔—凝汽器—环境多因素协同深度节能运行、螺旋卸船机等技术、产品研发成功。加快“三新业务”拓展，氢能产业首台新型碱性无机隔膜电解水制氢装置及配套系统开发取得进展，与深圳通用氢能签订战略合作协议。华电科工首个生物燃气投资项目丰宁项目主体工程建设完成。新型岸桥产品完成首台套设计研发，被中国华电纳入创建世界一流示范产品清单。编制产业园综合能源服务示范项目总体方案，园区改造工作有序开展；郑州航空港综合能源服务项目正式开工建设。储能、固废业务首个项目落地。智慧供热业务初步形成基础数据库。

党的建设　一是党建质量稳步提升。传达学习习近平总书记重要指示批示精神和党中央决策部署28次，制定贯彻落实措施76项。健全全面从严治党责任体系，明确公司党委，落实全面从严治党11个方面26项措施，分解制定党委、党委书记及领导班子成员年度工作任务。8个党支部获评中国华电“示范党支部”，2项课题荣获中国华电党建政研优秀成果一等奖。二是干部人才队伍建设不断加强。严格落实干部选拔任用全程纪实，全年新提任干部60人。加大年轻干部选拔培养力度，新提任干部中“75后”“80后”占比达61.7%。抓牢抓实重点岗位人员配备，32名董事监事、9家单位总工程师及13家单位纪委书记、纪检专员到任履职。坚持党管人才，不断优化人才结构，国际化发展、科研及设计、项目管理三支人才队伍规模比例分别上升至9%、16.5%、19.1%，为公司高质量发展奠定了人才基础。创新“线上+线下”人才培养管理模式，全年开展培训51项15586人次。三是全面从严治党纵深推进。严肃认真抓好巡视审计整改，41项巡视反馈问题完成整改，完成率84%；36个审计意见完成整改，完成率92%。发挥政治巡察利剑作用，开展两轮对5家二级单位党组织的巡察，发现问题63个，实现三年巡察全覆盖目标。深入贯彻落实八项规定精神，开展“本部机关化”问题专项整改及“文山会海”、厉行节约反对浪费等专项整治，持续纠治“四风”。发挥监督合力，开展投资管理、境外经营管理等专项整治，深化招标管理、财务管理等专项治理，有效发现、弥补了管理短板和漏洞。严肃监督执纪问责，华电科工系统38人次受到党纪政纪处分。加强廉洁文化建设，深刻汲取云公民案件教训；扎实开展“以案为鉴、防范围猎”反腐倡廉宣传教育月活动，筑牢了拒腐防变思想防线。四是和谐企业加快构建。发布“同·创”文化体系，倡行“同心同向同行、创业创新创效”的企业文化精神。广泛开展“数字科工·智慧科工”创新创意大赛等职工创新创效活动，4项成果荣获中国华电表彰。牢牢把握意识形态主动权，扎实开展“三信”职工思想教育。规范团组织建设，《企业团支部基础工作指引》出版发行，产业园分布式能源青年志愿服务岗被授予“首都学雷锋志愿服务示范岗”。积极履行社会责任，连续三年发布社会责任报告，巴厘岛履责案例荣获“金钥匙—面向SDG的中国行动”优胜奖。助力中国华电决战脱贫攻坚，定点扶贫的新疆乌恰县、阿图什市实现脱贫摘帽。

走向海外　越南沿海二期项目高质量实现1、2号机组厂用电受电等里程碑节点。华电科工首个境外清洁能源项目越南得乐风电成功通过中国华电立项审批。印度尼西亚本多巴度水电、越南嘉莱久荣风电、柬埔寨金边北部污水处理厂等项目前期工作有序开展。签订中机斯里兰卡、巴基斯坦塔尔等高端制造合同，开展沿海项目初始煤采购，保证了沿海项目生产准备用煤供应。

信息建设　加快“数字科工”建设，推进人工智能、物联网、区块链、大数据等现代信息技术应用，制定“5G+数字科工”平台、工业互联网建设方案，开展智慧经营决策管理平台试点，华电科工大数据分析能力、智慧决策支撑能力逐步提升。推进项目数字化应用，BIM试点取得阶段性进展，环保数字化创业平台、智能风电运维加速推进，财务共享中心北京分中心建设有序开展。优化协同办公、市场营销、科技创新等管控系统，上线绩效考核系统、在线学习平台及OA系统“三重一大”模块，开发EM系统手机客户端，基础管理信息化水平得到提升。

（孔乾烨　徐　乾）

【中国华电香港有限公司】

公司概况　中国华电香港有限公司（简称华电香港公司）是中国华电集团有限公司全资控股的二级子公司，于2006年6月在香港注册成立。注册资本金25亿港元，从事境内外发电厂的开发、建设、运营和管理，以及电力能源、煤炭、交通、海运、进出口及相关行业的投资和融资活动。

截至2020年底，华电香港公司管理口径资产规模180.7亿元，在建在运装机规模447.1万kW，其中境外装机287.7万kW，境内装机159.4万kW。境外资产主要分布在印度尼西亚、柬埔寨、俄罗斯、越南、孟加拉国等，先后投资建成印度尼西亚阿萨汉水电项目、柬埔寨额勒赛下游水电项目、俄罗斯捷宁斯卡娅热电项目，收购越南平顺涵剑光伏项目，正在建设印度尼西亚玻雅煤电项目、柬埔寨西哈努克港煤电项目。

领导班子

党委书记、执行董事：方正

党委委员、纪委书记：陈伟

党委委员、副总经理：李林威

党委委员、副总经理、工会主席、总法律顾问：王勇

党委委员、副总经理：罗积满

党委委员、总会计师：李远志

党委委员、副总经理：周德华

党委委员、副总经理：耿克成

组织机构 华电香港公司系统实际员工总数434人。本部内设十二个职能部门，分别是办公室（信息中心）、人力资源部、战略规划部、项目开发一部、项目开发二部、生产运营部、财务资产部、投融资管理部、党建工作部（工会办公室）、监督部（纪检办公室）、法律合规部、工程物资部。华电香港公司下属机构25家，其中三级法人单位21家、四级法人单位2家，派出机构2家；有实际经营业务的单位17家，特殊目的公司4家，平台公司4家。

工作业绩 全口径发电量59.87亿kWh，管理口径发电量37.47亿kWh，完成中国华电下达目标的91.45%。全年实现产权口径利润14.9亿元，管理口径利润12.41亿元，完成中国华电下达目标的335%；净利润10.36亿元，完成中国华电下达目标的398%；营业收入59.8亿元，营业收入利润率20%；国际业务收入68.5亿元；资产负债率31.51%；全员劳动生产率437万元/人，同比增长109%；经济增加值7.7亿元，首次由负转正；荣获中国华电A级企业，保持中国华电先进企业称号，连续荣获中国华电特殊贡献奖。

项目发展 2020年，华电香港公司抓牢发展这一中心工作，齐头并进推动重点项目逐一落地。吉大港项目完成华电香港公司立项、中国华电投资论证会决策。占碑2号项目完成设计招标。加大风光电项目开发力度，光伏项目实现历史性突破。涵剑项目完成股权交割。迈门辛项目完成国家部委备案，实现商业运行。玻雅扩建项目、越南向化风电项目、乌干达水电项目完成华电香港公司发起。全面抓好工程管理，严格落实节点目标。玻雅项目统筹调配有效资源，合理组织现场施工，攻克大件运输困难，力保主线施工进度。质量管控关口前移，组织人员开展厂家巡查，杜绝质量问题带至现场；加大工厂化预制范围和深度，减少现场安装工作量；全年完成烟囱到顶、受热面开吊、汽机房封闭、汽轮机台板就位、定子就位等里程碑节点。西港项目做好外部条件落实，发挥工程策划作用，严格质量管控，快速推进设计、采购、场平等基础工作，实现8.18主体工程开工，完成年度主厂房出零米、锅炉钢架开吊等节点目标。

经营管理 面对疫情下用电量大幅下降、人员物资流动受限等不利影响，苦炼内功、强基固本、增收节支，大力推进提质增效专项行动。一是向“管理”要效益。额勒赛公司在来水偏少且不均匀情况下，实现潜在电量0.84亿kWh，增加电费收入0.43亿元，全年实现等效发电量9.33亿kWh。捷宁公司提升售电边际贡献，降低厂用电率，优化检修计划，提高机组运行经济性，实现年度利润目标完成、企业盈利。涵剑项目交割后完成发电量0.57亿kWh，净资产收益率13.7%，两项指标均高于可行性研究设计值，实现“并入即盈利”目标。贸易公司攻克配额限制难题，全年落实进口煤549万t，较2019年增长64%，占中国华电进口煤总量47%，为保供抑价作出贡献；发挥优势，主动高效完成防疫物资采购；稳步推进机电产品进出口业务，保证玻雅、西港项目设备按时供货，确保项目节点目标实现。奉贤公司全年累计发电量22.4亿kWh，完成年度目标的107%。二是向“成本”要效益。本部大力压降低效成本，全年可控管理费用同比下降2378万元；捷宁公司大幅削减非必要成本，三项费用同比下降1678万元。抓住郑煤机股价高位时机，累计处置1598万股，实现收入1.23亿港币、利润0.43亿港币。三是向“创新”要效益。做好玻雅项目核算工作，EPC业务、金融资产业务实现利润13.9亿元，成为华电香港公司利润主要增长点。创新权益融资模式，成功在港首次发行7亿美元可赎回优先股，大幅降低资产负债率的同时，全年节约财务成本7680万元。玻雅公司研究并采用多准则会计核算一体化模式，提升国际化运营水平，为今后合资公司会计信息管理提供借鉴。四是向“政策”要效益。本部争取疫情政策补贴，取得社保减免430万元。贸易公司争取财政税收资金235万元、外贸补贴130万元。各单位全年落实税收减免累计约1亿元。

安全环保 2020年，华电香港公司未发生一般及以上安全生产事故，未发生对公司形象稳定造成不利影响的事件，未发生政治、经济、安全环保事件。压紧压实安全生产责任制，签订安全生产责任书，层层传递压力。强化“两外”“本地化”人员教育培训，加强风险分级管控、隐患排查治理，深入推进“安全生产专项整治三年行动”，推动在运项目机组检修、基建项目施工过程安全管控。努力构建境外本质安全型企业，额勒赛公司荣获中国华电五星级发电企业、安全环保先进企业称号，PE公司荣获中国华电安全环保先进企业称号。

改革创新 开展“创一流”工作，编制管理提升行动实施方案，找差距、补短板，推动一流企业创

建，中国华电年度综合对标排名第一。全面落实法治建设第一责任人职责，着力打造法治企业，健全组织机构，增设基层单位总法律顾问/法务总监。完善制度体系，制定修订规章制度 39 项。加强合规管理，规章制度、经济合同、重要决策法律审核全覆盖。积极应对诉讼纠纷，捷宁公司系列股东纠纷诉讼均以胜诉结案，不断推动法律管理与企业经营相融合。加强采购工作管理，完善流程，健全制度，全面提升采购水平和效率，实现采购工作规范化、标准化、信息化。全年完成采购 700 余项，合同累计金额约 37 亿元，节资率达到 25%，核心采购管理指数集团公司排名第一。创新境外远程异地评标模式，在印度尼西亚和柬埔寨开通境外评标点，推动境外项目招评标工作有序开展。管理创新成效显著。境外项目采购管理课题荣获中国华电管理创新成果一等奖；玻雅公司荣获印度尼西亚国家科技进步奖、南苏省政府、穆印县政府年度最佳投资奖；捷宁公司取得一项俄罗斯科技专利。

党的建设 切实把学习宣传贯彻习近平新时代中国特色社会主义思想作为首要政治任务，全面系统学习《习近平谈治国理政》第三卷和党的十九届四中、五中全会精神。增强政治引领，落实第一议题制度，及时跟进学习习近平总书记最新重要讲话和重要指示批示精神，制定贯彻落实措施，做好跟踪问效。巩固主题教育成果，组织在京党员和入党积极分子赴延安—梁家河开展党性教育活动。开展“三信”教育，组织战疫情、跟党走等主题党日，倡议党员做到“五带头、五争先”。建立境外党支部季度工作汇报、党员回国书面鉴定、流动党员台账化管理等常态机制，开展境外党支部党建制度应建必建工作，防范境外党建风险，防止弱化淡化。认真落实新时代好干部标准和国有企业领导人员“20 字”要求，持续抓好队伍建设，全年提任厂级领导干部 9 人，交流干部 8 人，引进干部 1 人、专业人才 10 人。开展系统内员工交流锻炼，选派 4 人参加中国华电干部培训班，选派 2 人参加总部学习岗锻炼。制定党委落实全面从严治党主体责任清单，巡视和专项整治问题整改落实取得阶段性成效。加强舆论宣传，柬埔寨外宣工作成果显著。充分发挥工会、共青团作用，开展本部公文技能竞赛、玻雅劳动竞赛、员工关爱和消费扶贫活动，建立玻雅创新（创优）工作室，谷秋成荣获中国华电劳动模范称号，谢明均荣获中国华电先进个人称号。

（吕　雯　杨俊浩）

【华电江苏能源有限公司】

公司概况 华电江苏能源有限公司（简称华电江苏公司）成立于 2003 年 4 月，原为中国华电集团公司江苏分公司，2013 年改制为中国华电集团公司全资子公司，2019 年进行股权多元化改革，变更为合资公司。目前公司股权结构为：中国华电集团有限公司控股 80%，中国石油天然气股份有限公司持股 20%。主要业务为：电力生产和销售、热力生产和供应（涵盖煤机、燃气轮机、分布式、太阳能、风力发电）；与电力相关的燃气轮机服务、煤炭码头运营、天然气管网运营、增量配电业务运营等。华电江苏公司荣获“全国文明单位”“全国五一劳动奖状”“中央企业先进集体”“江苏省文明单位”“江苏省能源工作先进单位”“华电集团先进企业、文明单位标兵”等称号。

截至 2020 年底，华电江苏公司管理总资产超 425 亿元。在运装机容量 1365 万 kW，其中煤机 629 万 kW、燃气轮机 647 万 kW、新能源 89 万 kW，在职员工 4415 人。现辖句容发电公司、望亭发电公司、戚墅堰发电公司、扬州发电公司、新能源公司、昆山热电公司、仪征热电公司、通州热电公司、吴江热电公司、江苏电力股份公司、通州湾能源公司、华瑞燃机服务公司、金湖能源公司、如皋热电公司、华汇能源公司、扬州中燃能源公司、江苏能源销售公司 17 家单位。

面向“十四五”高质量发展，华电江苏公司将坚持以习近平新时代中国特色社会主义思想为指导，深入学习贯彻党的十九大精神，践行“求实　创新　和谐　奋进”核心价值，发扬“马上就办、办就办好”工作作风，秉承“创者先行”精神，立足新发展阶段、贯彻新发展理念、构建新发展格局，促进高质量发展。

领导班子

党委书记、董事长：戴军

党委副书记、总经理：杨惠新

党委委员、副总经理：王多宏（2020 年 6 月任职）

党委委员、副总经理：居斌

党委委员、副总经理：樊爱兵

党委委员、总会计师、总法律顾问：祝月光

党委委员、纪委书记：王迎东（2020 年 8 月任职）

党委委员、副总经理：邵松（2020 年 9 月任职）

自 2020 年 8 月起，唐健不再担任党委副书记、副总经理、工会主席职务。自 2020 年 8 月起，赵文田不再担任党委委员、纪委书记职务。

组织机构 本部设有办公室（法律事务部）、规划发展部、人力资源部、财务资产部、生产技术部、安全环保部、工程管理部、市场营销部、党建工作部（工会办公室）、监督部（纪检办公室、巡察办公室）、审计部、燃料物资部等 12 个部门。

工作业绩 2020 年，实现利润总额 14.26 亿元，完成年度预算目标的 137%，同比增长 59%；净利润 12.14 亿元，完成中国华电考核目标的 137.9%，同比增长 51.89%；净资产收益率 10.54%，同比增加 1.14 个百分点；经济增加值（EVA）6.38 亿元，完成中国华电考核目标的 419%，同比增加 2.02 亿元；

资产负债率72.14%，较年初降低1.69个百分点，营业收入利润率6.81%，同比提高2.35个百分点。完成发电量457.31亿kWh；完成供热量2667万GJ，较年度目标高77万GJ，同比增加13%。完成入厂标准煤单价680元/t，同比下降14元/t。煤机供电煤耗286.56g/kWh，同比下降2g/kWh；燃气轮机供电煤耗220.45g/kWh，同比下降0.17g/kWh。国家重点项目启通天然气管线建成投运，20万kW保电价风电项目全容量并网，发起新能源光伏项目52万kW，赣榆LNG项目已上报核准申请，改革工作获评国务院国有企业改革办专项评估A级，运营中心大楼顺利启用。华电江苏公司保持“全国文明单位”称号，荣获中国华电“先进企业”“安全环保先进企业”。

项目发展 深入贯彻“四个革命、一个合作”能源安全新战略，加大新能源项目推进，转型发展步伐不断加快。一是“十四五”规划初步形成。召开党委会、战略务虚会、专题研讨会等，认真总结“十三五”发展经验，全面开展“十四五”规划研究工作。经过广泛收集信息，多方征求意见，完成规划目标建议及初稿，进一步坚定和统一了“十四五”发展预期目标、主攻方向。二是新能源项目全力推进。成立风光电收并购小组，出台专项奖励措施，制定《加快风光电发展工作方案》，与沿海三市及相关企业签订战略合作和收并购协议，多措并举、多路推进风光电项目，全年发起新能源光伏项目52万kW。仪征大仪、陈集、沙沟、滨海四个“保电价”风电项目克服疫情影响、阻工矛盾、超长雨季和抢装潮等重重困难，实现全容量并网。三是重点项目有序推进。赣榆LNG项目通过用海初审和集团董事会决策，核准申请已上报；望亭燃气轮机二期、扬州化工园区热电联产项目基本具备开工条件；枣林湾增量配电项目开工建设。江都天然气分布式项目应急供热工程顺利投产，句容二期、昆山燃气轮机项目获“国家优质工程奖”。

经营管理 以提质增效专项行动为抓手，坚持低成本策略，强化经营要素管控，全力提质增效。一是深度开拓市场。电量方面，煤机利用小时数4547h，高于四大“三同”21h；调峰和供热燃气轮机利用小时数分别高于“三同”101h、547h。推动燃气轮机参与月度电力市场竞价，获市场电量5.5亿kWh。开展燃气轮机保价增量创效工作，首次尝试燃气轮机代发煤机电量，替代电量5.24亿kWh，创效1460万元；争取气电联动、气价优惠，创效3.17亿元。售电业务年度省内第一，交易电量份额超容量占比，电价高于平均水平。供热方面，扎实开展供热“双提升”，供热量位列省内“五大电”和集团非采暖区域第一。仪征公司在省内率先实现燃气轮机长期双机供热，供热量同比上升54%；戚电、昆山等企业替代供热成效明显。二是精益管控成本。煤炭方面，克服异地通关政策收紧困难，在仅有50万t进口煤配额情况下，完成进口煤采购112万t，同比增长13%，节约成本1.2亿元。尝试电煤跨期采购，在电煤期货指数低位时锁定18万t资源，节约成本0.2亿元。全年入厂标准煤单价降幅优于区域“五大电”平均水平2.74元/t。天然气方面，发挥与中石油战略合作和调峰燃气轮机规模优势，多途径确保天然气量价维持在合理水平。4～10月调峰、供热机组单机之外增量用气优惠10%，累计使用调峰气量7.44亿m^3，创效1.64亿元。资金资本方面，累计发行“疫情专项债”等超短融121亿元，平均发行票面利率2%，创历史新低。集中置换所属企业高成本融资31.26亿元，节资超1亿元，综合对外融资成本率完成3.73%，继续保持集团发电板块第一。落实中国华电部署，新能源公司、股份公司、扬电公司顺利完成新能源资产重组相关工作。望亭、仪征、戚电等通过深化提质增效，经营要素对标省内领先。

安全环保 认真落实习近平总书记关于安全生产重要指示批示精神和长江经济带发展座谈会讲话精神，层层压实责任，完成全国两会、疫情防控、寒潮汛期等重要时段安全环保和电热保供工作。一是疫情防控及时有效。疫情发生以来，华电江苏公司系统迅速行动，及时传达贯彻上级精神部署，成立组织机构，制定工作方案和应急机制，全力做好疫情防控和复工复产工作，新冠肺炎确诊、疑似人员保持“双零”。二是安全生产不断加强。落实安全生产专项整治三年行动计划，开展8个方面专项整治，完善风险、隐患制度措施“两个清单”，自查整改问题隐患1130项，有效管控较大及以上风险100余项；开展督查40余次，排查整治安全风险隐患204个。句电、望亭、吴江、戚电、扬电等经受住了持续暴雨侵袭和突发险情考验。强化运行、检修、技术改造和能效管理，开展技术监督一体化服务，设备可靠性和经济性得到提升。句电公司等6家企业获集团“五星级”发电企业，新能源公司风电机组可利用率排名集团第一，吴江公司实现全年“零非停”。三是环境保护持续推进。开展生态环保治理专项行动，组织生态环保自查自纠，梳理环保问题625项，整改完成率91%。推进封闭煤场、废水和噪声等环保技术改造，助力污染防治攻坚战。单位电能二氧化硫、氮氧化物、烟尘排放量分别完成0.053g/kWh、0.123g/kWh、0.0068g/kWh，全部控制在集团下达年度计划内。戚电公司获常州市首批“绿色工厂”称号，句电公司获江苏省首批四星级“绿色码头”称号。

改革创新 贯彻落实中央、中国华电深化国有企业改革决策部署，大力推进各领域改革实践。一是中国特色现代企业制度初步建立。华电江苏公司股权多元化改革后，新制定股东会、董事会、监事会议事规则，同步修订党委议事规则，把坚持党的领导与现代企业治理有机统一，形成“一融入两授权三制衡”治理架构。进一步厘清本部与基层间的管理界面，加大授放权力度。推行“两单两化四到位”决策管理体系，有效提升决策质量和效率，推动国企制度优势更好地转化为治理效能。华电江苏公司治理和决策体系作为控股公司示范模板被中国华电在系统内推广。二是“双百行动”取得阶段成果。围绕“双百行动”改革任务，在中国华电率先实现经理层任期制和契约化管理全覆盖；以扬能公司为试点，率先探索混合所有制企业员工持股改革，组织多轮研究论证，完成一揽子配套机制，推进改革做深做实。按照市场化改革方向，推进系统退休人员社会化管理、厂办大集体改革，按期完成国资委和中国华电改革任务。三是企业管理水平不断提升。落实“创一流”部署要求，制定行动方案，建立对标体系，明确 8 个方面 31 项具体目标，细化 86 项提升措施，确保“创一流”工作有序推进。强化依法治企和合规管理，推进法律事务与关键业务深度融合，合同、制度和重要决策法律审核 100%。完成制度平台搭建，合规体系建成运营，法律服务平台作用有效发挥。四是科技创新合力逐步形成。召开科技创新工作会议，完善三级科技管理体系，与华电电力科学研究院、清华大学等企业高校开展深度合作，共同推进科技研发、应用及成果转化。华瑞公司通过技术消化吸收，具备了 6FA 机型热通道部件检查、修理作业能力，完成 V94.2 机组在国内的首次自主中修。扬电公司应用国内首套 300MW 级以上机组国产化 DCS 系统安全稳定运行 1 年，打破了 DCS 国产化技术瓶颈，为后续推广奠定了实践基础。近 3 年，华电江苏公司累计投入科技创新费用 1.9 亿元，获各类专利 178 项，华瑞、句电、扬电公司等 3 项成果获中国华电 2020 年科技进步奖。扬电、戚电两项成果获中电联职工技术创新成果二等奖。

党的建设 认真贯彻新时代党的建设总要求，全面落实中国华电党组和华电江苏公司党委各项部署。一是党建引领作用充分发挥。深入学习贯彻党的十九届五中全会精神，认真学习贯彻落实习近平总书记重要讲话和重要指示批示精神，结合实际制定工作制度，将“四个有没有”要求嵌入督办管理平台，抓好全过程跟踪管理。从严落实党建工作责任制，加强“示范党支部”创建，创新实施党员“五亮”工程，促进党建与生产经营深度融合。二是全面从严治党纵深推进。持续深化中央和中国华电巡视整改，配合完成中国华电 2020 年第二轮巡视，强化标本兼治和长效机制建设。完成扬电、昆山公司巡察“回头看”和专项巡察，做实做细日常监督，企业管理得到进一步规范。组织反腐倡廉宣传教育月活动，开展警示教育，强化廉洁风险防控。深化“三清”企业创建，通州、句电、戚电公司获集团“三清”企业创建先进单位。三是精神文明和文化建设常抓不懈。开展“信仰、信念、信心”职工思想教育，加大《华电文化纲要》《先行宣言》宣贯和品牌宣传，持续深化“五文明”创建。江苏公司和吴江等 6 家企业保持集团公司“文明单位标兵”称号，通州热电等 3 家企业新命名集团公司“文明单位标兵”。四是群团组织凝心聚力。支持群团组织围绕中心开展工作，深化“三力”工会建设、共青团推优入党、“康乐美”幸福行动等，凝聚干部员工立足岗位、建功企业的智慧力量。

信息化建设 组织区域所属单位加强网络与信息系统安全防护，及时处置中国华电发布的预警信息；加强电力工控系统安全防护，开展风险管控和隐患排查治理工作，按计划组织完成等保测评和电力监控系统安全评估；有序推进网络安全防护能力建设，分批更新广域网和互联网出口防火墙，提升网络安全保障能力。

协调新办公大楼信息化项目实施，完成虚拟化平台、网络设备、机房配套设施等安装、测试，确保办公大楼信息化设施按时启用。利用 SDN 网络、虚拟化主机等技术提高信息化设施的运维水平；完善区域化应用一生产运营管理系统，打造公司生产运营监管中心，支撑区域“做实”管理；深化本部应用，完善区域综合管理系统，构建本部“智慧”管理平台。

（杨　猛）

国家电力投资集团有限公司

【公司概况】 国家电力投资集团有限公司（简称国家电投）是中央直接管理的特大型国有重要骨干企业，成立于 2015 年 7 月，由原中国电力投资集团公司与国家核电技术有限公司重组组建。国家电投是中国五大发电集团之一，是全球最大的光伏发电企业，2020 年在世界 500 强企业中位列 316 位，业务范围覆盖 46 个国家和地区。国家电投现有员工总数 13 万人，拥有 62 家二级单位，其中 5 家 A 股上市公司、1

家香港红筹股公司和2家新三板挂牌交易公司。国家电投肩负保障国家能源安全的重要使命，负责牵头实施“大型先进压水堆核电站”“重型燃气轮机”两个国家科技重大专项，是“能源工业互联网”平台建设任务的主责单位，也是国务院国资委确定的国有资本投资公司试点企业。

【领导班子】

党组书记、董事长：钱智民

党组副书记、总经理、董事：江毅

党组副书记、董事：祖斌

党组成员、副总经理：刘祥民

党组成员、副总经理：夏忠

纪检监察组组长、党组成员：陈维义

党组成员、副总经理：王树东

党组成员、副总经理：刘明胜

党组成员、总会计师：陈西

【企业战略】 国家电投将贯彻落实习近平新时代中国特色社会主义思想和党的十九大精神，深刻把握高质量发展要求，深刻把握全球能源革命趋势，以先进能源技术创新为驱动，以清洁能源供应和能源生态系统集成为方向，以推进产业和区域协调发展、国际化发展和打造国际品牌为路径，以中国特色现代国有企业制度为保障，建设具有全球竞争力的世界一流清洁能源企业。

【党建工作】 2020年，国家电投党组以习近平新时代中国特色社会主义思想为统领，认真贯彻落实党中央重大决策部署，建立理论武装“学习、研究、创新、落实”闭环体系，建立常态化落实总书记重要指示批示工作机制和台账，建立完善“不忘初心、牢记使命”长效机制，持续推动党建工作与业务工作深度融合，各级党组织和广大党员在疫情防控和生产经营改革发展中充分发挥战斗堡垒和先锋模范作用。国家电投首次在中央企业党建工作责任制考核中获评A级。

坚决打赢疫情防控阻击战，第一时间成立组织机构，召开32次领导小组会对境内外疫情防控做出部署。集团层面先后六次及时表彰，“七一”集中表彰疫情防控、扶贫攻坚优秀共产党员和先进基层党组织，累计表彰集体274个、个人316人。全系统划拨专项党费1015.75万元，组织党员自愿捐款1327万元，组建606个党员突击队、攻坚小组，建立17个临时党组织，在抗疫一线发展党员3名。疫情期间，新华社、人民日报、央视等主流媒体报道转发国家电投防疫抗疫、复工复产信息16066篇次。其中，央视报道30次、9次上新闻联播。大别山电厂克服重重困难、为武汉保电供电在社会上形成较大影响。

坚持不懈抓基层强基础。强化基层党组织“保落实”功能，开展“党组织保落实”专题研究，在总部形成部门党支部“4＋N”公共职责和个性职责，将党支部职责嵌入部门职责，固化成制度流程；对所属单位发布12类党组织105条“保落实”行动项，三年一周期，持续滚动推进，打通决策部署落地“最后一公里”。开展党务干部大培训，化解新冠肺炎疫情不利影响，组织党务干部“向自己学习”，历时两个月，举办覆盖党建、党办、新闻宣传、统战、群团等9期线下培训班，对系统近三年新入职的1265名基层党务干部进行全口径“云上”培训，累计培训党务干部3632人。实施党员空白班组“三年清零行动”，多措并举消除空白班组422个，两年累计完成90%。总部带头开展“三问”专项活动，组织全体党员问认识、问能力、问行动，查摆问题，转变观念，带动全系统解放思想、观念破冰。自主研发的“智慧党建”信息化系统上线运行，党建信息化建设迈出实质性步伐。

【经营管理】 2020年，面对严峻复杂的环境，国家电投统筹抓好疫情防控和生产经营改革发展各项工作，经营效益逆势增长、清洁转型动能强劲，完成各项年度工作目标。

1. 经营发展实现逆势增长

经营指标再创新高。全年实现营业收入2782亿元，利润总额207亿元，净利润138亿元，利润、净利润增长双双超过30%，名列央企前茅。年末资产总额1.32万亿元。

增产增利成效明显。全年完成发电量5829亿kWh，同比增长5.25%，超全国平均水平2.6个百分点。水、风、光、核四大清洁能源效益突出，发挥了重要利润支撑作用。火电板块扭转连续三年亏损局面。电解铝利润创历史新高，金融、煤炭板块效益持续增长。

关键指标全面提升。“双对标、双激励”取得积极成效，18项SDSJ指标中，7项指标排名较上年末提升，10项指标位列四家发电集团首位（2019年为4项指标第一），其中，煤电售电单价、入厂标准煤单价从第三位升至第一位，水电利用小时数、核电利用小时数、核电售电单价、吨煤完全成本从第二位升至第一位，煤电利用小时数从第四位升至第三位。

债务优化与融资创新双发力。以“降成本、保供应、控风险”为原则开展债务优化，2020年平均融资成本率4.25%，较2019年末下降14个BP。融资创新再树行业标杆，在五大集团中首家成功设立总额30亿美元的境外中期票据计划；成功完成首次10亿美元债券的提取发行，创下中资电力央企有史以来最低发行成本以及单一年期最大规模。推出能源央企首个统一供应链金融品牌——“融和e链”。国内首单发行新能源补贴资产支持商业票据（ABCP）。与中国人寿合作设立总规模 100 亿元、首期 80 亿元清洁能源基金，为大型清洁能源基地项目股权融资提供重要支持。

降本节支扎实有力。聚焦“零亏损”开展专项治理，亏损子企业同比减亏 80 亿元，亏损面由 19%下降至 8%，138 户法人单位实现扭亏为盈，纳入国资委专项治理的 42 户重点亏损子企业，整体减亏 51%，高于年度目标 31 个百分点。

2. 经营短板持续改善

资产质量持续改善。按照国资委要求完成 55 户“处僵治困”任务。累计完成 34 项低效无效资产处置，涉及资产金额 173 亿元（含强化管理 19 亿元），超额实现全年资产处置工作目标。按照国资委煤电资源区域整合工作安排，完成首批试点区域划转，集团公司涉及划转企业 9 户，其中青海区域划入 2 户，甘肃、陕西、新疆、宁夏四个区域划出煤电企业/项目 7 户。

资本结构不断改善。持续优化权益资本与债务资本、直接融资与间接融资、长期债务与短期债务结构，防范财务风险。2020 年末资产负债率 73.48%，较 2019 年末下降 2.22 个百分点。引战融资规模超过百亿；集团总部及中国电力发行永续债 604 亿元。积极推进国家核电股权优化工作，受让中技公司所持国家核电股权；调整优化内蒙古区域股权，完成霍煤鸿骏股权回购，完成大板电厂、通辽二发股权重组至内蒙古公司。

税收红利促归母。通过总部费用列支渠道优化，节约所得税提升归母利 6.08 亿元；组织开展研发费用归集及扣除的课题研究，提升各单位费用归集运用能力，降低所得税支出 0.38 亿元；化“危”为“机”，疫情期间组织各单位争取税收政策优惠，取得减税收益 1.9 亿元。

3. 清洁低碳转型发展成效显著

清洁发展势头强劲。克服疫情、“抢装潮”等影响，全面完成“保电价”任务，项目规模达到 1355 万 kW，完成年度计划的 123%。风电、光伏新增产能 2186 万 kW，同比增加 1519 万 kW，增幅 215%，创全国第一。纳入国家财政补贴清单的竞价光伏项目规模达到 295 万 kW，连续两年位居全国首位。期末清洁能源装机占比 56.09%，较 2019 年末提升 5.52 个百分点，继续保持发电集团领先地位。

“重大专项”有序推进。正式发布中国三代核电自主化标志性成果“国和一号”，工程建设进展顺利，堆内核测上堆试验里程碑节点顺利完成；重型燃气轮机转段关键试验及工信部军令状任务全部完成，试验机组联合循环部分开工；能源工业互联网完成 3026 家场站安全态势感知平台实施工作，电力经济类数据自动采集工作已启动，试点开发电站智慧运行系统已上线，风功率预测、远程预警系统已启动试点。

国际化发展步伐加快。完成墨西哥 CASA 新能源项目股权交割。签署巴西 GNA 燃气电站项目股权收购协议。全年新增境外装机 90 万 kW，境外装机突破 600 万 kW，实现三年翻一番，清洁能源占比 70%。成功取得核出口专营资质，为核能“走出去”奠定了基础。

【科技创新】 聚焦国家重大需求和行业未来发展，围绕构建清洁低碳、安全高效的现代能源体系，开展能源领域前沿、关键共性技术研发，攻关形成了一批具有自主知识产权、行业领先的核心技术和产品。积极落实国家“碳达峰、碳中和”目标，实施产业减碳技术创新行动计划。围绕推进产业创新发展和战略性新兴产业培育，加快核心技术研发及新技术应用。

核电领域。完成 CAP1400 屏蔽电机主泵工程与耐久试验、堆外核测系统自主化研制等一批重点研发任务；建成完整核级锆材生产线，实现核级锆材国产化制；建成 AP1000 核燃料组件制造生产线，已向 AP1000 核电机组提供燃料组件；在山东海阳核电厂建成投用全国首个核能供热商用项目，被列为国家能源核能供热商用示范工程，已实施一期 70m^2 核能供热，年可节约 2.32 万 t 标准煤，减排 382t 二氧化硫、362t 氮氧化物以及 6 万 t 二氧化碳，二期 450 万 m^2 核能供热项目已开工；研发水热同产同送关键技术，投运世界首个核能水热同传示范工程并已为海阳核电站生活区近 2000 人同时供热供水，为大规模解决清洁取暖和淡水需求等民生问题提供解决方案。

重型燃气轮机领域。300MW 级 F 级重型燃气轮机研制完成初步设计，全面启动详细设计及样机制造，完成燃烧室单筒性能试验、透平一级动叶中温中压冷效试验 2 项工信部攻关任务，完成 20 项试验试制课题，攻克 73 项关键核心技术。400MW 级 G/H 级重型燃气轮机完成概念设计，完成了 8 项试验验证，攻克 11 项关键技术。截至 2020 年 12 月，重燃专项累计开展 40 余项零部件级、部件级试验试制，突破 80 余项关键核心技术，在多个专业领域填补了国内空白。

光伏领域。深入落实习近平总书记“一定要将光伏产业做好”的重要指示，以科技创新支撑一流产业建设。攻克高效电池组件及电站系统等多项关键技术，IBC（全背电极接触晶硅电池）量产平均效率达到 23.7%，C-HJT（晶体硅铜栅线异质结光伏电池）小批次试产最高转换效率突破 24.5%，跻身国际领先水平；电站系统效率提升 2 个百分点至 84.8%，实现目前行业最高水平。

风电领域。研发央企首个自主知识产权的风功率预测系统并在系统内单位试点推广，超短期预报准确率达到国内领先水平。火电领域，自主知识产权的NuCON控制系统平台首次成功在国家电投江西分宜电厂投入运行。污泥耦合燃煤发电技术成功在江西新昌、上海漕泾电厂落地。

综合智慧能源领域。以技术创新推进能源产品和服务、信息采集、网络互动进入千家万户，最终实现以能源为底层逻辑的社会各要素的良性循环和效益最大化。研发出统一品牌的综合智慧能源管控与服务平台和楼宇型数字化规划设计平台。形成了4大类型的24个典型应用场景方案和技术经济指标体系，并建设了一批典型项目。截至2020年12月，在运综合智慧能源项目215个，正在开发项目167个，在建及前期项目总投资约418亿元。

氢能领域。具有完成自主知识产权的“氢腾”品牌氢燃料电池产品正式发布，80kW燃料电池发动机通过中汽研强检并商运下线，建成了电堆组装、双极板中试线，与中国商飞联合研发的空冷燃料电池及系统成功登机试飞，氢燃料电池从技术研发跨入商业应用阶段。

储能领域。青海共和储能项目入选能源局首批储能示范项目，光储实验实证实训创新平台（大庆基地）获得国家批复，储能技术重点实验室获得青海省批复，自主研发的“容和一号”250 kW/1.5MWh铁—铬液流储能示范电站在张家口战石沟建成投运。成功推出智能换电重卡和电动装载机解决方案，并大规模投入商业应用。完成132kW永磁变速机工程示范样机设计、性能测试，技术指标国内先进。

【标准、专利、奖励情况】 2020年，获得省部级、行业级奖项50项；获得专利授权208件，同比增长27.6%；获得中国专利奖优秀奖2项，实现专利奖上零的突破；参编标准837项，其中主编383项，包括国际先进标准10项（含IEC、ISO各1项）国家标准142项、行业标准583项。

【国际业务】 2020年，国家电投积极响应国家能源外交战略，秉持“一带一路”倡议提出的共商共建共享原则，充分发挥自身优势，以绿色、高效、清洁能源开发和电站服务业为主导，积极参与“一带一路”建设和国际能源合作，扎实推进国际产能和装备制造合作，带动中国电力产业上下游企业协同开拓国际市场，跨国经营发展能力稳步提高，国际竞争能力持续增强，品牌影响力逐步提升，发展格局初步形成。

截至2020年底，国家电投境外业务涵盖46个国家，其中“一带一路”沿线国家37个，拥有境外发电装机容量605.8万kW，其中水电234万kW、煤电182万kW、气电18万kW、风电118.4万kW、光伏53.4万kW，清洁能源占比70%；境外在建电力装机162.6万kW（不含缅甸伊江项目）；正在推进并购的项目包括巴西GNA、西班牙Zero-E后续资产包、巴西Voltaire等项目；正在执行的电力工程总承包项目10个，电站咨询设计、运维培训及其他服务项目总计30个。2020年实现境外营业收入115亿元，同比增长31.88%；境外利润总额11.2亿元，同比下降8.27%（含2020年太平洋水电计提10.5亿元商誉减值）。

截至2020年12月底，国家电投已成为智利投资最大的中资企业之一、澳大利亚第二大风力发电企业、巴西第九大独立发电商，拥有巴西第九大水电站、成功进入马耳他、日本等发达国家市场，拥有缅甸2160万kW水电开发权，“国和一号”（CAP1400）核电技术得到土耳其等国家初步认可，已在巴基斯坦、土耳其、越南等发展潜力大的国家开发大型高效清洁燃煤电站，持续保持三大国际评级机构较高信用评级。

【重点项目情况】

1. 巴西GNA燃气发电项目

GNA燃气发电项目（GNA项目）是美国EIG牵头开发的阿苏港工业综合项目的关键性工程，该港口紧邻里约热内卢州、米纳斯州等工矿集中区域，是从巴西向中国出口铁矿石等大宗商品的重要港口。项目包含燃气电厂以及配套的LNG接收站、浮式天然气存储及再气化装置船（FSRU）、输气管道等，规划6.4GW，分为四期开发建设。

GNAI期项目装机容量1338MW，项目已签署23年的售电协议（PPA）；由西门子提供燃气设备、EPC总包及长期运维服务，由BP供应液化天然气；项目总投资45亿雷亚尔，长期贷款27亿雷亚尔，项目于2018年开工建设，目前已基本完工，并进入调试阶段，计划于2021年5月底投产。GNAII期项目，装机容量1681MW；其建设、运维模式与Ⅰ期相同，项目已签署25年的PPA，已锁定与西门子的EPC、设备供应和运营维护合同，以及与BP的天然气供应合同；项目总投资约57雷亚尔，项目已与巴西开发银行（BNDES）签署39.8亿雷亚尔长期贷款协议，计划于2021年6月融资关闭并开工，2024年6月投产。

2019年11月金砖会议期间，在习近平主席和巴西总统博索纳罗见证下，作为金砖会议成果，宣布了国家电投、西门子和巴西PRUMO公司（美国EIG全球能源伙伴公司控股）联合开发GNA项目的意向合作协议（MOU）。按照集团公司决策，中电国际对项目100%股权报价为27亿雷亚尔，按33%股权的收购比例，收购对价为8.91亿雷亚尔。项目已于2020年8月签署项目协议，2021年1月完成交割。

2. 越南永好一期光伏项目

永好一期光伏项目位于越南平顺省绥丰县，距中国电力下属永新一期火电项目约 10km，平顺二期 90MW 风电项目 12km。该项目已于 2019 年 5 月投入商运，在运并网容量 30MW；年均利用小时数 1450h，发电量 4967 万 kWh/年，总投资 3254 万美元。该项目 PPA 有效期 20 年，上网电价为前 20 年 9.35 美分/kWh。由中电国际和阳光电源合作开发，2020 年 4 月，该项目完成股权交割。目前项目运转良好，计划 2021 年完成发电量 5000 万 kWh。

3. 智利 Atacama 项目

2019 年，太平洋水电智利公司积极开拓市场、寻找优质项目机会，选取了智利北部 Desierto de Atacama（简称 Acatama）光伏项目进行重点推进。Acatama 光伏项目位于智利 Atacama 大区（第三大区），Copiapo 市以南 60km，圣地亚哥以北 650km。项目占地面积为 $200km^2$，初步规划装机容量为 115MW，并购金额不超过 400 万美元。在该项目邻近的 Solar 9 及 Solar Wing 两个区域土地所有权同属于卖方，占地面积分别为 $180km^2$ 和 $280km^2$，初步规划装机容量分别为 105MW 和 150MW。太平洋水电智利公司与卖方签署上述两块土地的租赁协议、自主开发，实现三个项目的打捆开发、形成规模化优势，三个项目总装机容量可达 370MW 以上，是当地比较少见的大型项目。卖方同时持有项目所在地的土地权和矿产权，可直接一对一谈判土地租赁和矿产权相关事宜，有利于加快项目整体开发进度。Acatama、Solar 9、Solar Wing 三个项目计划于 2021～2022 年陆续开工建设，2023 年实现全部投产发电。

4. 墨西哥 Casa 项目

墨西哥第三大可再生能源平台公司——Zuma Energia 公司（简称 Zuma），专注于可再生能源项目的开发、融资、建设和运营，目前拥有在运总装机容量 81.8 万 kW（包括两个风电共 47.4 万 kW、两个光伏共 34.4 万 kW）。2020 年 8 月 27 日签订 SPA，并于 11 月 19 日完成正式交割。Casa 项目的成功交割，是国家电投，也是中国电力企业在墨西哥电力市场的首次重大直接投资，也是拉美地区 2020 年交割规模最大的可再生能源并购项目。

5. 日本福岛西乡村一、二期光伏发电项目

项目位于日本福岛县西白河郡，为山地光伏发电项目，一期建设规模为 76.5MW，二期建设规模为 79.86MW，选用取得日本 JPEA 认证的国产高效单晶硅组件及固定支架，是国家电投截至目前在日本开发的规模最大的光伏绿地项目，2020 年 6 月开工，计划 2022 年 12 月投产运行。

6. 日本伊贺谷光伏发电项目

项目位于日本兵库县伊贺谷，为山地光伏发电项目，总装机容量 1.5MW，采用国产双面光伏组件及“平单轴＋固定轴”混装方案，于 2020 年 10 月开工建设，2021 年 3 月全容量投产运行。

7. 马来西亚光伏 EPC 项目

马来西亚 2020 年有三个在建光伏 EPC 项目，总容量 40MW，均为国家电投下属能源科技工程公司承接。在疫情肆虐的大背景之下，克服了自 2020 年 3 月 18 日至 7 月初的政府停工限令，马来西亚在建光伏项目实现了“三连投”。

马来西亚雪兰莪 10MW 漂浮光伏项目是马来西亚第一个漂浮光伏项目，于 2019 年 8 月正式开工，2020 年 8 月 18 日全容量并网发电，8 月 28 日正式进入商业运行。

马来西亚登嘉楼 5MW 光伏项目项目于 2019 年 7 月 1 日正式开工，2020 年 9 月 14 日完成全容量并网发电，9 月 29 日进入正式商业运行。

马来西亚柔佛州 25MW 光伏项目于 2019 年 12 月底正式开工，2020 年 11 月 12 日全容量并网发电，11 月 25 日进入正式商业运行。

8. 印度尼西亚爪哇 7 号燃煤电站一期 EPC 项目

爪哇 7 号一期工程建设 2×105 万 kW 超超临界燃煤发电机组，是中国出口海外的首台百万级机组，也是印度尼西亚目前单机容量最大的机组。项目工程建设采用 EPC 模式，由山东院和浙江火电组成联合体共同承包。项目于 2016 年开工建设，1 号机组于 2019 年 12 月 12 日提前 114 天高标准一次通过 168 h 满负荷试运；2020 年，克服全球新冠疫情的不利影响，2 号机组于 2020 年 9 月 23 日提前合同工期半个月通过 168h 满负荷运行，具备商运条件。机组各指标参数优异，成为印度尼西亚首台发电的百万 kW 级机组，央视及中国电力报以“一带一路崛起能源新地标”给予报道，反响重大。

国家电投将持续开展与国际知名企业战略合作协议项下的技术合作。积极推动《重型燃气轮机技术合作协议》执行，国家电投所属企业中国重燃与德国西门子能源、意大利安萨尔多通力协作，稳步推进技术培训、数据材料交付、试验验证等相关工作；2020 年 6 月，国家电投与西门子能源在中德两国政府主管部门的视频见证下签署试验电厂重燃设备供货合同。进一步拓展既有战略合作领域，推动西门子能源兆瓦级别绿色制氢项目首次在中国落地，确保北京 2022 年冬奥会和冬残奥会延庆赛区赛事期间和赛后公共交通运营所需的氢能供应。

【市场建设】 2020 年，国家电投建设具有全球竞争力的世界一流清洁能源企业取得新突破，清洁能源装

机达到9888万kW，占比超过56%。新能源投产新增装机2259万kW，创历史新高，其中风电新增装机1158万kW，超前四年新增风电装机总和；新能源装机6049万kW，跃居世界首位。

2020年，中国电力大别山发电公司荣获“中央企业抗击新冠疫情先进集体”“中央企业先进集体”荣誉称号。湖北大别山电厂一期已建成2台640MW超临界煤电机组，二期2台660MW超超临界煤电机组2020年建成投产。面对突发疫情，大别山发电公司认真履行保电使命，积极担当防疫责任，在最关键时刻启动2号机组，成为湖北省首家双机直供武汉的发电企业，为武汉防疫最关键时期提供电力供应。3号机组在2020年5月投产，成为当地疫后紧急重振提供坚强能源保障、作出复工复产示范。

新投产/开工的重特大项目如下：

（1）江西分宜电厂扩建项目。江西分宜发电厂位于江西省新余市分宜县塘边村，建设2×660MW超超临界燃煤发电机组，同步安装烟气脱硫、脱硝设施，并留有扩建条件。项目于2018年6月正式开工，是国家电投集团数字化、智能化、去工业化、绿色环保电厂的示范项目，是江西省“十三五”重点建设工程。

分宜电厂1号机组于2020年5月17日首次并网一次成功，5月22日进入168h，5月29日一次性高质量通过168h试运行，2号机组8月6日完成168h试运。其中，1号机组从并网到通过168h仅用12天，创造同类型基建机组一次性最快通过168h全国纪录。试运行期间，机组系统运行平稳，主要经济指标达同类型机组先进水平。截至2021年3月31日，1号机组连续安全稳定运行306天，连续在网运行306天，创全国同类型基建机组在网连续运行天数最高纪录。2021年4月，1号机组被上海大世界基尼斯总部认证为“大世界基尼斯之最”。

分宜电厂的建成投产，是落实国家“十三五”能源发展战略，优化电源结构的重要举措，极大地优化了电力结构，提高了能源利用效率，充分发挥了高参数、大容量、低能耗、环保型机组的显著优势。

（2）湖北黄冈大别山发电厂二期项目。大别山电厂二期工程地处鄂东负荷中心，建设2×660 MW超超临界燃煤机组，同步建设烟气脱硫、脱硝装置和高效除尘设施，是湖北省“十三五”期间能源和电力规划的重点项目之一。项目于2016年开工建设，两台机组分别于2020年5月22日和12月27日完成168h试运。

项目投产后年发电量约60亿kWh，可增加地方税收约3亿元，能有效改善华中地区电力系统水、火电源结构和分布，增加系统的调峰能力及调峰手段，提高电网运行的经济性和可靠性，为湖北省乃至整个华中地区提供强有力的能源保障；同时大别山项目对推动麻城和大别山革命老区的经济建设和社会进步，支持当地保就业、保民生、保运转，拉动革命老区经济发展，加快当地群众脱贫致富奔小康步伐，促进湖北经济社会秩序恢复具有重要和深远的积极意义。

（3）新疆准东五彩湾北二电厂项目。准东五彩湾北二电厂项目位于新疆昌吉州吉木萨尔县北部准东五彩湾煤电煤化工工业园区内，拟建设4台660 MW国产超临界燃煤间接空冷发电机组，一期建设2×660 MW超临界燃煤间接空冷发电机，是准东至华东特高压直流输电工程7个配套电源项目之一。本项目于2016年3月15日开工建设，两台机组分别于2020年1月19日和2020年7月11日完成168h试运。

作为“疆电外送”第二通道配套电源和承担国家能源管理智慧化示范重任的五彩湾北二电厂按照国家煤炭高效清洁运用的需求，牢固树立创新、协调、绿色、开放、共享的设计理念，采用超超临界燃煤间接空冷发电机组，同步建设脱硫脱硝装置。项目投产后，每年可提供电力60多亿kWh，对促进新疆能源基地开发、保障华东地区电力可靠供应、拉动地方经济增长具有重要意义。

（4）河南沁阳电厂一期项目。沁阳电厂一期项目位于河南省焦作市沁阳沁北产业集聚区，建设2×1000 MW超超临界发电机组。项目于2015年7月31日获河南省发改委核准，是国家科技支撑计划“1000MW高效宽负荷超超临界机组开发与应用”课题的示范工程，也是国家电投和河南省重点电源建设项目。

该项目为国内首台百万机组5mg超净项目，采用国内最先进的多污染物协同集成治理技术，烟尘、二氧化硫、氮氧化物排放浓度分别达到2.6、24.2、45mg/m^3，低于燃气排放标准。设计供电煤耗为273g/kWh。机组投产后，能够向沁阳市产业集聚区提供工业蒸汽240t/h，同时向沁阳市城区提供居民集中采暖供热400t/h，民生效应显著。

（5）青海省海南州特高压外送基地项目。2020年，国家电投青海海南州清洁能源基地“9·30”全容量成功并网，建成全球规模最大的“水、风、光、储”一体化多能互补基地，成为世界首条远距离、100%输送可再生能源青豫±800kV直流特高压通道的主力电源。

青海海南州清洁能源基地是国家电投贯彻落实习近平总书记在青海视察期间做出“一定要将光伏产业做好”指示精神的重大举措，是落实国家“四个革命、一个合作”能源安全战略，践行中国“30.60”目标，推进能源绿色转型升级的重要实践，也是国家电投全面引领光伏发电产业高质量发展，打造世界一流光伏产业的“旗舰”项目和重点工程。海南州清洁能源基地装机规模容量405万kW（风电165万kW，光伏240kW），投资242多亿元，配套建设了646台风力发电机，700余万块光伏组件，6座330kV升压站（含扩建站）、5座110kV汇集站、32座35kV汇集站；建设110kV集电线路105km、35kV集电线路1075km，参建人员14000余人，工期310天，是全球一次性建设投产规模最大、建设时间最短的新能源发电项目。每年可提供98亿kWh清洁电力，可替代标准煤392万t，减少二氧化碳排放977万t、二氧化硫排放2.94万t，树立了规模化、基地化、园区式开发清洁能源的新典范，建成青海清洁能源示范省建设的重要“能源地标”，为中国“碳达峰、碳中和”作出积极贡献，是世界清洁能源发展史上具有里程碑意义的创举。

（6）江苏滨海南H3海上风电项目。江苏滨海南H3海上风电项目位于江苏省盐城市滨海县，滨海港水域港界南侧，离岸距离36km，规划海域面积90km^2，共布置75台单机容量4.0MW的风力发电机组，装机规模为300MW。风电场配套布置一座海上220kV升压站、一座陆上集控中心，2020年12月完成所有风力发电机全容量并网，该项目预计年发电量近9亿kWh。

作为国内首个预先系统规划，与工程建设同步推进的海上风电数字化智能化项目，该项目功能设计聚焦重大风险管控、聚焦实用功能、聚焦成本效益，以提升项目全寿命周期运营管控能力和盈利水平为目标，紧扣生产实际。以大数据平台为基础将风力发电机SCADA、风功率预测、电气设备、海缆监测、智能传感终端、视频安防等业务模块底层数据打通，直接加载到三维模型上，各功能板块与三维模型深度融合。

【电力扶贫】 四川美姑、河南商城、陕西延川3个国家级定点扶贫县全部脱贫摘帽，国家电投历时8年全面完成“十三五”扶贫援助任务。

2020年11月17日，四川省人民政府批准凉山州美姑县退出贫困县行列。至此，国家电投承担的3个国家级定点扶贫县（四川美姑、河南商城、陕西延川）、1个对口援青县、100个对口帮扶村全部脱贫，标志着国家电投全面完成“十三五”扶贫援助任务。自2012年承担扶贫任务以来，国家电投扶贫任务覆盖18个省区58个县（含市、区等），21家二级单位深度参与扶贫援助工作。截至2020年10月底，国家电投扶贫相关累计投入89.63亿元，派遣扶贫干部、第一书记、驻村工作人员累计240余人，培训基层干部985人次、技术人员4700余人次，惠及贫困人口51万余人。其中，定点扶贫投入3.1亿元，无电区建设投入1.11亿元，出资3亿元参加国资委央企扶贫基金，集中式光伏扶贫累计投入81.8亿元，建成投产113万kW，可产生连续20年每年约1.1亿元的扶贫红利，惠及贫困人口11万余人。

【安全生产】 采取全面预控、分类施策、分区管理、重点防控、协调联动等措施，安全有序做好疫情防控和复工复产。3月18日国家电投生产型企业实现100%复工，成为国资委系统中较早实现全部复工复产的企业之一；3月27日，275个计划复工项目提前4天全部安全、有序恢复正常施工。将“零死亡”纳入JYKY重点工作任务，聚焦目标、持续发力，深化安全生产“零死亡”专项工作。组织开展了为期3个月的集中专项整治，梳理、消除承包商“准入、选择、使用、评价”各环节的漏洞、盲点和堵区，持续强化承包商安全管理。深入贯彻落实习近平总书记关于防汛救灾工作的重要指示精神及国资委、国家能源局有关文件要求，全力做好防汛防台各项工作。以“四不两直”、专项检查和安全生产尽职督察等多种形式，深入开展安全生产监督检查。按照国家电投2020年制度修订计划，结合国家电投总部机构调整和工作实际，继续推进完善安全管理规章制度和标准。

【节能减排】 国家电投党组高度重视污染防治攻坚工作，深入贯彻习近平生态文明思想，2020年，通过严格执行生态环保“十项禁令和二十条不准”，严格落实“两清单”，开展专项督查，实施经验反馈，推进问题整改，有效管控生态环保风险。全年主要污染物达标排放，未发生严重违法违规行为以及突发环境事件，总体上保持平稳向好态势。霍煤鸿俊电解铝超低排放项目荣获2020年第四届全国设备管理与技术创新成果特等奖；内蒙古一号露天矿、扎哈淖尔露天矿被纳入自治区绿色矿山名录，白音华二号露天矿进入遴选国家绿色矿山名录。

【数字化建设】 2020年，国家电投深化产业数字化转型突破，在核电、火电、水电、风电、光伏、综合智慧能源等产业中不断创新数字化应用。

（1）核电产业数字化。国核示范电站有限责任公司与上海核工程研究设计院共同推出了“智慧工地”建设，为“国和一号”示范工程装上智慧大脑。2020年开发并投用人员定位系统、视频监控及吊钩可视化系统等七大系统，全面运用移动互联、物联网、人工智能、虚拟现实、大数据等新一代信息技术，实现实体工程虚拟化、智能化，系统汇聚进度、安全、质量、物资管理等数据信息，实现智慧化管理。

（2）火电产业数字化。火电产业聚焦工控平台“卡脖子”难题，推动国产自主可控DCS系统研发应用，研发了自主可控的国产化DCS系统——NuCON

控制系统平台，2020年在分宜电厂2×66万kW超超临界机组实现验证性首台套应用，完成国和一号DCS验证；具有智能监测分析、智能诊断优化、锅炉受热面数字孪生的状态检修系统已在内蒙古鸿骏、江西贵溪等电厂顺利投运；开发输煤巡检、水冷壁智能检测机器人及水冷壁巡检无人机，在上海电力、河北公司及江西公司应用，促进减员增效同时有效降低安全风险。

（3）水电产业数字化。国家电投基于集团水电产业云边协同工业大数据平台，在五凌电力试点开展了远程运维系统应用场景构建，综合利用“智能感知、机器学习、大数据挖掘”等先进技术，完成远程巡检、状态评估、故障诊断、优化运行、知识中心五个子系统的功能开发，在提高发电效益、节约运维成本、降低设备风险、提升工作效率方面初见成效，获得国家电投“绿动未来”能源数字化创新应用大赛一等奖。同期开展的智慧营销、经营决策分析及大数据审计等应用为企业的经营管理提供了便利，取得了产业数字化转型的良好开端。

同时，国家电投积极开展水电工程数字化建设与管理研究，依托五强溪扩机工程和剑科水电站工程项目，研究基于全数字化的BIM正向设计和基于施工详图的BIM逆向建模应用，以水电工程建设数字化管控为核心，搭建了水电工程数字化管控平台，将业主、监理、设计、施工各方纳入统一管理，实现“五维四方”线上协同管控；初步形成融合工程建管、集成开发、BIM应用的水电工程数字化建设标准体系；创新工业互联应用，打造水电工程5G应用专属网络和工程数据云中心，推动水电工程建设的管控提质。

（4）风电产业数字化。国家电投开发海洋气象预报系统，提供开发项目资源普查和建设运维期海上高分辨率气象和浪涌预报服务；融合AI人工智能、大数据等技术，开发了海上风电安全管理支持系统，填补了国家电投海上风电作业在线安全管理与事故防范的空白；运用数字化、智能化技术，开发了海上风电建设生产指挥系统，实现建设全过程智慧化管理，填补了国内空白。

（5）光伏产业数字化。国家电投光伏产业深化数字化、自动化应用：研制AGV光伏清扫机器人，大大提升光伏板清洁效率；建设了光伏发电系统智能数据分析平台；使用数字化产品标识牌及产品识别设备；开展光伏电站数据积累与软件模型分析，与现地实测数据结合进一步优化模型并提高模拟功率曲线匹配度，促进发电效率提升。

（6）综合智慧能源产业数字化。国家电投集团开发完成拥有自主知识产权的“天枢一号”平台，包含49个功能模块，具有320多种算法，兼容26种传输协议，可以实现能源智慧管理、预测、调度、交易等功能；完成平台搭建和“电力交易仿真”“电力交易撮合”“电力交易撮合交易，实现业务线上化。

数字化工作在国家电投数字化转型领导小组的领导下，紧密围绕公司发展战略，以支撑公司JYKJ体系（计划、预算、考核、激励）落地和一流总部建设为重点，坚持平台化实施策略，推进大数据应用，提升管理数字化和产业数字化水平，为国家电投建设具有全球竞争力的世界一流清洁能源集团提供了强有力支撑。

【主要事件】

1月2日，国家电投与中国中车联合研发的氢燃料电池城市客车在宁波下线。9月27日，国家电投发布氢燃料电池产品——氢腾FC-ML80/FCS65，氢能装备顺利步入产业化推广实施阶段。

2月28日，海阳核电站克服跨越春节年假、疫情防控等困难，历时44.73天完成1号机组5815项检修及试验项目，一次并网成功，首次大修创国内“最短工期”纪录。

4月1日，国家电投以国核电力规划设计研究院为基础，组建综合智慧能源科技公司，作为全集团的综合智慧能源产业发展平台。

5月12日，资本控股融和电科智能换电重卡在北京首个建筑砂石绿色基地。

6月30日，国家电投首个“零碳”供能项目——宝之谷综合智慧能源项目正式投产运行。

7月1日，国家电投举行综合智慧能源技术方案推介会，发布智慧能源产业品牌。

9月4日，融和电科推出全新设计的换电宽体矿用自卸车，货箱容积36m^3，对比市面同类型宽体矿用自卸车容积增大58%，额定最大负重能达75t，运力高出平均水平50%，经济成本节省约41%。

9月28日，国家电投发布具有自主知识产权的“国和一号”核电品牌，“国和一号”示范项目扎实推进，国家电投历时12年基本完成三代核电自主化战略任务。

9月30日，全球一次性建设投产最大规模、最短时间建成的新能源发电项目——海南藏族自治州405万kW特高压配套电源工程实现并网发电，标志着青海省由清洁能源生产大省向输出大省转变，在青海能源发展史上具有里程碑意义。

11月10日，以“全球能源合作——智慧能源引领能源革命”为主题的2020年全球智慧能源高峰论坛在南京举办，国家电投党组书记、董事长钱智民在会上发表题为《智慧能源引领全球能源发展》的主旨演讲，从企业和行业角度描绘了综合智慧能源的未来。

11月25日，海阳核电站在核能综合利用方面迎来双突破：全国首个零碳供暖城市创建项目——海阳核电二期450万 m^2 核能供热项目正式开工，世界首个水热同传实践工程——海阳核电水热同传创新示范项目正式投运。

12月1日，以打造生态小岗、智慧小岗、幸福小岗为目标的美丽乡村综合智慧能源示范项目开工，建成后小岗村将实现100%清洁能源消费和供暖，成为农村绿色发展的示范标杆项目。截至12月底，国家电投综合智慧能源项目共407个。

12月23日，国内首个百千瓦级铁—铬液流电池示范项目——张家口战石沟光伏电站投入试运行，国家电投自主研发的储能技术正式投入应用。

截至2020年底，国家电投清洁能源占比突破56%，新能源装机居世界首位，成为首家宣布“碳达峰”时间的中央企业。

（杨春雪　任　熙　许为宁）

【黄河上游水电开发有限责任公司】

公司概况　黄河上游水电开发有限责任公司（简称黄河公司）于1999年10月28日在西安挂牌成立。黄河公司是在龙羊峡水电站和李家峡发电有限公司资产重组的基础上，由国家电力公司与西北电力集团公司、青海省电力公司、陕西省电力公司、甘肃省电力公司、宁夏回族自治区电力公司、陕西省电力建设投资开发公司、甘肃省电力建设投资开发公司、宁夏电力开发投资有限责任公司和青海省投资公司等投资方共同出资组建，主要任务是：按照“流域、梯级、滚动、综合”方针，开发黄河上游龙羊峡至青铜峡河段的水电资源。2000年1月1日开始正式运作；同日，青海省电力公司所属龙羊峡水电厂、李家峡水电厂划转黄河公司。

2002年起，国家分步推进电力体制改革，实行厂网分开，重组国家电力公司发电资产，组建了五大发电集团公司。按照原国家计委关于国家电力公司发电资产重组划分方案的批复，黄河公司作为流域开发公司划入中国电力投资集团公司。2004年7月，中国电力投资集团公司印发文件，将盐锅峡、八盘峡、青铜峡水电厂划归黄河公司管理。2015年5月29日，经国务院批准，中国电力投资集团公司与国家核电技术有限公司重组，成立国家电力投资集团公司，黄河公司由此隶属于国家电投。

黄河公司成立以来，先后建成公伯峡、拉西瓦、苏只、积石峡、班多水电站等，在黄河上保持了“投产一批、建设一批、筹建一批、规划一批”的梯次持续开发局面，打造成黄河上游千万千瓦级水电基地。

转变发展方式，优化电源和产业结构，大力发展光伏产业。2011年建成格尔木200MW全球单体最大光伏电站。2014年起，研发水光互补技术，建成世界最大规模、装机容量850MW的龙羊峡水光互补光伏电站，填补了国内大规模水光互补关键技术的空白。2015年，第一个切片项目——西宁400MW切片一期200MW单晶切片项目顺利投产；同年，在格尔木200MW智能光伏电站向全球发布智能光伏电站技术。2016年，建成百兆瓦级光伏发电实证基地。2018年，运用“集中监控、大数据分析、远程诊断，实时维护”的智能管理模式，建成新能源运维和大数据分析中心；同年，成立光伏产业技术创新中心，形成了国内唯一一个涵盖从硅材料到组件回收全产业链的17个研发平台。2019年，建设的国内首个高智能化、量产效率超过23%的N型IBC电池生产线，达到国际领先水平。

自2013年起，黄河公司依托西北地区清洁能源资源禀赋，着手在甘肃、陕西、青海建设风力发电场。2019年，在青海建成6座风电场，装机容量243万kW。在加快黄河上游水电、新能源资源开发的同时，拓展发展领域，在青海规划建设目前世界海拔最高的4×66万kW超超临界燃煤火电机组，其中一期工程建设的两台66万kW燃煤火电机组分别于2015年12月、2016年3月移交生产。

经过二十年的发展，黄河公司实现了由单一水电向水电、火电、新能源发电并举的重大转变，并延伸到电解铝、多晶硅、太阳能电池及组件等领域，实现了多产业一体化协同发展。

2020年，黄河公司完成发电量691.3亿kWh，同比增长8.5%；营业收入同比增长16.08%，利润总额同比增长12.72%，超额完成国家电投下达的年度经营目标。全年建成投产光伏和风力发电项目486.41万kW，新能源发电装机容量突破千万千瓦大关。布局清洁能源产业，电力装机规模增加997.88万kW，达到2463.84万kW；资产总额增加665亿元，达到1438.68亿元。

领导班子

党委书记、董事长：谢小平

总经理、党委副书记：魏显贵

党委委员、副总经理、有色金属总工程师：于淼

副总经理、新能源总工程师：刘柏年

党委委员、副总经理：胡一栋

党委委员、纪委书记、工会主席：孙蔚泓

财务总监：葛明波

副总经理：王思德

党委委员、副总经理：刘刚

2020年10月，国家电投决定：白炎武不再担任黄河公司党委副书记、副总经理职务，杨存龙、王兴玉不再担任黄河公司党委委员、副总经理职务。

组织机构 由机关本部21个部门、10个职能中心、35个基层单位组成。

机关本部：办公室（董事会办公室）、规划发展部、海外部、经营部、人力资源部（体制改革办公室）、财务产权部、物资与采购部、企业管理与法务部、科技管理部、工程技术部、水电与新能源生产技术部、电力协同产业部、火电部、安全质量部、环境保护部、审计内控部、政治工作部、纪委办公室、工会办公室、巡察工作领导小组办公室、扶贫工作办公室。

黄河公司本部职能中心：电力营销中心、资产管理中心、安全环保中心、审计内控中心、纪检中心、会计核算中心、劳动人事与薪酬管理中心、培训服务中心、新闻中心、档案中心。

黄河公司基层单位：国家电投集团光伏产业创新中心、国家电投集团大坝管理中心、电力技术公司、电力运营公司（生产信息调度中心）、班多发电分公司、龙羊峡发电分公司、拉西瓦发电分公司、李家峡发电分公司、公伯峡发电分公司、积石峡发电分公司、甘肃盐锅峡发电分公司、宁夏青铜峡发电公司、中型水电公司、光伏维检公司、新能源维检公司、风电公司、陕西能源公司、甘肃新能源发电公司、西宁发电分公司、黄河西宁热电有限公司、大通火电公司、工程建设分公司、新能源建设分公司、新能源投资开发公司、智慧能源公司、智慧能源西宁分公司、电力检修公司、物资公司、黄河配售电公司、非洲工作组、鑫业公司、矿业公司、光伏产业技术公司、新能源分公司、西安太阳能公司（西宁太阳能公司）。

疫情防控 新冠肺炎疫情暴发后，黄河公司克服困难，多方采购防疫物资，为全员配备配齐个人防护用品。对8000多名员工和14000多名施工及辅助人员进行网格化、地毯式健康信息排查和动态管理，安排春节期间1613名跨省返回员工和109名与湖北人员密切接触员工隔离观察，做到管控措施全覆盖、无遗漏。孙浩源、李志荣被评为“青海省抗击新冠肺炎疫情先进个人”。

统筹推进复工复产。成立14个专业工作组，深入生产建设现场，协助解决复工复产工作中的难点堵点问题，扎实推进疫情防控和复工复产。黄河公司在青海省率先实现全面复工复产，并带动上下游企业复工达产，得到青海省委省政府的高度肯定；获得国家电投“复工复产先进单位”称号。

项目发展 强化与地方政府战略合作，推动集团公司与青海省人民政府、香港中华煤气公司签订《战略合作框架协议》，与青海省人民政府签订《战略合作协议》。发挥清洁能源产业规模优势和创新优势，深化项目合作开发模式，与青海省海西州人民政府、三一重能集团签订《项目投资合作协议》，与大庆市人民政府签订《共建国家光伏、储能实证实验平台（基地）战略合作框架协议》。

编制《集团公司青海省“十四五”规划》《黄河公司“十四五”及中长期发展规划》；参与编制《青海省建设清洁能源示范省五年行动方案》等清洁能源发展相关规划，牵头编制并完成海南州、海西州清洁能源发展规划及外送基地电源配置规划，将企业重大项目规划融入地方发展规划。

克服突发疫情、风电抢装带来的重重困难，推进海南州特高压外送通道配套电源405万kW新能源项目建设，项目于9月30日按期全容量并网，创造了一次性建设规模最大、建设时间最短的新纪录，得到国家电投党组的通报表扬和青海省政府领导的批示表扬。12月30日，中标的青海30万kW光伏补贴竞价项目实现并网。

加快推进重点项目开发，黄河羊曲水电站项目环评报告取得生态环境部批复，国家发展改革委正式受理项目核准申请，已做好复工和截流准备；拉西瓦水电站4号机组扩机项目开工建设；李家峡水电站5号机组扩机项目获得青海省发改委批复。

开拓海外项目市场。编制完成15个国别市场研究报告、中东区域3个专题报告，参与埃塞俄比亚中长期可再生能源供需发展规划及电价机制研究。拓展合作渠道，与水利部水利水电规划设计总院等多家单位签订国际化发展合作框架协议。加快推进海外重点项目前期工作，沙特阿拉伯第三轮1.2GW光伏竞标项目通过集团公司董事会执行委员会决策，参与中阿清洁能源培训中心建设取得国家能源局国际合作司支持。

稳步推进“三新”产业发展，黄河梯级电站大型储能项目列入《中共中央 国务院关于新时代推进西部大开发形成新格局的指导意见》和《青海省“十四五”清洁能源发展规划》，完成“龙羊峡—拉西瓦”梯级储能工厂项目预可行性研究报告审查。国家光储电站实验实证实训平台纳入青海省省级重大项目库。

按照国资委煤电资源区域整合要求，完成原华能集团西宁热电公司、原华电集团大通火电公司和原甘肃黄河公司兰州热电公司管理权移交。企业在青火电装机容量增加至262万kW，占青海省统调火电机组容量的82.9%。

安全生产 提早谋划部署防汛措施，汛前完成全部泄水建筑物修复，开展防汛应急预案演练。汛期持续加强水文气象预报，及时发布洪水预警，有效应对黄河干流2次洪水过程。发挥国家电投大坝管理中心专业服务职能，及时向国家电投各涉坝单位发送异常提醒。完成青海省政府交办的玛尔挡水电站防汛任务。

落实安全生产责任，将“零一类轻伤”作为各基层单位年度安全目标，纳入“JYKJ”（计划、预算、考核、激励）管理体系，层层压实安全生产责任，实现“零伤亡”目标。推进安全生产三年专项行动，完善领导干部安全生产联系机制，对6家单位开展安全生产尽职督查，强化安全生产主体责任落实。推行新能源建设项目驻点式、标准化安全监督模式，对风电项目并网调试等关键节点进行旁站监督，确保新能源建设项目安全投产。完善全员安全生产责任制，提升“三大责任”体系运转效能。建立全员岗位隐患清单，落实隐患排查治理责任，全年累计发现隐患1824项，整改完成97.5%，有效遏制安全事件的发生。

深化安健环体系建设，5家单位达到第二方评估“三钻”水平，风险分级管控和隐患排查治理双重预防机制效果不断显现。深化班组安全建设，打造“学习型、自主型、创新型”班组，“安全建设示范班组”达标率达到35%。完善承包商安全管理标准，固化示范创建成效，承包商安全管理逐步规范。加大设备技术改造力度，落实“三防”措施，全年投入安全生产费用2.8亿元。完成安全管理信息化系统试点建设，实现“全过程、穿透式”管理。建成电力运行和水电建设安全实训基地，形成“教学+体验+实操”的立体式安全培训模式。积极配合国家能源局大坝安全监察中心完成5座水电站大坝定期检查。

生态环保 落实黄河流域生态保护和高质量发展国家战略，编制印发《黄河干流水电站环境保护提升工作方案》，落实生态环保主体责任。加强生态环保设施建设和环境整治，完成黄河班多水电站鱼道及生态放水孔工程建设和积石峡鱼类增殖站改造，组织开展鱼类增殖放流活动，拆除黄河干流6座水电站临河临时建筑物，拉西瓦、积石峡水电站完成中华人民共和国生态环境部环保验收备案。开展羊曲水电站然果村甘蒙柽柳移植扩大试验，移植后发芽率达99.4%。各单位污染物达标排放，固体废物和危险废物合规处置。

生产经营管理 加强与黄委和网调沟通协调，落实807m^3/s的大流量封河计划，凌汛期出库水量较2019年度增加6.76亿m^3，提高冬季梯级水电站发电量约13亿kWh。完成龙羊峡水库设计汛限水位2594m运用专题论证，汛期动态控制汛限水位，在入库水量同比偏多8.53亿m^3的情况下，同比减少泄水11.29亿m^3，水库削峰拦洪作用进一步加强。龙羊峡水库连续3年蓄至正常高水位2600m，2020年达到2600.91m，实现历史峰值水位。持续优化梯级水库联合调度运用，泄洪期间龙（羊峡）积（石峡）河段各水电站平均负荷率达到84%，较2019年同期增发电量15.82亿kWh，企业全年水电发电量达到553.6亿kWh。

2020年全年完成71台次水电机组检修，提升设备运行可靠性，各水电站机组成功经受长历时、大负荷运行考验。结合机组检修，完成龙羊峡水电站3号机组大轴补气装置、李家峡水电站3号机组转轮换型改造，运行工况得到改善。加强设备维护保养，鑫业公司多功能天车故障时间同比降低42%，炭素系统成型双线设备故障时间同比降低51%。

完成16台水电机组调速器改造，优化AGC和一次调频调节策略，水电站考核分值同比降低52%；完成青海境内新能源电站AGC、AVC及光功率预测系统双重化改造和策略优化，新能源电站考核分值同比降低42%。持续优化调整机组运行策略，水电板块和西宁火电全年获得辅助服务补偿170030分。

落实国家电投“SDSJ”（双对标、双激励）管理要求，深挖存量资产效益潜能，印发并实施《提质增效工作方案》《新能源提升发电量、提升发电能力专项行动方案》。电力板块中，完成乌兰和德令哈光伏电站增容及低效率组件更换、格尔木光伏电站35kV环网柜和SVG改造，发电能力有效提升。西宁火电发电单位成本同比降低11.99元/kWh，入厂标准煤单价较区域内五大发电集团均价低23.59元/t，低于国家电投“SDSJ”目标值1.12元/t。协同板块中，鑫业公司通过抓好技术指标优化、设备维检水平提升、阳极外销成本摊薄等挖潜措施，节约成本约1亿元；通过铝合金光伏支架等多品种产品销售增利7860万元；通过政策争取，实现0.30元/kWh的优惠电价。全年实现利润5亿元，创历史新高，完成国资委特困企业专项治理目标。新能源分公司通过对标IATF16949质量管理体系等措施，电子级多晶硅平均占比提升至90.45%，销量同比提高117%。工业强基工程存储器“一条龙”应用计划2个示范项目投入生产，新增产能800t/年，三氯氢硅质量满足客户要求。太阳能公司的IBC电池和N-TOPCon电池量产转换效率分别达到23.7%和23.3%；实现境外组件销售17MW、光伏专用铜铝连接器销售41.8万套、逆变器销售1029.5MW。

电力营销成绩突出。深挖西北省间丰枯、峰谷互济潜力，提早启动外送工作，为汛期富余电量消纳腾出空间。紧抓青海省内水电双边电力交易放开的有利契机，与省内80%以上电力市场用户签订年度双边协议，稳定售电量价。大力拓展外送电量市场，加强与北京电力交易中心等单位的沟通，企业全年外送电量209亿kWh，再创历史新高，连续三年实现高速增长。持续加强与外送落点省份的沟通协商，2021年“青电入鲁”协议电量较2020年增加10亿kWh。积极参与青海电力交易中心股份制改革，企业股权占比提高至20%。青海省“绿电三江源”百日实践活动期间，企业交易电量占全省总交易份额的81%。电费全额按期回收，实现“颗粒归仓”。

财务税费工作有效提升。提升资产质量、改善财务状况，持续压控“两金”，开展7.19亿元新能源电价补贴资产证券化工作，合计压降新能源电价补贴21.93亿元。多措并举，继续为海南州405万kW新能源项目提供资金保障130多亿元。优化调整陇电、宁电分公司内部资产重组方案，减少税负成本1.49亿元。积极争取疫情期间各项优惠政策，复工复产优惠贷款节约全年财务费用800万元；获得社保、医保费用减免7789.81万元，稳岗补贴457万元。新引入保险资金，融资成本降低0.6个百分点。稳步推进债务优化，争取存量贷款利率优惠政策，节约当年财务费用5000万元，后续每年可节约财务费用9000万元。加强财务信息质量和管理能力建设，荣获2019年国家电投财务报告“表扬单位”称号、2020年国家电投第二期财务管理能力评价“二等奖”。

科研创新 申报先进储能技术国家重点实验室，申报方案已上报青海省和国家电投。国家光伏、储能实证实验平台（大庆基地）项目获得国家能源局批复。国家光伏发电实证基地配套20MW储能电站入选国家能源局首批科技创新（储能）试点示范项目。芯测公司被认定为集成电路硅材料省级工程研究中心，取得CMA和CNAS“双认证”。完善“产、学、研、用”创新体系，获批设立博士后科研工作站，与西安交通大学合作共建“储能科学与工程”专业。承办“一带一路”清洁能源发展论坛，展示企业清洁能源发展成果，行业知名度和影响力再度提升。

持续提升知识产权管理和运用能力，入选工信部2020年度工业企业知识产权运用试点单位。加快推进新能源生产运营中心建设，完成青海和陕西境内所有新能源电站接入，实现电站远程监视和控制功能。风电场智能运维诊断系统和智能运维生产管理系统上线运行，实现运行管理、两票管理、缺陷管理、风力发电机状态实时监视、发电能力分析统计等基础功能。国家电投大坝安全管理监控信息系统通过初步验收，实现坝群集约化、专业化、信息化管理。积极开展软科学课题项目研究和管理创新成果总结，“财务共享在综合能源企业的拓展应用研究”获得国家电投软科学课题项目三等奖，《坚持企业自信　加强制度建设　为企业管理保驾护航》获得2020年度电力企业管理创新论文大赛一等奖，“中小水电站市场化薪酬试点改革研究”获得国家电投管理创新成果三等奖。

技术创新成果丰硕。全年完成科研项目22项、成果评价11项，其中2项成果达到国际领先水平、5项成果达到国内领先水平。“晶硅光伏组件回收产业化及设备国产化研究”完成原理机设备开发。“龙羊峡水库年与多年调节库容研究”“光伏电站系统综合性能评估研究”成果运用于水库调度和电力生产，实现科研成果向经济效益的转化。全年获得省部级及以上各类奖项27项。“高效N型IBC双面电池与组件技术的开发与应用”荣获国家电投科技进步一等奖。全年申请专利137件，获得正式授权103件；制定并发布国际标准1项、国家及行业标准31项。

体制机制改革 落实国企改革三年行动，持续推进“一流本部”建设，梳理调整本部各部室岗位及职责，制定实施《黄河公司一流本部建设（一期）方案》。优化调整干部选拔任用条件，完善退出机制，推动领导干部能上能下。持续加强薪酬激励体系建设，强化精准激励导向作用，全年累计发放专项奖励工资3290万元。按照国务院关于中央企业分离办社会职能要求，2010名退休人员全部移交社会化管理。

基础管理 全面承接《国家电投总部权责清单（C+版）》，制修订并发布制度82部。青海黄河水电公司增资引战后第一次股东会顺利召开，完成减资及18家企业工商变更。加快合规手续办理，土地证、房产证办理完成率分别提高22个百分点和14个百分点。持续推进竣工决算编制，年内除乌兰100MW风电项目外，其余3个增量项目均按期完成竣工决算编制任务。着力强化采购合规管理，招标采购全部规范运作。继续开展“法律进企业、服务进基层”活动，8725人次参加法律及制度宣贯培训。开展审计“1+N”模式应用及大数据辅助审计研究，提升审计效率。年内完成审计内控项目13项，揭露管理问题并提出改善意见或建议209项，实现审计三年全覆盖。强化审计发现问题的督促整改，加大审计整改考核力度。加强风险识别与管控，全年发送《风险管理工作提示单》17份。企业率先进入国家电投审计管理评价优秀单位名录。

党群工作 推进基层党组织“8+N”保落实行动项落地，制定的5000余条行动措施全部落实。建立“不忘初心、牢记使命”主题教育常态化、制度化机制，严肃党内政治生活，提升责任担当意识。深化“5+X”示范党支部建设，示范率达到30%，进一步夯实基层基础。开展安全文化“三进”和“融心聚力”企业文化专项活动，2项成果分别获得全国电力行业“党建品牌影响力奖”和“企业文化建设优秀成果奖”。严格落实意识形态工作责任制，制定9个方面35个具体行动项，引导思想观念，凝聚政治共识。持续深化“党建+”实践项目，开展“三个一公里”（超前领先一公里、最后落地一公里、协作支持一公里）主题实践活动，为实现年度任务目标提供坚强的政治保障。

强化“两个责任”落实，实行分级管理，逐级传导压力，形成上下联动、层层推进的工作格局，确保年度目标任务实现。履行监督第一职责，通过“三重一大”决策事项监督和疫情防控、生态环保、扶贫援助等监督检查，发现并纠正不合规事项603项。坚持纠“四风”与树新风相结合，集中整治作风领域突出问题，研究制定整改措施170项，整改完成83项。按照国家电投统一部署，组织开展“微权力”靶向监督专项行动，形成纪检建议223条，提出整改措施201条，整改完成率达100%。

压紧压实政治巡察整改责任，对照国家电投“两个清单”深入开展自查自纠，中央巡视发现的问题全部完成整改，国家电投巡视发现的问题整改率达97.3%。发挥政治巡察震慑、遏制、治本作用，年内完成5家单位常规巡察、5家单位巡察整改专项督查和2家单位巡察“回头看”。

做好职工关心关爱工作，向基层单位工会划拨疫情防控专项补助49.6万元，为抗疫一线职工家庭发放专项帮扶资金11万元。积极组织和参加各类技能竞赛，提高员工技能水平，取得国家电投“建功创一流”光伏技能竞赛团体、个人“双第一”的优异成绩，25家单位分别被授予全国或青海省“安康杯”竞赛先进集体。全面加强基层组织建设，电力检修公司荣获“全国文明单位”称号，太阳能电力公司IBC电池制造分厂A班获得国家电投首批“示范班组”称号。广泛开展“双跑赢”青年专项行动，凝聚青年力量，助力企业重点任务目标实现。芦彪被评为“全国劳动模范”，危胜获得国家电投“青年标兵”称号。多维度宣传“黄河水电”品牌，6474篇次稿件在国家、行业和地方主流媒体发表，企业高质量发展成就4次登上《人民日报》、14次登上央视频道、31次登上青海卫视。

扶贫工作 扶贫体系持续完善，全年投入扶贫及援助资金15972.88万元。两个定点扶贫村提前实现脱贫摘帽，集体产业发展焕发出勃勃生机，实现销售分红70万元。企业成为唯一一个连续3年获得“省直定点扶贫先进单位”荣誉称号的中央驻青企业；刘家福被评为青海省“优秀第一书记”。

主要事件

4月15日至17日，黄河公司所属风电公司首次利用无人机巡检取得成功。

4月20日，经青海省人民政府批准，泽库县从全省贫困县中退出。

5月7日，黄河公司持续2个月的TOPCon电池升级改造项目取得成果，N型TOPCon高效双面电池量产平均效率突破23.2%，达到行业领先水平。

5月9日，青海“绿电三江源”百日系列活动正式拉开序幕，自当日0时至8月16日24时连续100天对三江源地区16个县和1个镇全部使用清洁能源供电。

5月14日，黄河公司与晶科电力（香港）有限公司签订《合作框架协议》。

5月18日，青海黄河水电公司与国家电投集团山东能源发展有限公司签订集团内部首例发电权替代交易协议，将山东能源公司火电厂8128万kW电量指标，通过发电权置换方式由企业“清洁黄河电”替发。

5月29日，积石峡发电分公司在电站码头组织开展2020年度黄河土著鱼类增殖放流活动，共放流鱼类鱼苗30万尾，放流品种包括花斑裸鲤和黄河裸裂尻。

5月31日，黄河公司IBC电池量产平均效率突破23.6%。

5月，青海芯测科技有限公司通过中国检验检测机构CMA资质认定，成为青海省及国家电投集团首家能够涵盖集成电路用电子级多晶硅产品全部检测项目。

6月2日，公伯峡发电分公司在青海化隆回族自治县举行鱼类增殖放流活动，共向黄河放流花斑裸鲤、黄河裸裂尻鱼鱼苗30万余尾。青海省渔业环保检测站、化隆县相关部门、黄河公司相关部门单位人员参加了放流活动。

6月5日，正值第49个世界环境日，甘肃盐锅峡发电公司在盐锅峡电站库区开展了鱼类增殖放流活动，共放流厚唇重唇鱼3000尾、黄河裸裂尻3000尾、鲢鱼2000尾、鳙鱼2000尾。甘肃省永靖县相关部门负责人现场监督并见证了放流过程。

6月18日，龙羊峡水电站水库水位达到2589.93m，于当日18时开闸泄水，按1300～1400m³/s控泄。

6月22日，黄河公司以年销售收入2992617万元，被青海省工信厅、国资委等授予“2020年度青海企业50强”，列50强第二位。

7月1日，黄河公司当日发电量2.44亿kWh，创下单日发电量历史最高纪录。其中水电发电量2.19亿kWh，也创历史新高。

7月15日，国家知识产权局下发《关于第二十一届中国专利奖授奖的决定》，黄河公司发明专利“光伏电站与水电站联合运行系统及运行方法”（专利号：ZL201510007143.X）荣获第二十一届中国专利优秀奖。

7月24日，鑫业公司获颁“2019年度中国铝行业明星企业”奖。

7月27日，中电联科技开发服务中心印发《关于公布2019年度电力行业风电运行指标对标结果的通知》，黄河水电定边新能源公司董新庄风电场获AAA级优胜风电场荣誉称号。这是黄河公司系统首家获得风电行业生产运行指标对标区域优胜风电场的单位。

7月，黄河公司外送电量再创新高，水电单月外送电量年内首次突破20亿kWh。

8月3日，黄河公司首个鱼道工程——班多水电站鱼道工程完成通水试运行。

8月9日，德国TüV莱茵向西宁太阳能电力公司颁发IBC单玻组件认证证书。至此，黄河公司在完成IEC 61215/61730:2016标准全项测试及严格的工厂审核后，成为国内首家IBC单玻及双玻电池组件均获得德国TüV莱茵IEC新标准认证的光伏企业。

8月20日，青海黄河水电公司印发《黄河干流水电站环境保护提升工作方案》。

8月21日，国家发展改革委、国家能源局发布《关于开展第五批增量配电业务改革试点的通知》，公布第五批增量配电业务改革试点名单，智慧能源公司“格尔木市夏日哈木镍钴矿区增量配电网试点”项目正式获批。

8月22日，在第四届全国设备与技术创新成果评选活动中，鑫业公司职工创新项目“危废沥青煤焦油综合利用技术设备”荣获一等奖。

8月24日，积石峡水电站发电量创新高，达到2365.2万kWh，日均负荷率达到96.8%，创电站投产以来发电量峰值。

8月，黄河公司水电单月外送电量达25亿kWh，单月外送电量创历史新高。

9月1日，拉西瓦发电分公司年发电量突破100亿kWh。

9月4日，由黄河公司组织的2020年鱼类增殖放流活动在大通河纳子峡水电站库区举行，共放流花斑裸鲤鱼苗5万尾。西宁市永信公证处对此次增殖放流活动进行了现场公正。

9月15日，青海黄河水电公司、天目湖先进储能技术研究院有限公司、中国科学院工程热物理研究所就共建“储能技术国家重点实验室”签订框架协议书。

9月24日，在青海省年度脱贫攻坚表彰大会上，黄河公司再次荣获“省级定点扶贫先进单位”称号，成为全省唯一一家连续三年获得该荣誉称号的中央驻青单位；同时，尕布村驻村第一书记刘家福获得“优秀驻村第一书记”荣誉称号。

9月27日，由青海省科技厅组织、青海黄河水电公司与中科院西北生态环境资源研究院共同完成的“大型并网光伏电站荒漠化土地治理及生态综合利用”科技项目验收及成果评价会议召开。专家组一致认为，该成果达到国际领先。

9月29日，黄河公司与杜邦公司签署新版光伏创新战略合作协议。

9月30日，黄河公司中标建设的海南州青豫直流±800kV特高压外送通道配套405万kW新能源项目按期全容量并网。

10月9日，在中国电力发展促进会举办的“2020大数据应用成果（论文）大赛”中，甘肃盐锅峡发电公司员工成禹蓉撰写的《ARIMA－MSFD组合模型在甘肃省水利发电量预测中的应用》，荣获2020电力大数据优秀论文一等奖。

10月12日，黄河公司与特变电工沈阳变压器集团有限公司在沈阳签署《几内亚阿玛利亚水电项目投资框架协议》。

10月23日，由黄河公司主编、中国水利水电建设工程咨询公司和国家电投四川公司等参编的《光伏发电建设项目声像文件收集与归档规范》（NB/T 10433—2020）获国家能源局批准。

10月27日，龙羊峡水库上游水位达到历史最高水位2600.91m。

10月29日，工业和信息化办公厅公布《第五批绿色制造名单》，太阳能电力公司、新能源分公司入选国家级“绿色工厂”。

10月29日，巨亭水电站组织了以“加大鱼类增殖放流，实现生态保护和电站生产双赢”为主题的鱼类增殖放流活动，共投放翘嘴红鲌鱼苗28000尾，花鲢、鲤鱼、鲫鱼、鲟鱼2000尾。

10月30日，龙羊峡水电站停止泄水。水电站泄水86天，共计2026.05h，累计溢流水量70.76亿m^3。

10月31日，由中国电力企业联合会发起，委托光伏产业创新中心主编的能源行业标准《光伏发电站支架技术要求》通过专家审查。

10月31日，公伯峡水电站年累计发电量634564.38万kWh，完成年度计划发电量632800万kWh的100.28%，提前两个月完成全年计划发电量任务。

11月5日12时30分，班多发电分公司年累计发电量为15.022亿kWh，完成年计划发电量15.01亿kWh的100.08%，提前56天完成年度发电量任务。

11月12日，拉西瓦发电分公司发电量135.96亿kWh，完成计划发电量135.82亿kWh的100.1%，提前完成全年发电任务。

11月15日，在北京举行的“2020第五届中国光伏产业论坛”上，黄河公司分别荣获“年度影响力光伏领袖企业”称号和“年度投资价值奖”，黄河公司董事长谢小平被评为“绿色能源企业家”，国家电投光伏产业创新中心副总经理庞秀岚获“光伏行业十大品牌官”称号。

11月17日，鑫业公司15亿元永续债融资资金到账。至此，该公司资产负债率降至90%左右，提前1个半月完成国资委特困企业专项治理任务目标。

11月18日，黄河公司羊旗村生态畜牧合作社扶贫援助项目实施分红，分红金额共计40万元，比2019年12月份首次分红资金增加了10万元，惠及羊旗村213户888人。

11月20日，在北京召开的全国精神文明建设表彰大会上，电力检修公司荣获第六届“全国文明单位”称号。

11月24日，电力检修公司芦彪荣获“全国劳动模范”称号。

11月25日，国家能源局正式公布首批8个科技创新（储能）试点示范项目名单，黄河公司申报的“青海黄河上游水电开发有限责任公司国家光伏发电试验测试基地配套20MW储能电站项目”名列其中，成为可再生能源发电侧应用场景下的两个示范项目之一。

12月1日，在广东东莞举办的2020年中国企业家年会上，黄河公司董事长谢小平荣膺“全国优秀企业家”称号。

12月4日，黄河公司组织召开由西安太阳能电力公司完成的“离子注入技术在IBC电池上的应用研究”科技项目验收及成果评价会议。经评审，该成果达到国内领先。

12月4日，黄河公司印发《黄河公司对标世界一流管理提升行动实施方案》。

12月17日，光伏产业技术公司“新型高效电池设计和工艺关键技术开发”项目通过西宁市科技创新促进中心组织的专项验收。

12月19日，工业和信息化部公布2020年工业企业知识产权运用试点名单，黄河公司列入2020年工业企业知识产权运用试点单位。

12月22日，新能源建设分公司申报的“百万千瓦级光伏电站建设创建国家优质工程金奖科技管理创新成果”课题，在第七届电力科技管理论坛上荣获2020年电力行业科技管理四星成果奖。

12月28日，中电投景泰红山风电场二期50MW项目在景泰县漫水滩乡北崖村举行开工仪式。

12月29日，“全国职工教育培训示范点——黄河公司安全实训基地”揭牌。

12月30日12时50分，位于共和县二塔拉的黄河公司海南州30万kW竞价补贴光伏项目并网发电。

12月31日8时48分，海南优选50MW查乐风电场成功并网。至此，黄河公司电力总装机容量达到2465万kW，其中光伏705万kW、风电414万kW。

12月31日24时，积石峡发电分公司完成发电量50.3亿kWh，创年发电量历史之最。

12月31日，甘肃盐锅峡发电公司盐锅峡水电站实现连续安全生产7198天。

12月31日，盐锅峡发电公司完成集控运行组建工作，盐锅峡电站、八盘峡电站集控运行与现场中控室完成“控制权交接”，16台机组正式进入集控运行。

12月31日，鑫业公司实现全年盈利目标，完成国资委扭亏脱困任务。

12月，煤电资源整合工作完成，西宁热电公司、大通发电公司划入黄河公司，甘肃黄河公司、陕西旬邑公司分别划转至华能集团和大唐集团。

12月，龙羊峡水光互补公司债转股10亿元项目成功接续，股东由中信信托有限公司变更为杭州萧山平安基石贰号股权投资有限公司。

12月，青海黄河水电公司成功引入永续借款7亿元。

2020年，黄河公司外送电量达209.53亿kWh，首次突破200亿kWh大关，实现连续三年高速增长。

截至2020年末，黄河公司累计实现精准扶贫和对口援助资金投入11397万元，实施项目96个，惠及贫困地区群众37.4万人。

（许为宁）

【中国联合重型燃气轮机技术有限公司】

公司概况 中国联合重型燃气轮机技术有限公司（简称中国重燃），前身是中电联合重型燃气轮机技术有限公司，于2014年9月28日在上海注册成立，2017年7月26日经国务院批准更名。2016年12月，经国家批准，确定国家电投为国家重大科技专项重型燃气轮机工程的实施责任单位，中国重燃负责具体实施。中国重燃拥有北京华清燃气轮机与煤气化联合循环工程技术有限公司（股比94.366%）、上海重型燃气轮机试验电站有限责任公司两家所属单位。2019年9月，受国家电投委托管理上海发电设备成套设计研究院有限责任公司。

中国重燃承担重型燃气轮机工程基础研究、型号和工程验证机研制、关键技术研究与验证等项目任务，主要从事重型燃气轮机设计研发、试验验证、燃气轮机试验电站建设管理和运行维护等业务，并致力于形成自主知识产权的燃气轮机核心技术。

截至2020年底，中国重燃注册资本金16.2亿元人民币，由国家电力投资集团有限公司（71.704%）控股，哈尔滨电气股份有限公司（8.148%）、东方电气股份有限公司（8.148%）、上海电气（集团）总公司（12%）参股。正式员工354人，硕士及以上学历85.9%。攻克84项关键技术，获得专利授权396件

(其中授权发明 135 件)，登记软件著作权 49 件，初步建立起支撑正向研发的自主研制体系，实现了国内重型燃气轮机领域“零”的突破。

领导班子

党委书记、董事长：束国刚

总经理、党委副书记：米文真

党委副书记（兼）：顾皑

党委委员、副总经理：张小毅

党委委员、纪委书记、工会主席：张伟

党委委员、财务总监：李铁

党委委员、总设计师：顾春伟

党委委员、副总经理：余春华

组织机构 机关本部：党群工作部（企业文化部）、纪委办公室、总经理办公室（董事会办公室）、科技管理部、安全质量环保部、人力资源部、财务与资产部、法律与企业管理部、审计部、工程部、创新中心综合管理办公室、项目管理办公室、试验验证中心、总体性能设计室、总体结构设计室、压气机设计室、燃烧室设计室、透平设计室、材料与试制室、仪表与控制室、整机成套与安装中心、整机调试与运维中心、合同商务中心、后勤服务中心。

企业战略 全面贯彻习近平总书记“要加快实现航空发动机及燃气轮机自主研发和制造生产”和“这个项目很重要!”的指示精神，以国家电投“2035 一流战略”为指引，围绕重燃专项实施，抓住“3060”双碳目标和构建“以新能源为主体的新型电力系统”的重大历史机遇，践行新型举国体制，在完成 300MW 级 F 级产品研制的过程中，构建“123 新发展格局（做实设计制造一体化协同 AE 平台，打造国家燃气轮机创新中心和中国重燃虚拟研究中心，布局氢混燃气轮机、数字化转型、增材制造三个战略主攻方向）”，培育和发展系统的重型燃气轮机产品自主创新能力，追求与“生态伙伴”合作共赢、共创价值、分享价值，带动重燃产业生态系统的共同繁荣，推动国家在关键制造技术领域的持续进步，将中国重燃建成具备自主创新能力、产业链整合能力和市场化运营能力的坚强国有自主创新市场主体，推动重型燃气轮机全产业链形成具有长远效益和造血功能的持续发展机制。

主要事件

6 月 30 日，由中国重燃牵头并担任理事长单位、66 家燃气轮机产业相关的企业、高校院所、社会团体参与，中国燃气轮机产业创新联盟正式成立。

9 月 28 日，上海燃气轮机制造业创新中心授牌成立。

9 月 29 日，中国重燃上海临港建设重型燃气轮机试验基地开工建设，建成后将成为国内唯一、国际领先的重型燃气轮机试验验证基地，从源头上提高中国燃气轮机的自主创新能力。

12 月 1 日，300MW 级 F 级重型燃气轮机产品研制项目完成初步设计及全部 22 项试验验证，形成了完整的初步设计技术方案。

国家能源投资集团有限责任公司

【公司概况】 国家能源投资集团有限责任公司（简称国家能源集团）是经党中央、国务院批准，由中国国电集团公司与神华集团有限责任公司合并重组而成的中央直管国有重要骨干企业，2017 年 11 月 28 日正式挂牌成立，属国有资本投资公司改革试点企业、创建世界一流示范企业。主要经营国务院授权范围内的国有资产，开展煤炭等资源性产品、煤制油、煤化工、电力、热力、港口、各类运输业、金融、国内外贸易及物流、高科技、信息咨询等行业领域的投资和管理，拥有煤炭、电力、运输、化工等核心业务板块。总部设在北京。2020 年在《财富》世界 500 强中排名第 108 位。

截至 2020 年底，国家能源集团电力总装机 2.57 亿 kW，其中，火电装机 1.9 亿 kW，风电装机 4604 万 kW 稳居世界第一，新能源 4781 万 kW，火电、水电、新能源发电量均全面完成年度任务，并全部创历史最好成绩。全年实现发电量 9828 亿 kWh，同比增长 1.4%，完成电力保障任务。

【领导班子】

党组书记、董事长：王祥喜

党组副书记、总经理：刘国跃

党组副书记：王敏

党组成员、副总经理：高嵩

纪检监察组组长、党组成员：卞宝驰

党组成员、副总经理：王树民

党组成员、总会计师：蔡安辉

党组成员、副总经理：杨鹏

党组成员、副总经理：冯树臣

【组织机构】 聚焦落实“总部机关化”整改要求，大力推进总部机构改革。综合考虑国家能源集团作为能源实体企业，一体化、规模化、专业化特征明显，安全环保责任重大，确定了总部实行“战略+运营”

型管控模式，主要承担“党的建设、干部人才、战略规划、资源配置、资本运营、产业协同、监督风控、考核评价”八大职能。全面推行大部制改革，通过撤、并、转等方式，总部部门、中心由原来的 37 个精简为 19 个，人员编制压减 42%。

【党的建设】 2020 年，国家能源集团党组深入落实新时代党的建设总要求，积极践行“社会主义是干出来的”伟大号召，突出四强化、六提升，着力构建“大党建”工作格局，充分发挥各级党组织和广大党员作用，推动企业各项工作取得显著成绩，完成“十三五”目标任务，向党中央交出一份满意答卷。在 2019 年度中央企业党建责任制考核中被评为 A 级。

坚持政治引领。出台“第一议题”制度，第一时间在党组会上传达学习习近平总书记重要讲话和重要指示批示精神 66 次。制定巩固深化主题教育成果的工作措施，公司系统各单位共检视问题 10 万余项，整改完成率超过 95%。落实疫情防控要求，开展“一防三保”主题竞赛、“战疫当先锋，夺取双胜利”主题党日，各级党组织共开展活动 8271 次。召开国家能源集团“社会主义是干出来的”岗位建功行动表彰大会，共表彰 40 个先进集体、227 名先进个人，集团 1 个集体、2 名个人受到国资委表彰。开展党建扶贫，各级党组织与 9 个县 55 个重点贫困村结对子，建成 64 个脱贫攻坚党建阵地。

狠抓三基建设。制定落实国有企业基层组织工作条例 30 条重点任务措施。建立子分公司党委换届台账，开展按期换届专项排查，持续整顿软弱涣散和薄弱基层党组织，对境外企业稳妥做好党建工作进行部署。组织开展支部建设“双百行动”，入围评选示范党支部 110 个，创新案例 193 个。举办党务培训班 14 期，参训 1537 人，公司系统轮训党组书记 10104 人次。编写《党建实务教材》，组织开展“党课开讲啦”活动，建立 141 个优秀党课案例库。

推动深度融合。制定实施以一流党建引领一流企业建设指导意见，持续落实推进党建与生产经营融合工作部署，用好党员先锋岗、突击队、责任区，探索“党建+”与“+党建”等载体，充分激发了基层党组织和广大党员的创新活力。在黄大铁路建设、新能源 500+行动、榆林化工 CTC、基石项目、ERP 项目、印度尼西亚爪哇 7 号等一大批重点工程项目建设中，基层党组织和广大党员攻坚克难、创先争优，充分发挥了战斗堡垒和先锋模范作用。优化党建信息化平台，打造中央企业智慧党建品牌。

夯实党建责任。落实“中央企业党建巩固深化年”要求，突出党建引领改革发展和融入生产经营质量实效优化考核指标，全覆盖开展子分公司党建责任制考核和党委书记抓党建工作述职评议考核，一对一反馈考核意见，定期督促整改。针对国资委党建考核反馈问题，制定实施 4 个方面 21 条整改措施，全部按期完成。在部分子分公司探索开展党委委员“一岗双责”述职评议考核。

【企业战略】 作为国务院国资委确定的第一批十家创建世界一流示范企业之一，国家能源集团是国资委深入贯彻党中央关于培育具有全球竞争力世界一流企业战略部署选取的“产业排头兵”。以“一个目标、三型五化、七个一流”（一个目标：建设具有全球竞争力的世界一流能源集团；三型企业：打造创新型、引领型、价值型企业；五化发展：推进清洁化、一体化、精细化、智慧化、国际化发展；七个一流：实现安全一流、质量一流、效益一流、技术一流、人才一流、品牌一流、党建一流）战略指引未来发展之路，体现了集团践行新发展理念、建设现代化经济体系、服务“四个革命、一个合作”能源安全新战略、保障国家能源安全的责任使命，引领国家能源集团向着成为行业优秀企业、标杆企业的目标不断前行。

【经营管理】 以“三个领军、三个领先、三个典范”为追求，全力推进世界一流示范企业创建。国家能源集团在印发实施创建世界一流示范企业推进方案的基础上，进一步完善创建世界一流示范企业的组织推进体系、政策文件体系、目标成果体系和考核激励体系，形成展示一流、验证一流、示范一流的创建工作体系，在国资委组织的世界一流企业试评价中取得较好成绩。同时，大力强化质量品牌和诚信意识，全面加强品牌、治理、社会责任和诚信“四个体系”建设，优化顶层设计，夯实管理基础，企业品牌建设路径得到有效推广，社会责任成为中国企业履行社会责任的表率，年度诚信工作总结获得国家能源局的好评。

“十四五”新开局，作为一家成立仅 1000 多天的超大型能源企业，国家能源集团将继续以“筚路蓝缕、以启山林”的实干品质、“心有大我、至诚报国”的奉献品格、“前仆后继、滴水穿石”的历史担当，为形成更加成熟更加定型的中国特色现代企业制度和以管资本为主的国资监管体制、推动国有经济布局优化和结构调整、提高国有企业活力和效率等方面作出重要贡献，更好发挥国民经济“顶梁柱”作用和国家能源安全的“稳定器”“压舱石”作用。

持续完善制度。国家能源集团坚持固本培基练内功，持续推进制度体系的优化升级，为高质量发展立柱架梁。2020 年，加强制度建设过程管控，系统搭成集团整体制度体系框架，高效完成制度“立改废”任务，全年共制修订制度 289 项，基本建成覆盖 7 大类、29 个管理专业，由 389 项制度组成的现代化管理制度体系，集成度、协同性、规范化程度明显提高，基本实现了战略实施和核心优势制度化。

持续风险防控。国家能源集团居安思危，高度重视风险防控工作，做到防患于未然、消化于未萌。公司开展内控风险管理体系设计和信息系统建设项目，搭建内控、风险、合规监督三位一体管理制度体系框架，修订制定《全面风险管理规定》等15项制度，完成14个审计署审计发现问题整改，开展扶贫等贯彻落实国家重大政策措施审计，有效维护好发展稳定大局。

持续提质增效。2020年，面对严峻复杂的内外部风险挑战，将提质增效作为靶向标和方法论，大力推进协同创效、挖潜增效、降本固效和治亏见效，有效实现平稳健康发展。通过不断推进供销联动，全力发挥一体化运营优势，坚持保量稳价，成功经受住疫情形势下的历史性考验。此外，严控“三项费用”和“三公”经费，做好减税降费、两压双控、民企清欠等重点工作，综合施策加强处僵治困和扭亏治亏工作，亏损面同比下降10.8个百分点，5家返僵返困企业完成整改任务，顺利完成国资委“两利三率”考核目标任务奋力书写经营绩效答卷。

持续依法治企。用法治的阳光照亮经营之路，向着治理完善、经营合规、管理规范、守法合规的“法治国家能源”加速迈进。打造闭环管理、集约高效的法律合规制度体系；开展“合同范本库”建设；开展重点领域法律纠纷风险专项督导；加大对重大决策、重大项目、重大交易的法律保障力度；抓实重大案件分层挂牌督办机制，全年集团总部直接督办68件重大法律案件，避免和挽回损失16.3亿元。

【深化改革】 国家能源集团以建设中国特色现代企业制度作为激发企业活力的重要突破口，深入贯彻“两个一以贯之”，把党的领导融入公司治理各环节，提升集团公司董事会规范运作水平，优化“三重一大”决策机制和董事会、党组会、总办会议事规则，实现公司治理规范化、制度化、信息化；贯彻落实全面依法治国战略部署，深化依法治企，防范改革风险，扎实开展制度“立改废”工作，搭建起了覆盖公司治理、组织人事、战略发展、财务资本、生产运营、支持保障、内控监督等7大类、29个专业、391项制度构成的制度框架体系，完成制度“立改废”289项，制度总量比整改前压减90余项，制度体系明显“瘦身”，层级架构更加科学合理，具有“时代特征　集团特色”的管理体系和管理能力现代化不断提升。加大授权放权力度，编制《权责指引手册》和《授权放权清单》，总部管理、审批事项减少29%，将具体运营管控职能放权给子分公司，赋予所属企业更多自主权。坚持放管结合，规范子分公司法人治理，加强事中事后监管。

2020年底，国家能源集团围绕战略性重组、国有资本投资公司、创建世界一流示范企业三大试点改革核心任务，制定34个方面74项具体措施，在全系统全面启动改革三年行动，入选中宣部和国资委国企改革三年行动专项宣传第一批典型企业。

【科技创新】

1. 推进国家科技攻关任务

积极推进国家关键核心技术、国家科技项目攻关，持续跟进国家“科技创新2030——煤炭清洁高效利用”重大项目进展，切实履行好央企的关键技术领域创新突破主力军作用。

（1）全面推进国家关键核心技术攻关。研究制定了《国家能源集团关于落实国家关键核心技术攻关任务的实施方案》，成立了关键核心技术攻关领导小组、领导小组办公室和重大项目攻关工作组三级组织机构，党组书记、董事长王祥喜同志亲自担任领导小组组长，全面推动关键核心技术攻关工作。组织召开攻关任务启动会，与责任单位签订责任状，将攻关任务完成情况纳入企业年度经营业绩考核。组织召开攻关任务实施方案专家论证会，建立月度、季度协调会制度，督导责任单位加快推进攻关工作。国资委1025专项等8项攻关任务均按计划顺利推进，完成了2020年度攻关目标。

（2）积极承担和实施国家重点研发计划项目。围绕制约集团公司产业发展的固废资源化利用等技术难题，牵头申报的“大型煤电基地固废规模化利用成套技术及集成示范”等3项国家科技项目获批立项。牵头承担国家科技项目17项，位居央企前列，部分项目取得重要阶段成果；持续加强国家科技项目组织管理，向科技部专业机构积极汇报沟通，协调推进项目高质量实施。

（3）继续推进国家2030重大项目。2020年1月科技部王曦副部长听取了“科技创新2030——煤炭清洁高效利用”重大项目专家组关于实施方案的汇报，目前待国务院审议。煤炭清洁高效利用纳入《国家“十四五”科技发展规划（征求意见稿）》。

（4）积极参与国家能源发展战略研究。“中国氢能源与燃料电池发展战略研究”项目编制完成课题报告初稿和院士建议；“能源战略（2035）”项目完成中期评审；“能源革命推动老工业基地转型发展战略研究”课题完成结题验收，成果专著已编制完成；“废弃矿井煤及可再生能源开发利用战略”课题成果著作正式出版。上述能源发展战略的研究，有力提升了国家能源集团行业影响力。

2. 强化科技规划引领

按照国家能源集团战略工作部署，召开2020年科技创新大会，制定了“十四五”科技创新发展规划，编制创技术一流方案，强化规划引领，为集团公司下一阶段科技创新工作提供方向指引。

（1）召开2020年科技创新大会。会议系统总结“十三五”科技创新工作，分析当前面临的形势任务和科技创新的重要意义，围绕大力推进关键核心技术攻关、科技创新能力建设等六个方面部署下一步重点工作。

（2）制定《国家能源集团“十四五”科技创新发展规划》。提出了“坚持一个主题、聚焦三大领域、布局十大方向、实施年度十大项目、建设十大示范”科技创新重大技术布局；部署了科技攻关行动、科技创新生态建设、科技人才队伍建设、知识产权与技术标准、科技成果推广与新兴产业培育等重点任务。

（3）编制创技术一流方案。按照国家能源集团创建世界一流示范企业整体部署，编发了《集团公司创技术一流专项方案》，提出了由各主要业务板块6大类52项指标构成的集团技术一流指标体系，部署了8大类36项重点科技任务，明确了各项任务责任单位，建立了动态跟踪机制。

3. 组织实施国家能源集团重点科技攻关项目

围绕制约国家能源集团产业发展的瓶颈问题，系统谋划国家能源集团重点科技攻关计划，部署首批十大重点科技攻关项目，创新科技项目组织管理方式，推进国家能源集团攻关项目高质量实施。

（1）研究制定重点科技攻关计划。印发《国家能源集团重点科技攻关计划（2020—2025）》，提出了煤矿智能化、灵活智能发电、新能源与储能、先进煤制油品、氢能源等十大重点科技攻关方向，集中优势科研力量，攻克一批引领国家能源集团创新发展的共性关键技术、前沿引领技术。

（2）部署首批十大重点科技攻关项目。通过顶层设计和申报遴选，确定了“煤矿智能运输与全断面自动化掘进关键技术与成套装备”等2020年度十大重点科技攻关项目，按照国家科技项目的管理模式，与责任单位签订责任状，组织编制实施方案，逐个项目召开专家论证会，推进十大科技攻关项目按计划顺利实施。

（3）积极探索科技项目组织管理新方式。首次试点以“揭榜挂帅”方式遴选国家能源集团内部研发团队，制定试点工作方案，共7家企业9个团队参与了2个试点项目的遴选工作，最终基础扎实、准备充分、实力突出的团队脱颖而出，取得良好效果。建立科技项目督导检查工作机制，首次开展科技项目专项督导检查，组建煤炭、电力、化工、运输、新能源等7个专家督导组对承担集团公司科技项目较多的21家子分公司进行督导检查，有力地促进了集团公司科技项目的高质量实施。

4. 完善科技创新体系

认真贯彻落实国资委《国企改革三年行动方案（2020—2022年）》要求，优化科技资源配置，完善科技创新体系，提升科技创新能力。

（1）积极落实“1＋2＋3＋N”科研体系改革方案。按照国家能源集团改革部署，积极打造1家高端智库、2家前沿技术研究院、3家产业研究院和多个研发平台，制定科技委组建方案。同时，抓住“双百”“科改示范”等专项改革机遇，创新体制机制，持续提升科环集团、节能公司等直属科技企业孵化创新能力，督导二级单位健全科技创新体系，提升科技创新能力。

（2）加强研发平台建设。国家能源集团12家国家级研发平台年科技投入均超过3000万元，取得了一批标志性的创新成果，为产业高质量发展和行业科技进步提供了支撑。“煤炭开采水资源保护与利用”“清洁高效燃煤发电与污染物控制”两个国家重点实验室按计划完成实验室建设验收准备工作。“国家环境保护大气物理模拟与污染控制重点实验室”在生态环境部考核评估中被评为优秀。

5. 健全科技管理制度

全面落实国资委“放管服”改革部署，以规范科技创新管理、提升自主创新能力为核心，制修订12项科技创新制度，形成以《科技工作管理规定》为统领的科技创新制度体系，为国家能源集团科技工作提供有效制度保障。

（1）首次制定了科技管理基本制度。以国家科技创新政策法规为指导，按照国家能源集团“放管服”改革要求，经广泛调研学习，研究制定了《科技工作管理规定》，明确了科技工作管理的指导思想、管理原则、责权界面、重点任务等，为国家能源集团科技工作提供了基本依据和总遵循。

（2）完善科技管理配套制度。两批次制修订了《科技项目管理办法》《知识产权管理办法》《研发平台管理办法》《科技项目研发单位选择管理办法》《科技环保产业运营管理规定》等11项专项管理制度，进一步完善了国家能源集团科技工作具体业务领域的细化规则和程序。

（3）加强科技管理制度宣贯。组织召开科技管理制度培训会议，系统地宣贯和解读了新修订的科技管理制度，培训范围涵盖全部二级、三级单位，共计3200余人参加。在内网“科技创新”专栏中增设了制度培训内容，确保制度宣贯到位。

6. 推进知识产权和技术标准工作

贯彻落实国资委《关于推进中央企业知识产权工作高质量发展的指导意见》，强化知识产权保护能力建设和知识产权竞争意识，积极引导企业参加国际、国家、行业标准制定工作，推动知识产权和技术标准工作取得新突破。

（1）加强基础能力建设。邀请国家知识产权局领导对国家能源集团科技创新高级研修班的学员进行知识产权课程授课；研究高质量专利布局和挖掘，提升高科技企业知识产权保护意识和竞争意识；组织开展技术标准起草、选题以及国际标准申请等方面培训工作，提升基层企业技术标准工作能力。

（2）推动知识产权工作高质量发展。印发《国家能源集团知识产权工作高质量发展行动方案》及2020～2022年工作计划，明确工作任务和年度目标；出台专利申请前的检索和申请文件撰写要求，细化子分公司考核指标，加强与专利代理机构工作交流。2020年发明专利申请占比超过50%，专利申请质量和数量显著提升；与国家电网、中国华能、中国专利保护协会、中国石化联合会开展交流互动，学习先进经验，提升知识产权管理水平。

（3）技术标准工作取得新突破。国家能源集团作为牵头单位之一完成的2项IEC国际标准正式发布，填补国家能源集团在国际标准方面的空白。全年组织审查企业标准12项，发布企业标准31项。加强国际标准化工作谋篇布局，组织召开国家能源集团电力领域、煤炭化工、运输领域国际标准化工作推进会，在绿色矿山、海上风电等重点领域积极准备国际标准提案。积极向国家标准化委员会汇报工作，在国际标准申请、国家标准化创新基地申请方面争取指导和支持。

7. 加快推进协同创新

建立协同创新中心、战略合作伙伴、行业创新联盟等多维度的协同创新机制，逐步建立起资源共享、优势互补、紧密协作、互利共赢的协同创新模式。

（1）充分发挥协同创新中心作用。国家能源集团“煤炭清洁高效利用和应对气候变化”“新能源与环保”“智能发电”等3家协同创新中心与相关子分公司紧密合作，积极承担和谋划集团攻关项目，14项在研项目推进顺利。探索央企科技协同创新途径，与中国煤炭科工集团有限公司合作组建了“煤矿智能化协同创新中心”，为国家能源集团2022年实现5个100%、2025年实现全部建成智能煤矿的建设目标提供技术支撑。制定中心运行管理办法，完成9项煤矿智能化科技项目实施方案的编制与论证，正在有序推进项目实施。

（2）积极开展交流合作。全年组织开展科技交流活动共15次，与华北电力大学、河南理工大学、西南交通大学以及中国煤炭科工集团有限公司、国家电投、中国一重等企事业单位开展深入交流，在项目研发、平台共建、人才培养、标准编制等合作领域取得一系列合作意向。

（3）做实创新发展联盟。由国家能源集团任理事长单位的中国氢能源及燃料电池产业创新战略联盟（简称中国氢能联盟）召开第一届理事会第四次会议，与国际氢能委员会联合发布《氢能平价之路》研究报告，提出了《氢能及燃料电池产业高质量发展行动倡议》，依托中国氢能联盟建设国家氢能与燃料电池大数据中心。

8. 加强科技品牌建设

承办高端科技论坛，宣传重大科技成果，开展科学普及工作，组织职工群众创新创意活动，营造良好创新氛围，培养创新精神，进一步提升国家能源集团科技品牌影响力。

（1）承办相关高端科技论坛。7月在上海成功举办中国工程院“绿色低碳技术与产业专题论坛”，12月在北京成功举办“西部煤炭绿色开发”中国工程科技论坛，累计参会院士20人，以“视频＋现场”形式召开，参会人员近4000人，很好宣传了国家能源集团在绿色低碳产业发展方面取得的最大成就。

（2）开展职工群众创新。组织参加国资委熠星创新创意大赛，22个项目入围复选，6个项目进入导师辅导阶段，开展成果转化孵化方式探索。组织国家能源集团“源创杯”创新创意大赛，搭建了国家能源集团“双创”平台。组织15家子分公司的215个项目参加煤炭工业协会举行的集团煤矿“五小”成果评选，34项成果获一等奖，名列前茅。

（3）参加国家和行业组织的科普活动。组织申报2020年全国大众创业、万众创新活动周主题展示项目；组织遴选防疫微视频申报全国科学防疫科普微视频优秀作品；组织参加中国电机工程学会2020年科普下乡暨扶贫攻坚活动；组织申报中国电机工程学会科技助力精准扶贫先进团队和个人。

（4）展示科技创新成果。组织神东煤炭集团参加2020陕西国际科技创新创业博览会，充分展示国家能源集团巨大发展成就。组织朔黄铁路编写《非凡的重载铁路》科普图书，讲述重载铁路发展历史、未来趋势，向大众普及重载铁路知识。组织编写《中国电力新能源史》，客观总结新能源发电等领域的历史成就和经验。

【国际业务】 国家能源集团在国际化经营和发展方面，秉持服务国家战略理念，聚焦“一带一路”沿线以及欧美非等重点地区，整合资源，建立平台，以优势企业为核心，以现有业务为基础，以重点项目为抓手，实施专业化管理。同时，高度关注所在国的安全、诚信和效率，强化风险防控，追求绿色发展，履行社会责任，力争把每一个项目都打造成“走出去”的典范。截至2020年底，国家能源集团共有境外项目17个，其中在运10个，在建3个、前期4个。境外资产512.23亿元，境外营业收入43.94亿元，境外利润8.93亿元，分别占国家能源集团总资产、营业收入和利润的2.8%、1.1%和1.4%。境外投资项目主要分布在亚、欧、非、大洋和北美洲五大洲12个国家，业务范围涵盖煤电、风电、煤炭、页岩气开发等领域，境外常驻工作人员166人。境外投资以电源投资为主，拥有在运发电装机208万kW，在建182.6万kW；在美国设立北美清洁能源研究中心；俄罗斯的扎舒兰煤矿项目已开工试生产，澳大利亚的沃特马克煤矿项目以及蒙古国TT煤矿项目都在开展前期工作。此外，国电科技环保集团积极推进新能源装备和节能环保技术、装备出口工作，2020年新签合同额1.65亿元人民币。

在国际化经营领域，国家能源集团始终紧密围绕国家总体外交战略，统筹用好国内国际两个市场、两种资源，以质量和效益为中心，聚焦煤炭和发电主业，实施差异化竞争策略，逐步加大在境外清洁能源、可再生能源及科技研发领域的投资合作，推动“一带一路”建设走深走实。

【安全生产】 主要指标。2020年国家能源集团电力产业未发生较大及以上生产安全事故，完成两会保电、抗疫复工复产等任务，妥善应对汛期暴雨、泥石流等极端天气，261家发电企业安全运行超过1000天，16台发电机组获评中电联可靠性对标优胜机组，火电非停同比减少31次，水电保持零非停，风电非停小时数下降22.6%。

全面落实安全生产专项整治三年行动。坚决贯彻党中央国务院部署，印发了《安全生产专项整治三年行动计划》和《电力安全生产专项整治三年行动方案》，各级企业深入开展风险隐患排查，建立问题隐患与制度措施“两个清单”，明确了994项整治改造项目并按计划实施。

抓实抓牢重大隐患挂牌督办。火电产业重点开展了危化品、氨站、氢站、油库、输煤系统、供暖设备、涉网设备、电力监控系统、作业现场、基建现场等重点区域的隐患排查治理。水电产业重点排查了四川、甘肃、云南等水电企业的地震和泥石流地质灾害风险，并逐一采取管控措施。新能源产业重点开展新能源建设项目安全监督监察和隐患排查治理，总结了责任落实、高风险作业管控、大型机械管理等六个共性问题隐患，督导相关企业整改闭环。对48家发电企业开展安全性评价，全年电力产业共完成11项重大隐患闭环整改。国家能源集团在“护网行动”中取得中央企业第四名的优异成绩。

主动承担发电企业对外委安全管理主体责任。编制《电力企业对外委队伍安全管理十必须两严格规定》，明确发电企业对外委队伍安全管理的主体责任，要求发电企业设专人、按要素、按周期、全过程对外委队伍严格实行安全管理。加强外委安全源头管控，严格外委项目安全准入条件，严格审查外委队伍资质和履职能力。

完成防汛抗洪任务。汛前克服疫情影响，按期完成大渡河黑马营地、吉牛电站边坡治理、四川龙潭电站等重点水毁修复工程。大渡河公司提前7天预警强降雨汛情，通过拦洪错峰等措施将洪水降为常年水平，成功应对百年一遇的洪水；甘南代古寺、柳园、湖北恩施等电站成功应对上游堰塞湖险情。

稳步提升重大危险源本质安全水平。编制《发电企业重大危险源检查标准》，强化风险辨识分析、安全防护措施、应急处置管理，深入排查危化品重大危险源隐患，对具有二级以上重大危险源的11家发电企业开展全覆盖专项检查，对6大类278项问题整改闭环。加快推进尿素替代液氨升级改造，推动危化品系统自动化控制和安全仪表系统升级，规范危化品运输、接卸、使用和日常管理程序。

大力推进应急体系建设。国家能源集团统一建设应急指挥系统，初步实现事故信息实时化、应急资源共享化、协同指挥可视化的“应急指挥一张图”，确保安全风险处于受控状态。国家能源集团电力产业共建设了77支专职救援队伍，约1200人，另有786支兼职救援队伍，共约4万人，发电企业三级应急构架基础牢固。

【节能减排】 主要指标。2020年电力产业主要大气污染物排放绩效稳中有降，其中京津冀与汾渭平原相关火电企业烟尘、二氧化硫、氮氧化物排放绩效较攻坚战前分别下降29%、42%、17%；提前一年完成国资委第六任期（2018～2021年）节能环保考核任务；习近平总书记见签的中法合资江苏东台海上风电项目正式落地，新能源建设“两个500万+”行动首战告捷，实现新能源投产521万kW，开工535万kW，新能源规模继续保持世界第一；81台机组在全国火电机组能效对标中获奖，连续六年保持行业领先；龙源环保“总理基金”成果为国家大气污染防治提供科技支撑。

完善生态环保监测体系。成立国家能源集团生态环境保护工作领导小组，召开国家能源集团生态环境保护治理现场推进会。2020年11月20日，国家能源集团生态环境监察系统正式上线运行，充分发挥“互联网+环保监督”优势，开展生态监测、环境监测、隐患管理、节能监测、低碳履约、综合统计等，实现了“三个全覆盖”，重点污染源在线监测全覆盖，重点产业生态治理遥感监测全覆盖，节能环保数据统计监测全覆盖，有效管控生态环境风险。

深入开展生态环保治理。萨拉齐、永福、南宁等5家电厂10台循环流化床、W型火焰锅炉完成超低排放改造；推进低成本脱硫废水零排放技术研究和试点改造，7家火电企业完成废水综合治理，大同二期、丰城电厂实现废水零排放；重点开展煤场、石料场以及汽车卸煤沟等区域的无组织排放治理，完成了定州、民权等17家电厂煤场全封闭改造；龙源电力5个风电生态环境治理项目获评山西省生态环境治理示范案例；红岭、螺蛳湾等74个水电站完成生态流量治理。

稳步推进节能改造。2020年完成了台山4号、黄金埠1号等17台机组汽轮机通流改造，供电煤耗平均降幅10g/kWh以上，全集团供电煤耗降低1.5g/kWh；完成了三河1号机等15项供热改造，采暖供热能力提高5000万m^2以上，工业供热能力增加1000t/h；推广应用电厂码头船舶岸电系统，岸电接驳率、使用率明显提高。

【市场营销】 2020年，面对复杂多变的国内外形势和新冠肺炎疫情带来的严峻挑战，国家能源集团电力营销系统积极践行习近平总书记“四个革命、一个合作”能源安全新战略，落实国家能源集团“一个目标、三型五化、七个一流”发展战略，着力构建“大营销”格局，发挥电力营销龙头作用，带动了煤炭运输等产业运营水平相应提高。聚焦“四要素”（体系、制度、能力、作风）建设，切实履行管办职能，在改革重组中实现了队伍稳定和业务提升。按照“集中统一、协同高效、发售一体”的原则推动集团各发电二级单位基本建立起了“管理、交易、客户开发（售电）”三位一体营销组织体系和运营体系。制定了国家能源集团电力营销管理办法、营销对标管理办法等一系列营销管理制度，牵头组织开展了255人次的营销业务培训，营销队伍人员能力得到进一步提高。

2020年，国家能源集团全年售热量完成4.2亿GJ，同比增长8.6%；集团所属售电公司合计代理客户数量总计6319户，同比增加2445户，平均代理用户数166.3户，同比增长58.8%；工业供热客户数量较2019年同期增加119户，同比增长7.5%。

1. “省内管”体系逐步建立

贯彻国家能源集团“战略+运营”管控思想，积极构建科学有效的营销管控体系。一是推动构建以电力营销公司为管理主体、省级电力公司为责任主体的两级营销管控体系，明确各方职责，建设适应市场化的管理体系。二是建立健全电力营销管理制度体系，发布国家能源集团电力营销管理办法等二级制度1项、三级制度5项，电力营销工作有章可依。优化完善现有电力营销管理信息系统，促进营销管理工作流程化、信息化、标准化。三是加强电力市场分析预测工作，形成了国家能源集团电力市场分析预测机制，建立可靠的数据资源渠道，规范电力市场分析方法。四是持续深化营销对标工作，督导排名落后、降幅较大企业及时查找原因、制定措施，并跟踪落实。2020年，国家能源集团发电设备利用小时数领先优势较2019年扩大48h。单位售电收入变动率95.34%，高于平均水平4.53个百分点。五是完善电力营销考核办法。协调集团有关部门优化考核指标，将单位售电收入、利用小时数纳入考核指标，树立向营销要效益的理念。

2. “省间办”协同取得实效

组织协调省间交易，建立省间重点送电通道相关信息库，梳理分析跨省跨区送电状况，组织发售电企业参加鲁固直流、祁韶直流、雁淮直流跨区“点对网”交易、银东直流2021年“点对点”跨区交易，指导区域营销委员会制定交易方案，协调受端省公司和送端电厂加强配合，完善省间协同机制，推动交易及时、足量完成。

通过加强产业协同、发售协同、专业协同，国家能源集团规模和区位优势逐步扩大，协同效应充分发挥。水电弃水损失下降46亿kWh，增收9亿元；售电公司代理售电量超1292亿kWh，实现利润约2.4亿元；国家能源集团内部各类发电权置换电量交易132亿kWh，增加边际收益5亿元；内部用户交易电量60亿kWh。牵头组织吉林分公司、国华电力、国电吉林能源销售公司、神华山东售电公司与大陆集团签订了“总对总”购售电综合服务合作协议，开启第一单业务。“大营销”模式初步建立。

3. 交易管理创造价值

加强交易管理，实施“一省一策”，紧抓策略执行，全年开展790批次中长期交易后评价，有效指导各单位积极争取电量，国家能源集团全年交易电量5203亿kWh，市场签约电量占比高于容量占比4.1个百分点，在天津、宁夏、河北、江苏等16个省区高1个百分点以上；维护市场价格稳定，国家能源集团全年交易电价降幅较全国平均降幅少降0.4分/kWh，江苏、蒙西月度竞价降幅分别收窄3.3分/kWh和0.5分/kWh，山西售电侧交易均价从230元/MWh恢复到280元/MWh。

【信息化建设】 2020年，信息化管理部以习近平新时代中国特色社会主义思想为指导，积极贯彻国家能源集团“一个目标，三型五化，七个一流”发展战略，以智慧国家能源建设为目标，通过有效提升数字化经营发展的管理水平，释放新时代下数智化发展的新动能。

1. 信息化管理

完成《集团“十四五”网络安全和信息化总体规

划及数字化转型规划》制定发布。国家能源集团数字化转型是从价值体系的重构出发，确定了未来五年网信工作的愿景使命、指导思想、总体框架、阶段性目标、重点任务和保障措施，指明了国家能源集团数字化转型的五个方向：平台化发展、数字化运营、产业链协同、智能化生产、生态化协作，明确了六大数字化基础能力：产品创新能力、运营控制能力、用户服务能力、生态合作能力、员工赋能能力、数据开发能力，构建三个数字化底座：平台底座、数据底座、云网底座。

制定发布《国家能源集团网络安全与信息化管理规定》等24项制度，从网信规划、计划预算、项目立项、项目建设管理、系统运维、数据管理、网络安全管理、考核评价等方面建立全方位的网信制度体系。

坚持“数字驱动转型发展，智慧引领国家能源”，建立国家能源集团网信网站以及“智慧国家能源”公众号，及时发布集团公司信息化重点项目进展及各级单位在智能化、信息化、数字化等方面的典型案例，追踪报道先进集体、个人先进事迹，形成榜样力量。截至2020年底，网信网站累计发布稿件3400余篇，公众号高质推文500余篇，微信公众号关注用户达到19万余人，使得“智慧国家能源”深入人心。

2. 信息安全

加大督导各子分公司做好网信安全提升工作，筑牢抵御风险屏障。网络安全管理，构建网络安全监测及应急响应指挥体系，7×24h开展监测值守及应急处置工作，建立统一防火墙管理平台，全面启动网络安全数据采集工作，提升网络安全监测预警能力，并加强重点区域隐患排查及应急演练。组织参加“护网2020”网络攻防演练，以赛促进，最终国家能源集团获得了中央企业第四名、发电集团第一名的优异成绩。态势感知管理，完成态势感知平台扩建、态势感知监管平台建设以及互联网敏感信息与资产排查工作，消除广域网安全监测盲区。

3. 信息项目建设

一体化集中管控系统（新ERP）全面完成上线应用，80家子分公司，1393家实施单位开启了管理自动化、智能化之路。建设数据湖、数据中台，建立国家能源集团数据资源池，助力基石项目建设。国家能源集团三重一大决策和运行管理系统、审计管理系统、培训管理系统、法律事务系统、碳资产系统、战略资源管理系统等项目先后完成建设并投入使用，国资在线监管系统、生态环境监测管理系统等处于持续建设、功能完善优化之中。国家能源集团完成国资委相关验收评估迎检工作，国资在线监管建设获得检查组高度认可，初步构建国资监管动态化、协同化、智能化和可视化的新模式。

【人力资源】 国家能源集团贯彻“工资是挣出来的”收入分配理念，坚持效益效率和价值创造导向，所属企业工资总额分配与利润、效率、业绩考核等指标紧密挂钩。坚持以岗定薪、易岗易薪，收入分配向生产一线、关键岗位和紧缺急需的高层次、高技术、高技能人才倾斜，内部收入分配结构不断优化。创新激励机制，聚焦改革发展中的重点难点问题以及新能源等新业务发展领域，设置“大物流运输”“新能源发展”等专项奖励，精准实施靶向激励，全年开展激励23项，发放专项奖励1.81亿元。坚持先行先试，在5家科技型企业开展中长期激励，兑现1089万元，科技骨干人才创新热情得到充分调动。

完善人才培养评价机制，壮大升级专业人才国家队。全面加强国家能源集团人力资源开发，推进三支队伍建设，引导各单位加强专业技术人才、技能人才的培养使用。坚持外引内培方针，积极组织各类人才评选，高层次人才队伍不断壮大。1人荣获全国创新争先奖状，取得零的突破；1人入选百千万人才工程，14人获得政府特殊津贴。入围创新人才推进计划候选1人、中华技能大奖2人、全国技术能手5人。推动“2030—煤炭清洁利用国家重点项目”、印度尼西亚电厂等“一带一路”项目进入人社部进京落户专项支持计划，有力支撑科技创新人才和国际化人才培养引进。组织开展各系列正高级、副高级职称评审，2398人进入最终评审环节。出台《企业法律顾问职业岗位等级资格评审办法》，全面加强法治人才队伍建设。

大力弘扬工匠精神，做精做强高技能人才队伍。研究制定《推进产业工人队伍建设改革实施方案》，大力开展劳动技能竞赛，为职工提升技能、成长成才搭建平台。取得人社部职业技能等级自主认定试点资格。大力弘扬劳模精神、劳动精神、工匠精神，10名职工当选2020年全国劳动模范，2名技术能手当选全国能源化学地质系统“大国工匠”。开展国家能源集团首批劳模和工匠人才创新工作室命名工作，82个工作室通过评审并进行命名挂牌，充分发挥劳模和工匠人才示范引领作用。

聚焦中央全会精神贯彻落实。面向国家能源集团副处级及以上领导干部开展十九届四中全会精神的轮训，通过网络教学平台，累计培训7470人次。聚焦年轻干部综合素质培养。制定优秀年轻干部培训实施方案，开展轮训工作，在集团党校和5个党校分校，完成362名优秀年轻干部为期2个月的集中培训。聚焦管理人员专业素质提升。为进一步提高总部处室负责人政治素养，加强作风建设，强化系统思维，全面提升履职履责能力，举办3期集团总部处室负责人履职能力提升班。为切实抓好集团安全环保工作，树牢安全发展理念，面向生产型子分公司主要负责人和分管领导，举办2期国家能源集团安全环保专题研修班，培训120人次。为贯彻党中央关于科技创新的决策部署，落实好创新驱动发展战略，举办国家能源集团科技创新专题研修班，培训120人次。受疫情影响，采用融智平台、视频培训等在线学习方式，开展化工安全、信息化建设、基层党支部书记、工会干部等21个专业培训班，累积培训78064人次。聚焦扶贫干部攻坚能力提升。坚持服务脱贫攻坚大局，帮助扶贫干部提高工作能力、培育优良作风。举办6期扶贫帮扶地区基层干部培训班，来自藏区、革命老区7县共计417名贫困县基层干部参训。

配齐配强子分公司领导班子，全年对78家子分公司领导班子进行调整补充，持续优化班子结构，增强班子整体功能。坚持正确导向，注重从基层和一线选拔干部，全年提拔34名长期扎根基层、业绩比较突出的厂矿段长。

加大年轻干部培养选拔力度，启动实施年轻干部工程，组织开展专题调研，发现掌握了2200多名优秀年轻干部人选。选调364名优秀年轻干部参加为期2个月的中青班和青干班学习。选拔102名优秀年轻干部到基层企业交流锻炼，全年党组共提拔50名“75后”年轻干部。

深化干部人事制度改革。落实三项制度改革要求，研究制定《领导人员能上能下管理办法》，重点解决领导人员能下问题，明确干部“下”的标准，畅通“下”的通道，规范“下”的程序，完善“下”的配套措施。制定《激励干部担当作为实施容错纠错工作办法》，为敢于担当勇于改革的干部撑腰鼓劲。

【扶贫与公益】 国家能源集团共承担了7个县的定点扶贫任务和2个县的对口支援任务（5县位于“三区三州”，4县位于革命老区），

国家能源集团全系统先后实现对全国各省（区、市）416个县（乡、村）的帮扶，是中央企业中帮扶数量排名第二的单位。累计向9县投入扶贫资金14.1亿元。特别是在国家能源集团重组以来，进一步加大帮扶力度，投入扶贫资金7.9亿元。国家能源集团承担定点扶贫和对口支援任务的9个县先后脱贫摘帽，退出贫困旗县序列，国家能源集团完成脱贫帮扶任务，连续三年在中央单位定点扶贫工作成效考核中获得“好”的最高评价。

国家能源集团公益基金会不断强化公益质量，创新公益模式。2020年深化困境家庭儿童先心病救助的“1+3”模式和“爱心学校”“爱心书屋”“爱心助学”“爱心红丝带”“爱心之旅”等品牌项目，在卫生健康、文化教育、生态环保等领域共开展92个公益慈善和扶贫项目，总计支出5.26亿元，受益人数达200余万人。2019年12月，公益基金会蝉联民政部5A级基金会，是央企中唯一一家蝉联全国5A级别的基金会。

【和谐企业】 举办2020年全国“扶贫日”主题活动，组织国家能源集团党员干部职工为国家能源集团对口扶贫地区募集善款2113万元。贯彻落实习近平总书记“搭把手、拉一把”重要指示精神，组织各级工会开展湖北农副产品消费扶贫，帮助湖北农民渡过难关。持续开展集团工会系统消费扶贫，采购集团定点扶贫县农产品6287万元。组织部分子分公司工会购买旱情严重的陕西吴堡县红枣50t，购买米脂县山地苹果300t，多渠道助力脱贫攻坚。

实施困难帮扶工程，开展2020年元旦春节送温暖活动，发放慰问金3683万元；开展困难职工大病救助，发放大病救助金1365.2万元；开展困难职工子女助学活动，发放子女助学金240万元。实施职工关怀工程，分5批组织400余名省部级及以上劳模、艰苦边远地区企业一线职工、长期坚守西部地区企业职工和援藏援疆扶贫驻村干部开展疗休养，拨付专项工会经费42万元为派驻高海拔地区扶贫驻村干部购置高原氧帐，拨付工会慰问金99万元慰问新疆公司等单位扶贫驻村干部。联合安环部开展职业病防治调研，制定职业病防治方案，加强劳动保护监督，保障职工安全健康权益。

举办第二届创新创意大赛，评选出20个项目分别授予一、二、三等奖。举办第一届危化消防应急救援技术竞赛，对团体前3名进行表彰，28人获国家能源集团技术能手称号。开展一体化集中管控系统（ERP）建设项目知识竞赛和业务标准竞赛，对11个集体和200名个人进行表彰奖励。组队参加全国电力行业大型水电厂水轮机检修工职业技能竞赛和第十二届全国电力行业继电保护职业技能竞赛，获团体二等奖1个，7人分获个人一、二、三等奖，2人获全国电力行业领军人才称号，2人获全国电力行业技术能手称号。

大力弘扬劳模精神、劳动精神、工匠精神，开展2020年全国劳模推荐，10名职工当选全国劳模，当选人数实现历史性突破。推荐2名技能人才当选全国能源化学地质系统“大国工匠”。发挥劳模和工匠人才示范引领作用，命名并挂牌82个国家能源集团首批劳模和工匠人才创新工作室。积极推荐职工技术创新项目参加全国能源化学地质系统评审，5个项目获一等奖、15个项目获二等奖、19个项目获三等奖。组织参加2020年度“安康杯”竞赛，向全总申报9个先进集体和2名先进个人。

举办职工安全生产漫画、招贴画比赛，征集参赛作品1300多幅，营造安全第一、生命至上的安全文化氛围。积极参加能源化学地质工会庆祝建党100周年优秀书法绘画、第三届“京能杯”微视频创作大赛

和“网聚职工正能量，争做中国好网民”主题网络微课作品征集活动，征集书法作品80件、绘画作品49件、微视频作品64个、网络微课作品90个。举办“同心创一流、挥毫送祝福”迎新春送春联公益活动，将祝福和爱心公益相结合，书写祝福，传递爱心。

深化“巾帼建功”活动，评选表彰集团2018～2019年度10个“巾帼文明岗”、20名“巾帼建功标兵”和7名疫情防控“巾帼建功标兵”。制定集团“最美家庭”评选表彰活动方案，启动评选表彰工作。开展中央企业系统全国五好家庭暨家庭工作先进集体、先进个人和2020年第二批全国最美家庭推荐评选工作，推荐4家子分公司的家庭、集体和个人参加评选。

（高　莹）

【龙源电力集团股份有限公司】

公司概况　龙源电力集团股份有限公司（简称龙源电力）成立于1993年，当时隶属国家能源部，后历经电力部、国家电力公司、中国国电集团公司，现隶属于国家能源集团，是中国最早开发风电的专业化公司。龙源电力于2009年在香港主板成功上市，被誉为“中国新能源第一股”。如今，龙源电力已发展成为一家以开发运营新能源为主的大型综合性发电集团，拥有风电、光伏、生物质、潮汐、地热和火电等发电项目，业务分布于中国32个省市区和加拿大、南非、乌克兰等国家和地区。截至2020年底，龙源电力控股装机容量达24681MW，其中风电控股装机容量22303MW，持续在全球风电运营商中保持领先地位。

领导班子

党委书记、董事长：贾彦兵

党委副书记、总经理：孙劲飚

党委委员、副总经理：唐坚

党委委员、副总经理：张滨泉

党委委员、总会计师：常世宏

党委委员、副总经理、工会主席：金骥

党委委员、纪委书记：郭爱军

党委委员、副总经理：宫宇飞

党建工作　龙源电力坚决贯彻国家能源集团党组巡视巡察工作部署，龙源电力党委和各级领导干部讲政治、顾大局、守纪律，积极配合国家能源集团完成巡视“回头看”和巡察督导工作。认真履行全面从严治党主体责任，制定实施65项工作措施，组织基层单位全面细化落实；克服疫情不利影响，开展两轮政治巡察，覆盖率达到60%，推动全面从严治党向纵深发展。严格落实党风廉政建设“两个责任”，一体推进“三不腐”，持之以恒纠治“四风”，风清气正的政治生态更加巩固。加强三基建设，增强基层党建纪检队伍力量，完善月度工作评价机制，疫情期间充分发挥党组织和党员作用，增强了凝聚力战斗力，龙源电力荣获国家能源集团“抗疫先进集体”称号。聚焦党建薄弱环节，加强理论探索实践，完成央企党建重点课题《“三翼驱动”推进风电企业党建工作与中心工作深度融合》，开展示范党支部、数字化党团活动室创建，推动党建服务生产经营不偏离。

龙源电力巩固深化“不忘初心、牢记使命”主题教育成果，推动党建、纪检工作与生产经营相融相促，印发实施15个方面、79项具体措施，指导基层单位高标准履职尽责。开展党支部“双百行动”，紧扣生产经营，深化创建10个示范党支部，培育30个创新案例，建设100个数字化党团活动室，由点及面、对标先进，提升党建工作实效。扎实推进精准扶贫，实施党建、医疗、消费和产业等扶贫项目，巩固提升右玉县脱贫成果，荣获山西省脱贫攻坚“组织创新奖”。深化精神文明创建，新疆、辽宁公司获评“全国文明单位”，4家公司获评国家能源集团首届文明单位，10家公司获评省级文明单位。

组织机构　见2020年龙源电力集团股份有限公司组织机构图。

安全生产　龙源电力科学部署，统筹推进安全环保和疫情防控各项工作，疫情防控有力有效，安全生产形势总体平稳。持续紧抓设备治理，累计恢复103台长期限功率机组，完成1572台机组集中整治，设备运行健康水平大幅提升，机组非计划停机时长较年初下降86%。有重点、有针对性应对限电，创新市场营销管理，多措并举积极应对年内疫情带来的不利影响，限电保持较低水平。2020年，龙源电力完成发电量530.66亿kWh，其中风电发电量436.83亿kWh，同比增加7.25%。在平均风速同比下降的情况下，风电平均利用小时数2239h，同比提高50h。

经营管理　龙源电力认真落实国资委、国家能源集团提质增效工作部署，坚持质量第一、效益优先，大力推进提质增效，进一步提高了存量资产经营水平。开展净利润提升活动，累计提升净利润6.83亿元。加大融资集约化管控力度，统筹运作，开展存量带息负债置换优化，利用基于总部垂直管理的资金计划协调机制，刚性资金计划管理，持续提升资金使用效率，实现资金时间价值最大化。抢抓资金窗口，创新融资品种，多渠道筹措低成本资金，成功发行18期超短期融资券，2期中期票据，3期可续期绿色公司债，全年资金成本保持行业优势。成功发行3亿美元债券，票息仅1.5%，为近十年同评级、同期限亚洲最低发行价格。加强扭亏治亏，亏损企业减少3户，减亏1.54亿元，实现双降目标。龙源电力全年取得营业收入286.67亿元，同比增长4.1%；实现除税前利润69.22亿元，同比增长7.3%；归属权益持有人净利润50.25亿元，同比增长10.0%，创近年来最高水平。

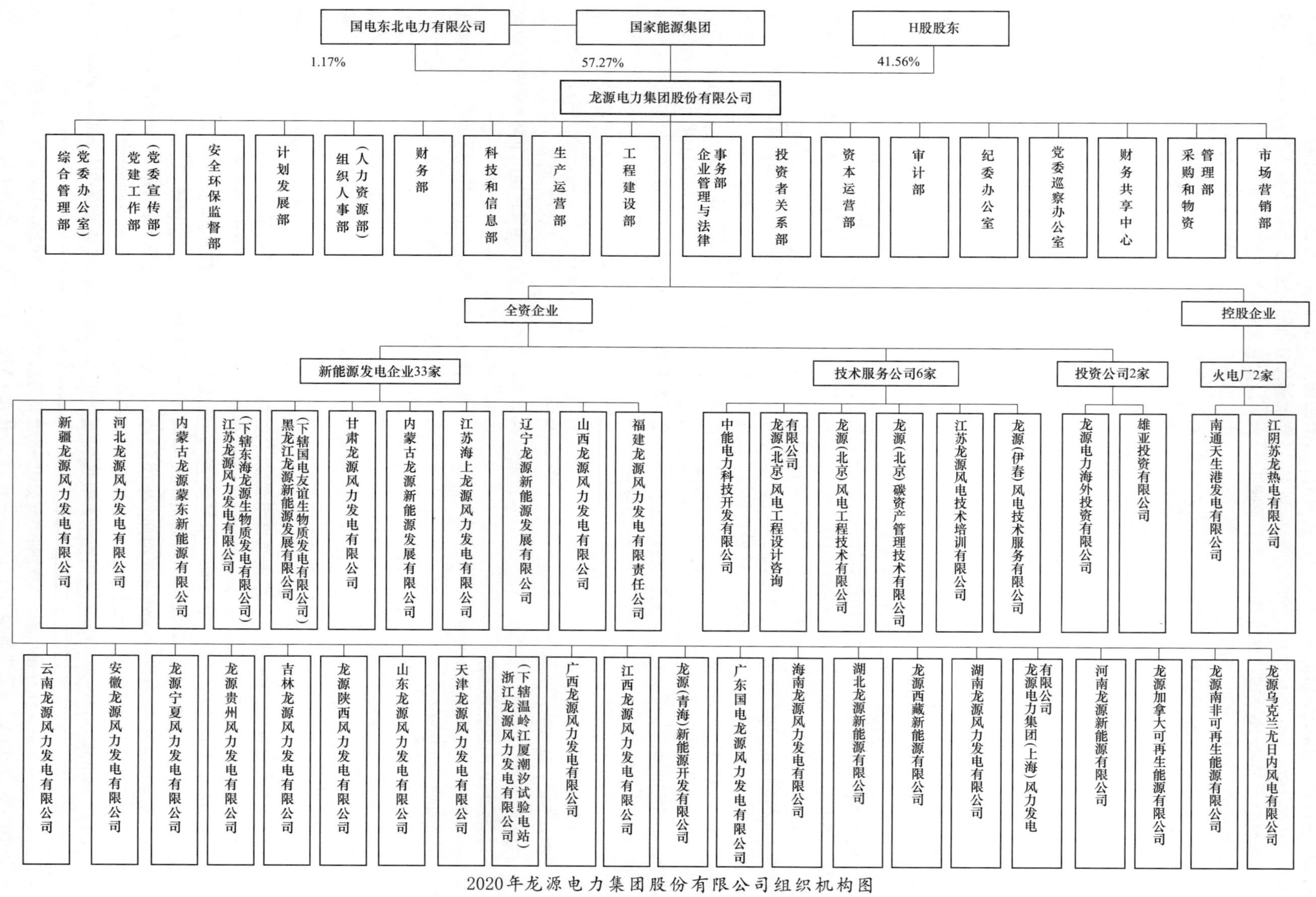

2020年龙源电力集团股份有限公司组织机构图

企业发展 坚持以发展为第一要务，充分发挥战略引领作用，统筹推进前期开发、工程建设、战略合作，取得了一批开创性成果。坚决贯彻落实国家能源集团“两个500万+”行动部署，历年来首次上调投产计划，相关部门精心组织、周密安排，区域公司攻坚克难、狠抓落实，全年投产252万kW、开工309万kW，创历史最高水平。创新发展模式，探索混合所有制改革路径，与金风、远景、阳光电源达成战略合作。加大项目开发力度，新增资源储备5159万kW，中标199万kW平竞价项目，其中光伏105万kW，取得历史性突破。成立基地项目办公室，在全国谋划了一批百万千瓦级中小基地，积极推进两个千万千瓦级基地“列规”。

深化改革 龙源电力认真落实国家能源集团“改革攻坚年”部署，企业改革迈出新步伐。制定《决策事项清单》《权责指引手册》，修订“三重一大”制度，构建风险、内控、合规“三位一体”体系，开展标准化制度建设，强化依法治企考核，不断提高龙源电力治理体系和治理能力现代化水平。全面推进世界一流创建，健全创建指标和对标体系，完善创建行动计划，持续推动管理优化、指标提升。调整优化组织机构，完成两家投资公司实体化改革，重组整合风电设计咨询公司，明确技术服务类企业分工，开展培训基地管理整合，组建新能源学院，管理效能得到进一步提升。建立薪酬与业绩联动机制，优化工资总额、基层领导人员年薪制管理办法，公司系统工资水平得到进一步提升。

科技创新 龙源电力贯彻落实国家科技创新发展战略的系列部署，更加注重科技创新工作。立项科技创新项目31个，同比大幅增加，5个课题列入国家能源集团科技创新项目，获评国家能源集团“科技创新先进单位”，其中，漂浮式海上风电项目被列为十大科技攻关项目，成功研发新型漂浮式风力发电机基础，完成初步设计。由龙源电力主编的《海上风电场运行安全规程》等9项行业标准已经国家能源局批准发布，至此龙源电力主编或参编的国行标达到了75项，其中已发布31项，牢牢占据行业技术的制高点。参编IEC国际标准PT 62862-1～4（光热发电站第1～4部分热保温），在国际标准制定上取得突破。新增科技专利21项，其中授权发明专利3项，实用新型专利18项；在各类科技期刊上发表论文60余篇。参与的《青藏地区可再生能源独立供电系统关键技术及工程应用》项目获国家科技进步二等奖。《基于集团级大数据的智慧风电运营关键技术研究和应用》通过中国电机工程学会和中电联的技术鉴定，获“国际领先”评价。

国际业务 龙源电力积极克服新冠肺炎疫情的不利影响，坚定实施“走出去”战略，围绕“一带一路”国家有序进行业务开拓，各项工作取得积极成效。乌克兰尤日内风电项目工程建设有序推进，完成首台风力发电机吊装；乌克兰南方风电项目等一批风电光伏项目已获批准立项。龙源电力正积极深挖中东欧、东南亚、拉美等重点市场潜力，力求实现区域滚动发展及重点市场突破。同时，强化境外资产管理，有效防控疫情及生产风险，深化合作交流，各在运项目运营情况良好。所属加拿大德芙林风电项目全年完成发电量282GWh，超额完成年度计划；利用小时数达到2845h，累计实现安全生产2222天。所属南非德阿风电项目全年完成发电量752GWh，利用小时数达到3075h，累计实现安全生产1157天。

信息（数字化）建设 龙源电力牵头国家能源集团一体化集中管控系统（ERP）新能源板块建设，两次获得国家能源集团“先锋杯”ERP竞赛第一名；所属189家单位顺利完成ERP上线任务，全模块进度排名集团前列，荣获“先锋引领奖”。确定“夯实数据基础、实现预知维护、达到源网可靠和谐”三步走目标，完成全部1.2万台风电机组及升压站数据全量采集，顺利投运新监控中心，构建前台监控值班、后台数据分析的新型运行管理模式，生产数字化转型取得阶段性进展。24家试点单位启动运检模式改革，江苏、安徽、浙江等8家单位率先成立15个区域维保中心，30个风电场实现“无人值守”。

主要事件

4月8日，国际著名信用评级机构标普全球（SPGI）正式发布公告，给予龙源电力“A－”的主体信用评级，展望稳定，该评级为目前全球可比新能源企业最高评级。

5月5日，龙源电力南非公司向南非北开普省捐赠了总额为237万兰特的善款和抗疫物资。北开普省省长苏尔第一时间向龙源电力表达了感谢。

6月30日，龙源电力新疆达坂城风电三场六期49.5MW风电项目并网发电。该项目是国家能源局批复的全国首批风电平价上网示范项目，同时也是新疆维吾尔自治区、国家能源集团和龙源电力第一个平价上网示范项目。

8月3日，龙源电力首个网络安全实验室正式建成启用，这是新能源领域首个投入使用的网络安全实验室，为开展能源领域网络安全科研和防护工作提供有力支撑。

8月10日，龙源电力南非德阿风电项目举行“云开放日”活动。活动以“新能源，新生活”为主题，多角度立体化呈现南非最大风电项目的生产经营、疫情防控及复工复产情况，讲述“一带一路”央企故事。

9月17日，随着焊接及灌浆作业顺利完工，龙源电力江苏射阳海上风电场海上升压站安装工程全部结束。这是龙源电力投资建设的第四座海上升压站，也是质量最大、国内离岸最远的海上升压站。

11月18日，由龙源电力与金风科技合资成立的龙源金风新能源公司在京挂牌，龙源电力在探索混合所有制改革方面迈出新的步伐。

12月10日，龙源河南太康项目首台风力发电机顺利并网，标志着龙源电力首个分散式项目正式投产发电。

12月22日，龙源电力新升级的安全生产运营监控中心正式投运，依托新的生产监控系统和智能管控App将设备数据、视频数据、人员行为数据集中采集管理，构建了前台监控值班、后台数据分析的新型运行管理模式，标志着龙源电力生产数字化转型建设取得阶段性进展，生产数字化管理水平达到行业领先。

12月25日，龙源电力山东武城二期风电项目并网发电，至此，龙源电力风电装机容量突破2200万kW。

【国电大渡河流域水电开发有限公司】

公司概况 大渡河流域水电开发有限公司（简称大渡河公司）于2000年11月在成都高新区注册成立，大渡河公司股份为国家能源集团系统占90%（其中集团总部占21%、国电电力占69%），四川川投能源股份有限公司占10%。大渡河公司是国家能源集团所属最大的集水电开发建设和运营管理于一体的大型流域水电开发公司。大渡河公司主要负责大渡河流域开发和西藏帕隆藏布流域开发筹建，拥有大渡河干流、支流以及西藏帕隆藏布流域水电资源约3000万kW。大渡河流域规划28个梯级电站开发，总装机容量约2700万kW。大渡河公司负责干流17个梯级电站的开发，涉及四川省三州两市（甘孜州、阿坝州、凉山州、雅安市、乐山市）12个县，总装机容量约1760万kW。大渡河公司投产电站有龚嘴、铜街子、瀑布沟、深溪沟、大岗山、枕头坝一级、猴子岩、吉牛、沙坪二级等9个大渡河流域电站及二台子、上河坝等12个其他区域小电站，总装机容量1173.5万kW；在建电站有金川、双江口（大渡河公司代管）2个电站，总装机容量286万kW；前期筹建项目有枕头坝二级、沙坪一级、巴底、丹巴、老鹰岩等7个项目，总装机容量约363万kW，形成了投产、在建、筹建稳步推进的可持续发展格局。帕隆藏布流域已完成流域规划报告（咨询稿），初步规划了"一库九级"方案，规划装机容量1142万kW。截至2020年12月31日，大渡河公司资产总额872.26亿元（含湖北），资产负债率75.72%，职工2160人，设有13个部门，21家所属、控股及代管单位。所属基层党委18个、党（总）支部69个、党员1208名。大渡河公司先后荣获全国五一劳动奖状、全国文明单位、全国模范职工之家、国务院国资委"抗震救灾先进集体"、中华慈善突出贡献企业、全国企业文化建设最佳实践企业等荣誉称号，被评为中央企业先进基层党组织、中央企业思想政治工作先进单位，获得国家能源集团特级奖状、绩效贡献特别奖、党建工作先进集体。共获得国家科技进步奖二等奖、第24届全国企业管理现代化创新成果一等奖、四川省科技进步奖一等奖、中国产学研合作创新成果一等奖、中国大坝工程学会科技进步奖一等奖、2020 China MIKE卓越大奖等省部级以上科技奖励128项，获得知识产权411项，主持及参编水电行业标准42项。大渡河公司被国家能源集团考核为A级，获国家能源集团奖励基金特等奖。

领导班子

党委书记、董事长：涂扬举

总经理、党委副书记：高建

党委书记、副总经理：何仲辉、王春云、胡卫、严军、高廷源、李攀光、陈刚

党委委员、总会计师：计军恒

组织机构 见2020年国电大渡河流域水电开发有限公司组织机构图。

主要事件 发电量突破500亿kWh创历史新高。2020年完成发电量512亿kWh，同比增幅12.48%，发电收入等经营指标创新高，超额完成国家能源集团下达的年度目标任务，瀑布沟、大岗山、沙坪二级等6座电站发电量超过设计发电能力，发电利用小时数保持区域领先。有效应对新冠肺炎疫情影响。深入贯彻落实习近平总书记关于新冠肺炎疫情防控重要指示精神，在加强电力安全生产、推进水电项目开发建设的同时，抓好疫情常态化防控，采取了一系列有效的安全保供措施，2020年1～4月增发枯期电量3.5亿kWh，为川内疫情防控和企业复工复产提供了稳定的电力能源供应。基建工程在全国第一批实现高效复工，双江口工程复工在中央台《新闻联播》报道。成功应对长江上游百年一遇大洪水。在汛期，加强水情精准预报，优化水库联合调度，将百年一遇大洪水削峰80%，有效减轻了大渡河下游城区及长江中下游防洪压力，实现平安度汛。防汛工作得到水利部、国家能源集团通报表扬。安全生产实现长周期记录。大渡河公司实现连续安全生产纪录超5500天，完成安全"三零"目标，安全生产可控在控。大渡河公司连续三年荣获"四川电力企业安全监管同业对标"第一名。枕头坝二级、沙坪一级电站实现核准。枕头坝二级和沙坪一级电站顺利通过核准，实现国家能源集团水电开发500万目标"开门红"，标志大渡河"十三五"水电开发收官，为"十四五"水电高质量开发打下坚实基础。普格县实现脱贫摘帽。四川省人民政府

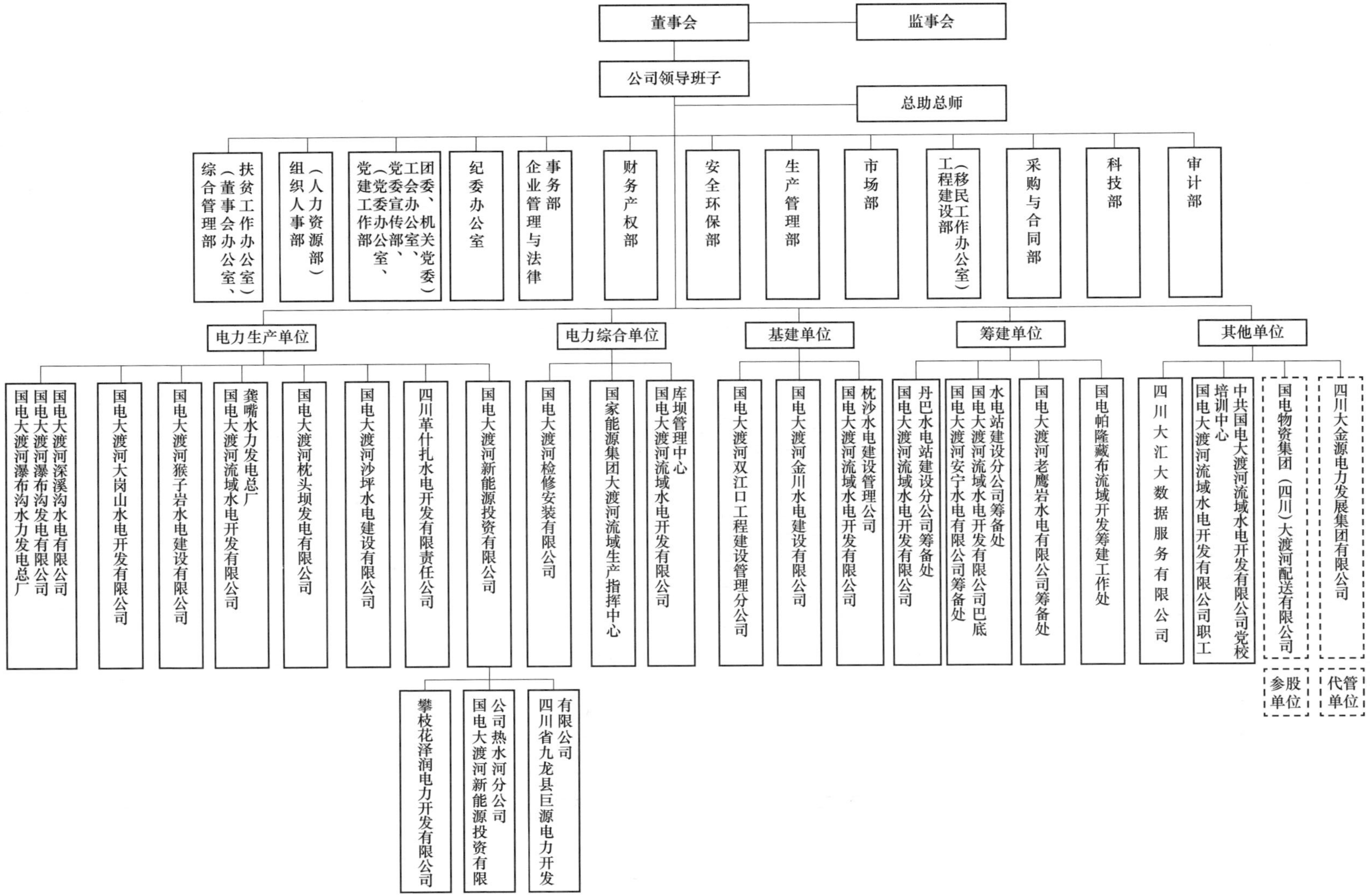

- 董事会 —— 监事会
  - 公司领导班子
    - 总助总师
    - 综合管理部（董事会办公室、扶贫工作办公室）
    - 组织人事部（人力资源部）
    - 党建工作部（党委办公室、党委宣传部、工会办公室、团委、机关党委）
    - 纪委办公室
    - 企业管理与法律事务部
    - 财务产权部
    - 安全环保部
    - 生产管理部
    - 市场部
    - 工程建设部（移民工作办公室）
    - 采购与合同部
    - 科技部
    - 审计部
    - 电力生产单位
      - 国电大渡河瀑布沟水力发电总厂
国电大渡河瀑布沟发电有限公司
国电大渡河深溪沟水电有限公司
      - 国电大渡河大岗山水电开发有限公司
      - 国电大渡河猴子岩水电建设有限公司
      - 国电大渡河流域水电开发有限公司
龚嘴水力发电总厂
      - 国电大渡河枕头坝发电有限公司
      - 国电大渡河沙坪水电建设有限公司
      - 四川革什扎水电开发有限责任公司
      - 国电大渡河新能源投资有限公司
        - 攀枝花泽润电力开发有限公司
        - 国电大渡河新能源投资有限公司热水河分公司
        - 四川省九龙县巨源电力开发有限公司
    - 电力综合单位
      - 国电大渡河检修安装有限公司
      - 国家能源集团大渡河流域生产指挥中心
      - 国电大渡河流域水电开发有限公司
库坝管理中心
    - 基建单位
      - 国电大渡河双江口工程建设管理分公司
      - 国电大渡河金川水电建设有限公司
      - 国电大渡河流域水电开发有限公司
枕沙水电建设管理公司
    - 筹建单位
      - 国电大渡河流域水电开发有限公司
丹巴水电站建设分公司筹备处
      - 国电大渡河安宁水电有限公司筹备处
国电大渡河流域水电开发有限公司巴底
水电站建设分公司筹备处
      - 国电大渡河老鹰岩水电有限公司筹备处
      - 国电帕隆藏布流域开发筹建工作处
    - 其他单位
      - 四川大汇大数据服务有限公司
      - 国电大渡河流域水电开发有限公司职工培训中心
中共国电大渡河流域水电开发有限公司党校
      - 国电物资集团（四川）大渡河配送有限公司（参股单位）
      - 四川大金源电力发展集团有限公司（代管单位）

2020年国电大渡河流域水电开发有限公司组织机构图

宣布普格县正式退出贫困县。在助力地方打赢脱贫攻坚战中，大渡河公司完成云盘山村党群服务中心、城西村草莓园、株木树小学等一批优质扶贫工程，获评全国扶贫先进单位，在17个获奖国企中位列第一。大渡河公司建成“梯级水电站群智能运行创新实践基地”。2020年10月8日，水库大坝和水电站智能建造与运行学术交流会在公司召开，国内水电以及人工智能等专业领域的多名院士专家学者参加，共同研讨水库大坝和水电站智能建造与运行的新技术、新装备，探讨行业发展的新思路、新方向。大渡河公司在会上被授予“梯级水电站群智能运行创新实践基地”。智慧企业建设创新成效显著。智慧企业建设取得丰硕成果，在双江口水电站建成国内首座工程建设期5G基站，5G+智能大坝碾压、智能灌浆系统等应用场景全面落地。ERP建设成效显著，成为国家能源集团ERP系统全模块第一批上线单位。成功入选工信部首批水电工业数据分类分级管理试运行企业和2020年大数据产业发展试点示范项目。全年获得知识产权授权49项，获省部级及以上科技奖4项。党的建设全面加强。深入学习贯彻党的十九届五中全会精神，开展“社会主义是干出来的”岗位建功行动、“牢记初心使命，践行伟大号召”等主题党日活动，完成党委新一届领导班子换届选举，推动党建与生产经营融合促进。深入开展“服务基层、服务职工”主题实践活动，建立“书记大讲堂”，搭建党员学习互动平台，建成职工情绪动态感知系统。精神文明建设成效显著。深入开展精神文明建设，大岗山公司建成全国文明单位，大渡河公司2名职工分别获得全国劳动模范和四川省劳动模范，一大批先进集体和个人获得省部级及以上表彰，展示了大渡河人良好的精神面貌。

安全管理 始终将安全摆在首位，层层压实安全责任，扎实落实安全措施，确保了大渡河公司系统安全“零事故”、环保“零事件”、防疫“零感染”。精准抓好疫情防控，认真落实党中央防疫和国家能源集团“一防三保”要求，高效推进复工复产，保障了疫情期间稳定供电，基建工程实现了国内首批复工，常态化疫情防控有效落实，确保了风险精准可控。全力抓好防洪度汛，开展实战演习115次，组织有序应对四川省历史上首次防汛Ⅰ级响应以及流域罕见洪水、暴雨，防汛工作受到水利部、国家能源集团通报表扬。成功应对瀑布沟武警营房边坡垮塌等突发地灾，避免了人员伤亡和重大财产损失。紧盯重大隐患治理，推进安全生产专项整治三年行动，深入开展“安全环保风险管控年”和“安全生产月”活动，预控危险源1596项，查治隐患4000余项，治理边坡等地质灾害隐患277项，国家能源集团挂牌督办“甲居村边坡变形重大隐患整治项目”提前通过验收销号。狠抓设备重大缺陷处理，完成流域41台机组、44套大坝溢流设备检修，设备缺陷率同比降低20%。着力加强环保水保，提高环保意识，积极配合国务院国资委环保督查等安全环保检查，工作成效获得肯定。枕头坝二级、沙坪一级环评报告和水保方案提前完成报批，全年增殖放流鱼苗109万尾。大渡河公司获国家能源集团安全环保先进企业、中央在川企业安全生产先进单位等荣誉，连续三年荣获“四川电力企业安全监管同业对标”第一名。

经营发展 抢抓后疫情时期社会经济快速恢复、川内用电负荷增长机遇，全力以赴争政策、拓市场、抢电量。积极争取政策落地，打好政策组合拳，争取到外送、调度、金融、税收减免等有利政策，实现了政策效应最大化。全年按政策减少社保成本5100万元；积极落实西部大开发所得税优惠政策，节约所得税2.2亿元。持续提升经济运行，不断优化调度策略，实现多发多供，大渡河公司年度弃水电量同比减少40亿kWh，日、周、月发电量屡创新高。各项发电、水位指标区域可比最优，枯水期经济运行降耗增发电量3.5亿kWh。强化流域营销统筹，坚持流域“一盘棋”，发挥市场营销龙头作用，平水期节能调度补偿政策得到落地，解决了平水期水库电站因调蓄欠发的老大难问题。争取到计划内电量250.66亿kWh，计划内利用小时数高于全网平均195h。省内市场签约电量同比增加54.8亿kWh，市场电量同比增收11亿元。汛期减弃电量约30亿kWh，增效1.7亿元。大力实施降本增效，开展增收节支工作，压降成本费用，较年初预算压降完全成本2.01亿元，可控成本（不含发电权交易费）同比降低10%，七项费用同比降低22%。狠抓重点专项工作，“两压”“双控”指标可控在控，超额完成国家能源集团下达治亏目标，大渡河公司所属企业全部实现盈利。

工程建设 贯彻落实国家能源集团水电发展战略部署，坚持“高质量、高速度、低成本”要求，全面推进在建、前期、新能源项目。加快推进在建项目，加强基建管理体系、标准建设，提升“五控制”管理能力，金川导流洞、泄洪洞顺利贯通，大坝、厂房主体工程全面启动，截流及发电目标可控在控；双江口大坝填筑至计划高程2220m，厂房完成第三层开挖，股权回归达成决定性共识，岷江柏问题取得重大突破，工程具备了大干条件。大力推进前期项目，按照“打破常规、全面启动、不分先后、能动则动”的工作思路，加快流域建设开发进程，枕头坝二级、沙坪一级电站实现核准，新核准装机容量66万kW；丹巴、巴底、老鹰岩“封库令”技术条件基本落实，安宁设计优化取得突破，经济指标接近集团要求。帕隆藏布技术层面工作均已完成，取得了自治区政府的认可和支持。积极争取新能源资源，编制完成了大渡河流域水风光一体化可再生能源基地规划，与若尔盖县签订《水风光一体化建设及光伏治沙战略合作协议》，达成近400万kW光伏开发意向，完成5万kW的投资项目并购立项，完成了国家能源集团60家排放企业的碳盘查任务。

科技创新 持续深化智慧企业建设，推进数据中心与业务工作深度融合，以“一中枢、多中心、四单元”为主要构架的智慧管理模式逐步成型，电厂自主运行、智能巡检模式进一步优化，始终保持领先优势。推进ERP系统在国家能源集团实现首批上线，荣获国家能源集团ERP最佳贡献奖。加快智慧企业建设成果转化，科技产业逐步发展壮大，得到市场认可，全年签订合同额超2亿元。持续加强科技创新，知识产权等科技成果呈井喷式增长，全年获得知识产权授权111项（其中发明专利5项），获省部级及以上科技奖16项。公司被授予“梯级水电站群智能运行创新实践基地”，与华为、中国航发、中核集团、中国移动等达成重要战略合作，在国内多个科创大赛中取得了好成绩，业界影响力不断提升。

企业管理 牢固树立法治思想，认真落实国家能源集团全面深化改革要求，把制度规矩挺在前面，加强制度建设，落实改革任务，深化依法治企，推动大渡河公司规范高效运转。强化制度管理，编制大渡河公司制度体系框架，出台《公司制度管理办法》，全面开展制度“立改废”，规范制度建设流程，梳理清单217项，推动大渡河公司制度体系优化升级。抓实“四重一要”，建立了月度生产经营协调会、基建（在建、前期）协调会机制，每月督促督办重点任务，及时协调推进重点工作，加强关键问题攻关，取得了积极成效。落实改革任务，理顺大渡河公司本部改革后的职能职责，修订大渡河公司本部部门职责划分，聚焦主责主业，加强生产、基建管理力量，打造了职责明晰、权责对等的高效机关。扎实开展创一流行动，编制创一流工作行动方案，成立了12个专项工作组，压实了创建责任，加强企业月度运行评估，创一流工作务实推进。完善“三重一大”决策体系，按照新修订的“三重一大”决策制度，加强决策事项的分级审核、过程把关，决策体系运转更加规范。深化依法治企，出台了主要负责人履行法治建设第一责任人实施办法，加强内控风险管理，强化审计监督，优化招标采购、物资管理流程，提升了依法经营、规范管理水平。

扶贫工作 认真贯彻落实党中央、四川省、集团党组扶贫要求，全年投入扶贫资金5671万元，实施教育、产业、就业、党建等帮扶项目16项，成功助力普格实现脱贫摘帽，进一步巩固了丹巴县、峨边县脱贫成果。强化扶贫工作指导，大渡河公司领导全年赴扶贫县调研18次，积极沟通对接，全力挂牌督战，及时解决脱贫攻坚的困难和问题。高标准抓好“两产业、两学校”项目，投入2950万元建成了株木树小学，改变了区域教学资源紧张的状况，学生实现就近上学；优化设计方案，严格过程管控，则木河小学10月开工建设；援助建设城西村大棚草莓40亩，创新采用“村集体＋合作社＋贫困户”模式开展草莓大棚种植，2020年城西村221户998名贫困户每户获得首批收益分红1000元，“九九养窝草莓”成为当地知名品牌；在城西村推进了100亩春见柑橘种植，扩大扶贫产业项目，预计3年达产后每年可为城西村带来240万元左右收益。加大扶贫总结宣传，大渡河公司扶贫典型经验和创新做法先后53次在新华社等省级及以上媒体得到宣传，国家能源集团获评四川省定点扶贫先进单位，在17个获奖国企中位列第一；大渡河公司被四川省推荐为全国脱贫攻坚先进集体，2名扶贫干部被评为四川省脱贫攻坚先进个人。

党的建设 认真落实国家能源集团“四强化六提升”党建工作要求，抓好重点任务、重点措施落实落地，推动党建工作提质增效升级。加强政治建设，巩固深化“不忘初心、牢记使命”主题教育成果，深入开展党的十九届五中全会专题学习研讨，全力抓好巡视配合和整改，完成集中整改期各项整改任务。坚持党建引领，制定了加强党支部标准化规范化指导意见，出台了进一步推动党建与生产经营融合促进的工作措施，开展“社会主义是干出来的”岗位建功行动。深入推进全面从严治党，一体推进“三不”机制建设，开展“服务基层、服务职工”主题实践活动，深入整治形式主义、官僚主义。凝聚发展合力，大力弘扬劳模精神、劳动精神、工匠精神，2名职工分别荣获全国劳动模范、四川省劳动模范荣誉称号。加强新闻宣传，全年发布新闻稿件13000余篇，宣传排名保持在集团前列。深化惠民工程，组织了“五一”劳模先进巡展、健步走等线上活动，举办了2020年“五四”表彰会暨青年成长成才论坛，打造了“大渡河小水滴”志愿服务品牌。

主要事件

1月10日，大渡河公司《依靠科技手段，加强营销力度，决战“百日”会战全年增发电量30亿》课题成果获评国家能源集团奖励基金特等奖。

2月19日，大渡河公司从四川送出20000只一次性医用口罩，送往湖北公司，支援疫情高发区国家能源集团所属湖北企业广大职工全力应对疫情。

3月18日，大渡河公司通过视频会议系统召开干部大会。国家能源集团党组任命决定，涂扬举任大渡河公司党委书记、董事长（法定代表人），不再担任大渡河公司总经理；高建任大渡河公司董事、总经理，不再担任大渡河公司副董事长。

4月26日，大渡河公司党委书记、董事长涂扬举应邀参加了由中国企业联合会智慧企业推进委员会、中国知网和商汤智能产业研究院举办的“智慧企业赋能高质量发展大讲堂”，通过知网在线及新浪直播平台作“智慧企业‘三问’”在线讲座。

6月4日，“四川电力行业防灾减灾救灾专项行动启动会暨2020年四川电力安委会第一次会议”通报，大渡河公司在2019年“四川电力企业安全监管同业对标”中，获得99.83分，名列第一，自2017年同业对标工作开展以来，取得三连冠。

6月5日，国家能源集团公布了一体化集中管控系统（ERP）建设项目业务标准竞赛成绩报告，大渡河公司在水电项目、设备、人资、物资等实施模块业务标准竞赛中，获得优秀组织奖、先进集体奖、积极参与奖等荣誉称号，14人入围国家能源集团个人成绩前十，31人获国家能源集团通报表扬。

6月10日，大渡河公司2020年第一次临时股东会、六届七次董事会、六届七次监事会暨2020年度股东会在成都召开。

6月21日，大渡河流域遭遇特大洪水。大渡河公司下属猴子岩公司、生产指挥中心、革什扎公司、大岗山公司、库坝中心以及瀑电总厂等6家电力生产单位先后启动Ⅳ级防汛应急响应，全线联动战大汛，确保了大渡河流域防洪安全。

6月23日，大渡河公司“双江口地下工程施工过程智能管控关键技术”科技成果顺利完成中国大坝工程学会评价，与会评价专家组一致认为，该项目研究成果达国际先进水平。

6月26日至27日，大渡河流域迎来近十年第二大洪峰、近五年最大洪峰，大渡河公司全线联动，充分发挥控制性水库瀑布沟水库的调蓄、削峰作用，成功应对本场洪水。

8月11日，大渡河公司枕头坝二级、沙坪一级水电站环境影响报告书获得四川省生态环境厅批复。

8月18日，大渡河公司科学调度大渡河中游控制性工程瀑布沟水库，全线联动战大汛，成功对应大渡河超百年一遇大洪水。

8月28日至31日，大渡河公司获评2020年中国最具创新力知识型组织（China MIKE）三项大奖，包括2020 China MIKE卓越大奖、最佳技术创新奖和最佳知识管理践行者奖。

9月4日，检修公司（一队）在2020年全国大型水电厂水轮机检修工职业技能竞赛中勇夺团体二等奖。

9月17日至18日，大渡河公司《大渡河上游融雪径流特征初探》《基于解集模型的水电站超短期负荷预测研究》两篇论文荣获中国水力发电工程学会梯级调度控制专委会学术交流会优秀论文二等奖。

9月25日，中共国电大渡河流域水电开发有限公司第四次代表大会召开。

11月2日至4日，大渡河公司主编的《智慧水电厂技术导则》《梯级水电厂智慧调度技术导则》两项标准（征求意见初稿）顺利通过电力行业水电站自动化标委会组织召开的行业标准（征求意见初稿）审查会专家审查。

11月20日，大岗山公司被中央文明委授予第六届“全国文明单位”荣誉称号。

12月2日，龚电总厂安全总监李华同志在四川省第八届劳模和先进工作者表彰大会上被评为四川省劳动模范。

12月2日，大渡河公司“水电设备健康保障智慧赋能服务解决方案”在第二届中国工业互联网大赛全国总决赛中荣获三等奖。

【国电电力发展股份有限公司】

公司概况 国电电力发展股份有限公司（简称国电电力，股票代码600795）是一家全国性上市发电公司，是国家能源集团控股的核心电力上市公司和常规能源发电业务的整合平台，产业涉及火电、水电、风电、光伏发电、煤炭、化工等领域，分布在全国24个省、市、自治区。截至2020年底，国电电力资产总额3568.29亿元，控股装机容量8799.19万kW，控制煤炭资源储量28亿t，总股本为196.50亿股，员工总数16192人。

国电电力前身东北热电有限公司，于1992年12月在大连成立，1997年3月在A股上市，2000年1月重组为“国电电力发展股份有限公司”。2002年12月，国电电力划归原国电集团控股管理。2017年11月国家能源集团成立后，国电电力成为国家能源集团常规能源发电业务整合平台。

国电电力股票在二级市场表现良好，入选《福布斯》首批世界最受信赖公司榜单，先后荣获中国上市公司百强、中国上市公司金牛基业长青奖、新财富最佳上市公司、全景投资者关系金奖等资本市场重要奖项；荣获全国五一劳动奖状、全国文明单位、全国电力行业优秀企业、全国电力行业党建品牌影响力企业等荣誉称号。

领导班子

总经理、党委副书记：冯树臣

党委书记、副总经理：吕志韧

党委副书记、工会主席：刘焱

党委委员、总会计师：姜洪源

党委委员、副总经理：顾玉春

党委委员、纪委书记：云天宝

党委委员、副总经理、董事会秘书：田景奇

组织机构 设置本部职能部门19个，中心1个，拥有分公司及内核企业26家；全资及控股企业82家；参股企业26家；筹建处及筹备组6家。

企业战略 国电电力认真贯彻落实国家能源集团发展战略，结合公司工作实际，制定公司总体发展战略和产业规划。

总体战略：实施“一个目标、三型五化、七个一流”战略，建成党建引领、创新驱动、管理先进、效益一流、安全高效、绿色低碳、具有全球竞争力的世界一流特色能源上市公司，打造一流的火电企业、水电企业、新能源企业和煤炭企业。

产业规划：大力发展风电、光伏发电，积极有序发展水电，清洁高效发展煤电，适度发展气电，积极发展储能、氢能、综合能源服务等新兴产业，安全高效发展煤炭产业，积极稳健开发海外市场。

人力资源 国电电力拥有中高级技术职称人数8455人，技师以上人数3911人，涵盖电力、煤炭、化工、管理等十余个专业。完善干部选用机制，在国家能源集团系统率先实施领导干部选拔任用动议提名和全程纪实制度。拓宽员工职业发展通道，评聘国家能源集团首席师4人，国电电力首席师26人和高级专家60人，基层首席师49人和专家97人。强化专业技术和技能人才培育，组织开展人力资源、财务、法律等专业培训班，推进全员素质提升工程。完善收入分配机制，坚持收入与业绩同增同减，完善差异化分配体系，建立员工收入增长导向机制。

安全生产 有效落实安全生产责任，巩固“责任落实年”成果，健全完善从国电电力本部到基层企业自上而下、全面覆盖、可量化、具体化、清单化的安全生产责任体系，建立安全生产奖励基金，逐级压实安全环保责任。进一步巩固安全基础，深入开展安全生产专项整治三年行动，制定完善“两个清单”，自查整改各类问题隐患3366项。深化“风险管控年”活动，运用4M屏障理论，建立“三级五类风险数据库”，试点实施“四色四级两票”，将风险管控融入两票管理，风险管控实现落地。扎实推进标准化建设，发布10项标准化管理规范，建立标准化落实长效机制。扎实开展“反三违”专项行动，制定《安全生产典型违章手册》，员工安全行为能力明显增强。强化“降非停”专项治理，火电机组非停次数同比降低50%，21台机组实现“零非停”，国电电力系统安全生产水平有效提升。

经营管理 克服疫情不利影响，紧紧围绕建设世界一流企业目标，落实“一防三保”，聚焦“四重一要”，国电电力生产经营工作取得良好成效。全年实现利润104.02亿元，同比增加31.62亿元；实现营业收入1148.54亿元，同比增长5.31%。强化市场营销，主动适应市场交易模式新变化，全力争量保价。发挥机组灵活性优势，提升电网调峰响应能力，确保企业效益最大化。全年发电量完成3773.63亿kWh，同比增长3%；累计获得市场电量2338.92亿kWh，占上网电量的65.34%，同比增长9.52个百分点，为近年来最高水平；发电平均利用小时数完成4363h，同比增加117h。精准研判“煤炭、电力、运输”三个市场走势，根据年度煤、电生产计划，统筹协调购销需求；发挥进口煤控价优势，争取28万t进口配额，择机低价采购；实现“一个平台，统一政策、统一采购、统一配送”管理目标，内部优质长协100%兑现；全年入炉标准煤单价同比降2元/t，节约2.8亿元。强化燃料集中管控，做好事中监督和服务，现货阳光采购100%全覆盖，累计采购894万t，节约4395万元。加强成本管控，强化成本费用对标，七项费用同比压降15.69%。

科技创新与信息化建设 深入实施创新驱动发展战略，积极推动国电电力数字化转型，充分发挥科技创新服务生产和信息化业务的支撑作用。全力推进重点任务、重大项目高质量实施，燃煤电站多污染物协同控制与资源化技术及装备、超低NO_x煤粉燃烧技术、大型燃煤电厂智能发电系统研发及应用等国家及集团重大项目本年度均取得重要进展。智慧企业建设和上海庙智慧工程稳步推进，试点单位逐步形成可推广的功能模块。2020年国电电力科技投入11.3亿元，获得行业级以上科技成果52项，其中“智能发电运行控制系统研发及其应用”项目获得2020年度中国电力科学技术进步一等奖。

节能减排 以建设“六型”绿色燃煤电站为目标，大力实施火电产业升级改造，强化智慧运行体系建设，充分挖掘节能潜力，主要经济技术指标持续改善。在中电联2020年公布的火电机组能效对标中，国电电力12台机组获评优胜机组，2台机组获评单项指标最优机组，获奖机组占国电电力在运机组25%。不断巩固火电超低排放改造和综合治理成果，大同公司、东胜热电废水零排放改造按期完成，固废处置等环保隐患项目完成销号。

工会工作 深化岗位建功，持续推进38个创新工作室建设，年内取得创新成果96项，7家单位获集团首批“劳模和工匠人才创新工作室”命名挂牌；推进227个QC小组落地班组，取得QC成果181项，8个项目在省级QC大赛和国家能源集团QC大赛中获奖。稳步推进和谐企业建设，跟踪做好僵尸企业关停处置、“三供一业”改造、厂办大集体改革、退休人员社会化过程中的职工维权保障工作，确保职工队伍稳定。

党建工作 深入学习贯彻落实十九届五中全会精神，构建“四六四”中心组学习体系，广泛利用云技术开展党建工作，党建思想政治工作实效明显增强。创新开展党建“三项工程”建设，编制清单、表单、流程一体化党建制度执行规范，“三基建设”水平有效提升。推进新闻宣传“供给侧结构性改革”，构建“一网一微两号”媒体新格局，新闻宣传的覆盖面、影响力有效增强。健全全面从严治党制度机制，突出党委主体责任，狠抓责任落实，管党治党意识得到有效提升。坚持一体推进不敢腐、不能腐、不想腐机制建设，建立以党内监督为主导，专职监督、重点监督、业务监督、群众舆论监督协调推进的“大监督”体系，监督实效明显增强。国电电力连续四届保持全国文明单位荣誉称号，荣获国家能源集团首届文明单位标兵、国家能源集团“社会主义是干出来的”（“一防三保”疫情防控）岗位建功优秀组织单位、“十三五”中国企业文化建设典范组织、2019～2020 年度《中国电力报》优秀通信站特等奖。

电力扶贫 坚决贯彻中央关于脱贫攻坚工作的各项决策部署，全面落实“三大攻坚战”，把脱贫攻坚作为重要政治任务和第一民生工程，聚焦脱贫攻坚目标任务，围绕解决“两不愁三保障”突出问题，深入开展生态帮扶、党建帮扶和基础设施帮扶等工作，扎实有效开展四川、青海、新疆等地区的精准扶贫。全年用于精准扶贫资金支出总计 4375.14 万元，帮助建档立卡贫困人口脱贫 8514 人，在积极履行社会责任、扎实助力相关区域脱贫攻坚工作中做出了突出贡献。

重点电力工程

重点项目：鄂尔多斯“风光火储氢一体化”综合能源基地项目报国家能源局申请列规；大同湖东、邯郸退城进郊共 250 万 kW 火电项目取得核准；上海庙公司完成两厂合并，形成“四机共建”模式，工程建设高质量推进，3、4 号机组于 2020 年 10 月开工，预计 2022 年完成全部 4 台机组的投产。

新能源项目：加快推进新能源发展，全年核准项目 53 万 kW，中标项目 54 万 kW，新增资源储备超过 1000 万 kW；全年投产风电 73.8 万 kW，开工 84 万 kW，舟山海上风电普陀 6 号项目荣获国家优质工程金奖。

海外项目：加强外部合作，完成 300 万 kW、9 个项目投资机会研究，以色列气电等 4 个项目完成立项。

电力领域专利成果 2020 年，国电电力共注册电力领域专利成果 40 项。其中，实用新型专利 40 项，覆盖公司火电、新能源、煤炭化工领域板块。

主要事件

1月，国电电力获得央广网“最值得投资者信任的上市公司”荣誉，是唯一一家获此殊荣的电力上市公司。

3 月，国电电力制定下发创建世界一流企业行动方案，确立了创一流指标体系、对标体系、责任体系、评价体系、考核体系，建立了创一流工作机制，形成“一方案、五体系、一机制”创一流架构，按下创建世界一流企业的快进键。

5 月 9 日，国电电力启动风险管控两票试点，深入运用风险预控数据库成果，引入“四色两票”，全面升级火电和水电企业工作票和操作票管理标准，实现风险管控与工作票、操作票深度融合，提升生产人员安全管控能力，推进风险管控落实落地。

6 月 4 日，国内首个火电物联发电 5G 宏基站在东胜热电公司完成基建、通电、调试，正式接入核心网，标志着进入 5G+智慧企业建设新时代。

6 月 28 日，国电电力 3 个项目共计 33 万 kW 容量光伏项目纳入国家竞价补贴范围，占比超过国家能源集团此次中标光伏项目总容量的三分之一。

7 月 28 日，国电电力荣获科技创新先进单位，所属单位东胜公司荣获科技创新先进集体，国电电力系统 5 人荣获科技创新先进个人，1 人荣获专利先进个人。

8 月 5 日，国电电力大同湖东 2×100 万 kW“上大压小”火电项目获得山西省发改委核准批复。

8 月 7 日，北京国电电力一届五次董事会、一届三次监事会、2019 年度股东会在国电电力本部召开。北京国电电力董事长、总经理冯树臣主持召开董事会以及股东会，监事会主席许山成主持召开监事会。

8 月，国电电力印发了《构建党风廉政建设“大监督”体系工作方案》，从职责、机制等方面对推进“大监督”工作提出了具体要求和措施。

9 月 1 日，国电电力增资国家能源集团内蒙古上海庙发电有限公司工作全面完成，四台百万千瓦超超临界燃煤间接空冷机组“四机共建”拉开序幕。如此规模的火电建设，在国内电力工程建设史上尚属首次。

9 月 22 日，第四届中国能源产业发展年会暨“攻坚脱贫 · 能源扶贫成果报告会”在京举行，国电电力扶贫纪实类文学作品《流淌在档案里的扶贫光阴》获评“脱贫攻坚 · 能源扶贫经典文学作品”，也是国家能源集团唯一获奖文学作品。

9 月 28 日，国电电力邯郸公司退城进郊替代项目获河北省发改委核准批复。该项目将建设 1 台 35 万 kW 超临界热电联产和 1 台 15.4 万 kW 民生采暖背压机组。

11 月 27 日至 28 日，在“第二十届中国上市公司百强高峰论坛”上，国电电力以 72.4 亿元的利润总额位列榜单第 94 位，同时荣膺“中国百强企业奖”和“中国百强二十年特别贡献企业奖”双料大奖。

12月2日，国电电力舟山海上风电公司建设的普陀6号海上风电场2区工程获“国家优质工程金奖”，是国家能源集团首个获得“国家优质工程金奖”的新能源项目。

【国神集团】

公司概况 国神集团是国家能源集团国源电力有限公司和神华神东电力有限责任公司的统称，实行“一个党委、两个公司、一体化运营”管理模式，是一家以煤电一体化和循环流化床发电为核心的综合性能源企业。截至2020年底，国神集团产业及项目分布于新疆、内蒙古、陕西、山西、黑龙江等省（市）、自治区，管理全资和控股子（分）公司58家（含4家代管企业），现有职工19636人，党员7557人。国神集团资产总额1180.44亿元，资产负债率49.35%。国神集团发电业务运营总装机容量2863.75万kW，其中，火电机组64台2799.8万kW（供热机组32台共计1145.8万kW，循环流化床发电机组21台共计546万kW），风电62.95万kW、光伏1万kW。煤炭业务运营生产矿井8座（井工矿6座，露天矿2座），在建矿井1座，总体核定产能7100万t/年。运营煤炭集装站台三座，年发运能力1800万t。国神集团建设运营煤电一体化项目8个，发电装机1398万kW，占火电总装机的48.82%，煤矿产能7100万t/年，占煤炭总产能的100%。

领导班子

党委书记、董事长：徐晓惠

党委副书记、总经理：王治禄

副总经理：陈维民、徐建杰、邬京忠、李沛然、白继亮、邵水才

工会主席：董云鹏

纪委书记：周延滨

总会计师：岳权

组织机构 截至2020年底，在全国15个省（市）、自治区，管理全资和控股子（分）公司58家。国神集团本部设有17个职能部门，3个直属中心。国神集团在册员工19636人。

主要指标 2020年，发电量完成1138.94亿kWh，煤炭产量完成4766.54万t，商品煤销量完成5184.12万t，利润完成45.32亿元。

安全生产

安全体系建设：认真落实国家能源集团安全生产专项整治三年行动方案和安全1号文件精神，常态化开展“两学一树”“两学一抓”活动，扎实推进安全措施落实落地。严格执行领导干部跟班带班管理制度，深化“一岗、一网、一中心”安全监察体系建设，制定《领导干部安全生产环保管理工作考评记分管理办法》，严肃追究领导干部失职失责行为。

安全风险管理：扎实开展“安全环保风险管控年”活动，推进风险预控和隐患排查“双控”机制有效落地，全年整改完成国家能源集团督办重大隐患4项，国神集团督办重大隐患11项。严格落实“四点八步”管控流程和全员安全积分管理要求，严格现场高风险作业管控，全年发现并整改问题13114项。煤炭板块发布岗位标准作业流程2251条，制作可视化培训教材538项。4座煤矿达到国家安全生产一级标准，6座煤矿被评为煤炭工业安全高效矿井，2座煤矿连续安全生产十年以上。电力板块持续推进“一包一卡一票”作业文件，补充风险库数据1.7万个，发布标准化作业流程和作业文件33071项，制作标准化作业流程视频65个。

技术监督：强化发电单位技术监督工作计划、试验检验计划管理。组织制定了各监督专业“年度技术监督计划模板”和“试验检验计划模板”，纳入技术监督制度体系中。组织对国神集团所属20个发电单位开展了全覆盖、长周期式技术监督检查评价工作，2020年完成12家单位的技术监督评价，共计发现问题1710项，其中一般问题1574项，一般告警125项，重要告警11项。建立了技术监督查评问题库、技术监督告警问题台账，实时跟踪、指导各项问题的整改落实。

检修维护：全面抓好检修过程管控，加强检修技术改造开复工审查，制定21条开工必备条件，完善了防磨防爆策划方案制定、控非停措施落实计划等相关要求，坚决做到不具备开工条件的不允许开工。高质量完成25台机组等级检修，成功解决亿利1号汽机高中压转子弯曲等9项重大缺陷，大南湖1号、秦皇岛2号等4台机组修后安全稳定运行超200天。

重大改革 落实中央部署和国家能源集团工作安排，推动重点改革举措落地。列入国资委和国家能源集团督办的4户“僵尸特困”企业全部实现持续盈利。完成查干淖尔项目、费县公司股权转让，启动8家参股企业股权处置工作。强化参股企业和外派人员管理，规范“三会”议案审核，对外投资权益得到有效保障。编制实施方案，完成14个重点领域48项业务梳理，制定目标及改进措施，创一流工作迈出关键一步。全面开展质量管理，30项QC成果在国神集团获奖，4项成果获得国家能源集团表彰。

经营管理 常态化开展“提质增效扭亏增盈”专项行动，加强组织领导，强化过程管控，31家运营单位中25家实现盈利，有效对冲了疫情对企业效益的影响。深入分析煤炭交易关键指数，不断加强市场研判，优化销售策略，商品煤销量连续5年保持正增长。三道沟、黄玉川矿全力组织自产煤上站，顺利完成出区资源量。哈密煤电积极与甘肃市场用户共享高

碱煤掺烧成功经验，并主动协调铁路部门，实现巴特至酒泉点对点循环列发运，成功开发长协客户3家，有力保障了煤炭外销。沙吉海矿采取量大优惠策略，实现外销同比增加72.2万t。敏东一矿、朝阳露天矿积极响应国家能源集团东北保供要求，四季度完成132.5万t保供任务。主动开拓大用户直供，积极拓展疆电入渝、华北送江苏等跨省跨区市场份额，交易电量占比高于容量占比2.35个百分点，电价降幅低于区域平均降幅1.7元/MWh。积极寻求替代交易，宝清电厂取得替代发电权指标，保障正常开机。积极开展关停、富余电量指标转让，内部风火替代电量交易，增加收益1.54亿元。国神集团火电机组发电利用小时数完成4598h，市场占有率108%，河曲、花园等5家电厂在区域三同对标中排名第一。

依法合规管理：从十五个重点领域开展法律风险排查，化解法律风险21项。有效处置诉讼案件，避免经济损失。办理重大合同提级审查事项41件，有效防范合同风险。加强制度体系建设，上线应用新的制度管理系统，修编制度133项，内部管理流程更加规范。

科技创新 全年研发费用完成0.93亿元，受理专利118项，创历史新高。完成29项科技项目验收，“全燃高碱煤大型电站关键技术集成”获得中电联电力创新奖一等奖，“强富水灾害防控关键技术”获得中国煤炭工业协会科学技术奖二等奖，96个项目获得公司科技进步奖。黄玉川矿“矿井水灾防控关键技术研究示范项目”完成阶段验收。敏东一矿成功攻克粉煤灰基材料力学强度低的技术难题。

节能减排 完成5台机组超低改造、7家电厂煤场封闭、4家电厂灰场治理、4家电厂和3家煤矿废水处理项目。强化环保指标实时监控，烟尘、SO_2、NO_x达标排放率优于集团标准、小时均值超标数量同比下降33.7%。所属单位全部完成排污许可证申领、到期延续和变更。三道沟矿统筹推进塌陷区治理，打造千亩农业示范园和万亩生态林，显著改善当地生态环境，被央视等主流媒体宣传推介。大南湖二矿开展戈壁荒漠区水土保持与生态建设关键技术研究，形成一套适应矿区极端干旱环境下的生态恢复治理模式。黄玉川、上榆泉、大南湖一、二矿被评为国家绿色矿山，三道沟矿被评为省级绿色矿山。

信息化建设 王曲电厂建成行业首例覆盖重点区域的机器人智能巡检示范电厂，府谷电厂首创“一控、四中心、两平台”智能化电厂建设框架，上榆泉矿井下5G通信系统投入使用，朝阳露天矿、大南湖二矿边坡预警管理系统成功应用。国家能源集团统建ERP系统成功上线，企业级数据治理体系不断完善，煤电一体化生产调度指挥系统投用使用，“双网双机、分区分域、等级防护、多层防御”的网络防护体系基本建成，国神集团信息化管控能力明显提升。

工会工作 落实《国家能源集团推进产业工人队伍建设改革实施方案》和《中共国家能源投资集团有限责任公司党组关于做好新时代工会工作的指导意见》，制定印发国神集团《关于做好新时代工会工作的指导意见》，积极构建政治引领型、价值创造型、成果共享型、现代治理型“四型”工会，打造“两队一家”，开展“四大竞赛”，实施“四大工程”，强化“四个建设”等四个方面着手，不断推动工会工作创新发展。

党建工作 认真落实新时代党的建设总要求，压实管党治党责任，党的建设质量实现新提升。坚持用党的创新理论武装头脑、指导实践、推动工作，建立党委理论中心组“四位一体”学习模式，国神集团党委全年组织集中学习49次，基层党组织集中学习482次，专题研讨220次。制定学习贯彻党的十九届五中全会精神工作方案，通过“四个全覆盖”“七个专题学”迅速掀起学习宣贯热潮。巩固“不忘初心、牢记使命”主题教育成果，明确30项重点任务，建立长效机制。创新开展“三引领三创建”活动，扎实推进“社会主义是干出来的”岗位建功行动，积极发挥党支部战斗堡垒作用和党员先锋模范作用，完成攻坚任务14863项。

主要事件

1. 重要会议

1月12日至13日，国神集团二届一次职工代表大会暨2020年工作会议在北京召开。

2月12日至2月17日，国神集团召开2020年提质增效扭亏增盈工作一对一视频汇报会。

3月2日，国神集团召开安委会会议暨安全环保风险管控年、安全生产警示月活动启动会。

3月4日，国神集团召开本部和在京中心支持配合北京疫情防控工作会议。

5月7日，国神集团隆重召开五四表彰大会，纪念五四运动101周年和中国共产主义青年团成立98周年。

5月20日，国神集团召开2020年全国两会保安全工作视频会议。

7月20日，国神集团召开“社会主义是干出来的”（“一防三保”疫情防控）岗位建功行动暨“两优一先”表彰大会。

8月10日上午，国家能源集团党组第一巡视组巡视国神集团党委工作动员会召开。

10月21日，国神集团召开2020年科技创新大会。

12月1日下午，国神集团召开学习宣传贯彻党的十九届五中全会精神动员部署视频会。

2. 重大项目

3月30日，随着准东项目主厂房锅炉钢架开始吊装、盐池风电场二期风力发电机基础开挖，公司宝清、伊犁、府谷二期、五彩湾二期等六个电源项目全面开复工，在建总装机容量496万kW。

6月21日，敏东一矿由鄂温克电厂供电的直供电系统开始带电运行，至此，国神集团运营的所有煤电一体化项目全部实现了“煤来电去”。

7月24日19时09分，宝清煤电化公司电厂一期2×600MW级工程2号机组高标准完成168h试运，标志着国神集团首个一体化规划、一体化设计、一体化建设的煤电项目就此具备商业运营条件。

7月27日23时16分，五彩湾电厂4号机组顺利通过168h满负荷试运，平均负荷率达99%。4号机组正式转入商业运营，标志着该厂二期工程项目全面投产。

8月26日，朝阳露天煤矿用电负荷切换至宝清电厂直供电，标志着宝清煤电化公司成为国神集团首家完全实现“煤来电去、水来汽去、煤来灰去”的煤电项目。

12月27日18时，府谷电厂二期2×660MW工程3号机组顺利通过168h满负荷试运行。

3. 内部管理

1月6日，国神集团发电量完成5.02亿kWh，单日发电量在新年伊始首次突破5亿kWh大关创出历史新高，取得“开门红”。

1月13日，在国神集团二届一次职工代表大会暨2020年工作会议上，国神集团与51家生产、基建、支持服务前期单位以及总部19个部门签订2020年度《目标考核责任书》。

截至1月22日，国神集团1月累计商品煤销售408.52万t，其中外销221.72万t，提前9天完成月度内控计划，实现首月销售“开门红”。

2月4日，国神集团在疆5家电厂合计出清电量81.18亿kWh，较2019年增加16.43亿kWh，平均交易电价约192.77元/MWh，较2019年度大用户直接交易电价上涨约19.37元/kWh。

2月，国神集团商品煤产量完成414.2万t，超国家能源集团月度计划（375万t）39.2万t，同比增长28.06%；商品煤销量完成431.92万t，超国家能源集团月度计划（403万t）28.92万t，同比增长9.2%；超额完成月度商品煤产销任务。

一季度，国神集团36家生产运营单位中4家单位亏损，同比减亏6590万元，同比2019年亏损单位再减少2家。

截至3月28日18时，国神集团年累计生产商品煤1271.94万t，完成内控计划5000万t的25.44%，同比增长20.57%；年累计销售商品煤1348.72万t（外销826.84万t），完成内控计划5350万t的25.21%，同比增长19.66%；实现2020年一季度商品煤生产销售开门红。

5月28日，内蒙古分公司新能源单日发电量达到1021万kWh，首次突破千万千瓦时大关。

6月18日，国神集团年累计生产商品煤2014.90万t，完成国家能源集团下达年度任务4020万t的50.12%，提前12天实现“硬过半”。

6月6日19时50分，以五彩湾电厂3号机组顺利通过168h试运行为标志，国神集团发电总装机容量突破3000万kW，达到3042.75万kW。

7月28日，五彩湾电厂一期实现连续安全生产2800天，安全生产再上新台阶。

9月19日，朝阳露天矿通过黑龙江省煤炭生产安全管理局《关于公布神华国能宝清煤电化有限公司生产能力的通知》（黑煤生产发〔2020〕145号）批复1100万t/年生产能力核定。

截至10月10日，内蒙古分公司乌拉特风电场实现连续安全生产4800天，安全生产工作长期保持良好平稳态势。

截至12月21日，河曲电厂年累计完成发电量126.1亿kWh，完成年度内控电量计划的100.08%，提前10天完成电量计划。

4. 领导视察

1月14日，国家能源集团总经理刘国跃到鸳鸯湖电厂调研。

4月16日，国家能源集团党组副书记、总经理刘国跃到国神集团调研。

8月19日，国家能源集团党组副书记张国厚在神朔铁路调研期间到神东凯悦集运公司站台调研指导工作。

荣誉奖励

4月，国家能源集团组织开展2019年度子分公司经营业绩考核评价，国神集团获评为A级单位，被授予“2019年度集团公司先进单位”荣誉称号。

11月，中华全国总工会、中华人民共和国应急管理部、国家卫生健康委员会对2018～2019年度全国“安康杯”竞赛活动进行通报表彰，大港电厂由于在“安康杯”竞赛中取得的突出成绩而荣获全国“安康杯”竞赛优胜单位。

【国华电力(常波)公司】

公司概况 国华电力（常波）公司（简称国华电力）是国家能源集团国华电力有限责任公司和中国神华能源股份有限公司国华电力分公司的统称。北京国华电力有限责任公司（2020年10月更名为国家能源集团国华电力有限责任公司）成立于1999年3月，是国家能源集团以火力发电为主营业务的全资子公司。

2005年2月，按照原神华集团资产上市方案，原北京国华电力有限责任公司部分资产注入上市公司，并设立了中国神华能源股份有限公司国华电力分公司。

国华电力依托国家能源集团煤电运一体化的经营优势，按照“点、线、面”相结合的布局策略，重点在坑口、港口、路口和负荷中心建设了一批高效率、高参数、大容量火电机组，形成了“选址好、造价低、管理新”的综合竞争优势。境外深耕印度尼西亚电力市场，在印度尼西亚设有4家控股子公司和1个联营体，分布在印度尼西亚苏门答腊岛和爪哇岛。

截至2020年底，国华电力运营装机容量2078万kW；机组利用小时数从2003年起连续18年高于全国火电平均利用小时数，供电煤耗历年来都处于全国领先水平。燃用国家能源集团煤炭10亿t，为集团产业链可靠运行发挥了“蓄水池”“调节器”作用，为国民经济和社会发展做出了积极贡献。2020年，服从服务于国家能源集团改革发展大局，所属的宁夏、江苏、浙江、广东、山东、江西、河南、湖南、广西共9个区域的电厂及相关企业（共21家单位，含14家运营电厂，37台机组，合计容量2431.5万kW；4家基建电厂，8台机组，合计容量800万kW；3家售电公司。合计资产总额723亿元，转出人员共计7189人）完成管理权平稳移交，以实际行动展示了“讲政治”的优秀品格。

国华电力积极开展多方面国际合作，多次荣获“中国企业走进东盟十大成功企业”称号；国华印度尼西亚南苏发电公司连年荣获“最佳独立发电企业”“最佳创新电力企业”等一系列印度尼西亚最高电力奖项；爪哇项目顺利竣工投产，被权威媒体誉为习近平主席“21世纪海上丝绸之路”首倡之地的能源新地标，继高铁、核电、特高压之后，高效清洁煤电已成为中国企业“走出去”的又一张“国家名片”。

国华电力积极践行“社会主义是干出来的”伟大号召，坚持以创新创效引领高质量发展，历届领导班子带领员工接力奋斗，在企业党建、安全生产、基建管理、经营发展上创出了国华电力特色，走出了一条“党建领航、环保领跑、创新驱动、价值创造”的科学发展之路，形成了国华电力“讲政治、有追求、负责任、勇担当”的品牌影响力，2017～2020年国华电力连续被国家能源集团评为年度先进单位。先后获得全国国有企业创建四好领导班子先进集体、全国创先争优先进基层党组织、全国文明单位、全国五一劳动奖状、中华环境奖（企业优秀奖）等荣誉。

国华电力积极响应国家创新驱动发展战略，大力推进相关基础技术、关键技术、前沿技术的科技研发，积极推动企业科技创新及成果转化应用，在超低排放、海水淡化、智能电站、汽轮机高位布置等方面取得了一大批科技创新成果。截至2020年底，国华电力累计获得中国电力科学技术奖78项（其中一等奖8项），中国电力创新奖（电力科技创新奖）29项，省部级科技进步奖13项；累计获得国家授权专利1224项（其中发明专利233项）；累计获得软件著作权37项。

领导班子

党委书记、董事长：宋畅

党委委员、副总经理：耿育

党委委员、总会计师：杨富锁

纪委书记：邢仑

党委委员、副总经理：许定峰、张艳亮

组织机构　2020年底，国华电力本部共有18个内设机构及职能部门，分别是：办公室（党委办公室、档案室）、法律事务部、战略发展部（核电办公室）、财务产权部、人力资源部（党委组织部、社保办公室、离退休人员办公室）、生产技术部（调度中心）、安健环监察部（安全监察中心、应急管理办公室）、基建项目部、工程建设部、科技信息部、经营管理部（市场营销办公室）、节能环保部、内控审计部、物资管理部、党建工作部（党委宣传部、工会办公室、团委）、纪委办公室、国际合作部、巡察办公室。

主要工作　2020年，国华电力全年完成发电量1174亿kWh，超计划23亿kWh；机组利用小时数4767h，高于全国火电平均约560h；全年供热5567万GJ（全口径，含全部划转厂），再创历史新高。实现利润总额72.8亿元，超计划3.3亿元；缴纳税收43.4亿元，EVA完成13.2亿元。

党的建设　坚持党对一切工作的领导，以党的政治建设为统领，量身定制全面从严治党主体责任清单；开展“不忘初心、牢记使命”主题教育回头看，制定巩固深化主题教育成果常态化措施；“月查评、季督导、年评价”全过程党建考评，规范党建与业务深度融合的日常管理。坚持党风廉政建设与反腐败工作系统贯穿，全面落实从严治党主体责任约谈；纪委书记100%参与重要人事安排；准确把握“三个区分开来”，保护党员干部干事创业热情。全年两级党委“三会一课”等组织生活共计9756次，中心组集中学习研讨108次。围绕十九大精神在基层落地开展重点学习教育，全系统视频集中宣讲4次，基层党委面对面讲党课244次，覆盖全部党支部。内网、视频、微信联动，学习宣贯覆盖全体员工。

安全生产　13台机组连续运行超过300天，等效可用系数完成93.4%，连续十年优于全国平均水平。持续深化安全风险预控体系建设，将“网络安全”“信息安全”纳入事件管理子系统，创建海外项目安全生产管理体系。深入推进安全环保“风险管控年”和安全生产专项整治三年行动计划，梳理问题隐患和制度措施“两个清单”，聚焦关键问题整改。开展

“抓责任、惩三违、保落实”主题活动，提升全员安全意识。强化承包商全流程管理，紧盯高风险作业管控，进一步加强现场安全监察。对照新版《固体废物污染环境防治法》全面实施自查整改，集中力量破解呼贝灰渣处置核心难题，持续加强废水零排项目质量管控，锦界三期、定州、盘山废水零排项目进入施工阶段。系统排查整改问题和隐患，完成第二轮第二批中央生态环境保护督察迎检工作。

节能环保　2020 年全年供电煤耗完成 295.57g/kWh，同比降低 1.75g/kWh，完成《“攻坚 2020、展望 2025”高品质节能降耗行动计划》第一阶段目标；“十三五”期间累计降低供电煤耗 12.9g/kWh，“十三五”能源消费强度和总量“双控”目标任务全部完成。烟尘、二氧化硫、氮氧化物排放绩效分别为 0.008、0.05、0.11g/kWh，优于年度计划值；“十三五”期间，提前实现全部燃煤机组超低排放，排放绩效分别下降 73%、50%、48%，减排效益显著。

经营管理　面对疫情影响，持续加大过程奖励力度，累计追回发电欠量近百亿千瓦时，提升市场占有率 18 个百分点，部分月份发电量创历史同期新高，超额完成全年发电量、利润目标。全面深化“精准提效、成本管控、资金管控三个 30 条”重点举措。开展燃料全过程精细化管理，重点单位煤价同比下降，滞期费同比下降超 60%。大力压降成本费用，全年七项费用同比降低 30%，库容比降至 14.4 元/kW，全口径采购节支率 11.2%。统筹优化贷款结构，积极争取利率优惠，综合资金成本率同比降低 0.4 个百分点。深入推动“防疫优惠”等各项利好政策落地，全年减税降费额度超过 7.6 亿元。6 家亏损挂牌企业 4 家扭亏，2 家减亏，完成集团减亏扭亏任务。

基本建设　按照建设“时代特征、集团特色、项目特点”要求和“两高一低”“八心十好”原则，积极推进基本建设项目。被誉为“海上丝绸之路”首倡之地能源新地标的爪哇 7 号 2×1050MW 项目全面投产。锦界三期项目实现双机投产，成功建成世界首例汽轮机高位布置燃煤电站；永州项目重点破解锅炉、输煤等工程主线瓶颈问题，施工进度持续加快；北海项目充分组织资源，实现高标准开工；全面接管胜利电厂项目，平稳实现工程整体复工；创新绘制岳阳“百人智慧电厂”蓝图，启动项目招标。

战略发展　完成“十四五”发展规划编制，成功推动多个能源接续项目列入政府或集团“十四五”规划，榆林煤电风光储综合电源基地项目完成总规研究报告；盘山发电公司创新升级延寿示范项目获国家能源局原则性同意意见。南苏 1 号项目克服重重困难，中标五年后正式开工建设。

科技创新　2020 年科技创新研发经费投入 1.13 亿元，全年获授权专利 93 项，其中发明专利 29 项；荣获国家、行业、省级奖项 25 项。“燃煤电站重金属汞深度脱除技术”获得第四届全国设备管理与技术创新成果特等奖；“15 万 t/年燃烧后 CO_2 捕集和封存全流程工程示范”等多个国家级、集团级重点科研项目取得突破性进展。发布《智慧企业建设导则》，统筹顶层设计，明确攻坚方向。推动构建基于大数据分析的国华工业互联网平台，率先完成京津冀机组测点数据治理和标准化实时画面开发。

和谐发展　深入推动“法治国华”建设，创新构建法人治理成熟度量化评价模型，完善党建进章程工作，加强党的全面领导融入企业治理，发挥内控、审计、巡察联合监督作用，筑牢业务、审计、纪检“三道防线”。发布《建设世界一流企业行动方案》及配套体系文件。扎实推进体系建设各项工作，修编 2020 版管控体系，完善制度 115 项，促进“强内控、防风险、促合规”管控目标。聚焦新媒体，创立国华电力微信、微博、抖音公众号；内网开设“国华时评”“基层企评”专栏，共筑思想文化高地。深入开展“坚定创世界一流信心，阔步高质量发展征程”大学习大讨论。大力推进“一团一品”创建活动，发挥群团工作合力凝聚人心。积极践行总书记“两山”理论，2020 年共组织完成植树 2.37 万棵，网上植树 8948 棵。面对疫情，始终将员工生命安全和身体健康放在第一位，采取严格管控措施，上下一心、严防死守，保持了“零感染”。“最美逆行者”们牺牲小家，奉献企业，印度尼西亚项目超过 70%的中方员工坚守超过一年，开展“两地书”活动和赴印度尼西亚慰问。全年国华电力通过各类形式助力扶贫 1200 余万元；累计对外捐赠 600 余万元，其中防疫物资 150 万元。

主要事件

1 月 6 日，徐圩新区增量配电网改革试点项目第一座 220kV 孔桥变电站举行投产送电仪式。

1 月 13 日，国华电力召开二届四次职代会暨 2020 年工作会议、安健环委员会 2020 年第一次会议、2020 年安全生产环保工作会议。

1 月 14 日，国华电力召开落实全面从严治党主体责任集体约谈会和基层党组书记抓党建工作述职、评议会。

1 月 14 日，国华电力荣获“2019 年中国走进东盟成功企业奖”。

1 月 20 日，国华电力召开“不忘初心、牢记使命”主题教育总结大会暨 2020 年党建、纪检工作会。

1 月 21 日，国华电力召开 2020 年燃料管理工作会。

1 月 28 日，国华电力成立新型冠状病毒肺炎疫情防控工作领导小组，并先后五次召开疫情防控工作领导小组工作会。

4月8日，中国—东盟商务理事会和国华电力联合主办“战胜疫情：中国—东盟经贸合作”线上论坛，国华电力党委副书记、总经理李巍出席论坛并代表国华电力作主旨发言。

4月10日，国务院国资委境外疫情防控指导组召开央企境外项目疫情防控巡检视频会，对包括国家能源集团在内的四家央企开展境外疫情防控在线巡检工作，国华电力、国华爪哇发电公司参加会议并汇报工作。

5月18日，2020年广西“能源网”项目集中开竣工暨国家能源集团国华广投北海发电公司项目重启仪式在广西、北京两地以视频形式举行。

5月18日，国华分布式公司成功中标“河北安平经济开发园区增量配电业务试点项目”。该项目成为国家能源集团首个控股增量配电网项目。

5月29日，国华电力首届QC小组成果评选表彰赛在国华电力培训学校举行，公司党委副书记赵世斌通过视频方式出席会议并讲话。

6月8日，国华电力组织召开“一防三保竞赛”第一阶段“抢抓补欠百日行动”总结会暨第二阶段“迎峰度夏百日行动”部署会。

6月8日至9日，共青团北京国华电力有限责任公司第三次代表大会在京胜利召开。

7月1日，国华电力党委召开纪念建党99周年暨2020年度先进党组织、优秀共产党员、优秀党务工作者表彰大会，公司党委书记、董事长宋畅讲授了题为《社会主义是干出来的——国华电力高质量发展的思考》专题党课。

7月1日，按照《国家能源集团宁夏区域电力体制改革方案》要求，国华宁东发电公司（一期、二期）管理权移交至宁夏电力公司。

7月24日，中共中央组织部副部长张建春在国家能源集团领导陪同下到国华京燃热电公司调研指导工作，国华电力公司党委书记、董事长宋畅汇报国华电力党建与生产经营深度融合的“两级乘数”创新实践。

8月4日，国家能源集团党组成员、副总经理米树华到国华太仓发电公司调研指导工作。

8月11日，国华电力与中国节能减排有限公司在京签署《电厂固体废弃物高值利用成果转化平台与固体废弃物综合利用交易平台建设合作框架协议》。

8月25日，国华电力与胜利能源公司在胜利电厂签署《中国神华胜利发电厂委托管理协议》，国华电力正式全面接管胜利电厂各项工作。

9月4日，国华印度尼西亚南苏1号项目2×350MW燃煤发电新建工程举行现场开工仪式。

9月23日1时，国华印度尼西亚爪哇7号项目2号机组一次通过168h试运顺利投产，实现项目全面竣工。

9月25日，国家能源集团国华印度尼西亚爪哇7号项目2号机组投产暨一期工程竣工仪式成功举办。国家能源集团党组副书记、总经理刘国跃，国务院国资委新闻中心副主任闫永，国华电力党委书记、董事长宋畅在国华电力本部出席仪式。

10月1日，国华北海发电公司举行项目复工仪式，全面启动工程建设。

10月1日，根据国家能源集团关于江苏、浙江、广东、安徽、四川等五省电力体制改革部署，国华台山、惠州、清远、宁海、舟山、余姚、徐州、太仓、陈家港发电公司和国华广东售电公司、国华江苏售电公司共11家单位管理权移交出国华电力。

10月25日，以国华电力14年深耕印度尼西亚电力市场为背景的首个“一带一路”高质量发展案例报告发布会在人民日报社成功举办。人民日报社副总编辑赵嘉鸣出席发布会并致辞，国家能源集团党组副书记、总经理刘国跃出席会议并讲话，国家能源集团党组成员、副总经理王树民参加发布会圆桌对话。

11月14日，国华三河发电公司1号机组低压缸零出力改造项目竣工，国华电力首台低压缸零出力改造机组正式投运。

12月23日16时16分，国华锦界能源公司5号机组一次通过168h试运顺利投产。

12月31日21时，国华锦界能源公司6号机组一次通过168h试运顺利投产，成功实现三期工程——世界首个汽轮发电机组高位布置燃煤电站全面竣工。

中国核工业集团有限公司

【公司概况】 中国核工业集团有限公司（简称中核集团）是经国务院批准组建、中央直接管理的国有重要骨干企业，是国家核科技工业的主体、核能发展与核电建设的中坚、核技术应用的骨干，拥有完整的核科技工业体系，肩负着国防建设和国民经济与社会发展的双重历史使命。

中国核工业发展始于1955年，前身为第三机械工业部、第二机械工业部、核工业部、中国核工业总公司。1999年7月，在原中国核工业总公司的基础上组建了中国核工业集团公司。自2013年起，集团公司组建董事会，并建立了与董事会相配套的经营管理体制机制。2017 年 12 月，中核集团名称变更为中国核工业集团有限公司，企业类型由全民所有制变更为有限责任公司（国有独资）。2018 年 1 月，经中央批准，中核集团与中核建设集团实施战略重组。新的中核集团注册资本金 595 亿元。截至 2020 年末，从业人员人数 18.3 万人。

中核集团主要在核电、核燃料循环、核技术应用、核环保工程等领域从事科研开发、设计、建造和生产经营，以及对外经济合作和进出口业务，是国内投运核电和在建核电的主要投资方、核电技术开发主体、最重要的核电设计及总承包商、核电运行技术服务商和核电出口商，是国内核燃料循环专营供应商、核环保工程的专业力量和核技术应用的骨干，是国家核工程建设的龙头企业。

中核集团是中国核科技的开拓者，先后创造了“中国第一颗原子弹爆炸成功”“中国第一颗氢弹爆炸成功”“中国第一艘核潜艇成功下水”“中国第一座自行设计建造核电站——秦山核电站并网发电”“中国自主知识产权三代核电技术——华龙一号全球首堆开工建造”“中国自主研发的第一座快中子反应堆”等多项“新中国第一”；积极拓展核能应用范围，自主研发了多用途模块式小型反应堆（玲龙一号）、“燕龙”泳池式低温供热堆等多种堆型和中国环流器二号 A 核聚变研究装置；拥有极少数国家才具备的完整核科技工业体系；是中国核能发展与核电建设的主力军，自北向南建成田湾、秦山、三门、福清、昌江五大核电基地；是中国唯一的专营核燃料生产商、供应商和服务商，研制成功中国首个大型商用压水堆先进燃料元件 CF3，满足核能系列化、型谱化需求；是铀地质矿冶的国家队和主力军，建成新疆、内蒙古两大地浸采铀绿色矿山；是国家核工程建设的龙头，连续 30 余年不间断从事核电建造，涵盖世界上几乎所有核电主流及科研堆型；是核环保产业的国家队，建成大型核设施退役和放射性废物治理基地；是国内最大的核技术应用企业，具备国内 80%的研发生产能力，核医学药物在中国市场的供应量达到 70%以上；是中国唯一并且实现批量出口核电站的企业，向巴基斯坦出口 7 台核电机组。

【领导班子】

董事长、党组书记：余剑锋

总经理、党组副书记：顾军

董事、党组副书记：李清堂

副总经理、党组成员：曹述栋、马文军、申彦锋

总会计师、党组成员：陈书堂

纪检监察组组长、党组成员：王杰之

【组织机构】 见 2020 年中国核工业集团有限公司组织机构图。

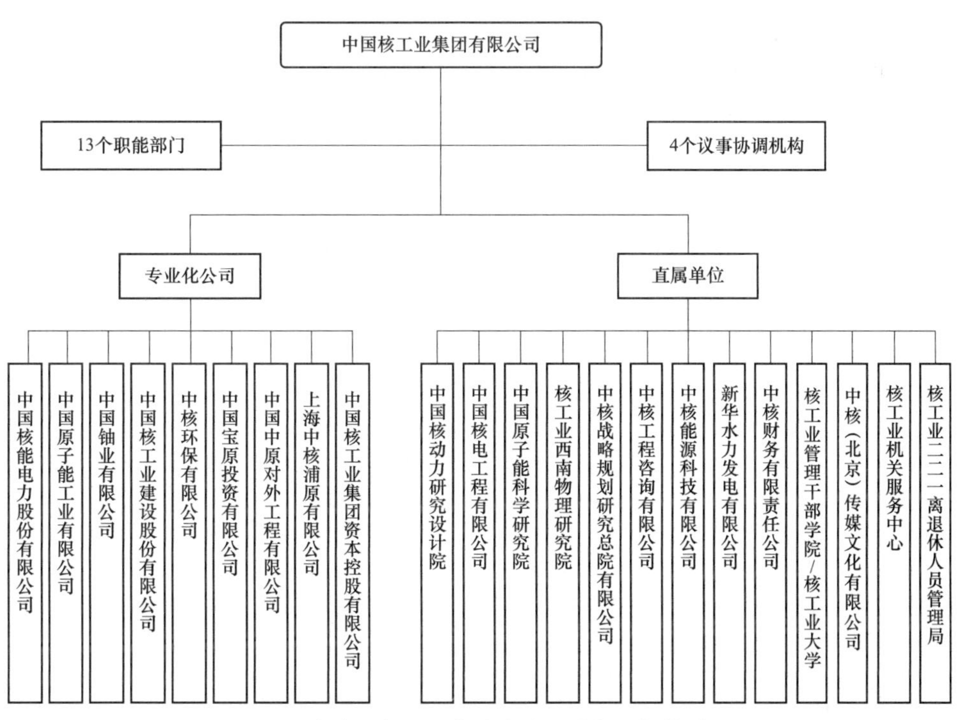

2020 年中国核工业集团有限公司组织机构图

【安全生产】 2020 年，中核集团核设施运行状况良好，处于安全受控状态，核设施流出物排放低于或远低于国家批准的限值，核设施周围辐射环境水平处于本底涨落范围，核与辐射安全保持良好记录，未发生 INES 1 级及以上核事件。

2020 年，中核集团持续提升电力运行可靠性，旗下电厂保持安全稳定运行，保持了高质量的运行水平。从核电情况看，一是全年新增核电运行机组 1 台（田湾 5 号机组），全年核能发电 1488.41 亿 kWh，克服疫情超额完成全年发电目标，同比增长 9.27%，发电机组平均利用小时数超过 7500h，保持了较高的发电水平。二是全年核电机组累计完成 12 次大修，大修进展顺利按计划推进，其中 11 次大修较计划提前完成，共提前 50.2 天。三是所有核电站未发生国际核事件分级表（INES）一级及以上事件，核安全保持良好记录，非计划紧急停机停堆事件数量与 2019 年同期相比大幅降低。2020 年，纳入评价范围的 21 台运行机组 WANO 综合指数平均值 97.82，较 2019 年提升 1.35 分；15 台机组 WANO 综合指数满分（全球 425 台机组 78 台满分），整体运行指标国内领先，处于世界先进核电公司第一梯队行列。

【经营管理】 截至 2020 年末，中核集团可控发电装机容量 3038.45 万 kW，其中核电 2023 万 kW、水电 197.9 万 kW、风电 222.94 万 kW、太阳能 592.21 万 kW、生物质能 2.4 万 kW。2020 年新增装机容量 471.48 万 kW，其中核电新增 111.8 万 kW，其中风电新增 40.2 万 kW，光伏新增 309.18 万 kW，控股装机容量正在逐步增长中。

全年实现发电量 1658.48 亿 kWh，其中核能发电 1488.41 亿万 kWh，水电及新能源等发电 170.07 亿 kWh。全年发电量创历史性新高，对中核集团产业升级、能源结构改善，生态保护和美丽中国建设做出了重要贡献。截至 2020 年底，中核集团除生物质能外全部为清洁能源，全年清洁能源发电 1658.29 亿 kWh，相当于减少标准煤消耗 5066.09 万 t，减排二氧化碳 13273.14 万 t，减排二氧化硫 43.06 万 t，减排氮氧化物 37.49 万 t，相当于造林约 45.46 万 km^2，社会效益和环境效益优势明显，为“碳达峰、碳中和”做出积极贡献。

中核集团电力相关业务主要集中于所属单位中国核能电力股份有限公司（简称中国核电）和新华水力发电有限公司（简称新华发电）。截至 2020 年末，中国核电在运核电机组 22 台，在运装机容量 2023 万 kW，在建核电机组 5 台，在建装机容量 584.2 万 kW，其中，漳州核电 2 号机组 9 月 4 日正式开工。2020 年，中核集团在建核电项目总体进展顺利，取得多个重大里程碑节点。

2020 年，中核集团获得多项殊荣，2019 年度中央企业负责人经营业绩考核 A 级，已连续十五年度获评 A 级，首次进入世界 500 强。全年核设施运行状况良好，处于安全受控状态，核设施流出物排放低于或远低于国家批准的限值，核设施周围辐射环境水平处于本底涨落范围，核与辐射安全保持良好记录。

【电力建设】 截至 2020 年底，中核集团在建核电机组 5 台，分别为福建福清核电 5/6 号机组、江苏田湾 6 号机组、福建漳州 1/2 号机组。2020 年全年，在建核电机组安全、质量、投资、进度等四大控制均受控。福建漳州核电 2 号机组于 9 月 4 日正式开工。“华龙一号”全球首堆示范工程福清核电 5、6 号机组进度控制良好，华龙一号全球首堆福清 5 号机组 11 月 27 日首次并网成功，标志着中国在三代核电技术领域已跻身世界前列，成为继美国、俄罗斯、法国等国家之后真正掌握三代核电技术的国家，中国核电技术水平和综合实力已跻身世界第一方阵。田湾核电 5、6 号机组进度控制良好，其中 5 号机组 2020 年 9 月 8 日投入商业运行。

河南五岳抽水蓄能电站工程：5 月 28 日正式开工，工程建设对支持大别山革命老区振兴，服务信阳乃至河南经济社会发展、助力三大攻坚战等具有重要意义。

阿尔塔什水利枢纽工程：11 月 19 日正式下闸蓄水，首台机组即将具备发电条件。该工程作为国家 172 项重大节水供水工程之一，建成后在保证向塔里木河生态输水的同时，具有防洪、灌溉、发电等综合利用功能，可有效解决叶尔羌河流域灌区春旱缺水和灌区农民群众沉重的防洪负担，改变流域和南疆三地州电力短缺状况，改善塔里木河流域生态环境和叶尔羌河流域生态环境，推动流域和南疆三地州国民经济与社会可持续发展。

福建福清核电 3、4 号机组工程：2019 年，福清核电 3、4 号机组全票通过“国家优质工程金奖”审定委员会评审，荣获 2018～2019 年度第二批国家优质工程金奖，成为国内首个获此殊荣的核电项目，填补了核行业工程项目获得国家优质工程金奖的空白。国家优质工程奖是经国务院确认的中国工程建设领域设立最早、规格最高，跨行业、跨专业的国家级质量奖，最高奖为国家优质工程奖金奖。福清核电 3/4 号机组工程秉承“追求卓越、铸就经典”的建设理念，先后创造了同类型机组建设总工期行业领先，机组单价比投资行业最低，主给水系统、主蒸汽系统焊缝焊接质量行业最高等多项优异成绩，形成了安全绿色、创新发展、公众沟通、企地共融的核电样本，为中国三代核电“华龙一号”示范工程建设积累了丰富的管理及技术经验。

【科技创新】 科技创新是企业增强核心竞争力的动

力和源泉。2020年，中核集团持续深入贯彻创新驱动发展战略，在加快建设创新型集团方面做了一系列卓有成效的工作。一是立足国家战略，全面承接国家、部委科技需求，对标国际国内标杆，统筹谋划中核集团“十四五”科技发展规划和核科技中长期发展规划；二是深入推动中核集团“创新2030工程方案”实施，建立覆盖九大领域的型谱技术体系，与世界先进水平精准对标，发布共性基础技术体系，全面推进型号（产品）和基础技术攻关，形成重大科技项目初步策划方案和推进措施。三是“小核心、大协作”协同创新体系不断提质增效，以中核集团为主体组件创新联合体，以国内高校、科研院所和国际研究机构为两翼的“一体两翼”科技创新模式初步形成，在国内与清华、上交、兰大、深大等大学的合作持续深入推进，在国外与瑞典Studsvik公司以云签约形式，共同签署科技合作路线图，共同揭牌成立中核集团北欧研发中心。

2020年度，中核集团全年科技支出超过300亿元，创历史新高，取得了一批重大科研成果，2020年中核集团获得国家科技进步奖二等奖1项；国防科技奖44项，其中技术发明一等奖1项，科技进步奖一等奖4项，创新团队奖1项；专利数量和质量均创历史新高，全年申请和授权分别超过5000件和2500件，海外申请和授权均超过140件，7件专利获中国专利优秀奖。

【国际业务】

1. 境外投资与工程承包

（1）境外投资。中核集团立足主业，多元发展，积极拓展海外投资项目。一是2020年积极推动境外财务公司设立工作，为做好核工业全产业链“走出去”工作，提升中核集团全球资源配置能力，降低资金运营成本，提高抵御风险能力，截至2020年底已完成了境外财资公司的注册；二是为确保中国核电机组安全稳定运行的天然铀供应，自2019年收并购纳米比亚罗辛铀矿以来，积极加大投入，增加集团公司天然铀年产能3500tU，扩大了中核集团天然铀生产规模和加强经营管理奠定了基础。

（2）境外工程承包。2020年度，中核集团境外承包工程主要集中在中国中原、中国核建、中核工程等主要业务板块内。

中国中原对外工程有限公司：在2020年ENR全球最大250家国际承包商中排名第63位，较2019年上升12位。近几年来，中国中原在ENR的排名中总体处于快速上升状态。中国中原主要承担巴基斯坦K2/K3项目的总包建设工作。2020年中国中原全年完成营收94.64亿元，同比增长3.18%。

2020年全年巴基斯坦新冠肺炎疫情持续蔓延、疫情防控形势持续严峻。导致了巴基斯坦项目现场人力资源严重不足、物资供应严重受限、业主水电供应等保障措施严重滞后的困难局面。中国中原积极发挥总承包主体责任，以攻坚克难的干劲和争分夺秒的紧迫感，顶住巨大压力，积极协调各参建单位，将十多家参建单位的一万多名中巴人员稳在项目现场，全力保障工程建设和防疫工作。自2020年6月6日成功组织中央企业第一架国际往返商业包机以来，累计通过14架次商业包机向巴基斯坦现场运送了2700多名亟需的技术人员，百万套新冠防护用品和数万盒新冠防治特效药品，以及4200余箱亟需工程物资，为海外工程建设提供了坚实保障，保障境外工程稳步推进。

截至2020年底，K-2机组已完成非核蒸汽冲转、燃料组件接收、热试、安全壳整体性试验等重大节点，K-3机组已完成外穹顶吊装、燃料厂房水池可用、核回路冲洗、常规岛汽机扣缸、500kV倒送电等节点，实现了与国内参考电站福清5、6号机组横向比较进度持平。

此外，中国中原坚持落实创新发展理念，打造国际工程品牌。将设备科研与产品供货相结合，推动境外项目设备国产化。中国中原在工程建设中引入一系列管理和工法创新，形成良好的经济和品牌效益。《“华龙一号”海外首堆核电工程基于卓越安全绩效的十大关键举措构建与实施》和《基于高质高效完成建设目标的海外核工程项目实施与控制标准体系的构建与实施》获得2020年度中核集团管理创新成果优秀奖、国防科技工业企业管理创新成果三等奖。

中国核工业建设股份有限公司：2020年，中国核建境外电力工程新签合同额为11.4亿人民币。在电力工程方面采取投资开发或工程建设方式，重点开发南亚、东南亚，以及法国和蒙古国等市场，目前主要承担了巴基斯坦塔尔项目、滨佳胜三期项目的部分建设项目分包工作。与此同时，还在积极推进蒙古巴格诺尔电站项目。

巴基斯坦塔尔项目。巴基斯坦塔尔煤田一区块2×660MW燃煤电站项目位于巴基斯坦Sindh省东南部总面积约为9000km^2的沙漠地区，项目业主为巴基斯坦塔尔煤田一区块发电有限公司。2019年，中国核建与上海电气签订巴基斯坦塔尔煤田一区块2×660MW燃煤电站项目建筑工程施工承包合同，根据合同，中国核建为A1标段及建筑B1B2标段施工总承包单位，工程范围为全场除烟囱和冷却塔之外的所有土建工程，合同金额约9.98亿元人民币。截至2020年底，该项目A1标段工程实体建设已经基本结束，正在组织竣工结算。B1B2标段：累计完成工程产值29887.73万元人民币，占合同总额的35.61%。

蒙古巴格诺尔电站项目。蒙古巴格诺尔电站项目位于蒙古国乌兰巴托市巴格诺尔区，原规模为两台单机容量350MW的超临界燃煤坑口电站及配套附属设施，2019年5月蒙方因其电网安全和电力消纳等问题提出变更装机方案，现规划装机方案变更为一期工程2×200MW＋二期工程300MW，方案已得到蒙方相关部门的书面确认。项目采用BOT模式实施（建设—运营—移交模式）特许经营权25年，其中建设期4年、运营期21年。受蒙古国疫情影响及其自身经济现状、电网等因素，2020年项目进展总体缓慢，中国核建正在积极推进项目的进展。2020年10月蒙古国将该项目列入2020年蒙古国大呼拉尔“2021～2025年投资和行动纲要”和蒙能源部2020～2024年《能源实施计划纲要》。在国内方面，中国核建已与上海电气达成股东合作协议，于12月完成双方合资公司注册（和原能源科技有限公司），并实缴了首期资本金。

（3）电力设备及技术进出口。

进口方面：2020年，中核集团积极按照“双循环”的要求，积极推动国内国际双循环相互促进，在电力设备，特别是在核电设备方面，积极利用核电发达国家技术设备优势，促进核电稳健发展。全年中核集团所属的核电厂、设计院采购进口国外核电备品备件超过1.2亿美元，主要包括堆内仪表系统相关设备、DRPI数字化棒位指示系统、保护和安全监测系统、核反应堆冷却剂泵等。

出口方面：中国中原积极参与构建新发展格局，推动“华龙一号”技术和成套设备出口。出口一台“华龙一号”有近千家国内设计、设备供货、建安和调试企业参与，数十万台套设备配套，直接出口金额近300亿元人民币，每年创造就业岗位约20万个。项目投运到退役的60年中均离不开国内工程技术支持和服务，带动中国天然铀、核燃料、运维、退役全产业链“走出去”，项目全寿期直接创造经济收入约1000亿元人民币。

中国中原以“视如己出”理念持续做好已出口核电机组的运维服务。整合备件采购需求，通过规模化采购降低成本，通过长期供应协议锁定优惠价格，降低换料大修的人工单价，签署巴基斯坦C-3/C-4项目五年期备件首批采购合同。通过项目经理负责制加快推进技术改造项目，经过多轮谈判确定了C-1机组升功率改造服务范围和技术方案，创造了有史以来服务范围最广、合同额最大、技术集成度最高的技术改造项目。建立大修经理负责制，通过视频交流、合同传签、“24h响应”等工作方法，实现国内国外高效联动，保障大修工作顺利实施。在中巴双方共同努力下，C-4机组在第二个燃料周期便实现连续运行374天，顺利完成最终验收；C-2机组在第七个燃料周期实现了连续运行425天，再次刷新并创造了恰希玛四台机组连续安全运行的新纪录。

此外，2020年10月29日中国中原牵头成立了中原运维海外工程有限公司，实现了海外运维业务从“被动”到“主动”、从“碎片化”到“系统化”的转变，是发挥资源集成优势、以运维“小市场”带动核电出口“大市场”、促进核电产业国内国际双循环的积极探索。“十四五”期间，中国中原将坚持以优势运维技术输出为导向，为海外客户量身定制运维服务方案，提升中核集团海外运维服务品牌影响力，助推新核电项目出口。

2. 国际交流与合作

（1）落实国家“一带一路”战略。2020年度，中核集团积极落实国家“一带一路”战略，积极参加第三届中国国际进口博览会、第十六届中国国际核工展等活动，将中核方案推向世界，为国际核能合作提供中国方案。积极与巴基斯坦、阿尔及利亚、巴西、阿根廷、伊朗等国家开展了电力方面的交流与合作。此外，与俄罗斯、保加利亚、沙特阿拉伯、加拿大、土耳其、韩国、乌克兰等国家核能合作也在逐步深入。

中核集团旗下公司中国中原积极响应国家“一带一路”倡议，抢抓构建新发展格局发展机遇，加快在中国政治外交友好国家的产业链布局，统筹核电“走出去”与相关多元项目发展路线，制定市场开发等级划分及短中长期开发策略，为公司可持续发展打好坚实基础。

在常态化疫情防控中聚焦市场、抢抓机遇、积极主动、创新求变，形成操作性强、融资成本可控的融资方案，推动解决巴基斯坦C-5项目融资难题。以锁定巴基斯坦后续四台“华龙一号”机组为目标，与巴方并达成重要共识，《中巴深化核能合作框架协议》已具备企业间签署条件。在阿根廷项目EPC合同磋商过程中坚守底线、保持原有合同谈判成果，积极协调推进燃料供应等合同谈判并就重要问题达成共识。签署保加利亚贝莱内项目保密协议，完成可行性研究和投标文件，启动售电顾问选聘。完成沙特阿拉伯核电项目招标问题清单答复。向巴西、哈萨克斯坦、南非、加纳等国提交定制化核电合作方案。

此外，中国中原努力推动非核能源领域的工程总包和分包业务，完成越南、阿联酋、巴拿马常规能源项目的约束性报价，保加利亚、罗马尼亚新能源项目的尽职调查，为公司进入非核能源领域打下基础。

（2）中外联合项目研究情况。2006年，国际热核聚变实验堆（ITER）计划签署，中国、美国、欧盟、俄罗斯、日本、韩国和印度七方参与，计划在法国南部普罗旺斯地区共同建造一个世界上最大的托卡马克装置。ITER是目前世界上影响最大的合作项目，中国承担了大概9%的采购包研发任务。2019年中核工程牵头，与中科院等离子体所、中核二三、核工业西南物理研究院、法国法马通公司组成联合体，中标了ITER TAC1标段工程。TAC1项目是ITER实验堆托卡马克装置最重要的核心设备安装工程，也是ITER迄今为止金额最大合同工程，被媒体誉为“给人造太阳装心脏”。

项目分为四个阶段，P0阶段（10个月，完成3个子项安装包合同计划［CWP］安装）、P1（26个月，完成107个CWP的安装工作）、P2（36个月，完成432个CWP的安装工作）、P3（18个月，完成调试工作）四个阶段。2020年，ITER工程TAC1总包项目先后实现了杜瓦底座、杜瓦下部筒体等重要吊装节点，在疫情严重的法国现场彰显了中国智慧与实力；目前，P0阶段已完成，目前项目处于P1实施阶段。

7月28日，国际热核聚变实验堆（ITER）计划重大工程安装启动仪式在法国ITER组织总部举行，国家主席习近平致贺信，法国总统马克龙视频致辞。习近平在致辞中强调“国际热核聚变实验堆计划承载着人类和平利用核聚变能的美好愿望，计划实施以来，中方始终恪守国际承诺，中国企业和科研人员勇挑重担，与国际同行齐心协力，为计划的顺利推进贡献了中国智慧和中国力量”，对项目工作取得的成绩和中方企业的贡献给予了充分肯定。

【节能减排】 全年核电发电量创历史性新高，对中核集团产业升级、能源结构改善，生态保护和美丽中国建设做出了重要贡献。2020年，中核集团核电发电量1488.41亿kWh，同比增长9.27%，相当于减少标准煤消耗4547.09万t，减排二氧化碳11913.37万t，减排二氧化硫38.65万t，减排氮氧化物33.65万t，造林约40.8万km^2。

同时，中核集团积极推进水电、风电、光伏等清洁能源发展。2020年，中核集团风、光、水电等清洁能源发电量169.88亿kWh，持续保持快速增长态势，在能源方面为国家绿色低碳循环发展做出积极贡献。

【社会责任】 同舟共济，助力全国抗疫行动。一是派出精锐人员，支援一线疫情防控。在疫情发生后，中核集团第一时间组织所属医院抽调282名医护人员支援一线疫情防控，其中47人赴湖北省坚守一线抗击疫情。中核集团迅速行动组织全系统捐款捐物，全系统共捐款6400余万元，其中通过国资委向疫情严重地区捐款5000万元，全系统党员捐款804.47万元，向4个定点扶贫县共捐赠400万元防疫专项基金等。向湖北等地捐赠口罩、防护服等，捐赠81.4万只口罩、医用防护服等2万套，以及一大批其他防护用品、医疗用品和重要设备，各类物资总价值约1433.6万元。免费开放教育平台，助力停课不停学，为当地防疫提供保障。二是发挥核工业的技术优势，积极助力科技战疫。完善医用防护服辐照灭菌应急规范，提升灭菌消毒效率，解决防护服供应的难点问题。中核集团的辐照站免费提供辐照灭菌服务，守护医护工作者“战衣”，为228万套医用防护服、2011万副医用乳胶手套提供了辐照灭菌服务，受到国资委、工业和信息化部等部委的表扬。中同蓝博参与完成核酸检测累计7.72万份。中辐院研制的“便携式新风阻霾仪”、同方股份研制的“太赫兹红外复合人体安检仪”等多款核技术产品用于疫情防控。7项抗疫相关核技术攻关项目获得有关部委和地方政府专项资助。

9月8日，全国抗击新冠肺炎疫情表彰大会在北京人民大会堂隆重举行。中核集团北京原子高科金辉辐射技术应用有限责任公司被评为“全国抗击新冠肺炎疫情先进集体”，核工业四一七医院院长施晓松获评“全国抗击新冠肺炎疫情先进个人”。面对新冠疫情，中核集团积极作为，为防疫抗疫工作做出了积极重要的贡献。

助力扶贫，积极完成脱贫攻坚任务。中核集团一直以来积极响应国家扶贫工作要求，从1995年开始对口帮扶重庆石柱县，2000年、2002年分别开始对陕西旬阳县、陕西白河县开展定点帮扶，2014年又新增宁夏同心县为定点扶贫县。特别是十八大以来，中核集团在习近平总书记关于扶贫工作重要论述指引下，把坚决落实党中央脱贫攻坚战略部署作为树牢“四个意识”、坚定“四个自信”、做到“两个维护”的“试金石”，积极履行央企的政治责任和社会责任。2020年，中核集团累计向定点扶贫县投入资金达5934.5万元，超出责任书目标2734.5万元，提前一个季度超额完成年度任务书指标；成功帮助定点扶贫县引进帮扶资金176.17万元，超出责任书目标136.17万元；大力开展干部培训和技术人员培训，培训基层干部1830人次，超出责任书目标1790人次，培训技术人员2415人次，超出责任书目标2015人次；在消费扶贫方面，积极响应总书记号召，线上线下齐发力，累计消费扶贫金额已达2010万元，其中线上消费扶贫金额达650万元，超出责任书目标1010万元；中核集团已帮助消费定点地区农产品达1913万元，超出责任书任务目标1843万元。下一步，中核集团将积极助力定点扶贫地区做好乡村振兴的推进工作，持续发挥优势输送帮扶“核”动力。截至2020年底，中核集团连续两年获得中央单位定点扶贫工作考核“好”的最高等次，对口帮扶的地区覆盖全国22个省、44个县、70多个村，中核集团帮扶地区全部实现脱贫摘帽。2020年，扶贫工作入选国扶办2019年度优秀扶贫案例（50佳）并再次荣获企业扶贫责任金牛奖。1名扶贫干部获评全国企业扶贫优秀人物。多篇文章和扶贫信息被《中国扶贫》杂志及国扶办信息简报录用。购买湖北疫区滞销农产品无偿捐赠至武汉抗疫一线，在国务院联防联控新闻发布会上被点名表扬。

守望相助，助力人类命运共同体。海外疫情发展初期，中国中原派出首支由中资企业派驻境外项目的医疗队，赴巴基斯坦卡拉奇项目现场指导疫情防控，并支持兄弟集团做好疫情防控，有力保障了“一带一路”沿线最大合作项目的工作进度和人员安全。2020年全年，中核集团及下属单位向俄罗斯、巴基斯坦、法国等近30个国家相关合作方捐赠口罩75.11万个，防护服6000余件，呼吸机17台，总价值约680万元，落实了国际社会上的中资企业担当，以实际行动助力构建人类命运共同体。

【下属电力企业简况】

1. 中国核能电力股份有限公司

中国核能电力股份有限公司（简称中国核电）由中国核工业集团有限公司作为控股股东，联合中国长江三峡集团有限公司、中国远洋海运集团有限公司和航天投资控股有限公司共同出资设立，总部设在北京。中国核电经营范围涵盖核电项目的开发、投资、建设、运营与管理；清洁能源项目的投资、开发；输配电项目投资、投资管理；核电运行安全技术研究及相关技术服务与咨询业务；售电等领域。2015年6月10日，中国核电作为A股第1家纯核电企业成功上市（股票代码601985）。

截至2020年底，中国核电共有控股子公司28家，合营公司1家，参股公司10家。总资产约为3400亿元，员工总数约为14000人。控股在役核电机组数达到22台，控股装机容量超2023.0万kW；控股在建核电机组5台，装机容量584.2万kW，累计发电量超过1万亿kWh，安全运行累计超过190堆年。2020年全年累计商运发电量1544.86亿kWh，其中核能发电1488.41亿kWh；拥有秦山核电、江苏核电、三门核电、福清核电、海南核电、漳州能源等六大核电在运、在建核电基地，并受委托建设管理霞浦核电基地；控股在运新能源装机容量528.69万kW，其中风电178.39万kW，光伏350.30万kW。

2. 新华水力发电有限公司

新华水力发电有限公司（简称新华发电）由国有重要骨干企业中核集团和水利部综合事业局共同出资，兼具中央企业管理优势和水利部行业专业优势。专注清洁能源开发与运用，主要业务包括清洁能源发电、电网、供水、咨询、机电及综合开发等，努力成为综合智慧能源运营商和一体化方案提供者。

新华发电注册资本12亿元，资产总额606亿元，可控装机671.6万kW，电网年供电能力达20多亿kWh，惠及人口100万；年供水量2亿t，覆盖陕西省和宁夏回族自治区220万人及多个园区。公司共有新疆新华、湖南新华、中原新华、云南新华、宁夏公司、无锡新华、陕西新华、江河机电、新华发展、华东新华等11家二级单位。形成了水电、新能源发电、电网、供水及综合智慧能源等产业协同发展发布，保持了较快的发展速度。公司业务范围涉及新疆、湖南、云南、江苏、宁夏、陕西、江西、四川等23个省市区。

2019年，新华发电全年实现营业收入45.12亿元，同比增长35.0%；实现净利润0.75亿元，同比增长51.8%。完成发电量102.32亿kWh，同比增加13.23%。截至2020年末，可控装机规模613万kW，其中在运装机容量371.8万kW。

（吴海明）

中国长江三峡集团公司

【公司概况】 截至2020年底，中国长江三峡集团公司（简称三峡集团）拥有二级公司及分公司31家（其中控股上市公司2家），现有境内从业人员2.55万人。资产总额9671亿元，资产负债率50.84%，可控、权益和在建总装机规模达到1.4亿kW，其中可控装机8760万kW，在建装机2673万kW，权益装机2619万kW，96%为清洁可再生能源。2020年，全年完成发电量超3300亿kWh，实现营业收入1117亿元，实现利润总额556亿元，净利润456亿元，信用评级继续保持国家主权评级，连续3年在中央单位定点扶贫考核中获得“好”的评价，经营业绩考核连续13年为A。

历经20多年持续健康发展，三峡集团围绕清洁能源和长江生态环保主业形成了工程建设与咨询、电力生产与运营、流域梯级调度与综合管理、国际能源投资与承包、生态环保投资与运营、新能源开发与运营管理、资本运营与金融业务、资产管理与基地服务八大业务板块。业务遍布国内31个省、自治区和直辖市，以及全球40多个国家和地区，已经实现从三峡走向长江、从湖北走向全国、从内陆走向海洋、从中国走向世界的跨越式发展。

三峡集团正按照中央赋予的新发展战略定位，奋力实施清洁能源和长江生态环保“两翼齐飞”，积极发挥好“六大作用”，即在促进长江经济带发展中发挥基础保障作用，在共抓长江大保护中发挥骨干主力作用，在带领中国水电“走出去”中发挥引领作用，在促进清洁能源产业升级中发挥带动作用，在深化国有企业改革中发挥示范作用，在履行社会责任方面发挥表率作用，加快建设具有全球竞争力的世界一流企业。

【领导班子】

党组书记、董事长：雷鸣山

党组副书记、董事、总经理：王琳

党组成员、副总经理：王良友

党组成员、副总经理：范夏夏

党组成员、副总经理：张定明

纪检监察组组长、党组成员：陈瑞武

党组成员、总会计师：曾义

【组织机构】 见2020年中国长江三峡集团公司组织机构图。

【重大工程项目】

1. 乌东德水电站

乌东德水电站是党的十八大以来中国开工建设并建成投产的千万千瓦级世界巨型水电工程，是实施“西电东送”的国家重大工程，是实现“十三五”规划收官的重要标志性工程。

乌东德水电站位于四川省会东县和云南省禄劝县交界的金沙江下游河段，是中国三峡集团开发建设的金沙江下游四个梯级水电站——乌东德、白鹤滩、溪洛渡和向家坝中的最上游梯级电站，上游距攀枝花市河道里程213.9km，下游距白鹤滩水电站182.5km。

乌东德水电站以发电为主，兼顾防洪、航运和促进地方经济社会发展。

乌东德水电站为混凝土双曲拱坝，坝顶高程988m，最大坝高270m。左右岸地下电站各布置6台单机容量为85万kW的水轮发电机组，总装机容量1020万kW，多年平均发电量389.1亿kWh，发电全部送往南方电网。水库正常蓄水位高程975m，总库容74.08亿m^3，其中预留防洪库容24.4亿m^3，具有季调节能力，防洪效益明显。

乌东德水电站工程建设涉及云南、四川两省4市（州）10个县（区）38个乡（镇），征地总面积约139.9km^2，搬迁移民约3.2万人。

乌东德水电站工程总投资约1200亿元，于2011年1月开始筹建，2015年12月16日核准，2020年6月29日首批机组投产发电，计划于2021年7月1日前实现全部机组投产发电。

2. 三峡集团25个新能源项目开工建设

2020年2月24日，三峡集团在京以视频会形式发出开工动员令，宣布在广东、江苏等地25个新能源项目开工建设，总装机规模392万kW、总投资580亿元。集团党组书记、董事长雷鸣山宣布项目正式开工；国务院国资委党委委员、副主任赵爱明，国家能源局总工程师向海平，集团党组副书记、总经理王琳出席并讲话，集团党组成员、副总经理、总会计师杨省世主持会议，公司党委书记、董事长吴敬凯，公司总经理、党委副书记赵国庆，阳江市、南通市等有关领导在分会场参加活动并讲话。

3. 三峡现代能源产业园在内蒙古乌兰察布市开工建设

2020年10月31日，乌兰察布源网荷储示范项目暨三峡现代能源产业园在内蒙古乌兰察布市开工建设。该项目是全球规模最大的源网荷储示范项目，也是集团在全国范围内统筹规划的新能源大基地项目之一。内蒙古自治区党委副书记、主席布小林宣布项目开工，集团党组副书记、总经理王琳致辞；自治区副主席艾丽华出席，乌兰察布市委书记、市长费东斌致辞，集团党组成员、副总经理王良友出席。公司党委副书记、总经理赵国庆陪同参加。

4. 大连市庄河Ⅲ（300MW）海上风电场项目

三峡新能源大连市庄河Ⅲ（300MW）海上风电场项目位于辽宁省大连市庄河海域，风电场南北长8.6km，东西长7.7km，涉海面积约47.7km^2，场址中心距离岸线约22.2km，平均水深约20m。项目总装机容量300MW，共计安装72台3、3.3、6.45MW金风科技风电机组，配套建设一座220kV海上升压站和一座220kV陆上集控中心，72台风电机组通过12回35kV集电线路接入220kV海上升压站，再以220kV海缆送至登陆点，架空接入陆上集控中心，陆上集控中心通过一回220kV送出线路送出至黄海变电站。

项目于2016年12月核准，2017年10月主体工程开工建设，2019年1月首批机组并网发电，2020年11月全容量并网发电。

5. 三峡新能源阳西沙扒海上风电场项目

三峡新能源阳西沙扒海上风电项目位于广东省阳江市阳西县沙扒镇西侧海域。阳西沙扒海上风电项目二期、三期、四期、五期规划装机容量分别为400、400、300、300MW；涉海面积分别为64、50.6、36.5、36km^2；场址水深范围分别为24～28、21～31、25～28、27～32m。项目于2020年陆续全部开工建设。

6. 三峡新能源江苏如东H6（400MW）海上风电项目

三峡新能源江苏如东H6（400MW）海上风电项目位于如东县东部的黄沙洋海域，风电场离岸距离约50km，规划海域面积约66km^2；规划装机容量400MW，拟安装100台单机容量4.0MW风电机组。项目场区新建一座220kV海上升压站，场内集电通过35kV海缆接入220kV海上升压站，经升压至220kV后，采用2回220kV交流海底电缆送出至海上换流站，经换流至400kV直流后，采用1回路400kV直流海缆登陆岸基集控中心，在岸基集控中心进行换流并升压至500kV交流后通过电网负责建设的架空线路接入电网。

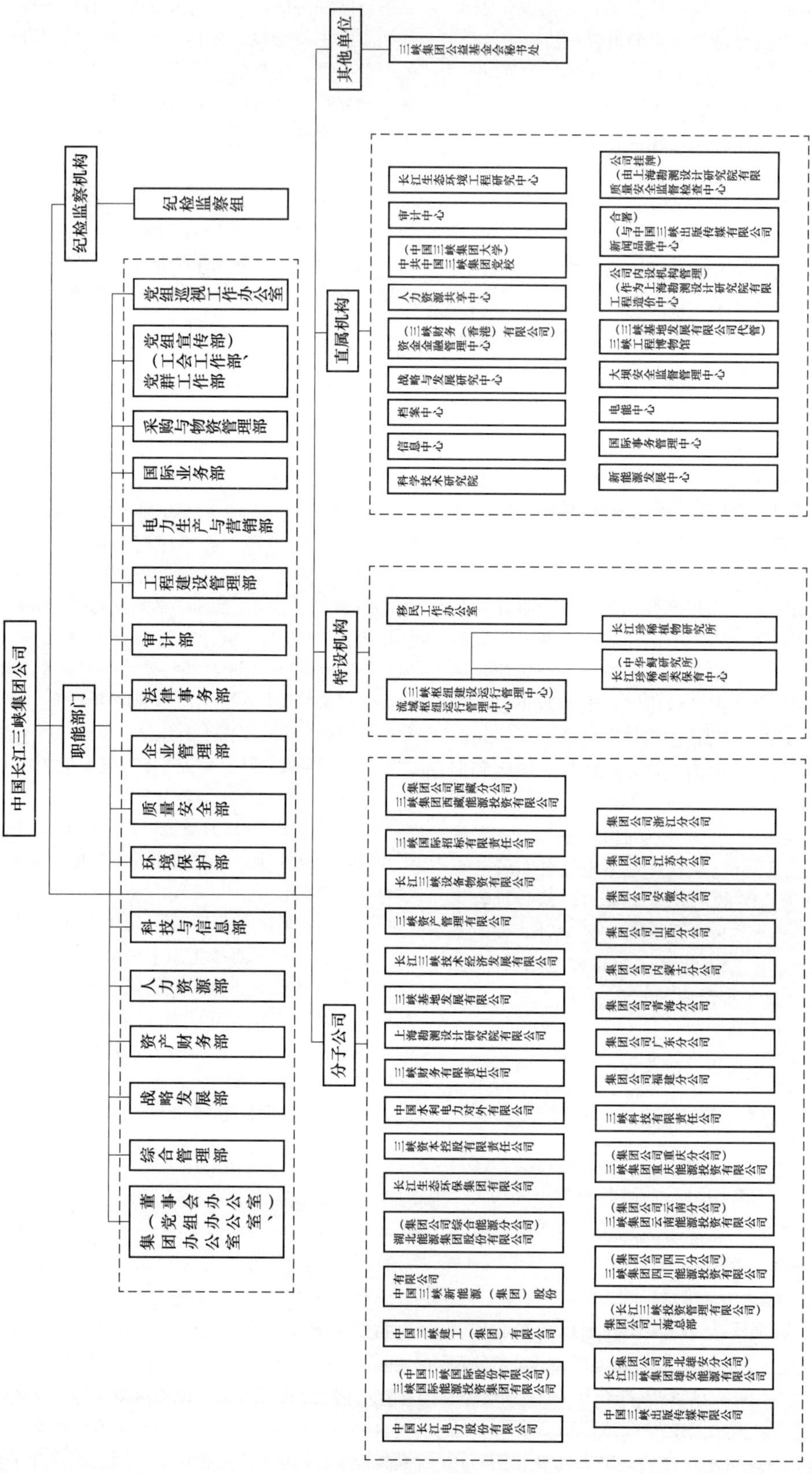

- 中国长江三峡集团公司
  - 职能部门
    - 董事会办公室（党组办公室、集团办公室）
    - 综合管理部
    - 战略发展部
    - 资产财务部
    - 人力资源部
    - 科技与信息部
    - 环境保护部
    - 质量安全部
    - 企业管理部
    - 法律事务部
    - 审计部
    - 工程建设管理部
    - 电力生产与营销部
    - 国际业务部
    - 采购与物资管理部
    - 党组宣传部（工会工作部、党群工作部）
    - 党组巡视工作办公室
  - 纪检监察机构
    - 纪检监察组
  - 分子公司
    - 中国长江电力股份有限公司
    - 三峡国际能源投资集团有限公司（中国三峡国际股份有限公司）
    - 中国三峡建工（集团）有限公司
    - 中国三峡新能源（集团）股份有限公司
    - 湖北能源集团股份有限公司（集团公司综合能源分公司）
    - 长江生态环保集团有限公司
    - 三峡资本控股有限责任公司
    - 中国水利电力对外有限公司
    - 三峡财务有限责任公司
    - 上海勘测设计研究院有限公司
    - 三峡基地发展有限公司
    - 长江三峡技术经济发展有限公司
    - 三峡资产管理有限公司
    - 长江三峡设备物资有限公司
    - 三峡国际招标有限责任公司
    - 三峡集团西藏能源投资有限公司（集团公司西藏分公司）
    - 中国三峡出版传媒有限公司
    - 长江三峡集团雄安能源有限公司（集团公司河北雄安分公司）
    - 集团公司上海总部（长江三峡投资管理有限公司）
    - 三峡集团四川能源投资有限公司（集团公司四川分公司）
    - 三峡集团云南能源投资有限公司（集团公司云南分公司）
    - 三峡集团重庆能源投资有限公司（集团公司重庆分公司）
    - 三峡科技有限责任公司
    - 集团公司福建分公司
    - 集团公司广东分公司
    - 集团公司青海分公司
    - 集团公司内蒙古分公司
    - 集团公司山西分公司
    - 集团公司安徽分公司
    - 集团公司江苏分公司
    - 集团公司浙江分公司
  - 特设机构
    - 流域枢纽运行管理中心（三峡枢纽建设运行管理中心）
      - 长江珍稀鱼类保育中心（中华鲟研究所）
      - 长江珍稀植物研究所
    - 移民工作办公室
  - 直属机构
    - 科学技术研究院
    - 信息中心
    - 档案中心
    - 战略与发展研究中心
    - 资金金融管理中心（三峡财务（香港）有限公司）
    - 人力资源共享中心
    - 中共中国三峡集团党校（中国三峡集团大学）
    - 审计中心
    - 长江生态环境工程研究中心
    - 新能源发展中心
    - 国际事务管理中心
    - 电能中心
    - 大坝安全监督管理中心
    - 三峡工程博物馆（三峡基地发展有限公司代管）
    - 工程造价中心（作为上海勘测设计研究院有限公司内设机构管理）
    - 新闻品牌中心（与中国三峡出版传媒有限公司合署）
    - 质量安全监督检查中心（由上海勘测设计研究院有限公司挂牌）
  - 其他单位
    - 三峡集团公益基金会秘书处

2020年中国长江三峡集团公司组织机构图

项目于2019年12月陆上换流站开始施工，2020年1月开始海上沉桩施工，2020年7月首台风力发电机吊装成功。计划2021年5月海上升压站安装调试完成，直流海缆敷设完成；8月海上换流站安装调试完成；11月全部机组吊装完成；12月全部机组并网发电。

7. 三峡新能源江苏如东H10（400MW）海上风电项目

三峡新能源江苏如东H10（400MW）海上风电项目位于如东县东部的黄沙洋海域，规划总装机规模400MW，规划海域面积约66km²，离岸距离约63km，拟安装100台单机容量4.0MW风电机组。项目场区新建一座220kV海上升压站，场内集电通过35kV海缆接入到220kV海上升压站，经升压至220kV后，采用2回220kV交流海底电缆送出至海上换流站，经换流至400kV直流后，采用1回路400kV直流海缆登陆岸基集控中心，在岸基集控中心进行换流并升压至500kV交流后通过电网负责建设的架空线路接入电网。

项目主体工程于2020年6月开工，2020年6月首根单桩基础沉桩成功，2020年11月首台单桩基础风力发电机吊装成功。计划2021年5月海上升压站安装调试完成；11月全部机组吊装完成；12月全部机组并网发电。

8. 三峡新能源江苏大丰H8-2号300MW海上风电场工程项目

三峡新能源江苏大丰H8-2号300MW海上风电场工程项目位于江苏省盐城市大丰区毛竹沙北侧海域，规划海域面积为48km²，场址中心离岸距离为72km，场区水深7.5～20.9m，总装机规模为300MW。项目场区新建一座220kV海上升压站，场内集电通过35kV海缆接入到220kV海上升压站，经升压至220kV后，采用1回约83km 220kV（3×1000mm²）交流海底电缆送出登陆接入岸基集控中心，同时在海缆中间设置一座高压并联电抗器平台。岸基集控中心升压至500kV后通过电网负责建设的架空线路接入电网。

项目于2020年9月岸基集控中心开始施工，12月海上沉桩施工，2021年1月首台风力发电机吊装成功。计划2021年9月海上高压电抗器站、升压站安装调试完成，海缆敷设完成；12月全部机组吊装完成；12月底具备全部机组并网条件。

9. 长乐外海海上风电场A区项目

长乐外海海上风电场A区项目位于福州市长乐区东部海域、闽江口南岸，处于台湾海峡北部，场址距离长乐海岸线32～40km处，理论水深39～44m，场址调整后面积32km²。项目总容量300MW，共安装37台大容量海上风电机组，其中14台6.7MW、13台8MW、10台10MW。项目配套建设1座220kV预装组合式海上升压站和1座220kV陆上集控中心，集电线路通过10回35kV海缆接入海上升压站升压至220kV后，经2回220kV 3×500三芯海缆接入220kV陆上集控中心，现阶段通过新建1回110kV临时送出线路送出（T接至110kV江田—首祉线路2号5号塔），第二阶段A区项目改由220kV首祉—西皋变送出（拟新建220kV过渡方案），第三阶段A区、C区改由龙下集控站—西皋变线路送出，第四阶段A区改接到新建的新西皋变送出，第一阶段110kV临时送出线路、第二阶段220kV过渡方案退出运行。

项目主体工程开工时间为2020年7月，集控中心建筑工程于2020年11月完成，集控中心设备安装调试工程于2020年12月完成，反送电于2020年12月完成。

10. 三峡新能源第六师北塔山牧场200MW风电项目

三峡新能源第六师北塔山牧场200MW风电项目是由中国三峡新能源（集团）股份有限公司新疆分公司投资兴建的一座大型风力发电场，位于新疆兵团第六师境内的北塔山牧场，隶属新疆生产建设兵团第六师。项目距奇台县城约197km，距北塔山牧场直线距离约30km。该地区东北与蒙古国接壤，地处边陲要塞，西北与阿勒泰地区青河县相连，南与奇台县五马场乡相邻。风电场所在区域海拔约在1030～1420m，场地开阔，地形较平坦，地势北部高、南部低。现场已有成型道路从场区内通过，无障碍性桥梁、隧道等，交通状况良好。

项目于2018年4月核准，2019年4月开工建设，2020年1月首批机组并网，2020年5月全部机组并网发电。

11. 三峡新能源宁夏吴忠市利通区一期200MW光伏项目

三峡新能源宁夏吴忠市利通区一期200MW光伏项目位于宁夏回族自治区吴忠市利通区扁担沟镇五里坡乡境内，距利通区东南约38km，场区总占地面积约4.906km²，海拔高程为1212.60～1282.85m，地貌单元属于丘陵区。项目为牧光互补光伏电站与普通地面光伏电站结合项目，其中159MW为普通地面电站（组件离地最低点为0.5m）、41MW为牧光互补电站（组件离地最低点为1.5m）。项目静态投资81027万元，年均上网电量为31981.3万kWh。

项目于2020年1月开工建设，2020年6月首批组件并网发电，同月全容量并网。

12. 三峡新能源青海海西州2020-1号地块、2020-4号地块竞价光伏发电项目

三峡新能源青海海西州2020-1号地块、2020-4

号地块竞价光伏发电项目，为青海省2020年普通光伏电站项目补贴竞价申报资格招标项目。项目位于海西州乌图美仁光伏光热园区南部，海拔在2963～2989m。场址位于格尔木市以西直线距离约140km，场址区为荒漠化国有未利用地，主要为荒漠沙地，场地地形平整开阔。规划总用地面积分别为1.826km^{2}和1.764km^2，建设规模各为100MW，以8回35kV线路接入本期新建110kV升压站，通过2回110kV出线接入乌图美仁330kV汇集站，外送线路长度约为10km。

项目于2020年10月正式开工建设，2020年12月完工。

13. 山西省吕梁市交口县300MW光伏平价基地项目

交口县光煜光伏发电有限责任公司山西省吕梁市交口县300MW光伏平价基地项目位于交口县水头镇永兴煤业、西山铝矿部分回填区域复垦区内，海拔在1350～1480m，占地面积约8900亩，规划场址2个，建设容量300MW。工程新建长度25.4km的220kV外送线路送至祝源光伏电站，再联合送至国网吕梁500kV站。

项目于2020年6月正式开工，2020年10月完成国网山西电力公司验收，2020年11月并网发电。

14. 鹤山区姬家山150MW风电场项目

鹤壁鹏越能源有限公司鹤山区姬家山150MW风电场项目位于河南省鹤壁市淇县东南，北阳镇、西岗镇周边平原地区，海拔60～75m，总投资约13.92亿元，主要建设一座110kV升压站，一回22km送出线路，6回集电线路，安装53台2.4MW、7台3.3MW风力发电机组，总装机规模为150MW。

项目于2018年11月核准，EPC总承包单位为中国电建集团海南电力设计研究院有限公司，2020年6月开工建设，2020年12月完成送出线路工程施工，同月并网发电，实现了当年开工当年投产。

15. 京城新能源通渭县陇阳200MW风电场工程项目

京城新能源通渭县陇阳200MW风电场工程项目位于甘肃省通渭县，该县自然条件严酷、生态环境脆弱、矿产资源匮乏、发展能力弱、工农业比例失调、贫困程度深，属于国家级贫困县，该项目有助于推动贫困地区经济社会快速发展，助力通渭县如期脱贫摘帽。项目装机容量为200MW，建设标段分两期投资建设，其中：一期100MW工程共4回架空集电线路，采用风力发电机容量为2.0MW，二期100MW工程共4回架空集电线路，采用风力发电机容量为2.2MW。新建35kV集电线路全长约111km，采用单回路设计，共分为8条主线。基于原乡村道路基础上，进行场内施工道路的改扩建总长约为86.30km，从而为改善当地村民出行交通条件及促进通渭地区农林经济发展和旅游业发展发挥了重要作用。

项目于2015年6月核准，2016年7月开工，2019年12月完成首批机组并网发电，2020年12月完成全部风力发电机吊装工作。

【投资、开工、投产国际项目】

1. 几内亚苏阿皮蒂水利枢纽项目首批2台机组投产

苏阿皮蒂水利枢纽项目是几内亚最为重要的能源基础设施，也是西非装机规模最大的水电站，被誉为“西非三峡”，是几内亚人民的“百年梦想”。建成后不仅能够彻底解决几内亚电力供应不足的现状，为几内亚后续经济发展提供强大动能，同时能助力几内亚成为电力出口国。

项目采用“中国标准”设计，主坝为碾压混凝土重力坝，最大坝高120m，坝轴线长1164m，水库库容63亿m^3，调节库容39.4亿m^3，具备多年调节能力。坝后式厂房配置4台立轴混流式机组，总装机45万kW，多年平均发电量18.99亿kWh。

苏阿皮蒂项目由几内亚政府与中水电公司以公私合营（PPP）模式开发。几内亚政府控股51%，中水电公司参股49%，电站特许经营期限为25年。中水电公司既是参股股东，又是EPC承包商，同时在项目移交后承担运行维护工作，是典型的“投建营”实施模式。项目总投资15.67亿美元，其中EPC合同额13.83亿美元。工期65个月，正式开工日期为2016年4月1日。

2020年7月1日，库区正式开始发电蓄水；10月24日，蓄水达到2020年最高水位205.79m高程；11月8日，1号机组投产发电；11月30日，2号机组投产发电。

2. 智利鲁凯威水电站项目动工建设

鲁凯威水电站位于智利中南部第八区比奥比奥区（Bio-Bio）的比奥比奥河上，首都圣地亚哥以南约500km，上游共有三级电站已建成发电，该项目为第四级。坝址控制流域面积7164km^2，多年平均流量434m^3/s，水库正常蓄水位264.5m，相应库容839万m^3，为径流式水电站。电站装机容量9万kW，设计年均发电量4.31亿kWh（轴流式机组方案），枢纽主要建筑物包括左岸混凝土挡水坝段、泄洪闸、河床厂房和两岸坝肩防渗处理段等。厂房内安装3台机组，单机容量3万kW。

该项目为中水电公司绿地投资项目，总投资2.946亿美元，建设总工期预计37个月。项目建成后，拟以智利当地人员为基础运维力量，同时结合中水电公司在其他地区的自主运维团队，借助三峡集团运行管理的专业力量进行运维管理。

2020年鲁凯威项目积极推进征地移民、环境保护、社区培训、许可申办、临建建设等重点工作，完成全部建设区土地及28%淹没区土地的征用、主体工程EPC承包商及监理招采等工作，并按照项目环境资质文件及社区协议规定，先后启动了开工前水质及水生物环境监测、陆生生物捕捉及保护、社区劳动力培训等工作。2020年11月23日，项目按期启动进场道路施工，标志着项目正式开工建设。

【节能减排与生态环保】 2020年，三峡集团清洁能源装机规模和发电量再创新高，可再生清洁能源装机比例高达94.7%。2020年国内累计完成发电量3305亿kWh，同比增长14%，创历史新高，可再生能源发电量稳居国内第一。新能源业务新增装机和发电量突破历史新高。

加强全面节约和循环利用，持续提高能效水平。通过积极开展水库群联合调度、中小洪水优化调度等方式，2020年全年，溪洛渡—向家坝梯级电站累计节水增发电量23.96亿kWh，水能利用提高率为2.68%。三峡—葛洲坝梯级电站累计节水增发电量69.51亿kWh，水能利用提高率为5.94%，节约与循环利用成效明显。

2020年，通过加强生产建设项目节能评估，优选节能工艺和技术措施，中核集团火电供电标准煤耗稳步下降，全年能源消费强度满足“十三五2020年度节能目标”。截至目前，中核集团烟气脱硫脱硝机组容量占燃煤机组比例为100%；超低排放限值的机组装机容量占燃煤发电机组的比例达96.24%。中核集团火电大气污染物排放量显著下降。

2020年，中核集团共抓长江大保护落地投资总计1375亿元。实施溪洛渡、向家坝、三峡水库联合生态调度。持续开展中华鲟等珍稀特有鱼类和珍稀特有植物的研究与保护，长江珍稀特有鱼类人工繁殖攻关取得突破，催产孵化长江鲟鱼苗15万尾、鲈鲤鱼苗、齐口裂腹鱼、圆口铜鱼等鱼苗71万尾。继续开展2020年长江三峡中华鲟放流，共计放流各年龄梯队中华鲟1万尾，为历年子二代中华鲟放流规模最大的一次。

【信息化建设】 全面支撑疫情防控和复工复产。上线健康上报和办公准入应用，建设境外医疗保障体系平台，精准防控疫情。扩容VPN、新增移动应用保障办公正常开展。视频会议保障新能源项目云开工、秘鲁项目云交割、乌东德电站云投产。

产业数字化和数字产业化双轮驱动。紧抓“数据”新生产要素，建成集团级大数据平台。智能建造为乌东德大坝按期浇筑到顶和首批机组投产发电提供支撑。移民管理系统应用为白鹤滩电站移民搬迁安置和按期蓄水验收发挥重要作用。智慧流域运行管理工作平台建设取得阶段性成果。试点打造城市级智慧水务平台。IT基础资源进一步共享。响应国家“新基建”政策，开工建设东岳庙数据中心。对外推广智慧工程云平台等数字化解决方案。

网络安全情况良好，未发生网络安全事故。参加国家攻防演习成绩优异。工业控制态势感知系统建设排名央企前列。大数据协同安全国家工程实验室三峡实验室（水电行业中心）完成授牌。

数字化治理不断推进。开展“十四五”数字化规划。集团成员单位信息化共商共建共享，集约化成效显著。参编国际标准、行业标准各1项，“三峡集团安全可控专网建设”等22项荣获国家或行业奖励。

【扶贫攻坚】 2020年是决战决胜脱贫攻坚之年。三峡集团坚决贯彻落实党中央决策部署，全力以赴克服新冠肺炎疫情影响，尽锐出战，助力决战决胜脱贫攻坚。全年投入各类扶贫资金超17亿元，实施帮扶项目275个，帮扶重庆巫山和奉节、江西万安、内蒙古巴林左旗按期脱贫摘帽，惠及约31.6万人，新增10亿元资金支持四川省凉山州和云南省昭通市攻克深度贫困堡垒，帮扶四川和云南两省4个少数民族实现整族脱贫，惠及人口超27万人，全年购买和帮销农产品6631万元，有效遏制农户因疫致贫返贫风险，全年录用贫困生源超300人，录用“三区三州”地区农民工近2万人。在教育扶贫、健康扶贫、基础设施扶贫、产业扶贫、消费扶贫、就业扶贫等方面推出系列“组合拳”，全面超额完成中央单位定点扶贫各项指标任务，兑现“全面小康路上一个都不能少”的承诺。

【抗击疫情】 面对疫情，三峡集团主动投身抗击疫情第一线，向湖北省及武汉市、宜昌市捐赠资金累计约1.7亿元，捐赠从海外紧急采购的防护物资25万余件，全力保障疫情重灾区水电气热“生命线”，承担湖北1/3的电力、天然气、热能供应保障工作，支持湖北疫后水环境治理捐赠专项资金5亿元，减免322户中小微企业租金1607万元，累计发布招聘岗位5700余个（超在岗人数1/5），农民工用工达14.6万人。全力以赴建设乌东德水电站、白鹤滩水电站等新时代大国重器，稳步推进长江大保护项目复产复工，坚决打赢疫情防控阻击战和经济保卫战两场战役。

【科技创新】 三峡集团高度重视“标准引领”战略，持续加强国家标准、行业标准和国际标准的立项与编制，努力实现以三峡标准引领行业发展、走向海外的目标。2020年三峡集团主编、参编国家标准18项、行业标准21项、国际标准5项。

国家标准（18 项）

序号	标准编号	标准名称	主编/参编	实施时间
1	GB/T 11022—2020	高压交流开关设备和控制设备标准的共用技术要求	参编	2021-07-01
2	GB/T 12602—2020	起重机械超载保护装置	参编	2021-10-01
3	GB/T 15468—2020	水轮机基本技术条件	参编	2021-12-01
4	GB/T 31489.3—2020	额定电压 500kV 及以下直流输电用挤包绝缘电力电缆系统　第 3 部分：直流海底电缆	参编	2021-07-01
5	GB/T 31489.4—2020	额定电压 500kV 及以下直流输电用挤包绝缘电力电缆系统　第 4 部分：直流电缆附件	参编	2021-07-01
6	GB/T 38957—2020	海上风电场热带气旋影响评估技术规范	参编	2021-07-21
7	GB/T 39264—2020	智能水电厂一体化管控平台技术规范	参编	2021-06-01
8	GB/T 39324—2020	智能水电厂主设备状态检修决策支持系统技术导则	参编	2021-06-01
9	GB/T 39565—2020	智能水电厂防汛应急指挥系统技术规范	参编	2021-07-01
10	GB/T 39569—2020	潮流能资源评估及特征描述	参编	2021-07-01
11	GB/T 39571—2020	波浪能资源评估及特征描述	参编	2021-07-01
12	GB/T 39627—2020	智能水电厂智能测控装置技术规范	参编	2021-07-01
13	GB/T 39629—2020	智能水电厂安全防护系统联动技术要求	参编	2021-07-01
14	GB/T 39698—2020	通用硅酸盐水泥出厂确认方法	参编	2021-11-01
15	GB/T 39701—2020	粉煤灰中铵离子含量的限量及检验方法	参编	2021-11-01
16	GB/T 39711—2020	海洋工程用硫铝酸盐水泥修补胶结料	参编	2021-11-01
17	GB/T 50549—2020	电厂标识系统编码标准	参编	2021-03-01
18	GB/T 51416—2020	混凝土坝安全监测技术标准	参编	2020-10-01

行业标准（21 项）

序号	标准编号	标准名称	主编/参编	实施时间
1	DL/T 444—2020	反击式水轮机磨蚀评估导则	参编	2021-02-01
2	DL/T 1067—2020	蒸发冷却水轮发电机基本技术条件	主编	2021-02-01
3	DL/T 2083—2020	水电站库容超声波法测量规程	参编	2021-02-01
4	DL/T 2097—2020	大坝安全信息分类与系统接口技术规范	参编	2021-02-01
5	DL/T 2154—2020	大中型水电工程运行风险管理规范	主编	2021-02-01
6	DL/T 2155—2020	大坝安全监测系统评价规程	参编	2021-02-01
7	DL/T 2204—2020	水电站大坝安全现场检查技术规程	参编	2021-02-01
8	DL/T 5209—2020	混凝土坝安全监测资料整编规程	参编	2021-02-01
9	DL/T 5385—2020	大坝安全监测系统施工监理规范	参编	2021-02-01
10	DL/T 5808—2020	水电工程水库地震监测技术规范	参编	2021-02-01
11	DL/T 5809—2020	水电工程库区安全监测技术规范	参编	2021-02-01
12	NB/T 10385—2020	水电工程生态流量实时监测系统技术规范	参编	2021-02-01
13	NB/T 10386—2020	水电工程水温实时监测系统技术规范	参编	2021-02-01
14	NB/T 10387—2020	海上风电场风能资源小尺度数值模拟技术规程	参编	2021-02-01
15	NB/T 10389—2020	水电工程下闸蓄水规划报告编制规程	参编	2021-02-01

续表

序号	标准编号	标准名称	主编/参编	实施时间
16	NB/T 10393—2020	海上风电场工程施工安全技术规范	主编	2021-02-01
17	NB/T 10394—2020	光伏发电系统效能规范	参编	2021-02-01
18	NB/T 10395—2020	水电工程劳动安全与工业卫生后评价规程	参编	2021-02-01
19	NB/T 10431—2020	风电场工程招标文件编制导则	参编	2021-02-01
20	NB/T 10477—2020	小型水电站增效扩容改造技术规程	参编	2021-02-01
21	SL/T 352—2020	水工混凝土试验规程	参编	2021-02-28

国际标准（5项）

序号	标准编号	标准英文名称	标准中文名称	主编/参编	实施时间
1	IEC TS 62882:2020	Hydraulic machines-Francis turbine pressure fluctuation transposition	水力机械　混流式水轮机压力脉动换算技术规程	参编	2020-09-18
2	IEC 63132-1:2020	Guidance for installation procedures and tolerances of hydroelectric machines—Part 1:General aspects	水电机组安装程序和公差　第1部分：总则	参编	2020-04-20
3	IEC 63132-2:2020	Guidance for installation procedures and tolerances of hydroelectric machines—Part 2:Vertical generators	水电机组安装程序和公差　第2部分：立式发电机	参编	2020-04-20
4	IEC 63132-3:2020	Guidance for installation procedures and tolerances of hydroelectric machines—Part 3:Vertical Francis turbines or pump-turbines	水电机组安装程序和公差　第3部分：立式混流式水轮机或水泵水轮机	参编	2020-04-20
5	IEC 63132-4:2020	Guidance for installation procedures and tolerances of hydroelectric machines—Part 4:Vertical Kaplan or propeller turbines	水电机组安装程序和公差　第4部分：立式轴流转桨或轴流定桨式水轮机	参编	2020-04-20

【党建及工会工作情况】　党建工作。2020年6月28日，习近平总书记对金沙江乌东德水电站首批机组投产发电作出重要指示。三峡集团党组牢记嘱托、感恩奋进，坚持以习近平新时代中国特色社会主义思想为指导，深入贯彻落实习近平总书记重要讲话指示批示精神和党中央决策部署，在大战大考中坚决扛起中央企业政治责任，充分发挥“顶梁柱”作用。“两个维护”更加坚定自觉。常态化落实“第一议题”制度，印发《深入贯彻落实习近平总书记重要讲话指示批示实施办法（试行）》，建立传达学习、贯彻落实、跟踪督办、报告反馈专项工作机制，推动总书记重要讲话指示批示落地落实。党组织组织力突出提升。面对大疫大灾大考，各级党组织听党指挥、主动作为，广大党员冲锋在前、作出表率，形成集团上下抗疫战洪“一盘棋”，推动三峡集团在疫情防控、防汛救灾、脱贫攻坚等大战大考中始终走在央企“第一方阵”。基层党建质量全面进步。聚集党建巩固深化，对标《条例》自查提升，夯实管党治党责任体系、制度体系、任务落实体系和工作保障体系，实施党建清单化、标准化、信息化，形成施工区“大党建”“党员领先指数”等一批创新成果，三峡品牌和党建工作提质增效升级。全面从严治党纵深拓展。落实纪检监察体制改革，深入开展“四个专项整治”，驰而不息落实中央八项规定精神，推动中央巡视整改取得决定性进展，“两个大坝”同筑、“两个生态”共建的氛围日益浓厚。党建引领成效显著。紧紧围绕践行新时期战略发展定位，坚持党建为中心工作赋能，充分服务保障生产经营，带动改革发展各项工作逆势上扬，坚定不移以高质量党建推动高质量发展。

工会工作。三峡集团工会以习近平新时代中国特色社会主义思想为指导，全面落实中华全国总工会和集团党组工作部署，认真履行忠诚党的事业、竭诚服务职工的使命担当，着力发挥教育引导职工、组织动员职工、联系服务职工、维护职工权益的职能作用，团结动员广大职工全力以赴打好疫情防控阻击战、防汛救灾保卫战、决战决胜脱贫攻坚战，为实现“十三五”收官做出积极贡献。

坚持把教育引导职工听党话、跟党走作为重要政治责任，举办“向总书记报告”学习报告会和征文活动，组织职工分享学习习近平总书记重要讲话精神的收获体会，展现在总书记重要讲话精神指引下集团各项工作取得的丰硕成果，奋力推动清洁能源和长江生态环保“两翼齐飞”。大力弘扬劳模精神、劳动精神、工匠精神，王克祥、李光耀两名职工荣获全国劳动模范，命名表彰15个在防疫保障、抗击疫情、复工复产、志愿服务等方面表现优秀的“最美家庭”。

坚决把保护职工生命安全放在第一位，组织动员各级工会和广大职工为遏制疫情蔓延、保障生命健康、维护工作秩序贡献力量。开展“战‘疫’一线”专项宣传，生动讲述一线职工的感人事迹，弘扬广大职工甘于奉献、迎难而上的“逆行”精神，大力营造强信心、暖人心、聚民心的良好氛围。组织职工向湖北疫区爱心捐款335万元，助力打赢疫情防控湖北保卫战。

深入学习贯彻习近平总书记对金沙江乌东德水电站首批机组投产发电作出的重要指示精神，组织开展“聚先锋力量　创一流佳绩”“复工复产我争先　优质保供做贡献”等竞赛活动，8家先进单位、25个先进集体、30个班组、58名优秀建设者在金沙江劳动竞赛活动中受表彰。组织编撰讲好中国故事系列丛书《筑梦金沙》故事集，大力宣传金沙江水电工程建设者克难攻坚、无私奉献的先进典型事迹。

举办职工“云端文化艺术节”，以“云聚三峡　以艺战疫”为主题，征集展示职工文化艺术作品1376个。举办“北京冬奥宣讲团”专场宣讲会，开展线上“同唱一首歌、同跳一支舞、同奏一部曲、同诵一首诗”文化活动。组织参加微电影微视频制作大赛活动，18部作品获中国能源化学地质工会表彰，《涨水》作品获第八届亚洲微电影艺术节最高等级奖。

【三峡集团部分二级公司简介】

1. 中国三峡建工集团

中国三峡建工（集团）有限公司（简称三峡建工集团）是全球最大的水电开发运营企业和中国最大的清洁能源集团——中国长江三峡集团有限公司（简称三峡集团）的二级子企业，由三峡集团最核心的水电开发建设业务发展而来，作为三峡集团大型水电工程开发建设实施主体，全面承接三峡集团国内外水电开发建设业务。2020年11月，三峡集团整合中国三峡建设管理有限公司和三峡机电工程技术有限公司，正式成立中国三峡建工（集团）有限公司。

三峡建工集团是三峡集团水电业务核心能力的主要载体，业务范围涵盖国内、国际水电工程开发建设管理，大中型水电工程、抽水蓄能电站、水利工程和公共基础设施等项目工程投资、建设、管理和咨询，工程技术研发、技术管理与咨询等，是三峡集团工程建设板块具有全面能力的市场主体。

二十多年来，历经三峡、溪洛渡、向家坝、乌东德、白鹤滩、巴基斯坦卡洛特电站等全球大型水电工程建设管理，内蒙古呼和浩特、浙江长龙山等抽水蓄能电站开发建设，以及风电、光伏电站、公共基础设施等工程项目的广泛参与，积累了丰富的项目投资、建设、管理经验，具备了项目投资开发整合能力、大型水电工程建设管理能力、水电技术与科技创新能力和水电标准引领能力，形成了一支年龄结构合理、专业配置齐全、建设管理经验丰富的专业人才队伍。

三峡建工集团是三峡品牌的主要传承者，将全面贯彻创新、协调、绿色、开放、共享五大发展理念，全力打造成为世界一流的项目投资、建设、管理和咨询公司。

2. 中国长江电力股份有限公司

中国长江电力股份有限公司（简称长江电力）是经国务院批准，由中国长江三峡集团有限公司作为主发起人设立的股份有限公司。长江电力创立于2002年9月29日，2003年11月在上交所IPO挂牌上市，股票代码600900，现有股份227亿股。2020年9月30日，在英国伦交所上市交易。

长江电力主要从事水力发电、配售电以及海外电站运营、管理、咨询，智慧综合能源及投融资业务，在德国、葡萄牙、秘鲁、巴西、马来西亚等全球多个国家开展相关业务，初步形成以重庆、湖北为核心，遍及全国10多个省市的配售电业务战略布局，打造了三峡水利、秘鲁路德斯等国内外配售电业务平台。

长江电力现拥有长江干流三峡、葛洲坝、溪洛渡和向家坝四座电站的全部发电资产，水电装机82台，其中单机容量70万kW及以上级巨型机组58台，占世界同容量级别水电机组半数以上。长江电力总装机容量4559.5万kW（未含目前受托管理的乌东德电站），其中国内水电装机4549.5万kW，占全国水电装机总量的12.32%，权益装机1000万kW，是中国最大的电力上市公司和全球最大的水电上市公司。

3. 中国三峡国际股份有限公司

中国三峡国际股份有限公司（简称三峡国际）是中国长江三峡集团有限公司在全球开展清洁能源投资的主要平台，涉及业务包含水电、风能、太阳能和电能交易等。三峡国际以清洁能源投资为引领，整合了三峡集团工程设计、施工建设、电站运营和维护等优势资源，为客户提供全产业链解决方案。

目前三峡国际足迹已遍布欧洲、亚洲、拉丁美洲和非洲近 20 个国家和地区，在全球拥有/控股超 40 座电站，总装机容量 1700 多万 kW，资产总额约 900 亿元。三峡国际现有 4 大区域公司及近 40 家海外子企业和分支机构，其中：三峡欧洲公司负责欧洲区域的业务，是葡萄牙电力公司最大股东；三峡巴西公司负责巴西区域的业务，是巴西第三大发电企业；三峡南亚公司负责亚洲区域的业务，其投资开发的多个项目列入“中巴经济走廊”建设框架；三峡拉美公司负责巴西之外其他拉美市场的业务。

三峡国际在开展国际化经营过程中，深入贯彻绿色、卓越、共建、共享的发展理念，与世界银行旗下国际金融公司、丝路基金、中拉基金等国内外知名机构及业界同行开展广泛深入的交流合作，致力于全球绿色能源投资开发。同时，三峡国际积极秉承“善若水、润天下”的社会责任理念，将和谐共进、和睦相融的责任目标融入企业发展，在驻在国家和地区稳步推进供水修路、环境保护、援建医院学校、救灾帮扶并设立教育奖学金，用行动诠释人类命运共同体理念，赢得政府、公众的信赖与支持。

截至 2020 年 12 月底，三峡国际实现的境外电站总装机达到 1732 万 kW（含在建装机），其中可控装机 836 万 kW，参股权益装机 692 万 kW，在建装机 204 万 kW，较“十三五”初期增长 147%；实现营业收入 97.86 亿元，实现利润总额 51.3 亿元，于逆境中保障公司业务持续向好。

4. 中国三峡新能源（集团）股份有限公司

中国三峡新能源（集团）股份有限公司（简称三峡能源），作为三峡集团新能源业务的战略实施主体，承载着发展新能源的历史使命。

三峡能源前身是 1980 年成立的水利部水利工程综合经营公司。1985 年 9 月，改组为中国水利实业开发总公司。后几经变更，于 2008 年 10 月，经国务院批准并入三峡集团。2010 年 6 月，更名为中国三峡新能源公司。2015 年 6 月，改制为中国三峡新能源有限公司。2018 年 10 月，成功引进 8 家战略投资者。2019 年 6 月，完成股份制改造，整体变更为中国三峡新能源（集团）股份有限公司。

三峡能源积极发展陆上风电、光伏发电，大力开发海上风电，稳健发展中小水电业务，探索推进储能、潮汐能等新业务。同时，投资与新能源业务关联度高、具有优势互补和战略协同效应的相关产业，基本形成了风电、太阳能、战略投资等相互支撑、协同发展的业务格局。三峡能源业务已覆盖全国 30 个省份，已并网风电、光伏以及中小水电装机规模超 1600 万 kW，资产总额超 1500 亿元，盈利能力稳居国内同行业前列。

三峡能源正围绕“三步走”发展目标，始终坚持规模和效益并重，实施差异化竞争和成本领先战略，努力打造世界一流新能源公司，为服务国家“3060”目标贡献智慧和力量。

5. 中国水利电力对外有限公司

中国水利电力对外有限公司（简称中水电公司，CWE）是拥有 60 多年发展史的国际工程企业，自二十世纪五六十年代就开始代表国家承担水电经援任务，为助力国家外交发挥重要作用。

作为中国三峡集团的成员企业、集团国际工程承包业务的主要平台，中水电公司逐步成长为基于卓越项目管理能力的工程建设公司、基于独特项目培育能力的绿地开发公司、基于全球资源整合能力的工程领域综合服务商。流域水能滚动开发、梯级枢纽联控联调、巨型电站运营管理和百万千瓦级单机运行维护、流域生态保护和环境治理等核心力协同共享，为合作伙伴提供世界一流的清洁能源发展一揽子方案。

中水电公司已成为全球水利水电、新能源和基础设施领域的优质品牌，成为公共部门及私营机构的可靠伙伴。连续 31 年荣登 ENR 全球最大 250 家国际承包商榜单，连续 23 年荣登 ENR 全球最大 225 家国际工程设计公司”榜单，中国企业信用评级 AAA 级。

中水电公司在亚、非、欧、美 80 多个国家和地区建设了 800 多项优质项目，很多项目都是造福所在国长远民生的“三峡工程”，不仅推动了当地经济社会发展，增进了中国与所在国人民间的友谊和情感，也在当地政府和民众中树立了中水电公司的良好形象。在“一带一路”沿线的老挝、马来西亚、菲律宾、印度尼西亚、巴基斯坦、尼泊尔、哈萨克斯坦、马其顿等 10 余个国家，开发和承建了近 30 个项目，促进当地经济繁荣，以实际行动“构建人类命运共同体”，是国家“一带一路”倡议的坚定践行者。

中水电公司全球从业者过万，广大中外员工作为“事业合伙人”，崇尚平等、博爱文化，倡导事业一体、文化交融、价值共创。中水电公司多元包容、博采众长，追求卓越、优质、创新、和谐；以人为本、尊重人才，激发潜能、实现价值；尊重自然、保护生态，积极做绿色发展时代命题的切实解答者，做全民拥抱美好生活的积极贡献者，做全球伙伴的可靠信赖者，做各界朋友的坚定同行者。

面向未来，中水电公司将以绿色发展为基本导向，为属地经济社会发展贡献清洁能源，推动全球能源转型和可持续发展；以本质安全、环境友好、质量可靠为基本准则，推动基础设施繁荣发展和互联互通，助力属地民生改善；以合同履约为基本目标，与合作伙伴休戚与共，弘扬自律、平等、博爱的世界情怀；以融入共赢为基本愿望，推动属地经营，切实履行社会责任，做合格企业公民。

6. 中国三峡出版传媒有限公司

中国三峡出版传媒有限公司（简称中国三峡传媒）是经国家新闻出版广电总局核准，由中国三峡出版社按《公司法》改制，合并重组长江三峡集团传媒有限公司，于2015年7月登记成立的中央级出版传媒企业。

中国三峡传媒主营图书与报刊出版、影视制作、新媒体、广告会展、印务、文化传媒产业投资等传媒业务，是目前中央企业所属文化企业中业务门类最齐全的文化传媒企业之一。

2020年，中国三峡传媒（新闻品牌中心）认真履行新闻宣传职责，在新闻宣传、媒体联络、海外传播、舆论引导等方面努力担当、积极作为。中国三峡传媒全年实现营业收入1.17亿元，利润总额2900万元。实现质量安全“双零”目标和新冠肺炎疫情防控“零感染、零疫情”目标。

2020年，中国三峡传媒策划实施50余项专题宣传，自办媒体新闻产品数量质量双提升，三峡集团在中央主流媒体报道超过3200篇次，央视报道超过190次，《新闻联播》播出27（条）次；图书出版80余种，其中两种图书入选“十三五”国家重点图书出版规划项目，一种图书获国家出版基金资助，《中国三峡》杂志广受好评；全年完成影视片81部；持续做好海外传播和本地化经营，树立“海外三峡”品牌形象，大力构建具有全球影响力的品牌建设工作体系。

（祝为平）

中国广核集团有限公司

【公司概况】 中国广核集团有限公司（简称中广核）起步于大亚湾核电站建设，经过40年的发展，形成4+X产业板块，业务已覆盖核电、核燃料、新能源、金融服务、核技术等，拥有3家香港上市公司及2家内地上市公司。面对突如其来的新冠疫情和复杂严峻的外部形势，中广核坚持以习近平新时代中国特色社会主义思想武装头脑、指导工作，坚决贯彻落实党中央、国务院“六稳”“六保”决策部署，坚持稳中求进，统筹推进经营发展、疫情防控和脱贫攻坚各项重点工作，逆势而上，促进中广核各领域高质量发展，核电安全运行业绩持续保持世界领先水平。

截至2020年底，中广核资产总额7963亿元，员工4.2万人；中广核控股在运清洁电力装机容量超过6330万kW；主要经营业绩连续八年实现两位数增长，连续七年获得国务院国资委A级评价。2020年营业收入1107亿元，同比增长0.8%；利润总额220.6亿元，同比增长18.5%。2021年1～2月，中广核实现上网电量448.8亿kWh；营业收入174.8亿元，同比增长21.2%；利润总额42.6亿元，同比增长125.1%。

中广核积极深化改革，认真落实国务院国资委“三试点一示范一行动”改革目标要求，具体包括打造国有资本投资公司试点、落实董事会职权改革试点、混合所有制改革试点、创建世界一流示范企业、深入落实国企改革双百行动，统筹推进新一轮全面深化改革，为中广核在更高起点上提升治理水平、推动高质量发展提供了有力保障。

【领导班子】

党委书记、董事长兼总经理：杨长利（2020年2月起，任中广核党委副书记、总经理；2020年7月起，任中广核党委书记、董事长）

党委书记、董事长（2020年7月止）：贺禹

党委副书记、总经理（2020年2月止）：张善明

党委常委、副总经理（2020年8月止）：谭建生

党委常委、副总经理：施兵

党委常委：高立刚

党委常委、纪委书记：李有荣

党委常委、副总经理：庞松涛

党委常委、总会计师（2020年7月起）：何海滨

党委常委、总会计师（2020年7月止）：吴俊峰

总经理助理、联合工会主席、职工董事：陈遂

【组织机构】 中广核立足于国有资本投资公司定位，进一步落实“总部去机关化”要求，聚焦核心职能建设，提高总部运作效率，共设置20个部门：集团办公室、党群与文宣部、战略与科创部、人力资源部、财务与资产管理部、股份财务与证券事务部、安全质保部、审计部、法律事务部、体系与治理部、核电管理部、投资发展部、资本运营中心、中广核大学（党校）、研究中心、财务共享中心、核电独立安全监督评估中心、纪委机构、巡视办/巡视组；6个区域分公司：新疆分公司、华东分公司、山东分公司、湖北分公司、青海分公司、云南分公司。二级管理公司近30

家，主要分布在核电站设计、建设和运营，核电相关技术研究，铀资源开发，风电、水电、太阳能等清洁能源开发，以及相关配套服务等行业。

【党建工作】

（1）坚决贯彻落实习近平总书记重要指示批示和党中央决策部署，党的领导和党的建设在大战大考中得到切实增强。一是加强理论武装，通过开展“第一议题”集中学习29次（涉及议题174个）、6次党委理论中心组学习、748项“不忘初心、牢记使命”主题教育整改及制定6方面21项主题教育长效机制举措等，深入学习宣传贯彻党的十九届五中全会精神，持续推动习近平新时代中国特色社会主义思想大学习大普及大落实。二是强化政治担当，坚持疫情防控与复工复产两不误，向党和人民交上了合格答卷；推动脱贫攻坚出成效，定点扶贫点正式脱贫摘帽；筑牢核安全防线，大力推进科技创新。三是落实“两个一以贯之”，稳步推进“董事长、党委书记、法定代表人”一肩挑模式，深入推进董事会职权试点改革，坚持党的领导与公司治理深度融合取得新进展。四是始终践行“举旗帜、聚民心、育新人、兴文化、展形象”使命任务，压紧压实意识形态工作责任制，坚持培育和践行社会主义核心价值观，全年开展系列主题活动488场，累计报送集团疫情防控和复工复产典型事迹简报18期。

（2）扎实开展党建工作提质增效升级专项行动，推动基层党组织在“三基建设”上强起来。一是对照国有企业基层组织工作条例找差距抓整改促提升，针对问题精准施策，梳理18项重点整改任务，制定并落实231项整改措施，持续提升党建工作质量。二是党员教育培养富有特色亮点，构建形成“破壳、助跑、展翅、翱翔”四大阶段九类培训班次的“红鹭计划”培训体系，进一步增强党员、党务干部队伍建设。三是以党员攻坚行动、示范党支部创建等为抓手，大力推动党建与生产经营深度融合，有效激发创先争优、达标投标的热情，推动经营发展。

（3）强化党管干部、党管人才原则，积极建设一支高素质的干部人才队伍。一是认真履行选人用人主体责任，突出政治标准，强化正确的选人用人导向，大力选拔“75后”“80后”优秀年轻干部，稳妥推进三项制度改革，持续深化干部队伍建设。二是实施科技人才创新激励机制，建立首席专家配套管理机制，明确选聘和考核激励办法，评选出集团各类技术领域首席专家40位，不断完善人才配套管理机制。

（4）坚定不移推进党风廉政建设和反腐败，全面从严治党开创新局面。一是突出强化政治监督，修订完善“三个责任”清单，层层落实管党治党责任，深化“三转”“三为主”纪检监察体制改革，不断完善具有中广核特色的监督体系。二是坚持有案必查、违纪必究，深化以案促改，共组织办理问责案件12起、责任追究41人，一体推进不敢腐、不能腐、不想腐取得新成效。三是严肃查处顶风违纪问题，驰而不息纠治“四风”，全年共查处相关问题6起，处理15人，发文和会议数量分别压减10.1%、3.8%，完善长效机制，作风建设成果更加巩固拓展。四是突出政治巡视定位，抓好823个自查问题的整改落实，并突出强化上下联动。巡视巡察利剑作用更加彰显。

（5）强化统战群团工作的政治性、先进性、群众性，凝聚推动集团高质量发展的磅礴力量。一是召开党外代表人士座谈会，开展中广核党外代表人士培训班，23名党外人士代表围绕高质量发展建言献策49条，更好助力集团改革发展。二是持续开展“办实事、解难事”专项活动，推动解决318项职工关注问题，激发员工爱岗敬业干劲和热情。三是开展中广核青年创新创效专项调研，组织中广核“青年创新奖”评选，举办中广核“青力青为”青年创新论坛，分层分级举办技能竞赛近600项，推动青年创新驱动企业发展。

【安全生产】 中广核深入学习贯彻习近平新时代中国特色社会主义思想，认真落实全国安全生产电视电话会议和国家能源局安全电力安全生产电视电话会议重点部署，始终牢记“核安全出问题，我们在政治上就是不合格的!”，坚持“一次把事情做好”的核心价值观，坚持安全发展，以优秀安质环业绩为目标，持续夯实安全管理的基础和监督成效，安质环业绩总体平稳可控。2020年，中广核未发生较大及以上安全生产事故，20万工时事故率稳定在国际同行先进水平，中广核与美国、法国、英国、俄罗斯、韩国的六家全球先进核电企业相比，世界核营运者协会（WANO）综合指数持续位于国际同行前列，2020年12月31日，岭澳核电站1号机组连续无非计划停堆运行5291天，继续刷新并保持国际同类型机组的纪录，该纪录还在延续。核电工程领域连续7年实现零死亡目标。

【科技创新】 中广核2020年度申请专利1499项（其中发明专利874项），获得授权专利1012项（其中发明专利395项）。在国家与省部级奖项等方面取得较大的成果。其中，“核电高可靠性数字化仪控系统关键技术及应用”“核电站高效安全换料大修机器人关键技术与智能装备研发及应用”荣获2020年度深圳市科学技术奖一等奖，“百万千瓦级商运核电站乏燃料水池密集贮存技术的研发及应用”荣获中国核能行业协会科学技术奖一等奖。

【国际合作】 海外核电开发方面。中广核参股的英国欣克利角C（HPC）项目2号机组已于2020年5月29日实现核岛筏基混凝土浇筑（J0里程碑）；中广核参与开发的英国塞兹维尔C（SZC）项目已于2020年中向英国政府提交了项目开发许可申请（DCO）和核电厂址许可申请（NSL）；中广核控股开发，拟使用中国自主华龙一号技术主导开发的英国布拉德韦尔B（BRB）项目正在开展厂址适应性研究和可行性研究；华龙一号通用设计审查（GDA）第三阶段顺利完成并于2020年2月11日进入第四阶段，计划2022年初完成最终审查。

2020年6月，中广核收到了捷克能源集团（CEZ）发来关于项目模式的函。2020年9月，我集团通过视频方式与CEZ进行了标前沟通会，明确了项目招标的有关要求。2020年10月，华龙一号通过了EUR认证，获得了进入欧盟市场的“入场券”。

核燃料保障方面。纳米比亚湖山铀矿初步实现高端稳定运营；中哈组件厂完成设备安装，正按计划推进工艺鉴定。

海外非核清洁能源开发方面。马六甲224万kW气电项目主体工程建设基本完成，1号机组成功并网，为集团“一带一路”大型绿地项目开发建设积累了经验。瑞典65万kW北极风电项目克服多重困难，正式投入商运。

【社会责任】 发展清洁能源方面。中广核致力于零碳排放的清洁能源生产与供应，以规模化、高质效与可持续的清洁能源产品和服务，为应对全球气候变化、实现中国“3060”碳达峰碳中和目标作贡献。2020年，中广核全年清洁能源上网电量2631.12亿kWh，等效于减少消耗标准煤8038.07万t，减排二氧化碳2.1亿t，相当于种植超过59万km^2森林。

大亚湾核电基地——全国核电海域首个珊瑚保育站成立。2020年8月7日，中广核第八届“8·7公众开放体验日”首开行业先河，通过抖音、新浪微博、哔哩哔哩三个平台，同时吸引了央视、深圳卫视等在央视频、央视新闻、人民网、新浪等多个平台同步关注活动，创新开展核电基地云游直播，在大亚湾核电基地建立全国首个核电基地珊瑚保育区并完成首批断枝珊瑚苗圃培育。中广核六大核电基地线上联动，天上无人机俯瞰全景，水下种珊瑚深度体验，全方位展示核电基地美景，创新的公众沟通立意视角，引起了嘉宾、媒体及公众的热烈反响。各平台共计吸引370余万网友观看直播，活动总体曝光传播量超过9000万人次。

精准扶贫方面。作为中央企业，中广核坚决贯彻落实党中央、国务院关于打赢脱贫攻坚战的部署要求，充分发挥自身技术和产业优势，探索形成具有企业特色“一四六”精准扶贫模式，将扶贫工作与企业经营管理同谋划、同部署、同考核、同落实，实现外部多元帮扶与内部自我脱贫的互动共振，为决胜脱贫攻坚，实现第一个百年奋斗目标贡献硬“核”力量。

中广核在广西、广东、四川、内蒙古、新疆、湖北、福建等地开展扶贫工作，累计投入帮扶资金4.2亿元，派出挂职干部68名，牵头设立清洁能源扶贫基金平台超300亿元，在7省区13县实施16个产业扶贫项目。经过持续努力，中广核重点对口帮扶的广西凌云、乐业两县和其他地区，大幅提升扶贫责任承诺指标，全部实现脱贫出列，累计实现脱贫11000余人。其中，两种特色扶贫模式入选中央企业优秀案例，白鹭班、彩虹计划已成为中广核教育扶贫的金字招牌，为打赢脱贫攻坚战贡献力量，在2020年中央单位定点扶贫考核中获评为“好”。

疫情防控方面。中广核坚决贯彻习近平总书记重要指示精神，按照党中央、国务院决策部署，第一时间紧急驰援，全力保障湖北地区风电场正常发电和能源稳定供应，在保障全员安全的前提下全力推进复工复产，同时做好境外疫情防控，积极为全球抗击新冠肺炎疫情提供帮助。

除了防疫物资、款项捐赠外，中广核根据自身业务特点积极支援抗疫，如中广核技旗下各大电子束辐照灭菌中心火线复工，开辟绿色通道，累计为4200万件医疗防护物资免费提供消毒灭菌服务，在湖北十堰建设中国首个电子束辐照处理医疗污水示范项目等。中广核叶晓军、赵云峰荣获中央企业抗击新冠肺炎疫情先进个人，台山核电党委荣获中央企业抗击新冠肺炎疫情先进集体，方建军荣获广东抗击新冠肺炎疫情先进个人。

开展法国夏尔蒙风电场项目云开放日活动。围绕自身国际化业务，结合海外疫情防控实际情况，2020年12月31日，中广核欧能公司举办法国风电场云开放日发布活动。活动以“风中圆舞曲”为主题，通过视频全面展现法国夏尔蒙风电场的风采，讲述中广核欧洲风电场生产运营、助力节能减排、保护当地生态环境、积极履行社会责任的故事。活动以中文、法语、英文形式在世界各国媒体和社交平台及国务院新闻办英文网站、CGTN、中国新闻社等网站和海外社交媒体发布，并通过Facebook、Twitter、Instagram、Youtube等海外社交账号联动宣传，展现了中国企业在国际疫情大环境下的履责风采。

（王　爽）

中国电力建设集团有限公司

【公司概况】 中国电力建设集团有限公司（简称中国电建）成立于2011年9月，是经国务院批准，按照《电网企业主辅分离改革及电力设计、施工企业一体化重组方案》，在中国水利水电建设集团公司、中国水电工程顾问集团公司和国家电网有限公司、南方电网公司所属的14个省（区、市）的电力勘测设计、施工、装备制造企业的基础上组建而成。集团公司注册资本金319亿元，职工18.6万人；直接管理二级子企业75家，分布在全国大部分省区和主要城市及部分海外地区；在海外设有六大区域总部（东南非区域总部、中西非区域总部、中东北非区域总部、欧亚区域总部、亚太区域总部、美洲区域总部），主要业务覆盖全球132个国家。

中国电建的主营业务集中在能源电力、基础设施、生态环境三大领域，横跨水电、火电、风电、太阳能，水利、水务、水资源与环境治理，公路、桥梁、机场、轨道交通，房屋、市政、城市综合体开发等相关多元行业。此外，受国家能源局的委托，承担国家水电、风电、太阳能等清洁能源和新能源的规划、审查等服务。

经过多轮重组改革和多年创新发展，中国电建已逐步形成“懂水熟电、擅规划设计、长施工建造、能投资运营”的核心能力，具备为全球客户提供行业整体解决方案、全产业链一体化集成服务的独特优势，为中国和世界奉献了一系列令人瞩目的代表性项目和精品工程，成为全球清洁低碳能源、水资源与环境、基础设施建设领域和参与服务“一带一路”建设的重要力量。

2020年，中国电建完成营业收入5416亿元，实现净利润139亿元，新签合同8560亿元。在2020年《财富》世界500强企业排名中位列第157位，较2012年首次上榜时的第390位提升233位；位居2020年ENR（美国《工程新闻记录》）全球工程设计公司150强第1位，代表中资企业首次登顶，位居全球工程承包商250强第5位。在全球电力建设行业市场（规划、设计、施工等），中国电建的能力和业绩始终位居首位。

中国电建战略定位是：服务“一带一路”建设的龙头企业，全球清洁低碳能源、水资源与环境建设领域的引领者，全球基础设施互联互通的骨干力量，为海内外客户提供全产业链集成、整体解决方案服务的工程建设投资发展商。战略目标是：致力成为能源电力、水资源与环境、基础设施领域具有国际竞争力的质量效益型世界一流综合性建设投资集团。战略方针是：发挥懂水熟电核心能力和产业链一体化优势，统筹国际国内两个市场，聚焦能源电力、水资源与环境、基础设施三大核心领域，深入实施“深化改革、全球发展、创新驱动、转型升级、人才强企”五大战略，协同推进“产融结合、优势多元、产业联动、规划先行、精益运营、风险平衡、产业培育、文化凝聚”八大举措。

【领导班子】

1. 中国电力建设集团有限公司

党委书记、董事长：晏志勇

党委副书记、董事、总经理：丁焰章

党委副书记：王斌

党委常委、纪委书记：黄埔

党委常委：刘源、姚强、杨良、李燕明

2. 中国电力建设股份有限公司

党委书记、董事长：晏志勇

党委副书记、副董事长、总经理：丁焰章

党委副书记、董事：王斌

党委常委、副总经理：刘源、姚强、李燕明

党委常委、纪委书记：黄埔

党委常委、总会计师：杨良

【组织机构】 见2020年中国电力建设集团有限公司组织机构图。

【疫情防控】 新冠肺炎疫情发生以来，中国电建党委坚决贯彻习近平总书记关于统筹推进疫情防控和经济社会发展的重要讲话和重要指示批示精神，坚决落实党中央、国务院和国资委党委有关疫情防控的决策部署，坚持以党的建设统领疫情防控各项工作，统筹推进疫情防控和复工复产取得突出成效。

周密部署疫情防控工作。中国电建党委坚持把职工群众生命安全和身体健康放在第一位，第一时间启动应急预案，成立防控工作领导小组和应急工作机构，明确责任、强化落实，构建形成了“横到边、纵到底，不留死角，不出漏洞”的立体疫情防控体系。中国电建领导坚守岗位、靠前指挥，总部及所属子企业及广大干部职工勇于担当、忠于职守，全力以赴打赢疫情防控总体战、阻击战。党委常委会先后6次召开专题会议，研究部署中国电建疫情防控和复工复产工作。

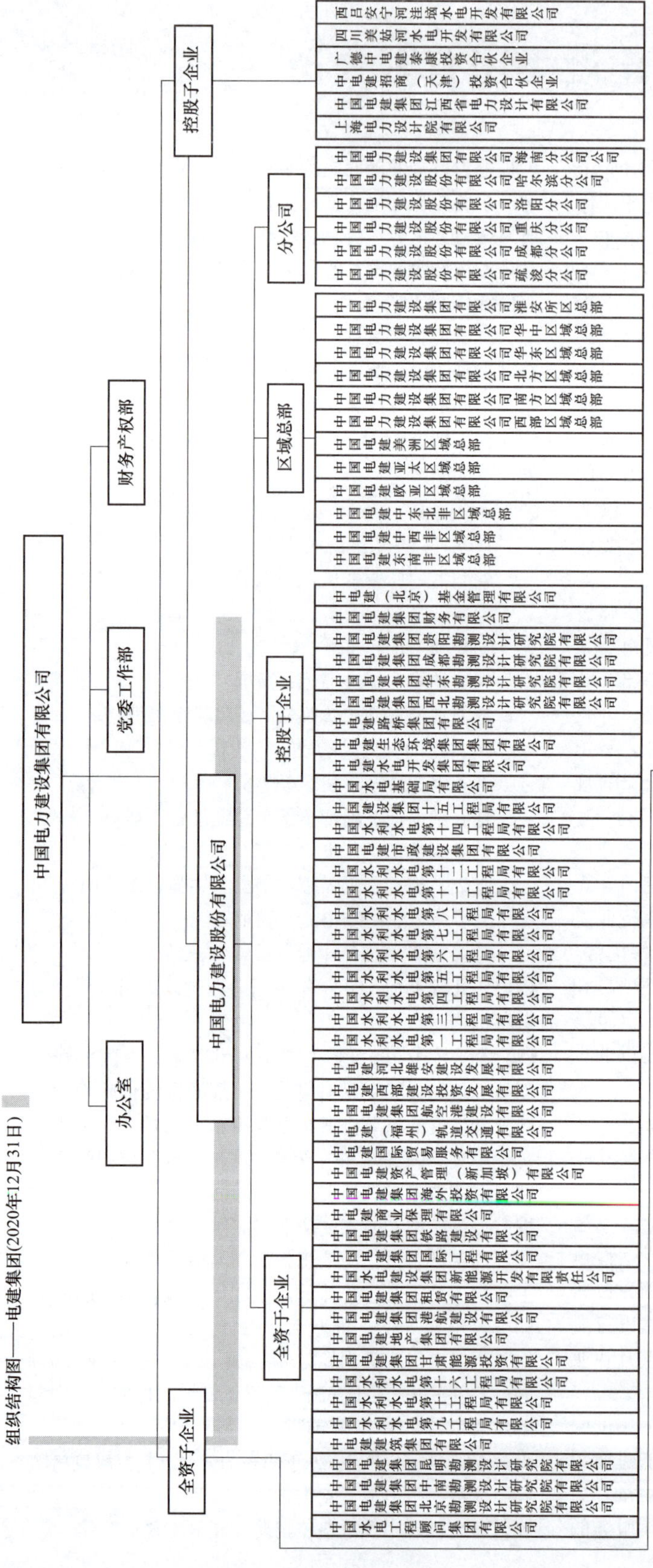

2020年中国电力建设集团有限公司组织机构图

说明：中国电力建设股份有限公司所属企业以外的企业（单位）均委托电建股份公司管理。

全力驰援武汉疫情防控。疫情发生后，中国电建及所属子企业积极投入到疫情防控战役中。在武汉的子企业湖北装备、湖北工程、湖北重工、水电四局地铁项目部等单位积极响应党中央和国资委党委的号召，充分发挥央企责任担当和大国重器顶梁柱的作用，为湖北火神山、雷神山、方舱医院的建设和运行维护贡献了积极力量。水电十一局、山东电建宁夏公司也为地方的定点医院建设做了大量的工作。水电一局、水电三局、水电八局、水电十一局、市政集团等5家企业所属医疗机构积极配合所在地卫生防疫部门防疫安排，为所在地的疫情防控贡献力量，共计495名医护人员参与了地方疫情防控医疗救护工作。其中水电十一局黄河医院临危受命、逆行出征，派出23名医务人员作为河南省第八批援鄂医疗队进驻武汉江汉方舱医院，负责60张床位和其余大量的配合工作，至3月9日休舱，60张床位的患者全部出院，黄河医院的23名医务人员身体健康，无一例感染。医院职工石磊同志荣获“全国抗击新冠肺炎疫情先进个人”和“全国优秀共产党员”两项殊荣。

与受难同胞共渡难关。疫情发生后，中国电建积极响应党和国家号召，按照国资委统一要求和安排部署，全力开展抗击疫情紧急援助行动，体现了同舟共济、患难与共的集体主义精神。在武汉的子企业广大干部员工，坚守一线，20名党员突击队奋战在抗疫一线，有18名抗疫人员火线入党。截至2020年12月30日，中国电建针对疫情防控累计捐赠款物约4605.12万元，其中向国内捐赠3997.54万元。中国电建向湖北省捐赠防疫急需紧缺物资及款项共计约2029万元，其中，通过组织全球资源紧急采购561万元防疫物资捐赠给湖北省重点疫情区域和医疗单位。

有序推动复工复产。中国电建各级企业积极沟通属地政府及有关部门，加强与业主及产业链相关方的协调配合，积极组织开展工程项目疫情防控及复工复产现场检查评估，有力推动复工复产。截至2020年9月底，受疫情影响的3636个在建项目，全部实现复工复产，一大批重点工程顺利推进。中国电建主要参建的中国第四座千万千瓦级巨型水电站——乌东德水电站于6月29日实现首批机组投产发电，习近平总书记作出重要批示，代表党中央、国务院对首批机组投产发电表示热烈的祝贺，向全体建设者和为工程建设作出贡献的广大干部群众表示诚挚的问候，广大水电建设者深受鼓舞。中国电建全力攻坚克难，2020年主要经营发展指标全部实现。

持续抓好日常疫情防控工作。坚决克服麻痹思想、松劲心态，坚持“外防输入、内防反弹”不放松，严格落实新冠疫情常态化防控工作要求。及时下发文件，对全集团的疫情防控工作提出要求。抓好总部员工日常健康监测工作，突出总部人员出差和休假管理。强化总部办公区人员进出体温监控、消毒清洁管理等疫情防控措施，对外来人员进行测温、扫码、登记。坚持“人”“物”同防，从疫情中高风险区寄到办公楼的物品一律进行防控消毒，严密构建总部疫情防护体系。认真做好疫情信息统计报送，疫情发生以来共编制简报119期，向国资委报送《支持疫情防控情况报告》90期。加强疫情防控应急值班工作，周密组织好日常值班、节假日值班和疫情严重期间专项应急值班，对中央、国资委、地方政府重大决策及时上传下达。以严密的组织体系，充足的物资保障，务实的工作举措施，确保打赢这场疫情防控的人民战争。

【科技工作会议】 2020年，中国电建组织召开了科技创新工作会议暨院士论坛，成立中国电建科学技术高级顾问委员会，总结“十三五”科技创新成绩，研究讨论中国电建“十四五”科技创新发展规划，表彰奖励创新争先先进单位、团队和个人，为中国电建“十四五”科技创新发展指明了方向，绘就了推进创新驱动战略实施的路线图。

【科技创新规划】 中国电建启动“十四五”科技创新规划编制工作。全面总结中国电建“十三五”科技创新发展成效，广泛征集各业务板块、各成员企业“十四五”科技创新需求，明确“十四五”科技创新主攻方向和重点任务，完成《中国电建集团科技规划》（讨论稿），为中国电建和成员企业“十四五”科技创新工作开展提供可靠指导。

【研发平台建设】 首次组织开展集团级研发平台认定工作，完善中国电建研发平台体系建设。完成水环境、太阳能热发电和城市轨道等3个业务领域集团级研究（实验）中心申报和评审工作。积极探索海外研发平台建设与管理模式。依托老挝南欧江流域电力开发研究院、巴西电网工程技术（美洲）研究院和中德创新中心等公司型海外创新平台建设，开展公司海外创新总体部署、典型区域创新模式和重点任务研究工作。截至2020年底，中国电建拥有国家级研发平台9家、省级研发平台100家、集团级研发平台6家，为创新能力提升提供了有力支撑。

【重大技术攻关】 中国电建积极参与国家、地方和行业创新体系建设，支持子企业做好国家级、省部级科技项目申报，组织开展军队后勤开放研究项目申报工作，年度新增国家级科技项目及课题共12项、省部级科技项目及课题共21项。全面梳理中国电建关键核心技术产品，分析重点行业核心技术和产品短板，主动承揽并高质量开展4项“1025专项”核心技术攻关任务。

启动“中东地区特大型EPC港务工程成套关键

技术研究及基于BIM技术的数字化管理平台建设”重大专项。组织“川藏铁路建设关键技术研究”等一批在研重大专项阶段成果总结、评估和技术交流；组织水环境、国际工程标准等一批重大专项成果的验收鉴定。

组织完成2020年度重点项目申报、立项、实施和验收。2020年度新立重点项目63项，其中，水环境、新能源、新业务和信息技术应用项目占比达51%；年内完成通过验收的集团级科技项目49项，经鉴定8项达到国际领先水平。

【技术标准管理】 组织协调各子企业参与国际、国家、行业和团体标准建设，加快先进技术、方法及工艺在中国电建广泛应用，提升企业在行业话语权。2020年共参与制定国际标准4项，国家标准12项。有效引领了行业技术发展和保持行业技术领先优势，支撑了核心业务领域技术领先优势和新兴业务发展。持续开展“国际工程技术标准应用研究”并取得丰硕研究成果。

逐步完善工法体系，积极开展水电工法制修订工作，及时更新水利水电工法体系表，发布了集团火电工法体系，不断推动地铁和相关领域施工工法体系研究。阶段性完成《基于BIM的水电工程工法管理平台应用研究》和工法视频制作工作，促进了集团先进施工技术推广应用和标准化水平。完成年度集团工法评审工作，评审出工法572项，其中16项推荐为年度集团优秀工法，推荐参评国家级工法。

【科学技术奖励】 根据《中国电力建设股份有限公司科学技术奖励办法》要求，经中国电建科学技术奖评审委员会评审，共推选2020年度中国电建科学技术奖拟授奖项目133项。推荐科技成果参加上级主管机构及相关学协会科学技术奖评审，获得省部级470项，其中特等奖和一等奖82项。认真组织参与国资委第三届熠星创意创业大赛，在全集团内进行广泛征集，共向大赛推荐21个优秀成果，充分体现中国电建的创新能力和综合实力。

有序开展2020年专利奖申报和推荐工作。《用于海上升压站的正压通风系统》等9项优秀成果获得相关协会及省部级优秀专利奖，其中《汽轮机轴系中心找正方法》获得第二十二届中国专利奖优秀奖。

【知识产权成效】 中国电建高度重视知识产权工作，知识产权管理水平多年来持续提升，并取得突出成绩。2020年，新增授权专利3552项，发明专利236项，取得PCT授权专利2项。截至2020年底，中国电建累计授权专利数量增长到18393项，发明专利增长到2425项。

【科技成果转化】 持续推动工程建设企业科技成果应用与转化机制研究。组织优秀成果参加各行业主管机构及学协会组织的先进技术交流会及成果推广会。特别是强化推动新业务领域技术成果转化为市场竞争能力和业务，利用新材料、数字水电、水环境治理等新技术成果，获得非传统业务领域市场新签合同，依托科技创新支撑企业转型升级成效显著。第二届熠星大赛两项成果成功孵化落地，已成功融资并成立公司或上线经营。《深厚覆盖层特高心墙堆石坝智能化施工技术》等两项优秀成果成功入选2020年度电力行业市场五项优秀科技成果应用项目。

【人才队伍建设】 2020年高等级创新人才和创新企业荣誉佳绩频传，中国电建总工程师宗敦峰荣获全国创新争先奖、中国电建所属昆明院总工张宗亮获何梁何利基金科学与技术创新奖。张宗亮大师带领的“大型堰塞湖应急处置与高土石坝工程技术创新团队”亦成为国资委中央企业30个优秀科技创新团队之一。组织参评第六届潘家铮奖，十四局总工和孙文和水电总院杨泽艳获得该奖项，西北院狄圣杰和昆明院宁宇荣获水力发电科学技术奖第二届水电英才奖。

【国际合作】 2020年，中国电建直面严峻复杂的国际形势以及新冠疫情带来的冲击与挑战，坚持抗疫、生产两手抓、两不误。对外承包工程业务完成营业收入占年度完成营业额的17.63%；新签合同额同比增长0.59%，占年度境内外新签合同额的29.57%，占年度境内外利润总额的8.56%。

中国电建在132个国家执行工程总承包或施工承包类项目合同3307项，在建项目合同总金额同比增长4.42%。中国电建国际业务从业人数合计130559人，其中：中方人员37957人，雇佣项目所在国员工75134人，雇佣项目第三国人员17468人。

2020年，中国电建海外业务布局持续优化。中国电建母子品牌全部列入承包商会59个重点国别布局。

中国电建承建的海外工程受到普遍认可。援安提瓜和巴布达两个社区中心项目被商务部评为“优良”援建项目。摩洛哥努奥三期项目荣获国家优质工程金奖，阿尔及利亚粮仓项目、巴基斯坦卡西姆港电站等两个项目荣获国家优质工程奖。中国电建海外项目累计荣获中国建设工程鲁班奖共22个，荣获国家优质工程金奖共7个，荣获国家优质工程奖共9个。沙特阿拉伯国王港项目荣获杰出营地奖，伊拉克鲁迈拉联合循环电站等3个项目荣获优秀营地奖；赞比亚下凯富峡水电站等3个项目荣获“国际工程绿色供应链管理领先项目奖”；马来西亚凯德隆项目连续三年荣获砂捞越能源公司年度承包商环境影响评估（EIA）合规金奖；斐济瑞瓦河供水工程作为唯一中资企业喜获该国环保部金卡会员企业荣誉。中国电建品牌美誉度和影响力进一步提升。

【党建工作】 2020年，中国电建党委以“中央企业党建巩固深化年”专项行动为契机，加快推动党建工作提质、增效、升级，党组织的功能作用、党员的党性本色在抗疫大考中得到检验和展现。在政治建设方面，不断提高政治站位，严格执行“第一议题”制度，把落实总书记重要指示批示和党中央决策部署作为“两个维护”最直接、最重要、最具体的检验。在思想建设方面，采取多种形式及时深入宣传伟大抗疫精神，宣贯十九届五中全会精神，推动主旋律和正能量进工地、车间、班组，形成学习领会、推动落实、实现目标的基层实践。在组织建设方面，着力推动实施党支部标准化建设三年行动，基层基础工作逐步夯实。认真贯彻新时代党的组织路线，持续深化干部人事制度改革，不断加大公开遴选、统筹交流、年轻干部选用力度，打造一支忠诚干净担当的高素质专业化干部队伍。在作风建设方面，抓牢责任体系、抓细工作体系、抓实制度体系，抓早抓小抓好“关键少数”，对顶风违反中央八项规定精神坚持零容忍，久久为功根治“四风”顽疾。扎实开展“四个专项整治”，有力解决“靠企吃企”问题。在纪律建设方面，认真履行监督执纪问责，精准监督、常规巡视，建立健全党内监督体系，持之以恒正风肃纪，着力抓好疫情防控和复工复产中的纪律建设。召开中国电建党风廉政建设和反腐败工作会议暨警示教育大会，分析形势，指出问题，部署任务。在疫情防控形势下，通过网上查阅资料和同城互评等方式推进对子企业党委党风廉政建设考核工作。完成年度中国电建党风廉政建设和反腐败工作责任制考核评价体系修订工作，更加突出政治监督。将2020年确定为巡视工作“标准建设年”，形成了巡视巡察工作和巡视整改的基础制度，完成巡视流程、标准和核查三大体系，对保障巡视工作高质量发挥了重要作用。63家子企业完成应巡察党组织总数的60%以上，其中26家完成巡察全覆盖任务。在制度建设方面，认真贯彻两个“一以贯之”，完善中国电建党委和所有二级企业党委议事规则，充分发挥党委领导作用，落实党委“把方向、管大局、保落实”作用发挥，持续深化纪检监察体制改革，一体推进“不敢腐、不能腐、不想腐”体系构建，支持其他治理主体依法依规开展工作。特别是在疫情防控方面，面对疫情大战大考，中国电建各级党组织和广大共产党员不忘初心、牢记使命，充分发挥先锋模范作用，18名抗疫人员在火线上入党宣誓，31名党员医护队员逆行出征武汉保卫战，16名党员医护队员千里驰援海外项目，展现出一个支部一面旗、一个党员一盏灯的生动场景。中国电建工会、团委连续发出疫情防控、复工复产、决胜收官等倡议，切实加强疫情期间人文关怀，充分彰显了中国电建各级党组织的政治领导力、思想引领力和群众组织力。

（郝颂东）

中国能源建设集团有限公司

【公司概况】 中国能源建设集团有限公司（简称中国能建）成立于2011年9月29日，是经国务院批准、由国务院国资委直接管理的特大型能源建设集团公司，注册资本260亿元。2014年12月19日，中国能建与全资子公司电力规划总院有限公司共同发起设立了中国能源建设股份有限公司（中国能建持股99.53%）；2015年12月10日，中国能源建设股份有限公司首次公开发行H股在香港联合交易所有限公司主板挂牌上市（股票代号：3996.HK）。

中国能建是一家为中国乃至全球能源电力、基础设施和房地产等行业提供整体解决方案、全产业链服务的综合性特大型集团公司，主营业务涵盖能源电力、水利水务、铁路公路、港口航道、市政工程、城市轨道、生态环保和房屋建筑等领域，具有集规划咨询、评估评审、勘察设计、工程建设及管理、运行维护和投资运营、技术服务、装备制造、建筑材料为一体的完整产业链。中国能建秉承“行业领先、世界一流”的战略愿景，致力于打造一流的能源一体化方案解决商、一流的工程总承包商、一流的基础设施投资商、一流的生态环境综合治理商、一流的城市综合开发运营商、一流的建材、工业产品和装备提供商，在践行国家战略上走在前列、在推动能源革命上走在前列、在加快高质量发展上走在前列、在建设美好生活上走在前列，加快建成具有全球竞争力的世界一流企业。中国能建连续7年进入世界500强，在ENR全球工程设计公司150强、国际工程设计公司225强、全球承包商250强和国际承包商250强排名中位居前列，在80多个国家和地区设立了200多个境外分支机构，业务遍布世界140多个国家和地区。

中国能建依靠领先的技术水平和卓越的创新能力，服务国家战略、引领行业发展。截至2020年底，中国能建拥有3个院士专家工作站、12个博士后科研工作站、3个国家级和49个省级研究机构、98家高新技术企业。在三峡工程、南水北调、西气东输、西电东送、三代核电等一系列关系国计民生的重大工程中，中国能建担负了工程建设主力军和国家队的重任，先后承建了世界首个“三百”火电工程、世界首个AP1000、CAP1400核电工程、世界最大风光储输工程、世界首个多端柔性直流输电工程、世界首个1240MW高效超超临界燃煤发电工程、世界首个特高压多端混合直流工程、世界海拔最高的输变电工程等一批重大工程，创造了多项世界第一。

【领导班子】

1. 中国能源建设集团有限公司

党委书记、董事长：宋海良

党委副书记、董事、总经理：孙洪水

党委副书记、工会主席：马明伟

党委常委、纪委书记：李子勇

党委常委、安全总监：周厚贵

党委常委、首席信息官：吴云

党委常委：吴春利、于刚、陈关中

2. 中国能源建设股份有限公司

党委书记、董事长：宋海良

党委副书记、副董事长、总经理：孙洪水

党委副书记、董事、工会主席：马明伟

党委常委、副总经理：吴春利、于刚

党委常委、纪委书记：李子勇

党委常委、副总经理、安全总监：周厚贵

党委常委、副总经理、首席信息官：吴云

党委常委、总会计师：陈关中

【组织机构】 中国能源建设集团有限公司目前设有5个部门、3个纪委机构，包括：办公室（党委办公室）、人力资源部（组织人事部）、财务与产权部、党群工作部、党委巡视办公室，以及纪委综合案管室、执纪审查室、监督审理室。

中国能源建设股份有限公司设有15个部门、3个纪委机构，包括：办公室（党委办公室）、战略与投资部、人力资源部（组织人事部）、财务与产权部、企业管理部、市场开发部（军民融合发展部）、国际业务部（外事办公室）、质量环保部（生产管理部）、安全监察部、科技与信息化部、证券事务部（董事会办公室）、法律事务部、审计部（监事会办公室）、党群工作部（党委宣传部、工会办公室、直属机关党委）、党委巡视办公室，以及纪委综合案管室、执纪审查室、监督审理室。

按照管理层级划分：中国能源建设集团有限公司、中国能源建设股份有限公司属于一级企业，直管企业共18家，具体为：中国葛洲坝集团有限公司（中国葛洲坝集团股份有限公司）；中国能源建设集团规划设计有限公司（中国电力工程顾问集团有限公司）；电力规划总院有限公司（电力规划设计总院）；中国能建集团装备有限公司；中国能源建设集团北方建设投资有限公司；中国能源建设集团华东建设投资有限公司；中国能源建设集团南方建设投资有限公司；中国能源建设集团西北建设投资有限公司；中国能源建设集团投资有限公司；中国能源建设集团国际工程有限公司；中国能源建设科技发展有限公司（中国能源建设集团工程研究院）；中国能源建设集团资产管理有限公司；中国能源建设集团财务有限公司；中国能建建设集团融资租赁有限公司；中国能源建设香港有限公司；葛洲坝（北京）投资有限公司；中能建（海南）有限公司；中能建基金管理有限公司。

【企业战略】 中国能建瞄准行业领先、世界一流的企业愿景，在传统产业和战略业务板块争做行业排头兵，牢牢占据技术制高点，引领行业潮流，力争对比国际同行优秀企业，人才、技术、管理一流，所提供的产品与服务一流，效益、规模、形象一流，努力建设具有全球竞争力的世界一流企业。在发展过程中，中国能建将重点突出高质量发展和科学管理两条主线，优化生产力和产业布局、优化市场和区域布局、优化资源和资本布局，努力在践行国家战略上走在前列、在推动能源革命上走在前列、在加快高质量发展上走在前列、在建设美好生活上走在前列。中国能建始终坚持战略导向、问题导向、市场导向、价值导向、高目标导向，提升战略的牵引力、体制的活力、机制的动力、文化的合力、创新的驱动力、资本和信息的加速力、组织的领导力，力争打造一流的能源一体化方案解决商、一流的工程总承包商、一流的基础设施投资商、一流的生态环境综合治理商、一流的城市综合开发运营商、一流的建材、工业产品和装备提供商。

【体制改革】 中国能建深入贯彻落实习近平总书记关于国资国企改革重要指示批示精神和党中央、国务院有关决策部署，按照国家发展改革委、国务院国资委等国家部委有关改革工作要求，积极有序推进所属企业体制机制改革。

一是强化组织领导和顶层设计。中国能建成立了国企改革领导小组和混改试点、国企改革“双百行动”“科改示范行动”改革专项工作小组，所属改革企业亦成立了相关改革领导小组和工作小组。定期召开国企改革领导小组会议，研究解决改革推进过程中的重大事项与问题，引导所属企业牢牢把握国企改革正确方向，坚持和加强党对国有企业的全面领导，坚持市场化改革方向，建立健全市场化经营机制和中长期激励约束机制，充分激发企业活力，提高企业效率效益，实现高质量发展目标。

二是大力推进混改试点、国企改革“双百行动”“科改示范行动”等改革试点和改革专项工程。所属7家改革试点和改革专项工程企业积极推进各项改革工作，在健全和完善市场化选人用人机制等方面取得较大进展，7家企业均实现经理层成员任期制契约化管理和推行市场化用工制度。湖南院率先全面完成混改试点各项任务，洛斯达公司已完成股权多元化改革，江苏电建一公司、安徽电建二公司、东电二公司、华南装备和东北院正在积极引进战略投资者。部分企业改革成效突出，湖南院通过“引资本优治理转机制”，2020年度经营业绩得到大幅提升，营业收入、利润总额较2019年同比分别增长129％和223％。洛斯达公司实施股权多元化引入战略投资者后战略协同效应凸显，企业治理效能显著提升，科技创新实力不断增强，2020年申请专利10项、软件著作权26项，16项成果获评省部级和各行业奖项。东北院推行改革一年多来经营业绩提升明显，管理制度更趋完善，员工干事创业的热情高涨。

三是持续推进和深化混合所有制改革。支持符合条件的所属企业按照完善治理、强化激励、突出主业、提高效率的十六字要求开展混合所有制改革。为科学有序推进混合所有制改革，中国能建组织对所属企业开展混合所有制改革有关情况进行了调研和评估，提出12户重点混改企业名单，就加快实施混合所有制改革提出具体要求和指导意见，力争实现2021年落地1～2个具有较大影响混改项目的改革目标。

四是强化改革从业人员能力提升。专门组织有关人员学习国企改革政策法规，邀请国企改革专家线上开展混合所有制改革、国企改革“双百行动”“科改示范行动”专题培训班，改革专家和培训班学员进行线上互动，解答改革过程中的疑问和难题，有效提升广大改革从业人员专业能力，助力改革企业提高改革质量，加快改革进度。

五是强化督导落实。组织举办线上改革推进会，采用电话、微信群等方式与有关改革企业实时沟通，根据需要到部分改革企业现场调研和座谈，查摆问题，研究解决方法，提出下一步改革推进计划。建立定期信息报送和业务沟通协调机制，有关改革企业定期报送改革完成情况、下一步工作计划，及时反映和沟通解决改革过程中遇到的困难和问题。

【人力资源】 2020年末，中国能建在职员工共120963人，其中在岗职工108077人，不在岗职工12886人；劳务派遣人员12312人。员工学历结构情况，博士研究生541人，占比0.4％；硕士研究生12827人，占比10.6％；本科46821人，占比38.7％；专科25671人，占比21.2％；中专及以下35103人，占比29.0％。员工年龄结构情况，55岁及以上11603人，占比9.6％；50至54岁18829人，占比15.6％；40至49岁36189人，占比29.9％；30至39岁32699人，占比27.0％；29岁及以下21643人，占17.9％。员工职称结构情况，正高级职称2876人，副高级职称16266人，中级职称21337人，初级职称19558人。员工技能等级结构情况，高级技师2162人，技师6657人，高级工13592人，中级工4612人，初级工2281人。

中国能建还拥有一批全国拔尖人才，其中：享受国务院政府特殊津贴专家35位、全国工程勘察设计大师6位、全国核工业工程勘察设计大师2位、新世纪百千万人才工程国家级人选5位、国家级突出贡献中青年专家2位、全国技术能手24位，还具备各类国家注册执业资格人才15563人。

【安全生产】 2020年，中国能建深入贯彻落实习近平总书记关于安全生产重要论述和党中央、国务院安全生产决策部署，紧盯全年安全生产目标任务，聚焦关键强监督、突出重点筑防线，统筹抓好新冠肺炎疫情防控条件下安全生产各项工作，安全生产形势总体稳定。

一是持续压实安全生产责任。统筹发展与安全，持续加强安全生产组织领导，把“十二个到位”作为中国能建上下安全生产工作的行动指南和底线要求，层层对照“十二个到位”“补短板、强弱项”；深入开展安全生产专项整治三年行动，工作任务表单化、工作推进信息化、专项督导常态化，推动专项整治走深走实。

二是聚焦聚力疫情防控条件下安全生产工作。第一时间安排部署，督促、指导基层一线制定复工复产方案，落实复工复产安全措施，保证重要岗位、关键人员到岗到位；综合运用网络信息技术创新安全生产监管方式，远程督导项目安全生产，在线督查企业安全生产管理，层层压实疫情防控和安全生产责任。

三是关口前移防控安全生产风险。健全上下贯通的安全生产风险动态分析研判机制，增强安全生产管理穿透力；突出“新、远、险、重、小”项目和重要时段安全生产风险管控，精准管控安全生产风险；开展国际业务、新业务安全管理专项督查，落实国际业务、新业务安全管理责任。

四是深入排查治理生产安全事故隐患。组织开展项目安全生产督查巡查、春秋季安全生产大检查，做好监督检查“后半篇”文章，严肃事故隐患直属企业督办验证和责任企业整改闭环管理；强化“四不两直”和“回头看”检查，持续组织开展安全管理隐患排查治理和执纪问责。

五是深入推进安全生产基础工作。组织开展主题宣讲、“排查整治进行时”、案例警示等系列“安全生产月”活动，新业务、国际业务安全生产管理培训，“班组安全建设”“安全风险防控”“应急抢险救援案例”等典型经验共享交流；对接国家应急体系建设，深化应急能力建设，积极参与抢险救援，履行社会责任；持续推进一体化安全监管信息系统建设，以信息化提升安全生产监管能力。

【经营管理】 2020年，中国能建统筹推进疫情防控和经营发展，较好完成了全年经营目标和稳增长任务。完成新签合同额5800亿元，同比增长11.2%，其中，国内新签合同额同比增长9.2%，国际新签合同额同比增长15.9%；资产总额4764亿元，同比增长12%，所有者权益同比增长23.3%；实现营业收入同比增长9.1%；实现利润总额同比增长1.8%，实现净利润同比增长0.4%。

【节能减排】 2020年，中国能建坚决落实生态文明建设要求，强基础、严监管、提质效、促发展，节能减排工作稳步推进。公司未发生环境事件，相关指标受控，工作成效显著。

坚持绿色生产，落实绿色发展理念，坚守环境保护的发展红线，优化施工方案，治理粉尘、噪声、废渣、废水取得显著成效。服务绿色工程，积极推行能源节约与生态环境保护技术，承建多个水电站、高参数燃煤电站、核电站、特高压等绿色工程，参与设计、建设的溪洛渡水电站、向家坝水电站、宁德核电厂一期工程、中广核湖北大悟江家山风电场48MW工程、500kV岐山输变电工程等项目获评生产建设项目国家水土保持生态文明工程，安徽电建一公司荣获“安徽省环保产业优秀企业”称号。发展绿色产业，围绕再生资源利用、水环境治理、污土污泥治理、新型道路材料、固废处理等细分领域开展环保业务，再生资源利用业务位居行业前列，水处理能力设计规模达300万t/日；推行节能降耗、循环利用措施，提高能源及资源的利用率，所属水泥生产企业12条熟料生产线均配备纯低温余热发电锅炉，余热发电装机99MW，有效利用生活垃圾焚烧后产生的热量替代部分燃煤，年处理生活垃圾15.5万t，全年节约1.6万t煤。葛洲坝水泥公司荣获“2020年度环境社会责任企业”称号。

【科技发展与创新】 2020年，中国能建贯彻习近平总书记关于科技创新的重要论述和系列讲话精神，坚持“创新是引领发展的第一动力”理念，大力实施创新驱动发展战略，加强顶层设计，不断完善科技创新体系，加大研发投入，加强关键核心技术和“卡脖子”技术攻关，突破和掌握了一批关键核心技术，为国家能源电力行业技术进步作出了积极贡献。

中国能建科技创新体系不断完善，形成了以3个国家级和49个省级研究机构、3家院士专家工作站、12家博士后科研工作站为主体的研发体系，高新技术企业达到98家，科技创新能力进一步增强。组织开展了“十四五”科技发展规划编制工作，提出了中国能建“十四五”期间科技创新重点任务。推进《2019—2020年科技创新行动方案》实施，28项主要任务均以重大科技专项形式落地，在“卡脖子”技术、电力物联网、绿色能源、绿色和智能建造、水务环保、综合管廊、高端装备等重点领域开展关键技术攻关和装备研制。其中，“工程建设安全保障技术研究”项目完成并通过验收，突破了“边坡稳定性监控”“爆破作业安全控制”“泥石流自然灾害监控技术”“高大施工部位失稳控制”等多项关键技术，在陕西国华锦界电厂三期扩建项目、合肥高新区综合管廊一期工程PPP项目等20多个工程中应用，有效地保障了工程建设安全。“关键工程设计软件安全可控方案研究”为工程设计软件“卡脖子”问题找到了应对措施和替代方案。

2020年，中国能建共支出研发费用约人民币74.83亿元，同比增长17.63%，研发投入比达到2.75%。完成了“大规模源网荷精准负荷控制关键技术及应用”“观音岩水电工程设计施工关键技术与应用”“岩土智能化爆破关键技术与应用”“高地温高地应力高海拔寒冷区水电站建设关键技术研究与应用”“高地温高地应力高海拔寒冷区水电站建设关键技术研究与应用”“高寒多年冻土区输电线路岩土工程关键技术研究与应用”“全水头高效反击式水轮发电机组设计制造及工程应用关键技术”等一批关键核心技术的研发和应用，取得多项科研成果，提升了核心竞争力。全年共获得省部级科技奖14项，行业级科技奖176项。

2020年，中国能建共获得专利授权1482项，其中发明专利185项；截至2020年底，拥有有效专利10082项，其中发明专利1854项；获得软件著作权229项；编制并发布国际标准1项，国家和行业标准40项。

【市场建设】 面对世界经济低迷、新冠肺炎疫情等重大影响，中国能建上下同心、齐心协力、迎难而上、勇于担当，国内市场签约逆势而上，首次突破4000亿元大关，完成签约计划的110%，取得了公司发展史上的最好成绩。

总部引领市场开发开创新局面。以价值创造为导向，发挥总部平台高、资源多、视野广的优势，主动出击，牵头整合相关企业资源和区域优势，联合开发、协同攻坚，对42个重大项目进行统筹引领，对109个项目进行市场秩序统筹协调，对15个项目进行内部协同经营。坚持“对方有需求、能建有优势、双方有共识、合作有共赢”原则，以“合作项目化、项目表单化、推进流程化”推动战略合作做深做实，以“一月一跟进、半年一回访、一年一复盘”推动战略合作结硕果。以市场为导向，动态分析市场新形势，积极探索市场新需求，开展了“十四五”国内市场空间展望、五类业务市场拓展方案等 20 项专题研究，进一步增强了总部对市场开发工作的前瞻性、指导性引领作用。

一体化、大项目开发实现新突破。积极发挥规划咨询设计的前端引领优势，主动策划了以崇左风光水火储一体化能源基地、乌兰察布源网荷储一体化示范项目、鄂尔多斯风光火储一体化综合能源基地等为代表的一批一体化项目。积极发挥“总对总”作用，大力开展集团化营销、高端营销、立体营销，全面统筹、精心策划，整合产业链资源、协调相关企业，推动了以崇州市熊猫古镇、南京龙潭产业新城等为代表的一批综合性大型项目相继落地。

【国际业务】 2020 年，中国能建积极克服疫情不利影响，大力推进国际化战略，坚定不移加快“走出去”步伐，积极参与“一带一路”建设以及国际产能合作，国际化经营工作继续保持平稳发展态势。

面对疫情造成的不利环境，中国能建千方百计推动国际市场开发工作，及时研判疫情影响和掌握项目所在国的管制措施，及时调整项目开发方案，区别对待、重点保障；指导企业通过各种方式加强与境外项目业主的沟通，增强互相理解，指导企业加强与所在国使领馆的汇报沟通，准确掌握所在国市场环境；加强与中信保、口行等金融机构的沟通对接，争取金融支持政策，有力确保了市场开发活动的有效开展。2020 年，国际新签各类工程项目累计合同额同比增长 15.9%，再创历史新高。中国能建积极响应“一带一路”倡议，深耕“一带一路”国家，截至 2020 年底，中国能建在传统“一带一路”沿线 50 多个国家开展了业务，累计签约总金额超过 5000 亿元，占国内企业在“一带一路”沿线国家签约金额比重超过 10%，是中国企业参与“一带一路”建设的主力军之一。2020 年，在“一带一路”传统沿线国家新签合同 1210 亿元。所属电力规划总院积极支持国家能源局做好疫情对能源国际合作影响的分析和对策制定，协助国家能源局启动中欧能源技术创新合作工作，务实推动中芬、中德等双边合作，积极推动“一带一路”能源合作伙伴关系、国际能源署中国联络办公室、中东欧 17+1 平台、中芬能源合作平台、中德能源转型合作平台等国际交流合作平台建设。

【信息化建设】 2020 年，中国能建强化信息化建设对转型升级和提质增效的支撑作用，加强信息化管理，进一步健全信息化工作体制机制，聚焦财务管理与项目管理，加快管理信息化建设与集成共享，深化主营业务与信息技术融合应用，建立健全公司数据治理体系，增强基础设施建设和网络安全整体防护，公司信息化数字化水平稳步提升。

中国能建启动信息化数字化发展顶层设计，全面布局数字化转型。组织编制“十四五”信息化规划，规划围绕公司全面数字化转型描绘了“一张网、一朵云、一个大平台”的宏伟蓝图，邀请了近 20 位专家学者进行了评审，与会领导和评审专家对规划内容给予了高度评价。

中国能建进一步加强信息化管理，形成协同推进的有序格局。印发年度信息化工作要点，部署了编制信息化规划、落实国资委国资在线监管要求等六个方面共 14 项重点工作任务并督促落实；组织召开网络安全和信息化领导小组会议，总结并部署网络安全工作；组织召开信息化技术交流会议，分享推广信息化建设中的典型案例；开展信息化评先工作，选树了一批信息化工作先进单位、个人和典型案例。

中国能建持续推进管理信息化建设，助力企业数字化转型。全面支撑制定“十四五”财务信息化规划，致力于建设战略财务、业务财务、共享财务的三分财务体系；全面梳理公司财务数据指标，制定 22 类主数据标准，发布《主数据管理与应用规范》，为公司财财融合、业财融合奠定基础；建成公司数据共享交换平台，实现总部范围数据资源共享应用，增强数据资产利用价值；做好人、财、物管理信息系统功能完善，逐步拓展管理系统对各管理层级、业务领域、境内外的覆盖范围和应用深度，增强企业核心业务管理能力；加快推动系统集成与数据贯通，开展流程优化改造，不断提高企业管理效率效益。葛洲坝国际公司依托企业微信开发了境外疫情管理系统，支撑境外人员疫情防控、复工复产工作；南方建投着力管理信息系统完善及系统间应用集成与数据共享。

中国能建统筹推进主营业务与新技术的融合应用，助力企业高质量发展。中国能建工程项目综合信息管理平台已上线试运行，GRP 系统实现了部分所属企业项目管理数据的分析、展示功能，PRP 系统建设了合同管理、进度管理等 19 个模块共 176 个子项，并在部分所属企业开展试点应用。所属企业不断增强“云大物移智链”等信息技术与生产经营融合，提升规划咨询、勘测设计、工程建造、装备制造业务数字化能力；加大 BIM 技术应用，形成全过程、全要素、全参与方的数字化、在线化、智能化；推进数字化设计与协同设计，打造智慧电厂、智能电网等数字化产品；深化智慧工地平台应用，实现工程现场“人机料法环”管控融合；完成了全国新能源电力消纳监测预警平台升级、广东省海上风电大数据中心建设、合肥工业大学高电压与绝缘实验室 BIM 设计等项目。

中国能建加快网络安全和基础设施建设，夯实数字化转型基础。贯彻落实国资委国资在线监管要求，完成网络与信息安全在线监管平台企业侧建设；推进信息系统网络安全等级保护工作，总部完成所有系统的网络安全等保测评；组队参加公安部举办的“新基建”网络安全技术大赛，提升网络安全人员实战技术水平；新建私有云基础设施平台，与公有云形成公司混合云基础设施架构，提高计算与存储资源利用率，增强了基础设施保障能力；建成网络安全管控平台，并覆盖部分所属企业，对网络流量进行大数据分析，增强网络安全主动防御能力；印发《网络安全工作指导意见》，明确了落实网络安全主体责任等三个方面共 14 点具体要求。推进软件正版化工作，顺利通过国家版权局组织的软件正版化工作现场复核。

中国能建所属企业加强信息化成果推广应用，取得了一批优秀成果。华北院获得 2020 年“优路杯”BIM 全国技术大赛金奖；安徽院获得 2020 年优路杯 BIM 技术应用大赛铜奖一项、优秀奖一项，“绽放杯”5G 应用大赛全国三等奖一项；山西院“大数据视域下 EIM 技术在的变电土建专业中的应用”入选电力行业大数据优秀应用创新成果优秀案例；中南院《电力工程基建施工现场智能管控解决方案》《数字化“组合拳”助力企业疫情防控及复工复产》获得 2020 年电力行业两化融合优秀解决方案和新一代信息技术助力疫情防控复工复产创新案例；天津电建“基于电力工程施工企业的合规管理及风险管控平台”获评中国施工企业管理协会 2020 年工程建设行业互联网发展优秀实践案例；广东院“智能电能表无人化装卸货系统”等 7 个创新成果入选 2020 电力设备管理智能化技术创新成果案例。

【党建和工会工作】 2020 年，中国能建围绕党建巩固深化年主线，在大战大考中坚定信仰、在深度融合中创新举措、在夯基固本中提升质量，取得积极成效。

一是深化党的创新理论学习，践行“两个维护”。高起点推进习近平新时代中国特色社会主义思想大学习，着力抓好“第一议题”，分专题及时跟进学习习近平总书记重要指示批示精神，汇编学习习近平总书记关于“人心与初心”“党性与心性”“大我与无我”重要论述，开展初心使命与共产党人信仰课题研究，推动建立有能建特色的初心使命制度，引导党员干部永葆对理想信仰的虔诚执着、对公司的忠诚担当。高站位强化践行“两个维护”的政治自觉，第一时间落实总书记关于疫情防控重要指示精神，动员一切资源投入定点救治医院建设、参与疫区保供电、社区联防联控及境外项目疫情防控，在大战大考中贡献“能建之力”。高标准落实总书记能源安全发展新战略，将“碳达峰碳中和”目标作为中国能建工作会和党委中心组学习研讨核心议题，发挥“能源智囊、国家智库”优势，推进成立“3060”研究院，为国家能源建设贡献“能建之智”。高质量学习贯彻五中全会精神，谋划中国能建立足新阶段、贯彻新理念、融入新格局，践行国家战略、推动能源革命、履行产业使命，再造一个高质量发展的新能建“146”战略，吹响奋进“十四五”的冲锋号。

二是促进党建与业务深度融合，推动党建工作开拓创新。以一场思想大讨论为先导，以一切聚焦价值创造为指针，以一系列价值创造能力培训为依托，开展价值创造能力提升“六个一”行动。引导职工树立“真抓实干、马上就办”作风，打破思维定式，走出“舒适区”、敢闯“无人区”，创新创造创效。构建由党群部牵头、业务部门参与的“六个一”行动组织体系，建立党建部门与业务部门联学、党务与业务干部交流机制。推动国企党建研究院升格为集团党委直管，打造央企党建理论研究和中国特色现代企业制度建设实践探索高地。

三是聚焦基层基础，全面完成党建巩固深化年任务。推进“党委规范化、支部标准化”建设，规范基层党委的机构设置、力量配备与运行管理，广泛开展“实践在支部”、主题党日等活动，修订《支部管理办法》和《党支部标准化工作手册》，完成第二批 50 个示范党支部命名，以标杆典型抓整改促提升，激活党组织神经末梢。实施中国能建党建现场述职及直属企业党委党建责任制考评，健全各级党组织主体责任清单，坚持党建责任制考核与经营业绩考核相统一。开展境外项目、工程项目、混合所有制企业、困难企业领域党建专项工作，制定境外项目党建“十坚持十注意”指导意见、加强工程项目党建指导意见，探索跨层级党组织联学联建，推动境外项目总包方、分包方建立联合党支部，构建“馆企”党建合作机制。

四是强化引导塑造，促进宣传守正创新。组织撰写《来一场思想大解放》《大力实施“146”战略，全力再造一个新能建》等 10 篇评论员文章，为改革鼓与呼，引领思想促改革。严格落实意识形态责任制，党委常委会全年研究有关工作 3 次、向国资委报告 1 次，加强对所属企业的督导和阵地管理。加强顶层设计，明确新时期企业文化总体思路、重点任务。开展“能建 24 小时”宣传活动，精选部分优秀作品参加第 20 届平遥国际摄影大展，编制“24 小时环球工程影像”宣传册。加强负面舆情管控，落实厚力项目等重大项目、重要政策和敏感事件的舆情风险评估机制。启动展厅数字播放系统改造工作。开展全国文明单位复查，积极做好第六届全国文明单位申报，4 家单位入选。开设“人文能建”微信公众号，编印“人文能建”系列丛书。4 家单位入选第六届全国文明单位。

五是实施职工关爱“六个一”行动，促思想政治工作与防疫抗疫深度融合。面对 20 万员工及家属在鄂、2万多名员工在境外的情况，开通一组心理咨询热线，开办一系列人文关怀大讲堂和网上微课，共接答境内外咨询电话2.7万人次，领导人员电话问候职工和家属8万余人次，慰问帮扶职工5.2万人次。对境外项目分包队伍某劳务工，组成四级跨国联动心理援助团队。与中科院心理所联合开展“企业领导人员心理健康课题研究”，提高企业领导人员抗压和危机干预能力。职工关爱“六个一”行动成功将心理疏导、人文关怀方法纳入思想政治工作体系，提高疫情高压下思想政治工作的有效性，推进公司党建和管理创新，公司心理援助与人文关怀团队获国资委党委表彰。

六是聚焦桥梁纽带，推进群团工作创新创效。起草工会工作会议管理办法。研究制定公司职代会方案，落实选举工作。常态化制度化开展职工建言献策工作。审批、指导所属企业召开工代会。完成“能建工匠”评定工作，完成公司第四届先进班组、标杆班组评选活动。组织职工技术创新成果申报，策划组织职工故事征集，组织编印劳模故事集。在所属企业改革改制进程中，加强工会资产管理审核，做好督导工作。修订直属机关《工会费用支出管理办法》《在职职工慰问管理办法》等制度。

【电力扶贫、社会责任】 2020年，中国能建全面贯彻落实党中央、国务院及国资委决策部署，持续加大帮扶资金投入，在定点帮扶地区发展特色产业，提升造血功能；推进田林—西林高速公路建设，招募当地农民工促进就业，助推精准扶贫；完善基础设施，提升公共服务保障能力；加大消费扶贫，依托电商平台拓展品牌效应；选派优秀干部，带领群众脱贫致富；扎实开展公益扶贫、教育扶贫，深化党建扶贫，全面超额完成定点扶贫责任书的各项指标，助力脱贫攻坚取得全面胜利，为与乡村振兴有效衔接奠定了坚实基础。公司定点帮扶的陕西镇巴县和广西西林县两县均已脱贫摘帽，定点帮扶的镇巴县泾洋街道办蒿坪子村、西林县足别乡央龙村也已全部实现脱贫出列。

（张　猛　侯雁初）

【中国葛洲坝集团股份有限公司】

公司概况　中国葛洲坝集团股份有限公司（简称葛洲坝公司，股票简称：葛洲坝，股票代码：SH.600068）是世界500强中国能源建设集团有限公司的核心子企业——中国葛洲坝集团的上市公司。公司于1997年在A股上市，是国内水电行业第一家上市公司；于2007年完成主业资产整体上市，成为湖北省唯一一家营收规模超千亿的上市公司。多年来，葛洲坝公司资本市场形象良好，是上证180、中证200、新基建50等重要指数样本股，先后获得中国上市公司价值百强、中国最具竞争力上市公司、最受投资者尊重的上市公司等荣誉。

葛洲坝公司是大型基础设施投资建设领域的重要力量，是水利水电建设的“全球名片”，创造了5000余项精品工程和100多项世界之最。葛洲坝公司坚持工程承包与投资双轮驱动、国际国内协调发展、工业制造转型升级、金融贸易行稳致远，形成了新的战略格局。

葛洲坝公司始终坚持与国家战略同频共振，积极参与“一带一路”建设，深度融入京津冀协同发展、雄安新区建设、粤港澳大湾区、长三角一体化、中部崛起、长江经济带、成渝地区双城经济圈、黄河流域生态保护和高质量发展、海南自由贸易港建设等国家区域发展战略，在服务国家战略和经济社会进步中实现高质量发展。

葛洲坝公司坚持科技创新引领发展，是国家创新型企业和国家高新技术企业。公司拥有1个国家级企业技术创新中心、2个院士专家工作站、3个博士后工作站，主编或参编国家及行业标准113项、国家级工法52项，国家授权专利3700余项，在水利水电、特种水泥、混装炸药、环境治理、高端装备等领域具有核心技术，荣获国家科技进步奖特等奖、国家科技进步一等奖、国家优质工程金质奖、鲁班奖、詹天佑奖、大禹奖、李春奖等高等级奖项40余项。

截至2020年末，葛洲坝公司总资产2594.05亿元，员工39071人。

主要经济指标　2020年，葛洲坝公司市场签约再攀新高，营业收入逆势上扬，资产质量持续向好。2020年，葛洲坝公司新签合同额人民币2712.17亿元，同比增长7.61%；实现营业收入1126.11亿元，同比增长2.42%；实现利润总额76.92亿元，同比下降12.47%；实现归属于母公司所有者的净利润42.82亿元，同比下降21.31%。截至2020年末，葛洲坝公司总资产2594.05亿元，较年初增长10.64%；资产负债率首次下降至70%以下；经营性现金流连续三年保持净流入。

主要工作

1. 市场开拓成效显著，发展根基更加稳固

2020年，葛洲坝公司坚守建筑业是“根”和“魂”的定位，坚持市场开发是发展的第一要务，推动市场竞争力持续提升。

（1）完善国内市场开发体系。理顺市场开发和投资管理机制，紧跟国家战略，完善六大市场开发平台，调整军民融合业务管理体制，增设西藏、山东、广西市场开发机构，成立乡村振兴、轨道交通、高速公路项目开发办公室，优化了“1+1+6+N”的国内市场开发体系。各战略区域市场开发成效显著，全

年签约额占国内签约额的72%。

(2) 强化公共关系营建。完善高端公共关系网络，规范公共关系分级分类管理，构建“集团领导高端营销、专业团队跟进分析、分管领导回访巩固、重点项目精准推进”的闭环工作机制。强化高端公共关系成果转化，全年与20个省级、34个市级、11个区县级政府及30余家企业开展了126次高层对接，涉及重大项目信息130余项。

(3) 加强重大项目运作。持续完善大项目工作机制，充分发挥集团总部、区域平台公司、子企业整体合力，先后组建19个工作专班，推进5个重大项目落地，签约金额占国内签约总额的65%。其中南京龙潭新城项目合同额达678亿元，创公司单个项目合同金额新纪录。

(4) 积极创新商业模式。整合规划、设计、投融资、运营等资源，以“小额参股＋EPC＋运营”模式成功运作成都熊猫古镇项目，以“一二级联动＋EPC”模式成功运作昆明城市更新项目，以“PPP＋建设管理＋产业招商＋EPC”模式成功运作南京龙潭新城项目，以“小额参股＋EPC”模式成功运作眉山维亚康姆项目。全年通过新商业模式签约项目金额占比达64%。

(5) 强化市场开发协同。构建了集团各部门和子企业上下联动、子企业间横向协同的“一盘棋”大格局，促进公司市场开发工作有序高效开展。区域平台公司与子企业合力推进项目33个，中标签约1203亿元；交投、水务、房地产、设计等公司协同建筑子企业运作项目47个，基本实现子企业中标项目协同全覆盖。

2020年，葛洲坝公司新签合同额人民币2712.17亿元。其中：新签国内工程合同额人民币1873.72亿元，约占新签合同总额的69.09%，同比增长9.25%；新签国际工程合同额折合人民币838.45亿元，约占新签合同总额的30.91%，同比增长4.13%。实现了市场开发的持续稳定增长，为葛洲坝公司实现高质量可持续发展奠定了坚实基础。

2. 提高自主创新能力，建设创新型企业

2020年，葛洲坝公司强化“科技兴企、创新强企”理念，坚持面向市场开发、面向生产经营、面向转型升级，抓实科技攻关、工艺革新、装备研发、技术升级，提高科技创新引领发展作用。重点扶持了有利于提升专业能力的重大科研项目，集中攻关共性技术和重大关键技术难题，推动一批重大科研成果转化运用，鼓励广大科技工作者积极参与技术创新和核心产品研发；依托高端智力团队力量，提升院士专家工作站、博士后科研工作站、重点实验室等科研机构的研发能力，在基础设施建设、智能建造、装备制造等领域通过资源整合、技术集成、成果应用，形成了一批具有自主知识产权的核心技术；注重科研人才培养，进一步畅通科研人才成长通道，完善科研激励机制，大力营造尊重科研人才的氛围，培养了一批热爱科研、业务过硬的科研人才；加快推进所属单位专业化改造，培育所属单位专业技术核心优势，倡导技术协同，大力开展联合研发、共同攻关等活动，不断提升产业链的技术优势。

2020年累计授权专利3219项，其中国际专利6项；2020年新增授权专利407项，其中授权发明专利40项。获得行业及省部级以上奖项42项，其中国家奖1项、省部级4项。“巨型水轮发电机组安装工程精密测量智能系统开发与应用”荣获中国施工企业管理协会“十大创新技术”荣誉称号，该项技术在乌东德、白鹤滩等水电工程中成功推广应用。

3. 坚持国际优先战略，国际业务实现新发展

2020年，葛洲坝公司面对国际疫情新形势，主动谋划国际业务体制改革，促进国际业务实现新发展。

(1) 重构国际业务管理体制。围绕“1＋4”国际业务格局，强化国际公司高端平台功能，加快打造海外工程承包、海外控股投资、国际贸易、管理咨询四大业务平台，设立六大海外区域总部，形成了“集团公司统一领导、国际公司引领统筹、平台公司分类实施、区域机构分区负责、成员企业协同发展”的管理体制。

(2) 狠抓国际市场开发。克服疫情影响，超额完成年度目标，新签合同838.45亿元，再创历史新高。抢抓全球能源结构调整机遇，签约新能源项目198亿元，占国际签约额的24%。积极拓展新市场和新业务，成功突破11个新国别，签订赞比亚玉米粉加工厂和菲律宾迪托电信基础设施等多个非电项目。整合全球优质资源，与美国AECOM、日本丸红、沙特阿拉伯ACWA等国际知名企业第三方深度合作，签约波黑达巴尔水电站、乌兹别克斯坦1500MW燃气电站等项目。加强市场深耕，推进市场端与在建端深度融合，秘鲁、尼日利亚等国别项目集群效应凸显，竞争优势不断增强。

(3) 做实做强项目管理。明确国际公司的国际工程承包实施责任，一批重大项目突破履约困局、实现节点目标：阿根廷孔拉项目签署补遗九并获得新增预付款，安哥拉凯凯项目成功获取预付款提款函，肯尼亚斯瓦克大坝导流洞、安哥拉凯凯项目厂房交通洞全线贯通，柬埔寨200MW双燃料电站正式发电，科威特穆特拉项目按期实现阶段性移交。葛洲坝公司获评“对外承包工程信用等级评价AAA级企业”，安哥拉凯凯、老挝南空3号水电站获评“中国海外工程优秀营地”。

（4）系统推进海外投资。理顺海外投资业务管理关系，进一步压实海投公司主体责任。巴基斯坦帕坦水电项目完成全部特许权协议签署；缅甸曼德勒水泥项目完成国家部委备案；缅甸光伏项目开工建设，实现海外新能源投资突破；巴西圣保罗水务项目保持平稳运行；哈萨克斯坦西里水泥项目实现复工复产；成功发行2亿美元永续债券，实现中国能建境外发债“第一单”。

（5）稳妥开展贸易业务。明确贸易公司发展思路，加强贸易业务常态化检查，推动贸易业务稳健发展。加大贸易资质获取力度，完成贸易业务区域布局，搭建跨境电商平台，进入全球大宗商品供应链。

（6）发挥高端平台作用。加大与战略合作方、大客户、第三方等合作力度，与国内外政府部门、行业协会、金融机构、中外使馆等顺畅对接，参加进口博览会、澳门论坛等多场国际性大型活动。获得中国信保提供的42.9亿美元中长期出口信用险承保金额，在“走出去”中资企业中位列第一，占比达35%。

4. 全面深化改革，培育发展新动能

2020年，葛洲坝公司牢牢把握国企改革要求，以改革破难题、补短板、强弱项，培育了发展新动能。

（1）重构企业治理体系。系统打造葛洲坝公司本部到项目部的六大类治理体系，构建决策、支持、制度、监督“四位一体”的现代企业治理架构，全面推动党的领导融入公司治理，各级治理主体科学决策水平、规范运作能力和运行效率显著提升。明确市场平台类企业、工程建设类混合所有制企业的治理管控重点，促进规范运行。建立参股企业管理机制，摸清参股企业底数，加强参股企业管理，明确管理责任主体、管理职责和管理重点，创新建立重点参股企业“工作组”管理模式，确保葛洲坝公司合法合规履行股东权利，有效参与参股企业管理。

（2）深化子企业专业化建设。聚焦主业主责，加强资源集中和人才队伍建设，不断提升资质等级，培育专业竞争优势，专业化建设成效不断显现，业务结构持续优化，主业市场份额明显提升。葛洲坝公司新增2项公路特级资质，在中国能建率先成为“双特三甲”企业。为子企业增加注册资本金24.6亿元，新增专业施工设备1647台套，内部协同金额125.61亿元，子企业专业化发展能力持续提升。

（3）开展“总部机关化”问题专项整改。完成新一轮本部机构改革，本部部门、内设机构和人员编制缩减幅度均超过20%。按照“战略+经营”管控思路重新厘清本部定位和权责边界，加大授权放权力度，不断提升子企业市场主体地位。重构制度体系、流程体系、职级体系、岗级体系、决策审批体系，强化文件、会议、检查、调研等管理，企业运行效率显著提高，机关作风全面好转，干部职工担当作为意识不断增强，本部价值创造能力持续提升。

（4）全面规范各类机构管理。系统开展机构清理整顿专项行动，全面摸清各类机构底数，制定机构三年清理工作计划，建立了机构管理的长效机制。深化“处僵治困”、企业压减和亏损企业治理工作，压减法人、分公司38户，43户亏损单位实现扭亏，完成“处僵治困”阶段工作目标，降低了经营风险，提高了经济效益。

（5）实施宜昌基地综合管理体制改革。整合基地管理、社保、离退休和信访维稳等职能，组建综合管理中心，代表葛洲坝公司管理基地、服务职工、对接政府，管理效能有效发挥。全面清理农场、门面、房屋、土地等资产，实行集中管理、分类经营，促进保值增值。依法合规开展“三供一业”资金审计清算，加快推进“三供一业”维修改造，完成社区医疗机构移交协议签订，用足用好三年过渡期政策。克服时间紧迫、任务繁重、涉及面广、疫情影响等困难，按照“待遇不降低、服务不间断”原则，如期完成退休人员社会化管理移交工作。

5. 强化党建引领，推动企业发展

2020年，葛洲坝公司不断深化“强党建就是强发展”理念，大力推动党建与生产经营工作深度融合。

（1）加强党的全面领导。将党的领导内嵌六大类治理体系，完善“三重一大”决策实施和监督机制，充分发挥了各级党组织“把方向、管大局、促落实”作用。

（2）强化党建理论研究。完善国企党建研究院运行机制，建成“一院一库一校”理论研究和传播主阵地。

（3）夯实基层党建基础。深入落实“中央企业党建巩固深化年”工作要求，制定打通基层党建“最后一公里”十条标准、八项保障举措和四十项工作清单，出台境外党建引领统筹管理办法。狠抓党风廉政和反腐败工作。

（4）加强干部队伍建设。完善干部选培用管机制，优化干部年龄结构、知识结构、业务结构。深化年轻干部“千百工程”，76名优秀年轻干部得到提拔或进一步使用。常态化、规范化开展干部交流，激发干部队伍活力。将项目经理纳入干部管理，打通项目经理职业通道。在疫情防控和复工复产一线考察识别干部，15名表现突出的同志得到提拔使用。

（5）狠抓党风廉政和反腐败工作。切实推进境外腐败、利益输送、设租寻租和化公为私问题专项整治。高质量完成15家党组织巡察，全力做好巡视巡察整改“后半篇文章”。开展违反中央八项规定精神典型问题“零发生”“零增长”专项行动，制定贯彻落实中央八项规定精神正负面清单，持续完善反“四风”长效机制。扎实开展“滤网行动”，强化对工程建设领域关键人、关键岗位、关键环节的监督。严肃查处各类违规违纪案件，持续净化政治生态。全年提醒谈话、警示谈话、诫勉谈话 597 人次，给予党政纪处分 122 人次。

（6）强化意识形态和宣传思想工作。构建“6＋X”立体式融媒体矩阵，新媒体年浏览量近 3000 万人次。精心策划建企 50 周年、疫情防控、复工复产、改革发展新成就等主题宣传，组织 30 余场“精彩能见”国企开放日，有效提升了品牌影响力。完善舆情工作机制，深化思想分析会制度，维护了企业和谐稳定。

（7）加强品牌文化建设。建设的乌东德水电站获得习近平总书记重要批示，进一步彰显了“水电铁军”形象。编制系列文化产品，文化建设“五个一”顺利收官。新增 2 家全国文明单位，1 人获全国劳动模范称号，24 人获省部级及以上劳模、工匠称号。

6. 同心抗疫，共克时艰

湖北是这次疫情的重灾区，作为扎根于湖北的国有企业，葛洲坝公司始终情系疫区，在危难之际主动贡献抗疫力量。为支持湖北疫情防控工作，葛洲坝公司积极捐款捐物，疫情中向武汉市捐款 1000 万元，向宜昌市捐赠 1000 万元，葛洲坝公司党员和职工群众自发捐款 600 余万元，另向湖北省慈善总会直接捐赠 7000 套防护服。所属单位积极作为，提供防疫场所。宜昌葛洲坝平湖大酒店按宜昌市政府统一部署，作为医学观察人员的集中隔离观察点；武汉葛洲坝美爵酒店、宜昌葛洲坝宾馆作为地方政府指定的抗击疫情医务人员接待酒店，接待医护人员超过 500 人。

葛洲坝公司充分动员内部力量，3000 余名志愿者走上一线，下沉社区开展服务，武汉、宜昌共成立 51 个工作队，1480 名干部和职工脱产投入社区疫情防控工作，成为最美“逆行者”。

葛洲坝公司全力打赢疫情防控阻击战。身处湖北疫情中心，葛洲坝公司始终将职工生命安全和身体健康放在第一位，第一时间启动应急响应，完善组织领导，压实防控责任，强化联防联控，加强人员流动管理，积极协调医疗资源，建立常态化疫情防控机制。广大干部职工闻令而动、主动担当，组建了 150 支党员突击队、志愿者服务队冲锋在抗疫一线，全年参与抗疫人员累计超过 25 万人次。积极应对疫情全球大流行，出台国际疫情防控七十二项措施，创新实施网格化管理，高标准加强防疫物资储备，建立远程医疗平台为海外员工提供医疗服务和心理咨询，组建国际医疗队赴重点国别指导疫情防控工作，实现了稳住人心、稳在当地的“双稳”目标，国际疫情总体保持了可控在控。葛洲坝公司仅用 23 天就实现了公司所有确诊病例清零，再未出现新增确诊、疑似病例或无症状感染者，确诊在职职工未出现危重症和死亡病例，为打赢疫情防控宜昌保卫战、武汉保卫战、湖北保卫战作出了重要贡献。公司 13 个集体、40 名个人先后荣获国家级、省市级、中央企业抗疫先进集体和先进个人称号。

全力推动高质量发展。坚持“一手抓疫情防控，一手抓复工复产，两手抓两手都要硬”总体思路，克服重重困难，科学有序推动复工复产，在 2 月底迅速实现了湖北省外项目经理 100％全到位、省外生产单元 100％全复工目标，6 月底总体复工复产率已达到 97％，高效实现应复尽复、达产稳产。在抗疫情、战洪涝、化风险的情况下，资产总额、市场签约、营业收入等指标依然实现了逆势上扬，同比分别增长 10.64％、7.61％、2.42％，再创历史新高。

（袁国民）

国投电力控股股份有限公司

【公司概况】 国投电力控股股份有限公司（简称国投电力，LTD），是国家开发投资集团有限公司旗下的沪市 A 股上市公司（股票简称国投电力，股票代码 600886）。国投电力核心业务是发电。国家开发投资集团有限公司是国投电力第一大股东。国投电力总股本 6786023347 股，其中，国投公司持股 3337136589 股，占国投电力总股本的 49.18％。

国家开发投资集团有限公司（简称国投公司）成立于 1995 年 5 月 5 日，是中央直接管理的国有重要骨干企业，是中央企业中唯一的投资控股公司，是首批国有资本投资公司改革试点单位。注册资本 338 亿元，截至 2020 年末，国投公司资产总额 6823 亿元，员工约 5 万人。2020 年国投公司实现营业总收入 1531 亿元，利润总额 221 亿元，连续 17 年在国务院国资委经营业绩考核中荣获 A 级，连续五个任期获得业绩优秀企业。国投公司成立以来，始终坚持服务国家战略，优化国有资本布局，提升产业竞争力，在重要行业和关键领域发挥国有资本的引领和带动作用，经过不断的创新探索和结构调整，国投在国内、国外两个市场形成了基础产业、战略性新兴产业、金融及服务业三大战略业务单元。

经营范围主要包括投资建设、经营管理以电力生产为主的能源项目；开发及经营新能源项目、高新技术、环保产业；开发和经营电力配套产品及信息、咨询服务。境内业务主要分布于四川、云南、甘肃、天津、福建、广西、贵州、青海、宁夏、新疆等十多个省、自治区和直辖市。境外业务主要分布在英国、印度尼西亚和泰国等多个国家。涉及水电、火电、新能源、固废发电和境外投资五大领域。发电业务作为国投电力的核心业务，占营业总收入95%以上。

截至2020年底，国投电力已投产控股装机容量3182.68万kW，其中水电装机1677.45万kW、占比52.71%，火电（含垃圾发电）装机1188.08万kW、占比37.33%，风电装机213.95万kW、占比6.72%，光伏装机103.2万kW、占比3.24%。

截至2020年底，国投电力总资产2289.09亿元，较2019年期末增长1.86%。归属于上市公司股东的净资产472.27亿元，较2019年期末增长16.95%。年内实现利润总额117.10亿元，同比增长13.50%。归属于上市公司股东的净利润55.16亿元，同比增长15.99%。资产负债率63.92%，同比减少2.97%。

从装机结构来看，国投电力是一家以清洁能源为主、水火风光并济的综合型能源电力上市公司，水电控股装机为1677万kW，为国内第三大水电装机规模的上市公司，处于行业领先地位。从业务分布来看，国投电力是一家国内为主、海外开拓的电力上市公司。从盈利能力来看，在市场竞争加剧和面临较大节能环保压力的背景下，国投电力以清洁能源为主的电源结构优势明显，经济效益和社会效益突出，抗风险能力强。

【领导班子】

董事长、党委书记：朱基伟

总经理、党委副书记：江华（任职时间2019年3月28日～2020年10月23日）

总经理、党委副书记：张文平（任职时间2020年12月14日至今）

党委副书记：赵风波

副总经理：于海淼

董事会秘书：杨林

副总经理：张凯洪

副总经理：周长信

纪委书记：王立民

【组织机构】 见2020年国投电力控股股份有限公司组织机构图。

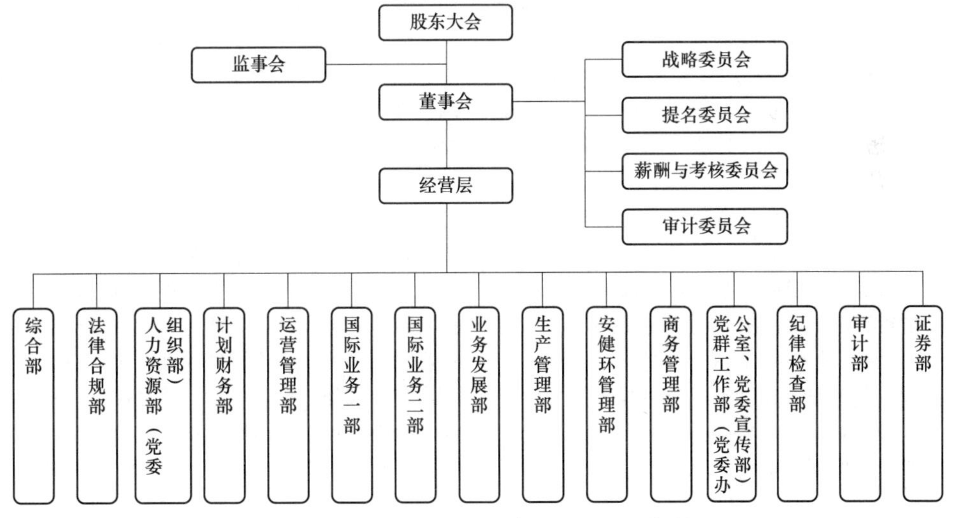

2020年国投电力控股股份有限公司组织机构图

国投电力设有综合部、法律合规部、人力资源部（党委组织部）、计划财务部、运营管理部、国际业务一部、国际业务二部、业务发展部、生产管理部、安健环管理部、商务管理部、党群工作部（党委办公室、党委宣传部）、纪律检查部、审计部、证券部等15个职能部门，拥有控股投资企业72家，参股企业24家。

【经营管理】 2020年，面对复杂多变的国内外形势，国投电力在董事会的坚强领导下，坚定履行企业社会责任，全力抗击新冠疫情、推进复工复产，加快推动转型升级、提质增效，全面高质量完成年度各项任务目标，实现“十三五”规划收官。

1. 转型升级，业务发展再获突破

一是多方沟通协调，推动雅中直流进入建设阶段，雅砻江中游卡拉项目核准；二是完成8个新能源项目并购，实现在多个省份新能源项目零的突破，储备大量可开发资源；三是成立江苏、陕西、新疆、京津冀等多个区域管理公司，新能源业务分区管理开发模式基本形成，为“十四五”新能源板块做优做强做大打下坚实基础；四是持续推动火电转型升级，钦州发电三期一台66万kW机组项目获得核准，华夏电力一期等容量替代项目取得重要进展，火电清洁高效发展水平进一步提升；五是完成六家火电企业股权转让的工商变更，国投电力资产质量持续优化；六是参与瀚蓝环境可转债配售、认购中闽能源可转债，均获得良好投资收益；七是完成伦交所GDR发行上市工作，合计募资2.2亿美元，助力国投电力国际化进程迈上新台阶；八是积极布局“一带一路”沿线国家，重点开拓印度尼西亚、缅甸、柬埔寨、菲律宾等多个国家的项目；九是持续深耕发达国家可再生能源市场，成功完成瑞典陆上风电项目的股权收购，扩充国际业务版图至北欧地区。

2. 精益运营，专业管控全面提升

一是完善电力市场营销体系，构建营销信息化系统。在疫情影响及进一步降低企业用能成本的大背景下，积极抢发电量。参股多地交易中心，增加信息获取渠道，增强市场话语权。针对性开展营销培训，提高业务人员专业技能；二是做好火电企业厂内管理以及燃料精细化管理，热值差及储损等指标管控良好；三是加强招标采购管理，夯实采购管理基础，全年采购成本得到较好控制；四是完成“降杠杆减负债”的目标，“两金”压控持续推进，全年亏损面、亏损额均实现同比降低；五是严格管控成本，优化资本性支出，积极争取减税降费政策；六是持续做好资金管理，保障公司境内外投资企业资金安全与需求。抓住融资成本下行及利率转换有利时机，多措并举降低债务融资成本。稳步推进境内外融资，高效完成多个境内外项目的融资工作，确保项目顺利进行。

3. 多措并举，生产基建平稳有序

一是持续优化生产、基建各项管理制度；二是有序抓好复工复产，着重加强基建项目过程管控，优化现场施工组织，确保项目安全、质量、进度可控。雅砻江两河口、杨房沟水电项目均已成功蓄水，桐子林水电站获得中国电力建设企业协会“中国电力优质工程奖”。在新冠肺炎疫情、风力发电机“抢装潮”等多重不利因素影响下，在建新能源基建项目全部按时并网发电；三是深入开展“生产管理问题专项整治工作”，组织投资企业全面梳理、排查生产管理过程中存在的问题和不足，扎实开展专项整治工作；四是积极开展环保能效对标工作，促进企业节能环保水平迈上新台阶，完成年度目标，达到电力行业先进水平；五是不断加大科技创新工作力度，加强与国内知名科研院校的交流与合作。加大科技创新投入，科研费用同比增长，以科技创新驱动企业提质增效。

4. 严谨稳健，管控体系持续完善

法治建设与合规管理方面：一是进一步推进企业经营与合规深度融合，编写完成《国投电力企业负责人经营合规管理手册》，将企业经营合规要求细化为13类共400余个关键要素和底线要求，指导投资企业负责人规范履职；二是持续优化国投电力本部与控股投资企业管控界面，通过梳理完善制度层级结构、决策主体、管理流程，进一步加强制度建设，建立科学高效的管控体系；三是强化法律风险防控，提高风险预判能力、主动应对能力和化解处置能力。加强境内外项目投资并购、运营管理以及资本运作过程管控，确保依法合规稳健经营。

内控与审计监督方面：一是把握疫情防控形势好转的“窗口期”，疫情防控和审计监督业务开展“两不误”，共完成6家企业审计和4项专项检查工作；二是进一步优化内控体系，严格规范管理，促进公司业务经营良性发展；三是积极开展项目后评价工作，总结经验不足，推动业务发展、项目投资与运营管理水平持续提升；四是完善资产投资运营责任追究机制，构建了企业违规经营投资追责体系，进一步完善境内外企业的管控机制。

5. 务实创新，安全管理可控在控

认真贯彻落实董事会各项工作要求，加强疫情防控，全年未发生聚集性疫情。健全安全管理长效机制，强化责任落实和风险分级管控，全年无安全生产事故发生。

一是迅速建立防疫工作应急小组，统筹开展境内外各项疫情防控工作，有序推进防疫工作常态化开展，防疫物资储备充足，防疫措施有效落实，疫情防控取得良好成效；二是加强顶层设计，制定体系建设提升方案及五年规划，加速推进安健环管理体系优化提升；三是抓实安全检查问题“回头看”、安全生产专项整治三年行动、危险化学品基础管理提升、承包商安全管理攻坚年活动等年度专项工作，消除安全隐患，提高管控水平；四是持续抓好制度建设、标准建设、能力建设，不断夯实安全管理基础；五是加强建设期项目及新并购企业安全管理，迅速补齐安全管理短板。

【主要事件】 3月，华夏电力燃煤耦合污泥发电技术改造项目开始商业试运行；4月，四台机组全部通过耦合发电环保检测验收。华夏电力成为福建首个参与城市污泥无害化处理的大型燃煤火电机组企业。

4月1日，国投电力六家火电企业（靖远二电、国投伊犁、国投宣城、国投北部湾4家控股企业；张掖发电、淮北国安2家参股企业）全部完成工商变更，顺利完成了所持股权转让，实现了国投电力火电产业布局的进一步优化和产能结构的重大战略调整，为收官“十三五”、谋划“十四五”奠定坚实基础。

8 月 26 日，中央宣传部、中央文明办召开推进学雷锋志愿服务工作电视电话会议。会上表彰了 2019 年度全国学雷锋志愿服务“四个 100”先进典型和疫情防控最美志愿者，雅砻江水电“大爱若水　筑梦启航”志愿服务项目获“全国最佳志愿服务项目”荣誉。

9 月至 12 月，国投电力先后分别与贵州省 5 县签订了新能源项目投资开发协议，项目开发资源规模合计达 307.5 万 kW，项目总投资预计达到 150 亿元左右。助力该地区巩固扶贫攻坚成果，提高贫困地区实现脱贫后可持续发展及抗风险能力。

伦敦时间 10 月 19 日上午 9 时整，国投电力“沪伦通”全球存托凭证（GDR）登陆伦敦证券交易所开始附条件交易；10 月 22 日正式在伦敦证券交易所上市。

11 月 17 日，国投电力控股投资企业新源（中国）环境科技有限责任公司下属创冠环保（泰国）有限公司斩获由泰国工业部颁发的“企业社会责任 2020 年度大奖（CSR-DIW AWARD 2020）”。

11 月，国投电力荣获伦敦证券交易所绿色经济标志，成为第二家获得该标志的伦敦证券交易所上市中国企业。

12 月 16 日，国投电力顺利完成对瑞典已投产陆上风电项目奥特瑞恩（Överturingen）项目的股权收购，将与北欧资产管理公司 CapMan Infra 按照 50%∶50%股比共同持有并管理该陆上风电项目。

12 月 17 日 17 时，雅砻江杨房沟水电站大坝最后一仓混凝土浇筑收仓，标志着国内首个百万千瓦级 EPC（设计施工总承包建设模式）项目——雅砻江杨房沟水电站大坝全线浇筑到顶。

【发展战略】 以高质量发展为主线，贯彻新发展理念，坚持稳中求进、转型升级、创新驱动，按照资产结构优化、管理水平优秀、投资业绩优良的标准，谱写国投电力高质量发展的新篇章。将国投电力打造成具有国际竞争力的世界一流综合能源运营公司。

（刘明胜　冯　晔）

地区电力

华 北 地 区

【国家能源局华北监管局】

基本情况 国家能源局华北监管局（简称华北能源监管局）是国家能源局的派出机构，设于北京市，负责北京、天津、河北和内蒙古（西部地区）的能源监管工作，及对山西、山东能源监管办的业务指导。2013年11月21日成立，前身是国家电力监管委员会华北监管局。

主要职能：监管电力市场运行，规范电力市场秩序；监管电网和油气管网设施的公平开放；监管电力调度交易，监督电力普遍服务政策的实施；负责电力等能源行政执法工作，依法查处有关违法违规行为，监督检查有关电价；负责除核安全外的电力运行安全、电力建设工程施工安全、工程质量安全的监督管理以及电力应急和可靠性管理，依法组织或参与电力事故调查处理；负责组织实施电力业务许可以及依法设定的其他行政许可；负责协调有关跨省跨区能源监管业务，以及对山西、山东能源监管办进行业务指导；负责法律法规授权以及国家能源局下达或交办的有关事项监管。

领导班子

党组书记、局长：王思强

党组成员、副局长：郝瑞锋

党组成员、副局长：程裕东

党组成员、纪检组长：代方涛（自2020年12月30日起）

组织机构 内设综合处、市场监管处、行业监管处、电力安全监管处、资质管理处、稽查处和机关党委（机关纪委）办公室，天津、河北和内蒙古业务办公室。

主要工作 2020年，在国家能源局党组的正确领导下，华北能源监管局以习近平新时代中国特色社会主义思想为指导，深入贯彻落实全国能源工作会议和监管工作会议精神，加强党对能源监管工作的全面领导，在做好新冠疫情防控的同时，围绕“守初心、担使命，强监管、抓落实，控风险、解民忧，推改革、促发展”工作主线，各项工作取得新成就，现就电力监管业务综述如下。

1. 统筹疫情防控与监管，保障防疫电力供应和安全

在严格做好本局疫情防控的情况下，举全局之力多方面促进区域电力供应与安全运行。指导企业重点保障民生、医疗和应急物资生产企业用电需求，督促增加电煤供应，督导复工复产，协调解决难点问题；督导企业做实做细电力安全风险防控和隐患排查治理；延长受疫情影响的21家新建风电光伏项目并网调试时间，监管电网企业疫情期间支持性电价政策执行情况；每日分析上报电力供需数据信息；高效处理12398热线收到的停电影响上网课等投诉举报；许可全面实行“指尖办”“邮寄办”“一次也不用跑”。

2. 完成重大活动保电监管，不断提高本质安全水平

华北能源监管局党组把重大活动保电监管作为头等大事，强化政治意识，健全保电机制，年初定计划，每次重大活动分别制定局内保障方案和行业保电实施方案，形成局内各部门密切协同、与企业联动协作的保电机制。分层分级开展保电检查，做到隐患排查无死角、设施防护全天候、网络安全全覆盖、用户保障全方位。2020年完成全国两会等重大保电活动20多次，现场检查企业50多家，发现并督促整改问题160多项。

开展网络安全“全覆盖”检查，做好迎峰度夏、度冬和灾害应对，实现区域内发电厂储灰场重大安全隐患和实现清零，华北区域电力安全生产形势稳定向好。会同内蒙古自治区三级电力行业管理部门探索新方式提级监管，开展3轮防范人身事故现场检查。查出问题240余项，对7家企业通报批评、监管约谈，对2个工程停工整顿，对3家存在严重安全隐患的单位进行行政处罚。2020年事故起数和死亡人数同比下降近50%。

3. 推进电力市场化改革，促进能源高质量发展

深化辅助服务建设，2020年将独立第三方调节能力扩大到50万kW，试点范围拓展至河北南网，实现调峰市场在京津冀蒙晋鲁全面贯通、实时互济。至2020年底，华北电力调峰辅助服务市场共产生辅助服务费用9.92亿元，促进新能源消纳219.37亿kWh。

深入推进蒙西电力现货市场建设，进一步完善形成蒙西电力市场“1+9”规则体系，有效保障连续试结算周期不断延长，为现货市场不间断试运行奠定坚实基础。按照《电力中长期交易基本规则》要求修订印发《京津唐电网电力中长期交易规则》和《河北南部电网电力中长期交易规则》；按照规则组织冬奥场馆设施参与绿电交易，成交电量1.07亿kWh，有效落实“绿色办奥”理念。修订《京津冀绿色电力市场

化交易规则》，并配套出台《京津冀绿色电力市场化交易优先调度实施细则（试行）》，实现绿电交易组织到调度执行全流程有效衔接。

继续实施《华北区域集中式光伏扶贫电站优先调度实施细则（试行）》，扶贫光伏电量实现零弃电。截至2020年底，辖区内光伏扶贫电站发电容量已达到302.26万kW，惠及贫困群众27.03万户，2020年共增发电量3.32亿kWh，持续助力脱贫攻坚。

4. 加强电力规划等监管，促进国家政策落实

完成“十三五”能源规划目标落实综合监管和“十三五”电力规划五年期实施情况专项监管，从电力保障供应、电力安全稳定运行、电力供给侧结构性改革和电力体制改革等4个方面36项监管内容与地方政府部门、电力企业等23家单位进行电话调研和视频座谈，对2020年煤电投产项目逐一开展合规性核查，促进电力规划、政策有效落实。加强简政放权后续监管，完成北方清洁取暖、抵边村寨农网升级改造、风电开发建设等重点监管。

5. 深化“放管服”改革，加强监管优化许可服务

扎实做到合理“放”、优质“服”、精准“管”。制定优化许可办理6项制度，建立“五个统一”的许可管理模式，推行“证照分离”改革、压缩审批时限、简化申请材料、推行告知承诺、出台服务举措。首批使用全国统一的资质和信用信息系统，视频核验申请材料和承诺，让“数据多跑路，群众少跑腿”。办理承装（修、试）电力设施许可证1417家（新申请638家，许可变更579家，延续149家，注销51家），电力业务许可证651家（新申请79家，许可变更390家，注销182家）。制定2个加强事中事后监管办法，对15家列入失信联合惩戒对象名单的企业进行事后监管；在蒙西开展以信用为基础的电力业务资质许可专项监管，下发整改通知书18份。

6. 及时解决群众诉求，大力优化营商环境

2020年处理2924件咨询、投诉、举报事项，发布12398通报11篇，针对反映的供电服务问题约谈企业7次。开展提升用户“获得电力”优质服务水平综合监管，现场检查5家省级电力公司及所属部分供电企业。创新开展用户报装全流程跟踪、全环节监督、全方位服务“三全”监管，及时发现并督促解决用户办电过程中的难点、堵点问题。推广北京“三零”“三省”举措先进经验，提升区域电力普遍服务整体水平。严格行政执法，对3起安全违规行为罚款12万元。

（张　屹）

【国家能源局山西监管办公室】

基本情况　国家能源局山西监管办公室（简称山西能源监管办），原国家电力监管委员会山西省电力监管专员办公室（简称山西电监办）于2013年12月更名为国家能源局山西监管办公室。

主要职能：监管电力市场运行，规范电力市场秩序；监管电网和油气管网设施的公平开放；监管电力调度交易，监督电力普遍服务政策的实施；负责电力等能源行政执法工作，依法查处有关违法违规行为，监督检查有关电价；负责除核安全外的电力运行安全、电力建设工程施工安全、工程质量安全的监督管理以及电力应急和可靠性管理，依法组织或参与电力事故调查处理；负责组织实施电力业务许可以及依法设定的其他行政许可；负责协调有关跨省、跨区能源监管业务；负责法律法规授权以及国家能源局下达或交办的有关事项监管。

领导班子

党组书记、监管专员：贺刚

党组成员、巡视员：宋晋冀

党组成员、监管副专员：王毅敏

组织机构　内设综合处、市场监管处、行业监管处、电力安全监管处、资质管理处、稽查处六个职能处室。

主要工作

1. 市场监管

一是电力市场建设成果丰硕。完善调峰和调频辅助服务细则，制定独立储能和用户可控负荷参与电力调峰市场交易规则，省内市场交易规模突破千亿大关，预计2020年全年直接交易电量可达1150亿kWh，可为用电企业节约购电支出约50亿元。积极推进燃煤机组灵活性改造工作，有效增加电网调峰能力1546MW，电力调峰市场累计消纳新能源电量9.3亿kWh。二是市场监管能力不断增强。制定山西电力市场监管办法和相关配套指引，建立健全电力市场运营风险管控机制，维护市场主体合法权益和社会公共利益。组织召开厂网联席会议，更好服务电力企业。落实区域协调监管要求，联合华北能源监管局、山东能源监管办对山西省电力公司、山西电力交易中心有限公司进行专项检查，维护各市场主体的合法权益。三是加强可再生能源消纳监管。制定《落实可再生能源电力消纳责任权重专项监管工作方案》，监督各承担消纳责任的市场主体完成可再生能源电力消纳任务。印发《山西能源监管办关于做好2020年度新能源发电项目并网接入有关工作的通知》，做好新能源发电项目并网接入工作，落实国家新能源发展战略。

2. 电力安全监管

一是以齐抓共管为关键提升监管效能。会同省能源局在电力建设项目“反三违”、两会保电、输电线路防火、网络信息安全等5个方面联合部署，联合发

文，在4个方面开展了联合检查，排查隐患471条。二是以分级分类管控为抓手压实监管责任。全面实施电力企业分级分类安全监管和行业安全风险分级管控隐患排查治理双重预防机制，发挥电力安委会作用，形成安委会部署安排、电力集团公司检查落实、企业具体执行的安全监控体系。三是推行应急管理“三个体系，两个台账”机制。印发《关于建立和完善电力企业应急体系的指导意见》，指导企业建立以现场处置卡为基础的全员岗位应急处置体系，以现场处置方案为基础的车间事故事件先期处置体系，以综合预案和专项预案为基础的应急响应、事故应急救援和信息报送体系，规范预案演练台账和应急培训台账，进一步强化电力企业的应急能力。

3. 行业监管

一是重点开展“十三五”规划监管。研究制定《山西省“十三五”能源规划目标任务落实情况综合监管实施方案》，组织开展国家重点监管项目、电网企业和部分可再生能源项目现场检查，对相关企业目标任务落实情况进行督促指导和调研评估，编制上报专项监管报告。二是重点开展煤矿专项监管。在开展核准煤矿项目专项监管工作发现，轩岗矿区北辛窑煤矿项目因划界工作未完成，在未取得采矿证及初步设计批复的情况下，已有部分工作面开采完毕，存在无证开采情况，向国家能源局专项上报《关于山西轩岗矿区北辛窑煤矿项目相关问题的报告》。三是重点开展新能源规划建设监管。梳理“十三五”期间山西新能源规划，向国家能源局上报《新能源规划计划执行情况报告》；对平价光伏上网项目消纳意见引起的网络舆情事件约谈山西省电力公司，就相关情况报告国家能源局。组织召开山西省2020年风电项目开发建设情况专项监管启动会，实地开展现场监管工作。

4. 资质管理

一是落实简政放权措施。明确山西省内全面取消电力业务许可、承装（修、试）电力设施许可涉及的21项证明材料和业绩标准等5项申请要求。大力推动阳光审批机制，全部审批业务网上办理，开通许可证邮寄服务，减轻企业负担。特别是针对光伏扶贫项目，主动对接，分类、无接触式指导申办，仅用2个工作日完成3家符合条件的许可审批程序。二是全力做好信用体系建设工作。动态维护能源行业信用信息平台的“一平台两终端”数据，在全省开展承装（修、试）电力设施企业信用监管试点工作，以信用信息在事前、事中、事后差别化分类监管为重点，对山西省电力公司及其下属9家单位启动专项检查，督促企业认真整改，实施信用全过程闭环监管。

5. 行政执法

一是积极开展提升用户“获得电力”优质服务水平综合监管。采用“双随机”形式对2个地市开展“获得电力”优质服务综合监管现场检查，发现57个问题，全部下发整改通知书，对普遍存在的共性问题提出长效机制推动解决。针对供电企业信息公开不到位问题约谈有关供电企业，督促其认真整改。二是充分利用争议调解机制，加强行政执法力度。充分利用争议调解机制，积极协调解决分布式光伏发电项目并网、增量配电业务并网接入、交易合同履行等争议事项，进一步化解矛盾。对3家涉嫌违法违规企业进行了立案调查，罚没5.52万元。充分调查了解合同签订及交易执行的情况，下发《关于对天泽化工集团股份公司等交易用户执行目录电价问题进行整改的通知》，督促有关电力企业完成整改上报，对全省50804户涉及203065.79万kWh电量进行了退费处理，共清退电费3971.08万元。

（李生新）

【国家能源局山东监管办公室】

基本情况 国家能源局山东监管办公室（简称山东能源监管办）于2013年12月2日正式挂牌成立。

主要职能：山东能源监管办依据国家能源局的授权，履行山东省内的能源监管职责。具体履行以下监管职责：监管电力市场运行，规范电力市场秩序；监管电网和油气管网设施的公平开放；监管电力调度交易，监督电力普遍服务政策的实施；负责电力等能源行政执法工作，依法查处有关违法违规行为，监督检查有关电价；负责除核安全外的电力运行安全、电力建设工程施工安全、工程质量安全的监督管理以及电力应急和可靠性管理，依法组织或参与电力事故调查处理；负责组织实施电力业务许可以及依法设定的其他行政许可；负责法律法规授权以及国家能源局下达或交办的有关事项监管。

领导班子

山东能源监管办党组成员、监管副专员：左卫华

山东能源监管办党组成员、行业监管处处长：卢延国

组织机构 综合处、市场监管处、行业监管处、电力安全监管处、资质管理处、稽查处。

主要工作

1. 统筹常态化疫情防控与电力供应保障

面对突如其来的新冠肺炎疫情，认真落实中央能源工作方针政策和国家能源局决策部署，全力保障能源供应安全。针对疫情初期全省能源消费水平复苏较慢的情况，及时出台支持企业复工复产十项监管措施，按日调度能源供需情况，及时协调解决供需矛盾。组织“不见面”电力交易，实施电力施工安全“云监管”，优化非接触式许可服务。忠实践行以人民为中心的发展思想，周密安排部署学生复课及高考、

中考保电工作，落实国家阶段性降低用电成本政策和“欠费不停电”措施，有力保障了地方经济社会发展能源供应。

2. 加强电力安全监管

充分发挥省政府安委会电力专委会的统筹、协调、组织和指导作用，完善了专委会工作制度，印发了《山东省电力安全专项整治三年行动实施方案》，分阶段、分层次推进电力安全专项整治三年行动。深入开展电力安全生产专项整治，组织企业排查治理各类隐患11960项。对重点输变电项目、电源项目及存在较大隐患的施工现场、灰坝等开展“四不两直”现场督导检查，发现问题160余项，对存在较大问题隐患的2个风电建设工程予以停工整顿、挂牌督办。完成了“11·22”泉城变电站爆燃事故调查处理，督促国网山东省电力公司完成整改。积极推进双重预防体系建设，组织制定分行业实施指南并转化为省级地方标准。着力推进电力安全主体责任和属地责任落实，密切跟踪问题整改和风险防控，全省电力安全形势保持稳定。

3. 稳步推进电力体制改革

牵头完成山东电力现货市场规则体系搭建，完成现货市场交易整月结算试运行，成为全国8个试点省份中机制最完善的省份，被国家确定为唯一的电力市场建设综合改革试点省份。市场化电量占可放开电量的比例提高至75%，全年累计完成省内交易1258.7亿kWh，跨省区直接交易100亿kWh。深入推进电力辅助服务补偿机制市场化改革，将统调自备电厂和储能设施纳入了辅助服务交易，全年累计交易额15.96亿元，为可再生能源置换发电空间98.17亿kWh。针对已取证增量配电项目配套政策不完善、电网建设意愿不强、供电主体地位不落实等问题，开展专题调研，引导增量配电企业健康发展，累计许可增量配电试点项目8家。

4. 加强电力服务保障民生监管

严格落实“放管服”改革精神、优化营商环境政策要求，以及国家发展改革委36号令精神，全面取消电力业务许可21项申请证明材料，对济南、青岛、烟台等自贸试验区内电力业务许可事项实施“证照分离”改革全覆盖。组织开展提升用户“获得电力”优质服务水平综合监管，通过高考、中考保电监管，指出电力抢修方面的问题，促使电网企业全面改进抢修运营体系，全省配网供电设施抢修工作得到了全面提升，年度停电抢修时长同比缩短14.8%、抢修投诉数量同比减少49.2%。通过处理某地通信设施接入受限投诉事项，促使电网企业出台《山东电网并网用户通信服务指南》，为发电机组并网提供标准流程和时限。实现“通过一次监管改进一个体系，处理一件投诉建立一项机制”。密切跟踪监测电力供需形势，第三季度向国家能源局和省委省政府报告了疫情以来全省各产业类别电力消费水平恢复情况分析报告。10月份对冬季能源供需形势提前作出研判，提出电煤产供储销运等5项不确定因素及针对性应对措施。为确保群众温暖过冬，6月份提前开展群众清洁取暖专项调研，针对发现的问题及时采取监管措施。专题调研新建住宅小区电力配套工程建设情况并提出有效政策建议。

5. 加大行政执法力度

全年开展各类专项监管工作13项，针对发现的81项问题逐一责令相关单位整改落实到位，同时向国家能源局和省政府提报工作建议16条。在年度综合监管检查中推行“现场检查问题确认单”制度，实现检查人员、问题事项、证据链条、处理结果“四个可追溯”，促进监管检查过程规范、阳光透明。探索12398监管热线标准化建设，制定典型共性问题处理标准，优化与地方政府和电力企业的协同衔接机制，将答复平均时长从32天缩短至21天。定期通报热线投诉举报处理情况，督导省级电网企业纳入考核、落实责任，起到了“处理一个、教育一批、震慑一片”的作用。严格落实行政执法“三项制度”，加大行政执法力度，全年约谈电力企业6家、处罚违规企业4家，切实维护市场主体合法权益。

【国网北京市电力公司】

公司概况 国网北京市电力公司（简称国网北京电力）是国家电网有限公司的子公司，负责北京地区1.64万km^2范围内的电网规划建设、运行管理、电力销售和供电服务工作。2020年完成售电量1057.5亿kWh，同比降低0.38%。历史最大负荷2457万kW；城市供电可靠率达到99.980%，处于国内领先水平。

2020年，国网北京电力业绩考核位列A段，位列国家电网有限公司第4名。国网北京电力获评中国电力企业联合会先进会员企业。昌平公司员工王月鹏获得全国劳动模范荣誉称号。

领导班子

董事长、党委书记：潘敬东

董事、总经理、党委副书记：万志军

董事、党委副书记、副总经理、工会主席（二级单位正职级）：李百顺

副总经理、党委委员（2020年8月任现职）：董朝武

副总经理、党委委员：周建方

党委委员、纪委书记（2020年8月任现职）：任峰

总工程师：刘明志

副总经理、党委委员，通州供电公司总经理、党

委副书记：闫承山

副总经理、党委委员，城区供电公司总经理、党委副书记（2020 年 8 月兼任）：陈守军

副总经理、党委委员：王鹏

总会计师、党委委员（2020 年 9 月提任）：张铖

三级顾问（2020 年 9 月退二线）：李路

组织机构 本部设 22 个职能部门，下辖二级单位 34 个，包括供电公司 16 个、业务支撑和实施机构 12 个、其他单位 4 个、合资公司 2 个。

电网概况 北京电网已经形成八大分区相互支持的坚强结构，具备较强的资源配置能力和抵御风险能力。北京电网 500kV 网架由 16 座变电站形成扩大双环网合环运行；220kV 主网由 9 座 500kV 变电站的 220kV 母线分段开关作为分区点，形成昌城、城顺朝、朝顺通、通安、安航兴、兴房门、门海、海延昌八个相对独立的供电分区，各分区之间通过联络线互为备用；110kV 及以下形成辐射状电网覆盖全市。

截至 2020 年 12 月 31 日，北京电网共有电厂 39 座，机组 299 台（含 124 台风力发电机+73 台光伏逆变器），总装机容量 11565.53MW。北京电网共有 110kV 及以上变电站 579 座，变压器 1487 台，变电容量 144040.3MVA；110kV 及以上架空线路 514 条 4962.06km；110kV 及以上电缆线路 570 条 1974.72km；110kV 及以上架空电缆混合线路 402 条 3588.32km。

人力资源 截至 2020 年 12 月 31 日，国网北京电力共有长期职工 8684 人，其中研究生及以上学历 2321 人，本科学历 4423 人，专科学历 1282 人；高级职称 1888 人，中级职称 2187 人；技师及以上职业资格 3525 人，高级工 1505 人，中级工 473 人。

组织效能持续提升。机构设置不断优化，8 家单位完成组织体系优化。员工成长通道进一步拓展，职员实行聘期管理，强化待遇与考核结果联动；四级、五级职员优先配置于技术技能岗位，各单位聘任职员 272 人，充分激发了员工干事创业的积极性和主动性。绩效工作成绩斐然。围绕公司业绩目标，及时优化各单位业绩考核指标体系和业绩考核看板，全覆盖管控“安全生产、优质服务、运营效率、经营效益”等考核关键，实现了公司业绩考核重返 A 段。

“三项制度”改革稳步推进。对国网北京电力一般管理岗位、供电所长、班长等重点岗位全面推行聘期管理，700 余人签订聘任协议；突出效益效率导向，加大工资总额与各单位业绩考核、经济效益、用工效率的挂钩力度，工资总额挂钩占比超过 55%。试点推行“增人不增资、减人不减资”的绩效工资分配机制。在一线核心业务岗位推行浮动薪级，绩优员工上浮 1～3 薪级工资。人才培育多措并举。编制出台《关于加快人才高质量发展的实施意见》，实施“高端人才引领攻坚、骨干人才锻造升级、青年人才托举成长、紧缺人才引进育成”四大工程。优化优秀人才管理模式，向技术技能类人才倾斜，选聘优秀人才 233 人，其中特级专家 7 名、一级专家 57 名。

电网建设与发展 电网发展提质提速。2020 年，编制“十四五”北京电网规划和 11 个专项规划，完成亦庄新城、怀柔科学城等区域配套电网规划。落实首都功能核心区控制性详细规划任务，明确 7 大类、17 项重点举措。500kV CBD 变电工程规划意见书和立项取得核准，共取得工程核准 42 项。

2020 年，开工 35kV 及以上工程 32 项，线路长度 240.37km，变电容量 545.9 万 kVA；投产 35kV 及以上输变电工程 45 项，线路 327.38 km，变电容量 689.75 万 kVA；投产 35kV 及以上迁改工程 35 项，线路长度 127.78km。践行绿色办奥理念，12 项配套输变电工程全部提前投产，创造 12 项世界第一的张北柔性直流工程建成投运，助力冬奥场馆首次实现全绿电供应。“一体化”服务保障模式覆盖 11 座场馆，全部 8 座竞赛场馆配电设施提前投运。北京房山—天津南蔡 500kV Ⅰ、Ⅱ回输电线路工程（北京段）获得国家电网有限公司输变电优质工程金奖，沙河北 220kV 变电站工程、科学城西 110kV 变电站工程获得国家电网有限公司输变电优质工程银奖。

经营管理 经营管理稳中有进。2020 年，制定实施 6 方面 102 项提质增效举措，对冲减利 70.87 亿元，超额完成目标。挖潜增收有广度。积极沟通汇报，落实政府支持资金 40.3 亿元。创新“煤改电”投资模式，争取到市区两级政府承担山区 80%、平原地区 60%投资。全力推进四类外部资金工程，完成 533 项、70.67 亿元结算转资。整合利用房产、杆塔等资源，实现租赁收益 2.32 亿元。国网首家开展市场化碳配额交易，实现收益 400 万元。

降本增效有力度。开展高损台区专项治理，高损线路、台区分别压降 80.4%、81.6%，综合线损率压降 1.83%，减少电量损失 9167 万 kWh。严格成本管控，非生产性支出压减 6%，“三公经费”及会议费同比降低 48.24%，车辆使用及应急费用同比降低 15%。用足用好燃煤机组关停替代等政策，节约成本支出 4.6 亿元。全年燃气机组发电量较计划减少 104h，减少购电成本 1.38 亿元。清查资产和设备卡片共计 237 万张，延寿使用有效资产 7 亿元，盘活利用工程退出和库存物资 2.28 亿元。加大电费回收和反窃查违力度，实现电费回收率 100%，营销反窃查违挽回收入 5975.1 万元。

精益管理有深度。深化经济活动定期分析，构建内部利润和资产负债率“双模拟”经营传导责任链。

搭建财务数字化经营管理平台，部署77项应用场景。坚持依法主动维权，避免和挽回经济损失5845.8万元。完成审计署冬奥跟踪审计和国家电网有限公司3项经济责任审计迎审，整改问题539项。国网北京电力34项创新实践成果（论文）获得省部级以上奖项，1个质量管理（QC）小组获得全国优秀质量管理小组称号。省管产业统筹新冠肺炎疫情常态“防”和生产加速“复”，先后出台6方面25项措施，全年实现新签合同额171亿元，营业收入130亿元。

安全生产 安全基础不断夯实。2020年，加大安全工作奖惩力度，生产一线人员奖励占比超过90%。修订安全责任清单8447项，开展安全述职1068人次，推动全员“知责、明责、履责”。扎实开展安全生产专项整治三年行动，细化10大类44小类149项重点任务。落实“查风险、治违章、抓落实”安全大检查等专题活动，排查治理风险隐患1995项。严格执行风险管控机制，确保了1774项高风险作业安全的可控在控。完善应急救援工作体系，建设两级45支应急救援单元，优化部署55个救援驻点。开展度夏（冬）、防汛、政治保电等演练452次，全年启动应急响应116次。完成政治保电、恶劣天气及电网大负荷等应急保障任务。

供电保障安全可靠。2020年完成全国两会、服贸会、党的十九届五中全会等重大活动保电，累计完成291天157项保电任务。坚持特事特办，完成对小汤山、地坛等6家医院扩建工程，全国首座气膜式检测实验室仅用8h通电。跟踪新冠肺炎防控形势，累计投入6.5万人次保障人员、1.3万台次发电车，保障了200余户重要客户的供电。

设备管理更加精益。加强北京电网特性研究，制定分区优化调整方案，有效缓解局部短路电流超标和网架结构性问题。加大老旧设备改造力度，完成117处输电线路“三跨”治理、16.3km老旧电缆隧道加固、59座变电站和773座配电站室消防改造。输、变、配电设备故障同比降低36.5%、16.7%和12.9%。统筹设备检修、处缺等工作安排，设备重复停电、延时停电和临时停电时长同比下降31%。强化红外测温等状态检测手段应用，及时发现处置设备缺陷1936起。加强环境隐患整治，依据风险等级落实差异化看护巡视标准，输电外力故障同比降低51%。完成554项“三供一业”项目改造，解决315个居民小区、32万居民用户供电能力不足问题。建设配电物联网主站系统，完成2.2万台配网智能融合终端建设和系统接入。建成500kV昌海智慧线路，完成2万基输电杆塔无人机自主巡检航线规划和激光点云建模工作。

营销工作 2020年，电力营商环境跨越提升，各项指标成效比肩世行评价全球最佳水平，“三零”服务成为全国“获得电力”标准。巩固“三零”服务成效，促请政府出台低压占掘路“免审批”政策，对外服务承诺压降至10天。全年累计服务小微企业0.93万户，平均接电时长5.14天，为客户节省投资约3.95亿元。落实国家新冠肺炎疫情降费政策，全年减收电费23.08亿元。

增供扩销与降本增效成绩显著。完成新增接电容量840.54万kVA，2020年新增用电客户17万户，售电量1057.5亿kWh。全年累计完成电能替代电量31亿kWh，制订大兴临空经济区等7个区域综合能源规划，完成综合能源营业收入3.78亿元，同比增加121%。强化计量升级管控，加快高速载波采集推广应用，累计运行400.12万户，更换电池欠压表计48万只。强化营销稽查管控，完成4项专项稽查和1项现场稽查，取得稽查经济成效2295万元。

“蓝天保卫战”成效显著。北京“煤改电”在北方“2+26”个城市中规模最大、减排最明显、成效最显著，累计完成146个村、2.91万户“煤改电”配套电网升级改造，北京地区电采暖用户突破130万户。全额取得上采暖季“煤改电”电费补贴款6.64亿元，提前取得本采暖季电费补贴预付款2.44亿元。

“新基建”部署落实有力。全年新建3242个充电桩，投产10项公交外电源工程，亚洲最大单体智慧有序充电站在城市副中心环球影城建成，公司充电桩总量突破2万个，成为全市规模最大的公共充电服务运营商。在国家电网有限公司系统内首家开展充电设施委托经营，电动汽车公司实现收益4000万元，较2019年同期增长61%。完成43座低效充电站迁移及125座充电站环境整治，改造充电桩利用率提升15%。

科技与信息化 2020年，牵头的3项国家电网有限公司科技项目通过验收；策划牵头申报国家电网有限公司科技项目13项，参与申报国家电网有限公司科技项目11项。6项科技成果获得奖励，其中3项牵头科技成果获得国家电网有限公司奖励，1项获得中国电力科学技术奖励、2项获得北京市科技奖励。围绕智能配电网、综合能源、5G电力应用等开展专利布局，全年共申请专利542件，其中发明专利申请337件；授权专利306件，其中发明授权113件。

创新实践“网上电网”，成功上线运行6类特色功能，试点成果走在国家电网有限公司前列。“网上电网”全面推广应用，实现规划图上做、计划图上管。依托基建全过程综合数字化管理平台，提升工程建设管理时效和现场安全管控水平。深化安全生产管控、冬奥电力运行保障指挥、高压电缆专业精益化管理平台建设与应用。推进多维精益管理，开展运检质效提升专项工作，实现成本多维精细化分析。建设数字化审计平台，成为国家电网有限公司首家申请平台二期部署单位。搭建覆盖供应链全业务的智慧运营平台，拓展场景应用，建成供应链运营中心。深化新一代电力交易系统、同期线损等应用，提升企业资源精准配置能力。推进省级车联网平台建设，开展智慧车联网及电动汽车服务，与政府监管平台互联互通，试点开展智能运维。完成新能源云部署实施，为新能源用户提供一站式服务。建成全场景网络安全态势感知平台，全年拦截网络攻击260万次，完成2020年网络安全攻防演习任务。网络安全实验室仿真靶场和实训基地初步建成，常态开展攻防实训和安全检测。优化信息调运检体系，完成信息系统瘦身健体专项提升行动，累计下线僵尸系统41套，腾退设备821台。

优质服务 2020年，客户服务满意度调查指标蝉联国家电网有限公司第一，12345服务热线“三率”综合排名在全市公共服务行业保持领先。全年95598话务量累计320.48万通，同比下降40.48%；下派工单370548件，同比减少36.60%；受理投诉共计402件，同比减少66.25%。累计完成1198个重要客户的用电安全评估，度夏期间完成240个非公司产权老旧小区用电排查梳理，度冬期间开展供暖负荷实时监测，惠及274万用电客户。开展共产党员服务队“首善先锋·红马甲在行动”“电力爱心教室”“情系万家·电暖京城”“卫蓝暖心”“煤改电服务日”等多项活动。优化网上国网App客户体验，完善一证办电、后付费交费、一户多人口、政策文件及时发布、办电e助手、政务网打通等功能。优化电力微信客户体验，完善电子发票查询、政策文件快速发布、一户多人口阶梯电量查询、二维码分享、活动推广等便民服务，建设智能云客服，优化AI机器人在线办理查询、充值、报修等高频业务，开展停电信息、欠费信息精准微信消息推送。

党的建设和精神文明建设 党建引领创先登高。2020年，坚持以上率下，两级党委中心组带头落实学习制度，累计开展专题学习354次。启动“全体党员回党校”活动，累计培训党员2980人次。围绕公司改革发展重点任务，广泛搭建“我是党员我先上”等创先争优平台，开展纪念建党99周年“八个一”“学战略、讲担当、干精彩”“做好电力先行官、架起党群连心桥”等主题党日活动，累计组织学习研讨882次，开展岗位实践461次。规范基层党组织述职评议、量化计划管理，消除党员空白班组67个。推进“基层党建巩固提升年”活动，完成“夯基础、提质量”16项任务，在全部17个专业实施“党建+”工程。新冠肺炎疫情期间，明确发挥党组织和党员作用7项举措，29个临时党组织、138支党员先锋队伍、16支青年突击队战斗在最前沿，1459名党员社区“双报到”，31名党员干部深入疫情严重地区开展志愿服务，全体党员踊跃捐款60余万元。

队伍素质不断强化。明确全面从严治党“两个责任”清单47项、年度任务57项，开展两级履责约谈1665人次、各类监督641次。贯彻新时代党的组织路线，注重“四个打破、四个坚持”，重用在任务中表现优异的干部。

宣传工作成效突出。高频次、全方位开展主题传播，《人民日报》等主流媒体报道2680篇，中央电视台《新闻联播》先后7次报道国网北京电力工作，《2020“市民对话一把手”》专题报道服务首都营商环境优化成效。全国两会期间，接受中央广播电视总台专访，讲出了国家电网有限公司落实中央部署的责任担当。成功承办央视“电力天路惠民生”——“张北柔直组网成功，绿色电力点亮冬奥场馆”大型直播活动。

精神文明成果丰硕。争创全国文明单位17家、首都文明单位27家，实现全国文明单位、首都文明单位及标兵荣誉数量双增长。选树一批符合公司发展特质的先进典型，1人获得全国劳动模范称号，3人获得北京市劳动模范称号，1个集体获得北京市模范集体，3人获得国家电网有限公司劳动模范称号，2个集体被评为国家电网有限公司工人先锋号，2家单位被评为国家电网有限公司先进集体，1人被评为国网抗击新冠肺炎疫情功勋个人，1个集体被评为国网抗击新冠肺炎疫情功勋集体，1人被评为国家电网有限公司“新基建”劳动竞赛劳动模范，2家单位被评为国家电网有限公司“新基建”劳动竞赛先进集体。承办“国网好声音”职工歌手暨原创歌曲大赛并获4金。

（邢　蕊）

【国网天津市电力公司】

公司概况 国网天津市电力公司（简称国网天津电力）是国家电网有限公司的子公司，负责天津电网规划、建设和运营，致力于为天津经济社会发展提供清洁低碳、安全高效的电力能源供应。供电面积1.19万km^2，供电服务人口超过1562万。截至2020年底，资产总额841.03亿元，资产负债率57.6%；2020年售电量759亿kWh，营业收入447.45亿元。

创新实施“1001工程”“变革强企工程”“9100行动计划”，构建“两通道一落点”特高压受电格局，500kV电网由“日”字型环网升级为“三横两纵”双环网，提前一年完成“煤改电”和农网改造升级，供电可靠率进入世界先进行列，天津电网加速向能源互联网转型升级；建成首批国际领先的智慧能源小镇、首个省级综合能源服务中心、首个城市能源大数据中心等标志性项目，推出“供电+综合能源”、蓄热式集中电采暖、“电力看经济”等新模式，建成核心区

0.9km、市区3km、郊区5km充电服务圈，主办城市能源大数据高峰论坛。反映公司综合实力的业绩考核保持国家电网有限公司A级，党建工作考核保持国网系统前列，入选创建世界一流示范企业典型引领单位，被中国工经联授予全国首家企业可持续发展创新实践基地。获评全国文明单位，首获“榜样天津”最具社会责任企业年度大奖。涌现出“时代楷模”“改革先锋”“全国道德模范”“最美奋斗者”张黎明、“中国好人”王娅等一批先进典型，在此基础上，着力推动“个体先进”向“群体先进”拓展升级，以“推土机”精神为特质的先锋团队基本成型。

电网概况 天津电网是华北电网的重要组成部分。目前通过锡盟—廊坊—海河—泉城双回1000kV交流线路及鄂尔多斯—北岳—保定—海河双回1000kV交流线路与华北特高压主网相联。通过新航城—南蔡双回、盘山—安定单回500kV交流线路与北京电网相联，通过吴庄—孝彩双回、芦台—裕丰双回500kV交流线路与冀北电网相联，通过静海—黄骅双回500kV交流线路与河北南网相联。

截至2020年12月31日，天津电网共有1000kV变电站1座，1000kV主变压器2组，变电容量6000MVA；500kV变电站10座，500kV主变压器22组，变电容量21153MVA；220kV公用变电站85座，220kV主变压器204台，变电容量38886MVA。天津电网共有交流1000kV线路8条，天津维护段长度577.894km；直流±800kV线路2条，天津维护段长度391.916km，500kV线路35条，天津维护段长度1093.714km；220kV线路312条，线路长度4020.151km。

人力资源 推动领导人员队伍建设取得新成效。坚持以正确用人导向引领干事创业导向，持续提升领导人员队伍建设质量。出台《全面提升党员干部政治素质实施意见》，明确36类107项重点任务，引导领导人员在战略落地、疫情防控、脱贫攻坚等重点任务中扛起责任担当。出台《政治素质考察办法》，率先嵌入年度考核，实施正反向测评、立体式“画像”。滚动修编《领导人员队伍建设“十四五”规划》，提高选人用人工作的科学性、前瞻性。坚持以事择人、科学选用，选人用人工作总体评价满意率、新提拔领导人员认同率大幅提升。连续三年以作风大会开局全年工作，深入开展“严管理、强作风、保安全”和“发扬‘推土机’精神，打造一流干部队伍”两个专题大讨论，推动新形势下“上热中温下冷”问题专项整治，推动“个体先进”向“群体先进”拓展升级。出台《加强优秀年轻干部跟踪培养实施意见》，创新“双百·双青”联合培养模式，领导人员队伍建设相关经验在《中国组织人事报》《天津组工通讯》等权威刊物发表。三年来，三级单位领导人员平均年龄下降1.8岁，“80后”三级正副职由3人增加至19人。持续夯基固本。修订印发《领导人员选拔任用工作规程》等5项制度文件，指导基层单位“应修必修”“应建必建”，持续完善“1+N”组织人事制度体系。结合内部巡察完成6家单位选人用人专项检查，同步进行政策宣贯和指导服务，持续提升组织人事工作水平。

坚持战略引领、价值引领，推动本部机构编制优化。争取社保减免政策支持，全年降低成本2.15亿元。深度参与送变电公司、培训中心、电科院、经研院、营销服务中心等单位综合诊断和整改提升，以全局最优为目标，助力战略加速落地。指导培训中心全面深化“三项制度”改革，试点科级人员全体起立，面向全员公开竞聘。强化目标导向，切实发挥考核“指挥棒”作用。优化业绩考核体系，建立“煤改电”建设资金到账率、增供扩销、子公司利润贡献等专项任务考核，考核结果直接与工资总额增幅挂钩，切实提高考核的精准性和有效性。丰富业绩考核月度看板，将党委督办重点事项、周安全例会通报情况等全部纳入月度过程考核，确保考核指向明确、奖惩及时到位。全面践行“放管服”理念，取消新员工分配岗位两年调整限制、缩短非工学专业职工3、5、8年限，优化中级及以下职称评定机制、拓宽技师及以下技能等级评价渠道，真正畅通员工发展通道。企业年金缴费标准提高到8%，公司补缴企业缴费人均约2.3万元。建立补充医保“三享”计划，切实减轻员工医疗负担。

增强队伍凝聚力。连续三年召开作风大会，以“推土机”精神推动“个体先进”向“群体先进”拓展升级。开展“发扬‘推土机’精神，打造一流干部队伍”专题讨论，激发全员创业激情。持续整治“上热中温下冷”，锤炼“说了就办、定了就干”的执行力。出台《加强优秀年轻干部跟踪培养实施意见》，创新“双百·双青”联合培养模式，“青马工程”经验获共青团中央书记处第一书记贺军科批示肯定。1名员工获国务院政府特殊津贴。1名员工获评全国劳动模范，11名员工、1个集体分获天津市劳动模范、模范集体；1名员工获评国网工匠，3名员工获国家电网有限公司劳动模范，3个集体获评国家电网有限公司先进集体，3个集体获评国家电网有限公司工人先锋号；9名员工、2个集体获天津市和国家电网有限公司抗疫表彰。35个青年集体和17名青年获省部级及以上团青先进荣誉。

电网建设与发展 各级电网持续协调发展。完成天津电网“十四五”规划，形成“十四五”主网“1+5+10”、配网“1+2+13”规划成果体系，一次性通过国网评审，天津电网规划全部纳入国家电网有限公司“十四五”电网规划，配电网“十四五”规划成果入选国网典型经验。前期管理工作质效稳步提升，促成市发改委等9家委办局联合出台19项支持政策，工程前期效率提升15%，整体提速6个月。超前做好“十四五”电网项目储备，启动津南500kV输变电工程等“十四五”电网项目前期工作，滨海500kV扩建工程成为国网天津电力首个完成核准的“十四五”电网工程。服务新能源接入，完成国家电网有限公司“新能源云”部署及应用，在国网系统内率先实现新能源接网全流程业务贯通和线上运行。

助“六稳”，促“六保”。提前一周全面复工，项目开工、投产率均超100%。2020年度共完成电网基建投资70亿元，35kV及以上迁改工程投资3.05亿元、用户外部工程投资2.07亿元，预埋排管工程投资1.09亿元；35kV及以上线路开工893km、投产838km；变电容量开工519万kVA、投产647万kVA；全年完成开工66项，投产89项，为中央“六稳”“六保”任务完成作出贡献。“1001工程”主体全面竣工，500kV“目”字型双环网基本定型，海河下游220kV输变电工程等15项停滞多年工程建成投产，蓟州电网接入主网。海河下游等15项停滞多年的工程实现投产，进步道地下站完成负一层结构施工，延吉道电缆隧道盾构施工完成，全部6项垃圾电厂并网工程竣工投产，推动天津市能源结构持续优化。10kV线路绝缘化率达到85%。严格执行国家阶段性降电价政策，三年政策叠加降低社会用能成本72.65亿元。助力稳就业，招聘总量同比增长49%。发展“新基建”，促成政府出台数据中心高质量发展实施方案，开工建设首家能源互联网创新中心。电网工程建设质量稳步提升，标准工艺应用率达到100%，质量通病防治率提升10%，达标投产一次通过率提升30%；渠阳500kV站荣获国家电网有限公司优质工程金奖，并推荐参评2021年度国家级优质工程。坚持“统一标准、分层建设、数据贯通”的原则，加强过程管控，如期建成上线基建管理平台，提升电网基建管理水平。服务区域协同发展，全年审议电源、业扩及迁改方案227项，推动中俄输油东线工程、京滨高铁、京唐高铁、国家会展中心、地铁4号线、11号线等国家及天津市重点工程电力设施迁改。

经营管理 坚持提质增效和产业升级双轮驱动，成为13家盈利省公司之一。打赢“量价费损”攻坚战。业扩接电、稽查增收分别超额完成25.3%、93.5%，高损台区压降52.75%。促成燃煤燃气配比交易，年度市场化交易电量完成192.77亿kWh，减少垫付资金10.7亿元。争取淡季燃气发电上网电价优惠政策，增发低价燃气电量23亿kWh，节约购电成本1.1亿元。解决11.61亿元陈欠电费遗留问题。收回“煤改电”补贴7.9亿元。争取社保、节税等政策，降低成本支出5.4亿元。“三公”及会议费压减56%。与五大发电集团驻津单位等签署协议11项，综合能源服务营收同比增长85.18%。电动汽车充电量同比增长42%，首批实现正收益。省管产业利润逆势增长，30%施工企业获评国网示范。超额完成“三清理、三提升”专项治理，有效资产转化率达77.95%。建成“1233”新型资金管理体系，首批组建资金集约中心，提高资金集约管控水平。完成国网数字化审计平台营销审计模型研发任务并推广。创新规章制度体系，将规范性文件纳入制度管理，开展制度质量和执行成效“双评估”。成立跨防线合规工作组，推进专业领域风险管控。以制度形式确立触电防治工作机制，完成三年行动目标。获评全国法治宣传教育基地，为全国企业首家、央企唯一。

供电可靠性显著提升。开展可靠性提升行动，建成世界一流城市配电网，实施配网绝缘化改造，架空导线绝缘化率同比提高15.7%。加强运维管理，累计带电检测5989次，排查治理设备及触电伤害隐患10961处，成功应对寒潮、强风、强对流等极端恶劣天气和负荷极值考验，10kV故障同比下降29.92%。全面提升不停电能力，累计开展不停电作业5508次，中环线以内全面实现客户不停电检修施工，“黎明”牌带电作业机器人现场作业307次，作业平均时长从97min减少到57min。城乡供电可靠性率达到99.981%，用户平均停电时间降至1.63h。组织开展依法合规专项检查，针对薄弱环节出台《输变电工程依法合规建设管理风险清单》《进一步优化电网基建工程前期管理十项措施》《进一步规范电网基建工程开工管理十项措施》，形成加强依法合规管理长效机制。“输变电工程依法合规建设管理培训课程”在国网大学云课堂上线。

安全生产 电网保持稳定运行。成功应对“2·14”寒潮、“3·18”强风、“6·25”强对流等极端天气和1616万kW历史负荷极值考验。优化“1001工程”调度投产时序，保障重点工程投产，完善电网结构，提高电网供电能力。完成海河站主变压器GOE套管吊装检查，采用X射线技术开展组合电器专项监督检测。首家实现500kV及以上线路通道可视化全覆盖、500kV及以上设备零故障。安全短板全面补强。扎实开展安全生产专项整治三年行动、基建安全大检查、触电伤害防治等活动，消除各类隐患528项。推进特高压等重要输电通道、输电线路舞动、线路“三跨”隐患治理，全面完成变电站消防设施隐患三年治理任务，有效降低外破和设备运行风险。建立安全风险管控机制，有效管控64项四级作业风险和614项五、六级电网风险。管理体系优化完善。开展“严管理 强作风 保安全”专题安全活动。修编安全责任清单，开展安全述职及履责评价。建立领导干部现场安全督导机制，修订《安全工作奖惩实施意见》。完成13家单位安全生产巡查及12家单位“回头看”，解决问题596项。应急防线稳固提升。举办国网重点示范性应急演练——2020年城市中心区停电事件应急演练。高水平通过“护网2020”国家网络安全专项演习。完成十九届五中全会、第四届世界智能大会等220项重大保电任务。

营销工作 “获得电力”水平不断提升。持续推出1.0版“电十条”、2.0版“高十条”、3.0版“双十条”“获得电力”升级版服务举措，主动对外发布，接受全社会监督。全面推行“三零”“三省”办电服务，推动政府出台低压小微企业外线施工、中低压电力客户200m以内项目和临时用电项目外线施工“免审批”等政策，高、低压平均办电时间实现大幅压减，累计为客户节约办电成本近14亿元。2018年，在国务院第五次大督查中“获得电力”指数全国排名第四；2019年中国营商环境评价中，助力天津市成为全国营商环境十佳城市，其中“获得电力”指标纳入《中国优化营商环境报告2020》最佳实践。建成国内首个省级综合能源服务中心，实现“一大中心、五大定位、八大功能”，获评2019年“十大能源互联网”示范项目。组建“中国（天津）智慧能源服务产业发展联盟”，联盟成员达118家。探索综合能源业务融合建设，荣获国家电网有限公司2019年管理创新成果特等奖。出版《电能替代技术发展与应用》《综合能源服务解决方案与案例解析》等书籍。打造国内首家数据中心余热回收利用商业化运营项目、首个高校“供电+综合能源”服务项目、地区首个兆瓦级异步发电机余热发电项目。充换电业务行业内领先。充电市场占有率及充电市场份额达72%，国网系统内排名第一。充电桩数量由2016年的2580台增加到2020年的8547台，增长约2.3倍，充电电量由2016年的0.17亿kWh增加到2020年的1.79亿kWh，增长约近9.5倍，促进天津市新能源汽车“十三五”期间快速发展。在电能表非计量功能应用方面，非介入式负荷辨识应用研究成果在世界智能大会上展示。推动天津市市场监管委变革电能表检定路线。依托综合能源计量与评价实验室研发数据产品20余项。

科技与信息化 深入落实“新跨越行动计划”。首家成立副市长挂帅、院士领衔的专家咨询委员会，推出升级版“双八举措”，推行“揭榜挂帅制”“项目总师制”，实施人才培养“三大工程”，投运职工创新基地。建成一批重大示范，如天津惠风溪生态宜居智慧能源小镇、天津北辰大张庄产城融合智慧能源小镇，形成“10+10”创新成果，整体水平达到国际领先；滨海能源互联网综合示范区建设方案通过评审。

第四代配网带电作业机器人在16个省市推广应用，并首次在中央电视台现场直播“黎明牌”人工智能机器人工作实况。率先建成基于鲲鹏生态的电网云和数据中台，获华为2020开发者大会最佳设计奖。初步建成现代智慧供应链。完成由工信部、中电联组织的数据能力成熟度评估（DCMM），成为国网首批获评四级量化管理水平的单位。

形成一批领先成果。成功申报电力物联网国家重点研发计划，国家自然科学基金项目实现零突破，首次牵头获得2项国网科技进步一等奖，省部级科技奖项及一等奖数量创新高。8项成果实现商业转化突破。发布行业首个电力运营和服务标准体系，首获中电联“电力创新奖”一等奖，管理创新成果和电力行业QC获奖总数均创历史最高。首获国网职工技术创新一等奖。在第七届中国青年创新创业大赛中斩获4项优秀奖，数量位居国网第一。主办城市能源大数据高峰论坛，发布首个城市能源大数据发展白皮书。

优质服务 电力服务得到多方肯定。电力营商环境持续优化。通过供电到红线等举措，降低企业接电成本7.1亿元，高压平均接电时间同比压降18.4%。推广“网上国网”，推行业务线上办、网上办、指尖办，提高了客户获得感和满意度。推广转供电费码，配合政府清理转供电加价，确保政策红利及时足额传导至终端用户。助力污染防治。推动首个电驱海河游船投运，国内容量最大的邮轮母港岸电项目收尾，完成新华中学等一批校园电气化项目，全年替代电量35.03亿kWh。建成全市“0.9、3、5”充电服务圈、国内首个全电驱动公交服务网络，率先实现过境高速充电网络全覆盖。精心运维“煤改电”设备，保障清洁取暖。困难村帮扶全面完成。7个结对帮扶村率先实现能源使用清洁化等“十化”目标，相关工作在政府发布会上发布。建成天津首座100kW级光伏扶贫电站。

出台“三大纪律、八项注意”、防疫“双十条”等7批121项举措，慎终如始抓好常态化防控，始终保持“双零”。紧急调配防疫物资驰援华中、湖北、河北。36h昼夜奋战恢复中石化液化天然气（LNG）供电；始终确保医疗机构、防护用品生产企业、重点用户和人民群众可靠供电。两次参加政府新闻发布会，推出“津电二十条”“双进双服”“一区一行一指数”等举措。

党的建设和精神文明建设 学习贯彻习近平新时代中国特色社会主义思想持续深化。落实党委会“第一议题”，做到第一时间传达学习、第一时间贯彻落实。梳理习近平总书记重要指示批示精神，形成3大类16子项专题学习资料，提升党委中心组学习质效。落实党组织在公司治理结构中的法定地位，公司及二级法人单位全部“党建入章”。落实党建责任清单，建立基层书记季度手写工作报告、基层班子成员党建述职机制，推动党建责任深入落实。深入开展软弱涣散基层党组织整顿，推动基层“一部门一支部”设置，党支部书记、委员空缺动态清零。编制“四层＋五维”党建工作手册、编发“清单＋实证”党员发展手册，党支部标准化水平持续进一步提升。创建“基层党建实践教学点”，促进优秀经验交流传播。应用项目管理手段，建立“党建＋”工程项目，形成供电服务投诉纳入“三会一课”分析等一批典型经验。围绕疫情防控、复工复产等工作，组织基层党组织与客户党组织开展联创共建，主动服务中石化、轨道集团等企业。持续深化“看旗争优·对标黎明”主题实践活动，建立对标指标体系，培育“黎明式”职工和团队。以新时代文明实践志愿服务为依托，持续优化文明实践基地建设，1家单位被北辰区文明办授予“北辰区新时代文明实践中心大张庄智慧能源小镇实践基地”。制定《加强和改进新时代职工队伍思想政治工作的实施方案》，针对新兴产业单位、重组单位融合等开展职工思想动态分析，确保队伍稳定。坚持以党内政治文化引领企业文化建设，打造“文化融城”文化实践特色品牌。制作动漫“红色文化地图”，组织近千名党员实地接受爱国主义教育。相关报道被人民网、新华社等多家媒体刊登。开展“文化铸魂、文化赋能、文化融入”专项行动，明确36项任务，推动战略文化理念分层分众传播。公司9家单位获评天津市文明单位，新增2家全国文明单位。6个基层党委获评国家电网有限公司党建专业标杆，覆盖全部专业类别。8个青年集体和14名青年获天津市和国家电网有限公司先进荣誉称号。从严治党持续深化。动态修订“两个责任”清单和“八类人”差异化履责卡，拧紧责任链条。开展常态化“清单式”约谈119人次，全面防范廉洁风险。建立党委巡察上下联动机制，完成16家单位常规巡察和“回头看”。狠抓漠视侵害群众利益问题专项整治，严肃查处“小微权力”腐败，始终保持高压态势。强化以案促改，打造“津电清风”廉洁品牌。获评全国厂务公开民主管理示范单位，蝉联全国“安康杯”优胜单位称号。1名员工获评全国劳动模范，11名员工获评天津市劳动模范，1名员工获评天津市抗疫劳动模范，1个集体获评天津市模范集体；2名员工获评天津市三八红旗手，1名员工获评天津市抗疫三八红旗手，1个集体获评天津市三八红旗集体。落实意识形态责任制，坚持正确舆论导向，在中央电视台等央媒发稿量同比增长70%，重点工作首次在央视直播；品牌故事、案例获国务院国资委优秀奖，获奖级别和数量位列系统第一。落实为职工办实事“十项举措”。公司志编纂取得阶段成果。统战、团青、思想文化、保密、信访维稳、后勤、离退休等工作取得新进展。

战略落地形成示范引领　首家成立战略执行委员会，构建“能力框架－战略地图－任务集群－执行保障”落地模式，国家电网有限公司发文要求全系统参考借鉴。形成省级电网企业创一流典型模式，相关经验在国务院国资委专题会议上推介，在《国资报告》上刊发。改革攻坚实现多点突破。落实“改革攻坚年”部署，推进改革落地见效。电力改革有序推进。第二监管周期输配电价核价水平保持稳定，关键核价参数优于国网平均水平。首批完成交易中心股份制改造，率先启动股权优化，电力直接交易电量同比增长60%。落实放开经营性用户入市政策，优化平台功能、加强宣传培训、开辟绿色通道、压缩注册流程，市场用户同比增长5.84倍。首次作为独立主体参加省间可再生能源现货交易。国企改革加速落地。制定国企改革三年行动方案，明确“一型三效、国际领先”目标，形成“一案一图一台账”。首家制定混改规则，以“两个清单”激发活力。提前搭建省管产业“1＋1＋N”产权架构，稳妥处置7户非核心企业，成功解决团泊湖地块遗留问题。平稳完成退休人员社会化管理。内部改革持续深化。落实“战略＋运营”要求，构建“一体两翼三驱四联”管控模式。以承诺制深化“放管服”，审批效率提升47%。深化组织变革，完成本部机构优化，组建营销服务中心、智慧产业公司、思极公司、滨海数字科创中心等组织机构。深化“三项制度”改革，岗位聘任制实现基层全覆盖，基层试点中层全体起立再竞聘，形成城南小站模式等一批国网示范。组织新闻发布21次，全年对外发稿7000余篇，发稿量同比增长70%，在中央电视台发稿41篇（其中新闻联播6篇）。建成融媒体中心，整合政府、媒体、党校优质资源力量推进“软硬件”迭代升级。融媒体作品首获亚洲微电影节最佳公益片和国家广电总局公益广告二等奖。品牌故事、案例获评国务院国资委优秀奖。

（王　媛）

【国网河北省电力有限公司】

公司概况　国网河北省电力有限公司（简称国网河北电力）是国家电网有限公司的全资子公司，负责河北南部电网的规划建设和运营管理，营业区域覆盖石家庄、邯郸、保定、沧州、邢台、衡水六市及雄安新区，供电面积8.4万km^2，服务人口5100余万，供电客户2100余万。现有基层单位16个、县级供电企业98个。2020年，全年发展总投入161.5亿元，其中电网投资144.2亿元；售电量1946亿kWh，同比增长2.85%；营业收入1010.98亿元，同比降低0.44%；线损率6.09%，同比降低0.8个百分点；资产负债率64.31%；业绩排名国网第七。

抗疫保供 面对突如其来的新冠肺炎疫情、严峻复杂的发展形势，国网河北电力上下同舟共“冀”，光明战“疫”，统筹推进疫情防控和服务经济社会发展。迅速迎战两次疫情侵袭，第一时间成立领导小组、启动应急响应、组建三级专班，明确“四项机制”“五个严格”等要求，实施逐人排查、逐事报告、逐日调度，采取最小化办公、全员核酸检测、封闭式运转等有效措施，上下密切协同，党政工团齐抓共管，有力护卫了9万余名职工生命健康。及时出台“保供电、保服务”十项举措和助力打赢疫情防控歼灭战八项措施，紧急为定点医院、隔离点架设第二电源，对重点场所实施24h驻守、不间断巡护。特别是针对石家庄、邢台突发疫情，火速集结、昼夜鏖战，1h完成“火眼”实验室负荷切改、2h满足藁城增村防疫指挥部用电需求、6h实现南宫“移动方舱CT”接电，以最短时间保障黄庄隔离场所正式用电。

人力资源 创新实施“Z”字型成长模式，全年调整三级正副职69人次，具有多层级、多专业经历的领导人员超过70%，建成覆盖省市县三级的青蓝干部人才库。注重在急难险重任务中考察识别干部，24名表现突出的人员得到重用。大力开展“攀高峰、勇争先、夺红旗”活动，率先实施青年员工托举工程。在全国网络安全技能大赛、国网变电运维技能竞赛、河北职工技能大赛等连获佳绩，46家单位和集体荣获全国文明单位、国网先进集体、河北省质量奖等称号，5名职工荣获全国劳模称号，2名职工获评国网特等劳模和河北大工匠，53名职工获得国网先进个人、河北省五一劳动奖章等荣誉，涌现出岳金栋同志等一批先进典型。

电网建设与发展 启动实施电网三年提升行动，克服防疫、安全叠加压力，全力推进电网攻坚，完成山西盂县、陕西锦府“点对网”等重点工程，创造了各专业联合作战的“石北模式”，取得了石家庄“1+4”变电站、定州“三新一扩”、58项遗留工程销号等历史性突破，实现开工、投产“双超前、双超额”，500kV邢西工程夺得鲁班奖，配网“百佳工程”数量位居国网第一。

经营管理 围绕全员、全链条、全要素，构建“盈利负债双模拟”和“百县千所亮比评考”立体式提质增效体系，明确“任务、责任、成效”三项清单，把经营压力横向贯穿至各专业、纵向传递到班站所等最小价值单元，激发全员经营意识。持续优化经营策略，建立季度与月度相衔接、会上讲问题和会后督落实的经济活动分析机制，率先实现全量抄核收账业务省级集约，统筹购电结构优化、加快业扩报装、加大电能替代、加强反窃查违等多维挖潜，全年增收节支31亿元，有力对冲了减利影响。紧盯第二轮输配电价核定，经过一年半的扎实工作，实现预期成果。以培育轻资产业务为重点，牵头建立省级能源大数据中心，成功上线“智慧绿能云”平台及36项数据产品，大力推广“电管家”、楼宇用能优化等综合能源服务，稳步拓展杆塔、管廊等租赁代维服务市场，新兴产业规模突破17亿元，实现了经济效益和社会效益的双赢。

安全生产 把牢安全“生命线”，将严的主基调贯穿始终，创新构建安全管控中心、安全督查队伍、第三方监督机构“三位一体”现场监督体系，深入开展安全生产专项整治、建设施工大检查、安全生产巡查等专项活动，消除邢台特高压站电抗器、石家庄民生站电缆通道、沧州东部线路舞动等重大隐患，连续五年实现护网演习零失分，成功应对历史最大负荷、多轮寒潮侵袭等严峻考验，夺取度夏防汛“双胜利”、保供保暖“双平稳”。

电力改革 认真落实“改革攻坚年”部署，制定25项年度任务和“一表一图两单两报”机制，完成交易中心股改、退休人员社会化管理等改革任务，省管产业完成省市两级资本纽带关系搭建、实现利润3.8亿元。创新实施企业年金理事会、营销服务中心、资金集约中心、“中心所+服务站”等内部变革，初步构建“战略+运营”管控模式，完成岗位聘任制全覆盖，运营效率、发展活力全面提升。深入落实“新跨越行动计划”，制定全面加强科技创新的25条措施，年度立项资金突破1亿元、同比增长55%，基本建成数字化基础平台，创造了世界首次特高压直流直升机带电作业、中国青创版首个项目落地签约等一系列示范，取得了首获中国专利银奖、再获省部级科技一等奖、首获国际QC铂金奖等一系列突破。

优质服务 积极服务“三大攻坚战”，助力74个定点帮扶村全部摘帽，完成年度28.9万户“煤改电”任务，打造了“半小时抢修服务圈”，阿里联网、“三区三州”电网援建任务提前完成。把优化营商环境作为重中之重，大力实施“阳光业扩”工程，动真碰硬推进“四查、四看、四整改”，“网上国网”有机融入“冀时办”、用户规模突破千万，10kV用户、小微企业平均接电时间降低37%和66%。

党的建设和精神文明建设 落实“基层党建巩固提升年”部署，充分发挥党建的引领保障作用。第一时间跟进学习习近平总书记重要讲话精神，建立习近平总书记重要指示批示落实专项督察制度，大力实施“三个一百”培养工程，各级党委中心组开展集体学习1500余次，带动广大党员干部“四个意识”更加牢固、“四个自信”更加坚定、“两个维护”更加坚决。聚焦推动战略落地，组织开展“赶考路·三色行”特色实践，扎实推进共产党员服务队标准化、规范化建设，打造了“党建+”十大精品工程，“一党委一品牌、一支部一特色”初见成效，党的建设与中心工作由“相加”向“相融”持续升级。制定落实“两个责任”清单和24节气表，建立党内监督引领专业监督的“2+9”体系，深入开展防疫监督、扶贫监督、廉洁雄安等专项行动，统筹推进“清单式”约谈、市县一体化巡察和县公司审计“两年行动计划”，推动管党治党更加严紧硬，“见底清零”问题整改完成率100%。

雄安新区电网建设 准确把握雄安发展定位与国网战略目标高度契合的历史机遇，在推动战略落地中打响雄安品牌。立足雄安数字城市建设和多元能源形态，明确“数字化主动电网”发展思路，以“三台八化”体系为重点，研究推进18项示范工程，分步构建“站点级、园区级、片区级、乡村级”四级示范，首项投运工程实现了能源即插即用和故障快速自愈。针对新区迁建任务重的特点，大力推行“战区会战”建管模式，高标准编制雄安电网建设行动方案和电力迁改方案，高质量建成雄安“检储配”一体化物资中心，500kV雄东站、起步区7号合建站等重点工程顺利开工，雄安电网正式进入全电压等级建设新阶段。积极融入绿色智慧新城建设，雄安能源互联网示范区入选国网十大科技示范工程，张雄特高压打通了连接河北“两翼”电力大动脉、实现“用张北的风点亮雄安的灯”，京雄高铁创造了“点线面”绿能范例，万科智慧用能社区等试点相继建成。坚持无创新不雄安，集中攻关“十大创新课题”，取得了以全国首个电力北斗全域应用、CIEMS系统入选工信部物联网示范、首个车路协同示范工程、雄安公司“1+9”管理变革、智慧财务和数字货币等为代表的累累硕果。

（郑雪胜）

【国网冀北电力有限公司】

公司概况 国网冀北电力有限公司（简称国网冀北电力）隶属国家电网有限公司，肩负着保障首都供电安全、服务冀北地区经济社会发展、服务国家新能源发展的特殊职责使命。国网冀北电力作为总部分部一体化改革的重要成果，于2012年2月9日正式成立，是国网系统最年轻的省级电力公司。供电营业区域包括唐山、张家口、秦皇岛、承德、廊坊5市，43个县（区、市），供电面积约10.41万km^2。截至2020年底，本部设置22个部室（中心），所属供电、施工、培训等基层单位22家，合资公司3家，职工总数23363人。

电网概况 冀北电网连接东北和华北电网，供电面积10.41万km^2，供电人口约2277万，设备分布“京、津、冀、晋、蒙、辽”六个省（自治区、直辖市）。公司运维1000kV变电站3座，线路1197.6km；±800kV线路577.5km；±500kV变电站3座，线路662.7km；500kV变电站33座，线路12721.4km；220kV变电站149座，线路12763.8km。截至2020年底，冀北电网统调装机容量为4287万kW，新能源装机容量2822万kW，其中新能源装机占64.5%，是首家新能源装机容量超过常规电源的省级电网，位居国网系统第一。

人力资源 优化选人用人“三位一体”考核机制，精准对接“双千工程”，统筹用好各年龄段领导人员，健全职员职级序列，队伍资源配置不断优化。开展第一期“青年马克思主义者培养工程”。深化“三项制度”改革，推广岗位聘任制7000余人次，电科院首次实现岗位分红兑现。

践行新时代党的组织路线，深化应用“1+N”干部管理制度体系和“5 + 5”组织体系，年轻领导人员占比不断提升，各级领导班子结构明显优化。

电网建设与发展 编制完成“十四五”电网规划。北京东特高压扩建等35项工程完成可行性研究评审，张家口白土窑等47项工程取得核准。承德丰宁抽水蓄能电厂二期送出等57项工程开工建设，廊坊大城等53项工程全面投产。世界首个具有网络特性的500kV张北柔性直流工程顺利投运，创造12项世界第一。张北—雄安1000kV特高压交流工程按期投产，为雄安新区实现100%绿电创造了条件。

以数字化推动电网智慧化发展，“大云物移智链”等先进技术深度应用，电网的数字化、自动化、网络化和智能化水平显著提升。打造具有冀北特色的一流现代配电网，城市、农村供电可靠率持续提升，配电自动化覆盖率提高到91.1%，户均配电变压器容量提升至2.18kVA。

经营管理 发展总投入113.4亿元，同比增长8.5%；其中电网投资101.5亿元，同比增长10.1%。售电量1460.05亿kWh，同比增长2.57%。营业收入754.79亿元。利润、净利润分别实现1.48亿元、3.28亿元，剔除政策影响分别实现12.18亿元、6.97亿元；资产负债率64.56%。进入国家电网有限公司企业负责人业绩考核A段行列。

落实7个方面136项提质增效重点任务，对冲减利因素影响17.45亿元。激励成本单位发挥创收节支最大效能，取得综合收益1.58亿元。创新各类型单位政策引导机制，全部子公司实现扭亏为盈。张家口需求响应示范工程填谷电量超过4000万kWh。综合能源项目营收8.86亿元。触电案件压降三年行动目标超额完成。实施内部审计项目100项。及时处置失信事件8起、高风险事件5起。

安全生产 始终把安全作为一切工作的前提，采取一系列有效措施拧紧责任链条，大力实施安全生产专项整治三年行动，建立“两个清单”194项，管控各类安全风险9187项。开展基建施工现场安全大检查、输配电线路森林草原火灾排查等活动，整改问题513项。完成变电站消防设施隐患三年治理任务。完成十九届五中全会、北戴河暑期等保电任务。“护网2020”网络攻防演习实现“零失分”。

营销工作 稽查及反窃查违挽回损失2.02亿元。降低台区线损率，减少电量损失1.05亿kWh。电费回收连续9年实现100%。大力开源增收，完成电能替代99.78亿kWh，同比增长12.5%。落实提升“获得电力”9项举措，为小微企业节省投资超过8200万元。“网上国网”线上办电率达到90%。创新应用转供电费码，配合政府清理规范转供电环节不合理加价。推广保证金保险，为供应商释放资金5.97亿元。

科技创新 “科技冬奥”国家科技项目、3项国家自然科学基金项目成功立项。“虚拟电厂技术”被中国电机工程学会鉴定为国际领先水平。虚拟同步机技术、风电智能运维、柔性变电站关键技术分获中国电力、河北省、国家电网有限公司科技一等奖。国网冀北电力被评为河北省企业管理创新先进单位，1项QC成果首次获得国际质量管理小组成果最高奖。

决策落实 抗击疫情坚强有序。落实北京市、河北省和国家电网有限公司疫情防控部署，开展职工疫苗接种，下发疫情防控应急处置方案，分区分级精准施策，保持“双零”良好态势。老党员捐款事迹受到国务院国资委表扬，1个集体、6名员工获得国家电网有限公司10项表彰。落实7批59项举措，全力保障1200余家定点医院、重要客户用电需求，电网建设提前复工，减费降税惠及85.98万用户、减免15.44亿元。推出“企业复工电力指数”，为政府科学决策提供有力支撑。

脱贫攻坚贯彻有力。始终把落实党中央、国务院决策部署作为第一使命，服务京津冀协同发展，保障了冀北区域承接京津的769个重大项目、5280亿元资金落地。全面完成精准扶贫任务，36个定点帮扶贫困村全部脱贫出列，建成54座集中式、1818座村级光伏扶贫电站，光伏扶贫成为冀北区域主要扶贫方式。完成新一轮农网改造升级、易地搬迁扶贫任务，消费扶贫位居国家电网有限公司前列。连续两年在河北省扶贫工作考评中获评优秀，营销部荣获全国脱贫攻坚先进集体。完成261项“煤改电”工程，为52.57万户居民温暖度冬提供坚强保障。

冬奥保障坚实有效。“六大工程”建成投运，“1＋3＋N”三级高可靠供电保障体系搭建完毕，冬奥核心区供电可靠率达到世界领先水平，完成冬奥测试竞赛活动保电和测试任务。促成奥运史上首次场馆全部采用绿电，打造了“双碳”目标落地的典型示范。

战略落地 提出“三个率先”奋斗方向和“五四三”战略落地体系，制定40项战略举措139项行动任务。张家口（冬奥）能源互联网综合示范双高绿色智慧电网初具雏形，秦皇岛（北戴河）能源互联网综合示范实现90余类监测信息、设备缺陷和作业风险全面监控。各单位因地制宜，形成了一批战略落地实践样板，承德公司在打造塞罕坝能源互联网生态示范区、廊坊公司在临空经济区综合能源联合开发、风光储公司在新能源与储能产业商业运营模式等方面取得积极成效。

改革攻坚 完成第二监管周期输配电价核价工作。制定完成“战略＋运营”管控模式工作方案，明确第三批“放管服”清单57项、基层单位自主决策事项负面清单64项。印发《国企改革三年行动实施方案》，成立综合能源混合所有制项目公司，省管产业完成核心业务整合和非核心业务转型升级。唐山曹妃甸化学园区项目被认定为国家电网有限公司改革试点示范项目。提前完成退休人员社会化管理移交任务。

党的建设和精神文明建设 落实“第一议题”制度，跟进学习贯彻习近平总书记重要讲话和指示批示精神。举办十九届五中全会精神专题读书班等系列活动，开展《习近平谈治国理政》第三卷大学习、大讨论1100余次。落实“基层党建巩固提升年”各项措施，完成451个党组织的换届选举。实施47项“党建＋”工程，1个党员服务队荣获“全国学雷锋最佳志愿服务组织”称号。开展第一期“青年马克思主义者培养工程”。党建工作获得国家电网有限公司5项专业标杆。党风廉政建设纵深推进，构建“四项约谈”新机制，约谈1581人次。建立巡察“1＋6＋1”工作模式，开展扶贫领域、廉洁办奥专项巡察，完成18家县公司提级巡察。围绕关键节点开展高端主题传播，央媒报道频次和时长取得“双突破”。召开“践行能源安全新战略六周年”媒体座谈会，搭建媒体智库平台，巩固冀北特色主流舆论。推进“三必贺、三必访”慰问实现全覆盖。加强信访维稳和保密管理，确保了和谐稳定局面。4家单位获全国文明单位称号，1个家庭获全国文明家庭称号，1个集体获全国青年安全生产示范岗称号，4名同志获全国劳动模范称号。

（贺　磊）

【国网山西省电力公司】

公司概况 国网山西省电力公司（简称国网山西电力）是国家电网有限公司的全资子公司，以电网规划、建设、运行管理及电力调度、经营等为主营业务，下设11个市供电公司、104个县级供电公司，供电区域覆盖山西省117个县（市、区）中的105个县（市、区），供电面积13.55万km^2，服务客户1228万户，全口径用工总量5.04万人。

近年来，外送电网形成了“三交一直特高压＋12回500kV外送通道”，外送电力能力3830万kW，较“十二五”末提升近1倍。山西省内构建了500kV“三纵四横”骨干网架，网架结构、配置能力、整体功能大幅提升。2020年，省内售电量1816亿kWh，营业收入突破990亿元，利润总额4.39亿元，资产总额947亿元。

领导班子

董事长、党委书记：刘宏新

董事、总经理、党委副书记：安彦斌

董事、党委副书记、副总经理：张满洲

副总经理、党委委员：曹福成

职工董事、党委委员、工会主席：王忙虎

副总经理、党委委员：刘福义

总会计师、党委委员：陈　浩

副总经理、党委委员：张　涛

副总经理、党委委员：任　远

党委委员、纪委书记：齐向党

总工程师：张军六

国网太原供电公司总经理、党委副书记：武登峰

国网太原供电公司党委书记、副总经理：薛建虎

人力资源 队伍建设效果显著，深化“英才”“工匠”计划，865名年轻骨干纳入储备，137名优秀人才走上领导岗位。构建省市县三级技能人才梯队，培养选拔出首批10名省级“晋电工匠”及148名地市级工匠，15人荣获三晋技术能手。落实22项基层班组减负措施，完成809间公寓改造，建成208家职工诉求服务中心。3名个人获评全国劳模、全国青年岗位能手；17名个人获评山西省五一劳动奖章、国家电网有限公司特等劳模、青年五四奖章；10个集体获评山西省工人先锋号、国家电网有限公司先进集体等称号；2个集体、9名个人获国网抗疫表彰。深化“三项制度”改革，新任班、站、所长聘任制实现全覆盖，劳动合同电子化通过验收，工资总额分配模型全面推广，打破“同升同降”，实现“有升有降”；岗位分配模式打破“平均主义”，实现“多劳多得”。“战略＋运营”“战略＋财务”管控模式优化扎实推进。“放管服”第二、三批清单落地实施，下放事项69项，有效激发基层活力。

经营管理 实施提质增效7方面45项任务，推出产业升级139项举措，对冲减利影响10.6亿元。增供增收成效明显，接收水电自供区1368km^2，年增售电量6000万kWh。电能替代量93.6亿kWh，增利超过10亿元。配网不停电作业次数同比提高40%，多供电量2700万kWh。积极参与全国电力平衡，公司外送电量505.76亿kWh。新兴产业快速发展，综合能源服务营收8.49亿元，同比增长102%。新建充电桩1264个，专用车充电市场占有率超过40%。基础资源商业化运营收入3150万元。深化环保设备用能监测等数据增值变现7项应用，收入1581万元。降本节支取得实效，差异化实施“煤改电”，户均投资下降3/4。高损线路和高损台区数量分别压降83%和73%，综合线损率累计完成5.19%，同比下降0.31个百分点，少损电量3.81亿kWh。反窃查违追补电费1.86亿元。全年电费足额回收。盘活积压物资1.36亿元。争取政策获得支持，协调取消电力增值税预征政策释放现金流15亿元，推动出台燃气机组降价政策，降低交叉补贴负担14亿元。

安全生产 始终把安全工作摆在首位，以安全生产专项整治三年行动为抓手，坚决守牢安全生命线。安全责任压紧压实，细化安全生产责任清单，制定领导干部和管理人员到岗到位等5项制度，实现24家生产单位安全巡查全覆盖，安全基础不断夯实。专项整治扎实推进，深入开展建设施工安全大检查，“四不两直”督察覆盖现场1.17万个，整改违章7000余项，有效遏制事故苗头。完成60座老旧变电站整站治理。开展森林草原输配电线路火灾、输电线路“三跨”等隐患治理，1545项问题隐患全部整改销号。电网运行安全可靠，应对新能源大规模并网、山火、雨雪自然灾害、负荷10创新高等严峻考验，强化网源协同管控，加强重要输电断面和输电通道监控，确保了大电网安全运行和电力可靠供应，完成党的十九届五中全会等重大保电任务。网络安全持续巩固，网络安全监测装置覆盖35kV及以上变电站和省地两级调度电厂，荣获第六届全国工控系统网络安全竞赛冠军。

科技创新 召开科技创新大会，实施“新跨越行动计划”，聚焦“五个跨越”、20项关键领域深度发力，培育公司发展新动力。共享共建拓宽平台，深化政企、校企合作，与大同市政府、清华大学、太原理工大学签署合作意向书，共同打造全省能源互联网科技基础设施。组建博士创新工作站、博士后科研工作站，筹建物联网、能源区块链实验室，首次获批国网技术标准验证实验室，深度培育创新沃土。重点项目取得突破，围绕交直流特高压大电网运行、高比例新能源接入等开展“卡脖子”技术攻关，获省部级及以

上科技奖16项、国家专利授权331项。8项管理创新成果荣获国家电网有限公司级及以上表彰。全员创新点面开花，15项职工创新成果获省部级及以上奖励，1项成果获第45届国际QC小组大会最高奖，填补国际奖项空白。成果转化初见成效，“便携式计量二次系统校验仪”开拓陕西、云南省外市场，营收超千万元。50项职工创新成果签约国网电商等平台，创造效益超过2000万元。

党的建设与精神文明建设 党的建设全面加强。坚持不懈强根铸魂，以高质量党建引领高质量发展。政治建设持续强化，认真落实“第一议题”制度，第一时间学习贯彻习近平总书记重要讲话和重要指示批示，广大党员干部“四个意识”更加牢固，“四个自信”更加坚定，“两个维护”更加自觉。国网山西电力入选山西省理论学习中心组示范点、山西省社会主义核心价值观建设示范基地。党建基础更加牢固，扎实推进“基层党建巩固提升年”，党员空白班组全面消除，5家单位获评“国家电网党建工作专业标杆”。亮旗工程彰显特色，开展“亮旗攻坚促发展”主题实践活动，广大党员在疫情防控最前线、脱贫攻坚最前沿、生产经营主战场亮旗展风采。“亮旗工程”入选中组部“第五届全国基层党建创新典型案例”。从严治党不断深化，坚持“严”的主基调，开展落实中央八项规定精神检查220余次，开展疫情防控、线路火灾隐患、低职实权等专项监督，统筹实施“六类约谈”1814人次，运用“四种形态”处理178人次，其中第一、二种形态占比94%。完成5家基层单位巡察，中央和国家电网有限公司党组巡视问题整改“双见底双清零”。中央媒体发稿量提升296%，宣传作品获16项省部级及以上奖项。

主要事件

1月15日，山西省1～2月月度挂牌电力直接交易顺利组织。这是山西省首次开展的挂牌电力直接交易，标志着山西省电力直接交易实现双边协商、集中竞价和挂牌全品种组织，市场建设向前迈出重要一步。

2月18日，垣曲抽水蓄能电站开工。工程总装机容量120万kW，总投资79.6亿元，直接带动上下游制造业产值约20亿元。

3月16日11时许，援鄂物资车辆从国网山西电力本部出发，驰援湖北抗击疫情。援助物资包含价值50万元生活物资，以及酒精消毒液1.6t、防护服、面罩、护目镜等抗疫防护用品，于3月17日晨运抵湖北武汉。

5月11日，山西全省大风天气，局部风力超过8级，在此天气情况下，山西风电借风而起，自5时起，全天风电出力均在850万kW以上，当日两次创历史新高，并于18时11分首次突破千万千瓦，达到1006.4万kW，占当时全网用电的44.5%。

8月7日，国网山西电力与国网电商公司举行“能源区块链技术与应用联合实验室揭牌仪式”，共同开展区块链技术研究和业务应用。与会双方签署《能源区块链合作协议》和《合资公司组建备忘录》。

9月24日，国网山西电力召开2020年科技创新大会。会议强调全面实施“新跨越行动计划”，奋力推动科技创新工作实现核心技术的跨越、体制机制的跨越、成果转化的跨越、人才队伍的跨越、党建引领的跨越。会议发布《国网山西省电力公司“新跨越行动计划”工作方案》和《国网山西省电力公司加快人才高质量发展工作方案》。

9月29日，蒙西—晋中1000kV特高压交流工程启动送电。至此，华北电网基本形成了覆盖主要负荷中心和大型能源基地的“三纵两横一环网”特高压骨干网架，提高了资源配置能力、安全稳定水平，特别是抵御系统严重故障的能力，提高了蒙西、山西、陕北等能源基地送电可靠性，促进蒙西、晋北新能源开发、消纳，山西至河北特高压断面送电能力提升300万kW。

10月20日，国网山西电力首个无人智慧营业厅——亲贤营业厅全面建成投运，实现办理用电业务、提供互动体验、普及电力知识、宣传公司战略、展示品牌形象等多种功能一体化，典型经验在国网系统全面推广。

10月20日，国网山西电力与大同市政府、清华大学电机工程与应用电子技术系、太原理工大学现场签署合作意向书，探索构建政校企合作新模式，促进能源互联网产业孵化，助力能源革命试点建设。

10月20日至21日，时任国家电网有限公司董事长、党组书记毛伟明在太原与山西省委书记楼阳生，省委副书记、省长林武会谈并到国网山西电力进行调研。会谈时双方表示，进一步推进山西电网高质量发展，推动山西能源革命综合改革试点，并签署《加快能源互联网建设 深化能源革命综合改革试点战略合作框架协议》。

10月21日，在山西省委组织召开的2020年全省脱贫攻坚表彰大会上，国网山西电力获评山西省脱贫攻坚组织创新奖，连续三年评价为“好”，入围全国脱贫攻坚先进集体候选名单。

11月7日，由中国电视艺术家协会、中央新影集团等单位共同举办的第八届亚洲微电影艺术节“金海棠奖”揭晓。国网山西电力创作的扶贫题材微电影《暖阳》荣获最高奖项——最佳作品奖。

12 月 26 日，随着山西崇光电厂并网发电，山西省发电装机容量突破 1 亿 kW。全年外送电量首次突破千亿千瓦时，达到 1053.62 亿 kWh，同比增长 6.28%。

12 月 31 日，双边现货市场顺利完成首次双月连续结算试运行，370 个发电主体、42 个大用户及 165 家售电公司代理的 6001 个零售用户参与，累计试运行 122 天，时长全国第一。

（龙　云）

【国网山东省电力公司】

公司概况　国网山东省电力公司（简称国网山东电力）是国家电网有限公司的全资子公司。本部设 22 个部门，下属 136 家单位（18 家地市级供电企业、17 家业务支撑单位和综合单位，3 家新兴产业单位及 98 家县供电公司），服务电力客户 4915 万。2020 年，全省全社会用电量 6939.85 亿 kWh，国网山东电力完成售电量 4126.9 亿 kWh，同比增长 3.96%。

领导班子

董事长、党委书记：蒋斌

董事、总经理、党委副书记：孙可奇

董事、党委副书记、副总经理（二级单位正职级）：钱平

副总经理、党委委员：董京营

职工董事、副总经理、党委委员、工会主席：杜军

党委委员、纪委书记：孙国宇

副总经理、党委委员：孙敬国

总会计师、党委委员：马瑞霞

总工程师、党委委员：李荣

副总经理、党委委员：刘伟生

副总经理，鲁能体育文化分公司总经理、党委副书记：孙华

三级顾问：王志伟

三级顾问：王传庆

三级顾问：姚鲁

三级顾问：王如伟

组织机构　办公室（党委办公室、董事会办公室）、发展策划部、财务资产部、安全监察部（保卫部）、设备管理部、市场营销部（农电工作部）、科技部、建设部、互联网部、物资部（招投标管理中心）、党委宣传部（对外联络部）、审计部、法律合规部（体改办）、党委组织部（人事董事部）、人力资源部、离退休工作部、后勤工作部、党委党建部［思想政治工作部、直属（本部）党委办公室、团委］、纪委办公室（巡查办）、山东电力调度控制中心、工会、企业管理部。直接管理单位 38 个，其中地（市）级供电企业 18 个。

电网概况　山东电网电源装机以火电为主，300MW 和 600MW 级发电机组为主力机型，覆盖全省 16 个地市。山东电网已形成 1000kV 泉城站落点济南、昌乐站落点潍坊、高乡站落点临沂、微山湖站落点枣庄、曹州站落点菏泽，±800kV 广固站落点潍坊、沂南站落点临沂，±660kV 银东直流落点青岛，以 500kV 环网为省域电网主网架、220kV 环网为市域电网主网架，发、输、配电网协调发展的大容量、高参数、高自动化的大型受端电网。省内形成“三直五交”八大受电通道，通过 4 回 500kV、6 回 1000kV 交流以及 3 回直流输电大通道与内蒙古、天津、河北、宁夏等省（市）互联互通，2020 年最大接受外电达到 2198 万 kW。截至 2020 年底，山东电网电源总装机容量 15896.3 万 kW，拥有 110kV 及以上变电站（换流站）2131 座、变电（换流）容量 4.87 亿 kVA（亿 kW），线路 9.17 万 km。

人力资源　截至 2020 年底，全口径用工总量为 131547 人，同比减少 2473 人。职工劳动生产率完成 75.32 万元/（人·年），同比减少 3.94%。人才当量密度 1.1196，同比增长 0.64%。

助力疫情防控，累计发放抗疫特殊奖励 3782 万。落实稳岗扩就业部署，提供各类就业岗位 6000 余个，招聘高校毕业生 1257 人，研究生占比达到 60%。率先完成本部机构改革，市县公司内设机构设置标准全面落地。持续深化三项制度改革，制定《岗位聘任制管理办法》，3600 余名管理人员实现聘任上岗。实施职员聘期制管理，明确续聘条件及解聘“红线”，新聘职员 3077 人。大力推进劳务协作，拓展到 14 家单位、329 名员工。构建市场化单位“赛马制”等分类考核模式，实现全体员工年度绩效“精准画像”。健全工资总额核定管控机制，研究推行中长期激励，构建多元分配体系，外包费用压降 7600 万元。全面实施“金种子”六大工程，培养复合型人才 385 人，评选 177 名“大讲堂”金牌讲师，新增省部级及以上人才 33 人。在国网 4 项竞赛调考中，全部获得团体个人“双第一”，首次实现“大满贯”。推进省管产业单位“技能＋绩效”薪酬改革，实现市公司级施工类产业单位全覆盖。启动省管产业单位执业资格取证培训“千人计划”，开展技能等级评价，1.68 万人通过省人社厅自主评价备案。

电网建设与发展　完成“十四五”电网规划，深度参与、积极承担全省能源电力重大问题研究，完成《±800kV 鲁固直流利用效率提升》《特高压交直流受端电网安全稳定分析及应对策略研究》。建成投产 35～500kV 工程 329 项，线路 6048km、变电容量 2913 万 kVA。推进一流配电网建设，建成配网工程 1.9 万项，消除 110（35）kV 设备不满足“$N-1$”

等薄弱环节574项，新建、改造中低压线路2.3万km、配电变压器1.3万台，10kV线路联络率、“$N-1$”通过率分别达到93.65%、85.16%。济南、青岛完成新一代配电自动化主站建设，全省配电线路自动化标准化配置率提升29个百分点，故障自愈率提升48个百分点，减少故障停电21.6万时户，实用化水平保持国网领先。完成日喀则“三区三州”、抵边村寨配网工程建设帮扶，开展“五峰登顶”专项帮扶，完成西藏首次高海拔复杂不停电作业。基建改革12项配套措施高质量通过国网验收，济南1000kV特高压变电站通过“鲁班奖”评审公示，智圣—密州500kV输电线路获“国家优质工程奖”。

经营管理 年售电量突破4000亿kWh，同比增长3.96%。年电费回收率完成99.999%，营销稽查经济成效完成3.11亿元，追补电费及违约使用电费2.31亿元。累计治理高（负）损台区1.16万个，台区线损率完成3.04%，减少损失电量3.14亿kWh。全年编审采购计划416.12亿元，完成集中采购302.20亿元，其中授权采购36.43亿元。完成物资供应270.11亿元，抽检13492台次，监造978台（间隔），发现质量问题461起，追责违约供应商728家次，追缴违约金440.12万元，处理不良行为189家。完成废旧物资处置2.24亿元。电力直接交易电量1983亿kWh、省间交易电量1195亿kWh，分别同比增长15.6%、23.5%，降低用户电费成本26.4亿元。妥善处理纠纷案件，避免和挽回经济损失7.35亿元，主动维权案件同比增长30%，有效维护公司权益。产权范围内触电案件三年压降61%，超额完成国家电网有限公司压降50%的目标任务。开展经济责任及专项审计205项，完成工程结决算审计1.7万项，审减工程支出11.6亿元，同比提高17.1%。提前1个月完成深化改革主体任务，印发《产业升级行动“1+9”专项方案》，承办国网省管产业单位配电专业技能竞赛并荣获团体、个人“双第一”，全年实现营业收入303.71亿元，利润总额10.01亿元，分别同比增长13.80%、13.87%。

安全生产 修订覆盖7244个组织、49668个岗位的全员安全责任清单，完善涵盖安全状态、安全管理两个维度的安全工作评价标准。坚持春、秋检措施审查和周安全风险分级审核制度，累计组织各级周审查例会780场，压降五级电网风险238项，管控六级以上电网风险3002项、三级以上作业风险17379项。全面排查煤矿、高铁等重要客户用电隐患，制定426户重要客户应急支援“一户一卡”“一市一案一图”“全省一张图”。组织新一轮应急预案修编，完成特高压换流站/变电站火灾等5项新增预案编制和58项预案修编，高效完成国网首次特高压换流站火灾应急示范演练，组织国网济南、青岛、临沂、泰安供电公司开展政企联合大面积停电应急演练，完成新冠肺炎疫情防控、威海世乒赛和曲阜国际孔子文化节等保电工作。完成三大直流年检及9447项春秋检任务，整改反措问题3.7万余项。强化特高压和重要输电通道运维，高效处置1000kV昌乐站4号主变压器异常等9项重大设备隐患、500kV昆牟双线山火等56起重大通道隐患。开展电气火灾综合治理，消除399处森林草原线路火灾隐患，整改8154项变电站消防隐患，完成全部变电站消防取证和297座重要变电站消防水加装改造，整改输配电“三跨”隐患1297处。改造56台换流变压器分接开关，治理197支ABB GOE型套管隐患，治理老旧线路71条，整站改造变电站52座。专题开展换流站火灾、抗台防汛、重要输电通道防灾、电网防冰融冰等4项应急演练，成功应对“1·7”“2·14”线路舞动、超强寒潮严峻挑战，高效处置“6·25”强对流灾害。

营销工作 服务疫情防控，发布“抗疫情、保供电、为人民”十项护航举措，1540家重点防疫客户电力供应万无一失。严格落实“欠费不停供”，免收违约金近1亿元。精准执行惠民惠企政策，降低企业用电成本105亿元。开辟用电“绿色通道”，防疫客户平均接电时间3.2天，节约客户外线投资等费用5872万元。脱贫攻坚工作圆满收官，全面完成“4个2”重点区域电网晋档升级，如期竣工110个扶贫捐赠工程，115个帮扶点全部脱贫摘帽。消费扶贫金额突破2500万元，提前六个月超额完成国家电网有限公司下达指标。推广乡村电气化寿光示范项目建设成果，建成142个电气化惠农富民项目。污染防治工作再创佳绩，投资28亿元建设“煤改电”配套电网工程，35.84万客户实现清洁取暖，集中式占比达到26%，有效提高环保贡献度和利用效率。国务院授予国网山东电力营销部“全国污染源普查表现突出集体”荣誉称号。推动出台扶持电量优惠政策，持续推进自备电厂关停或转公用，42家自供大客户纳入公司营业区，年增供电量68亿kWh。完成国资委下达的“三供一业”改造任务，增加营业区面积2777km²、用户72.6万户。广泛推广应用“转供电费码”68.39万户次，推广户数占国网一半以上。完成5G基站“转改直”1.45万个，数量全国最多。

科技与信息化 深入落实国家电网有限公司“新跨越行动计划”，高质量完成“十四五”科技规划，构建“3418”技术攻关体系，“揭榜挂帅”11项公司重点研发项目，获批山东省能源大数据经济技术工程研究中心。牵头新立项16项国网总部项目，创历史最好成绩。荣获省部级及以上科技奖励45项，牵头获得国网奖数量和等级实现历史性突破。授权发明专利959项、申请1461项，发明专利增量、总量持续保持国网首位。两个国家电网有限公司实验室高质量通过评估。推动成立IEC电力机器人技术委员会，国际标准立项3项，发布1项，获国家电网有限公司特殊贡献奖励，技术标准国际化取得历史性突破。实体化运营双创中心，率先在网省公司成立知识产权运营中心。持续完善创新成果推广生态体系，4项成果获国网科技成果孵化基金支持，10项创新成果产品纳入采购专区。72项专利进入运营池，实施专利许可11项。高质量完成174项工程竣工环水保验收工作。110kV及以上电压等级电网建设项目环评率和竣工环保验收率均保持100%。回收六氟化硫气体28.2t，相当于减排二氧化碳67.4万t，回收量和回收率居国家电网有限公司前列。入选山东省全产业链数字化转型试点，“章丘智慧供电台区”“区块链能源业务认证平台”入选工信部示范项目，建成国网首个人工智能样板间和区块链光储充示范站。在中央企业“新基建”网络安全技术大赛中获个人、团体“双冠军”。

优质服务 集中整治供电服务建设管理突出问题，投诉同比下降46%。累计推广“网上国网”1750万户，位居国网首位，线上办电率、线上交费率分别达到99.6%、98%。实行12398转办问题省市县一体线上管控，工单处理及时率提升至95.54%。完成318座营业厅“三型一化”优化升级。新建成12个五星级供电所。打造“供电+能效服务”新高地，建成泰安集中式光伏电站储能等21项示范工程，综合能源服务收入完成24.93亿元，同比增长82%。全国首创现货模式下“双导向、双市场”需求响应机制，青岛首次实施移峰式紧急型需求响应。推动出台39项电能替代配套支持政策，替代电量完成244.75亿kWh，位居国网系统首位。持续发力电动汽车“新基建”建设，日充换电量首家突破100万kWh，年充换电量保持系统领先，东营建成投运国网最大规模有序充电示范小区，实现全省县区充电设施全覆盖。服务新能源汽车下乡现场会在潍坊寿光举办。HPLC推广504万户，试点建成国内首批海绵台区。牵头编制国家电网有限公司《营销现场作业安全工作规程》，打造营销现场作业线上管控“山东模式”，烟台公司承办国家电网有限公司现场推进会。完成威海世乒赛等7项重大活动客户侧保电，“零”失误通过国家网络安全攻防演习。IEEE国际标准《直流电能表检验装置技术导则》获批立项。新增营销专业省部级及以上科技奖励3项、职工技术创新成果9项、管理创新成果5项，营销服务中心代燕杰工作室入选山东省示范性劳模创新工作室。

党的建设和精神文明建设 深入学习贯彻习近平新时代中国特色社会主义思想，举办学习党的十九届五中全会精神、“学战略创最好·走前列做表率”领导干部专题读书班，建立市县公司中心组“上下联学、视频观摩”机制，推动守初心、担使命制度化长效化。面对疫情，第一时间树起“党建统领”旗帜，深入实施“同舟抗疫·亮旗保电”专项行动，13名党员、5个党组织分获国网党组、山东省委抗疫表彰。实施党支部巩固提升、创先争优、示范引领“三项行动”，建立支部委员清单明责、同步履责、培训强责、考评问责全链条履责机制，标准化党组织达标率100%，过硬党支部建成率达到55%。创新基层组织市直共建、供用联创、政企联建模式，以党建工作为纽带，促成国内首个电网退运电池储能电站在莱芜建成投运、国内首家居配工程监督平台在济南市正式成立。针对新时代职工队伍特点，制定《思想政治工作规则》，创新“青马学堂、青马学社”两级培养机制，临沂送变电公司获评第六届全国文明单位，德州供电公司团委获评全国五四红旗团委，吕明玉获评全国“四个100”最美志愿者。国网山东电力荣获全国电力行业党建品牌影响力企业。

主要事件

1月15日，国网山东电力五届六次会议暨2020年工作会议胜利召开。

3月7日，山东鲁能队员马龙、王曼昱勇夺卡塔尔公开赛冠军并捐献所获奖金。

4月29日，国网山东电力发布《责任之光 点亮齐鲁——服务山东经济社会发展白皮书（2020）》。

5月8日，国网山东电力两名员工宋海霞、谢照乾被评为“山东好人”2019十大年度人物。

6月4日，国网智能科创板上市申请成功获上交所受理。

6月11日，国网山东电力被国资委授予“中央企业信访工作先进集体”荣誉称号。

6月15日，国网山东电力与浪潮集团有限公司签署战略合作协议。

6月16日，国网山东电力部署开展“学战略创最好·走前列做表率”庆祝建党99周年系列活动。

7月2日，国网山东电力7项成果荣获2019年度山东省科学技术奖，获奖数量创2014年以来新高。

7月15日，国网山东电力自主研发的“变电站带电水冲洗机器人系统及方法”发明专利荣获第21届中国专利奖金奖。

9月14日，国网山东电力在2020年泰山杯山东省网络安全大赛中获“双冠军”。

10月22日，全国首个省级能源互联网仿真防御实验室揭牌投运。

10月22日，国网山东电力两项成果获全国企业管理现代化创新成果奖。

11月27日，山东电网紧急型填谷需求响应突破60万kW创历史新高。

12月1日，国网山东电力获评山东省档案工作业务建设示范单位。

12月5日，国网山东电力制定的首个国际标准IEEE《输电线路无人机巡检系统技术导则》正式发布实施。

12月10日，山东省电能替代促进会与省物业管理协会签署战略合作协议。

12月11日，国网山东电力荣获国网能源互联网规划及配电网规划调考三项第一。

12月17日，山东新能源发电企业正式入市交易。

12月19日，山东鲁能2∶0战胜江苏苏宁夺取中国足球协会杯赛冠军。

12月23日，国网山东电力“双微”（国网山东电力官方微博、微信）获评国资委2020年度两大奖项。

12月29日，山东鲁能乒乓球队夺得2020年中国乒乓球俱乐部超级联赛男团冠军、女团亚军。

（王　蕾　高鹏路）

【内蒙古电力(集团)有限责任公司】

公司概况　内蒙古电力（集团）有限责任公司（简称内蒙古公司）是自治区直属国有独资特大型电力企业，负责建设运营自治区中西部电网，供电区域72万km^2，承担着自治区8个盟市工农牧业生产及城乡1388万居民的生活供电任务。

2020年，面对新冠肺炎疫情，面对改革发展任务，内蒙古公司广大干部员工坚决贯彻中央、自治区决策部署，全面完成了年度目标任务，实现“十三五”收官。全年售电量2323.91亿kWh，同比增长6.78%。完成发展总投资157.2亿元，其中固定资产投资135.9亿元。全年营业收入855.46亿元，同比增加28.9亿元，实现利润总额22.36亿元。内蒙古公司资产总额达1019.94亿元，资产负债率52.27%。综合线损率完成3.04%。综合电压合格率99.49%，同比提高0.06个百分点。城市用户平均停电时间7.26h/户，同比降低1.06h/户。百万客户投诉量65次，同比降低21.69%。内蒙古公司经营管理绩效优良，电网服务保障能力显著提高，全面完成自治区国资委年度经营业绩考核指标。

领导班子

党委

党委书记：贾振国

党委副书记：郝智强

党委委员：马金柱、白振英、石文斌、燕林生

董事会

董事长：贾振国

董事：郝智强、孙文彪、李普强、白振英、潘瑛（外部董事）

经理层

总经理：郝智强

总会计师：孙文彪

副总经理：蔺蒙、梁景坤

纪律检查委员会

纪委书记、监察专员：马金柱

纪委副书记：臧志红

工会委员会

工会主席：白振英

组织机构　见2020年内蒙古电力（集团）有限责任公司组织机构图。

党建工作　党的建设全面加强，坚持不懈以习近平新时代中国特色社会主义思想武装头脑、指导实践、推动工作，把加强党的政治建设放在首位，压紧压实“两个责任”，推动全面从严治党向纵深发展，各级党组织领导作用、战斗堡垒作用和党员先锋模范作用充分发挥。认真配合完成自治区党委常规巡视工作，做好巡视整改“后半篇文章”，扎实推动巡视整改任务落地见效。深入开展煤炭资源领域违规违法问题专项整治，完成阶段性任务。严格执行中央八项规定及其实施细则精神，持续纠正形式主义、官僚主义，作风建设不断加强。人才强企战略深入实施，职工职业技能大赛、各级各类专业专项培训成效显著。深化“百优人才”培养，95名骨干员工赴知名高校、企业深造，3名员工获评草原英才，19名员工获得自治区青年岗位能手称号。严格落实意识形态责任制。着力加强理论宣传和职工思想政治工作，内蒙古公司三级扶贫组织全面发力，完成全部定点帮扶任务。深入开展民族团结进步创建活动，精神文明、工会、团青工作取得显著成绩。4家单位获评全国文明单位，1人获评全国劳模，1人获评北疆工匠，1个集体获评全国青年安全生产示范岗。

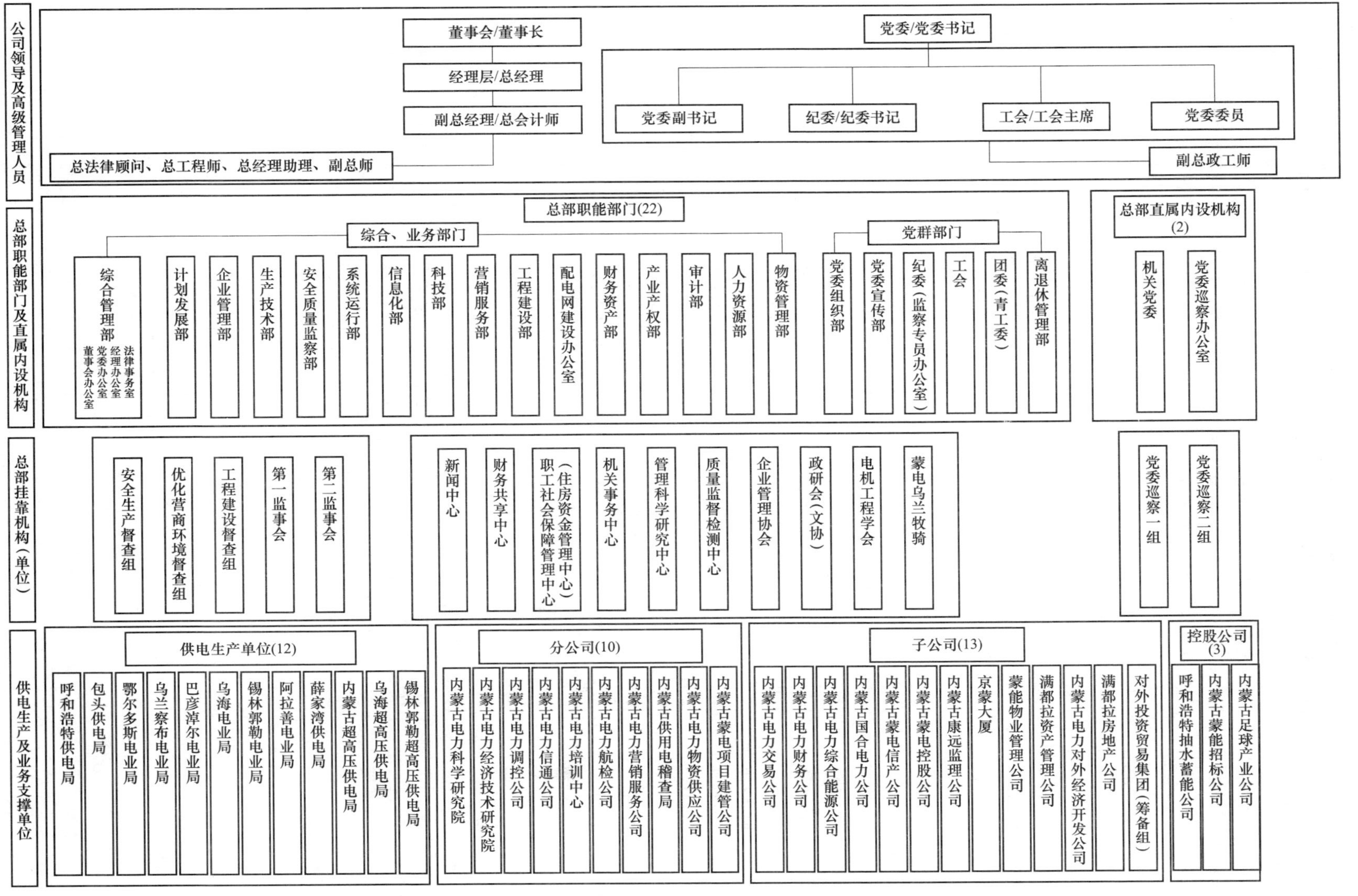

2020年内蒙古电力（集团）有限责任公司组织机构图

社会责任 面对新冠肺炎疫情冲击，内蒙古公司坚持以习近平新时代中国特色社会主义思想为指导，全面落实习近平总书记对内蒙古重要讲话重要指示批示精神，深入贯彻中央、自治区各项决策部署，紧紧围绕内蒙古公司“贯彻新发展理念，推动高质量发展”工作思路，围绕“责任蒙电、绿色蒙电、数字蒙电”战略定位，坚持疫情防控与经济发展“两手抓、两不误”，努力走出一条以“生态优先、绿色发展”为导向的内蒙古电网高质量发展之路。

内蒙古公司让蒙电与时代同频，始终坚持把加强党的政治建设放在首位，推进党建与中心工作深度融合，巩固“大党建”格局，深化改革，锐意创新，电力市场化程度全国领先，精益管理提质增效，让企业持续稳健高效运营。

企业战略 认真学习贯彻党的十九届五中全会精神，贯彻落实自治区党委十届十三次全会和自治区两会战略部署，锚定2035年内蒙古将与全国一道基本实现社会主义现代化远景目标，紧紧围绕自治区建设国家重要能源和战略资源基地、打造国家级现代能源经济示范区中心任务，聚焦主责主业，强化产业支撑，加快建设以生态优先、绿色发展为导向的全国一流现代化能源服务企业。

到2025年，初步建成网架坚强、广泛互联、灵活开放、数字赋能的现代化电网，蒙西电网更加坚强可靠、智能高效，“网对网”柔性直流外送通道建设取得新突破，助力自治区初步建成新一代高比例新能源电力系统，为建成内蒙古能源互联网奠定坚实基础。把内蒙古公司初步打造成为主业绩效优良、产业协同发展、服务优质高效的现代化企业集团，率先成为自治区最大的现代化能源服务企业。

到2035年，基本形成以特高压为骨干网架的坚强智能蒙西电网，全面助力自治区建成新一代高比例新能源电力系统，把内蒙古公司打造成为服务全区、面向全国、联通俄蒙的重要区域性能源互联网企业，全面建成以生态优先、绿色发展为导向的全国一流现代化能源服务企业。始终牢记“国企姓党”，坚持党的领导，加强党的建设，自觉履行国有企业政治责任、经济责任、社会责任。要坚持“绿色蒙电”定位。要坚持绿色发展导向，落实自治区推动“两个基地”绿色发展战略要求，全力保障绿色能源并网，加大绿色能源消费比重，助力自治区统筹推进源网荷储、风光水火储一体化发展，在全国率先构建新一代高比例新能源电力系统，加快电力能源生产和消费绿色升级。要坚持“数字蒙电”定位。突出科技创新引领作用，加快推动“云大物移智链”等先进技术与电网核心业务深度融合。

人力资源 将“优化组织机构、提高员工绩效、完善薪酬分配、激发企业活力”作为改革主线，分三批制定印发11个改革主体文件和32个配套标准，完成改革的制度建设工作。选取四家改革试点单位，以点带面推进改革实施。围绕内蒙古公司发展战略，持续调整优化总部及挂靠单位（机构）职能与业务界面；优化全业务口径劳动定员管理，全面夯实人力资源管理基础。针对基层不同层次的用工和人才需求，立足岗位培养与使用，通过校园巡回招聘、网络公开招聘、边远地区定向招聘等方式，实施全方位人才引进工作；形成基层单位与总部间纵向发展、单位间横向交流、单位内部专业间员工良性流动的配置机制；指导所属子公司规范直签用工管理，加强劳动纪律管理，规范人事档案管理，顺利完成退休人员档案移交。持续优化薪酬分配体系。主动适应国有企业工资总额决定机制政策调整，保障员工收入可持续增长；强化全口径人工成本理念，建立健全与企业发展战略及经营效益相匹配的工资总额分配机制；建立更加科学合理的岗位绩效工资制度，增强工资项目的功能性，强化导向激励作用。转变绩效管理理念，强化员工绩效与组织绩效联动，丰富结果应用，将绩效考核结果作为员工职业生涯发展的重要参考指标。继续深化“人才强企”战略。以“百优人才”培养工程为抓手，搭建员工职业发展新舞台，与战略合作单位联合培养技术、技能和管理人才；强化持证上岗，优化技能等级认证管理，畅通各工种间技能等级晋升通道，开展技能评价属地化考评，缓解基层工学矛盾；疫情期间，及时调整培训工作思路和年度计划，创建“蒙电培训云课堂”。继续优化普考大赛模式，引导各单位注重全员技能提升；推进所属单位二级实训基地建设，完善内训师培训机制，提升企业内部培训软硬件综合实力。

安全生产 安全生产保持稳定局面。以“本质安全深化年”活动为主线，以“三案一法”为抓手，深入开展安全生产“全覆盖”检查整顿，严格执行安全法规，发现问题757项，整改率98%，安全基础进一步夯实。强化生产精益化管理，“三措一案”、设备“主人制”及“一强四化”班组建设等工作扎实推进，安全生产月、安全巡查、迎峰度夏（冬）、防洪防汛、防震抗灾、保供保暖等任务全面完成，电网保持长周期稳定运行。完善应急保障体系，巩固电网“三道防线”。加快推进电网智能调度自动化系统建设，全网1144座变电站实现无人值班。110kV及以上输电线路实现航检全覆盖，6个二级风险点成功消除。完成全国两会、嫦娥五号探月返航等重大保电任务。全年消纳新能源发电量584.3亿kWh，同比增长9.65%，约减排二氧化碳4330万t。风电利用率93%，创历史最高水平，光伏利用小时数位于全国前列。加快通信网建设，建成A、B两个10G通信网通道，带宽提升64倍，通信保障能力显著提高。信息化工作稳步推进，全面完成软件正版化整改。

经营管理 2020年，内蒙古公司售电量2323.91亿kWh，同比增长6.78%。完成发展总投资157.2亿元，其中固定资产投资135.9亿元。全年营业收入855.46亿元，同比增加28.9亿元，实现利润总额22.36亿元。资产总额达到1019.94亿元，资产负债率52.27%。综合线损率完成3.04%。内蒙古公司经营管理绩效优良，电网服务保障能力显著提高，全面完成自治区国资委年度经营业绩考核指标。

市场建设 2020年，内蒙古公司认真落实电价政策，强化营业精准发行，确保政策红利传导到客户。充分发挥市场管理委员会作用，创新管理，逐步完善电力交易市场机制，市场主体有序扩大。组织开展重点行业大用户年度交易，调整战略性新兴产业交易模式，稳定发、用电企业生产经营，助力企业复工复产。配合公司相关部门成功开展四次现货连续结算试运行工作，积极推进现货交易各项工作有序进行。按照交易政策规则，规范市场行为，稳步推进电力市场规范运营，市场化率居全国前列。

电网建设与发展 电网发展取得新成就。统筹各级电网发展，科学编制输电网、配电网和通信网“十四五”规划，推动大型风电基地汇集送出工程纳入国家电力调整规划，完成3211户新能源转网电前期工作。助力源网荷储一体化发展，加快推进乌海抽水蓄能、乌兰察布电网侧储能等重点项目建设前期工作。全力克服疫情影响，高效推进电网建设，500kV金湖、巨宝庄、托克托等一批重点工程按期投产，新建220kV变电站10座、35kV及以上线路1416km，新增变电容量1368万kVA。大力推广应用新技术，国内首台500kV磁控式可调高压电抗器顺利投运，新建220kV、110kV变电站全部建成智能化变电站。加大配网建设力度，全面建成配电自动化主站，为配电网智能化发展奠定了基础。年内配网投资58.36亿元，60个抵边村寨、26个边防部队提前接通网电，军民融合新能源示范工程如期送电，16.3万户“三供一业”配电设施改造任务完成，11项工程获评国家级、省部级优质工程奖。

国际合作 2020年，内蒙古国合电力有限责任公司（简称国合公司）按照原有计划，就OT新能源项目与蒙古国Newcom公司及日本软银能源签署《联合体协议》。4月，蒙古国政府决定利用国家资金修建塔班陶勒盖电厂为OT项目供电，国合公司积极应对，审慎推进相关工作。另外，内蒙古公司启动与蒙古国国家电网《购售电协议》续签项目谈判工作，跟踪蒙古国政府自建火电项目进度及变化，力求在坚持“多边共赢”的原则下，保持与蒙古国OT项目上的长期合作关系。

积极推进东戈壁煤电输一体化项目。该项目于2016年1月29日获得蒙古国能源监管委员会建设特殊许可，有效期5年。项目露天开采额尔登特瑟哥特煤田，同期建设4×660MW燃煤机组及500kV直流送出线路。按照内蒙古公司要求，国合公司对项目的可行性和必要性进行了初步分析，完成了项目测算报告，后续将按照内蒙古公司要求加快推进。

工会工作 牢牢把握正确政治方向，认真学习习近平新时代中国特色社会主义思想、党的十九大、中国工会十七大和自治区工会十一大精神。开展了“不忘初心担使命、凝心聚力再起航”学习宣贯十九届四中全会精神暨迎新年有奖知识竞答和“共庆祖国华诞·再谱时代新章”国庆有奖知识竞答活动。利用微信平台、抖音短视频等多元化的形式开展了一系列理论宣讲和典型宣传工作。第一时间面向广大职工发布了抗击新冠肺炎疫情的倡议书。积极协调为一线职工采购防护用品，安排300万元专项资金用于防护用品购置和抗疫职工慰问，并要求所属单位工会结合自身实际配套经费。助力全面复工复产，以职工代表巡视、暑期慰问等工作为契机，慰问一线职工，倾听职工诉求，为他们解难题、办实事。累计投入622万元，以消费券形式鼓励职工刺激消费，助力自治区经济社会秩序加快恢复。持续巩固内蒙古兴安盟科尔沁右翼中旗代钦塔拉苏木吉力化嘎查帮扶成效，坚持抓党建、促扶贫，深入宣讲党的民族团结进步政策，志智双扶激发脱贫内生动力，嘎查党支部被评为兴安盟“十星级嘎查村党组织”，顺利通过自治区脱贫攻坚普查。电网扶贫稳步推进，完成“6·30”送电目标。严格落实“四不摘”要求，深入开展“扶贫济困 蒙电情深”主题活动，全年累计消费扶贫665万元。全年内蒙古公司系统两个集体被推荐为“全国脱贫攻坚先进集体”，5个单位、2名个人入围年度“全国脱贫攻坚奖”自治区候选名单，11个集体、6名驻村干部受到当地党委、政府表彰。推进职工建功立业，围绕公司加强班组基础建设年，在年度劳动竞赛中专门开展“‘一强四化’夯基础提质效生产班组竞赛”。组织开展2020年度“安康杯”安全知识竞赛，参与人数与答题人次均创历史新高。暑期对所属17家单位、16个一线班组进行慰问，发放慰问金88万元。2家单位获全国“安康杯”竞赛优胜集体；2个班组获全国“安康杯”竞赛优胜班组。开展群众性经济技术创新活动。确定年度职工创新工作室创新项目57项，拨付创新费用279.69万元。参加首届全区职工创新成果展，一项成果获评一等奖。弘扬劳模工匠精神，郑璐获评全国劳模，孙利强获评“北疆工匠”，5名同志获评自治区劳模。对公司级及以上的劳模工匠 369 人进行慰问，累计发放慰问金 56.63 万元，制作劳模工匠事迹宣传片并进行展播。持续完善企业民主管理，召开内蒙古公司五届五次职代会，征集办理提案 155 件。在职代会闭会期间召开 5 次团组长联席会议决策重大事项。内蒙古公司获评“全国厂务公开民主管理先进单位”，包头供电局获评“全国厂务公开民主管理示范单位”。聚焦职工健康服务管理，在统筹做好线下职工义诊、体检与心理健康关爱的同时，推进线上“职工大健康管理服务平台”的试点建设工作，打造具有蒙电特色的职工健康管理品牌。关心关爱女职工，通过发布倡议书、组织开展“书香三八”线上专题讲座、进行心理疏导和维权服务等一系列活动保障女职工权益。结合疫情防控形势因地制宜开展职工文体活动，如迎新春联谊、抖音阅读、网球赛、知识竞赛等。加强工会系统党的建设，多措并举强化思想政治工作的广度与深度。落实“两个责任”，在重点领域和关键环节强化风险防控。推进“互联网+”工会工作，完成“服务职工一体化平台”建设，推进职工大健康管理服务平台建设。

主要事件

1 月 8 日，蒙西电网对蒙古国南戈壁省跨国供电合作项目签约仪式在巴彦淖尔市举行。巴彦淖尔市政府、蒙古国南戈壁省政府、蒙古国南部配电网国有股份公司及内蒙古公司共同签署了《中华人民共和国内蒙古巴彦淖尔市向蒙古国查干哈达海关监管区跨国供电项目合作框架协议》和《甘其毛都口岸—蒙古海关 10 千伏供电供用电合同》。

1 月 18 日，鄂尔多斯电业局 220kV 棋盘井变电站 3 号主变压器平稳运行，标志着国内首台 220kV 电压等级 360MVA 降压变压器在内蒙古电网顺利投产。

2 月 5 日，自治区国资委党委书记、主任张金亮在锦绣福源小区实地调研督导中，对机关党委疫情防控工作和党员志愿服务给予了高度评价。

3 月 16 日，由电力新闻中心开发的《内蒙古电力报》数字报正式上线。

3 月，自治区企业联合会公布第 26 届全区管理现代化创新成果，由内蒙古公司市场营销部牵头完成的“重要负荷链式服务体系构建”项目，荣获二等奖。

6 月 8 日，内蒙古公司召开廉政警示教育大会，深入贯彻落实自治区国资委党委、自治区纪委监委驻国资委纪检监察组的统一部署和工作要求，警示教育各级党员领导干部坚守初心使命，永葆廉洁本色。

6 月 12 日，内蒙古公司党委副书记、总经理郝智强在内蒙古公司总部会见电力规划设计总院党委书记、院长杜忠明一行。双方就进一步深化合作、促进共同发展进行座谈，参加座谈人员有内蒙古公司、电力规划设计总院相关部门、单位负责人。

8 月 12 日，全国首台 500kV 磁控型母线可控高压并联电抗器在巴中 500kV 变电站成功投运，实现了无功补偿和系统电压可控调节。

8 月 12 日，在中国企业联合会、中国企业家协会公告的 2020 年第一批信用企业名单中，内蒙古公司首获中国企业联合会 AAA 级企业信用评价。

8 月，自治区总工会下发文件，内蒙古公司在 2019 年全区职工职业技能比赛中获得第一名的 6 名选手姚婷婷、陈阳坡、李慧渊、侯佳、闫敏、陈宇被自治区总工会授予“五一劳动奖章”。

9 月 17 日，经内蒙古质量协会、中国质量协会推荐，该成果将代表中国参加第 45 届国际质量管理小组大赛，是内蒙古公司历史上首次参加质量管理全球最高级别展示。

9 月 28 日，由中国企业联合会、中国企业家协会发布的 2020 年中国企业 500 强榜单中，内蒙古公司以 827.3 亿元的年营业收入，位列 2020 中国企业 500 强第 253 位，位列中国服务业企业 500 强第 101 位。内蒙古公司已连续 15 年入选中国企业 500 强榜单。

10 月 11 日，包头供电局配网调度中心发出了第一条调度令，标志着内蒙古公司首家配调中心建成投运。

10 月 28 日，由公安部、人力资源和社会保障部、中华全国总工会共同举办的 2020 年全国网络与信息安全管理职业技能大赛决赛在上海开幕。内蒙古公司两名选手李勇、陈尚恺代表自治区参加了此次比赛，取得全国第 15 名的成绩，获全国网络安全组三等奖，是自治区参加此类竞赛以来取得的历史最好成绩。

11 月 6 日，在深圳召开的全国公共采购行业 2020 年会暨电商交易生态体系建设高峰论坛上，中国物流与采购联合会举办了“2020 全国公共采购年度评选颁奖典礼”，内蒙古公司电子交易平台获评 2020 年全国“十佳电子化采购平台”。

12 月 29 日，在中国电力企业联合会召开的 2020 年度电力创新大会上，内蒙古公司多项创新成果获奖。其中，“新能源电力系统电能质量全过程运行控制一体化关键技术”项目荣获电力科技创新奖二等奖，实现内蒙古公司在该等级奖项零的突破。

（包丹阳）

【北京能源集团有限责任公司】

公司概况 北京能源集团有限责任公司（简称京能集团）前身是北京国际电力开发投资公司，成立于 1993 年，随后 2004 年与北京市综合投资公司重组、2011 年与北京市热力集团有限责任公司重组、2014 年与北京京煤集团有限责任公司进行合并重组。京能集团是北京市国资委管理的国有独资企业，注册资本

220.81亿元人民币。

经历多年的健康发展，集团资产质量稳步向好，盈利能力显著提高，社会知名度和影响力日益提升。2020年，京能集团位居中国企业500强第307位，中国服务企业500强排名第117位。截至2020年末，京能集团资产规模达到3286亿元，净资产1171亿元，使国有资本放大和保值增值取得显著成效。“十三五”期间累计创造利润225.59亿元，盈利水平长期稳居北京市属企业前列，为国家、北京及投资地区的社会经济发展做出积极贡献。京能集团控股京能清洁能源（00579.HK）、京能电力（600578.SH）、昊华能源（601101.SH）、京能置业（600791.SH）、京能国际（00686.HK）五家上市公司。

经过多年的资本积累和资产整合，京能集团形成了煤、电、热一体化的大能源格局，主要业务涵盖电力能源、热力供应、煤炭经营、地产置业、节能环保和金融证券、健康文旅等多个板块。京能集团控股电力装机容量超过31532.73MW，在建电力项目装机容量超过5940.52MW；京能集团拥有亚洲最大的供热管网，供热面积约5.08亿 m^2；煤炭产能达1350万t/年；房地产开复工面积148.02万 m^2。

领导班子

党委书记、董事长：姜帆

党委副书记、董事、总经理：阚兴

副总经理：刘水洋

党委常委、副总经理：刘海峡

党委常委、副总经理：王永亮

副总经理：关天罡

党委常委、纪委书记：段梓斌

副总经理：孟文涛

副总经理：李育海

副总经理：陈国高

组织机构 总部设有17个部室，拥有全资及控股企业339家，参股企业114家。

安全管理 严格落实安全生产责任制，完成北京市国资委安全考核目标，未发生各类电力安全生产事故。开展安全生产专项整治三年行动，全面推进安全文化“六安工程”建设，所属京西热电等3家电力企业获得国家级安全文化建设示范企业命名。开展安全巡视检查和专项监察，强化安全风险管控和隐患排查治理工作，完成了全国“两会”、十九届五中全会等重大活动安全保障任务。

经营管理 截至2020年末，京能集团总资产3286亿元，同比增长9%；所有者权益1171亿元，同比增长9%。2020年实现营业总收入672亿元，同比增长6%；实现利润总额54.25亿元，同比增长7%。

2020年完成发电量1074亿kWh，同比增长6%；发电企业完成供热量8711万GJ，同比增长20%；热力企业供热面积5.06亿 m^2，同比增长28%；房地产销售面积32万 m^2，同比增长66%；煤炭产量1163万t。

电力建设

1. 项目开工

6月1日，京能查干淖尔电厂2×660MW项目复工建设。项目建设两台660MW高效超超临界间接空冷机组，是锡盟—山东特高压工程配套电源点之一，也是京蒙对口帮扶的重点项目。项目紧邻查干淖尔矿区，是典型的煤电一体化项目。

7月17日，张家口—北京可再生能源清洁供热示范工程配套1200MW风电项目正式开工建设。该项目利用张家口地区丰富的风电资源，在北京市实施可再生能源清洁供热，对北京市落实大气污染防治计划，减少大气污染物排放，促进京津冀能源一体化具有重要意义。项目还是服务2022年北京冬奥会和冬残奥会的绿色能源项目，将为确保举办一届最绿色最低碳的冬奥会提供绿色电力供应保障。

7月30日，内蒙古京能集宁二期扩建2×660MW热电联产项目开工。项目规划建设两台660MW超超临界热电联产机组，供热能力2200万 m^2，将成为乌兰察布地区可靠的电源支撑点和乌兰察布中心城区的主力热源。

2. 投产项目

12月31日，京能苏尼特左旗特高压外送300MW风电项目全容量并网投产发电。项目通过锡盟特高压线路向华北电网送电，年输送电量9.3亿kWh。

3. 获奖项目

京能五间房草原生态产业综合示范项目获2020～2021年度国家优质工程金奖。项目位于内蒙古锡林郭勒盟五间房工业园区，建设两台660MW超超临界机组。项目于2015年9月18日开工建设，一号机组于2018年10月20日投产，二号机组于2019年1月24日投产，是锡盟特高压线路首个投产发电的配套电源项目。项目首次研发应用660MW级火电机组烟气提水、660MW级双水内冷汽轮发电机组、660MW级电站锅炉尾部高焓值烟气热能回用系统、660MW级高参数超超临界褐煤锅炉创新技术、660MW级高参数高背压九级回热汽轮机组“五个世界首次”为代表的重大装备和系统集成，投产当年即取得国家高新技术企业认证，获科技进步成果奖11项、发明专利16项、实用新型专利57项、QC成果奖16项和省部级工法7项。

科技信息创新 激发创新效能，全面推进落实科技创新体系，建立研发投入长效机制，加大科技投入，全年科技投入约19.6亿元。获得专利授权232项，其中发明专利28项，实用新型专利204项；获得软件著作权87项；主编或参与编写国家、行业标准7项。强化科技研发投入管控，建立科技考核体系，严把科技立项质量，持续提升科技项目创新创效水平。编制智慧电厂、智慧煤矿的规范指引，大力推进“智慧京能”“能源机器人”行动实施。积极培育和建设集团科技创新平台，申报中国煤炭工业协会“煤矿机器人工程研究中心”。2020年，京能集团获得省部级科学技术奖励2项，社会力量设立科技奖励10项，其中，循环流化床锅炉大比例掺烧煤泥及燃烧优化调整的研究与应用获得内蒙古自治区科学技术进步奖三等奖，燃煤电厂烟塔合一冷却塔排烟关键技术与工程应用获得河北省科学技术进步奖二等奖。

国际业务 国外投资区域主要为澳大利亚，并且在美国以及欧洲实现了股权、债权融资，成功实现了业务经营与资本运作的境外突破。目前，境外主要项目均布局于澳洲，全部为可再生能源发电项目，其中已投产装机178MW，在建容量108MW，在建容量已经全部并网发电，正在进行商业运行前的测试工作。

节能减排 大力发展可再生能源项目，可再生能源占比不断提升。2020年底，京能集团总装机容量3091.24万kW，可再生能源823.14万kW，占比26.63%；“十三五”期间，京能集团可再生能源占比增加10.11%，可再生能源总量和占比都保持了快速增长。

全面推进超低排放改造，大幅降低大气污染物排放。“十三五”期间，对在役22台煤电机组开展超低排放改造工作，累计投入16.1亿元资金。二氧化硫较超低排放改造前累计减排10436.44t，氮氧化物较超低排放改造前累计减排7333.38t，烟尘较超低排放改造前累计减排2964.57t。

严格落实北京市委市政府“清煤降氮”工作部署，如期完成1620台、11486.15蒸吨的锅炉的清煤降氮改造。与改造前供热季相比，每年削减燃煤118.7万t，折合减排二氧化碳308.62万t。减排氮氧化物2547.18t，减排二氧化硫117t，减排颗粒物62.91t。

人力资源 截至2020年末，京能集团人力资源总量为40309人，其中管理人员12571人。本科及以上学历的人员占42.7%；专业技术人才约1.2万人，其中具有中级及以上职称的占42%；工勤技能人才约2.2万人，其中高技能人才占24%。

工会工作 召开一届三次京能集团级职工代表大会，企业民主管理制度持续规范运行。开展“京能杯”劳动和技能竞赛四项主体活动全面助力企业达产达效，成功举办集团级职工技能大赛6场，首次尝试职工技能大赛网上直播模式，探索举办职工创新工作室成果“云展示”交流会效果显著。推进《新时期产业工人队伍建设改革方案》向全面和纵深发展，集团所属13家二级企业和51家三级企业已经制定实施符合本企业实际的《产改方案》。7名职工被评为北京市劳动模范，系统内评选表彰京能集团“三八”“五一”和“京能杯”劳动竞赛活动先进，宣传弘扬典型事迹。成功承办全国能源化学地质系统第三届“京能杯”微电影微视频创作大赛，京能集团职工自主拍摄制作的14部作品获得等奖，4部作品获亚洲微电影艺术节“能源中国”单元优秀奖，推动中国产业事迹走向大众舞台。开展消费扶贫工作方面制定实施了“3+1”的行动方案，全系统工会助力消费扶贫成效显著。

党建工作 京能集团党委认真学习习近平新时代中国特色社会主义思想，学习习近平总书记重要讲话精神和对北京重要指示批示精神，坚持“看北京首先要从政治上看”的要求，扎实推进“两学一做”学习教育、“不忘初心、牢记使命”主题教育，不断增强“四个意识”，坚定“四个自信”，做到“两个维护”。坚持党的领导，加强党的建设，把党建工作总体要求纳入企业章程，修订完善党委会、“三重一大”决策制度及清单，制定《党委前置研究讨论重大事项清单及程序》，充分发挥党委把方向、管大局、保落实作用，牢牢把握企业发展方向，确保中央、市委市政府和市国资委党委决策部署在集团不折不扣贯彻落实。深化基层党的建设，持续推动基层党组织规范化建设，广泛开展“党建示范点”“党建先锋”活动，大力选树先进典型，充分发挥党支部战斗堡垒作用和党员先锋模范作用。坚持党管干部人才原则，深化干部队伍建设，搭建干部管理制度体系，强化年轻干部队伍建设，大力推进经理层成员任期制和契约化管理。压实全面从严治党主体责任，牢牢把握意识形态主动权。深化纪检监察体制改革，持续纠正“四风”，开展六个专项治理，深化以案为鉴、以案促改警示教育，严肃查处违纪违法案件，营造风清气正的良好政治生态。

主要事件

2月18日，京能集团通过境外投融资平台公司——京能香港，成功认购熊猫绿色能源集团有限公司增发的71.77亿股份，持股32%成为熊猫绿能第一大股东。

3月18日，中办国办复工复产调研组到京阳热电公司，就统筹推进新冠肺炎疫情防控和经济社会发展调研指导。

3月30日，京能集团召开2020年扶贫攻坚工作专题会，学习传达了上级扶贫攻坚工作部署要求，总结了一季度集团扶贫工作情况，研究讨论了2020年集团扶贫攻坚工作。

5月13日，京能集团迎来了来自深圳的华为技术有限公司副总裁、数字能源产品线总裁周桃园一行，进行座谈交流并签署框架合作协议。

7月30日，广东省“十三五”能源规划重点建设项目——京能清洁能源珠海市钰海天然气热电联产工程项目一期工程1号机组，完成168h满负荷试运行，正式建成投产。

9月26日上午，内蒙古自治区党委书记、人大常委会主任石泰峰，自治区党委副书记、自治区主席布小林率团来到京能集团清洁能源公司，深入对接扶贫协作工作。这是内蒙古自治区党政代表团来京学习考察的重要一站，中共中央政治局委员、北京市委书记蔡奇等北京市领导出席了此次活动。

11月5日，京能集团发电装机容量突破3000万kW揭幕仪式在珠海市钰海天然气热电联产工程项目现场举行。京能集团党委书记、董事长姜帆为“京能集团装机突破3000万千瓦纪念碑”揭幕。

11月11日，集团在河南投资建设首个项目，滑州热电2×350MW热电联产项目1号机组顺利通过168h满负荷试运行，机组各项指标参数优良，正式投入运营。

12月，深化国能查干淖尔电厂项目名称变更为京能查干淖尔电厂2×66万kW项目，项目单位变更为京能锡林郭勒能源有限公司。

12月1日，京能锡林发电负责建设运营的京能五间房草原生态产业综合示范项目获得国家优质工程金奖。

（吴明浩）

东　北　地　区

【国家能源局东北监管局】

基本情况　国家能源局东北监管局（简称东北能源监管局）于2013年12月13日正式挂牌，是国家能源局在东北区域的派出机构，负责辖区内电力等能源的监督管理和行政执法工作，以及电力安全监管工作。

东北能源监管局主要职能：在东北区域内，监管电力市场运行，规范电力市场秩序；监管电网和油气管网设施的公平开放；监管电力调度交易，监督电力普遍服务政策的实施；承担电力等能源行政执法工作，依法查处有关违法违规行为，监督检查有关电价；承担除核安全外的电力运行安全、电力建设工程施工安全、工程质量安全的监督管理以及电力应急和可靠性管理，依法组织或参与电力生产安全事故调查处理；实施电力业务许可以及依法设定的其他行政许可；承办法律法规授权以及国家能源局交办的其他事项。

领导班子

党组书记、局长：苑舜

党组成员、副局长：郭建宇

党组成员、副局长：张锐

党组成员、纪检组长：李德刚

组织机构　东北能源监管局内设9个职能处室：综合处、市场监管处、行业监管处、电力安全监管处、资质管理处、稽查处、机关党委（机关纪委）办公室、吉林业务办公室、黑龙江业务办公室。全局编制48人，现有在职人员43人。

主要工作

（一）紧紧围绕安全抓监管，不断提高电力供应保障和安全生产能力

1. 着力加强电力安全生产监管

（1）大幅提升电力安全监管水平。狠抓电力安全监管能力建设，召开内部研讨会14次，编制工作计划、文件汇编、研究报告10余份。创新非现场监管手段，成功开展视频检查督查和视频约谈，发送安全提醒短信21.4万条。落实属地监管责任，与多省能源主管部门开展联合检查，初步形成“齐抓共管”局面。

（2）全面完成电力安全监管任务。成功应对多次寒潮、暴雪、台风、强降雨、“11·18”雨雪冰冻等自然灾害对电力系统的冲击。开展电力安全大检查和事故调查处理工作，全年共约谈电力企业6家，责令停产1家，行政处罚5家。认真组织开展网络与信息安全监管、电力建设工程安全监管、电力安全标准化建设、事故隐患排查治理监察等工作，确保安全监管不留死角。

2. 着力加强电力供应保障能力建设

（1）充分释放火电闲置产能。在严格落实煤电调控政策前提下，结合东北电力供需实际，积极推动多台热电机组（共237万kW）纳入投产计划或应急调峰储备电源；规范火电机组延续运行改造、评估及认定工作，促成33台火电机组的延续运行；开展火电

机组应急调用容量认定工作，释放系统内部分在役铭牌超核准容量火电机组调峰能力，节约投资成本约20亿元。

（2）积极破解东北电煤供应紧张困局。及时上报电煤供应短缺情况，获得国家能源局领导的高度重视以及电力司、煤炭司的大力支持，通过多方努力，基本满足了东北供电供热用煤需求。

（3）加强疫情期间能源供应保障，每日监测电力供需、电煤存储供应情况。

（二）紧紧围绕电力市场抓监管，维护公平竞争的电力市场秩序

1. 电力体制改革红利不断释放

（1）两类三级电力市场计量、结算、信息公开等环节运转有序。东北电力辅助服务市场促进清洁能源多发电量约300亿kWh，风电、光伏发电等可再生能源利用率约99%。中长期电力市场交易规模超过1500亿kWh，节约用电成本超过30亿元，带动企业降低成本、扩大再生产、提高用电量，形成良性循环。

（2）新修订《东北电力辅助服务市场运营规则》于10月1日开始模拟运行，引导火电机组“能上能下”，为清洁能源消纳提供更多空间；积极落实国家发展改革委、国家能源局《关于印发〈电力中长期交易基本规则〉的通知》（发改能源规〔2020〕889号），初步完成东北区域三省一区《电力中长期交易规则》修订工作；稳步推进电力现货市场，配合上报了电力现货市场工作方案。

2. 强化监管营造良好市场环境

（1）完成东北区域电力调度交易与市场秩序及可再生能源电力消纳专项监管现场检查，督促电网公司做好整改，形成市场监管闭环。

（2）完成“两个细则”升级工作，对多项内容进行了补充、修改、完善。

（3）完成审计署提出的蒙东地区7项光伏项目自建接网工程回购整改工作。其中1个光伏项目正式签订回购协议（国网系统唯一），其余6个光伏项目因合规性手续不全均出具了暂时放弃回购的申明。此外还开展了火电最小方式核定、电力企业价格财务和经营信息监测、煤电企业节能减排情况通报等一系列工作。

（三）紧紧围绕电力行业发展抓监管，确保国家电力政策“不跑偏”“不走样”

1. 注重规划引领作用

（1）完成“十三五”能源规划目标任务落实情况综合监管，针对发现的3个方面7项问题提出了14条监管意见。

（2）配合做好能源“十四五”规划工作，认真完成东北区域电力发展规划及能源体制改革建议研究，提出电力发展规划7个方面20条建议和能源体制改革建议4个方面10条建议。

（3）东北能源监管局主要负责同志向辽宁、吉林、黑龙江省委、政府提出能源双网循环发展战略建议。辽宁省张国清书记、吉林省景俊海书记和黑龙江省王文涛省长分别作出重要批示，并批转分管省领导和主管部门列入能源“十四五”规划推进落实。

2. 监管政策落实落地

（1）顺利完成蒙东地区风电开发建设情况监管，针对发现的5方面问题，提出5条监管意见。

（2）全面启动开展东北地区清洁取暖专项监管工作，与三省一区清洁取暖牵头部门建立通报机制。

（3）协同推进辽宁省“十四五”平价（低价）风电、光伏建设，提出建设性和可操作性建议，获得辽宁省能源主管部门采纳。

（四）紧紧围绕服务保障民生抓监管，不断提高电力服务质量和水平

1.“获得电力”水平不断提升

（1）抓好“获得电力”优质服务专项监管。推动办电企业精简办电流程、压缩报装环节和接电时长，强化治理三指定、乱收费和随意停电行为，进一步优化营商环境。

（2）完成东北区域抵边村寨农村电网改造升级攻坚和东北区域农村偏远地区供电质量专项监管，全部项目按期完成，供电能力大幅提高。

（3）全力做好投诉举报处理和行政处罚工作。共处理各类投诉举报及咨询事项近3000件，及时解决了一批关系群众切身利益的用电问题，群众满意率超过90%。对6家企业违法违规行为开展行政处罚，罚款金额共计103万元。完成呼伦贝尔金新化工有限公司与蒙东公司争议纠纷调解工作，获得争议双方的肯定。

2. 许可服务更加减证便民

（1）全面实行告知承诺制，将21项证明材料全部改为告知承诺，进一步优化审核流程，减少审核节点2个，压缩办理时限5个工作日。

（2）创新开展资质许可“好差评”工作，主动服务并接受企业和群众的监督。

（3）探索开展能源行业失信联合惩戒对象差异化监管，提高事中、事后监管水平。高标准完成以信用为基础的资质许可专项监管，发现典型问题6项，责令15家企业进行整改，并将对7家涉嫌违法的企业做进一步处理。

（何运鹏）

【国网辽宁省电力有限公司】

公司概况 国网辽宁省电力有限公司（简称国网

辽宁电力）成立于1999年，是国家电网有限公司的全资子公司，以建设运营辽宁电网为核心业务，供电营业区域覆盖全省14个市。截至2020年底，国网辽宁电力资产总额1031.88亿元。辽宁电网拥有66kV及以上输电线路68357.35km，变电站1877座，变电容量22071.42万kVA。2020年，国网辽宁电力保持稳健经营，全年完成售电量1942.10亿kWh，同比增长0.43%；营业收入1024.42亿元，连续三年突破千亿；实现利润5.02亿元，剔除政策影响后2.58亿元，同比增长130.36%。2020年被评为国家电网有限公司企业负责人业绩考核A级单位。

电网概况 辽宁电网是东北电网的负荷中心，通过500kV蒲梨、丰徐四回线与吉林电网相联，通过科沙、科阜四回线与蒙东通辽电网相联，通过青燕、青北四回线与蒙东赤峰电网相联，通过±500kV伊穆直流直接受入蒙东伊敏地区电力，通过500kV高岭换流站与华北电网相联。

辽宁电网分为辽西、辽宁中部、辽南三大系统，负荷主要集中在中部地区，沈阳—辽阳—鞍山—营口—大连构成了辽宁电网负荷的中轴线。中部电网形成内外层双环网为核心的500kV骨干网架，内外环网间通过4回500kV线路相连，辽南电网经6回500kV线路与辽宁中部电网相联。辽西电网经5回500kV线路与辽宁中部电网相联。省内220kV电网以500kV变电站为核心形成不完全独立的供电分区。

截至2020年底，辽宁省全口径发电装机容量5775.63万kW，其中：水电304.56万kW，占比5.27%；火电3642.96万kW，占总容量的63.07%；风电980.97万kW，占比16.98%；太阳能399.62万kW，占比6.92%；核电447.52万kW，占比7.75%。

截至2020年底，辽宁电网共有500kV换流站2座，换流变压器36台，变电容量1060.08万kVA；500kV变电站（开关站）31座，主变压器66组，变电容量5733.6万kVA；220kV变电站（开关站）250座，主变压器466台，变电容量8223.9万kVA；66kV变电站1595座，主变压器3105台，变电容量8143.15万kVA。

500kV线路116条（含1条直流），线路总长度为9141.666km（含直流线路192.53km）；220kV线路1025条，线路总长度为19450.488km；66kV（含35kV）线路2173条，线路总长度为31638.98km。

人力资源 截至2020年末，国网辽宁电力全口径用工总量65543人，其中主业用工55341人，省管产业单位用工10202人。本部设22个部门，下属31家单位，其中地市供电公司14个。职工劳动生产率完成62.65万元/（人·年），同比降低13.74%；人才当量密度为1.0774，同比增长0.85%。

2020年，深入贯彻国网援藏援疆工作部署，坚决抓好东西人才帮扶工作，选派11名员工赴西部地区开展帮扶，延长12名在派人员帮扶期限，助力西部地区电网建设发展。

落实“六稳”“六保”首要任务，全力服务稳岗扩就业。加大高校毕业生招聘力度，2020年招聘毕业生691名，招聘人数同比进一步增长。启动首次农电服务公司社会招聘，择优录用220人，服务农村生源属地就业和乡村振兴。实施贫困农民工招聘专项计划，结合施工类岗位用工需求提供110个就业岗位，促进贫困农民工扩大就业。

创建工匠职业发展通道，完善“三通道”职业发展体系。全面深化职员职级建设，修订《职员职级管理实施意见》，全面推进各级职员选聘，现有在聘职员2009人。细化构建专家人才体系，搭建四层8级技术人才晋升通道，分别享受对应级别职员薪酬待遇。搭建技能工匠晋升通道，在国网系统率先构建四层9级技能员工职业发展通道，加快一专多能高技能人才培育，9家试点单位聘任工匠225人。

深化内部人力资源市场建设，员工流动更加顺畅有序。组织开展三批系统内公开招聘，213人报名参与，107人竞聘至新岗位，内部人力资源配置进一步优化。稳步推进岗位聘任制，选取5家地市公司开展试点，建立以能力、业绩和贡献为导向的选聘机制，2000余名管理、技术人员及1900余名班组（所）长实行岗位聘任制管理。

优化组织机构设置，组织运行更加灵活高效。加速推进新兴产业发展，在沈阳、大连、阜新、朝阳先行设立综合能源、电动汽车服务有限公司地市分公司，稳步拓展新兴产业业务。加强产业单位机构管理，确立省管产业单位“1＋4＋3＋14”管理模式、产权架构，实现产权与管理权关系更加合理、顺畅。

优化考核分配体系，人才发展动能显著增强。建立经营质效价值贡献与工资总额分配挂钩机制。在绩效工资单元中增加内部利润工资，将供电公司2019年绩效工资的20%作为内部利润工资基数，根据各供电公司内部利润完成情况进行兑现。建立与考核方式相匹配的绩效工资分配机制，实现员工绩效工资与所在组织、个人考核结果直接挂钩。加大福利保障对核心骨干人员的激励力度，获得先进称号人员和东西帮扶人员享受荣誉型疗养，省部级及以上级别专家享受企业年金一次性奖励。

电网建设与发展 2020年，国网辽宁电力下达大中型基建投资计划44亿元，累计完成投资44亿元。新开工66kV及以上线路2816.16km，变电容量1290.91万kVA。投产66kV及以上线路1978.79km，变电 692.4 万 kVA。完成 66kV 及以上工程初步设计评审 165 项，施工图评审 143 项，工程结算 95 项，概算投资 57 亿元，结算投资 49 亿元，结余率 14.1%。

国网辽宁电力统筹新冠肺炎疫情防控和建设项目施工，实现了 3 月 15 日前工程全面复工的目标。全面提升安全质量管理水平，开展各类检查 62 次，发现并整改问题 1192 条。严格风险管控，建立了分包商激励退出机制。有序推进了重点工程建设，500kV 鞍山扩建工程、500kV 大连登台变电站和沈阳盛京输变电工程竣工投运，红沿河核电二期、铁岭永安 220kV 联网等新能源送出工程提前开工，参建的“一带一路”项目巴基斯坦默拉直流“两站一线”标段进入启动调试阶段。大连晶圆变电站、鞍山西桓变电站两个项目分获国网优质工程金银奖。参建的滇西北—广东特高压直流和渝鄂背靠背直流联网工程荣获国家优质工程金奖。

经营管理 2020 年，国网辽宁电力开展“效益提升年”活动，深化内部模拟市场建设，有效对冲减利影响 35.52 亿元，获评国网提质增效特殊贡献奖。深挖内部潜力。建立巡视巡察问题整改、审计问题整改、法律诉讼案件压降“三本台账”，促进效率效益双提升。建成“1233”新型资金管理体系，创造资金效益 0.8 亿元。“三项费用”同比压降 7.2%。同期线损达标率 97.33%，高损线路、台区同比分别压降 77%、67%。电费回收率达到 100%，营销稽查和反窃查违挽回经济损失 2.6 亿元。促请政府出台支持政策，有效延长 400 余万只智能电能表在运周期，节约资金近 8 亿元。清理超期未结项目 60 项，累计金额近 70 亿元。建成投运“1 + 3”现代智慧区域中心库，发挥供应链运营中心作用，完成两级集中采购 186.73 亿元，盘活库存 1.14 亿元。

国网辽宁电力落实“改革攻坚年”部署，实施“新跨越行动计划”，全面激发企业发展活力。配合政府完成第二监管周期输配电价核定工作。加快电力市场建设，在国网系统率先完成交易公司股份制改造。直接交易电量 888.48 亿 kWh，超额完成省政府下达计划指标，减少用户用电成本 12.27 亿元。启动辽宁电力现货市场建设，配合政府制定市场建设方案。鞍山激光产业园试点运营，实现增量配电改革重大突破。完成国网辽宁综合能源服务有限公司、电动汽车服务有限公司股权多元化改革，组建辽宁省思极科技服务有限公司。率先在国网系统完成省管产业省市两级资本纽带关系搭建，完成 11 户集体所有制企业改革改制和 3 户非核心业务企业清理处置。提前 3 个月完成退休人员社会化管理服务移交主体任务。推进“战略 + 运营”管控模式落地实施，印发《地市公司自主决策事项负面清单》及《第三批“放管服”改革事项清单》。深化“三项制度”改革，稳步推进岗位聘任制，完成 2000 余名管理、技术人员及 1900 余名班组长聘任工作。优化生产管理模式，完成大连地区 500kV 输变电设备及运维管理职责属地化移交。

安全生产 2020 年，国网辽宁电力贯彻国家电网有限公司决策部署，以“夯基础、求突破、勇争先”为工作主线，加强设备管理，优化调度控制，不断提高设备安全经济运行水平，顺利完成春（秋）检、迎峰度夏、应急抢修等各项安全生产工作，高质量完成防疫应急工程、复工复产等重大保电任务，高效应对“巴威”“美莎克”和“海神”台风等突发事件。

2020 年，国网辽宁电力共发生设备事件 13 次，同比下降 6 次，压降 30%，未发生人身、电网事故，安全生产态势保持平稳。共发生 220kV 及以上输电线路故障跳闸 71 条次，同比减少 18 条次，故障跳闸率 0.252 次/（百公里·年）；线路非计划停运 22 次，同比减少 10 条次，非计划停运率 0.0708 次/（百公里·年）；未发生 220kV 及以上变电设备故障跳闸和直流强迫停运，连续 5 年未发生直流强迫停运。用户平均停电时间 8.15h/户，同比减少 6.05h/户，供电可靠率 99.89%，同比提升 0.078 个百分点。沈阳供电公司用户平均停电时间跃升国网系统大供企业第 22 名。

坚持疫情防控与安全生产“两手抓、两不误”，每天投入保电人员 2306 人、车辆 696 台、应急发电车 43 台，先后为全省 48 家定点医院、264 家发热门诊、80 家防控用品生产企业、101 个场馆和定点宾馆提供坚强应急保障。严格落实国家电网有限公司关于加强疫情防控和科学复工复产的部署要求，开展施工现场安全专项督查，严格复工现场安全管控，按日统计开复工进度，确保各项工程安全有序复工。

开展全员安全责任清单“再梳理、再宣贯、再落实”活动，完成本部 131 个组织、535 个岗位及 33 家二级单位（含各级产业单位）全部岗位“一岗一清单”修订、发布、备案及公示。编制下发“三年专项整治”工作方案，有序推进落实“一下一上”重点任务，排查各类问题（隐患）830 条，形成“两个清单”，并在国网系统内率先实现全数据系统上报。出台《安全生产巡查工作实施方案》及巡查标准，组建巡查专家组，巡查前开展为期两周的封闭培训。下发《安全工作奖惩实施办法》，优化奖励项目及标准，继续加大向基层一线员工奖励倾斜力度。

组织完成 292 项五级电网风险预警全覆盖督查，督促各地市公司对 490 项六级电网风险预警现场督导，未发生风险预警失效事件。下发关于加强春秋检工作的通知，开展安全教育培训及安规考试工作。建成省、市、县三级安全管控中心92个，组建三级安全督查队205支1187人，采取“四不两直”和“远程视频”相结合方式，查处违章8425起。

深入推进安全生产专项整治，扎实开展安全生产巡查和基建施工现场安全大检查，深化应用“安管中心＋风控平台”，推动“四个管住”落地落实。细化全员安全责任清单，逐级拧紧安全责任链条，完善安全奖惩体系，提高安全管控能力。网络安全水平持续提升，在公安部组织的“护网2020”网络攻防演习中受到表彰。

营销工作 2020年，国网辽宁电力营销工作紧密围绕决胜脱贫攻坚，大力实施“电亮三农”专项行动，定点帮扶的2个贫困镇、30个贫困村已全部脱贫摘帽。打造“旭光”精准扶贫模式，构建“五家村”道德银行信用体系，依托能源大数据中心助力政府开展脱贫数据监测分析，得到国务院扶贫办、省政府的充分肯定。

优化营商环境各项措施不断落地见效。全面推行“阳光业扩”服务，压减流程环节和接电时间，降低客户接电成本，客户“获得电力”满意度持续提升。试点推行供电方案现场答复、自动生成配套电网设计图纸、物料清单，显著提升配套电网建设效率。推动省政府出台《关于进一步加快电力接入工程审批的指导意见》（辽工改小组办发〔2020〕7号），实现了0.4kV和200m以内10kV电力工程行政“免审批”。推行配套电网建设契约制，对在建业扩项目实施挂牌督办，高、低压办电时间分别压减至50个和15个工作日内。

营销战线广大干部职工发扬“三千精神”，按期全额回收缓缴电费，超额完成国家电网有限公司考核指标，2020年电费回收率99.99%。精益完成降费、降价、降损助力复工复产任务，加强台区线损治理。

全力开拓电力市场。克服疫情影响，在建筑、工业、农业等7大领域推广热泵、冶金电炉、电排灌等电能替代项目2300项，实现替代电量62亿kWh。以朝阳二院能源托管、抚顺县政府供冷供热、本溪公交公司充电站建设运营为代表的多项社会化综合能源示范项目落地实施。完成综合能源业务收入6.67亿元，同比提高2.21亿元。推动政府规范自备电厂管理，全年关停燃煤自备机组7个（其中永久性关停2个），总容量14.05万kW。

全力做好“网上国网”运营推广工作。建立高效的运营管理体系。组建以省营销服务中心为核心、各供电公司为主体，覆盖省、市、县（区）、班组的四级推广团队。率先开展“会员日”运营推广活动，有效提升客户注册的积极性，“网上国网”交费数环比增加216.3%。

深化政企联动，推进电力信用评价体系建设。全国范围内率先促成政府出台《辽宁省电力用户信用管理办法（试行）》，与省信用办建立政企数据共享机制，助力打造“诚信辽电”品牌。积极促请政府出台智能电能表状态评价地方法规，对全省范围内在运智能表开展远程在线监测与大数据分析，有效延长400余万只智能电能表在运周期，节约资金近8亿元。

科技与信息化 2020年，国网辽宁电力强化科技创新主体地位，制定出台了加强科技创新、加快科技成果转化、实施科技奖励办法等举措，鼓励大众创新创效，推动辽宁电网高质量发展。承担国家重点研发计划项目针对配电网中的电力电缆和电力光缆（OPLC）性能参数不能一体化检测问题，推进电力电缆与光纤综合型工程检测装置的研发与转化应用，有效提高配电网缆线检测装置的适用性和经济性。完成的基于云边端协同的配电网络拓扑自识别关键技术研究及应用、含风热机组的分布式混合供能系统优化设计与运行控制关键技术研究及示范、信息通信资源虚拟运营关键技术研究及应用、61.8%IACS（国际退火铜标准）高导耐热铝合金导线开发与应用技术研究、智能调控机器人助手关键技术研究与示范应用等科技创新成果处于同行业领先地位。

获得省部级以上科技成果奖21项，完成专利申请787项，其中发明专利462项；获得专利授权499项，其中发明专利158项。完成成果转化7项，实现转化收益43.46万元。

信息化、数字化项目建设计划投资完成率、新基建投资完成率均达到100%，完成全年重点数字化项目建设任务，数据标签库构建、“网上电网”智能应用等45项试点任务成效显著。数据资产管理水平稳步提升，率先完成了数据管理能力量化评估，实现了数据治理工作省市两级在线可查、可视、可控，建立了完整的数据资产管理体系。率先建成全国首个区域级能源大数据中心，完成涉及内外部1.3PB数据的汇聚融合，主要包含能源、经济和环境等数据，开展26项数据增值服务，收入776万元。2020年12月9日，顺利通过政府验收。数字化基础设施再上台阶，实现32套主要业务系统云上部署，完成375个分析服务中台搭建、9568张样本数据和15类人工智能模型统一纳管。大数据应用成效显著，对内，以周为频度开展运营监测工作，累计完成107期运营周报，并在领导班子碰头会上进行汇报；对外，研发电力看环保、电力看扶贫和电力看房产等23项数据产品，获得省政府等相关部门的高度评价。网络安全水平稳步提升，打造百人网络安全柔性团队，在电力行业、辽宁省等网络安全竞赛中多次取得优异成绩。新兴产业发展初具规模，统一调度全域200余条电熔镁生产线参与电网调峰。

优质服务 认真落实电网运行和设备运维重点措施，动态优化电网运行方式，筑牢“三道防线”。针对频繁停电、低电压等问题，制定预算式过程管控等20项提升举措，突出抓好配电网问题专项治理，故障压降31.16%，供电可靠率同比提高0.044个百分点，用户平均停电时间同比减少3.826h。

满足生产生活持续用电需求，大力推广不停电作业。开展东北地区最大规模不停电作业，实现单项工程包含16类不停电作业项目。首创高低压综合不停电作业法，实施双回线加装柱上开关和变压器台区标准化改造项目。2020年累计开展不停电作业17992次，减少停电122.22万时户，多供电量9820.98万kWh。

深化供电服务指挥中心运营，实施以工单驱动业务的配电网运检管控模式，强化监测预警，推进主动运维。故障处理时长同比降低53.6%，生产类投诉工单同比减少71%。

优化省、市、县三级应急指挥体系，在关键时刻履行央企社会责任。辽宁省供电部门员工积极为抗击新冠肺炎疫情提供电力支撑；做好异常天气应急预案和设备抢修工作，成功应对连续台风、雨雪冰冻等灾害对电网的影响。提高重大政治活动供电的可靠性，完成全国两会、纪念中国人民志愿军抗美援朝出国作战70周年等重大保电任务。

党的建设和精神文明建设 2020年，国网辽宁电力坚持以党建促发展、以发展促党建，走出了具有辽电特色的党建融合之路。深入学习贯彻习近平新时代中国特色社会主义思想和党的十九届五中全会精神，建成了辽电党性教育基地，持续强化党的政治理论武装。扎实推进“基层党建巩固提升年”各项任务，大力实施“党建＋”十大重点攻坚工程，开展支部“亮旗夺标”和党员“三无三当”实践，荣获中组部优秀研究成果二等奖，在国网系统获评4个党建专业标杆。国网辽宁电力落实从严治党主体责任，从严治党全面深化。推进政治监督具体化常态化，推行党风廉政建设分片包干阶段化管理和“一人一清单”约谈模式，推动“两个责任”落实。完成2020年两轮巡察工作，统筹开展巡视巡察问题整改自查自纠，推动问题整改“见底清零”。构建多元监督体系，持之以恒纠治“四风”，不断巩固“小微权力”治理成效。深入开展“明红线守底线 正心正行”警示教育活动，始终保持惩治腐败高压态势。队伍建设持续优化。实施领导人员提质、育优、梯队、激励计划，深化优秀年轻干部梯次培养“123工程”，70%基层班子配备40岁以下年轻领导人员，处级领导人员平均年龄较2018年下降1.8岁。

2020年，国网辽宁电力高频度、全方位、立体化开展主题传播，在中央级媒体发稿550多篇。持续开展学雷锋主题传播活动，举办多场“老英雄张贵斌同志先进事迹报告会”，成立了一支以老英雄张贵斌同志名字命名的共产党员服务队；围绕中国人民志愿军抗美援朝出国作战70周年纪念活动，大力宣传了丹东电业人冒着敌机轰炸用七天七夜时间抢架“义东线”的英雄事迹。大力开展精准扶贫宣传，定点帮扶的2个贫困镇、30个贫困村全部脱贫摘帽。在中央、电力行业、地方媒体上大力开展抗击疫情主题传播。新冠肺炎疫情发生以来，国网辽宁电力积极应对，投入保电荣誉30万人次，保电车辆9万台次，为全省医疗机构、防控用品生产企业和防疫指挥部门开展保障供电延伸服务，助力防控疫情和复工复产。

接续开展“第二届职工文化建设年”活动，创建“云端携手、快乐依旧”专题网站，举办“辽电好声音”职工歌手大赛。积极为职工办实事，投入3310万元推进“五小”供电所建设，新建辽宁省职工创新工作室6个，开通“疫路关爱”职工诉求线上服务平台。6人在省总工会主办的职工技能大赛中获得一等奖。承办“振兴杯”辽宁青年职业技能大赛电力专项赛，54个集体、个人荣获省部级及以上表彰。1名职工荣获全国劳动模范称号，1名职工荣获国网特等劳动模范称号，5名职工荣获国网劳动模范称号，12名职工获得辽宁省五一劳动奖章，1名职工被授予“辽宁最美职工”称号，1名职工被授予“全国爱国拥军模范”称号。1家单位获得辽宁省五一劳动奖状，2家单位荣获第六届全国文明单位，19家单位获评2018～2020年度全省文明单位，2家单位获评2018～2020年度全省文明单位标兵。

（王　宁　赵永华）

【国网吉林省电力有限公司】

公司概况 国网吉林省电力有限公司（简称国网吉林电力）是以经营、管理、建设电网为主营业务的国家大一型企业，是国家电网有限公司的全资子公司，对所属企业和单位的国有资产承担保值增值责任，依法对省内及相关电网实施调度管理，承担着保障安全、经济、清洁、可持续的电力供应的使命。公司供电营业面积16.2万km^2，供电服务人口2649万人。

领导班子

董事长、党委书记：董天仁

董事、总经理、党委副书记：王志伟

董事、党委副书记、副总经理：王如伟

董事、副总经理、党委委员、工会主席：周艾辉

副总经理、党委委员：吴越

副总经理、党委委员：孙文胜

副总经理、党委委员：李大勇

总工程师：杨军

总会计师、党委委员：周成城

党委委员、纪委书记：宫庆申

组织机构 本部设置职能部门 22 个，省公司层面业务支撑实施机构及直属单位 15 家，合资公司 3 家，地市供电公司 9 家，县公司 49 家。

电网概况 吉林电网位于东北电网的中部，北连黑龙江电网，南接辽宁电网，西临内蒙古东部电网，在满足全省电力供应的同时，还是东北电网北电南送的重要通道。截至 2020 年底，吉林省电网共有 500kV 变电站 17 座，变电容量 2686 万 kVA，总长度 5740km；220kV 变电站 97 座，变电容量 2586 万 kVA，总长度 12965km。66kV 变电站 928 座，变电容量 2583.889 万 kVA，输电线路 20043.67km。已形成全省 500kV“井”字形骨干网架、各地区 220kV 环网结构的坚强吉林电网，并分别与辽宁、黑龙江、蒙东电网相联，电力交换能力和资源优化配置能力显著提高，电网供电能力和运行可靠性明显提高。

吉林省电源分布特点是水电主要分布在东部，西部以风电为主，火电以城市热电联产机组为主。近年来，吉林省电源建设快速发展。2020 年末，全省发电总装机容量 3277.56 万 kW，其中火电装机容量 1852.20 万 kW、占 56.51%，水电装机容量 510.45 万 kW、占 15.57%，风电装机容量 577.14 万 kW、占 17.61%，太阳能装机容量 337.76 万 kW、占 10.31%。

电网建设与发展 着眼于服务吉林振兴发展和经济社会用电需求，补短板、强弱项，统筹推进各级电网建设。科学谋划“十四五”发展，电网“十四五”发展规划通过国网评审。主动谋划“高、低、充、联”项目，电网规划项目全部纳入吉林省新基建“761”工程。“吉电南送”特高压输电通道送端方案研究取得重大成果。国家电网有限公司与省政府签署《加快能源互联网建设、打造吉林振兴发展新引擎》合作框架协议，9 个市（州）政府全部出台支持电网发展文件，创新“政府一揽子交单子”等政企合作新模式。建成投运了一批重点项目。500kV 敦化抽蓄送出工程提前实现倒送电，金龙 1、2 号线及梨合 2 号线 π 入金城变电站等重点工程顺利投产。吉林中部电网完善工程有序推进。500kV 茂胜变电站获评中国电力行业优质工程奖，2 项工程荣获国网优质工程金银奖。送变电公司累计中标合同 10.36 亿元，承建的巴基斯坦默蒂亚里—拉合尔±660kV 直流输电工程、青海—河南±800kV 特高压直流输电工程（陕西段）、张北—雄安 1000kV 特高压交流输变电工程（河北段）等工程标段提前完工。研究制定了一系列补短板措施。落实补齐全面小康“三农”领域短板要求，编制完成 1.4 万余项农网改造规划项目清册。排查供热机组送出线路、“三跨”等重要区段线路 847 条、杆塔近 5 万基，清单化提出冰雪灾害补短板措施 37 项。延边等 7 个公司实现建设周期过长工程“清零”，全省完成率达 91.7%。

提质增效稳健经营 实施“四化”管理，聚焦“十字”发力，消化对冲减利因素影响 12.03 亿元。国网吉林电力在国网年中会上作典型发言。内部挖潜提效。重塑预算管理体系，审减非必要支出 0.9 亿元；深化资金管理体系建设创效 3.51 亿元；完成各类审计增收节支 9578 万元；压降库存资金占用 5505 万元；盘活释放闲置房产价值 2229 万元；诉讼案件同比减少 22%，挽回损失 1669 万元。荣获“电 e 金服”推广应用优秀核心企业称号。市场营销提效。完成替代电量 31.16 亿 kWh、同比增长 19.12%。电费回收率实现 100%。电能表状态评价与失准更换节约表计购置资金 1.29 亿元。预警稽查、反窃查违创效 7868 万元。加强同期线损精益管理。综合线损率完成 7.2%，同比降低 0.01 个百分点。台区同期线损合格率 98.16%，提升 1.11 个百分点。公主岭公司获评治理“百强县”，舒兰水曲柳等 5 个供电所获评“百强所”。产业升级创效。首批建成省级能源大数据中心，发布 25 项数据产品。建成以绿电为中心的“7＋1”多网融合新业态充换电综合示范项目。电动汽车业务与民航集团等 49 家客户签订战略合作协议，业绩考核居国网新组建 5 家单位首位。智慧用能项目在 34 栋楼宇推广，承建一汽红旗、NBD 集团总部光伏发电工程，综合能源收入 5.15 亿元，同比提高 200%，指标完成率居东北首位。建设 10 座数据中心站，中标 200 基杆塔共享 5G 基站建设，“5G＋能源实验室”正式揭牌。省管产业开拓用户设备智慧管理市场，收入超过 6000 万元。政策争取增效。争取国家电网有限公司内部帮扶 4 亿元，增值税暂停预征节省现金流 2.64 亿元，压减社保支出 2.72 亿元，新到位“机井通电”补贴 6992 万元，长春、四平、松原补贴全部回收。智慧税务共享平台得到中国税务学会高度评价。

安全生产 严格落实“四早”“四清”等要求，以控制的精细化、严密化、动态化应对疫情的常态化。细化“战时”供电保障机制，实施“一院一点一策”，实现全省 1507 万用户供电服务“不间断”。长春、吉林、通化、四平、松原、延边等公司落实属地责任，奋战在抗疫主战场，为国网吉林电力保持“双零”做出了突出贡献。出台助力复工复产、降低用电成本 34 项举措，对工商业、居民用户实行“欠费不停电”“不计滞纳金”，对困难企业实施延期交费，惠及9.86万户居民、178户企业。定期推送“复工电力指数”分析，为政府提供客观准确数据支撑。克服灾害重、范围广、影响大、抢修难、反复多等困难，历时12天全面打赢抗冰雪保供电遭遇战，做到了灾中灾后重要用户稳定供电、全程抢修无一人伤亡、舆情始终保持平稳。策划播出抗冰保电“火车头”“群英汇”等系列宣传片。在国网月例会上作提升应急能力交流发言。实现第15个安全年。推进安全生产三年专项整治行动，治理森林草原输配电线路火灾隐患660处，长白山核心保护区隐患治理率达到100%。完成全部1032座变电站消防取证和备案。开展“查风险、治违章、抓落实”安全主题活动，有效遏制事故苗头。建成多源数据接入的配网调度技术支持系统，配网感知能力有效提升。成功应对“巴威”“美莎克”“海神”台风“三连击”。完成习近平总书记视察吉林等重大活动保电任务。

脱贫攻坚与营销服务 助力决胜脱贫攻坚。落实服务乡村战略10项措施。12个国家及省级贫困县户均配电变压器容量达到2.13kVA。提前半年完成56个抵边村寨电网升级改造。消费扶贫达到2074万元，在全省名列第一，得到省扶贫办高度评价。就业扶贫吸纳贫困劳动力148人。帮扶的64户132人全部脱贫。已建成的11855处水源井全部通电。经营区内1522个光伏扶贫电站全部投运。持续优化营商环境。坚决执行国家阶段性降价政策，惠及153.2万客户11.93亿元。在52个政务大厅设置供电服务窗口。全省实现营业执照等办电资料实时自动获取。13.3万转供电用户实现“转供电费码”应用全覆盖。“网上国网”注册客户突破235万户，完成率157%。高、低压线上办电率达90%，平均接电时间分别减少40%、42%。连续15年开展行风“三维评价”，供电服务质量持续提升。服务清洁能源发展。完成新能源资源再评估，新增风光技术开发量3000万kW，总量达到1.15亿kW。完成130所学校电供暖、157座燃煤锅炉改造，新增电采暖面积470万m^2，累计达到3500万m^2。在边疆省份中第一个实现全部边防哨所煤改电，得到北方战区高度评价。新能源利用率达到97.91%，同比增加0.14个百分点。

科技创新与数字化发展 成立国网系统首个战略实践研究实验室，省政府授权成立吉林省能源高质量发展研究中心和绿能充换电技术经济研究中心。首次召开国网吉林电力科技创新大会，发布实施“新跨越行动计划”，全面加强科技创新工作十项举措，14个项目获得省部级以上科技进步奖。申请发明专利103项，授权发明专利56项。参与编制的首个国际标准《可再生能源发电功率预测》正式发布。

2020年，国网吉林电力云平台、数据中台、物联管理平台建成投运，新建系统全部云上运行。电网资源业务中台初步建成，实现电源、电网到用户全网数据模型统一、同源维护。统一视频、电网地理信息系统（GIS）、统一权限平台全面升级，为各专业提供更加稳定、高效的公共技术能力。国网吉林电力作为国家电网有限公司与联通公司5G综合示范合作4家试点单位之一，与吉林联通签署合作协议，“5G+能源实验室”揭牌，数字化基础支撑能力得到提升。业务应用建设取得成效。开展输电线路无人机巡检，实现6014张缺陷影像的智能识别。深化新能源云应用，帮助103家发电企业完成可再生能源补贴申报。“网上国网”实现30项办电业务“一次都不跑”。现代智慧供应链实现招投标等16项业务“一网通办”。数字化审计平台首家通过国网现场验收，实现营销等5个业务领域线上审计。移动办公实现公司管理人员全覆盖，平均流程办理时长缩短40%。新版“i国网”上线，支撑疫情期间线上视频会议和线上移动作业。首批建成省级能源大数据中心。中心建设得到省政府大力支持，项目列入吉林省新基建“761”工程、国家2020～2022东北振兴重点项目，作为参编单位完成《能源管理信息化通用技术规范》《能耗数据采集表示和交换标准》两个地方标准编制。建成25个大数据产品，高分通过省能源局组织的验收。建设团队获得国家电网有限公司新基建劳动竞赛“工人先锋号”。

2020年全年未发生网络安全和信息运行事故。承担国家电网有限公司信息运行与网络安全应急体系研究工作，编制《国家电网有限公司信息运行与网络安全应急演练工作方案》，创新应急演练模式6项，建立网络与信息系统应急演练场景模板11个。在吉林地区遭受雨雪冰冻灾害期间，组织相关单位做好应急准备，加强信息调度值班监测管理，安排处内相关人员开展24h值守，确保第一时间恢复7个地市供电公司、22个县级供电公司、178个营业厅（供电所）信息网络连接，有效支撑国网吉林电力整体应急抢险工作。编制并印发国网吉林电力《网络安全专项整治三年行动计划实施方案》，完成中华人民共和国公安部组织的2020年网络攻防演习，投入演习保障人员30名，有效监测并及时拦截恶意攻击12745次，封禁高危恶意IP地址87735个，形成防守方成果报告7篇，确保国网吉林电力一分未失。组织开展8个三级信息系统和9个二级信息系统等级保护测评工作，排查并整改问题1567个，进一步提高信息系统安全防护能力。编制2020年度网络安全红蓝队工作方案，择优选择公司红队队员8人，蓝队队员11人，员工杨婷婷入选国家电网有限公司蓝队作战指挥官35人大名单，被国家电网有限公司评为年度网络攻防先进个人。

改革创新 各项改革全面落实。第二轮核价参数保持在合理区间。首批完成交易机构第一轮股份制改造，外送交易电量150.35亿kWh，同比增长16.01%，省内交易电量282亿kWh，释放红利3.37亿元。制定支持增量配电改革17项举措。提前3个月完成省管产业深化改革。平稳完成退休人员社会化管理移交。内部变革稳步推进。优化管控模式，形成“1+9”总体方案、78项自主决策事项负面清单和57项第三批“放管赋能”清单。健全职员职级聘任机制，聘任一级职员4人。12家县公司推行模拟法人考核模式，3家单位选拔职业经理人8人，227人委派专业管理工作，4516人实行聘任制管理，“三项制度”改革成效在国网交流。构建省市县三位一体考核机制，形成常态化“考核会汇报+月例会通报+年度评价”模式，本部月绩效工资最大差距由19%提升至48%，平均差距由9%提升至14%，考核“指挥棒”作用充分发挥。创新创效成果丰硕。五个重点项目试行“揭榜挂帅制”，电科院试点实行科技型企业项目收益分红机制。两个博士工作站获省教育厅授牌。四平公司迟克寒在“振兴杯”全国青年职业技能大赛上获计算机网络专业金奖，取得吉林省、国网系统参赛最好成绩，被评为“全国技术能手”，实现国网吉林电力国家级技能类人才“零”的突破。1项管理创新成果入选全国智慧企业建设创新实践案例，1项成果获中国电力创新奖二等奖；9个项目获电力行业质量管理活动成果奖，8个小组获“全国优秀质量管理小组”称号，首次参加国际质量管理小组大会并获铂金奖；参与的首个IEC国际标准《可再生能源发电功率预测》正式发布，14个项目获得省部级以上科技进步奖。

党的建设和精神文明建设 始终把坚持党的领导、加强党的建设摆在突出位置。政治建设持续强化。坚持把学习贯彻习近平总书记重要讲话和重要指示批示精神作为首要政治任务，党委会“第一议题”、理论中心组集中学习《习近平谈治国理政》第三卷等内容56次。巩固深化“不忘初心、牢记使命”长效机制，引导党员干部树牢“四个意识”、坚定“四个自信”、做到“两个维护”。党建基础巩固夯实。推进“基层党建巩固提升年”和“党建+”工程，破解生产经营等重大问题507项。加强党支部书记队伍建设，建强“党委—党支部—共产党员服务队”战斗矩阵，在疫情防控和复工复产一线组建临时党支部15个，与地方党支部结对730对，党员和群众结对1751对。218人递交了入党申请书，237名入党积极分子、发展对象奋战在前沿。从严治党不断深化。建立“四项机制”，推进同级监督常态化长效化。制定作风建设“四个清单”，持续整治“四风”。配齐配强35家县公司纪委书记。开展巡视整改“回头看”。完成对6家单位的常规巡察和对9家县公司的交叉、提级巡察，发现解决问题590项。建成廉政警示教育基地，开展“纪律教育月”活动，风清气正氛围更加浓厚。队伍素质全面提升。出台激励干部担当作为25项措施，注重在防疫、抗冰等急难险重任务中考察识别干部。建立“之”字型成长机制，加强年轻干部培养，统筹使用好各年龄段干部，打破农电干部晋升“天花板”，“80后”处级领导人员由5人增至16人，处级干部平均年龄降至49.95岁。与国网大学签署战略合作协议，举办优秀年轻干部培训班，发布5项课题研究成果。分别选派12名和2名优秀人员到基层单位挂职和任职。选拔公司级优秀人才25人，地市、县级优秀人才141人。国网吉林电力作为唯一一家省公司参与国家电网有限公司领导人员队伍建设“十四五”规划评审。开展7项劳动竞赛。职工疗养周期由10年缩短至3年。在主流媒体发稿2500余篇，工作亮点8次入编新华社内参，央视连续四天报道公司抗冰保电工作。105条信息在国网系统刊发交流，2次被转报至中办、国办。统战、保密、信访等工作同步推进，营造了和谐稳定的发展环境。4个单位新晋全国文明单位。2名职工入选“中国好人”。3名职工获评全国劳动模范。2个集体和6名同志获国网抗击新冠肺炎疫情表彰。4名同志、2个集体和3个班组在国网职代会上受到表彰。

（李青春）

【国网黑龙江省电力有限公司】

公司概况 国网黑龙江省电力有限公司（简称国网黑龙江电力）是国家电网有限公司的全资子公司、特大型国有骨干企业。资产总额691.79亿元，供电面积47万km^2，服务各类客户1870万户，供电人口3800万。直接管理单位33个，其中地（市）级供电企业18个。2020年，售电量765.02亿kWh，同比增长1.91%；完成电能替代38.09亿kWh；完成电网基建投资21亿元。

领导班子

董事长、党委书记：李永莱

董事、总经理、党委副书记：朱薪志

董事、党委副书记、副总经理：吴德义

副总经理、党委委员：李运灵

职工董事、副总经理、党委委员、工会主席：许传辉

副总经理、党委委员：李长林

党委委员、纪委书记：陈晓东

总会计师：陈国平

总工程师：陈殿军

组织机构 本部职能部门：办公室（党委办公室、董事会办公室）、发展策划部、财务资产部、安全监察部（保卫部）、设备管理部、营销部（农电工作部）、科技部、建设部、互联网部、物资部（招投标管理中心）、集体企业管理办公室、党委宣传部（对外联络部）、审计部、经济法律部（体改办）、党委组织部（人事董事部）、人力资源部（社保中心）、离退休工作部、后勤工作部、党建工作部（思想政治工作部）、纪委办公室（巡察办）、电力调度控制中心、工会、企协分会。直接管理单位33个，其中地（市）级供电企业18个。

电网概况 黑龙江电网地处东北电网的最北部，以500kV电网为主网架，南部与吉林电网相连，西部与蒙东电网相连，北部与俄罗斯电网互联。电源集中在东部电网，负荷集中在中、西部电网，省内潮流呈东电西送格局。

截至2020年末，黑龙江省电网共有500kV厂站22座（含500kV七台河厂、鹤岗B厂、双B厂、宝清厂），主变压器25组，运行容量为20416.0MVA。220kV变电站151座（未包括38个铁路牵引变电站、北钢三总降变电站、建龙变电站、轧钢变电站、宁钢变电站、米都变电站），主变压器共245台，运行容量为32706.0MVA。共有500kV线路51条（省调调度4条），线路总长度为7052.37km（省调调度309.82km）；220kV线路487条，线路总长度为15815.34km。

黑龙江省网调度口径运行管理电厂423座，总装机容量为34254.47MW。其中火电厂190座，装机容量为23870.95MW，占比69.69%；水电厂82座，装机容量为1099.6MW，占比3.21%；风电场85座，装机容量为6870.5MW，占比20.06%；光伏电站66座，装机容量为2413.42MW，占比7.05%。

人力资源 用工总量55225人；人才当量密度0.9732；职工劳动生产率27.88万元/（人·年）；全口径人事费用率16.6%。

优化县公司机构编制，按照企业规模分档管理，明确县公司负责人职数上限和职能部门设置上限。完成3个省合资公司的设立工作。完成龙煤四矿接收工作，组织4家基层供电公司设置相应内设机构。实施企业负责人业绩考核提升工程，加大“量价费损”等经营效益效率指标考核权重，业绩考核晋级国家电网有限公司B段。加强一线工作积分量化考核，A级职工绩效工资倍比提升至1.13，C级职工绩效工资倍比下降至0.9。建立农电企业典型岗位体系，完成农电企业岗位绩效工资套改试点。规范退休人员统筹外费用发放。

2020年，教育培训投入9107万元，培训职工57133人次、271078人天，全员培训率达到96.21%。高技能人才比例为77.30%，技师、高级技师占生产技能人员比例为29.94%。新增高级技师305人、技师50人，新增黑龙江省高技能人才评审专家1人。享受省政府特殊津贴人员新增6人。新增全国劳动模范2人、省五一劳动奖章3人。专业技术资格评定通过1497人，“四级四类”人才达1553人。

择优招录高校毕业生403人，安置复转军人10人。年度用工总量减少1951人。全年优化内部存量配置3008人次。试行岗位聘任制管理，共计聘任各级人员898人。选派8人完成对藏和东西帮扶，1个单位和1名员工分别获得国家电网有限公司东西人才帮扶先进集体和先进个人称号。

电网建设与发展 2020年完成电网基建投资21亿元。35kV及以上工程开工45项、投产70项。35kV及以上线路开工703.84km，变电容量206.46MVA；35kV及以上线路投产454.34km，变电容量158.57MVA。未发生基建安全质量事故（事件），保持基建安全稳定局面。

45项复工计划全部按期完成，实现疫情防控“双零”目标。开工建设荒沟抽水蓄能电站500kV送出、500kV安北输变电和铁伊、佳鹤铁路供电工程。牡佳客专供电工程变电部分提前7个月具备送电条件，黑龙江省“百大项目”供电专项建设任务按期投产。完成10项贫困地区35kV及以上农网工程建设。齐南500kV变电站新建工程获国家电网有限公司输变电优质工程金奖。

编制“十四五”电网规划，规划成果和重点项目全部纳入省“十四五”电力发展规划。编制“新基建”2020～2025年发展规划，印发《加快“新基建”建设工作实施方案》。配合省政府、国家电网有限公司完成两方战略合作框架协议签署。推进第二轮输配电价核定工作，电网规划投资额度纳入核价规模。制定《国网黑龙江省电力有限公司线损管理考核意见》。推进“网上电网”建设，初步实现规划计划业务“网上管理、图上作业”。

经营管理 对冲疫情及政策性减利影响，输配电价上涨1.95分/kWh。落实国资国企改革工作任务，接收大庆油田、龙煤集团“三供一业”供电及转供电资产共计3.56亿元。应用标准成本体系，建立省、市、县公司三级预算管理模式。清理长期挂账工程444项，开展售后回租业务，盘活存量资产10亿元。优化银行账户结构，全年清理104个银行账户，压降率为24%。应用收付款“省级集中”线上系统，年资金集中支付率达到86%。落实内外部检查问题整改，整改率实现100%。争取国家电网有限公司东西帮扶资金，落实农电上划财政贴息资金。

安全生产 完成春秋检、技改大修等工作，累计完成电网技术改造项目 724 项、设备大修项目 687 项。建成星级输电线路 422 回、红旗变电站 20 座。完成 1550 座变电站消防取证备案工作。2020 年，未发生电网稳定破坏、电网瓦解、大面积停电及重大设备损坏事故；未发生误操作事故；发电企业没有发生重大及以上发电事故。截至 2020 年 12 月 31 日，城市供电可靠率完成 99.9364％，农村供电可靠率完成 99.8040％。

修订全员安全责任清单，签订各级安全责任状，完成 1061 名领导干部的年度安全述职。启动安全生产专项整治三年行动，完成“一下一上”任务。开展地市级单位安全生产巡查，发现各类问题 2182 项，下发立查立改清单 2136 件。建立安全风险管控工作督查机制和作业风险公示制度，管控六级及以上电网风险 335 项、三级及以上作业风险 2245 项。建成安全生产风险管控平台，组建省市县三级安全督查队 104 支、配备督查队员 573 人；组建三级安全管控中心 94 个，配备专业人员 220 人。建立“远程视频＋现场督查”安全监督模式，督查作业现场 9942 个，查纠违章 2538 起。

完成应急能力建设三年行动计划，“1＋29”应急预案体系、三级应急救援基干队伍、跨区应急支援机制全面建立，全年组织开展各类应急演练 1482 场，参演人员 19642 人次。成功应对新冠疫情、台风“三连击”和暴雪冰冻等突发灾害，发布电力气象预警 1733 次。

营销工作 2020 年完成售电量 765.02 亿 kWh，同比增长 1.91％；全年完成电能替代 38.09 亿 kWh，同比上升 3.3 亿 kWh，增长率为 9.49％，其中新增替代电量 18.76 亿 kWh，存量替代电量 19.33 亿 kWh；售电平均单价完成 546.50 元/MWh，同比下降 24.60 元/MWh；电费回收率 99.96％；营业外收入 4500 万元；新装增容申请容量 857.84 万 kVA，同比增长 7.8％；业扩容量净增 611.01 万 kVA，同比下降 33.67％；供电服务“十项承诺”兑现率 100％，未发生造成重大社会影响的供电服务事件。完成对俄罗斯购电量 30.60 亿 kWh（其中交流线路进口结算电量 3.55 亿 kWh，直流线路进口结算电量 27.05 亿 kWh），累计进口额 9.36 亿元人民币。

贯彻《黑龙江省优化营商环境条例》，推行“阳光业扩”11 项服务举措，助力全省“百大项目”开工建设。1 家基层供电公司在营商环境评价中被列为“获得电力”标杆城市。创新“转供电费码”应用，配合政府推动降价红利向终端用户传导，提升用户获得感。实行供电服务重奖重罚，客户投诉同比下降 25％，参加“党风政风热线”直播，现场满意率并列全省第一。

接收龙煤集团“三供一业”转供电客户 55.04 万户，实现供电营业区全省覆盖。推进黑龙江华源综合能源服务有限公司与国网综合能源服务集团有限公司确立资本纽带关系，推动电动汽车合资公司组建和运营。建设智能电力运维平台，开展代理大用户售电业务，全年累计实施综合能源服务项目 21 项，营收 2.658 亿元。落实全省充电设施建设规划，完成“三区两站一路”示范建设任务，全省电动汽车充电电量达到 1.56 亿 kWh，国网车联网平台累计接入充电桩 2363 个，接入率 81.4％。

41 项抵边村寨工程提前竣工投运，惠及 59 个抵边村 1.48 万户约 4.22 万人。服务接网光伏扶贫电站 1250 个，接网容量 9218.64kW。捐赠 20 万元的生德库村榨油厂项目投产运行。采购消费扶贫产品 172 万元，超额完成国家电网有限公司指标 72 万元。830 名职工结对帮扶支持 1974 户贫困家庭脱贫并持续巩固。完成 6 个 5 星级供电所和 47 个 4 星级供电所创建工作。实现农电企业管理平台应用全覆盖。建成及投产乡村电气化试点项目 3 个。

科技与数字化建设 18 项成果分别获得国家电网有限公司及省政府科技进步奖，全年共申请专利 270 项，获得专利授权 129 项。牵头完成 1 项国家电网有限公司企业标准和 1 项电力行业标准的制定；参与完成 2 项国际标准、11 项电力行业标准、3 项国家电网有限公司企业标准和 2 项团体标准的编制工作。编制完成《国网黑龙江省电力有限公司技术标准体系表（2020 版）》。牵头承担的 2 个总部管理项目通过国家电网有限公司科技验收。完成省公司管理的科技项目 49 项。编制下发《中共国网黑龙江省电力有限公司委员会关于印发〈科技强企专项行动方案〉的通知》（黑电党委〔2020〕100 号），制定“科技＋”行动纲要、科技奖管理办法等 8 项实施细则。

完成 2020 年度网络攻防演习，上报防守方成果报告 9 篇，监测并封堵高危攻击源 IP 地址 527 个。新增微应用和脚本微工具 200 项、纳管各类运维对象 1000 余个，新增监控指标 60 余项，采集指标次数增长 200 亿次，执行命令次数增长 1000 万次，故障处置时间缩短 83％，效率提升 600％。开展常态监测分析，共发现异动问题 74 万项，督促整改 55 万项，挽回经济损失 430 万元。完成一、二级统推系统数据目录的收集整理、接入、上传及下发等工作。开展电费回收风险分析、供电可靠性分析和企业复工复产日监测分析，疫情期间发布分析报告 42 期。在全国首用电力大数据协助第七次全国人口普查中，被国家统计局列为全国唯一一家试点单位。

开展电网资源业务中台建设，为调度、运检、营销等跨专业应用及规划、建设、运行多态维护提供一站式快速服务支撑。整合存量移动终端2078台，减轻基层负担。建立信息系统应用情况评估体系，实现13套系统常态化应用监测。建立数字化建设厂商质量评价体系。探索项目管控一体化管理体系建设，实现规划、计划管理与项目过程管理的有效衔接。建立区块链测评实验室，面向国网区块链及黑龙江地方政府的主流联盟链或公（私）链的基础区块链产品，提供全面测评服务。研发电力众包平台微信小程序，开展电网设备缺陷管理、外力破坏电力设施线索收集、新闻线索征集、“网上国网”办电率提升、营配贯通数据诊断等任务，提升电力服务质量。

优质服务 印发《供电服务建设管理工作方案》，建立供电服务建设管理例会制度，实现重大服务问题会商解决。试行投诉举报质询双周例会，开展热点、痛点问题工单质询，组织三轮省公司层级暗访及省内交叉互查。建立漠视群众利益专项治理工作长效机制，加强组织领导和问题清单销号治理措施落地。开展实体营业厅“三型一化”转型升级，增设智能服务设施，拓展扫码支付、扫脸支付服务手段，推广综合能源服务、电动汽车等新型业务。

创新“大云物移智链”等技术应用，实施“互联网+”营销服务。推进供电服务全渠道数字化融合，提升“一网通办”服务能力。构建线上线下一体化服务，确立简单业务“一次都不跑”，复杂业务“最多跑一次”服务目标。截至2020年末，“网上国网”注册用户达到134.04万户，用电户号绑定户数97.41万户，电子发票和电子账单应用实现全覆盖，线上办电率、交费率分别达到85%、81.1%。

党的建设和精神文明建设 将习近平总书记重要讲话和最新指示批示精神作为党委学习的“第一议题”，领导班子带头示范学习，通过“成员领学+专题研学+经典诵读”方式，各级中心组集中（扩大）学习451次。印发《学习宣贯党的十九届五中全会精神实施方案》，细化具体工作措施16项，引导广大党员干部增强“四个意识”、坚定“四个自信”，切实做到“两个维护”。

坚持党建引领，实施党建“强根筑魂工程”，落实重点举措35项。开展年度党建工作绩效考核和基层党委书记述职评议，压实各级党委书记管党治党第一责任人职责。完善“三级四岗”责任清单，明确工作责任。国网黑龙江电力党委获得黑龙江省直机关优秀党委称号。

组织学习《中国共产党国有企业基层组织工作条例（试行）》，督导各基层党组织对标对表整改提升。开展“基层党委换届年”工作，应换届的19家二级单位党委全部换届。开展“砥砺奋进党旗红”精品工程，推广示范项目85个。实施“党建+”工程，推动党建与业务深度融合、相融并进。

开展“旗帜领航·文化润心”党组书记谈文化活动，实现国家电网有限公司优秀企业文化“进基层、进班组、进站所”。建设“5+4+3+N”标准化工作管理体系，推进思想政治和企业文化标准化工作有效落地。开展省公司级文明单位评选，10家单位获得文明单位标兵称号、20家单位获得文明单位称号。开展国家电网有限公司战略宣讲、红色教育和企业文化培训13场，参加675人次。打造镜泊湖红色教育基地，成立直属单位首个“团青之家”。开展“只争朝夕、不负韶华”青年岗位练兵专项行动。线上举办第二届“青歌赛”和青年先进事迹分享会。

主要事件

2月9日，国网黑龙江电力出台应对疫情影响助力企业复工复产12条举措。

3月25日，黑龙江省委常委、政法委书记张安顺到国网黑龙江电力调研。

5月1日至3日，国网黑龙江电力组织各单位开展疫情防控查漏洞补短板大排查工作。

6月8日，国网黑龙江电力与中国移动通信集团黑龙江有限公司、中国联通黑龙江省分公司分别签署战略合作框架协议。

6月9日，国网黑龙江电力召开深入推进“三项制度”改革工作电视电话会议。

8月6日至8日，国家电网有限公司董事长、党组书记毛伟明一行赴国网黑龙江电力调研。黑龙江省副省长程志明陪同调研。国家电网有限公司副总经理、党组成员刘泽洪参加调研。

8月11日，国网黑龙江电力举办学习《民法典》专题辅导讲座。

8月18日，国网黑龙江电力与黑龙江省政府第七次全国人口普查领导小组办公室签订电力大数据助力人口普查战略合作协议。

8月28日，国网黑龙江电力与黑龙江龙煤矿业控股集团有限公司签订《关于龙煤集团职工家属区供电分离移交协议》。

10月22日，国网黑龙江电力召开抗击新冠肺炎疫情表彰大会，总结疫情防控和服务经济社会发展工作，表彰有功组织及人员。

10月17日，国网黑龙江电力在帮扶的村屯——抚远市浓江乡生德库村——开展2020年“扶贫日”活动。

11月6日，国网黑龙江电力全面启动李伟、李桐涉黑涉恶案件专题警示教育活动。

11月19日，国网黑龙江电力与国网综合能源服务集团有限公司、黑龙江省交通投资集团有限公司签署战略合作框架协议。

11月27日，国网黑龙江电力举办国有企业党建工作专题辅导讲座，邀请中央党校党建部教授授课。

12月3日，由国网黑龙江电力制作的脱贫攻坚主题纪录片《不负春光》在中国电力文化产业发展论坛暨2020年电力奥斯卡系列活动中获纪录片类一等奖，国网黑龙江电力获最佳组织奖。

（公　锐　蒋　励）

【国网内蒙古东部电力有限公司】

公司概况　国网内蒙古东部电力有限公司（简称国网蒙东电力）成立于2009年6月，由原属东北电网公司的赤峰、通辽电业局和原属内蒙古电力公司的兴安、呼伦贝尔电业局划转组建。主要负责内蒙古东部赤峰、通辽、兴安、呼伦贝尔四盟市电网的规划建设、运营管理、供电服务等工作，承担着内蒙古境内特高压及配套工程的前期协调、建设管理、运行维护等任务，供电面积47万km^2（占内蒙古总面积的40%），供电人口1164万（占内蒙古总人口的50%），服务客户657万户。设置20个职能部门，有8家业务支撑和实施单位、4家盟市供电公司、3家全资子公司、2家股份制公司、41家县级供电公司。全口径用工2.4万人，其中长期职工1.4万人。近年来，先后获得“全国全面质量管理40周年杰出推进单位”、国家电网有限公司文明单位、内蒙古文明单位、内蒙古五一劳动奖状、内蒙古“最具社会责任感企业”、内蒙古“百佳诚信企业”等荣誉。2020年，国网蒙东电力售电量352亿kWh，同比增长5.1%；外送电量957亿kWh，同比增长11.1%。综合线损率7.9%。资产总额526.4亿元，资产负债率76.6%。2020年业绩考核保持国家电网有限公司B级。

电网概况　蒙东电网以扎鲁特—青州特高压直流为依托，初步形成了以500kV电网为骨干网架、220kV基本实现县域全覆盖、110（66）kV电网链式环网与辐射式相配合的供电网络。截至2020年末，蒙东电网拥有66kV及以上变电（换流）站707座，变电（换流）容量10162万kVA，线路40948km。其中，1000kV变电站3座，变电容量1500万kVA，线路468km；±800kV换流站3座，换流容量3000万kVA，线路1100km；500kV变电站11座，变电容量1590万kVA，线路5981km；±500kV换流站1座，换流容量300万kVA，线路715km；220kV变电站84座，变电容量1915万kVA，线路13523km；110（66）kV变电站605座，变电容量1857万kVA，线路19161km。内蒙古境内已经投运“四交三直”特高压工程，特高压外送能力4600万kW。

人力资源　印发《电工技术服务有限公司实体化配套实施意见》，落实劳动合同制，推行岗位聘任制，补充新电工，推进实施“两型五化”。改进综合能源公司工资总额决定机制和薪酬分配机制，建立健全市场化单位“六能”机制。牵头组织实施运检体系优化调整，均衡安全风险，压实安全责任。落实国家“稳岗扩就业”政策，“开展线上招聘、搭建统一平台、设置定点扶贫岗位、校企合作定向培养”4项做法被国家电网有限公司采用。推进岗位聘任管理，累计聘任5068人。开展“长期不在岗”员工清查整治，妥善处置420人，挂牌督办56人。印发《促进员工有序流动优化人力资源配置意见》，各单位人员流动1284人次。修订工资总额管理办法，建立工资总额与劳动当量、生产动因、业绩考核关联机制。建立补充医疗保险“三享计划”体系，实现省级统筹。落实国家社保减免费及失业保险稳岗补贴返还政策，累计节约成本1.41亿元。修编二级单位企业负责人业绩考核管理办法和年度考核方案，深化以经营规模为主要影响因素的年薪核定机制。深化实施青年人才培养六大工程，累计惠及2646人。组织开展职级能级序列评价授予工作，非职务序列评价覆盖率99.96%。开展“校企双元”人才培养127人，国网蒙东电力成为自治区首家产教融合型试点培育企业。

电网建设与发展　2020年，国网蒙东电力完成电网投资76.4亿元。投产66kV及以上线路1087km，变电容量133万kVA。累计投产500kV及以下变电站64座，变电容量1447.43万kVA，线路10338.4km。“十四五”电网规划通过国家电网有限公司评审，中广核一期风电送出、珠日河输变电工程接网方案得到明确，铝都—平川等17项重点工程纳入国家电网有限公司电网规划。汇能长滩电厂送出工程取得核准，中广核一期风电送出工程完成核准上报，巴林—奈曼—阜新工程通过可行性研究评审。克服疫情影响，电网工程第一时间全面开复工，带动上下游企业复工复产。

高质量投运赤峰紫城、毕氏集团供电、齐鲁制药供电、阿尔山“抵边村寨”等44项工程，加快建设满洲里、赤峰有色等54项工程。蒙西—晋中特高压工程建成投运。开启“会战”模式，锡盟“五站五线”工程投运。建成受阻近10年的通哈线，通辽城区实现“日字型”双环网。上海庙特高压工程获中国电力优质工程奖。

经营管理　落实提质增效100项举措，挖潜增利4.3亿元，有效对冲了疫情带来的效益下滑。推动锡盟特高压配套资产无偿划转，促成2560个小区供电资产无偿移交，降低了资产负债率。协调落实国家社保减免费及失业保险稳岗补贴返还政策，节约成本1.5亿元。建成“1233”新型资金管理体系，创造资金效益2.4亿元。发挥供应链运营中心作用，推进实物资源规范管理，盘活库存7600万元，库存周转率提高1.5%。坚持效益优先、结果导向，加强和改善经营业绩考核，构建量价费损专项考核、内部模拟市场核算，激励二级单位增收节支、增供降损。编制合规管理风险清单，建成兴安、赤峰2个企业法制文化阵地。组织开展管理提升“攻坚突破年”活动，制度标准、管理流程、长效机制进一步完善，荣获中国企业管理创新奖1项、电力行业管理创新奖2项、国际质量管理小组大赛铂金奖2项。

安全生产 坚决落实“一个提高、六个强化”的防疫总要求，组建运转高效的指挥体系，织紧织密常态化疫情防线，“四早四清”落实到位，“四不四勤”有效执行，职工队伍保持零死亡、零感染的“双零”局面。在抗击疫情期间保障定点医院、发热门诊、重点用户和人民群众的可靠供电。

推进安全生产专项整治行动，统筹开展“查风险、治违章、抓落实”安全大检查、“四不两直”安全督察，查处问题隐患1945项。吸取各类事故教训，班子成员深入基层督导安全，增强现场安全意识。完成扎鲁特、伊克昭换流站等年度检修任务。处理特高压设备重大异常21起，完成GOE套管、特高压分接开关隐患治理。成功开展世界首次特高压高抗现场整体移位，特高压高抗检修更换停电时间由20天压缩至8天。“零失分”通过“护网2020”网络攻防演习，获得网络安全竞赛自治区总冠军、全国三等奖。全力应对“6·20”龙卷风、“11·18”暴风雪灾害，战风沙、融冰雪、除隐患，快速恢复电力供应。完成全国两会、党的十九届五中全会等重要保电任务。

营销工作 优化供电服务组织架构，构建供电服务监管与支持中心、供电服务指挥中心、供电服务中心、供电营业站四级组织体系。业扩办电延伸投资6.81亿元，服务小微企业3.31万余户，高、低压客户报装环节分别压缩至4、3个，用时压缩超过50%。“网上国网”、支付宝、微信等线上服务快速发展，95598业务处理满意度超过99%。用电信息采集全覆盖，电费业务实现自动抄表、自动计算、自动审核、自动发行、自动账务和省级集约管理，工作质效大幅提升。携手盟（市）政府共同推进用能电气化、清洁化，研究推动电采暖电量众筹价格政策出台，全面开展用能普查，构建拓展市场工作机制和内外部环境，综合能源公司实现市场化改制。

科技与信息化 2020年，获批承担国家自然科学基金项目1项、内蒙古自治区科技重大专业项目1项，获得省部级科技进步奖10项，其中“基于全光纤传感的变压器状态监测技术的研究和应用”获得内蒙古自治区科技进步一等奖、“高可靠风冷发电机电磁与热交换结构设计的关键技术与应用”获得中国机械工业科技进步特等奖。获得授权专利118项，累计拥有专利380项。科技投入3850万元，同比提升28.33%。承担国网总部指南项目15项。获批“国家风电技术与检测研究中心蒙东分中心和规范分中心”。国网通辽供电公司通过中电联“5A级标准化良好行为企业”现场检查，国网呼伦贝尔供电公司成为中电联“电力企业标准化良好行为试点单位”。信息内网建成第二汇聚点，带宽达1000Mbit/s；信息外网形成统一出口，带宽扩容至600Mbit/s，网络承载能力不断加强。计算存储能力持续提升，各类信息设备共计4000余台（套），建成覆盖人资、财务、物资等10类应用，百余套信息系统。数据中台基本建成，55套系统数据接入。组建网络安全红蓝队，通过实训不断提升技能水平，2人入选国网红队，1人入选国网蓝队（作战）指挥官，连续3年入围国网年度攻防总决赛，获得全国网络与信息安全管理职业技能大赛三等奖和自治区“蒙古马”杯网络安全竞赛总冠军。

优质服务 以客户为中心，以市场为导向，优化供电服务体系，加强供电服务监管，深化客户投诉治理，全面提升供电服务品质。认真落实阶段性降电价等政策，推行欠费不停电、中小企业缓交电费等贴心服务，惠及企业62.8万户，减免电费4.4亿元。“网上国网”注册用户达到72.6万户，高压、低压线上报装比例分别达到80.7%、79.8%，“网上办、零证办、一次办”成为常态。在国网系统首家实现电费业务省级统一运营，实现电费抄采、电费核算发行、电费账务的集约高效管理。与地方政府签订《用能电气化战略合作协议》，研究提出电量配额众筹、边际成本计价的政策建议，推广清洁取暖174万m^2，完成电能替代23亿kWh。落实服务清洁能源发展和消纳的32项举措，新增风电、太阳能装机容量723万kW，新能源发电量同比增长12%，新能源利用率达到97.9%。制定实施清洁供电方案，协助政府打造阿尔山清洁能源小镇。支持通辽现代能源“火风光储制研”一体化示范项目建设。开展“电力＋产业”“志智双扶”专项行动，49个帮扶点全部脱贫摘帽。

改革创新 坚持“市场化、透明度、高效率”，推动促进电力市场改革。输配电价核定结果符合预期。电力交易股份制改革有序推进，交易机构持股比例降至70%。市场化交易电量190亿kWh，占售电量的55%。深入研究“一区两网两公司”风险（内蒙古自治区，蒙东电网、蒙西电网，国网蒙东电力公司、内蒙古电力公司）和霍林河电力市场困局。有序推进国企改革8方面工作，退休人员社会化管理移交、省管产业深化改革完成主体任务。落实优化职工薪酬单元及核算科目若干意见，构建为岗、为能、为绩付薪的三元平衡工资结构，修订工资总额管理办法，强化工资总额结构导向。出台促进员工有序流动优化人力资源配置的意见，完成“三部一司”职能整合优化和岗位双向选聘、公开竞聘。深化管理职级和技术能级应用，授予七级技术师4人，形成高端引领。落实“战略＋运营”管控模式，优化管理流程134项，制定负面清单51项。云平台、数据中台、物联管理平台建设加快推进，网上电网、数字化审计平台等应用成效明显，64座北斗地基增强站按期投运。

党的建设和精神文明建设 持续学习习近平总书记重要讲话和指示批示精神，各级党委理论中心组开展学习837次，国网蒙东电力党委中心组成员到联系点调研指导、讲党课28次。各级党组织认真开展“三会一课”、主题党日活动，强化理论武装，坚定理想信念，广大党员干部“四个意识”更加牢固、“四个自信”更加坚定、“两个维护”更加自觉。

推进“基层党建巩固提升年”各项工作，全面实施“党建＋”“样板示范”工程。细化领导班子成员履责要点，推动主体责任和监督责任贯通联动、一体落实。切实发挥巡察利剑作用，分两批对16家县公司提级巡察，发现整改问题990个。开展“纪委书记讲纪律”活动43场。立足“干精彩、讲出来”，在中央主流媒体刊发报道1300篇。举办“新能源汇集”先锋立功竞赛，开展“奋进正当时、建功新时代”系列活动，获得全国“安康杯”竞赛优秀组织奖。建成职工诉求服务中心80个，慰问职工6700人次。国网蒙东电力调度控制中心以及4名同志获得国家电网有限公司抗击新冠肺炎疫情表彰，国网兴安供电公司和3个集体获评国家电网有限公司先进集体和工人先锋号，3名职工获评国家电网有限公司劳动模范，2名职工获评自治区五一劳动奖章，5名职工获评自治区劳动模范。

（张 冰 宗佳慧）

华 东 地 区

【国家能源局华东监管局】

基本情况 国家能源局华东监管局（简称华东能源监管局）是国家能源局在华东地区设立的区域监管机构，履行辖区内跨省、跨区能源监管及上海市和安徽省能源监管和能源行政执法职责。2013年10月，单位名称由“国家电力监管委员会华东监管局”变更为“国家能源局华东监管局”。

主要职能：监管电力市场运行，规范电力市场秩序；监管电网和油气管网设施的公平开放；监管电力调度交易，监督电力普遍服务政策的实施；负责电力等能源行政执法工作，依法查处有关违法违规行为，监督检查有关电价；负责除核安全外的电力运行安全、电力建设工程施工安全、工程质量安全的监督管理以及电力应急和可靠性管理，依法组织或参与事故调查处理；负责组织实施电力业务许可以及依法设定的其他行政许可；负责协调有关跨省、跨区能源监管业务；负责法律法规授权以及国家能源局下达或交办的有关事项监管。

领导班子

局党组书记、局长：邱水录

局党组成员、副局长：郑逸萌（正司局长级）

局党组成员、副局长：杨梦云

局党组成员、纪检组长：刘畅

组织机构 综合处、市场监管处、行业监管处、电力安全监管处、资质管理处、稽查处、机关党委（机关纪委）办公室和安徽业务办公室（办公地点设在安徽省合肥市）共8个处室。

主要工作

1. 抓好疫情防控，助力企业复工复产

坚持疫情期间监管力度不减、服务标准不降。局党组成员先后8次带队赴企业督查指导能源保障和复工复产工作，确保能源领域“六稳”“六保”措施落地见效。加强能源监测和政策执行监管，协调处理了电力与天然气调峰矛盾，免除了上半年直接交易偏差考核，督促上海、安徽电网企业落实阶段性降电价政策，分别减少电费支出28.06亿元、30.31亿元，惠及企业76万户、251万户。规范跨区、跨省、省内辅助服务补偿（市场）机制运行监管，挖掘区域内近1000万kW调峰潜力，确保在疫情期间用电量下降、区外来电和区内风光电量大幅增长情况下清洁能源的全额消纳。

2. 强化安全监管，确保电力安全生产形势平稳受控

突出区域大电网运行安全和省市电力安全生产监管两不误。推进落实区域电网安全四项协作机制，会同各省办组织开展重要特高压换流站、密集通道联合监管，全力维护华东电网“生命线”安全；建立区域电力安全隐患信息报送和共享机制，全面完成区域内197533座分布式光伏电站的安全核查，对31068座涉网频率技术指标不符合要求的全部完成整改，有效提升了大电网抗频率扰动能力。深入开展安全生产专项整治，制定印发《专项整治三年行动实施方案》，分

地区、分领域开展突出问题整治，全年开展督查企业75家，督促整改重要隐患129条。加强与地方政府部门协调联动，会同上海市经济信息化委共同开展电力行业网络安全督查，会同安徽省能源局共同制定电力建设工程施工安全专项整治工作方案并开展联合督查。全面强化安全执法检查，主动参与地方组织的电力人身事故调查，对事发企业进行重点监管并首次运用《安全生产法》有关条款进行行政处罚和追责问责。防范应对历史罕见洪灾，建立水情灾情监测预警和信息日报机制，组织开展汛前隐患排查和抗洪督查，取得安徽抗洪保电全面胜利。成功举办区域大面积停电联合应急演练，部署开展“凝心聚力进博会、建功立业创一流”电力行业立功竞赛活动，完成第三届中国国际进口博览会和纪念浦东开发开放30周年大会期间的电力安全和环境空气质量保障任务。

3. 加强行业监管，推动能源行业高质量发展

建立能源运行动态监测分析和趋势研判机制，发布了《2020年度华东能源监管工作》（上海篇）和（安徽篇），按季度编报区域能源监测分析研判报告，为国家能源局和区域内省市政府及相关部门掌握能源运行及改革发展动态、防控能源风险、化解供需矛盾提供决策参考。开展区域电力协调发展重大问题研究，主动对接“四个革命、一个合作”能源安全新战略和长三角一体化发展国家战略，积极为“十四五”能源规划编制提交建议报告，牵头开展长三角区域电力市场一体化、电网一体化、油气市场一体化、一体化发展实施保障机制等专项课题研究并取得重要成果。开展增量配电网改革试点综合调研，向国家发展改革委提交了《关于华东区域增量配电网改革试点实施情况及下一步工作建议的报告》。通过综合监管梳理揭示上海、安徽在“十三五”能源规划执行中的主要问题并提出监管意见；针对地方执行国家文件规定不到位等问题，及时进行纠偏。

4. 推进电力改革，充分发挥市场在资源配置中的作用

着力构建全覆盖的电力市场交易规则体系，制定印发《华东区域跨省电力中长期交易规则》《上海电力中长期交易规则》《安徽电力中长期交易规则》。全面深化辅助服务市场，制定印发《华东电网备用辅助服务市场运营规则》，启动了备用辅助服务市场；修订华东区域“两个细则”和《安徽电力调峰辅助服务市场规则》，为电化学储能电站参与调峰辅助服务创造条件；全面加强电力市场交易监管和秩序维护，强化对电力交易中心的监管，针对盈余资金分配、交易信息披露等方面存在的问题作了进一步规范；研发了电力监管统计信息分析系统，组织开展监管统计信息报送专项监管核查，对严重违规企业进行行政处罚。按照全国统一电力市场体系建设和“三个全面”的工作要求，组织开展长三角电力市场一体化的研究并形成了3份专题报告，提出了组建长三角区域电力交易中心，加快推进长三角电力市场一体化的实施方案。

5. 落实“放管服”改革，促进营商环境持续优化

进一步简化行政许可审批，完善许可信息系统，在上海实施自贸区“证照分离”改革全覆盖试点和行政许可告知承诺制试点，审批时限从15天压减到3天，实现了流程最简和服务“好差评”全优。全年共办理承装（修、试）电力设施许可业务623起，办理发电力业务许可业务96起，全面完成了187家符合豁免条件的发电企业许可证注销，为3家电厂4台机组办理了延寿许可。进一步强化事中事后监管，运用“双随机、一公开”核查、信用监管等方式，对105家持证企业开展现场检查，发出整改通知34份，注销许可证12家。建立了许可企业信用档案，推动信用管理嵌入许可工作，在受理环节、现场检查中根据信用等级实行分类监管。认真组织开展“获得电力”优质服务水平综合监管，在区域层面探索实施协同监管，建立实施用户用电报装“三个百分百”回访、用电营商环境观察员、12398能源监管热线与12345对接、投诉举报处理情况定期通报等工作机制，通过现场检查、监管约谈、行政执法等手段，推动“三零”“三省”供电服务全面落地见效，促进监管辖区内用电营商环境整体优化、供电服务水平持续提升，为中国用电营环境指标世界银行排名进位争先做出了重要贡献。

6. 树立“能源警察”理念，开创监管执法新成效

坚持把行政执法作为监管首要职能，2017～2019年间，累计实施行政处罚89起，罚没总金额334.72万元。2020年，实施行政处罚37起，罚没金额135.5万元，处罚数量列全国首位，执法领域涵盖电网、发电、建设施工企业，实现全覆盖。通过严管严罚有效推动了国家法律法规和能源政策规划的落实，有力维护市场秩序和人民群众的利益。

7. 深化区域合力建设，形成协同监管新格局

组织召开区域派出机构联席会议，研究制定《华东区域派出能源监管机构协同监管总体方案》《长三角区域“获得电力”一体化协同监管方案》《长三角一体化示范区能源协同监管行动计划》，牵头构建电力和天然气运行监测信息报送、电力安全隐患信息共享、执法专家库共建共享等机制，组织开展“获得电力”优质服务水平综合监管交叉核查、特高压换流站和密集通道安全联合督查。

（陈　杰）

【国家能源局江苏监管办公室】

基本情况 国家能源局江苏监管办公室（简称江苏能源监管办）是国家能源局在江苏省设立的派出机构，依据国家能源局的授权，履行江苏省能源监管和行政执法职责。2013年10月单位名称由“国家电力监管委员会江苏省电力监管专员办公室”变更为“国家能源局江苏监管办公室”。

依据中央机构编制委员会办公室和国家能源局有关文件，江苏能源监管办主要履行以下监管职责：监管电力市场运行，规范电力市场秩序；监管电网和油气管网设施的公平开放；监管电力调度交易，监督电力普遍服务政策的实施；负责电力等能源行政执法工作，依法查处有关违法违规行为，监督检查有关电价；负责除核安全外的电力运行安全、电力建设工程施工安全、工程质量安全的监督管理以及电力应急和可靠性管理，依法组织或参与电力事故调查处理；负责组织实施电力业务许可以及依法设定的其他行政许可；负责法律法规授权以及国家能源局下达或交办的有关事项监管。

领导班子

党组成员、专员：宋宏坤

党组成员、副专员：王勤

组织机构 单位下设综合处（机关党委办公室）、市场监管处、行业监管处、电力安全监管处、稽查处和资质管理处等6个处室。

主要工作

1. 强化履职尽责，保障电力安全生产形势持续平稳

2020年江苏电力安全生产形势平稳向好，未发生各类电力安全事故。

（1）深入开展电力安全生产专项整治。会同省能源局印发《江苏省电力安全生产专项整治三年行动方案》，推进专项整治重点任务落实。督促全省燃煤电厂开展重大危险源（液氨罐区）尿素替代改造，已有16处完成改造，切实提升本质安全水平。

（2）健全完善安全监管体制机制。发挥省电力安全专委会主任单位职能，推动省编办明确江苏能源监管办指导设区市落实电力安全属地管理责任，构建“上下联动、齐抓共管”安全监管新格局。厘清海上风电安全监管职责，促进形成工作合力，防范安全风险。

（3）压紧压实企业安全生产主体责任。组织电力行业开展“春风行动”，全省共举办集中宣讲1317次。加大电力安全监管执法力度，对102个电力企业和施工项目开展现场督查，对26家电力企业开展安全监管约谈，对9家违规企业实施行政处罚或责令停工整改。

（4）持续强化安全风险管控。做好两会、迎峰度夏、防台防汛等重要时段电力保障，坚决防范电力生产安全事故。推动盐城等市开展大面积停电事件应急演练，抽选4家燃煤电厂开展液氨泄漏“无脚本”应急演练，督促68家电网企业、98家统调电厂完成应急能力建设评估，进一步提高电力应急处置能力。

2. 聚力攻坚克难，深化能源领域市场化改革

（1）完善电力中长期市场建设。以落实中长期交易规则为抓手，促进释放改革红利。2020年全省电力直接交易结算电量2994亿kWh，平均降价3.1分，降低用能成本约93亿元。推进《江苏省电力中长期交易规则》修订，确保电力市场建设统一开放、竞争有序。积极推进电力现货市场建设，召开交易规则编制座谈会，开展市场建设及监管课题研究，联合省发改委上报市场建设方案。

（2）优化电力辅助服务市场机制。调峰辅助服务市场运行平稳，全年形成市场化补偿费用5亿元，同比增长1.5倍，增加电网调峰能力470万kW。印发《江苏电力辅助服务（调频）交易规则》，启动调频市场试运行，全年形成市场化补偿费用1.3亿元。印发《江苏电力市场用户可调负荷参与调峰市场交易规则》，探索构建用户分担共享补偿费用新机制。

（3）加大增量配电改革推进力度。赴盱眙宁淮产业园等试点项目调研，召开全省试点项目座谈会，协调解决试点遇到的困难和问题。江苏省共有10个项目取得电力业务许可证，其中非电网企业控股4家。

（4）强化油气管网设施公平开放监管。加强《油气管网设施公平开放监管办法》及配套文件精神宣贯，督促企业加强信息公开。创新储气库市场交易机制，发挥储气库“淡储旺出”调峰特性，推动如东LNG接收站、港华金坛储气库等沟通合作，促进管网设施公平开放。

3. 主动担当作为，促进能源结构转型升级

（1）加强能源规划监管。系统梳理江苏“十三五”能源规划实施情况，广泛听取相关部门、能源企业、行业协会等意见建议，向国家能源局报送“十三五”能源规划目标任务落实情况监管报告，为“十四五”能源规划决策提供参考。对省内10个国家天然气基础设施重点工程推进情况和复工复产情况开展跟踪督办，协调解决中石化青宁管道反映的场站阀室用地手续办理困难、外电接入延期等问题。

（2）强化政策落实监管。深入开展风电开发建设情况监管，发现规划引领作用不强、“资源换产业”、核准及建设不规范等问题，省政府常务副省长专题听取汇报，对省能源主管部门加强问题整改提出意见，推动问题整改落实。开展乙醇汽油推广专项监管，配合市场监管司对徐州地区违规停售乙醇汽油问题开展

现场调查，下发整改通知书，督促完成全部108座加油站的问题整改，确保国家乙醇汽油推广政策执行到位。

（3）助推能源协调发展。针对“十四五”江苏电力、热力供应缺口问题，会同省能源局制定服役期届满煤电机组延寿许可政策，支持符合安全、能效、环保标准的30万kW煤电机组延续运行，有力保障苏南地区能源供应安全。联合省发改委印发《关于积极推进分布式发电市场化交易试点有关工作的通知》，促进分布式能源健康发展。

4. 聚焦用能需求，提升监管服务保障能力

（1）加强“获得电力”监管。对标北京、上海先进经验，开展全面提升“获得电力”服务水平，持续优化用电营商环境三年行动，创新构建供电企业优质服务监管评价机制，促进供电服务水平不断提升，2020年江苏高、低压用户平均接电时长压降至35个和5个工作日。

（2）深化“放管服”改革。推行各类许可“一网通办”和“一次不用跑”，推广告知承诺制，审批流程平均减少5个工作日。推进“互联网＋监管”，强化数据分析及信用评价成果运用，实现精准监管。制定《信用监管工作方案》，构建以信用为基础的新型监管机制。企业评价江苏能源监管办窗口服务共757次，其中“很好”“好”分别为749、8次，没有差评。

（3）规范市场秩序。开展电力交易及市场秩序监管，进一步规范交易行为。以信用为基础开展电力业务资质许可监管，严肃查处许可制度执行不规范等问题。发挥12398热线民生通道作用，加大行政执法力度，受理投诉举报事项261起、办结率98%，查处案件13起、罚款63万元。

（张卫民　褚立杰）

【国家能源局浙江监管办公室】

基本情况　国家能源局浙江监管办公室（简称浙江能源监管办），组建于2005年4月22日。

主要职能：监管电力市场运行，规范电力市场秩序；监管电网和油气管网设施的公平开放；监管电力调度交易，监督电力普遍服务政策的实施；负责电力等能源行政执法工作，依法查处有关违法违规行为，监督检查有关电价；负责除核安全外的电力运行安全、电力建设工程施工安全、工程质量安全的监督管理以及电力应急和可靠性管理，依法组织或参与电力事故调查处理；负责组织实施电力业务许可以及依法设定的其他行政许可，组织开展电力业务许可持续性监管以及相应的市场准入监管；负责法律法规授权以及国家能源局下达或交办的有关事项监管。

领导班子

党组书记、专员：周志明

党组成员、副专员：郭昌林

党组成员、综合处长：应华泉

组织机构

综合处：负责文电、机要、财务、人事、信息、党务、档案、保密、内部审计和资产管理等工作。

市场监管处：负责监管电力市场运行、规范电力市场秩序，监管电网公平开放，监管电力调度和交易结算，监督电力普遍服务政策的实施，监督检查有关电价和各项辅助服务收费标准等工作。

行业监管处：负责监管能源规划、计划、产业政策和重大项目的执行情况，负责对取消和下放的能源行政审批项目的后续监管，监管节能减排和资源综合利用等工作，监管油气管网设施的公平开放。

电力安全监管处：负责除核安全外的电力运行安全、电力建设工程施工安全、工程质量安全的监督管理以及电力应急和可靠性管理，依法组织或参与电力事故调查处理。

资质管理处：负责组织实施电力业务许可以及依法设定的其他行政许可，组织开展电力业务许可持续性监管以及相应的市场准入监管。

稽查处：负责电力等能源行政执法，依法查处有关违法违规行为，承担12398投诉举报处理。

主要工作

（1）电力安全监管。始终把电力安全监管放在监管业务工作的首位。扎实推进电力安全监管标准化，依据法规编制《电力安全监管责任清单》，完善电力应急预案等4项备案工作机制，全年合计备案175家次，备案率首次实现100%。切实加强非现场监管，通过信息化手段实现技术监督问题的自查自改自报，全年共对1938条技术监督问题实现了跟踪监督。全面履行电网安全风险管控监管责任，专题研究提升舟山电网安全稳定的管控措施，确保浙江省电力系统安全稳定运行。组织开展施工安全和质量监督专项检查高度重视电力安全隐患排查整治工作，挂牌督办国华舟山发电厂贮灰场Ⅰ级安全重大隐患，确保安全重大隐患按期保质得到整改，全省电力企业隐患整改率超过96%。

（2）市场监管。认真组织开展2020年提升用户“获得电力”优质服务水平综合监管，全年督促省内供电企业完成问题整改238个，按计划推进整改254个，全省10kV高压企业办电环节由6个压减为4个，低压小微企业办电环节由4个压减为2个，低压接入容量标准较国家发展改革委、国家能源局目标时限提前一年实现。开展浙江省供电企业优质服务情况满意度回访工作，建立覆盖全地区、全行业、全时段的用

户回访机制，完成短信回访22615户、电话回访1167户，实现了对已完成用电报装的所有高压用户全覆盖。组织开展2020年浙江电力市场交易秩序重点监管，是历年市场秩序检查中覆盖内容和覆盖面最广的一次。首次对拒不整改的3家售电企业，依法采取市场限制措施。

(3) 行业监管。针对浙江省省石油天然气基础设施重点工程存在核准进展未达预期、前期工作不够深入、施工进度较为缓慢等问题，将2020年石油天然气基础设施重点工程监管纳入办2020年重点工作清单，采用"月度跟踪＋季度督导"工作模式，每月跟踪工程项目进展情况，每季开展调研和现场督导，督促企业加快工程建设进度。充分发挥能源行业信息系统"数据库"作用，继续加强能源供需情况监测和走势分析，进一步夯实能源监管基础工作。扎实开展浙江抽水蓄能电站建设和运行情况重点监管、浙江核电建设运行情况专项监管、国家"十三五"能源规划目标任务情况综合监管，确保国家能源重大规划、项目、政策在浙江落地生效。开展油气管网设施公平开放信息公开和信息报送专项监管工作，持续推进油气管网设施公平开放。

(4) 稽查和行政执法。面对疫情防控期间民生维权诉求激增的形势，积极主动作为，通过优化畅通与95598热线的紧急联动机制，提高12398热线投诉举报处理的效率和质量，确保受理的投诉举报百分百办结，满意率保持在90%以上，进一步提升了12398热线的影响力。进一步加强和规范行政执法，制定出台《浙江能源监管办贯彻落实"行政执法公示制度执法全过程记录制度重大执法决定法制审核制度"实施办法》《关于进一步加强和规范行政处罚工作的通知》，编制《浙江能源监管办典型案例执法指引》和《浙江能源监管办执法规范用语指引（试行）》，有力提高全办执法的标准化规范化水平。2020年以来共做出行政处罚案件7起、罚金9万元，根据处罚情况，对4家企业撤销许可证。

(5) 资质许可和管理。截至2020年底，浙江省承装（修、试）电力设施许可证共颁发1145本，累计注销136本，持证1009本。持证企业中，一级企业10家，二级企业33家，三级企业98家，四级企业411家，五级企业457家。浙江省电力业务许可证（发电类）共颁发1232本，累计注销719本，持证513本，持证企业按发电容量划分，25MW及以上企业219家，6（含）～25MW企业281家，1（含）～6MW企业9家，1MW以下企业4家。浙江省电力业务许可证（输电类）共颁发1本。浙江省电力业务许可证（供电类）共颁发108本，累计注销20本，持证88本，持证企业中8家为增量配电试点项目。

高度重视和积极推进电力业务资质许可告知承诺制试点，在全国率先制定了较为完善的电力业务资质许可告知承诺制制度体系，推出"改变申请方式""优化许可流程""精简申报材料""调整监管方式""完善惩戒措施""优化许可服务"六大改革举措，全国首个以告知承诺方式作出的电力业务资质许可顺利在浙江产生，行政许可服务水平在原有"最多跑一次"改革的基础上得到大幅提升，所有办件均实现了许可"零时限"、事项"零证明"。组织开展以信用为基础的电力业务资质许可专项监管，通过充分融合信用信息和信用手段，采取差别化的监管措施，推动监管方式向以信用评价、信用约束和信用激励为主要措施的新型监管机制转变，进一步规范了电力市场准入秩序。

【国家能源局福建监管办公室】

基本情况 国家能源局福建监管办公室（简称福建能源监管办）是国家能源局派驻福建、对能源行业实施统一的专业化监管的正局级管理机构。福建能源监管办的前身是国家电力监管委员会福建省电力监管专员办公室（简称福建电监办），根据国务院机构改革的要求和中央编办发〔2013〕130号文件精神，于2013年11月变更为现名。

福建能源监管办依据国家能源局的授权，在福建省范围内履行能源监管、行政执法的职能。具体工作职责有：监管电力市场运行，规范电力市场秩序；监管电网和油气管网设施的公平开；监管电力调度交易，监督电力普遍服务政策的实施；承担电力等能源行政执法工作，依法查处有关违法违规行为，监督检查有关电价；承担除核安全以外的电力运行安全、电力建设工程施工安全、工程质量安全的监督管理以及电力应急和可靠性管理，依法组织或参与电力生产安全事故调查处理；实施电力业务许可及依法设定的其他行政许可；承办法律法规授权以及国家能源局交办的其他事项。

领导班子

党组书记（兼机关党委书记）、监管专员：唐艺艳

党组成员、副专员：朱文毅

党组成员、二级巡视员：曹祥云

组织机构 机关设党组，党组书记1人，党组成员2人。党组书记和党组成员由国家能源局任免。内设六个处，即综合处（机关党委、机关纪委）、市场监管处、行业监管处、电力安全监管处、资质管理处、稽查处。

主要工作

(1) 电力安全监管。全省全年未发生电力安全生产事件、事故，电力安全运行平稳有序。年初应对疫

情防控，制定出台电力安全、能源保供、助力企业复工复产10余份政策文件；落实“一网二坝三网络四基建”核心任务，推进电力安全生产专项整治三年行动，加强电力安全生产监督检查，累计对79家电力企业开展安全督查，发现并限期治理隐患826项，对3家企业进行监管约谈，对1个工程项目下停工整改令，对2家企业违法问题开展立案调查处理。

(2) 市场监管。积极推动电力市场改革，印发实施《福建省电力市场中长期交易规则》《福建电力现货市场交易规则（2020年版）》，不断拓展市场交易的深度和广度。截至2020年底，参与省内各类市场化电力交易的市场主体共7589家，省内市场化交易电量819亿kWh，减轻用户负担约23亿元；电力辅助服务总费用达8.7亿元，提供清洁能源消纳空间2.6亿kWh。助力晋江100MWh级储能电站试点项目于2020年10月参与电力调频辅助服务市场。加强对市场交易、油气管网设施公平开放等方面监管，下发整改通知书3份，立案调查处理2件；推动实现购售电按自然月同期抄表结算，减少月度统计线损率与实际线损率偏差。

(3) 能源行业规划、政策和项目执行情况监管。组织完成福建省“十三五”能源规划目标任务落实情况、石油天然气基础设施重点工程和核电建设运行情况三项重点监管任务，督促国家重点项目天然气互联互通福州联络线、“华龙一号”福清核电5号机等国家重点工程按期建成；积极推动闽粤电力联网工程项目核准，协调敦促闽粤电网企业筹建换流站合资公司。深入一线开展调查研究，完成《福建省清洁能源消纳及并网安全》《加强天然气进口第四通道建设，打造福建LNG产业基地》等重点课题研究。

(4) 资质许可和信用监管。积极探索完善“诚信规范、审批高效、监管完善”的行政许可新模式，大力推进“放管服”改革落地见效。《国家能源局关于取消电力业务资质许可相关证明材料的公告》（国能公告〔2020〕3号）下发后，减少许可条件、压减证明材料21项，全力落实告知承诺制，缩短受理时限，提高办证效率，得到社会广泛肯定，全年共有62家企业通过告知承诺取得许可证；落实“好差评”制度，接受社会监督，全年收到222件，全部好评；大力推广随机抽查规范事中事后监管，全年按信用等级随机抽查检查132家企业，发现17类54个问题，均要求限期完成整改，对3起问题线索进行立案调查处理；资质许可业务纳入全国“一网通办”平台，实现受理、审查、决定和证照打印等业务全程在线办理。

(5) 行政执法。开展提升用户“获得电力”优质服务水平综合监管，推动“获得电力”再提升，全省户均停电时间压减3.97h，频停配电变压器台次同比下降38%，低压办电环节压缩至2个，实现全年目标任务。全年共收到福建能源监管办所管辖区域内有效信息共2817件，同比增长1.5%。其中，投诉举报事项129件，同比下降10%，已全部办结，办理时限均符合规定要求。依法查处违法违规案件，全年做出行政处罚决定7件，罚没款金额152万元，案件数和处罚金额均创新高。

（黄敏婵）

【国网上海市电力公司】

公司概况 国网上海市电力公司（简称国网上海电力）隶属于国家电网有限公司，是上海地区电力输、配、售的特大型企业，负责统一调度上海电网，参与制定、实施上海电力、电网发展规划以及农村电气化等工作，并对全市的安全用电、节约用电进行监督和指导。截至2020年底，共有职工13162人，服务客户1110.69万户，供电区域包括整个上海市行政区。国网上海电力连续6年保持企业负责人业绩考核A级，连续20年保持市政风行风和12345热线绩效考核第一。

组织机构 下设23个部门，管辖各类电网企业、发电企业、施工、科研、能源服务、培训中心等单位28家。

电网概况 上海电网主网目标网架基本建成，资源配置能力、安全保障能力、清洁能源消纳水平大幅提升，形成了以“五交四直”特高压、跨区电网以及500kV双环网为主、14个分区互联的交直流混联电网，受电能力突破2200万kW，可再生能源消纳占比达33.69%、五年增长5.09个百分点。配网供电可靠率达到世界顶尖水平，全域、核心区分别提升0.0275、0.0105个百分点；电缆化率提升至70.1%；户均配电变压器容量提升至5.64kVA；配电自动化率提升至75%。

电网建设和发展 编制形成《“十四五”输配电网规划报告》，完成长三角一体化发展示范区电网规划、临港能源互联网示范区规划。82项35kV及以上项目获核准。特高压青豫线陕4标段提前实现全线贯通。500kV三林、新余站主变压器扩建顺利投运。500kV崇明输变电等受阻工程取得突破。迎峰度夏项目完成55项。投运首个110kV数字孪生变电站和首条智慧输电线路。虹杨—杨行500kV线路工程获国家电网有限公司输变电优质工程金奖。收官首轮262km架空线入地三年行动，启动新一轮600km架空线入地。供电可靠率创出省级公司、重点城市、中心城区“三个第一”，首次开展跨省不停电作业，协助中西部3家贫困县提升供电可靠性。率先建成基建全过程综合数字化平台，配合总部承办建设成果上线发布会。推广变电站模块化建设，试点应用新型装配式电缆工井排管。

安全生产 亮明全员安全责任，修订安全责任清单9329项。吸取国网系统“7·2”等事故教训，建立安全生产巡查长效机制，开展“查风险、治违章、抓落实”安全大检查，检查作业点2.6万个、基建现场1801个，查处违章2050个、处罚367人次。发放安全奖励5000万元，覆盖4.7万人次。完成安全生产专项整治“一下一上”，排查问题隐患61项，制定制度措施15项。集中整治了特高压变压器、电缆“六防”等安全隐患1793项。发布电网风险预警单1232份。输电、变电、配电故障跳闸数同比分别降低22%、35%、18%。全力应对历史级寒潮和高温，经受住夏冬两季用电负荷双创新高、冬峰首超夏峰考验。特高压复奉线安全运行十年。完成重大保电68项，成功打赢了第三届进博会、浦东开发开放30周年庆祝大会“双特级保电”攻坚战。推动出台首个省级重大活动供电保障地方性规范。完成公安部网络安全专项演习。

优质服务 电力营商环境持续优化。FREE3.0“五新五优”改革举措被世界银行誉为最佳实践，“网上国网”与政府“一网通办”“联审平台”全面贯通，率先建立城市中断供电财务遏制机制。“获得电力”世界银行排名有望进十，国内排名将继续进位。对接长三角一体化合作办和示范区执委会，创新试点跨省服务“码上办”，联合市发改院成立长三角智慧能源研究中心。深化与临港新片区管委会战略合作，配合试点用户接入全免费，完成特斯拉二期、积塔半导体等市重大项目接电31项。配合落实“一户多人口”政策实施范围扩大，实现“不动产登记和水电气联办过户”对接“一网通办”。完成83项“早餐工程”、305项老旧小区加梯工程供电配套。“网上国网”用户数突破216万，同比增长691%。电力物资西部帮扶1005万元，采购扶贫农产品367万元。

科技与信息化 全面推行了科技项目举手、揭榜、挂帅制，实施项目170项。韧性电网概念和研究成果获广泛关注好评。率先在华东电力试验研究院有限公司试点项目分红。开放共享3个国网级实验室并纳入国家实验资源共享平台。建成科技创新智慧平台。挂牌运作上海电力人工智能工程技术研究中心。命名首批15家特色技术攻关基地。牵头成立IEEE PES海上风电分委会。与市生态环境局、中国移动开展数字新基建应用合作。首个国产高温超导电缆示范项目通过试拉试验并全面开工通道建设。智能配网PMU工程二期完成系统接入。率先完成业务运营管理中台营配调板块建设。建成10座电力北斗增强基站。获中国电力奖7项、上海市科技奖15项、国网科技奖25项，科技奖项创历史最高水平。获国家管理科学专项奖1项、中国质量技术一等奖1项、国网软科学成果奖2项，新增“上海品牌”认证2个。4项科技成果首次在上海市知识产权交易中心成功交易。主导推进IEC标准3项、IEEE标准2项，参与国际标准10项。

党的建设和精神文明建设 党建引领全面加强。滚动修订落实习近平总书记重要指示批示精神“台账制”18类、170项。开展中心组集中学习27次。“四史”学习教育成果获市委督查调研组肯定。举行南京路“亮灯”仪式，打造“人民电业为人民”的城市历史观摩点。完成“基层党建巩固提升年”任务，构建“党委—党支部—党员服务队—党员攻坚小组”红色战斗力矩阵。实施“智慧党建+”工程，迭代开发59个应用场景。获评上海市、国家电网有限公司先进基层党组织2个、市经信系统“党支部建设示范点”6个。实现巡视巡察整改“三个见底清零”。完成2家直属单位常规巡察、7家产业单位提级巡察，立行立改问题189条。严格落实中央八项规定精神，严肃查纠“四风”。连续4年全覆盖式开展基层纪委书记当面报告。强化选育管用。严格落实干部选拔任用规定，调整党委管理领导人员41人次，开展基层单位任前审批65批、419人次。举办领导人员轮训班、青干班等干部培训项目8个。选拔推荐18人到国网总（分）部、直属单位挂职，10人参加本部与基层单位双向挂职。分别有1人、6人和3人获全国、上海市和国网劳模，各有1人获全国青年岗位能手和市五一劳动奖章，分别有3人和1人获“上海工匠”和“国网工匠”。3个集体获上海市模范集体，6个集体获国家电网有限公司先进集体和工人先锋号。新增3家全国文明单位，29家获评市文明单位。幸福企业深耕厚植。开展“文化铸魂、文化赋能、文化融入”专项行动。第三批幸福企业建设举措全面落实。获中央主流媒体报道465篇、同比增长29.5%。严格保密、信访和舆情管控，保持和谐稳定局面。

主要事件

2月10日，上海市委常委、副市长吴清到国网上海电力指导抗疫保电工作并慰问一线人员。

2月，国网上海电力召开2020年第二次优化电力营商环境推进工作会议，发布2020年优化电力营商环境FREE3.0重点改革举措。

4月16日，国网上海电力发布《长三角一体化发展示范区电力行动白皮书》。

5月，2人获评上海工匠。

5月20日，国网上海电力10项成果得上海科技奖励大会表彰。

6月1日，国网上海电力荣获上海市“2019年度品牌建设先进单位”。

6月3日，国网上海电力获得2020年电力可靠性指标“双冠军”

6月9日，“公交充电站运维管理服务规范”获“上海品牌”认证。

6月19日，国网上海电力获评“2019年度上海市安全文化建设示范企业”。

7月，1人获评全国青年岗位能手。

7月9日至11日，国网上海电力参展2020世界人工智能大会。

8月15日，上海市委常委、副市长吴清到国网上海电力指导迎峰度夏工作。

8月21日，汤志平副市长调研国网上海电力架空线入地现场。

8月27日，上海市生态环境局与国网上海电力签署战略合作协议。

9月，市发展改革研究院与国网上海电力签署战略合作协议，长三角智慧能源研究中心同时成立。

9月10日，国网上海电力召开干部任免宣布大会。梁旭同志任国网上海市电力公司董事长、党委书记；陈春霖同志任国网上海市电力公司副总经理、党委委员、工会主席。

9月30日，国网上海电力工会十届六次全委会选举陈春霖同志为工会主席。

10月13日，国网上海电力与新加坡能源集团签署战略合作协议。

10月20日，国内首条35kV公里级高温超导电缆工程试拉试验获得成功。

11月，1人获评2020年全国劳动模范。

11月，国网上海电力完成第二届中国国际进口博览会保电任务。

12月，6名职工、3个集体分别荣获上海市劳动模范和模范集体称号。

12月1日，国网上海电力荣获中国质量协会“质量技术奖一等奖”。

12月3日，国网上海电力获“党建责任落实、政治思想建设、组织建设、党员教育管理、企业文化建设、统战团青工作”专业标杆。

（田浩毅）

【国网江苏省电力有限公司】

公司概况 国网江苏省电力有限公司（简称国网江苏电力）隶属于国家电网有限公司（简称国家电网有限公司），从事江苏省境内电网建设、运行与管理，经营江苏电力销售业务。2020年，国网江苏电力辖13个市、56个县（市）公司及14个科研、检修、施工等单位，服务全省4467.84万电力客户。现有员工37370人，供电服务公司员工35615人。拥有35kV及以上变电站（换流站）3273座、输电线路10.27万km，变电容量62404.56万kVA，电网规模超过英国、意大利等国家。电压合格率、电网抵御风险能力达到国际先进水平。江苏电网已进入特高压、大电网、高负荷时代。

2020年，江苏全社会用电量6373.71亿kWh，增长1.75%；调度口径最高用电负荷1.15亿kW，成为国网系统首个夏冬季最高用电负荷均突破1亿kW的省级电网。最大日用电量23.21亿kWh，同比6.16%。风电发电量229.02亿kWh，同比24.54%；光伏发电量166.83亿kWh，同比8.28%。国网江苏电力完成售电量5528.73亿kWh，增长1.98%；完成固定资产投资355.33亿元；投产110kV及以上线路4392.82km、变电容量2440.55万kVA；线损率3.30%。实现营业收入3272.49亿元，利润45.9亿元；资产总额3000.04亿元。业绩考核连续9年保持国网系统A级第一名。

领导班子

董事长、党委书记：肖世杰

董事、总经理、党委副书记：唐屹峰

董事、党委副书记、副总经理：李斌

党委委员、纪委书记：李作锋

职工董事、党委委员、副总经理、工会主席：刘人楷

党委委员、副总经理：张龙

党委委员、副总经理：黄志高（2020年8月24日到龄免职）

党委委员、总会计师：王小兵

党委委员、副总经理：王之伟（2020年8月24日任职）

党委委员、副总经理：陈庆

党委委员、副总经理：夏勇

总工程师：王肃（2020年8月24日任职）

总工程师：吴争（2020年8月24日调任）

组织机构 本部设有23个职能部室：办公室（党委办公室、董事会办公室）、发展策划部、财务资产部、安全监察部（保卫部）、设备管理部、营销部（农电工作部）、科技部、建设部、互联网部、物资部（招投标管理中心）、产业发展部、党委宣传部（对外联络部）、审计部、经济法律部（体改办）、党委组织部（人事董事部）、人力资源部（社保中心）、离退休工作部、后勤工作部、党委党建部（思想政治工作部、机关党委办公室、团委）、纪委办公室（巡察办）、电力调度控制中心、工会、企协分会。下辖13个地级市供电公司、53个县级供电公司及14个业务支撑与实施单位。

电网概况 江苏电网是华东电网重要组成部分。现有1000kV特高压变电站3座，容量2400万

kVA；±800kV 特高压直流换流站 3 座，容量 2927.81 万 kVA；±500kV 特高压直流换流站 1 座，功率 340.44 万 kVA；1000kV 特高压线路长度 1045.09km；500kV 变电站（开关站）65 座，变电容量 14330.8 万 kVA，线路长度 12850.35km。特高压“一交三直”工程基本落地，初步形成特高压交直流混联电网格局。500kV 电网形成“六纵六横”电网结构。220kV 电网细化为 28 个分区运行，各分区互联互济，有效提高电网安全水平；110kV 及以下配网基本形成高效、灵活、可靠的网络结构，满足江苏经济社会发展和人民生活用电需求。

截至 2020 年末，江苏共有统调电厂 301 座、机组 26906 台（其中风电机组 6259 台，光伏机组 20111 台），总装机容量 12006.18 万 kW，其中火电机组 9302.68 万 kW，核电机组 549 万 kW，抽水蓄能机组 260 万 kW，风力发电机 1539.34 万 kW，太阳能发电机组 332.46 万 kW（另有非统调太阳能发电机组 1351.52 万 kW）。接入 220kV 及以下电网装机容量 7144.18 万 kW，接入 500kV 电网装机容量 4862 万 kW。

人力资源 强化干部队伍建设。完成 35 家供电、直属、本部部门，以及 8 家大型县供电公司主要领导岗位调整，新提拔 74 后正处级领导人员 6 人、79 后副处级领导人员 19 人。建立“党委推荐、会议推荐、谈话推荐”三位一体优秀年轻干部调研体系，开展覆盖国网江苏电力本部、基层各单位的综合调研。制定出台优秀年轻干部“二十条”，构建“处级、科级、骨干”三级优秀干部选拔机制。在国网系统率先发布领导班子和领导干部容错纠错实施办法，以专业担当为改革发展先行探索。实施领导人员队伍精准画像研究，构建智慧“知事识人”平台，对领导班子和领导人员开展年度深度精准考评。发布“爱专家”信息共享服务平台，为专家人才提供需求整合、研发攻关等一站式服务。推进基层本部双向流动，组织 37 名科级干部上下挂实职锻炼。组织产业管理公司等 9 家单位公开招聘，累计完成 40 个岗位共 47 人次的公开招聘。克服疫情影响，开展干部“云培训”，累计培训各级干部 600 余人。深化创新课题研究，获评 ISPI 国际绩效改进协会全球卓越大奖。

推行全口径用工管理，深化业务外包管理，加强人员管控与使用，缓解缺员矛盾。建立“业绩决定人工成本、人工成本倒逼用工总量”的全口径用工机制。授权市场化单位自主选择用工类型，择优将现有外包人员转为聘用职工。畅通人员引进渠道，实施精准分配，累计招聘入职 1088 名主业人员、541 名供电服务职工、767 名省管产业单位职工。

印发《中共国网江苏省电力有限公司关于加快人才高质量发展的实施意见》。建立“3＋1”（职务、职员、专家＋职级）职业发展体系，探索建设全员职业发展等级，实现全生涯持续精准激励。修订职员管理办法，加大一线人员职员聘任力度，确保一线“留住人、培养人”。完善业绩考核体系，构建基于产业分组的“效益＋”考核模式，引入内部模拟利润考核，增设小组标杆和“市场开拓”奖，推进分层分级分类考核。优化全面薪酬体系，建立任期考核机制，试点划小核算单元分配，推广项目分红、项目跟投等中长期激励模式。

落实“去机关化”要求，调整国网江苏电力本部及所属单位机构编制。强化业务及机构融合，试点建设现代服务体系，推动营配业务组织模式升级。组建电动汽车、思极科技及属地分支机构，加速新兴产业发展。搭建市公司人资、财务共享服务中心。深化“同质业务不同专业、同项业务不同主体、同一现场不同工种、同一链条不同环节”的业务融合，印发《国网江苏省电力有限公司省管产业单位人力资源管理机制创新指导意见》《国网江苏省电力有限公司新兴产业单位人力资源管理机制创新工作指引》，建立市场导向的人力资源管理新模式。创新柔性团队建设，打破组织界限和专业壁垒，构建人员“分时复用”“专业协同”“技术攻关”等柔性团队，建立绩效考核、薪酬激励等机制，推动人力资源高效配置。

电网建设与发展 优化电网投资方向和结构，提高电网发展质量。做好电网规划和项目前期工作。开展江苏“十四五”主网架规划研究，形成 500kV 和 220kV 规划报告。协助江苏省能源局编制全省电力发展专项规划。出台配网高质量发展指导意见和项目可行性研究立项管理工作意见。第一时间复工东吴特高压扩建工程，提前完成 497 项工程复工任务。投产迎峰度夏、电气化铁路配套、风电送出等重点项目。500kV 东二过江通道等 10 项工程获得核准。开工建设江苏凤城—梅里 500kV 线路长江大跨越线路工程（杆塔全高 385m，建成后为世界第一高塔），开工建设白鹤滩—江苏±800kV 特高压直流输电工程。启动 500kV 沿海二通道、西三通道等 6 项重点工程。投运南京三汊湾等 8 项迎峰度夏保障工程。建成苏州国际能源变革发展典范城市四大示范区。开工输变电工程 333 项，投产 368 项，线路 4661km、变电容量 2783 万 kVA。新建改造 10kV 线路 1.72 万 km、配电变压器 1.18 万台，全省户均容量提升至 5.1kVA，配网网格标准接线率达 57.95%。泰州±800kV 换流站工程项目获得第十九届全国质量奖卓越项目奖。500kV 晨阳变电站获得 2020～2021 年度国家优质工程奖。2 个项目获得国家电网有限公司输变电优质工程金银奖。

新能源有序发展，年度新增新能源并网装机

763.25万kW，同比增长27.93%，其中海上风电装机达到572.7万kW，位居全国第一。全额消纳省内新能源发电量522.06亿kWh，同比增长16.19%。

经营管理 承接国网战略，明确“三个排头兵”战略定位和“一体两翼生态圈”战略布局，确定“四个转型”战略路径。实施“八大战略工程”“32项战略行动”和“100项战略行动重点项目”。建设以“五化”（能源供应清洁化、能源消费电气化、能源利用高效化、能源配置智慧化、能源服务多元化）引领的区域能源互联网，南京、苏州、无锡、常州、盐城五家城市率先开展试点，各市县一体化推进各具特色的城市能源互联网建设。建成首批67项能源互联网示范项目，贡献可复制可推广的典型经验。发布《国网江苏省电力有限公司质量管理白皮书》，是国网系统首个质量管理白皮书。国网江苏电力获得全国现代化管理创新一、二等奖各一项，国家电网有限公司管理创新一、三等奖各一项。13项成果获得江苏省管理创新一等奖。南京公司代表中国获得第十八届亚洲质量卓越奖。2项成果获得第45届国际质量管理小组（ICQCC）大会铂金奖，10个小组获得国优称号。

推进电力改革。完成江苏电力交易机构第一轮股份制改造。新组建6家增量配电试点公司。全年市场化交易电量2958亿kWh，规模居全国首位。降低用户购电成本90亿元以上。完成第二轮输配电价核价任务，保持合理输配电价水平。优化购电策略，节省购电成本5亿元。实施经济调度，节约购电成本9.6亿元。授予产业单位机构设置、选人用人自主权。实施内部改革。下放37项“放管服”事项。分类实施“战略+运营”“战略+财务”管控模式。制定监管与非监管业务隔离方案。

强化经营管理。围绕“五个千方百计”，实施提质增效专项行动，全年对冲减利影响125亿元。围绕省管产业做强、做优、做大、做好要求，全面布局四大核心业务，出台“三十条”产业发展建设意见，推进集团建设、能力建设、机制建设，构建区域、产业协同发展新格局，全年营收、利润总额及增长率均创历史新高，位居国网前列。加快新兴产业发展，综合能源、电动汽车、能源数字服务、基础资源运营等各项业务，营收均保持国网首位。建成现代智慧供应链体系，实施全域物资一本账管理，在国网系统首个创新实施供应链资源集约化、产业化运营管理模式；上线电网资源业务中心，全面贯通业务流程与数据，促进企业智慧化管理。初步建立内部模拟市场机制。建成“1233”（搭建一套公司级集团账户、建立两个结算池、融通三个市场、构筑三维立体安全防线）新型资金管理体系，资金集约调度水平大幅提升。在国网系统首家建立多维价值传导评价体系，实现每一个客户、设备、组织的收入成本精益反映，支持政策争取、精准营销、精益管理、精准激励。试点应用数字人民币开展电费收取、员工报销等业务，数字人民币收、支、结安全平稳。完成工程“三清理、两提高”任务，率先建成智慧共享工程竣工决算体系。首批上线应用“电e金服”，供应链金融、保证金保险等业务规模居国网第一，服务上下游企业融资需求。成立省市县三级合规管理委员会，分类建立常规事项与重大事项合规审查机制。开展国网江苏电力系统风险评估和工程投资项目后评审。

安全生产 保持大电网安全稳定运行。应对新能源大规模接入等挑战，科学安排电网运行方式，保障电网安全稳定。加强设备巡视维护，及时处置通道隐患，迎峰度夏、度冬期间电网平稳运行。成功应对“黑格比”等恶劣天气影响，完成国家公祭日等重要保电任务。成立七个安全专委会，健全安委会警示提示等5项制度。编发省市县安全管理标准，启动县公司安全达标工作。成立69家安全管控中心。编制班组安全责任清单。实施安全生产双向激励。制定《电网风险预警管控实施细则》，梳理中长期风险清单，制定落实差异化防控措施。对短期风险实行“视频+现场”安全监督，有效管控电网风险5251项。开展安全生产专项整治，形成“问题隐患”清单311条、“制度措施”清单108条。审查3200余家外包单位安全“双准入”资质。制定“六类现场、六个到位”标准，开展“四不两直”安全督察，着力整治高发频发违章。实施22家基层单位安全生产巡查及13家地市公司巡查“回头看”。

特高压设备安全运行。差异化制定检修方案，完成4座换流站、6条特高压输电线路、4台调相机年度检修等项目800余项，实现作业现场安全和疫情“双管控”。开展“特高压运维保障能力提升活动”和直流防闭锁专项行动，常态化开展设备状态参数“日对比、周分析、月总结”，全面管控特高压设备状态。针对气体绝缘线路（GIL）综合管廊投运初期特点，采用“远方监控、就地运维、协同维保”的运维模式，编制管廊本体、消防和管廊三类应急预案，建立属地化应急联动机制，构建“五位一体”应急管理体系。开展不停电作业能力三年提升活动，规模化应用配网带电作业机器人，开展不停电作业能力认证，建成63家不停电作业中心，新增不停电作业人员471人。开展不停电作业8万余次，减少停电630万时户。南京、苏州城市核心区率先取消计划停电。推进智能运检体系建设。通过调度终端延伸、智辅系统建设，构建“主辅消一体化”监控系统，提高变电站全面监控能力。投运国网首座220kV滆湖智慧变电站。完成12.2万余基输电杆塔精细化巡视，实现全省

500kV 及以上输电线路激光扫描及航迹规划。试点应用配电无人机巡检，有效提高农村配电线路巡视效率和质量。

营销工作与优质服务 助力抗疫复产，提升优质服务水平。开发全国首个电力大数据公共查询平台，开展上下游产业链复工复产关联图分析。成立疫情防控电力保障党员先锋队、百支青年“抗疫保电·护航复工”突击队，确保医疗机构、防护用品生产企业和重点用户安全可靠供电。开展 28 家定点医院、541 家发热门诊等重点用户 24h 保电值守，以最短时间完成疫情防控单位的扩建接电。实行疫情期间居民及小微企业“欠费不停电”等贴心服务。落实国家降价、暂停减容政策，累计为工商业用户减免电费超 120 亿元。推动出台电能替代政策 106 项，实施电能替代项目 6720 个，全年替代电量 266 亿 kWh。关停、转公用自备电厂 21 家，增售电量 16.6 亿 kWh。全省低压综合线损率 2.05%，完成长期高损台区清零目标。营销稽查及反窃电挽回经济损失 4.27 亿元。推动电能表“失准更换”纳入地方性法规，年节约购置成本 10 亿元。提升客户获得感和满意度。加快现代服务体系建设试点，构建营配融合、城乡一体网格化服务新模式。建成国内首个省级能源计量中心。实现电力营商环境政策全省全覆盖，推动出台《江苏省电力条例》配套政策和电力营商环境改善政策 179 项。高低压平均接电时长分别压降至 26.3 和 2.9 个工作日。客户万户投诉率下降至 0.45，保持国网系统最优。上线能源互联网营销服务平台。建成省级能耗在线监测系统。实施全国最大规模的填谷电力需求响应，单次最大负荷 359.4 万 kW。服务投运长江流域首条千吨级电动运输船，上线全国首台新型充电式智能轨道机车。建成投运国内规模最大的电动汽车智能充电服务楼宇，构建新能源汽车全价值链服务体系。建成国网系统首座重型渣土车专用换电站。服务乡村振兴，支持苏北农房改造，安排 20 亿元资金建设配套供电设施。推广乡村电气化惠农富民项目 5387 个。打造“苏电”电费积分扶贫众筹平台。实施产业扶贫、光伏扶贫、消费扶贫、基础设施改善和民生公益项目。国网江苏电力获得江苏省脱贫攻坚组织创新奖，获评 2018～2019 年度全省“五方挂钩”帮扶先进单位。

科技与信息化 提高创新能力。构建“2＋2”成果转化体系，建立首批 4 家“双创中心＋众创空间”“省管产业＋双创基地”，制定项目管理、过程管控、知识产权等配套细则，建成科技创新与成果转化一体化信息平台，为成果孵化转化提供服务支持。完成首批 18 项自主项目转化，推进首批 8 项孵化项目实施，完成 2021 年孵化转化项目储备。

牵头立项国家重点研发计划“城区用户负荷特征感知能力提升及拓展应用”，参与立项“电力物联网”“城市综合能源”，参与科技助力经济 2020 重点专项 1 项。领衔国网首批“传感器低功耗安全连接技术”揭榜挂帅项目。落实国网能源互联网技术研究框架和“2020 重大攻关计划”，以城市能源互联网建设为依托，承接能源互联网、高比例新能源电力系统等国网重大示范任务。完成科技“十四五”规划。新增“区域能源互联网技术与应用”等 3 个国网实验室，获批“输变电设备物联网感知层”等 6 个技术标准验证实验室。3 个实验室通过国网评估，完成全年实验室开放共享任务。成立全球第二个国际雷电研究中心，搭建动态防雷领域国际化交流平台。新开工 256 项电网建设项目环评率为 100%。获省部级及以上奖励 31 项，其中国家科技进步二等奖 1 项、省部级一等奖 6 项。UPFC 系列标准获中国标准创新贡献一等奖。新立项国际标准 2 项，新发布 IEC、IEEE 标准各 1 项。

建立网络安全纵深防御体系。建成国内规模最大工控网络安全风险感知平台。完成“护网 2020”网络攻防演习，网络安全“零失分”。建成行业规模最大的省市一体化云平台，纳管 95%的信息系统。加快推进 IOE 国产化自主可控，技术组件统筹管理动态发布。建成开发、测试和运行三朵云，形成建运一体的云生态自主运营体系。建成系统内规模最大的无线专网，统筹规范公网接入和资费管理。物联平台、数据中台等 7 类企业级平台率先上线，实现企业中台战略落地。率先上线电网资源业务中心，业务全流程贯通，电网一张图管理，服务电网智能化运营。多维精益、现代智慧供应链、数字化审计深化应用，服务企业智慧化管理。推动基础资源运营，共享电力杆塔 11228 基，建成多站融合 246 座，签订配电房共建共享意向 4100 个，发布数据产品 30 个。

党的建设和精神文明建设 强化党建引领。构建“五四五”（“五强”党建工作格局：强责任、强基础、强素质、强文化、强意识；“四项”党建工作检验标准：规定动作不走样、自选动作干精彩、干事创业生态好、改革发展走前列；“五维”党建工作组织生态：党委引领、支部管用、党员像样、全员聚力、勇当排头）党建工作体系。深化党委委员复合式分工，创新实践项目分工与结对创先融合工作模式。严格执行“第一议题”和中心组学习制度，连续两届蝉联江苏省党委中心组示范点。实施“党建＋”七项工程。发布共产党员服务队工作指引和品质提升专项行动方案。建成党建综合实训中心。推广应用党建全交互系统。实施“文化铸魂、文化赋能、文化融入”专项行动。建成新时代文明实践中心。融入“万企联万村、共走振兴路”行动。国网江苏电力党校获评“国内一流企业党校示范单位”。编著的《企业文化十讲》入选第五届全国党员教育培训教材库。南京石城供电服务抢修队获评“全国诚信之星”。苏州韩克勤党支部获评“中央企业第二批基层示范党支部”。

深化正风肃纪。印发《全面从严治党履责清单》。围绕六个专项领域，实施14家二级单位两轮专项巡察。运用监督执纪“四种形态”278人次。组织全员纪律“体检”，立行立改、及时纠偏93起倾向性问题。编制重点岗位廉洁手册。开发应用政治生态智慧监督系统，实现廉洁风险实时、精准、动态防控。

新闻宣传富有成效。建成国网江苏电力融媒体中心。在中央三大权威媒体发稿607篇，其中新闻联播18条，位居国网系统省级单位第一名。在新华社动态清样、要情动态、专题报告发稿18篇。发布“苏电传媒”品牌，建成具有独立知识产权的融媒体智能应用平台，直接带动新闻产量相比2019年提升超3倍。成功打造“凤城至梅里长江大跨越”“退役老兵序守文”等多个亿级融合传播事件。策划“身边最美”系列宣传。连续九年发布《服务地方经济社会发展白皮书》。国网江苏电力微博、微信连续五年获评“央企最具影响力新媒体二级账号”，获全国电力行业“公众透明度典范企业”和“新媒体传播卓越企业”两项大奖。

坚持从严治团。把团青工作纳入党建绩效考评体系，推进基层团组织“五个规范化”建设。召开国网江苏电力第五届团代会。实施青年马克思主义者培养工程，组建“1+1+5”青马共育联盟。承办全省国有企业服务青年技能人才成长发展“匠人匠心”计划现场推进会，启动第二届“苏电吉尼斯”青工技能挑战赛，弘扬工匠精神。推进青年职业生涯导航，构建“3+X”新员工入职引导体系，举办“入职礼”“拜师礼”30余场，引导青年立足岗位、建功成才。开展“青春光明行”十八周年志愿服务活动，做强苏电“红马甲”品牌，参加第五届中国青年志愿服务项目大赛，获得1金1铜。国网江苏电力荣获“希望工程30周年突出贡献者”“希望工程‘圆梦行动’十五周年杰出贡献奖”。

全心全意服务职工。印发国网江苏电力职工队伍建设改革试点工作方案，组建8个劳模工匠创新工作室联盟。实施各专业劳动竞赛，制定班组减负工作意见。开展董事长联络员走访及调研问需行动。组织送文化到基层慰问演出，举办“苏电好声音”职工歌手大赛、职工网球篮球赛、“石城杯”乒羽赛等文体活动。深化职工服务“5980”工程，制定40项服务清单，统筹实施九大行动。弘扬劳模精神、劳动精神、工匠精神，举办“心有榜样·行有力量”劳模事迹分享会，组织劳模工匠“四进”（进班组、进工地、进社区、进校园）活动26场，上线劳模工匠风采录线上档案馆，立体化营造崇尚先进、弘扬美德的良好氛围。开展离退休老同志春节团拜、重要节日慰问活动，做好离退休人员活动场所及设施梳理工作。稳妥有序完成24302名退休人员社会化管理实质性移交工作。推动智慧后勤平台建设，建成江苏后勤资产实物信息库，录入14万条后勤资产实物数据记录。构筑“属地包保、重点地段防控、现场应急”三道稳控防线，维护信访稳定局面。落实意识形态工作责任制，稳妥处置各类舆情风险。国网江苏电力荣获“全国电力行业企业文化品牌影响力企业”第一名。2家单位获评全国文明单位。1项职工技术创新成果荣获2020年国家电网有限公司职工技术创新优秀成果一等奖，42项职工技术创新成果获省（部）级及以上表彰。1个项目和1名员工入选全国学雷锋志愿服务“四个100”先进典型。4名职工被表彰为全国劳动模范，3名职工获评中国好人。

主要事件

1月6日，国网江苏综合能源服务有限公司混合所有制改革公司组建仪式在南京举行，这是国资委国企改革“双百行动”和国家发展改革委国企混改第四批双试点单位。

1月9日，江苏省人大常委会审议通过《江苏省电力条例》。《江苏省电力条例》是全国首部对电力发展全过程进行规范的地方性法规，于2020年5月1日施行。《江苏省电力条例》共7章66条，从电力规划、建设、生产运行、供应与使用等各环节，针对电力发展规划执行不够严格、可再生能源发展与电网建设的有效衔接、电力工程建设纠纷增多等新矛盾、新问题，明确电力规划、建设、电力行政执法、电力设施保护要求等。

1月10日，中共中央、国务院在北京隆重举行国家科学技术奖励大会。国网无锡供电公司职工何光华的创新成果“高落差高压电缆线路施工技术及工器具研制”获得国家科学技术进步奖二等奖。

2月10日，国网江苏电力认真落实国家电网有限公司党组应对疫情影响全力恢复建设助推企业复工复产的重大举措，出台12条服务措施，全力抗击新冠疫情和全面服务经济社会发展。

2月14日，1000kV东吴变电站主变压器扩建工程项目管理和施工单位第一批复工人员在工程现场按照复工和防疫方案开展工作，成为抗击新冠肺炎疫情中江苏省内第一个正式复工的特高压输变电建设项目。

3月13日，电网基建应复工的497项工程100%实现进场施工。

3月17日，国网江苏电力“大规模源网荷精准负荷控制关键技术及应用”“基于量子电压的国家电能标准装置及量值传递关键技术与应用”2项成果，获得2019年度江苏省科学技术一等奖。

5月19日，国内电压等级最高的智慧变电站——220kV滆湖变电站在常州建成。

5月19日，国网江苏电力发布国网系统首个质量管理白皮书《质量强企 质量强网——国网江苏省电力有限公司质量管理白皮书》，旨在推进国网江苏电力战略实践，深化质量变革，培育质量文化，增强质量创新能力，完善质量治理体系，打造发展软实力。

6月23日，时任国家电网有限公司董事长、党组书记毛伟明在南京与江苏省委书记娄勤俭举行会谈。双方表示，要深入学习贯彻习近平总书记重要讲话和指示精神，落实“四个革命、一个合作”能源安全新战略，统筹推进常态化疫情防控和经济社会发展，做好“六稳”工作、落实“六保”任务，加快能源战略转型，助力“强富美高”新江苏建设。

6月28日1时36分，《长江三角洲区域一体化发展规划纲要》重点基础设施建设项目——东吴1000kV变电站江苏侧第三台主变压器扩建工程成功通过系统调试，新建的东吴站2号主变压器开始72h试运行。工程预计于7月1日试运行结束并投入正式运行。

8月17日13时25分，受持续高温天气影响，江苏电网调度最高用电负荷达到11512.5万kW高点，年内第四次刷新历史纪录，成为国家电网有限公司系统首个用电负荷连续四年突破1亿kW的省级电网。

8月28日，全球第二个国际雷电科学苏州研究中心成立，该中心由国际防雷三大组织授权，国网江苏电力组建。

9月3日，受国家电网有限公司党组委托，国网江苏电力召开领导班子调整宣布会议，宣布国家电网有限公司党组对国网江苏电力领导班子调整的决定。根据工作需要，经国家电网有限公司党组研究并征得中共江苏省委同意，王之伟任国网江苏电力副总经理、党委委员；王肃任国网江苏电力总工程师（试用期一年）；黄志高任国网江苏电力三级顾问，免去其副总经理、党委委员职务；免去吴争国网江苏电力总工程师职务（另有任用）。

9月25日，江苏第五条500kV过江通道——凤城至梅里500kV线路长江大跨越工程在无锡开工，该工程跨越铁塔高385m，建成后杆塔高度、电梯提升高度、抱杆高度等均将创下输电领域世界第一。

10月1日至3日，在江苏省发改委指导下，国网江苏电力实施国庆假期填谷电力需求响应，累计填谷1340.41万kW，促进清洁能源消纳8690.09万kWh，需求响应期间，单次最大提升低谷用电359.38万kW，同比增长129.6%，规模创同期新高，降低电网峰谷差率约3.53个百分点，有效缓解了假期负荷低谷时段清洁能源消纳压力。

10月14日，由国网江苏电力牵头创制的Q/GDW 11547—2016《统一潮流控制器工程设计导则》荣获中国标准创新贡献一等奖。

10月20日，在全国双拥模范城（县）命名暨双拥模范单位和个人表彰大会上，国网南通供电公司被表彰为“全国爱国拥军模范单位”。

10月23日，在韩国首尔举办的第18届亚洲质量网组织大会上，国网南京供电公司获得亚洲质量卓越奖，成为国家电网有限公司系统内首次获此荣誉的地市公司。

11月11日，在2020年度中国电力科学技术奖颁奖大会上，国网江苏电力“高效率电力电子变压器及其交直流灵活组网关键技术与应用”项目荣获一等奖，另有1项成果获得二等奖、4项成果获得三等奖。

11月25日，常州华科110kV变电站获得国家电网有限公司2020年度输变电优质工程金奖，成为国家电网有限公司系统首个110kV金奖项目，宿迁沭阳东220kV变电站获得国网输变电优质工程银奖。

11月27日，中国质量协会在北京召开2020满意中国年会。国网江苏电力继2014、2017年后蝉联“全国用户满意标杆企业”，获评全国市场质量信用AAA级（用户满意标杆）企业，成为唯一一家获此荣誉的省级电网企业。此外，南京公司获得全国市场质量信用AAA级（用户满意标杆）服务称号。

11月，《江苏省志　煤炭电力志（1978—2008）》正式出版。

12月1日，500kV晨阳变电站获得2020～2021年度国家优质工程奖。

12月1日至3日，在第45届国际质量管理小组（ICQCC）大会上，国网南京供电公司向日葵QC小组《新型空调负荷控制终端的研制》、国网盐城市大丰区供电公司二次系统检修班QC小组《遥信信号频繁抖动智能抑制装置的研制》获评铂金奖（大会最高奖项）。

12月10日，江苏第五条区外直流工程，白鹤滩—江苏±800kV特高压直流工程正式开工建设。

12月11日，在中国质量协会举办的第十九届全国质量奖颁奖会上，锡盟—泰州±800kV特高压直流输电工程泰州±800kV换流站工程，荣获第十九届“全国质量奖卓越项目奖”。

12月13日，国网江苏电力党建综合实训中心被中国社会科学院、中国企业管理研究会企业党建研究院共同认证为中国社会科学院党性教育研究实践基地。

12月16日，《江苏省企业社会责任建设综合评价报告（2020）》正式发布。国网江苏电力评分位列“2019年度江苏省企业社会责任建设典范榜”首位，是唯一一家上榜的驻苏央企。

12月22日，在国务院国资委新闻中心、中央企业媒体联盟联合主办的第八届中国企业新媒体年会上，国网江苏电力官方微博及微信服务号作为国家电网有限公司新媒体二级账号，获评“2020年度央企最具影响力新媒体二级账号”，这是国网江苏电力新媒体平台连续第五年获此荣誉，也是唯一入选该榜单的驻苏央企。

12月28日，经国家电网有限公司推荐，国网江苏电力申报的《电网企业面向能源互联网的战略转型升级》成果，获得第二十七届全国企业管理现代化创新成果一等奖（最高奖项），国网苏州供电公司申报的《供电企业基于跨行业数据集成的能源智慧管家共享平台建设与运营》获二等奖。

12月30日19时15分，江苏电网冬季调度负荷年内第二次创历史同期最高纪录，达到1.067亿kW，较2019年同期最高负荷增长19.5%，成为国内冬季用电负荷最高的省级电网。

（缪莉庆）

【国网浙江省电力有限公司】

公司概况 国网浙江省电力有限公司（简称国网浙江电力）是国家电网有限公司的全资子公司。截至2020年底，国网浙江电力下辖杭州、宁波、嘉兴、湖州、绍兴、衢州、金华、温州、台州、丽水、舟山11家地市供电企业，其中杭州、宁波为大型供电企业，68家县供电企业，19家业务单位，本部设23个职能部门。2020年，完成固定资产投资291.2亿元；110kV及以上输电线路开工2745km，投产2908km；变电开工2069万kVA，投产2697万kVA。售电量4187亿kWh、同比增长2.8%，营业收入2436.4亿元、同比下降4.3%，利润14.7亿元；资产总额2482亿元，资产负债率62.92%，职工劳动生产率129.8万元/（人·年）；省管产业单位营业收入687.9亿元、同比增长14.6%，利润50.6亿元、同比增长10%。

领导班子

董事长、党委书记：尹积军

董事、总经理、党委副书记：杨勇

董事、党委副书记、副总经理（二级单位正职级）：单人

副总经理、党委委员：吴国诚

副总经理、党委委员：黄晓尧

党委委员、纪委书记：姜启亮

副总经理、党委委员：史兴华（2020年9月任职）

董事、党委委员、工会主席：杨玉强

总会计师、党委委员：陈树国

副总经理、党委委员：王凯军

总工程师：李颖毅（2020年9月任职）

组织机构 本部职能部门23个：办公室（党委办公室）、发展策划部、财务资产部、安全监察部（保卫部）、设备管理部、营销部（农电工作部）、科技部、建设部、互联网部、物资部（招投标管理中心）、集体企业管理办公室、党委宣传部（对外联络部）、审计部、经济法律部（体改办）、党委组织部（人事董事部）、人力资源部（社保中心）、离退休工作部、后勤工作部、党委党建部（思想政治工作部）、纪委办公室（巡察办）、电力调度控制中心、工会、企协分会。地市供电公司11家：国网浙江省电力有限公司杭州供电公司、国网浙江省电力有限公司宁波供电公司、国网浙江省电力有限公司嘉兴供电公司、国网浙江省电力有限公司湖州供电公司、国网浙江省电力有限公司绍兴供电公司、国网浙江省电力有限公司衢州供电公司、国网浙江省电力有限公司金华供电公司、国网浙江省电力有限公司温州供电公司、国网浙江省电力有限公司台州供电公司、国网浙江省电力有限公司丽水供电公司、国网浙江省电力有限公司舟山供电公司。公司层面业务单位19家：浙江电力交易中心有限公司、国网浙江省电力有限公司经济技术研究院、国网浙江省电力有限公司电力科学研究院、浙江省送变电工程有限公司、国网浙江省电力有限公司检修分公司、国网浙江省电力有限公司信息通信分公司（国网浙江省电力有限公司数据中心）、国网浙江省电力有限公司培训中心、国网浙江省电力有限公司物资分公司（国网浙江浙电招标咨询有限公司）、国网浙江省电力有限公司综合服务中心、国网浙江省电力有限公司综合服务分公司、国网浙江省电力有限公司紧水滩水力发电厂、浙江华电器材检测研究所有限公司、国网浙江省电力有限公司建设分公司（浙江电力建设工程咨询有限公司）、国网浙江综合能源服务有限公司、国网浙江电动汽车服务有限公司、国网浙江省电力有限公司双创中心、国网浙江省电力有限公司营销服务中心（计量中心）、浙江浙电产业管理有限公司、国网浙江电力投资运营有限公司。

电网概况 通过溪洛渡—浙西特高压直流、灵州—绍兴特高压直流线路，与四川、宁夏等全国能源基地联通，通过淮南—浙北—上海特高压交流、浙北—福州特高压交流和9条500kV线路与上海、江苏、安徽及福建电网相联，基本形成了以“两交两直”特高压为骨干，主网架南北贯通、东西互供、交直流互备的坚强智能电网。特高压电网增加浙江省供电能力2500万kW，全年经特高压通道受入电量1084.6亿kWh，为保障电力供应、科学应对控煤方

案提供了有力支撑。

截至2020年底，浙江电网共有1000kV变电站3座、变电容量1800万kVA；±800kV直流换流站2座，容量1600万kW；500kV变电站52座、变电容量12410万kVA；220kV公用变电站354座、变电容量16443万kVA；110kV公用变电站1490座、变电容量15081万kVA。

2020年12月末，全省全口径发电装机容量10141.89万kW，全省6000kW及以上发电装机容量8845.66万kW。其中浙江省统调装机容量6335.95万kW；非统调装机1313.31万kW；华东分部统一调度电厂装机容量1196.4万kW。6000kW以下发电装机容量2396.23万kW。浙江省统调电源以火电为主，总装机规模5535.58万kW，约占87.36%，水电178.28万kW，核电282.20万kW，风电70.73万kW，太阳能266.16万kW。

人力资源 参与编制国家电网有限公司《供电企业劳动定员定额管理办法》《供电企业劳动定员标准》《劳动定员定额典型标准》等。编制国网浙江电力本部机构优化调整方案，制定投资公司运营组建方案。梳理典型岗位名录，开展制定典型岗位任职资格标准，指导国网浙江电力所属单位建立实际岗位任职资格标准。完成1053名年度应届高校毕业生和449名供电服务公司员工的入职工作安排24名人才帮扶西部公司。在浙江送变电公司开展任期制和契约化管理工作。在国网金华供电公司试点班组长和重点岗位竞争上岗，实现人岗匹配。结合温州龙港撤镇设市，搭建精简高效的组织和业务架构。

完善工资总额管理，优化专项工资奖励方案，实施精准激励；指导基层单位优化内部分配，完善供电所“一定二挂”薪酬总额包干研究。理顺薪酬内部分配关系，编制《科技成果转化项目收益分红激励指导意见》，浙江华电检测所的6个项目收益分红激励实施方案通过国网审批。加大对首台首套、首面首域等首创成果的奖励力度，推动国网浙江电力各专业在理念和技术上进一步创新。在地市公司试点柔性团队考核模式，在国网浙江电科院试点实验室研究团队考核，在国网浙江综合能源公司、浙江送变电公司、国网浙江双创中心试点实施团队项目制考核。

在国网系统率先选拔180名省公司级优秀人才。国网浙江电力174人获得正高级职称，获评人数历年最多，列国网各网省公司首位。积极落实技能等级评价改革任务，完成技能等级评价地方备案，为员工享受地方人才待遇打下坚实基础。开展“线上+线下”培训，有序推进复培工作，采取多种形式开展线上培训，努力做到“停训不停学”。组织竞赛强化培训，代表国家电网参加应急管理普法竞赛获全国第一名；国家电网有限公司变电运维竞赛获团体第二名；国家电网有限公司保密知识竞赛团体二等奖。

承接国家电网有限公司所有下放权限，制定“放管服”清单11项。在控制编制总量的前提下，鼓励各单位“因地制宜、因企施策”，自主调整内设机构设置，分配内设机构人员编制和领导人员职数。开展新兴科技公司机制创新研究，在选人用人、薪酬激励、人才培育等方面给予新兴科技公司更大的自主权。对地市公司员工内部调动由审批制改为备案制，核定下达省管产业单位四级负责人职数和直签员工总量，并将县公司的供电服务公司员工招聘计划分解下达赋权给地市公司。对各级组织（单位、部门、班组）年度考核C、D级比例不再做统一要求，由各单位结合实际自行确定，并完善企业负责人业绩考核结果反馈机制。各单位平衡确定综合计划教育培训专项投入总控目标，自行组织线上培训考试活动，并下放中级、助理级职称认定权限。

截至2020年末，国网浙江电力全口径用工总量76023人，较2019年末减少342人，其中职工人数38540人，较2019年末减少42人。国网浙江电力人才当量密度达1.1898。

电网建设与发展 2020年，建设能源互联网形态下多元融合高弹性电网纳入浙江省新基建三年行动计划。宁波泛梅山示范区获省批复，杭州萧山、嘉兴海宁示范项目先行推进，分布式潮流控制器、柔性短路电流抑制、移动式即插即用储能电站、动态增容、“双百万行动”等一批“首台首套”“首面首域”项目试点运行。特高压交流环网纳入国家电网“十四五”规划，完成白鹤滩—浙江特高压直流工程省内前期核准。长龙山抽蓄电站送出、220kV鱼东变电站等重点工程投运，电网投资超额完成15亿元。“网上电网”综合示范促进电网数智变革。500kV江滨变电站获得国家优质工程奖、国网优质工程金奖，500kV舟山联网工程获得“中国钢结构金奖”等5项行业级大奖，宁波220kV昆亭变电站获得国网优质工程金奖，温州110kV后江变电站获得国网优质工程银奖。

经营管理 争取到合理输配电价水平，提质增效、增收节支成效显著。压控费用开支，强化政策争取统筹，落实“保障+完善+提升”预算分配体系，累计节税25.8亿元、购电成本9.4亿元、资金成本1.2亿元。首创逾龄资产售后回租，累计回笼发展资金40亿元、增加有效资产32亿元。盘活闲置房产土地、账外物资，清理物资11.5亿元、仓储面积97万m^2、房地资源2308万m^2。组建国家电网首家投资运营公司，用足税收减免政策，提质33.8亿元。完成“供电+能效服务”等电能替代项目8731个，回收温州9个自供区10.2万户，专项稽查窃电及违约用电，增收4.2亿元。开展内部结余资金运作，开立无息低息票据，全年共计产生资金效益2.9亿元。推动天然气发电平价上网，全额疏导年底天然气机组增发引起的增量购电成本。

优化外购电结构，促成政府下调燃气电价，精细管理成本、预算和资金，完成所有高压用户供售同期调整，综合线损率降至3.7%，降本29.8亿元。拓展新兴产业，综合能源服务营收增长36%。推进省管产业专项升级，80%企业施工能力标准化达标。推行数字化审计、业审协同模式，构建开放增值型的大审计体系。完成第一批26家县级供电公司“子改分”工作，激发县级供电企业经营活力。研究白鹤滩项目股权多元化路径，确立项目建成后转让资产的混改模式。推进收付款“省级集中”，研发银行回单电子化系统，全省收、付款集中比例均达到80%以上。推进电力立法，建成电子签章平台，深化合同梳理等合规管理，触电防治成效明显，获评国家电网首批法治宣传教育示范单位。

安全生产 做好国网安全巡查问题整改，所有60项问题均按照“一表一单一档”闭环整改。完成国网浙江电力第一轮安全生产巡查，发现问题1405项，出台《安全生产巡查成果应用指导意见》，开展国网杭州供电公司、国网绍兴供电公司安全巡查“回头看”工作。扎实推进安全生产专项整治，编制“三下三上”工作方案，围绕2个专题、9个专项，共计排查问题隐患741项。编制《电网设备风险评估报告》，累计排查电网风险6项74条，设备风险21项784条。规范风控平台远程视频监控应用，全年共开展远程督查286次，发现违章（问题）82个。强化基建重大风险作业预警管控，累计核查56项重大风险预警措施执行。加强大电网和小现场安全风险管控，开展安全风险公示告知，建成省市县三级77家安全管控中心。

构建安全工器具信息化管控平台，实现全省40余万件安全工器具的全寿命周期管控。开展安全工器具入网检测和专项抽检，对2200余件工器具严格按产品标准进行检测试验。建成国网浙江电力应急救援基干队伍训练基地，推动杭州、宁波、金华、温州四个应急救援分中心建设，组织基干队伍季度跨区拉练，累计开展700余场演练，1.2万人次参加。完成国网杭州供电公司等6家单位18个典型重点场所消防安全评估，发现问题585项。建成79个市县全覆盖电力行政执法机构，建设安全监督数字中台及场景。建立特高压标准化作业体系，金华调相机等项目投运。全面构建设备主人体系，设备状态深度管控，220kV线路、变电故障跳闸分别下降33%、16.7%。杭州、宁波、绍兴部分城区率先取消计划停电。

营销工作 优化电费催费策略，研发智能语音催费机器人，推广智能交费业务，电费回收率100%。全国首推需求响应“双百万行动”，率先具备最高负荷7%的日前需求响应能力和85万kW可中断负荷能力，创造650万kW的国内负荷侧调控历史新高，有效保障电力可靠供应，高弹性电网建设成效初显。开展“供电＋能效服务”，推广“能效账单”，挖掘电能替代重点领域和潜力，推进专项替代，建成全电景区105个、港口岸电140套、绿色校园项目231个，完成电能替代电量93.9亿kWh，实现综合能源服务营收34.6亿元。建成充电桩2485个、充电微综合体5座，车联网平台累计接入充电桩7.4万个，实施电动汽车充电设施委托经营，完成充电量2.6亿kWh。服务乡村振兴，新建成“乡村振兴·电力先行”示范区33个、电力惠农富民项目214个，在湖州安吉打造“省钱、省心、绿色”的乡村电气化用能新模式。完成国网浙江营销服务中心组建并实体化运作，在国网验收评价中获得满分。实现《电能表自动化试验系统技术》IEC（国际电工委员会）标准立项。试点成立地市级营配部、服务稽查中心，推动成立11个市级、68个县（区）级电力行政联合执法机构。承担国网数智稽查建设试点，营销稽查和反窃查违合计挽回损失3.4亿元，回收温州9个自供区、10.2万户用户，年增售电量约10亿kWh。顺利完成30.54万户高压用户供售同期调整。治理高损台区1348个、高损台区占比降至0.38%，同期线损率完成2.18%。完成普通直接交易电量1200亿kWh、市场化售电交易电量270亿kWh，台州华耀增量配售电公司挂牌成立、绍兴三界配售电有限公司取得工商营业执照。

科技与信息化 组建国网浙江新兴科技公司，打造“创新体制机制试验地，创新成果转化主阵地、协同融合创新研发集聚地、科创投资孵化新业态先行地”。成立国网首家知识产权交易能源中心，拓宽成果产品在公司系统的电商化采购途径。成立高弹性电网技术研究中心，创建高弹性电网浙江省工程研究中心，开展能源互联网核心关键技术和战略性前瞻性技术攻关，支撑和引领高弹性电网建设。发布《能源互联网形态下多元融合高弹性电网技术研究框架》，形成“4283”多元融合高弹性电网技术体系，制定高弹性电网发展蓝图及技术路线图。初步建成企业级数字化平台，推出77项电力数据产品，打造“电力大脑中枢系统”。

召开科技创新大会和科技创新工作座谈会，组织承办电力系统发展方向暨学术研讨会、高弹性电网高端研讨会科技信息与大数据应用分论坛、世界青年科学家峰会未来能源论坛等重要学术会议，深化创新交流合作。组织开展国网浙江电力先进技术和“首台首套”项目谋划，培育系列首台首套创新成果。“含高比例新能源的电力系统需求侧负荷调控关键技术及工程应用”提名2020年度国家科技进步二等奖，全年共获省部级及以上科技奖励66项。“可离网型风/光/氢燃料电池直流互联与稳定控制技术”成功申报国家重点研发计划重点专项。立项国网首个ISO标准和国网浙江电力首个IEC标准。牵头承担2020年总部科技项目26项，牵头申报2021年总部科技项目51项，两项数据均创历史新高。管理创新成果实现历史突破，“高弹性电网”“企业复工电力指数”项目分别荣获国家电网有限公司特等奖、国家级一等奖。

优质服务 建立政企联动、数智精控、实时互通、绿色快响的疫情防治保供电机制，大力推行线上办电、网上办电，有效保障全省2046家重点单位及2万余处防疫点的用电需求。首创“企业复工电力指数”“转供电费码”“电力消费指数”，在全国推广应用，服务“六稳”“六保”，“企业复工电力指数”项目荣获全国管理创新一等奖。印发《优化电力营商环境实施“阳光业扩”服务工作十项举措》，完成国家电网有限公司“阳光业扩”服务试点，上线“阳光业扩一站通”服务平台，承办国家电网有限公司“阳光业扩”全网推广现场会，高压办电、低压接电时间分别下降至40.1、3.3天，杭州“获得电力”指标进入全国前五。深化政企数据共享应用，拓展“网上国网”服务，制作电力主题系列周边宣传品，推动出台11个市级、34个县级政府文件主动帮助宣传，用电业务线上可办率达到100%，当年新增注册用户836万户、累计超过1500万户。研发首台营业厅“数字虚拟人”，建成“三型一化”营业厅403个、无人化营业厅93个。推出“电力＋环保监测”“住房空置率分析”“用电健康码”“光伏体检码”“力调电费码”“表箱缺陷随手拍”等特色产品。

党建工作 学习贯彻习近平总书记考察浙江重要讲话、《习近平谈治国理政》第三卷和党的十九届五中全会精神，提高理论指导实践水平。完成“基层党建巩固提升年”任务，实施“党建＋”工程，加快构建“党委坚强、支部管用、党员合格”党建生态，两次受国家电网党组表扬。落实组织力提升“三个50%”要求，实现所有班组有党员。组织纪念“红船精神、电力传承”15周年活动，建成“红船精神、电力传承”主题馆，与浙江红船干部学院开展战略合作。深化“红船精神、电力传承”特色实践15周年成果。逐级划拨专项党费，发动广大党员踊跃捐款，支持疫情防控工作，加强疫情防控和复工复产一线党员发展，组织12名新党员参加网络“入党宣誓”仪式，印发《在抗疫情保供电中加强思想政治工作的十项措施》。编印《基层党支部提质增效工作手册（基础篇）》，明确组织力提升“三个50%”要求。实施党员教育“百千万素质大提升”工程，创办“战疫云课堂”，共4700余人次参加“云培训”。发挥党建（领导力）研究中心作用，开发多个精品课程，编制党员应知应会题库、教育培训分层分类清单等。召开浙江省电力党建和思想政治工作研究会第十一届会员大会，承办中国政研会课题《新时代国有企业思想政治工作守正创新研究》。

构建“四责”协同机制，强化政治监督，推行“互联网＋智慧监督”。实施“常规＋提级”巡察，完成主题教育等四项整改。开展“廉洁风险管理年”活动，一体推进“三不”机制建设，“四种形态”运用见效见好。试行领导职务、职员职级、专家人才并行互通，加强领导人员尤其是优秀年轻领导人员选育管用，三级单位领导人员平均年龄下降1.4岁、“80后”占比增至6.1%。实施“文化铸魂、文化赋能、文化融入”专项行动，高弹性电网高端研讨会等主题宣传收到现象级效果。推进管理短板提升、班组减负提质工作，建设“服务型、活力型、智慧型”工会，为职工办实事，提升职工获得感。

国网浙江电力员工1人获评全国抗疫先进个人，1人获评全国最美志愿者；国网浙江电力团委被评为“全国电力行业最美团青组织”；1家集体获评全国抗击新冠肺炎疫情青年志愿服务先进集体；1家团组织获评全国五四红旗团委、2家集体获评全国青年安全生产示范岗；2个集体和19名个人获评国家电网有限公司、浙江省抗疫先进，9家单位获评第六届全国文明单位，1人获评全国青年岗位能手标兵称号，7人获评全国劳动模范，1人获评浙江省担当作为好干部称号，2名党员获评浙江省优秀共产党员。“点亮玉树”项目获中国公益慈善项目大赛金奖。红船党员服务队被《人民日报》《经济日报》等主流媒体大篇幅报道。

（丁　静）

【国网安徽省电力有限公司】

公司概况 国网安徽省电力有限公司（简称国网安徽电力）是国家电网有限公司的全资子公司，承担着优化安徽省能源资源配置、满足经济社会发展电力需求供应的重要职责，主要从事电网建设、生产、经营、科研、设计和培训等业务。截至2020年12月底，本部设22个部门，下辖16个市、71个县公司和16家业务支撑单位（含3家合资公司），管理各类员工近6.9万人，服务电力客户3270万户。

2020年，安徽省全社会用电量2427.5亿kWh，同比增长5.51%；完成售电量1919亿kWh，同比增长5.34%。完成固定资产投资167.5亿元，110kV及以上线路开工2428km、投产2649km，变电开工1740万kVA、投产2542万kVA。实现营业收入1108亿元，同比增长3.42%，完成利润8.29亿元，位居国家电网有限公司第4。

7名职工荣获全国劳动模范，1名职工荣获国家电网有限公司特等劳动模范，57个集体和个人受到省部级以上表彰。2020年度工作被中央主流媒体报道780余篇。

电网概况 安徽电力以火电为主、水电为辅，近年来太阳能、风力等新能源发电蓬勃发展，电力输送总体呈北电南送、皖电东送格局。截至2020年底，全社会装机容量7816.03万kW，其中火电5560.84万kW、水电473.86万kW、风电411.72万kW、太阳能1369.62万kW。安徽电网进入特高压交直流混联时代，电网输送能力实现较大程度提高，电网规模增大，基本形成以1000kV和500kV电网为骨干网架、220kV电网覆盖全省的坚强电网格局；通过1回特高压直流线路、4回特高压交流线路、7回500kV线路与区外相联，其中1000kV变电站2座、变电容量1200万kVA，±1100kV换流站1座、换流容量1200万kVA，500kV变电站34座、变电容量6240万kVA，220kV变电站248座、变电容量8214万kVA。

人力资源 截至2020年底，国网安徽电力共有职工31056人，其中研究生学历3752人、大学本科学历15600人、大学专科学历7508人、中等职业教育学历2814人、高中及以下学历1382人，高级职称4215人、中级职称7636人、初级职称9863人，高级技师8961人、技师9713人、高级工4539人、中级工555人。职工劳动生产率79.13万元/（人·年），同比增长3.2%。

新增省部级及以上高端人才17人，优化遴选首批首席技能大师（技术专家）35人。强化“四室一站”管理建设，新增省部级技能大师工作室1个，获批设立国家级博士后科研工作站。持续优化干部年龄结构，加大优秀年轻领导人员培养选拔力度，三级正、副职年龄同比分别下降0.77岁和1.39岁，四级正、副职年龄同比分别下降0.33岁和0.75岁。不断完善经历专业来源结构，拓宽选人视野，2020年新提任的53名同志来自36个部门单位，其中30名为硕士研究生。坚持逢进必考，严把员工入口关，新入职高校毕业生677人，其中硕士及以上学历占比达46.23%。

推动实施国网安徽电动汽车服务有限公司、国网安徽综合能源服务有限公司、思极科技有限公司等3家合资公司股权调整，以营业收入、利润为指标，测算核定省合资公司机构编制数量并向国家电网有限公司报备，初步确定合资公司机构设置、用工管理等运作模式。修订2020年度业绩考核指标体系，加大科技创新、物资装备质量、职工劳动生产率等权重，设置省管产业单位发展指标；突出年度重点工作，专业工作考核分类新增149项目标任务。用足用好新冠肺炎疫情期间国家社保的各项优惠政策，全年共减免各项社保费用2.23亿元，申领稳岗补贴3054万元，减轻了企业人工成本负担，实现降本增效。

电网建设与发展 贯彻落实长三角一体化发展战略，服务“美好安徽”建设大局，紧扣“一体化”和“高质量”两个关键词，完成省、市、县三级“十四五”电网发展规划报告编制。配合安徽省能源局与陕西、山西、甘肃等送端省（区）开展能源合作对接，加强中西部能源合作，促进能源领域“内循环”。聚焦省间电力交换和省内供应保障能力等重点问题，组织开展“两淮坑口煤电送出和淮宿电网稳定”“安徽500kV过江通道及第二回直流落点方案比选”“古泉—敬亭通道输送能力适应性分析及提升方案研究与建议”等重大专题研究，形成初步研究成果。

完成芜湖1000kV特高压站主变压器扩建工程核准工作，成为新冠肺炎疫情后全国首个获得核准的特高压项目。配合安徽省政府出台全国首个《建设项目不可避让生态保护红线论证意见审查程序》，并以±800kV白鹤滩—江苏（安徽段）工程为试点，顺利完成项目核准，为全国涉生态保护红线电网项目审批贡献了“安徽经验”。完成白鹤滩—浙江特高压工程可研工作。有序推进“十四五”规划项目前期工作，紫蓬、横山、香涧等500kV输变电工程获得核准。全年共完成110kV、220kV输变电工程可研批复152项、核准147项。

以依法合规建设为主线，加强基建合规化、标准化管理，通过优化分层分级管理标准、深化横向协同工作机制、强化纵向逐级管控措施，不断完善标准，提升管理精益化水平。安庆三500kV变电站工程等3项工程分获国家、电力行业、国家电网有限公司优质工程奖项，《电力工程现场安全感控关键技术及应用》获2020年度安徽省科技进步一等奖。

统筹抓好疫情防控和复工复产工作，按照“政企联防联控、工程一项一策、人员实时管控”原则，明确“三个确保”工作要求，优化复工计划，做好施工现场防疫管控措施，全面有序推动项目复工复产。3月9日，169项工程全面复工；3月18日，商合杭高铁向村牵引站—宗汉岭变电站220kV线路成功送电，是国网系统复工复产后首个投运的输电项目；5月28日，同乐工程较里程碑计划提前一个月投运，是华东电网2020年首个投运的500kV输变电工程；5月24日，国家实施“新基建”后首个核准的芜湖1000kV变电站主变压器扩建工程正式开工建设，得到了国家电网有限公司特高压部、交流建设分公司的表扬和感谢；11月14日，埇桥500kV开关站升压工程成功投运，安徽省首次实现500kV电网全覆盖，主网构架、供电可靠性进一步增强。

经营管理 严格执行阶段性降电价等措施，大力开展提质增效、产业升级行动，全力开源节流。完成电力交易机构股份制改造阶段性任务，配合制定电力现货市场建设方案和运营规则。成立思极科技有限公司，完成国网安徽综合能源和电动汽车服务有限公司股权调整。推动省管产业单位改革，成立安徽皖电能源投资有限公司，理顺省市两级资本纽带关系。深化考核评价成果应用，优化薪酬、资源分配机制，深度激发各层级内生动力。承接实施“战略 + 运营”管控模式，建立二级单位自主决策负面清单，下放第三批“放管服”事项48项，深化市县一体化管理。

全年电费回收率99.999%。大力反窃查违，挽回损失1.62亿元。高损线路、台区数量压降超过60%；台区线损降至2.98%；迈入“2.0”行列。实现长江、淮河流域重要港口岸电全覆盖，完成电能替代电量80亿kWh。制定综合计划项目管理“花钱问效”方案，开展项目后评估，实现效益效率双提升。持续深化成本管理，项目化占比超过70%。收付款“省级集中”全面落地。“三公”经费、会议费等非生产性支出同比压降12.8%。大力发展综合能源业务，建成全国首个政务大厦能效服务示范工程并推广实施。坚持做实、做强、做优省管产业，3家单位施工能力标准化水平被评为优秀。

安全生产 始终把安全生产摆在首位，强化安全意识，落实安全责任，加大过程管控。深入开展专项整治，消除重大风险隐患190余项；开展盲点盲区排查、分包队伍整顿，累计清退不合格队伍219支。建成全场景网络安全态势感知平台，完成“护网2020”专项演习，2项成果入选工信部创新示范项目。促成建立全国首个密集通道公共安全防护体系，实现密集通道零闪动，“三大直流”零跳闸。成功开展世界首次±1100kV特高压线路带电检修。完成古泉换流站首检任务，特高压整治工作获国家电网有限公司特殊贡献奖。建成百万kW级精准负荷控制系统。

第一时间启动应急响应，落实“两保两防”举措，始终确保“双零”目标，有力保障600余户重要用户和群众安全可靠供电。全力投入抗洪救灾，累计投入抢修人员6万人次，紧急架设临时线路3825km，组织4200名干部职工上堤值守。淮河行蓄洪期间，全力做好电力保障，获总书记“电不断”肯定。面对夏季、冬季负荷连创新高的挑战，强化设备运维与需求侧管理，全力争取电力支援，千方百计确保电力供应，得到国家电网有限公司、安徽省委省政府主要领导的高度肯定。

营销工作 聚焦重点领域，全力打造示范工程。与安徽省能源局签订省级能源大数据中心建设战略合作协议，共建安徽省级能源大数据中心。在始信路等“多站融合”示范站，探索数据资源租赁、能源托管和委托运维等商业模式。全年综合能源营收7.59亿元，同比增长58.79%，完成年度收入目标的126.5%。紧紧抓住国家能源生产和消费革命的新机遇，大力实施电能替代。全年推广电能替代项目3493个，完成替代电量80亿元。

推进中心供电所标准化建设，部署供电所综合管理“一平台一终端”，完成841个中心供电所的全覆盖。评定“五星级”供电所11个、“四星级”供电所95个。实行投诉调查“三级审核、两级督办”，严格落实投诉调查“四不放过”，确保“处理一件投诉、解决一类问题”，全年投诉数量同比下降66.50%，万户投诉率排名提升5个位次。进一步优化反窃查违机制，全年预警查实窃电及违约用电1183户，挽回经济损失724.38万元。进一步简化客户办电流程，高压、低压客户办电环节分别压缩至4个、3个以内，资料分别精简至3种、2种；试点“零证办电”，时限分别压缩至25个、5个工作日内。主动融入政府工作，促请省政府印发《“获得电力”提升行动方案》，对短距离电力接入工程行政许可实行备案制。强化电费风险防控，分层分级落实回收责任，大力推行高压“电费网银”、低压“网上国网”等线上交费方式。

科技与信息化 连续两年获省部级奖励奖项目超过20项，获中国电力科技奖3项、国家电网有限公司科技奖9项、安徽省科技奖10项，其中一等奖5项、二等奖3项、三等奖14项。“高渗透率分布式可再生能源发电集群并网消纳关键技术及应用”高分通过国家工信部组织的绩效评估，项目成果获安徽省科技进步一等奖。遴选22个双创项目开展孵化培育，其中11个验收出孵，部分成果已进入转化、推广阶段。与安徽省科技厅签订协议，率先在国家电网有限公司系统设立省级能源互联网联合基金，发布了首批联合基金指南项目，达到了全方位、多途径吸引外部科技力量联合开展能源互联网基础前瞻性研究攻关的目的。围绕电网基础前瞻、应用研究等需求，提出了14个技术领域重点攻关项目和9大科技创新示范工程。牵头承担编制国家有限电网有限公司标准8项、电力行业标准6项、国际标准1项。

全力推进新型数字基础设施建设，制定6方面、18类、38项建设任务。高质量编写“十四五”数字化规划，高标准开展数字化架构规划与管控研究，做优数字化规划总体设计。完成人工智能“两库一平台”建设及5大类69种算法模型研发，10项应用案例入选国家电网有限公司《人工智能白皮书》。全年阻断互联网高危攻击124万次，消缺网络安全重大隐患58个，未发生重大网络安全与信息运行事件，完成全国两会、“护网2020”等重大活动网络安全保障任务。建成国网云平台，服务器规模达到232台，支撑44个业务系统云上部署。研发一键式上云部署工具，容器发布时间由平均30分钟缩短至4分钟，技术方案在全网推广。

优质服务 坚持人民电业为人民，贯彻优化营商环境部署，大力实施“阳光业扩”，推行“一统一、四公开”，实现环节、时间、成本三压降，为4.3万户小微企业提供“三零”服务。推广长三角跨区办电，滁州、马鞍山等地实现“一网受理、一次办成”。全面推广“不停电”作业，芜湖、黄山等地率先建成“零计划停电”示范区。建立投诉管控机制，对投诉事件实行“三级审核、两级督办”，万户投诉率排名提升5个位次。全面推行城区网格化服务，完成841个中心供电所标准化建设，有力促进营配末端融合。深化“互联网＋”应用，线上用户突破2100万户。在地市政务中心设置供电窗口，创新实施居民“刷脸办电”“房产＋电能表”联合过户等做法，有效提升服务便捷性，增强客户获得感。

助力脱贫攻坚 全面完成9680个中心村电网改造、4.2万眼机井通电和1485个村村通动力电“两年攻坚”任务，建成5个小康电示范县。完成淮河行蓄洪区主动防御式电网改造，历史上首次实现蒙洼蓄洪期间持续通电。完成3000个建档立卡贫困村电网改造任务，全面完成6个原水电供区电网无偿接收，安排改造资金12亿元，解决了困扰近20年、涉及50多万群众的供电问题。做好规模达242.3万kW的光伏扶贫项目，累计为全省贫困户增收近60亿元。选派300余名优秀年轻干部驻村轮岗帮扶，捐赠定点帮扶村2148万元。贫困地区户均容量超过2.6kVA，全省农网户均配电变压器容量提升至2.68kVA。自主开发光伏补助智慧管控系统，获评全国能源扶贫示范项目。

党的建设和精神文明建设 坚决打好疫情防控“阻击战”，持续实现在职及离退休9万余名职工“双零”目标。在国家电网有限公司抗击新冠肺炎疫情表彰中，国网安徽电力支援湖北抗击疫情供电保障队获评功勋集体，接续战“疫”33天的90后党员金永红同志、带队逆行出征的供电先锋刘杨同志获评功勋个人，另有12名个人、2个集体荣获国家电网有限公司表彰。坚决打胜抗洪救灾“保卫战”，以党员为骨干的3.79万名抢修人员冲锋在前，全力以赴点亮了抗洪一线“光明之灯”，架起抗涝排水、重建家园的“动力之源”。

发挥党委理论学习中心组、党委会学习示范作用，全年党委会及时跟进学习25次，中心组深入研学14次。把学习贯彻总书记考察安徽重要讲话精神摆在首要位置，组织开展“专题学习周”活动，集中开展学习交流研讨2300余次。深入贯彻落实总书记关于扎实推进长三角一体化发展要求，党委研究制定落地落实举措，等高对接沪苏浙，全面加快一体化发展。把学习贯彻《习近平谈治国理政》第三卷作为头等大事，纳入干部教育培训必修课程，在国网安徽电力网站开设学习专栏，把学习贯彻第三卷与第一卷、第二卷结合起来，与总书记对国有企业、国家电网有限公司以及考察安徽的重要讲话和指示精神结合起来，在脱贫攻坚、原水电供区改造、抗疫抗洪中彰显担当。把学习贯彻党的十九届五中全会精神作为重中之重，着力在学习培训、集中宣讲、新闻宣传、问题研究上下功夫，坚持用全会精神统领“十四五”规划编制工作，把全会确定的指导方针、主要目标、重点任务、重大举措落实到位、推动发展。以知促行推动国家电网有限公司战略承接与落地，国网安徽电力党委书记带头围绕战略落地讲授专题党课，组织成立全面承接领导小组和4个工作专班，研究提出大力实施“一体三化”现代能源服务，坚持党建引领，实施十大行动，全力“争先锋、当典范”，为打造国家电网有限公司战略落地“长三角样板”贡献安徽力量。

以基层支部为重点，多措并举促进学思践悟。坚持新兴平台线上武装，强化“学习强国”平台使用管理，率先创建国网大学安徽特色网上党校云平台，为3.6万余名党员开通学习账号，围绕党的创新理论、形势任务等内容，以线上“一周一题、一月一课、一季一测”方式，推动理论武装全员覆盖。用好传统载体线下推动，围绕理论学习重点内容，组织编发形势任务教育读本10期。党组织书记围绕习近平新时代中国特色社会主义思想、国家电网有限公司战略等讲专题党课，党支部按照要求统一开展主题党日活动。打造学习品牌提高成效，构建144人组成的思想宣讲柔性团队及运行机制，设立研究、实践、宣讲三个类别，以项目化形式做好课题研究、形势宣讲、实践推动等工作。组建96个青马学习小组，形成“青马有约”“青马双周课”等一系列特色学习载体，推动学用贯通。

实现典型选树一体化全程管控，培育许启金、王开库、赵波夫妇、廖志斌、孙燕飞、杜娜等一批在国网安徽电力系统内外产生积极影响的先模典型。国网安徽电力相关事迹被中央主流媒体先后60多次宣传报道，受到社会各界广泛赞誉。强化国家电网有限公司战略的人格化传播，央企楷模许启金成为彰显公司品牌价值的金色名片。推动革命文化融入职工教育，有效利用省域红色资源，打造安徽红色资源导引图谱，以“小岗精神”“大别山精神”“电力铁军”精神三个品牌基地为样板，构建“辐射式红色教育体系”，全年实施24个思想文化项目，实现二级单位全覆盖。

落实国家电网有限公司《关于加强政治监督的实施意见》，编制《日常政治监督手册》，细化15个监督要点和40项检查细则，推进政治监督具体化、常态化。认真落实巡视问题整改，将问题细致划分为9类326个，2020年底已完成整改问题324个，问题整改完成率99.39%；制定整改措施939项，落实整改措施933项，措施落实完成率99.36%。

精准立项实施“放管服”改革、“花钱问效”、优化电力营商环境、业务外委和班组减负等5个协同监督主项目、16个子项目，国网安徽电力董事长亲自担任领导小组组长，各牵头部门主动监督，下达《协同监督意见书》39份，完成问题整改101项，推动下放权力171项，压降非生产性成本费用支出12.8%、业务外包总费用8.9%。创新成果《国有企业“上下联动、两级多维”巡察全覆盖工作管理体系》课题荣获第二届“中国廉洁创新奖”提名奖，并受邀在“中国廉洁创新”高端论坛做经验交流，是本年度全国电力企业唯一获奖项目。

（詹绪海）

【国网福建省电力有限公司】

公司概况 国网福建省电力有限公司（简称国网福建电力）是国家电网有限公司的全资子公司，以建设和运营福建电网为核心业务，承担着保障福建省清洁、安全、高效、可持续电力供应的重要使命。经营区域覆盖全省9个设区市及平潭综合实验区，管辖9个市供电公司、1个水电企业、17个直属单位、62个县供电企业，员工5.6万人，资产1230亿元，客户1966万户。

2020年，国网福建电力企业负责人业绩考核位居公司第6位，蝉联A级单位。售电量2150亿kWh、居公司第6位，同比增长3.7%、居第11位；安全生产“六不发生”；疫情防控保持“双零”。

电网概况 截至2020年底，福建电网通过两路1000kV浙北—福州特高压输电线路和两路500kV输电线路与华东电网相联，省内形成“全省环网、沿海双廊”500kV主干网架。国网福建电力现有1000kV特高压变电站1座、容量600万kVA，输电线路342km；500kV变电站24座、容量4991万kVA，输电线路5671km；220kV变电站209座、容量7206万kVA，输电线路14324km；110kV变电站796座、容量6781万kVA，输电线路18771km；35kV变电站527座、容量637万kVA，输电线路12151km。2020年，福建全省用电量2483亿kWh，用电最高负荷4223万kW。

安全生产 抗疫中，坚决守住“光明防线”。重点单位“零停电”，全力支持8家“小汤山模式”应急医院建设，2～3天内超常规投运配套供电工程，助力快速打通救治“生命线”；组建44支防疫保电“特战队”，保障407家防疫机构、救治医院等安全可靠供电。重大保电“零失误”，出动2.9万人次、252台次发电车，落实“一线一案、一馆一策”，完成数字中国建设峰会、“特殊高考”等保电任务。人民群众“用好电”，户均年停电时间降至6.4h、同比下降32.7%，频停配电变压器台次同比下降40.9%；福厦7个核心区、19.7万客户，首批取消10kV计划停电。

应急部署快，国网福建电力党委第一时间启动一级响应，提出“六个坚决到位”总要求，部署“十查十看十加强”等措施。常态防控严，自主研发“e战疫”，精准管控全员每日健康状况、出行记录；强化重点场所管控，严格执行调控、运维人员“隔离交接班、双场所值班”；开展全员核酸检测，国网福建电力系统及外协队伍8.3万人“零确诊、零疑似”。14人次、5个集体获国家电网有限公司、福建省抗疫先进表彰。

责任拧紧压实，落细领导层、管理层、执行层责任，编印《安全生产奖惩实施细则》《安全责任清单管理实施细则》《反违章工作管理实施细则》，首次开展4家单位安全巡查，安全奖惩金额分别同比增长16%、13%，207支、占比58%的分包队伍通过达标认证。监督持续加强，建成三级安全管控中心，检查现场数同比提升26%；建立周安全风险管控督查机制，成功预控五级及以上电网风险、四级生产和基建风险572项；全面推行“互联网＋安全监督”，深化“安全风险管控一平台三系统”建设与应用，平台首批通过公司验收；拓展“安全知识百度（SKB）系统”在岗位技能学习培训中的应用，完成“安全工器具管理系统（STM）”的上线运行；组织开展4期安监人员取证培训，实现全员持证上岗；完成省公司安全警示教育室建设，制作首部安全微电影《安归》。隐患细查严治，高质量完成专项整治三年行动“一下一上”，建立163个问题清单、25个制度清单；开展建设施工现场、房产隐患等5个专项检查，全面完成6149个问题整改。电网运行平稳，成功应对用电负荷八创新高、“米克拉”台风等严峻考验；35kV及以上输变电设备故障停运率分别比降25.16%、18.32%，10kV馈线每百千米故障次数比降10.9%、高故障线路比减38条；建成工信部网络安全防护试点项目，在全国“护网2020”演习中“零失分”；挂牌成立公司级应急基地，举办国网防抗超强台风应急演练。

决策落实 率先全面复工复产，“点对点”跨省包车接返施工人员，保障5885个项目提前复工；发挥电网投资带动力，拉动社会投资超260亿元。坚决执行降价政策，减少用电成本39.4亿元，推广转供电费码2.8万个，改造转供电主体200家。积极服务增产增效，开发复工达产电力指数，成为各级党委政府最精准有效抓手；在全省开展以“保增长、促六稳”为主题的“百千万”优质服务大走访行动（即“领导连百家龙头企业，干部进千家规上企业，员工入万家小微企业”），“现场办、限时办”解决诉求3291项；完成1.1万户高压客户接电，容量同比增长12%。落地“电e金服”55.4亿元，减少企业利息4200万元，有效缓解中小企业融资难、贵、慢问题；上半年推行欠费不停电、不计滞纳金，缓收电费9.3亿元，免收滞纳金超3500万元。

助力打赢脱贫攻坚战，持续建设老区苏区电网，选派472人次对口帮扶，帮助213个贫困村全部提前脱贫出列。精准扶贫惠农，配合公司对口支援中央苏区县，促成签约项目69亿元；推动1484个光伏扶贫电站全部纳入国家财政补贴；建成316个乡村电气化惠农富民项目，惠及79万余人；通过国网2016—2019年新一轮农网改造升级检查验收。开展东西帮扶，按期完成西藏林芝“三区三州”深度贫困地区68个电网建设项目，获评国网东西人才帮扶先进单位。助力污染防治，提前投运海坛海峡等15个新能源送出工程，清洁能源保持100%消纳，风电利用小时数连续十年国网第一。

助推打造“第一家园”，开工“翔金联网”大陆侧电源点；发布服务台企8项举措；筹建闽台电力企业协会，举办海峡能源电力融合发展论坛，两岸四地高层级专家参加，举办海峡电力新产品、新技术交流分论坛和海峡电力青年优秀科技论文交流分论坛，“两岸电力能源资源共享互补”研究课题入选省战略创新重大项目。领跑营商环境优化，出台提升“获得电力”28项举措；首家上线“阳光业扩”全流程线上平台，提前国家计划三年实现低压小微企业“三零”服务全覆盖。

人力资源 建成三级内模市场，考核结果与15%的工资总额硬挂钩；合理拉开员工绩效，A、C级倍比达1.3倍、0.68倍，优于国网均值；创新“三制三池”人才流动机制，降岗待岗人员占比8.1%、同比提升3.2个百分点；71个供电所试点实施模拟合伙人制，增创利润310万元，所均分享利润1.2万元。

高质量组建营销服务中心；推进现场作业组织融合，设置“大班组”43个、“大工种”344个、“大区域”26个；加快营业网点转型，撤并网点145个，转型营业员347名。

职工教育培训19.1万人次，网络培训占比超73%；新增省部级及以上专家人才14名；岗位技能等级认证全覆盖，2.1万名员工进阶；首次实施国网福建电力青年马克思主义者培养工程。1名员工获评全国青年岗位能手。获全国网信安全竞赛三等奖、国网产业配电竞赛三等奖。举办国网福建电力第四届“拼搏杯”5项劳动竞赛；承办华东电网继电保护技术技能竞赛，取得团体冠军。确立7个省公司级项目并进行孵化推广；115个项目获福建省职工“五小”创新大赛优秀成果，2个项目分获国家电网有限公司职工技术创新成果二、三等奖。人才当量密度达1.1。

创新优秀青年“12345”进阶式差异培养体系。通过建立赛马机制，围绕启航、护航、远航三个培养阶段，依托省公司的技能、职场、创新“三大训练营”和各单位岗位实践四个培养平台，培养卓越管理者和电网工匠。

电网建设与发展 闽粤联网工程获得核准。“北电南送”新通道取得所有核准支持性文件。宁德西洋岛微电网示范项目开工建设。全省35kV及以上一体化前期工作完成率99.7%。

完成“十四五”电网规划。完成饱和负荷目标网架规划，完成九地市电力设施空间布局规划编制。积极参与能源规划，完成“十三五”能源规划实施情况评估报告、2020～2022年新能源消纳分析能力研究报告。开展“十四五”全口径电网规划编制、第二轮核价政策性投资及项目梳理。编制完成沿海坚强局部电网规划建设实施方案。完成电化学储能深化研究，向省发改委提出《关于推动我省储能健康有序发展的相关建议》。

建立福建能源互联网“365”核心体系，国网福建电力能源互联网规划重大战略构想纳入国网省级能源互联网规划总体框架。

克服疫情影响，开工500kV集美、棠园输变电等322项工程，投产福州特高压—三阳500kV线路等192项工程。大力推行“先签后建”，促成出台省级支持政策，推动全省98%的地市、县级政府出台《电力设施建设补偿标准指导意见》和《实施细则》；签订《电力设施建设与林地管理合作框架协议》，促成出台涉及电力建设手续办理支持政策文件，提高前期工作效率近3个月，基建工程土地、林地、消防、跨越审批手续办理效率提高约30%，年节约工程建设成本约2.3亿元，超半数工程提前开工、提前投运。

在国网系统率先上线省级基建全过程数字化管理平台。基建相关管理经验9次在国网刊物刊发，3次在国网基建会议上做典型经验发言，《高质量建设协同管理体系实践》获公司管理创新三等奖，2项工程获年度中国电力优质工程奖。

新建和改造高压线路1.02万km、配电变压器1.31万台，完成606个、57%老旧小区改造；当年配电网项目竣工率、结算率分别较 2019 年提前 14 天、25 天达成目标。

上线输变电智能运检管控系统、电能质量监测及电压暂降治理智慧平台、备品备件管理系统，实现电压暂降“零”投诉，助力半导体企业用电比增 7.44 亿 kWh。主网“全流程、全防误、全顺控”安全生产新体系在全省 68 个调控机构、731 座（占比 70.7%）变电站规模化运用，电网操作时长从“小时级”缩短至“分钟级”，覆盖范围和应用率在国网系统遥遥领先。

经营管理 重组闽电投资公司，闽电大厦项目顺利重启。全面重构省管产业。实施配电网建设全过程管理，彻底扭转年末扎堆结算局面。混改实现零的突破。顺利完成电费账户省级集中、购售抄表同期，经营机制实现重大变革。

现货市场连续结算时间全国最长。内模市场考核体系、购售一体化电费结算体系国网领先。“一键顺控”“三化两全”走在国网前列。“电 e 金服”率先落地，品种最多，荣获国网核心企业奖。编制《以对标推动世界一流企业建设实施方案》，建立对标指标体系，瞄准世界一流企业找差距、补短板、强弱项。

持续推进价税管理，输配电价水平稳。有序推进交易中心股改工作，完成交易中心第一阶段股改任务，电网企业持股比例降至 70%，实现交易中心股权多元化；第二轮增资扩股项目已在北京产权交易所挂牌公示。市场化电力交易再创新高，2020 年各类市场主体注册数 11539 家，参与交易数为 7589 家，分别是 2019 年的 3.6 倍、4.63 倍。全年各类市场化交易首次超千亿 kWh，其中省内中长期直接交易电量 806 亿 kWh，同比增长 21%，减少用户用电成本 23.72 亿元；外送电 152.9 亿 kWh。现货市场连续结算 136 天，获国家发展改革委专题调研肯定。配合做好增量配电试点，参与售电业务项目 5 个、居国网系统第 2，在运 4 个参控股项目全部扭亏。

编制国企改革三年行动方案，明确 41 项主攻任务。以“混”促“改”效果显著，3 家混改单位引资 2.1 亿元，营收增幅最大达 65%。股权多元化改革提速，完成综合能源公司第一轮股改，设立闽粤联网公司，思极公司组建获公司批复。落实出资人分红权，收回投资收益 3.7 亿元。开展国网福建电力治理体系和治理能力现代化研究，推动课题研究成果的转化应用。

放权赋能力度加大，落地“战略 + 运营”管控，分类实施“四个清单”管理，发布“放管服”事项 67 条，有力赋能基层一线。物资供应网商模式初步建立，供应时长从 77 天降至 22 天。

面对来水偏枯、电价下调等减利 43.2 亿元影响，推行“创利一本账”，“六个增效”全面发力，对冲减利 29.3 亿元，获公司提质增效特殊贡献奖。开源增收有力度，实施增供扩销 9 条措施，增供电量、外送电量分别为 31 亿 kWh 和 153 亿 kWh；反窃查违追补 1.56 亿元、完成率 260%，电费回收率 100%；推动调整燃气电厂上网电价、电能表“失准更换”等支持政策，每年增效 19.7 亿元。降本节支收实效，首批试点作业标准成本管理，降本 3.5 亿元；鼓励自主作业，压降外包费 5.6 亿元；“三清理、两提高”压降在建工程余额 15 亿元、工程物资 7 亿元；全面完成账龄超 3 年物资利库，再利用配电网物资 1.6 亿元；全面消除 9 个高损县公司，完成 99 条高损线路治理，降损 8 亿 kWh，同期线损率居国网系统第 4；经济调度压降购电成本 1.3 亿元。

强化合规管理，全面推行重大决策合规审核制；强化法治教育，开展《宪法》《民法典》全员宣教；强化风险防控，细化省市县三级风控标准，开展资金安全主题教育；强化审计监督，加大事中审计力度，完成专项审计 166 项，数字化审计平台二期部署通过总部验收，创建审计模型 282 个，重大工程投资项目后评审工作在总部做经验交流。

省管产业逆势增长，完成华夏公司、亿力集团机构及人员重组，创新“1 + 2 + N”市场化薪酬激励体系，转机制、增活力成效明显，营收 190 亿元、利润 7.8 亿元，分别同比增长 11%和 32%；3 家单位入选施工能力标准化单位，居国网系统第 1。新兴产业大步向前，综合能源营收 10 亿元、同比增长 200%，签约东南大数据产业园、厦门翔安新机场、顺昌浙商园等大型综合能效项目，其中翔安新机场项目为全国交通枢纽类最大综能项目；电动汽车服务方面，新建充电站 76 座、充电桩 1077 个，车联网平台新增接入系统内外充电桩信息 15304 个，电动汽车营收 3.1 亿元、同比增长 264%；基础资源运营营收超 1500 万元、同比增长 885%，首家建成基础资源运营平台，建成 18 座数据中心站和 116 基共享杆塔；大数据产品营收 215 万元，实现零的突破。

营销与优质服务 创新为民服务举措，“网上国网”新增绑定 366 万户客户，线上办电率 98.3%；创新“三化两全”现代配调服务体系，32.6%低压客户实现调度、互动、服务“三到户”。

构建“1 + 1 + 3”市场化电费结算体系，实现市场化用户电费计算“一天清分、一天结算、三天回收”，电费核算自动发行率 98.19%，电费自动清分对账率 100%。

实施计量管理新模式，实施电能表“失准更换”，年度节约资金约 7 亿元。开发“基于多元数据的不停电校核法”，解决停电敏感台区的拓扑辨识难题。

建立“供电 + 能效”服务机制，实施“一市一行业、一县一特色”推广策略，电烤烟、电制茶、电制建盏等电气化项目形成影响力。作为国网首批试点单位，高分通过公司省级智慧能源服务平台专家组现场验收。政产学研用合作加快推进，构建智慧能源服务产业创新发展联盟等生态。

推行“三个一”网格服务，全省网格区域划分实现全覆盖，划分三级网格 1900 余个；全面推行“格长制”管理模式，组建低压设备安装运维一体化队伍，解决设备安装运维脱节问题，终端配置率 100%。推行星级客户关系管理机制，推进 1160 个网格与街道、乡镇、园区共享共建。

科技与数字新基建 发布科技创新 12 大举措。组织 4 批次“揭榜挂帅制”立项。成立双创中心，首批孵化转化的 7 个项目上架国网电商平台，创利 252 万元。在国网首先研制的电网危险废物暂存舱，实现成果转化意向 800 万元。加强联合创新，与高校、名企共建储能、5G 两个实验室。荣获省部级科技奖 29 项、职工技术创新奖 19 项，数量居省内企业第一。开展 QC 活动分层分级全过程管控，实施重点课题结对培育指导，1 个项目获国际质量管理小组会议铂金奖、实现历史性突破，2 项获国家电网有限公司奖、4 项获中质协国优奖、25 项获水电质协奖。经研院入选福建省首批 15 家重点智库。牵头承担国网总部项目 7 项，成功申报福建省引导性和自然科学基金项目 4 项。抗风减灾实验室获国网实验室正式命名，智能电网保护与运行控制实验室列入福建省重点实验室建设范畴。

基础设施大幅升级，建成云平台、数据中台、物联平台，服务器利用率提升 40%以上，数据运算效率提升 10 倍；建成人工智能平台，支撑 40 余类生产场景智能研判；2 项数字化成果入选工信部优秀案例，成为网省公司唯一代表。数字赋能快马加鞭，发布“电易 + ”100 款产品，入选国网大数据应用优秀成果 7 个、居网省公司第 2；建成区块链省侧从链，实现关键业务数据防伪造、防篡改、可追溯；投运 31 座北斗基站，国内首次开展 1000kV 变电站“北斗 + 无人机”巡检。

建成东南能源大数据中心（华东区域首家揭牌的省级能源大数据中心）。在国网系统内首创涵盖七大版块的“电易 + ”数据产品体系，研发 100 款内外部数据产品和应用，相关应用成果获政府部门发函致谢 30 余次。国网福建电力作为总部唯一试点单位参加工信部数据分级分类工作，获优秀案例。

牵头高质量完成国家级网络安全试点项目，建成网络安全综合防护平台，初步形成车联网、源网荷储、配电物联网、智慧小区、智慧小镇 5 大典型场景示范应用。

党的建设与精神文明建设 筑牢思想根基，建立党委“第一议题”制度，党委召开 11 次扩大学习会、17 次中心组学习。夯实“三基”建设，完成“基层党建巩固提升年”任务，实施“党建 + ”6 项工程，首家出台《党小组工作规则》，全面消除 348 个党员空白班组，5 家单位获公司党建标杆；挂牌成立国网党校企业党建和领导力两个研究分中心。《国企党建》刊发“721”考评体系典型经验，“有事找党组织”成为服务职工、党员有效载体，开展 17 个跨政企、行业“三级联创”，调控机构共产党员服务队省市县全覆盖；“能源安全新战略实践成效研究”荣获央企党建课题二等奖，“有事找党组织”机制荣获省直机关体制机制创新一等奖。

注重严管厚爱，编制领导人员监督管理一本通，完成谈心谈话全覆盖。健全监督体系，细化政治监督 50 项任务，开展疫情防控等专项监督 413 次；完善履职督查等 4 个监督机制，细化纪检委员 10 项履责清单；建设领导人员廉洁画像系统，聚焦 5 个关键领域开展“大数据 + 智慧监督”。严肃执纪问责，处置问题线索 310 件，主动发现件数同比增长 194%；精准运用“四种形态”处置 515 人次；加大以案促改，发出纪律审查建议书 40 份，创新“3 + 3”案例通报模式。推进巡察整改，完成中央巡视整改“回头看”自查；创新“六统一”机制，综合应用常规、提级、交叉等方式，完成 46 家单位巡察；开展 18 家单位巡察整改督导，2019 年问题整改率达 99.5%。政治巡察率先实现二级单位、县公司全覆盖。

强化政治素质考察，疫情大考提任优秀基层干部 12 人，年内新提任领导人员 78%来自基层。健全考核评价机制，完成新一轮任期综合考核。坚持选贤任能，持续配强配优各级领导班子，选人用人满意度提升 4.55 个百分点，市公司和直属单位班子测评优秀率分别提升 2.05 和 4.1 个百分点。围绕学习习近平新时代中国特色社会主义思想、贯彻十九届五中全会精神等，组织领导人员两轮次全覆盖培训，举办“海丝讲坛”线上讲座。修订领导人员交流办法，加强多元化交流锻炼，调整干部 58%为跨区域、跨专业、跨板块交流。持续优化年龄结构，用好各年龄段干部，年内新提拔三级正副职中 40 岁左右的占 28%。出台大力发现培养选拔优秀年轻领导人员方案，构建“两个 300”梯队，探索“青干青马青优”联合培养。严格基层选人用人监督管理，落实低职高配、任职回避、超年限交流等问题整改。

克服疫情影响，各级职代会均按民主程序完成，质量满意率 98.7%；平等协商第七轮集体合同，新修订 18 条内容，凸显对一线员工、女职工等群体权益保障。

为职工办实事6项，“五小”供电所建设覆盖率达99.7%；及时发放个人防疫用品，组织抗疫一线职工疗休养；新建3.1万m^2生产办公用房，健康食堂创建率达93.6%。市县公司活动场所覆盖率100%；完成80个职工诉求服务中心建设，协调解决213项职工诉求；印发《27项基层班组减负清单》。“三必贺、三必访、三必帮”38647人次。引导帮助11625名女职工办理专属重疾医疗保险保障。

举办4期“最美奋斗者”宣讲、直播观看量超1500万，《人民日报》、中央电视台、新华社等主流媒体上稿600余次，3部作品获中宣部、国家网信办表彰；规范员工互联网信息发布行为，开展“践行网络文明”大学习活动。

实施“文化铸魂、文化赋能、文化融入”专项行动。新增5家全国文明单位，陈国信、许福忠、林智勇3人当选全国劳模，数量均居闽企前列。陈国信获评“八闽工匠人物”，4人获评国家电网有限公司劳模、1人获评国网工匠。1支共产党员服务队获第三届全国“敬老文明号”称号。成立16家职工文体协会，职工运动常态化、规范化开展。

（黄　睿　刘丹青）

【浙江省能源集团有限公司】

公司概况　浙江省能源集团有限公司（简称浙能集团）成立于2001年2月，总部位于杭州，主要从事能源及设施建设、电力热力生产、石油煤炭天然气开发贸易流通、能源科技、能源服务和能源金融等业务，是省属国企中能源产业门类较全的能源企业。

截至2020年底，浙能集团资产总额为2764亿元，所有者权益为1323亿元，2020年营业总收入为1074亿元。控股浙能电力和宁波海运两家A股上市公司和浙能锦江环境一家新加坡上市公司，控股、管理企业500余家，员工23097人。控股管理发电装机容量3655万kW，其中在浙江省内的装机容量为2978万kW，省内统调机组占全省统调装机容量的45.8%；年发电量1368亿kWh，其中浙江省内发电量1099亿kWh，在浙江省内的统调发电量占全省统调发电量的46.1%。年完成煤炭销售6406万t，同比下降1.2%；年供气量105亿m^3，占浙江省天然气消费总量的74%左右。

经过近20年的发展，浙能集团已从成立之初的一家纯投资管理型公司，发展为电力为主、多业并进的在全国具有较大影响力的综合能源服务商，形成以“电力、油气、能源服务”三大产业为基础的多业互补的能源全产业新格局，构建上下游产业链及板块协同发展的产业体系，产业广泛分布在浙江、江苏、江西、安徽、新疆、宁夏、山东、山西、湖南、湖北、黑龙江、吉林、河南、河北、天津、云南、青海、甘肃及内蒙古等地，并成功拓展海外市场。

“浙能”商标被认定为“浙江省著名商标”，在2020中国500强企业高峰论坛上，中国企业联合会、中国企业家协会连续第19次向社会发布“中国企业500强”榜单。其中，浙能集团荣列中国企业500强第192位，排名较2019年逆势上升12位，在浙江企业中排名第12位，在浙江省属国有企业中排名第3位。

领导班子

董事长、党委书记：胡仲明（2020年12月任职）

董事、总经理、党委副书记：詹敏（2020年5月任总经理）

董事、党委副书记：陆翔

董事、副总经理、党委委员：范小宁

董事、党委委员：孙玮恒

党委委员、纪委书记：龚平

副总经理、党委委员：王建堂（2020年5月任党委委员）

副总经理、党委委员：叶元祖（2020年10月任职）

副总经理、党委委员：倪震（2020年5月任副总经理）

董事、党委委员、工会主席：胡斌

党委委员、总经理助理：陶晓东（2020年12月任职）

组织机构　本部设有17个职能部门，1个专题建设和应用办公室，1个事业部，1个筹建处。控股、管理企业500余家（并表）。

企业战略　2020年，浙能集团坚持以习近平新时代中国特色社会主义思想为指导，深入学习党的十九大和十九届二中、三中、四中、五中全会及省委十四届八次全会精神，全面贯彻习近平总书记视察浙江重要讲话精神，牢固树立“四个意识”，坚定“四个自信”，做到“两个维护”，全面落实中央和省委省政府决策部署，紧紧围绕“十四五”实现高速度发展、高质量增长的“两高”目标，做大能源生产供应体系，优化升级能源储备运输体系，打造能源环保与循环经济产业体系，构建优化能源金融服务体系，打造数字能源体系，实现集团改革发展和党的建设各项工作稳步推进。

人力资源　2020年，浙能集团实施“人才新政二十条”，推进院士专家工作站、博士后工作站、省级技能大师工作室等22个省级以上人才发展平台建设。加强人才队伍建设，实施“人才强企”。截至2020年末，浙能集团共有技能人才12916人，技师及以上694人，中级职称及以上4054人，本科以上学历人数占比超过50%。全年累计实施培训项目逾8700个，年度参训人次逾20万，参训人数达22387人。完善企业经营者绩效考核与薪酬核定管理办法和所属企业工资总额管理办法，绩效考核占工资比例由15%提高到60%。探索内外部人力资源有序流动，开展系统内员工进入市场化企业试点。企业退休人员社会化管理有序推进，综合移交完成率100%，当年完成工作量为全省国企首位。

安全生产 2020年，浙能集团完成省政府安全生产责任考核各项目标，继续获评全省考核优秀等次。年内完善安全生产责任制，修订各项安全生产管理制度，加大对恶性责任事件的惩戒力度，全年未发生集团年度安全生产目标中杜绝发生的各类事故（事件）。实施安全生产专项整治三年行动。注重本质安全，全面推广7S管理，深化班组建设，实现系统内全覆盖；加强安全稽查，开展隐患排查和集中整治。打赢“黑格比”“美莎克”等防汛防台战。发电机组非计划停运次数下降0.2次，等效强迫停运率下降0.07个百分点。

经营管理 2020年，浙能集团将疫情防控作为压倒一切的政治任务，全面落实“六稳”“六保”要求，实现了“员工疫病零感染、安全生产零事故、环保事件零发生”的“三零”目标，兑现了“不断供、不短供”的“两不”承诺。全年实现营业总收入1074亿元，利润总额111亿元，分别再上千亿、百亿台阶，资产总额2764亿元，所有者权益1323亿元，收官“十三五”。

能源供应安全可靠、保障有力。浙能集团全年完成发电1368亿kWh，供应煤炭6406万t，供应天然气105亿m^3；实现原油贸易716万t，成品油销售141万t，分别同比增长42.6%和184.3%。在迎峰度冬过程中，电力、天然气、煤炭、海运等企业千方百计组织生产和资源保障。

以“争先创优”活动为主抓手，全力抢进度、拓市场、控成本、强效益。全年煤电市场化电量占全省份额49.3%；科服市场化业务收入同比增长53%；新天煤制气全年产气量超19亿m^3，成为最重要的自供气源。积极争取税收优惠政策，处置低效无效资产，深化集约化采购，实施跟踪审计，强化费用控制压减一般管理费用。特别是煤炭板块发挥进口煤和战略长协作用，电煤平均采购价格较CECI指数低19.37元/t。

社会责任积极履行、全力担当。坚持经营效益社会共享，出台降低小微企业和防疫物资生产企业用能成本等15条措施，全年通过降气价、电价等为社会降成本贡献60.89亿元。认真承接浙江绿城足球俱乐部。积极落实东西部扶贫协作和对口援疆援藏工作，全年向社会机构捐款2663万元，浙能集团被省委省政府评为全省消薄工作成绩突出集体。

积极应对市场化改革和竞争，产业规模进一步稳固，产业结构进一步优化，经营效益进一步提升。产业板块更趋协调发展。全面深化改革，企业治理体系和治理能力现代化水平进一步提升。“最多跑一次”改革走向纵深。落实首问责任制、部室联办制和限时办结制，相关经验和成效作为浙江省八个提质扩面改革典型案例之一，亮相全省“最多跑一次”改革成果展。国有资本投资公司改革落地。

电力建设 2020年，浙能集团在“四业”发展路径的引领下，一批项目开工建设，一批电力项目顺利投产。

（1）开工项目：

1）东海翔二期光伏项目1.77534MW，2020年1月17日开工建设。

2）台州东海翔三期光伏项目（1.24872MW），2020年5月25日开工建设。

3）五家渠浙能新能源六师北塔山牧场风电100MW项目，2020年4月15日开工建设。

4）五家渠浙能新能源六师北塔山牧场20MW光伏发电项目，2020年8月25日开工建设。

5）五家渠浙新能六师北塔山牧场50MW光伏发电项目，2020年8月25日开工建设。

（2）投产项目：

1）浙能镇海电厂燃煤机组搬迁改造项目。该项目为镇海电厂整体搬迁改造内容之一，系浙江省2015年火电建设产能置换项目，列入省“十三五”期间规划建设的重点项目。

该项目位于宁波市镇海泥螺山围垦区北侧区域建设用海范围内。厂址东南距离镇海城区约8km、西南距离宁波市区约20km。该项目建设规模为2台66万kW超超临界燃煤发电机组，同步建设高效烟气脱硫、脱硝和除尘等环保设施，并在厂址东侧海域配套建设3个2000t级煤码头一座及循环水取排水管道。

该项目建设单位为浙江浙能镇海发电有限责任公司。该项目收口概算工程静态总投资509677万元，动态总投资534752万元，工程计划总资金540005万元。

该项目1、2号机组分别于2020年10月22日、12月10日完成168h满负荷试运行，投入生产。

2）东海翔二期光伏项目1.77534MW。该项目于2019年6月21日在浙江政务网上备案成功，项目代码2019-331082-44-03-039638-000；2019年6月取得国家电网接入系统方案初步认可意见；2020年1月17日开工；东海翔光伏发电二期项目于2020年4月29日并网发电。

3）东海翔分布式光伏发电项目（三期）。该项目于2020年1月8日在浙江政务网上备案成功，项目代码2020-391082-44-03-101146；2019年12月取得国家电网接入系统方案初步认可意见；2020年5月25日开工；2020年6月30日并网发电。

4）宁海成塘22MW“渔光互补”光伏电站项目。宁海聚合光伏工程有限公司成立于2018年4月。拥有宁海成塘光伏电站，总装机容量22MW。2020年5月28日，项目并网发电。同年6月28日，项目全容量并网发电。

5）青海大柴旦风电。海西华汇大柴旦风力发电项目位于大柴旦行委锡铁山镇境内，位于315国道南侧，场址海拔为2880～2950m，建设规模为50MW。2020年10月31日投运。

6）五家渠浙能新能源六师北塔山牧场100MW风电项目。五家渠浙能新能源六师北塔山牧场100MW风电项目位于新疆维吾尔自治区东北部的昌吉回族自治州新疆建设兵团第六师北塔山牧场境内。场地以戈壁滩和沙丘为主。项目实际装机容量99.2MW，安装31台3.2MW机组，机组轮毂高度93.5m。新建110kV升压站1座；新建1回约22km 110kV送出线路；新建4回约26km 35kV集电线路接入110kV升压站；新建场内检修道路约24km。项目初步设计概算总投资为7.58亿元。2020年12月20日项目全部投运。

7）五家渠浙能新能源六师北塔山牧场20MW光伏发电项目。五家渠浙能新能源六师北塔山牧场20MW光伏发电项目由五家渠浙能新能源有限公司投资建设，项目位于新疆北塔牧场，地处边陲要塞。项目装机规模20MW，占地面积39.998km^2，动态总投资9281万元。项目于2020年12月20日全容量并网发电。

8）浙能宁夏中卫香山风电项目。浙能宁夏中卫香山风电项目位于宁夏中卫市沙坡头区常乐镇，属宁夏2018年风电竞争性配置项目，项目于2018年12月31日由宁夏回族自治区发改委核准，初设概算动态总投资82529.77万元（含110kV送出线路），建设规模120MW，共安装48台风力发电机，5条35kV集电线路汇入110kV升压站，项目于2019年10月28日开工建设。2020年11月1日完成首台风力发电机并网，2020年12月21日完成风力发电机全容量并网。

9）五家渠浙新能六师北塔山牧场50MW光伏发电项目。五家渠浙新能六师北塔山牧场50MW光伏发电项目由五家渠浙新能光伏发电有限公司投资建设。项目位于北塔山牧场，地处边陲要塞。项目装机规模50MW，占地面积113.783km^2，新建1座110kV升压站，汇集场内3回35kV集电线路统一升压后，以1回110kV送出线路接入北塔山西220kV升压汇集站110kV侧，新建110kV送出线路长约12.5km，动态总投资22968.32万元。项目于2020年12月24日全容量并网发电。

10）开化县生活垃圾焚烧发电项目。该项目是浙能集团自主投资新建的首个生活垃圾综合处置绿色能源发电项目，建设规模为生活垃圾处理能力300t/d，城镇污水厂污泥干化处理能力20t/d，配套建设一套300t/d机械炉排型焚烧炉，1×6MW凝汽式汽轮发电机组，一套烟气净化处理系统、渗滤液处理系统及全厂配套辅助设施。2020年6月28日，兴源节能所属开化县生活垃圾焚烧发电项目顺利通过72h＋24h满负荷试运行，项目投产。

科技创新　2020年，科技创新对浙能集团发展支撑更加有力，全年研发费用同比增长70%。加强顶层设计。召开浙能集团首届科技创新大会，聘任首席科学家，重视技术研究院建设，发挥科委会作用，全年决策科技项目120项。打造高能级平台。谋划能源浙江省实验室，与滨江区签约共建能源科创大平台；新天煤化工等7家企业被认定为“国家高新技术企业”，技术研究院获批省博士后工作站，天地环保德国研发中心注册认证。推动成果转化。全年申请专利和软件著作权555件，其中发明专利260件，创年申请量新高；自主研发的“船舶尾气高速抗堵型高效混合式脱硫装备”被认定为国内首台（套），技术水平国际领先；工业互联网创新发展工程项目成为集团首个牵头获得的国家级项目；成立水系储能电池初创公司。强化项目示范。建成首座液氢油电综合供能站，嘉兴园区获省级综合能源服务试点批复，储能电站列入省示范项目，石家庄RDF项目进入调试。推进数字化转型。台二智能电厂8个功能模块上线运行，天然气智慧管网管控平台部署完成，实现全省长输管道智能化全覆盖。

节能减排　2020年，浙能集团控股、管理煤电机组平均供电标准煤耗297.78g/kWh，同比下降2.17g/kWh；海运企业船舶千吨海里能耗6.08kg标准煤，各项节能指标均居国内同行业较高水平。管理燃煤机组主要污染物稳定达标排放，超低排放电价补贴获得率100%，二氧化硫、氮氧化物、烟尘排放总量分别为0.83万、1.43万、0.08万t，同比下降7.73%、12.48%、11.63%；每千瓦时电量二氧化硫、氮氧化物、烟尘排放量分别为69、119、6.9mg/kWh，同比下降2.06%、7.10%、6.19%，污染物排放量下降明显，处于国内同行业领先水平。

强化目标和责任考核，创新节能管理。对标国内先进水平，精确分析浙能集团主要用能单位的能耗构成和效率，针对各板块公司节能降耗关键点，调整并从严核定年度各项节能目标：发电企业的主要节能目标由火电机组供电煤耗调整为煤电机组供电煤耗，进一步加强了集团燃煤电厂原煤总量的控制。

电源结构持续优化，清洁低碳转型加快。浙能集团为全省完成煤炭“双控”任务，主动自我加压，分别于12月10日、12月21日关停镇海电厂5、6号机组。镇海电厂搬迁改造项目两台66万kW超超临界机组实现年内“双投”，完成“腾笼换鸟”，为浙江创建国家清洁能源示范省提供绿色保障。浙能集团还大力风电和光伏发电，电源结构清洁化、低碳化趋势清晰显现。

积极开展节能减排宣传与培训。公司系统各单位紧密围绕2020年全国节能宣传周和世界环境日的中国宣传主题“绿水青山，节能增效”“绿色低碳，全面小康”和“美丽中国，我是行动者”，结合各企业实际，因地制宜，深入探索，通过节能知识竞赛、技术比武和节能建议征集等活动的组织和开展，吸引集团及所属单位8100人次参加，以赛促学，引导职工自觉参与节能低碳，用行动践行绿色发展理念。

重大环保改造工程有序推进。浙能集团积极克服新冠肺炎疫情和台风多发、梅雨季节较同期长等不利气象条件导致的煤场封闭改造工期滞后影响，迅速按下复工复产的“快进键”，在确保安全、质量前提条件下，科学调整施工进度计划，推进年度重点项目煤场封闭改造工程实施，助力浙江省污染防治攻坚战和浙江省打赢蓝天保卫战2020年工作计划任务。

完成中央生态环境保护督察迎接及信访投诉件闭环整改，中央生态环保督察及信访投诉件闭环整改率100%。

信息数字化建设 数字化转型提档升级。台二“智能电厂”示范项目完成智慧运行、智能设备、智能燃料等八大功能模块上线，智能赋能系统在集团和电厂两级部署上线试运行。天然气“智慧管网”平台全面上线运行，分布式光纤预警系统实现全省长输管网全覆盖，基本形成了空天地一体化管网立体监测网络。新能源“智能管控”平台完成杭州集控中心建设，长兴仙丰光伏、华光潭水电、北海水电实现数据接入。管理信息化持续深入。核心信息系统新增ERP及合同系统上线单位24家，新增ERP人资模块单位64家，新上财务共享服务平台单位59家。综合计划与统计系统、数字化风控平台等6大专业信息系统平台完成一期建设，运输调度系统和客户管理系统进入试运行。深化“最多跑一次”改革，开发会议室预定、自助领料等移动应用20多项，优化信息化系统功能1245项。新冠肺炎疫情严控期间，日均2.6万余人次登录浙江能源App办公，保障复工复产。网络安全水平进一步提升。完成了20家发电企业工业信息态势感知平台建设，火电厂网络安全综合防护体系获评2020年国务院国资委国有企业数字化转型优秀案例和浙江省网络安全优秀案例，参加浙江省2020护网行动防护成绩位列第3名，参加省级网络安全攻防竞赛荣获三等奖。

工会工作 以凝心聚力工程、建功立业工程、暖心关爱工程、固本强基工程、强身健体工程“五大工程”为抓手，深入践行“娘家式”服务，全力打造更具引导力、学习力、创造力、服务力、凝聚力的“五力工会”，大力宣贯《新时代浙能产业工人队伍建设改革实施方案》，制定2020年产工改重点工作任务清单，建立产改工作评价体系，在3个省级以上现场会作产改工作交流。开展重点工程立功竞赛活动，浙石油综合供能站和嘉兴海上风电两个项目被列为2020～2021年建设“两美”浙江重点工程立功竞赛省级参赛项目。集团工会获评全国工会电子职工书屋应用示范单位；集团文联荣获2020年度全省文联系统成绩突出集体，成为全省唯一获此荣誉的企业文联；宋振明荣获“2020年全国劳动模范”。启动“浙能汇”智慧工会平台开发，研究推进以“互联网+”手段探索履职服务新模式。选树首届“浙能工匠”，召开“浙能工匠”发布会，命名首批集团劳模工匠创新工作室；成立“劳模工匠”宣讲团。宣传疫情防控，第一时间发出《关于抗击新型肺炎疫情的倡议书》，共有1万5千余名职工参与防疫承诺接力。设立疫情专项资金，购买职工复工所需防疫物资，组织各级工会开展专项慰问。

党建工作 坚持党建引领，全面从严治党，党委“把方向、管大局、保落实”的领导作用得到有效发挥。落实“第一议题”制度、党委会前置研究讨论企业重大事项。巩固深化“不忘初心、牢记使命”主题教育成果，开展“党员思想武装年”活动，推进党建五大试点工作，深化国资委党建十大样板建设，组建“基层政治宣传队”，浙能集团被评为省基层理论宣讲成绩突出集体、省十佳企业文化建设示范单位。省内“消薄”和东西部对口帮扶等重点工作取得明显成效，省内“消薄”被浙江省委省政府评为全省消薄工作成绩突出集体。

统筹推进“清廉浙能”建设，“四责协同”机制落地落实，党组书记抓党建工作“四清单一发展”及领导班子成员“一岗双责”任务清单全面建立，“三不”机制一体推进，警示教育常态化制度化，“借鉴安全生产7S管理深化党风廉政建设”工作经验获评“基层清廉建设（浙江）十大创新经验”创新提名。从严从实抓干部管理，紧盯严管“关键少数”，落实“四清单”“两档案”“两报告”，开展“政治画像”，进一步营造风清气正的政治生态。探索国企统战工作，建立民革首个全省国企支部，民建支部完成筹备。

主要事件

2月26日，从浙江省科学技术厅获悉，浙能集团旗下浙江天地环保工程有限公司建立的浙江省天地环保技术与装备研究院成为浙能集团首个以环保科技研发及应用为核心的省级企业研究院。

2月28日，浙江浙能能源服务有限公司投资建设的东海翔二期光伏项目1.77534MW开工，4月29日项目正式并网发电。5月25日东海翔三期光伏发电1.248MW项目开工，6月30日并网发电。该项目光伏总装机容量已达到13.4MW。

4月15日，五家渠浙能新能源六师北塔山牧场风电项目正式开工建设。该项目总装机容量为100MW，是浙能集团在新疆的第一个风电项目。

5月5日，嘉兴发电厂连续安全生产日达6000天，全厂8台机组累计发电量达3692亿kWh。

5月22日，浙能集团与中国航天科工集团第六研究院合作设立的浙江浙能航天氢能技术有限公司、氢能技术联合研发中心在杭州举行揭牌仪式。

5月28日，宁海成塘22MW“渔光互补”发电项目并网发电。该项目是浙能集团首个“渔光互补”发电项目。

6月28日，兴源节能所属开化县生活垃圾焚烧发电项目6MW投运，开化县生活垃圾焚烧发电项目是浙能集团自主投资新建的首个生活垃圾综合处置绿色能源发电项目。

7月27日，最新《财富》中国500强榜单正式发布，考量了全球范围内最大的中国上市企业在过去一年的业绩和成就。浙能集团所属的浙江浙能电力股份有限公司在该榜中名列第188名。

8月30日，浙能集团运行电厂首个膜结构煤场完成起膜，长兴发电公司煤场封闭改造项目改造完成后的煤场将完全隔绝扬尘，并避免雨水冲刷可能造成的污染，达到真正的粉尘零排放。

9月15日，随着江苏海上风电项目的19号风力发电机成功并网，浙能集团首批海上风电机组顺利投产发电。

9月28日，在2020中国500强企业高峰论坛上，中国企业联合会、中国企业家协会连续第19次向社会发布“中国企业500强”榜单。其中，浙能集团荣列中国企业500强第192位，排名较2019年逆势上升12位，在浙江企业中排名第12位，在浙江省属国有企业中排名第3位。

9月30日，乐清电厂三期项目省发改委项目核准批复（浙发改项字〔2020〕195号），文件于10月10日正式取得。该项目总投资70亿元，计划建设两台100万kW级高效超超临界燃煤发电机组，并同步建设除尘、脱硫、脱硝等超低排放环保设施装置。

10月12日，浙能集团与锦江集团股份转让签约仪式在杭州举行。本次签约标志着浙能集团将通过旗下浙能电力所属全资子公司浙江浙能电力投资（香港）有限公司收购浙能锦江环境控股有限公司持有的25.62%股份。收购完成后，浙能电力将进入垃圾发电领域并形成规模。

10月22日，浙能镇海发电公司迁建项目1号机组顺利通过168h满负荷试运行，正式移交生产。12月10日，镇海发电公司搬迁改造项目2号机组通过168h连续满负荷试运行，正式移交生产。至此，浙能镇海电厂燃煤机组搬迁改造项目工程全面建成投产发电。

10月31日，浙能集团投资兴建的浙能海西华汇大柴旦50MW风电项目全容量并网。

11月1日，兴源节能公司所属平湖独山港公用热电联产项目1号机组15MW投运。

12月10日，浙能镇海发电公司5号机组与系统解列，经省调批复同意，该机组于12月11日正式退役。12月21日，浙能镇海发电公司6号机组与系统解列，经省调批复同意，6号机组正式关停退役。该机组的正式关停标志着浙能镇海发电公司4台21.5万kW燃煤机组关停工作完成。此前，浙能镇海发电公司3、4号机组于2018年12月26日正式退役。

12月20日，位于新疆的浙能新能源北塔山牧场100MW风电项目和20MW光伏发电项目均成功并网。

12月21日，浙能宁夏中卫香山120MW风电项目顺利完成全容量并网发电。

12月23日12时08分，江苏竹根沙海上风电项目完成了全部67台风力发电机吊装。

12月24日，在新疆北塔山，五家渠浙新能六师北塔山牧场50MW光伏发电项目成功并网发电。

（胡冬梅　韦晓丹）

【申能股份有限公司】

公司概况　申能股份有限公司前身为创立于1987年的申能电力开发公司，1993年4月公司股票上市（股票代码600642，简称申能股份），为全国电力能源行业第一家上市公司，总股本49.12亿股。申能股份主要从事电力、石油天然气的开发、投资、建设和运营业务，拥有全资和控股企业23家，员工逾2600人，为综合性能源供应商。截至2020年底，总资产763亿元，净资产389亿元，2020年度实现归母净利润23.9亿元。

领导班子

董事长、党委书记：倪斌

副董事长、总经理、党委副书记：奚力强

副总经理、党委委员：余永林

副总经理、党委委员、董秘：谢峰

党委副书记、纪委书记、系统工会主席：刘先军

副总经理、党委委员：舒彤

副总经理、党委委员：王振宇

组织机构

本部设有14个职能部门，共有全资和控股企业23家，参股企业23家。

企业管理 申能股份在"加快发展、稳步调整、提质增效、培育优势、提高竞争力、做优'先锋企业'"的工作方针下，能源供应安全稳定，经营效益稳步增长，产业结构不断优化，转型发展持续深化，综合竞争力显著提升。

聚焦"双主业"，推动企业转型升级。坚持电力、油气开采"双主业"发展战略，大力发展可再生能源，电源结构实现清洁绿色转型；加快油气资源勘探开发，开创油气资源接替新局面；提前布局电力新兴业务，积极开展微网和储能核心技术研发，加速培育高质量发展新动能。

深化管理改革，助推转型发展提质增效。强化市场化意识和运作，建立项目激励约束机制，完善电力、油气、燃料采购市场营销体系；加强内控标准化建设，重点推进企业内控建设和审计监督，构建长效风险管控机制；实施电力企业标准化管理、新能源区域整合等，进一步激活企业发展内生动力。

安全管理 申能股份系统全年未发生人身伤亡事故、设备事故、火灾事故、环境污染事故和交通事故，未发生对社会造成不利影响的事件，未发生网络安全事件，全年发电机组平均跳机次数为0.27次/(台·年)。申能股份获得华东能源监管局颁发的第三届中国国际进口博览会电力行业立功竞赛优秀组织奖，上海外高桥第三发电有限责任公司获得优秀保障奖。淮北申皖发电有限公司获得"全国安全文化建设示范企业"称号。安全生产标准化达标评级全面展开，申能股份系统火力发电企业均实现了标准化一级达标。

生产经营 2020年，申能股份全年实现营业收入197.09亿元，归母净利润23.93亿元，截至2020年底，资产总额762.98亿元，所有者权益389.35亿元。完成控股发电量393.6亿kWh，同比增长6.2%，创历史新高；市内控股企业发电量占本市总发电量的33.6%，同比提高1.5个百分点；油气产量23.6万t油当量，同比增长6.1%。可再生能源装机占比达23.7%。全年新增非水可再生能源控股装机容量116万kW，累计达214.5万kW，同比增长118%；积极拓展分散式光伏发电项目，投产及在建装机规模达3.5万kW。全年完成市场化交易电量97.6亿kWh，同比上升4个百分点；系统煤电企业平价不含税电价约349.7元/MWh，同比上升10元/MWh；控股供热量达1071万GJ，同比增加6.1%。

电力建设 2020年，申能股份大力发展非水新能源，培育发展新的经济增长点，一批电力项目建成投产。

风力发电项目。2020年控股风力发电机组容量增加431.9MW，具体为玉皇山风电场（汝州神沟风电项目）投产29.9MW、申周风电场（淮阳曹河联浩分散式风电项目）投产26MW、沪周风电场（淮阳四通联浩分散式风电项目）投产26MW、呼市国龙白山风电场（内蒙古武川风电项目）投产150MW、海南州鑫源新能源有限公司共和5万kW风电项目投产50MW、岢岚县风脉新能源有限公司风脉能源岢岚100MW风电项目投产100MW、榆林协鑫智慧风力发电有限公司协鑫榆阳区一期风电项目投产50MW。

光伏发电项目。2020年控股光伏发电容量增加388MW，具体为永贯灌云光伏电站投产98MW、沙洋楚伏光伏电站投产50MW、关岭县岗乌卓阳农业光伏电站投产200MW、关岭县小盘江农业光伏电站投产40MW。

科技创新 通过优化创新体制机制，激发企业内生动力，着力研发电力改造技术、电力新兴业务关键技术，巩固能源技术创新高地，助力能源产业高质量发展。"十三五"期间，共取得各类知识产权71项；"广义回热技术及实施项目""海上风电场关键技术研究与综合示范"等11项列入上海市科委课题研究项目。申能股份平山二期项目采用首创的"双轴汽轮机高低位布置技术"，被列入国家示范工程；"超超临界机组节能环保技术"荣获上海市科技进步三等奖。积极推广火电节能减排创新技术，实施系统外技术服务规模超过1165万kW，其中"高温亚临界"技术改造项目实施后供电煤耗降至281.9g/kWh。加强产创融合、产学结合，深化重点院校合作，以试验和示范项目为依托，积极培育新兴业务领域研发团队，重点研发和应用微网与储能、分散式供电、海上风电等关键技术。

国际业务 为响应国家"碳中和""碳达峰"的号召，申能股份积极寻找和研究电力风光项目，稳健推进海外项目开发，开展了澳大利亚、越南、马来西亚、柬埔寨等国别的可再生能源项目前期工作，覆盖光伏、垃圾电厂以及生物质颗粒等领域。

2020年8月，马来西亚生物质颗粒转口贸易首船完成交付，合同项下年贸易量逾20万t，为公司国际

业务的进一步拓展赢得良好开局。申能股份在生物质颗粒贸易基础上进一步拓展上下游产业链，引导全资子公司上海申能投资发展有限公司积极有序开展生物质颗粒加工厂股权收购的前期工作，稳妥推进垃圾电厂项目，努力实现申能股份海外业务发展多元化的格局。

人力资源管理 坚持党管干部、党管人才原则，健全完善选人用人机制，不断规范干部选拔任用程序，有序开展干部调配工作；开展干部人才专项调研，整理分析干部人才队伍现状，聚焦工作亮点和不足，进一步夯实干部人才工作基础。积极创造内外部人才发展锻炼机会，组织开展挂职锻炼、交流轮岗、工作借调等十余项人才培养项目；不断优化培训管理机制，整合内部培训资源，提升教育培训工作的精度和效度。坚持“人才强企”战略，落实人员编制管理和社会招聘备案制度，统筹实施校园招聘高素质人才储备；搭建人才内部招聘平台，畅通内部流动、交流锻炼渠道，盘活人才资源。持续健全激励约束机制，研究实施股权激励方案，完善新兴能源项目拓展考核激励与约束办法，强化考核结果运用。有序实施发电企业标准化管理工作，扎实开展岗位职级体系建设，配合集团推进人力资源共享服务中心建设，在新形势下推动人力资源管理转型升级与实践创新。

信息化建设 为助推新能源业务快速发展，申能股份从新能源业务的委托管控、实时监视、生产管理、营销管理、数据分析、人员管理、系统安全性和可靠性等方面着手，利用“互联网＋云计算＋新能源”的模式，于2019年开始创建“申能风光储信息系统”。一期项目于2019年底整体上线试运行，2020年8月顺利通过专家评审验收，实现了以“区域化、专业化、标准化”为管理核心，对新能源场站管理以期降本增效、提升竞争力，对新能源场站智慧管理的目标。同时为了充分发挥该系统管理模板的作用，继续在三家新能源企业内全面推广应用。截至2020年12月底，系统共计完成19个场站的接入工作，接入装机容量1254.3MW。并于11月被中国企业联合会遴选为“全国智慧企业建设创新实践案例”，同时被国家版权局授予计算机软件著作权登记证书。

建立健全网络安全管控体系，提升网络安全保障能力和防护能力。健全网络安全、信息化和应急预案等相关制度，推动网络安全管理体系和网络安全绩效考核机制建设；严格按照《网络安全等级保护制度2.0》要求落实等保测评工作，加强信息系统，尤其是关键信息基础设施和位于互联网区的信息系统的安全保障能力；建立申能股份系统互联网区网络安全常态化管理，加强网络拓扑架构的安全控制，全面提升底层资源保障能力；同步聘请专业安全厂商对重要信息系统逐步开展漏洞扫描和渗透测试，多层次、多角度查找网络安全隐患点并加以整改闭环，实现网络安全在控、能控、可控。

节能环保 申能股份一直以来始终坚持“大环保”工作理念，切实增强责任意识和风险意识，建立环保监督网络，健全以排污许可为核心的环保监督管理体系，明确系统单位各部门环境保护管理和监督职责，落实企业各级环保的主体责任。2020年，申能股份系统发电企业实现污染物超低排放，各个发电机组脱硫、脱硝、除尘设备全部运行正常，烟尘、二氧化硫、氮氧化物全年平均排放浓度均优于国家排放标准。累计平均供电标准煤耗280.9g/kWh，同比下降4.6g/kWh。全年对外供热1071万GJ，同比增加6.22%。废水在线监测系统运行正常，废水排放指标全部达标。电厂烟尘平均排放浓度为1.27mg/m^3，二氧化硫平均排放浓度为11.65mg/m^3，氮氧化物平均排放浓度为23.02mg/m^3。同时大力推进节能环保技术改造项目，有效降低污染物排放总量，2020年申能股份系统电厂共减排二氧化硫约15.73万t，氮氧化物约1.73万t，燃煤电厂平均脱硫综合效率在98.5%以上，综合脱硝效率在82%以上。

工会工作 申能股份系统工会聚焦公司“十三五”发展规划和“先锋企业”创建目标，充分发挥工会的桥梁和纽带作用，助推公司实现高质量发展。

聚焦中心展作为。新冠肺炎疫情发生以来，及时设立防疫专项资金，并划拨至16家基层工会，保障防疫物资发放与企业复工复产。积极推进“安康杯”活动，系统1家单位荣获“全国安康杯优胜单位”六连冠。弘扬劳模、工匠精神，推进劳模、工匠、技师、职工创新工作室的创建，系统1名员工荣获上海市劳动模范荣誉称号，1家工作室被命名为“上海市劳模创新工作室”，2家单位荣获“长三角三省一市职工创新成果奖”。

民主权利有保障。完善职代会运行机制，行使职工（代表）大会审议建议权和审议通过权。落实集体协商制度，完成集体劳动合同、工资专项合同、女职工专项等集体合同的续订。完善《厂务公开民主管理标准》，系统1家单位荣获2019～2020年度“上海市十佳厂务公开民主管理先进单位”。

履职能力创品牌。组织开展“三融三力”品牌创建活动，5家基层工会被授予“三融三力”优秀品牌称号。健全系统各单位安全健康和劳动保护监督机制，开展劳动保护民主管理和职工代表巡查检查活动，组织工会劳动保护监督检查专项培训，加强对工会干部的实务教学和专项考核。

企业文化暖人心。组织开展“爱心一日捐”，设立帮困专用基金，完善三级帮扶体系。组织疗休养、帮扶慰问、春秋游以及开展各类文体活动，不断提升系统员工的凝聚力与归属感。通过订购贫困地区的特色农副产品助力打赢脱贫攻坚战，结合文明单位创建，开展保护长江母亲河，推进志愿服务活动，彰显国有企业的责任与担当。

党建工作 申能股份党委以习近平新时代中国特色社会主义思想为指导，坚持稳中求进工作总基调，毫不动摇坚持党的领导、加强党的建设，牢牢抓住产业调整、提质增效等改革发展重点、难点，积极发挥党委把方向、管大局、保落实的作用，助力公司完成年度和“十三五”目标任务。

加强政治学习教育。通过线上“史题百问”答题和线下“初心薪火”微党课等形式开展“四史”学习教育，围绕《习近平谈治国理政》第三卷以及党的十九届四中、五中全会精神和十一届市委九次全会精神等内容，组织开展学习活动，全年共开展主题党日活动206次、各类党课活动61次。

服务企业中心工作。坚持将“服务中心工作、提高企业效益、提升竞争实力、实现经营目标”作为党建工作的出发点和落脚点，组织开展“奋进新时代，党员有作为”主题活动，推动企业稳步、高效、高质量发展。推行“党建+疫情防控”“防疫路上党旗飘”等特色活动。

落实党建工作责任。建立和修订了《党组书记例会制度》《政工例会制度》等制度，实现党建入章程要求“全面落实”，基层党组织建设“全面覆盖”，“书记进党校”培训“全员参与”。建立《系统企业党建工作责任制考核评价办法》，对21家系统党组织开展党建工作责任制专项检查，有力促进党建工作责任落到实处。

推动党风廉政建设。深化细化全面从严治党“四责协同”机制，开展系统企业“四责协同”机制建设及执行情况专项检查。聚焦经营管理的重点领域、关键环节，通过建立党风廉政建设项目、聘任党风廉政监督员、组织贯彻执行中央八项规定精神系列专项自查等活动，不断夯实公司系统党风廉政建设基础，确保企业风清气正。

加强人才队伍建设。深入开展干部人才调研，选优配强各级干部，充分利用重大项目、异地企业平台加大年轻干部锻炼培养和选拔使用力度，全年共有32名公司党委管理干部得到提任或交流到新的领导岗位。加快落实电厂标准化、职级体系建设和共享中心试点等改革工作，有序开展新兴能源、油气产业相关外部人才引进。

市场化交易 申能股份深入做好市场化交易工作，累计完成市场化交易电量26.35亿kWh，进一步完善系统内售电公司市场准入工作，争取售电用户代理并积极参与区域电力市场取得一定的市场份额。根据区域控煤特点，积极推进清洁能源跨区交易，累计交易电量近2亿kWh，取得经营突破的同时，锻炼了售电队伍。响应低碳号召积极参加区域碳市场，探索售电市场与碳市场联动服务，强化用户服务黏性。

主要事件

5月14日16时58分，国家示范申能安徽平山电厂二期工程厂用电系统受电一次成功，标志着工程建设由基建安装阶段正式转入分部试运阶段。

5月31日16时58分，国家示范申能安徽平山电厂二期工程锅炉水压试验一次成功，为实现年底投产奠定了坚实基础。

6月12日，上海申能电力科技有限公司《亚临界机组600℃升温改造关键技术》研究与应用成果顺利通过中国能源研究会组织的专家评审。

7月27日，崇明发电1、2号机组荣获2019年度电力行业燃气发电机组能效水平对标4A、5A机组荣誉。

8月3日，由电力科技实施完成高温亚临界综合升级改造的华润徐州3号机组以及由电力科技提供技术方案总体咨询策划的华润曹妃甸电厂二期两台新建1000MW一次再热高效超超临界机组，双双获得美国POWER《电力》杂志颁发的2020年“顶级电站（Top Plants）”奖项。

8月18日，外二发电“探索进取QC小组”《MCC抽屉便携式校验箱研发》获得了全国电力行业优秀质量管理小组成果一等奖。

9月17日，申能股份荣获第六届浦东总部经济十大经典样本奖。

9月30日，上海油气《平湖油气田气藏深度降压增产工艺技术研究与应用》项目获得第四届全国设备管理与技术创新成果二等奖。

9月30日，外三发电《一种新型电能转换技术及其应用》获得2019年全国电力行业设备管理创新成果奖一等奖。

10月27日，上海市常务副市长陈寅率市府相关部门赴上海油气平湖海上平台调研慰问。市国资委主任白延辉，集团党委书记、董事长黄迪南陪同调研。

11月2日，申能股份申报的《智慧新能源管控平台的建设与应用——风光储信息系统》被遴选为“2020年全国智慧企业建设最佳实践案例”。

11月4日21时，国家示范申能安徽平山电厂二期工程机组锅炉吹管完成，标志着机组即将进入整套启动阶段。

11月8日，新疆建设兵团党委常委钟波一行到访申能股份。集团党委书记、董事长黄迪南，集团党委副书记、总裁倪斌，公司总裁、副董事长、党委副书记奚力强等接待钟常委一行。

12 月 4 日，国家示范项目申能安徽平山电厂二期工程召开机组启动验收委员会第一次会议，标志着项目即将进入整套启动阶段。

12 月 16 日 10 时 26 分，国家示范项目申能安徽平山电厂二期工程机组一次性并网成功。

12 月 22 日，由申能储能承担的外三发电火储联合运行项目一期工程顺利完成 168h 试运行，成为华东地区首个火电机组耦合储能联合运行案例。

（张　麒　陈冬亮　郑子旋）

华　中　地　区

【国家能源局华中监管局】

基本情况　国家能源局华中监管局（简称华中能源监管局）是国家能源局在华中区域的派出机构，接受国家能源局的垂直领导，依据国家能源局的授权履行区域电力等能源行政执法职能。经中央机构编制委员会办公室批准，原华中电监局于 2013 年 11 月更名为华中能源监管局（2014 年 1 月正式挂牌），设于武汉市，主要负责湖北、江西、重庆、西藏四省（区、市）的电力等能源监管工作。

主要职责：监管电力市场运行，规范电力市场秩序；监管电网和油气管网设施的公平开放；监管电力调度交易，监督电力普遍服务政策的实施；负责电力等能源行政执法工作，依法查处有关违法违规行为，监督检查有关电价；负责除核安全外的电力运行安全、电力建设工程施工安全、工程质量安全的监督管理以及电力应急和可靠性管理，依法组织或参与电力事故调查处理；负责组织实施电力业务许可以及依法设定的其他行政许可；负责协调有关跨省、跨区能源监管业务；承办法律法规授权以及国家能源局下达或交办的有关事项监管。

领导班子

党组书记、局长：王强

党组成员、一级巡视员：罗毅芳

党组成员、一级巡视员：葛才胜

党组成员、副局长：周思杨

党组成员、纪检组长：庞猛

主要工作　在国家能源局党组坚强领导下，华中能源监管局按照“坚持党建引领，以政治建设为统领，以党组巡视整改为契机，层层压实全面从严治党责任，以党建带业务、以党建促业务，推动党建和业务全面提升”的工作思路，把党建要求贯穿到巡视整改、抗击疫情、能源保供、防汛抗洪、脱贫攻坚、抗寒保供和配合环保督查等重大任务中，认真组织完成年度重要监管工作和监管任务，党建和业务水平取得新提升，能源监管工作取得新成效。

（1）加强政治机关建设。坚持党建引领和政治统领，推进华中能源监管局党的建设高质量发展，制定华中能源监管局党的建设工作要点，明确 6 个方面、21 项工作任务，印发落实全面从严治党责任清单，制定完善理论学习制度和党组学习制度。加强党风廉政建设和反腐败工作，持之以恒正风肃纪，年初年中分别召开党风廉政建设工作会，印发党风廉政建设责任清单，层层压实党风廉政建设责任。坚持问题导向和目标导向，扎实推进巡视整改，把巡视整改作为解决突出问题的重要抓手，制定整改措施 31 项并全部完成。坚持以上率下，树立正确用人导向，注重在完成重大政治任务、急难险重任务、处理复杂问题中考察考验和选拔提拔干部，领导班子和干部队伍建设取得显著成效。

（2）全力以赴投入疫情防控。第一时间建立单位职工疫情防控工作机制，及时建立能源保供信息报送和保供措施监督检查工作机制，创新 12398 投诉举报热线办理和电力业务许可办理工作机制，确保防控工作重点区域、重要用户、重点工程用电接电。坚持不懈做好下沉社区疫情防控工作，建立党员干部下沉社区工作常态化机制，帮助社区解决实际问题，深度参与社区治理。华中能源监管局荣获国家能源局“抗击新冠肺炎先进单位”表彰，2 名党员干部获评国家能源局“抗击新冠肺炎先进个人”，2 名下沉党员被评为“最美下沉党员”。

（3）决战决胜脱贫攻坚工作。举全局之力完成巴东县牛洞坪村帮扶任务，帮助其提前脱贫并列入恩施州第一批乡村振兴示范点；组织向甘肃省通渭县捐赠助学基金；与华北局联合开展江西信丰县虎山乡中心村党支部结对共建工作，以党建共建促脱贫攻坚。

（4）积极配合开展中央生态环境保护督察。共处理 8 项转办事项，开展 4 次现场调查，报送 4 份调查报告和 121 页文件、资料，确保配合中央生态环境保护督察各项工作按期保质完成。

（5）围绕贯彻党中央重大决策部署抓安全监管。

全力以赴做好抗击疫情、防汛抗洪、迎峰度冬期间电力安全监管工作，多措并举确保电力工程投运安全；深入开展电力建设施工安全监管、质量监督、电力监控系统安全防护及并网机组涉网安全等专项监管；加大网络安全监管力度；深入推进电力企业应急能力建设，切实做好重点时段和重大活动期间保电工作。

（6）围绕市场建设抓监管。制定鄂赣电力调峰辅助服务市场运营规则，启动华中省间电力调峰及备用辅助服务市场，推动建立电力辅助服务市场化机制；牵头修订鄂赣渝三省（市）新版电力中长期交易规则。积极落实国家能源局关于三峡电站增发电量送湖北重庆要求；组织开展提升用户“获得电力”优质服务水平综合监管、西藏“三区三州”和抵边村寨农网改造升级专项监管。

（7）围绕行业发展抓监管。积极开展辖区电力发展“十四五”规划调研，组织完成华中区域“十三五”能源规划目标任务落实情况综合监管，推动能源规划和政策有效实施。

（8）围绕保障民生抓监管。充分发挥12398热线作用，全年累计办结投诉举报事项541件；迎峰度冬期间，第一时间落实国家能源局有关工作部署，建立信息报送机制，加强统筹协调，全力做好冬季能源保供工作；指导督促江西省落实有序用电和错峰避峰方案；主动申请在湖北开展告知承诺制试点，审批流程压缩到10个工作日，累计向77家企业颁发许可证；在鄂渝自贸区实施“证照分离”试点，审批流程压缩至15个工作日。

（9）发挥区域监管局业务牵头作用，推动形成区域监管合力。召开华中区域能源监管派出机构座谈会，建立区域派出机构定期交流和协同监管机制，会商工作、会诊问题、会战行动；建立华中区域跨省跨区电能交易会商制度；会同河南、湖南、四川监管办建立迎峰度冬电力供需形势日报机制。

（张　宇）

【国家能源局河南监管办公室】

基本情况　国家能源局河南监管办公室（简称河南能源监管办）是国家能源局派驻河南省的监管机构。

主要职责：监管电力市场运行，规范电力市场秩序；监管电网和油气管网设施的公平开放；监管电力调度交易，监督电力普遍服务政策的实施；负责电力等能源行政执法工作，依法查处有关违法违规行为，监督检查有关电价；负责除核安全外的电力运行安全、电力建设工程施工安全、工程质量安全的监督管理以及电力应急和可靠性管理，依法组织或参与电力生产安全事故调查处理；负责电力业务许可及依法设定的其他行政许可；负责法律法规授权以及国家能源局下达或交办的有关事项监管。

领导班子

党组书记、专员：王笃奎

党组成员、副专员：王朝晖

党组成员：韩红林

组织机构　内设综合、市场监管、行业监管、电力安全监管、资质管理、稽查等6个处。

主要工作

1. 电力安全监管

（1）完成重要时段电力安全保障。狠抓工作落实，认真开展现场督查，确保电力安全稳定运行和可靠供应。

（2）深化电力安全生产专项整治三年行动。组织召开全省电力安委会全体会议和电力安委办联席会议，严格落实企业主体责任。

（3）加强电力运行安全监管，持续推动发电企业开展重大危险源改造。目前，16家发电企业完成了液氨改造工作，4家发电企业改造进入调试阶段，13家企业改造项目正在进行施工，液氨改造工作有望在2021年上半年完成。

（4）扎实开展电力建设领域安全监管工作。会同省发改委对部分风电建设项目组织开展现场督查检查，对3个在建项目下达停工令，督促企业强化安全管理，确保施工现场安全。经过努力，2020年全省电力行业未发生较大以上人身伤亡事故、电力安全事故和电力设备事故，电力安全生产保持了持续稳定的良好态势。

2. 电力市场准入监管

（1）不断提升资质办理规范化水平。进一步简化许可事项办理流程，提高审批效率。落实在自贸区施行“证照分离”的改革举措。完善对造假企业的公开曝光机制。开展电力业务许可服务“好差评”工作，不断提高服务水平。

（2）加强许可后续监管。依法及时对不符合产业政策、不符合许可条件的72家企业进行公示注销。对查处的26家企业违法违规行为进行了分类处理。落实深化供给侧结构性改革要求，公示注销了160家符合豁免政策和已不具备发电能力的发电企业许可。

（3）推进信用监管。加强信用信息数据归集，制定了《市场主体信用信息归集使用管理办法（试行）》。2020年累计归集行政处罚类信用信息40条，行政检查类信息33条。

3. 电力交易监管

（1）加强能源供需监测分析，督导提高电力保障供应。通过监管统计系统每日跟踪掌握全省电力供需情况，每月发布电力供需分析通报、电煤情况通报和电力企业经营情况分析，为政府决策和企业发展提供参考。

（2）进电力辅助服务市场建设。通过调峰辅助服务交易，调动火电企业调峰积极性，平均挖掘调峰潜力 300 万 kW 以上，提高了新能源消纳能力，挖掘消纳空间相当于减少弃风弃光电量 18.5 亿 kWh，占同期新能源发电比例约为 9.6%。

（3）推进河南电力中长期交易，完善交易规则，规范交易行为。2020 年组织市场交易累计约 1800 亿 kWh，占全社会用电比例约 64%。“十三五”以来，电力直接交易累计降低电费支出超过 100 亿元，预计降低用电成本约 18.5 亿元，电改红利持续释放。

4. 供电监管

强化“获得电力”优质服务监管。督促供电企业压缩办电环节和时限，落实信息公开制度，强化低电压问题治理。全省供电质量有效提升，营商环境进一步优化，在各地政府实施的营商环境分行业评比中，电力企业取得较好成绩。

5. 电力监管行政执法

（1）认真做好投诉举报处理工作。2020 年接到河南有效信息 7563 件，同比减少 13.92%；河南能源监管办办理投诉举报工单 339 件，同比减少 36.28%，办结满意率 94.46%。

（2）加强指标流程管理提高处理效率。理顺合并工单处理流程，优化办理程序，实现所有工单处理闭环可追溯。

（3）加强投诉事项的督查督办。加强对电网企业承诺事项的督办，做好矛盾突出问题重点预判，研究建立解决问题的长效机制。

【国家能源局湖南监管办公室】

基本情况 原国家电力监管委员会华中监管局长沙监管办公室于 2006 年 4 月 26 日挂牌成立；2010 年 7 月，更名为国家电力监管委员会湖南省电力监管专员办公室（简称湖南电监办）；2013 年国务院机构改革，将原国家能源局、国家电力监管委员会的职责整合，重新组建国家能源局，2013 年 12 月 7 日国家能源局湖南监管办公室（简称湖南能源监管办）挂牌成立。

主要职能：负责监管能源规划、计划、产业政策和重大项目的执行情况，负责对取消和下放的能源行政审批项目的后续监管，监管节能减排和资源综合利用等工作；监管电力市场运行，规范电力市场秩序；监管电网和油气管网设施的公平开放；监管电力调度交易，监管电力普遍服务政策的实施；负责电力等能源行政执法工作，依法查处有关违法违规行为，监督检查有关电价；负责除核安全外的电力运行安全、电力建设工程施工安全、工程质量安全的监督管理以及电力应急和可靠性管理，依法组织或参与电力事故调查处理；负责组织实施电力业务许可以及依法设定的其他行政许可；负责法律法规授权以及国家能源局下达或交办的有关事项监管。

领导班子

党组书记、专员：银车来

党组成员、副专员：陈显贵

党组成员、综合处处长：刘志成

组织机构 下设综合处、市场监管处、行业监管处、电力安全监管处、资质管理处、稽查处。

主要工作

（1）凝聚合力，做好电力等能源供应保障和结构转型。密切关注电力供需和电力运行情况，加强分析研判和专业督导，开展湖南电网最大供电能力分析，做到早研究、早会商、早报告。针对迎峰度夏、度冬湖南电力供应紧张严峻形势，向国家能源局请示报告，会同地方政府有关部门研究对策，挖潜优化省内现有资源，推动华润鲤鱼江电厂改接湖南电网，跟踪督办重点火电机组建设，外拓跨区跨省输电能力，坚持重点时段“日跟踪”“日报告”，完成保供任务。积极推动能源绿色低碳转型，开展风电开发建设情况专项监管，加强对全省风电项目从核准、建设到并网全过程监管，及时发现问题，提出监管意见，针对苗头性问题制定监管措施，编制形成《湖南省风电及其产业发展研究报告》。加强可再生能源消纳监管，建立消纳日报制度，联合省能源局印发《湖南省可再生能源电力消纳保障实施方案》，确保湖南超额完成 2020 年可再生能源消纳权重指标。

（2）尽职尽责，维护电力安全稳定。将电力安全监管工作摆在突出位置，加强研究部署，全年党组 5 次召开专题会议研究推进电力安全监管工作。突出解决湖南电力安全生产顽瘴痼疾，开展电力安全生产专项整治、电力建设施工安全专项监管，采取“双随机、一公开”和“四不两直”方式对 13 个项目开展现场检查，下达整改通知书 25 份，监管约谈企业 5 家，责令停工整顿 1 家，督办问题 285 项，挂牌督办重大隐患 2 个。落实重点时段、重大活动期间保电责任，定期开展电网安全风险分析，强化管控措施，做好二级以上电网安全风险排查和管控工作。针对岁末年初安全生产形势和特点，与地方政府有关部门联合开展电力安全生产隐患大排查大整治；针对年底风电集中并网施工安全隐患，紧急印发通知，明确监管要求，加强现场督查检查，确保 32 家风电场安全并网。

（3）积极稳妥，推进电力市场建设。联合省发改委、省能源局印发《湖南省电力中长期市场交易规则》《湖南省电力辅助服务市场交易规则》，规范电力中长期交易，推进辅助服务市场正式投入运营。针对 2020 年初湖南省电力需求疲软实际情况，组织中央在湘电力企业主要负责人召开座谈会，凝聚共识，研究应对措施，采取市场化手段促进电力消费。坚持和完善电力市场月度会商、调度执行中长期市场交易结果满意度评价、市场统计分析等3个机制，及时协调市场争议，化解矛盾风险，提高市场信息透明度。全年市场交易电量553亿kWh，释放改革红利10.89亿元。坚决贯彻增量配电业务改革决策部署，完成13家企业电力业务许可证核发。

（4）担当作为，加强能源行业监管。全面梳理行业监管职责职能，加强对国家能源政策和能源规划目标任务落实监管，完成国家能源局部署重点监管任务。高度重视国家能源局监管报告及监管意见书披露湖南省问题，落实“十三五”能源规划目标落实情况综合监管后续措施，重点督办神华永州电厂、华电平江电厂、新疆煤制气外输管道等项目建设；会同省能源局赴怀化石煤综合利用项目现场召开协调推进会，提出明确工作要求。开展石油天然气基础设施重点工程专项监管，联合省直有关部门组成工作专班，按周调度辖区内4个油气重点工程进展情况。提前谋划研究“十四五”能源规划工作，广泛开展调研，形成《关于能源体制改革“十四五”规划调研报告》。

（5）用心用情，服务企业民生。组织开展用户“获得电力”优质服务综合监管，对3个市州、1个地方供电公司及所属22个基层单位开展驻点检查，对6方面48项问题下达整改通知书，对存在突出问题的3家企业进行立案查处。与省发改委联合印发《全面提升“获得电力”服务水平持续优化营商环境工作方案》。建立12398投诉举报热线共性问题统计及跟踪督办、投诉处理情况季度通报、投诉协助办理等3项制度，对群众反映较多的“频繁停电”“低电压”等90件共性问题建立台账，动态督办，全年339件投诉举报事项办结315项。持续简化许可，优化服务，完善资质许可信息公开、一次性告知、许可承诺制，开展资质许可“好差评”活动，累计评价256次，满意度100%。

【国家能源局四川监管办公室】

基本情况　国家能源局四川监管办公室（简称四川能源监管办）是国家能源局派驻四川的机构，因国家机构改革，在原国家电力监管委员会四川监管办公室基础上设立，于2013年12月16日正式挂牌。

主要职责：作为国家能源局派驻在四川的能源监管机构，代表国家能源局履行中央监管事权，负责省内能源监管工作的具体实施，严格落实市场监管、电力安全监管、行业监管三项基本职责。具体职责：监管电力市场运行，规范电力市场秩序；监管电网和油气管网设施的公平开放；监管电力调度交易，监管电力普遍服务政策的实施；负责电力等能源行政执法工作，依法查处有关违法违规行为，监督检查有关电价；负责除核安全外的电力运行安全、电力建设工程施工安全、工程质量安全的监督管理以及电力应急和可靠性管理，依法组织或参与电力事故调查处理；负责组织实施电力业务许可以及依法设定的其他行政许可；负责法律法规授权以及国家能源局下达或交办的有关事项监管。

领导班子

党组书记、专员：何淑兰

党组成员、副专员：刘平凡

党组成员：张毅

组织机构　内设机构：综合处、市场监管处、电力安全监管处、行业监管处、资质管理处、稽查处。

主要工作　2020年，四川能源监管办在国家能源局党组指导下，以党的建设为引领，以行政执法为主线，认真履行派出机构是能源行业执法机构的角色定位，有序推动行业监管、市场监管、电力安全监管等各项重点监管任务，从四个方面积极充当能源“警察”角色。

（1）担当尽责，当好能源行业“执法员”。将“监管就是服务”的理念贯穿于行政处罚的全过程，在市场监管司、电力安全监管司、资质中心和可靠性中心的指导下，加大重点监管任务中的处罚力度。全年开展了“三区三州”农网改造升级攻坚专项监管、以信用为基础的电力业务资质许可专项监管、提升用户“获得电力”优质服务水平综合监管、提升供电可靠率及电压合格率重点监管、风电开发建设情况专项监管、可再生能源电力消纳责任权重监管、电力行业防灾减灾救灾专项行动及清洁能源专项监管“回头看”等重点监管工作，累计检查企业42家，开展监管约谈12次，约谈企业31家，下发监管意见书和整改通知书29份，立案调查14起，入库罚没金额482万元。

（2）攻坚克难，当好市场交易“裁判员”。针对四川电力市场“丰余枯缺”，市场主体“多、小、散”等复杂情况，设计形成了以3大市场政策、2种交易方式、4个交易周期、11类交易品种为核心，具有四川特色的市场交易体系，实现电力中长期基本规则在四川有效落地。四川省全年电力交易成交电量1061.28亿kWh。市场监管工作重心由市场建设逐步向市场秩序监管过渡，切实维护国家电力市场规则，及时纠正、果断终止了四川省违反市场原则的“定量定价、强制出清”铝电挂牌交易行为。同时，审慎包容妥善解决了88家电力用户与多家售电公司重复签约的问题，加强了售电公司入市和结算的监管，对违规交易行为进行及时干预。

（3）聚焦重点，当好国家能源政策“守正员”。

主动对标中央决策和国家能源局部署，以综合监管和专项监管工作为抓手，切实履行上级行业监管职责，及时向国家能源局报告了监管过程中发现的重大问题，并督促各项问题整改闭环，确保了国家政策、规划政令畅通和国家重大项目的顺利实施。在“三区三州”农网改造升级攻坚专项监管中，抓住脱贫攻坚重要时间节点，坚持实事求是原则，督导地方能源管理部门和实施单位按期完成了凉山、甘孜、阿坝三州2415个行政村的农村电网攻坚项目建设，为全省打赢脱贫攻坚战提供了坚强的电力保障；在“十三五”能源规划目标任务落实情况综合监管中，充分运用监管成效，向四川省委建言献策，针对性提出了四川燃气尚未充分释放推动产业发展的潜力和动能，应进一步加强天然气综合利用，在资源就地转化上谋篇布局，提前谋划管输系统，提高天然气资源配置效率，保障产能正常发挥的建议；在风电开发建设情况专项监管中，通过梳理全省93个风电项目，发现风电企业在开发建设过程中存在手续不完备、标准不到位等“赶工期”问题，深挖原因，加大统筹协调力度，督导电网企业对2019年后核准的15个风电项目切实采取有效措施，加快并网审批，并要求风电企业严格执行项目建设标准，进一步规范了四川风电发展秩序，持续推动了风电行业高质量发展。

（4）积极作为，当好电力安全“监管员”。围绕“一网二坝三网络四基建五应急”的电力安全监管核心任务，通过充分发挥四川电力安委会“抓大带小、分层分级”的平台作用，不断强化电力安全监管力度，以电力行业“排险除患”专项整治为契机，紧扣疫情复工期、主汛期、中秋国庆、岁末年初等重要节点，开展了4次暗访检查，共计抽查电力企业72家，发现各类问题175项，督促电力企业持续构建风险管控与隐患排查双重预防机制，加强施工现场安全管控力度，狠抓问题整改闭环，不断压实电力企业安全生产主体责任；同时，以防灾救灾减灾为工作重心，针对四川自然灾害多发特点，开展电力行业“防灾救灾减灾”专项行动，指导电力企业突出梳理排查风险隐患、细化落实防治措施、提高应急处置能力、督促问题整改闭环等4项任务。2020年西昌再一次发生“3·30”森林火灾，四川能源监管办积极主动应对，全程参与省政府调查组开展了调查工作，客观公正还原了起火过程，为确定火灾性质系一起受特定风力风向作用引发的自然灾害事件提供了专业支撑，并依法依规对相关电力企业及人员安全生产方面问题进行了问责处理，全面提高了电力应急管理水平。

（陈佳煦）

【国网湖北省电力有限公司】

公司概况 国网湖北省电力有限公司（简称国网湖北电力）是国家电网有限公司的全资子公司，以电网建设、管理和运营为核心业务，负责电网安全稳定运行，为湖北地区经济发展和人民生活提供电力保障。截至2020年底，有直属单位34家（其中地市供电企业14家，其他综合单位20家），直供直管县级供电企业84家；用工总量77175人，其中职工45077人，同口径同比分别下降1.72%、1.06%；用电客户2801.73万户，其中居民2521.92万户，大工业2.75万户，一般工商业163.37万户，其他113.69万户；投产110kV及以上输电线路1735km、变电容量896万kVA。2020年，湖北省全社会用电量2144.18亿kWh，其中，国网湖北电力售电量1810.03亿kWh，在国网系统排名第11位。

“十三五”期间，国网湖北电力持续推动企业治理体系和治理能力现代化。完成公司制改制，建立完善现代公司法人治理结构。在全国率先成立电力体制改革综合试点，配合推进输配电价改革、股份制交易机构组建和增量配电改革，市场化交易电量占比提升至39.79%。完成2个地方农电企业上划，国网十堰东风供电公司挂牌。组建国网湖北直流运检公司，成立审计中心。完成宾馆酒店、培训和医疗疗养机构改革。落实“战略＋运营”管控模式，下放三批“放管服”清单，“三项制度”改革取得成效。贯彻落实党和政府重大决策部署。实施阳光扶贫，捐建6座集中式光伏电站和236个村级光伏电站，完成31.83万户共88.23万人易地扶贫搬迁供电配套工程建设，定点扶贫的“三县一区”、国网湖北电力定点帮扶的182个扶贫点全部脱贫。接入风电、光伏装机容量达1200万kW，省内新能源实现全额消纳。打造三峡坝区绿色岸电实验示范区，实现长江流域（湖北段）港口岸电全覆盖。服务乡村振兴，建成潜江国家乡村电气化示范县和5个小康用电示范县。贯彻国家连续降电价政策，近3年累计降低客户用电成本176.82亿元。先后战胜2016年“98＋”洪灾、2018年历史罕见雨雪冰冻等各类自然灾害，完成抗击新冠肺炎疫情、第七届世界军人运动会等重大保电任务，湖北电网连续安全稳定运行38周年。

电网概况 湖北电网500kV及以上网架形成1个中部主框架、2个西电东送大通道及1个受端双环网格局；与河南、湖南、江西、重庆电网分别通过4回、3回、3回及4回500kV交流线路联网；与华东、广东电网分别通过4回、1回±500kV直流联网；通过荆门—南阳—晋东南1000kV特高压交流线路与华北电网相联。湖北电网以220kV电网为主要供电网络，并依托500kV变电站逐步实现分片分区运行。110kV电网以220kV电网为中心，实现分片分区运行，向配电网络和用户供电。

2020年，湖北电网有1000kV特高压变电站1座，500kV变电站31座，220kV公用变电站207座，110kV及以上公用变电容量18674万kVA、输电线路5.60万km。负责运维换流站7座，运维跨区电网设备规模居国网第一。截至2020年底，湖北全口径发电装机容量8272.72万kW（含三峡2240万kW），居全国第12位，同比增长5.22%。其中，水电、火电装机容量分别占45.41%和40.09%，风电占6.07%，光伏占8.43%。全年发电量3036.70亿kWh，同比增长2.15%。全社会用电量2144.18亿kWh，同比下降3.17%。

人力资源 印发《强化领导人员担当作为推进能上能下实施细则（试行）》，细化“下”的30种情形。新冠肺炎疫情发生后，下发专文，动态掌握各单位领导人员到岗履职情况。选优配强各部门各单位领导班子，2020年新提任领导人员中具有基层任职经历的占比86.1%，生产经营类专业占比达83.3%。实施新时代优秀年轻干部“蓄水池”计划，初步建立“三个100”优秀年轻领导人员库。新提拔副处级领导人员平均年龄45.56岁，比现有人员队伍平均年龄小5.26岁。

助力抗疫复工复产。组织“电力用工招聘季”专项招聘活动，召开24场次招聘会，向社会提供就业岗位4876个。发放抗疫专项补助6459万元，用足政策减免人工成本6.18亿元。制订“三项制度”改革专项行动方案，开展专题督导。1207人公开竞聘498个岗位，录用439人。实施无感识别考勤，实时监测长期不在岗、违规借用、人岗不匹配等现象。累计解除劳动合同417人、待岗155人。实施薪酬精准激励，推行“一线留人激励”“增人不增资、减人不减资”机制，制订差异化分配细则，重点对前5%的团队进行标杆式精准激励，督导专项奖差异化分配，合理拉开收入差距。首创员工职业价值观考核，对A级员工实施光荣榜、弹性休假、优先疗养送培等非物质激励。建立绩效经理人履职评估模型，开展“线上+线下”履职培训近53461人次，评选36名优秀绩效经理人。开展核心专业组织体系优化，支撑专业发展。搭建“鄂电在线课堂”直播平台，面向高校学生开设“云端实习”。2163名抗疫保电人员获得人才评价激励。

电网建设与发展 编制湖北电网“十四五”发展规划，荆门—武汉特高压交流工程获得核准，白鹤滩—江苏特高压直流工程取齐核准支持性文件，驻马店—武汉特高压交流工程前期工作取得重大进展，完成金上—湖北直流工程初步可行性研究，3项500kV和139项220kV及以下电网项目获得核准批复。陕北—湖北特高压直流工程（湖北段）线路全线贯通，500kV十卧线等一批重点工程按期投运。完成10kV及以下配电网改造建设投资61.85亿元，新一轮农网改造升级工程通过国家电网有限公司预验收。初步建成现代智慧供应链体系，全面深化64个场景应用。围绕能源互联网与数字新基建，推进两批40个试点示范项目实施。渝鄂直流背靠背联网工程获得国家优质工程金奖，孝感长湖变工程获得国家电网有限公司优质工程金奖。

“十三五”期间，国网湖北电力推进“四交三直”特高压工程，建成投运渝鄂直流背靠背联网工程，累计完成电网投资995亿元，投运110kV及以上输电线路8125km、变电容量4098万kVA，主网电力输送能力提升1200万kW。优化220kV电网分区分片布局，超额完成农网改造“6年600亿”投资目标，农网“两率一户”分别为99.823%、99.838%、2.38kVA/户，农村电网建设取得历史性成就。

经营管理 开展提质增效专项行动，落实7方面40项重点任务。促请国家能源局调整三峡电站增发电量消纳方案，全年购入三峡电量218.63亿kWh，同比增长28.79%。推动规范市场化交易电价政策，外购省间交易电量68.19亿kWh，降低购电成本6.65亿元。全面实施供售同期，经营管理手段更加精准有效。争取公司向国网湖北电力增加资本金10亿元，推动5.71亿元东西帮扶基金可转债转股。完成审计项目5307项，促进增收节支7.56亿元。节约物资采购支出8.75亿元。防范交易风险，签订全国首单售电公司履约保证保险。企业年金投资净收益率达13.07%。配合完成第二监管周期输配电价核定，准许总收入较首个监管周期增加47亿元。交易机构股改方案获得国务院国资委批复。制订落实国企改革三年行动计划实施方案。完成3.4万余名退休人员社会化管理移交任务。按改革要求撤销1个疗养机构。湖北正源产业管理公司实现实体化运作，完成15户平台企业股权划转。制定本部机构优化方案。组建省营销服务中心（计量中心），在宜昌、黄石试点开展变电集控站建设。推进“战略+运营”管控模式变革，明确30项“放管服”事项，制订自主决策负面清单83项。开展对标管理提升行动，不断优化核心指标。配合完成公司十大战略课题和智库专项课题研究，电价调研成果首次获得湖北省省委优秀调研成果一等奖，省级电网企业战疫保电机制建设成果获得国家电网有限公司管理创新成果特等奖。

安全生产 开展安全生产专项整治三年行动，细化落实50个方面180项重点任务，排查治理重点问题隐患1373项。深化“3+1”安全管理体系建设，修订领导干部安全履责手册、全员安全责任清单。建立完善重大电网风险协同防控、安全风险管控督查工作机制，有效管控 375 项五级及以上电网风险、8 万余项高风险作业。推进标准化安全作业，深化基建安全“两个标准化”管理，构建运检标准化体系。常态开展“四不两直”安全检查，完成 16 家单位安全生产巡查。开展基建施工现场“查风险、治违章、抓落实”安全大检查，强化防覆冰舞动、直供小区消防和森林草原火灾等隐患排查治理，在国网系统率先完成变电站消防取证（备案）。开展主要设备运行风险评估治理、供电可靠性提升专项行动，220kV 及以上输、变电设备故障停运次数同比下降 21.4%、33.3%，配电线路、台区故障停运条（次）数同比下降 22.7%、30.6%。完成三年触电防治专项工作，外部触电人身伤害事故数量下降 50%。加强网络安全和保密管理，全年未发生失泄密事件。成功应对 1961 年以来最强梅雨季 9 轮强降雨，确保电网在迎峰度夏最大负荷 4065.4 万 kW 状况下安全稳定运行。完成习近平总书记视察湖北等重大活动保电任务。

营销工作 完成 6.09 万户用能信息普查，完成替代电量 73.69 亿 kWh。开拓新兴市场，综合能源、电动汽车业务营业收入分别达到 8.2 亿元、3.3 亿元。实施阳光业扩，高压平均办电时间再压降 39.87%，38.85 万户小微企业实现“零费用”接入。多措并举加强线损治理，高损线路、台区数量同比下降 84.9%、70.9%，1 个县公司、3 个供电所进入国家电网有限公司线损管理百强县、百强所。助力“三县一区”全部脱贫摘帽，捐赠的光伏电站累计发电量 2.45 亿 kWh，国网巴东县供电公司获“全国脱贫攻坚先进集体”称号。精准实施乡村电气化工程，在全省实施乡村电气化惠农富民项目 81 项。开展电费回收专项行动，做实“一户一策”风险防控和正向激励机制，向困难企业推荐“电 e 贷”电费金融产品，年度电费回收率达 99.97%，超目标 0.08 个百分点。重构四级稽查体系，建立“三单两报一会”机制，累计追补电量 7969.29 万 kWh，实现合理增收 1.43 亿元。建立计量四级表库动态监控机制，将计量设备纳入固定资产管理范围，加快推进 HPLC 智能电能表建设。编制发布 59 个营销标准化作业指导卡，累计开展远程检查现场作业 8.7 万次，发现和整改各类问题 320 个。实施“全能型”乡镇供电所完善提升行动，“全能型”供电所创建实现全覆盖。开展供电所星级创建活动，累计创建“五星级”乡镇供电所 33 个。“十三五”期间，国网湖北电力推进增供扩销，累计售电量较“十二五”增加 1900 亿 kWh，增幅 30.88%。成立 14 家综合能源地市分公司，建成省内“三纵三横一圈”电动汽车城际互联快充网络。“获得电力”水平持续提升，高、低压办电时长分别压减至 34.16 天和 1.45 天。

科技与信息化 牵头项目获得中国电力科技奖 2 项、国家电网有限公司科技奖 6 项、湖北省政府科技进步奖 5 项（其中一等奖 1 项）。7 个国网总部科技指南项目全部通过验收。组织召开 2020 年科技创新大会，实施科技强企工程及新跨越行动工作计划。组织编写研究报告 32 万余字，召开研讨会 16 次，并邀请院士、知名专家和学者评审把关，聚焦以可再生能源为主体的未来电网等 6 个重点领域开展科技攻关，成立 6 个专职研究室，选拔 90 人专职开展技术攻关。加强国际标准创制的战略布局，实施激励政策和保障措施，6 个标准在 3 个国际标准组织获得立项。制定并印发《电网环境保护责任清单》，组织开展环境保护违规风险排查整治专项行动，完成问题整改 162 项。建立电网废弃物全流程管理工作机制，回收六氟化硫气体 3996kg，合规处置废铅酸蓄电池 220t。电网工程环评率和环保验收率均实现 100%。组织编制中国电力行业标准、国家电网有限公司企业标准等 3 本，“缩短输变电工程环保验收工作时长”等两项环保 QC 成果获得 2020 年电力行业 QC 成果一等奖。“十三五”期间，国网湖北电力累计获得省部级及以上科技奖 53 项，制定国家、行业等标准 93 项，IEEE 国际标准立项实现零的突破。

“十三五”期间，国网湖北电力推进电网数字化转型，完成云平台和数据中台建设，上线“网上电网”“网上国网”系统，电网实物 ID、一键顺控、智能巡检等新技术在生产运行中广泛应用。

优质服务 完成省营销服务中心（计量中心）组建。6 个地市实现“管办分离”，8 家城（园）区供电中心成立。发布营业厅转型升级“三个标准”，累计建成“三型一化”营业厅 139 个。推进营业厅综合柜台及城区低压网格服务，“强前端，大后台”现代服务体系进一步巩固。推广线上办电，“网上国网”注册、绑定客户均突破 500 万，活跃客户达 212 万。推广“四个一通”管理模式，月均支撑供电所现场服务 49.63 万次。完善 95598 投诉“日预警、周分析、月通报”管控机制，开展服务行为规范和漠视侵害群众利益问题“两个治理”，累计整治各类问题 239 项，95598 投诉量同比下降 50.35%，百万用户投诉数降至 163 件，4 家县公司、340 个供电所实现“零投诉”。

党的建设和精神文明建设 学习贯彻习近平总书记重要讲话和指示批示精神，两级党委中心组开展学习 240 余次。贯彻《中国共产党国有企业基层党组织工作条例（试行）》，推进“基层党建巩固提升年”工作，实施“党建+”工程。落实党员“双报到”制度，全体党员下沉社区参与联防联控、社区治理。选聘 641 位“组织生活观察员”，党支部标准化建设水平持续提升。配合公司党组巡视，完成巡视巡察各项任务。实施疫情防控保障和扶贫监督，开展基层供电所360°监督体系建设与实践。建立执纪审查统筹机制，严格规范受理处置问题线索。全心全意为职工办好“六件实事”，班组层面考核指标压减85%，建成职工诉求服务中心116家，完成1188个独立办公班组“五小”建设。组织全员学习宣贯国家电网战略，开展“学战略、讲担当、干精彩”主题党日周、“我为公司战略添精彩”建议征集等活动。对接国家电网战略目标，构建具有湖北特色的“13810”战略落地工作体系，明确两个阶段目标和发展路径，制定61项落地指标，实施党建引领、安全筑基等八项战略落地行动，打造十项“样板工程”。提请国家电网有限公司与湖北省政府签订战略合作框架协议，推动国家电网战略与地方发展战略深度融合。围绕抗疫保电、防汛抢险等重大任务开展主题宣传，在主流媒体平台发稿数量创历史新高，国网湖北电力微博、微信账号获评国资委2020年度“央企最具影响力新媒体二级账号”。4名职工当选“全国劳模”，胡洪炜获评全国“最美职工”。

抗疫保电 疫情期间，完成全省204个重要用户电力配套设施新建改造工程，三天三夜为雷神山医院通电，五天五夜为火神山医院通电，以最快速度打通全省各医疗救治场所供电保障“生命线”，确保全省高峰时期3774家重要用户可靠供电。累计投入保电人员112.1万人次、车辆20.9万辆次。

疫情形势向好后，国网湖北电力服务“六稳”“六保”大局，落实公司服务疫情防控和经济社会发展7批59项措施，贯彻国家阶段性降价政策，惠及166.87万客户，减少企业用电成本43.37亿元，高峰时期130余万用户欠费未停，7.93万台次电动车免收充电服务费，累计向社会提供就业岗位4876个。持续开展14.6万户高压客户用电监测，助力政府精准推进复工复产。国网湖北电力党委被授予国家电网有限公司“抗击新冠肺炎疫情功勋集体”称号。

（梅寒洁　杨　倞）

【国网湖南省电力有限公司】

公司概况 国网湖南省电力有限公司（简称国网湖南电力）是国家电网有限公司的全资子公司，以建设和运营电网为核心业务，担负着保障湖南省电力可靠供应的重大责任。现设职能部门19个，下辖市（州）供电公司14家、县级供电公司98家，员工总数7.1万人（全口径），供电范围覆盖全省14个市（州）117个县（市、区），营业区面积占全省总面积的96%，营业区人口占全省总人口的98%。2020年，完成售电量1538亿kWh，同比增长3.99%；资产总额1240.78亿元；营业收入880.02亿元，同比增长0.63%；资产负债率68.99%，下降0.47个百分点，降至近16年来最低。

电网概况 截至2020年底，湖南电网发电设备装机容量4984.29万kW，比年初新增装机容量243.67万kW。其中：水电装机容量1709.91万kW，占34.31%；火电装机容量2208.72万kW，占44.31%；风电装机容量669.09万kW，占13.42%；太阳能发电装机容量390.67万kW，占7.84%。拥有35kV及以上输电线路约7.0万km，变电容量1.80亿kVA。

2020年，湖南电网发电量1570.33亿kWh，同比增长0.13%。统调外省净输入电量302.68亿kWh，同比增长26.24%。日最大电量6.9亿kWh，同比增长9.5%。全省社会用电量1929.28亿kWh，同比增长3.47%。分行业看，第一产业用电量17.50亿kWh，占0.91%；第二产业用电量1030.39亿kWh，占53.41%；第三产业用电量348.96亿kWh，占18.09%。

人力资源 三项制度改革走深走实，出台职员工匠管理实施细则，建立人员能进能出、职级能上能下、待遇能高能低的动态管理体系。全面招聘高校毕业生931人、供服职工880人；持续推进“教育＋就业”精准扶贫，完成供电服务职工定向培养招录354人，得到省委副书记乌兰同志批示肯定。刚性执行解除劳动合同100条“底线清单”，解除劳动合同371人，首次实行供服职工待岗197人。开展“向配网开战”人资优化提升专项活动，盘活用工存量2537人次，“一所一策”制定人员盘活方案783个，完成人员正向流动1465人次，配电网专业核心岗位配置率提升至107.8%。全面运行三级内模市场，内模市场考核结果与工资总额挂钩比例提升至20%。实行供电所工资总额包干，推进供电所减员增效；试点台区竞标、任务抢单、项目提成等多元化薪酬激励模式。深化组织机构改革，设立省级智能运检管控中心、安全管控中心，推进运检、安监管控数字化转型。开展省业务支撑单位机构优化调整，实施主业与省管产业单位一体化运作。成为国网系统首家承担正高级区域评审的单位，率先自主实施中级职称评审，完成职业技能等级认定试点人社部、人社厅双备案。

统筹抓好领导人员“选育管用”各项工作，多途径、多维度动态跟踪，建立包含30家基层单位领导人员疫情防控期间履职担当情况和典型事迹考察档案。把扶贫攻坚、安全生产、提质增效等6项重点工作纳入考核内容，由专项工作主责部门建立可量化、能定责、可追责的工作目标及5个等级的评价标准，考准考实干部。制定优秀领导人员和青年人才储备库管理暂行办法，按专业类别、年龄层次建立完善优秀领导人员和青年人才“六个储备库”，实现所有市州公司均配有40岁左右三级领导人员、98家县公司中有91家领导班子均配有35岁以下四级领导人员。出台差异化绩效补助、选派人员纳入优秀年轻领导人员储备库等12项激励措施，选派8名优秀人才赴湘西、怀化等单位进行3～4年的中长期人才支援。驻村帮扶圆满收官，162个驻点村均顺利通过国家脱贫攻坚普查；公司驻邵阳市新邵县坪上镇小河村帮扶工作队获全国脱贫攻坚先进集体，3名驻村第一书记获评全省“百名最美扶贫人物”。

电网建设与发展　2020年是湖南电网建设“三年行动计划”攻坚之年。全年完成电网基建投资240.20亿元，累计开工35kV及以上输变电工程变电容量1911.07万kVA，线路长度3991.59km；累计投产35kV及以上输变电工程变电容量1583.32万kVA，线路长度2745.08km，全面实现电网建设进度目标。推进“两交一直”特高压工程建设，雅中—江西±800kV特高压直流线路（湖南段、贵州段）基本建成，南昌—长沙特高压交流工程完成核准具备开工条件。投产500kV望城、南岸，220kV长沙乐官冲、对家湾、益阳资阳、常德架桥等一批重要输变电工程，有效提升湖南电网供电能力，岳阳汨罗西220kV变电工程荣获国家电网有限公司2020年度输变电优质工程金奖。连续3年打赢长沙电网建设“630攻坚”战，长沙电网供电能力提升至1000万kW，“长沙630模式”和“长沙630品牌”深入人心，“政企合作、共建电网”机制全省范围深化推进。试点开展国网湖南电力第二期60MW储能示范工程建设，“新能源＋储能”模式在全省推广。按期投产浏阳惠科等一批重点客户供电工程，超额完成主网扶贫项目，彰显湖南电网建设者社会责任。

“十四五”期间是电网大建设高峰，计划完成电网基建投资共1079.7亿元，35kV及以上电网投资599.2亿。其中特高压投资82.2亿元，35～500kV投资517亿元。特高压电网加快推进南昌—长沙、荆门—长沙特高压交流工程建设，推动第二回特高压直流入湘，形成“强直强交”特高压骨干网架。220～500kV电网新增变电站94座，变电容量4696万kVA、线路6414km。220kV及以上变电站布点覆盖至全省14个市（州）122个区县。基本建成500kV“南北分片，立体多环”、220kV“分区清晰、网架典型、运行灵活”的目标网架。35～110kV电网新增变电站343座，变电容量2271万kVA、线路7683km，全面解决110kV线路及主变压器重过载问题，差异化发展35kV电网。

经营管理　做好“两个统筹”和“三个平衡”，实现了稳经营、降杠杆“双胜利”。公司营业收入880亿元，同比增长0.63%，剔除降价影响增长2.9%；利润总额－13.7亿元，同比减少9.1亿元，剔除降价影响增长15.8亿元；资产负债率68.99%，较年初下降0.47个百分点，降至16年以来最低；资产总额突破1200亿元达到1241亿元。严格落实党中央“三去一降一补”政策，清理收回各类历史欠款4亿元。争取省财政农网贴息资金5.22亿元，全年减免企业所得税1.02亿元，累计接收用户资产49.96亿元。支持企业复工复产，认真落实“阶段性降价措施”，降低用户电费成本24亿元。争取价格主管部门明确市场化燃煤上网电量不再单独支付超低排放电费，年降低购电成本超过4亿元。优化综合能源股权结构，率先无偿划转40%股权至国网湖南综合能源服务有限公司，并同比例增资至10亿元，公司现金出资4.48亿元。完成湖南电力交易中心混改，注册资本增资扩股至0.96亿元，成功引入社会资本0.26亿元。探索应用人工智能技术，聚焦基层一线减负，在公司系统率先开发报账终端、开票终端实体机器人应用，2020年已开具专票1万多张，累计金额8亿多元。

聚焦企业管理提升，推进管理创新、全面质量管理等企业基础管理工作。2020年，管理创新成果历史首次获得国家电网有限公司一等奖；获电力行业级管理创新成果二等奖1项；省级一等奖8项、二等奖17项，连续七年居湖南省企业之首。获国家优秀质量活动（QC）小组1个、全国质量创新最高示范级奖2个、国家电网有限公司二、三等奖各1个；国网湖南电力获得湖南省“全面质量管理推进41周年杰出推进单位”称号和“湖南省全面质量知识竞赛一等奖”荣誉；35个成果获得湖南省质量管理活动一等奖，65个QC小组获得“湖南省优秀质量管理小组”称号；2家单位获得“湖南省质量管理小组活动优秀企业”称号，张家界供电公司获得湖南省唯一的“全国用户满意服务”荣誉称号，永州双牌供电公司、岳阳君山供电公司获得“全国用户满意工程”荣誉称号。2020年蝉联“湖南服务业50强企业”第一名。

安全生产　湖南电网连续安全稳定运行39周年，连续10年获得“湖南省平安单位”称号。纵深推进安全生产专项整治三年行动，排查形成“问题隐患”清单132项、“制度措施”清单63项。有序推进2967处35kV及以上线路“三跨”、247项电缆本体及通道“六防”隐患治理，实现全省1775座在运变电站消防验收（报备）合格全覆盖。挂牌成立省级无人机机巡中心，新一代省级配电自动化系统全面建成，设备智能化水平稳步提升。抓好迎峰度夏、防冻融冰、迎峰度冬、防汛防山火等工作，成功战胜洞庭湖21世纪最长洪水及9月份历史最强秋雨过程。全力开展省内防疫应急保电，完成34个新（改）建定点医院（隔离区）电力配套设施改造施工，为省内122家定点医院、353家发热门诊等重要用户提供可靠供电保障；精心选派21名队员，圆满完成赴鄂保电支援任务，获评“湖南省疫情防控突出贡献单位”，并获国家电网有限公司党组表扬。高质量完成华中四省应急基干分队互训互练活动，圆满完成中央领导来湘调研等重大活动保电任务。

深入推进配电网“两降一控”专项行动，完成136座35kV变电站、279条35kV线路和1876条10kV高跳闸线路集中检修。专项治理频繁停电和低电压等突出问题，全年完成配电网工程投资计划约63.4亿元。10kV线路故障率、配电变压器停运率、配电变压器平均停运时长同比分别下降57.41%、38.64%和45.04%。圆满完成新一轮农网改造升级任务，农网户均配电变压器容量从“十二五”末的1.41kVA增至2.13kVA，“两率一户”指标达到国家要求。作为靶标单位，完成公安部“HW2020”网络安全专项演习任务，防守零失分、溯源报告获加3540分，排名国网系统第一，被评为国家电网有限公司2020年网络安全先进单位。水电专业在全国电力行业大型水电厂水轮机检修工职业技能竞赛获团体三等奖。

营销工作 全年售电量同比增长3.99%，增速位列国网系统第10位，市场占有率89.85%。引导1200余家企业参与“两类专场交易”，降低客户用能成本约4亿元，拉动售电量增长约41亿kWh。完成重点领域电能替代电量19.2亿kWh，同比增长23%，超年度目标4.2亿kWh；打造了岳阳锚地岸电、耒阳全电养殖、隆回电烤百合、嘉禾绿色铸造、宁远电烤烟等一批电能替代示范工程，成功争取政府出台“绿电交易”政策，将铸、锻造行业电能替代用户纳入“扩需增发”专场交易范围。新接管39个自供区，售电规模达1.5亿kWh。加强与广西桂东、全州电力市场合作，趸售广西电量同比增长2亿kWh。推动浏阳地区三家经营区外大客户并网，年增售电量0.9亿kWh。新兴产业快速发展，综合能源16大板块业务完成营收9.08亿元，同比增长5.58亿元，完成全年目标的129.71%，其中四大重点领域营收5.6亿元，完成率143.59%。实施电动汽车“百县千桩万联亿度”工程，与104个区县政府签订充电基础设施建设战略合作协议；建成快充桩1144个，排名国网系统第2位；国网资产充电量占经营区内全社会充电量比重提升1.73个百分点；完成电动汽车新零售销售额0.84亿元。成功争取到“湖南省充电基础设施政府监管平台”建设运营权；促请省政府出台《湖南省居民住宅小区供配电设施建设技术标准》《湖南省电动汽车充电设施技术标准》两个强制标准。

当年电费实现结零，电费自然回收率达96%，成功收回历时四年的铁路企业价差争议电费1507.54万元；重签电费代收协议，优化收费结构，压降电费代收手续费2011万元。完成台区线损率3.65%，同比下降0.88个百分点，低于年度目标0.31个百分点，少损电量约5.3亿kWh。结转营业外收入7091万元。反窃查违增收2.17亿元，同比增长73.6%。促请政府出台《智能电能表运行校准规范》，年节约表计购置成本近6亿元；开展计量拆回集中分拣，实现经济效益6800余万元；理赔电能表7.6万只，挽回经济损失1368万元；排查计量装置故障1.21万起，整治接线错误6251起，支撑发现反窃电1.6万起。实施小水电集约精益管理，推动电量增发21.6亿kWh，调峰能力提升28.3%。

科技与信息化 全年共获省部级及以上科技奖励24项，其中中国电力科学技术奖6项、湖南省科学技术奖5项（牵头项目获一等奖1项）、国家电网有限公司科学技术奖13项，创造了连续5年有牵头科技项目荣获湖南省科技一等奖的历史。牵头编制国家标准1项、行业标准3项、企业标准11项，参与2项国际标准编制，提交2项IEEE国际标准提案，技术标准创制能力明显提升。年度申请发明专利329项、授权发明专利162项、申请海外专利1项，截至2020年底累计拥有发明专利797项。供电服务中心高分通过中电联5A级“标准化良好行为企业”现场评价。电网输变电设备防灾减灾技术、电力设施噪声与振动、配电网智能化应用及关键设备3个实验室顺利通过国家电网有限公司中期评估；供服中心智能电气量测与应用技术省重点实验室顺利通过科技厅建设期验收；命名检修公司“变电智能运检技术与装备实验室”为公司实验室，初步建成国家级、省部级、公司级三级实验室管理体系。

基本建成数字化建设“四梁八柱”。云平台开始规模应用，建成770个节点的内外网云平台，有力支撑新业务新产业应用。开展“上云上平台”专项行动，74套信息系统云上部署。建成内外网物联管理平台，实现与数据中台、配电网主站等业务及数据贯通，配电台区、智慧能源综合服务等智慧物联试点应用示范形成国家电网有限公司典型设计，入选湖南省“数字新基建”标志性项目。企业中台服务能力显著提升，数据中台汇聚27个专业137套信息系统数据，支撑提质增效、供服指挥、两降一控等71项公司重点应用开发，赋能二级单位中台取数开发大数据应用。“共建共享共用中台运营模式”等5项典型经验入选国网企业中台建设典型案例。电力“富矿”价值开始有效挖掘，电力数据看企业复工复产、电力环保智慧监管平台和电力数据看扶贫等应用服务社会治理深受好评，数据增值服务收入 6032 万元。

优质服务 弘扬“人民电业为人民”企业宗旨，服务水平持续提升，作为国网首批试点单位，推行“阳光业扩”服务，政企信息共享、电网信息公开等取得突破。继续推行“三省”“三零”服务，高压客户、低压小微企业平均接电时长降至 38.2 天、6.2 天，分别下降 22.36%、45.16%，节约客户办电成本约 14.1 亿元，圆满完成国家营商环境现场评价工作。推广线上服务渠道，“网上国网”、企业微信号分别注册用户数 570 万、1108 万；低压线上交费率达 94.6%，同比提升 5.22 个百分点。实施供电服务指挥中心深化运营五大攻坚工程，优化机构、健全制度、完善功能，提升了服务管控质效。推动供电服务站数字化转型，“小网格、大服务”打出了湖南品牌。全年累计受理投诉同比下降 70.68%，超国网平均降幅 18 个百分点。

党的建设和精神文明建设 完成“基层党建巩固提升年”任务，国网湖南电力党建及党建带团建工作得到国务院国资委党委高度肯定，国家电网有限公司党组 2 次致信表扬，对国网湖南电力“以党建引领推动国网战略落地”专题报告进行批示肯定。全年在国家电网工作动态、简报、培训班等交流党建经验 17 项。全力支持疫情防控和复工复产，24 个抗疫先进集体（个人）获国网湖南电力党组和湖南省委表彰。持续加强基层基础建设，编制党委书记抓党建履职到位标准，推广应用“履职台历”，编写 15 本党建标准化作业指导书，开展“党建 + ”十大工程，深化“联学联创”。实施“百千万”新时代党建人才工程，集中开展党务培训 13 期 1297 人次。国网湖南电力党委成功创建“湖南省基层党建工作示范点”，获 5 项国家电网有限公司“党建标杆”；连续四届获评“湖南省文明行业”，湖南省委书记许达哲为国网湖南电力党委书记颁发“湖南省文明行业”荣誉奖牌，4 家单位成功创建全国文明单位。

建成集新闻采编、舆情管理、千屏联播、品牌管理 4 大模块于一体的融媒体平台，策划实施重大主题传播 98 次、各级媒体发稿 9260 篇次。国网湖南电力内参报道获国家电网有限公司、省委省政府主要领导批示，中宣部、省委宣传部分别选定文章、袁国平两名员工为“抗疫群英谱”宣传典型，中国青年报头版头条刊发国网湖南电力抗洪保电报道，中央电视台“新闻联播”报道驻村扶贫工作成效。连续两年在湖南省网上群众工作高峰论坛上获评“网民留言办理工作先进单位”。6 个社会责任根植项目入选国网案例库，2 项社会责任成果获湖南省管理创新一等奖，“透明服务”项目荣获“金钥匙——面向 SDG 的中国行动”优胜奖，获评“中国电力行业公众透明度十大典范案例”。新媒体账号总粉丝量达到 1160 万，官方微信微博获评中国企业新媒体年会最具影响力新媒体账号；微博获评全国国资委系统十大微博；作品连续 3 年获评国务院国资委“国企好新闻”。

各级工会坚持“依法、服务、创新”的工作思路，持续推进美好家园建设，3 人获评全国劳模，12 人获评省劳模，6 人获评国家电网有限公司劳模；1 家单位获全国厂务公开民主管理先进单位，4 家单位获全国模范职工小家，3 家单位获湖南省工会财务管理先进单位；工会获华中电网重点工程建设劳动竞赛优秀组织奖和全省职工主题阅读活动优秀组织奖，1 个工作室获评全国示范性劳模和工匠人才创新工作室（国网系统总计 4 个）。深入开展“三送三不让”活动，完善困难职工动态建档和常态帮扶机制，建立公司层面职工心理关爱工作室，促成建立大病帮扶机制，为职工办实事工作全部按期保质完成。完成供服职工和省管产业单位直签员工工会组织建设，工会组织实现全覆盖；“指尖上的职工之家”在全省推广普及；工会被评为国家电网有限公司工会工作先进单位，全面建成“党委放心、基层贴心、职工暖心”的工会组织。

（叶伏虎　刘　磊）

【国网河南省电力公司】

公司概况 国网河南省电力公司（简称国网河南电力）是国家电网有限公司的全资子公司，国有特大型企业，肩负着为河南省经济社会发展提供可靠电力保障的重要任务。截至 2020 年底，国网河南电力辖市供电公司 18 家、业务支撑机构 17 家、县级供电企业 110 家。全年发展总投入 309 亿元；售电量 2851 亿 kWh、同比增长 0.37%；电费回收率 100%；圆满完成利润指标，年末资产总额同比增长 2.64%，资产负债率同比降低 1.66 个百分点；职工劳动生产率增幅 5.75%。2020 年，国网河南电力系统 12 家单位获第六届全国文明单位，4 人获全国劳模，17 人获河南省五一劳动奖章和国家电网有限公司劳模称号，1 人获评“国网工匠”。2 项管理创新成果荣获第二十七届全国企业管理现代化创新成果二等奖，1 项 QC 成果获国际 ICQCC 大赛最高奖——铂金奖，5 项 QC 成果获得“全国优秀质量管理小组”。

电网概况 河南电网处于全国联网的枢纽位置，是华中电网的重要组成部分。河南电网通过天中直流、青豫直流、灵宝直流背靠背换流站同西北电网相连，通过长治—南阳—荆门特高压交流试验示范工程在南阳特高压站与华北、华中电网联网，通过 4 回 500kV 线路与华中主网相连，通过 1 回 500kV 线路（停运）同华北电网相连。截至 2020 年底，河南电网拥有 1000kV 南阳特高压变电站 1 座、驻马店特高压变电站1座，主变压器总容量1200万kVA；±800kV天中直流中州换流站1座、青豫直流换流站1座，输送总容量1600万kW；500kV变电站（开关站）44座，主变压器容量7940万kVA（不含姚孟联络变压器）；公用220kV变电站339座，主变压器容量11056万kVA；公用110kV变电站1303座，主变压器容量10431万kVA；公用35kV变电站1500座，主变压器容量2355万kVA；公用10kV配电变压器46万台，配电变压器容量11308万kVA。截至2020年底，国网河南电力拥有110kV及以上智能变电站534座，智能变电站覆盖率31.6%；220kV及以上输电线路重要区段实现在线监测全覆盖，智能电能表覆盖率达到100%；建设配电终端2.3万个，线路覆盖率44.6%。电力光缆长度共约7.78万km，220kV及以上、110kV、35kV站点双路由覆盖率分别为100%、80%、58%；18地市配电自动化主站系统全覆盖，调度自动化省地县一体化D5000调控系统全覆盖，35kV及以上厂站调度数据网双平面全覆盖。

人力资源 截至2020年底，国网河南电力共有职工77734人，其中研究生及以上学历3761人，本科学历34720人，专科学历20922人；高级职称7718人，中级职称14628人；技师及以上职业资格39195人，高级工18923人，中级工4114人。完成退休人员社会化管理移交工作。国网河南电力系统46757名退休人员于2021年9月份整体移交地方街道社区实现社会化管理，在国网系统和驻豫央企中率先完成各项移交任务，国家电网有限公司董事长、总经理做出重要批示，给予充分肯定。在国家电网有限公司社会化管理工作推进会上，国网河南电力做典型交流发言。

电网建设与发展 国网河南电力牢牢把握新基建重大机遇，加快各级电网协调发展，深化数字技术赋能，推动电网向能源互联网转型升级。促成网省双方成功签订“十四五”战略合作框架协议，推动河南省建立电网投资项目核准备案机制，“十四五”电网规划通过国家电网有限公司评审，为电网高质量发展提供有力保障。克服疫情影响，世界首条专门输送清洁能源的特高压工程——青豫直流全面竣工，邵陵调相机、驻南交流等配套工程如期投产。建成110～500kV电网项目264项、10kV及以下配电网工程9600项，豫东南电网长期薄弱问题得到有效改善。漯河西500kV变电站工程荣获国家优质工程金奖、6项工程入选国家电网有限公司配电网百佳示范工程。

经营管理 大力实施提质增效专项行动，完成东西帮扶资金债转股、省财政农网补助资金；拓宽低成本融资渠道，节约利息支出；严格成本需求“一事一审议”管理，审减机关本部相关支出计划，审减额度重点保障营销投入和增加基层单位可统筹额度。营销稽查和反窃查违挽回损失3.7亿元；进一步提升跨省跨区通道利用效率，购入低价外电规模再创新高；综合线损率完成7.45%，同比下降0.1个百分点。组织开展清仓利库专项行动，全年累计清仓利库金额9.16亿元，位列国家电网有限公司第1名，废旧物资处置1.34亿元，跨省物资调拨1676万元。推进电力交易机构独立规范运行，河南电力批发市场、零售市场基本形成，市场交易规模和成效均居国网系统前列。全年市场准入用户突破1.6万户，完成市场化交易电量1345亿kWh，累计降低企业用电成本17.6亿元。

安全生产 坚持把握“两个不出事”和“四个百分之百”根本要求，启动开展安全生产集中整治三年行动，建立“三上三下”工作机制，认真完成“一上一下”阶段性工作。建成省市县安全管控中心，在电科院成立了安全技术中心，风险管控平台投入运用。下大力气整治外包领域安全管理短板，制定《国网河南省电力公司建设施工承分包安全管理实施细则》《电网建设工程施工可专业分包项目清单指导意见》《电网工程分包单位法定代表人管理措施》和《施工作业人员“三大纪律八项注意”保命口诀》等制度。对12家地市单位进行了安全生产巡查，对22家单位44个作业现场开展安全教育培训活动，面对施工作业人员，重点培训“保命口诀”以及“一停二避三报告”应急处置流程。在203座变电站加装固定围栏，提前一年实现220kV及以上变电站全覆盖。成功举办大面积停电事件综合应急演练，受到河南省人民政府发展改革委表扬。完成“三站十六线”集中年检，常态化开展缺陷隐患排查治理。高效完成年度9251项综合检修任务，治理深基坑作业、电气消防等各类隐患1.4万余项。500kV及以上变电设备故障率继续保持为零，220kV及以上输电线路跳闸率降低7.78%，10kV配电线路故障停运率下降23.41%。高效完成变电监控业务接收，稳步推进市县运检一体化。创新开展防汛“挂图作战”，成功应对夏季豫南洪涝灾害、冬季寒潮及省网历史新高负荷考验，出色完成驰援湖北抗击疫情、国家领导人在豫调研、央视春晚、央视中秋晚会等重大保电活动。

营销工作 2020年，售电量2850.88亿kWh，同比增长0.37%。市场占有率96.54%，增量占比3.89%。上半年、三季度及全年电费回收率均实现100%。推行台区线损精益化管理，台区线损率降至3%，较年初降低了0.99个百分点；治理高损台区1.58万个，较年初减少89.5%，高损台区占比降至0.41%，负损台区占比降至0.11%，居公司先进水平。坚持全员常态周周查的反窃查违工作机制，开展夏季、冬季“天网”反窃电专项行动，创新构建供电服务稽查监督体系，建立五项配套工作机制，累计查改问题 3.7 万件，完成反窃电和营销稽查成效 3.7 亿元。在全省范围内推动实施电能替代项目 20508 个，替代电量 170 亿 kWh，拉动售电量增长 5.99 个百分点。完成 100.65 万户“煤改电”改造，实现河南散煤取暖基本“清零”。加强需求侧管理，通过实施季节性需求响应、约定需求响应、实时需求响应，累计补偿用户 366 万元；按照 8600 元/kW 建设标准计算，节约电源及电网配套投资 33.8 亿元。开发上线省级智慧能源服务平台，实现全社会用能信息广泛采集、客户能效在线分析、用能优化科学决策等服务。新冠肺炎疫情防控期间，利用电力大数据推出“复工率 + 达产率”两项“开复工电力指数”。坚决执行国家降价政策，研究出台 3 批 34 项助力企业复工复产具体措施，有力支持企业复工复产。推动省政府在全国率先出台充电桩运营奖补、既有停车场充电设施建设等支持政策。优化电动汽车、综合能源公司管理模式，有序布点分支机构，在市公司全部组建新兴市场开拓中心。与 5 家市政府签订合作协议，政企协同开拓新兴市场，完成 2699 个充电桩年度建设任务。

科技与信息化 召开科技创新大会，发布国网河南电力 2021～2023 科技创新研究框架，构建“3425”科研体系，命名 3 个新兴技术实验室，推出 30 项科技揭榜项目等一批硬核举措。国网河南电力获得 24 项省部级科技创新奖励，首次获得中国电力科技进步一等奖；首次获得 1 项 IEC 国际标准立项，1 项 IEEE 国际标准修订立项。申请专利 1034 项（其中发明专利 503 项），授权专利 850 项（其中发明专利 190 项）。1 个技术标准创新基地、3 个技术标准验证实验室获国家电网有限公司命名。数字基础建设亮点纷呈，国网首家建成华为 8.0 云和数据中台，3 座特高压站实现 5G 网络全覆盖，全面推广供电所移动作业终端应用融合，实现供电所现场作业“六个一”。在“强网杯”“护网杯”国家级网络安全竞赛中位列央企第 1 名；牵头国网网络安全到基层专项活动；搭建精品展厅，助力国家网络安全宣传周；推进信息调运检体系落地实施。全国首家建成省级能源大数据中心并率先验收投运，上线能源监测预警等 9 项应用场景，出版国内首部能源大数据发展白皮书。兰考能源互联网综合示范建设列为网省战略协议五项重点任务之一，作为全国唯一农村能源互联网综合示范项目参加第三届数字中国建设成果展。建成基建全过程、省级智慧能源等业务数字化平台，多维精益、现代智慧供应链、数字化审计等业务数字化应用获国网肯定。大气污染防治电力绿色调控平台、“中原智充”等一批能源互联网产品打响了品牌，产业生态圈初步形成。

优质服务 持续推进“三大领域”问题根源治理，全年 95598 投诉总量 3483 件，同比下降 84%，降幅位居国网系统第 1 名；百万户均投诉量 83.7 件，位居国家电网有限公司第 7 名，进入公司先进行列。12398 投诉举报总量降至全国第 5 名，百万人均投诉举报量达全国第 10 名。大力实施“便民、提速、降本”办电新模式，发布“获得电力”12 项服务举措，获评全省营商环境优势指标，在河南省营商环境培训大会上作典型经验介绍。推动理顺农业灌溉用电设施建管体制，破解农业灌溉用电难、管护难等历史问题。大力支持河南省 5G 新基建，全省转供电基站比例下降至 18.8%，提前两年实现工作目标，得到省长批示肯定。全面完成省营销服务中心、市营销支持中心、229 个营配融合城区网格化服务供电部建设，实现网格化低压营配融合供电服务机构全覆盖。15 个供电所达到公司先进水平，撤销 255 个小弱供电所，合并建成 292 个中心供电所，探索推行综合值班岗制和模拟工资总额制。大力配合省生态环境厅开展大气污染防治攻坚工作，PM2.5、臭氧、一氧化碳、优良天数四项指标在京津冀及周边省份中改善幅度最大，重污染天气累计天数大幅下降。促请政府出台《全省烟叶烤房电代煤工作三年行动计划》，明确用三年时间完成全省 2.79 万座烟叶连片燃煤烤房电代煤改造，全部改造完成后，每年减少散煤燃烧 9 万余吨，综合运行成本降低 40%。推动落后燃煤自备电厂关停及转公用机组代发 16 台，容量 100 万 kW。规范客户安全用电管理，督导整改重要客户用电安全隐患 2148 条，全力保障 1201 个重要场所和客户用电安全；圆满完成重要节假日、重大活动供电安全保障及优质服务工作，配合完成央视春晚、中国 500 强企业高峰论坛、中国金鸡百花奖电影节、高考、两会等重大活动和专项保电任务 89 项。

党的建设和精神文明建设 坚持党的领导、坚持党建指引业务推进，用习近平新时代中国特色社会主义思想武装头脑、指导实践、推动工作，做到学思用贯通、知信行统一。以党建促业务，以业务促发展。加强党的建设贯穿始终，充分发挥党建独特优势；强化政治统领，践行“两个维护”。始终把学习贯彻习近平新时代中国特色社会主义思想作为重大政治任务，严格执行“第一议题”制度，坚持以党的政治建设为统领，以提高党的建设质量为主题，以提升基层组织力为重点，深入推进融入融合、着力强化创新创优，推动不忘初心、牢记使命制度化长效化。各级党组织通过“三会一课”、主题党日等多种形式，强化理论武装，强化严规明矩，广大党员干部“四个意识”更加牢固，“四个自信”更加坚定，“两个维护”更加自觉，责任落实更加有力。“三基”建设不断强化，扎实推进“基层党建巩固提升年”各项工作，大力开展“党建 ＋ ”工程。党的制度建设不断完善，基层基础持续夯实。强化党建赋能，奋进氛围更加浓厚，创新理论定向领航。

（张　申）

【国网江西省电力有限公司】

公司概况　国网江西省电力有限公司（简称国网江西电力）是国家电网有限公司的全资子公司，是以电网建设、管理、运营为核心业务的国有特大型能源供应企业，承担着为江西省经济社会发展和人民生产生活提供电力供应与服务的重要使命。本部设有 22 个部门，所属单位 120 家，其中市级供电公司 11 家、直属单位 12 家、县级供电公司 97 家。现有用工总量 5.56 万人（其中主业用工 3.85 万人，集体企业用工 1.71 万人）；经营区域覆盖全省，供电客户 2243.47 万户，供电人口 4666.1 万人。

2020 年，完成投资 235 亿元，增长 50%。建成投产 110kV 及以上线路 2388km。新建扩建变电站 62 座，共计容量 1118 万 kVA。售电量 1348.43 亿 kWh，同比增长 6.71%。概念收益 257.93 亿元，同比增长 6.29%。营业收入 774.27 亿元，同比增长 4.16%。综合线损率 3.93%。资产总额 1006.66 亿元，同比增长 19.01%。资产负债率 68.21%，下降 0.25 个百分点。

电网概况　江西一次能源缺乏，电源以火电为主，水电资源开发潜力有限，近年新能源发展迅猛。截至 2020 年底，江西电网统调装机总容量为 3147 万 kW。其中火电装机容量为 2026 万 kW，占总装机容量的 64.38%；水电装机容量为 332 万 kW，占总装机容量的 10.55%；风电装机容量 505 万 kW，占总装机容量的 16.06%；光伏装机容量 284 万 kW，占总装机容量的 9.01%。

江西电网以南昌为中心，北起九江，南接赣州，东至上饶，西抵萍乡，通过 3 回 500kV 线路与华中电网联网，省内 500kV 电网已形成“两纵四横五环网”主干网架，所有县域电网实现 110kV“双电源”供电。±800kV 特高压直流输电线路宾金线过境江西；雅中—江西±800kV 特高压直流输电工程作为江西第一个特高压落地项目正进入全面冲刺阶段，于 2021 年 6 月投产。

全网 500kV 变电站 25 座，变电容量 3425 万 kVA，输电线路 69 条，长度 5113km；220kV 公用变电站 178 座，变电容量 5355 万 kVA，输电线路 591 条，线路长度 14895km；110kV 变电站 586 座，变电容量 4515 万 kVA，输电线路 1322 条，长度 19245km。

人力资源　持续优化组织机构。全面解决供区与行政区划不一致的历史问题，整合原上饶公司与赣东北公司，组建新上饶公司。整合原客户服务中心和计量中心，组建省供电服务管理中心，提高客户服务水平。整合省市县公司营销、配电网管理职能，组建供用电部，实现从配电网规划、建设、运维到用电报装、服务诉求等一体化管理。本部设立经营管理办公室，提升经营综合统筹和驾驭能力。

推动“三项制度”改革落地。通过优化工作评价考核、工资总额核定、岗位能力评价管理机制，将“三项制度”改革融入科学管理体系和治理能力现代化建设。国网上饶市玉山县供电公司“三项制度”改革做法作为国家电网有限公司典型经验在国网系统推广。

深化考核分配体系。地市公司优化经营业绩奖和供电服务奖核定方式。直属单位分公司增设其他概念收益指标，突出其他概念收益、业务外包管控考核；子公司设置年度利润考核，突出市场化利润。超额完成年度利润或概念收益予以业绩加分，建立成本压降和业务外包费用奖罚机制，引导企业降本节支、自主运维。建立以岗位价值、能力素质和绩效贡献为主要因素的农电用工岗位绩效工资制度，加大工资与业绩挂钩力度，实现与职工收入同向升降。

健全奖惩激励机制。充分利用职员序列，拓宽优秀员工成长通道，激励年轻员工立足岗位成才。企业年金增量缴费分配向优秀人才、核心骨干、绩优员工倾斜。年度绩效 A 级员工给予一次性年金激励，连续为 C、D 级员工扣减薪档积分。根据奖惩情况实施绩效等级“定画像”，精准确定绩效 A、C、D 级人员，倒逼合理拉开收入差距。

强化队伍建设。加强员工培训和职业资格认定。扎实推进全员随机抽考，建立地市公司实操考试标准场地 9 个。全年开展理论抽考 8114 人次，合格率 96.72%，同比提升 2.53 个百分点；实操抽考 2401 人次，合格率 95.81%。公司获得自主开展职业技能等级认定资格，首次自主开展电力工程、工业工程、政工系列中级职称评审。举办六期供电所长培训，提升供电所长综合素质。加强青年科技人才培养。为加强青年科技人才的培养，放宽工作年限、职称等申报科研项目的限制条件，试行项目总师制，由具有培养潜力的青年员工担任项目总师，在薪酬分配、职业通道上给予科技人才更大的倾斜，促进青年科研人员成长成才。加强疫情期间稳岗扩就业，2020 年高校毕业生招聘 695 人、供电服务公司补员 298 人，较 2019 年增加 200 人；为 20 家偏远县公司招录 40 名本县籍电工类大专生，为省送变电公司社会化招聘紧缺人才 9 人，有效缓解了疫情期间社会就业难题。

电网建设与发展　应疫情，稳建设，保障工程进度。克服疫情、汛情的严重冲击，超额完成年度电网建设任务，电网投资、建设规模均创历史新高。雅中—江西特高压直流线路（江西段）在沿线五省率先全线贯通，进度列全线第一，12台换流变压器全部运输到站，有效保障换流站按期安装。南昌—长沙特高压交流工程获得核准，建成投产500kV瑞昌变电站、220kV牌楼变电站等145项输变电工程，电网的供电能力和可靠性有了较大提升。

抓工艺，溯源头，提升工程质量。以电网高质量发展为契机，狠抓工艺管控，昌西南500kV变电站创国家电网有限公司优质工程金奖。以提升设计质量为抓手，以劳动竞赛活动为契机，以赛促学、以赛促进，提升施工质量和队伍素质，并获华中电网特高压输电线路劳动竞赛金奖。

提升“十四五”电网规划质量，推动电网统筹规划、全面纳规。注重目标引领，深入开展中长期电力供需保障、2035年目标网架等专题研究。注重规划协同，统一规划运行计算标准，统筹电网基建与技改项目规划安排。协同电网一、二次规划，同步提出电磁解环点通信补强措施。注重效率效益，扎实开展规划方案优选和荷容匹配工作，合理控制容载比，开展以供电所为基本单元的配电网精准规划，“十四五”电网规划效益较“十三五”提升20％以上。建立涵盖电网规划、技改规划、客户服务规划、生产辅助设施规划、数字化规划等各类电网发展投资需求的“1＋5＋19”电网规划内容体系，并已向省能源局正式行文，推动全面纳规。同时，深入开展电网设施布局规划，争取2020～2035年电网规划项目站址、廊道有效纳入国土空间规划。

集中力量落实属地前期工作任务。推动政府部门出台《江西省投资项目“容缺审批＋承诺制”办理模式暂行办法》等一系列支持政策，促请省自然资源厅推行电网项目用地调规、项目选址、生态红线不可避让论证“多审合一”。多次召开特高压入赣工程推进会，压实属地责任。在省建设公司成立前期部，构建“大前期”工作体系，推动项目前期与工程前期深度融合。着力提升可研工作质量，制定《国网江西省电力有限公司电网工程项目管理办法》《国网江西省电力有限公司电网项目可研管理实施细则》，积极落实“十八项反措”、防冰、防舞、防汛等差异化设计要求，积极向国网总部反馈特高压交流工程差异化设计需求，从源端保障电网安全稳定运行。规范审批手续，确保工程依法合规建设。将工程环评、水保等专项评估统一列入前期工作计划，落实责任单位，细化工作节点，2020年共取得220kV及以上电网工程环评、水保省级批复共29项。

创新电网精准投资工作模式。争取国家发展改革委认定2019、2020年江西电网政策性投资71.7亿元，为江西第二轮核价争取有利条件。积极落实配电网建设特殊举措。聚焦解决频繁停电、低电压等短板问题，采用特殊举措方式安排配电网项目投资10.17亿元，在度冬前有效解决高跳闸线路679条，低电压用户10750户，重过载线路36条，重过载台区720个，老旧设备3314个，较传统方式节约投资约6.8亿元。

配电网建设质效不断提升。全面推行配电网规划“一所一方案”，根据灾害等级分布编制“风雨雷冰污”五张图，高质量完成“十四五”配电网规划及评审。实行每月动态储备项目需求，每季评审管控储备质量和进度，已完成项目储备97.19亿元，全年安排配电网建设资金67.89亿元。多措并举提升建设质量，印发《防洪涝能力差异化设计》《微气象环境风险分布图册》，进一步规范设备材料选型、设计标准及工艺要求；全面开展省优质配电网工程评选，“以点带面”提升建设质量与工艺水平。工程建设推进迅速，结合疫情合理调整建设时序，印发《配网建设不停电作业实施指导意见》，推行绝缘杆带电作业法，解决农村地区斗臂车位置受限问题，大力推广机械化作业，按期完成迎峰度夏、高校保电等重点项目投运，配电网工程投运率同比提升12.15％。

经营管理 不断探索本质管理，管理体系趋于完善。紧扣电网企业的本质责任和使命，深化管理体制机制变革，在前期重构同业对标、工资总额核定、企业负责人业绩评价办法的基础上，研究出台了可控成本管理办法，形成了“四大核心制度”。历经两年的探索与实践，随着管理体系的不断完善和在基层的落地生根，各部门、各单位不用扬鞭自奋蹄，广大员工“边干边算、边算边干”，自发干、主动干，形成了“比实现、比进步、比变化、比增量”的生动格局，促进了员工个人奋斗与企业发展的有机统一，促进了国网江西电力的本质发展和变道超车。管理体系建设与实践获评国家电网有限公司管理创新一等奖。

经营管理的能力和水平不断提升。把握追求增值收益的经营本质，不断拓展概念收益的内涵与外延，开展全业务、全链条、全资源、全方位依法经营成效显著。在概念收益指标的牵引下，无论是供电公司还是直属单位，无论是业务部门还是综合管理部门，经营意识、效益意识有了质的提升，纷纷从购电侧、售电侧和综合管理上发力，想方设法创造效益，获国家电网有限公司提质增效特殊贡献奖。南昌、九江、鹰潭、赣州公司等单位，在依法追收高可靠性电费、系统备用容量费上成效明显，萍乡、上饶公司诉诸法律追回国有资产损失；建设公司、经研院、培训中心等单位收回了过去难以收回的呆坏账，依据国家政策获得了政府补助。用电市场专项整顿自查自纠累计发现问题14.5万个，增售电量近8亿kWh，追补损失达

11亿元，台区综合线损大幅下降，自身管理问题大幅减少。统筹电力保障和经济调度的需要，全年外购电量150.46亿kWh，消纳清洁能源392.82亿kWh。严格落实电力体制改革要求，完成市场化交易电量587.75亿kWh，同比增长34.71%。以治本的思路重构物资管理体系，优化配电网项目管理流程，建成赣南物资运营中心，清理历年工程结余物资6.67亿元。全面建立省管产业省市资本纽带关系。加强审计监督，促进增收节支1.77亿元，节约投资3.16亿元；强化合规管理，全面完成社会触电防治三年行动压降目标，依法维权避免和挽回损失7713万元，提升了依法经营、依法治企的能力和水平。

安全生产 驾驭安全的能力和水平持续提升，安全局面稳定。深刻认识并遵循安全工作本质，不断探索完善安全管控的制度体系，促进了领导层、管理层、一线层各尽其责，从安全意识、安全能力、安全作风和物质保障等方面综合着力，提升了安全工作的驾驭能力。特别是在遭遇超历史汛情、电网投资规模空前、大修技改和配电网“自己干”的背景下，未发生人身死亡事故、大面积停电事故和重特大设备事故。修订安全生产管理经济评价考核、班组长及现场工作负责人安全责任管理、一线“双无”班组安全专项奖等办法，从人性上遏制安全生产的懈怠心理和侥幸心理，努力让员工真正把安全当作“自己的事”，2020年兑现2019年度“双无”班组1963个，发放奖励金额6592万元，有效调动一线员工关注安全、共保安全的积极性和主动性，通过每个班组的“小安全”，实现整个国网江西电力的“大安全”。严格“三种人”安全培训考核和特种作业人员持证上岗，员工的安全素养和安全能力有了新的提升。印发《安全生产专项整治三年行动实施方案》，明确了2020年度重点任务清单107项，聚焦防人身、防误操作，在国网总部下发的排查标准基础上补充细化39项重点任务。完善体制机制，提升安全综合治理能力。组织修订了《安全生产管理经济评价考核办法》《公司一线“双无”班组安全专项奖奖励办法》《重大活动保电工作管理办法》等安全制度办法。以“消除事故隐患，筑牢安全防线”为主题，组织开展“安全生产月”和“安全生产万里行”活动，开展“线上安全宣教”、各级“一把手”讲安全课、“网上知识竞赛”及“网上安全宣传咨询”等各类活动。组织参与网上安全知识竞赛2.8万余人次，以151.6万积分位列国网系统排名第二。应急知识竞赛排名第五。加强省管产业单位安全能力建设，工程承载能力和分包管控能力得到提升。设备、调度等生产部门在保安全的同时，统筹经营、服务的需要细化生产管理，±800kV宾金线（江西段）、500kV主变压器和母线实现“零跳闸”，220kV输电线路故障停运率同比下降48.3%，220kV主变压器故障停运次数同比下降66.7%。

营销工作 营配管理有效整合。深入推行10kV及以下高低压营配合一运营，1004个乡镇供电所（城市供电中心）网格化覆盖全省，供电服务业务持续优化，县所责任进一步压实。供服中心支撑能力不断增强，加快计量和客服资源整合、业务磨合、机制融合，着力打造成为供电服务的“数据之眼”，推进营配新技术研究和应用，推动多项专项工作取得实效。

供用电挖潜增效成绩卓著。一是用电市场整治成果丰硕。随着景德镇涌山、九江盘溪自供区全面接管，标志全省38个违法电价优惠区、286个小水电违法网前供电问题全面完成整治，年均增加电量约4.5亿kWh，台区综合线损率3.39%，同比下降0.83个百分点，减少损失电量3.5亿kWh；营销关键业务治理整改问题2.92万个，合计增加经营收益10.77亿元，营销稽查经济效益值保持国网系统前列。二是计量精益管理大幅压降支出。回收分拣拆换电能表30.4万只，检定合格再利用的电能表节约采购成本608万元。推广4G物联网卡应用，将节省年度通讯资费20%以上。电能表激光雕刻合格证获得批准，取消纸质合格证年均节约成本500万元。12月促成江西首个智能电能表检定地方法规出台，实现了电能表管理模式从“到期检定”向“状态更换”转变，预计年均减少电能表购置费2亿元以上。

电费工作克服疫情挑战。严格落实国家发展改革委疫情防控期间支持性两部制电价和阶段性降低企业用电成本等政策，支持企业复工复产，共渡难关。电费回收工作全力克服新冠肺炎疫情影响，以优质服务和责任担当促回收，确保电费“颗粒归仓”。大力推广企业电费网银，与国网电商公司联合开展了“护航赣鄱战‘疫’，助力复工复产”行动，深化企业客户电费金融服务，帮助中小微企业解决短期内资金周转难题，降低融资成本。

推进客户侧数字化基础建设。加快老旧电能表改造和HPLC（高速载波通信）深化应用，累计改造241.7万户，HPLC已覆盖10%以上的台区，实现电能量数据高频采集、停上电事件主动上报、相位识别、户变关系识别等功能，为主动抢修、提升客户感知等提供技术保障。推动服务渠道数字化，全面推广“网上国网”线上服务，不断丰富互联网服务功能，注册客户突破385万户，线上办电率超80%。营销大数据应用成效逐步显现，智能电能表“失准更换”数据分析并核查异常3134个，追补电费及违约金1944万元。“电力看经济”分析获得省能源局高度肯定。客户标签画像、电费异常分析、台区线损诊断等应用实现数字化赋能，有力推动供用电高质量发展。

科技与信息化 完善科技管理体系建设。通过制定《科技项目管理实施细则》《科学技术奖励实施细则》《科技成果转化应用管理办法》等相关管理办法，细化了科技项目管理制度，加大了科技奖励引导力度，完善了科技成果转化制度。为推动国网江西电力科技管理专业化，成立技术管理委员会和群众性创新工作小组，为科技规划、指南编制、重大项目立项审查等重大技术决策提供支撑及统筹管理群众性创新工作。为激发基层单位科研热情，使科技成果实用实效，出台了《科技成果转化应用管理办法》，对切实提高了公司生产经营水平、减轻基层劳动强度的科研成果，给予团队每项 10 万元以内的专项奖励。完成电网数字化建设和运维项目专项储备。储备建设项目 96 项，金额 2.0 亿元，运维项目 98 项，金额 0.65 亿元。2021 年总部下达数字化投资总控规模同比增长 24.6%，运维方案已获总部批复。集中优势力量进行核心技术攻关，每年集中不少于 30%的科研经费用于重大科研项目攻关，用于解决“卡脖子”技术难题。

初步建成云平台、数据中台、物联管理平台，开展云和数据中台实用化。实现 16 套业务系统上云，55 套系统数据资产接入中台，507 台边缘设备及终端设备接入物联平台，全面提升公司基础资源统筹能力、利用效率及业务响应能力。完成购售电同期电费计算发行微应用改造，有效支撑购售电同期电费计算发行；完成供电服务指挥系统 35 个微服务及容器化上云改造，改变传统“穿墙打洞”的数据集成方式；基于中台开展乡镇供电所系统综合应用建设，优化了供电所业务流程，减轻了基层工作负担，提升了效率效益。

提升网络安全防控能力。首次组建网络安全尖兵部队，打造网络安全实战攻防人才梯队，印发《全员网络安全“六条”禁令》；完成培训中心等 4 家直属单位互联网出口统一归集工作，全面实现互联网出口的统一归集。部署主机安全防护、全流量回溯分析等 6 套安全系统，提升网络安全监测预警、处置和溯源反制能力。高质量完成 2020 年国家网络安全专项演习工作，获得演习溯源反制类最高等级加分；荣获 2020 年江西省“护网”演习优秀防守单位；荣获江西省首届“赣网杯”网络安全大赛团体二等奖和 2020 年江西工业互联网安全技术技能竞赛二等奖；省信通公司鄂驰获得全国青年职业技能大赛（职工组）金奖。

实施新兴产业行动计划。深挖站址、光缆等基础资源商业化价值。建成 30 座多站融合数据中心站。开展光缆通道有偿租赁，为 152 家新能源电厂及 6 家企业提供通信通道服务，年租赁收入 3000 余万元。主动对接运营商及铁塔公司，开展商务合作，就电力基础资源共享、5G 应用等方面初步达成战略合作意向。充分挖掘电力数据价值服务社会治理、经济发展、民生改善。围绕地区行业等 6 个维度、企业生产画像标签等 7 大指标、高压及低压非居民 2 类口径通过电力数据看经济，开发客户用电信用风险评估等产品，实现公司数据增值年收入 220 万元。

优质服务 正确履行社会责任，积极应对电力供应紧张形势。通过综合着力，协助政府扩大可中断负荷实施规模，346 家企业参与 2020 年迎峰度夏可中断负荷，在南昌地区开展了国内单次规模最大的居民需求响应试点，保障了全省电力可靠供应，有力支撑了江西经济社会发展，得到了国家电网有限公司和省委省政府的充分肯定。突出自身疫情防控与倾情参与并重，踊跃向社会抗疫捐款 845 万元，调集人力、物资，紧急驰援湖北抗疫保电，获得国家电网有限公司特殊贡献奖。

以降跳闸为抓手，供电保障能力进一步提高。开展配电网差异化运维管理，督办整治重复跳闸配电线路 453 条，排查问题 1.16 万个，整改率为 95.67%，配电线路故障停运率下降 48.5%，供电质量投诉同比下降 89%。配电自动化水平大幅提升，配电自动化线路覆盖率较 2019 年底提升 16 个百分点，配电终端安装投运率较 2019 年底提升 25 个百分点。加强配电网基础档案管理，累计治理异常数据 3.5 万余条。圆满完成韩正副总理调研、中国农民丰收节、VR 大会等重要活动保电工作，有效应对全省 3 轮次强降雨和洪涝灾害保供电。

以管控服务投诉为抓手，供电服务品质进一步提升，供电服务投诉同比下降 79.6%，百万客户投诉指标在国网排名由第 10 上升至第 3，两家县公司实现全年“零”投诉。持续优化电力营商环境，“网上国网”办电功能嵌入“赣服通”App，实现办电客户证照信息自动获取，公开配电典型设计方案及工程造价，提供投资成本的测算参考，保障业扩办电更加透明，高低压平均接电时长同比压缩 12%以上，配电网工程投运率同比提升 12.15%。配电网可靠性不断加强，每个县公司至少配置 1 辆绝缘斗臂车，推广不停电作业，故障平均恢复时长同比下降 22.8%。宜春、吉安、新余等地市公司纷纷出台供电服务举措，有力助推复工复产和经济复苏。加大贫困地区电网建设力度，2020 年重点脱贫村县投入配电网改造资金 6.3 亿元，转付光伏扶贫补贴资金 5.04 亿元，提前一年实现 107 个定点帮扶贫困村脱贫摘帽，大力实施消费扶贫，助推江西省打赢脱贫攻坚战。荣获“全省脱贫攻坚组织创新奖”，供用电部荣获“全国脱贫攻坚先进集体”。

党的建设和精神文明建设 强化政治建设，发挥党建引领作用。深入学习贯彻习近平新时代中国特色社会主义思想，从2020年9月起实施党委会议“第一议题”制度，及时跟进学习习近平总书记最新重要讲话和重要指示批示精神，掌握精神要义、实践要求，深化对党设立电网企业初衷的共同认知，将以人民为中心的思想转化为保障电力供应、服务经济社会发展的自觉行动。党委中心组举办党的十九届五中全会精神读书班，重视从“四史”中汲取营养，不断锤炼党性修养。修订完善党建工作绩效考评办法，力求党建工作与电网企业的本质责任和使命深度融合，引领各级党组织努力追求安全局面好、经营业绩好、供电服务品质好。

深入实施“党建＋”六大工程，国网江西电力系统共有“党建＋”攻关项目560个，促进各级党组织推动企业各项事业发展。实施“青才”工程，助力青年成长成才。持续开展“月捐一元”爱心捐赠活动，培育有爱心的员工和企业，员工累计捐赠超过110万元，帮扶特困员工115名。创新实施党支部“微引擎”驱动计划，从提升支部党员大会效能着手，健全完善支部党员大会常态讨论生产经营重点难点工作的有效机制，并以党员带头、支部攻坚的方式予以推动和破解。加强共产党员服务队和党员责任区、示范岗建设，助力抗疫抗洪、脱贫攻坚等急难险重任务。新增5家全国文明单位；2名员工获评全国劳动模范，4名员工获国家电网有限公司劳动模范；3个集体获评江西省五一巾帼标兵岗，3名员工获评江西省五一巾帼标兵；1名员工获全国青年职业技能大赛（职工组）金奖；1名员工被授予“国网工匠”称号；4个集体、16名个人获得国家电网有限公司和江西省抗疫表彰，国家电网有限公司党组专门向国网江西电力党委致表扬信，表扬各级党组织在抗击历史罕见特大洪涝灾害中的突出表现和政治担当。

（黄军生　晏凌斌）

【国网四川省电力公司】

公司概况 国网四川省电力公司（简称国网四川电力）是国家电网有限公司的全资子公司，主要负责四川境内国家电网的规划建设、运营管理和电力供应。2020年，国网四川电力完成固定资产投资188亿元，同比增长16.5%；售电量2372亿kWh，同比增长8.8%；营业收入1160亿元，同比增长2.4%（剔除政策影响后为1187亿元）；利润－14.4亿元，增亏1.1亿元（剔除政策影响后盈利12亿元）；资产总额1667亿元，同比增长2.6%；资产负债率68.9%，同比下降0.64个百分点；线损率7.75%，同比上升0.1个百分点；业扩报装净增用户容量2650万kVA，同比增长23%。

领导班子

董事长、党委书记：谭洪恩

董事、总经理、党委副书记：胡海舰

董事、党委副书记、副总经理：刘勇

副总经理、党委委员：谭志红

副总经理、党委委员：王永平

总会计师、党委委员：温振龙

副总经理、党委委员：陈云辉

职工董事、党委委员、工会主席：左宇龙

党委委员、纪委书记：寇剑波

副总经理：肖杰

2020年，国网四川电力领导班子成员调整情况：原总会计师、党委委员杨桂荣调离国网四川省电力公司，温振龙由国网山西省电力公司调国网四川省电力公司担任总会计师、党委委员。

组织机构 截至2020年底，国网四川电力本部设职能部门26个，全资二级单位39家（其中发供电企业24家、直属单位15家）；参股公司4家，上市公司3家；县级供电企业152家（全资县供109家、控股县供43家）。

电网概况 电网发展重大突破。促成国家能源局来川调研，高度认可四川电网支撑国家和省内两个“西电东送”格局，同意提前开展特高压交流前期工作。高质量编制全国难度最大的电网规划任务，完成国家电网有限公司与四川省人民政府战略协议签订，积极争取外送电量“送出省输电价格”。

配电网规划创新开展。落实国家电网有限公司“四级规划、五级参与”工作机制，构建“一市一策、一县一案、一所一册、一村一档”配电网“十四五”规划编制体系。出版《配电网规划指导与实践》，实现配电网规划工作标准组织与指导。开展国家电网有限公司首批能源互联网示范区规划，推动传统电网向能源互联网转型升级。

前期工作成绩突出。全面完成白鹤滩至江苏特高压直流工程四川段前期工作，取得布拖换流站核准，创新完成国内首条特高压线路占用生态红线不可避让论证并获得自然资源部用地预审批复，统筹推进白鹤滩至浙江、金上至湖北、疆电入渝等特高压项目前期工作，及时核准白鹤滩接网工程。

数字化转型进展良好。深化“新能源云”应用，开展新能源项目接入系统在线办理、新能源消纳能力测算、可再生能源项目补贴申报变更等工作。推进“网上电网”部署，实现各专业系统数据的融合共享，双周管控成绩连续名列国家电网有限公司27家网省公司前列，获得通报表扬2次，典型经验被纳入总部“网上电网”微信公众号。

人力资源 人力资源管理聚焦提质增效、改革发展，各项工作有序推进，高质量完成年度目标任务。国网四川电力业绩考核位列国家电网有限公司第十三名。2020年，全口径用工总量92150人，同比减少2064人，减少2.19%；职工劳动生产率54.36万元/(人·年)，同比减少1.57%；人才当量密度1.0445，同比增长1.14%。

“三大”活动成果丰硕。积极开展“大培训、大比武、大练兵”活动，大力推广线上培训。印发《院士人才培植工作方案》，组织完成国务院政府特殊津贴、全国技术能手、省学术技术带头人及后备等9项人才称号申报，新增高端人才15人。有序开展国家电网有限公司和国网四川电力职称评定、技能鉴定和能级评价、人才届满及年度考核，启动新型学徒制培养项目，国网四川省电力公司技能培训中心获评国家技能人才培育突出贡献奖、国家级高技能人才培训基地。

“三项制度”改革成效显著。印发《改革专项行动工作方案》，明确10项重点任务，审核备案基层重点工作64项、常规工作346项，分6个片区强化工作督导和专项培训。刊发2期改革工作动态专刊，汇集基层单位案例75个，出版典型案例集，岗位聘任制管理工作入选国家电网有限公司试点单位。

组织架构动态完善。组建思极公司、营销中心、资金集约中心、技能等级评价中心、特高压直流运检中心筹备组，建成网络安全和自动化联合值班机制。厘清电力交易中心股份制改革后职责界面及相关机构人员调整，综合试点供电企业组织模式和机制创新，基于内设机构设置标准完成内设机构优化调整和乡镇供电所提升。出台岗位管理实施细则，核定下达基层职员职数计划。

用工配置不断优化。全年压减全口径用工0.21万人，同比减少2.2个百分点。以实际业务运行视角，开展“十三五”主业业务用工盘点。组织完成1012名高校毕业生招聘、市场化单位社会招聘、省管产业单位定向招聘、5家直属单位公开招聘。落实稳岗扩就业六项工作措施，编制定点扶贫县贫困农民工招聘专项计划、“十四五”省内援藏援彝工作规划及人力资源帮扶方案，“东西帮扶”工作获得国网先进。

薪酬分配多点突破。全力做好疫情期间员工薪酬及抗疫津贴发放，年度工资总额增长好于预期。印发《优化全面薪酬体系建设的实施意见》《加强科技创新激励机制建设的指导意见》，完成年度职工工资收入分析报告，综合运用多元激励工具和激励方式，强化“能增能减”激励落地。研究提出3家混改合资公司工资总额管理制度，形成上市公司工资总额管理方案。国网四川电力收入分配典型做法入选国家电网有限公司工资总额管理创新实践集。

绩效管理多向发力。按照国家电网有限公司“战略＋运营”管控要求，调整关键业绩指标及考评方式，突出战略引领和分类管控，优化完善业绩指标看板，强化指标过程监控。组织开展绩效经理人履职情况考核评价、全员绩效管理工作成效评估。举办“享智慧、共增效”员工激励机制建设云论坛，借助互联网技术广泛交流分享典型经验。国网四川电力绩效管理案例入选上海交通大学教学案例、国家电网有限公司绩效管理工具箱。

福利保障持续规范。制定实施退休人员社会化管理待遇保障工作操作方案，加强政策研究，保障合规待遇，化解信访问题，确保退休人员队伍和谐稳定。做好疫情防控及恢复建设期间福利保障，为1.8万名一线抗疫职工免费投保意外险，用足用好阶段性减免社保企业缴费和稳岗政策，减少支出超10亿元。修订印发《食堂经费实施细则》，完善管理流程，明确负面事项。制定企业年金方案，强化年金激励。

电网建设与发展 把握成渝地区双城经济圈建设等重大历史机遇，先后20余次向国家能源局、四川省委省政府和国家电网有限公司领导专题汇报，凝聚合力推动电网高质量发展。政企联动高效，超前谋划“十四五”规划工作，以“1238”为目标的“十四五”四川电网规划通过国家电网有限公司党组会审议、白鹤滩—浙江、金上—湖北等特高压前期工作加快推进。“特高压线路占用生态红线不可避让论证”首次获国家批复。重点工程加速。雅中—江西四川段率先贯通，白鹤滩—江苏“西电东送”能源大动脉全面开工。白鹤滩接网、杨房沟送出等“1号工程”加快实施。康蜀串补、川渝“毛细血管”等一批重点项目按期投产。“三区三州”、青豫线等“6·30”工程安全高效完成。

2020年，完成电网固定资产投资188.13亿元，同比增长16.52%，完成年度计划100%，其中，完成电网基建投资148.11亿元，同比增长12.23%，完成年度计划100%。在建110kV及以上项目165个，在建线路7228.43km、变电容量3424.85万kVA。其中，续建110kV及以上项目100个，线路4015.80km、变电容量2060.25万kVA；新开工110kV及以上电网项目65个，开工110kV及以上线路3212.63km，同比增长34.56%，完成年度计划100%；开工110kV及以上变电容量1404.60万kVA，同比增长5.99%，完成年度计划100%。投产110kV及以上电网项目51个，投产110kV及以上线路1075.39km，同比下降45.84%，完成年度计划100%；投产110kV及以上变电容量717.65万kVA，同比增长14.69%，完成年度计划 100%。

经营管理 专题研究 46 条具体措施，全面实施提质增效专项行动，对冲减利因素超过 35 亿元，荣获国家电网有限公司特殊贡献奖。

推进电能替代，促成多地政府出台补助支持政策，累计替代电量 130 亿 kWh，同比增长 15%。拓展低谷弃水、富余电量、水电消纳示范交易，完成交易电量 143 亿 kWh。宜宾中核燃料、泸州鑫阳钢铁等供区外企业实现公司点负荷供电，每年增加售电量近 20 亿 kWh。国网成都供电公司、国网眉山供电公司、国网绵阳供电公司等单位促成政府出资建设电网项目，节约投资超过 4 亿元。

推行购电制，高压费控执行率超过 75%，低压费控基本全覆盖，节约支出近 7 亿元，电费实现颗粒归仓。强化经济调度运行，规范大数据企业用电，增效 10.7 亿元。规范抄表例日、推进低压购售电同期，增加售电量 16.8 亿 kWh。清理长期挂账在建工程 1100 余项，实现转资 159 亿元。推动库存积压物资再利用，节约成本近 1 亿元。

实施“水火打捆”外送，推动“开火送水”省内清算，降低购电支出 2.5 亿元。创新西北购电“竞价采购”，节约购电成本 5.6 亿元。争取东西帮扶、农网改造、地方财政等资金 21 亿元。用足国家社保降费、稳岗补贴等政策，减少支出超过 10 亿元。

强化线损治理，整治高负损台区 3 万余个、配线 1400 余条，带来效益 1.1 亿元，国网达州供电公司、国网南充供电公司、国网自贡供电公司等单位 4 个县公司、17 个供电所先后入选国家电网有限公司同期线损“百强”。农配网精准投资体系建设有效推进。市（州）投资核准备案渠道全面贯通。开展智能稽核和反窃查违，挽回经济损失 4 亿元，国网成都供电公司、国网天府供电公司、国网德阳供电公司等单位积极作为，取得显著成效。发挥审计监督效能，规范各类管理流程，增收节支 8600 万元。实施“促进法治能力提升”专项行动，在国网四川省电力公司党校、国网绵阳供电公司、国网资阳供电公司等单位试点建成国家电网有限公司法治文化示范阵地。

安全生产 国网四川电力吸取内外部安全事件教训，狠抓本质安全、现场管控、抢险救灾和电力供应工作，牢牢守住“生命线”。

本质安全建设。扎实开展安全生产专项整治三年行动，实施输配电线路森林草原火灾隐患排查整治、建设施工安全大检查等专项行动，推进特高压及近区电网、线路“三跨”、变电站 GIS 设备、站用交直流系统及消防等隐患治理，累计整治重大隐患 3600 余项，输变电设备停运率下降 72%，迅速扭转安全生产被动局面。“树线矛盾”治理得到四川省委省政府高度重视。围绕主网短路电流高、供电能力不足等问题，专题研究攀西电网改造、重点地区电网优化等事宜。推进配电网整治提升三年行动，配电网跳闸率下降 28.4%。开展网络安全隐患督查，消除高危漏洞 276 个，抵御网络攻击 175 万次。

现场安全管控。深化安全巡查机制建设，定期分析安全风险、通报现场检查情况，保持反违章高压态势。建成风控平台和安全管控中心，开展“远程＋现场”安全监督，查处现场违章 3050 起。试点建设多灾种动态监测预警系统，成功预警自然灾害 74 次，助力科学避险。

抢险救灾组织。积极应对“百年一遇”汛情，国网成都供电公司、国网乐山供电公司、国网绵阳供电公司、国网遂宁供电公司、国网四川省电力公司映秀湾水力发电总厂等单位，全力组织抢险救灾，快速恢复受损电力设施，打赢了抗洪抢险“遭遇战”。科学处置甘孜丹巴、阿坝下孟地质灾害，确保了电网安全运行。

电力供应保障。针对去冬今春电力供应紧张形势，迅速采取措施，强化跨省支援，全力保障电力可靠供应。全省用电电力 5 次、电量 4 次创新高，增幅分别达到 12.3%、15.6%。完成全国两会、党的十九届五中全会等保电任务。

营销工作 面对前所未有的疫情冲击和严峻复杂的经济环境，国网四川电力深入践行“一体两翼三全”营销发展思路，于变局中开新局、在危机中育新机，齐心协力战疫情保供电，众志成城抓复工促发展，圆满完成市场营销全年目标任务，营销管理水平和运营效率大幅提升。全年完成售电量 2372 亿 kWh，同比增长 8.8%，售电规模为公司第五、增速第二。市场占有率 92.34%。实现当年电费回收率 100%。全年业扩净增容量 2650 万 kVA，同比增加 22.5%，为今后售电量增长提供充足动力。完成替代电量 130.34 亿 kWh，同比增长 15.35%；综合能源产值实现 9.8 亿元。全社会充电设施市场用电量 6.37 亿 kWh，同比增长 101.31%。2020 年，营销整体指标排名大幅跃升，“市场占有率、客户服务满意度、获得电力指数”3 项业绩指标全部位列国家电网有限公司第 1 名。

战疫彰显责任担当。新冠疫情发生后，第一时间制定“一户一策”保电方案，全力保障党政机关、定点医院等重要用户电力可靠供应。压缩报装接电时间，强力支撑医院新建增容、防疫物资生产企业扩产。实行欠费不停电、不计滞纳金，惠民生、保稳定。出台四川“电十条”等措施，坚决贯彻国家阶段性降电价政策，累计让利 37 亿元，助力企业纾困解难，有力促进复工复产。首创“经济景气度税电指数”，精准“画像”全省复工复产进程，助力各级党委政府研判经济社会发展状况，获得四川省委省政府和国家电网有限公司主要领导多次表扬。

挖潜增效成效明显。在提质增效专项行动中取得显著成效，共计增加售电量 104 亿 kWh，增收 26.67 亿元，其中，争取到宜宾中核燃料、泸州鑫阳钢铁、绵阳新敏雅等供区外企业点负荷供电 20 亿 kWh，增收 2.22 亿元；规范大数据企业用电 31.4 亿 kWh，增收 1.43 亿元；低谷弃水、水电消纳示范交易电量 35.8 亿 kWh，增收 2.38 亿元；推进低压购售电同期增加售电量 16.8 亿 kWh，增收 7.89 亿元；智能稽核和反窃查违经济成效 4.1 亿元；治理高、负损台区 3 万余个，挽回经济损失 1.95 亿元；推广购电制节支 6.7 亿元。促成四川省人民政府出台实施电能表失准更换，每年将节约换表成本约 7 亿元。

营商环境不断优化。实施“阳光业扩”，推广“三省 + 三零”服务，下放业扩配套审批权限，加强政企联动办电，促成政府简化涉电审批。配合政府清理规范转供电环节不合理加价，节约终端用户电费 6500 万元。推广线上办电，线上办电成为新常态，线上交费率、线上办电率分别为 75%和 92%。

服务水平持续提高。持续加强服务管控，国网四川电力 95598 投诉共计 6658 件，同比减少 11.8%，连续两年实现压减 10%目标。在国家电网有限公司系统率先开展营业厅优化调整，优化撤销营业厅 1026 个，减少营业厅从业人员 2528 人，分别压减 84.38%、55.5%，仅用半年时间完成两年任务，实现了服务资源优化、质效提升。

农电管理风貌焕新。结合全省乡镇和村级行政区划调整，撤并供电所 525 个，新设供电服务站 584 个，延伸服务点到村社 10682 个，支撑了村级公共服务融合发展。制定《供电所管理提升两年行动实施方案》，抓好过程管控，按月度通报指标，成功创建 16 个国家电网有限公司五星供电所。因地制宜开展 8 个乡村电气化惠农富民项目建设，积极服务新时代“三农”发展。

三级管控初见成效。三级管控机构不断完善，在省营销服务中心成立营销全业务管控及 95598 服务部，市、县级管控机构成立率 100%。以数字化、信息化手段为支撑，有效建立“常态、精准、闭环”的营销全业务、全环节、全过程管控机制。通过建设智能营销全业务管控平台和“川电客户经理云”App，打造“省、市、县、所、人”五级管控体系，实时对营销各专业关键指标、业务异常或预警的精准定位。设置 85 个稽查主题，持续强化在线稽查；结合四川本地特色，开展 5 个专项稽查及现场稽查，加强重点问题查处整改；通过前置业务管控环节，有效堵住新增问题。建成国内领先的营销全业务智能管控大厅，集中了全省经营动态、业务实况、营销指标和异常预警，打造国网四川电力营销全业务的枢纽平台及调度控制指挥中心，国家电网有限公司董事长、党组书记辛保安调研后给予“一个好、三个全、四个新”，以及四个“印象非常深刻”高度评价。

智能营销基本建成。全面围绕营销基础装备升级、业务流程再造、组织模式变革、营销信息系统融合四大方面，全面完成量费中心建设、智能营销全业务管控平台建设等 30 项智能营销体系一期建设任务，有效实现客户需求的精准服务、企业经营效益的不断提升，努力实现手工向科技、被动向主动、局部向系统、作业向管控、粗放向精益、封闭向开放的“六大转型”目标。

人均效率显著提升。2020 年末，国网四川电力营销专业队伍人员减少至 19823 人（其中主业 8779 人、农电 9197 人、劳务派遣 1564 人、业务外包 283 人），营销人均售电量 1196.6 万 kWh，人均负责用户数 1752 户，人均维护智能表数 1774 只，人均办理新增业务量 16.2 笔。在整体业务量增长、营销人员减少的情况下，营销工作效率效益效果大幅提升。

科技与信息化　国网四川电力获得省部级及以上科技奖励 22 项，其中 2020 年度中国电力科技进步一等奖 3 项，二等奖 1 项；2019 年度四川省科技进步二等奖 3 项，三等奖 5 项，湖北省科技进步一等奖 1 项；2020 年度国家电网有限公司科学技术一等奖 2 项，二等奖 1 项，三等奖 6 项。申请专利 469 项，其中发明专利 286 项；获得专利授权 323 项，其中发明专利 169 项。牵头制定的 3 项行业标准、1 项团体标准、5 项国家电网有限公司标准，以及参与的 44 项各类技术标准获批发布。

成功立项 IEC 标准，实现零的突破。国网四川电力主导申请的 5 项 IEC 标准成功立项，成为国家电网有限公司系统内第 7 家成功立项 IEC 标准的省级电力公司，IEC 标准立项实现零的突破。

编制《科技创新实施意见》，指引发展方向。深入分析国家电网有限公司 2020 年科技创新大会会议精神，组织编制并发布了《国网四川省电力公司党委关于贯彻落实新时代新征程全面加强科技创新工作的实施意见》，提出了“123456”科技创新重点工作任务。

制定《“十四五”科技规划》，指导科技攻关。采用“专业组 + 指导组”模式，把握最新技术发展趋势，谋划国网四川电力“十四五”科技规划，同时将

《能源互联网专项实施方案》中涉及技术研发内容纳入规划，确保规划能够引领国网四川电力重大科技创新并破解发展中遇到的技术难题。

申报省级重点实验室，搭建创新平台。成功向四川省科技厅申建“电力物联网四川省重点实验室”，邀请西安交通大学管晓宏院士担任实验室学术委员会主任，顺利通过科技厅组织的专家组现场考核，年底获批复成立。

建设创新工作机制，协同科技攻关。加强与系统内外高校和科研机构的交流与合作，8 月与中国电科院签署科技创新战略合作协议，邀请四川省科学技术厅赴公司调研交流，组织开展了“院士进电力”主题交流活动，推进与四川省科技厅和西南交通大学的战略合作。通过广泛争取创新联盟，共享创新资源，有效提升创新质量，增加创新数量。

推进国家重点项目进展，完成研发任务。加大协调力度和攻关力度，持续推进“分布式光伏与梯级小水电互补联合发电技术研究及应用示范”国家重点研发项目研究，先后顺利通过国家工信部和国家电网有限公司组织的项目中期督导，示范工程也已通过中电建决策程序同意开工建设。

多渠道开展成果转化，成效显著。探索开展第三方价值评估，计量中心软件著作权“电压互感器运行性能实时监测分析软件”与四川巨棠科技有限公司签订了技术许可合同，实现系统外转化零的突破。国网眉山供电公司的“自适应电缆弯曲机”已上架国网电商平台销售，预计销售额 30 万元。国网四川省电力公司电力科学研究院、国网眉山供电公司等单位 10 项成果正开展成果转化洽谈。

建设技术标准创新基地，强化标准支撑。国网四川电力承担“全国电力系统厂站低压用电标准化工作组”秘书处工作，完成工作组筹建。开展《地区电网调度控制系统规划设计技术导则》验证工作。国网绵阳供电公司顺利通过“标准化良好行为企业”5A 验收。组织国网四川省电力公司电力科学研究院、国网四川省电力公司计量中心等单位开展“世界标准日”宣贯和培训活动。持续开展技术标准实施评价，实现技术标准闭环管理。

优质服务 营商环境再优化。完成优化营商环境两年行动计划，实施“阳光业扩”，推广“三省 ＋ 三零”服务，下放 35kV 业扩配套初设审批等权限，促成政府简化集约涉电行政审批流程 7 个。推广转供电费码，配合政府清理转供电违规加价行为，节约终端用户电费 6500 万元。服务质效再提升。结合全省行政区划、村级建制调整改革，“量身定制”服务新模式，供电所、营业厅分别压减 50％、84％，线上交费率、办电率分别突破 75％、92％，投诉下降 15％，绵阳、广安等单位“村网共建”模式纳入政府改革试点。推进营销“三全”建设，智能电能表覆盖率、自动采集成功率、远程充值成功率均超过 99.5％。成立营销服务中心，建成国内领先的全业务智能管控体系，得到国家电网有限公司董事长、党组书记辛保安充分肯定。脱贫攻坚再发力。主动服务脱贫攻坚大局，挂牌督战重点村县，对口帮扶的 142 个村、3 万贫困人口全部脱贫摘帽。顺利通过国家脱贫攻坚普查，扶贫工作获国务院扶贫办、国家电网有限公司和四川省委省政府高度肯定，有关经验做法在四川省脱贫攻坚简报专题刊发，国网四川电力被四川省委推荐参评党中央、国务院脱贫攻坚先进集体。率先制定“十四五”援藏援彝工作规划，高标准实施第四批干部对口帮扶。

党的建设和精神文明建设 坚守“央企姓党”的政治本色，落实“第一议题”制度，召开党委会 37 次、中心组学习 15 次，持续增强“四个意识”、坚定“四个自信”、做到“两个维护”。从严治党不断深化。深入推进“基层党建巩固提升年”各项任务，实施“党建 ＋ ”工程，深化党建量化计划管理。推动党的十九届五中全会精神宣讲进基层、进一线。全国文明单位在地市公司全覆盖，数量居国家电网有限公司系统首位，国网四川电力获评“全国电力行业文化品牌影响力企业”。开展中央巡视整改“回头看”自查，57 项问题“见底清零”。创新实施政治生态评价，深化“三不”建设，制定“三步十要”工作指引，政治巡察基层单位 66 家。队伍建设不断增强。把“十讲十增强”作为选人用人的重要标尺，加快实施“两个 200”提升工程，“70、80 后”干部占比提高至 51.8％。深化“大培训、大比武、大提升”活动，开展各类培训 74 万人天，新增高端人才 15 人。完成国务院特殊津贴、全国技术能手等人才评选申报工作。国网四川电力技能培训中心获评国家级高技能人才培训基地、四川省首批产教融合示范项目建设单位。企业合力不断凝聚。举办行协主题年会、电力成果展，营造合作共赢发展氛围。深化“126 连心桥”服务，开通法律咨询热线，解决职工诉求 2000 余件。多次视频慰问湖北、海外及工程一线人员，传递组织关怀。职工文体中心在地市公司基本全覆盖。积极开展抗疫保电、抗洪抢险、脱贫攻坚等主题宣传，在央视、人民日报等国家级媒体刊发报道 2500 余篇。统战、团青、保密、信访、后勤等工作有序开展。国网四川电力荣获中央企业信访维稳工作先进集体、国家电网有限公司“十三五”档案工作突出单位等称号，2 个集体、1 个党组织、10 名职工荣获四川、国家电网有限公司抗疫先进表彰，26 个集体、30 名职工荣获全国五四红旗团委、全国劳动模范等省级及以上荣誉。

（何　飞）

【国网重庆市电力公司】

公司概况　国网重庆市电力公司（简称国网重庆电力）于1997年6月6日随重庆市直辖成立，是国家电网有限公司的全资子公司，负责重庆电网规划建设、运行管理、电力销售和供电服务工作。经营区域覆盖全市38个区县，供电面积7.9万km^2，服务人口约3000万人，用电客户1688.85万户。年售电量916.2亿kWh，同比增长5.62%；营业收入469.7亿元，同比增长0.33%；资产总额728.9亿元，同比增长1.89%。

领导班子

董事长、党委书记：陈连凯

董事、总经理、党委副书记：周雄

董事、党委副书记、副总经理：吕跃春

副总经理、党委委员，国网重庆市区供电公司总经理、党委副书记：陶时伟

职工董事、党委委员、工会主席：何建军

总会计师、党委委员：陈虹

党委委员、纪委书记：肖兴立

副总经理、党委委员：何永胜

副总经理、党委委员：徐韬

副总经理：朱晓岭

总工程师：郑孙潮

三级顾问：李随东

组织机构　本部设23个部门，下设二级单位44个，其中供电公司32个，业务支撑和实施机构12个，管理各类员工约3.1万人。见2020年国网重庆市电力公司组织机构图。

电网现状　重庆电网西联四川、东联湖北，是国家电网和西南电网的重要组成部分，也是西部水电外送唯一的超高压交流通道，对国家资源优化配置起着重要的支撑作用。重庆电网东部通过四回500kV线路与湖北电网联系，西部通过六回500kV线路与四川电网相连，每年约1/3的电力电量需要从外部购入。电网负荷主要集中在中西部，约占全网负荷的85%，形成渝东北、渝南火电和渝东南水电三大电源中心以及川渝联络线向渝西负荷中心供电的格局。500kV分为11个片区运行。220kV中西部集中了网内大部分重载设备，网络联系相对紧密。近年来，重庆500kV、220kV电网规模持续扩大，形成了以500kV网络为骨干结构的省级电网，以220kV网络为支撑的地区电网，呈“两横三纵”结构，抵御安全风险的能力不断增强。

在新冠疫情和百年未遇洪水的严重冲击下，重庆电网加强特高压和跨区跨省通道、枢纽变电站和城市配网运维，有效管控西南异步运行风险；加强与国家电网有限公司及西南分部沟通协调，充分利用川渝和渝鄂通道空间，落实外购电力电量，争取三峡增发电入渝电量；加强协调电煤供应，优化电网调度和机组消缺开机安排，做好电力电量平衡，成功应对度夏负荷累创新高的考验，确保了电网安全运行和电力可靠供应，全年电力供需形势始终保持平稳有序。

截至2020年底，重庆电网有三条±800kV特高压直流输电线路（复奉线、锦苏线、祁韶线）过境，总长676km。500kV变电站16座（含奉节串补站），变电容量3228万kVA；220kV变电站105座，变电容量4197万kVA。220kV及以上线路长度12156.05km，其中500kV线路长度3599.7km，220kV线路长度7880.35km。重庆电网统调装机容量2004.27万kW。其中：火电1364.65万kW，占总装机容量68.09%；水电483.41万kW，占总装机容量24.12%；风电96.54万kW，占总装机容量4.82%；太阳能59.67万kW，占总装机容量2.98%。

2020年，重庆电网统调用电量938.6亿kWh，同比增长4.05%；统调发电量596.04亿kWh，同比减少1.6%；外购最大电力704万kW，同比增长15.79%；外购电量318.39亿kWh，同比增长12.58%。最高负荷2188万kW，同比增长2.34%；日最高用电量4.37亿kWh，同比增长3.22%；日最高负荷和用电量均创历史新高。最大峰谷差894.14万kW，同比上升6.39%；用电平均峰谷差为509.79万kW，同比上升14.98%；最大降温负荷1018万kW，同比降低1.93%；降温负荷占最高负荷的比重为46.53%。

党建工作　将学习习近平新时代中国特色社会主义思想和学习贯彻党的十九届五中全会精神作为首要政治任务，组织党委中心组和各党委、党支部开展集中学习7000余次。学习运用习近平谈治国理政最新理论成果，形成党委理论文章26篇、领导个人心得27篇、调研报告3篇。健全“不忘初心、牢记使命”长效机制，运用“渝电党建”等载体，开展革命传统现场教学。实施“党建+”工程，在抗疫保电、抢险救灾等急难险重任务中，形成了党建与业务深度融合的最佳实践，获评国家电网有限公司五项党建专业标杆。坚持“两个一以贯之”，全面推进“党建入章”，健全完善“双向进入、交叉任职”领导体制。构建“四四”党建责任落实体系，细化责任清单96项，开展“一岗双责”述职评议，全覆盖建立两级班子党建联系点。获评国家电网有限公司党建责任落实等专业标杆5个。制定《嫌疑腐败行为管控实施办法》，组织纪委书记大巡讲。完成国家电网有限公司党组巡视和18家单位问题整改专项巡察。强化重点领域专项治理，有效遏制了“小金库”等多发问题。开展业务监督805项，建立防控机制352个。

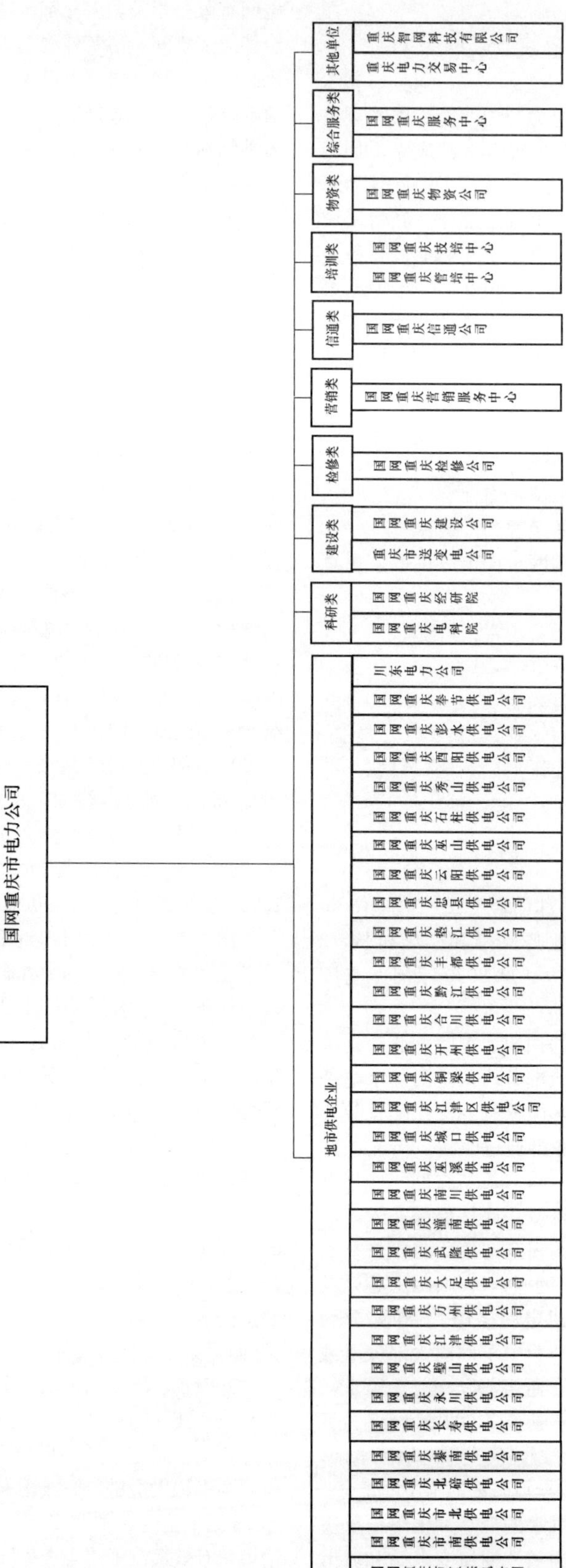

2020年国网重庆市电力公司组织机构图

推进“旗帜领航·三年登高”计划，持续开展“两学一做”学习教育和“不忘初心、牢记使命”主题教育。实施“党建+安全生产”等六类“党建+”工程，推行“一支部一项目”模式，推动45家基层单位实施66项“党建+”工程、583项支部项目。深化“渝电党建”微信公众订阅号运营，疫情期间不间断日更60余天。以“三个带动”为抓手，指导五星级党支部结对共建，管理创新项目“党建案例库”获重庆市企业管理现代化创新成果一等奖。深化“忠诚的力量”主题传播，展示党员坚守抗疫保电一线、助推企业复工复产的先进事迹。首次开展党员服务队长全覆盖培训，拍摄《传承红岩精神》视频。实施“5+4”攻坚行动，15支红岩共产党员服务队扶贫到一线，开展先进典型“2+1”帮扶，与17个深度贫困乡镇贫困村党支部开展结对共建。连续11年在100所“渝电春苗之家”开展“国网情暖春苗心”主题活动，持续推进对100名农村留守儿童精准帮扶的“光束行动”，为1200余名留守儿童提供志愿服务。组建71支疫情防控青年突击队，开展“抗疫有我·点赞中国”主题活动，开展防控保电300余场次。

推进“文化铸魂、文化赋能、文化融入”专项行动计划，实施十项文化举措。承担国网2020年企业文化示范项目，选取6个五星级党支部开展试点建设。实施思想文化“示范、重点、精品、储备”四级项目管理，实施项目49个，实现国网重庆电力45家基层单位全覆盖。描绘“企业文化项目建设一张图”，打造项目一体化建设新模式。开展“企业文化周”活动，策划“文化之路”主题传播，全方位开展“四史”教育。与“红岩联线”党性教育基地协议共建，建立三大片区红色教育体验阵地，打造国家电网有限公司示范点。围绕“六稳”“六保”、抗洪抢险和脱贫攻坚，策划开展61项主题宣传。新闻及影视作品获得央企优秀故事大赛和中国电力新闻奖（影视）等多种奖项。组织“社会责任月”活动，发布国家电网有限公司首个《供电企业透明度管理手册》，连续4年荣获国家电网“品牌建设特殊贡献奖”，荣获中国电力行业“透明度管理卓越企业奖”，7家单位创建为全国文明单位。

电网规划与发展　按照习近平总书记对重庆提出“两点”定位、“两地”“两高”目标、发挥“三个作用”的重要指示，全面落实《成渝地区双城经济圈建设规划纲要》，高质量编制“十四五”电网规划。推动国家层面开展特高压直流入渝规划研究，启动川渝特高压交流工程预可行性研究，推动川渝政府、西南分部开展川渝交流特高压网架论证，力争早日纳入国家规划并启动项目可行性研究。开展疆电入渝±800kV特高压直流工程预可行性研究，为2021年纳入国家“十四五”电力发展规划创造条件。开展“十四五”可再生能源消纳分析，推动新能源云平台建设及推广工作，助力实现“碳达峰、碳中和”目标。完成“十四五”配电网发展规划，开展重庆中长期500kV目标网架研究，形成110kV及以下配电网规划“1+8+6”成果体系。全面推广城网网格化规划，开展农网乡镇网格化规划试点，推进C类及以上供电区域网格化规划全覆盖。2020年国家电网有限公司与重庆市政府签订战略合作协议，国网重庆电力与全市37个区（县）政府签订战略合作协议，推动电网规划实施落地。

特高压工程建设取得新进展，白鹤滩—江苏±800kV特高压直流输电工程重庆段率先取得国家核准，工程于2020年12月28日正式开工，已进入全面施工高峰阶段。该工程重庆境内331km，是迄今为止重庆境内最长的特高压线路，计划于2022年5月具备带电条件。白鹤滩—浙江±800kV特高压直流输电工程已完成可行性研究，并通过电规总院评审，重庆段线路的用地预审及规划选址选线工作有序推进。全年开工建设输变电工程35项，线路482.39km、变电180.8万kVA；建成投产输变电工程75项，线路1218.47km、变电324.39万kVA。九盘至万县500kV线路工程、铜梁500kV变电站无功补偿装置加装工程、四川广惠—潼南110kV线路工程、涪陵金子山等风电场送出工程和渝怀铁路外部供电工程等先后投入运行。500kV明月山、220kV杨林变电站工程分获国家电网有限公司优质工程金、银奖。全年建成智能变电站26座，其中220kV 2座，110kV 22座，35kV 2座。累计建成智能变电站165座，其中500kV 4座，220kV 30座，110kV 128座。

助力扶贫攻坚、美丽乡村和农村特色产业发展。农网建设投资15.2亿元，新建及改造配电变压器2309台，容量464.38MVA，新建及改造10kV架空线路2102.87 km，低压线路4395.69km。加强万州、黔江、丰都等10个已脱贫的国家贫困县配电网提升工程，助力乡村振兴战略。截至2020年底，国网重庆电力范围内农网户均配电变压器容量为2.14kVA，农网供电可靠率为99.8378%，农网供电电压合格率为99.972%。3项农网工程被授予“国家电网有限公司配电网百佳工程”称号。“十三五”期间，重庆电网建成川渝断面第三输电通道和500kV“两横三纵”骨干网架，220kV串供结构消除75%，110kV及以上变电容量增长32%，10kV配电变压器容量增长64%。提前一年完成新一轮农网改造升级任务，实现“村村通”动力电，农村户均配电变压器容量提升73%。

人力资源　截至2020年底，共有全民职工21278人，其中研究生及以上学历2206人，本科11505人，专科5942人；高级职称2298人，中级职称4734人；

技师及以上职业资格 9124 人，高级工 3428 人，中级工 1718 人，高技能人才比例达 86%。人才当量密度 1.074，同比提高 0.43%。

实施渝电英才“三军”培养计划，依托优秀人才领军引领、电力工匠主力军塑造及青年人才生力军托举。健全“千人三库双平台”机制，遴选 161 人参加双向挂职培养锻炼。打通技术技能职工成长通道，284 人进入职员、专家人才发展序列。全年开展培训约 9.3 万人天，充分利用线上与线下相结合的培训模式，为职工提供多维度学习平台。举办“巴渝工匠”杯重庆市首届电力行业技能竞赛，12 家单位获团体奖，12 人获个人奖。现有国家电网有限公司级及以上专家人才 23 人，公司级专家人才 62 人，正高级工程师 68 人。

深入推进混合所有制改革和三项制度改革，完成江津、合川供区整合及机构优化，组建资金集约中心、思极科技服务公司，组建产业管理公司，设立产业指导委员会、产业管理办公室（产业指导委员会办公室）。探索综合能源公司混合所有制改革。主动对接两江新区、高新区，提升市区、市北、北碚公司国家级园区供电中心资源配置。31 家供电单位完成运检、营销管办分离和城区低压网格化。建立“放管服”成效经验库，管理创新成果获国家电网有限公司二等奖。落实“战略+运营”管控，印发自主决策事项负面清单和第三批“放管服”事项清单。率先完成电子化劳动合同全员推广试点。深化岗位聘任制管理改革，建立职工上下通道。制定职员职级序列指导意见，构建多元、并行、畅通的员工职业发展通道。深化岗位聘任制管理，开展岗位聘任契约目标年度动态考评，基本实现管理人员“能下”与技术技能人员“能上”。优化基层单位负责人业绩考核，关键业绩指标调整为“基准分+突出贡献加分”。加大工资总额与负责人业绩、年度重点工作、内模市场等效率效益指标挂钩力度。三项制度改革经验入选国务院国资委改革典型案例，“放管服”改革管理创新成果获国家电网有限公司二等奖。

国网重庆电力作为退休人员社会化管理试点单位，稳步推进社会化改革工作。开展政策宣讲，压实维稳责任，做好对接和移交。与 35 个区县政府签订移交协议，公司系统 12406 名退休人员、3243 名退休党员和 19 处活动场地的移交工作全部完成。平稳衔接电专移交地方后退休人员服务管理工作。在国家电网有限公司率先完成退休人员社会化管理实质性移交。

安全生产 严格执行疫情防控要求，编制疫情防控期间供电保障方案，组织各单位建立保电清单和“一对一”保电工作机制。快速完成抗疫企业供电设施建设，确保 407 家重要用户供电万无一失。疫情防控保障日均投入电网运维保障人员 1300 余人、车辆 350 余台、应急发电车 47 台，50 座变电站执行有人值守。出台工程复工安全管理十项措施，落实“复工五项基本条件”，推进 128 个电网建设项目和 210 个城乡配网项目安全复工。面对 11 轮强降雨袭击和 152 条次超警戒超保证水位洪水威胁，统筹隐患排查治理、抢险救援保电等工作，成功应对百年未遇的长江 5 号洪水过境，做到了“水涨人退电停、水退人进电通”。在重大活动保电任务中强化疫情防控措施，完成李克强总理视察重庆、线上智博会等 69 次重要保电任务，其中特级保电 6 次、一级保电 22 次。实现“四个零”和“五个杜绝”的工作目标。

开展“安全意识提升年”活动，组织安全生产专项整治三年行动，安全生产实现“八不发生”。实施隐患排查治理，排查发现问题隐患 1130 项，完成制度措施和问题隐患“两个清单”编制。接受国家电网有限公司安全生产巡查并完成对 15 家基层单位的安全生产巡查。建立“安全巡查+安全督查+视频监控+日常检查”的立体监督模式，建成安全生产风险管控平台和两级 35 个安全管控中心，实现三级及以上风险作业监控全覆盖。全面深化 e 安全和配网工程 App 应用。固化建立横纵双向网格化工作机制，落实专业管理主体责任。成立两级工作专班体系，全面支撑专项整治工作。完善电网“三道防线”，加强特高压及川渝、渝鄂通道安全运维保障，开展重要输电通道风险评估及治理工作，与国网通航公司开展世界首次山地特高压直升机带电综合检修。实现特高压直流零闭锁，特高压线路及密集通道实现“零跳闸”。完成国家电网有限公司三大直流大功率运行运维保障任务。修编《国网重庆电力融冰装置配置三年规划》，完成融冰装置的检修维护、阶段性建设及配套设施改造。优化 220kV 变电站运维管理，“护网 2020”专项演习获重庆市防守方第一名。强化迎峰度夏、西南电网异步运行运维保障工作，成功应对夏季、冬季负荷屡创新高考验，抵御电煤短缺风险。成立输电线路防外力破坏“一张网”管理工作小组，签订联防联控协议 195 份，组织义务巡护队员 1823 人开展义务护线巡视工作。排查输电线路通道外破隐患 3765 处，治理消除 3403 处，消除率为 90.4%。安装 506 套图片监控装置，实现对输电线路通道实时管控，保障了电力供应和电网安全运行。

经营管理 在疫情影响下，坚持经营管理精益精细，实施提质增效和产业升级专项行动，全年营业收入 469.7 亿元，同比增长 0.3%；电费回收率 100%；线损率 5%，同比降低 0.2 个百分点。克服亏损压力，全年发展投入由 78.8 亿元调增至 87.9 亿元，带动社会投资 170 亿元。实施盘活房地资产收益、压降车辆等费用和收付款“省级集中”节约财务费用等措施提质增效成效明显。省管产业陈欠账款压降，扭转了连续五年下降趋势。开展实物“ID”试点建设和推广应用，高质量通过国家电网有限公司实物“ID”专项验收。深化物资标准化成果应用，固化ID、“优选”物料应用比例分别提升至98%和91.3%。统筹开展疫情期间采购，落实“复工复产十二项举措”，实现所有集中采购和授权采购全部在新一代电子商务平台ECP2.0应用。开展优化电力营商环境专项审计调查、重大工程投资项目经济效益后评审和扶贫领域项目全过程审计监督，完成数字化审计平台一、二期建设并上线运行。制定国企改革三年行动方案，与国网综能集团增资组建重庆综能合资公司，在国家电网有限公司首家挂牌成立省级思极科技公司，成立重庆节能技术、国复能源2家混改项目公司。

编制对标世界一流管理提升行动方案，制定专项方案15个，确定17项关键指标目标值。优化和完善“本部+供电+直属”指标对标体系，增加基层自主申报目标环节，建立“三上三下”意见公开交互机制，形成“专业点评通报-基层分析整改-专业审查督导”的改进闭环，95%指标达成目标，87%指标同比提升。针对33项指标推广83项典型经验，24项指标实现了公司水平较目标提升。引入可持续性管理，聚焦可持续性管理五个专项行动领域，优选培植20个示范项目，形成优秀案例。电动汽车分时租赁服务等两项成果入选国家电网有限公司首批可持续性管理案例集，3个项目入选国家电网有限公司第二批示范，可持续性管理试点工作在国家电网有限公司受到表扬。

实施“十大管理创新工程”，深入推进“管理创新示范工程”。寻求高校、外部智库等外脑，对内跨专业组建公司创新团队，深挖“双创”项目储备池资源。建立“本部绩效、对标、业绩考核、通用制度和差异条款”五维评价体系。牵头编制2项国家电网有限公司技术标准、3项电力行业标准，建成2家国家电网有限公司能力建设标准化单位。成立2个劳模创新工作室联盟。1个QC小组荣获国际质量管理小组铂金奖，2个QC小组荣获“全国优秀QC小组”称号，16项QC成果在全国电力行业获奖。QC工作管理实践在国家电网有限公司做经验交流。管理创新成果获省部级及以上荣誉57项，其中国家奖励二等奖1项，全国电力行业创新奖一等奖1项、二等奖1项，国家电网有限公司一等奖1项、二等奖2项。管理提升对标实践先后荣获重庆市、国家电网有限公司管理创新成果一等奖，管理创新首获中国电力创新一等奖。

营销工作 全年累计业扩净增容量完成1113.67万kVA。围绕“获得电力”指标评价，全年完成1.84万户低压小微企业接电，线上办电率100%，实现“获得电力”指标2个环节、平均接电时间5.37天、外线接入0成本。世行“获得电力”评价环节、时间、成本指标达京沪水平，可靠性指标差距持续缩小，得到国务院发展研究中心和国家能源局充分肯定。执行国家阶段性降价等政策，降低企业用电成本85.9亿元。通过精准施策，全年电费回收率达99.9996%；智能电能表累计安装1691.82万只，采集覆盖率99.99%；推广应用HPLC模块948.82万只。强化非计量功能应用，推动主动抢修实用化，台区停电上报全覆盖15.9万台区，准确率94.3%。反窃电数字化转型升级，反窃查违及营销稽查增收3.9亿元，反窃电智能系统建设与应用典型经验在国网首期“营销三新讲堂”上推广。开展超高损、高损台区治理攻坚行动，全年压降达到65.94%，台区线损达标率97%。推广电能替代，全年累计推动629个电能替代项目落地，实现替代电量29.32亿kWh，同比增长24.79%，替代电量增速居国网第一。绿电交易增长2.6倍，清洁能源消纳增长14%。制定“1223”“供电+能效服务”工作方案，打造“1+1+N”三级市场开拓队伍。实施“走出去”战略，在12个省市开拓项目19个，实现综合能源业务营业收入4.39亿元，利润1601.76万元。完成公司经营区域内283个供电分离移交项目，分离移交户数25.7万户，所有供电分离移交项目全面完工。完成“四地六点”12个泊位港口岸电设施建设任务，实现长江流域重庆段主要游轮码头岸电全覆盖。朝天门岸电示范项目获交通运输部和国家电网有限公司肯定。

推进增量配电改革试点，出台增量配电网并网服务指导意见，制定“五方”市场主体的新型交易结算规则。两江、长寿、合川、永川、中梁山项目总体落地。配合完成第二监管周期成本监审及核价工作。完善重庆电力现货市场建设方案，落地中长期交易“六签”工作要求。在国家电网有限公司首家上报电力交易机构增资扩股方案，交易中心增资扩股在北京产权交易所挂牌。全市共有75359家电力客户、17家电厂和58家售电公司参加市场化直接交易，签约电量346.88亿kWh，同比增长33.92%。全年累计结算电量285.85亿kWh，同比增长17.55%。“十三五”期，规范落地5个增配项目，在国家电网有限公司率先完成电力交易机构股份制改造。交易平台上累计注册各类市场主体近5000家，市场化交易电量从84亿kWh增至292亿kWh，电力市场活力显著增强。

科技与信息化 2020年中国国际智能产业博览会在重庆举办，国网重庆电力承办国家电网有限公司参展的在线空间展位，展出国家电网有限公司20项创新成果。实施重大科技攻关，基于智慧车联网平台，研究功率时空联合优化关键技术，建立电动汽车、储能等客户侧灵活负荷聚合参与多级电网动态平衡优化的市场化交易机制，实现“源随网动，源荷互动”的优化调度控制与社会各方互惠共赢。牵头承担重庆市科技局、重庆市自然科学基金等科研项目取得积极进展。开展世界首次山地特高压直升机带电综合检修。

加快推进广阳岛能源互联网示范区建设，聚焦能源网架、信息支撑和价值创造三大体系，构建“风光水多能互补、冷热电协同供应、源网荷储协同互动”能源系统，提高广阳岛智慧能源建设水平；率先实现AI云边协同能力，在华为云平台率先实现AI边缘设备在线管理、算法模型在线升级，智慧工地、物资智慧结算平台等5项应用成功入选国家电网有限公司《2020电力人工智能应用白皮书》；推进5G技术应用试点，在500kV玉屏站试点建设5G智能无人变电站全景监控智能巡检，在江北嘴CBD试点建设10kV配电网5G差动保护应用；推广北斗技术试点，超前完成23座北斗基准站建设和入网校准，完成360km输电线路精准三维建模，建设64套地灾监测装置，实现对特高压线路地质灾害、杆塔倾斜的实时监测。建立反窃电智能平台，实现反窃电数字化转型升级，反窃电智能系统在国家电网有限公司推广。建成市级和23个区县级能源大数据中心，实现与国网总部两级目录贯通，数据汇聚接入数据中台。发布电动汽车充电业务发展行动计划（2020～2025年），累计投资约3.5亿元，建成充电站475座、充电桩3212个，全市占比达18%。与4家充电大客户联合实现引流，接入全市96%以上的车桩信息，实现与车联网平台的互联互通。

全年获得省部级科技奖共计20项，其中牵头获奖8项，参与获奖12项。20个获奖项目中，二等奖项目7项、三等奖项目13项。新申请专利235项，其中发明专利131项；授权专利229项，其中发明专利84项。获得软件著作权30项。

优质服务 全力做好战疫情和脱贫攻坚中的优质服务。在抗疫保电中，最快速度完成抗疫企业供电设施建设，推出欠费不停电、不计滞纳金等举措；第一时间出台助企复工复产12条举措，以电网率先复工带动社会恢复生产；推广“企业复工电力指数”“转供电费码”，利用电力大数据帮助60余家企业获得新增授信30亿元。在脱贫攻坚中，实施阳光扶贫十大行动计划，“十三五”期累计投资94.7亿元；完成14个国家重点扶贫区县电网改造，实现所有自然村通动力电，农村电网供电可靠率99.836%，综合电压合格率99.831%；完成1.9万kW光伏扶贫电站接网，安置1039个公益岗位，6700余户贫困户获得稳定收入；消费扶贫累计采购扶贫农产品1646万元，累计为343个贫困户提供就业机会。实施“党建+脱贫攻坚”电力引擎工程，帮扶农户6087户，99名贫困家庭子女完成学业计划，2268名留守儿童得到关爱；定点帮扶31个贫困村和结对帮扶1866户贫困户全部实现脱贫摘帽。国网重庆电力连续四年荣获重庆市扶贫工作先进集体，“四送”扶贫模式得到中央政治局委员、重庆市委书记陈敏尔批示表扬并发全市交流。

助力“六稳”“六保”，持续改善营商环境。开展漠视侵害群众利益问题专项整治，构建“本部+基层”两级长效机制建设工作小组。成立供电服务建设管理工作领导小组，采取“日统计、周通报、月评价”机制，构建一体化实施的“大服务格局”。开展“提升供电质量压降运检投诉专项行动”，投诉件次同比减少28.85%。深化95598业务实时监控、及时纠偏、限时整改、定时评价的“四时”管控机制，省级接派单及时率100%，业务处理满意率同比提升4.45%。构建外部服务质效评价机制，依托第三方开展营商环境满意度调查，为售电公司提供零售用户服务指南。以“唱好双城记、建设经济圈”为主题，举办首届川渝电力企业电力交易职业技能大赛，服务成渝地区双城经济圈建设。

工会工作 建立健全以董事长联络员和职工代表巡视检查等为支撑的职工民主管理体系，组织董事长联络员和职工代表开展“直奔主题、直奔基层、交心职工”调研活动。履行供区整合等改革中的民主程序，开发线上诉求中心收集反馈系统，职工诉求服务中心实现基层单位全覆盖。厂务公开知情度和满意度提升到99.77%、99.73%。出台43项班组减负清单，建立公司专业标准池，召开“生命体”班组建设现场交流会，建立国网“生命体”班组示范点。疫情期间划拨疫情防控专项资金，慰问坚守在疫情防控一线的供电保障员工。开通心理援助热线，为职工提供“一对一”心理咨询服务。组织参加重庆市“当好主人翁、建功新时代”网上劳动和技能竞赛活动，开展“安康杯”安全知识暨档案管理劳动竞赛、提质增效劳动竞赛，累计产生劳动之星34个、创新之星36个，10项成果获得“五小活动”展示奖。协同重庆市总工会开展第四届供电服务之星比赛，8个单位获市供电服务之星先进集体，10人获得重庆市十佳供电服务之星荣誉称号。

打造“渝电之光”职工文化品牌，职工文体活动557场次，实现基层单位职工文体场所、职工书屋全覆盖。2个职工书屋获评全国工会品牌职工书屋示范点和全国职工书屋示范点。建设职工文化示范基地、音乐工作室和摄影工作室。职工原创歌曲获得国家电网有限公司“原创歌曲银奖”和“最佳创意奖”。率先开通省级公司工会抖音公众号“渝电家园”，与同名微信订阅号形成宣传矩阵。成立“渝电之光”文艺小分队，送文化到保电一线和西藏阿里联网工程施工现场。先后荣获全国“安康杯”竞赛优秀组织奖。2人荣获全国劳动模范称号，9人荣获国家电网有限公司劳模、重庆五一劳动奖章等荣誉，1人荣获首届“重庆市杰出英才”奖，2人获评“国网工匠”和“巴渝工匠”。

主要事件

8月6日，重庆电网统调最高用电负荷达到2188万kW，创历史新高。国网重庆电力采取加大电煤进煤，做好电力平衡、负荷监控和电网调度，统筹度夏重点工程与隐患排查治理，确保了电网安全和全市用电需求。

8月13日，重庆市能源大数据中心在国网重庆市电力公司挂牌成立，为全市提供更智慧的能源服务。

8月18日，时任国家电网有限公司董事长、党组书记毛伟明一行在重庆拜会中央政治局委员、重庆市委书记陈敏尔，市委副书记、市长唐良智。重庆市委常委、常务副市长吴存荣，国家电网公司党组副书记韩君代表双方签署战略合作框架协议。

8月20日，国务院总理李克强来到沙坪坝区磁器口古镇视察防汛救灾工作，看望慰问现场抢修的国网重庆市电力公司员工，充分肯定电力保障工作。

9月15日至17日，2020年中国国际智能产业博览会在重庆举办。由国网重庆电力承办的国家电网有限公司在线空间展位，展出国家电网有限公司20项创新成果以及在保障电网安全、提升用电服务和惠及民生等方面的积极成效。时任国家电网有限公司董事长、党组书记毛伟明作为央企代表在开幕式上致词。

10月29日，国网重庆电力作为国家电网有限公司退休人员社会化管理试点单位，在国网公司系统和中央在渝企业中率先完成退休人员社会化管理移交工作。

（何润生　廖　爽）

西　北　地　区

【国家能源局西北监管局】

基本情况　国家能源局西北监管局（简称西北能源监管局）于2013年12月12日正式挂牌成立。按照“三定方案”规定，主要职责为：监管电力市场运行，规范电力市场秩序；监管电网和油气管网设施的公平开放；监管电力调度交易，监督电力普遍服务政策的实施；负责电力等能源行政执法工作，依法查处有关违法违规行为，监督检查有关电价；负责除核安全外的电力运行安全、电力建设工程施工安全、工程质量安全的监督管理以及电力应急和可靠性管理，依法组织或参与电力事故调查处理；负责组织实施电力业务许可以及依法设定的其他行政许可；负责协调有关跨省、跨区能源监管事务；负责法律法规授权以及国家能源局下达或交办的有关事项监管。

领导班子

党组书记、局长：何昌群（2020年9月2日后）

黄少中（2020年9月2日前）

党组成员、副局长：张志平

党组成员、纪检组长：徐连科（2020年10月26日后）

组织机构　内设综合处、市场监管处、行业监管处、电力安全监管处、资质管理处、稽查处、机关党委（机关纪委）办公室，同时向青海、宁夏回族自治区分别派驻监管业务办公室。

主要工作

1. 抓统筹推进，疫情防控和监管工作实现两不误双促进

（1）严格落实疫情防控各项要求，成立局疫情防控领导小组。积极协调防疫物资，强化日常防护措施落实，加强预警监测和信息报送，疫情紧张期间不间断统计排查全局疫情135次，定期通报排查情况16次，未发生工作人员感染新冠肺炎的情况，实现了人心稳定、工作不断。

（2）创新形式，实现疫情期间工作不断档服务不断线。通过非现场方式开展工作，与供电企业建立投诉举报网络平台联动机制，视频会商投诉举报事宜3次，第一时间解决了群众用能问题。

（3）加强能源供应保障监管，助力复工复产。主动调研发电企业电煤库存紧张及重点能源企业复工复产情况，协调解决有关问题；就能源供应保障、电力建设运行安全、供电服务等及时提出监管要求，现场督查电力企业9次18家，督促企业做好复工复产服务保障工作。

2. 抓依法治安，电力安全形势总体向好

（1）强化电力安全保障。确定年度重点安全监管工作14项，统筹部署防汛抗洪、保电保热、迎峰度

夏度冬等安全监管工作，有效保障了系统稳定运行和电力可靠供应。

(2) 坚持依法从严治安。依法依规处置涉事企业，要求行业内相关企业举一反三，持续强化安全监管高压态势。

(3) 加强基建安全监管。针对新能源“抢装潮”带来的重大安全风险，一体化推进基建项目安全备案管理和质监注册相关工作。

(4) 强化安全生产源头治理。组织电力安全文化建设现场会，交流共享电力安全文化建设成果；以“安全生产月”和“安全生产万里行”活动为载体推进班组安全建设。

(5) 强化安全责任制落实。依法开展企业主要负责人年度安全生产工作履职核查，倒逼企业逐级落实安全生产主体责任。就连续发生人身伤亡事故及局部较大面积停电事件，约谈有关电力企业主要负责人，起到了及时警示和压实主体责任的作用。

3. 抓市场改革，电力市场建设不断突破、市场秩序不断规范

(1) 不断深化辅助服务市场建设。印发《陕西省火力发电机组深度调峰能力认定及管理办法》，规范陕西辅助服务市场运行；推进西北区域备用辅助服务市场进入模拟运行阶段，西北电力辅助服务市场“1+5”体系不断深化，全年增发新能源电量 75.82 亿 kWh。

(2) 全面规范电力市场运行。牵头印发电力中长期交易规则，三省（区）实现全覆盖；密切关注研判煤电央企资源整合试点，督促企业开展 2019 年清洁能源消纳专项监管问题整改，编制电力价财监管相关报告，切实保障电力市场秩序规范。

(3) 积极参与交易中心股份制改造。对三省（区）电力交易中心股权结构优化实施方案提出监管意见，陕西方案已由陕西省发改委会同西北能源监管局联合印发。

4. 抓能源保障，确保国家能源规划、政策落实不跑偏、不走样

(1) 以监管促发展。深入开展西北电力外送规划优化研究，为发挥西北区域资源整体优势，切实推动电力外送规划更加科学合理。

(2) 以监管保供应。开展迎峰度冬期间能源保供监管，督促企业做好供电、供热、供气保障工作，协调解决陕西冬季天然气供应缺口，积极应对民生供热、清洁取暖等舆情，确保民生用能长供久安。

(3) 以监管强秩序。开展煤炭、油气、电力行业发展规划、政策落实情况监管，切实维护能源市场公平竞争秩序。积极配合做好中央生态环境保护督察相关工作，协调保障督查组开展下沉走访，依法依规处理国家能源局转办的投诉事项，有关工作得到了督查组的肯定。

5. 抓新政落实，资质许可管理实现新提升、新转变、新突破

(1) 规范程序，加强许可审查管理。认真宣贯资质许可新政策，平稳做好新旧许可政策衔接，进一步推进“阳光许可”机制建设，多措并举降低企业办证成本、缩短办证时限。

(2) 重心后移，强化事中事后监管。加强“双随机一公开”监管方式的常态化运用，共核查企业 66 家、约谈企业 6 家、行政处罚企业 2 家。

(3) 持续发力，积极推进增量配电改革。主动跟踪服务条件成熟的试点项目，协调解决相关问题，审查颁发 4 张供电类许可证，实现辖区增量配电试点项目许可工作新突破。

6. 抓服务提升，积极回应社会和人民关切

(1) 持续推进供电服务。积极沟通地方政府出台落实《全面提升“获得电力”服务水平 持续优化用电营商环境的意见》的实施方案，开展用户“获得电力”优质服务情况综合监管，举一反三、形成闭环，切实优化电力营商环境。

(2) 积极回应民生诉求。进一步规范 12398 投诉举报业务处理流程，及时处理好政府关注、社会关切、百姓关心的投诉举报事项；加强对西安局部地区停电抢修恢复监管和投诉高效处理，提升老百姓用能满意度。2020 年，西北能源监管局共受理 12398 工单 659 件，办结 608 件，办结率 94.39%，回访满意率为 92.44%。

(3) 强化能源行政执法。组织召开西北区域能源稽查工作交流研讨会，探索西北区域内能源稽查交流协作机制；严格行政执法，全年共立案 5 起，实施行政处罚 3 起，处罚金额 26 万元。

【国家能源局甘肃监管办公室】

基本情况 国家能源局甘肃监管办公室（简称甘肃能源监管办），组建于 2013 年 12 月，主要负责所辖区域内电力等能源的监督管理和行政执法工作，以及电力安全监管工作，具体包括：监管电力市场运行，规范电力市场秩序；监管电网和油气管网设施的公平开放；监管电力调度交易，监督电力普遍服务政策的实施；负责电力等能源行政执法工作，依法查处有关违法违规行为，监督检查有关电价；负责除核安全外的电力运行安全、电力建设工程施工安全、工程质量安全的监督管理以及电力应急和可靠性管理，依法组织或参与电力事故调查处理；负责组织实施电力业务许可以及依法设定的其他行政许可；负责法律法规授权以及国家能源局下达或交办的有关事项监管。

领导班子

党组书记、监管专员：仇毓宏

党组成员、监管副专员：谢康

党组成员、二级巡视员：金涛

组织机构 行政编制19人，下设综合处、市场监管处、行业监管处、电力安全监管处、资质管理处和稽查处等六个职能部门。

主要工作 2020年，甘肃能源监管办深入学习贯彻习近平新时代中国特色社会主义思想以及党的十九大和十九届二中、三中、四中、五中全会精神，不断增强“四个意识”，坚定“四个自信”，做到“两个维护”，坚持运用“不忘初心、牢记使命”主题教育成果，严肃党内政治生活，扎实推进基层组织建设。坚持“四个革命、一个合作”能源安全新战略，认真落实《关于进一步规范和加强能源监管工作的意见》，对国家能源规划、政策、标准、项目实施情况以及能源市场运行情况等进行监督检查，积极配合地方政府，深化电力市场体制改革，促进油气管网公平开放，保障能源供给和安全，切实发挥“派”的权威和“驻”的优势，努力推动甘肃能源高质量发展。

市场监管 紧抓省内、省外两个市场，先后主导或参与制定了《甘肃省电力中长期交易规则》《甘肃调峰辅助服务市场运营规则》《甘肃省富余新能源跨省跨区增量现货交易规则》《甘肃省电力用户与发电企业直接交易试点实施细则》等一系列市场监管办法，积极配合开展现货交易试点。坚持清洁低碳发展，推动新能源与自备电厂发电权置换交易，为新能源消纳开辟空间，同时降低了兰铝、酒钢、金川公司等重点企业用电成本。启动调峰辅助服务市场，挖掘火电机组深度调峰潜力，形成互惠共赢局面。畅通祁韶直流外送通道，多渠道开拓省外电力市场，甘肃新能源跨省跨区增量现货交易电量连续3年居全国第一，甘肃已成为全国电力市场交易品种最多的省份。“十三五”时期，甘肃弃风弃光现象得到了显著改善，从2016年的43.2%、30.5%下降到2020年的6.11%、2.03%。国家能源局2020年3月发布通报显示，甘肃河西地区风、光监测预警由红色转为橙色，其他地区转为绿色。

行业监管 主动适应行业监管新任务新要求，做好能源供需、能源规划重点监管。及时报送甘肃省电煤、电力、油气情况及在能源保障中存在的典型问题，督促保障能源稳定供应，助力打赢疫情防控阻击战。深入分析甘肃省能源供需衔接情况、市场运行情况、新产业新模式新业态发展情况、能源领域苗头性倾向性潜在性问题及政策措施建议，推动能源持续稳定和高质量发展。探索行业监管新模式，提升行业监管水平，开展国家“十三五”能源规划目标任务落实情况综合监管、已核准煤矿项目建设情况专项监管、甘肃省新能源供暖情况调研，配合国家能源局和地方政府开展“十四五”能源发展规划工作，协调中央第六生态环境保护督查组下沉走访甘肃工作，通过监管调研发现问题，提出监管建议。

电力安全监管 建立完善风险管控和隐患排查治理双重预防机制，防止电网大面积停电事故发生。强化电力建设施工安全监管，继续开展“电力工程建设施工安全年”活动，现场督查安全管控难度大、事故易发的重大工程。开展用电安全督查，强化疫情防控常态化之下的电力企业复工复产安全管理，切实做好“六保”能源安全稳定供应要求。狠抓电力应急管理，2020年8月以来，甘肃省东南部发生持续强降雨天气，陇南、甘南等地降雨较往年偏多2～3倍，局部水情超百年一遇，多儿、九龙峡、花园等水电站厂房被淹，部分地区电网供电中断；第一时间赶赴甘南、陇南，现场察看电力设施损毁情况，协调指导电力防汛救灾和恢复生产，靠前指挥、妥善应对，保证电力安全和防汛应急处置。深化专项整治三年行动，督促指导电力企业坚持问题导向，梳理短板弱项，建立问题隐患和制度措施清单，加强对专项整治的工作跟踪问效。

资质许可监管 落实简政放权“放管服”改革措施，优化电力业务许可和资质管理。全面整理归集资质许可数据，核实甘肃省发电企业持证情况，排查出拟注销企业6家、豁免企业191家、登记事项变更142家、无证经营企业26家、超期服役企业5家，已基本落实整改任务。实施发电类电力业务许可豁免，释放市场活力，对191家符合豁免政策的企业开展了注销工作。加强事中事后监管，责令26家未按要求取得电力业务许可证的发电企业、5家存量或新增超期服役发电企业、142家未按规定期限变更登记事项企业限期整改。优化许可程序，针对部分企业集团内部“子改分”和97家输供电企业登记事项变更申请，采取“集中办理、精简材料、缩减程序”等措施，减轻企业负担，提升许可效能，释放电力业务许可政策红利。

获得电力 加强“获得电力”优质服务监管，开展提升用户“获得电力”优质服务水平综合监管，继续组织第三方机构开展用户“获得电力”用电满意度评价，推动全省用电营商环境整体水平持续提升。认真开展并持续跟踪专项整治漠视侵害群众利益问题，督导2020年新一轮电网改造升级工程建设，组织开展“三区三州”农网改造升级攻坚、“配网建设发展”和“低电压、频繁停电治理”专项监管。依法查处违法违规行为，坚决查处临夏回族自治州一起用户受电工程“三指定”典型案例，有效维护电力市场秩序。

切实做好疫情防控期间供电保障监管，督促供电企业做好疫情防控机构和民生保障机构供电保障，坚决落实疫情防控期间居民用电客户欠费暂不停电等措施，稳妥有序做好复工复产期间电力供应保障。

脱贫攻坚 通渭县、清水县是国家能源局重点对口帮扶地区，2020年办党组14次赴基层开展督战帮扶，督促两县在脱贫攻坚冲刺阶段认真落实主体责任，降低疫情和灾情影响，积极稳妥复工复产，推动能源扶贫项目落地见效。督导两县风电项目安全有序推进建设进度，协调清水县6万kW白驼风电项目全容量并入电网、通渭20万kW陇阳风电项目并入电网12.6万kW。帮助两县协调解决集中式光伏电站后续建设、并网接入问题，以及村级光伏电站正式并网、名称变更、电费结算、发电业务许可证办理等事宜；协调落实2020年农网升级改造中央预算内投资向通渭县下达2342万元，向清水县下达2535万元，并督促供电企业在6月30日完成改造任务，进一步提升了扶贫产业发展的供电能力。同时，认真开展脱贫攻坚排查发现问题整改和“回头看”整改，赴通渭县开展1次抓党建促脱贫攻坚调研督战、1次帮扶工作交叉观摩督战、1次冲刺阶段排查完善、1次帮扶工作考核，持续加强扶贫领域作风建设。

主动推进国家能源局定点帮扶工作与甘肃省脱贫攻坚行动融合联动，积极组织乡村干部考察、电工技能培训、政策宣讲、捐资助学、消费扶贫、危房改造等社会帮扶项目，组织了基层党组织结对共建、国家能源局机关团委支教等活动，激发贫困地区党员群众的内生动力。有计划选派干部到基层扶贫一线接受培养锻炼，自2015年以来累计5名青年干部担任驻村帮扶工作队队长兼第一书记，实施落实“一户一策”精准帮扶计划，结对帮扶的通渭县寺子乡郑阳村、吊咀村、陇川镇李岘村已先后脱贫摘帽，迈上振兴之路。

（田　甜）

【国家能源局新疆监管办公室】

基本情况 国家能源局新疆监管办公室（简称新疆能源监管办）于2013年11月6日经中央编办批准正式成立（中央编办发〔2013〕130号），于2013年11月21日经国家能源局授权（国能人事〔2013〕438号），依照《电力监管条例》等法律法规，在新疆维吾尔自治区范围内履行能源监管和行政执法职能。

领导班子

党组书记、专员：李悠勇（任职时间2016年5月至今）

党组成员、副专员：师建中（任职时间2019年9月至今）

党组成员、稽查处处长：符开建（任职时间2019年11月至今）

党组成员、行业监管处处长：王宏飞（任职时间2019年11月至今）

组织机构 新疆能源监管办内设6个处室，分别是：

（1）综合处：负责文电、机要、财务、人事、信息、党务、档案、保密、内部审计和资产管理等工作。

（2）电力安全监管处：负责除核安全外的电力运行安全、电力建设工程施工安全、工程质量安全的监督管理以及电力应急和可靠性管理，依法组织或参与电力事故调查处理。

（3）行业监管处：负责监管能源规划、计划、产业政策和重大项目的执行情况，负责对取消和下放的能源行政审批项目的后续监管，监管节能减排和资源综合利用等工作。

（4）市场监管处：负责监管电力市场运行，规范电力市场秩序，监管电网和油气管网设施的公平开放，监管电力调度和交易结算，监督检查有关电价和各项辅助服务收费标准等工作。

（5）资质管理处：负责组织实施电力业务许可以及依法设定的其他行政许可，组织开展电力业务许可持续性监管以及相应的市场准入监管。

（6）稽查处：负责电力等能源行政执法，依法查处有关违法违规行为，监督电力普遍服务政策的实施，承担12398投诉举报处理。

主要工作

1. 明确2020年为“加强青年干部培养锻炼年”

一是全年围绕“加强青年干部培养锻炼年”工作主线，制定指导意见，建立完善体制机制；各党支部和各处室结合工作实际，制定具体到人的专项培养锻炼方案，努力培养一支在政治、本领、作风上都过硬的青年干部队伍。二是以新疆能源监管办作为边疆艰苦地区和红色基地，培养锻炼国家能源局系统选拔来疆挂职的优秀青年干部，使其在艰苦地区快速成长。三是对聘用和挂职干部采取同样考核和奖励办法，把全体干部凝聚成一个团结的、有战斗力的集体。

2. 扎实做好常态化疫情防控下的能源安全保障供应工作

2020年，新疆经历四次新冠肺炎疫情，其中两次累计100余天严格实施社区全封闭式管理等防疫措施，较其他省份疫情持续时间更长，疫情防控措施更严，对新疆能源监管办有序开展年度各项工作造成较大影响。在全办党员干部齐心协力、攻坚克难，针对四次疫情不同特点，统筹抓好疫情防控防护，协调解决主要矛盾和突出问题，保障能源安全稳定供应。出台多项便民利民举措，全力保障资质许可平台正常运行，做到疫情期间业务办理不停顿，营造良好营商环境。

2月，第一次疫情期间，煤炭企业受紧急封闭管理、工人节前返乡等影响，煤炭产能急剧下降，加之交通运输受限，导致部分燃煤电厂用煤严重告急。新疆能源监管办要求电网、发电企业及时报告电网运行、电煤库存等情况，并紧急向自治区人民政府报告。自治区疫情防控指挥部高度重视，采取特殊措施，协调保障煤炭生产、运输，确保电力系统安全稳定运行。

6～7月，组织力量赴新疆电网公司、电力调度中心开展电力保供和安全生产专项督查，重点前往天山换流站、昌吉换流站进行现场核查，确保第二次疫情疆电外送高峰期间，外送通道安全稳定运行。

10月，第三次疫情发生在新疆局部地区，派出工作组赶赴南疆喀什、和田和克州相关电力企业，开展电力保供和安全生产现场检查，督促企业落实安全生产主体责任，协调解决存在突出问题，全力保障新疆电网末端电力系统安全稳定运行。

3. 加强电力安全监管，促进新疆电力系统健康运行

组织召开新疆电力安全监管工作会议，系统总结2019年度电力安全监管工作成果，深入分析当前电力安全生产形势及问题，全面部署年度电力安全监管重点工作。

5月，安排部署五一、全国两会期间电力安全生产工作，印发保电工作通知至各电力企业，并做好应急值班值守工作。5月18～22日，组织专家赴伊犁对4家电力企业进行全国两会期间电力安全生产大检查暨防汛抗旱检查，形成《新疆能源监管办2020年全国“两会”期间保电工作总结》，并报送国家能源局电力安全监管司。

5、9、11月，对辖区重点电力建设工程复工情况进行跟踪统计，结合国家能源局和新疆能源监管办有关电力建设工程开复工有关要求，编制督查大纲，规范督查内容，对新疆区域11家电力建设工程开展督查工作。督查涵盖了电网、火电及风电等电力建设工程，提出典型问题115项，要求举一反三，限期闭环整改。

6～12月，全面落实国务院安全生产委员会《全国安全生产专项整治三年行动计划》工作，制定《新疆电力安全生产专项整治三年行动实施方案》，组织辖区主要电力企业有关负责人召开电力安全工作座谈会，对电力安全生产专项整治三年行动方案的实施计划及落实情况进行通报和交流，确保专项整治三年行动落实、落细、落到位。开展安全生产现场检查。组织成立4个专项检查组，赴阿勒泰、昌吉、乌鲁木齐、阿克苏等地区对17家电力企业开展了现场安全检查，共发现问题249个，并全部下达整改通知书，要求举一反三，限期闭环整改。全面深入开展问题隐患排查督办，推动各专项安全生产任务进一步落实，专项整治工作初见成效。

4. 加强电力行业监管，促进新疆电力行业协调发展

3～9月，按照新疆区域煤电机组淘汰落后产能工作计划，新疆能源监管办参与处置新疆生产建设兵团关停淘汰落后煤电产能有关工作，共计淘汰落后煤电产能88.8万kW，为兵团减少煤炭消耗，降低碳排放，发展绿色能源创造了有利条件。

4～11月，组织开展新疆维吾尔自治区（含兵团）“三区三州”农村电网改造升级攻坚专项监管，从“三区三州”农村电网改造升级三年行动计划的制定、分解，资金到位情况及规划完成情况等方面对自治区发改委、兵团发改委及有关电网企业开展调研和现场监管，提出监管意见及建议，为打赢脱贫攻坚战役贡献了一份力量。

5. 加强电力市场监管，促进新疆电力市场规范运行

1～12月，新疆能源监管办加强“两个细则”的监管，将天中直流、吉泉直流配套电源按独立控制区纳入“两个细则”管理。至此，新疆区域内所有机组都纳入“两个细则”管理，充分调动各电源企业参与辅助服务积极性，提高了发电机组管理水平，保证电网安全稳定运行。

3～12月，加强中长期交易、辅助服务市场、新能源现货交易的监管。对年度和月度直接交易、跨省跨区交易、合同电量转让交易、新能源（含直流配套新能源）与自备电厂调峰替代交易，以及辅助服务市场、新能源现货等交易进行事中事后监管。支持阿勒泰地区多能互补联合调度、增加可再生能源消纳交易试点工作，并形成长效机制，切实解决当地清洁能源消纳问题；研究解决新疆油田公司参与电力直接交易相关事宜，助力地方经济发展。

4月，组织召开2020年新疆电网运行方式工作汇报会，对电网年度运行方式如何指导月度运行方式，落实年度交易计划与直流配套电源运行方式衔接，促进局域电网和增量配电网的发展，促进新能源更好消纳等提出意见和建议，并督促进行完善。促进“三公”调度和调度机构规范运营，同时，市场主体能够更加便捷获取电网运行方式相关信息，合理安排生产经营情况。

6. 大力推进电力体制改革，加快构建新疆电力市场体系

组织召开2020年电力体制改革工作会议，总结

2019年电力体制改革工作取得的成绩，分析电力行业发展面临的新形势和新问题，确立2020年推进的整体工作思路及推进原则，统筹规划和安排部署全年重点工作任务，促使各项重点任务逐一高效完成，各项政策有效落实，部署的13项重点工作任务已全部完成并形成实效。印发《新疆电力市场交易信用评价及评定管理办法（试行）》，持续完善新疆电力市场“1＋N”制度体系。

3～11月，积极推进全疆五个批次共25个增量配电业务改革试点实施，以非现场方式开展了增量配电业务改革试点调研，全面跟踪了试点推进情况，梳理了存在问题，提出了具体解决措施；对增量配电业务改革试点项目业主及增量配电网内电力用户参与市场交易的交易机制进行了完善和规范。

3～10月，推动兵团电力体制改革工作。结合国家相关政策，牵头开展兵团电力市场化交易机制建设，密切沟通兵团政府相关部门，协调推进兵团售电侧改革试点实施。

7～9月，配合推进电力交易机构股份制改造和市场管理委员会完善。协调加快新疆电力交易中心有限公司股份制改造，年底前实现电网企业持股比例降至50％以下，进一步推进市场管理委员会、交易机构和调度机构厘清职责，指导市场管理委员会切实发挥议事协调作用和重大事项议定职能。

7. 加强资质许可监管，促进电力市场主体符合标准

4～9月，根据国务院和国家能源局关于深化“放管服”和“证照分离”改革精神，修订完善《新疆能源监管办进一步落实“放管服”精神　优化电力业务许可管理工作实施方案（2020年修订）》，进一步压缩许可流程，提升许可效能，释放政策红利，营造良好营商环境。

6～10月，开展以信用为基础的电力业务资质许可制度执行情况专项监管工作，选取乌鲁木齐地区、哈密地区、博州地区共17家企业作为检查对象，对检查过程中发现存在问题的企业印发整改通知，指导和督促有关企业完成整改落实工作。

8～12月，狠抓贯彻落实《优化营商环境条例》要求，及时修改服务指南，在官方网站向社会公开，便于申请人根据最新政策要求申请电力资质许可，探索采用许可条件告知承诺方式颁发电力资质许可，结合本单位实际情况，对电力资质许可审批程序进行优化和压缩。

8. 加强电力行政执法，促进公平公正的电力市场秩序

一是根据投诉举报、供电监管典型案例，组织电网企业召开行政执法约谈会，督促上报问题整改方案，做好整改落实工作，持续优化用电营商环境。二是对无证或以虚假资质承揽电力工程的企业进行立案调查，均已按照行政处罚流程，完成案件的调查、取证和处罚工作。三是处理12398热线反映问题。2020年12398热线共计受理工单727件，其中咨询类工单593件、投诉类工单61件、其他类工单73件，现场调查投诉案件2件，并根据调查结果对涉案企业下发监管意见书。

通过及时高效解决12398反映热点难点问题、狠抓典型案例等一系列举措，不断树立依法依规，权威高效的法治政府形象。

9. 加强基础能力建设，努力成为制度化、信息化、规范化的成熟型党政机关

一是对照国家能源局全年工作要点，印发《新疆能源监管办2020年能源监管工作要点》《新疆能源监管办2020年重点工作计划》等。二是按照国家能源局和自治区关于保密工作要求，修订并印发《新疆能源监管办关于保密工作机构组成人员调整的通知》《新疆能源监管办保密工作制度》，促进保密工作制度化、规范化，组织开展保密、网络信息安全专项自查工作，确保了全国重大会议、重要节假日期间办门户网站及信息系统运行安全，未发生失泄密等安全事件。三是持续加强与自治区党委机要局沟通联系，经过不懈努力，新疆能源监管办机要通道历经两年多努力建设，顺利通过自治区党委办公厅、机要局验收。四是按照“党建工作、能源监管、驻村工作、法制宣传”四大板块，调整并制作公共区域及各处室宣传展板，系统全面反映理论学习成果，体现学习型党政机关良好氛围。五是进一步加强机关与驻村工作队沟通交流，确保月度谈心谈话视频会议形成制度化，并取得实效。

通过加强制度制修订、信息化建设、规范对外联系和服务管理等一系列举措，推动新疆能源监管办信息化、制度化、规范化工作再上新台阶。

（霍继宝）

【国网陕西省电力公司】

公司概况　国网陕西省电力公司（简称国网陕西电力）是国家电网有限公司的全资子公司，是陕西省电力建设、输送、销售的独立法人，是全省电网规划、建设和运营的公用事业企业，承担着为陕西经济社会发展和城乡广大电力客户提供安全可靠电力供应的重要职责，并通过1161条110kV及以下线路向陕西省地方电力（集团）有限公司趸售供电。

2020年，国网陕西电力全口径用工总量3.24万人，资产总额达701.53亿元，电力客户达943.57万户，售电量达1266.2亿kWh。国网陕西电力先后被陕西省政府授予央企突出贡献奖、顾客满意度测评最

佳单位、助力脱贫攻坚优秀企业。国网陕西电力扶贫干部、国网榆林供电公司退休职工张雷威同志荣获“2019年全国脱贫攻坚贡献奖”，国网汉中供电公司刘波同志荣获第七届“全国道德模范提名奖”，国网宝鸡供电公司周红亮同志荣获“陕西省最美劳动者—新中国成立以来最具影响力劳动模范”。在2020年全国劳动模范和先进工作者表彰大会上，国网陕西电力扶贫干部、国网榆林供电公司退休职工张雷威、国网西安供电公司环城东路营业厅班长朱艳、国网商洛山阳县供电公司宽坪供电所员工宁启水同志荣获“全国劳动模范”荣誉称号。

领导班子

董事长、党委书记：梁旭（1～9月）、胡卫东（9～12月）

董事、总经理、党委副书记：张薛鸿

董事、党委副书记、副总经理：林一凡

职工董事、副总经理、党委委员、工会主席：王成文

总会计师、党委委员：李英

副总经理、党委委员：周军义

副总经理、党委委员：陶轶华

副总经理、党委委员：刘太洪

党委委员、纪委书记：李文立

总工程师：窦晓军

组织机构 本部设职能部门23个，下辖直属单位23个（11个地市级供电单位和12个综合单位），县供电公司30家，省合资公司2家，控股公司2家，配售电公司3家（控股2家，参股1家）以及省级集体企业经营平台1个。

电网概况 陕西电网位于西北电网最东部，是一个水火风光并济以火电为主的电网。火电主要分布在关中和陕北，水电主要在陕南，新能源大部分在陕北。2020年底陕西全省发电装机容量7366.38万kW，其中水电392.50万kW、火电4992.80万kW、风电891.79万kW、太阳能发电1089.30万kW。接入陕西电网发电装机容量5445.09万kW中，水电345.36万kW、火电3401.06万kW、风电790.53万kW、太阳能发电908.14万kW。

陕西电网以750kV电网为骨干网架，以330kV电网为主网架。陕西电网通过4回750kV线路与甘肃电网相联、通过±500kV德宝直流与西南电网互联、通过330kV交流至河南灵宝直流背靠背与华中电网联网，另外在陕北通过1000kV榆横—潍坊特高压输电线路以及500kV锦界、府谷两座电厂（360万kW）送出线路以点对网方式直供华北电网。截至2020年底，陕西电网电力外送能力1435万kW，“十三五”外送电量累计超过1800亿kWh，其中2020年外送电量504.3亿kWh。省内电网总体分为陕北、关中、陕南三部分，呈现“西电东送、北电南供”的特点，在关中地区形成双环形网架，陕北至关中建成两个双回路750kV输电通道，输电能力达到610万kW。330kV电网以750kV变电站为核心，形成环网或辐射形网架结构。

截至2020年底，陕西电网共有1000kV开关站1座，线路长度358.71km；750kV变电站10座（含1座开关站）、变电容量3990万kVA，线路长度4090.39km；500kV线路373km；330kV变电站85座（含5座开关站、7座新能源汇集站）、变电容量4913万kVA（其中新能源汇集站容量368万kVA），线路长度11801km；110kV变电站182座、变电容量4089万kVA，线路长度18982km；35kV变电站182座、变电容量244万kVA，线路长度5283km。过境陕西±1100kV线路405km、±800kV线路1670km、±660kV线路307km、±500kV线路271km。

人力资源 围绕中心、服务大局，以提高人力资本效益效率为中心，实施组织体系变革、动力系统升级、队伍结构优化三大工程，推进“放管服”和“三项制度”改革，完成各项任务。一是创新优化组织体系。推进“四做”管理体系变革，适应性调整机构、职责。组建营销服务中心（计量中心）、资金集约中心。有序下放330kV电网建设项目管理业务，优化地市公司建设部和项目管理中心设置，建立“基础定员＋浮动定员”核定机制，健全监理公司地市分支机构。县公司营配业务按照“前端融合＋后台支撑”的模式设置班组，10kV配网运维及输电线路通道维护下放属地供电所。调整电动汽车公司、综合能源公司管理模式。二是精准施策人才选配。常态化开展毕业生定向招聘、内部存量盘活、跨单位人才帮扶，制定实施财务、法律、变电二次等专业队伍建设方案。选评省公司级专家工匠48人、“工匠种子”71人。强化“师带徒”岗位练兵，各单位签订师徒协议1370份。制定5类28项培训项目质效评估量化标准，实施施工现场青工集训和重点专业分级轮训，将生产作业现场作为练兵主阵地磨砺员工技能。三是多元实施激励考核。加大基础治理效果考核和内模市场效益考核，增设“同期线损”“供电质量”“量价费损”“数据治理”“项目五率”5项基础管理指标；设立安全生产、电网属地协调、提质增效等专项考核项目。深入推广浮动点值制，建立生产班组技改大修“自己干”专项奖励、供电所“结构化＋包干制”薪酬激励机制，推行缺员班组绩效工资包干分配。在环保中心试点项目收益分红，推动重大科研项目攻关和科技成果转化。将企业年金单位缴费由5%提高至8%，分级对专家、劳模进行年金激励；完成退休人员统外费用政策调

整。四是全力推进内部改革。“任期制＋公开竞聘”实现突破，本部13个处长岗位试行公开竞聘，全公司164名科级、17名股级干部实行任期制。“契约制＋劳动合同”持续强化，签订新版劳动合同1120余人次，考核降岗、待岗20人，解除劳动合同7人。“挣工资＋考核分配”不断深化，“挣工资”总额达到6.9亿元。开展第三批“放管服”工作。制定地市公司自主决策负面清单事项15项。

电网建设与发展 电网规划顺利推进。组织完成“十四五”电网规划，形成涵盖省、市、县三个层级，主网“1＋2＋5”、配网“5＋4＋13”的成果体系，通过国家电网有限公司评审并获得好评，并向省发改委（能源局）正式上报。组织开展电网设施布局规划，初步完成“十四五”及远景年项目选址选线工作，推动电网规划项目有效纳入国土空间规划。推动成立陕西省电力外送工作领导小组，配合省政府先后与江苏、河南、浙江、安徽签订输电通道建设合作协议。推进陕电入苏、入豫、入京津冀通道取得了国家相关部门、单位支持认可，配合省发改委（能源局）深入开展通道相关前期工作。新能源服务不断提升。促成“政府主导、电网服务、政企联动”的新能源发展机制，配合省能源局科学合理制定“十四五”新能源发展规划，促进“源网荷储”统一规划、协调发展。建立新能源项目全业务流程日报、月报制度，全年服务保障总装机524万kW新能源发电项目并网，新能源利用率达97.34%，批复48项、345.32万kW新能源项目接入系统，年度新增竞价、平价申请并网项目全部完成批复。依托新能源云平台开展接网服务、补贴申报、消纳计算等工作，221家在陕新能源厂商入驻云平台，协助706项、1025.6万kW新能源项目业主完成补贴申请。发展环境持续改善。促成国家电网有限公司和陕西省政府签订战略合作框架协议。充分发挥省电力建设领导小组作用，促成省政府、西安市政府电网建设领导小组召开专题会议，解决项目落地难题。承办全省电力重点项目集中开工现场会，电网项目选址选线困难局面初步扭转。全面实施电网项目可行性研究和设计一体化管理，提高可行性研究效率和质量。取得国家电网有限公司可行性研究批复6项，办理330kV及以上可行性研究批复14项，110kV可行性研究批复38项。西安城南等硬骨头项目前期工作取得突破，全年核准110kV及以上电网项目49项，超额完成年度计划。

2020年，330～750kV新开工工程8项，开工率完成100%；投产工程13项，投产率完成100%；全年刚性执行750kV主网停电计划16条，计划执行率100%。坚持“计划不调、任务不减、目标不变”，做到疫情防控和电网建设“两手抓、两不误”，全力推进重点工程建设。2月17日宝鸡—西安南Ⅱ回线路工程、银西高铁供电工程在公司系统实现基建工程率先复工，3月15前全面完成18项续建工程有序复工。5项迎峰度夏工程全部按计划投运，为陕西电网迎峰度夏提供了坚强支撑。宝鸡—西安南输电线路工程全面投运，标志着关中地区750kV双环骨干主网架正式形成，为陕北与陕西东中部地区经济发展提供了有力的电力保证。港务区330kV输变电工程的投运，保障了2021年西安全运会电力供应。全面加强工程建设人员、物资、机械等资源投入，强化现场管控，神木750kV输变电工程、王塬3号主变压器扩建两项工程提前投产。重要用户供电工程银西高铁彬县东、岭上牵引站330kV外部供电工程、北塬牵引站外部供电工程全面投运，为银西高铁安全、可靠运行奠定坚实的基础。锦界府谷电厂500kV送出电工程投运，标志着列入国家大气污染防治行动计划的12条重点输电通道工程建设任务全部完成。严格执行“依法合规”开工要求，陕北换流站750kV配套送出等3项工程提前开工建设。西郊330kV输变电工程隧道工程取得重大突破。高新输变电工程、渭南热电送出等12项工程通过达标投产检查，西安北750kV变电站工程获得国网级优质工程金奖。

青河特高压工程于2020年5月底全线贯通，6月22日完成验收并提交总部开展参数测试，6月24日完成线路参数测试，6月29日实现双极低端启动带电。坚持每月初由副总指挥主持召开月度例会，每月按照攻坚清单、每周协调督办、每日计划纠偏，细化到塔位和放线区段，实现分部工程按照单项工程控制，接连突破建设过程中的难点和制约点，先后完成跨越330kV及以上线路6处共计9条，高速公路3处、电气化铁路1处。在疫情防控极端困难的情况下，先后突破洋县、商南县疫情防控等重重阻力，保障第一时间施工人员进驻并开展施工作业。各参建单位充分发挥“党建＋基建”机制优势，以党的建设引领工程建设和新闻宣传工作。5月1日，央视一套《晚间新闻》首播“建设清洁能源通道 大山深处坚守奋战”；5月20日，央视新闻面向全网直播——“‘最长一跨’！青河特高压‘电力天路’在汉中境内飞跃嘉陵江!”，并在当日央视《新闻联播》和《晚间新闻》播出；组图“秦岭之巅的特高压电网建设者”等新闻被国内外125家媒体刊发、转发。

国网陕西电力认真落实国网特高压部工作部署，克服疫情影响，制定陕北—湖北工程开工动员大会筹备方案和防疫工作方案，特高压办主要负责同志常驻现场指挥动员大会的筹备工作。2020年2月28日，陕北—湖北±800kV特高压直流工程开工动员大会顺利召开，陕北换流站作为沿线唯一的现场分会场向国家电网有限公司汇报工程开工准备情况。向《国家电网专报》提供的陕北—湖北工程开工建设等相关素材，为3541期专报成稿发挥重要的支撑作用。

经营管理 扎实开展提质增效专项行动。以战略实施为统领，以价值创造为导向，细化制定提质增效专项行动7大类130项任务，横向依托“大经营”月度例会，纵向贯穿三级内部模拟市场，多措并举建机制、育文化，打出增供扩销、挖潜增效“组合拳”，全力以赴稳经营、提质效。全年完成电能替代电量80亿kWh、同比增长86.05%，跨省区外送电量126.57亿kWh，创历史新高；高损台区基本实现“动态清零”，“量价费损”堵漏增收4.05亿元。2020年，国网陕西电力努力克服疫情、降价等影响，大力开源增收、降本增效，有效对冲减利影响，资产负债率压控至国资委警戒线以下，完成公司经营目标。稳步推进电价改革。坚决落实国家阶段性降价政策，配合开展转供电加价专项治理，降低社会用能成本17.19亿元，有效助力复工复产、恢复经济社会秩序。积极推动理顺电价矛盾，有效化解电费欠费风险，促请明确存量330kV高可靠供电用户收费政策。全力以赴争取合理电价水平，如期完成第二周期输配电价核定工作，争取到省内支持电网发展的一致意见，关键核价参数均取优值、处国网前列，十四运会政策性投资、基本电费取消40%影响等多项因素纳入核价。持续优化内部经营管理策略，充分衔接监管要求，新增安排20项优化策略任务，全量投资核准备案、资产管理界面调整、成本支出结构优化等关键任务有序推进，取得积极进展。持续提升管理质效。全面完成“科目+维度”会计管理化改造，实现国网陕西电力经营、价值信息的融合汇聚、全景展现，多维精益成果获得公司科技进步一等奖。深化应用电网生产运营作业成本标准，完成国网陕西电力标准成本体系修订，全面覆盖电网核心业务和内部支撑服务各个环节，为更好开展成本分解、支出控制提供了有效工具。资金集约中心正式运营，“省级集中”全面实施，省级直收电费智能销根率、资金清分率、银营财自动对账率均实现100%。依法合规开展纳税筹划，企业所得税连续两年“零税负”，国网陕西电力获评“A级纳税信用”企业资质。“电e金服”全面推进，与英大传媒集团签订战略合作框架协议，全年实现投标保证金、履约保证金保险签单3322件，服务中小微企业提前回笼资金4.76亿元。

安全生产 完成疫情期间保电任务，在全省疫情防控一级应急响应期间，实施调度“分组集中隔离值班”方式保持作战能力，投入抢修车辆、应急发电车等各类车辆1200余台，及时完成327户疫情防控单位临时接电、报装增容，保障全省69家定点医院、76家发热门诊、43家防控用品企业和223家重要用户安全可靠供电。修编安全工作奖惩实施办法等6项制度，完成13417个岗位77929条安全责任清单修订。部署启动安全生产专项整治三年行动，制定下发公司细化落实方案、“三下三上”工作方案、“一下一上”阶段排查标准，梳理归纳“问题隐患清单”125项、“制度措施清单”29项。开展安全生产巡查，组织78名专家、分6个批次，完成了对12家直属单位的安全生产巡查工作，系统查找各单位问题1001项。建成“安全移动考场”，完成1103家企业备案、5.45万人安全准入考试。开展建设施工“查风险、治违章、抓落实”安全大检查，共治理问题1959项。开展西安电力电缆及通道专项整治，对10kV电缆单相接地故障快速处置构建“三道防线”技术体系，完成西安城区667km电缆通道的应急整治和56座110kV变电站单相接地故障快速处置技术改造，完成115台消弧线圈的消缺任务。发布六级以上电网风险预警995份，完成沣谷Ⅰ、Ⅱ线迁改等4项一般电网风险工作管控。召开安全风险管控督查例会33次，审核15家地市级单位三级及以上作业风险8000余项。视频和飞行检查作业现场6.1万余个，查处违章6570条。扎实开展“安全生产月”和“安全万里行”活动，组织习近平总书记安全生产重要论述专题学习193次，参与学习2.08万人次，各级党政负责人共计49人带头讲安全课。开展“陕电云展厅+安全巡回展”特色宣教活动，在全省举办了8场安全宣教巡回展演活动。扎实推进安全宣传“五进”工作，发放安全宣传资料7478套，在公共场所张贴、悬挂安全标语、横幅、挂图等1100个，制作并播放用电安全宣传片43部，组织公众观看用电安全宣传片20次，累计受教育群众1160人。持续滚动修订各级各类应急预案1006项，开展各级各类演练646场，参演人员14314人次，其中西安市大面积停电事件应急演练活动获得西安市人民政府领导的高度肯定和表扬。举办2期应急管理、10期应急技能培训班和2期应急救援队伍野外拉练。组织全员参与全国应急管理普法知识竞赛活动。全年共开展各级各类应急培训185场，培训人员6974人。

营销工作 众志成城战疫情、保供电，全力以赴狠抓“量价费损”精益化管理提升，服务脱贫攻坚、复工复产、营商环境等政治任务，多措并举开拓市场、挖潜增效，谋在实处、干在实处。2020年，完成售电量1266.25亿kWh，同比增长1.02%。电费回收率100%。“量价费损”堵漏增收4.05亿元。反窃查违1.06亿元，成效排名国网第一。有效保障了全省69家定点医院、76家发热门诊、43家防控用品企业和219家重要用户安全可靠供电。累计为工商业企业减免电费支出 17.19 亿元。全年投诉总量压降 25.44%，国网陕西电力荣获第八届陕西服务质量满意度测评最佳满意单位，获国家电网有限公司“网上国网”“最佳推广案例”。营销安全工作受到国家电网有限公司安全生产巡查组肯定。国网陕西电力营业区内 14 个贫困县及定点帮扶米脂县按期脱贫摘帽，35 个帮扶点按期脱贫出列，省市两级扶贫考评全部为“好”。高、低压客户办电时间分别缩短至 39.34 和 1.03 个工作日以内。整治高损台区 7552 个、负损台区 463 个，台区线损达标率达到 96.35%，较 2019 年末提升 19.77%，新增达标台区 1.35 万个；台区线损率 4.36%，较 2019 年末降低 13.77%，除西安公司外，高损、负损台区基本实现“双清零”，64 个供电所 114 次入选国网同期线损百强。采集覆盖率 99.93%；采集成功率 99.87%，同比提升 1.76%，最高突破 99.9%。电费“四自”比率同比提升 41%，低压和高压专用变压器用户实现全覆盖；完成电能替代电量 80.1 亿 kWh；综合能源公司营业收入 5.45 亿元；全省充电电量 5 亿 kWh，同比增长 67%；电动汽车公司营业收入 1.17 亿元。建成 433 个“五小”供电所、6 个国家电网有限公司五星级供电所，发布供电所业务执行典型做法 58 项，评聘“全能型”员工 1760 人。在国内首创“电力景气指数”，开展“电眼看扶贫”“电眼看环保”“学校迎峰度夏看板”大数据分析，得到省委省政府主要领导的高度肯定。促成政府出台《在用电子式交流电能表》地方检定规程，预计年可节约电能表购置资金 1.2 亿元。智慧车联网平台、智能稽查系统等建设应用处于国网领先水平。21 篇典型经验入选《人民日报》《国网动态》，国家电网报头版、国家电网有限公司网站要闻报道公司营销亮点工作，1 人获得国网抗疫功勋人物表彰。

科技与信息化 参加国家重点研发计划 2 项，国家自然科学基金项目 2 项，军委项目 1 项，省重点研发计划 1 项，省重点产业链项目 1 项。与西安交通大学等联合开展 60 余项合作研发，与华为公司共建创新实验室，与中国科学院西安光学精密机械研究所共同探索成果转化新模式，拓展了科技创新“朋友圈”。在国家电网有限公司与西安交通大学战略合作框架下，以“电为中心、网为平台、多能互补、全面感知、智能互动，展现陕西特色”的建设原则，建成国内首个校企联合的中国西部科技创新港能源互联网创新实验平台，为国网陕西电力在能源互联网方面提升创新能力打下了基础。国网陕西电力大力鼓励基层创新创造，建成职工技术创新基地，持续加大职工技术创新投入，取得了“输电线路耐张玻璃复合绝缘子托瓶架、遥控式分流器”等 10 多项成果。基于 NFC 物联网的智能电能表本地复电装置、绿色 e 出行生态圈建设、智能高压输电线路电动飞车等多项群创赛和青创赛获奖成果在国网系统转化推广，商洛公司 1 项成果登陆国网电商平台推广销售。

统筹“数字新基建”十大重点建设任务，积极研究拓展新业态、新模式。一是试点先行，数字化转型取得突破。编制国网陕西电力“十四五”数字化规划，以及新兴产业升级专项行动计划两个子方案。融合应用云平台、数据中台、物联平台建设成果，在西安临潼和铜川耀州公司初步实现“五个一”建设目标。与华为公司共建联合创新实验室，成功研制“面向物联终端 App 柔性开发平台”；汉中公司建成数字化台区，宝鸡公司建成数字化变电站，示范效应良好。二是统筹协调，全力推进“数字新基建”任务。编制国网陕西电力“数字新基建”实施方案，举办“数字新基建”劳动竞赛。深化“三台”建设及系统应用，深化电网资源、客户服务业务中台建设应用，推动电网 GIS 平台功能提升，建成网上电网、网上国网、基建全过程数字化平台、现代智慧供应链、融媒体等应用。三是规范管理，数据应用支撑能力大幅提升。构建“七横四纵”数据管理体系。研究发布《二级部署信息系统数据共享负面清单》。开通数智国网陕西频道，实现总部与国网陕西电力两级数据门户贯通。全力推进电网资源、实物资产、同期线损、三率合一等 10 个专题的基础数据治理工作。四是探索创新，积极推进新兴产业升级行动。国网陕西电力牵头与四大运营商、铁塔公司签订陕西省 5G 网络建设战略合作协议，建立战略合作关系；安全稳妥推进杆塔、站址、光纤等基础资源综合利用，实现 201 基杆塔、33 座站房站址、1560km 沟道、2439 对芯 • km 光缆纤芯等资源共享。五是强化管理，持续提升网络信息安全水平。严格落实安全生产专项整治三年行动计划，组织开展信息安全专项检查，排查信息专业问题隐患 46 项。公开选拔 27 人增补国网陕西电力网络安全红蓝队，参加多项省部级网络安全技能竞赛，获陕西省 2020 年网络安全管理员职业技能大赛能源组团体、个人双第一。完成全国两会等重大活动保障，全年网络与信息系统运行平稳，未发生信息安全事件。

优质服务 助力疫情防控与复工复产精准有力。推出“一热线一队伍一机制”举措，1632 名志愿者组成 561 支“战疫先锋志愿者服务队”，进防疫站点、进街办、进社区、进村组。为 69 个定点医院、96 个发热门诊、32 户防疫用品企业及 235 户重要客户开展全天候保电服务。发布保供电保服务、助力复工复产、落实电价政策等 30 项举措，严格落实疫情期间降价、欠费不停电等优惠政策，释放政策红利 17.19 亿元，惠及用户 54.76 万户，三星（中国）

半导体有限公司等多个企业来信致谢，受到国网总部表扬。供电服务建设管理持续深化，开展行风与优质服务专项提升行动，升级处置12398工单，开展不属实、不满意“两不”工单现场核查，严把客户潜在投诉关、投诉调查过程关和投诉处理质量关，2020年投诉总量压降25.44%。完成漠视侵害群众利益、西北能监局“获得电力”优质服务水平专项监管等问题整改。建立省、市、县三级“大服务”分析机制，对全部11家地市公司开展供电服务现场检查，供电服务领域问题治理纵深推进。民生和重要用户供电服务有力保障，商洛、汉中公司践行服务“挺出去”要求，实施应急服务“四项机制”，稳妥处置了“8·6”洛南暴雨、略阳洪涝灾害，抗灾期间未发生一起投诉及服务舆情。十四运会赛事筹办供电服务保障工作有序推进，完成习近平总书记来陕考察、党的十九届五中全会等重大保电任务。获2020年度（第九届）陕西顾客满意度测评“最佳满意单位”。

党的建设和精神文明建设 聚焦国家电网有限公司战略落地，落实“六个持续用力”党建工作要求，以“两个坚持”为主线，强化“理论武装、深度融合、作用发挥”三个抓手，促进“党建引领力、价值创造力、组织战斗力”三个提升，推动基层党建工作全面进步、全面过硬。一是坚持政治统领，践行“两个维护”更加坚定。学习宣贯十九届五中全会精神，承办国家电网有限公司领导人员延安精神专题培训班，用习近平新时代中国特色社会主义思想武装头脑、指导实践。二是加强巩固提升，党建基层基础进一步夯实。一体推进《中国共产党国有企业基层组织工作条例（试行）》学、查、改，完成“基层党建巩固提升年”21项任务，实施“凝心聚力”工程，打造有力度、有宽度、有温度的基层党组织，获得国家电网有限公司4个党建专业标杆。三是抓实融入融合，党建引领作用充分发挥。聚焦重点工程、重点工作实施“党建+”工程项目547个，推广党员“双带头”典型经验593条，197支党员突击队奋战在疫情防控、抗洪救灾一线，实现疫情防控“双零”目标，张思德共产党员服务队成为享誉地方的红色名片。

在精神文明建设方面，坚持以习近平新时代中国特色社会主义思想为指导，深入贯彻落实党的十九大和十九届二中、三中、四中全会精神，落实国家电网有限公司两会和国网陕西电力两会部署，大力培育和践行社会主义核心价值观，深入开展文明单位创建、学雷锋志愿服务、弘扬优秀传统文化等形式多样的精神文明建设活动，为国网陕西电力改革发展提供了坚强保障。在国网陕西电力党委的坚强领导下，国网陕西电力3家单位荣获第六届全国文明单位荣誉称号，11家单位到届复审通过、继续保留全国文明单位荣誉称号，4家单位荣获新一届国家电网有限公司文明单位荣誉称号，2家单位荣获陕西省国有企业文明单位荣誉称号。

工会工作 牢牢把握国网陕西电力发展和职工成长成才的着力点、交汇点，始终履行两个职责（维护职工合法权益，竭诚服务职工）、坚持两个主题（“建功建家”主题）、三个导向（需求导向、问题导向、目标导向），实现三个服务（服务大局、服务基层、服务职工）。一是坚持服务大局为方向，组织宣传动员广大职工建功立业。迅速贯彻落实国家电网有限公司党组《关于进一步加强和改进工会工作的意见》精神，制定国网陕西电力《关于进一步加强和改进工会工作的通知》5个方面21项具体工作措施。举办培训班、主题讲座、演讲赛、报告会等活动，把国网战略学习宣贯工作穿透到基层一线、覆盖到全体职工。组织开展“我为公司新战略添精彩”合理化建议，共征集合理化建议728条。立足公司核心业务和中心工作开展劳动竞赛，国网陕西电力荣获陕西省劳动竞赛先进集体、助力脱贫攻坚劳动竞赛优胜集体。深入开展创新工作室创建，5个创新工作室分别荣获全国、陕西省示范性创新工作室以及国家电网有限公司劳模（职工）创新工作室示范点称号。大力弘扬劳模精神劳动精神工匠精神，国网陕西电力3人获全国劳模，3人被省委省政府授予陕西省“三秦工匠”和“陕西产业工匠人才”，1个班组获陕西省“五一巾帼标兵岗”，1人获陕西省“五一巾帼标兵”。组织召开班组减负专项工作协调会，减少班组记录67条，让一线班组职工切实将精力和时间用于生产经营工作任务。二是坚持服务职工为宗旨，努力为职工办实事、办好事。常态化开展“三必贺”“三必访”活动，共慰问职工2.4万余人。助力安全生产，赴青河特高压工程、横山1000kV开关站等重点工地慰问，向宝鸡、汉中、安康、商洛、榆林、延安公司以及安康水电厂拨付防汛专项慰问金70万元。疫情第一时间慰问国网陕西电力调度隔离值班、营业窗口、重点技术改造现场、重点基建工地、一线抗疫职工3976人次。实施“职工健康行动”，组建专家咨询团队，为职工答疑解惑、舒缓压力。国网陕西电力系统建成“职工之家”“职工小家”393个，实现省、市、县、班组四级“职工之家”全覆盖，建成“五小”供电所310个，市县两级诉求中心51个，单身公寓926套。打造陕西省光明工程志愿者协会平台，在工伤工残、金秋助学、扶贫帮困等方面精准发力。三是坚决落实防疫抗疫责任，展现工会作为。建立工会主席和工会办公室业务2个抗击疫情工作微信群，5次在群里提出具体要求，随时贯彻上级工会和国网陕西电力各项部署，坚持每日报送职工疫情和工会工作信息。配合公司复工复产要求，制定 18 项具体措施，确保电网安全可靠供电和职工安全健康。发布工会抗击疫情《倡议书》，号召国网陕西电力全体职工服从大局、听从指挥、科学防疫。《人民日报》客户端陕西频道、《中国电力报》、陕工网、《陕西工人报》等媒体以《当好职工"主心骨"做好职工"贴心人"——国网陕西电力工会抗击疫情工作纪实》为题进行了深度报道。印发《国网陕西电力工会关于在疫情防控和复工复产期间帮助做好职工子女管护服务工作的通知》，对各单位子女在初三及以下、持续奋战在抗疫一线的 2127 名职工补助 319 万元，支援湖北公司本部 89 万元。

主要事件

1 月 6 日，国网陕西电力在培训中心举行陕西华兴能源产业管理公司授牌暨委托管理签约仪式，国网陕西电力董事长、党委书记梁旭向陕西华兴能源产业管理公司授牌并讲话，国网陕西电力董事、总经理、党委副书记张薛鸿主持授牌仪式，国网陕西电力副总经理、党委委员陶轶华以及国网西安供电公司总经理钟筱军出席授牌仪式。

1 月 27 日，国网陕西电力召开疫情防控信息通报协商暨突发公共卫生事件一级响应领导小组会议，传达学习国家电网有限公司党组疫情防控决策部署和相关要求。国网陕西电力董事长、党委书记梁旭作讲话，董事、总经理、党委副书记张薛鸿主持会议，董事、党委副书记、副总经理林一凡通报公司近期疫情防控和安全保电工作总体情况。国网陕西电力职工董事、副总经理、党委委员、工会主席王成文，副总经理、党委委员周军义，总工程师窦晓军出席会议。

3 月 20 日，陕西省电力重点项目集中开工仪式在西安市沣京工业园区 110kV 沣京输变电工程现场举行，省长刘国中出席开工现场会并宣布陕西省电力重点项目开工，副省长赵刚主持会议。省政府副秘书长兰建文、省能源局局长何钟、西安市市长李明远，国网陕西电力董事长、党委书记梁旭，董事、总经理、党委副书记张薛鸿，副总经理、党委委员周军义，副总经理、党委委员刘太洪，省地电集团董事长邹满绪，西安公司总经理钟筱军、党委书记孙强，以及有关电力企业负责人和参建单位代表参会。

4 月 1 日，国家能源局西北监管局局长黄少中，国网陕西电力董事长、党委书记梁旭一行到国网新源陕西镇安抽水蓄能电站督导调研复工复产、疫情防控及安全生产工作。国网陕西电力安监部、建设部及陕送公司、建设公司相关负责人陪同督导并汇报工作，西北能监局相关负责人出席会议并作点评发言。

5 月 16 日，陕西 750kV 关中双环网宝鸡—西安南第二回线路顺利完成 330kV 乾骆线带电跨越，标志着陕西关中 750kV 双环网主网架全线贯通。

8 月 8 日，陕西省委副书记、代省长赵一德一行到安康水力发电厂检查防汛工作。省政府秘书长方玮峰，安康市委副书记、市长赵俊民，国网陕西电力董事长、党委书记梁旭陪同。

8 月 26 日，国家电网有限公司总经理、党组副书记辛保安一行赴西安交通大学走访调研，与校长、党委副书记王树国举行会谈。西安交通大学副校长、党委常委王铁军，中国工程院院士邱爱慈、中国科学院院士王锡凡参加会见。国网陕西电力副总工程师兼人资部主任吕春泉、副总工程师兼西北分部主任王风雷，国家电网有限公司总部相关部门及国网陕西电力、国网直流公司主要负责人，西安交通大学有关院系负责人参加调研。

8 月 26 日至 28 日，国家电网有限公司总经理、党组副书记辛保安赴国网西北分部、陕西电力调研，了解基层一线情况，看望慰问干部职工。国网陕西电力副总工程师兼人资部主任吕春泉、副总工程师兼西北分部主任王风雷，国家电网有限公司总部相关部门负责人，国网陕西电力、国网直流公司主要负责人参加调研。

8 月 28 日，国家电网有限公司总经理、党组副书记辛保安一行在西安拜会陕西省委副书记、省长赵一德。陕西省副省长赵刚参加会见。国网陕西电力副总工程师兼人资部主任吕春泉、副总工程师兼西北分部主任王风雷，国网发展部和国网陕西电力主要负责人参加会见。

8 月 28 日，国网陕西电力荣获"第八届（2019 年度）服务质量满意度测评最佳满意单位"。

9 月 7 日，召开干部任免宣布大会，宣布国家电网有限公司党组对国网陕西电力领导班子调整的决定。国家电网有限公司党组组织部副主任杨浩宣布干部任免文件并讲话。梁旭、胡卫东分别作表态发言。国网陕西电力董事、总经理、党委副书记张薛鸿主持会议。国网陕西电力领导班子全体成员、三级顾问、国网西安供电公司党政主要负责人、陕西省委组织部企业处二级调研员卢杨出席会议。根据工作需要，经国家电网有限公司党组研究并征得中共陕西省委同意，胡卫东任陕西公司董事长、党委书记；免去梁旭陕西公司董事长、党委书记职务（另有任用）。

10 月 14 日，国家发展改革委连维良副主任一行到国网陕西电力调研"六稳""六保"落实工作。国网陕西电力董事长、党委书记胡卫东，董事、总经理、党委副书记张薛鸿，国家发展改革委评估督导司司长王青云，陕西省政府督察专员周和斌，陕西省发改委党组成员、能源局局长何钟，董事、党委副书记、副总经理林一凡陪同调研。国网陕西电力领导班子参加调研座谈会。

10月22日，国家电网有限公司董事长、党组书记毛伟明一行在西安拜会陕西省委书记刘国中，省委副书记、省长赵一德。陕西省委常委、西安市委书记王浩，省委常委、秘书长卢建军参加会见及签约。陕西省副省长赵刚与公司副总经理、党组成员刘泽洪代表双方签署战略合作框架协议。陕西省政府秘书长方玮峰及相关部门负责人，国家电网有限公司总经济师兼办公室主任王抒祥、副总工程师兼西北分部主任王国春，国家电网有限公司总部相关部门、国网陕西电力主要负责人参加会见及签约。

10月22日，国家电网有限公司董事长、党组书记毛伟明一行赴国网西北分部、国网陕西省电力公司调研，深入党建阵地、服务窗口、生产一线，了解基层实际，看望干部职工。陕西省副省长赵刚、西安市市长李明远陪同相关调研。国家电网有限公司副总经理、党组成员刘泽洪参加调研。国家电网有限公司总经济师兼办公室主任王抒祥，副总工程师兼西北分部主任王国春，国家电网有限公司总部相关部门、国网陕西电力主要负责人参加调研。

10月22日，国家电网有限公司董事长、党组书记毛伟明一行赴西安交通大学调研交流，与校党委书记张迈曾、校长王树国举行座谈。国家电网有限公司副总经理、党组成员刘泽洪，西安交通大学党委常委、副校长王铁军，党委常委、学科办主任别朝红参加调研交流。国家电网有限公司总经济师兼办公室主任王抒祥、副总工程师兼西北分部主任王国春，国家电网有限公司总部相关部门、国网陕西电力主要负责人，西安交通大学相关院系负责人及专家学者代表参加调研交流。

11月13日，国家能源局信息中心副主任张旭波一行赴国网陕西省电力公司、国网西安供电公司，调研公司信息化工程和网络信息安全等相关工作情况。公司董事、总经理、党委副书记张薛鸿陪同在公司调研。国家能源局信息中心负责人，中国城市能源变革产业联盟负责人，国网陕西电力互联网部、调控中心、西安公司、电科院、信通公司等相关部门、单位陪同调研。

11月20日，国网陕西电力完成年度退休人员社会化管理移交工作。通过对接46个地（市）、105个区（县）、140个街道（乡镇）、193个社区，完成整体协议签订、管理服务职能移交、人事档案移交12359人，完成党组织关系移交4083人。

11月24日，2020年全国劳动模范和先进工作者表彰大会在京召开。国网陕西电力扶贫干部、榆林公司退休职工张雷威、西安供电公司环城东路营业厅班长朱艳、商洛山阳县供电公司宽坪供电所员工宁启水同时荣获“全国劳动模范”荣誉称号。

12月29日，国网陕西电力宝鸡供电公司周红亮创新工作室被中华全国总工会日命名为第三批100个全国示范性劳模和工匠人才创新工作室。

（毕鹏翔　陈　燕）

【国网甘肃省电力公司】

公司概况　国网甘肃省电力公司（简称国网甘肃电力）更名于1990年2月，是国家电网有限公司的全资子公司，承担着建设、运行、管理、发展甘肃电网的任务，为甘肃省地方经济和社会发展提供安全可靠的电力保障。

甘肃省内各类用电客户907.47万户，其中大工业用户0.59万户，居民用户791.4万户及其他用户115.48万户。用工总量44085人，同比减少400人，其中主业用工37100人，占84.16%［其中职工28974人，农电用工（含直签劳动合同、劳务派遣制）5504人，劳务派遣用工2622人］；省管产业单位用工6985人，占15.84%（其中集体职工344人，直签聘用职工4267人，劳务派遣用工2374人）。12月底，职工劳动生产率48.09万元/人，同比提升9.2%。

领导班子

董事长、党委书记：叶军

董事、总经理、党委副书记：赖祥生

董事、党委副书记、副总经理：孙涛

职工董事、党委委员、工会主席：王海涛

总会计师、党委委员：朱皑绿

副总经理、党委委员：李俭

副总经理、党委委员：路民辉

党委委员、纪委书记：严光升

副总经理、党委委员：张祥全

副总经理：行舟

三级顾问：王多

国网兰州供电公司总经理、党委副书记：苏少刚

国网兰州供电公司党委书记、副总经理：张中红

组织机构　本部21个部门，1个事业部，12个省公司层面业务支撑单位，1个水电厂、1个省管产业单位，14个市（州）供电公司、80个县供电公司。

本部部门：办公室（党委办公室）、发展策划部、党委组织部（人事董事部）、人力资源部（社保中心）、财务资产部、安全监察部（保卫部）、设备管理部、配网管理部、建设部、科技部、互联网部、物资部（招投标管理中心）、审计部、纪委办公室、党委党建部［思想政治工作部、本部（直属）党委办公室、团委］、法律合规部、党委宣传部（对外联络部）、后勤工作部、电力调度中心、工会、企业管理部。

事业部：营销事业部。

业务支撑单位：国网甘肃经研院（设计公司）、国网甘肃电科院、国网甘肃检修公司、国网甘肃建设分公司（监理公司）、国网甘肃信通公司、国网甘肃物资公司（招标公司）、国网甘肃培训中心、甘肃送变电工程有限公司、国网甘肃综合能源服务有限公司、甘肃网新电力产业管理有限公司、甘肃电力交易中心有限公司、国网甘肃服务中心。

水电厂：国网刘家峡水电厂。

省管产业单位：甘肃科源电力集团有限公司。

市（州）供电公司：国网兰州供电公司、国网白银供电公司、国网天水供电公司、国网金昌供电公司、国网酒泉供电公司、国网武威供电公司、国网张掖供电公司、国网定西供电公司、国网平凉供电公司、国网庆阳供电公司、国网陇南供电公司、国网甘南供电公司、国网临夏供电公司、国网嘉峪关供电公司。

电网概况 2020年，国网甘肃电力坚持以习近平新时代中国特色社会主义思想为指导，深入贯彻党的十九大和十九届二中、三中、四中、五中全会精神，认真落实省委、省政府和国家电网有限公司工作部署，立足全省发展大局，发挥“六个力量”作用，顽强拼搏、共克时艰，服务“六稳”“六保”，全年完成发展总投入86.47亿元，其中电网投资68.45亿元。110kV及以上输电线路开工655km，投产1402km；变电容量开工281万kVA，投产525万kVA。刘家峡水电厂发电量91.49亿kWh，同比增长4.06%。省内售电量978.19亿kWh，同比增长9.14%。跨区跨省外送电量520.16亿kWh，同比增长23.23%。

落实中央决策部署，积极履行政治、经济和社会责任，充分发挥中央企业在稳增长、调结构、惠民生中的重要作用。助力抗击疫情、助推复工复产，实现272个重点防疫场所保电“零故障”，4.4万多名职工“零疫情”。坚决执行国家阶段性降价政策，减免工商业用户电费10.43亿元，助推全省复工复产率超过90%，电力行业占全省规上工业增加值比重达20%、拉动增速1.89个百分点。助力打赢精准脱贫攻坚战，全面完成脱贫攻坚电网建设任务；“十三五”127.6万kW光伏扶贫项目全容量并网，每年可产生稳定收益约7.6亿元；累计实施捐赠、消费扶贫5697.25万元，119个定点帮扶村全部脱贫出列，扶贫工作连续6年获省委、省政府表彰。积极服务清洁发展，连续三年促成省委省政府与国家电网有限公司主要领导高层会谈，两次签订战略合作框架协议，争取各类支持政策230项、106.28亿元，新能源发电量379.59亿kWh、同比增长7.7%，较“十二五”末实现翻番，相当于节约标准煤466.52万t、减排二氧化碳3568.15万t。新能源发电量占比22.3%、居全国第二。新能源利用率超过95%，达到历史最高水平，助推我省新能源投资红色预警解除。完成电能替代电量147亿kWh，相当于减排二氧化碳1464万t、减排二氧化硫44万t、减排氮氧化物22万t。持续优化电力营商环境，14家市（州）供电公司办电业务全部进驻当地政务服务大厅。线上办电率达94.05%。高、低压客户平均接电时长压降至30.72天、2.55天，优于省政府和国家电网有限公司要求。获得电力指数达99.54%，高于目标值9.54个百分点。投资8.95亿元（含城网建设）保障客户快速接电，节约客户办电成本3.5亿元。通过直购电交易降低企业用电成本14.64亿元。

建成国网系统单站规模最大、最早投产交付的砂坪变多站融合数据中心。全年获得国家级管理创新成果2个二等奖、行业级创新成果1个二等奖、国家电网有限公司创新成果1个特等奖和1个三等奖、省级创新成果19个一等奖、25个二等奖、1个三等奖。2020年获中电联表彰的行业级优秀QC成果9项（其中一等奖2项、二等奖3项、三等奖4项），获国家电网有限公司二等奖1项，获省级优秀成果55项（其中特等奖8项、一等奖28项、二等奖15项、三等奖4项），国内率先成功研发深基坑作业一体化智能机，牵张设备、深基坑一体机创新成果得到了国家电网有限公司充分肯定和表扬，国网甘肃电力11家基层单位和集体获省质量协会表彰，公司取得的成果数量在全省保持领先，创历史最好成绩。

党建工作 落实新时代党的建设总要求，持之以恒强“根”铸“魂”，发挥国有企业党建优势，始终把政治建设放在首位，以“第一议题”深化政治学习，牢固树立“四个意识”，始终坚持“四个自信”，坚决做到“两个维护”。充分发挥党建引领作用，建立“不忘初心、牢记使命”长效机制。开展纪念建党99周年系列活动。扎实推进党建工作“十大工程”，实践做法入选中国社会科学院《国有企业党建发展报告（2020）》蓝皮书。深化提升“党建+”工程，促进党建工作与重点工作相融并进。强化干部职工队伍建设，在抗击疫情、脱贫攻坚等急难险重任务中考察选用年轻领导人员。承办国家级、省级技能大赛10项。国网甘肃电力被授予全国职工职业技能大赛突出贡献奖。深化党风廉政建设，以“五项机制”扎实推进“行风建设年”活动，全省服务投诉降低50.47%。营造良好发展环境，全面实施“暖警工程”，深化警企战略合作。加强与中央及地方媒体战略合作，在电力行业和驻甘央企中率先建成融媒体平台。省市联动召开新闻发布会66场次，新闻宣传工作成效获得省委宣传部充分肯定。队伍凝聚力、战斗力不断增强，在甘肃省企业率先启动“青马工程”，建成2个实践基地。2020年被中共中央、国务院授予全国脱贫攻坚先进集体。1名职工获全国劳动模范，8名职工获甘肃省劳动模范。7家单位、6名职工获甘肃省和国家电网有限公司抗疫先进表彰，3名同志获国家电网有限公司优秀共产党员称号。34个集体和个人获省部级及以上团青表彰。

企业战略 2020年，国家电网有限公司党组确立建设具有中国特色国际领先的能源互联网企业战略目标。国网甘肃电力全面衔接国家电网战略目标，研究提出推动战略目标落地的“37814”工作思路（即履行“三项承诺”、防范“七大风险”、坚持“八个方面解放思想”、聚焦“十四个着力点”），始终以保障能源电力安全可靠供应、推动能源生产和消费革命、服务甘肃经济社会发展为己任，在建设具有中国特色国际领先的能源互联网企业征程中，争做能源生产和消费革命的推动者、省级能源互联网建设的示范者、服务幸福美好新甘肃建设的先行者。企业宗旨是人民电业为人民。公司使命是为美好生活充电、为美丽中国赋能。企业精神是努力超越、追求卓越。战略路径是坚持党建引领，实施改革和创新两个驱动，推动电网、管理、服务三个升级。

人力资源 2020年，国网甘肃电力人力资源工作坚持问题导向、目标导向、结果导向，坚持控总量、优结构、增活力、提效能，体制机制改革创新取得重要突破。三项制度改革方面，梳理三项制度改革体制建设重点任务16项、机制建设重点任务19项，形成三项制度改革体制机制建设“施工图”。公司三项制度改革、内部组织变革走在国网系统前列，9篇案例入选《国家电网有限公司三项制度改革百问百答》，获得国家电网有限公司主要领导的肯定。组织机构优化方面，本部机构改革完成，撤销职能部门内设处室，实施职能型事业部制改革，完成市场营销事业部组建运营；制定下发供电所设置标准，实施供电所三年优化整合规划；调整兰州新区公司管理模式，大力提升新区供电优质服务水平。员工队伍建设方面，编写管理、技术人员“应知应会”达标测评理论和实操试题近10万道，分级分批完成7400名管理技术人员“应知应会”Ⅲ～Ⅴ级首测，覆盖率97.2%，达标率92.6%；新增甘肃省领军人才1名、甘肃省优秀专家人才2名，新增正高级职称17人、副高级职称301人、高级技师280人；申报2名甘肃省技能大师候选人和1个国家级技能人才培训示范基地。队伍结构调整方面，优化招聘策略，通过“订单＋定向”的方式为艰苦边远地区招聘本地生源48人，与2019年相较增加50%，有效缓解艰苦边远地区人才短缺、人才流失严重的问题。优化用工结构，推动700余名专职驾驶员转岗分流至本单位其他缺员岗位。效率效益提升方面，编制绩效考核工具箱，提炼形成35个考核工具，完善绩效考核体系，明晰单位、组织、员工考核制度依据、考核方式、考核重点及结果应用；加强各单位人工成本管控，积极协商政府相关部门争取稳岗补贴政策，累计节约人工成本1.92亿元，助力公司提质增效。

安全生产 2020年，国网甘肃电力安全生产持续稳定，未发生六级及以上人身、电网、设备和信息系统事件，安全生产业绩保持优良，实现了“八不发生两降低”目标。安全责任不断压实。第四轮修编完善4031个组织、19516个岗位安全责任清单；组织召开四次安委会会议，研究部署重大事项，修订安全奖惩实施办法完善强激励、硬约束机制；常态“四不两直”督察，视频监控1.6万余个、实地检查535个现场。专项活动有力推进。高标站位推进安全生产专项整治“1260专项行动”，建立119项“两个清单”；部署开展“查风险、治违章、抓落实”建设施工安全大检查，建立“视频＋现场”和“保证＋监督”督查模式；组织电网设备中长期安全风险评估，开展施工索道、森林草原输配电线路防火等专项隐患排查治理行动。监督体系持续健全。印发安全督查管理、安全准入等工作规范，强化有限空间、深基坑开挖等高风险作业安全管控；印发省管产业单位、省营销中心和电力杆塔5G共享项目安全管理指导意见；全面组建省市县三级100支、799人安全督查队伍和99个安全管控中心，在生产指挥中心实行7×8h值班。监督方式更加丰富。在国家电网有限公司率先实现安全生产巡查全覆盖，风险管控系统“四个管住”功能及实用化通过国网总部验收；建立安全风险管控督查、公示告警等工作机制，有效管控七级及以上电网风险856项、三级及以上作业风险7530项；健全“4＋1”消防安全管理体系，建成并推广应用消防物联网，消防安全管理中心及时有效处置6起火险。应急机制稳步完善。建成智慧应急指挥系统，成功举办防汛抗震应急综合演练和首届应急技能竞赛；“平安甘肃”建设责任制考核评为优秀、位列驻甘央企第一；与省公安厅签订战略合作框架协议，建立覆盖省市县乡各层级、各警种、各专业的警企合作新体系，高效高质量完成570个公安基层单位电采暖工程；与省应急厅签订应急联动战略合作协议，联合下发市县两级强化应急合作文件；与省公共应急频道深度合作，加大电力设施保护、电力应急宣传，取得良好效果。

经营管理 甘肃省内以石化、有色、黑色冶金等为支柱产业，主要生产原材料，处于产业链低端，与沿海出口行业及国际市场关联度较大，对外部市场的依赖性很强，企业抗风险能力比较弱。当前市场形势千变万化，省内高耗能企业后期产能稳定、释放面临许多不确定因素，存量电量维持面临较大压力。

国网甘肃省电力公司面对经营形势严峻局面，整体考虑营销、生产、研发、财务、人力资源协调统一，在落实中央重大决策部署中走在前列，助力脱贫攻坚连续6年获省委省政府表彰，荣获全国脱贫攻坚先进集体；破解困扰多年的新能源发展矛盾，累计完成电能替代432亿kWh，消纳清洁能源1512亿kWh，相当于节约标准煤2389万t，减排二氧化碳1.8亿t；坚决落实国家降价政策，降低用能成本216.23亿元，利税102.26亿元，彰显了国有企业“六个力量”作用。电网实现跨越发展，累计投资543亿元、增长24%，消除电网结构性风险28项，城乡电网户均停电时间减少6.14h，电网资源配置能力、安全水平、智能化水平大幅提升。

2020年，坚持以利润为中心，以提质增效为主线，资源配置能力、公司运营效率跃上新台阶。新增并网发电装机696万kW，变电容量、线路长度达到1.2亿kVA、7万km，分别是“十二五”末的1.35倍和1.15倍，先后建成祁韶、吉泉、青豫、河西三通道等重大工程，通过18回750kV线路与周边省份相连，跨区跨省输电能力提升至2900万kW、是“十二五”末的1.9倍，电力外送20个省市，大送端电网的格局初步形成。省内售电量年均增速5.09%、是全社会用电量增速的1.6倍，省外售电量翻了两番，职工劳动生产率提升46.2%，人才当量密度提升至1.0261，盈利水平明显提升。发挥党建引领作用，发展环境极大改善，行业带动力、影响力、话语权显著增强。

资产财务管理。高质量配合完成第二监管周期输配电价改革工作，坚守“准许成本＋合理收益”核价原则的同时，合理释放改革红利，有效平衡了降成本与促发展之间的关系；在全国率先取消了大工业目录电价，全面放开大工业用电市场化交易，取消了历史形成的针对特殊地区、特殊行业、特殊用户的各类优惠电价，完成农业排灌用电全省同价，结合省发用电特性优化调整了峰谷分时电价时段。开展“党建＋提质增效”专项行动，提出6个方面56项重点工作，通过“育氛围、稳市场、强管理、促创新、推改革、争政策”六大措施，全年实现提质增效11.25亿元。制定下发《县公司内部模拟市场指导意见》，推动内部模拟市场向一线穿透，全方位激发基层经营活力。争取国网东西帮扶基金6亿元，完成国家电网有限公司13.26亿元东西帮扶基金债转股事宜。争取地方政府支持政策79项，涉及金额19.92亿元。取得增值税增量留抵退税资金3.47亿元，享受企业所得税税收优惠节约税金支出0.16亿元。组建省级资金集约中心，实现收付款“省级集中”。作为国网唯一试点，成功完成农民工工资代发线上流程测试并推广应用。积极开展“电e金服”推广工作，嵌入省工信厅服务平台，“电e贷”授信额度3864万元，获得国家电网有限公司“优秀核心企业”荣誉称号。完成交易公司第一轮股改、电通设计公司股权转让、思极飞天增资扩股，完成综合能源公司股权划转。

物资管理。高质量完成国家电网有限公司供应链运营中心、电力物流配送、电子商务平台等3项试点建设任务，率先全面应用现代智慧供应链64个业务场景，建设应用进度位列国网第一梯队。全面推进“党建＋智慧供应链助力物资保障”提升工程，先后6次在国家电网有限公司平台介绍了“甘肃经验”，5次在国家电网有限公司现场会展示了“甘肃风采”，为国家电网有限公司现代智慧供应链高质量发展贡献了“甘肃力量”。自主研发出库待使用物资监管平台，创新构建跨专业实物资源管理体系，全面监管并盘活全省近10亿元的实物资源，实现资源高效利用，减少成本2亿元左右。成功举办国家电网有限公司2020年实物资源规范管理现场研讨会，在全网推广具有甘肃特色的实物资源管理经验和方案。率先建成国网“AAA智能评标基地”，创新采用“远程异地＋网络协同”的云采购模式，实现网上招投标、开评标、授标电子化全覆盖，公司优质供应商中标占比由原来的81%提升至98%。制定《物资管理体制及物资供应体系优化方案》，构建“1＋3＋5＋4＋3＋2＋2＋3”物资管理体制及物资供应体系，通过合同电子签署、结算单据线上办理、两金一款清退等“最多跑一趟”措施，合同签订时间由原来的15天压减至现在的5天，结算单据办理时间从原来的7天减少为3min，全面助推1354家供应商复工复产。持续提升采购设备质量，累计压减标准物料6718条，开展供应商绩效评价841家，建成兰州、张掖“国网先进级”检储配一体化基地，为西北—新疆750kV第三通道、祁韶直流、青豫直流、脱贫攻坚等重点工程提供了高质量的物资保障。

后勤管理。认真落实国家电网有限公司“一个提高、六个强化”总体要求，共排查人员信息12万余条，制定防疫措施250余项，累计筹措426万只防护口罩、1.5万kg医用酒精、9.9万kg消毒液、34万只一次性医用手套等防疫物资，严把“信息核查、人员管控、场所消毒、物资保障和复工复产”五道关口，防疫工作取得了阶段性成果。全面完成涉及192个职工家属区74127户，共计496个维修改造项目的“两供一业”分离移交任务，率先在驻甘央企实现分离移交工作三个100%（分离移交完成率100%，维修改造竣工率100%，国拨资金清算完成率100%）

“两供一业”分离移交任务收官。严格落实对中小微企业减免房租政策，共减免中小微企业房租 355.61 万元。助力提质增效，盘活房产 58 处，实现收益 1371.66 万元。积极开展消费扶贫，完成食堂消费和职工农产品采购共计 1173 万元。

科技创新 2020 年国网新技术目录应用率 85%；荣获省部级及以上奖励 23 项；申请专利 221 项，完成率 174%，发明专利授权 31 项，完成率 80%，申请海外专利 1 项，占年度计划 100%；环保完成一个 100%，四个“不发生”。科技创新精益化管控实效凸显。国网甘肃电力 2020 年荣获国家电网有限公司科技进步奖 5 项、中国电力科技进步奖 1 项、甘肃省科技进步奖 6 项，首次牵头荣获国家二等奖 1 项，显示了国网甘肃电力在新能源、大电网领域突出的科研实力。科技创新助力扶贫攻坚。针对甘肃陇南扶贫点遇到的实际问题予以专项扶持，电科院牵头研制推广了农作物小型烘干装置，大力开展分布式扶贫电源微能网技术应用，极大地促进当地农产品加工产业发展，对当地 258 户共 1059 人的脱贫起到了决定性作用。大力支持职工创新活动。科研投入中加大了对一线创新和职工创新的支持力度，国网甘肃电力职工创新成果在第十届国际发明展览会获金奖 3 项、银奖 1 项，第二十三届全国发明展览会“一带一路暨金砖国家技能发展与技术创新大赛”，获得 4 金 4 银 3 铜。专家人才队伍不断壮大。国网甘肃电力拥有 2 个国家电网有限公司科技攻关团队，2 人享受国务院特殊专家津贴，2 人被评为甘肃省领军人才，19 人被评为国网专业领军人才，科技战线 1 人荣获“甘肃省科技功臣”、1 人荣获“全国劳动模范”、1 人获陇电工匠称号。科技创新成果转化效益显著。组织召开甘肃公司第一届科技成果转化工作会议，构建“陇电科创联盟”并投运运营，打造了依托集体企业成果转化“甘肃”模式。高水平科技创新平台建设卓有成效。依托院士专家工作站，不断深化与西安交大、联研院等院校合作，中国科学院院士王锡凡进站工作，在分频输电、新一代电力系统等前沿领域争取到总部 2 项长线项目支持，重大创新攻关能力大幅提升。不断拓展政企合作、双向共赢的工作新格局，经省科技厅批准，国网甘肃电力科技情报工作站在甘肃电科院正式成立，对于科技信息资源共享，推动公司科技“智库”建设，具有重大意义。联合国家生态环境部西北核与辐射安全监督站和甘肃省生态环境厅共同开展“六·五”世界环境日宣传行动，国家生态环境部西北核与辐射安全监督站评价国网甘肃电力“充分展示了一个责任央企的使命和担当”。

市场建设（含体制改革） 甘肃电力交易中心有限公司充分发挥直流通道输电能力，不断扩大外送范围，省内新能源消纳稳步提升，为国网甘肃电力提质增效注入强心剂。

交易公司通过深耕省内外两个市场，外送电量连续 3 年年均增长 100 亿 kWh，近 5 年省内直接交易规模每年增长近 50 亿 kWh，自备电厂替代每年增长近 20 亿 kWh。全年实现输电收益 15.20 亿元（含税），较 2019 年增收 2.81 亿元，同比增加 22.68%。2020 年新能源利用率达到 95.28%，十年来首次达到 95% 以上。积极探索水、火、新多种电源打捆、“电价拆分”的外送模式，实现外送电量 520.16 亿 kWh，同比增长 23.21%，外送电增加火电利用小时数 1600h 以上，新能源利用小时数 850h 以上，增加发电企业收入 116 亿元。开拓省间清洁能源替代交易，完成替代电量 19.88 亿 kWh，提前一个季度完成国家电网有限公司核定的目标任务探索水火新多种电源打捆模式，2020 年以外送电交易助推清洁能源大范围消纳，外送清洁能源电量 200.96 亿 kWh，同比增长 16.16%，助力甘肃解除新能源投资红色预警。直购电范围进一步扩大，进一步扩大直购电准入范围至全部大工业用户，省内直接交易电力用户 2094 户，同比增长 746%。不断完善交易机制，组织 11 批次 533 亿 kWh，同比增长 57%，释放改革红利约 14.83 亿元。发挥结算业务在交易链条中的作用，为公司挽回购电费用 1239.60 万元。

电力市场建设情况 认真落实中发 9 号文各项改革要求，修订《甘肃省电力中长期交易规则》，研究制定《甘肃省超发水电市场化调度（交易）规则》，创新合同电量转让机制和月度定期开市办法，盘活各类电力资源。提出《甘肃省电力交易市场主体信用等级评价暂行管理办法》，与甘肃省发改委签署《建设信用中国（甘肃）战略合作协议》，信用评价、合规管理实现新突破。2020 年在西北首家启动需求侧资源辅助服务市场，增加负荷侧调峰能力 41.6 万 kW，累计增发新能源 4939 万 kW，用户侧收益 897 万元。结合甘肃实际形成“1+7”省内现货市场运营规则体系，先后完成两次周结算试运行、43 天长周期调电运行和完整月现货市场结算。成为全国率先启动省内现货市场第三次结算试运行和首家完成整月长周期结算试运行单位，并且自 2020 年 8 月 1 日起再次开始长周期结算试运行。发用电计划放开情况。2020 年甘肃统调口径用电量 1048 亿 kWh，剔除企业自发自用及外购电计划，省内公网电厂发电空间总计 937 亿 kWh。按省发改委直购电要求，省内大工业电力用户、集中式电采暖用户、增量配售电企业下网用电、5G 通信基站用电全部放开用电计划，通过直购电交易方式组织，直购电交易总电量 520 亿 kWh。发电侧情况。按《优先发电计划编制原则》，甘肃省内优发电量总计 1249 亿 kWh，超出省内用电需求 313 亿 kWh。2020 年省内安排的火电、水电优发电量的 81.7%参与省内直购电交易，新能源保障性消纳电量 137 亿 kWh 不参与直接交易，安排新能源直购电交易电量 33 亿 kWh。增量配电改革情况。国家分四批批复甘肃省增量配电试点项目共计 24 个，9 个项目因规划范围内用电项目增量不足取消试点资格，剩余的 15 个试点项目中有 6 家项目也已申请退出试点，等待国家批复。存续的 9 家试点项目中，目前有 8 家正在谈判建设中，1 家（兰州新区职教园区配售电有限公司）已实现正式运营（注：甘肃未申报第五批试点项目）。售电侧改革情况。直购电交易从无到有、规模逐年扩大。截至 2020 年 11 月，省内共注册 487 家售电公司，其中 20 家开展了实质性售电业务，代理电量约占直购电交易总电量的 50%。电力交易机构改革情况。坚决贯彻落实《国家电网有限公司推进电力交易机构独立规范运行实施方案》精神，2020 年 6 月完成股份制改造（第一轮增资扩股），甘肃电投能源发展股份有限公司等 10 家单位成功入股甘肃电力交易中心，签订《增资扩股协议书》，新增股东持股占比 30%，在同批方案获批单位中率先完成增资协议签订，工作成效赢得政府及各参股方的一致认可。

省管产业单位情况。2020 年资产总额 82 亿元，所有者权益 21.09 亿元，资产负债率 74.28%，营业收入 68.93 亿元，利润总额 2.2 亿元，超额完成年初国家电网有限公司下达的经营目标和电商化交易指标。深化改革成效显著。在国家电网有限公司系统第一批率先全面完成深化改革，建成多股东架构的现代公司制集团企业组织形式。率先制定省管产业单位管理工作规则，重塑省管产业管理体系并实现规范高效运行。全面完成 4 户房地产企业处置，历时四年瘦身健体工作收官。混合所有制改革取得了突破性进展，完成 2 户非核心业务企业转型发展，成功摘牌甘电通设计、思极飞天进场交易，信诚检测公司整体划转科源集团。大力拓展新兴业务。建成国网系统单站规模最大、最早投产交付的砂坪变多站融合数据中心。试点开展主业杆塔资源共享业务，成功建设运维 4 座 5G 基站。依托兰州新区云数据中心开展 114 套信息系统云化迁移。投资组建能通科技公司，建设新能源发电集控中心。创新能力持续提升。组建“陇电科创产业联盟”，全力助推科技成果孵化转化应用。国内率先成功研发深基坑作业一体化智能机，牵张设备、深基坑一体机创新成果得到了国家电网有限公司充分肯定和表扬。市场机制不断完善。在国家电网有限公司系统率先试点引入职业经理人制度，激发高级管理层的创新创业动力。建立与规模、业绩挂钩的用工总量管理机制、与企业经济效益和综合业绩考核挂钩的工资总额决定和增长机制、以经营业绩为导向的地市产业单位综合业绩考核指标体系，提升盈利能力。

信息（数字）化建设 新型数字基础设施建设稳步推进。兰州新区国网云平台正式建成投运，投入生产计算节点 307 个，存储资源 1.2PB，助力公司迈入“云”时代。促进数据开放共享和业务协同双提升，完成公司 48 套系统、1.7 万张数据表汇集，2 项成果纳入国网成果库。建成公司级物联管理平台，全省累计接入消防感知终端设备 7.5 万台。业务数字化应用赋能有力。“网上电网”实现电力设备多维信息图上搜寻，用户线上办电率提升至 95 %以上，技术中台赋能基建管理数字化升级，安全生产风险管控实现“四个管住”从“线下办”向“线上办”转变。数字化融媒体平台形成“一次采集、多元生成，全媒体覆盖”工作新模式，“区块链＋工程矢量馆”有效节约工程图纸电子化成本费用，新一代电力交易平台在国网系统内率先上线。数据管理与大数据应用成效显著。牵头制定国网企业标准和行业标准 2 项，数据管理能力成熟度达到 4 级。5 项成果入选国网典型案例库，电力看经济、看环保等成果获省部级领导批示肯定 13 次。与生态环境厅签署战略合作协议，助力政府污染防治。“空心村”精准识别助力脱贫攻坚，获省委省政府、国家电网有限公司主要领导批示表扬。网络安全与系统运行稳定有序。全场景网络安全防护体系初现成效，监测拦截高危攻击 212.14 万次，消缺重大隐患 3657 个、高危漏洞 1605 个，全年未发生重大网络安全事件。全国“指挥官杯”竞赛获二等奖，协同国家电网有限公司在 护网演习中获第一名。全年系统可用率 99.99%，实现“五个零”年度运行目标。首批 41 套系统迁移上云，新区云数据中心作为“生产域”正式运行。“瘦身健体”专项行动下线僵尸系统 21 套，腾退再利用设备 455 台。

工会工作 严格履行民主管理程序。七届三次职代会征集提案 83 件，7 项立案纳入省公司问题库限期答复，59 件提案及建议交办相关部门及单位办理。引领职工开展疫情防控。下拨疫情防控保障和慰问专项资金 183 万元，慰问近 1.1 万名一线职工。组织开展“万众抗疫，经典诵读”活动，参与人数和作品数量均在国家电网有限公司系统排名第 1。推进职工队伍建设改革。制定《贯彻落实国家电网有限公司职工队伍建设改革试点工作的实施方案》，确定 14 项目标任务，42 项细化举措。制定工会专业对口帮扶的实施举措，组织兰州、白银、检修公司等开展对口帮扶。加强劳模先进选树。1 名职工获得全国劳模，8 名职工获得甘肃省劳模。2 家单位获得“甘肃省五一劳动奖状”，4 名职工获得“甘肃省五一劳动奖章”，2 个班组获得“甘肃省工人先锋号”。1名职工获得国网工匠荣誉称号，5名职工获得国家电网有限公司劳模，4家单位获得国家电网先进集体，3个班组被评为国家电网工人先锋号。深化技能素质提升。承办国家二类全国大型水电厂水轮机检修工职业技能竞赛和甘肃省百万职工职业技能素质提升活动省级一二类大赛共10项，开展职工技术创新和重点工程劳动竞赛。公司被授予全国职工职业技能大赛突出贡献奖。13名职工获得“甘肃省技术能手”并晋升技术等级，135名职工获得“甘肃省技术标兵”，201名职工获得“甘肃省优秀选手”。关心关爱职工办实事。开展“三必访、三必贺”，劳模慰问、扶贫帮困和职工互助保险赔付工作。国家电网有限公司援建、公司工会筹建的8个“国家电网爱心高原氧吧”正式挂牌启用。18家单位完成职工服务中心建设并投入使用。拨付资金600万元开展职工文化场馆建设。强化工会组织自身建设。结合电网发展形势和工会工运要求，制定《贯彻落实国家电网有限公司战略发展目标促进职工队伍素质领先的工作措施》。正式启用“陇电之家”App，截至目前2.17万名职工登录注册，开辟了线上服务职工的渠道。

帮扶工作 “十三五”以来，国网甘肃电力如期完成脱贫攻坚目标任务，助力全省75个贫困县全部脱贫摘帽，119个定点帮扶村全部脱贫出列，2万贫困人口全部脱贫，公司扶贫工作连续6年获省委省政府表彰。其中，2018年作为唯一企业荣获全省脱贫攻坚最高奖——“全省脱贫攻坚奖”先进集体。

2020年，国网甘肃电力助力全省8个贫困县脱贫摘帽，完成7个定点帮扶贫困村脱贫出列、贫困人口脱贫退出目标任务。行业扶贫精准发力。农村电网建设与改造投资19.4亿元，整体投资计划完成率100%。提前6个月完成临夏州“十三五”第二批追加光伏扶贫项目配套电网工程建设。定点帮扶多点开花。对外捐赠项目投入840万元，消费扶贫超1173万元创历史新高，77家企业观摩扶贫产业。捐赠医疗设备价值达1203.5万元。研制捐赠5台智能化无人机，多功能烘干装置成果获国家实用型专利。招录45名村民参与青豫直流工程建设并支付工资127.7万元。24名贫困群众到公司所属单位就业，累计支付工资24.68万元。生动讲述扶贫故事。在全省新闻发布会上发布公司扶贫工作成效，扶贫干部走进央视“镜头中的脱贫故事”直播节目。《花椒红了》在“2020年网聚职工正能量 争做中国好网民”微电影征集活动中投票达61万余票，《花椒树下》获全国工会扶贫短视频故事征集活动三等奖。

主要事件

1～11月底，甘肃外送电量突破443.64亿kWh，同比增长20.2%；新能源发电量134.93亿kWh，同比增长9.57%。预计2020年全年外送电量将超过520亿kWh，达到历史最高水平。

5月29日，青海—河南±800kV特高压输电线路（甘肃段）顺利实现全线贯通。

5月入汛以来，国网甘肃电力成立防汛救灾指挥部，24h坚守岗位，累计出动抢修队伍973支，抢修人员12916人次，抢修车辆3016台次；完成1条110kV输电线路、6条35kV输电线路、8座35kV变电站、284条10kV配电线路、10377个配电台区抢修工作，恢复704754户用户供电。

8月1日开始，甘肃电力现货市场再次开始长周期结算试运行，现货市场长时间稳定运行，极大地提升了政府相关部门积极推动现货市场建设的信心和动力。

9月9日，国家电网有限公司董事长、党组书记毛伟明一行赴国网甘肃电力调研。

9月14日，甘肃省发改委完成《陇东至山东特高压直流工程“风光火储一体化”配套电源建设方案》，上报国家能源局，确定配套火电及新能源建设规模，陇东—山东特高压直流前期工作取得突破性进展。

12月26日，甘肃省委副书记、代省长任振鹤到国网甘肃电力调研电力供应保障等工作，并现场慰问全省电力系统干部员工。

12月18日下午，国网甘肃电力本部召开第一届职工代表大会第二次会议，各职工代表按照程序讨论审议并表决通过了《公司本部及事业部改革有关事项的报告（草案）》。

（柳晓萌）

【国网青海省电力公司】

企业概况 国网青海省电力公司（简称国网青海电力）成立于2002年，是国家电网有限公司全额出资的有限责任公司，以建设运营电网为核心业务，承担着保障安全、经济、清洁、可持续的电力供应的基本使命，是具有普遍服务特征的国有企业、公司的骨干企业、全省能源领域的核心企业。注册资本219.41亿元，全口径用工总量1.3万人，位列青海企业50强第三位。青海省地处“三江之源”，与四川、甘肃、新疆、西藏接壤，是国家重要的生态安全屏障和稳藏固疆的重要支点，被誉为“中华水塔”“三江之源”“海藏咽喉”。国网青海电力本部设职能部门（含工会）20个，省公司层面业务单位13家及青海电力交易中心有限公司、国网青海省电力公司格尔木阳光扶贫光伏运营公司，地（市）供电公司8家，县供电公司41家，增量配电项目售电公司1家，以及省公司层面3家省管产业单位，服务全省184万电力客户，供电范围约62万km^2（全省总面积72万km^2，扣除

10万km^2无人区，其余地区大电网已全覆盖），供电人口607万。领导班子由10人组成，董事长、党委书记沈同，董事、总经理、党委副书记祁太元，副总经理6人，总会计1人，纪委书记1人。

电网概况 青海电网位于西北电网中西部，南北跨距800km，东西跨距1200km，是东接甘肃、西接新疆、南联西藏的交直流混联电网，是西北电网骨干网架的重要组成部分。“十二五”以来，青海电网快速发展，由西北末端电网发展成为东接甘肃、南联西藏、西引新疆和直通中原的交直流混合型、多端枢纽型电网。省际通过6回750kV交流线路与西北电网相连（青海电网西部通过沙洲—鱼卡双回750kV线路、东部通过郭隆—武胜双回、官亭—兰州东双回与甘肃相连），通过±800kV青豫特高压直流与河南电网相连，通过±400kV柴拉直流线路与西藏电网相连。青海省内750kV东部电网形成拉西瓦—西宁—官亭三角环网，通过海西—日月山、海西—塔拉四回750kV线路向西延伸至鱼卡，南部750kV电网形成日月山—西宁—青南—塔拉四角环网。

2020年底，青海电网主要电压等级为750/330/110kV，现有±800kV、±400kV变电站各1座，750kV变电站9座，330kV变电站38座，110kV变电站160座，变电容量6491万kVA，35kV及以上线路3.5万km。2020年，最高负荷1044.5万kW，同比增长11%；最大峰谷差169万kW，同比增长18.9%；平均负荷率94.69%。社会用电量742.01亿kWh，同比上升3.57%。其中，第一产业1.14亿kWh，比2019年增长1.61%；第二产业657.02亿kWh，同比上升2.93%；第三产业47.33亿kWh，同比上升7.61%。城乡居民生活用电36.53亿kWh，同比增长10.52%。完成供电可靠性为99.8%，综合电压合格率99.8%，农村配电容量2.53kVA/户。

2020年底，全省发电装机容量4029.52万kW，同比增长27.18%，其中清洁能源发电装机容量3636.77万kW，同比增长31.02%；火电发电装机容量392.74万kW，同比增长0.04%。清洁能源中，水电发电装机容量1192.54万kW，与2019年基本持平；太阳能发电装机容量1601.43万kW，同比增长42.73%；风电发电装机容量842.8万kW，同比增长82.5%。全省发电量948.44亿kWh，同比增长7.42%，其中清洁能源发电847.42亿kWh，同比增长8.81%；火电发电101.02亿kWh，同比下降3.02%。清洁能源中，水电发电599亿kWh，同比增长8.12%；太阳能发电166.91亿kWh，同比增长5.48%，风电发电81.5亿kWh，同比增长22.58%。

人力资源 截至2020年底，国网青海电力长期职工人数8333人。其中，研究生及以上学历283人，大学本科学历5689人，大学专科学历1707人，中等职业教育学历436人，高中及以下学历218人；高级职称1250人，中级职称2395人，初级职称3662人；高级技师480人，技师1875人，高级工1797人，中级工806人，初级工291人。人才当量密度1.0656，同比增长0.77%。

完善组织架构。研究制定符合国网青海电力战略方向、业务格局、管控模式的本部机构优化方案，优化职能定位，强化本部战略推进、资源统筹和监督服务能力。坚持市场化方向，结合国网青海电力实际，深化电动汽车、综合能源服务、思极科技等省合资公司的机构模式创新，制定印发《机构定员方案》，有力支撑业务属地协同发展。

推动就业扶贫。抓住脱贫攻坚的有利时机，积极争取省内外教育、招生部门及高校支持，将2020年60名定向招生计划精准下达果洛、玉树等15个五类及以上县域，成功招录57人，其中贫困家庭学生12人（建档立卡贫困户6人）。

优化绩效管理体系。加大两级负责人业绩考核结果与国网青海电力整体业绩联动力度，实现同向升降，本部绩效工资差距由3%增加至30%。差异化设置基层企业负责人考核指标体系，对供电企业强化短板指标考核，对市场化单位突出经营效益、核心竞争力考核，对业务单位聚焦成本管控、支撑保障能力考核。深化绩效经理人管理，建立绩效经理人三级培训提升和三维履职评价机制，以责权对等推动绩效经理人作用的有效发挥，促使绩效管理与专业管理同频共振。

构建多元化薪酬激励机制。加大市场化单位工资总额与效益指标挂钩力度，平均薪酬升降幅可达30%。建立“1345”效益贡献与考核激励联动机制，将目标考核结果与薪酬分配直接挂钩，目前单位最高奖励总额已达400万元、个人最高奖励已达1万元。创新建立多元量化考核激励机制，深化关键业绩、目标任务和工作积分制考核，探索包干、提成、协议制等创新型考核，配套建立多元化绩效工资分配体系，激发员工干事创业的新动能。

优化人才培养开发体系。贯彻落实公司“新跨越行动计划”，因地制宜、贴合实际谋划“十四五”国网青海电力人才队伍建设，制定并印发了《关于加快人才高质量发展的实施意见》《人才高质量发展实施意见落实工作措施》，推进人才队伍建设。优化专家人才评价方式，以专业部门为主导，完成省公司级专家人才选拔工作。严把材料质量关，正高级职称网络答辩通过率76%。

增强福利保障服务。落实政策性减征企业保险缴费政策，节约资金7229.25万元，申领企业稳岗补贴资金758万元，有效助力降本增效。统筹融合国家电网有限公司和青海属地医疗保险政策，建立国网青海电力补充医保“普、特、溢”三享计划。稳妥推进退休人员社会化管理，社会保险服务无缝衔接。

打造领导人员队伍。选任敢于负责、勇于担当、善于作为的领导人员，选人用人满意度显著提升，2020年民主考察综合推荐率均值95%以上。开发“知事识人”考核管理平台，重构了“德、能、勤”维度22项指标、172项行为库，不断提升考核的科学性与精准度。聚焦能力提升，分层级举办34期专题培训班，参培1014人次。承接公司“两个1000”队伍建设目标，建立了“三级五类”“411”优秀年轻领导人员队伍。

电网建设与发展 2020年完成发展总投入89.76亿元，电网投资84.12亿元；售电量692.86亿kWh，逆势增长4.35%；用电负荷屡创新高，电网迈入千万千瓦级行列。

高质量完成“十四五”电网规划，11项330kV及以上工程获得核准，率先完成郭隆—武胜线路支持性文件办理，哇让抽蓄电站预可研通过评审。世界首条以输送清洁能源为主的青豫特高压线路全面建成投运，创出了手续办理、基础浇筑、全线架通等多项第一，青海电网迈入特高压时代。建成投产110kV及以上工程45项，线路2854km，容量995万kVA。10kV线路自动化覆盖88.9%，变电故障率下降63.3%。35kV及以上工程三维设计应用覆盖率100%。“新能源云”上线运行，“网上电网”实现可视化展示。

面对新能源大规模并网，国网青海电力以最短时间建成乌图美仁等5项送出工程，保障了861万千瓦风电、光伏全部并网，均创历史之最。海西、海南两个千万千瓦级清洁能源基地全面建成，新能源日最大发电量1.28亿kWh，占当日全网用电量的55%。创新开展“绿电三江源”百日系列活动，实现全省31天全清洁能源供电，再创世界新纪录。主导成立清洁能源持续发展促进会。连续两年承办清洁能源发展国际论坛。

全面完成年度建设任务。青海—河南特高压直流线路工程（青海段）7月22日投入运行，750kV实现“两开工”、330kV实现“十开工”。海西—塔拉线路等10项工程竣工投运。42项“三区三州”工程6月22日前全部投产。落实质量管理“八个抓实”重点举措和“五必检六必验”强制性措施，夯实工程质量基础，全年未发生五级及以上质量事故（事件），达标投产考核通过率100%。有效提升设计质量，批复初步设计40项、概算52.4亿元，较可研估算降低1.2亿元，节资率2.2%。以设备精益化管理为抓手，大力开展隐患排查治理，设备故障停运率逐年下降，供电可靠性稳步提升。2020年底，110kV及以上变电设备故障停运率完成0.10次/（百台·年），110kV及以上输电线路故障停运率完成0.11次/（百公里·年），10kV线路故障停运率完成0.75次/（百公里·年）。

筑牢大电网安全防线。完成海西电网50万kW新能源控制参数优化试点落地，提升新能源输送断面20万kW，提高新能源消纳约2亿kWh。实施官亭—郭隆电磁环网解环，解决了官亭短路电流超标问题。全力消纳清洁能源。9月30日，青豫特高压直流工程配套500万kW新能源顺利并网，通过参数优化海西断面送出能力提升40万kW。开展“绿电三江源”百日系列活动。5月9日～8月16日期间，开展以“绿电在身边”为主题的“绿电三江源”百日系列活动。7月，充分利用2020年水电大发有利时机，圆满完成连续31日全省全清洁能源供电。

提升继电保护装备和管理水平。扎实开展“三道防线”问题整改、继电保护“排雷回头看”、稳控精益化评价、春秋季安全大检查等活动，发现并处理问题2177项，有力保障了电网“三道防线”运行安全。提升通信自动化支撑水平。部署新一代自动化系统监控子系统等7个应用场景，搭建省级调控云平台，部署统推类应用，实现与国分云平台互联互通。组建省地调自动化及网安7×24h联合值班队伍，全面完成青海电网912座厂站网络安全监测装置部署，超前完成全覆盖。结合青豫直流特高压、海西—塔拉750kV线路工程等优化通信网架构，750kV线路光缆形成横跨东西“两环两链”结构。

经营管理 2020年营业收入303.13亿元，同比增长1.7%；利润总额−9.27亿元（剔除政策等影响后同比增长77.34%，增加5.7亿元）；资产总额551.22亿元，增加37.62亿元；负债率46.7%；业绩考核排名提升至第20位，荣获国网“提质增效特殊贡献奖”。

积极争取降价资金使用方案，降价资金由13.11亿元降至7.31亿元。借助青豫直流线路投运，大力外送，收取输电费增加收入。争取到疫情期间中小微企业缓缴电费由厂网各担50%。积极向省税务局、财政厅等部门沟通汇报，增值税留抵退税10.12亿元。完成“东西帮扶”资金债转股，实现11.605亿可转债转股，降低资产负债率2.2%。

加大资金管控，收入业务全部纳入省级直收，按日自动清分、建立“日早会”机制，将资金精益到“日”管控，现金流“按日排程”执行综合偏差率1%以内。借助汇票融资方式，解决投资引起的资金刚性缺口，转移支付票据230亿元以上；现金流“按日排程”常态化运行，同比降低银行存款、应收汇票余额12.7亿元，资产负债率降低1.2%。优化成本结构支出3.5亿元，形成21项提质增效督办工作。制定“1345”效益贡献与考核激励联动实施细则。建立指标分析机制，累计召开10次经营分析会，开展6个专题分析，形成45项销号清单事项。构建“四库合一”、动态更新的标准成本作业化体系，制定1072类单台设备、438座站、968条线路、20369个台区的检修运维标准。

建立多维数据洞察常态化应用机制，结合提质增效专项活动，按照“每月一主题”方式，多角度找准管理和效益提升点。依托多维数据宽表，通过“数据汇聚＋数据加工＋可视化分析展示”的数据分析全生命周期管理，构建多维数据应用场景，为每月数据洞察提供支撑。推进数据融合创新实践，从业务动因出发关注投入产出，传导“争效益、要效益、出效益”工作理念。

打造“1234”智能引领的数字化新财务体系。建成公司“发票池”基础，依托“互联网＋税务”，打通税、企链路，实现增值税纳税申报表自动生成、上报。突出票据“收支余”动态管控应用场景，建成资金调控平台。配电网工程智能管控全面落地，实现180余条采购需求自动提报，工作效率提高2.5倍。200余项工程决算报告自动出具，年内已节约投资319万元，预计节约投资600万元/年。

安全生产 2020年，国网青海电力按照“一个确保、八个从严”的工作要求，扎实推进安全生产工作，实现了“六杜绝、六防范、一减少”安全目标。

专项整治三年行动扎实开展，省地两级安委会统筹推进，专业部门协同落实，先后印发2个工作方案和执行手册，建立“周推进、月分析、季汇报”机制，组建工作专班，审核、上报问题隐患1566项，其中833项已列入项目整治计划，高质量编制“一下一上”阶段制度措施和问题隐患“两个清单”。面对新冠肺炎疫情，快速启动突发公共卫生事件应急响应，落实落细疫情防控和供电保障措施，组织重点工程项目有序复工，实现疫情防控“双零”目标。疫情期间，两级调控人员封闭值班、柴达木换流站等重要变电站封站运行，累计投入电网运维保障人员39672人次，为全省9家定点医院、161个防控检查站等重要用户保障供电。

完成新一轮9238份安全责任清单修订，印发各层级安全履职手册，完成794名领导人员安全述职，试点开展科级人员安全履职评价，紧盯事故苗头约谈8家单位领导及管理人员23人次，问责5家基层单位和3个专业部门。完成10家基层单位安全生产巡查及“回头看”，督促巡查问题整改闭环。组建省市县三级安全管控中心，完善了“远程＋现场”双稽查模式，全年查处违章1192起，经济处罚143万余元。认真开展电网风险评估。省市两级全覆盖督查六级及以上电网风险303项、三级及以上作业风险5191项。实施官亭—郭隆电磁环网解环，解决官亭短路电流超标问题。推进老旧保护装置改造，已更换完成137套，将81个项目纳入2021年改造计划。首次成功开展750kV带电作业，填补了国内高海拔、高电压输电线路带电作业空白。严格配电网停电计划分级审核，推进配电网带电作业能力建设，实体化运作6家供电服务指挥中心。圆满完成“三区三州”农配网工程建设，藏区供电可靠率提升至99.8%，电压合格率提升至99.5%。

优化公司“1＋29”应急预案体系，全年组织开展政企联合等各类应急演练172场次。及时处置750kV拉官线64号塔山体滑坡等地质灾害事件。完成全国两会、青洽会、电动汽车挑战赛等重大保电任务。

营销工作 2020年，完成售电量突破692.86亿kWh，创历史新高；电费回收率实现100%；营销稽查挖潜增效9718万元；反窃查违完成2669.79万元，完成国家电网有限公司下达指标的445%；台区线损合格占比93.92%，较年初提升8.87%；治理高负损台区1923台，高负损台区数量压降61.09%；电能表拆回分拣节约成本1620万元；客户投诉量同比压降69.15%。

落实疫情防控惠民暖企举措，为客户减少用电成本22.7亿元，为政府提供准确复工复产信息，获得省委省政府主要领导的表扬和批示。服务脱贫攻坚取得优异成绩，荣获2020年全国脱贫攻坚“组织创新奖”。成功举办“一带一路”清洁取暖玛多考察，花石峡智慧用能项目得到专家学者高度赞誉。优化营商环境成效显著，建立低压业扩配套工程“先实施、后备案”“打包”工作机制，推动“三零三省”要求全面落地。

新兴业务拓展取得成效。全面建成20万kW光伏、50万kW光伏园区基础设施项目，10万kW风电建设全面启动。国网青海电动汽车合资公司正式挂牌成立，充换电服务业务步入了快车道，充电量同比增长54.56%。“绿电”活动达到预期成效，直接交易替代4台燃煤自备机组，市场占有率空间占比进入国网前列。

市场建设 电力市场建设、新能源消纳、交易机构股份制改造等各项工作有力有序推进。全年外送电量260亿kWh，同比增加33%，实现外送电收益7.6亿元；平均购电单价233元/MWh，较年度目标降低6.48元/MWh，降低购电成本4.5亿元；完成省内直接交易 395 亿 kWh，同比增长 16%，释放改革红利 28 亿元。

研究修编《青海省电力中长期交易规则》，印发《青海电力市场售电公司履约保函管理办法》等市场规则。新一代电力交易平台建设工作有序推进。6 月底完成交易公司增资扩股，电网企业对交易机构持股比例降至 70%，全面按期完成第一步改造任务，第二步股权优化方案已上报国务院国有资产监督管理委员会，等待审核批复，确保青海电力市场健康向上发展。

外送电量取得历史性突破。促请省政府与山东等 5 省市签订政府间外送协议，创新签订陕青电量互济协议，实现在龙羊峡出库水量（320 亿 m^3）与 2019 年基本持平（319 亿 m^3）的基础上，水电发电量增发 50 亿 kWh；单日新能源发电量首次突破 1 亿 kWh 大关，外送电量实现青海电网外送电量历史性突破。国网青海电力平均购电单价管控有力，有效降低成本。

全面落实疫情防控要求，及时制定业务线上办理机制、偏差电量免考措施，帮助企业降本复产。深挖潜力，组织省内用户和发电企业直接交易 395 亿 kWh，同比增长 16%，释放改革红利 28 亿元。完成市场化交易电量 469 亿 kWh，占售电量 68%，较 2019 年同期增长 8 个百分点，市场化占比处于国网系统前列。

编制省内现货市场建设方案。7 月 24 日～8 月 23 日，完成为期一个月的省内现货市场模拟运行。推动并完善省内辅助服务市场建设。6 月 17 日，省内调峰辅助服务市场转入正式运行。11 月 30 日，配合国家能源局西北监管局下发《青海电力调峰辅助服务市场运营规则（征求意见稿）》。

科技创新　2020 年，国网青海电力承担研究开发项目 81 项，研究开发项目经费总额 5060 万元。9 项成果荣获省部级奖励，其中省科技一等奖 2 项，完成科技成果指数 11.03。完成专利申请 297 项，其中申请发明专利 166 项，实用新型和外观专利 131 项。完成专利授权 232 项，其中发明专利 63 项，实用新型和外观专利 169 项。承担的行业标准 2 项。全年未发生环境污染事件和建设项目环保水保违规事件，未发生被监管部门通报事件。

印发《贯彻落实“新跨越行动计划”实施方案》《加快人才高质量发展的实施意见》。遴选需求急迫的 4 项技术，邀请 14 名外部专家组建专家技术委员会。积极组织参加“新跨越行动计划”云课堂宣讲学习，面向全员征求推进科技创新工作的意见建议。

推进重点项目技术攻关。在推进科技示范工程建设方面，总部项目“风电—光伏—光热—储能多能互补集成优化示范关键技术研究及应用”通过验收。国家项目实施方面，牵头承担的国家重点研发计划项目“多能源电力系统互补协调调度与控制”按计划有序推进，青海示范工程完成 90%，新疆示范工程完成 75%，超前目标计划。牵头承担 2 项总部项目按计划完成验收，其中“大型新能源基地送端电网调频特性分析及优化控制技术”验收评价为“优”。“省域本质性全清洁能源供电关键技术研究与示范”等 4 项总部参与项目通过中期专家指导。

开展奖励申报和成果培育。2020 年，牵头申报的“全清洁能源供电（青海绿电实践）关键技术及应用”荣获青海省科技进步一等奖、“保障高原电网外绝缘安全的关键技术及其应用”荣获青海省科技进步二等奖；作为第二完成单位申报的“大数据驱动多过程耦合的流域水情预报关键技术及应用”荣获青海省科技进步一等奖。在成果培育方面，制定三年科技奖励规划，明确省部级培育成果 16 项。自 2017 年起，国网青海电力组织申报的成果，连续 3 年荣获省科技进步一等奖。

推进双创示范中心建设。构建了“双创中心 ＋ 众创空间”的工作体系。加强双创中心基础建设，投资 800 万元建成双创项目集中孵化、成果展厅等场所。围绕清洁能源高效利用、高电压设备运维等 4 个领域，征集项目 188 项，分 2 批安排双创项目 18 项，共计投入双创孵化培育资金 1600 万元。积极开展双创品牌宣传，多项成果在“数字中国”“全国双创周云展览”“中央企业熠新创新创意大赛”等活动获奖。

加强环保工作体系和机制建设，完善六氟化硫气体回收中心运行机制，提高六氟化硫气体回收处理及循环再利用水平，回收率达到 97.01%。加强电网建设项目环水保验收管理，持续推动电网建设项目环水保验收工作。开展职业卫生体系建设工作，体系建设工作手册通过内审。

体制改革　混合所有制改革初见成效。绿能公司“三会一层”法人治理结构不断完善。完成特高压引战现场调研、法律尽职调查。电动汽车公司、综合能源公司股权进一步优化。电力体制改革有序推进。配合完成第二轮监管周期的输配电价核定工作，团鱼山增量配电业务试点项目有序推进。完成交易公司股份制改造，国网青海电力持股比例降至 70%。省内现货市场试运行。国资国企改革成效显著，编制形成国企改革三年行动落实方案和工作台账，提出 36 个工作专项、99 项主要任务和 204 项重点举措。省管产业单位 6 家平台公司全部完成股东变更。国有企业职工家属区供电接收和退休人员社会化管理移交全部完成。内部管理变革不断深入。深入推进“三项制度”改革，印发《岗位聘任制管理工作指引》《绩效工资制度》等。扎实开展“战略 ＋ 运营”管控模式优化工作，重点针对长期困扰基层企业的业扩、迁改、退费等问题，集思广益提出解决措施，最终形成“1 ＋ 10”实施方案、负面清单 62 项、“放管服”清单 65 项、市场化单位权责清单 14 项。

数字化建设 2020 年，以打造新型数字化架构、构建能源生态为主线，大力推动国网青海电力数字化转型，服务战略实施落地，“数字化发展指数”完成值 98.275％。率先完成省级从链建设试点，共享储能获得调峰服务费用 1875 万元，增发新能源电量 3369 万 kWh，引导 335 座电站参与辅助服务市场交易，实现发电企业、新能源企业、储能企业共赢，缓解电网调峰压力。建成青海省光伏扶贫大数据中心。完成全国首套省级光伏扶贫运营管理系统，接入 42 座光伏扶贫电站，覆盖 1622 个贫困村、76422 户贫困户，实现扶贫电量、电费、补贴上链存证，有效监督扶贫资金。

锻造能源大数据品牌，通过国家工信部示范项目实现平台云化升级，成为青海省企业上云平台。发布能源大数据企业标准 23 项，实现电煤油气能源数据全品类覆盖，建设成果获第二届中国工业互联网大赛全国总决赛三等奖、获中国企业联合会颁发的 2020 年全国智慧企业建设最佳实践案例。

研发面向数据应用者的“一站式”数据运营门户，实现数据资源便捷化检索、服务集中化管理、多维自助化分析等功能。汇聚全业务数据，提升数据质量。基于数据中台汇聚国网青海电力全业务数据，围绕生产、营销、物资、财务等 17 个专业开展数据质量治理，治理问题 49.68 万条。发挥中台汇聚计算能力，支撑全清洁能源供电 31 天再创世界纪录。高质量打造 11 项大数据增值产品。对外签订服务合同和战略协议 98 份，合同金额 2717 万元，成果得到国家电网有限公司及省委省政府充分肯定。

电力扶贫 960 项“三区三州”电网建设项目全部竣工投运。2020 年 6 月 21 日，玉树称多 110kV Ⅱ回供电线路带电投运，标志着 2018～2020 年“三区三州”青海藏区农网改造升级行动提前 10 天圆满结束。3 年累计实施的 960 个项目共惠及省内 48.5 万户 186.3 万人口，投资 86.34 亿元，解决 503 个易地搬迁村、496 个建档立卡贫困村和 279 个省定深度贫困村用电问题，深度贫困地区配电网停运率下降 45％，报修率下降 36％，投诉率下降 24％。3 年累计新建输配电线路 2.3 万 km，新建变电站 74 座，容量 1699MVA，新增配电变压器 4376 台，改造户表 9.1 万个。藏区供电可靠率提升至 99.8％，电压合格率提升至 99.5％，户均配电容量提升至 2.48kVA，高于国家指标 24％。实现了青海深度贫困地区由“用上电”向“用好电”的转变。2020 年 4 月 21 日，青海 42 个县（市、区、行委）全部退出贫困县序列，实现了绝对贫困全面“清零”的目标。

强化校企合作，巩固“教育 ＋ 就业”扶贫成效。会同教育主管部门出台倾向性政策，制定“定向招生、定向培养、定向就业”的“三定”培养模式。在果洛、玉树等地区的 15 个贫困县，每年分配 60 名培养名额，深入 12 个联点贫困村、719 户贫困家庭进行走访调研，编制《贫困家庭就业需求一览表》，针对不同贫困对象制定分类就业支持政策，带动贫困家庭就业脱贫，会同教育部门、西安电力高等专科学校达成三方共识，在省内五类地区的 15 个贫困县定向招生 57 人，深化“教育 ＋ 就业”扶贫。借助重大工程建设机遇，优先吸纳本地农民工和贫困劳动力参与到“三区三州”、青豫特高压等工程建设中，累计带动 1.26 万人实现就业。同时，国网青海电力在用工中向贫困群体倾斜，将 81 人安置在属地单位市场化用工、物业服务等辅助性业务岗位上。

2020 年，青海省建成扶贫光伏电站容量达 73.16 万 kW，受益贫困户达 7.75 万户，占全省贫困人口 50％以上，是全省扶贫效果最好、受益群众最多的产业扶贫项目。国网青海电力脱贫攻坚工作荣获“2020 年度全国脱贫攻坚组织创新奖”。

党的建设和精神文明建设 2020 年，坚持以习近平新时代中国特色社会主义思想为指导，牢牢把握坚持党的全面领导和坚持融入中心、认真落实“六个持续用力”要求，扎实推进“强根铸魂”工程、“基层党建巩固提升年”各项任务。做到学思用贯通、知信行统一。巩固深化“不忘初心、牢记使命”主题教育成果，严格执行党委“第一议题”制度，坚持党委中心组示范带动、集中教育培训专题辅导、党支部“三会一课”全面覆盖的整体布局。面对疫情，全面发动各级党组织和全体党员当先锋作表率。45 支党员服务队、162 个党员责任区、236 个党员示范岗，开展专项行动 1167 次。春节期间，2000 余名党员带头奋战在一线。1 个先进党组织和 4 名优秀党员获国网表彰。开展主题党日活动 36 次，打造联建活动阵地 3 个，助力软弱涣散村党组织“摘帽”。出版《铸心——国网青海电力党建引领脱贫攻坚巡礼》，开展“筑牢连心桥”专项行动 412 次。

以战略思维推动“一三六”工作思路落地。印发《学习贯彻国有企业基层组织工作条例方案》，累计学习研讨 266 次，排查问题 75 项，制定整改措施 84 条。制定党建引领、党支部堡垒和党员先锋“三级指数”评价体系，编发《临时党支部标准化执行手册》，建立“两红”机制，首聘 285 名红色导师，推动实现“两个覆盖”。深化“党建 ＋ ”工程，开展六项先锋行动，统一命名“三江源”共产党员服务队。

工会工作 组织召开七届二次职代会暨2020年工作会议，两级职代会（职工大会）召开率100%。七届二次职代会98条代表提案、30条代表分组讨论建议、20条董事长联络员建议得到认真办理，答复提案人。加强职工诉求管理，设立“工会主席接待日”，建立23个职工诉求服务中心，实现四级职工诉求服务平台全覆盖。开展职工代表及董事长联络员巡视检查工作，履行《集体合同》。开展“我为公司战略添精彩”合理化建议，征集合理化建议54条，向国家电网有限公司推荐优秀合理化建议10条。组织开展“奋战新征程，建功新基建”劳动竞赛，引导职工投身青豫特高压工程建设和郭隆—武胜Ⅲ回线路工程前期工作，特高压青海段工程始终领先，在西北区域第一个完成郭隆—武胜Ⅲ回前期工作。组织参加西北工委提质增效主题劳动竞赛，举办配网不停电作业技能竞赛，涌现出先进集体9个、先进个人15名。在青海省第十五届职工职业技能大赛中，获“技术状元”29名、“优秀选手”146名，国网青海电力获“优秀组织单位”。开展“四进”“四学”活动，大力弘扬劳模精神、劳动精神、工匠精神。王琳荣获“全国劳模”，5名职工分获国家电网有限公司“特等劳模”“劳动模范”，1名职工荣获“青海工人技术明星”。以最快的速度、下拨疫情防控专项补助资金100万元，补充职工防控物资。组织做好慰问湖北工作，组织采购了价值600万元170t高原特色产品送抵湖北。落实党委关心关爱职工、为职工办实事的要求，筹措资金178.3万元，完善基层文体场所，解决基层一线职工所想所盼实事11项，并为供电所、输电运维站配备流动书箱103个。

（薛晓军）

【国网宁夏电力有限公司】

公司概况 国网宁夏电力有限公司（简称国网宁夏电力）是国家电网有限公司的全资子公司，是关系宁夏能源安全和经济社会发展的国有重要骨干企业。截至2020年底，供电面积6.64万km^2，服务人口近695万人；全口径用工总量13601人，其中职工9107人、劳务派遣用工110人、农电用工3258人，产业单位用工1126人。2020年，国网宁夏电力全面贯彻落实党中央、国务院、国家电网有限公司党组和宁夏回族自治区党委政府决策部署，党的建设全面加强，疫情防控成效明显，安全生产保持平稳，电网建设加快推进，经营管理提质增效，服务水平持续提升，改革创新不断深化。宁夏回族自治区主要领导多次作出书面批示，充分肯定国网宁夏电力服务地方经济社会发展大局、助力打赢疫情防控阻击战和脱贫攻坚战等工作，被自治区评为“宁夏杰出企业”，宁夏回族自治区政府连续第22年专门发文给予表彰。

宁夏电网是国家“西电东送”战略最早的重要送端，主网由750kV、330kV、220kV三个电压等级构成，通过4回750kV线路与西北电网连接；通过3回750kV线路与内蒙古伊克昭换流站相连；通过宁东—山东±660kV直流输电工程向山东送电，输电容量4000MW；通过宁东—浙江±800kV特高压直流输电工程向浙江送电，输电容量8000MW。截至2020年底，宁夏境内有5条特（超）高压输电线路，其中宁夏作为送端的有2条，分别是宁东—山东±660kV直流输电工程、宁东—浙江±800kV特高压直流输电工程；接入宁夏电网的有1条，即上海庙—山东±800kV特高压直流输电工程；过境宁夏的有2条，分别是哈密—郑州±800kV特高压直流输电工程、昌吉—古泉±1100kV特高压直流输电工程。在发电设备方面，截至2020年底，宁夏电网统调总装机容量为55869.9MW，其中火电29710.4MW，占比53.18%；水电422.3MW，占比0.76%；风电13766.1MW，占比24.64%；光伏11971.1MW（含分布式光伏751.5MW），占比21.43%，新能源总装机容量25737.2MW，占比46.07%。在输变电设备方面，截至2020年底，宁夏电网统调220kV及以上变电站97座，容量74550MVA。其中750kV变电站8座，降压变压器14台，容量27000MVA；330kV变电站44座（包括330kV用户变电站18座），降压变压器96台，容量28540MVA；220kV变电站45座（包括220kV用户变电站9座），降压变压器102台，容量19010MVA。宁夏电网220kV及以上电压等级交流线路共计299条，其中750kV线路39条，330kV线路117条，220kV线路143条；直流线路2回，其中±660kV银东直流1回，±800kV灵绍直流1回。

领导班子

董事长、党委书记：马士林

董事、总经理、党委副书记：衣立东

董事、党委副书记、副总经理：张智民

职工董事、副总经理、党委委员、工会主席：赵大光

副总经理、党委委员：张小牧

副总经理、党委委员：季宏亮

总工程师：贺文

党委委员、纪委书记：甘涛

总会计师、党委委员：王忻

组织机构 国网宁夏电力现行的组织结构采用以行政区划设置各级供电公司和以专业化管理设置支撑单位相结合的组织模式。设置本部部门20个，下辖6个地市供电公司、12个业务支撑单位、3个合资公司、3个配售电公司、27个县（区）供电公司。

疫情防控与供电保障 面对突发疫情，第一时间成立疫情防控工作领导小组、启动一级应急响应，国网宁夏电力各级班子成员直至乡镇供电所负责人大年初三全部到岗，各级党委、党组织和广大党员充分发挥“三个作用”。一方面全力做好疫情防控，切实做到“四清四早”，保持了“双零”态势；另一方面全力服务自治区打赢疫情防控阻击战，86 支应急抢修队伍、26 支应急基干分队全方位全时段保障供电安全，日均投入 2000 余人，确保全区近 600 家定点医院、检查站等重要场所可靠供电。成立共产党员突击队，10 天 10 夜连续奋战，提前建成投运号称宁夏“火神山”的自治区第四人民医院扩建供电工程。国网宁夏电力 3 个集体、6 名同志分别获得国家电网有限公司、自治区抗击新冠肺炎疫情表彰。

电网建设与发展 2020 年完成固定资产投资 51.53 亿元，同比增长 27.64%；其中电网基建投资 38.57 亿元，同比增长 30.10%。制定宁夏电网“十四五”规划，通过评审并纳入国家电网总体规划，整体质量位居西北前列。新增直流外送通道项目得到自治区、国家发展改革委及国家电网有限公司认可，“两个一体化”示范工程方案上报国家发展改革委，与湖南、江西等受端省份签订送受电合作框架协议。750kV 青山、妙岭等工程有序推进，大唐平罗电厂 750kV 送出等一批事关能源优化配置的工程建成投运。750kV 沙坡头、330kV 沙泉变电站工程分获国家电网有限公司优质工程金、银奖。2020 年全年，国网宁夏电力 35kV 及以上新开工项目共计 31 项，线路 742km、变电容量 8672.8MVA，分别完成年度计划的 100%和 100%；累计投产 34 项，线路 392km、变电容量 4015.6MVA，分别完成年度计划的 100%和 100%。紧盯能源互联网方向，迭代打造企业级数字化基础平台，建成投运“三中心”（安全风险管控中心、综合应急指挥中心、供应链决策指挥中心）。源网荷储协同互动服务平台完成一期建设，研发国内首套 330kV 备自投装置并投入运行，区块链率先完成调度数据上链和智能合约场景建设。

经营管理 深入推进提质增效专项行动，高损线路、高损台区分别压降 71.72%、73.07%，营销稽查和反窃查违挽回损失 5537.58 万元。综合应用电费担保、购电款抵账、法律诉讼等措施，实现当年电费全部结零，得到上级有关部门充分肯定。源网荷储互动交易试点成效明显，净增收益 628 万元。动态调整融资策略，全年节约财务费用 5300 万元，争取增值税留抵返还 8.22 亿元。开展物资清仓利库，在国网率先应用 ECP2.0 新一代电子商务平台。产业单位发展能力持续提升，1 家产业公司入围“国家电网有限公司标准化示范企业”。组建电动汽车、综合能源、思极科技 3 家合资公司并正式运营，主导编制自治区新能源汽车发展“一揽子”支持政策，新兴产业加速发展。推进“改革攻坚年”重点任务，制定国企改革三年行动实施方案。交易公司股份制改造顺利完成，固原率先建成运营区内首个增量配电网。全面完成省管产业单位深化改革任务。在国网率先完成退休人员社会化管理专项工作并实现平稳移交。

安全生产 扎实开展安全生产专项整治三年行动，756 项问题隐患纳入“两个清单”闭环管控。完成 14 家单位安全生产巡查，实现地市公司全覆盖。在国网系统首次试点开展直流精益化检修，按期完成灵州换流站分接开关隐患整改，大力推进灵州换流站消防提升工作，获得国家电网有限公司特高压整治特殊贡献奖。330kV 以上输电线路“三跨”隐患全部清零，森林草原输配电线路火灾隐患治理率排名国网系统首位。开展“查风险、治违章、抓落实”主题活动，建立安全生产形势红色预警机制，有效夯实基建安全基础。打赢三年触电案件压降收官战，压降成效位居国网前列。推动省管产业单位安全“同质化”管理，持续夯基础、补短板。举办首届应急技能竞赛，“护网 2020”网络攻防演习零失分，排名自治区第一、国家电网有限公司第三。截至 2020 年底，宁夏电网长周期安全运行 7517 天。

营销工作 在内供方面，积极开拓市场，深入开展电能替代工作，全年替代电量 31.52 亿 kWh，区内售电量 703.79 亿 kWh，同比增长 0.38%。全面强化电费回收过程管控，打赢巨额欠费回收硬仗，当年电费回收率 100%。外送方面，2020 年全年宁夏电网累计外送电量 793.6 亿 kWh，同比增加 19.08%，突破 700 亿 kWh 大关。其中宁夏外送山东电量全年累计 212.56 亿 kWh；外送浙江电量全年累计 432.33 亿 kWh，同比增加 30.19%。通过昭沂直流送出宁夏电量 79.94 亿 kWh。另外，现货、西北电网短期交易及跨省调峰外送 45.44 亿 kWh，送华中、江西、四川、青海、陕西、甘肃等电网电量 23.35 亿 kWh。截至 2020 年底，宁东—山东±660kV 直流示范输电工程、宁东—浙江±800kV 特高压直流输电工程自投运以来分别送电 2978.62 亿 kWh、1562.01 亿 kWh，相当于近 2.4 亿 t 煤炭就地转化，产生了良好的生态效益、经济效益和社会效益。

科技与信息化 持续加强科技创新工作，深化重点领域技术攻关和示范应用。出台深化科研机构改革激发创新内生动力 10 项措施，促请自治区设立宁夏自然科学基金电力能源联合基金，与西安交大成立“电力能源科学联合研究中心”。完成 12 项科技成果评价，5 项达到国际领先水平。累计授权专利 183 项。取得省部级科技奖励 30 项，首次获得自治区科学技术重大贡献奖，获得一、二等奖各 1 项，获奖数量、等级均居全区之首，实现历史性突破。完成管理创新实践三年专项活动计划编制并组织实施，全面深化管理创新，5 项成果分获国际质量管理小组大赛铂金奖、全国管理创新成果二等奖、电力行业特等奖，获奖等级再创新高。

优质服务 全面落实“六稳”“六保”部署，迅速启动 2020 年宁夏电网投资项目开复工，涉及项目 2280 个、总投入 53.38 亿元，极大提振了社会信心，带动了上下游产业发展。坚决执行国家和自治区降低用电成本政策，惠及客户 36 万余户，减少用电成本 13.82 亿元。持续扩大电力直接交易规模，降低用电成本 17.66 亿元。贯彻国家优化营商环境条例和国家电网有限公司 9 项措施，大力实施“阳光业扩”，深入推进“三零”“三省”服务，“获得电力”评价居自治区公共服务行业前列。从规划建设、调度交易、市场机制、技术创新等方面协同发力，全年消纳新能源 332.65 亿 kWh，同比增长 9.95%，为自治区努力建设黄河流域生态保护和高质量发展先行区提供重要支撑。投入 4.62 亿元加强西吉等贫困县电网建设，助力自治区打赢脱贫攻坚战。银西高铁配套供电工程提前完工，为宁夏人民实现“高铁梦”作出积极贡献。

党的建设和精神文明建设 持续深入学习习近平总书记重要讲话和重要指示批示精神，对中央每一项部署要求都做到第一时间学习领会、贯彻落实。巩固深化“不忘初心、牢记使命”主题教育成果，全面落实“基层党建巩固提升年”各项任务，创新开展“实干争先、电靓梦想”主题实践活动，推动党的组织和工作由全面覆盖向有效覆盖转变。实施“党建+”工程 41 项，4 个基层党组织获评国家电网有限公司党建专业标杆。全面落实意识形态责任制，宣传质效明显提升，国网宁夏电力发展成就在中央媒体高频报道。推动全面从严治党向基层延伸，完成 6 家地市公司扶贫领域专项巡察、18 家县公司提级巡察及优化营商环境专项巡察整改“回头看”。强化从严执纪，加强职工违法犯罪行为问责考核管理。开展新一轮优秀年轻人员双向挂职、培养锻炼，首次实施“青马工程”。创新开展“服务基层、五联共进”结对联建活动。实现地市公司“全国文明单位”全覆盖，涌现出全国劳动模范、全国向上向善好青年等一批先进典型。开工电科院科研试验综合楼等小型基建项目，扎实做好统战、信访、保密等工作，和谐局面持续巩固。

主要事件

2 月 15 日，经过国网宁夏电力一线干部职工十昼夜连续奋战，自治区第四人民医院综合楼供电工程安全优质完成，顺利通电。

2 月 16 日，在获悉国网宁夏电力提前 5 天完成自治区第四人民医院扩建供电工程后，自治区党委书记陈润儿和自治区政府主席咸辉对国网宁夏电力全力以赴确保疫情防控期间全区电力可靠供应给予了充分肯定和高度赞扬。

3 月 10 日，国网宁夏电力启动 2020 年宁夏电网投资项目开复工，涉及项目 2280 个，总投入 53.38 亿元，有力拉动宁夏固定资产投资，有效带动上下游产业发展。

6 月 28 日，750kV 青山输变电工程正式开工建设。该工程是自治区重点建设项目之一，建成投运后将进一步优化宁夏电网网架结构，全面提升电网安全稳定运行水平和新能源利用效率。

6 月 30 日，宁夏电网装机规模达到 5020 万 kW，首次突破 5000 万 kW 大关。

7 月 17 日，国网（宁夏）电动汽车服务有限公司完成工商注册并举行揭牌仪式，标志正式进入运营阶段。

7 月 21 日，宁夏电网新能源出力达到 1201 万 kW，占当时全网总用电电力的 102.8%，再次超过宁夏全网用电负荷，新能源发电电力及日发电量再创历史新高。

8 月 19 日至 20 日，国家电网有限公司 2020 年供应链运营中心智慧运营现场会在宁夏银川召开，会上举行了供应链运营中心（ESC）运营发布，并组织开展了应急物资保障演练。

8 月 19 日，国网宁夏电力建成投运“三中心”（安全风险管控中心、综合应急指挥中心、供应链决策指挥中心），实现安全管控、应急指挥、供应链等 7 类场景远程互动。

9 月 15 日，宁夏电力交易中心有限公司召开第一次股东会议。本次股东会议的召开以及股东会、董事会、监事会、经理层的设立，标志着宁夏电力交易中心有限公司形成了权责分明的公司法人治理结构和灵活高效的经营管理机制。

11 月 12 日，大唐平罗电厂 750kV 送出工程正式启动投运。该工程的投运，将进一步提升宁夏电网安全稳定运行水平，为自治区经济社会高质量发展提供可靠电力保障。

12 月 3 日，在孟加拉国第 45 届国际质量管理小组会议（ICQCC）上，国网宁夏电力连续两年荣获大会最高级别奖项—“铂金奖”。

12 月 10 日，宁夏思极科技公司在银川经济技术开发区 iBi 育成中心成功注册，领取营业执照。

12 月 28 日，宁夏回族自治区政府专门下发文件，充分肯定国网宁夏电力为地方经济社会发展所作出的突出贡献，这是国网宁夏电力连续第二十二年获得自治区政府年度通报表彰。

截至12月31日，宁夏外送电量完成793.6亿kWh，同比增长19.08%，年度外送电量增长再次突破100亿kWh，连续实现百亿级阶梯式增长，宁夏电网成为全国首个“外送”超过“内售”的省级电网。全年外送电增加宁夏电力行业产值226亿元，有力促进了自治区能源优势向经济优势转化。

（李心易）

【国网新疆电力有限公司】

公司概况 国网新疆电力有限公司（简称国网新疆电力）是国家电网有限公司的全资企业，是以经营新疆电网为核心业务的国有企业。本部设23个职能部（室、中心），所属供电企业15家，业务单位13家，县公司81家，省公司层面省管产业单位1家。

领导班子

董事长、党委书记：谢永胜

董事、总经理、党委副书记：开赛江·阿不都如苏里

董事、党委副书记、副总经理：张龙钦

副总经理、党委委员：白伟、赵青山、阿斯卡尔·阿合买提

副总经理：谢恒

职工董事、副总经理、党委委员、工会主席：钟永泰

纪委书记、党委委员：党晓峰

总会计师：郭爱民

总工程师：吕新东

三级顾问：徐建忠

组织机构 本部设23个职能部（室、中心）：办公室（党委办公室、董事会办公室）、发展策划部、党委组织部（人事董事部）、人力资源部（社保中心）、财务资产部、安全监察部、设备管理部、市场营销部（农电工作部）、建设部、配网管理部、科技互联网部、物资部（招投标管理中心）、审计部、纪委办公室（巡察办）、党委党建部（思想政治工作部）、离退休工作部、法律合规部（体改办）、党委宣传部（对外联络部）、后勤工作部、工会、公安保卫部（武装部）、企业管理部、电力调度控制中心。

电网概况 截至2020年底，国网新疆电力拥有750kV线路55条8132.432km，750kV变电站24座6935万kVA；500kV线路9条281.661km；220kV线路542条23122.745km，220kV变电站133座4501.3万kVA；110kV线路1056条26396.35km，110kV变电站511座3774.36万kVA。

疫情防控 实现战疫“双零”目标。疫情发生后，国网新疆电力成立了由董事长、党委书记谢永胜，总经理、党委副书记开赛江为组长的防控领导小组，制定各项防疫措施，严格三级网格化人员管控，加强消毒消杀、体温测量、核酸检测、疫苗接种等措施，持续做好调控中心、变电站、95598客服中心、培训中心、食堂等重点场所管控。面对乌鲁木齐、喀什、克州等局部地区疫情，迅速启动应急响应，科学应对疫情影响，做好各项防护措施，持续保持“双零”目标。5个集体、19名同志获得国网抗疫表彰，3个集体、1名同志获得自治区抗疫先进称号。全力做好供电服务。坚持调度运维客服重点场所封闭管控，有力保障2241处医疗隔离点等重要场所供电万无一失。兑现欠费不停电、不计滞纳金等承诺，“网上国网”纳入政府防疫举措。

人力资源 深化“三项制度”改革，完成本部机构优化设置，开展各单位层级职员职级选聘及周期聘任工作。修订一批组织人事制度和规范性文件，“1＋N”（以国家电网有限公司领导人员管理办法为核心制度，以其他管理办法为辅）领导人员管理制度体系进一步完善。积极推进“三支队伍”（领导人员、管理技术和技能人员）建设，举办领导人员和优秀青年管理人员系列培训班。14名骨干赴东部省份挂职锻炼，8名援疆挂职干部、40名东西帮扶人员来疆帮扶。建立“3＋4＋5”（三年基础、四年成才、五年培优）青年员工成才培优体系，完成1.08万人次青年员工职称和技能等级评价。

电网建设与发展 编制“1＋8＋4＋14”（1个规划总报告，8个专项规划报告，4个专题报告，14项专题研究）电网发展规划体系，推动±800kV哈密北—重庆特高压直流、750kV交流三通道、环塔里木等项目纳入国网“十四五”电网规划。开工220kV岳普湖等148项工程，投产750kV阿勒泰等139项工程，750kV电网实现地州全覆盖，巴楚—莎车工程获国家优质工程奖。提前3个月完成第二批边防部队通大网电。如期完成格库铁路、G30等重大项目配套电网工程。主动争取调增电网基建投资30.26亿元，安排“新基建”项目21.15亿元，带动产业链供应链平稳发展。严格执行阶段性降价政策，降低企业用电成本，缓解企业负担、助力复工复产。

上半年全面完成23项抵边村寨电网改造升级和7个光伏行政村通大网电任务。克服多数新能源场站建设滞后、年底集中并网的压力，按照“能并尽并”原则，全力攻坚克难，保障了全年71座场站、579万kW新能源及时并网。按期完成28.9万户南疆“煤改电”工程。探索研究家庭电动乘用车规模化发展充电解决路径。开展“新能源＋储能＋调相机”发展模式研究，全力破解新能源发展难题。

经营管理 促成国家电网有限公司作为首家央企在疆召开援疆工作座谈会，推动战略落地重点举措纳入政企战略合作协议和援疆新25条意见，突出战略

导向和差异化原则。

全面完成提质增效专项行动 81 项重点任务，上线收付款“省级集中”，强化资金预算管控，节约财务费用 6000 万元。高损台区和线路分别压降 70%、60%以上。完成审计监督 102 项，消纳积压物资 9330 万元，实现超库龄物资清零目标。制定国网新疆电力国企改革三年行动、对标世界一流、产业升级等一揽子行动方案，开展“战略＋运营”模式调整，下发负面清单和“放管服”清单。完成“1＋1＋N”（搭建了以电力宾馆为出资人，新能集团公司为平台企业，各省管产业单位为运营主体的省管产业产权架构）省管产业关系搭建，推进地市省管产业施工安装、供电服务业务优化整合。完成克拉玛依公司并账并表和营销信息系统割接，伊犁伊河公司筹建有序实施。推动各单位实施“三重一大”决策事项清单化管理，制定合规管理实施细则。

开展“脱贫攻坚·电亮乡村”供电质量提升行动，完成就业扶贫 837 人，消费扶贫 3030 万元，国网新疆电力定点和驻村贫困村全部实现脱贫摘帽。

安全生产 扎实开展安全生产专项整治三年行动，排查问题隐患 1184 项。修订全员安全责任清单，组织安全述职，安全履责意识不断增强。完成 10 家单位安全巡查，诊断问题 1996 项。设立安全生产专项奖励，组织各级应急处置演练 1715 次。

现场安全管控不断强化，严格执行安规和“十不干”，持续加强电网基建、省管产业单位和小型分散作业现场安全管理，落实到岗到位要求，组建三级安全督查队伍 367 人，开展现场监督检查 5.8 万次。

大电网运行平稳可靠，严格落实迎峰度夏度冬措施，优化电网运行方式和检修计划，管控六级及以上电网风险 815 项，成功应对地震洪水、多轮寒潮、负荷新高等考验。落实设备差异化运维策略，高质量实施昌吉换流站首检等 2980 项检修任务，消除 ABB 分接开关、抚瓷避雷器等 166 项缺陷隐患，特高压换流站消防提升改造任务完成。全力筑牢网络安全防线，抵御网络攻击 35 万次，在国家和自治区两级护网行动中实现“零失分”。完成“嫦娥五号”发射等重大保电任务。

营销与优质服务 通过替代交易、调峰辅助服务等措施，支撑新能源发电量 585 亿 kWh，新能源利用率达到 91.1%。配合自治区修订市场交易规则，完成市场化交易电量 736 亿 kWh，同比增长 8.7%。

督办送电重点业扩项目 105 项、容量 663 万 kVA。实施电能替代 1.76 万项、替代电量 65.5 亿 kWh。加强国网、分部及网省三级调控中心和交易中心协同，推动吉泉直流外送功率提升至 800 万 kW，依托电力援疆、西北互济等机制，提升外送规模，疆电外送进入千亿新时代。

聚焦优化电力营商环境，推动提升“获得电力”服务水平九项举措落地。大力推行“阳光业扩”，推广“三零”（零上门、零审批、零收费）“三省”（省时、省心、省钱）服务，12 万低压客户实现表前“零投资”，节约客户办电成本 14.67 亿元。国网新疆电力“获得电力”典型经验入选《中国营商环境报告》。客户线上办电 57 万件、交费 1221 万笔。实施供电可靠性提升工程，用户平均停电时间降低 24.13%。

科技与信息化 试点先行推进能源互联网建设，构建形成国网新疆电力能源互联网“3＋1＋1”（打造能源智慧服务平台、能源数据共享平台、能源生态价值创造平台；建设一个标准体系；实施一系列示范项目）建设框架。乌鲁木齐先行先试示范区规划纳入国网“十四五”能源互联网规划。加快建设新疆能源大数据中心，全疆首个多站融合数据中心站投入运行，全国首家能源互联网大数据实验室成立。数据中台、物联平台和业务中台建设加快推进。新能源云、网上电网、基建平台、现代智慧供应链等数字化应用成效显著。南疆源网荷储柔性调度等一系列重点项目有序实施。

开展全面加强科技创新工作行动，制定 8 项管理实施细则，推动科研体制机制优化。组建国网首家省级电力标准化委员会，牵头修编 2 项国网企标、5 项地方标准。获得自治区科技奖 14 项、国网科技进步奖 4 项、工人技术创新奖 1 项、中国电力科技进步奖 4 项。1 项成果获全国管理创新成果二等奖，68 项 QC 成果获省部级及以上奖项，2 项成果获国际发布会铂金奖。新疆电力系统全过程仿真实验室获自治区重点实验室命名，建成国网新疆电力职工创新成果示范基地，黄新民（劳模）创新工作室挂牌成立。

党的建设和精神文明建设 坚持“第一议题”制度，跟进学习习近平总书记最新重要讲话精神，组织各级党委理论中心组学习 478 次。推进“基层党建巩固提升年”各项任务，实施“强根铸魂”党建巩固提升工程，制定领导班子履责清单 82 项、基层党委党建工作履责要点 70 项，编印党支部工作一本通、二十四节气表、工作责任清单，推动基层党建规范化标准化。创建“党建＋”六大责任区，命名党员责任区 203 个、党员示范岗 388 个，开展“九进九送、久久为功”为民服务专项行动。举办国网新疆电力第一期“青马工程”（青年马克思主义者培养工程）培训班。

认真开展巡视反馈问题整改，有效整治问题 33 项。制定落实全面从严治党主体责任和监督责任清单，压实各级领导班子“一岗双责”。深入开展“四个专项整治”，组织开展脱贫攻坚等领域专项监督，运用“四种形态”处置 127 人次，不断扎紧纪律的篱笆。

实施“文化铸魂、文化赋能、文化融入”专项行动。完成35项基层减负任务。国网新疆电力融媒体平台上线运行，省级及以上媒体发稿近7000条。国网新疆电力获评全国劳动模范2人、自治区劳动模范7人。1家单位获全国文明单位称号，11家单位通过复验。

主要事件

1月19日，喀什地区伽师县发生6.4级地震，震源深度16km，喀什市震感明显。地震发生后，国网新疆电力立即启动地震灾害应急响应，出动人员及车辆开展应急供电救援。截至20日3时10分，受本次地震影响的155户已全部恢复供电。

1月26日，结合当前疫情防控情况，国网新疆电力启动一级应急响应，成立由主要领导任组长的新型冠状病毒肺炎疫情防控领导小组，全力做好16家医疗救治重点医院、疾控中心、重要保电场所的应急供电服务保障工作，同时做好变电站、值班场所、营业厅等重点场所的疫情防控工作。

2月8日，国网新疆电力依据当前疫情严峻形势，全面启动“单位、单元、格”的人员三级网格化疫情防控体系，对网格内的人员、办公场所实施动态管理。

3月3日，国家电网有限公司董事长、党组书记毛伟明视频调研国网新疆电力扶贫工作并听取汇报，详细了解“三区两州”深度贫困地区电网建设情况。在肯定前期工作的同时对下一阶段工作进行再动员、再部署、再落实。

5月7日，哈密南—郑州±800kV天山换流站年度综合检修工作正式启动，本次年度综合检修历时11天，共有39家单位1220人参加，涉及检修内容4722项。通过此次检修，将进一步提升天山换流站的安全稳定运行水平，对促进电力资源在全国范围内优化配置，新疆自然资源优势转化具有重要意义。

7月1日，博州750kV输变电工程正式投运。该工程于2018年8月开工建设，总投资额3.7亿元，建设变电站1座，输电线路1条。该工程投运后，博州电网电压等级将从220kV升级到750kV，彻底消除了该地区三级电网风险，直接拉动固定投资95亿元，同时解决了108万kW新能源外送“卡脖子”问题。

7月20日，经自治区工业和信息化厅批复授牌国网新疆电力成立新疆能源互联网大数据实验室。该实验室成立后，将紧紧围绕能源互联网建设和数字新基建的需求，积极探索大数据、区块链、人工智能等数字经济场景创新应用，输出可复制可推广的能源互联网大数据产业创新标杆案例，努力成为自治区重点创新实验室。

8月7日，自治区党委副书记、自治区主席雪克来提·扎克尔前往国网乌鲁木齐供电公司调研，了解疫情防控期间供电服务保障情况。

10月11日，准东—皖南±1100kV昌吉换流站年度综合检修工作正式启动，本次年度综合检修历时13天，共有38家单位1522人参加，涉及检修内容9331项。通过此次检修，将保障准东—皖南±1100kV特高压直流输电工程疆电外送大通道的持续畅通，对于保障地区电网安全稳定运行，推进新疆优势资源转换具有重要意义。

10月14日，阿勒泰750kV输变电工程正式投运。该工程于2018年9月开工建设，总投资额16.7亿元，建设变电站1座，输电线路2条。该工程投运后，将改变以往阿勒泰地区电网仅通过220kV变电站与新疆主网架连接的现状，同时有效提升外送能力近1.5倍，并实现了750kV电网新疆全覆盖。

10月16日，国家电网有限公司援疆工作座谈会在乌鲁木齐召开。期间，国家电网有限公司董事长、党组书记毛伟明，总经理、党组副书记辛保安还拜会了中央政治局委员、新疆维吾尔自治区党委书记陈全国。

11月6日，木垒750kV输变电工程正式投运。该工程于2019年8月开工建设，总投资额5.6亿元，建设变电站1座，输电线路2条。该工程投运后，将满足560万kW新能源消纳，为木垒县风电、光电企业及产业发展提供强有力支持。

11月23日，全疆首个地下管廊智能巡检机器人上岗，巡检效率提升25倍。

（高　阳）

【国网西藏电力有限公司】

公司概况　国网西藏电力有限公司（简称国网西藏电力）组建于2007年7月，由国家电网有限公司控股51%、西藏自治区人民政府持股49%，注册资本30亿元。下辖25个二级单位（7个供电公司、2个发电公司、13个业务单位，3家合资单位），66家县公司。国网西藏电力经营相关发输配电业务；按照国家统一规划，合理有序开发西藏电力资源，投资或参与投资建设相关电源项目，促进国家规划电源基地开发和前期工作开发；制定并组织实施国网西藏电力发展规划和重大生产经营决策；开展电力建设项目前期工作和其他工作。截至2020年底，资产总额735.75亿元，售电量71.28亿kWh，同比增长6.05%；营业收入55.67亿元，同比增长18.27%；利润总额－31.42亿元；职工人数5471人（不含代管66家县公司2471人）。全区35kV及以上变电站533座，变电容量1862.2365万kVA，输电线路长度3.47万km。

电网概况 截至2020年底，西藏自治区发电装机容量394.73万kW，其中水电装机容量210.39万kW（常规水电199.14万kW、抽水蓄能11.25万kW），火电装机容量42.76万kW，太阳能光伏装机容量136.51万kW，地热机组装机容量4.32万kW，风电装机容量0.75万kW。

2020年，西藏自治区全年发电量87.09亿kWh，全社会用电量82.45亿kWh。国网西藏电力管理机组发电量17.25亿kWh，同比减少11.76%。青藏联网送入电量11.30亿kWh，外送电量10.08亿kWh。川藏联网送入电量2.19亿kWh，外送电量8.06亿kWh。

人力资源 截至2020年底，国网西藏电力职工5471人，同比增加160人；职工劳动生产率27.53万元/（人·年），同比下降42.59%；全口径人事费用率33.42%，同比增长16.77%；人才当量密度0.9316，同比提升0.0155；招聘高校毕业生579人。

深入落实改革部署要求，持续推进“三项制度”“放管服”改革，各项工作取得较好成效。高效推进农电体制改革，通过人力资源信息核查确定县供电公司接收上划职工2473人；稳妥推进发电企业改革，组建拉萨发电公司和发电检修公司，发电企业从6个精简至3个；构建现代服务体系，组建营销服务中心、计量中心，运检营销机构实现“管办分开”；助力新兴产业升级，组建产业管理公司、电动汽车、综合能源合资公司；创新实施公司首次跨地市单位岗位竞聘，打通人员流动通道，38名优秀人才实现跨地市单位流动；面向社会招聘8名管理技术急需人才；做好公司2020～2021年度171名援藏帮扶专家进藏事宜，帮扶人员“传帮带”作用充分发挥。优化企业负责人薪酬分配，调整企业负责人年薪结构，建立健全人才津贴奖励机制，研究制定职工人才津贴制度，鼓励职工成长成才。优化福利保障体系，印发《国网西藏电力有限公司企业补充医疗保险实施细则》；修订企业年金方案，调整企业年金单位缴费比例，将企业缴费3%增量分配与个人业绩贡献挂钩，向核心骨干人才、绩效突出员工倾斜，切实发挥企业年金中长期激励作用；落实国家及自治区2～4月对企业减半征收基本养老、失业、工伤保险企业缴费，2～6月减半征收基本医疗保险企业缴费政策，进一步降本增效。优化福利支出结构，优先保障食堂经费、职工体检需要，印发职工体检费管理细则，细化并提高职工体检费标准；印发职工疗养费管理细则，规范疗养机构遴选、疗养范围、经费使用、疗养标准，优先安排劳模先进、绩效优秀员工疗养。开展县公司职工基本养老保险、医疗保险缴费情况梳理及补缴工作。印发本部绩效激励方案，将绩效薪金分配与关键指标、重大事项挂钩，典型经验获国网高度认可并在国家电网工作动态刊发。创新团队绩效考核模式，划小核算单元，开展班组绩效薪金分配机制建设试点班组100个，部分班组绩效薪金最高差距达3倍。强化人才队伍建设，完善人才激励约束机制，印发《国网西藏电力有限公司对员工考取相关证书进行奖励的意见（试行）》，引导员工从“要我成才”向“我要成才”转变。稳步推进技能等级认定省级备案，在国网系统内第三个完成属地人社部门备案工作。加强人才评价队伍建设，新选拔技能等级认定中级考评员81人。彰显央企社会责任，完成西藏自治区电力工程系列职称评审委员会组建，印发系列评审标准，面向全区开展职称评审服务工作。持续做好人才评价服务，评价范围、人次均创历史最高，年度共开展技能等级认定服务3185人次，职称评审服务803人次，8名员工新取得公司正高级职称。加快青年人才培养，年度选拔10名青年管理技术骨干赴东部实践锻炼。

电网建设与发展 阿里联网工程投运（年度投资39.83亿元），建成西藏统一电网，主电网覆盖全区74个县（区），供电人口近330万人。供电可靠率99.37%，其中城网供电可靠率99.69%，农网供电可靠率99.28%；城市综合电压合格率98.875%，农村综合电压合格率98.26%；农村户均配电变压器容量达到2.96kVA，基本达到“农村供电可靠率达到99.8%、综合电压合格率达到97.9%、户均配电变压器容量不低于2kVA”的主要建设目标。印发“十四五”电网规划报告，推进规划成果纳入国网和自治区总体规划。积极参与金沙江上游水电开发外送方案研究，争取金上水电送端站址落点西藏。加快电网项目前期工作，下达前期计划7批次242项203.33亿元；取得拉萨调相机工程、聂拉木220kV输变电工程可研批复，取得45项农网项目（14.76亿元）可研批复，取得城网项目可研批复10.23亿元；拉萨500kV输变电工程具备批复条件；完成青藏铁路供电工程（西藏段）可研报告编制，完成川藏铁路施工供电工程项目建议书、可研报告编制和支持性文件办理。开展无功电压水平支撑能力策略、储能技术应用等科技专题研究。建设新能源云平台，完成可再生能源发电补贴申报。

经营管理 2020年，国网西藏电力资产总额735.75亿元（含66家县公司44.72亿元），较年初增长10.66%；资产负债率27.07%，较年初下降1.47个百分点；营业总收入55.67亿元，同比增长18.27%。全面完成国网公司业绩考核指标，经营管理成效明显。全额争取到位当年电网建设中央资金73.88亿元，争取地方财政降电价补贴、农电补贴等各类资金1.6亿元；开展建立西藏电力普遍服务补偿机制政策研究，以提高西藏县域电网供电服务能力为方向，争取到财政部专项安排国有资本经营预算资金8亿元。国网公司安排东西帮扶捐赠资金15亿元，有效缓解电网建设资金缺口。加强税收筹划、政策争取，首次实现增值税增量留抵退税，当年收到资金5.4亿元。推行标准成本体系，建立“两定两挂钩”内模市场运营机制，强化全员效益意识，制定《综合计划与财务预算考核管理办法》，强化预算过程管控，实现预算闭环管理。以“164”财务管理战略为指引，构建财务智享体系。11月30日，以资金付款“省级集中”及部分核算业务集中处理为核心的资金集约、核算集中上线试运行。组织66家县公司清产核资，整体无偿划入地方国有产权申报资料经国资委专家组审核通过，待国资委批复，同时实现年底财务数据并表；完成阿里公司子改分工作，亏损企业户数减少1家。严格贯彻执行国家阶段性降价政策，当年降低社会用能成本1.4亿元。促请自治区政府顺利推出2021年电价政策，实现阿里与藏中电网同网同价、全区居民电价同价，使全区人民切实感受到电力央企的责任担当、通大电网后的方便实惠及改革红利。

安全生产 严格落实安全责任，加强安全生产工作组织推动，按期完成“三区三州”项目、阿里联网工程投运，全面建成第四条电力天路，推动西藏电网实现跨越式发展并迈入统一电网时代。及时启动重大突发公共卫生事件Ⅰ级响应，保持日均投入700余人，保电设备137台，确保了疫情防控期间全区187家医疗机构和重要客户供电万无一失，严格落实开复工安全条件审查和疫情防控两手抓，确保了436个电网建设项目3月15日前全面复工，实现了复工复产各阶段生产和建设现场疫情“双零”目标，有力维护了国网西藏电力安全发展局面。收集汇编中央领导关于安全生产的重要论述和指示批示精神，纳入国网西藏电力党委理论中心组和各级党组织、安委会必学内容，定期组织学习。全面推行各级领导班子和安全总监安全述职。修订完善覆盖本部各部门、各单位、县公司、产业单位的全员安全责任清单。建立健全安全奖惩工作机制，制定《公司安全工作奖惩实施办法（试行）》。启动第一轮安全巡查。全面开展安全生产专项整治，发挥各级安委会作用，建立“日讨论、周推进、月分析、季汇报”工作机制，完成“一下一上”阶段各项任务。建立“四不两直”安全督察机制。按照“一月一策划、一月一主题”，开展森林草原防火、“三区三州”电网建设、阿里联网工程、防洪度汛、产业单位安全管理、危化品及消防安全管理为主题的督察共计6次，累计督察22家单位，51个作业现场，现场督察632人次。开展“查风险、治违章、抓落实”建设施工安全大检查，采取领导班子分片包干督导落实，各专业督导检查、内部交叉互查等方式，实现了所有施工现场全覆盖排查，累计检查214个现场，发现问题557项。开展县公司安全性评价。对第一批直管11家县公司全面完成安全性评价自查评，形成问题清单，制定整改建议。落实防森林火灾树障清理专项行动，对328条森林草原输配电线路开展隐患排查及“回头看”，发现并清理树障隐患23395棵，落实退出重合闸保护等安全运行保障措施。稳步推进变电站消防安全隐患治理，完成443座变电站消防取证（备案）。完成藏中500kV 7站14线首检，提前8天完成柴拉直流年检，消除缺陷3758条。改善52条农配网线路供电，解决58起频繁停电问题。开展防汛自查和交叉互查，开展隐患设备补强加固，处置防汛隐患186条。推进配电实训基地建设，完成拉萨和阿里两家地市公司5期培训，累计培训170人次。完成“2020年产业单位配电专业技能竞赛”和“西藏无人机技能竞赛”。推进地市管办分离及发电机构改革，整合成立三家发电公司及五家发供一体单位。制定《县公司运检管理指导手册》，实现66家县公司整体上划。强化重要工程技术监督管理。建立阿里联网工程7站8线技术监督专项档案，发现处理问题396项，发布技术监督告警单9份。开展年度电网一次设备供应商运行绩效评价，公示供应商310家。推进运维班组主辅设备全面监控和藏中联网工程500kV输电通道可视化，实现设备动态监控。提升应急指挥中心功能，实现了五种模式下突发事件现场视频实时接入指挥中心。积极应对地震、地质灾害，及时处置了昌都芒康5.9级地震和三县强降雪停电事件，及时恢复受损设施，完成“4·14”林芝山火供电保障任务。组织8支参赛队伍在系统内开展应急普法知识竞赛。首次承办跨区域联合协同应急实战演练，开展西南区域3支应急基干队伍研讨暨互练互训活动，为提升国网西藏电力应急管理水平打下坚实的基础。

营销工作 加强防疫重点场所供电保障，确保了187家医疗机构等重要用户持续安全可靠供电。执行支持性两部制电价和阶段性降低用电成本政策，实施疫情防控期间居民和小微企业欠费不停供、不计滞纳金，惠及工商业用户2.40万户，降低用电成本1.4亿元。出台支持“5G”建设10项服务举措，助推数字“新基建”。开展企业复工复产电力指数监测分析，助力政府推动企业复工复产。落实“阳光业扩”方案10条举措，推广“三省”“三零”服务，7地市供电公司全部进驻政务服务大厅。促请政府部门出台涉电工程短距离开挖、穿越道路（绿地）等审批事项实行备案制和承诺制。落实4500万元业扩配套资金，完成13家高压用户接入。多方统筹资金，完成3.8万户低压居民用户转供电改造工程，年均降低用电成本2000万元。大力推广“网上国网”线上办电，累计注册3.49万户，线上办电率和线上交费占比分别实现68.73%和43.66%，高、低压客户平均接电时间分别控制在26天和3.2天以内。扎实开展电能替代工作，累计完成替代电量3.3亿kWh。完成全国首座高原机场空港岸电—拉萨贡嘎机场廊桥桥载电能替代项目建设。联合自治区能源局、住建厅完成6所学校“光热＋清洁能源供暖”示范项目技术方案和可研评审。组建电动汽车服务公司，制定“十四五”电动汽车充换电设施建设规划，25个充电桩接入车联网平台，测算电动汽车充电服务费，为电动汽车推广应用奠定基础。落实“供电＋能效”服务要求，开展节能评估咨询服务，实现能效服务零突破。坚持以电为中心，全面发展“4＋*N*”综合能源服务新业态。开展光伏运维一站式服务。实施“能源＋电商”、能源新零售、设备代购、租赁业务，累计签订项目合同金额1.05亿元，完成计划投资881.57万元，实现收入7115万元，利润210万元，同比增幅100%。坚持以服务促回收，上下联动，逐级压实责任，发扬“三千精神”，常态监测预警，落实电费回收正向激励，连续三年实现电费结零的好成绩。深化基础数据核查，开展量价费、业扩报装、计量采集等管理稽查，挽回损失1516万元。实施精准降损，累计治理298个高损台区，占比压降至4.05%。完成营销服务中心组建，为供电服务监督、业务质量管控、计量设备试验检测、电费核算账务集约等业务支撑能力提升奠定基础。7地市公司完成营销管办分离，推广城区网格化服务，营配业务协同效率明显提升。完成66家县公司划转协议签订等工作。印发县公司“管理达标、能力提升”三年行动方案。完成营配调贯通工作建设，营配贯通用户资源一致率达到97%，同比提升83%。优化失准模型判定规则，开展电能表失准研判，普适性台区可算率由12%提升至75%。开展计量资产精益化运营三年行动，全年累计更换老旧计量装置2.6万台，安装5.4万只HPLC、4G模块。

科技与信息化　贯彻落实国网科技创新大会精神，编制国网西藏电力“新跨越行动计划”方案，明确工作思路。编制科技强企工程实施方案，结合对标世界一流管理提升行动、国企改革三年行动等专项工作，分三个阶段提出国网西藏电力目标，确保战略落地。全面总结分析“十三五”科技规划执行、技术发展及科技管理存在的问题，充分考虑国网西藏电力实际，结合发展战略，川藏铁路供电、青藏铁路电气化、藏电外送以及西藏500kV输变电设备运维需要，编制“十四五”科技规划，并获得国网专业部门批复。编制审核里程碑计划，签订新开项目任务书，明确科技项目预期目标、成果和考核指标。组织申报年度总部指南项目2项，立项2项。完成总部年度验收计划2项。完成2021年研究开发专项储备、立项。争取中央引导地方发展资金项目1项。“西藏高海拔电磁环境与电磁安全国家野外科学观测研究站”获批优先建设，实现公司在基础支撑类国家创新基地布局方面“零”的突破。国网西藏电力年度申请专利14项，获得授权专利9项。合理编制项目建设环水保年度验收计划，实施预警管理和专项督办，完成110kV及以上建设项目竣工环水保验收37个，35kV项目竣工水保验收70个。实施变电站噪声监测33座、废水监测9座。开展电网环境保护违规风险排查，发现问题2类，并组织整改。首次开展了建设项目预评及控制评价、工作场所职业病危害检测、职业卫生监护方案和工作手册编制等工作。

完成“十三五”信息化规划成效评估，科学开展“十四五”数字化规划编制工作。高效完成云平台、数据中台和物联管理平台“三平台”部署，为数字化转型奠定基础。按计划完成66个县公司直管业务系统的延伸建设和上线运行，完成发电企业、电力交易等公司改革工作的信息系统适应性调整。全面建成85座北斗地面增强基站，部署北斗综合服务平台。完成网上电网、物资智慧供应链体系、多维精益管理体系、财务智享、营配贯通等建设及业务支撑工作。常态开展隐患排查、漏洞挖掘、渗透测试和整治修补工作，组织社会工程学模拟攻击、应用级灾备切换演练及软件正版化全面自查，实施信息系统等级保护测评工作。做好国家“护网2020”攻防演习和公司网络安全实战攻防演习工作，共遭受攻击1687次、封堵IP 62203个，实现“零失分”目标。承办并参加自治区第二届“玄盾杯”网络安全技能大赛，获得集体一等奖、个人二等奖；参加全国第二届“网鼎杯”网络安全技能大赛，取得全国第47名、西藏区第一名的成绩。开展信息系统“瘦身健体”专项工作，完成5套系统的下线，回收服务器、虚拟机各5台，累计利旧设备22台。编制印发数据管理实施细则，梳理发布二级业务系统数据资源目录和共享负面清单，全面完成PMS、营销、ERP、基建管控等16套业务系统80亿条数据接入中台工作，基于数据中台完成网上电网、新能源云、现代智慧供应链等业务系统应用，举办第一届大数据应用技能竞赛。完成西藏思极科技服务有限公司注册登记，推进电力基础资源共享运营，持续开展大数据分析应用，主动对接政府和客户需求，实施电力看宏观经济、企业污染防治、企业信用评价等大数据挖掘分析应用工作，助力政府部门科学治理。

脱贫攻坚　“十三五”以来，在工程建设中，优先使用当地农牧民工 147.47 万人次，其中 2020 年 25.46 万人次。施工机械 29.13 万台次，其中 2020 年 8.36 万台次。就地消纳当地合格建材 1529.31 万 t，其中 2020 年 1241.22 万 t。带动当地农牧民增收 13.18 亿元，其中 2020 年 3.02 亿元。实行“三优、三降”政策及“定向 + 订单”培养模式，累计招聘西藏籍高校毕业生 1825 人，其中 2020 年招聘 362 人，位列驻藏央企第一，得到自治区党委政府的高度肯定，并将国网西藏电力相关就业政策和培养模式在区内其他企业推广。在劳务派遣、业务外包中尽量使用当地用工，长期使用劳务派遣用工约 245 人，业务外包用工 1862 余人。落实自治区“强基础、惠民生”驻村工作部署，累计对 41 个驻村点先后派出 1222 名队员和 9 名第一支部书记，指导和帮助驻村点落实各项脱贫措施。筹措资金 450 万元，为驻村点实施通电工程、农牧业基础设施、扶贫光伏电站、牦牛养殖基地等项目。650 多名科级及以上干部与驻村点贫困群众开展结对帮扶活动，累计为驻村点贫困群众捐款、捐物 659 万元。积极开展消费扶贫，累计采购贫困村特色农畜产品 769.31 万元，其中 2020 年 580 万元。截至 2020 年底，累计帮助 986 户贫困户、4383 人如期脱贫。脱贫攻坚工作得到自治区党委政府的高度评价和社会各界的广泛赞誉，先后 6 次获得自治区强基惠民优秀组织奖。2018 年、2019 年、2020 年连续三年在西藏自治区脱贫攻坚考核中评价为“好”，获得 2018 年西藏自治区党委政府颁发的脱贫攻坚“组织创新先进单位”称号，农电工作部先后获得了 2019 年国务院扶贫开发领导小组颁发的“全国脱贫攻坚奖组织创新奖”和 2021 年党中央、国务院颁发的“全国脱贫攻坚楷模”荣誉称号。

农电体制改革 6 月 30 日，随着墨竹工卡县供电有限公司国有产权整体无偿划转协议顺利签订，首批 11 个（堆龙德庆区、达孜区、墨竹工卡县、林周县、拉孜县、隆子县、巴宜区、聂荣县、察雅县、噶尔县、日土县）县级电网企业全部实现由国网西藏电力直接管理，为扎实开展其余 55 个县农电体制改革积累了宝贵经验。

11 月 4 日，随着巴青县人民政府与国网西藏电力县级电网企业国有产权整体无偿划转协议的签订，圆满完成了《西藏自治区人民政府办公厅关于取消农电“代管”全面实现“直管”工作的指导意见》（藏政办发〔2020〕1 号）既定的农电体制改革工作任务，为县级电网企业统一划转国网西藏电力直接管理迈出了坚实的步伐，有效助力脱贫攻坚与乡村振兴工作。

优质服务 持续推进漠视侵害群众利益问题专项整治，定期开展专项检查、交叉互查，加大靠电吃电、吃拿卡要等问题查处整治，加强服务规范管理，塑造良好行风。强化 95598 服务监督，密切跟踪客户诉求。聚焦业扩接电、故障抢修、频繁停电、催费停电复电不及时等服务热点问题，落实投诉“红线预警”，加强工单规范性管理和重要服务事件分析预判，客户诉求一次解决率达到 85%以上，营销服务投诉和供电质量投诉同比分别下降 63.40%和 13.72%。完成跨喜马拉雅自行车极限赛等各类保电 784 次。

党的建设和精神文明建设 坚持党的领导，始终把政治建设摆在首位，在“六个持续用力”上狠下功夫，以深化“基层党建巩固提升年”为抓手，强化党建引领，践行初心使命，党建工作取得新成绩。印发“基层党建巩固提升年”工作方案。坚决贯彻落实基层党组织应建必建、应换必换，指导 2 家发电企业和 13 家产业单位完成党组织设置，指导 1 家基层党委和直属党委 17 个党组织开展换届，完成 64 个县供电公司党组织关系划转和 722 名党员党籍资料转接，完成 181 名退休党员党组织关系划转。系统各级党组织标准化率达 100%。1 家单位荣获国家电网有限公司“组织建设”标杆。系统全体党员和职工自愿捐款，党委捐赠党费，助力湖北和国网湖北电力打赢新冠肺炎疫情阻击战。106 个基层党组织、24 支共产党员服务队和 572 名党员奋战在抗疫前线。系统 4 名先进个人和 1 个先进基层党组织受公司表彰。实施“党建 + 九大工程”、党员“争先锋、查隐患、反违章、保安全”三年专项主题活动，表彰安全先锋党支部 1 个，安全先锋党员 4 名。强化共产党员服务队建设，制定《共产党员服务队工作指引》，举行阿里联网工程和“三区三州”党（团）员突击队授旗宣誓仪式。认真学习习近平总书记最新讲话精神。开展《习近平谈治国理政（第三卷）》和《中华人民共和国民法典》专题辅导。开展“学战略、讲担当、干精彩”“做好电力先行官、架起党群连心桥”2 次集中主题党日活动。举办基层党务工作者、党组织负责人等 5 期培训班，参加 4 期国网大学网上培训，开展 3 期党员夜校讲堂，党员队伍整体素质得到不断加强。1 家单位获国家电网有限公司党员教育管理标杆。全面深化思想政治工作，印发《加强和改进新时代职工队伍思想政治工作的实施意见》。开展“安全 + 道德”等道德讲堂 5 期。深化“四讲四爱”主题群众教育，1 个集体荣获自治区“四讲四爱”先进集体；1 名员工获自治区“四讲四爱”优秀宣讲员。持续深化反分裂斗争教育宣传，自觉维护民族团结、维护社会和谐稳定，签订《党员不信仰宗教承诺书》，1 家单位获国家电网有限公司思想政治工作标杆。编制并宣贯《企业文化双语（藏汉）读本》，获国家电网有限公司优秀企业文化成果一等奖。持续深化群众性精神文明创建活动，1 家单位获全国文明单位荣誉称号，3 家单位获国家电网有限公司文明单位荣誉称号。坚持党对统一战线工作的领导，印发国网西藏电力2020年统战工作要点及统战工作责任清单。1家单位获国家电网有限公司统战团青工作专业标杆。举办首期“青年马克思主义者培养工程”培训班，走在西藏国资企业前列。开展“共青团＋安全生产”工作，1个单位获国家电网有限公司“全国青年安全生产示范岗”。实施“共青团＋阿里联网工程”，加强与内地兄弟省份团组织交流共建。1名青年获全国青年岗位能手，多名青年获不同层级表彰。派出54名（含9名第一书记）驻村干部，承担19个村的驻村任务。建成扶贫光伏电站和牦牛养殖基地合作社等项目，带动贫困群众增收。开展驻村点贫困群众结对帮扶23万余元。厅级干部包村督导，筹措资金60万元，更换变压器、购置装载机，帮助解决14名群众在电力工程施工项目就业增收、销售牦牛肉等实际问题。

（哈福申）

南方地区

【国家能源局南方监管局】

基本情况 国家能源局南方监管局（简称南方能源监管局）于2013年12月20日挂牌成立，是国家能源局派驻南方区域的监管机构，依法履行对广东、广西、海南三省（区）电力等能源行业的监管和行政执法，以及电力安全监督管理职责，指导云南、贵州省能源监管业务，负责协调有关跨省、跨区能源监管业务。

领导班子

党组书记、局长：张建平

党组成员、副局长：高玉樵、郑毅

党组成员、纪检组长：余保东

二级巡视员：曾壮鹏、梁定敏

组织机构 内设综合处、市场监管处、行业监管处、电力安全监管处、资质管理处、稽查处、机关党委（机关纪委）办公室，同时在广西壮族自治区、海南省派驻监管业务办公室。

主要工作

1. 提高站位、担当作为，积极服务党和国家发展大局

（1）助推“双区”及海南自贸港建设。召开南方区域派出机构协调会、助力深圳先行示范区建设座谈会和三省（区）增量配电业务改革座谈会，制定进一步推进落实深圳、海南能源综合改革实施要点，为“双区”及海南自贸港建设提供精准有力的能源监管措施。

（2）推动国家重大能源工程项目落地。第一时间贯彻落实总书记对金沙江乌东德水电站首批机组投产发电作出的重要指示，联合云南能源监管办赴现场办公，制定推进打造精品工程指导意见，推动项目年底提前投产。

2. 敢闯敢试、敢为人先，推进电力体制改革向纵深推进

（1）电力市场化改革走在全国前列。建立健全南方区域电力市场协同监管机制，初步建立南方区域跨省（区）中长期市场、省间与省内相互衔接的中长期交易机制，全面推动南方区域统一调频辅助服务市场启动试运行，全国首次实现南方区域（以广东起步）电力现货市场全月结算试运行，得到国家发展改革委现货专班充分肯定。全年南方区域电力市场化交易量5298亿kWh，同比增长19.7%，释放红利近351亿元。

（2）增量配电业务改革深入推进。大力推动电网开放和电力市场开放，全年共为22家试点项目核发供电业务许可证，其中广东5家、广西14家、海南3家，颁证数量居全国派出机构首位。

3. 前瞻谋划、规范有序，推动能源行业监管行稳致远

（1）建立健全南方区域能源联合监测预警机制。以日、月、季、年为周期的“四结合”预警分析方式，加强能源数据整合分析、成果运用，为南方区域能源规划、运行保障提供科学依据，积极应对年末低温雨雪冰冻能源供应紧张形势。

（2）强化国家能源规划、政策落实情况监管。与云南、贵州能源监管办开展协同监管，受到国家能源局领导点名表扬。会同贵州能源监管办就广西百色、贵州兴义违规建设跨省联网工程问题，联合上报、联合发文、联合督查。持续开展煤电超低排放和节能改造监管，着力化解煤电过剩产能。推进可再生能源消纳权重指标完成，加强清洁能源保障，辖区内连续多年实现零弃水、零弃光、零弃风。

（3）前瞻布局“十四五”能源发展规划。研究辖区风电、气电等重大能源发展课题，做好南方区域电力发展、能源体制改革规划，为广东、广西、海南三省（区）政府“十四五”能源规划发展提供决策参考。

4. 人民至上、生命至上，推进电力安全监管平稳向好

（1）建立健全南方区域电网安全风险联防联控机制。联合云南、贵州能源监管办，五省（区）地方政府及能源企业成立西电东送通道运行安全、核电厂海生物入侵防控和海南联网工程海底电缆安全保障三个工作专班，形成工作指引，建立任务清单，确保大电网安全稳定运行。

（2）推进落实安全生产责任体系。完善季度风险分析和防控工作会议制度，督促企业落实隐患排查整改近6万项一般隐患。开展海上风电、受端电网运行安全专题调研，开展电力安全生产专项整治三年行动，创新采用总部监管和交叉检查方式，抓好电力行业防风防汛、网络安全防护、电力建设施工安全和质量安全等专项监管，提升企业本质安全水平。

（3）电力应急处突成绩显著。积极防范化解阳江核电“3·25”非计划全厂停机停堆和“5·25”兴安直流双极闭锁等重大电力安全风险，成功应对汛期“浪卡”等6次台风和13轮强降雨对电力系统的影响，认真做好全国两会、深圳经济特区成立40周年庆典等保电督查检查。

5. 善作善成、久久为功，民生监管服务水平持续提升

（1）“放管服”改革进一步深化，全面实施36号令，放宽市场准入条件，全面推动电力业务许可“证照分离”“告知承诺制”，探索推进粤港澳大湾区电力施工企业资质采认在自贸区先行先试。全年准予87家新申请企业发电业务许可，准予404家新申请企业承装（修、试）电力设施许可，同比增加111.5％。

（2）全面推进“获得电力”向纵深发展。开展提升用户“获得电力”优质服务水平综合监管，持续跟踪2019年“漠视侵害群众利益”专项监管整改情况。对广西梧州、藤县地区开展定点监管，重点关注涠洲岛供电服务问题。协同地方政府加强转供电价整治，全年降低企业用电成本超120亿元。全年受理12398投诉举报463件，作出行政处罚8件，处罚金额42万元，进一步规范市场行为和市场秩序。

（3）监管为民走实走深。有效解决一批长期历史遗留问题，广东179个自供区是“两改一同价”盲区，经推动省政府责令各县市限期解决，年底有意愿移交电网企业126个，累计40个已完成改造；广西长期存在电网建设投入不足的问题，经推动广西电网公司投入170亿对40个县进行改造，“一张网”建设取得积极成效；就海南“一户一表”率不足10％问题，协同省政府出台文件分阶段加快实施改造，年底海南电网完成改造存量住宅小区133个，改造率近18％。疫情期间，出台许可事项网上办理、监管企业降本减负有关能源政策执行等9条措施，指导交易中心累计豁免考核企业费用约超7亿元，企业复工复产速度居全国前列。

6. 依法决策、依法行政，监管能力现代化水平不断提高

（1）坚持合法性审查常态化。建立合法性审查小组，召开合法性审查小组组织开会13次，对行政处罚、规范性文件等出具合法性审核意见，推动重大行政决策合法性审查全覆盖、常态化。

（2）推进监管方式规范化。全年对41家企业开展“双随机、一公开”监管检查，责令15家整改问题。在广西开展以信用为基础的电力业务许可制度执行情况专项监管，对22家企业开展现场、非现场检查，发现12方面问题并依法处理。探索信用监管机制，对失信及严重失信的4家企业开展现场核查，提高信用约束。

（3）实现监管手段信息化。完成国家能源局电力安全监管试点平台和资质信用管理试点平台建设，组织调度交易机构建设电力现货市场动态监测平台，并于广东电力现货市场试运行期间启动运用，能源监管时效性、准确性和监管深度进一步提高。

【国家能源局云南监管办公室】

基本情况 2013年10月31日，中央编办印发了《中央编办关于国家能源局派出机构设置的通知》（中央编办发〔2013〕130号）。国家能源局在云南省设立监管办公室，名称为国家能源局云南监管办公室（简称云南能源监管办），为国家能源局派驻云南省的正厅级行政机构。

主要职责：在所辖区域内，监管电力市场运行，规范电力市场秩序；监管电网和油气管网设施的公平开放；监管电力调度交易，监督电力普遍服务政策的实施；承担电力等能源行政执法工作，依法查处有关违法违规行为，监督检查有关电价；承担除核安全外的电力运行安全、电力建设工程施工安全、工程质量安全的监督管理以及电力应急和可靠性管理，依法组织或参与电力生产安全事故调查处理；实施电力业务许可以及依法设定的其他行政许可；承办法律法规授权以及国家能源局交办的其他事项。

组织机构 内设综合处、市场监管处、行业监管处、电力安全监管处、资质管理处、稽查处等六处室。

主要工作

总体形势。2020年云南省发电装机10340.29万kW，其中水电7556.17万kW，火电1510.83万kW，风电880.64万kW，太阳能发电392.65万kW，以水电为主的清洁能源装机8829.46万kW，占比85.4％，

清洁能源发电量占比 88.13%。全年外送电量 1663.78 亿 kWh，同比持平。云南省天然气消费量 21.82 亿 m^3，同比增长 16%；中缅天然气管道累计输送量 44.98 亿 m^3，同比下降 11%。

疫情防控能源保供。做好云南 79 个疫情防控指挥机构、476 家医疗机构、30 家防疫医疗物资生产企业、14 个被隔离小区等重要用户和区域能源供应保障工作，电力油气稳定可靠供应。免除发电企业因疫情影响产生的并网运行考核费用 2000 余万元。督促供电企业落实阶段性降价政策，全年免收 122 万用户电费约 14 亿元。认真贯彻落实习近平总书记对乌东德水电站首批机组投产发电重要指示精神，提前服务机组办证工作。

2020 年云南统调累计发电量 3094.14 亿 kWh，同比增加 8.01%。2020 年云南用电量同比增长 11.8%，远超全国 3.1%的平均水平。2020 年"西电东送"电量 1458 亿 kWh，高于协议电量 292 亿 kWh，保障了云南省和东部地区疫情防控和复工复产工作。

市场运行。修订印发新版《云南电力市场中长期交易实施细则》，制定《云南调频辅助服务市场运营规则（试行）》，启动云南调频辅助服务市场试运行工作。为 2 个增量配电业务改革项目颁发许可证，云南省 7 个项目持证运营。配合国家能源局市场监管司开展云南电力市场秩序有关问题调查处置工作，督促云南电网公司和昆明电力交易中心落实整改要求、按时完成整改，督促云南省发展改革委、能源局整改工作有序推进。与昆明电力交易中心建立周例会、月度分析会制度，开设市场监管专用坐席，进一步做好市场分析预警工作，加强市场运行监管。截至 2020 年底，云南电力市场化年度交易电量达 1278.3 亿 kWh，同比增长 22.3%，连续 6 年保持两位数增长，累计市场化成交电量突破 5000 亿 kWh，市场化交易电量占全社会用电量比例接近 64%；电厂侧成交均价 0.18 元/kWh，降低企业用电成本超 110 亿元；电力市场主体近 4.5 万家，市场运行总体规范有序。

电力安全生产。赴乌东德、白鹤滩水电站开展督查检查，保障国家重点工程安全有序推进。推进电力安全生产专项整治三年行动，持续加强电力运行安全、电力建设工程施工和质量安全监管，消除 1 项国家二级电网安全风险，重点关注单一大用户失电导致一般及以上电力安全事故风险情况。深入 9 家电力企业开展汛前、汛期督查检查，确保金沙江梯级电站超汛限水位运行安全，有关电站受到水利部、长江水利委员会表扬。举办 2020 年云南电力安全事故厂网联合应急演练，督促企业积极应对怒江、昭通等贫困地区山洪、泥石流及地震等自然灾害，助力电力脱贫攻坚。完成疫情防控及全国"两会"、十九届五中全会等各项保电工作任务，扎实做好迎峰度夏、度冬和低温寒潮期间电力安全供应监管。加强电力监控系统安全防护监管，组织培训宣贯《电力系统安全稳定导则》，深入 10 余个基层单位开展网络安全和电力监控系统安全防护专项督查。加大电力安全监管行政执法力度，开展白鹤滩"3·1"事故信息报送问题调查，依法处罚水电八局白鹤滩施工局 10 万元，事故业主、建设、施工、监理等单位按我办监管要求进行内部问责和经济处罚。派出工作组和专家开展泗南江"5·29"事故调查督导，组织 46 家企业 150 余人开展警示教育。约谈发生人身伤亡事故的云南电网公司、三峡云川公司主要负责人，约谈安全生产主体责任监管考核排名长期靠后的发电企业、大坝安全管控不到位存在安全隐患的水电企业、施工安全主体责任不落实存在违法违规行为的电力施工企业，下发监管意见书 7 份。2020 年，云南未发生电力安全事故，未发生电力系统水电站大坝垮坝、漫坝以及对社会造成重大影响的事件。

能源普遍服务。开展提升用户"获得电力"优质服务水平综合监管，云南省实现用电报装业务线上办理、居民和低压用户用电报装"三零"服务全覆盖，居民用户和实行"三零"服务的低压非居民用户办电时间分别压减至 5 个和 25 个工作日内。督促供电企业全面推行"三零三省"（低压小微企业用电报装"零上门、零审批、零投资"、高压用户用电报装"省力、省时、省钱"）改革措施，严格执行业扩投资界面延伸，2020 年云南电网公司为用户减少接电成本约 9.5 亿元。开展"频繁停电、低电压"问题专项整治，对 5 条人民群众反应强烈的重载停电线路挂牌督办，对 32 条线路进行重点治理。开展民生用气用户电话查访等，供暖季民生用气平稳供应。

实现资质许可网上办理，四级及以下承装（修、试）电力设施许可试行告知承诺制，2020 年办理四级及以下新申请业务 88 项，同比增长 417%。注销 498 张发电类电力业务许可证，豁免发电机组容量 131 万 kW。2020 年办结自贸区企业行政许可事项 53 项。认真落实"好差评"制度，共收到"好差评"评价 82 个，很好 81 个，一般 1 个，实现零差评。

国家能源规划。协调解决乌东德水电站配套送出工程 500kV 白邑输变电项目用地及线路穿越问题；乌东德电站大坝主体工程完工，首批机组 6 月 29 日投产发电，全年 8 台机组投产发电；世界首个两端改三端±500kV 直流工程—云贵互联工程提前 19 天竣工投运，云贵电力互济和西电东送能力大大提升；乌东德送广东广西特高压多端直流示范工程提前半年建成投产，金沙江中下游流域电力外送能力显著提升；云南电网主网架重点项目 500kV 甘顶变、黄坪变、白邑变、多乐变建成投产。世界在建最大水电站白鹤滩电站有序推进。积极参与“十四五”能源规划编制工作。

脱贫攻坚。超额22%完成年度消费扶贫任务，提前完成捐资助学任务。督促供电企业有序开展光伏扶贫电站接网工程回购工作，12个接网工程全部完成资产转让合同签订。开展云南“三区三州”地区和抵边村寨农村电网改造升级攻坚专项监管，迪庆州、怒江州农村电网“两率一户”指标达到国家要求，提前1个月完成云南“三区三州”农网改造升级任务。

党建工作。召开27次党组（扩大）会议，制定年度要点、全面从严治党主体责任清单和党组成员支部书记抓基层党建责任清单等，进一步完善和细化责任体系。通过召开年度会议、签订责任书、季度汇报和每周集中学习、党员承诺践诺等形式，层层压实责任，全面从严治党深入推进。组织12次中心组集体学习、30次支部集中学习，推送应知应会134期，先后与中广核云南分公司、三峡集团驻昆单位等联合开展主题党日活动，不忘初心、牢记使命思想根基进一步筑牢。完成支部规范化标准化达标创建，启动“云南模范机关”创建。1名抗击疫情先进个人受到局党组表彰，1名优秀共产党员受到云南省委省直机关工委表彰。

接受国家能源局党组第五轮巡视。开展全面从严治党突出问题专项整治、党的政治建设督查、党内法规制度执行情况督查、廉政风险自查整改、中央巡视整改“回头看”、主题教育整改“回头看”等专项工作，督办销号存在问题34个、整改措施54项，制修订制度规定17项，所有存量问题实现100%整改（含已完成需持续推进）。开展7次节前集中警示教育，做好廉洁过节自查报告工作。全年未发现干部违反廉政纪律问题，未收到相关问题反映。

（成鹏昆）

【国家能源局贵州监管办公室】

基本情况 国家能源局贵州监管办公室（简称贵州能源监管办）是国家能源局在贵州设立的派出机构。2013年11月21日单位名称由“国家电力监管委员会贵州省电力监管专员办公室”变更为“国家能源局贵州监管办公室”。

主要职能：监管电力市场运行，规范电力市场秩序；监管电网和油气管网设施的公平开放；监管电力调度交易，监督电力普遍服务政策的实施；负责电力等能源行政执法工作，依法查处有关违法违规行为，监督检查有关电价；负责除核安全外的电力运行安全、电力建设工程施工安全、工程质量安全的监督管理以及电力应急和可靠性管理，依法组织或参与电力事故调查处理；负责组织实施电力业务许可以及依法设定的其他行政许可；负责法律法规授权以及国家能源局下达或交办的有关事项监管。

领导班子

党组书记、专员：潘军

党组成员、副专员：沈军

党组成员：杨新红

组织机构 内设综合处、市场监管处、行业监管处、电力安全监管处、资质管理处、稽查处六个职能处室。

主要工作 2020年，贵州能源监管办以习近平新时代中国特色社会主义思想为指导，深入贯彻“四个革命、一个合作”能源安全新战略，坚决落实“六保”“六稳”工作要求，忠诚履职，感恩奋进，统筹推进疫情防控和能源监管工作，完成了各项工作任务。

（1）电力安全监管。2020年，贵州能源监管办严格落实电力安全监管责任，全年未发生较大以上电力人身伤亡事故，未发生电力安全事故，未发生电力系统水电站垮坝漫坝和水淹厂房事故，贵州电力安全生产形势稳中向好。一是持续深化齐抓共管机制，会同省发改委、能源局等部门召开电力安全生产电视电话会议，印发电力建设安全生产专项整治三年行动实施方案，对未做大坝安全鉴定的15座小水电进行解网。二是扎实做好电力安全生产、电力建设安全专项整治三年行动，制定配套制度6项，开展专项督查14次，督促3家火电厂12台机组完成液氨改造。三是强化双重预防机制建设，学习宣贯《电力系统安全稳定导则》，建立问题隐患和制度措施“两个清单”。各电力企业未发现重大隐患，排查一般隐患6358项，整改完成5879项，整改率92.47%。四是指导乌江公司2020年梯级联合防汛演练、贵州电网2020年反事故联合演习暨大面积停电事件应急演练，加强与应急管理、气象、水利等部门沟通，及时发送预警信息，切实抓好防洪度汛和应急工作。五是开展贵州电力行业网络安全责任暨电力监控系统安全防护落实情况专项监管，督促责任单位做好问题整改，不断强化电力网络安全。

（2）电力市场监管。2020年，贵州能源监管办积极推进电力市场化改革，不断规范市场行为和市场秩序，促进贵州电力工业高质量发展。一是印发贵州电力中长期市场交易规则和调峰和黑启动辅助服务市场交易规则。推进辅助服务市场转入正式运行。二是推进交易机构独立规范运行，督促电网企业持股比例由80%降至39%。全年市场化交易电量同比增长10%，降低企业用电成本47亿元。三是开展2020年可再生能源电力消费责任权重指标落实情况监管，超额完成国家下达的最低消纳责任权重目标和消纳激励性目标。四是开展贵州燃煤发电企业经营情况调研，针对近年来燃煤发电企业普遍亏损的情况，分析查找原因，研究提出有关对策措施。

（3）行业监管。2020年，贵州能源监管办积极转变职能，加强对煤炭、油、气等能源行业的监管，不断提高行业监管效能。一是开展能源发展“十四五”规划、电力发展“十四五”规划、能源体制改革“十四五”规划等重点研究，结合贵州实际提出规划意见建议。二是与南方能源监管局、云南监管办联合印发南方区域能源联合监测预警办法，建立有关工作机制。三是开展配气网专题调研，积极推动油气管网公平开放，做好天然气数据统计报送工作。四是有序推进国家能源局核准煤矿项目专项监管，加强与局煤炭司、监管司的沟通汇报，牵头完成马依西一井在建煤矿专项监管。五是完成“十三五”能源规划目标任务落实情况综合监管，对雅中—江西±800kV特高压直流输电工程、昆柳龙直流工程贵州段等重大项目开展督查。

（4）电力稽查和供电监管。2020年，贵州能源监管办切实加强能源稽查力度，聚焦群众关注的重点、难点、热点问题，及时处理投诉举报事项，调解电力争议纠纷。一是认真做好12398热线服务，全年收到12398有效信息3503件，下派工单1074件，其中投诉举报226件。开展贵州毕节12398热线投诉举报共性问题重点监管，下半年毕节地区12398热线属实投诉同比下降51.11%。二是开展提升用户“获得电力”优质服务水平综合监管，会同省能源局召开“优化营商环境获得电力成果”新闻发布会。网上办电比例达98.40%，全年降低用户接电成本14.87亿元。三是办理“获得电力”方面群众诉求1040件，责成供电企业考核337人28.48万元，对3家电力企业行政处罚23万元。四是开展桐梓频繁停电问题专题调研，全面分析频繁停电问题的现状及原因，制定整改措施并督促落实。

（5）电力业务许可监管。2020年，贵州能源监管办持续深化“放管服”改革，积极构建以信用为核心的电力业务资质许可监管体系，开展“双随机、一公开”核查，实现事中事后监管规范化和常态化。一是持续优化服务流程，实现许可办理“最多跑一次”。全年办理承装（修、试）电力设施许可证106家，电力业务许可新增31家、变更16家、注销256家。二是完成全国统一资质信用信息系统信息补录、数据迁移、系统切换等工作。开展“红名单”激励办法研究，建立失信企业“重点关注名单”。三是深化行政许可“放管服”改革，全面推行电力业务许可告知承诺制。以“双随机、一公开”“互联网+”非现场监管为手段开展日常监管。四是坚持问题导向，组织开展持证企业自查，持续开展承装（修、试）电力设施许可制度执行情况监管，配合做好贵州省小水电清理和赤水河流域小水电许可清理工作。

（翟　斌）

【广东电网有限责任公司】

公司概况　广东电网有限责任公司（简称广东电网公司）是中国南方电网有限责任公司的全资子公司。前身为广东省广电集团有限公司，2005年3月31日更名为广东电网公司，2014年6月4日更名为广东电网有限责任公司。2012年1月1日，下辖的广州、深圳供电局分立，由南方电网公司直管。2020年1月1日起，广州供电局正式按广东电网的分公司体制运作。注册资本668亿元。

广东电网公司是统一管理广东电网（深圳市的电网和业务除外）的企业法人。本部设办公室等19个职能部门，直接管理全省20个地市供电局，以及电力调度控制、电网规划、信息、通信、基建、物资、科研、教育培训、综合能源等多家中心机构和直属单位。共有员工10.58万人，供电客户数4404.74万户。

广东电网以珠江三角洲地区500kV主干环网为中心，向东西两翼及粤北延伸。通过“八交十直”高压输电线路与中西部电网联网；通过2回500kV海底电缆与海南电网相联；通过4回400kV线路与香港中华电力系统联网；通过6回220kV线路和4回110kV线路向澳门地区供电。截至2020年底，已累计对澳供电551.21亿kWh，2020年全年对澳供电48.53亿kWh，占澳门用电量的90.24%。截至2020年12月31日，共投产35kV及以上输电线路88315.67km（含电缆），变电站2576座、主变压器5765台、变电容量49892.76万kVA。2020年全社会用电量6926.12亿kWh，同比增长3.44%。

广东电网公司秉持“人民电业为人民”的企业宗旨，立足“国家队地位、平台型企业、价值链整合者”的企业定位，加快创建全国最好世界一流省网企业，连续12年获得广东省地方政府公共服务评价排名第一，电网连续安全运行突破25年。

领导班子

党委书记、董事长：廖建平

副董事长，广州供电局党委书记、总经理：胡帆

一级职员、党委副书记、工会主席：齐文京

党委委员、董事、副总经理：马辉

党委委员、董事、副总经理、总会计师：莫锦和

党委委员、董事、纪委书记：李欢

党委委员、董事、副总经理、总法律顾问：贺金生

董事、副总经理：陈晔

党委委员、董事、副总经理：李铭钧

党委委员、董事、副总经理：王昌照

组织机构 截至2020年底，广东电网公司设有办公室（党委办公室、董事会办公室）、人力资源部、党建工作部（企业文化部）、直属本部党委办公室、监督部（纪委办公室）、党委巡察办公室、战略规划部（扶贫工作领导小组办公室）、法规部（全面深化改革办公室）、计划与财务部、创新管理部、生产技术部、市场营销部、基建部、产业发展部、供应链管理部、系统运行部（电力调度控制中心）、数字化部、安全监管部（应急指挥中心）、审计部、工会办公室共20个职能部门，防范窃电与电力设施保护中心、专职董监事办公室、直属本部纪委办公室、粤港澳大湾区建设推进办公室、运营监控中心、海上风电服务中心、生产调度中心业主项目部7个挂靠机构，下辖广州、佛山、东莞、中山、惠州、江门、韶关、湛江、茂名、清远、珠海、汕头、梅州、阳江、肇庆、揭阳、河源、汕尾、潮州、云浮供电局20个地市供电局，电网规划研究中心、信息中心、管理科学研究院（精益管理学院）、新闻中心、综合服务中心（离退休服务中心）、应急及风险管理中心（安全生产风险管理体系建设指导中心）、机巡管理中心、财务共享服务中心、审计中心、法律服务中心、社保年金中心、电力调度控制中心、电力科学研究院（设备监控及检修管理中心、科技创新中心、物资品控技术中心）、培训与评价中心（党校）、客户服务中心、计量中心、广东电网物资有限公司、广东电力交易中心有限责任公司等17个直属中心机构，以及广东电网能源发展有限公司、南方电网电力科技股份有限公司、广东电网能源投资有限公司、广东电力信息科技有限公司、广东电力通信科技有限公司、广东电网产业投资有限公司、广东电网发展研究院有限责任公司、广东电网汕能电力发展有限公司、汕头经济特区万丰热电有限公司、广东电网电力设备制造有限公司、广州电力设计院有限公司等单位。

“十三五”主要成绩 “十三五”时期是全面建成小康社会、实现第一个百年奋斗目标的决胜阶段，也是广东电网公司全面攻坚“全国最好2021”的关键时期。“十三五”期间，广东电网公司始终坚持以习近平新时代中国特色社会主义思想为指导，坚决贯彻落实南方电网公司和广东省委、省政府决策部署，以创建全国最好世界一流省网企业为目标，奋力拼搏、勇当尖兵，党的建设和改革发展取得了一系列成就：连续25年确保大电网安全稳定运行，连续18年获得南方电网公司经营绩效考核第一，连续12年获得地方政府公共服务评价第一，上榜全国供电可靠性前十城市数量连续11年领跑全国，连续5年获南方电网公司党建考核A级，助力广东全面建成小康社会，赢得各级党委政府和社会各界广泛认可。

坚决落实重大决策部署。“十三五”期间，广东电网公司提高政治站位，集中力量办大事，把坚决做到“两个维护”体现到贯彻落实党中央重大决策部署上来。坚持尽锐出战，助力三大攻坚战取得决定性成就。对口帮扶的139个帮扶点、17071名贫困人口全部脱贫出列，广东电网公司连续五年获得“广东扶贫济困日”红棉杯金杯。超计划消纳云南水电1210亿kWh，100%消纳省内风、光、水等清洁能源1812亿kWh，全省清洁能源占比由42%提升至48%。统筹平衡减负债与稳投资、降电价等工作，有效防范重大经营风险。对标世界一流，积极融入和服务粤港澳大湾区建设。高起点高标准出台服务大湾区建设行动计划，建成广州明珠工业园等133项示范工程，形成涵盖城市、山区、海岛等差异化电网发展场景，大湾区5个城市供电可靠性进入全国前十，广州在中国营商环境“获得电力”评价中排名保持前列。坚定履行责任，全力服务“六稳”“六保”大局。坚决执行输配电价改革、国家两次降低一般工商业电价10%等政策，“十三五”期间累计释放政策红利702亿元。特别是在2019年，全力保障疫情防控和复工复产可靠供电，精准落实国家阶段性降成本政策，全年累计降低用电成本118.4亿元，惠及用户465.5万户，有力支撑广东夺取疫情防控和经济社会发展“双胜利”。

全要素价值创造能力显著增强。“十三五”期间，广东电网公司坚持稳中求进总基调，积极应对复杂多变的经营形势，千方百计提质增效、增供扩销，完成稳增长任务，实现国有资产保值增值，创造了卓越的经营业绩。多措并举挖潜增效，完成经营考核目标，得到南方电网公司特别嘉奖。售电量从4649.3亿kWh增长到6090.4亿kWh，年均增长5.6%；购电平均单价降低26.74元/MWh；营业收入从2913亿元增长到3363亿元，年均增长2.9%；完成固定资产投资2490亿元，资产总额突破3804亿元，增长51.6%。推动了新兴业务蓬勃发展。统筹完善产业管理体系，优化构建新兴产业布局，做实平台公司，形成智慧能源、信息通信等五大板块并行发展、协同运作、多点发力的局面。新兴业务有力拓展，并表利润增长超过22倍。推动法治企业建设迈上了新台阶。深入推进治理体系和治理能力现代化，搭建了公司授权体系。实现重大领域、重点项目、重大资金审计监督全覆盖，促进增收节支4.3亿元。稳妥推进重大法律案件、历史遗留问题办理办结。广东电网公司获评全国“七五”普法中期先进单位、广东省“七五”普法国家机关十佳单位。加快成为行业规则标准的制定者。牵头起草现货市场实施方案及“1＋8”规则体系。促成珠海横琴发布全国首个自贸区供用电规则。推动出台全国首部省级公共场所用电设施安全标准、广东首部省级地方电力法规《广东省供用电条例》。公司首个行业标委会（电网设备智能巡检）获得国家能源局批复组建。

改革创新发挥引领作用。“十三五”期间，广东电网公司找准制约企业发展效率的关键矛盾和主要问题，破除制约高质量发展的体制机制障碍，推动改革创新发展。打造了电力体制改革样板。推动构建公平开放、竞争有序的电力市场，助力建成全国首个涵盖中长期与现货的电力市场交易体系，累计培育市场主体2.3万家，降低用电成本392亿元，现货市场建设领跑全国。争取到合理的输配电价水平，投资规模充分满足公司发展需要。探索搭建的分电压等级输配电价测算模型得到国家发展改革委认可，并在全国推广使用。推动国企改革取得了关键突破。全面完成公司制改制，直属新兴业务子公司全部建立外部董事占多数的董事会，法人治理结构更加完善。国企改革标杆逐步树立，南网科技公司成功入选国家“科改示范行动”，能源发展公司“双百行动”改革经验入选国资委改革样本。取得了丰硕的科技创新成果。牵头完成6项国家重点研发计划，以“丝路”新一代智能量测体系为代表的核心技术成果处于国际领先水平。拥有发明专利比“十二五”期末翻两番，获中国专利优秀奖2项，获省部级科技进步一等奖10项。

本质安全水平不断提升。“十三五”期间，广东电网公司坚持统筹安全与发展，提升复杂大电网驾驭能力，构建大安全格局，事故事件总数连续五年下降。着力构筑了更坚强的电网网架。完成电网投资1958亿元，增长63.5%。系统推进目标网架建设，如期投产乌东德直流广东受端交流配套工程等1085项主网工程，实现了省内所有地市500kV变电站全覆盖，构建了以珠三角500kV主干双环网为中心、向东西两翼及粤北延伸的坚强大电网格局。增强了复杂大电网驾驭能力。以年方式重大电网风险管控为抓手，重点防控影响系统稳定的四类重大风险，深化运行规划联动机制，建立提级管控机制，成功化解了省地主配网风险6200多项，防控了49起可能导致一级及以上事故事件的重大风险，牢牢守住了大电网安全底线。提升了设备智能化水平。投产220kV光明站等网级数字变电示范工程。配电自动化水平快速提升，自动化覆盖率达90%以上，线路可转供电率升至84%。智能运维能力走在全国前列，输电线路机巡作业占比达到73%，典型缺陷识别准确率达85%以上。夯实了本质安全基础，建成全国规模最大、功能最全的省级智慧安监系统，实现作业风险可知可控。安全巡查“广东模式”在全南网范围推广应用。挂牌投运了全国首个国家级电力应急基地，基本建成全部地市保底电网，推动电网防灾向“主动防御”转变，成功抵御多轮台风袭击。建成全域网络安全防御体系，完成两届国家级网络安全攻防演习。倡导“知行合一、平安是福”价值理念，刚性执行、分享互助逐渐成为全员行为习惯。

积极建设一流用电营商环境。“十三五”期间，广东电网公司牢记“人民电业为人民”的企业宗旨，坚持以客户为中心，满足人民对美好生活的电力需要。确保了电力安全可靠有序供应。“十三五”期间广东电量保持快速增长，统调负荷连年创历史新高，继2016年全国率先实现负荷“破亿”后，2019年最高负荷达1.268亿kW，比“十二五”期末增长35.7%。公司依托南网大平台，统筹安排运行方式和全省发电资源，落实有序用电方案，优化停电窗口，确保了全省电力供应充足。提升了“获得电力”指标。促成省政府将缩短电力外线工程行政审批时限纳入工作要点，全部地市审批时限压减至5个工作日以内。推行“三免”服务，报装资料实行“一证受理”，高压单电源业扩报装平均用时压减至34.27天，大幅下降80%；低压非居民平均用时降至3.2天；小微企业低压供电实现“零投资”。客户平均停电时间降到4.34h，大幅下降85.8%。打造了“一次都不跑”服务体系。实现智能电能表、低压集抄“两个全覆盖”，客户服务平台建设应用走在行业前列，办电全业务进驻省政务服务网、粤省事、粤商通，在全网率先实现居民身份证、法人营业执照等电子证照信息在各电子服务渠道应用，互联网渠道业务占比达99%以上。

党的领导和党的建设全面加强。“十三五”期间，广东电网公司持续深入学习贯彻习近平新时代中国特色社会主义思想，坚持和加强党的全面领导，以高质量党建引领公司高质量发展。坚持不懈筑牢国有企业的“根”和“魂”。把政治建设放在首位，落实第一议题机制，通过专题党委会、中心组学习、三会一课等形式，持续树牢“四个意识”，坚定“四个自信”，做到“两个维护”。高质量开展“两学一做”学习教育，完成两批“不忘初心、牢记使命”主题教育，解决一批群众最关心的实际问题。扎实推进中央巡视整改，做好南方电网公司党组巡视“后半篇文章”。完成党建工作要求进公司章程，推动党建与改革发展生产经营深度融合。打造了国有企业党的建设标杆。出台领导班子成员落实全面从严治党责任到位标准，建立党建工作和经营业绩“双A制”考核体系，压实全面从严治党责任。牢固树立大抓支部大抓基层导向，开展“党支部建设年”工作，印发党支部工作一本通等系列指导文件，持续在基层党支部筑牢安全与廉洁两道防线，推进党建工作标准化、规范化，打造广东电网特色“1236”党建品牌，管党治党更加有力。一体推进不敢腐、不能腐、不想腐。坚持严的主基调，旗帜鲜明查处了系列重大案件。高质量完成脱贫专项巡察“回头看”和两轮巡察任务，实现对县级供电企业巡察全覆盖，强化“不敢腐”的震慑。深化以案促改，落实结构化评标、加强集中采购等体制机制举措，有序推进派驻纪检组实践，扎牢“不能腐”的笼子。常态化开展有规定主题的纪律教育月活动，建成南网首个VR反腐倡廉教育基地，筑牢“不想腐”的思想堤坝。激发了队伍的干事创业活力。优化干部队伍结构，实施年轻干部“双百工程”行动计划，出台激励各级干部新时代新担当新作为10项举措。加大干部关心关怀力度，做好扶贫干部、异地交流干部履职待遇保障。建成省地两级内部人才市场，搭建职工创新成果和人才交流成长平台，建成349个供电所技术业务用房，队伍活力进一步激发。驰而不息加强作风建设。力戒形式主义官僚主义，出台作风建设45条措施，深入为基层减负，本部报表数量压减65%，督查检查考核数量下降83%，会议数量下降43%，发文数量下降53%，营造了“严细实、精简要”的浓厚氛围，广大干部员工更有时间、更有精力干好本职工作。

电网发展 电网规划方面，完成“十四五”智能电网规划编制和国土空间电网专项规划研究、广东“十四五”电力规划和输电网规划研究。广东目标网架系统方案获南方电网公司批复，目标网架及相关重点项目纳入国家及省级规划。印发城市保底电网建设推进工作方案，制定省、市两级2020年保底电网建设推进工作实施计划，加快推进各地市整体保底电网建设工作。全力推进“网、源、荷、储”协同的电力系统综合防灾应急保障体系建设。完成抗灾保障电源布局专题研究。大力支持海上风电发展，成立海上风电服务中心，并网容量超过100万kW。完成粤港澳大湾区“十四五”智能电网发展规划报告，编制《粤港澳大湾区能源发展规划及智能电网建设项目实施策划方案》。

前期工作与增量配网方面，促使与目标网架相关的25项关键工程获批列入全省2020年重点建设项目计划，促使500kV大湾区外环中段、中通道、南通道柔直背靠背工程等10个重点项目获批增补纳入全国2020年主网架规划调整项目。组建闽粤联网运营有限公司，闽粤联网工程获国家核准。提前68天完成直流背靠背广州工程全部前期工作，提前100天完成直流背靠背东莞工程核准工作，受到南方电网公司嘉奖。完成梅州抽水蓄能电站接入系统（含开关站）、安澜输变电、阳西沙扒三期海上风电接入系统、阳江阳西电厂5、6号机组接入系统等重点工程项目核准前的全部前期支持性文件，并上报核准。推进增量配电网试点项目运营，完成六个增量配电公司的组建，全面启动试点项目运营。第一批广州知识城和珠海金湾东项目已率先实现实体化运作。与境外先进电网企业开展配电业务合作。

电网建设方面，落实“稳增长”要求，全面完成电网建设投资403亿元。完善投资管控和评价考核机制，出台投资项目负面清单，提高了投资效益。按期完成乌东德直流广东受端交流配套等134项重点工程项目。实施粤港澳大湾区智能电网建设方案，完成投资263亿元升级改造大湾区电网。建成广州中新知识城、佛山广东金融高新区、东莞松山湖、珠海横琴唐家湾等8个智能电网示范区等133个智能电网示范工程，形成全面涵盖城市、农村、海岛、园区等典型应用场景，树立广东电网各类型智能电网建设标杆。建成全网首批新一代智能变电站和全国首个现场3D打印配电房，提前完成100个基于标准设计V3.0的智能配电网示范性项目建设任务。

工程管理方面，形成具有广东特色的变电站标准设计优化设计方案。深化标准建设，制定《基建配网标准建设管理办法》。52项工程获省部级及以上奖项，获奖数量创历史新高，其中，500kV岐山变电站工程同时获国家优质工程奖和国家水土保持生态文明工程奖，220kV森林站、叠泉站、容桂站、司前站工程获中国安装工程优质奖（“安装之星”），6项工程获中国电力优质工程奖，32项工程获南网基建优质工程奖，8项工程获广东省建设工程优质奖。在疫情告急期间，完成38项防疫应急用电工程建设，及时满足医疗机构、公安部门省际卡口点建设等新增用电需求。同步开展开复工项目人员摸查，落实属地协调责任，协助承包商组织人员进场、解决防疫物资短缺等问题，3月1日实现基建工程全面开复工。落实疫情常态化防控工作机制，在建工地未发生疫情。

安全生产运行 安全管理。牢固树立安全发展理念，将安全作为一切工作的基础和前提。广东电网公司党委印发并落实《进一步加强安全生产工作实施方案》。出台各级各类人员安全生产职责及其到位衡量标准，实现岗位全覆盖，实施安全生产专项整治三年行动计划。完成智慧安监第二阶段“智能化”建设并全面推广应用。制定《作业现场人身安全风险管控提升工作方案》，通过视频监控系统进行现场作业全过程监督，重点检查生产作业“两票”执行刚性、现场风险管控、工器具使用规范性等，实现了220kV及以上操作检修以及配网抢修的检查全覆盖，建立整改反馈机制，赴问题突出单位，现场督导落实整改措施。

各类安全风险防控。全面落实防范电网八大风险

35项重点工作，有效管控3起一级事件风险，有力确保了大电网安全。2020年，广东统调负荷五次创历史新高，最高达1.268亿kW，同比增长4%。至2020年底，广东电网连续安全稳定运行超过25年。制定实施作业现场人身安全风险管控提升措施186项，全年未发生公司系统人身安全事故。形成了关键重要设备集中监控、紧急重大缺陷集约分析、电网设备作业风险联动等工作机制，落实防范设备运行风险23项重点工作，开展开关防拒动检查等24项专项行动，及时消除紧急重大缺陷5.1万项。强化施工现场安全监督检查，开展基建现场安全生产巡查、电网建设第三方安全督查和有限空间作业等专项检查，发现问题及时闭环整改。专项排查涉电公共安全隐患以及危险化学品等重大危险源隐患、过载专变客户安全隐患、低洼易涝场所安全隐患、城中村“二合一”“三合一”“三小”场所、棚户区等涉及民生的用电秩序较差地区供用电隐患，有效化解各类风险隐患。全年五级及以上事件下降42%，人为责任事件下降50%，未发生有责任的涉电公共安全事件。

应急与保供电方面，全部地市的保底电网基本建成，电网防灾向“主动防御”转变，成功应对4个台风、23轮强降雨，全国首个国家级电力应急培训演练基地挂牌投运。完成习近平总书记视察广东等重大保供电任务，对港澳供电可靠稳定。供电可靠性方面，持续提升配网智能化水平，配网线路可转供电率达到84%，配电自动化覆盖率超过90%。将重复停电用户比例纳入管控指标，将长时停电用户、重复故障用户纳入管控任务，降低用户停电感知，开展精准感知管控。5个城市供电可靠性进入全国前十。

营销服务 保障电力供应方面，密切跟踪疫情影响下的经济运行及负荷恢复情况，提前预判电力供需形势。针对云南枯水期受旱情影响导致外送能力不足的情况，积极协调南方电网公司及政府有关部门，组织枯汛交替期西电增送，确保电力安全可靠稳定供应。组织编制有序用电方案，针对电网风险制定专项预案，确保存在电力缺口时能有序精准错峰。基于能源输送协议，建立中华电力转供深圳交易机制，累计实现1.62亿kWh电量转供，保障深圳地区供需紧张时期的电力有序供应。全力消纳清洁能源，落实西电东送，全年消纳西电2058亿kWh，创历史新高，超计划328亿kWh。全额消纳省内清洁能源，珠三角电煤消耗量下降10.2%。完成首次南方区域跨区跨省年度、月度交易申报，确保完成年度交易计划。按照政府和南方电网的部署要求，消纳广西扶贫电量。完成可量化电能替代电量12.3亿kWh，全年网内终端售电量增长率超过南方电网公司考核目标，获南方电网公司嘉奖。2020年完成购电量6313亿kWh，同比增长2.95%；售电量6090亿kWh，增长3.02%。

落实降费政策与保障疫情期间用电方面，坚决落实国家降电价政策，全年降低用户用电成本118亿元，惠及用户465万户。推动政府出台燃气机组降价政策，降低了全社会用能成本。千方百计增供扩销、增收节支、挖潜增效。全面保障防疫指挥机构、医疗机构、交通运输、重要医疗物资生产企业等重要场所和重点区域的用电需求，主动提供技术支持，做好应急准备。开辟绿色通道，快速响应企业复工复产用电报装等需求，及时在互联网客户服务平台中新增客户疫情相关优惠政策追溯申请相关功能。疫情防控期间，累计投入近5万人次，对737家医疗机构、189个防疫指挥机构、289家重要医疗物资生产企业等重要场所和重点区域进行了走访，快速满足客户提出的446个临时电源接入、应急保供电需求。

改善客户服务方面，加快建设现代供电服务体系，“获得电力”水平实现系统性提升。公司充分依托南网大平台，统筹优化停电窗口和发电资源，有力保障电力可靠供应。初步建立供电服务前中后台业务架构，广州局、佛山局现代供电服务体系试点建设取得阶段成效。持续优化用电营商环境，配合做好国家营商环境评价。推动全部地市电力外线工程并联审批时限不超过5个工作日，低压非居民和高压单电源客户平均接电时间分别为3.2天、34.3天，分别减少11.9%、29.6%。做好珠海横琴、广州南沙自贸区工商客户延伸至低压试点，实现用电报装“零投资”。推行“三免”服务，实行报装资料清单制及“一证受理”。优化系统光伏功能实现结算信息自动推送，在东莞等五地市试点居民光伏结算自动化，与客户签订“代开发票—远程结算”协议，实现结算全过程“一次都不跑”。在全网率先实现电子证照信息共享应用，全业务进驻政务服务网、粤省事、粤商通三大政务平台，互联网渠道业务占比超过99%。客户平均停电时间4.34h/户，下降20.8%。第三方客户满意度87分。连续12年获评广东省公共服务满意度第一。完成了国家需求侧管理工作，在广东省能源局考核中获评满分，连续8年评定为优秀。

电能计量方面，完成了新一代智能电能表、智能总表有关国家、企业标准制定和样机研制工作，并通过新技术（产品）成果鉴定，核心技术达到国际领先水平。促成国内首款内嵌丝路InOS系统的智能电能表率先取得CPA证书，引领电能计量设备技术发展。线变、变户一致率均达到98%以上，线损率3.98%。

电力市场交易方面，率先实现发用侧双边联动的全月现货结算试运行，电力市场建设走在全国前列。配合政府推进广东电力交易中心独立规范运作，按上级要求在年内完成了股权进场挂牌。积极参与广州电力交易中心股权调整工作并持股，实现区域间电力交易机构股权融合。

科技信息 科技创新方面，2020年，广东电网公司新牵头承担1项国家重点研发计划项目，牵头在研的国家重点项目达到6项，位列全国省级电网公司首位。突破低温高电压绝缘和国产新超导带材制备等关键核心技术，成功研制投产世界首台160kV超导直流限流器，分层转化科技成果189项。广州从化工业园区多元用户互动配用电系统示范工程完成1年试运行，提前达到国家工信部综合绩效评价的启动条件。开展南海海域波浪能资源评估及示范电站选划，完成兆瓦级高效波浪能发电装置整体设计。广东省"1＋N"统一海上风电试验场建设初见成效，首台试验风电机组建成并网。推动无人机自动巡检技术规模化应用，累计完成17万km自动驾驶，达到全国领先水平。完成韶关220kV芙蓉站立体联合智能巡检示范建设，实现从单一技术到多技术融合智能巡检的迭代升级。系统推进电网管理平台、物联网管理平台建设。累计有效发明专利2990件，新增授权发明专利643件，同比增长60％。

数字化与网络安全方面，全面承接"4321"数字电网试点建设任务，率先实现客户服务平台、全域物联网平台、电网数字化平台上线应用，新建系统上云率达到100％。开展了2020年进一步提升数据质量专项行动，构建了公司全域数据认责体系，数据质量水平达到98.5％。充分发挥信息系统在疫情防控和复工复产的重要作用，各类移动办公系统和移动作业平台有效支撑了员工开展远程办公及业务办理。上线互联网客户服务平台，支撑疫情期间客户办电服务"一次都不跑"。落实政府要求，开展规模以上企业复工复产情况大数据统计分析，为政府决策提供数据支持，完成阶段性减免电费相关功能上线。建成网络安全监测预警体系，信息安全运行监测预警系统省地感知对象的全覆盖，在运管理信息系统和设备安全监测与防护覆盖率达到100％。实现网络安全攻防演练"三不一零"目标，全年未发生网络安全事件。

经营管理 人力资源管理方面，激励各级干部新时代新担当新作为，将干部人才优势转化为公司的发展竞争优势。全年调整三级正及三级副干部248人次、提拔69人。注重对优秀年轻干部的培养和使用，直属单位领导班子年轻干部配备到位。持续打造内部人才市场品牌，累计开展2000余个各级岗位的公开选聘。落实南方电网公司"百千人才去基层到西部计划"，选派年轻干部57人、接收45人。从严抓好干部日常监督，完成6家单位选人用人专项检查及干部担当作为测评，全年提醒、诫勉各级干部65人次。新聘助理技术专家525人、助理技能专家345人，引进人工智能等重点领域博士后4人。深化用工和工资分配清算闭环管理机制，以业绩为导向的工资分配机制覆盖至基层班站所。大力开展保命技能与核心技能"四段式"训练，确保员工业务技能过硬。弘扬劳模工匠创客精神，获得全国劳动模范等国家级荣誉7项、省部级荣誉35项、南方电网公司级荣誉79项。全面平稳完成退休人员社会化管理移交。

财务经营方面，实现营业收入3363亿元。期末资产总额3804亿元，增长4％。完成固定资产投资504.6亿元。固定资产报废净值率8.1％。加大应收、预收电费对账冲销力度，全面完成降杠杆减负债工作目标以及民营企业逾期账款清付、到期应付质保金清理任务，未发生重大经营风险。第二监管周期输配电价及投资规模得到国家发展改革委正式批复。价区改革和峰谷电价政策研究稳妥推进。全网率先搭建财务经营大数据平台，将分散的业务数据集中起来。运用人工智能技术赋能计财业务，实现会计核算智能替代。

供应链管理方面，在全网率先投运配网设备智能检测平台和物资智能调度平台。完善供应链的监督体制机制，组建监督专家库负责评标全过程监督，强化评标专家的监督和管理。积极推广远程异地评标，完成南网首次"网一省一地"多点联动远程异地评审项目，取得多点联合协同评审、跨区域评审资源共享等多方面突破，实现"云评审"的全线打通。制定"2＋7＋3"绿色智能仓库建设规划，推进智慧物流仓库群建设，开展广州局、佛山局等大湾区城市一级仓库绿色、智能化改造，完成省级江村综合仓智能立体仓库建设。运用电力物资智能调配平台快速、高效地促进闲置物资在全省范围的共享调配，全年有效实现3.9亿元闲置物资再利用。

依法合规经营方面，整合内控、风险、合规管理工作，出台公司内控体系建设方案和管理办法，一体化推进内控体系建设。积极打通内部控制、业务风险、合规要求各关键点，形成风险分类清单、内控管理手册、内控重要岗位清单等内控管理标准。在内部审计方面，统一制定审计方案、审计重点和审计模板，加强项目审理，落实审计质量管理办法。推进审计全覆盖，紧盯经营热点，开展经营情况专项审计。围绕在全省20个地市供电局同步开展配网自动化建设、投资精准有效性、扶贫管理、成本费用审计"回头看"、优化营商环境等五项专项审计，对新兴业务企业及业务支撑机构经营情况专项审计。在依法治企方面，以法人治理结构为核心，深入开展公司治理体系和治理能力现代化研究，基本建成公司授权体系，积极探索中国特色现代企业制度建设。公司办结法律案件178宗，胜诉率94.94％，避免或挽回经济损失

6772.18万元，首次实现重大法律案件全部清零。从严管控合同倒签。

企业管理方面，进一步理清党委、董事会、经理层权责边界，印发治理主体权责清单，权责事项共99项。对32家有资产纽带关系的分子公司“一企一策”开展差异化授权放权，进一步激发基层主体活力。在法规、市场、供应链三个部门试点开展管理类和专业技术类岗位授权，形成岗位授权清单，提升行权效率。开展公司制度简明化专项工作。总结提炼能源发展公司“双百行动”综合改革中国特色现代企业制度建设经验，积极打造全网可复制、可推广的改革样板。改革经营业绩考核，引导基层形成“你追我赶、力争上游”的局面。大力推进改革后企业瘦身健体，全年压减法人户数81家，累计压减195家，超额完成目标任务。提前完成78家厂办大集体企业改革任务，人员安置率达到100%。建立健全公司授权体系，出台治理主体权责清单，完成对32家分子公司的授权放权。积极开展电力体制改革，稳妥实施16家县级供电企业子改分工作。如期完成“本部机关化”问题专项整改。积极推进“乡镇供电所标准化”标杆项目实施，精简考核指标。另外，推进能源行业电网设备智能巡检标委会筹建，提交3项IEC国际标准提案，获批2项。

新兴业务方面，健全产业管理体系，推进各单位产业管理委员会、产业办公室有效运作，平台公司全面做实。加强新兴业务管理，优化法人治理结构，厘清“四会一层”权责界面，推动市场化运营。加快推进“双百行动”“科改示范行动”，顺利完成能源发展公司股权多元化改革，基本完成飞扬项目前期工作并提交广东证监局辅导备案。打造高端智能设备与高技术服务品牌，智能终端、机器人产品成熟应用，自主研发“丝路”操作系统达到国际领先水平。大力发展电动汽车业务，推动电动汽车公司实体化运营，全年建设充电桩3766个，公司经营区域市场占有率29%，保有量第一。拓展增值服务业务，建成智慧能源服务平台，新增客户设备代维签约客户1.1万户，累计签约3.9万户。“智慧+”系列产品进一步深化，载波通信模组产品南网领先。加快存量土地盘活开发。

党的建设　始终坚持党的领导，加强党的建设。压实管党治党责任，出台公司党委及领导班子成员全面从严治党责任清单、到位标准，建立全面从严治党责任区。深入推进中央巡视整改，到期整改任务全部销号。全力做好南方电网公司党组巡视配合工作，制定398项巡视反馈意见整改措施，扎实做好巡视“后半篇文章”。牢固树立大抓支部、大抓基层的鲜明导向，开展“党支部建设年”工作，着力构建“321”目标体系，在党支部建立安全和廉洁两道防线。制定基层党支部建设工作标准清单、党支部工作一本通，加强党建工作标准化、规范化。用心用情打造有温度的党组织，在公司本部建立八小时内外逐级联系关怀党员工作机制。讲好南网故事，在“一报一社一台”发稿148篇次。保持惩治腐败的高压态势，坚决查办“5·15”“6·23”等案件，及时教育挽救了一批干部员工，严厉打击了不法供应商。建成廉洁风险智慧监督系统，在物资采购、市场营销、行政办公等3个领域取得显著成效。有力落实“管业务必须管廉洁”，主动监督发现问题线索的比例持续提升。高质量完成脱贫攻坚专项巡察“回头看”和两轮巡察任务，实现对县级供电企业巡察全覆盖。从严处理7起违反中央八项规定精神问题案件。以加强本部作风建设45条措施为抓手，破除形式主义、官僚主义，本部督查检查考核减少36%，见面会、发文数量分别下降18%、7.3%。

扶贫攻坚　定点扶贫方面，产业项目实现“上半年基本建成、下半年发挥效益”目标部署。完成年度定点帮扶资金1467万，产业类项目持续发挥效益。加大消费扶贫力度，助力帮扶点产业发展，累计完成1400万消费扶贫。开展脱贫攻坚专项检查，巩固脱贫质量。帮扶点及贫困人口全部脱贫。139个帮扶点17071名贫困人口，包括22个省定贫困村全部按政策规定完成退出流程，贫困村、贫困人口100%达到脱贫标准。连续五年获得“广东扶贫济困日”红棉杯金杯，连续两年获得广东省推进乡村振兴战略考核最高等级“优秀”。行业扶贫方面，稳步推进省定贫困村区域接收和农网改造工作，完成21个省定贫困村、63个独立供电区四方协议签订。全面完成供电范围内省定相对贫困村电网改造工程，实现户均配电变压器容量提升至2.0kVA。制定《免费电操作指引》，优化营销系统功能，完善省民政系统与营销系统数据交互机制，坚决确保免费电全量执行率实现100%，存量低电压台区治理率100%。先后开展了脱贫攻坚巡察“回头看”、监督检查、专班检查、扶贫审计、交叉检查等系列专项工作，确保按期高质量完成扶贫任务。持续巩固脱贫攻坚成效。印发了巩固提升脱贫攻坚成果的实施意见、消费扶贫工作方案、扶贫项目管理工作指导意见、扶贫项目收益二次分配指导意见等一系列制度文件，促进精准扶贫与乡村振兴战略有效衔接。

主要事件

1月，广东电网公司综合应急基地被国家能源局授予“国家级电力应急培训演练基地”，是首批获得国家级认证的两家电力应急基地之一。

4月30日，广东“十三五”重点输电工程项目、南方电网公司重点工程——昆柳龙直流工程广东受端交流配套工程提前建成。该工程是世界首条特高压多端混合直流示范工程昆柳龙直流工程落点广东的交流配套线路，也是广东电网近十年来建成线路最长的项目。

8月17日，世界上电压等级最高、容量最大的160kV超导直流限流器在广东汕头南澳柔性直流系统挂网试运行。该超导直流限流器，突破低温高电压绝缘和国产新超导带材制备等关键核心技术，实现超导电力应用的实用化。该超导直流限流器，分层转化科技成果189项。累计有效发明专利拥有数3564件，超过年度目标8%。

8月，南方（以广东起步）电力现货市场在广东电力交易中心正式投入全月结算试运行。12月21日，广东电网公司顺利完成股权进场挂牌，推进广东电力交易中心独立规范运作。

11月16日，粤港澳大湾区网架（广东电网目标网架）系统方案论证成果通过国家级咨询机构专家组评审，并取得南方电网公司正式批复。此后目标网架及相关重点项目纳入国家及省级规划。“十四五”期间，广东的电网主网架将由当前500kV“内外双环网”主网架向“基于500kV湾区外环的柔性直流互联”的目标网架演变。

11月20日，广东电网能源发展有限公司，引入战略投资者增资扩股协议签约仪式在广州举行。这是全国首家完成股权多元化改革的国企“双百行动”电网系统电建类企业。

12月2日，国家发展改革委正式印发《关于闽粤联网工程核准的批复》（发改能源〔2020〕1824号），标志着闽粤联网工程获国家核准。同年10月，国网、南网共同组建闽粤联网运营有限公司成立，这是2002年后，国网、南网首次成立合资运营公司。

12月11日，广东电网公司直流配用电研究中心揭牌在珠海成立。该中心是广东电网公司直流配用电技术研究的实施主体和执行机构，主要负责依托珠海多端交直流混合柔性网互联工程，统筹开展广东电网公司系统直流配用电领域技术研究与产品研发工作。

2020年，广东电网公司全面助力广州南沙国家级新区及粤港澳营商环境实验区、广州黄埔国家营商环境创新实验区及省营商环境改革创新实验区、珠海横琴“获得电力”示范区建设。优化业扩界面延伸，持续做好大湾区200kW及以下、粤东西北城区160kW及以下小微企业低压接入，做好珠海横琴、广州南沙自贸区工商客户延伸至低压等试点。

2020年，广东电网公司全网率先实现电子证照信息在各电子服务渠道应用，全业务进驻政务服务网、粤省事、粤商通三大政务平台，形成“网、掌、微、支、政”五位一体互联网服务渠道体系。互联网服务渠道业务占比达99%以上。

（刘葳蕤　王　越）

【广西电网有限责任公司】

公司概况　广西电网有限责任公司的前身是广西壮族自治区电力工业局，1998年2月26日，国家电力公司批复成立“广西壮族自治区电力公司”，为国家电力公司的全资子公司。1998年4月29日，广西壮族自治区电力公司完成工商登记，注册名为“广西电力有限公司”，与广西壮族自治区电力工业局两块牌子同时运作。2002年12月29日，国家电力体制实施重大改革，中国南方电网有限责任公司成立，广西电力有限公司成为中国南方电网有限责任公司的全资子公司。2004年10月8日，广西电力有限公司完成工商登记，更名为“广西电网公司”。2014年5月4日，广西电网公司完成工商登记，更名为“广西电网有限责任公司”（简称广西电网公司）。主要负责广西电网的投资、建设和经营管理，负责输配电管理、电力购销、电力交易与调度、电力资源优化配置等业务，承担着为广西经济社会发展提供可靠优质电力保障的重任。

截至2020年底，广西电网公司供电面积23.67万km^2，供电客户数1320万户；累计拥有35kV及以上输电线路7.2万km，公用变电容量11812万kVA。六度蝉联“全国文明单位”，荣获“全国五一劳动奖状”“广西十佳企业”等荣誉，连续13次获评“广西优秀企业”，连续8年在广西公共服务行业满意度排名中蝉联第一。

领导班子

董事长、党委书记：揣小勇（法定代表人）

党委副书记、董事、总经理：马辉（2020年12月21日到任）

党委委员、董事、副总经理、一级职员：陶先文（2020年10月12日起任一级职员）

党委副书记、董事、工会主席：瞿佳兵（2020年1月6日起任工会主席）

党委委员、董事、副总经理：尚涛（2020年10月12日到任）

党委委员、董事：陈邦宇

党委委员、董事、纪委书记：夏筠（2020年10月12日到任）

董事、总会计师：王永斌（2020年5月20日到任）

党委委员、董事、副总经理：彭宇翔（2020年10月12日到任）

董事、副总经理：卑毅（2020年5月20日转任二级职员）

组织机构　2020年，广西电网公司本部设办公室

(党委办公室、董事会办公室)、计划发展部(运营监控中心)、人力资源部、财务部、创新管理部、政策研究部(全面深化改革办公室)、生产技术部、市场营销部、基建部、产业发展部、供应链管理部、数字化部、安全监管部(应急指挥中心)、审计部、法规部、党建工作部(企业文化部)、监督部(纪委办公室)、党委巡察工作领导小组办公室、工会办公室、系统运行部(系统运行部与电力调度控制中心合署)等20个部门;设电网规划研究中心、财务共享中心(价格成本中心)、机巡与不停电作业中心、客户服务中心、计量中心、信息中心、安全督查中心、审计中心、法律服务中心、新闻中心、监督执纪中心、综合服务中心(离退休服务中心)12个直属机构;设社会保险管理中心(电力企业年金管理中心广西中心)1个挂靠机构,分公司60家、全资子公司3家、控股子公司5家。

服务大局 疫情防控。2020年,深入贯彻落实党中央、国务院以及自治区有关疫情防控工作部署和要求,牢牢守住不发生聚集性疫情底线。坚持主业主责,统筹各方力量全力做好供电服务保障工作。全区防疫重点保供电用户548户均供电正常。以超常规速度完成各级定点收治医院供电工程建设,有效保障了全区社会生产生活秩序恢复。落实“六稳”“六保”工作要求,通过执行阶段性降电价政策、复工复产用电数据精准“画像”“一企一策”靠前服务等举措,助力全区企业复产率最高达111%。

改革发展。2020年,广西电网公司与广西农村投资集团签订资产重组协议并完成资产交割,新电力集团正式实体化运作。全力推进新电力集团管理融合,建立健全党的领导体制机制,快速搭建起与南方电网管理接轨、全线贯通的基本运营框架,形成“十四五”长远发展的规划路径;生产、安监、调度、信息等四个专业延伸到位,电力事故事件数大幅下降65%,安全生产稳中向好;县域110kV变电站全覆盖,更新换代近1/3的配电变压器,客户平均停电时间下降22%,供电能力显著增强;售电量同比增长超12%,新电力集团合并口径及所辖县级供电企业无一亏损,重组带入近96亿元的对外担保基本完成清理,经营指标大幅提升。同时,广西电网公司与百色市政府签订《广西电网与百色地方电网合作框架协议》,推进百色统一220kV输电网合作;以控股方式与中国有色集团(广西)平桂飞碟股份有限公司合作组建广西电网贺州新供电有限责任公司,共同推进重组贺州市平桂电力售电有限公司电网资产。

扶贫工作。编制《公司脱贫攻坚挂牌督战工作方案》《公司脱贫攻坚挂牌督战工作手册》,组织15个贫困县所在单位制定督战行动方案。完成2020年319个定点扶贫捐赠项目2924.57万元资金任务,计划脱贫的21个帮扶点7322人全部脱贫摘帽。承接南方电网公司定点扶贫任务的东兰县及自治区各级党委政府下达的208个定点帮扶村136883人全部脱贫摘帽,其中东兰县累计脱贫18368户71636人,贫困发生率由2015年的23.7%逐年下降,直至2020年“归零”。广西电网公司系统定点帮扶的34个第一书记村全部超过自治区5万元标准,其中东兰县坡索村超过50万元、融安县安宁村超过21万元。广西电网公司定点扶贫工作连续四年获自治区总体评价最高等级“好”,电力行业扶贫连续两年在自治区评价中获最高等级“好”。

电网发展 电网建设。2020年累计完成基建投资151.2亿元。紧跟国家及广西壮族自治区发展战略布局,推动500kV白鹭输变电工程等重点项目纳入国家规划。深度参与广西壮族自治区“五网”建设大会战,建成投产大藤峡水电站送出工程等98项主网项目、2万余项农配网项目。完成南宁、柳州、东兰智能电网示范区建设,其中东兰农村智能电网“标杆项目”获南方电网公司推广并在博鳌国际论坛展示分享。高效完成各项属地协调配合工作,助力昆柳龙直流工程提前建成投产。全年投产35kV及以上线路1510.05km,新增35kV及以上变电容量432.83万kVA。220kV碧竹变电站工程、220kV七彩变电站工程等2项工程荣获“中国安装工程优质奖”;金陵500kV送出线路工程、220kV碧竹变电站工程、220kV七彩变电站工程等3项工程荣获“中国电力优质工程奖”。

电网规划。2020年完成固定资产投资171.27亿元。按照南网公司“1+3+5”智能电网规划体系,开展广西“十四五”智能电网发展规划。同步开展广西全面对接粤港澳大湾区、广西自贸区智能电网规划、服务广西实施“强首府”战略智能电网规划以及对接西部陆海新通道电力发展规划等研究,将相关电网项目纳入电网规划。2020年末,广西境内500kV系统实现所有地级市全覆盖,220kV系统形成以环网和链式结构为主的骨干网络结构,县域拥有多座110kV及以上变电站覆盖供电,有效缩短35kV、10kV线路供电半径,全面完成脱贫攻坚和抵边村寨供电保障能力建设,农村地区供电可靠率和电压质量持续提升,促进城乡供电服务均等化水平显著提升。统筹推进智能电网示范项目建设,南宁五象新区总部基地建成全户内化,“主干配+智能分布式”高可靠配电网,理论停电时间小于5min。柳州智能电网建成北部生态新区高可靠配电网、河西综合能源充电站(一期)等22个智能电网项目,率先使用广西“八桂充”省级电动汽车充电服务平台,打造便捷的

“30min 充电圈”。以东兰为样板推进农村智能电网“标杆项目”建设，抓好网架完善、电网向智能化转型、数字电网建设、管理提升 4 大任务。

供应链管理。全年完成物资采购金额 77.5 亿元，同比增加 53%，省级采购集中度 99.62%。完成 466 个主设备监造工作，到货抽检 3161 件。完成供应商文件评审 299 家次，现场核实 226 家次，对 96 家供应商失信行为共计扣分 281.8 分。民营企业 76.36 亿元货款、南网商城将近 60 天到期货款 3.04 亿元应付尽付。广西电网公司首个省级物资临时仓库投运，全年省级集中储备物资供应金额约 10 亿元。组织再利用闲置物资 2.2 亿元，处置报废电力物资 8831 万元，拍卖成交金额 6205 万元，超过评估价 85%。处置废旧蓄电池 169t、废油 25t。建成 14 个供电局“1+N”封闭评标场所。电网管理平台（智慧供应链）物资智能调配平台上线运行，应急物资的调配效率提升 52.5%。开展招投标领域廉洁风险专项治理，以“四联一惩”的管控模式（联责、联管、联防、联育、严惩），形成“四网一剑”的管控体系（责任网、管理网、防御网、据点网、严惩利剑）。柳州供电局仓储配送班获南方电网公司“五星班站所”称号。

节能减排。合并口径线损率完成 4.87%，同比下降 0.35 个百分点。企业能耗水平：万元产值综合能耗完成 0.116t 标准煤/万元，比年计划降低 0.005t 标准煤/万元。非化石能源电量占比：非化石能源电量占比 49.67%，同比上升 0.91 个百分点，比年度计划（44.5%）提高 5.26 个百分点。需求侧节约电量电力：完成节约电量 4.13 亿 kWh，节约电力 9.49 万 kW，分别完成年度“两个千分之三”考核目标 113% 和 130%。开展清洁能源消纳专项行动，有序落实七大类 28 项具体措施。建成投产金中直流配套 500kV 交流送出工程、大藤峡水电站 220kV 送出工程等一批输变电工程。2020 年，全区非化石能源装机 3041 万 kW，比 2015 年增长 54.6%；非化石能源装机占比 58.3%，比“十三五”初期提高 2.13 个百分点。连续 3 年实现“零弃水、零弃风、零弃光”。2020 年，清洁能源发电量 972.6 亿 kWh，实现替代标准煤约 3171 万 t，减少二氧化碳排放约 8434 万 t。全面完成钦州电厂、富川电厂、防城港电厂共 19 台火电机组超低排放改造，统调机组煤耗在线监测覆盖率达到 100%，脱硫监测接入完成率 100%。2020 年，全区统调机组脱硫装置平均脱硫效率 94.94%，减少向大气排放二氧化硫约 53.4 万 t；脱硝装置平均脱硝效率 82.12%，减少向大气排放氮氧化物约 6.5 万 t。推动广西信发铝电、锦盛化工燃煤自备电厂停机转用主网电，全年完成电能替代项目 1457 个，替代电量约 26 亿 kWh，实现节约 80.6 万 t 标准煤，减排二氧化碳 224.1 万 t。

安全生产 电网安全。2020 年，全年未发生有责任的Ⅲ级及以上电力安全事故事件，超前揭示、联动管控各类电网、设备风险，成功化解Ⅴ级及以上电网风险 307 项，确保主电网和“西电东送”大通道安全稳定。2020 年广西统调负荷 8 次创新高（最高 29497MW）、日电量 9 次创新高（最高 5.655 亿 kWh），各部门积极联动，内外挖潜，多措并举，确保广西电网电力有序供应，满足广西复工复产后迅速攀升的电力需求。克服风电等新能源发电增长 74%、云电送桂汛期高度集中等困难，连续三年实现清洁能源全额消纳。

可靠供电。2020 年设备健康水平持续提升，生产技术管理总体平稳。综合电压合格率 99.611%，比 2019 年提高 0.049%；城镇居民端电压合格率 99.643%，比 2019 年提高 0.048%；农村居民端电压合格率为 99.115%，比 2019 年提高 0.429%。客户平均停电时间（低压）8.73h/户，同比降低 2.98h/户；客户平均停电时间（中压）11.57h/户，同比降低 1.38h/户。完成本体重大风险设备整改 91 台、主变压器 A 修 38 台，对 2063 台Ⅰ、Ⅱ级管控级别设备和 205 条段防范电网风险重点设备开展 50915 台（条）次特巡特维；排查整治对地安全距离不足等涉电公共安全隐患 3.37 万处；10kV 中压故障率同比下降 40%。

安全管理。2020 年没有发生一般及以上电力安全、设备事故，发生触电重伤一般人身事故 1 起，没有发生网络安全Ⅲ级及以上事件，连续 8 年没有发生Ⅰ类电气误操作事件。公司百万工时工伤意外率为 1.15 人次/百万工时，小于南方电网公司计划值 1.3 人次/百万工时。连续 4 年荣获自治区重点企业安全生产工作考核最高等级“优秀”。安风体系评级指标完成南方电网公司下达的年度目标值，同时已超过南方电网公司“十四五”规划（2025 年末）的规划值，连续 6 年保持南方电网公司西部第一。严肃查处各类违规行为 12886 起，累计对 14017 人次实施约谈提示、警示教育、脱产学习等处罚。在 2019 年完成 4 家地市供电局安全生产巡查基础上，完成了其余 10 家地市供电局安全生产巡查，对 512 名各级领导人员开展了履职到位评价，对 340 人次提出问责建议，安全生产巡查实现 14 个地市供电局全覆盖。发布了 28 个专业“保命”培训评价标准和课件，培养 22 个专业 495 人骨干师资，广西电网公司系统 3.85 万人次参评并实现人人过关，连续 4 年把“人人过关”保命技能培评作为员工上岗前置条件，违反基本、直接保命措施实施“一票否决”。组建省地两级应急专家队伍 596 人和应急特勤队伍 369 人并入册制度化管理。

成功应对4次台风、13轮强降雨及5次寒潮天气袭击。连续17年实现中国—东盟博览会保供电万无一失，完成了全国两会、高考、国家领导人调研、第17届东博会等系列保供电任务662项，累计投入保供电人员86.5万人次、20.3万台次车辆、5976台次应急发电装备。

科技信息 科技创新。2020年新增科技项目220项，完成科技验收项目157项，科技项目投资2.32亿元，技术投入比例1.15%，累计有效专利拥有数2806项。获省部级及行业奖励46项，广西电网公司作为第一完成单位的成果“城市轨道交通供电系统能效提升关键技术研究及应用”获得2020年南网公司科技进步奖一等奖，是公司时隔3年再次获得科技进步一等奖。另外，获得中国机械工业科学技术奖2项、中国电力创新奖3项、中国能源创新奖2项、自治区科学技术奖3项、全国电力职工技术创新奖9项、南方电网公司创新奖27项，完成11项专利的科技成果转化。

信息管理。2020年未发生Ⅲ级及以上网络安全事件，首次作为南网靶标单位迎战“护网2020”网络攻防演习，取得“零失分”。年度信息化投资3.53亿元，同比增长23.86%，投资计划完成率102.5%。完成智慧财务、智慧供应链（智能调配）试点建设及互联网客户服务平台部署，实现业务应用上云；建成云大物移智链等数字技术平台，夯实数字化转型技术底座。南方电网公司系统内建成首个覆盖全电压等级的数字孪生电网平台，实现生产、营销、调度数据集成共享，形成全电网“一套拓扑、一套台账、一套实时数据”。打通与政府政务服务平台的数据服务渠道，实现全区全部办电业务在政务平台线上化，实现自动获取营业执照、电子签章、身份信息、不动产等信息，实现证照信息实时共享。国内首创小微企业办电“无证办理”、居民客户“无感过户”，南宁供电局实现全国首例二手房转移登记、用电更名过户“零资料”“零审核”同步办理，为国内领先。

营销服务 市场营销。2020年售电量1614.2亿kWh，同比增长7.2%，其中区内售电量1518亿kWh，同比增长7.7%。新电力集团和14个地市供电局售电量均呈正增长，4个地市供电局增速达到两位数。牢牢稳住了公司发展经营基本盘。全年组织开展94批次市场化交易，成交直接交易电量740.4亿kWh，降低用户购电成本76.6亿元。拓展区外售电市场，广西扶贫电送广东累计30亿kWh。落实预购电及划小交费周期制度，执行率达99.58%。费控业务比例达50.23%，当年电费回收率100%，连续三年结零。

客户全方位服务。2020年，广西电网公司公共行业满意度测评92.48分，连续八年获公共行业满意度测评第一名。为客户降低用电成本超140亿元，业扩延伸减少用户接电成本近10亿元，居民、小微企业、10kV高压单电源用户平均办电时间南方电网公司最少（分别为1.2个、1.74个工作日和23天）。全面完成广西壮族自治区“获得电力”百日攻坚目标、攻坚突破年目标任务，“获得电力”指标进入全国先进行列。大力推行“互联网+”电力服务，打通政务信息共享通道，“点亮八桂”功能模块进驻“爱广西”App，22项业务线上办电功能覆盖全区用户，费控客户电量比例超50%，远程业务比例超99%，互联网活跃度排名南方电网公司第一。

经营管理 财务管理。2020年，广西电网公司千方百计克服疫情影响，在国家阶段性降电价和弥补新电力经营欠账的双压之下，完成营业收入791.7亿元，资产总额突破1300亿元，资产负债率控制在72.6%以内，全面完成南方电网公司下达的考核目标。认真落实“六稳”“六保”工作要求，全年累计降低企业用电成本16.84亿元，惠及用电客户150万户；坚持过“紧日子”要求不放松，有保有压优化成本安排，可控供电成本完成南方电网公司要求的同比下降5%目标，单位供电成本同比下降8.73元/kWh，万元固定资产运维费同比减少40.2元/万元，五项费用实现总额和人均水平“双下降”（其中总额同比下降13.1%，人均水平同比下降7.6%）；多措并举牢牢守住新电力集团不亏损底线，下属县级供电企业全部盈利（2019年6家子公司亏损）；持续降低资金成本，通过置换高利率存量贷款、降低新增贷款利率、统一并降低银行代扣电费收费标准等举措实现资金运作效益超3亿元；扎实开展资金安全专项检查和资金安全管理隐患大排查大整治专项行动，进一步筑牢资金安全防线；“两金”余额完成南方电网公司压降目标，三年以上应收款项余额较2017年底下降72.40%；无分歧民营企业、中小企业到期款项实现“零拖欠”。

审计管理。2020年累计完成审计项目94项和30599个工程项目的竣工决算审计，连续3年开展“审计发现常见问题专项治理行动”。审计标准化建设持续推进，基本形成“管理制度+业务指导书+现场作业指引”审计标准化体系，审计效能充分发挥，促进增收节支1.33亿元。大数审计应用取得新突破，完成“基于财务数据的在线审计模型应用研究”“营销域审计分析模型应用研究”等2个审计科技项目的研究和应用，实现在线审计应用对经济责任审计项目、营销类专项审计项目覆盖率均达100%。广西电网公司审计领域荣获广西壮族自治区内部审计工作成绩突出集体、广西内部审计师协会优秀论文组织奖、全国内部审计先进工作者、自治区内部审计工作成绩突出个人等内外部各级表彰共 89 项（国家及省级荣誉占比 45%）。

企业管理。2020 年公司综合标杆预计得分 68.12 分，同比提高 4.25 分，进一步夯实“国内平均”水平基础。2020 年，下达管理创新项目 7 个，管理咨询项目 50 个，获得南方电网 2020 年管理创新成果二等奖 1 项目，优秀奖 4 项。制定《公司授权体系管理规定》，为系统推进授权体系建设提供制度保障。印发《公司治理主体权责清单和授权清单》，明确公司党委权责 83 项、董事会权责 37 项、经理层权责 23 项、董事会授权事项 17 项。印发《公司本部权责清单和授权放权清单》，选取公司法规部、人资部作为南方电网公司授权到岗试点，优化删减审查节点 76 个，降幅达 64%，行权效率切实提升。印发《公司制度简明化专项工作实施方案》，编制《公司制度图谱》，将公司原有制度数量压减 54%。对照巡视整改涉及的 36 份制度，组织对 8 家基层单位开展制度执行现场检查，编制调研报告以及日常监督“两单两表”，强化制度执行成效。

法治工作。公司法治央企建设高质量通过南方电网公司验收，连续七次蝉联全国普法先进单位。依法维权成效显著，5 起重大案件均胜诉，办结案件 339 宗，挽回损失 10.94 亿元。印发《公司电力设施外力破坏行为行政、刑事责任追究工作指引》等 4 份办案指引，成功推动司法、行政机关追究外力破坏行为人刑事、行政责任 39 宗。推动成立全国首家进驻自贸区、服务东盟的南宁电力行业人民调解委员会，通过人民调解机制成功化解涉电纠纷 236 起。印发《领导干部主要合规底线事项清单》及手册，明确领导人员主要合规义务 70 项。连续四年开展“依法治安”暨合规法治巡回宣讲 38 场，3.8 万员工接受教育。深入开展内控体系建设“六个一”行动，组织对 11 家基层单位进行内控监督现场评价。

产业发展。2020 年度改革后企业瘦身健体工作累计压减企业 39 家，累计关闭超法人层级企业 7 家，管理层级、法人层级实现严控在三级以内，全面超额完成南方电网公司下达年度改革任务，同时指导能汇集团努力克服疫情影响和累计压减 38%以上企业的困难，全面兑现年度生产经营目标，确保安全、队伍、经营稳定。完成厂办大集体企业职工的 100%安置，累计关闭注销企业 8 户。加快新型业务布局，上线“电力贷”“企业电力信用报告”等增值服务，成立广西电动汽车公司，运营充电桩接近 4000 个。进一步丰富电力市场交易品种、扩大交易规模，全年结算电量、单月交易电量均创历史新高。

党群宣传 党建工作。巩固深化“不忘初心、牢记使命”主题教育成果，不断健全学习机制，抓实第一议题，推动党的创新理论进班子、进部门、近基层、进班组。实施“强堡垒 创一流”党支部建设三年规划，构建深度融合重点指标库、先锋榜、专项奖励考评机制，推动党支部建设全面提质。开展五星班站所和五星党支部“双星联创”，推动形成大抓支部、大抓基层的良好态势。坚持正确选人用人导向，调整充实公司党委管理干部 185 人。健全干部“选育管用”工作体系和人才发展机制，三级供电企业均配备“80 后”班子成员。创新开展优秀干部人才“三级四进”递进式培养，近 500 人到攻坚一线、吃劲岗位磨炼。出台 10 项措施加强班站所长队伍建设，完成 45 家三、四级单位年度“一报告两评议”工作，选人用人“好率”、新提拔干部“认同率”分别为 97.2% 和 95.7%。

宣传工作。开展疫情防控、“六稳”“六保”、新电力一周年、农网升级改造、重大保供电、脱贫攻坚等 15 类主题宣传，广西电网公司全年累计在人民日报、新华社（通稿）、中央电视台三大媒体发稿 112 篇，在自治区及以上主流媒体发稿 8316 篇次。编制《公司企业文化建设方案（2020 年版）》，7 个单位和 3 个班组获评南方电网公司企业（专业）文化示范单位和班组文化示范点，企业文化示范单位排名第一，获评数量为南网最多。组成 10 个工作团队深入新电力所辖 40 个县级供电企业开展“知行文化宣讲”面对面，培训员工 1.7 万人，实现南网文化精讲全员覆盖。编发《公司品牌建设 2020 年行动计划》及广西电网公司 2019 年度社会责任实践报告，完成公司品牌建设“十四五”规划。广西电网公司系统新增“全国文明单位”2 家，新增“自治区文明单位”17 家。

党风廉政建设。重点聚焦疫情防控、复工复产开展常态监督，检查发现问题 210 个、问责处理 58 人。聚焦脱贫攻坚开展专项监督，发现问题 175 项并推动整改到位。建立纪委委员工作联系机制，促进纪委委员履职尽责。建立支部日常监督网络，逐级聘任部门、班组廉政监督员。大力纠治“四风”，查处违反中央八项规定精神案件 6 起，通报形式主义、官僚主义典型案例 4 起。大力整治基层及群众身边不正之风和腐败问题，出台“扫雷”行动一图一表，深入推进“3+联动”扫雷，新扫出“雷”121 个，处分 28 人，挽回经济损失 1113 万元。深化纪检体制改革。制定《公司派驻监督工作管理规定（试行）》，理顺公司纪委、派驻纪检组、驻在单位党委管理职责界面，建立 7 项工作机制。制定《关于加强公司机关纪委建设的实施意见》，强化机关纪委建设。制定新电力集团与地市供电局纪检、巡察协同管理实施细则，推动“一张网”加速融合。出台《公司加强职工持股改革后企业纪检工作的实施细则》，完成职工持股改革后企业管理的“1+7”管理制度修订。选送9名纪检干部到中国纪检监察学院学习，举办首届纪检业务竞赛。推动中央巡视常态化整改与南方电网专项巡视全面整改、两轮督查整改系统联动，整改措施完成率达99.1%。完成8家党组织常规巡察、15家党组织脱贫攻坚专项巡察“回头看”，首次组织地市供电局与新电力集团开展联合巡察，公司系统共巡查157个党组织、发现2929个问题、移交问题线索75条。通过巡察整改共修订完善353个规范性文件，运用巡察成果问责追责55人，清退违规金额1124.07万元，巡察利剑作用更加彰显。

工会工作。深化“南方电网配电专业工作室联盟”建设，工作室数量增加到88家。创建劳模（技术能手）创新工作室147个，其中全国示范性劳模和工匠人才创新工作室1个、自治区劳模和工匠人才创新工作室3个、南方电网公司星级工作室50个；认定创客空间34个。承办南方电网公司职工创新成果现场推广交流活动，职工创新成果获南方电网公司金奖7项、银奖6项、铜奖13个、最具推广价值奖12项。1人获2020年“广西工匠”、3人获2020年度“南网创客”称号，6人获南方电网公司技术能手称号。全年组织开展调度自动化、网络安全、党建等13项技能竞赛，变电运行规范化管理、计量设备管理提升、乡镇供电所安全生产等6项劳动竞赛。组织参加南方电网公司6项技能竞赛，全部获团体三等及以上奖项（一等奖3个）、个人三等及以上奖项28人（一等奖6人）。组织参加全国网络与信息安全管理职业技能大赛广西竞赛获团体一等奖及6项个人奖，参加广西电力行业送配电线路职业技能竞赛团体一、二、三等奖所有奖项，12人包揽个人一、二、三等奖。组织开展“万家灯火 脱贫有我”系列文化活动和企业文化理念微电影创作大赛，遴选优秀作品参加南方电网比赛，获金奖4项、银奖6项。推动职工摄影、书法等21个文化工作室提质升级，3个工作室获评南方电网职工文化工作室示范点。持续开展系列关爱活动，发放98.8万元帮扶困难职工559人次。常态开展“夏送清凉”、“冬送温暖”，发放818.8万元慰问资金，惠及职工2.3万人次。组织对奋战在疫情防控工作一线的值班人员、后勤保障人员等约1.57万人开展慰问，共发放慰问金和慰问物资价值108万余元。92个集体和个人荣获公司及以上表彰，其中2人荣获全国劳模，23人荣获广西劳模，4人荣获南网劳模，劳模人数在自治区各行业、南方电网系统各单位排名前列。

共青团工作。组织“绽放战疫青春·坚定制度自信”教育实践，实施“青年大学习”行动，开展“争做黄文秀式好青年”等主题团日活动100余场。指导新电力集团对所属40家县级企业团组织实现垂直管理。组织第二届青创赛“保人身、优服务”专题活动、“优化电力营商环境”青年辩论赛，“除隐患、筑防线，青年先行”安全月系列活动。发布“萃智”计划、创新创意等8个成果。组织青年志愿服务，实施助力企业复工复产专项行动、开展“致青春·为家国”青年文明号服务月、青年志愿者脱贫攻坚集中行动日等活动。2020年，广西电网公司青年集体或个人获省部级及以上荣誉46项。

扶贫工作。编制《公司脱贫攻坚挂牌督战工作方案》《公司脱贫攻坚挂牌督战工作手册》，组织15个贫困县所在单位制定督战行动方案。完成2020年319个定点扶贫捐赠项目2924.57万元资金任务，计划脱贫的21个帮扶点7322人全部脱贫摘帽。承接南方电网公司定点扶贫任务的东兰县及自治区各级党委政府下达的208个定点帮扶村136883人全部脱贫摘帽，其中东兰县累计脱贫18368户71636人，贫困发生率由2015年的23.7%逐年下降至2020年“归零”。广西电网公司系统定点帮扶的34个第一书记村全部超过自治区5万元标准，其中东兰县坡索村超过50万元、融安县安宁村超过18万元。广西电网公司定点扶贫工作连续三年获自治区总体评价最高等级“好”，电力行业扶贫在全区首次评价中获最高等级“好”。

主要事件

6月5日，广西农村投资集团与广西电网公司正式进行资产交割，广西新电力投资集团有限责任公司步入实体化运作。

7月16日，广西电网贺州新供电有限责任公司正式成立，标志着贺州地方电网与主电网融合发展取得关键进展。

10月20日，广西电力交易中心正式在北京产权交易所公开挂牌，以增资方式实施股份制改造，成为南方区域首个挂牌的省级电力交易机构，为国家规定期限内完成交易机构股改迈出了关键一步。

11月20日，广西54个贫困县全部退出贫困县序列。截至2020年底，广西全面实现供电区域内农户100%通生活用电，14658个行政村、174714个自然屯100%通动力电，助力广西打赢脱贫攻坚战。

11月30日，广西电网公司充分运用云大物移智技术，打造“智慧保电”全景模式，完成第十七届中国—东盟博览会、中国—东盟商务与投资峰会保供电任务。

12月17日，广西电网统调负荷、日电量双创历史新高，广西电网公司全力保障电力有序供应，2020年超额完成售电量目标。

2020年，广西电网公司连续三年电费100%回收，连续六年保持南网五省区首位。

2020年，广西电网公司高质高效建设智能电网，智能化、企业数字化发展驶入快车道。

2020年，广西电网公司因地制宜制定“一地一策”移交策略，单位（部门）主要负责人“挂牌督战”分片包干，提前3个月实现1.8万多人的协议签订完成率、人事档案移交完成率、党组织关系划转完成率“三个100%”。

（秦诗琼　叶长鑫）

【云南电网有限责任公司】

公司概况　云南电网有限责任公司（简称云南电网公司）是云南省域电网运营和交易主体，是云南省实施“西电东送”“云电外送”和培育电力支柱产业的重要企业。前身是1950年7月，国家成立的云南省电力工业局。1993年，成立云南省电力公司，与云南省电力工业局实行两块牌子、一套人马管理。1998年10月，云南省电力公司改制为云南电力集团有限公司，成为国家电力公司子公司。2002年12月，国家进行电力体制改革，云南电力集团有限公司成为南方电网公司全资子公司。2004年11月，云南电力集团有限公司更名为云南电网公司。2014年9月，云南电网公司更名为云南电网有限责任公司。截至2020年底，云南电网公司员工总数6.22万人，拥有110kV及以上电压等级变电站720座、输电线路5.86万km。全省发电装机（含向家坝）10340.28万kW，其中以水电为主的清洁能源装机8829.45万kW（水电7556.17万kW、风电880.64万kW、光伏392.65万kW），占比85.39%；火电1510.83万kW，占比14.61%。

2020年，完成固定资产投资146.66亿元；实现营业收入922.42亿元，同比增长2.3%；实现净利润3.43亿元、经济增加值－3.52亿元。截至2020年底，云南电网公司资产总额达到1319亿元，资产负债率71.63%。

2020年，云南电网公司完成售电量2775.75亿kWh，同比增长2.83%。其中，省内售电量1687.25亿kWh，同比增长14.22%；西电东送电量1062.72亿kWh，同比减少11.19%；对国外送电25.78亿kWh，同比增长0.71%。云南省西电东送电量1457.94亿kWh，同比增长0.43%。

领导班子

党委书记、董事长：甘霖（法定代表人）

党委副书记、董事、总经理：刘静萍

党委副书记、工会主席：江北（2020年12月职务调整）

董事、总会计师：孙宏兵

党委委员、董事、副总经理：高孟平

董事、副总经理：张虹（2020年12月职务调整）

党委委员、董事、副总经理：郑龙（2020年8月任职）

党委委员、董事、纪委书记：邱国峰（2020年7月任职）

董事、副总经理：李瑞锋（2020年12月任职）

组织机构　云南电网公司管辖单位153家。本部设办公室（与党委办公室、董事会办公室合署）、规划发展部（与扶贫工作领导小组办公室合署）、人事部、人力资源部、计划与财务部、企业管理部（与全面深化改革办公室合署）、生产技术部、市场营销部、基建部、新兴业务部、供应链管理部、系统运行部（与云南电力调度控制中心合署）、科技创新与数字化部、安全监管部（与应急指挥中心合署）、审计部（与监事会办公室合署）、法规部、党建工作部（与企业文化部、机关党委办公室合署）、监督部（与纪委办公室合署）、巡察办公室、工会办公室20个部门；设云南电力调度控制中心（与系统运行部合署）、电网规划建设研究中心（云南电网改革发展研究中心）、云南省公安厅防范和打击涉电违法犯罪中心（保卫处）、综合服务中心（离退休服务中心）、新闻中心、社保（年金）中心、财务共享服务中心（云南电网资产运营监控中心）、生产运营监控中心、电力客户服务中心、计量中心、审计中心、法治与合规共享中心12个直属机构；设节约用电服务中心、派驻纪检组2个挂靠机构。设有三级单位31家（供电单位18家），四级单位122家（供电单位114家）。

落实中央决策部署　三大攻坚战。有效应对昆柳龙、禄高肇两大三端直流投运、新能源渗透率持续攀升、绿色铝硅产业集中落点电网薄弱地区等电网风险，连续24年确保大电网安全稳定运行，全年未发生被南方电网公司考核的责任事故事件。发挥资源优化配置平台作用，促进清洁能源消纳，统调水能利用率达99.1%，弃风率仅0.63%，弃光率仅0.54%，非化石能源发电量占比达到89.4%，国家清洁能源消纳专项行动目标全面完成。服务脱贫攻坚及乡村振兴，“三区三州”和抵边村寨农网改造升级全面完成，维西农村智能配电网示范县按期建成，贫困地区“两率一户”达到国家要求，城乡用电差距不断缩小。派驻村扶贫干部251人，挂钩帮扶的1县216村14万余人如期脱贫，助力云南省全面打赢脱贫攻坚战。云南电网公司连续3年获云南省扶贫考核最高等级“好”。

疫情防控。一手抓疫情防控、一手抓复工复产用电服务，确保云南电网公司系统队伍稳定、生产经营秩序正常。按照“一户一策”原则，保障了476个医疗机构、79个防疫指挥机构、54个医疗物资生产企业等重要场所可靠供电。落实“六稳”“六保”要求，采取欠费不停电、执行疫情期间优惠电价政策等，降低企业用电成本 13 亿元，助力实体经济复工达产，带动主要行业开工率最高达 73.6%，为近 8 年最高水平。

各项改革。落实国家输配电价改革要求，从电网环节挖潜增效，2020 年核减输配电成本 31 亿元，第二监管周期输配电价水平稳中有降。坚决落实国家降低一般工商业电价政策，2020 年降低用户用电成本超 72 亿元，电价水平全国倒数第二。南方区域统一电力市场建设稳步推进，调频市场如期启动模拟试运行，交易机构股权结构优化调整按期完成。中长期市场更趋活跃高效，省内市场化率超过 63%，清洁能源交易电量占比 91%，均居全国首位，2020 年通过市场化交易为企业降成本 110 亿元。修订公司章程及议事决策规则，完善授权放权清单，建立规范高效的法人治理体系。完善子公司法人治理结构，实现子公司专职董监事配备全覆盖。依法合规完成 15 户厂办大集体改革，提前完成厂办大集体改革任务。

安全生产运行 主网安全。承接细化南方电网公司党组 35 号文，事故数与责任事件数同比实现双下降。落实 41 项防范系统运行九大风险重点工作，逐步化解地区电网一级事件及以上风险。聚焦云南局部电网薄弱、风险等级高的问题，制定提升地区电网安全稳定水平专项工作方案。建立检修方式下电网风险分级审核与管控体系，防控主网一级事件及以上电网风险 67 次，消除、降级检修方式下电网风险 17 项。做好昆柳龙、禄高肇两回三端直流风险管控，积极应对铝硅集中落地导致的电网风险。推动大用户参与系统调峰，组织签订可中断负荷承诺书，及时总结分享成功经验。严格落实新能源出力占比上限红线管理要求，全面推进新能源一次调频功能应用，开展新能源场站集群建模研究。

配网安全。统筹实施配网十大提升工程，从根本上夯实配网安全基础，实现人身“零事故”，赢得了安全生产翻身仗首阶段胜利。全面推行配网“两册”，作业视频监控系统及三级运监中心嵌入生产流程，配网组织机构进一步优化。投资重心逐步向配网转移，消除过载配电变压器 1.1 万台、改造低电压台区 1.3 万台。策划实施“六个一批”项目，中压线路可转供率提升到 56.44%。整治非标台变 5058 台，完成 126 回超 80km 配电线路治理，加装 11576 台配电自动化开关，自动化开关覆盖率达 62.37%。聚焦高故障线路治理，中压线路故障率同比降低 9%。建立配网计划停电全流程监控图，配网网络发令系统单轨运行，停复电计划执行准确率得到提升。

设备安全。以资产全生命周期管理为主线，编制主网设备运行方案。提前一年完成全部在运 36 支 500kV 主变压器 GOE 套管更换，及时消除永富直流 8 项设备隐患。以问题为导向，梳理出 1435 项 35kV 及以上变电站失压风险及 782 台拒动风险较高的断路器。专题分析 6 类输电线路跳闸前 10 名线路存在的问题，110kV 及以上输电线路跳闸次数连续四年下降，2020 年比 2019 年下降 6.22%。集中资源扎实做好中重冰区重要、关键线路和厂站设备运维工作，发布 11 期防范森林火灾重点线路清单，成功应对全年冰火灾害考验。

人身安全。修编印发 4 份作业管理标准，全面推广应用班组作业饱和度分析工具，作业计划管理意识明显增强，作业管控人员履职能力明显提升，体外循环和“三超”作业数量得到有力遏制。搭建作业视频监督系统，严格落实 3 个 100%，基层自发、主动暴露违章的局面基本形成，大量违章在一线班组得到自行纠正。基于最大安全约束条件，精简作业流程及表单，减少现场作业文件 128 份。全面完成“保命”教育轮训工作，调考总体合格率 90.04%，基本实现人人过关。

安全基础管理。建立“1＋2＋6”方案体系，开展安全生产专项整治三年行动。量化个人履职指标及单位状态指标，完成 7 家地市级单位安全生产巡查工作，建立巡查责任追溯及根本原因分析实用化工具，实现安全生产巡查与审核结果应用深度融合。成立资产全生命周期管理委员会、技术监督及技术标准化领导小组，建立包含 14 个专业，覆盖资产全生命周期管理各环节的技术监督专家团队，强化管理协同、技术监督，规范开展资产全生命周期管理。

应急管理。与云南省林业和草原局签订战略合作协议，与云南省气象局协作实现气象数据实时对接，持续巩固自然灾害政企联动机制。成功应对山火、雨雪冰冻、昭通地震、怒江泥石流等自然灾害侵袭。完成国家领导人考察、全国两会政治保供电，在公安部“护网 2020”行动中实现“零失分”。

电网发展 规划研究。完成《公司“十四五”发展规划》总报告及配套“1＋5＋10”相关专项、职能规划初稿编制。印发《公司“四类项目”重点工作安排》，推进公司层级 18 项“四类项目”实施。完成“十四五”智能电网规划编制，有序推进昆明、玉溪、维西等 5 个智能电网综合示范项目。开展《“十四五”电力工业规划》《云南远景目标网架规划》《新时代下云南电力需求发展及负荷特性研究》《云南绿色电源发展战略及电源结构优化研究》等 7 个支撑专题研究，形成全省 500kV、220kV 布点及网架方案。成立“一带一路”及周边电网互联互通建设工作领导小组，完成云南电网对中老、中越联网适应性研究规划专题，提出中老联网省内配套加强方案场景分析和规划方案。

电网建设。落实国家稳投资部署，2020年完成电网投资146.66亿元，持续优化主网、做强配网，有效提升电网装备水平和供电能力。配合超高压输电公司提前半年建成世界首个特高压柔性直流工程—乌东德电站送电广东广西特高压多端柔性直流示范工程，促进云南省西电东送能力提升至4215万kW，居全国首位。投产16项防范电网风险重点工程，连续24年确保了大电网安全稳定运行。策划实施“六个一批”重点工程577项，投产503项，消除过载配电变压器1.1万台、改造低电压台区1.3万台，着力解决配网线路供电半径过长、故障率高、自动化水平低等问题。

重点工程建设。220kV登科、傣乡变电站等8项防范电网风险工程按期投运，地区电网抗风险保供应能力有力增强。完成鹤庆其亚、昭通海鑫一期、文山马塘、富宁神火等铝硅项目电网配套建设任务，建成产能用电需求基本得到满足。完成乌东德送端交流配套三个阶段“19线1变”建设攻坚任务，建设团队获评云南省国资委2020“最美云岭国企人”集体奖、南方电网公司2020年五一劳动奖状、抗疫复工先进团队等称号。500kV庄乔、永昌2项工程获评中国电力优质工程奖、中国安装优质工程奖。15项电网工程获得南网优质工程奖。

供应链管理。加大品控投入，品控品类覆盖度、供应商覆盖度连续5年达100%。开展异地评标、合同电子签章及数字远程品控工作，物资合同签订平均耗时9天，为南网五省区最短。务实抓好库存物资账账、账实相符一致性核查工作，摸清存量物资家底。建成危险废物临时贮存仓，有效解决危险废物运输处置不及时导致的问题。推广物资二维码管理及仓储移动应用，扫码出入库实现全品类覆盖。常态化开展闲置物资再利用，闲置物资再利用率连续3年居南网五省区第一。推动供应链数字化转型，智能无人值守急救包项目获评南方电网公司科技成果转化应用奖。

营销服务 电力营商环境。推行“三零三减两提升”举措，降低企业接电成本9.5亿元。全方位提升“获得电力”核心指标，2020年各类用户平均接电时长均优于国家和云南省标准。强化客户投诉风险预控管理，制定“红黄蓝”客户投诉风险预警、客户服务“红黑榜”和供电服务监督机制，指导投诉高发频发供电单位切实解决停电多、抢修慢、电压低等热点难点问题。依托云南省政府“一部手机办事通”等服务平台，持续提升互联网服务水平，互联网平台用户达608万户，互联网业务比例达99.04%，基本实现客户办电“一次都不跑”。智能交费推广成效显著，纳入低压智能交费业务用户超1242万户。2020年，云南电网公司客户平均停电时间（低压）16.88h，同比下降1.01h。第三方客户满意度82分，在南方五省区仅次于广东、深圳。

电力供应。确保电力供应平稳，云南省发售电量突破3000亿kWh，省内全社会用电量首次突破2000亿kWh。2020年市场化交易电量1278.3亿kWh，同比增长22.28%。做好各类电源协调优化调度，完成汛末火电厂300万t存煤和主力水电蓄水目标。加快推进电能替代，2020年完成电能替代项目3675个，新增电量35.33亿kWh，完成年度计划的107.06%。电力需求侧节约电量4.25亿kWh；节约电力10.07万kW，完成年度计划的158.08%。成立中长期合同“六签”工作专班，印发专项工作方案，明确按“六个同步”开展云南电力中长期合同签订，实现年末签约电量1248亿kWh，占前三年平均市场用电量920亿kWh的136%，占2021年预计市场化电量1300亿kWh的96%。

营销基础管理。印发40个线损异常处置典型案例，提升一线人员线损管理能力。按月分析通报线损异常指标，组织开展10家单位“穿透式”线损专项检查。处置线损异常线路2730条，线损异常台区约2万台。营销系统10kV线路和台区线损异常率分别为18.5%和16.24%，较年初分别降低18.2个和10.9个百分点。开展日常营销稽查，全年抽查样本93万个，发现问题76万项，督促完成整改57.2万项。推进计量一体化建设，理顺地、县、所计量管理职责界面，新成立县级供电单位计量运维班123个，推动班组整编满员。开展全省计量物资统一采购，实现地市间盈缺调配。优化营业柜台、营业人员和业务外委费用，减少实体营业厅297个，减少柜台外委费用3536万。推进计量自动化终端通信卡监控模块实用化，规范通信卡管理，节约通信费270.4万元。

经营管理 经营管理成效。防范疫情冲击等向经营领域蔓延，5月份扭转了连续亏损局面，10月份净利润由负转正。落实“过紧日子”举措，可控成本总规模下降5%，本部及直属机构下降10%。省内、省外、国外市场分别完成电量1687、1458、26亿kWh，均为“十三五”最高水平。增送西电东送电量292亿kWh，为南方电网稳住经营基本盘作出重要贡献。守住电费结算权和收费权，执行1298号文“零输配电价”电量较用户诉求大幅下降，第二监管周期核价结果好于预期。落实国家部委约谈整改要求，采取停电、法律诉讼等催缴云南铝业公司欠费，追回陈欠电费4.6亿元。用好贷款利率置换、保险理赔等工具，实现增利5亿元。抓实账账、账实一致性核查清理，闲置物资利用率99.85%，连续3年居南方电网首位。电网安全经济运行联席会议机制高效运转，购电成本有效降低。

新兴业务。编制国有新兴业务企业、改革后企业“十四五”发展规划，推动两类主体形成错位发展、优势互补、合作共赢发展格局。持续巩固市场化售电业务，代理用户1.8万余户、电量322亿kWh。全力盘活阳光高尔夫土地资源，避免土地收储，完成项目概念性规划方案初审。组建南网云南电动汽车公司，云南电网公司主业投资建设充电桩全部接入南网统一平台，充电基础设施建设、一体化平台运营等获各级政府认可。完成141座水电站统一集中管理，发挥专业优势及规模效益。抓实大理西电资金安全事件整改，构建“业务授权＋全面监督”相结合的管理模式，守牢改革后企业安全生产、依法经营、党风廉政三条底线。压减改革后企业法人户数55户，提前完成年度瘦身健体目标。改革后企业实现净利润3.2亿元，较预算目标增长4.7%。

依法治企。制定公司治理主体权责清单和授权清单，明确了公司本部治理主体权责33类178项。修订云南电网公司党委、董事会、经理层议事决策规则，初步构建规范高效法人治理体系。完善公司防范化解重大风险的体制、机制，有效管控十大风险领域30项重点风险。整合管理12项年度重大风险、18项内控缺陷以及29个合规问题，制定并全部闭环72项管控措施，重大风险可控、在控。推进制度简明化专项行动，管理制度、业务指导书分别压降6%、12%。组建公司内控合规与风险管理委员会，将101个公司制度、3个电力交易规则融入《内控管理手册》等6个体系文件。聚焦公司17个业务领域、397个业务事项和40个重要岗位提出1309项内控要求。启动依法维权专项行动，强化主业协同支撑，避免或挽回损失1.2亿元。建立合规复核“四类清单＋剩余风险清单”管控机制，确保重要经营决策活动依法合规。

科技信息　成立由董事长、总经理为组长的关键核心技术攻关团队，承担南方电网公司系统首个“国家战略性国际科技创新合作”重大专项项目，实施南方电网公司8个（占10%）关键核心技术攻关项目，28项科技和6项职工创新成果获省部级奖励，2个项目入选南方电网公司2020年高价值专利培育项目清单。获南方电网公司授牌成立“澜湄国家电力技术国际合作联合实验室”，成为电力与能源协会国内第三大会员单位。完善成果转化管理和激励机制，54项科技成果实现实用化、产品化，销售收入同比增加4.3倍。承接南方电网公司数字化转型和数字电网建设行动方案，完成南网云平台、人工智能平台、全域物联网平台和云化数据中心的云南分节点部署，初步建成云数一体数字化基础平台。围绕配网管理提升，系统推进“85537”工程，配网“两册”信息系统支撑率达91.2%，超过年初75%的目标。建设生产运营监控中心系统，开展作业现场和179项电网重要指标穿透式管理，促进现场作业规范化和专业管理持续提升。

人力资源管理　干部队伍。“老中青”结合优化干部队伍结构，三级干部平均年龄同比降低0.4岁，新提拔的三级干部中，“60后”7人、占4.8%，“70后”95人、占65.1%，“80后”44人、占30.1%，形成“以70后为主体、80后规模不断壮大、统筹兼顾60后”的合理结构。落实“百千人才去基层到西部”要求，选派30名干部到南方电网公司总部及东部地区挂职锻炼；启动“四个一批”交流锻炼，广泛开展基层与机关双向交流，交流人数超100人。加大年轻干部选拔力度，新提拔“80后”三级正干部2人、三级副干部42人、“90后”四级干部28人，超额完成南方电网公司“80后”三级副和“90后”四级干部指标。以“三项制度改革”为总牵引，创新开展标杆县区局动态管理，评选出标杆县区局27家，落实班子职级和员工薪酬激励，充分调动和激发县区局干部员工干事创业的内生动力。坚持有为才有位，对不胜任、不适宜的19名三级干部、61名四级干部进行“下”的处理，切实推进干部能上能下。

员工队伍。推进地县配网组织机构调整。按照“四个有利于”（有利于确保安全生产、有利于客户服务、有利于资源高效协同、有利于一线班组做实）原则推进地县配网机构优化工作，18家供电单位完成机构适应性调整。引导资源向一线倾斜、人员向一线流动，一线班组结构性缺员问题得到解决。加大公开选聘力度，做到适岗胜任、人岗适配。抓实技能人才（杰出技能人才、领军技能人才、拔尖技能人才）队伍和班站所长队伍等“关键少数”精准培养。2020年底，云南电网公司拥有省级及以上高层次人才86人，在聘技能专家2054人。

党群宣传　党建工作。创新编制和全面推行配网“两册”与支部“两册”（管理手册、业务手册），协同抓实安全“保命”十个规定动作与廉洁“保命”五个规定要求，推动党的建设与生产经营深度融合，使基层工作更加简单明了、规范高效，切实守牢“两条底线”（安全生产、党风廉政），确保“两个安全”（生产安全、政治安全）。全面实施“三感一力”（提升员工获得感、幸福感、安全感，激发内生动力）工作方案，建立基层员工思想定期调查、研究、反馈及问题整改闭环机制。召开4次现场推进会深入观摩交流，一体推进基层党支部建设和基层基础基本技能建设。全面推行“一所一支部”“一部一支部”，实现党的组织和工作全覆盖。组建410支党员突击队、134支党员服务队坚守疫情防控最前线，确保可靠供电。

在1800个党支部、1.4万党员中建立“党员责任区”，开展党员身边“三无”活动，助力打赢安全生产“翻身仗”。

宣传思想工作。持续推动学习贯彻习近平新时代中国特色社会主义思想走深走实。落实“第一议题”制度，第一时间学习领会习近平总书记重要讲话、重要指示批示精神，结合实际创造性抓好督促落实。坚持党员领导干部带头学，党员教育日常学，群众宣讲广泛学。通过“千百十”宣传骨干队伍，开展“理论面对面—千堂报告进基层”理论宣讲2450场。牢牢把握意识形态工作领导权，落实7个舆情领域61项重点预控措施，确保舆情态势平稳。印发《关于做好2020年“三感一力”各项工作的通知》，激发干部员工内生动力。连续三年组织公司系统原创歌曲、视频等系列活动，为基层员工搭建展示舞台。涌现出《空中舞者》《你的微笑》《万家灯火为我鼓掌》《我爱你，陌生人》《决战2号塔》等优秀作品，在学习强国、国务院国资委官网、人民视频、央视频等平台刊载，引起社会广泛热议，充分展现公司形象。

党风廉政建设。制定《深化公司全面监督体系“五项机制”指导意见》，进一步做实政治监督、强化日常监督。构建涵盖129个纪委、2455个支部的四级网格化监督体系，建立廉洁从业宣传学习、问题直报、及早约谈提醒等工作机制，打造员工和业务身边的“纪委”。深入推动“扫雷”收官战，挽回经济损失5000多万元。全年立案审查71件，给予党政纪处分90人。编制《典型案例汇编》，用好案件“活教材”。常态化做好中央巡视整改，完成中央巡视移交29件信访件办结工作，有具体时限的整改措施销号完成率99.5%。聚焦“四风”问题新表现新动向，明确正、负面清单，划出“红线”“底线”。力戒形式主义、官僚主义，梳理4方面11个整治重点，发现问题并督促整改。整治“文山会海”，发文同比下降21.37%，一线员工日均阅文数降至0.95份。推行“一线工作法”，2020年全年，云南电网公司领导班子成员深入基层调研36次，收集基层问题建议69条，制定整改措施142项。

工会共青团工作。实施“员工关爱提升工程”，以“加大困难员工帮扶、加强员工日常关爱、改善员工衣食住行条件”等12个方面40项举措为切入点，持续提升服务基层、服务员工的能力和水平。加大劳模工作室、职工创新工作室建设力度。新建公司级创新工作室86个，实现地市级供电单位全覆盖。10个集体和23名个人分别获南方电网公司五一劳动奖状、奖章、工人先锋号等荣誉称号。强化青年思想政治引领，深入学习习近平总书记五四寄语精神，开展“绽放战疫青春坚定制度自信”主题宣传教育实践活动。落实南方电网公司“青马工程”实施方案要求，构建公司青马“筑基、深根、示范、建功”四个子工程，选拔骨干组成“青年讲师团”开展宣讲，举办“青年学堂”暨知行青年微论坛。加强“青安岗”“青年突击队”“安全主题团日”等建设，引导团员青年发挥生力军作用。荣获“中国青年五四奖章”“全国五四红旗团委”“全国五四红旗团支部”等多项荣誉。

主要事件

4月9日，时任云南省委书记陈豪带队到云南电网公司调研，云南省常务副省长宗国英、省委秘书长刘慧晏等陪同调研。陈豪充分肯定了云南电网公司长期以来对云南发展作出的贡献，并明确表示云南省与南方电网是命运共同体，南方电网发展好了，云南才能发展好。标志着云南省高层领导对云南电网公司工作更加理解、肯定和支持，政企合作迈上了新台阶。

5月18日21时47分，云南省昭通市巧家县发生5.0级地震，震源深度8km。地震共造成云南电网2条10kV线路故障停运，62个台区停电，2936户客户用电受到影响，35kV及以上主网和西电东送大通道运行正常。经抢修，截至5月19日19时7分，昭通巧家“5·18”地震抢修复电任务全面完成，受地震影响的台区和用户全部恢复供电，恢复率100%。

6月16日，乌东德电站送端500kV交流配套工程现阶段10回500kV交流线路和1座500kV变电站全部按期投产，标志着“昆柳龙直流、云贵互联工程及其配套工程攻坚战”阶段性重要投产任务顺利完成。12月30日，由云南电网公司负责建设的乌东德电站送端500kV交流配套工程，共19线1变全部按期投产。

6月18日，云南电网西电东送累计电量突破10000亿kWh，达到10003亿kWh，约相当于10个三峡水电站的年发电量。云南电网有力服务国家战略，促进区域协调发展，相当于为东部地区节约标准煤5.2亿t，减少排放二氧化碳13.8亿t、二氧化硫1000万t。随着昆柳龙直流工程全部投产，云南省西电东送能力达到4215万kW，稳居全国首位。

9月24日，国家发展改革委、能源局分别约谈云南省发改委、云南省能源局、云南电网公司、昆明电力交易中心，要求对云铝公司大额欠费暴露出的问题开展整改。云南电网公司全面加强汇报沟通，对云南铝业公司采取法律诉讼、多轮次停电催收及实施预付费等措施，12月11日，成功追回云南铝业公司4.6亿元欠费，全面完成约谈整改各项任务，有力维护了公司合法权益。

10月20日，云南电网公司印发党支部工作“两册”（管理手册、业务手册）。依托配网“两册”、党支部“两册”，切实为基层减轻负担，使基层工作更加简单明了、规范高效，党支部建设和“三感一力”工作取得扎实成效。全年召开4次现场会深入观摩交流，一体推进基层党支部建设和基层基础基本技能建设等，促进党的建设与生产经营融合更加深入。

11月24日，随着乌东德右岸电厂9号机组投运，云南省电源装机突破1亿kW，达10073万kW，约相当于4.5个三峡电站装机容量，居全国第6位。云南省以水电为主的清洁能源装机占比达85%、发电量占比89.4%，达到国际一流水平。

12月8日，云南脱贫攻坚情况新闻发布会上宣布，云南省实现现行标准下农村贫困人口全部脱贫，88个贫困县全部脱贫摘帽、8502个贫困村全部出列。标志着云南电网公司对口帮扶的1县216村14万余人如期脱贫，未发生因电力原因影响脱贫摘帽的情况。

2020年，云南省全社会用电量首次突破2000亿kWh（达2020亿kWh），同比增长11.5%，增速稳居全国首位。云南电网公司认真落实“六稳”“六保”要求，采取欠费不停电、执行疫情期间优惠电价等举措，全面助力实体经济复工达产，促进云南主要行业开工率最高达73.6%，为近8年最高水平。

2020年，云南电网公司有效防控两大三端直流投运、新能源渗透率攀升、铝硅产业集中落点等电网风险，连续24年确保了大电网安全稳定运行。统筹实施配网十大提升工程，从根本上夯实配网安全基础，事故和事件数同比实现“双下降”，近7年首次实现人身“零事故”。创新推行配网“两册”与党支部“两册”，协同抓实安全“保命”十个规定动作与廉洁“保命”五个规定要求，有力守牢“两条底线”，确保“两个安全”。

（李瑞雪　魏　平）

【贵州电网有限责任公司】

公司概况　贵州电网有限责任公司（简称贵州电网公司）为中国南方电网有限责任公司的全资子公司，注册资本110.43亿元，负责贵州电网的统一规划、建设、管理和调度，经营中央在黔国有电网资产，承担着贵州省内电力供应和西电东送双重任务。供电范围覆盖贵州全省10个市州（含贵安新区），供电户数1690余万户。贵州电网已初步形成“三横一中心”500kV主网架，各市州实现500kV电网全覆盖、220kV电网环形或多回路主干供电，基本建成城市保底电网。现有“五交三直”通道与南方主网并联运行，黔电送粤能力达到1000万kW。

截至2020年底，贵州电网公司共有35kW及以上输电线路2934回、长度5.3万km，变电站1483座、主变压器2450台、主变压器容量11690万kVA；全网装机容量5514.5万kW。贵州电网公司2020年末用工总量42535人，其中劳动合同制用工38090人，占比89.55%；劳务派遣制用工1556人，占比3.65%；非全日制用工2889人，占比6.8%。全年完成售电量1744.4亿kWh，增长5.1%。其中，省内1237.6亿kWh，增长2.6%；黔电送粤500.8kWh，增长11.4%。全年完成固定资产投资91.9亿元。资产总额1030.1亿元，营业收入716.5亿元，资产负债率73.64%。

贵州电网公司先后荣获全国五一劳动奖状、全国文明单位、全国工人先锋号等荣誉，连续10年在地方政府组织的多行业客户满意度调查评价中排名第一。

领导班子

董事长、党委委员、书记：邓恩宏

董事、总经理、党委委员、副书记：郑之茂

董事、党委委员、副书记：时蕴伟

董事、副总经理、党委委员：杜鹏

董事、副总经理、党委委员：刘强

董事、党委委员、总会计师兼总法律顾问：颜朋

董事、党委委员、纪委书记：李毅

董事、副总经理、党委委员：李志强

董事、副总经理、党委委员，贵阳供电局党委书记：刘文涛

二级职员：何愈国

二级职员：晋晓越

二级职员：王玉萍

组织机构　贵州电网公司所属单位共有108家，其中全资子公司5家（均为地市级单位）、控股子公司1家（地市级单位）、分公司102家（地市级单位18家、县区级单位84家）。

电网规划与建设　电网规划。编写《贵州“十四五”电力工业发展研究报告》《贵州“十四五”输电网规划研究报告》《贵州“十四五”智能配电网规划研究报告》。精心组织、科学调度贵州保底电网建设工作，将保底电网项目推进工作分解落实到各单位，53项保底电网项目全面建成。积极推动“十四五”规划衔接工作，将盘州、仁义、铜仁西、毕节金海湖等500kV输变电项目正式上报国家能源局纳入国家“十四五”主网架规划。针对全网突破新安稳导则、重过载变电站、电网阻塞等137项隐患提出解决措施，督促22个在建项目及42个前期项目加快实施。大力督办“长期挂账”项目，全年投产项目20个，自主完成2019年投资后评价工作。

节能减排。制定清洁能源消纳专项行动方案，全年新增风光装机671万kW，风光基本实现全额消纳，超额完成非化石能源电量占比指标。线损管理不断优化，2020年所有分县局线损率完成情况均低于

7.50%；10kV及以下有损线损率4.99%，同比降低0.33个百分点。全面推进同期线损管理，基本实现所有地、县供电局电量数据均从系统采集。

扶贫工作。完成57.86亿元行业扶贫投资，提前3个月完成“9+3”县283个脱贫攻坚电网项目建设。对口帮扶的紫云县等124个定点帮扶点全部出列，12万结对帮扶困难群众全部脱贫。消费扶贫2195万元，超额完成任务。公益帮扶将扶贫与扶志、扶智相结合，发动248名电网职工捐赠10.2万元结对帮扶102个贫困学生。公司系统102个集体和个人受到各级党委政府表彰，其中，8名个人和2个党组织获得省部级表彰，贵州电网公司获党中央国务院“全国脱贫攻坚先进集体”荣誉称号。

电网建设。完成电网投资69.9亿元，完成小型基建投资3.2亿元。全年投产35kV及以上项目94项、投产10kV配网10190项。开工南方电网500kV习水输变电重点工程；220kV玉威Ⅱ回线路、220kV五里变电站等新能源消纳、保居民供电等重点工程按期投产；全面建成500kV深溪送出、220kV天兴线π香书塘等长期挂账项目。积极开展工程创优，贵阳500kV席官变电站工程、铜仁500kV碧江变电站工程获中国安装工程优质奖；500kV碧江变电站、220kV明湖变电站获中国电力优质工程奖；9个项目获南网优质工程奖。

供应链管理。率先在南方电网公司启动开评标工作，支撑脱贫攻坚电网建设、农网改造等项目的顺利推进。实现404个规格的扶贫产品在电子商城贵州专区上架、销售200余万元。贯彻落实《保障中小企业款项支付条例》，提前完成1218.97万元历史存量有分歧欠款清零。累计处置废铅酸蓄电池297.2t，有效防范危险废物的二次污染。2020年采购周期平均92天，同比减少12天。一次性采购成功率提高至92.08%，同比提升4%。2020年底全省库存存货1.47亿，完成国资委下达的2.15亿考核目标。

电网运行 2020年底，贵州电网输变电设备情况：500kV变电站19座（不含超高压公司青岩变电站、黎平变电站及独山变电站，含八河开关站），变压器105台、变压器容量26000MVA，线路64条、长度4146km；220kV变电站135座，变压器231台、变压器容量42420MVA，线路468条、长度13065km；110kV变电站560座，变压器928台、变压器容量40861MVA，线路1108条、长度18049km。

主要运行指标。2020年，贵州电网公司生产设备运行总体稳定可靠，26项生产技术指标，完成情况良好，均优于计划值。其中，客户平均停电时间（中压）累计完成值为17.23h/户，同比降低了4.15h/户。综合电压合格率累计完成值为99.50%，同比提升0.16%。报废资产净值率8.02%，同比提高0.67%。

电网运行管理。贵州电网共计127座集控或巡维中心，500kV变电站18座无人值守，2座为有人值守变电站，无人值守率95%。220kV变电站有134座实现无人值守，1座有人值守变电站，无人值守率99.2%；110kV及以下变电站有1324座实现无人值守，6座有人值守变电站，无人值守率99.5%。

截至2020年底，贵州电网公司共有10kV馈线10645回，其中公用馈线8201回，专用馈线2444回。10kV公用线路长度19.18万km，其中架空线路裸导线11.54万km，架空线路绝缘导线6.23万km，电缆线路1.413万km。共有10kV配电变压器352170台，容量为9631.07万kVA。其中公用配电变压器192398台，容量为3572.68万kVA；专用配电变压器160312台，容量为6058.40万kVA。

安全生产 全年安全生产形势总体保持平稳，未发生电力安全事故、设备事故和人身事故，未发生对公司和社会造成重大不良影响的涉电公共安全事件，未发生三级及以上网络安全事件，成功实现了安全生产事故事件、人身事故、涉电公共安全事件“三下降”。

发生电力安全生产事件21起（同比下降5起），其中，一级事件0起（同比持平），二级事件1起（同比增加1起），三级事件3起（同比持平），四级事件14起（同比增加3起），五级事件3起（同比减少9起）。

社会人员触电事件和伤亡人数连续四年保持双下降，发生社会人员触电事件2起（事件数同比下降12起），伤亡2人（死亡2人，伤亡人数同比下降12人）。

科技创新 科技项目。科技研发全口径投入8.47亿元，研发经费投入强度达1.18%，同比增长18%。科技项目投入2.9亿元，2020年创新项目投入强度为0.41%。承担“数字电网电力专用边缘计算芯片研究与设计”国家科技支撑计划项目子课题，组织策划和申报7个贵州省科技支撑计划项目。承担南方电网公司挂帅制项目“自主可控融冰操作关键技术研究”。

科技成果。开展高价值专利培育工作，1项专利列入南方电网公司高价值专利培育计划。2020年共申请1047件专利，全部为发明专利，获得802件专利授权（发明专利171件、实用新型专利631件），累计有效专利达3023件（发明专利600件、实用新型专利2423件），专利拥有数在全省排名第二。成功开展36项知识产权为期2年的挂牌许可，为公司实现转化收益112.66万元。获南方电网公司一等奖2项

(转化应用奖、职创奖各 1 项)、二等奖 4 项(科技进步奖 1 项、管理创新奖 1 项、职创奖 2 项),获 2019 年度贵州省科技进步二等奖 1 项。

信息化建设 2020 年,信息化投资 2.97 亿元,投资计划完成率 104.66%。关键应用系统运行率 100%,信息网络运行率 100%,信息服务事件按时解决率 100%。全年未发生三级及以上网络安全事件,在“护网 2020”网络安全攻防演习中取得好成绩,贵州电网公司获得“贵州省大数据安全保护工作先进单位”称号。

落实南方电网公司重点工作安排,结合贵州电网实际,编制印发《贵州电网公司数字化转型和数字电网建设实施方案(2020 版)》《贵州电网公司“十三五”信息化规划执行情况评估报告》等,明确公司“十四五”数字化转型目标、任务及重点项目。通过数据应用倒逼数据质量,完成贵州电网指标超市建设,建立 240 个指标台账,实现指标统一供给。打造“供电所工作台+现场工具”,面向供电所生产域、营销域全业务场景,引入互联网产品运营思维,与基层用户共创共建,解决基层业务痛点。打造县局供电运营指挥平台,支撑县乡供电企业现代供电服务体系与“三基”建设。

市场营销 2020 年累计购电 1816.6 亿 kWh,同比增长 5.22%。其中购火电 1029.6 亿 kWh,同比增长－3.34%;购水电 632.8 亿 kWh,同比增长 13.92%;购风电 94.2 亿 kWh,同比增长 23.72%;购光伏电 44.7 亿 kWh,同比增长 146.39%;购生物质、瓦斯等电量 15.4 亿 kWh,同比增长 33.36%。2020 年贵州电网公司售电量 1744.4 亿 kWh,同比增长 5.1%。

电费回收。积极推进收费模式转型升级,全力推动“三个转型”(手工收费模式向信息化手段收费转型,常规管理要求流程向建立客户信用体系转型,被动的催促向主动服务转型),建立“1+5”指标管控体系,拟定 5 大类共 13 项举措 65 项具体措施,绘制甘特图挂图作战。同时,建立客户缴费信用评价标准,优化抄核收业务流程,通过多措并举公司 2020 年当年电费回收率达到 99.96%,超额完成考核目标要求。

需求侧管理。积极组织节能和电能替代宣传,按计划开展客户能效服务活动,举办节能和电能替代技术交流培训班和互动式体验活动,全力推动节能和电能替代项目落地建设。全年共计实现节约电力 8.01 万 kW,节约电量 3.63 亿 kWh。累计推动实施电能替代项目 7627 个,完成年度替代电量 38.16 亿 kWh。

电能计量。深化“双覆盖”数据应用,强化数据对营销专业支撑,计量自动化系统实用化评价连续 21 个月排名靠前,其中基础管理的档案及拓扑关系一致率全网第一。计量自动化自动综合抄表率 99.6%,账卡一致率 99.35%。以“提升效率、完善模型、深化应用”为主线,实现计量异常在线监测与诊断的智能化,有力支撑电能表故障精准定位、采集系统高效运维和台区线损精益化管理。

用电检查及营销稽查。深化公司监督与业务“双轮驱动”风险管控作用,加强对营销关键业务环节的“大监督”合力,督促营销各层级压实专业主体作用,增强对制度规范的执行和依从。2020 年,全省查处营销差错 745 件,挽回电量损失 707.73 万 kWh,挽回经济损失 529.75 万元。全省合计完成客户用电检查 66.54 万户,共查处客户违约、窃电案件 2807 宗,涉及追回金额共计 3433 万元。

优化用电营商环境。建立业扩全流程在线监控机制,按日在线管控工单办理进度,2020 年低压非居民(小微企业)、高压单电源客户平均接电时间分别下降到 3 天、37 天。放宽小微企业低压报装容量门槛,贵阳、遵义、兴义供电区域用电报装容量 200kW 及以下、省内其他地市城区 160kW 及以下的小微企业用电报装“零投资”。2020 年贵州电网公司为客户节省接电成本 17 亿元,在省投资促进局公布的贵州省 30 个部门行业年度营商环境优化提升重点绩效评估目标考核中位列第一。

优质服务 以 95598 投诉管控和客户经理到位为切入点,印发《贵州电网有限责任公司客户投诉举报管理实施细则》,提级管理重复投诉和升级投诉。月投诉量从年初最高 51 件下降至 20 件内,降幅达 61%。12398 投诉全国排名由年初第 4 位下降至年底第 16 位。同时,大力推行“互联网+电力服务”,全年全省互联网业务办理比例 98.5%,同比提升 14 个百分点,基本实现“一次都不跑”。

产业投资。贵州电网公司新兴业务企业 4 家,资产总额 28 亿元,员工 1629 人;大集体企业法人户数 161 家,合并口径资产总额 94 亿元,员工 1.44 万人。2020 年新兴业务企业完成营业收入 26.7 亿元,同比增长 9.7%;实现利润 7.95 亿元。大集体企业完成营业收入 82.3 亿元,同比增长 16.4%,实现利润 2.3 亿元。

深化大集体企业综合信息系统一期财务、人资、办公功能应用,完成二期财务共享平台、项目管理建设,实现业、财、税、资、票一体化管理。落实《南方电网公司 2020 年职工持股改革后企业瘦身健体专项行动方案》,2020 年完成 16 家厂办大集体改革,安置职工 535 人,是南方电网公司唯一 100%完成改革的省级电网公司。

新兴业务和大集体企业基本建立“四会一层”法

人治理结构，在公司章程中明确党组织的法定地位。设立党组织113个，实现党组织全覆盖；其中党委6个，党总支部2个，党支部105个。党组织“把方向、管大局、促落实”和战斗堡垒作用进一步发挥。

经营管理 资金管理。进一步贯彻落实国务院国资委降杠杆减负债相关工作要求，持续深化降杠杆减负债专项行动，2020年资产负债率降至73.64%，较2019年同期下降0.23个百分点。优化银行账户设置，实施账户分类管控，进一步提升资金集中率，提高资金配置和使用效率。通过提前偿还贷款、签订利率下调协议、借新还旧置换贷款等方式积极开展高息存量贷款置换工作，全年累计置换高息贷款297.35亿元，节约财务费用近8000万元，加权平均融资成本同比下降0.33%。

电价管理。坚决贯彻落实国家阶段性降低企业用电成本措施，支持企业复工复产。自2020年2月1日起至6月30日，执行支持性两部制电价政策，通过放宽变更期限、减收和免收的方式，降低疫情防控期间企业用电成本，支持企业复工复产。自2020年2月1日起至12月31日止，除高耗能行业用户外，现执行工商业及其他电价类别的电力用户（含已参与市场交易用户）统一按原到户电价水平的95%结算。根据《国家发展改革委关于核定2020—2022年省级电网输配电价的通知》等文件精神，第二监管周期输配电价和销售电价自2021年1月1日起执行。

资产管理。进一步加强夯实资产管理基础，2020年末在建工程余额98.53亿元，固定资产原值年末余额1523.34亿元，增加固定资产原值98.38亿元。加快推进用户资产移交协议签订及资产评估，2020年接收用户资产10.34亿元。

产权管理。2020年纳入合并范围，总户数15个，其中全资子公司11个，控股公司3个，事业单位1个。对2020年产权占有、变动和注销登记进行办理，完成贵州省镇远中峡水文实验电厂和贵州宏业物业服务有限责任公司的股权处置等产权变更登记工作。

税收管理。2020年共计缴纳各项税费20.63亿元（含个人所得税），其中增值税14.69亿元、企业所得税0.95亿元、城建税0.91亿元、教育费附加0.71亿元、其他税费0.63亿元、代扣代缴个人所得税1.68亿元。继续落实农村电网维护费免征增值税政策，全年免征增值税3.62亿元。

会计核算。持续推进财务共享中心建设，实施《财务信息系统实用化提升方案》，加快业务审核速度，单据流转周期由4天减少为2天。制定《贵州电网公司在建项目财务专项清理工作方案》等4个工作方案，清理在建工程项目2.55万个，整改项目7523个，三年以上的往来款清理5208项，2020年末“两金”余额完成64.58亿元，超额完成压控目标。

审计工作。开展审计项目7199项，其中：经济责任审计28项、专项审计40项、工程竣工决算审计7131项，审计项目计划完成率100%。落实审计全覆盖，精心组织开展投资精准有效性专项审计、成本费用审计“回头看”等5项专项审计及审计调查，点面结合防范风险。全年审计发现问题3575个，纠正违规资金3637.29万元，查处损失浪费5761.35万元，促进增收节支6250.35万元，审减工程成本9155.34万元，提出审计建议1782条。

法律工作。合同管理指标稳步提升，合同标准文本使用率96.91%，比2019年度上升5.33%。滚动修编工程建设、市场营销等重要领域10大类263份合同标准文本，提升合同标准文本的适用性。组织开展公司制度图谱编制工作，2020年修编制度59项，其中新增18项，修订41项。内控合规风险一体化统筹推进，编制公司《内控管理手册》《内控评价手册》等5份文件，开展2020年内控缺陷评价及2021年风险评估，梳理自查缺陷21项，重大、重要风险16项。公司系统共计办结法律诉讼案件134宗，胜诉128宗，胜诉率95.52%。通过诉讼方式成功挽回经济损失1.91亿元。组织开展“12·4”法治宣传周活动，推动公司系统集中深入学习宣传宪法，开展法治宣传活动272次，29325人参加。

人力资源管理 领导班子建设。承接南方电网公司领导干部管理规定，修订印发《贵州电网公司领导人员管理办法》。坚持凭干事用干部、凭实绩选干部，优先在生产一线、基层一线选拔干部，全年调整任用处级干部135人次（含转任非领导职务11名），选拔任用21名处级干部（其中正处级9名、副处级12名）。加大优秀年轻干部队伍建设力度，举办第三期ATP（加速培养计划）培训班，建立年轻干部成长档案并适时跟踪，重点培养和储备155名优秀年轻干部。选拔50名“90后”员工参加SGP（青藤成长计划）培训班。

干部监督管理。规范完善公司系统三级正、副职干部及非领导职务个人有关信息报送工作，组织276名领导干部和15名考察对象完成填报。完成公司所属22家单位领导班子和公司党委管理263名领导人员2018年度综合考核评价工作，研究制定公司派出参控股增量配电企业董事、监事、高管综合考核评价内容。

人才队伍建设。推荐4名同志参加南方电网公司西部优秀创新人才培养计划，并对第一批培养对象成长情况进行跟踪反馈。完成2019年度助理技术专家选聘工作，新聘三级助理技术专家92名、四级助理技术专家63名。对技术专家后备队伍进行盘点梳理，建立216人的后备人才库。开展科技、国际、金融、法律、数字化、党建人才库建设工作，共567人入选。

党建和精神文明建设 党建工作。印发《公司党委贯彻落实〈关于巩固深化"不忘初心、牢记使命"主题教育成果的意见〉的主要举措和分工安排》，细化实施29项工作措施，分解89个方面164项措施，均按期完成。制定《公司党委落实〈中共南方电网公司党组关于加强政治生态建设的意见〉责任清单》和《加强和改进党支部建设的行动方案（2020年版）》，明确了"1531"的工作思路，建立"一所（部门）一支部"603个。新发展党员384名，全年消除16个党员空白班组，实现所有供电所均有党员。在南方电网公司2020年党建专业职工技能竞赛中获得团体第二名。公司"电亮先锋"党建品牌入选第三届全国电力行业优秀党建案例。

宣传思想工作。制定《贵州电网公司2020年新闻宣传重点》，聚焦公司"一决战三变革""八项重点工作"，统筹推进主题宣传、成就宣传、典型宣传、形势宣传、政策宣传，及时准确、有力有效宣传好公司在新时代改革发展中的新举措新成果。在人民日报、新华社、中央电视台上稿90余条，同比增长52.3%。持续加强舆情监测、预警，全面梳理意识形态领域及重大舆情风险，查找11个方面风险点，制定42条应对措施。严格落实舆情属地管理职责，监测并处置144起舆情，未发生影响公司形象的重大负面舆情。

纪检监察工作。制定《公司纪委政治监督清单》，聚焦脱贫攻坚、疫情防控和中央巡视整改等重大任务强化政治监督，实现对124个结对帮扶点监督检查全覆盖，开展疫情防控监督检查4258次，中央巡视整改措施按期完成率100%。制定全面从严治党和加强政治生态建设两个责任清单，政治生态评价总体好评率94.56%。全年查处并通报曝光违反中央八项规定精神问题2起，问题数量连续两年下降。全年受理检举控告97件，立案审查34件，给予党纪政纪处分49人。运用第一种形态批评教育帮助117人，运用第二种形态处理37人，运用第三种形态处理12人，运用第四种形态处理2人。打好三年"扫雷"行动决胜战，发现问题159个，处分处理540人，清退费用259.76万元，通报典型问题52起。

巡察工作。持续抓实中央巡视整改，制定整改措施249项，完成231项，总体完成率93%。推进政治巡察全覆盖，完成对9家三级单位党委、6个二级单位本部支部巡察。组织三级单位对34家四级单位党组织开展巡察，对地市级单位巡察覆盖率达到83%，对县局党委巡察覆盖率达到90%，发现问题2602个。探索开展"提级巡察"，首次提级对担负脱贫攻坚任务较重的安顺紫云、凯里榕江、毕节威宁3个县级供电企业开展常规巡察，发现问题238个，将利剑直插基层，确保脱贫攻坚政治任务如期完成。深化交叉巡察，在9家地市供电局采用整编交叉和混编交叉方式开展巡察，发现问题共1013个。深化"巡审联动"机制，巡前加强分析研判、确定进驻节点和联动方式；巡中定期碰头会商、互通信息；巡后共同发力、深化成果应用，充分发挥巡察监督审计监督叠加效果。

工会团青 工会工作。强化职工思想引领，依托"新时代工人讲习所"，开展习近平新时代中国特色社会主义思想"每周一讲"主题宣传46期。开展班站所职工小家建设示范点评选、网络云直播、"家长训练营"。全年获全国模范职工小家1个，省模范职工小家5个。开展员工关爱系列行动，开展"悦读·悦生活"读书活动和职工文化作品征集评比，200余项作品获上级单位表彰，贵州电网公司获全国书香三八读书活动优秀组织奖和"全国职工书屋示范点"称号。开展"万家灯火脱贫有我"职工文化作品征集活动，在南方电网公司评选中获金奖12个，其中电视作品《扶心》获第八届亚洲微电影艺术节能源中国单元"优秀作品奖"。全年贵州电网公司获全国劳模、五一劳动奖章等省部级及以上先进个人48名，省五一劳动奖状、工人先锋号等省部级先进集体7个。

广泛开展练兵比武，举办省级一类大赛一第六届贵州电力职工职业技能大赛，各级工会全年共组织劳动（技能）竞赛244项，开展"三小"岗位PK赛355场次，参与职工超过2.6万人次。加强疫情期间的员工关怀，共组织抗击疫情一线慰问25582人次，发放防控物资、劳保用品、慰问品、慰问金共计256.24万元。

共青团工作。抓实《贵州电网公司青年发展实施规划（2019—2022年）》，夯实基层团组织建设，实施凝心工程强引领，匠心工程促成长，暖心工程助小康三大工程，团结带领广大团员青年在服务公司改革发展、助力贵州同步小康中贡献青春力量。贵州电网公司团委荣获全国"五四红旗团委"、贵州省国资委"五四红旗团委"称号。系统各级团组织和个人获得表彰161项，其中，省部级及以上荣誉35项。全年在省级及以上主流媒体报道公司团青工作1142条次，组织策划制作微信34条次，发出了电网青年好声音。

主要事件

2020年初疫情发生后，贵州电网公司党委坚决打起防疫政治责任，全力加强组织领导，守住了疫情防控"两条底线"。攻坚克难，仅用8天时间完成50天常规工程工作量，确保贵阳将军山医院如期投运。出台20项措施支持疫情防控和复工复产，全年降价政策已惠及客户127.51万户，减少客户电费支出13.0亿元。

6月28日，贵州“9+3”县区283个脱贫攻坚电网建设项目，在冲刺90天内全部按期完成。贵州电网公司“1+4”扶贫模式入选国务院扶贫办“企业精准扶贫优秀综合案例50佳”名单，贵州电网公司消费扶贫模式入选国家发展改革委“向社会公开推介2020年全国消费扶贫典型案例”名单，连续两年在省直单位和中央在黔单位定点扶贫工作考核中综合评价为最高等次“好”。

7月1日，南方电网公司通报嘉奖贵州电网公司等单位提前完成云贵互联工程及其配套交流工程攻坚任务。

9月28日，贵州电网公司召开“全面从严治党及加强政治生态建设”两个责任清单宣贯会，强调要推进各级党组织进一步落实全面从严治党主体责任，着力营造风清气正的政治生态。

10月22日，南方电网公司与贵州省政府在贵阳市签署新时代全面深化合作战略框架协议，双方将进一步深化合作，共同实现高质量发展，努力推动南方电网公司建设具有全球竞争力的世界一流企业，奋力创造贵州赶超跨越的“黄金十年”。

11月18日，贵州电网公司召开全面提升“获得电力”服务水平持续优化用电营商环境三年行动工作推进会，宣贯行动方案，明确9个方面27项具体任务，强调要打造具有贵州特色的“贵人服务·黔电无忧”品牌。

12月1日，贵州电网公司自主研发的供电所“工作台+现场工具”全省上线，成为推进企业数字化转型的一大利器。在研发过程中，贵州电网公司坚持以基层诉求为导向，以基层力量为主来实施，以供电所高效快速响应市场需求和客户诉求为目标，打造体验流畅的供电所“单兵作战武器”，实现数据共享、数据分析、数据决策。

12月15日，国家发展改革委向全国通报贵州2021年年度中长期合同“六签”工作经验。通报指出，贵州省能源局、贵州电力交易中心迅速行动，聚焦关键问题，统筹推进各项工作，在各市场主体的大力支持下，贵州在全国率先完成2021年年度中长期合同签订组织工作。

12月25日，贵州电网公司举办党的十九届五中全会精神专题辅导讲座暨公司党委理论学习中心组读书班集体（扩大）学习视频会，强调要把学习贯彻全会精神作为重要任务，把学习全会精神作为党的理论武装工作的一项重点工作，进一步增强“四个意识”、坚定“四个自信”、做到“两个维护”。

12月31日9时42分，黔电送粤年度累计送电量达到500亿kWh，创下贵州西电东送以来历史新高，为黔电送粤“十三五”框架协议执行画上句号。自2000年以来，贵州已累计完成西电东送电量6230亿kWh，有力推进了区域经济的协同发展，也为贵州彻底撕掉千百年来的绝对贫困标签作出了重要贡献。

（蔡靖波）

【海南电网有限责任公司】

公司概况 海南电网有限责任公司（简称海南电网公司）是中国南方电网有限责任公司的全资子公司，负责经营南方电网在海南投资的国有电网资产，对海南电网实行“统一规划、统一建设、统一调度、统一管理”，承担国有资产保值增值责任，负责全省电网的安全生产工作，直接为海南经济发展和人民生活提供电力保障。

截至2020年12月31日，建成投运35kV及以上变电站315座、变电总容量2324万kVA。输电线路总长1.14万km，中压配电线路总长3.89万km。乡镇、行政村和自然村通电率均达100%。供电户数共266.3万户，供电人口约926万人，营业区面积3.38万km^2。

2020年，完成售电量292.09亿kWh，同比增长2.77%；固定资产投资50.56亿元；资产总额339.35亿元，同比增长1.6%；统调最高负荷558.2万kW，同比增长3.97%。全年第三方客户满意度80分，同比提升1分；全省年户均停电时间11.94h，同比下降23.51%；线损率5.5%，同比下降0.52个百分点；电费回收率100%；资产负债率73.02%；累计有效发明专利拥有数138件；数字化水平评为A级。

领导班子

董事长、党委书记：宋新明

董事、总经理、党委副书记：王志勇

董事、党委委员、副总经理：林芳泽

董事、党委委员、副总经理：叶雄

党委委员、海口供电局党委书记：陈东

董事、党委委员、总会计师、总法律顾问：林潮光

董事、党委委员、纪委书记：童亮

董事、党委委员、副总经理：杨兹波

组织机构 海南电网有限责任公司实行省公司直管地、县供电局两级管理，本部设置18个职能部门，包括董事会工作部（党委办公室、总经理办公室、督查办公室）、战略规划部（全面深化改革办公室、服务自贸港建设办公室、扶贫工作领导小组办公室）、计划与财务部（运营监控中心）、人力资源部、创新管理部、生产技术部（标准化部）、市场营销部、基建部、新兴业务部、供应链管理部、数字化部、安全

监管部（应急指挥中心）、审计部、法规部、党建工作部（企业文化部、机关党委办公室）、监督部（纪委办公室）、党委巡察工作领导小组办公室、工会办公室。设置直属机构 13 个，包括海南电网电力调度控制中心、培训与评价中心（党校、电校、南网工匠大学分校、应急基地）、信息中心（与信通分公司合署）、综合服务中心、社保（年金）中心、新闻中心、海南能源发展研究院（电网规划设计研究中心）、客户服务中心、电能计量中心、财务共享中心、审计中心、法律服务中心、电网安全监察中心。

下辖单位 31 个，包括 24 个分公司（其中 19 个供电局为海口、三亚、儋州、琼海、三沙、文昌、澄迈、万宁、昌江、东方、乐东、陵水、临高、定安、屯昌、琼中、保亭、白沙、五指山供电局；和 5 个按分公司管理的单位为海南电网有限责任公司电力科学研究院、海南电网有限责任公司信息通信分公司、海南电网有限责任公司建设分公司、海南省电力学校、海南电网有限责任公司输变电检修分公司），5 个全资子公司（海南送变电工程有限公司、海南电力物业管理有限公司、海南电力产业发展有限责任公司、海南电网产业投资有限责任公司、海南电网物资有限公司），2 个控股子公司（海南电力交易中心有限责任公司、海南联网二回项目管理有限公司）。

人员状况 截至 2020 年 12 月 31 日，海南电网公司拥有员工 9847 人。其中，博士研究生 8 人，硕士研究生 281 人，大学本科 3791 人，大学专科 2553 人，中专及以下 3214 人；高级职称 289 人，中级职称 1099 人，初级职称 4220 人；高级技师 11 人，技师 283 人，高级工 4829 人，中级工 510 人，初级工 413 人。

电网发展 电网规划。开展“十四五”智能电网发展规划研究，完成 1 个智能电网规划、3 个分类规划和 5 个专项规划报告，将智能电网 9 大领域要素融入各专业规划，明确了 2025 年全面建成智能电网综合示范省的目标，提出“十四五”智能电网建设计划以及升级建设 500kV 主网架的电网规划方案，形成 268 亿元的智能电网规划项目库。同时结合海南自贸港建设要求，开展了海口江东新区等 11 个重点园区电力专项规划，着力打造“高可靠性＋高度智能化”的园区智能配电网，努力实现 2025 年园区停电时间不超过 5min 的目标。将电网规划成果与政府“十四五”电力规划、能源发展规划等充分衔接，实现电网规划纳入政府电力规划与能源规划，保障电网规划项目落地。

电网建设。基建安全保持零事故事件，海南电网系统基建关键指标完成情况总体向好。在南方电网率先完成 V3.0 版智能配网标准设计海南本地化应用修编。基建领域疫情防控效果明显，全年省内 92 家参建单位疫情防控全覆盖和 5034 名参建人员零感染。合力推动 121 项电网建设外部受阻问题得到解决，13 座新建变电站和 3203 座铁塔基础青赔征地如期完成，文昌气电送出、洛基至头铺、中央农网、保底电网等一批年度重点工程项目按期投运，完成西沙可再生能源示范项目一期工程和琼海博鳌智慧用能综合示范项目一期工程等“灯塔项目”建设任务。全年完成投资 36.47 亿元，累计投产项目 4434 个，投产新建变电站 7 个，创历年之最。荣获南方电网公司基建工程优秀设计奖 11 项，优质工程项目 6 项，优秀 QC 小组 3 个，取得 2020 年海南省质量管理工具应用大赛 QC 课题成果 7 项。

安全生产运行 电网调度。落实防范海南电网年度安全风险 37 项重点工作，有效防范三级及以上电力安全事件风险 134 项（1 个一般事故、28 个二级事件、105 个三级事件）。文昌电厂两台 46 万 kW 机组并网投产。推动云电入琼，消纳云南水电 15 亿 kWh，实现清洁能源全额消纳，同比 2019 年增加 50%。建成海南电力市场技术支撑系统，海南电力调峰辅助服务市场启动结算试运行，推动海南纳入南方区域统一调频辅助服务市场。35kV 及以上 318 座变电站 AVC（自动电压无功控制）实现全覆盖，率先在南方电网完成各级主站、全部 35kV 及以上变电站网络安全态势感知全覆盖。全网 220kV 系统故障快速切除率连续 10 年保持 100%。220kV 及以上生产实时控制业务通信通道平均中断时间连续 5 年保持 0min，全省地区级及以上传输网双平面实现覆盖率 100%，110kV 及以上变电站调度数据网实现覆盖率 100%，电力通信网覆盖范围、通信质量及运行可靠性得到提升。

安全管理。细化落实安全生产工作八个方面 26 项举措，推动公司全年安全生产工作平稳有序。明确各单位行政主要负责人直接管理安全监督工作，推动公司、四个地市局和文昌局增设安全总监，安全综合监督职能有效落地。出台《安全工作奖惩实施细则》《安全生产专项奖励方案》，将千次无差错、A 类违章查处等纳入奖惩范畴，奖惩并举，推动各级生产单位健全安全职责及到位标准。持续强化现场作业安全风险管控，落实“三个紧盯”，提级审查生产复杂作业、大班组作业、跨区作业，控节奏、防“三超”，确保作业风险可控。实现安风体系与安全生产巡查制度深度融合，完成全年钻级评审达到三钻 23 家、两钻 2 家，以及 7 家供电局巡查任务，发现问题 2210 项，运用“四种形态”问责 223 人，举一反三，推动各单位“自查自纠”抓好整改，建立长效机制巩固整改成果。

供电可靠管理。落实提高供电可靠性各项关键举措。2020年，全省中、低压口径户均停电时间完成值分别为12.08h、11.94h，同比分别下降26.48%和23.48%。完成输电业务和变电业务集约，14家县级供电局业务、人员已全部划归地市局管理。完成312座变电站、7951台断路器特巡特维、5174套保护定值校核、312座变电站保护连接片核查、598套保护电源插件更换、508次断路器检查性操作。累计解决10kV公用331台重过载配电变压器和129个低电压台区，进一步提升供电可靠性。推进配电自动化智能化应用和自愈功能落地，接入主站配电终端4584台，配电自动化有效覆盖率提升至43.1%。按照"能转必转、能带不停、能保则保"的原则，推动不停电作业有序开展，海口、三亚不停电示范区带电作业率达到95.31%。

保电及应急管理。贯彻落实习近平总书记"两个坚持""三个转变"防灾减灾救灾理念，强化"平时预、灾前防、灾中守、灾后抢、事后评"的处置工作措施，完善应急组织体系和保障体系，成功抵御"浪卡""沙德尔"等6次台风侵袭。按照"全网一盘棋、全省保重点地区、重点地区保重要场所"的思路，编制文昌航天发射任务常态化保供电工作方案，完成五次航天发射保供电任务。全年成功完成各类保供电任务747次保供电任务，其中特级保供电5次、一级保供电8次、二级保供电289次、三级保供电445次，得到省委省政府和南方电网公司肯定。

科技信息 信息化。统筹部署和实施公安部和南方电网公司"护网2020"网络攻防演习专项行动。利用各类预警系统和感知平台，实现7×24h不间断的网络安全监控值守和应急指挥，投入保障队伍共计14882人次，紧急加固0day等高危漏洞1615项，封堵高危网络攻击3400余次，封禁攻击源14万余个，阻断疑似社工攻击14次，顺利通过"国家考验"。全年未发生三级及以上网络安全事件，确保公司网络安全防线坚强稳固。以实用化为原则，推进数字化从"展示"向"应用"的转变，建成南方电网首家数字电网平台一期工程，实现业务数据贯通、电网数据可视化和分析决策感知。优化完善停电信息池，实现全省停电监控"一张图"，全面应用配网抢修功能。海南电网公司数字电网平台管理创新成果首次获得南方电网二等奖及以上奖励，首次获得南方电网公司网络安全技能竞赛个人一、二等奖，数字化水平稳定在A级水平。

科技创新。构建以科技创新为关键，以服务和商业模式创新为核心，以管理创新为保障的全面创新体系。积极开展创新平台建设，初步建成"热带智能电网实验室""数字电网实验室"和"智能微网实验室"三个省公司级重点实验室，获批牵头建设网级重点实验室"热带智能电网与海岛微网联合实验室"；积极开展关键核心技术攻关，明确8个关键核心技术攻关方向，在智能微网、波浪能等方面组建23支核心技术攻关团队，开展攻关热带智能电网技术攻关；加强校企交流合作，与华北电力大学、清华大学、电力规划设计总院、中国电器科学研究院等国内知名高校企业合作组建联合攻关团队，开展热带智能电网、数字电网和智能微电网技术研究应用；组织系统内单位与华北电力大学等组建公司首批创新联合体；获国家人社部批准建设博士后科研工作站；成立海南电网首届专家委员会。2020年，公司累计有效专利拥有数639项，同比增长21.71%，累计有效发明专利拥有数38件，同比增长38%。

电网节能降耗。2020年，开展清洁能源消纳专项行动工作，消纳清洁能源152.98亿kWh（含云南水电），占统调发受电量46.7%，全网发受电化石能耗155.86g/kWh，同比降低5.47g/kWh，相当于节约标准煤459万t，分别减少二氧化碳排放1221万t、减少二氧化硫排放9.18万t。首个港口岸电电能替代示范项目（东方八所港）正式进入试运营阶段，预计年减少污染物排放量4亿t。

营销服务 营销管理。支持海南当地企业复工复产，出台供电服务保障举措，减少客户用电成本5.44亿元。努力化解风险，足额回收缓缴电费7.39亿元，连续三年保持电费回收率100%，近五年来首次完成南方电网公司陈欠电费回收考核指标，陈欠电费总额创历史新低。有力推进增供扩销，主动服务自贸港11大重点园区，增供电量1.08亿kWh；开展计量装置现场检查治理，追补电量0.35亿kWh，强化线损专项稽查，联合地方公安部门大力打击窃电，累计减少10kV及以下损耗电量0.71亿kWh。完成15亿kWh清洁能源省间交易。编制作业风险管控指导书，建立四级风险管控机制，现场作业监督做到全覆盖，有效管控防风防汛和现场作业强度密度增大带来的安全风险。全口径自动抄表率和电子化结算率分别为99.51%和99.72%，同比提升0.22和0.18个百分点，超额完成年度下达指标，网级计量实用化评价保持A级水平，排名南方电网第三。

客户服务。率先实现省域范围内160kVA及以下小微企业低压供电。推动政府出台优化电力接入实施办法，实现10kV及以下电力外线工程行政并联审批4天内完成，社会投资简易低风险工程行政"零审批"，低压非居民、高压单电源平均接电时长同比下降34%、6%，"获得电力"指数持续提升。在全省公共服务行业中率先做到各市县办电业务全部进驻当地政务服务大厅。健全客户全方位服务体系，强化服务调度四级预警机制和客户投诉月度批评与表扬机制，有效管控客户投诉，全年95598和12398投诉分别大幅下降64%、36%。在海南国企单位中率先出台《六项便民服务举措》，主动帮助老年人解决“数字鸿沟”和“候鸟”等特殊人群办电难题。促成政府出台新建小区抄表到户政策、达成存量小区分阶段改造原则，推动小区抄表到户历史顽疾取得实质性突破。

经营管理 企业改革。推进能源综合改革，编制印发《海南电网公司关于落实〈海南能源综合改革方案〉的具体举措（2020年版）》，从优化能源供应体系等5个方面提出52项具体举措，助力海南省加快构建清洁低碳安全高效的现代能源体系。印发《公司授权体系管理规定》，梳理公司本部权责清单和授权放权清单，业务事项压缩幅度达42%，消除多头审批、多头报备。印发公司治理主体权责清单和授权清单，梳理公司治理主体权责156项、董事会授权8类14项，授权体系建设工作初见成效，基本确立体系框架和蓝图。在五省区率先出台《制度简明化专项工作方案》，探索加强制度执行监督工作，首次将制度编制情况和制度执行监督情况列入公司年度绩效考核体系。2020年，海南电网公司有效制度254项，典型业务指导书280项，各项经营管理活动基本实现有章可循、有规可依。

新兴业务。新兴业务生产经营稳中有升。积极推动电动汽车充电基础设施建设，累计新建充电站26座，充电终端586个，按要求完成南方电网公司年度投资建设任务。顺利投产“风光储充”一体化示范性项目，将龙华换电站盘活为集中式充换电站，年减亏增效1100万元。聚焦市场化业务开拓，丰富业务帮扶举措，改革后企业非关联业务合同金额实现同比增长536%。开展改革后企业法人治理体系课题研究，编制完成4类权责清单，持续提升改革后企业依法合规经营水平。

财务管理。围绕“量、价、费、率”，制定提质增效减亏控亏专项方案，提出17项工作措施，努力将疫情影响降到最低。实施提质增效“10＋3”专项行动成效明显，可控成本总额同比下降7.29%。逐步减少非归集账户数量和提高非归集账户资金归集频次，努力降低资金体外循环风险，提升资金规模效益，2020年末资金归集率达到99.85%。持续优化资金计划预算管理，2020年资金计划准确率累计达到96.92%。落实疫情期间国家支持性两部制电价政策和阶段性降价政策以及省内电费缓交政策，全年减少海南省工商业客户电费支持5.48亿元，有力支持全省工商业复工复产。通过提前还贷、贷款置换等措施，全年节约利息支出6000万元，充分利用税收优惠政策，降低公司税负3759万元。2020年度公司一流对标评价指数为61.90分，达到国内平均水平。

审计管理。落实审计监督整改工作的标准化闭环管理，提升审计质量和审计成果应用，全年共开展审计项目113个，审计发现问题1047个，提出审计意见及建议1030条，发现问题共涉及资金2.26亿元，促进增收节支0.18亿元。93个项目竣工决算审计涉及送审金额11.9亿元，审减金额187.5万元。审计整改完成率97.17%，整改追回资金2849.30万元、追回物资金额14485.10万元，开展警示提醒、批评教育、告诫约谈等审计整改问责95人次。组织开展违规经营投资责任追究事件54件，按照分类处置原则开展批评教育、责令书面检查、通报批评等问责162人，挽回损失63.64万元，减少损失风险2.53万元。2020年公司获评“海南省内部审计先进集体”，1人被评为“海南省内部审计先进工作者”。

基础管理。组织制定《海南电网公司本部权责清单（2020年版）》《海南电网公司本部授权放权清单（2020年版）》两个清单，梳理出权责事项176项，压缩幅度达42%，放权事项23项，授权事项2项，厘清公司本部对所属单位实施管控的业务事项、管控对象、管控方式。健全重大风险跟踪监测机制，将体系建设重点工作分解成4个指标16项关键任务。常态化开展内控监测，全年累计现场检查所属单位13家。修编《内控管理手册》《内控评价手册》等5个文件，采用“全省自查＋重点抽查”的方式，对公司本部及部分所属单位物资管理、资产管理、营销与服务等20余项业务领域进行重点抽查，检查发现内控缺陷50个。强化重要决策审核把关，印发《重要经营决策合法合规性审核工作指引》，保证重要决策审核率达100%。

法律事务。运用法治思维和法治方式统筹推进疫情防控和公司中心工作，推动主要负责人履行推进法治建设第一责任人职责，落实“集中管控，分级办理”“律企合作，风险代理”“集体会诊，风控前移”“谁发案，谁负责”四大机制，2020年处理案件119宗，胜诉率92.31%，避免和挽回经济损失4666.76万元。强化合同全过程管理，合同签订及时率提升至98.03%（同比提升17.44%）。拓展“律动天涯”普法品牌影响力，“送法进校园”活动被国务院国资委官网、省司法厅“法治海南”公众号、人民网等多家主流媒体广泛宣传。“七五”普法收官，荣获南方电网公司2018～2020年度法文化示范单位和2020年能源行业普法创新实践征文活动一等奖。打击涉电犯罪的主动维权工作取得重大突破，一审判决20年来海南首例窃电刑事案件，推动儋州公安局出台《打击盗窃电能专项行动工作方案》，营造有序规范的用电环境。

人力资源管理 队伍建设。出台《2020—2024年海南电网公司所属单位领导班子建设实施方案》，以班子建设带动队伍建设。改进干部分析研判工作，细化分析指标，推进分析数字化，为所属单位领导班子清晰画像，提升选人用人科学性合理性。注重年轻干部选拔培养，修订《大力发现培养选拔优秀年轻干部实施方案》，选派37名优秀干部参与南方电网公司年轻干部培训、挂职交流，组织28名干部在公司系统内开展双向挂职。选拔129名优秀干部人才参与2020年“三大工程”培养，与华北电力大学、广东电网在现代职业培训、高端人才培养等方面开展广泛合作。坚持党管人才原则，加强人才选拔培养，238人取得海南自由贸易港高层次人才证书，1人入选“南海系列”育才计划南海名家青年项目，1人获得海南省突出高级技师贡献奖，1人获得海南省突出技师贡献奖，1名员工荣获“海南省五一劳动奖章”称号。

劳动管理。强化精简高效工作导向，完成本部组织机构优化调整，严控部门和人员编制数量不增，减少1个内设科室。稳妥推进公司业务工作集约管理，县级供电局变电运行业务向片区地市供电局集约工作，有效技术中坚力量分散、区域发展不平衡、专业人员水平参差不齐等问题；设立海南电网公司应急基地、海南电网机巡作业中心；开展公司派驻纪检机构改革，成立三个派驻纪检组，集约直属单位纪检监督业务；推进公司省级集中检定检测业务管理模式调整。调整组建海南能源发展研究院，推动服务自由贸易港的能源智库和研发中心建设，建设海南特色的智能电网实验室，有效提升公司能源研究能力，为打造智能电网综合示范省、创建一流企业提供技术支撑。

教育培训。围绕“大班组专业融合、人员一专多能”的目标，研究编制配电运维、营业服务、变电检修等14个大班组评价标准及试题库。重点在生产运行、智能电网、优化营商环境等方向组建11个生产经营核心业务团队，提升电力可靠安全运营水平。实施基于项目的技术人才培养，开展“送出去、请进来”人才交流或技术帮扶服务锻炼行动，进一步解决人才资源分散、专家分布不平衡及作用发挥不充分等问题。发挥工匠大学作用，注重日常培养练兵比武，加强网络安全、电缆制作、无人机、配电自动化等新技术技能培训，海南电网在南方电网公司级和省部级技能竞赛中取得历史性佳绩。以重点人群、重点培训项目为引领，精准对接需求，实施分类培训，全年完成各类培训班903期次，培训39540人次，技能类岗位胜任能力评价持证率实现100%。

党群宣传　党建工作。排查全部443个党支部、全面规范党委和党支部2个层面工作流程指引。以“一会一图两手册”（“六个一”现场推广会、工作指引图、两本手册），引导各级党组织对照标准夯实基础。将生产经营的难点作为党建工作课题，以党支部为单位，党组织带党员、党员带群众设立1402个“两创两争”项目，发挥党建引领，推动破解业务工作难题。推行“三级登高”活动，首次制定党支部建设质量提升奖，深化党支部标准、过硬、先锋晋级管理，运用“盯、督、推、树”工作法，把党建引领落实到基层班组星级创建、基础管理对标争先、基本技能比学赶帮等具体任务中，激发支部战斗堡垒作用。全年有三沙西沙群岛供电所、琼海博鳌供电所等6个党支部获评先锋党支部。公司海口供电局党委和文昌龙楼供电所党支部获评省国资系统基层党建示范点。

反腐倡廉工作。推动政治监督有效运转，保障公司脱贫攻坚任务如期完成，助力落实公司疫情防控措施，纠治餐饮浪费行为。持续发挥“不敢腐”震慑作用，2020年共受理纪检内信访件11件，处置问题线索30条，立案审查7件，给予党政纪处分15人，同比下降59%。精准运用监督执纪“四种形态”，第一、二、三种形态分别处理45、12和3人次，实现用纪律管住大多数，海南电网公司政治生态持续向好。做好案件查办“后半篇文章”，印发公司违纪违法典型案例《警示录》，用身边事教育身边人，以案促改，配合举办领导人员廉洁从业研讨班，分层分类对年轻干部、供电所长、新入企员工开展廉洁教育，筑牢“不想腐”的思想堤坝。持续开展“吃轮胎”“啃床腿”问题监督检查，公司所属各单位油料费、车辆维修费、差旅费三项费用支出下降明显。

民主管理。全年为职工办实事项目10项，连续15年为职工办实事项目累计突破130项，持续解决职工住房困难问题，改善了基层职工生产生活条件。统筹开展劳动技能竞赛，打通“技能专家直聘”等职工职业晋升通道。海南电网公司在南方电网公司技能竞赛中荣获团体三等奖1个，8名职工分获个人一、二、三等奖，创近年来最好成绩。建立“工作室技术扶贫”区域结盟机制，助推创客联盟有效运作，打造全新的职工创新服务平台。疫情期间对岛外居家隔离职工给予慰问和帮助，及时组织滞鄂员工安全返岗，开展职工文化与班组文化和安全文化深度融合创新，发挥职工之家（小家）功能作用，职工的归属感、获得感、幸福感得到提升。公司系统9个单位分获“海南省机械能源石化医药工会三、四星级职代会”称号。

精神文明建设。强化对外宣传，重点展示公司贯彻落实党中央重大决策部署的举措和成效，以及干部员工在公司改革发展中实干拼搏的生动实践，以外树形象、内聚人心呈现新闻宣传新局面。2020年对外发稿3115篇（条），同比增长5%。在人民日报、新华社、央视三大中央级媒体发稿41篇（条），其中央视新闻联播1条。制定公司深化企业文化建设行动方案，充分挖掘海南资源禀赋，形成1个文化主题，安全、服务、廉洁、法治4个子文化为支撑，具有“千年潭门万家灯”等N个特色班站所文化实践的“1+4+N”企业文化体系，企业文化建设向纵深推进。海口供电局灯博物馆以免检形式获评南网一类企业文化展厅，6家单位获评南网文化示范单位、示范点，数量创历届最多。海南电网公司3家单位获评全国文明单位，5家单位获评海南省文明单位，实现供电局层面网级以上文明单位全覆盖。策划推出微电影《鸟叔》，展示电网与鸟儿和睦共处的生动实践，荣获亚洲微电影艺术节最佳作品奖。

主要事件

5月底，海南博鳌乐城先行区智能电网示范项目一期建成投产。该项目是海南首批建成的智能电网项目之一，供电可靠率达99.999%，故障处理时限仅需300ms。

6月29日，海南电网公司与华北电力大学、电力规划设计总院、清华大学电机系合作共建的智能电网实验室正式揭牌。该实验室定位于服务全省域智能电网建设，目前已建成“热带智能电网实验室”“数字电网实验室”“智能微网实验室”三个子实验室，投入资金约2亿元，拥有研究人员65人，创新团队8个，开展了60项电网前沿科技研究项目。

7月1日，海南正式启动电力调峰辅助服务市场结算试运行，成为南方区域第二个启动结算试运行的调峰辅助服务市场，标志着海南电力市场建设又迈出坚实一步。

7月15日，海南省抄表到户新规实施后，海口融创观澜湖公园壹号楼盘三期项目工程正式通电，成为全省首个完成电力抄表到户改造并正式用电的在建小区，标志着海南新建、在建小区抄表到户改造已进入实施阶段。

7月，海南电网公司出台小微企业接电零投资举措，海南率先成为全国首个所有市县实现小微企业低压供电的省份。全省用电报装容量在160kVA及以下的小微企业（海口、三亚地区在200kVA及以下）均可低压供电，每户节约的费用按企业生产规模在10万元到20万元之间。

8月23日，海南首个智能变电站文昌潭牛110kV输变电新建工程成功送电投运，标志着海南电网主网开始步入智能时代。变电站设备大量使用高集成度、低功耗的电子元件，采用智能告警与分析决策、智能远动、智能照明等多项智能技术，显著提高设备寿命，优化变电站性能。

9月，海南电网公司首个数字孪生变电站海口220kV大英山变电站建成投运。“数字孪生”变电站通过智能传感设备采集，开展生产运行状态实时在线测量，实现物理设备、控制系统和信息系统的互联互通，该站建成为推动电网向“装备智能化、运行智慧化”转型升级提供了典型经验。

10月1日，《海南省优化电力接入实施办法（试行）》正式施行，实施办法在电力用户接入环节进一步优化流程、压缩办电时限，提高效率、降低成本、优化服务等方面作出具体规定。

11月27日，海南电网公司正式出台六大便民服务措施，聚焦老年人运用智能技术困难、“候鸟”居民客户远距离服务等困扰，提出多种线上线下解决方案，让老年人及各类客户更好共享信息化发展成果和优质服务。

12月，海南电网公司积极落实国家军民融合工作部署，提前一年完成第二批边防部队29个营区的39个电网建设工程任务，总投资额为0.37亿元。

（王庭军）

【(香港)中电控股有限公司】

公司概况　（香港）中电控股有限公司（简称中电），在香港联合交易所上市，是亚太区规模最大的私营电力公司之一。中电成立于1901年的中华电力有限公司，是香港最大的电力公司，经营涵盖发电、输电、供电及客户服务的纵向式综合服务，香港业务约占集团总营运盈利七成，中电业务扩展至亚太区其他活跃的能源市场，包括中国内地、印度、东南亚、中国台湾地区及澳大利亚。中电在亚太地区不同市场拥有约512万个客户和超过80项发电资产，发电及购电容量超过24696MW，其中可再生能源占总发电容量的14%。截至2020年12月31日，市值约1810亿港元。2020年中电总收入795.9亿港元，营运盈利115.77亿港元，同比增长4.1%；计入投资物业重估亏损及EnergyAustralia零售业务商誉减值1.21亿港元后，总盈利为114.56亿港元，同比增长146%。

领导班子

董事会主席：米高·嘉道理爵士

执行董事、首席执行官：蓝凌志

中国区总裁：陈绍雄

投资策略　中电于2014年初修订了集团投资策略，策略可归纳为三点：专注、成效、增长。策略涵盖四个方面：继续以香港为主要市场并作为策略核心，致力长期在香港建立和扩展业务；中国内地和印度是全球发展最蓬勃的两个市场，能源领域具有发展潜力和投资机遇，中电在当地具有有利的发展条件，以及多元化和基础稳固的业务，将为未来增长提供良好的平台；部分东南亚国家未来数年对发电容量的需求将保持强劲势头，密切留意相关国家情况，寻找发展机会，把握投资机遇；致力于重新体现澳大利亚业务的资产价值。

业务发展

（1）香港地区业务。中电在香港营运纵向式综合电力业务，为九龙、新界、大屿山及大部分离岛约267万客户（即全港八成人口）提供可靠程度达99.999%的电力服务。中电在香港经营青山发电厂、龙鼓滩发电厂及竹篙湾燃气轮机发电厂，这三家电厂属于青山发电有限公司，总发电量为8143MW（截至2020年12月31日）。中电电缆总长度超过16000km，变电站数目超过15000个。2020年全年售电量为340亿kWh，同比减少0.9%。2020年，中电在香港的电力业务营运盈利78.18亿港元，上升5%，与资本投资升幅相符。随着新建的燃气机组投入运作，中电的燃气发电比例大幅提高至约50%，使电力供应的碳强度降低约20%。

（2）中国内地业务。中电是中国内地有影响力的外资发电公司之一，投资分布在十五个省、自治区和直辖市，与五大发电集团、两大电网公司、中国广核集团、中国能建集团、中国电建集团等能源企业均有良好的业务合作。至2020年底，中电在内地的发电权益及购电容量约为8990MW，其中火电容量3953MW、核电2685MW、水电及抽水蓄能1089MW、风电935MW、光伏发电328MW，零碳能源占比56%。在新冠肺炎疫情的艰难形势下，中电在中国内地的所有业务表现良好，营运盈利22.33亿港元，仅减少1.9%。核电项目是中电在中国内地的主要营运盈利来源，约占总额2/3。位于防城港高新科技园区的增量配电网于2020年1月投入服务，并于4月开始为客户供应电力，该项目是中电在中国内地的首项配电网投资。中电于2020年11月联同中国南方电网有限责任公司及其他投资者成立南网能创股权投资基金，旨在把握大湾区在创新能源发展、新能源基建及智慧能源方面的投资机会。

（3）印度业务。中电印度是当地领先的独立发电外资公司，也是最大的风电开发公司。印度是受新冠肺炎疫情影响最严重的国家之一，尽管如此，由中电与Caisse de dépôt et placement du Québec共同拥有的中电印度保持高水平的营运安全表现及可用率。2020年，中电印度的哈格尔电厂维持非常高的可用率；另一方面，风资源偏弱，加上受恶劣天气事件影响，导致风力发电量较低，但由于太阳能发电项目增加，发电量上升，抵消了部分跌幅。2020年，中电于印度营运盈利1.75亿港元，下跌33.5%，财务表现亦受Paguthan电厂及Khandke风场合共0.52亿港元除税后减值支出影响。中电印度通过落实收购输电项目，拓展低碳业务。首个项目是位于中央邦（Madhya Pradesh）的Satpura Transco Private Limited，相关资产自2019年11月成功移交中电印度后，一直保持100%的可用率，为中电印度2020年盈利作出贡献。

（4）东南亚及中国台湾业务。中电从20世纪90年代初期开始拓展东南亚电力市场，持有中国台湾和平电厂和泰国Lopburi太阳能光伏发电项目的权益。由于其高可用率及煤价下跌的影响，中国台湾和平电厂于2020年财务业绩良好。在泰国，Lopburi太阳能光伏电站年内运作畅顺，但税务豁免期届满影响了电站的财务表现。基于集团在《气候愿景2050》修订版的承诺，中电于2020年10月撤出开发旧有的越南Vung Ang二期燃煤发电项目，也正准备撤出Vinh Tan三期项目。2020年，中电在东南亚及中国台湾业务的营运盈利3.86亿港元，增加15.2%。

（5）澳大利亚业务。中电早于21世纪初已踏足澳大利亚市场。2011年，完成收购位于新南韦尔斯省的EnergyAustralia零售业务。作为澳大利亚规模最大的综合能源公司之一，EnergyAustralia经营包括自有和外购发电容量的均衡业务组合，包括燃煤和天然气发电设施，以及风电、太阳能和储能系统等新能源。截至2020年12月31日，EnergyAustralia发电及储能容量包括长期购电协议共5389MW。同时，EnergyAustralia为245万在维多利亚省、南澳省、新南韦尔斯省、澳大利亚首都领地及昆士兰省的用户提供电力和燃气零售服务。受新冠肺炎疫情影响，加上2019年7月起实施的零售价格规管，以及来自新旧能源供货商的持续竞争，对零售业务利润造成沉重压力。与此同时，批发价格下跌影响了能源业务的利润。EnergyAustralia的基本营运盈利因此较2019年减少，但计入能源对冲合约有利的非现金公平价值变动后，营运盈利则按年上升7.9%至16.9亿港元。

（6）《气候愿景2050》。一直以来，中电全力支持气候行动。集团于2007年订立《气候愿景2050》，定下了2010年至2050年的一系列目标，包括按集团电力供应的碳强度所量度的减碳目标，以及按可再生能源及零碳排放能源占集团发电组合比例计算的洁净能源目标。《气候愿景2050》为集团的业务策略提供了路线图，为公司发展奠定基石，指引公司妥善管理气候相关的风险和机遇。多年来，中电应地方政策的转变和技术的发展而检讨及更新集团的目标。2019年中电发布全新目标：到2050年，中电发电组合的碳强度下调至0.15kg/kWh，较2007年的水平降低80%；2030年底前，实现可再生能源及零碳排放能源分别占发电容量的30%及40%。2020年，中电的碳强度为0.57kg/kWh，低于《气候愿景2050》中规定的当年0.6kg/kWh的减碳目标。

（胡星明）

【澳门电力股份有限公司】

公司概况 澳门电力股份有限公司（简称澳电）

是拥有对澳门特别行政区输送、分配及出售高中低压电力的供电公共服务专营机构。1906～1972年，此项服务由总部设于香港的澳门电灯公司提供。1972年转为由澳电提供。1982年，澳电得到澳葡政府支持，重整架构。1984年，澳门电网通过两回110kV架空线与广东电网建立联网；并先后于2006、2007、2008、2012年及2015年数度改造升级和增加联网通道，共有6回220kV电缆联络线路及4回110kV备用电缆联络线路。2010年11月，澳门特别行政区与澳电签订延续15年的供电专营合同，合同于2010年12月1日起生效。1987年起，政府由原来澳电最大股东转为仅占8%股份，南光发展（香港）有限公司占有42%股份，亚洲能源顾问有限公司占有21%，Polytec Industrial Limited及亚洲投资有限公司各占11%及10%，澳门特别行政区政府占8%，中国电力国际有限公司占6%，而余下的2%由本地的小股东占有。

2020年，受疫情影响，澳电总用电量同比下降6.2%至5378GWh，这是澳电自成立以来首次下跌。澳门的供电来源以从由中国南方电网输入电力为主，达4853GWh，占澳门总用电量90.2%。而本地发电量及从澳门垃圾焚化中心购买的电量为373GWh及152GWh，同比下降39.1%及13.1%，分别占澳门总用电量6.9%及2.8%。

截至2020年12月31日，澳电资产总值约98亿澳门元，总收入71.3亿澳门币，税后溢利达7.65亿澳门元。

澳电发电设施主要由两座发电厂组成，分别是位于路环岛上的路环发电厂A厂及路环发电厂B厂，其额定装机容量分别为271.4MW和136.4MW。路环发电厂A厂使用低速柴油发电机组，而路环发电厂B厂使用复式循环燃气轮机组。设备容量分别占了澳电总设备容量的66.6%和33.4%，于2020年发电量各占澳电总发电量的43%和57%。

澳电的绩效表现于2020年再次全面达标，基于澳电责任的供电可靠度于年内再度达到世界顶尖水平99.9999%

领导班子

董事长：傅建国

执行委员会主席：梁华权

执行委员会执行董事：施雨林

执行委员会首席顾问：岳宗斌

组织机构 下设输配电部、发电部、客户服务部、电力系统调度部、人力资源及可持续发展部、财务部、资讯系统部、采购及总务部及监管事务及企业传讯办公室等职能部门。

企业战略 澳电致力于成为亚洲领先的能源服务供应商，为客户提供可靠、安全、可持续和环保的能源服务，为股东和社会创造价值。

澳电专注于不断提升自身的技术能力和改善客户的体验，结合先进的科学与技术，更智慧地管理能源。澳电坚持“以人为本”的企业发展宗旨，优化管理，服务好澳门市民和社会，为本地市民与企业带来最人性化的优质服务是澳电的愿景。

人力资源 至2020年底，澳电总员工人数为710人，同比下降0.28%。

（1）专业技能培训。澳电为各项员工培训及发展课程投入大量资源，使员工增加专业范畴的知识储备，提高专业技能，发展个人才能，实现自我价值。2020年内举办了不同类型的培训，包括各种专业及职业技能的课程，以及与安全、健康、环境和质量相关的培训课程或讲座。此外，澳电鼓励员工透过参加公开培训课程与同业或友好机构互相交流学习，于2020年分别委派了两名管理团队成员参加“澳门管理专业协会企管精英培训计划”及“一带一路电力能源高管人才发展计划”。由于疫情影响，有部分在本地或原定计划在外地举办的培训课程均改为线上授课。

（2）电力工程技能发展计划。为了使培训更具系统性，加强员工在不同职业路线的技能发展，澳电于2020年4月成立专案小组研究并建立一个适合不同程度的电力工程人员的持续发展计划，以协助其持续进修技能，计划涵盖电力工程基础知识及公司核心业务的主要技能。此外，通过建立技能考核及认证制度，标准化电力工程人员的技能水平及提升工作安全要求。

（3）人才库。澳电深明人才培育与社会发展息息相关，作为澳电的公用事业机构，澳电希望尽社会责任，为培育人才作出贡献。澳电积极推动和参加与本地大学及政府机构合作的实习培训计划，为大学生及中学生提供职场体验机会，让他们尝试独立处理工作，从而加深对电力工程行业的认识。

安全生产 澳电鼓励所有员工积极参加与安全、健康、环境和质量有关的项目。自2017年开展“管理层安全探访”以来，执行委员会成员或总监每月走访不同的工作场所，如发电厂、变电站或仓库等，视察工作环境并与前线员工进行交流，讨论施工安排及提出安全建议。另外，有专员到各部门进行不定期的安全巡查，确保员工在日常工作中落实执行各项安全措施。在整体员工的共同努力下，澳电继2013年后再次达到工作零意外的目标。

经营管理 澳电自1972年成立以来，依托专营合同，运营澳门本地电力业务，使澳门在电力供应、安全保障、电力客户服务等方面得到了明显的改善。2020年，基于澳电责任的平均服务可用指数（ASAI）达99.9999%，供电可靠度稳居世界先进水平。凭借着良好的业绩和优秀的管理，澳电获得了多项国际认证。澳电始终秉持科学管理、快速响应，坚持关怀社区、造福社区，供电服务满意度长期维持较高水平。

澳电在保持世界一流高可靠性供电的同时，遵从澳门特别行政区政府电费调整原则，通过精准的电力投资控制、专业化的电力运营管理，依据国际燃料价格波动、社会和不同阶层客户的实际经济情况而调整电价，从而实现合理而平稳的电价。面对连年通胀，澳电保持基本电价连续24年没有增加，在世界66个主要城市的净电价排名中，澳门净电价长期处于中低水平。

澳电的股东构成多元化，各个股东具有不同的强项和特点。其中南光（集团）有限公司是唯一一家总部设在澳门的中央直属大型企业，是澳门最大的石油产品供应商和重要的社会民生服务的提供商；葡萄牙能源集团（EDP）是世界第四大的风电生产商和葡萄牙最大的企业；三峡集团是世界上最大的水力发电企业，同时也是中国最大的清洁能源集团之一；私人投资公司——亚洲投资有限公司和保利达工业分别由在葡萄牙和港澳地区具有影响力的企业家所拥有；中国电力国际有限公司为国家电力投资集团公司下属的全资公司，在不同的发电设施运营和管理方面具有丰富经验。澳电多元化的股东资源，是澳电构建智慧能源、持续发展的强大助力，是助推澳电业务多元化、参与“一带一路”“大湾区”建设、融入国家发展战略的重要抓手。

客户服务 2020年，澳电将聊天机械人服务由澳电微信扩展至澳电网站，并采用人性化设计为机械人带来全新形象——“法仔”和“小度”，它们可以24h全天候以中文或英文为客户解答有关账单、缴费、申请等问题，同时支援真人客服功能，令服务更全面。

澳电积极推动实时电子支付，2020年再增加三个实时电子支付渠道，包括澳门钱包、极易付、南光通、工银澳门及立桥银行。实时电子支付不仅可以缴交每月电费账单，还可以让客户在澳电网站的申请过程中缴交物业登记书面报告（查屋纸）和商业登记文件的申请费用。

更新电动汽车网页，使其内容变得更丰富。新增设的“有用资讯”页面除了提供购买、驾驶和充电方面的小贴士，还包括电动汽车车款、电动汽车相关新闻和减碳计算机等。在网页设计上，澳电以更生动和有趣的动画和视觉设计为用户带来耳目一新的感受。用户可通过澳电手机应用程序或登录网页来启动充电。

新客户资讯系统项目于2018年开展，旨在与澳电的策略保持一致以增强客户体验，现处于开发阶段。为使各项工作流程更顺畅，部分核心外围子系统，尤其是与现场工作管理有关的，已完全集成到新系统。这种无缝集成能够为即将到来的智能电子服务提供更好的基础，带来更出色的客户体验。

为支持澳门特别行政区政府打造智慧城市，澳电正结合最新计量科技、通信技术及数据分析工具，逐步打造智慧型电能表基础设施。澳电于2020年完成更换或安装超过两万个智能电能表。

澳电一直通过量度服务素质及评估客户对澳电的满意程度，持续改善全方位的客户服务体验，继柜台服务和聊天机械人平台后，澳电把客户服务体验评分系统扩展到电话咨询中心、网站、手机应用程序及社交媒体中，旨在更进一步收集及分析客户对澳电不同服务渠道的意见。

澳电于2020年继续推行“客户满意度调查”，满意度达88.6%，再创十年新高。

大气排放 澳电于2020年9月再次成功获取ISO 14064-1温室气体管理系统认证，这次升级版本的主要变更在于制定间接排放的准则，并将温室气体排放源分为六大类来取代过往的三大范畴。

第24/2019号行政法规《发电厂的空气污染物排放标准》于2020年7月9日正式生效，新法规所制定的标准比过往更为严格及具体。为此，澳电一直向环境保护局提供空气污染物实时监测数据，并且每6个月提交一份由认可机构编制的空气污染物排放检测报告，所有结果均符合新制定的《发电厂的空气污染物排放标准》。

社会责任 澳电重视企业社会责任，一直以实际行动贯彻服务社群的核心价值，然而由于2020年新冠肺炎疫情的出现，澳电响应澳门特别行政区政府呼吁，减少举办活动以避免人群聚集，导致原定于2020年上半年的大部分活动不得不取消或延期。随着疫情缓和及防疫限制逐步放宽，澳电恢复举办社区活动，但仍以小规模及线上为主。

全新体验 2020年，澳电举办一系列全新活动。11月，与跑净澳门 ＃PloggingMacau 合办“慢跑净澳”活动，共有50位市民参与，此新兴活动将做运动与拾垃圾相互结合，参加者慢跑或步行，沿途拾起乱抛在街道上的垃圾再放进回收箱。亲子活动方面，“童趣读书会”以简单故事及可爱插画，向小朋友宣扬珍惜电力、保护环境的重要性。另外，澳电首办“澳门夜间光与影”摄影课程，邀请专业摄影导师教授夜间、光影及特效的拍摄技术。

连系社群 “澳电爱心大使”义工团队于6月重启活动，并继续与多个本地团体合作，包括为有需要家庭检修家居电力装置、走访社区送汤水、家庭探访及员工健康慈善午餐等，借着不同活动为社会献上爱心。

为推动旅游业及相关行业从疫情中复苏，澳电作为本地公用事业，积极支持澳门特别行政区政府旅游局主办的“心出发·游澳门”本地游计划，在6～9月期间，无偿接待超过3400人次、107个本地旅行团，并由澳电导赏员带领探索路环发电厂。

另外，自2017年举办的澳电“电力X文创”系列活动首度与澳门科技大学人文艺术学院合作，邀请了13位学院学生为低压配电箱进行艺术活化，是次各配电箱分别位于人流较多的地区，让更多途人可以欣赏作品。

澳电致力推广节能环保及普及用电安全相关知识，“校园戏剧巡演”以全新剧目举行巡演，到访17间小学校园为超过2200名小三及小四的师生带来趣味演出，通过欢乐互动的剧场鼓励学童从小养成良好的用电习惯。

“电器化烹饪班”及“绿色工作坊”于2020年下半年恢复举办，向市民免费开放，教学内容包括制作葡式菜肴、摇摇曲奇、环保果酱及圣诞花环。

除了多元丰富的社区活动，澳电还通过与本地社团合作，举办多场讲座向业界和市民宣传重要电力资讯，包括“低洼地区如何应对台风分享会”“澳电配电工程提升旧区供电”专题讲座及“知慳惜电及安全用电”讲座等。

社交互动 社交媒体已成为现代生活不可或缺的一部分，澳电近年将宣传主要集中在澳电Facebook专页及澳电微信。截至2020年12月，澳电Facebook专页的关注人数已突破20000人，澳电微信已有超过32000人关注。

疫情期间，澳电积极鼓励市民于网上办理服务以减少外出，并利用社交媒体及网页发布讯息，包括上载防疫相关措施安排、政府抗疫电费补贴图文包及常见问题等，方便公众查询了解。因疫情缘故而暂停举办群体聚集活动期间，澳电亦持续通过举办Facebook活动保持与公众互动和联系，如“周末松一松”“认识幕后英雄”及“我系澳电人”等有奖活动，以及“过电分半钟”街访短片等。2020年内共推送214个贴文，超过122万人次浏览。

（阮少宝　王　莹）

【广东省能源集团有限公司】

公司概况 广东省能源集团有限公司（简称广东能源）成立于2001年8月8日，其前身广东省粤电资产经营有限公司是全国第一家因“厂网分开”电力体制改革而组建的发电企业，2003年更名为广东省粤电集团有限公司。2019年2月18日，广东省粤电集团有限公司正式更名为广东省能源集团有限公司。广东能源注册资本230亿元人民币，由广东省政府和华能集团分别持有76%和24%股权。

截至2020年底，广东能源资产总额1532.32亿元，净资产737.82亿元，在职员工1.4万人，可控装机容量3682.8万kW，可控航运运力近220万t；全年实现营业收入488.22亿元，利润总额61.70亿元，上网电量1123.64亿kWh，年代输天然气量超62亿m^3，煤炭供应量超3700万t；拥有全资、控股、参股单位239家，控股1家A股上市公司（粤电力）。在2020年中国企业500强位列第373位。

组织机构 见2020年广东省能源集团有限公司组织机构图。

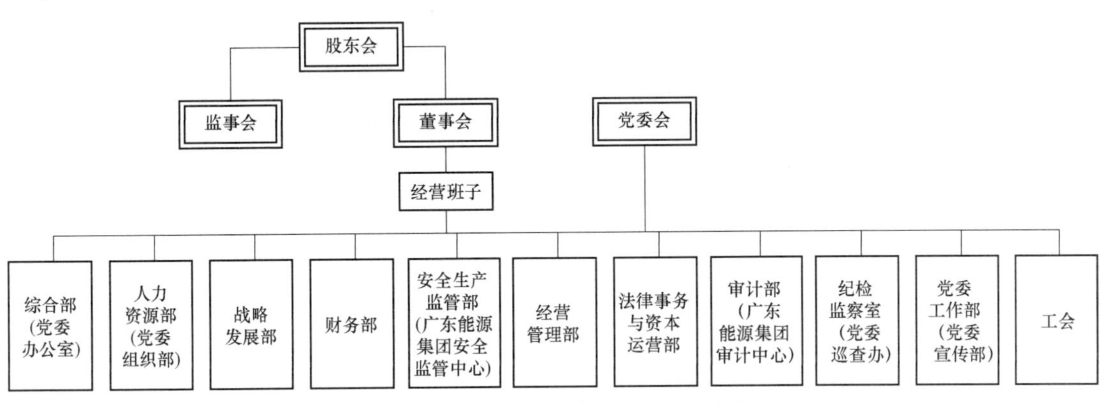

2020年广东省能源集团有限公司组织机构图

领导班子

党委书记、董事长：李灼贤

党委副书记、董事、总经理：黄镇海

党委副书记、纪委书记、省监委驻省能源集团监察专员：黎凯生

党委副书记、工会主席、董事、直属党委书记：胡军梅

党委委员、副总经理：周玉明、杨新力、姚纪

恒、文联合

公司业务 广东能源作为广东省内最大的综合性能源集团，拥有包括火电、水电、风电、新能源、综合能源服务、天然气、燃料、航运、金融、贵州区域、境外投资等在内的11个业务板块，产业遍布广东全境，并延伸至省外和海外。

（1）火电板块。坚持聚焦能源主业推进转型升级，火电机组结构更为优化，大容量高参数煤电装机占比进一步提高，60万kW及以上大容量高参数环保型机组占比达83.8%。广东能源现有可控火力发电厂22家，装机容量3195.2万kW，清洁能源占比达21.8%。

（2）水电板块。积极整合优化水电业务，重点发展抽水蓄能电站，谋划布局西部水电，通过收并购拓展延伸水资源业务，提升经营集约化管理的战略格局。现有可控水力发电厂14家，分布于粤北、粤东和云南、贵州省，装机容量达233.68万kW。

（3）风电板块。坚持以风力发电为核心产业，有序推进海上、陆上风电项目建设，加大风电资源开发力度，推动风电板块迈向高质量发展新征程。现有可控风电场10个，投产装机容量70.92万kW。

（4）新能源板块。围绕发展新能源业务的目标，以“自主开发＋股权并购”双轮驱动为抓手，统筹推进光伏发电核心业务，构建以光伏发电为主业、综合能源服务协同发展的新发展模式。现有可控光伏电站41个，装机容量达100.1万kW。

（5）综合能源服务板块。依托综合能源服务业务板块，以售电为载体，以需求为导向，不断开拓售电＋综合能源服务等多种商业合作模式。紧跟电力市场改革，外协内联，加大客户开发，强化市场营销能力和水平，市场领先地位稳固，市场份额稳中有升。2020年度签约用户履约电量492.47亿kWh，市场电量占比居省内首位。

（6）天然气板块。积极构建天然气全产业链业务，从上、中、下游制定切实可行的发展计划，稳扎稳打，开拓市场，实现产业融合、优势互补，打造具有“资源采购—LNG接收—管船输送—市场营销—交易中心”的专业化平台公司。2020年完成省政府交予的省天然气主干管网“2021工程”任务，全年天然气销售量为10283.32万GJ，同比增长36.7%。

（7）燃料板块。燃料一体化供应链业务持续完善，煤炭采购、供应、储存、装运、销售及固废处置的经营能力持续提升，板块新能源、港口、投资、对外销售等综合业务不断拓展。2020年全年煤炭供应量超3308万t，现拥有参股煤矿项目6个，权益煤炭年产量约741万t。

（8）航运板块。围绕航运板块战略要求，坚持保障集团电煤运输的基石稳固，从“松散型、投资型”转变成“专业化”，从“保障型、响应型”转变成“市场化”，为广东能源逐步形成国际能源集团的战略目标服务。广东能源拥有全资及可控航运企业5家，共有散货船30艘，运力规模218万t，广东省内排名第2、国内排名第7。

（9）金融板块。以财务公司、自保公司、融资租赁公司为主体，打造全方位的综合金融服务平台，多轮驱动助力广东能源开展公司金融服务，保证能源结构转型、绿色高质量发展的资金供应，通过融资创新，进一步优化融资结构、降低融资成本，助力产业发展，推动产融结合。

（10）贵州区域板块。立足贵州区域业务板块定位，着力中西部地区新能源和清洁能源投资拓展业务。业务范围由早期的煤层气发电、风电发展为光伏、水电、煤层气发电、风电，业务区域从贵州延伸到河南、湖南、江苏、四川、湖北等地。现可控新能源投产装机规模48.6万kW。

（11）境外投资板块。境外投资板块以建设广东能源境外投资及业务发展管理平台为目标，积极拓展境外能源市场，依法合规推进境外项目投资建设，提升境外资产管理水平。板块已拥有一支海外业务专业队伍，可开展海外电力、煤炭投资机会研究，进行项目接触、筛选和评估，进行项目风险识别以及决策投资，为更好实现集团“走出去”战略奠定了良好基础。

党建引领 不断健全学习贯彻落实机制，广东能源全年共开展18次党委理论学习中心组学习、8次专题党委会学习、24次“第一议题”学习；围绕学习贯彻习近平总书记出席深圳经济特区建立40周年庆祝大会和视察广东重要讲话、重要指示精神，结合广东能源实际开展11个专项课题调研。广东能源各级党组织共开展党委理论学习中心组学习899次、集中学习研讨442次，党员班子成员带头讲党课391次、牵头开展专题调研308个，全面推动“大学习、深调研、真落实”走深走实。

建立落实“两个维护”十项机制，梳理明确广东能源党委研究决定事项清单和研究讨论企业重大经营管理事项清单，广东能源全年共召开党委会40次，审议议题448项，其中前置审议议题212项。严把政治关，对在急难险重任务中表现突出的入党积极分子优先发展，全年共发展党员152名。坚持党建带团建，召开广东能源第四次团员代表大会，广东能源团委被评为全国电力行业“最美团青组织”。

压实党建工作责任，全覆盖开展党组织书记述职评议考核。落实“四个同步、四个对接”要求，推进二级平台企业党组织规范设置及选举工作。扎实推进

“五强五化”示范党组织创建，打造湛江风电公司“红旗领航·能源新风”等特色党建品牌。云河发电公司等单位组织党员突击队和志愿服务队，积极参与疫情联防联控、机组抢修等工作。认真落实意识形态工作责任制，牢牢守住意识形态阵地，企业文化升级工作扎实推进，企业文化展厅建设完成。

全面从严治党持续深入推进。不折不扣抓好省委巡视反馈问题整改，深化成果运用，62 个具体问题整改完成率 96.8%，并对照近年来巡视巡察发现的问题，开展自查自纠整改工作，对 2 家单位开展巡察式专项检查。坚定不移正风肃纪反腐，持之以恒整治形式主义、官僚主义，开展扶贫领域腐败和作风问题等专项检查。扎实推进纪检监察体制改革。精准运用“四种形态”，不断强化监督执纪问责，持续涵养风清气正的政治生态。

安全生产 2020 年，广东能源不断夯实安全生产管理基础，及时排查整治重大安全生产隐患，加强技术监督，努力提高设备可靠性，不断提升网络安全防护水平，为开启“十四五”新征程打下了坚实基础。

全年未发生较大及以上各类生产安全事故，没有发生电力安全事故、事件。

克服疫情影响，全力保障安全生产稳定。广东能源领导带队 64 批次深入生产一线检查督导疫情防控、安全生产、应急准备等工作，确保疫情防控和安全生产两不误。

创新安全管理方式，建立广东能源安全监管中心并正式运作，委托中国安全生产科学研究院对广东能源总部、8 家生产经营类二级平台企业和 4 家有代表性的三级业务单位开展安全生产合规性评估。深入开展安全生产专项整治三年行动，严格执行“一线三排”工作机制，各单位领导和安全生产管理人员开展专项督查 203 次。开展 2020 年安全生产领域专项整治、电力行业安全生产集中整治，广东能源共计排查整治隐患和问题 995 项，整改完成率 94.97%。编制和发布了《海上风电防台应急预案和现场处置方案》，成功举办 2020 年海上风电直升机应急救援、运维演练。高效开展三防和大坝管理工作，有力保障平稳度汛。积极推进大坝安全隐患整治，完成南水水库泄洪道弃渣历史遗留问题整治。成功防御近 15 年来遭遇的最强“龙舟水”和“鹦鹉”“森拉克”等台风的侵袭。持续推进二十五项反措专项查评活动，发布《广东能源集团二十五项反措专项查评实施细则》（第二版），完成沙角 A 电厂等 9 家单位的现场查评工作，共查找出重要问题 153 项、一般问题 673 项、其他建议 221 项。以培训促安全，大力开展安全文化建设。广东能源主要负责人带头开展“安全生产负责人谈安全生产”活动。552 人通过企业负责人和安全管理人员培训取证、复证。扎实推进信息化工作，进一步提升网络安全防护水平。发布《“数字能源”建设总体规划报告》，加大力度推进软件正版化工作，扩大国产软件应用覆盖面。全年未发生网络安全事件。

经营状况 2020 年广东省购电量市场份额：广东能源省内可控电厂上网电量 15.6%（1008 亿 kWh），省外购电 31.8%（2058 亿 kWh），省内其他 52.6%（3413 亿 kWh）。供电标准煤耗 300.86g/kWh，年耗用标准煤 3094 万 t，年耗用燃油 0.72 万 t，平均等效可用系数 90.87%，平均直接厂用电率 5.3%。

广东能源 2019 年经营业绩考核结果再度获评 A 等级，考核得分在省属竞争类企业中名列前茅。全年集团完成上网电量 1123.64 亿 kWh，同比下降 2.6%。广东区域火电全年累计完成基数电量 136.57 亿 kWh，完成率达 142%；完成年度长协履约电量 734.56 亿 kWh，完成率达 100%；争得月度竞价市场电量 82.19 亿 kWh。市场份额和交易电量再次蝉联全省第一。

稳步推进综合能源服务业务。火电板块 10 家电厂通过合同能源模式上马 11 个储能项目（累计容量达 208MW），综合能源板块全年累计签约综合能源服务项目 5 个、储备项目 35 个，实现了“零”的突破。

电煤保障性不断提高。全年采购煤炭 3786 万 t，有效确保生产需求。航运板块克服困难，通过沟通协调和及时增加外租补充运力，全年共完成电煤运量 2703 万 t，占集团电煤采购量的 81.7%。

优化电煤长协机制，全年长协合同到货量占比达 52.8%，创历史最高水平。抓住国际天然气价格大幅走低市场时机，累计完成天然气自主采购 11 船，自主采购量为 2019 年的 2.8 倍，提高自主采购比例达到 4 成。根据航线特点，深挖船舶运输潜力，结合船舶精细化运营管理，不断提升经营效益。

开拓市场，外销突破。燃料板块对外煤炭经营业务实现逆势快速增长，全年对外销售煤炭 128.6 万 t，实现销售收入 7.5 亿元，同比分别增长 41.8% 和 49.6%。天然气板块外销气量近 11.5 万 t，销售金额超 1.5 亿元。

实现金砖国家新开发银行广东首笔项目贷款落地；获批注册 100 亿元绿色企业债额度，全年共发行各类债券 111 亿元。信贷规模在 2020 年 11 月 30 日创下新高，金融暖企惠企成效显著。

绿色发展 深入推进循环流化床锅炉和 W 型火焰锅炉等非常规燃煤机组超低排放改造，完成了最后 2 台非常规燃煤机组（云河 5 号机组和粤江 11 号机组）的超低排放改造，集团燃煤机组全部达到超低排放要求。加快推进实施集团“碧水工程”，各火电厂废水零排放改造项目的主体工程已基本完成，其中 23

台机组的末端废水处理系统投入运行。开展燃煤电厂氨站尿素替代液氨改造，提高安全水平，先行启动了红海湾、靖海、中粤、茂名、珠海等电厂的尿素替代液氨改造项目。

至2020年底，广东能源所有的沿海燃煤单位和阳江港务公司共10个码头，以及配套改造的航运公司两条船舶已全部完成岸电装置改造，其中9个项目通过了船级社认证。该项目的完成投运，将大大减少靠港船舶大气污染物排放。该事项被评为广东省电力行业2020年十件大事之一。

环保指标：二氧化硫排放绩效0.051g/kWh，同比降低0.004g/kWh；氮氧化物排放绩效0.125g/kWh，同比降低0.013g/kWh；固废综合利用率93.8%；烟尘排放0.006g/kWh，同比降低0.002g/kWh。环保排放指标继续处于同行先进水平。

广东能源16家参评煤电企业中，14家获得环保诚信企业（绿牌）评级，2家获得环保良好企业（蓝牌）。

人力资源 广东能源贯彻落实“党管干部，党管人才”原则，认真开展选人用人专项检查反馈意见整改工作，积极推进“总部机关化”问题专项整改等工作，优化完善考核与收入分配体系，加强干部队伍建设，积极构建人才成长平台，努力为广东能源可持续发展提供强有力的人才支持与组织保障。

2020年，广东能源在岗员工劳动生产率348万元/人，全员培训率90.2%。在岗员工中专及以下20.6%、大专26.0%、本科49.4%、研究生及以上4.0%，30岁以下17.7%、30～39岁24.7%、40～49岁35.0%、50岁及以上22.6%，高级职称10.19%、中级职称23.84%、初级职称19.16%，双师人才30.01%、高级技师2.98%、中级技师15.39%、高级工30.45%、中级工及以下10.25%。

结合“总部机关化”整改，精简总部组织机构。总部定编由220人减少至182人，推动总部提质增效。2020年共提拔任用高管39人、平级交流34人。指导支持各管理单位系统内公开招聘238人，社会招聘各类紧缺专业人才302人；贯彻落实省委省政府“稳就业”工作部署，加大力度招收2020届毕业生共578人，其中招聘管理储备生27人。

广东能源员工共10人获评“广东省技术能手”，惠州天然气发电公司获得“电力行业技能人才培育突出贡献奖”。

爱心公益 组织开展“青春助力脱贫攻坚”行动，举办捐资助学、云支教、公益科普、爱心义卖、扶贫济困、植树绿林等24项活动。47支战疫志愿服务队（突击队），675名青年志愿者活跃在志愿服务一线，助力企业后勤保障，增援社区疫情防控，协助生产部门复工复产。靖海发电公司志愿服务队获评“广东省优秀战疫志愿服务组织”。

精准扶贫 认真贯彻落实省委省政府脱贫攻坚及地方疫情防控工作部署，扎实开展帮扶村脱贫巩固及扶贫村疫情防控工作。2020年，广东能源共捐赠扶贫资金约1461.28万元，其中援藏捐赠134.45万元，省扶贫济困日活动认捐1200万元。广东能源及承接有地方定点扶贫任务的14家管理单位的帮扶对象全部脱贫出列，广东能源连续10年荣获“广东扶贫济困红棉杯金杯”。

关爱员工 坚持以职代会为主要形式的民主管理工作，通过领导接待日、民主对话会和合理化建议等形式多样的民主管理活动，搭建多种形式的沟通平台，引导员工依法理性表达诉求。全年各单位共收到职代会提案284件，立案216件，全部得到落实；共收到合理化建议2077个，采纳1328个。举办第七届“广东能源杯”羽毛球比赛。组织庆祝广东能源成立十九周年暨“企业文化日”系列活动。

对生产及防疫一线职工、防疫一线医务人员的职工家属共开展慰问1200多人次，发放慰问金共计70多万元。制定发布《集团职工帮扶济困互助金管理办法》，开展帮扶济困互助活动，共有12000多名职工申请参加。对困难、生病住院职工补助和慰问共1400多人次，补助慰问金额合计110多万元。

1家单位工会荣获“广东省模范职工之家红旗单位”称号，2个集体荣获“广东省模范职工小家”称号，1人荣获“省工业系统优秀工会工作者”称号。2人荣获“全国劳模”称号，2人荣获“广东省劳动模范”称号，1个班组荣获“广东省先进集体”称号，1家单位荣获“全国大型水电厂（站）‘节能环保’专项劳动竞赛先进单位”称号。共有4个集体和2名个人被评为粤港澳大湾区建设工程劳动竞赛先进集体（个人），2家单位工会女职委荣获“省总工会女职工工作先进集体”称号，各有1人荣获“全国三八红旗手”“省总工会女职工工作先进个人”“省工业系统先进女职工”称号。

落实劳动保护监督检查工作，职工安全健康权益得到切实维护。各有1个先进单位（集体）被评为全国“安康杯”优胜班组、广东省“安康杯”竞赛优胜单位、广东省“安康杯”竞赛优胜班组。

科技创新 进一步完善广东能源科技创新体制，成立广东能源科技创新委员会及科技创新专家委员会。开展集团广东省博士工作站的申报工作，2020年7月经省人社厅批准。聚焦氢能与储能、数字能源、碳排放与大气污染协同治理和海上风电设备设施防腐防潮及海洋生物防治等方向，实施一批具有前瞻性、战略性的重大科技项目，以科技研发创新促进集团产业升级和新业态发展。加快推进广东能源数字化转型、数字化赋能，加强云大物移智新一代信息技术在智慧电厂、数字营销等领域的应用，推动数字经济和实体经济深度融合，持续提升集团运营管理数字化、智能化水平。加强知识产权挖掘与应用，拥有多项专利的“大型发电设备信息化智能化预警诊断技术研究和应用”等多项重大创新成果取得了显著成效。售电公司先行先试，成为广东能源首家通过知识产权管理体系贯标认证的企业。获得省科学技术奖2项、中国电力科学技术奖3项、中国电力创新奖4项、全国电力职工技术创新奖4项；或授权专利106件，新增软件著作权12件。

主要事件

6月30日，以“决胜脱贫攻坚，助力乡村振兴”为主题的2020年广东扶贫济困日活动在广州举行，省扶贫开发领导小组授予广东能源“2019年度广东扶贫济困红棉杯金杯”。2020年，广东能源承接定点扶贫任务的帮扶对象均已脱贫出列。

10月29日，广东能源退休人员社会化管理主体移交工作任务提前完成，广东能源累计移交退休人员6808人，完成退休党员组织关系转接1957人。

10月30日，广东省天然气主干管网“2021工程”752km全线贯通，按期实现省级天然气主干管网通达21个地级市的目标，完成省政府重点部署的天然气清洁能源普惠民生工程，并移交纳入国家管网管理。

10月30日，广东能源中外合作项目珠海电厂全部剩余资产按照《合作经营合同》正式无偿移交中方，作为发起于90年代初的中国电力利用外资重大项目至此收官。珠海电厂资产移交后，由广东能源广珠发电有限责任公司负责经营。

11月20日，茂名博贺电厂2号机组通过168h满负荷试运行，标志着博贺电厂一期项目两台100万kW机组全面建成投产。项目首期建设两台100万kW超超临界燃煤发电机组，投资81.04亿元。

12月31日，广东能源所属开发公司柳州柳汽分布式光伏发电项目成功并网发电，标志着开发公司光伏电站总装机规模达百万千瓦级。广东能源光伏总装机规模连续多年居广东省首位，每年为社会提供清洁电能超10亿kWh，为中国实现碳达峰和碳中和目标贡献广东能源力量。

2020年底，广东能源党委落实省委“基层党建三年行动计划”各项重点任务基本完成，“五强五化”党组织创建助推本轮“基层党建三年行动计划”顺利收官。广东能源积极组织并推进各单位党组织开展“五强五化”示范党组织创建工作，确定了12个创建单位，打造了一批党建品牌，推动了党建与生产经营深度融合。

2020年，根据省政府、省国资委有关国资国企改革工作部署，广东能源积极推进广东能源国企改革三年行动工作，研究出台广东能源国企改革三年行动实施措施，确定三年改革关键期改革施工图，召开国企改革三年行动落实推进会议等，标志国企改革工作全面启动，为集团全面深入开展改革工作奠定坚实基础。

2020年，广东能源统筹推进疫情防控和经济社会发展，扎实做好“六稳”“六保”工作，主动担当作为，提前总体完成2020年省重点建设项目计划，全年新投运发电装机创近年新高；新能源发展取得重要突破，收获高质量发展高峰，清洁能源装机达1180万kW、清洁能源占比提升至32%，“十三五”发展理想收官。

（俞　岚　高晓兰）

【2020年台湾地区电力发展情况】

2020年台湾地区电力总体上发展平稳，发电装置容量、电力供给、配输电能力以及实际销售使用量均有小幅度增长。与此同时，火力发电依然占据绝对主导地位，火力燃料消耗总量尤其是民营电厂燃料消耗量以相对较大的幅度增长，电力增长面临的资源与环境压力有加大风险。

发电装置容量　截至2020年12月，台湾地区发电装置容量共5773.8万kW，与2019年同期相比增加159.96万kW，增长2.77%。其中抽蓄水力发电装置容量260.2万kW，与2019年同期持平，占4.51%；火力发电装置容量4178.2万kW（燃煤2100.8万kW，燃油209.5万kW，燃气1867.9万kW），同比减少8.4万kW，占72.36%；核能发电装置容量387.2万kW，同比没有变化，占6.71%；再生能源发电装置容量948.2万kW（惯常水力209.3万kW，太阳光电581.7万kW，风力85.4万kW，生质能8.6万kW，废弃物63.2万kW，地热0.03万kW），同比增加168.4万kW，占16.42%。总的来看，再生能源发电装置尤其是太阳光电的装置容量有较明显增长。

从发电主体看，台湾电力股份有限公司（简称台电）发电装置容量为3545.5万kW，同比增长69万kW，占61.40%；民营发电厂发电装置容量为911.1万kW，同比增加21.5万kW，占15.78%；自用发电设备发电装置容量为1317.2万kW，同比增加131.5万kW，占22.81%。

民营再生能源发电厂建设方面，2020年有1家座民营水力发电厂新投入商业运营，新增装置容量0.1万kW；有21家电力或能源公司的25座太阳能发电厂新投入商业运营，新增装置容量合计为18.29万kW；有1家座民营太阳能发电厂新投入商业运营，新增装置容量0.72万kW。截至2020年底，投入商业运营的民营水力发电厂累计 4 家企业 6 座发电厂，装置容量共 4.22 万 kW；投入商业运营民营太阳能系统发电公司共 31 家，发电厂累计 74 所，装置容量合计 31.77 万 kW；投入商业运营的民营风力发电公司共 15 家，投入商业运营的风力发电机组 202 座，装置容量合计 53.5 万 kW。

生产供给情况 2020 年，台湾地区毛发电量总计 2801.40 亿 kWh，同比增长 2.17%。其中，抽蓄水力发电 31.59 亿 kWh，占 1.13%；火力发电 2302.28 亿 kWh，占 82.18%（燃煤火力发电 1259.20 亿 kWh，占 44.95%；燃油火力发电 44.21 亿 kWh，占 1.58%；燃气火力发电 998.87 亿 kWh，占 35.66%）；核能发电 314.40 亿 kWh，占 11.22%；再生能源（含惯常水力、地热、太阳光电、风力、生物质能及废弃物能）发电 153.13 亿 kWh，占 5.47%。

从发电市场主体的角度来看 2020 年的发电结构，台电毛发电量为 1911.00 亿 kWh，占 68.22%，占比较 2019 年轻微下降 0.36 个百分点；民营电厂毛发电量 448.35 亿 kWh，占 16.00%，同比上升 0.47 个百分点；自用发电设备毛发电量 442.04 亿 kWh，占 15.78%，同比下降 0.11 个百分点。

2020 年台电净发购电总量为 2389.28 亿 kWh，其中自有发电 1838.73 亿 kWh（抽蓄水力发电 31.47 亿 kWh，火力发电 1469.65 亿 kWh，核能发电 303.42 亿 kWh，再生能源发电 34.18 亿 kWh），购电 550.56 亿 kWh（民营火力电厂 405.91 亿 kWh，再生能源 103.62 亿 kWh，汽电共生 41.02 亿 kWh）。

在发电燃料消耗方面，2020 年台电火力燃料消耗总量 3205.22 万 L 油当量，较 2019 年增长 3.02%。其中煤炭 2693.75 万 t，柴油 5.96 万 L，燃料油 75.79 万 L，液化天然气 150.75 亿 m^3；2020 年民营电厂燃料消耗总量 879.37 万 L 油当量，较 2019 年增长 4.23%。其中煤炭 809.44 万 t，柴油 0.58 万 L，燃料油 0.21 万 L，液化天然气 36.60 亿 m^3。

输配电情况 2020 年台电变电系统共有 618 个变电站，其中超高压变电站 31 个，容量 6200.0 万 kVA，同比增长 0.8%；一次变电站 298 个，容量 7635.0 万 kVA，同比增长 0.6%；二次变电站 289 个，容量 2193.7 万 kVA，同比增长 0.1%。输电线路回线长度 17790km，配电线路回线长度 389119km。

2020 年度尖峰负载为 7 月 23 日的 3771.5 万 kW，较 2019 年尖峰负载增长 1.75%，备转容量率达到 16.4%；全年平均负载为 2720.04 万 kW，较 2019 年同比增长 2.5%。

销售使用情况 2020 年台湾电力消费为 2712.47 亿 kWh，平均每人用电量为 11502.21kWh/人，分别较 2019 年同比增长 2.08%和 2.14%。从用电部门结构看，能源部门自用 193.06 亿 kWh，占 7.12%；工业部门用 1507.42 亿 kWh，占 55.57%；运输部门用 14.81 亿 kWh，占 0.55%；农业部门用 32.73 亿 kWh，占 1.21%；服务业部门用 462.37 亿 kWh，占 17.05%；住宅部门用 502.07 亿 kWh，占 18.51%。

2020 年台电售电量 2248.13 亿 kWh，占发购电总量的 94.09%；电力损失量 94.82 亿 kWh，占发购电总量的 3.97%；台电内部用电 46.34 亿 kWh，占发购电总量的 1.94%。售电量中，工业用电（电力）1584.73 亿 kWh，占 70.49%；住户及商业用电（电灯）663.39 亿 kWh，占 29.51%。2020 年电力用户数 32.41 万户（包用电力 0.09 万户，表计电力 32.32 万户），电灯用户数 1423.89 万户（包灯用 17.94 万户，表灯非营业用 1302.79 万户，表灯营业用 103.17 万户），合计 1456.3 万户。平均每户用量为 1294kWh，其中电力用户为 40861kWh，电灯用户为 391kWh。

2020 年各县市售电量从高到低排列如下：台中市 330.73 亿 kWh，占 14.71%；高雄市 311.90 亿 kWh，占 13.87%；台南市 289.78 亿 kWh，占 12.89%；桃园市 281.95 亿 kWh，占 12.54%；新北市 213.79 亿 kWh，占 9.51%；台北市 161.15 亿 kWh，占 7.17%；彰化县 113.30 亿 kWh，占 5.04%；新竹市 105.32 亿 kWh，占 4.68%；新竹县 97.16 亿 kWh，占 4.32%；苗栗县 71.74 亿 kWh，占 3.19%；云林县 60.28 亿 kWh，占 2.68%；屏东县 48.86 亿 kWh，占 2.17%；宜兰县 34.61 亿 kWh，占 1.54%；嘉义县 29.19 亿 kWh，占 1.30%；南投县 28.42 亿 kWh，占 1.26%；花莲县 24.86 亿 kWh，占 1.11%；基隆市 14.82 亿 kWh，占 0.66%；嘉义市 12.07 亿 kWh，占 0.54%；台东县 9.87 亿 kWh，占 0.44%；澎湖县 4.57 亿 kWh，占 0.20%；金门县 3.00 亿 kWh，占 0.13%；连江县 0.76 亿 kWh，占 0.03%。“六都”（台北、新北、桃园、台中、台南、高雄六城市）售电量合计占 70.69%，较 2019 年轻微增加 0.06 个百分点。与 2019 年相比，除了台南市和桃园市的排名发生对调外，其余县市售电量排名没有变化。台南市的售电量较 2019 年增加 19.51 亿 kWh，所占比重增加 0.53 个百分点。

自然灾害造成停电情况 2020 年各类自然灾害造成停电共 4 次，停电用户数共 10.38 万户，停电电量共 27.58 万 kWh。其中，因台风停电 2 次，停电用户数 20291 户，停电电量 6.09 万 kWh；因暴雨停电 2 次，停电用户数 83474 户，停电电量 21.49 万 kWh。

台电主要经营绩效指标 2020 年，台电电费收入 5841.9 亿元新台币，同比增长 2.0%；每千瓦时平均电价为 2.599 元新台币，同比下降 0.8 个百分点。能量损耗方面，台电电力网络线路损失率为3.97%，较2019年增加0.11个百分点，为2015年以来的最高值；供电可靠度方面，每户停电时间为15.931分/（户·年），停电次数为0.230次/（户·年）；员工生产力方面，每位员工平均售电量为9257MWh/人，每位员工平均用户数为598户/人；火力电厂毛热效率为46.0%，机电事故次数为0.11次/机组；在污染物排放方面，每百万千瓦时电排放粒状污染物7kg，排放硫氧化物102kg，排放氮氧化物137kg。

大 事 记

1月2日 广东电网有限责任公司广州供电局举行挂牌仪式，正式改制为广东电网有限责任公司的分公司。

同日 国家电投党组书记、董事长钱智民在宁波拜会宁波市委书记郑栅洁，并共同见证了汇能（宁波）电力研究院、宁波氢能研究院和宁波绿动燃料电池有限公司揭牌及宁波氢能技术研究院合作协议签字仪式。

同日 国家电投党组书记、董事长钱智民与宁波市委副书记、市长裘东耀一同出席国家电投与中国中车股份有限公司联合研发的氢燃料电池城市客车下线仪式，并登上氢燃料电池客车乘坐体验。

同日 中国电建与珠海市战略合作框架协议签署暨前山河流域综合治理项目开工仪式在香洲区白石涌排洪渠排口举行。珠海市委书记、市人大常委会主任郭永航，中国电建党委书记、董事长晏志勇共同见证战略合作协议签署暨项目开工。

1月3日 国家能源局在京召开2020年全国电力安全生产电视电话会议，贯彻落实党中央、国务院关于安全生产工作的决策部署和全国能源工作会议精神，总结2019年电力安全生产工作成效，部署2020年重点工作任务。

同日 国家电网公司总经理辛保安参加国务院第77次常务会议。

1月4日 国家电网公司山东—河北1000kV特高压交流环网工程顺利完成72h试运行，投入正式运行。

1月5日 国家电投广西公司兴安风电公司顺利完成在坘坪风电场覆冰监测系统部署工作，成为全国首个在风电场成功应用覆冰监测系统的风电公司。

1月6日 国家能源局在京召开"十四五"电力规划工作启动会议，部署动员"十四五"电力规划研究及编制工作。

同日 国家能源局印发《关于做好〈优化营商环境条例〉贯彻实施的通知》（国能综通法改〔2020〕2号）。

同日 大唐国际雷州电厂"上大压小"新建工程2×1000MW燃煤发电项目2号机组投产。

同日 中央企业党建思想政治工作研究会公布2019年度优秀课题研究成果和优秀课题研究组织单位获奖名单，国家电投两篇申报课题《构建国家电投企业宪章——国家电投党组贯彻落实习近平新时代中国特色社会主义思想治企理念和工作方法研究》和《新时代国有企业完善"三重一大"决策体系的探索和思考》分获二、三等奖。

同日 三峡集团党组书记、董事长雷鸣山在西宁拜会青海省委副书记、省长刘宁，双方就新能源开发、抽水蓄能电站建设、电力体制改革等进行深入交流。

1月7日 国家能源局印发《光伏发电市场环境监测评价方法及标准（2019年修订版）》。

1月8日 国家电网公司总经理辛保安参加国务院第78次常务会议。

同日 国家能源集团东台海上风电公司以非公开协议方式引入法国电力集团增资扩股方案获国务院国资委批复。

同日 国家电投云南国际滇西水电事业部空龙河零级水电站（1台2000kW）、老虎山零级水电站（2台8000kW）被评为全国2019年绿色小水电示范电站。

1月9日 国家能源局、应急管理部、国家市场监督管理总局联合印发《关于加强储能标准化工作的实施方案》（国能综通科技〔2020〕3号）。

同日 国家电投江西公司电力工程公司南昌分公司热控检修班被中国质量协会评为"全国质量信得过班组"。

同日 法国国民议会法中友好小组主席陈文雄带领法国青年议员团一行赴中广核大亚湾核电基地访问交流。

1月10日 清华大学—中国华能基础能源联合研究院签约仪式在清华大学举行。根据协议，双方将聚焦国家需求，加强基础和战略研究，提升核心技术创新能力，努力取得具有国际引领性的一流研究成果。

同日 在经济日报、中国经济网、中国商业企业管理协会联合主办的2019"中国时间"年度经济新闻盘点暨"推动中国"影响力品牌展示活动上，中国华能被授予"远航奖"。

同日 中国大唐召开"不忘初心、牢记使命"主题教育总结大会，传达学习习近平总书记在"不忘初心、牢记使命"主题教育总结大会上的重要讲话精神，总结中国大唐主题教育成果收获，对持续推动党员干部不忘初心、牢记使命作出安排。中央第十二巡回督导组组长卢纯出席会议并讲话。

同日 中共中央、国务院在北京人民大会堂隆重举行国家科学技术奖励大会。中国华电"新型多温区SCR脱硝催化剂与低能耗脱硝技术及应用"项目荣获2019年国家科技进步二等奖。

同日 中国能建参与完成的"长江三峡枢纽工程"获得国家科学技术进步奖特等奖。

1月11日 中国华能在京召开党的建设工作会议，全面总结2019年党的建设工作，部署2020年党的建设重点任务。会议要求，2020年集团公司党的建设工作要落实"中央企业党建巩固深化年"各项部署，坚持不懈地把学习贯彻习近平新时代中国特色社会主义思想向深度和广度拓展，持续深化基本组织基本队伍基本制度建设，进一步加强干部队伍和人才队伍建设，加强党风廉政建设和反腐败工作，加强宣传思想工作，坚持把抓好党建作为最大政绩。

1月11～12日 中国华能二届一次职工代表大会暨2020年工作会议在京召开。中国华能党组书记、董事长舒印彪代表公司党组作工作报告，总结2019年工作，部署2020年重点任务。会议强调，2020年要全力确保安全生产，加快绿色转型步伐，狠抓提质增效工作，不断优化资本布局，大力推进自主创新，深化内部各项改革，全面加强党的建设。

1月11～15日 国家电投党组成员、副总经理夏忠率团访问阿联酋，参加阿布扎比可持续发展周暨第13届世界未来能源峰会，并开展中东地区可再生能源市场调研工作。

1月13日 国家电网公司董事长寇伟参加第十九届中央纪律检查委员会第四次全体会议。

同日 国家电网公司召开"不忘初心、牢记使命"主题教育总结大会，中央第十二巡回督导组卢纯组长出席会议并讲话，国家电网公司领导班子成员出席。

1月13～14日 国家电投党组成员、副总经理杨亚率团访问法国，与法国 Engie 集团执行副总裁兼首席运营官保罗·阿尔米兰特就巴西潘帕 EPC 项目和解谈判进行磋商。

1月14日 中电联受邀参加中国—东盟商务理事会和东盟北京委员会举办的“2020 中国—东盟迎新春增合作系列活动”。中电联被授予“2019 年中国行业企业对接东盟合作奖”。

同日 中国华能与中国东方资产管理股份有限公司签署战略合作框架协议。根据协议，双方将在资产管理、保险、银行、证券、信托、普惠金融、信用评级和海外业务等领域深化合作，实现资源共享、优势互补。

同日 中国华电董事长、党组书记温枢刚，党组成员、副总经理杨清廷在总部会见第十三届全国人大常委会委员、环资委委员、中国大坝工程学会理事长矫勇，中国大坝工程学会副理事长兼秘书长、国际大坝委员会荣誉主席贾金生一行，双方就加强互动交流、深化水电技术合作等有关话题交换了意见。

同日 中国电建在京召开 2020 年工作会议，总结 2019 年工作，部署 2020 年重点任务。中国电建党委书记、董事长晏志勇作会议讲话；中国电建党委副书记、总经理孙洪水作工作报告，并作总结讲话；中国电建党委副书记王斌传达了中央企业负责人会议精神。审计署企业审计八局副局长张庆跃，股份公司外部董事、独立董事及公司领导班子成员参加会议。

1月14～15日 南方电网公司召开三届三次职工代表大会暨 2020 年工作会议。会议要求坚定不移贯彻新发展理念，加快建设世界一流企业，为全面建成小康社会作出新的贡献。

1月14～16日 国际电工委员会（IEC）主席、中国华能董事长、中国工程院院士舒印彪出席 IEC 第 15 届市场战略局会议并访问德国电工委员会（DKE）和德国电子电气及信息技术协会（VDE）。

1月15日 全国人大常委会副委员长、九三学社中央主席、中国科学院院士武维华到国家电网公司总部调研科技创新工作。

同日 中国电建 2020 年安全生产工作会议在京召开。会议传达贯彻全国安全生产电视电话会议，总结 2019 年安全生产工作，部署 2020 年安全生产重点任务。中国电建党委书记、董事长晏志勇参加会议并讲话，党委副书记、总经理孙洪水主持会议并作总结讲话，党委副书记王斌宣读表彰决定，副总经理姚强作安全生产工作报告。

1月15～16日 中国大唐 2020 年工作会议在京召开。会议以习近平新时代中国特色社会主义思想为指导，深入贯彻党的十九大和十九届二中、三中、四中全会精神，认真落实中央经济工作会议精神，总结 2019 年工作，分析面临的形势和任务，进一步谋划推进世界一流能源企业建设，研究部署 2020 年重点工作，确立 2020 年为“高质量发展年”，动员全系统干部职工迅速把思想认识行动统一到中央要求上来，为决战决胜全面建成小康社会贡献力量。审计署企业审计一局局长朱登云、副局长（正局长级）周正良、四级调研员袁钊，中国大唐外部董事孙新国、陈琦良，集团公司领导出席会议。

1月16日 国家能源局在京召开首次能源监管工作例会，深入贯彻落实能源监管工作会议精神和《进一步加强和规范能源监管工作的意见》要求，建立完善监管工作机制，研究部署重点监管工作，进一步提升能源监管工作效能。

1月17日 国家电网公司召开中层以上管理人员大会。中央组织部有关负责同志宣布中央关于公司董事长、党组书记调整的决定：董事长毛伟明任国家电网公司董事长、党组书记，免去其江西省委常委、委员和副省长职务；免去寇伟同志的国家电网公司董事长、党组书记职务，另有任用。

同日 国家电网公司组织完成的“脉冲强磁场国家重大科技基础设施”项目获国家科学技术进步奖一等奖，公司其他 5 项成果获国家科学技术进步奖二等奖。

同日 中国华能与中国工商银行股份有限公司签署《华能工银清洁能源股权投资基金合作协议》。根据协议，中国华能与工商银行合作设立总规模为 100 亿元的清洁能源股权投资基金，华能景顺罗斯投资基金管理有限公司为基金管理人。

同日 因对中苏关系发展 60 年作出突出贡献、积极投身公益事业，三峡集团下属中水电公司荣获中国驻苏丹大使馆颁发的“中苏友好杰出贡献奖”“履行企业社会责任杰出贡献奖”。

1月18日 在中缅两国领导人共同见证下，南方电网公司董事长孟振平代表中缅联网项目中方工作组，与缅甸电力与能源部常务秘书长吴丁茂乌交换了《关于开展中缅联网项目可行性研究报告的备忘录》合作文件。

1月20日 财政部、国家发展改革委、国家能源局联合印发《关于促进非水可再生能源发电健康发展的若干意见》（财建〔2020〕4 号）。

同日 财政部、国家发展改革委、国家能源局联合印发《可再生能源电价附加资金管理办法》（财建〔2020〕5 号）。

同日 国家电网公司董事长毛伟明参加国务院第 79 次常务会议。

同日 国家能源集团召开党组理论中心组学习（扩大）会，学习贯彻习近平总书记发表的 2020 年新年贺词和在“不忘初心、牢记使命”主题教育总结大会上的重要讲话。

1月21日 中电联召开本部 2020 年工作会议，国务院国资委协会党建局有关同志到会指导，中电联常务副理事长杨昆作工作报告，专职副理事长魏昭峰宣读了关于表彰 2019 年度先进集体、优秀职工的决定，专职副理事长王志轩宣读了 2019 年度中电联专项工作奖励获奖名单，专职副理事长兼秘书长于崇德主持会议，专职顾问孙玉才出席会议。

1月24日 三峡集团决定紧急向武汉市首期捐赠人民币 3000 万元，助力抗击新型肺炎疫情。

1月25日 几内亚共和国总统阿尔法·孔戴出席三峡集

团承建的苏阿皮蒂项目移民桥梁之一KONKOURE桥竣工通车仪式并剪彩，几内亚总理等政府高层陪同参加。

1月27日 国家电网公司党组发布先期向湖北捐款5000万元等十项支持疫情防控及供电服务保障举措。

1月29日 三峡集团再次向湖北省捐赠1亿元，支持武汉市及湖北省其他市州防控疫情。全年累计捐赠1.7亿元。

1月30日 国家能源局印发《关于切实做好疫情防控电力保障服务和当前电力安全生产工作的通知》（国能综通安全〔2020〕6号）。

同日 国家能源集团召开应对疫情工作领导小组第二次会议，研究集团公司疫情防控和生产经营重点工作。

1月31日 国务院国资委党委书记、主任郝鹏，副主任任洪斌到国家电网公司专题调研疫情防控工作，公司董事长毛伟明，总经理辛保安，党组副书记韩君参加。

同日 中国大唐党组下发《关于坚决贯彻落实中央决策部署加强党的领导为打赢疫情防控阻击战提供坚强政治保证的通知》，对系统各级党组织和广大党员充分发挥央企支柱力量作用，为打赢疫情防控阻击战提供坚强政治保证提出了明确要求。

2月1日 国家能源集团印发《关于在“一防三保”行动中发挥工会组织作用 落实关心关爱职工十条措施的通知》，全面实施“一防三保”行动。

2月4日 中国能建承建的埃塞俄比亚GD-3水电站首台机组并网发电。

2月5日 国家发展改革委、国家能源局在京召开应对疫情能源供应保障电视电话会议，深入学习贯彻习近平总书记重要指示批示精神，贯彻落实党中央、国务院和中央应对疫情工作领导小组决策部署，分析研判当前能源保供形势，对保供工作进行再动员再部署。

同日 国家电网公司党组成员参加国务院国资委中央企业加强新型冠状病毒感染肺炎疫情防控工作视频会议。

同日 中国华能新能源私有化全部条件均已获达成，本次H股收购要约已于所有方面宣布成为无条件。6日，香港财资公司在境外完成华能新能源私有化项目首笔股权收购资金的支付。华能新能源于2020年2月24日下午4时起自香港联交所退市。3月27日，香港财资公司在境外支付了最后一批新能源退市项目的股权收购资金。本次交易是2018年香港证监会收购守则新政以来首个成功的私有化全面要约（超过90%的接纳率）、香港上市能源行业公司有史以来最大的私有化交易（以交易企业价值计）、香港上市公司有史以来最大的央企/国企私有化交易（以交易企业价值计）、亚洲可再生能源行业近三年最大的并购交易（以交易企业价值计）。

同日 中国电建召开应对疫情防控专题视频会议，对子企业疫情防控工作进行再动员、再部署、再安排、再要求、再落实，中国电建党委书记、董事长晏志勇主持会议并作讲话，党委副书记王斌，工会主席王禹出席会议。

2月7日 中国电建所属湖北装备公司在3天内为火神山医院完成80台配电箱供应，为各类医疗设备的持续工作提供电力保证。

2月11日 国家能源局印发《2020年电力安全监管重点任务》。

2月14日 中广核岭澳核电站3号机组汽轮机惰转至7.5r/min，新盘车控制系统成功自动啮合，盘至8.3r/min运行，完全符合预期，新盘车控制系统静态啮合、动态啮合均一次成功，标志着岭澳核电站3号机组汽轮机国产主盘车控制系统成功投入使用，实现首个国内核电汽轮机主盘车控制系统国产化。

2月17日 国家能源局印发《关于进一步做好电力建设工程开复工安全管理有关工作的通知》（国能综通安全〔2020〕12号）。

同日 国家能源局印发《电力发展“十四五”规划工作方案》（国能综通电力〔2020〕13号）。

2月18日 国家发展改革委、国家能源局联合印发《关于推进电力交易机构独立规范运行的实施意见》（发改体改〔2020〕234号）。

2月22日 国家发展和改革委出台阶段性降低用电成本政策，支持企业复工复产，助力打赢新冠肺炎疫情防控阻击战。公司坚决落实部署，2月1日至6月30日期间降低除高耗能行业以外的一般工商业和大工业企业电费5%，惠及电力客户超过760万户。

同日 中国大唐在电力央企中率先上线远程异地评标系统，采购全程实现“不见面、无接触”，同时创新开发智能评标、大数据评标，解决专家间远程沟通效率难点，扩展对投标人的评价维度，顺利完成了疫情期间一级、二级集中采购任务，保障了中国大唐的正常生产经营秩序。

2月23日 国务院联防联控机制在京召开新闻发布会，国家能源局就做好疫情期间煤电油气重点供应，保障居民用能需求的工作情况进行了介绍。

2月24日 三峡集团在京通过视频会形式发出开工动员令，宣布在广东、江苏等地开工建设总装机规模392万kW、总投资580亿元的25个新能源项目，建设期预计提供各类就业岗位约1.7万个。三峡集团党组书记、董事长雷鸣山宣布项目正式开工。国务院国资委党委委员、副主任赵爱明，国家能源局总工程师向海平，三峡集团党组副书记、总经理王琳，广东阳江市委常委、常务副市长陈绩，江苏南通市副市长潘建华等出席并讲话，三峡集团党组成员、副总经理、总会计师杨省世主持会议。

2月25日 国家电投东莞立沙岛热电冷联产项目投产。

2月26日 国家能源集团与法国电力集团签署关于国家能源集团东台海上风电项目的《合资合同》和《认购协议》，双方将合资建设并运营我国首个中外合资海上风电项目——502MW东台海上风电项目。

2月28日 国家能源局印发《关于做好有序复工复产期间电力供应保障的通知》（国能综通电力〔2020〕16号）。

同日 国家电网公司召开陕北—湖北±800kV特高压直流工程开工动员大会。

同日 国家电投海阳核电1号机组首次换料大修结束，

机组一次并网成功，创国内核电机组首次换料大修最短工期纪录。

2月29日 国家发展改革委、国家能源局联合印发《省级可再生能源电力消纳保障实施方案编制大纲》（发改办能源〔2020〕181号）。

3月1日 南方电网公司受新冠肺炎影响的工程项目已全面复工，开工复工项目数达6664项，总体复工率99.52%，带动产业链复工复产作用明显。

3月2日 中国华能筹资援建的西藏自治区重点民生工程——林芝派墨农村公路第二段恢复正常施工。派墨农村公路全长66.7km，建成后不仅可以缓解进出墨脱难的问题，还可以解决当地饮水难、灌溉难等问题，惠及沿线1.4万余人。

3月4日 中国华能与吉林省人民政府签署《战略合作框架协议》。根据协议，双方将在“十三五”到“十五五”期间，加快吉林省大型平价风光互补新能源基地开发建设，构建具有较强竞争力的风光煤电输用一体化清洁能源集群，科学发展氢能产业，加快推动吉林省全面振兴全方位振兴进程。

当地时间3月4日 由中广核控股投资建设的英国首个“华龙一号”核电项目——英国布拉德维尔B（BRB）核电项目启动公众咨询，这是我国核电企业首次在欧洲开展核电项目公众咨询。

3月5日 国家能源局印发《关于2020年风电、光伏发电项目建设有关事项的通知》（国能发新能〔2020〕17号）。

3月6日 国家能源局印发《推广随机抽查规范事中事后监管的实施方案（2020年修订）》（国能综通法改〔2020〕17号）。

同日 中共中央政治局委员、国务院副总理孙春兰率中央指导组到鄂州，实地考察新冠肺炎防控救治和企业复工复产等情况。疫情发生以来，三峡集团湖北能源鄂州电厂600余名员工连续驻厂40多天，保障武汉、鄂州电力热力稳定供应，没有出现新冠肺炎确诊病例。孙春兰详细询问电厂生产和员工防护情况。

同日 中国电建所属湖北装备公司为塔子湖方舱医院完成2台应急用电GGD柜型配电设备供货，这是湖北装备公司首次完成方舱医院电气供应。

3月7日 国家电网公司董事长毛伟明会见国家广电总局副局长朱咏雷。

同日 中央赴湖北等疫情严重地区指导组物资保障组向南方电网公司发来感谢信，对南方电网公司有效保障湖北省、武汉市抗击疫情所需重要物资设备表示感谢。

3月9日 中国电建与河北省廊坊市人民政府签订战略合作框架协议。廊坊市委书记杨晓和，市委副书记、市长杨燕伟，中国电建党委副书记、总经理丁焰章及相关人员出席签约仪式。

3月11日 湖北省新型冠状病毒感染肺炎疫情防控指挥部向南方电网公司发来感谢信，对南方电网公司向湖北省捐赠善款3000万元表示感谢。

同日 中国电建所属湖北装备公司电气公司正式复工，成为武汉市硚口区第一家复工复产企业。

同日 中国电建党委召开会议，传达学习贯彻习近平总书记在中央决战决胜脱贫攻坚座谈会上的重要讲话精神，对公司推进脱贫攻坚工作进行了深入研究和总体安排。中国电建党委书记、董事长晏志勇主持会议并讲话，中国电建领导孙洪水、王斌、刘源、符岳岩、姚强、杨良、李燕明参加会议。

3月12日 国家能源局印发《重大活动电力安全保障工作规定》（国能发安全〔2020〕18号）。

同日 国家电网公司董事长毛伟明、总经理辛保安、总会计师罗乾宜会见国务院国资委党委委员、秘书长彭华岗。

同日 国家电投自主研制的核级锆材在海阳核电一号机组投入使用，标志着这种核燃料元件的关键材料实现国产化。

同日 中国能建承建的海南文昌燃气蒸汽联合循环电厂1号机组通过168h试运行，投入商业运行。

3月15日 国务院复工复产督导组到华电宁夏“东热西送”二期工程建设现场视察指导工作，对中国华电“抓防疫、促生产”取得的成效给予高度评价。

同日 中广核岭澳核电站1号机组连续15年无非计划停机停堆，实现连续安全运行5000天，创造了国际同类型机组连续安全运行天数的最高纪录。截至12月31日，安全运行达5291天，继续刷新并保持国际同类型机组纪录，比排名第二的机组领先近15个月。

3月17日 中国能建承建的埃塞俄比亚马克雷供水开发项目成功截流。

3月18日 南方电网公司全网最高负荷达1.43亿kW，同比2019年增长0.05%，这是受新冠肺炎疫情影响以来，南方电网公司全网负荷首次实现正增长。

同日 国家能源集团召开2020年战略规划发展工作会。

3月19日 中共中央办公厅、国务院办公厅复工复产调研组一行到华能瑞金电厂调研复工复产情况。调研组对华能瑞金电厂认真落实中央精神、积极践行央企“大国重器”的责任担当，以及夺取“疫情防控和复工复产”阶段性胜利给予充分肯定。

同日 中共中央办公厅、国务院办公厅复工复产调研组一行到中国华能海南昌江核电二期项目现场调研复工复产情况。调研组实地对严峻形势下项目多措并举有效有力推动复工表示肯定。

3月20日 国家电网公司党组成员参加国务院国资委党风廉政建设和反腐败工作会议暨警示教育视频会。

同日 中国华能大连庄河海上风电Ⅱ项目开工建设。该项目位于辽宁省庄河市海域，装机容量30万kW，安装60台5MW风力发电机组，计划2021年完成全容量并网发电。

同日 中国出口海外的第4台、由中核集团建造的核电机组——巴基斯坦恰希玛4号机组（C－4）已在第二个燃料全周期连续安全与运行超过265天17h，打破该机组在第一个燃料周期创造的连续安全运行最高纪录，向全球展示我国核电机组的稳定性，体现了我国核电技术的可靠性。该机组于9月23日通过巴基斯坦最终验收。

同日 国家能源局印发《关于贯彻落实“放管服”改革精神 优化电力业务许可管理有关事项的通知》(国能发资质〔2020〕22号)。

3月24日 国家电网公司召开干部会议，国务院国资委企干一局（董事会工作局）有关负责同志宣布任免决定，聘任尚冰、吴晓根、张成杰为公司外部董事，丁中智同志不再担任外部董事职务。

同日 国家能源局正式向中核集团秦山核电有限公司核发新的电力业务许可证（发电类），批准同意秦山核电30万kW级核电机组电力业务许可容量由310MW变更为330MW。

3月25日 宁夏回族自治区党委书记、人大常委会主任陈润儿，自治区党委副书记、自治区主席咸辉率自治区党委政府有关领导同志，到中国华电“东热西送”二期工程建设现场调研。

3月26日 国家发展改革委、国家能源局联合印发《关于做好电力现货市场试点连续试结算相关工作的通知》(发改办能源规〔2020〕245号)。

3月27日 国家电网公司董事长毛伟明会见中共中央宣传部副部长傅华一行。

同日 中国电建在京召开2020年党风廉政建设和反腐败工作会议暨警示教育大会。中国电建党委书记、董事长晏志勇出席会议并讲话，党委副书记、总经理孙洪水主持会议并传达国资委党风廉政建设和反腐败工作会议暨警示教育大会精神，党委常委、纪委书记符岳岩作工作报告。

3月30日 国家能源局发布《2020年度风电投资监测预警结果》和《2019年度光伏发电市场环境监测评价结果》(国能发新能〔2020〕24号)。

同日 陕北—湖北±800kV特高压直流输电工程开工建设。

同日 中国电建在北京召开2020年决战决胜脱贫攻坚工作会议。中国电建党委书记、董事长晏志勇出席会议并讲话，党委副书记、总经理孙洪水主持会议，党委常委、副总经理姚强参加会议。

3月31日 国家能源局印发《关于切实做好2020年电力行业防汛抗旱工作的通知》(国能综通安全〔2020〕26号)。

4月 中国能建参与设计建设的金沙江溪洛渡水电站、金沙江向家坝水电站、宁德核电厂一期工程、中广核湖北大悟江家山风电场48MW工程、500kV岐山输变电工程获评2019年度生产建设项目国家水土保持生态文明工程。

4月1日 国家能源局印发《关于完善2020年电网主网架规划工作的通知》(国能发电力〔2020〕25号)。

同日 中央指导组成员、国家发展和改革委副主任连维良，湖北省委常委、襄阳市委书记李乐成，湖北省发展改革委主任程用文一行，到襄阳燃机一期热电联产项目施工现场就复工复产情况进行调研。

4月2日 国家电投党组成员、总会计师杨亚主持召开巴西潘帕EPC项目和解谈判情况汇报会。集团公司党组副书记、总经理江毅参加。

4月3日 中电联参加国资委直管协会服务企业复工复产协作联盟首次对接活动，与中国机械工业联合会等十二家协会共同探讨推进行业企业复工复产有效举措。

4月6日 国家能源集团印发《战“疫”先锋——国家能源集团“一防三保”疫情防控纪实》。

4月7日 南方电网公司首次颁布《35～500kV交流输电线缆装备技术导则》《500kV及以上交直流输变电工程可行性研究内容深度规定》《绞合型复合材料芯架空导线》等3项企业标准英文版，成为电力行业首家正式开展企业标准英文翻译的中央企业。

4月8日 经云南省人民政府认定，中国华能对口帮扶的拉祜族、佤族两个“直过民族”实现整族脱贫。

同日 海阳核电2号机组完成首次大修后顺利并网，刷新由1号机组创下的压水堆核电机组首修最短工期纪录。

4月9日 国家能源局印发《关于做好可再生能源发展“十四五”规划编制工作有关事项的通知》(国能综通新能〔2020〕29号)。

4月10日 国家电网公司董事长毛伟明、总经理辛保安、副总经理张智刚参加全国安全生产电视电话会议。

同日 由中广核投资建设的内蒙古自治区兴安盟300万kW革命老区风电扶贫项目一期工程首台风机基础完成浇筑，标志着该项目主体工程正式开工。

4月11日 国家电网公司董事长毛伟明、总经理辛保安与中央政治局委员、天津市委书记李鸿忠同志，市委副书记、市长张国清同志视频会谈。

4月12日 国务院扶贫开发领导小组通报了2019年中央单位定点扶贫工作考核情况，中国华能获评最优等级，连续三年获此殊荣。

4月13日 南方电网公司明确管制业务三级单位规模划分：佛山、东莞、南宁、昆明、贵阳、海口供电局，广州、贵阳、昆明超高压局，天生桥二级水力发电有限公司、广东、惠州蓄能发电有限公司等12家三级单位划分为一类企业。其他地市供电局、超高压局、发电厂等三级单位划分为二类企业。

4月14日 国家能源局印发《国家能源局2020年资质管理和信用工作要点》(国能综通资质〔2020〕31号)。

同日 国家电网公司董事长毛伟明、总经理辛保安、总会计师罗乾宜参加国务院国资委部分重点行业中央企业经济运行工作视频会议。

同日 国家电网公司召开2020年全面建设新能源汽车充电设施项目集中联动开工视频会议。

4月15日 国家能源局印发《2020年能源监管重点任务清单》(国能发监管〔2020〕26号)。

同日 中国工业经济联合会举办“应对疫情重创 振兴工业经济——中国工业经济运行形势分析在线论坛”，论坛以“应对疫情重创 振兴工业经济”为主题，总结分析一季度工业经济运行情况，从促进行业平稳运行、完善产业链、支持新业态新模式等方面提出了政策措施建议。中电联党委书记、常务副理事长杨昆出席论坛并讲话。

4月16日 国家能源集团召开贯彻落实中央八项规定精神警示教育大会。

4月17日 国家电网公司党组成员参加国务院国资委中央企业一季度经济运行情况通报暨2020年度经营业绩责任书签订视频会议。

同日 中国华能召开推进总部机构改革动员会，宣布总部机构调整优化方案。改革后，集团公司总部部门、处室和定员数量大幅减少，推动总部由“战略管控型＋运营管控型”模式、管资产和管资本并重进一步向“战略管控型”模式、以管资本为主转变。

4月20日 中国电建昆明院与中国电力工程有限公司签订《尼日利亚宗格鲁水电站项目设计与技术服务合同补充协议》。宗格鲁水电站装机容量700MW，是目前中资在尼最大的口行“两优”在建项目。

4月21日 南方电网公司知识产权运营中心揭牌成立，公司党组成员、副总经理毕亚雄，广东省市场监督管理局副局长何巨峰出席揭牌活动。

同日 青海省人民政府网站发布公告，批准尖扎县退出国家贫困县序列。至此，中国华能定点帮扶的陕西榆林市横山区、新疆阿合奇县和对口支援的青海尖扎县三个国家级贫困县全部实现脱贫摘帽。

4月22日 国家能源局印发《关于公布2020年全国水电站大坝管理单位安全责任人名单的通知》（国能综通安全〔2020〕35号）。

4月23日 南方电网公司对总部部分机构和职能进行优化调整：生产技术部增挂“标准化部”牌子；国际业务部（“一带一路”办公室）增挂港澳台事务部牌子，外事处名称调整为外事处（港澳台事务处），国际（港澳）合作处名称调整为国际合作处；董事会工作部（党组办公室、总经理办公室）内设的总值班室名称调整为督查室（总值班室）；公司专家委秘书处挂在创新管理部；总部后勤事务管理中心由按二级副管理调整为按二级正管理。

4月24日 国家能源局印发《关于做好电力业务资质许可告知承诺制试点相关工作的通知》（国能综通资质〔2020〕36号）。

同日 国家能源集团在京组织召开国家关键核心技术攻关任务启动会。

同日 三峡集团控股上市公司长江电力发布公告称，按照协议约定，以35.9亿美元的基础交易价格收购秘鲁Luz Del Sur（以下简称“LDS公司”）配电公司83.6%股权顺利完成交割。2019年9月30日，长江电力公告通过公开出售程序，成功中标LDS股权，这是长江电力首次进入海外配电市场。

同日 中国自动化学会组织专家以视频形式召开工程公司专场成果鉴定会。中广核工程公司的《核电厂多模态人机交互系统研究与应用》《核电厂三维布置协同设计平台关键技术研究与应用》等4项科技成果通过鉴定。

4月26日 由中国电建所属水电七局承建的世界第一高坝——双江口水电站全面启动大坝填筑。

4月27日 国家电网公司总经理辛保安、副总经理刘泽洪参加国有企业境外疫情防控专项工作视频会议。

同日 国务院国资委发布“科改示范企业”名单，南方电网公司系统南方电网数字电网研究院、广东电科院能源技术公司两家企业入选“科改示范企业”。

4月28日 国家电网公司总经理辛保安参加国务院第92次常务会议。

同日 南方电网公司成立中国南方电网有限责任公司北京分公司，按二级正管理，委托北京分公司管理北京南网技术培训中心有限公司。撤销南网雄安公司及筹备组，相关职能并入北京分公司。

同日 中国华能渭南热电有限公司一号机组投产发电。

4月29日 国家能源局印发《2020年能源工作指导意见》（国能发规划〔2020〕32号）。

同日 中国华能石岛湾核电高温气冷堆示范工程两个反应堆全部完成“三壳组对”，双堆的一回路氦气循环通道基本连通。7月18日，华能攻克高温气冷堆主蒸汽系统管道清洁技术难题，完成二回路化学清洗，这是国内核电厂二回路首次采用化学清洗工艺的实践。

4月30日 国家能源局在北京以视频会议方式组织签订陕北至湖北直流输电工程长期合作协议。

同日 中广核白河（夹河）水电站首台机组正式并网发电，标志着备受鄂陕两省关注的重点项目白河（夹河）水电站提前8个月完成投产发电目标，进入商业运行阶段。这也成为疫情期间汉江流域第一个并网发电的中型水电项目。

5月4日 中国能建承建的乌东德水电站大坝7号坝浇筑至坝顶988高程，标志着世界最薄300m级双曲拱坝提前实现主体工程全线浇筑到顶。

5月6日 国家能源局印发《关于2019年度全国可再生能源电力发展监测评价的通报》(国能发新能〔2020〕31号)。

同日 国家电网公司董事长毛伟明在上海与中央政治局委员、上海市委书记李强，市委副书记、代市长龚正会见。

同日 南方电网传媒有限公司企业名称变更为“南方电网数字传媒科技有限公司”。

5月8日 国家电网公司董事长毛伟明陪同中央政治局委员、北京市委书记蔡奇同志，市委副书记、市长陈吉宁同志，国务院国资委党委书记、主任郝鹏同志到国网信息通信产业集团有限公司调研。

同日 在中国电力企业联合会发布的“2019年度电力行业火电机组能效水平对标结果”中，国家能源集团88台机组获对标优胜机组称号，位居国内电力集团第一。

同日 中国能建设计建设的印度尼西亚芝拉扎电厂三期1×100万kW燃煤发电机组扩建项目正式移交。

5月9日 广西壮族自治区政府批准东兰等21个县（市、区）达到贫困县退出标准，南方电网公司定点扶贫的广西东兰县退出贫困县序列。

5月11日 中电联发布《中国电气化发展报告2019》，以电气化发展进程为研究对象，面向全社会宣传和展示中国电气化发展状况，研究构建了反映电气化进程的评价指标体系，分析了电气化发展趋势，提出了我国中长期电气化发展目标。

同日 国家电网公司总经理辛保安、总会计师罗乾宜、副总经理刘泽洪参加国资委部分重点企业境外疫情防控工作视频会。

5月12日 南方电网科技开发有限公司揭牌仪式在深圳举行。

同日上午 中国电建召开干部大会，宣布国资委党委对集团公司总经理调整的决定。国资委企干二局局长姜维亮出席大会并讲话。姜维亮代表国资委党委宣读了调整决定：经国资委党委研究决定，丁焰章同志任中国电建党委副书记、董事、总经理，免去孙洪水同志中国电建党委副书记、党委常委、董事、总经理职务，交流任用。

同日 中国能建召开干部大会，国资委有关厅局负责同志代表国资委党委宣读了调整决定：孙洪水同志任中国能建党委副书记、董事、总经理，免去丁焰章同志的中国能建党委副书记、党委常委、董事、总经理职务。

5月13日 南方电网公司与深圳市人民政府在深圳签署新时代全面深化合作战略框架协议。广东省委副书记、深圳市委书记王伟中，深圳市委副书记、市长陈如桂，公司董事长、党组书记孟振平，公司总经理、党组副书记曹志安共同见证签约。

同日 国家电投进口煤集中采购中心在上海揭牌成立。

同日 中国电建所属水电七局中标承建世界最高、最大碾压混凝土大坝——巴基斯坦巴沙水电站。

同日 中国电建与巴基斯坦边境工程局（FWO）联营体签署了巴沙项目大坝标施工总承包合同。

5月14日 中国机械工业联合会与中国通用机械工业协会在北京、大连、深圳三地共同组织召开鉴定会，中广核研究院研制的“核电站换料大修智能化装备研发与应用”项目通过鉴定。

5月15日 电力工程造价与定额管理总站在京采取线上直播方式召开《电力建设工程定额和费用计算规定（2018年版）》发布会。

同日 中国电建所属水电七局承建的世界最大水压岔管群——巴基斯坦塔贝拉水电站四期扩建项目钢岔管群安装完成。

5月16日 云南省政府批准维西等31个县（市、区）达到贫困县退出标准。至此，南方电网公司两个定点扶贫县——广西东兰县、云南维西县均宣告脱贫。

5月18日 国家发展改革委、国家能源局联合印发《关于各省级行政区域2020年可再生能源电力消纳责任权重的通知》（发改能源〔2020〕767号）。

同日 三峡集团党组书记、董事长雷鸣山在京与来访的中国进出口银行党委副书记、副董事长、行长吴富林一行举行座谈，双方围绕重点项目合作、海外业务和未来合作等事宜进行深入交流。三峡集团党组成员、副总经理张定明，党组成员、副总经理、总会计师杨省世；进出口银行党委委员、副行长谢平等出席座谈。

5月19日 国家电投上海成套院联合4家单位完成的“空冷式高参数汽轮机设计关键技术及其应用”项目荣获“2019年度上海市科技进步”一等奖。

5月20日 中国电建与赞比亚国家电力公司正式签署赞比亚600 MW光伏项目，是公司在海外签署的最大光伏项目。

5月20～28日 国家电网公司董事长毛伟明参加十三届全国人民代表大会第三次会议。

5月21日 中电联召开党委理论学习中心组（扩大）会议，进一步学习习近平新时代中国特色社会主义思想，重点学习“八个明确”“十四个坚持”，就进一步完善能源消费“双控”指示精神展开学习研讨。

5月22日 国务院总理李克强在第十三届全国人大第三次会议作政府工作报告，指出降低工商业电价5%政策延长至2020年年底。南方电网公司党组坚决贯彻党中央、国务院决策部署，预计全年降低用户用电成本约200亿元。

5月22、26日 全球最为权威、最具知名度和影响力的三大评级机构惠誉、穆迪、标普相继发布2020年度评级报告，国家电网公司连续第8年获得中国国家主权级信用评级（标普A+、穆迪A1、惠誉A+），是目前中资企业获得的最高信用等级，也是全球电力企业获得的最高信用等级。

5月25日 随着华电国际增资引战50亿元资金到位，集团公司资产负债率成功降至70%以下，在四大电力集团中率先完成国资委资产负债率管控目标，是中国华电降杠杆减负债工作的重要里程碑。

5月26日 中国电建所属水电七局承建的世界第二、国内在建最大的灯泡贯流式机组群——岷江犍为航电枢纽工程首台机组并网发电。

5月27日 达沃斯世界经济论坛发布了《2010—2020能源转型创新白皮书》，中国华能燃煤机组超低排放案例成功入选该白皮书，这是白皮书中唯一一项关于煤炭清洁高效利用的技术。

5月28日 国家能源局印发《关于开展2020年电力行业“安全生产月”和“安全万里行”活动的通知》（国能综通安全〔2020〕46号）。

同日 国家发展改革委、国家能源局联合印发《关于加强和规范电网规划投资管理工作的通知》（发改能源规〔2020〕816号）。

同日 国家能源集团圆满完成“两会”电力保障工作，北京周边华北区域全部发电企业实现零非停。

同日 三峡集团党组书记、董事长雷鸣山在京与来访的四川省委常委、常务副省长罗文举行座谈，双方就金沙江下游大水电建设、推动共抓长江大保护工作、加快新能源业务发展等进行深入交流。三峡集团党组成员、副总经理范夏夏参加座谈。

同日 中国电建与泰国超能公司通过视频会议方式正式

签署越南禄宁 550 MW 光伏发电项目合同。

当地时间 5 月 28 日 中核集团负责的国际热核聚变实验堆（ITER）杜瓦底座吊装工作圆满完成。

5 月 29 日 四川省电力行业协会在四川举办了 2020 年主题年会。此次会议以“电力助推实体经济发展”为主题，倡导汇聚行业企业力量，共同推动电力行业可持续发展，为实体经济行稳致远作出更加积极的贡献。中电联党委书记、常务副理事长杨昆出席会议并讲话。

同日 中国华能与山西省朔州市人民政府、中煤集团山西华昱能源有限公司、浙江省能源集团有限公司签署晋北千万千瓦级清洁能源外送基地战略合作协议。根据协议，华能山西分公司、中煤华昱公司、浙能集团以山西和浙江省政府正在推进的“晋电送浙”能源合作为契机，在朔州市政府支持下共同推进晋北清洁能源基地项目。“十四五”期间力争在朔州地区投资 450 亿元、建设 4 台 100 万 kW 煤电机组、600 万 kW 平价光伏和风电项目，用于“晋电送浙”特高压输电工程配套电源。

当地时间 5 月 29 日 中广核和法国电力公司共同开发的英国欣克利角 C（HPC）核电项目 2 号机组完成反应堆厂房筏基 9000m^3混凝土的浇筑，这也是英国单次最大方量混凝土浇筑施工，实现核岛筏基混凝土浇筑顺利完成（J0）重大里程碑，标志着 2 号机组进入主体土建施工阶段。

5 月 30 日 在第四个“全国科技工作者日”之际，第二届全国创新争先奖表彰奖励大会在中国科技会堂（北京）隆重召开。中国电建总工程师宗敦峰荣获全国创新争先奖状。

6 月 中国大唐顺利完成了红河发电公司股权转让，西南火电退出战略实现破局，有效推动了中国大唐向清洁能源转型。

6 月 1 日 南方电网公司发布《2019 企业社会责任报告》，这是南方电网公司连续第 13 年发布社会责任报告，报告连续第 10 年获得五星级评价。

6 月 2 日 国家能源局印发《关于开展电力业务资质许可服务“好差评”工作的通知》（国能综通资质〔2020〕50 号）。

6 月 3 日 国家能源局印发《关于开展提升用户“获得电力”优质服务水平综合监管的通知》（国能综通监管〔2020〕54 号）。

同日 国家能源局在京召开 2020 年电力可靠性指标发布会暨电力行业“安全生产月”启动会，国家能源局和中国电力企业联合会联合发布了 2019 年度电力可靠性指标。

同日 国家能源局和中电联联合发布了 2019 年度全国电力可靠性指标。

同日 国家电网公司董事长毛伟明参加全国人大“十四五”规划“产业优化升级和产业链、供应链、价值链布局调整完善”专题调研座谈会。

同日 国家电网公司总经理辛保安、总会计师罗乾宜参加国资委中央企业助力湖北疫后重振发展视频会议。

同日 国家能源局和中电联在北京联合发布《2019 年全国电力可靠性年度报告》，报告显示，在全国 326 个地市级行政区域供电可靠性排名中，珠海蝉联全国第一，中山、深圳位列第二、三位，佛山、广州、东莞继续进入前十榜单。

6 月 4 日 中国华能旗下华能国际电力开发公司与上海电气集团旗下上海电气投资有限公司、上海电气风电集团旗下上海之恒新能源有限公司等签署协议，共同设立总规模约为 40 亿元的股权投资基金——华能上电新能源建设基金（华景上电一号、二号基金）。华能景顺罗斯（北京）投资基金管理有限公司为基金管理人。

6 月 5 日 中电联常务副理事长杨昆与日本煤炭能源中心（JCOAL）理事长塚本修以网络视频方式进行了会谈，双方围绕如何在新冠肺炎疫情下，进一步加强交流合作进行了深入探讨。

同日 广西电网公司与广西农村投资集团举行资产重组协议签订暨资产交割仪式，广西电网“一张网”建设全面加速。

同日 国家能源集团召开党组理论中心组学习会，学习习近平总书记在全国两会期间的重要讲话精神和李克强总理代表国务院作的《政府工作报告》。

6 月 8 日 国家电网公司总经理辛保安参加国资委、黑龙江省政府举办的“深化国企改革　助力龙江振兴”视频会议。

6 月 9 日 国家电网公司董事长毛伟明在公司总部陪同中央政治局委员、北京市委书记蔡奇同志调研。

同日 国家电网公司总经理辛保安参加国务院扶贫开发领导小组第十一次会议。

同日 中国华能在粤港澳大湾区投资建设的首个大型能源项目——东莞燃机一期工程 1 套机组投产发电。8 月 26 日，2 套机组投产发电。一期工程建成投产后，年发电量可达 43 亿 kWh，年供热量 718 万 GJ。

同日 国家能源局综合司正式印发《关于广东陆丰核电 5、6 号机组项目前期工作专家座谈会的会议纪要》（国能综纪核电〔2020〕6 号），同意中广核陆丰核电 5、6 号机组按照华龙一号技术路线开展前期工作。

6 月 9～11 日 中电联党委委员、专职副理事长兼秘书长于崇德带队，赴中国华能山东分公司、福建分公司开展“煤电机组灵活性运行和延寿运行研究”专题调研。

6 月 10 日 国家发展改革委、国家能源局联合印发《电力中长期交易基本规则》（发改能源规〔2020〕889 号）。

6 月 11 日 国家能源局印发《以信用为基础的电力业务资质许可专项监管工作方案》（国能综通资质〔2020〕59 号）。

同日 世界首个±500kV 三端直流工程——云贵互联通道工程提前 19 天竣工投产，每年可向粤港澳大湾区增送云南水电 60 亿 kWh。

同日 在中德两国总理视频会晤期间，在工业和信息化部部长苗圩和德国经济部部长阿尔特迈尔的共同见证下，国家电投党组书记、董事长钱智民与德国西门子股份公司总裁兼首席执行官凯飒视频签署《中国重燃重型燃气轮机试验电站工程 2 号保障机组机岛设备供货和服务合同》。

同日 中国能建参与设计的世界首个两端改三端±500kV 直流工程——云贵互联通道工程顺利竣工，并一次性实现三端双极投运。

同日 中国电力建设企业协会公布 2020 年度中国电力优质工程评审结果，中国能建参与的 45 项工程上榜，占获奖工程总数的 60%。

6 月 12 日 中电联发布《中国电力行业年度发展报告 2020》。

同日 东方能源（河北公司）和顺 200MW 风电工程、阜城 150MW（一期 100MW）风电工程，河南公司周口 2×440MW 燃气—蒸汽联合循环热电工程，中国电力淮南中电施家湖 70MW 光伏发电工程获评“2020 年度中国电力优质工程”。

同日 三峡集团党组副书记、总经理王琳在京会见重庆市副市长陆克华一行。双方围绕进一步加强战略合作，合力推进共抓长江大保护项目建设等事宜进行座谈。

6 月 14 日 具有世界领先水平的国内首台 H 级重型燃机、单机容量最大、效率最高的冷热电三联供项目——华电福新广州能源有限公司 1 号机组在广州顺利投产。

6 月 15 日 国家能源局印发《关于进一步明确电力建设工程质量监督机构业务工作的通知》（国能函安全〔2020〕39 号）。

6 月 16 日 国家能源局印发《关于切实做好电力行业防汛抗洪工作的通知》（国能综通安全〔2020〕60 号）。

6 月 17 日 国家电网公司董事长毛伟明参加国务院第 97 次常务会议。

6 月 18 日 中国电建所属水电七局承建全球在建最大装机抽蓄电站——丰宁抽水蓄能电站首台（1 号）机座环蜗壳就位。

6 月 19 日 国家能源局以电视电话会议形式召开 2020 年全国电力系统运行方式汇报分析会暨并网电厂涉网安全管理联席会议成员单位全体会议，分析研判 2020 年全国电力系统运行的主要特点及存在的风险隐患，加强厂网协调，强化电力安全监管，部署电力安全生产专项整治三年行动等工作。

同日 中电联、国家电网公司与 CHAdeMO 协议会、东京电力控股株式会社共同主办的新一代电动汽车充电技术中日联合发布会在北京举行，会议由国网电动汽车服务有限公司承办。会议发布了新一代 ChaoJi 充电技术白皮书与 CHAdeMO3.0 标准。发布会采用中、日、英三种语言向全球同步直播。

6 月 22 日 国家能源局局长章建华在北京通过视频形式与欧盟能源委员西姆森共同主持召开第九次中欧能源对话。对话期间，双方就清洁能源与绿色发展、能源安全和全球能源市场、电力市场改革与监管、能源技术与创新合作等议题深入交换意见，并就下一步合作重点和方向达成共识。

同日 由中国电建昆明院设计，水电基础局、十四局、七局参建的世界首座堰塞坝综合水利枢纽工程——云南鲁甸红石岩水电站首台机组正式投产发电。

6 月 23 日 国家能源局印发《关于公布 2020 年光伏发电项目国家补贴竞价结果的通知》（国能综通新能〔2020〕64 号）。

6 月 24 日 国家电网公司总经理辛保安参加国务院第 98 次常务会议。

同日 南方电网公司首座大型天然气调峰电厂——调峰调频公司负责建设的海南文昌 2×460MW 级燃气—蒸汽联合循环电厂项目提前全面建成投产。

同日 第 80 届 WANO（世界核营运者协会）巴黎中心理事会召开。中广核总裁高立刚代表集团作为理事出席会议，并再次当选 WANO 主理事会理事。

6 月 25 日 中国华能山西芮城西陌 15 万 kW 光伏发电项目实现全容量并网发电，至此，连同 2019 年底投产的芮城陌南 15 万 kW 光伏项目，芮城县 30 万 kW 光伏竞价示范项目圆满收官。

同日 我国西南地区首个污泥耦合发电项目一期工程在中国华能珞璜电厂投运，该项目为国家级技改试点项目，每年可处置生活污泥占重庆市生活污泥生成总量近三分之一。

6 月 27 日 中国华能德州风光储一体化项目风电机组在山东实现全容量并网发电，总装机容量 10 万 kW。

6 月 28 日 中国华能江苏泗洪领跑者奖励激励基地 4 号 10 万 kW 光伏发电项目实现全容量并网发电。该项目位于泗洪县上塘镇天岗湖乡，投产后年均上网电量 1.4 亿 kWh，等效满负荷利用小时数 1295h。

同日 中国华能大连热电厂 2 号机组完成“72＋24”h 试运行，至此，一期两台 5 万 kW 背压机组全部具备投运条件。项目规划建设两台 5 万 kW 背压机组和两台 35 万 kW 抽凝机组。整个项目建成后，年供电量 44 亿 kWh，年供蒸汽量 400 万 t，供热能力 3000 万 m^2。

同日 中共中央总书记、国家主席、中央军委主席习近平对三峡集团牵头的金沙江乌东德水电站首批机组投产发电作出重要指示，代表党中央，对首批机组投产发电表示热烈的祝贺，向全体建设者和为工程建设作出贡献的广大干部群众表示诚挚的问候。习近平强调，乌东德水电站是实施“西电东送”的国家重大工程。

6 月 29 日 张北风电基地送电京津冀±500kV 柔性直流输电工程竣工投产。

同日 金沙江乌东德水电站首批机组投产发电。国务院国资委党委书记、主任郝鹏出席金沙江乌东德水电站首批机组投产发电仪式，传达习近平总书记对金沙江乌东德水电站首批机组投产发电作出的重要指示和王勇国务委员的批示。国家能源局党组书记、局长章建华出席仪式，下达投产发电指令。三峡集团党组书记、董事长雷鸣山主持仪式，党组副书记、总经理王琳汇报了乌东德工程建设和首批机组投产发电有关情况。南方电网党组书记、董事长孟振平，南方电网党组副书记、总经理曹志安，中国能建党委书记、董事长汪建平，中国电建党委副书记王斌，三峡集团领导王良友、范夏夏、张定明、杨省世、孙志禹、陈瑞武等出席仪式。国务院国资委、国家能源局、四川省、云南省、南方电网、各参建单位以及三峡集团有关部门、单位负责同志在北京、成都、昆明、广州和乌东德水电站等会场以视频连线方式参加投产发电仪式。乌东德全年投产8台85万kW装机。

同日 国家电网公司召开张北可再生能源柔性直流电网试验示范工程竣工投产大会。

同日 江西核电瑞昌辐照中心投运，国家电投首个核技术应用项目落地。

同日 中国能建参与的国家“十三五”规划的重点电网工程和重大创新工程——张北可再生能源柔性直流电网试验示范工程竣工投产。

6月30日 南方电网公司在2020年广东扶贫济困日活动上，连续第5年获得红棉杯金杯，被授予广东扶贫济困日活动10周年突出贡献奖。

同日 南方电网公司与广州市人民政府在广州签署新时代全面深化合作战略框架协议。广东省委常委、广州市委书记张硕辅，广州市委副书记、市长温国辉，公司董事长、党组书记孟振平，南方电网公司总经理、党组副书记曹志安共同见证签约。

同日 中国华能在吉林首个规模化地面光伏项目——华能通榆水龙山10万kW光伏电站并网发电。

同日 中国华能能交公司新泰朝辉新能源西张庄10万kW光伏项目一次并网成功。该项目位于山东省新泰市西张庄镇、翟镇，总投资5亿元，建成后预计年发电量1.2亿kWh。

同日 中国大唐自主开发建设的第一个千万吨级特大型井工矿项目——鄂尔多斯市国源矿业开发有限责任公司龙王沟矿井及选煤厂建设项目顺利通过竣工投产验收，正式迈入生产矿井行列。

同日 中国大唐举办“云端相聚，一网相连”英文网站启动仪式，从事国际化业务的境内外员工通过手机或电脑同时上网，参与和见证集团公司英文站正式上线运行。该网站的建设是落实国家“一带一路”倡议、树立国际化形象的崭新举措，为中国大唐的高质量发展、可持续发展起到了积极的推动作用。

同日 由低碳院研发、科环集团龙源催化剂公司产业化的针对电厂宽负荷运行的脱硝催化剂，顺利通过168h运行考验。

同日 国家电投中关村延庆园加氢站完成首次氢燃料车加氢任务，标志该站正式具备车辆加氢能力。

7月 国务院国资委公布了2019年度中央企业负责人经营业绩考核结果，中国能建再次获评年度经营业绩考核A级。

7月1日 国家能源局印发《电力安全文化建设指导意见》(国能发安全〔2020〕36号)。

同日 南方电网公司撤销总部部门内设行政化机构。除党的工作机构外，总部其他职能部门撤销处室建制。总部直属机构中，企业年金管理中心内设“处室”调整为“部”，总部后勤事务管理中心及南网总调内设机构不作调整。

同日 中国华能西安热工院提出的《氢氧型阴离子交换树脂含水量测定方法》《丙烯酸系阴离子交换树脂交换容量测定方法》《氢氧型阴离子交换树脂交换容量测定方法》3项国际标准在ISO/TC61/SC5成功立项，实现了我国在离子交换树脂领域国际标准立项零的突破，将为全球离子交换树脂产品测试提供技术规范和评价依据。

7月2日 南方电网公司召开总部与基层干部双向交流挂职动员会。南方电网公司董事长、党组书记孟振平出席会议并讲话。此次双向交流挂职是南方电网公司“百千人才去基层到西部计划”的一部分。

7月3日 中电联与美国环保协会联合发布《中国电力减排研究2019》。《中国低碳电力发展指标体系研究——中国电力减排研究2019》是中电联与美国环保协会长期合作研究项目系列成果之一，连续出版的第13本专题研究报告。

7月6日 国家能源局综合司公布2020年光伏发电项目国家补贴竞价结果，中国华电控股的上市公司黔源电力申报的光照300MW、马马崖300MW、董箐150MW水光互补农业光伏电站项目竞配成功，计划2020年12月投产发电。

7月7日 国家电网公司董事长毛伟明、党组副书记韩君、驻公司纪检监察组组长黄德安参加国资委中管企业持续深化巡视整改暨中央企业专项整治工作会。

同日 南方电网公司西电东送日送电量首次突破10亿kWh，达10.03亿kWh。

同日 中国大唐南京发电厂二期燃机项目1号机组取得江苏省发改委核准。该项目为国家第一批燃气轮机创新发展示范项目，也是中国大唐年度重点推进的发展项目。项目的顺利实施将为我国H型燃气轮机关键技术自主可控应用重大突破创造良好条件，项目建成后将增强江苏省电网调峰能力，保障能源安全稳定供应。

同日 国核示范新能源科技馆正式投入运行，总建筑面积10886m^2，是目前国内规模最大、新能源种类最多的科普展馆。

7月9日 世界首台160kV超导直流限流器在广东汕头南澳多端柔直示范工程启动并带电成功。

同日 中广核风电有限公司正式加入了GWO全球风能组织，加速了GWO在该行业的全球影响力，以争取实现无伤害的工作环境。

7月10日 中国华能召开2020年年中工作会议。中国华能党组书记、董事长舒印彪作题为《坚定信心 主动作为 奋力夺取疫情防控和经营改革发展双胜利》的工作报告，总经理、党组副书记邓建玲主持会议并作总结讲话。

7月11日 国家能源智慧化示范标杆项目——国家电投新疆能源化工五彩湾电厂全面投运。

7月12日 国内首台10MW海上风电机组在三峡集团福建福清兴化湾二期海上风电场成功并网发电。这是目前我国自主研发的单机容量亚太地区最大、全球第二大的海上风电机组，刷新了我国海上风电单机容量新纪录。

7月13日 国家电网公司董事长毛伟明参加国务院经济形势专家和企业家座谈会。

7月14日 国家能源局印发《关于下达2020年煤电行

业淘汰落后产能目标任务的通知》（国能发电力〔2020〕37号）。

同日 国家能源局印发《关于开展跨省跨区电力交易与市场秩序专项监管工作的通知》（国能综通监管〔2020〕72号）。

同日 国家能源集团召开2020年上半年经济活动分析会。

7月15日 国家电网公司总经理辛保安参加国务院第101次常务会议。

7月16日 国家电投举办统一供应链金融“融和e链”品牌发布会暨云链科技揭牌仪式，着力打造能源央企首个供应链金融业务平台，赋能供应链，重构产业链，创造价值链。国电投党组副书记、总经理江毅参加。

同日 三峡集团党组书记、董事长雷鸣山一行赴太原拜会山西省委书记、省人大常委会主任楼阳生，省委副书记、省长林武，双方就进一步加强战略合作进行深入交流。山西省委常委、省委秘书长廉毅敏，省委常委、常务副省长胡玉亭；三峡集团党组成员、副总经理王良友等参加座谈。

7月17日 国家电网公司党组成员参加国资委中央企业负责人会议。国务院国资委公布中央企业负责人2019年度经营业绩考核结果，公司连续十六年获得中央企业业绩考核A级。

同日 国务院国资委公布2019年度中央企业负责人经营业绩考核A级企业名单，南方电网公司、中国华能、中国大唐、中核集团获得年度考核A级。

同日 国家能源集团召开“社会主义是干出来的”（“一防三保”疫情防控）岗位建功行动表彰大会。

同日 国家电投黄河公司发明专利“光伏电站与水电站联合运行系统及运行方法”与远达环保发明专利“自适应沸腾式泡沫脱硫除尘装置”分别荣获中国专利奖优秀奖。

7月20日 国家电投广西公司所属兴安风电公司严关二期风电项目竣工投产运行，标志成功建成华南最大高山风电场群。

7月20～21日 南方电网公司召开2020年年中工作座谈会，南方电网公司董事长、党组书记孟振平，公司董事、总经理、党组副书记曹志安出席会议并讲话。

7月20～21日 中国大唐在京召开2020年年中工作会议，进一步深入学习贯彻习近平总书记关于统筹推进疫情防控和经济社会发展工作系列重要讲话和重要指示批示精神，贯彻落实党中央国务院决策部署要求，总结上半年工作，分析面临形势，围绕夺取疫情防控和“高质量发展年”目标任务双胜利，对下半年工作进行部署安排。

7月22日 中电联2020年理事长单位、副理事长单位联络部门负责人及联络员座谈会在北京召开。会议介绍了中电联理事会换届、5A社团创建、电力工程质量监督、人才测评业务等工作，听取了部分参会代表对中电联工作的意见和建议，中电联党委委员、专职副理事长王志轩出席会议并讲话。

同日 国家电投成功设立境外中期票据计划并完成首次提取发行。

同日 中国电建党委书记、董事长晏志勇，党委副书记、总经理丁焰章拜会了重庆市委副书记、市长唐良智，并共同见证重庆市政府与中国电建签订战略合作框架协议。

同日 中国电建所属水电水利规划设计总院在京组织召开《中国可再生能源发展报告2019》线上发布会。国家能源局新能源司副司长李创军，中国电建党委委员、副总经理刘源，水电水利规划设计总院院长郑声安出席会议并致辞。

7月23日 国家电网公司董事长毛伟明参加国务院第三次廉政工作会议。

同日 第二十一届中国专利奖获奖结果公布，国家电网公司共获中国专利金奖1项、银奖3项、优秀奖13项，在全国申报单位中获奖总数名列第一。

7月25日 华能石岛湾高温气冷堆示范工程全面进入调试阶段。

7月26日 在纪念中国有电138周年之际，为深入贯彻落实党中央国务院创新驱动发展战略，中电联举办了以“新基建 新业态 新动能”为主题的第九个“中国电力主题日”活动。

同日 中国能建参与的世界海拔最高超高压输变电工程——阿里与藏中电网联网工程全线贯通。

7月27日 国家能源局印发《关于开展风电开发建设情况专项监管的通知》（国能综通新能〔2020〕78号）。

同日 中国大唐面向社会公开发布《2019年社会责任报告》，这是中国大唐对外发布的第14份社会责任报告。

7月28日 国家电网公司总经理辛保安参加国务院推进政府职能转变和“放管服”改革协调小组专题会议。

同日 国家电投西南能源研究院在四川天府新区揭牌成立。

同日 中核集团负责的国际热核聚变实验堆（ITER）计划重大工程安装启动仪式在法国ITER组织总部举行，国家主席习近平致贺信、法国总统马克龙视频致辞。

7月28～29日 中电联党委委员、专职副理事长魏昭峰带队，赴长江三峡集团福建能源投资有限公司开展海上风电专题调研。

7月29日 国家电网公司总经理辛保安参加国资委对标世界一流管理提升行动启动视频会议。

同日 南方电网公司统调负荷再创历史新高，达1.998亿kW，同比增长7%。

同日 国家电投首批福田智蓝新能源6×4换电重卡投放到北京密云矿山砂石骨料公路运输，开创国内首例大宗物资“铁路干线+新能源重卡接驳”全过程零排放运输。

7月30日 由安洪光监事长带队，中电联监事会赴内蒙古自治区电力行业协会和内蒙古大唐国际托克托发电有限公司进行工作调研交流。

同日 中组部副部长张建春同志到国家电网公司总部调研，国家电网公司党组成员参加。

同日 ENR发布了2020年度“全球工程设计公司150强”和“国际工程设计公司225强”双榜排名。其中，全球设计公司排名中，中国电建排名第一，成为全球最大设计企业。这也是该榜单自公布以来，首次由中国企业摘得榜首。

7月31日 国家发展改革委、国家能源局联合印发《关于公布2020年风电、光伏发电平价上网项目的通知》（发改办能源〔2020〕588号）。

同日 国家能源局印发《2019年重点专项监管报告》（监管公告〔2020〕第3号）。

同日 国家能源局印发《坚强局部电网规划建设实施方案》（国能发电力〔2020〕40号）。

同日 中电联举办“电动汽车充电设施技术发展与标准体系建设”专题培训。中电联标准化管理中心主任、能源行业电动汽车充电设施标准化技术委员会秘书长、中电联电动汽车与储能分会副会长刘永东同志作了专题报告。

同日 国家电网公司总经理辛保安、副总经理张智刚参加全国安全生产电视电话会议。

同日 国内首批、单体容量最大的平价上网示范项目——中国电力中电朝阳500MW光伏发电项目顺利实现全容量并网。

同日 中国能建参与设计建设的“西电东送”重点工程——乌东德电站送电广东广西特高压多端直流示范工程实现阶段性投产。

8月1日 南方（以广东起步）电力现货市场正式投入全月结算试运行。

8月3日 国家能源局印发《关于开展2020年度电力建设工程施工安全监管和质量监督专项检查工作的通知》（国能综通安全〔2020〕83号）。

同日 国家电网公司董事长毛伟明、总会计师罗乾宜会见国资委副主任袁野同志一行。

8月3～5日 在河南省电力公司召开了2019年度电力行业特有职业（工种）高级技师评审会议。中电联技能鉴定与教育培训中心、河南公司人力资源部、技能培训中心负责人以及来自全国的89名专业评审委员参加了会议。

8月3～7日 中电联党委书记、常务副理事长杨昆一行赴中国南方电网有限责任公司调研了解粤港澳大湾区供电质量管理与综合能源系统建设等有关工作情况。

8月4日 中国大唐与中国海洋石油集团有限公司签署战略合作框架协议。

同日 在中国电力企业联合会发布《2019年电力行业风电运行指标对标结果的通知》中，国家能源集团89家风电场获电力行业“优胜风电场”称号，总数位列发电集团第一。

同日 三峡集团党组书记、董事长雷鸣山在京与来访的中国建筑集团有限公司（简称中建集团）董事长、党组书记周乃翔举行座谈，双方就进一步推动战略合作、深化长江生态环保合作等交换意见。三峡集团党组成员、副总经理、总会计师杨省世，党组成员、副总经理孙志禹，中建集团党组成员、副总经理赵晓江等参加座谈。

8月5日 世界品牌实验室发布《2020年中国500最具价值品牌》榜单，国家电网公司以5036.87亿元的品牌价值连续第五年位居最具价值品牌榜首。

同日 世界品牌实验室（World Brand Lab）在北京举办2020年（第十七届）世界品牌大会，会上发布了2020年《中国500最具价值品牌》分析报告。中国华电首次上榜，以729.65亿元的品牌价值位列第76位。

8月6日 南方电网公司召开2020年创新大会，聘任中国工程院院士李立浧为南方电网公司新一届专家委员会主任委员，聘任中国工程院院士罗绍基为专家委员会荣誉委员，聘任中国工程院院士沈国荣、刘吉臻，中国发展研究院院长王彤，华南理工大学电力学院院长唐文虎，百度集团副总裁吴甜等为专家委员会委员。

8月7日 国家能源局印发《关于加强电力行业危化品储存等安全防范工作的通知》（国能综通安全〔2020〕85号）。

同日 中电联党委书记、常务副理事长杨昆一行赴广东省能源集团有限公司调研。

8月8日 由中国华能清能院自主研发的高水分污泥直燃耦合发电技术，在秦皇岛秦热发电厂成功应用于两台30万kW大型循环流化床（CFB）锅炉机组，实现满负荷连续稳定运行。这是该技术首次应用于30万kW级大型CFB锅炉机组，实现不经干燥预处理，直燃耦合80%水分湿污泥，达到无害化处理。

8月10日 国家能源局发布2020年第3号公告，取消电力业务许可、承装（修、试）电力设施许可涉及的21项证明材料。

同日 中国华能《2019年可持续发展报告》正式发布。

同日 美国《财富》杂志发布《财富》世界500强排行榜，国家电网公司以3839.06亿美元的营业额位居第三名。

同日 南方电网公司在美国《财富》杂志公布的2020年度世界500强排行榜中排名第105位，较上年提高6位。

同日 中国华能在美国《财富》杂志公布的2020年度世界500强排行榜中位列榜单第266位，较2019年上升20位。

同日 中国大唐再次上榜《财富》杂志发布的2020年度世界500强排行榜，以274.64亿美元的营业收入位居465位。这是中国大唐连续11年入选世界500强企业。

同日 中国华电在美国《财富》杂志发布的2020年度世界500强排行榜中连续第九年上榜，位列第370位，较上年提升16个位次。

同日 国家能源集团在美国《财富》杂志公布是2020年度世界500强排行榜中位列第108位。

同日 2020年《财富》杂志世界500强榜单揭晓，国家电投位列316位，较上年上升46位。

同日 中核集团首次申报首次入选美国《财富》杂志公布的2020年度世界500强排行榜。这是中国核工业企业首次进入世界500强，也是中核集团打造国际核科技发展的引领者、推动建设国际一流企业迈出的重要一步。

同日 中国电建在美国《财富》杂志公布的2020年度世界500强排行榜中的排名再创新高，位列榜单第157位，较2019年排名前进了4位。

同日 国家能源集团龙源电力南非德阿风电项目成功举办“云开放日”，超过140万人通过中国国际电视台、国资委、南非“中国企业”等社交平台云参观风电场，120多家国内外知名媒体进行报道，海外媒体刊发相关报道212篇，总覆盖人数超1亿。

8月11日 华能石岛湾高温气冷堆示范工程反应堆厂房屋面混凝土结构封顶，核岛厂房主要建筑结构全部施工完成。

同日 国核运行运用自主开发示踪气体分析仪成功在中微半导体设备有限公司完成泄露检测，标志着中国已完全掌握了该项检测技术，打破了国外的长期垄断。

8月13日 国家电网公司董事长毛伟明、总经理辛保安、总会计师罗乾宜、副总经理张智刚与国家发展改革委副主任连维良会谈。

同日 南方电网公司（广东）综合应急基地举行“国家电力应急培训演练基地”揭牌仪式。国家能源局总经济师郭智、南方电网公司党组成员、副总经理刘启宏出席仪式。

同日 中国华能与三一集团有限公司签署合作框架协议。根据协议，双方将深化在新能源领域全面战略合作伙伴关系，重点推进风力发电项目投资建设及运营，实现资源共享、优势互补。

同日 国家原子能机构在海南昌江核电站成功举办“风暴—2020”核安保演练，国家原子能机构主任张克俭和中核集团顾军总经理现场指导。

8月14日 中国华能暨江苏公司与南京、盐城市政府签署战略合作协议。根据协议，中国华能将与南京市在区域合作开发、国际合作深化、绿色发展和产融结合等方面展开全方位合作；国网江苏公司将与盐城市共同推进海上风电资源开发建设，打造海上风电装备制造基地，推动海上风电研发基地建设。

8月15日 中国华能董事长、中国工程院院士、国际电工委员会（IEC）主席、中国电机工程学会理事长舒印彪在南京出席2020年国际工程科技发展战略高端论坛暨第五届紫金论电国际学术研讨会，并作题为《加快推进再电气化——能源转型路径研究》的主旨报告。

8月17日 南方电网公司总部基地北区（香山路2号）启用，南网党校办公迁入该地址。

同日 中华全国青年联合会第十三届委员会全体会议、中华全国学生联合会第二十七次代表大会在北京开幕。大唐国际云冈热电公司青年职工赵树勋当选中华全国青联第十三届委员会委员。这是中国大唐成立以来青年职工首次当选全国青联委员。

8月18日 金坛盐穴压缩空气储能国家试验示范项目主体工程开工。工程采用非补燃式压缩空气储能技术，建成后将成为全球首个大型非补燃压缩空气储能电站。项目一期工程装机容量6万kW，储能容量30万kWh，预计2021年6月并网发电。

同日 随着一声哨响，白鹤滩水电站左岸1号机组转子在两台1300t桥机并车抬吊牵引下缓缓上升，拉开了世界首台单机容量100万kW水轮发电机组转子吊装的序幕。经过约300m的水平移动后，转子安全平稳落入1号机组机坑，实现了与发电机轴的精准对接。

8月19～20日 中电联主办的2020年燃煤电站生产运营管理第四十九届年会暨能效管理对标发布会在江苏省苏州市召开。会议集中发布了2019年度电力行业300、600MW及1000MW级火电机组能效对标水平结果，同期举办了煤电行业安全经济运行管理和智能化转型升级分论坛。中电联专职副理事长兼秘书长于崇德出席会议并致辞。

8月20日 国家能源集团国华电力印尼爪哇7号项目2号机组首次并网成功，顺利并入印尼爪哇巴厘电网。

8月21日 中央政治局常委、国务院副总理韩正调研南京南瑞继保电气有限公司，听取科研、市场和产业发展情况介绍，对南京南瑞继保电气有限公司坚持自主创新、加强电网技术研发、推动重大装备国产化、促进上下游产业发展、持续保持国际领先水平给予肯定，勉励企业聚焦主业，瞄准数字化、智能化，增强系统集成能力和自主创新能力，推动形成自主可控的现代产业体系。

同日 《工程新闻记录（ENR）》发布了2020年度“全球承包商250强”和“国际承包商250强”双榜排名。其中，中国电建排名分别位列榜单的第5位和第7位。全球最大的电力工程承包商和设计商地位稳固，国际影响力不断提升。

8月23日 国家发展改革委公布《承装（修、试）电力设施许可证管理办法》，自2020年10月11日起施行。原国家电力监管委员会于2009年12月18日公布的《承装（修、试）电力设施许可证管理办法》（国家电力监管委员会令第28号）同时废止。

同日 三峡枢纽工程入库流量降至35000m^3/s，长江2020年第5号洪水平稳通过三峡枢纽工程。本轮洪水期间，三峡枢纽工程共拦蓄洪水76.6亿m^3，成功抵御了75000m^3/s的建库以来最大洪峰，减轻了长江中下游防洪压力，保障了人民生命财产安全。

8月25日 国家电网公司总经理辛保安参加国资委中央企业北斗协同发展工作推进会。

同日 由中国华能控股开发的欧洲最大电网侧单体电池储能项目——英国门迪电池储能项目开始冷态调试。11月16日，门迪项目完成电池系统热调试工作。11月27日，英国天然气与电力市场办公室（Ofgem）向门迪电池储能项目两个项目公司（Minety Battery Storage Limited和Lower Minety Energy Limited）颁发了发电许可证，标志着门迪电池储能项目获批在英国从事发电业务。门迪项目是中国电力企业首次在发达国家建设的储能项目，由中国华能与国新国际共同出资，中国华能香港公司运营管理。项目位于英国威尔特郡门迪镇附近，规划装机容量99.8MW，主要设备由中国企业制造和集成，采用磷酸铁锂和三元锂电池技术，国产率超过70%。

8月25～27日 中电联在海口召开2020年电力可靠性

工作研讨会，中电联党委委员、专职副理事长魏昭峰出席了会议。

8月25～27日 中电联党委委员、专职副理事长兼秘书长于崇德带队，赴浙江开展“煤电机组灵活性运行和延寿运行研究”专题调研。

8月26日 国家电投东北公司燕山湖发电公司1号机组和2号机组在2019年度全国600MW级超临界空冷机组对标竞赛中分别荣获一等奖和三等奖。

8月27日 中电联首批电力行业无人机巡检作业人员专业能力评价工作在国网山东培训中心济宁实训站圆满结束。

同日 中国华电董事长、党组书记温枢刚在中国华电总部会见海南省政府副省长沈丹阳一行，双方围绕服务国家战略、深化企地合作和高质量发展等话题进行了深入交流。中国华电党组成员、副总经理余兵陪同会见。

同日 中国能建召开干部大会，国务院国资委有关负责同志宣布了国资委党委关于中国能建领导班子调整的决定：宋海良同志任中国能建党委书记、董事长；免去汪建平同志的中国能建党委书记、党委常委、董事长、董事职务，交流到其他中央企业任职。

8月28日 中国华能在山东荣成召开石岛湾高温气冷堆核电站示范工程现场报告暨研讨会，特邀全国能源动力领域14位院士，以及来自国家部委、地方政府、高等院校、行业协会学会、核电企业百余名专家学者，实地考察工程现场，并就依托示范工程推动我国核电技术进步共商良策。

8月31日 南方电网公司优化调整培训机构运作模式，将中国南方电网有限责任公司干部学院更名为中国南方电网有限责任公司领导力学院，南网党校、南网领导力学院、南网培训中心实施“三位一体”的管理模式，加挂南网工匠大学牌子。

同日 中国华电召开对标管理提升创建世界一流启动会。会议深入学习贯彻习近平总书记重要指示批示精神，贯彻落实国务院国资委对标世界一流管理提升行动工作要求，动员部署中国华电对标管理提升创建世界一流工作，加快创建具有全球竞争力的世界一流能源企业。中国华电董事、总经理、党组副书记叶向东出席会议并作动员讲话，党组成员、副总经理王绪祥主持会议。

9月1日 南方电网公司与老挝国家电力公司在老挝首都万象签署股东协议，由中国南方电网公司和老挝国家电力公司共同出资组建老挝国家输电网公司（EDLT）。

同日 经香港证监会批准，国家电投香港财资公司全资子公司国家电投（香港）资产管理有限公司，正式获发第9类“提供资产管理”牌照，成为五大发电集团中首家获得资管资质牌照的在港金融机构。

9月2日 国家电网公司董事长毛伟明参加国务院第106次常务会议。

同日 国家电网公司总经理辛保安参加国务院国资委学习贯彻全国抗击新冠肺炎疫情表彰大会精神座谈会。

同日 国务院常务会审议通过了中国华能海南昌江核电二期项目核准申请，标志着中国华能正式成为国内第四家具备控股建设大型压水堆项目资质的核电集团。华能昌江核电二期项目位于海南省昌江黎族自治县海尾镇塘兴村，由华能海南昌江核电有限公司担任投资、建设和运营管理主体，规划建设2台120万kW压水堆机组，技术路线采用具有中国自主知识产权的“华龙一号”技术方案，两台机组预计总投资368.5亿元，建设周期为60个月，计划3号机组于2025年建成，4号机组于2026年建成。

同日 由中广核工程公司设计院和珠海格力电器有限公司联合研发的“华龙一号”核级冷水机组样机通过由中国机械工业联合会与中国通用机械工业协会联合组织的鉴定评审。

同日 中国电建在京召开2020年科技创新工作会议暨院士论坛，来自中国科学院、中国工程院的26名院士出席会议，7位院士围绕各自专业领域作专题报告；国务院国资委科创局副局长柳长森出席会议并致辞；中国电建党委书记、董事长晏志勇出席会议并讲话，会议由党委副书记、总经理丁焰章主持，姚强副总经理作工作报告，中国电建领导王斌、刘源、黄埔、杨良、李燕明，外部董事、独立董事参加会议。

9月3日 能源行业涉电力领域信用评价标准化技术委员会（编号NEA/TC36）成立会议在北京举办。中电联副秘书长沈维春、标准化中心主任刘永东，国家能源局科技司处长齐志新等领导出席会议并讲话。

同日 中国华能与青海省人民政府签署战略合作框架协议。根据协议，双方将深化绿色发展、科技创新、智慧能源、生态保护等领域合作，共同推进青海建设国家重要新型能源产业基地，巩固和扩大青海新能源发展引领优势。

9月4日 2020年全国电力行业大型水电厂水轮机检修工职业技能竞赛获奖名单公布，中国华能共有13人获奖。其中，2人获个人一等奖，并被授予“全国电力行业领军人才”称号；澜沧江公司检修分公司代表队获团体三等奖。

同日 国家能源集团国华电力印尼南苏1号项目2×350MW燃煤发电新建工程正式开工。

同日 国家能源集团在2020年全国大型水电水轮机检修竞赛中，摘取团体二等奖，7名员工分获个人一、二、三等奖，2名员工被授予“全国电力行业领军人才”称号，2名员工被授予“全国电力行业技术能手”称号。

同日 中核集团漳州核电2号机组正式浇筑核岛第一罐混凝土（FCD），额定装机容量121.2万kW，标志着中国自主研发的三代核电技术——华龙一号批量化建设正式开启。

9月5日 中国华能与隆基绿能科技股份有限公司签署全面战略合作框架协议。根据协议，双方将在光伏基地项目开发、设备技术供应，项目集约化管理效率升级及“大数据平台+数字化电站”研发等方面开展合作，推动新能源产业发展再上新台阶。

同日 中国华能与西安交大签署《共建“能源安全技术研究院”合作协议》。根据协议，双方将开展煤炭、电能、核能安全及高效、灵活利用的基础理论、前沿技术、关键装备、重大系统、策略体系、产业政策等研究工作，形成具有国际引领性的一流研究成果，实现能源安全技术领域的中国引领。

9月7日 2020中国新能源高峰论坛在江苏盐城开幕。论坛以“绿色转型、赋能未来”为主题，搭建与700多名海内外能源领军企业、行业领袖和高端智库的合作交流平台，整合跨界创新资源，优化综合发展规划，为中国能源未来发展赋“能”。中电联党委书记、常务副理事长杨昆参加会议并做主旨发言。

同日 国务院国资委党委研究决定，夏忠同志任中国电力企业联合会党委副书记。

同日 中国电建集团海外投资有限公司投资、中国电建昆明院勘测设计的老挝南欧江四级水电站首台机组正式投产发电。

9月8日 全国抗击新冠肺炎疫情表彰大会在北京人民大会堂举行。华能集团阳逻电厂运行部值长罗家庚受表彰为“全国抗击新冠肺炎疫情先进个人”。中核集团北京原子高科金辉辐射技术应用有限责任公司被评为“全国抗击新冠肺炎疫情先进集体”，核工业四一七医院院长施晓松获评“全国抗击新冠肺炎疫情先进个人”。

同日 中核集团田湾核电5号机组投入商业运行。该机组装机规模111.8万kW，采用M310+型压水堆技术，于2015年12月27日正式开工建设。田湾核电5、6号机组是国家重点工程，机组国产化率已达95%以上。

9月9日 以“变革赋能未来 扶贫彰显担当”为主题的2020中国能源高质量峰会暨能源产业扶贫研讨会在北京召开。中电联党委委员、专职副理事长王志轩出席了会议。

同日 中国华电董事长、党组书记温枢刚在中国华电总部会见中国政府非洲事务特别代表许镜湖一行，双方就参与共建“一带一路”，促进中国华电国际业务高质量发展进行了深入交流。会见过后中国华电特邀许镜湖主讲了中非关系和对非合作形势专题讲座。中国华电党组成员、副总经理余兵陪同会见并主持讲座。

9月10日 由中电联、中国电力国际产能合作企业联盟与中国国际贸易促进委员会电力行业委员会共同主办的2020年电力行业国际合作会议、电力产能合作联盟会员大会暨电力贸促会委员大会于9月10～12日在青海省西宁市召开。

同日 中国华能与中国能源建设股份有限公司签署战略合作框架协议。根据协议，双方将深化在国内外项目开发、工程建设及配套服务、科技创新、资本投资等领域合作，携手开拓国内国际市场。

同日 华能石岛湾高温气冷堆示范工程首台主氦风机实现功能可用。主氦风机是电磁轴承在国内核电大型主设备电机上的首次应用。

9月11日 国家发展改革委、财政部、国家能源局联合印发《完善生物质发电项目建设运行的实施方案》（发改能源〔2020〕1421号）。

同日 南方电网公司首座全面国产化抽水蓄能电站建设项目——深圳抽水蓄能电站通过工程竣工验收。

同日 中国电建党委书记、董事长晏志勇拜访中国航天科工集团有限公司党组书记、董事长袁洁，双方就发挥各自资源优势、推动合作共赢展开友好会谈，并见证签署战略合作协议。

9月14日 国家电投黄河公司鑫业公司职工创新项目《危废沥青煤焦油综合利用技术设备》获第四届全国设备与技术创新成果评选——全国创新成果一等奖。

9月15日 国家电网公司召开公司援藏工作会，董事长毛伟明出席会议并讲话，总经理辛保安主持会议，韩君、刘泽洪、张智刚副总经理出席会议。

9月15～24日 2020年度电力创新奖成果复审会分别在广西南宁、贵州贵阳、四川成都举办。来自电力企业、科研院所、大学等上百名各电力专业领域专家及七百多个通过严格形式审查和初审、进入复审阶段项目的代表参加了会议。

9月16日 财政部、工业和信息化部、国家能源局等5部门联合印发《关于开展燃料电池汽车示范应用的通知》（财建〔2020〕394号）。

同日 中国华电在京召开2020年科技创新大会。中国华电董事长、党组书记温枢刚出席会议并讲话。中电联党委书记、常务副理事长杨昆出席大会。

同日 中国能建设计建设的世界首台66万kW超临界循环流化床机组——山西中煤平朔低热值煤热电新建项目1号机组建成投产，正式投入商运。

9月17日 国家电网公司董事长毛伟明参加国务院第108次常务会议。

9月18日 中国华能与湖北省人民政府签署战略合作协议。根据协议，双方将在能源项目建设、社会民生保障、生态环境保护治理和国企混合所有制改革等方面加大合作力度。

同日 中国电建党委副书记、总经理丁焰章拜会湖北省委常委、武汉市委书记王忠林，武汉市委副书记、市长周先旺，双方围绕加强合作、助力武汉疫后重振进行了座谈，并见证签署战略合作协议。中国电建党委常委、副总经理刘源参加会议。

9月19日 中国华能锡林郭勒热电公司北方胜利电厂2台66万kW机组项目全面建成投产。项目位于内蒙古锡林郭勒盟锡林浩特市，总装机容量132万kW，采用国产高效超超临界表凝式间接空冷机组，设计年发电量72.6亿kWh。

9月20日 国家电网公司“点亮玉树——‘新能源+新教育’生态赋能工程”公益慈善项目获2020中国公益慈善项目大赛金奖。

9月21日 中国华能与海南省人民政府签署战略合作协议。根据协议，双方将在电源建设、清洁能源发展、总部经济、能源科技等多个领域加强合作，服务海南自贸港建设。

9月22日 破解气候环境危机国际论坛在京召开。论坛由全球能源互联网发展合作组织举办，首次发布《破解危机》和《可持续发展之路——全球能源互联网落实〈2030年可持续发展议程〉行动路线》两项成果，全面对接《巴黎协定》和联合国《2030议程》，以“中国方案”推动破解世界气候环境与可持续发展难题，促进全球能源互联网与人类命运共同体建设。全球能源互联网发展合作组织主席刘振亚发表主旨演讲。中电联党委书记、常务副理事长杨昆应邀出席论坛。

同日 国家电网公司总经理辛保安参加国务院国资委“科改示范行动”视频推进会。

同日 全国政协副主席、中国科协主席万钢到国家电网500kV张北柔直换流站调研。

同日 中国华能与云南省人民政府签署能源经济合作协议。根据协议，双方将进一步深化能源经济战略合作，加强绿色能源、绿色制造业、节能环保等领域的务实合作，共同打造世界级绿色发展新高地。

同日 国家能源集团所属大渡河大岗山水电站、黄骅港三期工程获得中国土木工程学会颁发的第十七届中国土木工程詹天佑奖。

9月23日 中国企业在海外投资建设的单机容量最大、拥有自主知识产权的火电机组——国家能源集团国华电力印尼爪哇2×1050MW燃煤发电项目2号机组顺利通过168h试运，标志着印尼电力建设史上单机容量最大、参数最高、技术最先进、指标最优的高效环保型电站全面竣工。

9月24日 中国能建电规总院公司在北京发布“一带一路”能源合作年度报告2020——《中国—中东欧能源合作报告》。

9月24～26日 中国华电董事长、党组书记温枢刚应邀出席“深化融合发展 助力追赶超越”央企进陕推进大会，并代表中国华电与陕西省人民政府签订战略合作协议。根据协议，双方将深入贯彻落实习近平总书记来陕考察重要讲话精神，加快开展中国华电在陕西省可再生能源项目及综合能源项目开发建设，实现更广领域、更深层次、更好水平的合作发展。

9月25日 国家发展改革委、国家能源局联合印发《关于全面提升“获得电力”服务水平 持续优化用电营商环境的意见》（发改能源规〔2020〕1479号）。

同日 中国大唐与隆基绿能科技股份有限公司在西安签署战略合作框架协议。

同日 推动长江经济带领导小组办公室专题会暨三峡集团参与共抓长江大保护工作现场会在江苏镇江召开。推动长江经济带发展领导小组办公室副主任、国家发展改革委副主任胡祖才，江苏省副省长马欣，三峡集团党组副书记、总经理王琳以及沿江11省市相关代表参加会议。

9月25～26日 国家电网公司董事长毛伟明参加中央新疆工作会议。

9月26日 国家电网公司总经理辛保安参加国务院国资委央企进陕推进视频会。

同日 中国华能与陕西省人民政府签署战略合作协议。根据协议，双方将以建立全方位、宽领域、深层次的战略合作机制，中国华能将发挥自身的资本、资源、管理、技术等方面的优势，加快在陕基地型规模化新能源项目开发，高标准建设清洁高效煤电，大力发展供热板块，积极参与煤炭资源开发，认真履行社会责任，促进陕西经济增长、结构调整和产业升级。

9月27日 三峡集团党组书记、董事长雷鸣山在西藏自治区拉萨市与西藏自治区党委书记吴英杰，党委副书记、自治区主席齐扎拉举行座谈，就共同贯彻落实中央第七次西藏工作座谈会精神，进一步深化战略合作进行深入交流。三峡集团党组成员、副总经理范夏夏；西藏自治区党委常委、秘书长刘江，自治区副主席坚参、张永泽参加座谈。

9月28日 国新办举行国务院政策例行吹风会，国家能源局介绍《关于全面提升“获得电力”服务水平 持续优化用电营商环境的意见》有关情况。

同日 国家电投举办上海核工院建院50周年暨三代核电自主化成果新闻发布会，发布中国三代核电自主化标志性成果——中国自主核电技术品牌、世界先进三代核电型号“国和一号”。

9月29日 财政部、国家发展改革委、国家能源局联合印发《关于〈关于促进非水可再生能源发电健康发展的若干意见〉有关事项的补充通知》（财建〔2020〕426号）。

同日 “一带一路”清洁能源发展论坛在西宁开幕，论坛以“能源革命、清洁示范、共建共享、绿电特区”为主题，旨在共商清洁能源发展大计，助力青海创建国家清洁能源示范省。十二届全国人大常委会副委员长向巴平措出席并宣布“一带一路”清洁能源发展论坛开幕。青海省委书记、省人大常委会主任王建军，国家能源局监管总监李冶，国家电网公司总经理辛保安，三峡集团董事长雷鸣山，中国能源研究会副理事长王禹民，亚投行副行长丹尼·亚力山大爵士致辞。中电联党委书记、常务副理事长杨昆应邀出席论坛。

9月30日 国家能源局印发《关于公布光伏竞价转平价上网项目的通知》（国能综通新能〔2020〕107号）。

同日 中国华能首个海上风电智慧运维平台在江苏清洁能源分公司投运。该项目集电子两票、运维管理、移动应用、实时监测、故障诊断、大数据分析等功能于一体，可有效提升风电场的管理效率和管理水平，有助于实现降低运维成本、提升发电量。

同日 中国华能核桃峪煤矿实现联合试运转。

同日 黄河公司405万kW青豫直流±800kV特高压外送通道一期工程配套光伏和风电电源点项目全部投产，是全球一次性建设投产的最大规模、最短时间建成的新能源发电项目。

10月 中国大唐成功实现了深圳宝昌燃机股权结构调整，破解了多年制约二期扩建的障碍，有力推动集团公司深耕粤港澳大湾区战略落地。

10月 由中广核苏州院电站寿命管理技术中心自主研发的热电势检测仪器获得日本专利厅正式授予的发明专利证书。

10月5日 中国电建所属水电七局承建的白鹤滩水电站左岸地下厂房6号机组施工完成封顶，标志世界最大地下厂房全线浇筑封顶。

10月10日 国家电网公司董事长毛伟明参加国资委召

开的习近平总书记全国国有企业党的建设工作会议重要讲话发表四周年学习研讨会。

同日 国家电网公司总经理辛保安参加国务院扶贫办"2020年就业扶贫论坛"。

10月12日 国家能源局召开全国"获得电力"服务水平提升工作推进会，深入贯彻党中央、国务院关于深化"放管服"改革持续优化营商环境的决策部署，全面落实全国深化"放管服"改革优化营商环境电视电话会议精神，总结交流典型经验，安排部署下一阶段工作。

同日 中国华能与内蒙古自治区人民政府签署战略合作协议。根据协议，双方将紧紧围绕加快综合清洁能源基地开发，促进煤电清洁高效开发利用，积极发展壮大风电、光伏、氢能等新能源产业和储能技术应用，大力发展城市循环经济，打造首府国际能源综合服务先行区，努力做大产业规模、做精多元结构、做优能源经济，着力推进自治区现代能源经济建设。

同日 国家电投江苏滨海南H3海上风电项目首台风机顺利并网，标志着国内首个数字化、智慧化海上风力发电场已进入并网运行阶段。

10月12～15日 中国华能亮相第十六届中国国际核工业展览会。工业和信息化部副部长、国防科工局局长张克俭，生态环境部副部长、国家核安全局局长刘华，中国科协书记处书记宋军，中国华能党组副书记王森、副总经理王文宗以及来自英国、法国等十余个国家的政府官员和专家出席开幕式，并亲临华能展台，观看石岛湾核电基地沙盘和高温气冷堆核电机组模型，详细了解中国华能推进核电发展的有关情况。

10月13日 国家能源局发布2020年第4号公告，废止《关于印发〈承装（修、试）电力设施许可证监督管理实施办法〉的通知》（电监资质〔2012〕24号）等5件规范性文件。

同日 新疆阿克苏地区最大水电站——中国华能亚曼苏水电站4台机组全部投产发电。项目总容量24.4万kW，年平均发电量为8.03亿kWh，年收入预计达1.97亿元。

同日 中国华能长江环保科技有限公司成立大会在京举行。中国华能长江环保科技有限公司依托中国华能在锅炉燃烧领域的技术优势和长江沿线煤电布局的产业优势，致力于发展长江经济带生态环保产业，探索生态优先、绿色发展的新路子。

同日 中核集团与瑞典Studsvik公司以云签约形式，共同签署科技合作路线图并共同揭牌成立中核集团北欧研发中心。这是中核集团首个海外研发中心，对于中核集团贯彻落实创新驱动发展战略，构建"一体两翼"科技创新体系，深入参与国际合作具有重大意义。

10月14日 中电联党委副书记夏忠带队的国资委机关扶贫第十三协作组赴河北邯郸魏县，开展扶贫调研及捐赠活动。国务院国资委协会党建局局长肖宗辉、副处长裴毅东出席调研活动。河北省魏县县委书记樊中青、县长高巍等县镇有关部门负责同志陪同调研。

同日 南方电网公司圆满完成深圳经济特区建立40周年庆祝大会特级保供电任务。

同日 2020年世界标准日主题活动在山西太原举行，山西省委副书记、省长林武，市场监管总局副局长、国家标准委主任田世宏出席活动并讲话，国际电工委员会（IEC）主席、中国华能董事长舒印彪应邀出席活动并宣读世界标准日祝词。

10月15日 在2020年国家扶贫日来临之际，三峡集团在京举行三峡集团扶贫工作成果展开幕式，正式发布《脱贫攻坚 三峡力量》系列总结宣传产品。三峡集团党组书记、董事长雷鸣山出席会议并宣布成果展开幕和总结宣传系列产品发布。国务院扶贫办党组成员、副主任洪天云，三峡集团党组副书记、总经理王琳，国务院国资委科技创新和社会责任局副局长张晓红出席会议并讲话，三峡集团领导王良友、张定明、杨省世、陈瑞武及有关部门、单位负责同志参加会议。

同日 中广核太平岭核电项目一期工程2号机组实现FCD，标志着太平岭核电项目一期工程全面开工建设。

10月17日 国家电网公司总部市场营销部扶贫工作处、国网电子商务有限公司光伏云事业部，国网青海省电力公司营销部3个单位获全国脱贫攻坚"组织创新奖"。

同日 2020年全国脱贫攻坚奖表彰大会暨先进事迹报告会在京举行。南方电网公司规划部（扶贫办）农电处（扶贫处）作为国家光伏扶贫项目组成员，获得全国脱贫攻坚组织创新奖。

10月19日 华能石岛湾高温气冷堆示范工程首台反应堆冷态功能试验一次成功。

10月19～22日 由中国华能清能院自主研发的国内首套1000t/年相变型二氧化碳捕集工业装置在华能长春热电厂实现72h连续稳定运行。该技术能有效解决传统捕集方法的高能耗难题，经专家鉴定，主要技术指标达国际领先水平。

10月20日 中国首个中外合资海上风电项目——国家能源集团国华投资东台50万kW海上风电项目落地揭牌活动在南京举行。

同日 欧洲用户要求（European Utility Requirements，EUR）组织的最高决策机构指导委员会正式签署了有中核集团和中广核共同研发的华龙一号EUR认证证书，确认华龙一号设计通过了基于EUR最新版（E版）的符合性评估，并于11月6日在EUR官方网站公布这一消息。华龙一号是全球首个通过EUR E版认证的核电技术，认证结果表明华龙一号与EUR E版要求具有高度的符合性，体现了华龙一号的先进性和成熟性。

10月21日 国家电网公司总经理辛保安参加国务院第111次常务会议。

同日 国家电网公司总经理辛保安参加中央企业抗击新冠肺炎疫情表彰大会暨先进事迹报告会。

10月22日 南方电网公司与贵州省政府在贵阳市签署新时代全面深化合作战略框架协议，贵州省委书记、省人大常委会主任孙志刚，贵州省委副书记、省长谌贻琴，南方电网公司董事长、党组书记孟振平共同见证协议签署。

同日 国务院国资委党委召开中央企业抗击新冠肺炎疫情表彰大会暨先进事迹报告会，南方电网公司3名先进个人、1个先进集体获表彰。

中国华能武汉发电有限责任公司荣获“中央企业抗击新冠肺炎疫情先进集体”称号；上海华能电子商务有限公司风电事业部副总经理王飞、华能北京热电有限责任公司运行部值长何垚年、华能山东如意（巴基斯坦）能源有限公司办公室主任兼党委秘书孙震荣获“中央企业抗击新冠肺炎疫情先进个人”称号；中国华能武汉发电有限责任公司党委荣获“中央企业先进基层党组织”称号。

中国大唐2名个人，1个集体受到表彰。

国家能源集团1公司被国资委授予“中央企业抗击新冠肺炎疫情先进集体”称号，2员工被授予“中央企业抗击新冠肺炎疫情先进个人”称号。

中国电建海外事业部荣获“中央企业抗击新冠肺炎疫情先进集体”称号；山东电建公司副总经理兼吉赞项目总经理张玉雷荣获“中央企业抗击新冠肺炎疫情先进个人”“中央企业优秀共产党员”称号，山东电建三公司迪拜铝厂自备电站项目锅炉专业经理张河、水电十一局黄河三门峡医院外科一党支部副书记张丽荣获“中央企业抗击新冠肺炎疫情先进个人”称号。

同日 国家电投党组书记、董事长钱智民同德国西门子能源股份公司总裁兼首席执行官布鲁赫视频召开氢能技术研讨会。

10月23日 国家能源局发布2020年第5号公告，批准《水电工程生态流量实时监测系统技术规范》等502项能源行业标准、《Series parameters for horizontal hydraulic hoist (cylinder)》等35项能源行业标准英文版。

同日 以“用户智慧互联，能源友好互动”为主题的2020电力需求侧管理大会在南京召开。

同日 国家电网公司董事长毛伟明，国家电投党组副书记、总经理江毅在北京参加纪念中国人民志愿军抗美援朝出国作战70周年大会。

同日 国家电投首个渔光互补配套储能项目——0.5MW/3MWh窑河光伏储能项目顺利并网运行。

同日 中广核新能源控股公司主导申报的《槽式太阳能光热发电站集热系统性能试验规程》国际标准通过国际电工委员会（IEC）投票，成功立项。

10月24日 中国华能—华北电力大学海上风电与智慧能源系统联合实验室战略合作协议签约暨揭牌仪式在北京举行。根据协议，双方将聚焦新能源发电、智慧能源系统、智能海上风电、太阳能发电、智能发电核心技术等，打造世界一流的贯通基础理论研究、关键技术研发和重大工程示范的海上风电与智慧能源系统联合实验室。

10月26～29日 国家电网公司董事长毛伟明参加中国共产党第十九届中央委员会第五次全体会议。

10月26日 广东省粤东地区首批海上风电示范项目——大唐汕头南澳勒门Ⅰ海上风电项目开工。大唐汕头南澳勒门Ⅰ海上风电项目是汕头市首个开工的海上风电项目。该项目位于广东省汕头市南澳县南部海域的勒门列岛附近，规划装机总容量24.5万kW，预计总投资约51亿元，建成后年发电量约7.5亿kWh，每年可节约标准煤26万t，减少二氧化碳排放量43.3万t。

10月26～29日 国家电投党组书记、董事长钱智民在北京参加党的十九届五中全会。

10月27日 国家能源局召开2020年度电力行业网络与信息安全联席会议成员单位全体会议，会议全面总结了近一年来电力行业网络与信息安全工作情况，并就下一步深入推进电力行业网络与信息安全工作作出部署。

同日 中国能建投资建设的山东“最美高速”——济南至泰安高速公路建成通车。

10月29日 由中电联主办、湖南省电力行业协会协办的中电联2020年理事单位联络员工作会议在湖南长沙举办。中电联党委书记、常务副理事长杨昆出席会议并讲话。

10月31日 中电联数字电网标准化工作组成立大会暨2020数字电网技术论坛在广州举行。南方电网公司总工程师汪际峰担任工作组主任委员，工作组秘书处设在南方电网公司数研院。

同日 由国家电投东方能源热力公司投资建设的国内单台机组容量最大和总装机容量最大的补燃型大温差机组投运。

同日 三峡集团统筹规划的乌兰察布源网荷储示范项目暨三峡现代能源产业园在内蒙古乌兰察布市开工建设。该项目是全球规模最大的源网荷储示范项目，也是三峡集团在全国范围内统筹规划的新能源大基地项目之一。内蒙古自治区党委副书记、主席布小林宣布项目开工，三峡集团党组副书记、总经理王琳致辞；内蒙古自治区副主席艾丽华出席，乌兰察布市委书记、市长费东斌致辞，三峡集团党组成员、副总经理王良友出席。

11月1日 中国能建总承包建设的孟加拉国帕亚拉2×66万kW燃煤电厂一期工程、巴基斯坦中电胡布2×66万kW燃煤电站项目荣获2020年度国际工程管理大奖——全球特大型项目卓越奖银奖和铜奖。

11月2日 2020全球能源互联网（亚洲）大会在京召开。大会主题为“绿色低碳可持续发展”，由全球能源互联网发展合作组织与联合国亚洲及太平洋经济社会委员会、联合国西亚经济社会委员会联合举办，旨在深化全球及亚洲能源电力合作，加快能源变革转型，推动全球能源互联网中国倡议落地实施，为“一带一路”和人类命运共同体建设发挥作用。中电联常务副理事长杨昆应邀出席会议并参与嘉宾讨论。

同日 南方电网公司优化调整南网总调内设机构和后勤管理中心职责。南网总调发电调度处更名为现货市场处，水调处（水调中心）更名为水电及新能源处（水调中心），总部离退休人员服务等事务性工作职责调整至后勤管理中心，具体由总务部负责。

11月3日 国家电网公司党组成员参加国务院国资委传达学习党的十九届五中全会精神视频会。

同日 由中共中央宣传部、国务院国资委、全国工商联指导，中国外文局主办的2020中国企业海外形象高峰论坛在北京举办。论坛上，2020（第三届）中国企业海外形象建设优秀案例评选结果揭晓，中国华能报送的“滔滔桑河水‘点亮’柬埔寨万家灯火”获得“海外社会责任”优秀案例奖。

同日 华能石岛湾高温气冷堆示范工程完成双堆冷态功能试验，核岛核心系统建设质量得到全面检验。

同日 国家能源集团龙源电力社会责任案例《一度绿电照亮彩虹》在2020中国企业海外形象高峰论坛上被评为2020中国企业海外形象建设“海外社会责任”优秀案例。

同日 国家电投党组书记、董事长钱智民在总部参加国务院国资委传达学习党的十九届五中全会精神视频会议。

同日 国家科技重大专项——全球首座高温气冷堆核电示范工程双堆冷试完成。示范工程“双堆”一回路系统冷试工作的开展，有效检验了反应堆主系统设备制造与工程质量，为加快高温气冷堆产业化推广奠定了坚实基础。

同日 中国电建党委书记、董事长晏志勇，党委副书记、总经理丁焰章在武汉拜会湖北省委书记应勇，双方围绕深化战略合作，助力湖北疫后重振，实现地方政府和企业发展需求有益结合进行了座谈交流，并见证签署战略合作框架协议。

同日 由中宣部、国务院国资委、全国工商联指导，中国外文局主办，中国报道社承办的“2020·中国企业海外形象高峰论坛”在北京举行。中国电建报送的《属地抗疫点亮“命运共同体”——中国电建在属地抗疫中的海外品牌形象塑造》被评为2020中国企业海外形象建设抗疫类优秀案例。

同日 素有“中国的诺贝尔奖”之称的何梁何利基金科学技术奖2020年度颁奖大会在北京钓鱼台国宾馆举行。中国电建昆明院总工程师、副总经理张宗亮凭借在水利水电高坝工程、堰塞坝工程等领域取得的系列技术创新成果，获得何梁何利基金科学与技术创新奖。

11月4日 第三届中国国际进口博览会在上海国家会展中心开幕。国家主席习近平在第三届中国国际进口博览会开幕式上通过视频发表主旨演讲。中国大唐副总经理刘广迎应邀出席开幕式。在集团公司交易分团签约仪式上，中国大唐集团国际贸易公司和大唐电力燃料公司分别同日铁物产株式会社、明德国际控股集团有限公司、客来礼至远东有限公司签署交易合作协议。

同日 国家电投党组副书记、总经理江毅参加第三届中国国际进口博览会暨虹桥国际经济论坛开幕式，并在现场通过视频聆听习近平主席发表的主旨演讲。

同日 国家电投党组书记、董事长钱智民出席2020年第十二届中国（无锡）国际新能源大会暨展览会，并与参会嘉宾共同为大会启幕。

11月5日 由中电联主办、中电联电力发展研究院承办的2020年中国电力技术经济高端论坛在北京成功举办。本次论坛以“创新发展　智享未来”为主题，深入分析新时代能源发展新形势新任务，共谋电力发展转型、融合创新、互利共赢新局面，引领电力行业高质量发展。

同日 第二届博鳌智能电网国际论坛在海南博鳌开幕，南方电网公司党组成员、副总经理陈允鹏出席并作主旨演讲。

11月6日 国家能源局印发《电力现货市场信息披露办法（暂行）》（国能发监管〔2020〕56号）。

同日 中国华能在第三届中国国际进口博览会上举办进口高端设备及服务采购签约活动。展会期间，中国华能旗下7个二级单位192人交易分团与通用电气、三菱、西门子等合作伙伴签署进口智能高端装备、服务、大宗商品等共13项采购协议或合同。

同日 中国华能自主研发的国内首套100%全国产化分散控制系统（DCS）在福州电厂成功投用，标志着中国发电领域工业控制系统完全实现自主可控。

同日 中国华电在京召开改革三年行动动员部署会。会议贯彻落实党中央、国务院关于实施国企改革三年行动的决策部署，按照全国国有企业改革三年行动动员部署电视电话会议、国务院国资委中央企业改革三年行动工作部署视频会议的要求，对中国华电实施改革三年行动进行全面部署。

同日 中国电建所属水电七局·华东院联合承建国内首个百万千瓦级EPC水电项目——杨房沟水电站通过蓄水验收。

11月8日 截至本日，南方电网公司西电东送累计售电量达到2037亿kWh，连续4年突破2000亿kWh，同比增长0.2%，今年以来首次实现正增长。

11月9日 国家能源局印发《关于做好2020年度新能源发电项目并网接入有关工作的通知》（国能综通新能〔2020〕127号）。

同日 国家电投党组副书记、总经理江毅参加国务院国资委举办的学习贯彻党的十九届五中全会精神中央宣讲团报告会。

11月10～14日 第十二届全国电力行业继电保护员职业技能竞赛在中国华能山东黄台实训基地举行。经过激烈角逐，中国华能参赛的5支代表队10名选手全部获奖，并被授予“电力行业技术能手”称号。其中，中国华能在前10名中独占8席，并揽获个人及团体第一名。

11月11日 国家电网公司董事长毛伟明在公司总部与生态环境部党组书记孙金龙、部长黄润秋举行会谈。

同日 国家电网公司总经理辛保安参加国务院第113次常务会议。

同日 2020中国电机工程学会年会在京召开。中国电机工程学会理事长，国际电工委员会（IEC）主席，中国工程院院士，中国华能党组书记、董事长舒印彪出席会议并致辞。中国华能总经理、党组副书记邓建玲在会上作主旨报告。

同日 钦州市政府、中国华能广西分公司、西门子能源公司签署《华能西门子广西北部湾海上风电产业大基地化开发合作框架协议》。根据协议，三方将以百万千瓦级示范项目为起步，逐步打造千万千瓦级海上风电发电基地；引进国内一流高端配套设备制造商，全力打造百亿级海上风电全产业链装备制造基地；打造全球领先的国际化海上风电运输、施工、运维一体化基地；共同推动海上风电延伸产业的发展。

同日 中国大唐东营发电有限公司1号机组——世界首台百万千瓦超超临界、二次再热、六缸六排汽燃煤发电机组顺利完成168h满负荷试运行，机组各系统运行平稳、各指标参数优良，标志着1号机组基建工程完美收官。中国大唐东营项目的投产运营，标志着中国大唐站在超超临界二次再热技术应用的前列，在提升国家电力行业装备制造水平、优化电源结构、加快新旧动能转换、改善区域环境质量等方面具有重要的示范作用，也将为打造山东省高质量发展增长极、建设富有活力的现代化湿地城市注入强大动能。

当地时间11月12日，中国驻圣多美和普林西比大使馆徐迎真大使，经商处高金宝参赞等一行四人莅临中国大唐海运公司圣普项目处驻地考察调研并指导工作。

同日 由深圳市中国国际高新技术成果交易中心主办，国家商务部、科技部、工信部、发改委等协办的第二十二届中国国际高新技术成果交易会在深圳市会展中心开幕。中广核携国家自主三代核电技术"华龙一号"、海上风电业务以及自主研发的系列核电机器人、电子加速器、等离子体气化熔融技术、核燃料组件等创新科研成果参展。

同日 中国能建设计的世界首台百万千瓦超超临界、二次再热、六缸六排汽燃煤发电机组——大唐东营电厂新建工程1号机组通过168h满负荷试运行。

11月12日 中电联—国际能源宪章联合研究中心（简称联合研究中心）2020年度会议暨国际能源宪章北京研讨会线上网络会议召开。中电联专职副理事长兼秘书长于崇德、国际能源宪章秘书处秘书长Urban Rusnák出席会议并致辞。

同日 南方电网公司优化调整总部部分机构，撤销公司纪检监察组办公室，纪检监察组办公室主任、副主任职务自然免除。党建工作部（企业文化部）承担党建工作领导小组办公室、监督委员会办公室、直属党委办公室、直属纪委办公室日常工作，增设党建工作部（企业文化部）组织三处。

同日 在丹麦驻华使馆举行的中国与丹麦建交70周年招待会上，中广核新能源控股公司与丹麦领先可持续能源解决方案的合作伙伴维斯塔斯签署《战略合作框架协议》。

11月12～13日 《国家能源集团2019年社会责任报告》在"第三届北京责任展"中被授予五星级证书，国家能源集团被授予社会责任卓越企业奖并入选中国企业社会责任TOP前30，国家能源集团扶贫案例—平庄煤业公司扶贫工作入选中国企业精准扶贫综合案例50佳。

11月13日 国家能源局印发《关于做好今冬明春电力行业火灾防控工作的通知》（国能综通安全〔2020〕130号）。

同日 第十七届中国南方电网国际技术论坛暨《数字电网白皮书》发布会在深圳市举办，会上发布全球第一份《数字电网白发书》。

同日 经云南省人民政府批准，对口帮扶的澜沧县脱贫出列。至此，中国华能对口帮扶的拉祜族、佤族两个"直过民族"的4个贫困县全部实现脱贫摘帽。

同日 由中国华能、中国电子联合研发的国产化PLC工控系统首次在华能汕头电厂供热改造工程配套新建制水系统中试运。

11月14日 由中电联、中国就业培训技术指导中心和中国能源化学地质工会全国委员会联合主办的"2020年全国行业职业技能竞赛——第十二届全国电力行业职业技能竞赛继电保护员决赛"在华能济南黄台发电有限公司圆满落幕，中电联党委副书记夏忠出席闭幕式并讲话。

11月15日 中国华能单体容量最大的平原风电项目——濮阳一期50万kW风电项目实现全容量投产。项目位于河南省濮阳县，投产后预计年平均发电量11.7亿kWh。

同日 基于国产CPU和操作系统的新一代"华电睿信"水电智能监控系统，成功在中国华电贵州构皮滩水电站600MW机组投运，标志着中国水电控制系统在大型水电站上实现了自主可控的成熟应用，同时也为国产芯片和操作系统提供了能源工控应用场景，有助于加快工控系统产业链国产化进程。

11月16日 上海市"十三五"规划重大能源工程——由中核集团承建的上海LNG（液化天然气）储罐扩建工程正式投产运营，这是目前国内浅基础液化天然气储罐中单体容量最大的储罐，投产后上海液化天然气接收站储存能力将提升80%，为上海市能源保供提供重要支撑。

11月17日 国家发展改革委、国家能源局公布《2020年生物质发电中央补贴项目申报结果》（发改办能源〔2020〕865号）。

同日 中国华能赤城煤矿实现联合试运转。

同日 中国电建与四川省签订战略合作协议。中国电建公司党委书记、董事长晏志勇出席签字仪式。

11月18日 南方电网公司与中国核工业集团有限公司在广州签订战略合作协议。南方电网公司董事长、党组书记孟振平，中核集团董事长、党组书记余剑锋见证签约。

11月19日 中电国际顺利完成对墨西哥大型清洁能源平台公司Zuma Energía并购项目的交割。该项目是中国电力企业在墨西哥电力市场的首次重大直接投资，也是拉美地区本年度以来交割规模最大的可再生能源并购项目。

同日 由DNV GL国际安全评级学院主办的2020大亚湾·第五届DNV GL（挪威船级社）国际本质安全论坛在大亚湾核电基地开幕。论坛上，DNV GL为中广核大亚湾公司颁发了2020年SHE（安健环）标准化及国际标杆评级证书，中广核大亚湾公司核电的SHE标准化及国际标杆评价等级为9级，标志着其在安全、健康、环境管理方面率先实现国际高标准。

11月20日 国家能源局印发《关于进一步加强电力安全生产的紧急通知》。

同日 国家电网公司总经理辛保安参加国务院经济形势分析地方政府主要负责人视频座谈会。

同日 中国华能与明阳智慧能源集团股份公司签署战略合作框架协议，并启动协议中首个明阳阳江青洲四50万kW

海上风电项目。根据协议，双方将携手深化海上风电项目合作开发，布局海上千万千瓦级资源，同时在陆上平价大基地风电合作开发、清洁能源设备供应、科技创新、资本投资、产业配套服务等领域深化战略合作，实现优势互补、共同发展。

同日 广西壮族自治区人民政府宣布大化县等8个深度贫困县退出贫困县序列。至此，中国大唐承担的所有脱贫攻坚任务全部清零。此外，中国大唐定点扶贫县陕西澄城已于2019年5月脱贫摘帽，青海省兴海县援助任务及全国27个省区339个贫困村均已实现脱贫。

同日 中央文明委公布了第六届全国文明城市、文明村镇、文明单位名单。大唐南京发电厂、大唐环境公司、龙滩水力发电厂、大唐长山热电厂、大唐珲春发电厂、大唐辽源发电厂、大唐哈尔滨第一热电厂、大唐鸡西第二热电公司、江西大唐国际抚州发电公司、陕西宝鸡第二发电公司10家单位荣获第六届全国文明单位。至此，中国大唐系统获全国文明单位数量增至32家，单届新增数量创历史新高。

同日 山东核电、贵州金元、上海电力漕泾电厂、国电投黄河公司电力检修工程公司、贵州金元林华煤矿等5家单位被中央文明委授予第六届"全国文明单位"荣誉称号。

同日 全国精神文明建设表彰大会在京举行。中核集团中核核电运行管理有限公司（秦山核电）、中国核电工程有限公司、中核四〇四有限公司被授予第六届"全国文明单位"称号。秦山核电领导收到习近平总书记等国家领导人亲切接见，并作为唯一的全国文明单位代表发言。

11月23日 中国华能柬埔寨桑河二级水电站"云开放日"暨《中国企业在柬埔寨可持续发展报告》发布活动在北京举办。中国华能柬埔寨桑河二级水电站"云开放日"以"Energize where you are"为主题，在柬埔寨高棉时报记者尼克的带领下全方位展现了柬埔寨最大水电站的风采。

同日 中国华电自主研发的"华电睿蓝"自主可控智能分散控制系统（DCS）在华电芜湖电厂660MW超超临界机组成功投运，控制范围覆盖锅炉、汽轮机（DEH）等主辅设备，实现国内自主可控DCS在超超临界火电机组上的首次示范应用和全厂一体化控制，标志着中国华电再一次实现发电领域自主可控重大突破。

11月24日 全国劳动模范和先进工作者表彰大会在北京举行，南方电网公司系统6人、中国华能5人、中国大唐2人、中核集团6人荣获全国劳动模范称号。

11月25日 国家发展改革委、国家能源局联合印发《关于做好2021年电力中长期合同签订工作的通知》（发改运行〔2020〕1784号）。

同日 南方电网公司与中国联合网络通信有限公司在广州签订战略合作协议。南方电网公司董事长、党组书记孟振平，中国联通董事长、党组书记王晓初见证签约。

同日 南方电网公司举办首届供应链合作伙伴大会，联合100多家供应商一起发起倡议，共同建设完善现代化能源电力产业链供应链。

同日 中国华能自主研发的国内首套100%全国产化百万千瓦级分散控制系统（DCS）在华能玉环电厂成功投运，标志着我国高参数、大容量发电领域核心控制设备实现完全自主可控。

同日 中国华能与天津市政府签署关于加强能源经济领域战略合作框架协议，将在保障供电供热安全稳定、加强氢能科技创新、探索城市综合用能新业态、加大新能源项目开发等领域深化合作。

同日 全国首个零碳供暖城市创建项目——海阳核电二期450万m^2核能供热项目正式启动，同时，世界首个水热同传实践工程——海阳核电水热同传创新示范项目正式投运。

11月26日 2020年中电联先进会员企业、先进个人评选委员会工作会议在北京召开，来自中电联理事长、副理事长单位相关部门负责人等30余人参加会议。

同日 由中国电建设计施工的在建世界最大水电工程——金沙江白鹤滩水电站最后一罐混凝土顺利卸落到834m设计高程，率先封顶，标志着白鹤滩水电站大坝混凝土施工全面进入收官阶段。

11月27日 由中电联、中国—东盟博览会秘书处共同主办的中国—东盟电力合作与发展论坛在南宁召开。作为第十七届中国—东盟博览会的重要活动之一，本届论坛聚焦疫情下中国—东盟电力行业国际合作发展机遇和挑战，为中国与东盟国家在电力领域的合作和信息往来，搭建了高效的互动平台。中电联党委书记、常务副理事长杨昆，广西壮族自治区人民政府副主席费志荣，中国—东盟商务理事会执行理事长许宁宁出席会议并致辞。

同日 中电联在北京组织召开《中国工业史　电力工业卷》稿件终审会议。中电联专职副理事长兼秘书长于崇德、中国工业经济联合会党委副书记高家明，电力行业老专家张绍贤、冉莹、赵洁、王信茂、吕振勇等出席会议。

同日 第17届中国—东盟博览会和中国—东盟商务与投资峰会在广西南宁开幕。国家主席习近平在开幕式上发表视频致辞。中共中央政治局委员、中央外事工作委员会办公室主任杨洁篪出席开幕式。中国大唐党组成员、副总经理刘广迎受邀出席开幕式，并参加中国—东盟电力合作与发展论坛。中国大唐在智慧能源及电力展馆设置专门展厅，展示集团公司高质量发展成果，树立世界一流能源企业形象。

中广核携中国自主知识产权"华龙一号"、核燃料、电子束处理工业废水项目、新能源等科研成果及集团扶贫产品亮相东博会。

中国华能亮相展会，通过多媒体互动形式集中展示了华能在科技创新、绿色发展、与东盟国家合作及在桂企业发展情况，展现了中国华能深化能源合作、奉献清洁电力的愿景。

同日 华龙一号全球首堆——中核集团福清核电5号机组首次并网成功，创造了全球第三代核电首堆建设的最佳业绩。这标志着中国打破了国外核电技术垄断，核电技术正式进入国际第一方阵。

11月27～30日 三峡集团下属中水电公司参加第十七届中国—东盟博览会，并受邀参加老挝国家领导人与中国企业CEO圆桌对话会、巴基斯坦贸易和投资机遇推介会等重要会议。

11月29日 中国华能岳阳电厂三期2台60万kW机组锅炉城市废弃物前置干燥炭化一体机处理耦合发电项目进入商业化运行。

11月30日 国家能源局印发《国家能源局用户受电工程“三指定”行为认定指引》(国能发监管〔2020〕65号)。

同日 国家能源局印发《国家能源局电力并网互联争议处理工作程序规则》(国能发监管〔2020〕64号)。

同日 2020年全国电力工程造价与定额管理工作会议在京召开。中电联专职副理事长兼秘书长于崇德、国家能源局电力司行业管理处处长谭洪江出席会议并讲话。

同日 中国电建所属水电七局承建的金沙水电站首台机组正式投产发电，机组运行状态稳定，各项指标均达到国家标准。

12月1日 国家能源局印发《电力企业应急能力建设评估管理办法》(国能发安全〔2020〕66号)。

同日 广东电网第一家股份制公司——南方电网电力科技股份有限公司创立并完成增资扩股。

同日 中国施工企业管理协会公布“2020～2021年度第一批国家优质工程奖入选工程名单”，南方电网公司系统3项目工程入选。其中，超高压公司滇西北至广东±800kV特高压直流输电工程获国家优质工程金奖，广东电网公司500kV岐山变电站工程和调峰调频公司深圳抽水蓄能电站工程获国家优质工程奖。

同日 国家能源局发布关于第一批能源领域首台(套)重大技术装备项目的公示，中国大唐东营2×1000MW超超临界二次再热燃煤发电机组工程列入能源领域首台(套)重大技术装备项目清单。该项目具有高参数、大容量、新工艺特性，集成了六缸六排汽汽轮机组等11项国际、国内首次应用创新技术，开创了更加节能、环保、高效的百万千瓦级二次再热燃煤发电机组的先河，为今后大容量、高参数清洁环保型火力发电厂的设计、施工、调试以及生产运维提供了借鉴示范作用。

同日 中国施工企业管理协会公布了2020～2021年度第一批国家优质工程奖入选工程名单，中广核阳江核电厂3、4号机组核电工程荣获国家优质工程金奖。

12月 《中国能建2019社会责任报告》分获工业和信息化部“百家优秀企业社会责任报告”和“金蜜蜂2020优秀企业社会责任报告·领袖型企业”荣誉。

12月1日 中国施工企业管理协会公布2020—2021年度第一批国家优质工程奖入选工程名单，中国能建参与的8项工程获评国家优质工程金奖，21项工程获评国家优质工程奖。

12月2日 国家发展改革委印发关于闽粤联网工程核准的批复，闽粤联网工程获国家核准。

同日 中国华能成功发行10亿美元永续债券，其中，3年期永续债5亿美元，发行利率2.85%，5年期永续债5亿美元，发行利率3.08%。两只债券均创中资企业同年期永续债券发行利率的历史最低纪录。

同日 中国华电牵头的国内单台装机容量最大楼宇分布式项目——广东华电广州万博中央商务区分布式能源站，三台机组全部完成“72+24h”满负荷试运行，正式投产运营。

同日 由国家电投远达环保承建的上海市固体废物处置中心工程烟气处理项目1号焚烧线烘炉点火一次成功。该工程建成后将成为世界规模最大、烟气排放标准最严苛、技术最先进的医废处理项目。

12月2～3日 在2020年国际质量管理小组会议上，中核集团选派的QC小组成果获得10项大会最高奖项铂金奖，约占我国获奖总数的1/6，充分展示了集团公司质量管理的一流水平和追求卓越的工匠精神。

12月3日 第二届“一带一路”能源合作伙伴关系论坛在京召开。

同日 国家电网公司总经理辛保安参加国资委部分中央企业负责同志座谈会。

同日 中国大唐2020年重点核准项目—西藏首个装机超百万千瓦大唐扎拉水电站获西藏自治区发改委核准，标志着中国大唐在藏高质量发展迈出了坚实的步伐。该工程具有“高水头、深竖井、多断裂带”等技术特点和难点，是我国首台“大容量、冲击式”水轮发电机组的依托工程。

同日 第六轮中日企业家和前高官对话以视频方式举行。中国国际经济交流中心理事长曾培炎、日本前首相福田康夫及中日工商领袖、政府前高官及知名学者30余名代表参加会议。中国华电党组书记、董事长温枢刚应邀出席并发言，介绍了中国电力工业有关情况和集团公司发展情况，并围绕中日开展可持续发展合作议题提出相关建议。

同日 中国电建所属水电七局成果“复杂地质条件超300m高拱坝安全高效建设关键技术”荣获中国大坝学会科技进步特等奖。

12月4日 由中电联、中国能源研究会、中国煤炭工业协会、中国石油企业协会及中国机械工业联合会联合主办的中国能源电力“十三五”成就与“十四五”展望论坛在京举办。论坛以“积极推动能源行业提质增效、绿色转型，迈向高质量发展的新征程”为主题，深入探讨中国能源电力下一个五年的发展思路。国家能源局总经济师郭智、中国能源研究会常务副理事长史玉波、中电联常务副理事长杨昆出席论坛并致辞，论坛由中电联专职副理事长兼秘书长于崇德主持。

同日 共青团中央、中央文明办等六部委共同举办的第五届“中国青年志愿服务项目大赛”获奖结果正式揭晓。河北大唐国际唐山热电公司“帮一点”进社区青年志愿服务项目在斩获铜奖，这是中国大唐首次荣获志愿服务项目国家级奖项。

同日 国家电投党组书记、董事长钱智民在生态环境部参加国家生态环境专家委员会全体会议。

同日 新一代“人造太阳”装置——中国环流器二号M

装置（HL－2M）在成都建成并实现首次放电，标志着中国自主掌握了大型先进托卡马克装置的设计、建造、运行技术，为我国核聚变堆的自主设计与建造打下坚实基础。

12月5日 中国华能董事长、中国电机工程学会理事长、国际电工委员会（IEC）主席、中国工程院院士舒印彪出席2020国际绿色能源高峰论坛暨第12届中美绿色能源论坛并致辞。

同日 广东省与中央企业合作发展座谈会暨战略合作框架协议签约活动在广州举行。中国大唐等11家中央企业与广东省签署战略合作框架协议。中央政治局委员、广东省委书记李希出席会议并讲话，省长马兴瑞主持会议。国资委党委委员、秘书长彭华岗，中国大唐党组副书记、总经理寇伟等出席签约仪式并发言。

12月6日 2020国际标准峰会在京召开，中国华能党组书记、董事长，中国电机工程学会理事长，国际电工委员会（IEC）主席，中国工程院院士舒印彪出席峰会并致辞，中国华能总经理、党组副书记邓建玲出席会议并作主旨报告。峰会期间，由中国电机工程学会发起，国家电网、南方电网、中国华能、中国检验认证集团有限公司联合组建的北京创拓国际标准技术研究院有限责任公司宣告成立。

12月7日 第四次中国—欧佩克高级别对话会以视频形式召开。

同日 中国大唐召开中层以上管理人员大会。中央组织部有关负责同志宣布了中央关于中国大唐董事长、党组书记调整的决定：邹磊同志任中国大唐董事长、党组书记。

同日 中国华电安徽芜湖二期1×1000MW扩建工程、江苏句容二期2×1000MW煤电项目、江苏昆山热电一期2×400MW级燃机热电联产工程获2020～2021年度第一批“国家优质工程奖”，湖北江陵公司2×660MW超超临界燃煤发电机组一期工程获2020～2021年度第一批“中国建设工程鲁班奖”。

12月8日 2021年度全国煤炭交易会暨中国太原煤炭交易大会在山西太原开幕，国家电投党组成员、总会计师陈西出席大会开幕式，并见证集团公司与山东能源集团战略合作签约。

12月8～9日 中国华电在京召开“十四五”战略规划研讨会。会议以习近平新时代中国特色社会主义思想为指导，深入学习贯彻习近平总书记关于“十四五”规划的重要讲话和重要指示批示精神，认真贯彻落实党的十九届五中全会精神，研究讨论集团公司“十四五”发展规划，思考和谋划明年重点工作安排，持续推进公司“五三六战略”落实落地，加快创建具有全球竞争力的世界一流能源企业。

12月9日 国家电网公司±420kV渝鄂背靠背直流联网工程获国家优质工程金质奖。

同日 南方电网公司在广州召开专家委员会四届一次全体会议暨公司“十四五”规划研讨会。

同日 中国华电“双百企业”江苏公司、华电重工深化改革的经验成效入选《改革样本：国企改革“双百行动”案例集》。

12月10日 国家能源局印发《2021年能源行业标准计划立项指南》。

12月11日 国家能源局印发《关于加强生物质发电项目信息监测的通知》。

12月10～11日 中国华能与贵州省人民政府签署战略合作协议。根据协议，双方将进一步深化能源领域合作。中国华能将加大在贵清洁能源领域投资，推进规模化清洁能源基地、风光储一体化、天然气分布式综合能源和调峰气电示范项目建设，积极开展生物质发电、生活垃圾焚烧和污泥掺烧发电（含污水处理）、高效储能、制氢开发、地热开发利用等示范试点及清洁热能项目前期工作等，进一步助力贵州壮大清洁能源产业、优化能源结构、增强能源安全保障，为贵州建成全国重要能源基地作出积极贡献。

同日 中国华能杨柳青热电厂6号机组燃煤耦合污泥发电项目实现72h连续运行，进入商业化运行。

同日 中国华电党组副书记、董事、总经理叶向东在集团总部会见青海省海西州委副书记、州长孟海一行，双方就学习贯彻落实党的十九届五中全会精神，深化对口支援工作，促进海西州经济社会发展进行了座谈交流。

同日 国家电投党组书记、董事长钱智民拜会山东省委副书记、省长李干杰，之前与山东省能源局局长栾健共同为山东省能源规划发展研究中心、山东省能源大数据中心揭牌。

同日 国务院国有资产监督管理委员会与贵州省人民政府共同举办的2020年央企助力贵州发展大会在贵阳举行。国电投党组副书记、总经理江毅作为央企代表发言。期间，江毅与贵州省副省长胡忠雄分别代表双方签署《国家电投贵州省人民政府战略合作框架协议》。

12月11～12日 中国能建在京召开全面加强党的领导、加快高质量发展、深化系统改革和加强科学管理务虚会。

12月12日 中国华能江阴燃机电厂2号机组完成168h满负荷试运行，至此，电厂2套热电联产机组全部建成投产。项目位于江苏省无锡市江阴市祝塘镇，建设2套40万kW级燃气－蒸汽联合循环热电联产机组，建成后预计年发电量约44亿kWh，年供热量约200万t。

12月13日 中国华电党组书记、董事长温枢刚应邀出席海南自由贸易港第四批重点项目集中签约活动，并赴海南公司调研。中国华电党组成员、副总经理余兵陪同参加活动。

12月14日 由中国社会科学院学部主席团和中国社会科学院数量经济与技术经济研究所主办的第九届全球能源安全智库论坛在北京召开。中电联党委书记、常务副理事长杨昆出席论坛并致辞。

12月中旬 中广核能源国际公司所属欧能公司瑞典North Pole（北极）项目正式投入商业运行。North Pole项目位于瑞典北部Pitea地区，靠近北极圈，由179台风机组成，总装机容量达65万kW，为目前欧洲历史上一次性建成的最大单体陆上风电项目。

12月15日 国家能源集团组织召开“碳中和愿景下我

国能源转型战略研讨会”，启动碳达峰碳中和战略研究。

同日 国务院国有资产监督管理委员会组织验收评估工作会，对国家电投国资监管信息化建设“三年行动计划”实施情况进行验收。

同日 在北京冬奥组委成立五周年之际，三峡集团正式成为北京2022年冬奥会和冬残奥会官方发电合作伙伴。签约仪式在国家游泳中心“冰立方”隆重举行。

12月15～19日 2020年“一带一路”暨金砖国家技能发展与技术创新大赛之“嘉克杯”国际焊接大赛在沈阳举办，中国华能代表队获团体金奖。

同日 中广核新能源控股公司广东阳江南鹏岛40万kW海上风电项目实现73台风机全容量投产运行。该项目是我国首个单体大容量海上风电项目，年上网电量达10.15亿kWh，可节约标煤31.15万t，减少二氧化碳排放82.88万t。

12月17日 中国华能电力基础设施网络安全实验室通过项目竣工验收。该实验室是电力行业内首个弹性可重构、虚实结合的电力生产仿真实验室，涵盖风电、光伏、水电、火电四种能源类型8类电力监控系统组成的电力生产仿真试验环境。

同日 中国华电党组副书记、董事、总经理叶向东中国华电总部会见天津市委常委、常务副市长马顺清一行，双方就深入落实京津冀协同发展，进一步深化合作进行交流。中国华电党组成员、副总经理余兵陪同会见。

同日 国际标准化组织（ISO）经全世界164个成员国投票通过，批准并正式向全世界发布由华电电力科学研究院代表火电行业主导、引领制定的《腐蚀控制工程全生命周期风险评价》（ISO 23222），以及华电电力科学研究院参加、支持制定的《管道腐蚀控制工程全生命周期通用要求》（ISO 23221）、《腐蚀控制工程全生命周期通过要求》（ISO 23123）等三项国际标准。三项国际标准的发布，标志着中国华电在国际标准化工作中迈出关键一步，提升了我国在防腐控制工程领域的国际影响力。

同日 国家电投河南公司平顶山发电分公司1号机组综合节能改造后成功并网。该项目是国内首台立项的百万千瓦煤电机组通改工程。

同日 中国电建所属水电七局与华东院联合承建国内首个百万千瓦级EPC水电工程——杨房沟水电站大坝浇筑到顶。

12月18日 国家能源局发布2020年第6号公告，将“二代异质结太阳能电池生产装备”等26个技术装备列为第一批能源领域首台（套）重大技术装备项目。

同日 国家能源局印发《关于开展全国新一轮抽水蓄能中长期规划编制工作的通知》（国能综通新能〔2020〕138号）。

同日 国家电投党组书记、董事长钱智民在京参加中央经济工作会议。

12月21日 国务院新闻办公室举行《新时代的中国能源发展》白皮书新闻发布会。

12月21～23日 南方电网公司举办学习贯彻党的十九届五中全会精神研讨班（读书班）暨2020年各部门各单位负责人座谈会。南方电网公司董事长、党组书记孟振平，公司董事、总经理、党组副书记曹志安参会并讲话。

12月22日 2021年全国能源工作会议在京召开。会议以习近平新时代中国特色社会主义思想为指导，全面贯彻党的十九大和十九届二中、三中、四中、五中全会精神，认真落实中央经济工作会议决策部署和全国发展和改革工作会议要求，系统总结“十三五”以来贯彻落实能源安全新战略的工作成绩，分析把握“十四五”能源发展的新任务新要求，研究谋划当前和今后一个时期推动能源高质量发展的思路举措，安排部署2021年重点工作。

同日 由中国华能与中国电子联合研发的国产化自主可控风电PLC在华能定边沈口子风电场2MW风机成功投运。

同日 中国华能子长风电项目全容量并网发电。项目位于陕西省子长市李家岔镇，规划装机30万kW，是国内一次性建成投产规模最大山地高塔筒风电场。项目投产后预计年发电量超6亿kWh。

同日 中国华能蒙东公司单期最大光伏电站项目——扎赉诺尔矿区排土场三期10万kW光伏电站项目实现全容量并网发电。该项目位于满洲里市扎赉诺尔区，总投资约4亿元，建成投产后每年可提供绿色清洁能源1.67亿kWh。

12月23日 国家能源局在京召开能源监管工作会议，总结2020年能源监管工作，分析当前监管工作面临的新形势，部署2021年重点任务。

同日 国家电网公司召开山西浑源、浙江磐安、山东泰安二期抽水蓄能电站项目集中开工动员大会，总经理辛保安、副总经理刘泽洪出席。

同日 中国华能北湖风电10万kW项目实现全容量并网投产。北湖风电项目位于湖南省郴州市北湖区，项目建成后预计年上网电量2.46亿kWh，年等效利用小时数2401h。

同日 中国大唐与印尼金光集团以视频形式举行PMU公司股权交割仪式。双方合作是对习近平总书记提出的建设“21世纪海上丝绸之路”重大倡议和佐科总统倡导的“全球海洋支点”战略构想的具体实践，也是区域全面经济伙伴关系协定（RCEP）签署后中印两国最新合作成果。中国大唐收购该项目后，实现境外发电装机容量突破百万千瓦。

同日 中央研究院与东方能源张家口公司合作开发的250kW/1.5MWh铁—铬液流电池储能示范项目在战石沟光伏电站投入试运行，标志着国家电投自主研发的储能技术首次投入实际应用。

12月24日 乌兰察布风电基地一期600万kW示范项目首台风机成功发电，标志着由国家电投承建的全球陆上单体最大风电项目、国家能源局批复的首个大规模可再生能源平价上网示范项目，工程建设取得阶段性成果。

12月25日 国家能源局印发《电力业务许可证监督管理办法》（国能发资质〔2020〕69号）。

同日 国家能源局、生态环境部联合印发《关于加强核电工程建设质量管理的通知》（国能发核电〔2020〕68号）。

同日 中国证监会核发 IPO 批文，按法定程序核准了南方电网综合能源股份有限公司首次公开发行股票申请，该公司将在深交所发行上市（证券简称：南网能源，证券代码：003035）。

同日 中国华能雷避窑灰场10万kW光伏复合项目全容量并网投产。项目规划装机容量10万kW，建成后首年发电量预计可达1.62亿kWh，未来25年年均发电量预计为1.45亿kWh。

同日 国家电投（海南）财资管理有限公司在海南省海口市成立，并实现对在琼成员单位4笔信贷共计2.6亿元的首批业务落地，标志着国电投党组“生态岛、清洁岛、智慧岛”海南三岛战略十三项重点任务又一重要工作落地，开启了集团公司海南区域产融结合发展新篇章。

同日 中广核浙江岱山4号23.4万kW海上风电项目实现54台风机全容量投产运行。该项目年上网电量达6.18亿kWh，可节约标准煤17万t，减少排放有害气体约47万t。

同日 中广核红沿河公司正式获得由挪威船级社颁发基于国际安全评级体系（ISRS）的核电运营 SHE 标准化8级证书，中广核宁德公司获得核电运营 SHE 标准化9级证书。

12月26日 中国华能党组书记、董事长、中国工程院院士、国际电工委员会（IEC）主席、中国电机工程学会理事长舒印彪在京出席2020北京论坛能源分论坛暨第一届北大能源论坛，并作题为《加快再电气化进程——能源转型路径研究》的主旨报告。

12月27日 由南方电网公司投资建设的国家西电东送重点工程——乌东德电站送电广东广西特高压多端柔性直流示范工程投产，创造19项世界第一，较计划提前半年。

同日 国家电网公司巴西美丽山特高压输电二期项目荣获第六届中国工业大奖，成为首个获得中国工业大奖的中国企业海外项目。

同日 中国华能环江界子良风电12万kW项目全部成功并网。

12月28日 南方区域调频辅助服务市场正式启动试运行。南方区域调频市场是全国首个进入试运行的区域调频市场，标志着南方区域统一电力市场建设迈出重要一步。

同日 中国华能新疆吉木萨尔10万kW光伏发电项目全容量并网发电。项目位于昌吉州吉木萨尔县境内，是新疆公司下属装机容量最大的光伏发电项目，投产后预计年发电量1.53亿kWh。

12月29日 国家能源局印发《关于电力工程项目造价信息报送及统计分析工作有关问题的通知》（国能综通监管〔2020〕141号）。

同日 中电联在北京召开“2020年度电力创新大会”，贯彻落实党中央决策部署，准确把握能源电力发展形势，促进提升电力行业科技和管理水平。会议由中电联党委委员、专职副理事长兼秘书长于崇德主持。

同日 国家电网公司召开丰满水电站全面治理（重建）工程投产总结表彰大会，总经理辛保安、副总经理刘泽洪出席。

同日 广州电力交易中心召开2020年第三次股东会暨第二次董事会。会议审议并一致通过了关于变更公司董事的议案和广州电力交易中心增资协议，本次增资完成后，南方电网公司持股比例由66.7%降至39%，南方五省区政府出资企业持股比例39%，电力规划总院、水电水利规划设计总院和南方五省区电力交易中心等新增7家股东持股占比22%。

同日 中国华能济阳生物质热电联产工程项目完成“72+24”h连续试运行。该项目装机容量3万kW，总投资3.5亿元，投产后预计年处理秸秆24万t，发电2亿kWh，供暖126万m^2。

同日 在人民日报海外网主办的“第二届全球华人生活短视频大赛”颁奖典礼上，中国华能报送的视频作品《逆风向阳——飞往巴基斯坦的华能人》获得“同心抗疫优秀作品”奖。

同日 国家电投党组书记、董事长钱智民在上海出席上海交大国家电投智慧能源创新学院、智慧能源发展研究院揭牌仪式并致辞。

同日 中广核核技术公司申请成立的国家原子能机构核技术（电子束技术环境应用）研发中心，获国家原子能机构批复同意挂牌成立。

12月30日 国家能源局印发《发电企业与电网企业电费结算办法》（国能发监管〔2020〕79号）。

同日 国家能源局印发《关于进一步完善电力调度交易与市场秩序厂网联席会议制度的通知》（国能发监管〔2020〕78号）。

同日 中国电建水电六局引入战略投资者建信投资签约仪式在公司总部举行。国务院国资委改革办综合组处长郑亚明；建设银行党委委员、副行长王浩；中国电建党委副书记、总经理丁焰章，公司领导刘源、杨良出席仪式。

12月31日 李立涅院士南方电网教育基金捐赠仪式在华南理工大学举行。公司董事、总经理、党组副书记曹志安，中国工程院院士、公司专家委员会主任委员李立涅，华南理工大学校长高松出席活动并致辞。

同日 南方电网公司2020年西电东送电量为2305亿kWh，同比增长1.8%，连续九年创历史新高。

同日 中国华能农安生物质电厂2号扩建机组投入商业化运行。至此，电厂总装机容量达到6.5万kW。2号机组投产后，全厂预计年发电量将增长至4.5亿kWh，供热面积增加至100万m^2，消耗生物质燃料增加至60万t。

同日 中国华能吐鲁番风电一期项目全容量并网。至此，中国华能新疆公司2020年在吐鲁番地区开工建设的两个风电项目、总装机容量10万kW全部投产。

同日 中国华能海南州30万kW光伏项目并网发电。随着该项目投产，华能2020年实现新增新能源装机超1000万kW。

同日 中国大唐牵头的世界第一条煤电CO_2捕集及资源化利用全产业链示范工程落户云冈热电公司。

同日 中国大唐按照国务院国资委煤电资源区域整合第

一批试点单位移交工作安排，顺利完成了第一批试点名单内企业的管理权及产权移交和接收工作，实现了划入企业的生产安全、环保安全、资金安全，为深化供给侧结构性改革、推进中央企业煤电去产能及健康可持续发展做出了积极的贡献。

同日 中国大唐2020年电源项目投产1426万kW，超额完成年初投产目标，为“十三五”期间最高。其中：风电项目537万kW，同比增长158.35%，为中国大唐风电投产历年最高；光伏项目283万kW，同比增长706.21%，为中国大唐2020年初光伏装机规模的两倍；火电项目603万kW，为中国大唐“十三五”期间火电投产最高。

同日 在确保三峡工程全面发挥防洪、航运、水资源利用等综合效益的前提下，世界装机规模最大水电站——三峡水电站，全年累计生产清洁电能1118亿kWh，打破了此前南美洲伊泰普水电站于2016年创造并保持的1030.98亿kWh的单座水电站年发电量世界纪录，是中国水电引领世界的重要标志。

同日 中共浙江省委书记、省人大常委会主任袁家军发布开工令，中广核浙江三澳核电站1号机组核岛浇筑第一罐混凝土，标志着浙江三澳核电项目1号机组主体工程正式开工。

文　献

国务院文件

中共中央　国务院 关于构建更加完善的要素市场化配置体制机制的意见

（2020年3月30日）

完善要素市场化配置是建设统一开放、竞争有序市场体系的内在要求，是坚持和完善社会主义基本经济制度、加快完善社会主义市场经济体制的重要内容。为深化要素市场化配置改革，促进要素自主有序流动，提高要素配置效率，进一步激发全社会创造力和市场活力，推动经济发展质量变革、效率变革、动力变革，现就构建更加完善的要素市场化配置体制机制提出如下意见。

一、总体要求

（一）指导思想。以习近平新时代中国特色社会主义思想为指导，全面贯彻党的十九大和十九届二中、三中、四中全会精神，坚持稳中求进工作总基调，坚持以供给侧结构性改革为主线，坚持新发展理念，坚持深化市场化改革、扩大高水平开放，破除阻碍要素自由流动的体制机制障碍，扩大要素市场化配置范围，健全要素市场体系，推进要素市场制度建设，实现要素价格市场决定、流动自主有序、配置高效公平，为建设高标准市场体系、推动高质量发展、建设现代化经济体系打下坚实制度基础。

（二）基本原则。一是市场决定，有序流动。充分发挥市场配置资源的决定性作用，畅通要素流动渠道，保障不同市场主体平等获取生产要素，推动要素配置依据市场规则、市场价格、市场竞争实现效益最大化和效率最优化。二是健全制度，创新监管。更好发挥政府作用，健全要素市场运行机制，完善政府调节与监管，做到放活与管好有机结合，提升监管和服务能力，引导各类要素协同向先进生产力集聚。三是问题导向，分类施策。针对市场决定要素配置范围有限、要素流动存在体制机制障碍等问题，根据不同要素属性、市场化程度差异和经济社会发展需要，分类完善要素市场化配置体制机制。四是稳中求进，循序渐进。坚持安全可控，从实际出发，尊重客观规律，培育发展新型要素形态，逐步提高要素质量，因地制宜稳步推进要素市场化配置改革。

二、推进土地要素市场化配置

（三）建立健全城乡统一的建设用地市场。加快修改完善土地管理法实施条例，完善相关配套制度，制定出台农村集体经营性建设用地入市指导意见。全面推开农村土地征收制度改革，扩大国有土地有偿使用范围。建立公平合理的集体经营性建设用地入市增值收益分配制度。建立公共利益征地的相关制度规定。

（四）深化产业用地市场化配置改革。健全长期租赁、先租后让、弹性年期供应、作价出资（入股）等工业用地市场供应体系。在符合国土空间规划和用途管制要求前提下，调整完善产业用地政策，创新使用方式，推动不同产业用地类型合理转换，探索增加混合产业用地供给。

（五）鼓励盘活存量建设用地。充分运用市场机制盘活存量土地和低效用地，研究完善促进盘活存量建设用地的税费制度。以多种方式推进国有企业存量用地盘活利用。深化农村宅基地制度改革试点，深入推进建设用地整理，完善城乡建设用地增减挂钩政策，为乡村振兴和城乡融合发展提供土地要素保障。

（六）完善土地管理体制。完善土地利用计划管理，实施年度建设用地总量调控制度，增强土地管理灵活性，推动土地计划指标更加合理化，城乡建设用地指标使用应更多由省级政府负责。在国土空间规划编制、农村房地一体不动产登记基本完成的前提下，建立健全城乡建设用地供应三年滚动计划。探索建立全国性的建设用地、补充耕地指标跨区域交易机制。加强土地供应利用统计监测。实施城乡土地统一调查、统一规划、统一整治、统一登记。推动制定不动产登记法。

三、引导劳动力要素合理畅通有序流动

（七）深化户籍制度改革。推动超大、特大城市调整完善积分落户政策，探索推动在长三角、珠三角等城市群率先实现户籍准入年限同城化累计互认。放开放宽除个别超大城市外的城市落户限制，试行以经常居住地登记户口制度。建立城镇教育、就业创业、医疗卫生等基本公共服务与常住人口挂钩机制，推动公共资源按常住人口规模配置。

（八）畅通劳动力和人才社会性流动渠道。健全统一规范的人力资源市场体系，加快建立协调衔接的劳动力、人才流动政策体系和交流合作机制。营造公平就业环境，依法纠正身份、性别等就业歧视现象，保障城乡劳动者享有平等就业权利。进一步畅通

企业、社会组织人员进入党政机关、国有企事业单位渠道。优化国有企事业单位面向社会选人用人机制，深入推行国有企业分级分类公开招聘。加强就业援助，实施优先扶持和重点帮助。完善人事档案管理服务，加快提升人事档案信息化水平。

（九）完善技术技能评价制度。创新评价标准，以职业能力为核心制定职业标准，进一步打破户籍、地域、身份、档案、人事关系等制约，畅通非公有制经济组织、社会组织、自由职业专业技术人员职称申报渠道。加快建立劳动者终身职业技能培训制度。推进社会化职称评审。完善技术工人评价选拔制度。探索实现职业技能等级证书和学历证书互通衔接。加强公共卫生队伍建设，健全执业人员培养、准入、使用、待遇保障、考核评价和激励机制。

（十）加大人才引进力度。畅通海外科学家来华工作通道。在职业资格认定认可、子女教育、商业医疗保险以及在中国境内停留、居留等方面，为外籍高层次人才来华创新创业提供便利。

四、推进资本要素市场化配置

（十一）完善股票市场基础制度。制定出台完善股票市场基础制度的意见。坚持市场化、法治化改革方向，改革完善股票市场发行、交易、退市等制度。鼓励和引导上市公司现金分红。完善投资者保护制度，推动完善具有中国特色的证券民事诉讼制度。完善主板、科创板、中小企业板、创业板和全国中小企业股份转让系统（新三板）市场建设。

（十二）加快发展债券市场。稳步扩大债券市场规模，丰富债券市场品种，推进债券市场互联互通。统一公司信用类债券信息披露标准，完善债券违约处置机制。探索对公司信用类债券实行发行注册管理制。加强债券市场评级机构统一准入管理，规范信用评级行业发展。

（十三）增加有效金融服务供给。健全多层次资本市场体系。构建多层次、广覆盖、有差异、大中小合理分工的银行机构体系，优化金融资源配置，放宽金融服务业市场准入，推动信用信息深度开发利用，增加服务小微企业和民营企业的金融服务供给。建立县域银行业金融机构服务“三农”的激励约束机制。推进绿色金融创新。完善金融机构市场化法治化退出机制。

（十四）主动有序扩大金融业对外开放。稳步推进人民币国际化和人民币资本项目可兑换。逐步推进证券、基金行业对内对外双向开放，有序推进期货市场对外开放。逐步放宽外资金融机构准入条件，推进境内金融机构参与国际金融市场交易。

五、加快发展技术要素市场

（十五）健全职务科技成果产权制度。深化科技成果使用权、处置权和收益权改革，开展赋予科研人员职务科技成果所有权或长期使用权试点。强化知识产权保护和运用，支持重大技术装备、重点新材料等领域的自主知识产权市场化运营。

（十六）完善科技创新资源配置方式。改革科研项目立项和组织实施方式，坚持目标引领，强化成果导向，建立健全多元化支持机制。完善专业机构管理项目机制。加强科技成果转化中试基地建设。支持有条件的企业承担国家重大科技项目。建立市场化社会化的科研成果评价制度，修订技术合同认定规则及科技成果登记管理办法。建立健全科技成果常态化路演和科技创新咨询制度。

（十七）培育发展技术转移机构和技术经理人。加强国家技术转移区域中心建设。支持科技企业与高校、科研机构合作建立技术研发中心、产业研究院、中试基地等新型研发机构。积极推进科研院所分类改革，加快推进应用技术类科研院所市场化、企业化发展。支持高校、科研机构和科技企业设立技术转移部门。建立国家技术转移人才培养体系，提高技术转移专业服务能力。

（十八）促进技术要素与资本要素融合发展。积极探索通过天使投资、创业投资、知识产权证券化、科技保险等方式推动科技成果资本化。鼓励商业银行采用知识产权质押、预期收益质押等融资方式，为促进技术转移转化提供更多金融产品服务。

（十九）支持国际科技创新合作。深化基础研究国际合作，组织实施国际科技创新合作重点专项，探索国际科技创新合作新模式，扩大科技领域对外开放。加大抗病毒药物及疫苗研发国际合作力度。开展创新要素跨境便利流动试点，发展离岸创新创业，探索推动外籍科学家领衔承担政府支持科技项目。发展技术贸易，促进技术进口来源多元化，扩大技术出口。

六、加快培育数据要素市场

（二十）推进政府数据开放共享。优化经济治理基础数据库，加快推动各地区各部门间数据共享交换，制定出台新一批数据共享责任清单。研究建立促进企业登记、交通运输、气象等公共数据开放和数据资源有效流动的制度规范。

（二十一）提升社会数据资源价值。培育数字经济新产业、新业态和新模式，支持构建农业、工业、交通、教育、安防、城市管理、公共资源交易等领域规范化数据开发利用的场景。发挥行业协会商会作用，推动人工智能、可穿戴设备、车联网、物联网等领域数据采集标准化。

（二十二）加强数据资源整合和安全保护。探索建立统一规范的数据管理制度，提高数据质量和规范性，丰富数据产品。研究根据数据性质完善产权性质。制定数据隐私保护制度和安全审查制度。推动完善适用于大数据环境下的数据分类分级安全保护制度，加强对政务数据、企业商业秘密和个人数据的保护。

七、加快要素价格市场化改革

（二十三）完善主要由市场决定要素价格机制。完善城乡基准地价、标定地价的制定与发布制度，逐步形成与市场价格挂钩动态调整机制。健全最低工资标准调整、工资集体协商和企业薪酬调查制度。深化国有企业工资决定机制改革，完善事业单位岗位绩效工资制度。建立公务员和企业相当人员工资水平调查比较制度，落实并完善工资正常调整机制。稳妥推进存贷款基准利率与市场利率并轨，提高债券市场定价效率，健全反映市场供求关系的国债收益率曲线，更好发挥国债收益率曲线定价基准作用。增强人民币汇率弹性，保持人民币汇率在合理均衡水平上的基本稳定。

（二十四）加强要素价格管理和监督。引导市场主体依法合理行使要素定价自主权，推动政府定价机制由制定具体价格水平向制定定价规则转变。构建要素价格公示和动态监测预警体系，逐步建立要素价格调查和信息发布制度。完善要素市场价格异常波动调节机制。加强要素领域价格反垄断工作，维护要素市场价格秩序。

（二十五）健全生产要素由市场评价贡献、按贡献决定报酬的机制。着重保护劳动所得，增加劳动者特别是一线劳动者劳动报酬，提高劳动报酬在初次分配中的比重。全面贯彻落实以增加知识价值为导向的收入分配政策，充分尊重科研、技术、管理人才，充分体现技术、知识、管理、数据等要素的价值。

八、健全要素市场运行机制

（二十六）健全要素市场化交易平台。拓展公共资源交易平台功能。健全科技成果交易平台，完善技术成果转化公开交易与监管体系。引导培育大数据交易市场，依法合规开展数据交易。支持各类所有制企业参与要素交易平台建设，规范要素交易平台治理，健全要素交易信息披露制度。

（二十七）完善要素交易规则和服务。研究制定土地、技术市场交易管理制度。建立健全数据产权交易和行业自律机制。推进全流程电子化交易。推进实物资产证券化。鼓励要素交易平台与各类金融机构、中介机构合作，形成涵盖产权界定、价格评估、流转交易、担保、保险等业务的综合服务体系。

（二十八）提升要素交易监管水平。打破地方保护，加强反垄断和反不正当竞争执法，规范交易行为，健全投诉举报查处机制，防止发生损害国家安全及公共利益的行为。加强信用体系建设，完善失信行为认定、失信联合惩戒、信用修复等机制。健全交易风险防范处置机制。

（二十九）增强要素应急配置能力。把要素的应急管理和配置作为国家应急管理体系建设的重要内容，适应应急物资生产调配和应急管理需要，建立对相关生产要素的紧急调拨、采购等制度，提高应急状态下的要素高效协同配置能力。鼓励运用大数据、人工智能、云计算等数字技术，在应急管理、疫情防控、资源调配、社会管理等方面更好发挥作用。

九、组织保障

（三十）加强组织领导。各地区各部门要充分认识完善要素市场化配置的重要性，切实把思想和行动统一到党中央、国务院决策部署上来，明确职责分工，完善工作机制，落实工作责任，研究制定出台配套政策措施，确保本意见确定的各项重点任务落到实处。

（三十一）营造良好改革环境。深化“放管服”改革，强化竞争政策基础地位，打破行政性垄断、防止市场垄断，清理废除妨碍统一市场和公平竞争的各种规定和做法，进一步减少政府对要素的直接配置。深化国有企业和国有金融机构改革，完善法人治理结构，确保各类所有制企业平等获取要素。

（三十二）推动改革稳步实施。在维护全国统一大市场的前提下，开展要素市场化配置改革试点示范。及时总结经验，认真研究改革中出现的新情况新问题，对不符合要素市场化配置改革的相关法律法规，要按程序抓紧推动调整完善。

中共中央　国务院
关于新时代加快完善社会主义
市场经济体制的意见

（2020年5月11日）

社会主义市场经济体制是中国特色社会主义的重大理论和实践创新，是社会主义基本经济制度的重要组成部分。改革开放特别是党的十八大以来，我国坚持全面深化改革，充分发挥经济体制改革的牵引作用，不断完善社会主义市场经济体制，极大调动了亿万人民的积极性，极大促进了生产力发展，极大增强了党和国家的生机活力，创造了世所罕见的经济快速发展奇迹。同时要看到，中国特色社会主义进入新时代，社会主要矛盾发生变化，经济已由高速增长阶段转向高质量发展阶段，与这些新形势新要求相比，我国市场体系还不健全、市场发育还不充分，政府和市场的关系没有完全理顺，还存在市场激励不足、要素流动不畅、资源配置效率不高、微观经济活力不强等问题，推动高质量发展仍存在不少体制机制障碍，必须进一步解放思想，坚定不移深化市场化改革，扩大高水平开放，不断在经济体制关键性基础性重大改革上突破创新。为贯彻落实党的十九大和十九届四中全会关于坚持和完善社会主义基本经济制度的战略部署，在更高起点、更高层次、更高目标上推进经济体制改革及其他各方面体制改革，构建更加系统完备、更加成熟定型的高水平社会主义市场经济体制，现提出如下意见。

一、总体要求

（一）指导思想。以习近平新时代中国特色社会主义思想为指导，全面贯彻党的十九大和十九届二中、三中、四中全会精神，坚决贯彻党的基本理论、基本路线、基本方略，统筹推进“五位一体”总体布局和协调推进“四个全面”战略布局，坚持稳中求进工作总基调，坚持新发展理念，坚持以供给侧结构性改革为主线，坚持以人民为中心的发展思想，坚持和完善社会主义基本经济制度，以完善产权制度和要素市场化配置为重点，全面深化经济体制改革，加快完善社会主义市场经济体制，建设高标准市场体系，实现产权有效激励、要素自由流动、价格反应灵活、竞争公平有序、企业优胜劣汰，加强和改善制度供给，推进国家治理体系和治理能力现代化，推动生产关系同生产力、上层建筑同经济基础相适应，促进更高质量、更有效率、更加公平、更可持续的发展。

（二）基本原则

——坚持以习近平新时代中国特色社会主义经济思想为指导。坚持和加强党的全面领导，坚持和完善中国特色社会主义制度，强化问题导向，把握正确改革策略和方法，持续优化经济治理方式，着力构建市场机制有效、微观主体有活力、宏观调控有度的经济体制，使中国特色社会主义制度更加巩固、优越性充分体现。

——坚持解放和发展生产力。牢牢把握社会主义初级阶段这个基本国情，牢牢扭住经济建设这个中心，发挥经济体制改革牵引作用，协同推进政治、文化、社会、生态文明等领域改革，促进改革发展高效联动，进一步解放和发展社会生产力，不断满足人民日益增长的美好生活需要。

——坚持和完善社会主义基本经济制度。坚持和完善公有制为主体、多种所有制经济共同发展，按劳分配为主体、多种分配方式并存，社会主义市场经济体制等社会主义基本经济制度，把中国特色社会主义制度与市场经济有机结合起来，为推动高质量发展、建设现代化经济体系提供重要制度保障。

——坚持正确处理政府和市场关系。坚持社会主义市场经济改革方向，更加尊重市场经济一般规律，最大限度减少政府对市场资源的直接配置和对微观经济活动的直接干预，充分发挥市场在资源配置中的决定性作用，更好发挥政府作用，有效弥补市场失灵。

——坚持以供给侧结构性改革为主线。更多采用改革的办法，更多运用市场化法治化手段，在巩固、增强、提升、畅通上下功夫，加大结构性改革力度，创新制度供给，不断增强经济创新力和竞争力，适应和引发有效需求，促进更高水平的供需动态平衡。

——坚持扩大高水平开放和深化市场化改革互促共进。坚定不移扩大开放，推动由商品和要素流动型开放向规则等制度型开放转变，吸收借鉴国际成熟市场经济制度经验和人类文明有益成果，加快国内制度规则与国际接轨，以高水平开放促进深层次市场化改革。

二、坚持公有制为主体、多种所有制经济共同发展，增强微观主体活力

毫不动摇巩固和发展公有制经济，毫不动摇鼓励、支持、引导非公有制经济发展，探索公有制多种实现形式，支持民营企业改革发展，培育更多充满活力的市场主体。

（一）推进国有经济布局优化和结构调整。坚持有进有退、有所为有所不为，推动国有资本更多投向关系国计民生的重要领域和关系国家经济命脉、科技、国防、安全等领域，服务国家战略目标，增强国有经济竞争力、创新力、控制力、影响力、抗风险能力，做强做优做大国有资本，有效防止国有资产流失。对处于充分竞争领域的国有经济，通过资本化、证券化等方式优化国有资本配置，提高国有资本收益。进一步完善和加强国有资产监管，有效发挥国有资本投资、运营公司功能作用，坚持一企一策，成熟一个推动一个，运行一个成功一个，盘活存量国有资本，促进国有资产保值增值。

（二）积极稳妥推进国有企业混合所有制改革。在深入开展重点领域混合所有制改革试点基础上，按照完善治理、强化激励、突出主业、提高效率要求，推进混合所有制改革，规范有序发展混合所有制经济。对充分竞争领域的国家出资企业和国有资本运营公司出资企业，探索将部分国有股权转化为优先股，强化国有资本收益功能。支持符合条件的混合所有制企业建立骨干员工持股、上市公司股权激励、科技型企业股权和分红激励等中长期激励机制。深化国有企业改革，加快完善国有企业法人治理结构和市场化经营机制，健全经理层任期制和契约化管理，完善中国特色现代企业制度。对混合所有制企业，探索建立有别于国有独资、全资公司的治理机制和监管制度。对国有资本不再绝对控股的混合所有制企业，探索实施更加灵活高效的监管制度。

（三）稳步推进自然垄断行业改革。深化以政企分开、政资分开、特许经营、政府监管为主要内容的改革，提高自然垄断行业基础设施供给质量，严格监管自然垄断环节，加快实现竞争性环节市场化，切实打破行政性垄断，防止市场垄断。构建有效竞争的电力市场，有序放开发用电计划和竞争性环节电价，提高电力交易市场化程度。推进油气管网对市场主体公平开放，适时放开天然气气源和销售价格，健全竞争性油气流通市场。深化铁路行业改革，促进铁路运输业务市场主体多元化和适度竞争。实现邮政普遍服务业务与竞争性业务分业经营。完善烟草专卖专营体制，构建适度竞争新机制。

（四）营造支持非公有制经济高质量发展的制度环境。健全支持民营经济、外商投资企业发展的市场、政策、法治和社会环境，进一步激发活力和创造力。在要素获取、准入许可、经营运行、政府采购和招投标等方面对各类所有制企业平等对待，破除制约市场竞争的各类障碍和隐性壁垒，营造各种所有制主体依法平等使用资源要素、公开公平公正参与竞争、同等受到法律保护的市场环境。完善支持非公有制经济进入电力、油气等领域的实施细则和具体办法，大幅放宽服务业领域市场准入，向社会资本释放更大发展空间。健全支持中小企业发展制度，增加面向中小企业的金融服务供给，支持发展民营银行、社区银行等中小金融机构。完善民营企业融资增信支持体系。健全民营企业直接融资支持制度。健全清理和防止拖欠民营企业中小企业账款长效机制，营造有利于化解民营企业之间债务问题的市场环境。完善构建亲清政商关系的政策体系，建立规范化机制化政企沟通渠道，鼓励民营企业参与实施重大国家战略。

三、夯实市场经济基础性制度，保障市场公平竞争

建设高标准市场体系，全面完善产权、市场准入、公平竞争等制度，筑牢社会主义市场经济有效运行的体制基础。

（一）全面完善产权制度。健全归属清晰、权责明确、保护严格、流转顺畅的现代产权制度，加强产权激励。完善以管资本为主的经营性国有资产产权管理制度，加快转变国资监管机构职能和履职方式。健全自然资源资产产权制度。健全以公平为原则的产权保护制度，全面依法平等保护民营经济产权，依法严肃查处各类侵害民营企业合法权益的行为。落实农村第二轮土地承包到期后再延长 30 年政策，完善农村承包地“三权分置”制度。深化农村集体产权制度改革，完善产权权能，将经营性资产折股量化到集体经济组织成员，创新农村集体经济有效组织形式和运行机制，完善农村基本经营制度。完善和细化知识产权创造、运用、交易、保护制度规则，加快建立知识产权侵权惩罚性赔偿制度，加强企业商业秘密保护，完善新领域新业态知识产权保护制度。

（二）全面实施市场准入负面清单制度。推行“全国一张清单”管理模式，维护清单的统一性和权威性。建立市场准入负面清单动态调整机制和第三方评估机制，以服务业为重点试点进一步放宽准入限制。建立统一的清单代码体系，使清单事项与行政审批体系紧密衔接、相互匹配。建立市场准入负面清单信息公开机制，提升准入政策透明度和负面清单使用便捷性。建立市场准入评估制度，定期评估、排查、清理各类显性和隐性壁垒，推动“非禁即入”普遍落实。改革生产许可制度。

（三）全面落实公平竞争审查制度。完善竞争政策框架，建立健全竞争政策实施机制，强化竞争政策基础地位。强化公平竞争审查的刚性约束，修订完善公平竞争审查实施细则，建立公平竞争审查抽查、考核、公示制度，建立健全第三方审查和评估机制。统筹做好增量审查和存量清理，逐步清理废除妨碍全国统一市场和公平竞争的存量政策。建立违反公平竞争问题反映和举报绿色通道。加强和改进反垄断和反不正当竞争执法，加大执法力度，提高违法成本。培育和弘扬公平竞争文化，进一步营造公平竞争的社会环境。

四、构建更加完善的要素市场化配置体制机制，进一步激发全社会创造力和市场活力

以要素市场化配置改革为重点，加快建设统一开放、竞争有序的市场体系，推进要素市场制度建设，实现要素价格市场决定、流动自主有序、配置高效公平。

（一）建立健全统一开放的要素市场。加快建设城乡统一的建设用地市场，建立同权同价、流转顺畅、收益共享的农村集体经营性建设用地入市制度。探索农村宅基地所有权、资格权、使用权“三权分置”，深化农村宅基地改革试点。深化户籍制度改革，放开放宽除个别超大城市外的城市落户限制，探索实行城市群内户口通迁、居住证互认制度。推动公共资源由按城市行政等级配置向按实际服务管理人口规模配置转变。加快建立规范、透明、开放、有活力、有韧性的资本市场，加强资本市场基础制度建设，推动以信息披露为核心的股票发行注册制改革，完善强制退市和主动退市制度，提高上市公司质量，强化投资者保护。探索实行公司信用类债券发行注册管理制。构建与实体经济结构和融资需求相适应、多层次、广覆盖、有差异的银行体系。加快培育发展数据要素市

场，建立数据资源清单管理机制，完善数据权属界定、开放共享、交易流通等标准和措施，发挥社会数据资源价值。推进数字政府建设，加强数据有序共享，依法保护个人信息。

（二）推进要素价格市场化改革。健全主要由市场决定价格的机制，最大限度减少政府对价格形成的不当干预。完善城镇建设用地价格形成机制和存量土地盘活利用政策，推动实施城镇低效用地再开发，在符合国土空间规划前提下，推动土地复合开发利用、用途合理转换。深化利率市场化改革，健全基准利率和市场化利率体系，更好发挥国债收益率曲线定价基准作用，提升金融机构自主定价能力。完善人民币汇率市场化形成机制，增强双向浮动弹性。加快全国技术交易平台建设，积极发展科技成果、专利等资产评估服务，促进技术要素有序流动和价格合理形成。

（三）创新要素市场化配置方式。缩小土地征收范围，严格界定公共利益用地范围，建立土地征收目录和公共利益用地认定机制。推进国有企事业单位改革改制土地资产处置，促进存量划拨土地盘活利用。健全工业用地多主体多方式供地制度，在符合国土空间规划前提下，探索增加混合产业用地供给。促进劳动力、人才社会性流动，完善企事业单位人才流动机制，畅通人才跨所有制流动渠道。抓住全球人才流动新机遇，构建更加开放的国际人才交流合作机制。

（四）推进商品和服务市场提质增效。推进商品市场创新发展，完善市场运行和监管规则，全面推进重要产品信息化追溯体系建设，建立打击假冒伪劣商品长效机制。构建优势互补、协作配套的现代服务市场体系。深化流通体制改革，加强全链条标准体系建设，发展"互联网＋流通"，降低全社会物流成本。强化消费者权益保护，探索建立集体诉讼制度。

五、创新政府管理和服务方式，完善宏观经济治理体制

完善政府经济调节、市场监管、社会管理、公共服务、生态环境保护等职能，创新和完善宏观调控，进一步提高宏观经济治理能力。

（一）构建有效协调的宏观调控新机制。加快建立与高质量发展要求相适应、体现新发展理念的宏观调控目标体系、政策体系、决策协调体系、监督考评体系和保障体系。健全以国家发展规划为战略导向，以财政政策、货币政策和就业优先政策为主要手段，投资、消费、产业、区域等政策协同发力的宏观调控制度体系，增强宏观调控前瞻性、针对性、协同性。完善国家重大发展战略和中长期经济社会发展规划制度。科学稳健把握宏观政策逆周期调节力度，更好发挥财政政策对经济结构优化升级的支持作用，健全货币政策和宏观审慎政策双支柱调控框架。实施就业优先政策，发挥民生政策兜底功能。完善促进消费的体制机制，增强消费对经济发展的基础性作用。深化投融资体制改革，发挥投资对优化供给结构的关键性作用。加强国家经济安全保障制度建设，构建国家粮食安全和战略资源能源储备体系。优化经济治理基础数据库。强化经济监测预测预警能力，充分利用大数据、人工智能等新技术，建立重大风险识别和预警机制，加强社会预期管理。

（二）加快建立现代财税制度。优化政府间事权和财权划分，建立权责清晰、财力协调、区域均衡的中央和地方财政关系，形成稳定的各级政府事权、支出责任和财力相适应的制度。适当加强中央在知识产权保护、养老保险、跨区域生态环境保护等方面事权，减少并规范中央和地方共同事权。完善标准科学、规范透明、约束有力的预算制度，全面实施预算绩效管理，提高财政资金使用效率。依法构建管理规范、责任清晰、公开透明、风险可控的政府举债融资机制，强化监督问责。清理规范地方融资平台公司，剥离政府融资职能。深化税收制度改革，完善直接税制度并逐步提高其比重。研究将部分品目消费税征收环节后移。建立和完善综合与分类相结合的个人所得税制度。稳妥推进房地产税立法。健全地方税体系，调整完善地方税税制，培育壮大地方税税源，稳步扩大地方税管理权。

（三）强化货币政策、宏观审慎政策和金融监管协调。建设现代中央银行制度，健全中央银行货币政策决策机制，完善基础货币投放机制，推动货币政策从数量型调控为主向价格型调控为主转型。建立现代金融监管体系，全面加强宏观审慎管理，强化综合监管，突出功能监管和行为监管，制定交叉性金融产品监管规则。加强薄弱环节金融监管制度建设，消除监管空白，守住不发生系统性金融风险底线。依法依规界定中央和地方金融监管权责分工，强化地方政府属地金融监管职责和风险处置责任。建立健全金融消费者保护基本制度。有序实现人民币资本项目可兑换，稳步推进人民币国际化。

（四）全面完善科技创新制度和组织体系。加强国家创新体系建设，编制新一轮国家中长期科技发展规划，强化国家战略科技力量，构建社会主义市场经济条件下关键核心技术攻关新型举国体制，使国家科研资源进一步聚焦重点领域、重点项目、重点单位。健全鼓励支持基础研究、原始创新的体制机制，在重要领域适度超前布局建设国家重大科技基础设施，研究建立重大科技基础设施建设运营多元投入机制，支持民营企业参与关键领域核心技术创新攻关。建立健全应对重大公共事件科研储备和支持体系。改

革完善中央财政科技计划形成机制和组织实施机制，更多支持企业承担科研任务，激励企业加大研发投入，提高科技创新绩效。建立以企业为主体、市场为导向、产学研深度融合的技术创新体系，支持大中小企业和各类主体融通创新，创新促进科技成果转化机制，完善技术成果转化公开交易与监管体系，推动科技成果转化和产业化。完善科技人才发现、培养、激励机制，健全符合科研规律的科技管理体制和政策体系，改进科技评价体系，试点赋予科研人员职务科技成果所有权或长期使用权。

（五）完善产业政策和区域政策体系。推动产业政策向普惠化和功能性转型，强化对技术创新和结构升级的支持，加强产业政策和竞争政策协同。健全推动发展先进制造业、振兴实体经济的体制机制。建立市场化法治化化解过剩产能长效机制，健全有利于促进市场化兼并重组、转型升级的体制和政策。构建区域协调发展新机制，完善京津冀协同发展、长江经济带发展、长江三角洲区域一体化发展、粤港澳大湾区建设、黄河流域生态保护和高质量发展等国家重大区域战略推进实施机制，形成主体功能明显、优势互补、高质量发展的区域经济布局。健全城乡融合发展体制机制。

（六）以一流营商环境建设为牵引持续优化政府服务。深入推进“放管服”改革，深化行政审批制度改革，进一步精简行政许可事项，对所有涉企经营许可事项实行“证照分离”改革，大力推进“照后减证”。全面开展工程建设项目审批制度改革。深化投资审批制度改革，简化、整合投资项目报建手续，推进投资项目承诺制改革，依托全国投资项目在线审批监管平台加强事中事后监管。创新行政管理和服务方式，深入开展“互联网＋政务服务”，加快推进全国一体化政务服务平台建设。建立健全运用互联网、大数据、人工智能等技术手段进行行政管理的制度规则。落实《优化营商环境条例》，完善营商环境评价体系，适时在全国范围开展营商环境评价，加快打造市场化、法治化、国际化营商环境。

（七）构建适应高质量发展要求的社会信用体系和新型监管机制。完善诚信建设长效机制，推进信用信息共享，建立政府部门信用信息向市场主体有序开放机制。健全覆盖全社会的征信体系，培育具有全球话语权的征信机构和信用评级机构。实施“信易＋”工程。完善失信主体信用修复机制。建立政务诚信监测治理体系，建立健全政府失信责任追究制度。严格市场监管、质量监管、安全监管，加强违法惩戒。加强市场监管改革创新，健全以“双随机、一公开”监管为基本手段、以重点监管为补充、以信用监管为基础的新型监管机制。以食品安全、药品安全、疫苗安全为重点，健全统一权威的全过程食品药品安全监管体系。完善网络市场规制体系，促进网络市场健康发展。健全对新业态的包容审慎监管制度。

六、坚持和完善民生保障制度，促进社会公平正义

坚持按劳分配为主体、多种分配方式并存，优化收入分配格局，健全可持续的多层次社会保障体系，让改革发展成果更多更公平惠及全体人民。

（一）健全体现效率、促进公平的收入分配制度。坚持多劳多得，着重保护劳动所得，增加劳动者特别是一线劳动者劳动报酬，提高劳动报酬在初次分配中的比重，在经济增长的同时实现居民收入同步增长，在劳动生产率提高的同时实现劳动报酬同步提高。健全劳动、资本、土地、知识、技术、管理、数据等生产要素由市场评价贡献、按贡献决定报酬的机制。完善企业薪酬调查和信息发布制度，健全最低工资标准调整机制。推进高校、科研院所薪酬制度改革，扩大工资分配自主权。鼓励企事业单位对科研人员等实行灵活多样的分配形式。健全以税收、社会保障、转移支付等为主要手段的再分配调节机制。完善第三次分配机制，发展慈善等社会公益事业。多措并举促进城乡居民增收，缩小收入分配差距，扩大中等收入群体。

（二）完善覆盖全民的社会保障体系。健全统筹城乡、可持续的基本养老保险制度、基本医疗保险制度，稳步提高保障水平。实施企业职工基本养老保险基金中央调剂制度，尽快实现养老保险全国统筹，促进基本养老保险基金长期平衡。全面推开中央和地方划转部分国有资本充实社保基金工作。大力发展企业年金、职业年金、个人储蓄性养老保险和商业养老保险。深化医药卫生体制改革，完善统一的城乡居民医保和大病保险制度，健全基本医保筹资和待遇调整机制，持续推进医保支付方式改革，加快落实异地就医结算制度。完善失业保险制度。开展新业态从业人员职业伤害保障试点。统筹完善社会救助、社会福利、慈善事业、优抚安置等制度。加强社会救助资源统筹，完善基本民生保障兜底机制。加快建立多主体供给、多渠道保障、租购并举的住房制度，改革住房公积金制度。

（三）健全国家公共卫生应急管理体系。强化公共卫生法治保障，完善公共卫生领域相关法律法规。把生物安全纳入国家安全体系，系统规划国家生物安全风险防控和治理体系建设，全面提高国家生物安全治理能力。健全公共卫生服务体系，优化医疗卫生资源投入结构，加强农村、社区等基层防控能力建设。完善优化重大疫情救治体系，建立健全分级、分层、分流的传染病等重大疫情救治机制。完善突发重特大疫情防控规范和应急救治管理办法。健全重大疾病医疗保险和救助制度，完善应急医疗救助机制。探

索建立特殊群体、特定疾病医药费豁免制度。健全统一的应急物资保障体系，优化重要应急物资产能保障和区域布局，健全国家储备体系，完善储备品类、规模、结构，提升储备效能。

七、建设更高水平开放型经济新体制，以开放促改革促发展

实行更加积极主动的开放战略，全面对接国际高标准市场规则体系，实施更大范围、更宽领域、更深层次的全面开放。

（一）以“一带一路”建设为重点构建对外开放新格局。坚持互利共赢的开放战略，推动共建“一带一路”走深走实和高质量发展，促进商品、资金、技术、人员更大范围流通，依托各类开发区发展高水平经贸产业合作园区，加强市场、规则、标准方面的软联通，强化合作机制建设。加大西部和沿边地区开放力度，推进西部陆海新通道建设，促进东中西互动协同开放，加快形成陆海内外联动、东西双向互济的开放格局。

（二）加快自由贸易试验区、自由贸易港等对外开放高地建设。深化自由贸易试验区改革，在更大范围复制推广改革成果。建设好中国（上海）自由贸易试验区临港新片区，赋予其更大的自主发展、自主改革和自主创新管理权限。聚焦贸易投资自由化便利化，稳步推进海南自由贸易港建设。

（三）健全高水平开放政策保障机制。推进贸易高质量发展，拓展对外贸易多元化，提升一般贸易出口产品附加值，推动加工贸易产业链升级和服务贸易创新发展。办好中国国际进口博览会，更大规模增加商品和服务进口，降低关税总水平，努力消除非关税贸易壁垒，大幅削减进出口环节制度性成本，促进贸易平衡发展。推动制造业、服务业、农业扩大开放，在更多领域允许外资控股或独资经营，全面取消外资准入负面清单之外的限制。健全外商投资准入前国民待遇加负面清单管理制度，推动规则、规制、管理、标准等制度型开放。健全外商投资国家安全审查、反垄断审查、国家技术安全清单管理、不可靠实体清单等制度。健全促进对外投资政策和服务体系。全面实施外商投资法及其实施条例，促进内外资企业公平竞争，建立健全外资企业投诉工作机制，保护外资合法权益。创新对外投资方式，提升对外投资质量。推进国际产能合作，积极开展第三方市场合作。

（四）积极参与全球经济治理体系变革。维护完善多边贸易体制，维护世界贸易组织在多边贸易体制中的核心地位，积极推动和参与世界贸易组织改革，积极参与多边贸易规则谈判，推动贸易和投资自由化便利化，推动构建更高水平的国际经贸规则。加快自由贸易区建设，推动构建面向全球的高标准自由贸易区网络。依托共建“一带一路”倡议及联合国、上海合作组织、金砖国家、二十国集团、亚太经合组织等多边和区域次区域合作机制，积极参与全球经济治理和公共产品供给，构建全球互联互通伙伴关系，加强与相关国家、国际组织的经济发展倡议、规划和标准的对接。推动国际货币基金组织份额与治理改革以及世界银行投票权改革。积极参与国际宏观经济政策沟通协调及国际经济治理体系改革和建设，提出更多中国倡议、中国方案。

八、完善社会主义市场经济法律制度，强化法治保障

以保护产权、维护契约、统一市场、平等交换、公平竞争、有效监管为基本导向，不断完善社会主义市场经济法治体系，确保有法可依、有法必依、违法必究。

（一）完善经济领域法律法规体系。完善物权、债权、股权等各类产权相关法律制度，从立法上赋予私有财产和公有财产平等地位并平等保护。健全破产制度，改革完善企业破产法律制度，推动个人破产立法，建立健全金融机构市场化退出法规，实现市场主体有序退出。修订反垄断法，推动社会信用法律建设，维护公平竞争市场环境。制定和完善发展规划、国土空间规划、自然资源资产、生态环境、农业、财政税收、金融、涉外经贸等方面法律法规。按照包容审慎原则推进新经济领域立法。健全重大改革特别授权机制，对涉及调整现行法律法规的重大改革，按法定程序经全国人大或国务院统一授权后，由有条件的地方先行开展改革试验和实践创新。

（二）健全执法司法对市场经济运行的保障机制。深化行政执法体制改革，最大限度减少不必要的行政执法事项，规范行政执法行为，进一步明确具体操作流程。根据不同层级政府的事权和职能，优化配置执法力量，加快推进综合执法。强化对市场主体之间产权纠纷的公平裁判，完善涉及查封、扣押、冻结和处置公民财产行为的法律制度。健全涉产权冤错案件有效防范和常态化纠正机制。

（三）全面建立行政权力制约和监督机制。依法全面履行政府职能，推进机构、职能、权限、程序、责任法定化，实行政府权责清单制度。健全重大行政决策程序制度，提高决策质量和效率。加强对政府内部权力的制约，强化内部流程控制，防止权力滥用。完善审计制度，对公共资金、国有资产、国有资源和领导干部履行经济责任情况实行审计全覆盖。加强重大政策、重大项目财政承受能力评估。推动审批监管、执法司法、工程建设、资源开发、海外投资和在境外国有资产监管、金融信贷、公共资源交易、公共财政支出等重点领域监督机制改革和制度建设。依法推进财政预算、公共资源配置、重大建设项目批准和实施、社会公益事业建设等领域政府信息公开。

（四）完善发展市场经济监督制度和监督机制。坚持和完善党和国家监督体系，强化政治监督，严格约束公权力，推动落实党委（党组）主体责任、书记第一责任人责任、纪委监委监督责任。持之以恒深入推进党风廉政建设和反腐败斗争，坚决依规依纪依法查处资源、土地、规划、建设、工程、金融等领域腐败问题。完善监察法实施制度体系，围绕权力运行各个环节，压减权力设租寻租空间，坚决破除权钱交易关系网，实现执规执纪执法贯通，促进党内监督、监察监督、行政监督、司法监督、审计监督、财会监督、统计监督、群众监督、舆论监督协同发力，推动社会主义市场经济健康发展。

九、坚持和加强党的全面领导，确保改革举措有效实施

发挥党总揽全局、协调各方的领导核心作用，把党领导经济工作的制度优势转化为治理效能，强化改革落地见效，推动经济体制改革不断走深走实。

（一）坚持和加强党的领导。进一步增强“四个意识”、坚定“四个自信”、做到“两个维护”，从战略和全局高度深刻认识加快完善社会主义市场经济体制的重大意义，把党的领导贯穿于深化经济体制改革和加快完善社会主义市场经济体制全过程，贯穿于谋划改革思路、制定改革方案、推进改革实施等各环节，确保改革始终沿着正确方向前进。

（二）健全改革推进机制。各地区各部门要按照本意见要求并结合自身实际，制定完善配套政策或实施措施。从国情出发，坚持问题导向、目标导向和结果导向相统一，按照系统集成、协同高效要求纵深推进，在精准实施、精准落实上下足功夫，把落实党中央要求、满足实践需要、符合基层期盼统一起来，克服形式主义、官僚主义，一个领域一个领域盯住抓落实。将顶层设计与基层探索结合起来，充分发挥基层首创精神，发挥经济特区、自由贸易试验区（自由贸易港）的先行先试作用。

（三）完善改革激励机制。健全改革的正向激励体系，强化敢于担当、攻坚克难的用人导向，注重在改革一线考察识别干部，把那些具有改革创新意识、勇于改革、善谋改革的干部用起来。巩固党风廉政建设成果，推动构建亲清政商关系。建立健全改革容错纠错机制，正确把握干部在改革创新中出现失误错误的性质和影响，切实保护干部干事创业的积极性。加强对改革典型案例、改革成效的总结推广和宣传报道，按规定给予表彰激励，为改革营造良好舆论环境和社会氛围。

国家发展和改革委员会文件

《承装（修、试）电力设施许可证管理办法》

（中华人民共和国国家发展和改革委员会令 2020 年第 36 号）

《承装（修、试）电力设施许可证管理办法》已经2020年8月23日国家发展改革委第10次委务会议审议通过，现予公布，自2020年10月11日起施行。原国家电力监管委员会于2009年12月18日公布的《承装（修、试）电力设施许可证管理办法》（国家电力监管委员会令第28号）同时废止。

主任：何立峰

2020年9月11日

附件：承装（修、试）电力设施许可证管理办法

承装（修、试）电力设施许可证管理办法

第一章 总 则

第一条 为了加强承装（修、试）电力设施许可管理，规范承装（修、试）电力设施许可行为，维护承装、承修、承试电力设施市场秩序，促进电力安全，根据《中华人民共和国行政许可法》《电力供应与使用条例》《电力监管条例》和国家有关规定，制定本办法。

第二条 承装（修、试）电力设施许可证（以下简称许可证）的申请、受理、审查、颁发、管理和监督，适用本办法。

第三条 国家能源局负责指导、监督全国许可证的颁发和管理。

国家能源局派出机构（以下简称派出机构）负责辖区内许可证的受理、审查、颁发和日常监督管理。

第四条　在中华人民共和国境内从事承装、承修、承试电力设施活动的，应当按照本办法的规定取得许可证。除国家能源局另有规定外，任何单位或者个人未取得许可证，不得从事承装、承修、承试电力设施活动。

本办法所称承装、承修、承试电力设施，是指对输电、供电、受电电力设施的安装、维修和试验。

第五条　取得许可证的单位依法开展活动，受法律保护。

第二章　分类分级与申请条件

第六条　许可证分为承装、承修、承试三个类别。

取得承装类许可证的，可以从事电力设施的安装活动。

取得承修类许可证的，可以从事电力设施的维修活动。

取得承试类许可证的，可以从事电力设施的试验活动。

第七条　许可证分为一级、二级、三级、四级和五级。

取得一级许可证的，可以从事所有电压等级电力设施的安装、维修或者试验活动。

取得二级许可证的，可以从事330kV以下电压等级电力设施的安装、维修或者试验活动。

取得三级许可证的，可以从事110kV以下电压等级电力设施的安装、维修或者试验活动。

取得四级许可证的，可以从事35kV以下电压等级电力设施的安装、维修或者试验活动。

取得五级许可证的，可以从事10kV以下电压等级电力设施的安装、维修或者试验活动。

第八条　申请许可证应当具备法人资格及健全有效的安全生产组织和制度，并符合下列条件：

（一）净资产

具有与开展承装（修、试）电力设施活动相适应的净资产，其所占总资产比例不低于15%。

（二）技术负责人、安全负责人

1. 申请一级至三级许可证的，分别拥有5年以上与所申请许可证类别相适应的电力设施安装、维修或试验管理工作经历，具有电力相关专业中级以上职称；其中申请一级许可证的，应具有电力相关专业高级职称；

2. 申请四级至五级许可证的，分别拥有3年以上与所申请许可证类别相适应的电力设施安装、维修或试验管理工作经历，具有电力相关专业初级以上职称。

（三）专业技术及技能人员

1. 申请一级至三级许可证的，电力相关专业技术人员分别不少于50人、30人和15人，其中具有中级以上技术任职资格的分别不少于30人、15人和5人；电力相关专业技能人员分别不少于60人、30人和20人，其中高压电工分别不少于30人、15人和10人。

2. 申请四级至五级许可证的，电力相关专业技术人员分别不少于10人和5人；电力相关专业技能人员分别不少于15人和5人，其中高压电工分别不少于8人和3人。

前款第（二）项、第（三）项规定的各类人员均不得同时在其他单位任职；技术负责人可由本单位专业技术人员兼任，安全负责人应专人专岗。

第九条　申请一级至三级许可证的，除具备本办法第八条规定的相应条件外，还应具有下列与申请的许可证类别和等级相适应的业绩：

（一）申请一级至三级承装类许可证的，最近3年内应分别具有从事330（220）kV、110（66）kV、35kV以下10kV以上电压等级变（配）电及线路设施的安装活动业绩，且质量合格；在此期间从事电力设施安装业务的最高年度工程结算收入分别不少于2亿元、1亿元和3000万元；

（二）申请一级至三级承修类或承试类许可证的，最近2年均应分别具有从事330（220）kV、110（66）kV、35kV以下10kV以上电压等级变（配）电及线路设施的维修或试验活动业绩。

第三章　申请、受理、审查与决定

第十条　申请许可证，应当向申请人所在地的派出机构提出，并提交申请表；申请一级至三级许可证的，还需要提交相关业绩材料。

第十一条　取得许可证的单位合并或分立后新设单位申请许可证的，应当提交申请表以及合并或分立相关材料。

分立后至多一个单位可承继分立前单位从事同类活动的业绩；其他新设单位同时申请该类别许可证的，按首次申请办理。

第十二条　派出机构收到申请，应当对申请材料是否齐全、是否符合法定形式进行审查。派出机构有权要求申请人就申请事项作出解释或者说明。

第十三条　派出机构对申请人提出的申请，应当根据下列情况分别作出处理：

（一）申请材料存在可以当场更正的错误的，应当允许申请人当场更正；

（二）申请材料不齐全或者不符合法定形式的，应当当场或者五日内向申请人发出申请材料补正通知书，并一次告知需要补正的全部内容；

（三）申请材料齐全并符合法定形式的，或者申请人按照派出机构的要求提交全部补正申请材料的，应当向申请人发出受理通知书。

第十四条 派出机构应当自受理之日起十五日内完成申请审查，并按下列规定作出是否许可的决定：

（一）经审查，申请人的条件符合法定条件、标准的，派出机构应当依法作出准予许可的书面决定，并自作出决定之日起五日内向申请人颁发、送达许可证；

（二）经审查，申请人的条件不符合法定条件、标准的，派出机构应当依法作出不予许可的决定，以书面形式通知申请人，通知书中应当说明不予许可的理由。

第十五条 派出机构在审查过程中认为需要对申请材料的实质性内容进行核实的，应当指派两名以上的工作人员进行现场核查。

第十六条 派出机构自受理通知书发出之日起十五日内不能作出决定的，经派出机构负责人批准，可以延长十日，并将延长期限的理由告知申请人。

第十七条 派出机构应当按照国家有关规定建立信息公开工作制度，向社会公开承装（修、试）电力设施许可的依据、条件、程序、期限、办理情况以及申请材料目录、申请材料示范文本等信息。

第四章 变更与延续

第十八条 许可证的变更分为许可事项变更和登记事项变更。

许可事项变更是指许可证类别和等级的变更。

登记事项变更是指承装（修、试）电力设施单位名称、住所、法定代表人等事项的变更。

变更后的许可证，有效期限不变。

第十九条 申请许可事项变更，应当提交本办法第十条规定的相关材料；派出机构按照本办法第三章规定的程序予以办理。

申请增加许可证类别或者提高许可证等级的，在申请之日起前一年内未出现下列情形的，应予受理：

（一）发生较大以上生产安全事故或者二次以上一般生产安全事故的；

（二）发生重大质量责任事故的；

（三）超越许可范围从事承装（修、试）电力设施活动的；

（四）涂改、倒卖、出租、出借许可证，或者以其他形式非法转让许可证的；

（五）违反国家有关规定将本单位承包的承装（修、试）电力设施业务转包或者分包的。

第二十条 承装（修、试）电力设施单位名称、住所或者法定代表人发生变化的，应当自市场监督管理部门依法办理变更登记之日起三十日内，提出登记事项变更申请，并提交登记事项变更申请表。

变更后的住所与原住所属于不同派出机构管辖的，应当向变更后住所地的派出机构提出登记事项变更申请。

派出机构应当自收到登记事项变更申请之日起十日内，办理变更手续。

第二十一条 许可证有效期为六年。

有效期届满需要延续的，应当在有效期届满三十日前提出申请，并提交申请表；申请一级至三级许可证有效期延续的，还应分别提供在其许可范围内的330（220）kV以上、110（66）kV以上、10kV以上电压等级相关业绩材料。

派出机构应当在许可证有效期届满前作出是否准予延续的决定。逾期未作出决定的，视为同意延续并补办相应手续。

第二十二条 许可证损毁或遗失的，应当及时向颁发许可证的派出机构申请补办，并提交下列材料：

（一）许可证补办申请表；

（二）损毁许可证原件或者许可证遗失声明。

派出机构应当自收到许可证补办申请之日起三日内补发许可证。

第五章 监督检查

第二十三条 国家能源局对派出机构实施承装（修、试）电力设施许可工作进行监督检查，及时纠正工作中的违法行为。

第二十四条 派出机构依法对辖区内从事承装（修、试）电力设施活动的单位或者个人的下列事项实施监督检查：

（一）依法取得许可证的情况；

（二）在许可范围内从事承装（修、试）电力设施活动的情况；

（三）依法使用许可证的情况；

（四）符合许可证法定条件的情况；

（五）遵守国家有关转包或者分包承装（修、试）电力设施业务规定的情况；

（六）遵守国家其他有关规定的情况。

第二十五条 承装（修、试）电力设施单位有下列情形之一的，应当按照规定向有关派出机构报送信息：

（一）人员、资产等情况发生重大变化，已不符合许可证法定条件、标准的，应当自发生重大变化之日起三十日内向颁发许可证的派出机构报告；

（二）解散、破产、倒闭、歇业、合并或者分立的，应当自市场监督管理部门办理相关手续之日起十日内向颁发许可证的派出机构报告；

（三）发生生产安全事故的，应当按照国家有关规定向事故发生地派出机构报告；

（四）发生重大质量责任事故的，应当自有关主管机关作出事故结论之日起十日内，向事故发生地派出机构报告。

前款第（三）项、第（四）项规定事项，事故发生地不属于颁发许可证的派出机构管辖的，事故发生地派出机构应当及时将有关情况通报颁发许可证的派出机构。

第二十六条　派出机构对电力企业遵守承装（修、试）电力设施许可制度的情况实施监督检查。

电网企业对用户受电工程依法实施检查及竣工检验，应当查验施工企业是否具有许可证；对未经许可或者超越许可范围承揽用户受电工程的，应当立即向派出机构报告。

第二十七条　派出机构履行监督检查职责，可以采取下列措施：

（一）进入被检查单位的生产经营场所进行检查；

（二）询问被检查单位的工作人员，要求其对有关检查事项作出说明；

（三）查阅、复制与检查事项有关的文件、资料，对可能被转移、隐匿、损毁的文件、资料予以封存；

（四）对与检查事项有关的业务组织技术鉴定；

（五）对检查中发现的违法行为，有权当场予以纠正或者要求限期改正。

派出机构实施监督检查，被检查单位应当依法予以配合。

第二十八条　国家能源局及其派出机构应按照国家关于加快构建以信用为基础的新型监管机制的要求，依法组织实施承装（修、试）电力设施单位信用监管，并与“双随机、一公开”监管相结合，采取差异化监管措施，不断提升信用监管效能。

第二十九条　承装（修、试）电力设施单位的人员、资产等情况发生重大变化，已不符合相应许可证条件、标准的，派出机构应当责令其限期整改；逾期不改或整改后仍不符合许可证条件的，派出机构应根据其实际具有的条件，重新核定许可证的类别和等级。

第三十条　有下列情形之一的，国家能源局及其派出机构可以依法撤销承装（修、试）电力设施许可：

（一）派出机构工作人员滥用职权、玩忽职守作出准予许可决定的；

（二）超越法定职权作出准予许可决定的；

（三）违反法定程序作出准予许可决定的；

（四）对不具备申请资格或者不符合法定条件的申请人准予许可的；

（五）依法可以撤销许可的其他情形。

承装（修、试）电力设施单位以欺骗、贿赂等不正当手段取得许可的，应当予以撤销。

依照本条第一款的规定撤销许可，承装（修、试）电力设施单位的合法权益受到损害的，派出机构应当依法给予赔偿。依照本条第二款的规定撤销许可的，承装（修、试）电力设施单位基于许可取得的利益不受保护。

第三十一条　有下列情形之一的，派出机构应当依法办理承装（修、试）电力设施许可注销手续：

（一）许可有效期届满未按照本办法规定申请延续或者延续申请未批准的；

（二）承装（修、试）电力设施单位因解散、破产、倒闭、歇业、合并、分立等原因依法终止的；

（三）许可依法被撤销、撤回，或者许可证被依法吊销的；

（四）法律、法规规定的应当注销许可的其他情形。

第六章　法律责任

第三十二条　申请人隐瞒有关情况或者提供虚假申请材料申请承装（修、试）电力设施许可的，派出机构不予受理或者不予许可，并给予警告；情节严重的，一年内不再受理其许可申请。

第三十三条　承装（修、试）电力设施单位采取欺骗、贿赂等不正当手段取得许可的，由派出机构撤销许可，给予警告，处一万元以上三万元以下罚款；情节严重的，三年内不再受理其许可申请；构成犯罪的，依法追究刑事责任。

第三十四条　承装（修、试）电力设施单位转包或违法分包承装（修、试）电力设施业务，涂改、倒卖、出租、出借许可证，或者以其他形式非法转让许可证的，《建设工程质量管理条例》等法律法规对上述违法行为有相关行政处罚规定的，依照其规定执行；未作规定的，由派出机构责令其改正，给予警告，并处一万元以上三万元以下罚款。

第三十五条　违反本办法规定未取得许可证或者超越许可范围，非法从事承装、承修、承试电力设施活动的，《无证无照经营查处办法》《建设工程质量管理条例》等法律法规对上述违法行为有相关行政处罚规定的，依照其规定执行；未作规定的，由派出机构责令其停止相关经营活动，给予警告，并处一万元以上三万元以下罚款。

第三十六条　承装（修、试）电力设施单位在从事承装、承修、承试电力设施活动中发生重大以上生产安全事故或者重大质量责任事故，由派出机构依法降低许可证等级；情节严重的，依法吊销许可证。

第三十七条　承装（修、试）电力设施单位未按照本办法规定办理许可证登记事项变更手续的，由派出机构责令其限期办理；逾期未办理的，处五千元以下罚款。

第三十八条 电力企业违反国家有关规定，将承装（修、试）电力设施业务发包给未取得许可证或者超越许可范围承揽工程的单位或者个人的，由派出机构责令其限期改正，给予警告，并处一万元以上三万元以下罚款。

电网企业发现未取得许可证或者超越许可范围承揽用户受电工程的单位或者个人，未按照本办法规定及时报告的，由派出机构给予警告，处一万元以上三万元以下罚款。

第三十九条 违反本办法第二十四条、第二十五条、第二十六条、第二十七条规定，向派出机构提供虚假或隐瞒重要事实的文件、资料，或者拒绝、阻碍派出机构及其从事监管工作的人员依法履行监管职责的，依照《电力监管条例》有关规定追究其责任。

第四十条 国家能源局及其派出机构工作人员玩忽职守、滥用职权、徇私舞弊、收受贿赂的，对直接负责的主管人员和其他直接责任人员依法给予处分；构成犯罪的，依法追究刑事责任。

第七章 附　　则

第四十一条 本办法中所称“以上”“以下”“不低于”“不少于”均包含本数。

第四十二条 许可证由国家能源局统一印制，分为正本和副本，具有同等法律效力。

第四十三条 本办法自 2020 年 10 月 11 日起施行。原国家电力监管委员会于 2009 年 12 月 18 日公布的《承装（修、试）电力设施许可证管理办法》（国家电力监管委员会令第 28 号）同时废止。

国家发展改革委关于印发《区域电网输电价格定价办法》的通知

（发改价格规〔2020〕100 号）

各省、自治区、直辖市发展改革委（物价局），国家电网有限公司、南方电网有限责任公司、内蒙古电力（集团）有限责任公司：

为贯彻落实《中共中央国务院关于进一步深化电力体制改革的若干意见》（中发〔2015〕9 号）、《关于推进价格机制改革的若干意见》（中发〔2015〕28 号）决策部署，持续深化电价改革，进一步提升输配电价核定的规范性、合理性，经商国家能源局，对《区域电网输电价格定价办法（试行）》（发改价格〔2017〕2269 号）作了修订，形成了《区域电网输电价格定价办法》。现印发你们，请按照执行。

附件：区域电网输电价格定价办法

国家发展改革委

2020 年 1 月 19 日

附件：区域电网输电价格定价办法

区域电网输电价格定价办法

第一章 总　　则

第一条 为科学合理核定区域电网输电价格，健全输电定价制度，根据《中华人民共和国价格法》《中华人民共和国电力法》《中共中央国务院关于推进价格机制改革的若干意见》（中发〔2015〕28 号）《中共中央国务院关于进一步深化电力体制改革的若干意见》（中发〔2015〕9 号）的相关规定，制定本办法。

第二条 本办法适用于区域电网输电价格的核定。

区域电网输电价格，是指区域电网运行机构运营区域共用输电网络提供的电量输送和系统安全及可靠性服务的价格。

第三条 核定区域电网输电价格遵循以下原则。

（一）提升电网效率。强化电网企业成本约束，以严格的成本监审为基础，按照“准许成本加合理收益”方法核定输电准许收入；健全激励约束机制，促进电网企业加强管理降低成本。

（二）合理分摊成本。区域电网既保障省级电网安全运行，又提供输电服务。区域电网输电价格，应在核定准许收入的基础上，按功能定位和服务对象合理分摊的原则制定。

（三）促进电力交易。区域电网输电价格，应有利于促进市场公平竞争和资源合理配置，促进跨省跨区电力市场化交易，促进清洁能源在更大范围内优化配置。

（四）规范定价行为。明晰定价规则，规范定价程序，科学确定方法，最大限度减少自由裁量权，提高政府定价的法治化、规范化、透明度。

第四条 区域电网输电价格，先核定区域电网输电业务的准许收入，再以此为基础核定。区域电网输电价格在每一监管周期开始前核定，监管周期为三年。

第五条 电网企业应对区域跨省交流共用网络的资产、费用、收入、投资计划及完成进度、区域及各省月最大负荷、发电量、用电量，每条输电线路长度、实际平均负荷、稳定限额，输电量、线损率、跨区跨省交易情况等与输电价格相关的基础数据，按相关规定进行统计归集，于每年 5 月底之前报送国务院价格主管部门，并抄送相关省级价格主管部门。

第二章　准许收入的计算方法

第六条　区域电网准许收入由准许成本、准许收益和税金构成。

第七条　准许成本由基期准许成本、监管周期新增和减少准许成本构成。基期准许成本，根据输配电定价成本监审办法等规定，经成本监审核定。监管周期新增和减少准许成本，按监管周期内预计合理新增和减少的准许成本计算。计算方法参照《省级电网输配电价定价办法》执行。

第八条　准许收益按可计提收益的有效资产乘以准许收益率计算。可计提收益的有效资产，是指电网企业投资形成的输电线路、变电设备以及其他与输电业务相关的资产，包括固定资产净值、无形资产净值和营运成本。

符合电力规划并履行按权限核准等程序的新增区域电网共用网络投资，纳入可计提收益的有效资产范围。具体由国家电网公司进行申报。

可计提收益的有效资产及准许收益率计算方法参照《省级电网输配电价定价办法》执行。

第九条　税金依据现行国家相关税法规定核定执行。包括所得税、城市维护建设税、教育费附加。

第三章　输电价格的计算方法

第十条　区域电网准许收入通过容量电费和电量电费两种方式回收。容量电费与电量电费比例计算公式为：

容量电费：电量电费＝（折旧费＋人工费）：运行维护费（不含人工费）

第十一条　电量电费随区域电网实际交易结算电量收取，由购电方支付。容量电费按照受益付费原则，向区域内各省级电网公司收取。

第十二条　各省级电网公司向区域电网支付的容量电费，以区域电网对各省级电网提供安全及可靠性服务的程度为基础，综合考虑跨区跨省送（受）电量、年最大负荷、省间联络线备用率和供电可靠性等因素确定。

计算公式为：

各省级电网承担的容量电费比例＝R_1×［该省级电网跨区跨省结算送（受）电量÷$\sum$区域内各省级电网跨区跨省结算送（受）电量］＋R_2×（该省级电网非同时年最高负荷÷$\sum$各省级电网非同时年最高负荷）＋R_3×$\sum$（该省级电网与区域电网各联络线的稳定限额－实际平均负荷）/［2×$\sum$（区域电网各省间联络线稳定限额－实际平均负荷）］

其中：

R_1＝（区域电网统调机组跨区跨省结算送电量＋$\sum$区域内各省级电网统调机组跨区跨省结算送电量）÷（区域电网统调机组发电量＋$\sum$区域内各省级电网统调机组发电量）或者$\sum$区域内各省级电网跨区跨省结算受电量÷$\sum$区域内各省级电网省内售电量

R_2＝（1－R_1）÷2×区域电网紧密程度调整系数

区域电网紧密程度调整系数反映各区域内省级电网联系的紧密程度。计算公式为：

（区域内跨省交易电量÷区域总用电量）÷（$\sum$各区域内跨省交易电量÷$\sum$各区域总用电量）

$$R_3=1-R_1-R_2$$

当区域电网紧密程度调整系数过大导致R_3为负时，R_3取0，相应$R_2=1-R_1$。

第十三条　华北电网准许收入扣除京津唐电网应单独承担部分后，为京津唐电网与华北电网内其他省级电网共同承担部分。

京津唐电网应单独承担的准许收入，按京津唐电网自用固定资产原值占华北电网固定资产原值的比例核定。

京津唐电网与华北电网内其他省级电网共同承担的准许收入，按第十条确定容量电费和电量电费之间的分摊比例，按第十二条确定容量电费的分摊比例。

京津唐电网内各省级电网应分摊的容量电费，以京津唐电网单独承担的准许收入加上其应分摊的容量电费为基础，按照其与京津唐电网最大负荷的同时负荷比例确定。

京津唐电网范围内，位于北京、天津、河北境内的电厂参与京津唐地区交易电量不纳入华北电网电量电费计收范围。

第十四条　分摊给各省级电网公司的容量电费作为上级电网分摊费用纳入省级电网准许收入，通过省级电网输配电价回收，按各省级电网终端售电量（含市场化电量）确定标准收取。

第四章　输电价格的调整机制

第十五条　建立准许收入平衡调整机制。对上一监管周期内受新增投资、电量增长等影响区域电网实际收入超过（低于）准许收入的部分，在本监管周期或下一监管周期定价时平滑处理。省级电网分摊的容量电费在监管周期之间调整过大、一个周期消化有困难的，可以在两个监管周期内平滑处理。

第十六条　监管周期内遇有国家重大政策调整、

发生重大自然灾害、不可抗力等因素造成的成本重大变化，电网企业可以向国家发展改革委申请对准许收入和输电价格作适当调整。

第五章 附 则

第十七条 本办法由国家发展改革委负责解释。

第十八条 本办法自发布之日起实施，有效期5年。《国家发展改革委关于印发〈区域电网输电价格定价办法（试行）〉〈跨省跨区专项工程输电价格定价办法（试行）〉和〈关于制定地方电网和增量配电网配电价格的指导意见〉的通知》（发改价格规〔2017〕2269号）中《区域电网输电价格定价办法（试行）》同时废止。

国家发展改革委关于印发《省级电网输配电价定价办法》的通知

（发改价格规〔2020〕101号）

各省、自治区、直辖市发展改革委（物价局），国家电网有限公司、南方电网有限责任公司、内蒙古电力（集团）有限责任公司：

为贯彻落实《中共中央国务院关于进一步深化电力体制改革的若干意见》（中发〔2015〕9号）、《关于推进价格机制改革的若干意见》（中发〔2015〕28号）决策部署，持续深化电价改革，进一步提升输配电价核定的规范性、合理性，经商国家能源局，对《省级电网输配电价定价办法（试行）》（发改价格〔2016〕2711号）作了修订，形成了《省级电网输配电价定价办法》。现印发你们，请按照执行。

附件：省级电网输配电价定价办法

国家发展改革委

2020年1月19日

附件：省级电网输配电价定价办法

省级电网输配电价定价办法

第一章 总 则

第一条 为科学合理核定省级电网企业输配电价，健全输配电定价制度，根据《中华人民共和国价格法》《中华人民共和国电力法》《中共中央国务院关于推进价格机制改革的若干意见》（中发〔2015〕28号）《中共中央国务院关于进一步深化电力体制改革的若干意见》（中发〔2015〕9号）的相关规定，制定本办法。

第二条 本办法适用于省级电网输配电价的核定。省级电网输配电价，是指省级电网企业在其经营范围内为用户提供输配电服务的价格。

第三条 核定省级电网输配电价遵循以下原则：

（一）促进电网企业高质量发展。立足保障电力安全可靠供应，强化电网企业成本约束，以严格的成本监审为基础，按照“准许成本加合理收益”方法核定输配电准许收入；健全激励约束机制，促进电网企业加强管理降低成本，为用户提供安全高效可持续的输配电服务，助力行业和用户提高能效降低能耗。

（二）实现用户公平分摊成本。基于各类用户对输配电系统成本的耗费，兼顾其他公共政策目标，确定输配电价格，优化输配电价结构。

（三）严格规范政府定价行为。明晰定价规则，规范定价程序，科学确定方法，最大限度减少自由裁量权，提高政府定价的法治化、规范化、透明度。

第四条 核定省级电网输配电价，先核定电网企业输配电业务的准许收入，再以准许收入为基础核定分电压等级和各类用户输配电价。

第五条 省级电网输配电价在每一监管周期开始前核定，监管周期为三年。

第六条 电网企业应对各电压等级的资产、费用、收入、输配售电量、负荷、用户报装容量、线损率、投资计划完成进度等与输配电价相关的基础数据，按相关规定进行统计归集，并于每年5月底之前将上一年有关数据及材料报送国务院价格主管部门和省级政府价格主管部门。对未按要求及时报送的电网企业，国务院价格主管部门和省级价格主管部门可以视情况进行通报和约谈。

第二章 准许收入的计算方法

第七条 省级电网输配电准许收入由准许成本、准许收益和税金构成。

其中：准许成本＝基期准许成本＋监管周期预计新增（减少）准许成本

准许收益＝可计提收益的有效资产×准许收益率

第八条 准许成本的计算。

（一）准许成本由折旧费和运行维护费构成，区分基期准许成本、监管周期预计新增和减少准许成本分别核定。

（二）基期准许成本，是指根据输配电定价成本监审办法等规定，经成本监审核定的历史成本，包括区域电网分摊的容量电费和按销售电量分摊到各省级电网的电网总部调度中心、交易中心费用。

（三）监管周期新增和减少准许成本，是指电网企业在监管周期前一年及监管周期内预计合理新增和减少的准许成本。

1. 监管周期新增准许成本

（1）折旧费。

折旧费的计算公式为：

折旧费＝预计新增输配电固定资产投资额×预计新增投资计入固定资产比率×定价折旧率

预计新增输配电固定资产投资额参照有权限的省级发展改革、能源主管部门预测的、符合电力规划的电网投资计划，按年度间等比例原则确定，有明确年度投资完成时间的，按计划要求确定。未明确具体投资项目和资产结构、监管周期内无投运计划或无法按期建成投运的，不得计入预计新增输配电固定资产投资额。

预计新增投资计入固定资产比率，指预计新增输配电固定资产投资额可计入当期预计新增输配电固定资产原值的比率，原则上不超过上一监管周期新增投资计入固定资产比率，最高不得超过75%。

预计新增输配电量，参考上一监管周期输配电量平均增速，以及有权限的省级发展改革、能源主管部门根据电力投资增长和电力供需形势预测的电量增长情况等因素核定。

预计新增单位电量固定资产＝预计新增输配电固定资产原值÷预计新增输配电量

预计新增输配电固定资产基于提高投资效率的要求，按照不高于历史单位电量固定资产的原则核定(国家政策性重大投资除外)，低于历史单位电量固定资产的，按预计数核定。

定价折旧率，根据输配电定价成本监审办法规定的残值率、附表《电网企业固定资产分类定价折旧年限表》中所列折旧年限和新增输配电固定资产结构核定。

(2) 运行维护费。运行维护费由材料费、修理费、人工费、其他运营费用组成，按以下方法分别核定。

人工费，参考国务院国有资产管理部门核定的职工工资总额；材料费和修理费，参考电网经营企业上一监管周期费率水平，以及同类型电网企业的先进成本标准，且材料费、修理费和人工费三项合计按不高于监管周期新增输配电固定资产原值的2%核定。

其他运营费用，按照不高于成本监审核定的上一监管周期电网企业费率水平的70%，同时不高于监管周期新增输配电固定资产原值的2.5%核定。其中：电网经营企业费率水平为其他运营费用占输配电固定资产原值的比重。

2. 监管周期减少准许成本

监管周期内退役、报废的固定资产和摊销完毕的无形资产，相应减少的成本费用。成本费用率标准参照上一监管周期费率水平。

监管周期内已计提完折旧仍在使用的固定资产，不再计提定价折旧费。

第九条　准许收益的计算。

(一) 可计提收益的有效资产，是指电网企业投资形成的输配电线路、变电配电设备以及其他与输配电业务相关的资产，包括固定资产净值、无形资产净值和营运资本。

1. 以下资产不得纳入可计提收益的固定资产范围：

(1) 与输配电业务无关的固定资产。包括但不限于：电网企业宾馆、招待所、办事处、医疗单位、电动汽车充换电服务等辅助性业务单位、多种经营企业及“三产”资产；抽水蓄能电站、电储能设施、已单独核定上网电价的电厂资产；独立核算的售电公司资产；与输配电业务无关的对外股权投资；投资性固定资产（如房地产等）；其他需扣除的与输配电业务无关的固定资产等。

(2) 应由有权限的政府主管部门审批或认定而未经批准或认定投资建设的固定资产，或允许企业自主安排，但不符合电力规划、未履行必要核准、备案程序投资建设的固定资产。

(3) 单独核定输电价格的跨省跨区专项输电工程和配套工程固定资产。

(4) 已纳入区域电网输电价格核算的固定资产。

(5) 用户或地方政府无偿移交，由政府补助或者社会无偿投入等非电网企业投资形成的输配电资产。

(6) 其他不应计提收益的固定资产。

2. 可计提收益的无形资产，主要包括软件、土地使用权等。

3. 可计提收益的营运资本，指电网企业为提供输配电服务，除固定资产投资以外的正常运营所需要的周转资金。

(二) 可计提收益的有效资产的计算公式为：

可计提收益的有效资产＝基期可计提收益的有效资产＋监管周期预计新增可计提收益的有效资产－监管周期减少可计提收益的有效资产

1. 基期可计提收益的有效资产。固定资产净值和无形资产净值根据监审期间最末一年可计提折旧、可摊销计入定价成本的固定资产和无形资产原值所对应的账面净值，通过成本监审核定；营运资本按不高于成本监审核定的上一监管周期运行维护费的1/12加月购电费的1/6核定。

2. 监管周期预计新增可计提收益的有效资产。根据预计新增输配电固定资产原值扣减监管周期相应折旧费核定。

3. 监管周期减少有效资产。根据监管周期内预计退役、报废或已计提完折旧的固定资产核定。

(三) 准许收益率的计算公式为：

准许收益率＝权益资本收益率×（1－资产负债率）＋债务资本收益率×资产负债率

其中：权益资本收益率。原则上按不超过同期国资委对电网企业经营业绩考核确定的资产回报率，并参考上一监管周期省级电网企业实际平均净资产收益率核定。在总体收益率控制的前提下，考虑东西部差异，对涉及互助帮扶的省级电网企业收益率可作适当调整。

债务资本收益率。参考电网企业实际融资结构和借款利率，以及不高于同期人民币贷款市场报价利率核定。如电网企业实际借款利率高于市场报价利率，按照市场报价利率核定；如实际借款利率低于市场报价利率，按照实际借款利率加二者差额的50%核定。

资产负债率。按照国资委考核标准并参考上一监管周期电网企业资产负债率平均值核定。

第十条 税金是指除增值税外的其他税金，包括所得税、城市维护建设税、教育费附加，依据现行国家相关税法规定核定。

其中：所得税＝可计提收益的有效资产×（1－资产负债率）×权益资本收益率÷（1－所得税率）×所得税率

所得税率。按照税法有关规定核定。

城市维护建设税及教育费附加＝（不含增值税的准许收入×增值税税率－准许成本进项税抵扣额）×（城市维护建设税税率＋教育费附加计征比率）

第十一条 通过输配电价回收的准许收入，是指通过省级电网输配电价向所有使用共用网络的用户（包括省内和“网对网”省外购电用户）回收的准许收入。应扣除以下项目：

（一）通过其他独立或专门渠道向特定电力用户回收的收入，包括但不限于：自备电厂备用容量费收入、高可靠性供电收入、一省两贷或多贷农网还贷资金收入。

（二）特定项目或特殊情况的政府补贴收入，如国家对农村电网维护费免征的增值税及其附加等。

（三）其他未在准许成本中扣除的项目，如涉及省级电网输配电业务关联交易在其他业务或公司形成的不合理收益等。

（四）其他应予扣除的项目。

第十二条 已经明确为区域电网输电服务的省级电网输电资产，应当纳入区域电网准许收入由区域用户共同负担。

区域电网分摊给各省级电网的容量电费作为上级电网分摊费用纳入省级电网准许收入，通过省级电网销售电量（含市场化电量）收取。

第十三条 经国务院价格主管部门同意，具备条件的地方，可对按照功能定位明确界定为单个或少数省内自用电源点服务的发电接网工程制定单独的发电接入价，相关成本费用不纳入省级电网输配准许收入回收。

第三章　输配电价的计算方法

第十四条 省级电网平均输配电价的计算公式为：

省级电网平均输配电价（含增值税）＝通过输配电价回收的准许收入（含增值税）÷省级电网输配电量

其中，省级电网输配电量，按照省级电网公司销售电量计算，参考成本监审核定的历史电量及其增长情况，以及有权限的省级政府主管部门根据电力投资增长和电力供需情况预测的电量增长情况等因素核定。

第十五条 依据不同电压等级和用户的用电特性和成本结构，分别制定分电压等级、分用户类别输配电价。

（一）电压等级分为500kV（750kV）、220kV（330kV）、110kV（66kV）、35kV、10kV（20kV）和不满1kV等6个电压等级。用户数较少的电压等级电价标准，可与相邻电压等级归并核定。

（二）用户类别分类，以现行销售电价分类为基础，原则上分为大工业用电、一般工商业及其他用电、居民用电和农业用电类别，有条件的地方可实现工商业同价。

第十六条 分电压等级输配电价的计算公式为：

各电压等级输配电价＝该电压等级总准许收入÷本电压等级的输配电量

某一电压等级总准许收入由本电压等级准许收入和上一电压等级传导的准许收入构成。

各电压等级准许成本、准许收益、税金构成。准许成本按固定资产原值、输送电量等因素归集、分摊至各电压等级，准许收益、税金按固定资产净值等因素归集、分摊至各电压等级。

第十七条 “网对网”省外购电用户承担的输电价格，按照与省内用户公平承担相应电压等级准许收入的原则确定，不承担送出省省内用户间交叉补贴的责任。

第十八条 分用户类别输配电价，应以分电压等级输配电价为基础，综合考虑政策性交叉补贴、用户负荷特性等因素统筹核定。根据各省具体情况，逐步缩减不同地区、不同电压等级、不同类型用户间的交叉补贴。

第十九条 两部制电价的容（需）量电价与电度电价，原则上参考准许成本中折旧费与运行维护费的比例核定。探索结合负荷率等因素制定输配电价套餐，由电力用户选择执行。

第二十条　省级电网综合线损率参考成本监审核定的上一监管周期实际综合线损率平均值核定，最高不得超过上一监管周期核定线损率。

第二十一条　结合电力体制改革进程，合理测算政策性交叉补贴规模，完善政策性交叉补贴的范围和运行机制。

第二十二条　由于区域和省级电网功能划分、送省外用户承担相应电压等级准许收入、发电接网工程接入成本单独核价等原因，导致测算的省级电网准许收入和输配电价与上一监管周期变动较大的，可在不同监管周期平滑处理。

第四章　输配电价的调整

第二十三条　建立准许收入平衡调整机制。对一个监管周期内因新增投资、电量增长、电量结构变化等引起电网企业实际收入的变化，由省级价格主管部门组织进行年度统计，在下一监管周期统筹处理。上一监管周期实际收入超过或低于准许收入的部分，在本监管周期或今后的监管周期定价时平滑处理，或根据国家政策调整使用。

第二十四条　监管周期内遇有国家重大政策调整、发生重大自然灾害、不可抗力等因素造成的成本重大变化，电网企业可以建议政府价格主管部门对准许收入和输配电价作适当调整。

第五章　附　　则

第二十五条　本办法由国家发展改革委负责解释。之前出台文件规定与本办法不符的，按本办法执行。

第二十六条　现货市场试点地区，结合实际情况可探索提出符合现货市场需要的、具有一定弹性的分时输配电价方案建议。

第二十七条　本办法自发布之日起实施，有效期5年。

第二十八条　省属地方电网可参照本办法执行。

国家发展改革委办公厅关于疫情防控期间采取支持性两部制电价政策降低企业用电成本的通知

（发改办价格〔2020〕110号）

国家电网有限公司、南方电网公司、内蒙古电力（集团）有限责任公司：

为贯彻落实习近平总书记关于坚决打赢疫情防控阻击战的重要指示精神和党中央、国务院决策部署，在疫情防控期间降低企业用电成本，支持企业共渡难关，现就采取支持性两部制电价政策有关事项通知如下。

一、对疫情防控期间暂不能正常开工、复工的企业，放宽容（需）量电价计费方式变更周期和减容（暂停）期限，电力用户即日可申请减容、暂停、减容恢复、暂停恢复。申请变更的用户不受“暂停用电不得小于15天”等条件限制，减免收取容（需）量电费。对于疫情发生以来停工、停产的企业，可适当追溯减免时间。

二、对因满足疫情防控需要扩大产能的企业，原选择按合同最大需量方式缴纳容（需）量电费的，实际最大用量不受合同最大需量限制，超过部分按实计取。

三、全力保障为疫情防控直接服务的新建、扩建医疗等场所用电需求，采取免收高可靠性供电费等措施，降低运行成本。

请你公司细化落实相关电价政策，主动向用户宣传告知，做好用户申请受理、办理减免等工作。

国家发展改革委办公厅

2020年2月7日

国家发展改革委　国家能源局印发《关于推进电力交易机构独立规范运行的实施意见》的通知

（发改体改〔2020〕234号）

各省、自治区、直辖市、新疆生产建设兵团发展改革委、能源局、经信委（经信厅、工信厅、经信局、工信局），国家能源局各派出能源监管机构，国家电网有限公司、中国南方电网有限责任公司、内蒙古电力（集团）有限责任公司、中国华能集团有限公司、中国大唐集团有限公司、中国华电集团有限公司、国家电力投资集团有限公司、国家能源投资集团有限责任公司：

《关于推进电力交易机构独立规范运行的实施意见》已经中央全面深化改革委员会传批审议通过。现印发你们，请认真贯彻落实。

国家发展改革委

国家能源局

2020年2月18日

附件：关于推进电力交易机构独立规范运行的实施意见

关于推进电力交易机构独立规范运行的实施意见

推进电力交易机构独立规范运行是进一步深化电力体制改革的重要内容，对构建主体多元、竞争有序的电力交易格局，形成适应市场要求的电价机制具有重要意义。为落实党中央、国务院决策部署精神，推进电力交易机构独立规范运行，现提出以下意见：

一、总体要求和主要目标

以习近平新时代中国特色社会主义思想为指导，全面贯彻党的十九大和十九届二中、三中、四中全会精神，按照《中共中央国务院关于进一步深化电力体制改革的若干意见》和中央经济工作会议部署，坚持安全可靠和市场化改革原则，立足电力工业客观情况，循序渐进、分步实施，尊重规律、科学监管，加快推进电力交易机构（以下简称交易机构）独立规范运行，进一步完善公开透明的电力市场交易平台，加快推进建立市场化电价形成机制，建立电力运行风险防控机制，为逐步实现经营性电力用户发用电计划全面放开创造条件。

2020年底前，区域性交易机构和省（自治区、直辖市）交易机构的股权结构进一步优化、交易规则有效衔接，与调度机构职能划分清晰、业务配合有序。2022年底前，各地结合实际情况进一步规范完善市场框架、交易规则、交易品种等，京津冀、长三角、珠三角等地区的交易机构相互融合，适应区域经济一体化要求的电力市场初步形成。2025年底前，基本建成主体规范、功能完备、品种齐全、高效协同、全国统一的电力交易组织体系。

二、进一步厘清交易机构、市场管理委员会和调度机构的职能定位

交易机构是不以营利为目的、按照政府批准的章程和规则为市场主体提供公平规范电力交易服务的专业机构。交易机构主要负责电力交易平台的建设、运营和管理，组织中长期市场交易，提供结算依据和服务；负责市场主体注册和管理，汇总电力交易合同，披露和发布市场信息等；配合调度机构组织现货交易。结合区域性电力市场建设，鼓励各交易机构开展股权业务融合，完善跨省跨区市场交易机制，允许市场主体自由选择交易机构，推动全国范围内市场融合发展，加快统一电力市场建设，促进电力资源在更大范围优化配置。

市场管理委员会由电网企业、发电企业、售电企业、电力用户、交易机构、第三方机构等各方面代表组成，是独立于交易机构的议事协调机制。市场管理委员会主要负责研究讨论各类交易规则，协调电力市场相关事项，协助政府有关部门监督和纠正交易机构不规范行为；要健全重大事项决策流程和表决机制，确保议事程序公开透明、公平合理，切实保障市场主体的合法权益。每个交易机构须有对应的市场管理委员会，区域性交易机构对应的市场管理委员会主任委员由国家发展改革委、国家能源局提名，省（自治区、直辖市）交易机构对应的市场管理委员会主任委员由国家能源局派出机构和所在地区政府有关部门提名，由各自市场管理委员会投票表决。根据实际需要合理确定主任委员任期，同一主任委员不得连任超过两届任期。

调度机构是电网经营企业和供电企业的重要组成部分，是电网运行的指挥中心，其根本职责是依法行使生产指挥权，对电网运行进行组织、指挥、指导和协调，负责电力电量平衡、发电生产组织、电力系统安全运行、电网运行操作和事故处理，依法依规落实电力市场交易结果，保障电网安全、稳定和优质、经济运行。电网调度工作要坚持“安全第一、预防为主”的方针和“公开、公平、公正”原则，统一调度、分级管理，依靠科技进步和提高人员素质，认真研究社会主义市场经济条件下电网运行管理的新情况，不断完善电网调度管理的措施，保证电网整体最佳效益的实现。

三、完善电力交易规则制定程序

制定交易规则应当公开、公平、公正，符合市场化原则和电力商品技术特性。国家发展改革委、国家能源局、财政部会同区域性交易机构、电网企业、发电企业等方面制定电力交易基本规则和跨省区交易规则；省（自治区、直辖市）内交易细则由国家能源局派出机构和地方政府有关部门组织交易机构在基本规则框架下起草，并由相应的市场管理委员会进行初步审议，经国家能源局派出机构和所在省（自治区、直辖市）政府有关部门审定后执行。交易规则和细则批准实施后，交易机构无权变更；需要修订的，提请市场管理委员会审议后，报原审定机构和部门批准。交易机构可结合业务实际情况提出完善电力交易规则和细则的建议。

四、加快推进交易机构股份制改造

针对当前交易机构全部采用公司制形式的实际情况，按照“多元制衡”原则依法依规加快推进交易机构股份制改造。股东应具备独立法人资格，可来自不同行业和领域，其中，单一股东持股比例不得超过50%。2020年上半年，北京、广州2家区域性交易机构和省（自治区、直辖市）交易机构中电网企业持股比例全部降至80%以下，2020年底前电网企业持股比例降至50%以下。在股份制改造过程中，交易机构应依法依规修订完善公司章程，规范设立股东会、董事会、监事会和经理层，形成权责分明、相互制衡的

公司法人治理结构和灵活高效的经营管理机制，实现作为独立法人和市场主体自主经营。交易机构要健全党建工作体系，把党的领导融入公司治理各环节，推动党建与业务有机融合，为党和国家方针政策的贯彻落实提供坚强政治保证。

国家发展改革委、国家能源局组织国家电网有限公司、中国南方电网有限责任公司分别制定北京、广州2家区域性交易机构股份制改造实施方案。在国家发展改革委、国家能源局会同国家电网有限公司、中国南方电网有限责任公司指导下，各省（自治区、直辖市）人民政府相关部门组织省级电力（电网）公司制定本地交易机构股份制改造方案。

五、规范交易机构的人员、资产和财务管理

交易机构的董事会成员由各股东单位推荐，不得同时兼任市场管理委员会成员；高级管理人员可由股东单位推荐、董事会聘任，也可由董事会市场化选聘；自2020年起，交易机构新进普通工作人员一律市场化选聘。建立各交易机构间的人员交流机制，确保人员能进能出、能上能下，畅通员工的职业发展通道。根据行业实际情况，建立科学合理、具备竞争力的薪酬分配机制，保障交易机构从业人员的专业能力。

交易机构应以当前办公场所及物资设备为基础，综合考虑发展需求，采取划转、借用、租赁等方式明晰资产管理关系。对拟划转至交易机构的资产，按程序经国有资产管理部门批准后完成移交；对交易机构拟借用、租赁的资产，依法履行相关手续，明确责任主体后完成使用权转移。现阶段，经市场管理委员会同意后，交易机构可与电网企业共享信息系统、交易系统等资产。

交易机构应坚持非营利性定位，根据员工薪酬、日常办公、项目建设等实际需要，合理编制经费预算。与电网企业共用资产的交易机构原则上不向市场主体收取费用，所需费用计入输配电环节成本并单列，由电网企业通过专项费用支付。具备条件的交易机构经市场管理委员会同意，也可向市场主体合理收费，经费收支情况应向市场主体公开。

六、共同做好电力市场交易组织实施

交易机构、调度机构负责电力市场运行组织，及时发布市场信息，组织市场交易，根据交易结果制定交易计划。交易机构与调度机构要密切配合，充分考虑电力网架结构、安全供电标准、调度运行体系等实际情况，基于安全约束条件组织电力交易，切实保障电力安全稳定供应。调度机构要严格按照交易规则开展包括日前、日内、实时电量交易及辅助服务在内的现货交易出清和执行，并将出清和执行结果提供交易机构。电力网架结构、技术支持系统、交易机构专业能力等条件较为成熟的地区，适时探索由交易机构组织开展日前交易。

市场交易如可能引发安全风险，调度机构必须按照“安全第一”原则进行调度。当发生重大突发事件或电力供应出现较大缺口等特殊情况时，政府有关部门可依法依规暂停市场交易，组织实施有序用电。

七、健全信息共享和安全保障机制

国家电网有限公司、中国南方电网有限责任公司在各自经营范围内统一交易系统平台，统一建设灾备系统，建立数据共享机制，北京、广州等区域性交易机构负责系统平台维护管理和相关数据汇总。健全交易机构和调度机构信息交换机制，调度机构按照交易规则要求，向交易机构准确及时提供市场交易需要的可公开数据。建立健全交易机构信息安全保障机制，根据交易机构内设部门职能设置信息管理权限，控制关键信息知悉范围，定期开展信息安全薄弱环节排查，制定信息安全事故应急处置预案，做好事前主动防御，确保电力运行信息安全可控。建立电力交易从业人员回避和保密管理制度，避免泄露重要信息。

八、加强专业化监管体系建设

国家发展改革委、国家能源局及派出机构、各省（自治区、直辖市）政府相关部门要建立健全对交易机构的专业化监管制度，发展第三方专业评估机构，形成政府监管与外部监督密切配合的综合监管体系。交易机构应有针对性地制定完善相关规章制度，在政府有关部门指导下，加快行业信用体系建设，协助政府有关部门加强电力交易履约监管，对严重违法失信的市场主体记入信用记录并纳入全国信用信息共享平台，依法公开违法失信行为，并采取警告或限制交易等措施实施联合惩戒；对拒不整改或信用评价为不适合参与交易的市场主体，可取消市场交易资格，强制退出电力市场。

国家发展改革委、国家能源局负责推进交易机构独立规范运行工作，进一步优化市场监管方式，确保任何部门和单位不得干预市场主体的合法交易行为，切实维护电力交易市场安全健康发展。各省（自治区、直辖市）政府有关部门会同国家能源局派出机构按照实施意见精神，制定本地区交易机构独立规范运行实施方案，经国家发展改革委、国家能源局同意后组织实施。电网企业、发电企业等市场主体要积极配合，妥善处理资产重组、股权变更、人员劳动关系变动等重大问题，确保交易机构正常稳定运行，科学制定风险防控预案，有效防范电力供应安全风险，相关情况及时按程序报告国家发展改革委、国家能源局。

国家发展改革委办公厅 国家能源局综合司关于做好电力现货市场试点连续试结算相关工作的通知

（发改办能源规〔2020〕245 号）

山西省、浙江省、山东省、广东省能源局，内蒙古自治区、福建省、四川省、甘肃省工信厅（经信厅），华北、南方能监局，山西省、浙江省、福建省、山东省、四川省、甘肃省能监办，国家电网有限公司、中国南方电网有限责任公司、内蒙古电力（集团）有限责任公司，各电力交易中心，各相关市场主体：

为落实《中共中央 国务院关于进一步深化电力体制改革的若干意见》（中发〔2015〕9 号）及其配套文件精神，适应电力现货市场试点地区连续试结算工作的需要，现就做好相关工作通知如下。

一、高度重视电力现货市场试点连续试结算相关工作

（一）电力现货市场试点是电力市场化的关键改革，是有序发电和稳定用电的组合改革，是优化布局和优化结构的重大改革。电力现货市场连续运行后，对电力系统的经济机制产生了质的影响。起步阶段，适当加强宏观引导，加强电力市场风险防控工作，保障电力市场平稳运行和电力系统安全稳定运行，有利于构建公平竞争的市场环境，有利于打造健康可持续的行业体系。

二、结合实际制定电力现货市场稳定运行的保障措施

（二）做好电力中长期交易合同衔接工作。售电企业及直接参加电力现货交易的电力用户应与发电企业在合同中约定分时结算规则，包括但不限于固定价格、分时电价或详细分时结算曲线（组）等。售电企业及直接参加电力现货交易的电力用户（或发电企业）在日前市场开市前需提交结算曲线，未提交结算曲线的，由市场运营机构按照试点地区电力现货市场规则进行处理。电力中长期交易合同中，由发电企业市场交易价格、输配电价、政府性基金、辅助服务费用等直接相加构成售电企业或电力用户电价。各类跨省跨区优先发电和市场化中长期交易，均应由购买方和发电企业签订双边中长期交易合同，并明确分时结算曲线或形成分时结算曲线的具体规则。

（三）加强电力现货市场结算管理。不得设置不平衡资金池，每项结算科目均需独立记录，分类明确疏导，辅助服务费用、成本补偿、阻塞盈余等科目作为综合电价科目详细列支。所有结算科目的分摊（返还）应事先商定分摊（返还）方式，明确各方合理的权利与义务。

（四）充分发挥价格信号对电力生产、消费的引导作用，形成合理的季节和峰谷分时电价。充分发挥调节性能好的机组和可中断负荷的作用。电力供应存在偏紧时段地区，通过市场化手段提高市场主体参与系统调节的积极性。

（五）规范确定市场限价。现货试点地区第一责任部门组织合理确定市场限价核定原则和管理流程，并提前公布市场主体申报上下限。

（六）加强市场运营机构及技术支持系统开发方中立性管理。运营机构可以通过合同约定核心岗位工作人员离职三年内不得在利益主体就业或为其提供咨询服务。加强对电力现货市场技术支持系统的开发、运行和验收工作的监管。技术支持系统开发方应向市场主体公开承诺，不与所在市场相关主体发生业务相关商业行为，防止内幕交易。开发方、第三方验证执行者不得为关联企业（单位）或主体。

（七）加强市场力风险防范。建立对售电企业、发电企业和电网企业全覆盖的市场力识别和防范措施，探索市场力的事前、事中和事后监控机制，因地制宜、多措并举防范市场力风险。综合考虑各类市场主体价格承受能力，建立合理有效的市场力评估体系，保证市场平稳有序起步。

（八）严格市场注册管理。交易机构严格按照市场注册工作制度，提供各类市场主体注册服务。市场主体必须合法合规，符合市场信用要求，正常履行中长期交易合同，并经交易机构认定公示。健全完善市场主体退出程序。不满足参与电力现货市场技术条件的售电企业、电力用户，应在具备相关条件后才能参与有关交易活动。售电企业、电力用户自愿或者被强制放弃直接参加市场资格的，按照《售电公司准入与退出管理办法》《关于有序放开发用电计划的通知》等文件有关规定执行保底电价。确保保底电价设置科学合理，避免电力用户利用保底电价进行投机。

三、做好各项措施落实工作

（九）各试点地区第一责任部门负责会同相关单位做好相关措施的落实工作。尽快印发符合当地电力现货市场试点工作需要的 2020 年电力中长期交易工作相关文件，确保充分发挥电力中长期交易对冲电力现货交易价格波动风险的作用。各试点地区第一责任部门负责明确各项临时干预措施的有效期限，市场稳定运行后应逐步退出各项行政措施，以保证充分发挥市场配置资源的作用。

（十）各试点地区第一责任部门做好动态完善市场机制的工作。在连续试结算过程中，如遇各地规则中明确需要市场暂停的情况，应向市场主体披露详细原因、明确暂停持续时间。第一责任部门负责组织解决存在的问题，尽快重启交易，并及时向国家发展改革委、国家能源局报告。

（十一）各试点地区第一责任部门负责会同相关部门加强对电力现货市场结算的管理工作，各项结算科目的疏导与分摊（返还）明细应定期上报国家发展改革委、国家能源局，并在结算前向市场主体披露详细信息。

（十二）国家能源局派出机构负责组织电力交易机构在合同备案结算过程中，对双边形成的中长期合同约定分时结算相关内容进行核查，对不符合电力现货交易要求的进行风险提示。对于确不具备用电曲线管理能力的电力用户鼓励其由售电企业代理参与交易，以保护电力用户利益。各地政府主管部门、国家能源局派出机构要对市场主体的中长期合同签约履约情况进行核查，市场主体不得事后补签中长期合同。国家能源局派出机构负责加强市场力监管，采取有效措施促进市场运营机构和技术支持系统开发方的中立性。

（十三）交易机构在各试点地区第一责任部门和国家能源局派出机构组织下，具体实施市场注册管理。各地应加强市场主体准入注册管理，并在政府网站和交易机构网站进行公示后参与市场。各地应建立完善的结算制度，切实降低履约风险。

四、附则

（十四）工作中如遇重大事项，请及时报告国家发展改革委、国家能源局。

（十五）本通知自发布之日起施行，有效期2年。

国家发展改革委办公厅
国家能源局综合司
2020年3月26日

国家发展改革委关于阶段性降低企业用电成本支持企业复工复产的通知

（发改价格〔2020〕258号）

各省、自治区、直辖市及计划单列市、新疆生产建设兵团发展改革委，国家电网有限公司、南方电网有限责任公司、内蒙古电力（集团）有限责任公司：

为贯彻落实党中央、国务院决策部署，统筹疫情防控与经济社会发展，支持企业复工复产、共渡难关，现就阶段性降低企业用电成本有关事项通知如下。

一、降价范围

此次降电价范围为除高耗能行业用户外的，现执行一般工商业及其他电价、大工业电价的电力用户。

二、降价措施

自2020年2月1日起至6月30日止，电网企业在计收上述电力用户（含已参与市场交易用户）电费时，统一按原到户电价水平的95%结算。

三、进一步明确支持性两部制电价政策执行时间

2020年2月7日，我委出台的《关于疫情防控期间采取支持性两部制电价政策　降低企业用电成本的通知》（发改办价格〔2020〕110号），进一步明确执行至2020年6月30日。

四、工作要求

（一）各地价格主管部门要高度重视，结合当地情况，指导电网企业切实抓好政策落实，加强跟踪调度，及时发现解决政策落实中出现的具体问题，确保政策平稳实施。同时，要采取多种形式积极宣传、准确解读阶段性降低企业用电成本政策，增强企业信心。

（二）各地价格主管部门要积极配合当地市场监管部门，切实加强商业综合体、产业园区、写字楼等转供电环节收费行为监管，确保降电价红利及时足额传导到终端用户，增加企业获得感。

（三）电网企业要积极主动向用户做好政策宣传告知，明确降价范围对应的用户，妥善做好政策执行时间追溯，尽快将政策执行到位。

国家发展改革委
2020年2月22日

国家发展改革委关于2020年光伏发电上网电价政策有关事项的通知

（发改价格〔2020〕511号）

各省、自治区、直辖市及计划单列市、新疆生产建设兵团发展改革委、物价局，国家电网有限公司、南方电网有限责任公司、内蒙古电力（集团）有限责任公司：

为充分发挥市场机制作用，引导光伏发电行业合理投资，推动光伏发电产业健康有序发展，现就2020年光伏发电上网电价政策有关问题通知如下。

一、对集中式光伏发电继续制定指导价。综合考虑2019年市场化竞价情况、技术进步等多方面因素，将纳入国家财政补贴范围的Ⅰ～Ⅲ类资源区新增集中式光伏电站指导价，分别确定为每千瓦时0.35元（含税，下同）、0.4元、0.49元。若指导价低于项目所在地燃煤发电基准价（含脱硫、脱硝、除尘电价），则指导价按当地燃煤发电基准价执行。新增集中式光伏电站上网电价原则上通过市场竞争方式确定，不得超过所在资源区指导价。

二、降低工商业分布式光伏发电补贴标准。纳入2020年财政补贴规模，采用“自发自用、余量上网”模式的工商业分布式光伏发电项目，全发电量补贴标准调整为每千瓦时0.05元；采用“全额上网”模式的工商业分布式光伏发电项目，按所在资源区集中式光伏电站指导价执行。能源主管部门统一实行市场竞争方式配置的所有工商业分布式项目，市场竞争形成的价格不得超过所在资源区指导价，且补贴标准不得超过每千瓦时0.05元。

三、降低户用分布式光伏发电补贴标准。纳入2020年财政补贴规模的户用分布式光伏全发电量补贴标准调整为每千瓦时0.08元。

四、符合国家光伏扶贫项目相关管理规定的村级光伏扶贫电站（含联村电站）的上网电价保持不变。

五、鼓励各地出台针对性扶持政策，支持光伏产业发展。

本通知自2020年6月1日起执行。

国家发展改革委
2020年3月31日

国家发展改革委　国家能源局关于印发各省级行政区域2020年可再生能源电力消纳责任权重的通知
（发改能源〔2020〕767号）

各省、自治区、直辖市、新疆生产建设兵团发展改革委、能源局、经信委（工信委、工信厅），国家能源局各派出机构，国家电网有限公司、中国南方电网有限责任公司、内蒙古电力（集团）有限责任公司，电力规划设计总院、水电水利规划设计总院，发展改革委能源所：

根据《国家发展改革委　国家能源局关于建立健全可再生能源电力消纳保障机制的通知》（发改能源〔2019〕807号），在各地测算的基础上，我们统筹提出了各省级行政区域2020年可再生能源电力消纳责任权重，现印发你们，请认真组织落实。

一、各省级能源主管部门会同经济运行管理部门要切实承担牵头责任，按照消纳责任权重认真组织制定实施方案，积极推动本行政区域内可再生能源电力建设，推动承担消纳责任的市场主体积极落实消纳责任，完成可再生能源电力消纳任务。各地要在2021年2月底前向国家发展改革委、国家能源局报送2020年可再生能源电力消纳责任权重完成情况。

二、国家电网有限公司、中国南方电网有限责任公司、内蒙古电力（集团）有限责任公司要切实承担组织责任，密切配合省级能源主管部门，按照消纳责任权重组织调度运行部门和交易机构等，认真做好可再生能源电力并网消纳、跨省跨区域输送和各类市场交易。国家电网有限公司、中国南方电网有限责任公司所属省级电网企业和内蒙古电力（集团）有限责任公司要在2021年1月底前向省级能源主管部门、经济运行管理部门和能源派出监管机构报送2020年本经营区及各承担消纳责任的市场主体可再生能源电力消纳量完成情况。

三、国家能源局各派出机构要切实承担监管责任，密切配合省级能源主管部门，按照消纳责任权重积极协调落实可再生能源电力并网消纳和跨省跨区交易，对监管区域内各承担消纳责任市场主体的消纳量完成情况、可再生能源电力交易情况等开展监管。各派出机构要在2020年12月底前，向国家能源局报送监管报告。

国家发展改革委、国家能源局有关部门将加强跟踪监测，计划2020年9月组织开展全国可再生能源电力消纳责任权重执行情况评估，并根据评估情况督促各省级能源主管部门、各电网企业、各派出机构进一步落实2020年可再生能源电力消纳责任，研究提出2021年可再生能源电力消纳责任权重初步安排。

国家发展改革委
国 家 能 源 局
2020年5月18日

附件

各省级行政区域2020年可再生能源电力消纳责任权重

省（自治区、直辖市）	总量消纳责任权重		非水电消纳责任权重	
	最低消纳责任权重	激励性消纳责任权重	最低消纳责任权重	激励性消纳责任权重
北京	15.5%	16.9%	15.0%	16.5%
天津	14.5%	15.9%	14.0%	15.4%
河北	13.0%	14.4%	12.5%	13.8%
山西	17.0%	18.8%	16.0%	17.6%
内蒙古	18.0%	19.7%	16.5%	18.2%
辽宁	15.0%	16.6%	12.5%	13.8%
吉林	24.0%	26.6%	18.5%	20.4%
黑龙江	22.0%	24.4%	20.0%	22.0%
上海	32.5%	36.3%	4.0%	4.4%
江苏	14.0%	15.4%	7.5%	8.3%

续表

省（自治区、直辖市）	总量消纳责任权重		非水电消纳责任权重	
	最低消纳责任权重	激励性消纳责任权重	最低消纳责任权重	激励性消纳责任权重
浙江	17.5%	19.6%	7.5%	8.3%
安徽	15.0%	16.7%	12.5%	13.8%
福建	19.5%	21.8%	6.0%	6.6%
江西	22.0%	24.4%	9.0%	9.9%
山东	11.5%	12.6%	11.0%	12.1%
河南	17.5%	19.4%	12.5%	13.8%
湖北	32.5%	35.6%	8.0%	8.8%
湖南	40.0%	44.3%	9.0%	9.9%
广东	28.5%	32.0%	4.5%	5.0%
广西	39.5%	43.9%	7.0%	7.7%
海南	13.5%	14.9%	6.5%	7.2%
重庆	40.0%	44.5%	3.5%	3.9%
四川	80.0%	89.3%	6.0%	6.6%
贵州	30.0%	33.3%	6.0%	6.6%
云南	80.0%	89.0%	15.0%	16.5%
陕西	17.0%	18.8%	12.0%	13.2%
甘肃	44.5%	48.8%	16.5%	18.2%
青海	63.5%	70.7%	25.0%	27.5%
宁夏	22.0%	24.1%	20.0%	22.0%
新疆	20.0%	22.1%	10.5%	11.6%
西藏	不考核	不考核	不考核	不考核

注　京津冀净输入可再生能源电量分开核算。2020 年北京、天津、冀北、河北南网参与电力市场交易实际净输入的可再生能源电力，分别按照各自实际的交易电量进行核算，计入北京、天津、河北消纳量。具体核算方法由国家电网有限公司负责。

关于营造更好发展环境支持民营节能环保企业健康发展的实施意见

（发改环资〔2020〕790 号）

各省、自治区、直辖市、新疆生产建设兵团发展改革委、科技厅（委）、工业和信息化委（厅）、生态环境厅、银保监局、工商联：

民营节能环保企业是打赢污染防治攻坚战的重要力量，在保护生态环境、建设美丽中国中发挥着重要作用。为深入贯彻习近平总书记在民营企业座谈会上的重要讲话精神，落实《中共中央国务院关于营造更好发展环境支持民营企业改革发展的意见》，统筹推进疫情防控和经济社会发展工作，现就进一步优化节能环保领域市场营商环境，保障民营企业公平公正参与竞争，推动民营节能环保企业健康发展提出如下意见：

一、营造公平开放的市场环境

（一）进一步开放重点行业市场。在石油、化工、电力、天然气等重点行业和领域，进一步引入市场竞争机制，放开节能环保竞争性业务，积极推行合同能源管理和环境污染第三方治理。各地在推进污水垃圾等环境基础设施建设、园区环境污染第三方治理、医疗废物和危险废物收集处理处置、大宗固体废弃物综合利用基地建设时，要对民营节能环保企业全面开放、一视同仁，确保权利平等、机会平等、规则平等。鼓励国有企业与民营节能环保企业成立混合所有制公司，发挥各自优势，合作开展相关业务。

（二）持续完善招投标机制。倡导质量优先的评标原则，鼓励适度增加技术标权重，严防恶性低价竞争。招投标活动中不得设置影响民营企业准入的限制性规定，不得设置与节能环保业务能力无关的企业规模门槛，不得设置明显超过项目需求的业绩门槛。各地不得以签署战略性合作协议等方式，为特定企业在招投标中谋取竞争优势；不得设置与企业性质挂钩的行业准入、资质标准等。

（三）积极兑现对企业各项承诺。各地要重信守诺，积极兑现依法作出的政策承诺，不得盲目向企业许诺优惠条件。继续深入推进清欠民营企业账款工作，建立工作台账，通过情况会商、问题督办、督导检查和跟踪评估等措施，逐项清偿，并确保不再增加新的拖欠。进一步促进各地、大型国有企业履行与民营节能环保企业依法订立的合同，严格按合同约定及时支付账款，不得违背民营企业意愿或在约定的付款方式之外以承兑汇票等形式延长付款期限。

（四）支持参与补短板强弱项工程建设。各地要针对新冠疫情应对中暴露出的环境基础设施短板弱项，积极支持民营节能环保企业参与医疗废弃物处理处置、污水垃圾处理等工程建设，为常态化疫情防控提供有力保障。

二、完善稳定普惠的产业支持政策

（五）鼓励参与节能环保重大工程建设。积极支持民营企业参与大气、水、土壤污染防治攻坚战，引导民营企业参与污水垃圾等环境基础设施建设、危险废物收集处理处置、城乡黑臭水体整治、产业园区绿色循环化改造、重点行业清洁生产示范、海水（苦咸水）淡化及综合利用、污水资源化利用，以及长江经济带尾矿库污染防治项目、化工等工业园区治污项目等重大生态环保工程建设。各级发展改革部门在中央预算内投资生态文明建设专项、地方政府专项债券、特别国债等项目申报、审核中，要对各种所有制企业一视同仁、公平对待，不得违规限制民营企业申报，不得附加额外的条件要求。

（六）贯彻落实好现行税收优惠政策。落实好环境保护和节能节水项目企业所得税、资源综合利用企业所得税和增值税、节能节水和环境保护专用设备企业所得税，以及合同能源管理、污染第三方治理等税收优惠政策，继续按照规定实行便利化的税收优惠办理方式，方便广大企业享受税收优惠。

（七）加大绿色金融支持力度。鼓励金融机构将环境、社会、治理要求纳入业务流程，提升对民营节能环保企业的绿色金融专业服务水平，大力发展绿色融资。积极发展绿色信贷，加强就国家重大节能环保项目的信息沟通，积极对符合条件的项目加大融资支持力度。支持符合条件的民营节能环保企业发行绿色债券，统一国内绿色债券界定标准，发布与《绿色产业指导目录（2019年版）》相一致的绿色债券支持项目目录。拓宽节能环保产业增信方式，积极探索将用能权、碳排放权、排污权、合同能源管理未来收益权、特许经营收费权等纳入融资质押担保范围。民营节能环保企业要坚持审慎经营原则，严防盲目增加杠杆率。针对民营节能环保企业资金链出现的问题，地方有关部门在依法合规的前提下，搭建交流平台，促进资管公司、投资基金、国有资本等积极参与民营节能环保企业纾困，合理化解股票质押风险。各地要按照依法合规原则，对具有核心先进技术、长期发展前景较好但遇到暂时经营性困难的民营企业积极予以救助，帮助渡过难关。

三、推动提升企业经营水平

（八）提升绿色技术创新能力。加大对民营企业绿色技术创新的支持力度，支持民营企业独立或联合承担国家重大科技专项、国家重点研发计划支持的绿色技术研发项目。混合所有制改革中，若未规定、也未与科研人员约定奖励、报酬方式和数额的，对企业的发明人或研发团队以技术转让、许可或作价投资方式转化职务绿色技术创新成果的，参照《中华人民共和国促进科技成果转化法》有关规定给予奖励和报酬。发挥国家科技成果转化引导基金的作用，遴选一批民营企业重点环保技术创新成果支持转化应用，引导各类天使投资、创业投资基金、地方创投基金等支持民营节能环保企业关键技术创新转化。支持民营节能环保企业牵头或参与建设绿色技术领域国家技术创新中心。

（九）推进商业模式创新。鼓励民营节能环保企业进一步创新合同能源管理服务模式，根据用能单位特点采用能源托管、节能量保证、融资租赁等新商业模式，推动服务内容由单一设备提供向流程性节能改造、区域能效提升扩展。以钢铁、冶金、建材、电镀、化工、印染等行业企业和园区为重点，支持民营企业开展环境污染第三方治理。积极推行按效付费机制，以环境治理效果为导向，推动环保企业服务水平提升。积极支持民营企业开展环境综合治理托管服务，参与生态环境导向开发模式创新。

（十）督促企业守法合规经营。有关部门要督促节能环保领域民营企业大力发扬遵纪守法、专注品质、追求卓越、诚信守约、履行责任、勇于担当、服务社会的优秀企业家精神，筑牢守法合规经营底线，推动企业完善内部激励约束机制，勇于承担疫情防控、灾害救助等急难险重任务，积极履行社会责任，提升企业社会形象。对节能环保企业的违法违规问题，依法追究法律责任。

四、畅通信息沟通反馈机制

（十一）强化信息沟通。有关部门要采取多种形式，了解民营节能环保企业诉求，畅通企业意见诉求渠道，重大政策出台要听取相关利益主体意见，政策实施、标准调整要留出合理的缓冲期、不搞急刹车。充分发挥行业协会、商会的作用，支持相关社会组织加强行业自律、推动信息沟通、反映企业诉求、研究重大政策。各级发展改革等有关部门要加强与行业协会、商会和企业的沟通联系，及时了解节能环保行业苗头性倾向性潜在性问题，构建亲清政商关系。

（十二）营造良好舆论氛围。各地要加强节能环保产业政策宣讲，全面宣讲国家支持节能环保产业发展的价格、财税、投资、产业等政策，帮助企业全面了解政策、用好政策、用足政策，提振民营节能环保企业信心。要加强舆论引导，积极宣传民营节能环保企业的先进技术、先进事迹、先进人物，在各类评选表彰活动中平等对待民营企业和企业家，营造民营节能环保企业发展的良好氛围。

各级发展改革部门要会同有关部门，及时对本地区节能环保产业发展状况进行分析研判、梳理总结，研究解决发展中出现的问题，帮助企业解决实际困难。要做好信息报送，新情况、新问题及时报告。

国家发展改革委
科技部
工业和信息化部
生态环境部
银保监会
全国工商联
2020年5月21日

国家发展改革委 国家能源局关于加强和规范电网规划投资管理工作的通知

（发改能源规〔2020〕816号）

各省、自治区、直辖市、新疆生产建设兵团发展改革委、能源局，能源局各派出机构，国家电网有限公司、中国南方电网有限责任公司、内蒙古电力（集团）有限责任公司、中国国际工程咨询有限公司、电力规划设计总院、国核电力规划设计研究院有限公司、中国电力企业联合会：

为深入贯彻落实习近平总书记“四个革命、一个合作”能源安全新战略，推进电力体制改革，加强电力统筹规划，强化电网投资监管，国家发展改革委、国家能源局依据能源电力规划等相关规定，对电网规划投资管理工作进行了明确和规范，现将有关要求通知如下：

一、切实加强电网规划统筹协调与实施

（一）深化电网规划编制内容要求

电网规划是电力规划的重要组成部分，电网规划应实现对输配电服务所需各类电网项目的合理覆盖，包括电网基建项目和技术改造项目。基建项目是指为提供输配电服务而实施的新建（含扩建）资产类项目，技术改造项目是指对原有输配电服务资产的技术改造类项目。电网基建和技术改造项目均包含输变电工程项目（跨省跨区输电通道、区域和省级主网架、配电网等）、电网安全与服务项目（通信、信息化、智能化、客户服务等）、电网生产辅助设施项目（运营场所、生产工器具等）。

（二）深化电网规划编制的技术经济论证要求

规划编制过程中，应测算规划总投资和新增输配电量，评估规划实施后对输配电价格的影响。原则上，对于110kV（66kV）及以上的输变电工程基建项目，规划应明确项目建设安排，对于35kV及以下输变电工程等其余基建项目，应明确建设规模。对于各类技术改造项目，规划应明确技术改造目标和改造规模。省级能源主管部门可在此基础上，进一步研究提高本省电网规划编制的深度要求。

（三）更加注重电网规划统筹协调

按照深化电力体制改革要求，电网规划应切实加强与经济社会发展规划统筹，有效衔接社会资本投资需求，遵循市场主体选择，合理涵盖包括增量配电网在内的各类主体电网投资项目，满足符合条件的市场主体在增量配电领域投资业务需求。电网规划要按照市场化原则，与相关市场主体充分衔接，合理安排跨省跨区输电通道等重大项目。

二、规范纳入规划的电网项目投资管理

（一）推进分级分类管理

纳入规划的电网项目应根据《政府投资条例》（国务院令第712号）、《企业投资项目核准和备案管理条例》（国务院令第673号）等规定履行相应程序。省级能源主管部门应会同价格主管部门加强对相关项目的监督和管理，强化定额测算核定、造价管理等工作对电网投资成本控制的作用。500kV及以上输变电工程基建项目应在核准文件中明确项目功能定位。

（二）推进电网项目实施与适时调整

电网企业应通过投资计划有效衔接电网规划，积极开展前期工作，合理控制工程造价，规范履行相关程序，保障电网规划项目顺利落实。根据《电力规划管理办法》（国能电力〔2016〕139号），电力规划发布两至三年后，国家能源局和省级能源主管部门可根据经济发展和规划实施等情况按规定程序对五年规划进行中期滚动调整。在规划执行期内，如遇国家专项任务、输配电价调整、电网投资能力不足等重大变化，规划编制部门按程序对具体规划项目进行调整，相关单位应按照决策部署和实际需要及时组织实施。

三、加强电网规划及投资项目的事中事后分析评估

（一）深化电网规划定期评估

国家能源局和省级能源主管部门按照能源电力规划相关规定，加强对电网规划实施情况的评估和监督。规划实施过程中开展中期评估，规划期结束后开展总结评估。电网规划评估结果作为规划滚动调整和下一阶段编制的重要参考。

（二）完善电网投资成效评价

国家发展改革委、国家能源局研究建立科学合理的投资成效评价标准，定期选取典型电网项目，重点围绕规划落实情况、实际运营情况、输变电工程功能定位变化情况等开展评价。对非政策性因素造成的未投入实际使用、未达到规划目标、擅自提高建设标准的输配电资产，其成本费用不得计入输配电定价成本。

四、认真履行电网规划职责

（一）强化电网规划统筹功能

国家能源局和省级能源主管部门应按照能源电力规划相关规定，在全国（含区域）和省级电力规划编制过程中，进一步加强电网规划研究，做好全国电力规划与地方性电力规划之间的有效衔接。全国电力规划应重点提出跨省跨区电网项目和省内500kV及以上

电网项目建设安排，省级电力规划应重点明确所属地区的110kV（66kV）及以上电网项目和35kV及以下电网建设规模。

（二）发挥电网规划引领作用

进一步强化安全性、经济性分析，考虑不同电压等级、不同类型用户的电价承载能力，论证合理投资规模，提高电网投资效率，加强与电源专项规划的衔接，提高电力安全可靠水平。电网规划应充分征求价格主管部门意见，强化规划对输配电网投资的约束作用，电力企业、研究机构及其他行业相关单位应积极参与配合。

请各有关单位按照上述要求，结合本地区实际，完善相关管理工作机制，规范高效做好电网规划投资管理工作。请国家能源局派出机构对本地区电网规划落实情况加强监管，重大情况及时报告国家能源局。

本通知由国家发展改革委、国家能源局负责解释，自印发之日起施行，有效期5年。

国家发展改革委
国家能源局
2020年5月28日

国家发展改革委办公厅 国家能源局综合司关于公布2020年生物质发电中央补贴项目申报结果的通知

（发改办能源〔2020〕865号）

各省、自治区、直辖市发展改革委、能源局，新疆生产建设兵团发展改革委：

根据《完善生物质发电项目建设运行的实施方案》（发改能源〔2020〕1421号）（以下简称《实施方案》），在各省（区、市）组织申报、审核、公示的基础上，国家发展改革委、国家能源局组织开展了统一复核、汇总排序工作。现将2020年生物质发电中央补贴项目申报结果及有关要求通知如下：

一、遵循公平、公正原则，经委托国家可再生能源信息管理中心对各省（区、市）通过审核、公示无异议的项目进行复核、汇总排序，拟将河北、山西等20个省（区、市）的77个项目纳入2020年生物质发电中央补贴规模，总装机容量171.4万kW，纳入补贴范围的项目所需补贴总额已达到2020年中央新增补贴资金额度15亿元。其中，农林生物质发电项目18个，装机容量53万kW；垃圾焚烧发电项目46个，装机容量116.3万kW；沼气发电项目13个，装机2.1万kW，具体结果见附件。

二、按照《实施方案》有关要求，新增项目补贴额度累计达到中央补贴资金总额后，地方当年不再新核准需中央补贴的项目，企业据此合理安排项目建设时序。

三、请各省（区、市）按照“谁审批、谁负责”的原则，加强对纳入2020年生物质发电中央补贴规模项目的监督管理；组织符合2020年补贴条件但未纳入今年补贴规模的项目做好后续补贴申报准备；按照《实施方案》监测要求，及时组织在国家能源局可再生能源发电项目信息管理系统填报核准、在建、新开工项目信息。

四、请电网企业按照《关于促进非水可再生能源发电健康发展的若干意见》（财建〔2020〕4号）、《可再生能源电价附加资金管理办法》（财建〔2020〕5号）有关要求，做好纳入2020年生物质发电中央补贴规模项目后续清单发布相关工作。

附件：2020年生物质发电中央补贴项目申报结果（略）

国家发展改革委办公厅
国家能源局综合司
2020年11月17日

国家发展改革委 国家能源局关于印发《电力中长期交易基本规则》的通知

（发改能源规〔2020〕889号）

各省、自治区、直辖市、新疆生产建设兵团发展改革委、能源局、经信委（工信委、工信厅），国家能源局各派出机构，国家电网有限公司、中国南方电网有限责任公司，中国华能集团有限公司、中国大唐集团有限公司、中国华电集团有限公司、国家能源投资有限公司、国家电力投资集团公司，中国长江三峡集团有限公司，国家开发投资集团有限公司，中国核工业集团有限公司、中国广核集团有限公司，华润（集团）有限公司，内蒙古电力（集团）有限责任公司，北京电力交易中心有限公司、广州电力交易中心有限责任公司：

为贯彻落实《中共中央国务院关于进一步深化电力体制改革的若干意见》（中发〔2015〕9号）及相关配套文件要求，深化电力市场建设，进一步指导和规范各地电力中长期交易行为，适应现阶段电力中长期交易组织、实施、结算等方面的需要，我们对《电力中长期交易基本规则（暂行）》（发改能源〔2016〕2784号）进行了修订，现将修订后《电力中长期交易基本规则》（以下简称《基本规则》）印发给你们，请遵照执行。

国家能源局各派出机构要会同地方政府电力管理等部门根据《基本规则》制修订各地交易规则，报国家发展改革委、国家能源局备案。

国家发展改革委
国 家 能 源 局
2020 年 6 月 10 日

附件：电力中长期交易基本规则

电力中长期交易基本规则

第一章　总　　则

第一条　为规范电力中长期交易，依法维护电力市场主体的合法权益，推进统一开放、竞争有序的电力市场体系建设，根据《中共中央国务院关于进一步深化电力体制改革的若干意见》（中发〔2015〕9 号）及其配套文件和有关法律、法规规定，制定本规则。

第二条　未开展电力现货交易的地区，电力中长期交易执行本规则。开展电力现货交易的地区，可结合实际，制定与现货交易相衔接的电力中长期交易规则。

第三条　本规则所称电力中长期交易指发电企业、电力用户、售电公司等市场主体，通过双边协商、集中交易等市场化方式，开展的多年、年、季、月、周、多日等电力批发交易。

执行政府定价的优先发电电量和分配给燃煤（气）机组的基数电量（二者统称为计划电量）视为厂网间双边交易电量，签订厂网间购售电合同，相应合同纳入电力中长期交易合同管理范畴，其执行和结算均须遵守本规则。

电力辅助服务市场（补偿）机制相关规则另行制定。

第四条　电力市场成员应当严格遵守市场规则，自觉自律，不得操纵市场价格、损害其他市场主体的合法权益。

任何单位和个人不得非法干预市场正常运行。

第五条　国家发展改革委和国家能源局会同有关部门加强对各地发用电计划放开实施方案制定和具体工作推进的指导和监督；适时组织评估有序放开发用电计划工作，总结经验、分析问题、完善政策。

国家能源局依法组织制定电力市场规划、市场规则、市场监管办法，区域派出机构会同地方政府对区域电力市场和区域电力交易机构实施监管。

国家能源局派出机构和地方政府电力管理部门根据职能依法履行省（区、市）电力中长期交易监管职责。

第二章　市　场　成　员

第六条　市场成员包括各类发电企业、电网企业、配售电企业、电力交易机构、电力调度机构、电力用户、储能企业等。

第一节　权 利 与 义 务

第七条　发电企业的权利和义务：

（一）按照规则参与电力交易，签订和履行各类交易合同，按时完成电费结算；

（二）获得公平的输电服务和电网接入服务；

（三）签订并执行并网调度协议，服从电力调度机构的统一调度；

（四）按照电力企业信息披露和报送等有关规定披露和提供信息，获得市场化交易和输配电服务等相关信息；

（五）具备满足参与市场化交易要求的技术支持手段；

（六）法律法规规定的其他权利和义务。

第八条　电力用户的权利和义务：

（一）按照规则参与电力市场化交易，签订和履行购售电合同、输配电服务合同，提供市场化交易所必须的电力电量需求、典型负荷曲线以及相关生产信息；

（二）获得公平的输配电服务和电网接入服务，按时支付购电费、输配电费、政府性基金及附加等；

（三）依法依规披露和提供信息，获得市场化交易和输配电服务等相关信息；

（四）服从电力调度机构的统一调度，在系统特殊运行状况下（如事故、严重供不应求等）按照电力调度机构要求安排用电；

（五）遵守政府电力管理部门有关电力需求侧管理规定，执行有序用电管理，配合开展错避峰；

（六）依法依规履行清洁能源消纳责任；

（七）具备满足参与市场化交易要求的技术支持手段；

（八）法律法规规定的其他权利和义务。

第九条　售电公司的权利和义务：

（一）按照规则参与电力市场化交易，签订和履行市场化交易合同，按时完成电费结算；

（二）依法依规披露和提供信息，在政府指定网站上公示公司资产、经营状况等情况和信用承诺，依法对公司重大事项进行公告，并定期公布公司年报；

（三）按照规则向电力交易机构、电力调度机构提供签约零售用户的交易电力电量需求、典型负荷曲线以及其他生产信息，获得市场化交易、输配电服务和签约市场主体的基础信息等相关信息，承担用户信息保密义务；

（四）依法依规履行清洁能源消纳责任；

（五）具备满足参与市场化交易要求的技术支持手段；

（六）拥有配电网运营权的售电公司承担配电区域内电费收取和结算业务；

（七）法律法规规定的其他权利和义务。

第十条 电网企业的权利和义务：

（一）保障电网以及输配电设施的安全稳定运行；

（二）为市场主体提供公平的输配电服务和电网接入服务，提供报装、计量、抄表、收费等各类供电服务；

（三）建设、运行、维护和管理电网配套技术支持系统，服从电力调度机构的统一调度；

（四）按照电力企业信息披露和报送等有关规定披露和提供信息，向电力交易机构提供支撑市场化交易和市场服务所需的相关数据，按照国家网络安全有关规定实现与电力交易机构的数据交互；

（五）收取输配电费，代收代付电费和政府性基金及附加等，按时完成电费结算；

（六）按照政府定价或者政府相关规定向优先购电用户以及其他不参与市场化交易的电力用户（以下统称“非市场用户”）提供供电服务，签订供用电合同；

（七）预测非市场用户的电力、电量需求等；

（八）依法依规履行清洁能源消纳责任；

（九）法律法规规定的其他权利和义务。

第十一条 电力交易机构的权利和义务：

（一）参与拟定相应电力交易规则；

（二）提供各类市场主体的注册服务；

（三）按照规则组织电力市场交易，并负责交易合同的汇总管理；

（四）提供电力交易结算依据以及相关服务，按照规定收取交易服务费；

（五）建设、运营和维护电力市场化交易技术支持系统（以下简称“电力交易平台”）；

（六）按照电力企业信息披露和报送等有关规定披露和发布信息，提供信息发布平台，为市场主体信息发布提供便利，获得市场成员提供的支撑市场化交易以及服务需求的数据等；

（七）配合国家能源局及其派出机构和政府电力管理部门对市场规则进行分析评估，提出修改建议；

（八）监测和分析市场运行情况，依法依规干预市场，预防市场风险，并于事后向监管机构和政府相关部门及时报告；

（九）对市场主体违反交易规则、扰乱市场秩序等违规行为进行报告并配合调查；

（十）法律法规规定的其他权利和义务。

第十二条 电力调度机构的权利和义务：

（一）负责安全校核；

（二）按照调度规程实施电力调度，负责系统实时平衡，保障电网安全稳定运行；

（三）向电力交易机构提供安全约束边界和必开机组组合、必开机组发电量需求、影响限额的停电检修、关键通道可用输电容量等数据，配合电力交易机构履行市场运营职能；

（四）合理安排电网运行方式，保障电力交易结果的执行（因电力调度机构自身原因造成实际执行与交易结果偏差时，由电力调度机构所在电网企业承担相应的经济责任），保障电力市场正常运行；

（五）按照电力企业信息披露和报送等有关规定披露和提供电网运行的相关信息，提供支撑市场化交易以及市场服务所需的相关数据，按照国家网络安全有关规定实现与电力交易机构的数据交互；

（六）法律法规规定的其他权利和义务。

第二节　准入与退出

第十三条 市场主体应当是具有法人资格、财务独立核算、信用良好、能够独立承担民事责任的经济实体。内部核算的市场主体经法人单位授权，可参与相应电力交易。

第十四条 市场准入基本条件：

（一）发电企业

1. 依法取得发电项目核准或者备案文件，依法取得或者豁免电力业务许可证（发电类）；

2. 并网自备电厂公平承担发电企业社会责任、承担国家依法依规设立的政府性基金及附加以及与产业政策相符合的政策性交叉补贴，取得电力业务许可证（发电类），达到能效、环保要求，可作为市场主体参与市场化交易；

3. 分布式发电企业符合分布式发电市场化交易试点规则要求。

（二）电力用户

1. 符合电网接入规范、满足电网安全技术要求，与电网企业签订正式供用电协议（合同）；

2. 经营性电力用户的发用电计划原则上全部放开。不符合国家产业政策的电力用户暂不参与市场化交易，产品和工艺属于淘汰类和限制类的电力用户严格执行现有差别电价政策；

3. 拥有燃煤自备电厂的用户应当按照国家规定承担政府性基金及附加、政策性交叉补贴；

4. 具备相应的计量能力或者替代技术手段，满足市场计量和结算的要求。

（三）售电公司准入条件按照国家对售电公司准入与退出有关规定执行。拥有配电网运营权的售电公司应当取得电力业务许可证（供电类）。

第十五条 参加批发交易的市场主体以及参加零售交易的电力用户均实行市场注册。其中，参加零售交易的电力用户的注册手续和程序可以适当简化。

第十六条　参加市场化交易（含批发、零售交易）的电力用户全部电量需通过批发或者零售交易购买，且不得同时参加批发交易和零售交易。所有参加市场化交易的电力用户均不再执行目录电价。

参加市场化交易的电力用户，允许在合同期满的下一个年度，按照准入条件选择参加批发或者零售交易。

第十七条　已经选择市场化交易的发电企业和电力用户，原则上不得自行退出市场。有下列情形之一的，可办理正常退市手续：

1. 市场主体宣告破产，不再发电或者用电；

2. 因国家政策、电力市场规则发生重大调整，导致原有市场主体非自身原因无法继续参加市场的情况；

3. 因电网网架调整，导致发电企业、电力用户的发用电物理属性无法满足所在地区的市场准入条件。

上述市场主体，在办理正常退市手续后，执行国家有关发用电政策。售电公司退出条件按照国家有关售电公司准入与退出管理规定执行。

第十八条　对于滥用市场操纵力、不良交易行为等违反电力市场秩序的行为，可进行市场内部曝光；对于严重违反交易规则的行为，可依据《电力监管条例》等有关规定处理。

第十九条　退出市场的市场主体需妥善处理其全部合同义务。无正当理由退市的市场主体，原则上原法人以及其法人代表三年内均不得再选择市场化交易。

第二十条　无正当理由退市的电力用户，由为其提供输配电服务的电网企业承担保底供电责任。电网企业与电力用户交易的保底价格在电力用户缴纳输配电价的基础上，按照政府核定的目录电价的1.2～2倍执行。保底价格具体水平由各省（区、市）价格主管部门按照国家确定的上述原则确定。

第二十一条　完成市场注册且已开展交易的电力用户，合同期满后未签订新的交易合同但发生实际用电时，不再按照政府目录电价结算。其中，参加批发交易的用户按照各地规则进行偏差结算，参加零售交易的用户按照保底价格进行结算。

完成市场注册但未开展交易的电力用户，可探索公开招标确定售电公司提供零售服务等市场价格形成机制，也可执行政府目录电价。

第三章　市场注册、变更与注销

第二十二条　市场注册业务包括注册、信息变更、市场注销以及零售用户与售电公司业务关系确定等。

第二十三条　市场主体参与电力市场化交易，应当符合准入条件，在电力交易机构办理市场注册，按照有关规定履行承诺、公示、注册、备案等相关手续。市场主体应当保证注册提交材料的真实性、完整性。

第二十四条　企事业单位、机关团体等办理注册手续时应当关联用电户号等实际用电信息，并提供必要的单位名称、法人代表、联系方式等。

参与批发交易的市场主体，应当办理数字安全证书或者采取同等安全等级的身份认证手段。

第二十五条　办理售电增项业务的发电企业，应当分别以发电企业和售电公司的市场主体类别进行注册。

第二十六条　当国家政策调整或者交易规则发生重大变化时，电力交易机构可组织已注册市场主体重新办理注册手续。

第二十七条　市场主体注册信息发生变更时，应当及时向电力交易机构提出变更申请。市场主体类别、法人、业务范围、公司主要股东等有重大变化的，市场主体应当再次予以承诺、公示。公示期满无异议的，电力交易机构向社会发布。

第二十八条　电力用户或者售电公司关联的用户发生并户、销户、过户、改名或者用电类别、电压等级等信息发生变化时，市场主体应当在电网企业办理变更的同时，在电力交易机构办理注册信息变更手续。业务手续办理期间，电网企业需向电力交易机构提供分段计量数据。电力交易机构完成注册信息变更后，对其进行交易结算，提供结算依据。

第二十九条　退出市场的市场主体，应当及时向电力交易机构提出注销申请，按照要求进行公示，履行或者处理完成交易合同有关事项后予以注销。

第三十条　发电企业、电力用户、配售电企业根据交易需求和调度管理关系在相应的电力交易机构办理注册手续；售电公司自主选择一家电力交易机构办理注册手续。各电力交易机构共享注册信息，无须重复注册，按照相应省区的准入条件和市场规则参与交易。电力交易机构根据市场主体注册情况向国家能源局及其派出机构、省级政府有关部门和政府引入的第三方征信机构备案，并通过政府指定网站和电力交易机构网站向社会公布。

第四章　交易品种和交易方式

第三十一条　电力中长期交易现阶段主要开展电能量交易，灵活开展发电权交易、合同转让交易，根据市场发展需要开展输电权、容量等交易。

第三十二条　根据交易标的物执行周期不同，中长期电能量交易包括年度（多年）电量交易（以某个或者多个年度的电量作为交易标的物，并分解到月)、月度电量交易（以某个月度的电量作为交易标的物)、月内（多日）电量交易（以月内剩余天数的电量或者特定天数的电量作为交易标的物）等针对不同交割周期的电量交易。

第三十三条 电能量交易包括集中交易和双边协商交易两种方式。其中集中交易包括集中竞价交易、滚动撮合交易和挂牌交易三种形式。

集中竞价交易指设置交易报价提交截止时间，电力交易平台汇总市场主体提交的交易申报信息，按照市场规则进行统一的市场出清，发布市场出清结果。

滚动撮合交易是指在规定的交易起止时间内，市场主体可以随时提交购电或者售电信息，电力交易平台按照时间优先、价格优先的原则进行滚动撮合成交。

挂牌交易指市场主体通过电力交易平台，将需求电量或者可供电量的数量和价格等信息对外发布要约，由符合资格要求的另一方提出接受该要约的申请。

第三十四条 以双边协商和滚动撮合形式开展的电力中长期交易鼓励连续开市，以集中竞价交易形式开展的电力中长期交易应当实现定期开市。双边合同在双边交易申报截止时间前均可提交或者修改。

第三十五条 同一市场主体可根据自身电力生产或者消费需要，购入或者售出电能量。

为降低市场操纵风险，发电企业在单笔电力交易中的售电量不得超过其剩余最大发电能力，购电量不得超过其售出电能量的净值（指多次售出、购入相互抵消后的净售电量）。电力用户和售电公司在单笔电力交易中的售电量不得超过其购入电能量的净值（指多次购入、售出相互抵消后的净购电量）。

除电网安全约束外，不得限制发电企业在自身发电能力范围内的交易电量申报；发电权交易、合同转让交易应当遵循购售双方的意愿，不得人为设置条件，原则上鼓励清洁、高效机组替代低效机组发电。

第三十六条 在优先安排优先发电合同输电容量的前提下，鼓励发电企业、电力用户、售电公司利用剩余输电容量直接进行跨区跨省交易。

跨区跨省交易可以在区域交易平台开展，也可以在相关省交易平台开展；点对网专线输电的发电机组（含网对网专线输电但明确配套发电机组的情况）视同为受电地区发电机组，纳入受电地区电力电量平衡，根据受电地区发电计划放开情况参与受电地区电力市场化。

第三十七条 对于未来电力供应存在短缺风险的地区，可探索建立容量市场，保障长期电力供应安全。对于燃煤机组利用小时严重偏低的省份，可建立容量补偿机制。

第五章 价格机制

第三十八条 除计划电量执行政府确定的价格外，电力中长期交易的成交价格应当由市场主体通过双边协商、集中交易等市场化方式形成，第三方不得干预。

电能量市场化交易（含省内和跨区跨省）价格包括脱硫、脱硝、除尘和超低排放电价。

第三十九条 因电网安全约束必须开启的机组，约束上电量超出其合同电量（含优先发电合同、基数电量合同、市场交易合同）的部分，由各地根据实际情况在交易细则中明确，鼓励采用市场化机制确定价格。加强对必开机组组合和约束上电量的监管，保障公开、公平、公正。

新投产发电机组的调试电量按照调试电价政策进行结算。

第四十条 市场用户的用电价格由电能量交易价格、输配电价格、辅助服务费用、政府性基金及附加等构成，促进市场用户公平承担系统责任。输配电价格、政府性基金及附加按照国家有关规定执行。

第四十一条 双边交易价格按照双方合同约定执行。集中交易价格机制具体由各地区市场规则确定。其中，集中竞价交易可采用边际出清或者高低匹配等价格形成机制；滚动撮合交易可采用滚动报价、撮合成交的价格形成机制；挂牌交易采用一方挂牌、摘牌成交的价格形成机制。

第四十二条 跨区跨省交易受电地区落地价格由电能量交易价格（送电侧)、输电价格、辅助服务费用、输电损耗构成。输电损耗在输电价格中已明确包含的，不再单独收取；未明确的，暂按该输电通道前三年输电损耗的平均值计算，报国家能源局备案后执行。输电损耗原则上由买方承担，也可由市场主体协商确定承担方式。

第四十三条 执行峰谷电价的用户，在参加市场化交易后应当继续执行峰谷电价。各地应当进一步完善峰谷分时交易机制和调峰补偿机制，引导发电企业、电网企业和电力用户等主动参与调峰。

第四十四条 除国家有明确规定的情况外，双边协商交易原则上不进行限价。集中竞价交易中，为避免市场操纵以及恶性竞争，可对报价或者出清价格设置上、下限。价格上、下限原则上由相应电力市场管理委员会提出，经国家能源局派出机构和政府有关部门审定，应当避免政府不当干预。

第六章　交　易　组　织

第一节　总　体　原　则

第四十五条　政府部门应当在每年 11 月底前确定并下达次年跨区跨省优先发电计划、省内优先发电计划和基数电量。各地按照年度（多年）、月度、月内（多日）的顺序开展电力交易。

第四十六条　市场主体通过年度（多年）交易、月度交易和月内（多日）等交易满足发用电需求，促进供需平衡。

第四十七条　对于定期开市和连续开市的交易，交易公告应当提前至少 1 个工作日发布；对于不定期开市的交易，应当提前至少 5 个工作日发布。交易公告发布内容应当包括：

（一）交易标的（含电力、电量和交易周期）、申报起止时间；

（二）交易出清方式；

（三）价格形成机制；

（四）关键输电通道可用输电容量情况。

第四十八条　交易的限定条件必须事前在交易公告中明确，原则上在申报组织以及出清过程中不得临时增加限定条件，确有必要的应当公开说明原因。

第四十九条　电力交易机构基于电力调度机构提供的安全约束条件开展电力交易出清。

第五十条　对于签订市场化交易合同的机组，分配基数电量时原则上不再进行容量剔除。

第五十一条　各电力交易机构负责组织开展可再生能源电力相关交易，指导参与电力交易的承担消纳责任的市场主体优先完成可再生能源电力消纳相应的电力交易，在中长期电力交易合同审核、电力交易信息公布等环节对承担消纳责任的市场主体给予提醒。各承担消纳责任的市场主体参与电力市场交易时，应当向电力交易机构作出履行可再生能源电力消纳责任的承诺。

第二节　年度（多年）交易

第五十二条　年度（多年）交易的标的物为次年（多年）的电量（或者年度分时电量）。年度（多年）交易可通过双边协商或者集中交易的方式开展。

第五十三条　市场主体经过双边协商形成的年度（多年）意向协议，需要在年度双边交易申报截止前，通过电力交易平台提交至电力交易机构。电力交易机构根据电力调度机构提供的关键通道年度可用输电容量，形成双边交易预成交结果。

第五十四条　采用集中交易方式开展年度（多年）交易时，发电企业、售电公司和电力用户在规定的报价时限内通过电力交易平台申报报价数据。电力交易机构根据电力调度机构提供的关键通道年度可用输电容量进行市场出清，形成集中交易预成交结果。

第五十五条　年度交易结束后，电力交易机构汇总每类交易的预成交结果，并提交电力调度机构统一进行安全校核。电力调度机构在 5 个工作日内返回安全校核结果，由电力交易机构发布。安全校核越限时，由相关电力交易机构根据市场规则协同进行交易削减和调整。

第五十六条　市场主体对交易结果有异议的，应当在结果发布 1 个工作日内向电力交易机构提出，由电力交易机构会同电力调度机构在 1 个工作日内给予解释。逾期未提出异议的，电力交易平台自动确认成交。

第三节　月　度　交　易

第五十七条　月度交易的标的物为次月电量（或者月度分时电量），条件具备的地区可组织开展针对年度内剩余月份的月度电量（或者月度分时电量）交易。月度交易可通过双边协商或者集中交易的方式开展。

第五十八条　市场主体经过双边协商形成的意向协议，需要在月度双边交易申报截止前，通过电力交易平台提交至电力交易机构。电力交易机构根据电力调度机构提供的关键通道月度可用输电容量，形成双边交易预成交结果。

第五十九条　采用集中交易方式开展月度交易时，发电企业、售电公司和电力用户在规定的报价时限内通过电力交易平台申报报价数据。电力交易机构根据电力调度机构提供的关键通道月度可用输电容量进行市场出清，形成集中交易预成交结果。

第六十条　月度交易结束后，电力交易机构汇总每类交易的预成交结果，并提交给电力调度机构统一进行安全校核。电力调度机构在 2 个工作日内返回安全校核结果，由电力交易机构发布。安全校核越限时，由相关电力交易机构根据市场规则协同进行交易削减和调整。

第六十一条　市场主体对交易结果有异议的，应当在结果发布 1 个工作日内向电力交易机构提出，由电力交易机构会同电力调度机构在 1 个工作日内给予解释。逾期未提出异议的，电力交易平台自动确认成交。

第六十二条　电力交易机构应当根据经安全校核后的交易结果，对年度交易分月结果和月度交易结果进行汇总，于每月月底前发布汇总后的交易结果。

第四节　月内（多日）交易

第六十三条　月内（多日）交易的标的物为月内剩余天数或者特定天数的电量（或者分时电量）。月内交易主要以集中交易方式开展。根据交易标的物不同，月内交易可定期开市或者连续开市。

第六十四条 月内集中交易中，发电企业、售电公司和电力用户在规定的报价时限内通过电力交易平台申报报价数据。电力交易机构根据电力调度机构提供的关键通道月内可用输电容量进行市场出清，形成集中交易预成交结果。

第六十五条 电力交易机构将月内集中交易的预成交结果提交给电力调度机构进行安全校核。电力调度机构应当在1个工作日内返回安全校核结果，由电力交易机构发布。市场主体对交易结果有异议的，应当在结果发布1个工作日内向电力交易机构提出，由电力交易机构会同电力调度机构在1个工作日内给予解释。

第六十六条 月内集中交易结束后，电力交易机构应当根据经安全校核后的交易结果，对分月交易计划进行调整、更新和发布。

第五节 偏差电量处理机制

第六十七条 允许发用双方在协商一致的前提下，可在合同执行一周前进行动态调整。鼓励市场主体通过月内（多日）交易实现月度发用电计划调整，减少合同执行偏差。

第六十八条 系统月度实际用电需求与月度发电计划存在偏差时，可通过发电侧上下调预挂牌机制进行处理，也可根据各地实际采用偏差电量次月挂牌、合同电量滚动调整等偏差处理机制。

第六十九条 发电侧上下调预挂牌机制采用“报价不报量”方式，具有调节能力的机组均应当参与上下调报价。发电侧上下调预挂牌机制可采用如下组织方式：

（一）月度交易结束后，发电机组申报上调报价（单位增发电量的售电价格）和下调报价（单位减发电量的购电价格）。允许发电机组在规定的月内截止日期前，修改其上调和下调报价。

（二）电力交易机构按照上调报价由低到高排序形成上调机组调用排序列表，按照下调报价由高到低排序形成下调机组调用排序列表。价格相同时按照发电侧节能低碳电力调度的优先级进行排序。

（三）月度最后七个自然日，根据电力电量平衡预测，各类合同电量的分解执行无法满足省内供需平衡时，电力调度机构参考上下调机组排序，在满足电网安全约束的前提下，预先安排机组提供上调或者下调电量、调整相应机组后续发电计划，实现供需平衡。机组提供的上调或者下调电量根据电力调度机构的实际调用量进行结算。

第七十条 偏差电量次月挂牌机制可采用如下组织方式：

（一）电力调度机构在保证电网安全运行的前提下，根据全网机组运行负荷率确定预挂牌机组负荷率上限和下限，并在月初公布。各机组上调、下调电量的限额按照负荷率上下限对应发电量与机组当月计划发电量的差额确定。

（二）在满足电网安全约束的前提下，将上月全网实际完成电量与全网计划发电量的差额，按照各机组上月申报的预挂牌价格（上调申报增发价格、下调申报补偿价格）排序确定机组上调、下调电量，作为月度调整电量累加至机组本月计划发电量。其中，下调电量按照机组月度集中交易电量、月度双边交易电量、年度分月双边交易电量、计划电量的顺序扣减相应合同电量。

（三）月度发电计划执行完毕后，发电侧首先结算机组上调电量或者下调电量，其余电量按照各类合同电量结算顺序以及对应电价结算；用户侧按照当月实际用电量和合同电量加权价结算电费，实际用电量与合同电量的偏差予以考核。

第七十一条 合同电量滚动调整机制可采用发电侧合同电量按月滚动调整，用户侧合同电量月结月清或者按月滚动调整。

第七章 安全校核

第七十二条 各类交易应当通过电力调度机构安全校核。涉及跨区跨省的交易，须提交相关电力调度机构共同进行安全校核，各级电力调度机构均有为各电力交易机构提供电力交易（涉及本电力调度机构调度范围的）安全校核服务的责任。安全校核的主要内容包括：通道输电能力限制、机组发电能力限制、机组辅助服务限制等内容。

第七十三条 电力调度机构应当及时向电力交易机构提供或者更新各断面（设备）、各路径可用输电容量，以及交易在不同断面、路径上的分布系数，并通过交易平台发布必开机组组合和发电量需求、影响断面（设备）限额变化的停电检修等。

电力交易机构以各断面、各路径可用输电容量等为约束，对集中交易进行出清，并与同期组织的双边交易一并提交电力调度机构进行安全校核。

第七十四条 为保障系统整体的备用和调峰调频能力，在各类市场化交易开始前，电力调度机构可以根据机组可调出力、检修天数、系统负荷曲线以及电网约束情况，折算得出各机组的电量上限，对参与市场化交易的机组发电利用小时数提出限制建议，并及时提供关键通道可用输电容量、关键设备检修计划等电网运行相关信息，由电力交易机构予以公布。

其中，对于年度交易，应当在年度电力电量预测平衡的基础上，结合检修计划，按照不低于关键通道可用输电容量的80%下达交易限额。

对于月度交易，应当在月度电力电量预测平衡的基础上，结合检修计划和发电设备利用率，按照不低于关键通道可用输电容量的90%下达交易限额；发电设备利用率应当结合调峰调频需求制定，并向市场主体公开设备利用率。

对于月度内的交易，参考月度交易的限额制定方法，按照不低于关键通道可用输电容量的95%下达交易限额。

第七十五条　安全校核未通过时，由电力交易机构进行交易削减。对于双边交易，可按照时间优先、等比例等原则进行削减；对于集中交易，可按照价格优先原则进行削减，价格相同时按照发电侧节能低碳电力调度的优先级进行削减。

执行过程中，电力调度机构因电网安全和清洁能源消纳原因调整中长期交易计划后，应当详细记录原因并向市场主体说明。

第七十六条　安全校核应当在规定的期限内完成。安全校核未通过时，电力调度机构需出具书面解释，由电力交易机构予以公布。

第八章　合同签订与执行

第一节　合　同　签　订

第七十七条　各市场成员应当根据交易结果或者政府下达的计划电量，参照合同示范文本签订购售电合同，并在规定时间内提交至电力交易机构。购售电合同中应当明确购电方、售电方、输电方、电量（电力）、电价、执行周期、结算方式、偏差电量计量、违约责任、资金往来信息等内容。

第七十八条　购售电合同原则上应当采用电子合同签订，电力交易平台应当满足国家电子合同有关规定的技术要求，市场成员应当依法使用可靠的电子签名，电子合同与纸质合同具备同等效力。

第七十九条　在电力交易平台提交、确认的双边协商交易以及参与集中交易产生的结果，各相关市场成员可将电力交易机构出具的电子交易确认单（视同为电子合同）作为执行依据。

第二节　优 先 发 电 合 同

第八十条　跨区跨省的政府间协议原则上在上一年度的11月底前预测和下达总体电力电量规模和分月计划，由购售双方签订相应的购售电合同。合同需约定年度电量规模以及分月计划、送受电曲线或者确定曲线的原则、交易价格等，纳入送、受电省优先发电计划，并优先安排输电通道。年度电量规模以及分月计划可根据实际执行情况，由购售双方协商调整。

第八十一条　对于省内优先发电计划，各地区结合电网安全、供需形势、电源结构等因素，科学安排本地优先发电电量，不得将上述电量安排在指定时段内集中执行，也不得将上述电量作为调节市场自由竞争的手段。

第八十二条　各地区确定的省内优先发电电量，原则上在每年年度双边交易开始前，对执行政府定价的电量签订厂网间年度购售电合同，约定年度电量规模以及分月计划、交易价格等。

年度交易开始前仍未确定优先发电的，可参考历史情况测算，预留优先发电空间，确保市场交易正常开展。

第八十三条　各地区根据非市场用户年度用电预测情况，扣除各环节优先发电电量后，作为年度基数电量在燃煤（气）等发电企业中进行分配。

第八十四条　优先发电电量和基数电量的分月计划可由合同签订主体在月度执行前进行调整和确认，其执行偏差可通过预挂牌上下调机制（或者其他偏差处理机制）处理。

第八十五条　采用“保量保价”和“保量竞价”相结合的方式，推动优先发电参与市场，不断提高跨区跨省优先发电中“保量竞价”的比例，应放尽放，实现优先发电与优先购电规模相匹配。

第三节　合　同　执　行

第八十六条　各省电力交易机构汇总省内市场成员参与的各类交易合同（含优先发电合同、基数电量合同、市场交易合同），形成省内发电企业的月度发电计划，并依据月内（多日）交易，进行更新和调整。电力调度机构应当根据经安全校核后的月度（含调整后的）发电计划以及清洁能源消纳需求，合理安排电网运行方式和机组开机方式。相关电力交易机构汇总跨区跨省交易合同，形成跨区跨省发电企业的月度发电计划，并依据月内（多日）交易，进行更新和调整。

第八十七条　年度合同的执行周期内，次月交易开始前，在购售双方一致同意且不影响其他市场主体交易合同执行的基础上，允许通过电力交易平台调整后续各月的合同分月计划（合同总量不变），调整后的分月计划需通过电力调度机构安全校核。

第八十八条　电力交易机构定期跟踪和公布月度（含多日交易调整后的）发电计划完成进度情况。市场主体对发电计划完成进度提出异议时，电力调度机构负责出具说明，电力交易机构负责公布相关信息。

第八十九条　全部合同约定交易曲线的，按照合同约定曲线形成次日发电计划；部分合同约定交易曲线的，由电力调度机构根据系统运行需要，安排无交易曲线部分的发电曲线，与约定交易曲线的市场化交易合同共同形成次日发电计划。

第九十条 电力系统发生紧急情况时，电力调度机构可基于安全优先的原则实施调度，事后向国家能源局派出机构、地方政府电力管理部门报告事件经过，并向市场主体进行相关信息披露。

第九章 计量和结算

第一节 计 量

第九十一条 电网企业应当根据市场运行需要为市场主体安装符合技术规范的计量装置；计量装置原则上安装在产权分界点，产权分界点无法安装计量装置的，考虑相应的变（线）损。电网企业应当在跨区跨省输电线路两端安装符合技术规范的计量装置，跨区跨省交易均应当明确其结算对应计量点。

第九十二条 计量周期和抄表时间应当保证最小交易周期的结算需要，保证计量数据准确、完整。

第九十三条 发电企业、跨区跨省交易送受端计量点应当安装相同型号、相同规格、相同精度的主、副电能表各一套，主、副表应当有明确标志，以主表计量数据作为结算依据，副表计量数据作为参照，当确认主表故障后，副表计量数据替代主表计量数据作为电量结算依据。

第九十四条 多台发电机组共用计量点且无法拆分，各发电机组需分别结算时，按照每台机组的实际发电量等比例计算各自上网电量。对于风电、光伏发电企业处于相同运行状态的不同项目批次共用计量点的机组，可按照额定容量比例计算各自上网电量。

处于调试期的机组，如果和其他机组共用计量点，按照机组调试期的发电量等比例拆分共用计量点的上网电量，确定调试期的上网电量。

第九十五条 电网企业应当按照电力市场结算要求定期抄录发电企业（机组）和电力用户电能计量装置数据，并将计量数据提交电力交易机构。对计量数据存在疑义时，由具有相应资质的电能计量检测机构确认并出具报告，由电网企业组织相关市场成员协商解决。

第二节 结 算

第九十六条 电力交易机构负责向市场成员出具结算依据，市场成员根据相关规则进行电费结算。其中，跨区跨省交易由组织该交易的电力交易机构会同送受端电力交易机构向市场成员出具结算依据。

第九十七条 电网企业（含地方电网企业和配售电企业）之间结算的输配电费用，按照政府价格主管部门核定的输配电价和实际物理计量电量结算。

第九十八条 发电企业上网电量电费由电网企业支付；电力用户向电网企业缴纳电费，并由电网企业承担电力用户侧欠费风险；售电公司按照电力交易机构出具的结算依据与电网企业进行结算。市场主体可自行约定结算方式，未与电网企业签订委托代理结算业务的，电网企业不承担欠费风险。

第九十九条 电力用户的基本电价、政府性基金及附加、峰谷分时电价、功率因数调整等按照电压等级和类别按实收取，上述费用均由电网企业根据国家以及省有关规定进行结算。

第一百条 电力交易机构向各市场成员提供的结算依据包括以下内容：

（一）实际结算电量；

（二）各类交易合同（含优先发电合同、基数电量合同、市场交易合同）电量、电价和电费；

（三）上下调电量、电价和电费，偏差电量、电价和电费，分摊的结算资金差额或者盈余等信息（采用发电侧预挂牌上下调偏差处理机制的地区）；

（四）新机组调试电量、电价、电费；

（五）接受售电公司委托出具的零售交易结算依据。

第一百零一条 市场主体因偏差电量引起的电费资金，暂由电网企业收取和支付，并应当在电费结算依据中单项列示。

第一百零二条 市场主体的合同电量和偏差电量分开结算。以年度交易和月度交易为主的地区，按月清算、结账；开展多日交易的地区，按照多日交易规则清算，按月结账。

第一百零三条 采用发电侧预挂牌上下调偏差处理机制的地区，偏差电量电费结算可采用如下方法：

（一）批发交易用户（包括电力用户、售电公司）偏差电量分为超用电量和少用电量，超用电量支付购电费用，少用电量获得售电收入。

批发交易用户偏差电量＝用户实际网供电量－（各类交易合同购入电量－各类交易合同售出电量）

超用电量的结算价格＝发电侧上调服务电量的加权平均价$\times U_1$。U_1为用户侧超用电量惩罚系数，$U_1 \geq 1$。当月系统未调用上调服务时，以月度集中竞价交易最高成交价（或者统一出清价）乘以惩罚系数结算超用电量。

少用电量的结算价格＝发电侧下调服务电量的加权平均价$\times U_2$。U_2为用户侧少用电量惩罚系数，$U_2 \leq 1$。当月系统未调用下调服务时，以月度集中竞价交易最低成交价（或者统一出清价）乘以惩罚系数结算少用电量。

根据超用电量或者少用电量的区间范围，可设置分段的惩罚系数。

当售电公司所有签约用户月度实际总用量偏离售

电公司月度交易计划时，售电公司承担偏差电量电费。

（二）发电企业偏差电量指发电企业因自身原因引起的超发或者少发电量，超发电量获得售电费用，少发电量支付购电费用。

超发电量结算价格＝发电侧下调服务电量的加权平均价×K_1。K_1为发电侧超发电量惩罚系数，$K_1 \leqslant 1$。当月系统未调用下调服务时，以月度集中竞价交易最低成交价（或者统一出清价）乘以惩罚系数结算超发电量。

少发电量结算价格＝发电侧上调服务电量的加权平均价×K_2。K_2为发电侧少发电量惩罚系数，$K_2 \geqslant 1$。当月系统未调用上调服务时，以月度集中竞价交易最高成交价（或者统一出清价）乘以惩罚系数结算少发电量。

根据超发电量或者少发电量的区间范围，可设置分段的惩罚系数。

第一百零四条 电力用户拥有储能，或者电力用户参加特定时段的需求侧响应，由此产生的偏差电量，由电力用户自行承担。

第一百零五条 拥有配电网运营权的售电公司，与省级电网企业进行电费结算，并按照政府价格主管部门的相关规定，向省级电网企业支付输电费用。

第一百零六条 电力调度机构应当对结算周期内发电企业的偏差电量进行记录，包括偏差原因、起止时间、偏差电量等。在发电企业实际上网电量基础上，扣除各类合同电量、偏差电量后，视为发电企业的上下调电量。

发电企业的上下调电量，按照其申报价格结算。

第一百零七条 风电、光伏发电企业的电费结算：

（一）未核定最低保障收购年利用小时数的地区，按照当月实际上网电量以及政府批复的价格水平或者价格机制进行结算。

（二）核定最低保障收购年利用小时数的地区，最低保障收购年利用小时数内的电量按照政府批复的价格水平或者价格机制进行结算。超出最低保障收购年利用小时数的部分应当通过市场交易方式消纳和结算。

第一百零八条 风电、光伏发电量参与市场交易，结算涉及中央财政补贴时，按照《可再生能源电价附加资金管理办法》（财建〔2020〕5号）等补贴管理规定执行。

第一百零九条 非市场用户月度实际用电量与电网企业月度购电量（含年分月电量，扣除系统网损电量）存在偏差时，由为非市场用户供电的电网企业代为结算偏差电量费用，由此造成的电网企业购电成本损益单独记账，按照当月上网电量占比分摊或者返还给所有机组，月结月清。

第一百一十条 电力用户侧（包括批发交易电力用户、售电公司、非市场用户）的偏差电量费用与发电侧的上下调费用、偏差电量费用等之间的差额，按照当月上网电量或者用网电量占比分摊或者返还给所有市场主体，月结月清。

第十章 信息披露

第一百一十一条 市场信息分为社会公众信息、市场公开信息和私有信息。社会公众信息是指向社会公众披露的信息；市场公开信息是指向所有市场主体披露的信息；私有信息是指向特定的市场主体披露的信息。

第一百一十二条 社会公众信息包括但不限于：

（一）电力交易适用的法律、法规以及相关政策文件，电力交易业务流程、管理办法等；

（二）国家批准的发电侧上网电价、销售目录电价、输配电价、各类政府性基金及附加、系统备用费以及其他电力交易相关收费标准等；

（三）电力市场运行基本情况，包括各类市场主体注册情况，电力交易总体成交电量、价格情况等；

（四）电网运行基本情况，包括电网主要网络通道的示意图、各类型发电机组装机总体情况，发用电负荷总体情况等；

（五）其他政策法规要求向社会公众公开的信息。

第一百一十三条 市场公开信息包括但不限于：

（一）市场主体基本信息，市场主体注册准入以及退出情况，包括企业名称、统一社会信用代码、联系方式、信用评价信息等；

（二）发电设备信息，包括发电企业的类型、所属集团、装机容量、检修停运情况，项目投产（退役）计划、投产（退役）情况等；

（三）电网运行信息，电网安全运行的主要约束条件、电网重要运行方式的变化情况，电网各断面（设备）、各路径可用输电容量，必开必停机组组合和发电量需求，以及导致断面（设备）限额变化的停电检修等；

（四）市场交易类信息，包括年、季、月电力电量平衡预测分析情况，非市场化电量规模以及交易总电量安排、计划分解，各类交易的总成交电量和成交均价，安全校核结果以及原因等；

（五）交易执行信息，包括交易计划执行总体情况，计划执行调整以及原因，市场干预情况等；

（六）结算类信息，包括合同结算总体完成情况，差额资金每月的盈亏和分摊情况；

（七）其他政策法规要求对市场主体公开的信息。

第一百一十四条 市场私有信息主要包括：

（一）发电机组的机组特性参数、性能指标，电力用户用电特性参数和指标；

（二）各市场主体的市场化交易申报电量、申报电价等交易申报信息；

（三）各市场主体的各类市场化交易的成交电量以及成交价格等信息；

（四）各市场主体的市场化交易合同以及结算明细信息。

第一百一十五条 市场成员应当遵循及时、准确、完整的原则披露电力市场信息，对其披露信息的真实性负责。对于违反信息披露有关规定的市场成员，可依法依规纳入失信管理，问题严重的可按照规定取消市场准入资格。

第一百一十六条 电力交易机构、电力调度机构应当公平对待市场主体，无歧视披露社会公众信息和市场公开信息。市场成员严禁超职责范围获取私有信息，不得泄露影响公平竞争和涉及用户隐私的相关信息。

第一百一十七条 电力交易机构负责市场信息的管理和发布，会同电力调度机构按照市场信息分类及时向社会以及市场主体、政府有关部门发布相关信息。市场主体、电力调度机构应当及时向电力交易机构提供支撑市场化交易开展所需的数据和信息。

第一百一十八条 在确保安全的基础上，市场信息主要通过电力交易平台、电力交易机构网站进行披露。电力交易机构负责电力交易平台、电力交易机构网站的建设、管理和维护，并为其他市场主体通过电力交易平台、电力交易机构网站披露信息提供便利。电力交易平台、电力交易机构网站安全等级应当满足国家信息安全三级等级防护要求。

第一百一十九条 市场主体如对披露的相关信息有异议或者疑问，可向电力交易机构、电力调度机构提出，由电力交易机构会同电力调度机构负责解释。

第一百二十条 国家能源局派出机构、地方政府电力管理部门根据各地实际制定电力市场信息披露管理办法并监督实施。

第十一章 市场监管和风险防控

第一百二十一条 国家能源局及其派出机构应当建立健全交易机构专业化监管制度，推动成立独立的电力交易机构专家委员会，积极发展第三方专业机构，形成政府监管与外部专业化监督密切配合的有效监管体系。

第一百二十二条 电力交易机构、电力调度机构根据有关规定，履行市场运营、市场监控和风险防控等职责。根据国家能源局及其派出机构的监管要求，将相关信息系统接入电力监管信息系统，按照“谁运营、谁防范，谁运营、谁监控”的原则，采取有效风险防控措施，加强对市场运营情况的监控分析，按照有关规定定期向国家能源局及其派出机构、地方政府电力管理部门提交市场监控分析报告。

第一百二十三条 当出现以下情况时，电力交易机构、电力调度机构可依法依规采取市场干预措施：

（一）电力系统内发生重大事故危及电网安全的；

（二）发生恶意串通操纵市场的行为，并严重影响交易结果的；

（三）市场技术支持系统发生重大故障，导致交易无法正常进行的；

（四）因不可抗力电力市场化交易不能正常开展的；

（五）国家能源局及其派出机构作出暂停市场交易决定的；

（六）市场发生其他严重异常情况的。

第一百二十四条 电力交易机构、电力调度机构应当详细记录市场干预期间的有关情况，并向国家能源局派出机构、地方政府电力管理部门提交报告。

第一百二十五条 电力批发交易发生争议时，市场成员可自行协商解决，协商无法达成一致时可提交国家能源局派出机构、地方政府电力管理部门调解处理，也可提交仲裁委员会仲裁或者向人民法院提起诉讼。

第十二章 附　　则

第一百二十六条 国家能源局及其派出机构会同地方政府电力管理等部门组织区域电力交易机构根据本规则拟定区域电力交易实施细则。国家能源局派出机构会同地方政府电力管理等部门根据本规则拟定或者修订各省（区、市）电力交易实施细则。

第一百二十七条 本规则由国家发展改革委、国家能源局负责解释。

第一百二十八条 本规则自发布之日起施行，有效期五年。

国家发展改革委 国家能源局关于做好2020年能源安全保障工作的指导意见

（发改运行〔2020〕900号）

各省、自治区、直辖市、新疆生产建设兵团发展改革委、工信厅（经信委、经信厅）、能源局：

在习近平总书记提出的“四个革命、一个合作”能源安全新战略指引下，我国能源转型发展和产供储销体系建设深入推进，供给体系不断完善，煤电油气供应保障能力稳步提升，安全风险总体可控，能够满足经济社会发展正常需要，并经受住了新冠肺炎疫情等突发情形的冲击和考验。与此同时，保障能源安全稳定供应也面临一些新的挑战。为深入贯彻落实习近平总书记系列重要指示批示精神，紧紧围绕《政府工作报告》决策部署，扎实做好“六稳”工作，落实“六保”任务，推动能源高质量发展，不断提高能源安全保障能力，提出如下意见：

一、总体要求

以习近平新时代中国特色社会主义思想为指导，深入贯彻党的十九大和十九届二中、三中、四中全会精神，遵循“四个革命、一个合作”能源安全新战略，按照总体国家安全观的要求，保持战略定力，增强忧患意识，坚持稳中求进工作总基调，坚持底线思维，深入落实《政府工作报告》部署，着眼应对我国能源供应体系面临的各种风险挑战，着力增强供应保障能力，提高能源系统灵活性，强化能源安全风险管控，保障国家能源安全，为经济社会秩序加快恢复和健康发展提供坚实有力支撑。

二、大力提高能源生产供应能力

（一）不断优化煤炭产能结构。严格安全、环保、能耗执法，分类处置30万吨/年以下煤矿、与环境敏感区重叠煤矿和长期停产停建的“僵尸企业”，加快退出达不到安全环保等要求的落后产能，为优质产能释放腾出环境容量和生产要素。坚持“上大压小、增优汰劣”，持续优化煤炭生产开发布局和产能结构，扩大优质增量供给，促进供需动态平衡。主要产煤地区要科学规划煤炭和煤电、煤化工等下游产业发展，统筹煤炭就地转化与跨区域供应保障，保持产业链供应链协同稳定。深入推进煤矿机械化、自动化、信息化、智能化建设，进一步提升安全绿色高效开发水平。2020年再退出一批煤炭落后产能，煤矿数量控制在5000处以内，大型煤炭基地产量占全国煤炭产量的96%以上。

（二）持续构建多元化电力生产格局。稳妥推进煤电建设，发布实施煤电规划建设风险预警，严控煤电新增产能规模，按需合理安排应急备用电源和应急调峰储备电源。在保障消纳的前提下，支持清洁能源发电大力发展，加快推动风电、光伏发电补贴退坡，推动建成一批风电、光伏发电平价上网项目，科学有序推进重点流域水电开发，打造水风光一体化可再生能源综合基地。安全发展先进核电，发挥电力系统基荷作用。开展煤电风光储一体化试点，在煤炭和新能源资源富集的西部地区，充分发挥煤电调峰能力，促进清洁能源多发满发。2020年，常规水电装机达到3.4亿千瓦左右，风电、光伏发电装机均达到2.4亿kW左右。

（三）积极推动国内油气稳产增产。坚持大力提升国内油气勘探开发力度，支持企业拓宽资金渠道，通过企业债券、增加授信额度以及通过深化改革、扩大合作等方式方法，推动勘探开发投资稳中有增。加强渤海湾、鄂尔多斯、塔里木、四川等重点含油气盆地勘探力度，夯实资源接续基础。推动东部老油气田稳产，加大新区产能建设力度。加快页岩油气、致密气、煤层气等非常规油气资源勘探开发力度，保障持续稳产增产。

三、积极推进能源通道建设

（四）增加铁路煤炭运输。加快浩吉铁路集疏运项目建设进度，充分发挥浩吉铁路通道能力，力争2020年煤炭运输增加3000万t以上。加快补强瓦日线集疏运配套能力，力争增加3000万t以上。利用唐呼、包西、宁西、瓦日线能力，力争实现陕西铁路煤炭运输增加4000万t以上。推动疆煤运输增加2000万t以上，有效满足疆内及河西走廊地区合理用煤需求。积极推进京津冀鲁地区公转铁增量，继续提高铁路运输比例。

（五）提升港口中转能力。积极推动入港铁路专用线及支线扩能改造，加大铁路运力调配，系统提升港口的铁路集疏运能力和堆存能力，提高南方煤炭接卸集约化专业化水平。鼓励从事煤炭运输的通用散货泊位专业化改造，加大环保设施投入。大力推进码头岸电设施、船舶受电设施建设改造，鼓励对使用岸电的船舶实施优先靠泊优先通行等措施，着力提升岸电使用率，推进港口绿色发展。

（六）统筹推进电网建设。有序安排跨省区送电通道建设，优先保证清洁能源送出，不断增强电网互济和保供能力。进一步优化西电东送通道对资源配置的能力，协调均衡发展区域内各级电网。实施配电网建设改造行动计划，推进粤港澳大湾区、长三角一体化等区域智能电网高标准建设。继续支持农村地区电网建设，2020年完成“三区三州”农网改造升级攻坚任务。加快电力关键设备、技术和网络的国产化替代，发展新型能源互联网基础设施，加强网络安全防护技术研究和应用，开发和管理电力行业海量数据，打牢电力系统和电力网络安全的基础。

（七）推动油气管道建设。立足“全国一张网”，提升石油天然气管输能力和供应保障水平。加快天然气管道互联互通重大工程建设，优化管输效率，加强区域间、企业间、气源间互供互保。推进重点油品管道建设，保障炼厂原油供应和消费地成品油需求，逐步解决油品资源不平衡和运输瓶颈问题。

（八）稳定进口油气资源供应。加强海外油气资源组织，保障进口资源稳定供应。鼓励油气企业与运输企业加强衔接，保障进口油气运力。

四、着力增强能源储备能力

（九）持续增强煤炭储备能力。主要调入地区燃煤电厂常态存煤水平达到15天以上的目标，鼓励有条件的地区选择一批大型燃煤电厂，通过新建扩建储煤场地、改造现有设施等措施，进一步提高存煤能力。在推动2019年新增储备能力任务落实的同时，引导再新增3000万t左右的储煤能力，鼓励企业在煤炭消费地、铁路交通枢纽、主要中转港口建立煤炭产品储备，通过“产销联动、共建共享”，按照合理辐射半径，推进储煤基地建设。支持主要产煤地区研究建立调峰储备产能及监管机制，提升煤炭供给弹性。

（十）提升电力系统调节能力。2020年调峰机组达到最大发电负荷的10%。开展现有火电机组调节性能改造，提高电力系统灵活性和调节能力。积极推动抽水蓄能电站、龙头水电站等具备调峰能力电源的建设，有序安排煤电应急调峰储备电源建设。进一步完善调峰补偿机制，加快推进电力调峰等辅助服务市场化，探索推动用户侧承担辅助服务费用的相关机制，提高调峰积极性。推动储能技术应用，鼓励电源侧、电网侧和用户侧储能应用，鼓励多元化的社会资源投资储能建设。

（十一）加快推进储气设施建设。做好地下储气库、LNG储罐统筹规划布局，推进储气设施集约、规模建设。各省（区、市）编制发布省级储气设施建设专项规划，鼓励地方政府和有关企业通过异地合作、参股合资等方式，共担共享储气设施投资建设成本和收益。

五、加强能源需求管理

（十二）推动煤炭清洁高效利用。加强散煤综合治理，严控劣质煤使用，进一步提高原料用煤和发电用煤比例。推进燃煤电厂超低排放和节能改造，实施燃煤锅炉节能环保综合改造，创新清洁高效利用技术和装备，加快清洁高效技术研发和推广，推进分质分级利用，进一步提高煤炭清洁高效利用水平。突出做好东北、“两湖一江”、西南等重点地区煤炭供应保障，抓紧补齐区域性煤炭产供储销体系短板，不断完善保供方案和有序用煤预案，切实保障发电取暖等民生用煤稳定供应。

（十三）深化电力需求侧管理。以电力市场化改革为契机，引导和激励电力用户挖掘调峰资源，参与系统调峰，形成占年度最大用电负荷3%左右的需求响应能力。根据供需情况编制有序用电方案，到2020年本地区可调用电负荷达到最大用电负荷的20%，开展必要演练，提高需求侧参与系统调峰的能力。深入实施电能替代，不断提高电能占终端能源消费比重。大力推广地能热泵、工业电锅炉（窑炉）、农业电排灌、船舶岸电、机场桥载设备、电蓄能调峰等。加强充电基础设施配套电网建设与改造，推进电动汽车充放电行为的有序管理，拓展车联网等信息服务新领域，进一步优化充电基础设施发展环境和产业格局。

（十四）持续提升天然气应急调峰能力。动态调整天然气调峰用户清单，细化完善应急保供预案，在用气高峰期根据资源供应情况分级启动实施，确保“煤改气”等居民生活用气需求，并对学校、医院、养老福利机构、集中供热以及燃气公共汽车、出租车等民生用气需求优先落实和保障资源。

（十五）提高中长期合同签约履约水平。完善煤炭中长期合同制度，规范合同签订行为，明确监管标准，督促产运需各方按期按量履行中长期合同。鼓励上游供气企业与各地全面签订供气合同，通过合同锁定全年及供暖季民生用气资源，对于非民生用气鼓励通过市场化方式由供需双方协商落实资源。加强中长期合同信用信息采集，定期进行公示通报，对经提醒后仍达不到履约要求的进行约谈，并依法依规实施失信惩戒。

（十六）建立健全能源市场体系。加快全国煤炭交易中心建设，因地制宜推动区域煤炭交易中心建设，进一步提升市场配置资源效率。继续推动天然气交易中心发展，加快放开发用电计划，进一步完善电力市场交易政策，拉大电力峰谷价差，逐步形成中长期交易为主、现货交易为补充的电力市场格局。加大成品油打击走私、偷税漏税等非法行为力度，维护市场秩序。对具有原油进口使用资质但发生严重偷漏税等违法违规行为的地方炼油企业，一经执法部门查实，取消资质，营造公平竞争的市场环境。

（十七）强化节能提高能效。加强工业、建筑、交通、公共机构等重点领域节能，组织实施重点节能工程，开展节能改造。严格实施节能审查，从源头上提高新上项目能效水平。强化重点用能单位节能管理，加快推进重点用能单位能耗在线监测系统建设。加强节能宣传，提升全民节能意识。

六、保障措施

（十八）完善应急保障预案。对常态下的供需变化、应急状态和其他极端情形，制定供应保障预案，明确应急措施和响应机制，形成多层次、分级别的预警与应对策略。完善应急预案制度，针对不同能源品种的供需特点和不同应急情景，编制应急处置方案。开展应急演练，提高快速响应能力。

（十九）强化能源监测预警。密切关注境外疫情对全球能源供应链和产业链的影响，加强供需形势的密切跟踪研判，建立能源监测预警体系，动态监测能源安全风险，适时启动分级动用和应急响应机制。加强能源安全信息及时、准确、规范发布，回应社会关切，形成良好的舆论环境。

（二十）加大政策支持力度。坚持市场化法治化原则，完善激励机制。鼓励开发性、政策性银行支持能源安全保障项目建设，引导社会资本参与项目建设，提供应急保障服务。支持符合条件的企业通过发行企业债券等市场化方式，为能源储备设施建设等进行融资。

（二十一）加强组织实施。各地区要高度重视能源安全保障工作，加强组织领导，建立工作协调机制，明确职责分工，精心组织实施，加强部门间、企业间沟通联系，强化协同联动，及时协调解决突出问题，确保各项任务措施落细落实。

国家发展改革委
国 家 能 源 局
2020 年 6 月 12 日

国家发展改革委关于延长阶段性降低企业用电成本政策的通知

（发改价格〔2020〕994 号）

各省、自治区、直辖市及计划单列市、新疆生产建设兵团发展改革委，国家电网有限公司、南方电网有限责任公司、内蒙古电力（集团）有限责任公司：

为贯彻落实党中央、国务院决策部署和《政府工作报告》要求，统筹推进疫情防控与经济社会发展工作，紧紧围绕保就业保民生保市场主体，推动降低企业生产经营成本，现就延长阶段性降低企业用电成本政策有关事项通知如下。

一、实施范围

实施范围继续为除高耗能行业用户外的，现执行一般工商业及其他电价、大工业电价的电力用户。

二、具体措施

自 2020 年 7 月 1 日起至 12 月 31 日止，电网企业在计收上述电力用户（含已参与市场交易用户）电费时，统一延续按原到户电价水平的 95%结算。

三、工作要求

各地价格主管部门要充分认识当前形势下推动降低企业生产经营成本对保就业保民生保市场主体的重要性，指导电网企业认真抓好延长阶段性降低企业用电成本政策落实，确保政策平稳实施，做好政策解读宣传；积极配合当地市场监管部门，创新方式方法，切实加强商业综合体、产业园区、写字楼等转供电环节收费行为监管，确保降电价红利及时足额传导到终端用户，增加企业获得感。电网企业要积极主动向用户做好政策宣传告知，尽快将政策执行到位。

国家发展改革委
2020 年 6 月 24 日

国家发展改革委 国家能源局关于开展第五批增量配电业务改革试点的通知

（发改运行〔2020〕1310 号）

各省、自治区、直辖市、新疆生产建设兵团发展改革委、经信委（工信委、工信厅、工信局、经信厅）、物价局、能源局，北京市城管委，国家能源局各派出能源监管机构，国家电网有限公司、中国南方电网有限责任公司，电力规划设计总院：

近年来，各地和有关企业坚持以习近平新时代中国特色社会主义思想为指导，全面贯彻党的十九大和十九届二中、三中、四中全会精神，推进落实《中共中央 国务院关于进一步深化电力体制改革的若干意见》（中发〔2015〕9 号）的各项重点任务，电力体制改革取得了积极进展。为进一步深化增量配电业务改革，在各地推荐报送和第三方机构评估论证的基础上，国家发展改革委、国家能源局确定黑龙江富拉尔基经济开发区金属新材料产业园等 79 个项目，作为第五批增量配电业务改革试点（名单详见附件）。现就开展第五批增量配电业务改革试点通知如下：

一、坚持务实规范。请各地主管部门按照国家发展改革委、国家能源局《关于印发〈售电公司准入与退出管理办法〉和〈有序放开配电网业务管理办法〉的通知》（发改经体〔2016〕2120 号）、《关于印发〈增量配电业务配电区域划分实施办法（试行）〉的通知》（发改能源规〔2018〕424 号）、《关于进一步推进增量配电业务改革的通知》（发改经体〔2019〕27 号）、《关于规范开展第四批增量配电业务改革试点的通知》（发改运行〔2019〕1097 号）等文件要求，务实规范开展试点项目实施工作。

二、加强统筹协调。各地主管部门要高度重视试点项目的落地实施工作，建立统筹协调推进机制，加强对试点项目的指导，强化对试点工作情况的跟踪研究，积极协调相关部门、电网企业、项目业主等有关方面，妥善解决试点过程中遇到的困难与问题，推动各方加强沟通协作，同心同力做好试点项目的落地实施工作，确保试点工作扎实推进、取得实效。

三、加强信息报送。2020 年 9 月起，请国家电网、南方电网于每季度末向国家发展改革委、国家能源局报送本经营区内前五批增量配电业务试点项目推进情况。请各地试点牵头单位通过电规总院开发的“增量配电业务改革监测评估平台”，于每月 20 日前报送前五批增量配电业务改革试点进展情况，及时反映试点过程中存在的问题和建议。发挥平台“按月监测、按季分析”功能，请电规总院于每季度末向国家发展改革委、国家能源局报送前五批增量配电业务试点项目进展分析报告。

四、强化风险自担。增量配电业务改革试点应按照市场化原则推进，项目业主通过招标等市场化方式公开、公平、公正优选确定。列入第五批试点的全部项目都要结合相关电价政策和当地输配电价情况，认真开展经济性评估。项目业主要强化自担风险意识，在投资建设和后期运营中自行承担经营风险。

五、健全完善通报和督办机制。国家发展改革委、国家能源局将健全完善通报约谈、挂牌督办机制，对工作进展成效显著的地区通报表扬，对工作进展滞后、试点推进成效较差的地区通报约谈，对典型项目适时确定为直接联系项目挂牌督办。

六、健全完善评估和调整机制。国家发展改革委、国家能源局将健全完善事中事后评估、动态调整机制，采取第三方评估和自评估等方式，对前四批试点项目组织开展全面评估，及时总结推广各地好的经验和做法，调整退出不再适合继续开展试点的项目。

七、允许在本轮输配电价核定后启动试点项目。目前，国家发展改革委正在开展第二轮输配电价核定工作，2021—2022年各省级电网、区域电网输配电价即将出台，第五批增量配电业务改革试点项目可以根据出台后电价开展经济性评价和风险评估之后再行启动。

八、鼓励具备条件的省（区、市）自行确定和公布试点项目。对前期增量配电业务改革试点工作取得明显成效，且制度健全、操作规范、监管有力、未出现明显问题的地方，鼓励其自行确定和公布后续新增试点项目，相关材料抄报国家发展改革委、国家能源局。

特此通知。

附件：增量配电业务改革试点名单（第五批）（略）

国家发展改革委
国 家 能 源 局
2020 年 8 月 21 日

关于印发《完善生物质发电项目建设运行的实施方案》的通知

（发改能源〔2020〕1421 号）

各省、自治区、直辖市发展改革委、财政厅（局）、能源局，新疆生产建设兵团发展改革委、财政局，国家能源局各派出机构，国家电网有限公司、南方电网公司、内蒙古电力（集团）有限责任公司，国家可再生能源信息管理中心：

为做好 2020 年生物质发电项目建设，完善项目建设运行管理，推动行业持续健康发展，国家发展改革委、财政部、国家能源局研究制定了《完善生物质发电项目建设运行的实施方案》，现印发给你们，请贯彻执行。

国家发展改革委
财 政 部
国 家 能 源 局
2020 年 9 月 11 日

附件：完善生物质发电项目建设运行的实施方案

完善生物质发电项目建设运行的实施方案

生物质能是可再生能源重要组成部分。近年来，在国家政策支持下，生物质发电（含农林生物质发电、垃圾焚烧发电和沼气发电，下同）行业稳步发展，为构建清洁低碳、安全高效的能源体系，促进生态文明建设发挥了重要作用。为深入贯彻习近平生态文明思想，落实“四个革命、一个合作”能源安全新战略，进一步推动生物质发电高质量发展，特制定本方案。

一、总体要求

以习近平新时代中国特色社会主义思想为指导，全面贯彻党的十九大和十九届二中、三中、四中全会精神，坚持创新、协调、绿色、开放、共享的新发展理念，认真落实习近平总书记关于推进城乡有机废弃物处理利用的重要指示，依据《关于促进非水可再生能源发电健康发展的若干意见》（财建〔2020〕4 号）、《可再生能源电价附加补助资金管理办法》（财建〔2020〕5 号）有关要求，坚持“以收定补、新老划段、有序建设、平稳发展”，进一步完善生物质发电建设运行管理，合理安排 2020 年中央新增生物质发电补贴资金，全面落实各项支持政策，推动产业技术进步，提升项目运行管理水平，逐步形成有效的生物质发电市场化运行机制，促进生物质发电行业持续健康发展。

二、补贴项目条件

2020 年申请中央补贴的项目须符合以下条件：

（一）纳入生物质发电国家、省级专项规划。

（二）2020 年 1 月 20 日（含）以后全部机组并网的当年新增生物质发电项目。

（三）符合国家相关法律法规、产业政策、技术标准等要求，配套建设高效治污设施，垃圾焚烧发电项目所在城市已实行垃圾处理收费制度。

（四）申报情况属实，并提交信用承诺书（见附件 1），没有且承诺不出现弄虚作假、违规掺烧等情况。

三、工作程序

（一）组织申报

各省（区、市）按月组织符合申报条件、申请中央补贴的生物质发电项目，登录国家能源局可再生能源发电项目信息管理系统（http：//www.nea.gov.cn）填报相关信息和上传有关资料，主要是省级专项规划、核准（审批、备案）文件、并网时间证明等。

各省（区、市）对项目申报条件、项目申报信息进行审核，并对项目申报有关情况（项目名称、建设地点、装机规模、纳入规划情况、并网时间等）进行公示。公示后，将通过审核的项目信息正式上报。

有关电网企业定期向各省（区、市）提供并网项目清单，按要求出具项目并网时间证明，及时配合各省（区、市）做好申报工作。

8月底之前符合条件的项目一揽子申报，以后的按月申报（有关申报信息及时间要求见附件2）。纳入补贴范围的项目所需补贴总额达到2020年中央新增补贴资金额度15亿元后，不再纳入当年申报。

（二）统一复核

组织国家可再生能源信息管理中心对地方申报项目的合规性及提供材料真实性和有效性进行复核。一旦发现信息不实，立即取消补贴申报资格。

（三）项目汇总

国家可再生能源信息管理中心对通过复核的项目，按照规则进行汇总排序，并测算补贴需求。

（四）公布补贴名单

排序工作结束后，公布纳入2020年生物质发电中央补贴规模的项目名单。

四、纳入当年补贴项目规则

（一）纳入规则

按项目全部机组并网时间先后次序排序，并网时间早者优先，直至入选项目所需补贴总额达到2020年中央新增补贴资金额度15亿元为止。

（二）补贴额度测算规则

按补贴额度测算规则（见附件3）测算生物质发电项目度电补贴强度、项目所需补贴额度。补贴额度测算仅用于测算补贴总额，不作为实际补贴资金发放依据。

五、推动生物质发电有序建设

（一）加强规划引导。需中央补贴的生物质发电项目必须纳入国家、省级专项规划，各地要以规划为依据，严格按规划核准（审批、备案）建设项目，未纳入规划的不得核准（审批、备案）。鼓励地方结合本地经济社会发展实际，建设不需要中央补贴的生物质发电项目。

（二）加强投资监测预警。依据各省农林生物质资源总量等条件，科学测算各地农林生物质发电合理发展规模，根据各省农林生物质发电发展情况发布项目建设年度预警，已建装机和核准在建、待建装机规模接近合理规模的，给予黄色预警；已建装机和核准在建、待建装机达到或超过合理规模的，给予红色预警。对需中央补贴的生物质发电项目投资建设情况进行监测，按月发布项目投产并网信息，新增项目补贴额度累计达到当年中央补贴资金总额后，地方不再新核准需中央补贴的项目，企业据此合理安排项目建设时序。各省（区、市）按要求组织在国家能源局可再生能源发电项目信息管理系统填报核准、在建、新开工项目信息。

（三）完善生物质发电项目补贴机制。未纳入2020年中央补贴规模的已并网项目，结转至次年依序纳入。自2021年1月1日起，规划内已核准未开工、新核准的生物质发电项目全部通过竞争方式配置并确定上网电价；新纳入补贴范围的项目（包括2020年已并网但未纳入当年补贴规模的项目及2021年起新并网纳入补贴规模的项目）补贴资金由中央地方共同承担，分地区合理确定分担比例，中央分担部分逐年调整并有序退出。需中央补贴的在建项目应在合理工期内建成并网。

（四）拓展生物质能利用渠道。立足于多样化用能需求，大力推进农林生物质热电联产，从严控制只发电不供热项目，坚持宜气则气、宜热则热、宜电则电，鼓励加快生物质能非电领域应用，提升项目经济性和产品附加值，降低发电成本，减少补贴依赖。

（五）落实生物质发电支持政策。鼓励金融机构在风险可控、商业可持续的前提下给予生物质发电项目中长期信贷支持。建立生活垃圾处理收费制度，合理制定垃圾处理收费标准，确保垃圾处理收费政策落实到位。鼓励地方政府统筹各类资金，对生物质发电相关的农林废弃物和生活垃圾“收、储、运、处理”各环节予以适当支持和补偿。

（六）逐步推动形成生物质发电市场化运营模式。发挥生物质发电综合效益，推动建立合理的成本分担机制。鼓励具备条件的省（区、市），探索生物质发电项目市场化运营试点，完善配套保障措施，逐步形成市场化运营模式。

（七）强化项目建设运行监管。健全完善生物质发电产业技术标准，不断推进行业技术进步。落实地方管理主体责任，国家能源局各派出机构会同有关部门依法履行监管职责，按照投诉举报有关规定依法受理有关投诉举报，利用视频监控、在线监测等手段，加强生物质发电项目建设、运行等方面的监管，定期进行“双随机一公开”抽查检查，对存在违规掺烧化石燃料、骗取补贴等违法违规行为的，严格按照国家有关法律法规和政策要求，暂停、核减或取消补贴。强化项目建设运行管理，生物质发电企业要高度重视项目建设和工程质量，严格执行工程基本建设程序和管理制度，确保项目安全有序建设运行。

附件：1. 2020 年生物质发电项目中央补贴资金申报信用承诺书（略）

2. 生物质发电项目申报中央补贴填报信息表（略）

3. 2020 年生物质发电项目补贴额度测算规则（略）

国家发展改革委关于核定2020—2022 年区域电网输电价格的通知

（发改价格规〔2020〕1441 号）

各省、自治区、直辖市发展改革委、物价局，国家电网有限公司、中国南方电网有限责任公司、内蒙古电力（集团）有限责任公司：

根据国家发展改革委《关于印发〈区域电网输电价格定价办法〉的通知》（发改价格规〔2020〕100 号）和《关于印发〈省级电网输配电价定价办法〉的通知》（发改价格规〔2020〕101 号），经商国家能源局，现就华北等五个区域电网输电价格有关事项通知如下：

一、华北、华东、华中、东北、西北区域电网第二监管周期（2020 年 1 月 1 日—2022 年 12 月 31 日）两部制输电价格水平详见附件。其中，电量电价随区域电网实际交易结算电量收取；容量电价随各省级电网终端销售电量（含市场化交易电量）收取；京津唐电网范围内，位于北京、天津、河北境内的电厂参与京津唐地区交易电量不纳入华北电网电量电费计收范围。

二、积极推进跨省跨区电力市场化交易。通过区域电网共用网络参与跨省跨区电力交易的用户，其购电价格应包括区域电网电量电价及损耗。区域电网容量电价作为上级电网分摊费用通过省级电网输配电价回收，不再向市场交易用户额外收取。

三、相关省（区、市）价格主管部门要精心组织、周密安排，确保区域电网输电价格执行到位。执行中发现问题，请及时反馈我委（价格司）。

四、电网企业要组织对 2020 年区域电网输电价格执行情况进行清算，对于已开展的跨省电力直接交易，区域电网电量电价降低部分，电网企业按照交易合同约定返还，交易合同未有明确约定的，全部返还给交易用户。首个监管周期区域电网容量电价在省级电网输配电价之外的地区，2020 年继续按首个监管周期核定的容量电价标准和方式向用户收取。电网企业要做好区域电网与省级电网的结算工作。

附件：2020～2022 年区域电网输电价格表

国家发展改革委

2020 年 9 月 28 日

附件

2020～2022 年区域电网输电价格表

单位：元/kWh

区域	电量电价	容量电价	
		单位	水平
华北	0.0071	北京	0.0175
		天津	0.0129
		冀北	0.0048
		河北	0.0035
		山西	0.0011
		山东	0.0018
华东	0.0095	上海	0.0072
		江苏	0.0034
		浙江	0.0046
		安徽	0.0039
		福建	0.0023
华中	0.0100	湖北	0.0015
		湖南	0.0007
		河南	0.0009
		江西	0.0006
		四川	0.0004
		重庆	0.0019
东北	0.0087	辽宁	0.0031
		吉林	0.0034
		黑龙江	0.0031
		蒙东	0.0041
西北	0.0200	陕西	0.0012
		甘肃	0.0029
		青海	0.0017
		宁夏	0.0015
		新疆	0.0009

注 表中电价含增值税，电量电价不含线损。

国家发展改革委 国家能源局关于全面提升"获得电力"服务水平　持续优化用电营商环境的意见

（发改能源规〔2020〕1479号）

各省、自治区、直辖市、新疆生产建设兵团发展改革委、能源局、经信委（工信委、工信厅），北京市城管委，国家能源局各派出机构，国家电网有限公司、中国南方电网有限责任公司、内蒙古电力（集团）有限责任公司，各有关供电企业：

为深入贯彻党中央、国务院关于深化"放管服"改革优化营商环境的决策部署，全面落实《优化营商环境条例》，加快推广北京、上海等地区行之有效的经验做法，进一步压减办电时间、简化办电流程、降低办电成本、提高供电可靠性，全面提升"获得电力"服务水平，持续改善用电营商环境，经国务院同意，现提出以下意见：

一、总体要求

（一）基本原则。典型引领、创新发展。全面推广低压小微企业用电报装"零上门、零审批、零投资"（以下简称"三零"）服务、高压用户用电报装"省力、省时、省钱"（以下简称"三省"）服务等典型经验做法（详见附件1），充分发挥地方和企业积极性、主动性和创造性，鼓励支持各地区、各部门开拓创新，不断推出优化用电营商环境新举措、新模式。

分类施策、逐步推广。围绕用电报装时间、环节、成本、供电可靠性等方面，针对不同用户类型分类施策，因地制宜、科学合理地制定目标任务和提升举措，结合实际、先易后难，扎实提升"获得电力"服务水平。

政企协同、合力推进。健全完善提升"获得电力"服务水平协同工作机制，强化责任意识，主动认领任务，政府和企业协同联动、相互配合、信息共享，共同推动各项目标任务的落地落实。

（二）工作目标。2022年底前，在全国范围内实现居民用户和低压小微企业用电报装"三零"服务、高压用户用电报装"三省"服务，用电营商环境持续优化，"获得电力"整体服务水平迈上新台阶。

——办电更省时。2020年底前，将低压、20kV及以下高压电力接入工程审批时间分别压减至5个、10个工作日以内；将供电企业办理用电报装业务各环节合计时间在现行规定基础上压缩40%以上（详见附件2），未实行"三零"服务的低压非居民用户、高压单电源用户、高压双电源用户的合计办理时间分别压减至6个、22个、32个工作日以内；将居民用户、实行"三零"服务的低压非居民用户从报装申请到装表接电的全过程办电时间分别压减至5个、25个工作日以内。2021年、2022年底前，将实行"三零"服务的低压非居民用户全过程办电时间进一步分别压减至20个、15个工作日以内。

——办电更省心。2020年底前，将居民用户、实行"三零"服务的低压非居民用户的用电报装压减至2个环节，未实行"三零"服务的低压非居民用户的用电报装压减至3个环节。在全国范围实现用电报装业务线上办理。

——办电更省钱。2021年底前，实现城市地区用电报装容量160kW及以下、农村地区100kW及以下的小微企业用电报装"零投资"；2022年底前，实现全国范围160kW及以下的小微企业用电报装"零投资"。

——用电更可靠。2022年底前，将直辖市、计划单列市、省会城市的中心区、市区、城镇、农村地区用户年均停电时间分别压减至1个、2个、5个、11个小时以内，或年均同比压缩8%以上；将其他地级行政区的中心区、市区、城镇、农村地区用户年均停电时间分别压减至2个、5个、9个、15个小时以内，或年均同比压缩8%以上。

二、压减办电时间

（三）压减用电报装业务办理时间。各供电企业要加强内部管控，创新技术手段和管理模式，加快业务办理速度和配套电网接入工程建设，实现用电报装业务各环节限时办理。鼓励实行配套电网接入工程"项目经理＋客户经理"双经理负责制，实现网格化全过程跟进。深化大数据应用，推广移动作业终端，优化电网资源配置，精准对接用户需求。构建现代智慧供应链，提高物料资源配置管理水平。要如实记录用电报装时间信息，禁止"体外循环"、后补流程或重走流程。鼓励创新服务方式，拓展服务渠道，在现行规定时限基础上进一步压减办电时间。

（四）压减电力接入工程审批时间。各省级能源（电力）主管部门要牵头推进审批服务标准化，出台完善配套政策文件，优化审批流程，简化审批手续，明确审批时限，推行并联审批、限时办结，提高办理效率。对于符合条件的低压短距离电力接入工程，积极探索实行告知承诺、审批改备案或取消审批等方式。已出台政策措施的地区要按照本意见要求作进一步修改完善。鼓励和支持有条件的地区大幅压缩35kV及以上电力接入工程的审批时间。

三、提高办电便利度

（五）优化线上用电报装服务。各供电企业要持续优化用电报装线上服务功能，推行低压用户供用电合同电子化，推广高压用户客户经理预约上门服务，为用户提供用电报装、查询、交费等“一网通办”服务。鼓励有条件的地区，全面推广用电报装全流程线上办理，实现“业务线上申请、信息线上流转、进度线上查询、服务线上评价”，提升用户办电体验。用户有权自主选择用电报装线上线下办理渠道，供电企业不得加以限定。

（六）压减用电报装环节和申请资料。各供电企业要按照附件2的规定要求，进一步压减现有用电报装环节，取消低压用户的设计审查、中间检查和竣工检验环节。低压用户在业务受理环节仅需提供用电人有效身份证件和用电地址物权证件，高压用户需同时提供用电工程项目批准文件。高压用户在设计审查环节仅需提供设计单位资质证明材料和用电工程设计及说明书，在中间检查环节仅需提供施工单位资质证明材料和隐蔽工程施工及试验记录，在竣工检验环节仅需提供工程竣工报告（含竣工图纸）。除法律法规另有规定外，供电企业不得增设或变相设置用电报装业务办理环节、前置条件，不得增加申请资料，不得强制用户签订申请用电承诺书。鼓励和支持有条件的地区进一步压减用电报装环节和申请资料。

（七）加快政企协同办电信息共享平台建设。各省级能源（电力）主管部门要按照国家有关规定，依托政务服务平台，牵头加强电子证照的推广应用，推进办电审批服务信息系统建设，推动省、市、县跨层级纵向联通，加强与供电企业用电报装信息管理系统的横向联通，提供数据互认共享服务，实现政企协同办电。实行行政审批申请“一窗受理”，审批结果自动反馈供电企业，审批流程公开透明，用户可在线查询；供电企业在线获取和验证营业执照、身份证件、不动产登记等用电报装信息，实现居民用户“刷脸办电”、企业用户“一证办电”。2021年底前，各省级能源（电力）主管部门要牵头完成政企协同办电信息共享平台建设工作。鼓励和支持有条件的地区推进工程建设项目审批平台与供电企业用电报装信息管理系统的互联互通，供电企业提前获取用电需求、提前开展配套电网工程规划建设，提高办电效率。

四、降低办电成本

（八）优化接入电网方式。各供电企业要逐步提高低压接入容量上限标准，对于用电报装容量160kW及以下实行“三零”服务的用户采取低压方式接入电网。对于高压用户，要按照安全、经济和实用的原则确定供电方案，并结合当地电网承载能力，优先使用现有公用线路供电，实行就近就便接入电网。鼓励和支持有条件的地区进一步提高低压接入容量上限标准。鼓励推广临时用电的租赁共享服务，通过供电设施以租代购等方式满足用户临时用电需求。

（九）延伸电网投资界面。各供电企业要逐步将电网投资界面延伸至居民用户和低压小微企业用户红线（含计量装置），鼓励和支持适当延伸高压用户电网投资界面，对涉及防范化解重大风险、精准脱贫、污染防治三大攻坚战的项目可优先延伸。有条件的地区可进一步扩大“零投资”服务用户范围，已实行“三零”服务的地区不得缩小“零投资”服务用户范围。

（十）规范用电报装收费。各供电企业要依法依规规范用电报装收费，为市场主体提供稳定且价格合理的用电报装服务，不得以任何名义直接或通过关联企业向用户收取不合理费用。对于居民用户和已承诺实行“三零”服务的低压非居民用户要确保做到办电“零投资”。

五、提升供电能力和供电可靠性

（十一）加强配电网和农网规划建设。各供电企业要加大投资力度，科学制定配电网和农网建设投资方案，推动项目及时落地，持续提升供电能力。各省级能源（电力）主管部门要牵头加强配电网和农网发展规划的统筹协调，推动纳入城乡发展规划统筹考虑，并建立规划实施情况定期评估及滚动调整机制。

（十二）减少停电时间和停电次数。各供电企业要进一步提高供电可靠性，为市场主体提供更好用电保障，不得以各种名义违规对企业实施拉闸断电。要强化计划检修管理，科学合理制定停电计划，推广不停电作业技术，减少计划停电时间和次数。要加强设备巡视和运行维护管理，开展配电网运行工况全过程监测和故障智能研判，准确定位故障点，全面推行网格化抢修模式，提高电网故障抢修效率，减少故障停电时间和次数。停电计划、故障停电、抢修进度和送电安排等信息要通过即时通讯软件（微信等）、短信、移动客户端等渠道主动推送到用户。各省级能源（电力）主管部门要牵头建立健全相关工作机制，加大对违章作业、野蛮施工、违规用电等行为的查处力度，减少因违规施工导致的停电时间和次数。

六、加大信息公开力度

（十三）提高用电报装信息公开透明度。各供电企业要规范用电报装服务，制定用电报装工作流程、办理时限、办理环节、申请资料等服务标准和收费项目目录清单，及时作优化调整并向社会公开；要及时公布本地区配电网接入能力和容量受限情况。2020年底前，供电企业要完成服务标准和收费项目目录清单制定工作，并在移动客户端、营业场所等渠道予以公开；要将12398能源监管热线和95598等供电服务热线同步、同对象公布到位，保障用户知情权。

各地电力接入工程审批相关部门要按照《优化营商环境条例》要求，通过政府网站、全国一体化在线政务服务平台，向社会公布电力接入工程审批相关政策文件；各省级价格主管部门制定或调整涉及终端电力用户用电价格政策文件时，提前一个月向社会公布，提高电费透明度。

（十四）加强政策解读和宣传引导。各供电企业要主动为市场主体和人民群众提供咨询解答服务，在办理用电报装业务过程中同步向用户进行宣传，做到“办理一户、宣传一户”，让用户及时全面了解“获得电力”相关政策举措。建立用电报装政策宣介常态化机制，各有关方面要综合运用电视、网络、报刊等新闻媒体以及供电企业客户端、营业厅等途径和方式，加强对优化用电营商环境措施和成效的宣传解读，为全面提升“获得电力”服务水平创造良好舆论氛围。

七、强化组织实施

（十五）健全工作机制。各单位要提高政治站位，充分认识优化用电营商环境、提升“获得电力”服务水平的重要意义，进一步增强工作责任感和使命感，切实加强组织领导，明确目标任务，建立健全工作机制，推动各项工作有序开展。国家能源局负责全国“获得电力”工作的统筹协调、整体推进和督促落实。各省级能源（电力）主管部门要牵头建立健全“获得电力”工作协调机制，做到上下联动、横向协同，有效形成工作合力。建立工作进展情况报送制度，各单位工作中取得的阶段性成效、存在的突出问题要及时报告国家能源局。

（十六）明确责任分工。各供电企业作为优化用电营商环境、提升“获得电力”服务水平的责任主体，要对标先进，聚焦薄弱环节和突出问题，制定具体实施方案并抓好落实，围绕提升办电服务水平，不断完善相关措施，建立健全长效机制。各省级能源（电力）主管部门要切实履行职责，推动优化用电营商环境工作纳入地方政府优化营商环境工作内容，牵头制定本地区优化用电营商环境重点任务台账，及时协调并帮助解决用户办电和用电过程中遇到的困难和问题。国家能源局派出机构要切实履行监管职责，持续加强配电网和农网规划建设监管，及时发现问题、督促整改到位，密切关注12398能源监管热线投诉举报情况和意见建议，对企业和群众反映集中的问题，特别是接入受限、违规加价收费、“三指定”等突出问题要依法依规严肃查处，确保工作取得实效。

（十七）做好总结推广。各省级能源（电力）主管部门要会同国家能源局派出机构，组织地方政府有关部门、供电企业及时梳理总结“获得电力”改革创新举措，提炼形成可复制、可推广的经验做法，以点带面，在本地区加快推广。国家能源局将根据各地工作进展情况，进一步总结行之有效的、能够在全国范围内推广的好经验好做法并组织全面推广，充分发挥典型示范带动作用，促进互学互鉴，加快推动全国办电和用电服务水平整体提升。

本意见由国家发展改革委、国家能源局负责解释，自印发之日起执行，有效期5年。

附件：1. “三零”“三省”服务典型经验做法

2. 2020年供电企业办理用电报装业务的环节和时限目标

国家发展改革委
国　家　能　源　局
2020年9月25日

附件1

“三零”“三省”服务典型经验做法

低压小微企业用电报装“三零”服务，即“零上门、零审批、零投资”。“零上门”是指：实行线上用电报装服务，用户可以在线提出用电需求，签订电子合同，供电企业委派专人上门服务，用户无需往返营业厅，用电报装“一次都不跑”。“零审批”是指：供电企业精简办电资料，一次性收取所有材料，代替用户办理电力接入工程审批手续，地方政府有关部门优化审批服务，实现一窗受理、并行操作、限时办结。“零投资”是指：供电企业将投资界面延伸至用户红线，报装容量在160kW及以下通过低压方式接入，计量装置及以上工程由供电企业投资建设。

高压用户用电报装“三省”服务，即“省力、省时、省钱”。“省力”是指：推广“互联网＋”线上办电服务，推动政企办电信息互联互通，供电企业直接获取用户办电所需证照信息，用户在线提交用电申请、查询业务办理进程、评价服务质量，实现办电“最多跑一次”。“省时”是指：地方政府有关部门简化电力接入工程审批程序、压减审批时限；供电企业实行业务办理限时制，加快业务办理速度，确保用户及时接电。“省钱”是指：供电企业优化供电方案，实行就近就便接入电网，降低用户办电成本。

附件 2

2020 年供电企业办理用电报装业务的环节和时限目标

单位：工作日

用户类型	各环节办理时间						合计办理时间	现行规定时限	压减比例
	业务受理	供电方案答复	设计审查	中间检查	竣工检验	装表接电			
未实行“三零”服务的低压非居民用户	1	3	—	—	—	2	6	18	67%
高压单电源用户	1	10	3	2	3	3	22	38	42%
高压双电源用户	1	20	3	2	3	3	32	53	40%

注 1. 低压用户指采用 380V 及以下电压供电的用户，高压用户指采用 10（6）kV 及以上电压供电的用户。

2. 对于居民用户和实行“三零”服务的低压非居民用户，用电报装压减为受理签约、施工接电 2 个环节。

国家发展改革委关于核定 2020—2022 年省级电网输配电价的通知

（发改价格规〔2020〕1508 号）

各省、自治区、直辖市发展改革委、物价局，国家电网有限公司、中国南方电网有限责任公司、内蒙古电力（集团）有限责任公司：

根据国家发展改革委《关于印发〈省级电网输配电价定价办法〉的通知》（发改价格规〔2020〕101 号），经商国家能源局，现就 2020—2022 年省级电网输配电价有关事项通知如下：

一、各省级电网输配电价（含增值税、线损、交叉补贴和区域电网容量电费，下同）具体见附件。

二、积极推进发电侧和销售侧电价市场化。参与电力市场化交易的用户用电价格包括市场交易上网电价、输配电价、辅助服务费用和政府性基金及附加。市场交易上网电价由用户或市场化售电主体与发电企业通过市场化方式形成，电网企业按照本文件核定的标准收取输配电价。未参与电力市场化交易的用户，执行政府规定的销售电价。

三、请各地精心组织、周密安排，确保省级电网输配电价平稳执行到位，持续密切监测电网企业运行情况，执行中发现问题，及时报告我委（价格司）。各地应抓紧制定出台销售电价，并报我委备案，有关事宜另行通知。

四、请电网企业按照相关要求，对各电压等级的资产、费用、收入、输配售电量、负荷、用户报装容量、线损率、投资计划完成进度等与输配电价相关的基础数据进行统计归集，按时报送我委和省级价格主管部门。

五、考虑到按照党中央、国务院决策部署，年初以来实施了阶段性降低企业用电成本政策，2020 年继续执行现行输配电价，本通知所附各省级电网输配电价自 2021 年 1 月 1 日起执行。

附件：省级电网输配电价表（略）

国家发展改革委

2020 年 9 月 28 日

国家发展改革委 国家能源局关于做好 2021 年电力中长期合同签订工作的通知

（发改运行〔2020〕1784 号）

各省、自治区、直辖市发展改革委、经信委（工信委、工信厅、经信厅、工信局）、能源局，北京市城市管理委员会，国家能源局各派出能源监管机构，中国核工业集团有限公司、国家电网有限公司、中国南方电网有限责任公司、中国华能集团有限公司、中国大唐集团有限公司、中国华电集团有限公司、国家电力投资集团有限公司、中国长江三峡集团有限公司、国家能源投资集团有限责任公司、华润集团有限公司、国家开发投资集团有限公司、中国广核集团有限公司：

为深入学习贯彻习近平新时代中国特色社会主义思想，全面贯彻党的十九大和十九届二中、三中、四中、五中全会精神，加强电力产供储销体系建设，推进电力市场化改革，更好发挥中长期交易“压舱石”作用，保障电力市场高效有序运行，现对 2021 年电力中长期合同签订工作有关事项通知如下：

一、抓紧签订 2021 年电力中长期合同

各地政府主管部门、电力企业、交易机构要高度重视 2021 年电力中长期合同签订工作，做好省内和跨省跨区电力中长期交易（含优先发电）合同签订的组织协调，努力在 2020 年 12 月底前完成年度中长期合同签订工作。

二、保障足量签约

（一）充分发挥电力中长期合同的规避风险作用。各地政府主管部门要鼓励市场主体签订中长期合同特别是年度及以上中长期合同，结合实际确定 2021 年年度及以上中长期合同签订工作目标，力争签约电量不低于前三年用电量平均值的 80%，并通过后续月度合同签订保障中长期合同签约电量不低于前三年用电量平均值 90%～95%。未参与市场的经营性电力用户、优先发电企业也需参照中长期合同签约的相关要求，由电网企业与用户或发电企业签订合同。

（二）鼓励市场主体及时、高比例签约。建立和完善中长期合同签约履约的激励机制，对 2020 年度中长期交易履约比例以及 2021 年度中长期交易签约比例达到要求的用户侧市场主体，可优先安排合同转让、调整，部分减免偏差考核费用等。

（三）保障未参与电力市场交易的经营性电力用户用电。未参与电力市场交易的经营性电力用户由电网企业承担保底供电责任，仍执行目录销售电价。退出市场的电力用户在重新参与市场交易前，由电网企业承担保底供电责任，执行规则确定的电价。

三、推动分时段签约

（一）结合各地实际合理划分时段。鼓励参与交易的市场主体通过协商，分时段约定电量电价，签订电力中长期合同。电网企业应为符合条件的市场主体提供历史用电数据查询服务，并不断扩大市场主体范围，公布更加详尽的历史用电曲线。各地政府主管部门应根据本地区历史发用电曲线，制定并公布时段划分标准。起步阶段，对时段划分数量不做强制要求，区分为峰、平、谷段签订即可，也可以分成六段到十段，随着市场机制的不断完善逐步细化时段划分。有条件的地区可考虑按照季节性差异将一年各月划分高峰月、平段月和低谷月。

（二）提高分时段签约服务水平。各地政府主管部门会同电网企业，在本地区 2020 年典型工作日、节假日电力负荷曲线（见附件）的基础上，积极提供省内更多行业或地区的电力负荷曲线，加快建立电力用户历史用电信息查询机制，供市场主体签约时参考。鼓励电力用户自行提供电力负荷曲线，签订电力中长期合同；鼓励售电公司、综合能源服务机构等提供更细更精准的电力负荷曲线，帮助市场主体更好地参与市场交易。

（三）赋予中小用户自主选择是否签订分时段合同的权利。对具备条件的、年购电量 500 万 kWh 以上的电力用户及售电公司，鼓励签订分时段电力中长期合同；年购电量 500 万 kWh 以下的电力用户及售电公司，可自主选择是否签订分时段电力中长期合同。

（四）明确优先发电计划分时段电量。各地政府主管部门在制定本地区年度优先发电计划时，鼓励根据本地区中长期交易时段划分，确定优先发电分时段电量，实现优先发电与市场的衔接。对于风电、光伏发电和水电等较难精准预测的电源，可适当放宽要求，但应在分月生产计划安排之前完成时段电量分解。跨省跨区的优先发电计划和市场化送电，也鼓励通过送受双方协商，确定分时段电量。

四、拉大峰谷差价

交易双方签订分时段合同时，可约定峰谷时段交易价格，也可参考上一年平均交易价格确定平段电价，峰谷电价基于平段电价上下浮动。上下浮动比例由购售电双方协商确定，也可以执行政府主管部门推荐的相关标准。峰谷差价作为购售电双方电力交易合同的约定条款，在发用电两侧共同施行，拉大峰谷差价。市场初期，为保证市场平稳健康有序，各地政府主管部门可根据需要制定分时段指导价，指导价的峰谷差价应不低于已有目录电价的峰谷差价。

五、鼓励签订多年电力中长期合同

各地可结合市场规则，对一年期以上长期交易合同予以优先安排、优先组织落实、优先执行。

六、实现信用机构见签和信用信息共享

引入信用机构见签电力中长期交易合同。提高电力市场交易信用信息的归集和应用水平，各地应明确公共信用信息中心，通过电力交易机构的电力交易平台见签电力中长期交易合同，由电力交易机构提供其所见签合同的相关信息，并归集至全国信用信息共享平台，加强电力信用监管，促进电力中长期合同签约履约。

七、规范签订电力中长期合同

各地可参考已有规则签订中长期合同，确保不因交易规则影响 12 月底前完成 2021 年中长期合同签订工作。已有规则需要修订的，各地政府主管部门、国家能源局派出机构要根据职责分工抓紧修订。各地政府主管部门要切实发挥组织协调作用。合同各方应根据推荐的电力中长期交易合同示范文本，考虑不同市场主体、不同交易类型，积极推广应用，做到规范签约。各地政府主管部门要指导电力交易机构和有关企业，抓紧完成交易平台的适应性技术改造，保障合同

签订工作顺利实施。

八、鼓励签订电力中长期电子合同

全面推进电力中长期合同签订平台化、电子化运转。完善各地交易平台功能和技术手段支撑，鼓励市场主体利用交易平台签订要素齐全的电子合同，简化工作流程、提高工作效率、降低流转成本。

九、建立健全电力中长期合同签订配套机制

（一）完善电力中长期合同市场化调整机制。各地原则上要按月以双边协商、集中交易等方式组织开展合同转让交易，并逐步缩短交易周期、增加交易频次，为市场主体调整合同电量及负荷曲线提供市场化手段。在合同方事先约定或委托的前提下，可在市场规则范围内对电力中长期合同负荷曲线进行灵活调整，为提升年度中长期合同签约比例提供必要的保障。

（二）建立偏差电量结算机制。各地市场规则中，应对合同电量与实际执行的偏差建立偏差结算机制。偏差结算机制应有利于鼓励市场主体按照合同电量安排发用电计划，偏差结算价格机制应在市场规则中予以明确并提前向市场主体发布。对分时段签订的中长期合同，充分考虑市场主体市场经验不足的实际，适当放宽分时段偏差电量考核要求。

（三）理顺中长期交易价格机制。各地应严格执行政府核定的输配电价。电力交易原则上采用顺价方式，即市场用户的用电价格由电能量价格、输配电价格、辅助服务费用、政府性基金及附加构成。暂不具备条件的地区应明确过渡期，尽快由价差方式转为顺价方式。

十、保障电力中长期合同签订工作落实

（一）建立合同签订进展跟踪机制。各地政府主管部门应会同国家能源局派出机构，及时向国家发展改革委、国家能源局报送中长期合同签订情况，反映有关问题，统筹做好中长期合同签订与电力现货衔接工作。电力交易机构要建立中长期交易跟踪机制，按月跟踪并向政府有关部门、监管机构报送各类市场主体电力中长期合同签订与履约情况，做好向市场主体的信息披露。

（二）完善合同签订工作保障机制。各地政府主管部门抓紧制定中长期交易方案，做好组织实施；电力交易机构按照交易规则和方案组织做好中长期市场运营组织工作；电力调度机构做好中长期交易安全校核、计划执行和偏差调整说明等工作；信用机构做好合同见签；市场主体应依法依规做好中长期合同签订和履约。各地政府主管部门应尊重市场主体意愿，严禁出现指定交易价格、交易规模和市场主体等影响市场公平竞争的行为，保障市场规范运行。

附件：各省级电网典型电力负荷曲线（略）

国家发展改革委
国 家 能 源 局
2020 年 11 月 25 日

财 政 部 文 件

关于开展燃料电池汽车示范应用的通知

（财建〔2020〕394 号）

各省、自治区、直辖市、计划单列市财政厅（局）、工业和信息化主管部门、科技厅（委、局）、发展改革委、能源局：

为推动我国燃料电池汽车产业持续健康、科学有序发展，财政部、工业和信息化部、科技部、发展改革委、国家能源局（以下简称五部门）决定开展燃料电池汽车示范应用工作。现将有关事项通知如下：

一、支持方式

针对产业发展现状，五部门将对燃料电池汽车的购置补贴政策，调整为燃料电池汽车示范应用支持政策，对符合条件的城市群开展燃料电池汽车关键核心技术产业化攻关和示范应用给予奖励，形成布局合理、各有侧重、协同推进的燃料电池汽车发展新模式。

示范期暂定为四年。示范期间，五部门将采取“以奖代补”方式，对入围示范的城市群按照其目标完成情况给予奖励。奖励资金由地方和企业统筹用于燃料电池汽车关键核心技术产业化，人才引进及团队建设，以及新车型、新技术的示范应用等，不得用于支持燃料电池汽车整车生产投资项目和加氢基础设施建设。

二、示范内容

示范城市群应聚焦技术创新，找准应用场景，构建完整的产业链。一是构建燃料电池汽车产业链条，促进链条各环节技术研发和产业化。要依托龙头企业，以客户需求为导向，组织相关企业打造产业链，加强技术研发，实现相关基础材料、关键零部件和整车产品研发突破及初步产业化应用，在示范中不断完善产业链条、提升技术水平。二是开展燃料电池汽车新技术、新车型的示范应用，推动建立并完善相关技术指标体系和测试评价标准。要明确合适的应用场景，重点推动燃料电池汽车在中远途、中重型商用车领域的产业化应用。要运用信息化平台，实现燃料电池汽车示范全过程、全链条监管，积累车辆运行数据，完善燃料电池汽车和氢能相关技术指标、测试标准。三是探索有效的商业运营模式，不断提高经济性。要集中聚焦优势企业产品推广，逐步形成规模效应，降低燃料电池汽车成本。要为燃料电池汽车示范应用提供经济、安全稳定的氢源保障，探索发展绿氢，有效降低车用氢能成本。四是完善政策制度环境。要建立氢能及燃料电池核心技术研发、加氢站建设运营、燃料电池汽车示范应用等方面较完善的支持政策体系。要明确氢的能源定位，建立健全安全标准及监管模式，确保生产、运输、加注、使用安全，明确牵头部门，出台加氢站建设审批管理办法。

三、示范城市群选择

示范城市群采取地方自愿申报、专家评审方式确定。申报城市应打破行政区域限制，在全国范围内选择产业链上优秀企业所在城市进行联合，具体要求如下：产业链上优秀企业之间签订合同或合作意向书，企业所在城市（地级以上）本着自愿组合的原则组成城市群，协商产生牵头城市，牵头城市与其他城市签订合作协议，共同编制实施方案，明确任务分工，其他城市向牵头城市提供示范任务承诺函，形成产业链条各环节环环相扣、强强联合态势，协同推进关键核心技术研发和产业化。牵头城市将实施方案上报所在省份财政、工信、科技、发改、能源主管部门审定后，由所在省份向五部门申报示范（申报指南附后）。

五部门组织专家委员会对符合条件的申报方案进行综合评审，经五部门审核后确定示范城市群，方案成熟一个实施一个。示范应用工作将重点支持技术攻关基础好、资金落实到位、计划目标明确、应用场景清晰、政策制度有保障的城市群。

四、组织实施

燃料电池汽车链条长、参加示范主体多，示范城市群以及各城市所在省份应加强上下联动、横向协同。各省份应统筹本省资源，加大对示范城市和企业的支持力度；各相关省份之间应加强组织协调，共同支持示范城市群开展示范应用工作。

各示范城市群牵头城市人民政府要发挥主体作用，会同其他参与城市共同组成领导小组，负责领导小组的日常工作，强化城市间的沟通协调，统筹推进示范工作。领导小组要提出实施方案年度计划，明确责任和保障措施，负责示范项目组织实施、资金分配等，确保链条各环节衔接一致、协同作战。每个示范年度终了，领导小组经牵头城市所在省份相关部门向五部门提交实施方案进展、阶段性任务完成情况和资金申请报告。

各城市要围绕各自目标任务分工，细化实施方案；要强化组织实施，加大资金投入力度，保证中央财政拨付的奖励资金及时有效使用；要为企业营造良好的政策环境，帮助企业解决实施中的具体问题和困难；要加强监管，细化考核，在确保安全的基础上完成示范任务。领导小组应委托第三方机构对示范工作实施监督，对工作进展缓慢、确无法完成任务的城市提出处理意见，经牵头城市所在省份相关部门报五部门批准后调整实施方案。各相关企业要加大研发投入，提升研发能力，加强与上下游企业对接，确保目标任务保质保量完成。

五部门将发挥各自职能作用，加强对燃料电池汽车示范应用工作的支持、指导和监督，并组织专家委员会全程跟踪指导示范工作；将综合考虑技术进步等因素，适时优化技术指标并提前发布。每年中央财政以结果为导向，根据年度考核评价结果拨付奖励资金。中央财政设定示范期预算总规模，示范期间将根据进展情况适度调整奖励标准。示范实施 2 年后，五部门将组织开展中期评估，对未按序时进度完成目标任务的城市群，将视情况采取要求调整实施方案、扣减或暂停奖励资金、暂停参与城市甚至取消城市群示范资格等措施。为推进产业合理布局，示范区以外的地方原则上不宜再对燃料电池汽车推广给予购置补贴。

附件：燃料电池汽车示范城市群申报指南（略）

财　政　部
工业和信息化部
科　技　部
发展改革委
国家能源局
2020 年 9 月 16 日

关于促进非水可再生能源发电健康发展的若干意见

（财建〔2020〕4 号）

各省、自治区、直辖市财政厅（局）、发展改革委、物价局、能源局，新疆生产建设兵团财政局、发展改革委，国家电网有限公司、中国南方电网有限责任公司：

非水可再生能源是能源供应体系的重要组成部

分，是保障能源安全的重要内容。当前，非水可再生能源发电已进入产业转型升级和技术进步的关键期，风电、光伏等可再生能源已基本具备与煤电等传统能源平价的条件。为促进非水可再生能源发电健康稳定发展，提出以下意见。

一、完善现行补贴方式

（一）以收定支，合理确定新增补贴项目规模。根据可再生能源发展规划、补助资金年度增收水平等情况，合理确定补助资金当年支持新增项目种类和规模。财政部将商有关部门公布年度新增补贴总额。国家发展改革委、国家能源局在不超过年度补贴总额范围内，合理确定各类需补贴的可再生能源发电项目新增装机规模，并及早向社会公布，引导行业稳定发展。新增海上风电和光热项目不再纳入中央财政补贴范围，按规定完成核准（备案）并于 2021 年 12 月 31 日前全部机组完成并网的存量海上风力发电和太阳能光热发电项目，按相应价格政策纳入中央财政补贴范围。

（二）充分保障政策延续性和存量项目合理收益。已按规定核准（备案）、全部机组完成并网，同时经审核纳入补贴目录的可再生能源发电项目，按合理利用小时数核定中央财政补贴额度。对于自愿转为平价项目的存量项目，财政、能源主管部门将在补贴优先兑付、新增项目规模等方面给予政策支持。价格主管部门将根据行业发展需要和成本变化情况，及时完善垃圾焚烧发电价格形成机制。

（三）全面推行绿色电力证书交易。自 2021 年 1 月 1 日起，实行配额制下的绿色电力证书交易（以下简称绿证），同时研究将燃煤发电企业优先发电权、优先保障企业煤炭进口等与绿证挂钩，持续扩大绿证市场交易规模，并通过多种市场化方式推广绿证交易。企业通过绿证交易获得收入相应替代财政补贴。

二、完善市场配置资源和补贴退坡机制

（四）持续推动陆上风电、光伏电站、工商业分布式光伏价格退坡。继续实施陆上风电、光伏电站、工商业分布式光伏等上网指导价退坡机制，合理设置退坡幅度，引导陆上风电、光伏电站、工商业分布式光伏尽快实现平价上网。

（五）积极支持户用分布式光伏发展。通过定额补贴方式，支持自然人安装使用“自发自用、余电上网”模式的户用分布式光伏设备。同时，根据行业技术进步、成本变化以及户用光伏市场情况，及时调整自然人分布式光伏发电项目定额补贴标准。

（六）通过竞争性方式配置新增项目。在年度补贴资金总额确定的情况下，进一步完善非水可再生能源发电项目的市场化配置机制，通过市场竞争的方式优先选择补贴强度低、退坡幅度大、技术水平高的项目。

三、优化补贴兑付流程

（七）简化目录制管理。国家不再发布可再生能源电价附加目录。所有可再生能源项目通过国家可再生能源信息管理平台填报电价附加申请信息。电网企业根据财政部等部门确定的原则，依照项目类型、并网时间、技术水平等条件，确定并定期向全社会公开符合补助条件的可再生能源发电项目清单，并将清单审核情况报财政部、国家发展改革委、国家能源局。此前，三部委已发文公布的 1～7 批目录内项目直接列入电网企业可再生能源发电项目补贴清单。

（八）明确补贴兑付主体责任。电网企业依法依规收购可再生能源发电量，及时兑付电价，收购电价（可再生能源发电上网电价）超出常规能源发电平均上网电价的部分，中央财政按照既定的规则与电网企业进行结算。

（九）补贴资金按年度拨付。财政部根据年度可再生能源电价附加收入预算和补助资金申请情况，将补助资金拨付到国家电网有限公司、中国南方电网有限责任公司和省级财政部门，电网企业根据补助资金收支情况，按照相关部门确定的优先顺序兑付补助资金，光伏扶贫、自然人分布式、参与绿色电力证书交易、自愿转为平价项目等项目可优先拨付资金。电网企业应切实加快兑付进度，确保资金及时拨付。

（十）鼓励金融机构按照市场化原则对列入补贴发电项目清单的企业予以支持。鼓励金融机构按照市场化原则对于符合规划并纳入补贴清单的发电项目，合理安排信贷资金规模，切实解决企业合规新能源项目融资问题。同时，鼓励金融机构加强支持力度，创新融资方式，加快推动已列入补贴清单发电项目的资产证券化进程。

四、加强组织领导

促进非水可再生能源高质量发展是推动能源战略转型、加快生态文明建设的重要内容，各有关方面要采取有力措施，全面实施预算绩效管理，保障各项政策实施效果。各省级发改、财政、能源部门要加强对本地区非水可再生能源的管理，结合实际制定发展规划。各省级电网要按照《中华人民共和国可再生能源法》以及其他政策法规规定，通过挖掘燃煤发电机组调峰潜力、增加电网调峰电源、优化调度运行方式等，提高非水可再生能源电力消纳水平，确保全额保障性收购政策落实到位。

财　政　部
国家发展改革委
国　家　能　源　局
2020 年 1 月 20 日

关于开展可再生能源发电补贴项目清单审核有关工作的通知

（财办建〔2020〕6号）

各省、自治区、直辖市财政厅（局），国家电网公司、中国南方电网有限责任公司、国家可再生能源信息管理中心：

按照《财政部　国家发展改革委　国家能源局关于促进非水可再生能源发电健康发展的若干意见》（财建〔2020〕4号）要求，国家不再发布可再生能源电价附加补助目录，而由电网企业确定并定期公布符合条件的可再生能源发电补贴项目清单（以下简称补贴清单）。为推进相关工作，现将补贴清单审核、公布等有关事项通知如下：

一、此前由财政部、国家发展改革委、国家能源局发文公布的第一批至第七批可再生能源电价附加补助目录内的可再生能源发电项目，由电网企业对相关信息进行审核后，直接纳入补贴清单。

二、抓紧审核存量项目信息，分批纳入补贴清单。纳入首批补贴清单的可再生能源发电项目需满足以下条件：

（一）符合我国可再生能源发展相关规划的陆上风电、海上风电、集中式光伏电站、非自然人分布式光伏发电、光热发电、生物质发电等项目。所有项目应于2006年及以后年度按规定完成核准（备案）手续。其中，风电项目需于2019年12月底前全部机组完成并网，光伏发电项目需于2017年7月底前全部机组完成并网（光伏“领跑者”基地项目和2019年光伏竞价项目并网时间可延长至2019年12月底），生物质发电项目需于2018年1月底前全部机组完成并网。

（二）符合国家能源主管部门要求，按照规模管理的需纳入年度建设规模管理范围内。

（三）符合国家可再生能源价格政策，上网电价已获得价格主管部门批复。

三、补贴清单由电网企业公布。具体流程如下：

（一）项目初审。

国家电网、南方电网和地方独立电网企业组织经营范围内的可再生能源发电企业按要求申报补贴清单，并对申报项目材料的真实性进行初审。具体申报要求见国家可再生能源信息平台（以下简称信息平台）公告。

（二）省级主管部门确认。

电网企业将符合要求的可再生能源发电项目汇总后，向各省（区、市）能源主管部门申报审核。各省（区、市）能源主管部门对项目是否按规定完成核准（备案）、是否纳入年度建设规模管理范围、是否符合国家相关规划等条件进行确认并将结果反馈电网企业。

（三）项目复核。

电网企业将经过确认的可再生能源发电项目相关申报材料按要求通过信息平台提交国家可再生能源信息管理中心，由国家可再生能源信息管理中心对申报项目资料的完整性、支持性文件的有效性和项目情况的真实性进行复核，包括规模管理和电价政策等方面内容，并将复核结果反馈电网企业。

（四）补贴清单公示和公布。

电网企业将复核后符合条件的项目形成补贴项目清单，并在网站上进行公示。公示期满后，国家电网、南方电网正式对外公布各自经营范围内的补贴清单，并将公布结果报送财政部、国家发展改革委和国家能源局。地方独立电网需报送所在地省级财政、价格、能源主管部门确认后，再公布经营范围内的补贴清单。

补贴清单内容主要包括：项目类别、名称、场址、并网容量、业主、列入规模管理年份等基本信息。

四、纳入补贴清单的可再生能源发电项目，如项目名称、业主信息发生变更，由可再生能源发电企业向电网企业申请更变，电网企业应在接到申请后15天内完成变更并对外公布；如并网容量、场址发生变更，需按本通知第三部分要求重新申报纳入补贴清单。

五、光伏自然人分布式仍按《财政部　国家发展改革委 国家能源局关于公布可再生能源电价附加资金补助目录（第六批）的通知》（财建〔2016〕669号）要求管理，电网企业应定期汇总项目信息并完成备案工作。

请各单位按照上述要求，按照“成熟一批，公布一批”的原则，分阶段完成补贴清单的公布。2020年4月30日前，完成第一阶段补贴清单的审核发布工作；2020年6月30日前，完成首批补贴清单的审核发布工作。同时，做好下一批补贴清单审核发布的准备工作。

财政部办公厅

2020年3月12日

关于印发《清洁能源发展专项资金管理暂行办法》的通知

（财建〔2020〕190号）

各省、自治区、直辖市、计划单列市财政厅（局），新疆生产建设兵团财政局：

为促进清洁能源开发利用，优化能源结构，保障能源安全，根据《中华人民共和国预算法》、《中华人民共和国可再生能源法》等有关法律法规规定，我部制定了《清洁能源发展专项资金管理暂行办法》。现予印发，请遵照执行。

附件：清洁能源发展专项资金管理暂行办法

财政部

2020 年 6 月 12 日

附件

清洁能源发展专项资金管理暂行办法

第一条 为规范和加强清洁能源发展专项资金管理，提高资金使用效益，根据《中华人民共和国预算法》《中华人民共和国可再生能源法》等有关法律法规规定，制定本办法。

第二条 清洁能源发展专项资金（以下简称专项资金），是指通过中央一般公共预算安排，用于支持可再生能源、清洁化石能源以及化石能源清洁化利用等能源清洁开发利用的专项资金。

第三条 专项资金实行专款专用，专项管理。

第四条 专项资金实施期限为 2020－2024 年。到期后按照规定程序申请延续。

第五条 专项资金由财政部会同有关主管部门管理。

第六条 财政部主要职责如下：

（一）会同相关部门制订专项资金管理制度以及相关配套文件；

（二）负责编制专项资金预算，根据部门提出的资金安排建议和年度预算规模，统筹确定专项资金安排方案；

（三）及时拨付专项资金并组织实施全过程绩效管理。

第七条 国务院有关部门主要职责如下：

（一）按照有关法律规定，制订清洁能源相关行业工作方案；

（二）根据清洁能源发展实际情况，提出资金年度安排建议；

（三）组织实施清洁能源开发利用工作，负责监督检查工作执行及完成情况；

（四）按照预算绩效管理要求做好绩效管理工作。

第八条 地方财政部门和相关主管部门主要职责如下：

（一）负责本地区专项资金的分配、拨付并制定具体操作规程；

（二）组织申报专项资金，核实并提供相关材料；

（三）负责对相关工作实施、任务完成以及专项资金使用情况进行监督检查；

（四）按照预算管理绩效要求对本地区专项资金实施全过程绩效管理，强化绩效目标管理，做好绩效运行监控，开展绩效自评及项目的绩效评价，加强绩效结果应用。

第九条 专项资金支持范围包括下列事项：

（一）清洁能源重点关键技术示范推广和产业化示范；

（二）清洁能源规模化开发利用及能力建设；

（三）清洁能源公共平台建设；

（四）清洁能源综合应用示范；

（五）党中央、国务院交办的关于清洁能源发展的其他重要事项。

第十条 专项资金分配结合清洁能源相关工作性质、目标、投资成本以及能源资源综合利用水平等因素，可以采用竞争性分配、以奖代补和据实结算等方式。

采用据实结算方式的，主要采用先预拨、后清算的资金拨付方式。

第十一条 使用专项资金对“十三五”期间农村水电增效扩容改造给予奖励，采用据实结算方式，按照改造后电站装机容量（含生态改造新增）进行奖励，标准为东部 700 元/kW、中部 1000 元/kW、西部 1300 元/kW。

以河流为单元的给予奖励资金不得超过总投资（生态改造费用纳入改造总投资）的 50%。

奖励资金可以由地方统筹使用。

第十二条 使用专项资金对煤层气（煤矿瓦斯）、页岩气、致密气等非常规天然气开采利用给予奖补，按照“多增多补”的原则分配。超过上年开采利用量的，按照超额程度给予梯级奖补；未达到上年开采利用量的，按照未达标程度扣减奖补资金；对取暖季生产的非常规天然气增量部分，按照“冬增冬补”原则给予奖补。

第十三条 计入奖补范围的非常规天然气开采利用量按照以下方式确定：

非常规天然气开采利用量＝页岩气开采利用量＋煤层气开采利用量×1.2＋致密气开采利用量与 2017 年相比的增量部分

第十四条 非常规天然气开采利用奖补资金计算公式如下：

某地（中央企业）当年奖补气量＝上年开采利用量＋（当年取暖季开采利用量－上年取暖季开采利用量）×1.5＋（当年开采利用量－上年开采利用量）×对应的分配系数

某地（中央企业）当年奖补气量≤0 时，按 0 计算。

某地（中央企业）当年补助资金＝当年非常规天然气奖补资金总额/全国当年奖补气量×某地（中央企业）当年奖补气量

第十五条　非常规天然气开采利用奖补资金分配系数按照以下方式确定：

（一）对超过上年产量以上部分，按照超额比例确定分配系数：

对超过上年产量0%～5%（含）的，分配系数为1.25；

对超过上年产量5%～10%（含）的，分配系数为1.5；

对超过上年产量10%～20%（含）的，分配系数为1.75；

对超过上年产量20%以上的，分配系数为2。

（二）对未达到上年产量的，按照未达标比例确定分配系数：

对未达标部分为上年产量0%～5%（含）的，分配系数为1.25；

对未达标部分为上年产量5%～10%（含）的，分配系数为1.5；

对未达标部分为上年产量10%～20%（含）的，分配系数为1.75；

对未达标部分为上年产量20%以上的，分配系数为2。

（三）每年取暖季（每年1～2月，11～12月）生产的非常规天然气增量部分，分配系数为1.5。

第十六条　非常规天然气开采利用奖补资金采取先预拨、后清算的方式。地方和中央企业按照有利于非常规天然气开采的原则统筹分配奖补资金，并用于非常规天然气开采利用的相关工作。

第十七条　其他符合本办法第九条的支持事项，具体资金分配办法由财政部会同有关主管部门另行确定。

第十八条　财政部会同中央有关主管部门组织地方和中央企业申请专项资金。

第十九条　各省、自治区、直辖市（以下统称各省）水利、财政部门汇总本地区农村水电增效扩容改造奖励资金申请，按照规定时间向财政部和水利部报送相关申请材料和数据，并对报送材料和数据的真实性、准确性负责。

水利部根据各省报送的材料和数据以及奖励标准，向财政部提出资金拨付建议。

财政部依据水利部提出的资金拨付建议，按照预算管理有关规定下达预算。

第二十条　地方企业向各省财政部门申请非常规天然气开采利用奖补资金，并报送相关材料和数据。各省财政部门审核报送的材料和数据，汇总企业上年实际开采量和当年预计开采量，其中上年实际开采量由财政部当地监管局签署意见后，按照规定时间一并上报财政部、国家能源局。

中央企业汇总所属企业上年实际开采量和当年预计开采量，其中上年实际开采量由财政部当地监管局签署意见后，按照规定时间上报财政部、国家能源局。

申报企业应当对报送数据的真实性、准确性负责。

国家能源局按职责分工对各省和中央企业申报数据进行审核，并将审核结果函告财政部。

财政部依据国家能源局、财政部各地监管局和申请企业提供的数据测算，按照预算管理有关规定下达预算。

第二十一条　专项资金支付应当按照国库集中支付制度有关规定执行。

涉及政府采购的，应当按照政府采购有关法律制度规定执行。

第二十二条　省级财政部门会同有关部门按照职责分工，将本年度专项资金安排使用和项目实施情况及时报财政部和中央有关主管部门备案。

第二十三条　财政部各地监管局应当按照工作职责和财政部要求，对专项资金实施监管。

第二十四条　财政部会同有关主管部门对专项资金开展全过程绩效管理，强化绩效目标管理，组织开展绩效评价，加强评价结果应用。

第二十五条　任何单位或个人不得截留、挪用专项资金。各级财政、水利、能源等部门及其工作人员在专项资金审核、分配工作中，存在违反规定分配资金、向不符合条件的单位（个人）分配资金、擅自超出规定的范围或者标准分配或使用专项资金等，以及其他滥用职权、玩忽职守、徇私舞弊等违法违纪行为的，按照《中华人民共和国预算法》《中华人民共和国公务员法》《中华人民共和国监察法》《财政违法行为处罚处分条例》等有关规定追究责任。构成犯罪的，依法追究刑事责任。

第二十六条　本办法由财政部商有关主管部门按职责分工负责解释。

第二十七条　本办法自发布之日起施行。财政部印发的《可再生能源发展专项资金管理暂行办法》（财建〔2015〕87号）、《关于〈可再生能源发展专项资金管理暂行办法〉的补充通知》（财建〔2019〕298号）同时废止。

财政部　生态环境部关于核减环境违法垃圾焚烧发电项目可再生能源电价附加补助资金的通知

（财建〔2020〕199号）

国家电网公司、南方电网公司、有关地方独立电网企业，有关发电企业：

按照《生活垃圾焚烧发电厂自动监测数据应用管理规定》（生态环境部令第10号，以下简称《管理规定》）和《可再生能源电价附加资金管理办法》（财建〔2020〕5号）有关规定，垃圾焚烧厂因污染物排放超标等环境违法行为被依法处罚的，核减或暂停拨付国家可再生能源电价附加补助资金（以下简称补贴资金）。现将有关处理办法通知如下：

一、垃圾焚烧发电项目应依法依规完成“装、树、联”后，方可纳入补贴清单范围。待垃圾焚烧发电项目向社会公开自动监测数据后，电网企业可拨付补贴资金，并在结算时将未向社会公开自动监测数据期间的补贴资金予以核减。

2020年6月30日前已纳入补贴清单、但未完成“装、树、联”的垃圾焚烧发电项目，电网企业应先暂停拨付补贴资金，待发电企业完成“装、树、联”且向社会公开自动监测数据后再拨付补贴资金。

二、纳入补贴范围的垃圾焚烧发电项目，出现《管理规定》第十条、第十一条违法情形被处罚的，电网企业应核减其相应焚烧炉违法当日上网电量的补贴金额。

一个自然月内出现3次及以上上述违法情形的，电网企业应取消当月补贴资金，并暂停拨付补贴资金。自最近一次出现上述违法情形的次日起，待垃圾焚烧发电项目连续30日监测数据达标的，可以恢复发放补贴资金。电网企业与垃圾焚烧发电项目结算时，应核减暂停拨付期间的补贴资金。

三、垃圾焚烧发电项目篡改、伪造自动监测数据的，自公安、生态环境部门做出行政处罚决定或人民法院判决生效之日起，电网企业应将其移出可再生能源发电补贴清单。

垃圾焚烧发电项目因前述规定被移出可再生能源发电补贴清单的，自移出之日起3年内不得再纳入补贴清单，移出补贴清单期间所发电量不予补贴。

四、电网企业应将列入补贴清单的垃圾焚烧发电项目情况报送至当地生态环境部门，并按季度向其经营范围内相关生态环境部门申请垃圾焚烧发电项目行政处罚情况。当地生态环境部门在对垃圾焚烧发电项目环境违法行为进行处罚时，将相关结果抄送项目接入的电网企业。电网企业依据当地生态环境部门的处罚决定，核减或暂停拨付补贴资金，并与垃圾焚烧发电项目进行结算。

五、生态环境部按季度将各地垃圾焚烧发电项目环境违法行为处罚情况函告财政部。财政部将据此与各电网企业进行结算。

六、各级财政、生态环境部门工作人员存在以权谋私、滥用职权、玩忽职守、徇私舞弊等违法违纪行为的，按照《中华人民共和国预算法》《中华人民共和国公务员法》《中华人民共和国监察法》《财政违法行为处罚处分条例》等国家有关规定追究相应责任；涉嫌犯罪的，移送司法机关处理。

七、本通知自2020年7月1日起施行。

财 政 部

生态环境部

2020年6月19日

关于加快推进可再生能源发电补贴项目清单审核有关工作的通知

（财办建〔2020〕70号）

各省、自治区、直辖市财政厅（局），国家电网公司、中国南方电网有限责任公司、国家可再生能源信息管理中心：

按照《财政部 国家发展改革委 国家能源局关于促进非水可再生能源发电健康发展的若干意见》（财建〔2020〕4号）要求，国家不再发布可再生能源电价附加补助目录，而由电网企业确定并定期公布符合条件的可再生能源发电补贴项目清单（以下简称补贴清单）。为加快推进相关工作，现将补贴清单审核、公布等有关事项通知如下：

一、抓紧审核存量项目信息，分批纳入补贴清单。纳入补贴清单的可再生能源发电项目需满足以下条件：

（一）符合我国可再生能源发展相关规划的陆上风电、海上风电、集中式光伏电站、非自然人分布式光伏发电、光热发电、地热发电、生物质发电等项目。所有项目应于2006年及以后年度按规定完成核准（备案）手续，并已全部容量完成并网。

（二）符合国家能源主管部门要求，按照规模管理的需纳入年度建设规模管理范围内，生物质发电项目需纳入国家或省级规划，农林生物质发电项目应符合《农林生物质发电项目防治掺煤监督管理指导意见》（国能综新能〔2016〕623号）要求。其中，2019年光伏新增项目，2020年光伏、风电和生物质发电新增项目需满足国家能源主管部门出台的新增项目管理办法。

（三）符合国家可再生能源价格政策，上网电价已获得价格主管部门批复。

二、补贴清单由电网企业公布。具体流程如下：

（一）项目初审。

国家电网、南方电网和地方独立电网企业组织经营范围内的可再生能源发电企业按要求申报补贴清单，并对申报项目材料的真实性进行初审。具体申报要求见国家可再生能源信息平台（以下简称信息平台）公告。

（二）省级主管部门确认。

电网企业将符合要求的可再生能源发电项目汇总后，向各省（区、市）能源主管部门申报审核。各省（区、市）能源主管部门对项目是否按规定完成核准（备案）、是否纳入年度建设规模管理范围等条件进行确认并将结果反馈电网企业。

（三）项目复核。

电网企业将经过确认的可再生能源发电项目相关申报材料按要求通过信息平台提交国家可再生能源信息管理中心，由国家可再生能源信息管理中心对申报项目资料的完整性、支持性文件的有效性和项目情况的真实性进行复核，包括规模管理和电价政策等方面内容，并将复核结果反馈电网企业。

（四）补贴清单公示和公布。

电网企业将复核后符合条件的项目形成补贴项目清单，并在网站上进行公示。公示期满后，国家电网、南方电网正式对外公布各自经营范围内的补贴清单，并将公布结果报送财政部、国家发展改革委和国家能源局。地方独立电网需报送所在地省级财政、价格、能源主管部门确认后，再公布经营范围内的补贴清单。

补贴清单内容需包括：项目类别、名称、场址、业主、并网容量、全容量并网时间、上网电价、列入规模管理年份等基本信息，以及其他必要信息。此前已公布的补贴清单如信息不全，应予以补充公布。

三、按照国家价格政策要求，项目执行全容量并网时间的上网电价。对于履行程序分批次并网的项目，除国家另有明确规定以外，应按每批次全容量并网的实际时间分别确定上网电价。项目全容量并网时间由地方能源监管部门或电网企业认定，如因技术原因等特殊原因确实无法认定的，为加快项目确权，暂按本文所附《可再生能源发电项目全容量并网时间认定办法》进行认定。

四、纳入补贴清单的可再生能源发电项目，如项目名称、业主信息发生变更，由可再生能源发电企业向电网企业申请更变，电网企业应在接到申请后15天内完成变更并对外公布；如并网容量、场址发生变更，需按本通知第三部分要求重新申报纳入补贴清单。

五、光伏自然人分布式仍按《财政部 国家发展改革委 国家能源局关于公布可再生能源电价附加资金补助目录（第六批）的通知》（财建〔2016〕669号）要求管理，电网企业应定期汇总项目信息并完成备案工作。

请各单位按照上述要求，按照项目全容量并网时间先后顺序，成熟一批，公布一批，尽快完成补贴清单的公布。补贴清单审核、公布中如遇新情况、新问题，请及时向财政部、发展改革委、国家能源局反映。

财政部办公厅

2020年11月18日

附件 可再生能源发电项目全容量并网时间认定办法

可再生能源发电项目全容量并网时间认定办法

按照《关于促进非水可再生能源发电健康发展的若干意见》（财建〔2020〕4号），由电网企业按照要求审核公布可再生能源发电项目补贴清单。为提高审核效率，加快审核进度，对于地方能源监管机构和电网企业都无法认定全容量并网时间的项目，按以下办法审核认定：

一、企业承诺

可再生能源补贴项目申请补贴清单时，应提交全容量并网时间承诺，同时提交相关核验材料。承诺内容包括：项目全部容量并网发电的时间，办理电力业务许可证时是否完成全容量并网，办理并网调度协议时是否完成全容量并网等。

可再生能源补贴项目应将承诺书及电力业务许可证（按规定豁免办理电力业务许可证的项目除外）、并网调度协议等核验材料上传至目录清单审核平台。

二、多方核验

可再生能源补贴项目提交承诺书及相关核验材料后，方可进入审核流程。其中，地方能源监管机构负责审核电力业务许可证的真实性和有效性；电网企业负责审核并网调度协议的真实性和有效性；可再生能源信息管理中心负责审核全容量并网时间承诺书和相关证明材料的完整性、逻辑性。

三、认定办法

（一）可再生能源补贴项目承诺的全容量并网时间、电力业务许可证明确的并网时间、并网调度协议明确的并网时间相一致的，项目按此时间列入补贴清单，享受对应的电价政策。

（二）可再生能源补贴项目承诺的全容量并网时间、电力业务许可证明确的并网时间、并网调度协议明确的并网时间不一致，但不影响项目享受的电价政策，项目按企业承诺全容量并网时间列入补贴清单，享受对应的电价政策。

（三）可再生能源补贴项目承诺的全容量并网时间、电力业务许可证明确的并网时间、并网调度协议明确的并网时间不一致，且影响电价政策的，按照三个并网时间中的最后时点确认全容量并网时间，列入补贴清单，享受对应的电价政策。

（四）项目对认定的全容量并网时间若有不同意见，可申请复核，并提交以下材料：

（1）国家认可的机构出具的质量监督报告；

（2）总承包合同、所有发电设备的采购合同、所有发电设备采购合同的付款银行流水记录；

（3）购售电合同及全容量并网后逐月销售电量、售电收入银行流水记录；

（4）其他可证明项目承诺合容量并网时间的材料。

项目提交的上述材料完整清楚、不存在时间矛盾的，从项目企业承诺的全容量并网时间起，计算并网后12个月的平均利用小时，不低于同一地区、同类项目、同期间的年平均利用小时的50%时，可暂按项目承诺全容量并网时间列入补贴清单。如未达到50%，则按月向后平移计算12个月的平均利用小时，直至达到50%的月份，暂按此月份为该项目全容量并网时间列入补贴清单。

项目履行程序分批完成并网的，应分别承诺每一批全部容量并网发电的时间，分批进行核验和认定。

四、加强监管

电网企业应组织对补贴清单内的项目进行全面自查，实现清单内项目全覆盖。全容量并网时间承诺书纳入可再生能源发电项目补贴清单公示范围，接受全社会监督。对于企业和个人反映的问题，电网企业应及时核实并说明情况，相应处理。

国家有关部门将组织第三方机构对补贴项目承诺的全容量并网时间进行核查，重点核查承诺的全容量并网时间、电力业务许可证明确的并网时间、并网调度协议明确的并网时间不一致、影响价格政策的项目。补贴项目必须按要求配合做好核查工作，按时提供所需资料，否则将移出补贴清单。

如核查证明全容量并网时间与企业承诺不一致，将视情节轻重相应核减补贴资金，并向社会公开通报。

（一）经核实的全容量并网时间比企业承诺全容量并网时间滞后3个月及以上的。影响价格的，该项目移出补贴目录清单，且自移出之日起3年内不得再纳入补贴清单，移出补贴清单期间所发电量不予补贴。

（二）经核实的全容量并网时间比企业承诺全容量并网时间滞后3个月以下、1个月以上的。影响价格的，在补贴目录清单中剔除该项目未按期并网发电的容量，并按实际发放补贴金额的3倍核减该项目补贴资金。

（三）经核实的全容量并网时间比企业承诺全容量并网时间滞后1个月以内的。影响价格的，在补贴目录清单中剔除该项目未按期并网发电的容量，并按实际发放补贴金额的2倍核减该项目补贴资金。

生态环境部办公厅文件

关于深入推进重点行业清洁生产审核工作的通知

（环办科财〔2020〕27号）

各省、自治区、直辖市生态环境厅（局）、发展改革委，有关省、自治区、直辖市工业和信息化主管部门，新疆生产建设兵团生态环境局、发展改革委：

为贯彻落实《中华人民共和国清洁生产促进法》《中共中央　国务院关于全面加强生态环境保护　坚决打好污染防治攻坚战的意见》和《关于构建现代环境治理体系的指导意见》的要求，进一步强化清洁生产审核在重点行业节能减排和产业升级改造中的支撑作用，促进形成绿色发展方式，推动经济高质量发展，现就深入推进重点行业清洁生产审核工作的有关要求通知如下。

一、充分认识新形势下推进清洁生产审核的重要意义

近年来，地方各级政府按照党中央、国务院部署要求，积极推进清洁生产审核工作，不断提高重点行业清洁生产水平，大幅降低污染物排放强度和能耗，在助力打赢污染防治攻坚战、促进产业改造升级等方面取得了显著成效。实践表明，清洁生产审核是推动清洁生产工作的有效手段，是践行绿色发展理念的重要途径，对从源头上减少或消除污染、提升生态环境质量具有积极意义。地方各级负责清洁生产审核工作的部门要从贯彻落实习近平生态文明思想、加强生态文明建设的战略高度，充分认识开展清洁生产审核工作的重要意义，切实履职尽责、积极作为，通过深入推进清洁生产审核工作，进一步挖掘企业节能减排潜力，从源头上减少污染排放，实现主要污染物排放总量持续下降，为加快形成绿色生产方式、推动实现高质量发展提供有力支撑。

二、扎实推进重点行业清洁生产审核工作

各省级负责清洁生产审核工作的部门要以《中共中央　国务院关于全面加强生态环境保护　坚决打好污染防治攻坚战的意见》和《关于构建现代环境治理体系的指导意见》为指导，认真落实《中华人民共和国清洁生产促进法》《清洁生产审核办法》有关规定，结合国家和地方节能要求和环境质量改善需求，以能源、冶金、焦化、建材、有色、化工、印染、造纸、原料药、电镀、农副食品加工、工业涂装、包装印刷等行业作为当前实施清洁生产审核的重点（各地也可根据当地行业实际情况适当补充），全面落实强制性清洁生产审核要求，制定本地区清洁生产审核实施方案（2021—2023年），并组织抓好落实。要把清洁生产审核方案主要内容纳入本地区节能降耗、污染防治等行动计划中，加大对清洁生产审核工作情况的日常监督和检查力度，开展清洁生产水平和绩效整体评估。自2021年起，各省级负责清洁生产审核工作的部门应于每年第一季度末将上年度实施方案落实情况报送生态环境部、国家发展改革委。

三、压实企业实施清洁生产审核的主体责任

按照《中华人民共和国清洁生产促进法》要求必须开展强制性清洁生产审核的企业，应积极主动配合各级负责清洁生产审核工作的部门开展清洁生产审核工作。纳入各地区清洁生产审核范围的企业应提高主动性和责任意识，按照《清洁生产审核办法》相关规定，自主开展或委托有技术能力的第三方咨询服务机构开展审核工作。各地区负责清洁生产审核工作的部门要将企业开展清洁生产审核情况纳入企业环境信用评价体系和环境信息强制性披露范围，对违反《中华人民共和国清洁生产促进法》和《清洁生产审核办法》相关规定并受到处罚的企业，依法依规通过“信用中国”网站等渠道向社会公布，并记入其信用记录。

四、积极推进清洁生产审核模式创新

各地区负责清洁生产审核工作的部门要根据企业的生产工艺情况、技术装备水平、能源资源消耗状况和环境影响程度的不同，探索实施差别化清洁生产审核；积极探索行业、工业园区和企业集群整体审核模式，提升行业、工业园区和企业集群整体清洁生产水平，有条件的地区可开展政府购买第三方清洁生产审核服务试点；探索清洁生产审核制度与排污许可制度相衔接的模式，将排污许可证申领、登记与实施情况纳入审核内容，以清洁生产审核支撑排污许可证科学核发，促进排污许可规范实施与常态管理；鼓励《中华人民共和国清洁生产促进法》第二十七条第二款规定以外的企业，与当地清洁生产综合协调部门和生态环境部门自愿签订进一步节约资源、削减污染物排放量的协议。

五、健全技术与服务支撑体系

各省级生态环境部门、发展改革部门会同有关部门要进一步完善技术咨询服务体系，为清洁生产审核提供专业支撑。要建立清洁生产专家库，明确专家入库条件，实行记分考核、动态管理，确保公平公正，科学规范。有条件的地区可根据需要制定地方行业清洁生产评价指标体系、技术导向目录、审核指南和案例汇编等。鼓励各地区充分发挥清洁生产学会、协会等团体机构作用，广泛开展技术研讨交流，推动清洁生产审核方法创新，开发简捷有效的清洁生产审核工具，提高清洁生产审核实效。各地区应注重培训工作，制定年度培训计划，对专家、咨询机构、企业，以及县级以上相关部门清洁生产管理人员开展有针对性的培训，提升清洁生产管理能力和技术水平。

六、强化资金保障与政策支持

各地区要按照《中华人民共和国清洁生产促进法》要求，将清洁生产审核工作经费纳入本级年度财政预算，对从事清洁生产研究、示范和培训，实施国家清洁生产重点技术改造项目和自愿节约资源、削减污染物排放量协议中载明的技术改造项目，给予资金和政策支持。企业用于清洁生产审核和培训的费用，可以列入企业经营成本。对达到国际清洁生产领先水平的企业，在政府绿色采购、企业信贷融资等方面给予优先支持，纳入监督执法正面清单。达标企业通过清洁生产技术升级改造实现的主要污染物排放稳定削减量、节能量，在完成主要污染物减排、节能任务的基础上，可按相关规定将富余指标进入排污权、用能权交易市场进行交易，或用于企业自身发展所需的产能扩容及新产品新增产量所需的污染物排放指标。

七、推进清洁生产信息系统建设

各省级生态环境部门、发展改革部门会同有关部门要组织和支持建立清洁生产信息系统，向社会提供有关清洁生产方法和技术、可再生利用的废物供求以及清洁生产政策等方面的信息和服务。同时，对本地区企业清洁生产审核完成及质量情况、评估与验收情况、清洁生产方案实施情况和绩效统计等信息进行动态管理和实时查询，实现对本地区清洁生产审核企业、评估验收专家、清洁生产审核咨询机构和人员的信息化管理。

八、加大宣传引导力度

各地区要组织开展多层次、多元化的宣传教育活动，充分利用各类媒体、公益组织、行业协会等广泛宣传清洁生产法律法规、政策规范、管理制度和典型案例等，开展经验交流和技术推广，提升政府管理人员、企业经营管理者和社会公众的清洁生产意识。

生态环境部办公厅
发展改革委办公厅
2020年10月15日

国家能源局文件

国家能源局关于印发《光伏发电市场环境监测评价方法及标准（2019年修订版）》的通知

（国能发新能〔2020〕1号）

各省（自治区、直辖市）及新疆生产建设兵团能源局，北京市、天津市、上海市、福建省、海南省发展改革委，国家能源局各派出能源监管机构，国家电网有限公司、南方电网公司、内蒙古电力公司，华能、大唐、华电、国能投、国电投、三峡、中核、中广核、中节能集团公司、水电总院、电规总院，光伏行业有关协会、学会、商会，国家可再生能源中心：

为进一步发挥市场在资源配置中的决定性作用，做好光伏发电市场环境监测评价工作，推动光伏发电建设运营环境不断优化，引导企业理性投资，促进光伏行业持续健康发展，现决定对《国家能源局关于建立市场环境监测评价机制引导光伏产业健康有序发展的通知》（国能发新能〔2017〕79号）中的附件1进行修订，现将修订后的《光伏发电市场环境监测评价方法及标准（2019年修订版）》印发你们，自印发之日起实施。

附件：光伏发电市场环境监测评价方法及标准（2019年修订版）

国家能源局

2020年1月7日

附件

光伏发电市场环境监测评价方法及标准（2019年修订版）

一、评价方法

光伏发电市场环境监测评价采取综合评价与约束性指标判定相结合的方式。综合评价由各项竞争力评价指标和风险评价指标进行评分加总。总分不足60分，为红色；总分在60分以上、不足80分，为橙色；总分在80分以上，为绿色。约束性指标为弃光程度，弃光率10%以上的直接判定为红色。

二、评价标准

项目	内容	分值	评价标准
一、竞争力评价指标	1.1土地条件	10	按照评价年度统计的新建光伏电站土地使用成本（按新增用地面积折算用地成本至各年，不含城镇土地使用税和耕地占用税）和土地税征收情况（包括城镇土地使用税和耕地占用税）分两项进行综合评分： 1. 用地成本300元/亩年以下，得10分；用地成本在300元/亩年以上、不足1000元/亩年的，每增加100元/亩年，减1分；用地成本在1000元/亩年以上，每增加100元/亩年，减2分。 2. 耕地占用税征收部分占总用地面积比例，每超过10%，减5分；城镇土地使用税征收部分占总用地面积比例，每超过5%，减5分。 总分减至0分为止
	1.2地方政府服务	10	按照地方政府普通光伏电站和工商业分布式光伏项目资源配置工作服务水平分三项进行评分： 1. 竞争性配置（3分）：出台省级统一的普通光伏电站和工商业分布式光伏项目竞争性配置办法，得3分；仅出台地市级、县级竞争性配置办法的，分别得2分、1分。 2. 附加条件（4分）：地方政府在普通光伏电站和工商业分布式光伏项目资源配置工作中无任何附加条件要求（包括摊派、产业配套等各类附加条件要求）的，得4分；每增加一个附加条件要求，减1分，扣完为止。 3. 服务评价（3分）：根据企业调查、市场投诉、媒体监督反映情况进行综合评分

续表

项目	内容	分值	评价标准
一、竞争力评价指标	1.3 电网企业服务	10	按照电网企业前期工作和配套送出工程建设/回购情况分两项进行评分： 1. 前期工作服务（5分）：电网接入系统方案批复平均工作周期3个月以内的，得5分；每增加1个月，减1分，扣完为止。 2. 配套送出工程建设/回购（5分）：省级电网按项目建设周期及时建设配套送出工程，且对以前发电企业投资建设送出工程一年内完成回购的，得5分；省级电网未及时按项目建设周期建设配套送出工程，或对以前发电企业投资建设送出工程未在一年内完成回购的，得3分；省级电网未及时按项目建设周期建设配套送出工程，且对以前发电企业投资建设送出工程未在一年内完成回购的，得0分
	1.4 地方政府补贴力度	5	按各级地方政府补贴政策出台情况进行评分： 省级政府出台补贴政策，加2分； 市级政府出台补贴政策，加2分； 县级政府出台补贴政策，加1分； 最高为5分
二、风险评价指标	2.1 弃光程度	30	按评价年度弃光程度并结合保障小时数完成情况进行评分： 无弃光的，得30分； 弃光率不超过1%的，得29分； 弃光率高于1%、不超过2%的，得28分； 弃光率高于2%、不超过3%的，得27分； 弃光率高于3%、不超过3.5%的，得25分； 弃光率高于3.5%、不超过4%的，得23分； 弃光率高于4%、不超过4.5%的，得21分； 弃光率高于4.5%、不超过5%的，得18分； 弃光率高于5%、不超过6%的，得15分； 弃光率高于6%、不超过7%的，得12分； 弃光率高于7%、不超过8%的，得9分； 弃光率高于8%、不超过9%的，得6分； 弃光率高于9%、不足10%的，得3分； 弃光率10%以上的，直接判定为红色。 达到国家核定保障小时数，但按弃光率评分低于18分的，按18分计
	2.2 市场消纳风险	5	按评价年度其他可再生能源弃电情况进行评分： 无弃水和弃风的，得5分； 水能利用率在95%以上且弃风率不足10%的，得3分； 水能利用率不足95%或弃风率在10%以上的，得1分； 水能利用率不足95%且弃风率在10%以上的，得0分； 无弃光但该项得分低于3分的，按3分计
	2.3 全额保障性收购政策落实程度	10	按评价年度地区普通光伏电站落实全额保障性收购政策情况进行评分： 实现全额保障性收购的，得10分； 按全额保障性收购有关规定，保障性小时数以内的电量保价保量收购的得8分；保价保量收购比例不低于保障性小时数90%、80%的，分别得6分、4分；不足80%的，得0分

续表

项目	内容	分值	评价标准
二、风险评价指标	2.4 年度项目建设情况	20	按以下标准并分三种情形进行评分： 1. 评分标准 在国家相关政策规定时间内全容量并网的，得 20 分； 在国家相关政策规定时间内并网容量占比 90%以上、不足 100%的，得 18 分； 在国家相关政策规定时间内并网容量占比 80%以上、不足 90%的，得 16 分； 在国家相关政策规定时间内并网容量占比 70%以上、不足 80%的，得 14 分； 在国家相关政策规定时间内并网容量占比 60%以上、不足 70%的，得 12 分； 在国家相关政策规定时间内并网容量占比 50%以上，不足 60%的，得 10 分； 在国家相关政策规定时间内并网容量占比 40%以上，不足 50%的，得 8 分； 在国家相关政策规定时间内并网容量占比 30%以上，不足 40%的，得 5 分； 在国家相关政策规定时间内并网容量占比不足 30%的，得 0 分。 2. 评分办法 根据各省份（资源区）项目建设情况分为三种情形进行评分： 情形一：未开展光伏领跑基地及示范基地建设的省份（资源区）。 对于评价年度已入选的光伏补贴竞价项目和国家公布的平价上网项目，按照实际并网总容量进行评分。 情形二：开展光伏领跑基地或示范基地的省份（资源区）。评分由以下两部分得分相加。 1）对于评价年度已入选的光伏补贴竞价项目和国家公布的平价上网项目，按照实际并网总容量进行评分，权重为 70%。 2）对于光伏领跑基地项目（含二、三期应用领跑基地和技术领跑基地）和示范基地项目（不含跨省跨区输电通道配套光伏项目），按照实际并网容量进行评分，权重 30%。 情形三：评价年度未安排新建项目的省份（资源区）（不包括跨区跨省外送通道配套项目）。本项得分按照其余评价指标得分比例折算，即本项得分=20×（其余指标得分总和/80）

注 1. 按照年等效满负荷利用小时数评价是否达到保障小时数。年等效满负荷利用小时根据选取地区评价年度之前全场建成并网投产的光伏电站进行统计计算，年等效满负荷利用小时=纳入统计的光伏电站年上网电量总和/纳入统计的光伏电站装机容量总和。

2. 弃光率根据选取地区评价年度之前全场建成并网投产的光伏电站进行统计计算，弃光率$=A/(A+B)\times 100\%$，其中 A 代表纳入统计的光伏电站年弃光电量总和，B 代表纳入统计的光伏电站评价年度上网电量总和。

3. 表中“以上、以下、以内、以外、超过”均含本数，“高于、不足”均不含本数。

4. 对以分布式光伏发电为主的省份（评价期分布式光伏累计装机容量超过全省总装机容量 50%的），“1.1 土地条件”评分标准依据评价期分布式光伏发电装机容量占比进行适度调整，具体方法为：最终得分=本省光伏电站得分×本省光伏电站累计装机容量/本省光伏发电累计装机容量+本项满分值×本省分布式光伏发电累计装机容量/本省光伏发电累计装机容量。最终得分四舍五入取整。

5. 示范基地指国家下达的各类示范性基地（不包括跨区跨省外送通道配套项目）、市级/县级示范（园）区等。截至 2019 年底，国家下达的示范基地主要包括：张家口市可再生能源示范区、山西太原市西山新能源示范园区、内蒙古库布齐治沙示范项目、安徽金寨国家高比例可再生能源示范县、甘肃河西走廊清洁能源基地等。后续根据国家下达规模情况动态调整。

关于印发《关于加强储能标准化工作的实施方案》的通知

（国能综通科技〔2020〕3号）

为落实《关于促进储能技术与产业发展的指导意见》（发改能源〔2017〕1701号），加强储能标准化建设工作，发挥标准的规范和引领作用，我们结合实际，制定了《关于加强储能标准化工作的实施方案》。现印发你们，请认真贯彻执行。

国家能源局综合司
应急管理部办公厅
国家市场监督管理总局办公厅
2020年1月9日

关于加强储能标准化工作的实施方案

为落实《关于促进储能技术与产业发展的指导意见》（发改能源〔2017〕1701号），加强储能标准化建设工作，发挥标准的规范和引领作用，促进储能产业高质量发展，制定本实施方案。

一、总体要求

（一）指导思想。以习近平新时代中国特色社会主义思想为指导，深入贯彻落实党的十九大和十九届二中、三中、四中全会精神，坚持新发展理念，深入贯彻能源安全新战略，强化顶层设计和工作统筹，科学建设储能标准体系，有力支撑储能技术与产业发展。

（二）工作目标。到2021年，形成政府引导、多方参与的储能标准化工作机制，推进建立较为系统的储能标准体系，加强储能关键技术标准制修订和储能标准国际化。

二、重点任务

（一）建立储能标准化协调工作机制。国家能源局会同应急管理部、市场监管总局（标准委）等建立储能标准化协调工作机制，指导储能标准化建设，协调解决储能标准化工作中的重大问题。加强储能标准化技术组织体系建设，促进协调相关行业标准化管理机构，以及储能领域相关标准化技术组织间的沟通及协作。

（二）建设储能标准体系。跟踪储能技术与产业发展，针对储能设施在能源系统的应用，建立涵盖储能系统与设备及其应用，相互支撑、协同发展的标准体系。积极推进关键储能标准制定，鼓励新兴储能技术和应用的标准研究工作。

（三）推动储能标准化示范。推进储能技术创新与标准研制有效结合，鼓励在储能工程示范项目中开展标准应用、验证、研制，将成功的工程应用经验转化为标准。开展储能标准化试点示范，促进企业运用标准化方式组织储能工程应用，发挥标准化对储能产业的支撑和引领作用。

（四）推进储能标准国际化。积极承担储能技术国际标准制修订任务，实质性参与储能技术领域的国际标准化工作。在国际标准研究和验证的基础上，进一步提升储能国际标准的转化率。通过双边、多边能源国际合作，促进储能标准国际化。

三、保障措施

（一）加强组织协调。国家能源局会同有关部门每年定期组织储能有关标准化管理机构、标准化技术组织、学协会召开储能标准化工作联席会议，研究解决储能领域标准的重大问题，统筹部署储能领域标准化工作计划。

（二）加强信息共享。建立储能标准信息平台，共享储能标准化工作动态信息。相关标准化技术组织按职责分工，定期将标准制修订成果和工作信息在平台上共享。

（三）加强技术交流。发挥相关标准化管理机构、标准化技术组织、学协会的平台作用，加强储能标准宣贯，促进储能重点标准贯彻落实。积极开展储能标准技术交流，推动储能标准应用实施和技术进步。针对储能领域热点、难点问题，组织专题研讨。

（四）加强监督管理。国家能源局会同有关部门对在工程中实施效果良好的储能标准加强推广应用；对内容滞后、交叉重复、使用率低的国家标准和行业标准，及时推进标准修订、整合或废止。

国家能源局综合司关于切实做好疫情防控电力保障服务和当前电力安全生产工作的通知

（国能综通安全〔2020〕6号）

各省、自治区、直辖市、新疆生产建设兵团能源局、有关省（直辖市）发展改革委、经信委（工信委），北京市城管委，各派出机构，全国电力安委会各企业成员单位，各有关单位：

近日，国务院安委会办公室、应急管理部联合印发《关于做好当前安全防范工作的通知》（安委办明电〔2020〕1号），要求各地区、有关部门和单位统筹做好新型冠状病毒感染肺炎疫情应对和安全风险防范工作，请各单位认真贯彻执行。现就进一步做好疫情防控电力保障服务和当前电力安全生产等有关工作，提出如下要求。

一、提高站位，坚决做好疫情防控电力保障服务

各单位要切实提高政治站位，深刻认识当前疫情防控严峻形势，深入贯彻习近平总书记重要讲话和重要指示批示精神，严格落实党中央、国务院重大决策部署要求，坚持把人民群众生命安全和健康放在第一位，紧紧围绕疫情防控需要，进一步强化组织领导，细化工作措施，全力做好疫情防控电力保障服务，以实际行动和工作成效践行“两个维护”、接受党和人民的重大考验。

二、落实责任，认真抓好关键时期电力安全生产

当前，全国疫情防控工作已进入关键时期，各单位要严格落实责任，认真做好安全生产各项工作，确保电力系统运行安全，坚决遏制重特大事故发生。地方政府电力管理部门要压实扛牢属地监管责任，精准研判电力负荷变化情况，加强运行调度管理，协调解决电力安全生产重大困难问题。各派出机构要切实履行行业监管责任，指导督促电力企业深入排查隐患、及时化解风险，提升安全管理水平。电力企业要严格落实主体责任，加强安全生产管理。电网企业要做好电力电量平衡，合理安排运行方式，按规定保留系统备用容量；加强对重要通道场站的巡视检查，强化设备运行维护管理，确保全国特别是疫区电网安全运行。发电企业要统筹安排机组检修计划，加强冬季防寒防冻工作，提前采购储备充足燃料物资，确保机组稳定出力。

三、突出重点，全力确保重要用户电力稳定可靠供应

地方政府电力管理部门和各派出机构要全面梳理辖区内医疗机构、隔离区域、医用物资生产运输企业等疫情防控单位和场所情况，并将其列为重要电力用户，指导供电企业予以重点保障。供电企业要按照当地政府要求和疫情防控需要，实施电力用户分类管理，对党政军机关、疫情防控机构场所、铁路民航通讯单位等重要用户特事特办，采取增加供电回路、配备应急电源、加强线路检修等措施，千方百计提升电力供应可靠性水平。各单位要齐心协力、齐抓共管，坚决保障各类重要用户的电力安全稳定供应。

四、协调联动，妥善处置电力安全生产突发事件

各单位要进一步强化底线思维，加强应急管理，完善应急预案，提升预案针对性和可操作性。要加强与相关单位的联系，健全协调联动机制，共享信息、物资等资源。要组织精干力量，建立专职或兼职应急队伍，增强抢险救援力量。要加强涉电舆情监测，加大正面宣传力度，积极发声辟谣，引导社会舆论，防范负面恶意炒作。要加强值班值守，确保遇事有人指挥、有人落实。要严格执行重大事件和突发情况信息报送制度，畅通报送渠道，熟悉报送流程，杜绝因信息报告不及时影响突发事件应对处置工作的现象。

五、提前谋划，切实加强节后复工复产管理

各单位要深入研究春节假期延长、计划工期缩短、疫情防控期间人员流动受限等实际情况，提前谋划部署节后复工复产工作。电力企业要坚持时间服从安全和质量，科学确定复工复产时间节点，及时修订施工作业方案，重新确定合理工期，严禁抢进度、赶工期。要严格履行复工复产相关流程和手续，准确评估安全生产条件，深入管控治理风险隐患。要及时开展安全教育培训，严格执行作业人员特别是新进场人员和转岗人员三级教育培训制度，未经教育培训合格的人员不得上岗作业。要加强复工复产现场管理，加强高风险作业管控，落实安全防护和技术保障措施。要强化工程项目外包管理，严格审查外包单位、外协队伍、外来人员能力条件，杜绝无相应资质或不具备安全生产能力的单位和人员进场作业。地方政府电力管理部门和各派出机构要监督指导电力企业制定落实复工复产方案和安全措施，严禁不满足安全生产条件而“带病”强行复工复产。

国家能源局综合司
2020 年 1 月 30 日

国家能源局关于发布 2023 年煤电规划建设风险预警的通知

（国能发电力〔2020〕12 号）

各省、自治区、直辖市、新疆生产建设兵团能源局、有关省（直辖市）发展改革委，各派出机构，中电联，国家电网有限公司、中国南方电网有限责任公司，中国华能集团公司、中国大唐集团公司、中国华电集团公司、国家能源投资集团公司、国家电力投资集团公司，中国国际工程咨询公司、电力规划设计总院：

为落实国家煤电发展政策提出的按年发布实施煤电规划建设风险预警的要求，增强电力、热力供应保障能力，更好指导地方和发电企业按需有序核准、建设省内自用煤电项目，现将 2023 年分省煤电规划建设风险预警结果印送你们，并就有关事项通知如下。

一、煤电规划建设风险预警的指标体系分为煤电装机充裕度预警指标、资源约束指标、煤电建设经济性预警指标。其中，煤电装机充裕度预警指标是约束

性指标，体现了当地煤电装机、电力供应的冗余情况；资源约束指标是约束性指标，反映了在当地规划建设煤电项目的可行性；煤电建设经济性预警指标是建议性指标，体现了建设省内自用煤电项目的经济性，为规划建设煤电项目提供决策参考。

二、煤电装机充裕度预警指标基于2023年各省、自治区、直辖市电力系统备用率，分为红色、橙色、绿色三个等级。煤电装机明显冗余、系统备用率过高的为红色预警；煤电装机较为充裕、系统备用率偏高的为橙色预警；电力供需基本平衡或有缺口的、系统备用率适当或者偏低的为绿色。各省、自治区、直辖市电力系统参考备用率测算方法及预警结果见附件1和附件2。

三、资源约束指标基于各省、自治区、直辖市的大气污染物排放、水资源、煤炭消费总量以及其他相关资源的约束情况，分为红色、绿色两个等级。对于《关于印发打赢蓝天保卫战三年行动计划的通知》（国发〔2018〕22号）确定的重点区域，资源约束指标为红色预警；其余为绿色。各省、自治区、直辖市资源约束情况见附件3。

四、煤电建设经济性预警指标基于2023年各省、自治区、直辖市新投运省内自用煤电项目的预期投资回报率，分为红色、橙色、绿色三个等级。投资回报率低于当期中长期国债利率的为红色预警；投资回报率在当期中长期国债利率至一般项目收益率（电力项目通常为8%）之间的为橙色预警；投资回报率高于一般项目收益率的为绿色。煤电项目预期投资回报率计算方法、预警结果见附件4和附件5。

五、在电力供需形势、煤价、电价等关键条件发生较大变化或者相关重大政策出台后，我局将及时更新风险预警结果，另行补充发布。

特此通知。

附件：1. 各省、自治区、直辖市电力系统参考备用率

2. 2023年装机充裕度情况

3. 2023年资源约束情况

4. 煤电项目预期投资回报率计算方法

5. 2023年经济性预警情况

国家能源局

2020年2月11日

附件1

各省、自治区、直辖市电力系统参考备用率

序号	地区		合理备用率	绿色区间	橙色区间	红色区间
1	黑龙江		13%	≤15%	15%～16%	>16%
2	吉林		13%	≤15%	15%～17%	≥17%
3	辽宁		13%	≤14%	14%～17%	≥17%
4	内蒙古	蒙东	15%	≤19%	19%～20%	≥20%
5		蒙西	15%	≤16%	16%～21%	≥21%
6	北京		15%	—	—	—
7	天津		15%	≤19%	19%～20%	≥20%
8	河北	冀北	13%	≤15%	15%～17%	≥17%
9		冀南	13%	≤14%	14%～18%	≥18%
10	山东		13%	≤14%	14%～17%	≥17%
11	山西		13%	≤15%	15%～19%	≥19%
12	陕西		13%	≤15%	15%～18%	≥18%
13	甘肃		13%	≤15%	15%～18%	≥18%
14	青海		13%	≤16%	16%～18%	≥18%
15	宁夏		15%	≤18%	18%～20%	≥20%
16	新疆		15%	≤17%	17%～22%	≥22%
17	河南		14%	≤15%	15%～19%	≥19%
18	湖北		14%	≤16%	16%～20%	≥20%
19	湖南		14%	≤16%	16%～20%	≥20%

续表

序号	地区	合理备用率	绿色区间	橙色区间	红色区间
20	江西	14%	≤16%	16%～22%	≥22%
21	四川	14%	≤15%	15%～19%	≥19%
22	重庆	15%	≤17%	17%～21%	≥21%
23	西藏	—	—	—	—
24	上海	15%	≤17%	17%～18%	≥18%
25	江苏	12%	≤13%	13%～17%	≥17%
26	浙江	12%	≤13%	13%～17%	≥17%
27	安徽	12%	≤14%	14%～18%	≥18%
28	福建	12%	≤14%	14%～18%	≥18%
29	广东	13%	≤14%	14%～18%	≥18%
30	广西	13%	≤15%	15%～17%	≥17%
31	云南	13%	≤14%	14%～20%	≥20%
32	贵州	13%	≤15%	15%～20%	≥20%
33	海南	20%	≤25%	25%～29%	≥29%

注 绿色区间：系统实际备用率不高于合理备用率，或在合理备用率之上小于当地一台大型煤电单机对应的系统备用率。

红色区间：系统实际备用率在合理备用率之上多出当地一年负荷增长需要的装机所对应的系统备用率。

橙色区间：系统实际备用率介于绿色及红色范围之间。

附件 2

2023 年装机充裕度情况

序号	地区		煤电装机充裕度预警指标	序号	地区	煤电装机充裕度预警指标
1	黑龙江		橙色	18	湖北	绿色
2	吉林		橙色	19	湖南	绿色
3	辽宁		绿色	20	江西	绿色
4	内蒙古	蒙东	绿色	21	四川	绿色
5		蒙西	绿色	22	重庆	绿色
6	北京		—	23	西藏	—
7	天津		绿色	24	上海	绿色
8	河北	冀北	绿色	25	江苏	绿色
9		冀南	绿色	26	浙江	绿色
10	山东		绿色	27	安徽	绿色
11	山西		红色	28	福建	绿色
12	陕西		绿色	29	广东	绿色
13	甘肃		红色	30	广西	绿色
14	青海		绿色	31	云南	绿色
15	宁夏		红色	32	贵州	绿色
16	新疆		橙色	33	海南	绿色
17	河南		绿色			

附件 3

2023 年资源约束情况

序号	地区		资源约束指标	
1	黑龙江		绿色	
2	吉林		绿色	
3	辽宁		绿色	
4	内蒙古	蒙东	绿色	
5		蒙西	绿色	
6	北京		红色	
7	天津		红色	
8	河北	冀北	重点区域	红色
			其他区域	绿色
9		冀南	红色	
10	山东		重点区域	红色
			其他区域	绿色
11	山西		重点区域	红色
			其他区域	绿色
12	陕西		重点区域	红色
			其他区域	绿色
13	甘肃		绿色	
14	青海		绿色	
15	宁夏		绿色	
16	新疆		绿色	
17	河南		重点区域	红色
			其他区域	绿色
18	湖北		绿色	
19	湖南		绿色	
20	江西		绿色	
21	四川		绿色	
22	重庆		绿色	
23	西藏		绿色	
24	上海		红色	
25	江苏		红色	
26	浙江		红色	
27	安徽		红色	
28	福建		绿色	
29	广东		绿色	
30	广西		绿色	
31	云南		绿色	
32	贵州		绿色	
33	海南		绿色	

注　“重点区域”是指《关于印发打赢蓝天保卫战三年行动计划的通知》（国发〔2018〕22 号）所确定的重点区域范围。

附件 4　煤电项目预期投资回报率计算方法（略）

附件 5

2023 年经济性预警情况

序号	地区		煤电建设经济性预警指标
1	黑龙江		绿色
2	吉林		红色
3	辽宁		红色
4	内蒙古	蒙东	绿色
5		蒙西	绿色
6	北京		—
7	天津		红色
8	河北	冀北	绿色
9		冀南	绿色
10	山东		绿色
11	山西		绿色
12	陕西		绿色
13	甘肃		红色
14	青海		红色
15	宁夏		红色
16	新疆		绿色
17	河南		橙色
18	湖北		绿色

续表

序号	地区	煤电建设经济性预警指标	序号	地区	煤电建设经济性预警指标
19	湖南	绿色	27	安徽	绿色
20	江西	红色	28	福建	绿色
21	四川	红色	29	广东	绿色
22	重庆	绿色	30	广西	红色
23	西藏	—	31	云南	红色
24	上海	绿色	32	贵州	绿色
25	江苏	绿色	33	海南	绿色
26	浙江	绿色			

国家能源局综合司关于进一步做好电力建设工程开复工安全管理有关工作的通知

（国能综通安全〔2020〕12号）

各省（自治区、直辖市）和新疆生产建设兵团能源局、有关省（直辖市）发展改革委，北京市城市管理委员会，各派出机构，全国电力安委会各企业成员单位，各有关单位：

当前，各地电力建设工程集中开复工，疫情防控和安全防范压力交织叠加，形势严峻复杂，为深入贯彻习近平总书记关于疫情防控的重要讲话和指示批示精神，全面落实国家能源局关于做好疫情防控保障电力安全生产的工作部署，有效防范电力建设工程安全风险，现就电力建设工程开复工安全管理有关要求通知如下。

一、提高站位，严格落实疫情防控和安全生产责任

各单位要切实提高站位，高度重视电力建设工程开复工安全管理工作，深刻认识当前疫情防控严峻形势，认真学习习近平总书记关于新型冠状病毒肺炎疫情防控的重要讲话精神，严格落实党中央、国务院重大决策部署要求，坚持把人民群众生命安全和身体健康放在第一位，切实做到疫情防控和电力建设“两手抓、两不误”。

各单位应充分认识工程开复工初期疫情防控的风险，强化组织领导，围绕疫情防控需要，全力做好疫情防控保障服务。进一步加强安全生产监督管理，落实安全生产主体责任，新建电力工程开工应当按照国家有关规定办理工程质量监督手续，切实把管控措施落实到工程建设的每个环节、把安全责任落实到每名人员，做到守土有责、守土担责、守土尽责，坚决遏制电力建设领域重特大事故发生。

二、突出重点，扎实做好工程开复工疫情防控工作

各电力企业要结合疫情防控需要，全力做好电力建设工程开复工过程中的疫情防控工作。

一是要做好风险评估工作。电力企业要落实地方疫情防控管理要求，在开复工前组织力量对有关区域、部位和人员进行一次全面的疫情风险分析评估，摸清抓准薄弱环节、问题漏洞和关键要害，制定切实可行的防控措施抓好落实，并明确工程安全开复工条件。

二是要科学制定开复工施工方案。电力企业要根据当地疫情防控情况、人力资源、项目紧迫性和重要程度等因素，科学制定工程开复工施工方案和疫情防控工作方案，确定人员、材料需求计划，充分做好风险评估与防控，重点防范人员感染、防疫物资短缺等风险。

三是要开展工程复工验收工作。电力企业要成立复工验收小组，按程序组织开展工程复工验收工作，形成验收意见，由单位主要负责人对工程复工进行审批，不具备复工条件的，坚决不予复工。

四是要加强施工人员管控。各电力企业要明确人员返岗条件，经隔离观察无异常，由单位主要负责人批准后方可上岗，同时建立返岗员工健康卡制度，定期对施工现场人员健康情况进行监测，切实掌握施工人员流动情况并动态更新人员状态信息。施工前开展防疫知识宣传教育，并配备口罩、消毒用品等个人防护用品。

五是要加强工程现场各区域防疫工作。疫情防控期间，实施“进场普查”和“日常检查”制度，对生活区和作业区实行封闭式管理。现场配备测温枪、口罩、消毒水、消毒柜、应急交通车、应急药品等疫情防疫防控必须品。定期安排专人对现场各区域进行清洁消毒工作。

三、细化措施，全面加强现场安全管理

开复工初期历来是安全生产事故易发多发时期，各单位要充分考虑困难，细化各项措施，加强施工现场安全管理，确保全面提升施工现场安全管理水平。

一是要加强安全生产教育培训。开复工前，电力建设单位要针对当前面临的特殊情况制定安全教育专项方案，牵头组织参建单位开展安全生产再教育再培训，重点加强新型冠状病毒肺炎防疫知识宣传教育，确保进场作业人员培训全覆盖，未经安全教育培训合格的人员，不得上岗作业。特种作业人员必须经过专业培训并持证上岗，坚决杜绝无证上岗和“人证不符”现象发生。

二是要加强现场施工安全风险管控。受疫情影响，春节假期延长，人员流动受限导致基建工程压力加大，各单位应及时调整施工计划，合理安排工期，杜绝抢工期现象发生。要加强施工现场安全管控，优化施工作业方案，特别要加强隧洞开挖、施工起重机械和脚手架使用、高大模板施工等高风险作业管控。强化施工用电管理，严格落实安全防护和安全技术保障措施。

三是要做好工程现场隐患排查工作。电力企业要结合当地气候特点和工程项目具体情况，加强对重要环节、关键部位、重点区域的安全隐患排查治理。要对各类施工设备进行全面检查、检修、检测，确保工作正常。要做好安全防护设施、应急救援设施、劳动防护用品等安全设施的检查，确保安全设施完好、可靠。

四是要加强外包单位的安全管理。施工单位要重点抓好外包队伍、临时用工人员的准入和施工现场作业人员的安全管理，特别是外包单位的疫情防控工作，履行安全生产主体责任。严格审查外包单位资质、严禁无资质或资质不符的队伍和人员进入现场。

五是要强化工程安全监管工作。地方政府电力管理部门和派出机构要及时督导电力企业制定和执行开复工施工方案，做好施工安全和疫情防控管理。要加强行政执法，对不能保证安全生产的建设工程，要坚决予以停工整顿，对整改责任不落实、整改不彻底的，要严肃追究相关企业及人员的责任。

四、有力应对，切实提高应急管理水平

电力建设单位要根据本地区、本单位实际情况，组织参建单位进一步完善突发事件应急预案，做好应急物资、应急队伍等准备工作，有针对性地开展应急演练。要做好与地方相关部门的衔接和沟通，严格执行事故信息报送制度，坚决打赢疫情防控阻击战，切实保障施工现场安全。

国家能源局综合司

2020 年 2 月 17 日

国家能源局关于做好有序复工复产期间电力供应保障的通知

（国能综通电力〔2020〕16 号）

各省（区、市）、新疆生产建设兵团能源局，有关省（直辖市）发展改革委，各派出机构，国家电网有限公司、中国南方电网有限责任公司、中国华能集团公司、中国大唐集团公司、中国华电集团公司、国家能源投资集团公司、国家电力投资集团公司：

为贯彻落实习近平总书记关于疫情防控工作的重要指示精神，按照 2 月 23 日统筹推进新冠肺炎疫情防控和经济社会发展工作部署会议的要求，现就当前做好电力保障工作有关事项通知如下。

一、各地能源主管部门要以高度的责任感和使命感，严格落实属地责任，加大协调统筹力度，要切实组织加强电力企业疫情防控工作，关心关爱一线工作人员，确保人民群众生命安全和身体健康，要及时协调解决复工复产中的困难和问题，制定电力保供应对预案，满足疫情防控、人民群众生活和企业复工复产的用电需求，为经济社会发展提供充足的电力保障。

二、各电网企业要优化安排电力系统运行方式，强化输变电设施维护管理，确保全方式全接线运行，统筹考虑输送电力、余缺互济、事故支援等联网效益，充分发挥电网资源优化配置的平台作用，提升跨省跨区输电通道利用效率，持续加大配电网建设和改造力度，有效缓解电网“卡脖子”问题。

三、各电网企业要积极利用电力大数据等现代技术手段，强化对重点地区和重点企业用电量的动态监测分析，加强与电力用户的沟通衔接，准确掌握复工复产真实情况，提升电力负荷预测精准度，加大服务保障力度，在切实满足企业如期有序复工复产用电需要的同时，主动服务本地区经济社会发展。

四、各发电企业要高度重视相关外部因素，积极应对疫情引发的相关交通物流管控措施，主动加强与煤炭、运输企业沟通协商，拓宽电煤采购范围和渠道，抓紧补签 2020 年度电煤供应中长期合同，切实提高合同履约水平，多措并举提升燃料保障能力，满足疫情期间的电煤库存要求，加强重要支撑电源设备运维，确保机组稳发稳供，严格服从电力调度，提高电力保障能力。

五、各电力企业要优先保障重点地区电网的安全稳定运行，落实重点医院、疾控中心、疫苗研发、防控指挥部、疫情防治用品生产企业等重点场所保供电措施，确保万无一失。对新建扩建的医院、疫情防控设施和相关企业生产线，要按照特事特办原则，简化手续，加快施工，及时完成电力配套设施的新建和改造任务，保障电力安全稳定供应。

六、各电力企业要加大对民生领域用电保障的投入力度，确保人民群众生活和涉及公众利益、国家安全的重点用户用电安全可靠，维护社会稳定，要抓紧组织做好春耕备耕的用电保障。在电力供需紧平衡的地区，要制定有序用电的工作方案，确保电力可靠供应。

七、各电力企业要高度重视电力建设工程复工复产安全管理工作，要按照中央统一部署，落实分区分级精准复工复产要求，根据各地确定的县域疫情防控风险等级，差异化制定复工复产方案和疫情防控工作方案，切实做到疫情防控和电力建设“两手抓、两不误”。加强施工人员健康管控和现场区域防疫工作，把安全生产摆在重要位置，加强施工现场安全管理，深入开展工程现场隐患排查，确保全面提升施工现场安全管理水平。

八、各派出机构要加强与省级能源主管部门、相关电力企业的协调沟通，及时掌握本地区的电力运行和重要行业企业用户用电变化动态，科学研判复工复产进度趋势，研究提出政策措施建议。加大跨省跨区电力资源优化配置协调力度，实现余缺调剂互补。强化电力行业政策措施落实情况监管，促进电力系统安全稳定运行。进一步加强供电服务监管，提升电力企业供电服务水平。重大情况及时报告国家能源局。

国家能源局综合司
2020 年 2 月 28 日

国家能源局关于 2020 年风电、光伏发电项目建设有关事项的通知

（国能发新能〔2020〕17 号）

各省（自治区、直辖市）和新疆生产建设兵团能源局，有关省（直辖市）发展改革委、经信委（工信委、工信厅），各派出机构，国家电网有限公司、南方电网公司、内蒙古电力公司，电规总院、水电总院，各有关企业，各有关行业协会（学会、商会）：

为全面贯彻习近平总书记“四个革命、一个合作”能源安全新战略，建设清洁低碳、安全高效的能源体系，实现风电、光伏发电高质量发展，现就做好 2020 年度风电、光伏发电项目建设工作有关要求通知如下：

一、省级能源主管部门要根据国家可再生能源发展“十三五”相关规划和本地区电网消纳能力，按照 2020 年风电和光伏发电项目建设工作方案要求，规范有序组织项目建设；严格落实监测预警要求，以电网消纳能力为依据合理安排新增核准（备案）项目规模；按月组织风电、光伏发电企业在国家可再生能源发电项目信息管理平台填报、更新核准（备案）、开工、在建、并网等项目信息；加大与国土、环保等部门的协调，推动降低非技术成本，为风电、光伏发电建设投资营造良好环境。

二、国家电网有限公司、南方电网公司、内蒙古电力公司要会同新能源消纳监测预警中心及时测算论证经营区域内各省级区域 2020 年风电、光伏发电新增消纳能力，报国家能源局复核后于 3 月底前对社会发布；做好新建风电、光伏发电项目与电力送出工程建设的衔接并落实消纳方案；发挥电网并网关口作用，严格按照规划和消纳能力合理安排项目并网时序。

三、风电、光伏发电投资企业要综合考虑项目所在地区可再生能源“十三五”相关规划执行情况、电网消纳能力等，理性投资，防范投资风险；按照核准（备案）文件要求，落实各项建设条件，有序组织项目开工建设；加强工程质量管控，确保建设安全和生产安全。

四、各派出机构要加强对辖区内风电、光伏发电规划落实、消纳能力论证、项目竞争配置、电网送出工程建设、项目并网消纳等事项的监管，及时向国家能源局报送有关情况。

请各有关单位按照上述要求，完善有关工作机制，切实做好风电、光伏发电项目建设有关工作，推动风电、光伏发电产业持续健康发展。具体要求详见附件。

附件：1. 2020 年风电项目建设方案（略）
2. 2020 年光伏发电项目建设方案（略）

国家能源局
2020 年 3 月 5 日

国家能源局关于印发《重大活动电力安全保障工作规定》的通知

（国能发安全〔2020〕18 号）

各省（自治区、直辖市）和新疆生产建设兵团能源局，有关省（自治区、直辖市）发展改革委、经信委（工信委、工信厅），北京市城管委，各派出机构，全国电力安委会企业成员单位，有关单位：

为深入贯彻落实习近平新时代中国特色社会主义思想，进一步规范重大活动电力安全保障工作，强化

监督管理，确保重大活动供用电安全，国家能源局组织修订了《重大活动电力安全保障工作规定》。现印发给你们，请遵照执行。

国家能源局
2020年3月12日

附件

重大活动电力安全保障工作规定

第一章　总　　则

第一条　为规范重大活动电力安全保障工作，加强电力安全保障工作的监督管理，保证供用电安全，依据《安全生产法》《网络安全法》《电力监管条例》等法律法规和国家有关规定，制定本规定。

重大活动承办方、电力管理部门、派出机构、电力企业（含经营配电网的企业）、重点用户应当依照本规定做好重大活动电力安全保障工作。

第二条　本规定所称重大活动，是指由省级以上人民政府组织或认定的、具有重大影响和特定规模的政治、经济、科技、文化、体育等活动。

第三条　重大活动电力安全保障工作启动的依据包括：

（一）国务院安委会及党中央、国务院有关部门工作部署要求；

（二）重大活动主办方、承办方的正式通知；

（三）省级以上人民政府发布的社会公告；

（四）省级以上人民政府相关部门、电力企业等获取的信息，并被确认有必要开展电力安全保障工作的情形。

第四条　重大活动电力安全保障工作的总体目标是：确保重大活动期间电力系统安全稳定运行，确保重点用户供用电安全，杜绝造成严重社会影响的停电事件发生。

第五条　重大活动电力安全保障应当遵循超前部署、规范管理、各负其责、相互协作的工作原则。

第六条　重大活动电力安全保障工作分为准备、实施、总结三个阶段。

准备阶段，主要包括保障工作组织机构建立、保障工作方案制定、安全评估和隐患治理、网络安全保障、电力设施安全保卫和反恐怖防范、配套电力工程建设和用电设施改造、合理调整电力设备检修计划、应急准备，以及检查、督查等工作。

实施阶段，主要包括落实保障工作方案、人员到岗到位、重要电力设施及用电设施、关键信息基础设施的巡视检查和现场保障、突发事件应急处置、信息报告、值班值守等工作。

总结阶段，主要包括保障工作评估总结、经验交流、表彰奖励等工作。

第七条　重大活动电力安全保障工作中应当严格执行保密制度，防止涉密资料和敏感信息外泄。

第八条　重大活动承办方、电力管理部门、派出机构、电力企业、重点用户等相关单位应当相互沟通，密切配合，建立重大活动电力安全保障工作机制，共同做好电力安全保障工作。

第二章　工　作　职　责

第九条　重大活动承办方对电力安全保障工作的协作事项包括：

（一）及时向电力管理部门、派出机构、电力企业、重点用户通知重大活动时间、地点、内容等；

（二）协调电力企业和重点用户落实电力安全保障任务，做好供用电衔接，支持配套电力工程建设；

（三）支持、配合保电督查检查。

第十条　电力管理部门重大活动电力安全保障工作主要职责是：

（一）贯彻落实重大活动电力安全保障工作的决策部署；

（二）建立重大活动电力安全保障管理机制，组织、指导、监督检查电力企业、重点用户电力安全保障工作；

（三）协调重大活动期间电网调度运行管理，协调重大活动承办方、政府有关部门解决电力安全保障工作相关重大问题；

（四）制定电力安全保障工作方案。

第十一条　派出机构重大活动电力安全保障工作主要职责是：

（一）贯彻落实重大活动电力安全保障工作的决策部署；

（二）监督检查相关电力企业开展重大活动电力安全保障工作；

（三）建立重大活动电力安全保障网源协调机制；

（四）制定电力安全保障监管工作方案。

第十二条　电力企业重大活动电力安全保障工作主要职责是：

（一）贯彻落实各级政府和有关部门关于重大活动电力安全保障工作的决策部署；

（二）提出本单位重大活动电力安全保障工作的目标和要求，制定本单位保障工作方案并组织实施；

（三）开展安全评估和隐患治理、网络安全保障、电力设施安全保卫和反恐怖防范等工作；

（四）建立重大活动电力安全保障应急体系和应急机制，制定完善应急预案，开展应急培训和演练，及时处置电力突发事件；

（五）协助重点用户开展用电安全检查，指导重点用户进行隐患整改，开展重点用户供电服务工作；

（六）及时向重大活动承办方、电力管理部门、派出机构报送电力安全保障工作情况；

（七）加强涉及重点用户的发、输、变、配电设施运行维护，保障重点用户可靠供电。

第十三条 重点用户重大活动电力安全保障工作主要职责是：

（一）贯彻落实各级政府和有关部门关于重大活动电力安全保障工作的决策部署，配合开展督查检查；

（二）制定执行重大活动用电安全管理制度，制定电力安全保障工作方案并组织实施；

（三）及时开展用电安全检查和安全评估，对用电设施安全隐患进行排查治理并进行必要的用电设施改造；

（四）结合重大活动情况，确定重要负荷范围，提前配置满足重要负荷需求的不间断电源和应急发电设备，保障不间断电源完好可靠；

（五）建立重大活动电力安全保障应急机制，制定停电事件应急预案，开展应急培训和演练，及时处置涉及用电安全的突发事件；

（六）及时向重大活动承办方、电力管理部门报告电力安全保障工作中出现的重大问题。

第三章 风险评估与隐患治理

第十四条 电力企业、重点用户要建立重大活动电力供应和使用过程中的风险管控和隐患排查治理双重预防机制。重大活动前，对影响电力安全保障的重点设备、场所、环节开展评估，有针对性地做好风险识别、分级、监视、控制工作，保证风险管控和隐患排查治理所需的人力、物力、财力，对发现的问题及时处理。

第十五条 电网企业开展重大活动保障风险评估包括：电网运行评估、设备运行评估、网络安全评估、电力设施保卫和反恐怖防范风险评估、应急能力评估和用户侧安全评估等方面的情况。

第十六条 发电企业开展重大活动保障风险评估包括：设备运行评估、燃料物资保障能力评估、危险源安全状况评估、网络安全评估、电力设施保卫和反恐怖防范风险评估、应急能力评估和水电站大坝安全风险评估等方面的情况。

第十七条 重点用户开展重大活动保障风险评估包括：用电设施的运行状况、定期试验、重要负荷、电气运行人员配置，以及应急预案、应急演练、备品备件、自备应急电源配置等方面的情况。

第十八条 电力企业、重点用户是风险管控和隐患治理工作的责任主体，应当结合风险评估和隐患排查工作，严格管控安全风险，全面治理安全隐患。

电网企业发现重点用户存在安全隐患，应及时告知用户并提出整改建议。电力安全保障实施阶段前无法完成整改的，重点用户应当制定防范措施，做好应急准备。

第十九条 电力企业、重点用户应当将重大活动风险评估和隐患整改情况向有关部门报告。

第四章 网络安全保障

第二十条 电力企业应严格落实网络安全管理制度和责任，加强关键信息基础设施保护，结合实际制定网络安全保障专项工作方案和应急预案，成立保障组织机构，明确目标任务，细化措施要求，组织预案演练，做好宣贯动员，防范网络安全重大风险，防止发生重大网络安全事件，确保重要信息系统、电力监控系统安全稳定运行。

第二十一条 电力企业应严格落实专项工作方案，全面开展网络安全隐患排查整改、风险评估和资产清查。针对已知风险隐患及时整改，对于系统薄弱环节和短期内不具备整改条件的网络安全隐患，制定专项防控措施，检查应急预案的有效性，提高应急处置能力。

（一）电力企业应严格落实“安全分区、网络专用、横向隔离、纵向认证”的总体防护原则，全面加强网络边界防护，杜绝违规外联行为，确保网络边界和入口安全防护措施可靠有效。

（二）电力企业应全面防范网络安全风险，做好系统和主机加固。清查互联网资产，防范数据被窃取，清理废弃设备，加强在运老旧系统安全监控和风险防控。

（三）电力企业应综合考虑业务需求与安全风险，采取必要措施保障网络安全。落实基础设施物理安全防护，重要保障时段，加强重要场所人员管控，防范社会工程学攻击。

（四）电力企业应严格管控重要信息系统、电力监控系统检修维护行为，合理安排检修计划，加强现场运维人员和检修工作的管理，维护过程中加强监护。

第二十二条 电力企业应加强网络安全值班和实时监测。采用自建队伍或者采购第三方服务等方式，明确应急支撑队伍以及职责任务、响应时限等要求。发现网络攻击后，及时分析研判，做好信息报告，制定具体有效的应急措施，快速进行阻断处置，确保关键业务连续稳定运行。

第二十三条 电力调度机构应切实加强对调管发电厂特别是新能源发电厂涉网部分电力监控系统安全

防护的技术监督，明确保障工作要求，加强沟通协作，督促电厂加强现场人员管理，认真排查整改安全隐患，杜绝网络违规外联等行为。

第二十四条　重点用户设备系统与电力企业电力监控系统相连接的，重点用户应采取可靠的网络安全防护措施。

第五章　电力设施安全保卫

第二十五条　电力企业应当建立电力设施安全保卫长效机制，综合采取人防、物防、技防措施，防止外力破坏、盗窃、恐怖袭击等因素影响重大活动电力安全保障工作。

第二十六条　电力企业应当在地方政府指导下与公安、当地群众建立联动机制，根据重大活动的时段安排和重要电力设施对重大活动可靠供电的影响程度，确定重要电力设施的保卫方式。

（一）警企联防。电力企业在发电厂、变电站、电力调度中心等相关电力设施、生产场所周边设置固定、流动岗位，由公安人员与本单位安全保卫人员联合站岗值勤；在重要输电线路沿线，由公安人员、企业专业护线人员、沿线群众按照事先制定的保卫方案进行现场值守和巡视检查。

（二）专群联防。电力企业在发电厂、变电站、电力调度中心等相关电力设施、生产场所周边设置固定、流动岗位，由本单位安全保卫人员站岗值勤；在重要输电线路沿线，由本单位专业护线人员、沿线群众按照事先制定的保卫方案进行现场值守和巡视检查。

（三）企业自防。电力企业组织本单位生产操作、安全保卫等人员，按照事先制定的保卫方案，对相关电力设施、生产场所进行现场值守和巡视检查。

第二十七条　电力企业应按照公安等有关部门的要求，开展电力设施反恐怖防范工作，在重大活动举办前向公安等有关部门报告反恐怖防范措施落实情况，遇有重大情况及时向公安等有关部门报告。

第二十八条　电力企业应当按照重大活动电力设施安全保卫工作的需要，配置、使用、维护安保器材和防暴装置。

第二十九条　电力企业应当在重要电力设施内部及周界安装视频监控等技防系统，并保证技防系统投入使用后的设备可靠性及数据准确性。

第三十条　重要电力生产场所应当实行分区管理和现场准入制度，对出入人员、车辆和物品进行安全检查。

第六章　配套电力工程建设

第三十一条　电力企业、重点用户应根据重大活动电力安全保障需求，依据产权范围，组织建设配套电力工程。重大活动承办方、电力管理部门、电力企业应为用户外电源建设等工程提供必要的支持和便利。

第三十二条　电力企业、重点用户要切实履行安全生产主体责任，采取可靠措施，确保配套电力工程质量和施工安全，保证工程按期投入使用。

第三十三条　电力企业、重点用户应当及时组织完成新投产设备的电气传动试验、大负荷试验等工作，并对新设备运行情况进行重点监测。

第七章　用电安全管理

第三十四条　重大活动承办方选择活动主办场所、相关服务场所时，应当优先选择具备以下条件的场所：

（一）具备双回路及以上供电电源且自备应急电源容量满足重要负荷用电要求；

（二）符合重要电力用户供电电源及自备应急电源配置方面的国家、行业标准要求；

（三）用电安全制度健全，运行管理规范，设备设施维护保养完好。

对不具备上述条件的场所，重大活动承办方、电力管理部门、派出机构应当协调相关单位，采取改造用电设施、建设临时电力工程、租赁应急电源等方式，提高供电可靠性。

第三十五条　重大活动承办方、电力管理部门应组织电力企业与活动主办场所的管理单位、用电设施的运行维护单位等相关方协商一致，明确重大活动供用电安全责任。对于产权不清晰的电力设施，由电力管理部门协调明确重大活动期间的责任归属。

第三十六条　电力企业应当开展重点用户供用电服务，提出安全用电建议，做好缺陷隐患告知工作，指导重点用户进行安全隐患整改，协助重点用户制定停电事件应急预案。

第三十七条　重点用户应当掌握所属用电设施的基本情况，建立并及时更新变（配）电设备清册、电气接线图、设备定期试验报告、二次设备整定参数等技术资料，以备电力安全保障工作需要。

第三十八条　重点用户应当根据电力安全保障工作需要，制定重大活动期间用电设施运行巡检专项方案、自备应急电源运行方式优化方案、安全保卫专项措施、应急处置专项方案等，对相关人员应进行专项培训，保证用电设施安全运行。

第三十九条　重点用户应当根据重大活动保障工作需要，储备必要的用电设施备品、备件和应急物资，为应急发电装备接入提前预留设备接口。

第四十条　重点用户应当定期开展对所属用电设

施专项隐患排查、试验检查，并进行大负荷试验，落实重要负荷的保障措施，及时消除安全隐患。

第四十一条 重点用户电气运行维护人员数量应当满足用电设施运行维护需要，电气运行维护人员应当按照国家和行业规定持证上岗。

第八章 电力应急处置

第四十二条 电力企业、重点用户应当根据活动需要开展联合演练，及时完善相关应急预案，提高突发事件处置能力。

第四十三条 电力企业应当配置应急队伍及装备，足额储备应急物资，并在重大活动电力安全保障实施阶段前落实到位。

第四十四条 电力企业应当开展监测预警工作，及时掌握气象信息、自然灾害情况，研判电网负荷变化趋势，适时发布电力预警信息。

第四十五条 重大活动期间，电网企业原则上安排相关电网保持全接线、全保护运行方式，不安排设备计划检修和调试。

第四十六条 电力企业、重点用户应当实时监视、监测电力系统和用电设施运行状态，严格按照电力安全保障工作方案规定开展重要电力设施、用电设施特巡检查，及时消除设备缺陷。

第四十七条 重大活动电力安全保障实施阶段，电力管理部门、派出机构、电力企业、重点用户应当严格执行24小时值班制度。

第四十八条 电力企业应当按照要求指定专人负责，及时、完整地报送电力安全保障工作信息，主要包括：

（一）电力系统运行情况；

（二）发电、输电、供电设备故障情况；

（三）重点用户可靠供电情况，供电服务开展情况；

（四）电力设施安全保卫和反恐怖防范工作情况；

（五）网络安全情况；

（六）自然灾害对电力系统的影响情况；

（七）需要报告的其他情况。

第四十九条 突发停电事件发生后，电力企业、重点用户应当按照预案及时启动应急响应，采取有效措施恢复供电，并将有关情况及时向电力管理部门及派出机构报告。

电力管理部门应协调相关政府部门为电力企业的突发事件应急处置和应急救援工作提供交通、通信等方面的支援。

第五十条 电力企业、重点用户发生重要电力设施破坏、恐怖袭击、网络安全等突发事件后，电力企业、重点用户应立即进行先期处置，并向电力管理部门和地方政府相关部门，以及派出机构报告。

第九章 监督管理

第五十一条 国家能源局负责重大活动电力安全保障工作的指导和监督。对于常规性、延续时间较短的活动，可视情况委托有关单位监督管理。

第五十二条 电力管理部门、派出机构应当对电力企业重大活动电力安全保障工作进行监督管理，督促电力企业对存在的问题进行整改。电力管理部门应对重点用户重大活动电力安全保障工作组织开展检查并督促问题的整改。

对于未定期开展用电设备设施运行维护及检测试验、存在安全隐患的电力企业、重点用户，派出机构和电力管理部门应督促其整改。对于未按要求整改的电力企业，派出机构应依法依规进行处罚；对于拒不整改的用户，电力管理部门应依法依规进行处理，并视情况提请活动主办方取消其承办活动的资格。

第五十三条 电力管理部门和派出机构应当编制重大活动电力安全保障突发事件应急预案，主要内容包括：各部门职责、应急处置程序、应急保障措施等。

电力管理部门和派出机构应当对本单位工作人员开展应急管理培训。

第五十四条 电力管理部门应当与举办地政府有关部门沟通协调，通报电力安全保障工作情况，协调解决电力设施安全保卫和反恐怖防范、发电燃料供应、重点用户用电安全等方面遇到的问题。

第十章 附则

第五十五条 本规定下列用词的含义：

（一）“重点用户”，是指重大活动主办场所、服务场所相关用户，以及可能对重大活动造成严重影响的其他用电单位。

（二）“重要电力设施”，是指与重大活动电力安全保障相关的发电厂、变电站（换流站）、输（配）电线路、配电室、电力调度中心、电力应急指挥中心等电力设施或场所。

（三）“配套电力工程”，是指与重大活动电力安全保障工作相关的永久性或临时性新建、改建、扩建电力工程。

第五十六条 省级人民政府电力管理部门可会同派出机构依据本规定，制定辖区重大活动电力安全保障实施办法。

第五十七条 本规定自印发之日起施行，有效期五年。原电监会《关于印发〈重大活动电力安全保障工作规定（试行）〉的通知》（办安全〔2010〕88号）同时废止。

国家能源局关于贯彻落实“放管服”改革精神优化电力业务许可管理有关事项的通知

（国能发资质〔2020〕22号）

各省（自治区、直辖市）和新疆生产建设兵团能源局，有关省（直辖市）发展改革委，各派出机构，国家电网有限公司、中国南方电网有限责任公司，中国华能集团有限公司、中国大唐集团有限公司、中国华电集团有限公司、国家电力投资集团有限公司、国家能源投资集团有限责任公司，有关电力企业：

为贯彻落实“放管服”改革精神，充分发挥电力业务许可制度在落实国家产业政策、规范企业经营行为、维护电力市场秩序、优化营商环境等方面的作用，现就优化电力业务许可管理有关事项通知如下。

一、深入推进简政放权，简化发电类电力业务许可管理

（一）继续实施电力业务许可豁免政策

以下发电项目不纳入电力业务许可管理范围：

1. 经能源主管部门以备案（核准）等方式明确的分布式发电项目；

2. 单站装机容量6MW（不含）以下的小水电站；

3. 项目装机容量6MW（不含）以下的太阳能、风能、生物质能（含垃圾发电）、海洋能、地热能等可再生能源发电项目；

4. 项目装机容量6MW（不含）以下的余热余压余气发电、煤矿瓦斯发电等资源综合利用项目；

5. 并网运行的非燃煤自备电站，以及所发电量全部自用不上网交易的自备电站。

相关企业经营上述发电业务不要求取得发电类电力业务许可证。已取得电力业务许可证的，由国家能源局各派出机构公示注销，公示期不少于30日。公示期满且无异议的，办理注销手续。各派出机构要通过电网企业、调度机构、交易机构等多种渠道积极联系有关发电企业，做好政策宣传工作。

（二）简化部分发电企业许可申请要求

除本通知规定豁免许可的情形外，经营以下发电业务的企业，简化发电类电力业务许可申请要求：

1. 总装机容量50MW及以下的小水电；

2. 太阳能、风能、生物质能（含垃圾发电）、海洋能、地热能等可再生能源发电；

3. 余热余压余气发电、煤矿瓦斯发电等资源综合利用发电。

具体简化内容如下：

主要负责人方面，企业安全负责人、生产运行负责人、技术负责人、财务负责人，允许一人兼任多项职务。

财务资料方面，不再要求提供年度财务报告、财务状况审计报告，提供资产负债表即可。

二、贯彻落实供给侧结构性改革要求，严把许可准入关

（一）明确发电项目许可要求

除豁免情形外，发电项目应当在完成启动试运工作后3个月内（风电、光伏发电项目应当在并网后6个月内）取得电力业务许可证。在此规定时限之前，发电企业与电网企业签订《并网调度协议》《购售电合同》可暂不提供电力业务许可证。发电企业取得电力业务许可证后，应将有关许可内容及时告知相关电网企业及调度机构。超过规定时限仍未取得电力业务许可证的，有关机组不得继续发电上网。

（二）优化风电、光伏发电项目许可准入监管

风电和光伏发电项目应当严格按照规定时限取得电力业务许可证，分批投产的风电或光伏发电项目，可分批申请许可。企业应提供机组通过启动验收的证明材料或质量监督机构出具的《工程质量监督检查并网通知书》作为发电设施具备发电运行能力的证明材料。

对未按要求取得电力业务许可证的风电、光伏发电企业，派出机构要依法予以处理。对不执行相关要求，不配合监管工作的相关电网企业，给予通报批评，拒不整改的，依法予以处理。

（三）做好煤电机组市场退出，促进淘汰落后产能

按照《国家发展改革委　国家能源局关于深入推进供给侧结构性改革　进一步淘汰煤电落后产能　促进煤电行业优化升级的意见》（发改能源〔2019〕431号）精神，对于列入淘汰关停计划的煤电机组（应急备用电源除外），派出机构应按照各省（区、市）人民政府制定的落后煤电机组关停方案和年度关停计划明确的时限，督促企业办理许可证变更或注销手续。经地方能源主管部门确认已实际关停的项目，按规定变更或注销电力业务许可证。煤电应急备用电源关停后应及时变更或注销电力业务许可证。

关停机组发电权转让不需要保留电力业务许可。

三、规范许可管理，加强事中事后监管

（一）调整供电类电力业务许可证申请条件

根据《国务院关于取消和下放50项行政审批项目等事项的决定》（国发〔2013〕27号），将电力业务

许可证（供电类）申请条件中“具有经有关主管部门批准的供电营业区”调整为“具有有关主管部门出具的供（配）电区域划分意见或企业间自主达成的供（配）电区域划分协议”。

（二）规范增量配电业务许可管理

在供电企业持有的电力业务许可证（供电类）副本“供电营业区覆盖范围”中统一标注“不含已许可的增量配电业务配电区域”。各派出机构应当在本通知印发后及时组织供电企业集中办理许可证信息标注工作。

持有电力业务许可证的增量配电业务项目业主依法享有所辖配电区域配电网投资建设及经营管理的权利。原供电企业应当按照《国家发展改革委 国家能源局关于印发〈增量配电业务配电区域划分实施办法（试行）〉的通知》（发改能源规〔2018〕424 号）要求，妥善处置存量资产和用户，不得在已许可的增量配电区域内发展新用户。

派出机构向增量配电业务项目业主作出的许可决定应同时抄送原供电企业。

（三）加强输、供（配）电企业许可事中事后监管

持有电力业务许可证的输、供（配）电企业应当严格履行持证企业义务，按照有关规定开展定期自查、申请许可变更。输电企业主网架输电设施投入运营、终止运营的，应于每年二季度集中向所在地派出机构申请办理上一年度此类许可事项变更。供（配）电企业供（配）电设施投入运营、终止运营的，不列入许可事项变更，按照登记事项变更管理。供（配）电企业应于每年二季度集中向所在地派出机构报送主要设施、设备变化情况并办理变更手续。供（配）电企业供（配）电区域发生变化的，应及时申请许可事项变更。

各派出机构要落实“一网通办”要求，企业自查、变更等业务全部实现网上办理，做到办理事项、办理流程和办理结果公开、透明。

各派出机构应按照国家关于加快构建以信用为基础的新型监管机制要求，依法组织实施持证企业信用监管，与“双随机、一公开”监管相结合，采取差异化监管措施，不断提升信用监管效能。

本通知自印发之日起施行。《国家能源局关于明确电力业务许可管理有关事项的通知》（国能资质〔2014〕151 号）、《国家能源局综合司关于落实电力业务许可管理有关事项的通知》（国能综资质〔2014〕426 号）同时废止。

国家能源局

2020 年 3 月 23 日

国家能源局关于发布《2020 年度风电投资监测预警结果》和《2019 年度光伏发电市场环境监测评价结果》的通知

（国能发新能〔2020〕24 号）

各省（自治区、直辖市）和新疆生产建设兵团能源局，有关省（直辖市）发展改革委，各派出机构，国家电网有限公司、南方电网公司、内蒙古电力公司，电规总院、水电总院，各有关企业，各有关行业协会（学会、商会）：

为引导风电、光伏发电企业理性投资，推动建设运营环境不断优化，促进产业持续健康发展，现将各省（区、市）2020 年度风电投资监测预警结果和 2019 年度光伏发电市场环境监测评价结果予以公布，并就有关事项通知如下：

一、风电投资监测预警和光伏发电市场环境监测评价结果

2020 年风电投资监测预警结果如下：新疆（含兵团）、甘肃、蒙西为橙色区域；山西北部忻州市、朔州市、大同市，河北省张家口市和承德市、内蒙古赤峰市按照橙色预警管理；甘肃河东地区按照绿色区域管理；其他省（区、市）和地区为绿色区域，具体见附件 1。

2019 年光伏发电市场环境监测评价结果如下：西藏为红色区域；天津、河北、四川、云南、陕西Ⅱ类资源区、甘肃Ⅰ类资源区、青海、宁夏、新疆为橙色区域；其他地区为绿色区域，具体见附件 2。

二、严格落实风电投资监测预警有关要求

（一）橙色区域暂停新增风电项目。除符合规划且列入以前年度实施方案的项目、利用跨省跨区输电通道外送项目以及落实本地消纳措施的平价项目外，2020 年度不再新增建设项目。有关省级能源主管部门应于 4 月中旬前制定本地区可再生能源电力消纳专项工作方案，抄报我局后方可开展已列入以前年度实施方案的项目核准工作。依托跨省跨区输电通道外送的风电基地项目根据通道实际送电能力在受端地区电网企业确认保障消纳的前提下有序建设，合理安排并网投产时序。

（二）绿色区域规范有序建设。各有关地区要按照《国家能源局关于 2020 年风电、光伏发电项目建设有关事项的通知》（国能发新能〔2020〕17 号）要求，规范开展项目建设。对预警由红色、橙色转为绿色的甘肃河东地区、内蒙古东部地区、陕北榆林地区，要严格按照省级能源主管部门公布的剩余容量空

间，以及电网企业公布的新增消纳能力，优先推进平价项目建设，有序组织需国家财政补贴项目竞争性配置，合理安排项目建设节奏和并网时序，避免出现新的限电问题。

三、充分发挥光伏发电市场环境监测评价引导作用

各省级能源主管部门应与当地省级电网企业充分沟通，对所在省级区域光伏发电新增装机容量的接网和消纳条件进行测算论证，有序组织项目建设。监测评价结果为红色的地区，除已安排建设的平价上网示范项目及通过跨省跨区输电通道外送消纳项目外，原则上不安排新建项目。监测评价结果为橙色的地区，在提出有效措施保障改善市场环境的前提下合理控制新建项目。监测评价结果为绿色的地区，可在落实接网消纳条件的基础上有序推进项目建设。西藏新建光伏发电项目，由自治区按照全部电力电量在区内消纳及监测预警等管理要求自行管理。

附件：1. 2020 年度风电投资监测预警结果

2. 2019 年度光伏发电市场环境监测评价结果

国家能源局

2020 年 3 月 30 日

附件 1

2020 年度风电投资监测预警结果

地区	预警结果	备注
北京	绿色	
天津	绿色	
河北	绿色	张家口市、承德市按橙色管理
山西	绿色	忻州市、朔州市、大同市按橙色管理
蒙西	橙色	
蒙东	绿色	赤峰市按橙色管理
辽宁	绿色	
吉林	绿色	
黑龙江	绿色	
上海	绿色	
江苏	绿色	
浙江	绿色	
安徽	绿色	
福建	绿色	
江西	绿色	
山东	绿色	
河南	绿色	
湖北	绿色	
湖南	绿色	
广东	绿色	
广西	绿色	
海南	绿色	
重庆	绿色	
四川	绿色	
贵州	绿色	
云南	绿色	
西藏	绿色	
陕西	绿色	
甘肃	橙色	兰州市、白银市、天水市、定西市、平凉市、庆阳市、陇南市、临夏回族自治州、甘南藏族自治州按绿色管理
青海	绿色	
宁夏	绿色	
新疆（含兵团）	橙色	

附件 2

2019 年度光伏发电市场环境监测评价结果

资源区	地区	评价结果
Ⅰ类资源区	宁夏	橙色
	青海海西	橙色
	甘肃嘉峪关、武威、张掖、酒泉、敦煌、金昌	橙色
	新疆哈密、塔城、阿勒泰、克拉玛依	橙色
	内蒙古除赤峰、通辽、兴安盟、呼伦贝尔以外地区	绿色
Ⅱ类资源区	北京	绿色
	天津	橙色
	黑龙江	绿色
	吉林	绿色
	辽宁	绿色
	四川	橙色

续表

资源区	地区	评价结果
Ⅱ类资源区	云南	橙色
	内蒙古赤峰、通辽、兴安盟、呼伦贝尔	绿色
	河北承德、张家口、唐山、秦皇岛	橙色
	山西大同、朔州、忻州、阳泉	绿色
	陕西榆林、延安	橙色
	青海除Ⅰ类外其他地区	橙色
	甘肃除Ⅰ类外其他地区	绿色
	新疆除Ⅰ类外其他地区	橙色
Ⅲ类资源区	河北除Ⅱ类外其他地区	橙色
	山西除Ⅱ类外其他地区	绿色
	陕西除Ⅱ类外其他地区	绿色
	上海	绿色
	江苏	绿色
	浙江	绿色
	安徽	绿色
	福建	绿色
	江西	绿色
	山东	绿色
	河南	绿色
	湖北	绿色
	湖南	绿色
	广东	绿色
	广西	绿色
	海南	绿色
	重庆	绿色
	贵州	绿色
	西藏	红色

国家能源局综合司关于做好可再生能源发展“十四五”规划编制工作有关事项的通知

（国能综通新能〔2020〕29号）

各省（自治区、直辖市）和新疆生产建设兵团能源局，有关省（直辖市）发展改革委，国家电网有限公司、南方电网公司、内蒙古电力公司，国家发展改革委能源研究所、生态环境部环境工程评估中心、中国气象局风能太阳能资源中心、国家地热能中心、水电总院、电规总院、风能专委会、光伏专委会，有关研究机构：

为促进可再生能源产业高质量发展，切实做好“十四五”可再生能源发展工作，保障国家规划和地方规划的衔接，增强规划的指导性，根据《可再生能源法》及国家能源局《“十四五”能源规划工作方案》等有关要求，现就做好可再生能源发展“十四五”规划编制工作有关事项通知如下：

一、高度重视可再生能源发展“十四五”规划编制工作

可再生能源发展“十四五”规划是能源发展“十四五”规划的重要组成部分，是贯彻落实“四个革命、一个合作”能源安全新战略的重要举措。可再生能源发展“十四五”规划是“十四五”时期指导可再生能源产业高质量发展的工作指南，对明确可再生能源发展目标、优化可再生能源产业布局、实现可再生能源高质量发展意义重大。

各地区、各有关部门要高度重视可再生能源发展“十四五”规划编制工作，紧紧围绕“四个革命、一个合作”能源安全新战略，科学提出可再生能源发展目标，明确可再生能源发展的主要任务、重大工程、创新方式和保障措施，推动可再生能源持续降低成本、扩大规模、优化布局、提质增效，实现高比例、高质量发展，为推动“十四五”期间可再生能源成为能源消费增量主体，实现2030年非化石能源消费占比20%的战略目标奠定坚实基础。

二、认真落实规划编制的重点任务

（一）突出市场化低成本优先发展可再生能源战略。“十四五”是推动能源转型和绿色发展的重要窗口期，也是陆上风电和光伏发电全面实现无补贴平价上网的关键时期。要充分发挥可再生能源成本竞争优势，坚持市场化方向，优先发展、优先利用可再生能源。国家可再生能源发展规划应统筹可再生能源开发总体布局和整体优化利用，各地区应将优先开发利用本地可再生能源作为本地区能源规划和能源开发建设的首要原则，能源消费市场规模大且本地可再生能源资源开发空间有限的地区，应积极接纳区域外输入的可再生能源。

（二）系统评估各类可再生能源资源开发条件。全面梳理本地区水电（含抽水蓄能，下同）、风电、太阳能、生物质能、地热能等可再生能源开发布局与国土空间规划的关系，系统分析生态、环保、林业、草原、文旅、军事等影响可再生能源开发建设的土地制约因素，研究提出各类可再生能源可开发空间。结合各类可再生能源技术进步趋势，深入评估本地区各类可再生能源开发潜力及分布。同时，考虑我国能源革命战略实施及未来可再生能源仍将大规模发展的需要，做好与国土空间规划的协调，为可再生能源中长期战略发展预留开发空间。

（三）科学论证“十四五”各类可再生能源发展目标。全面评估可再生能源“十三五”规划实施进展情况，总结规划实施成效和面临的问题。围绕国家2025年非化石能源消费占比目标要求，认真分析本地区各类可再生能源资源开发条件和特点，综合考虑技术进步、发展经济性、电网消纳和送出、创新发展及系统优化等因素，统筹研究提出“十四五”时期本地区可再生能源发展的总体目标和水电、风电、太阳能、生物质能、地热能、海洋能等各类可再生能源发展目标。可再生能源受入地区还应研究提出“十四五”时期从外部受入可再生能源的目标。在此基础上，明确本地区可再生能源电力、非水可再生能源电力占全社会用电量的比重，以及可再生能源消费占一次能源消费的比重，并建立相应的指标体系，纳入本地区能源“十四五”规划。

（四）认真研究“十四五”可再生能源发展主要任务和重大项目布局。优先开发当地分散式和分布式可再生能源资源，大力推进分布式可再生电力、热力、燃气等在用户侧直接就近利用，结合储能、氢能等新技术，提升可再生能源在区域能源供应中的比重。在做好送受端衔接和落实消纳市场的前提下，通过提升既有通道输电能力和新建外送通道等措施，推进西部和北部地区可再生能源基地建设，扩大可再生能源资源配置范围。高度重视可再生能源供热等非电利用，因地制宜推动生物质、地热能、太阳能等非电利用方式，显著提升可再生能源在北方地区清洁取暖中的比重，推动可再生能源非电利用在我国能源转型中发挥更大作用。结合国家能源电力体制改革，完善可再生能源发展政策机制和市场环境，创新可再生能源发展方式，推动可再生能源与相关技术和产业融合发展的新模式、新业态。在此基础上，科学提出本地区“十四五”可再生能源发展的主要任务和重大项目布局。

（五）统筹做好可再生能源本地消纳和跨省区输送。把落实好消纳市场作为可再生能源开发规划的重要前提，把提升可再生能源本地消纳能力、扩大可再生能源跨省区资源配置规模作为促进“十四五”可再生能源发展的重要举措。在电源侧研究水电扩机改造、抽水蓄能等储能设施建设、火电灵活性改造等措施，提升系统调峰能力。在电网侧研究完善省内和区域电网主网架，提升跨区域电网输送能力，优化调度运行机制，为可再生能源和化石能源互济调配提供资源优化配置平台。在用户侧结合新型用电领域（电动车、电供暖等）、电力需求侧响应、综合能源服务等用能新模式新业态，充分发挥需求侧灵活性，研究挖掘可再生能源消纳空间。

（六）加快推进可再生能源技术装备和产业体系建设。围绕可再生能源技术创新、产业发展和服务体系配套等方面，研究进一步完善可再生能源产业体系的举措。深入研究“十四五”及中长期各类可再生能源技术发展趋势，相关技术融合及产业融合发展趋势。以技术进步为核心，着力提升可再生能源装备制造能力，重点突破一批关键“卡脖子”技术问题，研究建立机构、企业和高校等共同构成的多层次可再生能源技术创新模式，培育具有自主知识产权的可再生能源产业体系。

（七）研究提出支持可再生能源发展的长效机制和政策措施。研究健全政策统筹衔接机制，加强可再生能源与土地、环保、林业等政策的衔接协调，建立多规合一的统筹规划体系。研究完善目标考核机制，落实可再生能源目标责任主体和考核机制，建立中长期可再生能源发展目标的动态评估和实施监管机制。研究完善市场推进机制，发挥市场机制在资源配置中的决定作用，建立主体多元、公平开放、竞争有序的可再生能源市场体系。研究完善高质量发展评价体系，建立涵盖规划实施、质量监督、信用管理等方面的动态评价机制，促进可再生能源产业健康发展。

三、工作组织

（一）完善工作机制。国家能源局委托水电水利规划设计总院牵头编制可再生能源发展“十四五”规划，国家电网有限公司、南方电网公司、国家发展改革委能源研究所、生态环境部环境工程评估中心、中国气象局风能太阳能资源中心、国家地热能中心、电力规划设计总院及相关行业协会、开发企业做好配合工作。各省（区、市）能源主管部门应成立相应工作机构，组织本地区相关部门及企业参与规划编制工作。

（二）做好规划衔接。要按照规划编制工作统一部署，做好可再生能源规划与综合能源规划、各分领域能源规划，省级可再生能源规划与国家可再生能源规划，可再生能源规划与环保、交通等相关规划之间的衔接，确保规划的科学性和可操作性。水电水利规划设计总院等技术单位在各省（区、市）可再生能源发展“十四五”规划编制过程中，及时做好沟通对接和技术服务，协助做好国家与地方规划的衔接。

（三）广泛征求意见。规划编制过程中，要加强调查研究，对规划方案进行科学论证。要通过专题研讨、座谈研讨、专家论证和公开征求意见等方式，广泛听取各方意见和建议，确保规划研究论证充分。

四、进度安排

（一）国家可再生能源规划编制

2020年4月上旬前，完成规划研究报告初稿。

2020年6月底前，结合各省（区、市）可再生能源规划研究成果，完成国家规划和地方规划的初步衔接。结合国家综合能源规划和分领域能源规划进展情况，完成可再生能源规划和相关能源规划的初步衔接。完成规划研究报告中间稿，通过座谈研讨等方式，听取吸收相关方意见，并持续论证完善。

2020年9月底前，持续做好国家可再生能源规划与地方规划、国家相关专项规划的衔接。完成《可再生能源发展"十四五"规划研究》报告，我局相关司组织专家进行评审验收，进一步完善后正式报送我局。

2020年11月底前，完成《可再生能源发展"十四五"规划（征求意见稿）》，向相关方正式征求意见。

2021年3月底前，形成国家《可再生能源发展"十四五"规划（送审稿）》，经合法性审查等程序后上报或印发。

（二）省级可再生能源规划编制

2020年4月中旬前，各省（区、市）能源主管部门在已有规划研究工作基础上，组织开展本地区可再生能源发展"十四五"规划研究工作，提出可再生能源"十四五"发展初步思路，主要包括发展基础、总体思路、规划目标、主要任务、重大工程、保障措施，以及希望列入国家可再生能源规划的重大项目、工程示范和创新机制等建议，并于4月20日前将本地区可再生能源"十四五"发展初步思路提交我局。

2020年5月底前，各省（区、市）能源主管部门按照规划编制工作要求，完成本地区可再生能源规划初稿，并于5月底前提交我局。

2020年11月底前，配合我局做好省级可再生能源规划衔接工作。

2020年12月底前，各省（区、市）能源主管部门按照全国可再生能源发展"十四五"规划总体要求、各省（区、市）可再生能源开发利用目标和其他规划内容的衔接情况，修改完善本地区可再生能源发展"十四五"规划，并将正式稿报送我局。

各地区、各相关单位请按照要求尽快开展可再生能源发展"十四五"规划编制工作。国家能源局将根据进度安排和工作需要，适时召开会议协调推进规划编制相关工作。

国家能源局综合司

2020年4月9日

国家能源局关于2019年度全国可再生能源电力发展监测评价的通报

（国能发新能〔2020〕31号）

各省（自治区、直辖市）和新疆生产建设兵团能源局，有关省（直辖市）发展改革委，国家电网有限公司、南方电网公司、内蒙古电力公司，各有关单位：

为促进可再生能源开发利用，科学评估各地区可再生能源发展状况，确保实现国家2020年、2030年非化石能源占一次能源消费比重分别达到15%和20%的战略目标，根据《关于建立可再生能源开发利用目标引导制度的指导意见》（国能新能〔2016〕54号）、《关于做好风电、光伏发电全额保障性收购管理工作的通知》（发改能源〔2016〕1150号），我局委托国家发展改革委能源研究所汇总有关可再生能源电力建设和运行监测数据，形成了《2019年度全国可再生能源电力发展监测评价报告》（以下简称监测评价报告）。

现将监测评价报告予以通报，请各地区和有关单位高度重视可再生能源电力发展和全额保障性收购工作，采取有效措施推动提高可再生能源利用水平，为完成全国非化石能源消费比重目标作出积极贡献。

附件：2019年度全国可再生能源电力发展监测评价报告❶

国家能源局

2020年5月6日

国家能源局综合司关于做好电力业务资质许可告知承诺制试点相关工作的通知

（国能综通资质〔2020〕36号）

华东、华中、南方能源监管局，浙江能源监管办：

根据国务院《优化营商环境条例》《国务院关于在自由贸易试验区开展"证照分离"改革全覆盖试点的通知》等要求，结合改革先行先试地区有关工作的推进，为落实《国家能源局综合司关于印发深化"放管服"改革优化营商环境重点任务分工方案的通知》有关工作部署，创新许可管理方式，提高许可审批效率，现就上海市、湖北省、浙江省、海南自由贸易试验区、深圳社会主义先行示范区做好电力业务

❶ 报告内容见"电力监管"栏目。

许可、承装（修、试）电力设施许可告知承诺制试点相关工作（以下简称“试点工作”）有关事项通知如下。

一、工作目标

按照“证照分离”改革要求，围绕“减少审批环节、提高审批效能、服务企业发展”的总体思路，探索建立“诚信规范、审批高效、监管完善”的告知承诺许可审批新模式，持续推进“简化许可、深化信用、强化监管、优化服务”，激发企业发展活力，促进高质量发展。试点单位积极探索推行许可告知承诺制，发挥试点区域的示范引领作用，总结经验，探索形成可复制、可推广的改革成果。

二、工作内容

许可告知承诺制是指行政许可机关在办理有关许可事项时，由其一次性告知企业审批条件和需要提交的材料，企业自愿承诺符合审批条件并提交有关材料，愿意承担不实承诺的法律责任，即可办理相关行政许可事项。试点单位重点做好以下工作。

（一）明确告知承诺制适用对象

告知承诺制采用申请企业自愿选择方式，除申请企业信用等级为失信或严重失信且没有完成信用修复的不适用告知承诺制外，其他企业均可自愿选择；申请企业不愿承诺或不适用承诺的，应按正常流程申请许可。

（二）规范告知承诺制工作流程

试点单位要按照告知承诺制有关事项要求，科学编制工作流程，包括申请、受理、审批、公告、事中事后监管、诚信档案信息归集等环节的内容，提供绿色通道，简化审批流程，提高审批效率；企业承诺内容应向社会公开，方便社会监督；修改完善办事指南，不得要求企业提供除法律法规规定外的证明事项材料；制作告知承诺书格式文本，告知的内容应包括办理事项的名称、设定的依据、应告知的内容、申请人承诺的内容、承诺的方式、虚假承诺的责任以及许可后续的监督检查等。承诺的内容应包括申请企业已知晓告知事项、已符合相关条件、愿意承担虚假承诺的责任等。有关告知承诺的工作流程、办事指南、承诺书格式文本等要在试点单位对外服务场所和门户网站上公示，方便申请人索取或下载。

（三）加强事中事后监管

试点单位做出准予许可决定后，一般应在6个月内对申请企业承诺的内容进行监督检查。针对许可事项的特点，分类确定检查办法，明确检查时间、检查方式等；根据企业信用等级抽取不同的比例，通过信息共享、网络核验等非现场或现场方式进行检查；发现申请企业实际情况与承诺内容不符的，应当要求其限期整改，逾期不整改或者整改后仍不符合条件的，依法撤销相关许可决定；对故意隐瞒真实情况、提供虚假承诺办理有关事项的按照许可管理有关规定，依法撤销其相应资质，给予行政处罚。

（四）加强失信惩戒

试点单位将企业落实承诺的情况作为重要的信用信息，记入其诚信档案，对故意隐瞒真实情况、提供虚假承诺办理有关事项的，按相关程序列入失信名单，对严重失信企业依法依规实施联合惩戒，不断营造守信有激励、失信必惩戒的社会氛围。

（五）强化风险防范措施

试点单位要加强行政指导，强化告知和指导义务；梳理工作环节重大风险，制定防控措施，防止发生未按规定告知、虚假承诺、违反承诺等风险。

三、工作安排

试点工作，具体安排如下。

（一）制定方案阶段。试点单位按照本通知要求，结合许可管理工作实际，制定许可告知承诺制实施方案，规范告知承诺工作流程，编制告知承诺书及办事指南，做好技术信息系统支撑，并将有关方案于5月15日前报送资质中心。

（二）组织实施阶段。从6月1日起，试点单位按照实施方案组织开展相关工作，有计划、有重点、分层次地推进试点工作有序开展，确保取得实效性成果。

（三）总结经验阶段。试点单位对许可告知承诺制的实施情况进行总结分析，对主要做法和成效、建立的制度和规范、存在的问题和建议等情况形成书面材料于9月底前报资质中心。

四、工作要求

（一）加强组织领导。试点单位要高度重视，按照确定的目标和内容，精心组织实施。许可告知承诺制实施过程中出现的重大问题请及时报资质中心。

（二）做好宣传引导。试点单位要加强许可告知承诺制宣传工作，及时回应社会关切，组织做好有关企业的培训、指导工作，使企业充分了解许可告知承诺制的意义和工作内容，为企业提供优质服务。

国家能源局综合司

2020年4月24日

国家能源局关于印发《电力安全文化建设指导意见》的通知

（国能发安全〔2020〕36号）

各省（自治区、直辖市）和新疆生产建设兵团能源局，有关省（自治区、直辖市）发展改革委、经信委

（工信委、工信厅），北京市城管委，全国电力安委会成员单位，有关电力企业：

为深入贯彻落实党中央、国务院关于安全生产工作的各项决策部署，提升广大电力员工的安全文化素养，营造电力行业和谐守规的安全文化氛围，我们制定了《电力安全文化建设指导意见》。现印发给你们，请贯彻执行。

国家能源局

2020 年 7 月 1 日

附件

电力安全文化建设指导意见

为深入贯彻落实党中央、国务院关于安全生产工作的各项决策部署，提升广大电力员工的安全文化素养，营造电力行业和谐守规的电力安全文化氛围，特制定本指导意见。

一、指导思想、基本原则和主要目标

（一）指导思想

以习近平新时代中国特色社会主义思想为指导，以总体国家安全观和能源安全新战略为指引，全面贯彻落实党中央、国务院关于安全生产工作的决策部署，牢固树立安全发展理念，秉承“安全是文化”的思路，以强化安全意识、规范安全行为、提升防范能力、养成安全习惯为目标，创新载体、注重实效，推动构建自我约束、持续改进的安全文化建设长效机制，全面提升电力行业安全文化建设水平，充分发挥安全文化的引领作用，全力打造和谐守规的电力安全文化。

（二）基本原则

全面系统。从行业监管、属地管理、企业管理和员工教育培训等方面入手，全面推进文化建设，通过加强法制建设、强化责任落实、完善标准规范、创新技术措施、保障安全投入等手段，形成系统合力。

开放包容。传承弘扬优秀文化，学习借鉴新兴文化，促进文化交流融合，广泛吸纳新思想、新观念、新技术，结合实际、取长补短，为电力安全文化建设注入新动力。

整体协同。凝聚政府、企业、协会以及社会各界力量，形成安全文化建设联动机制，实现政府引导、企业自律、社会参与、员工全覆盖的电力安全文化建设格局。

形式多样。创新宣传形式，丰富传播载体，结合行业、地域、企业实际，因地制宜，打造电力安全文化，建立长效机制，形成品牌效应。

（三）主要目标

行业层面：通过开展电力安全文化建设，促进电力行业安全生产形势持续稳定向好，确保电力系统安全稳定运行和电力可靠供应。

企业层面：逐步建立电力安全文化建设责任体系、培训教育体系、管理监督体系、考核评价体系等，把安全文化作为企业文化的一项重要内容，为企业安全生产奠定基础。

员工层面：通过宣传教育、学习培训，使安全理念转化为行动自觉，使安全技能得到有效提升，充分发挥安全文化的引领、凝聚、辐射作用，为家庭幸福和社会和谐提供保障。

通过开展电力安全文化建设，使和谐守规的电力安全文化深入人心，电力安全文化体系日趋完善，电力员工安全文化素养稳步提升。

二、实施路径

（一）重点工程

1. 电力安全文化体系建设工程。坚持习近平新时代中国特色社会主义思想，坚持社会主义核心价值观，提出符合新时代鲜明特征、符合电力行业发展实际的安全文化理念和载体。

2. 电力安全文化组织机构建设工程。根据发展战略、工作实际和员工需求，推动完善行业、企业、社会等层面的电力安全文化组织机构，实施安全文化建设、评估、宣传等工作。

3. 电力安全文化传播体系建设工程。搭建传播平台，完善交流机制，促进安全文化融合与创新，积极拓展国际交流通道，让先进安全文化“走进来”，也推动优秀安全文化“走出去”。

4. 电力安全文化产业发展机制建设工程。鼓励创建安全文化示范基地，引导社会资本推动安全文化产业化发展，依托大数据、云计算、区块链等新技术，孵化安全文化创新产品，促进成果转化。

5. 电力安全文化教育培训体系建设工程。凝聚专业机构力量，加强安全文化专业人才培养；推动安全文化智库建设，加强电力安全文化理论研究；构建学习交流平台，健全教育培训机制。

6. 电力安全文化建设品牌企业创建完善工程。探索建立电力安全文化建设评价标准和管理办法，鼓励电力企业打造一批安全文化建设品牌，树立行业标杆，创建安全品牌。

（二）主要任务

1. 构建电力安全文化体系。鼓励电力企业制定安全文化建设基本规范，以和谐守规为核心探索电力安全文化体系建设发展路径，健全完善安全理念、制度、行为文化及评价体系等。

2. 加强电力安全文化建设保障。鼓励电力企业设立专门的组织机构和保障必要的经费，按照统筹规

划、自上而下、整体推进的模式开展安全文化建设工作。

3. 开展电力安全文化建设评估。推动建立融合企业安全生产、人才培养、可靠性管理等指标的安全文化发展指数，鼓励建立安全文化监督评估机制，出台评估标准，提高评估质量。

4. 开展电力安全文化建设交流。征集电力安全文化建设先进经验和优秀成果，组织专家系统梳理研究、总结推广，搭建电力安全文化交流平台，助力电力企业安全文化建设。

5. 开展电力安全文化宣传教育。以主题宣讲、知识竞赛、文艺创作、文化论坛、榜样选树、阵地建设、警示教育等为载体，广泛开展宣传教育、学习培训，推动电力安全文化发展。

6. 强化电力安全文化技术支撑。充分挖掘5G、区块链等前沿技术，汇集安全文化制度数据库、教育数据库，畅通分享渠道，优化安全文化生态环境，打造电力安全文化大数据平台。

7. 加强电力安全线上培训。发挥新媒体传播优势，建立电力安全文化培训云课堂，为广大员工提供内容具体、形象生动的精品课程，有效利用“排行榜”等手段，激发学习热情。

8. 建设电力安全文化信用体系。明确信用体系的内容维度、衡量标准和应用范围，通过社会舆论、价值取向、道德评判、信息共享等方式规范信用活动，探索建立电力安全文化信用机制。

9. 加快电力安全文化成果孵化。推动建设一批专业化程度高、科技创新力强的电力安全文化产业基地，完善激励政策，促进产业优化与成果转化。

10. 促进电力安全文化资金投入。鼓励电力企业通过设立安全文化公益基金等形式，充分调动各方资源，引导社会力量广泛关注和积极参与，着力提升全行业安全文化管理能力和创新能力。

三、保障措施

（一）加强组织领导。高度重视电力安全文化建设工作，可根据工作需要设置组织机构，制定总体目标和具体措施，将安全文化建设与生产经营工作同部署、同推进。

（二）加强资金保障。拓宽投入渠道，形成行业、企业和社会共同支持的多元化投入机制，为安全文化发展提供必要的经费保障，确保安全文化研究、教育、传播活动有序进行。

（三）加强宣传引导。对电力安全文化建设进行不定期主题宣传、典型宣传，保持全社会对于安全文化的“关注度”，营造和谐守规的电力安全良好氛围。

国家能源局关于下达2020年煤电行业淘汰落后产能目标任务的通知

（国能发电力〔2020〕37号）

各省（自治区、直辖市）和新疆生产建设兵团能源局，有关省（直辖市）发展改革委、经信委（工信委、工信厅），北京市城管委：

为贯彻落实党中央、国务院决策部署，持续深化供给侧结构性改革，推进煤电行业高质量发展，助力打赢蓝天保卫战，结合各省（区、市）主管部门报送的2020年淘汰关停计划，经研究，现将有关要求通知如下。

一、各省（区、市）主管部门要高度重视煤电行业淘汰落后产能工作，加强领导、精心组织、认真督查，按照2020年煤电行业淘汰落后产能目标任务（详见附件），制订分解计划，将计划落实到机组、明确关停时间、落实责任人，扎实推动淘汰煤电落后产能工作。确保按期完成淘汰落后产能目标任务。

（一）淘汰机组中，凡属未建成机组、2015年1月1日后无运行记录机组，不计入煤电行业淘汰落后产能目标任务。

（二）列入本年度煤电行业淘汰落后产能目标任务的煤电机组，除明确作为煤电应急备用电源的机组外，须在2020年12月底前完成拆除工作，至少拆除锅炉、汽轮机、发电机、输煤栈桥、冷却塔、烟囱中的任两项。未按照淘汰关停标准拆除的机组，不得享受相关支持政策。

（三）请进一步完善检查验收程序，会同有关部门和省级电网企业，审核有关企业的关停淘汰落后煤电机组影像资料等相关证明材料，及时检查验收，出具书面验收意见，并在省级人民政府门户网站以及当地主流媒体公告本地区已完成淘汰落后产能任务的企业名单。

（四）对于未纳入国家年度淘汰落后产能目标任务，已停运多年、短期内不具备恢复生产条件的“僵尸”煤电机组，各地要结合实际情况，推动企业尽快完成淘汰关停工作。

二、各省（区、市）主管部门要督促相关地方政府会同有关企业，做好关停煤电机组与承接电源、热源的衔接方案，做好衔接工作，确保电力、热力稳定供应，杜绝由于机组关停造成供电、供热不足现象的发生；企业要承担淘汰关停落后煤电机组的主体责任，按照各省（区、市）制订的年度关停计划，对本企业所属机组实施关停；地方政府要指导督促企业制定落实职工安置方案，依法依规妥善处理好经济补偿、社会保险等问题，维护社会稳定。

三、国家能源局将结合2020年淘汰落后产能计划完成情况，有针对性开展督促检查和监管。

四、按要求报送相关材料。

（一）每季度首月15日前报送相关工作进展情况，2021年2月底前，报送全年及“十三五”期间工作情况总结和本年度淘汰关停机组的书面验收意见。

（二）正式书面材料寄送至国家能源局电力司的同时，报送传真文件或电子材料，传真电话及电子邮箱如下：

联系电话：010－68555063，传真：010－68555073

电子邮箱：gjnyjdls@163.com

附件：2020年煤电行业淘汰落后产能目标任务

国家能源局

2020年7月14日

附件

2020年煤电行业淘汰落后产能目标任务

单位：万kW

序号	地区	计划容量	备注
	合计	733.35	
1	北京	—	
2	天津	—	
3	河北	55.1	
4	山西	8.7	
5	内蒙古	4.2	
6	辽宁	20.3	
7	吉林	23.9	
8	黑龙江	21.6	
9	上海	—	
10	江苏	74.65	
11	浙江	83.1	
12	安徽	21	
13	福建	—	
14	江西	—	
15	山东	30.4	
16	河南	206	
17	湖北	17.7	
18	湖南	—	
19	广东	33	
20	广西	—	
21	海南	27.6	
22	重庆	43.5	
23	四川	—	
24	贵州	—	
25	云南	—	
26	西藏	—	
27	陕西	10.6	
28	甘肃	—	
29	青海	—	
30	宁夏	—	
31	新疆	—	
32	新疆生产建设兵团	52	

国家能源局关于进一步明确电力建设工程质量监督机构业务工作的通知

（国能函安全〔2020〕39号）

各派出机构，全国电力安委会各企业成员单位，水电水利规划设计总院，中国电力企业联合会，各电力建设工程质量监督机构，各有关单位：

为进一步完善电力建设工程质量监督体系，保证电力工程质量，我局对各电力建设工程质量监督机构（以下简称电力质监机构）业务范围进行了优化调整，有关事项通知如下。

一、电力质监机构业务范围

建立“专业质监站＋质监中心站”的电力质监机构体系。国家能源局电力可靠性管理和工程质量监督中心（以下简称可靠性和质监中心）受国家能源局委托，负责全国电力质监机构业务指导和监督工作。

（一）专业质监站

1. 电力工程质量监督站。设在中国电力企业联合会，负责国家电力试验示范工程、跨区域电网工程质监工作，兜底负责全国火电工程、农林生物质发电工程、太阳能热发电工程质监工作（内蒙古区域和中国华能投资的工程除外）。

2. 可再生能源发电工程质量监督站。设在水电水利规划设计总院，负责国务院或国务院投资主管部门审批、核准的水电工程质监工作，兜底负责全国水电工程质监工作，兜底负责风力、光伏发电工程和电源、电网侧储能电站质监工作（内蒙古区域和中国华能投资的工程除外），可承担农林生物质、太阳能热发电工程质监工作。

3. 核电中心站更名为核电常规岛工程质量监督站。设在中国核工业集团有限公司，负责全国核电

（核岛除外）工程质监工作。

（二）质监中心站

1. 南方电力建设工程质量监督中心站。设在中国南方电网有限责任公司，负责南方电网区域内跨省电网工程质监工作。

2. 省电力建设工程质量监督中心站。设在国家电网有限公司各省级电力公司和中国南方电网有限责任公司各省级电力公司，负责辖区内电网工程质监工作，可承担火力发电工程和风力、光伏、农林生物质、太阳能热发电等可再生能源工程质监工作。

3. 内蒙古电力建设工程质量监督中心站。设在内蒙古电力（集团）有限责任公司，负责蒙西区域内电网工程和内蒙古区域内电源工程质监工作（水电、核电工程和中国华能投资的工程除外）。

4. 华能电力建设工程质量监督中心站。设在中国华能集团有限公司，负责中国华能投资的电源工程质监工作（水电、核电工程除外）。

5. 贵州水电工程质量监督站。设在中国电建集团贵阳勘测设计研究院有限公司，受贵州省能源局委托，负责贵州省能源局审批、核准或备案的水电等工程质监工作。

二、有关要求

（一）各电力质监机构应加强能力建设，保证质监工作的正常开展，不得拒绝本机构业务范围内符合质监条件的电力建设工程质监申请，不得将质监工作委托给其他质监机构实施，开展质监工作不得收取质监费用。未经核准（审批、备案）的电力建设工程，电力质监机构不得受理其质监申请。未通过电力质监机构监督检查的电力建设工程，不得投入运行。

（二）2020 年 7 月 1 日至 2020 年 12 月 31 日为过渡期。过渡期内，对于实施质监工作确有困难的电力建设工程，专业质监站可申请并经可靠性和质监中心审核同意后，由原业务范围确定的质监中心站实施质监工作。过渡期后，各电力质监机构严格按本通知明确的业务范围实施质监工作。

（三）本通知自 2020 年 7 月 1 日起执行，已完成质监注册的电力建设工程仍由受理质监注册的原电力质监机构负责质监工作。

（四）2020 年 7 月 1 日前，各电力质监机构将举办单位名称和本单位名称、主要负责人、法定代表人、当前业务范围、专职质监管理人员数量等信息书面报送国家能源局电力安全监管司。

（联系人：张鹏，电话：010－63416316，
传真：010－66597462，邮箱：zphus@163.com）

国家能源局
2020 年 6 月 15 日

国家能源局关于印发《国家能源研发创新平台管理办法》的通知
（国能发科技〔2020〕49 号）

各省（自治区、直辖市）能源局，有关省（自治区、直辖市、计划单列市）发展改革委，有关能源企业，有关科研院所、高等院校，各国家能源研发中心、国家能源重点实验室，相关行业协会：

为进一步加强对国家能源研发创新平台的管理与考核，结合国家科技体制改革新要求及能源科技发展新形势，国家能源局对《国家能源研发（实验）中心管理办法》（国能科技〔2010〕198 号）进行了修订，现将修订后的《国家能源研发创新平台管理办法》印发你们，请遵照执行。

国家能源局综合司
2020 年 9 月 2 日

国家能源研发创新平台管理办法

第一章　总　　则

第一条　为深入贯彻落实习近平新时代中国特色社会主义思想，深入实施创新驱动发展战略和“四个革命、一个合作”能源安全新战略，建立健全现代能源技术创新体系，着力解决能源高质量发展需要与能源科技创新能力不足之间的矛盾，牢牢掌握创新主动权，有力支撑国家创新体系和清洁低碳、安全高效的能源体系建设，国家能源局立足新时代国家能源发展需要，充分发挥产、学、研、用各方优势，组织设立国家能源研发创新平台（以下简称能源创新平台）。为加强能源创新平台监管服务，根据《中华人民共和国科学技术进步法》《中华人民共和国促进科技成果转化法》等有关法律法规，制定本办法。

第二条　本办法所称能源创新平台，包括国家能源研发中心和国家能源重点实验室等类型。国家能源研发中心研发方向相对多元和综合，国家能源重点实验室研发方向相对专业和聚焦。

第三条　能源创新平台是国家能源技术创新体系的重要组成部分，主要依托能源领域具有较强应用基础研究、前沿技术开发、重大装备研制及工程化、能源科技战略研究等能力的骨干企业、科研院所、高校等主体建设。依托单位可以是单一主体，也可以由一个主体牵头，多个主体联合建设。

第四条　能源创新平台的主要任务是聚焦国家能源安全、能源可持续发展以及能源重大工程建设对技术创新的需求，通过建立健全产学研用协同创新机

制，推动关键核心技术攻关、装备研制和试验示范，形成重大技术装备体系，加快科技成果转移转化，开展国际交流合作，带动行业技术进步。重点包括：

（一）根据能源产业发展需求，开展应用基础研究、核心技术攻关、关键工艺试验、重大装备样机及其关键部件的研制与检测试验；

（二）推动重大和前沿技术装备示范，为能源行业技术进步提供先进成熟的技术、装备、工艺和产品；

（三）组织本领域高水平的国际和全国性学术交流；

（四）发挥智库作用，为能源科技发展战略、规划及政策制定提供决策咨询，开展能源领域重大工程技术、装备、标准的评价与咨询；

（五）为能源行业培养科技及其管理高层次人才。

第五条 能源创新平台的技术领域主要包括：先进可再生能源技术；智能电网技术；安全高效核能技术；化石能源清洁高效开发利用技术；能源节约和综合利用技术；储能、氢能等前瞻性、颠覆性技术；信息、交通等与能源交叉融合产生的新技术；电力安全支撑保障技术；先进能源材料和高端能源装备等。

第六条 国家能源局负责指导协调能源创新平台建设和管理相关工作，主要职责包括：

（一）制定有关政策，指导能源创新平台建设和发展；

（二）组织能源创新平台认定工作；

（三）组织能源创新平台运行管理和考核评价工作。

第七条 各省（区、市）能源主管部门，国务院有关部门和中央管理企业负责本地区或所属单位能源创新平台的组织申报，参与指导能源创新平台的建设运行和管理考核，支持能源创新平台组织推进技术研发、成果转化和工程示范等工作。

第二章 认 定

第八条 国家能源局根据有关战略规划实施、重大工程建设、重点领域创新发展等需要，通过发布指南等方式，有计划、有重点地组织开展能源创新平台遴选认定工作。

第九条 拟申请认定为能源创新平台的单位应具备以下基本条件：

（一）具有完善的研究、开发、设计和试验条件，拥有一批具有自主知识产权和良好市场前景、处于国内领先水平的重大科技成果，研究开发能力与创新水平同行业领先；

（二）拥有技术水平高、实践经验丰富的专业带头人和一定规模的技术人才队伍，在相关领域中具有较强人才优势；

（三）组织体系健全，发展规划和目标明确，建立了良好健全的内部管理机制、产学研用合作机制和知识产权管理体系，技术创新绩效显著；

（四）研究与试验发展经费支出额和专职研究与试验人员数不低于限定性指标的最低标准；

（五）拟建立的能源创新平台在机构、人员和财务等方面相对独立。

第十条 鼓励能源领域优势企业、科研院所、高校等建立创新联合体，共同申报建设能源创新平台。联合申报的能源创新平台，需指定牵头依托单位，负责能源创新平台的组织协调等相关工作。

第十一条 认定程序

（一）申请单位按照国家能源局相关文件要求，根据单位性质和所属关系情况，向所在省（区、市）能源主管部门、国务院有关部门或中央管理企业提出申请，并按要求报送《国家能源研发创新平台申请报告》（附件1）；

（二）各省（区、市）能源主管部门、国务院有关部门或中央管理企业对申请单位报送的申请材料进行审查后，按照国家有关要求确定推荐名单，并将推荐单位的申请材料（一式三份）报送国家能源局；

（三）国家能源局组织专家或委托第三方机构，按照公开、公平、公正、透明的原则，对申请材料进行审查和评审，按照能源创新平台考核指标体系（附件2）进行评价，并可以开展实地核查；

（四）国家能源局根据国家产业政策、技术发展形势，结合评审结果，综合研究申请材料后择优确定能源创新平台依托单位并公示。

第十二条 有关单位报送的申请材料和评价材料应真实可靠。提供虚假材料的单位，一经核实，三年内不得申请能源创新平台的认定。

第十三条 国家能源局以公告形式颁布能源创新平台认定结果。

第三章 运 行 管 理

第十四条 能源创新平台实行依托单位领导下的主任负责制。主任应是本领域高水平的学术带头人，具有较强的组织管理和协调能力，由依托单位任命，报国家能源局备案。

第十五条 能源创新平台应加大开放力度，建设成为本领域公共研究平台，要积极开展国际能源科技合作和交流，参与重大国际能源科技合作计划。

第十六条 能源创新平台应当重视和加强运行管理，建立健全内部规章制度。要加强能源创新平台事务公开，重大事项决策要公开透明，并严格遵守国家有关保密规定。

第十七条　能源创新平台要加强知识产权保护。能源创新平台产生的专著、论文、软件、数据库、技术突破等成果，在符合法律法规的情况下可标注能源创新平台名称，专利申请、技术成果转让、申报奖励等按国家有关规定办理。

第十八条　能源创新平台应当结合自身特点，推动科技成果的转化和示范应用，加强与产业界的联系与合作。

第十九条　能源创新平台需要更名、变更研究方向或进行结构调整、重组等重大调整的，须由依托单位提出书面报告，经各省（区、市）能源主管部门、国务院有关部门或中央管理企业审查后报国家能源局审定。

第二十条　能源创新平台定期向国家能源局报送研发成果快报（6月底前报送上半年，10月底前报送本年度），当有重大科技突破时，应及时报送。国家能源局择优开展宣传展示，向党中央、国务院报送重大创新成果。

第四章　考核和评价

第二十一条　能源创新平台实行优胜劣汰、动态调整的运行考核评价制度。国家能源局组织专家或委托第三方机构，根据能源创新平台考核指标体系（附件2）对能源创新平台进行考核评价，原则上三年为一个考核评价周期，有关工作经费从国家能源局工作经费中列支。

第二十二条　专家或第三方机构根据本办法制定具体组织实施的工作方案，有关方案报国家能源局研究审定。国家能源局通知接受考核评价的能源创新平台。

第二十三条　考核评价程序：

（一）数据采集。各能源创新平台根据通知要求将评价周期内评价材料报所在省（区、市）能源主管部门、国务院有关部门或中央管理企业。

（二）数据初审。所在省（区、市）能源主管部门、国务院有关部门或中央管理企业对能源创新平台报送的评价材料进行审查并出具审查意见，按通知要求报送国家能源局（评价材料一式三份）。

（三）数据核查。国家能源局或第三方机构组织专家组通过核查会、实地核查等方式对能源创新平台报送的评价材料和相关情况进行核查。

（四）形成评价报告。专家组对核查后的数据按照能源创新平台考核指标体系（附件2）进行记名打分，国家能源局或第三方机构总结分析形成评价报告。

（五）国家能源局对考核评价结果和报告进行审核确认后以公告形式颁布。

第二十四条　评价指标低于考核标准、不配合管理、不按要求承担国家任务、报送材料弄虚造假以及有违法违规等情况的能源创新平台考核评价结果为不合格。在合格等次中选取得分前10%定为优秀。

第二十五条　考核评价结果为不合格的能源创新平台整改期为一年，期满后由国家能源局组织专家检查整改结果，并以公告形式颁布。

第二十六条　受国家能源局委托开展考核评价的第三方机构和专家应本着公平、公正、独立的原则，提出具有专业性、权威性和公信力的意见，并对相关结论独立承担法律责任。存在违纪违法行为的，将按照国家相关规定追究相关单位和责任人的责任。涉嫌犯罪的，移送司法机关处理。

第五章　激励与监督

第二十七条　考核评价结果合格的能源创新平台，在同等条件下，相关创新成果优先纳入能源科技发展战略、规划，享受能源首台（套）重大技术装备示范应用政策。国家能源局优先支持其参与或承担相关技术标准和政策法规制定、国家组织的国际能源技术合作项目、国家和地方重大科技项目，并按照国家相关规定申请享受重大技术装备进口退税、高新技术企业税收优惠、人员薪酬等国家各类科技创新支持政策。考核评价结果优秀的能源创新平台，国家能源局优先支持其申报国家各类相关奖励并重点纳入有关支持政策范围。

第二十八条　出现下列情形之一的，取消该能源创新平台：

（一）考评不合格，整改后复评仍不合格；

（二）不参加考核评价；

（三）无不可抗拒因素，逾期一个月不报送评价材料；

（四）报送材料内容严重不实或者数据存在虚假；

（五）依托单位自行要求取消其能源创新平台资格；

（六）能源创新平台所在依托单位被依法终止；

（七）主要由于技术原因发生重大质量、安全事故；

（八）其他国家能源局认为应该取消的情形。

第二十九条　因第二十八条原因被取消能源创新平台的，三年内不得重新申请认定。

第六章　附　　则

第三十条　能源创新平台统一命名为“国家能源×××研发中心”或“国家能源×××重点实验室”（上述名称不作为工商登记使用）。

第三十一条　本办法由国家能源局负责解释，自发布之日起施行，有效期10年。原《国家能源研发（实验）中心管理办法》（国能科技〔2010〕198号）同时废止。

附件1：《国家能源研发创新平台申请报告》编写提纲（略）

附件2：国家能源研发创新平台评价指标体系（略）

国家能源局综合司关于开展提升用户“获得电力”优质服务水平综合监管的通知

（国能综通监管〔2020〕54号）

各省（自治区、直辖市）和新疆生产建设兵团能源局，有关省（自治区、直辖市）发展改革委、经信委（工信委、工信厅），北京市城管委，各派出机构，国家电网有限公司、中国南方电网有限责任公司、内蒙古电力（集团）公司，各相关供电企业：

为贯彻落实党中央、国务院关于“放管服”改革和优化营商环境的决策部署，持续提升“获得电力”优质服务水平，按照《国家能源局关于印发2020年能源监管重点任务清单的通知》（国能发监管〔2020〕26号），国家能源局决定从2020年6月到12月，开展提升用户“获得电力”优质服务水平综合监管工作（以下简称综合监管）。现将有关事项通知如下。

一、工作目标

认真落实党中央、国务院优化营商环境决策部署，全面落实《优化营商环境条例》及有关法律法规要求，持续提升“获得电力”优质服务水平。在最大程度化解新冠疫情带来的不利影响的基础上，推动全国用电营商环境整体水平持续提升，确保实现“2020年供电企业办理电力用户用电业务平均时间压减到40个工作日以内”的目标，不断增强人民群众满意用电获得感。

一是继续对标国际先进，查找短板弱项，针对薄弱环节，推出更多改革实举措。二是聚焦群众关切，坚决打通群众办电的堵点、难点和痛点，不断创新服务方式，进一步简流程、压时间、降成本，加快推动北京、上海低压小微企业“三零”服务等典型经验做法在全国范围内复制推广。三是加大监管力度，严肃查处各类制约、影响人民群众便利用电的违法违规行为，强化源头治理，力避问题反弹，严防水平下滑。

二、工作内容

（一）加强用电报装时间监管，进一步压缩办电时间。各供电企业要强化内部管控，持续深化营配协同，压缩协同环节衔接耗时，加快接电工程施工，积极推进“先接后改”等以用户需求为导向的电网建设新机制，持续压缩办电时间。各省级能源（电力）主管部门要积极协调地方政府有关部门推行证照审批串改并政策支持，大幅压缩电力接入工程审批时间。国家能源局各派出机构要督促供电企业强化制度管理与落实，保证业务办理时间信息真实，杜绝用电业务办理“体外循环”，保障人民群众快捷办电。

（二）加强用电报装环节监管，进一步畅通办电过程。各供电企业要持续深化“互联网＋”办电流程优化，压减办电环节，畅通办理流程，精简申请资料，主动对接地方政府相关部门推进证照信息共享，争取实现用电报装“最多跑一次”“一次都不跑”。各省级能源（电力）主管部门要进一步推进“一家牵头、并联审批、限时办结”的电力工程建设项目审批改革，精简审批事项和审批环节。国家能源局各派出机构要督促供电企业创新办电服务方式，提升办电服务水平，推行“一口对外、一证受理、一站服务”，保障人民群众便利办电。

（三）加强用电报装费用监管，进一步降低办电成本。各供电企业要持续推进供电方案科学、经济编制，按照“就近接入”原则优化电源路径，延伸电网投资界面，切实降低接电成本。国家能源局各派出机构要针对供电企业接电收费依据不足、收费不合理、违规收费、转由关联企业变相违规收费以及在相关协议或合同中设置不合理条款等问题，加大监管力度，保障人民群众实惠办电。

（四）加强供电质量监管，进一步保障用电稳定可靠。各供电企业要主动对接地方城乡规划，优化电网空间布局，持续完善配电网架结构，推进电网改造升级，不断提高配电网供电能力，合理安排检修计划，强化供电可靠性基础管理和电压质量管理，提升配电网运行管理水平，切实改善供电质量。国家能源局各派出机构要督促供电企业对“频繁停电”“低电压”以及供电“两率”数据管理不规范、检修计划安排不合理、故障抢修不及时、“两率一户”指标不达标等突出问题进行集中整治，保障人民群众放心用电。

（五）加强用户受电工程市场秩序监管，进一步维护市场公平开放。各供电企业要加强关联企业管理，严格履行承装（修、试）电力设施许可资质查验职责，规范用户受电工程各环节流程，不断提升用户受电工程市场化水平，不得直接、间接或者变相指定用户受电工程的设计、施工和设备材料供应单位，不得限制和排斥其他单位的公平竞争，确保公平无歧视开放用户受电工程市场。国家能源局各派出机构要对供电企业扰乱用户受电工程市场秩序、阻碍市场公平竞争等问题进行重点监管，严肃查处用户受电工程“三指定”、限制或拖延用户报装接入、违反承装（修、试）电力设施许可制度等各类阻碍市场公平竞争的违法违规行为，维护市场公平公正秩序，保障人民群众安心用电。

（六）加强信息公开监管，进一步促进办电公开透明。各供电企业要按照《优化营商环境条例》（国务院令第722号）、《供电企业信息公开实施办法》（国能监管〔2014〕149号）等文件要求做好用电报装信息公开，通过企业网站、营业厅、新闻媒体、手机App等渠道对外发布用电报装服务流程、时间要求、收费项目、收费标准及有关政策等信息，全面宣传“获得电力”优质服务的做法和取得的成效，同时提供便于用户查询业务办理进展情况的渠道，做到业务办理进展情况可网上网下实时公开查询。国家能源局各派出机构要加大对供电企业信息公开的监管力度，依照有关规定严肃查处不及时、不真实、不全面公开相关供电信息的行为，保障人民群众明白用电。

（七）加强投诉举报监管，进一步回应群众关心关切。各供电企业要切实加强对12398能源监管热线重要性的认识，高度重视人民群众和市场主体向12398能源监管热线反映的问题诉求，将12398能源监管热线和95598等供电服务热线同步、同对象公布，加大对12398能源监管热线投诉举报属实事项的处理力度，做好问题解决和整改反馈。国家能源局各派出机构要充分发挥12398能源监管热线的民生通道作用，以12398能源监管热线反映的相关问题为线索，加大行政执法力度，严肃查处各类违法违规行为，督促供电企业闭环整改，解决好人民群众关切、市场反映强烈的问题，保障人民群众满意用电。

三、工作步骤

（一）启动部署（6月）。国家能源局印发工作通知，启动综合监管工作。国家能源局各派出机构结合地区实际制定具体实施方案，细化工作内容，明确责任分工，组织辖区内供电企业启动相关工作。

（二）企业自查（7～8月）。各供电企业按照要求开展自查工作（自查范围为2019年7月至2020年6月供电企业开展相关工作情况），8月31日前将自查报告报送国家能源局派出机构。自查报告内容包括但不限于：自查基本情况、上一周期监管发现问题整改情况、自查问题已采取的措施、“获得电力”工作主要经验做法及取得的成效、当前工作中存在的主要问题及下一步工作举措等。

（三）现场监管（9～11月）。国家能源局各派出机构在供电企业自查报告基础上，按照国家能源局《推广随机抽查规范事中事后监管的实施方案》（2020年修订）规定实施现场监管，其中受检供电企业的抽查比例原则上控制在辖区内供电企业数量的5%～10%。现场监管完成后，及时向受检单位通报监管结果并要求限期整改。国家能源局将视情组织赴部分省市区对供电企业自查情况进行抽查或督导调研。

（四）总结巩固（12月）。国家能源局各派出机构汇总所辖区域“获得电力”综合监管工作情况，形成监管工作报告于12月10日前报送国家能源局。工作报告内容包括基本情况、上一监管周期问题整改情况、存在问题、监管意见等，其中存在问题要有具体的案例支撑，案例要经过认真核实，务求事实确凿、表述准确，对问题企业要明确点名。监管工作报告要附问题清单，汇总监管中发现的问题，要原汁原味、毫无保留。

四、工作要求

（一）提高思想认识，强化组织领导。优化营商环境是推进国家治理体系和治理能力现代化的重要内容，也是应对今年新冠肺炎疫情等复杂形势、服务“六稳”大局、推动高质量发展的关键举措。国家能源局派出机构、省级能源（电力）主管部门和供电企业要切实提高政治站位，准确把握综合监管的重要意义，进一步加强组织领导，完善工作机制，形成工作合力，推动监管工作取得实效。国家能源局派出机构在监管工作过程中，要注意统筹谋划，切实为基层减负，工作尽量合并开展，做到减量与提质相结合，避免出现检查、会议、文件、填表过多过滥的问题。

（二）创新监管方式，巩固监管成效。国家能源局派出机构要不断创新监管方式、手段，以动态监管、精准监管、长效监管为抓手，促进供电企业提升服务品质、补齐服务短板，切实巩固提升监管成效。日常监管要突出制度建设，健全完善用电营商环境常态监管制度和用电报装信息报送制度，鼓励探索互联网＋监管、信用监管，实现现场监管与非现场监管有机结合；要深入开展12398能源监管热线共性问题的分析研究，提高监管工作的针对性。

（三）强化宣传引导，营造良好氛围。国家能源局派出机构要注重“获得电力”相关政策的宣传解读，综合运用政府网站、微博微信、媒体专访、政策问答等方式让电力用户和社会公众及时了解、关注相关政策、工作动态及取得成效，广泛听取群众意见建议；要指导和督促供电企业通过门户网站、公众号和客户端等渠道向社会宣介提升“获得电力”优质服务水平的具体举措及工作进展，营造良好舆论氛围。

联系人及电话：卜红纺 010－66597304

国家能源局综合司
2020年6月3日

关于加快能源领域新型标准体系建设的指导意见

（国能发科技〔2020〕54 号）

各省（自治区、直辖市）、新疆生产建设兵团能源局，有关省（自治区、直辖市）发展改革委，中核集团、中国石油、中国石化、中国海油、国家电网、南方电网、中国华能、中国大唐、中国华电、国家电投、中国三峡集团、国家能源集团、哈电集团、东方电气集团、中煤集团、中国煤炭科工、中国电建、中国能建、中广核、中国西电集团、各能源行业标准化管理机构及能源行业标准化技术委员会，有关全国专业标准化技术委员会：

持续深化能源标准化工作改革，建立政府主导制定的标准与市场自主制定的标准协同发展、协调配套的新型标准体系，是推动能源高质量发展的重要举措。近年来，能源领域新型标准体系建设取得显著进展，但依然存在着各级政府推荐性标准界限不清，行业标准聚焦支撑能源主管部门履行行政管理、提供公共服务的公益属性不够突出，团体标准的发展空间和活力有待进一步释放等问题。为落实国务院标准化协调推进部际联席会议精神和《关于进一步加强行业标准管理的指导意见》，加快能源领域新型标准体系建设，推进能源治理体系和治理能力现代化，支撑引领能源高质量发展，根据《中华人民共和国标准化法》等有关法律法规和能源标准化工作实际，现提出以下意见。

一、明确目标导向，深化能源标准化工作改革

（一）能源领域新型标准体系建设及标准制修订要按照需求导向、先进适用、急用先行的原则，紧密围绕落实“四个革命、一个合作”能源安全新战略和构建清洁低碳、安全高效能源体系的需要，系统梳理现有标准并科学谋划应有和预计制定标准的蓝图，加快健全能源新兴领域的标准，提升能源传统领域的标准，积极推进标准国际化，切实发挥标准在推动能源高质量发展中的支撑和引领作用。

（二）深入贯彻标准化工作改革精神，找准政府与市场在能源标准化工作中的角色定位，厘清政府主导制定的标准与市场自主制定的标准范围。坚持目标导向、问题导向和结果导向，紧密结合电力、核电、煤炭、油气、新能源与可再生能源、电工装备等行业发展及标准化实际，因行施策、因业制宜，科学确定本领域新型标准体系的范围、边界及标准层级，持续推进标准体系优化。

二、厘清标准定位，科学谋划能源标准体系层级结构

（三）突出保安全、兜底限的定位，将能源行业执行的强制性标准严格限定在保障人身健康和生命财产安全、国家安全、生态环境安全和满足社会经济管理基本需要的技术要求范围之内，主要包括电力安全、石油产品和涉及能源的环保、能效、单位产品能耗限额、工程建设等标准。

（四）突出推荐性标准的公益属性。推荐性国家标准主要制定跨能源和其他行业的术语、图形符号、分类编码等基础通用标准，与强制性标准相配套、满足强制性标准实施需要的测试方法、计量等标准，以及对各行业起引领作用的标准。没有国家标准而又需要在能源行业范围内统一的，涉及重要产品、工程技术、服务和行业管理需求的技术要求制定能源行业标准。

（五）坚持团体标准由市场自主制定、侧重于提高竞争力的属性定位，聚焦能源新技术、新产业、新业态和新模式，配合国家标准、行业标准的实施应用，培育发展团体标准。发挥团体标准快速反映市场和创新需要的优势，增加能源领域标准的有效供给。

（六）在厘清国家标准、行业标准、团体标准等各级标准定位的基础上，科学界定基础通用标准，以及产品、服务、工艺、管理等标准的层次，统筹兼顾标准国际交流合作需要，使标准体系层级适当、划分清楚。

三、强化标准管理，夯实标准体系基础

（七）严格规范电力安全、石油产品等强制性国家标准的项目提出、组织起草、征求意见、技术审查、复审修订等工作。积极支持有关部门制定涉及能源的环保、能效、单位产品能耗限额、工程建设等强制性标准。全面梳理能源行业执行的强制性标准，强化组织实施和监督。

（八）坚持能源标准化与能源技术创新、工程示范一体化推进，夯实标准的技术基础，探索完善标准的终身维护机制，强化标准全生命周期管理和实施监督，切实提升能源领域标准的质量。提升单项能源行业标准的覆盖面，推进标准的系列化，控制新增能源行业标准的数量，为市场自主制定的标准留下空间。在电力、煤炭、油气及电工装备等行业持续推进推荐性国家标准与能源行业标准的统筹整合及优化。大力推进能源行业核电标准技术路线统一和实施应用，加快建设自主、统一、协调、先进的核电标准体系。

（九）在新能源和电力与电工装备新技术领域，以及互联网、大数据、人工智能、区块链等数字技术与能源融合发展领域，积极推动团体标准扩量提质。着力通过市场竞争实现团体标准的优胜劣汰。研究建

立实施效果良好且符合国家标准或行业标准制定要求的团体标准转化为国家标准或行业标准的机制。根据促进团体标准规范发展的需要，依法依规对团体标准进行必要的引导和监督。建立团体标准投诉和举报机制，鼓励国家能源局确立的能源领域行业标准化管理机构和有关的全国、行业标准化技术委员会（以下简称“能源标准化技术组织”）作为第三方开展团体标准良好行为评价。

四、坚持积极稳妥，树立能源标准体系权威

（十）在智慧能源、能源互联网、风电、太阳能、地热能、生物质能、储能、氢能等新兴领域，率先推进新型标准体系建设，发挥示范带动作用。稳妥推进电力、煤炭、油气及电工装备等传统领域标准体系优化，做好现行标准体系及标准化管理机制与新型体系机制的衔接和过渡。

（十一）能源各领域标准化工作的开展应以本领域标准体系为指导，有关标准化技术委员会的建设及管理，标准制修订规划和计划的编制等工作原则上要以本领域的标准体系为依据。

五、明确主体责任，鼓励社会广泛参与

（十二）国家能源局、国家标准化管理委员会负责组织推动能源领域新型标准体系建设。能源标准化技术组织按照职责范围负责本领域国家标准、行业标准起草、技术审查及标准体系建设，编制和维护标准体系表。能源各领域标准体系应相互协调，对能源领域标准体系建设工作中出现的范围交叉等矛盾，由能源行业标准化管理机构负责组织协商，未协调一致的，由国家能源局、国家标准化管理委员会负责组织协商。

（十三）鼓励企业、社会团体、教育、科研机构等加强能源标准化人才培养、参与能源标准化工作，对能源领域新型标准体系的建设提出意见建议。制定能源团体标准的社会团体，应遵守有关规定，保证标准体系的协调统一，做好团体标准与本领域国家标准、行业标准的衔接。

六、强化动态维护，做好信息公开及服务

（十四）根据能源技术及行业发展情况，统筹继承与发展，在保持标准体系连续性、稳定性的基础上，能源标准化技术组织原则上要每年对本领域标准体系表进行论证及修订，并发布修订情况，具备公开条件的应予以公开；每5年组织专家进行一次集中研究论证及修订，并作为新版本发布。

（十五）坚持公开为常态、不公开为例外，持续推进能源领域推荐性国家标准、行业标准公开。能源标准化技术组织应根据工作需要将本领域标准体系表相关信息在本领域标准化信息平台及时公开，并组织开展宣贯服务。

本意见自发布之日起实施，有效值10年。

国家能源局　国家标准化管理委员会

2020年9月29日

国家能源局关于印发《电力现货市场信息披露办法（暂行）》的通知

（国能发监管〔2020〕56号）

为加强电力现货市场信息披露管理，指导和规范信息披露工作，维护市场主体合法权益，依据《中共中央　国务院关于进一步深化电力体制改革的若干意见》（中发〔2015〕9号）及其配套文件、《电力监管条例》（中华人民共和国国务院令第432号）等有关规定，我局制订了《电力现货市场信息披露办法（暂行）》，现印发给你们，请遵照执行，并转发相关市场主体。

国家能源局

2020年11月6日

电力现货市场信息披露办法（暂行）

第一章　总　　则

第一条　为指导和规范电力现货市场信息披露工作，加强信息披露管理，维护市场主体合法权益，依据《中共中央　国务院关于进一步深化电力体制改革的若干意见》（中发〔2015〕9号）及其配套文件、《电力监管条例》（中华人民共和国国务院令第432号）等有关规定，结合电力现货市场实践，制定本办法。

第二条　本办法适用于开展电力现货交易地区的信息披露。未开展电力现货交易的地区，应当根据各地实际情况，加强和完善信息披露工作，不断丰富信息披露内容，可参照本办法执行。

第三条　本办法所称信息披露主体是指参与电力现货市场的市场成员，包括发电企业、售电公司、电力用户、电网企业和市场运营机构。市场运营机构包括电力交易机构和电力调度机构。本办法所称市场主体是指参与电能量买卖或者辅助服务买卖的市场成员。

第四条　本办法所称信息披露是指信息披露主体提供、发布与电力现货市场相关信息的行为。

第二章　信息披露原则和方式

第五条　信息披露应当遵循真实、准确、完整、及时、易于使用的原则。

第六条 市场竞争所需信息应当充分披露，信息披露主体对其提供信息的真实性、准确性、完整性负责。

第七条 电力交易机构总体负责电力现货市场信息披露的实施，创造良好的信息披露条件，制定信息披露标准格式，开放数据接口。电力交易机构应当设立信息披露平台，信息披露平台原则上以电力交易机构现有信息平台为基础。

第八条 信息披露主体按照标准格式通过信息披露平台向电力交易机构提供信息，由电力交易机构通过信息披露平台发布信息。

第三章 信息披露内容

第九条 按照信息公开范围，电力现货市场信息分为公众信息、公开信息、私有信息和依申请披露信息四类。

（一）公众信息：是指向社会公众披露的信息。

（二）公开信息：是指向所有市场成员披露的信息。

（三）私有信息：是指向特定的市场主体披露的信息。

（四）依申请披露信息：是指仅在履行申请、审核程序后向申请人披露的信息。

第一节 发电企业

第十条 发电企业应当披露的公众信息包括：

（一）企业全称、企业性质、所属发电集团、工商注册时间、营业执照、统一社会信用代码（以下简称信用代码）、法定代表人（以下简称法人）、联系方式、电源类型、装机容量、所在地区等。

（二）企业变更情况，包括企业减资、合并、分立、解散及申请破产的决定；或者依法进入破产程序、被责令关闭等重大经营信息。

（三）与其他市场主体之间的关联企业信息。

（四）其他政策法规要求向社会公众公开的信息。

第十一条 发电企业应当披露的公开信息包括：

（一）电厂机组信息，包括电厂调度名称、电力业务许可证（发电类）编号、机组调度管辖关系、投运机组台数及编号、单机容量及类型、投运日期、接入电压等级；单机最大出力、核定最低技术出力、核定深调极限出力；机组出力受限的技术类型，如流化床、高背压供热等。

（二）机组出力受限情况、机组检修及设备改造计划等。

第十二条 发电企业私有信息包括：

（一）中长期交易结算曲线、电力市场申报电能量价曲线、上下调报价、机组启动费用、机组空载费用、辅助服务报价信息等。

（二）机组爬坡速率、机组边际能耗曲线、机组最小开停机时间、机组预计并网和解列时间、机组启停出力曲线、机组调试计划曲线、调频、调压、日内允许启停次数、厂用电率、热电联产机组供热信息等机组性能参数。

（三）机组运行情况，包括出力及发电量等。

（四）各新能源发电企业日前、实时发电预测。

（五）发电企业燃料、燃气供应情况、存储情况、燃料供应风险等。

（六）非国际河流水电企业来水情况、水库运行情况等。

第二节 售电公司

第十三条 售电公司应当披露的公众信息包括：

（一）企业全称、企业性质、售电公司类型、工商注册时间、注册资本金、营业执照、信用代码、法人、联系方式、信用承诺书、资产总额、股权结构、年最大售电量等。

（二）企业资产证明、从业人员相关证明材料、资产总额验资报告等。

（三）企业变更情况，企业减资、合并、分立、解散及申请破产的决定；或者依法进入破产程序、被责令关闭等重大经营信息。

（四）与其他市场主体之间的关联关系信息。

（五）其他政策法规要求向社会公众公开的信息。

第十四条 售电公司应当披露的公开信息包括：

（一）拥有配电网运营权的售电公司应当披露电力业务许可证（供电类）编号、配电网电压等级、配电区域、配电价格等信息。

（二）履约保函缴纳信息（如有）。

第十五条 售电公司私有信息包括：

中长期交易结算曲线、电力市场申报电能量价曲线、与代理电力用户签订的相关合同或者协议信息、与发电企业签订的交易合同信息等。

第三节 电力用户

第十六条 电力用户应当披露的公众信息包括：

（一）企业全称、企业性质、行业分类、用户类别、工商注册时间、营业执照、信用代码、法人、联系方式、主营业务、所属行业等。

（二）企业变更情况，包括企业减资、合并、分立、解散及申请破产的决定；或者依法进入破产程序、被责令关闭等重大经营信息。

（三）与其他市场主体之间的关联关系信息。

（四）其他政策法规要求向社会公众公开的信息。

第十七条 电力用户应当披露的公开信息包括：

企业用电类别、接入地区、年用电量、用电电压等级、供电方式、自备电源（如有）、变压器报装容量以及最大需量等。

第十八条　电力用户私有信息包括：

（一）电力用户用电信息，包括用电户号、用电户名、结算户号、计量点信息、用户电量信息、用户用电曲线等。

（二）中长期交易结算曲线、批发用户电力市场申报电能量价曲线、可参与系统调节的响应能力和响应方式等。

第四节　电　网　企　业

第十九条　电网企业应当披露的公众信息包括：

（一）企业全称、企业性质、工商注册时间、营业执照、信用代码、法人、联系人、联系方式、供电区域、政府核定的输配电线损率等。

（二）与其他市场主体之间的关联关系信息。

（三）政府定价类信息，包括输配电价、各类政府性基金及其他市场相关收费标准等。

（四）电网主要网络通道示意图。

（五）其他政策法规要求向社会公众公开的信息。

第二十条　电网企业应当披露的公开信息包括：

（一）电力业务许可证（输电类）、电力业务许可证（供电类）编号。

（二）市场结算收付费总体情况及市场主体欠费情况。

（三）电网企业代理非市场用户每个交易时段的总购电量、总售电量、平均购电价格、平均售电价格等，含事前预测和事后实际执行。

（四）各类型发电机组装机总体情况，各类型发用电负荷总体情况等。

（五）电网设备信息，包括线路、变电站等输变电设备投产、退出和检修情况等。

（六）全社会用电量、重点行业用电量等。

第五节　市 场 运 营 机 构

第二十一条　市场运营机构应当披露的公众信息包括：

（一）机构全称、机构性质、机构工商注册时间、股权结构、营业执照、信用代码、法人、组织机构、业务流程、服务指南、联系方式、办公地址、网站网址等。

（二）电力市场适用的法律法规、政策文件。

（三）电力市场规则类信息，包括交易规则、交易相关收费标准，制定、修订市场规则过程中涉及的解释性文档，对市场主体问询的答复等。

（四）信用评价类信息，包括市场主体电力交易信用信息、售电公司违约情况等。

（五）其他政策法规要求向社会公众公开的信息。

（六）市场暂停、中止、重新启动等情况。

第二十二条　市场运营机构应当披露的公开信息包括：

（一）公告类信息，包括电力交易机构财务审计报告、信息披露报告等定期报告、经国家能源局派出机构或者地方政府电力管理部门认定的违规行为通报、市场干预情况、第三方校验报告等。

（二）交易公告，包括交易品种、交易主体、交易规模、交易方式、交易准入条件、交易开始时间及终止时间、交易参数、出清方式、交易约束信息、交易操作说明、其他准备信息等。

（三）交易计划及其实际执行情况等。

（四）市场主体申报信息和交易结果，包括参与交易的主体数量、交易总申报电量、成交的主体数量、最终成交电量、成交均价等。

（五）市场边界信息，包括电网安全运行的主要约束条件、输电通道可用容量、关键输电断面及线路传输限额、必开必停机组组合及原因、非市场机组出力曲线、备用及调频等辅助服务需求、抽蓄电站蓄水水位、参与市场新能源总出力预测等。

（六）市场参数信息，包括市场出清模块算法及运行参数、价格限值、约束松弛惩罚因子、节点分配因子及其确定方法、节点及分区划分依据和详细数据等。

（七）预测信息，包括系统负荷预测、外来（外送）电交易计划、可再生能源出力预测，水电发电计划预测等，任何预测类信息都应当在实际运行后一日内发布对应的实际值。

（八）运行信息，包括实际负荷、实时频率、系统备用信息，重要通道实际输电情况、实际运行输电断面约束情况及其影子价格情况、联络线潮流，输变电设备检修计划执行情况、发电机组检修计划执行情况，非市场机组实际出力曲线等。

（九）参与现货市场机组分电源类型中长期合约占比、合约平均价格、总上网电量等。

（十）市场干预情况原始日志，包括干预时间、干预人员、干预操作、干预原因，涉及《电力安全事故应急处置和调查处理条例》（中华人民共和国国务院令第 599 号）规定电力安全事故等级的事故处理情形除外。

（十一）市场出清类信息，包括各时段出清电价（节点边际电价市场应当披露所有节点的节点边际电价以及各节点边际电价的电能量、阻塞和网损等各分量价格）、出清电量，调频容量价格和调频里程价格，备用总量、备用价格，输电断面约束及阻塞情况，各电压等级计算网损等。

（十二）每个交易时段的分类结算情况，不平衡资金明细及每项不平衡资金的分摊方式等。

第二十三条 市场运营机构应当向特定市场主体披露其私有信息包括：

（一）中长期结算曲线、分时段中长期交易结算电量及结算电价，日前中标出力及日前节点边际电价，实时中标出力及实时节点边际电价。

（二）结算类信息，包括日清算单、月结算单、电费结算依据等。

第六节 依申请披露信息

第二十四条 市场成员应当报送的依申请披露信息包括：

（一）发电企业报送国际河流水电企业相关数据（如有）。

（二）电网企业报送各非市场用户的类型，购售电电量和电价等。

（三）电网企业报送市场用户进入市场前的用电信息。

（四）电网企业报送能够准确复现完整市场出清结果的电力系统市场模型及相关参数（采用节点边际电价、分区边际电价的电力现货市场地区），包括220kV及以上输电设备（输电线路和变压器）联结关系，输电断面包含的输电设备及其系数、潮流方向、潮流上下限额等。

第二十五条 依申请披露信息纳入特定管理流程，由市场成员向试点地区第一责任单位报送。申请人发起申请，经试点地区第一责任单位审核通过并承诺履行保密责任后方可获取相关信息。申请人应当为参与电力现货市场的市场成员，需书面向试点地区第一责任单位提交申请，申请内容至少包括申请人单位、申请信息内容、申请信息必要性说明、联系方式等。

第二十六条 试点地区第一责任单位应当及时审核申请人提出的信息披露申请。如认定不通过或者披露信息范围需要调整，应及时通知申请人。如不能按时披露申请人提出的相关信息，应当明确延期披露的原因及时限，并在信息披露平台上专栏公示。

第七节 其　　他

第二十七条 征得电力用户同意后，电网企业和市场运营机构应当允许售电公司和发电企业获取电力用户历史分时用电数据、用电信息等有关信息，并约定信息开放内容、频率、时效性，以满足市场主体参与现货交易的要求。

第二十八条 市场成员可申请扩增信息，应当将申请发送至信息披露平台，电力交易机构收到扩增信息披露申请后应及时通知所有受影响的市场主体，并报试点地区第一责任单位审核。扩增信息披露申请及审核结果应当通过信息披露平台专栏公示。

第二十九条 信息披露文档形式以可导出的、常规文件格式为主。

第三十条 电力交易机构应当定期向市场主体出具信息披露报告，内容应当包含但不限于电网概况、电力供需及预测情况、市场准入、市场交易、市场结算、市场建设、违规情况、市场干预情况等方面。

第四章 信息保密和封存

第三十一条 任何市场成员不得违规获取或者泄露未经授权披露的信息。市场成员的工作人员未经许可不得公开发表可能影响市场成交结果的言论。市场成员应当建立健全信息保密管理制度，定期开展保密培训，明确保密责任，必要时应当对办公系统、办公场所采取隔离措施。

第三十二条 信息封存是指对关键信息的记录留存。任何有助于还原运行日（指执行日前电力市场交易计划，保证实时电力平衡的自然日）情况的关键信息应当记录、封存。封存信息包括但不限于：

（一）运行日市场出清模型信息。

（二）市场申报量价信息。

（三）市场边界信息，包括外来（外送）电曲线、检修停运类信息、预测信息、新能源发电曲线、电网约束信息等。

（四）市场干预行为，包括修改计划机组出力、修改外来（外送）电出力、修改市场出清参数、修改预设约束条件、调整检修计划、调整既有出清结果等，应当涵盖人工干预时间、干预人员、干预操作、干预原因、受影响主体以及影响程度信息等。

（五）实时运行数据，包括机组状态及机组出力曲线、电网实时频率等。

（六）市场结算数据、计量数据。

第三十三条 电力交易机构、电力调度机构应当建立市场干预记录管理机制，明确记录保存方式。任何单位或者个人不得违法违规更改已封存信息。市场干预记录应当报市场管理委员会备案，国家能源局派出机构可定期对市场干预行为进行监管，保证市场干预行为的公平性。

第三十四条 封存的信息应当以易于访问的形式存档，并且存储系统应当满足访问、数据处理和安全方面的要求。

第三十五条 信息的封存期限为5年，特殊情形除外。

第五章 监 督 管 理

第三十六条 国家能源局派出机构对市场成员按照本办法开展的信息披露行为进行监管，并根据履行监管职责的需要采取信息报送、现场检查、行政执法等监管措施。

第三十七条　市场主体对披露的信息内容、时限等有异议或者疑问，可向电力交易机构提出，由电力交易机构责成信息披露主体予以解释及配合。对未按要求及时披露、变更或者披露虚假信息的市场成员，一年之内出现上述情形两次以上的，国家能源局派出机构可对其采取监管约谈、监管通报、责令改正、出具警示函、出具监管意见等监管措施，并依据《电力监管条例》等有关规定作出行政处罚。

第三十八条　国家能源局派出机构组织专业机构对信息披露总体情况作出评价，从信息披露的有效性、易于使用性和保密性等方面对信息披露情况进行分析，将评价结果向所有市场成员公布，并抄送地方政府电力管理等部门。

第六章　附　　则

第三十九条　本办法由国家能源局负责解释。

第四十条　本办法自发布之日起施行。

附件：电力现货市场信息披露基本内容（略）

国家能源局关于印发《电力企业应急能力建设评估管理办法》的通知

（国能发安全〔2020〕66 号）

各省（自治区、直辖市）能源局，有关省（自治区、直辖市）及新疆生产建设兵团发展改革委、经信委（工信委、工信厅），北京市城管委，各派出机构，全国电力安委会企业成员单位，各有关单位：

为深入贯彻落实习近平总书记关于应急管理的重要论述，积极推进电力应急管理体系和能力现代化，全面加强电力行业应急能力建设，进一步规范电力企业应急能力建设评估工作，国家能源局组织编制了《电力企业应急能力建设评估管理办法》。现印发给你们，请遵照执行。

国家能源局

2020 年 12 月 1 日

电力企业应急能力建设评估管理办法

第一章　总　　则

第一条　为加强电力应急管理制度化、规范化和标准化建设，提高电力突发事件应对能力，依据《中华人民共和国安全生产法》《中华人民共和国突发事件应对法》《电力安全事故应急处置和调查处理条例》等法律、行政法规，制定本办法。

第二条　电力企业应急能力建设评估（以下简称“应急能力建设评估”）是指以电力企业为评估主体，以应急能力建设和提升为目标，对突发事件综合应对能力进行评估，查找应急能力存在的问题和不足，指导电力企业建设完善应急体系的过程。

第三条　本办法原则上适用于省级及以上区域发电集团公司、300MW 及以上火力发电企业、50MW 及以上水力发电企业，各省（自治区、直辖市）电力（电网）公司、各市（地、州、盟）供电公司以及电力建设企业。其他类型电力企业可参照本办法自行开展评估。

第四条　应急能力建设评估工作遵循行业指导、企业自主、分类量化、持续改进的原则。对涉及国家机密的，应当严格按照国家保密规定进行管理。

第五条　国家能源局负责组织制修订应急能力建设评估标准规范，对应急能力建设评估工作进行监督和指导。国家能源局派出机构、地方电力管理部门负责对辖区内应急能力建设评估工作进行监督和指导。电力企业应当制定完善应急能力建设评估规章制度，明确管理部门、职责和目标考核要求，保障工作有效落实。

第六条　电力企业应当滚动开展应急能力建设评估工作，原则上评估周期不超过 5 年。电力企业应急预案修订涉及应急组织体系与职责、应急处置程序、主要处置措施、事件分级标准等重要内容的，或重要应急资源发生重大变化时应当及时开展评估。

第二章　评估内容和方法

第七条　应急能力建设评估内容参照最新有效的《电网企业应急能力建设评估规范》《发电企业应急能力建设评估规范》《电力建设企业应急能力建设评估规范》。

第八条　应急能力建设评估应当以应急预案和应急体制、机制、法制为核心，围绕预防与应急准备、监测与预警、应急处置与救援、事后恢复与重建四个方面开展。

第九条　预防与应急准备方面包括法规制度、规划实施、组织体系、预案体系、培训演练、应急队伍、指挥中心等。监测与预警方面包括事件监测、预警管理等。应急处置与救援方面包括先期处置、应急指挥、现场救援、信息报送和发布、舆情应对等。事后恢复与重建方面包括后期处置、处置评估、恢复重建等。

第十条　应急能力建设评估应当以静态评估和动态评估相结合的方法进行。静态评估应当对电力企业应急管理相关制度文件、物资装备等体系建设方面相关资料进行评估，主要方式包括检查资料、现场勘查等。动态评估应当重点考察电力企业应急管理第一责任人及相关人员对本岗位职责、应急基本常识、国家相关法律法规等的掌握程度，主要方式包括访谈、考问、考试、演练等。

第三章 评 估 组 织

第十一条 电力企业应当在评估前制定评估工作方案。评估工作方案的内容至少应当包括评估内容、评估组专家信息、评估期间日程安排、电力企业参与评估及配合人员安排等。

第十二条 电力企业可自行或委托第三方机构组建评估工作组，工作组由不少于5名评估人员（含1名组长）组成。评估工作组中应当至少包含1名电力安全应急专家库中的专家，且选用专家须为非被评估单位人员。

第十三条 评估工作应当严格依据评分标准对各项指标进行评分，逐级汇总并转化为得分率。评估工作组应当对评估结果的真实性负责。

第十四条 评估结果应当根据评估得分率确定，分为合格、不合格。评估得分率在80%以上的为合格，得分率在80%以下的为不合格。

第十五条 评估工作结束后，电力企业应当及时组织编制应急能力建设评估报告。评估结果为合格的，电力企业应当在30日内将评估报告直接报送国家能源局派出机构和地方电力管理部门；评估结果为不合格的，电力企业应当根据专家组意见进行整改并重新组织评估，合格后再将评估报告和整改计划一并报送国家能源局派出机构和地方电力管理部门。

第四章 评估结果应用

第十六条 全国电力安委会企业成员单位、国家能源局派出机构、地方电力管理部门应当于每年1月底前，将本系统、本地区上一年度应急能力建设评估工作情况报送国家能源局。

第十七条 国家能源局研究推进应急能力评估信息化平台建设、应用及数据共享工作。国家能源局派出机构、地方电力管理部门根据评估工作情况，可以选择应急能力评估得分率较高的电力企业推广交流经验，促进提高应急能力建设水平。

第十八条 电力企业应当总结评估工作经验，发现问题及时整改，强化闭环管理，完善制度体系，将应急能力建设评估与安全生产标准化、风险分级管控和隐患排查治理等有机结合，不断强化电力安全生产与应急管理工作。

第五章 监 督 管 理

第十九条 国家能源局派出机构、地方电力管理部门应当将应急能力建设评估情况纳入安全生产监管范围，重点对评估结果不合格的电力企业应急能力建设工作加强监督管理。根据电力应急管理工作需要，可将其他电力企业纳入本办法适用范围。

第二十条 国家能源局及其派出机构、地方电力管理部门应当不定期对应急能力建设评估报告进行抽查与复核。经抽查与复核发现评估报告与实际不符，应急能力未达到有关规定的要求，相关电力企业应当限期改正或者重新评估，并在30日内提交整改报告。

第二十一条 国家能源局及其派出机构、地方电力管理部门对评估报告弄虚作假、评估工作不按规定开展的电力企业，应当采取约谈、通报等方式督促整改；情节严重的，应当按照相关规定给予处理。

第六章 附 则

第二十二条 本办法由国家能源局负责解释。

第二十三条 本办法自2021年1月1日起施行。

国家能源局 生态环境部关于加强核电工程建设质量管理的通知

（国能发核电〔2020〕68号）

各有关单位：

为进一步加强核电工程建设质量管理，切实履行《中华人民共和国核安全法》等有关法律法规要求，明确和落实核电工程建设相关单位质量责任，保证工程质量，确保核安全，现将有关要求通知如下。

一、充分认识核电工程质量的重要性

党中央、国务院高度重视核电安全。核安全不仅是核电的生命线，更是国家安全的重要组成部分。工程质量是保证核电安全的物质基础，建设期的质量就是运行期的核安全。各单位要进一步提高认识，站在维护国家安全的高度，充分认识核电工程质量的极端重要性。坚决贯彻落实党中央、国务院决策部署，坚持安全第一、质量第一，以对党和国家、对人民、对事业高度负责的态度，更加严格认真做好核电工程建设质量管理工作，确保核安全万无一失。

二、切实落实核电工程质量责任制

核电厂控股企业集团（简称核电集团）、核电厂营运单位（简称建设单位）、核电工程总承包单位（简称总包单位）、设计单位、设备制造单位、施工单位、监理单位等按照各自职责对所承担的核电工程质量负有终身责任，要严格遵守《中华人民共和国核安全法》《中华人民共和国建筑法》《建设工程质量管理条例》《民用核安全设备监督管理条例》《核电厂质量保证安全规定》等核安全和工程建设领域法律法规要求，认真履职尽责，落实主体责任，确保核电工程质量。各参建单位必须按照国家法律法规及有关规定，自觉接受有关部门的质量管理和监督。

（一）核电集团对核电工程质量负有领导责任。要建立核电建设全面质量管理制度，明确界定总部职能部门和下属单位的质量责任，按照责权利一致原则，规范建设单位和总包单位的关系。加强对质量工作的组织领导和监督考核，从绩效考核、机构设置、选人用人、资源配置等方面，全面落实质量管理各项要求。建立和实施质量责任追究制度，组织各参建单位签订质量终身责任承诺书。加强对各核电项目质量管理的监督检查，建立核电工程质量总监派驻制度。

（二）建设单位对核电工程质量负总责。建设单位是工程建设管理的主体和质量的总责任方。要严格按照国家基本建设程序组织开展工程建设，保证合理的工期和概算。强化建设单位监督职能，建立健全质量保证体系并有效运行，严格执行质量保证大纲，合理设置质量管理机构，配备足够的质量管理人员。严格审查和控制主要承包商的准入条件，确保其资质和能力满足工程建设要求。对各参建单位的质量责任落实情况进行监督检查，督促落实施工人员的直接责任和各级质量控制人员的监督责任，形成职责清晰、上下联动、齐抓共管的管理格局。对质量管理不到位的单位，要及时采取约谈，责令更换项目负责人乃至终止合同等纠正措施。

（三）总包单位对核电工程质量负责。总包单位对其承担的工程设计、设备采购、施工管理、调试等工作负直接责任，要实施全过程质量管理，加强对设计、设备、材料及施工单位的质量管理和监督，优化接口管理，提升质量管理效能，确保质量保证体系有效运行。建立工程资源评估机制，定期评价关键资源配置情况并向建设单位报告。

（四）设计单位对核电工程设计质量负责。要严格按照法规标准开展工程设计，强化设计接口管理，统筹专业协同设计，加强设计审查，提高设计质量。规范设计变更管理，严格审查因制造、施工偏差导致的设计变更，杜绝从设计上随意降低安全质量标准。

（五）设备制造单位对核电工程设备制造质量负责。要加强原材料采购质量管控，持续提升设备制造工艺水平，优化设备制造过程质量监控手段，通过合同措施加强对分包商、供货商监督管理力度，不断提高设备制造质量。持续做好已供货设备运行质量跟踪和维保服务，针对运行问题做好设备设计和制造优化，提高设备整体质量。

（六）施工单位对核电工程施工质量负责。要合理配置施工资源，保障项目资源需求及人员资质要求。完善施工质量管理体系，明确各级组织、人员的质量责任。不断提高核安全意识和专业技能水平，打造高素质专业化核电工程施工队伍，并采取措施保证施工队伍稳定。

（七）监理单位对核电工程施工质量承担监理责任。要严格按照相关标准开展独立第三方监理工作，不得与项目建设单位、总包单位、施工单位有隶属或人员派遣关系。要建立健全并严格执行监理工作质量管理体系，保证现场监理人员、设备投入，采取旁站、巡视和平行检验等形式，确保施工关键部位、关键环节、关键工序监理到位。要及时总结共性质量问题，建立标准化工作流程，不断提高监理成效。

三、全面加强核电工程建设过程质量管理

针对当前影响核电工程质量的问题，各参建单位要高度重视，落实责任，完善制度，加强工程建设全过程质量控制和监督管理，确保质量保证体系有效运行。

（一）充分做好工程评估和风险管理。核电集团要建立核电项目建设各阶段评估标准和机制，组织开展各阶段开工前准备工作和执行效果评估，保证项目建设满足质量目标要求。项目主体工程施工前，确保施工图满足工程进展需求，避免“三边工程”。建设单位、总包单位、施工单位要对工程建设各阶段存在的质量风险进行全面评估，实行质量风险动态分级管理。

（二）规范核电建设市场行为。规范核电工程招投标管理，将安全与质量标准作为招标文件强制性要求和条件，公开、公平、公正开展招标评标工作，防止不合理低价中标。对首次进入核岛工程建设领域的施工单位，要强化企业业绩复核、人员资质审核、核安全文化评估等工作，确保满足要求。建设单位和总包单位要按照《中华人民共和国建筑法》《民用核安全设备监督管理条例》等有关要求，严格控制施工单位的分包活动，制定不允许分包物项和服务清单。分包工作不转移施工单位的质量责任。施工单位要切实加强对分包单位的监督管理，做好分包单位人员技术指导和技术交底，杜绝“以包代管”。

（三）强化质量保证工作独立性和权威性。建设单位质量保证机构应单独设置，部门负责人应直接向本单位主要负责人汇报工作。总包单位、施工单位和监理单位的现场项目部质保部门负责人除向项目部主要负责人汇报工作外，还应向本单位总部独立报告。各参建单位质保部门要强化质保监查，及时发现、报告问题并督促整改，保证质保体系有效运转。

建立工程质量评价机制，动态评价施工质量状态、结果和趋势。

（四）建立质量抽检复查制度。建设单位、总包单位、监理单位应建立程序，制定计划，明确质量抽检复查覆盖区域、比例等要求，对关键设备、零部件、大宗材料以及特殊工艺过程，开展随机抽检复查。抽检复查必须独立开展或委托第三方检验机构进行。

（五）加强特殊工艺过程质量管理。施工单位要加强特殊工艺（如焊接、无损检验等）过程管理，完善特殊工艺过程质量管理制度，对人员、设备、材料质量进行控制。建设单位、总包单位、监理单位要明确特殊工艺过程质量监督检查比例等管理要求并严格实施，不得随意减少或取消质量控制点。加强隐蔽工程（如混凝土浇筑等）管理，强化现场见证，隐蔽工程施工前要保证所有相关物项验收合格，质量文件真实有效，并按程序规定经各方进行审核和签字确认。

（六）强化关键岗位人员管理。各参建单位应加强对关键岗位人员（包括核安全相关的质量控制人员、试化验检验检测人员、核级焊工/焊接操作工、核级无损检验人员等）配置、资格、考勤、培训及授权的管理。要做好人力动员，严格按照相关工作资格管理规定进行执业管理，并对其工作质量负责。

（七）严格质量记录管理。各参建单位应保证合理的记录人员及资源投入，切实做到质量记录文件同实体工作同时完成。严禁“造数据、补记录、假报告”等违规行为，确保质量记录全面、及时、准确、有效。要明确记录编制、审核、批准等签字人员资质要求并认真执行，严禁冒签或无授权代签。要制定质量记录监督检查细则，结合施工关键部位和关键节点，对质量记录开展定期检查和随机抽查。

四、加强核安全文化建设

各参建单位要坚持安全第一、质量第一，制定并公布本单位安全质量政策声明。单位主要负责人要确保在任何情况下作出表率，正确处理进度和质量关系，坚持进度服从质量。

（一）建立培训管理制度。各参建单位应建立制度，积极探索切实管用的核安全文化教育形式，定期对领导层、质量管理人员、技术人员和作业人员开展培训教育，重点做好上岗、转岗前培训，严把“入场关”。创新培训形式，强化行为习惯，增强质量意识，提高施工作业技能水平。

（二）建立经验反馈和警示教育制度。各参建单位要建立多渠道经验反馈机制，积极参与行业组织开展的经验反馈交流活动。针对本项目和其他项目发生的工程质量问题案例，定期组织开展经验反馈和警示教育，深入汲取教训，举一反三，对照自查，制定纠正措施，防范问题重复发生。

（三）建立预防和惩治工程质量造假制度。各参建单位要建立防造假制度，并采取制度震慑、技术防范、人员监督等措施预防工程质量造假。建设单位要牵头建立针对工程质量造假问题的举报渠道和处理程序。对组织实施和参与工程质量造假的单位和个人，坚持以“零容忍”态度严肃处理、依法依规问责，构成犯罪的，依法追究刑事责任，处理结果及时向有关部门报告。

国家能源局、国家核安全局将依据国家有关规定，加大监督惩戒力度，对核电工程质量造假问题发现一起、通报一起，将失信行为记入相关责任单位和责任人员信用记录，纳入全国信用信息共享平台，依法依规向社会公开并实施失信联合惩戒，视情节在一定期限内实施市场和行业禁入措施，直至永久逐出市场。

五、发挥现代信息化技术在核电建设管理中的作用

深入研究推广信息化、智能化、大数据、区块链等新技术在核电工程建设管理中的应用，统筹建设共享高效的信息管理平台和“智慧工地”，提高建设项目管理信息化、智能化水平，更好保障工程质量。

（一）建立现场人员识别和定位系统。施工单位要落实施工人员实名制管理要求，建立并管理施工人员基本信息、从业信息、诚信信息，并向建设单位和总包单位备案。建设单位、总包单位要组织各参建单位统筹配备必要的硬件设施设备，对进入工程现场的人员，采用人脸、虹膜等生物识别技术进行电子打卡，采用移动定位、电子围栏等技术对作业人员进行提醒和监督。

（二）提高工程管理信息化水平。积极推广设计图纸、操作规程、施工方案、质量计划等标准化、电子化开发，确保现场作业人员高效便利获得和掌握设计信息、施工方法和质量要求。建立关键设备和重要物资编码管理体系，探索采用射频识别、物联网、无线通信等技术，实现物项质量状态、存放位置、数量等的动态管理。探索区块链等技术在质量管理中的应用，加强质量信息管理，防止质量信息篡改。

（三）加强重要环节和重点部位监控。要推动建立工程远程监控系统，对重点部位、隐蔽工程、关键工序实施全过程在线监控。探索应用人工智能工业影像识别技术，辅助现场质量检查人员开展人、机双重检验。建立和落实影像留存制度，工程开工前需制定质量影像档案管理方案，明确影像留存要求。特别

要对大体积混凝土浇筑、核安全设备焊接和无损检测等重要活动，以及重大质量问题和整改过程进行摄录，影像记录应具有可追溯性。

核电集团和各有关单位要按照本通知要求，结合本单位实际，制定落实方案并组织实施，将各项要求落到实处，确保核电工程质量。

本通知自发布之日起施行，有效期为5年。

特此通知。

国家能源局　生态环境部

2020年12月25日

国家能源局综合司关于组织申报科技创新（储能）试点示范项目的通知

（国能综通科技〔2020〕69号）

各省（自治区、直辖市）和新疆生产建设兵团能源局，有关省（直辖市）发展改革委，各派出机构，各有关单位：

为深入贯彻习近平新时代中国特色社会主义思想和党的十九大精神，践行习近平生态文明思想和“四个革命、一个合作”能源安全新战略，加快构建清洁低碳、安全高效的能源体系，推动我国能源高质量发展，按照《关于促进储能技术与产业发展的指导意见》（发改能源〔2017〕1701号）要求，依据《国家能源局试点示范类事项工作规则（2020年版）》（国能综通法改〔2020〕20号），国家能源局拟在全国已投产电力储能工程（抽水蓄能除外）中组织筛选首批科技创新（储能）试点示范项目（以下简称“储能示范项目”）。现就有关事项通知如下。

一、示范目的

通过分析总结示范项目成功经验和存在问题，促进先进储能技术装备与系统集成创新，建立健全相关技术标准与工程规范，培育具有市场竞争力的商业模式，推动出台支持储能发展的相关政策法规。

二、申报条件

申报项目原则上应为2018年1月1日以后投产，截至本通知印发之日连续在运至少一年的项目。储能系统投资规模原则上不低于3000万元人民币。申报项目知识产权清晰，技术先进，应用示范带动作用良好。

申报单位既可由储能项目业主单独申报，也可联合其他单位联合申报。申报单位应具有较强的经济实力、技术研发和融合创新能力。同类技术和场景，每个申报单位原则上限申报1个项目。

三、申报程序

（一）申报单位网上申报。2020年8月10日至8月23日，申报单位登录“储能示范项目申报平台”（http：//123.127.52.151：9091）；在线填写《科技创新（储能）试点示范项目申请表》（见附件）并下载打印，签字盖章后报送项目所在地或公司注册地省级能源主管部门。

（二）地方能源主管部门网上初审。有关省级能源主管部门根据专属用户名，于2020年8月20日至8月30日，登录申报平台进行初审。初审合格后，有关省级能源主管部门在申请主体报送的《科技创新（储能）试点示范项目申请表》上加盖公章后，于2020年9月10日前报送至国家能源局科技司。各省（区、市）能源主管部门用户名和初始密码由国家能源局下发，各单位收到后请尽快登录填报系统修改密码。

（三）专家网上筛选。在国家能源局组织下，专家对申报项目进行网上筛选，提出推荐项目建议清单。

（四）公示与确认。国家能源局对推荐项目名单进行审核，并在官网公示。公示无异议的，正式发文确认国家能源局科技创新（储能）试点示范项目。

四、筛选指标

（一）适用场景。申报项目应适用于当地用能需求，建设规模切合实际，运行策略满足其所在电力系统运行要求等。筛选指标包括实际需求、系统运行、建设规模等。

（二）技术先进。申报项目应具备技术先进性，所采用技术装备选型准确，设备寿命、循环寿命及转化效率达到业内先进水平，系统可靠性高于国标要求。同时应体现系统的友好型、智慧型和节约型特点（如智慧管控中心、智慧运维系统、对土地等公共资源占用较小等）。筛选指标包括设备寿命、循环寿命标准、转换效率、系统性能、系统可靠性、智能程度、项目布置、生态环保等。

（三）自主创新。申报项目需体现自主创新性，鼓励项目采用自主知识产权的原创技术。筛选指标包括自主技术和装备、原创技术应用、自主知识产权等。

（四）安全防护。申报项目应根据各自技术特点和应用场景，采用安全可靠的设备，确保储能系统运行安全，具备完善的外部风险应对方案及措施等。筛选指标包括设备安全可靠性、储能系统运行安全性、具备完善的外部风险应对方案及措施等。

（五）综合效益。申报项目应高度重视顶层设计，突出设计理念、创新成果、示范效果。体现在保障用能安全、提升能源利用效率、增加清洁能源比重、增强系统运行灵活性、提升智慧用能水平和提高能源利用经济性等方面的效果，具有较强的可复制性和推广应用潜力。筛选指标包括资源循环利用、清洁高效发展、示范效应等。

（六）经济性。申报项目应对财务状况进行详细说明，鼓励具有可持续、可操作的商业模式。筛选指标包括商业模式、财务指标等。

（七）地方政府支持情况。申报项目获得财税、价格等相关政策支持情况。筛选指标包括纳入示范、财税支持、其他支持等。

五、示范要求

（一）确保项目安全运行。严格按照有关要求加强项目安全管理与维护，确保安全运行。

（二）完成示范内容。按照示范项目申请表中的相关内容完成示范工作。

（三）定期上报信息资料。示范项目应按季度上报信息，每年提交年度报告。

（四）加强标准化工作。鼓励示范项目研究提出国家标准、行业标准、团体标准制修订建议。

（五）提供政策建议。结合项目运营情况，向相关部门提出完善相关体制机制的政策建议。

（六）加强宣传分享。积极向社会公开展示运行情况，分享最佳实践。

六、监督评估

（一）建立跟踪评估机制。国家能源局将组织地方能源主管部门会同国家能源局有关派出机构，对示范项目进行跟踪服务，同时委托第三方机构对示范项目运行情况进行信息化管理，必要时组织相关专家进行评估。

（二）强化监管。对示范效果不达标的项目，地方能源主管部门将及时组织查找原因并要求相关单位整改。整改后仍不符合相关要求的，国家能源局将及时商相关单位终止项目示范。

联系人及电话：

能源局科技司：王莹莹 010－59303783

雷祥 010－68505646　010－68505660（传真）

软件技术支持：郭耀飞 17611583986

李鹏 18210230260

材料填报支持：龙望成 15810124393

附件：科技创新（储能）试点示范项目申请表（略）

国家能源局综合司

2020 年 7 月 7 日

国家能源局关于印发《电力业务许可证监督管理办法》的通知

（国能发资质〔2020〕69 号）

各派出机构，国家电网有限公司、中国南方电网有限责任公司、中国华能集团有限公司、中国大唐集团有限公司、中国华电集团有限公司、国家电力投资集团有限公司、国家能源投资集团有限责任公司、内蒙古电力（集团）有限责任公司，有关电力企业：

为进一步完善电力业务许可制度，优化电力业务许可证监督管理，国家能源局对《电力业务许可证（发电类）监督管理办法（试行）》（电监资质〔2010〕36 号）和《电力业务许可证（输电类、供电类）监督管理办法（试行）》（电监资质〔2011〕10 号）进行合并修订。现将修订后的《电力业务许可证监督管理办法》印发你们，请遵照执行。

国家能源局

2020 年 12 月 25 日

附件：电力业务许可证监督管理办法

附件

电力业务许可证监督管理办法

第一章　总　　则

第一条　为加强电力业务许可证监督管理，规范电力业务许可行为，维护电力市场秩序，保护电力企业合法权益，保障电力系统安全、优质、经济运行，根据《电力监管条例》《电力业务许可证管理规定》及相关法律、行政法规的规定，制定本办法。

第二条　本办法适用于对发电企业、输电企业、供电企业（含拥有配电网运营权的售电公司）及电力交易机构遵守电力业务许可制度的监督管理。

第三条　国家能源局负责全国电力业务许可证的监督管理工作。

国家能源局派出机构（以下简称派出机构）负责辖区内电力业务许可证的监督管理工作。

第四条　电力业务许可证监督管理工作遵循依法、公正、公开、高效的原则。

国家能源局及其派出机构依法开展电力业务许可证监督管理工作，发电、输电、供电企业及电力交易机构应当予以配合，并按照要求如实提供有关情况和材料。

第五条　任何组织或者个人有权对发电、输电、供电企业及电力交易机构违反电力业务许可制度的行为进行举报或投诉，国家能源局及其派出机构按照有关规定核实、处理。

第二章　准入与条件保持

第六条　国家能源局及其派出机构对发电、输电、供电企业实施许可准入监管和相关行为的监督管理。

除国家能源局规定的豁免情形外，任何单位或者个人未取得电力业务许可证（发电类、输电类、供电类），不得从事相应的发电、输电、供电业务（含增量配电业务）。

取得电力业务许可证的企业（以下简称持证企业），应当遵守国家法律、法规和能源监管规章制度，按照《电力业务许可证管理规定》规定的权利和义务在许可范围内从事发电、输电、供电业务，并接受国家能源局及其派出机构的监督管理。

第七条　国家能源局及其派出机构对发电、输电、供电企业及时取得许可证情况实施监督管理。

除豁免情形外，发电企业应在项目完成启动试运工作后3个月内（风电、光伏发电项目应当在并网后6个月内）取得电力业务许可证，分批投产的发电项目可分批申请。超过规定时限仍未取得电力业务许可证的，有关机组不得继续发电上网。

拥有配电网运营权的售电公司具备向配电区域内现有负荷供电的能力，具有配电网络后续建设规划，承诺供电能力、供电质量符合《供电监管办法》等有关规定，即可申请电力业务许可证，不需待完成配电区域内所有配电网络建设后申请。

第八条　国家能源局及其派出机构对发电、输电、供电企业申请电力业务许可证时有关承诺的真实性实施监督管理。

对于采用告知承诺方式取得电力业务许可证的企业，派出机构应按告知承诺制有关规定对企业承诺的真实性进行监督检查。

第九条　国家能源局及其派出机构对持证企业按照电力业务许可证确定的条件、范围从事电力业务的情况进行监督检查。持证企业应当保持许可条件，并在许可证确定的范围内从事电力业务。

持证企业生产运行负责人、技术负责人、安全负责人和财务负责人的任职资格和工作经历应符合《电力业务许可证管理规定》要求。主要管理人员发生变化的，应在30日内向所在地派出机构报告。

第十条　国家能源局及其派出机构可以根据国家有关政策要求，规定电力业务许可证的“特别规定事项”。持证企业应当履行许可证载明的“特别规定事项”，并将履行结果及时报送所在地派出机构。

第三章　变更延续与退出

第十一条　持证企业具有下列情形之一的，应当自变化之日起30日内向派出机构提出登记事项变更申请：

（一）企业名称、住所、法定代表人等发生变化的；

（二）发电企业发电机组调度关系发生变化的；

（三）发电企业发电机组类型、单机容量发生变化的。

发电机组技改后装机容量发生变化的，应符合国家有关规定。

第十二条　持证供电企业主要供电设施及供电营业分支机构发生变化的，应当于每年二季度集中向派出机构提出登记事项变更申请。

第十三条　持证企业具有下列情形之一的，应当自变化之日起30日内向派出机构提出许可事项变更申请：

（一）发电企业新建、改建发电机组投入运营的；

（二）发电企业取得或者转让已运营的发电机组的；

（三）发电企业发电机组退役的；

（四）供电企业供电营业区变更的。

前款第一项所列情形应在本办法第七条规定的时限内完成许可事项变更。

第十四条　持证输电企业主网架新建、改建输电线路或变电设施投入运营，以及主网架输电线路或变电设施终止运营的，应当于每年二季度集中向派出机构提出许可事项变更申请。

第十五条　发电机组运行达到设计使用年限的，应当向派出机构申请退役或申请延续运行。申请延续运行的，应当符合下列条件：

（一）符合国家产业政策和节能减排政策；

（二）未纳入政府有关部门关停或停运计划；

（三）机组实行必要的改造并经过相关安全评估。

机组延续运行时限依据相关评估结论确定。

第十六条　输电、供电企业（以下简称电网企业）因故需要停业、歇业的，应当在停业、歇业之前以书面形式向发证机关提出申请，经批准后方可停业、歇业。

未经批准，电网企业不得擅自停业、歇业。

电网企业被撤销的，其上级单位应当在撤销之前以书面形式将实施方案报告发证机关。

第十七条　电力业务许可证有效期届满需要延续的，持证企业应当在有效期届满30日前向派出机构提出许可证有效期延续申请。

第十八条　持证企业电力业务许可证损毁、遗失的，应当及时向派出机构申请补办。派出机构原则上应在受理当日予以补办，并在派出机构官方网站发布公告。补办许可证有效期应与原证一致。

第十九条 持证企业具有下列情形之一的，派出机构应当按照有关规定办理电力业务许可证注销手续：

（一）许可证有效期届满未延续的；

（二）不再具有发电机组、输电网络或者供电营业区的；

（三）申请停业、歇业被批准的；

（四）因解散、破产、倒闭等原因而依法终止的；

（五）许可证依法被吊销，或者许可被撤销、撤回的；

（六）经核查，已丧失从事许可事项活动能力的；

（七）法律、法规规定应当注销的其他情形。

持证企业未配合派出机构在规定时间内办理注销手续的，派出机构可公告注销其电力业务许可证。

第二十条 发电企业变更、延续或注销电力业务许可证后，应将有关情况及时告知相关电网企业、电力交易机构。

第二十一条 派出机构应当及时公告电力业务许可证颁发、变更、延续、注销、补办等有关情况。

第四章 并网与交易注册

第二十二条 国家能源局及其派出机构对电网企业及电力调度机构落实许可制度情况实施监督管理。

电网企业在与发电企业签订并执行《并网调度协议》和《购售电合同》时，应核实发电企业是否取得电力业务许可证、机组信息是否与许可证记录相符。

发电企业在本办法第七条规定时限之前签订《并网调度协议》和《购售电合同》的，可暂不提供电力业务许可证；取得电力业务许可证后，应将有关许可内容及时告知相关电网企业。超过规定时限仍未取得电力业务许可证、并网机组信息与许可证记录信息差异较大的机组不得继续发电上网。

电力调度机构应当在每年第一季度向所在地派出机构报送其调度管辖的上一年度发电机组清单等信息。

第二十三条 国家能源局及其派出机构对电力交易机构落实许可制度情况实施监督管理。

发电企业、拥有配电网运营权的售电公司在电力交易机构注册时，电力交易机构应当核实其是否取得电力业务许可证，注册信息是否与许可证记录相符。

发电企业在本办法第七条规定时限之前到电力交易机构注册的，可暂不提供电力业务许可证；取得电力业务许可证后，应将有关许可内容及时告知相关电力交易机构。超过规定时限仍未取得电力业务许可证的、注册信息与许可证记录信息差异较大的机组不得继续参与交易。

拥有配电网运营权的售电公司未按规定取得电力业务许可证的，电力交易机构不得允许其注册、交易。

第五章 监督管理方式

第二十四条 派出机构应对持证企业执行许可制度情况开展日常监管；国家能源局及其派出机构可针对重点领域、重点问题开展不定期的专项监管。

第二十五条 国家能源局及其派出机构应按照电力业务许可信用监管要求，开展持证企业信用状况综合评价，根据企业信用等级采取差异化监管措施。对监管中产生的信用信息，国家能源局及其派出机构应及时归集至能源行业信用信息平台和全国信用信息共享平台。

第二十六条 国家能源局及其派出机构开展监督检查可采取现场和非现场方式。监督检查应落实“双随机、一公开”要求，并结合企业信用状况，确定企业抽查比例、频次和检查方式。

第二十七条 国家能源局及其派出机构进行监督检查时，应当将监督检查情况、检查结果、违规行为处理意见如实记录，并将有关情况反馈被检查单位。国家能源局及其派出机构可根据监管需要公布有关信息。

第六章 法律责任

第二十八条 国家能源局及其派出机构在监督管理中发现企业违反电力业务许可制度的，按照《电力监管条例》《电力业务许可证管理规定》及有关法律、行政法规的规定处理。

第二十九条 电网企业违反本办法第二十二条规定，允许超过规定时限仍未取得电力业务许可证的机组发电上网的，或未按要求核实机组信息与许可证记录是否相符的，由派出机构责令改正；拒不改正的，按照《电力监管条例》及有关规定处理。

电力交易机构违反第二十三条规定，允许超过规定时限仍未取得电力业务许可证的发电企业、拥有配电网运营权的售电公司注册、交易的，或未按要求核实企业注册信息与许可证记录是否相符的，由派出机构责令改正；拒不改正的，按照《电力监管条例》及有关规定处理。

第三十条 持证企业违反本办法第十一、十二、十三、十四条规定，未在规定时限内提出登记事项变更、许可事项变更申请的，由派出机构责令改正，并按照《电力业务许可证管理规定》有关规定处理。

第三十一条　国家能源局及其派出机构工作人员在电力业务许可证监督管理中有违法违规行为的，按照《电力监管条例》《电力业务许可证管理规定》及有关法律、行政法规的规定处理。

第七章　附　　则

第三十二条　派出机构可依据本办法制定实施细则，并报国家能源局备案。

第三十三条　本办法自发布之日起施行。原《关于印发〈电力业务许可证（发电类）监督管理办法（试行）〉的通知》（电监资质〔2010〕36号）和《关于印发〈电力业务许可证（输电类、供电类）监督管理办法（试行）〉的通知》（电监资质〔2011〕10号）同时废止。

国家能源局综合司关于开展跨省跨区电力交易与市场秩序专项监管工作的通知

（国能综通监管〔2020〕72号）

有关派出机构，国家电网有限公司、中国南方电网有限责任公司，北京电力交易中心有限公司、广州电力交易中心有限责任公司：

为加强跨省跨区电力交易与市场秩序监管，推动跨省跨区电力市场化交易规范开展，促进电力资源在更大范围优化配置，根据《国家能源局关于印发〈2020年能源监管重点任务清单〉的通知》（国能发监管〔2020〕26号），决定从2020年7月至12月开展跨省跨区电力交易与市场秩序专项监管工作。现将有关事项通知如下。

一、工作目标

贯彻落实《中共中央　国务院关于进一步深化电力体制改革的若干意见》（中发〔2015〕9号）及配套文件有关要求，健全市场化交易机制，推进跨省跨区电力市场化交易，加强垄断环节监管，督促北京、广州电力交易中心和电网企业相关部门规范组织开展跨省跨区电力交易，加快构建有效竞争的市场结构和市场体系。推动解决厂网之间突出问题，维护良好的市场秩序，保障市场主体合法权益，进一步扩大清洁能源消纳空间，实现资源在更大范围优化配置。

二、工作内容

（一）*电能交易组织和执行情况*。重点关注通过双边协商、集中竞价、挂牌等交易方式开展的跨省跨区直接交易、发电权交易、合同转让交易、跨区域省间富余可再生能源电力现货交易等各类跨省跨区交易的合理性、合规性和公平性。具体包括：交易启动条件，交易计划编制、交易公告发布、交易组织开展、安全校核结果、交易结果执行等情况，电网企业代理参加跨省跨区交易情况，跨省跨区交易与省内市场衔接情况，市场主体准入注册管理制度执行情况，市场主体使用跨省跨区输电通道公平性，市场主体交易行为合规性，是否存在市场串谋、行使市场力等违规交易行为，是否存在不当干预市场主体独立自主交易的行为等。

（二）*输电通道调度运行和清洁能源消纳情况*。重点关注跨省跨区主要输电通道利用率和平均负荷率、特高压线路输送清洁能源情况、清洁能源与火电送出比例等。具体包括：主要输电通道利用小时和负荷情况，输电通道检修或降功率期间对交易计划完成的影响，交易组织安排、调度计划编制、实时调度控制、调峰能力挖潜等方面对清洁能源消纳的影响等。

（三）*市场运营机构履行主体责任情况*。重点关注市场运营机构按照国家有关文件要求，开展运营监控、风险防控、市场运营分析等。具体包括：电力交易平台建设、运营和管理情况，注册管理、交易计划制定发布、交易合同管理、交易结果发布情况，市场运营机构在安全校核、交易结果执行等方面衔接情况，安全校核责任履行情况，调度策略对交易计划执行的影响情况等。

（四）*电能交易合同签订和调整情况*。重点关注合同完整性和合同电量调整规范性、公平性。具体包括：各类电能交易合同签订及备案情况，年度优先发电合同协商情况，年度购售电合同实际执行及计划调整、合同电量调整情况等。

（五）*电费结算情况*。重点关注电费结算的合规性、公平性。具体包括：国家核定的输电价格和输电线损执行情况，未核定的跨省跨区输电工程输电价格和输电线损市场化方式确定程序合规性，出具电费结算依据情况，结算关系、结算金额及时性和准确性，电费中承兑汇票使用比例，输电费用收取与实际物理潮流匹配情况，输电损耗收益分配情况，跨省跨区输电工程价差资金分配使用情况，交易计划偏差结算资金收取和分配情况等。

（六）*市场交易信息披露和报送情况*。重点关注市场运营机构、电力企业是否按照国家有关法律法规规定，如实披露、报送信息等。具体包括：市场信息管理、发布执行情况，信息披露的及时性、准确性、完整性等。

三、工作步骤

（一）*启动部署（7月）*。印发工作通知，启动专项监管工作，明确专项监管工作内容和要求等。按照《关于推广随机抽查事中事后监管的实施方案》（2020年修订）和“双随机、一公开”监管制度有关要求，抽调派出机构人员，与第三方机构专家组成工作组，细化任务分工。

（二）企业自查（7～8月）。北京、广州电力交易中心和电网企业相关部门按照要求开展自查工作（自查范围为2019年度跨省跨区电力交易），8月20日前将自查报告报送工作组。自查报告内容包括但不限于：基本情况、取得的成效、存在的问题、已采取的工作措施、下一步工作计划等。

（三）现场监管（9～10月）。工作组进驻北京、广州电力交易中心，采取监管座谈、查阅资料、核查账簿等方式开展现场监管。现场监管以问题为导向，根据工作需要，对电网企业相关部门开展延伸监管，充分核实、验证有关情况。根据现场监管发现的问题，约谈电力交易中心和电网企业相关部门，提出限期整改要求。电力交易中心和电网企业相关部门按照要求认真推进整改工作，及时向工作组报送整改情况。

（四）总结巩固（11～12月）。工作组系统总结专项监管工作情况，编制监管报告，适时在一定范围内发布。

四、工作要求

（一）加强组织保障。相关派出机构要高度重视、充分认识跨省跨区电力交易与市场秩序专项监管工作的重要意义，积极支持专项监管工作，按要求派员参加工作组。对于抽调参加专项监管的工作人员，原则上不再安排其他工作。对于涉及本辖区的跨省跨区交易行为，积极配合推进专项监管工作，形成工作合力。

（二）主动配合监管。电力交易中心和电网企业相关部门要积极配合做好有关工作。认真组织开展自查，深刻查找并如实反映存在的问题，制定工作措施，按时提交自查报告。国家电网有限公司、南方电网公司要确定工作总协调人，电力交易中心和电网企业相关部门指派专人负责与工作组对接；按照要求及时、准确、完整提供材料；认真做好整改落实工作，制定详细的整改方案，采取有针对性的措施，逐一整改落实。

（三）务求监管实效。工作组要严格执行中央“八项规定”有关要求。依法行政、依法监管，始终坚持问题导向，切实防止形式主义和走过场，聚焦跨省跨区电能交易中市场主体反映强烈的突出问题、典型问题、苗头性问题，扎实开展专项监管工作。加强问题核实，督促企业整改落实，强化专项监管成果运用，维护公平竞争的市场秩序。

联系人：左源　任治军

联系方式：010－66598600　66023677（传真）

电子邮箱：wangpr160@126.com

国家能源局综合司

2020年7月14日

国家能源局综合司关于开展风电开发建设情况专项监管的通知

（国能综通新能〔2020〕78号）

各省（自治区、直辖市）和新疆生产建设兵团能源局，有关省（直辖市）发展改革委，各派出机构，国家电网有限公司、南方电网公司、内蒙古电力（集团）有限责任公司，相关能源企业：

为全面落实《可再生能源法》及风电行业管理政策，推动风电产业高质量发展，根据我局2020年能源监管重点任务安排，现组织开展风电开发建设情况专项监管。为更好地开展监管工作，制定了《风电开发建设情况专项监管工作方案》，现印发你们，请认真贯彻落实。

联系电话：010－68555030

附件：风电开发建设情况专项监管方案

国家能源局综合司

2020年7月27日

附件

风电开发建设情况专项监管方案

为做好风电开发建设情况专项监管，推动风电行业规范有序发展，制定本方案。

一、工作目标

贯彻落实习近平总书记“四个革命、一个合作”能源安全新战略，促进风电持续健康发展，加快构建清洁低碳、安全高效的能源体系，根据《国家能源局2020年能源监管重点任务清单》（国能发监管〔2020〕26号），通过开展风电开发建设情况专项监管，及时发现各地区在风电开发建设过程中存在的突出问题，督促各地区认真抓好问题整改落实，确保国家风电规划、政策落到实处，进一步规范风电发展秩序，优化建设运营环境，持续推动风电行业高质量发展。

二、监管依据

（一）《中华人民共和国可再生能源法》

（二）《风电发展“十三五”规划》（国能新能〔2016〕314号）

（三）《国家能源局关于可再生能源发展“十三五”规划实施的指导意见》（国能发新能〔2017〕31号）

（四）《国家能源局　国家海洋局关于印发〈海上风电开发建设管理办法〉的通知》（国能新能〔2016〕394号）

（五）《国家能源局关于印发〈分散式风电项目开发建设暂行管理办法〉的通知》（国能发新能〔2018〕30号）

（六）《国家能源局关于减轻可再生能源领域企业负担有关事项的通知》（国能发新能〔2018〕34号）

（七）《国家能源局关于2020年风电、光伏发电项目建设有关事项的通知》（国能发新能〔2020〕17号）

（八）《国家能源局关于发布〈2020年度风电投资监测预警结果〉和〈2019年度光伏发电市场环境监测评价结果〉的通知》（国能发新能〔2020〕24号）

三、监管范围

山西、山东、内蒙古、陕西、新疆、河南、云南、四川、江苏、广东等地区。其他省（区、市）由有关派出机构根据实际情况组织开展。

四、监管内容

有关派出机构坚持问题导向、目标导向，对风电开发建设过程中存在的突出问题实施专项监管，重点对地方能源主管部门、电网企业、风电企业落实国家规划（年度建设方案）、产业政策、项目核准、电网接入、建设标准等情况开展监管。具体内容包括：

（一）风电规划及年度建设方案执行情况。包括地方能源主管部门是否按照规划确定年度建设方案；是否存在超规划或年度建设方案核准项目的情况。

（二）风电产业政策落实情况。包括地方能源主管部门是否按照风电投资监测预警结果组织项目建设；是否按照消纳能力合理安排新增项目规模；是否按要求组织开展集中式陆上风电项目和海上风电项目竞争性配置，方案是否科学合理，程序是否公开公平；分散式风电项目建设是否按照有关规定执行；是否存在向投资企业捆绑其他产业项目、转嫁分摊收取不合理费用情况。

（三）项目核准建设情况。包括地方能源主管部门是否按照国家有关规定开展项目核准工作，程序是否合法合规；风电企业是否存在超核准期限建设的情况、是否存在未核先建情况、是否在国家可再生能源发电项目信息管理平台及时填报、更新项目核准、开工、在建、并网信息。

（四）电网公平接入情况。包括电网企业是否定期开展消纳能力研究论证，制定消纳方案，定期向社会公开消纳容量空间；是否按规定及时向风电企业出具并网接入意见；是否存在未及时建设电网配套接入工程和回购企业自建送出工程情况；是否按照规划和消纳能力合理安排项目并网时序；是否存在要求风电企业超标准配置接网设备和不合理收费；是否公平合理考核风功率预测结果。

（五）项目建设标准执行情况。包括风电企业是否按国家有关设计标准和核准文件要求开展风电项目建设；项目开工建设手续是否完备；是否存在违规变更投资主体情况。

五、进度安排

（一）启动部署（8月上旬前）。国家能源局印发开展风电开发建设情况专项监管工作通知，明确任务要求。有关派出机构结合当地实际制定实施方案，启动部署辖区内相关工作，于2020年8月20日前报送国家能源局新能源司。

（二）自查整改（8月底前）。有关省（区）发展改革委（能源局）结合监管内容，对本地区“十三五”以来风电规划及年度开发建设方案执行情况、风电产业政策落实情况、项目核准建设情况开展自查，并组织所辖区域内电网企业对电网公平接入情况开展自查，组织所辖区域内风电企业对项目核准建设、项目建设标准执行情况开展自查。

自查报告应于8月底前完成，并报送国家能源局新能源司，抄送所在地的派出机构。有关省（区）发展改革委（能源局）、电网企业、风电企业要针对自查中发现的突出问题，及时制定整改方案，及时开展整改落实。

（三）现场监管（9月至10月）。在自查基础上，有关派出机构结合常态化疫情防控要求采取多种方式开展监管，视情况开展非现场、非接触监管。具备条件时，按照国家能源局《推广随机抽查事中事后监管的实施方案（2020年修订）》，采取“双随机一公开”方式组织开展现场监管。现场监管要突出重点、突出问题导向，避免形式主义，防止增加基层负担。

（四）形成监管报告（11月）。派出机构要形成专项监管报告，于11月中旬报送国家能源局新能源司。监管报告的内容包括但不限于：基本情况，风电开发建设中存在的突出问题，针对发现问题已采取措施，进一步规范风电开发建设秩序的监管意见等。国家能源局新能源司于11月底前汇总形成重点地区风电开发建设情况专项监管报告，适时按程序发布。

国家能源局关于进一步完善电力调度交易与市场秩序厂网联席会议制度的通知

（国能发监管〔2020〕78号）

各派出机构，中国核工业集团有限公司、国家电网有限公司、中国南方电网有限责任公司、中国华能集团有限公司、中国大唐集团有限公司、中国华电集团有限公司、国家电力投资集团有限公司、中国长江三峡集团有限公司、国家能源投资集团有限公司、国家开发投资集团有限公司、华润（集团）有限公司、中国广核集团有限公司、内蒙古电力（集团）有限责任公司，有关电力企业：

为适应电力体制改革需要，维护市场秩序，加强厂网信息交流，协调厂网关系，促进电网公平开放，规范电力调度交易与市场秩序，经研究，决定进一步完善电力调度交易与市场秩序厂网联席会议制度。现就有关事项通知如下。

一、主要职责

构建厂网之间信息发布、沟通、协调的平台。组织开展电力调度交易与市场秩序相关政策措施研究，通报电力市场监管工作开展、厂网界面生产经营等情况，协调厂网界面重大经济技术等方面问题，通报会议议定事项的落实情况。

二、组织及参加单位

电力调度交易与市场秩序厂网联席会议（以下简称“联席会议”）由国家能源局派出机构（以下简称“派出机构”）组织召开，省（区、市）级以上电网企业、电力调度机构、电力交易机构及相关发电企业参加。相关配售电企业、电力用户、行业协会根据会议需要参加。会议可邀请政府相关部门参加。

三、工作规则

（一）联席会议应本着依法依规、信息共享、平等协商、民主决策的原则，电力企业无论规模大小、所有权性质，在联席会议中均享有平等的参与权、议事权。

（二）联席会议根据工作需要召开，尽可能精简会议数量。如会议内容与信息发布会等相同，可以合并召开。原则上，联席会议每年至少召开一至两次，派出机构可根据实际情况适当调整。

（三）联席会议根据实际需要可以采取现场会议或视频会议等多种形式召开。

（四）电网企业、电力调度机构、电力交易机构及相应并网发电企业应加强日常生产经营分析，遇有需要通过联席会议发布、沟通、协调事项，应及时向派出机构提交会议议题及其他需要提供的资料。

（五）相关电力企业应按照会议要求提前准备会议材料。

（六）通报和协调事项主要包括以下内容：

1. 国家出台的有关政策以及落实举措；

2. 派出机构已出台、拟出台的电力市场等方面制度文件；

3. 电力市场监管工作开展情况；

4. 电力供需形势；

5. 电网运行方式；

6. 电力企业生产经营情况；

7. 电力调度运行管理情况；

8. 厂网电费结算情况；

9. 电力市场运营、交易（含跨省跨区交易信息等）、结算相关问题，各类电力交易合同执行情况、基准电价合同偏差率等相关情况；

10. 清洁能源发展及消纳情况；

11. 新建线路、变电站等投运情况及新建电厂接入电网情况；

12. 并网发电厂运行考核和电力辅助服务相关情况；

13. 上次联席会议议定事项的落实情况；

14. 其他需要通报或协调的事项。

四、有关要求

（一）派出机构应加强对联席会议的组织工作，加强对厂网界面重大经济技术问题的研究协商，做好会前准备和会后督促落实工作。按规定收集、管理、披露联席会议相关信息，及时将会议材料提供各参会单位。

（二）派出机构应将联席会议反映的涉及系统运行和企业发展的重大问题及时报告国家能源局，省监管办应同时抄送区域监管局。

（三）派出机构可根据工作需要和当地实际情况制定当地电力调度交易与市场秩序厂网联席会议制度。

五、其他

本通知印发后，原国家电力监管委员会办公厅《关于建立厂网联席会议制度的通知》（办市场函〔2006〕38号）、《关于进一步健全厂网联席会议制度的通知》（办市场〔2011〕22号）同时废止。

国家能源局

2020年12月30日

国家能源局关于印发《发电企业与电网企业电费结算办法》的通知

（国能发监管〔2020〕79号）

各派出机构，中国核工业集团有限公司、国家电网有限公司、中国南方电网有限责任公司、中国华能集团有限公司、中国大唐集团有限公司、中国华电集团有限公司、国家电力投资集团有限公司、中国长江三峡集团有限公司、国家能源投资集团有限公司、国家开发投资集团有限公司、华润（集团）有限公司、中国广核集团有限公司、内蒙古电力（集团）有限责任公司，有关电力企业：

为维护电力市场秩序，保障电力企业合法权益，规范发电企业与电网企业之间电费结算行为，根据《电力监管条例》（中华人民共和国国务院令第432号）及相关法律法规，我局对原国家电力监管委员会《发电企业与电网企业电费结算暂行办法》（电监价财〔2008〕24号）进行了修订，现将修订后的《发电企业与电网企业电费结算办法》印发给你们，请遵照执行。

国家能源局

2020年12月30日

发电企业与电网企业电费结算办法

第一章　总　　则

第一条　为维护电力市场秩序，保障电力企业合法权益，规范发电企业与电网企业之间电费结算行为，根据《电力监管条例》（中华人民共和国国务院令第432号）及相关法律法规，制定本办法。

第二条　本办法适用于发电企业与电网企业（包括地方电网、增量配网）按照购售电合同开展的电费结算。电网企业在电力市场交易中承担代收代付电费职责的，与发电企业电费结算参照执行。

第三条　本办法所称的发电企业是指依法取得电力业务许可证（发电类）或符合许可豁免条件，从事发电业务的企业；电网企业是指依法取得电力业务许可证（输电类或供电类），从事输电或供电业务的企业，包括增量配电网企业；电费结算是指发电企业与电网企业就购售电业务相关的电量计量、电费确认、发票开具和资金收付等行为的总称。

第四条　发电企业与电网企业电费结算应当遵循依法依规、公平公正、诚实守信的原则。任何一方不得利用电费结算扰乱社会经济秩序，损害社会公共利益。

第五条　国家能源局及其派出机构（以下统称“能源监管机构”）依据《电力监管条例》和本办法对发电企业与电网企业电费结算行为进行监管。

第二章　电费结算要求

第六条　发电企业与电网企业应当按照有关要求签订购售电合同，未签订购售电合同的，不得进行电费结算。

第七条　电网企业代理优先用电用户的年度、月度、月内（多日）省内及跨省跨区电力中长期交易需签订购售电合同。

第八条　电费结算有关事项应当在购售电合同中予以明确，包括但不限于：计量装置及其设置，上网电量的抄录、计算、核对和确认，上网电费的计算、核对、修正和确认，基准电价、市场交易电价、超低排放电价、环保电价等各类价格水平，可再生能源补贴结算，上网电费发票开具，上网电费支付方式，发电企业收款账号，以及违约处理等。

第九条　发电企业、电网企业应当按照有关要求安装符合技术规范的上网电量计量装置，确保计费电量真实、准确。

第十条　发电企业、电网企业应当严格执行国家电价政策和市场规则，不得自行变更电价水平或电价机制进行电费结算。

第十一条　电费结算原则上以月度为周期（结算周期应当为每个自然月）。新建发电机组调试电费自并网运行后以月为周期进行结算。燃煤发电企业超低排放电费原则上以季度为周期进行结算，电网企业自收到环保部门出具的监测报告之日起十个工作日内向燃煤电厂兑现电价加价资金。

第十二条　电网企业应当及时足额向纳入国家补贴范围的可再生能源发电企业转付中央财政等补贴。原则上电网企业在收到中央财政补贴资金十个工作日内，按照有关要求及时兑付给可再生能源发电企业。电网企业转付地方财政补贴有明确规定的，按照有关规定执行；没有明确规定的，电网企业在收到地方财政补贴资金十个工作日内，及时兑付给可再生能源发电企业。

第十三条　发电企业上网电量根据相关地区交易结算有关规定进行抄录和确认，逐步实现发用双方抄表日历同期，原则上应当在次月初五个工作日内完成。

第十四条　发电企业上网电费应当严格按照购售电合同的约定进行计算，按规定进行核对、修正和确认，原则上应当在上网电量确认日后五个工作日内完成。

第十五条 发电企业应当根据厂网双方确认的电费结算单（结算依据）及时、足额向电网企业开具增值税专用发票，原则上应当在上网电费确认日后五个工作日内完成。电费结算单（结算依据）应当详细列明交易品种、交易电量、交易金额、辅助服务考核项目及金额。实行分时电价机制的应当详细列明分时电量、电费等内容。

第十六条 跨省跨区交易结算由相应电力交易机构统一出具结算依据，由电网企业负责电费收取，向输电方支付输配电费及线损折价，向发电企业支付购电费。

第十七条 电网企业根据结算双方确认的电费结算单（结算依据），及时足额支付电费。

电费原则上一次性支付，在电费确认日后十个工作日内，由电网企业将当期电费全额支付给发电企业。电网企业经与发电企业协商一致后，也可分两次支付。第一次支付不低于该期电费的百分之五十，付清时间不得超过电费确认日后五个工作日，第二次付清时间不得超过电费确认日后十个工作日。

第十八条 电费结算采取国家规定的结算方式，由发电企业与电网企业协商一致，在购售电合同中作出明确、合理约定。

从用户侧收取电费中承兑汇票占比较高且经营效益较差的电网企业，向发电企业支付的承兑汇票，不得高于当期从用户侧收取承兑汇票的百分之五十，且应当在发电企业间进行合理分摊。经双方协商一致，电网企业与发电企业结算电费中使用承兑汇票的比例，应当在购售电合同中明确。电网企业不得使用承兑汇票兑付可再生能源发电企业中央财政补贴。

第十九条 电网企业应当采取有效措施从用户侧收取电费，不得以用户侧欠费为由停止或者减少向发电企业支付上网电费。电网企业如不能按合同约定期限支付上网电费（不可抗力因素除外），应当向发电企业支付违约金。违约金由双方协商约定，由电网企业支付至发电企业电费结算账户。

第二十条 电网企业代理的优先用电用户电量（包括跨省跨区交易电量）应当合理分摊辅助服务费用。

第二十一条 发电企业、电网企业应当保存各自电费结算的原始资料与记录。

第二十二条 发电企业、电网企业在电费结算过程中发生争议，双方可自行协商解决。无法达成一致的，可向能源监管机构申请调解，争议和调解不得影响无争议电费的结算。

第三章 电费结算监管

第二十三条 能源监管机构可采取信息统计、座谈交流、查阅资料、现场监管等方式进行监管，并适时在一定范围内发布监管报告。

第二十四条 发电企业、电网企业应当按照电力企业信息报送有关规定，向能源监管机构报送电费结算情况。

第二十五条 能源监管机构按照《国家能源局能源争议纠纷调解规定》（国能监管〔2017〕74号）对电费结算争议进行调解。经调解仍无法达成一致的，发电企业、电网企业可按照司法程序解决。

第二十六条 电网企业无正当理由未按合同约定支付上网电费的，能源监管机构可责令改正；恶意拖欠电费的，能源监管机构可依据《电力监管条例》有关规定进行处罚，并公示处理结果。

第二十七条 发电企业、电网企业进行电费结算时如有不执行国家电价政策、不执行市场规则、擅自改变电价水平和电价机制等行为，能源监管机构有权制止，责令其限期改正，并公示处理结果。

第二十八条 发电企业和电网企业如有拒绝或者阻碍能源监管机构工作人员依法依规履行监管职责、不按要求向能源监管机构提供有关信息等行为，能源监管机构可依据《电力监管条例》以及电力企业信息报送和披露等有关规定对其进行处罚。

发电企业、电网企业在电费结算过程中扰乱社会经济秩序，损害社会公共利益构成犯罪的，按照司法程序依法追究刑事责任。

第四章 附 则

第二十九条 本办法由国家能源局负责解释。

第三十条 本办法自2021年1月1日起施行，有效期三年，原国家电力监管委员会《发电企业与电网企业电费结算暂行办法》（电监价财〔2008〕24号）同时废止。

国家能源局综合司关于加强电力行业危化品储存等安全防范工作的通知

（国能综通安全〔2020〕85号）

各省（自治区、直辖市）和新疆生产建设兵团能源局，有关省（自治区、直辖市）发展改革委、经信委（工信委），北京市城市管理委员会，各派出机构、大坝中心、电力可靠性和质监中心，全国电力安委会各企业成员单位：

近日，黎巴嫩贝鲁特港口发生爆炸事故，造成重大人员伤亡和巨大经济损失。国务院安委会办公室召开专题视频会议，并印发通知，要求各地方、各单位坚持“人民至上、生命至上”思想，深刻汲取事故教训，防范化解各类安全风险，全力保障人民群众生命财产安全。现就进一步做好电力行业危化品储存等安全防范工作通知如下。

一是开展危化品储存安全排查工作。各电力企业要把危化品储存使用安全作为当前电力安全生产重点工作来抓，重点排查行业内液氨、氢气、氯气、燃油、燃气等罐区管网及其相关设备安全状况，对发现的缺陷隐患建档立册，制定落实整治管控和抢险救援措施，实行“一企一策”精准治理、闭环管理。

二是保障危化品设备正常运行。各电力企业要健全危化品设备设施日常运维、操作使用、安全监督等制度规程并严格执行。完善危化品事故事件应急处置预案方案，定期组织开展实战演练。加强安全教育培训，明确危化品使用管理人员职责，增强运检操作和逃生避险能力。

三是提升危化品本质安全水平。各电力企业要加强危化品技术管控，落实危化品防火防爆要求。要积极实施危化品技术改造升级工程，加快推动燃煤发电厂尿素替代液氨改造，加快推动危化品系统自动化控制和安全仪表系统升级，大力提升电力行业危化品本质安全水平。

四是统筹做好电力安全生产各项工作。各单位要加强统筹谋划，强化协调指导，结合开展电力安全生产专项整治三年行动，突出抓好迎峰度夏、防汛救灾及恢复重建等安全生产工作。各省级政府电力管理有关部门要严格落实电力安全生产属地管理责任，各派出机构要依规履行行业监管职责，各电力企业要切实落实安全生产主体责任。各单位要齐心协力、齐抓共管、凝聚合力，共同保障电力安全生产和行业危化品安全形势持续稳定。

国家能源局综合司
2020 年 8 月 7 日

国家能源局综合司关于进一步加强电力安全生产的紧急通知

全国电力安委会各企业成员单位，各有关单位：

今年受疫情影响，加之入冬以来部分地区出现雨雪冰冻等自然灾害，抢工期现象严重，人身伤亡事故多发，系统运行压力增大。为有效防范各类人身、设备事故，保障系统安全稳定运行和电力（热力）可靠供应，现就进一步做好电力安全生产工作通知如下。

一、电力建设工程，特别是风电建设工程各参建单位要提高政治站位，正确处理安全与发展的关系，充分尊重工程建设周期的科学规律，坚持时间服从安全和质量的原则，科学确定工程建设时间节点，严防由于抢工期、超能力作业引发的施工安全和工程质量隐患。

二、各电力企业要严格落实主体责任，按照国家和行业有关标准、规定，制定并严格执行各项人身、设备事故防范措施，严防事故发生。

三、各电力建设工程参建单位要进一步加强施工现场安全管控，尤其要加强对高支模、深基坑、起重机械、脚手架等危大工程及危险作业的现场管控和旁站监护，杜绝冒险作业、野蛮作业和违章作业。同时，各参建单位要按照国家有关要求，加强工程质量管控工作，主动接受质监机构质量监督，确保工程质量。

四、各电力企业要加强设备检修维护，减少设备非计划停运；发电企业要提前做好燃料采购和储存工作，保障电力（热力）可靠供应，确保人民群众平安过冬。

五、各电力企业和电力建设工程参建单位要进一步完善细化应急组织体系和应急联动机制，及时修订应急预案和现场处置方案，强化应急值班值守工作，有效处置各类突发事件，并严格执行事故（事件）信息报送规定。

国家能源局综合司
2020 年 11 月 20 日

国家能源局综合司关于印发《2020 年电力安全监管重点任务》的通知

各省（自治区、直辖市）和新疆生产建设兵团能源局，有关省（直辖市）发展改革委、经信委（工信委），全国电力安全生产委员会各成员单位：

为确保电力系统安全稳定运行和电力可靠供应，推动全国电力安全生产形势持续稳定向好，我们制定了《2020 年电力安全监管重点任务》。现印发给你们，请结合本地区、本单位实际，认真贯彻落实。

国家能源局综合司
2020 年 2 月 11 日

附件：2020 年电力安全监管重点任务

附件

2020 年电力安全监管重点任务

一、指导思想

以习近平新时代中国特色社会主义思想为指导，全面贯彻党的十九大和十九届二中、三中、四中全会精神，深入贯彻习近平总书记关于安全生产的重要论述和指示批示，认真落实党中央、国务院关于安全生产的各项决策部署，牢固树立总体国家安全观，主动践行能源安全新战略，秉承“安全是技术，安全是管理，安全是文化，安全是责任”的基本理念，围绕“一网二坝三网络四基建”的核心任务，加大监管力度，提升监管效能，不断推进电力安全监管体系和能力现代化，促进全国电力安全生产形势持续稳定好转，为推动能源高质量发展再上新台阶提供可靠保障，为全面建成小康社会提供强劲动力。

二、基本目标

杜绝重大以上电力人身伤亡责任事故、杜绝重大以上电力安全事故、杜绝电厂垮坝漫坝事故，确保电力系统安全稳定运行和电力可靠供应，努力实现事故起数和伤亡人数双下降。

三、重点任务

（一）完善法规体系。开展《电力安全事故应急处置和调查处理条例》释义以及《电力安全生产监督管理办法》《电力建设工程施工安全监督管理办法》等法规规章修订工作，进一步完善规范性文件。加大执法力度，规范执法行为。

（二）完善安全监管体制。巩固“齐抓共管”既有成果，发挥全国电力安委会和地方电力安委会、专委会等平台作用，促进派出机构和地方政府有关部门的密切协作，形成工作合力。着力推动理顺电力安全监管体制。

（三）构建安全生产监督长效机制。推动企业健全安全风险分级管控和隐患排查治理双重预防机制，完善安全生产保障体系和监督体系。建立电力企业安全生产情况排序公布制度和典型事故分析通报制度。建立预警信息沟通共享和安全风险提示制度。实施年度检查计划清单管理，全面推行“双随机一公开”执法检查，提升检查质量，严控检查次数。利用安全生产失信联合惩戒“黑名单”开展信用监管。

（四）编制电力安全生产“十四五”行动计划。按照电力发展“十四五”规划和安全生产“十四五”规划编制要求，制定《电力安全生产“十四五”行动计划》。着力推动电力安全风险管控行动计划各项任务分解落实。

（五）加强发电安全监管。鼓励开展安全性评价，督促强化机组并网安全性评价，准确评估机组安全状态，提升设备设施检修维护工作水平。持续推进安全生产标准化工作，落实“二十五项”反措，加强班组安全建设与外包项目管理，加大作业现场巡查检查力度，严肃查处“三违”行为。

（六）加强电网安全监管。督促企业开展电力系统运行方式分析，系统排查电网运行隐患，有效管控电网风险。协调解决涉网安全重大问题，提升涉网安全管理水平。重点关注特高压输变电设备安全，防范化解特高压输电安全隐患。

（七）加强网络安全监管。推动落实电力行业网络安全三年行动计划。研究制定《电力行业关键信息基础设施认定规则》。组织开展电力监控系统安全防护专项监管。推动实施电力行业网络安全“零报告”制度。组建电力行业网络安全监督管理支撑队伍，成立电力行业网络安全专家组，推进组建国家能源电力行业网络安全重点实验室。推进网络安全军民融合深度发展。

（八）加强水电站大坝安全监管。提高大坝安全风险辨识水平，增强大坝灾害防范应对能力，做好水电站大坝安全注册、定期检查等工作。发挥大坝安全监察平台作用，加强大坝安全监测监控和信息报送。开展重大工程缺陷和事故隐患治理。

（九）加强基建安全监管。出台《电力建设工程施工安全行动计划（2020—2024 年）》和《关于进一步加强电力建设工程施工安全监督管理的指导意见》。发布《电力建设工程施工现场安全专项监管报告》。推动电力建设工程施工安全监管平台全面应用，推进“智慧工地”建设，提高电力建设工程智能化水平。

（十）加强工程质量监督。出台《电力建设工程质量监督暂行规定》，进一步理顺质量监督体系，规范质量监督机构设置。印发《输变电工程质量监督检查大纲（增补本）》等质量监督检查大纲，规范质量监督工作程序，完善质量监督技术标准。强化质量监督专业人员培训与考核，规范质量监督队伍建设。

（十一）加强可靠性管理。组织修订《电力可靠性监督管理办法》，规范原始数据加工及利用，强化可靠性数据核查，提高数据的准确性、真实性和完整性。推动可靠性管理技术应用和成果转化应用。

（十二）加强应急能力建设。落实《电力行业应急能力建设行动计划（2018—2020 年）》。推进地市级政府大面积停电事件应急预案编制和演练，提高预案编制完成率，各省级政府至少开展一次地市级应急演练。建立国家级电力应急培训演练基地，组建国家级电力应急抢修救援队伍和专家库。出台《电力企业应急能力建设评估管理办法》，督促企业完善应急预案体系，加强评估监管。

（十三）做好重大活动保电和突发事件应对工作。制定《重大活动电力保障工作规定》，进一步规范保电工作。强化重要时间节点安全风险防控，做好全国“两会”、第三届中国国际进口博览会等重大活动保电工作。提升电力系统防灾减灾能力，加强电力安全信息报送，做好自然灾害等影响电力安全的突发事件应对处置工作。

（十四）打造“和谐 守规”的电力安全文化体系。出台《电力安全文化建设纲要》，指导开展安全文化建设标准化评价，推动建立教育培训体系。组织开展好电力行业“安全生产月”和“安全生产万里行”等活动。

（十五）加强学习培训。运用信息化、智能化手段，建立健全安全培训考评体系，开发培训考试平台，推行网络教育培训，提高全员安全素质。

国家能源局综合司关于开展电力业务资质许可服务“好差评”工作的通知

（国能综通资质〔2020〕50 号）

各派出机构：

为贯彻落实《国务院办公厅关于建立政务服务“好差评”制度　提高政务服务水平的意见》（国办发〔2019〕51 号）有关要求，全面及时准确了解企业和群众对电力业务许可、承装（修、试）电力设施许可服务的感受和诉求，接受社会监督，持续提升服务水平，优化营商环境，现就开展电力业务资质许可服务“好差评”工作有关事项通知如下。

一、工作目标

按照国家能源局有关部署，2020 年 6 月底前，依托资质和信用信息系统，实现电力业务许可、承装（修、试）电力设施许可服务“好差评”评价功能。2020 年底前，全面对电力业务许可、承装（修、试）电力设施许可服务开展“好差评”，实现许可服务事项全覆盖、评价对象全覆盖、服务渠道全覆盖。确保每个许可服务事项均可评价，许可实施单位及工作人员都接受评价，每个办事企业和群众都能自愿自主真实评价，每个差评都得到整改。形成评价、反馈、整改、监督全流程衔接，企业和群众积极参与、社会各界广泛评价、许可实施单位及时改进的良性互动局面，促进许可服务质量持续提升。

二、建立评价机制

（一）实施综合评价

建立以企业和群众对许可服务评价为主、社会各界综合点评和政务服务监督查评为补充的许可服务“好差评”综合评价机制。许可服务评价指企业和群众对派出机构所提供电力业务许可、承装（修、试）电力设施许可服务作出的评价，一般设置“很好”“好”“一般”“差”“很差”五个等级，后两个等级为差评；社会各界综合点评指社会大众对派出机构开展许可服务情况作出的综合性评价；政务服务监督查评指资质中心适时组织开展的，对各派出机构许可服务情况的调查评价。

（二）畅通评价渠道

企业和群众可通过线上、线下多种渠道对各派出机构提供的许可服务作出评价。线上评价主要依托资质和信用信息系统的许可服务评价功能进行，具体包括系统自动跳转评价、点击链接评价及扫描二维码评价等。线上评价信息统一归集到资质和信用信息系统的相关数据库，由资质中心负责汇总、分析及分发，由相应派出机构处理。线下评价渠道主要包括两方面，一是各派出机构在许可服务大厅设立的意见箱、公布的监督投诉电话等，由派出机构负责评价信息的收集和处理；二是由资质中心组织开展的问卷调查、电话回访等，由资质中心负责评价信息的收集和处理。

三、组织开展评价

（一）现场服务“一次一评”

各派出机构在许可服务大厅醒目位置设置评价二维码，链接直达资质和信用信息系统的许可服务评价功能模块。办事企业和群众通过扫描二维码，可方便地对当次许可服务作出自主评价，具体包括对整体满意度、工作人员服务态度、工作人员业务熟练程度等的评价，也可反馈相关意见建议（评价单见附件 1）。没有在许可服务现场作出评价的企业和群众可在 7 日内补充评价。

（二）网上服务“一事一评”

企业和群众在线办理许可业务时，在许可事项办结之后可对许可服务作出自主评价，即许可申请人在网上点击领取《准予行政许可决定书》《不予行政许可决定书》或《不予受理行政许可决定书》后，邀请申请人对本次许可服务进行评价。通过资质和信用信息系统办理许可业务的，将由系统自动发送评价邀请，经申请人同意后自动跳转至评价页面；过渡期间通过资质和信用信息系统以外其他系统在线办理许可业务的，将由所使用系统或其他方式推送服务评价链接或二维码，申请人点击链接或扫描二维码后，进入资质和信用信息系统的评价页面。“一事一评”在对服务整体满意度五级评价的基础上，细化了对具体服务事项的评价，包括设置服务指引是否清晰、办事程序是否便利、材料手续是否明确、操作界面是否友好、“最多跑一次”是否落实、对接受的服务是否满意、有何意见建议等（评价表见附件 2）。具体服务事项的评价设置四个或五个评价等级，后两个等级为差评。

（三）社会各界“综合点评”

各派出机构要通过意见箱、热线电话、监督平台、电子邮箱等多种渠道和方式，主动接受社会各界的综合性评价。具备条件的单位，可以进一步引导社会组织、中介组织、研究机构等对政务服务状况进行专业、科学、客观的评估评价。

（四）政务服务“监督查评”

资质中心适时组织开展派出机构许可服务调查评价。一是按照一定比例抽取参与“好差评”的企业和群众开展回访调查，了解派出机构许可服务便利度、群众满意度和差评整改情况。二是组织派出机构开展自评，对“最多跑一次”、“证照分离”改革全覆盖试点、行政许可标准化和信用监管等电力业务资质许可“放管服”有关工作落实情况进行评价（评价内容见附件3，根据工作需要及时调整）。三是适时引入第三方机构，对许可服务状况进行专业、科学、客观的评估评价。资质中心综合以上情况，形成调查和评价结果及时反馈有关派出机构，作为改进服务的重要参考。

四、强化结果应用

（一）确保服务差评的及时整改和反馈

建立差评调查核实、督促整改和反馈机制。资质和信用信息系统收到“差评”评价后，自动启动处理程序，按照“谁办理、谁负责”的原则，将出现差评的评价单（评价表）反馈至对应派出机构，由该派出机构安排专人回访核实。派出机构对于情况清楚、诉求合理的问题，要立行立改；对情况复杂、一时难以解决的，要建立台账，限期整改；对缺乏法定依据的，要做好解释说明。核实为误评或恶意差评的，评价结果可不予采纳。派出机构要将差评核实整改情况通过适当方式，及时向企业和群众反馈，确保差评件件有整改、有反馈；做好差评回访整改记录，实名差评回访整改率要达到100%；并及时将相关情况上传至资质和信用信息系统。

（二）加强评价数据的综合分析和应用

运用大数据等技术，加强对评价数据的跟踪分析和综合挖掘。资质中心每季度初向各派出机构反馈上季度归集到的许可服务“好差评”评价总体情况及具体评价信息（反馈表见附件4）。各派出机构要对照反馈情况，及时查找许可服务中存在的问题并及时改进，推进许可服务精细化、优质化，持续推动公平公正、公开透明营商环境的建设。

（三）促进评价信息的交流共享和公开

促进许可服务评价信息及相关工作经验的交流和共享，及时总结推广创新做法、典型经验。每年第一季度，资质中心在门户网站公开上一年度各派出机构许可服务“好差评”情况，加强宣传，引导企业和群众积极参与许可服务评价。

五、加强工作保障

（一）强化组织保障

各单位要把开展许可服务“好差评”作为深化“放管服”改革的重要举措，狠抓督促落实，确保工作扎实有序推进，目标任务按期完成。资质中心负责在资质和信用信息系统中开发建设电力业务资质许可服务“好差评”在线评价及管理功能，指导许可服务评价工作顺利开展。信息中心结合国家能源局一体化政务服务平台建设，负责资质和信用信息系统中电力业务资质许可服务“好差评”后续在线功能建设和运行维护。各派出机构负责本区域内电力业务许可、承装（修、试）电力设施许可服务“好差评”评价的实施，强化人员管理和考核，接受企业和群众监督评价，及时开展问题核实、整改及反馈，查处违规违纪问题。

（二）健全评价信息管理机制

资质中心将以资质和信用信息系统为基础，建立“好差评”数据生成、归集、传输、分析、反馈机制，确保资质系统内部“好差评”内容标准统一、差评整改反馈及时、评价数据生成高效、评价结果客观公正。建立评价数据安全保障机制，切实保障评价人自愿自主评价的权利，鼓励企业和群众实名评价；规范信息查询及管理权限，任何单位及个人不得恶意泄露评价人信息，确保数据真实、安全、可靠。

附件：1. 电力业务许可、承装（修、试）电力设施许可服务“好差评”评价单（现场服务“一次一评”）（略）

2. 电力业务许可、承装（修、试）电力设施许可服务“好差评”评价表（网上服务“一事一评”）（略）

3. 电力业务资质许可“放管服”有关工作落实情况评价内容（略）

4. 电力业务许可、承装（修、试）电力设施许可服务“好差评”评价情况反馈表（略）

国家能源局综合司

2020年6月2日

国家能源局关于印发《2020年能源监管重点任务清单》的通知

各司，各派出机构，各直属事业单位：

《2020年能源监管重点任务清单》已经国家能源局第11次局长办公会议审议通过，现予以印发，请认真组织落实。有关要求明确如下。

一、落实监管责任。能源监管重点任务清单是落实国家能源局《进一步加强和规范能源监管工作的意见》和能源监管工作会议精神的重要措施和具体要求，各单位要高度重视，相互协调，积极配合，共同把各项监管任务落实落细。按照“谁牵头、谁负责”的原则，综合监管由监管司牵头负责，专项监管由局机关相关司、直属事业单位牵头负责，重点监管由相关派出机构牵头负责；牵头单位负责监管任务的统筹设计、整体推进、问题督促整改、监管报告编制等事项。综合监管、专项监管进展和完成情况分别由牵头单位向局长办公会汇报，重点监管进展和完成情况由监管司汇总后向局长办公会汇报。

二、编制工作方案。牵头单位要根据《2020年能源监管重点任务清单》制定具体监管工作方案。工作方案要明确工作目标，细化监管内容，建立工作机制，明确责任分工和监管成果形式，确保监管任务有序开展。工作安排上可分为“启动部署、业务培训、监管对象自查、现场监管、督导整改、总结通报”等阶段；考虑疫情影响，在确保实现监管目标的前提下，时间安排可有一定弹性。综合监管、专项监管牵头单位在方案制定过程中要充分听取派出机构意见，派出机构制定的重点监管工作方案应抄报相关司或直属事业单位。

三、务求监管实效。各单位要始终坚持问题导向，聚焦党中央国务院关心、影响能源高质量发展、市场主体反映强烈、人民群众高度关注的突出问题、典型问题，集中监管力量，精准发力。局机关相关司、直属事业单位要加强组织协调，对派出机构进行业务指导和专项培训，为一线监管提供强有力支持。派出机构要加强现场监管和问题核实，做好问题督促整改，提出政策建议，适时组织开展“回头看”等后续监管工作，确保监管任务取得实效和长效。

四、注重成果运用。各单位要强化横向联动，分类汇总监管中发现的问题，在采取监管措施的同时，原汁原味将问题通报相关司、直属事业单位。相关职能司根据监管结果评估国家能源规划、政策等的执行情况，研究提出规划调整建议，实施政策联动；对问题严重的能源企业，监管司会同有关单位对其总部依法依规采取监管措施；派出机构按照规定实施相关处理措施或行政处罚。各牵头单位要注重宣传解读，推介好的经验做法，通报典型案例，强化交流互鉴，促进相关领域工作水平全面提升。

监管司要切实发挥市场监管、行业监管工作的统筹协调作用，密切跟踪督促任务清单执行情况，及时进行总结报告。

附件：2020年能源监管重点任务清单（略）

国家能源局

2020年4月15日

国家能源局综合司关于印发《“十三五”能源规划目标任务落实情况综合监管工作方案》的通知

（国能综通监管〔2020〕56号）

各省（自治区、直辖市）和新疆生产建设兵团能源局，有关省（直辖市）发展改革委，各派出机构，中国核工业集团公司、中国石油天然气集团公司、中国石油化工集团公司、中国海洋石油集团公司、国家石油天然气管网集团公司、国家电网有限公司、南方电网公司、华能集团公司、大唐集团公司、华电集团公司、国家电力投资集团公司、长江三峡集团公司、国家能源投资集团公司、中煤能源集团公司、中广核集团公司，相关能源企业：

为全面贯彻落实“十三五”能源规划确立的重点目标任务，进一步推动重大工程项目有效落地，扎实做好“六稳”“六保”工作，根据我局《2020年能源监管重点任务清单》，我们研究制定了《“十三五”能源规划目标任务落实情况综合监管工作方案》。现印发给你们，请认真组织实施。有关要求如下。

一、请各派出机构加强工作统筹，结合疫情防控常态化要求和本地实际制定具体实施方案，细化监管内容和措施，确保相关工作有效落实。要加强与局机关的沟通联系，及时报送监管工作开展情况，分析问题，总结经验，提出相关意见建议。国家能源局相关职能司要对派出机构做好政策解读和业务指导工作。

二、请各地方能源管理部门做好协同配合工作。地方能源管理部门负责本地区能源规划落实，要全面准确地梳理有关数据和材料，如实分析国家规划在本地实施成效、存在困难和问题，提出针对性的意见建议，按时提交自查报告。对于国家能源局派出机构在监管工作中反馈的情况，应当及时核实处理。请各地方能源管理部门明确具体责任部门和工作联系人，并于6月15日前报所在地派出机构。

三、各能源企业负责能源规划的具体实施和项目建设运营，要对照监管工作内容和要求，认真梳理国家能源规划落实和重大项目建设有关情况，及时提供相关资料。请各能源央企于6月15日前向国家能源局市场监管司报送一名工作联系人，负责相关工作的统筹协调；各能源央企下属单位及地方企业同步建立相应工作机制，畅通与所在地派出机构的联系渠道。

四、各单位要坚持问题导向，突出工作重点，针对重点领域、重点环节、重点事项开展监管工作，以点带面，务求实效。切实改进工作作风，既要避免形式主义、走过场，也要防止增加基层负担。要“督”“战”结合，既要及时发现问题，也要通过督促协调、约谈整改等方式力促问题解决。国家能源局将适时组织相关职能司、第三方机构人员赴部分重点区域、重点项目现场开展核查工作。

联系电话：010－66597346　66598646

传真：010－66023677

附件：“十三五”能源规划目标任务落实情况综合监管工作方案（略）

国家能源局综合司

2020 年 6 月 8 日

国家能源局综合司关于组织开展国家能源研发创新平台考核评价工作的通知

（国能综通科技〔2020〕99 号）

各省（自治区、直辖市）能源局，有关省（自治区、直辖市、计划单列市）发展改革委，有关能源企业，有关科研院所、高等院校，各国家能源研发中心、国家能源重点实验室，国家发展改革委创新驱动发展中心：

为进一步加强对国家能源研发创新平台（以下简称“创新平台”）的管理与考核，根据《国家能源研发创新平台管理办法》（国能发科技〔2020〕49 号，以下简称“49 号文”）相关要求，国家能源局委托国家发展改革委创新驱动发展中心，拟于近期开展创新平台考核评价工作。现将有关事项通知如下：

一、考核评价目的与范围

本次考核评价工作坚持“注重实效、依靠专家、客观公正、以评促建”的原则，旨在加强创新平台监管服务，及时了解掌握各创新平台建设情况，以及创新投入、创新条件、创新能力与行业贡献情况，总结经验、发现问题，推动创新平台优胜劣汰、动态调整。请各省（区、市）能源主管部门、国务院有关部门和中央管理企业按照 49 号文相关要求，组织所辖范围内相关创新平台，参与本次考核评价工作。

二、考核评价工作程序

本次考核评价工作流程包括：数据采集、数据初审、数据核查、形成评价报告及公告结果等。具体安排如下：

（一）数据采集。各创新平台根据通知要求在评价周期内将评价材料报所在省（区、市）能源主管部门、国务院有关部门或中央管理企业。

（二）数据初审。所在省（区、市）能源主管部门、国务院有关部门或中央管理企业对创新平台报送的评价材料进行审查并出具审查意见，按通知要求报送国家能源局（评价材料一式三份）。

（三）数据核查。国家能源局委托国家发展改革委创新驱动发展中心组织专家组通过核查会、实地核查等方式对创新平台报送的评价材料和相关情况进行核查。

（四）形成评价报告。专家组对核查后的数据按照创新平台考核指标体系进行打分，国家发展改革委创新驱动发展中心总结分析形成评价报告。

（五）国家能源局对考核评价结果和报告进行审核确认后以公告形式颁布。

三、相关要求

（一）请各省（区、市）能源主管部门、国务院有关部门和中央管理企业高度重视本次评价工作，加强组织领导，确定评价工作联系人；做好各创新平台的沟通协调工作，以认真负责的精神、实事求是的态度落实好评价工作各环节的任务要求。

（二）请各创新平台按照考核评价的工作要求，全面梳理和总结本创新平台认定以来的总体发展情况、机制体制创新和制度建设、重大任务承担、重大成果产出、人才培养、资金管理与使用等方面的内容，准确规范地填报相关信息。

（三）请各省（区、市）能源主管部门、国务院有关部门和中央管理企业将各创新平台填报的《国家能源研发创新平台工作总结及计划》（见附件 1）、《国家能源研发创新平台基本情况》（见附件 2）、《国家能源研发创新平台数据真实性承诺书》（见附件 3）及相关材料电子版的光盘于 2020 年 10 月 25 日前报送国家发展改革委创新驱动发展中心（地址：北京市西城区月坛北小街 2 号，邮编：100037）。

联系人及联系电话：

吴博 010－89061936、17801089402

曲婉 010－89061931、13811825903

附件：1. 国家能源研发创新平台工作总结及计划（略）

2. 国家能源研发创新平台基本情况表（略）

3. 国家能源研发创新平台数据真实性承诺书（略）

国家能源局综合司

2020 年 9 月 23 日

国家能源局综合司关于公布光伏竞价转平价上网项目的通知
（国能综通新能〔2020〕107号）

各省（自治区、直辖市）能源局、有关省（自治区、直辖市）及新疆生产建设兵团发展改革委，各派出机构，国家电网有限公司、中国南方电网有限责任公司、内蒙古电力（集团）有限责任公司，电力规划设计总院、水电水利规划设计总院、各有关发电企业：

根据《国家能源局综合司关于报送光伏竞价转平价上网项目的通知》要求，结合各省级能源主管部门报送项目信息，光伏竞价转平价上网项目共1229个，装机规模799.89万kW，现予公布。

请有关项目单位抓紧做好备案、开工建设等相关工作，除并网消纳受限原因以外，项目须于2021年底前并网。其他要求按《国家发展改革委办公厅　国家能源局综合司关于公布2020年风电、光伏发电平价上网项目的通知》（发改办能源〔2020〕588号）有关规定执行。

附件：1. 光伏竞价转平价上网项目信息汇总表

2. 光伏竞价转平价上网项目名单（在国家能源局网站上予以公布）（略）

国家能源局综合司

2020年9月30日

附件1

光伏竞价转平价上网项目信息汇总表

序号	省份	合计		其中：2019年光伏发电国家补贴竞价已入选但逾期未并网项目		2020年光伏发电国家补贴竞价申报但未入选项目	
		个数	容量（万kW）	个数	容量（万kW）	个数	容量（万kW）
合计		1229	799.89	212	389	1017	410.89
1	北京	60	11.51	24	4.07	36	7.44
2	天津	44	59.97	20	24.78	24	35.18
3	河北	15	29.34	11	20.88	4	8.46
4	山西	58	130.9	58	130.9	0	0
5	辽宁	40	10.64	8	3.12	32	7.53
6	上海	76	9.99	5	1.14	71	8.85
7	江苏	9	6.58	2	5.5	7	1.08
8	浙江	118	21.46	2	5.13	116	16.33
9	安徽	65	23.6	8	13.74	57	9.86
10	江西	232	98.04	20	31.82	212	66.22
11	山东	142	27	6	5.92	136	21.08
12	河南	21	6.8	1	1.10	20	5.70
13	湖北	2	10	2	10	0	0
14	湖南	39	19.38	1	10	38	9.38
15	广东	135	193.21	28	54.96	107	138.25
16	广西	17	23.02	6	18	11	5.02
17	陕西	17	38.87	7	20.95	10	17.92
18	甘肃	13	5.48	0	0	13	5.48
19	宁夏	126	74.13	3	27	123	47.13

国家能源局关于印发《国家能源局电力并网互联争议处理工作程序规则》的通知

（国能发监管〔2020〕64号）

各司，各派出机构，各直属事业单位：

为规范电力并网互联争议处理工作，保证电力并网互联争议处理依法、公正、及时地开展，根据《电力监管条例》《电力并网互联争议处理规定》（电监会令第21号），现将修订后的《国家能源局电力并网互联争议处理工作程序规则》印发你们，请依照执行。

国家能源局

2020年11月30日

国家能源局电力并网互联争议处理工作程序规则

第一条 为了规范电力并网互联争议处理工作，保证电力并网互联争议处理依法、公正、及时，根据《电力监管条例》《电力并网互联争议处理规定》，制定本规则。

第二条 国家能源局及派出机构依法处理电力并网互联争议适用本规则。

第三条 国家能源局及派出机构收到申请人的争议处理申请书和有关证据材料，应当进行登记，并向申请人出具争议处理证据收据。争议处理证据收据中应当注明证据名称、原件或者复印件、收到时间、份数和页数，由负责接收的工作人员和申请人签名或者盖章。

第四条 国家能源局及派出机构在审查申请人的争议处理申请书和有关证据材料时，发现内容不全或者证据不具备的，应当在3个工作日内一次性告知申请人需要补正或者补充的内容，申请人应当在规定的期限内补正或者补充。

第五条 按照《电力并网互联争议处理规定》第八条、第九条规定，在收到符合条件的电力并网互联争议处理申请书，或者发现电力并网互联争议后，应当及时提出受理建议，报国家能源局有关部门、国家能源局派出机构（以下简称“派出机构”）负责人批准。

国家能源局有关部门、派出机构负责人批准的日期为受理日期。

国家能源局及派出机构应当在受理之日起7个工作日内，将受理通知书送达申请人，同时告知被申请人自收到受理通知之日起10个工作日内提交答辩书和有关证据材料；不予受理的，应当在7个工作日内将不予受理通知书送达申请人，并说明理由。

第六条 国家能源局及派出机构对不予受理或者申请人在协调开始前撤回申请的，应当将争议处理申请书和有关证据材料退还，并要求申请人签收。

第七条 电力并网互联争议在全国范围内有重大影响的，派出机构应当及时报送国家能源局。

第八条 国家能源局及派出机构应当将当事人的基本情况、争议类型及简要情况进行登记并编制受理号。

第九条 决定受理后，国家能源局及派出机构可以成立争议处理小组，指定一名组长。

国家能源局及派出机构应当自争议处理小组成立之日起3个工作日内，将争议处理小组组成通知书送达当事人。

未成立争议处理小组的，电力并网互联争议处理应当适用本规则关于争议处理小组的有关规定。

第十条 当事人认为争议处理小组成员与电力并网互联争议有利害关系或者其他关系可能影响公正处理的，有权以口头或者书面方式申请其回避；争议处理小组成员认为自己与电力并网互联争议有利害关系或者其他关系可能影响公正处理的，应当主动申请回避。

第十一条 争议处理小组成员是否回避，由受理争议的国家能源局有关部门、派出机构负责人决定。作出争议处理小组成员回避的决定后，应当将争议处理小组成员回避通知书及时送达当事人，并在3个工作日内另行指派争议处理小组成员；决定不予回避的，应当书面通知当事人，并说明理由。

第十二条 争议处理小组应当在收到当事人的证据材料后对证据材料的真实性、关联性和合法性进行审查，必要时可以依法自行收集证据。

第十三条 必要时，争议处理小组可以组织当事人相互质证和辩论，也可以依法进行调查、检查或者核查。

第十四条 争议处理小组收集证据时，人数不得少于2人，并应当出示有效工作证件。有关人员应当协助并如实回答询问，不得阻挠。询问应当制作笔录，由有关人员核对无误后签名或者盖章。

第十五条 争议处理小组办理电力并网互联争议应当进行协调，在查明事实的基础上，依据法律、法规和规章，提出电力并网互联争议协调意见。必要时，争议处理小组可以举行协调会处理争议。

协调应当自争议受理之日起60日内终结。

第十六条 争议处理小组决定举行协调会的，应当自决定作出之日起3个工作日内由国家能源局及派出机构制作协调会通知书，并向当事人送达。协调会通知书应当载明举行协调会的时间和地点。

当事人委托代理人参加协调会的，应当提交授权委托书。授权委托书应当由委托人签名并盖章，载明委托代理人的姓名、性别、年龄、身份证明、联系方式、委托期限和代理权限等事项。

第十七条　协调会按照下列程序进行：

（一）宣布协调会开始，确认当事人或者委托代理人，宣读国家能源局及派出机构参会人员和记录员名单；

（二）当事人进行陈述；

（三）确定主要分歧，提出初步协调意见；

（四）征求当事人意见后，确定协调意见；

（五）当事人接受协调意见的，签署电力并网互联争议协调意见书，争议处理终止；

（六）当事人一方或者双方不接受协调意见的，协调程序终结。

争议处理小组应当认真听取当事人或者委托代理人的陈述。记录员应当据实做好笔录，并由当事人或者委托代理人签字确认。

第十八条　当事人一方或者双方拒绝协调的，或者当事人、当事人的委托代理人无正当理由未在规定的时间、地点参加协调会，或者不接受电力并网互联争议协调意见的，争议处理小组提出终结协调程序和初步裁决意见，报国家能源局及派出机构负责人批准。

第十九条　争议处理小组可以根据《电力并网互联争议处理规定》第十八条的规定举行论证会。

第二十条　论证会由下列人员参加：

（一）国家能源局及派出机构工作人员；

（二）专家；

（三）当事人；

（四）论证会由争议处理小组组长或者其委托的人员主持。

第二十一条　论证会按下列程序进行：

（一）当事人进行陈述、举证、辩论；

（二）专家发表论证意见或者建议，并提出争议解决方案；

（三）宣读争议协调意见。

在论证期间，对需要进一步由有关方面说明情况或者需要现场调查、鉴定的事项，由国家能源局及派出机构组织实施，并请专家再次论证。

第二十二条　争议处理小组根据论证会的论证，结合相关的证据材料作出初步裁决意见，报国家能源局及派出机构负责人批准。

第二十三条　应当根据国家能源局及派出机构负责人批准的裁决意见，制作电力并网互联争议行政裁决书。电力并网互联争议行政裁决书应当包括《电力并网互联争议处理规定》第十六条规定的内容。

第二十四条　应当自协调终结之日起15日内作出裁决。因情况特殊，在上述期限内不能终结的，经国家能源局有关部门、派出机构负责人批准，可以适当延长。

第二十五条　国家能源局及派出机构应当自作出裁决之日起10个工作日内，将电力并网互联争议行政裁决书送达当事人。

第二十六条　国家能源局及派出机构应当建立电力并网互联争议处理的档案管理制度。

电力并网互联争议协调程序终结后，或者裁决决定履行或者执行完毕后，应当填写电力并网互联争议处理结案报告并立卷归档。

派出机构应当将所管辖的电力并网互联争议处理情况和结果报国家能源局备案。

第二十七条　本规则自印发之日起施行。《关于印发〈电力并网互联争议处理工作程序规则〉的通知》（办稽查〔2006〕81号）同时废止。

附件：电力并网互联争议处理文书样式（略）

统计资料

电力统计基本数据一览表

项　　目	单位	2020 年	2019 年	比上年增长（±、%）
一、发电量	**亿 kWh**	**76264**	**73269**	**4.09**
水　　电	亿 kWh	13553	13021	4.09
其中：抽水蓄能	亿 kWh	335	319	4.99
火　　电	亿 kWh	51770	50465	2.59
其中：燃煤	亿 kWh	46296	45538	1.66
燃气	亿 kWh	2525	2325	8.61
燃油	亿 kWh	12	13	-5.08
其中：生物质发电	亿 kWh	1355	1126	20.35
核　　电	亿 kWh	3662	3487	5.03
风　　电	亿 kWh	4665	4053	15.08
太阳能发电	亿 kWh	2611	2240	16.56
其　　他	亿 kWh	3	2	12.40
非化石能源发电量	**亿 kWh**	**25850**	**23930**	**8.02**
二、全社会用电量	**亿 kWh**	**75214**	**72852**	**3.24**
A. 全行业用电合计	**亿 kWh**	**64268**	**62607**	**2.65**
第一产业	亿 kWh	859	779	10.15
第二产业	亿 kWh	51318	49963	2.71
其中：工业	亿 kWh	50398	49073	2.70
第三产业	亿 kWh	12091	11865	1.91
B. 城乡居民生活用电合计	**亿 kWh**	**10946**	**10245**	**6.84**
城镇居民	亿 kWh	6157	5835	5.52
乡村居民	亿 kWh	4789	4410	8.60
三、发电装机容量	**万 kW**	**220204**	**201006**	**9.55**
水　　电	万 kW	37028	35804	3.42
其中：抽水蓄能	万 kW	3149	3029	3.96
火　　电	万 kW	124624	118957	4.76
其中：燃煤	万 kW	107912	104063	3.70
燃气	万 kW	9972	9024	10.51
燃油	万 kW	147	175	-15.99
其中：生物质发电	万 kW	2987	2361	26.51
核　　电	万 kW	4989	4874	2.36

续表

项　　目	单位	2020 年	2019 年	比上年增长（±、%）
风　　电	万 kW	28165	20915	34.66
太阳能发电	万 kW	25356	20429	24.12
其　　他	万 kW	41	26	58.02
非化石能源发电装机容量	**万 kW**	**98567**	**84410**	**16.77**
四、35kV 及以上输电线路回路长度	**km**	**2156170**	**1975312**	**9.16**
1. 交流	**km**	**2109846**	**1932947**	**9.15**
其中：1000kV	km	13361	10872	22.89
750kV	km	25046	23256	7.70
500kV	km	203058	195636	3.79
330kV	km	36597	32314	13.25
220kV	km	488543	454585	7.47
110kV	km	752563	684406	9.96
35kV	km	590678	531880	11.05
2. 直流	**km**	**46324**	**42364**	**9.35**
其中：±1100kV	km	3295	3295	
±800kV	km	24980	21907	14.03
±660kV	km	1334	1334	
±500kV	km	14783	13733	7.64
±400kV	km	1639	1639	
五、35kV 及以上变电设备容量	**万 kVA**	**812893**	**747833**	**8.70**
1. 交流	**万 kVA**	**766565**	**708718**	**8.16**
其中：1000kV	万 kVA	18000	15300	17.65
750kV	万 kVA	19785	18515	6.86
500kV	万 kVA	155163	145905	6.35
330kV	万 kVA	15771	14062	12.16
220kV	万 kVA	243736	226101	7.80
110kV	万 kVA	250286	235077	6.47
35kV	万 kVA	63823	53757	18.72
2. 直流	**万 kVA**	**46328**	**37706**	**22.87**
其中：±1100kV	万 kVA	2867	2867	
±800kV	万 kVA	27690	22317	24.07
±660kV	万 kVA	947	947	
±500kV	万 kVA	12738	10945	16.38
±400kV	万 kVA	1245	1245	

续表

项　　目	单位	2020 年	2019 年	比上年增长（±、%）
六、新增发电装机容量	**万 kW**	**19144**	**10500**	**82.31**
水　　电	万 kW	1313	445	195.22
其中：抽水蓄能	万 kW	120	30	300.00
火　　电	万 kW	5660	4423	27.95
其中：燃煤	万 kW	4030	3236	24.52
燃气	万 kW	824	630	30.72
其中：常规燃气	万 kW	811	629	28.89
煤层气发电	万 kW	12	0	
燃油	万 kW			
其他	万 kW	805	557	44.73
其中：余温、余气、余压	万 kW	283	166	70.89
垃圾焚烧发电	万 kW	300	273	9.91
秸秆、蔗渣、林木质发电	万 kW	222	118	88.76
核　　电	万 kW	112	409	-72.64
风　　电	万 kW	7211	2572	180.40
太阳能发电	万 kW	4820	2652	81.76
其　　他	万 kW	28		
七、火电机组退役和关停容量	**万 kW**	**1469**	**1024**	**43.44**
八、年底主要发电企业电源项目在建规模	**万 kW**	**16137**	**18192**	**-11.29**
水　　电	万 kW	8186	8462	-3.27
火　　电	万 kW	3883	5409	-28.22
核　　电	万 kW	1547	1420	9.00
风　　电	万 kW	1996	2736	-27.04
九、新增直流输电线路长度及换流容量				
1. 线路长度	**km**	**4444**		
其中：±1100kV	km			
±800kV	km	3389		
±660kV	km			
±500kV	km	1055		
±400kV	km			
2. 换流容量	**万 kW**	**5200**	**2200**	**136.36**
其中：±1100kV	万 kW		1200	
±800kV	万 kW	4000		
±660kV	万 kW			

续表

项　　目	单位	2020年	2019年	比上年增长（±、%）
±500kV	万 kW	1200		
±400kV	万 kW		1000	
十、新增交流 110kV 及以上输电线路长度及变电设备容量				
1. 线路长度	**km**	**57237**	**57935**	**-1.20**
其中：1000kV	km	1736	2100	-17.35
750kV	km	1090	4406	-75.26
500kV	km	7424	5595	32.70
330kV	km	1566	3989	-60.73
220kV	km	18768	19822	-5.32
110kV（含 66kV）	km	26653	22023	21.02
2. 变电设备容量	**万 kVA**	**31292**	**31915**	**-1.95**
其中：1000kV	万 kVA	1800	1500	20.00
750kV	万 kVA	1860	3245	-42.68
500kV	万 kVA	8255	8645	-4.51
330kV	万 kVA	1098	1263	-13.06
220kV	万 kVA	9275	9161	1.24
110kV（含 66kV）	万 kVA	9004	8100	11.15
十一、本年完成电力投资	**亿元**	**10189**	**9097**	**12.00**
1. 电源投资	**亿元**	**5292**	**4085**	**29.55**
水　　电	亿元	1067	905	17.90
火　　电	亿元	568	780	-27.26
核　　电	亿元	379	463	-17.95
风　　电	亿元	2653	1552	70.96
太阳能发电	亿元	625	385	62.18
其　　他	亿元			
2. 电网投资	**亿元**	**4896**	**5012**	**-2.30**
输变电	亿元	4721	4779	-1.23
其中：直流	亿元	532	249	113.36
交流	亿元	4188	4530	-7.54
其　　他	亿元	176	232	-24.29
十二、单机 6000kW 及以上机组平均单机容量				
水电：单机容量	万 kW/台	6.23	6.04	0.19
机组台数	台	5158	5099	1.16
机组容量	万 kW	32137	30788	4.38

续表

项　　目	单位	2020 年	2019 年	比上年增长（±、%）
火电：单机容量	万 kW/台	13.55	13.37	0.18
机组台数	台	8776	8430	4.10
机组容量	万 kW	118890	112722	5.47
十三、6000kW 及以上电厂供热量	**万 GJ**	**519422**	**492492**	**5.47**
十四、6000kW 及以上电厂发电标准煤耗	**g/kWh**	**287.2**	**288.8**	**-1.55**
十五、6000kW 及以上电厂供电标准煤耗	**g/kWh**	**304.9**	**306.4**	**-1.50**
十六、6000kW 及以上电厂厂用电率	**%**	**4.65**	**4.67**	**-0.02**
水　　电	%	0.25	0.24	0.003
火　　电	%	5.98	6.01	-0.03
十七、6000kW 及以上电厂发电设备利用小时	**h**	**3756**	**3828**	**-72**
水　　电	h	3825	3697	128
其中：抽水蓄能	h	1094	1053	40
火　　电	h	4211	4307	-97
其中：燃煤发电	h	4323	4429	-106
燃气发电	h	2610	2646	-37
核　　电	h	7450	7394	56
风　　电	h	2078	2083	-5
太阳能发电	h	1281	1291	-10
十八、6000kW 及以上电厂燃料消耗				
发电消耗标煤量	万 t	139561	132007	5.72
发电消耗原煤量	万 t	208088	199443	4.33
供热消耗标煤量	万 t	22678	19463	16.52
供热消耗原煤量	万 t	29710	29227	1.65
十九、供、售电量及线损				
供电量	亿 kWh	65232	62835	3.81
售电量	亿 kWh	61581	59111	4.18
线损电量	亿 kWh	3651	3724	-1.97
线损率	%	5.60	5.93	-0.33
二十、发用电设备比				
发电装机容量:用电设备容量		1:4.32	1:4.08	
二十一、电力弹性系数				
电力生产弹性系数		1.78	0.78	
电力消费弹性系数		1.41	0.73	

注　电源投资完成额口径为全国主要发电企业。

陕西用电量不含陕西省地方电力（集团）有限公司经营区范围内的部分自备电厂用电量，下同。

分地区发电装机容量

单位：万 kW，%

地区	合计		水电		火电		风电		太阳能发电		其他
	2020 年	同比增长	2020 年	同比增长	2020 年	同比增长	2020 年	同比增长	2020 年	同比增长	2020 年
全　国	**220204**	**9.55**	**37028**	**3.42**	**124624**	**4.76**	**28165.05**	**34.66**	**25356**	**24.12**	**41**
北　京	1316	0.90	99		1136	0.11	19		62	20.53	
天　津	1917	4.03	1		1668	1.76	85	41.13	164	14.51	
河　北	10042	20.71	182	0.04	5391	7.38	2274	38.76	2190	48.57	4
山　西	10383	12.26	223	0.00	6878	2.85	1974	57.73	1309	20.31	
内蒙古	14639	13.21	242	1.38	9374	7.48	3786	29.68	1237	17.70	
辽　宁	5776	7.55	305	0.90	3643	5.73	981	17.89	400	16.43	
吉　林	3278	5.00	510	14.82	1852	0.36	577	3.53	338	23.24	
黑龙江	3536	8.92	109	1.13	2423	7.54	686	12.29	318	15.88	
上　海	2669	0.18			2450	-0.99	82	1.48	137	25.84	
江　苏	14146	6.46	265		10079	0.29	1547	48.61	1684	13.36	23
浙　江	10142	3.61	1171	0.06	6358	2.35	186	15.98	1517	13.28	1
安　徽	7816	5.70	474	37.19	5561	0.72	412	50.14	1370	9.24	
福　建	6372	7.83	1331	0.78	3478	9.65	486	29.15	202	19.73	3
江　西	4401	16.37	660	-0.23	2455	11.32	510	78.58	776	23.25	
山　东	15560	10.80	108.3	0.15	11135	3.94	1795	32.59	2272	40.32	
河　南	10169	9.27	408	0.00	7068	0.26	1518	91.16	1175	11.45	
湖　北	8273	5.22	3757	2.13	3316	5.06	502	23.84	698	12.25	
湖　南	4915	5.28	1581	-1.94	2269	-0.49	669	56.69	391	13.62	6
广　东	14224	10.51	1666	5.73	9582	11.05	565	28.08	797	30.67	
广　西	5178	12.21	1759	4.63	2344	2.17	653	127.59	205	51.26	
海　南	999	8.74	151	-2.48	546	17.34	29		143	2.40	
重　庆	2488	1.63	779	0.90	1545	-0.17	97	52.18	67	3.66	
四　川	10105	1.77	7892	0.58	1596	1.64	426	31.19	191	1.67	
贵　州	7478	13.32	2281	2.60	3560	4.41	580	27.15	1057	107.34	
云　南	10266	6.72	7480	8.83	1517	0.55	881	2.06	388	3.46	0
西　藏	395	20.86	210	23.92	43	1.18	1		137	24.66	4
陕　西	7366	18.02	392	0.43	4993	13.99	892	67.73	1089	15.98	
甘　肃	5620	6.69	957	1.51	2308	9.71	1373	5.86	982	6.28	
青　海	4030	27.18	1193	0.05	393	0.04	843	82.50	1601	42.73	
宁　夏	5943	12.21	43	0.09	3326	3.33	1377	23.34	1197	30.39	
新　疆	10763	11.96	800	3.48	6337	9.00	2361	20.71	1266	18.15	

分地区新增发电装机容量

单位：万 kW

地区	合计	其中								
		水电	火电				核电	风电	太阳能发电	其他
			合计	其中						
				燃煤	燃气	其他				
全　国	**19144**	**1313**	**5660**	**4030**	**824**	**805**	**112**	**7211**	**4820**	**28**
北　京	24		9		7	2		5.0	11	
天　津	147		94	5	65	24		32	21	
河　北	1720	0.27	361	284	47	31		642	715	1
山　西	1225	0.1	284	271	10	4		720	220	
内蒙古	1413		423	414		9		843	147	
辽　宁	302	0.1	98	80	10	8		147	56	
吉　林	170	69	4			4		39	59	
黑龙江	301	2	180	135	1	44		76	44	
上　海	30		1			1		1	28	
江　苏	996		168	23	88	58		506	198	13
浙　江	421	3	212	149		63		27	178	
安　徽	446	136	61	8		53		134	116	
福　建	332	13	174	148		26		109	33	3
江　西	620	12	256.4	138	1	117.2		208	144	
山　东	1708		621	521		99		440	647	
河　南	1091		246	148	20	78		724	121	
湖　北	420	65	188	138	15	34		91	76	
湖　南	316	23	5	0		5		241	47	
广　东	1041		741	300	441			111	189	
广　西	544	69	49	2	15	32		354	72	
海　南	98		98		96	2			0	
重　庆	52	4	16			16		28	4	
四　川	551	413	35		3	33		100	3	
贵　州	715	13	6			6		149	547	
云　南	373	340	5			5		26	2	
西　藏	66	39							27	0.5
陕　西	1096	29	584	561		23		344	139	
甘　肃	350	13	204	200		4		76	57	
青　海	836	0.6	0			0		379	457	
宁　夏	676	0.0	133	132		1		260	282	
新　疆	1062	70	403	374	6	23		399	180	10.7

分地区发电量

单位：亿 kWh，%

地区	合计		水电		火电		风电		太阳能发电		其他
	2020 年	同比增长	2020 年	同比增长	2020 年	同比增长	2020 年	同比增长	2020 年	同比增长	2020 年
全　国	**76264**	**4.09**	**13553**	**4.09**	**51770**	**2.59**	**4665**	**15.08**	**2611**	**16.56**	**3**
北　京	456	-1.23	11	12.45	434	-1.96	4	9.54	6	29.75	
天　津	699	3.81	0.1	-16.95	668	3.32	12	7.51	19	22.08	
河　北	2945	2.00	15	-7.73	2352	-1.06	368	15.73	211	19.42	
山　西	3395	4.37	47	-4.72	2924	2.52	266	18.44	159	24.41	
内蒙古	5703	4.62	57	-1.24	4731	3.66	726	9.07	188	15.57	
辽　宁	2039	2.36	57	29.78	1410	1.06	194	5.88	51	20.76	
吉　林	990	6.90	94	40.56	721	2.33	130	13.03	45	13.73	
黑龙江	1111	2.18	32	15.46	895	0.87	141	1.04	43	31.54	
上　海	864	3.23			835	2.83	19	11.92	10	26.52	
江　苏	5074	0.23	32	4.59	4290	-1.70	229	24.54	167	8.28	1
浙　江	3521	-0.63	209	-18.51	2432	-2.97	36	11.73	131	10.19	0.1
安　徽	2785	-3.31	66	29.60	2531	-4.73	57	20.89	130	4.42	
福　建	2636	2.47	292	-34.04	1551	10.27	122	40.11	19	20.52	0.2
江　西	1477	5.22	145	-13.62	1199	6.28	71	37.83	62	10.42	
山　东	5781	9.40	8.7	65.78	5116	9.32	259	15.22	206	23.72	
河　南	2791	-0.87	140	-3.35	2400	-3.26	139	57.43	112	10.30	
湖　北	3037	2.15	1647	21.39	1243	-16.31	82	10.81	65	13.77	
湖　南	1552	0.10	574	5.46	849	-6.24	99	31.94	30	15.87	0.5
广　东	5048	4.05	286	-27.97	3425	6.32	103	38.54	74	37.93	
广　西	1939	6.08	615	3.62	1032	4.46	106	73.23	17	28.61	
海　南	348	0.78	17	-3.18	215	1.36	6	20.65	15	3.92	
重　庆	837	3.12	281	15.69	538	-2.98	14	26.57	4	23.90	
四　川	4167	6.77	3541	6.80	513	5.15	86	21.01	27	-3.99	
贵　州	2327	3.13	831	8.03	1354	-2.57	97	24.06	45	131.26	
云　南	3674	6.13	2960	3.70	415	30.37	250	3.39	50	3.80	0
西　藏	87	4.07	70	2.56	1.2	0.71	0	-13.02	14	11.39	1
陕　西	2426	9.10	128	-0.86	2084	8.75	95	13.69	119	25.89	
甘　肃	1787	7.72	507	2.15	901	10.33	246	7.95	133	12.57	
青　海	948	7.42	599	8.12	101	-3.02	82	22.58	167	5.48	
宁　夏	1768	3.79	22	2.88	1415	2.48	194	4.66	136	18.30	
新　疆	4052	12.39	268	-7.37	3193	14.98	434	6.60	157	19.09	

分地区全社会用电量

地　区	用电量（亿 kWh）	同比增长（%）
全　国	**75214**	**3.24**
北　京	1140	-2.27
天　津	875	-0.44
河　北	3934	2.02
山　西	2342	3.53
内蒙古	3900	6.77
辽　宁	2423	0.91
吉　林	805	3.21
黑龙江	1014	1.89
上　海	1576	0.47
江　苏	6374	1.75
浙　江	4830	2.63
安　徽	2428	5.51
福　建	2483	3.36
江　西	1627	5.93
山　东	6940	1.83
河　南	3392	0.82
湖　北	2144	-3.17
湖　南	1929	3.48
广　东	6926	3.44
广　西	2029	6.37
海　南	363	2.17
重　庆	1186	2.26
四　川	2865	8.70
贵　州	1586	2.95
云　南	2025	11.75
西　藏	82	6.26
陕　西	1741	3.45
甘　肃	1376	6.80
青　海	742	3.57
宁　夏	1038	-4.22
新　疆	3099	8.07

全国分行业用电量

指标名称	用户个数（个）	用户用电装接容量（kW）	用电量（万kWh）		
			2020年	2019年	同比增长（%）
全社会用电总计	**645737824**	**9518303023**	**752143913**	**728523511**	**3.24**
A. 全行业用电合计	74473862	5785415693	642683076	626074120	2.65
第一产业	8550684	164743353	8585867	7794864	10.15
第二产业	13880701	3501346869	513183045	499628327	2.71
第三产业	51937855	2119325471	120914163	118650930	1.91
B. 城乡居民生活用电合计	571263962	3732887329	109460838	102449391	6.84
城镇居民	257119959	1888429221	61572102	58353126	5.52
乡村居民	314144003	1844458108	47888736	44096265	8.60
全行业用电分类	74473862	5785415693	642683076	626074120	2.65
一、农、林、牧、渔业	**14291011**	**260742109**	**14221073**	**13366310**	**6.39**
1. 农业	5528092	103683128	4321439	4087665	5.72
2. 林业	118120	4010372	185662	202329	-8.24
3. 畜牧业	1824731	36046712	2397524	1963184	22.12
4. 渔业	686967	14234163	1681243	1541686	9.05
5. 农、林、牧、渔专业及辅助性活动	6133101	102767735	5635206	5571447	1.14
其中：排灌	5202186	84744975	4656411	4720328	-1.35
二、工业	**12048703**	**3272596718**	**503980556**	**490732046**	**2.70**
（一）采矿业	289846	206330890	25364489	26024739	-2.54
1. 煤炭开采和洗选业	46038	91616965	9088095	9091016	-0.03
2. 石油和天然气开采业	17867	36293631	4633245	4341882	6.71
3. 黑色金属矿采选业	26162	18074509	4474405	4152598	7.75
4. 有色金属矿采选业	28948	16377316	3294696	3844293	-14.30
5. 非金属矿采选业	104085	24401163	2256995	2556208	-11.71
6. 其他采矿活动	66746	19567308	1617055	2038741	-20.68
（二）制造业	10800139	2030143183	379865231	368260163	3.15
1. 农副食品加工业	3376353	82314479	6938324	6671125	4.01
2. 食品制造业	376469	28267992	4111613	3812993	7.83
3. 酒、饮料及精制茶制造业	245978	14440291	1492650	1471534	1.43
4. 烟草制品业	99064	4258798	371766	386722	-3.87
5. 纺织业	602621	62518809	15461442	16621764	-6.98
6. 纺织服装、服饰业	373179	21455104	3262436	3447162	-5.36
7. 皮革、毛皮、羽毛及其制品和制鞋业	184891	14814550	2000444	2228578	-10.24

续表

指标名称	用户个数（个）	用户用电装接容量（kW）	用电量（万kWh）		
			2020年	2019年	同比增长（%）
8. 木材加工和木、竹、藤、棕、草制品业	645372	29692078	3560435	3562296	-0.05
9. 家具制造业	207954	13994353	1699242	1623462	4.67
10. 造纸和纸制品业	110086	29101533	7982513	7901291	1.03
11. 印刷和记录媒介复制业	79116	8963337	1325307	1311187	1.08
12. 文教、工美、体育和娱乐用品制造业	169028	10432574	1540847	1626476	-5.26
其中：体育用品制造	9048	1338934	220033	205007	7.33
13. 石油、煤炭及其他燃料加工业	28661	88875666	13578280	12895255	5.30
其中：煤化工	5909	42555589	4025912	3390984	18.72
14. 化学原料和化学制品制造业	101821	164714755	47839282	46712891	2.41
其中：氯碱	1120	14689835	5591446	6496307	-13.93
电石	489	23489575	8972083	8160215	9.95
黄磷	345	8118780	1218996	1012329	20.42
肥料制造	11774	24757179	7231773	7358909	-1.73
15. 医药制造业	47509	27295618	4304539	4096685	5.07
其中：中成药生产	7370	3562978	397856	381445	4.30
生物药品制品制造	5017	5397810	875823	869406	0.74
16. 化学纤维制造业	20673	16193753	4068015	4115133	-1.14
17. 橡胶和塑料制品业	511985	84410549	14807648	14372926	3.02
其中：橡胶制品业	87664	21498235	3924924	3938649	-0.35
塑料制品业	422064	62297526	10874229	10424635	4.31
18. 非金属矿物制品业	466261	183626902	39295293	37886328	3.72
其中：水泥制造	30596	47043389	15195343	14891388	2.04
玻璃制造	8395	7921573	1643430	1689538	-2.73
陶瓷制品制造	49617	16993298	3712573	3741538	-0.77
碳化硅	1694	3588635	1535343	1312511	16.98
19. 黑色金属冶炼和压延加工业	18333	200460780	59499543	57307229	3.83
其中：钢铁	13721	156164329	42068146	39927741	5.36
铁合金冶炼	3778	37561814	16443819	16493604	-0.30
20. 有色金属冶炼和压延加工业	41498	325354258	66426004	62954351	5.51
其中：铝冶炼	1078	267346678	52668985	47963120	9.81
铅锌冶炼	560	5842802	1840725	1688188	9.04
稀有稀土金属冶炼	789	4008142	808843	693263	16.67
21. 金属制品业	1224535	136316101	21750266	23497611	-7.44
其中：结构性金属制品制造	288492	33719573	5116553	5479656	-6.63
22. 通用设备制造业	415248	167427257	9810091	9199739	6.63

续表

指标名称	用户个数（个）	用户用电装接容量（kW）	用电量（万 kWh）		
			2020 年	2019 年	同比增长（%）
其中：风能原动设备制造	508	351104	49736	28151	76.68
23. 专用设备制造业	96684	26848514	3879522	3896288	-0.43
其中：医疗仪器设备及器械制造	7587	2211755	308601	265207	16.36
24. 汽车制造业	36427	43137124	5685171	4954180	14.76
其中：新能源车整车制造	537	1710187	122830	110101	11.56
25. 铁路、船舶、航空航天和其他运输设备制造业	51578	25967801	3266488	3397489	-3.86
其中：铁路运输设备制造	3309	3307784	312545	348562	-10.33
城市轨道交通设备制造	808	1208862	100064	121278	-17.49
航空、航天器及设备制造	1107	2992335	302728	282308	7.23
26. 电气机械和器材制造业	134911	55152214	9191269	8390107	9.55
其中：光伏设备及元器件制造	1293	3842417	528724	225259	134.72
27. 计算机、通信和其他电子设备制造业	95883	87705105	18250708	15731647	16.01
其中：计算机制造	1113	2493872	563950	547686	2.97
通信设备制造	15812	7204688	1215128	1173505	3.55
28. 仪器仪表制造业	20739	4761504	782265	754864	3.63
29. 其他制造业	754760	51110042	5526412	5322335	3.83
30. 废弃资源综合利用业	108423	12039373	1248874	1096765	13.87
31. 金属制品、机械和设备修理业	154040	8491798	908547	1013749	-10.38
（三）电力、热力、燃气及水生产和供应业	958718	1036122645	98750835	96447144	2.39
1. 电力、热力生产和供应业	522958	970397576	90605104	88625705	2.23
其中：电厂生产全部耗用电量	111180	352800259	48597426	47350190	2.63
线路损失电量	37120	23978191	32334838	33021593	-2.08
抽水蓄能抽水耗用电量	5926	14563355	3759610	3678598	2.20
2. 燃气生产和供应业	52429	13541555	1695270	1863444	-9.02
3. 水的生产和供应业	383331	52183513	6450462	5957994	8.27
三、建筑业	**1971546**	**236941357**	**10111036**	**9910029**	**2.03**
1. 房屋建筑业	1037867	94030220	3975911	3894843	2.08
2. 土木工程建筑业	203666	60452849	2593587	2205003	17.62
3. 建筑安装业	218864	16590597	748173	728915	2.64
4. 建筑装饰、装修和其他建筑业	511149	65867691	2793364	3081268	-9.34
四、交通运输、仓储和邮政业	**750423**	**312164445**	**17509831**	**17524928**	**-0.09**
1. 铁路运输业	66344	180130306	9023620	9571984	-5.73
其中：电气化铁路	44415	141354584	6912570	7210176	-4.13
2. 道路运输业	150315	61270691	3715472	3558455	4.41
其中：城市公共交通运输	42370	37347344	2320777	2305889	0.65

续表

指标名称	用户个数（个）	用户用电装接容量（kW）	用电量（万kWh）		
			2020年	2019年	同比增长（%）
3. 水上运输业	5507	5985413	452607	446557	1.35
其中：港口岸电	518	808022	42257	45397	-6.91
4. 航空运输业	2237	8953790	543316	562476	-3.41
5. 管道运输业	5482	7584851	664769	587810	13.09
6. 多式联运和运输代理业	13578	3985178	319625	363445	-12.06
7. 装卸搬运和仓储业	458609	41571136	2524153	2179604	15.81
8. 邮政业	48351	2683079	266269	254597	4.58
五、信息传输、软件和信息技术服务业	**5110428**	**100677779**	**11408772**	**9234974**	**23.54**
1. 电信、广播电视和卫星传输服务	3467935	47440771	4923650	4484204	9.80
2. 互联网和相关服务	1485346	34420722	4082818	3137644	30.12
其中：互联网数据服务	32380	12310468	1684334	1034912	62.75
3. 软件和信息技术服务业	157147	18816287	2402304	1613127	48.92
六、批发和零售业	**21122307**	**382392019**	**23989140**	**23679694**	**1.31**
其中：充换电服务业	490287	24807583	1174863	683145	71.98
七、住宿和餐饮业	**2818615**	**114229842**	**7701213**	**8216748**	**-6.27**
八、金融业	**293215**	**26614338**	**1849644**	**1869907**	**-1.08**
九、房地产业	**3701321**	**347957173**	**13342586**	**13293793**	**0.37**
十、租赁和商务服务业	**1285634**	**112005566**	**5714410**	**5534400**	**3.25**
其中：租赁业	169941	7755255	406362	351636	15.56
十一、公共服务及管理组织	**11080659**	**619094346**	**32854813**	**32711290**	**0.44**
1. 科学研究和技术服务业	121672	32886870	1939956	1878898	3.25
其中：地质勘查	7207	762785	45771	47486	-3.61
科技推广和应用服务业	19776	4714539	287833	268671	7.13
2. 水利、环境和公共设施管理业	3505757	129770614	6273737	6048075	3.73
其中：水利管理业	196551	19975759	971287	991366	-2.03
公共照明	2305365	67355652	3190598	2998555	6.40
3. 居民服务、修理和其他服务业	3830955	81774102	4024643	4185768	-3.85
4. 教育、文化、体育和娱乐业	1247650	192473447	8547310	9233818	-7.43
其中：教育	777714	150137546	6861136	7362506	-6.81
5. 卫生和社会工作	414773	67964011	5279778	4890414	7.96
6. 公共管理和社会组织、国际组织	1959852	114225303	6789390	6474317	4.87

注　从2018年5月开始，三次产业划分按照《国家统计局关于修订〈三次产业划分规定（2012）〉的通知》（国统设管函〔2018〕74号）调整，为保证数据可比，同期数据根据新标准重新进行了分类。

分地区全社会用电量分类

单位：万 kWh

地区	全社会用电总计	A. 全行业用电合计	第一产业	第二产业	第三产业	B. 城乡居民生活用电合计	一、农、林、牧、渔业	二、工业	（一）采矿业	（二）制造业
全　国	**752143913**	**642683076**	**8585867**	**513183045**	**120914163**	**109460838**	**14221073**	**503980556**	**25364489**	**379865231**
北　京	11399700	8601775	90673	2944549	5566552	2797925	161818	2696395	19648	1580349
天　津	8745875	7484809	144685	5585558	1754565	1261067	172390	5448581	79253	4218915
河　北	39339245	33802334	586964	26486627	6728743	5536911	1245139	26080538	1972964	19173028
山　西	23417291	21113088	185311	18043439	2884338	2304203	475179	17806450	3990655	9370752
内蒙古	39004929	37463528	245431	34238506	2979592	1541401	628725	34103415	1864289	25973282
辽　宁	24233995	21106132	434687	17139107	3532338	3127863	538525	16927795	1483537	11741741
吉　林	8054019	6642469	154402	4794806	1693262	1411550	228999	4688223	384246	2432347
黑龙江	10143996	8191650	269728	6086279	1835642	1952346	430635	5984737	1941992	2039715
上　海	15759583	13188166	48690	7843149	5296327	2571417	62307	7694599	3037	6223328
江　苏	63737067	55760053	537603	45808549	9413901	7977014	803116	45231123	288492	37928875
浙　江	48297687	41422445	212086	33890989	7319370	6875242	287332	32992790	170089	27505668
安　徽	24275042	20197580	285868	15894031	4017681	4077462	374816	15502219	839532	11202045
福　建	24830040	19795337	395083	15630496	3769758	5034704	426196	15278573	195794	12290956
江　西	16268192	13223531	91287	10434943	2697301	3044661	147886	10197809	513849	6938099
山　东	69398450	62136765	957810	53916512	7262442	7261685	1414759	53269873	2021608	43740859
河　南	33918558	27432678	483240	21194118	5755319	6485880	821366	20723029	1057747	14605719
湖　北	21441798	17048718	228847	12992088	3827783	4393081	423359	12698252	326494	9540856
湖　南	19292758	13968538	175000	10303909	3489630	5324219	249798	10029383	642438	6746026
广　东	69261209	57466481	1253264	42050308	14162908	11794729	1392437	41416177	376696	34303795

续表

地区	全社会用电总计	A. 全行业用电合计	第一产业	第二产业	第三产业	B. 城乡居民生活用电合计	一、农、林、牧、渔业	二、工业	（一）采矿业	（二）制造业
广　西	20288181	16237074	292189	13238745	2706140	4051107	353177	12939147	296925	11094111
海　南	3625814	2899846	170796	1463846	1265203	725968	213845	1366524	64043	789929
重　庆	11864823	9661676	38461	7078842	2544373	2203146	44070	6850926	189531	5333576
四　川	28652010	23292380	162569	18065747	5064064	5359631	221036	17618903	1003912	13150492
贵　州	15860649	12234031	127502	10271850	1834680	3626617	148810	9968246	615144	7243616
云　南	20251324	17592946	185001	14865567	2542378	2658378	250296	14346910	735750	11260229
西　藏	824504	626634	2297	413552	210786	197870	3840	374422	84287	106857
陕　西	17409013	14734178	178143	11122167	3433868	2674835	354961	10828552	1838867	5409792
甘　肃	13756973	12601659	102022	10414757	2084881	1155314	512179	10261028	709148	7595088
青　海	7420120	7054858	11392	6570171	473295	365263	26667	6518213	187384	5827415
宁　夏	10381952	10046961	86821	9243106	717034	334990	235826	9198621	259254	7201689
新　疆	30989115	29654756	448016	25156732	4050008	1334359	1571585	24939104	1207883	17296080

地区	（三）电力、热力、燃气及水生产和供应业	三、建筑业	四、交通运输、仓储和邮政业	五、信息传输、软件和信息技术服务业	六、批发和零售业	七、住宿和餐饮业	八、金融业	九、房地产业	十、租赁和商务服务业	十一、公共服务及管理组织
全　国	**98750835**	**10111036**	**17509831**	**11408772**	**23989140**	**7701213**	**1849644**	**13342586**	**5714410**	**32854813**
北　京	1096398	248451	585715	660691	654236	257845	131362	1241309	259424	1704531
天　津	1150413	141409	348014	100529	250544	72338	19242	355343	52984	523435
河　北	4934546	442327	1190217	701896	1449949	326313	72322	391882	143486	1758265
山　西	4445043	248952	822227	231590	442551	143457	39152	85588	81313	736631
内蒙古	6265844	142164	491965	773820	366861	187671	29543	95236	64351	579776
辽　宁	3702517	224830	632798	251763	820821	236014	65084	275418	91864	1041220
吉　林	1871630	110666	291215	147965	350508	109139	39344	109657	41648	525107
黑龙江	2003030	104973	296332	159804	381748	106660	26750	126699	47950	525361

续表

地区	（三）电力、热力、燃气及水生产和供应业	三、建筑业	四、交通运输、仓储和邮政业	五、信息传输、软件和信息技术服务业	六、批发和零售业	七、住宿和餐饮业	八、金融业	九、房地产业	十、租赁和商务服务业	十一、公共服务及管理组织
上　海	1468234	165671	551712	422253	638322	138398	176149	1717207	276849	1344699
江　苏	7013756	599491	991314	827208	1839912	545039	124141	1539516	437822	2821371
浙　江	5317032	926514	835512	666321	1610651	549206	137884	831215	514024	2070998
安　徽	3460641	395297	508970	275674	933553	242171	64741	453959	132645	1313535
福　建	2791824	382582	428040	324040	1019960	295396	60334	277239	158835	1144142
江　西	2745860	288294	375165	300025	610219	214251	53675	209957	46206	780044
山　东	7507406	657079	1351710	404220	1317451	419341	93467	758962	340000	2109903
河　南	5059563	490160	798595	272816	1929567	277199	56297	567680	100351	1395619
湖　北	2830902	345735	601940	252167	764886	248165	61717	509818	75382	1067297
湖　南	2640919	289897	612195	255003	768061	252634	44862	342562	76601	1047543
广　东	6735685	972206	1469204	1040457	3115758	1164839	212536	1016016	2009380	3657471
广　西	1548111	321936	448267	227543	426094	251749	38945	168319	181018	880879
海　南	512553	98062	70680	72286	171072	190882	17640	326087	56195	316573
重　庆	1327819	260019	309161	210865	588814	143444	29215	517001	40179	667984
四　川	3464499	563382	693093	695337	1191792	294935	70870	610815	83140	1249077
贵　州	2109485	321362	376403	212962	327667	193582	50796	159106	58064	417034
云　南	2350931	523853	404759	324439	446552	264033	30296	149457	142783	709567
西　藏	183278	39154	16121	12301	37097	25785	6295	6060	5142	100417
陕　西	3579893	306426	806257	239508	743996	209108	35501	272849	72117	864902
甘　肃	1956792	170170	599007	159120	268262	119623	22397	51813	38069	399991
青　海	503414	53182	84789	56332	95684	35609	5513	35883	6510	136477
宁　夏	1737677	49995	112821	49301	119654	49360	8241	47577	19936	155629
新　疆	6435141	226797	405635	1080537	306900	137031	25333	92357	60142	809335

分地区 6000kW 及以上电厂发电技术经济指标

地区	利用小时（h）						厂用电率（%）			发电标准煤耗（g/kWh）	供电标准煤耗（g/kWh）	发电消耗原煤量（万 t）	发电消耗标煤量（万 t）
	合计	水电	火电	核电	风电	太阳能发电	合计	水电	火电				
全　国	**3756**	**3825**	**4211**	**7450**	**2078**	**1281**	**4.65**	**0.25**	**5.98**	**287**	**305**	**208088**	**139561**
北　京	3570	1156	3823		2005	1242	2.65	0.87	2.71	196	201	22	783
天　津	3743		4015		1769	1265	5.21		5.37	261	276	1996	1726
河　北	3489	780	4447		2145	1336	4.80	1.63	5.64	287	305	9523	6506
山　西	3557	2142	4403		1680	1277	6.32	0.28	7.09	294	316	14578	8163
内蒙古	4148	2403	5066		2375	1654	6.05	0.67	7.01	298	321	27652	13599
辽　宁	3710	1844	3951	7307	2244	1453	5.46	1.47	5.96	284	302	6742	3950
吉　林	3137	1900	3909		2309	1531	5.83	0.76	7.13	277	297	3814	1949
黑龙江	3356	2901	3822		2266	1604	5.66	1.02	6.52	291	311	4448	2557
上　海	3357		3411		2289	861	4.69		4.74	279	293	2661	2300
江　苏	3902	1217	4262	7499	2001	1165	4.38	0.06	4.45	277	290	14605	11755
浙　江	3887	1745	3888	7821	2131	998	5.07	0.49	5.12	281	296	7938	6645
安　徽	3912	1673	4577		1819	1071	4.45	0.78	4.49	285	298	9611	6550
福　建	4477	2196	4610	7474	2880	1063	4.15	0.17	4.23	292	306	5650	4097
江　西	3969	2094	5144		2104	917	4.45	0.78	4.94	288	301	4041	2931

续表

地区	利用小时（h）						厂用电率（%）			发电标准煤耗（g/kWh）	供电标准煤耗（g/kWh）	发电消耗原煤量（万 t）	发电消耗标煤量（万 t）
	合计	水电	火电	核电	风电	太阳能发电	合计	水电	火电				
山 东	3969	794	4377	7620	1798	1225	6.64	1.18	6.87	277	294	18808	13318
河 南	3006	3430	3330		1536	1055	4.36	0.26	4.92	289	303	9355	6514
湖 北	3872	4495	3851		1881	1013	2.18	0.11	5.07	284	299	4133	3192
湖 南	3404	3754	3761		2028	902	3.42	0.63	5.33	293	308	2796	2182
广 东	3810	1479	3740	7194	2096	1020	4.93	0.63	4.94	281	295	10991	9173
广 西	4129	3714	4492	7752	2744	1085	3.54	0.38	5.85	294	311	3097	2116
海 南	3631	972	4063	7356	1984	1061	6.68	0.50	7.34	281	302	707	560
重 庆	3392	3730	3403		2149	655	5.10	0.41	7.24	289	312	2010	1630
四 川	4223	4571	3247		2537	1466	0.63	0.09	4.29	306	325	1554	1127
贵 州	3470	3631	3883		2049	1032	4.97	0.16	8.00	300	323	6808	3755
云 南	3754	4221	2721		2857	1332	1.12	0.15	7.52	314	338	2045	991
西 藏	2454	3821	313		1890	1116	2.86	2.47		370	389		1
陕 西	3646	3515	4234		1748	1392	6.09	0.83	6.79	301	322	7599	4998
甘 肃	3452	5247	4550		1904	1511	3.36	1.06	5.45	296	313	4139	2631
青 海	2847	5024	2572		1474	1376	0.88	0.18	6.09	300	319	406	282
宁 夏	3281	5312	4411		1653	1393	6.87	1.40	8.15	293	315	6794	3941
新 疆	4065	3430	5260		2153	1396	6.81	0.32	8.15	302	329	13565	9640

分地区 35kV 及以上输电线路回路长度

单位：km

地　区	总计
全　国	**2156170**
北　京	11656
天　津	14628
河　北	117437
山　西	86612
内蒙古	128164
辽　宁	66842
吉　林	41451
黑龙江	63560
上　海	10322
江　苏	107906
浙　江	73225
安　徽	83036
福　建	54913
江　西	60536
山　东	121596
河　南	94838
湖　北	78669
湖　南	77063
广　东	86482
广　西	83416
海　南	11022
重　庆	39730
四　川	112379
贵　州	56490
云　南	94441
西　藏	37340
陕　西	65416
甘　肃	80564
青　海	40934
宁　夏	32268
新　疆	99530
跨　区	23707

分地区 35kV 及以上变压器情况

地 区	座数（座）	组数（组）	铭牌容量（万 kVA）
全 国	**76917**	**153574**	**812893**
北 京	725	1766	14857
天 津	1437	4211	14279
河 北	4331	9039	47203
山 西	2950	6114	26052
内蒙古	2606	4964	38303
辽 宁	2805	5442	27650
吉 林	1437	2371	8881
黑龙江	2285	3790	10841
上 海	1979	4361	21953
江 苏	5782	12981	72514
浙 江	3415	7126	52221
安 徽	3493	7000	29560
福 建	1922	3571	22392
江 西	1901	3467	15679
山 东	6667	14274	64195
河 南	3855	7013	39764
湖 北	2942	5205	25300
湖 南	2655	4708	20164
广 东	3277	7422	60855
广 西	2702	5786	16102
海 南	360	676	2502
重 庆	1305	2528	14332
四 川	3212	5551	32376
贵 州	2536	4778	18101
云 南	2601	4745	18763
西 藏	533	703	2053
陕 西	1977	3832	16900
甘 肃	1682	3401	15734
青 海	692	1279	10748
宁 夏	729	1669	14476
新 疆	2083	3624	22857
跨 区	41	177	15287

分地区 35kV 及以上交流变压器情况

地　区	座数（座）	组数（组）	铭牌容量（万 kVA）
全　国	**53922**	**102083**	**661519**
北　京	582	1464	14010
天　津	559	1262	9828
河　北	3276	6794	40823
山　西	1445	2945	19302
内蒙古	1980	3487	28272
辽　宁	1852	3634	22074
吉　林	1115	1833	7750
黑龙江	1588	2569	8466
上　海	1002	2256	17242
江　苏	3205	6364	59136
浙　江	2417	5060	47041
安　徽	2152	4216	24223
福　建	1563	2840	20223
江　西	1589	2898	14188
山　东	3689	7332	50990
河　南	3167	5569	33574
湖　北	2222	3740	19867
湖　南	1953	3334	16577
广　东	2853	6592	58509
广　西	2053	3503	12469
海　南	315	598	2324
重　庆	954	1940	13072
四　川	2497	4263	26553
贵　州	2009	3623	14949
云　南	2049	3420	15691
西　藏	526	693	1979
陕　西	1685	3201	15204
甘　肃	1213	2377	12230
青　海	425	739	6872
宁　夏	396	800	7427
新　疆	1571	2692	17254
跨　区	20	45	3400

附　录

2020年发布的电力相关国家标准

序号	标准编号	标准名称	代替标准号	发布日期	实施日期
1	GB/T 38969—2020	电力系统技术导则		2020-06-02	2020-07-01
2	GB/T 38993—2020	光伏电站有功及无功控制系统的控制策略导则		2020-07-21	2021-02-01
3	GB/T 25095—2020	架空输电线路运行状态监测系统	GB/T 25095—2010	2020-12-14	2021-07-01
4	GB/T 39324—2020	智能水电厂主设备状态检修决策支持系统技术导则		2020-11-19	2021-06-01
5	GB/T 39264—2020	智能水电厂一体化管控平台技术规范		2020-11-19	2021-06-01
6	GB/T 39627—2020	智能水电厂智能测控装置技术规范		2020-12-14	2021-07-01
7	GB/T 39565—2020	智能水电厂防汛应急指挥系统技术规范		2020-12-14	2021-07-01
8	GB/T 39629—2020	智能水电厂安全防护系统联动技术要求		2020-12-14	2021-07-01
9	GB/T 38946—2020	分布式光伏发电系统集中运维技术规范		2020-06-02	2020-12-01
10	GB/T 38775.4—2020	电动汽车无线充电系统　第4部分：电磁环境限值与测试方法		2020-04-28	2020-11-01
11	GB/T 38775.2—2020	电动汽车无线充电系统　第2部分：车载充电机和无线充电设备之间的通信协议		2020-04-28	2020-11-01
12	GB/T 38775.3—2020	电动汽车无线充电系统　第3部分：特殊要求		2020-04-28	2020-11-01
13	GB/T 36290.1—2020	电站流程图　第1部分：制图规范		2020-06-02	2020-12-01
14	GB/T 39674—2020	电力软交换系统测试规范		2020-12-14	2021-07-01
15	GB/T 38983.1—2020	虚拟同步机　第1部分：总则		2020-07-21	2021-02-01
16	GB/T 38953—2020	微电网继电保护技术规定		2020-06-02	2020-12-01
17	GB/T 39675—2020	电网气象信息交换技术要求		2020-12-14	2021-07-01
18	GB/T 38921—2020	火力发电厂汽轮机安全保护系统技术条件		2020-06-02	2020-12-01
19	GB/T 51394—2020	水工建筑物荷载标准		2021-02-27	2021-10-01
20	GB/T 51420—2020	智能变电站工程调试及验收标准		2020-01-16	2020-10-01
21	GB/T 51416—2020	混凝土坝安全监测技术标准		2020-01-16	2020-10-01

2020 年发布的电力行业标准

序号	标准编号	标准名称	代替标准	采标号	出版机构	批准日期	实施日期
1	NB/T 10385—2020	水电工程生态流量实时监测系统技术规范			中国水利水电出版社	2020-10-23	2021-02-01
2	NB/T 10386—2020	水电工程水温实时监测系统技术规范			中国水利水电出版社	2020-10-23	2021-02-01
3	NB/T 10387—2020	海上风电场风能资源小尺度数值模拟技术规程			中国水利水电出版社	2020-10-23	2021-02-01
4	NB/T 10388—2020	潮汐发电工程地质勘察规范			中国水利水电出版社	2020-10-23	2021-02-01
5	NB/T 10389—2020	水电工程下闸蓄水规划报告编制规程			中国水利水电出版社	2020-10-23	2021-02-01
6	NB/T 10390—2020	水电工程沉沙池设计规范	DL/T 5107—1999		中国水利水电出版社	2020-10-23	2021-02-01
7	NB/T 10391—2020	水工隧洞设计规范	DL/T 5195—2004		中国水利水电出版社	2020-10-23	2021-02-01
8	NB/T 10392—2020	水电工程泄水建筑物消能防冲设计导则			中国水利水电出版社	2020-10-23	2021-02-01
9	NB/T 10393—2020	海上风电场工程施工安全技术规范			中国水利水电出版社	2020-10-23	2021-02-01
10	NB/T 10394—2020	光伏发电系统效能规范			中国水利水电出版社	2020-10-23	2021-02-01
11	NB/T 10395—2020	水电工程劳动安全与工业卫生后评价规程			中国水利水电出版社	2020-10-23	2021-02-01
12	NB/T 10421—2020	低压配网不平衡电流综合治理装置技术规范			中国标准出版社	2020-10-23	2021-02-01
13	NB/T 10431—2020	风电场工程招标文件编制导则			中国水利水电出版社	2020-10-23	2021-02-01
14	NB/T 10432—2020	风电功率预测系统设计规范			中国电力出版社	2020-10-23	2021-02-01
15	NB/T 10433—2020	光伏发电建设项目声像文件收集与归档规范			中国电力出版社	2020-10-23	2021-02-01
16	NB/T 10434—2020	纯电动乘用车底盘式电池更换系统通用技术要求			中国电力出版社	2020-10-23	2021-02-01
17	NB/T 10435—2020	电动汽车快速更换电池箱锁止机构通用技术要求			中国电力出版社	2020-10-23	2021-02-01
18	NB/T 10436—2020	电动汽车快速更换电池箱冷却接口通用技术要求			中国电力出版社	2020-10-23	2021-02-01
19	NB/T 10437—2020	风力发电机组变流系统用机侧滤波器技术规范			中国电力出版社	2020-10-23	2021-02-01
20	NB/T 10438—2020	风力发电机组电控偏航控制系统技术条件			中国电力出版社	2020-10-23	2021-02-01
21	NB/T 10439—2020	风力发电机组不间断电源 应用要求			中国电力出版社	2020-10-23	2021-02-01

续表

序号	标准编号	标准名称	代替标准	采标号	出版机构	批准日期	实施日期
22	NB/T 10440—2020	风力发电机定子绕组绝缘结构评定规程 耐湿热性			中国电力出版社	2020-10-23	2021-02-01
23	NB/T 10441—2020	混合式高压直流断路器			中国电力出版社	2020-10-23	2021-02-01
24	NB/T 10442—2020	波浪能和潮流能转换装置研发基本程序			中国电力出版社	2020-10-23	2021-02-01
25	NB/T 10443—2020	NTC 薄膜温度传感器			中国电力出版社	2020-10-23	2021-02-01
26	NB/T 10444—2020	继电保护自动测试通用接口技术规范			中国电力出版社	2020-10-23	2021-02-01
27	NB/T 10445—2020	城市轨道交通直流馈线保护装置通用技术要求			中国电力出版社	2020-10-23	2021-02-01
28	NB/T 10446—2020	1000V 以下馈线保护装置通用技术要求			中国电力出版社	2020-10-23	2021-02-01
29	NB/T 10447—2020	整流变压器组保护装置通用技术要求			中国电力出版社	2020-10-23	2021-02-01
30	NB/T 10448—2020	输电线路行波故障测距装置检测规范			中国电力出版社	2020-10-23	2021-02-01
31	NB/T 10449—2020	智能终端现场检验规范			中国电力出版社	2020-10-23	2021-02-01
32	NB/T 10450—2020	绝缘液体直流电场击穿电压测定法			中国电力出版社	2020-10-23	2021-02-01
33	NB/T 10451—2020	绝缘液体　未使用过的聚异丁烯		IEC 60963:1988 MOD	中国电力出版社	2020-10-23	2021-02-01
34	NB/T 10452—2020	绝缘液体　金属化薄膜电容器用环氧大豆油			中国电力出版社	2020-10-23	2021-02-01
35	NB/T 10453—2020	晶体硅太阳电池组件用封框胶带			中国电力出版社	2020-10-23	2021-02-01
36	NB/T 10454—2020	高压交流喷射式熔断器试验导则			中国电力出版社	2020-10-23	2021-02-01
37	NB/T 10455—2020	高压交流限流式熔断器试验导则			中国电力出版社	2020-10-23	2021-02-01
38	NB/T 10456—2020	交流-直流开关电源　跌落可靠性试验技术规范			中国电力出版社	2020-10-23	2021-02-01
39	NB/T 10457—2020	交流-直流开关电源　散热风扇风量风压　测试方法			中国电力出版社	2020-10-23	2021-02-01
40	NB/T 10458—2020	交流-直流开关电源　半消声室内空气噪声测试方法			中国电力出版社	2020-10-23	2021-02-01
41	NB/T 10459—2020	锌镍液流电池　通用技术条件			中国电力出版社	2020-10-23	2021-02-01
42	NB/T 10460—2020	锌镍液流电池　电堆测试方法			中国电力出版社	2020-10-23	2021-02-01
43	NB/T 10461—2020	交流-直流开关电源　电子组件异常模拟试验　技术规范			中国电力出版社	2020-10-23	2021-02-01

续表

序号	标准编号	标准名称	代替标准	采标号	出版机构	批准日期	实施日期
44	NB/T 10462—2020	交流-直流开关电源　近场射频电磁场抗扰度试验技术规范			中国电力出版社	2020-10-23	2021-02-01
45	NB/T 10463—2020	变频调速设备的能效限定值及能效等级			中国电力出版社	2020-10-23	2021-02-01
46	NB/T 10473—2020	架空导线用钢绞线			中国电力出版社	2020-10-23	2021-02-01
47	NB/T 10474—2020	家用和类似用途插座用塑料件			中国电力出版社	2020-10-23	2021-02-01
48	NB/T 10475—2020	高油压受油器技术条件			中国电力出版社	2020-10-23	2021-02-01
49	NB/T 10476—2020	小型水轮机水润滑轴承技术条件			中国电力出版社	2020-10-23	2021-02-01
50	NB/T 10477—2020	小型水电站增效扩容改造技术规程			中国电力出版社	2020-10-23	2021-02-01
51	NB/T 10478—2020	干式空心电抗器湿热环境条件与技术要求			中国电力出版社	2020-10-23	2021-02-01
52	NB/T 10479—2020	交联电缆本体及附件　湿热环境条件与技术要求			中国电力出版社	2020-10-23	2021-02-01
53	NB/T 10480—2020	用煤层气制备的镁合金材料			中国电力出版社	2020-10-23	2021-02-01
54	NB/T 10481—2020	有载调压型高压并联电容器装置			中国电力出版社	2020-10-23	2021-02-01
55	NB/T 10482—2020	柜式高压并联电容器装置			中国电力出版社	2020-10-23	2021-02-01
56	NB/T 10483—2020	三相干式非晶合金立体卷铁心配电变压器技术参数和要求			中国电力出版社	2020-10-23	2021-02-01
57	NB/T 33004—2020	电动汽车充换电设施工程施工和竣工验收规范	NB/T 33004—2013		中国电力出版社	2020-10-23	2021-02-01
58	NB/T 33025—2020	电动汽车快速更换电池箱通用要求	NB/T 33025—2016		中国电力出版社	2020-10-23	2021-02-01
59	NB/T 42148.2—2020	电池驱动器具及设备的开关　第2-1部分：电动工具开关的特殊要求			中国电力出版社	2020-10-23	2021-02-01
60	DL/T 399—2020	直流输电工程主要设备监理导则	DL/T 399—2010		中国电力出版社	2020-10-23	2021-02-01
61	DL/T 604—2020	高压并联电容器装置使用技术条件	DL/T 604—2009		中国电力出版社	2020-10-23	2021-02-01
62	DL/T 820.1—2020	管道焊接接头超声波检测技术规程　第1部分：通用技术要求			中国电力出版社	2020-10-23	2021-02-01
63	DL/T 820.3—2020	管道焊接接头超声波检测技术规程　第3部分：衍射时差法			中国电力出版社	2020-10-23	2021-02-01
64	DL/T 820.4—2020	管道焊接接头超声波检测技术规程　第4部分：在役检测			中国电力出版社	2020-10-23	2021-02-01

续表

序号	标准编号	标准名称	代替标准	采标号	出版机构	批准日期	实施日期
65	DL/T 837—2020	输变电设施可靠性评价规程	DL/T 837—2012		中国电力出版社	2020-10-23	2021-02-01
66	DL/T 861—2020	电力可靠性基本名词术语	DL/T 861—2014		中国电力出版社	2020-10-23	2021-02-01
67	DL/T 913—2020	发电厂水质分析仪器质量验收导则	DL/T 913—2005		中国电力出版社	2020-10-23	2021-02-01
68	DL/T 959—2020	电站锅炉安全阀技术规程	DL/T 959—2014		中国电力出版社	2020-10-23	2021-02-01
69	DL/T 997—2020	燃煤电厂石灰石-石膏湿法脱硫废水水质控制指标	DL/T 997—2006		中国电力出版社	2020-10-23	2021-02-01
70	DL/T 1088—2020	±800kV 特高压直流线路电磁环境参数限值	DL/T 1088—2008		中国电力出版社	2020-10-23	2021-02-01
71	DL/T 1121—2020	燃煤电厂锅炉烟气袋式除尘工程技术规范	DL/T 1121—2009		中国电力出版社	2020-10-23	2021-02-01
72	DL/T 1132—2020	电站炉水循环泵电机检修导则	DL/T 1132—2009		中国电力出版社	2020-10-23	2021-02-01
73	DL/T 1192—2020	架空输电线路接续管保护装置	DL/T 1192—2012		中国电力出版社	2020-10-23	2021-02-01
74	DL/T 1215.1—2020	链式静止同步补偿器　第1部分：功能规范	DL/T 1215.1—2013		中国电力出版社	2020-10-23	2021-02-01
75	DL/T 1981.2—2020	统一潮流控制器　第2部分：系统设计导则			中国电力出版社	2020-10-23	2021-02-01
76	DL/T 1981.3—2020	统一潮流控制器　第3部分：控制保护系统技术规范			中国电力出版社	2020-10-23	2021-02-01
77	DL/T 1981.10—2020	统一潮流控制器　第10部分：系统试验规程			中国电力出版社	2020-10-23	2021-02-01
78	DL/T 2025.3—2020	电站阀门检修导则　第3部分：止回阀			中国电力出版社	2020-10-23	2021-02-01
79	DL/T 2078.1—2020	调相机检修导则　第1部分：本体			中国电力出版社	2020-10-23	2021-02-01
80	DL/T 2079—2020	水电站大坝安全管理实绩评价规程			中国电力出版社	2020-10-23	2021-02-01
81	DL/T 2080—2020	电力储能用超级电容器			中国电力出版社	2020-10-23	2021-02-01
82	DL/T 2081—2020	电力储能用超级电容器试验规程			中国电力出版社	2020-10-23	2021-02-01
83	DL/T 2082—2020	电化学储能系统溯源编码规范			中国电力出版社	2020-10-23	2021-02-01
84	DL/T 2083—2020	水电站库容超声波法测量规程			中国电力出版社	2020-10-23	2021-02-01
85	DL/T 2084—2020	直流换流站阀厅电磁兼容导则			中国电力出版社	2020-10-23	2021-02-01
86	DL/T 2085—2020	变电站降噪材料和降噪装置技术要求			中国电力出版社	2020-10-23	2021-02-01
87	DL/T 2086—2020	高压输电线路和变电站噪声的传声器阵列测量方法			中国电力出版社	2020-10-23	2021-02-01

续表

序号	标准编号	标准名称	代替标准	采标号	出版机构	批准日期	实施日期
88	DL/T 2087—2020	火力发电厂热电联产供热技术导则			中国电力出版社	2020-10-23	2021-02-01
89	DL/T 2088—2020	直流接地极线路绝缘配合技术导则			中国电力出版社	2020-10-23	2021-02-01
90	DL/T 2089—2020	燃煤电厂烟气脱硝催化剂使用导则			中国电力出版社	2020-10-23	2021-02-01
91	DL/T 2090—2020	火电厂烟气脱硝催化剂报废判定导则			中国电力出版社	2020-10-23	2021-02-01
92	DL/T 2091—2020	燃煤电厂烟气中可凝结颗粒物测试方法　干式撞击瓶法			中国电力出版社	2020-10-23	2021-02-01
93	DL/T 2092—2020	火力发电机组电气启动试验规程			中国电力出版社	2020-10-23	2021-02-01
94	DL/T 2093—2020	火电机组阻塞滤波器设备试验规程			中国电力出版社	2020-10-23	2021-02-01
95	DL/T 2094—2020	交流电力工程接地防腐蚀技术规范			中国电力出版社	2020-10-23	2021-02-01
96	DL/T 2095—2020	输电线路杆塔石墨基柔性接地体技术条件			中国电力出版社	2020-10-23	2021-02-01
97	DL/T 2096—2020	水电站大坝运行安全在线监控系统技术规范			中国电力出版社	2020-10-23	2021-02-01
98	DL/T 2097—2020	大坝安全信息分类与系统接口技术规范			中国电力出版社	2020-10-23	2021-02-01
99	DL/T 2098—2020	调相机运行规程			中国电力出版社	2020-10-23	2021-02-01
100	DL/T 2099—2020	多效蒸馏海水淡化装置用热交换管选用导则			中国电力出版社	2020-10-23	2021-02-01
101	DL/T 2100—2020	燃气发电机组能耗指标耗差分析			中国电力出版社	2020-10-23	2021-02-01
102	DL/T 2101—2020	架空输电线路固定翼无人机巡检系统			中国电力出版社	2020-10-23	2021-02-01
103	DL/T 2102—2020	电子式电流互感器状态评价导则			中国电力出版社	2020-10-23	2021-02-01
104	DL/T 2103—2020	电子式电流互感器状态检修导则			中国电力出版社	2020-10-23	2021-02-01
105	DL/T 2104—2020	并联电容器装置状态评价导则			中国电力出版社	2020-10-23	2021-02-01
106	DL/T 2105—2020	并联电容器装置状态检修导则			中国电力出版社	2020-10-23	2021-02-01
107	DL/T 2106—2020	配网设备状态评价导则			中国电力出版社	2020-10-23	2021-02-01
108	DL/T 2107—2020	配网设备状态检修导则		IEC 62271-1：2007，MOD	中国电力出版社	2020-10-23	2021-02-01
109	DL/T 2108—2020	高压直流输电系统主回路参数计算导则			中国电力出版社	2020-10-23	2021-02-01

续表

序号	标准编号	标准名称	代替标准	采标号	出版机构	批准日期	实施日期
110	DL/T 2109—2020	直流输电线路用复合外套带外串联间隙金属氧化物避雷器选用导则			中国电力出版社	2020-10-23	2021-02-01
111	DL/T 2110—2020	交流架空线路防雷用自灭弧并联间隙选用导则			中国电力出版社	2020-10-23	2021-02-01
112	DL/T 2111—2020	架空输电线路感应电防护技术导则			中国电力出版社	2020-10-23	2021-02-01
113	DL/T 2112—2020	敏感负荷电压暂降控制技术导则			中国电力出版社	2020-10-23	2021-02-01
114	DL/T 2113—2020	混合式高压直流断路器试验规范			中国电力出版社	2020-10-23	2021-02-01
115	DL/T 2114—2020	电力网无功补偿配置技术导则			中国电力出版社	2020-10-23	2021-02-01
116	DL/T 2115—2020	电压监测仪检验技术规范			中国电力出版社	2020-10-23	2021-02-01
117	DL/T 2116—2020	电力需求响应系统信息交换测试规范			中国电力出版社	2020-10-23	2021-02-01
118	DL/T 2117—2020	电力需求响应系统检验规范			中国电力出版社	2020-10-23	2021-02-01
119	DL/T 2118—2020	电网检修安全防护综合管控系统技术导则			中国电力出版社	2020-10-23	2021-02-01
120	DL/T 2119—2020	架空电力线路多旋翼无人机飞行控制系统通用技术规范			中国电力出版社	2020-10-23	2021-02-01
121	DL/T 2120—2020	GIS 变电站开关操作瞬态电磁骚扰抗扰度试验			中国电力出版社	2020-10-23	2021-02-01
122	DL/T 2121—2020	高压直流输电换流阀冷却系统化学监督导则			中国电力出版社	2020-10-23	2021-02-01
123	DL/T 2122—2020	大型同步调相机调试技术规范			中国电力出版社	2020-10-23	2021-02-01
124	DL/T 2123—2020	电站阀门分类导则			中国电力出版社	2020-10-23	2021-02-01
125	DL/T 2124—2020	电站汽轮机旁路阀选型导则			中国电力出版社	2020-10-23	2021-02-01
126	DL/T 2125—2020	石灰石-石膏湿法烟气脱硫系统停运保护导则			中国电力出版社	2020-10-23	2021-02-01
127	DL/T 2126—2020	发电企业碳排放权交易技术指南			中国电力出版社	2020-10-23	2021-02-01
128	DL/T 2127—2020	多能互补分布式能源系统能效评估技术导则			中国电力出版社	2020-10-23	2021-02-01
129	DL/T 2128—2020	配电网电线电缆节能评价技术规范			中国电力出版社	2020-10-23	2021-02-01
130	DL/T 2129—2020	电力设施高空警示球			中国电力出版社	2020-10-23	2021-02-01
131	DL/T 2130—2020	海底电力电缆退扭装置通用技术条件			中国电力出版社	2020-10-23	2021-02-01

续表

序号	标准编号	标准名称	代替标准	采标号	出版机构	批准日期	实施日期
132	DL/T 2131—2020	架空输电线路施工卡线器			中国电力出版社	2020-10-23	2021-02-01
133	DL/T 2132—2020	低温下电容型验电器的使用导则			中国电力出版社	2020-10-23	2021-02-01
134	DL/T 2133—2020	低温下电容型验电器预防性试验规程			中国电力出版社	2020-10-23	2021-02-01
135	DL/T 2134—2020	电力用安全帽动态性能测试装置			中国电力出版社	2020-10-23	2021-02-01
136	DL/T 2135—2020	电力用可塑性绝缘遮蔽带通用技术条件			中国电力出版社	2020-10-23	2021-02-01
137	DL/T 2136—2020	电缆牵引报警装置技术条件			中国电力出版社	2020-10-23	2021-02-01
138	DL/T 2137—2020	电力技术转移服务规范			中国电力出版社	2020-10-23	2021-02-01
139	DL/T 2138—2020	电力专利价值评估规范			中国电力出版社	2020-10-23	2021-02-01
140	DL/T 2139—2020	火力发电厂辅助设备可靠性评价规程			中国电力出版社	2020-10-23	2021-02-01
141	DL/T 2140—2020	无人值班变电站消防远程集中监控系统技术规范			中国电力出版社	2020-10-23	2021-02-01
142	DL/T 2141—2020	燃煤电厂锅炉烟气超净电袋复合除尘工程技术规范			中国电力出版社	2020-10-23	2021-02-01
143	DL/T 5024—2020	电力工程地基处理技术规程	DL/T 5024—2005		中国计划出版社	2020-10-23	2021-02-01
144	DL/T 5121—2020	火力发电厂烟风煤粉管道设计规范	DL/T 5121—2000		中国计划出版社	2020-10-23	2021-02-01
145	DL/T 5149—2020	变电站监控系统设计规程	DL/T 5149—2001		中国计划出版社	2020-10-23	2021-02-01
146	DL/T 5174—2020	燃气—蒸汽联合循环电厂设计规范	DL/T 5174—2003		中国计划出版社	2020-10-23	2021-02-01
147	DL/T 5209—2020	混凝土坝安全监测资料整编规程	DL/T 5209—2005		中国电力出版社	2020-10-23	2021-02-01
148	DL/T 5227—2020	火力发电厂辅助车间系统仪表与控制设计规程	DL/T 5227—2005		中国计划出版社	2020-10-23	2021-02-01
149	DL/T 5385—2020	大坝安全监测系统施工监理规范	DL/T 5385—2007		中国电力出版社	2020-10-23	2021-02-01
150	DL/T 5442—2020	输电线路杆塔制图和构造规定	DL/T 5442—2010		中国计划出版社	2020-10-23	2021-02-01
151	DL/T 5453—2020	串补站设计技术规程	DL/T 5453—2012		中国计划出版社	2020-10-23	2021-02-01
152	DL/T 5568—2020	配电网初步设计文件内容深度规定			中国计划出版社	2020-10-23	2021-02-01
153	DL/T 5569—2020	配电网施工图设计文件内容深度规定			中国计划出版社	2020-10-23	2021-02-01

续表

序号	标准编号	标准名称	代替标准	采标号	出版机构	批准日期	实施日期
154	DL/T 5570—2020	电力工程电缆勘测技术规程			中国计划出版社	2020-10-23	2021-02-01
155	DL/T 5571—2020	电力系统光通信工程初步设计文件内容深度规定			中国计划出版社	2020-10-23	2021-02-01
156	DL/T 5572—2020	太阳能热发电厂可行性研究报告内容深度规定			中国计划出版社	2020-10-23	2021-02-01
157	DL/T 5573—2020	太阳能热发电厂初步设计文件内容深度规定			中国计划出版社	2020-10-23	2021-02-01
158	DL/T 5574—2020	输变电工程调试项目计价办法			中国计划出版社	2020-10-23	2021-02-01
159	DL/T 5575—2020	广域测量系统设计规程			中国计划出版社	2020-10-23	2021-02-01
160	DL/T 5576—2020	变电站信息采集及交互设计规范			中国计划出版社	2020-10-23	2021-02-01
161	DL/T 5577—2020	冻土地区架空输电线路岩土工程勘测技术规程			中国计划出版社	2020-10-23	2021-02-01
162	DL/T 5578—2020	电力工程施工测量标准			中国计划出版社	2020-10-23	2021-02-01
163	DL/T 5579—2020	架空输电线路复合横担杆塔设计规程			中国计划出版社	2020-10-23	2021-02-01
164	DL/T 5580.1—2020	燃煤耦合生物质发电生物质能电量计算　第1部分：农林废弃物气化耦合			中国计划出版社	2020-10-23	2021-02-01
165	DL/T 5805—2020	轴流式水轮机埋件安装工艺导则			中国电力出版社	2020-10-23	2021-02-01
166	DL/T 5806—2020	水电水利工程堆石混凝土施工规范			中国电力出版社	2020-10-23	2021-02-01
167	DL/T 5807—2020	水电工程岩体稳定性微震监测技术规范			中国电力出版社	2020-10-23	2021-02-01
168	DL/T 5808—2020	水电工程水库地震监测技术规范			中国电力出版社	2020-10-23	2021-02-01
169	DL/T 5809—2020	水电工程库区安全监测技术规范			中国电力出版社	2020-10-23	2021-02-01
170	DL/T 5810—2020	电化学储能电站接入电网设计规范			中国电力出版社	2020-10-23	2021-02-01
171	DL/T 384—2020	9FA燃气—蒸汽联合循环机组运行规程	DL/T 384—2010		中国电力出版社	2020-10-23	2021-02-01
172	DL/T 444—2020	反击式水轮机磨蚀评估导则	DL/T 444—1991		中国电力出版社	2020-10-23	2021-02-01
173	DL/T 458—2020	板框式旋转滤网	DL/T 458—1999		中国电力出版社	2020-10-23	2021-02-01
174	DL/T 463—2020	带电作业用绝缘子卡具	DL/T 463—2006		中国电力出版社	2020-10-23	2021-02-01
175	DL/T 547—2020	电力系统光纤通信运行管理规程	DL/T 547—2010		中国电力出版社	2020-10-23	2021-02-01
176	DL/T 630—2020	交流采样远动终端技术条件	DL/T 630—1997		中国电力出版社	2020-10-23	2021-02-01

续表

序号	标准编号	标准名称	代替标准	采标号	出版机构	批准日期	实施日期
177	DL/T 681.2—2020	燃煤电厂磨煤机耐磨件技术条件　第2部分：中速磨　磨辊辊套　磨盘衬板　磨环和空心磨球	DL/T 681—2012		中国电力出版社	2020-10-23	2021-02-01
178	DL/T 681.3—2020	燃煤电厂磨煤机耐磨件技术条件　第3部分：风扇磨　冲击板　护钩和护甲	DL/T 681—2012		中国电力出版社	2020-10-23	2021-02-01
179	DL/T 748.1—2020	火力发电厂锅炉机组检修导则　第1部分：总则	DL/T 748.1—2001		中国电力出版社	2020-10-23	2021-02-01
180	DL/T 748.5—2020	火力发电厂锅炉机组检修导则　第5部分：烟风系统检修	DL/T 748.5—2001		中国电力出版社	2020-10-23	2021-02-01
181	DL/T 748.7—2020	火力发电厂锅炉机组检修导则　第7部分：除渣系统检修	DL/T 748.7—2001		中国电力出版社	2020-10-23	2021-02-01
182	DL/T 845.2—2020	电阻测量装置通用技术条件　第2部分：工频接地电阻测试仪	DL/T 845.2—2004		中国电力出版社	2020-10-23	2021-02-01
183	DL/T 935—2020	钢塑复合管和管件	DL/T 935—2005		中国电力出版社	2020-10-23	2021-02-01
184	DL/T 961—2020	电网调度规范用语	DL/T 961—2005		中国电力出版社	2020-10-23	2021-02-01
185	DL/T 1061—2020	光电式（CCD）垂线坐标仪	DL/T 1061—2007		中国电力出版社	2020-10-23	2021-02-01
186	DL/T 1062—2020	光电式（CCD）引张线仪	DL/T 1062—2007		中国电力出版社	2020-10-23	2021-02-01
187	DL/T 1067—2020	蒸发冷却水轮发电机基本技术条件	DL/T 1067—2007		中国电力出版社	2020-10-23	2021-02-01
188	DL/T 1105.1—2020	电站锅炉集箱小口径接管座角焊缝　无损检测技术导则　第1部分：通用要求	DL/T 1105.1—2009		中国电力出版社	2020-10-23	2021-02-01
189	DL/T 1105.2—2020	电站锅炉集箱小口径接管座角焊缝　无损检测技术导则　第2部分：超声检测	DL/T 1105.2—2010		中国电力出版社	2020-10-23	2021-02-01
190	DL/T 1105.3—2020	电站锅炉集箱小口径接管座角焊缝　无损检测技术导则　第3部分：涡流检测	DL/T 1105.3—2010		中国电力出版社	2020-10-23	2021-02-01
191	DL/T 1105.4—2020	电站锅炉集箱小口径接管座角焊缝　无损检测技术导则　第4部分：磁记忆检测	DL/T 1105.4—2010		中国电力出版社	2020-10-23	2021-02-01
192	DL/T 5036—2020	转桨式转轮组装与试验工艺导则	DL/T 5036—1994		中国电力出版社	2020-10-23	2021-02-01
193	DL/T 5270—2020	核子法密度及含水量测试规程	DL 5270—2012		中国电力出版社	2020-10-23	2021-02-01
194	DL/T 5426—2020	±800kV高压直流输电系统成套设计规程	DL/T 5426—2009		中国电力出版社	2020-10-23	2021-02-01

续表

序号	标准编号	标准名称	代替标准	采标号	出版机构	批准日期	实施日期
195	DL/T 1399.4—2020	电力试验/检测车　第4部分：开关电器交流耐压试验车			中国电力出版社	2020-10-23	2021-02-01
196	DL/T 1694.6—2020	高压测试仪器及设备校准规范　第6部分：电力电缆超低频介质损耗测试仪			中国电力出版社	2020-10-23	2021-02-01
197	DL/T 1694.7—2020	高压测试仪器及设备校准规范　第7部分：综合保护测控装置　电测量			中国电力出版社	2020-10-23	2021-02-01
198	DL/T 846.13—2020	高电压测试设备通用技术条件　第13部分：避雷器监测器测试仪			中国电力出版社	2020-10-23	2021-02-01
199	DL/T 1035.7—2020	循环流化床锅炉检修导则　第7部分：锅炉燃料供给系统检修			中国电力出版社	2020-10-23	2021-02-01
200	DL/T 2142—2020	间接空冷系统性能试验规程			中国电力出版社	2020-10-23	2021-02-01
201	DL/T 2143.2—2020	港口岸电系统建设规范　第2部分：电能计量			中国电力出版社	2020-10-23	2021-02-01
202	DL/T 2144.1—2020	变电站自动化系统及设备检测规范　第1部分：总则			中国电力出版社	2020-10-23	2021-02-01
203	DL/T 2145.1—2020	变电设备在线监测装置现场测试导则　第1部分：变压器油中溶解气体在线监测装置			中国电力出版社	2020-10-23	2021-02-01
204	DL/T 2145.2—2020	变电设备在线监测装置现场测试导则　第2部分：电容型设备与金属氧化物避雷器绝缘在线监测装置			中国电力出版社	2020-10-23	2021-02-01
205	DL/T 2146—2020	固定式耙斗清污机			中国电力出版社	2020-10-23	2021-02-01
206	DL/T 2147—2020	生物质结渣性的测定方法			中国电力出版社	2020-10-23	2021-02-01
207	DL/T 2148—2020	生物质着火温度的测定方法			中国电力出版社	2020-10-23	2021-02-01
208	DL/T 2149—2020	生物质灰熔融性的测定方法			中国电力出版社	2020-10-23	2021-02-01
209	DL/T 2150—2020	变电设备运行温度监测装置技术规范			中国电力出版社	2020-10-23	2021-02-01
210	DL/T 2151.1—2020	岸基供电系统　第1部分：通用要求			中国电力出版社	2020-10-23	2021-02-01
211	DL/T 2151.3—2020	岸基供电系统　第3部分：变频电源			中国电力出版社	2020-10-23	2021-02-01
212	DL/T 2152—2020	生物质发电厂固体燃料中氯、氟含量测定方法			中国电力出版社	2020-10-23	2021-02-01
213	DL/T 2153—2020	输电线路用带电作业机器人			中国电力出版社	2020-10-23	2021-02-01

续表

序号	标准编号	标准名称	代替标准	采标号	出版机构	批准日期	实施日期
214	DL/T 2154—2020	大中型水电工程运行风险管理规范			中国电力出版社	2020-10-23	2021-02-01
215	DL/T 2155—2020	大坝安全监测系统评价规程			中国电力出版社	2020-10-23	2021-02-01
216	DL/T 2156—2020	火力发电机组整体性能试验规程			中国电力出版社	2020-10-23	2021-02-01
217	DL/T 2157—2020	带电作业工器具试验系统			中国电力出版社	2020-10-23	2021-02-01
218	DL/T 2158—2020	接地极线路带电作业技术导则			中国电力出版社	2020-10-23	2021-02-01
219	DL/T 2159—2020	变电站绝缘管型母线带电检测技术导则			中国电力出版社	2020-10-23	2021-02-01
220	DL/T 2160—2020	电力设施安全防范系统技术规范			中国电力出版社	2020-10-23	2021-02-01
221	DL/T 2161—2020	电力需求侧资源分类与特性分析技术导则			中国电力出版社	2020-10-23	2021-02-01
222	DL/T 2162—2020	用户参与需求响应基线负荷评价方法			中国电力出版社	2020-10-23	2021-02-01
223	DL/T 2163—2020	微机械电子式测斜仪			中国电力出版社	2020-10-23	2021-02-01
224	DL/T 2164—2020	差动电阻式土压力计			中国电力出版社	2020-10-23	2021-02-01
225	DL/T 2165—2020	火力发电厂移动式卸料车			中国电力出版社	2020-10-23	2021-02-01
226	DL/T 2166—2020	电站锅炉烟气余热利用装置性能试验规程			中国电力出版社	2020-10-23	2021-02-01
227	DL/T 2167—2020	燃煤锅炉冷态空气动力场试验方法			中国电力出版社	2020-10-23	2021-02-01
228	DL/T 2168—2020	火力发电厂声波吹灰器选型导则			中国电力出版社	2020-10-23	2021-02-01
229	DL/T 2169—2020	火力发电厂烟气余热梯级利用系统节能量计算方法			中国电力出版社	2020-10-23	2021-02-01
230	DL/T 2170—2020	燃煤机组耗差计算方法			中国电力出版社	2020-10-23	2021-02-01
231	DL/T 2171—2020	火力发电厂用水节水术语			中国电力出版社	2020-10-23	2021-02-01
232	DL/T 2172—2020	火力发电厂节能指标分析体系			中国电力出版社	2020-10-23	2021-02-01
233	DL/T 2173—2020	±1100kV 支柱复合绝缘子使用技术条件			中国电力出版社	2020-10-23	2021-02-01
234	DL/T 2174—2020	电力安全工器具移动检测平台			中国电力出版社	2020-10-23	2021-02-01
235	DL/T 2175—2020	港口岸电系统技术条件综合管理系统			中国电力出版社	2020-10-23	2021-02-01
236	DL/T 2176—2020	变电站自动化设备远程运行维护技术规范			中国电力出版社	2020-10-23	2021-02-01

续表

序号	标准编号	标准名称	代替标准	采标号	出版机构	批准日期	实施日期
237	DL/T 2177—2020	厂站监控系统图形界面规范			中国电力出版社	2020-10-23	2021-02-01
238	DL/T 2178—2020	配电自动化终端试验装置技术条件			中国电力出版社	2020-10-23	2021-02-01
239	DL/T 2179—2020	电力源网荷互动终端技术规范			中国电力出版社	2020-10-23	2021-02-01
240	DL/T 2180—2020	配电网同期线损测量装置通用技术条件			中国电力出版社	2020-10-23	2021-02-01
241	DL/T 2181—2020	高压费控装置通用技术条件			中国电力出版社	2020-10-23	2021-02-01
242	DL/T 2182—2020	直流互感器用合并单元通用技术条件			中国电力出版社	2020-10-23	2021-02-01
243	DL/T 2183—2020	直流输电用直流电流互感器暂态试验导则			中国电力出版社	2020-10-23	2021-02-01
244	DL/T 2184—2020	直流输电用直流电压互感器暂态试验导则			中国电力出版社	2020-10-23	2021-02-01
245	DL/T 2185—2020	工频电压互感器现场校验成套装置技术条件			中国电力出版社	2020-10-23	2021-02-01
246	DL/T 2186—2020	工频电流互感器现场校验成套装置技术条件			中国电力出版社	2020-10-23	2021-02-01
247	DL/T 2187—2020	直流互感器校验仪通用技术条件			中国电力出版社	2020-10-23	2021-02-01
248	DL/T 2188—2020	港口岸电系统总则			中国电力出版社	2020-10-23	2021-02-01
249	DL/T 2189—2020	港口综合能源管控系统功能规范			中国电力出版社	2020-10-23	2021-02-01
250	DL/T 2190—2020	中长期电力交易安全校核技术规范			中国电力出版社	2020-10-23	2021-02-01
251	DL/T 2191—2020	水轮机调速器涉网性能仿真检测技术规范			中国电力出版社	2020-10-23	2021-02-01
252	DL/T 2192—2020	并网发电厂变电站电力监控系统安全防护验收规范			中国电力出版社	2020-10-23	2021-02-01
253	DL/T 2193—2020	电力系统安全稳定控制系统设计及应用技术规范			中国电力出版社	2020-10-23	2021-02-01
254	DL/T 2194—2020	水力发电机组一次调频技术要求及试验导则			中国电力出版社	2020-10-23	2021-02-01
255	DL/T 2195—2020	新能源和小水电供电系统频率稳定计算导则			中国电力出版社	2020-10-23	2021-02-01
256	DL/T 2196—2020	电力需求侧辅助服务导则			中国电力出版社	2020-10-23	2021-02-01
257	DL/T 2197—2020	电力工程信息模型应用统一标准			中国电力出版社	2020-10-23	2021-02-01
258	DL/T 2198—2020	超临界循环流化床锅炉运行导则			中国电力出版社	2020-10-23	2021-02-01
259	DL/T 2199—2020	循环流化床锅炉燃料掺烧技术导则			中国电力出版社	2020-10-23	2021-02-01

续表

序号	标准编号	标准名称	代替标准	采标号	出版机构	批准日期	实施日期
260	DL/T 2200—2020	火力发电厂压力测量仪表技术规范			中国电力出版社	2020-10-23	2021-02-01
261	DL/T 2201—2020	火力发电厂流量测量装置技术规范			中国电力出版社	2020-10-23	2021-02-01
262	DL/T 2202—2020	发电厂监控系统信息安全防护技术规范			中国电力出版社	2020-10-23	2021-02-01
263	DL/T 2203—2020	发电厂监控系统信息安全管理导则			中国电力出版社	2020-10-23	2021-02-01
264	DL/T 2204—2020	水电站大坝安全现场检查技术规程			中国电力出版社	2020-10-23	2021-02-01
265	DL/T 5811—2020	水轮发电机内冷安装技术导则			中国电力出版社	2020-10-23	2021-02-01
266	DL/T 5812—2020	水电水利工程导流隧洞及导流底孔封堵施工规范			中国电力出版社	2020-10-23	2021-02-01
267	DL/T 5813—2020	水电水利工程施工机械安全操作规程　隧洞衬砌钢模台车			中国电力出版社	2020-10-23	2021-02-01
268	DL/T 5814—2020	变电站、换流站土建工程施工质量验收规程			中国电力出版社	2020-10-23	2021-02-01
269	DL/T 5815—2020	水电水利工程固壁泥浆试验规程			中国电力出版社	2020-10-23	2021-02-01
270	DL/T 5816—2020	分布式电化学储能系统接入配电网设计规范			中国电力出版社	2020-10-23	2021-02-01
271	DL/T 5440—2020	重覆冰架空输电线路设计技术规程	DL/T 5440—2009		中国计划出版社	2020-10-23	2021-02-01
272	DL/T 5486—2020	架空输电线路杆塔结构设计技术规程	DL/T 5486—2013、DL/T 5254—2010、DL/T 5130—2001		中国计划出版社	2020-10-23	2021-02-01
273	DL/T 5581—2020	火力发电厂制粉系统设计规程			中国计划出版社	2020-10-23	2021-02-01

索　引

内容索引

说明

本索引是全书条目和条目内容的主题分析索引。索引主题按先数字大小，再字母顺序，最后汉语拼音字母的顺序，并辅以汉字笔画、起笔笔形顺序排列。同音时，按汉字笔画由少到多的顺序排列，笔画数相同的按起笔笔形一(横)、丨(竖)、丿(撇)、丶(点)、㇕(折，包括㇆、㇗、㇛等)顺序排列。第一字相同时，同原则按第二字排列，余类推。

A

E

F

G

H

J

K

L

M

N

P

Q

R

S

T

W

X

Y

Z

企业风采

不断创新 奉献社会

国网经济技术研究院有限公司

公司简介

COMPANY PROFILE

国网经济技术研究院有限公司（简称“国网经研院”）是国家电网有限公司直属的全资子公司，是公司电网规划和工程设计技术归口单位，主要承担电网规划、重大工程设计管理、项目评审咨询、技术经济及相关领域的创新研究工作，具有工程勘察、设计、咨询三个甲级资格，是国家发改委认定的承担国家委托投资咨询评估任务的咨询机构，具备从特高压交直流到配电网、一二次专业齐备的规划设计研究体系，拥有“新世纪百千万人才工程”国家级人选、享受国务院政府津贴专家、国网公司“科技领军人物”等专家人才队伍，培育了规划、设计、评审等核心业务能力，形成了从特高压交直流到配电网各专业齐备的全业务体系。

业务领域 BUSINESS DOMAIN

01 电网规划
- 输电网规划
- 配电网规划
- 智能化规划
- 信息化规划（数字化规划）
- 通信网规划

02 工程设计
- 特高压设计牵头
- 直流成套设计
- 配电网设计
- 设备监造
- 通信工程设计

03 咨询评价
- 工程咨询
- 项目评审
- 技经研究
- 管理评价

04 国际业务
- 款国联网规划及工程预可研
- 国际工程设计咨询
- 海外设备监造

咨询评价

ADVISORY EVALUATION

不断创新 奉献社会

工程咨询

承担特高压交直流和跨省电网等重大项目方案论证和预可研，负责省级电网整体规划和各专项规划评审。

项目评审

承担110-500kV输变电工程项目可研评审、特高压和跨省电网工程可研内审，220-1000kV输变电工程初步设计评审，1000kV特高压工程施工图设计审查，接入系统、生产技改、产业项目、小型基建和信息化、营销、智能化、独立二次、水电项目等各类专项评审。

技经研究

围绕“投资、成本、效益”，关注电网发展新形势重点针对投资策略、造价管控、成本分析、效益评价开展前瞻性、创新性研究。主导技经专业标准制定，推广定额计价和造价管理标准。

工程设计

1.累计牵头完成40余项特高压工程的预可研、可研、初步设计和施工图设计，牵头设计的浙北-福州1000kV交流、榆横-潍坊1000kV交流、扎鲁特-青州±800kV直流等3项特高压输变电工程获“国家优质工程金质奖”。

2.承担特高压/高压常规直流工程技术方案的咨询研究与系统设计工作，依托自主成套设计技术，结合不同外部系统条件对每个直流工程开展定制化设计；

3.承担交直流设备监造工作，监造任务涉及38个工程，设备本体投资额度600亿。

国网北京经济技术研究院：

荣获

2016-2017年度国家优质工程金质奖。

特发此证。

特高压设计

昌吉-古泉工程

巴西美丽山二期

承担“一带一路”等国际电网工程跨国、跨洲规划研究，跨国、跨洲联网重大工程方案论证，全球能源互联网规划标准编制；承担海外设备监造，涵盖欧洲、北美、日本，涉及十余个厂家及产品。

科研创新

SCIENTIFIC RESEARCH AND INNOVATION

国网经研院作为公司科技创新基地，承担或参与国家级科技项目20项，牵头公司科技项目325项，建成实验室11个，编制各类标准586项，其中国际标准14项，国家标准35项，行业标准63项，拥有电网规划量化评估技术、±1100kV特高压直流输电工程成套设计技术、新一代智能变电站设计与评估等科技攻关团队12支，牵头项目获得各类成果荣誉240项。

- 风电场接入电力系统技术规定《统一潮流控制器工程设计导则》等10项标准 —— 3项 中国标准贡献奖
- 基于系统功能定位的电网项目投入产出评价体系研究 —— 13项 省部级科技奖
- 特高压交流输电关键技术研究、设备研制及工程应用
- 青藏电力联网工程
- 特高压±800kV直流输电工程 —— 3项 国家科技奖
- 1项 中国专利奖 —— 一种基于BPA数据的交流系统谐波阻抗扫描方法
- 5项 国家优质工程金质奖：
  - 宁东-山东±660kV直流输电示范工程
  - 浙北-福州1000kV特高压交流输变电工程
  - 榆横-潍坊1000kV特高压交流输变电工程
  - 扎鲁特-青州±800kV特高压直流输变电工程
- 31项 行业科技奖
- 184项 公司科技奖

实验室工作照片

直流实验室

国家能源特高压直流输电工程成套设计研发（实验）中心（公司高压直流实时仿真实验室）是国家能源局首批批准设立的16个国家能源研发（实验）中心之一，为在运直流工程提供技术支撑。

质量管理体系认证证书

职业健康安全管理体系认证证书

国家科学技术进步奖证书

工程勘察资质证书

高新技术企业证书

环境管理体系认证证书

工程咨询单位甲级资信证书

企业信用评价AAA铜牌

工程设计资质证书

主要业绩 KEY PERFORMANCE

不断创新 奉献社会

电网规划 GRID PLANNING

承担全国中长期电网规划研究（2017-2035年），编制国家电网公司"十二五""十三五""十四五"电网发展规划，开展京津冀一体化等区域电网规划研究。

承担"十一五""十二五""十三五""十四五"期间配电网城网规划、农网规划等相关专题专项研究及规划制定，完成雄安新区电网规划、国家电网公司经营区深度贫困地区电网专项规划等专题专项研究制定工作。

农网规划

- 公司"十一五"、"十二五"、"十三五"农网规划及滚动调整
- 公司"十三五"新一轮农网改造升级规划
- 公司"十四五"乡村电网发展规划

规划评价

- "十三五"110千伏及以下电网规划执行情况评估
- 2022年北京冬奥会配套电网规划评估
- 公司第一批边防部队电网建设专项规划后评价

主要业绩

城网规划

- 重点城市电网"十一五"规划及滚动调整
- 重点城市配电网"十二五"规划
- 公司"十三五"城市电网可靠性提升规划
- 大型供电企业"十四五"城市电网规划

其他规划

- 雄安新区电网规划
- 公司经营区深度贫困地区电网专项规划
- "煤改电"清洁取暖专项规划
- 济南市、天津市、三峡库区等专项规划

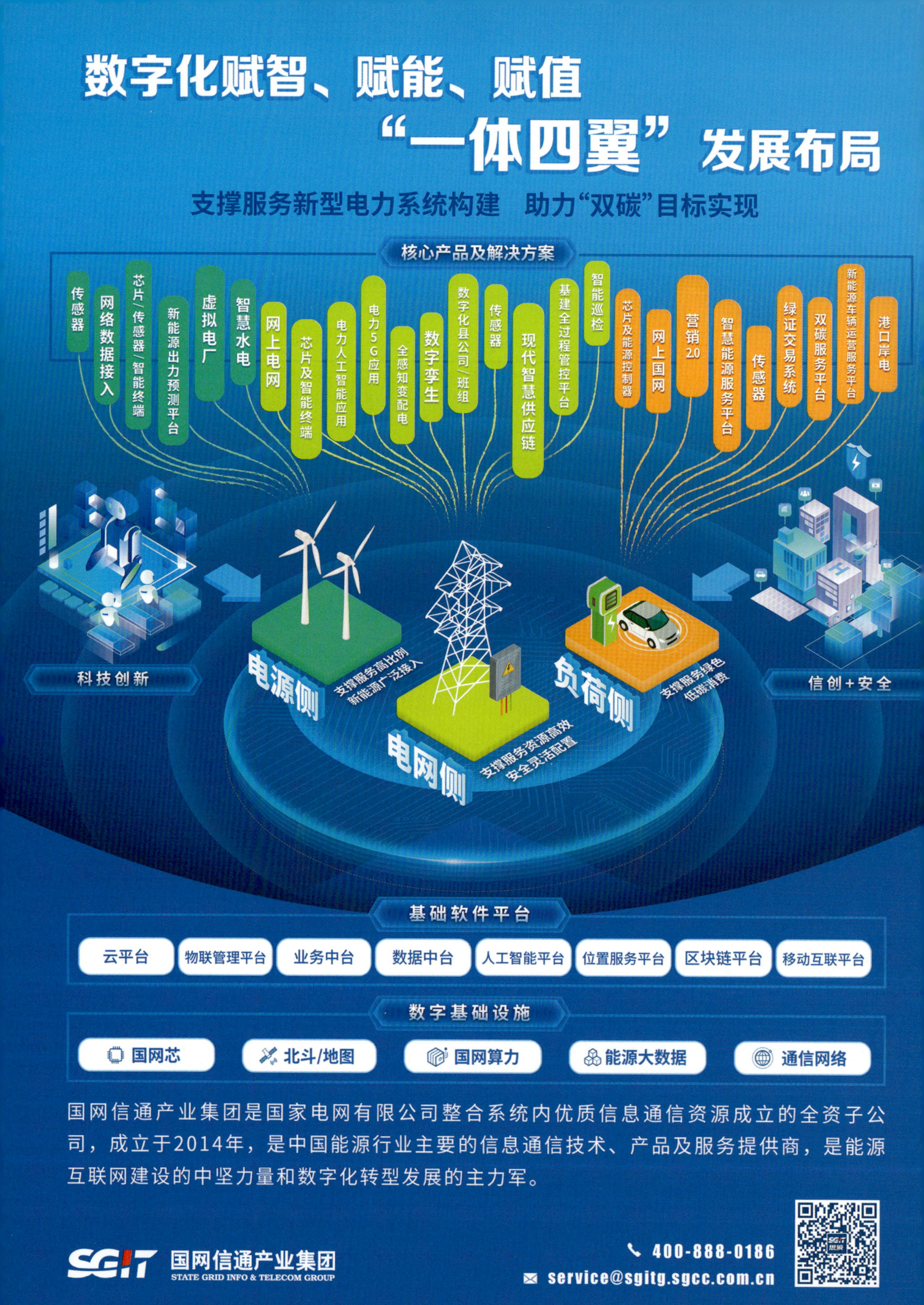

卓越提升1346三年行动计划

国网信通产业集团围绕国家电网公司“一体四翼”发展布局，坚持“能源互联网建设的中坚力量和数字化转型发展的主力军”发展定位，**支撑“一体”发展，为“一体”赋智；协同“四翼”齐飞，为“四翼”赋能；激活“全要素”发力，为“全要素”赋值。**

围绕**“1346”**总体思路推进卓越提升三年行动计划，落实1个行动目标、13项行动计划，包括39项专项工作、161项具体任务，到2023年，核心业务质量和效益凸显，核心团队能力突出，核心竞争力进一步加强，基本建成**能源数字化服务国际领军企业**，集团整体发展实现**卓越绩效、卓越服务、卓越品牌、卓越队伍。**

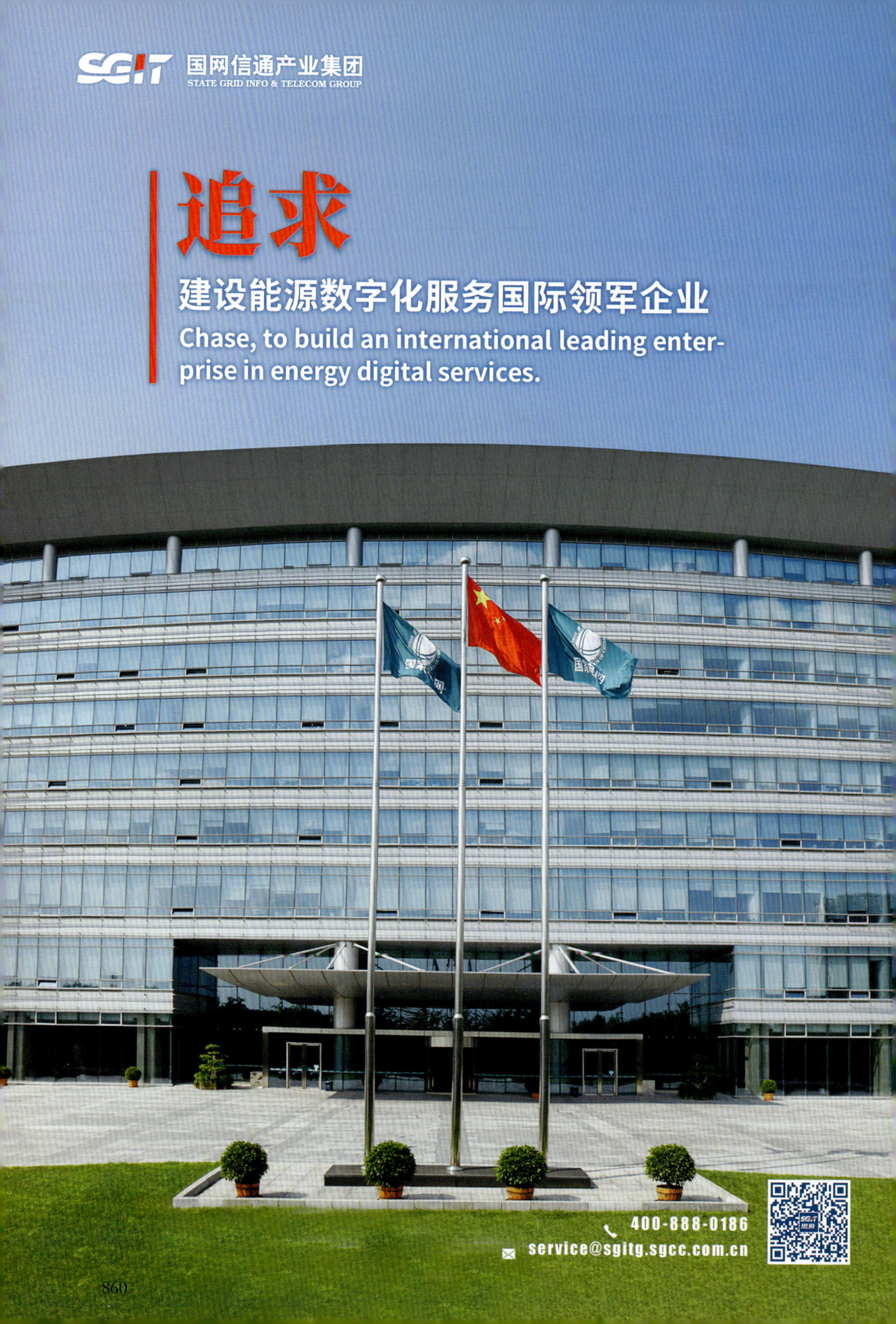
SGIT 国网信通产业集团
STATE GRID INFO & TELECOM GROUP
追求
建设能源数字化服务国际领军企业
Chase, to build an international leading enterprise in energy digital services.
400-888-0186
service@sgitg.sgcc.com.cn

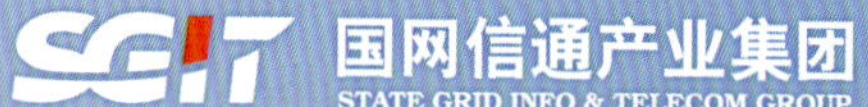

国网西南分部

▶ 企业概况

国网西南分部成立于 2014 年 11 月，是国家电网有限公司在西南区域设立的派驻机构，主要负责四川、重庆、西藏三省(市、区)骨干电网发展规划、调控运行、安全生产、电力交易、输变电资产管理等核心业务，承担着保障西南地区清洁低碳、安全高效、可持续电力供应和服务人民美好生活需要的重要使命，是助力地方高质量发展的“国家队”“主力军”。下设 12 个部门(中心)，2020 年资产总额 31.2 亿元，营业收入 142 亿元。

▶ 电网概况

西南电网区域面积约 180 万平方公里，覆盖人口 1.13 亿，东联华东和华中电网、北接西北电网，是清洁能源送端大电网、大平台。跨区电力交换容量 3820 万千瓦，省间电力交换容量 644 万千瓦。截至 2021 年 10 月底，西南电网调度口径装机容量 1.31 亿千瓦。其中：水电 9339 万千瓦，占 71.3%；火电 2809 万千瓦，占 21.4%；风电光伏等 974 万千瓦，占 7.3%。网内 500 千伏变电站 76 座，总变电容量 1.3 亿千伏安；500 千伏线路 286 条，总长 2.44 万公里。

▶ 安全生产

切实扛稳保安全的政治责任，始终把确保大电网安全作为重中之重，着力提升运行控制、风险防控、应急联动能力，牢牢守住安全生产“生命线”，西南电网保持长周期安全稳定运行。建立“126”大电网安全稳定管理体系(“1”是确立“团结治网”工作机制，“2”是构筑技术 3 道防线与管理 3 层管控，“6”是实现区域电网运行控制与专业管理的 6 个统一)，建成一整套世界级的电网智能控制系统，成功经受住数百次较大的扰动和冲击考验，顺利完成庆祝建党 100 周年、第八次中日韩领导人会议等重要保电活动，西南电网调度安全运行突破 2000 天。2021 年，面对极端高温寒潮、来水偏枯等严峻挑战，国网西南分部充分发挥大电网资源优化配置作用，创新实施德宝直流柔性调度，全力保障地区电力供应。仅 2021 年迎峰度夏期间，跨省跨区互济次数同比增加 25%，最大电力达 720 万千瓦、累计电量超 16 亿千瓦时。

电网发展

贯彻“四个革命、一个合作”能源安全新战略，积极构建能源互联网，着力为美好生活充电、为美丽中国赋能，推动西南电网发展规划、网架结构、配置能力、功能价值跨越提升。科学谋划区域发展蓝图，成功推动川渝特高压交流网架纳入国家和地方“十四五”规划和2035年远景目标纲要。主导建成投运藏中电力联网工程，成为当时世界平均海拔最高、海拔跨度最大、自然条件最复杂的超高压电网工程，西藏主干电网从220千伏跨入500千伏超高压时代。顺利实现西南电网与华中电网异步联网运行，西南电网形成独立同步区域电网，有力保障全国大电网安全，为优化全国电网格局、增强资源配置能力做出了突出贡献。保障了阿里联网工程顺利投运，结束阿里地区长期孤网运行历史，西藏电网全面形成以500千伏为骨干网架的统一现代化大电网。建成投运雅湖直流，西南电网再添一条服务四川水电开发利用、助力资源优势转化的能源大动脉。“十三五”期间，西南电网跨区、省间电力交换能力分别增长8.2%、57.8%。

电力交易与清洁能源消纳

践行绿色发展理念，助力能源清洁低碳转型，发挥大电网资源配置优势，建立健全外送消纳市场机制，打造“清洁藏电”品牌，“十三五”期间累计消纳清洁能源1.7万亿千瓦时，年均增长6.7%。坚持全网统一调度，科学优化流域水库运用，创新设立电量库，建立国内领先的水电技术支撑系统。深化与华东、华中、西北电网多边战略合作，开创“资源互补、绿色发展、服务藏区、合作共赢”的电力交易“西南模式”，累计跨区外送电量5823亿千瓦时。建立完善“政策+市场”藏电外送长效机制，累计外送62.2亿千瓦时清洁藏电，电力援藏取得突出成绩，荣获国家电网公司脱贫攻坚先进集体称号。2020年四川水能利用率达95.4%，创近五年最好水平，圆满完成国家清洁能源消纳三年行动计划目标。

科技创新

把创新摆在关系战略全局的突出位置，全面落实“新跨越新跨越行动计划”，聚焦“碳达峰、碳中和”、构建新型电力系统等关系能源转型和电网安全的突出问题，积极营造高活力氛围，努力培育高质量成果，勇攀能源互联网科技创新高地。制定全面加强科技创新实施方案，出台科技进步奖评选、科技项目管理等配套制度，创新工作体系不断健全。先后与北京邮电大学、中国电力科学研究院等科研院所签订合作协议，探索构建创新联合体，协同创新进一步加强。创新驱动成果显著，《高比例水电多直流送端电网频率安全稳定控制技术及应用》项目获四川省科技进步一等奖，成功举办西南电网首届调度运行创新创意大赛，累计获得公司级及以上科技进步奖8项、主导制定和修订技术标准25项。

党的建设

落实新时代党的建设总要求和国企党建会精神，深入实施“旗帜领航·三年登高”“旗帜领航·提质登高”等行动计划，高质量开展“不忘初心、牢记使命”主题教育、党史学习教育，管党治党全面加强，党建标准化、规范化水平提升明显，进一步深化党建融入融合，藏中联网工程“把支部建在项目上”成为“党建+工程”典范，党组织的战斗力和党员的先锋模范作用持续强化，在重点工程建设、重大疫情冲击、重要工作推进等急难险重任务中得到充分彰显。分部成功创建四川省和国家电网公司文明单位，2个集体、3名员工获国家电网公司、四川省国资委“一先两优”表彰，4名员工获国家电网公司劳模称号。

国神公司

国神公司是国家能源集团国源电力有限公司和神华神东电力有限责任公司的统称。2012 年 12 月底，根据国企改革和上级部署，实行“一个党委、两个公司、一体化运营”管理模式。

作为国家能源集团唯一一家跨区域煤电一体专业化管理企业，国神公司从乌苏里江到天山之巅，从天府之国到呼伦贝尔，横跨东西 5000 公里，纵跃南北 4000 公里，拥有全资和控股子（分）公司 42 家，运营煤电一体化项目 9 个。产业及项目主要分布于新疆、内蒙古、陕西、山西、黑龙江、四川等 7 个省（市）、自治区。管理运营电厂 13 家，发电总装机容量 1571 万千瓦；管理运营煤矿 9 座，总体核定（核增）产能 7300 万吨 / 年；建设运营煤炭集装站台三座，年发运能力 1800 万吨。

近年来，国神公司秉承“为社会赋能、为经济助力”企业宗旨，聚焦高质量发展主题，科学提出“11456”工作方略和“一体两翼”新发展格局，充分发挥煤电一体优势，发扬“实干、奉献、创新、争先”企业精神，坚定不移将煤电一体主业做优、循环流化床产业做专、新能源做精，加快推动世界一流能源示范企业建设。

国网国际发展有限公司

国网国际发展有限公司（简称国网国际公司）成立于2008年6月，是国家电网公司实施海外电力能源资产投资运营的全资子公司。

国网国际公司坚持共商、共建、共享原则和开放包容、合作共赢的理念，依托国家电网公司雄厚的实力、先进的技术、成熟的管理经验和强大的品牌优势，积极开展海外电力能源领域的存量资产并购、绿地项目开发和资产运营管理，实现了国家电网公司发展空间从本土向全球的扩展。

国网国际公司先后成功收购菲律宾国家电网公司（NGCP）、葡萄牙国家能源网公司（REN）、南澳输电网公司（ElectraNet）、国网澳洲资产公司（SGSPAA）、澳大利亚澳网公司（AusNet）、港灯电力公司（HKEI）、意大利国家能源网公司（CDP RETI）、国家电网巴西电力/CPFL公司（CPFL）、希腊国家电网公司（IPTO）。2020年收购阿曼国家电网公司（OETC）、国家电网智利控股/切昆塔公司（Chilquinta）。2021年收购国家电网智

智利CGE公司股权购买协议签约现场

智利切昆塔能源公司首个智能营业厅于2021年6月正式投运

派驻阿曼OETC高管团队项目负责人陪同OETC公司CEO在项目现场检查

巴西CPFL公司员工在配电调控室内工作

STATE GRID
INTERNATIONAL
CORP

国网国际发展有限公司

利电力/CGE公司（CGE）的控股权和巴西南大河州CEEE-T公司的控股权，成功出售在格鲁吉亚的水电资产。中标并建成巴西美丽山特高压直流输电项目一期、二期工程以及特里斯皮尔斯输电特许权项目一期、二期工程等海外大型绿地项目，已建立起地域领域多元、投资收益稳定、增长前景良好的境外基础设施资产组合。

2020年，巴西美丽山二期项目获中国工业领域的最高奖项——第六届中国工业大奖。2021年，国网国际公司首次被评为首都文明标兵单位；首次实现三大国际信用评级全部达到中国国家主权级A+评级，将进一步提升境外融资优势，助力业务开拓，更好地服务于国家电网公司“一体四翼”总体发展布局。

截至2021年底，国网国际公司中外员工总数2万余人；境外资产总额约3000亿元人民币，利润总额突破150亿元人民币。

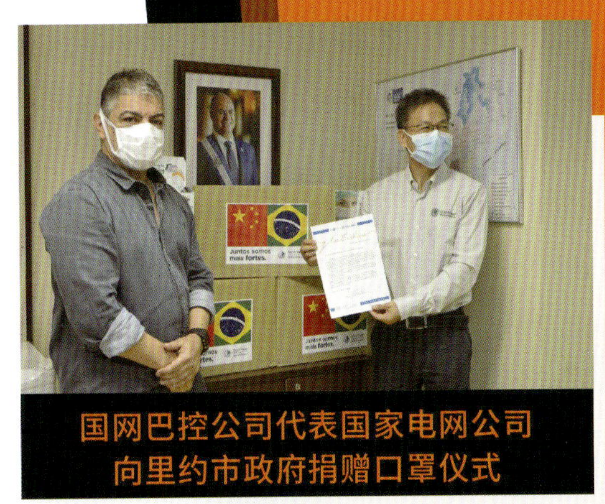

国网巴控公司代表国家电网公司向里约市政府捐赠口罩仪式

菲律宾NGCP员工开展架空线路建设

港灯电力公司南丫岛光伏发电资产

公司简介

河南省三江电力设备有限公司成立于2005年10月，注册资金2000万元人民币。该公司是由国家能源局以及河南省建设厅批准成立的，集电力设施业务承装、承修、承试、采购、安装于一体的股份制企业，具有送变电专业承包和电力承装修叁级资质，于2009年加入河南省电力承装修试企业协会，并成为第一届常务理事成员单位；于2012年5月通过ISO9001质量管理体系认证、ISO14001环境管理体系认证、职业健康安全管理体系认证。

公司业务

公司主要承担110KV及以下的高压输电线路、电厂、工厂、小区、市政等各类变配电工程。

联系方式

联系人：赵致富

职务：总经理

联系方式：18037802388

邮箱：414224436@qq.com

联系地址：郑州市高新区国家大学科技园东区18幢A座13层

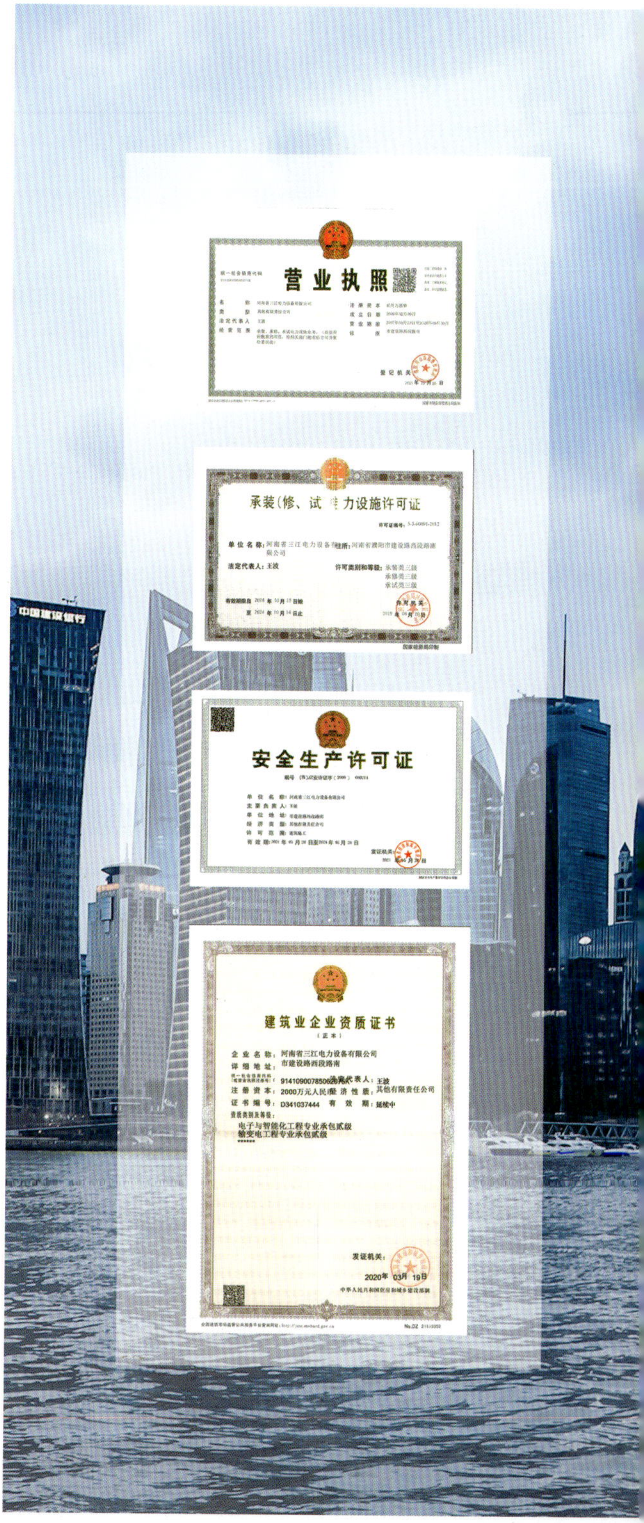

业绩展示
PERFORMANCE DISPLAY

鑫苑城九号院红线内和红线外供配电工程

郑州市二七区侯寨滨河花园社区二期安置区项目D、E地块生活用电

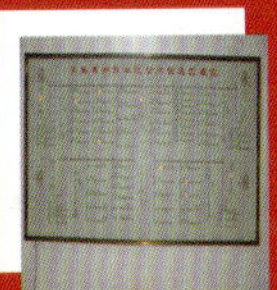

郑州东原中牟海港文殊院项目供配电工程

郑州市二七区高砦村城中村改造A组团1#、2#~7#楼及地下车库供配电工程

郑州远洋风景居项目供配电工程

新郑孔雀城263期BC区电力内网外网工程

绿都澜湾椿园一组团供配电分包工程

机器人智能巡检项目

项目概述

首创“六区域、三中心、两平台”联动集成建设框架，建立以业务为中心的智能巡检、以安全为中心的智能管控、以数据为中心的机器人智能巡检一体化监控平台与指挥大屏展现平台。在国内电力行业首次实现了升压站、汽机、锅炉、输煤栈桥及高压配电室等重点区域智能巡检全覆盖。

功能特点

- 实现电力巡检无人、少人值守
- 无漏检无死角、全天候全覆盖
- 数据采集分析、异常预警同步
- 巡检数据与电厂数据共通共融
- 自动充电自行清洁、经久耐用
- 设备巡检一体化监控闭环管理

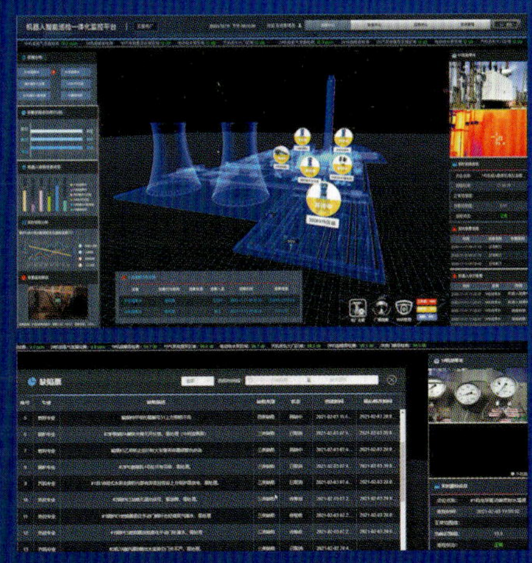
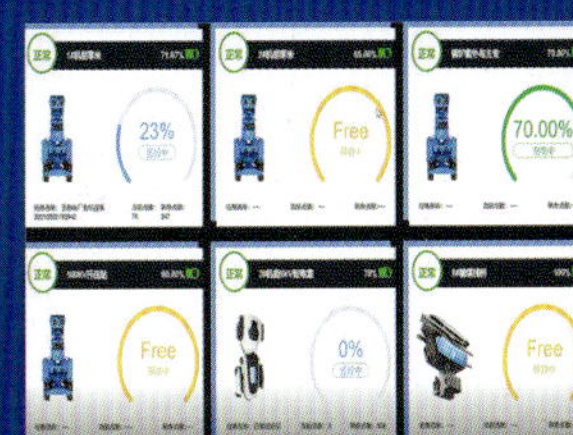

成功客户：国能集团王曲电厂等。

0335-3186694 18503338320

河北省秦皇岛市海港区建设大街东段95号

http://www.chenlongkeji.com.cn/

电力行业起步最早的电力信息化高新技术企业

XIACHU TECHNOLOGY
夏初科技集团简介

GROUP PROFILE

一、集团简介

北京夏初科技集团有限公司(简称:夏初科技)成立于2008年，注册资金2.16亿元。公司以打造“夏初风电，清洁无限”为核心理念，以“诚信、务实、创新、进取”为企业核心价值观，以创新的产品、专业的服务，规范的管理作为企业的核心竞争力，积极落实习主席在联合国大会上承诺的“30 · 60目标”(即中国二氧化碳排放2030年前达到峰值,2060年前实现碳中和)，实现可再生能源产业持续健康有序发展。

夏初科技旗下全资控股7家二级公司，主营业务为：电力项目开发、农业种植、工程项目施工管理。公司业务辐射全国，致力于成为新能源行业内知名综合服务商，成为一体化的多元化集团公司。

夏初科技以围绕新能源开发，带动开发区域内的林业、种植业、畜牧业、农副产品加工、旅游、5G数据中心等产业发展，打造生态经济、循环农业，创新的新能源开发模式。将农业种植养殖、牧业、林业、农产品加工、旅游及新能源开发结合，依托林业种植促进养殖，以养殖业带动种植和促进林业资源利用，并利用新能源开发推动种、养、林效益提升，建立生态系统相互促进、经济效益互为补充的“新能源+”特色农业经济开发体系。

夏初科技依托于第二产业向第一、三产业拓展，积极参与农、林、牧以及清洁能源服务及“绿电”应用等领域。公司致力于拓展可再生能源的发展，优化能源产业结构，为生态环境建设、农业产业结构发展、自然和谐发展贡献价值。

XIACHU
TECHNOLOGY

BUSINESS PROFILE

二、业务简介

- **北京夏初科技集团有限公司：**夏初科技是一家集自主开发、建设、运营为一体的专业化开发企业。公司核心业务聚焦新能源板块，业务辐射全国，致力于成为清洁能源和节能环保行业领跑者，将新能源业务向全国化、多元化、专业化等方面发展。

  截至目前,已建成煤层气电厂项目75MW，风力发电及光伏发电项目400MW，在建项目600MW，项目储备超过2000MW。

- **北京京能东方建设工程有限公司：**北京京能东方是一家以机电工程施工总承包、建筑工程施工总承包、钢结构工程、环保工程、建筑装修装饰工程、防水防腐保温工程等为一体化的工程施工企业。公司奉行“信誉第一、质量第一、安全第一、用户至上”的经营理念，建设精品工程，不断开发新的发展领域。通过以市场经济为导向，狠抓管理，夯实公司发展根基，以雄厚的技术实力、科学的管理方式，可靠的商业信誉独树一帜。

- **山西中农新时代科技有限公司：**专注于山西省农业、林业项目开发投资和管理。在十四五期间，业务聚集在沙棘种植、高端沙棘制品加工、荒山开垦、林业、种植、畜牧业养殖等。致力于发展“新能源+”特色农业经济，构建产--加--销--游--能一体化的全面产业链条的发展模式，促进一、二、三产业融合发展。积极响应国家“创新、协调、绿色、开放、共享”五大发展理念，落实“既要绿水青山，又要金山银山”发展要求。致力于打造精品典范项目，为农民带来稳定持续的增收来源,全面推进乡村振兴，巩固脱贫攻坚成果。

- **山西京能能源有限公司：**专注于山西省内新能源项目开发投资和管理运营。在十四五期间,致力于推动“新能源+”农、林、牧互补型特色经济发展模式，利用资源互补特性，推动产业融合发展，追求生态效益、社会效益、经济效益协调可持续发展。致力于打造农、林、牧、风、光产业融合示范项目，新能源与本地产业融合发展,实现产业转型和高质量发展,力争成为山西打造能源革命排头兵的典范。

- **山西腾飞数据科技有限公司：**腾飞数据是一家以绿色能源为依托，倡导“绿电+”的数据能源产业倡导者。公司从事数据中心建设，并建立数字产品经营和信息技术服务外包为主导的产业公司。公司定位绿色能源平台建设和运营主体、是绿色能源安全的重要保障者、绿色能源高质量发展的践行者。

中能融合智慧科技有限公司

中能融合智慧科技有限公司（以下简称“中能融合”）成立于 2018 年 11 月 9 日，是在国务院国资委直接领导下，以“共商、共建、共享”原则为指导，由 15 家发电类国有能源企业和 1 家民营高科技企业，共同出资成立的混合所有制企业。中能融合以“融合、协作、创新、求变”为理念，以整合能源数据、服务国家战略、支撑能源行业绿色转型发展为使命，以能源工业互联网平台建设与运营为核心开展工作，运用“新机制、新体制、新模式”探索了“国有资本控股、民营企业参股、市场机制运作”的国企改革创新模式。公司重点开展能源工控安全态势感知、能源大数据应用服务、智慧能源项目服务和智慧能源衍生服务。

能源工业互联网平台

秉承“共商共建共享”原则，构建覆盖全国能源领域、标准体系统一、智能应用丰富的能源工业互联网平台。通过国家引导、行业共享，整合电力、煤炭、石油、天然气等领域产业链信息，实现国内外能源安全、生产、经济、消费等数据有效汇聚和价值挖掘，培育数据开放共享、跨界融合、技术协同创新、引导产业向纵深发展的能源工业互联网产业生态，最终将平台打造成为“国家智慧能源大脑”。

2018 年 11 月 9 日，国务院国资委副主任翁杰明、国家电投董事长钱智民为中能融合成立揭牌。

建设能源工业互联网平台，让能源更安全、更智慧

成就客户，合作共赢

国家电网有限公司华北分部

国家电网有限公司华北分部创新开展调节能力提升工作

国家电网有限公司华北分部（以下简称“国网华北分部”）落实“双碳”目标要求，深入开展调节能力技术、机制研究，依托优先发电管理办法，积极推动计划管理机制创新，按照优质优量原则，精准推进调节能力建设，组织编制全国首个以容量保障为基础、调节能力提升为目标、有效落实优先发电制度的《京津唐电网火电机组调节能力提升奖励办法》（以下简称“办法”）。针对改造后机组调峰能力、调节速率、安全、环保等 8 个方面，首次全面系统提出了火电机组深调期间技术指标体系，推动机组调节能力提升改造由“量”向“质”转变。

通过《办法》激励，2020 年 6 月以来京津唐电网已有 11 厂 23 台共 1084 万千瓦容量机组完成灵活性改造，释放调节能力 150 万千瓦。预计 2021 年内还可推动 40 台约 1800 万千瓦容量机组开展改造，最大可新增调节能力 350 万千瓦。“十四五”期间力争新增系统调节能力超过 1200 万千瓦。

国网华北分部将持续开拓创新，结合电力市场化深化改革政策和有关要求，进一步研究调节能力激励分摊机制，持续推动系统调节能力提升，为新能源大规模发展提供支撑，全力服务“双碳”目标落地和新型电力系统建设。

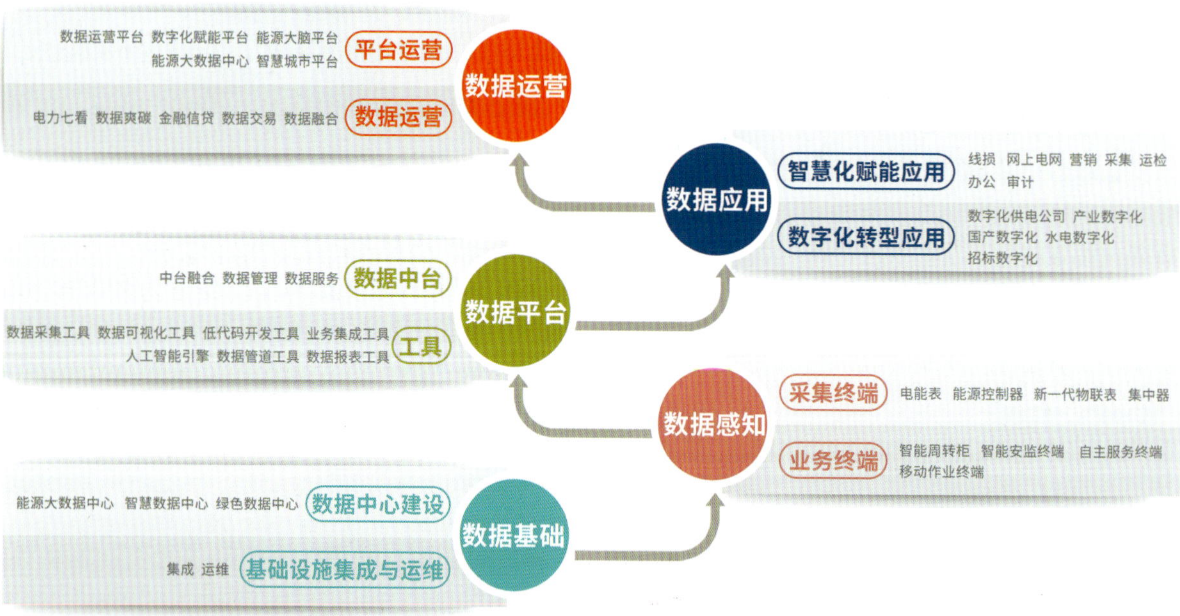

国网浙江省电力有限公司培训中心

国网浙江省电力有限公司培训中心（以下简称“培训中心”）是国网浙江省电力有限公司直属教育培训单位，由杭州、浙西、富春江、湖州四个校区组成，构成一个本部、三个分中心的管理格局。培训中心坚持“服务公司战略大局、服务企业发展进步、服务员工成长成才”宗旨，以建设具有卓越竞争力的一流培训中心为目标，创新构建具有浙电特色的全覆盖、全层次、全过程人才培养体系，打造国家电网新型电力系统省级示范区人才培养主阵地。先后获得“全国五一劳动奖状”“全国文明单位”“国家技能人才培育工作突出贡献单位”“全国职工教育培训示范点”“全国模范职工之家”等荣誉称号。培训中心按照“统筹规划、专业融合、突出重点、适度超前”的原则，建有十大品牌实训基地，其中国网级实训基地 3 个、中电联实训基地 3 个。以专业齐全、紧跟实际、功能完备、特色鲜明的一流实训基地为依托，全力打造具备新理念、新视野的高素质、专业化技能类工匠和复合型人才。

国家电线电缆质量监督检验中心（江苏）

National Quality Supervision and Testing Center for Cables and Wires(Jiang su)

科学、严谨、高效、专业

国家电线电缆质量监督检验中心（江苏）简介

国家电线电缆质量监督检验中心（江苏）隶属于江苏省产品质量监督检验研究院，是专业从事电线电缆产品检验检测的国家检验机构。中心总部在南京，实验室位于江苏宜兴，占地 36 亩，建筑面积 18600 平方米，专职从事管理、检验和检验辅助人员累计 90 余人，检测装备 450 余台套，是质检系统投资规模、综合能力、行业影响力均有明显优势的电线电缆检验机构，科学、严谨、高效、专业的检验检测和综合技术服务得到政府、主管部门、企业、行业用户及国内外认证机构的一致认可。

高压设备

800kV 串联谐振高压测试系统、3000kV/600kJ 冲击电压发生器、±1000kV 直流高压测试系统，具备 500kV 及以下高压电缆测试能力

UL1666 竖井垂直安装电缆和光缆的火焰蔓延高度试验系统

竖井垂直安装电缆和光缆火焰蔓延高度测试系统，用于 UL1666 标准要求的竖井敷设电缆大规模燃烧（RISER）测试

热释放测试系统

用于 EN 50575 标准要求的建筑工程防火电缆的热释放测试

卧拉、蠕变设备

用于GB/T 1179要求的架空绞线整体拉断力、应力-应变、蠕变性能测试

国家电线电缆质量监督检验中心（江苏）

地址：江苏省宜兴市环科园绿园路 500 号

邮编：214205

电话：0510-80713755

0510-80713778

传真：0510-80713799

邮箱：jszj-dx@163.com

徐州实验室

地址：徐州市云龙区商聚路 12 号

邮编：221000

电话：0516-67022538

0516-67022579

传真：0516-85610125

南京业务窗口

地址：江苏省南京市光华东街 5 号

邮编：210007

电话：025-84470280

传真：0510-80713799

中国西电集团有限公司

中国西电集团有限公司（简称中国西电集团）成立于 1959 年，隶属于中国电气装备集团有限公司，是我国高压输配电成套装备研发制造的中央企业，是以“一五”期间我国 156 项重点建设工程的 4 个项目为基础形成的集科研院所和骨干企业群为核心的大型企业集团。目前已发展成为我国最具规模、成套能力最强的高压、超高压、特高压交直流输配电成套装备及其电工产品的制造基地。产品远销到全球 80 多个国家和地区。

中国西电集团主营业务和核心业务为智能高压、超高压、特高压交直流输配电装备研发设计、生产制造、试验检测、控制保护、技术服务、工程总包及系统解决方案提供等。主导产品为交流 0.38kV ～ 1100kV 输配电设备和直流 ±50kV ～ ±1100kV 输电设备及其系统解决方案。

海西州共和风电场 SVG(35kV 户外风冷)

目前，中国西电集团资产总额 454 亿元，拥有 60 多家子公司，其中 2 家上市公司。在国内建有 10 大产业基地；在马来西亚、埃及、印尼建立了合资公司，在全球 30 多个国家和地区共设有 41 个驻外机构，已成为“一带一路”建设的重要力量。

中国西电集团长期引领行业技术发展，拥有一大批长期从事输配电装备研发、制造与试验检测的技术专家，拥有高压电气国家工程实验室等 12 个政府研发平台和 5 个国家级检验检测中心，拥有众多高压、超高压、特高压交直流输电重大装备关键核心技术，为我国各时期电力工程建设提供了一系列重大输配电装备，保障了我国电力工业的发展。

中国西电集团正紧紧围绕“碳达峰、碳中和”战略目标和以新能源为主体的新型电力系统建设需求，聚焦内外创新资源，大力实施协同创新，在智能输配电装备技术领域，深入开展数字化、智慧化、信息化、绿色化、电力电子化输配电产品开发，积极推进智能制造和全寿命周期的产品可靠性管理与服务，开展了工业企业智慧供电系统、智能运检、海上风电、综合能源等系统集成技术研发，着力为用户提供智能输配电成套装备与系统解决方案，努力打造世界一流智慧电气系统解决方案服务商。

±350kV1000MW 柔性直流输电换流阀

ZHN10-24 发电机断路器成套装置在向家坝运行

DFPZ-RZ-410000-500 柔直变压器在三峡如东海上风电柔性直流输电示范工程运行

河南省金鹰电力勘测设计工程有限公司

HENAN JINYING ELECTRIC POWER SURVEY & DESIGN ENGINEERING CO.LTD

河南省金鹰电力勘测设计工程有限公司，地处河南郑州，具有电力行业（送电工程）专业甲级资质、电力行业（变电工程、新能源发电、风力发电）专业乙级资质、工程勘察乙级资质、工程咨询单位乙级资信、承装修试二级资质、输变电工程专业承包二级资质，电力工程施工总承包二级等12项资质，致力于提供专业系统的电力咨询、勘测、设计、施工一体化服务，并得到了客户的广泛认可。未来的岁月，金鹰人将再接再厉，以自己的实力再创辉煌！

- 神池县润宏风电有限公司神池县9.8万千瓦风电项目升压站电气安装调试工程
- 河北黄骅市吕桥镇87.6兆瓦渔光互补光伏发电项目升压站及110kV送出线路工程
- 河南驻马店汝南金铺（桃园铺）110千伏输变电工程
- 鹤壁淇县黄洞100MW风电场110千伏送出
- 国家生物育种产业创新中心4150亩田间试验用地电力项目施工工程
- 中电投博爱48MW风电项目接入系统工程总承包工程

安高电气有限公司

安高电气有限公司成立于2015年07月06日，注册地位于安徽省芜湖市无为市经济开发区城东园区经四路。公司主要产品有:220kV及以下电压等级的气体绝缘金属封闭开关设备(GIS)、高压户外断路器及户外隔离开关、0.4~40.5kV中、低压成套开关设备、户内真空及SF6断路器，低压配电箱等。产品已广泛应用于国家电网电力系统、三峡工程、二滩电站、京九铁路、上海地铁、广州地铁、上海国际会议中心、珠海和舟山供水工程，海螺集团、楚江集团、水投公司，北京机场，各省区地方供电公司等。

产品介绍

126kV-252kV组合电器，以及12-252kV户外断路器以及隔离开关

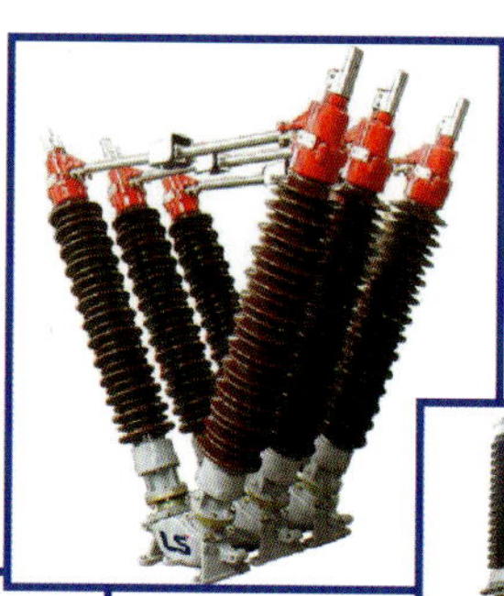

GW5-126
户外高压隔离开关

车式LW36-126/3150-40
户外高压DF6新路器

0.4-40.5kV户内成套开关设备以及12-40.5kV户内真空，SF6断路器

市场服务电话:0553-2321298、2321297
售后服务电话:0717-6677165
商务电话:13966326661
http://www.agdqgs.com
agdq5533@163.com
安徽省芜湖市无为市无为经济开发区城东园区

江苏宇诚汇通电力设备有限公司

江苏宇诚汇通电力设备有限公司，初创于1998年，现注册资本2.21亿元人民币，是目前国内颇具实力的输电线路钢管塔、角钢塔的专业生产制造企业，公司位于江苏省南京市江宁开发区空港枢纽经济区，交通便利，环境优美。

公司产品通过电力工业部铁塔质量检测测试中心的性能测试，并获得220kV钢管杆、220kV构支架、500kV钢管塔、750kV角钢塔生产资质证书。公司通过了ISO9001质量管理体系认证，ISO14001环境管理体系认证和ISO45001职业健康安全管理体系认证。

公司始终秉承“汇八方英才，通四海电力”之社会责任，始终贯彻“为客户服务”的经营理念，不断提高企业管理水平和生产制造能力，提升产品质量和服务，努力打造国内一流电力塔材生产基地。

产品介绍 PRODUCT INTRODUCTION

检测报告 TEST REPORT

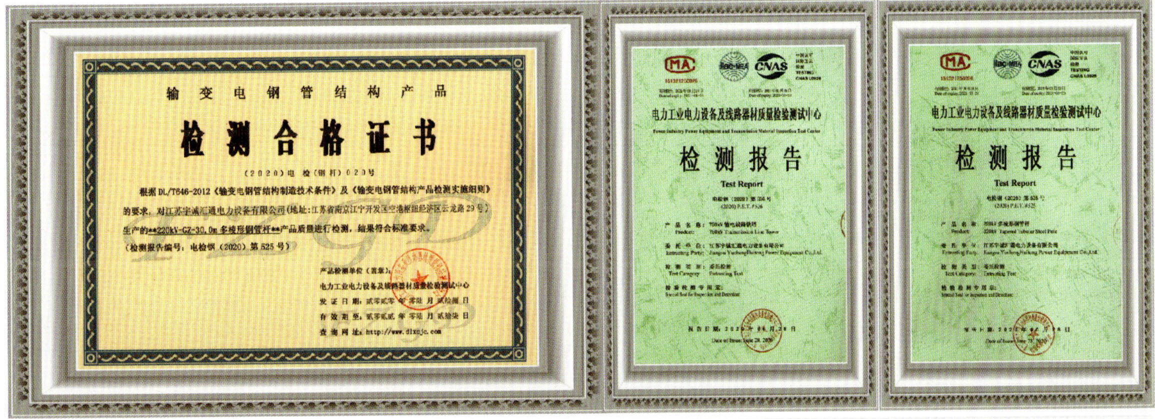

输变电钢管结构产品

检测合格证书

（2020）电检（钢杆）020号

根据DL/T646-2012《输变电钢管结构制造技术条件》及《输变电钢管结构产品检测实施细则》的要求，对江苏宇诚汇通电力设备有限公司（地址：江苏省南京江宁开发区空港枢纽经济区云龙路29号）生产的**220kV-GZ-30.0m多棱形钢管杆**产品质量进行检测，结果符合标准要求。

（检测报告编号：电检钢（2020）第525号）

产品检测单位（盖章）：
电力工业电力设备及线路器材质量检验测试中心
发证日期：贰零贰零年零陆月贰拾捌日
有效期至：贰零贰贰年零陆月贰拾柒日
查询网址：http://www.dlxqjc.com

检测报告
Test Report

检测报告
Test Report